破产法原理与适用

（第二版）

Principle and Application of Bankruptcy Law

上

贺小电 / 著

人民法院出版社

图书在版编目（CIP）数据

破产法原理与适用／贺小电著．--2版．--北京：人民法院出版社，2020.12
ISBN 978-7-5109-2999-1

Ⅰ．①破…　Ⅱ．①贺…　Ⅲ．①破产法-法的理论-中国②破产法-法律适用-中国　Ⅳ．①D922.291.92

中国版本图书馆CIP数据核字（2020）第228971号

破产法原理与适用（第二版）
贺小电　著

责任编辑　杨钦云　　**执行编辑**　高　晖　罗羽净
出版发行　人民法院出版社
地　　址　北京市东城区东交民巷27号（100745）
电　　话　（010）67550673（责任编辑）　67550558（发行部查询）
65223677（读者服务部）
客服QQ　2092078039
网　　址　http://www.courtbook.com.cn
E-mail　courtpress@sohu.com
印　　刷　保定市中画美凯印刷有限公司
经　　销　新华书店

开　　本　787毫米×1092毫米　1/16
字　　数　1692千字
印　　张　92
版　　次　2020年12月第2版　2020年12月第1次印刷
书　　号　ISBN 978-7-5109-2999-1
定　　价　258.00元

凡 例

一、国家法律、行政法规的名称一般使用简称，其中的“中华人民共和国”加以省略。例如，《中华人民共和国企业破产法》简称为《企业破产法》。但是，部门规章、司法解释及其他规范性文件、著作等名称涉及法律、法规的名称时，仍使用全称，其中的“中华人民共和国”不予省略。

二、叙述国家法律外的行政法规、部门规章、司法解释及其他规范性文件，在其名称前后尽力标明其制定机关及其通过、颁布或者施行时间和文号。例如，人力资源和社会保障部2011年6月29日发布、同年7月1日起施行的《实施〈中华人民共和国社会保险法〉若干规定》（第13号令）。

三、法律、法规、规章、司法解释及其他规范性文件中的章、节、条、款、项、目的序数，除非特殊情况如在规范性文件名称中，均使用阿拉伯数字。全文引用法律条文时，一个条文的各个款、项之间不分行、不分段，款与款之间以加引号连续引用的方式进行。

四、作为民事权利的宣言书和保障书，有社会生活“百科全书”“总规矩”之称的《民法典》已由中华人民共和国第十三届全国人民代表大会第三次会议于2020年5月28日通过，并于2021年1月1日起开始施行。包括总则编、物权编、合同编、人格权编、婚姻家庭编、继承编、侵权责任编7编及附则。附则共两条，即第1259条、第1260条。因此，为简明起见，在引用具体条文如第300条的规定时，称之为《民法典》第300条。

五、该书涉及不少有关行政机关及其部门规章。根据第十三届全国人大第一次会议2018年3月13日审议通过的《国务院机构改革方案》，对一些国家行政机关及其职能、职责进行了改革、调整，有关行政机关如国土资源部、国家工商行政管理局等名称、职能发生了变化。过去一些规章的名称、内容可能涉及有关行政机关，不宜根据改革、调整后的行政机关加以调整，故仍保持原来的称呼，在此作出统一说明。根据《国务院机构改革方案》第1条规定，关于国务院组成部门的调整：（1）组建自然资源部，不再保留国土资源部、国家海洋局、国家测绘地理信息局。（2）组建生态环境部，不再保留环境保护部。(3) 组建农业农村部，不再保留农业部。(4) 组建文化和旅游部，不再保留文化部、国家旅游局。(5) 组建国家卫生健康委员会，不再保留国家卫生和计划生育委员会。不再设立国务院深化医药卫生体制改革领导小组办公室。(6) 组建退役军人事务部。(7) 组建应急管理部，不再保留国家安全生产监督管理总局。(8) 重新组建科学技术部。(9) 重新组建司法部，不再保留国务院法制办公室。(10) 优化水利部职责，不再保留国务院三峡工程建设委员会及其办公室、国务院南水北调工程建设委员会及其办公室。(11) 优化审计署职责，不再设立国有重点大型企业监事会。(12) 监察部并入新组建的国家监察委员会，不再保留监察部、国家预防腐败局。第2条规定，关于国务院其他机构的调整：(1) 组建国家市场监督管理总局，不再保留国家工商行政管理总局、国家质量监督检验检疫总局、国家食品药品监督管理总局。(2) 组建国家广播电视总局，不再保留国家新闻出版广电总局。(3) 组建中国银行保险监督管理委员会，不再保留中国银行业监督管理委员会、中国保险监督管理委员会。(4) 组建国家国际发展合作署。(5) 组建国家医疗保障局。(6) 组建国家粮食和物资储备局，不再保留国家粮食局。(7) 组建国家移民管理局。(8) 组建国家林业和草原局，不再保留国家林业局。(9) 重新组建国家知识产权局。(10) 调整全国社会保障基金理事会隶属关系。(11) 改革国税地税征管体制，将省级和省级以下国税地税机构合并，具体承担所辖区域内各项税收、非税收入征管等职责。国税地税机构合并后，实行以国家税务总局为主与省（区、市）人民政府双重领导管理体制。第3条规定，调整后的国务院部门26个，具体为：外交部、国防部、国家发展和改革委员会、教育部、科学技术部、工业和信息化部、国家民族事务委员会、公安部、国家安全部、民政部、司法部、财政部、人力资源和社会保障部、自然资源部、生态环境部、住房和城乡建设部、交通运输部、水利部、农业农村部、商务部、文化和旅游部、国家卫生健康委员会、退役军人事务部、应急管理部、中国人民银行、审计署。

六、一些法律、法规、规章或者司法解释等规范性文件，因为不符合时代的发展需要，或者被新法律、法规、规章或者司法解释等规范性文件修改、取代、废止而无效，对之一般不再作介绍。尤其是随着《民法典》的施行，根据《民法典》第1259条规定："民法所称的'以上''以下''以内''届满'，包括本数；所称的'不满''超过''以外'，不包括本数。"第1260条规定："本法自2021年1月1日起施行。《中华人民共和国婚姻法》、《中华人民共和国继承法》、《中华人民共和国民法通则》、《中华人民共和国收养法》、《中华人民共和国担保法》、《中华人民共和国合同法》、《中华人民共和国物权法》、《中华人民共和国侵权责任法》、《中华人民共和国民法总则》同时废止。”从原理上讲，有关《物权法》《担保法》《合同法》《婚姻法》《继承法》等的司法解释也予以废止而失去效力。但基于一些法律规范的历史演变，或者在一些规范性文件及他人的论述中尚有提及，或者其有关精神并未为新的规范性文件所改变而依旧可以参照执行，或者依然需要适用有关规定，或者强调以引起注意，如此等等，便会在有关分析中提及。显然，提及不是承认这些规范性文件尚继续有效，更不说明需要依照执行。这里需要特别加以说明。

七、对于名称冗长而又多次出现的行政法规、部门规章、司法解释或其他规范性文件，使用以下简称。简称前面没有颁布机关及通过、发布、施行的日期与文号。为了便于使用简称的部门规章、司法解释或其他规范性文件查找其全称以及相关内容，按简称后的部门规章、司法解释或其他规范性文件的第1个字的第1个拼音字母的顺序排列；第1个字的第1个拼音字母相同的，则按第1个字的第2个拼音字母顺序排列。第1个字相同的，则按第2个字的拼音字母依前述顺序排列。以此类推。具体如下：

《办理执行异议和复议案件若干问题的规定》的全称为：最高人民法院2014年12月29日通过、2015年5月5日起施行的《关于人民法院办理执行异议和复议案件若干问题的规定》(法释〔2015〕10号)；

《查询、冻结、扣划证券和证券交易资金通知》的全称为：最高人民法院、最高人民检察院、公安部、中国证券监督管理委员会2008年1月10日颁布、同年3月1日起实施的《关于查询、冻结、扣划证券和证券交易结算资金有关问题的通知》(法发〔2008〕4号)；

《城镇国有土地使用权出让和转让暂行条例》的全称为：国务院1990年5月19日发布实施的《城镇国有土地使用权出让和转让暂行条例》(国务院令第55号)；

《城镇土地使用税暂行条例》的全称为：国务院1988年9月27日发布、同年11月1日起施行的《城镇土地使用税暂行条例（2019年修订)》[①](国务院令第17号)；

《担保法解释》的全称为：最高人民法院2000年9月29日通过、同年12月13日起施行的《关于适用〈中华人民共和国担保法〉若干问题的解释》(法释〔2000〕44号)；

《独资企业清算批复》的全称为：最高人民法院2012年12月10日通过、

① 该条例已被国务院2019年3月2日公布实施的《关于修改部分行政法规的决定》(国务院令第709号)第4次修订。

同年12月18日起施行的《关于个人独资企业清算是否可以参照适用〈企业破产法〉规定的破产清算程序的批复》（法释〔2012〕16号）；

《房产税暂行条例》的全称为：根据国务院1986年9月15日发布、同年10月1日起施行的《房产税暂行条例（2010年修订）》[①]（国发〔1986〕90号）；

《公司法解释（二）》的全称为：最高人民法院2008年5月5日通过、同年5月19日起施行的《关于适用〈中华人民共和国公司法〉若干问题的规定（二）》（2014年修正）（法释〔2008〕6号）；

《公司法解释（三）》的全称为：最高人民法院2010年12月6日通过、2011年2月16日起施行的《关于适用〈中华人民共和国公司法〉若干问题的规定（三）》（2014年修正）（法释〔2011〕3号）；

《公证债权文书执行规定》的全称为：最高人民法院2018年6月25日通过、同年10月1日起施行的《关于公证债权文书执行若干问题的规定》（法释〔2018〕18号）；

《管理人报酬规定》的全称为：最高人民法院2007年4月4日通过、同年6月1日起施行的《关于审理企业破产案件确定管理人报酬的规定》（法释〔2007〕9号）；

《管理人工作平台使用办法》的全称为：最高人民法院2016年8月1日发布、同日起施行的《企业破产案件破产管理人工作平台使用办法（试行）》（法〔2016〕253号）；

《关于继续支持企业事业单位改制重组有关契税政策的通知》的全称为：财政部、国家税务总局2018年3月2日发布、2018年1月1日起至2020年12月31日之间施行的《关于继续支持企业事业单位改制重组有关契税政策的通知》（财税〔2018〕17号）；

《关于被撤销金融机构有关税收政策问题的通知》的全称为：财政部、国家税务总局2003年7月3日发布、2001年12月15日实施的《关于被撤销金融机构有关税收政策问题的通知》（财税〔2003〕141号）；

《哈尔滨百货申请破产案的复函》的全称为：最高人民法院1995年5月4日《关于哈尔滨百货采购供应站申请破产一案的复函》（法函〔1995〕48号）；

《合同法解释（一）》的全称为：最高人民法院1999年12月1日通过、同年12月29日起施行的《关于适用〈中华人民共和国合同法〉若干问题的

① 该条例已被国务院2010年12月29日通过、2011年1月8日公布施行的《关于废止和修改部分行政法规的决定》（国务院令第588号）修订。

解释（一）》（法释〔1999〕19号）；

《合同法解释（二）》的全称为：最高人民法院2009年2月9日通过、同年5月13日起施行的《关于适用〈中华人民共和国合同法〉若干问题的解释（二）》（法释〔2009〕5号）；

《划拨土地应否列入破产财产批复》的全称为：最高人民法院2002年10月11日通过、2003年4月18日起施行的《关于破产企业国有划拨土地使用权应否列入破产财产等问题的批复》（法释〔2003〕6号）；

《加快完善市场主体退出制度改革方案》的全称为：经国务院同意，国家发展改革委员会、最高人民法院、工业和信息化部、民政部、司法部、财政部、人力资源社会保障部、中国人民银行、国务院国有资产管理委员会、国家税务总局、国家市场监督管理总局、中国银行保险监督管理委员会、中国证券监督管理委员会2019年6月22日发布实施的《加快完善市场主体退出制度改革方案》（发改财金〔2019〕1104号）；

《建设工程价款优先受偿权批复》的全称为：最高人民法院2002年6月11日通过、同年6月27日起施行的《关于建设工程价款优先受偿权问题的批复》（法释〔2002〕16号）；

《降低社会保险费率综合方案》的全称为：国务院办公厅2019年4月1日发布的《降低社会保险费率综合方案》（国办发〔2019〕13号）；

《金融机构撤销条例》的全称为：国务院2001年11月14日通过、同年12月15日起施行的《金融机构撤销条例》（国务院令第324号）；

《民办教育促进法实施条例》的全称为：国务院2004年2月25日通过、同年4月1日起施行的《中华人民共和国民办教育促进法实施条例》（国务院令第399号）；

《民商事审判纪要》的全称为：最高人民法院2019年11月8日印发的《全国法院民商事审判工作会议纪要》（法〔2019〕254号）；

《民事诉讼法解释》的全称为：最高人民法院2014年12月18日通过、2015年2月4日起施行的《关于适用〈中华人民共和国民事诉讼法〉的解释》（法释〔2015〕5号）；

《民事诉讼证据规定》的全称为：最高人民法院2001年12月6日通过、2019年10月14日修正的《最高人民法院关于民事诉讼证据的若干规定》（法释〔2019〕19号）；

《民事查封、扣押、冻结财产的规定》的全称为：最高人民法院2004年10月26日通过、2005年1月1日起施行的《关于人民法院民事执行中查封、扣押、冻结财产的规定》（法释〔2004〕15号）；

《拍卖、变卖财产规定》的全称为：最高人民法院2004年10月26日通过、2005年1月1日起施行的《关于人民法院民事执行中拍卖、变卖财产的规定》（法释〔2004〕16号）；

《破产案件高效审理意见》的全称为：最高人民法院2020年4月15日发布实施的《关于推进破产案件依法高效审理的意见》（法发〔2020〕14号）；

《破产法解释（一）》的全称为：最高人民法院2011年8月29日通过、同年9月26日起施行的《关于适用〈中华人民共和国企业破产法〉若干问题的规定（一）》（法释〔2011〕22号）；

《破产法解释（二）》的全称为：最高人民法院2013年7月29日通过、同年9月16日起施行的《关于适用〈中华人民共和国企业破产法〉若干问题的规定（二）》（法释〔2013〕22号）；

《破产法解释（三）》的全称为：最高人民法院2019年2月25日通过、同年3月28日起施行的《关于适用〈中华人民共和国企业破产法〉若干问题的规定（三）》（法释〔2019〕3号）；

《破产企业欠缴税款滞纳金债权确认之诉应否受理批复》的全称为：最高人民法院2012年6月4日通过、同年7月12日起施行的《关于税务机关就破产企业欠缴税款产生的滞纳金提起的债权确认之诉应否受理问题的批复》（法释〔2012〕9号）；

《破产审判纪要》的全称为：最高人民法院2018年3月6日发布实施的《全国法院破产审判工作会议纪要》（法〔2018〕53号）；

《企业集团财务公司管理办法》的全称为：中国银行保险监督管理委员会2004年7月27日发布、同年9月1日起施行的《企业集团财务公司管理办法·2006年修订》（中国银行业监督管理委员会令2004年第5号）；

《企业清算所得税处理通知》的全称为：财政部、国家税务总局2009年4月30日发布、2008年1月1日起执行的《关于企业清算业务企业所得税处理若干问题的通知》（财税〔2009〕60号）；

《企业所得税法实施条例》的全称为：国务院2007年11月28日通过、2008年1月1日起施行的《企业所得税法实施条例（2019年修订）》[①]（国务院令第512号）；

《企业破产信息公开规定（试行）》的全称为：最高人民法院2016年7月26日发布、同年8月1日起施行的《关于企业破产案件信息公开的规定（试行）》（法发〔2016〕19号）；

---

① 该条例已被国务院2019年4月23日公布施行的《关于修改部分行政法规的决定》（国务院令第714号）修订。

《审理和执行被风险处置证券公司相关案件通知》的全称为：最高人民法院2009年5月26日发布实施的《关于依法审理和执行被风险处置证券公司相关案件的通知》（法发〔2009〕35号）；

《劳动争议案件解释》的全称为：最高人民法院2001年3月22日通过、同年4月30日起施行的《关于审理劳动争议案件适用法律若干问题的解释(2008年修订)》（法释〔2001〕14号）；

《联营合同案件解答》的全称为：最高人民法院1990年11月12日颁布实施的《关于审理联营合同纠纷案件若干问题的解答》（法〔经〕发〔1990〕27号）；

《买卖合同解释》的全称为：最高人民法院2012年3月31日通过、同年7月1日起施行的《关于审理买卖合同纠纷案件适用法律问题的解释》（法释〔2012〕7号）；

《民间借贷案件规定》的全称为：最高人民法院2020年8月18日修正、同年8月20日起施行的《关于修改〈关于审理民间借贷案件适用法律若干问题的规定〉的决定》（法释〔2020〕6号）修正的《关于审理民间借贷案件适用法律若干问题的规定》；

《民间借贷案件通知》的全称为：最高人民法院2018年8月1日发布实施的《关于依法妥善审理民间借贷案件的通知》（法〔2018〕215号）；

《企业破产案件规定》的全称为：最高人民法院2002年7月18日通过、同年9月1日起施行的《关于审理企业破产案件若干问题的规定》（法释〔2002〕23号）；

《强制清算案件纪要》的全称为：最高人民法院2009年11月4日发布实施的《关于审理公司强制清算案件工作座谈会纪要》（法发〔2009〕52号）；

《上市公司破产案件纪要》的全称为：最高人民法院2012年10月29日印发的《关于审理上市公司破产重整案件工作座谈会纪要》（法〔2012〕261号）；

《商品房买卖案件解释》的全称为：最高人民法院2003年3月24日通过、同年6月1日起施行的《关于审理商品房买卖合同纠纷案件适用法律若干问题的解释》（法释〔2003〕7号）；

《社会保险法规定》的全称为：国家人力资源和社会保障部2011年6月29日发布、同年7月1日起施行的《实施〈中华人民共和国社会保险法〉若干规定》（人力资源和社会保障部令第13号）；

《收购意见》的全称为：中国人民银行、财政部、原中国银行业监督管理委员会、中国证券监督管理委员会2004年11月9日发布施行的《个人债权及客户证券交易结算资金收购意见》（〔2004〕110号）；

《诉讼费用交纳办法》的全称为：国务院2006年12月8日通过、2007年4月1日起施行的《诉讼费用交纳办法》（国务院令第481号）；

《诉讼时效制度规定》的全称为：最高人民法院2008年8月11日通过、同年9月1日起施行的《关于审理民事案件适用诉讼时效制度若干问题的规定》（法释〔2008〕11号）；

《网络借贷信息中介机构业务管理办法》的全称为：中国银行业监督管理委员会、工业和信息化部、公安部、国家互联网信息办公室2016年8月17日《网络借贷信息中介机构业务活动管理暂行办法》（中国银行业监督管理委员会、工业和信息化部、公安部、国家互联网信息办公室令2016年第1号）；

《网络司法拍卖规定》的全称为：最高人民法院2016年5月30日通过、2017年1月1日起施行的《关于人民法院网络司法拍卖若干问题的规定》（法释〔2016〕18号）；

《物权法解释（一）》的全称为：最高人民法院2015年12月10日通过、2016年3月1日起施行的《关于适用〈中华人民共和国物权法〉若干问题的解释（一）》（法释〔2016〕5号）；

《印花税暂行条例》的全称为：国务院1988年8月6日发布、同年10月1日起施行的《印花税暂行条例（2010年修订）》[①]（国务院令第11号）；

《增值税暂行条例》的全称为：国务院1993年12月13日发布实施的《增值税暂行条例（2017年修订）》[②]（国务院令第691号）；

《证券公司风险处置条例》的全称为：国务院2008年4月23日通过、同日公布施行的《证券公司风险处置条例·2016年修订》[③]（国务院令第523号）；

《证券公司破产案件审理工作座谈会讲话》的全称为：最高人民法院民事审判第二庭时任庭长宋晓明2007年11月20日《在全国法院证券公司破产案件审理工作座谈会上的总结讲话》；

《正确审理破产案件意见》的全称为：最高人民法院2009年6月12日通过、同年6月15日起施行的《关于正确审理企业破产案件为维护市场经济秩序提供司法保障若干问题的意见》（法发〔2009〕36号）；

---

① 该条例已被国务院2010年12月29日通过、2011年1月8日公布施行的《关于废止和修改部分行政法规的决定》（国务院令第588号）修订。

② 该条例已被国务院2017年10月30日通过、同年11月19日起施行的《关于废止〈中华人民共和国营业税暂行条例〉和修改〈中华人民共和国增值税暂行条例〉的决定》。

③ 该条例已由国务院2016年2月6日公布施行的《关于修改部分行政法规的决定》（国务院令第666号）修订。

《破产管理人规定》的全称为：最高人民法院2007年4月4日通过、同年6月1日起施行的《关于审理企业破产案件指定管理人的规定》（法释〔2007〕8号）；

《执行企业破产法（试行）意见》的全称为：最高人民法院1991年11月17日《关于贯彻执行〈中华人民共和国企业破产法（试行）〉若干问题的意见》[①]（法〔经〕发〔1991〕35号）；

《执行移送破产审查意见》的全称为：最高人民法院2017年1月20日发布实施的《关于执行案件移送破产审查若干问题的指导意见》（法发〔2017〕2号）。

---

① 该意见已由最高人民法院2012年11月19日通过、2013年1月18日起施行的《关于废止1980年1月1日至1997年6月30日期间发布的部分司法解释和司法解释性质文件（第九批）的决定》（法释〔2013〕2号）予以废止。

再版前言

自2010年7月主导湖南太子奶集团生物科技有限责任公司、株洲太子奶生物科技发展有限公司、湖南太子奶集团供销有限公司3公司合并破产重整案的法律事务以来，我与所带领的破产管理人团队，已在破产管理人工作的运行实践中“摸爬滚打”了十余年，其中的酸甜苦辣咸，可以说是五味俱全。

多年来，最高人民法院一直在推进各地的破产司法实践工作，尤其是2016年5月以来，将之上升为一项衡量社会主义市场经济体制是否完善的标志来强调其重要性。在2016年5月6日发布实施的《关于依法开展破产案件审理积极稳妥推进破产企业救治和清算工作的通知》（法〔2016〕169号）中明确指出：“社会主义市场主体救治和退出机制是否建立，是衡量社会主义市场经济体制完善的标志之一。依法开展破产案件审理，积极稳妥推进破产企业救治和清算工作，既是供给侧结构性改革的客观需要，又是提升市场主体竞争力的客观需要，也是建立完善社会主义市场主体救治和退出机制的客观需要。”“对符合破产申请受理条件但仍可能适应市场需要的企业，要运用破产和解和破产重整的方式进行救治，使其能够通过救治重返市场；对救治无效或者根本不能适应市场需要的企业，要进行破产清算，促进及时退出市场。”“各地法院要围绕让人民法院成为‘生病企业’医院目标，对虽符合破产申请受理条件但具有运营价值的企业，要以市场化为导向，积极开展破产和解和重整，有效利用各种资源，使企业恢复生机。对救治无效或者其他不能适应市场需要的企业，要加快破产清算，及时释放生产要素，实现市场出清。”同时，先后颁行了《破产法解释（一）》《破产法解释（二）》《破产法解释（三）》等多个司法解释，发布了《关于为维护国家金融安全和经济全面协调可持续发展提供司法保障和法律服务的若干意见》《破产审判纪要》《审理上市公司破产案件纪要》等多个规范性文件，意在推动破产司法实践工作积极开展的同时，保证其有关工作在法治的轨道内公平公正、高效有序地进行。对于有挽救希望、有发展前景的企业，鼓励通过破产重整、和解等手段，尽可能维持其生存，避免因倒闭破产带来大量职工下岗、银行债权落空、影响社会稳定等连锁的社会负面效应；对于因产业结构转变且经营前景暗淡，历史包袱沉重并挽救无望而必须破产的企业，则在保障公开、公正、合法的基础上，提高审判效率，降低破产成本。可是，各地的破产实践情况又怎么样呢？除一些经济比较发达的地区外，笔者认为远不尽人意。在一个经济居于中上地区的中级人民法院，2000 年以来共受理 8 个破产案件。就是这 8 个破产案件，由于各种各样的原因，都长期处于停摆状态，没有 1 个走完主要程序。由此可见，破产司法实践的实际情形与最高人民法院的要求来说，存在一定差距。

究其原因，有人从宏观角度分析，认为破产难主要有缺乏金融机构破产和个人破产制度、破产机制运行不畅、破产专业人员缺乏、破产成本与收益不匹配、文化传统与商业习惯因素导致社会公众包括政府官员和企业家等对破产制度的功能仍认识不足等六个方面的原因。[①] 从实践操作层面上看，笔者认为，原因多种多样，既有主观上的，又有客观上的，后者尚是主要因素：

如，基于传统观念，一般认为破产总不是件好事，甚至认为是件不吉利的事，债务人及其股东即使认识到已经破产，通常亦不愿意接受破产这一现实。加之，有的本身财务制度异常混乱，在进入破产程序后又不愿意配合甚至隐瞒、毁弃财务资料、财产，致使破产工作难以进行。

又如，破产案件的审理，涉及社会诸多方面，需要银行、市场监管、国土、房产、建设、规划、交通、商务、环保、税务、公安、社会保险等行政监督管理部门的支持、配合；一些特定行业，还需要审批或者备案机关的配合。但没有任何法律法规规定，这些部门对破产案件的审理具有配合的义务，也罕见有规章对人民法院审理破产案件需要这些机构就破产案件中债务人的实际情况予以配合作出相关规定。因此，在处理涉及债务人的有关问题时，一些机构按照正常情况下债务人必须提供的有关资料等根本无法做到，也不知道如何配合。

再如，债务人具有破产原因，没有启动破产程序的，债权人往往只找债务人，有的久而久之便放弃希望。一启动破产程序，所有债权人便集中于破产程序中，有的为了一己私利，根本不顾法律的规定，任意甚或成团地找管理人、法院乃至政府要求维护其权利，有的还采取威胁、围堵等方式，给当地法院、政府带来了一定的压力。对于某些债权人的不当甚至违法行为，基于各种各样的原因往往也难依法处置，导致破产案件停滞不前，久拖不决。

还如，破产案件的推进不仅涉及债权的认定、债权人会议的召开等诸多

---

① 参见李曙光：《破产制度供给与结构性改革》，载《财经》2016 年 6 月 6 日。

法律问题，而且涉及协调多方关系、听取债权人意见等非法律事务，内容繁杂，有的需要多方配合才能解决。如法院的司法鉴定联络机构须按照一定的程序选定审计、评估机构；对意向投资者的资格、条件等组织或者联络有关机构进行考察、评定；与税务、环保等有关部门联系，以解决破产程序中需要解决的相关税务、环保审查等问题，否则，使破产程序无法正常推进。

五如，破产实践工作繁重，无法像一般民事案件以件为单位进行考核，在当今以结案量作为重要考核指标的考核机制情况下，难以对有关工作进行有效评价。加之案件涉及各类群体，一些案件所涉少则数百、中则上千、多则上万的人，各种利益冲突难以平衡，法官的办案压力远非办理个案能比。在没有破产案件专门审理机构或者相对固定法官的法院，破产案件的有效进行，难以保证。

此外，一些民营企业或者其股东为了融资而将企业的全部资产用于抵押、质押，在担保物权没有争议的情况下依法处理即可，在有争议尤其是担保物权归于1人或少数几人的情况下，必然通过诉讼程序加以解决。而这一程序，很少有统一协调进行处理的，一审、二审、再审之后再发回重审一审、二审，案件没有数年很难完结，破产案件由此也无法推进。笔者所经手的一个破产案件，债务人的全部财产经过多次抵押给同一个银行，管理人提起的多个破产撤销权之诉从2015年初开始，历时5年多，现在还有3个案件在一审阶段，何时能够了结，仍是个未知数，破产成本增加不说，所有债权人的债权处理都等待着有关诉讼案件的结果，每到中秋、春节，债权人往往集中要求维护自己的合法权益……如此等等，致使破产案件裹足难行。

当然，随着破产观念尤其是破产保护的观念不断为经济人所接受，随着破产法律、法规、规章及司法解释等有关规范的不断完善，随着法律权威及其司法权威的日益提高，随着党委、政府及其有关职能机构对破产工作价值的不断认同，破产司法实践之路必然越走越宽，这是现代经济发展下的一种必然趋势。经国务院同意由国家发展改革委员会、最高人民法院等13个国家机构联合出台的《加快完善市场主体退出制度改革方案》明确指出，包括自愿解散退出、破产退出、强制解散、特定领域退出在内的“市场主体退出制度是现代化经济体系的重要组成部分。为进一步畅通市场主体退出渠道，降低市场主体退出成本，激发市场主体竞争活力，完善优胜劣汰的市场机制，推动经济高质量发展”“坚持以供给侧结构性改革为主线，以促进资源优化配置和提高资源使用效率为目标，按照市场化、法治化原则，建立健全市场主体退出制度，提高市场重组、出清的质量和效率，促进市场主体优胜劣汰和资源优化配置，推动经济高质量发展和现代化经济体系建设”“逐步建立起与现代化经济体系相适应，覆盖企业等营利法人、非营利法人、非法人组织、农民专业合作社、个体工商户、自然人等各类市场主体的便利、高效、有序的退出制度”“建立健全破产退出渠道。在进一步完善企业破产制度的基础上，研究建立非营利法人、非法人组织、个体工商户、自然人等市场主体的破产制度，扩大破产制度覆盖面，畅通存在债权债务关系的市场主体退出渠道。”据此，破产实践作为一种重要的市场主体退出渠道，必然迎来更加宽阔的发展之路，环绕破产实践而开展的有关破产方面的知识阐释、理论研究也会更加繁荣，进而又会反过来浇灌滋润破产实践之花朵，促使破产实践工作亦更加昌盛！

基上，也鉴于十多年来无论是破产实践还是破产理论都在不断互动中发展变化，围绕着破产实践中新出现的一些亟待从理论上寻找解决办法及根据的问题等的研究成果不断出现，有的还借鉴国际破产实践的理论、经验进行分析、探讨；对于一些普遍性的问题，最高人民法院通过司法解释或者破产工作审判纪要等规范性文件的方式加以规范。此外，与破产程序相关的不少实体法律多年来亦作了修正，尤其是《民法典》的出台，许多实体法律制度都有所变化。是以，于 2018 年 11 月开始对《破产法原理与适用》一书进行修改。在保持原书基本构架的基础上，参考了十多年来数十部有关破产方面的著作，根据司法解释、审判纪要等规范及其起草人员有关规定产生的背景、规范设置原意的阐释，针对破产实践中遇到的又不可回避的诸如破产重整计划草案能否强制调整出资人的股权；债务人在破产申请受理前一年内为他人进行的抵押担保是否构成无偿转让的破产撤销行为；所有权保留合同的权利人在行使取回权的同时能否再对标的物主张使用、收益权；破产税收尤其是破产重整过程中因不能清偿的债务能否认为属于所得而作为企业所得税计算的基础；名股实债的认定；跨境破产的司法协助等等问题，以及新出现的执行转破产制度、破产制度的改革与完善等重大实践问题在全面介绍破产有关程序的基础上进行了较为深入的分析与探讨，不求一定正确，只求言之成理，观点明确，以保持该书所一直追求的“内容全面”“成果新颖”“观点明确”“资料翔实”“实践性强”的特点，希求对开卷的读者有所裨益。

一年多来的修修停停、停停改改总算过一段落。经过自己及同事杨章保、贺律川、张强的通稿审阅，并根据所提意见作出补正后，交由人民法院出版社审定，最终得以再次出版。在此，对为该书原版、再版付出各种辛勤努力、智慧才能使之得以面世的老师、同事，表示衷心的感谢！并诚望尊敬的读者，对其中的缺点与错误之处在予以宽容的同时不吝批评、指正！

贺小电

二〇二〇年十二月二日

前　言

一提及破产，对于一个正常的人来说，在主观上都是排斥的。因为，无论是针对财产而言的意味着财产全部丧失的破产本意，还是针对经济活动的彻底失败而致资不抵债的破产常意，乃至针对谋求某种事情而失败的破产喻义，都与人在进行某种活动谋求成功这一本能及其基本价值取向相背。任何人在谋求某一事情、从事某种活动的过程中，都不会希望以失败、破产而告终。

尽管如此，人在进行某种活动乃至从事某种事业的过程中，出于各种各样的原因，不可能尽随己愿，不得不“破产”。正所谓“谋事在人，成事在天”。像从事某种活动，由于自身的主观原因，如判断失误、好高骛远、能力不足，或者源于自身以外的客观原因，如外在的阻碍、市场环境的变化等，都可能导致所从事活动的失败即破产。尤其是进行经济活动，其他主体也是以追逐利益最大化为原则。故，在利益相互冲突时可能遭受对方的故意阻碍，或者同行不正当竞争设置障碍，或者客观环境如消费者不接受、经济整体滑坡等原因，而致所谋求的经济活动失败而破产。从微观上来说，这对所有从事某种活动包括经济活动的人来讲，都有可能。从宏观上来说，则不可避免。换言之，破产特别是经济活动的破产，从宏观上来说，根本无法避免，不能为人的意志所左右。从微观上来说，一些债务人虽然可以克服主观上的因素或者客观上的一些导致破产的因素而避免走向破产，另外一些债务人则因为无法克服所有的导致破产的因素而不可避免地走向破产，从而使得破产在宏观上成为必然。

破产作为人类社会活动尤其是经济活动的一种不可避免的客观现象，从宏观上来说，不为人类意志所左右。无论是否承认其存在，也无论对其在主观上多么忌讳甚至厌恶，在人类的历史长河中，还是不断演变着这样或那样的破产故事。对破产人而言，轻则事业遭受打击，重则财产彻底丧失，还可能背负一身外债而难以自拔，甚至家人离其而去乃至无法承受破产之痛而自杀。对于社会而言，尤其是对由自然人通过人合或者资合等形式构成的单位，如公司、企业或者其他组织的破产，则不仅会影响债务人及其出资人的利益，而且会影响与债务人相关的所有人及其事业的利益：债权人对债务人的债权得不到清偿；与债务人有关的交易因为债务人的破产而受到阻碍甚至根本无法进行；债务人的职工将面临着重新安置，劳动以及与劳动相关的人的基本生存权利将受到或多或少的影响；甚至连社会经济活动、社会稳定亦会因为债务人的破产而受到波及。可以说，破产无论是对债务人，还是对债权人，以及对其他利害关系人乃至整个人类社会的利益来说，大多是不利的。然而，对这种有害的又无法完全左右、控制的破产现象，我们只有现实地面对、坦然地面对、认真地面对。

面对破产，并不意味着只是无奈地承认，只能让破产这一现象任意危害人类社会。面对破产，要求我们利用自己的智慧，将破产这一社会现象尽力地进行控制，并认真总结人类活动尤其是经济活动成功的经验、规律，吸取人类活动尤其是经济活动失败的教训。古人所说的“前事不忘，后事之师”就是这个道理。面对破产，要求我们在债务人破产的情况下，将债务人破产所带来的影响、损失控制在最低程度，防止债务人破产危害结果的蔓延、扩大。一句话，面对破产，我们不能消极等待，任由破产事实发展，而是积极地处理，不仅防止债务人破产给人类社会带来的不利影响，而且要以此为教训，学会预防破产的发生以及探索寻求在破产发生后减少其危害的途径与方法。

在人类活动不断遭受到破产危害的过程中，人们一直在寻求预防这种社会危害发生的方法，如加强管理，提高商业道德，主张经济秩序、社会秩序、法律秩序的公平与正义等。同时，在债务人破产事实发生后，不是只是等待，甚至听之任之，放任不管，而是积极地处理。在不断处理的过程中，人们发现，对于已经破产的债务人，通过一定的程序、方式对其与债权人、有关利害关系人的债权债务进行彻底的清理，使之像自然人死亡那样宣告其“死亡”让其有序地退出市场，以避免其因破产实际已经“死亡”而又“存在”于社会。在债务人事实破产发生的情况下，这种对其进行处理的程序、方式，就是破产法律制度。破产法律制度的出现，使得债务人事实上的破产被纳入法治轨道进行处理，以减少、消除债务人事实破产带来的各种不利因素及其危害。“西方早期商业繁荣的一个重要的原因是个人破产的出现和发展。正是因为在现实商业活动中有了个人破产，才带动了西方早期和后期成熟市场经济的出现，先有个人破产后有公司破产。公司破产不过是个人破产的放大和延伸。”[①] 19世纪以来，随着公司、企业制度的发展与成熟，有关公司、企业的破产制度也在不断建立与完善。

其实，将债务人经济活动中的事实破产，通过法律规定的程序、方式进行处置，不仅有利于债权人合法权益的公平维护，而且有利于社会经济秩序、社会稳定等公共利益的保障。对于债务人本身而言，也可以免受债权人无限追索其所负债务之苦，以摆脱压在身上的难以承受之痛。尤其是在破产法律制度的演变、发展过程中，人们还发现：对于一些已经破产或者濒临破产的公司、企业，在其具有重生的内在活力时，通过和解的方式让债权人让步，如减少或者免除债权、延长清偿时间等方式，避免债务人走向破产；甚至采取调整债权人权益、出资人利益、改善经营结构、强化经营管理、进行企业转让或租赁、资本变更、发行新股、将债权转为股权等一系列积极措施，帮助债务人进行破产重整而度过债务危机这一难关，进而避免破产，获得重生。在债务人已事实破产又具有挽救可能的情况下，通过法律规定的程序、方式处置而使之再生，产生了以避免破产为重要功能的预防型破产程序——破产重整程序、破产和解程序。这种破产预防程序，无论是对债务人来说，还是对债权人乃至整个经济秩序、社会秩序而言，都有利而无害，且更加有利于将债务人破产所带来的危害控制在一定的范围乃至最低程度，也能为债务人所接受，并获得债务人及其出资人的积极配合。即使债务人没有任何挽救可能，只能宣告债务人破产而使之消亡，即通过破产清算程序对其所负债务进行彻底公平的清理，也有利于公平维护全体债权人的利益，以防止债务人进行个别清偿而给其他债权人利益造成侵害，并进而减少给经济秩序乃至社会稳定带来不安定因素的现象发生。

如前所述，破产法律制度的出现及不断完善，为人类找到了一条减少、预防债务人在经济活动中破产现象发生及其危害的重要途径。我国在社会主义市场经济发展的过程中，也将破产法律制度移植到了法律体系之中，成为我国社会主义法律体系的一个重要构成部分。这种破产法律制度的移植，并不是简单地照搬，而是结合了我国经济发展的情况，在1986年通过的《企业破产法（试行）》的基础上，总结了20余年的破产司法实践经验，于2006年8月27日通过了《企业破产法》。《企业破产法》的实施，对于公平维护破产债权人的合法权益，防止借破产之机逃避债务的违法现象发生，完善经济秩序，促进社会稳定，发挥了重要的作用。尤其是破产重整制度的实践，使得一批处于事实破产的企业重获生机而再生。北京德恒律师事务所担任管理人

---

① 李曙光：《关于新破产法起草中的几个重要问题》，载《政法论坛》2002年第3期。

的债务人破产重整中，通过努力就使一些债务人重整成功，如湖北天颐科技股份有限公司（ST 天颐）、湖北天发石油股份有限公司（ST 天发）、广东华龙集团股份有限公司（ST 华龙）等。尤其是，拥有全国著名品牌“太子奶”的湖南3公司合并重整，也因连续6年跻身中国企业500强、中国民营企业100强的新华联集团和拥有90余家国有全资及控股企业、中外合作企业以及“三元”“华都”等系列著名品牌的北京首农集团旗下的北京三元食品股份有限公司两家联手组成新华联——三元联合体作为投资人对其进行重整而出现曙光。

然应看到，我国社会主义市场经济的确立还只有20多年，经济制度以及与此相关的法律制度还存在某些不完善的地方。尤其是以债务人破产行为所产生的破产关系为调整对象的破产法律制度，不仅涉及债务人、出资人的利益，而且涉及与债务人有关的所有债权人及其他利害关系人的利益。在债务人职工众多、债权广泛的情况下，如何平衡债务人、出资人、债权人、职工等的利益，既事关法律的公平与正义，又事关经济秩序及社会的和谐稳定。因此，破产法律制度及其原则、内容、所涉法律关系异常复杂，既有实体法律规范，又有程序法律规范；既要维护《民法通则》《公司法》等在通常情况下处理债务人、债权人之间法律关系的法律、行政法规的稳定，又要基于破产处理债务人与所有债权人这一众多利益主体之间的法律关系的特点进行规范，其疑难、复杂程度可想而知，破产法律制度的健全与完善也就更加困难。与此相联系，一些不完善的地方还以不同方式加以表现，尤其是破产理论及其实践中对于破产法律制度的一些问题的理解仁者见仁、智者见智，处理与做法不一，影响了破产法律制度功能与目的的充分实现。笔者作为“太子奶”湖南3公司合并重整管理人的主要负责人之一，在参与3公司合并重整的整个过程中，深深体会到对破产法律制度理解不一而给破产重整所带来的困惑与障碍。因此，在对有关问题进行思考的基础上，斗胆写下了《破产法原理与适用》一书，以求对破产法律制度的不断完善及破产司法实践的良性发展而有所裨益。

在撰写本书的过程中，笔者竭力以“全”“新”“明”“实”“强”作为基本要求：

“全”，即内容全面。本书以《企业破产法》的基本构架为主线，对涉及企业破产法律制度的有关问题，包括实体问题与程序问题，如破产能力、破产原因、债务人财产、破产债权、管理人、债权人会议及债权人委员会、破产重整、破产和解、破产清算、破产法律责任等等，均作了全面的介绍、分析与阐述。

“新”，即成果新颖。本书以《企业破产法》实施5年多来的司法实践为素材，在参考王欣新主编的《破产法原理与案例教程》、王卫国著的《破产法精义》及吴庆宝、王建平主编的《破产案件裁判标准规范》等50余部著作的基础上，对其中的一些破产法律制度理论与实践中的新的疑难、复杂问题进行了全面的诠释，尽量反映破产理论研究的新的成果及破产实践中的新的经验。如非债权人进行所谓的债权申报是否属于债权人会议成员，能否参加债权人会议；债权人会议是否可以采取书面方式召开等。

“明”，即观点明确。本书对许多破产理论及司法实践中存在争议的问题，如对金融机构，债权人与债务人能否申请其破产；破产别除权人是否具有申请债务人破产的权利；行政罚款、刑事罚金等公法上的债权是否属于破产债权；破产申请受理后，对于具有财产担保的债权进行的个别清偿是否有效，等等，均作了分析，且观点鲜明、确定，不作含糊其词的解释，并进行了必要论证。

“实”，即资料翔实。本书以《企业破产法》及其司法解释为根据，在查阅大量的理论研究著作的同时，参考了最高人民法院相关领导有关破产案件审判工作的讲话及其精神，以及《企业破产法》立法过程中，中央与地方有关部门、专家学者、企业等各方面对《企业破产法（草案）》的修改意见，以求得对《企业破产法》立法原意作出准确理解。

“强”，即实践性强。法律科学作为行为科学，实践性是其重要特征。作为以程序为基本特征的破产法律制度，其实践性更为突出。通过破产程序的实施，意在解决破产案件中债务人与所有债权人之间的一切法律关系，其整个过程都是破产法运用于破产司法实践的动态过程。所以，本书在对一些基本理论问题进行必要阐释的同时，尤其重视破产司法实践中的一些实际问题的解决与分析，如破产撤销权行使的程序与方式，破产别除权行使的条件，破产抵销权行使的不同类型，合并重整程序如何开展，等等。

当然，由于心力所限，其中的瑕疵在所难免，有的甚至出现错讹。在此，敬请尊敬的读者将此仅仅当作抛砖引玉，在给予厚爱、宽容的同时不吝批评、指正。对此，先表示衷心的感谢！

贺小电

二〇一一年八月三十日

总目录

上册目录

第一章　破产法概述

第一节　破产的概念与特征

一、破产的概念

破产，作为一种描述人类社会活动过程及其结果状态的词汇，在不同的人类社会活动中，有着其不同的含义。

在社会日常生活中，破产通常是指某人或某家庭丧失全部财产，如一场大火使村上的许多农家破了产，[①] 就是如此。是以，它还常用来喻指事情失败，如计划破产、阴谋破产，等等。

在社会经济生活中，破产则往往是指从事经济活动的主体，其生产经营等经济活动发生严重亏损，在财务上已无法继续维持，到了事业倒闭、倾家荡产之地步。[②]

在社会法律生活中，破产则是指从事经济活动的主体（债务人）在具有不能清偿到期债务，并且资产不足以清偿全部债务或者明显缺乏清偿能力等法律规定的情形下，人民法院、债权人、管理人等法定主体依照法定程序对债务人与所有债权人之间的债权债务进行彻底、有序、公平的清理、偿还，使得债务人与所有债权人之间的债权债务关系得以处置、了结的一种法律行为。

二、破产行为的分类

1. 根据破产行为包括的范围不同，破产可以分为广义意义上的破产与狭义意义上的破产

---

① 中国社会科学院语言研究所词典编辑室编著：《现代汉语词典》，商务印书馆 2005 年版，第 1058 页。

② 王欣新主编：《破产法原理与案例教程》，中国人民大学出版社 2010 年版，第 4 页。

狭义意义上的破产，即早期的传统意义上的清算型破产，是指债务人在具有不能清偿到期债务，并且资产不足以清偿全部债务或者明显缺乏清偿能力等法律规定的情形时，人民法院、债权人、管理人等法定主体依照法定程序将债务人的财产用以清偿所有债权人债权的清算行为。此种行为，不仅通过对债务人与所有债权人之间的债权债务关系进行彻底的清理，最终了结了债务人与所有债权人之间的债权债务关系，而且最终消灭了债务人的民事主体资格，即债务人因为其财产全部用来清偿债务导致民事主体资格的消灭进而丧失了民事权利能力，不能再以民事主体进行任何民事活动包括经济活动。这种狭义意义上的破产，乃是对债务人宣告其消灭或称“死亡”的过程。随着债务人的消灭即其民事主体资格的丧失，其与所有债权人之间的债权债务关系得以彻底的了结。

广义意义上的破产，不仅包括狭义意义上的清算型破产，而且还包括清算型破产以外的破产和解、破产重整预防型破产。后者不仅对债务人与所有债权人之间的债权债务进行彻底的、公平的清理、偿还，使债务人与债权人之间的债权债务关系得以了结，债务人的民事主体资格则仍然存在、保留，并不消灭。故，广义意义上的破产，不仅包括破产清算行为，而且还包括破产重整行为与破产和解行为，尤其是破产清算与破产和解、破产重整之间在一定条件下还可以依法相互进行转换。

这种现代的广义意义上的破产，是在传统的狭义意义上的破产基础上逐步演变、发展过来的。后者基于对不能偿还到期债务的债务人等的惩戒主义态度，以清偿债权人的债务为主要目的，不顾债务人的存在，穷尽一切偿债手段，将其财产全部用于清偿债务来最大限度地满足债权人的偿债要求，最终使债务人丧失一切财产而致其民事主体资格得以剥夺、丧失。前者除对没有挽救可能的债务人实施破产清算外，对于那些尚有挽救可能的债务人，对其不是一概采取剥夺民事主体资格的破产清算，而是在保留其民事主体资格的前提下对其所负的所有债务进行彻底的清理、偿还，使得债务人继续存在、保留，即以进行破产预防为目的，与清理、了结债务人与全体债权人之间的债权债务关系的目的同样重要，有时甚至更重要。在社会不断进步、发展的过程中，人们逐渐认识到，债务人作为依法存在的民事主体，对其实施的破产行为，不仅关系到债务人与债权人之间的债权债务关系，而且关系到债务人、债权人及其他利害关系人之间的社会关系。在债务人具有不能清偿到期债务，并且资产不足以清偿全部债务或者明显缺乏清偿能力等的情形下，为了最大限度地满足债权人的偿债要求，不顾债务人是否具有发展前途一概采取一棍子打死而将其财产全部清算用以偿还债务，进而剥夺其民事主体的破产清算的做法，对于一些充满发展前景而只是一时处于经济困境的债务人来说，则不公平，对于经济乃至社会的发展也是不利的。毫无疑问，针对一些源于各种原因处于不能清偿到期债务，并且资产不足以清偿全部债务或者明显缺乏清偿能力等的状态，然具有发展前景且有一定社会信用的诚实债务人，秉着治病救人、预防挽救的原则，对其与全体债权人之间的债权债务进行全面的、彻底的清理、偿还的同时，而保留、继续其民事主体资格，即对其进行预防、挽救性破产，其实质不是真正意义的消灭其民事主体资格的破产清算，而是通过破产对其实施预防、挽救，比起对其实施消灭其民事主体资格的破产清算来说，不仅更加有利于债权人，而且更加有利于债务人，同时也有利于经济与社会的发展。因此，这种破产预防、破产挽救的观念也逐渐深入人心，并为法律所承认，破产行为进而亦从单纯的破产清算行为逐步演变、发展为包括破产清算、破产重整及破产和解在内的这一现代的广义意义上的破产行为。

2. 根据破产启动的原因不同，破产可以分为事实上的破产与法律上的破产

前者即事实上的破产，是指债务人因不能清偿到期债务且资产不抵负债，客观上不能清偿债务而破产，即没有足够的资产来清偿全部债务，简称资不抵债或债务超过；后者即法律上的破产，是指债务人因不能清偿到期债务而破产，简称不能清偿。[①] 此时，债务人的资产即使可能超过负债，然出于各种原因不能偿还到期债务，且有明显缺乏清偿能力，或者有明显丧失清偿能力的可能，根据法律规定仍可对其实施破产（重整）行为来偿还到期债务。

三、破产的特征

破产，作为一种多重主体参加的依照法律规定对债务人的所有债权债务进行彻底、有序、公平、公正的清理、偿还，致使其与所有债权人的债权债务关系得以处置、了结的行为，具有自己的特征，并与其他行为相区别：

1. 破产行为必须由法定的主体实施

根据《企业破产法》的规定，破产行为只能由破产法规定的在破产程序中依法享有自己权利、承担自己义务的个人或单位来实施。换言之，只有为《企业破产法》等破产法律制度规定可以参加破产程序、实施破产行为的人或单位，才能成为破产行为的主体，参与破产程序，实施破产行为，并承担相应的法律后果。没有为《企业破产法》等法律制度规定可以参加破产程序的

---

① 王欣新主编：《破产法原理与案例教程》，中国人民大学出版社 2010 年版，第 5 页。

单位或个人，则不能参加破产程序，无法实施破产行为。根据《企业破产法》的规定，破产行为的主体有债权人、债务人、债务人的出资人、管理人、人民法院等。基于破产行为的主体必须由《企业破产法》明文规定且不单一的特点，破产行为的主体由此具有法定性、多重性。其中，破产行为主体的法定性，是指哪些人或者单位可以参与破产行为的实施，具体可以实施什么样的行为，具有哪些权利与义务，都由《企业破产法》等破产法律制度明确作出规定。破产行为主体的多重性，是指破产行为的主体不止 1 个，而是多个。破产行为不是 1 个主体的单一行为，而是多个主体的系列行为的复合行为。

2. 破产行为必须针对法律规定的对象来实施

在现实社会生活中，任何单位包括国家机关、企业、事业单位、社会团体或者其他组织以及个人，都可能源于各种各样的原因而与其他单位或个人发生债权债务关系。有的甚至资不抵债而不能清偿到期债务，已经进入实际的破产状态。可是，能够依法进入破产程序，对其债权债务依照破产法规定的程序进行公平、彻底清理的，只能是依照《企业破产法》第 2 条规定具有破产能力的企业法人，以及其他法律规定可以实施破产的其他组织，如合伙企业、农民专业合作社及民办学校等。没有破产能力的单位或个人，即企业法人、合伙企业、农民专业合作社及民办学校等以外的其他组织与个人，如不属于企业的国家机关、事业单位、社会团体或者个人、个体工商户、家庭承包经营户等，以及虽属企业但不具有法人资格的其他组织，如私营独资企业、企业法人的分支机构、中外合作经营企业、外资企业、乡镇、街道、村办企业等其他组织以及个人，即使源于各种原因导致资不抵债，也不能适用《企业破产法》的规定对其实施破产行为。

应当指出，根据《企业破产法》第 2 条规定，《企业破产法》的范围只适用于企业法人，即《企业破产法》只赋予了企业法人的破产能力，而对企业法人外的其他组织的破产能力没有作出规定。但这不是说，除了企业法人外，其他组织在资不抵债时就不可能对其债权债务实行破产清算。《企业破产法》没有赋予某一主体的破产能力，并不意味着其他法律就一律不能够赋予某一主体的破产能力。如对合伙企业，《合伙企业法》第 92 条中就规定："合伙企业不能清偿到期债务的，债权人可以依法向人民法院提出破产清算申请……"基此，《合伙企业法》实际就赋予了合伙企业的破产能力，合伙企业据之就可以实施破产清算。另外，《民办教育促进法》第 58 条第 2 款中规定，民办学校因资不抵债无法继续办学而被终止的，由人民法院组织清算；《农民专业合作社法》第 52 条第 2 款规定，清算组发现农民专业合作社的财产不足以清偿债务的，应当依法向人民法院申请破产。这就说明《民办教育促进法》《农民专业合作社法》分别赋予了民办学校与农民专业合作社的破产能力。因此，民办学校、农民专业合作社可以依法进行破产清算。正因为如此，《企业破产法》第135条明确规定："其他法律规定企业法人以外的组织的清算，属于破产清算的，参照适用本法规定的程序。"

3. 破产行为只能对具有破产能力且符合破产法规定条件的单位实施

换言之，破产行为的开始启动，必须符合《企业破产法》等破产法律规定的条件。破产行为只是在法定的条件下对具有破产能力的企业法人以及合伙企业、农民专业合作社、民办学校等债务人的全部债权债务进行清理、偿还的一种手段，而不能任意对企业法人、合伙企业等加以实施。企业法人、合伙企业等作为参与社会经济活动的重要经济主体，不能清偿到期债务，会对债权人的合法权益以及社会经济活动秩序造成不利影响，假若资不抵债或者明显缺乏清偿能力，从维护债权人的合法权益及正常的社会秩序出发，有必要依法对其实施破产清算。然则，仅仅因为企业法人、合伙企业等不能清偿到期债务，而不顾产生这种不能清偿到期债务的原因以及其他情况，就一律允许对其实施破产清算，不仅对债务人而且对债权人，都无法使得其合法权益得到有效维护，社会经济秩序也会由此受到影响。所以，对不能清偿到期债务的企业法人、合伙企业等，对其启动破产程序、实施破产行为而清理全部债权债务，必须符合法律的规定才能进行，破产行为属于法定特定条件下才能适用的偿债手段。具体来说，对企业法人而言，根据《企业破产法》第2条的规定，企业法人不能清偿到期债务，并且资产不足以清偿全部债务或者明显缺乏清偿能力的，依照本法规定清理债务。企业法人有前款规定情形，或者有明显丧失清偿能力可能的，可以依照本法规定进行重整。换句话说，企业法人只有具备以下条件之一的，才能依法实施破产行为：（1）不能清偿到期债务并且资产不足以清偿全部债务的企业法人，对其可以依法实施破产清算或破产重整或破产和解；（2）不能清偿到期债务并且明显缺乏清偿能力的企业法人，对其可以依法实施破产清算或破产重整或破产和解；（3）有明显丧失清偿能力可能的企业法人，对其可以依法进行破产重整或破产和解。除此之外，企业法人即使不能清偿到期债务，如只是暂时的资金周转不灵而无法对到期的债务进行清偿的，就不能对其启动破产行为而对其全部债权债务进行清理。至于合伙企业、农民专业合作社、民办学校进行破产清算的条件或原因，则应根据《合伙企业法》《农民专业合作社法》《民办教育促进法》等有关规定予以把握。

4. 破产行为的主要功能是对破产债务人的全部债权债务关系进行彻底的、公平的清理、偿还企业法人、合伙企业等具有破产能力的单位，与其他许许多多的民事主体包括国家机关、事业单位、社会团体、其他组织及个人之间，都可能出于交易、建设等各种原因发生这样或那样的债权债务关系。这些债权债务关系尽管很多，然都是在特定的债权人与债务人之间进行的。每一债权债务关系不仅是独立的，而且是平等的。每一债权债务关系的独立性，决定着每一债权债务关系都可以由债权人与债务人分别独立地进行清算，而无需等待其他债权债务关系一并进行清理。在通常情况下，对于每一债权债务关系的清理都是由债权人与债务人通过个别履行、个别诉讼、个别执行程序等分别进行的。但是，从整体上来说，所有债权债务关系除了具有抵押权、质权、留置权等特定债权债务关系外，每一债权债务关系都是平等的，都要受到平等的保护。所有债权债务关系的这一平等性，决定着债务人在资产不足以清偿全部债务时，不能再像通常情况一样个别地清偿部分债权人的债务。不然，就必然有一些债权人的债权得不到应有的清偿，与债权债务关系的平等性相悖，对于不能全额清偿或者全部不能清偿的债权人来说，也不公平。另外，在债务人不能清偿到期债务且资产不足以清偿全部债务等的情况下，债权人的债权得不到平等的保护，既与《民法典》《公司法》等实体法确定的债权人地位平等的原则相悖，也无法妥善协调所有债权人之间利益的冲突。这时，债权人为了不使自己的债权遭受损害，就会争先恐后地对债务人的财产采取行动，不仅不利于债权人债权的实现，而且还会造成经济秩序乃至社会秩序的混乱。在这种情况下，就需要有一种与一般情况下通过个别清偿方式单独解决每一债权债务关系的不同方法，来公平、平等地解决债务人与所有债权人之间的全部债权债务关系。这种方法就是法律规定的破产手段。在债务人具有不能清偿到期债务且资不抵债等法定原因，无法对所有债权人的债权进行全额清偿时，通过破产这一手段，要求对债务人的所有债权债务同时进行公平的清理、偿还。破产程序一旦启动，债务人就不能对任何债权人的债权进行个别清偿。为了防止债务人已经符合破产条件时而在启动破产程序前进行个别清偿，损害其他债权人利益的现象发生，《企业破产法》第 32 条中还规定，人民法院受理破产申请前 6 个月内，债务人有本法第 2 条第 1 款规定的情形，仍对个别债权人进行清偿的，管理人有权依法请求人民法院予以撤销。可见除共益债权及因抵押、质押、留置等具有优先受偿权的债权外，其他债权都只能按照《企业破产法》规定的顺序受偿，处于同一顺序的债权完全按照比例受偿，以保障债务人与债权人之间的所有债权债务的平等性，进而公平维护所有债权人的合法利益。此外，为了防止债务人通过个别清偿或者其他手段损害债权人利益的现象发生，破产法还规定了破产撤销权、破产抵销权、破产别除权等特定制度。这些制度的实施，对于所有债权人的债权得到公平维护，是有利的。

5. 破产行为是法定的实体行为与程序行为的有机结合

（1）破产行为作为一种在债务人符合《企业破产法》等规定的条件时，由人民法院通过受理、审理破产案件的形式以强制的方法对债务人所有财产进行清理，用于偿还其所欠全部债务的行为，具有程序性。如破产行为在什么条件下才能启动，破产启动的申请，破产案件由哪一法院管辖，破产案件的受理，债权的申报与确认，债权人会议，和解程序，重整程序，破产宣告，破产财产的分配，等等，均属于如何处理债务人与所有债权人之间的债权债务关系的程序性行为。从本质上讲，破产行为的性质或主要性质乃为一种程序性行为。这是由其行为的功能与作用决定的。我们知道，破产行为乃是对债务人与债权人之间的债权债务关系是否成立，以及债权债务数额的多少予以确认，并强制以债务人的财产对所有依法确认的债权债务进行清偿，这就决定破产行为的性质或主要性质乃属程序性行为。

（2）破产行为的性质或主要性质属于程序性行为，但也要注意到，破产行为所清偿的不是债务人与单个债权人之间的债权债务关系，而是清偿债务人与所有债权人之间的全部债权债务关系。为了保证所有债权人的债权得到公平的清偿，对于破产启动时还未到期的债权是否承认债权效力、还未履行完毕的合同是否履行、债务人源于各种原因占有的他人财产如何处理、债务人出于恶意处分财产或者清偿个别债权人的债务是否有效，等等，都直接关系到债务人与债权人之间的债权债务关系的设立、变更、存续、消灭等实体问题。对于这些实体问题，在强制债务人的全部财产清偿所欠债权人的债务时，必须得以规定。是以，《企业破产法》等在规定程序性行为的同时，不可避免地要对一些有关债务人与债权人之间的设立、变更、消灭其间债权债务关系的实体性问题作出规定，如对破产财产的范围、破产无效行为、破产债权与破产费用、破产取回权、破产抵销权、破产撤销权、破产法律责任等所作的规定，致使破产行为又具有实体行为的特征，其中一些行为其实就是设立、变更、消灭债务人与债权人之间债权债务关系的实体行为。

（3）破产行为既有程序性行为，又有实体性行为，是程序性行为与实体性行为的有机结合。这种结合是基于对债务人与全体债权人之间的债权债务关系进行全部清偿的需要而规定的，而不是任意所为的。如对债务人尚未到期的债务，不是根据破产程序，则债权人不能要求偿还。进入破产程序后，如果又将这些尚未到期的债务排除在外，只对到期债务进行清理，那么，这些未到期的债务在破产程序完成后就无法得到清偿，会损害相关债权人的合法权益，与作为公平清偿债务人所欠全体债权人的所有债务的破产行为的功能也相矛盾。故，破产法就有必要对尚未到期的债务作出在破产申请受理时视为到期的规定。又如，有的债务人在不能清偿到期债务且资不抵债等的情况下，对个别债权人的债权进行清偿后才申请破产，会对其他债权人的债权获得公平清偿产生影响。为了防止这种现象发生，《企业破产法》第 32 条为此作出了“人民法院受理破产申请前 6 个月内，债务人有本法第 2 条第 1 款规定的情形，仍对个别债权人进行清偿的，管理人有权请求人民法院予以撤销。但是，个别清偿使债务人财产受益的除外”的规定，有利于防范债务人清偿个别债权人的债务而损害其他债权人权益的现象发生。

（4）破产行为不仅系程序性行为与实体性行为的结合，而且是程序性行为与实体性行为的法定结合。换句话说，无论是破产程序性行为还是破产实体性行为，都由《企业破产法》等破产法律规定，破产行为的实施都必须依照法律规定的方式、期限进行，而不能任意而为。

（5）应当指出，破产行为包括其中的程序行为，相对应的法定程序乃为破产法规定有关程序性的规范。就程序行为的性质而言，其属于一种概括的执行性程序行为，使得债务人与所有债权人的债权债务关系通过该程序的完成而得以终结。作为一种执行性程序的行为，其要求以执行的债权债务关系不再存在争议而由人民法院裁定确定，要么是债务人的债权人对管理人审核并登记在债权表中的债权没有争议，要么虽有债权人对债权表中的债权存在争议但已通过破产程序外的其他法定诉讼、仲裁等程序作出的生效法律文书加以确定而使得争议得以解决。这样，对于债权人对债权表中有异议的债权，本身不能通过破产这一概括性的执行程序加以解决，而要通过法定的诉讼或者仲裁程序加以解决。换言之，破产程序本身不能解决债务人与债权人之间就债权债务关系存在争议的实体性问题。尽管如此，仍不能由此否定破产行为包括实体性行为，与调整、规范破产行为的破产法从而也具有实体性的特征相矛盾。我们说，破产行为乃是基于破产法规定而实施的所有行为，受破产法调整与规范。而破产法规定的管理人审核债权人申报的债权并制定债权表，人民法院对于债权表中的债权人并无异议的债权予以裁定确认，以及管理人根据破产法有关诸如《企业破产法》第 30 条关于“破产申请受理时属于债务人的全部财产，以及破产申请受理后至破产程序终结前债务人取得的财产，为债务人财产”，第 46 条关于“未到期的债权，在破产申请受理时视为到期。附利息的债权自破产申请受理时起停止计息”等实体性规范确定破产财产的范围、审查初步认定债务等，属于具有实体行为性质的直接同债务人与债权人之间的实体权利义务相关，并对实体权利义务关系直接产生影响的破产实体行为，同样受破产法调整与规范。

6. 破产行为从本质上讲属于一种特殊的集中清偿债务人所欠一切债权人的所有债务的偿债手段

一般情况下，债务人对其所欠债权人的债务是在不同时间单个地进行清偿的，倘若存在争议，也是通过单个的民事诉讼案件进行的。而在通过破产行为对债务人所欠债务的清偿过程中，则是对债务人所欠全体债权人的所有债务同时进行清偿，具有集中性、彻底性及公平性，以及参与主体的广泛性、债权债务的多样性等特点：

（1）破产行为解决的是依法处于平等地位的债务人与一切债权人之间的所有债权债务关系，其彻底性、公平性固然为其必然。

（2）破产行为完成之后，债务人与全体债权人之间的所有债权债务关系均依法得到清偿而了结。因此，要对债务人的全部财产、其与全体债权人的所有债权债务关系进行清理，必须集中进行运作，如债权统一申报、审查、确认，债权偿还的比例确定，债务人财产的统一清查、分配、处理，等等，都体现了与分别清偿债权人个别债务的不同特点。而且，在破产过程中，为了保证所有债权人债权得到清偿的公平性，也不允许债务人对个别债权人的个别债务进行个别清偿。即使已经进行的个别诉讼及执行程序，也因为破产程序的进行需要依法中止。

（3）破产行为既然解决的是债务人与一切债权人之间所有的债权债务关系，那么，所有债权人都有权依法参与破产程序，参与主体的广泛性就不言而喻。

（4）破产行为解决债务人与一切债权人之间的所有债权债务关系，那么，这些债权债务关系的性质与种类，可能多种多样，如劳动债权、统筹社保债权、基本税收债权、担保债权、建筑债权、合同债权、金融债权，等等，都可能涉及，破产行为所清偿债权的多样性乃是个别诉讼、个别清偿等其他清偿债务的方式所无法比拟的。

（5）对于破产清算行为而言，在完成后不仅致使债务人与一切债权人之间所有的债权债务关系予以了结，而且还会使得债务人的民事主体资格得以消灭，即在破产清算行为完毕后，债务人的民事主体资格将被注销，不能再以其名义进行任何民事活动。

第二节　破产法的概念与特征

一、破产法的概念

破产法，是指以破产行为所产生的破产关系作为调整对象的所有法律规范的总称。债务人在具有不能清偿到期债务且资不抵债等情况时，基于债务人、债权人等的申请，人民法院在债务人、债权人、管理人等主体的共同参与下，通过启动破产程序，实施破产行为，对债务人与一切债权人的所有债权债务关系进行清理，以保证所有债权人的债权得以有序、公平受偿，既关系到债务人利益的维护，又关系到债权人合法权益的保护，还关系到市场经济秩序的有序发展，乃至社会秩序的和谐稳定。对于这样一种行为所产生的各种参与主体之间的法律关系，自然要有法律来加以规范、调整。如在什么条件下才能对债务人启动破产程序，破产程序由哪些主体参与、启动，参与破产程序、实施破产行为的主体有哪些权利与义务，破产程序及其行为如何得以进行及进行的方式、期限及后果，等等，都需要法律明文加以规定。不然，破产行为就无法正常进行。这种规定、调整破产行为的法律规范的总和，即规定在债务人具有不能清偿到期债务且资不抵债等法定情形时，而对其与所有债权人的一切债权债务关系进行统一清理、偿还的所有法律规定的总和，便为破产法。

作为一种法律规范，都为法律内容与法律形式的有机统一，作为法律规范的破产法也不能例外。在司法实践中，无论是从破产法内容包括的范围不同还是从破产法形式囊括的范围不同来分析，都有广义的破产法与狭义的破产法之分。

从破产法内容包括的范围不同来分析，狭义的破产法即传统意义上的破产法，是指仅仅以破产清算行为所产生的破产关系作为调整对象的所有法律规范的总称。在这种狭义的破产法中，破产行为是指破产清算行为，破产程序乃指破产清算程序，破产法即为破产清算法。广义的破产法即现代意义上的破产法，则是指不仅以破产清算行为所产生的破产关系作为调整对象，而且还将破产和解及破产重整等破产预防行为所产生的破产关系纳入调整对象的所有法律规范的总和。此时的破产行为不仅包括破产清算行为，而且包括破产和解、破产重整的破产预防行为，破产程序由此包括破产清算程序、破产和解程序及破产重整程序。[1]

从破产法形式囊括的范围不同来分析，狭义的破产法即形式意义上的破产法，仅指立法机关制定的破产法典，即全国人大常委会2006年8月27日通过、自2007年6月1日起实施的《企业破产法》。该法对破产的对象、破产原因、破产财产、破产范围、债权受偿原则及顺序等实体制度，以及破产申请及受理、破产管辖、破产债权的申报、破产参与人的权利及行使权利的程序、破产财产的变价与分配、破产程序的中止与终结等基本程序制度作了全面系统的规定。广义的破产法即实质意义上的破产法，不仅包括《企业破产法》这一破产法典本身，而且还包括散见在其他法律以及法规、行政规章、司法解释之中的所有有关调整破产行为的法律规范。[2] 如《企业破产法》第134条第2款规定："金融机构实施破产的，国务院可以依据本法和其他有关法律的规定制定实施办法。"国务院对于金融机构实施破产所制定的实施办法，便属于广义的破产法。这些广义的破产法，通常以狭义的破产法为基础，对狭义的破产法没有规定到的或者不完善的地方，或者根据破产企业本身特点需要而作出不同规定或者补充性规定，是对破产法典的有益补充，与破产法典相辅相成。作为狭义意义上的破产法典，则规定了破产制度的基本原则与基本内容，是破产法律规范的核心、基础及本质所在，其为广义意义上的破产法规范奠定了基本的原则与基础。

二、破产法的基本内容

如前所述，从内容上来分析，广义的破产法包括将破产清算行为、破产和解行为、破产重整行为所产生的破产关系作为调整对象的所有法律规范的总和。相应地，破产法的基本内容包括破产清算程序、破产和解程序及破产重整程序。

1. 破产重整、破产和解与破产清算的概念

（1）破产重整，是指对具有不能清偿到期债务且资不抵债等法定情形仍有希望复苏、重生的债务人，经债务人、债权人等法定主体申请，在人民法院的主持及法定主体的参与下，通过保护企业的继续经营，进行企业股权、业务上的重组、整理及债务的调整，使其摆脱困境，恢复经营能力进而走向复兴的破产预防程序。换句话说，破产重整乃是对濒临破产而有希望重生的企业通过申请破产取得保护，在清偿其所有债权的同时，使其得以重生而继

---

① 李永军、王欣新、邹海林：《企业破产法》，中国政法大学出版社2009年版，第1~2页。

② 王欣新主编：《破产法原理与案例教程》，中国人民大学出版社2010年版，第7页；范健、王建文：《企业破产法》，法律出版社2009年版，第4页。

续存在。这时，公平清理、偿还其所欠一切债权人的所有债务，虽然仍是破产重整程序启动的主要目的，却已不是唯一目的。除了这一目的，通过破产重整的进行，还要保证其生产经营活动的继续及业务上的重构与整理，以使债务人起死回生、继续存在，而不是在其债务清偿后将其民事主体资格加以消灭，让其不再存在而退出市场。

事实上，债务人具有不能偿还到期债务且资不抵债等的原因，是多种多样的。有的确实是源于生产经营的产品落后，已不再适应市场的需要而无法继续生产经营服务，必须通过破产清算偿还其所欠所有债务而让其退出市场，使之民事主体资格予以消灭、不再存在。而有的可能仅仅是源于经营管理的暂时失误或者国内外的经济危机等形势导致暂时不能偿还到期债务且资不抵债等，然其生产经营服务能力并未丧失，依旧具有重生的希望，对其只是一味地进行清算而让其消灭，不仅不利于债务人，同时也不利于债权人债权的充分实现，而且还因企业法人、合伙企业等社会经济活动主体的消灭而引发更多的社会问题，如企业破产清算后会致使其专有技术、人力资源、商誉以及成形的营销网络和商业合作关系等价值严重损害甚至丧失殆尽；债务人破产清算后的劳动者可能由此失业造成社会不稳定因素增加；债务人破产清算后导致与之存在交易或者其他联系的民事主体的生产经营活动受到影响，等等。这都足以说明，破产清算并非减少具有不能清偿到期债务且资不抵债等法定情形的债务人所给债权人、社会经济秩序造成损害的唯一手段，只有根据债务人的实际情况，在减少其给债权人、社会经济秩序造成损害的同时，对于具有重生希望的债务人给予其重生机会，才能实现债务人、债权人以及社会经济秩序之间的多赢局面，有利于社会经济乃至整个社会的和谐、稳定与发展，破产重整也就自然而然应运而生。

破产重整不仅应运社会经济的发展而生，而且随着社会经济的发展而成为破产立法与司法的重要发展趋势。在现代社会中，由于科技、交通、通信等日新月异的发展，公司、企业法人作为社会经济发展运行的最为重要、最为基本的主体之一，与其他主体之间及社会生活之间联系得更为广泛、密切，一个公司、企业的消灭必然给社会各方面造成各种各样的影响，而对有希望重生的公司、企业通过破产重整程序使之避免走向真正意义上的破产，一方面不仅使其生产经营服务得到继续，可以使债权人获得更大的利益；另一方面还可以避免因为公司、企业破产清算所带来的劳动者失业等各种各样的社会问题。通过对债务人财产的出让、企业兼并、资本变更等措施，促使更多的经济活动发生，既有利于公司、企业的再生，也有利于社会经济的发展。对这，有人认为，破产重整具有 3 种价值：一是营运价值，二是利益与共，三是社会利益。对于营运价值，可以用“马理论”解释，即将具有不能清偿到期债务且资不抵债等法定情形的企业比作1匹病马，破产清算比作“杀马分肉”，那么，破产重整比作“治病救马”。在病马可以救活即公司、企业具有重生希望的情况下，“医治病马”（破产重整）的价值高于“杀马分肉”（破产清算）的价值。[①] 因此，破产重整就是将病马医治成好马的过程。这种价值取向，不仅为立法者所重视，而且为司法者所青睐。在《企业破产法》2007年6月1日施行后，出现了许多破产重整成功的案例，为破产重整积累了丰富的实践经验。

（2）破产和解，是指债务人具有不能清偿到期债务且资不抵债等法定原因时，在人民法院的主持下而与债权人进行协商，就减免部分债务、延期债务偿还期限、提供还债担保等清偿债务的事项达成协议，并经人民法院裁定认可生效实施，恢复债务人正常的民事经营主体资格与能力，避免债务人进入破产清算而予以消灭。所以，破产和解也与破产重整一样，属于破产预防制度的范畴。其不仅具有彻底、有序、公平清偿债务人与一切债权人之间所有债权债务关系的功能，而且具有挽救濒临破产的仍有希望医治的企业的功能。与破产重整不同的是，其主要通过与债权人会议达成和解，由债权人作出让步，不涉及债务人股东权益的调整，操作起来比重整简便，通常只要债务人能够拿出切实可行的和解方案就可以进行。如ST圣方（黑龙江圣方科技股份有限公司）破产和解案，就因债务人与债权人达成和解协议而得以挽救，避免了破产清算而使之退出市场。

（3）破产清算，是指对具有不能偿还到期债务且资不抵债等法定情形的债务人，通过对其财产进行清理、分配，公平偿还所欠一切债权人的所有债务，不仅了结债务人与一切债权人之间的所有债权债务关系，而且因为清算致使其一无所有，使得债务人丧失独立承担民事责任的基础，以致其进行生产经营服务活动的民事主体资格得以丧失、消灭。此时，公平清偿所有债权人的一切债权债务，乃是破产清算程序的唯一目的。

2. 破产清算与破产重整、破产和解的联系与区别

如前所述，无论是破产清算还是破产重整以及破产和解，都是对债务人的所有债权人在破产申请受理时已经成立的全部债权债务关系进行公平、彻底清理、偿还的行为，这是三者都有的共同目标，且为主要的目标之一。是以，它们之间具有诸多共同点，进而形成之间的相互联系。同时，三者作为破产程序这一大的框架下所采取的不同方式，自会具有其相互区别的特征，

① 王卫国：《论重整制度》，载《法学研究》1996年第1期；吴庆宝、王建平主编：《破产案件裁判标准规范》，人民法院出版社2009年版，第19页。

存在这样或那样的区别。这些联系与区别，主要体现在：

（1）三者适用的对象不同。破产重整、破产和解只能针对企业法人适用。对于企业法人以外的单位，如合伙企业、农民专业合作社、民办学校等，《合伙企业法》《农民专业合作社法》《民办教育促进法》等只规定可以实施破产清算，而不能实施破产重整或破产和解；而破产清算则既可以适用于企业法人，又可以适用企业法人之外的其他法律赋予了其破产能力的其他组织，如合伙企业、农民专业合作社、民办学校等。当然，随着社会经济的发展，破产法律制度的完善，其他法律假若给其他组织赋予了破产重整或者破产和解能力，允许对其进行破产重整或者破产和解，自有可能。故，无论是破产重整还是破产和解以及破产清算，其适用范围并非一成不变，完全可以根据经济基础的变化、法律的变化而变化。

此外，即使是对企业法人而言，虽然破产重整、破产和解以及破产清算均可适用，然在具体适用的条件上仍有所区别。对破产清算而言，企业法人只要不能清偿到期债务，并且资产不足以清偿全部债务或者明显缺乏清偿能力，就可以对其实施破产清算。对破产重整、破产和解而言，企业法人除具有上述情形外，还应当具有挽救、重生的希望。否则，就可能被那些没有任何挽救希望的企业法人利用破产重整、破产和解来拖延清偿债务，甚至隐匿、转移资产来逃避债务，损害债权人的利益。

（2）不能清偿到期债务，并且资产不足以清偿全部债务或者明显缺乏清偿能力，根据《企业破产法》第 2 条第 1 款的规定，乃是三者启动的共同原因。对于破产重整，根据《企业破产法》第 2 条第 2 款的规定，除上述原因外，企业法人有明显丧失清偿能力可能的，也可以启动破产重整。

（3）无论是破产清算还是破产重整以及破产和解，根据《企业破产法》第 7 条、第 70 条的规定，债务人自身都可申请启动。对破产和解而言，则只有债务人才能申请启动，债权人不能申请启动。对破产清算程序而言，除债务人可以申请启动外，债权人也可以申请启动，以及在特定条件下对债务人负有清算责任的人也可以申请启动。对于破产重整而言，则不仅债务人、债权人可以申请启动，而且债务人的出资人在特定条件下也可以申请启动，即在由债务人申请破产清算的程序中，人民法院受理后宣告债务人破产前，出资额占债务人注册资本 1/10 以上的出资人，可以依法提出启动重整申请。

（4）3 者既有共同适用的程序，又有相互区别的程序，共同适用的程序如申请、受理程序，公告、通知程序，管理人及其职责履行程序，破产债权的范围及申报、核查、确认程序，债务人的财产范围，破产费用与共益债务的承担，债权人会议，破产取回权、破产抵销权、破产撤销权等防止债务人损害债权人合法权益的实体规定，破产不法行为的法律责任等。相互区别的程序则由《企业破产法》分别在第10章的“破产清算”、第8章的“重整”、第9章的“和解”中作出具体的规定，如重整需要制定、批准、执行重整计划，并由人民法院依法批准后由债务人在管理人的监督下执行；和解则要达成和解协议，并由人民法院裁定认可加以执行；而破产清算则要进行破产宣告，对其财产进行变价与分配等。

（5）从法律后果而言，不论是破产清算还是破产重整以及破产和解，都要集中地对债务人与一切债权人在破产申请受理前已经形成的所有债权债务关系进行清理、偿还，以彻底、有序、公平地了结其间的所有债权债务关系。对破产清算程序而言，除此之外，还因使得债务人的财产全部用于清偿债务而丧失独立承担民事责任的能力致使其参与生产经营服务活动的民事主体资格也得以丧失、消灭；而破产重整、破产和解则不会导致债务人参与生产经营服务活动的民事主体资格丧失、消灭，其作为民事主体的资格依旧继续存在。

（6）就为彻底、有序、公平清理债务人所欠一切债权人的所有债务的措施而言，3者虽然都要通过破产程序规定的方式进行，具体措施区别。如仍存在破产清算，只是对债务人的全部财产进行清理，并依法将之变价、分配以偿还所欠债务。破产和解则是由债务人拿出切实可行的方案，通过债权人会议就减免债务、延展债务的清偿期限等作出让步以了结债务，债务人在和解协议经过人民法院的裁定认可生效后即可重新恢复生产经营服务活动，可以获得再生的机会。破产重整，一开始就以拯救债务人为主要目的，债权人不仅就减免债务、延展债务期限作出让步，而且还允许债务人不停止生产经营服务，采取调整股权利益、资产重构、企业整体转让、部分转让、租赁经营等方式对企业进行再建式的挽救，以预防其破产。

（7）从破产行为的效力来说，无论是破产清算还是破产重整以及破产和解，一旦启动，对所有债权人、债务人都具有约束力，除劳动债权人以外的任何债权人包括具有抵押权、质权、留置权等担保物权的债权人，都应依法申报债权，由管理人对其真实性、有效性等进行审查后制成债权表，并交债权人会议核查。债权人、债务人对债权表记载的债权无异议的，由人民法院裁定确认；有异议的，可以向受理破产申请的人民法院提起诉讼。在破产重整程序中，任何债权人包括对债务人的财产享有担保物权的债权人，都不能随意自行行使担保权利，而必须由管理人统一对其债权进行审查、确认、清理后并依法偿还。但对破产和解、破产清算而言，在债务人与债权人达成和解协议并经人民法院裁定生效后即在和解协议执行过程中，以及宣告债务人破产后，对债务人特定财产享有担保物权的债权人，根据《企业破产法》第96条第2款、第109条的规定，可以自行分别对担保物按照《民事诉讼法》的规定依法行使权利。当然，这种权利的行使也不是随意而为的。不需要申报的劳动债权，则根据《企业破产法》第48条第2款中的规定，由管理人调查后列出清单并予以公示。职工对清单记载的劳动债权有异议的，可以要求管理人更正；管理人不予更正的，职工可以向人民法院提起诉讼。

（8）彻底、有序、公平清理债务人在破产启动前所欠一切债权人的所有债务，了结债务人与一切债权人之间的所有债权债务关系，乃是破产清算、破产重整及破产和解3者的共同目标及价值。对破产清算而言，也是唯一的目标与价值。这种唯一的目标与价值得以实现，债务人的财产全部用来清偿各种债务而丧失殆尽，债务人由此一无所有而丧失承担民事责任的能力而致使其民事主体资格随之消灭。对破产重整、破产和解而言，这是主要目标，并非唯一的目标与价值。除此之外，两者都还有预防债务人真正破产而消灭的目标与价值。不过，破产和解只是通过债权人就减免债务、延展偿还期限等作出让步的方式进行消极的预防，对其债务进行清偿仍是其首要目标，与债务人达成和解协议的主要目的是得到更多的清偿，只是在客观上可能避免债务人走向破产清算而消灭。而破产重整，其一开始就是要对有希望重生的债务人进行拯救。对有希望重生的债务人进行拯救，可以说是其首要目标或者至少是与清偿债务人所负的一切债务并重的目标。因此，破产重整既不像破产清算一样，简单地对债务人的财产、债务进行清理，然后通过变价、分配债务人财产的方法偿还其所欠债务，也不像破产和解那样，只是采取减免部分债务、延展偿还债务期限等消极让步的方式避免债务人破产，而是采取让债务人继续生产经营服务，并且通过资本重构、企业整理等积极措施来再建、重生濒临破产的债务人。

（9）人民法院在债务人、债权人的参与下审理破产案件，债权人为了维护自己的合法权益通过债权人会议对有关重大事项进行表决，都为破产清算、破产和解、破产重整所必需。然而，破产程序涉及许许多多的债权人，要债权人对一些重大事项的处理都达到法律规定的多数意见，通常是很困难的，必须有个解决机制，这就是由人民法院依法对这些无法通过的事项进行裁判。如在破产清算中，债权人会议无法通过债务人财产的管理方案、破产财产的变价方案及分配方案时，人民法院就可以不顾那些不愿通过的债权人反对而裁定批准或者认可，表现出一定的强制性。在破产重整中，对重整计划草案未依法通过时，人民法院也可依法裁定批准，亦表现出较强的强制性。对于破产和解而言，和解协议则须由债权人会议通过后由人民法院裁定认可生效。

这种由人民法院裁定认可生效的和解协议，对所有债权人虽然都具有强制执行的强制性，但要以债权人会议通过为前提，不能像破产清算、破产重整那样，一些债权人会议表决未通过的决议也可由人民法院依法强制裁定。因此，对债权人来说，其强制性的范围要狭窄得多，所表现出的强制性特征也就小得多。

（10）破产清算程序与破产重整程序及破产和解程序在一定条件下可以相互转化。三者作为破产程序的组成部分，既有共同的程序，也有区别的程序。进入破产程序，必须先进入破产清算程序或者破产重整程序或者破产和解程序的一种程序。进入某一破产程序后，并非绝对地、一律地只能实施这一种程序，而是可以在一定条件下进行转化。这种进行转化的条件和情形，必须由法律明文规定，而不能随意转化。如破产法只规定了破产清算程序与破产重整程序、破产清算程序与破产和解程序可以相互转化，并未规定破产重整程序与破产和解程序可以相互转化，破产重整程序与破产和解程序便不能相互转化。

二、破产法的特征

破产法作为一种独立的法律规范，自然存在与其他法律相互区别的特征。这些特征主要有：

1. 破产法是一种以破产行为所产生的法律关系作为调整对象的法律

任何法律，都必以一定的社会关系为调整对象，并由此构成自己与其他法律的区别，形成自己独立的内容与地位，破产法也不例外。破产法的调整对象为破产行为所产生的破产法律关系，于是构成与其他法律相互区别的重要特征。这种因为破产行为所产生的破产法律关系，由于破产行为既有实体行为又有程序行为的特性从而亦具有实体法律关系与程序法律关系的双重特性，这是其他法律通常所不具有的基本特征，而为破产法等少数法律所具有。我们知道，无论是实体法律关系还是程序法律关系，都是基于彻底、有序、公平清偿一切债权人的所有债务的需要而产生的。就程序行为规范而言，其对债务人与债权人之间的债权债务关系是否存在以及债权债务多少的争议，并不加以解决，债务人与债权人之间实体权利义务的争议仍旧由单独的民事诉讼、仲裁等程序解决；就实体行为规范而言，则是对于有关公平清偿所有债权人债权的事项进行规范，如对损害全体债权人利益的行为，事关债权人利益的破产财产、债权范围等进行规定，除此之外的其他实体法律关系则由其他实体法律来加以规范、调整。

2. 破产法是实体法律规范与程序法律规范相结合的法律

根据法律规范的性质，法律规范区分为实体法律规范与程序法律规范，如《民法典》《公司法》《刑法》等均属于实体法，而《民事诉讼法》《仲裁法》《行政诉讼法》《刑事诉讼法》则为程序法。可是，将有关实体法律规范与具有诉讼性质的程序法律规范有机结合在同一法律之中的，破产法就是极少数法律中的之一，并最具有代表性。这是由其调整的对象即破产行为所产生的法律关系决定的。作为其调整对象即破产法律关系中的破产行为，由于既有实体行为又有程序行为而具有实体法律关系与程序法律关系的双重特征，与之相适应，就必然产生相应的法律规范。具体而言，有关破产原因、破产财产、破产债权、破产取回权、破产别除权、破产抵销权、破产撤销权、破产费用、共益债务、破产法律责任等的规定，均属于实体法律规范；而有关破产申请与受理，破产管辖，破产宣告，债权人会议，管理人，破产财产的管理、变价、分配，及破产清算程序、破产重整程序、破产和解程序等的规定，则属于程序性规范。它们均按照破产程序进行的顺序有机规定在同一部法律之中，使得破产法具有与其他法律通常所不具有的实体法律规范与程序法律规范相结合的特征。

3. 破产法调整的法律关系之广、主体之宽，与其他法律、法规联系之密，是其他法律所不具有的

破产法属于清偿债务人所欠一切债权人所有债务的法律，与个别清偿债务人所欠个别债权人债务的《民事诉讼法》存在着密切的关系，可以说，破产法的基本原则与制度主要源于《民事诉讼法》的规定。在破产法没有规定时，《企业破产法》第4条明确规定：“破产案件审理程序，本法没有规定的，适用《民事诉讼法》的有关规定。”应当看到，《民事诉讼法》毕竟是为个别解决债务人与债权人之间的个别债权债务关系等平等民事主体之间法律关系所制定的；而破产法是为了彻底、有序、公平解决债务人与一切债权人之间的所有债权债务关系而制定的，其不仅关系到债务人与所有债权人的债权债务关系的处理，而且还关系到劳动就业、社会稳定、经济秩序正常运行等社会利益，固然具有自身的特点与规范。参与破产程序的当事人，其权利义务关系也必然不同。此外，由于所清偿的为债务人与一切债权人之间所有的债权债务关系，这些债权债务关系涉及不同的法律部门，如不仅与《民法典》中的总则编、物权编、合同编等各编相关，而且涉及《公司法》《票据法》《商业银行法》《劳动法》《社会保险法》《税收征收管理法》《刑法》等诸多法律、法规，其与其他法律、法规的联系之广、之密，是任何法律都无法比拟的。其他法律、法规，在通常情况下，只要依之就可以对所调整的法律关系予以调整。对破产而言，要实现对破产行为所产生的破产法律关系的有效调整，则有赖于其他法律规范的统一调整，单靠破产法一部法律是不可能实

现对其调整的功能的。从这种意义上来说，破产法是与其他法律规范共同实现各自调整功能来完成自身的调整功能的。

四、破产法与其他法律之间的关系

1. 破产法与其他实体法律之间的关系

破产法与其他实体法律就实体问题所作的实体规定，可以分为4种情形：（1）其他实体法律对某一实体问题作了规定，破产法对此没有作出规定；（2）其他实体法律对某一实体问题未作规定，破产法对此作了规定；（3）其他实体法律与破产法均对某一实体问题作了规定，两者规定一致；（4）其他实体法律与破产法均对某一实体问题作了规定，两者规定却不一致。前3种情形，无论是其他实体法律的规定还是破产法的规定，并不相互矛盾，都可以适用，不存在只适用其他实体法律的规定或者只适用破产法的规定的问题。最后一种情形，由于其他实体法律规定与破产法的规定不同，就存在适用哪一法律规定的问题。这时，应当遵循特别法优先于普通法的适用原则选择适用特别法规定。

另外，随着市场经济、社会的发展，法律也在不断变化，尤其是在市场经济完善的过程中，法律的修改经常发生，如《公司法》就已经过数次修改。其他实体法律作了修改而破产法没有修改，或者破产法作了修改而实体法律没有修改，又存在着新法与旧法如何适用的问题。笔者认为，新法对某一问题对旧法的规定加以修改，新法与旧法都是普通法或者都是特别法的，新法应当优先于旧法的适用。不然，新法的修改就没有任何意义。新法属于特别法、旧法属于普通法，或者新法属于普通法、旧法属于特别法，前者无论是按照特别法优先于普通法适用的原则还是按照新法优先于旧法适用的原则，都应适用新的特别法；后者按照特别法优先于普通法适用的原则，则应适用旧的特别法；按照新法优先于旧法适用的原则，则应适用新的普通法。由于新的普通法，规定的只是一般性的普遍适用问题，涉及的并不是特别问题。即使规定不一致，仍是一般问题，而不是对特别问题作出修改，需要按照特别法优先于普通法适用的原则适用旧的特别法，而不应按照新法优先于旧法适用的原则适用新的普通法。所以，新法优先于旧法适用，只在新法、旧法均属普通法或者均为特别法的情况下适用；两者一是特别法另一是普通法时，则应按照特别法优先于普通法适用的原则选择适用特别法规定。

基于上述特别法与普通法适用的规则，下面就破产法与其他实体法律如何适用法律的问题进行必要的分析与介绍。具体说来，分为下列3种情形予以考虑：

（1）破产法与非特定主体实体法律的选择适用。实体法律按照是否针对某一特定主体及其行为作出规定的不同，可以分为特定主体的实体法律与非特定主体的实体法律。后者，是针对所有主体及其有关行为所作的规定，如《民法典》《票据法》《劳动法》《劳动合同法》《社会保险法》《税收征收管理法》等等，均非针对某一特定主体的某一特定行为所作的规定，而是针对所有主体及其有关的行为所作的有关规定。前者则是针对某一特定或者某类特定的主体及其行为所作的规定，如《商业银行法》《保险法》《证券法》《公司法》《合伙企业法》《农民专业合作社法》《民办教育促进法》等都是针对某种或者某类特定主体及其行为所作的规定。就破产法与非特定主体实体法律对同一实体问题作出的不同规定而言，由于破产法只规定破产中的有关问题，而非特定主体实体法律则还要规定破产之外的问题。是以，破产法属于特别法，非特定主体实体法律规定为普通法，按照特别法优先于普通法的适用规则，应当适用作为特别法的破产法的有关规定。具体而言，作为普通法的《民法典》《劳动法》等非特定主体实体法律与作为特别法的破产法对某一实体问题均作了规定，不论是否一致，都应当根据特别法优先于普通法的适用原则适用破产法的规定，而不能以破产法与其他实体法律规范的规定不一致而认定相互矛盾，任意适用。否则，破产法的特别规定就没有任何实际意义。当作为普通法的其他实体法律规范对某一实体问题没有作出规定，而作为特别法的破产法作了规定，就应适用作为特别法的破产法的规定。当作为特别法的破产法对某一实体问题没有作出规定，而作为普通法的其他民事、行政法律规范对此作了规定，在破产程序进行中需要处理这一实体问题时，则应适用作为普通法的其他民事法律规范，而不能以破产法为特别法为由否定其他实体法律规范的适用。事实上，破产法只是为了公平清偿债务人所欠所有债权人所有债务的需要而设置一些特别的实体法律规范，依此只能解决极为少数的实体问题，绝大部分实体问题需要由与之相适应的其他实体法律规范来加以调整、解决。故，这些实体法律规范的适用，对彻底、有序、公平清偿债务人所欠所有债权人的所有债务，保护债务人与债权人的合法权益，维护经济秩序乃至社会秩序的正常运行，同样起着至关重要的作用。缺之，破产法的彻底、有序、公平清偿债务人所欠所有债权人所有债务的目的就无法实现。如合同债权是否到期，应当根据《民法典》第 510 条关于“合同生效后，当事人就质量、价款或者报酬、履行地点等内容没有约定或者约定不明确的，可以协议补充；不能达成补充协议的，按照合同相关条款或者交易习惯确定”的规定以及第 511 条第 4 项关于“履行期限不明确的，债务人可以随时履行，债权人也可以随时请求履行，但是应当给对方必要的准备时间”的规定予以确定。确定未到期的，则属于未到期债权。但在破产程序中，合同债权即使按照《民法典》的有关规定没有到期，按照《企业破产法》第46条第1款关于“未到期的债权，在破产申请受理时视为到期”的规定，则都视为到期。由于《企业破产法》的有关破产程序中债权到期确定的规定仅仅适用于破产程序中，属于特别规定，而《民法典》有关债权到期确定的规定则属于一般规定，按照特别法优先于普通法适用的规则，应当适用特别法《企业破产法》来确定破产程序中的债权是否到期。

（2）破产法与特定主体实体法律有关非破产事项规定的选择适用。《公司法》《商业银行法》《保险法》《证券法》《合伙企业法》《农民专业合作社法》《民办教育促进法》等针对某种或者某类特定主体及其行为的实体问题的规定，既包括关于某种或者某类特定主体的非破产实体问题的规定，又包括关于某种或者某类特定主体的破产实体问题的规定。当其他实体法律规范与破产法对非破产事项的实体问题均作了规定时，前者即特定主体实体法律中对非破产事项等所作的实体规定，适用于各种场合，为普通法规定；而破产法的有关规定只适用于破产程序中，为特别法规定，根据特别法优先于普通法适用的规则，应当选择适用作为特别法的破产法规定。

（3）破产法与特定主体实体法律有关破产事项规定的选择适用。相对于《公司法》《商业银行法》《保险法》《证券法》《合伙企业法》《农民专业合作社法》《民办教育促进法》等针对某种或者某类特定主体的破产行为而作出规定的实体法律而言，《企业破产法》是针对所有具有破产能力及破产原因的企业法人及其他组织的破产事项作出的规定，而《公司法》《商业银行法》《保险法》《证券法》等特定主体实体法律中的有关破产事项的规定仅仅是该类主体适用的规定。因此，《企业破产法》有关破产事项的规定，属于普通法的规定；而《公司法》《商业银行法》《保险法》《证券法》等特定主体实体法律有关该特定主体破产事项的规定，则属于特别法的规定，按照特别法优先于普通法适用的规则，应当适用《公司法》《商业银行法》《保险法》《证券法》的有关规定，而不再是适用《企业破产法》的规定。

如对破产原因这一实体问题，一些特定主体的实体法律在《企业破产法》之外也有规定，如《公司法》第187条第1款关于“清算组在清理公司财产、编制资产负债表和财产清单后，发现公司财产不足清偿债务的，应当依法向人民法院申请宣告破产”的规定；《商业银行法》第71条中关于“商业银行不能支付到期债务，经国务院银行业监督管理机构同意，由人民法院依法宣告其破产”的规定；《合伙企业法》第92条第1款关于“合伙企业不能清偿到期债务的，债权人可以依法向人民法院提出破产清算申请，也可以要求普通合伙人清偿”的规定；《农民专业合作社法》第52条第2款关于“清算组发现农民专业合作社的财产不足以清偿债务的，应当依法向人民法院申请破产”的规定；《民办教育促进法》第58条中关于“因资不抵债无法继续办学而被终止的，由人民法院组织清算”的规定，等等。这些规定都是《企业破产法》没有规定的特别规定，对其需要加以适用。

又如，对特定主体的破产财产分配顺序，一些特定实体法律也作了规定，如《商业银行法》第71条第2款关于“商业银行破产清算时，在支付清算费用、所欠职工工资和劳动保险费用后，应当优先支付个人储蓄存款的本金和利息”的规定；《保险法》（2015年修正）第91条关于“破产财产在优先清偿破产费用和共益债务后，按照下列顺序清偿：（一）所欠职工工资和医疗、伤残补助、抚恤费用，所欠应当划入职工个人账户的基本养老保险、基本医疗保险费用，以及法律、行政法规规定应当支付给职工的补偿金；（二）赔偿或者给付保险金；（三）保险公司欠缴的除第（一）项规定以外的社会保险费用和所欠税款；（四）普通破产债权。破产财产不足以清偿同一顺序的清偿要求的，按照比例分配。破产保险公司的董事、监事和高级管理人员的工资，按照该公司职工的平均工资计算”的规定；第92条关于“经营有人寿保险业务的保险公司被依法撤销或者被依法宣告破产的，其持有的人寿保险合同及责任准备金，必须转让给其他经营有人寿保险业务的保险公司；不能同其他保险公司达成转让协议的，由国务院保险监督管理机构指定经营有人寿保险业务的保险公司接受转让。转让或者由国务院保险监督管理机构指定接受转让前款规定的人寿保险合同及责任准备金的，应当维护被保险人、受益人的合法权益”的规定；《农民专业合作社法》第55条关于“农民专业合作社破产适用企业破产法的有关规定。但是，破产财产在清偿破产费用和共益债务后，应当优先清偿破产前与农民成员已发生交易但尚未结清的款项”的规定；《民办教育促进法》第59条关于“对民办学校的财产按照下列顺序清偿：（一）应退受教育者学费、杂费和其他费用；（二）应发教职工的工资及应缴纳的社会保险费用；（三）偿还其他债务。非营利性民办学校清偿上述债务后的剩余财产继续用于其他非营利性学校办学；营利性民办学校清偿上述债务后的剩余财产，依照公司法的有关规定处理”的规定，等等。这些规定与《企业破产法》第113条第1、2款关于“破产财产在优先清偿破产费用和共益债务后，依照下列顺序清偿：（一）破产人所欠职工的工资和医疗、伤残补助、抚恤费用，所欠的应当划入职工个人账户的基本养老保险、基本医疗保险费用，以及法律、行政法规规定应当支付给职工的补偿金；（二）破产人欠缴的除前项规定以外的社会保险费用和破产人所欠税款；（三）普通破产债权。破产财产不足以清偿同一顺序的清偿要求的，按照比例分配”的规定，有所不同。根据特别法优先于普通法适用的规则，首先应当适用《商业银行法》《保险法》《农民专业合作社法》《民办教育促进法》等特别法的规定，可这些特定主体实体法律没有规定的部分，则应适用《企业破产法》的规定。

2. 破产法与其他程序法律之间的关系

在破产法中，除对有关实体问题作出实体规定外，还要就其程序问题作出规定，后者并且构成破产法的主要部分，如破产申请与受理，破产管辖，破产宣告，债权人会议，管理人，破产财产的管理、变价、分配及破产重整程序、破产和解程序、破产清算程序等。破产法中的程序性规定与其他法律中的程序性规定，如何适用，需要分为两种情形加以考虑：

（1）破产法与非特定主体程序法律的选择适用。在程序法中，《民事诉讼法》《仲裁法》《刑事诉讼法》等一般程序法，适用于所有主体的有关诉讼程序，为非特定主体的程序法律。相对于《民事诉讼法》《仲裁法》等非特定主体程序法律的规定而言，破产法中的程序规定，仅适用于破产案件有关程序的规定，属于特别法与普通法的关系。《民事诉讼法》《仲裁法》等与破产法对某一程序均作了规定，不管是否一致，都应根据特别法优先于普通法的适用原则适用破产法的规定。当《民事诉讼法》《仲裁法》对某一程序问题没有作出规定，而破产法作了规定，就应适用破产法。至于破产法没有作出规定的程序问题，在破产程序中又需要加以解决的，则应适用作为普通法的《民事诉讼法》的有关规定，而不能以破产程序属于特别程序，破产法又没有规定为由，而否定《民事诉讼法》的适用，进而随意所为。对此，《企业破产法》第4条明确规定：“破产案件审理程序，本法没有规定的，适用民事诉讼法的有关规定。”如，破产案件审判组织的组成及合议规则，破产案件的地域管辖及级别管辖规定，破产案件的诉讼代理，破产案件中的证据规则及制度，破产案件中的公告与送达，裁定的生效时间、可以上诉的裁定的范围及上诉期限等破产法没有规定的，则都应直接适用《民事诉讼法》的有关规定。

应当指出，破产法与《刑事诉讼法》的程序之间，也存在特别法与普通法的关系。这主要是在破产企业作为犯罪主体侵害了他人的合法权益，为此在被追究刑事责任的同时，不仅要对其犯罪所得，如诈骗所得、非法集资所得、非法经营所得、偷逃税收所得、骗取出口退税所得等要依法返还与追缴；对他人因为其犯罪所遭受的损害，如生产、销售伪劣产品造成他人人身损害、财产损失，要依法承担赔偿等民事责任。除此之外，还要让其依法承担罚金等刑事责任。在企业法人没有破产的情况下，人民法院可以根据《刑事诉讼法》的有关规定对犯罪企业追缴赃款赃物、没收违法所得、执行罚金刑罚、通过刑事附带民事诉讼实行个别清偿等。但当企业进入破产程序后，所有债权债务都要根据破产法的规定公平清偿。上述由于犯罪行为给他人造成的人身、财产损害，都是属于侵权行为之债，不能再适用《刑事诉讼法》中的追赃程序或者刑事附带民事诉讼程序进行个别清偿，应当予以没收的非法所得、依法判处的罚金刑，与企业欠税一样属于破产企业所欠国家的债权，为了维护债权人的合法权益，国家不能以刑事程序优先为由加以追缴或执行。因为，破产程序乃是处理所有民事债权债务关系的特别法，而《刑事诉讼法》的追缴非法所得、刑事附带民事诉讼等程序仅是处理犯罪行为所造成的民事侵权关系的普通法。根据特别法优先于普通法适用的规则，应当适用作为特别法的破产法，而不应适用作为普通法的《刑事诉讼法》。

至于破产企业作为犯罪受害人的刑事案件，由于犯罪主体并未破产，破产企业作为受害人可以依法要求人民法院通过刑事追赃程序追缴违法所得，或者通过刑事附带民事诉讼程序的方式个别解决其因为被告人的犯罪行为所遭受的损害问题。此时，应当完全按照《刑事诉讼法》的有关规定进行，而不能适用破产程序处理相关问题。

（2）破产法与特定主体程序法律中的破产程序规定的适用。在《民事诉讼法》《仲裁法》《刑事诉讼法》等一般程序法律之外，于一些特定主体的实体法律中，也就破产的一些程序性事项作了规定。相对于《企业破产法》而言，这些特定主体实体法律中有关破产程序的规定仅仅适用该特定主体的破产事项，属于特别法；而《企业破产法》有关破产程序的规定适用于所有具有破产能力与破产原因的主体破产，为普通法。一般情况下，应当按照特别法优先于普通法适用的原则进行处理。然则，作为特别法的规定由于颁行较早而又没有修改，已经完全不能适应破产程序需要的，则应按照新法优先于旧法的适用原则适用普通法即《企业破产法》的有关规定加以修正。具体说来，可以分为下列几种情形进行考虑：

一是，《企业破产法》没有规定而特定主体程序法律中作了规定的，应当适用特定主体法律中的有关规定。比如，《公司法》第 37 条第 9 项、第 43 条第 2 款规定，有限责任公司的合并、分立、解散、清算或者变更公司形式等事项，由股东会作出决议，且股东会会议作出修改公司章程、增加或者减少注册资本的决议，以及公司合并、分立、解散或者变更公司形式的决议，必须经代表 2/3 以上表决权的股东通过。第 66 条第 1 款规定，国有独资公司不设股东会，由国有资产监督管理机构行使股东会职权。国有资产监督管理机构可以授权公司董事会行使股东会的部分职权，决定公司的重大事项，但公司的合并、分立、解散、增加或者减少注册资本和发行公司债券，必须由国有资产监督管理机构决定；其中，重要的国有独资公司合并、分立、解散、申请破产的，应当由国有资产监督管理机构审核后，报本级人民政府批准。根据第103条第2款中规定，股份有限公司合并、分立、解散或者变更公司形式的决议，必须经出席会议的股东所持表决权的2/3以上通过。上述条款就规定公司的解散、清算必须经过决策机构依法作出决议后才能进行。据之，公司自行申请破产的，就应当由决策机构如股东会或股东大会等依法作出决议后，才能提出破产申请。又如，《商业银行法》第71条第1款中规定，商业银行不能支付到期债务，经国务院银行业监督管理机构同意，由人民法院依法宣告其破产。《保险法》（2015年修正）第90条规定，保险公司有《中华人民共和国企业破产法》第二条规定情形的，经国务院保险监督管理机构同意，保险公司或者其债权人可以依法向人民法院申请重整、和解或者破产清算；国务院保险监督管理机构也可以依法向人民法院申请对该保险公司进行重整或者破产清算。第148条规定："被整顿、被接管的保险公司有《中华人民共和国企业破产法》第二条规定情形的，国务院保险监督管理机构可以依法向人民法院申请对该保险公司进行重整或者破产清算。"根据《证券法》第122条①中的规定，证券公司破产，必须经国务院证券监督管理机构核准。因此，商业银行、保险公司、证券公司破产必须经过相应的国务院金融监督管理机构批准才能破产。还如，《证券公司风险处置条例》第42～44条规定，人民法院裁定证券公司重整的，证券公司或者管理人应当同时向债权人会议、国务院证券监督管理机构和人民法院提交重整计划草案。自债权人会议各表决组通过重整计划草案之日起10日内，证券公司或者管理人应当向人民法院提出批准重整计划的申请。重整计划涉及《证券法》第一百二十九条规定相关事项的，证券公司或者管理人应当同时向国务院证券监督管理机构提出批准相关事项的申请，国务院证券监督管理机构应当自收到申请之日起15日内做出批准或者不予批准的决定。债权人会议部分表决组未通过重整计划草案，但重整计划草案又符合《企业破产法》第八十七条第二款规定条件的，证券公司或者管理人可以申请人民法院批准重整计划草案。重整计划草案涉及《证券法》第一百二十九条规定相关事项的，证券公司或者管理人应当同时向国务院证券监督管理机构提出批准相关事项的申请，国务院证券监督管理机构应当自收到申请之日起15日内做出批准或者不予批准的决定。这些规定属于有关金融机构破产的特别法规定，且因《企业破产法》没有规定而应予以适用。

---

① 该条规定："证券公司变更证券业务范围，变更主要股东或者公司的实际控制人，合并、分立、停业、解散、破产，应当经国务院证券监督管理机构核准。"

二是，特定主体程序法律中没有规定而《企业破产法》作了明确规定的，则要依法适用或者参照适用《企业破产法》的规定。如《合伙企业法》《农民专业合作社法》《民办教育促进法》对合伙企业、农民专业合作社、民办学校的破产能力作了规定，对其程序则没有作具体规定。基于《企业破产法》第2条关于该法适用的范围为企业法人，其第135条于是又规定："其他法律规定企业法人以外的组织的清算，属于破产清算的，参照适用本法规定的程序。"据此，其他法律规定有关主体进行破产清算却没有规定相关程序的，对于没有规定的程序则应参照适用《企业破产法》的规定实施破产。

三是，特定主体程序法律中与《企业破产法》均有明确规定，且没有矛盾的，两者都可适用，没有什么障碍。

四是，特定主体程序法律中与《企业破产法》均有明确规定，且存在矛盾的，对之，又应分为两种情况：（1）特定主体程序法律在《企业破产法》施行后颁行的，则无论是按照特别法优先于普通法适用的规则还是按照新法优先于旧法适用的规则，都应适用作为新的且为特别法的特定主体程序法律中的破产程序性规定；（2）特定主体程序法律在《企业破产法》施行前颁行且在后面作了修改的，一般应当按照特别法优先于普通法适用的规则适用特定主体法律中的规定。但是，该规定已经不能适用破产程序需要的，也可按照新法优先于旧法适用的规则适用为普通法的新法——《企业破产法》的规定。如商业银行破产，按照《商业银行法》第71条第1款中关于"商业银行被宣告破产的，由人民法院组织国务院银行业监督管理机构等有关部门和有关人员成立清算组，进行清算"的规定，要由有关部门组成清算组进行清算，即在过去，不能适用管理人制度。在《企业破产法》施行后，破产程序都应依法适用管理人制度，为了既不违反《商业银行法》的规定，又适用《企业破产法》的有关规定，人民法院则可依法直接指定清算组为管理人，清算组应当按照《企业破产法》有关管理人的规定行使职责，不能再固守《商业银行法》只能组成清算组进行的规定，而不适用《企业破产法》有关指定管理人的规定实施破产。当然，商业银行破产时，没有组成清算组的，人民法院则可直接按照《企业破产法》的有关规定从管理人名册中直接指定社会中介机构作为管理人。

第三节　破产法的立法目的与功能

《企业破产法》第1条开宗明义地指出："为规范企业破产程序，公平清理债权债务，保护债权人和债务人的合法权益，维护社会主义市场经济秩序，制定本法。”对此，有人认为这是有关破产法的立法目的的规定；[①] 有人认为这是有关立法宗旨即立法的目标与指导思想的规定；[②] 有人认为这是有关破产法调整作用或功能的规定，认为“破产法的直接调整作用，是保障债务关系在债务人丧失清偿能力时的有序、公平实现，维护全体债权人和债务人的合法权益，维护社会利益与经济秩序”；[③] 有人认为这是有关立法目的的规定，同时认为破产法所确立的破产清算制度和重整制度的社会功能主要体现在保证全体债权人公平受偿，给破产人以经济上复苏的机会，促使债权债务关系的及时处理，维护社会经济秩序稳定。[④] 笔者认为，目的作为破产立法想要达到的结果，主要着重于立法者的主观意图；而功能作为破产制度所要实现的有利作用，主要着重于破产制度的客观后果，两者在语义上尽管有所区别，所指乃是一致的，在内容上没有本质区别。具体而言，根据《企业破产法》第1条规定，破产法的立法目的与功能包括以下4个方面：

一、规范企业破产程序

破产程序作为清偿债务人所欠一切债权人所有债务的特别程序，事关债务人、债权人以及破产企业的职工等诸多主体的利益，对其需要通过完善的法律制度加以规范。不然，所有债权人都对债务人毫无规则地实施各种清偿债务的行为，就不可能公平清偿所有债权债务。所以，早在1986年12月2日，第六届全国人大常委会第18次会议就通过了《企业破产法（试行)》，适用于全民所有制企业的破产案件。1991年4月9日，第七届全国人民代表大会第4次会议通过的《民事诉讼法》以专章第19章“企业法人破产还债程序”，对全民所有制企业以外的非全民所有制企业破产程序作了规定。除此之外，国家还以其他法律、行政法规、规范性文件等形式就破产程序作了规定，如国务院1994年10月25日发布了《关于在若干城市试行国有企业破产有关问题的通知》，对破产企业职工的安置、破产企业土地使用权的处置、银行因企业破产而受到的贷款损失的处理、濒临破产企业的重组等问题作了比较详细的规定。该规定重在解决国有破产企业的职工安置问题时给予了这些国有破产企业一些特殊的政策，如允许破产企业取得的土地使用权转让所得首先用于企业职工的安置；企业在破产前为维持生产经营而向职工募集的集资款

---

① 范健、王建文：《企业破产法》，法律出版社2009年版，第4～5页。

② 王卫国：《破产法精义》，法律出版社2007年版，第1页。

③ 王欣新主编：《破产法原理与案例教程》，中国人民大学出版社2010年版，第10页。

④ 安建主编：《中华人民共和国企业破产法释义》，法律出版社2006年版，第3页、第11页。

视为破产企业所欠职工的工资予以优先偿还。与之相适用的破产为此称之为“政策性破产”或“计划内破产”，其适用范围仅仅限于国务院确定的企业“优化资本结构”试点城市的国有工业企业。基于一些地方滥用政策性破产，国务院便于1997年3月2日又发布了《关于在若干城市试行国有企业兼并破产和职工再就业有关问题的补充通知》，强调上述两个通知的适用范围仅仅为国务院确定的企业“优化资本结构”试点城市的国有工业企业，同时扩大了试点城市的范围，并规定纳入政策性破产计划的企业破产，不仅允许破产企业取得的土地使用权转让所得首先用于企业职工的安置，而且允许用于抵押的土地使用权等担保财产，其转让所得也要优先用于职工劳动债权的清偿及职工的安置。国家经济贸易委员会、中国人民银行1999年4月16日曾经发布了《关于1999年全国企业兼并破产工作有关问题的通知》（国经贸企改〔1999〕301号），将政策性破产扩大适用至纳入国家兼并破产项目的全国国有企业。2000年，针对有色金属和煤矿矿山企业职工众多等特殊情况，对资源枯竭的矿山关闭破产制定了一些特殊的政策，更加大了破产企业职工的保障力度。[①] 最高人民法院亦先后作出多个司法解释，如《执行企业破产法（试行）意见》、1992年7月14日发布施行的《关于适用〈中华人民共和国民事诉讼法〉若干问题的意见》[②]（法发〔1992〕22号）、《企业破产案件规定》等，对破产法律、法规等作了解释，为企业破产提供了规范的程序。然而，随着社会主义市场经济的日益发展与完善，原来人为地将全民所有制企业破产与非全民所有制企业破产分别适用不同程序的做法已无法适应企业法人破产的需要，一些规定也无法适应企业破产的实际情况，某些规定过于原则而需要补充与完善。对所有企业破产制定一部统一、健全的破产法，不仅必要，而且亦成为可能。经过10多年的破产实践，尤其是最高人民法院颁行的许多司法解释，亦为制定一部新的破产法提供了丰富的实践依据。是以，第十届全国人大常委会2006年8月27日通过了《企业破产法》，并自2007年6月1日起施行，该法适用于所有企业的破产，为所有企业破产提供了统一的规范。根据国务院同意并经国务院办公厅2006年1月16日以国办发〔2006〕3号文件转发的全国企业兼并破产和职工再就业工作领导小组《关于进一步做好国有企业政策性关闭破产工作的意见》，“实施政策性关闭破产的期限为2005年至2008年。2008年后不再实施政策性关闭破产。已列入规划的拟关闭破产企业，按年度编制关闭破产计划。全国领导小组按规定程序组

---

① 王欣新主编：《破产法原理与案例教程》，中国人民大学出版社2010年版，第16页；吴庆宝、王建平主编：《破产案件裁判标准规范》，人民法院出版社2009年版，第358～359页。

② 此意见被最高人民法院《民事诉讼法解释》废止。

织有关部门和国有金融机构进行审核，上报国务院批准后组织实施。”据之，国有企业的政策性破产，于2008年后正式退出历史舞台，不再适用。与之相协调，2007年修正的《民事诉讼法》删除了原第19章关于“企业法人破产还债程序”的规定，有关破产法的规定不仅在内容上而且在形式上也更为统一与完善。

二、公平清理债权债务

俗话说，欠债还钱，天经地义。清偿债务，乃是民事法律规范的自然要求，也是破产法的基本要求。然在债务人不能清偿到期债务，且其资产不足以清偿全部债务或者明显缺乏清偿能力等的情况下，清偿债务不仅仅是简单清偿个别债权人的债务，而且是彻底地清偿一切债权人的所有债务。故，平等保护每一债权人的合法权益，公平清偿债务人所欠一切债权人的所有债务便成为首要的目标与价值。否则，债权人的利益无法平衡，之间的冲突无法避免，轻则造成个别清偿债务也无法进行，重则可能引发经济秩序乃至社会秩序的混乱。与此相适应，一种区别于个别清偿的民事诉讼程序的特别程序即破产程序应运而生。作为规范破产程序的破产法，要以破产程序产生的初衷即公平清理所有债权人的债权债务为其立法目的，使得债务人在无法足额清偿所有债务的情况下公平清偿所有债权债务，防止因为受偿不公平而导致债权人之间的冲突及社会混乱。

公平清偿债权债务，不仅是破产法的立法目的，而且亦是一项贯穿于破产立法及司法实践的基本原则。如《企业破产法》第19条关于“人民法院受理破产申请后，有关债务人财产的保全措施应当解除，执行程序应当中止”的规定，第31条、第32条规定的破产撤销权，第34条规定的破产取回权，都是为防止债务人进行个别清偿而损害其他债权人的合法权益，保证所有债权人的债权都能依法得到公平清偿。又如，为了公平清理债权债务，破产法设立债权人会议制度，让全体债权人都能够依法行使自己的权利，对有关债权债务清理的重大事项进行表决，以保证债权债务清理的公平、公正。

三、保护债权人和债务人的合法权益

债务人在进入破产程序的情况下，其资产通常已不足以清偿债务，所有债权人的债权已无法得到全额清偿而必然遭受损失。为了避免其损失的扩大，最大限度地清偿债务人所欠债权人的债务，以保护债权人的合法权益，乃系破产立法的重要目的之一。为了实现这一目的，破产法设立了一系列制度，如《企业破产法》第5条第1款关于“依照本法开始的破产程序，对债务人在中华人民共和国领域外的财产发生效力”的规定；设立管理人制度对破产企业的财产进行管理，以防止债务人私自处置财产，或者造成损坏、丢失；设立债权人会议制度，对破产财产的管理、变价、分配方案，破产重整计划草案，破产和解协议草案依法表决通过，维护自己的合法权益；对债务人为逃避债务而隐匿、转移财产以及虚构债务或者承认不真实债务的行为，确认无效，以保证债权人的合法权益。

应当指出，保障债权人的权益，应当是保护债权人的合法权益，而不是保障债权人的非法权益。他人因为非法甚至犯罪行为对破产企业产生的非法债权，其利益就不能受到保护。

还应指出，保证债权人的合法权益，不仅指维护单个债权人的合法权益，而且更指维护全体债权人的合法权益，不能因为维护单个或者部分债权人的合法权益，如使其得到更多的清偿或者全额清偿，而损害其他债权人的合法权益。

如前所述，破产立法需要维护债权人的合法权益，与此同时，也要保护债务人的合法权益。作为债务人的破产企业，尽管其已濒临破产，其合法权益依旧需要得到维护：（1）破产企业对他人所拥有的合法权益，如债务人对他人、企业所拥有的物权，债权，商标、专利及其他知识产权等各种权利，以及商誉、信用等无形财产，都应依法维护。对债务人合法利益的维护，其实也是对债权人合法权益的维护。（2）对破产企业境外财产的依法保护，同时也为保证债权人的合法权益所必需。（3）允许债务人对管理人编制的债权表提出异议，允许管理人依法提起或者参与对债务人提起的诉讼，保证债务人的合法权益的同时，也是对债权人合法权益的保护。（4）在破产企业不符合破产条件的情况下，不得对其适用破产程序。不然，滥用破产程序，不仅会对债务人的合法权益造成损害，而且还会对债权人的合法权益造成损害。因为，破产程序一旦启动，必然耗费债务人的大量财产，使其财产因为停产、变价、拍卖等而贬值，尤其是营销网络、专有技术等具有专门用途的财产价值，可能因为破产清算而丧失殆尽。如此，对不符合破产条件的债务人采取破产程序清偿债权债务，必然会对债务人及债权人的合法权益造成损害。因此，破产法对破产程序启动规定了严格的条件，对其应当严格遵守，以保护债务人的合法权益。（5）在破产企业具有避免破产的希望尤其具有重生的希望时，允许债务人通过破产重整程序、破产和解程序走出困境，增加清偿能力，不仅是对债务人合法权益的维护，而且也是对债权人的合法权益的维护，因为这样可能使得债权人的合法债权得到更为充分的清偿。换言之，保护债务人的合法权益，与保护债权人的合法权益并不矛盾，保护债务人的合法权益是保护债权人合法权益的重要手段，不应将两者完全对立。

四、维护社会主义市场经济秩序

一个企业的存在，会与许多人、许多单位发生关系，并通过这种关系对社会产生影响，特别是交通、通讯的发展，使得企业的影响范围越来越大。同样，一个企业的破产消亡，也会对之相关的人、单位及社会产生影响：职工可能因为企业破产而失业；债权人因为企业破产致使其利益无法得到充分满足；与之存在交易等各种关系的个人与单位，可能因为企业破产而影响其生活或者生产经营，等等。让企业破产，不仅要考虑维护债权人、债务人的合法权益，而且也要考虑企业破产对于市场经济秩序、社会秩序的冲击与影响，以维护社会主义市场经济秩序乃至社会秩序的正常运行。

维护社会主义市场经济秩序作为破产立法的目的之一，不仅具有宣示作用，而且具有指导破产立法、司法的实质作用。换言之，在破产立法、司法中，都要充分考虑这一立法目的而设置破产程序、进行破产司法实践。如应当制定严格的破产条件并严加遵守，不得让不符合破产条件的企业进入破产程序而造成与之相关的经济秩序的破坏。在破产程序中，要让那些确实丧失经营能力的企业及时淘汰，退出市场，以充分发挥市场经济优胜劣汰的竞争机制的作用，实现社会资源有序配置的功能，防止其存在再对社会经济秩序造成影响与破坏。对于那些有能力复苏、重生的企业，要通过破产和解、破产重整给其机会让其重生，最大限度地克服破产清算造成企业消亡而给社会经济秩序带来的负面作用。要对滥用破产程序进行破产欺诈、恶意逃避债务的行为依法给予法律甚至刑事法律制裁，维护市场交易安全，保证市场经济秩序。要优先清偿劳动债权，最大限度地维护职工及家庭基本生活需要，尽力减少危及社会稳定的不安定因素，以维护社会主义市场经济秩序的正常运行。

第四节　破产法的适用范围

破产法的适用范围，又称破产法的效力范围，是指破产法在什么时间、什么空间以及对什么人适用即具有效力的问题，具体包括破产法的时间效力和破产法的空间效力。

一、破产法的时间效力

破产法的时间效力，即破产法在时间上的适用范围，包括破产法的生效时间、失效时间以及对其生效以前发生正在处理尚未完结的破产案件及行为是否具有溯及既往的效力。

1. 破产法的生效时间

破产法的生效时间，是指破产法开始施行，从而产生调整因破产行为所发生的破产法律关系的法律效力的时间。《企业破产法》第136条规定："本法自2007年6月1日起施行，《中华人民共和国企业破产法（试行）》同时废止。"基此，《企业破产法》的生效时间为2007年6月1日。另外，广义的破产法，如其他法律规范中的破产法律规范，行政法规、行政规章中的破产法律规范，最高人民法院的司法解释，等等，都有其相应的生效时间，这种生效时间与《企业破产法》的生效时间并不要求也不可能要求同步。

2. 破产法的失效时间

任何法律，作为一种社会历史现象，都有其消亡而丧失其效力的时间，破产法律也不例外。如《企业破产法（试行）》就因《企业破产法》的施行而被废止，即《企业破产法（试行）》的失效时间为2007年6月1日。与《企业破产法（试行）》相适应的司法解释即针对《企业破产法（试行）》所作的司法解释，也因为《企业破产法（试行）》的失效而丧失其效力。这些司法解释中，有的并不与《企业破产法》的规定相矛盾，具有合理的有益成分，可以参照适用，但不是再依照适用。

3. 破产法的溯及力问题

《企业破产法》生效以后，其法律规范对于其施行以前已经发生的在其施行时尚未完结的破产案件及行为是否适用，必须作出明确的回答。能够适用，这些法律规范具有溯及力；不能适用，这些法律规范就无溯及力。

破产法解决的是债务人所欠一切债权人的所有债务的问题，涉及许多的权利主体及各种各样的法律关系，既有实体性规定，又有程序性规定。不能简单地说，作为破产法本身的《企业破产法》是否具有溯及力的问题。对于施行以前发生的在施行时尚未审结的破产案件及行为，《企业破产法》的有些规定可以适用，有些规定则不能适用，不能适用的情形要适用过去的破产法律规范解决有关问题。因此，对于可以适用的破产法规范，我们就说其具有溯及力；而对于不能适用的破产法律规范，我们则说其无溯及力。

二、破产法的空间效力

破产法的空间效力，即破产法在空间上的适用范围，是指破产法在什么空间对哪些人适用的问题，是对地域的效力和对人的效力的总称。

破产法对哪些主体，即对人的适用范围的问题，是指哪些主体可以适用破产法的规定对其实施破产的问题，其实际体现为破产法对破产主体资格又称破产能力的规定上。对于破产能力，将在后面专门进行分析，这里只对破产法的地域效力进行阐述。

1. 破产法的域内效力

破产法的域内效力，是指发生在中华人民共和国领域内的破产案件及破产行为，均应适用破产法的规定。这是国家主权的基本要求。一个国家的法律在该国领域内适用，是一个国家立法普遍而基本的原则。所以，凡是发生在我国领域内的破产案件及破产行为，均应适用破产法的规定。即发生在我国领域内的破产案件及行为，都应由人民法院审理。任何人包括作为债权人的外国人、外国组织参与发生在我国领域内的破产诉讼，都应按照《企业破产法》的规定进行，不能有任何例外。至于我国领域的范围，则包括中华人民共和国主权管辖范围内的领土、领海、领空及领土延伸的部分。

应当指出，香港、澳门及台湾地区，都是祖国领域不可分割的组成部分。可是，根据《香港特别行政区基本法》《澳门特别行政区基本法》的规定，香港、澳门地区不实行社会主义制度，保持原有的资本主义制度和生活方式50年不变；香港、澳门地区原有的法律、法令、行政法规和其他规范性文件，除同基本法相抵触或经香港、澳门特别行政区的立法机关或其他机关依照法定程序作出修改的外，予以保留。香港、澳门地区实行高度自治，享有行政管理权、立法权、独立司法权和终审权。是以，我国现有法律包括破产法的效力还无法涉及。至于台湾地区，我国法律包括破产法的效力事实上也无法涉及。即使根据“一国两制”的构想，两岸和平统一，该地区的法律体系也会同香港、澳门地区一样于较长时间存在，我国法律包括破产法的效力尚不会涉及，发生在香港、澳门及台湾地区的破产案件及行为还不能适用《企业破产法》的规定处理，只能适用当地的破产法律规定处理。

2. 破产法的域外效力

一个国家的法律原则要求只在其领域内实施，破产法亦不例外。然则，随着国际贸易的日益发展，国内企业与国外组织、个人的合作范围愈来愈广，在境外拥有财产或者分支机构的现象越来越多，这种在国外拥有财产的企业破产，就涉及该企业在国外的财产如何处置的问题：不加处置，企业在国外的财产就无法并入破产财产，债权人的利益无疑得不到充分的保护而受到损害，而且还会给破产企业隐匿、转移财产以可乘之机；加以处置，由于财产在国外，该财产要受到所在国法律的约束，涉及一个国家的主权问题。故，是否处理以及如何处理，必须作出明确回答。同样，国外的破产企业在我国领域内拥有财产，也涉及国外企业在我国领域内的财产如何处理的问题。有关这一问题的解决，就有赖于破产法域外效力的规定。

对于破产程序的域外效力，有的主张属地主义，有的主张普及主义，有的则主张折中主义。属地主义基于国家主权原则主张，破产程序只对债务人位于本国领域内的财产发生效力，不对债务人位于领域外的财产发生效力。换言之，只有债务人位于本国领域内的财产属于破产财产，而在其他国家领域内即在本国领域外的财产则不受破产程序的约束，不属于破产财产。同样，发生在领域外的破产程序，也对位于领域内的财产不发生效力。普及主义基于破产制度的核心价值在于一次性公平解决债务人的全部债务清偿问题而主张，域内的破产程序不仅及于本国领域内的财产，而且及于债务人在本国领域外的全部财产，以使债权人的利益得到充分的保护。折衷主义则主张破产程序对债务人位于领域外的动产发生效力，对位于领域外的不动产则不发生效力。①

将3种观点相比较，普及主义更有利于债权人合法权益的充分维护，在经济全球化的环境下更是如此。这种主义必须要求解决尊重他国司法主权的问题，而这一问题可以通过国家之间的司法协助机制来加以解决，早在1997年12月15日，联合国国际贸易法委员会第72次全体会议就以第52/158号决议就通过了《跨境破产示范法》（即《跨国界破产示范法》）。该示范法在序言中明确指出："本法之目的在于为处理跨国界破产案件提供有效机制，以促进达到下述目标：（a）本国法院及其他主管机构与外国法院及其他主管机构之间涉及跨国界破产案件的合作；（b）加强贸易和投资方面的法律确定性；（c）公平而有效率地实施跨国界破产管理，保护所有债权人和其他有关当事人的利益，包括债务人的利益；（d）保护并尽量增大债务人资产的价值；（e）便于挽救陷入经济困境的企业，从而保护投资和维持就业。"《跨境破产示范法》通过后已得到了100多个国家的响应，我国作为该委员会的36个成员国之一，亦参加了这次会议。② 这样，承认破产法的域外效力即进行跨境破产（又称国际破产或越界破产），借助于国家之间的司法协助与合作已成为发展趋势，普及主义也愈来愈得到国际上的承认与支持。我国的破产法也以立

① 王欣新主编：《破产法原理与案例教程》，中国人民大学出版社2010年版，第21~22页。

② 王卫国：《破产法精义》，法律出版社2007年版，第12页。

法实践对普及主义加以支持，既承认破产法的效力及于债务人位于领域外的财产，同时也承认领域外的破产程序的效力按照我国参加或者缔结的国际条约或者互惠原则及于领域内的财产。

3. 域内破产程序的域外效力

《企业破产法》第5条第1款规定："依照本法开始的破产程序，对债务人在中华人民共和国领域外的财产发生效力。"据此，我国破产法对域内破产程序的域外效力采取普及主义，规定在域内的破产程序对债务人在领域外的财产发生效力。因此，破产财产不仅包括债务人在国内的财产，也包括债务人在国外的财产。至于财产，则既包括动产，也包括不动产；既包括有形财产，也包括商标、专利等无形财产。

《企业破产法》规定发生在我国领域内的破产程序的效力及于债务人位于领域外的财产，从字面上讲，破产法有关债务人财产的规定对债务人位于领域外的财产均具有约束力。如《企业破产法》第16条关于"人民法院受理破产申请后，债务人对个别债权人的债务清偿无效"的规定；第31条关于"人民法院受理破产申请前一年内，涉及债务人财产的下列行为，管理人有权请求人民法院予以撤销：（一）无偿转让财产的；（二）以明显不合理的价格进行交易的；（三）对没有财产担保的债务提供财产担保的；（四）对未到期的债务提前清偿的；（五）放弃债权的"的规定，等等，就都要对债务人领域外的财产发生效力。照此，债务人在破产程序发生后，利用域外的财产清偿个别债务，或者在破产程序发生1年前无偿转让域外财产的，都应确认无效或者被依法撤销。然应看到，破产法对于发生在我国领域内的破产程序的效力及于债务人位于领域外的财产，毕竟涉及另一个国家的司法主权问题，必须得到财产所在国的法院承认与协助，才能得以实现。否则，事实上也不可能实现。因此，破产法有关债务人财产的规定，是否全部适用债务人在域外的财产，值得慎重研究考虑。理论上一般认为，我国破产程序域外效力应包括《企业破产法》第16~20条规定的内容。[①] 笔者认为，除此之外，《企业破产法》第30条关于"破产申请受理时属于债务人的全部财产，以及破产申请受理后至破产程序终结前债务人取得的财产，为债务人财产"的规定；第33条关于"涉及债务人财产的下列行为无效：（一）为逃避债务而隐匿、转移财产的；（二）虚构债务或者承认不真实的债务的"的规定；第34条关于追回权的规定，对债务人的域外财产也应发生效力。至于第31条、第32条关于破产撤销权的规定由于债务人的行为发生在破产程序开始前，且这些行为在正

---

① 王欣新主编：《破产法原理与案例教程》，中国人民大学出版社2010年版，第22页。

常情况下并非属于绝对无效的民事行为，对域外财产则是否发生效力有待具体分析。综上，《企业破产法》规定域内发生的破产程序，对债务人在域外的财产发生效力，应当包括以下几个方面：

（1）根据《企业破产法》第16条的规定，人民法院受理破产申请后，债务人以其域外的财产对个别债权人的债务清偿无效。

（2）根据《企业破产法》第17条的规定，人民法院受理破产申请后，债务人的债务人或者财产持有人（包括债务人在域外的债务人或者财产持有人）应当向管理人清偿债务或者交付财产。债务人的债务人或者财产持有人（包括债务人在域外的债务人或者财产持有人）故意违反前款规定向债务人清偿债务或者交付财产，使债权人受到损失的，不免除其清偿债务或者交付财产的义务。

（3）根据《企业破产法》第18条的规定，人民法院受理破产申请后，管理人对破产申请受理前成立而债务人和对方当事人（包括在域外的当事人）均未履行完毕的合同有权决定解除或者继续履行，并通知对方当事人（包括在域外的当事人）。管理人自破产申请受理之日起两个月内未通知对方当事人（包括在域外的当事人），或者自收到对方当事人（包括在域外的当事人）催告之日起30日内未答复的，视为解除合同。管理人决定继续履行合同的，对方当事人（包括在域外的当事人）应当履行，然有权要求管理人提供担保。管理人不提供担保的，视为解除合同。

（4）根据《企业破产法》第19条的规定，人民法院受理破产申请后，有关债务人在域外财产的保全措施应当解除，执行程序应当中止。

（5）根据《企业破产法》第20条的规定，人民法院受理破产申请后，在域外已经开始而尚未终结的有关债务人的民事诉讼或者仲裁应当中止；在管理人接管债务人的财产后，该诉讼或者仲裁继续进行。

（6）根据《企业破产法》第30条的规定，破产申请受理时属于债务人的全部财产（包括债务人在域外的财产），以及破产申请受理后至破产程序终结前债务人在域内外取得的财产，为债务人财产。

（7）根据《企业破产法》第33条的规定，债务人为逃避债务而隐匿、转移财产的，虚构债务或者承认不真实的债务的行为无效，管理人有权依照第34条的规定追回。

应当指出，要实现《企业破产法》关于破产财产的域外效力，需要按照国家之间的国际条约或者互惠原则，不损害国家主权、安全原则等来借助其他国家或地区的司法协助才能实现，故需要进一步强化破产国际条约的协商与签订，不同国家法院、地区之间破产裁判的相互承认、执行等工作，以处理国家之间有关破产法律规定的冲突与矛盾。对这,《破产审判纪要》第49条明确规定:“积极参与、推动跨境破产国际条约的协商与签订,探索互惠原则适用的新方式,加强我国法院和管理人在跨境破产领域的合作,推进国际投资健康有序发展。”

4. 域外破产程序的域内效力

一国的破产法基于国家主权只能适用其司法管辖区域,这是各国遵守的普遍原则。这项原则倘若没有例外,我国的破产法同样只能适用我国领域,发生在我国领域内的破产程序对债务人于域外的财产就无法涉及。对于域外破产法的域内效力,加强国家之间就破产程序一些问题的司法协助与合作,已成为世界各国的共识。是以,《企业破产法》第5条第2款规定:“对外国法院作出的发生法律效力的破产案件的判决、裁定,涉及债务人在中华人民共和国领域内的财产,申请或者请求人民法院承认和执行的,人民法院依照中华人民共和国缔结或者参加的国际条约,或者按照互惠原则进行审查,认为不违反中华人民共和国法律的基本原则,不损害国家主权、安全和社会公共利益,不损害中华人民共和国领域内债权人的合法权益的,裁定承认和执行。”基此,对于我国领域外发生法律效力的破产案件中涉及债务人在域内财产的判决及裁定,依法可以承认和执行。依法承认和执行,固然不是必须承认和执行,承认执行也不是由国外法院自行执行,而是要符合法定的条件及程序才能承认和执行,并且是由我国法院执行。具体来说,我国领域外发生法律效力的破产案件中涉及债务人在域内的财产的判决及裁定,要在域内发生效力得到执行,必须同时符合以下条件:

(1)外国法院作出的破产程序的判决或裁定必须涉及债务人在我国领域内的财产,并且已经发生了法律效力。如外国法院作出的破产程序的判决或裁定未涉及债务人在我国领域内的财产,只是单纯地解决破产程序中的问题,或者外国法院作出的涉及债务人在我国领域内财产的破产程序的判决或裁定尚未发生法律效力的,则不能得到承认与执行。

(2)必须向人民法院申请或者请求,才能得到承认与执行,即对于我国领域外发生法律效力的破产案件中涉及债务人在域内的财产的判决及裁定,承认并执行的主体只能是人民法院,这涉及我国的司法主权问题,其他任何单位与个人都不能行使这一权力。另外,人民法院只有在对我国领域外发生法律效力的破产案件中涉及债务人在域内的财产的判决及裁定申请承认、执行的情况下,才能依法承认并执行;在没有申请或者请求的情况下,不得主动承认和执行。

(3)必须经过人民法院根据中华人民共和国缔结或者参加的国际条约,

或者按照互惠的原则进行审查。没有按照我国缔结或者参加的国际条约或者按照互惠的原则进行审查，不能直接承认和执行。审查的根据首先为我国缔结或者参加的国际条约；在没有我国缔结或者参加的国际条约的情况下，才按照互惠原则进行审查。

（4）不得违反中华人民共和国法律的基本原则，不得损害国家主权、安全和社会公共利益，不得损害我国领域内债权人的合法权益。我国领域外发生法律效力的破产案件中涉及债务人在域内的财产的判决及裁定，经过人民法院审查认为，具有违反中华人民共和国法律的基本原则，或者损害国家主权、安全和社会公共利益，或者损害我国领域内债权人的合法权益之一的，则也不得承认和执行。

（5）人民法院对于我国领域外发生法律效力的破产案件中涉及债务人在域内的财产的判决及裁定依法认可并执行，应当作出书面裁定，而不得直接将外国法院的判决、裁定作为执行根据。

（6）必须充分保障我国境内优先受偿债权的清偿。根据《破产审判纪要》第50条规定："人民法院认可外国法院作出的破产案件的判决、裁定后，债务人在中华人民共和国境内的财产在全额清偿境内的担保权人、职工债权和社会保险费用、所欠税款等优先权后，剩余财产可以按照该外国法院的规定进行分配。"基此，债务人在我国境内的财产不能全额清偿境内的担保权人、职工债权和社会保险费用、所欠税款等优先受偿债权的，则对外国法院作出的有关债务人破产案件的判决、裁定不能承认并予以执行。

第二章　破产实质要件

第一节　破产要件

一、破产要件的概念

破产要件，是指对民事主体能够适用破产法进行破产，即能够根据破产法对民事主体启动破产程序、实施破产行为所必须具备的条件。民事主体包括自然人及由人组成的从事社会各种活动的单位或组织，作为社会存在的重要细胞，对其进行破产程序，不仅事关债务人的合法权益，而且事关债权人的合法权益，以及市场经济秩序、社会秩序的正常运行，系牵一发而动全身。故，必须具备严格的条件才能对其适用。不然，不慎适用甚至任意适用，必然给债权人、债务人以及整个市场经济秩序、社会秩序造成严重的损害。如此，哪些民事主体可以对其适用破产法破产，可以对其适用破产法破产的民事主体在什么条件下才可据之启动破产程序，以及哪些主体对于符合破产条件的民事主体可以启动破产及其启动的程序等都必须有严格的要求，并由破产法加以规定。只有在实体上、程序上完全符合破产法规定的对民事主体启动破产程序的所有要件即必要条件时，才能启动破产程序，否则就不能启动破产程序。

二、破产要件的特征

破产要件作为对某一民事主体启动破产程序所必须具备的条件，具有以下主要特征：

（一）它是对某一民事主体启动破产程序的一系列条件的总和，而非某一个条件

作为破产要件构成的某一要件，是对某一民事主体启动破产程序的必要条件，而非充分条件。换言之，对于某一破产要件而言，要对民事主体启动

破产程序就必须与这一要件符合。但是，符合了这一破产要件并非就可以对其启动破产程序。要对民事主体启动破产程序，就必须符合对其启动破产程序所必须具备的所有破产要件。因此，破产要件中的一系列要件的总和才构成对民事主体启动破产程序的充分条件。

（二）它是对某一民事主体启动破产程序的一系列实质条件与程序条件的总和

破产要件，是对某一民事主体启动破产程序的一系列条件的总和。这一系列条件具体又可以分为破产实质要件与破产程序要件。其中，破产实质要件，又称破产实体要件，是指哪些民事主体可以对其适用破产法进行破产，以及可以适用破产法实施破产的民事主体在什么情形下具备什么条件时才可以对其实施破产所要具备的要件。破产程序要件，又称破产形式要件，是指对于具备破产实质要件的民事主体启动、实施破产所必须完成的程序，包括破产申请、破产申请受理等。两者既相互区别，又相互联系。不具备破产实质要件的民事主体，不能对其启动破产程序实施破产；具备了破产实质要件的民事主体不能对其完成法定的必要程序，也不能对其启动破产程序实施破产。

（三）它是由破产法规定的对某一民事主体启动破产程序的一系列实质条件与程序条件的总和

换句话说，无论是破产实质要件还是破产程序要件，都由法律加以规定而且是由破产法加以规定，而不能随意由人来确定。因此，破产要件实质构成破产法的一部分，具有明确性、相对稳定性、普遍性、强制适用性等法律规范特征。

第二节　破产能力

一、破产能力的概念与分类

（一）破产能力的概念

破产实质要件具体又包括两个方面的内容，即哪些民事主体可以适用破产法、对其实施破产及可以适用破产法实施破产的民事主体在什么条件下或者具备什么原因时才可以对其启动破产程序。前者解决破产法的适用范围问题，为破产能力问题；后者解决对具有破产能力的民事主体启动破产程序所要具备的原因或条件的问题，为破产原因问题。

其中，破产能力，又称破产的主体资格，是指法律赋予的可以适用破产法对其实施破产，即可以根据破产法的规定使用破产程序解决其所欠一切债权人所有债务清偿问题的资格。一个民事主体，只有具有破产主体资格（破产能力）时，才可以适用破产法的规定对其进行破产以解决其债务清偿问题；不具有破产主体资格（破产能力），就不能对其适用破产程序解决债务清偿问题。所以，有关破产能力的规定，实质是破产法关于哪些民事主体可以适用破产法进行破产的规定，即破产法对人的适用范围的规定问题。

（二）破产能力的分类

根据民事主体的破产能力是由广义的破产法规定还是由狭义的破产法规定的不同，破产能力可以分为狭义的破产能力与广义的破产能力。

狭义的破产能力，又称完全破产能力，是指某一民事主体的破产能力即破产主体资格由狭义的破产法即《企业破产法》规定，从而对其可以完全适用《企业破产法》的规定启动破产程序实施破产行为，清偿债务。具体来说，是指《企业破产法》的适用范围。

广义的破产能力，又称不完全破产能力，或准破产能力，是指某一民事主体的破产能力即破产主体资格不由狭义的破产法即《企业破产法》规定，而是由《企业破产法》之外的广义破产法规定，一般不是完全适用《企业破产法》的规定实施破产，而是参照《企业破产法》的规定实施破产。

（三）破产能力与民事权利能力的区别

民事权利能力，是指法律赋予的能以自己名义参与民事法律关系，享有民事权利、承担民事义务的民事主体资格，其与破产能力虽然都属民事主体的一种资格，然而有着本质的不同。前者是指民事主体参加民事法律关系，取得民事权利、承担民事义务的法律依据与前提。没有民事权利能力，就没有取得民事权利、承担民事义务的主体资格，不能独立享有民事权利并承担民事义务。后者则是民事主体是否能够适用破产法实施破产以解决其所欠一切债权人所有债务清偿的资格问题。两者的范围并不一致，如一些具有民事权利能力的民事主体，如自然人、国家机关、事业单位等，法律尚未赋予其破产能力，即使这些主体不能清偿到期债务并且资不抵债，也不能适用破产程序解决其债务清偿问题。

二、破产能力主体

（一）完全破产能力主体

《企业破产法》第2条规定，该法的适用范围仅限于企业法人。是以，只有企业法人才能适用《企业破产法》的规定，对其启动破产程序，实施破产行为，以解决其债务清偿问题。换言之，只有企业法人具有完全的破产能力，才当然成为破产能力主体。

作为完全破产能力主体的企业法人，一方面必须是企业，另一方面必须是法人，两者缺一不可。虽为企业但不是法人，如合伙企业、乡镇企业等其他组织，或者虽为法人但不是企业，如国家机关、事业单位、社会团体法人等，都不能成为完全破产能力主体。

所谓企业，是指一种以营利为目的，以从事生产、科技、服务等活动为内容的社会经济组织。按照不同的标准，企业可以作不同的分类，如：

1. 根据企业的所有制性质不同，可分为全民所有制企业和非全民所有制企业，也可分为公有制企业与非公有制企业。其中，非全民所有制企业又可分为集体所有制企业、私营企业、外商投资企业、混合所有制企业等。公有制企业又可分为全民所有制企业与集体所有制企业。非公有制企业则可分为私营企业、外商投资企业与混合所有制企业。

2. 根据企业出资是否存在外资，可分为中资企业、外商投资企业。

3. 根据企业的组合形式不同，可分为独资企业、合伙企业、公司企业。

4. 根据其所从事活动的内容不同，可分为工业企业、建筑企业、服务企业、交通运输企业、金融企业，等等。

5. 根据能否独立承担法律责任的不同，可分为法人企业和非法人企业。无论属于何种企业，只要属于企业法人，即具有法人资格的企业，就具有完全破产能力，可以完全适用《企业破产法》的规定对其启动破产程序，实施破产行为，以对其所欠一切债权人的债务进行清偿。

至于法人，则是指依法设立，具有民事权利能力和民事行为能力，以及自己的名称、组织机构、住所、财产或者经费，能以自己的名义参加民事活动，并且依法独立享有民事权利和承担民事义务的组织。根据《民法典》第76条、第87条及第96条规定，营利法人，是指以取得利润并分配给股东等出资人为目的成立的法人，为营利法人，包括有限责任公司、股份有限公司和其他企业法人等；非营利法人，是指为公益目的或者其他非营利目的成立，不向出资人、设立人或者会员分配所取得利润的法人，为非营利法人，包括事业单位、社会团体、基金会、社会服务机构等；特别法人，是指机关法人、农村集体经济组织法人、城镇农村的合作经济组织法人、基层群众性自治组织法人。根据《企业破产法》的规定，只有企业法人这一营利性法人具有完全的破产能力，而非营利法人、特别法人，则不具有完全的破产能力，甚至不具有破产能力。

应当指出，作为市场主体的参与者，并非只有企业法人。非营利法人、非法人组织、个体工商户、自然人都可以依法参与市场经济活动，其是否适用破产程序予以退出，《企业破产法》基于各种各样的原因，只赋予了企业法人的破产能力，对其他市场主体没有赋予破产能力。当然，现在没有，并不意味着今后就不会赋予。《加快完善市场主体退出制度改革方案》第2条第2项、第5条第3项就明确要求："建立健全破产退出渠道。在进一步完善企业破产制度的基础上，研究建立非营利法人、非法人组织、个体工商户、自然人等市场主体的破产制度，扩大破产制度覆盖面，畅通存在债权债务关系的市场主体退出渠道"；"参考企业法人破产制度，推动建立非营利法人、农民专业合作社、合伙企业等非法人组织破产制度。"据之，随着破产制度的不断改革及日益完善，会有越来越多的市场主体被赋予破产能力而可以通过破产程序让之退出市场。

（二）准破产能力主体

《企业破产法》第135条规定："其他法律规定企业法人以外的组织的清算，属于破产清算的，参照适用本法规定的程序。"据此，对于企业法人以外的组织，《企业破产法》虽然没有赋予其破产能力，不能完全适用《企业破产法》规定的程序进行破产清算，倘使其他法律中的破产法律规范即广义的破产法规定可以进行破产清算，即赋予其破产能力的，则可参照适用或者依照适用《企业破产法》规定的程序进行破产。故，我们将这种广义破产法赋予其破产能力，并可以参照适用或者依照适用《企业破产法》规定的程序实施破产的能力称之为准破产能力，或者不完全破产能力，或者广义破产能力。与之相适应的主体称之为准破产能力主体，或者不完全破产能力主体，或者广义破产能力主体。

1. 正确理解准破产能力主体的范围及特征：

一是，具有准破产能力的主体必须是企业法人以外的组织。组织固然不包括自然人，自然人不会具有准破产能力而成为准破产能力主体。企业法人以外的组织，可以是企业以外的具有法人资格的组织即非企业但仍属法人的机构，即非企业法人机构，如民办学校、农民专业合作社等；也可以是企业却不是法人的组织，即企业非法人组织，如合伙企业、乡镇企业、街道企业、村办企业、私营独资企业、中外合作经营企业、外资企业法人的分支机构等。

二是，具有准破产能力的企业法人以外的组织必须为《企业破产法》以外的其他法律赋予了破产能力，即其他法律对这些组织可以进行破产程序清算作出了明文的规定。如《合伙企业法》第92条规定："合伙企业不能清偿到期债务的，债权人可以依法向人民法院提出破产清算申请，也可以要求普通合伙人清偿。合伙企业依法被宣告破产的，普通合伙人对合伙企业债务仍应承担无限连带责任。”基此，合伙企业因为《合伙企业法》明文规定其可以进行破产清算而具有准破产能力，可以参照《企业破产法》规定的程序实施破产。假若《企业破产法》以外的其他法律没有对这些组织能够进行破产清算作出规定，则不具有准破产能力。

三是，对具有准破产能力的组织，根据《企业破产法》第135条规定的文义解释，所实施的破产只能是破产清算，而不包括破产重整和破产和解，有人便认为这不利于发展破产法的调整作用，对此宜作扩大解释，[①] 即对这些组织也可以参照《企业破产法》的规定进行破产重整或破产和解。

四是，具有准破产能力的组织的破产清算，根据《企业破产法》第135条的规定，是参照适用《企业破产法》规定的程序进行。固然，其他法律明文规定依照适用《企业破产法》规定的，自然要依照其他法律这一特别法的规定而依照适用《企业破产法》的规定。如《农民专业合作社法》第55条规定：“农民专业合作社破产适用《企业破产法》的有关规定。但是，破产财产在清偿破产费用和共益债务后，应当优先清偿破产前与农民成员已发生交易但尚未结清的款项。”据之，农民专业合作社破产的，除破产债权清偿的顺序要求将破产前与农民成员已发生交易尚未结清的款项提前至劳动债权前优先清偿外，其他均应适用《企业破产法》的规定。因此，农民专业合作社的破产清算，不是参照适用《企业破产法》的规定，而是直接依照适用《企业破产法》的规定。所谓参照适用，是指对企业法人以外的组织的破产，就《企业破产法》的规定，予以参考并仿照适用，即在处理企业法人以外的组织的破产时，借鉴并利用《企业破产法》的规定进行，并不意味着必须绝对适用。应当指出，参照适用虽然不是必须适用《企业破产法》的规定，然在一般情况下，除非与有关法律相矛盾、相冲突，原则上就应予以适用，不能由参与破产程序的主体尤其是人民法院随意决定。不然，参照适用的规定就没有任何意义。

2. 根据现行法律及其司法解释的有关破产法律规范，确定具有准破产能力的主体：

一是，合伙企业。根据《合伙企业法》第92条的规定，合伙企业不能清偿到期债务的，债权人可以依法向人民法院提出破产清算申请。合伙企业依法被宣告破产的，普通合伙人对合伙企业债务仍应承担无限连带责任。因此，

---

① 王欣新主编：《破产法原理与案例教程》，中国人民大学出版社2010年版，第18页。

合伙企业具有准破产能力而可参照适用《企业破产法》实施破产。

二是，民办学校。《民办教育促进法》第58条规定："民办学校终止时，应当依法进行财务清算。""民办学校自己要求终止的，由民办学校组织清算；被审批机关依法撤销的，由审批机关组织清算；因资不抵债无法继续办学而被终止的，由人民法院组织清算。"第59条规定："对民办学校的财产按照下列顺序清偿：（一）应退受教育者学费、杂费和其他费用；（二）应发教职工的工资及应缴纳的社会保险费用；（三）偿还其他债务。""非营利性民办学校清偿上述债务后的剩余财产继续用于其他非营利性学校办学；营利性民办学校清偿上述债务后的剩余财产，依照《公司法》的有关规定处理。"第60条规定："终止的民办学校，由审批机关收回办学许可证和销毁印章，并注销登记。"据此，有人认为，《民办教育促进法》对民办学校只规定可以实行清算，并未规定可以实行破产清算，有关民办学校的清算故不属于破产清算。一般则认为，根据民办学校的法律地位、特点，人民法院对民办学校组织的清算属于破产清算，[①] 民办学校应当属于准破产能力的主体。对此，最高人民法院2010年12月16日通过、同年12月31日起施行的《关于对因资不抵债无法继续办学被终止的民办学校如何组织清算问题的批复》（法释〔2010〕20号）指出，依照《民办教育促进法》批准设立的民办学校因资不抵债无法继续办学被终止，当事人依照《民办教育促进法》第58条第2款规定向人民法院申请清算的，人民法院应当依法受理。人民法院组织民办学校破产清算，参照适用《企业破产法》规定的程序，并依照《民办教育促进法》第59条规定的顺序清偿。

三是，农民专业合作社。根据《农民专业合作社法》第52条第2款规定，清算组发现农民专业合作社的财产不足以清偿债务的，应当依法向人民法院申请破产。

四是，《独资企业清算是否可以参照破产清算程序批复》指出："根据《企业破产法》第一百三十五条的规定，在个人独资企业不能清偿到期债务，并且资产不足以清偿全部债务或者明显缺乏清偿能力的情况下，可以参照适用《企业破产法》规定的破产清算程序进行清算。根据《个人独资企业法》第31条[②]的规定，人民法院参照适用破产清算程序裁定终结个人独资企业的清算程序

---

① 吴庆宝、王建平主编：《破产案件裁判标准规范》，人民法院出版社2009年版，第380页；安建主编、全国人大常委会法制工作委员会编著：《中华人民共和国破产法释义》，法律出版社2006年版，第187～188页；王卫国：《破产法精义》，法律出版社2007年版，第395页。

② 该条规定："个人独资企业财产不足以清偿债务的，投资人应当以其个人的其他财产予以清偿。"

后，个人独资企业的债权人仍然可以就其未获清偿的部分向投资人主张权利。”

三、无破产能力主体

根据《民法典》等民事法律的规定，民事主体可以分为自然人、法人和非法人组织。自然人包括自然人个人与个体工商户、农村承包经营户。法人又包括营利法人、非营利法人和特别法人。非法人组织，根据《民法典》第102条规定，是指“非法人组织是不具有法人资格，但是能够依法以自己的名义从事民事活动的组织。非法人组织包括个人独资企业、合伙企业、不具有法人资格的专业服务机构等”。非法人企业、非法人事业单位、法人的分支机构及其他非法人社会组织等，均可以构成非法人组织。非法人企业如私营独资企业、合伙企业、合伙型经营企业、乡镇企业、街道企业、村办企业、中外合作经营企业、外资企业等；非法人事业单位如一些不具有法人资格的民办学校、民办医院等；法人组织的分支机构，如商业银行、保险公司的分支机构等。这些主体除《企业破产法》明文规定企业法人具有破产能力，《合伙企业法》《民办教育促进法》《农民专业合作社法》规定合伙企业、民办学校、农民专业合作社具有破产能力外，其他民事主体均没有法律对其的破产能力作出规定。根据破产能力的法定性特征，这些民事主体现在尚无破产能力。当然，随着市场经济的不断发展，法律赋予其破产能力的规定会不断增多。《加快完善市场主体退出制度改革方案》第2条第2项就明确指出：“在进一步完善企业破产制度的基础上，研究建立非营利法人、非法人组织、个体工商户、自然人等市场主体的破产制度，扩大破产制度覆盖面，畅通存在债权债务关系的市场主体退出渠道。”基此，现在依法没有破产能力而根据需要应当具有破产能力的主体今后完全可能因为法律的规定而具有破产能力。换言之，一个民事主体是否具有破产能力并非一成不变的。所以，下面对企业法人、合伙企业、民办学校以外的根据现行破产法律规定而无破产能力的其他主体按照《民法典》的上述分类作一简单的介绍：

（一）自然人（包括个体工商户、农村承包经营户）的破产能力

破产制度起源于自然人的破产，国外通常亦都有自然人破产能力的规定，即赋予了自然人的破产能力。考虑到，自然人有的从事以营利为目的的工商业生产、经营活动，会与其他民事主体发生各种债权债务关系；有的并未从事以营利为目的工商业活动，只是在机关、企事业单位中上班，也会与他人发生这样或那样的债权债务关系，如因为购物消费、借款等非营利的工商业

活动而欠下债务，有的国家如意大利、比利时等便采取商人破产主义，规定只对从事以营利为目的的商品生产经营服务等活动的商人可以实施破产，即只赋予商人破产能力；有的国家如美国、英国、德国、日本等则采取一般破产主义，规定一切自然人，不论其是否从事以营利为目的的工商业活动，只要其不能清偿到期债务，就可依法对其实施破产，如对没有从事商事活动的消费者也可以实施破产，即承认消费者的破产能力。基于公司、企业已经成为商事主体的主力，商人的概念基本已被公司、企业所取代；再基于公平调整债权债务关系的需要，商人破产主义被一般破产主义所取代，已成为各国破产立法的基本趋势。

基于自然人的破产能力，不少国家对自然人遗产亦规定在一定条件下也可以实施破产，即在遗产不足以清偿自然人生前债务时，可以依法通过破产程序以该遗产公平清偿自然人生前的所有债务，即认为遗产也具有破产能力。

在《企业破产法》的制定过程中，存在主张与否定自然人破产能力两种针锋相对的观点：

1. 主张赋予自然人破产能力的观点认为，从不仅有利于公平保护所有债权人的利益，而且通过破产法中的撤销、无效及法律责任等制度，调整、制裁个别清偿、破产欺诈、隐匿转移财产、逃避债务等不诚信行为，促进个人信用制度的建立，进而推动整个社会信用系统的不断完善，并与国际大多数国家关于自然人破产能力的规定相衔接的角度，应当规定自然人的破产能力。在主张赋予自然人破产能力的情况下，就其赋予的范围又有所区别：有的主张要对所有自然人都规定破产能力，不论是从事商品生产经营的自然人，还是没有从事商品生产经营的自然人如消费者，只要其不能清偿到期债务，符合法定的破产条件，就可以适用破产法对其破产。有的主张只对从事商品生产经营活动进行营利的自然人（如个体工商户、农村承包经营户）赋予其破产能力，可以适用破产法对其破产；对于消费者则不应规定其破产能力。有的主张破产法应当适用于由自然人组成的以营利为目的但不具有法人资格的各种经济组织，如合伙企业、个人独资企业等，但不包括出资人。有的主张应对以营利为目的但不具有法人资格的各种经济组织规定可以适用破产法的规定实施破产。

2. 否认赋予自然人破产能力的观点认为，我国有关个人财产登记公示制度尚未建立，个人信用制度缺失导致整个社会信用系统还不完善，在尚无有效手段防范破产中的隐匿转移财产、逃避债务等不诚信行为发生的情况下，对自然人规定其破产能力的时机尚未成熟。

最终，立法机关鉴于对自然人破产如何规范缺乏必要的实践经验，且各方意见不一，从而没有规定自然人的破产能力。[①]

（二）非营利法人的破产能力

非营利法人，根据《民法典》第87条规定，为公益目的或者其他非营利目的成立，不向出资人、设立人或者会员分配所取得利润的法人，为非营利法人，包括事业单位、社会团体、基金会、社会服务机构等。

1. 事业单位法人的破产能力。事业单位法人与社会团体法人共同构成公益法人。所谓事业单位，根据《民法典》第88条规定，是指具备法人条件，为适应经济社会发展需要，提供公益服务设立的，从事教育、科技、文化、卫生、体育、新闻、出版等具有公益职能活动的社会服务性组织，如学校、幼儿园、医院、图书馆、广播电视台、博物馆、体育馆、研究机构、文艺团体等单位，其经依法登记成立，取得事业单位法人资格；依法不需要办理法人登记的，从成立之日起，具有事业单位法人资格。应当指出，事业单位法人，不一定需要办理法人登记。不办理法人登记，并不意味着不需要进行任何登记。国务院1998年10月25日发布实施的《事业单位登记管理暂行条例》（国务院令第252号）第2条规定："本条例所称事业单位，是指国家为了社会公益目的，由国家机关举办或者其他组织利用国有资产举办的，从事教育、科技、文化、卫生等活动的社会服务组织。""事业单位依法举办的营利性经营组织，必须实行独立核算，依照国家有关公司、企业等经营组织的法律、法规登记管理。"第3条规定："事业单位经县级以上各级人民政府及其有关主管部门（以下统称审批机关）批准成立后，应当依照本条例的规定登记或者备案。""事业单位应当具备法人条件。"基此，事业单位这种公益法人，绝大多数由国家机关举办或者利用国有资产举办，其经费主要来源于国家财政拨款。其不以营利为目的，而是为了社会公益，虽然也会向接受服务的人员收取一定费用，取得一定收益，此种收益却只能用于所从事的事业，不能用于其他营利性投资。在我国，事业单位也通常是按照行政区域以及人口的密度等作有限设立的，如1个村或几个村有1个学校，1个乡镇有1个初级中学、医院，1个城市有若干个完全中学、医院、图书馆、博物馆等，这些单位并不像出于营利目的的企业那样为了鼓励竞争而不加以限制，倘若让其破产可能会对社会公益事业造成很大的影响。尽管不少国家对其规定了有限制的破产能力，《企业破产法》依然没有对事业单位法人的破产能力作出明确规定。

---

① 范健、王建文：《企业破产法》，法律出版社2009年版，第41页。

应当指出，某一单位是否为事业单位，并不是一成不变的。如在我国，出版社原来是作为事业单位对待的。现在出版社的转企改制已经完成，除保留几家公益性出版社为事业单位外，其他出版社包括各部委、各高校的出版社、地方出版社均从原来的事业单位转变为了企业。原来作为事业单位，其无破产能力；现在作为企业法人，自具有破产资格。又如，在我国，报社原来也是事业单位，根据国家文化体制改革的安排，除保留一部分时政类报社为事业单位外，其余报社已在2011～2013年间，分批改制即从原来的事业单位转变为企业，使得一些无破产能力的非企业法人转变为有破产能力的企业法人。另外，在各地的一些经营性事业单位，如剧院、剧团、设计院等，也在不断进行转企改制，也从无破产能力的事业单位转变为有破产能力的企业法人，对此应当加以注意。

还应指出，在我国，有的事业单位属于经营性事业单位，其名字通常冠名为酒店、宾馆、旅行社等，如一些政府内设的酒店、宾馆、城市建设开发总公司、市政建设总公司、外事服务公司等。这些单位表面上是公司、企业，也从事一些经营服务，其性质乃属于事业单位，即挂的是公司企业的名称，从事的也是公司企业的经营服务，其性质却为事业单位。对这，各地也正在对这些经营性事业单位进行转企改制，使之转变为实实在在的企业法人，转企改制后成为企业法人的，当然具有破产能力；在转企改制前，则仍旧属于事业单位，无破产能力，对其不能实施破产清偿债务。

在保证社会公益事业基本需要的同时，为了提高教育、文化、卫生等活动的服务质量，满足社会公众不同层次的要求，在国家投资举办学校、医院、电影院等公益事业的同时，也允许社会依法投资学校、医院、电影院等社会公益事业，致使私立学校（包括幼儿园、小学、中学、大学）、医院等不断出现。这种私立事业单位的公益性目的被加以弱化，而营利性目的则加以凸显并日益强化。是以，《企业破产法》虽然没有将事业单位纳入其调整的范围，但不排除其他法律中的破产法律规范对其破产能力作出规定，如《民办教育促进法》第58条就作出了关于民办学校“因资不抵债无法继续办学而被终止的，由人民法院组织清算”的规定，赋予了民办学校的破产能力。

还应注意的是，根据国家计划安排，今后几年还会有更多的事业单位进行改革而转变为企业。

2. 社会团体法人的破产能力。社会团体法人与事业单位法人一样，也属于公益法人。所谓社会团体，根据《民法典》第90条规定，是指具备法人条件，出于自然人、法人等会员的共同意愿，为公益目的或者会员共同利益等非营利目的而设立，主要从事社会公益、文学艺术、学术研究、宗教等活动的社会组织，其经依法登记成立，取得社会团体法人资格；依法不需要办理法人登记的，从成立之日起，具有社会团体法人资格，包括工会、妇女联合会、青年联合会、工商业联合会、各民主党派等人民团体，中国福利会、残疾人基金会、消费者协会、慈善机构等社会公益团体，医学会、经济学会、自然科学工作者协会、作家协会、法学会、律师协会、会计师协会、法官协会、检察官协会等学术研究团体或者行业团体，中国佛教协会、中国道教协会、中国天主教一会一团（天主教爱国会和天主教主教团）、中国基督教三自爱国运动委员会、中国伊斯兰教协会等宗教团体等。国务院 1998 年 10 月 25 日发布施行的《社会团体登记管理条例》（国务院令第 250 号）第 2 条规定："本条例所称社会团体，是指中国公民自愿组成，为实现会员共同意愿，按照其章程开展活动的非营利性社会组织。国家机关以外的组织可以作为单位会员加入社会团体。"第 3 条规定："成立社会团体，应当经其业务主管单位审查同意，并依照本条例的规定进行登记。社会团体应当具备法人条件。下列团体不属于本条例规定登记的范围：（一）参加中国人民政治协商会议的人民团体；（二）由国务院机构编制管理机关核定，并经国务院批准免于登记的团体；（三）机关、团体、企业事业单位内部经本单位批准成立、在本单位内部活动的团体。"社会团体，其经费主要来源于会员，有的还有国家拨款，所开展的活动一般局限于会员内部，通常不会像企业那样形成广泛并多样化的债权债务关系。假若出现清偿不能，一般也可以通过民事诉讼程序解决。故，尽管国外存在赋予其破产能力的规定，国内也有人认为需要将之纳入破产法规范、调整的范围，破产法依然没有作出社会团体法人具有破产能力的规定，从而不能对其实施破产。

3. 捐助法人的破产能力。根据《民法典》第 92 条规定，捐助法人，是指具备法人条件，为公益目的以捐助财产设立的基金会、社会服务机构等，其经依法登记成立，取得捐助法人资格。依法设立的宗教活动场所，具备法人条件的，除法律、行政法规对宗教活动场所有规定而依照其规定的外，可以申请法人登记，取得捐助法人资格。因此，捐助法人，属于公益法人性质，其资金来源社会捐助，设立目的是社会公益，具体包括以捐助财产设立的基金会、社会服务机构、宗教活动场所。其中，基金会捐助法人，根据国务院 2004 年 2 月 11 日通过、同年 6 月 1 日起施行的《基金会管理条例》（国务院令 400 号）第 2 条规定，是指利用自然人、法人或者其他组织捐赠的财产，以从事公益事业为目的，按照本条例的规定登记成立的非营利法人。社会服务机构捐助法人，是指民间力量以捐助方式举办的为社会提供公益性社会服务的具有法人资格的非营利性组织，相对企事业单位或其他社会组织，具有民间性，即主办者除国有单位以外组织或个人利用非国有资金举办；非营利性，即举办者不享有分配利润权，社会服务机构捐助法人终止时，剩余财产不能分配，只能用于公益事业；自主性，即自筹资金、自聘人员等特征。宗教活动场所，则是指依法由国家宗教事务管理部门审批并登记的可以用于从事宗教活动的固定场所，包括寺院、庙宇、宫观、清真寺、教堂或其他固定场所等。[①] 在我国，现行法律对捐助法人没有赋予其破产能力。

应当指出，捐助法人，作为以捐助财产集合而成立的财团法人，各种各样的基金会是其典型形式之一。所要注意的是，并非一切冠名为某某基金会的单位，就一定属于捐助法人，如农村合作基金会就是如此。根据国务院1994年9月29日批转中国人民银行《关于加强金融机构监管工作意见》（国发〔1994〕54号）第5条规定，其“是社区内为农业、农民服务的资金互助组织，不是金融机构。农业部负责制定有关的政策法规，指导农村合作基金会的管理和发展。地方农业行政部门为农村合作基金会的主管部门。中国人民银行依法对农村合作基金会的业务活动进行监督，并会同农业行政部门对违反规定办理存贷款业务的行为进行处理”。农业部1995年4月19日《农村合作基金会登记管理办法》（农经发〔1995〕7号）第2条规定：“农村合作基金会是社区内的资金互助组织。它的宗旨是：主要为入股会员服务，为农业、为农民服务，不以赢利为目的。它的基本任务是管好用好集体资金和会员股金，增加集体积累，缓解农村资金供求矛盾，引导民间信用，促进农村经济发展。”第3条规定：“成立农村合作基金会，均应依照本办法的规定申请登记，领取农村合作基金会登记证；未办理登记手续的，一律不得挂农村合作基金会的牌子。”第5条规定：“农村合作基金会的登记管理机关是各级主管农村经营管理工作的农业行政部门（以下称农业行政部门）。”“农村合作基金会的业务活动必须接受农业行政部门的监督和管理。”最高人民法院2002年7月16日发布实施的《最高人民法院给重庆市高级人民法院的复函》（法民二〔2002〕第27号）更明确指出：“农村合作基金会是设置在社区内不以营利为目的的资金互助组织，经依法核准登记，即取得社会团体法人资格。鉴于现有法律、法规尚无将农村合作基金会登记为企业法人的规定，农村合作基金会不能以资不抵债的企业法人向人民法院申请破产。为了有效防范和化解金融风险，保持农村经济和社会的稳定，各地人民政府正根据国务院确定的统一部署、分别处理、风险自担、稳步推进的原则，对农村合作基

---

① 沈德咏主编：《〈中华人民共和国民法总则〉条文理解与适用》，人民法院出版社2017年版，第648～649页。

金会进行全面清理整顿。人民法院不应受理农村合作基金会的破产案件。”至于农村合作基金会的合法债权，则可由农村合作基金会的清偿机构等向有管辖权的人民法院提起诉讼。

（三）特别法人的破产能力

《民法典》第96条规定：“本节规定的机关法人、农村集体经济组织法人、城镇农村的合作经济组织法人、基层群众性自治组织法人，为特别法人。”其中，第97条规定：“有独立经费的机关和承担行政职能的法定机构从成立之日起，具有机关法人资格，可以从事为履行职能所需要的民事活动。”国家机关作为具有立法、行政、司法、军事等国家权力，以国家强制力为后盾，为行使社会公共管理职能而依照法律或行政命令设立的各种国家机构，包括国家权力机关（人民代表大会及其常务委员会）、行政机关（国务院及地方各级人民政府及其组成部门、所属机构）、监察机关（监察委员会）、审判机关（人民法院）、法律监督机关（人民检察院）、军事机关等，属于公法人。对国家机关这种公法人：（1）基于其所行使的为公共管理职能，倘若对其实施破产，必然引起管理的瘫痪，进而引起市场经济秩序乃至整个社会秩序的混乱，甚至发生政治危机；（2）基于国家机关按照行政区域依所行使的职能作唯一设置并在相应的行政区域内行使职能，不像企业那样可以作多个设置并可以任意跨区域行为以利于竞争，对其破产，必然造成所管理区域在这方面的管理职能混乱不堪甚至瘫痪；（3）基于国家管理社会的需要，其所需经费完全由国家负担，除发生财政危机等特殊情况外，一般不会发生不能清偿到期债务的情况。因此，除美国、日本等少数国家外，大多数国家都未规定作为公法人的国家机关具有破产能力，即不能对其实施破产。我国法律也未赋予国家机关的破产能力。

农村集体经济组织，是指以农村土地集体所有制为基础，生产资料由成员共同所有，由之对组织的土地及其他资产代表行使所有权，组织成员共同进行生产经营活动或者提供其他社会经济服务的民事主体。根据《民法典》第99条规定，其依法取得法人资格；法律、行政法规对农村集体经济组织有规定的，依照其规定。依此，农村集体经济组织，并非一定属于特别法人，取得法人资格只是一般性规定，法律、行政法规对农村集体经济组织另有规定的，则应依照其规定而不取得法人资格。①

应当指出，《宪法》第8条规定：“农村集体经济组织实行家庭承包经营

① 沈德咏主编：《〈中华人民共和国民法总则〉条文理解与适用》，人民法院出版社2017年版，第675页。

为基础、统分结合的双层经营体制。”第 17 条规定：“集体经济组织在遵守有关法律的前提下，有独立进行经济活动的自主权。集体经济组织实行民主管理，依照法律规定选举和罢免管理人员，决定经营管理的重大问题。”《民法典》第 330 条规定：“农村集体经济组织实行家庭承包经营为基础、统分结合的双层经营体制。”“农民集体所有和国家所有由农民集体使用的耕地、林地、草地以及其他用于农业的土地，依法实行土地承包经营制度。”《农业法》第 10 条规定，国家实行农村土地承包经营制度，依法保障农村土地承包关系的长期稳定，保护农民对承包土地的使用权。农村土地承包经营的方式、期限、发包方和承包方的权利义务、土地承包经营权的保护和流转等，适用《土地管理法》和《农村土地承包法》。农村集体经济组织应当在家庭承包经营的基础上，依法管理集体资产，为其成员提供生产、技术、信息等服务，组织合理开发、利用集体资源，壮大经济实力。对于农村集体经济组织，法律虽然很早作了规定，明确赋予其民事主体地位的则是 2017 年通过的《民法总则》。如前所述，农村集体经济组织既有营利性因素又有非营利性因素，且其生产资料均归成员共同集体所有，不能转让，尤其是土地、林地等还承载着宪法规定的以家庭承包经营为基础、统分结合的双层经营体制的功能，对于农村集体经济组织法人，不应赋予其破产能力。

城镇农村的合作经济组织，是指出于为成员服务的目的，由农民自愿加入，进行民主管理，依法在其章程规定的范围内开展农业生产经营和服务活动的经济组织，如农村经济联合总社、经济联合社、经济合作社和股份合作经济联合总社、股份合作经济联合社、股份合作经济社等。其要求投入一定的资金、实物或者技术等作为股金以取得成员资格；成员对生产资料实行共同占有，以劳动合作为主，不论成员出资多少，都实行民主选举、民主决策、民主管理，并从中受益。根据《民法典》第 100 条规定，其依法取得法人资格；法律、行政法规对城镇农村的合作经济组织有规定的，依照其规定。这样，城镇农村的合作经济组织，与农村集体经济组织一样，并非一定属于特别法人。只有具有法人条件且依法取得法人资格的，才属于农村集体经济组织法人这一特别法人。当然，法律、行政法规对城镇农村的合作经济组织规定一定采取法人形式的，则应取得法人资格。如农民专业合作社，根据国务院 2007 年 5 月 28 日颁布、2014 年 2 月 19 日修正的《农民专业合作社登记管理条例》第 3 条关于“农民专业合作社经登记机关依法登记，领取农民专业合作社法人营业执照，取得法人资格。未经依法登记，不得以农民专业合作社名义从事经营活动”的规定，就应采取法人形式。

对于城镇农村的合作经济组织，《宪法》第 8 条第 1 款规定：“农村中的生产、供销、信用、消费等各种形式的合作经济，是社会主义劳动群众集体所有制经济。参加农村集体经济组织的劳动者，有权在法律规定的范围内经营自留地、自留山、家庭副业和饲养自留畜。城镇中的手工业、工业、建筑业、运输业、商业、服务业等行业的各种形式的合作经济，都是社会主义劳动群众集体所有制经济。"《农业法》第11条规定："国家鼓励农民在家庭承包经营的基础上自愿组成各类专业合作经济组织。""农民专业合作经济组织应当坚持为成员服务的宗旨，按照加入自愿、退出自由、民主管理、盈余返还的原则，依法在其章程规定的范围内开展农业生产经营和服务活动。""农民专业合作经济组织可以有多种形式，依法成立、依法登记。任何组织和个人不得侵犯农民专业合作经济组织的财产和经营自主权。"据之，城镇农村合作经济组织法人，从事农业生产经营活动，具有营利性因素，其对成员则不能以营利为目的，属于一种人合型组织；也非为了公益性目的，乃是一种介于企业法人与社会团体法人之间的经济组织，故《民法典》总则编将之规定为特别法人，对之不宜赋予其破产能力。

基层群众性自治组织法人，是指由村民、居民进行自我管理、自我教育、自我服务的基层群众性自治组织，包括居民委员会、村民委员会。根据《民法典》第101条规定，居民委员会、村民委员会具有基层群众性自治组织法人资格，可以从事为履行职能所需要的民事活动。未设立村集体经济组织的，村民委员会可以依法代行村集体经济组织的职能。《城市居民委员会组织法》第2条第1款规定："居民委员会是居民自我管理、自我教育、自我服务的基层群众性自治组织。"第3条规定："居民委员会的任务：（一）宣传宪法、法律、法规和国家的政策，维护居民的合法权益，教育居民履行依法应尽的义务，爱护公共财产，开展多种形式的社会主义精神文明建设活动；（二）办理本居住地区居民的公共事务和公益事业；（三）调解民间纠纷；（四）协助维护社会治安；（五）协助人民政府或者它的派出机关做好与居民利益有关的公共卫生、计划生育、优抚救济、青少年教育等项工作；（六）向人民政府或者它的派出机关反映居民的意见、要求和提出建议。"第4条规定："居民委员会应当开展便民利民的社区服务活动，可以兴办有关的服务事业。""居民委员会管理本居民委员会的财产，任何部门和单位不得侵犯居民委员会的财产所有权。"第5条规定："多民族居住地区的居民委员会，应当教育居民互相帮助，互相尊重，加强民族团结。"第16条规定："居民委员会办理本居住地区公益事业所需的费用，经居民会议讨论决定，可以根据自愿原则向居民筹集，也可以向本居住地区的受益单位筹集，但是必须经受益单位同意；收支账目应当及时公布，接受居民监督。"第17条规定："居民委员会的工作经费和来源，居民委员会成员的生活补贴费的范围、标准和来源，由不设区的市、市辖区的人民政府或者上级人民政府规定并拨付；经居民会议同意，可以从居民委员会的经济收入中给予适当补助。”“居民委员会的办公用房，由当地人民政府统筹解决。”《村民委员会组织法》第2条规定：“村民委员会是村民自我管理、自我教育、自我服务的基层群众性自治组织，实行民主选举、民主决策、民主管理、民主监督。”“村民委员会办理本村的公共事务和公益事业，调解民间纠纷，协助维护社会治安，向人民政府反映村民的意见、要求和提出建议。”“村民委员会向村民会议、村民代表会议负责并报告工作。”第8条规定：“村民委员会应当支持和组织村民依法发展各种形式的合作经济和其他经济，承担本村生产的服务和协调工作，促进农村生产建设和经济发展。”“村民委员会依照法律规定，管理本村属于村农民集体所有的土地和其他财产，引导村民合理利用自然资源，保护和改善生态环境。”“村民委员会应当尊重并支持集体经济组织依法独立进行经济活动的自主权，维护以家庭承包经营为基础、统分结合的双层经营体制，保障集体经济组织和村民、承包经营户、联户或者合伙的合法财产权和其他合法权益。”第9条规定：“村民委员会应当宣传宪法、法律、法规和国家的政策，教育和推动村民履行法律规定的义务、爱护公共财产，维护村民的合法权益，发展文化教育，普及科技知识，促进男女平等，做好计划生育工作，促进村与村之间的团结、互助，开展多种形式的社会主义精神文明建设活动。”“村民委员会应当支持服务性、公益性、互助性社会组织依法开展活动，推动农村社区建设。”“多民族村民居住的村，村民委员会应当教育和引导各民族村民增进团结、互相尊重、互相帮助。”第10条规定：“村民委员会及其成员应当遵守宪法、法律、法规和国家的政策，遵守并组织实施村民自治章程、村规民约，执行村民会议、村民代表会议的决定、决议，办事公道，廉洁奉公，热心为村民服务，接受村民监督。”第37条规定：“人民政府对村民委员会协助政府开展工作应当提供必要的条件；人民政府有关部门委托村民委员会开展工作需要经费的，由委托部门承担。”“村民委员会办理本村公益事业所需的经费，由村民会议通过筹资筹劳解决；经费确有困难的，由地方人民政府给予适当支持。”据上，居民委员会、村民委员会作为基层群众性自治组织法人，从其性质、任务或职能、经费来源等来看，既具有一定的经济职能，又具有为村民服务、协助政府在本区域内事务的实施等非经济职能。所以，《民法典》将之纳入特别法人之列，对之不应赋予破产能力。

（四）非法人组织的破产能力

非法人组织，根据《民法典》第102～105条规定，非法人组织，是指不具有法人资格，但是能够依法以自己的名义从事民事活动的组织，包括个人独资企业、合伙企业、不具有法人资格的专业服务机构等。其应当依照法律的规定登记；法律、行政法规规定其设立须经有关机关批准的，则应依照其规定经过有关机关批准；其财产不足以清偿债务的，则除法律另有规定的依照其规定外，由其出资人或者设立人承担无限责任；从事民事活动可以确定1人或者数人代表该组织进行。

应当指出，非法人组织不具备法人资格，仍应具备组织的基本要素，如具有自己的名称；具有自己的管理机构及其代表人或负责人；具有特定的设立目的，能够从事生产经营、科学技术、文化艺术、教育体育、慈善宗教等特定的活动；具有相对独立的财产，但不像法人那样以其财产对外承担有限责任，其出资者对之的债务需要依法承担无限连带责任（有限合伙企业的有限合伙人则依法承担有限责任），包括个人独资企业、合伙企业、不具备法人资格的外资企业、不具备法人资格的专业服务机构等。

其中，个人独资企业，根据《个人独资企业法》第2条规定，是指依照本法在中国境内设立，由1个自然人投资，财产为投资人个人所有，投资人以其个人财产对企业债务承担无限责任的经营实体。

合伙企业，根据《合伙企业法》第2条规定，是指自然人、法人和其他组织依照本法在中国境内设立的普通合伙企业和有限合伙企业。普通合伙企业由普通合伙人组成，合伙人对合伙企业债务承担无限连带责任。本法对普通合伙人承担责任的形式有特别规定的，从其规定。有限合伙企业由普通合伙人和有限合伙人组成。普通合伙人对合伙企业债务承担无限连带责任，有限合伙人以其认缴的出资额为限对合伙企业债务承担责任。

不具备法人资格的专业服务机构，则是指不具有法人资格，利用专业人员的专业知识或专门知识，根据客户需要而提供的某一专业领域内的服务机构，如律师事务所、会计师事务所、教育咨询服务机构等，其专业服务范围极广，包括法律服务，会计、审计和簿记服务，税收服务，建筑服务，工程服务，集中工程服务，城市规划和风景建筑服务，医疗和牙医服务，兽医服务，助产士、护士、理疗家和护理员提供的服务，咨询服务，管理服务，与计算机相关联的服务，生产技术服务，旅游机构服务，公共关系服务，广告设计和媒体代理服务，人才猎头服务，市场调查服务，等等。

此外，《民事诉讼法解释》第52条规定："民事诉讼法第四十八条规定的其他组织是指合法成立、有一定的组织机构和财产，但又不具备法人资格的组织，包括：（一）依法登记领取营业执照的个人独资企业；（二）依法登记领取营业执照的合伙企业；（三）依法登记领取我国营业执照的中外合作经营企业、外资企业；（四）依法成立的社会团体的分支机构、代表机构；（五）依法设立并领取营业执照的法人的分支机构；（六）依法设立并领取营业执照的商业银行、政策性银行和非银行金融机构的分支机构；（七）依法登记领取营业执照的乡镇企业、街道企业；（八）其他符合本条规定条件的组织。”基此，作为非法人组织的其他组织，既有公益性的非营利机构，也有以营利为目的经济性组织，且非法人组织的财产不足以清偿债务的，除法律另有规定的外，由出资人或者设立人承担无限责任。是以，破产法现在没有简单地采取统一的标准对其破产能力作出规定。

可是，对于以营利为目的的经济组织尤其是个人独资企业、合伙企业，是否赋予其破产能力，在《企业破产法》的制定过程中，存在过激烈的争论：

有人认为，个人独资企业、合伙企业已作为重要的经济活动主体参与广泛的经济活动，并且日益壮大，应与企业法人一样同等对待，赋予其与企业法人相同的市场主体地位，这是经济主体地位平等的自然要求，同时也是公平保护债权人合法权益的需要。此外，对其规定破产能力可以适用破产法实施破产，既可以发挥免责制度的功能，对那些具有信用的个人独资企业、合伙企业给予鼓励；又可以发挥破产法中的撤销、无效、法律责任等制度的功能，对那些隐匿转移财产、逃避债务的个人独资企业、合伙企业给予制裁，促使社会诚信制度的不断完善。由于个人独资企业、合伙企业还由出资人、合伙人依法承担无限责任，对其适用破产法实施破产，必然涉及自然人如何承担无限连带责任的问题，需要一些配套制度予以规范，并为今后将自然人纳入破产法的适用范围作出过渡性尝试，积累有关经验，便主张应当规定个人独资企业、合伙企业的破产能力。《企业破产法（草案）》也对个人独资企业、合伙企业的破产能力作了规定。

有人则认为，对个人独资企业、合伙企业破产能力的规定，涉及个人独资企业、合伙企业出资人、合伙人如何承担无限连带责任的问题，必须设立与之相适应的配套制度，如个人独资企业、合伙企业破产后免除继续清偿债务或者免除债务的期限，限制出资人、合伙人的消费水平及其监督机制等。可这些又有赖于自然人的信用体系的建立，在我国尚无个人信用制度，各种不诚信行为泛滥的情况下，将个人独资企业、合伙企业纳入破产法的适用范围，不利于债权人合法权益的保护，无法实现对其实施破产以公平清偿所欠债权人债务的基本功能，因而主张不应规定个人独资企业和合伙企业的破产能力。

最终，《企业破产法》没有对个人独资企业、合伙企业的破产能力作出规定。[①]

固然，任何非法人组织尤其是以营利为目的的经济组织，从理论上讲都有可能出现不能清偿到期债务且资不抵债等情况，为了公平保护债权人的合法权益，都可以通过破产程序实施破产解决其债权债务的清偿问题。现在，由于各种原因如个人信用制度缺失等暂时不由《企业破产法》对其破产能力作出规定，但不排除其他法律中的破产法律规范对某些特定组织的破产能力作出规定，如《合伙企业法》《民办教育促进法》《农民专业合作社法》，以及《独资企业清算是否可以参照破产清算程序批复》就已对合伙企业、民办学校、农民专业合作社、个人独资企业的破产能力作了规定。随着市场经济的日益发展及法律制度的不断完善，破产程序这一应运市场经济需要产生的退出机制其适用范围会愈来愈广。故，《企业破产法》第135条作出了关于“其他法律规定企业法人以外组织的清算，属于破产清算的，参照适用本法规定的程序”的规定，为与其他法律一道逐步解决、扩大民事主体破产能力的范围留下了发展、完善的空间。

（五）外国公司分支机构的破产能力

《公司法》第192条、第193条规定：“外国公司在中国境内设立分支机构，必须向中国主管机关提出申请，并提交其公司章程、所属国的公司登记证书等有关文件，经批准后，向公司登记机关依法办理登记，领取营业执照。”“外国公司分支机构的审批办法由国务院另行规定。”“外国公司在中国境内设立分支机构，必须在中国境内指定负责该分支机构的代表人或者代理人，并向该分支机构拨付与其所从事的经营活动相适应的资金。”“对外国公司分支机构的经营资金需要规定最低限额的，由国务院另行规定。”第197条规定：“外国公司撤销其在中国境内的分支机构时，必须依法清偿债务，依照本法有关公司清算程序的规定进行清算。未清偿债务之前，不得将其分支机构的财产移至中国境外。”据此，外国公司既可以依法经过批准在我国境内设立分支机构，依法办理登记，领取营业执照，可以依法进行经营活动；也可以依法清偿债务，进行清算后撤销其分支机构，未清偿债务之前，不得将其分支机构的财产转移到中国境外。对此，有人认为，外国公司的分支机构不能清偿债务，就存在对其适用破产清算程序的问题。尽管《企业破产法》未对外国企业的破产能力作出明确规定，然也没有作出禁止规定，从而认为在我国对外国企业的分支机构可以适用破产清算程序。[②] 从理论上来说，外国企

① 王东敏：《新破产法疑难解读与实务操作》，法律出版社2007年版，第32～33页。

② 范健、王建文：《企业破产法》，法律出版社2009年版，第47页。

业在境内的分支机构属于非法人组织的范畴，其从事的以营利为目的的生产经营活动，可能产生广泛的债权债务关系，在其撤销时必须依法清算，应当具有破产能力。应当具有破产能力，并非一定具有破产能力，是否具有破产能力应由破产法明确加以规定。对于某一民事主体，破产法没有规定破产能力，即使应当具有破产能力，依然没有破产能力，不能因为破产法“未作禁止性规定”，就认为具有破产能力，并“可认为在我国对外国企业的分支机构适用破产清算程序”。否则，对于自然人、个人独资企业、事业单位法人，破产法都未作禁止性规定，那就都可以对其适用破产清算程序进行清算。

其实，对于外国公司在我国境内的分支机构，《企业破产法》没有规定其破产能力，就不具有完全破产能力，不能完全适用《企业破产法》的规定对其实施破产。不过，由于《公司法》第197条明确规定这种外国公司的分支机构在被撤销前，应当依法清算。如此，其是否具有破产能力，关键在于《公司法》第197条关于其在被撤销前依法进行的清算是否包括破产清算：包括破产清算，那它就具有准破产能力，可以参照适用《企业破产法》的规定实施破产；不包括破产清算，则就不具有破产能力，对《企业破产法》的规定则不能参照适用。根据《公司法》第197条的规定，外国公司的分支机构在被撤销前应当依照《公司法》的规定进行清算，而《公司法》第187条规定：“清算组在清理公司财产、编制资产负债表和财产清单后，发现公司财产不足清偿债务的，应当依法向人民法院申请宣告破产。”基此，对外国公司分支机构的清算应当包括破产清算，具有破产能力。再根据《公司法》第190条关于“公司被依法宣告破产的，依照有关企业破产的法律实施破产清算”的规定，必须依照《企业破产法》的规定进行。但如前所述，外国公司分支机构并非企业法人，按照《企业破产法》第135条关于“其他法律规定企业法人以外的组织的清算，属于破产清算的，参照适用本法规定的程序”的规定，不能依照而只能参照《企业破产法》的规定实施破产。这样，《公司法》与《企业破产法》的规定似乎相互矛盾。由于《公司法》就特定主体破产事项作出的规定属于特别法规定，按照特别法优先于普通法的适用规则，应当按照《公司法》的有关规定，对外国公司分支机构的破产依照适用《企业破产法》的规定进行。

第三节 破产原因

一、破产原因的概念与分类

（一）破产原因的概念

破产原因，又称破产界限，或称破产条件，是指由破产法规定的人民法院据之对债务人启动破产程序实施破产的事实根据、原因或条件，是衡量债务人是否进入破产界限的标准，回答具有破产能力的债务人在什么条件下或称基于什么原因或事实根据才可以对其实施破产的问题。对债务人适用破产法的规定实施破产，不仅关系到债权人、债务人合法权益的维护，而且关系到经济秩序正常运行乃至整个社会秩序的稳定。因此，必须具有相应的条件才能对其实施破产。债务人在什么条件下可以实施破产，不仅是一个事实问题，而且是一个法律选择问题，只能由破产法加以规定，而不能随意由有关主体确定。债务人、债权人等对债务人提出破产的条件、人民法院对破产申请进行审查是否具有破产原因、符合破产条件只有根据破产法的规定进行，而不能自行对原因或条件加以设置。

（二）破产原因的分类

破产原因基于不同标准，可以作以下分类：

1. 根据规定破产原因的法律不同，可以分为狭义破产原因与广义破产原因。前者即狭义的破产原因，是指由狭义破产法典即《企业破产法》规定的破产原因，如企业法人的破产原因就由《企业破产法》加以规定；广义破产原因，是指某一民事主体的破产原因并非由或者都由《企业破产法》规定，而是由《企业破产法》外的其他法律中的破产法律规范规定的破产原因。这是因为，《企业破产法》的适用范围仅限企业法人，其只对企业法人的破产原因加以规定。对于其他民事主体的破产原因，其他法律中的破产法律规范赋予其破产能力同时也会对破产原因加以规定。这种不由狭义破产法典《企业破产法》规定，而是由其他法律中属于广义的破产法律规范规定的破产原因，便可称之为广义破产原因，以区分由《企业破产法》规定的狭义破产原因。具体来说，《企业破产法》以外的法律规范规定的破产原因主要有：

一是，《公司法》第 187 条第 1 款规定："清算组在清理公司财产、编制资产负债表和财产清单后，发现公司财产不足清偿债务的，应当依法向人民法院申请宣告破产。”

二是，《商业银行法》第 71 条规定：“商业银行不能支付到期债务，经国务院银行业监督管理机构同意，由人民法院依法宣告其破产。商业银行被宣告破产的，由人民法院组织国务院银行业监督管理机构等有关部门和有关人员成立清算组，进行清算。”

三是，《合伙企业法》第 92 条第 1 款规定：“合伙企业不能清偿到期债务的，债权人可以依法向人民法院提出破产清算申请，也可以要求普通合伙人清偿。”

四是，《民办教育促进法》第 58 条规定：“……因资不抵债无法继续办学而被终止的，由人民法院组织清算。”

五是，《农民专业合作社法》第 52 条第 2 款规定：“清算组发现农民专业合作社的财产不足以清偿债务的，应当依法向人民法院申请破产。”

2. 根据破产法规定债务人破产原因条件的项数不同，破产原因可以分为单一破产原因与复合破产原因。前者是指由破产法规定的破产原因或条件只有这 1 项，符合此项条件即可以据之启动破产程序实施破产。后者是指由破产法规定的破产原因或条件不只 1 项，而是多项，不具备其中所有原因，而只是具备其中 1 项等部分原因，依旧不能对其启动破产程序实施破产；只有具备破产法规定的所有具体原因或条件，才可据之启动破产程序实施破产。通观破产法的规定，如前所述，《公司法》《合伙企业法》《商业银行法》《民办教育促进法》《农民专业合作社法》对有关民事主体的破产原因规定都只有 1 项，规定的此项原因便成为对某些民事主体据以启动破产程序的唯一原因。另外，《企业破产法》第 2 条第 2 款规定：“企业法人有前款规定情形，或者有明显丧失清偿能力可能的，可以依照本法规定进行重整。”据之，债务人有明显丧失清偿能力可能的，就可以对债务人启动破产重整程序，由此便属于可以启动破产程序的单一原因。至于《企业破产法》第 2 条第 1 款关于“企业法人不能清偿到期债务，并且资产不足以清偿全部债务或者明显缺乏清偿能力的”，才能启动破产程序实施破产的原因规定，需要同时满足不能清偿到期债务并且资产不足以清偿全部债务两个条件，或者同时满足不能清偿到期债务并且明显缺乏清偿能力两个条件，于是属于复合原因。

3. 根据破产原因适用的具体破产程序的范围不同，可以分为破产程序共有原因与破产程序独有原因。根据破产法规定，破产程序具体可以分为破产清算程序、破产重整程序与破产和解程序。因此，破产共有原因，是指破产清算程序、破产重整程序及破产和解程序所共同具有的原因，据之可以选择适用 3 种具体程序的任何一种程序，当然不能同时选择其中的两种程序或者全部程序。破产程序独有原因，是指为破产清算程序、破产重整程序或者破产和解程序中某一程序所独有的破产原因，据之可以启动相应的破产程序。具体而言，《企业破产法》只对破产重整程序在破产共有原因外规定了独有原因即“有明显丧失清偿能力可能的”，就可由此启动破产重整程序。此外，《公司法》《商业银行法》《合伙企业法》《农民专业合作社法》《民办教育促进法》等关于特定主体如公司、商业银行、合伙企业、农民专业合作社、民办学校等的特别破产原因的规定，也属于这些特定主体进行破产清算的所独有的原因，归属于破产程序独有原因的范畴。

4. 根据破产原因适用的主体范围不同，可以分为破产一般原因和破产特殊原因。前者是指所有能够适用破产法规定实施破产的主体在一般情况下所具有的破产原因，即在一般情况下可以据之对具有破产能力的主体启动破产程序的原因。如在一般情况下，根据《企业破产法》第 2 条的规定，企业法人“不能清偿到期债务，并且资产不足以清偿全部债务或者明显缺乏清偿能力的”，可以启动破产程序（包括破产清算、破产重整和破产和解程序）实施破产；企业法人“有明显丧失清偿能力可能的”，可以启动破产重整程序，便属破产一般原因。后者是指能够适用破产法规定实施破产的主体在特定情况下所具有的破产原因，即在特定情况下据之对具有破产能力的主体可以启动破产程序的原因。如《公司法》第 187 条第 1 款关于公司在清算时发现其财产不足以清偿债务的，《合伙企业法》第 92 条第 1 款关于合伙企业不能清偿到期债务的，《商业银行法》第 71 条关于商业银行不能支付到期债务的，《民办教育促进法》第 58 条关于因资不抵债无法继续办学而被终止的，《农民专业合作社法》第 55 条第 2 款关于清算组发现农民专业合作社的财产不足以清偿债务的等破产原因的规定，就可以对公司、合伙企业、商业银行、民办学校、农民专业合作社分别据之启动破产程序实施破产，为此属于破产特殊原因的规定。

5. 根据破产原因的作用不同，可以分为破产申请原因与破产申请受理原因。通常情况下，破产申请原因与破产申请受理原因是相同的，如《企业破产法》第 2 条规定的破产原因便既是破产申请原因，又是破产申请受理原因，从而既是债权人、债务人等依法对债务人申请破产的基本根据和条件，又是人民法院审查判断债务人是否具备破产原因的根据和条件。根据《企业破产法》第 7 条第 2 款的规定，债务人不能清偿到期债务，债权人可以向人民法院提出对债务人进行重整或者破产清算的申请。债务人不能清偿到期债务属于债权人可以据之提出破产清算或者破产重整的原因，属于破产申请原因进而亦属于破产原因。然则，这种破产申请原因不能成为人民法院受理该破产重整或者破产清算申请的根据，人民法院是否受理该破产申请应当根据《企业破产法》第2条规定的破产原因进行判断，即债务人只有具备《企业破产法》第2条规定的破产原因时，才能对其作出受理破产申请而启动破产程序实施破产的裁定。

（三）破产原因与导致债务人破产的原因的区别

破产原因与导致债务人破产的原因，都属于与破产程序相联系的原因，两者却有着本质的不同，应当加以区分。前者是指可以对民事主体适用破产法规定实施破产即对其启动破产程序实施破产的条件，为破产法明文规定，属于破产法律规范的组成部分，具有法定性、普遍性、反复适用性。可以适用破产法规定实施破产的民事主体，只要具备了破产法规定的破产原因、符合了破产法规定的条件，就可以据之启动破产程序实施破产清偿债务。而导致债务人破产的原因，是指引起某一民事主体破产的原因，是某一民事主体走向破产之路的具体原因，这些原因多种多样，如经营管理不善、投资决策失误、受骗上当所致、天灾人祸因素，等等，不一而足。其只是相对于具体的破产主体而言，不会为法律所规定。不同的破产主体，导致债务人破产的原因多种多样，不可能完全相同，没有什么普遍性、反复适用性可言。

（四）破产原因与破产申请原因的区别

破产申请原因，又称破产申请条件，是指当事人得以提出债务人破产申请所必须具备的事实、根据及条件。如前所述，破产原因作为人民法院据以启动破产程序的事实、根据及条件，债务人除不能清偿到期债务外还必须包括资产不足以清偿全部债务或者明显缺乏清偿能力的条件。假若是债务人自身申请破产，其对自己是否具有资产不足以清偿全部债务或者明显缺乏清偿能力固然清楚。所以，其申请条件需要满足破产原因的有关规定，两者完全一致，没有区别。但对于债权人申请而言，其对债务人是否具备资产不足以清偿全部债务或者明显缺乏清偿能力的条件，通常难以举证证明。如果将债务人具备资产不足以清偿全部债务或者明显缺乏清偿能力作为债权人申请债务人破产的根据，那么，债权人的破产申请权就很难得到保障。为了平衡保护债权人的利益，方便其提出破产申请，《企业破产法》第7条第2款明确规定：“债务人不能清偿到期债务，债权人可以向人民法院提出对债务人进行重整或者破产清算的申请。”据此，债权人提出债务人破产的申请，只要能够证明债务人不能对之清偿到期的债务即可，而无需对债务人是否具备资产不足以清偿全部债务或者明显缺乏清偿能力的情形举证加以证明。债务人要避免进入破产程序的命运，就应按照《企业破产法》第10条关于“债权人提出破产申请的，人民法院应当自收到申请之日起五日内通知债务人。债务人对申请有异议的，应当自收到人民法院的通知之日起七日内向人民法院提出”的规定，在法定的期限内向人民法院提出异议，提出证据证明自己不具有不能清偿到期债务并且资产不足以清偿全部债务，或者不能清偿到期债务并且明显缺乏清偿能力的情形。如果债务人不作为不提出异议，或者虽然提出异议，但不能提出证据证明自己不具备破产原因，或者虽然提供了证据但经人民法院审查不实不能证明自己不具备破产原因的，人民法院就可以推定债务人具备了破产原因对之启动破产程序。是以，在债权人申请债务人破产的情况下，不能清偿到期债务乃是债权人得以提出破产申请的原因、根据及条件，同时也是债务人具有破产原因的推定根据。①

二、破产共有原因

《企业破产法》第2条规定："企业法人不能清偿到期债务，并且资产不足以清偿全部债务或者明显缺乏清偿能力的，依照本法规定清理债务。"基此，破产共有原因，作为破产清算、破产重整、破产和解3种程序共同具有的原因，即据之可以启动破产清算、破产重整、破产和解任意一种程序的条件，为不能清偿到期债务，并且资产不足以清偿全部债务或者明显缺乏清偿能力。《破产法解释（一）》第1条规定："债务人不能清偿到期债务并且具有下列情形之一的，人民法院应当认定其具备破产原因：（一）资产不足以清偿全部债务；（二）明显缺乏清偿能力。相关当事人以对债务人的债务负有连带责任的人未丧失清偿能力为由，主张债务人不具备破产原因的，人民法院应不予支持。"基此，破产共有原因，具体包括不能清偿到期债务并且资产不足以清偿全部债务、不能清偿到期债务并且明显缺乏清偿能力两种情形。只要债务人具有其中之一，即可据之对债务人启动破产程序实施破产。

（一）不能清偿到期债务并且资产不足以清偿全部债务

此项原因又包括不能清偿到期债务与资产不足以清偿全部债务两个方面，必须同时满足，缺一不可。具体来说，不能只凭债务人不能清偿到期债务，或者只凭其资产不足以清偿全部债务就可对其启动破产程序，而是要求两个方面必须同时满足才能对其启动破产程序实施破产。下面分别进行分析。

1. 不能清偿到期债务。不能清偿到期债务，简称不能清偿或清偿不能，又称支付不能或不能支付，国际上还称“非流动性”或“现金流标准”，是指债务人对其所欠债务，因为丧失清偿能力而无法偿还的一种客观事实状态。

---

① 宋晓明、张勇健、刘敏：《〈关于适用企业破产法若干问题的规定（一）〉的理解与适用》，载《人民司法》2011年第21期。

其中，所谓债务，是指债务人依照约定或者法律规定对相对人（债权人）应为特定的行为。既可以是合同之债，也可以是侵权之债；既可是无因管理之债，又可以是不当得利之债；既可以是单一之债，又可以是多数人之债；既可以是按份之债，又可以是连带之债；既可以是特定之债，又可以是种类之债；既可以是财务之债，又可以是劳务之债；既可以是金钱之债，又可以是非金钱之债，如此等等。不论债务发生的原因及其种类如何，只要具有合法的根据，或者按照法律的规定，或者按照之间的约定，并且已经到期，债务人无法清偿，就可以据之依法启动破产程序实施破产。具体来说，对于不能清偿到期债务中的债务理解，应当注意以下几个方面：

一是，不能清偿的债务必须具有合法的根据，即属于依法应受保护的债务。没有合法根据不受法律保护的债务，如非法买卖枪支、弹药、爆炸物、毒品、淫秽物品、伪劣产品等违法犯罪产生的债务，不应受到法律的保护，也不属于破产法所保护的债务，即不能成为上述中的债务。应当指出，合法债务不同于无效合同所产生的债务，无效合同在双方都未履行时，其不存在履行的问题，所设立的债务不属于不能清偿中的到期债务。可在一方或者双方事实“履行”后，则存在未履行一方返还或者双方相互返还的问题，这种因返还而产生的债务仍要受到法律保护，以及因为合同无效所应承担的法律责任所产生的债务，依然属于合法债务而可成为不能清偿的债务。

二是，不能清偿的债务应属双方明确的、没有争议的债务。债务不明或者双方对债务产生争议的，都无法履行，不能成为不能清偿的到期债务。如债务人依法以诸如合同无效，合同因无权处分、欺诈、显失公平、乘人之危等原因可被撤销，债务可以依法予以抵销、不安抗辩、先履行抗辩、同时履行抗辩等各种理由进行抗辩，造成债务争议无法履行的，应当先通过民事诉讼或者仲裁程序作出裁判或裁决，确定双方的权利义务关系。对于由法律生效裁判或裁决确定的债务，到期不能清偿的，即可依法对其启动破产程序实施破产。

三是，不能清偿的债务必须是没有超过诉讼时效、申请强制执行期限等应受法律强制性保护的非自然债务。超过诉讼时效的自然债务，债权人可以依法起诉，但已丧失了由法院依法确认并可依法予以强制执行的胜诉权，即不再受到法律强制性保护。对于此种超过诉讼时效的债务，债务人自行履行的，法律亦承认其效力。此外，由人民法院依法确认的债务，必须在法律规定的期限内申请执行。如未在法律规定的期限内申请执行，即属超过申请执行期限的债务。对于这一债务，债务人自愿履行的，法律并不禁止，只是不再对其进行法律强制性保护，即因为申请执行期限超过，法院不再强制执行。

倘若属于上述超过诉讼时效、申请执行期限的自然债务，由于丧失了由法院实行强制性保护的根据，债权人不能据之启动破产程序实施破产而借助法院的强制力对该债务实现强制性履行与保护。

四是，不能清偿的债务应当属于财产性债务，或者不是财产性债务却可以利用货币进行估价进而可以转化为以金钱或者其他财产偿还的非财产性权利。如果义务不能或者无法以货币估价，无法转化为以金钱或者财产偿还的财产性权利，那么，就无法适用破产程序对其进行清偿，如侵权行为发生后通过法院判决侵权人对权利人负有的停止侵害、赔礼道歉等行为义务。这是因为，通过破产程序清偿的债务最终都必表现为以金钱或者财产进行支付。①

五是，不能清偿的债务应属已经依法到期的债务。虽为应当履行的债务但还未依法到期即属将来履行的债务，也不属于不能清偿的债务。债务清偿的前提之一必须是依法到期，没有到期的债务根本不存在清偿的问题。故，作为破产条件不能清偿到期债务中的债务无疑属于到期债务。债务是否到期的标准，因债的产生原因不同而不同。如侵权之债，在侵权行为完成后，即产生赔偿的义务，可认为一旦发生即已到期。又如，合同之债，对于履行期限，双方有约定的，约定债务履行的期限已到，即为到期。没有约定或者约定不明的，根据《民法典》第 510 条的规定，达成补充协议的，补充协议约定的期限即为债务履行期限；不能达成补充协议的，则按照合同有关条款或者交易习惯确定。约定不明致使履行期限不明确的，并且按照《民法典》第 510 条规定仍然不能确定的，根据第 511 条第 4 项规定，债务人可以随时履行，债权人也可以随时要求履行，但应当给予对方必要的准备时间，必要的准备时间一过，即为到期。因此，到期债务并非限于期限有明确规定或者约定的债务，没有约定或者规定期限的债务，其履行期限应当根据法律的规定进行确定。期限未到属于未到期债务而未清偿的，不能据之启动破产程序实施破产。

另外，对附期限债务，是否属于到期债务不能一概而论。《民法典》第 160 条规定："民事法律行为可以附期限，但是根据其性质不得附期限的除外。附生效期限的民事法律行为，自期限届至时生效。附终止期限的民事法律行为，自期限届满时失效。"据之，附生效期限的债务所附生效期限未到，属于未到期债务；附终止期限的债务所附终止期限未到，则属到期债务。

同样，对附条件债务，是否属于到期债务也不能一概而论。《民法典》第 158 条规定："民事法律行为可以附条件，但是根据其性质不得附条件的除

① 范健、王建文：《企业破产法》，法律出版社 2009 年版，第 51 页。

外。附生效条件的民事法律行为，自条件成就时生效。附解除条件的民事法律行为，自条件成就时失效。”基此，附生效条件即附延缓条件的债务，只有条件成就才有可能属于到期债务发生效力应予履行，条件没有成就合同尚未生效其债务还未发生履行之效力，属于未到期债务；反之，附解除条件的债务，在该解除条件成就时合同已经生效，所对应的债务属于生效债务具有履行的效力，即属于到期债务可以依法对债务人启动破产程序实施破产来清偿债务。然而，附条件生效的民事法律行为，所约定的生效条件应当让之自然发展，不能人为操纵阻止或者促成，不然就会失去所附条件才生效的意义。故，第159条规定：“附条件的民事法律行为，当事人为自己的利益不正当地阻止条件成就的，视为条件已成就；不正当地促成条件成就的，视为条件不成就。”

六是，不能清偿到期债务中的债务必须是已现实存在的债务人应当依法加以履行的债务。债务人虽对他人负有债务，但不是一种现实的债务而是一种可能存在的预期债务，则债务人还不存在履行的问题。这种情形，债权人就不能申请债务人破产来清偿其债务。如为债务人提供保证、抵押、质押担保的第三人，根据《民法典》的有关规定，在为债务人承担了担保责任后，有权向债务人追偿。这种因给债务人提供担保而产生的追偿权在未实际承担担保责任前，就是一种预期的尚未成为事实的可能性债务。对于这种债务，债务人还不需要履行。只有在担保责任人实际承担了担保责任后，债务人才负有实际履行的义务。因此，为债务人提供担保的第三人，虽然享有可能存在的追偿权，但在未承担担保责任前，除非出现债务人破产等特定情况基于法律的特别规定，并不实际拥有这种权利，并不存在可以申请债务人破产的问题。

七是，不能清偿到期债务中的债务应当是债务人依法应当履行的债务。债务到期是债务人履行债务的必要条件，并非充分条件。换言之，债务人履行债务，必须要求所履行的债务已经到期；反过来则不能说，债务一旦到期，债务人就必须履行债务。一般说来，债务一旦到期，债权人就可以要求债务人履行债务。然在某些条件下，债务人仍旧可以依法不予履行，就不能认为属于不能清偿的到期债务。如《民法典》第526条规定，当事人互负债务，有先后履行顺序，应当先履行债务一方未履行的，后履行一方有权拒绝其履行请求。先履行一方履行债务不符合约定的，后履行一方有权拒绝其相应的履行请求。第527条规定，应当先履行债务的当事人，有证据证明对方有下列情形之一的，可以中止履行：（1）经营状况严重恶化；（2）转移财产、抽逃资金，以逃避债务；（3）丧失商业信誉；（4）有丧失或者可能丧失履行债务能力的其他情形。当事人没有证据中止履行的，应当承担违约责任。第528条规定，当事人依据前条规定中止履行的，应当及时通知对方。对方提供适当担保的，应当恢复履行。中止履行后，对方在合理期限内未恢复履行能力并且未提供适当担保的，视为以自己的行为表明不履行合同主要义务，中止履行的一方可以解除合同并可以请求对方承担违约责任。第529条规定，债权人分立、合并或者变更住所没有通知债务人，致使履行债务发生困难的，债务人可以中止履行或者将标的物提存。第530条规定，债权人可以拒绝债务人提前履行债务，但是提前履行不损害债权人利益的除外。债务人提前履行债务给债权人增加的费用，由债务人负担。第531条规定，债权人可以拒绝债务人部分履行债务，但是部分履行不损害债权人利益的除外。债务人部分履行债务给债权人增加的费用，由债务人负担。所以，根据《民法典》合同编的有关规定，债务人依法可以拒绝履行或者中止履行的，亦不能认为属于不能清偿的债务。

至于不能清偿到期债务中的债务，是否要求债权人已经提出要求，有人认为，债权人对到期债务没有提出清偿要求的，视为默许延期偿还，债务人即使无力偿还，因不能清偿的情况实际并没有发生，也不能认定其已发生破产原因。如银行是典型的负债经营，而其业务的正常运转便是建立在“只有少数人会随时要求清偿”这一假定之基础上的。① 有人则认为，无力偿债的认定，不以债权人提出请求为必要条件。② 笔者认为，不能清偿到期债务中的债务，并不必然要求属于已被债权人提出清偿要求的债务。对于债权人提出破产申请的，要求其先对债务人提出偿还要求（因债务人原因无法向其提出偿还要求的除外），债务人依旧不能清偿的，才能允许债权人对债务人提出破产清偿债务的申请，不能允许在未要求债务人清偿的情况下直接申请破产以清偿债务。对于债务人申请破产的情况，债权人虽没有要求偿还到期债务，然其确实因为丧失清偿能力而不能清偿，自应允许债务人申请破产以清偿所有债权债务，不能以债权人没有就已到期的债权提出请求为由而限制其自身申请适用破产程序实施破产。

所谓不能清偿即无力清偿，是指对履行期限届满的依法应当履行的债务，债务人因丧失或者缺乏清偿能力而无力清偿。具体理解时，应当注意以下方面：

---

① 王欣新主编：《破产法原理与案例教程》，中国人民大学出版社2010年版，第35页；李永军：《破产法律制度》，中国法制出版社2007年版，第45页；齐树洁主编：《企业破产法》，厦门大学出版社2009年版，第41页。

② 王卫国：《破产法精义》，法律出版社2007年版，第5页。

一是，不能清偿到期债务的原因是源于丧失或者缺乏清偿能力而致，不因丧失或者缺乏清偿能力而致，如债权人分立、合并或者变更住所没有通知债务人，债务人履行困难而对到期债务不能履行的；债务人或其委托代为履行的第三人因为发生不可抗力的事由而对到期债务不能履行的；债务人具有清偿能力，因为疏忽或者其他原因而对到期债务没有履行的；债务人的银行信息系统发生障碍而致到期债务不能履行的等情形，不能认为属于丧失或者缺乏清偿能力的不能清偿。

二是，不能清偿到期债务是源于丧失或者缺乏清偿能力而致，丧失或者缺乏清偿能力却并非仅指丧失或者缺乏财产清偿能力。一般来说，债务的清偿通常以货币财产进行，货币财产清偿能力由此属于清偿能力的重要标志，但不是唯一标志。这是因为，清偿能力作为一个综合概念，是财产、信用、技能等各种可以转化为货币财产的统一体。货币等财产性资产不能清偿到期债务，然其信用良好，依然可以举债偿还债务，或者具有技术力量、商标专利等知识产权，就可以技术力量提供服务折抵偿还债务或者转让知识产权偿还债务。在法制日益完善、科学技术不断发展的情况下，信用、科学技术、知识产权对于公司、企业的发展作用越来越大，这些已经构成企业清偿能力的重要组成部分。是以，只有综合考察构成清偿能力的各种因素后确定丧失或者缺乏清偿能力的，才可以认为属于丧失或者缺乏清偿能力，由此对到期债务不能偿还的，才属不能清偿到期债务。

三是，不能清偿到期债务的清偿不能，不以债务的共有人或者连带责任人是否丧失或者缺乏清偿能力为前提条件。一些债务，可能有多个债务人，如共同债务的共同债务人，担保债务的保证人、抵押人、质押人等。这些对同一债务负有偿还责任的其他债务人的清偿能力，既不属于债务人清偿能力的延伸，也不属于债务人的信用清偿能力。① 换句话说，其他债务人是否具有清偿能力不能成为认定债务人不能清偿到期债务的依据，即其他债务人有无清偿能力，都不会对债务人是否构成不能清偿的破产条件产生影响。对这，《合伙企业法》第92条第1款就明确规定："合伙企业不能清偿到期债务的，债权人可以依法向人民法院提出破产清算申请，也可以要求普通合伙人清偿。"据此，合伙企业丧失清偿能力具有破产原因的认定，也不以普通合伙人这一连带债务人均丧失清偿能力为前提。最高人民法院1990年10月6日在《关于佛山市中级人民法院受理经济合同纠纷案件与青岛市中级人民法院受理破产案件工作协调问题的复函》中亦明确指出："确定企业是否达到破产

① 王欣新：《企业破产法》，中国人民大学出版社2007年版，第47～48页。

界限，并不以‘连带清偿责任人清偿后仍资不抵债’为前提条件……破产程序终结后，佛山市石湾区对外贸易公司可向依法应当承担连带责任的保证人追偿其未得到的债权部分。”《破产法解释（一）》第1条也明确规定：“相关当事人以对债务人的债务负有连带责任的人未丧失清偿能力为由，主张债务人不具备破产原因的，人民法院应不予支持。”最高人民法院民事审判第二庭负责人2011年9月26日回答记者问时指出：“要特别强调的是，由于民事主体具有独立的资格和地位，对每一个单独民事主体的清偿能力需分别审查，不同民事主体之间不存在清偿能力或破产原因认定上的连带关系，其他主体对债务人所负债务负有的连带责任是对债权人的责任，而不能视为债务人本人清偿能力的延伸或再生。因此，相关当事人以对债务人的债务负有连带责任的人未丧失清偿能力为由，主张债务人不具备破产原因的，人民法院应不予支持。”

四是，不能清偿到期债务的清偿不能，是对到期债务全面停止偿付的客观状态。其具体表现为：“债务人已全面停止偿付到期债务，而且没有充足的现金流量偿付正常营业过程中到期的现有债务……债务人全面停止付款的标志可以包括债务人未能支付租金、税款、薪金、员工福利、贸易应付款和其他主要业务费用。借助这一标准，是为了在债务人财务困难期间尽早启动破产程序，以尽量减少资产的散失并避免债权人争夺资产，造成债务人的资产被瓜分，反而对全体债权人不利。等到债务人能证明资产负债表破产才允许启动程序，可能只会延迟必然要发生的事情，减少可收回的资产。”① 但是，上述的全面停止偿付，并非指债务人对全部债务不能清偿的客观状态。有的认为，债务人丧失清偿能力并非对个别债权人之特定债权不能履行或拒绝履行，而是对全部债务不能清偿的综合概括状态，或者说，债务人的不能清偿是对全体债权人的债务一般性的无法履行的状态，并非是指对某一个特定的债权人发生支付不能。② 我们知道，债务人在对全部债务总体上已经丧失清偿能力的情况下，并非意味着对所有债务都不能清偿，其对其中的部分债务仍有可能具有能力进行个别清偿。如果要求债务人对全部债务不能履行，那么，债务人就可以自己能够清偿部分债务而不属于不能清偿为由进行抗辩。另外，债务人是否对全部债务进行清偿，债权人根本无法知道。如此，债权人的破产申请权必然无法得以正常行使，人民法院也因需要判断债务人是否对全部债务处于不能清偿的状况进行判断，而这不是一个简单的判断，能够在短时

① 王卫国：《破产法精义》，法律出版社2007年版，第5页；联合国国际贸易法委员会：《破产法立法指南》（2006年中文版）第43页。

② ［日］伊藤真：《企业破产法》，刘荣军、鲍荣振译，中国社会科学出版社1995年版，第37页。

间内完成，破产程序的启动也就无法及时进行。其实，不能清偿到期债务，包括不能清偿部分到期债务。换言之，不能清偿到期的部分债务，包括上述的全面停止偿付的租金、税款、薪金、员工福利、贸易应付款等中的任何依法成立的部分到期债务，只要停止偿付其中的任何部分债务，就构成不能清偿，也就是说，对所有债务不能全部清偿，而非对全部债务不能清偿。前者对全部债务中的部分债务不能清偿就构成不能全部清偿；后者乃要求对全部债务都不能清偿的情况下才予以构成。为了防止债权人对破产申请权的滥用甚至恶意使用，一些国家便规定债权人提出破产申请的，应当持有最低的债权额，如美国《企业破产法》就规定，债权人总数在 12 人以上的，必须有 3 个以上债权人，且所代表的无财产担保债权总额在 5000 美元以上的，才可以提出破产申请。①

五是，不能清偿到期债务的清偿不能，属于长期的并且处于持续状态的清偿不能。只是源于产品价格突降等原因导致资金暂时周转困难、中止支付的，不能构成对到期债务的清偿不能。长期的并且持续的清偿不能，既包括持续清偿不能的状态已经存在较长时间，或者持续的清偿时间虽然不长，然有充分证据证明债务人持续的清偿会存在较长时间。为了使长期持续的清偿不能有一个明确的判断标准，有的国家就通过立法规定，债务到期后，债权人应向债务人催收债务，债务人经催收在 3 个月内未能清偿的，则视为长期持续的清偿不能。在我国，社会信用环境较差，债务人不按时履行债务的情况非常普遍，借鉴其他国家规定以 3 个月甚至更短的期限认定债务人属于不能清偿到期债务，与我国国情不符，难以执行。假若规定一个更长的期限，反而会使得债务人在此期限内无破产之忧，甚至在这一较长的期限内隐瞒、转移财产，进行个别清偿，更加对债权人不利，《企业破产法》于是没有对之作出明确规定。

六是，不能清偿到期债务的清偿不能，是债务人丧失或者缺乏清偿能力而无法对到期债务进行履行的一种客观状态。故，这种清偿不能是真实存在的，是通过各种事实加以表现的，从而是可以通过各种证据加以证明的。这种客观状态，不以债务人、债权人等的主观认识为条件，无论是债务人还是债权人提出破产申请，亦是人民法院审查破产申请是否符合破产标准，即债务人是否具备破产原因，都应当以能够证明债务人已经不能清偿到期债务的所有证据为基础，不能在没有确实、充分证据的情况下，仅凭债务人、债权人的主观意识就对债务人是否清偿不能作出认定。

---

① 最高人民法院民事审判第二庭编著：《最高人民法院关于企业破产法司法解释理解与适用》，人民法院出版社 2017 年版，第 59 页。

七是，不能清偿到期债务的清偿不能，作为债务人丧失或者缺乏清偿能力而无法对到期债务进行履行的一种客观状态，既可以由债务人、债权人提供证据加以证明，在债务人不愿提供证据、债权人源于各种原因又无法全面提供充分证据的情况下，也可以根据债务人的行为作出推断。一些国家与地区的破产法，就将债务人的停止支付推定为不能清偿。如《日本企业破产法》第15条就规定："债务人无法清偿到期债务时，法院基于第30条第1款的规定，依据申请，以决定的方式开始破产程序。债务人停止支付时，推定为无法清偿到期债务。"① 我国台湾地区的《企业破产法》第1条第2款规定："债务人停止支付者，推定其为不能清偿。"在我国，《执行企业破产法（试行）意见》第8条第2款也曾规定："债务人停止支付到期债务并呈连续状态，可推定为'不能清偿到期债务'。"在《破产法解释（一）》的起草过程中，曾经明确提出了"'停止支付'的概念以及'停止支付可以推定为不能清偿的规定'，以合理解决债权人申请债务人破产时的举证责任问题。但后来考虑到，在《企业破产法》中没有规定'停止支付'概念的情况下，司法解释提出这一新概念并以此确认债权人提出破产申请时的举证责任，可能有立法越权之嫌，而且与'明显缺乏清偿能力'的概念有冲突之处，为此便取消了有关'停止支付'的规定，而是将立法中的'明显缺乏清偿能力'概念通过列举规定等方式实际解释为'停止支付'……将'不能清偿'的内容直接解释为'停止支付'，也就是在某种程度上将破产原因解释为破产申请原因（债务人提出破产申请的情况），虽然与破产法理论存在一定观念上的差异，可在现行破产法中破产原因规定不够科学、缺失'停止支付'这一推定的破产申请原因概念，使法律实施可能遇到困难的情况下，反而更有利于破产法的实际执行。"② 至于停止支付，是指债务人向债权人作出不能支付一般金钱债务的主观意思表示的行为。既可以是积极的、明示的行为，又可以是消极的、默示的行为。前者如以口头或者书面的方式明确表示无力清偿到期债务；后者如由债务人出具的票据不能兑付，对到期债务不进行清偿就将营业转让、关闭或者逃跑等。这种停止支付的意思表示，尽管并不必然表明债务人丧失或者缺乏清偿能力，也可能是具有清偿能力而有意赖账或者逃避债务，不能与清偿不能加以等同，然不可否认，停止支付仍是债务人丧失或者缺乏清偿能力造成清偿不能的最为典型的外在表现，在诚信社会中尤其如此。因此，在一定条件下如停止支付处于连续状态，并且没有相反证据的，就可以推定

① 李飞主编：《当代外国破产法》，中国法制出版社2006年版，第721页。

② 最高人民法院民事审判第二庭编著：《最高人民法院关于企业破产法司法解释理解与适用》，人民法院出版社2017年版，第62～63页。

债务人不能清偿到期债务。

如前所述，对停止支付在一定条件下推定其债务清偿不能，毕竟属于一种推定。推定就有可能与客观事实不符，何况债务人停止支付完全可以基于不诚信等原因作出不支付债权人债务的表示，在社会信用体系还不完善的情况下更是这样。因此，作为一种推定，发现有相反证据即证明债务人有清偿能力的证据的，就不应当推定债务人不能清偿到期债务。不然，还会利于债务人利用破产程序来逃避债务，损害债权人的合法权益。

为了准确理解破产共有原因中的“债务人不能清偿到期债务”，《破产法解释（一）》第2条规定：“下列情形同时存在的，人民法院应当认定债务人不能清偿到期债务：（一）债权债务关系依法成立；（二）债务履行期限已经届满；（三）债务人未完全清偿债务。”只有债权债务关系依法成立，债务履行期限已届满，且债务人未完全清偿债务同时成立时，才能认定属于债务人不能清偿到期债务。具体理解这3个方面，还要结合以上有关债务人不能清偿到期债务理解的分析，才能真正把握债务人不能清偿到期债务的真正内涵与外延。

2. 资产不足以清偿全部债务。资产不足以清偿全部债务，即资不抵债，又称债务超过，国际上则称资产负债表标准，是指债务人的所有资产总和已经小于其全部债务的总和。换言之，债务人的所有债务已经超过、大于其全部资产，主要根据债务人的资产负债表确定。其中，债务即消极的财产，既包括到期债务，又包括还未到期将来应当履行的债务。资产即积极财产，是指企业所拥有的全部资产，既包括有形财产如土地、厂房、机器、设备以及所拥有的资金、应收的欠款等，又包括采矿权、探矿权、商标权、专利权、著作权等具有财产性质的无形财产，信用、技术力量、劳动力等不具有财产性质的资产则不属于这种资产。具体来说，如何认定债务人资产不足以清偿全部债务，《破产法解释（一）》第3条规定：“债务人的资产负债表，或者审计报告、资产评估报告等显示其全部资产不足以偿付全部负债的，人民法院应当认定债务人资产不足以清偿全部债务，但有相反证据足以证明债务人资产能够偿付全部负债的除外。”对此，最高人民法院民事审判第二庭负责人2011年9月26日回答记者有关“资产不足以清偿全部债务是认定债务人是否具备破产原因的一个最常用的判断标准，请问人民法院应当如何把握这个标准”的问题时指出：“资产不足以清偿全部债务是指债务人的实有资产不足以清偿全部债务，即通常所说的‘资不抵债’或‘债务超过’。资不抵债的着眼点是资债比例关系，考察债务人的偿还能力仅以实有财产为限，不考虑信用、能力等可能影响债务人清偿能力的因素；计算债务数额时，不考虑是否到期，均纳入债务总额之内。通常用来判断债务人是否资不抵债的标准为资产负债表，其反映了企业资产、负债、所有者权益的总体规模和结构，以此判断债务人的资产状况具有明确性和客观性。但考虑到资产负债表反映的企业资产价值具有期限性和不确定性，在其由企业自行制定的情况下甚至可能存在严重的虚假情况。所以，本条还同时规定审计报告或者资产评估报告等也可作为判断债务人资产总额是否资不抵债的依据。资产不足以清偿全部债务是对债务人客观偿债能力的判断，应当以债务人的真实财产数额为基础，如果当事人认为债务人的资产负债表，或者审计报告、资产评估报告等记载的资产状况与实际状况不符，应当允许当事人提交相应证据予以证明，推翻资产负债表、审计报告或者资产评估报告的结论。”

显然，不能清偿与资不抵债属于一个问题的两个方面，都试图从不同角度、不同方面反映债务人的清偿能力，确定债务人是否真正符合破产条件以对其适用破产法规定实施破产。前者即不能清偿，着眼于对到期债务能否清偿的能力，重点在于是否能够清偿，而不管其财产的多少。即使其财产不足以清偿债务，然其可以借助信用、专业能力筹集资金偿还债务，则不符合破产条件。是以，判断是否属于不能清偿，需要考虑债务人的各种清偿手段，需要考虑债务人的财产、信用、能力等各种因素。只有全面考察能够构成、反映债务人清偿能力的各种因素后仍旧确定债务人对到期债务不能清偿时，才能认定构成不能清偿。后者即资不抵债，着眼于对全部债务的清偿能力，重点在于资产与负债的比例，以其所拥有的财产性资产为基础，而不考虑债务人的信用、技术、劳动能力等非财产性资产。两者虽是清偿能力的反映，但并不完全相同，结果也不一定一致。如债务人资不抵债即其资产不足以清偿全部债务，然其因为具有良好的信用，或者因有雄厚的技术力量而具有开发市场产品的能力，继续可以筹集资金来偿还到期债务，进而并不构成不能清偿。反过来，债务人的资产在负债表上大于其债务，然其机器、设备等因为科学技术的发展导致严重落后，价值已大大下降甚至全无；债权多为不良之债难以收回；产品又难以进入市场，进而对到期债务丧失或者缺乏清偿能力而不能清偿。

此外，一方面，不能清偿有利于债权人比较容易发现和证明债务人是否具有破产原因，达到破产界限，以及时启动破产程序，防止个别债权人捷足先登，进而有利于公平保护所有债权人的合法权益。然而，对债务人可能源于各种原因暂时造成资金周转困难而支付不能的情况难以反映。另一方面，资不抵债有利于对债务人是否具有破产原因、达到破产界限提供更为明确的标准和证据，既有利于防止将只是暂时支付不能的债务人推入破产程序，又有利于防止债务人隐匿、转移财产，恶意破产，逃避债务。可是，资不抵债有时并不能真实反映资产与债务的真实情况，如债权多为不良债权、机器设备老化、周期大大缩短等可以导致资产实际价值小于甚至远远小于资产账面价值；一些无形资产如商标、专利的价值往往难以得到实际体现；资产负债表记载的财产价值是以评估价值记账的，而评估的目的、标准、方法不同，其评估结果往往有很大不同，尤其是土地、房产、采矿权等市场价格变化较快、较大的财产，其账面价值与实际价值更加可能相差甚远。此外，资产负债表还可能出于人为的原因并不真实。故，“资产负债表标准有其实际局限性：债务人的财务状况究竟如何，在水落石出、成为不可改变的事实之前，其他当事人几乎无从得知。因此，债权人恐怕不易以此为根据提出申请。此外，采用这一标准可能发出关于债务人财务状况的令人误解的信号，因为这一标准的重点实际上是一个如何对资产进行评估的会计问题（如与一个营运资产的价值相对比的清算价值），而且还提出了债务人的资产负债表是否可靠和是否真实地反映了债务人的支付能力的问题，这在会计标准和估值方法上会产生一些并非反映债务人资产的公平市场价值的结果或是源于市场尚未充分发展或市场的稳定度不足以确立这种价值的情况下，尤其这样。服务性企业的情形可能更加严重。按照这一标准，即使企业基本上是健全的，但从技术上来说，由于缺乏资产，可能已经破产。或者，在没有维持企业所需的现金流量的情况下，企业也可能有显示正值的资产负债表。”①

由上所述，无论是不能清偿还是资不抵债，都既有其优点也有其不足，如果将之单独规定为破产原因，就可能出现不足而难以防范的现象。因此，《企业破产法》将两者结合在一起，构成一般破产原因的一种，有利于发挥两者的优点，克服两者的不足，在把握这一破产原因时，必须注意，不能清偿与资不抵债两者既相区别，又相辅相成，需要同时具备，缺一不可。

（二）不能清偿到期债务并且明显缺乏清偿能力

作为破产原因之一，这一原因同样要求同时具备两个方面才能构成，缺一就不能认定为企业法人具有破产原因。不能清偿到期债务，作为对到期债务因为丧失或者缺乏清偿能力的不能清偿，在前面已经作过详尽分析，这里不再多述。

明显缺乏清偿能力，顾名思义，不仅要求债务人缺乏清偿能力，而且要求债务人缺乏清偿能力明显。对之理解，要注意以下方面：

---

① 王卫国：《破产法精义》，法律出版社2007年版，第6页；联合国国际贸易法委员会：《破产法立法指南》（2006年中文版）第43~44页。

1. 清偿能力，是指债务人对其全部债务的清偿能力，而非对其个别或者部分债务的清偿能力。只能对个别或者部分债务进行清偿，不能对全部债务进行清偿，依旧不具有清偿能力。

2. 清偿能力是由财产、信用、能力等各种因素构成的综合体，并非仅仅限于财产清偿能力，即不能理解为其财产无法清偿就缺乏清偿能力。这点与资不抵债不同。后者着眼于其财产清偿能力即全部财产是否足以清偿所有债务。因此，考察债务人是否缺乏清偿能力，应当综合考察债务人的财产、信用、技术力量等各种构成清偿能力的因素，不能只考察财产这一方面，否则就难以把握明显缺乏清偿能力这一破产条件。

3. 缺乏清偿能力，是指债务人对其全部债务已经完全没有清偿能力或者不完全具有清偿能力。前者是指债务人已经丧失清偿能力，即对所有债务都已无法以货币资金进行任何清偿；后者是指还具有一定的清偿能力如对部分债务能够以货币进行清偿或者对债务的一部分进行清偿，具有部分清偿能力，已无法对全部债务进行清偿，不具有完全的、彻底的、全面的清偿能力，进而构成对全部债务进行清偿能力的缺乏。

4. 缺乏清偿能力，是债务人对全部债务没有或者不完全具有清偿能力的一种客观的、真实的状况。既然属于一种客观存在，就必须会表现出一定的事实，能够以证据加以证明。不能在没有任何证据的情况下，仅仅凭债务人或者债权人的主观判断就认定其缺乏清偿能力。

5. 明显缺乏清偿能力，不仅要求债务人对全部债务的清偿能力缺乏，而且要求债务人对全部债务的清偿能力明显缺乏。明显缺乏，是指债务人对全部债务缺乏清偿能力的情况已经清楚地显现出来，已有各种事实、征象表明债务人具备了此种情形，为常人能够看出或感觉得到，如债务人已经停止营业，债务人已将大多数职工解聘，股东、管理人员已经逃跑，所生产产品已严重滞销且没有迹象好转，等等。在不能清偿到期债务的情况下，债务人即使资能抵债，也可以认定属于明显缺乏清偿能力而对其适用破产法规定实施破产。

6. 明显缺乏清偿能力，是指根据债务人表现出来的一些事实、征象所作的判断，属于主观范畴。作为主观范畴，并非没有任何根据的主观意识，它必须表现为各种各样的客观事实，即作出这种判断必须具有与之相对应的，能够证明这种清偿能力明显缺乏状况的事实与证据，而不能任意由债务人或者债权人在无任何事实根据，或者以不足以证明这种明显状况的事实为根据，而作出明显缺乏清偿能力的判断。

7. 明显缺乏清偿能力，与资不抵债不同，通常是在资产负债表反映其资能抵债的情况下采取的另一标准。债务人在不能清偿到期债务的情况下已经资不抵债，就可以直接适用“债务人不能清偿到期债务，并且资产不足以清偿全部债务”而适用破产法的规定对其实施破产，而没有必要再考虑债务人是否明显缺乏清偿能力。所以，明显缺乏清偿能力，乃是在资不抵债外设置的另一破产条件，即在资能抵债的情形下，因为资产负债表反映的资产价值严重不实，如债权多为不良债权，主要资产价值高估甚至虚构等，进而判断是否缺乏清偿能力。即使资能抵债然据有关事实、证据能够确定债务人明显缺乏清偿能力的，依然可以依法适用破产法的规定对其实施破产。

具体从债务人明显缺乏清偿能力的表现情形看，《破产法解释（一）》第4条规定，债务人账面资产虽大于负债，但存在下列情形之一的，人民法院应当认定其明显缺乏清偿能力：（1）因资金严重不足或者财产不能变现等原因，无法清偿债务。此种情形，是指债务人的土地使用权、厂房、机器设备等非货币形态的资产构成所有资产的大部分或绝大部分，而货币资产缺乏，缺少甚至根本没有必要的现金维持正常的生产经营，履行债务，致使企业无法正常生存的，就可以认为属于明显缺乏清偿能力而有必要启动破产程序解决债务清偿的问题。（2）法定代表人下落不明且无其他人员负责管理财产，无法清偿债务。债务人的负责人、高级管理人员等出于逃跑等各种各样的原因不能履行职务，财产都无人管理，说明债务人丧失了行为能力，清偿债务的能力通常也随着丧失。为了减少其财产的损失，可以认为属于明显缺乏清偿能力而有必要启动破产程序清偿债务。（3）经人民法院强制执行，无法清偿债务。经过人民法院穷尽各种执行措施而仍无法清偿债务，就可以认为债务人明显缺乏清偿能力。应当指出，债务人出现这种情况，并非只有申请强制执行的债权人可以申请债务人破产，其他债权人，无论是否申请法院强制执行，都有权依法申请债务人破产。（4）长期亏损且经营扭亏困难，无法清偿债务。不能清偿到期债务的情况下，资产大于负债，然因长期亏损且通过经营扭亏困难，资产持续性减少概率很大，就可认为属于明显缺乏清偿能力。为了防止债务人财产的损失，自有必要启动破产程序而维护债权人的利益。（5）导致债务人丧失清偿能力的其他情形。

应当指出，《破产法解释（一）》规定可以根据诸如经法院强制执行，无法清偿债务等的规定认定债务人在资能抵债的情况下明显缺乏清偿能力，属于一种推定。推定固然不等于确定，即不一定与债务人的实际情况相吻合。是以，在有反证证明债务人没有明显缺乏清偿能力的情况下，人民法院则应根据有关证据实事求是地加以认定，而不能以债务人具有司法解释规定的情形为由不顾事实而认定债务人明显缺乏清偿能力使之进入破产程序，更要防范债务人借用某种情形的表象而进行虚假破产、逃避债务的现象发生。

三、破产独有原因

破产独有原因，如前所述，就破产重整程序而言，根据《企业破产法》第2条第2款规定，是指债务人有明显丧失清偿能力可能的，进而可以据之启动破产重整程序的原因。根据《企业破产法》第2条第1款的规定，企业法人具有不能清偿到期债务并且资产不足以清偿全部债务，或者不能清偿到期债务并且明显缺乏清偿能力之一的，就可以对其实施破产，即可以启动作为破产程序的破产清算、破产重整、破产和解之一的程序。这时，破产重整的原因与破产和解、破产清算的原因是一样的。但应看到，破产重整是一种旨在积极挽救债务人而进行的破产预防程序，其对债务人的保护程度是破产清算、破产和解所不具有的。对于那些尚不具备破产清算原因（同时也是破产和解、破产重整原因）、还没有丧失清偿能力但已有丧失清偿能力可能的企业法人，及时启动破产重整程序对其进行破产保护，以避免其走向破产清算，规定比破产清算更为宽松的启动原因或条件，自然有其必要性。故，《企业破产法》在规定了破产清算、破产重整程序、破产和解程序的共同原因外，还根据破产重整程序应当适时启动的需要，将“债务人有明显丧失清偿能力可能的”亦作为破产重整的原因作了规定，据此可以启动破产重整程序实施破产，但不能据之启动破产清算、破产和解程序实施破产。对于这种破产独有原因，在理解时应当注意以下方面：

（一）债务人必须尚未丧失清偿能力

已经丧失清偿能力，就不属于明显有丧失清偿能力的可能，不能属于“债务人明显有丧失清偿能力可能”的这种启动破产重整程序而实施破产的独有原因。此种情况下，只有根据破产共有原因对其加以判断，符合破产的条件的，才能对其启动破产程序（包括破产清算、破产重整、破产和解）而实施破产。

（二）债务人尚未丧失但将来可能丧失的必须是清偿能力

债务人还未丧失但将来可能会丧失的能力，要求必须是清偿能力，而非其他能力，如债务人因为技术力量出现问题丧失技术研发能力，因为管理人员管理、经营混乱而丧失经营管理能力等，就不能据之认为属于丧失清偿能力。这些能力与清偿能力尽管不同，仍相互联系，不及时加以解决，任其继续发展，就最终可以导致丧失清偿能力。至于丧失清偿能力的理解，可以参照缺乏清偿能力的有关分析。

（三）债务人所具有的必须是一种丧失清偿能力的可能

债务人有明显丧失清偿能力可能，说明债务人所具有的必须是一种丧失清偿能力的可能，即债务人还没有丧失清偿能力但将来可能会丧失清偿能力。换言之，对债务人来说，丧失清偿能力还未成为一种现实、事实，假若任其发展，丧失清偿能力就可以成为一种现实、事实。既然属于一种可能，也就并非必然。换句话说，债务人并非一定会丧失清偿能力。只要采取有效措施就可能阻止丧失清偿能力的现实性、事实性发生。

（四）必须是明显丧失清偿能力的可能

此种破产重整的独有原因，不仅要求债务人具有丧失清偿能力的可能，而且要求债务人必须是具有明显丧失清偿能力的可能，即债务人不仅具有丧失清偿能力的可能，而且这种可能已经通过各种现象非常清楚地表现出来，可以为一般人看出或者觉察，不采取积极措施加以阻止，十有八九就会丧失清偿能力。如对职工长期发不出工资已使企业生产、经营处于半瘫痪状态，企业开发的产品长期滞销且没有解决办法等。债务人虽然具有丧失清偿能力的可能，但不是明显的可能，或者说这种丧失清偿能力的可能并不明显，如企业对于滞销产品已经组织具有同类产品开发能力的技术力量研究提升产品的质量，尽管可能研究不出新产品，然其并未大面积停产，或者产品只是源于国内外经济危机影响而造成的积压，总的趋势并没有改变市场的需求情况，等等，就不能认定为明显具有丧失清偿能力的可能。

此外，如前所述，《公司法》《商业银行法》《合伙企业法》《农民专业合作社法》《民办教育促进法》等关于特定主体如公司、商业银行、合伙企业、农民专业合作社、民办学校等的特别破产原因的规定，也属于这些特定主体进行破产清算所独有的原因，归属于破产程序独有原因的范畴。这些特定主体进行破产清算时所独有的原因，从内容上看主要是不能清偿到期债务，或者资产不足以清偿全部债务等，为破产共有原因的一部分，这些已在破产共有原因中作过分析，这里不再多述。至于民办学校进行破产清算的独有原因为资不抵债无法继续办学而被终止，则将在第 12 章特定主体破产程序的特别规范第 5 节民办学校破产程序的特别规范中再作详细分析与介绍。

第四节　破产障碍

一、破产障碍的概念

破产障碍，是指债务人符合破产实质要件，却基于法律规定或者某种事实的出现以阻却破产程序启动的各种事由。如前所述，债务人只要具有破产能力与破产原因，就可依法对其启动破产程序实施破产。然不能绝对化，在一些情况下，债务人虽然具备破产实质要件即具有破产能力与破产原因，但基于法律或者事实因素的考虑，对债务人启动破产将带来某种利益更大的损害，权衡利弊，也不应当启动破产程序。这些构成阻却破产程序启动的法律规定或者事实上的因素，便被称之为破产障碍。

有人认为，破产障碍，是指能够阻却破产程序和破产宣告的法定事由，并将债务人不具有破产原因等视为破产障碍的情形。[①] 笔者认为，债务人不具有破产原因，即不符合破产实质要件，不能启动破产程序，属于破产实质要件本身的内容，此时又从否定的角度来创设破产障碍这一概念完全没有必要。因为，是否启动破产程序，必须考虑是否具有破产原因等破产实质要件。换言之，必须要将不具有破产原因等而不符合破产实质要件的事项考虑在内。在破产条件是否符合的审查中，既然已经在破产实质要件中将不具有破产原因等的情况排除，就没有必要再从破产障碍的方面考虑破产程序能否启动的问题。其实，具有与不具有乃是一个问题的正反两个方面，属于同一问题的正反方面的说法。对于一个问题，从正面或者反面设立了一个概念，就没有必要再在相反的另一面设立一个概念来说明。不然所有概念都从反面再设立一个概念，就会造成概念泛滥，也没有任何实质意义。因此，破产障碍，乃是指依法可以启动破产程序乃因为法律规定或者某些事实的出现，导致破产程序不能再往前行即被阻止，与破产实质要件的概念并不相重叠，成为在考虑能否启动破产程序时而要考虑的因素，从而才有其存在的必要。

二、破产障碍的类型

破产障碍，就具体情形而言，根据司法实践经验，主要有：

---

① 李永军、王欣新、邹海林：《企业破产法》，中国政法大学出版社2009年版，第22页。

1. 债务人具有破产能力与破产原因，却因债务人的关联企业财务状况严重混乱，不厘清之间的关系致使破产难以进行的。

2. 申请人申请债务人破产，债务人具有破产能力与破产原因，但在人民法院受理前因为第三人清偿债务或者提供足额担保等事实的出现致使破产原因消失的，人民法院也不应受理破产申请启动破产程序。

3. 申请人申请债务人破产，债务人具有破产能力与破产原因，但对债务人破产可能危及社会稳定，根据稳定压倒一切这一大局，这时稳定的价值高于破产价值，自然不应启动破产程序。①

4. 债权人申请债务人破产，债务人具有破产能力与破产原因，债务人属于公用企业和与国计民生有重大关系的企业，政府有关部门给予资助或者采取其他措施帮助清偿债务的。②

三、不能构成破产障碍的情形

破产案件，涉及方方面面。有些事实，虽然会对破产程序的进行产生这样或者那样的影响，甚至致使破产案件难以进行，但不能由此就认为其可以构成破产障碍而成为人民法院拒绝受理破产申请的理由。有的情形在过去虽是当作破产障碍来认识的，但随着破产司法实践的发展，最高人民法院明确将之加以排除在破产障碍的范围之外，不能再将之作为破产障碍加以处理。

如，最高人民法院 1997 年 3 月 6 日曾经发布施行的《关于当前人民法院审理企业破产案件应当注意的几个问题的通知》（法发〔1997〕2 号）第 3 条曾经规定："借用外国政府贷款或转贷款偿还任务尚未落实的国有工业企业，暂不受理其破产申请。"最高人民法院 1998 年 7 月 31 日发布施行的《关于贯彻执行〈最高人民法院关于当前人民法院审理企业破产案件应当注意的几个问题的通知〉第三条应注意的问题的通知》（法函〔1998〕74 号）进一步指出：法发〔1997〕2 号文件"第三条解决的是我国政府向世界银行、亚洲开发银行或外国政府贷款，尔后转贷给国有工业企业项目单位的破产申请处置问题。因其属于政府外债，其借入和转贷过程均为政府行为，由政府承担最终还款责任，因此不论项目单位是何种性质的企业，在偿还此类贷款任务尚未落实前，人民法院均暂不受理其破产申请，也暂不受理债权人申请其破产的案件"。国家发展和改革委员会 2005 年 2 月 28 日公布、同年 3 月 1 日起施行的《国际金融组织和外国政府贷款投资项目管理暂行办法》（国家发展和改

---

① 吴庆宝、王建平主编：《破产案件裁判标准规范》，人民法院出版社 2009 年版，第 47 页。

② 江必新主编、最高人民法院民事审判第二庭编著：《民商审判指导与参考》，人民法院出版社 2003 年版（第 1 卷（总第 3 卷）），第 24 ~ 25 页。

革委员会令第28号）第27条亦规定："为确保对外还款，防止逃废债务，尚未偿还全部国外贷款的项目用款单位，在进行资产重组、产权变更或破产申请受理前，应当事先征得转贷机构对剩余债务偿还安排的书面认可，落实还贷责任，并将有关结果抄报国务院发展改革部门。"据之，在《企业破产法》施行前，具有国外贷款的债务人，基于对债务人破产可能给国际经济合作、国家信用及外交关系等造成严重影响考虑，在征得转贷机构对剩余债务偿还安排的书面认可，落实还贷责任以前，不能对其启动破产程序。然则，这一规定毕竟与《企业破产法》的规定不符，最高人民法院2009年12月3日发布实施的《关于受理借用国际金融组织和外国政府贷款偿还任务尚未落实的企业破产申请问题的通知》（法〔2009〕389号）为此指出，自2007年6月1日起，借用国际金融组织和外国政府贷款或转贷款的有关企业申请或者被申请破产的，人民法院应依照《企业破产法》的有关规定依法受理。上述企业在2007年6月1日之前已签署转贷协议但偿还任务尚未落实的，应继续适用（法发〔1997〕2号通知）第3条的规定和（法函〔1998〕74号）通知的有关规定。最高人民法院2012年11月19日通过、2013年1月18日起施行的《关于废止1980年1月1日至1997年6月30日期间发布的部分司法解释和司法解释性质文件（第九批）的决定》（法释〔2013〕2号）对（法发〔1997〕2号通知）已经明令废止。

又如，在《企业破产法》施行前，恶意申请破产也可构成破产障碍的情形，然在《企业破产法》施行后，不能再成为破产障碍从而不能阻却有关符合破产实质要件的债务人的破产程序启动。这是因为：

就债权人恶意申请破产而言，一方面，在债务人具有破产能力与破产原因的情况下，债权人即使具有诋毁债务人信誉或者出于不正当竞争等不正当的目的，也不能阻却破产程序的启动。破产程序启动仍是由于债务人符合了破产的实质要件，而不是源于债权人的恶意而启动。因此，此种债权人的恶意不能构成破产障碍。事实上，在债务人具有破产能力与破产原因的情况下，也很难说明债权人的申请具有诋毁债务人的恶意。另一方面，在债务人不具备破产实质要件的情况下，债权人出于诋毁债务人或者出于不正当竞争的恶意，依然不能启动破产程序。这种破产程序的不能启动，并不是缘于债权人的恶意申请，而是债务人不符合破产实质要件，债权人的恶意申请依然不能构成破产程序启动的障碍。

就债务人恶意申请破产而言，一方面，债务人具有破产能力与破产原因，即使债务人具有隐匿、转移财产，虚构债务等欺诈恶意行为，也不能由此而不再启动破产程序。这是因为，此时还不受理，债务人可能继续实施隐匿、转移财产，虚构债务等欺诈恶意行为，债权人的合法权益将会受到更大的损害。这时，只有及时受理，并根据《企业破产法》第 31 条关于“人民法院受理破产申请前一年内，涉及债务人财产的下列行为，管理人有权请求人民法院予以撤销：（一）无偿转让财产的；（二）以明显不合理的价格进行交易的；（三）对没有财产担保的债务提供财产担保的；（四）对未到期的债务提前清偿的；（五）放弃债权的”的规定；第 32 条关于“人民法院受理破产申请前六个月内，债务人有本法第二条第一款规定的情形，仍对个别债权人进行清偿的，管理人有权请求人民法院予以撤销。但是，个别清偿使债务人财产受益的除外”的规定；第 33 条关于“涉及债务人财产的下列行为无效：（一）为逃避债务而隐匿、转移财产的；（二）虚构债务或者承认不真实的债务的”的规定；第 34 条关于“因本法第三十一条、第三十二条或者第三十三条规定的行为而取得的债务人的财产，管理人有权追回”的规定等，由管理人依法行使破产撤销权、破产无效确认权等而取回财产，进而维护债权人的合法权益。另外，上述法律规定本身，也就说明债务人具有破产能力与破产原因时的恶意申请破产，并不构成阻却破产程序启动的事由，而是要在启动破产程序后对这些恶意破产行为依法予以撤销或者认定无效。另一方面，在债务人不具有破产能力或者不具有破产原因的情况下，债务人即使有隐匿、转移财产等行为，并申请破产，由于不符合破产实质要件，不能启动破产程序。这种破产程序的不能启动，也不是缘于债务人的恶意申请，而是缘于债务人不符合破产实质要件。对此，《正确审理破产案件意见》第 1 条第 2 项明确指出：“为保障国家产业结构调整政策的落实，对于已经出现破产原因的企业，人民法院要依法受理符合条件的破产清算申请，通过破产清算程序使其从市场中有序退出。对于虽有借破产逃废债务可能但符合破产清算申请受理条件的非诚信企业，也要将其纳入法定的破产清算程序中，通过撤销和否定其不当处置财产行为，以及追究出资人等相关主体责任的方式，使其借破产逃废债务的目的落空，剥夺其市场主体资格。”基此，债务人的恶意申请不能构成破产程序启动的障碍。

再如，在《企业破产法》施行前，申请人不预交破产费用也认为可以构成破产障碍。为了有效发挥破产程序的功能，恰当适用破产程序，防止破产申请权的滥用，以免造成司法资源的浪费，要求破产申请人缴纳破产费用，在理论上有其合理性。但是，将申请人不预交破产申请费用作为破产障碍的一种情形，即申请人不预交破产费用，就不启动破产程序，则是不当的。这是因为，债务人、债务人的清算责任人申请破产的，债务人连到期债务都已经不能偿还，再要其缴纳破产费用将勉为其难，将之拒在破产程序以外，不利于债权人合法权益的保护。债权人申请债务人破产的，其也可能源于各种原因而面临巨大困难而无法缴纳，仅仅由此就阻却其破产申请权利的实现，也不公平。国务院金融监督管理机构申请债务人破产的，其作为国家特设机构或者管理部门，要缴纳申请费用，乃财政负担，也不合理。《诉讼费用交纳办法》第 20 条规定，申请费由申请人预交，但是，本办法第 10 条第（1）项、第（6）项规定的申请费不由申请人预交，执行申请费执行后交纳，破产申请费清算后交纳。[①] 对此，《破产法解释（一）》第 8 条亦明确规定："破产案件的诉讼费用，应根据《企业破产法》第四十三条的规定，从债务人财产中拨付。相关当事人以申请人未预先交纳诉讼费用为由，对破产申请提出异议的，人民法院不予支持。"最高人民法院民事审判第二庭负责人 2011 年 9 月 26 日回答记者有关"《企业破产法》和《诉讼费用交纳办法》已经对破产案件诉讼费用的收取问题作出了相关规定，为什么在《破产法解释（一）》中作进一步规定"的问题时指出："关于企业破产案件诉讼费用的交纳问题，《企业破产法》第四十一条、第四十三条和第一百一十三条，以及《诉讼费用交纳办法》第十条、第十四条、第二十条和第四十二条等明确规定，破产案件诉讼费用作为破产费用，应在案件受理后根据破产财产情况确定数额，并从债务人财产中随时拨付，申请人不负有预交破产案件诉讼费用的义务。可在目前司法实践中，有的法院要求申请人预交破产案件诉讼费用，并在申请人未预先交纳案件诉讼费用时，以此为由裁定不予受理破产申请或者驳回破产申请，这种做法明显不符合法律规定。因此，我们在《破产法解释（一）》中进一步重申，申请人依法向人民法院申请破产的诉讼费用，从债务人财产中拨付，相关当事人以申请人未预先交纳诉讼费用为由，对破产申请提出异议的，人民法院应不予支持。"据此，申请人申请破产的，并不预交申请费，而是在破产清算后交纳或从债务人财产中随时支付，申请人不预交申请费不能成为一种阻却破产程序启动的破产障碍。

还如，债务人的工作人员下落不明或者财产状况不清，通常也被认为构成破产障碍。然而，最高人民法院 2008 年 8 月 4 日通过、同年 8 月 18 日起施行的《关于债权人对人员下落不明或者财产状况不清的债务人申请破产清算

---

① 《诉讼费用交纳办法》第 10 条规定："当事人依法向人民法院申请下列事项，应当交纳申请费：（一）申请执行人民法院发生法律效力的判决、裁定、调解书，仲裁机构依法作出的裁决和调解书，公证机构依法赋予强制执行效力的债权文书；（二）申请保全措施；（三）申请支付令；（四）申请公示催告；（五）申请撤销仲裁裁决或者认定仲裁协议效力；（六）申请破产；（七）申请海事强制令、共同海损理算、设立海事赔偿责任限制基金、海事债权登记、船舶优先权催告；（八）申请承认和执行外国法院判决、裁定和国外仲裁机构裁决。"

案件如何处理的批复》（法释〔2008〕10 号）明确指出："债权人对人员下落不明或者财产状况不清的债务人申请破产清算，符合《企业破产法》规定的，人民法院应依法予以受理。债务人能否依据《企业破产法》第十一条第二款的规定向人民法院提交财产状况说明、债权债务清册等相关材料，并不影响对债权人申请的受理。人民法院受理上述破产案件后，应当依据《企业破产法》的有关规定指定管理人追收债务人财产；经依法清算，债务人确无财产可供分配的，应当宣告债务人破产并终结破产程序；破产程序终结后二年内发现有依法应当追回的财产或者有应当供分配的其他财产的，债权人可以请求人民法院追加分配。债务人的有关人员不履行法定义务，人民法院可依据有关法律规定追究其相应法律责任；其行为导致无法清算或者造成损失，有关权利人起诉请求其承担相应民事责任的，人民法院应依法予以支持。"《民商事审判纪要》第 118 条（无法清算案件的审理与责任承担）规定："人民法院在审理债务人相关人员下落不明或者财产状况不清的破产案件时，应当充分贯彻债权人利益保护原则，避免债务人通过破产程序不当损害债权人利益，同时也要避免不当突破股东有限责任原则。""人民法院在适用《最高人民法院关于债权人对人员下落不明或者财产状况不清的债务人申请破产清算案件如何处理的批复》第三款的规定，判定债务人相关人员承担责任时，应当依照《企业破产法》的相关规定来确定相关主体的义务内容和责任范围，不得根据《公司法解释（二）》第十八条第二款的规定来判定相关主体的责任。""上述批复第三款规定的'债务人的有关人员不履行法定义务，人民法院可依据有关法律规定追究其相应法律责任'，系指债务人的法定代表人、财务管理人员和其他经营管理人员不履行《企业破产法》第十五条规定的配合清算义务，人民法院可以根据《企业破产法》第一百二十六条、第一百二十七条追究其相应法律责任，或者参照《民事诉讼法》第一百一十一条的规定，依法拘留，构成犯罪的，依法追究刑事责任；债务人的法定代表人或者实际控制人不配合清算的，人民法院可以依据《出境入境管理法》第十二条的规定，对其作出不准出境的决定，以确保破产程序顺利进行。""上述批复第三款规定的'其行为导致无法清算或者造成损失'，系指债务人的有关人员不配合清算的行为导致债务人财产状况不明，或者依法负有清算责任的人未依照《企业破产法》第七条第三款的规定及时履行破产申请义务，导致债务人主要财产、账册、重要文件等灭失，致使管理人无法执行清算职务，给债权人利益造成损害。'有关权利人起诉请求其承担相应民事责任'，系指管理人请求上述主体承担相应损害赔偿责任并将因此获得的赔偿归入债务人财产。管理人未主张上述赔偿，个别债权人可以代表全体债权人提起上述诉讼。""上述破产清算案件被裁定终结后，相关主体以债务人主要财产、账册、重要文件等重新出现为由，申请对破产清算程序启动审判监督的，人民法院不予受理，但符合《企业破产法》第一百二十三条规定的，债权人可以请求人民法院追加分配。”基此，债务人的工作人员下落不明或者财产状况不清的情形，不能构成破产障碍予以认定。

第三章　破产程序要件

破产能力与破产原因，是对债务人适用破产法规定实施破产的实质要件，债务人倘若具有破产能力与破产原因，就可依法对其适用破产法的规定实施破产以清偿其所欠全部债务。可是，具备了破产能力与破产原因的实质条件，只是表明对债务人可以适用破产法规定实施破产清偿债务的可能性，而非必然性与事实性。换句话说，债务人一旦具备了破产能力与破产原因，只是对其适用破产程序实施破产的前提条件，对其适用破产程序实施破产已经具备可能，并非实际已经对其实施了破产，即破产还未真正成为现实。要将这种破产可能变为现实，除债务人必须具备破产能力与破产原因的实质条件外，还必须具备启动破产程序的程序要件，即解决由谁如何提起，并由谁如何决定对其启动破产程序实施破产清偿债务的问题。只有依法具备了破产申请的提出与破产申请受理这两个方面的程序要件，才能够将具有破产能力与破产原因而可以适用破产法规定实施破产的主体，真正纳入破产程序的适用范围而对其实施破产。从这种意义上来说，破产实质要件所解决的是哪些主体依法可以适用破产程序实施破产，对其存在启动破产程序实现破产清偿债务的可能性问题。不具有破产能力或者不具有破产原因，就不存在对其启动破产程序实施破产的可能，进而也就不存在对其启动破产程序实施破产的现实。所以，破产实质要件又可以称之为破产可能要件。破产程序要件实际解决的是对具有破产实质要件、存在适用破产程序实施破产可能的债务人，对其如何启动破产程序进而实现其破产的问题，属于破产实现要件。这种要件，具体包括破产申请与破产申请受理。

第一节　破产申请的概念与特征

一、破产申请的概念

破产申请，又称破产申请的提出或者破产案件的提出，是指具有破产申请权利或者义务的主体对具有破产能力与破产原因的债务人，依照破产法规定的条件、方法、步骤、途径等程序，向有管辖权的人民法院提出适用破产程序实施破产以清偿所欠全部债务的行为。如前所述，破产申请属于启动破产程序实施破产的程序要件之一，缺之就不能对债务人启动破产程序实施破产清偿债务。没有破产申请或者虽有破产申请但不是依法进行的破产申请，都不能启动破产程序。换言之，人民法院不能主动启动破产程序，像民事诉讼一样，实行不告不理的基本原则。实际上，破产程序所解决的主要是债务人与债权人之间的民事债权债务关系问题，不过是债务人与所有债权人的债权债务关系，是债务人与所有债权人的民事诉讼的集合，当然不是简单的合并。即使这样，其本质特征仍然属于民事诉讼的范畴。不过因为其将债务人与所有债权人的一切债权债务关系（包括行政债权债务关系如税收等）集中起来一起进行清偿，具有一些以调整、规范单独或者共同的民事诉讼法律关系为对象的《民事诉讼法》所不具有的特点，进而规定一些特殊的程序，但仍不能改变其属于民事诉讼的基本特征。正因为这样，《企业破产法》第 4 条亦明确规定："破产案件审理程序，本法没有规定的，适用《民事诉讼法》的有关规定。"从这种意义上来说，破产程序其实乃是民事诉讼程序的特别程序，根据破产程序提起、受理的破产案件也是民事案件的一种特殊案件。

二、破产申请的特征

根据破产申请的概念，不难看出，破产申请具有以下基本特征：

（一）必须是由具有破产申请权利或者义务的主体提出

是否具有破产申请的权利或义务，必须由破产法明文规定。破产法没有明文规定某一主体具有破产申请的权利或义务而能够提出破产申请的，就不具有破产申请权利，不能提出破产申请；即使提出申请也属违法提出申请，不能产生破产申请的效力，即人民法院不能据之启动破产程序。根据破产法的规定，具有破产申请权利的主体一般为民事主体，非民事债权债务关系形成的债权主体，如作为税收债权主体的国家机关，以及司法机关依法应当追缴其犯罪所得、罚金等产生的债权主体（即国家）等非民事主体，不能提出破产申请。在特定情况下，非民事主体也可依法提出破产申请，具有破产申请权利或义务成为破产申请主体。如根据《企业破产法》第 134 条的规定，商业银行、保险公司、证券公司等金融机构具有破产原因的，国务院金融监督管理机构也可以对该金融机构向人民法院提出实施破产重整或者破产清算的申请。是以，国务院金融监督管理机构在特定情况下，即商业银行、保险公司、证券公司等金融机构具有破产原因的情况下，也具有破产申请权利进而成为破产申请主体。

（二）必须是对具有破产能力并且具有破产原因的债务人提起适用破产程序实施破产的申请

虽为债务人依法却不具有破产能力，或者具有破产能力依法并不具备破产原因的，没有达到破产的实质条件，也不能对之提出破产申请。故，在提出破产申请时，对债务人是否具有破产能力与破产原因的事实，必须提供相应的证据来证实，并经人民法院审查是否属实。否则，就不能产生受理破产申请启动破产程序实施破产的效力，不能达到对债务人适用破产程序实施破产以清偿债务的申请目的。

（三）必须是向有管辖权的人民法院提起

破产申请不能向人民法院以外的其他任何机关包括各级人民政府、人民检察院、公安机关以及社会性组织提起，人民法院对破产申请具有专属的管辖权。非向人民法院提起的破产申请，如向人民政府要求债务人破产，人民政府即使将这种要求转至人民法院，也不能视为向人民法院提出了破产申请，也就不能发生破产申请的效果。另外，虽向人民法院提出申请但不是向具有管辖权的人民法院申请，也不能发生破产申请的效力，人民法院对该破产申请应当依法不予受理，即使受理在破产宣告前发现破产申请不符合条件的，也应依法裁定驳回。

（四）必须是对债务人向人民法院提出适用破产程序实施破产清偿债务的请求

这一请求，不仅要求债务人偿还个别债权人的到期债务，而且要求债务人偿还所欠一切债权人的所有债务。只是要求债务人对个别债权人进行清偿，而不是要求债务人对一切债权人进行清偿，则不属于破产申请，人民法院也不能据之启动破产程序。

（五）必须是依照破产法规定的条件、方法、步骤、途径等程序、要求提出破产申请

在债务人具有破产能力与破产原因的情况下，根据《企业破产法》第 2 条的规定，债务人既可以提出破产清算的申请，也可以提出破产重整的申请，还可以提出破产和解的申请，债权人则只能提出破产重整或者破产清算的申请，不能提出破产和解的申请；根据《企业破产法》第 8 条的规定，破产申请必须以书面方式进行即应当提交破产申请书，并提供有关证据，等等。假若条件、方法、步骤、途径等程序不符合破产法规定的基本要求，破产申请也不能发生相应的效力，人民法院则应依法不予受理或者裁定驳回。

（六）必须是向人民法院提出启动破产清算、破产重整或者破产和解之一的程序

在我国，破产程序具体分为破产清算、破产重整和破产和解 3 种类型，破产申请主体在申请债务人破产时，只能选择其中之一进行，而不能同时选择两种程序甚至3 种程序进行。换言之，破产申请主体对债务人要么选择申请破产清算，要么选择申请破产重整，要么选择申请破产和解，3 者只能选其一。当然，选择某一程序，并非意味着只能进行此一申请的程序。在人民法院受理破产申请后宣告债务人破产前，还可以依法转为其他程序，如首先申请破产清算，之后可以依法转为破产重整或者破产和解，然则，这种转换也必须符合破产法规定的条件并且按照法律规定的程序进行。

综上所述，破产申请，无论是享有破产申请权利或义务主体的范围即哪些人可以提出破产申请，还是破产申请的对象即对哪些人可以依法提出适用破产法规定实施破产，以及向谁提起即谁对破产申请可以依法受理，以及提出的条件、方法、步骤、途径等程序，都由法律明文加以规定。只有完全符合破产法律规定的破产申请才能被人民法院依法受理。不然，将不予受理或者裁定驳回。因此，破产申请尽管属于债权人、债务人等主体的行为，其法定性特征依然非常明显。

第二节　破产申请的主体及条件

一、破产申请的主体及分类

破产申请的主体，即具有破产申请权利或义务可以依法对具有破产能力与破产原因的债务人提起适用破产法规定实施破产清偿债务的主体，根据不同标准，可以分为不同类型：

（一）以破产申请是其权利还是义务为标准，破产申请主体可以分为破产申请权利主体与破产申请义务主体

前者是指对于具有破产能力与破产原因的债务人，是否提出破产申请，是其一项权利。作为一项权利，则由其根据自己的意愿作出选择，既可以选择提出破产申请，也可以选择不提出破产申请。根据破产法规定，债权人、债务人都可以而不是应当依法提出破产申请，是否提出破产申请是其权利而非义务。因此，债权人、债务人属于破产申请权利主体的范围。后者即破产

申请义务主体，则是指对于具有破产能力与破产条件的债务人，依法应当提出破产申请，是否提出破产申请不是由其来自行选择，而是根据法律规定必须提出破产申请，破产申请于是属于其法定义务而非其权利。如在企业法人已经解散却未清算或者未清算完毕，若发现其资产不足以清偿债务的，依法负有清算责任的人就应当向人民法院申请破产清算，此时不能由之作出是否提出破产申请的选择，只能依法作出提出破产申请的唯一选择，属于破产申请义务主体的范围。

（二）以破产申请可以提起的条件为标准，破产申请主体可以分为破产申请一般主体与破产申请特殊主体

前者是指在债务人具有破产能力与破产原因这一般条件时，就可以对其提出破产申请的主体，如债务人、债权人。后者是指在债务人具有破产能力与破产原因这一般条件时，对其依旧不能提出破产申请，只有债务人还应具有其他特定条件时才能对其提出破产申请的主体。如负有清算责任的人在企业法人具有破产原因时，并不能提起，但在企业法人已经解散并未清算或未清算完毕的情况下，则应依法对其提出破产申请；企业法人没有解散或者虽已解散并已依法清算完毕的，根本不会存在清算的问题，也就不会存在负有清算责任的人的问题，进而不会存在负有清算责任的人提出破产申请的问题。又如，国务院金融监督管理机构在债务人具有破产能力与破产原因且为金融机构的情况下，也可以依法提出破产申请。债务人若非金融机构，国务院金融监督管理机构就不能对其提出破产申请，乃属于破产申请特殊主体。再如，根据《企业破产法》第70条第2款的规定，债权人申请对债务人进行破产清算的，在人民法院受理破产申请后、宣告债务人破产前，债务人或者出资额占债务人注册资本1/10以上的出资人，可以向人民法院申请破产重整。所以，出资额占债务人注册资本1/10以上的出资人在特定情况下，亦可能申请破产重整，成为破产重整申请的特殊主体。

（三）以破产申请主体可以申请启动破产程序的类型不同，可以分为破产清算申请主体、破产重整申请主体及破产和解申请主体

前者是指可以对具有破产能力与破产原因的债务人依法申请适用破产清算程序实施破产清偿债务的主体。如债务人、债权人、负有清算责任的人、国务院金融监督管理机构等均可依法提出破产清算申请而属于破产清算申请主体。具体说来，债务人、债权人、国务院金融监督管理机构、债务人或者出资额占债务人注册资本1/10以上的出资人等可依法对债务人提出破产重整，均属于破产重整申请主体；债务人依法可以提出破产和解，属于破产和解申请主体；依法能够提起破产和解程序的主体只有债务人，就只有债务人

才能成为破产和解的申请主体；依法既能提起破产重整程序又能提起破产清算程序的有债务人、债权人及国务院金融监督管理机构等，债务人、债权人及国务院金融监督管理机构等便属于破产重整与破产清算申请的共同主体；债务人依法可以提出破产和解、破产重整、破产清算申请，便属于破产重整、破产和解与破产清算程序申请的共同主体；负有清算责任的人依法只能提出债务人破产清算申请，便只能成为破产清算的申请主体。

根据《企业破产法》规定，破产申请主体具体包括债务人、债权人、对企业法人负有清算责任的人、国务院金融监督管理机构、出资额占债务人注册资本1/10以上的出资人，下面对之分别进行必要的分析与阐释。

二、债务人申请破产及其条件

（一）债务人申请破产的根据

毫无疑问，对于自己是否符合破产条件，债务人比任何人都更为清楚，赋予债务人的破产申请权，让其能够主动提出破产申请，对于债权人合法权益的保护，具有积极意义。债务人如果不具有主动申请破产的权利，那么就只能消极等待债权人的破产申请，已经陷于困境并且濒临破产的企业可能每况愈下，进而给债权人造成更大损失。另外，赋予债务人破产申请的权利，让其及时根据自身情况选择破产申请，及时清算、了结债权债务关系，将其资产通过市场规则重新进行配置，对于稳定、优化市场经济秩序也有其积极意义，赋予债务人的破产申请权为此有其必要性。不仅如此，而且基于：（1）让其选择适用破产程序，有利于摆脱债权人追讨债务给其带来之苦，及时从沉重的债务包袱中加以解脱；（2）按照破产法对有关债务公平清偿后，可以依法了结其不能清偿的债务，乃是对其实行有效的保护；（3）尤其是出于挽救濒临破产边缘的债务人的破产重整程序，让其有权申请进行，更能有效避免生产经营及财产状况恶化，及时采取有效措施加以拯救，防止因为破产申请不及时造成拯救不能，亦使得债务人主动依法提出破产完全可以成为可能。

当然，也应看到，一些债务人基于逃避债务的不法目的而虚构债务，隐匿、转移财产等进行欺诈性破产，在法制还不完善、社会诚信缺失的情况下更加常见，债务人就可能滥用法律赋予的破产申请权申请破产，进而损害债权人的合法权益。对于这种情况，只能通过法院的依法严格审查及其法律责任追究来实现，不能因噎废食地否定债务人的破产申请权。

（二）债务人申请破产的范围

作为破产申请主体的债务人，是指具有破产能力的债务人，而非一般的债务人。虽为债务人但不具备破产能力如国有学校、医院等，则不具备破产申请权，不能提出破产申请。根据我国破产法规定，具有破产能力的主体有企业法人与合伙企业、农民专业合作社、民办学校等非企业法人的其他组织。是以，只有企业法人及合伙企业、农民专业合作社、民办学校等法律明文规定其具有破产能力的非企业法人组织，才具有破产申请权。

（三）债务人申请破产的条件

《企业破产法》第7条第1款规定："债务人有本法第二条规定的情形，可以向人民法院提出重整、和解或者破产清算申请。"据之，债务人在具有破产能力达到破产条件即具备破产原因时，就可以依法提出破产申请。故，债务人具有破产能力与破产原因乃是债务人提出破产申请的一般性前提条件。不具备这一前提条件，即债务人不具有破产能力或者虽具有破产能力但不具备破产原因就不能提出破产申请。但是，启动破产程序实施破产清偿债务，对于债务人来说，是关系到其生死存亡的重大问题，是否提出还必须根据有关法律规定由法定主体依法决定或者同意后才能进行。下面，根据法律的有关规定进行必要的介绍。

1. 企业法人作为债务人申请破产，除要求企业法人具有破产原因外，还应当由企业的决策机构依法作出提出破产申请的决策。《公司法》第37条第（9）项、第43条第2款规定，有限责任公司的合并、分立、解散、清算或者变更公司形式等事项，由股东会作出决议，且股东会对合并、分立、解散、清算或者变更公司形式等作出决议，必须经代表2/3以上表决权的股东通过。第66条规定，国有独资公司不设股东会，由国有资产监督管理机构行使股东会职权。国有资产监督管理机构可以授权公司董事会行使股东会的部分职权，决定公司的重大事项，但公司的合并、分立、解散、增加或者减少注册资本和发行公司债券，必须由国有资产监督管理机构决定；其中，重要的国有独资公司合并、分立、解散、申请破产的，应当由国有资产监督管理机构审核后，报本级人民政府批准。第103条第2款规定，股份有限公司合并、分立、解散或者变更公司形式的决议，必须经出席会议的股东所持表决权的2/3以上通过。这些条款就规定公司的解散、清算必须经过决策机构依法作出决议后才能进行。因此，公司自行申请破产的，应当由决策机构如股东会或股东大会、对国有独资公司行使股东会职权的国有资产监督管理机构等依法作出决议后，才能提出破产申请。

应当指出，在《企业破产法》实施之前，对于国有企业破产，《企业破产法（试行）》第8条规定："债务人经其上级主管部门同意后，可以申请宣告破产。"基此，国有企业破产应当经其上级主管部门同意，《企业破产法》对此未作明确。然而，根据《公司法》第66条规定，国有独资公司的合并、分立、解散、增加或者减少注册资本和发行公司债券，必须由国有资产监督管理机构决定；其中，重要的国有独资公司合并、分立、解散、申请破产的，应当由国有资产监督管理机构审核后，报本级人民政府批准。由此，无论是过去还是现在，国有企业破产都应依法经过有关机构同意，然两者的性质迥然不同。在过去，国有企业破产要经过上级主管部门同意，是计划经济下基于对国有企业的行政管理需要，国有企业的重大问题常常要经过上级主管部门批准，不是一种市场行为，违反了企业包括国有企业作为独立的民事主体应当享有完整的财产所有权和经营管理权的要求，以及是否破产属于企业内部的重大决策行为，应由企业自行决定的基本原理，致使国有企业的破产介入了国家行政权力的影响。后者则是基于国有独资公司系国家投资，国家授权国有资产监督管理机构依法行使股东职权。国有资产监督管理机构基于股东职权作出是否申请破产的决定，乃是企业权力决策机构的企业内部行为，而非作为上级主管部门的行政管理行为，所体现的是“股权控制”关系，而非行政管理关系。①

什么事情都不能绝对化，我们说，国有企业的破产事项应由企业的决策机构自行决定，不应受国家行政权力的影响。企业的运行包括是否退出市场都应由市场来调整，不应由行政权力来介入。可是，国家的行政权力与企业的经营决策之间并非一律地互不相干。在一定条件下，行政权力必然依法介入企业的经营决策行为，尤其是在破产时，关系到数十上百、成千上万的债权人的利益，关系到职工就业等重大问题，甚至涉及社会稳定。特别是商业银行、保险公司、证券公司的破产涉及范围更广，无论是劳动债权人还是其他债权人，都是一般企业所无法比拟的，对其启动破产程序实施破产，给债权人、给市场经济秩序乃至社会稳定所带来的影响之大是难以想象的。这样，对其破产进行一定限制，由国家行政部门依法进行必要的监管，完全有其必要。因此，《商业银行法》（2015 年修正）第 71 条规定，商业银行不能支付到期债务，经国务院银行业监督管理机构同意，由人民法院依法宣告其破产。《保险法》（2015 年修正）第 90 条规定，保险公司有《企业破产法》第 2 条规定情形的，经国务院保险监督管理机构同意，保险公司或者其债权人可以依法向人民法院申请重整、和解或者破产清算；国务院保险监督管理机构也可以依法向人民法院申请对该保险公司进行重整或者破产清算。第 148 条规定：“被整顿、被接管的保险公司有《企业破产法》第二条规定情形的，国务院保险监督管理机构可以依法向人民法院申请对该保险公司进行重整或者破

① 王欣新主编：《破产法原理与案例教程》，中国人民大学出版社 2010 年版，第 4 页；汤维健主编：《企业破产法新旧专题比较研究与案例应用》，中国法制出版社 2006 年版，第 64 页。

产清算。”《证券法》第122条规定，证券公司破产，必须经国务院证券监督管理机构核准。《商业银行法》《保险法》《证券法》等法律中的这些程序性法律规范，与《企业破产法》中的程序法律规范之间，系特别法与普通法的关系。基于特别法优先于普通法的适用规则，这些规定固然有效，不能因为《企业破产法》没有规定就否定这些规定的适用。不过，这种行政管理，不是像《企业破产法（试行）》那样完全基于行政管理关系，而是基于投资者是否为国家的不同而设置的限制性条件，两者性质不同，需要加以理解与区分。

2. 合伙企业的破产申请必须经过全体合伙人同意。《合伙企业法》第92条规定：“合伙企业不能清偿到期债务的，债权人可以依法向人民法院提出破产清算申请。”据此，法律并没有对债务人是否能够申请破产作出规定。既然合伙企业可以依法进行破产清算，合伙企业作为债务人应当可以依法申请自身破产。合伙企业作为债务人申请破产，基于合伙企业的财产乃为合伙人共有，即合伙人对合伙企业的出资并未丧失所有权，只是为了统一经营管理的需要而以合伙企业的名义存在，合伙企业并不像公司那样具有独立承担民事责任的能力而属于完全独立的民事主体。公司作为独立的民事主体对其资产拥有所有权，股东出资后对其出资丧失所有权而享有股权，所有权与经营管理权相分离；而合伙企业由于没有完全独立承担民事责任的财产而不属于完全独立的民事主体，合伙人对其出资并未丧失所有权，合伙人共同出资、共同经营，所有权与经营权并不分离。合伙人的出资以及之后取得的财产，尽管以合伙企业的名义拥有，然是形式上的，只是为了统一经营管理的方便，以及防止合伙人擅自处分合伙财产的需要，其实质仍为合伙人共有。这点与个体工商户是一样的。个体工商户也有自己的字号，也可以其字号名义进行生产经营，取得财产，该财产却不是该字号的，而是实际经营的自然人的。所以，合伙企业的重大事项包括改变合伙企业的名称，改变合伙企业的经营范围、主要经营场所的地点，处分合伙企业的不动产，转让或者处分合伙企业的知识产权和其他财产权利，以合伙企业名义为他人提供担保，聘任合伙人以外的人担任合伙企业经营管理人员等，都必须经过全体合伙人的一致同意作出决定。合伙企业如果依法进行破产清算，举轻以明重，必须征得全体合伙人的一致同意。

（四）债务人申请破产的类型

根据《企业破产法》第7条第1款的规定，债务人具有破产能力与破产原因时，可以向人民法院提出破产重整、破产和解或者破产清算申请，即债务人既可以提出破产重整的申请，又可以提出破产和解的申请，还可以提出破产清算的申请。在破产重整、破产和解与破产清算中，债务人可以自行作出选择，却只能选择其中之一申请，不能同时选择两种甚至全部破产程序进行申请。

总的说来，债务人自身可以依法提出破产重整、破产和解或者破产清算之一的申请。然在特定条件下，则只能依法提出破产清算或者破产重整的申请，如已经解散并未清算或者未清算完毕且其资产不足以清偿债务的企业法人，自身申请破产，则只能申请破产清算，而不能再申请破产重整或者破产和解。此外，合伙企业、农民专业合作社、民办学校，具有破产原因，由于《合伙企业法》《农民专业合作社法》《民办教育促进法》只赋予了这些单位的破产清算能力，对之申请破产的，只能申请破产清算，不能申请破产重整或者破产和解。还如，根据《企业破产法》第70条第2款的规定，债权人申请债务人进行破产清算的，在人民法院受理破产申请后、宣告债务人破产前，债务人再行申请破产的，则只能依法申请破产重整，而不能再申请破产清算或者破产和解。

三、债权人申请债务人破产及其条件

（一）债权人申请债务人破产的根据

为了实现自己的债权，债权人可以根据自行意愿选择适用诉讼程序来借助法律强制力强迫债务人清偿债务。这是债权请求权的基本特征与自然延伸。在债务人具有破产能力和破产原因时，债权人同样可以选择提起独立的民事诉讼要求债务人还债，也可以选择破产程序要求债务人清偿包括自己债权在内的所有债权，以维护自己的合法权益。事实上，在某些情形下，债权人通过独立的民事诉讼也难以实现自己的债权追偿，如债务人隐匿转移财产逃避债务或者对一些债权人进行个别清偿，债务人的资产已被其他债权人申请查封、冻结，债务人缺乏流动资金只存在一些难以变现的固定资产，抵押债权人申请法院强制处置受到债权人的强烈抵制，[①] 等等，就是如此。为了维护自己的合法权益，这时申请债务人破产可能是其最为有利的选择，有利于防止、避免债务人逃避债务或者进行个别清偿等损害债权人合法权益的现象继续发生，债权人应当具有破产申请权。在司法实践中，大多数破产程序的启动也都是由债权人提起的，债权人于是属于最为广泛也是最为重要的破产申请主体之一，对其申请债务人破产的权利应当注意充分保护。

（二）债权人申请债务人破产的限制与排除

如前所述，债权人是对债务人申请破产的基本主体，但这不是说，任何

① 王卫国：《破产法精义》，法律出版社2007年版，第18页。

债权人对具有破产能力与破产原因的债务人都可以申请破产以清偿债务。根据某些债权的性质与特征，其不能或者尚不能受到法律强制性保护，则不能对债务人申请破产以清偿债务。具体来说，主要包括：

1. 非法债权的债权人不能成为破产申请的主体。这是因为，任何法律只对合法债权债务关系提供保护，对非法债权不仅不加以保护，还应依法追究实施非法行为人的法律责任。如因销售枪支、弹药、爆炸物、毒品、有毒有害产品、增值税发票，或者开设赌场、聚众赌博、卖淫嫖娼等违法犯罪行为所产生的债权就属于非法债权，这种非法债权的主体即非法债权人，就不能对债务人申请破产以适用破产法规定实施破产清偿债务。

非法债权的债权人不能申请债务人破产，应当注意无效债权、可撤销债权的债权人是否能够申请破产的问题。我们知道，无效债权属于违反国家法律、法规强制性规定等而产生的债权，本质上也属于非法债权；可撤销债权出于欺诈、乘人之危、显失公平等原因可以撤销；无权代表、无权代理、无权处分等行为属于确定不发生效力的行为时，其债权也不受法律保护。是以，上述无效债权、可撤销债权、确定不发生效力债权的主体对无效债权、可撤销债权、确定不发生效力债权本身主张权利的，不受法律保护，不能申请债务人破产。然则，无效债权、可撤销债权或者确定不发生效力债权，尽管不受法律保护，还是可能因债权人履行而应产生返还的法律后果，或者当事人对合同无效、可撤销或确定不发生效力负有过错，也应依法承担法律责任，如《民法典》第155条规定："无效的或者被撤销的民事法律行为自始没有法律约束力。"第156条规定："民事法律行为部分无效，不影响其他部分效力的，其他部分仍然有效。"第157条规定："民事法律行为无效、被撤销或者确定不发生效力后，行为人因该行为取得的财产，应当予以返还；不能返还或者没有必要返还的，应当折价补偿。有过错的一方应当赔偿对方由此所受到的损失；各方都有过错的，应当各自承担相应的责任。法律另有规定的，依照其规定。"《民法典》第388条规定："设立担保物权，应当依照本法和其他法律的规定订立担保合同。担保合同是主债权债务合同的从合同。主债权债务合同无效，担保合同无效，但是法律另有规定的除外。担保合同被确认无效后，债务人、担保人、债权人有过错的，应当根据其过错各自承担相应的民事责任。"《民法典》第682条规定："保证合同是主债权债务合同的从合同。主债权债务合同无效，保证合同无效，但是法律另有规定的除外。保证合同被确认无效后，债务人、保证人、债权人有过错的，应当根据其过错各自承担相应的民事责任。"《担保法解释》第7条、第8条规定："主合同有效而担保合同无效，债权人无过错的，担保人与债务人对主合同债权人的经济损失，承担连带赔偿责任；债权人、担保人有过错的，担保人承担民事责任的部分，不应超过债务人不能清偿部分的二分之一。”“主合同无效而导致担保合同无效，担保人无过错的，担保人不承担民事责任；担保人有过错的，担保人承担民事责任的部分，不应超过债务人不能清偿部分的三分之一。”基此，合同无效、可撤销或者确定不发生效力，当事人依旧要依法承担相应的法律责任而成为债务人，他人则成为应受法律保护的债权人，从而可以依法成为破产申请的主体而申请债务人破产。

2. 尚未到期债权的债权人不能成为破产申请的主体。债权尚未到期还不存在其要求债务人偿债的问题，固然不能申请债务人破产以适用破产法规定清偿包括其债务在内的所有债务。债权人有权申请债务人破产的基本根据是其可以要求债务人清偿自己的债务。没有这一根据，债务人负债累累也与之无关。故，在债权尚未到期的情况下，其无权要求债务人偿债，不能申请债务人破产以清偿债务。对这，《企业破产法》第7条第2款也明确规定：“债务人不能清偿到期债务，债权人可以向人民法院提出对债务人进行重整或者破产清算的申请。”此时的债权人与债务人都是针对到期债权而言的，即只有到期债权的债权人才能依法申请债务人破产。尚未到期债权的债权人，则不具有破产申请权，不能申请债务人破产以清偿债务。

到期债权，固然是一种现实的债务人必须依法履行的债权。倘若债权还未成为现实，而是一种依法设立的预期债权，则不能成为到期债权。如为债务人提供抵押、质押或者保证等担保，尚未向债权人履行其担保责任的抵押人、质押人、保证人而对债务人所拥有的追偿权就是属于这种债权。《民法典》第178条规定：“二人以上依法承担连带责任的，权利人有权请求部分或者全部连带责任人承担责任。”“连带责任人的责任份额根据各自责任大小确定；难以确定责任大小的，平均承担责任。实际承担责任超过自己责任份额的连带责任人，有权向其他连带责任人追偿。”“连带责任，由法律规定或者当事人约定。”《民法典》第392条规定：“被担保的债权既有物的担保又有人的担保的，债务人不履行到期债务或者发生当事人约定的实现担保物权的情形，债权人应当按照约定实现债权；没有约定或者约定不明确，债务人自己提供物的担保的，债权人应当先就该物的担保实现债权；第三人提供物的担保的，债权人可以就物的担保实现债权，也可以请求保证人承担保证责任。提供担保的第三人承担担保责任后，有权向债务人追偿。”据之，为债务人提供担保的第三人所拥有的追偿权，以实际承担了担保责任为前提。尚未承担担保责任，其尚不存在对债务人依法追偿的问题，并不因为给债务人提供了担保，拥有了未来可能发生、存在的追偿权，就可以申请债务人破产。当然，这种为债务人提供了担保而有可能承担担保责任的第三人，虽然不具有破产申请权进而不能申请债务人破产，可在破产申请权人依法申请债务人破产已对债务人启动了破产程序清偿债务的情况下，则可依法参加破产程序而预先行使追偿权，防止在债务人破产完成后承担担保责任而又无法向债务人行使追偿权而造成不必要的损失。

应当指出，到期债务，一般是指正常的按照合同或者依法到期应当履行的债务。但在司法实践中，合同约定的期限尚未到期，基于合同约定或者法律等规定而加速提前到期的，这种加速提前到期的债务，也应属于到期债务。不过，对于这种加速提前到期债务的认定，需要严格加以把握。合同对加速到期的条件作了约定，且非常明确，如银行给债务人多次借款，其中约定有一笔借款到期未还，其余未到期的借款均视为到期，这时像其他债务一样，不需要确定的生效法律文书即可认定。换言之，债权人可以基于有关合同主张债权加速到期，并可依此作为债权人依法申请债务人破产。此外，根据《民法典》第527条关于“应当先履行债务的当事人，有证据证明对方有下列情形之一的，可以中止履行：（一）经营状况严重恶化；（二）转移财产、抽逃资金，以逃避债务；（三）丧失商业信誉；（四）有丧失或者可能丧失履行债务能力的其他情形。当事人没有证据中止履行的，应当承担违约责任”的规定、第562条关于“当事人协商一致，可以解除合同。当事人可以约定一方解除合同的事由。解除合同的事由发生时，解除权人可以解除合同”的规定、第563条关于“有下列情形之一的，当事人可以解除合同：（一）因不可抗力致使不能实现合同目的；（二）在履行期限届满之前，当事人一方明确表示或者以自己的行为表明不履行主要债务；（三）当事人一方迟延履行主要债务，经催告后在合理期限内仍未履行；（四）当事人一方迟延履行债务或者有其他违约行为致使不能实现合同目的；（五）法律规定的其他情形。以持续履行的债务为内容的不定期合同，当事人在合理期限之前通知对方后可以解除”的规定、第578条关于“当事人一方明确表示或者以自己的行为表明不履行合同义务的，对方可以在履行期限届满之前请求其承担违约责任”的规定、第634条关于“分期付款的买受人未支付到期价款的数额达到全部价款的五分之一，经催告后在合理期限内仍未支付到期价款的，出卖人可以请求买受人支付全部价款或者解除合同。出卖人解除合同的，可以向买受人请求支付该标的物的使用费”等的规定等，依法行使不安抗辩权、解除合同权，致使有关债务提前加速到期。对此，最高人民法院2009年7月7日《关于当前形势下审理民商事合同纠纷案件若干问题的指导意见》（法发〔2009〕40号）第6条“合理适用不安抗辩权规则，维护权利人合法权益”第17项明确指出：“在当前情势下，为敦促诚信的合同一方当事人及时保全证据、有效保护权利人的正当合法权益，对于一方当事人已经履行全部交付义务，虽然约定的价款期限尚未到期，但其诉请付款方支付未到期价款的，如果有确切证据证明付款方明确表示不履行给付价款义务，或者付款方被吊销营业执照、被注销、被有关部门撤销、处于歇业状态，或者付款方转移财产、抽逃资金以逃避债务，或者付款方丧失商业信誉，以及付款方以自己的行为表明不履行给付价款义务的其他情形的，除非付款方已经提供适当的担保，人民法院可以按照根据《合同法》第六十八条第一款、第六十九条、第九十四条第（二）项、第一百零八条、第一百六十七条等规定[①]精神，判令付款期限已到期或者加速到期。”对于这种没有合同约定而依法主张债务提前到期的，一般会存在争议，认定是否属于到期债务，为慎重起见，不能仅凭债权人的主张，而应根据有关生效法律文书加以认定。也就是说，这种没有明确合同约定而依法主张债权加速提前到期的债权人，除非经过生效法律文书的裁判确定，否则就不能仅凭其主张而作为债权到期的债权人而申请债务人破产。

另外，与此到期债权相联系，附条件、附期限债权的债权人是否具有申请债务人破产的权利，也应加以注意。对这，主要存在4种观点：[②]（1）认为此种债权人在所附期限届满或者条件成就时具有破产申请权可以依法申请债务人破产偿债。（2）附期限、附条件债权，不论所附期限是否届满、所附条件是否成就，债权人都一律具有破产申请权而可依法申请债务人破产偿债。（3）附期限债权在期限届满前，债权人不具有破产申请权；附条件债权则应区分情况区别对待：附生效条件即附延缓条件的债权在条件未成就时而未生效，不能要求债务人清偿债务，债权人自然没有申请债务人破产的权利；附生效条件的债权在条件成就时已经生效可以要求债务人依法履行债务，债权人应当享有破产申请权。[③]（4）认为附期限、附条件债权的债权人是否具有破产申请权，应与破产原因相联系。破产原因为“债务超过”即资不抵债的，附期限、附条件债权的债权人就具有破产申请权，因为债务人是否破产取决于其是否资不抵债，而与到期债务不能清偿无关，所附期限、条件是否成就不是破产启动的考虑因素，就不会对债权人的破产申请权产生影响。另外，债务人达到“债务超过”时，就意味着债务人的所有资产已不足以清偿债务即资产小于负债，使得到期的现实已然债权与未到期的将来或然债权无法得到全面清偿已成为事实，应当

---

① 现为《民法典》第527条第1款、第528条、第562条、第563条第1款第2项、第578条、第634条等规定。

② 范健、王建文：《企业破产法》，法律出版社2009年版，第63～64页。

③ 汤维建主编：《新企业破产法解读与适用》，中国法制出版社2006年版，第38页。

赋予此种债权人的破产申请权。破产原因为“不能清偿”的，则附期限、附条件债权的债权人则无破产申请权。因为，债权尚未到期，无法证明债务人不能清偿到期债务。[①] 持这种观点的人中，有的又认为，从我国《企业破产法》规定的破产原因看，“既要求‘债务人不能清偿到期债务’，也要求‘债务超过’，因此在我国，附条件、附期限债权的债权人一般没有申请权。”[②]

笔者认为，《企业破产法》第7条第2款明确规定，债务人不能清偿到期债务时，债权人才能依法对其申请破产重整或者破产清算。因此，债权人必须是到期的已然债权的债权人。如此，附期限、附条件债权的债权人是否可以依法申请债务人破产即是否具有破产申请权，关键在于所附期限、所附条件的债权是否到期。尚未到期的，不具有破产申请权，反之则应具有破产申请权。对附期限债权，是否属于到期债权不能一概而论。《民法典》第160条规定，民事法律行为可以附期限，但是根据其性质不得附期限的除外。附生效期限的民事法律行为，自期限届至时生效。附终止期限的民事法律行为，自期限届满时失效。基此，附生效期限的债权所附生效期限未到，则属未到期债权，债权人不应具有破产申请权；附终止期限的债权所附终止期限未到，则属到期债权，债权人应当具有破产申请权。同样，对附条件债权，是否属于到期债权也不能一概而论。《民法典》第158条规定，民事法律行为可以附条件，但是根据其性质不得附条件的除外。附生效条件的民事法律行为，自条件成就时生效。附解除条件的民事法律行为，自条件成就时失效。据此，附生效条件即附延缓条件的债权，只有条件成就才属到期债权发生效力应予履行，条件没有成就合同尚未生效其债权还未发生履行之效，属于未到期债权，债权人不应具有破产申请权而申请启动破产程序来清偿其还未到期的债权。反之，附解除条件的债权，在该解除条件成就前合同已经生效，所对应的债权为生效债权具有履行的效力，属于到期债权，其债权人具有破产申请权，可以依法对债务人启动破产程序实施破产来清偿债务。然在解除条件成就时，合同则失去效力，不能再以该合同产生的债权申请债务人破产。

3. 存在争议债权的债权人不能成为破产申请权的主体。这是因为，债权不明或者双方对债权产生争议，就无法履行，不能成为不能清偿的到期债权。既然如此，债权人就不能申请债务人破产以清偿债务。如债务人依法以诸如合同无效，合同因无权处分、无权代表、无权代理等确定不发生效力，欺诈、显失公平、乘人之危等原因可被撤销，可以依法行使抵销、不安抗辩、先履行抗辩、同时履行抗辩等各种权利进行抗辩或者主张抵销债务，造成债权争

---

① 王欣新：《企业破产法》，中国人民大学出版社2007年版，第62页。

② 李永军：《破产法——理论与规范研究》，中国政法大学出版社2013年版，第74页。

议，无法履行，应当先通过民事诉讼作出裁判或者仲裁程序作出裁决，确定双方的权利义务关系。对于由法律生效裁判、裁决确定的债权，到期不能清偿的，债权人就应具有破产申请权而依法可以对债务人申请破产以清偿其债权。

4. 自然债权的债权人不能成为破产申请的主体。自然债权，是指具有保持力但不受法律强制力保护的债权，如超过诉讼时效的债权、超过申请强制执行期限的债权等。超过诉讼时效的债权，债权人尽管可以依法起诉，却因丧失了由法院依法确认并予以强制执行的胜诉权，而不再受到法律的强制性保护。对于此种超过诉讼时效的债权，债务人自行履行的，法律亦承认其效力。此外，由人民法院依法裁判或者仲裁机构确认的债权，必须在法律规定的期限内申请执行。如未在法律规定的期限内申请执行，即属超过申请执行期限的债权。债务人自愿履行这一债权，法律也不加禁止；然对其也不实行法律强制性保护，即因为申请执行期限超过，法院不再强制执行。属于上述超过诉讼时效、申请执行期限的自然债权，由于丧失了由法院实行强制性保护的根据，债权人也就不能申请债务人破产，不能借助法院的强制力对该债权实现强制性履行与保护。

5. 既不属于财产性债务的债权人，又不属于可以利用货币进行估价进而可以转化为以金钱或者其他财产偿还的债权人，不能成为破产申请主体。如受害人对侵权行为人所享有的因为侵权人的侵权行为而致要求停止侵害、消除影响、排除妨害、赔礼道歉等行为义务，不能或者无法以货币估价，无法转化为以金钱或者财产偿还的财产性债务，那么，就无法适用破产程序对其进行清偿，相应的债权人也不能具有破产申请权而可以依法申请债务人破产以清偿债务。

6. 公法上债权的债权人不能成为破产申请的主体。公法上的债权，是指非因民事商事法律等私法法律关系而因《刑法》《税收征收管理法》等公法法律关系形成的债权，如统筹社保债权，也就是债务人欠缴公法上的社会保险费用（即除应当划入职工个人账户的基本养老保险、基本医疗保险费用以外的社会保险费用所产生的债权），税收债权，行政机关对违法人的罚款，司法机关对犯罪行为人所判处的罚金及应追缴非法犯罪所得等而形成的债权。对于这种债权，有人认为，同样可以通过破产程序来偿还，这些公法上债权的债权人与私法上债权的债权人一样，同样具有破产申请权。① 笔者认为，公法上的债权，所采取的救济途径与私法上的债权完全不同。对于公法上的债

① 范健、王建文：《企业破产法》，法律出版社 2009 年版，第 64 页。

权，债权人通常直接可以依法对债务人采取扣押、冻结、查封财产等措施而强制债务人履行。如《税收征收管理法》第37条、第38条规定，对于欠缴税收的债务人，税务机关可以冻结或者从冻结纳税义务人的存款中扣缴税款，并可以依法扣押、查封甚至拍卖、变卖债务人的财产；司法机关对犯罪所得及其孳息可以直接采取扣押、冻结、查封等强制措施。同时，有些公法上的债权，如行政罚款、刑事罚金等本身属于除斥债权。除斥债权，又称不得成为破产债权之债权，是指排斥于破产程序之外，不得作为破产债权从破产财产中受偿的债权。除斥债权尽管在破产程序启动前成立，依法却不能在破产程序中以破产债权对破产财产行使请求权。如我国台湾地区的《企业破产法》第103条规定，破产宣告后的利息，参加破产程序所支出的费用，因破产宣告后不履行所生的损害赔偿及违约金，罚金、罚款及追征金等，就属于除斥债权，而不能作为破产债权通过破产程序受偿。《审理和执行被风险处置证券公司相关案件通知》第5条指出："证券公司进入破产程序后，人民法院作出的刑事附带民事赔偿或者涉及追缴赃款赃物的判决应当中止执行，由相关权利人在破产程序中以申报债权等方式行使权利；刑事判决中罚金、没收财产等处罚，应当在破产程序债权人获得全额清偿后的剩余财产中执行。"据之，刑事罚金、没收财产，属于除斥债权，不能在破产程序中受偿，只有在破产程序中的所有债权人的债权获得全额清偿后还有剩余财产的，才能进行清偿。因此，公法上债权的债权人不应具有破产申请权，不能申请债务人破产而清偿其债权。①

（三）债权人申请债务人破产的范围

基于债权的性质不同，债权人可以作不同的分类。以清偿的顺序为准，根据《企业破产法》的有关规定，债权可以分为优先受偿债权、优先普通债权清偿的债权与普通债权。

其中，优先受偿债权，又包括债务人提供财产担保的债权与具有法定特别优先受偿权的债权。前者，是指以债务人的财产抵押、质押、留置以担保所负债务履行的债权，不包括保证债权、定金债权。后者，是指债权人基于法律规定对债务人某一特定财产具有优先受偿权利的债权，包括建设工程价款优先受偿权、船舶优先权、船舶抵押权、船舶留置权、民用航空器抵押权、民用航空器优先权、国有土地使用权出让金优先权、购房消费者的优先受偿权等法定特别优先权。

优先普通债权清偿的债权，是指依照破产法的规定先于普通债权予以优

---

① 王欣新主编：《破产法原理与案例教程》，中国人民大学出版社2010年版，第47页、第49页。

先受偿的权利，包括劳动债权、统筹社保债权及基本税收债权。

普通债权，则是指债务人提供财产担保的债权、优先普通债权清偿的债权之外的其他债权。保证债权属于普通债权。与此相适应，可以将债权人分为债务人提供了财产担保的债权的债权人即具有担保物权的债权的债权人、优先普通债权清偿的债权的债权人与普通债权的债权人。下面对于他们的破产申请权作必要的分析与阐述。

1. 具有担保物权的债权的债权人的破产申请权。财产担保债权，根据提供财产担保的主体不同，可以分为债务人提供财产担保债权与第三人提供财产担保债权。前者，在破产法中称之为破产别除权，是指以债务人之物向债权人提供抵押、质押以担保其履行债务的债权；后者则是指第三人提供抵押、质押以担保债务人履行债务的债权。第三人提供财产担保的债权，债权人只能对第三人提供担保的财产享有优先受偿权，不能对债务人的财产享有优先受偿权，相对于债务人的财产来说，不属于优先受偿的债权。在债务人破产时，不能以债务人的财产优先受偿，只能作为普通债权通过破产程序公平受偿。[①] 所以，是否具有破产申请权的问题依然归属于普通债权人是否具有破产申请权的范围进行讨论。

对债务人财产具有担保物权的债权人，是否具有破产申请权，存在不同看法。有人认为，破产别除权人的债权由债务人以特定财产提供了担保，依法可以该特定财产优先受偿，债务人用以提供物的担保的特定财产不属于破产财产，破产别除权人也不像其他债权人那样对破产财产按照一定顺序和比例受偿，其债权能否受偿与受偿数额的多少，与破产程序没有必然的联系，即不会受到破产程序的影响，便主张不应赋予破产别除权人的破产申请权。可在别除权人放弃优先受偿权，或者债务人提供的担保物的价值不足以清偿其债权时，破产别除权人实际已转化为普通债权人，由此可依法具有破产申请权。笔者认为，破产别除权人应当具有破产申请权，可以依法申请债务人破产以清偿债权：

一是，担保物权的设立，使得债权人具有了双重身份，既是债权人，又是担保物权人。既可以债权人的身份行使债权，也可以担保物权人的身份行使担保物权，是行使债权还是行使担保物权，自应由权利人作出自由选择。作为债权人，其具有是选择适用民事诉讼程序还是选择适用破产程序来清偿其债权的权利，并不因为其债权具有担保物权就否定其作为债权人应当具有的权利。不然，如果不允许破产别除权人申请债务人破产，那么，债权人就

① 范健、王建文：《企业破产法》，法律出版社2009年版，第62页。

只能行使担保物权，除此之外，没有别的选择，实际上是被迫行使物权，与权利应由享有人自行选择的本质特征相悖。①

二是，对于法人而言，以其财产对外承担法律责任，从这种意义上来说，其所有财产乃是所有债权人的所有债务的一般担保；而以特定财产提供物的担保，是债权人为了维护自身利益所设定的特殊担保。显然，这种为了维护自身利益设定的特定担保，旨在一般担保的基础上为自身利益设定更为充分的保障，不能因为具有这种特定的担保而就否定债权人对债务人其他财产具有一般担保的权利。事实上，破产别除权人因为担保物价值大大下降，致使其价值远远低于担保债权的价值；或者担保物灭失，其担保物权可能无法实现；或者债务人以围攻等方式强烈抵制致使其担保物权难以实现等原因，完全可能无法实现其担保物权，作为债权人的破产别除权人就更应具有破产申请权。②

三是，《企业破产法》明确规定，债权人具有破产申请权，并未对破产别除权人的破产申请权作出否定。此外，从债权的性质上讲，也不像非法债权、自然债权、有争议债权等那样可以排除这种债权人的破产申请权。是以，对债务人特定财产具有担保物权的债权人应当具有破产申请权。

2. 劳动债权人的破产申请权。破产程序中，劳动债权以及统筹社保债权和基本税收债权分别作为第 1 顺序、第 2 顺序债权优先受偿，两者于是统称为优先普通债权清偿的债权。关于税收债权，其主体为国家，如前所述，不具有破产申请权。劳动债权，基于其维持基本生活状态的功能，且人数众多，容易引发不安定因素甚至危及社会稳定等特征，赋予其破产申请权以维护自身合法权益，乃具有积极意义。但是，有人也认为，破产申请者的债权属于民事法律关系形成的民事债权。非民事债权如统筹社保债权和税收债权、劳动债权等的主体，则只有参加破产程序的权利，而无申请债务人破产的权利。③

3. 普通债权人的破产申请权。普通债权人，对债务人的财产既不享有担保物权，又不具有劳动债权人、统筹社保债权人、基本税收债权人可以优先受偿的权利，为了维护自身的合法权益，应当具有破产申请权。需要注意的是，作为某种具体债权的债权人，按照债权如争议债权、自然债权等的性质不能申请债务人破产，就不具有破产申请权。

---

① 齐树洁主编：《企业破产法》，厦门大学出版社 2009 年版，第 50 页。

② 王欣新主编：《破产法原理与案例教程》，中国人民大学出版社 2010 年版，第 48 页；王东敏：《新破产法疑难解读与实务操作》，法律出版社 2007 年版，第 49 ~ 50 页。

③ 王东敏：《新破产法疑难解读与实务操作》，法律出版社 2007 年版，第 49 ~ 50 页。

至于外国债权人的破产申请权，破产法未加以明确。《企业破产法》第4条规定："破产案件审理程序，本法没有规定的，适用《民事诉讼法》的有关规定。"《民事诉讼法》第5条规定，外国人、无国籍人、外国企业和组织在人民法院起诉、应诉，同中华人民共和国公民、法人和其他组织有同等的诉讼权利义务。外国法院对中华人民共和国公民、法人和其他组织的民事诉讼权利加以限制的，中华人民共和国人民法院对该国公民、企业和组织的民事诉讼权利，实行对等原则。基此，外国债权人是否具有破产申请权，应当根据对等原则加以确定。如果所在国法律未对我国债权人对其域内的债务人的破产申请权加以限制，那么，我国也就应承认该国债权人对我国境内的债务人具有破产申请权。反之，所在国法律否定我国债权人对其域内的债务人具有破产申请权，我国也就应否认该国债权人对我国境内的债务人的破产申请权。

（四）债权人申请债务人破产的条件

《企业破产法》第7条第2款规定："债务人不能清偿到期债务，债权人可以向人民法院提出对债务人进行重整或者破产清算的申请。"据之，债权人申请债务人破产的条件为债务人具有破产能力且不能清偿到期债务。对之理解，应当注意以下相互联系的两个方面：

1. 债权人申请债务人破产与债务人申请破产的条件不同。债务人申请破产的条件是债务人具有破产能力且具有破产原因，即必须符合不能清偿到期债务并且资产不足以清偿全部债务，或者不能清偿到期债务并且明显缺乏清偿能力，或者具有明显丧失清偿能力的可能3项条件之一，才可以申请破产。但对债权人来说，只要债务人不能清偿到期债务，债权人就可以申请债务人破产，而不要求证明债务人的资产不足以清偿全部债务，或者明显缺乏清偿能力，或者具有明显丧失清偿能力的可能。这是因为，债务人的资产是否足以清偿全部债务，是否明显缺乏清偿能力，是否具有明显丧失清偿能力的可能，只有债务人才能根据自身的资产财务状况、生产经营管理能力、营销策划能力、科学技术研究能力、信用能力、产品或服务的市场发展前景等因素作出判断，而这些判断债务人是否具有资不抵债、明显缺乏清偿能力或者明显丧失清偿能力可能等破产原因的事实、证据，债务人并未对外公开，有的还是作为商业秘密加以保密的。作为债权人，其只能知道债务人对自己的到期债务不能清偿，而难以了解债务人的上述情况。假若要求债权人申请债务人破产还必须以债务人资不抵债或者明显缺乏清偿能力或者有明显丧失清偿能力的可能为条件，那其必须了解有关事实并有相应的证据加以证明，事实上很难做到。对于债权人来说，自不公平，也不利于其合法权益的有效保护。

2. 债务人不能清偿到期债务，债权人就可以申请债务人破产。债权人不仅能够证明债务人不能清偿到期债务，而且能够证明债务人资产不足以清偿债务、明显缺乏清偿能力或者明显具有丧失清偿能力的可能，自可申请债务人破产。债权人不能证明债务人不能清偿到期债务的，则不能根据《企业破产法》第2条第2款的规定，以债务人具有“明显丧失清偿能力可能”为由而申请债务人破产重整。为了保护债权人的合法权益，基于债权人难以了解、收集债务人资产财务状况、清偿能力的事实与证据，规定债权人申请债务人破产不必以能够证明债务人的资产不足以清偿全部债务或者明显缺乏清偿能力为条件。同样，债务人是否具有明显丧失清偿能力的可能，债权人也难以寻找证据加以证明，且这一情形属于一种对债务人清偿能力的预测，主观性更强，基于对债务人的同等保护，也不能又将债务人“有明显丧失清偿能力可能”作为债权人申请债务人破产重整的条件。

总之，债务人具有破产能力，不能清偿到期债务，是债权人申请债务人破产的条件，而且是唯一条件，这点与破产原因以及债务人申请破产条件不同，应当注意加以区分。

（五）债权人申请债务人破产的类型

《企业破产法》第7条第2款规定，债务人不能清偿到期债务，债权人可以向人民法院提出对债务人进行重整或者破产清算的申请。故，债权人只能申请债务人破产重整，或者申请债务人破产清算，而不能申请债务人破产和解。这是因为，破产和解以债权人作出让步为主要特征，既不同于破产清算，将其所有财产进行清理以偿还债务，也不同于以挽救债务人为目的而采取各种积极措施的破产重整，其主要依靠债权人的让步达成债权债务清偿的协议。在程序上，要以债务人提出和解协议草案为必要，且比较简便，倘若允许部分债权人申请债务人破产和解，不利于全体债权人合法权益的维护。

应当指出，债权人可以依法对债务人提出破产重整或者破产清算之一的申请。但在特定条件下，则只能依法提出破产清算的申请，如对已经解散并未清算或者未清算完毕且其资产不足以清偿全部债务的企业法人，债权人申请债务人破产的，只能申请破产清算，而不能再申请破产重整。此外，合伙企业、农民专业合作社、民办学校，具有破产原因，由于《合伙企业法》《农民专业合作社法》《民办教育促进法》只赋予了这些单位的破产清算能力，债权人申请这些单位破产的，就只能申请破产清算，而不能申请破产重整。

（六）恶意申请破产的预防

按照破产的申请主体不同，破产可以分为债务人申请的破产与债务人之外的人申请的破产。前者基于债务人自愿，又称自愿性破产。后者基于债权人等意愿，可能并非出于债务人自愿，从而又称强迫性破产。无论是自愿性破产还是强迫性破产，都可能出于恶意：前者如债务人为隐匿、转移财产，虚构债务进行欺诈性破产，企图逃避债务；后者如债权人为进行不正当竞争，以损害债务人信誉或谋求有利于自己利益的解决方法甚至为了逃避缴纳诉讼费用等而申请的破产。为了防范恶意破产，国际上的通行做法是：一方面设置了严格的破产条件；另一方面，对具有申请破产权的主体在申请破产时进行必要的限制。后者如英国 1914 年的破产法规定，1 名债权人单独提出破产申请，其无担保的债权必须超过 50 英镑，否则必须与其他债权人共同提出申请。现行破产法规定，债权人提出破产申请，其无财产担保债权必须达到 750 英镑。债权人申请债务人破产应当缴纳 200 英镑的保证金，以对债权人申请债务人破产错误时给债务人可能造成的损失提供担保。《美国联邦破产法》第 303 条规定，债权人总数在 12 人以上的，必须有 3 名以上债权人，且其无担保的债权总额在 5000 美元以上时，才可以申请破产，并且不允许为了方便提出破产申请而分散转让债权。这种对债权人申请债务人破产给予债权人申请人数及所代表债权额的限制，在理论上称之为破产水平。对于破产水平，我国破产法并未明确作出规定。① 因此，从理论上讲，债权人申请债务人破产除债务人具有破产能力及不能清偿到期债务这一法定条件外，没有其他限制。债权人既可以个人名义单独申请破产，也可以与他人一起共同申请破产，其所代表的债权数额也没有任何要求。

但应看到，对债权人申请债务人破产如不作任何限制，债权人完全可能滥用破产申请权并由此造成司法资源的浪费。尤其是劳动债权，人数多、数额也小，只要债务人不能偿还到期债务，如不能按时发工资，就容易引起这种现象的发生，在存在劳资矛盾的情况下，更是这样。因此，一些人主张债权人申请债务人破产应从债权人申请人数及所代表的债权数额作出必要限制，具体可以通过司法解释加以明确。②

四、清算责任人申请破产及其条件

（一）清算责任人申请破产的根据

《企业破产法》第 7 条第 3 款规定："企业法人已解散但未清算或者未清

① 王欣新主编：《破产法原理与案例教程》，中国人民大学出版社 2010 年版，第 47 页；范健、王建文：《企业破产法》，法律出版社 2009 年版，第 61～62 页。

② 王欣新主编：《破产法原理与案例教程》，中国人民大学出版社 2010 年版，第 47 页；范健、王建文：《企业破产法》，法律出版社 2009 年版，第 62 页；齐树洁主编：《企业破产法》，厦门大学出版社 2009 年版，第 49 页。

算完毕，资产不足以清偿债务的，依法负有清算责任的人应当向人民法院申请破产清算。”基此，对债务人负有清算责任的人即清算责任人在一定条件下也具有破产申请权。企业法人作为一个能够独立承担责任的社会组织，设立时要依法设立，退出时也必须依法退出。根据有关法律规定，企业退出市场时都应依法进行清算。在清算期间，企业虽然存续，但不得开展与清算无关的经营活动，所有财产的管理，资产、债权、债务的清理、偿还等事务都应依法由清算组接管。如《民法典》68条规定：“有下列原因之一并依法完成清算、注销登记的，法人终止：（一）法人解散；（二）法人被宣告破产；（三）法律规定的其他原因。”“法人终止，法律、行政法规规定须经有关机关批准的，依照其规定。”第69条规定：“有下列情形之一的，法人解散：（一）法人章程规定的存续期间届满或者法人章程规定的其他解散事由出现；（二）法人的权力机构决议解散；（三）因法人合并或者分立需要解散；（四）法人依法被吊销营业执照、登记证书，被责令关闭或者被撤销；（五）法律规定的其他情形。”第70条规定：“法人解散的，除合并或者分立的情形外，清算义务人应当及时组成清算组进行清算。”“法人的董事、理事等执行机构或者决策机构的成员为清算义务人。法律、行政法规另有规定的，依照其规定。”“清算义务人未及时履行清算义务，造成损害的，应当承担民事责任；主管机关或者利害关系人可以申请人民法院指定有关人员组成清算组进行清算。”第71条规定：“法人的清算程序和清算组职权，依照有关法律的规定；没有规定的，参照适用公司法的有关规定。”第72条规定：“清算期间法人存续，但是不得从事与清算无关的活动。”“法人清算后的剩余财产，根据法人章程的规定或者法人权力机构的决议处理。法律另有规定的，依照其规定。”“清算结束并完成法人注销登记时，法人终止；依法不需要办理法人登记的，清算结束时，法人终止。”第73条规定：“法人被宣告破产的，依法进行破产清算并完成法人注销登记时，法人终止。”《公司法》第180条规定：“公司因下列原因解散：（一）公司章程规定的营业期限届满或者公司章程规定的其他解散事由出现；（二）股东会或者股东大会决议解散；（三）因公司合并或者分立需要解散；（四）依法被吊销营业执照、责令关闭或者被撤销；（五）人民法院依照本法第一百八十二条的规定予以解散。”第182条规定：“公司经营管理发生严重困难，继续存续会使股东利益受到重大损失，通过其他途径不能解决的，持有公司全部股东表决权10%以上的股东，可以请求人民法院解散公司。”第183条规定：“公司因本法第一百八十条第（一）项、第（二）项、第（四）项、第（五）项规定而解散的，应当在解散事由出现之日起15日内成立清算组，开始清算。有限责任公司的清算组由股东组成，股份有限公司的清算组由董事或者股东大会确定的人员组成。逾期不成立清算组进行清算的，债权人可以申请人民法院指定有关人员组成清算组进行清算。人民法院应当受理该申请，并及时组织清算组进行清算。”第 186 条第 3 款规定：“清算期间，公司存续，但不得开展与清算无关的经营活动。公司财产在未依照前款规定清偿前，不得分配给股东。”第 187 条规定：“清算组在清理公司财产、编制资产负债表和财产清单后，发现公司财产不足清偿债务的，应当依法向人民法院申请宣告破产。”“公司经人民法院裁定宣告破产后，清算组应当将清算事务移交给人民法院。”基此，公司等企业法人在解散时都应进行清算，并且由负有清算责任的人组成清算组依法进行，并停止与清算无关的经营活动，所有活动都由清算组根据法律规定开展，在公司资产不足以清偿全部债务时，需要启动破产程序清偿债务，负有清算责任的人就应当依法申请债务人破产以清偿债务。

（二）清算责任人申请破产的法律性质与地位

企业解散时，需要进行清算。清算可以由企业自行组成清算组进行，也可以由人民法院指定有关人员组成清算组进行。无论属于哪种情况，都是为了对其资产及其债权债务进行彻底的、全面的清理。在债务人的资产足以清偿全部债务的情况下，债权人的合法权益能够得到保障，不存在损害部分债权人利益的不公平清偿问题。然在债务人的资产不足以清偿全部债务时，就会出现债权人的合法权益得不到全面而充分的维护问题。由清算组自行进行，就可能损害部分债权人的利益，其公正性也会受到质疑。而且，在债务人的资产不足以清偿全部债务时，彻底、有序、公平地解决债务人与一切债权人之间的所有债权债务关系问题的唯一法律途径，是适用破产法的规定实施破产。所以，对于已经解散应当清算的债务人，其资产不足以清偿全部债务的，就应当适用破产程序进行清算，而不应再按照其他法律规定进行清算。另外，清算组等负有清算责任的人对资产是否足以清偿全部债务通常更为清楚，为了防止清算责任人损害债权人合法权益的现象发生，法律明确将清算责任人申请破产清算作为一项义务加以规定。在应当清算的债务人资产不足以清偿全部债务时，清算责任人只能申请破产清算。除此之外，别无选择，不得放弃。对此，《加快完善市场主体退出制度改革方案》第 3 条明确指出，市场主体出现解散事由，应按程序依法组织清算组开展清算。市场主体无法就自行清算达成一致或相关责任主体怠于履行清算义务的，企业等市场主体的股东或债权人可以依法申请法院指定清算组进行强制清算。清算结束后，清算组应依法及时申请注销登记。清算过程中符合破产条件的，应依法及时转入破产程序。“强化市场主体履行清算义务的责任，根据市场主体不同性质和类型，明确清算程序的启动条件和清算期限、清算义务人的权利义务。建立清算义务人怠于履行清算义务时的法律责任追究机制。完善公司解散清算与破产清算程序的衔接机制。”

另外，清算责任人作为债务人破产的申请者，不仅具有独立的法律性质，而且具有独立的法律地位，即清算责任人应以自己的名义独立申请，而不是附属于债务人以债务人的名义提出破产申请。是以，债务人的清算责任人与债务人的申请破产不属同一回事，两者的法律性质、适用条件等均不相同。

（三）清算责任人申请破产的范围

清算责任人申请破产的范围，是指那些依法属于清算责任人而具有申请破产义务的人的范围。具体分为两种情况：（1）债务人已经解散没有进行清算的清算责任人；（2）债务人解散后已经组成清算组进行清算但未清算完毕时的清算责任人。

对于后者即已经组成清算组进行清算但未清算完毕的债务人，其清算责任人，是依法成立的清算组，这点没有任何疑问。对这，《公司法》第187条就明确规定，清算组在清理公司财产、编制资产负债表和财产清单后，发现公司财产不足清偿债务的，应当依法向人民法院申请宣告破产。

对于前者即还没进行清算也就是还未组成清算组进行清算的，其清算责任人，则根据企业类型的不同而有所不同。具体而言，可以分为以下不同情形进行分析：

1. 已解散但未成立清算组清算的公司。《公司法》第183条规定：“公司因本法第一百八十条第（一）项、第（二）项、第（四）项、第（五）项规定而解散的，应当在解散事由出现之日起十五日内成立清算组，开始清算。有限责任公司的清算组由股东组成，股份有限公司的清算组由董事或者股东大会确定的人员组成。逾期不成立清算组进行清算的，债权人可以申请人民法院指定有关人员组成清算组进行清算。人民法院应当受理该申请，并及时组织清算组进行清算。”据此，已解散但未成立清算组清算的有限责任公司的清算责任人，为公司股东；已解散但未成立清算组清算的股份有限公司的清算责任人，为公司董事及股东大会确定的人员。

2. 公司以外企业法人的清算责任人。国有企业的清算责任人，为企业的股东、投资人、开办单位，或者上级主管部门及作为国家出资代表的国有资产监督管理机构；集体企业的清算责任人，应为该企业的股东或开办人；“三资企业”的清算责任人，为企业的投资人；法人型联营企业的清算责任人为该企业的联营各方等。[①]

3. 合伙企业的清算责任人。《合伙企业法》第86条规定，合伙企业解散时，也应依法由清算人进行清算。清算人由全体合伙人担任；经全体合伙人过半数同意，可以自合伙企业解散事由出现后15日内指定1个或者数个合伙人，或者委托第三人，担任清算人。自合伙企业解散事由出现之日起15日内未确定清算人的，合伙人或者其他利害关系人可以申请人民法院指定清算人。故，合伙企业的清算责任人包括全体合伙人、经全体合伙人过半数同意指定的合伙人或者委托的第三人。

4. 农民专业合作社的清算责任人。《农民专业合作社法》第48条规定，农民专业合作社因章程规定的解散事由出现；成员大会决议解散；依法被吊销营业执照或者被撤销而解散的，应当在解散事由出现之日起15日内由成员大会推举成员组成清算组，开始解散清算。逾期不能组成清算组的，成员、债权人可以向人民法院申请指定成员组成清算组进行清算，人民法院应当受理该申请，并及时指定成员组成清算组进行清算。第52条第2款规定，清算组发现农民专业合作社的财产不足以清偿债务的，应当依法向人民法院申请破产。因此，农民专业合作社已经解散没有依法清算或者未清算完毕，且其资产不足以清偿债务的，其清算责任人即农民专业合作社的成员、清算组，应当依法申请破产清算。

5. 民办学校的清算责任人。《民办教育促进法》第56条规定："民办学校有下列情形之一的，应当终止：（一）根据学校章程规定要求终止，并经审批机关批准的；（二）被吊销办学许可证的；（三）因资不抵债无法继续办学的。"第58条规定："民办学校终止时，应当依法进行财务清算。""民办学校自己要求终止的，由民办学校组织清算；被审批机关依法撤销的，由审批机关组织清算；因资不抵债无法继续办学而被终止的，由人民法院组织清算。"基此，民办学校因被依法终止的，应当进行财务清算。没有进行财务清算或者虽已进行财务清算但未清算完毕，并且发现民办学校资不抵债的，清算责任人应当依法申请破产清算。

（四）清算责任人申请债务人破产的条件

根据《企业破产法》等有关规定，清算责任人作为申请破产的义务人，要申请债务人破产，必须符合以下条件：

1. 债务人必须具有破产能力且已经依法解散。《企业破产法》第7条第3款规定："企业法人已解散但未清算或者未清算完毕，资产不足以清偿债务

① 吴庆宝、王建平主编：《破产案件裁判标准规范》，人民法院出版社2009年版，第27页。

的，依法负有清算责任的人应当向人民法院申请破产清算。”据之，作为企业法人只要依法解散，并且符合其他条件，则就可以依法对其申请破产清算。对于已经解散的合伙企业，《企业破产法》尽管没有规定清算责任人可以申请破产清算，鉴于《合伙企业法》已经赋予了合伙企业的破产能力，根据《企业破产法》第135条关于“其他法律规定企业法人以外的组织的清算，属于破产清算的，参照适用本法规定的程序”的规定，在其已经解散没有清算或者没有清算完毕时，发现不足以清偿债务的，负有清算责任的人也应依法申请合伙企业破产清算。根据《合伙企业法》第85条的规定，合伙企业可以因合伙期限届满且合伙人决定不再经营，合伙协议约定的解散事由出现，全体合伙人决定解散，合伙人不具备法定人数已满30天，合伙协议约定的合伙目的已经实现或者无法实现，依法被吊销执照、责令关闭或者被撤销，或者具备法律、行政法规规定的其他原因等加以解散。

此外，民办学校依法解散或者终止，也应依法进行清算。没有清算或者虽已清算但未清算完毕，发现符合破产清算条件的，清算责任人亦应根据《企业破产法》第135条的规定，参照《企业破产法》第7条第3款的规定，申请已经解散或者终止的民办学校破产清算。农民专业合作社解散而需要进行破产清算的，则应根据《农民专业合作社法》第55条关于“农民专业合作社破产适用《企业破产法》的有关规定。但是，破产财产在清偿破产费用和共益债务后，应当优先清偿破产前与农民成员已发生交易但尚未结清的款项”的规定，直接适用《企业破产法》的有关规定进行破产清算。

至于解散的原因，根据有关法律规定，公司、合伙企业、农民专业合作社、民办学校等不尽相同，具体应当根据有关法律规定加以确定。不论是何种原因，如是源于企业章程规定的营业期限届满等解散事由解散，还是因为股东会或者股东大会决议解散；是源于企业合并或者分立需要解散，还是因为依法被吊销营业执照、责令关闭或者被撤销而予以解散，等等，只要符合相关法律规定，就在所不论。

2. 债务人已经解散但没有清算或者没有清算完毕。债务人已经解散并依法清算完毕，固然不再存在包括破产清算在内的清算问题，清算责任人的责任依法得以免除，不再具有对债务人进行清算包括申请破产清算的义务。

3. 已经解散的债务人资产不足以清偿全部债务，即资不抵债。债务人已被解散，其资产能够清偿全部债务的，不会存在损害债权人合法权益的不公平清偿问题，没有适用破产程序清偿债务的基本根据。因此，清算责任人申请债务人破产的条件，既与债务人申请破产的条件不同，也与债权人申请债务人破产的条件不同，应当注意加以区分。

（五）清算责任人申请债务人破产的类型

根据《企业破产法》第7条第3款的规定，清算责任人只能申请债务人进行破产清算，而不能申请债务人进行破产重整和破产和解。这是因为，清算责任人是在债务人已经解散未进行清算或者未清算完毕的情况下，因为资产不足以清偿债务而申请债务人破产的，自不存在债务人再通过破产重整或者破产和解而挽救、维持债务人存在的问题，而是要对债务人的资产全部清偿后依法消灭其民事主体资格的问题。所以，清算责任人申请债务人破产的类型只能是破产清算，而不能是破产重整和破产和解。

（六）清算责任人申请破产与其他破产申请主体申请破产的关系问题

只要债务人具备法定条件，债务人、债权人、清算责任人以及国务院金融监督管理机构等都可依法申请其破产以清偿债务。这种申请破产是各自独立且相互并列的，相互之间并不加以排斥。尤其是对已经解散的债务人，不能说规定了清算责任人申请债务人破产的义务，就否定了债务人、债权人等依法可以申请已经解散的债务人破产，以及国务院金融监督管理机构依法申请解散的金融机构破产的权利。对此，最高人民法院民事审判第二庭负责人2011年9月26日回答记者有关“企业法人已解散但未清算或者未清算完毕，资产不足以清偿债务的，依法负有清算责任的人应当向人民法院申请破产清算。请问，在这种情形下，其他申请主体，尤其是债权人是否还有申请债务人破产清算的权利”的问题时指出：“我国破产法采取破产申请主义，根据《企业破产法》第七条第三款的规定，企业法人已解散但未清算或者未清算完毕，资产不足以清偿全部债务的，依法负有清算责任的人应当向人民法院申请破产清算。这里依法负有清算责任的人包括未清算完毕情形下已经成立的清算组，以及应清算而未清算的情形下依法负有启动清算程序的清算义务人。《企业破产法》此款规定的目的在于，规定依法负有清算责任的人有申请债务人破产清算的法定义务，以保障破产清算程序的及时启动。但规定此种情况下负有清算责任的人的法定义务并不意味着排除其他申请权人，尤其是债权人向人民法院申请债务人破产的权利。只要债权人申请债务人破产条件成就，债权人就可以依据《企业破产法》第七条第二款的规定，提出对债务人的破产清算申请。是以，在债务人已解散但未清算或者未在合理期限内清算完毕，且未清偿债务的情形下，由于债务人对所有债权均负有清偿义务，债权人以债务人未能清偿债务为由向人民法院提出破产清算申请的，人民法院就应予受理。对于债权人的申请，债务人可以依据《企业破产法》第十条的规定提出异议，如果债务人能举证证明其未出现破产原因，人民法院应当对债权人的破产清算申请不予受理，并告知债权人通过启动强制清算程序获得清偿。”《强制清算案件纪要》第 32 条、第 33 条明确指出：“公司强制清算中，清算组在清理公司财产、编制资产负债表和财产清单时，发现公司财产不足清偿债务的，除依据《公司法解释（二）》第十七条的规定，通过与债权人协商制作有关债务清偿方案并清偿债务的外，应依据《公司法》第一百八十八条[①]和《企业破产法》第七条第三款的规定向人民法院申请宣告破产。”“公司强制清算中，有关权利人依据《企业破产法》第二条和第七条的规定向人民法院另行提出破产申请的，人民法院应当依法进行审查。权利人的破产申请符合《企业破产法》规定的，人民法院应当依法裁定予以受理。人民法院裁定受理破产申请后，应当裁定终结强制清算程序。”基此，当企业法人已解散但未清算或者未清算完毕，资产不足以清偿债务的情形下，依法负有清算责任的人未向人民法院申请破产清算时，债权人当然有权根据《企业破产法》的规定，向人民法院提出对债务人进行破产清算的申请。人民法院不能以此情况下债权人无申请权为由，不予受理债权人提出的破产申请。[②]

五、国务院金融监督管理机构申请债务人破产及其条件

（一）国务院金融监督管理机构申请债务人破产的根据

《企业破产法》第 134 条规定，商业银行、证券公司、保险公司等金融机构有本法第 2 条规定情形的，国务院金融监督管理机构可以向人民法院提出对该金融机构进行重整或者破产清算的申请。国务院金融监督管理机构依法对出现重大经营风险的金融机构采取接管、托管等措施的，可以向人民法院申请中止以该金融机构为被告或者被执行人的民事诉讼程序或者执行程序。《保险法》第 148 条规定，被整顿、被接管的保险公司有《企业破产法》第 2 条规定情形的，国务院保险监督管理机构可以依法向人民法院申请对该保险公司进行重整或者破产清算。据此，对于具有破产能力且具有破产原因的金融机构，国务院金融监督管理机构可以申请该金融机构破产重整或者破产清算。这是因为：商业银行、保险公司、证券公司等金融机构，由于其业务的性质与功能，涉及的债权人不仅多而且广，债权债务关系极为复杂，源于各种原因致使其达到破产条件需要通过破产程序实施破产，给社会带来的冲击与震荡是一般企业破产所无法比拟的。处理不好，不仅危及国家金融安全与稳定，而且危及国家经济秩序乃至整个社会秩序的安全与稳定。为了避免这种现象发生，国家设立了银行保险监督管理委员会（银保监会）、证券监督管

① 现为《公司法》第 187 条。

② 杨维汉：《最高法出台司法解释规范“植物人公司”破产清算》，载新华网，http://news.xinhuanet.com/legal/2008~08/18/content~9461457.htm。

理委员会（中国证券监督管理委员会）等监督管理机构，以加强对银行业、保险业、证券业等金融业的监督与管理。金融机构真的出现破产原因，债务人可能源于各种原因不愿申请破产，而债权人往往又难以发现债务人的真实情况，假若国务院相应的监督管理机构没有申请破产的权利，就无法发挥监管作用。赋予国务院金融监督管理机构对符合破产条件的金融机构申请破产权，乃有其必要性。不仅有其必要，而且也有其可能。作为金融监督管理机构，其比债权人更加了解金融机构的情况，掌握金融机构的有关证据，并且可以监督管理者的身份强制债务人交付有关证据，赋予国务院金融监督管理机构具有申请金融机构破产的权利，对于金融机构及时进行破产重整或者破产清算有着非常积极而又重大的意义。

（二）国务院金融监督管理机构申请债务人破产的对象与范围

作为破产申请主体之一，国务院金融监督管理机构申请债务人破产的对象必须是金融机构。非金融机构即使具有破产能力与破产原因，国务院金融监督管理机构也不能对其申请破产。

应当指出，为了对金融机构加强监管，不仅国务院成立了中国银行保险监督管理委员会、中国证券监督管理委员会等专门的金融监督管理机构，而且在省、自治区、直辖市等也依法成立了相应机构对本地的金融机构进行监管。而依法对金融机构具有破产申请权可以依法申请金融机构破产的只有国务院金融监督管理机构。这些机构在各地设立的下属机构，则不具有破产申请权。

（三）国务院金融监督管理机构申请债务人破产的条件

根据《企业破产法》第134条和第2条的规定，国务院金融监督管理机构申请债务人破产的条件是债务人具有破产能力且具有破产原因。金融机构不具有破产能力，或者虽然具有破产能力但不具备破产原因，则不能对其申请破产。具体来说，金融机构具有下列情形之一的，作为具有破产申请权的国务院金融监督管理机构可以依法申请该金融机构破产：（1）不能清偿到期债务，并且资产不足以清偿全部债务；（2）不能清偿到期债务，并且明显缺乏清偿能力；（3）有明显丧失清偿能力可能的。

（四）国务院金融监督管理机构申请债务人破产的类型

根据《企业破产法》第134条的规定，国务院金融监督管理机构只能申请金融机构进行破产重整，或者申请金融机构进行破产清算，而不能申请金融机构进行破产和解。这是因为，破产和解完全是债务人与债权人之间的协议，而不应由作为监督管理者的国务院金融监督管理机构提出债务人破产申请。

（五）国务院金融监督管理机构申请债务人破产与其他破产申请权人申请破产的关系

对此，有人认为："无论是债权人还是债务人都不能启动对金融机构开始破产程序，只有国务院金融监督管理机构才能启动。"[①] "尽管我国《企业破产法》未明确规定只有国务院金融监督管理机构才能对金融机构提出破产申请，但我国《商业银行法》等相关金融法都明确规定只有相关金融监督管理机构才有破产申请权，且《企业破产法》第134条第2款规定'金融机构实施破产的，国务院可以依据本法和其他有关法律的规定制定实施办法'，应当理解为只有国务院金融监督管理机构提出破产申请。"[②] "目前，我国的现行立法还没有允许债权人申请金融机构破产的规定。"[③] 笔者认为，无论是债务人、债权人，还是清算责任人、国务院金融监督管理机构，其作为破产申请主体都有不同的根据和条件，其地位、权利都是相互独立而且并列的，相互之间并不排斥。不能因为法律在特定情况下赋予国务院金融监督管理机构对金融机构的破产申请权就会否定债务人、债权人依法申请金融机构破产的权利，也不会免除金融机构清算责任人依法申请金融机构破产的义务。《企业破产法》第2条的规定，并不排除金融企业法人，而应包括金融企业法人。第7条关于债权人申请债务人破产的规定也未将金融机构排除在外，只要金融企业法人符合有关条件，债权人等破产申请权人就可依法申请其破产。至于《商业银行法》《保险法》《证券法》规定申请金融机构破产的，作出了关于要经国务院金融监督管理机构批准的限制，只是对申请金融机构破产的债务人、债权人的限制，债务人、债权人应当加以遵守，可这也没有否定债权人、债务人申请金融机构破产的权利。《企业破产法》第134条规定了国务院金融监督管理机构对金融机构的申请破产权，也没有否定债权人、债务人的破产申请权。故，债权人、债务人申请金融机构破产的权利包括在《企业破产法》第2条、第7条关于债权人、债务人申请破产的规定之中，其他法律规定又没有加以排除、限制，债权人、金融企业从而具有对金融机构申请破产的权利。其实，破产申请，本质上属于私权意思自治的范畴，债务人、债权人作为当事人，无疑有权依法申请包括金融机构在内的债务人破产。基于金融机构的特殊性，法律赋予国务院金融监督管理机构的破产申请权，以强化对金融机构的监管功能；即使必要，仍然属于公权力对私权力领域的必要延伸，不能否定本质上属于私领域权利的债务人、债权人申请金融机构破产权的存

---

① 李永军：《破产法的程序结构与利益平衡机制》，载《政法论坛》2007年第1期。

② 范健、王建文：《企业破产法》，法律出版社2009年版，第61页。

③ 王卫国：《破产法精义》，法律出版社2007年版，第393页。

在，只是作为私领域权利的债务人、债权人申请金融机构破产权的补充。[①]两者的基础、根据不同，不是构成相互对立的否定关系，而是构成相辅相成的补充关系。

其实，《保险法》第90条规定，保险公司有《企业破产法》第2条规定情形的，经国务院保险监督管理机构同意，保险公司或者其债权人可以依法向人民法院申请重整、和解或者破产清算；国务院保险监督管理机构也可以依法向人民法院申请对该保险公司进行重整或者破产清算。《证券公司风险处置条例》第38条规定，证券公司有《企业破产法》第2条规定情形的，国务院证券监督管理机构可以直接向人民法院申请对该证券公司进行重整。证券公司或者其债权人依照《企业破产法》的有关规定，可以向人民法院提出对证券公司进行破产清算或者重整的申请，依照《证券法》第122条的规定，应当报经国务院证券监督管理机构核准。第204条规定，证券公司违反本法第122条的规定，未经核准变更证券业务范围，变更主要股东或者公司的实际控制人，合并、分立、停业、解散、破产的，责令改正，给予警告，没收违法所得，并处以违法所得1倍以上10倍以下的罚款；没有违法所得或者违法所得不足50万元的，处以50万元以上500万元以下的罚款；情节严重的，并处撤销相关业务许可。对直接负责的主管人员和其他直接责任人员给予警告，并处以20万元以上200万元以下的罚款。因此，有关法律、法规也明确规定保险公司、证券公司及其债权人都可以依法申请保险公司、证券公司破产。

（六）出资额占债务人注册资本1/10以上的出资人申请破产及其条件

《企业破产法》第70条第2款规定，债权人对债务人申请破产清算的，在人民法院受理破产申请后、宣告债务人破产前，债务人或者出资额占债务人注册资本1/10以上的出资人，可以向人民法院申请破产重整。因此，出资额占债务人注册资本1/10以上的出资人在特定情况下，亦可能申请破产重整，成为破产重整申请的特殊主体。这种主体申请破产的对象、前提条件等都具有一定的特别条件，具体在第9章破产重整第1节破产重整概述中进行分析。

应当指出，现行破产法并未规定企业高级管理人员具有申请债务人破产的权利，企业高级管理人员由此不属于破产申请权人。另外，企业申请破产，也主要是从权利属性的方面加以考虑的，即企业具有破产原因时申请破产，乃是其权利而非其义务。其实，企业等具有破产能力的主体具有破产原因、

---

① 吴庆宝、王建平主编：《破产案件裁判标准规范》，人民法院出版社2009年版，第29～30页。

符合破产条件，源于各种各样的原因不通过破产程序对其债权债务做全面、公平的清偿，有的甚至作为“僵尸企业”而存在，必给其他相关市场主体带来这样或那样的危害，也会给整个市场经济秩序、社会诚信制度等带来影响。对这，国家已经充分认识到一些财务处于困境甚至具有破产原因的市场主体依法退出市场的重要性，在破产申请的权利义务属性上，就企业及其高级管理人员而言，认为不仅仅是其一项权利，而且还是其一项必须履行的义务，《加快完善市场主体退出制度改革方案》第 4 条第（1）项为此明确规定：“研究规定企业和企业高级管理人员等相关责任主体在企业陷入财务困境时负有及时申请破产清算或重整义务的必要性和可行性。”当然，对于债权人等破产申请权人而言，申请具有破产原因、符合破产条件的企业破产，乃仅仅是其一项权利，而非其义务。对此需要加以区分。

第三节 破产申请方式

一、破产申请方式的概念

破产申请方式，是指具有破产申请权的主体对债务人申请适用破产法实施破产清偿债务时所应采取的形式。只有按照破产法规定的方式进行，破产申请才能产生为人民法院依法受理的后果。不然，就不能达到申请债务人破产的目的。

《企业破产法》第 8 条第 1 款规定，向人民法院提出破产，应当提交破产申请书和有关证据。”基此，申请破产必须采取书面方式进行，而不能采取口头方式或者其他方式进行。这是因为，破产申请意在对债务人启动破产程序实施破产，事关债务人、债权人的利益，有的还事关经济秩序与社会秩序的正常运行与稳定。所以，提出破产申请是一项非常严肃的事情，必须以书面方式进行即向人民法院提交破产申请书及有关证据资料。这样，无论是债务人、债权人申请债务人破产，还是清算责任人、国务院金融监督管理机构等申请债务人破产，都要向人民法院提交破产申请书及相关证据资料。

如前所述，所有具有破产申请权的主体申请债务人破产都必须以书面方式进行，向人民法院提交破产申请书与相关证据。然而，由于破产申请条件不同，所提供材料的内容与要求就有所不同，下面分别对不同的申请主体所应提交的材料作一必要介绍。

二、债务人申请破产所应提交的材料与证据

《企业破产法》第 8 条规定，向人民法院提出破产申请，应当提交破产申请书和有关证据。破产申请书应当载明下列事项：（1）申请人、被申请人的基本情况；（2）申请目的；（3）申请的事实和理由；（4）人民法院认为应当载明的其他事项。债务人提出申请的，还应当向人民法院提交财产状况说明、债务清册、债权清册、有关财务会计报告、职工安置预案以及职工工资的支付和社会保险费用的缴纳情况。据之，债务人申请破产时应当提供以下材料：

（一）破产申请书

破产申请书，是指具有破产申请权的主体向人民法院作出关于要求债务人破产以清偿债务意思表示的书面形式，属于破产程序中的重要法律文件，是人民法院审查破产申请是否成立，以及启动破产程序类型的基本根据。其基本内容根据提出破产申请的主体不同而有所区别。债务人申请破产的，具体内容包括：

1. 申请人的基本情况。申请人即对债务人申请破产的人。债务人自身申请破产的，由于债务人必须是单位，其基本情况于是包括申请人的名称、住所、所有制性质、单位类型（合伙、有限责任、股份公司等）、机构代码证号码、法定代表人的姓名和职务及联系方式等。被申请人即为申请人申请破产以清偿债务的人。债务人自身提出破产申请的，其为申请人，破产申请书中不再包括被申请人基本情况的内容。

2. 申请目的。申请目的，即申请人向人民法院提出的具体请求事项。根据破产法规定，债务人既可以申请破产重整，又可以申请破产和解，还可以申请破产清算。债务人可以在申请破产重整、申请破产和解、申请破产清算中作出选择。3 者只能选择其一，不能同时申请启动两种甚至全部的破产具体程序。对于已经解散没有清算或者没有清算完毕的债务人，以及合伙企业、农民专业合作社、民办学校，由于只能对其实施破产清算，由此只能对其申请破产清算，而不能申请破产重整或者破产和解。

3. 申请的事实与理由。其是申请人所作的支持自己申请目的的各种事实与法律根据。换言之，即证明申请人的申请符合申请破产条件的各种事实与法律根据。债务人申请自身破产，应当根据破产申请的条件陈述事实与理由。一般来说，债务人申请破产所应陈述的事实与理由包括：

一是，债务人的主体情况。除基本情况外的一些事实，如单位成立的时间，营业场所，分支机构，股东及股份（出资人及出资数额）的情况，股东

会及董事会（决策机构），职工或雇佣员工人数，业务范围，工商年检、税务登记等基本情况。

二是，债务人具有破产原因的情况。具体又可以选择下列 1 种情形加以陈述事实与理由：（1）不能清偿到期债务并且资产不足以清偿全部债务的情况，包括到期债权情况，不能清偿到期债权的情况，所有资产情况，所有债权情况。（2）不能清偿到期债务并且明显缺乏清偿能力的情况。除不能清偿到期债务的情况外，还应就明显缺乏清偿能力的事实，如已经停止生产营业，大部分职工已被解聘，企业产品严重滞销且无市场前景等能表现自己明显缺乏清偿能力的情况进行说明。（3）有明显丧失清偿能力可能的事实情况。如处于半瘫痪状态，市场前景不好，净资产迅速下降，资金流转失灵而非现金资产又难变现等表明自己明显丧失清偿能力可能的情况。其他法律对债务人破产原因作了特殊规定的，则应根据其他法律确定的破产原因说明有关情况，如商业银行自身申请破产的，根据《商业银行法》第 71 条的规定，主要就不能支付到期债务的有关情况陈述有关事实和理由；合伙企业申请自身破产的，根据《合伙企业法》第 92 条的规定，主要就不能清偿到期债务的情况陈述有关事实和理由；民办学校申请自身破产的，根据《民办教育促进法》第 58 条的规定，主要就资不抵债无法继续办学而被终止的情况陈述有关事实与理由，等等。

三是，债务人已经按照规定经过其决策机构或者有关机构同意的情况。如有限责任公司破产，应有股东会决议的情况（如股东人数，参加会议及同意申请破产的股东人数等）；股份有限公司破产，应有股东大会决议的情况；金融机构申请破产，应有相应的国务院金融监督管理机构同意的情况；国有独资公司申请破产，应有国有资产监督管理机构决定的情况；重要的国有独资公司破产，则应有国有资产监督管理机构审核后，报本级人民政府批准的情况；合伙企业申请破产，应有全体合伙人一致同意的情况，等等。

4. 人民法院认为应当载明的其他事项。如债务人是否存在破产障碍，所附证据材料目录、类别、份数，申请人签章、签名，申请书的份数，债务人涉及担保的情况，已经发生的尚未审结的诉讼情况，委托代理人的基本情况，印章、账簿、档案资料的保管情况，熟悉债务人情况的有关人员的基本情况，等等。何为人民法院认为应当载明的其他事项，由于没有统一明确的规定，不仅申请人无法把握，而且各地人民法院的审判人员也难以把握，以致各地法院要求不尽一致，随意性较大，不利于依法及时启动破产程序。是以，对于这种应当载明的事项，宜由最高人民法院作出司法解释予以明确。

（二）有关财务状况的说明

包括但不限于：土地使用权、生产经营设备等有形财产的情况（如名称、价值、处所等），无形财产的情况（如商标权、专利权的名称、价值、有效期限、许可使用情况等），投资情况（如对公司、企业或者其他单位的出资数额、比例等），在金融机构开设账户的情况（如开户行名称、住所、账户号码、账户内资金等），资产被查封、扣押、冻结、质押、留置等的情况。

（三）债务清册

包括但不限于：债权人的情况（如单位债权人的名称、住所、法定代表人或负责人姓名、职务、联系方式、开户银行，个人债权人的姓名、出生年月、住址、身份证号码、联系方式等），债务数额情况（如本金、利息等），债务是否存在争议情况（如诉讼、仲裁等），债务是否具有担保的情况（如担保人名称、住所、所担保债权的数额、担保的性质等），担保债务即他人为自己提供担保所形成债务的情况（如债权人、担保人名称、住所、所担保债权的数额、担保的性质等），债权人总数及债务总额、具有担保的债权人总数及债务总额的情况。

（四）债权清册

包括但不限于：债务人的情况（如单位债务人的名称、住所、法定代表人或负责人姓名、职务、联系方式、开户银行，个人债务人的姓名、出生年月、住址、身份证号码、联系方式等），债权形成的时间、依据情况，债权数额情况（如本金、利息等），债权是否存在争议情况（如诉讼、仲裁等），债权是否具有担保的情况（如担保人名称、住所、所担保债权的数额、担保的性质等），担保债权即为他人提供担保情况（如债权人和债务人的名称、住所、所担保债权的数额、担保的性质等），债务人总数及债权总额、具有担保的债务人总数及债权总额的情况，债权能否得到清偿的情况。

（五）有关财务会计报告

所谓财务会计报告，是指根据审核的会计账簿记录和有关资料编制，并符合有关法律和国家统一的编制要求、提供对象和期限的规定，对外提供的反映单位某一特定日期的财务状况和某一会计期间的经营成果、现金流量等会计信息的文件，包括会计报表（如资产负债表、利润表、现金流量表等）、会计报表附注和财务情况说明书。无论是年度财务会计报告，还是中期财务会计报告以及短期财务会计报告，都应如实加以提供。

（六）职工安置预案

包括但不限于：职工人数，职工的基本情况（如姓名、性别、出生年月、所任职务、住所、身份证号码等），属于贫困家庭的职工情况，无房户家庭情况，安置职工的具体措施与办法（如用于安置职工所需的费用及其来源、发放标准，职工就业安置的渠道，离退休职工的退休费及医疗费的处置），可能危及社会稳定的因素及防范措施等。

应当指出，在《企业破产法》施行之前，国有企业还占有一定比例，基于过去长期形成的国有企业工作人员包括工人身份终身制的认识、国有工作人员流动计划性即可以在各国有企业之间进行调动，以及破产国有企业工人不妥善安置可能带来的不稳定因素等特点，《企业破产法》在规定债务人申请破产时要求其提供职工安置预案还有一定基础的话，那么，在我国经济社会发展到今天，国有企业日益减少，私营企业已经占有相当比例并承担着大量人员就业；企业工作人员身份也不再成为终身身份的观念已经丧失其存在基础；企业人员的流动性大大加强且因市场配置的需要，相应的计划性安排调动等基本上丧失等原因，加之企业基于资不抵债而破产尤其是破产清算，有的早已停产经营甚至多年，要求债务人提供职工安置预案，实不可能。可在债务人申请破产重整、和解的情况下，由于企业还有重生的希望，其还是可以根据重整的基本想法就职工的去留作一适度的考虑。还有，“如果是国有大中型企业提出破产申请，面对大量的企业职工，考虑到社会的稳定，职工安置预案还是需要的。这一条规定也是法院在受理破产申请前同政府沟通协商的一个法律依据，从这点上来说，这一条款在近阶段还有存在的意义。”① 当然，此时的安置只是一种设想、预案，并非一定能够实现，人民法院在审查时不应要求这种可能性转换为现实性提供担保或者进行所谓的可行性考量，否则就以缺乏可行性、担保等为由而不予受理的做法，明显没有法律根据而应加以否定。

（七）职工工资支付和社会保险费用的缴纳情况

包括但不限于：拖欠职工工资的人数、数额、总额，拖欠职工养老保险、医疗保险、失业保险、工伤保险、计划生育保险等社会保险费用的人数、分类、总额的情况，被拖欠工资、社会保险费用职工的基本情况（如姓名、性别、出生年月、所任职务、住所、身份证号码等）。

（八）有关证据资料

即能够证明破产申请书以及有关材料所反映的事实情况的所有证据资料，用以证明债务人具有破产能力与破产原因的材料则为其核心。包括但不限于：

1. 债务人主体资格的有关证据材料。如机构代码证、营业执照、税务登记证、生产经营许可证、工商年检资料等，法定代表人或者负责人的任命文件、身份证，委托代理人的授权委托书，出资人及其出资的证明材料（出资

① 徐根才：《破产法实践指南》，法律出版社 2018 年版，第 29 页。

人的身份证、注册资本认缴书、出资凭证、验资报告等），董事、监事或者高级管理人员的身份证、任命文件等。

2. 债务人具有破产原因的证据材料。如资产负债表、利润表、现金流量表等财务会计报告、审计报告，开户行的现金存款证明等。

3. 有关债务人财产状况的证据材料。如土地使用权出让或者转让合同，土地使用权证，探矿证、采矿证转让合同，探矿证、采矿证，生产设备购买合同，车辆行驶证，用于抵押、质押的担保合同，登记的他项权利证书，商标注册证书、专利使用权证，投资合同及投资凭证，资产被查封、扣押、冻结的行政或司法文件等。

4. 有关债务人所负债务的证据资料。如债务人身份证明资料，证明债务形成的买卖、担保等合同及履行情况，证明债务存在的生效法律文书（如人民法院作出的生效判决书、裁定书、调解书，仲裁机构作出的裁决书，税务机关依法作出的税收征管决定等），以及具有争议债务的证明文件（如起诉书，法院、仲裁机构受理有关诉讼、仲裁案件的文书等）。

3. 证明有关债权的证据材料。如债权人身份证明资料，证明债权形成的买卖、担保等合同及履行情况，证明债权存在的生效法律文书（如人民法院作出的生效判决书、裁定书、调解书，仲裁机构作出的裁决书等），以及具有争议债权的证明文件（如起诉书，法院、仲裁机构的受理案件的文书等）。

6. 证明职工债权的有关证据材料。如与职工签订的劳动合同书，工资表，给职工缴纳的养老、医疗、失业、工伤、生育等社会保险费用的证明文件。

7. 证明相关机构同意债务人申请破产的有关证明材料。如股东会、股东大会有关决定申请的会议文件；国有资产监督管理机构决定国有独资公司破产的有关文件，或者人民政府批准重要的国有独资公司破产的文件；国务院金融监督管理机构批准申请金融机构破产的文件；合伙人一致同意合伙企业申请自身破产的文件等。

三、债权人申请债务人破产所应提交的材料与证据

（一）破产申请书

1. 申请人与被申请人的基本情况。申请人系单位的，其基本情况包括申请人的名称、住所、机构代码证号码、法定代表人的姓名和职务、联系方式等；申请人是个人的，其基本情况包括申请人的姓名、年龄（出生年月）、民族、工作单位、家庭住址、身份证号码、联系方式等。被申请人即债务人的基本情况，包括名称、住所、所有制性质、单位类型、机构代码证号码、法定代表人的姓名和职务、联系方式等。

2. 申请目的。根据破产法规定，债权人可以申请破产重整或者申请破产清算，但不能申请破产和解。对已经解散没有清算或者虽已清算但未清算完毕的债务人，以及合伙企业、农民专业合作社、民办学校申请破产的，则只能申请破产清算，而不能申请破产重整及破产和解。

3. 申请的事实与理由。即债权人符合申请债务人破产的条件的基本事实与法律依据。具体而言即为债务人不能清偿到期债务的事实与理由。如债权形成的时间、根据、自己已经履行合同的情况，债权是否存在担保，以及债权已经到期、债权没有超过诉讼时效、债务人没有履行的事实与根据等。

4. 人民法院认为应当载明的其他事项。如所附证据材料目录、类别、份数，申请人签章、签名，申请书的份数，债权是否涉及担保的情况，债权是否发生诉讼尚未审结的情况，委托代理人的基本情况等。

（二）有关证据材料

1. 有关证明申请人、债务人主体资格的证据材料。如申请人是单位的，应提交机构代码证、营业执照、工商年检资料等，法定代表人或者负责人的任命文件、身份证，委托代理人的授权委托书；申请人是个人的，应提交身份证。被申请人的营业执照、工商年检资料等。

2. 有关证明债权人符合申请条件即债务人不能清偿到期债务的证据材料。如证明债权形成及履行期限的各种合同；证明自己已经履行合同的各种书面证据（如放款凭证、交货凭证、债务人出具的收据等）；人民法院就债权作出的生效判决书、裁定书、调解书及仲裁机构就债权作出的生效裁决书；债权有无担保的证明资料（如担保合同、他项权利证书）；债务人依法中止诉讼时效的各种证据（如给债务人发出的催讨函，债务人出具的承认债权函，向人民法院依法提起诉讼的起诉状及人民法院依法受理的通知，向仲裁机构提起仲裁及仲裁机构依法受理的通知）；债务人没有履行到期债务的证据以及不能履行的各种证据材料等。

关于债权人申请债务人破产时，债权人应当提交的证据资料及其所负的举证责任，《破产法解释（一）》第 6 条规定，债权人申请债务人破产的，应当提交债务人不能清偿到期债务的有关证据。债务人对债权人的申请未在法定期限内向人民法院提出异议，或者异议不成立的，人民法院应当依法裁定受理破产申请。受理破产申请后，人民法院应当责令债务人依法提交其财产状况说明、债务清册、债权清册、财务会计报告等有关材料，债务人拒不提交的，人民法院可以对债务人的直接责任人员采取罚款等强制措施。最高人民法院民事审判第二庭负责人 2011 年 9 月 26 日回答记者有关“在申请债务人破产时，举证责任是如何分配的？是否可以要求债权人在申请债务人破产清算时提交债务人的财产状况说明等有关材料，人民法院能否以债权人未提交上述材料为由，裁定不予受理”的问题时指出：“债权人申请债务人破产的原因是债务人不能清偿到期债务。对债权人而言，其在提出破产申请时，除需提交自身债权依法存在的证据以及破产申请外，还应当举证证明债务人存在未清偿到期债务的有关事实。由于《企业破产法》未以债务人资产不足以清偿全部债务或者明显缺乏清偿能力，作为债权人提出债务人破产申请的原因或条件，为此没有要求债权人申请时提交债务人的有关财务凭证等材料，事实上债权人也没有能力提交此类证据材料。人民法院应当严格按照《企业破产法》规定的上述条件，审查债权人提出的破产申请，而不应对债权人的证明责任提出不切实际的要求，变相提高债权人提出破产申请的门槛。根据《企业破产法》第十一条第二款的规定，人民法院裁定受理债权人提出的破产申请后，债务人应当在法定期限内向人民法院提交相关财务凭证等材料。这表明：其一，债权人提出破产申请的，提交有关财务凭证材料的义务人为债务人，人民法院不应将此举证义务分配给债权人；其二，即便债务人不提交上述材料，只要债权人对债务人提出的破产申请符合《企业破产法》规定的上述条件，人民法院也应予以受理，不应以此为由裁定不予受理或者驳回破产申请；其三，人民法院裁定受理破产申请后，债务人不提交有关财务凭证等材料的，人民法院可以对债务人的直接责任人员依法采取罚款等强制措施。”

四、清算责任人申请破产所应提交的材料与证据

（一）破产申请书

1. 申请人与被申请人的基本情况。清算责任人为清算组的，其基本情况为清算组的名称、办公地址、清算组负责人姓名、工作单位及联系方式等；清算责任人为开办单位、主管部门等单位的，其基本情况包括申请人的名称、住所、机构代码证号码、法定代表人的姓名和职务及联系方式、与被申请人的关系等；清算责任人是个人的，其基本情况包括申请人的姓名、年龄（出生年月）、民族、工作单位、家庭住址、身份证号码、联系方式、与被申请人的关系等。被申请人即债务人的基本情况，包括名称、住所、所有制性质、单位类型、机构代码证号码、法定代表人的姓名和职务及联系方式等。

2. 申请目的。根据《企业破产法》的规定，清算责任人可以申请债务人进行破产清算，不能申请破产重整和破产和解。

3. 申请的事实与理由。即申请人符合申请债务人进行破产清算条件的基本事实与法律依据。具体包括：（1）债务人出于什么原因已经解散的事实及

法律依据。(2)债务人没有成立清算组进行清算，或者虽然成立清算组进行清算但未清算完毕的事实。(3)债务人资产不足以清偿债务的事实。(4)关于申请人系清算责任人的事实与根据。如债务人已成立清算组清算的，申请人系清算组；未成立清算组清算的，申请人系债务人的股东、开办单位、上级主管部门、出资人等负有清算责任的人的事实与法律依据等。

4. 人民法院认为应当载明的其他事项。如所附证据材料目录、类别、份数，申请人签章、签名，申请书的份数，委托代理人的基本情况等。

（二）有关证据材料

1. 有关证明申请人、债务人主体资格的证据材料。如申请人是清算组的，则应提交成立清算组的有关文件、决议等；申请人是单位的，应提交机构代码证、营业执照、工商年检资料等，法定代表人或者负责人的任命文件、身份证，委托代理人的授权委托书；申请人是个人的，应提交身份证、出资证明等。被申请人的营业执照、工商年检资料等。

2. 有关证明清算责任人符合申请债务人进行破产清算条件的证据材料。具体包括：(1)有关债务人已经解散的证据材料，如公司债务人解散的，应当提供规定了公司期限或者其他解散事由的公司章程及解散事由已经出现的证据材料，或者股东会、股东大会决议解散的决议，或者公司已被合并、分立的文件、工商登记资料，或者依法已被行政机关吊销营业执照、责令关闭或者被撤销的书面决定，或者已由人民法院决定解散的裁定等。(2)有关债务人没有成立清算组进行清算，或者虽然成立清算组进行清算但未清算完毕的证据材料，如公司决定或者人民法院已经指定成立清算组的决定等。(3)有关债务人资产不足以清偿债务的证据材料，如资产负债表、清算报告等。(4)有关申请人是清算责任人的证据材料，如清算组合法成立的文件，或者是债务人的股东、出资人、开办单位或者为国有企业的上级主管部门等有关证明，如出资协议、出资凭证、验资报告等。

五、国务院金融监督管理机构申请债务人破产所应提交的材料与证据

（一）破产申请书

1. 申请人与被申请人的基本情况。申请人的基本情况，包括申请人的名称、住所、机构代码证号码、法定代表人的姓名和职务、联系方式等。被申请人即债务人的基本情况，包括名称、住所、所有制性质、单位类型、机构代码证号码、法定代表人的姓名和职务、联系方式等。

2. 申请目的。根据《企业破产法》的规定，国务院金融监督管理机构可

以依法申请金融机构进行破产重整，或者进行破产清算，但不能申请金融机构进行破产和解。对于已经解散没有清算或者虽已清算但未清算完毕的金融机构，则只能申请破产清算，而不能申请破产重整及破产和解。

3. 申请的事实与理由，即申请人符合申请金融机构破产重整或者破产清算条件的基本事实与法律依据。具体包括以下 3 个方面的事实：（1）自己属于国务院依法设立或者授权的可对被申请的金融机构进行监管的机构的事实。（2）金融机构已经具备《企业破产法》第 2 条规定破产原因的有关事实，即金融机构已经具备不能清偿到期债务并且资产不足以清偿全部债务，或者具备不能清偿到期债务并且明显缺乏清偿能力，或者具有明显丧失清偿能力可能的事实。（3）金融机构已被依法关闭、清算或者接管的，则对已被关闭、清算或者接管的事实也应说明。

4. 人民法院认为应当载明的其他事项，如所附证据材料目录、类别、份数，申请人签章、签名，申请书的份数，委托代理人的基本情况等。

（二）有关证据材料

1. 有关证明申请人、被申请人主体资格的证据材料，如国务院设立或者授权的文件，申请人的机构代码证、委托代理人的授权委托书等，被申请人的营业执照、工商年检资料等。

2. 有关证明国务院金融监督管理机构申请债务人破产的金融机构符合破产重整或者破产清算的条件，即金融机构已经具备破产原因的证据材料。如金融机构不能清偿到期债务并且资产不足以清偿全部债务，或者不能清偿到期债务并且明显缺乏清偿能力，或者有明显丧失清偿能力可能的证据材料。金融机构已被依法关闭、清算或者接管的，有关已被关闭、清算、接管的书面决定等。

六、破产申请撤回

（一）破产申请撤回的概念与根据

破产申请撤回，是指申请人向人民法院申请债务人破产后，又表示将破产申请予以收回，旨在对以前所作破产申请予以否定的行为。我们知道，对债务人启动破产程序意在对债务人的所有债权债务关系进行彻底、有序、公平的清理，从本质上讲，属于私法范围的民事诉讼领域。作为私法领域内的行为，根据私权意思自治原则，申请人完全可以依法选择是否适用破产程序来清偿债务，需要赋予债务人、债权人具有申请债务人破产的权利。同样，基于私权应由享有者自行按照自己意愿决定、处分的原则，自应允许申请人提出破产申请后又可以依法予以撤回。这既是对申请人是否选择适用破产程序清偿债务权利的尊重，也是作为私法范畴的破产法所应遵循的基本原则。故，《企业破产法》第9条规定："人民法院受理破产申请前，申请人可以请求撤回申请。"据此，既允许具有破产申请权的人依法申请破产，又允许其在一定条件下依法将破产申请撤回，对申请人可以自行选择破产程序清偿债务的权利完全贯彻到底。不然，只允许申请破产，在人民法院还未审查或者虽已审查但未作出受理裁定之前，都一律不准撤回，自然是对其有权自行选择是否适用破产程序清偿债务权利的一种违反。此外，有些申请人可能基于恶意申请破产或者债务人并不符合破产的条件，在人民法院受理前允许撤回申请，对于债务人合法权益的维护及避免司法资源的浪费，也具有一定的积极意义。

（二）破产申请撤回的条件

在赋予债务人、债权人等依法申请破产权利的同时，又赋予申请人可以撤回其破产申请的权利，是对申请人自行选择适用破产程序清偿债务权利的尊重。可是，任何权利都不能绝对化。破产程序与一般的民事诉讼程序相比，具有人数众多、债权债务关系复杂等特点，既关系到债权人的合法权益，又关系到债务人的合法权益，有的还事关经济秩序、社会秩序的正常与稳定，同时为了防范权利人对权利的滥用，对破产申请撤回进行一定的限制，无疑有其必要性和合理性。根据破产法规定，破产申请撤回应当符合以下条件：

1. 申请人撤回破产申请必须在人民法院受理破产申请前。人民法院受理破产申请后，申请人就不能再要求撤回破产申请。破产申请经过人民法院审查后，认为债务人具有破产能力及破产原因，且破产申请符合法定条件，才会依法受理破产申请。破产申请已被受理，就说明债务人已经符合了破产法规定的条件，对其适用破产法规定清偿债务会更加有利于公平清偿所有债权债务，保证有效实现破产法的调整、规范功能。另外，破产申请受理后，根据破产法的有关规定，即会产生一系列的法律后果，如指定管理人，并由管理人依法接管债务人的财产，行使追讨债权的权利；停止个别清偿以及中止有关债务人的诉讼和执行；债务人应当依法停止与清算无关的生产、经营、服务等营业活动，无论是债务人还是债权人乃至与债务人存在交易、诉讼等关系的人，都要受到破产程序的约束与影响。为了防止申请人滥用破产申请的权利，也为了维护债权人、债务人及利害关系人的合法权益，以及保持已经依法启动的破产程序的稳定性、权威性，破产法于是明确规定，申请人撤回破产申请应在人民法院受理破产申请前。在受理后，就不能再撤回破产申请。

其实，破产申请提出后在受理之前，尚未发生申请之效力，从本质上讲，在效力发生前由其予以撤回，依然属于私权领域的范围。但在破产申请受理后，已受到司法这一公权力的承认进而转化为审理这一公权力行为的开始，完全进入了公权力领域的范围，对破产申请撤回的权利就有必要加以限制，以防止破产申请撤回的随意性。即使源于各种各样的原因可能对一些恶意破产或者不符合条件的破产申请也加受理，法律上亦存在补救措施，即可以根据《企业破产法》第12条第2款的规定，依法驳回其破产申请，以保证破产程序进行的正当性、合法性。对此，《民商事审判纪要》第108条（破产申请的不予受理和撤回）第2款规定："人民法院裁定受理破产申请系对债务人具有破产原因的初步认可，破产申请受理后，申请人请求撤回破产申请的，人民法院不予准许。除非存在《企业破产法》第十二条第二款规定的情形，人民法院不得裁定驳回破产申请。"

2. 破产申请撤回必须经过人民法院准许。申请人要求撤回破产申请，未得到人民法院的准许的，也不能撤回。申请人向人民法院申请债务人破产，人民法院即应依法对该破产申请进行审查是否符合规定。破产申请一旦为人民法院接收，就进入了司法权这一公权力领域的范围，其撤回是否允许，就要受到司法这一公权力的控制。因此，破产申请撤回必须得到人民法院准许。人民法院应对破产申请及破产申请撤回同时进行审查，认为破产申请不符合破产法的规定，如债务人不具有破产能力，或者不具有破产原因等时，就可以依法允许撤回破产申请；认为破产申请符合法定条件，而撤回申请是基于债务人与申请人的个别交易等不正当原因，或者撤回申请不利于所有债权人合法权益的维护等，就可依法不允许申请人撤回破产申请。

破产申请人要求撤回破产申请，应由人民法院审查是否准许，这点没有任何疑问。是否准许，人民法院应当采取何种形式，破产法没有明确规定。在实践操作时，做法不一：有的采取裁定方式；有的采取决定方面；有的不准许撤回时，只是口头通知申请人，而准许撤回时，也只是将材料退回申请人，使得这一依法进行的破产申请行为及破产申请和撤回审查行为，极不严肃。笔者认为，破产程序本质上仍属民事诉讼领域，不过是基于其清偿债务人与一切债权人所有债权债务关系这一特点作出的特别规定，没有作出规定的，应当根据《企业破产法》第4条关于"破产案件审理程序，本法没有规定的，适用《民事诉讼法》的有关规定"的规定，适用《民事诉讼法》的有关规定。而申请人申请破产，其实就是提起破产之诉；撤回破产申请，就是要求撤回提出的破产之诉，如此，申请破产与撤回破产申请乃是民事诉讼中起诉与撤诉的特殊情况。根据《民事诉讼法》第154条第5项规定，准许或者不准许撤诉，适用裁定。因此，人民法院准许或不准许破产申请人撤回破产申请，都应当作出裁定，以体现人民法院对破产申请及撤回申请依法审查后作出决定的严肃性、合法性。

此外，在破产程序中，涉及的主体众多，可能发生一些申请人要求撤回破产申请，而另一些申请人并未要求撤回的现象。对这，人民法院应当全面作出审查：债务人具有破产能力与破产原因，应当依法受理破产程序的，对撤回破产申请就应不予准许；审查债务人不具有破产能力或破产原因，不能适用破产法规定对债务人启动破产程序实施破产的，则对要求撤回破产申请的请求，准予撤回；对并未撤回的破产申请，依法裁定不予受理。

（三）破产申请撤回权的主体范围

债权人、债务人作为破产申请权的权利主体，其依法提出破产申请后又依法撤回其申请，具有破产申请撤回权没有什么问题。然则，清算责任人对于已经解散的且资产不足以清偿债务的债务人申请破产的，并非其权利而是其义务，即不是破产申请的权利主体而是破产申请的义务主体。有人便主张，不应允许清算责任人撤回破产申请，[①] 或者主张“除非破产原因消失，均不具有撤回破产申请的权利”。[②] 笔者认为，清算责任人是否具有破产申请撤回权与是否允许其撤回申请是两个不同的问题：不具有破产申请撤回权，就不能要求撤回破产申请，自不存在是否允许撤回的问题。事实上，债权人、债务人申请破产后又要求撤回，依旧存在是否得到允许撤回的问题。另外，除非破产原因消失，均不具有撤回破产申请的权利，就意味着破产原因未消失就具有撤回破产申请的权利，这也是人民法院是否允许其撤回的问题，即破产原因消失，就可允许，破产原因未消失，就不允许。否则，不这样理解，那就会得出破产原因消失，申请人具有破产申请撤回的权利，且一要求撤回就会被允许，而破产原因未消失，申请人就没有权利要求撤回的结论。事实上，《企业破产法》第 9 条并未对清算责任人申请破产后撤回破产申请的权利作出任何限制。所以，清算责任人应当具有破产申请撤回权，可以成为破产申请撤回权的主体。

其实，清算责任人源于各种原因可能作出错误申请，赋予其撤回破产申请的权利更有必要。至于在被清算的债务人确实具有资产不足以清偿债务，应当以破产程序进行清算的情形时，对于清算责任人的撤回破产申请的要求，人民法院完全可以依法裁定不予准许，没有必要对其撤回破产申请的权利作出限制。

---

① 王欣新主编：《破产法原理与案例教程》，中国人民大学出版社 2010 年版，第 51 页。

② 范健、王建文：《企业破产法》，法律出版社 2009 年版，第 52 页。

（四）破产申请撤回的类型

申请人申请债务人破产后，基于各种原因又主动要求撤回，并经人民法院准许的，属于对破产申请的主动撤回。

在司法实践中，一些申请人申请债务人破产，不依法提交有关材料尤其是证据材料，致使人民法院无法对债务人是否符合破产条件，以及申请人是否具有申请资格等事项进行审查，人民法院要求申请人补正还是置之不理。对于这种情形，完全可以视为申请人主动放弃破产申请，视为申请人对破产申请的撤回。这种视为撤回破产申请的情形，可能并非出于申请人的自愿，只是源于其所提供的材料不符合必要的形式与要求，又不愿意作出补正而产生的结果，故可称为申请人对破产申请的被动撤回。对此，《企业破产案件规定》第10条规定，人民法院收到破产申请后，认为破产申请人提交的材料需要更正、补充的，可以责令申请人限期更正、补充。未按期更正、补充的，视为撤回申请。

（五）破产申请撤回的效力

1. 申请人要求撤回破产申请，得到人民法院准许后撤回，就会产生否定破产申请的效力，人民法院不能再根据破产申请对债务人启动破产程序实施破产。但是，这种否定效力的范围是相对的，申请人向人民法院申请债务人破产后，人民法院可能进行了许多工作，如调查核实有关情况等，可能支出必要的费用，而这完全是基于申请人的申请破产所产生的。另外，为了防止申请人滥用破产申请的权利，对于破产申请撤回前因破产申请而产生的各种费用，应由破产申请人负担。《企业破产案件规定》第11条第2款亦规定，人民法院准许申请人撤回破产申请的，在撤回破产申请之前已经支出的费用由破产申请人负担。对这，仍旧可以参照执行。

2. 破产申请依法撤回后，是否产生限制甚至否定其将来再行申请同一债务人破产的权利的效力，必须明确。由于破产申请撤回所解决的仅是程序问题，并未涉及申请人与债务人之间的债权债务，更未涉及债务人与所有债权人之间的债权债务进行清偿的实体问题。另外，破产申请人之所以撤回破产申请，也可能基于没有如实掌握债务人的情况，债务人并不具有破产条件等原因而仅仅从程序上加以补救，而要通过破产程序所要解决的实体问题则并没有得到解决。而是否通过破产程序解决债权人与债务人之间的债权债务问题，主要是一个实体问题。只要具备实体根据，即债务人具备破产原因，申请人就可依法申请破产，而不能因为以前已经撤回就否定其再次申请破产的权利。当然，申请破产即提起破产之诉与提起一般的民事诉讼之诉不同，其影响范围之广、之大，为后者所无法比拟。为防止申请人滥用破产申请权，对其撤回后再行申请同一债务人破产的，可以在再次申请的时间、次数上作必要限制，这也是大多数国家的通行做法。①

七、破产申请异议

破产申请异议，是指债务人针对债权人的破产申请在法定期间内提出不能成立为此要求或主张人民法院不予受理破产申请的行为。《企业破产法》第10条规定，债权人提出破产申请的，人民法院应当自收到申请之日起5日内通知债务人。债务人对申请有异议的，应当自收到人民法院的通知之日起7日内向人民法院提出。基此，破产申请异议，具有以下特征：

（一）破产申请异议只能发生在债权人申请债务人破产的情形

破产申请异议只能发生在债权人申请债务人破产的情形，说明债务人、债务人的清算责任人或者国务院金融监督管理机构申请债务人破产的，债务人不能提出破产申请异议。之所以在债权人申请债务人破产的情况下允许债务人提出异议，即设立这一程序规范的目的或意旨在于，债权人由于各方面的原因无法全面了解债务人的真实客观情况。债务人不能清偿到期债务就可以申请破产，倘若不允许债务人提出异议，就无法对债务人是否破产的要件进行审查；而允许债务人提出异议，并且提供有关材料以供人民法院审查，就可以让人民法院就债务人是否符合破产条件作全面审查，避免将不符合破产要件的债务人纳入破产程序。

另外，一些债权人可能基于不正当竞争的不当目的，以申请破产来诋毁、损害债务人的信誉，允许债务人在受理前提出异议，也有利于防范这种恶意申请的发生。

债务人申请破产的，则不存在破产异议的问题，在人民法院受理破产申请之前，不想再破产，则可通过破产申请撤回的方式处理。债务人的清算责任人提出破产的，债务人已经被解散，所有活动都应由清算组等清算责任人来处理，清算责任人属于债务人的股东或者由股东组成的清算组、出资人、开办单位等，一般也不会损害债务人的利益而恶意申请破产。是以，债务人无论是从法理上还是从事实上讲，都不能对债务人的清算责任人提出的破产申请提出异议。国务院金融监督管理机构申请金融机构破产的，考虑到金融机构对债权人、对经济秩序乃至社会的影响，不仅申请金融机构破产要由国务院金融监督管理机构批准或者同意，而且可以由国务院金融监督管理机构直接申请金融机构破产。换言之，金融机构的破产申请最终都是由国务院金

---

① 王欣新主编：《破产法原理与案例教程》，中国人民大学出版社2010年版，第52页。

融监督管理机构来决定的，这是国家公权力适当延伸至私权利领域的特定表现，公权力的选择固然优先于私权利的选择。另外，也不会存在国务院金融监督管理机构恶意损害债务人信誉及出于不正当竞争的问题，不会违反破产异议制度设立的意旨。

（二）破产申请异议只能是债务人提出

破产申请异议只能是债务人提出，意味着其他债权人、债务人的清算责任人、国务院金融监督管理机构等不能提出。因为是否符合条件只有债务人知道，且对破产申请是否出于恶意进行抗辩，属于私权的范围，应当由债务人提出。

（三）破产申请异议必须是针对债权人的破产申请提出

假若不是针对债权人的破产申请提出，而是对债权人进行人身攻击，自不属于破产申请异议的考量范围。

（四）破产申请异议的内容是主张破产申请不能成立

破产申请异议，就其内容而言，是主张破产申请不能成立，即债务人并不符合破产实质要件如不具有破产能力，或者不具有破产原因，或者破产申请人主体不适格，等等。不是对破产申请提出异议，而是对破产申请予以补强，甚至自己也提出破产申请，包括提出的具体程序与债权人提出的具体程序不同，如债权人申请债务人破产清算，债务人提出破产重整等，则不属于破产异议的范围。具体提出破产申请的，应以破产申请处理。

（五）破产申请异议必须在法定的期间内提出

破产申请异议的提出，应当在法定的期限内提出。超过法定的期限，债务人不能再行提出异议。不能再行提出异议，但不能说明债务人完全不能提供证明自己不符合破产要件的有关资料。后者只不过不能产生破产申请异议的效力，人民法院对其没有必要从程序上予以回应；而对前者即人民法院对于破产申请异议，无论异议是否成立，都应与破产申请一并审查并对破产申请异议作出书面回复。此外，是否在法定期限内提出异议，也决定着人民法院进行破产申请审查受理期限计算方式的不同，对此，在破产申请审查受理期限内再作分析。具体而言，根据《企业破产法》第10条的规定，债务人提出异议的期限为其收到人民法院关于债权人申请债务人破产的通知之日起7日内。

应当指出，债权人申请债务人破产，可能不止1人申请破产，完全可能有多人申请破产，并且申请破产的时间可能不同。这时，债务人提出异议的期限应在收到人民法院关于第1个申请破产通知之日起7日内提出，而不能在第2个乃至更加后面的破产申请通知收到之日起提出，不然，破产程序由于债权人众多可能导致破产程序长期无法启动的情况出现。

第四节 破产管辖

一、破产管辖的概念

破产管辖，是指人民法院受理破产申请（破产案件）的权限及分工。申请债务人破产，应当向人民法院提出，这点没有问题。然向哪一人民法院提出，即由哪一人民法院来对某一具体的破产申请予以受理，换言之，人民法院受理破产申请如何分工，其权限范围如何界限，就是破产管辖所要解决的问题。解决了这一问题，申请人就可以根据破产管辖的规定，向有权受理自己提出的破产申请的人民法院申请破产。确定某一案件由哪一法院管辖，先要明确案件是否属于专属法院管辖。属于专属案件，再看应由哪一级专属人民法院管辖，进一步再确定应由哪一区域的该级专属人民法院管辖；不属于专属案件，则先看属于哪一级人民法院管辖，然后再看属于哪一区域的该级人民法院管辖。确定某一案件属于哪一级人民法院管辖，即哪一级人民法院对该案件具有管辖权可以受理，其实质就是解决不同级别人民法院受理案件的权限与分工问题，属于级别管辖的问题；确定某一案件属于哪一区域的该级人民法院管辖，即哪一区域的该级人民法院对该案件具有管辖权可以受理该案件，其实质就是解决同级人民法院受理案件的权限与分工问题，属于地域管辖的问题。故，除专属管辖外，一般案件的管辖可以分为级别管辖和地域管辖。

二、破产级别管辖

破产级别管辖，是指不同级人民法院受理破产申请（破产案件）的权限与分工。对此，《企业破产法》没有规定。根据《企业破产法》第4条关于“破产案件审理程序，本法没有规定的，适用《民事诉讼法》的有关规定”的规定，破产案件的级别管辖适用《民事诉讼法》的规定。《民事诉讼法》第17条规定：“基层人民法院管辖第一审民事案件，但本法另有规定的除外。”第18条规定，中级人民法院管辖下列第一审民事案件：（1）重大涉外案件。此种案件，根据《民事诉讼法解释》第1条规定，包括争议标的额大的案件、案情复杂的案件，或者一方当事人人数众多等具有重大影响的案件；（2）在本辖区有重大影响的案件；（3）最高人民法院确定由中级人民法院管辖的案件。第19条规定："高级人民法院管辖在本辖区有重大影响的第一审民事案件。"第20条规定："最高人民法院管辖下列第一审民事案件：（一）在全国有重大影响的案件；（二）认为应当由本院审理的案件。"

然在《企业破产法》实施前，《企业破产案件规定》第2条规定，基层人民法院一般管辖县、县级市或者区的工商行政管理机关核准登记企业的破产案件；中级人民法院一般管辖地区、地级市（含本级）以上的工商行政管理机关核准登记企业的破产案件；纳入国家计划调整的企业破产案件，由中级人民法院管辖。据之，破产案件均由基层人民法院或中级人民法院管辖，排斥高级人民法院与最高人民法院对破产案件的管辖权，高级人民法院只能根据《民事诉讼法》第38条关于"上级人民法院有权审理下级人民法院管辖的第一审民事案件"的规定受理破产申请。级别管辖的确定几乎以企业登记注册机关作为划分标准，尽管简单而明确，却无法反映破产案件的影响情况。事实上，在县、县级市或者区的工商行政管理机关核准登记的企业破产形成的案件，并非都是一般性案件，其完全可能因为债权债务关系广泛、牵涉面广而在中级人民法院甚至高级人民法院相对应的管辖区域具有重大影响；而在地区、地级市（含本级）以上的工商行政管理机关核准登记的企业也并非一定在中级人民法院相对应的管辖区域内具有重大影响，并不符合《民事诉讼法》有关级别管辖的规定。另外，破产案件本身涉及的债权人数众多，债权债务关系复杂，在经济活动日益广泛并且跨越国界的情况下，完全可能在全省、自治区、直辖市乃至全国具有重大影响，并且可能涉及外交问题，完全将高级人民法院、最高人民法院排除在外，既与法律相悖，又与日益广泛的经济关系导致企业破产的影响不符。司法实践中，也曾出现过高级人民法院受理破产案件的情况，如广东国际信托投资公司的破产案件，就是由广东省高级人民法院受理的。因此，建议司法解释在《民事诉讼法》有关规定的基础上，根据破产案件的实际情况作出具体的规定，而不应将《民事诉讼法》的有关规定完全排除。

当然，基于《企业破产法》第21条关于"人民法院受理破产申请后，有关债务人的民事诉讼，只能向受理破产申请的人民法院提起"的规定，高级人民法院应当尽量控制受理破产案件的范围。否则，这些诉讼均应由高级人民法院审判，审判后还可能被提起上诉，最高人民法院就可能面临大量的二审民事案件，造成与其地位、职能不相称的现象发生。同理，最高人民法院更加要控制破产案件的受理范围，不然，其无法承受有关民事诉讼审判的压力。我们说，对于高级人民法院、最高人民法院虽然应当尽量控制受理破产案件的范围，但不能不对其管辖破产案件的范围作出明确的规定。通过对其受理范围作出明确的限制，再根据《民事诉讼法》有关管辖权移送的规定，可以将自己管辖的破产案件交由下级人民法院管辖，做到两者实际受理破产案件的控制，既不违背《民事诉讼法》的有关规定，亦可在确实需要高级人民法院受理破产案件时直接由高级人民法院受理，而无需适用管辖移送的规定进行处理。

对于破产级别管辖，最高人民法院至今仍未作出统一的司法解释。从有关趋势来看，则向着以中级人民法院管辖为原则，基层人民法院管辖为例外的方向发展。如最高人民法院经商中央编办同意、2016 年 6 月 21 日发布实施的《关于在中级人民法院设立清算与破产审判庭的工作方案》（法〔2016〕209 号）第 2 条“设立范围”明确指出：“直辖市应当至少明确一个中级人民法院设立清算与破产审判庭，省会城市、副省级城市所在地中级人民法院应当设立清算与破产审判庭。其他中级人民法院是否设立清算与破产审判庭，由各省（区、市）高级人民法院会同省级机构编制部门，综合考虑经济社会发展水平、清算与破产案件数量、审判专业力量、破产管理人数量等因素，统筹安排。根据各地经济发展水平、僵尸企业处置工作的实际需求、破产案件审判工作情况，首先在北京、上海、天津、重庆四个直辖市的一个中级人民法院以及河北、吉林、江苏、浙江、安徽、山东、河南、湖北、湖南、广东、四川等 11 个省的省会城市和副省级市中级人民法院设立清算与破产审判庭，于 2016 年 7 月底前完成。其余省（区）省会城市和副省级市中级人民法院于 2016 年 12 月底前完成清算与破产审判庭设立工作。设立清算与破产审判庭，不能突破中级人民法院原有内设机构总数。原有机构总数限额内调剂不了的，可以先行设立清算与破产审判庭，在下一步法院内设机构改革过程中调整到位。”第 4 条“案件管辖”规定：“中级人民法院设立的清算与破产审判庭一般管辖地（市）级以上（含本级）工商行政管理机关核准登记公司（企业）的强制清算与破产案件。省、自治区、直辖市范围内中级人民法院因特殊情况需对公司强制清算与企业破产案件的地域管辖作出调整的，须经当地高级人民法院批准。”《破产审判纪要》第 2 条明确指出，要根据破产案件数量、案件难易程度、审判力量等情况，合理分配各级法院的审判任务。对于债权债务关系复杂、审理难度大的破产案件，高级人民法院可以探索实行中级人民法院集中管辖为原则、基层人民法院管辖为例外的管辖制度；对于债权债务关系简单、审理难度不大的破产案件，可以主要由基层人民法院管辖，通过快速审理程序高效审结。对于债权债务关系明确、债务人财产状况清楚的破产案件，《破产审判纪要》第29条指出：“建立破产案件审理的繁简分流机制。人民法院审理破产案件应当提升审判效率，在确保利害关系人程序和实体权利不受损害的前提下，建立破产案件审理的繁简分流机制。对于债权债务关系明确、债务人财产状况清楚的破产案件，可以通过缩短程序时间、简化流程等方式加快案件审理进程，但不得突破法律规定的最低期限。”基此，除债权债务关系简单、审理难度不大的破产案件可以由基层人民法院管辖外，其他案件均由中级人民法院集中管辖。

三、破产地域管辖

地域管辖，是指同级人民法院受理破产申请（破产案件）的权限与分工。《企业破产法》第3条规定：“破产案件由债务人住所地人民法院管辖。”《民法典》第63条规定：“法人以其主要办事机构所在地为住所。依法需要办理法人登记的，应当将主要办事机构所在地登记为住所。”《公司法》第10条规定：“公司以其主要办事机构所在地为住所。”《公司登记管理条例》第12条规定：“公司的住所是公司主要办事机构所在地。经公司登记机关登记的公司的住所只能有一个。公司的住所应当在其公司登记机关辖区内。”《企业破产案件规定》第1条亦规定：“债务人住所地指债务人的主要办事机构所在地。债务人无办事机构的，由其注册地人民法院管辖。”所谓注册地，是企业等单位设立时向工商行政管理机关申请，并由该机关核准企业等单位时予以登记的地点。

应当指出，《民事诉讼法解释》第3条第2款规定：“法人或者其他组织的住所地是指法人或者其他组织的主要办事机构所在地。法人或者其他组织的主要办事机构所在地不能确定的，法人或者其他组织的注册地或者登记地为住所地。”据此，法人的主要营业地与主要办事机构所在地并非同一概念。主要营业地，一般是指企业从事生产、经营、服务等营业活动的非临时性场所；而主要办事机构所在地，通常是指管理整个法人组织的中枢机构（即法人机关）所在地，如董事会、管理机构以及企业的高级管理人员相对集中的场所。标准比较明确，确定起来比较简便。如此，确定破产申请的管辖，应根据《民法典》《公司法》的规定，以债务人的主要办事机构所在地来确定，而不能由债务人的主要营业地来确定。具体而言，破产案件的地域管辖，可以分为以下几种情形：

1. 债务人只有1个办事机构的，该办事机构自然为主要办事机构，其所在地便为债务人的住所地。

2. 债务人有多个办事机构的，应以其主要办事机构所在地为住所地。如有些公司、企业，在多个地方设有办事机构，就应以主要办事机构通常是法人机关所在地确定住所。具有多个办事机构，而且无法确定主要办事机构所在地，如法人机关所在地经常变换地方，致使主要办事机构无法作唯一认定的，有关地域的法院均有管辖权。此时，应当由最先受理破产申请的法院管辖。

3. 债务人的主要办事机构所在地不能确定的，则以其注册地或者登记地为住所地。如一些网络企业，虽在网上有其具体的机构所在地，可在现实生活中可能并不存在实在的机构所在地而无法确定主要办事机构所在地的，就应以其注册地或者登记地为住所。

四、破产移送管辖

移送管辖，是指人民法院受理破产申请后，发现本院对该申请没有管辖权，或者虽有管辖权但其他具有管辖权的人民法院已先受理，因而将该破产申请移送给有管辖权或者已先受理的人民法院受理、审判。《民事诉讼法》第35条规定，两个以上人民法院都有管辖权的诉讼，原告可以向其中一个人民法院起诉；原告向两个以上有管辖权的人民法院起诉的，由最先立案的人民法院管辖。第36条规定，人民法院发现受理的案件不属于本院管辖的，应当移送有管辖权的人民法院，受移送的人民法院应当受理。受移送的人民法院认为受移送的案件依照规定不属于本院管辖的，应当报请上级人民法院指定管辖，不得再自行移送。《民事诉讼法解释》第36条规定，两个以上人民法院都有管辖权的诉讼，先立案的人民法院不得将案件移送给另一个有管辖权的人民法院。人民法院在立案前发现其他有管辖权的人民法院已先立案的，不得重复立案；立案后发现其他有管辖权的人民法院已先立案的，裁定将案件移送给先立案的人民法院。第38条规定，有管辖权的人民法院受理案件后，不得以行政区域变更为由，将案件移送给变更后有管辖权的人民法院。基此，对于移送管辖，应当注意以下几个方面：

（一）移送管辖发生的时间，必须是在人民法院受理后

人民法院受理前发现不属自己管辖的，应当告知申请人向有管辖权的人民法院申请债务人破产。申请人继续坚持向其提出的，则应裁定不予受理。

（二）移送管辖发生的前提，是人民法院受理后发现该院对该申请没有管辖权，或者虽有管辖权但其他具有管辖权的人民法院已经先行受理

对于破产申请，人民法院经过审查认为债务人具有破产能力与破产原因并具有管辖权时，自应依法裁定受理。受理审查只是初步审查，并非一定正确，即本身对该破产申请没有管辖权却认为有管辖权而予以受理，或者虽有管辖权但其他具有管辖权的人民法院已经先行受理该债务人破产的申请，为

了协调有关人民法院之间的关系，应当移送有管辖权或者已经先行受理了破产申请的人民法院管辖。前者是在没有管辖权的情况下实施的移送，仅仅是对破产申请的移送，不存在管辖权移送的问题。后者则既包括对破产申请的移送，又包括对管辖权的移送。

（三）移送管辖不必经过上级人民法院同意

人民法院受理破产申请后发现没有管辖权，或者发现该债务人的破产已由其他有管辖权的人民法院先行受理，既可以缘于自身发现，也可以缘于债权人、债务人或者其他利害关系人提出管辖异议而发现，或者已经先行受理债务人破产申请的人民法院向其说明。无论出于哪一种情况，都由受理的人民法院直接向有管辖权的人民法院或者已经先行受理了该债务人破产的人民法院移送管辖，无需经过上级人民法院同意或者批准。

（四）移送管辖既可以发生在同级人民法院之间，又可以发生在不同级的上、下级人民法院之间

人民法院受理破产申请后发现没有管辖权，或者发现该债务人的破产申请已由其他有管辖权的人民法院先行受理，必须移送至有管辖权的人民法院或者已经先行受理了债务人破产申请的人民法院。有管辖权的人民法院或者已经先行受理了债务人破产申请的人民法院，可能与将破产案件移送的人民法院同级，也可能不同级。管辖移送既可以在同级人民法院之间进行，也可以在不同级的人民法院之间进行。无论出于哪种情况，都是移送至有管辖权的人民法院或者先行受理的且有管辖权的人民法院，而不能将破产申请移送至没有管辖权的人民法院。

（五）移送管辖只能移送一次

受移送的人民法院即使认为没有管辖权，也不能以此为由再行移送给有管辖权的人民法院。这时，应当报请上级人民法院指定管辖。两个以上法院都有管辖权的移送，必须遵循将破产申请移送至先行受理的人民法院审理的原则，即后受理的发现其他有管辖权的人民法院已经先行受理的，将案件裁定移送给已经先行受理的人民法院。先行受理的人民法院不得将案件移送给另一个有管辖权的人民法院。另外，有管辖权的人民法院受理破产案件后，不得以行政区域变更为由，将破产案件移送给变更后的有管辖权的人民法院。

五、破产指定管辖

指定管辖，是指上级人民法院在破产申请具有法律规定的情形时，依法裁定下级人民法院受理该破产申请的管辖。其是为了解决破产申请管辖争议，或者具有破产管辖权的法院不宜受理等特殊情形的一种管辖制度。《民事诉讼

法》第36条规定，人民法院发现受理的案件不属于本院管辖的，应当移送有管辖权的人民法院，受移送的人民法院应当受理。受移送的人民法院认为受移送的案件依照规定不属于本院管辖的，应当报请上级人民法院指定管辖，不得再自行移送。第37条规定，有管辖权的人民法院由于特殊原因，不能行使管辖权的，由上级人民法院指定管辖。人民法院之间因管辖权发生争议，由争议双方协商解决；协商解决不了的，报请它们的共同上级人民法院指定管辖。据之，指定管辖具体包括3种情形：

（一）受移送法院没有管辖权的指定管辖

该种指定管辖，是指人民法院受理破产申请后，发现本院没有管辖权，移送至有管辖权的法院管辖，受移送的法院经过审查认为自己也不具有管辖权，便报请上级人民法院指定管辖法院。这是为了防止将破产申请推来推去，妨害破产案件受理、审判效率的必要措施。

（二）有管辖权的法院由于特殊原因不能行使管辖权的指定管辖

法院具有管辖权，出于各种特殊原因不能行使管辖权的，便由上级人民法院指定管辖。所谓特殊原因，是指致使有管辖权的法院不能行使该管辖权的原因，如法院所在地区发生地震、水灾、战争等不可抗力，或者由于审判人员全部回避而无法组成合议庭等。

（三）发生管辖争议的指定管辖

两个甚至多个法院对破产申请都主张管辖权，或者都否定管辖权，为了解决这 问题，先由争议法院自行协商。协商不成时，就由争议法院共同的上级法院指定管辖。共同上级法院的指定，按照《民事诉讼法解释》第40条规定，依照《民事诉讼法》第37条第2款规定，发生管辖权争议的两个人民法院因协商不成报请它们的共同上级人民法院指定管辖时，双方为同属一个地、市辖区的基层人民法院的，由该地、市的中级人民法院及时指定管辖；同属一个省、自治区、直辖市的两个人民法院的，由该省、自治区、直辖市的高级人民法院及时指定管辖；双方为跨省、自治区、直辖市的人民法院，高级人民法院协商不成的，由最高人民法院及时指定管辖。依照前款规定报请上级人民法院指定管辖时，应当逐级进行。此外，第41条规定，对这种指定管辖，应当作出裁定。对报请上级人民法院指定管辖的案件，下级人民法院应当中止审理。指定管辖裁定作出前，下级人民法院对案件作出判决、裁定的，上级人民法院应当在裁定指定管辖的同时，一并撤销下级人民法院的判决、裁定。

六、破产转移管辖

转移管辖，又称特殊管辖，是指具有管辖权的人民法院，依法将破产申请移送给本不具有管辖权的上级人民法院或者下级人民法院管辖。《民事诉讼法》第38条规定，上级人民法院有权审理下级人民法院管辖的第一审民事案件；确有必要将本院管辖的第一审民事案件交下级人民法院审理的，应当报请其上级人民法院批准。下级人民法院对它所管辖的第一审民事案件，认为需要由上级人民法院审理的，可以报请上级人民法院审理。基此，对于转移管辖，应当注意以下几个方面：

（一）转移管辖是在人民法院本无管辖权的情况下依法管辖其他法院有管辖权的破产申请

转移管辖，是指有管辖权的法院将破产申请依法移送给本无管辖权的法院管辖，即没有管辖权的人民法院依法管辖其他法院有管辖权的破产申请。因此，这种移送不仅包括管辖申请的移送，而且包括破产申请管辖权的移送，即属一种特定情形下的管辖权转移。

（二）转移管辖只能发生在上下级人民法院之间

转移管辖，作为一种特定管辖原则，由有管辖权的法院将破产申请依法移送给本无管辖权的法院管辖，只能发生在不同级人民法院之间，而不能发生在同级人民法院之间，即转移管辖是管辖权在上下级人民法院之间的转移。上下级人民法院，在这里是指具有行政区划管辖关系的上一级或者下一级人民法院，即上级人民法院乃是人民法院的上一级人民法院，下级人民法院乃是人民法院的下一级人民法院，之间还因行政区域发生管辖关系。

（三）转移管辖必须经过上一级人民法院决定或者同意

转移管辖，发生在不同级人民法院之间，既可以是上级人民法院将破产申请管辖权移送给下一级人民法院，又可以是下级人民法院将破产申请管辖权移送给上一级人民法院。但不论属于哪种情况，都必须由移送管辖的上一级人民法院决定或同意，即转移管辖权的决定权为上一级人民法院拥有，下级人民法院则不具有这种决定权。未经上一级人民法院决定或者同意，下级人民法院不得自行决定向上一级人民法院移送。

（四）转移管辖既可基于上一级人民法院的主动决定而发生，又可基于下级人民法院的主动报请而发生

转移管辖，根据是否属于上一级人民法院的主动行为，具体分为3种情形：（1）上级人民法院决定将下一级人民法院管辖的破产申请由自己管辖；

(2) 上级人民法院决定将自己管辖的破产申请交由下一级人民法院管辖；(3) 下级人民法院将自己具有管辖权的破产申请移送给上一级人民法院管辖。前两种情形，属于上级人民法院的主动决定行为，后一种情形则是基于下一级人民法院的报请要求。

(五) 转移管辖的适用应当遵循有利于破产案件审理的原则进行

无论是上一级人民法院主动决定破产管辖转移，还是下级人民法院主动报请而发生破产管辖转移，毕竟是人民法院将自己有管辖权的破产案件依法转移至本来没有管辖权的人民法院管辖。所以，在程序上不仅需要经过上一级人民法院决定或者同意，而且必须具有转移管辖的原因，不能在没有任何原因的情况下，随意进行转移管辖。有管辖权的人民法院将破产案件转移至没有管辖权的人民法院管辖，应当是有管辖权的人民法院具有不宜行使管辖权的情形，而受转移的人民法院更利于破产案件的审理，即转移管辖应当遵循有利于破产案件审理的原则进行，而不得随意进行转移管辖。对这，《民事诉讼法司法解释》第42条规定，下列第一审民事案件，人民法院依照《民事诉讼法》第38条第1款规定，可以在开庭前交下级人民法院审理：(1) 破产程序中有关债务人的诉讼案件；(2) 当事人人数众多且不方便诉讼的案件；(3) 最高人民法院确定的其他类型案件。人民法院交下级人民法院审理前，应当报请其上级人民法院批准。上级人民法院批准后，人民法院应当裁定将案件交下级人民法院审理。

七、破产管辖异议

管辖异议，是指人民法院受理破产申请后，当事人认为受理法院没有管辖权而依法提出的不服该院管辖的意见或主张。作为民事诉讼及破产诉讼中当事人的一项重要权利，对于保证人民法院依法行使管辖权，克服地方保护主义以公平、公正审理破产案件，维护当事人的合法权益，具有十分重要而又积极的作用。对此，《企业破产法》尽管没有明确规定，根据《企业破产法》第4条关于“破产案件审理程序，本法没有规定的，适用《民事诉讼法》的有关规定”的规定，当事人可以适用《民事诉讼法》的规定依法就人民法院对破产申请的管辖、受理提出异议。《民事诉讼法》第127条规定：“人民法院受理案件后，当事人对管辖权有异议的，应当在提交答辩状期间提出。人民法院对当事人提出的异议，应当审查。异议成立的，裁定将案件移送有管辖权的人民法院；异议不成立的，裁定驳回。当事人未提出管辖异议，并应诉答辩的，视为受诉人民法院有管辖权，但违反级别管辖和专属管辖规定的除外。”据此，对于破产管辖权的异议，应当注意以下几点：

（一）破产管辖权异议的主体为破产案件的当事人

破产案件的当事人，应是指其民事实体权利义务要受到破产程序约束，认为破产申请的不当管辖可能致使其民事实体权利义务得不到公正裁判的人。债权人、债务人固然属于当事人。另外，由于破产案件受理后，与债务人有关的民事诉讼均由受理破产申请的法院受理，到那时再提出管辖异议，已无任何意义。是以，与债务人存在着债权债务关系的人，如债务人的债权人、债务人的债务人都可以依法提出管辖异议。[①] 具体来说，由债务人申请破产的，其债务人、债权人均可以提出管辖异议；由债权人申请债务人破产的，债务人、债务人的债务人、其他债权人均可提出异议；由债务人的清算组申请破产的，债务人、债权人、债务人的债务人可以提出异议；由国务院金融监督管理机构申请债务人破产的，债务人、债权人、债务人的债务人可以提出异议。

（二）当事人提出的管辖权异议可以针对人民法院所有的破产管辖行为实施

对于人民法院受理破产申请的管辖行为，当事人认为不当的，均可依法提出。既可针对级别管辖不当提出，也可针对地域管辖不当提出，还可针对指定管辖、移送管辖或者转移管辖的不当提出。只要当事人认为受理破产申请的法院没有管辖权而管辖不当，就可以依法对其提出异议。人民法院对于管辖异议，则应依法审查并进行处理。

（三）当事人提出异议的期限应当限制在人民法院受理破产申请后的一定期限内

对于一般的民事案件的管辖权异议，根据《民事诉讼法》第127条的规定，应当在提交答辩状的期间提出。而破产程序，并无当事人提交答辩状这一程序设计，于是有人认为，提出破产管辖权异议的期间应限定在破产宣告前。[②] 笔者认为，破产案件一旦受理，中止受理前已经开始的有关债务人的诉讼，指定管理人，进行债权申报，召开债权人会议等程序就会依法进行，这些都是一般民事案件所没有的。倘若允许在破产宣告前提出管辖异议，一旦成立，这些行为就可能因为破产管辖错误而无效，不仅会给债务人、债权人造成更大损失，而且会给司法资源造成极大浪费，故对破产申请管辖提出异议，应当严格限制在一定的期限内。在破产案件中，尽管没有提交答辩状这一行为，《民事诉讼法》关于提交答辩状的期间规定则是确定的。根据《民事

① 刘德璋：《新企业破产法理解与操作指南》，法律出版社2007年版，第84页。

② 刘德璋：《新企业破产法理解与操作指南》，法律出版社2007年版，第84页。

诉讼法》第125条的规定，人民法院应当在立案之日起5日内将起诉状副本发送被告，被告应当在收到之日起15日内提出答辩状，被告提出答辩状的期间便为收到起诉状副本之日起15日内。考虑到破产程序的特点，当事人提出管辖异议的期间宜区分不同情况加以确定：

1. 对于债务人，人民法院受理债权人申请债务人破产后，根据《企业破产法》第11条的规定，应当自裁定作出之日起5日内送达债务人。故，债务人对破产管辖受理有异议的，应当限制在自收到裁定之日起15日内提起。

2. 对于债权人，根据《企业破产法》第14条的规定，人民法院应当自受理破产申请之日起25日内通知已知债权人，并予以公告。因此，已知债权人对破产管辖受理有异议的，应当限制在自公告裁定之日起15日内提起。

3. 对于债务人的债务人，则可比照债权人提出异议的期限确定，即限制在自公告裁定之日起15日内提起。

（四）管辖权异议被裁定驳回后，不能上诉，只能依法提出复议

人民法院对于当事人的管辖权异议，应当进行审查，异议成立的，裁定将案件移送有管辖权的人民法院；异议不成立的，裁定驳回。对于管辖权异议裁定驳回的，不能上诉，只能提出复议。这是因为，破产程序作为一种特别程序，所要解决的是债务人与所有债权人的一切债权债务关系，一旦受理，会依法进行许多程序，不能在程序上总是纠缠不休。然而，作为一项权利被驳回后，固然需要一定途径加以补救，这就是申请复议程序。异议人可以向作出驳回裁定的人民法院申请复议，申请复议期间，并不影响破产程序的依法进行。

第五节 破产申请受理

破产申请受理，是指人民法院对于破产申请人的申请，依法进行审查，认为债务人具有破产能力与破产原因，且破产申请为其管辖，因而决定以破产案件立案开始启动破产程序进行审理的行为。其与破产申请一道，共同构成对债务人启动破产程序实施破产的程序行为。没有破产申请人的依法申请，债务人即使具有破产能力与破产原因，也不能对债务人启动破产程序实施破产。债务人虽然具有破产能力与破产原因，且有破产申请权人对之提出破产申请，假若没有人民法院审查后的依法决定，同样不能对债务人启动破产程序实施破产。而且后者即人民法院审查后的依法决定，还是对债务人启动破

产程序实施破产最为重要、最为关键的要件，应当注意把握。具体来说，包括两个方面的内容，即对破产申请依法进行的审查，以及依法审查后作出是否受理的裁定。

一、破产申请审查

（一）破产申请审查的原因

破产申请审查，是指人民法院对于破产申请是否符合法定要求，以及是否具有确实充分证据足以证明债务人具有破产能力与破产原因等事项进行审查、核实，进而决定是否对债务人启动破产程序实施破产的行为。我们知道，对债务人启动破产程序，不仅关系到债务人、债权人的合法权益能否得到依法维护，而且关系到经济秩序、社会秩序的正常与稳定。因此，破产法不仅规定了对债务人启动破产程序实施破产的实质要件，要求债务人具有破产能力与破产原因，而且规定了破产程序要件，即破产申请及提供的证据材料必须符合法定的要求等。对这，需要人民法院进行审查，以避免对不符合破产要件的债务人启动破产程序实施破产，并防止损害债务人或者债权人合法权益的恶意申请破产现象的发生。

（二）破产申请审查的性质

对于破产申请，人民法院首先要按照《民事诉讼法》第119条、第121条等规定，就下列内容作非实体的形式审查：（1）申请人、被申请人是否明确，是否在形式上具有破产申请权，如是否属于债权人、债务人、清算责任人、国务院金融监督管理机构，以及符合法律规定条件的出资人等；（2）申请人是否具有具体的请求事项和事实、理由；（3）申请事项是否属于人民法院管辖；（4）申请书是否符合基本要求，如申请书应当记明下列事项：申请人的姓名、性别、年龄、身份证号码、民族、职业、工作单位、住所、联系方式，法人或者其他组织的名称、住所、机构代码证、营业执照和法定代表人或者主要负责人的姓名、职务、联系方式；被申请法人的名称、住所等信息；申请请求事项及所根据的事实与理由；证据和证据来源，证人姓名和住所。对上述内容作非实体的形式审查，是指就上述内容是否具备以及根据当事人起诉提供的资料是否能够说明之间的民事关系存在等进行书面的、程序性审查。至于内容是否真实，提供的证据是否属实，这些属于实体问题的事项则待接收材料后在破产申请的实体审查中加以解决。

如前所述，对于破产申请的审查，不仅要就破产申请人的资格、破产申请书的内容、申请人的有关证据材料等是否符合了法律规定的内容与形式要求进行形式上的审查，而且还要就申请人是否具有破产申请权，如申请的债权人是否具有尚未归还的到期债权，被申请的债务人是否具有破产能力与破产原因等有关决定破产程序能否启动，即破产案件能否受理的实体事项进行审查。否则，就无法确定债务人是否符合破产要件从而无法作出对其是否启动破产程序实施破产的结论。人民法院既然要对决定破产程序能否受理得以启动的实体问题进行审查，那么，就要对上述有关决定破产程序启动的实体事项，如债务人是否具有破产能力、破产原因的事实，以及是否有相应的证据加以证明，申请人提供相应的证据是否真实、合法，是否与债务人的破产能力与破产原因具有关联性等进行实体性的审查，进而据之确定债务人是否符合破产要件，是否对其决定启动破产程序进行破产。这样，在审查方式上，也与人民法院审查一般民事案件的起诉有所区别。后者只需作书面形式上的审查；前者则不仅需要作书面形式审查，而且需要进行必要的调查核实，如询问有关证人，调取有关书证，举行双方听证等，以审查核实有关事实与证据。在足以证明债务人符合破产实质要件且申请人的破产申请符合程序要件的情况下，才能依法对债务人启动破产程序实施破产。所以，对于破产申请的审查，无论是审查内容、方式乃至性质，都与一般民事案件立案审查有着明显的区别。人民法院不仅要对申请人、被申请人是否适格即申请人是否具有破产申请权，申请人的破产申请书是否具备相关内容，是否具有相应的证据，是否为本院管辖等事项作形式上的程序性审查，而且要对决定破产程序启动的一些实体事项，如申报债权人是否真正具有尚未到期的债权即申报债权人所主张的尚未到期的债权是否属实、是否存在争议，债务人是否具有破产能力与破产原因的事实及证据，以及是否具有阻却破产程序启动的事由，证明申请人主体适格的证据合法性、真实性、关联性等作实质上的实体性审查。如此，破产申请的审查，乃属实质审查与形式审查的有机结合，缺一不可。

综上，破产申请审查包括实质审查与形式审查两个方面的内容，但在具体审查中不可截然分开，属于你中有我，我中有你。然在一般情况下，形式审查先于实质审查进行，只有经过审查符合程序要件的才再进一步作实质审查。经过形式审查，认为破产申请人不具有破产申请权，就可以直接驳回申请，而无需再作实质审查；认为破产申请不属本院管辖，则通知申请人向有管辖权的人民法院申请破产；认为破产申请书的内容不全，或者缺少相应的证据（不管真假，只要有就行），或者形式上不符合基本要求，如同时申请破产和解与破产清算，就应要求申请人补充材料或加以更正，申请人拒不补充或更正的，人民法院就可以不再作实质审查而按申请人撤回破产申请处理。

（三）破产申请审查的标准、范围及方式

1. 破产申请形式审查的标准与范围。如前所述，破产申请审查，既包括实质审查，又包括形式审查。就破产申请形式审查而言，其是以破产法的程序规范规定如《企业破产法》第 8 条的规定等为根据、标准，对破产申请提供的资料是否符合破产程序要求所作的形式上的程序性审查。这种审查，不是对提供的有关资料作真实、有效、合法性审查，而是就所提供的资料是否齐全、完备，形式是否符合法律要求的审查。具体审查的范围与内容包括：

一是，破产申请人是否提供了证明自己属于适格申请主体即具有破产申请权的证据。如是否提供了证明自己是债权人、清算责任人或国务院金融监督管理机构等具有破产申请权主体的证明。债权人申请的，是否提供了诸如合同、欠条、判决书等能够证实其对债务人享有的债权、数额及其发生的时间、事实等说明其债权已经到期且债务尚未归还。除此之外，要根据有关法律的情况，对其是否具备完整的破产申请权进行审查：如，除国务院金融监督管理机构以外的其他主体申请商业银行、保险公司、证券公司等金融机构破产的，要根据《商业银行法》第 71 条、《保险法》第 90 条、《证券法》第 122 条等规定审查，是否提供了国务院金融监督管理机构批准或者同意的书面文件。又如，公司债务人申请破产的，则要根据《公司法》第 37 条第（9）项、第 43 条第 2 款、第 66 条、第 103 条第 2 款等规定进行审查。即有限责任公司、股份有限公司申请破产的，是否提供了证明破产申请已经股东会或者股东大会通过的决议；国有独资公司申请破产的，是否提供了国有资产监督管理机构决定破产的文件；重要的国有独资公司申请破产的，是否有本级人民政府批准破产的文件等。再如，对企业法人负有清算责任的人申请破产的，还要根据《企业破产法》第 7 条第 2 款规定审查，是否提供了企业法人已经解散但未清算或者未清算完毕的书面证明等。

二是，破产申请书是否包括应当具备的内容，如申请人、被申请人的基本情况，申请目的，申请的事实和理由，以及人民法院应当载明的其他事项等。

三是，破产申请是否属于本院管辖。

四是，是否有证据证明破产申请书的所列事项，如证明申请人、债务人基本情况的工商登记资料、机构代码证、自然人的身份证明、支持其陈述事实的各种证据等。

五是，债务人申请破产的，是否提交了财产状况说明、债务清册、债权清册、有关财务会计报告、职工安置预案、职工工资的支付和社会保险费用的缴纳情况等。

应当指出，上述这些程序性事项，只要在形式上符合法律规定的条件即可，而无需审查这些文件内容的真实性、客观性。

2. 破产申请实质审查的标准与范围。破产申请的实质审查，是指根据破产法中关于申请人的破产申请权、债务人破产能力及其原因等实体性规范，对申请人就之是否具有破产申请权，债务人是否具有破产能力、原因所提出的事实、证据等是否属实、合法、有效等有关内容而作出的审查。具体审查的范围与内容包括：

一是，申请人是否具有破产申请权。如债权人申请债务人破产的，其对债务人主张的债权是否属实，是否已经到期，是否没有归还等；出资人根据《企业破产法》第70条第2款的规定在债权人申请对债务人进行破产清算的，在人民法院受理破产申请后、宣告债务人破产前对债务人申请破产重整的，就申请人是否具有真实的出资且申请人所占的出资总额是否达到债务人注册资本1/10以上等等决定申请人是否具有破产申请权的有关实体事项进行审查。

二是，债务人是否具有破产能力与破产原因。如，根据《企业破产法》第2条规定，申请企业法人债务人破产，就要审查以下方面的内容是否有确实充分的证据予以证明：（1）债务人为企业法人；（2）申请破产和解或者破产清算的，债务人是否具有不能清偿到期债务且资产不足以清偿全部债务，或者不能清偿到期债务且明显缺乏清偿能力的情形之一；（3）申请破产重整的，债务人是否具有不能清偿到期债务且资产不足以清偿全部债务，或者不能清偿到期债务且明显缺乏清偿能力，或者明显有丧失清偿能力可能的情形之一。又如，申请合伙企业破产的，则只需审查合伙企业是否不能清偿到期债务。

应当指出，对于破产实质审查内容的范围，有人认为，破产审查的实质审查应是破产申请理由是否成立的审查，如对债权人申请债务人破产的，即只需审查债务人是否不能清偿到期债务。[①] 笔者认为，破产申请审查的目的是确定债务人是否符合破产条件，然后依法作出是否受理的决定，其内容故应包括申请人是否实际具有破产申请权、债务人是否具有破产能力与破产原因等有关决定破产程序启动的实体事项的审查，而不应只是对破产申请理由是否成立的审查。基于债权人无法完全了解债务人的资产情况，无法证明债务人的资产不足以清偿全部债务或者明显缺乏清偿能力的情况，为了维护其合法权益，允许其在债务人不能清偿到期债务的情况下就可以申请破产。可是，这不能认为，法院只要对这一理由是否成立进行审查，然后就作出是否受理的决定。不然，债权人申请的理由成立即债务人不能清偿到期债务，而不再

① 吴庆宝、王建平主编：《破产案件裁判标准规范》，人民法院出版社2009年版，第44页。

对债务人的资产不足以清偿债务等进行审查而决定受理，就可能将不符合破产实质要件的债务人纳入破产程序的范畴而损害债务人的合法权益。另外，也可能让一些出于损害债务人声誉及不正当竞争等不当目的的恶意破产申请得到支持。事实上，《企业破产法》第 10 条规定，债权人提出破产申请的，人民法院应当自收到申请之日起 5 日内通知债务人。债务人对申请有异议的，应当自收到人民法院的通知之日起 7 日内向人民法院提出。据之，债权人申请债务人破产的，人民法院必须依法通知债务人。债务人认为不符合破产实质要件的，如自己不具有破产能力或者资产足以清偿全部债务等，就可提出异议。该异议是否成立，人民法院就要进行审查，而这种审查依然包括在破产申请审查的范围内。是以，破产申请审查不仅包括破产申请理由能否成立的审查，而且包括债务人是否符合破产实质要件的审查。对此，最高人民法院民事审判第二庭负责人 2011 年 9 月 26 日在回答记者有关“《企业破产法》第二条和第七条分别就债务人的破产原因和申请人提出债务人破产申请的条件作出了规定，请问具体应如何理解和适用”的问题时明确指出：“两者存在一定的差别。破产原因是人民法院在判断破产申请是否应予受理时审查的内容，而提出债务人破产申请的条件是申请人向人民法院提出债务人破产申请时应当具备的要件。对于债务人自行提出破产申请的，债务人的破产原因和其提出破产申请的条件是一致的，但对债权人而言，则差别很大。根据《企业破产法》第七条第二款的规定，债务人不能清偿到期债务是债权人提出债务人破产申请的条件，债权人向人民法院提出申请时，只要证明债务人不能清偿其到期债务即可。至于债务人基于什么原因不能清偿到期债务，以及债务人是否出现了‘不能清偿到期债务并且资产不足以清偿全部债务’，或者‘不能清偿到期债务并且明显缺乏清偿能力’的破产原因，无需债权人提出债务人破产申请时举证证明。因此，只要债权人提出债务人破产申请时证明债务人不能清偿其到期债务，且债务人未能依据《企业破产法》第十条第一款的规定，及时举证证明其既非资产不足以清偿全部债务，也没有明显缺乏清偿能力的，人民法院即可自然推定债务人出现了上述两个破产原因之一。因此，在债权人申请债务人破产清算的情形下，不能清偿到期债务既是债权人提出破产申请的条件，也是债务人存在破产原因的推定依据。”

三是，申请人对之享有破产申请权，债务人具有破产能力、破产原因等提供的证据是否合法、属实。这不仅包括对证明申请人具有破产申请权、债务人具有破产能力与破产原因的证据进行审查，而且包括对证明申请人主体是否适格等程序条件事实的审查。如公司申请破产的，应审查破产申请决议是否为参加股东会或股东大会的 2/3 以上股东通过，参加股东会或股东大会的股东是否为真实的股东，股东决议是否为股东真实的签名等情形。又如，债务人提出破产的，应审查所提交的财产状况说明、债务清册、债权清册、有关财务会计报告及职工工资的支付和社会保险费用的缴纳情况等情形。总之，上述内容的审查，不仅要从形式上审查是否具备，而且还要从实体上审查其内容是否真实、是否具有客观性，即是否有确实充分的证据来加以证明等。

四是，破产申请是否属于接受申请的人民法院管辖。

五是，对债务人申请破产重整的，要据债务人的资产状况、技术工艺、生产销售、行业前景等因素，对债务人进行是否具有挽救价值和可能的困境企业所进行的识别审查。对于那些明显不具备重整价值以及拯救可能性的僵尸企业，根据《破产审判纪要》第 14 条规定，应当通过破产清算，果断实现市场出清。

总之，对于破产申请的审查，既包括实体审查，又包括程序审查。对这，《破产法解释（一）》第 7 条规定，人民法院收到破产申请时，应当向申请人出具收到申请及所附证据的书面凭证。人民法院收到破产申请后应当及时对申请人的主体资格、债务人的主体资格和破产原因，以及有关材料和证据等进行审查，并依据《企业破产法》第 10 条的规定作出是否受理的裁定。人民法院认为申请人应当补充、补正相关材料的，应当自收到破产申请之日起 5 日内告知申请人。当事人补充、补正相关材料的期间不计入《企业破产法》第 10 条规定的期限。最高人民法院民事审判第二庭负责人 2011 年 9 月 26 日回答记者有关“人民法院收到申请人提出的破产申请后，应当从哪些方面进行审查并注意哪些问题”的问题时指出：“实践中，法院在审查当事人提出的破产申请是否符合法律规定时，掌握的执法尺度不尽相同，为规范和统一人民法院对破产申请的审查行为，《破产法解释（一）》对人民法院收到破产申请后的审查内容予以明确规定。根据《企业破产法》第二条、第七条和第八条的规定，人民法院对于破产申请应从实质要件和形式要件两个方面进行审查。实质要件的审查是对申请是否符合破产程序开始条件的判断，主要包括申请人主体资格、债务人主体资格以及债务人是否具有破产原因 3 项内容。形式要件的审查是对申请人依法所应提交的书面材料进行的审查。考虑到人民法院在审查中可能会要求申请人对申请材料进行必要的补充、补正，《破产法解释（一）》规定，此种情况下，人民法院应当及时告知申请人所需补充或补正的事项，以避免以此为由拖延实际审查时间，损害当事人合法权益。由于人民法院对破产申请的审查须以当事人提供的材料为基础和依据，因此当事人补充、补正材料的时间不计入法定的审查期间。”

3. 破产申请审查的方式。对于破产申请的审查，程序审查通常采取书面审查方式。至于实体审查，由于涉及事实、证据是否真实等实体事项，在书面审查的基础上，必要时可以找申请人、出资人、债务人的职工代表了解有关情况，采取书面与必要调查相结合的方式。对于债权债务关系复杂、债务规模较大，或者涉及上市公司重整的案件，在审查重整申请时，根据《破产审判纪要》第 15 条规定，还可以组织申请人、被申请人听证。债权人、出资人、重整投资人等利害关系人认为需要参加听证的，经人民法院准许，也可以参加听证。听证期间不计入重整申请审查期限。

二、破产申请受理

破产申请受理，是指人民法院基于破产申请，经过审查债务人符合破产实质要件、破产申请也符合程序条件而裁定受理破产申请，以对债务人启动破产程序实施破产清偿债务的行为。对此，应当注意以下几点：

（一）破产申请审查受理期限

破产申请审查受理期限，是指由破产法规定的人民法院根据破产申请，对债务人是否符合破产实质要件与程序要件进行审查并作出受理与否裁定所应遵循的时间界限。无论是债务人申请破产还是债权人申请债务人破产以及其他具有破产申请权的人申请破产，通常情况下是不得已而为之，债务人的财务状况一般都很差。为了避免损失扩大，需要及时介入。尤其是申请破产重整，更需要尽早采取有效措施。另外，即使债务人不符合破产条件，也会因为破产申请而给债务人的生产经营服务以及债权人的行为造成这样或那样的负面效应，还可能会对经济秩序、社会和谐等产生不良影响，破产申请审查为此要有一定的期限限制，而且要以效率为原则。但应看到，破产申请审查不同于一般民事案件起诉的审查，后者只作程序性的形式审查，起诉所陈述的事实及证据的真实性问题都在立案后通过审理程序加以解决。而破产程序一旦启动会带来一系列的法律后果，如中止有关债务人的诉讼、指定管理人、债务人可能停止生产经营等，对破产申请的审查故不能仅仅满足于材料是否齐备等程序性的形式审查，还要对债务人是否符合破产条件等进行实质性的审查，即要对其陈述的事实与证据的真实性等进行必要审查。加上债务人的债权债务关系复杂、所涉数额可能巨大等原因，审查的期限也不能过于紧迫，否则将影响审查的质量。在必要时，还可以延长一定期限。故，《企业破产法》第 10 条规定，债权人提出破产申请的，人民法院应当自收到申请之日起 5 日内通知债务人。债务人对申请有异议的，应当自收到人民法院的通知之日起 7 日内向人民法院提出。人民法院应当自异议期满之日起 10 日内

出从而不能发生异议效力的情形。上述情形，根据《企业破产法》第10条第2款的规定，人民法院均应自收到破产申请之日起15日内裁定是否受理。与具有破产异议的审查期限相比，相对要短。

2. 破产申请特殊审查受理期限。破产申请特殊审查受理期限，是指出于各种特殊原因致使人民法院在一般审查受理期限内无法完成审查受理工作，经过上一级人民法院批准而延长的审查受理期限。对于这种期限，应当注意：

一是，具有特殊原因。所谓特殊原因，主要是指债权人人数众多，债权债务关系复杂，企业经营管理混乱致使财务混乱、档案丢失、毁坏，债务人拒不配合而隐匿、转移甚至毁灭有关档案尤其是财务档案资料，债务人主要财产下落不明或被转移，金融机构、上市公司等涉及面广泛而需经过最高人民法院批准，可能对社会稳定造成严重影响需要慎重考虑，地方保护主义对破产申请审查进行严重干涉等一切可以影响人民法院审查受理效率的各种事由。①

二是，致使人民法院无法在一般审查受理期限内完成审查受理工作。虽然具有一定原因，会对人民法院审查受理效率造成影响，但不会造成严重影响，人民法院可以在一般审查受理期限内完成审查受理工作的，则应及时作出是否受理的裁定，而不应以此为由加以延长。

三是，延长期限必须经过上一级人民法院批准，即接收破产申请的人民法院不得自行决定延长。

四是，在一般审查受理期限的基础上延长15日。一般审查受理期限，既包括具有破产申请异议的审查受理期限，又包括不具有破产申请异议的审查受理期限。这两种情形都可以依法经过上一级人民法院批准延长15日。

3. 破产申请审查的时间例外规定。《破产法解释（一）》第7条第3款规定："人民法院认为申请人应当补充、补正相关材料的，应当自收到破产申请之日起五日内告知申请人。当事人补充、补正相关材料的期间不计入《企业破产法》第十条规定的期限。"基此，当事人补充、补正相关材料的期间不计入《企业破产法》第10条规定的期限。这是因为，人民法院对破产申请的审查须以当事人提供的材料为基础和依据，当事人补充、补正材料的时间不能计入法定的审查期间内。

（二）审查受理破产申请具体程序的顺序

在司法实践中，债务人具有不能清偿到期债务且资产不足以清偿全部债

---

① 《中华人民共和国企业破产法》起草组编著：《〈中华人民共和国企业破产法〉释义》，人民出版社2006年版，第65页。

务等原因时，可能不止1人申请债务人破产，于是可能出现有的申请破产重整，有的申请破产和解，有的申请破产清算的现象。在对破产重整、破产和解或破产清算等具体破产程序有两种甚至全部被申请适用的情况下，由于对某一债务人同时只能适用一种破产具体程序，或适用破产重整，或适用破产和解，或适用破产清算，而不能同时适用两种甚至全部程序，因而存在人民法院审查受理某种破产具体程序的先后顺序问题。对这，破产法没有明确规定。然则，将破产重整、破产和解与破产清算的利弊加以比照，除非只能适用破产清算程序，不难得出破产重整应当优先于破产和解适用，破产和解又要优先于破产清算适用的结论。

破产清算是将债务人的全部财产进行清理，并依法变卖后用以清偿其所欠一切债权人的所有债务，使其丧失所有财产这一承担民事责任能力基础进而丧失民事主体资格，即像自然人死亡那样完全退出市场。简言之，破产清算是依法强制具有破产能力符合破产清算条件的债务人退出市场的行为，其行为结束，债务人的民事主体资格即予以消亡，不论是对债权人、债务人来说，还是对市场经济秩序、社会和谐稳定来讲，都会造成无法估量的负面影响。对于债权人来说，破产清算本身不仅要耗费不少人力、财力、物力，而且因为对资产采取变卖、拍卖等方式处理会造成资产大大贬值，尤其是债务人由于破产清算而致使其民事主体资格消灭，商标、专利等无形资产将遭受严重损害甚至损失殆尽，对已经不能得到全额清偿的债权人来说，无疑是雪上加霜。事实上，债务人破产的，债权人的债权得到清偿的比例通常都很低，大大低于债权人的预期。债权人之所以申请破产清算，往往是迫不得已，完全是为了得到公平清偿的需要。对债务人及其出资人来说，其结果是债务人的民事主体资格丧失而完全退出市场。因此，对出资人的信用会产生这样或那样的影响，对其事业必然不利。对经济、社会秩序而言，债务人一旦消失，与之相关的民事主体的活动都可能受到影响，如与债务人形成了长期供销关系的单位或个人，就可能使其生产经营产生影响，影响经济交易秩序的正常运行。另外，债务人消亡，其职工面临着重新就业的问题。在当前科学技术发展迅速，劳动效率大大提高，就业问题已经成为当前社会重要问题的情况下，债务人特别是职工众多的债务人消亡就可能造成大量职工失业，进而影响社会稳定。除非没有任何希望，债务人只要有可能被挽救过来而不至于消亡，就不应适用破产清算程序清偿债务，而应适用并不消灭债务人民事主体资格的破产预防程序，即适用破产重整程序或者破产和解程序来清偿债务。这样，既能达到公平清偿债权人的所有债权的目的，又不至于因为破产清算致使债务人民事主体资格消亡而给债权人、债务人以及经济秩序、社会秩序带来更加不利的影响。

破产重整程序与破产和解程序，在公平清偿债务人所有债权债务关系的同时，不会致使债务人丧失民事主体资格，便统称为破产预防程序。同为破产预防程序，在破产和解程序中，债权人只是消极地就债权数额、偿还期限等作出让步，并不采取积极措施帮助债务人摆脱困境。债务人能否走出困境完全有赖于其自身的努力。在债务人本身已濒临破产边缘或者破产的情况下，单靠自身的力量往往难以摆脱困境。而破产重整程序，以拯救具有重生希望的债务人为主要目的之一，主动、积极采取调整股东等出资人的权益、提高债权人债权清偿的比例、对债务人资产重构以优化资源配置等手段，充分调动债权人、债务人以及其他相关各方的积极性，共同帮助债务人走出困境，与破产和解程序相比则更为有效。因此，在破产重整申请与破产和解申请都存在的情况下，应优先适用破产重整程序而对债务人适用破产法的规定实施破产。

对此，《正确审理破产案件意见》明确指出："人民法院要充分发挥司法能动作用，注重做好当事人的释明和协调工作，合理适用破产重整和破产和解程序。对于当事人同时申请债务人清算、重整、和解的，人民法院要根据债务人的实际情况和各方当事人的意愿，在组织各方当事人充分论证的基础上，对于有重整或者和解可能的，应当依法受理重整或者和解申请。当事人申请重整，因企业经营规模较小、虽有挽救必要但重整成本明显高于重整收益的困难企业，有关权利人不同意重整的，人民法院可引导当事人通过和解方式挽救企业。"所以，破产重整、破产和解及破产清算程序的适用顺序，也是最高人民法院所倡导的。

当然，在只能适用破产清算程序实施破产的情况下，如债务人已经解散没有清算或者清算尚未完毕的，合伙企业、农民专业合作社、民办学校依法破产清算的，依法只能适用破产清算程序，对其自不存在破产重整、破产和解的问题。此时，即使具有破产重整或者破产和解申请，也只能适用破产清算，而不能适用破产重整或者破产和解。

（三）破产申请审查后的处理方式

债务人具备破产实质要件即具有破产能力与破产原因，并且申请债务人破产符合破产法的程序规定，就应对其启动破产程序实施破产清偿债务。是以，人民法院决定受理破产申请时，必须对破产申请进行审查，并且根据审查结果对破产申请区分不同情况作出处理：

1. 申请债务人破产，人民法院经过审查认为不属本院管辖的，应当通知申请人向有管辖权的人民法院提出破产申请。

2. 申请债务人破产，在人民法院受理破产申请前，申请人要求撤回申请的，人民法院经过审查决定同意申请人撤回的，裁定准许申请人撤回破产申请。

3. 人民法院从形式上进行审查，认为申请资料尚不具备破产法规定的材料与内容，如破产申请书没有申请目的，或者虽有申请目的但不是申请适用破产重整、破产和解或破产清算其中的1种程序，而是申请适用两种甚至3种程序，或者申请书没有申请的事实和理由等内容，可以要求申请人在规定的期限内补充或更正。申请人在规定期限内不予补充或更正的，则视为申请人撤回破产申请。

4. 对于申请债务人破产的申请，人民法院进行实质审查，认为债务人并不具备破产实质要件即不具有破产能力与破产原因，或者债务人虽然具备破产实质要件但不具备破产程序要件，如申请人没有破产申请权或者申请不符合法律规定的，就应作出不予受理的裁定。如公司依照《公司法》的有关规定进行清算的，根据《公司法解释（二）》第14条的规定，债权人补充申报的债权，可以在公司尚未分配财产中依法清偿。公司尚未分配财产不能全额清偿，债权人主张股东以其在剩余财产分配中已经取得的财产予以清偿的，人民法院应予支持；但债权人因重大过错未在规定期限内申报债权的除外。债权人或者清算组，以公司尚未分配财产和股东在剩余财产分配中已经取得的财产，不能全额清偿补充申报的债权为由，向人民法院提出破产清算申请的，人民法院不予受理。对于对债务人进行破产重整的申请，《破产审判纪要》第14条规定，要进行“重整企业的识别审查。破产重整的对象应当是具有挽救价值和可能的困境企业；对于僵尸企业，应通过破产清算，果断实现市场出清。人民法院在审查重整申请时，根据债务人的资产状况、技术工艺、生产销售、行业前景等因素，能够认定债务人明显不具备重整价值以及拯救可能性的，应裁定不予受理”。

应当指出，申请人申请债务人破产，人民法院认为申请人不具有申请资格或者债务人在破产申请受理前因偿还到期债务致使不符合破产条件等原因裁定不予受理后，该申请人不能再以相同原因申请债务人破产。当然，具有申请权后因债务人又出现对之到期债权不能偿还等其他原因再申请债务人破产的，自应允许，而不应加限制。至于其他申请权人能否依法申请债务人破产，并不受到影响。也就是说，一些申请人对债务人破产的申请不予受理，并不影响其他申请权人依法申请债务人破产，各申请权人的破产申请权在法律上是平行的、独立的，并非相互否定。对此，人民法院需要依法审查并作出裁定。对这，《民商事审判纪要》第108条（破产申请的不予受理和撤回）

第 1 款规定：“人民法院裁定受理破产申请前，提出破产申请的债权人的债权因清偿或者其他原因消灭的，因申请人不再具备申请资格，人民法院应当裁定不予受理。但该裁定不影响其他符合条件的主体再次提出破产申请。破产申请受理后，管理人以上述清偿符合《企业破产法》第三十一条、第三十二条为由请求撤销的，人民法院查实后应当予以支持。”

还应指出，在司法实践中，一些公司已经具备破产原因，但只是被申请强制清算的，如何处理，不能回避。对此，《民商事审判纪要》第 117 条（公司解散清算与破产清算的衔接）规定：“要依法区分公司解散清算与破产清算的不同功能和不同适用条件。债务人同时符合破产清算条件和强制清算条件的，应当及时适用破产清算程序实现对债权人利益的公平保护。债权人对符合破产清算条件的债务人提起公司强制清算申请，经人民法院释明，债权人仍然坚持申请对债务人强制清算的，人民法院应当裁定不予受理。”

5. 对于申请债务人破产的申请，人民法院从实质上进行审查，不仅认为债务人具备破产实质要件，即具有破产能力与破产原因，而且认为债务人具备破产程序要件，即申请人关于债务人破产的申请符合法律规定，且为具有破产申请权的主体依法而为，就应作出受理的裁定。如《破产法解释（一）》第 5 条就规定：“企业法人已解散但未清算或者未在合理期限内清算完毕，债权人申请债务人破产清算的，除债务人在法定异议期限内举证证明其未出现破产原因外，人民法院应当受理。”第 6 条第 1 款亦规定：“债权人申请债务人破产的，应当提交债务人不能清偿到期债务的有关证据。债务人对债权人的申请未在法定期限内向人民法院提出异议，或者异议不成立的，人民法院应当依法裁定受理破产申请。”人民法院受理破产申请的，根据《企业破产法》第 11 条的规定，应当自裁定作出之日起 5 日内送达申请人。债权人提出债务人破产申请的，人民法院应当自裁定作出之日起 5 日内送达债务人。债务人应当自裁定送达之日起 15 日内，向人民法院提交财产状况说明、债务清册、债权清册、有关财务会计报告以及职工工资的支付和社会保险费用的缴纳情况。为使债务人及时履行上述提交有关资料的义务，保证破产程序的正常启动，维护债权人的利益，《破产法解释（一）》第 6 条第 2 款还明确规定：“受理破产申请后，人民法院应当责令债务人依法提交其财产状况说明、债务清册、债权清册、财务会计报告等有关材料，债务人拒不提交的，人民法院可以对债务人的直接责任人员采取罚款等强制措施。”

应当指出，《企业破产法》虽然只规定，债权人申请债务人破产，人民法院受理的，债务人应当自裁定送达之日起 15 日内，向人民法院提交财产状况说明、债务清册、债权清册、有关财务会计报告以及职工工资的支付和社会保险费用的缴纳情况等材料的义务。但这并不说明，在其他情况下，债务人就没有此项义务。债务人申请破产的，根据《企业破产法》第 8 条第 2 款的规定，在破产申请受理前，债务人就要提交上述资料。清算责任人、国务院金融监督管理机构申请债务人破产的，法律虽然没有明确规定债务人的上述义务，但是，这些资料有的是反映债务人是否具有破产原因的必备证据资料，人民法院受理后审理破产案件时必须予以审查，以对债务人的财产、债权债务关系进行彻底、有序、公平的清理。故，无论是债权人申请，还是债务人申请，以及清算责任人申请或者国务院金融监督管理机构申请，债务人都有义务向人民法院提交上述资料。

还应指出，对债务人的申请破产，人民法院审查后认为债务人具有破产能力及其破产原因，符合破产申请受理的实质条件；且申请人资格、提供的证据等符合破产法有关的程序性规定，就应当依法受理。在司法实践中，基于破产专业审判人员缺乏、破产案件疑难复杂、涉及社会各方却难以得到配合尤其是出于有关社会稳定方面的担忧等各种各样的原因，不少法院都不愿意受理破产案件。对于破产申请，能够拖着不作决定的就以诸如材料不齐全要求补正等等不作决定，实在无法需要作出决定的，则以诸如申请破产重整，没有进行破产重整的投资者；债权人基于未能清偿的到期债权申请债务人破产，到期债权没有经过人民法院或者仲裁机构的生效法律文书予以确定；债务人的职工没有安排措施，可能危及社会稳定等等理由而将破产申请拒之于法院门外，致使破产申请受理难的局面普遍存在。有的地方政府甚至还为具有破产原因的国有企业提供补贴、贷款等方式维系其存在，而不让之破产。因此，《加快完善市场主体退出制度改革方案》第 4 条第 1 项明确规定："企业符合破产条件时，应依法及时启动破产程序，不得设定超出法律规定的条件和程序。"第 5 条第 2 项规定："完善国有企业退出机制。推动国有'僵尸企业'破产退出。对符合破产等退出条件的国有企业，各相关方不得以任何方式阻碍其退出，防止形成'僵尸企业'。不得通过违规提供政府补贴、贷款等方式维系'僵尸企业'生存，有效解决国有'僵尸企业'不愿退出的问题。国有企业退出时，金融机构等债权人不得要求政府承担超出出资额之外的债务清偿责任。"《民商事审判纪要》第 107 条（继续推动破产案件的及时受理）规定："充分发挥破产重整案件信息网的线上预约登记功能，提高破产案件的受理效率。当事人提出破产申请的，人民法院不得以非法定理由拒绝接收破产申请材料。如果可能影响社会稳定的，要加强府院协调，制定相应预案，但不应当以'影响社会稳定'之名，行消极不作为之实。破产申请材料不完备的，立案部门应当告知当事人在指定期限内补充材料，待材料齐备后以‘破申’作为案件类型代字编制案号登记立案，并及时将案件移送破产审判部门进行破产审查。”“注重发挥破产和解制度简便快速清理债权债务关系的功能，债务人根据《企业破产法》第九十五条的规定，直接提出和解申请，或者在破产申请受理后宣告破产前申请和解的，人民法院应当依法受理并及时作出是否批准的裁定。”

三、裁定不予受理的上诉

《企业破产法》第 12 条第 1 款规定：“人民法院裁定不受理破产申请的，应当自裁定作出之日起五日内送达申请人并说明理由。申请人对裁定不服的，可以自裁定送达之日起十日内向上一级人民法院提起上诉。”据此，对于不予受理的裁定，申请人可以依法提起上诉。对这，应当注意以下两个方面：

（一）对于不予受理破产申请的裁定，人民法院应当在法定期限内送达申请人并说明理由

破产法明确规定，人民法院对破产申请决定不予受理的，应当说明理由。可在什么时候以什么方式说明理由，《企业破产法》的上述条款似乎规定是在给申请人送达不予受理裁定时说明理由。笔者认为，对于破产申请是否受理，根据法律规定都应以裁定进行。无论是裁定受理还是裁定不予受理，在裁定书中说明理由，引用裁定依据的法律条文，做到裁定有理有据，信服于人，乃是裁定的基本要求。如果将《企业破产法》的上述规定理解为将不予受理裁定送达申请人时才说明理由，由于法律没有规定将受理裁定送达申请人时必须说明理由，那么，裁定受理就不需要说明理由，这显然是不当的。另外，将不予受理裁定送达申请人时，可能无法直接送达而采取留置送达、邮寄送达甚至公告送达，这时，由于无法直接面对申请人，就无法说明理由。面对申请人，申请人拒绝的，说明理由也会无法进行。而且，裁定送达通常是由书记员进行的，而书记员对裁定的理由可能并非了解，说明理由也难以进行并达到其应有的目的。因此，对裁定不予受理的理由，应当在裁定中加以说明，而不是要求在送达时加以说明。只有这样，才能有助于申请人了解不予受理的原因和依据，进而确定裁定是否有理，以决定是否上诉。固然，裁定中已经说明了理由，在给申请人送达不予受理裁定时，能够动之以情、晓之以理加以说明，自然更好，但这与裁定不予受理的理由在何处以何种方式说明不是一回事。前者是法定义务问题，后者则是工作方式与态度问题。

（二）对于不予受理破产申请裁定的上诉，应当符合法定条件

1. 上诉的主体必须为对债务人破产提出申请的人。非申请人没有提出破产申请，自不存在对人民法院作出不予受理裁定不服的问题。申请人，在这

里既可以是债权人申请人，又可以是债务人申请人，还可以是债务人的清算责任人申请人及国务院金融监督管理机构申请人。但不包括债权人对债务人申请破产清算中，在人民法院受理破产申请后、宣告债务人破产前，而向人民法院申请破产重整的债务人或者出资额占债务人注册资本1/10以上的出资人。

2. 申请人上诉的对象是不予受理破产申请的裁定。受理破产申请的裁定，满足了申请人的意愿，不会存在对之不服的问题，申请人也就不能提起上诉。即使受理裁定会给申请人以外的其他权利人等产生影响，其他权利人也不能对其提出上诉。这是因为，人民法院经过审查既然认为债务人同时符合破产实质条件与破产程序条件，就应当及时启动破产程序，否则就不利于债权人合法权益的公平维护。倘若允许上诉，受理裁定不能及时发生效力，债务人可以利用上诉及上诉审理的时间，隐匿、转移财产，或者进行个别清偿；债权人可以利用各种手段尽量使自己的债权获得清偿，不利于债权人合法权益的公平保护，会降低、减少破产程序的适用功能。

3. 申请人对不予受理裁定的上诉必须在法定的期间内进行。超过法定期间，申请人不能再行提起上诉。即使提出上诉，也不发生任何效力，即上一级人民法院对其没有必要加以理睬。另外，有的申请人在法定期间内对不予受理的裁定提出了上诉后又撤回上诉，后来又基于各种原因再行上诉的，再行上诉只要没有超过法定期间，就应视为申请人提出了上诉。至于法定期间，根据《企业破产法》第12条第1款的规定，为裁定送达之日起10日内。

4. 对于不予受理裁定的上诉，必须是向作出裁定的上一级人民法院提起。换句话说，上诉不同于异议，异议是向作出决定的同一人民法院提出，同时不影响决定的效力；而上诉是向作出裁定的上一级人民法院提出，裁定因为上诉的提起而未能发生效力。上一级人民法院属于上级人民法院，上级人民法院却不只是上一级人民法院。上一级人民法院是唯一的，而上级人民法院并不唯一。所以，向上一级人民法院提起上诉，并不等同于向上级人民法院提出上诉。

四、受理后裁定驳回破产申请的上诉

《企业破产法》第12条第2款规定："人民法院受理破产申请后至破产宣告前，经审查发现债务人不符合本法第二条规定情形的，可以裁定驳回申请。申请人对裁定不服的，可以自裁定送达之日起十日内向上一级人民法院提起上诉。"基此，对受理后裁定驳回破产申请裁定的上诉，需要注意以下几点：

（一）对于受理后驳回破产申请裁定上诉的主体，必须为破产申请人

破产申请人，既可以是债权人申请人，又可以是债务人申请人，还可以

是债务人的清算责任人申请人及国务院金融监督管理机构申请人。具有申请权可能成为申请人但没有提出破产申请而实际成为破产申请人的，自不存在对人民法院作出驳回其破产申请裁定不服的问题，也不能提出上诉。

（二）对于受理后驳回破产申请裁定上诉的对象，为人民法院受理破产申请后作出的驳回破产申请的裁定

对于破产申请，人民法院应当审查债务人是否符合破产实质要件及破产程序要件。只有债务人符合破产实质要件和破产程序要件时，人民法院才能裁定受理破产申请。债务人是否符合破产实质要件和破产程序要件，特别是否符合破产实质要件，需要进行审查。而这种审查，并非一件简单的事情。要在法律规定的审查受理破产申请的这一较短时间内全面查清债务人的全部资产、债权债务，以及资产是否能够清偿全部债务，是否具有明显缺乏清偿能力，是否有明显丧失清偿能力可能的情况，并做到完全准确无误，没有任何差错，这是不可能的。特别是在债权人成千上万、债权债务关系复杂的情况下更是如此。而债务人不符合破产实质要件，就不应对其启动破产程序实施破产。因为没有查清有关情况，致使将不符合破产实质要件的债务人认为符合破产实质要件启动了破产程序，之后才发现的，无疑应当允许给予救济。是以，《企业破产法》第 12 条第 2 款规定，人民法院受理破产申请后至破产宣告前，经审查发现债务人不符合《企业破产法》第 2 条规定情形即不符合破产实质要件的，可以裁定驳回破产申请。对于这种在受理后才发现债务人不符合破产实质要件的破产申请，人民法院依法驳回，申请人不服的，可以依法上诉。

（三）对于受理后驳回破产申请裁定的上诉，必须在裁定送达后 10 日内向作出裁定的上一级人民法院提起

人民法院作出驳回破产申请裁定后，应当依法送达给申请人。申请人不服的，可以自裁定送达之日起 10 日内向上一级人民法院提起上诉。裁定送达后超过了 10 日，申请人不能再行上诉。即使上诉，也不会发生上一级人民法院对该上诉依法进行审理的问题。

五、对破产申请不予接收、裁定的监督

司法实践中，对于债务人的破产申请，一些人民法院不依法接收其申请及其有关材料，或者在收到破产申请后不及时对申请人的主体资格、债务人的主体资格和破产原因，以及有关材料和证据等进行审查，不根据《企业破产法》第 10 条的规定作出是否受理的裁定，或者对于申请资料不全的，不通知申请人补充、补正相关材料，致使债务人不能依法进入破产程序。故，《破

裁定是否受理。除前款规定的情形外，人民法院应当自收到破产申请之日起 15 日内裁定是否受理。有特殊情况需要延长前两款规定的裁定受理期限的，经上一级人民法院批准，可以延长 15 日。具体而言，破产申请审查受理的期限，包括破产申请一般审查受理期限与破产申请特殊审查受理期限。

1. 破产申请一般审查受理期限。具体根据是否具有破产申请异议的不同再分为两种情况：具有破产申请异议的审查受理期限与不具有破产申请异议的审查受理期限。

一是，具有破产申请异议的审查受理期限。此种期限，根据《企业破产法》第 10 条的规定，人民法院应当自异议期满之日起 10 日内裁定是否受理。这种情形仅仅限于债权人申请债务人破产且债务人提出异议的情况。申请破产不为债权人提出，或者虽为债权人提出但债务人没有提出异议，或者虽然提出异议但已超过法定异议期限的，就不能以此确定破产申请审查受理期限。另外，既有债权人申请债务人破产又有债务人申请破产的，只要不存在破产申请异议的可能，就不存在适用这种期限的问题。这是其一。

其二，债权人申请债务人破产，可能不止 1 人即存在多人申请破产，并且申请破产的时间可能不同。此时，债务人的异议期限应自收到人民法院关于第 1 个申请破产通知之日起计算，而不能在收到第 2 个乃至更加后面的破产申请通知之日起计算。不然，破产程序由于债权人分别申请债务人破产的较多就可能导致破产程序长期无法启动的情况出现。

其三，此种情形的期限应自异议期满之日起 10 日内对破产申请作出是否受理的裁定。异议期，根据《企业破产法》第 10 条的规定，为债务人收到人民法院关于债权人破产申请通知之日起 7 日内。异议期满，是指债务人收到人民法院关于债权人申请债务人破产通知而在 7 日内提出了异议的，则应自收到人民法院关于债权人申请债务人破产通知之日起满 7 日，之后才能计算人民法院受理破产申请的期限。司法实践中，有的债务人收到人民法院关于债权人申请债务人破产通知后，从收到通知之日起计算并未满 7 日就提出了异议，如有的可能在第 2 日就提出了异议，这时，计算人民法院受理破产申请的期限，仍要以异议期满即在债务人收到人民法院关于债权人申请债务人破产通知之日起满 7 日的次日起计算，而不能自债务人提出异议之日起计算。

二是，不具有破产申请异议的审查受理期限。没有破产申请异议的情形，既包括债务人、债务人清算责任人、国务院金融监督管理机构申请债务人破产而不存在债务人异议的情形，又包括虽为债权人申请债务人破产但债务人并未提出异议，或者虽然提出异议但未在法定期限内提出异议即未在收到人民法院关于债权人申请债务人破产通知之日起 7 日内提出，而是在 7 日后提产法解释（一）》第7条明确规定，人民法院收到破产申请时，应当向申请人出具收到申请及所附证据的书面凭证。人民法院收到破产申请后应当及时对申请人的主体资格、债务人的主体资格和破产原因，以及有关材料和证据等进行审查，并依据《企业破产法》第10条的规定作出是否受理的裁定。人民法院认为申请人应当补充、补正相关材料的，应当自收到破产申请之日起5日内告知申请人。当事人补充、补正相关材料的期间不计入《企业破产法》第10条规定的期限。第9条规定，申请人向人民法院提出破产申请，人民法院未接收其申请，或者未按本规定第7条执行的，申请人可以向上一级人民法院提出破产申请。上一级人民法院接到破产申请后，应当责令下级法院依法审查并及时作出是否受理的裁定；下级法院仍不作出是否受理裁定的，上一级人民法院可以径行作出裁定。上一级人民法院裁定受理破产申请的，可以同时指令下级人民法院审理该案件。对此，最高人民法院民事审判第二庭负责人2011年9月26日回答记者提出的有关"《破产法解释（一）》特别规定了人民法院收到破产申请后未依法裁定是否受理时其上级人民法院的审判监督职责，请问是出于什么考虑"的问题时明确指出："目的是加强上级法院对下级法院的监督，督促下级法院对于当事人提出的破产申请依法作出是否受理的裁定。"根据《企业破产法》的规定，申请人提出破产申请后，人民法院应当及时审查并依法作出裁定。对于人民法院作出的不予受理裁定，申请人可依据《企业破产法》第12条的规定，向上一级法院提起上诉，以充分保证当事人的诉讼权利。但在司法实践中，有的法院对当事人的申请不予审查，或者审查后既不及时作出受理裁定亦不作出不予受理裁定，使企业破产法规定的申请人对于不予受理裁定的上诉权形同虚设，损害了申请人的权利。为加强审判监督，《破产法解释（一）》第9条为此作出了上述规定。

第六节　执转破制度的适用

一、执转破制度的概念

所谓执转破制度，是指人民法院在对个别民事案件的执行过程中，发现被执行企业具有破产原因、符合破产条件时，征得被执行人或者执行申请人的同意后将执行案件移送给有关法院进行破产审查的制度，包括执行案件移送破产审查的条件、管辖、程序等各个方面。对此，最高人民法院早在2015

年就于《民事诉讼法解释》中作了规定。该解释第513～515条分别规定："在执行中，作为被执行人的企业法人符合《企业破产法》第二条第一款规定情形的，执行法院经申请执行人之一或者被执行人同意，应当裁定中止对该被执行人的执行，将执行案件相关材料移送被执行人住所地人民法院""被执行人住所地人民法院应当自收到执行案件相关材料之日起三十日内，将是否受理破产案件的裁定告知执行法院。不予受理的，应当将相关案件材料退回执行法院""被执行人住所地人民法院裁定受理破产案件的，执行法院应当解除对被执行人财产的保全措施。被执行人住所地人民法院裁定宣告被执行人破产的，执行法院应当裁定终结对该被执行人的执行。被执行人住所地人民法院不受理破产案件的，执行法院应当恢复执行""当事人不同意移送破产或者被执行人住所地人民法院不受理破产案件的，执行法院就执行变价所得财产，在扣除执行费用及清偿优先受偿的债权后，对于普通债权，按照财产保全和执行中查封、扣押、冻结财产的先后顺序清偿"。由上，执转破制度尽管在《民事诉讼法解释》中已初具雏形，然只涉及原则性、概括性的规定，操作性不强，难以使得该制度得以有效的适用，不能充分发挥其所具有的既能化解执行难又能缓解破产程序启动难的双重功能。

我们知道，执行程序，经过对被执行人财产的全面清查，能够了解被执行企业资产状况，有的可以认定被执行人已经完全属于资不抵债，符合破产实质条件，假若能够通过有效的渠道将这些企业的执行程序转化为破产程序，终结执行程序，使得这些被执行的企业因为根本无法执行导致执行难的问题得到解决，进而在一定程度上缓解执行难这一普通法上所长期存在的难以解决的顽症，又可以推动执行阶段所发现的资不抵债的僵尸企业进入破产程序，解决司法实践中因为诸如认识原因、维稳困难、案件复杂、工作难以得到体现评价等因素造成极大部分符合破产条件的企业难以进入破产程序而致破产案件寥寥无几的现象，一定程度上解决破产程序启动难的问题，进而发挥破产程序挽救因为债务重症缠身但仍具有生机的企业，清除完全没有生机的僵尸企业以淘汰落后产能，促进供给侧结构性改革。因此，完善执转破制度，实现普通法上的执行程序与特别法上的破产程序的有效衔接，具有十分重要的现实意义。

此外，通过执转破制度的适用，架通了两者联系的桥梁，使得执行法院与破产申请受理法院之间能够协调配合，既可以吸收执行阶段对债务人财产清查了解的成果，又可以解决破产程序中因为以前对破产企业所采取的查封、冻结等诉讼保全措施而相互扯皮的现象，有利于节约司法资源，提高司法效率，最高人民法院于是在《民事诉讼法解释》建立的执转破制度雏形的基础上，通过《执行移送破产审查意见》这一司法文件对该制度作了较为全面、详尽规范。

但应看到，执转破制度仅仅是在司法实践层面上主要为了解决执行难问题而进行的一项创新，并不属于立法层面上的一项破产法律制度，在法律上如何赋予其法律地位，以及加强完善其与执行程序之间的协商与联系，需要破产法在今后的修改中予以回应。对这，《加快完善市场主体退出制度改革方案》第4条第1项明确要求："总结执行转破产实践经验，明确执行转破产制度的法律地位。"据之，执转破制度成为破产法律制度的一部分，已很明朗。下面根据司法解释有关规定，对之做些必要的介绍与分析。

二、执转破制度的适用条件

《执行移送破产审查意见》第2条规定："执行案件移送破产审查，应同时符合下列条件：（1）被执行人为企业法人；（2）被执行人或者有关被执行人的任何一个执行案件的申请执行人书面同意将执行案件移送破产审查；（3）被执行人不能清偿到期债务，并且资产不足以清偿全部债务或者明显缺乏清偿能力。"基此，执转破制度的适用，必须同时符合以下3个条件：

（一）被执行人必为企业法人

执行法院根据执转破制度将执行案件移送有关法院进行破产审查，要以被执行人具有破产能力而依法可以对之进行破产为前提。被执行人不具有破产能力依法不能对之进行破产的，不能适用执转破制度而将执行案件移送有关法院进行破产审查。根据《企业破产法》第2条规定，在我国只有企业法人才具有破产能力，执转破制度的适用对象也就必须为企业法人，其他单位包括机关、事业单位、人民团体及个人，均无破产能力，对之不能进行破产。其他组织，除合伙企业、农民专业合作社、民办学校等根据有关法律可以对之参照或者依照《企业破产法》的规定进行破产外，也不具有破产能力。那么，合伙企业、农民专业合作社、民办学校等具有准破产能力可以进行破产的其他组织，是否可以适用执转破制度，有的认为可以适用。考虑到：法律尽管规定了合伙企业等某些其他组织具有破产能力，这些组织的破产条件然与企业法人的破产条件并非一致，造成执转破制度的适用条件也应有所区别，难以统一概括；其他组织作为被执行人资不抵债，其财产不足以清偿所有债权时，根据《民事诉讼法解释》第508条的规定，其他债权人可以申请参与分配，即有参与分配制度适用，没有必要再转为破产程序以防止规则冲突；执转破制度的适用并非破产程序启动的唯一途径，其他组织不适用该制度不会影响其他组织进入破产程序，以及《民事诉讼法解释》在规定执转破制度时已经明确规定了适用对象仅为企业法人，从而需要前后保持等一致。[①] 因此，《执行移送破产审查意见》明确规定执转破制度的适用对象仅限于企业法人，而不包括即使具有准破产能力的其他组织。

（二）被执行人或者至少有1个申请执行人表示同意

根据《企业破产法》有关规定，债务人破产程序的启动，基于私权意思自治、私权处分的原则，需要债权人、债务人等具有破产申请权的人依法申请。不然，债务人即使具有破产原因、符合破产条件也不能对之依职权予以启动。如此，执行法院将执行案件移送有关法院进行破产审查，也必须有具有破产申请权的主体同意为条件，否则就不能将执行案件主动移送有关法院进行破产审查。对此，有的认为，应当赋予执行法院依职权主动适用执转破制度的职能。这是因为："破产法不仅具有公平清偿债务、保护债权人、债务人合法权益的私法属性，而且还具有保障市场经济优胜劣汰规则充分发挥效用、维护市场有序运行的社会属性，在僵尸企业层出不穷、市场主体退出机制失灵的情况下，以国家公权力适当介入和调整作为申请主义的补偿，具有必要性和正当性。特别是在当前执行案件多、化解难与破产案件少、启动难并存的情况下，对无财产、无信用、无人员的'三无'案件以及被执行人已经解散但未自行清算的执行不能案件等部分特殊类型的案件，采用人民法院依职权启动执转破程序具有现实合理性。即使作为一个阶段性的措施，也有必要认真考虑。"[②] 尽管这些主张有一定道理，但基于破产程序的启动需要破产申请权人具有启动破产程序的意思为前提，在与全国人大法工委反复沟通的基础上，认为确立法院依照职权将执行案件移送破产审查尚无法律依据，且与现行法律规定相左，司法解释不能对此加以突破。所以，《执行移送破产审查意见》明确有破产申请权主体对执行案件同意移送破产审查作为执转破制度的适用条件之一，执行法院在没有破产申请权主体同意移送的情况下不得主动移送。

至于具有破产申请权人的同意移送破产审查的意思表示，乃是指被执行人或者申请执行人等具有破产申请权的人作出的同意移送意思表示。虽然具有破产申请权，但其不是针对被执行人申请人民法院执行的人或者被执行人，

---

① 王富博：《〈关于执行案件移送破产审查若干问题的指导意见〉的理解与适用》，载人民法院出版社编著：《司法解释理解与适用全集·企业破产卷》，人民法院出版社2018年版，第986页。

② 王欣新：《破产与执行程序的合理衔接与转换》，载王欣新、郑志斌主编：《破产法论坛（第九辑）》，法律出版社2015年版，第9页；王富博：《〈关于执行案件移送破产审查若干问题的指导意见〉的理解与适用》，载人民法院出版社编著：《司法解释理解与适用全集·企业破产卷》，人民法院出版社2018年版，第987页。

自然不能在执行程序中申请执转破制度的适用。被执行人、申请执行人均具有破产申请权，在其中有一表示同意移送破产申请的，就应当视为具有破产申请权的人已经同意移送破产审查，而非要求所有申请执行人都表示同意，更不要求所有申请执行人与债务人都表示同意。

另外，被执行人或申请执行人表示同意的方式，既可以是主动的，如被执行人或申请执行人主动向执行法院申请移送破产审查，又可以是被动的，即在执行法院征询其意见时表示同意。无论是主动的还是被动的，都必须是明示的而非默示的同意。换言之，在执行法院征询被执行人或申请执行人意见时，被执行人或者至少有 1 位申请执行人明确表示同意移送破产审查。被执行人以及申请执行人对执行法院的征询没有答复，既没有明确表示同意又没有明确表示不同意即表示沉默的情况下，基于《民法典》第 140 条第 2 款关于“沉默只有在有法律规定、当事人约定或者符合当事人之间的交易习惯时，才可以视为意思表示”的规定，再考虑到执转破制度的适用可能直接启动破产程序的进行，涉及众多债权人的利益，需要非常慎重。是以，被执行人或者申请执行人同意执行案件移送破产审查的意思表示，必须要求以明示的方式进行，而不能以默示的方式进行推定。

（三）被执行企业具有破产原因

适用执转破制度，将执行案件移送破产审查的主要目的在于将具有破产能力符合破产条件的企业法人依法进入破产程序，故在移送破产审查时，执行法院应当根据所掌握的被执行企业的财产状况确定是否符合破产条件。只有根据被执行企业的情况确定其具有《企业破产法》第 2 条第 1 款规定的“企业法人不能清偿到期债务，并且资产不足以清偿全部债务或者明显缺乏清偿能力的”破产原因时，才能移送破产审查，也只有这样，才能让进行破产审查的人民法院充分利用执行法院对被执行企业财产状况了解的成果，进而节约司法资源。故，执行法院应当对被执行人是否具有破产原因即是否符合破产条件进行审查，只有通过审查认为被执行人具有破产原因时才能移送破产审查，而不能将经过审查不具有破产原因的被执行人移送进行破产审查。然，执行法院审查认为被执行人具有破产原因移送破产审查的，进行破产审查的有关法院尚需要进一步进行审查，两者的结论完全可能不一致。其实，不同阶段对同一对象进行审查得出的结论不一致乃是非常正常的现象。执行法院有关被执行人破产原因的审查，是从执转破制度适用的条件来把握的，而被移送人民法院对被执行人破产原因的审查，是从破产程序启动的条件来把握的，后者要求更为严格。执行法院认为被执行人具有破产原因而适用执转破制度，并非意味着被移送人民法院一定会认为被执行人符合破产条件而启动破产程序，这点需要加以注意。

三、执转破制度适用的管辖

《执行移送破产审查意见》第3条规定："执行案件移送破产审查，由被执行人住所地人民法院管辖。在级别管辖上，为适应破产审判专业化建设的要求，合理分配审判任务，实行以中级人民法院管辖为原则、基层人民法院管辖为例外的管辖制度。中级人民法院经高级人民法院批准，也可以将案件交由具备审理条件的基层人民法院审理。"据此，需要注意以下几点：

（一）在地域管辖上由被执行人住所地法院进行管辖

在地域管辖上，根据《企业破产法》第3条规定，破产案件由债务人住所地人民法院管辖。在执行案件移送破产审查的管辖上，同样适用这一规则，即由可能进入破产程序的被执行人的住所地人民法院管辖。有的认为，执转破制度的适用实行由执行法院专属管辖原则，执行案件与破产案件由同一法院处理，简单方便，有利于两者的衔接与协调。显然，在执行法院与被执行人的住所地不一致时，必然导致破产案件的管辖违背破产法的有关规定。另外，债务人破产时，其债权人一般以本地人居多，尤其是劳动债权人、小额债权人通常更多。执行法院跨县、跨市甚至跨省时，债务人的债权人要到执行法院申报债权、参加会议，极为不便；且债务人的财产一般也在本地，此时由执行法院管理、处分也不方便。另外，针对被执行人的执行法院具有多家时，实行专属管辖，还可能因为多家法院都有管辖权而发生管辖争抢冲突的事项发生。如此等等，实行执行法院专属管辖根本不符合破产案件的情况，《执行移送破产审查意见》对此明确作了否定。

（二）在级别管辖上实行中级人民法院管辖为原则，基层人民法院管辖为例外

在宏观上，依法通过破产案件的审理工作，处置僵尸企业让之有序退出市场，挽救具有生机的企业使之重新恢复生机，乃是有效促使经济市场的市场化、法治化，进一步落实中央关于推进供给侧结构性改革部署的重要手段；在微观上，基于破产案件的债权债务关系众多、复杂、多样，所涉诸如劳动、税收等方面广泛且政策性强，有的还因影响众多个体利益而事关社会稳定；在客观上，基层人民法院的审判力量相对薄弱，而且要承担大量的诉讼案件，有关破产案件的专业化水平提高相对较缓，也不利于这一事关众多债权人利益及社会方方面面的破产案件的裁判在某一区域内相对统一与平衡。因此，最高人民法院经商中央编办同意、2016年6月21日发布实施的《关于在中级人民法院设立清算与破产审判庭的工作方案》（法〔2016〕209号）第2条明

确指出，直辖市应当至少明确1个中级人民法院设立清算与破产审判庭，省会城市、副省级城市所在地中级人民法院应当设立清算与破产审判庭。其他中级人民法院是否设立清算与破产审判庭，由各省（区、市）高级人民法院会同省级机构编制部门，综合考虑经济社会发展水平、清算与破产案件数量、审判专业力量、破产管理人数量等因素，统筹安排。第4条规定，中级人民法院设立的清算与破产审判庭一般管辖地（市）级以上（含本级）工商行政管理机关核准登记公司（企业）的强制清算与破产案件。省、自治区、直辖市范围内中级人民法院因特殊情况需对公司强制清算与企业破产案件的地域管辖作出调整的，须经当地高级人民法院批准。为了与上述方案规定的意图保持一致，促进中级人民法院破产审判专业法庭的建设，《执行移送破产审查意见》则在管辖上明确了中级人民法院管辖为原则、基层人民法院管辖为例外的管辖制度，并与后面的《破产审判纪要》等关于“对于债权债务关系复杂、审理难度大的破产案件，高级人民法院可以探索实行中级人民法院集中管辖为原则、基层人民法院管辖为例外的管辖制度；对于债权债务关系简单、审理难度不大的破产案件，可以主要由基层人民法院管辖”的规定，保持前后连贯、一致，以使破产案件的管辖更加符合法院专业水平客观情况，满足破产案件更高审理水平的实际需要，促使破产案件的审理水平不断提高。

四、执转破制度适用的移送

对于执转破制度的适用程序，《执行移送破产审查意见》作了比较详尽的规范。其中，执转破审查的决定，乃是执转破制度适用的开始，具体包括以下方面：

（一）移送审查的征询意见

《执行移送破产审查意见》第4条规定，执行法院在执行程序中应加强对执行案件移送破产审查有关事宜的告知和征询工作。执行法院采取财产调查措施后，发现作为被执行人的企业法人符合《企业破产法》第2条规定的，应当及时询问申请执行人、被执行人是否同意将案件移送破产审查。基此，执行法院在执行过程中发现被执行的企业法人具有法定的破产原因时，即应主动及时询问申请执行人、被执行人是否同意移送破产审查的意见。只要被执行人或者有1申请执行人同意，就可以适用执转破制度，而不一定对所有的申请执行人均予以征询。

应当指出，《民事诉讼法解释》第516条规定：“当事人不同意移送破产或者被执行人住所地人民法院不受理破产案件的，执行法院就执行变价所得财产，在扣除执行费用及清偿优先受偿的债权后，对于普通债权，按照财产保全和执行中查封、扣押、冻结财产的先后顺序清偿。”据之，在被申请执行人不能进入破产程序时，有关的执行程序应当按照申请采取查封、扣押、冻结被执行人财产等保全措施的顺序来清偿申请执行人债权的规定，处于后顺位的申请采取保全措施人的债权完全可能得不到任何清偿，被执行人进入破产程序后所有债权依法按顺位依比例公平清偿的规则无疑有利于后顺位申请采取保全措施的申请执行人。此外，在破产程序中，劳动债权在优先受偿的债权外处于第 1 清偿顺位，其申请采取保全措施在后的，破产程序的清偿债权规则对其更为有利，执行法院认为被执行人符合破产条件需要征询被执行人或者申请执行人的意见时，应当优先征询处于后申请采取保全措施顺位的申请执行人的意见。

就征询意见的内容而言，不能简单地询问被执行人与申请执行人是否同意移送破产审查。对这，《破产审判纪要》第 40 条规定，执行法院的审查告知、释明义务和移送职责。执行部门要高度重视执行与破产的衔接工作，推动符合条件的执行案件向破产程序移转。执行法院发现作为被执行人的企业法人符合《企业破产法》第 2 条规定的，应当及时询问当事人是否同意将案件移送破产审查并释明法律后果。这是因为，被申请执行企业法人进入破产程序事关被执行人、申请执行人及其他全体债权人的利益，为此在征询有关意见时必须进行必要的释明，如同意与不同意的后果，即被征询人只要同意移送审查时，可能发生对被执行的企业进入破产程序以及其债权加速到期、债权都应依法按照《企业破产法》的规定按顺位先后清偿、同一顺位按比例公平清偿等对申请人所可能产生的法律后果；被执行人与所有申请执行人都不同意移送审查的，根据《民事诉讼法解释》第 516 条的规定，执行法院就执行变价所得财产，在扣除执行费用及清偿优先受偿的债权后，对于普通债权按照财产保全和执行中查封、扣押、冻结财产的先后顺序清偿；其他已经取得执行依据的债权人申请参与分配的，根据《执行移送破产审查意见》第 4 条规定，人民法院不予支持，即应驳回其参与分配清偿，但可以告诉之具有申请被执行人破产的权利及其法律后果。

应当指出，被执行人或申请执行人主动要求移送破产审查的，执行法院也应就有关法律后果对之进行必要的释明，而不能因为系被执行人或申请执行人主动申请就对此加以忽视。

就征询意见的方式而言，理论上既可以采取书面的方式，也可以采取口头的方式，后者必须做好笔录。为了简化手续，强化效果，则可以将同意与否的法律后果等以书面的方式进行告知，必要时进行口头释明，然后再以口头或者书面的方式征询意见，做好笔录。

（二）移送审查的决定途径

对此，《执行移送破产审查意见》第5条规定，执行部门应严格遵守执行案件移送破产审查的内部决定程序。承办人认为执行案件符合移送破产审查条件的，应提出审查意见，经合议庭评议同意后，由执行法院院长签署移送决定。这样，将执行案件移送破产审查，并非执行法官个人的意思表示，也不是被执行人或者申请执行人的意思表示，而是执行法院的意思表示。即使执行法官、被执行人或申请执行人有不同意见，也要按照合议庭的议事规则加以确定。

此外，基于执行案件大多集中于基层法院，为了防止诸如缓解执行难的意思等原因而通过移送破产审查甩包袱的现象发生，减少异地法院之间移送的随意性，《执行移送破产审查意见》第6条于是规定，基层人民法院拟将执行案件移送异地中级人民法院进行破产审查的，在作出移送决定前，应先报请其所在地中级人民法院执行部门审核同意。

（三）移送审查决定的送达及通知

对此，《执行移送破产审查意见》第7条、第8条规定，执行法院作出移送决定后，应当于5日内送达申请执行人和被执行人。此外，还应当及时书面通知所有已知的执行法院。

（四）移送审查决定的效力

执行法院将执行案件决定移送破产审查后，作为一种民事司法行为，固然会产生相应的法律后果，具体包括：

1. 执行案件中止执行或终结本次执行，这是移送破产审查的积极后果。对此，《执行移送破产审查意见》第8条及《破产审判纪要》第40条均规定，执行法院作出移送决定后，执行法院均应中止对被执行人的执行程序。不用多言，对执行案件作出移送破产审查的执行法院，基于其意图在于将所有申请执行人的债权通过被执行人的破产程序这一概括性质的执行程序依法公平清偿，而针对债务人同一财产不能同时存在性质完全不同而相互冲突（一个是概括公平清偿的破产程序，一个是按查封顺位进行个别清偿的执行程序）的执行程序的一般规则，作出决定移送破产审查的法院自然需要中止有关案件的执行。除此之外，其他法院针对被移送破产审查的被执行人的执行案件也应中止执行。不然，只有决定移送破产审查的法院中止执行，其他法院则不中止执行，与移送破产审查的目的在于启动破产程序，保障全体债权人依法公平受偿的设立意图不合，可能还会为一些法院基于各种各样的原因强化执行力度以实现对个别债权人的恶意个别清偿，从而与破产法规定的在债务人出现破产原因的情况下应当严格禁止恶意个别清偿，以保证债权人在破产程序中公平受偿的基本原则相背离。这是一。

二是，应当指出，执行法院应当中止执行，然在司法实践中，有的执行法院基于各种各样的原因不仅不予中止，而且还加快了执行步伐，意图在破产申请受理前执行完毕，以适用《破产法解释（二）》第15条关于“债务人经诉讼、仲裁、执行程序对债权人进行的个别清偿，管理人依据《企业破产法》第三十二条的规定请求撤销的，人民法院不予支持”的规定来实现个别债权人的个别清偿。显然，《破产法解释（二）》上述规定的债务人经诉讼、仲裁、执行程序对债权人进行的个别清偿程序，是指依照法律及其有关司法解释规定的程序进行的。有关诉讼、仲裁、执行程序违反法律及其司法解释规定的，自应依法予以纠正，不能让之达到合法程序适用所能够产生的法律后果。因此，在执行法院有一作出移送破产审查决定并通知了有关执行法院，有关法院不中止执行而造成个别清偿得以实现的，被执行人进入破产申请后，管理人可以代表债务人通过执行异议、复议等程序进行救济，依法将已经被执行的财产执行回转。

三是，将执行案件决定移送破产审查后，执行案件需要中止。中止，并非意味着对债务人的财产不能根据实际情况采取任何措施。如对被执行人的诸如季节性商品、鲜活、易腐烂变质等不宜长期保存的物品，为了防止变质、毁损而贬值甚至丧失价值，就需要及时处理。所以，《执行移送破产审查意见》第8条第1款规定：“对被执行人的季节性商品、鲜活、易腐烂变质以及其他不宜长期保存的物品，执行法院应当及时变价处置，处置的价款不作分配。受移送法院裁定受理破产案件的，执行法院应当在收到裁定书之日起七日内，将该价款移交受理破产案件的法院。”应当指出，及时变价处置，其意图在于防止财产因为不及时处置而受损，一旦处置变现就达到了该目的。至于处置变现后的价款，则不能进行分配，否则就未中止执行程序。只要处置的价款不作分配，并且依法在受移送法院裁定受理破产案件后交由破产申请受理法院处理，其实质仍然没有因为及时处置变现的措施而改变中止执行案件的本质。

四是，执行案件的中止，不是终结执行。执行法院决定执行案件移送破产审查，并非一定产生被移送审查人进入破产程序的法律后果。受移送人民法院经过审查认为被移送审查人不符合破产条件的，自应作出不予受理或者驳回申请的裁定。是以，《执行移送破产审查意见》第18条规定，受移送法院做出不予受理或驳回申请裁定的，应当在裁定生效后7日内将接收的材料、被执行人的财产退回执行法院，执行法院应当恢复对被执行人的执行。

五是，执行案件符合终结本次执行程序条件的终结本次执行。最高人民法院2016年10月29日发布、同年12月1日起施行的《关于严格规范终结本次执行程序的规定（试行）》（法〔2016〕373号）第1条规定："人民法院终结本次执行程序，应当同时符合下列条件：（一）已向被执行人发出执行通知、责令被执行人报告财产；（二）已向被执行人发出限制消费令，并将符合条件的被执行人纳入失信被执行人名单；（三）已穷尽财产调查措施，未发现被执行人有可供执行的财产或者发现的财产不能处置；（四）自执行案件立案之日起已超过三个月；（五）被执行人下落不明的，已依法予以查找；被执行人或者其他人妨害执行的，已依法采取罚款、拘留等强制措施，构成犯罪的，已依法启动刑事责任追究程序。"基此，执行案件符合司法解释规定终结本次执行的条件的，就可终结本次执行。同样，决定移送破产审查的执行案件，符合终结本次执行的条件的，自可予以终结本次执行。对这，《执行移送破产审查意见》第8条第2款明确规定，执行案件符合终结本次执行程序条件的，执行法院可以同时决定移送破产审查的同时裁定终结本次的执行程序。

值得注意的是，执行案件移送破产审查的决定作出后，执行法院应当中止执行或者依法终结本次执行。无论是执行中止还是终结本次执行，都只是暂时地停止执行程序的进行，并非完全结束即终结执行程序。受移送法院裁定不予受理破产申请或者驳回破产申请的，执行程序还要恢复执行。可在裁定受理破产的情况下，受移送法院依法宣告被执行人破产的；或者因为重整计划草案、和解协议草案获得通过并经过人民法院批准或认可，或者未获债权人会议通过，或者获得通过但未得到人民法院批准或认可，或者对重整计划、和解协议债务人不能执行或者不予执行，根据《企业破产法》第86条、第88条、第93条、第98条、第99条、第104条等的规定终止破产重整程序、破产和解程序并宣告被执行人破产的；或者因为重整计划、和解协议批准而进入执行阶段，能够得到完全执行，债务人的所有债权根据重整计划、和解协议清偿完毕的，则不再存在恢复执行程序加以执行的问题。重整计划草案、和解协议草案没有通过或者没有经过人民法院批准，或者虽然经过人民法院批准、认可的重整计划、和解协议不能执行或不予执行而终止破产程序的，则应宣告债务人破产，这时会通过破产清算程序对被执行人的所有债权进行清偿，执行程序也不可能再因被执行人不符合破产条件驳回破产申请再存在恢复执行程序的问题。另外，在破产程序中，因债务人与全体债权人在庭外自行达成和解协议，或者因第三人为债务人提供足额担保、为债务人清偿全部到期债务或债务人已经清偿全部到期债务致使债务人的破产原因消失而终结破产程序的，也不会存在恢复执行程序的问题。故，《民事诉讼法解释》第515条规定："被执行人住所地人民法院裁定宣告被执行人破产的，执行法院应当裁定终结对该被执行人的执行。”《执行移送破产审查意见》第 20 条规定：“受移送法院裁定宣告被执行人破产或裁定终止和解程序、重整程序的，应当自裁定作出之日起五日内送交执行法院，执行法院应当裁定终结对被执行人的执行。”

2. 就移送破产审查决定的消极后果而言，则是对被执行人的查封、扣押、冻结措施不予解除。这是因为，移送破产审查，不能得出被移送审查的企业一定进入破产程序的结论。受移送法院经过审查，认为被移送审查企业不符合破产条件裁定不予受理或者驳回申请的，则就要重新恢复有关查封、扣押、冻结等强制措施，而这不像中止执行或者终结本次执行那样，只要出具 1 份有关文书即可，后者先是解除然后再予恢复，还涉及方方面面。尤其是在解除有关强制措施后，被执行人可以自由处置甚至转移、藏匿财产，造成申请执行人或者其他权利人的损失。因此，《执行移送破产审查意见》第 9 条规定，要确保对被执行人财产的查封、扣押、冻结措施的连续性，执行法院决定移送后、受移送法院裁定受理破产案件之前，对被执行人的查封、扣押、冻结措施不予解除。查封、扣押、冻结期限在破产审查期间届满的，申请执行人可以向执行法院申请延长期限，由执行法院负责办理。当然，受移送法院审查裁定受理破产案件后，有关执行法院则应根据《企业破产法》第 19 条关于“人民法院受理破产申请后，有关债务人财产的保全措施应当解除……”的规定，解除有关查封、扣押、冻结等保全措施。

（五）对移送破产审查决定的异议及其处理

执行法院决定执行案件移送破产审查，使得被执行人可能进入破产程序，一些申请执行人如申请采取保全措施在前尤其是第 1 顺位的执行人以及被执行人可能会提出异议。尽管移送破产审查的决定由执行法院作出且会产生中止执行的后果，可对这种决定的异议，不是针对执行行为而言的，而是针对被执行人是否符合破产条件进而是否应该移送破产审查这一决定行为而言的，其本质不再属于执行异议的范畴。另外，执行法院认为被执行人符合破产条件作出移送破产审查决定后，再由执行法院处理相关异议，其结果可能没有什么不同。加之，移送破产审查决定其实质乃是执行法院对被执行人进入破产程序的一种建议，具体是否启动破产程序，依然是要由受移送审查的法院经过审查后作出决定。受移送法院接受移送审查被移送人是否符合破产条件时，相对执行法院来说，会更为严格、全面，听取被执行人、申请执行人的异议，更利于破产审查工作的全面开展。因此，《执行移送破产审查意见》第 7 条规定，申请执行人或被执行人对决定有异议的，可以在受移送法院破产审查期间提出，由受移送法院一并处理。

（六）破产审查相关材料的移送

执行法院决定执行案件移送破产审查后，需要按照破产审查移送管辖的有关规则，向被执行人住所地的人民法院移送有关材料。为了防止受移送法院借材料不全等为由拒绝接受移送审查决定及其有关材料以及相互推诿的现象发生，司法解释明确规定了执行法院移送材料的范围以及受移送法院必须接受有关移送决定及其材料的义务。受移送法院认为执行法院移送的相关材料不齐，或者有关内容存在错误，并会影响受移送法院对被移送审查人是否具有破产原因认定的，则可以要求执行法院加以补齐、补正，执行法院则应予以配合。尽管如此，受移送法院不能以此为由拒绝接受移送。对此，《执行移送破产审查意见》第 10 条规定，执行法院作出移送决定后，应当向受移送法院移送下列材料：（1）执行案件移送破产审查决定书；（2）申请执行人或被执行人同意移送的书面材料；（3）执行法院采取财产调查措施查明的被执行人的财产状况，已查封、扣押、冻结财产清单及相关材料；（4）执行法院已分配财产清单及相关材料；（5）被执行人债务清单；（6）其他应当移送的材料。第 12 条规定，执行法院移送破产审查的材料，由受移送法院立案部门负责接收。受移送法院不得以材料不完备等为由拒绝接收。第 11 条规定，移送的材料不完备或内容错误，影响受移送法院认定破产原因是否具备的，受移送法院可以要求执行法院补齐、补正，执行法院应于 10 日内补齐、补正。该期间不计入受移送法院破产审查的期间。受移送法院需要查阅执行程序中的其他案件材料，或者依法委托执行法院办理财产处置等事项的，执行法院应予协助配合。《破产审判纪要》第 41 条“执行转破产案件的移送和接收”亦明确：“执行法院与受移送法院应加强移送环节的协调配合，提升工作实效。执行法院移送案件时，应当确保材料完备，内容、形式符合规定。受移送法院应当认真审核并及时反馈意见，不得无故不予接收或暂缓立案。”

应当指出，执转破案件及其有关材料的移送，按照传统的做法，乃是进行案卷及其有关材料的书面移送，但在网络等现代信息交流、保密措施等十分发达的情况下，为了提高移送效率、降低移送成本，完全可以通过网络以电子文档的方式进行，《破产审判纪要》第 43 条第 2 款为此指出：“各地法院要树立线上线下法律程序同步化的观念，逐步实现符合移送条件的执行案件网上移送，提升移送工作的透明度，提高案件移送、通知、送达、沟通协调等相关工作的效率。”

五、执转破制度适用的审查

（一）破产审查移送的立案

移送破产审查决定及其相关材料，由受移送法院的立案部门负责接受，不得以材料不完备等为由拒绝接收，但应对有关材料是否完备、是否存在错误进行审核。立案部门经审核认为移送材料完备的，应当进行立案登记并移送破产案件审判部门进行破产审查。显然，这种破产审查属于破产申请受理前的对被移送审查人是否具有破产原因即是否应当启动破产程序的审查，乃非破产程序启动后的破产案件审理，不属于破产案件本身，而是归属于破产申请审查案件的范围。所以，《执行移送破产审查意见》第12条规定，对于执行法院有关破产审查移送的案件，应以"破申"作为案件类型①代字编制案号登记立案，并及时将案件移送破产案件审判部门进行破产审查。破产案件审判部门在审查过程中发现本院对案件不具有管辖权的，应当按照《民事诉讼法》第36条关于"人民法院发现受理的案件不属于本院管辖的，应当移送有管辖权的人民法院，受移送的人民法院应当受理。受移送的人民法院认为受移送的案件依照规定不属于本院管辖的，应当报请上级人民法院指定管辖，不得再自行移送"的规定处理。

（二）破产审查移送案件的审查

受移送法院对破产审查移送案件立案登记后，应当交由破产案件审判部门进行审查。破产案件审判部门应当按照《企业破产法》的有关要求，就被移送审查人是否具有破产能力、是否具有破产原因等进行全面、认真而仔细的审查，以确定对被移送审查人是否启动破产程序。为了提高审查效率，防止审查久拖不决，司法解释明确规定，审查应当在30日内完成。至于该审查期限的起算点，根据《民事诉讼法解释》第514条关于"被执行人住所地人民法院应当自收到执行案件相关材料之日起三十日内，将是否受理破产案件的裁定告知执行法院"的规定，为受移送人民法院收到执行案件的材料之日；而按《执行移送破产审查意见》第13条关于"受移送法院的破产审判部门应

---

① 最高人民法院2016年7月6日发布、同年8月1日起施行的《关于调整强制清算与破产案件类型划分的通知》（法〔2016〕237号）第1条规定："强制清算、破产案件从民事案件中分出，单独作为一大类案件，一级类型名称整合为强制清算与破产案件。"第2条规定："将强制清算、破产申请审查与受理后的强制清算、破产程序分列案件类型，即对强制清算或破产申请审查单独作为一类案件。"第3条规定："对不予受理、驳回强制清算申请或破产申请等裁定的上诉审理，作为强制清算与破产上诉案件，下设两个小类：强制清算上诉案件、破产上诉案件。"第4条规定："对强制清算或破产申请的不予受理、驳回申请裁定以及强制清算与破产上诉案件的监督，作为强制清算与破产监督案件，下设两小类：强制清算监督案件、破产监督案件。"

当自收到移送的材料之日起三十日内作出是否受理的裁定”的规定，为受移送法院破产审判部门收到移送的材料之日，两者规定不同。根据新规优先于旧规适用的规则，应当以《执行移送破产审查意见》的规定为准。

（三）破产审查移送案件审查后的处理

受移送审查的法院经过对移送破产审查的案件进行审查，发现不属于本院管辖的，应当移送有管辖权的人民法院管辖。具有管辖权的，则应根据被移送审查人是否具有破产能力、是否符合破产条件而作出是否受理其破产的裁定。无论是否受理破产，相关裁定根据《民事诉讼法解释》第514条、《执行移送破产审查意见》第13条的规定，应当在作出裁定后的5日内送交执行法院；不予受理的，应当将相关案件材料退回执行法院。

应当指出，受理与否的裁定是否应当送达给被执行人与申请执行人，《民事诉讼法解释》没有明确。基于是否受理直接关系到执行案件的走向，是否需要恢复执行，均与被执行人、申请人直接相关；且移送破产审查以及破产程序的启动都需要具有破产申请权人的意思表示，被执行人或者申请执行人作出同意表示移送破产审查的意思表示其实质乃相当于申请被执行人破产后，其意思表示是否最终得到回应，需要具有知情权及必要的途径来加以保证。是以，《执行移送破产审查意见》第14条规定：“申请执行人申请或同意移送破产审查的，裁定书中以该申请执行人为申请人，被执行人为被申请人；被执行人申请或同意移送破产审查的，裁定书中以该被执行人为申请人；申请执行人、被执行人均同意移送破产审查的，双方均为申请人。”第13条规定，受移送法院作出裁定后，应当在5日内送达申请执行人、被执行人。

（四）破产审查移送案件审查后受理破产申请的效力

受移送法院对执行法院移送破产审查的案件进行审查后，认为被移送审查人具有破产能力及破产原裁定受理破产申请的，针对被移送审查人的破产程序即行启动，会产生《企业破产法》规定的所有法律后果，如所有针对债务人财产所采取的查封、扣押、冻结措施都应当依法解除；债权人的债权不论到期与否均在破产申请受理之日起到期；主债权的利息、滞纳金均计算至破产申请受理之日，之后不再计算，等等。对这，《破产审判纪要》第42条“破产案件受理后查封措施的解除或查封财产的移送”规定：“执行法院收到破产申请受理裁定后，应当解除对债务人财产的查封、扣押、冻结措施；或者根据破产申请受理法院的要求，出具函件将查封、扣押、冻结财产的处置权交破产申请受理法院。破产申请受理法院可以持执行法院的移送处置函件进行续行查封、扣押、冻结，解除查封、扣押、冻结，或者予以处置。执行法院收到破产申请受理裁定拒不解除查封、扣押、冻结措施的，破产申请受理法院可以请求执行法院的上级法院依法予以纠正。”除此之外，针对移送破产审查案件转为破产案件这一程序的特殊性，考虑到破产程序与执行程序之间的关联性，有关司法解释就破产移送审查案件转为破产案件的后果根据实际情况作了一些特别的规定，需要加以注意：

1. 执行费用由债务人财产随时进行清偿。破产申请受理后，有关债务人财产的评估费、鉴定费、公告费、保管费、拍卖费等必要费用，属于破产费用，由债务人财产随时清偿。在破产申请受理前的执行程序中产生的评估费、公告费、保管费等执行费用，本不属于破产费用的范围。但考虑到，此种因为执转破制度适用而在破产申请受理之前的执行程序中所产生的各种各样的执行费用，乃为对被执行人财产采取保全、拍卖等执行措施所必需；而这种费用的性质与破产程序中针对债务人财产所进行诸如评估、鉴定、公告、通知、保管、仓储、拍卖、变卖等保全、处价、分配所产生的必要费用并无本质区别；[①] 且执行程序中所采取的这些措施及其成果在未执行完毕前，均要移交破产申请受理法院处置，即由后面的破产程序接受执行程序已经获得的成果。故，之前的执行费用可以参照破产费用的规定，从债务人财产中随时清偿。不然，执行法院与破产申请受理法院之间可能会因为执行费用的承担而在移送已经取得的执行成果上相互扯皮。

应当指出，将执行案件移送破产审查的执行法院，其针对被执行人财产的执行程序中有关执行费用，按照上述司法解释的规定，可以参照破产费用随时清偿。对于其他执行法院针对被执行人财产的执行程序中的执行费用，能否参照破产费用进行处理，从文义上来讲，应当包括，是否能够包括，还需要司法解释予以明示。

此外，由执行程序通过执转破制度的适用转为破产程序，之前的执行程序的执行费用，应是指相对于没有执行完毕的财产所产生的相关执行费用。某一财产已被执行完毕的，相应的执行费用应由执行完毕的财产支付，而不能转嫁给没有执行完毕的财产即破产程序中的债务人财产来予以承担。

还有，执行法院通过执转破制度适用转换为破产程序后，有关执行程序的执行费用，可以参照破产费用随时清偿，这一规定只能适用于由执行程序转换为破产程序的案件。对于不是通过执转破制度的适用而通过债务人、债权人等破产申请权人依法申请而进行的破产案件，之前针对债务人财产的执行程序中产生的执行费用，不宜根据《执行移送破产审查意见》第 15 条的规定参照破产费用加以处理。

---

① 王富博：《〈关于执行案件移送破产审查若干问题的指导意见〉的理解与适用》，载人民法院出版社编著：《司法解释理解与适用全集·企业破产卷》，人民法院出版社 2018 年版，第 994 页。

2. 将未执行完毕的财产移交受理破产申请的人民法院或者管理人。受移送法院对于执行法院移送破产审查的案件经过审查后作出破产申请受理裁定的，在此之前尚未执行完毕的财产，均属已经进入破产程序的债务人财产，需要移送裁定受理破产申请的人民法院统一对债务人的所有债权依法进行公平清偿，而不能将没有执行完毕的财产继续执行而交付申请执行人，否则就是进行个别清偿，要加以否定。至于已经执行完毕的财产，如因为拍卖等依法处分转为第三人所有，或者因为抵债而归申请执行人所有，或者将拍卖等处置而得的执行价款已经通过转账、汇款、现金交付等形式交给了申请执行人等的，均已不再属于债务人财产，自不存在再移交给裁定受理破产申请的人民法院的问题。对此，《企业破产案件规定》第 68 条规定："债务人的财产被采取民事诉讼执行措施，在受理破产案件后尚未执行的或者未执行完毕的剩余部分，在该企业被宣告破产后列入破产财产。因错误执行应当执行回转的财产，在执行回转后列入破产财产。"《执行移送破产审查意见》第 16 条规定："执行法院收到受移送法院受理裁定后，应当于 7 日内将已经扣划到账的银行存款、实际扣押的动产、有价证券等被执行人财产移交给受理破产案件的法院或管理人。"第 17 条规定："执行法院收到受移送法院受理裁定时，已通过拍卖程序处置且成交裁定已送达买受人的拍卖财产，通过以物抵债偿还债务且抵债裁定已送达债权人的抵债财产，已完成转账、汇款、现金交付的执行款，因财产所有权已经发生变动，不属于被执行人的财产，不再移交。"对此，应当注意以下几点：

一是，移交未执行完毕财产的主体为执行法院。这里的执行法院，既包括将执行案件移送破产审查的执行法院，又包括未将执行案件移送破产审查的其他执行法院。未执行完毕的财产，尚应归属于进入破产程序的被执行人所有，在破产程序中均属于破产债务人财产的范围，无论在谁手上，都应移送至管理人处以统一处置而用于债权人依法按顺位公平清偿。因此，不论是移送破产审查的执行法院还是没有移送破产审查的其他执行法院，因为执行程序采取执行措施所控制、占有的财产，如已经扣划到账的银行存款、实际扣押的动产、有价证券等财产都应依法予以移交至破产程序中加以处理。

二是，接受未执行完毕财产移交的主体为人民法院或者管理人。在破产程序中，债务人的财产要由管理人统一管理，管理人接受移送自无任何障碍。然而，有的进入破产程序后，管理人尚未能及时到位的现象时有发生，而且法院之间基于工作联系方便等原因直接将未执行完毕的财产移送给受理破产申请的人民法院的现象则更为常见。为了方便执行法院移送未执行完毕的财产，执行法院也可以直接将未执行完毕的财产移送给受理破产申请的人民法院，人民法院在接受移交后再转至管理人处，不会给进入破产程序的被执行人财产造成任何影响。相反，还有利于进入破产程序的被执行人财产及时统一归属于破产程序中。

三是，执行法院向受理破产申请的人民法院或管理人移交的财产，乃为被执行人尚未执行完毕的财产，对于已经执行完毕的财产，自不再存在移交的问题，具体又包括两种情形：

第一种情形是对未执行完毕标的物的移交。执行标的，本属被执行人的财产，其还未因为执行措施等改变原有存在的形态、所有主体等，如仍旧冻结在债务人账户中的资金，查封、扣押尚未进行拍卖、变卖等转让处分行为的实物、股权等，在未执行完毕前，属于被执行人财产，所有权还未转移，在被执行人进入破产程序后，执行法院应当将之移交给裁定破产申请受理法院。一般情况下，对于尚未通过执行程序依法转让处分的债务人财产，或者通过执行程序依法转让处分已经将债务人财产交付给受让人，如动产已经交由受让人占有；不动产等依法应当进行转让登记的财产已经进行了转让登记等，对之归属的认定不会产生争议，如前者因为还没有实施转让行为仍属于被执行人财产；后者因为转让行为已经完成，财产的所有权已经由被执行人转移给受让人而不再属于被执行人所有。可是，对于转让的意思表示行为已经结束，如已经通过拍卖、变卖等执行行为将执行标的进行了转让意思表示，受让人尚未交付转让款或者已经交付了部分或者已经全部交付了全部转让款，被执行人的财产还没有交付完毕，即动产还未交付给受让人占有，不动产等需要进行转让登记才能转移所有权的财产还未完成转让登记，尤其是在一些人拖延甚至拒不执行生效法律文书致使执行未能正常及时进行而未完成转让登记的情况下，如何认定该财产的有关执行是否执行完毕，无论是理论界还是司法实践界，均是仁者见仁，智者见智：有人认为，人民法院已经作出执行裁定，基于一些未能办理转移登记手续的原因是源于有关部门的不予配合等造成的，主张“涉及登记过户的，执行法院作出的产权转移的裁判文书生效时即视为执行程序终结”。① 有的主张：“执行标的需要过户登记的，执行程序于执行法院发出的协助执行裁判文书生效时终结。”② 即使是最高人民法院先后出台的系列司法解释，也因法律的变化前后有所不同。《企业破产案件规定》第 68 条曾经规定：“债务人的财产被采取民事诉讼执行措施的，在受理破产案件后尚未执行的或者未执行完毕的剩余部分，在该企业被宣告破产

① 吴庆宝、王建平主编：《破产案件裁判标准规范》，人民法院出版社 2009 年版，第 57 页。

② 最高人民法院民事审判第二庭编著：《最高人民法院关于企业破产法司法解释理解与适用》，人民法院出版社 2017 年版，第 152 页。

后列入破产财产。因错误执行应当执行回转的财产，在执行回转后列入破产财产。”最高人民法院曾于2004年12月22日《关于如何理解〈最高人民法院关于破产法司法解释〉第六十八条的请示的答复》（〔2003〕民二他字第52号）指出：“人民法院受理破产案件前，针对债务人的财产，已经启动了执行程序，但该执行程序在人民法院受理破产案件后仅作出了执行裁定，尚未将财产交付给申请人的，不属于司法解释指的执行完毕的情形，该财产在债务人被宣告破产后应列入破产财产。但注意以下情况：一、正在进行的执行程序不仅作出了生效的执行裁定，而且就被执行财产的处理履行了必要的评估拍卖程序，相关人已支付了对价，此时虽未办理变更登记手续，且非该相关人的过错，应视为执行财产已向申请人交付，该执行已完毕，该财产不应列入破产财产；二、人民法院针对被执行财产采取了相应执行措施，该财产已脱离债务人实际控制，视为已向权利人交付，该执行已完毕，该财产不应列入破产财产。”① 随后的《拍卖、变卖财产规定》第29条则规定，动产拍卖成交或者抵债后，其所有权自该动产交付时起转移给买受人或者承受人。不动产、有登记的特定动产或者其他财产权拍卖成交或者抵债后，该不动产、特定动产的所有权、其他财产权自拍卖成交或者抵债裁定送达买受人或者承受人时起转移。以交付作为物权变动的根据，对于动产而言一般没有问题（法律另有规定的固然需要依照法律规定），对于需要进行物权变更登记的不动产来说，则不适合。另外，在拍卖中以买受人支付价款作为受让财产物权的变动标准，在比较法上虽有例可循，如《日本民事执行法》第79条规定，当买受人交付价款时取得不动产，并未为我国法律采纳。《民法典》第224条规定：“动产物权的设立和转让，自交付时发生效力，但是法律另有规定的除外。”第229条规定：“因人民法院、仲裁机构的法律文书或者人民政府的征收决定等，导致物权设立、变更、转让或者消灭的，自法律文书或者征收决定等生效时发生效力。”第230条规定：“因继承取得物权的，自继承开始时发生效力。”第231条规定：“因合法建造、拆除房屋等事实行为设立或者消灭物权的，自事实行为成就时发生效力。”第232条规定：“处分依照本节规定享有的不动产物权，依照法律规定需要办理登记的，未经登记，不发生物权效力。”据此，确立了动产、不动产物权变更除非法律另有规定，应以动产交付、不动产变更登记为标志的基本原则。《物权法解释（一）》第7条规定：

① 该答复已被最高人民法院2017年12月12日发布实施的《最高人民法院关于对重庆中院〈关于破产申请受理前已经划扣到执行法院账户尚未支付给申请执行人的款项是否属于债务人财产及执行法院收到破产管理人中止执行告知函后应否中止执行问题的请示〉的答复函》（〔2017〕最高法民他72号）予以废止。

“人民法院、仲裁委员会在分割共有不动产或者动产等案件中作出并依法生效的改变原有物权关系的判决书、裁决书、调解书，以及人民法院在执行程序中作出的拍卖成交裁定书、以物抵债裁定书，应当认定为《物权法》第二十八条[①]所称导致物权设立、变更、转让或者消灭的人民法院、仲裁委员会的法律文书。”《民事诉讼法解释》第493条规定：“拍卖成交或者依法定程序裁定以物抵债的，标的物所有权自拍卖成交裁定或者抵债裁定送达买受人或者接受抵债物的债权人时转移。”基此，后面有关物权的法律规定当时为《物权法》的规定，在该法实施前后的司法解释规定存有差异而相互矛盾的，需要依照后面实施且有效的有关物权规定的法律及其司法解释规定予以办理。在执行程序转为破产程序后，《执行移送破产审查意见》第17条就执行标的是否执行完毕、是否归属于被执行人进一步作了明确规定，将“已通过拍卖程序处置且成交裁定已送达买受人的拍卖财产，通过以物抵债偿还债务且抵债裁定已送达债权人的抵债财产”排除在被执行人的财产之外，与后面实施且有效的有关物权规定的法律规定保持一致，需要加以注意。

综上，除非法律另有规定，不需要登记的动产以交付作为所有权转移的标志，需要登记才发生物权变动的不动产则以办理转移登记手续作为所有权转移的标志。因此，是否执行完毕对于不需登记的动产与需要登记的不动产，在破产案件中，应以所有权转移即物权变动的标志行为作为执行完毕的判断根据。具体来说，根据现在实施的《民法典》有关物权的法律规定，动产应以交付、不动产应以变更登记作为物权变更即所有权发生转移的标志，但法律及其司法解释另有规定的除外。这是其一。

其二，在司法实践中，确实有些部门对执行裁定不积极协助甚至拒不执行，导致登记未能及时办理，致使在破产申请受理时本来可以办理登记而能够完成的执行程序未能完成。但对于动产而言，同样存在持有者不积极配合或者拒不执行而致本来可以交付而能够完成的执行程序未能完成的现象。所以，对两者应当采取同一标准待之，而不能基于相同原因造成执行程序未能完成而采取不同标准对待，即一是认为没有执行完毕，另一却又认为已经执行完毕。

其三，对于一些部门不积极协助甚至拒不办理登记手续的行为，执行机构完全可以依法采取有关强制措施以保证及时执行。办理登记手续并非是一件难事，只要很短的时间，加强执行力度，完全可以做到。

其四，对需要办理登记手续的不动产，以是否办理转移登记手续为执行

① 现为《民法典》第229条。

程序是否执行完毕的标准，简洁、明确，易于操作。当然，没有执行完毕的财产，在破产程序中依法予以中止，并不必然意味着被执行的财产就是破产财产，而非申请人的财产。如机动车辆的买卖，出卖人已经将车辆交付给买受人，即使没有登记，根据《民法典》第225条关于“船舶、航空器和机动车等的物权的设立、变更、转让和消灭，未经登记，不得对抗善意第三人”的规定，该登记仅为对抗要件，而非所有权转移的公示，即该登记并不影响船舶、航空器和机动车等物权的设立、变更、转让和消灭，只是产生不得对抗善意第三人的效力，该机动车辆也不再属于出卖人，而属于买受人。出卖人破产的，已经出售并交付给买受人的机动车辆，不能以破产财产论处。

其五，以办理登记手续为标准判断是否执行完毕，即使可能因为一些部门不积极协助甚至拒不执行等行为而造成损害，这种损害仍只限于个别债权人。然则，不以此为标准，就可能引起其他众多债权人的质疑，尤其是在裁判文书确定产权转移的时间接近甚至临近破产申请受理的时间时，更是这样，可能引发众人的不满，进而影响破产程序的正常进行，甚至危及社会稳定。

第二种情形是对未交付给申请执行人的执行价款的移交。执行法院将冻结的被执行人账户中的款项依法扣划至执行法院账户，执行标的转让后受让人支付给人民法院的转让价款包括支付的现金，通过转账、汇款至人民法院账户中的款项，这些通过执行程序所得到的执行价款，已经不是被执行人所享有原始状态的财产，而是转化为由人民法院占有的货币财产。根据货币所有权实行“占有即所有”或称“所有和占有一致”的公示原则，执行价款的所有权实际已经归属于执行法院，不再归属于被执行人。当然，执行价款尚未支付给申请执行人的，也不属于申请执行人的财产。执行法院对于执行价款尽管因为暂时占有而具有所有权，其最终仍不具有所有权。从该执行价款的最终所有权属性来讲，要么属于被执行人，要么属于申请执行人，谁最终具有所有权的，就应当交付给谁。对这，无论是理论上还是实践中，均有不同看法。基于申请执行人申请执行的目的在于使其债权得到清偿，执行法院针对被执行人所采取的查封、扣押、冻结等保全措施，以及通过拍卖、变卖等处分措施得到变价款，在未交付给申请执行人之前，无疑不能认为其债权已经得到了清偿。此时，申请执行及其执行程序适用的目的还没有达到，针对被执行人财产的执行程序还需要继续进行，且不能依法终结，固然不能认为已经执行完毕。[①] 事实上，从执行行为的实施过程来看，执行行为包括两个环节：(1) 将被执行人的财产转变为货币财产而由人民法院予以占有控制，

---

① 江伟主编：《民事诉讼法》（第三版），高等教育出版社2007年版，第455页。

如将被执行人账户上的现金划至人民法院账户，将被执行人的财产变价后将执行价款划至人民法院账户等；（2）将上述执行价款依法交付给申请执行人。只有在这两个环节的行为全部完成后，针对被执行人财产的执行行为才算全部完成。在执行价款因为扣划等而转至人民法院的账户后但未交付给申请执行人的情况下，不能认为有关执行行为及其程序已经完毕。在司法实践中，根据《民事诉讼法解释》第508条关于“被执行人为公民或者其他组织，在执行程序开始后，被执行人的其他已经取得执行依据的债权人发现被执行人的财产不能清偿所有债权的，可以向人民法院申请参与分配。对人民法院查封、扣押、冻结的财产有优先权、担保物权的债权人，可以直接申请参与分配，主张优先受偿权”的规定，以及第509条第2款关于“参与分配申请应当在执行程序开始后，被执行人的财产执行终结前提出”的规定，执行法院在执行价款划转至账户后未交付给申请执行人前，被执行人的其他已经取得执行根据的债权人发现被执行人的财产不能清偿所有债权的均有权向执行法院提出参与分配申请；执行程序的终结与否，也非以执行价款等划转至执行法院的账户为准，而是以执行价款是否交付给申请执行人为准。如此，从司法实践的普遍认同及其做法来看，被执行人的执行价款划转至执行法院账户后在未交付给申请执行人之前，均被认为执行行为及其程序尚未完成，有关价款的最终所有权依然属于被执行人而非属于申请执行人。另外，从所有权等物权的变动规则来看，作为动产的执行价款要在被执行人与申请执行人之间发生所有权变动的法律后果，必须完成交付要件。在执行法院将被执行人被冻结的款项扣划至法院账户后还未交付给申请执行人的，交付这一公示行为尚未完成，不能发生这一款项的所有权从被执行人至申请执行人的转移及变动。还有，执行程序只是解决申请执行人的债权清偿问题，破产程序则要解决所有债权人的债权清偿问题。为了维护全体债权人的利益，保证所有债权人的债权在破产程序中得以公平清偿，在破产程序进行后以及在破产程序启动之前的一定时间内，影响全体债权人利益的个别清偿行为均应予以中止。倘若在扣划至人民法院账户的执行价款尚未交付给申请执行人前，这一个别清偿行为乃未结束，应当中止，不然就会损害已经进入破产程序的被执行人其他所有债权人的利益，从而与破产法公平清偿所有债权人的债权的立法意旨相背。[①] 是以，执行法院通过扣划被执行人账户中的款项，以及拍卖、变卖被执行人财产所获得的价款，都应属于尚未执行完毕的财产，从其所有权的最终归属来讲，则属于被执行人所有。对此，《执行移送破产审查意见》

① 贺小荣主编：《最高人民法院民事审判第二庭法官会议纪要——追寻裁判背后的法理》，人民法院出版社2018年版，第131～133页。

第16条、第17条分别规定："执行法院收到受移送法院受理裁定后，应当于七日内将已经扣划到账的银行存款、实际扣押的动产、有价证券等被执行人财产移交给受理破产案件的法院或管理人"；"执行法院收到受移送法院受理裁定时，已通过拍卖程序处置且成交裁定已送达买受人的拍卖财产，通过以物抵债偿还债务且抵债裁定已送达债权人的抵债财产，已完成转账、汇款、现金交付的执行款，因财产所有权已经发生变动，不属于被执行人的财产，不再移交"，这就从正反面规定了已经划转至执行法院的执行价款的所有权归属标准，对于破产程序中正确认定此种执行价款的性质，解决执行法院与破产申请受理法院之间的相互掣肘而影响破产程序的正常进行具有极为重要的现实意义，需要全面遵照执行。

需要注意的是，在执行程序中，被执行人的执行价款划转至执行法院的账户后，本来可以在破产申请受理前依法交付给申请执行人，可因执行法院的故意拖延交付等消极行为导致未能及时执行，损害了申请执行人的合法权益。这时，申请执行人的权益如何得到救济，也需得到考虑。"但财产是否发生权属变动与是否变动的原因不可混淆。权属是否发生变动属于客观事实，衡量标准宜统一、明确，符合法律规定，具有法理依据，便于操作执行。对于执行法院工作人员出于主观原因消极执行、怠于执行等造成申请执行人损失的，可以通过国家赔偿予以救济，法院内部则应追究相关人员的责任，以此倒逼规范执行行为，而不宜通过改变法律规则，增加例外情形加以解决。如执行法院工作人员对款项尚未交付给申请执行人并无过错，则该项损失属于申请执行人的交易风险，应由其自行承担。"①

应当指出，有关司法解释虽然明确规定，对被执行人账户中已经扣划的存款要依法移送给受理破产申请的人民法院或者管理人，对因拍卖、变卖等财产而取得的执行价款则没有明确，但如前所述，后面这种执行价款与从被执行人账户中已经扣划的银行存款其性质完全一样，均属被执行人财产，在被执行人进入破产程序后，需要依法予以移送。

还应指出，执行法院对申请执行人申请执行的具有优先受偿权的财产，如抵押财产等，经过拍卖、变卖等处分措施所获得的执行价款，如前所述，也要移送至受理破产申请的人民法院或者管理人。鉴于申请执行人对所处分财产的价款具有优先受偿权，则可直接用于清偿申请执行人的优先受偿债权，这既不会损害进入破产程序的被执行人的其他债权人的利益，又不会违反破产程序有关优先受偿权的债权清偿原则，反而不致因为这种不必要的移送破

---

① 贺小荣主编：《最高人民法院民事审判第二庭法官会议纪要——追寻裁判背后的法理》，人民法院出版社2018年版，第134页。

产程序延迟清偿而损害申请执行人的利益。当然，对于抵押财产等负有相应优先受偿权财产的执行价款，清偿完毕相应的优先受偿债权后尚有剩余的，需要依法予以移交。

四是，对未执行完毕的财产不予移交的法律后果。人民法院受理破产申请后，有关债务人财产的执行程序均应当中止，所采取的财产保全措施均应予以解除，已经获得的执行价款、扣押的财产都应依法移交。不依法移交，继续执行债务人财产，或将执行价款交付给债务人或将有关财产裁定用于抵债等，尽管由人民法院通过执行程序所为，可因执行程序严重违法，依旧属于满足个别债权人利益的恶意个别清偿，不应允许，需要依法执行回转，以归属于债务人财产而用于全体债权人依法按顺位公平清偿。

（五）破产审查移送案件审查后不受理破产申请的效力

执行法院将执行案件移送破产审查会产生执行程序等中止执行的法律后果，受移送法院经过审查裁定受理破产申请会产生执行法院应当移交尚未执行完毕财产等的法律后果，同样受移送法院经过审查后裁定不予受理破产申请或者在受理破产申请后又驳回破产申请的，亦会产生相应的法律后果，以与执行程序移送破产审查、被移送法院受理破产申请所产生的法律后果相衔接。这种法律后果，根据《执行移送破产审查意见》第 18 条关于“受移送法院作出不予受理或驳回申请裁定的，应当在裁定生效后七日内将接收的材料、被执行人的财产退回执行法院，执行法院应当恢复对被执行人的执行”的规定，具体说来，包括 3 个方面：

1. 向移送法院退回所移送的材料。人民法院对于执行程序移送破产审查的案件裁定不予受理破产申请或者驳回破产申请的，被执行人未进入破产程序，有关执行程序依然需要继续进行，执行法院移送的有关材料，对于执行程序还可能存在一定作用。故，根据司法解释的规定，受移送法院应当将执行法院所移送的材料予以退还。至于退还的时间乃是不予受理或者驳回申请的裁定生效后的 7 日内，而不是裁定送达后的 7 日内。因为对于这种不予受理破产申请或者驳回破产申请的裁定，根据《企业破产法》第 12 条关于“人民法院裁定不受理破产申请的，应当自裁定作出之日起五日内送达申请人并说明理由。申请人对裁定不服的，可以自裁定送达之日起十日内向上一级人民法院提起上诉。人民法院受理破产申请后至破产宣告前，经审查发现债务人不符合本法第二条规定情形的，可以裁定驳回申请。申请人对裁定不服的，可以自裁定送达之日起十日内向上一级人民法院提起上诉”的规定，可以依法上诉。上诉后，上一级人民法院予以维持不予受理或者驳回申请的裁定，才属生效裁定，才能产生向移送法院退回所移送的材料的法律后果。上述有权对不予受理或者驳回破产申请裁定上诉的申请人，既包括主动申请执行法院移送破产审查的申请人，又包括执行法院向其征求是否同意移送破产审查的意见时表示同意的申请人。

2. 向移交财产的法院退还所移送的财产。人民法院受理破产申请后，执行法院应当向受理破产申请的人民法院移交被执行人尚未执行完毕的财产。然在破产案件的审理过程中于破产宣告前发现债务人不符合破产条件而驳回破产申请的，有关破产程序结束，申请执行人的债权清偿不能通过破产程序清偿，则又回到执行程序来加以解决。因此，受移送法院将执行法院移交的尚未执行完毕的财产退还给移交的执行法院，乃就成为必然。至于退还的时间，与向移送法院退回有关材料一样，同样是不予受理破产申请或者驳回破产申请的裁定生效后7日内，对此无需再述。

3. 执行法院对被执行人恢复执行。即在受移送法院依法裁定不予受理破产申请或者驳回破产申请后，以前已经中止的执行程序需要恢复而继续执行，进而按照《民事诉讼法》及其有关执行程序的司法解释，清偿申请执行人及其他债权人的债权。对这，应当按照《民事诉讼法解释》第516条关于“当事人不同意移送破产审查或者被执行人住所地人民法院不受理破产案件的，执行法院就执行变价所得财产，在扣除执行费用及清偿优先受偿的债权后，对于普通债权，按照财产保全和执行中查封、扣押、冻结财产的先后顺序清偿”的规定予以清偿。

4. 执行法院不得再行启动执行案件移送破产审查程序，即对同一被执行人，不能重复适用执转破制度，以防止反复移送、相互推卸而损害申请执行人利益的现象发生。尤其是同意移送破产审查的人一致的情况下，允许反复适用，实际是对同一申请破产的人意图在裁定不予受理破产申请或者驳回破产申请的裁定生效后再度对同一请求予以审查，有关裁定的效力、权威就无法得到贯彻，司法资源也得不到有效利用，还一定程度上可能成为被执行人阻止执行程序依法进行的手段，增加申请执行人等债权人维护自身权利的成本，浪费司法资源，需要否定。

应当指出，执行法院不得重复适用执转破制度，既包括原来已经将执行案件移送破产审查的执行法院，又包括原来没有将执行案件移送破产审查的其他执行法院。如果允许后者仍然可以适用，那么，在同意移送破产审查为被执行人或者处于多个法院执行程序中的申请执行人地位的情况下，就可以借用其他执行法院再次启动破产审查程序，其与上述的同意移送人在同一执行程序中以发现新证据足以证明被执行人具有破产原因等为由而提出移送破产审查的要求并无本质区别，应当加以否定。

当然，禁止重复移送破产审查，并不妨碍被执行人依法进入破产程序。被执行人或者申请执行人认为被执行人具有破产原因的，虽不通过执转破制度的适用而进入破产程序，仍可以根据《企业破产法》的有关规定直接向债务人住所地人民法院申请债务人破产，有管辖权的人民法院应当依法审查决定是否裁定受理破产申请。

综上所述，《执行移送破产审查意见》第19条于是规定，受移送法院作出不予受理或驳回申请的裁定后，人民法院不得重复启动执行案件移送破产审查程序。申请执行人或被执行人以有新证据足以证明被执行人已经具备了破产原因为由，再次要求将执行案件移送破产审查的，人民法院不予支持。但是，申请执行人或被执行人可以直接向具有管辖权的法院提出破产申请。

六、执转破制度适用的监督与信息联通

（一）执转破制度适用的监督

执转破制度的适用，可能导致被执行人依法进入破产程序，不仅涉及移送破产审查双方法院的关系，而且亦涉及其他所有执行法院与受移送法院的关系，还涉及被执行人、申请执行人以及被执行人所有债权人之间的利益关系，完全可以说错综复杂，加上地方保护主义，被执行人与申请执行人、其他债权人之间的利益诉求并不完全一致甚至相互对立，司法环境尚不理想等各种各样原因的叠加，在执行案件移送破产审查的过程中，相互掣肘而不和谐的现象在所难免，从而影响该制度的适用效率及其功能，进而对被执行人、申请执行人及其他债权人的利益造成这样或那样的影响。为了避免这种不和谐现象的发生，提高司法效率，《执行移送破产审查意见》第21条规定，受移送法院拒绝接收移送的材料，或者收到移送的材料后不按规定的期限作出是否受理裁定的，执行法院可函请受移送法院的上一级法院进行监督。上一级法院收到函件后应当指令受移送法院在10日内接收材料或作出是否受理的裁定。受移送法院收到上级法院的通知后，10日内仍不接收材料或不作出是否受理裁定的，上一级法院可以径行对移送破产审查的案件行使管辖权。上一级法院裁定受理破产案件的，可以指令受移送法院审理。《破产审判纪要》第44条规定，强化执行转破产工作的考核与管理。各级法院要结合工作实际建立执行转破产工作考核机制，科学设置考核指标，推动执行转破产工作开展。对应当征询当事人意见不征询、应当提交移送审查不提交、受移送法院违反相关规定拒不接收执行转破产材料或者拒绝立案的，除应当纳入绩效考核和业绩考评体系外，还应当公开通报和严肃追究相关人员的责任，就执转破制度的适用明确规定了监督制约机制，从监督机制启动的原因、途径及其

监督范围、处置方式等方面作了规范，具体包括：

1. 监督机制启动的主体，乃是将执行案件移送破产审查的执行法院。

2. 监督机制启动的原因，乃是受移送法院拒绝接收移送的材料，或者收到执行法院移送的材料后不按规定的期限作出是否受理的裁定。

3. 监督提起的途径及方式，乃是执行法院向受移送法院的上一级法院要求对受移送法院有关执行案件移送破产审查的不作为或者不及时作为的行为进行监督，要求依法予以纠正。至于监督的方式，既可以到上一级法院明确提出要求，也可以通过书面函请的方式进行。

4. 监督的内容，包括有关执转破制度适用的各个方面，包括应当移送审查进行相关工作，如对应当征询当事人意见不征询、应当提交移送审查不提交、受移送法院违反相关规定拒不接收执转破程序的材料或者拒绝立案、拒不中止执行案件的执行、拒不移送执行标的物、执行价款等等不作为行为，又包括为了推卸责任而将不符合条件的执行案件加以移送，以及反复移送等等不正当的甚至玩忽职守、滥用职权的行为。

5. 监督要求的处理及后果，乃为上一级法院应当及时加以处理：首先应当指令受移送法院在10日内接收材料或作出是否受理的裁定。其次是在受移送法院收到上级法院的通知后，10日内仍不接收材料或不作出是否受理裁定的，上一级法院可以径行对移送破产审查的案件行使管辖权，然后及时作出受理破产申请或者不受理破产申请的裁定。最后是在上一级法院裁定受理破产案件的情况下，则可以指令受移送法院对受理的破产案件加以审理。除在程序上加以补救外，对于应当征询当事人意见不征询、应当提交移送审查不提交、受移送法院违反相关规定拒不接收执行法院移送破产审查的材料或者拒绝立案的，还应当纳入绩效考核和业绩考评体系，予以公开通报，并严肃追究相关人员的责任。

（二）执转破制度适用的信息联通

破产程序作为一种概括执行程序，与根据《民事诉讼法》有关规定针对个别案件执行的执行程序在法律性质上尽管存在区别，但其实乃都是以债务人的财产强制清偿其所负债务：前者不过是以债务人所有财产清偿其所有负债；后者则是以其个别财产清偿其个别债务，对债务人财产所采取的诸如查询、搜查、查封、扣押、冻结、处分等措施，大致相同；有关债务人的信息，如出资人、财产、债务等情形，无论是执行程序还是破产程序，都需要了解。不过，破产程序相对来说更为全面、详细。这样，对于执行程序中针对债务人及其财产、所负债务等了解的信息，也属于破产程序中所要了解的情况。为了避免重复查询、搜查、了解相关信息的重复工作，节省司法资源，降低司法成本，提高司法效率，将执行程序中有关债务人及其财产、债务的信息与破产程序共享，自有必要。而且，在现代信息的储存、交流、保密等功能随着科学技术已经取得巨大进步的情况下，也成为可能。2014 年，最高人民法院与 16 个有关单位及金融机构进行合作，就公民、单位财产建立了全国统一的网络查控系统，称之为“总对总”网络查控系统。通过这一系统，以信息化、网络化、自动化手段，执行法院可以在全国范围内查控被执行人及其财产。在“总对总”网络查控系统的基础上，各地人民法院有的又与本地一些单位如国土房产管理部门、公积金中心、银行等单位合作建立了所在范围内的网络执行查控系统，称之为“点对点”网络查控系统。执行程序中，执行法官可以进入两个网络查控系统进行查询，有利于广泛、迅速查找被执行人的财产。可在执行程序转入破产程序后，由于“总对总”网络执行查控系统目前仅对执行案件开放，未对破产案件开放，破产案件审判法官无法通过这一系统全面查询、了解、掌握债务人的财产状况。至于“点对点”网络查控系统，由各地法院建立，破产程序虽可以使用，然使用范围相对有限。《破产审判纪要》第 43 条第 1 款（破产审判部门与执行部门的信息共享）为此规定：“破产申请受理法院可以利用执行查控系统查控债务人财产，提高破产审判工作效率，执行部门应予以配合。”

第七节　破产申请受理效力

一、破产申请受理效力的概念与特征

破产申请受理效力，是指人民法院对破产申请予以受理后依法在一段时间内对有关主体及其行为产生的积极的或者消极的作用与影响。债务人、债权人及与之相关主体都要受到裁定的约束，不能违反；有关主体都要按照法律规定作为或不作为，并产生相应的后果及其责任。简言之，就是破产申请受理裁定依法对相关主体所产生的作为与不作为的拘束力。其具有以下主要特征：

（一）破产申请受理效力，是破产申请受理裁定对相关主体及其行为所产生的效力，具有特定性

破产申请受理裁定，是破产法律在某一破产案件中的具体化，其一旦作出便依法产生相应的作用与效果。这种作用的对象与效果产生的范围，并不

具有法律效力的普遍性、反复性等基本特征，只是发生在与裁定相关的特定的主体及其行为内，与裁定无关的其他人则不受破产申请受理裁定的约束，不会由此必须相应作出积极的或者消极的行为，破产申请受理裁定的效力具有特定性，不能任意扩大破产申请受理裁定效力的对象与范围。

（二）破产申请受理效力，是破产申请受理裁定对相关主体依法产生的效力，具有法定性

破产申请受理裁定作出后，要对相关主体产生积极的或者消极的影响，要求相应人应当作出一定的作为，或者不应当作出一定的作为即应当作出一定的不作为，会给其带来各种各样的影响与作用。这种影响与作用需要明确、严格，不能随意、模糊而叫人无所适从。换句话说，破产申请受理裁定对特定人所产生的具体效力即产生何种影响，对相关主体及其行为有何要求，是由法律规定的，需要相关主体严格遵守，否则就要承担相应的法律责任。如破产申请受理裁定后，债务人不能对个别债权人的债权进行个别清偿；受理前已经开始的有关债务人的诉讼，应当中止，等等，都为法律明确规定，不然就可能会对相关主体的合法权益造成侵犯。

（三）破产申请受理效力，从内容上来说，具有多样性

破产申请受理效力，会对相关主体及其行为产生一定作用与影响，这种作用与影响从内容上来说，既包括积极的影响，又包括消极的影响；既包括实体方面的影响，又包括程序方面的影响，等等，表现为多样性。积极的影响，如要求债务人作出提交财产状况说明、债务清册、债权清册等有关资料的积极行为，向管理人移交财产等；消极的影响，如要求债务人作出消极的不作为，停止与破产清算程序无关的生产经营服务活动，不得对部分债权人个别清偿债务，不得隐匿、转移财产等；实体方面的影响，如对部分债权人进行个别清偿损害其他债权人合法权益的行为无效；程序方面的影响，如受理破产申请后有关债务人的诉讼都要向受理破产申请的人民法院提起，等等。

（四）破产申请受理效力，从时间上来说，具有特定性

破产申请受理效力，会对相关主体及其行为产生一定作用与影响，这种作用与影响从时间上来说，是在特定的时间范围内，不能任意提前与推后。否则，会对相关主体的合法权益造成侵害。破产申请受理标志着破产程序的开始，破产程序一旦开始，就要对相关主体及其行为产生效力。因此，破产申请受理裁定的效力开始于破产申请受理之日。破产程序作为一种特别程序，自破产申请受理之日即发生效力，不允许上诉。所谓破产申请受理之日，即为破产申请裁定作出之日，具体而言为破产申请受理裁定书由人民法院落款盖章的时间。这点与一般民事诉讼中的裁定不同，后者生效的时间为裁定送

达之日才能对相关主体产生效力。这是因为，一般民事诉讼程序的裁定，其效力范围针对少数的特定人；而破产申请受理裁定一旦作出，不仅对申请人产生效力，而且会对申请人之外的许多与之相关的关系人都会产生效力，其不可能一一送达，即使能够送达，也因人数众多，送达时间不一，以送达之日作为生效的时间，就会造成生效时间无法一致。另外，如果不规定自裁定作出之日作为破产裁定效力发生的时间，债务人就可能在裁定送达之日前隐匿、转移财产，损害债权人的合法权益。债权人可能在裁定送达以前要求债务人进行个别清偿，或者借用法院的强制力加大执行力度，尽量满足自己债权清偿的要求，那么，必然损害其他债权人的合法权益。而将破产申请裁定的效力统一为裁定作出之日，则更利于公平维护所有债权人的合法权益，并及时保证破产程序的正常运行。这也符合国际通行做法，法国、日本、德国的破产法以及联合国国际贸易法委员会的《破产法立法指南》就是这样规定的。① 如《日本破产法》第30条关于“出现破产程序开始的申请后，除下列各项事由外，法院认定存在成为破产程序开始原因的事实的，则作出破产程序开始的决定：（1）不预缴破产程序费用的（基于第23条第1款前段的规定由国库临时性支付该费用的除外）；（2）以不正当的目的提出破产程序开始申请的，以及其申请缺乏诚意的”及“前款的决定，自作出之时起生效”的规定，就是如此。②

应当指出，破产申请受理裁定自裁定作出之日起发生效力，并不意味着在破产申请受理裁定还未送达申请人等相关主体，相关主体还不知道的情形下，就要求其一定作出积极的作为或者作出消极的不作为。此时，相关主体因为不知道裁定的内容，无法按照有关法律来调整、规范自己的行为，但这不意味着破产申请受理裁定就没有发生效力。发生效力，是指破产申请裁定作出后对相关主体及其行为发生的作用与影响，这种作用与影响一旦在某时产生，那么，就要对某时后的所有行为包括行为人知道与不知道所实施的行为都要产生作用，不能因为行为人不知就否定其效力。不然，在破产申请裁定无法送达所有相关主体的情况下，相关主体都可以借此称不知道依旧不按照破产法的规定实施行为，破产程序就无法正常运行。这正如一部法律的实施，自生效起不论行为人是否知道法律的内容，法律都会对行为人产生效力。这种效力不仅体现在要求行为人依法作为或不作为的作用上，而且体现在效力产生期间没有按照法律规定实施行为乃要受到否定或无效上。同理，自破

① 《中华人民共和国企业破产法》起草组编著：《〈中华人民共和国企业破产法〉释义》，人民出版社2006年版，第67页。

② 李飞主编：《当代外国破产法》，中国法制出版社2006年版，第728～729页。

产申请受理裁定作出之日起产生效力后，相关主体在此后实施的行为都要依法受到影响，这种影响乃是破产裁定发生效力所致。

此外，还应指出，破产申请受理裁定不仅对其之后的行为会发生效力，而且对其之前的一些损害债权人合法权益的行为，也会产生否定的效力，即对裁定破产申请受理之前一定期间内甚至不定期限内的行为产生否定的溯及力。这是因为，此种行为系债务人等损害债权人合法权益的恶意行为，有悖于破产程序启动的宗旨与功能，不利于公平维护债权人的合法权益。所以，对破产申请受理前一些明显损害债权人合法权益的行为，让破产申请受理裁定对其产生一定的否定力，无疑是必要的。然而，这种对事前行为的溯及力，应当严格控制在法律规定的范围内，不得扩大其适用范围，否则就会损害相关主体的合法权益。具体如《企业破产法》第31条关于“人民法院受理破产申请前一年内，涉及债务人财产的下列行为，管理人有权请求人民法院予以撤销：（一）无偿转让财产的；（二）以明显不合理的价格进行交易的；（三）对没有财产担保的债务提供财产担保的；（四）对未到期的债务提前清偿的；（五）放弃债权的”的规定；第32条关于“人民法院受理破产申请前六个月内，债务人有本法第二条第一款规定的情形，仍对个别债权人进行清偿的，管理人有权请求人民法院予以撤销。但是，个别清偿使债务人财产受益的除外”的规定；第33条关于“涉及债务人财产的下列行为无效：（一）为逃避债务而隐匿、转移财产的；（二）虚构债务或者承认不真实的债务的”的规定，就体现了这一点。

至于破产申请受理裁定效力的终止时间，则为破产程序终结的时间。在破产程序终结前，破产程序一直在运行、实施，以启动、开始破产程序为其目的破产申请受理裁定，自然会产生相应的效力。为了全面了解破产申请受理裁定的有关内容，下面根据裁定对相关主体效力的具体规定的不同，分别进行介绍、分析。

二、破产申请受理裁定对受理破产申请的人民法院的效力

破产申请受理裁定对人民法院或其他主管机构的效力，既包括对受理破产申请的人民法院的效力，又包括在破产申请受理前已对有关债务人的民事诉讼、仲裁案件受理但未终结的其他人民法院及其他主管机构对债务人财产采取了保全措施及执行程序的人民法院的效力。下面，先对破产申请受理裁定对受理破产申请的人民法院的效力进行介绍与阐释。

根据《企业破产法》的有关规定，人民法院决定受理破产申请并作出裁定后，作为作出裁定的人民法院也要受到该破产申请受理裁定的约束，依法

实施一定的行为。具体而言，主要包括以下方面：

（一）依法将破产申请受理裁定送达给当事人

《企业破产法》第11条规定，人民法院受理破产申请的，应当自裁定作出之日起5日内送达申请人。债权人提出债务人破产申请的，人民法院应当自裁定作出之日起5日内送达债务人。据之，当债务人或者其清算责任人申请破产的，只要送达给申请人。在债权人申请债务人破产的情况下，则既要送达给申请人，又要送达给债务人。对于国务院金融监督管理机构申请债务人破产的，破产法没有明确规定。可是，作为被申请破产的债务人，属于破产程序的重要当事人，所有破产程序都是围绕其进行的，需要债务人的有效配合。是以，在不是债务人及其清算责任人申请破产的情况下，其他人申请债务人破产的，都应将破产申请受理裁定送达给债务人。

（二）责令债务人向人民法院提交有关资料

《企业破产法》第11条第2款规定，债权人提出债务人破产申请的，人民法院应当自裁定作出之日起5日内送达债务人。债务人应当自裁定送达之日起15日内，向人民法院提交财产状况说明、债务清册、债权清册、有关财务会计报告以及职工工资的支付和社会保险费用的缴纳情况。在这里，法律尽管没有明确人民法院责令债务人提交上述材料，由于这些资料是人民法院受理破产申请后继续审查债务人是否符合破产实质要件的重要、关键资料，固然需要2债务人依法提交。债务人在收到破产申请受理裁定后依法应当提交上述资料，因为其不是法律专业机构，对有关法律可能并不了解，人民法院受理破产申请的同时，故要对债务人应当提交的材料作出提示，以为破产程序进一步开展奠定必要的基础。另外，破产法只是对债权人申请债务人破产的，债务人应当提交有关资料作出规定。其实，在清算责任人、国务院金融监督管理机构申请债务人破产的情况下，债务人可能并未提交上述资料。这时，人民法院也应在送达破产申请受理裁定的同时，责令债务人依法提交上述资料。

（三）指定管理人

《企业破产法》第13条规定，人民法院裁定受理破产申请的，应当同时指定管理人。为了防止债务人在收到破产申请受理裁定后，继续利用掌控企业的机会，隐匿、转移、私分、浪费财产，或者隐匿、篡改甚至毁坏财务资料等重要证据等等损害债权人合法权益、妨碍破产程序正常运行行为的发生，根据《企业破产法》的规定，破产程序一旦开始，有关债务人的事务就都应依法由管理人全面接收、管理、决定，人民法院在裁定受理破产申请的同时，即应指定管理人。裁定受理破产申请的同时，是指作出受理破产申请裁定的同一时间，并由管理人依法对债务人的财产、营业等所有事项进行全面接管。

此外，不论是债务人及其清算责任人申请破产，还是债权人、国务院金融监督管理机构申请债务人破产，也不论申请人所申请适用的是破产清算程序，还是破产和解与破产重整的破产预防程序，人民法院在裁定受理破产申请的同时，都应同时指定管理人，而不能因为申请人或者所申请的破产具体程序的不同而有任何区别。为了保障人民法院能够及时依法指定管理人，《破产案件高效审理意见》第5条规定："人民法院根据案件具体情况，可以在破产申请受理审查阶段同步开展指定管理人的准备工作。"

（四）通知和公告

破产程序，无论是破产清算程序还是破产重整程序、破产和解程序，彻底、有序、公平清偿债务人所欠一切债权人的所有债务都是其重要目的。如此，债权人依法参与乃是破产程序正常运行的必要保证。此外，破产申请受理裁定一旦作出即发生效力，要求相关主体都依法行为，如债权人不能再要求债务人对其债权进行个别清偿，只能依法申报债权参与破产程序主张权利等，而这些都以债权人等相关主体知道为前提，《企业破产法》第14条于是明确规定，人民法院应当自裁定受理破产申请之日起25日内通知已知债权人并予以公告。据此，破产法规定了两种通知方法，即一是对已知债权人应当采取通知的方式进行；二是采取公告的方式进行。

前者即对已知债权人采取通知方式进行的，应当将书面通知采取邮寄等方式送达给已知的债权人。应当指出，法律没有明确通知以何种方式进行，即未明确一定采取书面通知方式，似乎不排除采取口头通知、电话通知等方式进行，然笔者认为，按照《企业破产法》第14条第2款的规定，通知内容很多，不可能简单通过口头或电话等方式就可以表达。为了保证债权人的合法权益，同时让其履行有关义务，减少破产程序因为债权人不知内容而造成的各种障碍，需要书面进行通知。书面通知，一般采取邮寄、发电子邮件或者通知债权人前来领取的方式，至于债权人是否实际收到、领取则不受影响。对此，《破产案件高效审理意见》第1条第2款规定："对于需要通知或者告知的事项，人民法院、管理人可以采用电话、短信、传真、电子邮件、即时通信、通讯群组等能够确认其收悉的简便方式通知或者告知债权人、债务人及其他利害关系人。"第2条规定："债权人提出破产申请，人民法院经采用本意见第1条第2款规定的简便方式和邮寄等方式无法通知债务人的，应当到其住所地进行通知。仍无法通知的，人民法院应当按照本意见第1条第1款规定的公告方式进行通知。自公告发布之日起7日内债务人未向人民法院提出异议的，视为债务人经通知对破产申请无异议。"第3条规定："管理人在接管债务人财产、接受债权申报等执行职务过程中，应当要求债务人、债权人及其他利害关系人书面确认送达地址、电子送达方式及法律后果。有关送达规则，参照适用《最高人民法院关于进一步加强民事送达工作的若干意见》的规定。”“人民法院作出的裁定书不适用电子送达，但纳入《最高人民法院民事诉讼程序繁简分流改革试点实施办法》的试点法院依照相关规定办理的除外。”

通知已知的债权人，则是指人民法院将破产申请受理等有关事项以书面形式通知给已经知道其属于债务人的债权人的人。已知债权人，是指为人民法院所了解、掌握的债务人的所有债权人，并非指已经知道人民法院受理破产申请的债权人，不能对于这种知道人民法院受理破产申请的债权人就加以通知，而对其他不知道的债权人就不加通知。已知债权人的信息，主要来源于债务人向人民法院提交的债务清册，但不应限于这一清册所记载的信息。为了充分保障债权人的合法权益，做好债权申报及参加债权人会议的准备，同时履行其不应要求债务人进行个别清偿的义务，通过其他途径得知为债权人的都应依法予以通知。此外，有的债权人信息可能并不齐全，如只有姓名与联系方式和通信地址，或只有姓名而无其他信息等，在此种情况下，人民法院应以对工作、对债权人极端负责的态度尽量搜集债权人的信息，并依法及时通知，而不能以债权人的信息不齐无法通知为由而就轻易放弃。还有，通知已知债权人，如是债权人申请债务人破产的，是否还要通知申请人，笔者认为，破产申请受理裁定尽管会送达申请人，然受理裁定通常都不可能记载申报债权的期限、地点和注意事项以及第1次债权人会议召开的时间和地点等要为债权人所了解的有关内容。故，通知仍然要送达给申请破产的债权人，而不能因为申请人可能事实知道通知有关内容而就不加以通知。

应当指出，按照《企业破产法》第14条的规定，债权人的通知应由人民法院进行。然则，债权人的通知是一项工作量大且极为繁琐的工作，特别是在已知债权人众多的情况下更是这样。为了保证人民法院有充分的时间、精力对债务人是否符合破产实质条件继续进行审查，此项具体工作可由管理人代为进行，可仍是人民法院通知，需要以人民法院的名义进行，而不能以管理人的名义通知债权人。

后者即采取公告方式进行的，主要是针对债务人、已知债权人以外的所有与债务人有关的主体将破产申请受理等有关事项依法在报纸、网站等媒体上以公开方式加以告知的行为，使其他有关主体知道破产申请已经受理的事实，自觉、主动按照破产法的规定作为或不作为。这种公告方式的对象，既包括因不知道其是债权人或者因为债权人信息不齐而无法通知的债权人，也包括债权人以外的其他利害关系人，如债务人的股东等出资人、债务人财产的占有人、债务人的债务人、与债务人存在尚未履行完毕合同的相对人、债务人占有其财产的财产所有人、债务人的职工、与债务人正在进行诉讼的人以及其他与债务人存在权利义务关系的人。公告依法进行后，与债务人存在权利义务关系的主体不论是否知道有关内容，都推定为知道，都应按照公告的内容及法律规定依法作为或不作为。不然，就会发生相应的法律后果，如债权人没有依法申报债权的，就不能参加债权人会议等。公告应由人民法院进行，具体应在国家或者当地有影响的报纸上刊登，通常是在人民法院报刊登，而不能只是采取在一定范围内张贴的方式进行公告。为了让更多的权利义务人知道债务人破产申请受理的事实，充分维护债权人的合法权益以及保证破产程序正常运行，人民法院还可以借助广播、电视、网络等现代媒体予以公告，但在报纸上进行公告是必不可少的。最高人民法院2020年8月18日修正、同年8月20日起施行的《关于修改〈关于审理民间借贷案件适用法律若干问题的规定〉的决定》（法释〔2020〕6号）修正的《关于审理民间借贷案件适用法律若干问题的规定》。

至于通知和公告的内容，根据《企业破产法》第14条第2款的规定，应当包括下列事项：

1. 申请人、被申请人的名称或者姓名。债务人申请破产的，债务人既是申请人又是被申请人。债权人、清算责任人或国务院金融监督管理机构申请债务人破产的，申请人是提出申请的债权人、清算责任人或国务院金融监督管理机构，被申请人为债务人。申请人有两人以上的，则应分别列明。

2. 人民法院受理破产申请的时间。受理破产申请的时间，即人民法院作出破产申请受理裁定的时间，也就是破产申请受理裁定上落款盖章而载明的时间，其标志着破产程序的开始，与债务人相关的主体都要受到破产申请受理裁定约束，是判断相关主体针对债务人的行为是否合法的时间界限。因此，必须在通知和公告中加以载明。

3. 申报债权的期限、地点和注意事项。根据《企业破产法》第45条的规定，申报债权期限自人民法院发布受理破产申请公告之日起计算，最短不得少于30日，最长不得超过3个月。时间的长短具体由人民法院根据债权人的多少、范围，案件复杂程度等实际情况依法在上述期间内确定。人民法院公告的应是申报债权的期限即债权申报的截止时间，而不应是申报债权的长短时间，以让债权人对申报债权期限有非常明确的概念。申报债权的地点，既可设在人民法院办公场所内，也可设在人民法院办公场所外，如债务人的办公场所或者其他场所。无论设在何地，应当以有利于债权人寻找、方便债权人到达为考虑要素。债权申报的注意事项，主要包括债权人所应提交的资料，如债权人的身份证明、营业执照、机构代码证、法定代表人或负责人的身份证明，委托代理申报的授权书，证明债权存在还未履行以及未超过诉讼时效的有关证据，等等。

4. 管理人的名称或者姓名及其处理事务的地址。一般来说，债权申报，债务人的债务人向管理人履行合同、交还财产，破产取回权人向管理人主张财产权利等，通常都是在管理人处理事务的地方进行。因此，管理人处理事务的地址应当明确，利于寻找、方便到达。为了方便债权人及其他相关主体，还宜将与管理人地址相关的信息，如电话、传真、电子邮箱等予以公布。

5. 债务人的债务人或者财产持有人应当向管理人清偿债务或者交付财产的要求。破产申请受理裁定作出后，破产程序即行启动，对其财产、事务的管理、支配、处分等权利都应由管理人依法接管，债务人的债务人不得再向债务人清偿债务，而只能向管理人清偿债务；债务人财产的持有人也不能再向债务人交付财产，而应向管理人交付财产。对此，要求在通知和公告中载明。其中，债务人的债务人，是指在破产申请受理前源于各种原因对债务人负有债务的任何人。债务人财产的持有人，是指在破产申请受理时对债务人财产具有物权占有关系或无物权占有关系非法占有的任何人。

6. 第1次债权人会议召开的时间和地点。根据《企业破产法》第62条第1款的规定，第1次债权人会议由人民法院召集，自债权申报期限届满之日起15日内召开，人民法院为此要在上述期间内确定第1次债权人会议召开的具体时间及地点，并在通知和公告中加以公布。《破产案件高效审理意见》第10条规定："第1次债权人会议可以采用现场方式或者网络在线视频方式召开。人民法院应当根据《企业破产法》第14条的规定，在通知和公告中注明第1次债权人会议的召开方式。"第14条规定："人民法院在受理破产申请的同时决定适用快速审理方式的，应当在指定管理人决定书中予以告知，并与《企业破产法》第14条规定的事项一并予以公告。"

7. 人民法院认为应当通知和公告的其他事项。根据司法实践经验，债务人及其管理人员负有向人民法院移交财产，在移交前负有继续保管财产，不得隐匿、转移财产或者以私分、转让、出售、抵押、质押等方式处分财产，不得清偿个别债务，不得擅自处理账簿、文书、资料、印章等主要义务。债务人的开户银行应当停止债务人的结算活动，不得扣划债务人款项以抵扣债务。有关债务人财产的保全措施应当解除，执行程序应当中止。上述情形可以由人民法院根据实际情况确定是否在通知和公告中予以载明。[①]

（五）审理破产案件的义务

人民法院受理破产申请后，除发现本院对该申请没有管辖权，或者虽有管辖权但已为其他具有管辖权的人民法院先行受理，于是将该破产申请移送给有管辖权或者先受理的人民法院受理、审判的情况以外，或者源于各种原因需要转移由上一级人民法院或者下一级人民法院管辖外，人民法院都应依法组成合议庭依照破产法规定的程序进行审理、裁判。既不能基于地方保护主义等因素争抢破产案件的受理，又不能基于怕影响社会稳定等原因而将破产案件拒之门外。

（六）依法受理并审判破产申请受理后提起的有关债务人的民事诉讼，但重整执行期间因新发生的事实或者事件引发的有关债务人的民事诉讼除外

《企业破产法》第 21 条规定："人民法院受理破产申请后，有关债务人的民事诉讼，只能向受理破产申请的人民法院提起。"《民商事审判纪要》第 113 条（重整计划监督期间的管理人报酬及诉讼管辖）第 2 款规定："重整计划执行期间，因重整程序终止后新发生的事实或者事件引发的有关债务人的民事诉讼，不适用《企业破产法》第 21 条有关集中管辖的规定。"

（七）依法中止破产申请受理前已经开始但未结束的有关债务人的民事诉讼

破产申请受理前，破产申请受理法院也可能受理了一些有关债务人的诉讼，然在破产申请受理后尚未结束，根据《企业破产法》第 20 条关于"人民法院受理破产申请后，已经开始而尚未终结的有关债务人的民事诉讼或者仲裁应当中止；在管理人接管债务人的财产后，该诉讼或者仲裁继续进行"的规定，应当对有关尚未结束的民事诉讼予以中止，待管理人接管债务人的财产后再继续进行。

对于破产申请受理前已经开始但未结束的民事诉讼、仲裁，之所以要予以中止，其中因素之一乃是债务人破产申请受理后，有关诉讼事务均要由管理人代为进行。而管理人接管债务人的财产，需要一定的时间；参加有关诉讼，也需要一定的时间来准备。为了保证管理人能够有效地代表债务人履行参加有关债务人的民事诉讼，切实维护债务人进而维护全体债权人的利益，有必要对有关民事诉讼予以中止，即使是破产申请受理法院受理的民事诉讼

① 吴庆宝、王建平主编：《破产案件裁判标准规范》，人民法院出版社 2009 年版，第 50 页。

也不能例外。此外，有的诉讼如债权人针对债务人的债务人提起的代位权诉讼，债务人尽管不是诉讼主体，管理人不一定要参加诉讼，可这种代位权的本质是让债务人的债务人代替债务人直接向其偿还债务。代位权人提起的代位权诉讼胜诉，债务人的债务人则应向代位权人清偿财产，必然导致债务人财产的减少，与债务人的财产直接相关。就其性质而言，代位权诉讼乃属于个别清偿之诉。破产申请受理前的个别清偿诉讼，即使诉讼主体与债务人表面无关，然其实质事关债务人的财产，为了防止个别清偿因为诉讼得以实现的现象发生，也有必要对有关债务人财产的诸如代位权诉讼等个别清偿之诉，予以中止。

（八）依法中止有关执行程序

在破产申请受理前，有关债务人财产的诉讼已经结束，有的已经进入执行程序，甚至已对债务人的财产采取了诉讼保全措施，基于这种执行程序乃是对个别债权人依个别清偿之诉而申请的执行，不加中止而继续执行，其实就是对这些提起诉讼的个别债权人进行个别清偿，根据《企业破产法》第19条关于“人民法院受理破产申请后，有关债务人财产的保全措施应当解除，执行程序应当中止”的规定，要对有关债务人财产的保全措施予以解除，执行程序予以中止。需要注意的是，执行程序是予以中止，而非终结。因为，破产申请受理后基于诸如债务人为了逃避债务而进行虚假破产等并非一定宣告破产。在破产宣告前，还可能因为人民法院发现债务人不符合破产实质条件而驳回破产申请；债务人财产不足以支付破产费用等，破产程序应当依法终结。此时，债务人又恢复到非破产的正常状态，有关执行程序需要重新恢复。所以，只能对有关执行程序予以中止，而不能终结。

（九）对本院执行程序所采取的保全措施可以不予解除，因冻结、查封等执行措施所控制的财产可以不进行转移

根据《企业破产法》第19条规定，破产申请受理后，有关债务人财产的保全措施应当解除。基于债务人的财产、所有债权债务均应由破产程序中统一处理的基本规则，执行程序因冻结、查封等保全措施及执行措施所控制的债务人财产都应移交破产程序处理。可在执行程序与破产程序由同一法院进行的情况下，为了减少保全措施的重复使用，避免执行程序与破产程序就保全措施因为解除、恢复等衔接的繁琐程序甚至风险，如对执行程序中的冻结、查封等保全措施解除后又出于债务人的破产申请被裁定驳回等原因而导致的执行程序恢复及其保全措施的恢复等，同一法院破产程序就没有必要将执行程序中已经采取的保全措施予以解除，执行程序所控制的财产也没有必要进

行移送。[①]

（十）对债务人财产采取保全措施

债务人破产申请受理后，基于保护债务人财产不被占有、处置等行为损害债权人权益的需要，破产申请受理法院根据《企业破产法》第 4 条关于“破产案件审理程序，本法没有规定的，适用《民事诉讼法》的有关规定”的规定，可以对债务人的财产采取冻结、查封、扣押等保全措施。

应当指出，对于执行程序中保全措施是否可以直接转化为破产程序的保全措施的问题，有的认为可以借鉴诉讼阶段的保全措施自动转化为执行阶段中的保全措施的做法，将诉讼阶段、执行阶段中的保全措施直接转换为破产程序中的保全措施。我们知道，诉讼阶段、执行阶段的保全措施尽管处于不同阶段，其根据、目的、功能、主体等却是一样，并处于同一民事法律关系争议解决的同一诉讼程序中，且诉讼阶段的保全措施转换为执行阶段的保全措施后，除因审判监督程序等特别情况，不存在再转回为诉讼阶段的执行程序问题。即使如此，仍属于解决同一民事法律关系争议的同一民事诉讼程序，均适用《民事诉讼法》的有关规定进行。但是，诉讼阶段、执行阶段所处的诉讼程序与破产程序完全属于不同程序，性质、功能、目的、主体等都不相同，相应所采取的保全措施就其根据、目的、功能、程序、主体等就完全不同，性质迥异，而且还存在破产程序因破产申请受理被裁定驳回等再转为、恢复执行程序的情况。另外，司法实践中虽然存在执行法院拒不解除保全措施或者移送保全措施所涉财产处置权的情况，然也同时存在虚假破产而致破产申请受理法院采取保全措施的情况。允许性质不同的保全措施相互进行转换，就可能导致保全措施适用的混乱，也与《企业破产法》第 19 条关于“人民法院受理破产申请后，有关债务人财产的保全措施应当解除”的规定相悖。破产申请受理法院对债务人财产认为有必要而依法需要采取保全措施的，仍然需要依法再行采取保全措施，不能将诉讼阶段、执行阶段中的保全措施直接转为破产程序中的保全措施。这无任何法律根据，实际也是对《企业破产法》第 19 条规定的直接否定，还会给不少诉讼、执行法院本来就不愿意解除所采取保全措施的做法提供一种所谓的正当理由。

三、破产申请受理裁定对其他人民法院及主管机构的效力

破产申请受理裁定，除对受理破产申请的人民法院产生效力外，对其他

---

① 贺小荣、葛洪涛、郁林：《破产清算、关联企业以及执行与破产衔接的规范与完善——〈全国法院破产审判工作会议纪要〉的理解与适用（下）》，载《人民司法》2018 年第 16 期。

人民法院及其他主管机构也具有一定的效力。是以，其他人民法院及主管机构也应按照破产法的有关规定，实施一定作为或不作为。这主要包括：

（一）除重整执行期间因新发生的事实或者事件引发的有关债务人的民事诉讼外，不再受理与债务人相关的民事诉讼案件

裁定受理破产申请后，当事人提起的民事诉讼，除重整执行期间因新发生的事实或者事件引发的有关债务人的民事诉讼外，应当告知其向受理破产申请的人民法院提起诉讼，而不得自行受理。

（二）有关债务人的民事诉讼或者仲裁应当依法中止

裁定受理破产申请后，其他人民法院或仲裁机构对已经开始但尚未终结的有关债务人的民事诉讼或者仲裁，根据《企业破产法》第20条的规定，应当中止。《民商事审判纪要》第110条第1款、第2款（受理后有关债务人诉讼的处理）规定："人民法院受理破产申请后，已经开始而尚未终结的有关债务人的民事诉讼，在管理人接管债务人财产和诉讼事务后继续进行。债权人已经对债务人提起的给付之诉，破产申请受理后，人民法院应当继续审理，但是在判定相关当事人实体权利义务时，应当注意与《企业破产法》及其司法解释的规定相协调。""上述裁判作出并生效前，债权人可以同时向管理人申报债权，但其作为债权尚未确定的债权人，原则上不得行使表决权，除非人民法院临时确定其债权额。上述裁判生效后，债权人应当根据裁判认定的债权数额在破产程序中依法统一受偿，其对债务人享有的债权利息应当按照《企业破产法》第46条第2款的规定停止计算。"

在管理人接管债务人的财产后，该诉讼或者仲裁继续进行。对这，应当注意以下几点：

1. 中止有关债务人的诉讼或者仲裁，无疑是中止有关债务人的民事诉讼或者仲裁，非民事诉讼如刑事诉讼或者行政诉讼，则不受破产法的约束而必须中止。债务人因为属于刑事被告或者行政诉讼原告等原因而必须到庭参加诉讼，不参加诉讼将导致诉讼无法进行的，则应根据《刑事诉讼法》《行政诉讼法》及其司法解释的有关规定中止诉讼，待管理人接管债务人的财产后，再继续进行有关诉讼。不过，这里中止以及恢复刑事诉讼或者行政诉讼的根据，并非破产法的规定，乃是《刑事诉讼法》或者《行政诉讼法》的有关规定。这时，管理人由于依法全面接管债务人的财产、营业及各项事务，自然不能因为诉讼为非民事诉讼而就不参加。因为，这些诉讼可能对债务人处以罚金等涉及刑事责任，或者罚款、吊销营业执照等涉及行政责任，会对债务人的财产产生一定影响。为了维护债务人的正当合法权益，作为破产程序中的唯一接管者并代表债务人处理各项事务的管理人，应当参与有关诉讼。当

然，管理人参与有关诉讼，并非管理人一定自身参与这些诉讼，完全可以委托他人参与诉讼。

2. 有关债务人的民事诉讼或者仲裁，是在破产申请受理前即破产申请受理裁定之日前已经开始但未终结的民事诉讼或者仲裁。人民法院裁定受理时，有关债务人的民事诉讼或者仲裁没有开始，自不存在中止的问题，根据《企业破产法》第 21 条的规定，只能由受理破产申请的人民法院受理。对此，《民商事审判纪要》第 110 条第 3 款明确规定："人民法院受理破产申请后，债权人新提起的要求债务人清偿的民事诉讼，人民法院不予受理，同时告知债权人应当向管理人申报债权。债权人申报债权后，对管理人编制的债权表记载有异议的，可以根据《企业破产法》第 58 条的规定提起债权确认之诉。"有关债务人的民事诉讼或者仲裁已经完结，也不存在中止的问题。

至于涉及债务人及其财产的刑事附带民事诉讼、行政附带民事诉讼，从本质上讲，仍属于民事诉讼，在债务人的破产程序中，依法应当中止。但考虑到司法效率以及对刑事诉讼、行政诉讼所产生的影响，也可以与审理刑事案件、行政案件的人民法院协商，对刑事诉讼、行政诉讼的开庭适当延期，待管理人接管财产并了解有关情况后再予以开庭审理。

3. 有关债务人的民事诉讼，从债务人是否为诉讼主体方面来考虑，既包括债务人为诉讼当事人的诉讼，又包括债务人虽不是诉讼当事人但诉讼标的直接指向债务人财产而与债务人财产直接相关的诉讼。前者既包括债务人为原告的诉讼，又包括以债务人为被告的诉讼，以及以债务人为第三人的诉讼。后者则是指虽不以债务人为当事人提起的，然诉讼标的实际指向债务人财产，其结果将会对债务人财产造成直接影响尤其是减少的诉讼，如代位权等本质上属于个别清偿的诉讼等。

就诉讼程序的审级而言，有关债务人的民事诉讼，既包括已经开始尚未终结的一审案件，又包括已经上诉或者抗诉而尚未终结的二审案件；既包括以普通程序审理的民事诉讼，又包括以简易程序审理的民事诉讼，以及进行再审的一审、二审及提审案件。只要这些案件在裁定破产申请受理前已经开始但未终结审理的，该案件就应当中止，待管理人接管财产后继续进行。应当注意的是，《企业破产法》的这一规定，与《企业破产案件规定》第 19 条关于"人民法院受理企业破产案件后，以债务人为原告的其他民事纠纷案件尚在一审程序的，受诉人民法院应当将案件移送受理破产案件的人民法院；案件已进行到二审程序的，受诉人民法院应当继续审理"的规定不同，后者为此不能再行适用。

应当指出，债务人为证人的民事诉讼或者仲裁，管理人是否接管，有人认为：“对于这种诉讼，管理人也有权接管，但接管的原因不是出于债务人财产管理的需要，而是在破产程序开始后，关于债务人企业的对外代表权已经完全移转给管理人，管理人必须作为债务人的代表参加这种活动。”① 笔者认为，这种看法值得商榷。有关债务人的民事诉讼，是指实体权利义务与之相关的民事诉讼，即以债务人为原告、被告或者第三人或者涉及债务人财产的诉讼。实体权利义务与债务人无关，如作为证人、鉴定人等诉讼参与人参与诉讼，则不需要管理人加以接管。尽管《民事诉讼法》第72条规定，凡是知道案件情况的单位和个人，都有义务出庭作证。有关单位的负责人应当支持证人作证，即单位可以作为证人作证，尤其是鉴定结论要以鉴定机构的名义提供，可真正起证人、鉴定人作用的乃是自然人本身，即由提供证言、鉴定结论的自然人证人、鉴定人对所提供的证言、鉴定结论的真实性负责，而单位本身不能起到提供证言、鉴定结论的证明作用。从严格的法律意义上来说，以债务人为证人或者鉴定人是行不通的。为了强化证人、鉴定人的责任，可能由证人、鉴定人单位加盖公章，这只是管理的需要。既然如此，债务人进入破产程序，证人、鉴定人依然要由提供证言或者鉴定结论的自然人出庭，而非债务人这一单位出庭。故，管理人对于这种诉讼不存在接管进而参加诉讼的问题。事实上，管理人由于以前没有了解事实真相，也未进行过鉴定活动，亦不可能以证人或者鉴定人的身份出庭，否则就与证人、鉴定人的出庭参与诉讼的原因即事先源于各种原因了解案情或者基于受托从事过鉴定活动等相矛盾。

4. 对裁定受理破产申请前已经开始尚未终结的有关债务人的民事诉讼或者仲裁，依法应当中止，而不是可以中止。中止，只是源于债务人破产这一法定事实的出现而暂时停止正在进行的民事诉讼或仲裁，与因为法定事由的出现而完全结束诉讼或仲裁程序的终结不同。之所以会这样，是因为破产申请一旦被裁定受理，债务人的财产、营业、管理等各种事务均依法由管理人接管，并由管理人对外代表债务人行使各种权利，债务人不能再以自己名义参与各种诉讼活动或仲裁，而应由管理人作为债务人代表参加诉讼或仲裁。而管理人对于债务人财产、营业、财务等各种事务的接管需要一个过程，对民事诉讼或仲裁的有关情况也需要时间加以了解，在有关债务人破产的申请受理后，需要给予管理人必要的时间进行准备，这就需要对正在进行的民事诉讼或仲裁依法予以中止。

5. 对破产申请受理前已经开始尚未终结而中止的有关债务人的民事诉讼

---

① 《中华人民共和国企业破产法》起草组编著：《〈中华人民共和国企业破产法〉释义》，人民出版社2006年版，第91页。

或者仲裁，在管理人接管债务人的财产后，该诉讼或者仲裁继续进行。如前所述，中止只是源于债务人进入破产程序而暂时停止有关债务人的民事诉讼或者仲裁。暂时停止，可能会加以恢复。恢复的具体时间界限为管理人接管了债务人的财产，即在管理人接管债务人的财产后，该诉讼或者仲裁继续进行。管理人接管债务人财产的时间，以债务人向管理人交付财产并移交财产清单的日期为准。分批接管的，应以接受最后一批财产的清单为准。在管理人接管债务人的财产后，原受理的人民法院、仲裁机构对有关债务人的民事诉讼或者仲裁继续进行审判或者仲裁，而不移送受理破产申请的人民法院审理、裁判。

6. 对破产申请受理前开始尚未结束中止后又予恢复审理的民事诉讼或者仲裁，涉及的实体问题《企业破产法》及其司法解释有规定的，则应当适用这些规定，不能认为上述诉讼或者仲裁发生在破产申请受理前就排斥破产法及其司法解释的适用。如债权人主张主债权的利息，就应当计算至债务人破产申请受理之日止，而不能再判决计算至全面履行主债务之日止。又如，对于债权人针对债务人财产提起的次债务人代替债务人直接向其偿还债务的代位权诉讼等个别清偿之诉，由于这些诉讼请求已经有悖于破产程序禁止任何恶意个别清偿行为发生的本质要求，从法律上不能得到人民法院的支持而应依法驳回其诉讼请求。当然，债权人变更诉讼请求，将追收的财产归入债务人财产的，其诉讼性质已经不再是为了提起诉讼的个别债权人的利益，而是为了全体债权人的利益，不再属于个别清偿之诉，乃是代为债务人追收财产，不然管理人也可能要通过诉讼向债务人追收财产。为了节约司法资源，减少不必要的诉讼程序，应当准予提起个别清偿之诉的债权人变更诉讼请求，并予以支持。《民法典》第 536 条也规定："债权人的债权到期前，债务人的权利存在诉讼时效期间即将届满或者未及时申报破产债权等情形，影响债权人的债权实现的，债权人可以代位向债务人的相对人请求其向债务人履行、向破产管理人申报或者作出其他必要的行为。"这样，只要债权人不是仅仅为了实现其个别债权，而是为了所有债权人的利益，在债务人破产时，其代位向次债务人请求向债务人履行、向次债务人的破产管理人申报或作出其他必要行为，均应允许。因此，《破产法解释（二）》第 21 条规定，破产申请受理前，债权人就债务人财产提起下列诉讼，破产申请受理时案件尚未审结的，人民法院应当中止审理：（1）主张次债务人代替债务人直接向其偿还债务的；（2）主张债务人的出资人、发起人和负有监督股东履行出资义务的董事、高级管理人员，或者协助抽逃出资的其他股东、董事、高级管理人员、实际控制人等直接向其承担出资不实或者抽逃出资责任的；（3）以债务人的股东与债务人法人人格严重混同为由，主张债务人的股东直接向其偿还债务人对其所负债务的；（4）其他就债务人财产提起的个别清偿诉讼。债务人破产宣告后，人民法院应当依照《企业破产法》第44条关于“人民法院受理破产申请时对债务人享有债权的债权人，依照本法规定的程序行使权利”的规定判决驳回债权人的诉讼请求，但债权人在一审中变更其诉讼请求为追收的相关财产归入债务人财产的除外。

应当指出，司法解释是以债务人宣告破产后来作为判决不改变诉讼请求就予以驳回的时间为界限的。问题是，债务人破产申请受理后，并非一定走到破产宣告的地步，完全可以通过破产重整、破产和解的方式完成破产程序。如是在破产重整尤其是破产重整计划得到人民法院批准并得以执行完毕的情况下，就根本不可能产生债务人破产宣告的问题。对于债权人提起的代位权等个别清偿之诉，若根据司法解释的规定，就不能驳回。其实，在破产重整程序中，同样不允许个别清偿行为的发生，如以破产宣告后作为能否驳回个别清偿之诉的诉讼请求的时间界限，显然不能成立。因此，司法解释因将驳回债权人提起的个别清偿之诉的诉讼请求界定在重整计划经过人民法院依法批准后，或者和解协议经过人民法院认可后，或者依法宣告债务人破产后，而不仅仅界限于依法宣告债务人破产后。重整计划、和解协议经过批准或者认可后尽管还有可能无法执行而宣告破产，但这种情形毕竟是少数，即使发生此种情形，也可以通过个案依法进行处理。

还应指出，债权人针对债务人的次债务人提起的代位权等个别清偿之诉予以中止后，人民法院驳回破产申请或者终结破产程序的，则应恢复审理。问题是，根据《企业破产法》第20条规定，有关债务人的民事诉讼或仲裁在破产申请受理后予以中止，乃是在管理人接管债务人财产后继续进行，也就是说，恢复审理的时间只要在管理人接管债务人财产后即可。事实上，债务人破产申请受理后，通常都会通过破产重整、破产和解或破产清算进行到底，因为不符合破产条件或者出现其他情形而再驳回破产申请或者终结破产程序的现象并不多见。所以，要等到人民法院依法驳回破产申请或者终结破产程序后再恢复上述案件的审理，似不可能。显然，不能因为没有驳回破产申请或者终结破产程序的现象发生，就不能对上述债权人针对债务人的债务人提起的个别清偿之诉予以恢复审理。不然，无论是从法律上来说还是从法理上来讲，都难以说通。

（三）其他人民法院有关债务人财产的保全措施应当依法解除

裁定受理破产申请后，根据《企业破产法》第19条的规定，其他人民法院或主管机构对有关债务人财产的保全措施应当解除。对这，需要从以下几个方面注意理解：

1. 对债务人的财产必须存在保全措施。所谓保全措施，是指在有关债务人的诉讼、仲裁或者行政处罚、刑事诉讼过程前或中，为了保证生效裁判、仲裁或行政处罚决定等法律文书的执行或者避免财产遭受损失，人民法院根据申请或者依职权而对债务人财产所采取的强制性保证其安全的各种措施。至于保全措施，是诉讼前所采取的保全措施还是诉讼中采取的保全措施以及执行过程中所采取的保全措施；是人民法院依法采取的还是其他主管行政机关如公安、自然资源、市场监督管理、税务、海关等或监察机关依法采取的，以及公安机关、检察机关、人民法院等在刑事诉讼程序中采取的查封、扣押、冻结保全措施；是诉讼保全措施还是非诉讼保全措施如在仲裁、行政执法或调查活动中依法采取的保全措施，等等，均在所不论。只要是对债务人的财产所采取的保全措施，在裁定破产申请受理后，都应依法予以解除。

2. 所采取的保全措施是针对债务人的财产进行的。倘使不是针对债务人的财产而是针对债务人以外的其他人的财产进行的保全措施，则不能因为有关债务人的破产申请受理而予以解除。

3. 人民法院或者其他主管机构对债务人财产采取的保全措施，在裁定破产申请受理后，是应当解除，而不是可以解除。这是因为，破产申请一旦受理，有关债务人的破产程序即启动，所有债权人的债权都应依法在破产程序中得到公平清偿。是以，所有针对债务人财产的保全措施都应当解除。否则，管理人就无法对其进行全面、彻底的清理，也无法公平地将之用于清偿债务人所欠一切债权人的所有债务。

4. 有关债务人财产的保全措施并非自动解除，需要有关机构依法予以解除。按照《民事诉讼法》《税收征收管理法》《海关法》《刑事诉讼法》《监察法》等有关法律规定，财产保全措施的解除，要由作出该保全措施的公安、税务、海关等行政管理机关或监察委这一监察机关或者检察院、人民法院等司法机关予以解除。不然，国土、房产、证监、银行等有关机构难以执行甚至拒不执行。在现有法律规定下，受理破产申请的人民法院便要通知其他人民法院或者行政机关、监察机关、检察机关等及时解除有关债务人财产的保全措施。根据《企业破产法》第 19 条的规定，其他人民法院或者行政机关、监察机关、检察机关必须无条件地解除，不得以任何理由而不解除财产保全措施。对此，《破产法解释（二）》第 7 条规定：“对债务人财产已采取保全措施的相关单位，在知悉人民法院已裁定受理有关债务人的破产申请后，应当依照《企业破产法》第十九条的规定及时解除对债务人财产的保全措施。”但在司法实践中，因为对债务人财产采取保全措施的机关如何解除的方式及途径等没有明确的规定，有的主张采取保全措施的机关知道后自行解除；有的主张由管理人向采取保全措施的机关提出申请要求解除；有的主张由管理人向受理债务人破产案件的人民法院提出申请，再由被申请的人民法院向采取保全措施的机关发出要求解除的通知；有的主张由管理人协调债权人向采取保全措施的机关申请解除，等等，做法不一。再基于地方保护主义等各种因素，加上针对债务人财产的保全措施有的具有多个，受理破产申请的人民法院对于作出保全措施的其他机关又没有约束力等各方面的原因，其他人民法院或者行政机关、监察机关、检察机关对于受理破产申请的人民法院要求解除债务人财产的保全措施，通常是置之不理。有的即使经过反复协调，仍旧没有效果，既浪费了司法资源，又使得破产程序难以正常进行。最高人民法院在《破产法解释（二）》的制定过程中，曾经拟定："对其他已采取保全措施的单位经通知仍不依法解除保全的，受理破产申请的人民法院可以裁定解除对债务人财产的保全，并通知在前已裁定保全的单位。"同时，还曾向全国人大常委会法工委就此问题去函，后者在复函虽明确指出："《企业破产法》第十九条的规定，应理解为法院受理破产申请后，有关债务人财产的保全措施应当自然解除，由管理人接管债务人的所有财产；相关法院或者行政机关未依据上述规定解除保全的，受理破产案件的法院可以径行作出解除对债务人财产的所有保全措施的裁定。"然而，基于《民事诉讼法解释》第165条关于"人民法院裁定采取保全措施后，除作出保全裁定的人民法院自行解除或者其上级人民法院决定解除外，在保全期限内，任何单位不得解除保全措施"的规定，涉及《企业破产法》这一特别法与《民事诉讼法》这一普通法的冲突解决问题。加之，对债务人财产采取保全措施的除了法院之外，还可能有其他司法机关、监察机关和行政机关，在我国现有的司法背景下，最高人民法院要通过司法解释来解决这一问题，无论在效力上还是在实践操作方面都存在着这样或那样的困难。因此，在正式的司法解释中没有规定破产申请受理法院可以径行解除其他机关所采取的保全措施。而全国人大法工委的复函只是一种内部复函，不具有普遍适用的效力，宜由立法机关对《企业破产法》的有关规定加以修正或者通过立法解释作出明确，可以由受理破产申请的人民法院依法解除有关债务人财产的保全措施，以保证该规定在全国司法机关、监察机关及行政机关中得以普遍执行。① 这样，在全国人大常委会作出立法解释或者对《企业破产法》加以修正明确前，还是要由对债务人财产作出保全措施的有关机关加以及时解除，有关机关不予理睬的，尚需要受

① 最高人民法院民事审判第二庭编著：《最高人民法院关于企业破产法司法解释理解与适用》，人民法院出版社2017年版，第171～173页。

理破产申请的人民法院及其上级人民法院与作出保全措施的有关机关及其上级机关予以协调、沟通，受理破产申请的人民法院强制予以解除虽为法旨所在，可直接予以解除尚无明确的法律根据。对这，《破产审判纪要》第42条规定，执行法院收到破产受理裁定后，应当解除对债务人财产的查封、扣押、冻结措施；或者根据破产受理法院的要求，出具函件将查封、扣押、冻结财产的处置权交破产申请受理法院。破产申请受理法院可以持执行法院的移送处置函件进行续行查封、扣押、冻结，解除查封、扣押、冻结，或者予以处置。执行法院收到破产受理裁定拒不解除查封、扣押、冻结措施的，破产受理法院可以请求执行法院的上级法院依法予以纠正。《民商事审判纪要》第109条（受理后债务人财产保全措施的处理）规定："要切实落实破产案件受理后相关保全措施应予解除、相关执行措施应当中止、债务人财产应当及时交付管理人等规定，充分运用信息化技术手段，通过信息共享与整合，维护债务人财产的完整性。相关人民法院拒不解除保全措施或者拒不中止执行的，破产受理人民法院可以请求该法院的上级人民法院依法予以纠正。对债务人财产采取保全措施或者执行措施的人民法院未依法及时解除保全措施、移交处置权，或者中止执行程序并移交有关财产的，上级人民法院应当依法予以纠正。相关人员违反上述规定造成严重后果的，破产受理人民法院可以向人民法院纪检监察部门移送其违法审判责任线索。""人民法院审理企业破产案件时，有关债务人财产被其他具有强制执行权力的国家行政机关，包括税务机关、公安机关、海关等采取保全措施或者执行程序的，人民法院应当积极与上述机关进行协调和沟通，取得有关机关的配合，参照上述具体操作规程，解除有关保全措施，中止有关执行程序，以便保障破产程序顺利进行。"据之，债务人破产申请受理后，采取保全措施的其他执行法院、主管机构，应当依法解除保全措施，这是首选。其他执行法院、主管机构不解除保全措施的，也可以应破产申请受理法院的要求，出具函件将查封、扣押、冻结财产的处置权交破产申请受理法院，破产申请受理法院持处置函处理执行程序的保全措施，并可进行新的保全措施；其他执行法院、主管机构既不解除所采取的保全措施，又不愿意出具函件将采取保全措施的财产的处置权移交给破产申请受理法院的，破产申请受理法院则可以请求执行法院的上级法院、主管机关的上级机关依法予以纠正，不能自行裁定解除有关保全措施。

（四）有关债务人财产的执行程序应当依法中止

人民法院裁定受理破产申请后，根据《企业破产法》第19条的规定，其他人民法院或者主管机构对有关债务人财产的所有执行程序，均应当予以中止。这是因为，破产申请受理前已经开始但尚未结束的执行程序，乃是对个别债权人依个别清偿之诉申请而进行的执行，要是不加中止而依旧继续执行，那么，其实就是对这些提起诉讼的个别债权人进行个别清偿，对其他债权人来说，无疑不公平。对此，联合国国际贸易法委员会认为："关于债权人，破产法的基本原则之一是，破产程序是一种集体程序，要求保护所有债权人的权益不因其中任何一方的单独行动而受影响。许多破产法都要求提供一种机制，不仅防止债权人在清算或管理重组程序的部分过程或全过程中通过法律救济手段强制执行其权利，而且中止已在进行中的针对债务人的行动和防止启动新的行动。这种机制有种名称，如延缓、暂停或中止，视机制的效力而定"；"使用中止还使破产代表能够评价债务人情形，包括已在进行中的诉讼为充分考虑所有诉讼提供了时间，从而更加有可能实现不会危及债务人和债权人权益的结果"；"在重整程序中，适用中止有利于企业的继续经营，使得债务人获得整顿业务的喘息空间，有时间制订和批准重整计划草案，并能采取其他步骤，例如取消不营利的活动或摆脱负担过重的合同，视情况而定。"①故，为了保障全体债权人能够依法公平受偿，在破产申请受理前针对债务人财产已经发生的执行程序必须加以中止。对之，应当注意以下几点：

1. 必须是针对债务人财产所进行的执行程序，不是针对债务人的财产，如针对债务人财产之外的其他非财产性执行程序，或者针对债务人之外的其他人的财产进行的执行程序，则不能予以中止。应当指出，针对债务人财产的执行程序，在破产程序中，不能仅仅从表面上理解，而要从实际上加以理解。一般情况下，债务人的债权等权利在没有收回之前，还不能视为其财产，债权人可以依法对债务人的债务人依法提起代位权之诉、申请强制执行等。然在破产申请受理后，其对外享有的债权、物权、出资人应当缴纳的出资等所有财产性权利，都应归入债务人财产的范围，并由管理人依法予以追收。因此，债权人仅仅为了其债权的清偿而对债务人的债务人提起代位权等个别清偿之诉，并以此而产生的执行程序，表面上执行的并非债务人的财产，其实际执行的仍是债务人财产。执行程序如不中止而得以完成，债务人的债务人不再对债务人清偿债权，必然导致债务人财产的减少，损害全体债权人的利益，这种针对债务人的债务人等义务人提起的个别清偿之诉以及相应的执行程序都与债务人财产直接相关，应当予以中止。对这，《破产法解释（二）》第22条规定，破产申请受理前，债权人就债务人财产向人民法院提起本规定第21条第1款所列的主张次债务人代替债务人直接向其偿还债务的；主张债务人的出资人、发起人和负有监督股东履行出资义务的董事、高级管

① 最高人民法院民事审判第二庭编著：《最高人民法院关于企业破产法司法解释理解与适用》，人民法院出版社2017年版，第171～173页。

理人员，或者协助抽逃出资的其他股东、董事、高级管理人员、实际控制人等直接向其承担出资不实或者抽逃出资责任的；以债务人的股东与债务人法人人格严重混同为由，主张债务人的股东直接向其偿还债务人对其所负债务的；其他就债务人财产提起的个别清偿等诉讼，人民法院已经作出生效民事判决书或者调解书但未执行完毕的，破产申请受理后，相关执行程序应当依据《企业破产法》第 19 条的规定中止，债权人应当依法向管理人申报相关债权。

应当指出，债权人针对债务人的债务人提起的代位权之诉，根据《合同法解释（一）》第 20 条关于“债权人向次债务人提起的诉讼经人民法院审理后认定代位权成立的，由次债务人向债权人履行清偿义务，债权人与债务人、债务人与次债务人之间相应的债权债务关系即予消灭”的规定，理论上一般认为，代位权人对代位权诉讼所涉及的财产具有优先受偿权。这在一般情况下没有问题。在破产申请受理前，债务人对外所享有的债权等在未收回之前，还只是理论上应收财产，并非债务人的财产。债务人的债务人因代位权之诉代替债务人给代位权人清偿债务，并非以债务人的财产向代位权人清偿债务。可在破产申请受理后，债务人对外所享有的债权、出资人欠缴的出资等所有财产性权利，均归属于债务人财产的范围，应由管理人统一追收。承认代位权人对代位权诉讼所涉及的财产在执行完毕前具有优先受偿权，无异于承认债权人针对债务人的债务人等义务人提起的个别清偿之诉的效力，与破产法的规定相悖，有可能导致债权人、债务人及债务人的债务人等相互串通通过提起代位权等个别清偿之诉来满足自己的债权，进而损害其他债权人的利益，尤其是在债权人、债务人、债务人的债务人等存在着诸如关联等各种各样的利益关系时，更难以避免这种现象发生。如此，在破产法中不应承认代位权人基于这种本质上属于个别清偿行为之诉而对所涉及财产的优先受偿权。所以，《破产法解释（二）》第 22 条明确规定，债权人针对债务人的债务人等义务人提起代位权等个别清偿之诉，在人民法院、仲裁机构作出的生效民事裁判、调解书、仲裁裁决等后予以执行但未执行完毕的，在破产申请受理后应当予以中止，债权人对债务人所有的债权应当依法向管理人申报，而不能根据生效法律文书确认代位权人等具有优先受偿权，即让债务人的债务人或其他义务人向代位权人等直接清偿债权。

2. 针对债务人财产进行的必须是执行程序。不是执行程序，则可能就不是中止，而是要依法采取其他措施，如针对债务人财产进行的假若是保全措施，则应依法予以解除。

3. 对债务人财产进行的执行程序，不仅包括民事执行程序，而且包括行政执行程序以及刑事执行程序。这从过去的《企业破产法（试行）》第 11 条关于“人民法院受理破产案件后，对债务人的其他民事执行程序必须中止”到《企业破产法》第 19 条关于“人民法院受理破产申请后，有关债务人财产的保全措施应当解除，执行程序应当中止”的转变就不难看出这一点。《民商事审判纪要》第 109 条（受理后债务人财产保全措施的处理）第 2 款规定：“人民法院审理企业破产案件时，有关债务人财产被其他具有强制执行权力的国家行政机关，包括税务机关、公安机关、海关等采取保全措施或者执行程序的，人民法院应当积极与上述机关进行协调和沟通，取得有关机关的配合，参照上述具体操作规程，解除有关保全措施，中止有关执行程序，以便保障破产程序顺利进行。”据此，对之还得注意以下几点：

一是，行政机关、司法机关对债务人财产进行的行政、刑事执行程序，即使是将债务人财产执行用以清偿税收、偿还被害人债务、追缴赃款赃物等非惩罚性债务，也应当依法中止执行。这些债务，有的作为债务人对国家所负的债务，在一般情况下可以优先得到追偿，如刑事追赃优先于民事执行，税收优先于罚款、没收违法所得等。可是，债务人因为破产申请受理进入破产程序后，有关债务人的一切债务，包括所欠国家的税收、追缴赃款赃物、没收违法所得等非惩罚性债务，都应按照《企业破产法》的规定依法清偿。是以，有关债务人的任何执行程序都应加以中止。否则，有关债务人的执行程序依旧执行，那么，就是保证部分债权人的债权能够得到更多或者全部执行，必然损害其他债权人的合法权益，破产程序意在实现所有债权人的债权公平清偿的目的与功能就难以实现。这样，在破产申请受理后，不仅有关债务人的民事执行程序，而且有关债务人的行政执行程序及刑事执行程序，都应依法中止。

此外，破产程序实际也是一种执行程序，其是对债务人的全部财产强制用于清偿所有债务的执行程序，与其他执行程序比较而言，具有广泛性、全面性、彻底性、公平性的特点。而且，其是在债务人具有破产能力与破产原因的情况下，将其所有财产用以清偿全部债务的一种执行程序，相对于民事执行程序、行政执行程序、刑事执行程序而言，属于一种在特定情况下适用的特别执行程序。根据特别法优先于普通法适用的原则，《企业破产法》这一特别法所产生的破产执行程序，相对于根据《民事诉讼法》《税收征收管理法》《海关法》《刑事诉讼法》等在一般情况下所产生的民事执行程序、行政执行程序、刑事执行程序，无疑应当优先适用。因此，有关债务人的其他执行程序都应当依法中止。

二是，行政机关、司法机关对债务人财产进行的行政执行程序、刑事执行程序，是将债务人财产执行用以清偿罚金、罚款、没收财产、滞纳金等惩罚性债权的，毫无疑问，更应予以中止。这些惩罚性公债权，均不属于《企业破产法》规定的债权之列，理论上属于劣后债权，由此引起的执行程序更需要中止。其实，在破产程序中，债权人的损失通常巨大，在其债权清偿率很低，尤其涉及众多债权人的情况下，还涉及社会稳定等诸多问题。倘若因这些惩罚性债权产生的程序不予中止，总会给人与民争利的不良印象。破产程序对于债权人来说，是一种不可预知的事件，一旦发生，债权人等于遭受了灾难。遇有灾难，需要社会尤其是国家的帮助，国家固然有义务维护众多债权人的利益，以保障破产程序的顺利进行，让遇到灾难的债权人感受到国家的温暖。假若国家不顾众多债权人的利益，只顾自己惩罚性的债权实现，对有关行政执行程序、刑事执行程序不予中止而继续强制执行，自会不利于破产程序的正常进行。

三是，就刑事执行程序而言，《刑法》第 36 条规定："由于犯罪行为而使被害人遭受经济损失的，对犯罪分子除依法给予刑事处罚外，并应根据情况判处赔偿经济损失。承担民事赔偿责任的犯罪分子，同时被判处罚金，其财产不足以全部支付的，或者被判处没收财产的，应当先承担对被害人的民事赔偿责任"；第 60 条规定："没收财产以前犯罪分子所负的正当债务，需要以没收的财产偿还的，经债权人请求，应当偿还"；第 64 条规定："犯罪分子违法所得的一切财物，应当予以追缴或者责令退赔；对被害人的合法财产，应当及时返还；违禁品和供犯罪所用的本人财物，应当予以没收。没收的财物和罚金，一律上缴国库，不得挪用和自行处理"；《刑事诉讼法》第 101 条规定，被害人由于被告人的犯罪行为而遭受物质损失的，在刑事诉讼过程中，有权提起附带民事诉讼。被害人死亡或者丧失行为能力的，被害人的法定代理人、近亲属有权提起附带民事诉讼。如果是国家财产、集体财产遭受损失的，人民检察院在提起公诉的时候，可以提起附带民事诉讼。第 102 条规定，人民法院在必要的时候，可以采取保全措施，查封、扣押或者冻结被告人的财产。附带民事诉讼原告人或者人民检察院可以申请人民法院采取保全措施。人民法院采取保全措施，适用《民事诉讼法》的有关规定。第 103 条规定，人民法院审理附带民事诉讼案件，可以进行调解，或者根据物质损失情况作出判决、裁定。第 245 条规定，公安机关、人民检察院和人民法院对查封、扣押、冻结的犯罪嫌疑人、被告人的财物及其孳息，应当妥善保管，以供核查，并制作清单，随案移送。任何单位和个人不得挪用或者自行处理。对被害人的合法财产，应当及时返还。对违禁品或者不宜长期保存的物品，应当依照国家有关规定处理。对作为证据使用的实物应当随案移送；对不宜移送的，应当将其清单、照片或者其他证明文件随案移送。人民法院作出的判决，应当对查封、扣押、冻结的财物及其孳息作出处理。人民法院作出的判决生效以后，有关机关应当根据判决对查封、扣押、冻结的财物及其孳息进行处理。对查封、扣押、冻结的赃款赃物及其孳息，除依法返还被害人的以外，一律上缴国库等等，犯罪单位因为犯罪行为对他人或者国家负有各种各样的债务，如返还占有的他人财产，赔偿给他人造成的损害，被判处罚金、没收财产等财产刑，被追缴违法所得，等等，在依法进行破产程序后，对于这些债务的处理，应当区分情况分别对待：

一是，违禁品。违禁品作为诸如枪支弹药、刀具、窃听窃照专用器材、迷药、毒品等法律规定不准私自制造、购买、使用、持有、储存、运输进出口的物品，犯罪单位涉及的，即使进入破产程序，也应依法予以没收，有关执行程序则不应中止执行。

二是，应当作为刑事证据使用的实物，基于证据保护的需要，有关保全措施不应解除；需要随案移送的，司法机关可以随案移送；不宜移送的，司法机关有权采取照相等方式加以固定。存有价值，除非作为证据需要永久保留，宜交由管理人依法作为债务人的财产处置，以清偿债务人的债务。

三是，被害人的合法财产。犯罪单位因为犯罪行为所占有的他人合法财产，由于犯罪行为不能产生财产转移的法律效果，这种财产依然属于被害人所有，应当返还。公安机关、检察机关、人民法院查封、冻结等有关财产的保全措施，或者通过刑事执行程序进行追赃，进入破产程序的，应当解除有关保全措施、中止执行程序。被害人可以向管理人行使取回权。如此做，也可以防止一些债权人借用刑事程序将本来的民事行为如合同行为转化为刑事行为如诈骗行为，即“民转刑”来实现其不正当的个别清偿，防止损害其他债权人利益的破产程序启动的目的。不过，被害人基于刑事犯罪司法程序向管理人就某一财产主张取回权的，管理人应当根据刑事生效法律文书加以确定，而不能自主否定其取回权。

四是，犯罪单位的犯罪行为给他人造成损害的，如职务行为致人伤亡、毁损他人财产，以及通过诈骗等行为占有他人财产后将之已经处分的，这时，对他人应当负有赔偿责任。刑事附带民事诉讼等予以确认的，他人则对犯罪单位享有债权。犯罪单位进入破产程序的，有关执行程序应当予以中止，他人作为债权人应当依法申报债权，获得公平受偿。

五是，犯罪单位因犯罪行为被没收财产前所负的正当债务，不论是犯罪行为造成还是非犯罪行为造成，在破产程序中，有关刑事执行程序都不能再行处理，应当予以中止，债权人应当依法申报债权，获得公平受偿。

六是，犯罪单位用于犯罪所用的财物，以及除属被害人合法财产的违法所得，没有进入破产程序的，应当通过刑事程序依法没收或者予以追缴；进入了破产程序的，则实际是犯罪单位对国家所负的公债务。对于这种公债务的处理，应当纳入破产程序的范围，有关执行程序应当予以终止。尽管这种公债务不具有或者不明显具有惩罚性，为了尽可能让债权人获得更多的受偿，维护社会稳定、保障破产程序正常进行等公益，宜认定为劣后债权加以处理。

七是，对犯罪单位判处的罚金、没收财产刑，因其属于惩罚性公债权，在破产程序中，如前所述，属于劣后债权，有关刑事执行程序应当中止。

4. 针对债务人的执行程序必须发生在破产申请受理前。破产申请受理前，作为民事案件、行政处罚、刑事案件等个别案件、处罚所形成的民事执行程序、行政执行程序、刑事执行程序，其所针对的财产属于执行标的。破产申请一旦受理，债务人进入破产程序，其财产自受理之日起就成为债务人财产。债务人财产用于清偿债务人的所有债务，不能用于清偿部分债权人的个别债务，不能成为执行标的而由民事执行程序、行政执行程序或刑事执行程序加以执行。换句话说，执行程序只能执行破产程序之外的可以成为执行标的的财产，不能执行已经成为债务人财产的财产。如此，在破产申请受理时还没有启动执行程序的，则不能再启动执行程序强制执行，也就不会存在中止执行的问题。

5. 开始在破产申请受理前的执行程序还未完毕或者终结。在破产申请受理前的执行程序已经终结，也不存在对其中止的问题。执行标的为不需要办理转移登记手续的动产，人民法院已经作出执行裁定，且已经将动产交付给申请人的，执行程序已经完毕。执行标的为不动产需要依法办理转移过户登记手续的财产，人民法院应当依法作出执行裁定，并由有关部门给申请人办理转移登记手续，只有生效裁判但没有执行裁定的，执行程序尚未开始，于是不存在中止的问题，此时根本还没有开始执行，自不存在执行完毕的问题。执行标的正在评估或者变卖、拍卖过程中，或者买受人签订了合同还未支付购买款，执行无疑没有完毕。即使在拍卖后买受人已经支付了购买款，除法律有特别规定的外，应以办理登记手续为标准判断是否执行完毕。因为没有办理转移登记所有权尚未转移给购买人，仍旧属于执行尚未执行完毕。还有，即使认为购买人取得了所有权，变卖、拍卖执行标的所得价款只要还没有交付给执行申请人，对债权人来说即属未执行完毕，执行程序也应当中止，该变卖、拍卖执行标的所得价款依旧属于破产财产，不能用于申请执行人个别清偿。除有拍卖财产、抵债裁定等导致物权设立、变更、转让或者消灭的人民法院、仲裁委员会的生效法律文书外，对于未办理转移登记手续的，因为购买人尚未取得所有权，管理人可以依法予以解除，购买人受到的损失可以作为共益债务处理。当然，破产案件涉及众多人的利益，倘若购买人众多，或者购买人是为了居住这一基本权利所必需，标的物因为市场因素贬值等，源于各种各样的原因尚未办理房产转移登记手续的，继续可以履行合同将物权转移给购买人，但这不是说，购买人已经享有了不动产标的物的所有权。假若购买人购买了多套甚至数十套房屋，价值又在增加，并不涉及购买人的基本生活权利，基于众多债权人的利益考虑，对于用于居住外的房屋就因为没有拍卖成交、抵债裁定且未办理房屋转移登记手续尚未取得所有权，合同还没有履行完毕，可以解除合同，考虑到购买人已经全部支付了转让价款，房产增值且解除合同给购买人造成损失发生在破产申请受理后，按共益债务处理依然有利于债务人财产，为此可作为共益债务处理。

6. 有关债务人财产的执行程序，在裁定受理破产申请后，应当中止，而不是可以中止。这是因为，破产申请一旦受理，有关债务人的破产程序即行启动，所有债权人的债权都应在破产程序中得到公平清偿。故，所有针对债务人财产的执行程序都应中止。不然，满足个别债权人利益的执行程序仍在进行，必然导致其他债权人的合法权益得不到公平清偿。

7. 有关债务人财产的执行程序，在裁定受理破产申请后只是中止，即暂时的停止执行，而非因为有关债务人的破产申请受理这一法定事由的出现导致执行终结。后者属于彻底地结束执行程序，以后不会再行恢复；前者则是暂时地停止执行程序的进行，还可能存在恢复执行的情况。如在破产申请受理后，发现债务人不具有破产能力与破产原因，人民法院根据《企业破产法》第 12 条第 2 款的规定驳回破产申请的；在重整期间，担保物有损坏或者价值明显减少的可能，足以危害担保权人权利，根据《企业破产法》第 72 条的规定，担保权人请求恢复行使担保物权并经人民法院批准的；人民法院经过审查认为和解申请符合破产法规定的条件，裁定许可进行和解，根据《企业破产法》第 96 条第 2 款的规定，对债务人的财产或者财产权利享有的抵押权、质权或者留置权等担保物权，自人民法院裁定许可进行和解之日起，权利人依法行使担保物权的；人民法院受理破产案件后，债务人经全体债权人一致同意就债权债务的处理自行达成和解协议，根据《企业破产法》第 105 条的规定，人民法院根据申请裁定认可同时裁定终结破产案件的；宣告债务人破产后，对破产人的特定财产享有担保权的权利人根据《企业破产法》第 109 条的规定可对该特定财产行使优先受偿的权利的，等等，就可依法恢复执行程序。其他情况，债权人只能依法申报债权，实现对自己债权的清偿。

应当指出，有人认为：“有物权担保的债权人就债务人特定财产提起的执行程序不受中止效力的影响，除非即将进行的是重整程序。在此需要注意的是，如果管理人预计新破产法颁布前发生的职工债权可能从无担保财产中不能足以清偿，破产别除权人在对担保物执行时，需要事先预留出对职工债权清偿的部分财产。”① “有物权担保的债权人即别除权人就担保物提起的执行程序，原则上不应受中止效力的约束，除非当事人申请的是重整程序。立法规定中止个别执行的目的，是保障对全体债权人的公平清偿。中止别除权人就担保物提起的执行程序，并不能起到保障普通债权人公平受偿的作用，因此中止执行的效力一般不及于别除权就担保物提起的执行程序。但当担保物控制在管理人手中时，物权担保人行使权利要和管理人进行必要的协调。”②笔者认为，无论是担保物权人还是其他债权人申请的执行程序，都应中止。这是因为：

一是，《企业破产法》第 19 条明确规定，人民法院受理破产申请后，有关债务人财产的保全措施应当解除，执行程序应当中止，并未将因为担保物权行使而产生的保全措施、执行程序排除在解除或者中止之外。

二是，《企业破产法》第 75 条规定：“在重整期间，对债务人的特定财产享有的担保权暂停行使。但是，担保物有损坏或者价值明显减少的可能，足以危害担保权人权利的，担保权人可以向人民法院请求恢复行使担保权。”基此，在重整期间，要求执行程序依法予以中止。

三是，在执行程序中，债务人依然存在提出执行异议、达成执行和解等权利，而在破产申请受理后，除非依法自行管理财产和营业，债务人丧失处理相关事务的一切权利，这些权利要由管理人代为行使。管理人虽自破产申请受理时指定，可其开展有关工作，还需要一段时间。管理人代表债务人参与执行程序，包括因为担保物权行使而进入的执行程序，亦需要一定的时间准备。这样，有关执行程序亦应当中止。况且，这只是暂时中止，之后完全可以恢复，并非完全是对其破产别除权的完全否定。对此，“《企业破产法》现行立法体例，债务人设定担保的财产仍属于债务人财产（债务人被宣告破产后称破产财产），在人民法院受理破产申请后，有关债务人财产的保全措施应当解除，执行程序应当中止。凡没有转移他人占有的财产统一由管理人管理处分，包括担保权人的优先受偿债权；有对担保财产优先受偿存在争议的统一由受理破产申请法院以民事诉讼方式解决。也就是说，破产别除权的行使仍应在破产程序框架下解决，不能无视《企业破产法》第 19 条的规定，完

① 王欣新主编：《破产法原理与案例教程》，中国人民大学出版社 2010 年版，第 4 页。

② 最高人民法院民事审判第二庭编著：《最高人民法院关于企业破产法司法解释理解与适用》，人民法院出版社 2017 年版，第 152 页。

全置破产程序于不顾。”①

四是，在破产和解、破产清算程序中，担保物权人虽然可以根据《企业破产法》第96条第2款关于“对债务人的特定财产享有担保权的权利人，自人民法院裁定和解之日起可以行使权利”，第109条关于“对破产人的特定财产享有担保权的权利人，对该特定财产享有优先受偿的权利”的规定，分别可以在人民法院裁定和解、宣告债务人破产之日起对特定财产行使优先受偿权，但在此之前，即在破产申请受理后人民法院裁定和解、宣告债务人破产之日止的时间内，尚需要管理人依法管理，既不能由担保物权人随意处置，也不能由开始执行程序的人民法院加以处分，执行法院对有关负有担保物权或者法定特别优先权的特定财产的保全措施应当予以解除，执行程序应当予以中止。

五是，即使在破产清算程序，担保物权人尽管依法可以行使优先受偿的权利，可这需要管理人的配合，也需要管理人从尽力保证破产财产的价值甚至增值出发，做好统一处置的安排。担保物权人权利的维护，主要是从实体上保证担保物权人的权利，而并非在程序上一定要求其可以单个地对其特定财产分别处置受偿。执行程序不予中止，所有执行程序都分别进行，不仅因为各自委托拍卖、评估等减少债务人财产的价值，增加财产负担，而且因为各自分别处置而减少、降低只有统一处理的财产如配套的生产设备等的价值，不利于其他债权人合法权益的维护。另外，执行程序倘若很多，不同法院都来执行，管理人就只能疲于应付，无法保证破产程序工作的顺利进行。

六是，就是破产清算，基于财产整体处置更利于提高财产的价值、发挥财产的作用时，如他人愿意购买债务人全部财产或主要财产而重新设立公司继续以前的营业时，即有人所称的出售式重整，亦要求优先受偿权人不能随意行使优先受偿权而单独处置因为抵押、质押等而具有优先受偿权的财产，于是要求有关法院针对债务人具有优先受偿权的财产所开始的执行程序也应依法予以中止。

七是，破产申请受理后，所有债权包括具有财产担保的债权，都应依法申报，并经管理人依法审查、债权人会议依法核查、人民法院依法确认，然后在管理人的配合下，使得破产别除权人依法行使担保物权。即使是具有财产担保的债权及其担保物权，已经经过人民法院裁判确认并进入了执行程序，有关债权的利息、用于担保财产的价值评估、确定，也需要纳入破产程序统一审查，而不能由各个人民法院分别进行评估、确定。否则，债务人的财产

① 吴庆宝、王建平主编：《破产案件裁判标准规范》，人民法院出版社2009年版，第65页。

就可能变得支离破碎，无法进行整体的有效配置，会使得其价值受到损害甚至严重损害。其实，有关担保财产的执行措施不予以中止，具有财产担保的债权及其担保财产的价值，完全由执行法院来确定，将具有财产担保的债权排除在破产程序之外，也与破产程序对所有债权债务进行清理的功能而相违背。

对此，《正确审理破产案件意见》第 17 条至 19 条亦明确指出："人民法院要充分认识破产程序和执行程序的不同功能定位，充分发挥《企业破产法》公平保护全体债权人的作用。破产程序是对债务人全部财产进行的概括执行，注重对所有债权的公平受偿，具有对一般债务清偿程序的排他性。因此，人民法院受理破产申请后，对债务人财产所采取的所有保全措施和执行程序都应解除和中止，相关债务在破产清算程序中一并公平清偿。""人民法院要注重做好破产程序和执行程序的衔接工作，确保破产财产妥善处置。涉及人民法院内部破产程序和执行程序操作的，应注意不同法院、不同审判部门、不同程序的协调与配合。涉及债务人财产被其他国家行政机关采取保全措施或执行程序的，人民法院应积极与上述机关进行协调和沟通，取得有关机关的配合，依法解除有关保全措施，中止有关执行程序。""人民法院受理破产申请后，在宣告债务人破产前裁定驳回申请人的破产申请，并终结破产程序的，应当在作出终结破产程序的裁定前，告知管理人通知原对债务人财产采取保全措施或执行程序的法院恢复原有的保全措施或执行程序，有轮候保全的，以原采取保全措施的时间确定轮候顺位。对恢复受理债务人为被执行人的执行案件，应当适用申请执行时效中断的有关规定。"

8. 关于证券公司破产案件，有关其财产保全措施予以解除、执行程序中止，应当遵守有关规定执行。《关于依法审理和执行被风险处置证券公司相关案件的通知》第 4 条明确指出，破产程序作为司法权介入的特殊偿债程序，是在债务人财产不足以清偿债务的情况下，以法定的程序和方法，为所有债权人创造获得公平受偿的条件和机会，以使所有债权人共同享有利益、共同分担损失。鉴此，根据《企业破产法》第 19 条的规定，人民法院受理证券公司的破产申请后，有关证券公司财产的保全措施应当解除，执行程序应当中止。具体如下：（1）人民法院受理破产申请后，已对证券公司有关财产采取了保全措施，包括执行程序中的查封、冻结、扣押措施的人民法院应当解除相应措施。人民法院解除有关证券公司财产的保全措施时，应当及时通知破产案件管理人并将有关财产移交管理人接管，管理人可以向受理破产案件的人民法院申请保全。（2）人民法院受理破产申请后，已经受理有关证券公司执行案件的人民法院，对证券公司财产尚未执行或者尚未执行完毕的程序应当中止执行。当事人在破产申请受理后向有关法院申请对证券公司财产强制执行的，有关法院对其申请不予受理，并告知其依法向破产案件管理人申报债权。破产申请受理后人民法院未中止执行的，对于已经执行了的证券公司财产，执行法院应当依法执行回转，并交由管理人作为破产财产统一分配。（3）管理人接管证券公司财产、调查证券公司财产状况后，发现有关法院仍然对证券公司财产进行保全或者继续执行，向采取保全措施或执行措施的人民法院提出申请的，有关人民法院应当依法及时解除保全或中止执行。（4）受理破产申请的人民法院在破产宣告前裁定驳回申请人的破产申请，并终结证券公司破产程序的，应当在作出终结破产程序的裁定前，告知管理人通知原对证券公司财产采取保全措施的人民法院恢复原有的保全措施，有轮候保全的，以原采取保全措施的时间确定轮候顺位。对恢复受理证券公司为被执行人的执行案件，适用申请执行时效中断的规定。第 5 条指出，证券公司进入破产程序后，人民法院作出的刑事附带民事赔偿或者涉及追缴赃款赃物的判决应当中止执行，由相关权利人在破产程序中以申报债权等方式行使权利；刑事判决中罚金、没收财产等处罚，应当在破产程序债权人获得全额清偿后的剩余财产中执行。

（六）有关债务人财产的保全措施、执行程序未能依法解除、中止的法律责任

对此，最高人民法院 2016 年 5 月 6 日发布实施的《关于依法开展破产案件审理积极稳妥推进破产企业救治和清算工作的通知》（法〔2016〕169 号）明确指出："破产案件审理中，其他法院要依法中止对破产企业的执行，依法解除相关保全措施。对于不依法解除保全措施和违法执行的相关人员，各地法院要依法依规严厉追究责任。"《民商事审判纪要》第 109 条（受理后债务人财产保全措施的处理）第 1 款规定，要切实落实破产案件受理后相关保全措施应予解除、相关执行措施应当中止、债务人财产应当及时交付管理人等规定，充分运用信息化技术手段，通过信息共享与整合，维护债务人财产的完整性。相关人民法院拒不解除保全措施或者拒不中止执行的，破产受理人民法院可以请求该法院的上级人民法院依法予以纠正。对债务人财产采取保全措施或者执行措施的人民法院未依法及时解除保全措施、移交处置权，或者中止执行程序并移交有关财产的，上级人民法院应当依法予以纠正。相关人员违反上述规定造成严重后果的，破产受理人民法院可以向人民法院纪检监察部门移送其违法审判责任线索。

（七）由其他机关对债务人财产采取但因破产申请受理而依法解除的保全措施、中止的执行程序的恢复

破产申请受理后，为了防止债权人出于自利的本性通过各种各样的措施实现自己的个别清偿，以及不同机关针对债务人采取的保全措施或者执行程序而给债务人财产所带来的完整性的损害，以保障债务人的财产能够全部用于所有债权人的债权依法公平清偿，对有关机关采取的保全措施予以解除、执行程序予以中止就有其必要性。不然，债务人财产的完整性就根本无法得到保证，所有债权人的债权在破产程序中要得到公平受偿的这一根本目的就无法实现，破产程序也无法得以顺利进行。然则，破产程序的启动，只是解决以债务人的全部财产公平集体清偿所有债权人的全部债权的问题，对债务人与债权人之间的债权债务关系是否存在、数额多少等实体问题并不解决。之间存在争议，仍需要通过其他诉讼程序、仲裁等加以解决。债权人与债务人的债权债务关系存在，基于破产程序的启动，都应纳入破产程序中统一受偿，为此通过其他机关所采取的以实现个别清偿的各种保全措施或者执行程序等需要依法解除或者中止，然在破产程序的启动不符合条件即债务人不应进入破产程序或者因为法定原因破产程序没有继续进行的必要而予以终结的，债权人对债务人的债权继续存在的，固然可以依法通过各种措施来实现自己的个别清偿。这时，因为债务人破产程序的终止债权人对债务人所享有债权的实现又回到破产程序开始的普通程序中。债权人在破产程序前已经针对债务人的财产申请有关机关采取了保全措施或者执行程序的，根据“申请在先的债权人对于债务人财产享有优先权利，有多个债权人对债务人同一财产申请保全时，应当进行轮候”的这一民事诉讼中的保全及执行的规定，[①] 需要保障债权人在破产程序前所申请有关机关采取的保全措施、执行程序的顺位利益，在破产程序退出后，应当将破产程序前所采取的保全措施及执行程序恢复至破产程序开始前的状态，以防止债务人或者其他债权人等各种各样的损害破产程序前已经被采取保全措施或执行程序的财产现象发生，有效并有序地维护所有债权人的利益。因此，《破产法解释（二）》第8条明确规定，人民法院受理破产申请后至破产宣告前裁定驳回破产申请，或者依据《企业破产法》第108条的规定裁定终结破产程序的，应当及时通知原已采取保全措施并已依法解除保全措施的单位按照原保全顺位恢复相关保全措施。在已依法解除保全的单位恢复保全措施或者表示不再恢复之前，受理破产申请的人

① 最高人民法院民事审判第二庭编著：《最高人民法院关于企业破产法司法解释理解与适用》，人民法院出版社2017年版，第181页。

民法院不得解除对债务人财产的保全措施。对此，需要注意以下方面：

1. 恢复其他机关所采取的保全措施、执行程序，其前提是已经启动的破产程序因为法定原因而予以终止，不再进行。根据《企业破产法》的规定，具体存在两种情形：

一是，《企业破产法》第12条第2款规定："人民法院受理破产申请后至破产宣告前，经审查发现债务人不符合本法第二条规定情形的，可以裁定驳回申请。申请人对裁定不服的，可以自裁定送达之日起十日内向上一级人民法院提起上诉。"人民法院对有关债务人的破产申请审查时，虽然认为债务人具有破产原因并予受理启动了破产程序，可在破产程序进行的过程中，发现债务人并不存在破产原因的情况裁定驳回破产申请的，破产程序完全终结。应当指出，人民法院"基于企业法人不能清偿到期债务，并且资产不足以清偿全部债务"的破产原因受理了破产申请，后来查明债务人并非资不抵债，原裁定认定的破产原因并不存在，可债务人具有"企业法人不能清偿到期债务，并且明显缺乏清偿能力"的破产原因的，宜不能认定不符合《企业破产法》第2条的规定而裁定驳回破产申请。

此外，《企业破产法》第2条规定的破产原因为债务人所具有的一般情形。对于某些特定债务人的破产原因，为一些法律特别规定，是否具有破产原因则要根据有关特别法的规定判断，针对这些特定债务人裁定受理破产申请后，经发现并不具有特别法规定的破产原因的，也应裁定驳回。如根据《合伙企业法》第92条规定，合伙企业不能清偿到期债务的，乃是合伙企业破产的唯一原因，只有合伙企业不能清偿到期债务，就可以依法启动破产程序。所以，判断合伙企业是否具有破产原因，不能根据《企业破产法》第2条的一般规定加以判断，否则就会得出合伙企业在不能清偿到期债务而具有破产原因的情况下却不具有破产原因的结论。

二是，《企业破产法》第108条规定："破产宣告前，有下列情形之一的，人民法院应当裁定终结破产程序，并予以公告：（一）第三人为债务人提供足额担保或者为债务人清偿全部到期债务的；（二）债务人已清偿全部到期债务的。"基此，破产程序启动后破产宣告前而据以终结的情形具体又包括第三人为债务人提供了足额担保、第三人为债务人清偿全部到期债务以及债务人已清偿全部到期债务共3种情形。

2. 驳回破产申请或者终结破产程序的裁定生效，破产申请受理法院应当及时通知原已采取保全措施并已依法解除保全措施的单位按照原保全顺位恢复相关保全措施。应当指出，在裁定破产程序终结时，其根据假若为第三人给债务人提供足额担保或者清偿全部到期债务，以及债务人已经清偿全部到期债务；或者在破产程序中，债务人与全体债权人达成庭外和解协议；或者因重整计划、和解协议执行完毕；或者债务人财产不足以支付破产费用等，由于债权人的债权已经或者能够全部实现，或者有了新的保障，或者根本没有财产可供执行，为实现此相应债权的针对债务人财产所采取的全保措施及执行程序，自无恢复必要。尽管如此，按照司法解释的这一规定，破产申请受理法院仍然需要及时通知有关采取保全措施的单位按原保全顺位恢复相关保全。至于有关单位是否恢复，则由相关单位确定。

3. 破产申请受理法院及时通知原已采取并依法解除保全措施的单位按照原顺位恢复相关保全后，有关单位应当及时予以回应，或者裁定恢复保全措施，或者明确表示不再恢复。在已依法解除保全的单位恢复保全措施或者表示不再恢复之前，受理破产申请的人民法院不得解除对债务人财产的保全措施，以防止有关单位恢复保全措施前又因破产申请受理法院解除有关保全措施而给他人对在破产申请受理前已经采取保全措施的财产设立新顺位保全，以损害破产申请受理前所采取的财产保全的顺位利益。有关单位接到恢复保全措施的通知后，在限定的期限内无理由不作出任何表示的，则可视为默示的“表示不再恢复”,[①] 破产申请受理法院则可依法予以解除保全措施。不过，为了慎重起见，在这种情况下，破产申请受理法院需要与没有及时回应的相关单位进行必要沟通，以防止意想不到的各种各样的损害破产申请受理前已经申请采取保全措施的债权人利益的现象发生。

（八）执行程序中所控制的财产向破产程序的移送

在人民法院的执行程序、其他主管机构对债务人财产采取执行措施控制甚至占有债务人财产的情况下，基于债务人进入破产程序后，之所有财产、债权债务都应由破产申请受理法院在破产程序中统一集中处理，除执行程序与破产程序处于同一法院外，执行法院、其他主管机构都应将所控制或者占有的财产，应破产申请受理法院的请求移交破产申请受理法院统一处置。

四、破产申请受理裁定对债务人及其管理人员的效力

破产申请受理裁定，对债务人及其管理人员的效力，主要体现在以下方面：

（一）依法提交有关资料

债权人申请债务人破产的，根据《企业破产法》第11条第2款的规定，

---

① 最高人民法院民事审判第二庭编著：《最高人民法院关于企业破产法司法解释理解与适用》，人民法院出版社2017年版，第182页。

债务人应当自裁定送达之日起15日内，向人民法院提交财产状况说明、债务清册、债权清册、有关财务会计报告以及职工工资的支付和社会保险费用的缴纳情况。清算责任人及国务院金融监督管理机构申请债务人破产的，破产法尽管没有明确上述义务，可基于破产程序正常进行的需要，债务人仍有义务在规定的期间内向人民法院提交上述资料。债务人违反破产法规定，拒不向人民法院提交或者提交不真实的财产状况说明、债务清册、债权清册、有关财务会计报告以及职工工资的支付情况和社会保险费用的缴纳情况的，根据《企业破产法》第127条第1款的规定，人民法院可以对直接责任人员依法处以罚款。

（二）对所负债权人的债务不得再行个别清偿

在人民法院受理破产申请后，仍旧对个别债权人的债务进行个别清偿的，根据《企业破产法》第16条的规定，该个别清偿行为无效。我们知道，破产程序作为集中、彻底、有序、公平清偿债务人所有债务的特别程序，固然要求债务人不得对个别债权人的债务进行个别清偿。不然，允许个别清偿，那就等于各个债权人都可以要求债务人对其债权进行清偿，与一般的民事诉讼程序就没有任何区别，破产程序彻底、有序、公平清偿债务人所有债务的目的就不可能实现，其他没有获得个别清偿的债权人的合法权益就会受到损害。是以，在破产申请受理后，禁止债务人对个别债权人的债权进行个别清偿，乃是破产程序的必然要求。禁止并不等于债务人就一定不会进行个别清偿，于是对于违反法律禁止规定而实施的个别清偿行为，有必要在法律上明文否定其效力。

（三）向管理人移交财产、债权债务以及印章、账簿、合同等所有文书档案资料

在移交前，要妥善保护好财产及与财产、债权债务、经营管理等所有事务相关的一切资料，不得隐匿、转移或者毁损、灭失等。债务人违反规定拒不向管理人移交财产、印章和账簿、文书等资料的，根据《企业破产法》第127条第2款的规定，人民法院可以对直接责任人员依法处以罚款。同时，根据《企业破产法》第131条的规定，违反本法规定，构成犯罪的，则依法追究刑事责任。

（四）依法向管理人移交生产经营服务等营业事务

破产申请受理后，对于生产、经营、服务等营业事务应当依法进行清理，对于一些亏损的对破产程序没有任何意义的营业事务应当及时停止，对于一些必要的或者有利于债务人财产增值的或者破产程序正常进行的营业，则应依法移交管理人管理。当然，债务人依法也可以自行管理需要进行的营业及

其相应的财产，如在重整期间，债务人经过申请于人民法院批准后，可以在管理人监督下自行管理财产和营业事务。

（五）破产申请受理裁定对债务人以前行为的溯及力

主要表现为3种情形：（1）根据《企业破产法》第31条的规定，对于人民法院受理破产申请前1年内，债务人无偿转让财产的，以明显不合理的价格进行交易的，对没有财产担保的债务提供财产担保的，对未到期的债务提前清偿的，放弃债权的等行为，可以依法予以撤销。（2）根据《企业破产法》第32条的规定，对于人民法院受理破产申请前6个月内，债务人有本法第2条第1款规定的情形即不能清偿到期债务并且资产不足以清偿全部债务，或者不能清偿到期债务明显缺乏清偿能力时，仍对个别债权人进行的而又不能使债务人财产受益的个别清偿行为，可以依法予以撤销。（3）根据《企业破产法》第33条的规定，债务人为逃避债务而隐匿、转移财产，以及虚构债务或者承认不真实的债务的行为，无论发生在何时，都属无效行为。根据《企业破产法》第128条的规定，债务人有本法第31条、第32条、第33条规定的行为即上述3种情形的行为，损害债权人利益的，债务人的法定代表人和其他直接责任人员应当依法承担赔偿责任。同时，根据《企业破产法》第131条的规定，违反本法规定，构成犯罪的，依法追究刑事责任。

（六）债务人有关人员所应承担的义务

根据《企业破产法》第15条的规定，破产申请受理后，债务人的有关人员自人民法院受理破产申请的裁定送达债务人之日起至破产程序终结之日止，需要承担一定义务。有关人员，根据《企业破产法》第15条第2款的规定，是指企业的法定代表人。经人民法院决定，可以包括企业的财务管理人员和其他经营管理人员。因此，债务人的法定代表人乃为法定的义务人；法定代表人以外的管理人员，如董事、监事、经理、财务总监、营销总监、人事总监等，则不一定为义务人。具体是否为义务人，则由人民法院根据破产程序的需要及实际情况决定。一旦为人民法院决定为义务人的，则应依法履行法律规定的相关义务。

对于债务人有关人员在破产申请受理后所负的义务，联合国国际法贸易委员会《破产法立法指南》将之分为合作与协助义务、信息提供义务及附属义务3大类型，指出："为确保破产程序可以有效和高效率地进行，一些就一定程度内替换或监督债务人作出规定的破产法，对债务人规定了与破产管理人合作和协助破产管理人履行其职责的1项一般性义务，而有些法律则规定债务人不得作出可能有害于程序进行的行为。合作义务的一个重要部分将是交出资产控制权以及业务记录和账册，从而使破产管理人能够对破产财产实行有效的控制。”“一些破产法在债务人的合作协助义务之外，还规定了一些附属义务。例如，这些义务（适用于自然人债务人，或法人债务人的管理人员和董事）可能包括（未经法院或破产管理人许可）不得离开其惯常居住地，债务人提出离开或被迫离开其居住地须通知法院或破产管理人，必须向破产管理人或法院披露所有往来通信，以及其他一些涉及个人自由的限制。对于法人债务人，还可对法人总部的搬迁实行限制，而破产法可以要求取得法院或破产管理人的同意。这些限制可能极为重要，有助于避免因在破产程序启动后债务人离开营业地和董事及管理人员辞职这种通常做法而造成破产程序的中断。这些附属义务如果列入破产法，应当与其基本宗旨和给予合作的一般义务这一种宗旨相应；这些义务也可能受到上述有关人权公约和协定的限制。”①

根据《企业破产法》第15条的规定，有关人员在破产申请受理后，有5项具体义务。其中，第1项义务为合作与协助义务；第2、3项义务为信息提供义务；第4、5项义务为附属义务。具体为：

1. 妥善保管其占有和管理的财产、印章和账簿、文书等资料。债务人的财产是公平清偿债务人所负债务的重要保证；而印章、账簿、文书资料，是了解、掌握债务人资产、债权债务情况的重要依据。如此，财产以及账簿、文书等资料，乃是保证破产程序正常进行，维护债务人、债权人合法权益的重要保证，无疑要求债务人在向管理人移交前妥善保管。违反这一义务，不对财产及印章、账簿、文书资料妥善保管，甚至隐匿、转移、伪造、毁损、灭失的，应当依法承担相应的法律责任甚至刑事责任。对这，《企业破产法》第127条第2款明确规定，伪造、销毁有关财产证据材料而使财产状况不明的，人民法院可以对直接责任人员依法处以罚款。同时，《企业破产法》第131条规定，违反本法规定，构成犯罪的，依法追究刑事责任。

2. 根据人民法院、管理人的要求进行工作，并如实回答询问。有关人员包括破产法规定的法定代表人与人民法院依法决定的财务管理人员和其他经营管理人员。作为债务人的管理者、经营者，亲身经历了债务人的历史，对于债务人的财产、生产、经营、财务、债权、债务等直接关系到破产程序正常进行以及债务人、债权人合法权益维护的一些事实都会知道、掌握一些，有的甚至非常清楚。而人民法院或者管理人，都未亲身见证债务人的各项活动，仅从财产及其权利凭证、账簿、文书等资料中可以了解有关情况，可能基于材料不全或者完全缺失，以及材料因为伪造、修改不实等原因而无法了

① 王卫国：《破产法精义》，法律出版社2007年版，第41页；联合国国际贸易法委员会：《破产法立法指南》（2006年中文版）第150～152页。

解事实真相。这时，获得有关债务人真实情况的重要途径就是向了解、掌握债务人有关情况的人进行询问。作为法定代表人或者财务、经营管理人员，通常是最了解有关情况的人员，需要其配合、协助人民法院、管理人工作，按照人民法院、管理人的要求进行一定行为。另外，如在继续生产、经营、服务等营业的情况下，法定代表人或者财务、经营管理人员，对市场情况及与债务人相关的债权人、债务人情况都非常了解，通常也都具备一定的经验和教训，有能力配合、协助管理人进行生产、经营、服务等营业活动，对于尽可能拯救债务人，维护债务人、债权人的合法权益，具有十分重要的意义。其实，法定代表人及有关管理人员，对企业的兴衰发展有着自己的责任，对所在单位也负有忠实、勤勉的义务，在所在单位进入破产程序的情况下，作为重要责任者更有义务来配合、协助人民法院、管理人做好相关工作，以尽量保证有关债务人的破产程序正常进行，极力减少债务人、债权人所遭受到的损失。至于配合、协助人民法院、管理人工作，即根据人民法院、管理人的要求进行工作，既可以包括按照要求开展有关生产、经营、服务等营业活动，又包括按照要求反映情况，搜集、整理有关资料，以及外出调查、追讨债务等一切有助于破产程序进行的工作。

3. 列席债权人会议并如实回答债权人的询问。债权人会议作为破产程序中的重要机构，其职权的正常依法行使是破产程序得以正常进行的重要方面，也是债权人维护自己合法权益的重要方式；破产法为此赋予了债权人会议一系列职权。根据《企业破产法》第61条的规定，债权人会议作为行使核查债权，监督管理人，决定继续或者停止债务人的营业，通过重整计划，通过和解协议，通过债务人财产的管理方案，通过破产财产的变价方案，通过破产财产的分配方案等职权的重要机构，固然需要了解债务人的有关情况。除监督管理人工作、听取管理人汇报这一途径外，还要包括对债务人负有责任并且掌握、了解有关情况的法定代表人及其他经营管理人员了解有关情况在内，破产法于是要求有关人员列席债权人会议并如实回答债权人的询问。债务人的法定代表人或者其他经营管理人员有义务列席债权人会议，经人民法院传唤，无正当理由拒不列席债权人会议的，根据《企业破产法》第126条的规定，人民法院可以拘传，并依法处以罚款。债务人的有关人员违反本法规定，拒不陈述、回答，或者作虚假陈述、回答的，人民法院可以依法处以罚款。

4. 未经人民法院许可，不得离开住所地。如前所述，法定代表人等有关人员有义务妥善保管其占有的财产、印章及账簿、文书资料；按照人民法院、管理人要求进行工作并如实回答询问；列席债权人会议并如实回答债权人的询问，以及还可能因为违反破产法规定甚至刑法规定而随时需要接受调查，自然就要对其活动范围进行必要的限制。故，破产法规定，未经人民法院许可，有关人员不得离开住所地。未经人民法院许可，擅自离开住所地的，根据《企业破产法》第129条的规定，人民法院可以予以训诫、拘留，可以依法并处罚款。

5. 不得新任其他企业的董事、监事、高级管理人员。一个企业的兴衰发展与法定代表人及其他经营管理人员的能力、水平、行为等诸因素密切相关。债务人因为不能清偿到期债务且资不抵债等进入破产程序，具体原因各异，完全与之无关则不可能，法定代表人及其他经营管理人员对于债务人破产或多或少都会负有一定的责任。另外，这些人员在破产程序进行中，需要履行妥善保管其占有的财产、印章及账簿、文书资料，按照人民法院、管理人要求进行工作并如实回答询问，列席债权人会议并如实回答债权人的询问等义务，对之新任其他企业的董事、监事、高级管理人员为此有其必要做出限制。然而，法定代表人或其他经营管理人员，仍然需要生存，其作为公民进行劳动的权利不能被剥夺。破产法只是限制其新任其他企业董事、监事、高级管理人员的权利，在其他企业中工作，没有担任董事、监事、高级管理人员的，或者虽然担任董事、监事、高级管理人员，不是在破产申请受理后才新任的而是在破产申请受理前就已经担任的，则不在限制之列。

（七）债务人的股东、出资人、高级管理人员等应承担的义务

为了保障破产程序依法进行，维护债权人的合法权益，对债务人的股东、出资人、高级管理人员等，破产法还对其有关权利作出了一定限制。这些均因破产申请受理而产生，也属于破产申请受理裁定所产生的效力。如《企业破产法》第35条规定，人民法院受理破产申请后，债务人的出资人尚未完全履行出资义务的，管理人应当要求该出资人缴纳所认缴的出资，而不受出资期限的限制。第77条规定，在重整期间，债务人的出资人不得请求投资收益分配。在重整期间，债务人的董事、监事、高级管理人员未经人民法院同意不得向第三人转让其持有的债务人的股权。第125条规定，企业董事、监事或者高级管理人员违反忠实义务、勤勉义务，致使所在企业破产的，依法承担民事责任，并自破产程序终结之日起3年内不得担任任何企业的董事、监事、高级管理人员，等等。

（八）关于债务人的法定代表人及其他经营管理人员履行义务能否委托代理人的问题

民事行为，一般说来，都可以委托他人代理进行。在破产程序中，债务人也可以委托他人代理有关民事活动。在破产申请受理前，对于债权人申请债务人破产的，债务人的法定代表人可以授权他人对债权人的破产申请提出

异议。但由于破产申请受理后，关于债务人的内外一切事务，包括财产、债权债务、营业等都依法应由管理人接管，要委托他人代理债务人进行有关活动，则应由管理人代表债务人进行委托。债务人在破产申请受理前对他人的双方均未履行完毕的委托，应由管理人重新决定解除或者继续履行合同。

此外，还应指出，在破产申请受理后，原法定代表人能否委托他人参与债权人会议或者代理进行有关事务，答案应当是否定的。这是因为，破产申请受理后，委托他人代理债务人处理有关事务应当移交给管理人，原法定代表人就不能再委托他人代理有关活动。另外，根据《企业破产法》第15条的规定，法定代表人具有根据人民法院、管理人的要求进行工作并如实回答询问，列席债权人会议并如实回答债权人的询问等义务，且这种义务不具有替代性。因为要如实回答有关询问，必须知道、了解有关情况，而这是代理人所不能做到的。另外，作为法定代表人的一项亲历义务，如果允许其由他人代理，那么，这项规定就没有实际意义。因为那样的话，法定代表人都可以授权他人按照人民法院、管理人的要求进行工作并如实回答询问，列席债权人会议并如实回答债权人的询问，以逃避其法定义务。因此，一般情况下，应由法定代表人履行其法定义务。只有在特殊情况下，如死亡、因病、意外伤害或者被刑事羁押时，才能依法不让法定代表人履行其有关法定义务。

当然，原法定代表人在为债务人股东的情况下，作为股东，可以股东的名义委托他人行使有关权利。如《企业破产法》第58条第2款、第3款规定，债务人、债权人对债权表记载的债权无异议的，由人民法院裁定确认。债务人、债权人对债权表记载的债权有异议的，可以向受理破产申请的人民法院提起诉讼。据之，债务人对管理人编制的债权表记载的债权有异议的，可以依法提起诉讼。所以，管理人编制的债权表应当送交给债务人，并由债务人提出异议或者依法向人民法院提起诉讼。但如前所述，破产申请受理后，债务人的有关内外事务都移交给了管理人，应当由管理人提出异议或者提起诉讼，在逻辑上就会出现管理人对自己编制的债权表记载的债权有异议的矛盾现象，此时的债务人提出异议及向人民法院提起诉讼，就不应是管理人，而应是债务人的出资人。债务人的出资人对债权表上记载的债权有异议而提起诉讼的，可以委托他人进行。法定代表人是出资人或者出资人代表的，则可以出资人的身份委托他人代理有关活动。如接受管理人交付的债权表，并依法提出异议或者提起诉讼。又如，《企业破产法》第85条规定："债务人的出资人代表可以列席讨论重整计划草案的债权人会议。重整计划草案涉及出资人权益调整事项的，应当设出资人组，对该事项进行表决。"据此，法定代表人作为出资人或者出资人代表，有权参加债权人会议，并对管理人涉及的出资人权益调整事项进行表决，也可以委托他人参加债权人会议并对有关事项进行表决。但是，这种委托是以出资人身份所进行的委托，而非以债务人法定代表人的身份进行的委托，这点不应混淆。

五、破产申请受理裁定对债权人的效力

破产申请受理裁定对债权人的效力，也是多方面的，主要表现在：

1. 不得要求债务人对其债权进行个别清偿。债务人即使应其要求进行个别清偿，也应依法予以撤销。

2. 应当在人民法院公告的债权申报期限内申报债权或者依法补充申报债权，参加债权人会议，行使法定权利，维护自己的合法权益。

3. 在破产申请受理后，一些在通常情况下不能主张权利的债权可以依法主张权利；而一些平时可以主张权利的债权则暂时不能主张权利或者不能再主张权利。前者如《企业破产法》第46条规定，未到期的债权在通常情况下不能主张债权，但在破产申请受理时视为到期而可以主张债权即依法申报债权；第47条规定，附条件、附期限生效的债权，在通常情况下不能主张权利，只有待所附条件、期限成就后才能主张权利，然在破产申请受理后，即使所附条件、期限尚未成就，也可依法主张权利即依法进行债权申报。后者如附利息的债权，在通常情况下其利息应当计算至履行债务之日止，可在破产申请裁定受理后，根据《企业破产法》第46条第2款的规定，自破产申请受理时起停止计息，即在破产申请受理后不得再对债权主张利息这一权利。另外，担保物权人主张优先受偿的权利依法要受到限制。

4. 破产申请受理后，债权人对债务人及其财产权利的主张或者诉讼、仲裁，均应向管理人为之，或者由管理人为之。

5. 债权人在破产申请受理前对债务人负有债务的，根据《企业破产法》第40条的规定，可以依法向管理人主张抵销。但是，有下列情形之一的，不得抵销：（1）债务人的债务人在破产申请受理后取得他人对债务人的债权的；（2）债权人已知债务人有不能清偿到期债务或者破产申请的事实，对债务人负担债务的。但是，债权人出于法律规定或者有破产申请1年前所发生的原因而负担债务的除外；（3）债务人的债务人已知债务人有不能清偿到期债务或者破产申请的事实，对债务人取得债权的。但是，债务人的债务人出于法律规定或者有破产申请1年前所发生的原因而取得债权的除外。

6. 债权人对债务人及其财产提起的有关民事诉讼，根据《企业破产法》第21条的规定，只能向受理破产申请的人民法院提起。对此，《破产法解释（二）》第23条规定，破产申请受理后，债权人就债务人财产向人民法院提起

本规定第21条第1款所列诸如主张次债务人代替债务人直接向其偿还债务的；主张债务人的出资人、发起人和负有监督股东履行出资义务的董事、高级管理人员，或者协助抽逃出资的其他股东、董事、高级管理人员、实际控制人等直接向其承担出资不实或者抽逃出资责任的；以债务人的股东与债务人法人人格严重混同为由，主张债务人的股东直接向其偿还债务人对其所负债务的；其他就债务人财产提起的个别清偿等诉讼人民法院不予受理。

7. 担保物权人应当依法行使担保物权，如《企业破产法》第75条规定，在重整期间，对债务人的特定财产享有的担保权暂停行使。但是，担保物有损坏或者价值有明显减少的可能，足以危害担保权人权利的，担保权人可以向人民法院请求恢复行使担保权。在重整期间，债务人或者管理人为继续营业而借款的，可以为该借款设定担保。第96条规定，人民法院经审查认为和解申请符合本法规定的，应当裁定和解，予以公告，并召集债权人会议讨论和解协议草案。对债务人的特定财产享有担保权的权利人，自人民法院裁定和解之日起可以行使权利。第109条规定，对破产人的特定财产享有担保权的权利人，对该特定财产享有优先受偿的权利。

六、破产申请受理裁定对管理人的效力

管理人完全因破产申请受理而产生，并与整个破产程序同步。是以，破产申请受理裁定对其的效力，更体现在多个方面。如接受人民法院的指定及更换；依法全面接受、管理债务人的财产、债权债务、印章、账簿、文书资料等所有资产与资料；清理、调查、核实、取回债务人的财产，追讨、清收债务人的债权，如接受债务人的债务人偿还债务等；接受、审查债权申报，编制债权表；接受、管理债务人的生产经营服务等营业事务，在第1次债权人会议召开之前，决定继续或者停止债务人的营业；在重整期间，负责管理财产和营业事务或者监督债务人自行管理财产和营业事务；代表债务人参加有关债务人的民事诉讼及其他诉讼或仲裁；对破产申请受理前成立而债务人和对方当事人均未履行完毕的合同决定解除或者继续履行，并通知对方当事人；依法执行职务，向人民法院报告工作，并接受债权人会议和债权人委员会的监督等。对这，将在管理人职责中作详尽阐释，这里不再多述。

七、破产申请受理裁定对其他相关人员的效力

与债务人相关的人，不仅包括债权人、管理人等破产程序的参与人，而且包括没有参与破产程序的其他人，如债务人的债务人等。人民法院受理破产申请后，这些相关的人也要按照破产法的规定作为或不作为，换言之，破

产申请受理裁定亦会对其产生相应的效力。主要包括：

（一）债务人的债务人或者债务人财产的持有人应当向管理人清偿债务或者交付财产

根据《企业破产法》第 17 条的规定，人民法院受理破产申请后，债务人的债务人或者财产持有人应当向管理人清偿债务或者交付财产。这是因为，破产申请一经受理，就标志着债务人进入破产程序，除法律规定的特定情形外，债务人自此丧失对其财产、债权债务、营业等所有事项的管理权，所有权利的行使都应依法由管理人代表其行使。另外，在破产申请受理后，依旧允许债务人的债务人或者财产持有人向债务人清偿债务或者交付财产，债务人可能基于各种原因对接受的财产实施隐匿、转移等非法行为，妨碍破产程序的正常进行，损害债权人的合法权益。因此，在破产申请受理后，债务人的债务人或者财产持有人清偿债务或者交付财产的，应当向管理人进行。至于债务人的债务人，是指与破产债务人相对的，破产债务人为其债权人的人，包括对破产债务人负有债务的所有债务人。债务人的债务人所负担的债务，既可以是在破产申请受理前形成的，也可以是在破产申请受理后形成的。债务人的财产持有人，则是指源于各种原因而占有、控制、管理着债务人财产的人，既包括依照法律规定而持有债务人财产的人，如行使留置权而占有，又包括根据双方约定而持有债务人财产的人，如根据双方的仓储、保管、加工承揽、委托交易、代销、借用、寄存、租赁合同而占有，还可以是没有任何合法依据而非法占有债务人财产的人，如强行侵占债务人的房屋等。另外，人民法院在执行债务人财产的过程中，已将财产依法变卖、拍卖，但未将变卖、拍卖所得款项交付给债权人的，对此，也应将之交付管理人。

但在司法实践中，一些债务人的债务人或者财产持有人无视上述规定，故意向债务人清偿债务或者交付财产。为了防止这种不法现象的发生，《企业破产法》第 17 条第 2 款规定，债务人的债务人或者财产持有人故意违反前款规定向债务人清偿债务或者交付财产，使债权人受到损失的，不免除其清偿债务或者交付财产的义务。由于这一规定，涉及债务人的债务人及财产持有人承担责任的问题，对此应当注意把握：

1. 债务人的债务人或者财产持有人必须是向债务人履行或者交付财产。向债务人履行或者交付财产，既包括向债务人直接履行或者交付财产，又包括按照债务人的意图向第三人履行或者交付财产。

2. 债务人的债务人或者财产持有人必须是故意违反破产法的有关规定，即明知债务人已经进入破产程序依然向债务人履行或者交付财产。完全不知道也不应当知道针对债务人的破产程序已经启动而向债务人履行或者交付财产的，则不属于故意违反破产法有关应向管理人履行或者交付财产的规定，不能继续承担履行或者交付财产的义务。这样，在收到有关应向管理人履行或者交付财产的通知后，或者在人民法院发布了破产申请受理的公告后，即在已经知道或者应当知道的情况下，仍然向债务人履行或者交付财产的，应当认定为故意违反。然在破产申请受理后人民法院发布破产申请受理公告前，除非有证据证明债务人的债务人或者财产持有人已经知道债务人进入破产程序的事实，否则就不能认定为故意违反。这时，完全可能不知道债务人进入破产程序的事实，也不属于应当知道的情形，因为人民法院尚未发布破产申请受理公告前，无法推定其应当知道。债务人的债务人或者财产持有人向债务人履行或者交付财产，没有任何过错，不能让其承担责任。

3. 债务人的债务人或者财产持有人故意违反破产法的有关规定向债务人履行或者交付财产，必须已给债权人造成了损失。债务人的债务人或者财产持有人故意违反破产法的有关规定向债务人履行或者交付了财产，并未给债权人造成损失，如债务人将向其履行或者交付的财产及时交给管理人或管理人发现及时追回的，就不应让其承担相应的责任。使债权人受到损失，既包括因向债务人履行或者交付财产，债务人转移或者进行个别清偿等造成债务人财产减少，从而使得债权人的分配减少，又包括债权人对交付的财产享有担保物权而向债务人交付致使无法行使担保物权而直接受到损失等。

（二）在破产申请受理后，在破产申请受理前成立且双方均未履行完毕的合同对方当事人，应当按照管理人决定，或者解除合同，或者继续履行合同

《企业破产法》第18条规定，人民法院受理破产申请后，管理人对破产申请受理前成立而债务人和对方当事人均未履行完毕的合同有权决定解除或者继续履行，并通知对方当事人。管理人自破产申请受理之日起2个月内未通知对方当事人，或者自收到对方当事人催告之日起30日内未答复的，视为解除合同。管理人决定继续履行合同的，对方当事人应当履行；但是，对方当事人有权要求管理人提供担保。管理人不提供担保的，视为解除合同。

（三）债务人源于各种原因占有的他人具有物权占有关系的财产，该财产的所有权人等权利人，在破产申请受理后，有权依法取回

《企业破产法》第38条规定：“人民法院受理破产申请后，债务人占有的不属于债务人的财产，该财产的权利人可以通过管理人取回。但是，本法另有规定的除外。”第76条规定：“债务人合法占有的他人财产，该财产的权利人在重整期间要求取回的，应当符合事先约定的条件。”

（四）债务人财产的共有人，在债务人破产申请受理后，应当依法进行共有财产分割

《民法典》第 303 条规定，共有人约定不得分割共有的不动产或者动产，以维持共有关系的，应当按照约定，但是共有人有重大理由需要分割的，可以请求分割；没有约定或者约定不明确的，按份共有人可以随时请求分割，共同共有人在共有的基础丧失或者有重大理由需要分割时可以请求分割。因分割造成其他共有人损害的，应当给予赔偿。基此，财产共有人在对共有财产存在需要分割的重大理由时，不论是否约定不得分割，共有人均可以依法请求分割。财产共有人若有人破产，财产要纳入破产财产统一进行管理、处分以清偿所有债权人的债务，自可成为需要分割的重大理由，管理人或者共有人均可以要求分割共有财产的，财产共有人均应当积极配合，按照《民法典》第 304 条关于“共有人可以协商确定分割方式。达不成协议，共有的不动产或者动产可以分割并且不会因分割减损价值的，应当对实物予以分割；难以分割或者因分割会减损价值的，应当对折价或者拍卖、变卖取得的价款予以分割。共有人分割所得的不动产或者动产有瑕疵的，其他共有人应当分担损失”的规定进行分割。对此，《破产法解释（二）》第 4 条规定：“债务人对按份享有所有权的共有财产的相关份额，或者共同享有所有权的共有财产的相应财产权利，以及依法分割共有财产所得部分，人民法院均应认定为债务人财产。人民法院宣告债务人破产清算，属于共有财产分割的法定事由。人民法院裁定债务人重整或者和解的，共有财产的分割应当依据《物权法》第 99 条[①]的规定进行；基于重整或者和解的需要必须分割共有财产，管理人请求分割的，人民法院应予准许。”

（五）依法对其他相关人员所产生的效力

如对浮动抵押的当事人，根据《民法典》第 411 条关于“依据本法第三百九十六条[②]规定设定抵押的，抵押财产自下列情形之一发生时确定：（一）债务履行期限届满，债权未实现；（二）抵押人被宣告破产或者解散；（三）当事人约定的实现抵押权的情形；（四）严重影响债权实现的其他情形”的规定，会产生抵押财产确定的法律后果；对最高额抵押，根据《民法典》第 423 条关于“有下列情形之一的，抵押权人的债权确定：（一）约定的债权确定期间届满；（二）没有约定债权确定期间或者约定不明确，抵押权人或者抵押人自

---

① 现为《民法典》第 303 条。

② 该条规定：“企业、个体工商户、农业生产经营者可以将现有的以及将有的生产设备、原材料、半成品、产品抵押，债务人不履行到期债务或者发生当事人约定的实现抵押权的情形，债权人有权就抵押财产确定时的动产优先受偿。”

最高额抵押权设立之日起满 2 年后请求确定债权；（三）新的债权不可能发生；（四）抵押权人知道或者应当知道抵押财产被查封、扣押；（五）债务人、抵押人被宣告破产或者解散；（六）法律规定债权确定的其他情形”的规定，会产生抵押权人的债权确定的法律后果；在次债务人破产时，根据《民法典》第 536 条关于“债权人的债权到期前，债务人的债权或者与该债权有关的从权利存在诉讼时效期间即将届满或者未及时申报破产债权等情形，影响债权人的债权实现的，债权人可以代位向债务人的相对人请求其向债务人履行、向破产管理人申报或者作出其他必要的行为”的规定，会产生债权人可以代位债务人向破产的次债务人申报破产债权的法律后果；在一般保证中，根据《民法典》第 687 条第 2 款关于“一般保证的保证人在主合同纠纷未经审判或者仲裁，并就债务人财产依法强制执行仍不能履行债务前，有权拒绝向债权人承担保证责任，但是有下列情形之一的除外：（一）债务人下落不明，且无财产可供执行；（二）人民法院已经受理债务人破产案件；（三）债权人有证据证明债务人的财产不足以履行全部债务或者丧失履行债务能力；（四）保证人书面表示放弃本款规定的权利”的规定，会产生保证人对保证权人不再具有先诉抗辩权的法律后果，等等。

第四章　债务人财产

第一节　债务人财产概述

一、债务人财产的概念与特征

（一）债务人财产的概念

所谓债务人财产，是指归属于债务人的用以在破产程序中清偿债务人所有债务的财产，根据《企业破产法》第30条的规定，包括破产申请受理时属于债务人的全部财产，以及破产申请受理后至破产程序终结前债务人取得的财产。在大陆法系国家称之为破产财团或财团财产，在英美法系国家称之为破产财产。在我国，《企业破产法（试行）》亦称之为破产财产，现在的《企业破产法》将破产重整、破产和解等破产预防程序纳入破产法之中，与破产清算共同构成破产程序的3种具体程序，采用广义的破产概念，从而引入债务人财产的概念，将包括破产重整、破产和解、破产清算程序在内的破产程序开始时的债务人财产称之为债务人财产，并将破产宣告后的债务人财产称之为破产财产。其内涵、外延更为明确，既体现了破产立法理念从破产清算主义到破产再建主义的转变，又体现了适应我国对破产概念理解的传统要求。

（二）债务人财产的特征

根据《企业破产法》对债务人财产概念的界定，结合其他规定，不难得出，债务人财产具有以下特征：

1. 债务人财产系债务人在破产程序启动至终结这一特定时期内的财产，即在破产申请裁定受理时至破产程序结束时债务人拥有的全部财产，既包括债务人在破产申请受理时已经属于债务人的财产，又包括破产申请受理后至破产程序终结前债务人取得的财产。

2. 债务人财产存在于破产程序中，其目的与功能主要在于保障破产程序的正常、顺利进行，维护债权人的合法权益。整个破产程序，主要围绕着债务人财产展开工作，如债务人财产的接受管理、调查核实、追缴保全、撤销追回、抵销取回、变价分配等，一些重要的破产法律制度都与债务人财产密切相关。在破产清算中，其是用于债权人集体清偿的财产，是一切债权人债权实现的基础。在破产重整、破产和解中，其是破产重整计划草案、和解协议草案的重要内容，直接影响着债务人、债权人利益的重新分配，构成破产重整计划草案、破产和解协议草案通过的基础。因此，债务人财产居于破产程序的核心地位，是破产程序正常、顺利进行的基本而重要的保证。

3. 除特别情况外，债务人财产属于由管理人管理而不再由债务人管理的财产。《企业破产法》第 13 条规定，人民法院裁定受理破产申请的，应当同时指定管理人。第 17 条规定，人民法院受理破产申请后，债务人的债务人或者财产持有人应当向管理人清偿债务或者交付财产。第 25 条第 1 款第 1、2、6 项规定，管理人履行接管债务人的财产、印章和账簿、文书等资料，调查债务人财产状况、制作财产状况报告，管理和处分债务人财产等职责。故，债务人财产尽管仍为债务人所有，可其存在的主要目的在于维护债权人的合法权益，保证破产程序的正常、顺利进行。为了防止债务人隐匿、转移财产，对部分债权人进行个别清偿，损害债权人整体利益等现象发生，自破产申请受理时起，除重整期间经人民法院批准由债务人自行管理财产和营业事务等特定情况外，其全部应当移交管理人管理。管理人自此对债务人财产依法享有接受、调查、管理、保全、追回、确认破产无效行为、处分债务人财产等有关权利。与此相对应，债务人对其财产则丧失管理、处分等权能，仅仅属于债务人财产的名义主体。

4. 债务人财产系债务人在破产程序中所有的财产及财产权利的集合体，既包括土地使用权、探矿权、采矿权、厂房、机器、设备等物质性财产，又包括可以物化为货币的债权、股权、知识产权、商业秘密、技术秘密等财产性权利，并非是对债务人某一财产或者部分财产的称谓，而是债务人在破产程序这一特定时期内所有有形的和无形的、物质的与非物质的财产性权利的集合体。

（三）债务人财产与破产财产的区别与联系

在法律上，债务人财产是债务人在整个破产程序中的财产，既包括在破产重整程序中的财产，又包括在破产和解程序中的财产，还包括在破产清算程序中的财产。其中，在破产清算程序中宣告债务人破产后的财产称之为破产财产。因此，破产财产属于债务人财产的下位概念，为债务人财产所包容。然在理论上，破产财产有广义与狭义之分。从广义上来讲，破产财产系指破产申请受理后至破产程序终结时的全部财产，即与债务人财产同义。从狭义上来说，则仅指债务人破产宣告后至破产清算程序终结时的全部财产，即与法律上的破产财产同义。在本书中，严格按照法律的规定，将债务人财产与破产财产加以区分，即破产财产仅在狭义上使用。就两者存在的主要区别而言，主要有：

1. 存在的时期不同。债务人财产存在于破产申请受理后至破产程序终结时，既可存在于破产重整程序中，又可存在于破产和解程序中，还可存在于破产清算程序中；而破产财产则存在于破产宣告后至破产清算程序终结时，即只能存在于破产清算程序中。

2. 两者的目的不完全相同。破产财产只能用于清偿债权人的债权，其实际利益主体为债权人；而债务人财产除用于清偿所欠债权人的债务外，还可用于债务人的生产经营服务等营业，以达到拯救债务人的目的，其利益主体并非完全是债权人。

3. 两者的性质不同。破产财产完全用于债务人的债务清偿，在法律上属于执行财产；而债务人财产并不一定用于债务人的债务清偿，目的在于保障债权人的合法权益，其财产的管理、处分等都要受到限制，从而属于保全财产。

4. 两者的范围不同。债务人财产，根据《企业破产法》第 30 条的规定，为破产申请受理时属于债务人的全部财产，以及破产申请受理后至破产程序终结前债务人取得的财产；而破产财产，根据《企业破产法》第 107 条的规定，为债务人破产宣告后的财产，两者数额、构成的具体范围等可能有所相同。

5. 两者的处理方式不同。破产财产全部用于清偿债务，于是要通过变价将财产变现并全部按照法律规定的顺序与方法清偿给债权人；而债务人财产在破产重整计划获得批准、破产和解协议获得裁定认可后，管理人应当依法向债务人移交，而不是变价分配给债权人。用于清偿债权人债权的财产，主要是通过新的投资人出资、贷款等途径解决。当然，也不排除通过处置闲置资产，或者处置缩减营业规模后的与营业联系不大的资产的方式，筹集资金来用于清偿债务。

二、债务人财产的分类

债务人财产，按照不同标准可以作不同分类，如以债务人财产是否具有物质性特征，可以分为财产与财产性权利；以债务人财产是否具有为人直接感受的形象特征，可以分为有形财产与无形财产；以债务人财产形成的时间不同，可以分为破产申请受理时已经属于债务人的财产与破产申请受理后债务人取得的财产；以是否处于债务人所在国境为标准，可以分为境内财产与境外财产，等等。这些分类，有的属于一般性的财产分类，不为破产法所特有，对破产程序没有特定意义，如有形财产与无形财产、境内财产与境外财产；有的虽与破产程序相关，如破产宣告后已经属于债务人的财产与破产宣告后所取得的财产，但属构成破产财产范围的问题，后者在破产财产范围中再作分析。在这里，借鉴大陆法系国家将破产财团（债务人财产）分为法定财团、现有财团与分配财团的分类方法，以债务人财产构成范围的不同，将之分为法定财产、现实财产与分配财产 3 种不同类型。这种分类，是对债务人财产作整体的分类，属于类型的分类，与前述的将构成债务人财产的具体财产所作的具体分类不同，后者是债务人财产构成部分的分类。

1. 法定财产。所谓法定财产，又称自然财产，是指根据法律规定应当属于债务人财产的全部财产的集合。法定财产不仅包括债务人在破产申请受理时已经实现占有、控制的财产，也包括破产申请受理时应当属于债务人所有而没有占有、控制但可能依法行使权利追回、取回的财产如债权、股权等，还包括破产申请受理后在破产程序中债务人依法取得的财产。这种财产的判断标准，为该财产按照法律规定是否属于债务人所有或者授权其管理、处分的财产，是一种法律性质的判断，而不论是否为管理人所能控制、掌握。

2. 现有财产。所谓现有财产，又称实在财产，是指破产申请受理后，为管理人实质占有、控制的债务人财产。从理论上讲，为了维护债务人、债权人的合法权益，债务人的法定财产都应转化为现有财产。可是，基于各种原因，债务人的一些法定财产永远无法转变为现有财产，如无法收回的呆账债权，虽属法定财产然因永远无法收回而无法成为现有的财产。应当指出，有人认为，现有财产为管理人实际占有和支配的财产，还包括不属于债务人财产而为管理人占有和管理的财产，并得出现有财产在破产法中没有实际意义的结论。笔者认为，在这里是对债务人财产进行的分类，其前提条件是属于债务人财产，根据是否为管理人掌握、支配的不同而作的区分，并揭示债务人的法定财产与现有财产的区别，以在一定程度上体现管理人的工作效果，如法定财产与现实财产在破产申请受理后的差距越来越小，说明管理人的工作成效越大。所以，这种区分仍有其存在的必要性。

3. 分配财产。所谓分配财产，是指可供对特定财产没有优先受偿权外的一般债权人分配以清偿债务人所负债务的财产，与现有财产可能并非一致。现有财产包括担保权人等对债务人特定财产享有优先受偿权的财产，而分配财产则不包括担保权人等对债务人特定财产享有优先受偿权的财产，分配财产的利益完全归属于债权人，而非债务人。另外，在破产清算中，分配财产是对现有财产通过变卖处理后形成的财产，主要是货币财产；而现有财产并非以货币财产形式存在，并非一定通过变卖处理。在破产重整程序、破产和解程序中，债务人用于清偿债权人的财产，也非一定通过现有财产处置而来，更非是对现有财产的全部处置而用于债权人的债权清偿。

是以，从法定财产到现有财产再到分配财产，是一个逐步减少的过程。从尽量减少债权人因为债务人破产所要遭受的损失，使债权人合法权益尽量得到最大化维护的角度出发，管理人应当尽心尽力、尽职尽责，充分发挥主动性，调动各方面的积极因素，尽量缩小三者之间的差距，达到三者之间的法律的、现实的和谐与统一，进而促使债务人、债权人以及市场经济秩序、社会秩序之间的和谐与统一。

三、债务人财产的构成范围

（一）债务人财产构成范围的概念

债务人财产的构成范围，是指组成债务人财产即成为债务人财产具体组成部分的所有财产的周围界限，其回答的是哪些财产可以成为债务人财产，哪些财产不属于债务人财产的问题。前者从肯定的积极的角度回答哪些财产属于债务人财产的范围，可称之为债务人财产的积极范围；后者从否定的消极的角度回答哪些财产不属于债务人财产的范围，可称之为债务人财产的消极范围。

（二）债务人财产构成范围的确定标准

通观各国破产立法，债务人财产构成范围在时间上均以某一时间点或段作为破产财产构成范围的确定标准。有的采取某一时间点为标准，规定债务人财产仅为破产申请受理时或者破产宣告时应当属于债务人的全部财产。债务人财产在破产申请受理时或者破产宣告时就已形成并且确定，不会随着破产程序的进行而变化，在破产立法上被称之为固定主义。日本、美国、德国等国家采用这一模式，并以德国为代表，为此又称为“德国法主义”。有的采取某一时间段为标准，不仅规定债务人在破产申请受理时或者破产宣告时应当属于债务人的财产为债务人财产，而且规定在破产程序中形成的应当属于债务人的财产，亦为债务人财产。这样，债务人财产在破产程序启动时开始存在，而且还会随着破产程序的进行发生变化，在破产立法上被称之为膨胀主义。英国、意大利、荷兰、瑞士、法国等国家采取这一模式，并因最早出现于法国1938年的破产法修正案中，于是又称为“法国法主义”。[①] 我国的破

---

① 齐树洁主编：《企业破产法》，厦门大学出版社2009年版，第202～203页。

产立法，采取的是膨胀主义。

债务人财产构成范围不仅要以时间为标准，而且要以空间为标准。在空间上，有的国家如美国、德国等采取属地主义，认为破产宣告的效力仅限于债务人国内的财产，对位于国外的财产并不当然发生效力，即债务人国内的财产才属于债务人财产，位于国外的财产则不属于债务人财产；有的国家如法国、意大利等采取普及主义，认为破产宣告的效力不仅及于债务人国内的财产，而且及于债务人位于国外的财产，即债务人国内或者位于国外的财产均属于债务人财产。有的如英国等采取折衷主义，即根据财产为动产与不动产的不同而采取不同标准，动产适用普及主义，而不动产采取属地主义。我国破产立法采取的则是普及主义。

（三）债务人财产积极范围的具体构成

根据《企业破产法》第30条的规定，债务人财产具体包括两个方面：破产申请受理时属于债务人的全部财产和破产申请受理后至破产程序终结前债务人取得的财产，简言之包括原有财产与新取得财产。新取得财产，与管理人的工作效果直接相关。原有财产在破产申请受理时未被债务人占有、控制、支配，在破产申请受理后通过管理人依法收取、追回的财产，也与管理人的工作效果直接有关。因此，这种分类对于有效评价管理人工作无疑具有一定积极意义。

1. 破产申请受理时属于债务人的全部财产。对此，应当注意：（1）此种债务人财产为积极性财产，即包括为其所有或者应有的财物与财产性权利。理论上所说的消极性财产，即所负债务和亏损等负利益则不属于债务人的财产。（2）此种债务人财产既包括为债务人所有的财产，也包括全民所有但由国家依法授权其经营管理的财产，还包括为国家、集体、他人所有而在其上面设立的采矿权、探矿权、土地使用权、地役权等用益性物权等财产。换句话说，债务人财产并非为债务人具有所有权的财产。（3）债务人财产必须为债务人能够依法所有或者授权其经营管理的财产。依法不能为债务人所有或经营管理，如毒品、枪支等为国家禁止持有的物品，在没有合法依据占有的情况下，则不能属于债务人财产。（4）债务人财产并非一定为债务人所实际控制、占有，如债务人对他人拥有的债权，并没有为债务人所控制，依旧属于债务人财产。反之，为债务人实际控制、支配的财产并非一定为债务人财产，如债务人非法侵占或者因租用、借用等合法占有的属于他人所有的财物等，就不属于债务人财产。（5）此种债务人财产必须是破产申请受理时已经形成的属于债务人的财产，之后形成的财产则不属于此种债务人财产。受理时已经形成是指已经实际所有或者经营管理，或者尚不占有然已合法生效的财产，如支付了对价的债权，尽管还未控制支配在破产申请受理后才收到的，就属于此种债务人财产，不能视为债务人在破产申请受理后取得的财产。破产申请受理前已经合法转移了所有权或者经营管理权的财产，固然也不属于债务人财产。（6）债务人设有无独立法人资格的分支机构、办事处等机构的，分支机构、办事处的财产亦属债务人财产。（7）债务人财产既包括债务人在国内的财产，又包括债务人在国外的财产。（8）就表现形态而言，既可以表现为货币、实物等有形财产，又可以表现为可用货币估价并能够依法转让的债权、股权、知识产权、用益物权等财产和财产权益。具体说来，其财产构成的具体种类有：

一是，货币资产。其属于流动资产之列，包括现金和银行存款、有价证券等。[①] 最主要也最为重要的流动资产是货币及货币化的有价证券资产。货币资产一般实行谁占有谁所有的原则。在现实生活中，一些属于单位的资金以单位工作人员个人名义所立账户的存款，依然属于单位财产。然则，有关企业公积金账户的资金、证券公司名下的客户保证金等，依法属于企业职工或者客户所有，不属于债务人财产。

二是，实物资产。其以实物形态出现，可以为人感知，属于有形财产之列，既包括以实物形态体现的流动资产，又包括以实物形态体现的固定资产。前者包括诸如原料、燃料、在制品、半成品、成品等在企业的生产经营服务等营业过程中经常改变其存在状态的资产；后者即单位价值在规定限额以上，使用期限在1年以上，能作为劳动资料或者其他用途的财产。[②] 既包括基于所有权、担保物权所占有的财产如房产、土地上的林木等不动产，又包括因所有权等占有的动产，如生产机器、设备，汽车、船舶等交通工具，电脑、手机、桌椅等办公用品。对他人已经设立了担保物权的特定财产，如抵押物、质押物、留置物等担保物灭失后产生的赔偿金、保险金、补偿金等代位物，按照《企业破产法（试行）》第28条第2款关于“已作为担保物的财产不属于破产财产；担保物的价款超过其所担保的债务数额的，超过部分属于破产财产”的规定，及1991年《民事诉讼法》第203条关于“已作为银行贷款等债权的抵押物或者其他担保物的财产，银行和其他债权人享有就该抵押物或者其他担保物优先受偿的权利。抵押物或者其他担保物的价款超过其所担保的债务数额的，超过部分属于破产还债的财产”的规定，不属于破产财产。

① 中国社会科学院语言研究所词典编辑室编著：《现代汉语词典》，商务印书馆2005年版，第874页。

② 中国社会科学院语言研究所词典编辑室编著：《现代汉语词典》，商务印书馆2005年版，第492页。

但是，按照《企业破产法》的规定，则属于债务人财产。这是因为，在破产申请受理前，对特定财产具有担保物权的债权及担保物能够变现的价值有可能并不确定，担保物超过所担保的债权的数额也就不能确定。此外，将设有担保物权的财产统一纳入债务人财产的范围，有利于管理人在破产申请受理后及时顺利接管财产，避免有财产担保的债权人及债务人滥用此项权利。故，“许多国家的法律规定，抵押资产应包括在破产财产之中，程序的启动产生不同的效力。例如，通过适用中止规定限制强制执行担保权利。将抵押资产归于破产财产，以此在程序启动时限制有财产担保债权人行使权利，不仅有助于确保一视同仁地对待所有债权人，而且可能是破产程序的基本条件，因为抵押资产是企业继续经营的关键。举例来说，倘若生产设备或租赁的厂房是债务人企业经营的关键，那么不在重整程序中保留这些设备和厂房，企业的重整或作为营运资产出售可能无法进行。无论是在重整程序中还是在清算过程中将企业作为营运资产出售，从程序启动时起就将债务人的所有资产作为破产财产交给管理人支配，是特别有益的”。[①]

三是，债权。其是指因合同、侵权行为、无因管理、不当得利以及法律的其他规定，权利人请求特定义务人为或者不为一定行为的权利，本质上属于给付请求权，核心内容乃为财产权，表现形式多种多样，如合同之债、侵权之债、不当得利之债、无因管理之债，担保追偿权、表见代理追偿权，等等。无论是单一财物性债权还是包括行为的综合性债权，都可以在到期后请求特定人予以履行，或者依法转让，从而形成权利人的财产。

四是，股权及其他对外投资形成的权利，如债务人对其他企业的出资份额及股权、股息等。《公司法》第4条规定：“公司股东依法享有资产收益、参与重大决策和选择管理者等权利。”基此，股权属于一种综合性权利，既包括获取股息及公司解散时取回剩余财产等的权利，具有财产权、自益权的属性，又包括参与重大决策、选择管理者等的表决权、建议权、知情权、质询权等非财产性质的权利，具有共益权的属性。其由所有权转化而来，属于社员权的一种，本质上仍属于财产权，可以依法转让而成为权利人的财产。

五是，知识产权。其又称智力成果权或者无形财产权，是指权利人对之从事智力创作、创新活动所产生的知识产品所享有的一种专有权利。其可以成为生产要素，参与生产经营服务过程，具有提高、增加生产经营服务效率、价值的功能，具有财产属性，可以依法转让。具体根据《民法典》第123条第2款规定，包括对作品，发明、实用新型、外观设计，商标，地理标志，

---

① 王卫国：《破产法精义》，法律出版社2007年版，第84~85页；联合国国际贸易法委员会：《破产法立法指南》（2006年中文版）第70~71页。

商业秘密，集成电路布图设计，植物新品种以及法律规定的其他客体所享有的专有的权利，即权利人的著作权、专利权、商标专用权、商业秘密等。其中，著作权、专利权、商标专用权等有专门的法律如《著作权法》《专利法》《商标法》等加以规范、保护。商业秘密，包括技术秘密和经营秘密，虽然没有专门的法律加以规定，可在实践中也有比较明确的界定。如技术秘密，作为能够解决特定实际问题并且可以传播和转移而限制特定范围内的人员知情的诀窍与方法，包括：技术方法、研制路线、过程，关键技术原理、诀窍、参数、成分、配方、工艺，设计图纸、试验记录、制造说明、样品模型，专用软件、设备、装置、设施等各个方面。经营秘密，则是指在同业竞争中能够为权利人取得优势地位、带来高于同业水平经济利益而不让公众所知的经验、技巧、方法和信息、资料，包括企业经营决策、特殊的管理方法及数据资料、特殊的营销方法及数据资料、特殊的财务管理方法及数据资料、质量控制方法、营销网络、渠道、客户名单等内容。应当指出，知识产权除具有财产属性外，其中的诸如署名权、发表权、修改权、保护作品完整权等人身权利，不具有财产性质，不属于财产权利的范围。

六是，用益物权及其他财产性权利。所谓用益物权，根据《民法典》第323条规定，是指对他人所有的不动产或者动产，依法享有占有、使用和收益的权利，如土地承包经营权、建设用地使用权（又称土地使用权，包括以划拨土地使用权为标的设定的抵押权、在国有土地及其上下的建筑物、构筑物及其附属设施上的用益物权）、宅基地使用权、居住权、地役权、探矿权、采矿权、取水权、养殖权、捕捞权、海域使用权等。用益物权，具有财产性质，并可以依法转让，构成权利人的财产。其他财产性权利，包括基于所有权、担保物权（如抵押权、质权、留置权）、法定优先权（如船舶优先受偿权、建设工程价款优先受偿权）等而形成的对他人的物权请求权；因为对股东、出资人的出资缴纳请求权，等等。

应当指出，无论是实物还是债权、股权、知识产权、用益物权等财产和财产权益，要构成债务人的财产，必须满足两个前提条件：

之一，可以用货币估价。任何财产及其财产性权益，除货币外，均以非货币形态表现出来。这里的货币，仅指在境内能够依法流通使用的本国货币。外国货币，即使在境内可以流通、使用，但不具有普遍适用性，而且要按照汇率计算其价值，实际已经由境内的本国货币进行估价而加以使用，应当属于实物的范围。至于已经停止流通使用的本国货币，其虽然可以货币估价，因其不再具有货币等价物的性质，也应归属于实物的范畴。非货币形态的财产，尽管表现出各种各样的使用价值，然其价值均可以通过作为等价物的货币而统一体现，即可以用货币加以估量。不能以货币加以估价，即使其具有使用价值及价值，也不能成立为财产进而认定为债务人的财产。

之二，可以依法予以转让。在破产程序中，债务人财产要依法处置用以公平清偿全体债权人的所有债权，不仅需要具有使用价值及价值，而且还需要具有交换价值可以用来交换、转让。不然，某一物品或者权利，虽然具有使用价值及价值，如债务人持有的国家禁止单位、个人持有的，依法只能归债务人享有的特许经营权等，因不能进行转让以实现其价值，不能归属于债务人财产的范畴。

七是，所有权保留买卖合同买受人破产，因占有、使用所产生的收益，属于买受人所有，属于债务人财产。这是因为：

首先，从所有权保留概念所揭示的内涵来看，所有权保留，是指在货物买卖合同关系中约定，买受人在未付清全部价款时可以先行占有、使用标的物，但该标的物的所有权属于出卖人，直至买受人付清全部价款时才转移。①如此，所有权保留乃是一种出卖人在买受人全部付清价款前只转移占有、使用权但保留所有权的买卖合同，既然具有占有使用权，自然就包括因使用而产生的各种利益，即收益权。

其次，《民法典》第 595 条规定："买卖合同是出卖人转移标的物的所有权于买受人，买受人支付价款的合同。"第 598 条规定："出卖人应当履行向买受人交付标的物或者交付提取标的物的单证，并转移标的物所有权的义务。"第 601 条规定："出卖人应当按照约定的期限交付标的物。约定交付期间的，出卖人可以在该交付期间内的任何时间交付。"第 603 条规定："出卖人应当按照约定的地点交付标的物。当事人没有约定交付地点或者约定不明确，依据本法第五百一十条的规定仍不能确定的，适用下列规定：（一）标的物需要运输的，出卖人应当将标的物交付给第一承运人以运交给买受人；（二）标的物不需要运输，出卖人和买受人订立合同时知道标的物在某一地点的，出卖人应当在该地点交付标的物；不知道标的物在某一地点的，应当在出卖人订立合同时的营业地交付标的物。"基此，按照法律规定，买卖合同的标的物都应移交给买受人占有、管理、运行，标的物的占有权、使用权、收益权固然归属于买受人。

再次，《民法典》第 641 条规定："当事人可以在买卖合同中约定买受人未履行支付价款或者其他义务的，标的物的所有权属于出卖人。出卖人对标的物保留的所有权，未经登记，不得对抗善意第三人。"这就是买卖合同中所

① 吴庆宝、王建平：《破产案件裁判标准规范》人民法院出版社 2009 年 10 月版，第 158 页。

有权保留制度的约定。根据这一规定，买受人在履行支付买受物价款之前，不像非所有权保留买卖合同一样，自占有起享有所有权，所有权应归属于出卖人。然而，这种所有权的约定，并不能排斥将标的物交给买受人占有、使用的法律规定及合同约定，否则，买卖合同也就不是买卖合同，其中的所有权保留也就根本无法谈起。

其四，对于《民法典》第641条规定关于所有权保留制度的解释，最高人民法院时任主管经济审判工作的副院长李国光、最高人民法院经济审判庭编著的著作明确指出："在这种情况下，卖方为实现自己的债权，常常在自己出卖的标的物上设定担保。其大致有两种方法：一是把标的物的所有权转移于买受人，同时又在该标的物上设定出卖人的第1顺序的抵押权。二是约定买受人未履行支付价款或其他义务之前，虽由买受人占有、使用标的物，但其所有权仍保留于出卖人，即本条规定的所有权保留方法……（2）对标的物的使用收益。因标的物已转移于买受人，买受人可以使用标的物，并对标的物的孳息有收益权。买受人可如对待自己之物般，在标的物上为使用、收益行为。但因标的物的所有权仍属于出卖人所有，因此买方在使用、收益时需尽善良管理人的注意义务。"① 如此，所有权保留买卖合同中的标的物，即使因为所有权保留的约定也不能否定买受人的占有、使用、收益权。

其五，关于所有权保留合同的性质，有的主张属于担保性质，有的主张是附停止条件的所有权移转，有不同看法。可是，最高人民法院民事审判第二庭的职务著作明确指出："所有权保留之所以为诸多国家或者地区的法律所确认，究其原因，是由于其特有的经济担保功能，即保留所有权的分期付款买卖方式可以防备买方在支付全部价款之前支付能力恶化。在出卖人或者买受人破产的情形下，这种担保作用亦应得到承认，但应当与《企业破产法》规定的管理人合同解除权相衔接。"② 因此，最高人民法院审判业务部门明确认为，买卖合同中所有权保留约定，主要在于担保其债权性质实现的性质，而非因为其对买卖标的物所有权确定脱离《民法典》合同编规定及有关合同约定而按一般物权来处理之间的权利义务关系。

其六，从买卖合同买受人所应具有的期待权来讲，最高人民法院民事审判第二庭的职务著作明确指出："所有权保留买卖中标的物所有权虽由出卖人保留，但买受人并非仅仅享有未来所有权转移受领权，随着价款的支付或其

① 李国光主编，最高人民法院经济审判庭编著：《合同法解释与适用》，新华出版社1999年版，第635～637页。

② 最高人民法院民事审判第二庭编著：《最高人民法院关于企业破产法司法解释理解与适用》，人民法院出版社2017年版，第392～393页。

他条件的完成，买受人实际上越来越具有一种对取得标的物所有权的期待，传统民法理论对这种期待并不否认，对该期待构成买受人的一种利益也予以认同，并且积极探讨法律上应如何保护买受人的期待利益……我国立法尚未明确买受人享有的期待利益是否构成权利，我们认为，在解释上应予以肯定。因现行所有权保留的规定未对期待权更多地着墨，因此其是否具有独立的物权属性也不明朗。当前，对所有权保留中买受人的期待利益（或期待权）应采取务实态度，通常情况下应当保护买受人的期待利益。本条司法解释中规定买受人行使取回权后，买受人在一定期间内通过相应行为可以重新获得对标的物的占有，这在一定程度上也体现了对期待利益的保护。据之，买受人对标的物期待权应当得到保护。"①

至于买受人期待权的内容，著名法学家王利民明确指出："在法律上确认买受人享有期待权，其主要目的就在于强化买受人的保护。因为在所有权保留中，出卖人虽未占有动产，但其仍享有权利证书，出卖人可能就标的物设定担保或者再次转让，这对买受人极为不利。买受人毕竟已经取得标的物的占有，并且已经支付了部分价款，而且，只要其完成全部价款的支付就必然取得所有权。因此，法律上有必要赋予其期待权。从比较法上来看，德国法院强调对买受人的法律地位进行保护，并将期待权认定是不完全的所有权，以保护买受人取得所有权的预期，此种经验值得借鉴。"据此认为："买受人的期待权主要包括如下权利：（1）对标的物的占有权。如前所述，在所有权保留的情形下，标的物都需要交付，标的物应处于买受人的占有之下，买受人期待权由此才具有意义。正是源于买受人享有对标的物的占有权，在第三人侵害的情形，买受人可以基于《物权法》关于占有请求权的规定请求第三人承担责任，或者以占有受到侵害为由请求第三人承担侵权责任。（2）使用收益权。在所有权保留的情形，买受人可以对标的物进行使用收益。在所有权保留的情况下，动产都是买受人急需的（如机器设备），因此，买受人都要对其进行使用收益。当然，买受人的此种使用收益权并非基于物权而产生，仍是基于合同而产生。（3）未来获得标的物所有权的权利。对买受人而言，只要其按期清偿全部价款，就可以取得标的物所有权，因此，其享有在未来获得标的物所有权的权利。买受人可以期待在价金完全支付之后完整地取得标的物的所有权。在价金没有完全支付前，买受人对所有权取得的期待利益较一般的占有具有更多的法律上的保护。具体来说：一是出卖人不得再次处分标的物。这就是说，出卖人不得再次转让标的物，也不得在标的物之上设

① 最高人民法院民事审判第二庭编著：《最高人民法院关于买卖合同司法解释理解与适用》，人民法院出版社2012年版，第553～556页。

置担保物权。二是出卖人不得擅自解除合同，除非依据法律规定或合同约定，不然，出卖人不得擅自解除合同，以免使买受人的期待落空。三是只要买受人完全支付了价款，其就应当可以取得标的物的所有权。（4）对取回权的限制。《买卖合同解释》第36条第1款规定：‘买受人已经支付标的物总价款的75%以上，出卖人主张取回标的物的，人民法院不予支持。’可见，买受人支付了一定比例的价款以后，出卖人的取回权将受到限制。该规定有一定的合理性，由于所有权保留本质上只是债权的担保方式，在买受人已经支付标的物总价款的75%以上时，出卖人的大部分债权已经得到清偿，不应再赋予其取回权，出卖人只能请求买受人支付剩余价款，而不得通过行使取回权的方式保障其债权。该规定主要是为了强化对买受人的保护，且进一步表明我国司法解释认可了期待权，在所有权最终移转之前就对买受人给予了特别保护。当然，即便在买受人已经支付大部分价金的情形下，标的物所有权仍没有发生移转，只有买受人支付了全部价款，才能取得标的物所有权。”①

其七，在债务人破产申请受理前生效的债权合同包括所有权保留买卖合同，债务人未支付完毕买受款的，属于双方均未履行完毕的合同。对这，根据《企业破产法》第18条第1款关于“人民法院受理破产申请后，管理人对破产申请受理前成立而债务人和对方当事人均未履行完毕的合同有权决定解除或者继续履行，并通知对方当事人。管理人自破产申请受理之日起二个月内未通知对方当事人，或者自收到对方当事人催告之日起三十日内未答复的，视为解除合同”的规定，只要属于双方均未履行完毕的合同，都赋予了管理人决定继续履行或者解除合同的选择权，管理人有权决定继续履行或者解除。决定解除后，所有债权合同确定的权利与义务在破产申请受理时已经终止，之后产生的债权如租赁合同的租金、违约金，买卖合同的未支付的买受款、违约金、滞纳金等都只能计算至破产申请受理之日，之后不能再根据债权合同确定权利与义务。对于标的物具有所有权的，为了维护所有权人的利益，《企业破产法》第38条规定：“人民法院受理破产申请后，债务人占有的不属于债务人的财产，该财产的权利人可以通过管理人取回。但是，本法另有规定的除外。”即赋予了所有权保留人的取回权，而没有赋予所有权人不取回而再可以主张占有、使用、收益权。这样，所有权人只能依法取回，而不能不取回再要求债务人支付标的物的租赁费、使用费、违约金，否则就是将有关债权合同约定的投资、收益等债权在破产申请受理后再予以计算，与破产法有关合同债权只能计算至破产申请受理之日止的规定矛盾，后者也就会变得

① 王利明：《所有权保留制度若干问题探讨——兼评〈买卖合同司法解释〉相关规定》，载《法学评论》2014年第1期。

没有任何意义。在所有权保留买卖合同中，在买受人破产的情况下，无论是管理人选择继续履行合同而没有付清价款，或者决定解除合同时，出卖人为了使自己的原有债权，根据《破产法解释（二）》第37条、第38条的规定，只能行使取回权，不存在行使使用、收益权的根据。

其八，《买卖合同解释》第35条规定："当事人约定所有权保留，在标的物所有权转移前，买受人有下列情形之一，对出卖人造成损害，出卖人主张取回标的物的，人民法院应予支持：（一）未按约定支付价款的；（二）未按约定完成特定条件的；（三）将标的物出卖、出质或者作出其他不当处分的。取回的标的物价值显著减少，出卖人要求买受人赔偿损失的，人民法院应予支持。"基此，即使在非破产情况下，出卖人在买受人不能付清价款时为了维护自己的权益，也只能行使取回权，在标的物价值显著减少时，只能要求买受人赔偿损失，而不能主张使用收益权。在破产情况下，买受人清偿债权的能力更差，并且涉及其他许多债权人的利益，为此不能在行使取回权的同时而无任何法律根据的情况下再给予所谓的使用收益权。

其九，所有权保留的行使，根据《企业破产法》及《破产法解释（二）》第37条、第38条规定行使取回权，而不存在对破产申请受理后的标的物主张投资、使用、收益等问题。所有权人不想取回，或者因为本身属于不动产不能取回等，在管理人没有阻止的情况下，乃是出于其自身原因，更不存在主张投资、使用收益的问题。不然，所有权人在能够取回而不取回都向债务人主张使用、收益权，那么，破产法有关合同债权均计算至破产申请受理之日的规定就没有任何意义。

其十，我们知道，收益权与占有权、使用权相联系，而占有、使用又与买受人必须付出保管、耗费新的生产资料、使用其他机器设备、凝聚新的生产经营劳动等相联系。就像在汽车买卖合同中约定了所有权保留，司机对汽车进行占有使用，汽车使用的收益不可能归汽车出卖方所有，因为在使用过程中使用者投入新的生产原料如汽油、保险、维修，以及劳动、经营、管理。显然，没有后面的占有保管、新的生产资料的投入，以及新的生产经营劳动，单纯的物品不可能有所谓的收益的。另外，在合法占有、使用的过程中，还存在着被盗、丢弃、损坏等风险，这种风险自然也与占有、使用等联系在一起。所以，无论是从劳动的付出，对使用收益等价值凝结的构成来讲还是从标的物损坏、灭失的风险承担来讲，都是由买受人承担，而买受人是基于合法有效的买卖合同占有、使用，而非非法占有、使用的，其收益权也应归于买受人。归属于出卖人，则其既不付出劳动，又不承担风险，却坐享其成，有悖于社会应有的公平规则。

当然，这种买卖合同的所有权保留中的占有、使用、收益权，不同于租赁合同，后者承租人只承担租赁费用，而不承担设备等本身的购买费用，所有权为出租人，租赁设施的购买安装等费用则为出租人承担。而在所有权保留买卖合同中，出卖人既主张标的物出卖款，又主张使用收益权，在买受人破产，所有债权人都遭受重大损失的情况下，既根据买卖合同以所有权保留合同获得出卖标的物价款的全部清偿，又企图以所有权为由主张使用收益权，显然违背了同一标的只能同时存在一种关系不可能存在物权与债权相兼容的权利义务关系的基本规则。所有权保留的买卖合同，属于债权关系，而不属于物权关系。至于其中的所有权保留，乃是为了保留买卖合同中的出卖方债权实现的一种制度的设置，本身不重新设置一种物权，依据所有权保留制度的规定，在买受人不能支付完毕买受款时，出卖人对保留所有权的标的物只能取回，而不能在不取回的情况下，向买受人主张所谓的占用费、使用费或收益权。

其十一，在承认出卖人主张取回权的情况下，如果再允许主张所谓的收益权而且巨大且未计算完毕，那么，其实际获得就会远远超过出卖物的价值，使得之主张的没有优先受偿权的如违约金等普通债权几乎得以全部实现，有悖于破产程序中所有普通债权应当按比例公平受偿的基本规则，并且因为其获得充分实现，而其他普通债权人的清偿比例将大大下降，必然会对其他普通债权人的合法权益造成严重损害。

其十二，从理论上讲，所有权保留买卖合同中只要买受人没有付清所有款项，则所有权就归属于出卖人。如此，在买受人已经支付大部分款项如60%甚至绝大部分款项如90%的情况下，出卖人仍旧对买卖标的物具有所有权，假若还可以主张使用收益权，无疑违背买卖合同的基本约定，以及公平原则。事实上，根据《买卖合同解释》第36条、《破产法解释（二）》第37条、第38条的规定，出卖人只能依法行使取回权。买受人支付了价款75%以上的，出卖人的取回权都应受到限制，即不能再行使取回权。

其十三，出卖人行使取回权，出于买受人的原因致使出卖人无法取回时，“出卖人行使取回权但未能取回标的物的，出卖人可以依据买卖合同要求买受人管理人继续履行合同义务并承担违约责任。”[①] 然则，出卖人行使取回权，并非出于买受人的原因而是因为出卖人的原因，如机器设备已经安装固定取回价值会遭受严重损失不予取回的，出卖人则就不能根据买卖合同要求买受人管理人继续履行合同义务并承担违约责任。即使要求买受人管理人继续履

① 最高人民法院民事审判第二庭编著：《最高人民法院关于企业破产法司法解释理解与适用》，人民法院出版社2017年版，第417~418页。

行合同，其中的尚未支付的出卖款及违约责任也因在破产申请受理前就已形成，根据破产法的规定，只能按照普通债权认定，不能以共益债务处理，否则，出卖人本可取回而不取回导致买受人必须按照原买卖合同履行，且合同债权全部得以实现，这与管理人基于购买的机器设备已无使用必要决定解除合同，出卖人只能行使取回权或者按原买卖合同主张破产债权的一般处理规则明显矛盾，应当加以否定。

其十四，买卖合同中的所有权保留合同，对于出卖人、买受人的权利都同时要受到限制，如买受人在支付全部买受款之前不能像一般买卖合同那样对买卖标的物具有完全的所有权，在接受交付后即可以进行质押、转让等处分，只能依法进行占有、使用而取得收益。对于出卖人而言，其只能接受买受款，基于约定将标的物先行交付给买受人占有、使用收益，为了防止买受人后来不支付价款对标的物约定所有权保留即在买受人支付完毕价款之前依旧归属于出卖人，可这种所有权只是一种最终的归属权，出卖人由此依法可以主张取回权，由于标的物已经合法移交给买受人占有、使用，在取回之前，固不再享有占有、使用收益权。这样，买卖合同的所有权保留在双方交易即进行买卖的目的完全实现前都有所限制，并非只限制一方。买受人在支付全部买受款之前，虽然基于交易的目的、买方期待权等具有占有、使用收益权，但不能获得全面的所有权，不能处分；出卖人既然将标的物出卖，并按合同及法律规定将标的物移交买受人占有、使用而暂时中止占有、使用收益权，但在买受人未支付完毕买受款前，仍然具有最终的所有权，有权根据合同约定及《民法典》物权编的规定行使取回权，这也是法律对买卖双方利益的平衡，并不存在根据《民法典》合同编规定确定买卖双方之间权利与义务关系而与《民法典》物权编的规定相互矛盾及冲突的问题。

其十五，法律在分期付款的买卖中，虽规定在买受人未履行相应付款义务的前提下，出卖人可以解除合同，并且要求买受人支付使用费，具体在《民法典》第 634 条中规定："分期付款的买受人未支付到期价款的数额达到全部价款的五分之一，经催告后在合理期限内仍未支付到期价款的，出卖人可以请求买受人支付全部价款或者解除合同。出卖人解除合同的，可以向买受人请求支付该标的物的使用费。"但是，此条规定仅仅适用于一般情形下的分期付款的买卖合同，不能适用于破产程序中：（1）《企业破产法》第 53 条规定："管理人或者债务人依照本法规定解除合同的，对方当事人以因合同解除所产生的损害赔偿请求权申报债权。"据此，管理人依照破产法解除合同，对方当事人只能以因合同解除所产生的损害赔偿请求申报普通债权。《民法典》第 634 条的规定与这一规定相冲突。破产法的规定属于特别规定，根据特别法优先适用于普通法的规定，在管理人决定解除合同的情况下，出卖人不能决定解除合同并要求支付该标的物的使用费。（2）在破产程序中，是解除还是继续履行的权利，根据《企业破产法》第18条规定，为管理人专有，出卖人不再享有解除权。不然，出卖人还有解除权，管理人决定继续履行的，明显会产生矛盾的结果；（3）《民法典》第634条规定的出卖人解除权，还不仅限于所有权保留，就是没有约定所有权保留的一般买卖合同在买受人未支付到期价款达全部价款1/5的也有解除权。这种买卖合同的出卖人如果均可以解除合同而主张使用费，那么，破产法有关合同债权在破产申请受理之日起确定并为普通债权，之后的利息等孳息不再计算，即不能再产生新的债权等的规定就没有任何意义。允许破产申请受理后出卖人解除合同后还可以主张使用费，就会使得其债权以使用费的名义继续清偿直到清偿完毕，明显违背所有债权在破产程序中应当公平清偿的基本原则，也就说明该条规定根本不能适用于破产程序中。（4）出卖人解除合同后，即使主张的使用费作为普通债权处理，也违背了破产法有关破产申请受理之日债权确定，不能因原来的合同再产生新利息、使用费等收益的规定。不然，在买受人未支付完毕买受款的情况下，买卖合同均可能因出卖人解除合同并主张使用费而获得更多的清偿，这对建筑工程、借款债权等其他债权人来说，明显有失公平。

最后，《民法典》第458条规定："基于合同关系等产生的占有，有关不动产或者动产的使用、收益、违约责任等，按照合同约定；合同没有约定或者约定不明确的，依照有关法律规定。"这一规定只能适用买卖双方在正常即未破产的情况下。有一方破产，按照合同约定的使用、收益、违约责任等的债权，均只能计算到破产申请受理之日止，这是破产法的特别规定，不得违反。之后，管理人对所有权保留合同明确决定解除，或虽未明确决定解除也未通知买受人的，根据《企业破产法》第18条第1款关于"管理人自破产申请受理之日起2个月内未通知对方当事人，或者自收到对方当事人催告之日起30日内未答复的，视为解除合同"的规定，所有权保留买卖合同均已被解除，这是《企业破产法》给予管理人的一项特别权利，管理人根据这一特别权利权衡是继续履行还是解除合同有利于债务人财产来决定履行还是解除，另一方不能有任何抗辩权，出卖人从而不再具有主张所谓收益权的任何根据，其要维护自己的权利，在所有权保留的情况下只能主张取回权。不主张取回权，就只能将买受款作为普通债权申报，其损失更大，而主张取回权，正好实现了买卖合同设置所有权保留条款的意图，即使在买受人破产的情况下，也可以不因标的物交付给买受人而使自己应有的出售标的物的价款遭受损失。在破产程序中普通债权的清偿率往往很低，相对其他没有约定所有权保留的买卖合同债权人来讲，其权利能够得到充分实现。这也正是买卖合同设置所有权保留条款的价值与意义所在。

2. 破产申请受理后至破产程序终结前债务人取得的财产，即新取得的财产。这些财产包括：

一是，债务人继续营业所取得的财产。债务人继续进行生产、经营、服务等营业，可能产生新的财产，在此期间新增的财产与财产性权利，属于破产申请受理后取得的财产。

二是，债务人原有财产在破产申请受理后至破产程序终结前所产生的收益或孳息，如房屋、机器设备、交通工具出租产生的租金，银行存款、出资、股权产生的利息、分红、股息等。然而，这些财产在破产申请受理前已经形成只是债务人没有收取的孳息，则仍计算为破产申请时已经产生的属于债务人财产的财产，而非在破产申请受理后由债务人所取得的新财产，不然，就会造成重复计算。

三是，处分债务人财产的增值部分，如出售股票、房产、出资份额、股权、商标、收费权等各种财产而产生的增值部分。原有部分的价值已在破产申请受理前形成，不应视为破产申请受理后取得的新财产。

四是，因破产申请受理前已经成立但债务人与对方当事人均未履行完毕的合同而新取得的财产。这种合同尽管已在破产申请受理前成立，可双方均未履行完毕，有关权利与义务还没有完全实际履行，并且在破产申请受理后，完全由管理人决定解除还是继续履行。是以，因为履行这种合同尚未履行完毕部分所产生的财产，亦属于破产申请受理后的财产。

五是，破产申请受理后由管理人新取得的其他财产。

3. 在宣告债务人破产后的破产财产与债务人财产在构成范围上并无区别。在破产重整程序、破产和解程序中，破产法尽管没有采用破产财产概念，而采用债务人财产概念，可就具体范围而言，除设定担保物权的特定财产在过去不属于破产财产现在则属于债务人财产等有所区别外，其他并无多大的区别。根据《破产法解释（二）》的有关规定，破产财产的构成范围包括：

一是，《破产法解释（二）》第 3 条规定："债务人已依法设定担保物权的特定财产，人民法院应当认定为债务人财产。对债务人的特定财产在担保物权消灭或者实现担保物权后的剩余部分，在破产程序中可用以清偿破产费用、共益债务和其他破产债权。"这是因为，《民法典》第 386 条规定："担保物权人在债务人不履行到期债务或者发生当事人约定的实现担保物权的情形，依法享有就担保财产优先受偿的权利，但是法律另有规定的除外。"基此，抵押权、留置权、质权等担保物权，对标的物所享有的权利仅仅是一种对物的交换价值的支配，而非一种像所有权那样的一种对标的物的全面支配，担保物权的标的物从所有属性来讲，依然属于债务人的特定财产，而非担保物权人的财产。因此，对于非移转占有型的担保物权，如抵押权，标的物然继续由债务人占有，在破产程序中由管理人依法管理的，除因根据《企业破产法》第 75 条等规定的暂时行使担保物权的情形外，担保物权人可以与管理人沟通协调，以及时、有效实现其担保物权，但应支付诸如担保物的变价，担保物的维护、变现、交付等管理工作付出劳动所应得到的合理报酬等各种费用。对于留置权、质权等移转占有型担保物权，标的物为担保物权人占有。在破产程序中，管理人应当主动及时与债权人进行协调沟通，商定担保标的物的处理方式，必要时可以聘请评估机构对标的物的价值进行评估，并采取公开竞价方式变卖担保物。其中的变价等必要费用，则应由标的物的变价费用予以承担。无论是移转型占有担保物权还是非移转型占有担保物权，因担保物权的标的物的价值大于所担保的债权，在实现担保物权后尚有剩余的，则剩余部分仍属于债务人的财产，应当用以清偿破产费用、共益债务及其他破产债权。

二是，《破产法解释（二）》第 4 条规定："债务人对按份享有所有权的共有财产的相关份额，或者共同享有所有权的共有财产的相应财产权利，以及依法分割共有财产所得部分，人民法院均应认定为债务人财产。人民法院宣告债务人破产清算，属于共有财产分割的法定事由。人民法院裁定债务人重整或者和解的，共有财产的分割应当依据《物权法》第九十九条①的规定进行；基于重整或者和解的需要必须分割共有财产，管理人请求分割的，人民法院应予准许。"对此，需要注意以下方面：

之一，财产共有的类型。根据《民法典》第 297 条规定，不动产或者动产由两个以上组织、个人共有的，则构成两个民事主体对该物的共有关系。共有具体包括按份共有和共同共有两种形态。共有是按份共有还是共同共有，则由共有人约定的为准。共有人对共有的不动产或者动产没有约定为按份共有或者共同共有，或者约定不明确的，根据《民法典》第 308 条规定，除共有人具有家庭关系等外，视为按份共有。

之二，共有财产权利与义务的确定。按份共有，根据《民法典》第 298 条规定，按份共有人对共有的不动产或者动产按照其份额享有所有权。按份共有人对共有的不动产或者动产按照其份额享有所有权。按份共有人对共有的不动产或者动产享有的份额，具有约定的，需要尊重共有人的意思约定确

① 现为《民法典》第 303 条。

定。没有约定或者约定不明确的，根据《民法典》第309条规定，按照出资额确定；不能确定出资额的，视为等额享有。共同共有，根据《民法典》第299条规定，共同共有人对共有的不动产或者动产共同享有所有权。

就共有财产的义务而言，即因共有的不动产或者动产产生的债权债务，根据《民法典》第307条规定，因共有的不动产或者动产产生的债权债务，在对外关系上，共有人享有连带债权、承担连带债务，但是法律另有规定或者第三人知道共有人不具有连带债权债务关系的除外；在共有人内部关系上，除共有人另有约定外，按份共有人按照份额享有债权、承担债务，共同共有人共同享有债权、承担债务。偿还债务超过自己应当承担份额的按份共有人，有权向其他共有人追偿。

之三，共有财产的管理与处分。共有人对于共有的不动产或者动产，根据《民法典》第300条规定，按照共有人的约定进行管理。没有约定或者约定不明确的，各共有人则都有管理的权利和义务。根据《民法典》第301条规定，处分共有的不动产或者动产以及对共有的不动产或者动产作重大修缮、变更性质或者用途的，应当经占份额2/3以上的按份共有人或者全体共同共有人同意，但是共有人之间另有约定的除外。因对共有物的管理费用以及其他负担，根据《民法典》第302条规定，有约定的，按照约定；没有约定或者约定不明确的，按份共有人按照其份额负担，共同共有人共同负担。

之四，共有财产的分割的原因及方式。首先就共有财产分割的原因而言，一般情况下，根据《民法典》第303条规定，共有人约定不得分割共有的不动产或者动产，以维持共有关系的，应当按照约定，但是共有人有重大理由需要分割的，可以请求分割；没有约定或者约定不明确的，按份共有人可以随时请求分割，共同共有人在共有的基础丧失或者有重大理由需要分割时可以请求分割。因分割造成其他共有人损害的，应当给予赔偿。

在破产程序中，债务人作为财产的共有人，其在共有财产的权利，包括按份享有所有权的共有财产的相关份额，或者共同享有所有权的共有财产的相应财产权利，无疑属于债务人的财产；另外属于其他共有人的财产权利，不属于债务人的财产，应当加以保护。在破产清算中，需要对债务人的所有财产进行变价处置以清偿其债务，另外清算之后债务人的民事主体资格完全丧失，共有关系存在的基础已经丧失。人民法院宣告债务人破产清算的，应当属于共有财产分割的法定事由，需要对共有财产进行分割。

在破产重整、和解程序中，由于债务人的主体资格并不丧失，对债务人与他人的共有财产，也不是一定要变价进行处理。人民法院裁定债务人重整或者和解，并非一定属于共有财产分割的法定事由，其是否分割，一般应当依据《民法典》第303条的规定进行。可是，无论是破产重整还是破产和解，均表明债务人已处于不正常状态中，不能重整、和解成功，就必然走向破产清算而致民事主体消失。故，一切工作包括债务人与他人的共有财产是否分割也要围绕着是否有利于破产重整、和解的成功进行来加以考量。共有财产分割倘若有利于破产重整、和解工作的进行，通过破产重整、和解能够促使债务人重生而避免破产清算，就需要对共有财产进行分割，《破产法解释（二）》第4条第3款于是规定："基于重整或者和解的需要必须分割共有财产，管理人请求分割的，人民法院应予准许。"

其次就共有财产分割的方式而言，根据《民法典》第304条规定，共有人可以协商确定分割方式。达不成协议，共有的不动产或者动产可以分割并且不会因分割减损价值的，应当对实物予以分割；难以分割或者因分割会减损价值的，应当对折价或者拍卖、变卖取得的价款予以分割。共有人分割所得的不动产或者动产有瑕疵的，其他共有人应当分担损失。

之五，按分共有财产的转让及其优先购买权的保护。对此，《民法典》第305条、第306条规定："按份共有人可以转让其享有的共有的不动产或者动产份额。其他共有人在同等条件下享有优先购买的权利。""按份共有人转让其享有的共有的不动产或者动产份额的，应当将转让条件及时通知其他共有人。其他共有人应当在合理期限内行使优先购买权。两个以上其他共有人主张行使优先购买权的，协商确定各自的购买比例；协商不成的，按照转让时各自的共有份额比例行使优先购买权。"

之六，应当指出，《民法典》物权编虽然只对动产或不动产的所有权规定了共有，然在现实生活中，对财产的共有并不仅仅限制在所有权的范围内。换言之，并非所有权才能共有。其他财产权利，如用益物权、担保物权，以及知识产权、债权等也存在着共有关系。这种由两个以上的民事主体对财产的所有权以外的其他财产权的共同享有权利的共有，在理论上称之为准共有。对于准共有财产，其权利义务的确定、管理、分割等事项，可以参照共有财产确定。对此，《民法典》第310条规定："两个以上组织、个人共同享有用益物权、担保物权的，参照适用本章的有关规定。"在破产程序中，对准共有财产的分割自然也可以参照《破产法解释（二）》第4条的规定进行。①

三是，《破产法解释（二）》第5条规定："破产申请受理后，有关债务人财产的执行程序未依照《企业破产法》第十九条的规定中止的，采取执行措施的相关单位应当依法予以纠正。依法执行回转的财产，人民法院应当认

① 最高人民法院民事审判第二庭编著：《最高人民法院关于企业破产法司法解释理解与适用》，人民法院出版社2017年版，第147页。

定为债务人财产。”对此，需要注意以下方面：

之一，未依照《企业破产法》第 19 条的规定对有关债务人财产的执行程序，不仅包括民事执行程序，而且包括刑事执行程序和行政执行程序。

之二，应当中止的有关债务人财产的执行程序在破产案件受理时必须尚未执行完毕。执行程序在破产案件受理时已经执行完毕，自不存在中止的问题。执行程序执行完毕，应是指整个执行程序尚未执行完毕。已经执行并交付给债权人的财产，对之就应视为执行完毕，《企业破产法》第 19 条的规定没有溯及力，不能因为尚有财产没有执行就认为交付给了债权人而应属于已经执行完毕的部分也属于未执行完毕而要执行回转。

之三，是否执行完毕，应当看财产所有权是否转移给债权人为准。对这，具体参见本书第 3 章“破产程序要件”第 6 节“执转破制度的适用”之五“执转破制度适用的审查”的有关阐释。

之四，上述破产法中的执行回转，是指在破产程序受理后，有关执行机关违反《企业破产法》第 19 条关于“人民法院受理破产申请后，有关债务人财产的保全措施应当解除，执行程序应当中止”的规定，对有关债务人的财产继续采取执行措施，移转、控制债务人的财产，破产申请受理法院为此有权要求有关执行单位依法纠正，并对有关财产依法执行回转。“在执行回转中，属于现金款项的，退还现金；是财物的，能恢复原状的恢复原状，能返还原物的则返还原物；如果因执行机关或执行申请人导致财物毁损灭失的，要承担低价抵偿或损害赔偿责任。如果执行回转标的存有孳息的，应当一并回转。”①

之五，破产程序中的执行回转仅是针对违反破产法规定的有关执行程序应当中止而未中止的程序规定而采取的依法纠正措施，其根本原因在于执行程序本身违法。至于有关执行程序的根据正确与否，则不加考虑。即使执行根据不存在任何问题，也因执行程序本身违反破产法有关规定而需要实施执行回转。这点与民事诉讼中的执行回转不同，应当注意区分。《民事诉讼法》第 233 条规定：“执行完毕后，据以执行的判决、裁定和其他法律文书确有错误，被人民法院撤销的，对已被执行的财产，人民法院应当作出裁定，责令取得财产的人返还；拒不返还的，强制执行。”基此，民事诉讼中的执行回转，乃是在对财产执行完毕后，据以执行的根据即判决、裁定等生效法律文书确有错误而被有关单位依法撤销、变更，执行机关根据新生效法律文书对原来已经执行的财产再行采取执行措施，以恢复到执行程序开始状态的一种

---

①　最高人民法院民事审判第二庭编著：《最高人民法院关于企业破产法司法解释理解与适用》，人民法院出版社 2017 年版，第 152 页。

再执行程序。这种再执行程序，其根本原因乃在于原执行程序的根据确实存在错误而被撤销、变更。至于其执行程序是否违法，并不加考虑。换言之，这时即使执行程序完全合法，也应进行执行回转。当然，在破产程序启动后，执行机关仍旧违反破产法规定执行确有错误尔后且被撤销、变更的生效法律文书的，之后的执行回转则具有竞合性质，既属于破产程序中的执行回转，又属于民事诉讼程序中的执行回转。从原理上讲，破产程序相对于民事程序，属于特别程序，根据特别法优于普通法的适用原则，应当适用破产法的有关规定将财产进行执行回转。然则，基于执行程序的根据被依法撤销，对债务人的有关权利已经丧失或者部分丧失，执行回转后不再对债权人负有义务，按照《民事诉讼法》第233条的规定执行回转，更利于债务人及其财产，故宜按照普通法的规定实行执行回转。

之六，如前所述，破产程序中的执行回转与民事诉讼程序中的执行回转，属于两种不同性质的执行回转。民事执行程序的回转，在破产程序未启动前，由原执行法院进行执行回转。可在破产程序启动后，原执行法院通常不会主动积极地进行执行回转，甚至久拖不决，如此一来，必然影响破产程序的正常进行。在此种情况下，基于破产案件受理后，所有诉讼均由破产申请受理法院实施专属管辖的基本原则，有关尚未启动的执行回转程序宜由破产申请受理法院根据新的生效法律文书进行，既有利于债务人的财产及债权人利益的维护，也有利于破产程序的顺利进行。

此外，最高人民法院在《企业破产法》施行前作出的《企业破产案件规定》有关破产财产的构成范围的规定，在认定债务人财产的范围时依然具有参考意义。这些规定，主要有：

一是，《企业破产案件规定》第65条规定："债务人与他人共有的物、债权、知识产权等财产或者财产权，应当在破产清算中予以分割，债务人分割所得属于破产财产；不能分割的，应当就其应得部分转让，转让所得属于破产财产。"

二是，《企业破产案件规定》第66条规定："债务人的开办人注册资金投入不足的，应当由该开办人予以补足，补足部分属于破产财产。"

三是，《企业破产案件规定》第67条规定："企业破产前受让他人财产并依法取得所有权或者土地使用权的，即便未支付或者未完全支付对价，该财产仍属于破产财产。"

四是，《企业破产案件规定》第68条规定："债务人的财产被采取民事诉讼执行措施的，在受理破产案件后尚未执行的或者未执行完毕的剩余部分，在该企业被宣告破产后列入破产财产。因错误执行应当执行回转的财产，在执行回转后列入破产财产。”

五是，《企业破产案件规定》第69条规定：“债务人依照法律规定取得代位求偿权的，依该代位求偿权享有的债权属于破产财产。”

六是，《企业破产案件规定》第70条规定：“债务人在被宣告破产时未到期的债权视为已到期，属于破产财产，但应当减去未到期的利息。”

（四）债务人财产消极范围的具体构成

这些财产，一般为债务人占有、支配，可本质上为他人所有或者应当为他人所有，不能认定为债务人的财产。有的财产，所有人已经对财产失去了控制，而债务人也没有占有、控制、支配或者依法根本不能占有、控制、支配，如根据《企业破产法》第39条“人民法院受理破产申请时，出卖人已将买卖标的物向作为买受人的债务人发运，债务人尚未收到且未付清全部价款的，出卖人可以取回在运途中的标的物”的规定，出卖人已给债务人发运的债务人没有付清价款且未收到的财物，也不能认定为债务人财产。另外，国家禁止持有或者限制持有而债务人没有持有资格的财产，如毒品、枪支、弹药、爆炸物等，也不属于债务人财产。根据有关规定，债务人财产的消极范围包括：

1.《破产法解释》第2条规定：下列财产不应认定为债务人财产：

一是，债务人基于仓储、保管、承揽、代销、借用、寄存、租赁等合同或者其他法律关系占有、使用的他人财产。对此，需要注意几点：

之一，其他法律关系，包括信托、委托交易、融资租赁等所有可以引起债务人占有、使用他人财产的法律关系。其中，所谓信托，根据《信托法》第2条规定，是指委托人基于对受托人的信任，将其财产权委托给受托人，由受托人按委托人的意愿以自己的名义，为受益人的利益或者特定目的，进行管理或者处分的行为。第7条规定，设立信托，必须有确定的信托财产，并且该信托财产必须是委托人合法所有的财产。本法所称财产包括合法的财产权利。所谓信托财产，根据第14条规定，是指受托人因承诺信托而取得的财产是信托财产。受托人因信托财产的管理运用、处分或者其他情形而取得的财产，也归入信托财产。固然，法律、行政法规禁止流通的财产，不得作为信托财产。可法律、行政法规限制流通的财产，依法经有关主管部门批准后，可以作为信托财产。第15条规定，信托财产与委托人未设立信托的其他财产相区别。设立信托后，委托人死亡或者依法解散、被依法撤销、被宣告破产时，委托人是唯一受益人的，信托终止，信托财产作为其遗产或者清算财产；委托人不是唯一受益人的，信托存续，信托财产不作为其遗产或者清算财产；但作为共同受益人的委托人死亡或者依法解散、被依法撤销、被宣告破产时，其信托受益权作为其遗产或者清算财产。第 16 条规定，信托财产与属于受托人所有的财产（下称固有财产）相区别，不得归入受托人的固有财产或者成为固有财产的一部分。受托人死亡或者依法解散、被依法撤销、被宣告破产而终止，信托财产不属于其遗产或者清算财产。第 17 条规定："除因下列情形之一外，对信托财产不得强制执行：（一）设立信托前债权人已对该信托财产享有优先受偿的权利，并依法行使该权利的；（二）受托人处理信托事务所产生债务，债权人要求清偿该债务的；（三）信托财产本身应担负的税款；（四）法律规定的其他情形。对于违反前款规定而强制执行信托财产，委托人、受托人或者受益人有权向人民法院提出异议。"据之，在信托关系中，委托人并不因为将信托财产交给受托人占有、使用、处分而丧失所有权；受托人也不因为受托而占有、使用、处分委托人交付的信托财产而拥有所有权。因此，委托人破产的，信托财产及其信托权益，属于债务人财产，应当用于清偿债权。受托人破产的，信托财产或者信托权益因为信托关系而不属于债务人的财产，不能用于债权人清偿；委托人可以依法行使取回权，以维护自己的合法权益。这是一。

所谓融资租赁，又称设备租赁或现代租赁，是出租人根据承租人对出卖人、租赁物的选择，向出卖人购买租赁物，提供给承租人使用，承租人支付租金的合同行为。承租人将其自有物出卖给出租人，再通过融资租赁合同将租赁物从出租人处租回的，承租人和出卖人系同一人不影响融资租赁合同的成立。《民法典》第 745 条明确规定："出租人对租赁物享有的所有权，未经登记，不得对抗善意第三人。"第 752 条规定："承租人应当按照约定支付租金。承租人经催告后在合理期限内仍不支付租金的，出租人可以请求支付全部租金；也可以解除合同，收回租赁物。"第 753 条规定："承租人未经出租人同意，将租赁物转让、抵押、质押、投资入股或者以其他方式处分的，出租人可以解除融资租赁合同。"基此，融资租赁，在租赁期内租赁物的所有权属于出租人所有，承租人只是拥有租赁物的使用权。在破产程序中，债务人作为承租人尽管因为融资租赁关系而占有、使用租赁物，然该租赁物并非债务人的财产，不能用于清偿债务。

至于租赁物在租赁期间届满的所有权归属，根据《民法典》第 757 条的规定，出租人和承租人可以约定租赁期间届满租赁物的归属。对租赁物的归属没有约定或者约定不明确，依据本法第 510 条的规定仍不能确定的，租赁物的所有权归出租人。债务人作为承租人而破产的，租赁物依旧不属于债务人的财产。但是，根据第 759 条规定，当事人约定租赁期间届满，承租人仅需向出租人支付象征性价款的，视为约定的租金义务履行完毕后租赁物的所有权归承租人。这时，债务人作为承租人而破产的，租赁物乃就属于债务人的财产。

另外，租赁物在租赁期间届满的所有权归属，出租人、承租人即使约定归承租人所有，承租人也已经支付大部分租金，然无力支付剩余租金，根据《民法典》第758条关于“当事人约定租赁期间届满租赁物归承租人所有，承租人已经支付大部分租金，但是无力支付剩余租金，出租人因此解除合同收回租赁物的，收回的租赁物的价值超过承租人欠付的租金以及其他费用的，承租人可以请求部分返还。当事人约定租赁期间届满租赁物归出租人所有，因租赁物毁损、灭失或者附合、混合于他物致使承租人不能返还的，出租人有权请求承租人给予合理补偿”的规定，出租人仍可解除合同收回租赁物。如此，承租人作为债务人破产的，租赁物仍不属于债务人的财产。当然，收回的租赁物的价值超过承租人欠付的租金以及其他费用的，承租人可以要求部分返还，该返还的财产则属于债务人的财产应当用于债权人的债权清偿。

还有，关于融资合同无效时租赁物所所有权的归属，《民法典》第760条规定，融资租赁合同无效，当事人就该情形下租赁物的归属有约定的，按照其约定；没有约定或者约定不明确的，租赁物应当返还出租人。但是，因承租人原因致使合同无效，出租人不请求返还或者返还后会显著降低租赁物效用的，租赁物的所有权归承租人，由承租人给予出租人合理补偿。

所谓委托交易，如投资者委托证券经纪商为其买卖证券，先要在受托人处开立户头，向其缴纳股民保证金、开户保证金、委托资金等。在委托交易关系中，受托人基于委托交易而会占有委托人的财产，此种财产自不属于受托人的财产，而属于委托人的财产。在受托人破产时，不能作为债务人的财产处理。

之二，债务人基于占有、使用他人财产的法律关系，既包括民事上的法律关系，又包括行政上的法律关系，还包括刑事上的法律关系。上述的仓储、保管等合同关系，乃是民事上的法律关系；行政上的法律关系，如因违反《治安管理处罚法》有关规定，制造、买卖、储存、运输、邮寄、携带、使用、提供、处置爆炸性、毒害性、放射性、腐蚀性物质或者传染病病原体等危险物质；伪造、变造或者买卖国家机关、人民团体、企业、事业单位或者其他组织的公文、证件、证明文件、印章；冒领、隐匿他人邮件；盗窃、诈骗、哄抢、抢夺、敲诈勒索或者故意损毁公私财物；违反国家规定，收购铁路、油田、供电、电信、矿山、水利、测量和城市公用设施等废旧专用器材；收购公安机关通报寻查的赃物或者有赃物嫌疑的物品；收购国家禁止收购的其他物品；隐藏、转移、变卖或者损毁行政执法机关依法扣押、查封、冻结的财物；明知是赃物而窝藏、转移或者代为销售，等等而占有、使用他人所有的或者属于国家专有或者国家禁止单位、个人占有的从而应受行政法规范处罚的行政法律关系。至于刑事法律关系，则包括构成犯罪需要以刑法加以规范惩治的诸如盗窃、诈骗、抢劫、抢夺、走私、贩毒、强迫交易等犯罪行为占有、使用的他人或者国家专有或者禁止有关单位或个人占有的财产所形成的法律关系。

之三，上述的法律关系所占有的他人财产中的“他人”，是指除债务人以外的其他自然人与单位，国家则不属于他人的范畴。但是，如果因为上述法律关系占有的属于国家专有或者国家禁止单位、个人持有的财产，自然也不能由债务人所有而可归属其所有。单位可以占有但因某些法律关系如单位收受他人贿赂所占有的财产，这种财产虽为他人所送但不能返还给他人，按照国家规定应当予以追缴，上缴国库，属于国家所有。倘若单位收受他人贿赂，则对国家负有债务，这种债务虽不具有惩罚性，然一旦实际负担，必然造成债务人的财产减少，在破产程序中债务人往往资不抵债甚至严重资不抵债，债务人的公平清偿率通常较低甚至很低，于是宜作为劣后的公债权处理，即不进行追缴。当然，这不是对债务人犯罪行为的放纵，而是破产程序中为了已经遭受损害的债权人利益的尽可能维护，以保障破产程序顺利进行，维护社会稳定等更大的利益而作出的选择。

之四，上述的法律关系，既包括合法行为产生的法律关系，又包括违法行为所产的法律关系。显然，行政违法行为、刑事犯罪行为引起债务人非法占有、使用他人所有的财产，固然不应属于债务人的财产。

之五，上述的法律关系，既包括有效的法律关系，又包括可撤销的法律关系以及无效的法律关系。如前所述，债务人基于有效的法律关系占有、使用的他人财产，不属于债务人财产，那么，基于可撤销的甚至无效的法律关系占有、使用的他人财产，举轻以明重，更不能认定属于债务人的财产。其实，《民法典》第 144 条、第 146 条规定的，无民事行为能力人实施的；行为人与相对人以虚假的意思表示实施的；第 153 ~ 154 条规定的，违反会导致有关行为无效的法律、行政法规的强制性规定、公序良俗的；行为人与相对人恶意串通，损害他人合法权益的等无效的民事法律行为；《民法典》第 497 条规定的具有《民法典》第 6 章第 3 节和该法第 506 条规定的无效情形，提供格式条款一方不合理地免除或者减轻其责任、加重对方责任、限制对方主要权利，提供格式条款一方排除对方主要权利的无效格式条款；第 506 条规定的合同中关于造成对方人身损害的，因故意或者重大过失造成对方财产损失的免责无效条款；第 736 条规定的当事人以虚构租赁物等方式订立融资租赁合同掩盖非法目的的无效融资租赁行为。以及《民法典》第147～151条规定的，基于重大误解实施的；一方以欺诈手段，使对方在违背真实意思的情况下实施的；第三人实施欺诈行为，使一方在违背真实意思的情况下实施的；对方知道或者应当知道属于欺诈的；一方或者第三人以胁迫手段，使对方在违背真实意思的情况下实施的；一方利用对方处于危困状态、缺乏判断能力等情形，致使成立时显失公平的等依法可以请求人民法院或者仲裁机构予以撤销的民事法律行为；第145条规定的，限制民事行为能力人实施的纯获利益或者与其年龄、智力、精神健康状况相适应而有效以外的，未经法定代理人同意或者追认的，善意人在被追认前可以撤销的民事法律行为；《民法典》第538条规定的对债务人以放弃其债权、放弃债权担保、无偿转让财产等方式无偿处分财产权益，或者恶意延长其到期债权的履行期限，影响债权人的债权实现的可撤销行为；第539条规定的债务人以明显不合理的低价转让财产、以明显不合理的高价受让他人财产或者为他人的债务提供担保，影响债权人的债权实现，债务人的相对人知道或者应当知道该情形的可撤销行为，等等，根据《民法典》第155条关于“无效的或者被撤销的民事法律行为自始没有法律约束力”；第156条关于“民事法律行为部分无效，不影响其他部分效力的，其他部分仍然有效”，及第157条关于“民事法律行为无效、被撤销或者确定不发生效力后，行为人因该行为取得的财产，应当予以返还；不能返还或者没有必要返还的，应当折价补偿。有过错的一方应当赔偿对方由此所受到的损失；各方都有过错的，应当各自承担相应的责任。法律另有规定的，依照其规定”的规定，他人通过主张债务人据之占有、使用他人财产的法律关系无效或者应予以撤销，并通过诉讼予以确认的，债务人据该法律关系所占有、使用的财产应当归属于他人所有，不属于债务人的财产。

之六，债务人占有、使用他人财产的法律关系，既包括借用、仓储、保管等合同法上的法律关系，又包括诸如设立质押、留置等担保物权，土地承包等物权法律关系，还包括其他法律上的诸如根据《专利法》的有关规定使用他人专利等的法律关系。无论其法律关系属于何种法律上的，只要债务人据之而实现了对他人财产的占有、使用，就可以构成上述的法律关系。

应当指出，债务人根据各种各样的法律关系所占有的财产，不包括非特定的货币资产在内。货币作为一种充当等价物的特殊财产，不具有特定性，其实施的是“谁占有谁所有”的基本原则，债务人因为借款关系而占有、使用的，不能说该借款仍属于出借人而不属于债务人。此时，出借人因为借款关系而不再对借出的款项具有所有权，而是源于该借款关系而对债务人享有债权，对此，需要加以注意。他人将一定量的货币通过密封等特定化而交由他人保管的，则该特定化的货币不再属于等价物，而是属于他人特定的财产，债务人加以占有的，仍不属于债务人所有。

二是，债务人在所有权保留买卖中尚未取得所有权的财产。所有权保留买卖，是指在转移财产所有权的商品交易中，根据法律规定或者当事人约定，财产所有人转移标的物的占有、使用给对方当事人，可对该财产仍保留其所有权，待对方当事人按照约定支付一部分或全部价款或者特定条件成就时，该财产的所有权才转移给买受人的交易行为。在此种交易中，出卖人仍然具有所有权，债务人尽管占有、使用该物但对该物因为法定或者约定的条件没有成就而无所有权，不能认定为债务人财产。对这，《买卖合同解释》第35条规定："当事人约定所有权保留，在标的物所有权转移前，买受人有下列情形之一，对出卖人造成损害，出卖人主张取回标的物的，人民法院应予支持：（一）未按约定支付价款的；（二）未按约定完成特定条件的；（三）将标的物出卖、出质或者作出其他不当处分的。取回的标的物价值显著减少，出卖人要求买受人赔偿损失的，人民法院应予支持。"但在下列情形下，出卖人不再因为所有权保留合同而拥有取回权：

之一，根据《买卖合同解释》第36条第1款规定，买受人已经支付标的物总价款的75%以上，出卖人主张取回标的物的，人民法院不予支持。

之二，根据《买卖合同解释》第36条第2款规定，在买受人将标的物出卖、出质或者作出其他不当处分的情况下，第三人依据《物权法》第106条①的规定已经善意取得标的物所有权或者其他物权，出卖人主张取回标的物的，人民法院不予支持。

之三，根据《买卖合同解释》第37条规定，出卖人取回标的物后，买受人在双方约定的或者出卖人指定的回赎期间内，消除出卖人取回标的物的事由，主张回赎标的物的，人民法院应予支持。换言之，买受人在回赎期间内如通过支付完毕价款等行为消除出卖人取回标的物的事由后，出卖人则丧失取回权。买受人在回赎期间内没有回赎标的物的，出卖人可以另行出卖标的物。出卖人另行出卖标的物的，出卖所得价款依次扣除取回和保管费用、再交易费用、利息、未清偿的价款后仍有剩余的，应返还原买受人；如有不足，出卖人要求原买受人清偿的，人民法院应予支持，但原买受人有证据证明出

---

① 现为《民法典》第311条。该条规定："无处分权人将不动产或者动产转让给受让人的，所有权人有权追回；除法律另有规定外，符合下列情形的，受让人取得该不动产或者动产的所有权：（一）受让人受让该不动产或者动产时是善意的；（二）以合理的价格转让；（三）转让的不动产或者动产依照法律规定应当登记的已经登记，不需要登记的已经交付给受让人。""受让人依照前款规定取得不动产或者动产的所有权的，原所有权人有权向无处分权人请求损害赔偿。""当事人善意取得其他物权的，参照适用前两款规定。"

卖人另行出卖的价格明显低于市场价格的除外。

应当指出，在我国，现行法律、法规对所有权保留合同并没有设立备案制度。这样，债务人一旦进入破产程序后，所有动产均可能纳入所有权保留合同的范围。假若债务人要隐匿、转移财产或者进行个别清偿，在濒临破产时完全可能通过事后伪造所有权保留合同的形式得以实现，在社会诚信严重不足的情况下更是这样。所以，对于所有权保留合同，有必要设立合同备案制度。就债权人而言，由于所有权保留合同有着规避破产风险的法律后果，在交易的对方存在破产因素的情况下，有关动产交易合同应当尽可能采取所有权保留合同的方式进行。①

三是，所有权专属于国家且不得转让的财产。根据《民法典》第 247 ~ 255 条等规定，矿藏、水流、海域；无居民海岛；城市的土地，法律规定属于国家所有的农村和城市郊区的土地；除法律规定属于集体所有外的森林、山岭、草原、荒地、滩涂等自然资源；法律规定属于国家所有的野生动植物资源；无线电频谱资源；法律规定属于国家所有的文物；国防资产；依照法律规定为国家所有的铁路、公路、电力设施、电信设施和油气管道等基础设施，等等财产均属于国家所有。属于国家专有且依法不得转让的财产，即使为债务人占有、使用，也不能视为债务人的财产用来清偿债务。应当指出，有的文物可以为单位或者个人拥有，可对其转让有所限制如不能出售给外国人，只能出售给博物馆等，这种限制转让的文物仍然可以构成债务人财产。

四是，其他依照法律、行政法规不属于债务人的财产。如宪法第 9 条、第 10 条规定，由法律规定属于集体所有的森林和山岭、草原、荒地、滩涂属于集体所有；除由法律规定属于国家所有的以外农村和城市郊区的土地，以及宅基地和自留地、自留山，均属于集体所有，不能归属于企业法人所有。

2. 网络借贷信息中介机构破产的，出借人与借款人的资金分别属于出借人与借款人，不属于破产财产。《网络借贷信息中介机构业务管理办法》第 24 条第 2 款规定："网络借贷信息中介机构因解散或宣告破产而终止的，应当在解散或破产前，妥善处理已撮合存续的借贷业务，清算事宜按照有关法律法规的规定办理。"第 3 款规定："网络借贷信息中介机构清算时，出借人与借款人的资金分别属于出借人与借款人，不属于网络借贷信息中介机构的财产，不列入清算财产。"其中所称的网络借贷，则是指个体和个体之间通过互联网平台实现的直接借贷。个体包含自然人、法人及其他组织。网络借贷信

---

① 齐明：《中国破产法原理与适用》，法律出版社 2017 年版，第 249 页。

息中介机构，是指依法设立，专门从事网络借贷信息中介业务活动的金融信息中介公司。该类机构以互联网为主要渠道，为借款人与出借人（即贷款人）实现直接借贷提供信息搜集、信息公布、资信评估、信息交互、借贷撮合等服务。

3. 证券公司破产，其在处置日前的佣金收入及富余外币结算备付金，不属于破产财产。对此，最高人民法院2011年6月23日发布实施的《关于对西北证券有限责任公司处置日前佣金收入及富余外币结算备付金归属问题的请示的答复》（〔2011〕民二他字第9号）指出，同意你院关于将西北证券有限责任公司处置日前的佣金收入及富余外币结算备付金共计人民币10347245.14元退回保护基金公司的意见，按照证券公司风险处置的有关政策及《证券法》的相关规定，该笔资金不属于西北证券有限责任公司的破产财产。

4. 执行回转案件的被申请执行人破产的，申请执行人申请执行回转的财产，不属于破产财产。对这，最高人民法院执行工作办公室2006年12月14日发布实施的《关于执行回转案件的申请执行人在被执行人破产案件中能否得到优先受偿保护的请示的答复》（〔2005〕执他字第27号）指出："人民法院因原错误判决被撤销而进行执行回转，申请执行人在被执行人破产案件中能否得到优先受偿保护的问题，目前我国法律尚无明确规定。我们认为，因原错误判决而被执行的财产，并非因当事人的自主交易而转移。于是，不应当将当事人请求执行回转的权利作为普通债权对待。在执行回转案件被执行人破产的情况下，可以比照取回权制度，对执行回转案件申请执行人的权利予以优先保护，认定应当执行回转部分的财产数额，不属于破产财产。因此，审理破产案件的法院应当将该部分财产交由执行法院继续执行。"

5. 参照《企业破产案件规定》第71条的规定，不属于债务人的财产。主要包括：

一是，已经出卖但未办理过户手续的汽车能否列入破产财产。对此，《人民司法》研究组认为，破产企业将其汽车出卖给他人，买受人付清了价款，但未进行变更登记的，能否列入破产财产，关键是看该汽车所有权是否已经转移。以前一般认为，汽车作为特殊的动产，其所有权的变更采登记生效主义，经登记发生所有权转移，未登记的，不发生所有权转移。但2000年6月公安部交通管理局在给最高人民法院有关部门的复函中认为："根据现行机动车登记法规和有关规定，公安机关办理的机动车登记，是准予或者不准予机动车道路行驶的登记，不是机动车所有权登记。"最高人民法院有关部门（〔2000〕执他字第25号）给上海市高级人民法院的答复认为，如果能够证明车辆实际出资购买人与登记名义人不一致的，不能确定登记名义人为车主。这表明在实践中汽车所有权的转移已经不以车辆登记为要件，这已经得到最高人民法院的有关答复和道路交通管理部门的认可。从《道路交通安全法》第 8 条、第 12 条和第 18 条[①]的规定来看，汽车登记的性质应当是上路登记而非所有权登记，这与非机动车上路登记的性质一致。是以，你院所讲的案件中买受人已经支付了全部价款，并实际占有使用该汽车，应当认为买受人已经取得了汽车的所有权，该汽车不得被列入破产财产。[②]

三是，债务人工会所有的财产。工会，作为职工自愿结合的依法设立的代表职工利益、维护职工合法权益的自治性群众组织，其经费的来源，根据《工会法》第 42 条的规定，工会会员缴纳的会费，建立工会组织的企业、事业单位、机关按每月全部职工工资总额的 2% 向工会拨缴的经费（此项经费在税前列支），工会所属的企业、事业单位上缴的收入，人民政府的补助及其他收入。第 42 条第 3 款、第 44 条、第 46 条规定，工会的经费主要用于为职工服务和工会活动。工会应当根据经费独立原则，建立预算、决算和经费审查监督制度。各级工会建立经费审查委员会。各级工会经费收支情况应当由同级工会经费审查委员会审查，并且定期向会员大会或者会员代表大会报告，接受监督。工会会员大会或者会员代表大会有权对经费使用情况提出意见。工会经费的使用应当依法接受国家的监督。工会的财产、经费和国家拨给工会使用的不动产，任何组织和个人不得侵占、挪用和任意调拨。因此，工会组织的经费等财产无论是来源还是管理使用都具有独立性，并不从属于所属企业，不属于债务人财产。然而，工会所属企业按照《工会法》第 45 条关于“各级人民政府和企业、事业单位、机关应当为工会办公和开展活动，提供必要的设施和活动场所等物质条件”的规定，向工会提供的财产、办公设施，并非工会所有，仍然属于债务人财产。基于同样的道理，其他社会组织、企业设立的党团等组织的财产，亦不属于债务人财产。

四是，破产企业以无偿划拨方式取得的土地使用权。对这，《划拨土地应

---

① 《道路交通安全法》第 8 条规定：“国家对机动车实行登记制度。机动车经公安机关交通管理部门登记后，方可上道路行驶。尚未登记的机动车，需要临时上道路行驶的，应当取得临时通行牌证。”第 12 条规定：“有下列情形之一的，应当办理相应的登记：（一）机动车所有权发生转移的；（二）机动车登记内容变更的；（三）机动车用作抵押的；（四）机动车报废的。”第 18 条规定：“依法应当登记的非机动车，经公安机关交通管理部门登记后，方可上道路行驶。依法应当登记的非机动车的种类，由省、自治区、直辖市人民政府根据当地实际情况规定。非机动车的外形尺寸、质量、制动器、车铃和夜间反光装置，应当符合非机动车安全技术标准。”

② 刘德权主编：《最高人民法院司法观点集成》，人民法院出版社 2009 年版，第1118～1119 页。

否列入破产财产批复》第 1 条指出，根据《土地管理法》第 58 条第 1 款第 4 项[①]及《城镇国有土地使用权出让和转让暂行条例》第 47 条[②]的规定，破产企业以划拨方式取得的国有土地使用权不属于破产财产，在企业破产时，有关人民政府可以予以收回，并依法处置。纳入国家兼并破产计划的国有企业，其依法取得的国有土地使用权，应依据国务院有关文件规定办理。

《城镇国有土地使用权出让和转让暂行条例》第 47 条规定，无偿取得的划拨土地使用权的土地使用者，因迁移、解散、撤销、破产或其他原因而停止使用土地的，市、县人民政府应当无偿收回其划拨的土地使用权，并可予以出让。国家土地管理局 1996 年 5 月 10 日发布实施的《对关于现代企业制度试点中土地资产处置有关问题的请示的答复》（〔1996〕国土函字第51 号）中指出，划拨土地不属于企业财产或国家授权经营管理的财产。国家土地管理局1998 年2 月17 日发布、同年3 月1 日实施的《国有企业改革中划拨土地使用权管理暂行规定》[③]（国家土地管理局令第 8 号），决定对国有企业土地使用权由无偿使用向有偿使用过渡，明确企业如果依法由无偿使用转变有偿使用后，企业取得土地使用权的财产权，然在没有完成转变的情况下，则不享有财产权。该规定第 6 条第 1 款同时规定，国有企业破产或出售的，企业原划拨土地使用权以出让方式处置。从上述规定中可以看出，国家对于企业以无偿划拨方式取得的国有土地使用权方面的政策是一贯的，也是十分明确的，即无偿划拨土地是计划经济时期遗留的问题，无偿划拨土地的财产权属于国家所有。国家对土地逐步实现由无偿划拨向有偿使用过渡，企业出售时，对划拨土地使用权应当实行有偿使用，不再实行无偿使用。企业破产时，有

---

① 现为 2019 年修正的《土地管理法》第 58 条第 1 款第 3 项规定。该条规定："有下列情形之一的，由有关人民政府自然资源主管部门报经原批准用地的人民政府或者有批准权的人民政府批准，可以收回国有土地使用权：（一）为实施城市规划进行旧城区改建以及其他公共利益需要，确需使用土地的；（二）土地出让等有偿使用合同约定的使用期限届满，土地使用者未申请续期或者申请续期未获批准的；（三）因单位撤销、迁移等原因，停止使用原划拨的国有土地的；（四）公路、铁路、机场、矿场等经核准报废的。依照前款第（一）项的规定收回国有土地使用权的，对土地使用权人应当给予适当补偿。"

② 该条规定："无偿取得划拨土地使用权的土地使用者，因迁移、解散、撤销、破产或者其他原因而停止使用土地的，市、县人民政府应当无偿收回其划拨土地使用权，并可依照本条例的规定予以出让。对划拨土地使用权，市、县人民政府根据城市建设发展需要和城市规划的要求，可以无偿收回，并可依照本条例的规定予以出让。无偿收回划拨土地使用权时，对其地上建筑物、其他附着物，市、县人民政府应当根据实际情况给予适当补偿。"

③ 该规定被自然资源部 2019 年 7 月 16 日通过、2019 年 7 月 24 日公布之日起施行的《关于第一批废止和修改的部门规章的决定》（自然资源部令第 5 号）废止。

关人民政府应当收回，并依法处置。①

五是，特种行业的经营许可权。对此，有的认为，特种行业经营许可权同企业的名称权、商标专用权等一样，是企业的无形财产，属于企业的财产权利，乃为企业的破产财产。有的则认为，特种行业经营许可权是国家行政管理机关应企业申请，通过颁发许可证、执照等形式，依法赋予企业从事某种特种经营活动的法律权利，企业一经宣告破产，则相应地丧失了该项经营权，并非由破产企业享有的财产权利，特种行业经营许可权从而不能属于破产财产，不应以破产财产处理。《人民司法》研究组认为，根据有关法律规定，国家对一些特殊行业如烟草、废旧金属收购等，实行特许经营，企业符合法律规定的条件并依法经有关主管机关批准后才能经营该特种行业。特种行业经营许可实际上是一种资格的授予，这种资格依附于该特定企业，本身并不具有独立性，也不具有单独的财产价值。故，具有特种行业经营许可权的企业破产的，该特种行业经营许可权不能被列为破产财产。在企业被宣告破产后，该经营许可权应当依法消灭。②

六是，尚未办理产权证或者产权过户手续但债务人已向买方交付的财产，按照《企业破产案件规定》第 71 条规定，不属于破产财产。笔者认为，值得商榷。这是因为，对于必须办理产权过户手续才视为物权转移的，如根据《民法典》第 209 条关于“不动产物权的设立、变更、转让和消灭，经依法登记，发生效力；未经登记，不发生效力，但是法律另有规定的除外。依法属于国家所有的自然资源，所有权可以不登记”的规定；第 232 条关于“处分依照本节规定③享有的不动产物权，依照法律规定需要办理登记的，未经登记，不发生物权效力”的规定，必须进行转移变更登记才发生转移变更的不动产，在破产案件中，应以转移登记为标准。换言之，只有经过依法登记才发生物权转移效力的不动产，在没有办理转移登记之前，债务人即使已向买方交付，也不能视为买方财产，而应视为破产财产。买方没有支付全部价款，属于双方均未履行完毕的合同，管理人可以根据案件具体情况决定继续履行或者解除合同。买方支付了全部款项，也可以根据具体情况决定继续履行或者解除合同。反之，如果认为只要将不动产交付给了买受人，不论是否进行

① 江必新主编、最高人民法院民事审判第二庭编著：《民商审判指导与参考》，人民法院出版社 2003 年版第 1 卷（总第 3 卷），第 30 页。

② 载《人民司法》2005 年第 6 期。

③ 第 229～231 条规定，具体为：“因人民法院、仲裁机构的法律文书或者人民政府的征收决定等，导致物权设立、变更、转让或者消灭的，自法律文书或者征收决定等生效时发生效力。”“因继承取得物权的，自继承开始时发生效力。”“因合法建造、拆除房屋等事实行为设立或者消灭物权的，自事实行为成就时发生效力。”

转移登记均认为不属于破产财产，即认为债务人已经履行完毕，只能得出为买受人办理产权转移登记的结论，那么，管理人就无法根据破产案件的具体情况来加以处理，以进一步权衡买受人与其他众多债权人的利益。

当然，属于破产财产，并不意味着对已经交付给买方的不动产不可以用来继续出售给买受人。在破产案件中，管理人根据破产案件的情况，有权处理债务人的财产。众多人从债务人处购买房屋，或者购买的房屋用于居住这一基本生活权利，从维护社会稳定、公民的基本生活权利这一价值考量，这时就是增值也应继续履行合同而将该不动产出售给买受人并为之办理转移登记手续。然则，出于投资甚至炒房等从债务人处购买多套甚至数十套房屋并增值的，除必须用于居住的 1 套房屋可以基于继续履行合同而使之获得所有权外，其他的从维护众多债权人的利益考量，则应决定解除合同。债务人出售的房产大大贬值，买受人已经支付房价或者没有支付房价，房屋尽管没有办理转移登记手续，管理人继续可以要求买受人履行合同，不能因为没有办理登记手续认为尚属于破产财产就认为合同不能继续履行。

七是，尽管要求办理登记手续，可是该登记并非所有权的转移公示即转让标志的动产。《民法典》第 225 条规定："船舶、航空器和机动车等的物权的设立、变更、转让和消灭，未经登记，不得对抗善意第三人。"据此，船舶、航空器和机动车等物权的设立、变更、转让和消灭，需要依法进行登记。未办理变更、转让登记且已经交付的情况下，能否产生物权变更、转让的效力，回答是肯定的，不过，涉及第三人善意取得的，则不能对抗善意第三人。具体来说，需要办理登记的船舶、航空器和机动车等动产的转让，如何认定物权转移的效力，应当区分不同情况加以考虑：如（1）所有人将船舶、航空器和机动车等转让给他人，尚没有交付的，则船舶、航空器和机动车等的物权尚未进行转让，船舶、航空器和机动车等依然在归属于所有人即转让人。如（2）所有人将船舶、航空器和机动车等转让给他人，虽然没有交付但已进行所有权登记的，船舶、航空器和机动车等的所有权虽然仍归属于转让人，但受让人要求转让人履行交付义务的，人民法院应当支持。如（3）所有人将船舶、航空器和机动车等转让给他人，已经交付并进行登记的，船舶、航空器和机动车等归属于他人，他人则可以对抗善意第三人，固然也可以对抗非善意第三人。如（4）所有人将船舶、航空器和机动车等转让给他人，虽已交付但没有进行登记，原所有人又将船舶、航空器和机动车等转让给第三人的，则不能对抗善意第三人，但可对抗非善意第三人，等等。对这，《买卖合同解释》第 10 条规定："出卖人就同一船舶、航空器、机动车等特殊动产订立多重买卖合同，在买卖合同均有效的情况下，买受人均要求实际履行合同的，应当按照以下情形分别处理：（一）先行受领交付的买受人请求出卖人履行办理所有权转移登记手续等合同义务的，人民法院应予支持；（二）均未受领交付，先行办理所有权转移登记手续的买受人请求出卖人履行交付标的物等合同义务的，人民法院应予支持；（三）均未受领交付，也未办理所有权转移登记手续，依法成立在先合同的买受人请求出卖人履行交付标的物和办理所有权转移登记手续等合同义务的，人民法院应予支持；（四）出卖人将标的物交付给买受人之一，又为其他买受人办理所有权转移登记，已受领交付的买受人请求将标的物所有权登记在自己名下的，人民法院应予支持。"

至于善意第三人，乃是指对无处分权人转让的不动产或动产善意取得物权（包括所有权、抵押权）的第三人。除非法律另有规定，则不包括对无处分权人转让的不动产或动产取得债权的第三人。对此，《物权法解释（一）》第6条规定："转让人转移船舶、航空器和机动车等所有权，受让人已经支付对价并取得占有，虽未经登记，但转让人的债权人主张其为《物权法》第二十四条[①]所称的'善意第三人'的，不予支持，法律另有规定的除外。"对于善意取得的认定，《民法典》第311条规定："无处分权人将不动产或者动产转让给受让人的，所有权人有权追回；除法律另有规定外，符合下列情形的，受让人取得该不动产或者动产的所有权：（一）受让人受让该不动产或者动产时是善意的；（二）以合理的价格转让；（三）转让的不动产或者动产依照法律规定应当登记的已经登记，不需要登记的已经交付给受让人。""受让人依照前款规定取得不动产或者动产的所有权的，原所有权人有权向无处分权人请求损害赔偿。""当事人善意取得其他物权的，参照适用前两款规定。"基此，善意取得的构成，必须满足以下3个条件：

之一，受让人受让不动产或者动产时必须出于善意，即其不知道转让人对所转让的财产无处分权。在受让时不是出于善意，如明知转让人对所转让的财产没有处分权，或者应当知道转让人为无处分权人然出于重大过失而不知情，则不能认定为善意，不能构成善意取得。而且，受让人不知道转让人无处分权，在时间上乃为受让时。不是受让时而是受让后才知道转让人无处分权的，则仍出于善意，不能以出于恶意论处。对这，《物权法解释（一）》第15条规定："受让人受让不动产或者动产时，不知道转让人无处分权，且无重大过失的，应当认定受让人为善意。真实权利人主张受让人不构成善意的，应当承担举证证明责任。"第16条规定："具有下列情形之一的，应当认定不动产受让人知道转让人无处分权：（一）登记簿上存在有效的异议登记；

---

① 现为《民法典》第225条。

（二）预告登记有效期内，未经预告登记的权利人同意；（三）登记簿上已经记载司法机关或者行政机关依法裁定、决定查封或者以其他形式限制不动产权利的有关事项；（四）受让人知道登记簿上记载的权利主体错误；（五）受让人知道他人已经依法享有不动产物权。真实权利人有证据证明不动产受让人应当知道转让人无处分权的，应当认定受让人具有重大过失。”第 17 条规定：“受让人受让动产时，交易的对象、场所或者时机等不符合交易习惯的，应当认定受让人具有重大过失。”第 18 条规定：“《物权法》第一百零六条[①]第一款第（一）项所称的‘受让人受让该不动产或者动产时’，是指依法完成不动产物权转移登记或者动产交付之时。当事人以《物权法》第二十五条[②]规定的方式交付动产的，转让动产法律行为生效时为动产交付之时；当事人以《物权法》第二十六条[③]规定的方式交付动产的，转让人与受让人之间有关转让返还原物请求权的协议生效时为动产交付之时。法律对不动产、动产物权的设立另有规定的，应当按照法律规定的时间认定权利人是否为善意。”

之二，转让人对不动产或动产是以合理的价格转让。对无权处分的动产或不动产不是以合理的价格转让，即转让价格不合理，受让人也不构成善意取得。对此，《物权法解释（一）》第 19 条规定：“《物权法》第一百零六条[④]第一款第（二）项所称‘合理的价格’，应当根据转让标的物的性质、数量以及付款方式等具体情况，参考转让时交易地市场价格以及交易习惯等因素综合认定。”

之三，转让的不动产或者动产依照法律规定应当登记的已经登记，不需要登记的已经交付给受让人。对这，《物权法解释（一）》第 20 条规定：“转让人将《物权法》第 24 条[⑤]规定的船舶、航空器和机动车等交付给受让人的，应当认定符合《物权法》第一百零六条[⑥]第一款第（三）项规定的善意取得的条件。”

另外，转让人转让动产与不动产的合同，本身不属于无效合同或者可撤销合同。转让合同为无效合同或者可撤销合同的，也不能构成善意取得。对

① 现为《民法典》第 311 条。

② 现为《民法典》第 226 条。该条规定：“动产物权设立和转让前，权利人已经占有该动产的，物权自民事法律行为生效时发生效力。”

③ 现为《民法典》第 227 条。该条规定：“动产物权设立和转让前，第三人占有该动产的，负有交付义务的人可以通过转让请求第三人返还原物的权利代替交付。”

④ 现为《民法典》第 311 条。

⑤ 现为《民法典》第 225 条。

⑥ 现为《民法典》第 311 条。

此，《物权法解释（一）》第 21 条规定："具有下列情形之一，受让人主张根据《物权法》第一百零六条[①]规定取得所有权的，不予支持：（一）转让合同因违反《合同法》第五十二条[②]规定被认定无效；（二）转让合同因受让人存在欺诈、胁迫或者乘人之危等法定事由被撤销。"

6. 债权人对债务人的债务人行使代位权，生效裁判已在债务人破产申请受理前确认代位权成立的，根据《合同法解释（一）》第 20 条关于"债权人向次债务人提起的诉讼经人民法院审理后认定代位权成立的，由次债务人向债权人履行清偿义务，债权人与债务人、债务人与次债务人之间相应的债权债务关系即予消灭"的规定，自代位权成立时起，次债务人对债务人的债务便转归为次债务人对债权人的债务，债务人与次债务人相应债权债务关系予以消灭。另一方面，《人民司法》研究组亦认为，债权人在债务人破产申请受理前按照《合同法》第 73 条[③]的规定代债务人向次债务人行使到期债权的，人民法院审理后，裁判次债务人向代位权人清偿债务的，则代位权人即取得对次债务人的债权，按照《合同法解释（一）》的规定，代位权人对行使代位权取得清偿享有优先受偿的权利。因此，该裁判执行之前，主债务人因资不抵债进入破产程序的，代位权人对次债务人的债权可以继续强制执行。据之，债务人对次债务人的债权，实际不能再作为破产财产予以主张。

7. 债务人将动产出售给买受人，根据《民法典》第 228 条关于"动产物权转让时，当事人又约定由出让人继续占有该动产的，物权自该约定生效时发生效力"的规定而约定由债务人占有的，物权自约定生效时发生效力，尽管没有交付，可买受人仍对该动产具有物权，该动产不能视为债务人财产。

8. 《民法典》第 229 条规定："因人民法院、仲裁机构的法律文书或者人民政府的征收决定等，导致物权设立、变更、转让或者消灭的，自法律文书或者征收决定等生效时发生效力。"第 230 条规定："因继承取得物权的，自继承开始时发生效力。"第 231 条规定："因合法建造、拆除房屋等事实行为设立或者消灭物权的，自事实行为成就时发生效力。"第 232 条规定："处分依照本节规定享有的不动产物权，依照法律规定需要办理登记的，未经登记，

---

① 现为《民法典》第 311 条。

② 该条内容已被《民法典》第 144 条、第 146 条、第 153～154 条吸收。

③ 现为《民法典》第 535 条。该条规定："因债务人怠于行使其债权以及与该债权有关的从权利，影响债权人的到期债权实现的，债权人可以向人民法院请求以自己的名义代位行使债务人对相对人的权利，但是该权利专属于债务人自身的除外。代位权的行使范围以债权人的到期债权为限。债权人行使代位权的必要费用，由债务人负担。相对人对债务人的抗辩，可以向债权人主张。"

不发生物权效力。”据此，在不动产处分的过程中，只有因转让、赠予等民事法律行为处分而得到的不动产的，才需要依法登记而取得所有权。非因转让、赠予等民事法律行为，而是因人民法院、仲裁机构的法律文书，人民政府的征收决定，或者继承，或者因合法建造等非民事法律行为而取得的物权的，并非一定需要登记才产生物权取得效力。此时，根据有关规定，在法律文书生效，继承或受遗赠开始，或者合法建造完成就已经具有物权。对于上述情形的物权相对应的标的物，物权人持有有关根据对之主张物权的，管理人应当依法认定，而不能将之视为债务人财产。

9. 在拆迁进行房地产开发的过程中，拆迁人与被拆迁人按照所有权调换形式订立拆迁补偿安置协议，明确约定拆迁人以房地产开发企业开发或者所有的位置、用途特定的房屋对被拆迁人予以补偿安置，其实际也是一种特殊形式的商品房买卖合同，且因为位置、用途已经特定化的特征，并基于拆迁涉及众多被拆迁人的利益，通常还与生活居住这一基本权利相关，在房地产开发企业破产的情况下，被拆迁人主张取得补偿安置房屋的，为此应当予以支持。房地产开发企业用于拆迁安置补偿的房屋，于是不应列入债务人财产。

应当指出，房地产企业将用于补偿安置的房屋另行出售或者抵押等予以处置，被拆迁人仍然要求拆迁人以房地产开发企业开发或者所有的同一位置的房屋予以补偿安置的，根据《商品房买卖案件解释》第 7 条关于“拆迁人与被拆迁人按照所有权调换形式订立拆迁补偿安置协议，明确约定拆迁人以位置、用途特定的房屋对被拆迁人予以补偿安置，如果拆迁人将该补偿安置房屋另行出卖给第三人，被拆迁人请求优先取得补偿安置房屋的，应予支持。被拆迁人请求解除拆迁补偿安置协议的，按照本解释第八条的规定处理”的规定，房地产开发企业仍要优先给被拆迁人提供补偿安置房。这样，优先用于提供安置补偿的安置房，也不应列入债务人财产。

当然，无法提供的或者被拆迁人要求解除合同的，则另当别论。后者则由拆迁人按照《商品房买卖案件解释》第 8 条关于“具有下列情形之一的，导致商品房买卖合同目的不能实现的，无法取得房屋的买受人可以请求解除合同、返还已付购房款及利息、赔偿损失，并可以请求出卖人承担不超过已付购房款一倍的赔偿责任：（一）商品房买卖合同订立后，出卖人未告知买受人又将该房屋抵押给第三人；（二）商品房买卖合同订立后，出卖人又将该房屋出卖给第三人”的规定，要求债务人依法承担相应的民事责任。具体来说，管理人应当根据《企业破产法》等的规定解除合同，被拆迁房的市场价值（购房款）及其利息宜作为共益债务处理；依法应当承担的已付购房款 1 倍的赔偿责任则可作为普通债权处理。

第二节 债务人财产的管理权

债务人财产，依法应由管理人接收。管理人接受财产后应当依法进行清理、调查、清收、追取、保管、申请保全等一系列活动。这些活动为管理人管理财产的工作所产生并且所必需，从广义上讲，都属于对债务人财产所实施的管理活动。一些管理过程中的权利如破产撤销权、破产追回权，将以专节进行阐释，这里仅就管理人的具有一般性的财产管理活动性质的清理、调查、保管、清收、追取、申请保全等活动作一介绍。

一、对债务人财产的清理与调查

管理人接受债务人的财产后，首要的事情就是要对债务人财产进行清点、归类、整理、调查、核实，以弄清楚债务人财产的状况，为以后的工作奠定良好的基础。这些工作，主要包括：

1. 对债务人财产分类登记造册，初步了解财产的基本情况：（1）将债务人财产可以分为已经实际占有支配的财产、没有占有支配的财产以及债务人占有支配的他人财产。（2）已经实际占有支配的财产、没有占有支配的财产以及债务人占有支配的他人财产，又按照现金、存款、有价证券及其他流动性资产，动产、不动产，知识产权等无形资产，投资性收益，财产性权利等小类分别进行登记。然后再根据各种具体财产，登记有关基本信息。

2. 在登记造册的同时，开展相关调查工作，查阅债务人有关财产档案资料如有关合同、付款凭证，询问有关知情人员，向开户银行、财产登记部门、担保物权登记部门调取有关档案材料，调查了解对方当事人基本情况，等等，以查核有关财产的基本信息。

3. 注意区分债务人财产与非债务人财产。对于债务人占有的不属于债务人的财产，应当独立列表。对于完全属于他人的财产，可以依法通知所有权人取回；对于与他人共有的财产，应当与财产共有人协商分割或者转让其应得部分。

4. 注意区分他人具有优先受偿权的特定财产与其他财产。对设立抵押、质押、留置等担保物权，以及具有船舶优先权、船舶留置权、船舶抵押权、建设工程价款优先受偿权等的特定财产，应当详细了解有关情况以及登记情况，并且注意对担保主合同及担保合同无效、可撤销制度等导致担保物权、法定优先受偿权是否成立、有效的各种情况进行审查。

5. 对债务人的民事行为进行清理。既包括对债务人正在进行的民事活动进行清查，又包括对债务人 1 年内或者 6 个月内的欺诈性转让、恶意个别清偿等应当撤销的行为，以及债务人在破产申请受理后进行的个别清偿和为逃避债务而隐匿、转移财产的，虚构债务或者承认不真实的债务的无效行为进行清理。

二、对债务人财产的清收与追取

在清理、调查债务人财产的基础上，对于债务人的债权以及他人源于各种各样的原因所占有的债务人财产，管理人应当依法履行自己的职责，尽力清收与追取，以维护债权人的合法权益。

1. 对于债务人的债权，债务人的债务人主动清偿债务的，管理人应当及时接受，而不能拒之门外。对于债务人的债务人不主动清偿债务的，应向其发出清偿债务通知书，要求债务人的债务人在规定的期限内向管理人清偿债务，并告知其不清偿或者虽然清偿但不向管理人而是向债务人清偿的法律后果。债务人的债务人提出异议的，则应审查是否属实。债务人的债务人确实还有债务不履行的，要求其清偿，其不在规定期间内清偿的，则可向受理破产申请的人民法院提起诉讼或者向约定的仲裁机构提起仲裁，通过民事司法程序或者仲裁程序追回债务人的债权。应当指出，在过去按照《民事诉讼法》有关破产还债程序及《企业破产案件规定》有关规定，对债务人的债务人追收债权的，由清算组向受理破产申请的人民法院提出申请，人民法院裁定后直接强制执行，使得债务人的债务人没有上诉途径的救济，对此做法，《企业破产法》现已取消，不能再行适用。管理人对债务人的债务人提起民事诉讼的，则应按照《民事诉讼法》规定的普通民事诉讼程序处理。

应当指出，债务人对外所享有债权等财产的追收，是一个非常复杂的问题，尤其是与债务人存在着关联关系的公司、企业或者个人之间的债权，更需要认真仔细加以把握。理论上，凡是债权债务关系，都可以通过诉讼或者仲裁途径加以解决，然真正要进行诉讼或者仲裁时，必须考虑到各方面的因素，如诉讼费用的承担，债务人本身资不抵债，诉讼费用本身又非常巨大，且债务人的债务人已经没有资产，或者其间的民事权利义务关系争议巨大，或者证据本身存在重大问题等，管理人提起有关诉讼的，需要谨慎从事。具体说来，通过诉讼或仲裁途径追收债权，应当注意以下几点：

一是，能不通过诉讼、仲裁途径解决的，尽量不要通过诉讼或仲裁途径解决，以节约由此产生的时间、财力、人力等成本。如债务人与他人之间互负债务，则可以依法通过抵销权行使等方式解决。

二是，不能通过协商方式解决，非要通过诉讼或者仲裁途径解决的，管理人要全面认真研究分析有关资料，准备好确实充分的证据，正确把握好债务人与之债务人之间所存在权利义务关系争议的本质，要在证据上、法律上使自己居于有利地位。

三是，利用诉讼时效进行排查，将超过诉讼时效的债权依法排除在外。不然，即使提起也得不到法院的支持。对这，可以通过协商要求债务人的债务人理解债务人的困境，帮助债务人渡过难关等方式同意清偿债务以使诉讼时效重新计算。在考虑诉讼时，需要注意的是，债务人债权的诉讼时效如是在破产申请受理前一年内超过的，要看债务人未能对之到期债权及时行使权利的原因：存在正当理由的，诉讼时效超过已经丧失胜诉权，通过诉讼或者仲裁途径追收已难达到目的；没有正当理由的，甚至是故意或者恶意对到期债权不行使权利而放弃债权让债务人的债务人等获取不正当利益的，则应根据《破产法解释（二）》第19条第2款关于“债务人无正当理由未对其到期债权及时行使权利，导致其对外债权在破产申请受理前一年内超过诉讼时效期间的，人民法院受理破产申请之日起重新计算上述债权的诉讼时效期间”的规定处理，即不能认为超过了诉讼时效。当然，在破产申请受理前1年外，债务人的债权已经超过诉讼时效的，不论属于什么原因，均因超过诉讼时效而属自然债权。债务人的债务人不愿意偿还债务的，则不应再通过诉讼或仲裁途径追偿债权。

四是，全面、认真调查、了解债务人的债务人财产状况，是否有能力承担债务。经过调查了解，债务人的债务人本身就是空壳公司，没有什么财产，或者已经具有破产原因甚至已经进入破产状态的，对之提起诉讼或仲裁更需慎重对待。

五是，将对外享有的债权、财产按照价值进行分类，对于数额不大甚至很小的债权、财产通过诉讼或者仲裁追收与减去有关成本后得不到更多利益甚至得不偿失的，自应根据实事求是的原则加以处理，该放弃的则应放弃，对此需要向债权人会议或者债权人委员会、人民法院等如实报告，求得理解。

应当指出，对债务人债权的追偿，涉及其债权是否因为破产申请受理而一律到期的问题。债权人对债务人的未到期债权，根据《企业破产法》第46条第1款规定，在破产申请受理时视为到期，债权人可以依法申报。然对债务人就他人所享有的债权，在破产申请受理时是否视为到期，则没有明确规定。《企业破产法》第35条只是对未到期的出资规定破产申请受理后，管理人即可要求出资人缴纳出资而不受出资期限的限制，即未到期的出资可以视为到期。如此，债务人对他人的未到期债权不能必然认为在破产申请受理时视为到期。但是，有的债权期限可能过长，如债务人给他人贷款，约定的还款期限还有数年才到期；将资产租赁给他人使用，还有多年才到期，倘若不加解决，破产程序就有可能无法进行。基于破产程序正常进行的需要，可以参照《企业破产案件规定》第70条关于“债务人在被宣告破产时未到期的债权视为已到期，属于破产财产，但应当减去未到期的利息”的规定加速到期，或者由管理人决定解除合同，债务人的债务人因为管理人解除合同而遭受的损失没有过错的，因该损失乃发生在破产申请受理后由管理人决定解除而产生，由此宜作为共益债务而以债务人财产随时进行清偿。

2. 占有债务人的财产，基于合法行为或者一般违法行为的，如因为租赁、借用债务人财产的方式占有，或者因为没有构成刑事犯罪的一般违法行为占有，管理人先应向财产持有人发出向管理人交付财产的通知书，并告知其不交付财产或者虽然交付但不向管理人而是向债务人交付的法律后果。债务人财产的占有人如有异议，则应审查是否属实。占有人确实占有债务人财产的，要求其交付；其不在规定期间内交付的，则可通过民事诉讼或者仲裁程序追回债务人的财产。

3. 占有债务人的财产，基于盗窃、诈骗、抢劫、抢夺、敲诈勒索、贪污、职务侵占、虚报注册资本、抽逃出资等刑事犯罪行为的，则应向财产持有人发出向管理人交付财产的同时，依法向公安机关或者检察机关报案或举报。在财产的占有人不主动交付的情况下，通过刑事追赃程序依法追回债务人的财产。

应当指出，《企业破产法》对管理人依法应当追回的财产作了一些规定。然而，这不是说，管理人追回债务人财产的情况仅仅限于《企业破产法》规定的几种情况。《企业破产法》没有规定，可根据其他法律规定可以认定属于债务人的财产包括债权等的财产性权利，如债务人的出资人出资后又抽逃出资的，债务人对外投资形成的股权或者投资权益具有盈利的，等等，管理人都应从维护债权人合法权益出发，尽最大努力，通过各种合法手段予以追回。就《企业破产法》的规定而言，管理人应当依法清收、追取的财产包括债权等财产性权利，主要有以下规定：

1. 债务人的债务人或者财产持有人应当向管理人清偿债务或者交付财产。《企业破产法》第17条规定：“人民法院受理破产申请后，债务人的债务人或者财产持有人应当向管理人清偿债务或者交付财产。债务人的债务人或者财产持有人故意违反前款规定向债务人清偿债务或者交付财产，使债权人受到损失的，不免除其清偿债务或者交付财产的义务。”基此，债务人的债务人或者财产持有人向债务人清偿债务，使债权人受到损失的，管理人可以要求债务人的债务人或者财产持有人清偿债务或者交付财产。债务人的债务人或者财产持有人拒绝的，管理人可以依法提起民事诉讼或者仲裁，通过民事诉讼或者仲裁程序追收债权或者财产。

2. 对可撤销、无效行为而致他人占有的债务人财产，应当依法行使追回权。根据《企业破产法》第31条、第32条、第33条的规定，对于因债务人破产申请受理前1年内，债务人无偿转让财产的，以明显不合理的价格进行交易的，对没有财产担保的债务提供财产担保的，对未到期的债务提前清偿的，放弃债权的欺诈性转让行为；或者因债务人破产申请受理前6个月内，债务人具有不能清偿到期债务，并且资产不足以清偿全部债务或者明显缺乏清偿能力的情形，仍对个别债权人进行清偿而又不能使债务人财产受益的恶意个别清偿行为；或者因债务人为逃避债务而隐匿、转移财产，虚构债务或者承认不真实的债务的行为而取得债务人的财产的破产无效行为，管理人有权依法予以追回。管理人先应向财产的取得占有人发出撤销债务人行为、确认债务人行为无效的通知书，对债务人的上述行为通知撤销或者确认无效，并要求财产取得占有人主动交付财产，否则应当提起破产撤销之诉、破产无效认定之诉等民事诉讼，通过民事司法程序追回财产。债务人的有关人员构成刑事犯罪的，则应向公安机关或者检察机关举报，通过刑事追赃程序处理。

3. 对出资人未缴纳的出资予以追缴。根据《企业破产法》第35条的规定，破产申请受理后，债务人的出资人尚未完全履行出资义务的，管理人应当要求该出资人缴纳所认缴的出资，而不受出资期限的限制。对此，管理人应向出资人发出要求缴纳所认缴的出资通知书，要求未履行出资义务的出资人履行出资义务。出资人拒不履行出资义务的，则应通过民事诉讼解决。其实，债务人的出资人未完全履行出资义务的行为，可以构成虚假出资的行为。对于虚假出资的认定，具体可以参见本书第4章“债务人财产”第5节“破产追回权”之二“破产追回权的适用范围”的有关介绍。

4. 对债务人有关人员非法获取的财产依法追回。《企业破产法》第36条规定：“债务人的董事、监事和高级管理人员利用职权从企业获取的非正常收入和侵占的企业财产，管理人应当追回。”管理人先向债务人的董事、监事或者高级管理人员发出退还非正常收入或者侵占的企业财产通知书。上述人员拒绝的，则可提起民事诉讼通过民事司法程序解决。债务人的董事、监事和高级管理人员利用职权侵占的企业财产，构成职务侵占、挪用资金等犯罪的，则应依法举报，通过刑事追赃程序追回有关人员侵吞、挪用的财产。

三、对债务人财产的保管与保全

管理人对债务人的财产，应当妥善保管，防止损坏、丢失。值得注意的是，管理人在保管财产时，应当根据财产的不同情况及时采取有效措施，使其增值或者保持其价值，不至于因为管理人的不作为而导致债务人财产的贬值甚至丧失其价值。如对于不能长期存放的容易腐烂、变质丧失价值，或者跌价、不宜保管如保管费用很高的物品，则应及时变价，以防止财产损失。又如，对于设立了担保物权的特定财产，如为债务人的营业所必需，则可根据《企业破产法》第37条的规定，通过清偿债务或者提供为债权人接受的担保，取回质物、留置物。可是，债务清偿或者替代担保，在质物或者留置物的价值低于被担保的债权额时，以该质物或者留置物当时的市场价值为限。再如，对已经到期需要依法办理延期手续不然将丧失有关权利的财产，如需要续展的探矿权、采矿权、商标权、专利权等财产；需要及时中止诉讼时效的债权；需要在法定执行期间依法申请执行的权利；需要在法定期限内行使破产撤销权的权利；对债务人有利在破产申请受理前成立但债务人与对方当事人均未履行而需继续履行的合同，等等，都应在规定的时间内为一定作为。否则，将会丧失有关权利或者有关权利得不到人民法院的强制性保护，进而导致债务人财产减少，必须及时作为而对财产加以保全。

对于有可能导致债务人财产减少、贬值甚至损坏、丢失的行为，管理人自身无法阻止的，则应寻求法律保护，如向公安机关报案要求阻止强行侵占、损坏债务人财产的行为，或者依法请求人民法院依法采取保全措施，人民法院在必要时也可以依职权对债务人财产采取各种各样的保全措施。对这，《破产法解释（二）》第6条明确规定："破产申请受理后，对于可能出于有关利益相关人的行为或者其他原因，影响破产程序依法进行的，受理破产申请的人民法院可以根据管理人的申请或者依职权，对债务人的全部或者部分财产采取保全措施。"为了正确理解司法解释这一有关破产保全制度的规定，下面对之作如下必要分析：

1. 破产保全，是指在破产程序中为了防止债务人财产遭受不当侵害，确保破产程序顺利进行并进而保证债务人财产的完整性而使得所有债权人的债权得以公平受偿的目的得以实现而在必要时对债务人财产采取的一种临时性救济措施。这种措施之所以必要，乃是源于在破产司法实践中，针对债务人财产各种各样的违法乃至犯罪行为较通常情况更容易发生，如有的债务人股东、工作人员或者债务人财产持有人采取诸如隐匿、转移、赠予、私分、处分等方式侵害债务人财产；有的债权人采取诸如强行占有等非法手段企图实现自己的个别债权；有的在破产申请受理前已经对债务人财产采取了保全措施、执行程序的机关拒不依法解除保全措施、中止执行程序；有的强行承包使用债务人的财产，如此等等，都有可能对债务人的财产造成损害。为了防止针对债务人财产进行各种各样的不法行为及其损害的发生，破产申请受理法院固然需要具有对债务人财产依法进行保全的权力。这一权力，《企业破产法》在第 4 条中就有规定，即“破产案件审理程序，本法没有规定的，适用《民事诉讼法》的有关规定”。也就是说，人民法院在审理破产案件中，对于《企业破产法》中没有明确规定的保全措施的规定，可以直接适用《民事诉讼法》的有关规定。然则，由于《民事诉讼法》的诉讼保全措施乃是针对具体发生的民事案件而言的，对于这一并非针对具体的民事案件的破产程序，直接适用《民事诉讼法》有关诉讼保全措施的规定，有的总心存疑虑。司法解释为此加以明确，有其必要。

2. 破产保全措施的适用必须发生在破产申请受理之后，破产申请受理的时间乃是破产保全措施适用的时间界限。在破产申请受理前，一般不能用于因为债务人已被申请破产而向人民法院申请采取保全措施的情况，人民法院也不能依职权而对债务人财产采取保全措施。可在特定情况下，如不立即采取保全措施会导致债务人财产遭受难以弥补的损害的，则也可以申请人民法院在破产申请受理前采取保全措施。《民事诉讼法》上的诉讼保全，包括诉后保全与诉前保全。后者是在民事案件受理前，根据《民事诉讼法》第 101 条关于“利害关系人因情况紧急，不立即申请保全将会使其合法权益受到难以弥补的损害的，可以在提起诉讼或者申请仲裁前向被保全财产所在地、被申请人住所地或者对案件有管辖权的人民法院申请采取保全措施。申请人应当提供担保，不提供担保的，裁定驳回申请。人民法院接受申请后，必须在四十八小时内作出裁定；裁定采取保全措施的，应当立即开始执行”的规定，人民法院根据利害关系人的申请可以在民事案件受理前进行诉前保全，而破产程序中则不存在破产前保全的问题。

3. 破产保全措施的适用，既可以由管理人申请受理破产申请的人民法院作出，也可以由受理破产申请的人民法院依职权作出。只要存在可能出于有关利益相关人的行为或者其他原因，影响破产程序依法进行的原因，人民法院便可以依法适用破产保全措施。当然，管理人对债务人财产负有保管的职责，对债务人财产有可能遭受不法侵害的现象通常更容易发现，面对各种各样可能发生的侵害债务人财产的行为，在自身无力予以制止的情况下，应当及时向人民法院申请采取破产保全措施。

4. 破产保全措施适用的对象或范围，既可以是债务人的全部财产，也可以是债务人的部分财产。具体针对债务人的哪些财产采取破产保全，则由人民法院根据债务人财产的具体情况加以确定。应当指出，债务人的财产，既包括已经为管理人接管的财产，也包括管理人没有接管的而为债务人股东、工作人员或者他人因为合同关系等占有的乃仍属于债务人的财产。

5. 破产保全的具体措施，根据《企业破产法》第4条关于“破产案件审理程序，本法没有规定的，适用《民事诉讼法》的有关规定”的规定，包括查封、扣押、冻结措施或者法律规定的其他方法。

6. 应当指出，《民事诉讼法》第103条第2款规定：“财产已被查封、冻结的，不得重复查封、冻结。”在司法实践中，司法解释及部门规章曾经反复规定了轮候查封、扣押、冻结措施。如《民事查封、扣押、冻结财产的规定》第28条规定：“对已被人民法院查封、扣押、冻结的财产，其他人民法院可以进行轮候查封、扣押、冻结。查封、扣押、冻结解除的，登记在先的轮候查封、扣押、冻结即自动生效。其他人民法院对已登记的财产进行轮候查封、扣押、冻结的，应当通知有关登记机关协助进行轮候登记，实施查封、扣押、冻结的人民法院应当允许其他人民法院查阅有关文书和记录。其他人民法院对没有登记的财产进行轮候查封、扣押、冻结的，应当制作笔录，并经实施查封、扣押、冻结的人民法院执行人员及被执行人签字，或者书面通知实施查封、扣押、冻结的人民法院。”最高人民法院、国土资源部（现为自然资源部）、建设部2004年2月10日发布、同年3月1日起实施的《关于依法规范人民法院执行和国土资源房地产管理部门协助执行若干问题的通知》（法发〔2004〕5号）第16条规定：“国土资源、房地产管理部门应当依据人民法院的协助执行通知书和所附的裁定书办理预查封登记。土地、房屋权属在预查封期间登记在被执行人名下的，预查封登记自动转为查封登记，预查封转为正式查封后，查封期限从预查封之日起开始计算。”第18条规定：“预查封的效力等同于正式查封。预查封期限届满之日，人民法院未办理预查封续封手续的，预查封的效力消灭。”第19条规定：“两个以上人民法院对同一宗土地使用权、房屋进行查封的，国土资源、房地产管理部门为首先送达协助执行通知书的人民法院办理查封登记手续后，对后来办理查封登记的人民法院作轮候查封登记，并书面告知该土地使用权、房屋已被其他人民法院查封的事实及查封的有关情况。”第20条规定：“轮候查封登记的顺序按照人民法院送达协助执行通知书的时间先后进行排列。查封法院依法解除查封的，排列在先的轮候查封自动转为查封；查封法院对查封的土地使用权、房屋全部处理的，排列在后的轮候查封自动失效；查封法院对查封的土地使用权、房屋部分处理的，对剩余部分，排列在后的轮候查封自动转为查封。预查封的轮候登记参照第十九条和本条第一款的规定办理。”最高人民法院2006年1月10日发布施行的《关于同一法院在不同案件中是否可以对同一财产采取轮候查封、扣押、冻结保全措施问题的答复》（〔2005〕执他字第24号）指出，设立轮候查封、扣押、冻结制度，是为了解决多个债权对同一执行标的物受偿的先后顺序问题。所以，根据《民事查封、扣押、冻结财产的规定》第28条规定的精神，只要不是同一债权，不论是不是同一个债权人，受理案件的法院是不是同一个法院，都应当允许对已被查封、扣押、冻结的财产进行轮候查封、扣押、冻结；同一法院在不同案件中也可以对同一财产采取轮候查封、扣押、冻结保全措施。最高人民法院2007年9月11日发布施行的《关于查封法院全部处分标的物后轮候查封的效力问题的批复》（法函〔2007〕100号）指出，根据《民事执行中查封、扣押、冻结财产的规定》第28条第1款的规定，轮候查封、扣押、冻结自在先的查封、扣押、冻结解除时自动生效，故人民法院对已查封、扣押、冻结的全部财产进行处分后，该财产上的轮候查封自始未产生查封、扣押、冻结的效力。同时，根据上述司法解释第30条的规定，人民法院对已查封、扣押、冻结的财产进行拍卖、变卖或抵债的，原查封、扣押、冻结的效力消灭，人民法院无需先行解除该财产上的查封、扣押、冻结，可直接进行处分，有关单位应当协助办理有关财产权证照转移手续。公安部2012年11月30日发布实施的《机动车登记工作规范》（公交管〔2012〕333号）第73条第3款规定：“机动车在人民法院民事执行查封、扣押期间，其他人民法院依法要求轮候查封、扣押的，可以办理轮候查封、扣押。机动车解除查封、扣押后，登记在先的轮候查封、扣押自动生效，查封期限从自动生效之日起计算。”据上，轮候保全措施，是指当人民法院就某一财产采取保全措施后，其他法院就该财产在后所采取的保全措施并不自然失效，而是按照法院依次所采取的保全措施时间先后进行登记排列等候，在先行采取的保全措施依法被解除或者自动失效后，排列在先的轮候保全措施则自动转为生效的保全措施，并且依次轮定。显然，先行进行的查封、冻结等保全措施与后面采取的轮候保全措施，其适用的时间并非同时，不是对同一财产在同一时间内采取的同一查封、冻结，并不属于重复查封、冻结的范围。这是一。

二是，在破产程序中，对于债务人财产存在的查封、扣押等保全措施，破产申请受理法院通知有关单位予以解除而被置之不理，根据《破产法解释（二）》第6条的规定，而对债务人的全部财产或者部分财产采取查封、扣押等破产保全措施的，是否属于重复保全或者轮候保全措施，其答案是否定的。这是因为，诉讼保全与轮候保全均是民事诉讼程序中的因为民事案件个案为保证后续的执行程序以及维护个别债权人利益而采取的保全措施；而破产保全，则是在破产程序中为了保证破产程序的顺利进行而维护债务人的所有债权人利益而采取的保全措施，两者的法律根据、适用目的、条件、时间等均不相同，尽管所采取的措施相同，性质却并不相同，两者存在普通与特别的关系，根据特别优先于普通的适用原则，破产程序中的破产保全应当优先于基于《民事诉讼法》《行政诉讼法》《刑事诉讼法》《监察法》以及其他法律等普通法中的保全措施的适用。这从《企业破产法》第19条关于“人民法院受理破产申请后，有关债务人财产的保全措施应当解除，执行程序应当中止”的规定中也可得出结论。既然在债务人进入破产程序后，在破产申请受理前有关债务人财产的所有保全措施都应加以解除，在有关单位不依法解除的情况下，破产申请受理法院基于破产程序正常进行的需要，保证所有债权人的债权能够得到公平受偿，依法采取破产保全措施乃是必然之举，其效力于是也要高于破产申请受理前所采取的应当依法解除而未解除的所有保全措施。是以，破产保全与破产申请受理前的诉讼保全、轮候保全，并不属于同一效力层面的重复保全，也不属于效力等候在诉讼保全之后的轮候保全。

四、对债务人重大财产的依法处分

基于债务人财产保值、增值，维护全体债权人利益的需要，在破产程序中，对债务人财产要基于财产的性质、状况、功能等及时作出处分，而不能等到债务人财产全部清理之后一次性进行处分，如对于季节性较强的财产，容易腐烂变质的物品，为他人占有而对债务人财产有利需要的财物，为债务人营业而进行的必要借款，等等，都需要管理人及时作出处分。对债务人财产尤其是重大财产进行处分，直接关系到债务人财产的增损，与全体债权人能够得到清偿的债权多少密切相关，必为债权人特别关注。为了防止管理人源于各种各样的原因而不当处置土地、房产、探矿权、采矿权、知识产权等债务人的重大财产而给债务人财产造成损害，进而造成债权人的利益遭受雪上加霜式的进一步损失甚至巨大损失，《企业破产法》第69条规定，管理人实施涉及土地、房屋等不动产权益的转让；探矿权、采矿权、知识产权等财产权的转让；全部库存或者营业的转让；借款；设定财产担保；债权和有价证券的转让；履行债务人和对方当事人均未履行完毕的合同；放弃权利；担保物的取回，以及对债权人利益有重大影响的其他财产处分行为，应当及时报告债权人委员会；未设立债权人委员会的，则应及时报告人民法院。《破产法解释（三）》第15条进一步规定，管理人在处分《企业破产法》第69条规定的债务人重大财产时，应当事先制作财产管理或者变价方案并提交债权人会议进行表决通过；实施处分前，提前10日书面报告债权人委员会或者人民法院。但是，管理人报告，债权人委员会、人民法院是否一定答复，即报告所应包含的内涵怎样，以及报告的程序怎样，如及时报告，是在处分前报告还是处分后报告；经过多长时间报告才算及时；债权人委员会或者人民法院接受管理人处分债务人重大财产的报告后，如何作出回应，则不明确，导致管理人处分债务人重大财产的做法不一。有的因为事情重大，处分得不好将使债务人财产遭受损失甚至重大损失，从而要承担责任，该为的而不为，造成及时处分债务人重大财产有利机会的丧失，反而给债务人财产及债权人利益造成更大的损失；有的则认为只是报告，或者由债权人委员会几个成员、人民法院的合议庭等有关人员确定，不该为的又大胆作为，甚至滥用职权，将债务人重大财产低价处分甚至处分给自己的亲朋好友，损害债务人财产及全体债权人利益，这些做法，都不符合法律赋予管理人根据实际情况处分债务人重大财产的目的。之所以会出现这种现象，主要在于法律对管理人处分债务人重大财产的程序没有具体而明确的规范。因此，《破产法解释（三）》第15条对管理人实施处分债务人重大财产的行为，在《企业破产法》第69条规定的框架下从处分行为的决定、报告到监督等3个方面作了明确规定，具有重要的现实意义，管理人应当严格遵守。

（一）管理人处分债务人重大财产，应当由债权人会议决议决定

1. 管理人处分债务人重大财产行为的决定者为债权人会议。管理人根据破产法的规定虽然有权对债务人的财产包括重大财产进行处分，乃是处分行为的实施者。对于非重大财产的处分，其可以自行决定，既为决策者又为执行者。然对债权人利益有重大影响的债务人财产即债务人重大财产进行处分的行为，则不能既当决策者又当执行者，而应将两者分离，将决策者由对该重大财产处分有重大利益关系的债权人会议担当，管理人则在决策者决定后依法进行处分，担当执行者的角色。这与管理人、债权人会议各自所应承担的权利义务及其职能设置也相吻合。其实，管理人对债务人重大财产进行处分，其本质就是对债务人财产的一种管理或变价，属于债务人财产管理方案、债务人财产变价方案的内容，对之决定通过，根据《企业破产法》第61条规定，乃是债权人会议的专有不可委托、转让他人包括债权人委员会的极为重要的职权。故，《破产法解释（三）》第15条第1款规定："管理人处分《企业破产法》第六十九条规定的债务人重大财产的，应当事先制作财产管理或者变价方案并提交债权人会议进行表决，债权人会议表决未通过的，管理人不得处分。"基此，管理人在破产程序中需要处分债务人重大财产的，应由债权人会议决定。换言之，管理人处分债务人重大财产的决策主体为债权人会

议，除之之外，管理人、债权人委员会、人民法院等其他机构或个人，均不能成为管理人处分债务人重大财产的决策主体，都不能决定管理人处分债务人重大财产。不然，该处分行为无效，不能产生相应的法律后果，给债务人财产造成损失的，相应的决定者、执行者则应承担相应的法律责任，构成犯罪的，直至被追究刑事责任。

2. 债权人会议决定管理人处分债务人重大财产的程序，要求管理人应当将要处分的债务人重大财产制作管理或者变价方案，而不是简单的书面报告。方案应当按债务人财产管理方案、债务人财产变价方案的内容要求就处分的财产、性质、状况、位置、原有价值、评估价值等基本情况，处分财产的原因、根据、时间、方式、程序、后果等进行制作。方案制作后，应当提交债权人会议表决：表决通过的，管理人才能按照方案进行处分；表决未通过的，管理人则不能进行处分。

3. 管理人所处分的必须是债务人重大财产。何谓债务人重大财产，法律只是在定性上作出概括性的原则规定，其标准乃为"对债权人利益有重大影响"。所处分的财产对债权人利益构成影响但不构成重大影响的，则不属于债务人重大财产，管理人进行处分，无需经过债权人会议决议通过，这是任何诉讼程序包括破产程序都应遵循的经济效益原则及破产程序及时有效进行的自然要求。然而，只有定性方面的规定，没有定量方面的规范，有的如涉及土地、房屋等不动产权益的转让，探矿权、采矿权、知识产权等财产权的转让，全部库存或者营业的转让等，其本身容易得出是否属于处分债务人重大财产的判断；有的如借款，设定财产担保，债权和有价证券的转让，履行债务人和对方当事人均未履行完毕的合同，放弃权利，担保物的取回等，没有量的限制，则必然给管理人、债权人会议、人民法院就债务人重大财产的内涵及其外延理解、确定带来困难。然统一由司法解释作出规范，实行"一刀切"式的量化规定，也难以符合不同债务人破产程序的实际情况，毕竟进入破产程序的债务人其财产、债权规模、大小均不相同，都会影响对债务人重大财产的确定。因此，在法律对债务人重大财产作出定性的基础上，其量的限定宜由具体的破产程序根据债务人财产、债权等实际情况确定。如通过第1次债权人会议在债务人财产管理方案中由债权人会议就重大财产在量即数额方面作出明确的授权性规定。在管理人、债权人之间存在争议难以统一的情况下，则由人民法院根据债务人财产、债权等情况就债务人重大财产作出判断。①

---

① 最高人民法院民事审判第二庭编著：《最高人民法院关于企业破产法司法解释（三）理解与适用》，人民法院出版社2019年版，第291～292页。

4. 管理人处分涉及《企业破产法》第 69 条规定的债务人重大财产，如前所述，要经过债权人会议决定。但在第 1 次债权人会议召开之前，也可能经过较长时间，其间确实需要处分债务人重大财产的，自不可能等到第 1 次债权人会议再作决定，否则时过境迁，无法挽救。所以，《企业破产法》第 26 条规定："在第一次债权人会议召开之前，管理人决定继续或者停止债务人的营业或者有本法第六十九条规定行为之一的，应当经人民法院许可。"《破产法解释（三）》第 2 条规定："破产申请受理后，经债权人会议决议通过，或者第 1 次债权人会议召开前经人民法院许可，管理人或者自行管理的债务人可以为债务人继续营业而借款……管理人或者自行管理的债务人可以为前述借款设定抵押担保……"据之，在第 1 次债权人会议之前，管理人根据实际情况确实需要处分债务人重大财产的，则无法经过债权人会议表决通过，可需要经过人民法院许可，而不能擅自处分。

（二）管理人处分债务人重大财产应当依法向债权人会议或者人民法院履行报告程序

基于债权人委员会对管理人履行职责的监督权，管理人由人民法院指定，人民法院审理破产案件主导着破产程序的进行及重大事务的决定，对于管理人在第 1 次债权人会议后根据《企业破产法》第 69 条规定处分债务人重大财产的行为，法律要求及时报告债权人委员会；没有债权人委员会的，则要求及时报告人民法院，却对报告的期限、方式没有作出具体规定，导致管理人报告的随意性较大。是以，《破产法解释（三）》第 15 条第 1 款规定管理人实施处分前，应当根据《企业破产法》第 69 条的规定，提前 10 日书面报告债权人委员会或者人民法院。据此，需要注意：

1. 报告的义务主体为管理人，而非其他人。

2. 接受报告的权利主体为债权人委员会或者人民法院。按照法律及其司法解释规定，具有债权人委员会的，管理人必须向债权人委员会报告；没有债权人委员会的，则必须向人民法院报告。也就是说，有债权人委员会的，并不要求一定向人民法院报告。即使如此，鉴于处分债务人财产的行为关系到债权人、债务人的重大利益，管理人应向事实上也会向人民法院报告。

3. 报告的方式，必须采取书面方式进行，即进行书面报告，而不能口头汇报。

4. 报告的时间，为实施处分债务人重大财产行为 10 日前，即应提前 10 日向债权人委员会或者人民法院书面报告。

5. 报告的内容，则为处分债务人重大财产的必要事项，如债权人会议通过的重大财产管理方案、变价方案，具体处分的时间，财产评估、参与变价机构的确定，涉及财产处分的相关当事人、利害关系人，处分重大财产所需要解决的问题，等等。

（三）管理人处分债务人重大财产，应当接受债权人委员会、人民法院的监督

法律及其司法解释要求管理人处分债务人重大财产，必须及时书面报告债权人委员会或者人民法院，无疑不是为了报告而报告，其意在让管理人的这一处分行为接受债权人委员会或者人民法院监督，以防止管理人滥用或者不当地处分债务人重大财产，以给债务人财产、债权人利益带来损害。对于债权人委员会、人民法院的监督，管理人应当虚心接受，确实不当的，或者债权人会议决定管理人能够处分的债务人重大财产的根据、原因等发生变化而需要改变的，则应予以纠正。对此，根据《破产法解释（三）》第 15 条第 2 ~ 4 款规定，包括以下方面：

1. 管理人向债权人书面报告处分债务人重大财产后，债权人委员会可以依照《企业破产法》第 68 条第 2 款关于“债权人委员会执行职务时，有权要求管理人、债务人的有关人员对其职权范围内的事务作出说明或者提供有关文件”的规定，要求管理人对处分行为作出相应说明或者提供有关文件依据，管理人应当提供或者作出相应说明，不得置之不理或者加以拒绝。

2. 对于管理人所要实施处分债务人重大财产的行为，债权人委员会认为管理人实施的处分行为不符合债权人会议通过的财产管理或变价方案的，有权要求管理人纠正。确实违背债权人通过的财产管理或变价方案的，管理人应当纠正；管理人拒绝纠正的，债权人委员会可以请求人民法院作出决定。

3. 人民法院认为管理人实施的处分行为不符合债权人会议通过的财产管理或变价方案的，应当责令管理人停止处分行为。管理人应当予以纠正，或者提交债权人会议重新表决通过后实施。

第三节　破产撤销权

一、破产撤销权的概念与特征

（一）破产撤销权的概念

破产撤销权，又称破产否认权，是指在破产程序中，管理人拥有的对于债务人在破产申请受理前一定时期内实施的损害所有债权人的整体利益、妨

碍对全体债权人公平清偿的不当行为，依法申请人民法院取消该行为效力并追回相应财产的权利，是保全债务人财产，防止个别债权人抢先受偿等损害债权人整体利益，维护破产程序公平清偿债务人所负一切债权人所有债务的重要手段。

（二）破产撤销权的特征

对于破产撤销权的特征，应当注意从以下方面理解：

1. 破产撤销权的主体。破产撤销权的主体为管理人，只有管理人才依法具有破产撤销权。破产撤销权作为《企业破产法》为保全债务人财产而赋予管理人的一种特别性质的撤销权，与《民法典》等普通法上的撤销权不同。根据《民法典》有关规定，民法上的撤销权包括下列类型：《民法典》第145条规定的善意相对人针对限制民事行为能力人实施的除纯获利益的民事法律行为或者与其年龄、智力、精神健康状况相适应的从而有效之外的其他需要经法定代理人同意或者追认后才有效的民事法律行为的撤销权；第147条规定的对基于重大误解实施的民事法律行为的撤销权；第148条规定的对一方以欺诈手段，使对方在违背真实意思的情况下实施的民事法律行为的撤销权；第149条规定的对第三人实施欺诈行为，使一方在违背真实意思的情况下实施的，对方知道或者应当知道该欺诈行为的民事法律行为的撤销权；第150条规定的对一方或者第三人以胁迫手段，使对方在违背真实意思的情况下实施的民事法律行为的撤销权；第151条规定的对一方利用对方处于危困状态、缺乏判断能力等情形，致使行为成立时显失公平的民事法律行为的撤销权。根据《民法典》合同编有关规定，合同上的撤销权具有不同种类，如第538条规定的对债务人以放弃其债权、放弃债权担保、无偿转让财产等方式无偿处分财产权益，或者恶意延长其到期债权的履行期限，影响债权人的债权实现的行为的撤销权；第539条规定的债务人以明显不合理的低价转让财产、以明显不合理的高价受让他人财产或者为他人的债务提供担保，影响债权人的债权实现，债务人的相对人知道或者应当知道该情形行为的撤销权；第658条规定的，除经过公证的赠与合同或者依法不得撤销的具有救灾、扶贫、助残等公益、道德义务性质的赠与合同外的赠与人在赠与财产的权利转移之前对赠与行为的撤销权；第663条规定的赠与在基于受赠人具有严重侵害赠与人或者赠与人近亲属的合法权益，对赠与人有扶养义务而不履行，不履行赠与合同约定的义务等行为而产生的撤销权；第664条规定的赠与人的继承人或者法定代理人因受赠人的违法行为致使赠与人死亡或者丧失民事行为能力等而产生的撤销权，这些由《民法典》或者其他民事法律规定的普通法上的撤销权，其法律根据、成立条件，以及行使的主体、时间、方式、法律后果等与

《企业破产法》规定的破产撤销权这一特别法上的撤销权，性质不同。就行使主体而言，普通法上撤销权的主体均为可能受到或者实际已经受到被撤销行为损害的当事人如债权人。而破产撤销权的主体则为与被撤销行为不存在利害关系的管理人，而非债务人的债权人。管理人之所以具有破产撤销权，不是基于其自身享有的民事权利，而是基于法律规定的职权。这样，破产撤销权不同于普通法上的撤销权，后者则基于权利人因其权利受到他人损害而享有的相应民事权利，以及造成其权利损害的民事法律行为的相对性，仅仅限于特定的当事人包括因撤销行为而获益的受益人或者其他利害关系人，对其他非利害关系的第三人不发生效力，并且依附于债权或者其他法定权利如继承权的存在而存在，即不能在对债务人没有债权或者其他任何权利的情况下而独立存在；而前者的效力不仅仅涉及当事人，而且不依附于债权或者其他法定权利而独立存在，为管理人专门依法而独立行使。作为破产撤销权的唯一主体，管理人依法行使破产撤销权，对于维护债权人的合法权益至关重要，不仅有权行使，而且有义务依法行使。因此，破产撤销权既是管理人依法拥有的一项权利，又是依法应当承担的一项义务，管理人必须依法行使，正确履行，不然就要承担相应的法律责任。

应当指出，《企业破产法》第 73 条规定："在重整期间，经债务人申请，人民法院批准，债务人可以在管理人的监督下自行管理财产和营业事务。有前款规定情形的，依照本法规定已接管债务人财产和营业事务的管理人应当向债务人移交财产和营业事务，本法规定的管理人的职权由债务人行使。"第 74 条规定："管理人负责管理财产和营业事务的，可以聘任债务人的经营管理人员负责营业事务。"基此，债务人在重整期间依法自行管理财产和营业事务的，管理人的有关职权由债务人行使。从文义上讲，管理人拥有的破产撤销权等也需要由债务人行使。可是，破产撤销权等权利，本身就是针对债务人在破产申请受理前的一定期间内实施的不当行为进行的，与债务人先前行为所产生的利益可能发生冲突，而且，在我国诚信存在严重问题，尤其是在濒临破产的情况下，债务人的信用更是严重不足，诸如个别清偿，隐匿、私分财产，虚增债务，甚至进行欺诈性破产等等损害债务人财产的现象时有发生。此时，如将为保全债务人财产而赋予管理人行使的破产撤销权等交由债务人行使，有悖于《企业破产法》设立破产撤销权等的本意。即使在破产重整期间由债务人自行管理财产和营业事务的情况下，为保全债务人财产而赋予管理人专有的诸如破产撤销权等权利，也不能转移给债务人行使。[①] 至于管

① 王欣新：《破产法》（第三版），中国人民大学出版社 2011 年版，第 124 页。

理人负责管理财产和营业事务时，聘请债务人的经营管理人员负责营业事务，更不存在将专有的破产撤销权交由债务人及其经营管理人员行使的问题。

2. 破产撤销权行使的根据、原因。破产撤销权行使的根据、原因，是债务人在破产申请受理前一定时期内实施了损害债权人整体利益的不当行为。换言之，破产撤销权乃是针对债务人在破产申请受理前一定时期内实施的损害债权人整体利益的不当行为而为：

一是，债务人必须实施了损害债权人利益的不当行为。债务人没有实施不当行为或者实施了不当行为但对债权人的利益没有损害甚至有益的行为，如债务人强行侵占他人财产的行为，债务人在破产申请受理前6个月内实施的对债务人财产有益从而对债权人有益的个别清偿行为等，则不属于破产撤销权的对象范围。

二是，债务人实施的损害债权人利益的不正当行为必须损害了所有债权人的整体利益，而非部分或者个别债权人的个人利益。对个别债权人的个别利益而言，债务人的不当行为，如在破产申请受理前6个月内债务人对个别债权人的债权进行的个别清偿行为，不仅没有损害而且还有益处，可这种使个别债权人获利的行为必然损害债权人的整体利益，为了维护破产程序公平清偿所有债权人的一切债务的功能与目的，应当予以撤销。

三是，债务人损害债权人整体利益的行为必须在破产申请受理前一定期间内实施。债务人的行为虽然损害了债权人的整体利益，但不是在破产申请受理前一定期间内实施的，则不属于破产撤销权的对象，可以根据《民法典》的有关撤销权等规定，由债权人自行行使有关撤销权予以撤销。

四是，债务人实施的损害债权人整体利益的行为，必须是破产申请受理前的行为。假若发生在破产申请受理后，由于债务人丧失了管理、处分财产的权利，有关权利除破产重整期间依法自行管理等特定情况外均应移交管理人行使，债务人针对债务人财产实施有关损害债权人整体利益的行为，属于无权处分行为，应当以确定不发生效力的行为论处。

对于破产撤销权对象的破产撤销行为，还应注意与《民法典》等普通法规定的可撤销行为、无效行为及刑事犯罪行为的联系与区别：

之一，从行为的主体上看，破产撤销行为实施的主体为债务人，即债务人的法定代表人或者负责人在其职权范围内对外以公司名义实施的行为，或者其他工作人员或者代理人受法定代表人或负责人及其单位的委托对外以债务人名义实施的代表或者代理行为。债务人的法定代表人或者负责人超越代表权限，如未经法人或者其他组织授权，超越法人或其他组织章程中规定的经营范围以及对其代表权限所作的限制规定而以债务人单位名义实施的代表行为，属于无权代表的效力待定行为。无权代表行为，事后得到债务人单位追认的，转为有权代表而确定有效。无权代表行为，在对方当事人不知道也不应当知道即相对人出于善意时，该无权代表行为没有得到追认依然不能成为有效行为；无权代表行为在对方当事人知道或者应当知道即相对人出于恶意时，在未被追认前更不能成为有效行为。除债务人单位法定代表人或者负责人以外的工作人员或者其他受债务人委托而以单位名义实施的代理行为，在没有权利或者超越代理权限的情况下，属于无权代理的效力待定行为。无权代理行为，债务人事后追认的，则转变为有权代理而确定有效。无权代理行为，出于代理人持有债务人的介绍信、盖有合同专用章或者盖有印章的空白合同书，或者债务人已明示或者默示的方式向相对人表示他人系自己的代理人，或者撤销对他们的委托代理后既未收回授权委托书又不通知相对人等原因，且相对人不知道也不应当知道即出于善意的，构成表见代理依旧对当事人具有约束力。无权代理行为，不能构成表见代理，相对人明知或者应当知道代理人属于无权代理即出于恶意时，则该无权代理行为不能成立为有效行为；无权代表不能转化为有权代表的行为，无权代理不能转化为有权代理的行为，不属于有效的民事法律行为。对于此种行为，管理人既可以不属于有效行为的无效行为申请人民法院确认，发生在破产申请受理前一定时间内的，也可以由管理人依法提起撤销之诉申请予以撤销。

之二，从行为实施的时间上看，破产撤销行为要求发生在破产申请受理前的一段时间内，未发生在破产申请受理前一段时间内的行为，如发生在破产申请受理前一段时间外的行为，以及发生在破产申请受理后，即使为债务人所为，也不属于破产撤销行为，应当属于《民法典》上的可撤销行为、有效行为、破产无效行为、无效行为等。如在破产申请受理前 1 年外实施对债务人以放弃其债权、放弃债权担保、无偿转让财产等方式无偿处分财产权益的行为，属于《民法典》第 538 条规定的可撤销行为；债务人以明显不合理的低价转让财产、以明显不合理的高价受让他人财产或者为他人的债务提供担保，影响债权人的债权实现，债务人的相对人知道或者应当知道该情形的行为，属于《民法典》第 539 条规定的可撤销行为；在破产申请受理前 1 年外实施的清偿到期债务的行为，及在破产申请受理前 6 个月外实施的个别清偿行为，属于有效行为；在破产申请受理后实施的个别清偿行为，为破产无效行为；在破产申请受理后，债务人或者有关人员实施的无偿转让、以明显不合理的价格进行交易、为无财产担保的债务提供担保、清偿未到期债务、放弃债权等行为，因为破产法没有明确规定，则应根据《民法典》等有关规定，以无效行为或者可撤销行为分别进行处理。因为，在破产申请受理后，债务人不再享有处理有关财产的权利，有关人员的处分属于无权处分，且不可能得到管理人追认，相对人也不可能存在善意即不知道也不应当知道债务人无权处分，而是源于破产法的明文规定知道或者应当知道而存在恶意，不属于有效的行为。

之三，从其行为是否属于刑事犯罪行为看，属于债务人的行为，但因单位的有关工作人员代表或者代理的属于债务人单位的行为依法已经构成了刑事犯罪，如国有公司、企业、事业单位的工作人员，利用职务便利以明显高于市场的价格向自己的亲友经营管理的单位采购商品或者以明显低于市场的价格向自己的亲友经营管理的单位销售商品，致使国家遭受重大损失的行为；上市公司的董事、监事、高级管理人员违背对公司的忠实义务，利用职务便利，无偿向其他单位或者个人提供资金、商品、服务或者其他资产的犯罪行为，在民事法律上固然属于无效行为，应当从根本上加以否定。至于债务人有关工作人员或者代理人所为而非属于债务人所为的可撤销行为，构成刑事犯罪的，也属于无效行为。对于这些无效行为，生效刑事裁判已经认定的，管理人则可以直接否认其效力，而不行使撤销权。

3. 破产撤销权的行使期间。破产撤销权的行使期间为破产程序进行的期间，即破产申请受理后破产程序终结前。如前所述，《民法典》中的撤销权，都具有一定行使期限，要求在知道被撤销行为实施后的一段时间内如 1 年或者 3 个月或者 6 个月内等行使；确实不知道的，也不能超过一定期间如 5 年，以维护正常的经济秩序。然则，破产撤销权并未要求在被撤销行为发生后的一定期间内行使。当然，由于破产撤销权的对象为债务人于破产申请受理前实施的一定行为，并由管理人实施，因此实际也规定了破产撤销权的行使期限，然这种行使期间与其他撤销权相比，要宽泛得多。另外，管理人作为破产程序中的临时机构，自破产程序启动时才得以存在并且在破产程序终结后消失，与破产申请撤销权的主体相适应，破产撤销权的行使时间，固然也为破产申请受理后破产程序终结前。至于破产程序中，管理人可能没有发现债务人在破产申请受理前一定期间内损害债权人利益的不当行为而没有行使破产撤销权。在破产程序终结后，破产撤销权是否因为破产程序终结而继续存在；继续存在又由谁行使，法律没有明确规定。对这，有人提出，管理人或债权人在破产程序终结后才发现的，也可以有条件地主张行使破产撤销权。[①]显然，这与破产撤销权专属于管理人行使，而破产程序终结后针对破产程序的管理人由于完成了自己的使命而不再存在相矛盾。在这种情况下，从防止

---

① 吴庆宝、王建平主编：《破产案件裁判标准规范》，人民法院出版社 2009 年版，第 126 页。

债务人实施损害债权人整体利益的不正当行为出发，《企业破产法》第 123 条赋予了债权人申请追加分配权，即“自破产程序依照本法第四十三条第四款或者第一百二十条的规定终结之日起二年内，有下列情形之一的，债权人可以请求人民法院按照破产财产分配方案进行追加分配：（一）发现有依照本法第三十一条、第三十二条、第三十三条、第三十六条规定应当追回的财产的；（二）发现破产人有应当供分配的其他财产的。有前款规定情形，但财产数量不足以支付分配费用的，不再进行追加分配，由人民法院将其上缴国库”。这种债权人在破产程序终结后所具有的申请追加分配权，与破产撤销权的主体、对象、原因、条件、时间、方式等都不相同，属于两种性质不同的权利，应当注意加以区分。

4. 破产撤销权的行使途径或方式。破产撤销权的行使必须通过申请人民法院撤销即向人民法院提起破产撤销之诉的途径或方式进行，而不能自行对债务人于破产申请受理前一定时期内的损害债权人整体利益行为的效力直接予以否定。当然，管理人对债务人于破产申请受理前一定时期内的损害债权人整体利益的不当行为，通知有关人员，要求其返还财产，并告知不返还财产的后果，相对人根据管理人的要求返还财产的，或者与需要因撤销行为取得财产的相对人进行协商，相互返还财产的，应当予以允许。但是，这不是对债务人的行为予以撤销，而是就债务人行为的后果通过私力救济途径的方式加以解决。对此，不能拘泥于破产撤销权应当通过申请人民法院撤销的途径而就否定有关人员的自行救济渠道解决的合法性。

（三）破产撤销权的功能与作用

对此，联合国国际贸易法委员会《破产法立法指南》明确指出：“破产法的一项公认原则是，集体行动在最大限度扩大债权人可获得的资产方面比允许债权人自行谋求个别救济的制度更有效率，而且，集体行动要求所有类似债权人得到类似待遇。关于撤销权的规定旨在支持这些集体目标，确保债权人按照既定的偿付优先顺序获得破产债务人资产的公正分配，以及维护破产财产的完整。撤销规定也可具有威慑效果，可防止债权人在即将破产期间谋求个别救济，因为他们知道在程序启动时这些救济可能会被撤销或失去效力。出于这些理由，在破产时交易一般可予撤销，以防止欺诈（例如，为了债务人今后的利益而隐匿资产或为了使债务人实体的高级职员、所有人或董事获益而进行的交易）；坚持全面执行债权人的权利；防止偏袒，即防止债务人希望使某些债权人得利而牺牲其他债权人的利益，以确保所有债权人得到公平待遇；防止赶在实行破产程序监督之前造成企业实体的价值突然损失；以及在某些国家建立一个鼓励庭外解决的框架——债权人将会知道资产在最后时刻的交易或扣押可被宣告无效，因此将更可能与债务人合作，以便在法院不介入的情况下达成可行的解决方案。”“撤销规定可能对破产法至关重要，不仅是源于其所依据的政策是妥当的，还因为这些规定的结果可一般为债权人追回资产或其价值，并且因为这种性质的规定有助于建立一套公正的商业行为守则，成为治理商业实体的适当标准的一部分。”①

二、破产撤销权的行使原因

根据《企业破产法》第31条、第32条的规定，破产撤销权的行使根据或原因，具体包括两大类型：债务人破产申请受理前1年内的损害债权人整体利益的欺诈性转让行为和破产申请受理前6个月内的损害债权人整体利益的恶意个别清偿行为。下面对其以及不属于恶意的个别清偿即非破产撤销对象的个别清偿行为分别进行必要的阐述。

（一）债务人破产申请受理前1年内的损害债权人整体利益的欺诈性转让行为

此种不当行为，具体包括5种情形：

1. 无偿转让财产。无偿转让财产，是指债务人将自己所有或者授权其经营管理的财产（包括财产性权利）无对价或者实质上无对价而转让给他人的行为。既包括积极地将自己占有、支配的财产无偿转让给他人的行为，又包括对他人已经占有、支配的属于债务人的财产而消极地放弃的行为。但对债权而言，由于《企业破产法》将放弃债权单独作为一种应当撤销的情况加以规定，为此不在无偿转让财产之列。不过，对于所拥有的他人债权，无偿转让给他人以外的第三人的，则应以无偿转让财产论处。其具体表现多种多样，如无偿赠与他人，无偿进行捐赠，在关联企业之间无偿划拨调整等。尤应注意关联企业之间只是账务上挂有往来，而无实际支付对价的情况。一般说来，无偿转让乃是由于债务人与受让人之间存在着诸如亲戚、朋友等各种各样的关系。倘若基于社会责任、道德义务捐赠财物，如给残疾人、希望小学等需要扶助的对象而捐赠财物的，则不应以无偿转让财产论处。

应当指出，债务人给他人提供担保尤其是抵押、质押担保，是否属于无偿转让，乃是破产实践中经常遇到的一个不能回避而急需解决的问题。故，下面对之做些必要的分析，同时建议通过司法解释予以明确：

一是，无偿转让财产，包括当事人之间的一切无对价的财产及其权利、

① 王卫国：《破产法精义》，法律出版社2007年版，第86～88页；联合国国际贸易法委员会：《破产法立法指南》（2006年中文版）第122～123页。

义务的交易、转移行为。而抵押、质押、保证等就是为担保人设立义务，让担保权人享受权利，其实也是一种权利与义务的交换、转移，本质上也是一种交易、让与行为。

二是，对担保权人而言，担保人为他人的债务提供担保的行为，属于无偿转让。保证人或者抵押、质押担保人本身对债权人不负有债务，其是否给他人归还债务或者担保归还债务，乃是其权利。其通过保证或者抵押、质押等担保行为而使自己负有债务，即为被担保人偿还债务或者将这一权利移转给了担保权人，使得担保人自己获得了应当为他人偿还债务的义务。换言之，在担保权人与担保人之间由此产生了权利与义务的转移与交换，对担保权人一方来说：无疑属于权利转让。其实，倘若不是将自己的权利通过保证或者抵押、质押等担保行为转让给了担保权人，担保权人对担保人的权利就没有任何来源，就会变成从天上掉下来的馅饼而根本不可能，固不存在对本来不负义务的他人主张任何权利的问题。

三是，对被担保人来说，担保人为之的债务提供担保的行为，亦属于无偿转让。我们知道，一个人如甲是否为他人债务提供保证、抵押、质押等担保，乃是其权利，其既可以为他人债务提供担保，也可以不为他人提供担保。一旦为他人提供担保，则其成为担保人，要无偿为被担保人负担偿还义务，而且这种偿还义务变成现实无法解除，致使被担保权人享有了担保人要为之承担偿还债务的权利，即担保人将这一为被担保人承担偿还债务的权利无偿移转给了被担保人，将为被担保人的债务提供担保的权利无偿转让给了被担保人。这正如，甲是否为他人偿还债务，乃是甲的权利；甲一旦为他人偿还债务，就是将为他人偿还债务这一权利实际转让给了他人，甲这时用自己的财产替他人解除了债务，他人因为甲为之偿还债务的行为而解除了债务，甲用来偿还他人债务的财产对他人其实就是构成无偿赠与即构成无偿转让行为一样。甲为他人的债务提供保证、抵押、质押等担保，尽管还没有偿还债务，然使得甲即担保人本身所拥有的为他人偿还债务的权利，通过为他人债务提供担保这一行为，而使得他人相应地拥有了甲即担保人要为之偿还债务的权利，而且没有对价，属于担保人甲将为他人偿还债务这一权利无偿转让给了他人的行为。

换一角度，间接从担保人与担保权人的关系来说，担保权人本来只有让他人即被担保人依约归还债务的权利，通过担保人为他人债务提供担保的行为，却使得他人的这一债务处分转让给了担保人与他人共同连带承担，致使其对担保人也拥有了让之依约归还债务的权利，担保人相应地对担保权人负有依约偿还他人债务的义务，他人将依约归还担保权人债务的义务于是转移给了担保人与之共同连带承担，从权利与义务的相对性来说，其实就是他人（被担保权人）将依约归还担保权人债务的权利转移给了担保人与他人共同连带承担。为他人债务提供担保的行为，也就构成了担保人将自己可以偿还他人债务的权利这一财产无偿转让给了他人。

举例来说，为他人100万元债务提供连带责任保证或抵押、质押等担保，担保人有义务为他人偿还这100万元，相应地他人获得了担保人为自己偿还这100万元的权利：假若偿还了，担保人其实无偿转让这里为赠与给了他人100万元；倘若没有归还，担保人无偿转让的就是归还这100万元的权利，转让之后相应地承担了必须归还他人100万元借款的义务，在转让即提供担保之前，则没有这种归还义务。因此，这种归还义务乃是提供担保行为即无偿处分转让为他人提供担保偿还100万元借款的权利这一行为产生的。

四是，也许或说，担保人将为他人债务提供保证或抵押等担保的行为，既属于给担保权人的权利转让，又属于给被担保人的权利转让，就是将一个权利转让给了两个不同民事主体而相互冲突。从单纯的逻辑形式上看，似乎有一定道理。然而，现实生活并非形式上的逻辑，而是生动活泼的权利与义务关系的联系。在现实生活中，一种权利或者义务让不同的人占有，乃是非常普遍的现象，形成了大量共同权利或者共同义务的问题。具体就担保关系而言，担保权人对被担保人因为提供贷款等而享有债权，即对被担保人享有让之归还的权利，然因担保人的担保行为，致使担保权人既对被担保人享有要之如期偿还债务的权利，又对担保人亨有要之归还债务的权利，以致成为担保人与被担保人的共同连带债权人（担保权人或被担保权人则成为共同连带债务人）。对担保人来说，其因担保行为而对担保权人负有偿还债务的义务，而且一旦实际偿还了这一担保债务，就免除了被担保人再偿还债务的义务，被担保人的这种自己不再归还债务的义务或者让担保权人找担保人偿还的利益即权利，不是从天而降，因担保人的担保行为所获。担保人给担保权人的债权即被担保人的债务提供担保由此负有义务，同时给担保权人及被担保人带来利益；对担保权人来说有要求担保人偿还的权利，对被担保人来说有自己不偿还而由担保权人要求担保人偿还的权利，并且一旦偿还，则可实际获得不再偿还自己债务即免除自身债务的利益，使得担保人对被担保人来说负有免除被担保人的负债，构成了担保人与被担保人之间的权利与义务的转移，对担保人而言则是将为他人偿还债务这一权利加以转让，而对被担保人而言则是将自己应当偿还债务的义务转让给了担保人与自己共同连带承担。固然，这种权利与义务的转让，有着其自身特点，即在权利与义务转让时，并不免除其他的主权利与义务及主债权与主债务。可是，无论是权利人还是义务人，最终只能实现一个主债权，承担一个主债务，即主债务一旦获得全额清偿，无论是担保人与担保人其中一人各自全额偿还，还是各偿还一部分主债务，担保人与被担保人两共同债务人的债务均已经清偿完毕，使得主债务与主债权的权利与义务关系得以了结。

当然，担保人为被担保人的债务设定担保，只是将自己为被担保人偿还债务的权利无偿移转给了被担保人。这种权利一开始还只是一种可能的却并未实现的而让担保人实际履行担保责任的权利，担保人可一旦承担了担保责任，即为被担保人偿还了债务，则就变成了一种现实的财物转移，即实际将为被担保人承担债务的财产转移给了被担保人，构成了现实的已经履行的财产转让，这也就是担保行为造成权利转让的一种责任。

五是，为他人债务提供担保的行为，可以构成无偿。是否构成无偿，应是在进行交易即为他人债务提供担保这种转让行为时，担保权人是否有从权利受让人通俗地说为利益获得人得到相应回报、对价的意图，担保人与担保权人或者被担保人之间是否就担保人为被担保人偿还债务这一权利转让的行为设置了对价，即担保权人或者被担保人是否给担保人支付对价，而不是在之后是否可以决定通过求偿权来加以补偿来判断。在为他人偿还债务后，是否求偿还不一定，且被担保人无法偿还的情况下，司法实践中也很少见到求偿权能够实现的现象；即使能够实现，也已经很小，本质上已经构成无偿。尤其是在担保人履行了担保责任，为被担保人偿还了债务，被担保人无法偿还甚至破产，担保人的求偿权根本无法实现的情况下，构成无偿乃更是毫无疑问。

六是，也许会说，无偿为他人债务提供担保的行为，《企业破产法》并没有将这一行为作为撤销行为加以规定，从表面上来说，似乎也是这样。但从实质上来讲，《企业破产法》规定了无偿转让行为，应当依法撤销，而为他人债务提供担保的行为本质上属于无偿转让，自应加以撤销。这正如，用石头砸人，从表面上法律也没有明确规定这一行为方式，但就其主观意图、针对的对象等可以从本质上认定为故意杀人、故意伤害、抢劫行为一样，法律虽对无偿为他人债务提供担保的行为没有明确规定为无偿转让行为，然从其本质上仍可归属于无偿转让行为，自应当依据无偿转让财产的行为而依法加以撤销，而不能从表面上而形而上学地认为法律对之没有规定而肯定这一损害债务人及其债权人权益行为的合法性、正当性。

七是，正因为如此，在破产理论界及司法界将为他人债务提供担保的行为解释为对他人的无偿转让，有着其正当性、合理性、合法性的基础：

之一，从司法实践中讲，最高人民法院原主管民事审判工作的副院长李国光主编的著作明确指出，《企业破产法》第31条第（3）项规定的在破产申请受理前1年内实施的“‘对没有财产担保的债务提供财产担保的’的破产撤销行为，适用需要符合两个条件：（1）必须是破产企业对现有债务提供的担保。所谓对现有债务提供担保，是指对先前已存在的债务，以后又设定担保；假若债务人的债务与担保同时设定，则不受此条件的限制，并且此种担保是由破产人为自己的债务而提供的。如果是为他人所负债务而提供的担保，则不属于此种情况，而是属于有害于一般债权人的诈害行为，适用关于无偿行为的规定……”① 所以，为他人所负债务而提供的担保，包括保证、抵押、质押等，在被担保人未提供对价的情况下，均属于《企业破产法》第31条第1项规定的无偿转让财产的行为。

之二，全国著名破产法学专家、《企业破产法》起草工作组成员、有关司法解释起草组专家顾问王欣新指出：“对为他人债务无偿提供担保是否属于可撤销的无偿行为，学者观点不一。有人认为，债务人为他人提供担保并无任何经济利益，且在担保契约成立时，债务人并未获得任何求偿权，应当属无偿行为。有人则认为是有偿行为，因为债务人提供的担保可以将来的求偿权对被保证人行使追偿权。日本判例认为，对于他人的债务没有义务，却在没有保证金（不对价）等的情况下进行了保证或提供了担保，由于求偿权不应该是在进行了此种保证之时产生的，因此即使根据保证债务的履行而产生求偿权，以此也不应该认为是有偿行为。而且从司法实践情况看，在担保人真的需要代债务人清偿时，往往债务人已丧失清偿能力，虽然可以行使代位求偿权，但其权利实现的可能很小，将其解释为无偿行为，可予以撤销，显然更为适宜。”②

之三，著名破产法学家许德风指出：“当下，理论界对于破产债务人为第三人提供担保的行为是否属于‘无偿转让财产’的认识尚不统一。”具体应当“区分不同的情形分别加以讨论：……（2）债务人明知第三人无力偿还而仍然为其借款提供担保。在该种情形下，虽然债务人形式上享有对第三人追偿的权利，但因该追偿权不可能实现，因此仍然构成无偿转让财产。如果担保权人即第三人的债权人在明知第三人无力偿还的情况下仍然提供借款，该担保权人通过行使担保权所获的清偿就可被依法撤销。如果该担保权人不知第三人无力偿还借款，则撤销所指向的相对人只能是该第三人。对这，撤销的原理可以是对债务人、担保权人与第三人之间的‘三角’交易关系‘裁弯取直’，将债务人的担保理解为是其对第三人的赠与，因此可以被撤销。（3）在

① 李国光主编：《新企业破产法条文释义》，人民法院出版社2006年版，第217页。
② 王欣新主编：《破产法原理与案例教程》，中国人民大学出版社2010年版，第113页。

事后为第三人的既存债务提供担保时，如果担保人并无担保的义务并且也未从债务人处获得任何的对价，鉴于事后担保的‘可疑性’可以推定债权人明知第三人处于无力偿还的境地，即债权人的债权处于无价值的状态，从而准用第二种情形中担保权人的‘明知’规则。”①

之四，安徽省高级人民法院法官汪利民、汪军、王惠玲指出：“具体到为第三人债务提供担保的情形，判断其是否无偿的时点在于担保债务发生时而不是清偿时，具体有以下3种情形：……（2）债务人明知第三人无力偿还而仍然为其借款提供担保。在该种情形下，虽然债务人形式上享有对第三人追偿的权利，但因该追偿权不可能实现，因此构成无偿转让财产。对于不知道将来可否求偿的不确定的求偿权，比较破产债权者应该得到的补偿会被减少的可能性与担保权人不根据代偿而得到的利益，这种求偿权也只是形式上的，它以牺牲破产债权人的利益而保护了担保权人的利益，显然有失合理性。（3）在事后为第三人的既存债务提供担保时，如果债务人并无担保的义务且也未从第三人处获得任何的对价，鉴于事后担保的可疑性，可以推定债务人明知第三人处于无力偿还的境地，准用第二种情形中的明知规则。由此可见，为第三人债务提供担保仅在其构成无偿转让财产时才可予以撤销，即上述分析中提到的第二种、第三种情形，对此可适用《企业破产法》第三十一条第（一）项之规定。”②

之五，湖南省桃源县人民法院法官敬志恒指出：“对于债务人为他人无偿提供担保是否属于可撤销的无偿行为，目前实务中存在不同的认识：一种观点认为，债务人为他人担保并无任何经济利益，且在担保合同成立时，债权人未获得任何求偿权，因此属无偿行为；另一种观点则认为是有偿行为，因为债务人提供担保可以将来的求偿权对被担保人行使追偿权。笔者赞同第一种观点，对于他人的债务没有义务，却在没有对价的情况下进行担保，由于求偿权在担保时尚未产生，且其实现具有不确定性，宜将其解释为无偿行为，可予以撤销。”③

如上所述，王欣新教授、敬志恒法官主张，所有为他人债务提供担保的行为，均应视为无偿转让行为。有的则主张，为他人债务提供担保，是否属于无偿转让，则需要作一些限制。如许德风教授主张，对于在临界期债务人

---

① 许德风：《论破产无偿行为中的撤销》，载《法商研究》2012年第1期。

② 汪利民、汪军、王惠玲：《论破产撤销权制度中的担保行为》，载《人民司法》2012年第19期。

③ 敬志恒：《破产撤销权的若干问题探讨》，载中国法院网2009年2月24日，https：//www. chinacourt. org/article/detail/2009/02/id/346693. shtml。

为他人债务提供担保（包括保证）的行为，均因为其行为会损害众多债权人的利益而可以视为无偿转让行为而予以撤销，对于完全排斥其他债权人利益的抵押行为，尤其在绝大部分甚至所有有效资产全部在临界期为他人债务提供抵押担保的情况下更加需要撤销。否则，绝大多数甚至其他所有债权人包括破产单位员工靠之维持生存的工资都排斥在外，与破产程序应当保障有序公平清偿债务人的所有债权人债权的同时，更应注意劳动债权人等特别债权人的保护宗旨及功能完全相背。为他人债务在设立的同时提供担保的，抵押人明知他人无力偿还仍提供担保的，亦属于无偿转让。至于为他人没有担保的债务在事后为之提供的担保，同理可以认为属于无偿转让行为。

另外，债务人给他人贷款提供最高额抵押，最高额抵押贷款合同签订后贷款人实际给他人贷款的时间发生在债务人破产申请受理前1年内，或者贷款人给他人发放多次贷款，后次贷款用于偿还前次贷款的本息，最近1次给他人贷款的时间发生在债务人破产申请受理前1年内，债务人破产，其为他人贷款提供的最高额抵押是否应予撤销，在破产实践中也经常遇到。对此，笔者认为，最高额抵押合同，是指为担保债务的履行，债务人或者第三人对一定期间内将要连续发生的债权提供财产担保，债务人不履行到期债务或者发生当事人约定的实现抵押权，抵押权人有权在最高债权额限度内就该担保财产优先受偿的情形。其具有最高额抵押所担保的债权额确定，但实际发生的债权额并不确定，根据《民法典》第423条关于“有下列情形之一的，抵押权人的债权确定：（一）约定的债权确定期间届满；（二）没有约定债权确定期间或者约定不明确，抵押权人或者抵押人自最高额抵押权设立之日起满二年后请求确定债权；（三）新的债权不可能发生；（四）抵押权人知道或者应当知道抵押财产被查封、扣押；（五）债务人、抵押人被宣告破产或者解散清算；（六）法律规定债权确定的其他情形”的规定，直至出于抵押财产被查封、扣押等法律规定的原因而使抵押权人的债权确定；且只有该确定的债权在最高额抵押权的额度内才能享有抵押权等特点。设定最高额抵押时，债权尚未发生，为保证将来债权的实现，抵押权人与抵押人协议商定担保的最高债权额度，抵押人以其抵押财产在此额度内对债权提供担保。毫无疑问，最高额抵押合同成立后，作为从合同，其要以对抵押权人在一定期间内对债务人实际发生且债权出于法定原因确定为前提，即抵押权人对债务人必须实际发生债权且得到确定后才会产生与该债权相对应的最高额抵押行为及其抵押权的可能，该债权因为偿还或其他原因消灭，相应的最高额抵押权自然也归于消灭；抵押权人对债务人并未发生债权或债权尚未确定，抵押权人自不存在对并未产生或未确定的债权具有最高抵押行为及其抵押权的问题。在破产法中，抵押权人对债务人所产生的债权或者债权确定的行为倘若发生在债务人破产申请受理前1年内，该最高额抵押的行为及其效力也就发生在债务人破产申请受理前1年内，属于《企业破产法》第31条第1项规定的应予撤销的无偿转让行为，应当依法予以撤销，以维护全体债权人的利益。

2. 以明显不合理的价格进行交易。这种情形，是指债务人在与他人的交易中，违背市场交易的基本原则，以与市场价格相差甚远的明显不合理的价格进行的行为，分为高价买入与低价卖出两种情况。至于低价买入或者高价卖出，即使属于价格明显不合理，也因有利于债务人财产而不属于破产撤销行为的范围。至于高价买入，是指没有正当理由以明显高于市场的价格从对方当事人购入财产或者接受服务；低价卖出，则是指没有正当理由以明显低于市场的价格向他人转让财产或者提供服务。以明显不合理的价格进行交易：（1）要求交易价格不合理，这是基本考虑的因素；（2）要求交易价格明显不合理。交易价格不合理，但不是明显不合理，也不能成为破产撤销的对象或原因；（3）与交易时的市场价格比较而明显不合理。既不能与交易财产购买时的价格比较，也不能以现在的价格比较，而是以交易时的市场价格比较是否明显不合理；（4）是否有交易的必要。没有交易的必要，预测到该财产可能增值而提前卖给他人，或者财产将会贬值而从他人处购买财产，尽管与当时的市场价格比较，似乎并不明显不合理。可从实质上考察，之后的市场价格确实发生了巨大变化，之间存在恶意的，也应以明显不合理的交易价格论处。

具体而言，交易价格是否明显不合理，可从实体上与程序上两个方面加以考虑：从实体上讲，交易价格应以交易时的市场价格为基础，考虑购买价格、现在的市场价格，当时是否需要交易，交易者之间的相互关系，交易者之间是否存在恶意，市场供求关系与竞争情况等因素。从程序上讲，则要考察是否经过拍卖、招标等法定程序。经过了这些程序，即使价格看似明显不合理，也应严格加以限制。是以，交易价格是否明显不合理，并不是一个简单的价格判断问题，而是需要考虑与价格相关的各种因素，然后综合进行评判。对此，《合同法解释（二）》第19条规定："对于《合同法》第七十四条[①]规定的'明显不合理的低价'，人民法院应当以交易当地一般经营者的判

① 现为《民法典》第538条、第539条，分别规定："债务人以放弃其债权、放弃债权担保、无偿转让财产等方式无偿处分财产权益，或者恶意延长其到期债权的履行期限，影响债权人的债权实现的，债权人可以请求人民法院撤销债务人的行为。""债务人以明显不合理的低价转让财产、以明显不合理的高价受让他人财产或者为他人的债务提供担保，影响债权人的债权实现，债务人的相对人知道或者应当知道该情形的，债权人可以请求人民法院撤销债务人的行为。"

断，并参考交易当时交易地的物价部门指导价或者市场交易价，结合其他相关因素综合考虑予以确认。转让价格达不到交易时交易地的指导价或者市场交易价百分之七十的，一般可以视为明显不合理的低价；对转让价格高于当地指导价或者市场交易价百分之三十的，一般可以视为明显不合理的高价。”据之，在破产法有关司法解释进行解释前，对于破产法明显不合理的价格认定，也可以参照上述解释加以认定。

应当指出，以明显不合理的价格进行交易，即高价买入或低价卖出，是以交易时的市场价格为基础进行判断的。然在债务人破产申请受理后，基于市场情况下的变化，交易的标的物完全可能增值或者贬值。虽高价买入但因买入的财产升值超过甚至远远超过了购买时的高价，或者低价卖出但卖出的财产贬值低于甚至远远低于出卖时的低价，假若一味地机械地按照《企业破产法》第31条的规定行使破产撤销权予以撤销，无疑对债务人财产不利。是否行使破产撤销权，不能简单地根据法律条文的规定作出判断，而是要根据行使破产撤销权时是否有利于债务人财产这一本质来判断：凡是不利于债务人财产的则需要撤销；反之，表面上不利于债务人财产但实际上有利于债务人财产的，就不能加以撤销。

3. 对没有财产担保的债务提供财产担保。有财产担保的债权在破产程序中可以对设立担保的特定财产优先受偿，而无财产担保的债权则只能作为普通债权按照法定的顺序及同一顺序按照相同的比例受偿。如此，债务人为没有财产担保的债务提供财产担保而使没有财产担保的债务转变为有财产担保的债务，使得有关债权人能够得到更多的优先受偿，违背了破产程序要求普通债权按照法定的顺序及同一顺序按照相同比例受偿的公平清偿原则，发生在破产申请受理前1年内的，应当予以撤销。债务人为没有财产担保的他人债务提供财产担保，会给债务人财产设立负担，他人不按约定的期限履行债务，债务人用于担保的财产就可能用于他人债务的清偿，必然损害其他债权人的利益，需要撤销。对此，应当注意：

一是，债务人对没有财产担保的债务提供担保，必须提供的是财产担保，即用债务人财产抵押或者质押作出的担保，而不包括保证担保。保证担保尽管可能给债务人的财产增加负担，可基于其产生必须依赖于债务人的信誉，在破产申请受理前往往也难以获得他人的信任而让其提供保证担保。即使提供了保证担保，他人获得的保证债权也不具有优先受偿的性质，一般不会损害破产程序公平清偿债务人所负债务的基本规则。当然，债务人要是基于恶意，如在他人根本无法偿还的情况下为之债务提供保证，致使债务人承担保证债务，必然损害债权人利益，且没有获得任何对价，并发生在破产申请受理前1年内的，则可作为无偿转让行为予以撤销。

二是，债务人对没有财产担保的债务提供财产担保，既包括对没有财产担保的自己债务提供财产担保，又包括债务人对没有财产担保的他人债务提供财产担保。有的将后者即债务人对没有财产担保的他人债务提供财产担保的行为，归于无偿转让财产行为之列，值得商榷。这是因为，法律并未限制债务人只是对自己的没有财产担保的债务提供财产担保，就没有必要在理论上加以限制而作出对债务人财产不利的解释，特别是在为他人提供担保属于无偿转让没有明确规定，且在理论上有的就认为，为他人债务承担担保责任后对他人拥有求偿权，这种求偿权尽管可能很难得到满足，然与完全没有对价的无偿转让行为仍然存在着本质区别，从而认为不属于无偿转让，导致在破产申请受理前1年内对自己没有财产担保的债务提供财产担保可以撤销的情况下，对为他人没有财产担保的债务提供财产担保的行为这一危害性明显大于前者，举轻以明重，对于后者自应予以撤销时却无法撤销，明显不当而应加以否定。

三是，必须是债务人对没有财产担保的债务提供财产担保。倘若是债务人以外的第三人为债务人没有财产担保的债务提供财产担保，自应允许。事实上，本条的对象所针对的是债务人在破产申请受理前1年内的行为，而不包括债务人之外的他人实施的行为。债务人之外的他人实施的行为，即使对债务人财产不利，也不能对之加以撤销。

四是，正确理解没有财产担保的债务的范围。对于债务人为没有财产担保的债务提供财产担保，都应予以撤销，毫无异议。然在债务具有财产担保的情况下，再为之提供财产担保，并非都一概排除在没有财产担保的债务之外而不予以撤销。如债务人为某一债务提供了担保却没有提供足额财产担保，或者因为市场情况变化导致担保物贬值而再提供新的担保，也应理解为给没有财产担保的债务提供担保。另外，在担保物已足额提供担保的情况下，亦无理由再提供担保，假若为自己或者他人已经具有财产担保的债务再提供担保，且先后提供的财产担保均属债务人一人所为的情况下，并不会因为新的担保造成损失。在为自己或为他人已经具有担保的债务提供担保，先提供的担保为他人提供，债务人再在此基础上提供新的担保，参照《担保法解释》第75条第2款关于“同一债权有两个以上抵押人的，当事人对其提供的抵押财产所担保的债权份额或者顺序没有约定或者约定不明的，抵押权人可以就其中任一或者各个财产行使抵押权”的规定，会给债务人的财产新设负担。尤其是与担保权人约定就债务人新提供的担保顺序提前或者对原来担保的债权数额以外的债权提供担保，更会增加债务人财产的负担，进而损害债权人的合法权益。鉴于此，应将债务人新提供的担保顺序提前或者对原来担保债权数额以外的债权提供的担保，理解为给没有财产担保的债务而提供担保。至于没有提前顺位或者没有约定顺位，或者没有超出原有财产担保债权的数额，如因为原担保物贬值而在原范围内新增的担保，是否归入应当撤销之列，需由司法解释加以明确。

五是，没有财产担保的债务必须是在债务人对其提供财产担保时已经存在。对已经存在而没有财产担保的债权，债务人提供担保使得不能优先受偿的普通债权转变为可以就该担保财产优先受偿的担保债权，造成实际用于清偿普通债权的财产减少，损害其他债权人的合法权益，管理人应当申请人民法院依法撤销。这样，债务人提供财产所担保的债务，必须发生在债务人为之提供财产担保前。不是发生在提供财产担保前，而是与提供财产担保的行为发生在同时，或者发生在债务人提供财产担保的行为后，为这种债务提供担保，不属于这种撤销行为之列。这是因为，此时形成的债务，债权人要求债务人提供财产担保，债务人不提供担保的，有关交易就难以甚至不能发生，如不给债务人贷款，不给债务人发货等，其生产经营活动也就根本无法进行。

应当指出，现实生活中的"以新贷还旧贷"的现象非常普遍。旧贷没有财产担保，新贷债务人为之提供财产担保，这种新贷从表面上看与债务人提供财产担保的行为发生在同时，然从实质上看，是导致债务人在为没有财产担保的旧贷提供财产担保。因此，这种提供财产担保借新贷而偿还没有财产担保的旧贷的行为，应当理解为给没有财产担保的旧债务提供财产担保，而不能理解为给与之同时发生的新贷债务提供财产担保。

还应指出，债务人为他人借款提供担保，贷款人与债务人签订担保合同尤其是最高额抵押或者保证合同后才给他人贷款。显然，贷款人没有给他人贷款，债务人就不可能承担担保责任；只有在贷款人实际为他人贷款的情况下，才使得担保人才有可能承担担保责任。在这种情况下，贷款人给他人贷款的时间乃是担保人承担担保责任的时间，也是担保合同对贷款人给他人实际发放的贷款承担担保责任即发生担保效力的时间。贷款人给他人的贷款行为要是发生在债务人破产申请受理前 1 年内，债务人为他人借款而给贷款人提供担保签订的合同因为发生在贷款行为之前，不能构成"对没有财产担保的债务提供财产担保"的破产撤销行为，但并不排除可以构成其他类型的破产撤销行为。如前所述，为他人提供没有对价的担保行为，包括保证或者提供财产担保的抵押、质押行为，属于无偿转让。因为贷款行为发生在债务人破产申请受理前 1 年内，致使以前签订的担保合同才实际给债务人产生担保责任，这一无偿转让行为随着贷款人给他人实际贷款的行为发生而发生，乃为无偿转让行为而应依法予以撤销。

4. 提前清偿未到期债务。债务没有到期，债务人提前清偿，在一般情况下，属于双方之间的私权利，法律并不干涉。可在债务人破产的情况下，则就不仅仅涉及债权人与债务人之间的利益，而且涉及债务人与其他债权人之间的利益。在资产不能清偿到期债务且资不抵债时，将没有到期的债务予以清偿，必然损害债权人的整体利益。一般情况下，债务人进入破产程序，并非一蹴而就即喊破产就破产的。在破产程序正式启动前，债务人的财务危机已经出现并且可能出现较长时间，债务人也会知道这种情况，为了公平维护债权人的合法权益，禁止债务人对个别债务人的债务进行个别清偿，尤其是对未到期的债务禁止个别清偿，自有必要。然则，债务人已经陷于财务危机可能进入破产程序，他人并不知道。要他人加以证明，则很难做到。如此，法律就必须推定债务人进入破产程序前某一时期内的一些行为是在已经或者可能具有破产因素情况下为的损害债权人合法利益的行为，并规定可以对其依法予以撤销，标准明确，并不要求管理人在行使这种破产撤销权时要用证据证明债务人具有某种恶意，而只要根据客观证据证明债务人实施了某一些行为，并且这一行为发生在法律规定的破产申请受理前的一段时间内即可。既然《企业破产法》将债务人发生在破产申请受理前 1 年内的清偿未到期债务的行为规定为破产撤销行为，管理人一旦发现，则就应依法行使撤销权予以撤销。

应当指出，从文义上讲，对人民法院受理破产申请前 1 年内发生的提前清偿未到期债务的行为，都属于《企业破产法》第 31 条第 4 项规定的破产撤销行为的范围。这种行为，包括人民法院受理破产申请前 1 年内发生的提前清偿的未到期债务在破产申请受理时已经到期，以及人民法院受理破产申请前 1 年内发生的提前清偿的未到期债务在破产申请受理时仍未到期两种情形。后者属于提前清偿未到期的债务属于破产撤销行为毫无疑义。可对前者，因为破产申请受理时已经到期，债务人对之进行清偿，只要不是发生在破产申请受理前 6 个月内且债务人不具有《企业破产法》第 2 条第 1 款规定的“企业法人不能清偿到期债务，并且资产不足以清偿全部债务或者明显缺乏清偿能力的”情形，不属于《企业破产法》第 32 条规定的应当予以撤销的恶意个别清偿情形。将之纳入破产撤销行为的范围，就会与恶意个别清偿撤销行为的有关规定相悖。故，《破产法解释（二）》第 12 条规定：“破产申请受理前一年内债务人提前清偿的未到期债务，在破产申请受理前已经到期，管理人请求撤销该清偿行为的，人民法院不予支持。但是，该清偿行为发生在破产申请受理前六个月内且债务人有《企业破产法》第二条第一款规定情形的除外。”基此，便将前者即人民法院受理破产申请前1年内发生的提前清偿的未到期债务在破产申请受理时已经到期，且不属于破产申请受理前6个月内在不能清偿到期债务，并且资产不足以清偿全部债务或者明显缺乏清偿能力的情形下进行的不利于债务人财产的恶意个别清偿的行为，排除在破产撤销行为之外，更加符合立法本意。

还应指出，债务人清偿未到期债务，是否包括清偿未到期的具有担保财产的债务，有不同看法。有人认为，此种未到期债务应当属于未到期的没有财产担保的债务。属于具有财产担保且未到期的债务而在破产申请受理前予以清偿的，则不应予以撤销。后者认为，具有财产担保的债权人，对于为其债权提供了担保的特定财产具有的优先受偿权是否提前清偿，均不会对提供担保的财产享有的优先受偿权产生影响。笔者认为，一般情况下，这种理解并无问题。但在债务人用于担保债务的财产可能增值并且增值很大的情况下，提前清偿自会对债权人的利益造成损害。当然，在债务人用于担保债务的财产贬值的情况下，债务人提前清偿债权人接受的，自应允许。因此，无需对未到期债务作没有提供财产担保的限制，具体应由管理人对该未到期债务提前清偿是否损害债权人整体利益作出判断。倘若损害的，则不论是清偿未到期的没有财产担保的债务，还是清偿未到期的已经具有财产担保的债务，则都应予以撤销。反之，就不应当撤销。具体说来，债务人在破产申请受理前1年内对以自有财产负担担保物权或者法定特别优先权的债权进行的清偿行为，根据《破产法解释（二）》第14条关于“债务人对以自有财产设定担保物权的债权进行的个别清偿，管理人依据《企业破产法》第三十二条的规定请求撤销的，人民法院不予支持。但是，债务清偿时担保财产的价值低于债权额的除外”的规定，不应予以撤销；但债务清偿时负有担保物权或者法定特别优先权的特定财产其价值低于债权额的，则应予以撤销。

5. 放弃债权。放弃债权，是指债务人将自己对他人所拥有的债权即他人对债务人所负的债务不要其偿还、履行的行为。放弃债权，从理论上讲，可以作不同的分类：

一是，以放弃债权的行为是作为方式还是不作为方式，可以分为积极的放弃与消极的放弃两种情况。积极的放弃，是指债务人以积极作为的方式表示对债权的放弃，如向债务人以通知、承诺的方式明确表示不要债务人偿还，或者签订免债协议，或者撤销正在进行的诉讼，或者放弃一些诉讼请求，或者拒绝债务人的履行，等等。消极的放弃，是指债务人故意甚至恶意地以消极的不作为方式即怠于其权利行使的方式放弃债权，如不接受债务人的清偿；不在债权的诉讼时效内依法采取要求履行或提起诉讼等方式中止或者中断诉讼时效，导致诉讼时效超过；对义务人提出的不欠款回函不予回复；对债务人审计师发出的欠款询证涵置之不理；对支付令不提出异议、不提起诉讼时效抗辩；不在法定期限内申请执行等。固然，出于法定的客观原因而无法主张权利的，如在诉讼时效期间的最后6个月内，因不可抗力或者其他障碍不能行使请求权的，则不能视为消极地放弃请求。这时，根据《民法典》第194条“在诉讼时效期间的最后六个月内，因下列障碍，不能行使请求权的，诉讼时效中止：（一）不可抗力；（二）无民事行为能力人或者限制民事行为能力人没有法定代理人，或者法定代理人死亡、丧失民事行为能力、丧失代理权；（三）继承开始后未确定继承人或者遗产管理人；（四）权利人被义务人或者其他人控制；（五）其他导致权利人不能行使请求权的障碍。自中止时效的原因消除之日起满六个月，诉讼时效期间届满”的规定，诉讼时效予以中止。在不可抗力或者致使不能行使请求权的其他障碍消灭之后，诉讼时效继续计算。

二是，以放弃债权的方式是否通过诉讼或者仲裁的不同，可以分为通过法律程序的放弃债权与未通过法律程序的放弃债权。前者如在有关诉讼中，通过人民法院的主持达成调解协议，并由人民法院制作了调解书；或者人民法院作出一审判决或者裁定后，不依法提起上诉；或者对支付令不依法提出异议、提起诉讼时效抗辩；在裁判生效后，不依法在法定期限内申请人民法院强制执行等。后者如自行达成的免除债权的协议，作出明确的放弃债权的表示。然在诉讼过程中，没有通过人民法院主持的庭外和解，以及庭外和解后作出的撤诉，由人民调解委员会、公安机关等主持的有关民事问题的调解，则不属于通过法律程序放弃债权的方式。

三是，以放弃的债权是否为全部的不同，可以分为放弃全部债权与放弃部分债权。

应当指出，除放弃全部债权与放弃部分债权均可以放弃债权的行为论处外，其他放弃债权的方式，是否不分情况一律都可以由管理人向人民法院申请撤销，答案无疑是否定的。具体应当分为以下几种情况加以考虑：（1）通过法律程序的方式放弃债权，除非债务人与债务人的债务人恶意串通损害其他债权人利益的，不能申请人民法院撤销。此种方式，并非当事人之间完全的私权利的处分，而是介入了人民法院或仲裁机构依法具有的审判权、仲裁权这一公权力，使得生效的裁判、仲裁具有不可轻易否定的拘束力。人民法院基于当事人达成的调解制作的调解书，一旦生效，非经法定程序即审判监督程序不能撤销。对支付令不依法提出异议、不提起法律抗辩而致支付令发生效力。一审裁判未依法提起上诉，亦依法生效，非经法定程序也不能撤销。

至于生效裁判或裁决，当事人不依法在法定的期限内申请执行而丧失国家强制力保证其执行的权利，也不能重新启动。所以，对于这种在诉讼程序中放弃债权的，由于介入了国家审判权力的因素，不能由管理人申请人民法院撤销。（2）通过非诉讼、仲裁等法律程序且以积极的作为方式放弃债权，完全属于当事人之间的私权利，与法律有关规定相违背的，则依法可以撤销。（3）通过非诉讼或仲裁等非法律程序的方式且以消极的不作为方式放弃债权的，如没有依法主张权利而中断诉讼时效导致债权的诉讼时效超过等，则应要求债务人的相对人具有恶意。相对人不具有恶意，仅仅是源于债务人一方的疏忽或者无所谓，或者明知超过诉讼时效因为利益不大而自动放弃的，基于交易安全稳定及社会经济关系稳定的需要，不能行使撤销权。相对人具有恶意，如与债务人恶意串通，或者采取指使、要求、行贿等方式导致债务人不作为而消极地放弃债权的，固应依法予以撤销。另外，《破产法解释（二）》第19条第2款关于“债务人无正当理由未对其到期债权及时行使权利，导致其对外债权在破产申请受理前一年内超过诉讼时效期间的，人民法院受理破产申请之日起重新计算上述债权的诉讼时效期间”的规定，则是从另一角度对债务人在破产申请受理前以消极的非诉讼方式放弃债权的行为，予以否定。

（二）债务人破产申请受理前6个月内的损害债权人整体利益的恶意个别清偿行为

为破产撤销行为的恶意个别清偿，又称偏颇性清偿，其构成应当同时满足以下条件：

1. 债务人实施了个别清偿行为。个别清偿行为，在一般情况下，应当允许。可在出现破产原因，即债务人具有不能清偿到期债务，并且资产不足以清偿全部债务或者明显缺乏清偿能力的情形，有可能启动破产程序的情况下，为了公平维护所有债权人的合法权益，自然要求禁止个别清偿。不然，债务人完全可能在对具有某种关系的债权人进行个别清偿后再启动破产程序，那时，其他债权人的债权就要遭受更大的损失。为了防止这种只对个别债权人有益而对全体债权人整体权益有害的个别清偿行为的发生，在破产申请受理前的一段时期内需要加以禁止。一旦发生，即可以依法予以撤销。

2. 债务人对个别债权人实施的个别清偿行为，必须损害债权人的整体利益。个别清偿行为，不仅不会对债权人的整体权益造成损害，而且还有益处，自不属于应当撤销的行为之列。这是因为，破产撤销权的设立宗旨就是为了否定债务人损害债权人整体利益的行为。《企业破产法》第32条就规定，个别清偿使债务人财产有益的，不属于应当被撤销的行为。个别清偿对债务人财产有益，就会对债权人整体利益有益。至于个别清偿使债务人财产受益，有的可能容易判断，如债务人购买的房产正在增值，只需付完房款就可以办理手续，对房产的所有人支付房款的这一个别清偿行为，就属于对债务人财产有益的行为。有的行为是否能使债务人财产受益并不明显，如为了生产经营的需要，支付原材料、燃料款项，生产经营能否给债务人带来盈利，能否使债务人财产受益就难以判断，实际上还完全可能出现亏损。这样，就不能简单地以对债务人是否有益的结果来判断当时的个别清偿是否有益于债务人财产，而应从是否为生产经营服务等营业所必需，当时进行个别清偿是否必要等方面来进行判断。为生产经营服务等营业所必需，如对原料、燃料购买款、水电费用、职工的工资及其社会保险费用等必要债权进行清偿，一般就可以认为属于对债务人财产有益。

3. 债务人对个别债权人实施的个别清偿行为必须出于恶意。债务人是否出于恶意，属于主观判断，这种主观判断尽管要以有关客观事实及证据为基础，然其主观随意性大，《企业破产法》第 32 条为此明确规定，债务人进行个别清偿，必须要求债务人已经具备《企业破产法》第 2 条第 1 款规定的情形，即债务人具有了"不能清偿到期债务，并且资产不足以清偿全部债务或者明显缺乏清偿能力的"破产原因。出现了这一破产原因还进行个别清偿，除非能使债务人财产受益，否则就都可以推定债务人出于恶意。如此，这种应当撤销的情形，对债务人是否具有恶意的主观判断，转化为了债务人是否具有"不能清偿到期债务，并且资产不足以清偿全部债务或者明显缺乏清偿能力"的破产原因这一客观判断。这种客观判断，明确具体，简单而便捷。事实上，只要破产申请受理是基于上述破产原因而作出的，就只需管理人对个别清偿行为是否能使债务人财产有益进行判断。当然，基于《企业破产法》第 2 条第 2 款关于债务人"有明显丧失清偿能力的可能"的破产重整原因启动破产程序的，债务人即在"有明显丧失清偿能力的可能"的情况下而实施的个别清偿，并不能对债务人的个别清偿推定为恶意，不属于应当被撤销的行为之列。

4. 债务人实施的个别清偿行为要发生在破产申请受理前 6 个月内。对于债务人实施的损害债权人整体利益的个别清偿行为，不仅要求债务人已经具备"不能清偿到期债务，并且资产不足以清偿全部债务或者明显缺乏清偿能力"的破产原因，即其行为必须发生在债务人已经具备上述破产原因之后，而且要求发生在破产申请受理前 6 个月内。债务人进行个别清偿时，尚不具有"不能清偿到期债务，并且资产不足以清偿全部债务或者明显缺乏清偿能力"的破产原因，或者虽然具有这一破产原因，但不是在破产申请受理前 6 个月内进行的个别清偿，如是在破产申请受理前 6 个月前的 1 年内进行的个别清偿，就都不能以破产撤销行为论处。

总之，符合上述4个条件的恶意个别清偿，无论债权人主体身份如何，均应加以撤销。在司法实践中，一些源于各种各样的原因掌握了债务人资金及其他财产的债权人，在债务人出现破产原因后为了使自己的债权免受损失，在破产申请受理前的6个月内强行扣划资金、扣押甚至处置财产来清偿自己的债权，不应允许，管理人发现后应当依法行使破产撤销权对这种损害其他广大债权人利益的行为予以撤销。

例如，对破产申请受理前6个月内的银行债权人扣划债务人账户资金清偿其债务的行为，基于：（1）银行扣款还贷行为不符合破产抵销行为的基本条件。破产抵销是在双方互负债务的情况下，为了维持双方利益的平衡等而作出的制度设计，银行扣划债务人的存款却并非基于银行与债务人互负债务的情况发生，根本不存在破产抵销的问题。（2）银行扣款还贷行为也不符合破产抵销行为的特征。破产抵销行为，将双方互负的债务进行抵销，双方意思表示一致即可，不存在任何交付的行为。而银行扣款还贷，将债务人账户上的资金扣划至银行自有账户，改变债务人账户中的信息记载，以改变所扣划款项的归属，存在明显的交付行为。（3）银行与借款人之间，在借款人需要资金的情况下，一般都是银行处于优势地位，并通常让债务人在出借款项的银行开设账户，相比其他债权人而言，银行对债务人账户的资金具有控制支配能力的优势。假若允许银行在债务人遇到困境下扣款还贷，银行在债务人一遇到资金流转困难为了满足自己的债权就会争先扣划还贷，固然会加速债务人的财务恶化，使得债务人面临更大的困难，可谓是雪上加霜。（4）银行扣款还贷以清偿自己的债权，必然造成债务人财产的减少，在其借款无优先受偿权的情况下，自会损害其他债权人的利益，违反破产法所有非优先受偿债权均应依序公平清偿的基本规则。（5）债务人清偿所负债务，既可能是主动的，也可能是被迫的。后者，债务人基于不完全的意志自由甚至根本没有自己的意志表示而清偿其债务，如债权人基于诉讼、仲裁、执行程序而让债务人清偿债权；债权人威胁而还款，基于债权人采取非法拘禁的违法犯罪行为逼迫其还款；债权人基于掌握、控制、支配等优势行为而强行扣划债务人财产以清偿债务，等等。相应地，个别清偿行为也不例外。在破产法中，个别清偿行为是否属于应当予以撤销的破产撤销行为，关键在于个别清偿行为是否导致债务人减少而对其他债权人造成损害，是否违背破产法所有债权应当依序公平清偿的基本规则，至于是债务人主动清偿还是被动清偿，在所不问。《破产法解释（二）》第15条规定的债权人经过诉讼、仲裁、执行程序而进行的个别清偿，除非属于债务人与债权人恶意串通损害其他债权人利益，就不属于应当予以撤销的破产行为，就说明个别清偿行为并非限于债权人主动清偿的范围内。其实，债权人被迫清偿所负债务，不少都是在债权人违法甚至犯罪让债权人丧失完全意志自由甚至根本没有意志自由等的情况下满足其个别债权，相对债权人主动清偿所负债务的行为，无论是主观恶性还是危害后果都更严重，把债权人主动将之占有、控制的债务人财产清偿其债权，即债务人非主动清偿其债务的行为排除在本质上属于破产撤销的恶意个别清偿行为的范围之外，于法理不符，还可能鼓励债务人与债权人恶意串通采取被动清偿方式来规避法律抢先清偿自己的债权，有悖于破产撤销制度的设计目的。（6）有的认为，银行依照合同约定按期扣划款项还贷的行为，将之一概列入应当撤销的个别清偿行为之中，不仅可能破坏正常的债务清偿秩序，而且还可能促使银行通过其他风险控制手段维护贷款安全而增加借款人的融资成本，便主张扣款还贷行为作为破产撤销行为应当存在例外。如将惯常交易等银行正常进行的按期扣划利息的行为，有证据证明银行扣划时不知或不应当知道债务人已有破产原因的行为排除在外。但是，银行惯常扣款偿还利息或贷款，这些利息或贷款倘若没有优先受偿权，亦属于普通债权，将之排除在应当撤销的个别清偿行为范围外，没有法律根据。另外，银行是否知道债务人已经具有破产原因，是一个主观判断，很难加以把握，即使对扣款还贷行为采取恶意推定，实行举证责任倒置让银行举证自己并非出于恶意，即不知道债务人具有破产原因，也因这一主观性太强极易导致难以认定银行出于恶意而不能撤销的结果发生，且举证责任倒置涉及证据规则的重大改变，需要法律明确规定。是以，最高人民法院民事审判第二庭第 7 次法官会议纪要明确认定属于个别清偿行为，而非破产抵销行为，管理人请求人民法院撤销的，人民法院应予支持。①

（三）破产撤销行为的起点计算

《企业破产法》第 31 条、第 32 条规定的破产撤销行为，依法属于破产申请受理前一定时期内发生的欺诈性转让、恶意进行个别清偿的损害债务人财产的行为，这一时期在理论界称之为“嫌疑期”或“临界期”。作为一种期限，无疑需要界定其起点。对这，《企业破产法》明确将破产撤销行为的起点确定为破产申请受理前。人民法院受理破产申请，从文义上并不存在歧义。然而，根据有关法律、法规规定，还有两种与破产清算相类似的清算程序，一种是行政清算程序；一种是强制清算程序。此种情形下，如何确定“嫌疑

① 贺小荣主编：《最高人民法院民事审判第二庭法官会议纪要——追寻裁判背后的法理》，人民法院出版社 2018 年版，第 173～180 页。

期”的起点，则需要考量。

前者即行政清算程序，是指企业法人因为违反法律规定被主管行政机构依法予以撤销而依有关行政法规进行的清算。如《金融机构撤销条例》规定，金融机构存在违法违规经营、经营管理不善等情形，不予撤销将严重危害金融秩序、损害社会公众利益的，应当依法撤销。所谓撤销，是指中国人民银行对经其批准设立的具有法人资格的金融机构依法采取行政强制措施，终止其经营活动，并予以解散。金融机构依法被撤销的，应当成立清算组对之进行清算。清算期间，清算组行使被撤销的金融机构的管理职权，如保管、清理被撤销的金融机构财产，编制资产负债表和财产清单；通知、公告存款人及其他债权人，确认债权；处理与清算被撤销的金融机构有关的未了结业务；清理债权、债务，催收债权，处置资产；制作清算方案，按照经批准的清算方案清偿债务；清缴所欠税款；处理被撤销的金融机构清偿债务后的剩余财产；代表被撤销的金融机构参加诉讼、仲裁活动；提请有关部门追究对金融机构被撤销负有直接责任的高级管理人员和其他有关人员的法律责任等等所有清算事务。清算组组长行使被撤销的金融机构的法定代表人职权。债权人则应依法申报债权，清算组应当依法评估、处置财产，并制作清算方案，清偿债权，清算完毕后则依法注销金融机构。又如，《证券公司风险处置条例》第 19 条规定：“证券公司同时有下列情形的，国务院证券监督管理机构可以直接撤销该证券公司：（一）违法经营情节特别严重、存在巨大经营风险；（二）不能清偿到期债务，并且资产不足以清偿全部债务或者明显缺乏清偿能力；（三）需要动用证券投资者保护基金。”第 20 条规定：“证券公司经停业整顿、托管、接管或者行政重组在规定期限内仍达不到正常经营条件，并且有本条例第十九条第（二）项或者第（三）项规定情形的，国务院证券监督管理机构应当撤销该证券公司。”第 21 条规定：“国务院证券监督管理机构撤销证券公司，应当做出撤销决定，并按照规定程序选择律师事务所、会计师事务所等专业机构成立行政清理组，对该证券公司进行行政清理。”第 22 条规定：“行政清理期间，行政清理组负责人行使被撤销证券公司法定代表人职权。行政清理组履行下列职责：（一）管理证券公司的财产、印章和账簿、文书等资料；（二）清理账户，核实资产负债有关情况，对符合国家规定的债权进行登记；（三）协助甄别确认、收购符合国家规定的债权；（四）协助证券投资者保护基金管理机构弥补客户的交易结算资金；（五）按照客户自愿的原则安置客户；（六）转让证券类资产；（七）国务院证券监督管理机构要求履行的其他职责。在行政清理期间，清算组要对被撤销的证券公司的财产、债权等全部进行清理、处置。”

后者即强制清算程序，是指人民法院依据《公司法》的有关规定对符合强制清算条件的公司法人等而进行的司法清算程序。如《公司法》第180条规定："公司因下列原因解散：（一）公司章程规定的营业期限届满或者公司章程规定的其他解散事由出现；（二）股东会或者股东大会决议解散；（三）因公司合并或者分立需要解散；（四）依法被吊销营业执照、责令关闭或者被撤销；（五）人民法院依照本法第一百八十二条的规定予以解散。"第182条规定："公司经营管理发生严重困难，继续存续会使股东利益受到重大损失，通过其他途径不能解决的，持有公司全部股东表决权百分之十以上的股东，可以请求人民法院解散公司。"第183条规定："公司因本法第一百八十第（一）项、第（二）项、第（四）项、第（五）项规定而解散的，应当在解散事由出现之日起十五日内成立清算组，开始清算。有限责任公司的清算组由股东组成，股份有限公司的清算组由董事或者股东大会确定的人员组成。逾期不成立清算组进行清算的，债权人可以申请人民法院指定有关人员组成清算组进行清算。人民法院应当受理该申请，并及时组织清算组进行清算。"《公司法解释（二）》第7条规定，公司应当依照《公司法》第183条的规定，在解散事由出现之日起15日内成立清算组，开始自行清算。有下列情形之一：债权人申请人民法院指定清算组进行清算的，人民法院应予受理：（1）公司解散逾期不成立清算组进行清算的；（2）成立清算组却故意拖延清算的；（3）违法清算可能严重损害债权人或者股东利益的。具有本条第2款所列情形，而债权人未提起清算申请，公司股东申请人民法院指定清算组对公司进行清算的，人民法院应予受理。由人民法院依法受理进行的强制程序，应当依法成立清算组，对公司的债权债务、财产等进行处置、清理。

如前所述，无论是行政清理程序还是强制清算程序，尽管根据、原因等不同，可就清算的内容、具体工作及方式甚至程序、功能及目的，都极为类似，都需要成立清算组接管、清理、处置被清算人的财产，并依法对被清算人的债权人申报的债权进行审核、认定并予清偿。如《审理强制清算案件纪要》第39条指出："鉴于公司强制清算与破产清算在具体程序操作上的相似性，就《公司法》《公司法解释（二）》，以及本会议纪要未予涉及的情形，如清算中公司的有关人员未依法妥善保管其占有和管理的财产、印章和账簿、文书资料，清算组未及时接管清算中公司的财产、印章和账簿、文书，清算中公司拒不向人民法院提交或者提交不真实的财产状况说明、债务清册、债权清册、有关财务会计报告以及职工工资的支付情况和社会保险费用的缴纳情况，清算中公司拒不向清算组移交财产、印章和账簿、文书等资料，或者伪造、销毁有关财产证据材料而使财产状况不明，股东未缴足出资、抽逃出资，以及公司董事、监事、高级管理人员非法侵占公司财产等，可参照《企业破产法》及其司法解释的有关规定处理。”此外，强制清算案件的管辖、审判组织的确定、管理人的指定及其报酬等，按照上述《纪要》的规定，都可参照《企业破产法》及其有关司法解释的规定进行，程序所经过的时间就会较长。而且，进入行政清理程序、强制清算程序后再依法转入破产程序的，在启动行政清理程序、强制清算程序前，被清算人实际可能已经具备了破产原因，只不过是没有发现或者虽然发现基于各种原因如金融机构的准公共企业、涉及面广、债权人众多等特征，在进入破产之前经过这样一个撤销、行政清理程序以妥善处理有关问题、防范社会风险等而未启动。如《证券公司风险处置条例》第37条规定，证券公司被依法撤销、关闭时，有《企业破产法》第2条规定情形的，行政清理工作完成后，国务院证券监督管理机构或者其委托的行政清理组依照《企业破产法》的有关规定，可以向人民法院申请对被撤销、关闭证券公司进行破产清算。此时，仍旧以破产申请受理作为此类债务人的破产撤销行为嫌疑期的起算点，必然导致债务人在具有破产原因的情况下实施的一些甚至全部的欺诈性转让、恶意个别清偿行为不能撤销，有悖于《企业破产法》设立破产撤销制度的意旨，损害债权人的利益。因此，《破产法解释（二）》针对这些特殊情形，就破产撤销行为的起算点即“人民法院受理破产申请时”从立法原意针对通过行政清理程序、强制清算程序而转入破产程序的破产撤销行为就其嫌疑期的起算点作了扩大化解释，具体在第10条明确规定：“债务人经过行政清理程序转入破产程序的，《企业破产法》第31条和第32条规定的可撤销行为的起算点，为行政监督管理机构作出撤销决定之日。债务人经过强制清算程序转入破产程序的，《企业破产法》第31条和第32条规定的可撤销行为的起算点，为人民法院裁定受理强制清算申请之日。”

（四）非破产撤销行为的个别清偿

债务人对所负债务进行清偿，乃天经地义，不能因为债务人一进入某种状态或者陷入破产之境，就一律排斥所有个别清偿，认为在一定期间内发生的所有个别清偿都属于损害其他债权人利益的行为都应予以撤销。破产撤销制度设立的目的，在于防范债务人出现破产原因时偏袒性清偿与之有一定关系如关联企业、亲戚朋友等特定人的到期债务，以损害全体债权人债权公平得到清偿的现象发生。可是，基于现实生活尤其是经济活动的复杂性、多样性，个别清偿存在着各种各样的原因，有的不仅不会对债务人的财产产生不利影响，还可能使债务人的财产受益，丧失了破产撤销制度的适用基础，仍要予以撤销，不仅得不到好处，而且还费时费力增加破产成本。故，在某些特定的情况下，只要个别清偿行为并不会实际造成债务人财产的损害，就不能以应当撤销的恶意个别清偿行为论处。根据司法解释的有关规定，不能以破产撤销行为论处的个别清偿包括：

1. 债务人对自有财产设定担保物权的债权所为的但在债务清偿时担保财产的价值低于债权额除外的个别清偿。《破产法解释（二）》第14条规定："债务人对以自有财产设定担保物权的债权进行的个别清偿，管理人依据《企业破产法》第三十二条的规定请求撤销的，人民法院不予支持。但是，债务清偿时担保财产的价值低于债权额的除外。"基此，对以自有财产设定了担保物权的债权进行个别清偿的，即使发生在人民法院破产申请受理申请前6个月内，债务清偿时担保财产的价值不低于债权额的，也不能认定为破产撤销行为而予以撤销。这是因为，具有抵押权、质押权、留置权等担保物权的债权，其优先受偿权不因债务人的破产而消失。既然在破产程序中，具有担保物权的债权依然享有优先权，在破产申请受理前偿还的，并不会给债务人的财产造成实际损害，不会损害其他债权人的利益。相反，在破产程序后将财产处置而予以足额清偿，还可能因为多支付利息、破产财产快速处理的贬值等因素而造成债务人财产更大的损害。将债务人对以自有财产设定担保物权的债权进行的个别清偿排除在破产撤销行为之外，乃就成为自然。有的认为，企业濒临破产界限时，大多已经明显缺乏清偿能力，这时，即使对已经设定担保的债务清偿，似有规避法律、偏袒清偿之嫌，司法实践中应当严格审查，对因清偿行为直接导致企业破产的，也应该予以撤销。① 有的则明确认为："此种观点欠妥，尤其是如果因为这种债务清偿就导致债务人破产，那么，债务人一定是早已经发生了破产原因，与该笔债务的清偿并无关，对此行为不应撤销。"② 笔者认为，司法解释基于破产撤销权的设立目的认为此种情形应当排除在恶意个别清偿之外，自应予以遵守。因为设立担保的行为损害了债务人的财产的，则可通过其他法律根据，如在濒临破产界限时为没有设立担保的债务提供财产担保，可以认定为欺诈性转让行为依法予以撤销。在濒临破产界限时设立债务的同时，债权人要求债务人以自己的财产设立担保的，除非是为了偿还债权人以前的没有担保的债务，则也不存在因为设立担保的行为损害债务人财产的问题，本身就不应予以撤销。当然，就债务人对以自有财产设定担保物权的债权所为的应当排除在破产撤销制度之外的个别清偿的认定与适用，应当严格其条件。只有同时具备以下条件的，才能将之作为

---

① 张志新：《对个别清偿行为行使破产撤销权的构成要件》，载《人民司法》2010年第6期。

② 最高人民法院民事审判第二庭编著：《最高人民法院关于企业破产法司法解释理解与适用》，人民法院出版社2017年版，第228页。

并非恶意的个别清偿加以处理：

一是，非破产撤销行为的个别清偿行为所清偿的债权，必须因设置抵押、质押、留置等担保物权而具有优先受偿权。此外，建设工程价款优先受偿权所对应的工程款也应归属此列。

二是，为债权所设置的担保物权必须合法、有效而且已经依法设立。所设担保物权的合同无效、应予撤销，或者因为没有依法进行登记、交付而致使物权没有设立，这种债权仍然不能享受优先受偿权，对之进行个别清偿的不能一律排除其应受撤销的性质。建设工程价款优先受偿权，则应当在规定的期限内进行主张。自建设工程竣工之日或者建设工程合同约定的竣工之日起计算未在6个月内主张的，则丧失优先受偿权，相应的工程价款则不再具有优先受偿权，对之进行的个别清偿也不能一律排除其应受撤销的性质。

三是，债权所设定的担保物权必须以债务人自有的财产予以设定。非以债务人的财产而是以他人财产（包括债务人源于各种各样的原因而占有控制的他人财产，债务人股东、关联人等的财产）设定，对此进行的个别清偿也不能一律排除其应受撤销的性质。

四是，对以自有财产设定担保物权的债权进行的个别清偿，债务清偿时担保财产的价值不得高于所清偿的债权额。换言之，所清偿的债权额大于债务清偿时担保财产的价值的，按照《破产法解释（二）》第14条的规定，属于恶意个别清偿而应予以撤销。这是因为，参照《担保法解释》第51条规定："抵押人所担保的债权超出其抵押物价值的，超出的部分不具有优先受偿的效力。"《企业破产法》第110条规定："享有本法第一百零九条规定权利的债权人行使优先受偿权利未能完全受偿的，其未受偿的债权作为普通债权；放弃优先受偿权利的，其债权作为普通债权。"据此，担保物权人对于担保物的优先受偿权仅仅局限于担保物的价值之内。担保物权人其债权超过担保物价值的部分，在破产程序中，与其他没有设立物权担保的普通债权一样，都应依法接受公平清偿，而不能接受会损害其他债权人公平清偿的恶意个别清偿。因此，债务人在特定期间内超过担保物价值对某些债权人的债权进行的个别清偿行为，因为违反公平清偿规则而仍属于破产撤销行为的范围，需要依法予以撤销。

应当指出，司法解释针对债务人在特定期间内超过担保物的价值对债权人的债权进行清偿仍属于破产撤销行为范围的规定，其后果是针对整个个别清偿行为，还是仅仅针对所清偿的债权额超过担保物价值的部分，有的认为，从司法解释所体现的司法政策来看，"从节约成本、保护有财产担保债权人利益和稳定经济的角度考虑，应当将其理解为仅撤销超过担保财产价值部分的清偿”。有的则认为：“这种观点欠妥当，难以适应司法实践的需要。从破产审判实践来看，判断债务清偿时担保财产的价值是否低于债权额，采取的是评估方式，即适用的是担保财产的评估价，而担保物权实现时需要通过拍卖的方式，适用的是担保财产的拍卖价。由于评估价和拍卖价之间存在差异，所以，该个别清偿行为被撤销时，正确的理解应当是指整个清偿行为的撤销，而非‘仅撤销超过担保财产价值部分的清偿’的个别清偿行为被整体撤销之后，担保债权人再在破产程序中就担保财产实现优先受偿权。”① 笔者认为，在此种情况下，不必在理论上作出肯定或者否定的回答。具体应由管理人根据破产案件的具体情况，基于有利于全体债权人的利益进行判断：财产增值的，整体撤销有利于债务人财产，可以整体撤销；财产贬值的，则仅仅对所清偿的债权额超过担保物价值的部分进行撤销，没有必要在形式上确定某一个标准让管理人机械地套用，而应由管理人根据实际情况基于有利于债务人财产这一实质而灵活作出判断。

2. 债务人经诉讼、仲裁、执行程序对债权人进行的但债务人与债权人恶意串通损害其他债权人利益除外的个别清偿。债权人对于到期未偿还的债权，依法通过民事诉讼、仲裁、执行程序等法定途径主张自己的权利，乃是正常所为。人民法院、仲裁机构依法对债权人的债权通过裁判、仲裁裁决等生效法律文书予以确认并要求债务人予以清偿，也是其自然之义。生效法律文书形成后，债务人无论是自动履行还是因强制执行履行生效法律文书所确定的义务，均是生效法律文书等强制执行力的必然要求。在履行后可以被任意推翻，不仅事关生效裁判、仲裁裁决等生效法律文书的权威，而且有关交易安全和经济秩序。然则，基于偏袒性恶意进行个别清偿等不法目的，债务人与债权人恶意串通，借诉讼、仲裁之名而掩盖恶意个别清偿之实以损害其他债权人利益的，甚至与仲裁机关、司法人员串通，或者通过行贿等不当的途径而致的恶意个别清偿，则应排除其不可能撤销性。是以，《破产法解释(二)》第15条规定：“债务人经诉讼、仲裁、执行程序对债权人进行的个别清偿，管理人依据《企业破产法》第三十二条的规定请求撤销的，人民法院不予支持。但是，债务人与债权人恶意串通损害其他债权人利益的除外。”其中，执行程序，不仅包括人民法院基于判决书、裁定书、调解书、仲裁裁决书、行政决定书等依法根据《民事诉讼法》的规定对债务人财产所采取的强制执行程序，又包括税务、海关等国家行政机关根据《行政强制法》第2条“本法所称行政强制，包括行政强制措施和行政强制执行。行政强制措施，是

---

① 最高人民法院民事审判第二庭编著：《最高人民法院关于企业破产法司法解释理解与适用》，人民法院出版社2017年版，第228页。

指行政机关在行政管理过程中，为制止违法行为、防止证据损毁、避免危害发生、控制危险扩大等情形，依法对公民的人身自由实施暂时性限制，或者对公民、法人或者其他组织的财物实施暂时性控制的行为。行政强制执行，是指行政机关或者行政机关申请人民法院，对不履行行政决定的公民、法人或者其他组织，依法强制履行义务的行为”采取的行政强制执行。

还有，债务人因为诉讼、仲裁、执行程序对债权人进行的个别清偿，不仅包括债权人以债务人作为被告提起的个别清偿，而且还包括虽然不是以债务人为被告而是以债务人的债务人等为被告提起的代位权诉讼、出资人补充赔偿诉讼等个别清偿之诉及其相关的执行程序。这些诉讼及其执行程序涉及的标的乃为债务人的债务人等欠付债务人的债权、出资款等义务，这些债务人对外所享有的债权、出资款等权利，在破产申请受理后均应归属于债务人财产而要由管理人统一追收。有关代位权之诉等胜诉的，债务人的债务人等在欠付债务人债务的范围内直接向债权人清偿，致使与债务人的债权债务关系消灭，导致债务人财产减少，实际乃是以债务人的财产清偿个别人的债权，亦属于个别清偿之列。根据《破产法解释（二）》第15条规定，债权人通过代位权等个别清偿之诉及其执行程序在破产申请受理前实现了个别清偿，即债务人的债务人等在破产申请受理前已经对债权人清偿完毕的，除非债务人、债权人等恶意串通损害其他债权人利益，应当允许，不能撤销。但是，债权人、债务人、债务人的债务人等出于存在关联关系等原因而恶意串通进行个别清偿的，管理人则可以依法根据《企业破产法》第32条的规定行使撤销权，请求人民法院予以撤销。

应当指出，排除在破产撤销行为之外的经诉讼、仲裁、执行程序对债权人进行的个别清偿，既包括经诉讼、仲裁、执行程序形成的判决书、裁定书、调解书、仲裁裁决书、行政决定书等法律文书生效后，债务人自动履行生效法律文书确定的债务所形成的个别清偿，又包括法律文书生效后，债务人在执行程序中因强制执行而履行生效法律文书确定的债务所形成的个别清偿，这点需要加以注意。

还应指出，对于债务人与债权人恶意串通通过诉讼、仲裁、执行程序损害其他债权人利益的个别清偿，依法予以撤销，并非对原生效法律文书的撤销，并不涉及对原生效法律文书予以撤销并执行回转的问题；而是对债务人的违法清偿债权行为的撤销，可以由破产申请受理法院按照破产撤销权诉讼直接加以解决。换言之，“在可撤销期间内，债务人恶意损害其他债权人利益，对生效判决的自愿履行或强制执行，管理人请求法院撤销的只是债务人的给付行为，而非生效判决所确认的债权。给付行为被撤销后，债权人可以通过申报债权程序主张权利”，从而“无需通过申请再审的方式撤销个别清偿行为”。在上述情况下，通过再审程序予以救济，不仅程序繁杂，耗时费力，而且还存在着地方保护主义等因素，不利于债权人利益的保护。[①] 因此，在生效法律文书所确认的债权本身没有问题的情况下，通过破产撤销权的行使，简单有效，值得肯定。当然，认为生效法律文书所确认的债权本身存在问题，如将不存在的债权通过诉讼、仲裁确认存在，将小债权确认为大债权的，即对债权本身存在异议的，则在行使破产撤销权撤销个别清偿行为之后，还需要进一步通过再审程序加以解决。也就是说，破产撤销权的行使本身不能纠正原生效法律文书本身存在的错误问题，原生效法律文书假若存在错误仍然需要通过审判监督程序加以解决。

3. 基于必要因素而进行的个别清偿。《破产法解释（二）》第16条规定：“债务人对债权人进行的以下个别清偿，管理人依据《企业破产法》第三十二条的规定请求撤销的，人民法院不予支持：（一）债务人为维系基本生产需要而支付水费、电费等的。（二）债务人支付劳动报酬、人身损害赔偿金的。（三）使债务人财产受益的其他个别清偿。”基此，基于必要因素而进行的个别清偿都应排除其可撤销性，不属于破产撤销行为的个别清偿。具体包括：

一是，债务人为维系基本生产需要而支付水费、电费等的个别清偿。为维系基本生产所必需清偿的水费、电费等债务，不及时支付，债权人就会采取断水、断电措施，致使债务人无法进行正常的生产经营服务等营业，进而不利于债务人财产的增值甚至保值。故，对在破产申请受理前6个月内发生的这种个别清偿，应当一律排除其可撤销性。但是，债务人在濒临破产甚至具有破产原因的情况下，维系生产经营服务等营业可能并非一定会使债务人的财产增值，而且还可能亏损。在亏损状态下，有的基于人数众多、停产可能引起社会稳定等各方面的考虑，依旧维系必要的生产经营服务等营业活动。此时所支付的水费、电费等必要的个别清偿，单纯从对债务人财产的角度来考虑，虽难界定为《企业破产法》第32条中的“使债务人财产受益”的情形，却依然需要作为必要的个别清偿而排除在破产撤销行为之外。

二是，债务人支付的劳动报酬、人身损害赔偿金。这种债权，既与正常的生产经营活动相关，倘若职工的基本报酬、人身损害赔偿金都得不到及时支付，难以保障基本的生产经营活动的正常进行，不利于债务人财产的增值

① 王欣新：《破产法》（第三版），中国人民大学出版社2011年版，第140～141页；最高人民法院民事审判第二庭编著：《最高人民法院关于企业破产法司法解释理解与适用》，人民法院出版社2017年版，第233～234页。

甚至保值。另外，此种债权涉及职工及其家人的基本生活权利，有的甚至成为职工的主要甚至唯一的经济来源，从生存权这一基本权利的保障角度考虑也要排除其可撤销的性质。还有，此种债权涉及的债权人人数往往较多、范围通常较广，还与社会稳定相联系，更应排除其可撤销性。在某些情况下，即使因为支付劳动报酬、人身损害赔偿金而不能使债务人财产受益，也应将之排除在破产撤销行为之外。当然，对于那些董事、监事、高级管理人员，动辄几万、几十万甚至更高的月薪，则不能按正常的劳动报酬等加以处理，而应根据《企业破产法》第3款关于“破产企业的董事、监事和高级管理人员的工资按照该企业职工的平均工资计算”的规定，将之工资限定在企业职工平均工资的范围内。超过职工平均工资的部分，固然不能一律排除其可撤销性，属于破产撤销行为的个别清偿的，应当依法撤销。

三是，使债务人财产受益的其他个别清偿。基于社会生活的多样性、复杂性，要将诸如有利于债务人财产的个别清偿一一列举，很难做到，司法解释便采用兜底条款的方式确定能“使债务人财产受益的”的其他个别清偿，均列入必要个别清偿而排除在破产撤销行为之外，具体由管理人、破产申请受理法院根据具体情况作出能否“使债务人财产受益”的实质判断，无疑有利于债务人财产及全体债权人利益的充分保护。

应当指出，债权人与债务人互负债务，债权人在债务人已经出现了破产原因且在破产申请受理前的6个月内，根据《民法典》第568条关于“当事人互负债务，该债务的标的物种类、品质相同的，任何一方可以将自己的债务与对方的到期债务抵销；但是，根据债务性质、按照当事人约定或者依照法律规定不得抵销的除外。当事人主张抵销的，应当通知对方。通知自到达对方时生效。抵销不得附条件或者附期限”的规定；第569条关于“当事人互负债务，标的物种类、品质不相同的，经协商一致，也可以抵销”的规定所做的抵销，在本质上也属于对债权人债权的个别清偿，然只要这种抵销在破产申请受理时符合了《企业破产法》第40条的规定，就应承认其效力。不然，对之加以撤销后，债权人又可根据《企业破产法》第40条的规定行使破产抵销权，无非是增加不必要的繁琐与成本，应当加以否定。当然，债权人在债务人破产申请受理前6个月内且具有《企业破产法》第2条第1款规定的“不能清偿到期债务，并且资产不足以清偿全部债务或者明显缺乏清偿能力的”情形，通过抵销权的行使方式对之债权进行个别清偿，假若不符合法律规定的条件，具体表现为具有《企业破产法》第40条第（2）（3）项规定的禁止抵销的消极条件之一的，则属无效抵销。对于这种无效抵销，管理人在破产申请受理之日起3个月内向人民法院提起诉讼主张该抵销无效的，根据《破产法解释（二）》第44条规定，人民法院应予支持。因此，在破产申请受理前6个月内，债权人在债务人具有破产原因时所为的普通法上的抵销，属于“已知债务人有不能清偿到期债务或者破产申请的事实，除因为法律规定或者有破产申请1年前所发生的原因而负担债务之外的而对债务人负担债务的”，以及“债务人的债务人已知债务人有不能清偿到期债务或者破产申请的事实，除因为法律规定或者有破产申请1年前所发生的原因而取得债权之外的而对债务人取得债权的”情形，也就是债权人对债务人恶意负担的债务，以及债务人的债务人恶意取得对债务人的债权而为的抵销，属于无效抵销，管理人应当依法提起无效抵销之诉，以维护债务人财产及众多债权人的利益。

三、破产撤销权的行使途径及方式

破产撤销权的行使，涉及债务人在破产申请受理前某些行为效力的否定，产生自始无效的法律后果，应当通过申请人民法院的途径，即采取向人民法院提起破产撤销之诉的方式进行。具体来说，应当注意：

（一）破产撤销之诉的当事人

破产撤销之诉，作为管理人依法针对债务人在破产申请受理前的一些损害债权人整体利益的不当行为而提起的诉讼，自然应以管理人为原告。[①]《破产法解释（二）》第9条第1款明确规定：“管理人依据《企业破产法》第三十一条和第三十二条的规定提起诉讼，请求撤销涉及债务人财产的相关行为并由相对人返还债务人财产的，人民法院应予支持。”据之，亦说明破产撤销之诉的原告为管理人。可有人认为，提起破产撤销之诉应以债务人名义进行，因为：

1. 根据《企业破产法》第25条关于“管理人履行代表债务人参加诉讼等职责”之规定，管理人代表债务人参与诉讼。在破产撤销之诉中，以管理人为原告，债务人为被告，就会出现管理人起诉债务人，债务人又要管理人代表参与诉讼的现象，在身份上乃相互矛盾。

2. 倘若管理人作为原告以债务人为被告提起破产撤销之诉，管理人与债务人的可撤销行为之间应当存在一定的法律关系。然而，作为法院指定的管理人，与债务人的可撤销行为之间并不存在法律关系。

3. 根据《民事诉讼法》的规定，原告与案件有直接的利害关系。在破产程序中，人民法院指定的管理人依法行使职责，代表债务人管理财产、清偿

① 吴庆宝、王建平主编：《破产案件裁判标准规范》，人民法院出版社2009年版，第131页。

债务、代表参与诉讼等，类似于一般民事诉讼的代理人，不能认为与案件有直接的利害关系，不能成为诉讼原告。

4. 按照《民事诉讼法》的有关规定，诉讼当事人必须是公民、法人或者其他组织。当事人作为其他组织，必须有一定的财产。管理人作为破产程序中的临时机构，本身并没有一定财产（当然，成为管理人的律师事务所、其他机构，或者有关人员，本身有一定财产，但不能认为是管理人的财产），不能独立成为诉讼当事人。当然，管理人行使职务不当，相关组织、个人有可能要承担民事责任，可承担民事责任的不是管理人本身，而是接受指定而成为管理人的有关组织或个人。

5. 行使撤销权的有关诉讼费用，属于破产费用，应以债务人财产进行支付。所以，也应当认为，管理人的诉讼行为，本质上是代表债务人。

6. 尽管管理人行使职责是为了使得债权人的利益得到维护，行使职务具有一定的中立性，但不能因为行使破产撤销之诉有利于全体债权人就成为独立的诉讼主体。其实，提起破产撤销之诉，首先是撤销债务人的先前不当行为而使其财产增加，获益的乃是债务人。尤其是在破产重整或者破产和解程序中，行使破产撤销权取得的财产并非一定是破产财产，一定就得用于债权人债权的清偿。

7. 《企业破产法》规定管理人行使破产撤销权、破产追回权等权利，这是从管理人职责上进行规定的，并不能必然理解为管理人作为一个独立的民事主体行使自己的权利。

8. 管理人代表债务人撤销自己先前的不当行为，本身不存在逻辑上的问题。事实上，法律并不否定民事主体对自己的不当行为进行撤销。如当事人对自己重大误解的民事行为可以申请人民法院撤销。如此理解，也不会与《民事诉讼法》等有关规定相矛盾。

与破产撤销权的原告确定还有一个问题，就是债权人是否可以成为破产撤销之诉的原告而提起诉讼。对此，联合国国际贸易法委员会《破产法立法指南》指出："破产管理人负有启动撤销程序的主要责任……破产法还可允许任何债权人在破产管理人同意的情况下启动撤销程序，如果破产管理人不同意，债权人可寻求法院的许可而启动该程序。"基此，一些国家的破产法明确规定债权人在一定条件下具有破产撤销权可以启动破产程序。然在我国，基于管理人有义务维护债权人的共同利益，在明确管理人不依法履行提起破产撤销之诉造成债务人财产不当损害应当承担赔偿责任，以防范管理人不作为现象发生的情况下，同时赋予债权人破产撤销权，不仅使得主体众多，而且可能导致对破产撤销权的行使要么争相作为要么均不作为的情况出现，对破产程序的顺利进行产生不利影响。是以，《破产法解释（二）》第9条明确规定，只有管理人才能构成破产撤销权的主体有权依法提起破产撤销之诉，债权人则不享有破产撤销权从而不能作为原告提起破产撤销之诉以启动破产撤销程序。①

至于破产撤销之诉被告如何确定，在破产理论界曾有不同主张：有的认为应以债务人为被告；有的认为，破产撤销行为系单方行为，则以债务人为被告，为双方行为，则应以行为相对人为被告；有的认为，撤销债务人的行为不涉及财产的追回，则以债务人为被告，涉及财产的追回，则应增加相对人或转得人为共同被告；有的认为应以债务人为被告，将受益人或转得人列为第三人，等等，不一而足。在司法实践中，也做法不一。基于破产程序启动后，有关债务人财产的诉讼，无论是破产申请受理前已经开始而尚未终结的案件，还是破产申请受理后启动的诉讼，均应由管理人作为债务人的法定代表进行。而破产撤销之诉由管理人提起，已经居于原告地位。如果再以债务人为被告或者为共同被告，那么，管理人又要代表债务人参加诉讼，就会造成管理人既担任原告又担任被告法定代表的现象发生，处于完全相对的诉讼两造的诉讼职能完全由管理人1人行使的局面，与现代民事诉讼程序的构造相背，《破产法解释（二）》第9条于是明确破产撤销之诉的被告为破产撤销行为的相对人，而非债务人。②

应当指出，破产撤销行为，包括6种行为。其中有的行为在撤销后，由于债务人已经将财产转移给相对人或者转得人，还存在将有关财产予以追回的问题，如对人民法院受理破产申请前1年内的无偿转让财产、以明显不合理的价格进行交易、对未到期的债务提前清偿等欺诈性转让行为，以及人民法院受理破产申请前6个月内的债务人在具有不能清偿到期债务，并且资产不足以清偿全部债务或者明显缺乏清偿能力的情形下而仍作出对债务人财产无益的恶意个别清偿行为被撤销后，就是这样。有的行为在撤销后，如债务人放弃债权的行为被撤销后，则不存在追回财产的行为。有的行为即“对没有财产担保的债务提供财产担保”的行为，既可能撤销后继续存在财产追回的问题，如对没有财产担保的债务提供质押担保，因为债务人已将质押物交付给质押权人，以及在破产申请受理前已经实现担保物权而将担保物转让给他人的，就存在财产追回的问题；担保物仍在债务人处的，则就不存在财产

① 最高人民法院民事审判第二庭编著：《最高人民法院关于企业破产法司法解释理解与适用》，人民法院出版社2017年版，第222页。

② 最高人民法院民事审判第二庭编著：《最高人民法院关于企业破产法司法解释理解与适用》，人民法院出版社2017年版，第189～190页。

追回的问题。可是，无论是否存在财产追回的问题，所有破产撤销行为都有其相对人，如放弃债权行为的相对人乃是该债权的债务人，且这些相对人因债务人实施的破产撤销行为获得了本不应该得到的不当甚至非法利益，以相对人作为破产撤销之诉的被告，能概括所有破产撤销之诉，简洁明确，并能使得相对人因破产撤销行为所获的不当甚至非法利益得到直接否定。这点与普通法上的撤销之诉不同，后者如在《民法典》合同编的撤销之诉中，根据《合同法解释（一）》第 24 条规定，债权人依照《合同法》第 74 条①的规定提起撤销权诉讼时只以债务人为被告，未将受益人或者受让人列为第三人的，人民法院可以追加该受益人为第三人，需要加以注意。

就破产撤销之诉的诉讼请求而言，有的只要申请撤销破产撤销行为即可，如放弃债权的破产撤销行为，有的仅仅要求撤销破产撤销行为尚不能起到追回财产的效果，还需要请求从相对人处追回财产，对此，也需要在诉讼请求中予以明确。而且，管理人提起破产撤销之诉所追回的财产，应当属入债务人财产，以依法清偿全体债权人的债权，让全体债权人公平受偿，而不能用于偿还个别人的债权，即进行个别清偿。

（二）破产撤销之诉的管辖问题

《企业破产法》第 21 条规定："人民法院受理破产申请后，有关债务人的民事诉讼，只能向受理破产申请的人民法院提起。"据此，管理人向人民法院针对债务人在破产申请受理前一定时期内实施的损害债权人整体利益的不正当行为提起的破产撤销之诉，应当由破产申请受理法院管辖。

（三）破产申请受理前债权人提起的撤销权诉讼如何处理的问题

根据《民法典》第 145 条规定的诸如善意相对人针对限制民事行为能力人实施的除纯获利益的民事法律行为或者与其年龄、智力、精神健康状况相适应的因而有效之外的其他需要经法定代理人同意或者追认后才有效的民事法律行为的撤销权；第 147～151 条规定的对基于重大误解实施的；对一方以欺诈手段而使对方在违背真实意思的情况下实施的；对第三人实施欺诈行为致使一方在违背真实意思的情况下实施的，对方知道或者应当知道属于欺诈的；对一方或者第三人以胁迫手段，使对方在违背真实意思的情况下实施的；对一方利用对方处于危困状态、缺乏判断能力等情形，致使行为成立时显失公平的等民事法律行为的撤销权，以及《民法典》第 538 条规定的对债务人以放弃其债权、放弃债权担保、无偿转让财产等方式无偿处分财产权益，或者恶意延长其到期债权的履行期限，影响债权人债权实现；第 539 条规定的

① 现为《民法典》第 538 条、第 539 条。

债务人以明显不合理的低价转让财产、以明显不合理的高价受让他人财产或者为他人的债务提供担保，影响债权人的债权实现，债务人的相对人知道或者应当知道该情形等的行为的撤销权，债权人对重大误解、欺诈胁迫、乘人之危以及债务人放弃债权或者无偿转让财产、以明显不合理的低价转让财产、以明显不合理的高价受让他人财产或者为他人的债务提供担保等情形也可以依法提起撤销之诉。对于破产申请受理时债权人已对债务人提起的撤销之诉，无论基于何种原因，根据《企业破产法》第20条关于“人民法院受理破产申请后，已经开始而尚未终结的有关债务人的民事诉讼或者仲裁应当中止；在管理人接管债务人的财产后，该诉讼或者仲裁继续进行”的规定，在破产申请受理后，应当依法中止。在管理人接管债务人的财产后，该撤销之诉再继续进行。在此种撤销之诉中，原告为债权人，被告为债务人，财产受益人、受让人为第三人。诉讼继续进行后，管理人作为债务人的代表，依法参加债权人提起的撤销权诉讼。

（四）破产申请受理后，债权人能否就破产撤销权的标的提起普通法上撤销权的诉讼问题

债权人提起撤销之诉的原因不属于破产撤销权的原因的，如因重大误解、一方以欺诈、胁迫手段或者乘人之危等行为提起的撤销之诉，则与破产撤销权没有关系。即使在破产申请受理后，债权人仍然可以针对债务人提起有关撤销之诉，不过应当向受理破产申请的人民法院依法提起。债权人提起撤销之诉的原因与破产撤销权的原因重合的，如债务人以放弃其债权、放弃债权担保、无偿转让财产等方式无偿处分财产权益，或者恶意延长其到期债权的履行期限，影响债权人的债权实现的，或者债务人以明显不合理的低价转让财产、以明显不合理的高价受让他人财产或者为他人的债务提供担保，影响债权人的债权实现，债务人的相对人知道或者应当知道该情形的，根据《民法典》第538条、第539条的规定，债权人具有撤销权。债务人的上述行为不是发生在破产申请受理前的1年内而是发生在破产申请受理前的1年外，债权人在破产申请受理后才知道的，债权人具有撤销权，可以依法向受理破产申请的人民法院提起普通法上的撤销之诉。债务人的上述行为发生在破产申请受理前的1年内的，管理人按照《企业破产法》第31条的规定具有破产撤销权，只能由管理人行使，管理人也有义务行使破产撤销权；债权人按照《民法典》第538条、第539条的规定具有撤销权，由债权人行使，两种权利并行，从理论上讲，两者都可以依法行使。两者同时行使，由于诉讼标的同一，必然耗费更多的人力、物力，无论是法院还是债权人、管理人，都会增加不必要的诉累。假若因为破产撤销权的行使而完全排斥债权人撤销权的行

使，也有悖于法律的规定。实事求是的做法乃是，破产撤销权与普通法上的撤销权所针对的对象合二为一时，基于管理人的职责一般应由管理人行使破产撤销之诉，这也是作为特别法的《企业破产法》与作为普通法的《民法典》《公司法》等在适用上的一般要求，即特别法上的破产撤销权应当优先普通法上的撤销权的适用。然则，基于各种各样的原因，管理人没有行使破产撤销权时，债权人为了保全债务人的财产、维护全体债权人的利益而依法行使普通法上的撤销权，与管理人享有的破产撤销权相辅相成，应当允许。不仅如此，还要注意两者的综合运用，以充分保证债务人财产的安全，切实维护全体债权人的利益。对这，《哈尔滨百货申请破产案的复函》指出："哈尔滨百货采购供应站（下称百货供应站）在负债累累的情况下，抽出其绝大部分注册资金开办哈尔滨康安批发市场，尔后，申请破产。其做法严重侵害了债权人的利益。虽然该行为未发生在法院受理破产案件前6个月内，但其是为了逃避债务，故原则上应根据《民法通则》第58条第1款第7项的规定，[①]追回百货供应站开办康安批发市场投入的2217.3万元及该市场所得的盈利，作为破产财产统一分配。"最高人民法院2001年8月10日发布实施的《关于人民法院在审理企业破产和改制案件中切实防止债务人逃废债务的紧急通知》（法〔2001〕105号）第6条指出："债务人有多个普通债权人的，债务人与其中一个债权人恶意串通，将其全部或者部分财产抵押给该债权人，因此丧失了履行其他债务的能力，损害了其他债权人的合法权益，受损害的其他债权人请求人民法院撤销该抵押行为的，人民法院应依法予以支持。"在上述规范性文件的基础上，《破产法解释（二）》第13条则进一步规定："破产申请受理后，管理人未依据《企业破产法》第三十一条的规定请求撤销债务人无偿转让财产、以明显不合理价格交易、放弃债权行为的，债权人依据《合同法》第七十四条[②]等规定提起诉讼，请求撤销债务人上述行为并将因此追回的财产归入债务人财产的，人民法院应予受理。相对人以债权人行使撤销权的范围超出债权人的债权抗辩的，人民法院不予支持。"《民商事审判纪要》第120条（债权人能否提起第三人撤销之诉）规定："第三人撤销之诉中的第三人仅局限于《民事诉讼法》第五十六条规定的有独立请求权及无独立请求权的第三人，而且一般不包括债权人。但是，设立第三人撤销之诉的目的在于，救济第三人享有的因不能归责于本人的事由未参加诉讼但因生效裁判文书内容错误受到损害的民事权益，因此，债权人在下列情况下可以提起第三人撤

① 《民法通则》第58条第1款规定："下列民事行为无效：…（七）以合法形式掩盖非法目的的。"

② 现为《民法典》第538条、第539条。

销之诉：（一）该债权是法律明确给予特殊保护的债权，如《合同法》第二百八十六条[①]规定的建设工程价款优先受偿权，《海商法》第二十二条规定的船舶优先权；（二）因债务人与他人的权利义务被生效裁判文书确定，导致债权人本来可以对《合同法》第七十四条[②]和《企业破产法》第三十一条规定的债务人的行为享有撤销权而不能行使的；（三）债权人有证据证明，裁判文书主文确定的债权内容部分或者全部虚假的。”“债权人提起第三人撤销之诉还要符合法律和司法解释规定的其他条件。对于除此之外的其他债权，债权人原则上不得提起第三人撤销之诉”。

如上所述，在破产程序中，在诉讼标的竞合的情况下，普通法上的撤销权并不因为破产撤销权这一特别法的规定而被排斥，然基于破产制度的特殊性对之作适当限制也有必要。故，司法解释规定债权人就破产撤销权的标的可以在一定条件下行使普通法上的撤销权，提起普通法上的撤销之诉。这些条件，具体为：

1. 债权人提起普通法上的撤销之诉，法律根据乃是《民法典》等有关撤销制度的规定，而不能根据《企业破产法》有关撤销权的规定提起破产撤销之诉。

2. 债权人提起普通法上的撤销之诉，其标的必须与破产撤销权的标的同一而竞合。两者标的不一，债权人依《民法典》等普通法提起撤销之诉，自不应受到破产撤销制度的影响。债权人提起普通法上的撤销之诉，在破产程序中之所以要受到一定限制，乃是源于标的与破产撤销权标的相同竞合，基于破产撤销权优先于普通法上撤销权的适用原则，从节约资源、提高效率出发而加考虑。普通法上的撤销权与破产撤销权的标的能够竞合的，则仅限于无偿转让财产、以明显不合理价格交易、放弃债权这 3 种情形。

3. 债权人提起普通法上的撤销之诉，要以管理人没有依法提起破产撤销之诉为前提。管理人依法对法定期限内应当撤销的无偿转让财产、以明显不合理价格交易、放弃债权提起了破产撤销之诉，债权人的利益能够得到维护，如前所述，债权人就没有必要再提起普通法上的撤销之诉。

4. 债权人提起普通法上的撤销之诉，其目的是维护全体债权人的利益，而非维护其个人利益。为了个人利益，即主张撤销之诉的利益归属于个人的，

---

① 现为《民法典》第 807 条。该条规定：“发包人未按照约定支付价款的，承包人可以催告发包人在合理期限内支付价款。发包人逾期不支付的，除根据建设工程的性质不宜折价、拍卖外，承包人可以与发包人协议将该工程折价，也可以请求人民法院将该工程依法拍卖。建设工程的价款就该工程折价或者拍卖的价款优先受偿。”

② 现为《民法典》第 538 条、第 539 条。

其实质乃是主张个别清偿，有悖于全体债权人在破产程序中应当公平得到清偿的基本原则，《破产法解释（二）》第13条为此明确规定，债权人提起普通法上的撤销之诉的，其必须将诉讼请求明确为“撤销债务人无偿转让财产或以明显不合理价格交易或放弃债权的行为并将因此追回的财产归入债务人财产”，以表明其提起诉讼的目的乃是为了全体债权人的利益，人民法院才能受理。否则，债权人主张以追回的财产用以清偿其个人债权的，人民法院就不应受理。因此，债权人提起普通法上撤销权的范围，并不以其对债务人的债权为限，即不受《民法典》第540条关于“撤销权的行使范围以债权人的债权为限。债权人行使撤销权的必要费用，由债务人负担”的规定约束。对此，《破产法解释（二）》第13条第2款规定：“相对人如果以债权人行使撤销权的范围超出债权人债权抗辩的，人民法院不予支持。”①

（五）破产撤销行为被撤销后的民事法律后果

破产撤销行为应当依法撤销，产生相应的法律后果。破产撤销行为的撤销，应由管理人向人民法院提起破产撤销之诉，人民法院审查认为成立的，则应对债务人在破产申请受理前一定时期内的损害债权人整体权益的破产撤销行为依法予以撤销。债务人的不当行为被依法撤销后，自始无效，进而产生恢复原状的法律后果。对这，应当注意：

1. 债务人不当行为的相对人应向管理人交付因为债务人不当行为（无偿转让财产、以明显不合理价格进行交易、对未到期的债务进行清偿、个别清偿）所获得的财产，或者因为债务人不当行为（放弃债权）的撤销而对债务人负有债务，或者因债务人为没有财产担保的债务提供担保的行为撤销，致使为之提供的财产担保失去效力等。

2. 债务人不当行为的相对人对债务人在不当行为前形成的债权重新恢复，如债务人在破产申请受理前1年内清偿的未到期债权、6个月内的个别清偿，因为该清偿行为被撤销而致相对人重新享有债权，或者因债务人为没有财产担保的债务提供担保的行为撤销而只享有没有财产担保的普通债权。这种对债务人的权利，属于普通债权的而应与其他债权一样按照破产法规定的顺序及相同的比例公平受偿；而债权人则要向管理人返还债务人向其清偿债务所履行的货币或者其他财产。

3. 债务人不当行为的相对人没有支付对价而获取的财产及权利，如债务人无偿转让财产，或者放弃债权，或者为没有财产担保的债务提供担保的等，

① 最高人民法院民事审判第二庭编著：《最高人民法院关于企业破产法司法解释理解与适用》，人民法院出版社2017年版，第223～224页。

应当依法向管理人返还或者丧失其效力。

4. 债务人不当行为的相对人在债务人的不当行为中进行了给付的，即在债务人以明显不合理的价格与之进行的交易中，债务人不当行为的相对人已经进行了给付，如相对人高价卖出财产获得高价回报，相对人将财产给了债务人，债务人给相对人高价价款。在该不当行为撤销后，管理人应当将相对人高价卖给债务人的财产返还给相对人，相对人则应将债务人支付的价款返还给管理人。相对人低价买入债务人的财产，相对人给债务人支付了对价款，债务人给相对人交付了财产，在该行为被撤销后，相对人向管理人返还财产，管理人应当将相对人支付给债务人的对价款返还给相对人，不能将相对人低价购买债务人财产支付的对价给付，作为破产债权处理。不然，要求相对人的这种支付对价款作为破产债权予以申报，则对相对人来说，有失公平。实际上，合同被撤销后，双方互负返还义务。合同被撤销后，相互返还之债属于不当得利之债。这样，债务人向债权人返还价款，属于返还不当得利，根据《企业破产法》第42条第（3）项的规定，此种债务属于共益债务，也应由债务人财产随时支付。对此，《破产法解释（二）》第11条规定，人民法院根据管理人的请求撤销涉及债务人财产的以明显不合理价格进行的交易的，买卖双方应当依法返还从对方获取的财产或者价款。因撤销该交易，对于债务人应返还受让人已支付价款所产生的债务，受让人请求作为共益债务清偿的，人民法院应予支持。

5. 债务人不当行为的相对人因被撤销行为而取得的财产，如因债务人无偿转让，以明显不合理的低价出售，在破产申请受理前1年内清偿未到期债务，破产申请受理前6个月内的个别清偿而取得的财产，以及债务人因明显不合理的高价买入的财产，已不存在或者毁坏丧失而无法返还的，则应根据不当行为时的价值以货币形式按照上述情况予以返还。

（六）破产撤销行为转化为刑事犯罪行为的法律后果

根据《刑法》有关规定，有的破产撤销行为，如国有公司、企业、事业单位的工作人员，利用职务便利以明显高于市场的价格向自己的亲友经营管理的单位采购商品或者以明显低于市场的价格向自己的亲友经营管理的单位销售商品，致使国家遭受重大损失的行为；上市公司的董事、监事、高级管理人员违背对公司的忠实义务，利用职务便利，无偿向其他单位或者个人提供资金、商品、服务或者其他资产的，以明显不公平的条件，提供或者接受资金、商品或者其他资产的，向明显不具有清偿能力的单位或者个人提供资金、商品、服务或者其他资产的，为明显不具有清偿能力的单位或者个人提供担保，或者无正当理由为其他单位或者个人提供担保的，无正当理由放弃债权、承担债务的，致使上市公司利益遭受重大损失的行为，这些行为已从破产撤销行为转化为刑事犯罪行为，不仅在刑事上应当追究有关人员的刑事责任，在民事上则由破产撤销行为转化为无效行为，应按无效行为处理。

（七）管理人未对破产撤销行为提起破产撤销之诉的法律后果

对于人民法院受理破产申请前1年内，涉及债务人财产的诸如无偿转让财产的，以明显不合理的价格进行交易的，对没有财产担保的债务提供财产担保的，对未到期的债务提前清偿的，放弃债权的行为，以及人民法院受理破产申请前6个月内，债务人有本法第2条第1款规定的情形即在不能清偿到期债务，并且资产不足以清偿全部债务或者明显缺乏清偿能力的情形下，仍对个别债权人进行清偿等而使债务人财产遭受损害的行为，会给债务人的财产造成损失，损害众多债权人的利益，而满足个别人包括债权人的私利。因此，《企业破产法》第31条、第32条明确规定，管理人有权请求人民法院予以撤销。管理人有权请求撤销，乃是从权利的属性给管理人授权，基于管理人具有保管、维护好债务人财产的义务，依法对上述破产撤销行为向人民法院请求撤销，也是其职责所在。疏于职守甚至玩忽职守而不依法行使破产撤销权导致债务人财产不当损失的，则还可能由此承担相应的法律责任。对这，《破产法解释（二）》第9条规定，管理人依据《企业破产法》第31条和第32条的规定提起诉讼，请求破产撤销涉及债务人财产的相关行为并由相对人返还债务人财产的，人民法院应予支持。管理人因过错未依法行使破产撤销权导致债务人财产不当减损，债权人提起诉讼主张管理人对其损失承担相应赔偿责任的，人民法院应予支持。

应当指出，管理人因过错未依法行使破产撤销权导致债务人财产不当减损的，应当承担赔偿责任。这种赔偿责任的构成，应当严格其条件，而不能将之任意泛化。具体来说，必须同时满足以下4个方面的条件，管理人才能承担这种赔偿责任：

1. 管理人必须存在没有依法行使破产撤销权的行为。是否依法，重点要看管理人是否已经发现了债务人的破产撤销行为。发现了债务人的破产撤销行为，不论是在接管、调查债务人财产的过程中自身发现，还是债权人或者其他知情人告诉得知，以及审计机构在履行职责时发现后告知或者通过其他途径发现，都应依法提起破产撤销之诉。至于发现后只是没有及时提起破产撤销之诉，一般不能作为没有依法行使破产撤销权的根据。只要破产撤销之诉没有因为管理人的不作为而丧失提起的权利，或者过晚导致债务人的财产根本无法追回的等特定情况，就不应认定为没有依法行使破产撤销权。

2. 债务人的财产必须出现了不当减损的后果。管理人没有行使破产撤销权，可通过其他途径如债权人行使普通法上的撤销权追回了财产，就因为没有不当减损而不应承担赔偿责任。债权人承担的一些合理费用，有的认为应由管理人承担，笔者认为并不妥当，应作为破产费用予以处理。这是因为，债权人已经提起普通法上的撤销之诉，管理人再提起破产撤销之诉反而是浪费人力、物力，自然不妥。

3. 管理人未依法行使破产撤销权的行为与债务人财产出现的不当减损结果之间，必须存在着直接的、必然的因果关系。换言之，债务人财产出现的不当减损结果完全是因管理人未依法行使破产撤销权的行为所致。也就是说，管理人依法行使了破产撤销权，债务人的财产就不会出现不当损害的结果。否则，管理人即使提起了破产撤销之诉，也不可能从相对人或者转得人处追回财产，如有关财产因不可抗力已经毁灭的，相对人已经处理了有关财产且已进入破产程序无法承担有关责任的，等等，两者之间就不能认为具有因果关系。

4. 管理人没有依法行使破产撤销权的行为在主观上必须具有过错，或出于故意，或存在重大过失。管理人不存在过错，如无偿转让行为，相对人已经将财产转让给他人且已停业，经过调查也没有发现其具有价值的财产，行使破产撤销权的目的难以达到，或者行使破产撤销权的成本如诉讼费比追回的财产价值相对很小甚至还高，管理人基于各种因素考虑而没有行使甚至放弃破产撤销权的行使，就应允许。管理人没有行使破产撤销权，是否妥当，是否均具有过错，需要具体情况具体分析，不能仅仅根据债务人财产存在减损及管理人没有行使破产撤销权的表象就得出管理人存在过错并让之承担赔偿责任的结论。

四、破产撤销权的行使需要注意的几个问题

在破产司法实践中，为了正确发挥破产撤销制度的功能与作用，充分保全债务人的财产，维护全体债权人的利益，保障破产程序的顺利进行，对之的行使还有一些问题需要注意：

（一）破产撤销行为，可能与普通法上的撤销行为甚至无效行为存在竞合，在此情况下，管理人依法可以行使破产撤销权

1. 我们知道，在正常情况下，债务人无偿转让财产、提前清偿未到期的债务、放弃债权，或者偿还到期债务等，通常属于有效，尤其是向个别债权人清偿到期债务更没有问题。但是，这些行为也并非一定有效，如股东会或者董事会研究决定将财产无偿转让给股东、工作人员，或者豁免股东、工作人员的债务，就可能涉嫌职务侵占等犯罪而无效，发生在破产申请受理前一

定期限内的，这种普通法上的无效行为则又构成了破产撤销行为。对于无效甚至构成犯罪的刑事犯罪行为，有的还由债务人与他人的恶意串通或者以贿赂等各种各样的手段通过司法文书如调解书等对之的所谓有效性进行了确认。要对之加以否认，根据《民法典》等普通法的规定，则需要通过再审程序加以解决。这时管理人就要代表债务人承担举证责任，就无效甚至刑事犯罪行为的事实举证，而这是一个异常复杂的过程。加上有的生效法律文书已经生效多年，有的远在外地，要想推翻生效文书的结论非常之难。而在具有破产原因濒临破产的情况下，债务人仍实施无偿转让、放弃债权等破产撤销行为，即使在普通法上属于无效，根据《企业破产法》第 31 条、第 32 条的规定也应对之行使破产撤销权予以撤销。管理人只要判断债务人的欺诈性转让、恶意个别清偿行为发生在嫌疑期内，无论该行为在普通法上是否应当撤销以及已被生效法律文书确定的行为是否无效等，即可提起破产撤销之诉，人民法院于是依法裁判撤销，简单明了，既可提高诉讼效率，又利于债务人财产的充分保护。

2. 倘若认为破产撤销行为在任何情况下只包括普通法上的有效行为，而否定一定情况下与普通法上的撤销、无效行为可能存在竞合的可能，那么，在某一普通法上的无效行为确实构成破产撤销行为的情况下，管理人也只能按照普通法上的规定主张权利。对于可撤销行为而言，由于撤销权行使期限的限制往往早已超过而无法行使。另外，按普通法的规定主张撤销、无效，必须按普通法上的规定就撤销、无效的条件、事实等进行举证，这样一来异常复杂。而且，债务人进入破产程序后，不论是有意还是无意，其有关证据材料通常都残缺不全，尤其是债务人基于不法目的而实施破产撤销行为时，会隐瞒、毁灭有关证据，管理人难以发现，在债权人申请债务人破产而债务人的股东等不愿意破产的情况下，也不会配合管理人搜集有关证据。所以，认为破产撤销行为不包括普通法上的可撤销行为以及生效法律文书已经确认为有效的无效行为，可撤销行为、否定再审确定有效的无效行为应当按照普通法上的可撤销、再审程序等加以处理，无疑不当。

3. 《企业破产法》第 31 条、第 32 条规定了嫌疑期内的欺诈性转让、恶意个别清偿行为均属于破产撤销行为。只要属于这一期限内的无偿转让、放弃债权、恶意个别清偿等，就应予以撤销，而没有必要再按照普通法的规定判断是否属于撤销、无效乃至刑事犯罪行为。否则就是要求管理人、人民法院就破产撤销之诉的主张、审理再加上普通法上的判断，自会增加诉累，不利于诉讼效率及破产程序的顺利进行。

4. 根据《企业破产法》的规定，发生在嫌疑期内的欺诈性转让、恶意个别清偿，在普通法上即使有效也应予以撤销而否定其效力，举轻以明重，对于发生在嫌疑期内的欺诈转让、恶意个别清偿，属于撤销、无效甚至刑事犯罪行为的，则更要加以否定。在某一行为同时属于普通法上的撤销、无效行为及破产撤销行为的情况下，根据特别法优于普通法的适用原则，在破产程序中直接通过破产撤销制度加以否定，远利于通过普通法上的撤销、无效甚至刑事犯罪行为的否定。在破产撤销行为与普通法上的撤销、无效行为竞合的情况下，不能捆住自己的手脚，认为只能按普通法上的有关制度加以处理，就会影响甚至妨碍破产程序的及时、顺利进行。

（二）破产撤销中的欺诈性转让行为既包括生效法律文书确定的行为，又包括没有为生效法律文书确定的行为

在司法实践中，一些债务人与相对人恶意串通，将发生在嫌疑期内的欺诈性转让行为通过诉讼、仲裁的方式予以确认，尤其是为了加快诉讼的速度通过调解方式结案，企图使之行为合法化。对此，对于这些发生在嫌疑期内的欺诈性转让行为即使通过了诉讼、仲裁的方式予以确认，也属于破产撤销行为，管理人应当对之主张撤销之诉而予以撤销。不然，债务人在具有破产原因的情况下，相对人都可通过此种方式来规避破产撤销制度，破产撤销制度就会形同虚设而没有任何意义。

应当指出，有的认为，经过法律程序尤其是诉讼生效法律文书确定的债权，管理人不能撤销，应当通过再审程序加以否定。我们知道，再审程序必须以生效法律文书存在错误等为前提，且有一定的时间限制。而事实上，从普通法上这些法律文书确定的债权本身可能属于有效并不存在错误需要再审的情形；即使有错，期限也可能通过，有关证据源于各种各样的原因无法找到，这种主张明显与破产法设立破产撤销制度的意旨与目的相背，不利于债务人财产的保护，应当加以否定。

至于个别清偿行为，假若依法通过诉讼、仲裁、执行程序进行的，除非属于债务人与债权人恶意串通损害其他债权人利益，根据《破产法解释（二）》第 15 条规定，则不属于破产撤销行为，不应予以撤销。这点需要加以注意。

（三）破产撤销行为具有不同类型，一般情况下并不会重叠，可在特定情况下并不排除重叠的可能

根据《企业破产法》第 31 条、第 32 条规定，破产撤销行为具体包括欺诈性转让与恶意个别清偿两大类型。前者又包括无偿转让财产、以明显不合理的价格进行交易、对没有财产担保的债务提供财产担保、对未到期的债务提前清偿、放弃债权等 5 种行为，一般情况下，之间不会重叠而发生竞合，

然经济行为异常复杂，变化多样，在特定情况下也可能出现重合即某一行为同时符合法律不同条文的规定从而属于不同法律规定调整规范的情形，这在理论上称之为法条竞合，在司法实践中屡见不鲜。如债务人在嫌疑期内为他人没有财产担保的债务无偿提供财产担保，就同时属于《企业破产法》第31条第1、3项规定的无偿转让行为及对没有财产担保的债务提供财产担保的行为。对这，有的认为，《企业破产法》第31条第3项规定的“对没有财产担保的债务提供财产担保的”行为，仅指债务人对自己没有财产担保的债务提供财产担保的行为，而不包括对他人没有财产担保的债务提供财产担保的行为，没有任何法律根据。事实上，债务人对自己没有财产担保的债务提供财产担保的，都应予以撤销；对于他人没有财产担保的债务提供财产担保的，更会损害债权人的利益，更应予以撤销，在《企业破产法》的规定文义并没有将“对他人没有财产担保的债务提供财产担保的”行为排除在外的情况下，对之加以限制性解释，不利于管理人依法行使破产撤销权，进而不利于充分保全债务人财产。

应当指出，上述主张对他人没有财产担保的债务提供财产担保的行为不属于《企业破产法》第31条第3项规定的行为，并非一定主张这种情形不属于破产撤销行为。有的只是主张这种情形乃属于《企业破产法》第31条第1项规定的无偿转让行为。我们知道，无偿转让，从普通法上且按照通常理解，除非明确系无偿提供担保，否则就很难包括为他人的债务提供财产担保的情形，也正因为这样，尽管破产法专家以及一些国外破产法明确规定，债务人在嫌疑期内为他人提供的担保属于无偿转让，可因我国破产法没有明确规定，司法实践中不乏从普通法上作一般理解，通常甚至根本不认同为他人提供担保的行为属于无偿转让行为，导致债务人在嫌疑期内为他人没有财产担保的债务提供财产担保的行为无法撤销。出现某一行为同时符合破产法的不同法条甚至是同一法条的不同情形的规定的，应当基于法条竞合情况加以处理，而不要拘泥是这种就不是那种，而不同的人又认为不是这种是那种的相互扯皮的现象发生。这样的话，其结果固然不利于债务人财产的维护及破产程序的进行。其实，即使理解不一、存在争议，基于破产程序这一维护全体债权人利益、事涉众多债权人甚至关乎社会稳定的情况，只要符合破产法的规定，就应当按照破产法的规定办，而不应将破产法的规定随意加以限制而作狭义解释。相反，破产法作为特别法，在与普通法相互冲突的情况下，应当尽量扩充破产法的内涵与外延，限制普通法的内容与外延，进而充分发挥破产程序以维护全体债权人利益的功能。

（四）*破产撤销权的行使并不一律排除普通法上的一般撤销、无效制度的辅助适用*

如前所述，破产撤销行为在普通法上可能属于可撤销行为、无效行为。另外，破产撤销行为仅仅是发生在嫌疑期内的欺诈性转让、恶意个别清偿行为，而在嫌疑期外还可能存在一些普通法上的可撤销行为、无效行为。这些普通法上的可撤销行为、无效行为，又属于破产撤销行为的，应当优先适用破产撤销制度而通过破产撤销之诉予以撤销，管理人没有提起破产撤销之诉，债权人也可依照普通法的规定提起撤销之诉；本身不属于破产撤销行为的，则只能根据普通法的有关规定提起撤销、无效之诉，以保全债权人财产，维护全体债权人的利益。

第四节　破产无效行为确认权

一、破产无效行为的概念与特征

破产无效行为，是指由破产法规定的债务人实施的会给债权人整体利益造成严重损害便于法律上在任何时候都不承认其效力的行为。其具有以下基本特征：

（一）*破产无效行为系为破产法规定的行为*

破产无效行为，首先为法律规定，即哪些行为属于破产无效的行为，破产无效行为的法律后果，以及破产无效行为的救济途径等问题，均为法律规定。从这种意义上来说，破产无效行为也具有法定性，不得随意扩大其范围，以给交易安全、社会经济秩序乃至社会秩序稳定产生不利影响，然也不能随意限定其范围。破产无效行为属于法律规定的严重损害债权人整体利益的不法行为，应当依法不承认其效力，以维护债权人的合法权益。其次为破产法律所规定，具体来说为狭义的破产法即《企业破产法》规定的严重损害债权人整体利益的行为。在现实生活中，存在着各种各样的损害国家、集体利益及他人权益的行为，由其他法律规定为无效行为，尽管亦会产生不承认其效力的法律后果，可没有为破产法律规定，亦不属于破产无效行为。如《民法典》第 144 条、第 146 条规定，无民事行为能力人实施的；行为人与相对人以虚假的意思表示实施的民事法律行为无效；第 153 ~ 154 条规定的，违反会导致有关行为无效的法律、行政法规的强制性规定、公序良俗的；行为人与相对人恶意串通，损害他人合法权益的民事法律行为无效。基此，行为人与相对人恶意串通，损害他人合法权益等行为，属于合同无效行为。合同无效行为，属于合意的双方行为，所损害的一般是当事人之间的利益，有的当事人之间的行为还可能造他人合法权益的损害。无论哪种损害，都是对特定主体的损害。此外，由《刑法》规定的犯罪行为，在民事上应当属于无效行为，其虽然可能是行为人的单方行为，也可以是与相对人共同进行的恶意双方行为，如非法买卖枪支、弹药、毒品的行为，这些行为，不仅会给有关特定的当事人造成损害，而且危及整个社会公共利益甚至国家安全利益，不仅在民事上无效即不承认其效力，需要承担相应的民事责任，即对其财产表现出一定效力，要求其以财产承担，而且在刑事上还要依法追究其刑事责任，即对其人身表现出一定效力，要对其人身产生限制。破产无效行为，则为《企业破产法》所规定，既可表现为债务人的单方行为，也可表现为与他人恶意串通的双方行为，会给债务人的一切债权人的整体利益造成损害，根据破产法的规定，应当归于无效。然而，这种破产无效行为，亦可能包括在其他法律规定的无效行为之中，如破产无效行为可能属于《民法典》第 153 条规定的“除不能导致该民事法律行为无效外的违反法律、行政法规的强制性规定的无效民事法律行为”情形之中，属于法务竞合，根据特别法优先于普通法的适用规则，应当按破产无效行为处理，而不按一般的合同无效行为处理。公司、企业通过隐匿财产、承担虚构的债务或者以其他方法转移、处分财产，实施虚假破产，严重损害债权人或者其他人利益的破产无效行为，根据《刑法》第 162 条之 2 的规定，可以构成虚假破产犯罪，需要追究刑事责任。个人实施的有关行为，还可能构成贪污、职务侵占等犯罪行为，具体应当根据行为的性质加以认定。

（二）破产无效行为系由债务人及其有关人员实施的行为，即破产无效行为的主体为债务人及其有关人员

合同无效行为的主体为双方当事人，破产撤销行为的主体虽然为债务人，仍然具有相对人，如无偿转让财产的受益人，以明显不合理价格进行交易的出卖人或者受让人等；而破产无效行为的主体则不一定有特定的相对人，如隐匿、转移财产，虚构债务等就不一定有相对人，当然，承认不真实的债务则可能存在相对人。尤其应当注意的是，破产撤销行为的主体为债务人本身，有关单位工作人员实施的不属于债务人单位的行为，属于无效行为、无权处分或者《民法典》中的可撤销行为；而破产无效行为的主体既包括债务人，又包括债务人的工作人员。

应当指出，《企业破产法》第 31 条、第 32 条明确规定破产撤销行为为债

务人所为，非债务人所为的行为，不能构成破产撤销行为。而对破产无效行为，《企业破产法》第33条并未明确指出其主体，只是规定“涉及债务人财产的下列行为无效”。涉及债务人财产的行为，既包括债务人自己涉及债务人财产的行为，又包括债务人及其工作人员以外的其他人针对债务人财产实施的涉及债务人财产的行为。后者，单从“涉及债务人财产的下列行为无效”的表述中，无法排除，似乎债务人及其有关工作人员以外的其他人实施的涉及债务人财产的行为，也可以构成破产无效行为。可结合第33条后面的规定，“为逃避债务而隐匿、转移财产的，虚构债务或者承认不真实的债务的”行为，只能为债务人及其工作人员所为，其他人即使实施也是在债务人指使下或者共同恶意串通下所为，也可归属于债务人或者工作人员的行为。是以，债务人及其工作人员以外的单独且纯粹的针对债务人财产实施的隐匿、转移等行为，不能属于破产无效行为。即使无效也应根据其他有关法律加以处理。

（三）破产无效行为的对象是针对债务人的财产所为

不是针对债务人的财产而是针对债务人财产以外的财产，如管理人隐匿、转移他人的财产，即使无效，也为一般无效行为，而不能以破产无效行为论处。

（四）破产无效行为的发生一般没有期限限制，可对个别清偿行为则要求发生在破产申请受理后才属于无效

如前所述，破产撤销行为必须发生在破产申请受理前的一段时间内，在此段时间外，实施的有关行为不属于破产撤销行为。破产无效行为，则由于严重损害债权人的利益，有害于经济秩序与社会秩序，一般情况下，无论是发生在破产申请受理前还是发生在破产申请受理后，都应加以否定。对于个别清偿中的无效行为，却要求发生在破产申请受理后。

（五）破产无效行为的实施不以债务人具有破产原因为前提

破产撤销行为中的个别清偿行为，不仅要求发生在破产申请受理前6个月内，而且还要求是在具有《企业破产法》第2条第1款规定的情形，即“不能清偿到期债务，并且资产不足以清偿全部债务或者明显缺乏清偿能力”的情况下实施的个别清偿，才属破产撤销行为。而破产无效行为则没有这一限制，无论债务人是否具有“不能清偿到期债务，并且资产不足以清偿全部债务或者明显缺乏清偿能力”的破产原因，经营状况是否良好，一旦实施了“为逃避债务而隐匿、转移财产，虚构债务或者承认不真实债务的”行为，就属于破产无效行为。

（六）破产无效行为的内容与方式仅限于破产法规定的特定情形

具体来说，仅限于涉及债务人财产的为逃避债务进行隐匿、转移财产的

行为，虚构债务或者承认不真实债务的行为，以及破产申请受理后实施的个别清偿行为。除此之外的其他行为，如针对债务人财产的毁损行为，私分、侵占等不以逃避债务为目的而进行的隐匿、转移财产的行为，以及破产程序中债务人实施的《民法典》第 144 条、第 146 条规定的，无民事行为能力人实施的；行为人与相对人以虚假的意思表示实施的；第 153 ~ 154 条规定的，违反会导致有关行为无效的法律、行政法规的强制性规定、公序良俗的；行为人与相对人恶意串通，损害他人合法权益的等民事法律行为，虽属于无效行为，然不属于破产无效行为。

（七）破产无效行为的法律效果表现为在任何时候都确定不会发生任何效力

破产撤销行为，除与普通法上的无效行为发生竞合之外，均属于已经成立并发生了效力，必须经过依法撤销后才使其效力得以否认而自始无效；在被依法撤销前，其仍然具有效力，这种自始无效属于对以前已经发生效力的行为追及性否定。要经过批准才生效或者所附生效条件、期限尚未成就的未生效行为，无权处分、对方知情的无权代表、无权代理等效力待定行为，其本身还存在发生效力的可能性，如经权利人追认等就可发生效力。而无效行为，则一开始就确定不发生任何效力，既不存在可以发生效力的可能性，也不存在发生效力后再对其效力加以否定的问题。可是，破产无效行为确定不能产生法律效力，是指不能达到行为人实施该行为的目的及意思表示所希望达到的后果，而不是说不会发生任何法律后果。如破产无效行为的实施，其法律后果必然要求对其确认无效而加以否认，因为无效行为造成他人损害的，则应依法赔偿损失，等等，就都是破产无效行为的法律后果。这种法律后果与破产无效行为的不能发生任何效力是性质不同的两回事，应当注意加以区分。

（八）破产无效行为确认权的行使，任何人在任何时间都可依法进行

如前所述，破产无效行为因为严重损害债权人合法权益，及市场经济秩序与社会秩序，确定不发生任何效力，任何人都有权依法主张其无效。不仅如此，不受方式及当事人的承认、除斥期间、诉讼时效期间等任何限制。一旦发现属于破产无效行为，任何人就都可依法主张无效。这点与破产撤销行为不同，破产撤销行为并非自然无效，其已经成立并且已经发生效力，只有依法撤销时才发生自始无效的法律后果，在依法撤销前依然有效。因为已经发生效力，为了交易安全及市场秩序的稳定，对其效力加以否定，应当慎重。因此，《企业破产法》明文规定由管理人行使破产撤销权，并要求通过申请人民法院的途径即提起破产撤销之诉的方式进行。

二、破产无效行为的内容与方式

根据《企业破产法》第16条、第33条的规定，破产无效行为，具体包括5种类型：

（一）为逃避债务而实施的隐匿债务人财产的行为

所谓隐匿财产，是指债务人及其工作人员以逃避债务为目的而实施的隐瞒、藏匿财产的行为。其中，隐瞒财产，是指将债务人财产的真实状况加以掩盖，而不让他人知道的行为，如对债务人财产的信息不依法予以披露；不在财务、资产报表、财产清单上作记载或者虽作记载却作虚假记载；在接受有关债务人财产的调查询问时，拒不回答或不作真实的回答；不按要求提供有关财产的资料与证据，等等。

所谓藏匿财产，则是指将债务人财产隐藏而不让发现的行为，如将债务人的财产藏放在他人难以发现的地方或者放在他人之处；将收入现金直接以私人或者其他单位的名义存入银行；让债务人的债务人直接向关联公司履行、清偿债务，将债务人清偿债务的资金、财产直接交付关联公司加以藏匿，而不让人发现；将债务人财产的物理形态加以改变而予以藏匿，而使他人不能发现属于债务人的财产，等等。不管藏匿的地点在何处，也不管藏匿的方式如何，只要使人无法像正常情况那样发现该财产，则就构成对债务人财产的藏匿。

就主观而言，无论是隐瞒财产还是藏匿财产，都必要求为了逃避债务人所负债务这一目的。隐瞒、藏匿财产的目的不是为了逃避债务，如在能够清偿他人债务的情况下，为了私分盈利而事先实施的隐瞒、藏匿财产的行为，就不能以破产无效行为论。当然，债务人不能或不想清偿债务而隐瞒、藏匿，同时将隐瞒、藏匿财产用于私分或者其他目的的，则仍不会影响对其逃避债务目的的认定。

（二）为逃避债务而实施的转移债务人财产的行为

所谓转移财产，是指将债务人通过将财产从一个地方变换至另一地方即改变财产的物理位置、处所等途径而为他人占有、自己表面上从而丧失控制的行为，如将债务人账户的资金取出存入私人账户或者直接转入关联公司账户；将债务人的机器设备等动产转移交付给他人或者转移至另一地方；将债务人的应当登记的财产如土地使用权证、探矿证、采矿证、汽车、商标、专利等登记过户至个人或者其他单位名下；通过分立企业、新设企业或者对外投资的名义将财产转入分立企业、新设企业或者对外投资的企业；将财产通过信托、保管、赊销等方式交付给他人，等等。如此，从广义上讲，转移财产行为与隐瞒、藏匿财产，在表现方式往往相似。隐瞒、藏匿财产的过程中，往往要转移财产。两者的主要区别在于转移财产不像隐瞒、藏匿那样具有秘密性，其更强调其公开性。另外，隐匿的财产往往仍为债务人或者其工作人员直接所控制；而转移财产，一般是债务人对该财产已经占有、支配，然后通过各种方式转移给他人，造成他人对该财产占有，让人无法发现属于债务人财产这一事实真相。故，转移财产的同时，通常都会伴随着伪造有关合同、转移事由等不法行为。同样，转移财产的行为构成破产无效行为，必须以债务人及其工作人员出于逃避债务的目的。转移的是盈利财产，能够清偿他人债务，或者为了履行正常债务而将财产履行给债权人的行为，则不属于破产无效行为。在无力清偿他人债务的情况下，为逃避债务而实施的财产转移行为，才可认定为破产无效行为。一般情况下，在破产申请受理后，债务人及其工作人员通过虚假理由转移财产的行为，都可推定属于为逃避债务实施的破产无效行为。在债务人及其工作人员于破产申请受理前具有破产原因时通过虚假理由实施的转移财产行为，一般也可推定属于为了逃避债务的目的而实施的转移财产行为。在不具有破产原因的情况下，通过虚假理由转移财产的，除非有确实充分证据证明其就是为了逃避债务，不然就不能认定是为了逃避债务这一目的。

（三）虚构债务的行为

所谓虚构债务，是指在对他人债务并不存在的情况下，通过伪造借条、合同等各种证据以证明并不存在的债务存在的行为。既可以通过虚构债权主体，如伪造并不存在的单位或者个人或者已经丧失民事主体资格的主体，声称对其负有债务，也可以在民事主体存在的情况下，本来对其不负有债务，通过各种虚假的证据证明对其负有债务。既可以与他人恶意串通，在之间并不存在债权债务关系的情况下，通过伪造合同、侵权等事实来证明并不存在的虚假债务存在，也可以不与他人串通，如在他人并不知情的情况下，对于他人并不存在的债权债务，债务人或者其工作人员通过伪造虚假的合同、侵权等事实来进行虚构。在司法实践中，为了将虚构的债务合法化，有的债务人与相对人还恶意串通，通过虚假的诉讼、仲裁等法定程序来虚构债务或者承认不真实的债务，这种行为的方式更具有欺骗性，应当加以注意。总之，虚构债务，无论属于哪种情况，只要是对并不存在的、没有发生的债务进行虚构，都会增加债务人财产负债的比例，降低债权人的清偿比例，这与债务人及其工作人员在不增加债务的情况下而直接通过隐匿、转移财产造成债务人财产的减少，降低债权人受偿比例，可谓是殊途同归。

（四）承认不真实债务的行为

所谓承认不真实的债务，是指对他人并不存在或者虽然存在却与客观事实不符的债务予以肯定、认可的行为。

1. 承认不真实债务，是在他人主动向债务人主张债权的情况下而进行的肯定、认可的行为，不存在他人主张权利的前提，也就不存在债务人承认的问题，承认必以他人向债务人主张权利为前提。不存在他人对债务人主张权利的情况，而是债务人主动对他人并不存在的债权进行虚构，则属于虚构债务的行为。因此，虚构债务具有主动性，而承认不真实的债务则具有被动性，前者主观恶性更大。

2. 承认不真实债务，既包括在与他人根本不存在任何债权债务关系的情况下对不真实的债务的承认，又包括在与他人存在债权债务关系的情况下，对真实债务以外的其他并不存在的、没有发生的债务的承认，以及与存在的债务内容并不符合的债务的承认，如对他人负有100万元合同之债，却承认负有200万元合同之债，对于多出的100万元就是对不真实债务的承认。

3. 承认不真实债务，既包括对不真实债务的全部承认，又包括对不真实债务的部分承认。

4. 承认不真实债务，既包括对完全不存在的、没有任何债权债务发生根据的债权债务的承认，又包括债权债务本来存在但与其内容并不符合的债权债务关系的承认，如承认并不存在的违约事实，致使债务增加；承认虚构的诉讼时效中止、中断的事由；不具有优先受偿权的债务承认为有优先受偿权的债务，没有担保的债务承认为有担保的债务，等等。但对于违约事实存在，只是承认更为严重，或者对诉讼时效已过的债务，于诉讼时效后承认的偿还，并不属于对不真实债务的承认。诉讼时效已过，对他人并不存在的于诉讼时效期间主张过债权这一事由的承认，则属于对不真实债务的承认。

5. 承认不真实债务，既包括对他人并不存在的主债务进行的承认，也包括对他人并不存在的从债务进行的承认，如对并不存在的保证债务、抵押权、质权、留置权、定金等债务的承认等。

6. 承认不真实债务，无论是债务人还是他人，必须都存在故意的恶意。因为对债务存在争议的有关证据的理解而对本来不存在的债务的非故意的承认，如他人持有债务人的借条但该债务实际不存在，债务人并不知道而对其承认，则不属于破产无效行为。他人伪造与债务人之间的合同而对债务人主张权利，新的法定代表人或者负责人出于对他人的信任没有核实而作的承认；他人主张债务人的某一行为违约，债务人对这一存在的行为理解为违约，但依法实际并不违约的承认，等等，同样因债务人并非出于故意，不能认定为破产无效行为。此时，他人出于恶意的向债务人主张债权的行为，属于欺诈、诈骗等违法犯罪行为，应根据《民法典》《刑法》等规定的合同无效行为、可撤销行为或者犯罪行为论处。

（五）债务人在破产申请受理后对个别债权人进行的个别清偿

破产申请受理后，所有债权都应依法进行申报并依法受偿，债务人不能对其进行个别清偿。如果允许债务人在破产申请受理后可以根据其与债权人的亲疏远近确定清偿的数额、顺序，进行个别清偿，那么，对其启动破产程序就没有任何意义，债权人的债权得到公平清偿的目的就根本无法实现。所以，在破产申请受理后，《企业破产法》第16条明确规定，债务人对个别债权人进行的个别清偿无效。

应当指出，对于具有财产担保的债权人债权，债务人在破产申请受理后是否能够进行个别清偿，进行个别清偿的是否必然归于无效，有不同看法。有人认为，债务人对有财产担保的债权进行个别清偿的，应当允许、有效。笔者认为，此种对于具有财产担保的债权进行个别清偿的行为，除非有益于债务人的财产，依然无效。原因如下：

1.《企业破产法》第16条明确规定："人民法院受理破产申请后，债务人对个别债权人的债务清偿无效。"据之，并未将债务人对具有财产担保的债务进行个别清偿的行为排除在外。

2. 破产申请受理后，除重整期间由其自行管理财产和营业事务，以及执行重整计划、达成和解协议之外，债务人对其财产丧失包括管理、处分在内的一切权利，有关权利都应移交管理人统一行使。是以，包括对具有财产担保的债权在内的所有债权的清偿都应由管理人进行。债务人在破产申请受理后的个别清偿，无论是对具有财产担保债权的清偿，还是对其他债权的清偿，都属于无权处分或者无权代表的行为，除非得到管理人的追认，确定而不能发生效力。

3. 具有财产担保的债权是否存在，存在时债权的多少，是否有效，以及担保是否存在，是否合法有效，担保物价值及其能够变现的多少，等等，在破产申请受理后，都需要依法进行审查。对于依法并不存在、不能成立或者无效的债权，以及并不存在、不能成立或者无效的担保物权都要加以否定，对于担保物的价值应当充分实现。如果允许债务人对具有财产担保的债权进行个别清偿，那么，不论是否存在，不论是否有效，不论担保物的价值能否充分实现，都由债务人确定，难以保证债务人不与担保物权人恶意串通，进而损害其他债权人的合法权益。在破产申请受理后，具有财产担保的债权人，虽然可以依法行使优先受偿的权利，也只能向管理人主张并通过管理人依法进行清偿，而不能由债务人进行个别清偿。

三、破产无效行为的确认

（一）破产无效行为的非诉讼确认

破产无效行为，由于严重损害债权人的合法权益，有害于经济秩序与社会秩序，无论发生在何时，无论由何人发现，无论在何地发现，都可以主张其无效。因此，主张其无效的主体，既可以是债务人的工作人员，也可以是管理人，还可以是股东、债权人等利害关系人以及其他人。但在破产申请受理后，是否属于破产无效行为即关于破产无效行为的审查权，应由管理人统一行使。对于管理人审查认定的破产无效行为，有关利害关系人存在异议的，可以向人民法院提出确认无效之诉；没有异议的，则由管理人在债权人会议进行债权核查，报人民法院裁定确认。

对于虚构债务、在破产申请受理后进行个别清偿等明显属于破产无效行为的典型行为，管理人可以根据《企业破产法》的有关规定直接审查。对于那些不很明显的破产无效行为，如债务人通过投资转移财产于分立企业、新设企业逃避债务的行为，则还应结合《民法典》第 144 条、第 153 ~ 154 条等有关规定，准确认定其效力。对此，《哈尔滨百货申请破产案的复函》就明确指出："哈尔滨百货采购供应站（下称百货供应站）在负债累累的情况下，抽出其绝大部分注册资金开办哈尔滨康安批发市场，尔后，申请破产。其做法严重侵害了债权人的利益。虽然该行为未发生在法院受理破产案件前六个月内，但其目的是逃避债务，故原则上应根据《中华人民共和国民法通则》第五十八条第一款第（七）项的规定，追回百货供应站开办康安批发市场投入的 2217. 3 万元及该市场所得的盈利，作为破产财产统一分配。可在具体处理方式上，可采取整体转让康安批发市场或以债权人的债权作为股份，依照我国公司法的规定，组成规范化的公司，以避免康安批发市场与百货供应站同时倒闭。如上述两种具体处理方式均不可行，则可将康安批发市场的现有全部财产及其债务纳入百货供应站破产清偿范围之内。"对于非破产无效行为，属于《民法典》等规定的其他对于债权人合法利益有损害的无效行为，则应根据有关法律认定无效。

（二）破产无效行为的诉讼确认

破产无效行为，涉及的财产数额小，或者非常明显、争议不大等，则可以通过上述的非诉讼方式由管理人审查提出意见，债权人会议进行债权核查而没有异议的，依法报人民法院裁定确认。对于涉及的财产数额大，或者比较复杂，或者债权人明确提出异议而又不提起诉讼的，为了不致影响破产程序的正常进行，管理人可以依法直接申请人民法院确认破产无效行为。对这，《破产法解释（二）》第17条明确规定："管理人依据《企业破产法》第三十三条的规定提起诉讼，主张被隐匿、转移财产的实际占有人返还债务人财产，或者主张债务人虚构债务或者承认不真实债务的行为无效并返还债务人财产的，人民法院应予支持。"

破产申请受理前，债权人、出资人等依法向人民法院提起的确认破产无效行为之诉的，破产申请受理后，应当依法中止，待管理人接管债务人的财产后继续进行。破产申请受理后，债权人等主张债务人的破产无效行为无效时，则应统一向管理人主张，而不能再行向人民法院提起诉讼。

第五节　破产追回权

一、破产追回权的概念

破产追回权，是指破产法规定的管理人对于债务人及其出资人、工作人员因为违反破产法规定而取得的财产而依法追取，使其回归为债务人所有而由管理人管理、处分的行为。其具有以下特征：

（一）破产追回权为破产法所规定

从广义上来说，对于他人违反法律规定而取得的财产，权利人都有权通过民事的、刑事的程序予以追回。如对因合同无效行为、合同撤销行为、侵权行为乃至犯罪行为取得的他人财产，他人固然可以依法追回。破产追回权中的追回，作为一种法定的权利，其权利的主体及适用范围，则都由破产法明文加以规定。没有为破产法明文规定的即不在破产法规定的范围内而由其他法律规定的依法可以追回的权利，就不属于破产追回权的范畴。

（二）破产追回权是针对破产违法行为而取得的财产行使的权利

对于他人合法取得的财产，自然不存在追回的问题。对于非法行为取得的财产，但不是源于违反破产法的规定从而属于破产违法行为取得的财产，如因民事一般违法行为、合同违法行为等取得的财产，则不适用破产追回权追回财产。

（三）破产追回权必须由管理人专属行使

对于他人通过非法行为取得的财产，权利人固然有权追回。但追回他人通过非法行为取得的债务人财产的权利，在破产申请受理后统一由管理人行使，属于管理人专属的权利。在破产申请受理后，对他人通过非法行为取得的财产，债务人及其工作人员都不能再行使追回权，他人也不能再向债务人或者其工作人员交付非法取得的财物。换言之，只能由管理人代表债务人对他人非法取得的财产行使追回权，他人应当也只能向管理人交付通过非法行为取得的财产。他人将通过非法行为取得的债务人财产向债务人或其工作人员交付，并给债权人造成损失的，根据《企业破产法》第 17 条第 2 款的规定，不能免除其交付非法取得的财产的义务。

（四）管理人行使追回权的法律后果，是使由他人通过非法行为取得的财产回归到由债务人所有的原来状态

回归债务人所有，并非再回归至债务人管理、处分。因为，在破产申请受理后，除执行重整计划、达成和解协议等需要将财产交给债务人管理、处分的特定情况外，其他情形都必由管理人管理、处分。故，追回权的法律后果是法律上使他人非法取得的财产回归到债务人所有的状态，而非事实上回归到债务人管理、占有、支配的状态。

二、破产追回权的适用范围

根据《企业破产法》的有关规定，破产追回权的适用范围包括以下几种情形：

（一）他人因破产撤销行为取得的财产

《企业破产法》第 31 条、第 32 条规定的破产撤销行为，已经成立并已生效，但被依法撤销后即自始无效，他人因为破产撤销行为取得的财产丧失取得的依据，管理人有权对破产撤销行为申请人民法院予以撤销，并在撤销后根据《企业破产法》第 34 条的规定行使追回权取得财产。

（二）他人因破产无效行为取得的财产

《企业破产法》第 16 条、第 33 条规定的破产无效行为，自始至终确定不发生任何效力，他人因破产无效行为取得的财产从一开始就没有取得该财产的合法依据，管理人应当依法直接确认无效或者通过人民法院确认破产无效行为无效后，并将他人因为破产无效行为取得的财产根据《企业破产法》第 34 条的规定行使追回权予以追回。

（三）与出资人未履行出资义务相对应的财产

公司、企业等法人的设立，均以出资人依法出资为前提。出资人按照约定的出资，构成公司、企业的注册资本，成为债务人对外履行债务、承担法律责任的基础。公司、企业对外承担民事、行政或者刑事等法律责任，由出

资人对公司、企业的出资承担有限责任。不具有法人资格的企业，除在有限合伙企业等中依法承担有限责任的外，出资人则应依法承担无限责任。对于公司、企业等法人而言，出资人的出资构成对外履行债务、承担责任，保障债权人合法权益的保证，也是出资人对外履行债务、承担责任必须加以实践的承诺，以构成企业主体的公司为调整规范对象的《公司法》就公司股东出资及其出资所形成的资本维持原则等作了诸多规定。所谓资本维持原则，又称公司资本充实原则，是指在公司存续的过程中，应当采取各种措施防止公司资产出现非经营性减少，尽量保证公司拥有与注册资本相当的资产，以维护债权人利益、保护社会交易安全的一种贯穿整个公司制度的原则。

关于出资义务的规定而言，如有限责任公司，《公司法》第 26 条规定，有限责任公司的注册资本为在公司登记机关登记的全体股东认缴的出资额。法律、行政法规以及国务院决定对有限责任公司注册资本实缴、注册资本最低限额另有规定的，从其规定。第 27 条规定，股东可以用货币出资，也可以用实物、知识产权、土地使用权等可以用货币估价并可以依法转让的非货币财产作价出资；但是，法律、行政法规规定不得作为出资的财产除外。对作为出资的非货币财产应当评估作价，核实财产，不得高估或者低估作价。法律、行政法规对评估作价有规定的，从其规定。第 28 条规定，股东应当按期足额缴纳公司章程中规定的各自所认缴的出资额。股东以货币出资的，应当将货币出资足额存入有限责任公司在银行开设的账户；以非货币财产出资的，应当依法办理其财产权的转移手续。股东不按照前款规定缴纳出资的，除应当向公司足额缴纳外，还应当向已按期足额缴纳出资的股东承担违约责任。第 30 条规定，有限责任公司成立后，发现作为设立公司出资的非货币财产的实际价额显著低于公司章程所定价额的，应当由交付该出资的股东补足其差额；公司设立时的其他股东承担连带责任。就股份公司而言，《公司法》第 80 条规定，股份有限公司采取发起设立方式设立的，注册资本为在公司登记机关登记的全体发起人认购的股本总额。在发起人认购的股份缴足前，不得向他人募集股份。股份有限公司采取募集方式设立的，注册资本为在公司登记机关登记的实收股本总额。法律、行政法规以及国务院决定对股份有限公司注册资本实缴、注册资本最低限额另有规定的，从其规定。第 82 条规定，发起人的出资方式，适用本法第 27 条的规定。第 83 条规定，以发起设立方式设立股份有限公司的，发起人应当书面认足公司章程规定其认购的股份，并按照公司章程规定缴纳出资。以非货币财产出资的，应当依法办理其财产权的转移手续。发起人不依照前款规定缴纳出资的，应当按照发起人协议承担违约责任。发起人认足公司章程规定的出资后，应当选举董事会和监事会，由董事会向公司登记机关报送公司章程以及法律、行政法规规定的其他文件，申请设立登记。第84条规定，以募集设立方式设立股份有限公司的，发起人认购的股份不得少于公司股份总数的35%；但是，法律、行政法规另有规定的，从其规定。

就资本维持原则而言，为了防止公司因非生产经营而减少，有关法律法规确定了诸多措施：

其一，用于出资的财产，必须是货币或者法律、行政法规规定可以用于出资的实物、知识产权、土地使用权等可以用货币估价并可以依法转让的非货币财产，而不得以劳务、技艺、信用等进行出资。

其二，不得虚报注册资本、虚假出资或者抽逃出资，不然需要依法承担法律责任甚至刑事责任。如《公司法》第35条规定，公司成立后，股东不得抽逃出资。第91条规定，发起人、认股人缴纳股款或者交付抵作股款的出资后，除未按期募足股份、发起人未按期召开创立大会或者创立大会决议不设立公司的情形外，不得抽回其股本。《刑法》第159条规定："公司发起人、股东违反《公司法》的规定未交付货币、实物或者未转移财产权，虚假出资，或者在公司成立后又抽逃其出资，数额巨大、后果严重或者有其他严重情节的，处五年以下有期徒刑或者拘役，并处或者单处虚假出资金额或者抽逃出资金额百分之二以上百分之十以下罚金。单位犯前款罪的，对单位判处罚金，并对其直接负责的主管人员和其他直接责任人员，处五年以下有期徒刑或者拘役。"

其三，在依法提取公积金、弥补亏损前公司不得向股东分配利润，公司持有本公司的股份不得分配利润。如《公司法》第166条规定，公司分配当年税后利润时，应当提取利润的10%列入公司法定公积金。公司法定公积金累计额为公司注册资本的50%以上的，可以不再提取。公司的法定公积金不足以弥补以前年度亏损的，在依照前款规定提取法定公积金之前，应当先用当年利润弥补亏损。公司从税后利润中提取法定公积金后，经股东会或者股东大会决议，还可以从税后利润中提取任意公积金。公司弥补亏损和提取公积金后所余税后利润，有限责任公司依照本法第34条的规定分配；股份有限公司按照股东持有的股份比例分配，但股份有限公司章程规定不按持股比例分配的除外。股东会、股东大会或者董事会违反前款规定，在公司弥补亏损和提取法定公积金之前向股东分配利润的，股东必须将违反规定分配的利润退还公司。公司持有的本公司股份不得分配利润。第167条规定，股份有限公司以超过股票票面金额的发行价格发行股份所得的溢价款以及国务院财政部门规定列入资本公积金的其他收入，应当列为公司资本公积金。第168条规定，公司的公积金用于弥补公司的亏损、扩大公司生产经营或者转为增加公司资本。但是，资本公积金不得用于弥补公司的亏损。法定公积金转为资本时，所留存的该项公积金不得少于转增前公司注册资本的25%。

其四，严格规范限制公司收购自己股份的条件，公司持有本公司的股份不得分配利润。如《公司法》第142条规定："公司不得收购本公司股份。但是，有下列情形之一的除外：（一）减少公司注册资本；（二）与持有本公司股份的其他公司合并；（三）将股份用于员工持股计划或者股权激励；（四）股东因对股东大会作出的公司合并、分立决议持异议，要求公司收购其股份；（五）将股份用于转换上市公司发行的可转换为股票的公司债券；（六）上市公司为维护公司价值及股东权益所必需。公司因前款第（一）项、第（二）项规定的情形收购本公司股份的，应当经股东大会决议；公司因前款第（三）项、第（五）项、第（六）项规定的情形收购本公司股份的，可以依照公司章程的规定或者股东大会的授权，经三分之二以上董事出席的董事会会议决议……公司不得接受本公司的股票作为质押权的标的。"第74条规定："有下列情形之一的，对股东会该项决议投反对票的股东可以请求公司按照合理的价格收购其股权：（一）公司连续五年不向股东分配利润，而公司该五年连续盈利，并且符合本法规定的分配利润条件的；（二）公司合并、分立、转让主要财产的；（三）公司章程规定的营业期限届满或者章程规定的其他解散事由出现，股东会会议通过决议修改章程使公司存续的。自股东会会议决议通过之日起六十日内，股东与公司不能达成股权收购协议的，股东可以自股东会会议决议通过之日起九十日内向人民法院提起诉讼。"

其五，根据《公司法》第127条规定，股票发行价格可以按票面金额，也可以超过票面金额，但不得低于票面金额，即股票发行只能等额或者溢价发行，而不能折价发行。

其六，严格控制对外担保、捐赠等无偿转让及股东、高级管理人员等利用职务之便所实施的侵蚀公司资产的行为。如《公司法》第16条规定，公司向其他企业投资或者为他人提供担保，依照公司章程的规定，由董事会或者股东会、股东大会决议；公司章程对投资或者担保的总额及单项投资或者担保的数额有限额规定的，不得超过规定的限额。公司为公司股东或者实际控制人提供担保的，必须经股东会或者股东大会决议。前款规定的股东或者受前款规定的实际控制人支配的股东，不得参加前款规定事项的表决。该项表决由出席会议的其他股东所持表决权的过半数通过。第104条规定，本法和公司章程规定公司转让、受让重大资产或者对外提供担保等事项必须经股东大会作出决议的，董事会应当及时召集股东大会会议，由股东大会就上述事项进行表决。第 121 条规定，上市公司在 1 年内购买、出售重大资产或者担保金额超过公司资产总额 30% 的，应当由股东大会作出决议，并经出席会议的股东所持表决权的 2/3 以上通过。第 147 条、148 条规定，董事、监事、高级管理人员应当遵守法律、行政法规和公司章程，对公司负有忠实义务和勤勉义务，不得利用职权收受贿赂或者其他非法收入，不得侵占公司的财产，不得挪用公司资金，将公司资金以其个人名义或者以其他个人名义开立账户存储，违反公司章程的规定，未经股东会、股东大会或者董事会同意将公司资金借贷给他人或者以公司财产为他人提供担保，违反公司章程的规定或者未经股东会、股东大会同意与本公司订立合同或者进行交易，未经股东会或者股东大会同意利用职务便利为自己或者他人谋取属于公司的商业机会，自营或者为他人经营与所任职公司同类的业务，接受他人与公司交易的佣金归为己有，擅自披露公司秘密等等违反对公司忠实义务的行为。违反前述规定所得的收入应当归公司所有，在执行公司职务时违反法律、行政法规或者公司章程的规定给公司造成损失的，还应当承担赔偿责任。

如上等等，出资人不按约定或者承诺认缴的出资向公司、企业出资，或者抽逃出资，或者违反资本维持原则、忠实义务等实施其他侵犯、危害公司资产的行为，应当需要承担相应的责任。具体在破产程序中，就对出资人的未完全履行出资义务的行为明确赋予管理人有权要求出资人缴纳应当缴纳的出资。所谓没有完全履行出资义务，既包括根本没有履行任何出资义务即完全没有向债务人交付任何财产，又包括虽履行了出资义务却只履行了部分义务，而没有履行全部义务。前者包括拒绝出资、不能出资、虚假出资。其中，虚假出资，是指形式上虽然出资但实际上根本没有进行的出资，如伪造验资报告谎称出资；对实物、工业产权、非专利技术、土地使用权在评估作价时故意高估作价而较多取得股份等，就是虚假出资。后者则包括出资义务履行不足、出资义务履行不当。出资义务履行不足，系指出资人只缴纳了部分认缴的出资，未按认缴的出资数额全部出足；出资义务履行不当，则是指虽然履行了出资义务可出资的时间、方式、手续等不符合有关规定，如出资迟延、出资瑕疵等。根据《公司法解释（三）》第 11 条规定，出资人以其他公司股权出资，符合下列条件的，人民法院应当认定出资人已履行出资义务：（1）出资的股权由出资人合法持有并依法可以转让；（2）出资的股权无权利瑕疵或者权利负担；（3）出资人已履行关于股权转让的法定手续；（4）出资的股权已依法进行了价值评估。股权出资不符合前款第（1）（2）（3）项的规定，公司、其他股东或者公司债权人请求认定出资人未履行出资义务的，人民法院应当责令该出资人在指定的合理期间内采取补正措施，以符合上述条件；逾期未补正的，人民法院应当认定其未依法全面履行出资义务。据此，诸如未按认缴的、约定的或者法定的出资额按时足额缴纳货币的；以非货币资产出资，不对非货币财产依法进行评估，或者评估价值远远高于其财产的价值，或者明显低于所认缴的、约定的或者法定的出资数额的；不享有处分权的非货币财产如以划拨土地使用权出资而不按时办理土地变更手续的；以具有权利负担的非货币财产如以设定抵押、质押、留置或者具有法定优先权、用益物权的土地使用权等财产出资而不按时解除抵押、质押、用益物权等权利负担手续的；以房屋、土地使用权或者需要办理权属登记的知识产权等非货币财产出资，不依法办理权属登记手续的；不将用于出资的非货币财产交付给公司管理、使用的，等等均属未履行或者未完全、适当履行出资义务的行为。至于出资，是指公司设立时的出资还是在公司增资时的出资，则在所不论。

应当指出，出资人未足额缴纳其所认缴的出资，乃是一种典型的违反出资义务的行为。除此之外，还有一种变相违反出资义务的行为，就是抽逃出资行为。所谓抽逃出资，是指股东、发起人等出资人在公司成立后，未经法定程序又采取秘密的或者非秘密的手段，从公司转移出相当于或低于本人出资额的财产，同时继续持有公司股份的行为。根据《公司法解释（三）》第12条规定，抽逃出资的方式主要包括将出资款项转入公司账户验资后又转出，通过虚构债权债务关系将其出资转出，制作虚假财务会计报表虚增利润进行分配，利用关联交易将出资转出，以及其他未经法定程序将出资抽回的等方式。

还应指出，《公司法》第3条第2款规定，有限责任公司的股东以其认缴的出资额为限对公司承担责任；股份有限公司的股东以其认购的股份为限对公司承担责任。第25条规定：有限责任公司章程应当载明下列事项：……（5）股东的出资方式、出资额和出资时间。第26条第1款规定："有限责任公司的注册资本为在公司登记机关登记的全体股东认缴的出资额。"第28条规定："股东应当按期足额缴纳公司章程中规定的各自所认缴的出资额……股东不按照前款规定缴纳出资的，除应当向公司足额缴纳外，还应当向已按期足额缴纳出资的股东承担违约责任。"第76条规定："设立股份有限公司，应当具备下列条件：……（二）有符合公司章程规定的全体发起人认购的股本总额或者募集的实收股本总额……"第77条规定："股份有限公司的设立，可以采取发起设立或者募集设立的方式。发起设立，是指由发起人认购公司应发行的全部股份而设立公司。募集设立，是指由发起人认购公司应发行股份的一部分，其余股份向社会公开募集或者向特定对象募集而设立公司。"第80条规定："股份有限公司采取发起设立方式设立的，注册资本为在公司登记机关登记的全体发起人认购的股本总额。在发起人认购的股份缴足前，不得向他人募集股份。股份有限公司采取募集方式设立的，注册资本为在公司登记机关登记的实收股本总额……”第 81 条规定：“股份有限公司章程应当载明下列事项：……（五）发起人的姓名或者名称、认购的股份数、出资方式和出资时间。”第 83 条规定：“以发起设立方式设立股份有限公司的，发起人应当书面认足公司章程规定其认购的股份，并按照公司章程规定缴纳出资。以非货币财产出资的，应当依法办理其财产权的转移手续。发起人不依照前款规定缴纳出资的，应当按照发起人协议承担违约责任……”第 84 条规定：“以募集设立方式设立股份有限公司的，发起人认购的股份不得少于公司股份总数的百分之三十五；但是，法律、行政法规另有规定的，从其规定。”基此，在注册资本的缴纳上，除非法律、法规另有规定，现有《公司法》已由过去的实缴制改变为了认缴制，即在注册成立公司时，股东只要依法认缴出资、认购股份即可，而不要实际缴纳所认缴的出资款及认购的股份款，具体缴纳认缴的出资款、认购的股份款的时间，由公司章程加以规定。对外承担责任时，则以其认缴的出资款、认购的股份款承担有关责任。这样，就可能存在债务人破产申请受理时，有关股东所认缴的出资款、认购的股份款的缴纳期限尚未到期的情形。股东以所认购出资款、认购股份款的缴纳期限未到期为由仍不履行出资义务，管理人就无法将之纳入债务人财产的范围而予以清收并用于清偿债权人的债务。缴纳期限过长，势必影响破产程序的及时正常进行。在债务人破产的情况下，无论是从保证破产程序正常进行的角度还是从维护债权人的合法权益来讲，加速股东出资义务的到期，理所当然。对此，《企业破产法》第 35 条明确规定：“人民法院受理破产申请后，债务人的出资人尚未完全履行出资义务的，管理人应当要求该出资人缴纳所认缴的出资，而不受出资期限的限制。”其实，在债务人破产的情况下，债务人因为可能归于消亡固然需要清收所有财产、了结所有债权债务关系。这时，债务人的财产自然包括股东认缴但未到期还没有缴纳的出资款，这种出资款因为公司与股东之间所存在的“股之关系”从而附属于公司这个实体。显然，在公司消亡后，公司与股东的“股之关系”不再存在。因此，这种“股之关系”必须在公司消亡前的破产程序中加以解决。而公司破产导致公司消亡，基于破产效率、破产成本、破产财产价值的维护等各种因素，不可能等待尚未到期的出资款在到期后才予清缴。如此，基于“股之关系”所形成的股东对公司的出资义务从而必须加速到期，为此与公司对外拥有的未到期债权不同。后者这种基于“债之关系”所形成的债权可以不附属于公司这个实体，可以在公司破产中直接以债权的形式进行分配或者拍卖后对价款进行分配，于是不能适用加速到期规则。[①] 对这，《民商事审判纪要》第 6 条（股东出资应否加速到期）规定：“在注册资本认缴制下，股东依法享有期限利益。债权人以公司不能清偿到期债务为由，请求未届出资期限的股东在未出资范围内对公司不能清偿的债务承担补充赔偿责任的，人民法院不予支持。但是，下列情形除外：（1）公司作为被执行人的案件，人民法院穷尽执行措施无财产可供执行，已具备破产原因，但不申请破产的；（2）在公司债务产生后，公司股东（大）会决议或以其他方式延长股东出资期限的。”

（四）债务人的董事、监事和高级管理人员利用职权从企业获取的非正常收入和侵占的企业财产

此种非正常收入和财产，本来属于债务人所有，却为董事、监事和高级管理人员利用职务上的便利取得、占有，致使债务人用于对债权人清偿债务、履行义务的财产减少，损害债权人的合法权益。对于此种因利用职权而不正当甚至非法取得的财产，根据《企业破产法》第 36 条的规定，管理人有权追回，也有义务予以追回。对之需要注意几个方面：

1. 此种非正常收入或财产，属于债务人的董事、监事和高级管理人员取得、占有的非正常收入和财产。其中，董事、监事依法按照《公司法》等有关法律、法规选举、更换，予以确定不会存在争议。高级管理人员，根据《公司法》第 216 条第 1 项规定，包括公司的经理、副经理、财务负责人，上市公司董事会秘书和公司章程规定的其他人员。其中的经理、副经理，应是指按照《公司法》第 49 条、第 123 条等依法由董事会决定聘任的经理、副经理，而非现实生活中随意所称的某某经理或者部门经理。上市公司的董事会秘书，则是指《公司法》第 123 条规定的负责公司股东大会和董事会会议的筹备、文件保管以及公司股东资料的管理，办理信息披露事务等事宜的工作人员。

2. 此种非正常收入和财产，属于债务人的董事、监事和高级管理人员从债务人处取得、占有的非正常收入和财产。不是从债务人处取得非正常收入和财产，即使损害了债务人的利益，如收受他人的贿赂，将债务人的财物与他人进行损害债务人利益的交易，这种贿赂就不能视为债务人的财产。

3. 此种非正常收入和财产，属于债务人的董事、监事和高级管理人员利用职务之便不正当地甚至非法地取得、占有的非正常收入和财产。尽管从债务人处获得了非正常收入和财产，然不是利用自己的职务之便，也不属于此

① 贺小荣主编：《最高人民法院民事审判第二庭法官会议纪要——追寻裁判背后的法理》，人民法院出版社 2018 年版，第 143 ~ 144 页。

种非正常收入和财产。不是利用自己的职权，而是通过抢劫、盗窃、诈骗、抢夺、敲诈勒索等违法犯罪手段取得，或者虽然利用了职务之便取得了财产但不是出于非法占有目的，只是暂时挪用而占有的财产，也要依法追回。可这种追回，由于没有为破产法所规定，不属于行使破产追回权的追回，而是根据其他法律依法行使有关权利的结果。

4. 此种财产，既包括货币、实物财产，又包括债权、股权、知识产权、用益物权等依法可用货币估量并予以转让的财产性权益。至于非正常收入，根据《破产法解释（二）》第 24 条规定，是指债务人具有《企业破产法》第 2 条第 1 款规定的情形时，债务人的董事、监事和高级管理人员利用职权所获取的绩效奖金、普遍拖欠职工工资情况下获取的工资性收入及其他非正常收入。换言之，只有在债务人出现了“不能清偿到期债务，并且资产不足以清偿全部债务或者明显缺乏清偿能力的”破产原因的情况下，利用职权所取得的收入，才可能为不正常收入。在出现上述破产原因之前，即使利用职权取得了一些不正常收入，也不属于《企业破产法》第 36 条规定的不属于破产追回权对象的非正常收入。至于是否属于非正常收入，可从同行标准、企业经营标准及职工收入标准等进行判断。行业标准，即参考同行业、同等规模企业同等职位的收入进行判断；企业经营标准，根据企业的经营状况即盈利还是亏损，盈利多少等因素判断；参考职工收入标准，即参考本企业其他职工的收入情况进行判断。[①] 具体说来，根据《破产法解释（二）》第 24 条规定：“债务人有《企业破产法》第二条第一款规定的情形时，债务人的董事、监事和高级管理人员利用职权获取的以下收入，人民法院应当认定为《企业破产法》第三十六条规定的非正常收入：（一）绩效奖金；（二）普遍拖欠职工工资情况下获取的工资性收入；（三）其他非正常收入。”其中，绩效工资，无疑要与债务人的利润直接挂钩。在债务人出现破产原因的情况下，没有什么绩效而言，已经失去了发放绩效奖金的基础，以所谓绩效的名义发放奖金属于不正常收入而无疑义。在普遍拖欠职工工资的情况下，董事、监事及高级管理人员倘若利用职权继续获得工资收入，有悖公平，固然属于不正常收入。

（五）债务人对之享有所有权或者物权的其他财产

应当指出，债务人对自己享有所有权或者物权的其他财产，被他人占有，管理人都有权依法追回。如在所有权保留买卖中，破产的债务人作为买受人基于所有权保留买卖合同享有占有、使用权，该买卖标的物源于各种原因如被盗窃、诈骗、拾捡等为他人占有，债务人基于占有、使用权，有权依照普

① 范健、王建文：《企业破产法》，法律出版社 2009 年版，第 158 页。

通法上关于取回权等的规定依法追回该财产。他人假若破产，买受人则基于占有、使用权而对该财产享有破产取回权。

三、破产追回权的行使

（一）破产追回权的主体

如前所述，破产追回权只能由管理人行使，破产追回权的主体为管理人。其他人在破产程序中，均不能对他人非法占有的债务人财产行使追回权；再行占有的，属于不当甚至非法占有，应当移交给管理人统一管理、处分。

（二）破产追回权的行使期间

破产追回权的主体为管理人，而管理人自破产申请受理时才由人民法院指定，在破产程序终结时因为完成自身使命而不再存在，破产追回权的行使时间应当在破产程序中，即在破产申请受理后至破产程序终结前。破产申请受理前或者破产程序终结后，由有关利害关系人依法行使权利从非法获得债务人财产的他人那里追回财产，不属于破产追回权的行使。

（三）破产追回权的行使途径

除破产撤销权的行使外，其他追回权的行使，管理人可以直接通过非诉讼的方式行使，如向有关人员发送书面通知，要求其在规定的期间内返还有关财产。他人不配合或者有异议的，可以由管理人或者他人向人民法院提起有关民事诉讼，通过民事诉讼程序实现追回权。他人违反破产法的行为构成刑事犯罪的，则在行使追回权的同时，应当向司法机关举报，通过刑事程序追回他人因为违反破产法规定且构成犯罪的行为而取得的财产。破产撤销行为，在已经成立并且生效的情况下，为了交易安全与市场经济秩序稳定的需要，必须通过申请人民法院撤销，即向人民法院提起破产撤销之诉的方式予以撤销，在提起破产撤销之诉的同时，有权要求通过民事程序追回他人因破产撤销行为而取得的财产。然在破产撤销行为被依法撤销前，破产撤销行为及其所产生的后果仍旧存在而有效。当然，基于破产撤销行为已经发生效力而对之否定需要慎重考虑的因素，要求管理人申请人民法院撤销，管理人不能自行撤销破产撤销行为。但在破产撤销行为被撤销前，管理人通知因破产撤销行为取得财产的他人主动交回财产，或者与他人协商交回财产的，仍然允许。这不是管理人行使破产撤销权进而行使追回权的结果，而是管理人对他人因为破产撤销行为取得的财产进行私权利救济的结果。当然，管理人对他人因破产撤销行为取得的财产行使追回权的前提，则是在破产撤销行为依法被撤销之后。在破产撤销行为被撤销前，则不能认为是在行使破产追回权。

在前面，基于《企业破产法》第 31 条、第 32 条规定的破产撤销行为、

第33条规定的破产无效行为以及第36条规定的董事、监事及高级管理人员利用职权获取的非正常收入和财产的行为等的破产追回权，已经作了详尽的分析。下面，仅就基于《企业破产法》第35条规定的未依法出资的破产追回权，根据《破产法解释（二）》第20条关于“管理人代表债务人提起诉讼，主张出资人向债务人依法缴付未履行的出资或者返还抽逃的出资本息，出资人以认缴出资尚未届至公司章程规定的缴纳期限或者违反出资义务已经超过诉讼时效为由抗辩的，人民法院不予支持。管理人依据《公司法》的相关规定代表债务人提起诉讼，主张公司的发起人和负有监督股东履行出资义务的董事、高级管理人员，或者协助抽逃出资的其他股东、董事、高级管理人员、实际控制人等，对股东违反出资义务或者抽逃出资承担相应责任，并将财产归入债务人财产的，人民法院应予支持”的规定，再作一些必要的介绍与分析：

1. 因出资人未依法履行出资义务而需要向其追缴的出资，不仅包括其出资本金，而且包括其利息，利息从出资人应当缴付本金之日起计算。至于其利息，以何为标准，公司章程或者股东之间有约定的则依约定，没有约定的则可以参照银行同期贷款利率计算。

2. 向出资人追缴未依法出资的本息，既包括出资人未依法缴付其应履行的出资本息，又包括出资人缴纳出资后又抽逃其出资的本息。

3. 向出资人追缴未依法出资的本息，既包括按照法律法规、公司章程规定的缴纳期限已经到期而未缴纳的出资本息，又包括缴纳期限尚未到期尚未缴纳的出资本息。这是因为，在公司法实行出资认缴制的情况下，出资人是以其所认缴或认购的出资对公司承担责任的，而非按照其实际缴纳的出资承担责任的。所以，《企业破产法》第35条明确规定：“人民法院受理破产申请后，债务人的出资人尚未完全履行出资义务的，管理人应当要求该出资人缴纳所认缴的出资，而不受出资期限的限制。”换言之，破产申请受理构成了包括出资人与债务人之间的出资权利义务关系的加速提前到期的法定事由。也正是如此，出资人的出资期限即使未到，管理人通过诉讼途径向出资人主张尚未缴纳的出资，出资人以尚未届至出资缴纳的期限为由予以抗辩的，《破产法解释（二）》第20条第1款明确规定，人民法院不予支持。

4. 管理人通过提起诉讼要求出资人缴付出资本息履行出资义务的，不应受到诉讼时效的限制。为了保障公司资本维持原则的实现，在出资人未依法履行出资义务或者抽逃出资的情况下而产生的缴付出资请求权，就是在公司没有进入破产程序的情况下，也不适用诉讼时效的规定。对此，《诉讼时效制度规定》第1条第（3）项规定，基于投资关系产生的缴付出资请求权，当事人提起诉讼时效抗辩的，人民法院不予支持。《公司法解释（三）》第19条亦规定："公司股东未履行或者未全面履行出资义务或者抽逃出资，公司或者其他股东请求其向公司全面履行出资义务或者返还出资，被告股东以诉讼时效为由进行抗辩的，人民法院不予支持。""公司债权人的债权未过诉讼时效期间，其依照本规定第十三条第二款、第十四条第二款[①]的规定请求未履行或者未全面履行出资义务或者抽逃出资的股东承担赔偿责任，被告股东以出资义务或者返还出资义务超过诉讼时效期间为由进行抗辩的，人民法院不予支持。"为了维护全体债权人利益，在债务人破产的情况下，对其出资人未依法缴付的出资进行追缴，更不应当受到诉讼时效的限制。

5. 出资人未缴付应当履行的出资或者抽逃出资，管理人可以向出资人主张缴付，也可以依法向有关人员主张承担连带责任或者补充责任。如《公司法解释（三）》第13条第3款规定，股东在公司设立时未履行或者未全面履行出资义务，公司或者其他股东或者公司债权人请求公司的发起人与被告股东承担连带责任的，人民法院应予支持；公司的发起人承担责任后，可以向被告股东追偿。股东在公司增资时未履行或者未全面履行出资义务，公司或者其他股东或者公司债权人请求未尽《公司法》第147条第1款规定的义务而使出资未缴足的董事、高级管理人员承担相应责任的，人民法院应予支持；董事、高级管理人员承担责任后，可以向被告股东追偿。第14条规定，股东抽逃出资，公司或者其他股东请求其向公司返还出资本息，协助抽逃出资的其他股东、董事、高级管理人员或者实际控制人对此承担连带责任的，人民法院应予支持。公司债权人请求抽逃出资的股东在抽逃出资本息范围内对公司债务不能清偿的部分承担补充赔偿责任，协助抽逃出资的其他股东、董事、高级管理人员或者实际控制人对此承担连带责任的，人民法院应予支持；抽逃出资的股东已经承担上述责任，其他债权人提出相同请求的，人民法院不予支持。是以，《破产法解释（二）》第20条第2款进一步规定，管理人依据《公司法》的相关规定代表债务人提起诉讼，主张公司的发起人和负有监督股东履行出资义务的董事、高级管理人员，或者协助抽逃出资的其他股东、董事、高级管理人员、实际控制人等，对股东违反出资义务或者抽逃出资承担

---

① 《公司法解释（三）》第13条第2款规定："公司债权人请求未履行或者未全面履行出资义务的股东在未出资本息范围内对公司债务不能清偿的部分承担补充赔偿责任的，人民法院应予支持；未履行或者未全面履行出资义务的股东已经承担上述责任，其他债权人提出相同请求的，人民法院不予支持。"第14条第2款规定："公司债权人请求抽逃出资的股东在抽逃出资本息范围内对公司债务不能清偿的部分承担补充赔偿责任、协助抽逃出资的其他股东、董事、高级管理人员或者实际控制人对此承担连带责任的，人民法院应予支持；抽逃出资的股东已经承担上述责任，其他债权人提出相同请求的，人民法院不予支持。"

相应责任，并将财产归入债务人财产的，人民法院应予支持。

应当指出，管理人因出资人未依法出资或者抽逃出资而向出资人以外应当承担相应责任的发起人、其他出资人、董事、高级管理人员、实际控制人等依法主张相应责任的，并非管理人行使破产追回权，为此不能以管理人自身作为原告提起诉讼，而是代表债务人向有关人员提起诉讼，其诉讼原告为债务人而非管理人。

6. 出资人未依法缴付出资或者抽逃出资，除依法对公司承担足额出资、返回抽逃出资的民事责任外，还应依法承担相应的行政责任甚至刑事责任。对这，《公司法》第199条规定："公司的发起人、股东虚假出资，未交付或者未按期交付作为出资的货币或者非货币财产的，由公司登记机关责令改正，处以虚假出资金额百分之五以上百分十五以下的罚款。"第200条规定："公司的发起人、股东在公司成立后，抽逃其出资的，由公司登记机关责令改正，处以所抽逃出资金额百分之五以上百分之十五以下的罚款。"《刑法》第159条规定："公司发起人、股东违反《公司法》的规定未交付货币、实物或者未转移财产权，虚假出资，或者在公司成立后又抽逃其出资，数额巨大、后果严重或者有其他严重情节的，处五年以下有期徒刑或者拘役，并处或者单处虚假出资金额或者抽逃出资金额百分之二以上百分之十以下罚金。""单位犯前款罪的，对单位判处罚金，并对其直接负责的主管人员和其他直接责任人员，处五年以下有期徒刑或者拘役。"

（四）破产追回权的行使后果

管理人行使破产追回权后，其有效的法律后果乃是将债务人的财产依法予以追回。换言之，管理人通过破产追回权所取得的财产，均属于债务人的财产，应当用以统一清偿债务人所欠债务。

（五）破产追回权的辅助行使

《企业破产法》第128条规定，债务人有本法第31条、第32条规定的欺诈性转让、恶意个别清偿的破产撤销行为，及第33条规定的破产无效行为，损害债权人利益的，债务人的法定代表人和其他直接责任人员依法承担赔偿责任。因此，债务人实施的破产撤销、破产无效行为，造成债务人财产损失，损害债权人利益的，法定代表人及其他直接责任人员则应对此承担民事赔偿责任。在行使破产撤销权、破产追回权无法追回有关财产的情况下，管理人有权依法向法定代表人和其他直接责任人员通过诉讼主张相应的赔偿责任。可对这种诉讼，管理人不是依法基于破产撤销权、破产追回权等主张破产法中的权利，而是根据普通民事法律而代表债务人行使权利，诉讼的原告故为债务人而非管理人。

至于法定代表人和其他直接责任人员因为债务人的破产撤销行为、破产无效行为所应承担相应民事责任的条件，则包括：（1）债务人必须实施了破产撤销、破产无效行为；（2）债务人的财产必须具有实际损失；（3）债务人破产撤销行为、破产无效行为与债务人财产的损失之间必须存在着因果关系；（4）法定代表人和其他直接责任人员必须对债务人的破产撤销、破产无效行为存在故意或者重大过失，即具有过错。

第六节　破产未履行完毕合同处理权

一、破产未履行完毕合同概述

（一）破产未履行完毕合同的概念

破产未履行完毕合同，是指在破产申请受理后，债务人和对方当事人一方或者双方对破产申请受理前成立且有效可在破产申请受理时还没有完全履行完结的合同。这种合同，从理论上讲，包括单务合同，如债务人或者对方当事人一方负有义务而另一方不负有义务的合同。对于发生在破产申请受理前1年内的债务人一方负有义务的合同，破产申请受理后，为维护债权人的合法权益，管理人都应当决定解除或者依法申请人民法院予以撤销。对于对方当事人一方负有义务的合同，如他人对债务人借款提供担保的合同，在破产申请受理后，管理人则不能决定解除。对方履行对债务人来说不再存在什么意义的，则可以采取变更合同履行如以货币补偿的方式进行。当然，他人愿意对合法有效的单务合同加以履行的，管理人应当接受，更不能予以拒绝。下面，不再对未履行完毕的单务合同进行讨论，而只对破产申请受理后，未履行完毕的双务合同进行必要的分析。

（二）破产未履行完毕的双务合同类型

在破产申请受理后，还未履行完毕的双务合同，具体可以分为两种情况：（1）债务人和对方当事人一方已履行完毕的合同，而另一方则还未履行完毕；（2）债务人和对方当事人双方均未履行完毕的合同。未履行完毕，固然包括对合同根本还未开始履行的情况，对合同虽已开始履行但只履行一部分即未完全履行完毕的，也应属于未履行完毕。

债务人和对方当事人一方已履行完毕而另一方还未履行完毕的合同，具体又分为债务人已履行完毕而对方当事人尚未履行完毕的合同和对方当事人已经履行完毕而债务人尚未履行完毕的合同。对于这两种情况，《企业破产法》都未明确作出规定，管理人应当从既维护债权人的合法权益，又维护对方当事人合法权益的角度出发，平衡债权人与对方当事人的利益，妥善进行处理。

对于前者，由于债务人已经履行完毕，对方当事人对债务人负有履行义务，一般情况下，会对债务人有益，应当按照合同严格履行，以增加债务人的财产。然则，有些合同，可能已对债务人没有意义，如演出公司为债务人举行演出义务，债务人进入破产清算已停止生产而不再需要原材料；有的履行对债务人财产不利，如债务人所购财产已经严重贬值，等等。对此，从维护合同效力及交易安全、秩序出发，管理人不宜随意解除合同，然可以与对方当事人协商，在征得对方当事人同意后，解除合同或者变更合同的履行方式。对于对方当事人分期履行等需要较长时间才能履行完毕的合同，如分期偿还借款或者分期供应货物等，倘若严格按照合同规定，则不利于破产程序的正常进行。此时，管理人应当与对方当事人进行协商，或者解除合同，或者变更合同履行方式，或者转让债权。无法达成一致意见的，在对方存在违约或者出于债务人破产再履行合同致使合同的根本目的已经无法实现等原因，应当允许管理人按照有利于债务人财产的原则决定解除合同，并让对方当事人依法返还有关财产。

对于后者即对方当事人已经履行完毕而债务人尚未履行完毕的合同，一般不能解除。对方当事人因为债务人尚未履行而对债务人直接享有债权，可以依法申报。即使解除合同，对方当事人只能就解除合同造成的损害依法申报债权或者要求继续履行。申报债权的，属于破产债权，不能因为管理人解除合同的决定发生在破产申请受理后就以共益债务处理。另外，在债务人接受委托加工、承揽的合同已经完成或者基本完成完全能够履行，或者因期间较短的仓储、保管、租赁合同等债务人完全能够履行，破产申请受理后还没有结束的，且该履行不会影响破产程序正常进行的，基于公平原则与诚信原则，不仅不能解除，而且还应继续履行，以公平维护对方当事人的合法权益。当然，对于期限较长的仓储、保管、租赁合同等，在债务人破产申请受理前没有完成，在破产重整、和解、破产财产变价处理前应当依法解除，不然，破产程序无法正常进行。还有，对方已经支付全部价款或者主要价款而从债务人处购买财产的合同，财产贬值且继续履行对对方不利，如财产价值低于对方在破产程序中可能受偿的数额时，债务人能够履行的，应当履行；财产价值高于对方在破产程序中可能受偿的数额时，则不能继续履行，对方只能进行债权申报；财产升值，债务人履行对债务人财产不利，除对方同类债权人较多不履行可能引起社会稳定或者对方完全是基于居住消费等生活基本权利购置财产如房产应当继续履行的外，则应解除合同；出于“一房多卖”等原因导致一些购买者的合同根本无法履行，不得不解除合同的，解除合同而给购买人造成的损失，也宜作为共益债务处理。至于其他情况如对方购置房产等财产是为了投资的，则应当允许债务人财产解除合同，考虑到房产等购置财产的增值情况，因解除合同而给购买人造成的损失则可作共益债务处理，作共益债务处理导致普通债权清算率很低的，也不排除作普通债权处理。具体怎么处理，应当遵守有利于债务人财产为基本原则，再考虑购买人的实际情况、社会稳定等诸如因素来决定，以兼顾各方的利益，保证破产程序的顺利进行。

二、双方均未履行完毕合同的处理

《企业破产法》第18条第1款规定：“人民法院受理破产申请后，管理人对破产申请受理前成立而债务人和对方当事人均未履行完毕的合同有权决定解除或者继续履行，并通知对方当事人。管理人自破产申请受理之日起二个月内未通知对方当事人，或者自收到对方当事人催告之日起三十日内未答复的，视为解除合同。管理人决定继续履行合同的，对方当事人应当履行；但是，对方当事人有权要求管理人提供担保。管理人不提供担保的，视为解除合同。”对此，应当注意以下几点：

（一）双方未履行完毕合同必须符合破产法规定的条件

根据《企业破产法》的规定，双方未履行完毕合同，必须同时符合以下4个条件，缺一不可：

1. 必须是合法有效的合同。非法或者无效合同，即使对债务人有利，管理人也不能决定继续履行。

2. 必须是双务合同，否则就不存在债务人和对方当事人均未履行完毕的问题。如债务人为他人提供物的担保、保证等担保合同，就属于单务合同，管理人对其不能依照破产法的规定决定解除，但可依照普通法的规定决定解除或者根据破产法的规定依法申请人民法院予以撤销。

3. 必须是债务人与对方当事人在破产申请受理前成立的合同。在破产申请受理后成立的合同，如由管理人在重整期间基于重整的需要而订立的合同，则不属于这种合同。在破产申请受理前成立的合同，应是指依法成立且有效的合同。至于是否已经发生法律效力则在所不问，如对附期限、附条件等合法成立但因为期限未至或者条件尚未成就而未发生效力的合同，待期限届满或者条件成就后，仍然由管理人决定是否继续履行。假若不包括这种附期限、附条件的合同，在债务人与对方当事人双方均未履行的情况下，就不会存在《企业破产法》第 47 条规定的“附条件、附期限的债权和诉讼、仲裁未决的债权，债权人可以申报”的问题，不然这一规定就没有任何意义。

4. 必须是破产申请受理前双方均未履行完毕的合同。在破产申请受理前，双方已经对合同履行完毕，自不存在解除或者继续履行的问题。此外，合同未履行完毕，是指债务人与对方当事人均未履行完毕。债务人或者对方当事人有一方已经履行完毕，而另一方没有履行或者未履行完毕的，则不属于双方均未履行完毕。至于双方均未履行完毕，既包括双方均未开始履行，又包括一方已经开始但未履行完毕而另一方未开始履行的情形，还包括双方均已开始履行但都未履行完毕的情形。既包括因为对方当事人行使不安抗辩权而导致的双方均未履行，又包括同时履行抗辩或者其他原因导致的双方均未履行。

（二）未履行完毕合同解除或者继续履行的决定权一般为管理人所拥有

《企业破产法》第 73 条规定：“在重整期间，经债务人申请，人民法院批准，债务人可以在管理人的监督下自行管理财产和营业事务。”“有前款规定情形的，依照本法规定已接管债务人财产和营业事务的管理人应当向债务人移交财产和营业事务，本法规定的管理人的职权由债务人行使。”基此，在重整期间如由债务人自行管理财产和营业事务的，《企业破产法》规定的管理人的职权包括对双方均未履行完毕合同的处理权，都由债务人实施。《企业破产法》第 89 条规定：“重整计划由债务人负责执行。”“人民法院裁定批准重整计划后，已接管财产和营业事务的管理人应当向债务人移交财产和营业。”《企业破产法》第 98 条规定：“债权人会议通过和解协议草案的，由人民法院裁定认可，终止和解程序，并予以公告。管理人应当向债务人移交财产和营业事务，并向人民法院提交执行职务的报告。”这时，财产和营业事务由债务人自行管理，同样，管理人关于对双方均未履行完毕合同的处理权也应由债务人实施。故，在重整期间、重整计划执行期间和破产和解程序中由债务人管理财产和营业事务的情况下，对双方均未履行完毕的合同是否解除或者继续履行的决定权应由债务人行使。

应当指出，对于双方均未履行完毕的合同，根据《企业破产法》第 18 条规定，管理人自破产申请受理之日起 2 个月内未通知对方当事人，或者自收到对方当事人催告之日起 30 日内未答复的，视为解除合同。这样，是否解除合同应在破产申请受理后 2 个月内作出决定，不然就视为解除合同。而在破产申请受理后，很难有债务人在 2 个月内就自行管理财产和营业事务的，从而是否解除合同一般都是由管理人决定的。当然，并不否认在破产申请受理后的2个月内，债务人经人民法院批准而自行管理财产和营业事务的情况一定不会出现，尤其是存在预重整的情况下，更是如此。还有，管理人先行决定继续履行合同，在债务人经人民法院批准自行管理财产和营业事务时仍属双方均未履行完毕的合同，有解除必要的，则就应由债务人根据破产重整的实际情况来确定是否解除。

（三）对于双方均未履行完毕合同，管理人有权决定解除或者继续履行

对于双方均未履行完毕合同，管理人有权决定的内容乃为解除合同或者继续履行合同两个方面，换言之是对破产申请受理前成立的合同决定解除或者履行，而不是对破产申请受理前成立的合同的修改、变更。因此，诸如决定修改、变更、增加合同的条款，为解除或者继续履行决定新设附加条件、期限等有关合同内容变更、增减的要求，则不包括在对未履行完毕合同决定解除或者继续履行的内容范围之内。从理论上讲，在决定继续履行合同的情况下，修改、变更合同的某些内容有益于债务人财产的，管理人根据具体情况可以与对方协商修改、变更，但这已经不属于《企业破产法》第18条规定的范围。后者是管理人单方的权利，无论是决定继续履行还是决定解除合同，都不存在违约的问题；前者则不是管理人单方能够决定的，而应由对方协商一致时才能进行。对方不同意修改、变更的，管理人不能自行修改、变更，否则就应承担相应的违约责任。

三、管理人决定解除或者继续履行双方均未履行完毕合同的基本根据

总的来说，对于破产申请受理前已经成立的债务人与对方当事人均未履行完毕的合法有效合同，在破产申请受理后，管理人有权决定解除或者继续履行。但是，这种权利的行使，不能随意而为，而应当有利于债权人合法权益的充分保护，有利于破产程序的正常、顺利进行。具体说来，管理人决定解除或者继续履行的基本根据，主要包括以下几个方面：

（一）必须有利于减少债务人的财产损失

对于债务人和对方当事人双方均未履行完毕的合同，管理人无论是决定解除还是决定继续履行，都不能扩大债务人的财产损失，而要有利于减少债务人的财产损失。如在房产涨价的情况下由债务人出售房产的合同，由债务人购买电脑等急速降价的合同，继续履行，会给债务人的财产造成损失的，就应解除合同。此外，一些合同的履行，所获得的物质收益比履行合同所付

的对价还少，如由债务人聘请他人演出的合同，由债务人高薪聘请的还未到位的管理人员聘用合同，等等，也因合同继续履行造成实际获得的物质收益更少，而应予以解除。

（二）必须有利于债务人财产的保值与增值

尽力减少债务人财产的损失，实现债务人财产的保值与增值，是管理人的基本职责。为了实现这一职责，在决定解除或者继续履行债务人与对方当事人均未履行完毕的合同时，无疑也要遵循这一原则。对于某一合同，有的比较容易判断解除还是继续履行是否有利于财产的增值或者保值，有的判断并不容易，尤其是对价格起伏变化较大的财产买卖合同，以及某一合同的结果有赖于其他行为等，则更加困难，更需要谨慎从事。此外，在重整程序、和解程序中，为了保证重整计划或和解协议的执行，有关合同如劳动合同、办公场地租赁合同、原材料供应合同等必须履行的，则也应视为有利于债务人财产的保值或增值。此后，即使重整失败或和解协议不能履行，也不能影响之前解除或者继续履行的决定。而在破产清算中，已经停止生产经营服务等营业的，有关原材料供应合同，继续履行不利于债务人财产的保值，应当予以解除。

（三）必须有利于降低债务人财产毁损、灭失的风险

如为了防止财产丢失、毁损、灭失，债务人可能对财产购买了保险合同。这种双方均未履行完毕的保险合同，确实有利于降低债务人财产毁损、灭失的风险的，尤其是那些容易丢失、损坏或者发生火灾等安全事故的财产，管理人就可以决定继续履行合同。当然，对于毁损、灭失的风险非常小，如酒店、矿山等本来容易发生事故的单位，因为生产经营服务等营业停止而大大减少其风险的，则可以决定解除。

（四）必须有利于破产程序的正常、顺利进行

破产程序正常、顺利进行，乃是维护债权人合法权益的重要保证。源于各种原因，致使破产程序无法正常进行而拖延，或增加破产费用，或降低债务人财产价值，必会损害债权人的合法权益。所以，对于破产申请受理前已经成立的双方均未履行完毕的合同，管理人决定解除或者继续履行必须考虑是否有利于破产程序的正常、顺利进行。如管理人在债务人住所办公的，管理人对执行职务所需的供水、供电、电话及场所租赁等合同可以决定继续履行，对不需要的供水、供电、电话及场所租赁等合同则可以予以解除。

清算组决定解除或继续履行合同应以维护破产债权人权益和破产财产利益为标准。清算组有权决定是否继续履行合同，然其决定并不是代表原合同当事人的意思，不应以原合同的价值取向决定合同是否继续履行。清算组的

功能是管理和清算破产财产，其工作目的是对破产人的全部财产及法律关系进行整理和清算，其选择继续履行或解除合同的唯一标准就是维护破产债权人权益和破产财产的利益。清算组选择继续履行合同时，应向相对方支付全额的对价；选择解除合同时，除尚未履行的合同义务转变为破产债权外，因解除合同造成相对人的损失赔偿额也应当作为破产债权。是以，清算组在作出决定时，应当权衡利弊，考察得失，从经济的原则出发慎重作出决定。

至于正确确定合同是否履行，确定破产企业订立的相关合同是否已经履行，应当以破产企业作为义务主体是否履行作为标准，即破产企业作为合同一方的当事人尚未履行义务或者尚未完全履行义务（自然，也包括破产企业尚未履行义务，同时相对人也没有履行义务的情况）。如果破产的企业合同义务已经履行完毕，清算组无权解除合同；此时合同相对人未履行的合同义务，应列为破产财产由清算组进行清收，该义务尚未到履行期限的，视为已经到期。清算组在登记债权时，应当在一定期限内尽快告知相对人是否履行合同，以使相对人的权利处于稳定状态。

（五）管理人决定继续履行或者解除合同的利益平衡之考虑

如前所述，破产申请受理后，对于双方均未履行完毕的合同，管理人有权决定解除合同，其主要意旨在于减少债务人的财产损失，保持债务人的财产保值或者增值，以维护众多债权人的利益。如此，对于该合同的当事人来说，可能因为管理人的决定而遭受损失。如房屋买卖合同的买受人已经支付了大部分款项甚至全部款项，出于各种各样的原因尚未将购买的房屋过户到自己名下的，出卖人破产，管理人决定解除合同，在房屋大大增值的情况下，对买受人不利，有人便主张："在不动产买卖中，出卖人为破产债务人的，对方已经履行了大部分付款义务，而破产人尚未办理房屋所有权登记转移，但已经将房屋交付给买受人使用的，破产管理人的合同解除权应当受到限制。理由是：（1）对于买受人、债权人来说，就对方交付不动产的请求权通常是不设定担保的，也就是说，按照我国通常的做法，房屋买卖的时候，一般是房屋的出卖人要求购买人就价款设立担保，而对方一般不要求出卖人就交付房屋的义务设立担保。（2）虽然破产法的基本目的在于保护债权人的一般利益，使之最大化，但也不能不考虑对方的利益。从公平的角度看，倘若这种平衡程度达到难以令人接受的程度，也应当限制管理人的合同解除权。"① 对此，《企业破产案件规定》第71条第6项亦规定，尚未办理产权证或者产权过户手续但已向买方交付的财产，不属于破产财产。笔者则认为，不能将此

① 李永军：《破产法——理论与规范研究》，中国政法大学出版社2013年版，第125页。

绝对化，因为：

1.《企业破产法》第 18 条就双方均未履行完毕的合同赋予管理人的解除权，没有设定任何条件加以限制，管理人依法可以根据案件的具体情况以尽量维护众多债权人的利益为出发点而决定是否解除合同。

2. 管理人解除合同，一般情况下会有利于债务人的财产保值、增值，对众多债权人有利，对合同的相对方不利，这里涉及合同的相对方即单个债权人的利益与其他所有债权人的利益平衡问题。两者如何平衡，不能以原合同的价值取向来加以决定，而应根据破产案件的具体情况来加以考虑。而规定某种情况下要加以限制，不能解除，基于成文性的规范不变性以及现实生活的复杂性等特征，则实际无法根据具体情况达到两者的利益平衡。如房地产公司乙因大量举债无法及时归还而破产，其房屋除用于安置拆迁户外的 1 万平方米房屋卖给一个公司甲作经营酒店，公司也支付了大半价款，后来房产大大增值，如由原来的每平方 1 万元的价格增加到每平方 6 万元，不对公司的买卖合同加以解除，其他债权人尤其是许多借款人的借款均没有任何保障，不仅涉及甲与其他所有债权人的利益平衡，而且涉及社会稳定等诸多问题。另外，从绝对平衡来讲，房地产公司的其他债权人的债权根本得不到补偿，而甲则可以坐享所有增值利益，也无所谓公平而言。

3. 在房地产公司破产案件中，买受人基于居住而购买房屋，对于这种情形，基于维护公民基本生活权利的这一价值考量，加之购买人往往众多还与社会稳定直接相关，管理人则可以决定继续履行合同。然而，购买房屋者并不都是为了居住，有的出于投资，有的甚至是炒房，有的是以房抵债，等等，对于这种购买多套甚至数十套房屋并增值的，除必须用于居住的 1 套房屋决定继续履行合同使之获得所有权外，其他的从维护众多债权人的利益考量，应当决定解除合同。

4. 在上述情况下，管理人决定解除合同，合同的相对方无法实现其原来合同所带来的利益。按照现有法律规定，解除合同后债务人应当还返其已经履行义务而形成的债权属于普通债权，而破产情况下，普通债权的清偿往往很低，导致利益相差巨大。这也正是主张这时应当限制管理人解除权行使的主要原因。毕竟，管理人行使解除权已给合同的相对方造成合同的利益损失，而且这种损失因为巨大而给人有种不公平甚至达到了难以接受程度的感觉。笔者认为，如何平衡利益，不应从一个极端走向另一个极端。在肯定与否定涉及利益巨大得失的情况下，更不能简单肯定与否定了事，而应根据具体情况加以决定，并且寻求其他途径以使得各方的利益加以平衡。如在上述的房地产公司乙破产，甲公司以每平方米 1 万元购买的 1 万平方米房产，由于房产增值到每平方米6万元，管理人决定解除合同的，假若通过法律规定，乙公司因管理人决定解除合同而造成其利益损失的，在损失利益的一定范围内如30%以下可以获得全额赔偿，或者按照共益债务处理，就可以达到一定的平衡。在法律没有明确规定的情况下，笔者认为可以按照《企业破产法》第42条第5项的规定“管理人或者相关人员执行职务致人损害所产生的债务”，由管理人与合同的对方协商加以解决。协商不成的，应当以管理人的决定为准。

当然，在债务人所售财产严重贬值，买受人已经支付了大部分甚或全部价款的，决定解除，不利于债务人财产，则应决定继续履行合同。总之，对于双方均未履行完毕的合同，是决定继续履行还是决定解除，应以是否有利于债务人财产为基本标准，再兼顾各方利益平衡等各种因素，而不应以相对方是否支付了大部分款项为准。不然的话，从静止的角度上来讲似乎没有问题，可从动态上讲，因为债务人财产的价值在不断变化，要判断是否有利于债务人财产则无法得出正确的结论。这点需要引起充分的注意。

四、管理人决定解除或者继续履行双方均未履行完毕合同的法律后果

根据《企业破产法》第18条的规定，人民法院受理破产申请后，对于破产申请受理前成立而债务人和对方当事人均未履行完毕的合同是解除还是继续履行，管理人有权决定。无论是决定解除还是决定继续履行，都会产生相应的法律后果，对有关人员产生这样或那样的约束。主要表现在：

（一）管理人决定解除或者继续履行，均应及时通知对方当事人

对于破产申请受理前已经成立的而债务人与对方当事人均未履行完毕的合同，管理人都应进行全面、彻底的清理，并根据有利于减少债务人的财产损失，有利于债务人财产的保值与增值，有利于降低债务人财产毁损、灭失的风险及有利于破产程序的正常、顺利进行等原则作出解除或者继续履行合同的选择。作出选择后，无论是决定解除合同还是决定继续履行合同，均应及时通知对方当事人。管理人自破产申请受理之日起2个月内未通知对方当事人，或者自收到对方当事人催告之日起30日内未答复的，视为解除合同。这是因为，债务人进入破产程序后，对破产申请受理之前成立但债务人和对方当事人均未履行完毕的合同，决定解除的，管理人及时通知对方，可以避免对方因不知而继续履行合同造成其损失扩大，管理人也应根据合同的具体情况，请求恢复原状或者采取其他补救措施，以维护债务人的合法权益；决定继续履行合同的，管理人及时通知对方，可以避免对方当事人因为债务人

进入破产程序是否履行而举棋不定，以耽误合同的及时、全面履行，也可以避免对方当事人因债务人进入破产程序而担心履行后得不到相应履行而不履行的情况发生。

（二）双方均未履行完毕合同的解除或者继续履行的决定权主体一般为管理人，而非合同的相对方

破产申请受理前已经成立但双方均未履行完毕合同解除或者继续履行的决定权，根据《企业破产法》的规定，一般为管理人拥有。然在重整期间，或者重整计划执行阶段，或者人民法院认可通过的和解协议，裁定终止和解程序后，由债务人依法自行管理财产和营业的，则由债务人行使。对此，对方当事人只有接受的义务，而没有拒绝的权利。

在一般情况下，于履行期限届满之前，具体：（1）因不可抗力致使不能实现合同目的；（2）在履行期限届满之前，当事人一方明确表示或者以自己的行为表明不履行主要债务；（3）当事人一方迟延履行主要债务，经催告后在合理期限内仍未履行；（4）当事人一方迟延履行债务或者有其他违约行为致使不能实现合同目的；（5）法律规定的其他情形等，根据《民法典》第563条的规定，另一方有权解除合同，即双方在对方不履行的情况下，都具有决定是否解除或者继续履行合同的权利。但在债务人进入破产程序后，对于破产申请受理前成立的双方均未履行完毕的合同，是解除还是继续履行，根据《企业破产法》第18条第1款的规定，决定权在于管理人，对方当事人则不具有决定解除或者继续履行的权利。管理人作出解除或者继续履行的决定后，只要通知对方当事人即可。这是基于：

一方面，债务人进入破产程序后，有的合同的履行对于债务人有利，如债务人买受的财产可能增值，或者为债务人重整进行生产经营服务等营业所必须，如原材料、电力、水力供应合同，设备、房产维修合同，广告、运输服务合同等，如果允许对方当事人以债务人没有履行，并且经营状况严重恶化、有丧失或者是可能丧失履行债务能力等为由，而根据《民法典》第527条、第563条的规定解除合同或者中止履行，并且经营状况严重恶化、丧失商业信誉、有丧失或者是可能丧失履行债务能力等为由，而根据《民法典》第527条、第563条的规定中止履行或者解除合同，那么，债务人的财产将会减少，甚至根本无法进行生产经营服务等营业活动，会损害广大债权人的合法权益，不利于破产程序的进行。

另一方面，有的合同的履行不利于债务人，如购买的机器设备已经降价，债务人停止生产经营服务等营业或者债务人调整营业计划、缩小经营规模，就需要解除上述合同。否则，不仅不利于破产程序进行，而且会损害债权人

的合法权益，引发诸多负面因素。因此，从维护债权人合法权益及保证破产程序正常进行这一大的原则出发，在破产程序中，对双方均未履行完毕合同的另一方，限制其决定解除或者继续履行合同的权利，无疑有其必要性。

（三）未对双方均未履行完毕合同决定解除或者继续履行的法律后果

对于破产申请受理前已经成立但双方均未履行完毕合同解除或者继续履行的决定权，依法为管理人、债务人行使。作为一项权利，管理人、债务人可以根据需要自行作出决定。选择解除还是继续履行，其根据应当是有利于债务人破产程序的进行，有利于维护债权人的合法权益。管理人作出决定后，只要通知对方当事人即可。无论是决定解除还是继续履行，对方当事人都要接受。可在管理人基于决定权利的属性而不行使决定权，没有明确作出解除或者继续履行合同并通知的情况下，对方当事人对是否解除或者继续履行并不清楚管理人的意图时，可能无法适从，会给其生产经营服务等营业活动造成一定程度上的影响。为了减少这种影响，《企业破产法》第 18 条第 1 款规定，对方当事人可以催告管理人及时明确作出解除或者继续履行合同的决定。不仅如此，还规定："管理人自破产申请受理之日起二个月内未通知对方当事人，或者自收到对方当事人催告之日起三十日内未答复的，视为解除合同。"

（四）管理人决定继续履行双方均未履行完毕的合同，对方当事人有权要求提供担保

对破产申请受理前成立的双方均未履行完毕的合同，虽然由管理人决定解除或者继续履行，对方当事人应当按照管理人的要求接受解除或者继续履行。但这不意味着，对方当事人只有义务而没有任何权利。管理人决定继续履行的，在债务人已经进入破产程序的情况下，固然存在其履行合同后却得不到债务人履行的可能性，履行完全可能给自己带来损失。基于有利于破产程序进行的考虑，对方当事人应当接受管理人的决定。相应地，也要注意维护对方当事人的合法权益，尽量做到两者利益的平衡保护。不然，对方当事人完全可能拒不接受管理人的决定，影响破产程序的正常进行。故，《企业破产法》第 18 条第 2 款规定，管理人决定继续履行合同的，对方当事人应当履行，然有权要求管理人提供担保。管理人不提供担保的，视为解除合同。此外，根据《企业破产法》第 42 条第（1）项规定，因管理人或者债务人请求对方当事人履行双方均未履行完毕的合同所产生的债务，属于共益债务，可以优先于劳动债权、统筹社保债权和基本税收债权、普通债权受偿。至于破产申请受理前对方已经履行完毕而因债务人没有作对应履行而产生的债权，则不属于共益债权。这种不属于共益债权的债权与其他债权一样，都应依法

进行申报而公平受偿。

（五）对于双方均未履行完毕的合同，管理人不能单方变更其合同的内容

对于破产申请受理前已经成立但债务人与对方当事人均未履行完毕的合同，管理人决定继续履行的，合同的内容都未发生变化。管理人有权单方决定解除或者继续履行，然无权单方决定合同的内容如合同的标的物、数量、价格、履行时间、地点、违约责任等的变更。合同的这些内容发生变化的，则属于合同的变更，除劳动合同继续履行需要依法调整高级管理人员的工资条款等外，都应由管理人与对方当事人双方共同协商确定，而不能由管理人单方一方决定。既然合同的内容不能发生变化，管理人决定履行后，都应严格按照合同的约定履行，不履行的，则需要按照合同承担相应的违约责任。

管理人决定继续履行合同的，那么，作为合同一方的主体是否变更为管理人，有不同看法。有人认为，这时，“作为合同一方当事人变更为管理人，由管理人组织力量继续履行。在破产程序中，管理人接管债务人财产和营业事务，合同相对方应直接向管理人履行义务。自然在破产重整程序中，债务人可以继续管理其财产和营业事务，在此情形合同当事人并没有变化。”① 笔者认为，管理人决定继续履行合同，乃是对原来合同的履行，合同的主体没有变化。管理人决定继续履行合同，乃是代表债务人履行，并非以自己独立的名义而作为当事人一方履行。合同的履行后果，即因继续履行合同所产生的债务为共益债务，以债务人财产承担，即其法律后果也是由债务人承担，不是由管理人承担。

（六）管理人决定解除或者继续履行双方均未履行完毕的合同，应当依法受到监督

管理人决定继续履行的合同，不仅对管理人、对方当事人产生约束力，而且对所有债权人都产生约束力。管理人决定解除还是继续履行合同，应当有利于债务人财产的保值、增值，不应降低债务人财产的价值，进一步扩大债权人的损失。可是，管理人决定解除或者继续履行合同，并非一定能绝对保证该决定的最终后果出于标的物价值波动等原因就一定会使债务人财产增值或者保值，完全可能降低债务人财产的价值，造成债权人损失的进一步扩大。此时，债权人就不能以管理人决定不当为由而主张该决定行为无效或者请求人民法院予以撤销。不管结果如何，债权人都不能以此为由而不承担此种法律后果。当然，为了保证管理人正确行使决定解除或者继续履行合同的

---

① 吴庆宝、王建平主编：《破产案件裁判标准规范》，人民法院出版社2009年版，第147页。

权利，债权人可以通过债权人会议对管理人决定解除或者继续履行合同的行为进行监督。对此，《企业破产法》第69条第（7）项明确规定，管理人实施“履行债务人和对方当事人均未履行完毕的合同”的行为，应当及时报告债权人委员会；未设立债权人委员会的，应当及时报告人民法院。在第1次债权人会议召开之前，管理人实施《企业破产法》第69条规定行为之一的，应当经人民法院许可。《破产法解释（三）》第15条规定，管理人在处分《企业破产法》第69条规定的债务人重大财产包括“履行债务人和对方当事人均未履行完毕的合同”时，应当事先制作财产管理或者变价方案并提交债权人会议进行表决通过；实施处分前，提前10日书面报告债权人委员会或者人民法院。据之，对于破产申请受理前已经成立但债务人与对方当事人均未履行完毕的合同，管理人决定继续履行的，都应及时向债权人会议报告，接受债权人会议的监督，或者在第1次债权人会议前由人民法院许可。因此，管理人的这种权利并非绝对权利，为了保护债权人的合法权益及破产程序的正常、顺利进行，应当受到债权人会议及其债权人委员会或者人民法院的监督与制约。对这，应当加以注意。

（七）决定解除双方均未履行完毕的合同的法律后果

对破产申请受理前成立的双方均未履行完毕的合同，管理人决定解除的，既可能造成对方当事人损失，又可能是对方当事人违约而致双方未能履行完毕给债务人造成损失。无论出于哪种情形，双方都可以按照合同约定或者法律规定追究违约责任，或者要求对方赔偿所受到的损失。具体来说，如属对方当事人违约而致双方未能履行完毕，管理人决定解除合同的，管理人有权要求对方当事人承担违约责任或者赔偿损失；如属债务人违约而致双方未能履行完毕并造成对方当事人损失的，对方当事人可以要求债务人赔偿其损失。对此，《企业破产法》第53条明确规定：“管理人或者债务人依照本法规定解除合同的，对方当事人以因合同解除所产生的损害赔偿请求权申报债权。”对于对方当事人因合同解除所产生的这种损害赔偿，应当注意以下几点：

1. 对方当事人因合同解除所产生的损害，必须是出于管理人或者债务人的原因解除合同而产生。不是源于管理人或者债务人的原因而是出于对方当事人违约等原因而解除合同，如对方当事人以债务人进入破产程序而无法履行合同为由拒绝履行而致使管理人解除合同的，对方当事人即使因为合同解除而产生了损失，也不能要求债务人对这种损害进行赔偿。当然，管理人自破产申请受理之日起2个月内未通知对方当事人，或者自收到对方当事人催告之日起30日内未答复的，或者决定继续履行合同，对方当事人依法要求管理人提供担保，因为管理人不提供担保而视为解除合同的情况，通常情况下应当属于由于管理人的原因而解除合同。在上述情况下，对方当事人即使提出过不再履行合同而要求解除合同，也是源于管理人的原因而非出于其自身的原因，这点应当加以区分。当然，也不能绝对化。对方当事人违约或者根本违约在先，致使本来可在破产申请受理前履行而未履行，管理人决定继续履行，对方要求提供担保，管理人没有提供担保而解除合同的，对方当事人仍要依法承担违约责任。总之，管理人决定解除合同，当事人因合同解除所造成的损失由谁承担，要看合同的实际情况，不能一概地由债务人承担，也不能一律地由对方当事人承担。具体由谁承担，则应根据债务人与对方当事人对合同解除所负的责任根据法律规定或者合同约定确定各自所应承担的责任。

2. 对方当事人因合同解除所产生的损害，仅限于因为合同解除而已经实际发生的财产损害，不包括非财产损害，也不包括合同可得利益的损失。合同可得利益，作为合同履行后可能获得的利益，不属于对方当事人已经现实发生的损失。倘若包括这种可得利益的损失，对方当事人可以取得履行合同一样的利益，那么，解除合同不仅对债务人没有任何意义，而且还会因为对方当事人不履行而减少财产造成损失。

3. 对方当事人因合同解除所产生的损害，仅限于因为合同解除而给对方当事人直接造成的损害，因为合同解除而给对方当事人间接造成的损害，则不属于此种因合同解除所产生的损害。换言之，对方当事人的损害结果与管理人决定解除合同的行为之间存在着直接的、必然的因果关系。对方当事人虽然产生了损害但这种损害不是源于管理人解除合同的行为所致，如管理人决定解除合同并及时通知对方当事人后，对方当事人继续履行合同，或者仍旧为履行合同进行准备而产生的损失，或者没有采取必要措施防止损失发生而扩大的损失，就因为之间不存在因果关系而不属于这种因为管理人解除合同而产生的损害。又如，对方当事人的损失虽与管理人解除合同的行为存在着一定的关系然并非直接因果关系，如债务人与对方当事人签订合同、对方当事人又与他人签订连环合同，债务人与对方当事人之间的合同解除可能导致对方当事人与他人之间的合同无法履行，对方当事人可能因为要对他人承担违约责任而产生损失，这种对他人承担违约责任产生的损失，虽然与管理人解除合同之间存在一定关系，显然并非直接的因果关系，不能将之纳入因为管理人解除合同而给对方当事人造成的实际损失之列，对方当事人不能将这种损失作为债权进行申报。

4. 对方当事人因合同解除所产生的损害，不包括对方当事人因为合同约定的违约责任而可以得到的赔偿，如违约金、定金等。换言之，有关债务人的违约责任条款不能再行适用，对方当事人不能对债务人主张违约责任。但对方当事人在管理人决定继续履行合同后，违约不予履行的，则应按照合同承担违约责任。这是因为：

一是，债务人因为不能清偿到期债务且资产不足以清偿全部债务等情形实施破产，而非债务人违约；管理人在破产程序中依法对破产申请受理前成立但双方均未履行完毕的合同决定解除，更非违约。

二是，管理人选择解除合同，乃是对合同原有实体权利义务的约定加以解除，而违约责任属于实体权利的组成部分，固然包括在解除的范围内。

三是，《民法典》第566条规定："合同解除后，尚未履行的，终止履行；已经履行的，根据履行情况和合同性质，当事人可以请求恢复原状或者采取其他补救措施，并有权请求赔偿损失。合同因违约解除的，解除权人可以请求违约方承担违约责任，但是当事人另有约定的除外。主合同解除后，担保人对债务人应当承担的民事责任仍应当承担担保责任，但是担保合同另有约定的除外。"据此，合同解除后，对于未予履行的，终止履行，乃是指对于合同中的所有没有履行的实体权利义务包括违约金、定金等违约责任，都应终止履行，即不能将赔偿损失或者定金、违约责任等排除在外。对于履行的，根据履行情况和合同性质而采取恢复原状、采取其他补救措施，并要求赔偿损失。其中的赔偿损失，是指合同的相对方因为解除方解除合同而致其所遭受的实际损失，也不包括并没有实际损失而对违约行为进行惩罚性质的违约责任在内。

四是，合同的违约责任，在没有造成实际损失的情况下，是对有能力履行合同而故意不予履行等违约行为的惩罚，而管理人在债务人无能力履行的情况下决定解除合同，如前所述，并未违约已经失去了对之惩罚的前提与基础。相反，将这种具有处罚性质的违约责任认定为破产债权，并与那些正常形成的已经遭受实际损失的债权一同进行处理，必然损害那些遭受正常损失的债权人利益，有失公平。

五是，从各国的破产立法及其司法实践来看，许多国家及地区，如日本、我国台湾地区的破产法律均认为定金、违约金等违约责任不属于破产债权。①

五、破产申请受理前成立双方均未履行完毕的几种常见合同的处理

（一）劳动合同

对于与职工签订的劳动合同，还未履行完毕的，管理人可以根据《企业

① 李永军：《破产法——理论与规范研究》，中国政法大学出版社2013年版，第119～121页。

破产法》第18条的规定，决定解除或者继续履行。法定代表人、财务管理人员和其他经营管理人员，根据《企业破产法》第15条规定，由于负有妥善保管其占有和管理的财产、印章和账簿、文书等资料；根据人民法院、管理人的要求进行工作，并如实回答询问；列席债权人会议并如实回答债权人的询问；未经人民法院许可，不得离开住所地等义务，假若解除与之的劳动合同，因其需要生活，必须重新寻找工作，致使其有关义务的履行遭受影响，对破产程序正常进行不利，一般不予解除。然则，不解除其劳动合同，并不意味着他们仍然享受着原来的工资待遇。这时，按照《企业破产法》第113条第3款关于“破产企业的董事、监事和高级管理人员的工资按照该企业职工的平均工资计算”的规定，债务人与高级管理人员之间的劳动合同的工资待遇条款不再发生效力，应当根据上述规定按照债务人职工的平均工资计算。应当指出，这种劳动合同中工资待遇条款的变化，是法律强行规定的，不是管理人自行决定的，也不能由管理人与高级管理人员再协商改变。且这种变化，对于破产申请受理前已经成立的劳动合同都发生效力。破产申请受理后，管理人决定继续履行合同，并按照破产法依法调整后的工资待遇条款予以履行，并未改变劳动合同的内容。其实，债务人的管理人员尤其是高级管理人员，对债务人的破产负有更大的责任，在欠付工资期间，其工资应当按照债务人职工的平均工资计算。不然，一方面，债务人欠付职工工资并资不抵债，而其高级管理人员却仍然享受着高工资、高待遇，无疑不公平；另一方面，高级管理人员因为具有一定的职权可以将自己的高工资、高待遇尽数兑现，而对职工赖以生存的低工资、低待遇却可以欠付，更不公平。所以，债务人破产申请受理后，对于债务人破产负有责任的法定代表人等高级管理人员在欠付职工工资的期间内，都应按职工的平均工资计算。欠付的工资，按平均工资申报债权；已经获得的高工资、高待遇，对于超过职工平均工资的部分，应当予以追回。那么，在破产申请受理后，决定履行法定代表人及其他高级管理人员之间的劳动合同的，其工资待遇更应按照职工的平均工资计算。当然，管理人决定继续履行劳动合同的，管理人、职工工资待遇则转化为共益债务，可以直接依法优先受偿，而不进行债权申报。然对破产申请受理前的债务人欠付的工资待遇等，则只能作为劳动债权依法处理。

应当指出，管理人对于高级管理人员或者职工的劳动合同决定继续履行的，根据《企业破产法》第18条第2款关于“管理人决定继续履行合同的，对方当事人应当履行；但是，对方当事人有权要求管理人提供担保。管理人不提供担保的，视为解除合同”的规定，高级管理人员或者职工似乎也有权要求管理人提供担保。管理人如不提供担保的，则视为解除合同。笔者认为，对此，不应机械适用。在破产程序尤其是在破产重整中，生产经营服务等营业活动可能没有停止，倘若继续履行合同都允许高级管理人员或者职工有权要求管理人提供担保，那么，破产工作必然遭受阻碍，并且可能致使无法进行。事实上，因为管理人决定继续履行合同的费用，属于共益债务，先于劳动债权清偿，一般都会有保障，高级管理人员或者职工不应有权根据《企业破产法》第 18 条第 2 款的规定而享有要求管理人就劳动合同的继续履行提供担保的权利。

（二）租赁合同

对此，分为下列两种情况考虑：

1. 出租人破产的租赁合同处理。出租人将财产尤其是将房产、机器设备等租给他人使用，一般时间较长，在破产申请受理后还未到期的，通常不宜解除。这是因为：

一是出租人将财产继续出租，可以获得一定的租金收益，增加债务人的财产。

二是承租人租用债务人财产，期限未到，对其解除，必然对其生产、经营、服务等营业造成影响，造成承租人的损失，这种损失由于装修等各种原因，还可能较大，从而不利于债务人财产保值。

三是根据《民法典》第 725 条规定的“买卖不破租赁”的原则。该条规定：“租赁物在承租人依据租赁合同占有期间发生所有权变动的，不影响租赁合同的效力。”司法实践中将存在租赁关系的财产进行拍卖处置的现象司空见惯。即使需要将之通过拍卖等方式处理变现，一般对此也不会影响，即通常不会影响破产程序的正常、顺利进行。

当然，在原租赁合同极不公平或者时间很长，继续履行合同对租赁物的处理影响很大，如购买人尤其是重整人坚决要求解除租赁合同，否则便不购买或者不参与重整，严重影响破产程序的进行，承租人因为大量负债无法或者不愿支付租金等的情况下，管理人对于租赁合同有权决定解除。

综上所述，对于出租人破产的，应以继续履行为原则，解除合同为例外。

2. 承租人破产的租赁合同处理。承租人破产时，停止生产经营服务等营业的，租用的房产、设备等将大量闲置，需要将大部分予以解除，只对其中有利于管理人执行职务的部分予以继续履行。进行破产重整或者破产和解，生产经营服务等营业正常进行的，一般都需要继续履行，对不需要的部分则可以依法解除。

在承租人破产的情况下，根据《企业破产法》第 18 条的规定，决定解除或者继续履行的权利在于管理人，出租人没有决定解除合同的权利，即出租人不能以债务人进入破产程序为由而决定解除合同，管理人决定继续履行的，出租人必须继续履行。出租人为了维护自己的合法权益，可以根据《企业破产法》第 18 条第 2 款的规定要求管理人提供担保。管理人不提供担保的，则视为解除合同。

（三）委托合同

《民法典》第 934 条规定："委托人或者受托人死亡、丧失民事行为能力或者终止的，委托合同终止；但是，当事人另有约定或者根据委托事务的性质不宜终止的除外。"基此，委托人或者受托人破产等原因终止的，除当事人另有约定或者根据委托事务的性质不宜终止的外，在一般情况下，委托合同都应终止。在破产程序中，根据委托事务的性质不宜终止的，该委托合同需要继续履行，管理人不宜决定解除合同。按照《民法典》的规定，当事人约定了解除合同的条件，在破产进行时该解除合同的条件尚未成就，该合同不宜终止需要继续履行。继续履行，假若不利于甚至极不利于债务人，管理人是否可以决定解除合同，笔者认为，应当肯定。这是因为，《民法典》规定当事人另有约定的合同不宜终止，属于一般规定；而《企业破产法》对于合同包括委托合同的解除权赋予管理人选择，则是特别规定。根据特别规定优先于一般规定的适用原则，管理人有权决定解除。不然，对于约定了解除条件且该条件不成就的委托合同，实际上就排除适用《企业破产法》第 18 条的规定，即使对债务人财产或者破产程序进行极为不利，也不能加以解除，显然不当。

应当指出，无论是委托人破产还是受托人破产，委托合同原则上需要终止。可突然终止，可能影响委托人的利益，这就要求，在委托人作出妥善处理之前，受托人都应按照诚信原则，基于善意继续处理相关事务，以防止委托人的利益遭受损失。对这，《民法典》第 935 条规定："因委托人死亡、丧失民事行为能力或者终止，致使委托合同终止将损害委托人利益的，在委托人的继承人、遗产管理人、法定代理人或者清算人承受委托事务之前，受托人应当继续处理委托事务。"第 936 条规定："因受托人死亡、丧失民事行为能力或者终止，致使委托合同终止的，受托人的继承人、遗产管理人、法定代理人或者清算人应当及时通知委托人。因委托合同终止将损害委托人利益的，在委托人作出善后处理之前，受托人的继承人、遗产管理人、法定代理人或者清算人应当采取必要措施。"对此，应当加以注意。

（四）非所有权保留买卖合同

债务人进入破产程序后，有关买卖合同应当根据不同情况分别进行处理：

1. 与生产经营服务等营业直接相关的合同，在生产经营服务等营业停止后，债务人作为买受人的有关生产设备、原材料等的合同通常情况下对于债务人财产保值或者增值不利，管理人需要考虑予以解除。倘若生产经营服务等营业因为破产重整、破产和解的需要而不停止，这些合同原则上不应解除，除非履行对债务人极为不利。但是，债务人作为出卖人的有关生产设备、原材料等有关合同，不继续履行，可能无法销售出去，造成债务人财产的损失，管理人应当决定继续履行。

2. 与债务人日常管理相关的合同，如有关供水、供电、电话、日常办公用品等合同，在债务人进入破产后，生产经营服务等营业没有停止的，需要继续履行。因为缩小生产经营服务等营业规模甚至完全停止生产经营服务等营业的，管理人则应根据有关情况决定解除或者继续履行或协商变更。另外，对于管理人履行职务必需的与日常事务相关的买卖合同，也应考虑继续履行。

3. 不动产买卖合同。仅是签订了合同，其余均未履行，管理人则应根据不动产交易是否有利于债务人的标准判断决定解除或者继续履行。不动产已经交付给对方，如债务人将自己的房产出卖且已经交付给对方管理使用，或者他人将房产出卖且已将房产交付给债务人占有使用但还未办理过户登记手续，另一方没有支付不动产交易款的，管理人能否根据交易是否有利于债务人的标准决定解除或者继续履行，即凡是不利于债务人的，一律解除，凡是有利于债务人的，则一律继续履行，笔者认为，则需要从诚信原则及平衡债务人与他人的利益角度进行考虑：

一是，债务人作为出卖人出卖房产等不动产，房产等不动产正在贬值，不履行不利于债务人财产增值或者保值，管理人可以决定继续履行合同，他人不能以房产等不动产贬值为由而主张解除合同。因为，即使没有进入破产程序，该合同也是需要继续履行。

二是，债务人出卖房产等不动产，房产等不动产正在升值，履行对债务人不利，可买受人是基于居住这一生存的基本权利，且类似买受人数众多，从维护广大消费者利益及社会稳定等公共利益以及诚实信用、公平原则等考虑，则应继续履行合同，不能因为房产等不动产升值有利于债务人财产增值而不考虑社会稳定、交易安全等公共利益一律加以解除。当然，买受人不是为了居住而是为了投资甚至投机炒房等因素，基于维护债务人财产进而维护全体债权人利益来考虑，则应决定解除合同。

三是，债务人买受不动产，不动产正在升值，管理人应当决定继续履行合同。

四是，债务人买受不动产，不动产正在贬值，且不动产已经交付给债务人，继续履行合同，不利于债务人财产的增值或贬值。此外，继续履行合同，出卖人的债权属于共益债权，可以优先受偿得到保护，对其他债权人来说明显不公平。此时，将不动产退还给出卖人，出卖人并没有什么损失，比起那些已将财产卖给债务人只享有债权的人来说，更加幸运。因为，在债务人进入破产程序后，除非有利于债务人或者社会公共利益的特定情况，继续履行合同不致受到损失外，其他情况的所有债权人都会受到或大或小的损失。作为已经交付财产的出卖人因为解除合同退回财产，即使存在损失，一般也是很小。加之，在这种情况下，解除合同的影响仅仅限制在债务人与出卖人之间，也不会像债务人是房地产开发商那样在房屋升值时解除消费者买房合同影响广大消费者的利益进而影响社会稳定这一公共利益，原则上应当解除，除非解除会严重影响破产程序的正常、顺利进行。如出卖人为村集体，假若解除合同，可能导致众多村民采取过激行动，严重影响破产程序进行甚至危及社会稳定的，则就要考虑继续履行合同。

应当指出，对于一方已经完全支付了价款的买卖合同，并不属于破产申请受理前已经成立但债务人和对方当事人均未履行完毕的合同。此种合同，基于诚实信用及公平原则，一般应当继续履行。如债务人为出卖人，有能力履行的，债务人则应履行，不能在有能力履行的情况下不加履行，并将买受人支付的价款要求作为普通债权进行申报，这对买受人来说，也不公平。尤其是为了居住买房，或者人数众多，则更应履行合同。倘若出于一房多卖等原因而没有能力履行，或者购买人是为了投资甚至炒房，管理人就可以决定解除合同，买受人支付的价款则应作为债权依法向管理人申报。如债务人为买受人，购买的是非特定物，管理人可以决定解除合同，要求对方返还支付的价款；购买的是特定物，特定物已经准备成就或者基本准备完成，如他人已将债务人所需的特定物买回，或者与他人签订了合同支付了价款的，原则上不应解除合同；特定物还未准备好，管理人可以决定解除合同。

（五）所有权保留买卖合同

对于约定所有权保留的买卖合同，标的物虽交付给了买受人但按照合同约定，出卖人并未将标的物的所有权转让给买受人。基于买卖合同的目的在于买受人获得标的物的所有权，该买卖合同的目的也尚未实现，买受人尚未取得标的物的所有权，出卖人对标的物仍然具有所有权。另外，所有权保留乃基于买受人尚没有将合同价款或者其他义务向出卖人全部履行完毕。这样，就买卖合同双方当事人而言，买卖合同均未履行完毕，属于《企业破产法》第 18 条规定的双方均未履行完毕的合同。是以，《破产法解释（二）》第 34 条规定，买卖合同双方当事人在合同中约定标的物所有权保留，在标的物所有权未依法转移给买受人前，一方当事人破产的，该买卖合同属于双方均未履行完毕的合同，管理人有权依据《企业破产法》第 18 条的规定决定解除或者继续履行合同。

对于所有权保留的买卖合同，管理人无论是决定解除还是继续履行，都应依法履行由此产生的与有关权利相对应的法律责任。具体来说，根据《破产法解释（二）》有关规定，包括以下方面：

1.《破产法解释（二）》第 35 条规定，出卖人破产，其管理人决定继续履行所有权保留买卖合同的，买受人应当按照原买卖合同的约定支付价款或者履行其他义务。买受人未依约支付价款或者履行完毕其他义务，或者将标的物出卖、出质或者作出其他不当处分，给出卖人造成损害，出卖人管理人依法主张取回标的物的，人民法院应予支持。但是，买受人已经支付标的物总价款 75% 以上或者第三人善意取得标的物所有权或者其他物权的除外。因本条第 2 款规定未能取回标的物，出卖人管理人依法主张买受人继续支付价款、履行完毕其他义务，以及承担相应赔偿责任的，人民法院应予支持。

2.《破产法解释（二）》第 36 条规定，出卖人破产，其管理人决定解除所有权保留买卖合同，并依据《企业破产法》第 17 条的规定要求买受人向其交付买卖标的物的，人民法院应予支持。买受人以其不存在未依约支付价款或者履行完毕其他义务，或者将标的物出卖、出质或者作出其他不当处分情形抗辩的，人民法院不予支持。买受人依法履行合同义务并依据本条第 1 款将买卖标的物交付出卖人管理人后，买受人已支付价款损失形成的债权作为共益债务清偿。但是，买受人违反合同约定，出卖人管理人主张上述债权作为普通破产债权清偿的，人民法院应予支持。

3.《破产法解释（二）》第 37 条规定，买受人破产，其管理人决定继续履行所有权保留买卖合同的，原买卖合同中约定的买受人支付价款或者履行其他义务的期限在破产申请受理时视为到期，买受人管理人应当及时向出卖人支付价款或者履行其他义务。买受人管理人无正当理由未及时支付价款或者履行完毕其他义务，或者将标的物出卖、出质或者作出其他不当处分，给出卖人造成损害，出卖人依据《合同法》第 134 条[①]等规定主张取回标的物的，人民法院应予支持。但是，买受人已支付标的物总价款 75% 以上或者第三人善意取得标的物所有权或者其他物权的除外。因本条第 2 款规定未能取回标的物，出卖人依法主张买受人继续支付价款、履行完毕其他义务，以及承担相应赔偿责任的，人民法院应予支持。对因买受人未支付价款或者未履行完毕其他义务，以及买受人管理人将标的物出卖、出质或者作出其他不当

① 现为《民法典》第 641 条。

处分导致出卖人损害产生的债务，出卖人主张作为共益债务清偿的，人民法院应予支持。

4.《破产法解释（二）》第38条规定，买受人破产，其管理人决定解除所有权保留买卖合同，出卖人依据《企业破产法》第38条的规定主张取回买卖标的物的，人民法院应予支持。出卖人取回买卖标的物，买受人管理人主张出卖人返还已支付价款的，人民法院应予支持。取回的标的物价值明显减少给出卖人造成损失的，出卖人可从买受人已支付价款中优先予以抵扣后，将剩余部分返还给买受人；对买受人已支付价款不足以弥补出卖人标的物价值减损损失形成的债权，出卖人主张作为共益债务清偿的，人民法院应予支持。

（六）承揽合同

对此，应当分为两种情形加以考虑：

1. 债务人为定作人。定作的物品已经完成或者基本完成的，原则上应当履行合同。因为，既然是定作物，一般用于特定用途，对其他人不太适用，将合同解除，对承揽人来说不公平，也不利于交易稳定。定作物的制作刚刚开始或者完成量很小，完成有利于债务人或者破产程序的正常进行的，则可决定继续履行合同，否则就应解除合同。解除合同后，为制作定作物而未完成的工作成果归债务人享有，承揽人对债务人尚未支付的报酬应当作为债权进行申报。当然，根据《民法典》第783条关于"定作人未向承揽人支付报酬或者材料费等价款的，承揽人对完成的工作成果享有留置权或者有权拒绝交付，但是当事人另有约定的除外"的规定，承揽人在债务人未支付价款前，对制作定作物而已完成的工作成果享有留置权。

2. 债务人为承揽人。债务人对于承揽的定作物，有能力完成的，管理人可以决定继续履行合同。如此，既有利于维护交易安全与稳定，又有利于增加债务人的财产；没有能力履行，或者因为生产设备落后，可以履行然履行合同后完全得不偿失的，管理人可以决定解除合同。

第七节　破产取回权

一、破产取回权概述

（一）破产取回权的概念与特征

破产取回权，是指破产申请受理后，除特别情形外而对某一财产享有物权占有关系的财产权利人，对于不属于债务人所有却为债务人占有或者按照合同应当为债务人占有而债务人并未占有的财产，依法不通过破产程序而通过管理人或者财产控制人直接将财产拿回由自己占有、控制、支配的行为。一般说来，即除非特别情形，就破产一般取回权而言，具有基本特征：

1. 破产取回权的主体为债务人之外的其他财产权利人。债务人的财产，如为他人合法占有，基于破产程序正常进行的需要，可以依法取回，然这种取回，并不属于破产取回权的取回。破产取回权的取回，是指并非债务人所有但为债务人占有或者应当占有的财产，财产权利人依法通过管理人或者财产控制人予以取回的权利。因此，其主体为债务人之外的其他财产权利人。管理人要取回属于债务人所有的却为他人占有的财产，则应通过依法行使追回权、解除尚未履行完毕的合同等方式取回财产。如对他人非法占有的，或者因为破产撤销行为、无效行为等占有的财产，管理人可以行使追回权追回；对于他人因为租赁、借用合同等合法占有的财产，可以通过解除合同的方式将财产取回；对于出质、留置的担保物，出质人或者留置权中的债务人破产的，根据《企业破产法》第37条规定："管理人可以通过清偿债务或者提供为债权人接受的担保，取回质物、留置物。前款规定的债务清偿或者替代担保，在质物或者留置物的价值低于被担保的债权额时，以该质物或者留置物当时的市场价值为限。"

应当指出，在一般情况下，债务人本身不具有破产取回权。然而，债务人具有所有权等物权关系的财产被他人占有时，如在所有权保留买卖中，作为破产债务人的买受人基于所有权保留买卖合同享有占有、使用权，源于各种原因如被盗窃、诈骗、拾捡等致使买卖标的物为他人占有的，有权依照普通法上的取回权等的规定追回该财产；他人破产的，则享有破产取回权。故，债务人在一定条件下也具有破产取回权。可这种破产取回权，并不是基于债务人的这一身份所致，而是基于其对处于破产程序中的他人所占有的财产具有物权即属于财产权利人的身份所致。这一点需要加以注意。

2. 破产取回权的标的物除特别情形外必须是其他财产权利人的财产，而非债务人的财产。债务人的财产，除特别情形外自不存在由他人取回的问题。债务人对他人的财产因为所有权保留、用益物权、担保物权（如质权、留置权）、租赁、借用、保管、仓储、不当得利、无因管理等情形而占有的，该财产的所有权，依然属于他人，并不属于债务人的财产。非债务人财产，自然不能将之作为债务人的财产而用于清偿债务人所负的债务，不然就会损害财产权利人的合法权利。另外，该财产必须为债务人占有或者按照合同应当为债务人占有但债务人并未占有。不为债务人占有并且不应为债务人占有，财产权利人也不能行使破产取回权。因为，破产取回权是在债务人进入破产程序后对债务人占有或者应当为其占有，财产权利人由此失去占有的才对其存在行使破产取回权的问题。对未进入破产程序的由他人占有的财产，财产权利人不能行使破产取回权取回财产，而是应当依照其他法律规定取回财产。

3. 破产取回权的根据或权利基础，必须是合法的物权占有关系，而非债权关系。换句话说，破产取回权必以财产权利人对破产取回权的标的物具有现实的，在特别情形下也可以是曾经享有所有权、用益物权、担保物权（质权、留置权）等合法的物权占有关系为前提与基础条件。他人对该财产从来不具有合法的物权关系，不能成为财产的合法物权人，不具有取回权。只有所有权人等物权占有关系人才能依照物的返还请求权，向管理人或者其他控制人提出返还财产的请求，债权则不能直接产生对物的返还请求权。

所有权、用益物权、担保物权（质权、留置权）等物权占有关系，乃是社会经济生活中最基本的法律秩序之一。破坏这种最基本的法律秩序，就会损害人们对社会经济秩序最基本的预期，进而损害交易稳定与安全，甚至导致交易根本无法进行。即使在破产程序中，对这种经济秩序赖以存在的最为基本的法律秩序，也不能破坏。事实上，债务人破产，只能以自己的财产清偿债务，而不能以他人的财产清偿自己的债务，这是一项公认的最为基本的原则。如果允许债务人利用别人的财产清偿自己的债务，那么，根本就不会存在破产的问题。至于作为破产取回权基础权利的物权占有关系，主要是所有权占有关系，这又是一切法律权利包括建立在所有权之上的用益性物权、担保物权等他物权占有关系的基础。所有权之外的其他物权，如国有企业的经营管理权、建设用地使用权、宅基地使用权、地役权、农村土地承包经营权、探矿权、采矿权、取水权、利用水域、滩涂从事养殖、捕捞等的使用权、质权、留置权、担保物权、占有权、使用权等的标的物如为他人占有，他人破产时，这些他物权人就依法对他人享有取回权。如因租赁、借用、仓储、保管、运输、加工承揽、代购、代销、委托交易、寄存等而对他人之物享有占有、使用权，租赁物、借用物、仓储物、保管物、运输物等又被第三人非法占有，第三人破产的，承租人、借用人、仓储人、保管人、运输人就因为对该租赁物、借用物、仓储物、保管物、运输物等享有占有、使用权而对其同时享有破产取回权。

应当指出，在质权、留置权中，出质人或者留置权中的债务人破产时，在对被担保的债权予以清偿或者提供相应的担保后，出质人或者留置权中的债务人依法可以将质物、留置物予以取回，然这种取回并不是破产取回权的取回。如前所述，破产取回权是指财产权利人在债务人破产时对自己拥有所有权、留置权、质权或者其他法律关系而应合法占有的，却为债务人占有或者应当为债务人占有的财产予以取回的权利，其主体是指进入破产程序的债务人之外的财产权利人，而不是进入破产程序的债务人本身。在上述的出质人或者留置权中的债务人破产时，乃是进入破产程序的债务人取回自己的财产，不属于破产取回权的范畴。只有在质权人、留置权人破产时，出质人、留置权中的债务人依法将质物、留置物取回的，才属于破产取回权的范畴。这时，作为破产取回权的基础权利是出质人、留置权中的债务人对质物、留置物的所有权，而非担保物权这一他物权。如果质物、留置物为质权、留置权以外的他人非法或者合法如借用等占有，他人破产时，质权人、留置权人有权对他人的管理人主张破产取回权，那么，其主张破产取回权的基础则是源于其对该财产享有质权、留置权等他物权，而非对其财产享有所有权。

4. 破产取回权是财产权利人在特别情形外而针对特定物所享有的返还请求权，该返还请求权的根据是他人对该特定财产基于所有权、用益物权、担保物权（质权、留置权）或者租赁、借用、保管等各种法律关系而享有的合法占有、使用权。换言之，财产权利人源于各种各样的原因而对该特定财产具有合法的物权关系。不用多言，除非特别情形，破产取回权是财产权利人取回属于自己所有或者基于其他法律关系而应当为其合法占有的财产，该财产应当属于特定物，种类物因为没有特定从而不能成为破产取回权的客体。在破产申请受理前或者后，为他人所有或者因为其他法律关系而应合法占有的财产毁损、灭失的，取回权的客体即标的物不再存在，除非该毁损、灭失的财产获得了保险金、补偿金、赔偿金、代偿物等代位物尚未交付债务人或者虽然已经交付给债务人能与债务人的财产区分可以行使代偿取回权外，则不再存在破产取回权的问题。毁损、灭失财产的保险金、赔偿金已经交付给债务人或者代偿物已经交付给债务人且不能与债务人财产区分的，假若是出于债务人或者管理人的原因导致该财产毁损、灭失的，财产权利人则有权要求债务人予以赔偿即对债务人享有损害赔偿请求权：财产毁损、灭失发生在破产申请受理前，财产权利人对债务人享有的债权属于破产债权，应当依法向管理人申报，并统一公平受偿；财产毁损、灭失发生在破产申请受理后，财产权利人对债务人享有的债权则属于共益债权，可以优先于劳动债权、统筹社保债权和基本税收债权，以及普通破产债权受偿。倘若不是源于债务人或者管理人的原因导致财产毁损、灭失，而是因为意外事故或者不可抗力造成毁损、灭失的，则应区分不同情形加以考虑：

一是，债务人非法占有他人享有合法占有关系的财产的，财产的毁损、灭失即使因为意外事故或者不可抗力造成，财产权利人也都有权要求债务人给予损害赔偿，根据毁损、灭失发生的时间是在破产申请受理前还是破产申请受理后，以破产债权或者共益债权进行处理。

二是，债务人合法占有他人享有合法占有关系的财产的，财产毁损、灭失因为意外事故或者不可抗力造成，财产权利人是否具有损害赔偿请求权，则要看财产毁损、灭失的风险应由谁来承担：约定应由财产权利人承担的，则财产权利人对债务人就不具有损害赔偿请求权。反之，财产毁损、灭失的风险应由债务人承担的，财产权利人对债务人就具有损害赔偿请求权。

5. 破产取回权是财产权利人在破产程序过程中依法享有的特别请求权。这种请求权的特别性主要表现在以下 3 个方面：

一是，破产取回权只能存在于破产程序进行之中。在破产程序中，从时间起点上来说，是破产申请受理时。破产申请受理之后，破产取回权人即可行使破产取回权。在破产申请受理前，债务人基于租赁、借用、保管、委托、承揽加工等各种法律关系而合法占有、使用，这些法律关系尚存的，财产权利人要取回自己的财产就构成违约；这些法律关系出于解除等原因而不存在，或者因为不当得利、无因管理等事由要求债务人返还财产的，也是一般普通法上的民事法律关系，而与破产取回权这一破产法的特别请求权有着本质的不同。在破产申请受理后，债务人占有他人财产的法律关系不论是否到期，他人对为债务人所占有的而具有物权关系的财产都依法具有破产取回权。

至于破产程序的终点，字面上乃为破产程序终结之时。从物权的角度上讲，物权人对物的返还请求权尽管没有时效的限制，但对取回权的行使，因其与破产程序的正常进行相关联，有必要在期限上作出限制。基于破产取回权的行使，要以标的物为相对人占有为前提。如果标的物不再为相对人占有，如标的物灭失或者依法处置给第三人，那么，物权人对相对人的物的请求权则难以实现。另外，管理人清理债务人财产，审核债权人债权，工作复杂，千头万绪，在没有人对某一财产主张破产取回权的情形下，往往很难确定其中本来属于他人的财产不是债务人的财产，至少很难将其中本来属于他人的财产全部确定清楚，除非证据明确或者有相反证据，对于没有被他人主张取回的财产，只能推定为债务人的财产，并以此为基础制定财产变价方案或者重整计划草案、和解协议草案。而无论是破产财产的变价方案还是重整计划草案、和解协议草案，都会涉及债务人财产的范围、价值甚至债权人可能得到的债权清偿等破产程序中的为债权人最为关心乃十分重要的事项。在管理人将它们提交债权人会议讨论后再有人主张破产取回权，破产财产的变价方案及重整计划草案、和解协议草案，必然需要重新修改，做出新的调整、变化，不仅会增加破产成本，而且会影响破产程序的效率。而且在破产程序中，所要解决的乃是债务人与所有债权人、物权人等的法律关系，需要顾及公正与效率，必须依法定程序往前推进，不能因为个别权利人的行为而迟延、中止，并且具有不可逆转性的特征。这样，既为了保证破产取回权人的利益，又兼顾破产程序的特殊情况及要求，需要对破产取回权的行使时间的终点作出要求，以促使破产取回权人及时行使破产取回权。因此，《破产法解释(二)》第26条规定，权利人依据《企业破产法》第38条的规定行使取回权，应当在破产财产变价方案或者和解协议草案、重整计划草案提交债权人会议表决前向管理人提出。权利人在上述期限后主张取回相关财产的，应当承担延迟行使取回权增加的相关费用。其中，因破产取回权人在破产财产变价方案或者和解协议草案、重整计划草案提交债权人会议表决后主张取回增加的费用，则包括因破产取回权人迟延行使破产取回权所造成的一切费用，包括但不限于之后发生的破产取回权标的物的保管费用，所涉及的财产重新评估、审计、计算费用，由此延期而增加的管理人报酬，等等①。

二是，破产取回权虽然存在于破产程序之中，但不依破产程序而取回财产。这是由破产取回权的标的物并非债务人的财产而是破产取回权人的财产，于是不需要按照破产程序及其有关规定的财产清偿顺序，如破产别除权、破产费用及共益债务、劳动债权、统筹社保债权及基本税收债权、普通债权的顺序等并依照财产变价、分配方案或者重整计划、和解协议等的规定进行清偿，财产权利人可以直接向管理人或者财产实际控制人主张取回。当然，管理人或者财产实际控制人予以拒绝的，则可以通过诉讼途径取回；管理人发现债务人占有的财产属于他人财产的，也可以通知财产权利人取回。无法通知的，则可以通过提存的方式予以保全。

三是，他人具有合法物权关系的为债务人占有的财产，既可是债务人合法占有的财产，亦可以是债务人非法占有的财产。在破产程序之外，财产权利人对于自己所有的或者具有其他物权关系应为其合法占有的但为他人占有，只有在非法占有或者无因占有的情况下，才可行使物的返还请求权；合法占有如他人依法租赁占有，在合同未到期的情况下，则就不能随意提前取回。然在破产程序中，债务人即使是合法占有他人财物，期限还未届满，财产权利人也可依法行使破产取回权取回财产。

6. 破产取回权具有法定性。财产权利人在破产程序中对自己具有物权关系的财产可以依法行使破产取回权，可是，这种破产取回权的行使并非绝对的和无条件的：一方面，从取回的方式上看，该财产为债务人占有的，则应

① 最高人民法院民事审判第二庭编著：《最高人民法院关于企业破产法司法解释理解与适用》，人民法院出版社2017年版，第307~315页。

通过管理人取回，而不能通过债务人取回。另一方面，《企业破产法》另有规定不能取回的，则不能取回。如《企业破产法》第76条规定："债务人合法占有的他人财产，该财产的权利人在重整期间要求取回的，应当符合事先约定的条件。"据之，财产的权利人在重整期间要求取回具有合法占有关系的财产，不符合约定的条件如合同期限尚未届满等，财产权利人要求取回的，就不应允许。

（二）破产取回权的分类

根据财产权利人的财产是否为债务人直接占有，可分为破产一般取回权与破产特别取回权。前者是指不属于债务人所有但为债务人占有的财产，对该财产享有物权占有关系的财产权利人在债务人破产时基于物权占有关系通过管理人取回该财产的权利。后者是指不属于债务人的财产，依法应当由债务人占有但债务人源于各种原因没有占有的情形，如出卖人卖给债务人的财物还在运途中，该财产按照买卖合同应当由债务人占有但事实上还未由债务人占有；行纪合同中，行纪人受委托人委托以自己的名义购入财物后发往债务人，债务人破产时该财物还未收到；债务人或者管理人本来占有他人的财产但债务人或者管理人后来将之转让，造成债务人没有占有该财产。债务人破产时，财产权利人就可以基于所有权、质权、留置权或者其他物权法律关系而应合法占有的权利而取回该财产。因为这种财产应当为债务人占有但事实上源于各种原因而没有占有，财产权利人仍应可以通过财产的控制人而取回财产。是以，属于破产取回权的特别情况而被称之为破产特别取回权，具体又包括出卖人取回权、行纪人取回权及代偿取回权等。

二、破产一般取回权

《企业破产法》第38条规定："人民法院受理破产申请后，债务人占有的不属于债务人的财产，该财产的权利人可以通过管理人取回。但是，本法另有规定的除外。"这是破产取回权的一般规定。因此，对于破产一般取回权，应当注意以下几点：

（一）破产一般取回权的标的物，必须为债务人占有然不属于债务人的财产

作为破产一般取回权的标的物，虽然为债务人占有，然不属于债务人的财产，而是与破产取回权人存在着物权关系的财产。这种财产，从债务人占有关系的合法性考虑，既包括债务人合法占有的财产，又包括债务人非法占有的财产。前者如债务人基于合法有效的民事行为所占有的他人享有物权占有关系的财产，如基于代销、代购、仓储、保管、寄存、承运、加工承揽、

借用、租赁等民事合同行为而占有的财产，国家授予全民所有制企业法人经营管理权而占有的财产、因无因管理占有的财产等，财产权利人在破产申请受理后，就可依法行使破产取回权而依法取回财产。后者如债务人通过不当得利行为甚至合同诈骗、非法侵占等违法犯罪行为取得的财产，以及通过《民法典》第144条、第146条、第153～154条、第145条、第147～151条，《民法典》第497条、第506条、第538～539条等规定归于可撤销、无效行为所取得的财产，在依法被认定无效或者撤销后，财产权利人于破产程序中可以行使破产取回权而要求取回财产。

（二）破产一般取回权行使的条件

关于破产取回权的行使条件，需要注意两个方面：

1. 破产一般取回权的行使，其前提条件乃是财产权利人就取回权的标的物对债务人不负有清偿债务等义务。在经济交往中，财产权利人与债务人可能源于各种各样的原因互负义务。如加工承揽、保管等双务合同，双方就互负义务。倘若财产权利人就取回权的标的物源于各种各样的原因对债务人负有债务等义务，根据普通实体法的规定，债务人也可就占有的财产权利人的财产返还依法行使抗辩权或者留置权。如《民法典》第525条规定："当事人互负债务，没有先后履行顺序的，应当同时履行。一方在对方履行之前有权拒绝其履行请求。一方在对方履行债务不符合约定时，有权拒绝其相应的履行请求。"第526条规定："当事人互负债务，有先后履行顺序，应当先履行债务一方未履行的，后履行一方有权拒绝其履行请求。先履行一方履行债务不符合约定的，后履行一方有权拒绝其相应的履行请求。"据此，若财产权利人与债务人互负债务，且前者具有先履行义务或者同时履行义务而尚未履行的，债务人就可以行使先履行抗辩权、同时履行抗辩权而拒绝财产权利人对相关财产行使破产取回权。又如，《民法典》第447条规定："债务人不履行到期债务，债权人可以留置已经合法占有的债务人的动产，并有权就该动产优先受偿。前款规定的债权人为留置权人，占有的动产为留置财产。"第448条规定："债权人留置的动产，应当与债权属于同一法律关系，但是企业之间留置的除外。"第449条规定："法律规定或者当事人约定不得留置的动产，不得留置。"据此，《民法典》将留置权的范围在《担保法》规定的只限于可以留置的保管合同、运输合同、加工承揽合同及法律规定可以留置的其他合同的法律关系扩大到一切可以形成之间权利义务的法律关系。换言之，财产占有人对财产物权人的财产进行留置并非一定基于合同关系而产生，也可以因为其他法律关系而发生，只要属于法律规定或者当事人约定可以留置的动产，且除企业之间的个人与个人、个人与企业之间留置的动产与所要担保实现的债权属于同一法律关系，就可以进行留置。如对他人财产进行无因管理，他人需要依法支出必要的费用。他人拒绝支付必要费用的，无因管理人就可以对无因管理的财产进行留置。

如前所述，在普通法上，双方就同一标的物互负债务，财产权利人不履行债务，合法占有财产的一方也可以依法对财产权利人的财产履行抗辩权或者实行留置，以维护财产占有人的合法权益。在破产这一特别法中，债务人合法占有他人财产，他人因为该财产又对债务人负有支付相关的加工费、保管费、托运费、委托费、代销费等义务。未履行义务的，为了避免债务人财产不致遭受不当的损失，维护众多债权人的利益，管理人有权拒绝财产权利人取回相关财产的要求，这是普通法上的有关履行抗辩权及留置权的必然要求。虽然破产法未明确提及，并不意味着管理人基于普通法上所具有的相关履行抗辩权、留置权就会丧失。故，《破产法解释（二）》第28条明确规定："权利人行使取回权时未依法向管理人支付相关的加工费、保管费、托运费、委托费、代销费等费用，管理人拒绝其取回相关财产的，人民法院应予支持。"

应当指出，管理人因为财产权利人未履行债务而拒绝财产权利人取回财产的，必须要求债务人所占有的财产与财产权利人未履行的债务基于同一法律关系而产生，如他人将财产交由债务人运输，债务人基于运输合同而合法占有他人的财产，他人则基于运输合同对债务人负有支付运输费的债务。他人不向债务人支付运输费而主张取回所委托运输的财产的，管理人就有权拒绝。两者不是基于同一法律关系，如他人因借款欠付债务人的本息，债务人基于加工承揽合同合法占有他人的委托加工承揽的财产，他人即使没有偿还向债务人借款的本息，管理人也不能拒绝他人对加工承揽财产取回的要求。为了保障债务人财产的安全，管理人可以与他人进行协商；他人予以拒绝的，则可以依法对他人提起诉讼，并同时申请对他人的财产包括取回权标的物进行诉讼保全。

还应指出，债务人基于买卖、互易、租赁、加工承揽、保管、运输、委托、代销等双务合同而合法占有他人财产的，在他人不支付与该财产相关合同费用时，管理人可以拒绝他人取回相关的财产。除此之外，债务人可能因为合同之外的其他法律关系而合法占有他人财产，他人同时具有向债务人支付有关费用的义务，管理人同样可以在他人不支付有关费用时拒绝他人对财产取回的要求。如《民法典》第121条规定："没有法定的或者约定的义务，为避免他人利益受损失而进行管理的人，有权请求受益人偿还由此支出的必要费用。"第122条规定："因他人没有法律根据，取得不当利益，受损失的人有权请求其返还不当利益。”《民法典》第317条规定：“权利人领取遗失物时，应当向拾得人或者有关部门支付保管遗失物等支出的必要费用。权利人悬赏寻找遗失物的，领取遗失物时应当按照承诺履行义务。拾得人侵占遗失物的，无权请求保管遗失物等支出的费用，也无权请求权利人按照承诺履行义务。”第319条规定：“拾得漂流物、发现埋藏物或者隐藏物的，参照适用拾得遗失物的有关规定。法律另有规定的，依照其规定。”第460条规定：“不动产或者动产被占有人占有的，权利人可以请求返还原物及其孳息；但是，应当支付善意占有人因维护该不动产或者动产支出的必要费用。”据之，债务人因无因管理、不当得利等相关法律规定而对合法占有的管理物、遗失物、漂流物等享有要求财产权利人支付有关保管、维护费用的权利，且债务人合法占有的财产与财产权利人应当支付相关费用之间基于同一法律关系，财产权利人不支付相关费用而主张取回相关财产的，管理人有权加以拒绝。

2. 对于破产取回权标的物的取回，债务人与财产权利人原来约定了取回条件的，除非存在破产重整等特定情况，一般情况下，财产权利人在破产程序中对债务人占有的自己享有物权占有关系的财产，不应受到债务人合法占有时与财产权利人事先约定条件的限制。如财产权利人与债务人约定将房产租给债务人使用，期限为10年，在租用5年时，债务人进入破产程序，按照债务人与财产权利人约定的取回条件则应在租赁合同期限届满之后才能取回。如果要求财产权利人行使取回权必须满足双方以前约定的条件，那么，破产取回权往往就无法行使，破产取同权的规定就意义不大甚至没有任何意义。其实，《企业破产法》第46条第1款规定：“未到期的债权，在破产申请受理时视为到期。”基此，破产程序的启动即破产申请的受理具有加速债权到期的效果。对于到期的债权债务关系如债务人基于加工承揽、保管、租赁、借用等导致由债务人占有的他人财产，财产权利人有权行使破产取回权而主张取回财产。因此，破产取回权的行使，一般情况下不论债务人占有的财产是否符合原先约定的财产权利人有权取回的条件，都可以行使破产取回权。然也不能绝对化，如在破产重整情况下，基于破产重整程序正常进行的需要，财产权利人在破产重整期间行使破产取回权的，根据《企业破产法》第76条规定：“债务人合法占有的他人财产，该财产的权利人在重整期间要求取回的，应当符合事先约定的条件。”《破产法解释（二）》第40条规定：“债务人重整期间，权利人要求取回债务人合法占有的权利人的财产，不符合双方事先约定条件的，人民法院不予支持。”当然，财产为债务人非法占有的，即使在破产重整期间，财产权利人随时也有权行使破产取回权而依法取回财产。另外，当破产取回权与其他权利相冲突时，还应根据其他权利的属性考虑是否能够行使破产取回权。如财产所有权人以其财产向债务人出质借款，在其未偿还借款时就不能取回质物。这时，出质人就不能因为债务人破产而以对出质物有所有权这一物权占有关系为由而主张破产取回权。不然，债务人的质权就无法得到满足与实现。当然，出质人偿还借款后其基于对出质物的所有权关系，应当具有破产取回权。

如前所述，对于重整期间破产取回权的行使，《企业破产法》第 76 条规定了限制条件，要求符合事先约定的取回条件，否则不能得到允许，似乎没有任何例外。然在重整期间财产权利人主张取回并不符合事先约定的条件下，管理人或者自行管理财产经营事务的债务人，假若违反约定，可能导致取回权标的物被转让、毁损甚至灭失或者价值明显减少时，仍不允许财产权利人取回财产，则不利于其合法权利的保障。破产重整旨在对债务人的拯救，可这不能以故意违约而损害他人合法权利为代价，在拯救债务人的同时亦应兼顾特别情况下的合法权利人权利的保障。所以，《破产法解释（二）》第40 条在规定破产重整期间破产取回权的行使要符合事先约定条件这一一般原则的同时，又规定了这一原则的例外，在“因管理人或者自行管理的债务人违反约定，可能导致取回物被转让、毁损、灭失或者价值明显减少的”情况下，财产权利人在破产重整期间行使破产取回权并不一定要符合事先约定的条件。换言之，在破产重整期间，出现了取回权标的物因为管理人或者债务人的违约等可能导致被转让、毁损、灭失或者价值明显减少等紧急情况的，破产取回权人就可突破事先约定的取回条件限制，而行使这种紧急状态的取回权来维护自己的合法权利。

（三）破产一般取回权的行使途径及方式

1. 破产一般取回权的行使途径应当通过管理人进行。破产一般取回权的行使，要求向管理人主张，不能向债务人主张。债务人进入破产程序后，有关的一切事务均依法由管理人接管并由其代表债务人处分，以防止债务人非法处分财产而损害债权人的合法权益。财产权利人向管理人主张取回权，应当提供自己对要求取回的财产享有物权占有关系的证据，管理人应当认真审查。主张人确实对该财产享有物权占有关系且该财产不属于债务人的，则应及时将财产返还给财产权利人。审查不实或者无法查实而存在争议的，财产权利人可以向人民法院提起确认并请求取回之诉，通过民事诉讼途径取回财产。对于债务人通过刑事犯罪行为取得的财产，财产权利人可以向司法机关依法举报，进而通过刑事司法程序取回自己享有物权占有关系的财产。财产权利人主张取回自己享有物权占有关系的财产时，需要向债务人支付报酬的，管理人应当依法向财产权利人要求支付保管、加工承揽、代销、代购等费用。

管理人不认真负责，导致本属债务人的财产而由他人“取回”或者让非财产权利人“取回”，并造成损失的，则应依法承担相应的民事责任。

2. 破产一般取回权的行使方式以直接向管理人主张为原则，以提起诉讼为例外。破产取回权的方式与其性质直接相关：破产取回权的性质归结为程序法上的异议权，则就属于诉讼上的形成权，其行使方式便只能通过提起诉讼的方式主张，其他非诉讼方式则排除在外：破产取回权的性质归属于实体法上的请求权，则其行使方式除提起诉讼外，自然可以直接向财产占有人提出返还请求。对此，理论上存在不同看法。有的认为，破产程序的实际属于强制执行程序，管理人管理、占有债务人的全部财产，类似于法院强制执行债务人财产的查封措施，为此主张破产取回权属于程序法上的异议权。有的认为，破产取回权尽管由破产法规定，但并非一种新设的权利，它的根据乃是源于其对财产具有合法的物权关系，是物权人对该财产在实体上自始所享有的所有权及其他物权，它的基础依旧源于民法规定的物的请求权。在破产程序中，物权人的破产取回权行使途径，虽不是向债务人行使而是向管理人或者其他占有人行使，然行使途径本身不会反过来影响破产取回权的性质。另外，将破产取回权界定为程序法上的异议权，不管是否存在争议，一定要通过诉讼方式行使，自会增加破产成本，既耗时又费力，还会影响破产程序的周期及效率，无论是对破产取回权人来说还是对债务人、管理人来讲，都没有任何益处。[①] 这样，破产取回权应当界定为实体法上的请求权，财产权利人行使方式从而也不必以提起诉讼为必要，其有权直接向管理人等财产占有人主张，基于诉讼程序的复杂性、长期性等，一般应当通过向管理人或者财产占有人主张的非诉讼方式进行；只有在管理人或者财产占有人予以拒绝时，再通过诉讼方式来加以解决。是以，《破产法解释（二）》第 27 条第 1 款规定，权利人依据《企业破产法》第 38 条的规定向管理人主张取回相关财产，管理人不予认可，权利人以债务人为被告向人民法院提起诉讼请求行使取回权的，人民法院应予受理。财产权利人通过诉讼方式行使取回权的，既可以是确认之诉，也可以是给付之诉。无论其诉讼性质如何，诉讼的被告必须是债务人，而非管理人，管理人只是作为诉讼代表人参与相关诉讼。

3. 破产管理人对破产取回权的审查。他人向管理人主张破产取回权的，管理人经过审查，不存在争议，应当依法认定，不能怕债权人质疑等而不负责任地加以拒绝，那样做必然导致诉讼；存在争议的，应当坦诚协商、沟通，尽量就破产取回权是否成立等有关问题达成一致；证据存在疑问的，管理人

---

① 最高人民法院民事审判第二庭编著：《最高人民法院关于企业破产法司法解释理解与适用》，人民法院出版社 2017 年版，第 319 页。

应当给权利主张人一定的宽限期提供证据，不能草率加以拒绝。对于有证据证明确实属于他人的财产，他人即使没有主张的，管理人也不应当将之归于债务人财产进行处分，而应通知他人依法及时行使取回权。无法通知或者不予回应的，则可以提存。总之，对于破产取回权的行使，应当尽量避免诉讼方式，以免徒增成本，耗费时间。

还应指出，他人以人民法院或者仲裁机关的相关生效法律文书向管理人就某一财产主张取回权的，管理人即使认为有关生效法律文书存在错误，也不能加以拒绝。这是生效法律文书既判力的本质要求，也是司法权威的必然保证。正因为如此，《破产法解释（二）》第27条第2款规定，权利人依据人民法院或者仲裁机关的相关生效法律文书向管理人主张取回所涉争议财产，管理人以生效法律文书错误为由拒绝其行使取回权的，人民法院不予支持。当然，管理人在此种情况下不得拒绝他人行使取回权，确实认为据以主张破产取回权的生效法律文书存在错误的，则可依法通过申请再审等方式要求对生效裁判通过再审程序等途径加以解决。

（四）财产权利人的破产取回权的行使，具有独立性与优先性

在债务人基于民事法律行为如合同行为合法占有他人享有物权占有关系财产的情况下，财产权利人可以直接行使破产取回权取回财产。财产权利人不行使破产取回权取回财产的，管理人则可以通过决定解除合同的方式将财产返还给财产权利人。在财产权利人行使破产取回权的情况下，管理人审查他人确实对财产享有物权占有关系，且该财产不属于债务人的，就应依法将财产返还给财产权利人，不能以属于破产申请受理前成立且债务人与对方当事人均未履行完毕的合同为由，决定继续履行合同来对抗财产权利人的破产取回权。不然，财产权利人的破产取回权就很难得到有效保证。从这种角度上来说，财产权利人对享有物权占有关系的财产行使破产取回权，是独立的，不以管理人对该财产的有关合同决定解除为条件，并且优先于管理人对该财产的有关合同所行使的决定继续履行的权利。

具体来说，在债务人基于双务合同关系占有他人财产且双方均未履行完毕的情况下，为了协调财产权利人破产取回权的行使，与双方均未履行完毕合同继续履行或者解除决定权的行使之间的关系，先由管理人或者在重整期间自行管理财产和营业事务的债务人决定继续履行或者解除合同：

1. 决定继续履行合同，财产权利人仍然要求取回的，管理人或者债务人应当将财产返还给财产权利人；财产权利人在重整期间要求取回财产的，则应符合《企业破产法》第76条的规定。这是因为，毕竟，财产权利人行使破产取回权的基础是所有权、留置权、质权或者因租赁、保管、借用、运输等

法律关系而具有合法占有、使用的权利，而决定合同继续履行或者解除，则属于债权的范畴。

2. 决定解除合同的，财产权利人则应当按照合同履行在合同解除之前已经形成的义务。合同解除之前形成的义务全部履行完毕后，财产权利人有权取回财产。财产权利人与债务人之间的合同出于所附条件或者期限等原因还没有生效，对此决定解除的，双方因为合同尚未生效还不负有履行合同的义务，财产权利人可以直接行使破产取回权取回财产。

（五）需及时变现财产的破产取回权的行使

管理人在清理债务人的财产过程中，对于明确不属于债务人而属于他人的财产，应当通知财产权利人将财产依法取回。对于权属不清的财产，管理人无法确定权利人，则需要财产权利人依法行使取回权。在财产权利人行使破产取回权前，就存在财产妥善保管的问题。财产不存在不易保管或者不及时变现就会严重贬损的情形，管理人自可以妥善保管，等待权利人行使破产取回权。财产出于鲜活易腐等原因不易保管甚至根本无法较长期间保存，或者虽可较长时间保存不及时变现就会造成严重贬值时，基于维护财产权利人合法权益及发挥财产价值、效用的需要，管理人自可善意进行变现。变现后，由于作为破产取回权的标的物已并非债务人占有，相对于债务人来说已不存在，严格意义上来说，财产权利人已经无法向管理人就该财产主张破产取回权。考虑到有关财产变现后已经为变价款所替代，变价款实际上就是财产的替代物，财产权利人虽不能再就已经变现的财产主张破产取回权，但可就该财产变现后的变价款行使取回权，《破产法解释（二）》第 29 条于是规定："对债务人占有的权属不清的鲜活易腐等不易保管的财产或者不及时变现价值将严重贬损的财产，管理人及时变价并提存变价款后，有关权利人就该变价款行使取回权的，人民法院应予支持。"基此，对需及时变现财产的破产取回权的行使需要注意以下问题：

1. 需及时变现财产的破产取回权的性质。从形式上来说，需及时变现财产的破产取回权，已不同于破产一般取回权中的对财产的取回，而类同于破产特别取回权中的代偿取回权，有人便认为这是一种特殊形式的代偿取回权。后者在理论上是指在财产已经灭失或者被非法转让的情况下，财产权利人可以就原财产灭失或者被非法转让所产生的赔偿金、补偿金、保险金、替代物等代偿金、代偿物行使代偿取回权。显然，从本质上来说，财产权利人对需及时变现财产的取回权不同于代偿取回权。后者这种代偿取回权，其成立前提是财产已经灭失或者已被非法转让，而需及时变现财产的破产取回权并不存在代偿取回权成立的前提条件。对于需及时变现的财产，管理人尽管不具有处分权，可基于维护财产价值、效用及财产权利人合法权益的正当目的而根据实际情况所必要的临时机断，并不属于非法转让，财产权利人之后对变价款行使取回权的，与代偿取回权有着本质的区别，不能因为表面类似就将之等同。

2. 需及时变现财产的破产取回权的成立条件。根据上述司法解释，这种需及时变现财产的破产取回权，其成立条件包括以下 4 个方面：

一是，为债务人占有的财产其权属不清。权属清楚，就不存在需及时变现的问题。需要注意的是，权属不清，乃是指财产的物权归属者不清。财产的权属者清楚明确，只是无法找到权利人，或者通知权利人后得不到回应时，从严格字面意义上来说，就不属于权属不清，然同样存在需要及时变现处理的情况，如何处理，司法解释似乎排除在外，有的便将“运输的货物找不到收货人，受托代管的财产委托人死亡、合并、分立、解散，尚未明确继承人或者承受人等”亦解释为权属不清的情形。[①]

二是，债务人所占有的财产必须是需要及时变现的财产。财产不存在需要及时变现的问题，则就不存在变现的前提，管理人倘若加以变现，就不再具有正当性，而是属于无权处分的非法转让，财产权利人对转让所得的价款虽有权取回，然行使的取回权性质已经发生变化，不再属于正当的需及时变现财产的一般取回权，而是属于因处分行为不法而产生的代偿取回权。

至于债务人占有的权属不明的财产，是否需要及时变现，具体包括两种情形：或者出于鲜活易腐等原因而导致财产不易保管；或者因为不及时变现将会导致财产严重贬值。前者源于财产的鲜活、容易变质腐烂甚至死亡等原因而难以保管，或者保管条件严格，或者保管成本很高，或者财产因为季节性等因素不及时处理将导致价值严重贬损，如虾、蟹、鱼、肉类，水果、蔬菜、菌类，乳制品、冰冻品、蛋白质、脂肪、糖类、维生素、药品、月饼、节日标志性物品，等等，就出于物品存在、使用的时间限制等各种各样的原因需要及时变现。否则，就会导致财产的灭失或者价值的贬跌甚至丧失，管理人就有必要及时进行处置。

三是，管理人处置权属不明的需要及时变现的财产，必须依法进行。从程序上讲，涉及重大的财产处置，应当按照《企业破产法》第 69 条及《破产法解释（三）》第 15 条的规定，应当事先制作财产管理或者变价方案并提交债权人会议进行表决通过；实施处分前，提前 10 日书面报告债权人委员会或者人民法院。从方式上来讲，应以拍卖方式处置为原则，其他变价方式为例

① 最高人民法院民事审判第二庭编著：《最高人民法院关于企业破产法司法解释理解与适用》，人民法院出版社 2017 年版，第 332 页。

外。可也不能绝对化，对于价值不大，报经债权人委员会或者人民法院允许后再行处置，或者通过拍卖程序方式处置时间根本来不及时，管理人出于善意以其他方式变价的，也应当允许。即使如此，管理人处理起来也应慎重，处理之前依然需要向债权委员会或者人民法院及时报告。

四是，管理人变现后应当将变价款予以提存。

3. 需及时变现财产的破产取回权的行使。管理人将财产的变价款提存后，财产权利人依然只能向管理人行使破产取回权，而不得向提存机构直接取回变现价款。财产权利人主张取回提存的变价款时，应当支付管理人为及时变现有关财产所支付的诸如评估、拍卖、运输、提存等费用，拒不支付的，管理人有权根据《破产法解释（二）》第28条的规定，予以拒绝。

在破产案件中，由于破产债务人占有、使用他人财产以及与他人发生的经济交往情况非常复杂，并且对相对人的权利来说，是作为破产取回权还是作为一般破产债权处理，得到的经济利益差距很大，在实际操作中，对破产取回权的认定与破产取回权标的物的识别不仅存在一定难度，而且经常引起争议，有必要对这一问题进一步予以明确：

1. 要正确区分破产取回权与别除权。破产取回权是指债务人占有的他人财产，财产的权利人可以不经破产清算程序，直接取回该财产的权利；而别除权的标的物属于破产人所有，不过是其被用于物的担保而担保了某项债权。实践中，有的清算组将本来应当由权利人取回的财产，而当作破产财产处理，通过拍卖变现后清偿给权利人，这显然混淆了两者的界限。

2. 要正确地确定破产取回权的范围。债务人基于仓储、保管、加工承揽、委托交易、代销、借用、寄存、租赁等法律关系占有、使用的他人财产，可以依法取回。然则，属于破产取回权范畴的财产并不限定于这几种，相类似的还有特定物买卖中，尚未转移占有但相对人已经完全支付对价的特定物；债务人在所有权保留买卖中尚未取得所有权的财产；以及所有权专属于国家且不得转让的财产，破产企业工会所有的财产，均不应作为破产财产，其权利人均可以对其行使破产取回权将之取回。

3. 要正确界定和处置毁损或灭失的破产取回权标的物。破产取回权标的物毁损或灭失发生在破产申请受理之前的，权利人只能基于债务人侵权或违约而作为破产债权人参加破产程序；破产取回权标的物毁损或灭失发生在破产申请受理后，基于清算组的过错致使标的物毁损或灭失的，权利人的债权性质相当于破产程序中的共益债权，在支付破产费用后，权利人可以在破产财产中获得全额赔偿，而不是转为破产债权参加破产程序按顺序和比例清偿。

4. 破产取回权标的物被债务人或清算组转让，受让方尚未支付对价的，破产取回权人可以直接对受让方享有请求权，请求受让方支付对价或返还标的物；受让方已经向债务人或清算组支付对价的，破产取回权人只能向清算组请求归还支付的对价金额或财产。支付的对价已经不存在的，转让行为发生在破产申请受理前的，破产取回权人以返还不当得利或损害赔偿法律关系作为破产债权人参加破产财产分配程序；转让行为发生在破产申请受理后的，破产取回权人应作为共益债权人，在支付破产费用后享有全额赔偿请求权。

三、破产特别取回权

对于依法应为债务人占有可债务人源于各种各样的原因而没有占有的他人对其享有物权占有关系的财产，财产权利人在破产程序中，亦可依法向财产的控制人取回，此种情形的破产取回权，属于破产特别取回权，具体包括出卖人取回权、行纪人取回权及代偿取回权等。

（一）出卖人取回权

1. 出卖人取回权的设立基础。在普通法上，为了维护出卖人的合法权益，设立中途停运制度。如《民法典》第 829 条规定：“在承运人将货物交付收货人之前，托运人可以要求承运人中止运输、返还货物、变更到达地或者将货物交给其他收货人，但是应当赔偿承运人因此受到的损失。”据此，托运人在承运人将货物交付收货人之前，托运人具有要求承运人中止运输、返还货物等的中途停运权。但在买受人破产的情况下，出卖人仅仅依靠普通法上的中途停运权，往往难以对之合法权益实行全面有效的保护，如出卖人源于各种各样的原因无法行使中途停运权；出卖人行使中途停运权后，承运人未能及时停止运输、交付。而此时，买受人实际没有获得所有权，或者虽然获得所有权却仍没有收到货物就已经进入破产程序，尚未支付完货物价款甚至根本没有支付价款的，不赋予出卖人对在运途中货物的破产取回权，并只能将其应获得的货物价款作为普通债权予以公平清偿，无疑有失公平，也与出卖人仍然对在运途中的货物可能具有所有权的物权权利相背离。因此，《企业破产法》借鉴大陆法系有关破产取回制度的规定，赋予了出卖人就运途中货物的破产取回权，于第 39 条规定：“人民法院受理破产申请时，出卖人已将买卖标的物向作为买受人的债务人发运，债务人尚未收到且未付清全部价款的，出卖人可以取回在运途中的标的物。但是，管理人可以支付全部价款，请求出卖人交付标的物。”

2. 出卖人取回权的构成条件，具体包括：

一是，债务人为买受人已经进入破产程序，这是出卖人取回权构成的时间要件。出卖人取回权属于破产取回权的一种特殊情况，固然只能存在破产程序之中。

二是，出卖人在人民法院受理破产申请时已将买卖标的物向债务人发运，即要求出卖人已经向债务人发运，并且是在破产申请受理时已经向债务人发运。没有向债务人发运，或者虽然已向债务人发运可在破产申请受理时还未向债务人发运而是在破产申请受理后向债务人发运，就不构成出卖人取回权。对于没有向债务人发运的，自不存在取回权的问题。对于在破产申请受理后仍向债务人发运的，出卖人也不得行使取回权，管理人可以根据具体情况选择解除或者继续履行合同，权利的决定在于管理人，而不在于出卖人。

三是，债务人未付清全部价款。债务人倘若付清了全部价款，出卖人则不能行使取回权。没有付清全部价款，既包括根本没有支付任何价款，也包括已经支付了部分价款但还有部分价款没有付清造成全部价款没有付清。此外，没有付清价款，是指债务人尚未付清总价款的客观事实状态，而不问其是否按照合同约定的期限支付价款。分期分批支付合同价款的，债务人尽管按期已经支付了价款，其他价款的支付时间还未到期，债务人没有支付的，依然属于没有付清全部价款，不能因为合同约定的支付期限未到就认定债务人已经按合同约定付清了价款。

四是，管理人拒绝支付全部价款。管理人愿意支付并且实际支付了全部价款，出卖人不具有取回权。出卖人即使取回了买卖标的物，管理人有权要求出卖人交付标的物。管理人支付全部价款，应当有利于债务人财产的增值或者有利于破产程序的正常、顺利进行，买卖标的物存在明显的升值空间，或者为破产程序所需要，就应选择支付全部价款而取得标的物。反之，获取标的物不利于债务人财产的增值与保值，甚至因为支付全部价款而减少债务人财产，就不应支付全部价款而取得标的物。

3. 出卖人取回权的标的物必须是在运途中的标的物。在运途中，应当结合债务人尚未收到买卖标的物这一客观状态来认定。承运人已经将买卖标的物运输到了债务人所在地，如停放在港口、车站的仓库中，但债务人尚未领取而没有对买卖标的物占有、控制的，也应理解为买卖标的物在运途中。① 另外，“在运途中”，以何种时间点来界定，有不同看法：

一是，认为“在运途中”，是指买卖标的物在出卖人行使取回权时所在位置的客观状态，即在出卖人行使取回权时，买卖标的物还“在运途中”才能取回。对这，又存在不同的看法：有的认为，出卖人在实际取回财产前，买卖标的物已被管理人或者债务人占有，出卖人即使在债务人或者管理人收受

① 安建主编、全国人大常委会法制工作委员会编著：《中华人民共和国企业破产法释义》，法律出版社2006年版，第62页。

货物前行使了取回权即向管理人作出了取回标的物的意思表示，然在实现取回权即将标的物实际取回时债务人或者管理人已经接受、占有标的物，也不再具有取回权，因为标的物的所有权已经发生转移而成为债务人的财产。如此，出卖人是否具有取回权，应以实际实施取回行为时标的物尚未为债务人或者管理人接收、占有为条件。有的则认为，只要出卖人向管理人行使取回权即作出了取回标的物的意思表示，标的物尚未为债务人、管理人接受、占有，就已经发生了取回的效力，之后在实施取回行为时标的物即使已经为债务人、管理人接收、占有，也不影响出卖人取回权的效力。因此，出卖人取回权的实现，并不以债务人、管理人没有实际接受、占有标的物为条件，即并不要求出卖人必须在债务人、管理人接收标的物之前就一定取回而实现取回权。

二是，认为“在运途中”，是指买卖标的物在有关债务人的破产申请受理时所处位置的客观状态。以破产申请受理时买卖标的物是否为债务人接受占有为时间点，标准统一、明确，没有任何争议，出卖人为此享有取回权，不会因为出卖人行使取回权的行为与管理人、债务人接受、占有行为的不同而有所不同，故对“在运途中”，应当解释为买卖标的物在破产申请受理时所处位置的客观状态。[①] 所以，只要有关债务人的破产申请受理时，买卖标的物尚“在运途中”，还没有为债务人接受占有，出卖人对买卖标的物就具有取回权。之后，管理人或者债务人即使接受占有了买卖标的物，出卖人也有权要求取回。

三是，认为“在运途中”，是指买卖标的物在出卖人向承运人、保管人等财产占有人表示行使取回权即要求取回时所在位置的客观状态。出卖人一旦向承运人、保管人等财产占有人表达了要将买卖标的物取回，这时买卖标的物还未为管理人或者债务人占有，即使管理人或者债务人在出卖人实际取回前接收占有了买卖标的物，出卖人对该买卖标的物仍然具有取回权，便主张“承运人或者货物保管人，自收到出卖人要求停止运输、交付货物给债务人或者管理人的意思表示后，应当马上停止交付，并按照出卖人的指示行事”。[②]《破产法解释（二）》第39条规定，出卖人依据《企业破产法》第39条的规定，通过通知承运人或者实际占有人中止运输、返还货物、变更到达地，或者将货物交给其他收货人等方式，对在运途中标的物主张了取回权但未能实现，或者在货物未达管理人前已向管理人主张取回在运途中标的物，在买卖

① 王欣新主编：《破产法原理与案例教程》，中国人民大学出版社2010年版，第128页；王卫国：《破产法精义》，法律出版社2007年版，第109～110页。

② 吴庆宝、王建平主编：《破产案件裁判标准规范》，人民法院出版社2009年版，第162页。

标的物到达管理人后，出卖人向管理人主张取回的，管理人应予准许。出卖人对在运途中标的物未及时行使取回权，在买卖标的物到达管理人后向管理人行使在运途中标的物取回权的，管理人不应准许。基此，司法解释乃是认为“在运途中”，是指买卖标的物在出卖人向管理人或者承运人、保管人等财产占有人表示行使破产取回权即要求取回时所在位置的客观状态。这是因为，司法解释要求出卖人必须在买卖标的物到达管理人前才能行使取回权，在买卖标的物到达管理人后才行使取回权的，则不应允许，而管理人必须在破产申请受理时甚至之后才能确定。还有，出卖人根据《企业破产法》第 39 条的规定行使取回权，自然要在破产申请受理之后且得到有关信息后。是以，司法解释并不认为“在运途中”，是指标的物在债务人的破产申请受理时所处位置的客观状态。不然，标的物在破产申请受理时就已经到达债务人或者管理人的，就仍可以行使取回权，与司法解释的规定相矛盾。另外，在标的物没有到达管理人前行使了取回权，可承运人仍出于各种各样的原因将标的物送给管理人占有的，其向管理人主张取回的，应当允许，司法解释也不认为“在运途中”，是指买卖标的物在出卖人实际取回时所在位置的客观状态。

另外，买卖标的物在破产申请受理时还没有到达承运最后目的地，债务人在破产申请受理前，在承运最后目的地之外提前提取标的物，明显属于恶意，应当认定买卖标的物“在运途中”。当然，买卖标的物已至承运最后目的地，债务人事先获取信息后如在承运人未通知接受占有买卖标的物的情况下赶在破产申请受理前接受占有了买卖标的物，则应认定买卖标的物未在运途中，出卖人不再具有破产取回权。这点与债务人在承运最后目的地之外接受占有买卖标的物不同：前者是债务人出于恶意通过自己的行为提前结束“在运途中”的时间；后者在买卖标的物已到承运最后目的地的情况下，及时接受占有买卖标的物乃是其权利，买卖标的物未在运途中并非债务人的恶意行为所致，出卖人在此种情况下不再具有破产取回权。

4. 出卖人取回权的行使途径要求通过管理人行使。不过，这种行使通常是指向管理人作出行使破产取回权要求取回买卖标的物的意思表示。但是，出卖人向债务人作出该种意思表示的，原则上也应承认。另外，出卖人还可以向承运人或保管人等财产占有人发出停止运输、交付给债务人、管理人的通知，承运人、保管人等财产占有人在确认属实的情况下，应当停止运输、交付给债务人或管理人，由出卖人直接取回或者按照出卖人要求返还给出卖人。承运人、保管人将买卖标的物交付给管理人或者债务人的，出卖人可以向管理人要求取回。

5. 出卖人取回权的行使时间必须是在标的物到达管理人之前。如前所述，出卖人取回权的标的物必须是在运途中的货物，标的物到达管理人为之接受、占有后，不再属于运输途中的货物。这样，出卖人行使取回权即对标的物作出取回的意思表示时，必须以标的物尚未到达管理人前为时间条件。在标的物到达管理人前未向管理人或者承运人、管理人等财产占有人行使取回权，出卖人对在运途中的标的物即丧失取回权，因此，《破产法解释（二）》第 39 条第 2 款规定："出卖人对在运途中标的物未及时行使取回权，在买卖标的物到达管理人后向管理人行使在运途中标的物取回权的，管理人不应准许。"当然，出卖人在此时丧失的取回权，乃是对在运途中标的物根据《企业破产法》第 39 条规定所享有的出卖人取回权这一破产特别取回权，并非丧失破产一般取回权。标的物到达管理人后根据双方约定所有权归属于出卖人的，出卖人可以根据《企业破产法》第 38 条的规定行使破产一般取回权。

6. 出卖人取回权的行使必须以债务人没有付清全部价款为前置条件。不用多言，债务人给出卖人支付了全部价款，出卖人的权利或者说主要权利已经实现，合同的根本目的已经达到，基于交易的稳定及债务人利益的维护，出卖人没有必要再取回标的物而享有取回权。另外，债务人虽然没有付清全部价款，管理人认为履行支付全部价款的义务而获得标的物更利于债务人财产，决定履行也可以支付全部价款，从而要求出卖人交付标的物的，出卖人也不能行使取回权，即应依法向管理人交付标的物。故，《企业破产法》第 39 条明确规定，人民法院受理破产申请时，出卖人已将买卖标的物向作为买受人的债务人发运，债务人尚未收到且未付清全部价款的，出卖人可以取回在运途中的标的物。但是，管理人可以支付全部价款，请求出卖人交付标的物。

7. 出卖人取回权行使的方式及其法律后果。根据《民法典》第 829 条及《破产法解释（二）》第 39 条第 1 款的规定，出卖人取回权的行使方式，需要结合中途停运权的行使而分情况考虑：

一是，出卖人先通过通知承运人、保管人等财产占有人中止运输、返还货物、变更到达地或者将货物交给其他收货人等方式行使了中途停运权而主张取回标的物，然出于各种各样的原因而未能取回，在标的物到达管理人后主张取回权的。这种情形，出卖人虽未在标的物到达管理人前向管理人行使取回权，可其通过中途停运权的行使明确表达了取回标的物的意思，且有明确的法律根据，应当承认出卖人取回权行使的正当、合法，以对之合法权利给予必要的保障。

二是，出卖人对承运人、标的物实际占有人未行使中途停运权，或者在行使中途停运权的同时，在标的物到达管理人前直接向管理人行使取回权主张取回在运途中的标的物的，应当承认出卖人取回权的效力，标的物即使为管理人接收的，也应允许出卖人取回。

三是，出卖人实现取回权后的返还义务。出卖人向管理人行使取回权后，对于债务人因为履行买卖合同而支付的价款、定金及其利息等，应当返还给管理人。无论是债务人还是出卖人，都不存在承担违约责任的问题。固然，出卖人迟延交货而致标的物于债务人破产申请受理后还在运途中，并行使破产取回权的，则应按照约定或者依法承担违约责任。

（二）行纪人取回权

《民法典》第951条规定："行纪合同是行纪人以自己的名义为委托人从事贸易活动，委托人支付报酬的合同。"据此，行纪人根据行纪合同以自己的名义为委托人购买了货物，并在人民法院受理关于委托人的破产申请时，已向委托人发运，委托人尚未收到货物且未付清全部货款的，行纪人是否可以将在运途中的货物予以取回，《企业破产法》没有明确规定。可这种情形与出卖人行使破产取回权的情形非常相似，没有本质区别。因此，对于行纪人可以适用关于出卖人的破产取回权的规定而行使破产取回权取回在运途中的货物，一般都不持有异议。

（三）代偿取回权

代偿取回权，在理论上是指在破产取回权的标的物非法转让、毁损、灭失等的情况下，对该财产所得到的对价给付的财产或者赔偿金、补偿金、保险金、代偿物等代位物可以依法取回的权利。但根据《破产法解释（二）》第30～32条规定，代偿取回权仅仅限于债务人所占有的他人财产已被毁损、灭失且获得了代位物的情况下，财产权利人对代位物所享有的依法取回的权利。对于债务人或者管理人非法转让而获得的对价给付，财产权利人不能行使取回权，却可以依法主张债权。所以，下面则根据司法解释的有关规定，对代偿取回权进行分析，而将债务人、管理人非法转让所占有的他人财产行为，财产权利人如何行使权利作为代偿取回权行使应当注意的问题一并进行分析。

如前所述，破产一般取回权必以标的物为债务人或者管理人占有为前提。标的物因为债务人、管理人非法转让或者源于各种原因毁损、灭失的，不能对其再行行使破产一般取回权。但在债务人占有的他人财产毁损、灭失获得了赔偿金、补偿金、保险金、代偿物，即标的物存在代位物的情况下，赋予财产权利人对该代位物的取回权，作为破产一般取回权的补充，则有利于依法维护财产权利人的合法权益，维护财产物权占有关系这一最为基本的法律秩序，防范给财产权利人的合法权益造成损害。对此，应当注意以下几点：

1. 代偿取回权的构成条件：

一是，代偿取回权存在的前提是财产权利人对财产享有所有权或者其他物权占有关系，后者如土地使用权、探矿权、采矿权、地役权等用益物权，质权、留置权等担保物权，或者租用、借用、代购等法律关系而对财产享有的占有关系等。财产权利人不是基于物权占有关系对财产享有一定的权利，而是基于债权对某一财产享有一定债权的，则不能对该财产的代位物行使破产取回权。

二是，代偿取回权存在的另一条件是财产权利人享有物权占有关系的财产先已被债务人、管理人占有，可后来源于各种原因又未为债务人、管理人占有。一直为债务人、管理人占有的，财产权利人则对该财产直接享有破产取回权，而非对其他代位物享有破产取回权。

三是，财产权利人享有物权占有关系的财产源于各种原因不再为债务人、管理人占有，或者为他人占有或者已经毁损、灭失，管理人并获得了该财产的保险金、赔偿金、补偿金等代位物，作为原财产的代位物可以由财产权利人依法取回。然而，财产被他人非法占有或者毁损、灭失不能获得相应的代位物的，即该财产的代位物并不存在时，也就不存在对该财产代位物的所谓代偿取回权的问题。

2. 代偿取回权的标的物。代偿取回权的标的物为财产权利人享有物权占有关系的财产的代位物。财产权利人享有物权占有关系的财产，都属于特定物。是以，破产一般取回权的标的物为特定物而非种类物。可在该财产源于各种原因毁损、灭失而被保险金、赔偿金、补偿金等代位物取代的情况下，财产权利人对该代位物的取回权则不仅限于特定物本身，即代偿取回权的标的物可以是非特定物。这是因为，保险金、赔偿金、补偿金通常是以货币形式存在的，而货币在非特定的情况下属于典型的种类物，而非特定物。此外，财产为管理人、债务人依法应当获得的保险金、补偿金、赔偿金等代位物，相对人尚未支付完毕的，管理人对相对人尚未支付保险金、补偿金、赔偿金享有的请求权，也可以成为代偿取回权的标的物。这时，财产权利人可以要求管理人将之对相对人尚未支付完毕的保险金、补偿金、赔偿金等的请求权移转给自己，在一定条件下也可以成为财产权利行使代偿取回权的一种方式。然在管理人未将保险金、补偿金、赔偿金等代位物的给付请求权转让给财产权利人的情况下，财产权利人不能直接向应当给付代位物的义务人请求返还原物或者请求给付代偿物。这是因为，财产权利人与应当给付代位物的义务人之间并不存在权利义务关系。

3. 代偿取回权的行使。对之，应当注意：

一是，代偿取回权的行使乃是代偿取回权得以实现的基本条件。代偿取回权的行使，要以代偿权的构成为必要。在财产权利人享有物权占有关系的财产不存在代位物，或者虽然存在代位物后来出于各种原因不再存在，如财产毁损、灭失后没有代位物，或者代位物交给债务人后已与破产财产混同无法区分时，则不能行使代偿取回权，但可以作为普通债权依法向管理人申报，或者应当作为共益债务进行处理。因此，《破产法解释（二）》第32条第1款规定："债务人占有的他人财产毁损、灭失，因此获得的保险金、赔偿金、代偿物尚未交付给债务人，或者代偿物虽已交付给债务人但能与债务人财产予以区分的，权利人主张取回就此获得的保险金、赔偿金、代偿物的，人民法院应予支持。"

二是，财产权利人行使代偿取回权，应当直接向管理人主张，管理人不同意的，再通过诉讼的方式加以主张，以避免不必要的破产成本增加。另外，财产权利人行使代偿取回权，其标的物通常不再是特定物，而是补偿金、赔偿金、保险金等种类物，管理人同意财产权利人直接取回的，相对于特定财产的取回，容易引起债权人的猜测，在程序上需要谨慎从事，宜按照《企业破产法》第69条及《破产法解释（二）》第15条的有关规定，应当事先制作财产管理或者变价方案并提交债权人会议进行表决通过；实施处分前，提前10日书面报告债权人委员会或者人民法院。

三是，财产权利人行使代偿取回权，因为毁损、灭失的财产对债务人负有支付有关诸如加工费、保管费、托运费、委托费、代销费、租赁费、仓储费等费用义务的，在未支付完毕前，管理人有权对财产权利人的代偿取回权的行使要求加以拒绝。

四是，破产重整中，财产权利人行使代偿取回权不应受到《企业破产法》第76条关于"债务人合法占有的他人财产，该财产的权利人在重整期间要求取回的，应当符合事先约定的条件"规定的限制。显然，该规定只适用破产一般取回权中对之财产的取回，以防止因为财产的取回影响重整期间生产经营服务等营业的正常进行。但在代偿取回权中，该财产已经因为毁损、灭失而不再存在，管理人占有财产的代位物没有任何根据，且代位物通常也不具有财产对重整生产经营服务等营业所具有的特定功能与目的，因此对代偿取回权的行使，不能再要求受到上述规定的限制。

五是，如前所述，财产毁损、灭失后的代位物，没有交付债务人而交给管理人的，管理人不应将代位物与债务人财产混同，财产权利人有权对该代位物享有代偿取回权。代位物已经交给债务人但能与债务人财产予以区分的，财产权利人依然有权对该代位物行使取回权。可在代位物交给债务人并与债务人财产混同而无法区分的情况下，财产权利人要对该代位物主张取回权则属于事实不能，不能对代位物行使代偿取回权，只能依法主张赔偿责任。如债务人基于加工承揽、仓储、保管、运输、委托、借用、租赁等合同关系占有他人财产造成毁损、灭失的，则应依法承担合同责任或者侵权责任，财产权利人既可以对债务人提起违约之诉，也可以对债务人提起侵权之诉。又如，债务人基于无因管理、不当得利而占有他人财产造成毁损、灭失的，财产权利人则可以要求债务人承担侵权而致的损害赔偿责任。再如，债务人基于诈骗、侵吞等违法犯罪行为侵占他人财产造成毁损、灭失的，则可依法要求债务人因为侵权而承担损害赔偿责任。管理人不尽管理义务而致债务人占有的他人财产毁损、灭失的，也应依法承担损害赔偿责任。主张的赔偿责任，无疑属于债权的范围，而不再属于代偿取回权对代位物主张取回的物权范围。所主张的债权，在破产法上是否具有优先受偿的性质，则应根据破产债权形成的时间是在破产申请受理前还是后来确定。故，《破产法解释（二）》第 32 条第 2 款、第 3 款明确规定："保险金、赔偿金已经交付给债务人，或者代偿物已经交付给债务人且不能与债务人财产予以区分的，人民法院应当按照以下规定处理：（一）财产毁损、灭失发生在破产申请受理前的，权利人因财产损失形成的债权，作为普通破产债权清偿；（二）财产毁损、灭失发生在破产申请受理后的，因管理人或者相关人员执行职务导致权利人损害产生的债务，作为共益债务清偿。""债务人占有的他人财产毁损、灭失，没有获得相应的保险金、赔偿金、代偿物，或者保险金、赔偿金、代偿物不足以弥补其损失的部分，人民法院应当按照本条第二款的规定处理。"

六是，债务人占有他人的财产造成毁损、灭失而根本没有代位物的，财产权利人也不可能行使代偿取回权，只有向债务人主张债权，具体情形可以比照《破产法解释（二）》第 32 条第 2 款、第 3 款的规定处理。

七是，财产权利人的财产毁损、灭失后因为代位物不存在而只能向债务人主张债权，这种债权不论是破产申请受理前毁损、灭失而形成的普通债权还是破产申请受理后毁损、灭失而形成的共益债权，均要扣除财产权利人因之财产对债务人所应当支付的诸如加工承揽、仓储、保管、委托、运输、维护保养、税收等必要费用。当然，债务人通过诈骗等违法犯罪而占有他人财产的，自不存在财产权利人应当支付债务人有关费用的问题。

八是，财产权利人的财产毁损、灭失后向债务人主张合同违约、侵权损害赔偿等债务，必须符合法律规定。财产毁损、灭失，债务人或管理人存在过错，才有可能承担相关责任。因为不可抗力、财产权利人自身的过错、正当防卫、紧急避险等债务人可以据之免责的情形，不能让债务人承担相应责任。财产权利人主张的普通债权或者共益债务，管理人可以依法不予确认。

财产权利人存在异议的，则可对管理人提起债权确认之诉。对于财产权利人与债务人、管理人均具有过错、防卫过当、紧急避险不当等造成财产毁损、灭失需要减轻或免除债务人责任的，也应依法予以减轻或免除。

九是，管理人致债务人占有的他人财产毁损、灭失时，应当依法承担相应赔偿责任。对这，《破产法解释（二）》第 33 条明确规定："管理人或者相关人员在执行职务过程中，因故意或者重大过失不当转让他人财产或者造成他人财产毁损、灭失，导致他人损害产生的债务作为共益债务，由债务人财产随时清偿不足弥补损失，权利人向管理人或者相关人员主张承担补充赔偿责任的，人民法院应予支持。""上述债务作为共益债务由债务人财产随时清偿后，债权人以管理人或者相关人员执行职务不当导致债务人财产减少给其造成损失为由提起诉讼，主张管理人或者相关人员承担相应赔偿责任的，人民法院应予支持。"据之，需要注意以下几个方面：

之一，管理人因职务违法行为致使债务人占有的他人财产不当转让、毁损、灭失而产生的债务，为共益债务，而非普通债权。这是因为，这种不当转让、毁损、灭失，必然发生在破产申请受理后，且与管理人的职务相关。

之二，管理人的行为导致债务人占有的他人财产不当转让、毁损、灭失所产生的赔偿债务，要作为共益债务处理，必须符合以下条件：

首先是管理人必须实施了职务行为。管理人没有实施职务行为，而是其中的工作人员的非职务行为致使债务人占有的他人财产遭受不当转让、毁损、灭失的，则不能作为债务人的共益债务处理而让债务人的财产承担责任，而应由具体的行为人承担赔偿责任。至于"如何判断管理人及相关人员的行为是否属于执行职务的行为，应从以下几个方面考虑：（1）管理人及相关人员是否以管理人的身份或者名义从事侵权行为。通常情况下，凡以破产管理人的身份和名义实施的行为都是履行职务的行为，这要从相关人员的出示证件、对外签订合同或者口头宣称的名义等综合判断。（2）从所从事行为的内容来看是否属于管理人的职责范围。我国《企业破产法》第 25 条规定，管理人的职责范围包括：接管债务人的财产、印章和账簿文书等资料；调查债务人财产状况，制作财产状况报告；决定债务人的内部管理事务；决定债务人的日常开支和其他必要开支；在第 1 次债权人会议召开之前，决定继续或者停止债务人的营业；管理和处分债务人的财产；代表债务人参加诉讼、仲裁或者其他法律程序；提议召开债权人会议等。假若不属于法律规定的管理人职责权限范围内的行为不得认定为是执行职务的行为。（3）从管理人及相关人员所从事行为的目的看是否属于管理人的职务行为。管理人履行法定职责的行为是为了实现债权的公平受偿，保证破产程序的顺利、有序进行，具有一定的公益性。如果行为的目的是个人私利就不能认定为职务行为。（4）管理人及相关人员侵权行为的时间、地域范围。如果从侵权行为发生的时间、空间来看，是在处理破产事务的过程中发生的，通常都可以认定为职务行为。"①

其次，管理人的职务行为已经造成了债务人占有的他人财产不当转让、毁损、灭失。换言之，管理人的职务行为与债务人占有的他人财产的不当转让、毁损、灭失之间具有必然的因果关系。不存在这种必然的因果关系，如财产的不当转让、毁损、灭失系因不可抗力、财产权利人的过错、正当防卫、紧急避险、第三人的违法犯罪行为等所致，管理人即使存在故意或者重大过失的职务行为，也不能作为债务人的共益债务处理。

最后，管理人已经造成债务人占有的他人财产不当转让、毁损、灭失的职务行为，在主观上必须出于故意或者重大过失。既不是出于故意也不是出于重大过失而致债务人占有的他人财产不当转让、毁损、灭失的，也不能作为债务人的共益债务认定。故意，系指管理人对自己的违法行为会造成债务人占有的他人财产不当转让、毁损、灭失的结果，仍然希望或者放任这种结果发生而故意为之，如收受第三人贿赂而帮助、放任第三人盗窃、诈骗、侵吞、毁坏、灭失债务人占有的他人财产；自己盗窃、侵吞、毁坏、灭失他人财产等。重大过失，固然不是指一般过失，通常是指一般情况下可以避免的过失，但因管理人疏忽大意，未予重视或者没有及时采取措施以致他人财产遭受不当转让、毁损、灭失。如他人已经提醒、仪器已经发出警告，管理人仍旧置之不顾结果造成他人财产不当转让、毁损、灭失的，就可以认定管理人具有重大过失。

之三，管理人因之故意或者重大过失致他人财产不当转让、毁损、灭失的职务行为应当对财产权利人承担补充赔偿责任。管理人的职务行为，虽给他人财产造成了不当转让、毁损、灭失，然基于其行为的职务性质，首先应当由被代表的债务人财产承担责任，而不能由管理人直接承担责任。债务人以共益债务对管理人造成他人财产不当转让、毁损、灭失的职务行为承担责任，由债务人的财产随时清偿，一般情况下能够全部承担，财产权利人自无必要再向管理人要求承担赔偿责任。然在债务人财产严重不足无法承担破产费用、共益债务等费用，财产权利人因为管理人的职务行为所遭受财产不当转让、毁损、灭失的损失无法得到满足时，管理人则应承担债务人财产无法承担之后所产生的补充赔偿责任。

之四，管理人因故意或者重大过失致他人财产不当转让、毁损、灭失由

① 最高人民法院民事审判第二庭编著：《最高人民法院关于企业破产法司法解释理解与适用》，人民法院出版社2017年版，第370～371页。

债务人财产承担所产生的共益债务后，应当对债务人承担相应的赔偿责任。管理人接收、管理债务人所有财产包括债务人占有的他人财产后，应当履行妥善保管的义务。出于故意或者重大过失而致债务人财产包括债务人占有的他人财产遭受不当转让、毁损、灭失的，都应依法承担赔偿责任。因为故意或者重大过失而致债务人占有的他人财产遭受损失的，财产权利人虽然先应向债务人主张，债务人以之财产对财产权利人承担责任后，必然造成债务人财产的减少。而债务人财产的这一减少，其终极原因乃是源于管理人的故意或者重大过失的职务行为所致，债务人对财产权利人承担责任后，有权让管理人承担相应的赔偿责任。但在破产程序中，管理人代表债务人行使所有行为，管理人不可能代表债务人来向自己主张赔偿责任，有关司法解释便规定，债务人的债权人基于管理人或者相关人员执行职务不当导致债务人财产减少而给之造成损失为由主张管理人或者相关人员承担相应赔偿责任的，人民法院应予支持。此时，管理人为诉讼被告，所承担的赔偿属于债务人的财产，而不能仅仅用于清偿提起诉讼的债权人的债权。

之五，管理人职务行为致他人财产不当转让、毁损、灭失所应承担赔偿责任的范围。破产管理人因其故意或者重大过失的职务行为致债务人财产或者他人财产遭受不当转让、毁损、灭失的，需要承担赔偿责任。然对这种赔偿责任的范围如何确定，则需要加以考量。一些企业规模宏大，涉及的财产数额巨大，一旦造成债务人财产包括为之占有他人的财产不当转让、毁损、灭失，其损失所涉数额巨大的，可能远非作为中介机构的而充当管理人的律师事务所、会计师事务所、破产清算有限责任公司等所能承受。另外，管理人从事破产管理工作，属于一种让符合破产条件的债务人有序退出市场的工作，带有公益事业性质，故其报酬远远低于单个诉讼或者非诉讼专项事务的收费指导标准，投入人力、物力、财产等却大大多于单个诉讼事务或非诉讼专项事务。倘若让管理人对财产权利人或者债务人全额承担赔偿责任，也与风险收益均衡原则相悖。加之管理人的工作千头万绪、异常复杂、工作失误的风险系数很高，假若让之承担全部责任，必然影响中介机构参与破产工作的积极性。因此，管理人的赔偿责任，不仅要受到“可预见规则”的限制，还有必要受到“赔偿限额”的限制。换言之，有必要引入最高赔偿限额制度，致使管理人的执业风险降低到合理程度。在我国，根据《海商法》有关规定，船舶所有人包括船舶承租人和船舶经营人、救助人就对有关海事赔偿请求依法承担限制赔偿责任，具体以船的吨位为基础，将之划分成不同单位区域并确定该单位区域的赔偿限额。如此，可以借鉴这一“计算单位”标准，将管理人报酬划分成若干计算单位，确立管理人的最高赔偿限额标准，并以不超过管理所应取得的报酬为限，以有效地反映并保障管理人收益与执业风险承担的互动，既能促使有关中介机构积极参与破产管理工作，又能督促管理人谨慎勤勉、认真仔细履行管理人应当履行的义务。①

4. 财产权利人在债务人、管理人违法转让之财产构成善意取得时的救济途径。债务人、管理人对所占有的他人财产违法转让的，在理论上通常认为，财产权利人可以就违法转让所得的对价给付款行使代偿取回权。可是，考虑到债务人、管理人将所占有的他人财产违法转让且受让人构成善意取得的情况下，该财产已为受让人所有，财产权利人已经丧失了所有权，故其对财产所享有的物权及其追及效力被善意取得而阻断。另外，该财产已不被债务人占有，实际已不存在对管理人行使取回权的前提。其实，债务人、管理人将他人的财产加以处分，属于无权处分而构成违法，从本质上讲乃是一种侵权行为，财产权利人因为债务人、管理人违法转让且受让人构成善意取得的行为而具有损害赔偿请求权。在债务人未具有破产原因的情况下，财产权利人通过主张损害赔偿一般不会造成实质性的损失。可在债务人具有破产原因尤其是已经进入破产程序的情况下，该违法转让行为发生在破产申请受理前的，财产权利人对被违法转让的财产所享有的物权已经转化为对债务人所享有的损害赔偿请求权，让之对对价给付款行使取回权，反而与破产申请受理前形成的债权应当依法按序公平受偿的原则相左。另外，违法转让行为，往往是低价转让，通过取回权的行使通常难以得到满足，行使取回权时更难以使自己的合法权利得到满足。对于难以满足的部分再通过损害赔偿权的行使主张，就会造成一事多径，会增加不必要的成本耗费。所以，司法解释将债务人、管理人违法转让他人财产且受让人构成善意取得时，财产权利人只能通过主张损害赔偿债权的方式进行，而不能通过行使取回权的方式主张权利。具体来说，财产权利人可以按照下列方式主张自己的权利：

一是，在破产申请受理前，债务人违法转让所占有的他人财产且受让人因善意取得获得了财产的所有权，财产权利人无法取回财产而遭受损失所形成的损害赔偿债权，根据《破产法解释（二）》第 30 条第 1 项规定，应当按照普通债权向管理人申报，而公平得到清偿。

二是，在破产申请受理后，管理人或者相关人员执行职务的过程中违法转让所占有的他人财产且受让人因善意取得获得了财产的所有权，财产权利人无法取回财产而遭受损失所形成的损害赔偿债权，根据《破产法解释（二）》第 30 条第 1 项规定，有权主张作为共益债务随时清偿。

---

① 最高人民法院民事审判第二庭编著：《最高人民法院关于企业破产法司法解释理解与适用》，人民法院出版社 2017 年版，第 383 页。

三是，在破产申请受理后，债务人在管理人接受前就将他人财产违法转让，或者在破产重整、和解程序中，根据《企业破产法》第73条关于“在重整期间，经债务人申请，人民法院批准，债务人可以在管理人的监督下自行管理财产和营业事务。有前款规定情形的，依照本法规定已接管债务人财产和营业事务的管理人应当向债务人移交财产和营业事务，本法规定的管理人的职权由债务人行使”；第89条关于“重整计划由债务人负责执行。人民法院裁定批准重整计划草案后，已接管财产和营业事务的管理人应当向债务人移交财产和营业事务”的规定，依法接收管理财产的过程中，债务人将他人所占有的财产违法转让等而导致的损害赔偿债权，应当按照共益债务进行处理。

四是，债务人在破产申请受理前违法转让所占有的他人财产且构成善意取得，属于《企业破产法》第31条、第33条规定的情形，通过行使破产撤销权、主张转让行为无效的方式有利于维持债务人的财产价值甚至增值的，则应依法予以撤销或者确认其无效。

5. 受让人在债务人、管理人违法转让他人财产不构成善意取得时的救济途径。债务人、管理人违法转让所占有的他人财产且受让人不构成善意取得时，受让人根据《民法典》第311条的规定，不能取得财产所有权，财产权利人有权追回财产。财产权利人追回财产后，受让人因为已经支付了对价必然遭受损失，对于这种损失主要原因在于债务人、管理人违法转让他人财产，从而可以依法加以主张。至于主张的数额，宜以受让人支付的对价为限。有的认为，对受让人的损失应当适用完全赔偿原则，不仅包括受让人受让财产时所产生的实际损失，而且包括受让财产后可得利益的损失。笔者认为，可得利益损失，在合同法上虽有规定，然在司法实践中适用不多，对之往往也难以确定。在破产程序涉及众多债权人的债权遭受通常是巨大损失的情况下，更应严格适用。受让尚未构成善意取得的原因若是基于受让人的恶意，如明知债务人、管理人属于无权处分，或者以不合理的低价获得，或者未按约支付对价给付款等，要让债务人承担可预期利益而且还可能作为共益债务全额清偿，无论是与诚信原则还是与公平原则都大相径庭。具体来说，受让人可以按照下列方式向管理人主张相应的权利：

一是，在破产申请受理前，债务人违法转让所占有的他人财产且受让人不构成善意取得，财产权利人依法追回转让的财产的，受让人因已经支付的对价所产生的债务，根据《破产法解释（二）》第31条第（1）项规定，应当按照普通债权向管理人申报，而公平得到清偿。

二是，在破产申请受理后，管理人或者相关人员执行职务的过程中违法转让所占有的他人财产且受让人不构成善意取得，财产权利人依法追回转让的财产的，受让人因已经支付的对价所产生的债务，根据《破产法解释（二）》第 30 条第 1 项规定，有权主张作为共益债务随时清偿。

三是，债务人或其工作人员在破产申请受理后，除因为破产重整等依法接受管理财产而转让财产外，其以债务人或者管理人名义转让所占有的他人财产，均应推定受让人明知债务人无权处分不能构成善意取得。财产权利人追回财产而致受让人遭受损失，转让所得已经归属于债务人财产的，受让人仍然有权对支付转让价款所产生的债权向管理人主张作为共益债务处理。转让所得没有归属于债务人财产，而支付给转让人个人的，受让人则只能向实施转让行为的个人主张权利，而不能向管理人主张作为共益债权处理。

四是，债务人、管理人违法转让他人财产受让人并不构成善意取得的，财产权利人可以依法追回财产，也可以向管理人主张侵权赔偿责任。财产权利人不追回财产而向管理人主张赔偿债权的，应以财产转让时的价值为准，管理人则可以根据财产的现有价值确定是否将转让的财产予以追回。追回的财产有利于维持债务人财产的价值甚至增值的，则可以依法主张转让行为无效而将财产取回；反之追回财产会造成债务人财产的贬损，则不应当主动主张转让行为无效而取回财产。

四、所有权保留合同中的取回权

（一）所有权保留合同及其取回权的概念

《民法典》第 641 条规定："当事人可以在买卖合同中约定买受人未履行支付价款或者其他义务的，标的物的所有权属于出卖人。出卖人对标的物保留的所有权，未经登记，不得对抗善意第三人。"基此，所有权保留是指在移转财产所有权的商品交易中，根据法律的规定或者当事人的约定，财产所有人将标的物的占有移转给对方当事人，但仍保留其对该财产的所有权，待对方当事人支付部分或全部价款，或完成特定条件时，该财产的所有权才发生移转的一种法律制度。

与所有权保留合同相对应，其中的取回权则是指出卖人因所有权保留合同的约定而对自己所享有所有权的标的物依法从买受人处取回的行为。这种取回权，并非一定属于破产取回权。破产取回权，是指债务人破产时，财产权利人对债务人所占有的具有物权关系的财产依法从债务人处取回的权利。这样，所有权保留合同中，只有买受人破产时，出卖人在破产程序中行使的取回权才属破产取回权。但在出卖人破产时，管理人从因所有权保留合同约定而占有标的物的买受人处取回财产的权利，乃是基于普通法上的所有权利而行使的取回权，而非破产法上的破产取回权，这点需要加以注意。

（二）所有权保留合同的性质

所有权保留合同的性质如何，直接决定着出卖人是否具有取回权，于是有必要对之进行分析。对此，有人认为，所有权保留属于担保物权，因为出卖人设定所有权保留条款的目的，在于保障买受人购得物之后履行支付价款或者其他义务，相当于动产质押。买受人在未付清价款的情况下破产，出卖人享有担保物权的权利，即享有破产别除权。尽管该合同属于双方均未履行完毕的合同，管理人也不能解除这一具有担保性质的合同。与此相适应，所有权保留合同既然属于担保合同，出卖人也就不能行使取回权；有人认为，所有权保留合同属于附停止条件的所有权转移，而非担保合同。“依德国通说，保留所有权之动产系附停止条件转移所有权，因此保留所有权出卖人，得主张取回权，出卖人依然为物之所有权人，买受人尚未取得所有权，因此买受人不能主张取回权。唯买受人得清偿买卖价金取得所有权。”① 《法国困难企业司法重整与清算法》第121条第2款亦规定：“倘若买卖双方在交货之前约定在支付全部价金后所有权始得转让，并且标的物仍以实物存在，出卖人可以请求返还。”② 由此，出卖人则可以依法行使取回权；有人认为：“对所有权保留问题的处理取决于两个因素：一是所有权保留制度在我国法律体系中的性质；二是标的物财产权利人与破产债权人之间的利益平衡。《合同法》对当事人之间关于所有权保留的约定采取意思主义，既不要求书面形式，也不要求登记生效，且《物权法》没有承认所有权保留制度。因此，在我国所有权保留之约定的公示性要弱于担保物权，不能产生对抗效力。如债务人在该标的物上又设置了担保物权（如质权），出卖人就该标的物约定的所有权不能对抗善意的担保物权人。”“所有权保留的效力要弱于动产质押，在破产程序中，所有权保留买卖合同的出卖人不仅不能取回标的物，并且其优先受偿权的顺序应当在担保物权之后。其次，从平衡财产权利人与破产债权人之利益考虑也不承认出卖人的取回权：（1）出卖人设定所有权保留条款的目的在于担保其债务清偿，而非取得标的物的所有权，标的物对于出卖人的使用价值不大或者没有使用价值，标的物一直为买受人使用，甚至可能是其生产经营的关键资产，如果确认出卖人在此情形下的取回权，不利于债务人的重整或者企业运营资产的整体出售。（2）由于所有权保留在我国的弱公示性，破产债权人与债务人（破产人）交易时缺乏获知该标的物是否属于债务人责

① 陈荣宗：《企业破产法》，我国台湾地区三民书局1986年版，第221页。

② 李永军、王欣新、邹海林：《企业破产法》，中国政法大学出版社2009年版，第92～93页。

任财产的范围的途径，从维护交易主体的基本预期的角度而言，应当在所有权保留情况下优先保护破产债权人的利益，确认该标的物为债务人责任财产的范围。”① 是以，这种观点不仅认为所有权保留合同没有设立担保物权，而且认为出卖人不能享有破产取回权。

笔者认为，所有权保留不属于担保合同，而属于附所有权转移停止条件的买卖合同。这是因为：

1. 在所有权保留交易中，既然约定买受人未履行完毕支付价款或者其他义务前，标的物的所有权属于出卖人，那么，出卖人就对该标的物享有所有权。在买受人破产时，出卖人基于所有权依法享有取回权。对这，《审理买卖合同司法解释》第 35 条规定：“当事人约定所有权保留，在标的物所有权转移前，买受人有下列情形之一，对出卖人造成损害的，出卖人可以取回占有标的物：（一）不依约定支付价款；（二）不依约定完成特定条件；（三）将标的物出卖、出质或者为其他不当处分。”《破产法解释（二）》第 35 ~ 38 条就专门对出卖人在破产程序中的取回权行使作了明确规定。

2. 动产质押作为担保物权，为《民法典》所明文规定。《民法典》第 116 条明确规定：“物权的种类和内容，由法律规定。”据之，设立物权，必须根据法律规定的种类和内容进行，即物权设立实行物权法定主义。换言之，不能在法律规定的物权种类及内容以外设立法律没有规定的所谓物权。然则，《民法典》物权编在第 4 分编“担保物权”中只规定了抵押权、质权、留置权等 3 种担保物权，其他的担保权因为没有法律规定不可能成立为担保物权。买卖合同中的所有权保留条款的设置，既然没有为《民法典》物权编明确规定，不属于《民法典》物权编明确规定的所有权、用益物权、担保物权及占有权的任何一种，不能认为所有权保留相当于动产质押，从而享有担保物权人的权利而享有破产别除权。否则，就是在法律规定之外设立了所有权保留这样一种新的担保物权，有悖于《民法典》第 116 条关于“物权的种类和内容，由法律规定”的规定，应当加以否定。另外，所有权保留约定买受人未履行支付价款或者其他义务时，所有权继续属于出卖人，只是约定该财产所有权的归属，并未创设一种新的物权，物权依旧为所有权，并不存在违反物权法定原则的问题。

3. 在买卖合同中约定所有权保留并非设立一种物权，并不需要进行登记或者公示，只是将买卖标的物通过双方约定在买受人未履行支付价款或者其他义务的情况下，所有权仍旧为出卖人所有。出卖人对买卖标的物具有所有

① 王欣新主编：《破产法原理与案例教程》，中国人民大学出版社 2010 年版，第 124 页。

权，并非一定自己占有，这时根据所有权保留买卖合同移转买受人占有、使用。事实上，所有权人在很多情况下，因为借用、租赁、保管、运输等合同行为都会将所有的财产移转他人占有、使用。后面这种不移转所有权仅仅移转占有权、使用权等的合同行为，同样没有进行登记而不具有公示效力。他人因借用、租赁、保管、运输等合同获得财产后，对该财产进行处分如设立质权，第三人为善意的，对该财产享有所有权的所有权人同样不能对抗善意第三人。如果以所有权保留买卖合同约定没有登记具有弱公示性否定出卖人的取回权，那么，同样可以借用、租赁、保管、运输等合同没有登记不具有公示性而应否定借用物、租赁物、保管物、运输物的所有权人的取回权。

4. 所有权保留买卖的标的物，对出卖人价值不大，则其不一定行使取回权，依旧可以依法要求债务人支付价款或者履行其他义务。

5. 所有权保留买卖的标的物，对买受人来说，并非一定具有很大价值，支付价款完全可能得不偿失，由此造成买受人财产的减少。假若具有很大价值，或者成为生产经营的关键因素，或者构成整体财产的一部分，有利于破产买受人财产的增值，管理人完全可以支付价款或者履行其他义务而对财产取得所有权，那么，并不会减少其财产，或者降低其财产的价值。反之，否定出卖人的取回权，出卖人对于买受人尚未支付的价款或者未履行的其他义务，只能以普通债权向管理人申报，出卖人必然遭受巨大损失。在前者中，破产买受人、出卖人的利益能够得到平衡；而在后者中，破产买受人虽可获取较大利益但以出卖人丧失取回权并只能以普通债权进行申报进而遭受较大甚至重大损失为代价。基于出卖人、破产买受人利益保护平衡考虑，所有权保留买卖的出卖人对买卖标的物应当具有破产取回权。

6. 所有权保留，倘若属于附条件的所有权转移，为双方均未履行完毕的合同，管理人具有解除权；假若属于担保物权，约定所有权归属于出卖人仅仅是作为买受人支付全部价款的担保，出卖人因为已经履行了交付义务，管理人不能解除合同，其仍旧可以请求买受人履行合同而转移标的物所有权。但是，《破产法解释（二）》明确规定，对于所有权保留合同，管理人具有解除权。由此，司法解释也是将所有权保留作为附条件的所有权转移处理有关问题的，并未将之作为一种担保形式。

7. 有的主张，最好将所有权保留的性质理解为一种担保形式，管理人没有合同解除权。同时又主张出卖人破产时，管理人无解除权，因出卖人已将标的物交付给对方，且对方有履行能力，管理人应请求买受人履行合同而转移所有权，而不是解除合同；买受人破产的，管理人则具有解除权，在此情况下若不解除合同，就可能会给破产财产带来负担。[①] 这种就同一合同关系，区分出卖人、买受人破产的不同，而分别赋予其管理人是否具有解除权的做法，没有任何法律根据。而且，《企业破产法》第 18 条明确规定，对于破产申请受理前成立而债务人和对方当事人均未履行完毕的合同，管理人均有权决定解除或者继续履行。据此，管理人有权决定解除的条件仅是法定的双方当事人均未履行完毕的合同。只要属于双方均未履行完毕的合同，无论是出卖人还是买受人破产，管理人均有权决定解除，而不能区分出卖人、买受人破产而分别对待。另外，出卖人破产，在所出卖的财产增值的情况下，不行使解除权无疑会给破产财产带来不利影响，在买受人未履行支付义务尤其是故意违约未支付完合同价款的情况下，为保护众多债权人的利益，让债权人承担更少的损失，管理人决定解除合同，无论是从法律上来讲还是从社会意义上来说，都应予以支持。按照上述是否会给破产财产带来不利影响的标准来解释管理人是否具有解除权，也不能认为所有权保留属于一种担保形式，并进而区分出卖人、买受人破产来确定管理人是否具有解除权。

至于所有权保留买卖中的出卖人破产时，出卖人继续对买卖标的物具有所有权，买受人对该标的物没有取得所有权。出卖人的管理人依法行使破产取回权的，作为破产出卖人财产持有人的买受人，根据《企业破产法》第 17 条的规定，应当向破产出卖人的管理人交付财产。

（三）所有权保留合同中的出卖人行使取回权的限制

应当指出，所有权保留买卖合同的取回权，并非绝对的、无条件的，而是相对的，在一定条件下才能行使的一种权利。我们知道，所有权保留买卖合同，属于双方均未履行完毕的合同，根据《企业破产法》第 18 条的规定，管理人可以积极或者消极行使解除权。因为管理人行使解除权而致买卖合同失去原有效力的，合同的双方则应履行相互返还及其他由此产生的诸如赔偿义务，此时出卖人依法享有取回权可以要求买受人将标的物返还。管理人决定继续履行合同，出卖人行使取回权就应受到限制。不然，管理人决定继续履行合同就没有任何意义。正因为这样，《破产法解释（二）》第 34 条进一步明确："买卖合同双方当事人在合同中约定标的物所有权保留，在标的物所有权未依法转移给买受人前，一方当事人破产的，该买卖合同属于双方均未履行完毕的合同，管理人有权依据《企业破产法》第十八条的规定决定解除或者继续履行合同。"基此，对于所有权保留合同，司法解释明确了管理人具有选择、挑拣是否履行的权利，这一权利应当优先于出卖人破产取回权的行使。

① 李永军：《破产法——理论与规范研究》，中国政法大学出版社 2013 年版，第 114 ~ 115 页。

当然，管理人决定继续履行所有权保留合同的，也并非绝对排除其取回权的行使。管理人决定继续履行合同，又不依法向出卖人履行相关义务，或者不当处分买卖合同的标的物等，可能给出卖人造成较大损害时，根据公平原则，就应当允许出卖人行使破产取回权。因此，《破产法解释（二）》第35条、第37条规定，管理人决定继续履行合同的，除买受人支付的价款未达到标的物总价款的75%以上或者第三人善意取得标的物所有权或者其他物权的情形外，买受人不依约支付其他价款或者履行完毕其他义务，或者将标的物出卖、出质或者作出其他不当处分并不属于第三人善意取得标的物所有权或者其他物权的情形，出卖人就可依法行使取回权。

（四）所有权保留合同出卖人破产时的取回权等权利的行使

出卖人破产，管理人基于所有权保留合同中的双方均未履行完毕的性质，首先应当按照《企业破产法》第18条的规定，决定是否继续履行合同，然后再根据具体情况而依法行使取回权等权利。具体说来，包括以下两种情形：

1. 出卖人破产，管理人决定继续履行所有权保留合同的取回权的行使。具体按照以下程序加以考虑：

一是，暂停取回权的行使。出卖人破产，管理人对所有权保留合同决定继续履行的，首先要求暂行取回权的行使，买受人应当按照买卖合同的约定全部、彻底且及时地履行支付价款等所有义务。

二是，恢复取回权的行使。出卖人破产，管理人决定继续履行合同暂停取回权的行使后，买受人具有不履行相关义务，或者对买卖标的物作不当处分而给出卖人造成损害等情形的，管理人可以恢复取回权的行使。《破产法解释（二）》第35条第2款规定："买受人未依约支付价款或者履行完毕其他义务，或者将标的物出卖、出质或者作出其他不当处分，给出卖人造成损害，出卖人管理人依法主张取回标的物的，人民法院应予支持。但是，买受人已经支付标的物总价款百分之七十五以上或者第三人善意取得标的物所有权或者其他物权的除外。"基此，出卖人破产，管理人决定继续履行合同后要恢复取回权的行使，必须同时满足以下3个条件，缺一不可：

之一，买受人已经支付标的物总价款未达到75%。这是因为，标的物的价款被支付达到了3/4以上的，出卖人的权益基本得到保障，合同的目的基本得以实现，为了保障合同的稳定性，减少行使取回权相互返还的成本耗费，而且买受人尚未破产，出卖人的管理人完全可以通过主张债权的方式实现其权利，这时应当限制出卖人的取回权的行使。其实，在普通法上，《买卖合同解释》第36条第1款亦规定："买受人已经支付标的物总价款的百分之七十五以上，出卖人主张取回标的物的，人民法院不予支持。"破产法中的有关司法解释就出卖人的并非破产取回权而属普通法上的取回权的规定与普通法上的有关司法解释规定保持一致，自有必要。

之二，标的物未因第三人善意取得所有权或者其他物权。买受人将标的物加以转让，第三人又基于善意取得了所有权或者其他物权的，基于维护交易稳定及善意受让人合法权益的需要，且买受人尚未破产，出卖人的权利通常还可以得到保障，为此需要对出卖人的取回权加以限制。对此，《买卖合同解释》第36条第2款亦规定，在买受人将标的物出卖、出质或者作出其他不当处分后，第三人依据《物权法》第106条①的规定已经善意取得标的物所有权或者其他物权，出卖人主张取回标的物的，人民法院不予支持。

之三，买受人具有未依约支付价款或者履行完毕其他义务，或者将买卖合同标的物出卖、出质或者作出其他不当处分而给出卖人造成损害的行为。不存在上述行为，不会给出卖人的权利造成损害，出卖人自没有行使取回权的必要。

三是，出卖人的管理人恢复取回权行使障碍的权利救济。出卖人破产，其管理人决定继续履行合同暂停取回权的行使后，无法恢复取回权的行使，或者虽然恢复了取回权的行使但出于种种原因未能取回标的物的，根据《破产法解释（二）》第35条第3款规定，管理人有权要求买受人继续履行支付价款或者合同约定的其他义务，并依法承担相应的赔偿责任。

四是，出卖人破产，管理人决定继续履行合同出于买受人不履行义务等原因恢复行使取回权后，应当保障买受人的回赎权。所谓回赎权，是指在所有权保留合同中，出卖人依法将标的物从买受人处取回后，买受人在一定期限内履行了支付价款或者其他义务后对标的物具有所有权的权利。管理人既然决定继续履行合同，说明该财产对出卖人来说除了获得相应价款的利益外并无其他特别用途，可对买受人来说，其之所以购买则对之有着特殊的用处。故，维护交易稳定，发挥物的功能，并减少再将标的物出卖给他人所造成的成本等损耗，在买受人履行了有关义务的情况下，基于买受人的期待，应当保障其回赎权。当然，对买受人回赎权的保障，必须有一定的期限要求，即买受人应当在合同约定的期限或者管理人行使取回权后指定的期限内履行完毕相关义务。否则，就应当丧失回赎权，出卖人的管理人则有权另行处置标的物。对这，《买卖合同解释》第37条明确规定："出卖人取回标的物后，买受人在双方约定的或者出卖人指定的回赎期间内，消除出卖人取回标的物的事由，主张回赎标的物的，人民法院应予支持。买受人在回赎期间内没有回赎标的物的，出卖人可以另行

① 现为《民法典》第311条。

出卖标的物。出卖人另行出卖标的物的，出卖所得价款依次扣除取回和保管费用、再交易费用、利息、未清偿的价金后仍有剩余的，应返还原买受人；如有不足，出卖人要求原买受人清偿的，人民法院应予支持，但原买受人有证据证明出卖人另行出卖的价格明显低于市场价格的除外。”

2. 出卖人破产，管理人决定解除所有权保留合同的追回权的行使。对此，需要注意以下方面：

一是，管理人在对方没有违约的情况下有权决定解除所有权保留。在未出现破产的情况下，为了维护交易的稳定，在合同依法成立生效后，对之的解除必须符合法定或者约定的条件，不得擅自加以解除。如《民法典》第465条规定：“依法成立的合同，受法律保护。依法成立的合同，仅对当事人具有法律约束力，但是法律另有规定的除外。”固然，基于民事法上的意思自治，当事人可以对合同通过协商加以解除，即进行约定解除。对这，《民法典》第528条规定：“当事人依据前条规定中止履行的，应当及时通知对方。对方提供适当担保的，应当恢复履行。中止履行后，对方在合理期限内未恢复履行能力并且未提供适当担保的，视为以自己的行为表明不履行合同主要义务，中止履行的一方可以解除合同并可以请求对方承担违约责任。”第533条规定：“合同成立后，合同的基础条件发生了当事人在订立合同时无法预见的、不属于商业风险的重大变化，继续履行合同对于当事人一方明显不公平的，受不利影响的当事人可以与对方重新协商；在合理期限内协商不成的，当事人可以请求人民法院或者仲裁机构变更或者解除合同。人民法院或者仲裁机构应当结合案件的实际情况，根据公平原则变更或者解除合同。”第562条规定：“当事人协商一致，可以解除合同。当事人可以约定一方解除合同的事由。解除合同的事由发生时，解除权人可以解除合同。”在不能就合同解除达成一致的情况下，一方因为出现法律规定的情形时，另一方可以依法行使解除权，即主张法定解除。如《民法典》第563条规定：“有下列情形之一的，当事人可以解除合同：（一）因不可抗力致使不能实现合同目的；（二）在履行期限届满之前，当事人一方明确表示或者以自己的行为表明不履行主要债务；（三）当事人一方迟延履行主要债务，经催告后在合理期限内仍未履行；（四）当事人一方迟延履行债务或者有其他违约行为致使不能实现合同目的；（五）法律规定的其他情形。以持续履行的债务为内容的不定期合同，当事人在合理期限之前通知对方后可以解除。”即使依法或者按照约定有权行使解除权，不在法定或者约定的期限或经催告后一定合理的期限内行使的，该解除合同的权利也依法予以消灭，且在解除后，当事人应当依法承担赔偿责任。如《民法典》第564条规定，法律规定或者当事人约定解除权行使期限，期限届满当事人不行使的，该权利消灭。法律没有规定或者当事人没有约定解除权行使期限，自解除权人知道或者应当知道解除事由之日起一年内不行使，或者经对方催告后在合理期限内不行使的，该权利消灭。第566条规定，合同解除后，尚未履行的，终止履行；已经履行的，根据履行情况和合同性质，当事人可以请求恢复原状或者采取其他补救措施，并有权请求赔偿损失。合同因违约解除的，解除权人可以请求违约方承担违约责任，但是当事人另有约定的除外。主合同解除后，担保人对债务人应当承担的民事责任仍应当承担担保责任，但是担保合同另有约定的除外。据上，在普通法上，合同当事人行使合同解除权有着非常严格的条件。可在破产法中，债务人与他人之间的双方均未履行完毕的合同，债务人可能无法再继续履行，也可能履行不利于债务人财产的保值、增值，如此等等，如还恪守普通法上的合同解除条件来行使解除权，无疑不利于破产程序的进行，不利于众多债权人利益的维护。因此，《企业破产法》第18条给管理人赋予了合同特别解除权。这种特别解除权的根据不再是普通法上的有关规定，而应根据债务人是否能够履行合同，履行合同是否有利于债务人财产以及是否有利于破产程序的进行等实际情况予以决定，需要引起充分的注意。

二是，管理人决定解除所有权保留合同后，合同的另一方不能以任何理由提出抗辩。如前所述，在破产程序中，管理人依法行使合同特别解除权，只需要考虑解除是否有利于债务人，而不需要考虑对方当事人是否存在违约因素，是否符合原先约定的解除条件，于是属于一种法定的单方解除权。对于这种单方行使的特别解除权，能否予以抗辩，有的主张可以。如果允许抗辩，那么，管理人行使这种特别解除权就会存在各种各样的障碍，而抗辩的理由无非是自己没有违约，没有对标的物进行不当处分，解除合同不符合双方约定的条件等。如此，就又回到了普通法上的合同解除途径上，与普通法上的合同解除没有什么不同，破产法上赋予管理人合同特别解除权意在利于债务人及其财产，以及快速、高效、低成本、公平进行破产程序的目的就会落空。所以，出卖人破产，其管理人决定解除所有权保留买卖合同的，《破产法解释（二）》第36条第2款明确规定："买受人以其不存在未依约支付价款或者履行完毕其他义务，或者将标的物出卖、出质或者作出其他不当处分情形抗辩的，人民法院不予支持。"

三是，出卖人破产，管理人解除所有权保留合同的法律后果。在普通法上，合同解除后，尚未履行的，终止履行，即合同解除首先对将来的行为发生效力；已经履行的，根据履行情况和合同性质，当事人可以要求恢复原状、采取其他补救措施，即对于已经履行的行为，合同解除具有溯及既往的效力。[①] 破产法中的合同特别解除权与普通法上的合同解除权在效力上原则上相同，但因为这种解除不以对方当事人具有违约等解除原因为条件，为此在具体效果上应当进行必要的区分，具体为：

之一，出卖人破产，管理人决定解除所有权保留合同的，有权要求买受人交付标的物。这是管理人决定解除合同的根本目的及原因，如果不是为了从买受人处追回财产，其就没有必要决定解除合同。买受人则应根据《企业破产法》第 17 条关于“人民法院受理破产申请后，债务人的债务人或者财产持有人应当向管理人清偿债务或者交付财产。债务人的债务人或者财产持有人故意违反前款规定向债务人清偿债务或者交付财产，使债权人受到损失的，不免除其清偿债务或者交付财产的义务”的规定，向出卖人的管理人而不是出卖人交付所有权保留合同的标的物。买受人以自己没有违约等为由而拒绝向管理人返还标的物的，根据《破产法解释（二）》第 36 条第 1 款规定，管理人则可依据《企业破产法》第 17 条的规定提起有关诉讼，人民法院应当支持。出卖人的管理人追回标的物后，标的物的价值存在贬损，对于贬损的部分，管理人可以从买受人已经支付的价款中予以扣除。

之二，买受人因所有权保留合同解除有权向管理人主张赔偿责任。买受人将所有权保留合同的标的物返还给出卖人的管理人后，会因已经支付对价款而遭受损失，考虑到合同解除乃是出卖人的管理人所为，买受人并不存在违约、不当处分等引起合同必要解除的原因，且合同解除的发生及其所产生的债权发生在破产申请受理后，买受人因已经支付的价款损失而形成的债权，根据《破产法解释（二）》第 36 条第 2 款的规定，有权主张按共益债务清偿。否则，如按普通债权加以清偿，就会不利于买受人积极配合管理人就所有权保留合同的特别解除权的行使。其实，此种情况下，管理人之所以决定解除合同通常基于有利于债务人财产的保值、增值，在有利于出卖人时而从买受人处追回财产，让买受人遭受因支付价款而形成巨大损失，明显有失公平。在买受人依约履行合同义务而不存在违约行为的情况下，对买受人因支付价款形成损失而生的债权，应当作为共益债务处理。

然而，买受人不依约履行合同义务，或违反合同约定，或以出卖、出质等不同方式对标的物作不当处分，出卖人的管理人为防止自己的利益遭受损害而行使合同特别解除权决定解除合同的，在普通法上，买受人也应依法承担赔偿责任，在破产法这一特别法中，自应让之承担相应的责任。是以，买

---

① 王利明、崔建远：《合同法新论·总则》，中国政法大学出版社 2000 年版，第 463 页。

受人违反合同约定，出卖人的管理人决定解除合同，买受人因已经支付的价款损失所形成的债权，根据《破产法解释（二）》第 36 条第 2 款的规定，出卖人的管理人主张作为普通债权清偿的，人民法院应予支持。

四是，出卖人的管理人基于合同特别解除权的行使追回所有权保留合同的标的物，乃是按照《企业破产法》第 17 条、第 18 条等的规定解除合同的必然结果。这种结果在形式上与取回权的行使虽然类似，都取得了从买受人处拿回的效果，然其实质并不一样。换言之，管理人从买受人处追回标的物，并非行使取回权，不适用《破产法解释（二）》第 35 条第 2 款有关取回权行使条件的限制，更不受普通法上的有关司法解释如《审理买卖合同司法解释》等有关取回权的限制，及其买受人在管理人行使取回权后所享有的回赎权的约束。这点需要加以注意。

（五）所有权保留合同买受人破产时的破产取回权等权利的行使

买受人破产，管理人基于所有权保留合同中的双方均未履行完毕的性质，首先亦应当按照《企业破产法》第 18 条的规定，决定是否继续履行合同，出卖人然后再根据具体情况而依法行使破产取回权等有关权利，具体包括以下两种情形：

1. 买受人破产，管理人决定继续履行所有权保留合同的破产取回权的行使。具体按照以下程序加以考虑：

一是，出卖人破产取回权的暂停行使。买受人破产，管理人对所有权保留合同决定继续履行的，出卖人应当暂停行使破产取回权，不然就会与管理人有关继续履行合同的决定相冲突。管理人基于债务人财产及众多债权人的利益、破产程序顺利及时进行等考虑要继续履行合同，出卖人自应予以尊重，而不能为自己的一己利益而对抗管理人的决定。

出卖人有义务尊重买受人的管理人继续履行所有权保留合同的决定，相应地，自有向管理人主张支付受让标的物的对价款及其他义务的权利。合同约定的买受人履行支付价款及其他义务的期限在破产申请受理时已经到期，自无疑义。在合同约定的买受人履行支付价款或者其他义务的期限尚未到期的情况下，根据《企业破产法》第 46 条第 1 款关于“未到期的债权，在破产申请受理时视为到期”的规定，出卖人也有权向管理人要求履行义务。因此，《破产法解释（二）》第 37 条第 1 款明确规定：“买受人破产，其管理人决定继续履行所有权保留买卖合同的，原买卖合同中约定的买受人支付价款或者履行其他义务的期限在破产申请受理时视为到期，买受人管理人应当及时向出卖人支付价款或者履行其他义务。”

应当指出，买受人破产，管理人决定继续履行所有权保留合同的同时，应当及时向出卖人履行支付价款或者其他义务等，是权利与义务相一致原则的基本要求。买受人破产，出卖人本可以向管理人主张破产取回权，但基于管理人决定继续履行而暂时停止行使，为维护自己的合法权利，要求管理人履行相应的合同义务，无疑正当。另外，管理人决定继续履行合同以限制出卖人行使破产取回权，其所得利益应当大于出卖人将标的物取回，在此情况下还不履行合同义务而使出卖人的利益得不到及时实现，也有失公平。还有，管理人不履行有关义务，出卖人基于对所有权保留合同的标的物尚存在的所有权，最终可以行使破产取回权，行使破产取回权后还可能对债务人财产产生不利影响，为避免这种现象发生，管理人也应向出卖人及时履行支付价款等义务。故，管理人基于利于债务人财产的考量，以及出卖人对标的物所享有的物权而决定通过履行支付价款等义务而使债务人获得所有权，与以债务人财产对个别债权人恶意进行的不利于债务人财产的个别清偿，有着本质的不同，对此应当加以区分。

二是，出卖人破产取回权的恢复。买受人破产，管理人决定继续履行合同，出卖人暂停破产取回权的行使后，买受人具有不履行相关义务，或者对买卖标的物作不当处分而给出卖人造成损害等情形的，出卖人则可以恢复破产取回权的行使。否则，出卖人对标的物因为所有权保留合同所享有的所有权这一绝对权利就会遭受侵害，而且是在不行使破产取回权而让买受人财产可以取得更大利益的情况下，与权利与义务相一致、诚实信用、公平原则等相违背。因此，《破产法解释（二）》第 37 条第 2 款规定：“买受人管理人无正当理由未及时支付价款或者履行完毕其他义务，或者将标的物出卖、出质或者作出其他不当处分，给出卖人造成损害，出卖人依据《合同法》第一百三十四条①等规定主张取回标的物的，人民法院应予支持。但是，买受人已支付标的物总价款百分之七十五以上或者第三人善意取得标的物所有权或者其他物权的除外。”

如上所述，买受人破产，管理人决定继续履行所有权保留合同，并非绝对排斥甚至否定出卖人对标的物的破产取回权的行使，出卖人的破产取回权的基础毕竟在于其对所有权保留合同的标的物具有所有权这一绝对的物权，其应当有权依法行使破产取回权。可是，基于权利与义务的平衡，无论是普通法还是破产法这一特别法，都需要对出卖人就所有权保留合同标的物行使破产取回权设定一定的条件。这些条件，根据《破产法解释（二）》第 37 条第 2 款的规定，包括买受人已经支付标的物的总价款未达到 3/4，第三人对标的物不构成善意取得，且买受人的管理人存在违约或者危害标的物的不当行

---

① 现为《民法典》第 641 条。

为等 3 个方面，缺一出卖人都不能恢复破产取回权的行使。换言之，买受人给出卖人已经支付的标的物总价款达到 3/4 以上的，或者第三人对标的物已经善意取得了所有权或者其他物权的，管理人即使没有履行合同约定的支付剩余价款或者其他义务，出卖人也不能行使破产取回权。

三是，出卖人恢复破产取回权行使障碍的权利救济。买受人破产，其管理人决定继续履行合同暂停破产取回权的行使后，出卖人无法恢复破产取回权的行使，或者虽然恢复了破产取回权的行使却出于各种各样的原因未能取回标的物的，根据《破产法解释（二）》第 37 条第 3 款规定，出卖人有权要求买受人继续履行支付价款或者合同约定的其他义务，并依法承担相应的赔偿责任。考虑到；出卖人对所有权保留合同的标的物具有的是所有权这一物权，其本可以行使破产取回权充分保障其权利，可因管理人的行为致使其无法取回而致其遭受损失；而且在买受人的管理人决定继续履行合同的情况下，说明标的物尚为其控制，且其不依约履行支付价款或者其他义务，或者对标的物作不当处分，乃系发生在破产程序中的管理人的职务违约或者不当行为；出卖人未能取回标的物，亦属管理人要求出卖人继续履行合同所致，由此产生的债务，根据《企业破产法》第 42 条关于“人民法院受理破产申请后发生的下列债务，为共益债务：（一）因管理人或者债务人请求对方当事人履行双方均未履行完毕的合同所产生的债务……”的规定，应当作为共益债务处理。所以，买受人破产，管理人决定继续履行所有权保留合同，出卖人无法行使破产取回权而取回标的物的，根据《破产法解释（二）》第 37 条第 3 款规定：“出卖人依法主张买受人继续支付价款、履行完毕其他义务，以及承担相应赔偿责任的，人民法院应予支持。对因买受人未支付价款或者未履行完毕其他义务，以及买受人管理人将标的物出卖、出质或者作出其他不当处分导致出卖人损害产生的债务，出卖人主张作为共益债务清偿的，人民法院应予支持。”

四是，买受人回赎权的保障。买受人破产，管理人决定继续履行合同，出卖人依法恢复行使破产取回权获得标的物后，基于标的物对买受人的功能、作用，同样应当注意保障买受人的回赎权。管理人在法定或者约定的或者经过催告后的合理期限内，履行了支付价款或者其他义务的，则有权获取标的物的所有权。

2. 买受人破产，管理人决定解除所有权保留合同，出卖人破产取回权的行使。对此，需要注意以下几点：

一是，买受人破产，管理人决定解除所有权保留合同的，要将标的物返还给出卖人，不然就无法达到解除合同的法律后果。同时，出卖人基于所有权保留合同的约定仍对标的物具有所有权，有权行使破产取回权。是以，《破产法解释（二）》第38条第1款规定，买受人破产，其管理人决定解除所有权保留买卖合同，出卖人依据《企业破产法》第38条的规定主张取回买卖标的物的，人民法院应予支持。

如前所述，在所有权保留买卖中，在普通法上，出卖人要对标的物行使取回权必须符合一定的条件。在破产特别法中，无论是出卖人破产还是买受人破产，当管理人决定继续履行合同时，出卖人行使取回权更要受到一定的限制。然在买受人破产，其管理人决定解除所有权保留合同时，出卖人行使破产取回权是否要受到诸如买受人已经支付标的物的总价款未达到3/4，并第三人对标的物的所有权或者其他物权不构成善意取得，且买受人的管理人存在违约或者危害标的物的不当行为等条件的限制，其答案是否定的。这是因为，管理人决定解除合同而将标的物返还给出卖人，自是在考虑到继续履行合同获得标的物并不利于债务人财产的情况下进行的。倘若对出卖人行使破产取回权加以限制，则就有悖于管理人解除合同的意图从而对债务人财产产生不利影响。在此情况下，出卖人向管理人主张破产取回权的，不应受到任何限制。

二是，买受人破产，管理人决定解除合同，出卖人行使破产取回权取回标的物后，完全可能出于买受人、管理人使用或者保管不当等原因而导致标的物价值减少甚至明显减少。在标的物价值明显减少的情况下，基于：（1）标的物价值明显减少乃出于买受人的原因所致；（2）出卖人取回标的物不能获得原有标的物的价值，原因在于买受人破产，发生在破产程序中，即出卖人对买受人主张赔偿责任的权利产生于破产申请受理之后；（3）出卖人因买受人破产且造成标的物价值明显减少行为所形成的债权，乃系管理人依法执行职务决定解除合同之后所带来的直接后果，与管理人的职务行为直接相关；（4）买受人的管理人实施这一解除所有权保留合同的职务行为，是在比较继续履行合同获得标的物所有权的行为作出的结论。假若继续履行合同获得标的物的所有权，标的物已经遭受明显减少的价值自然由买受人承担。决定解除合同不再履行合同而获得标的物所有权更有利于买受人财产即买受人能够获得更大利益的情况下，让出卖人承受本应由买受人财产承担的责任，显然不公；（5）解除合同的法律后果，是恢复原状。出卖人取回的标的物价值明显减少，其原因是买受人无法恢复原状所致，理应由买受人承担。倘若不全额清偿，出卖人必因取回标的物的价值明显减少而遭受损失，与此相对应，买受人则因将标的物返还给出卖人不再承担本应由其承担的明显减少的价值，且没有任何法律根据，构成不当得利，等等，根据《企业破产法》第42条关于“人民法院受理破产申请后发生的下列债务，为共益债务：……（三）因债务人不当得利所产生的债务……”的规定，属于共益债务。因此，《破产法解释（二）》第38条第3款规定，买受人破产，管理人决定解除所有权保留合同，出卖人行使破产取回权取回标的物，“取回的标的物价值明显减少给出卖人造成损失的，出卖人可从买受人已支付价款中优先予以抵扣后，将剩余部分返还给买受人；对买受人已支付价款不足以弥补出卖人标的物价值减损损失形成的债权，出卖人主张作为共益债务清偿的，人民法院应予支持。”

应当指出，所有权保留合同标的物的价值明显减少，并非一定就是买受人或者管理人的原因，也可能是不可抗力、正当防卫、紧急避险等可以减轻或者免除责任的原因造成，甚至可能是出卖人的原因，如标的物质量达不到合同的要求，或者不履行安装、配备有关资料说明使用方法等违约行为所致。尤其是在出卖人违约行为造成价值明显减少的情况下，出卖人主张债权作为共益债务处理，有失公平。对这，《破产法解释》未作区分，不能不说是一种不足。

三是，买受人破产，管理人决定解除合同，出卖人行使破产取回权将所有权保留合同的标的物取回后，出卖人因该合同所接受的买受人已经支付的标的物对价款，已经没有任何根据，应当依法返还。故，《破产法解释（二）》第38条第3款规定：“出卖人取回买卖标的物，买受人管理人主张出卖人返还已支付价款的，人民法院应予支持。”但如上所述，出卖人取回的标的物价值明显减少而由此遭受损失的，出卖人可以从买受人已经支付的价款中优先予以抵扣，抵扣后有剩余的，则应将剩余部分返还给买受人；不足抵扣的，由此遭受的损失，出卖人还可以向买受人的管理人主张作为共益债务继续清偿。

四是，买受人管理人决定解除所有权保留买卖合同，同时又限制出卖人行使取回权或者对标的物作出卖、出质等不当处分，致使出卖人无法取回标的物的，根据《破产法解释（二）》第37条第3款关于“因本条第2款规定未能取回标的物，出卖人依法主张买受人继续支付价款、履行完毕其他义务，以及承担相应赔偿责任的，人民法院应予支持。对因买受人未支付价款或者未履行完毕其他义务，以及买受人管理人将标的物出卖、出质或者作出其他不当处分导致出卖人损害产生的债务，出卖人主张作为共益债务清偿的，人民法院应予支持”的规定，出卖人主张其债权按共益债务处理，应予以支持。然则，出卖人主张取回权，可以依法行使取回权但出于各种各样的原因不取回标的物，而又主张其债权按共益债务处理的，由于出卖人不行使取回权的原因在于其自身，管理人或债务人没有任何过错，对此则不应当予以支持。

否则，就会与买受人管理人基于标的物根本没有用处且无法处置时根据《企业破产法》第18条的规定决定解除合同的权利行使相冲突，应当加以否定。

五、破产取回权的若干疑难问题分析

（一）融资租赁合同出租人的破产取回权问题

融资租赁合同，根据《民法典》第735条的规定，是指出租人根据承租人对出卖人、租赁物的选择，向出卖人购买租赁物，提供给承租人使用，承租人支付租金的合同。《民法典》第745条规定："出租人对租赁物享有的所有权，未经登记，不得对抗善意第三人。"据之，在承租人破产申请受理后，出租人对租赁物基于所有权而享有破产一般取回权，可以通过管理人随时取回该租赁物，不受原租赁合同约定的取回期限及其他取回条件的限制。当然，承租人破产重整的，出租人要求取回财产，根据《企业破产法》第76条及《破产法解释（二）》第40条的规定，应当符合事先约定的条件。但是，因管理人或者自行管理的债务人违反约定，可能导致取回物被不当转让、毁损、灭失或者价值明显减少的除外。

应当指出，出租人对租赁物依法享有破产取回权，然这不排除出租人可以对租赁物选择其他途径来实现自己的权利。如出租人不将租赁物收回而申请受理破产案件的法院拍卖租赁物，将拍卖所得款用以清偿承租人所欠出租人的债务。租赁物价值大于出租人债权的，其超出部分应退还承租人；租赁物价值小于出租人债权的，其未受清偿的债权应当作为一般债权参加破产清偿程序，或者要求承租人的保证人清偿；出租人可以作为破产债权人申报债权，参加破产程序；出租人的债权有第三人保证的，出租人也可以要求保证人履行保证责任；出租人在参加承租人破产清偿后，其债权未能全部受偿的，可就不足部分向保证人追偿；出租人决定不参加承租人破产程序的，应及时通知承租人的保证人，保证人可以就保证债务的数额申报债权参加破产分配，等等。

（二）信托关系的当事人破产取回权的问题

所谓信托，根据《信托法》第2条规定，是指委托人基于对受托人的信任，将其财产权委托给受托人，由受托人按委托人的意愿以自己的名义，为受益人的利益或者特定目的，进行管理或者处分的行为。第7条规定："设立信托，必须有确定的信托财产，并且该信托财产必须是委托人合法所有的财产。本法所称财产包括合法的财产权利。"第14～18条规定："受托人因承诺信托而取得的财产是信托财产。受托人因信托财产的管理运用、处分或者其他情形而取得的财产，也归入信托财产。法律、行政法规禁止流通的财产，不得作为信托财产。法律、行政法规限制流通的财产，依法经有关主管部门批准后，可以作为信托财产。”“信托财产与委托人未设立信托的其他财产相区别。设立信托后，委托人死亡或者依法解散、被依法撤销、被宣告破产时，委托人是唯一受益人的，信托终止，信托财产作为其遗产或者清算财产；委托人不是唯一受益人的，信托存续，信托财产不作为其遗产或者清算财产；但作为共同受益人的委托人死亡或者依法解散、被依法撤销、被宣告破产时，其信托受益权作为其遗产或者清算财产。”“信托财产与属于受托人所有的财产（以下简称固有财产）相区别，不得归入受托人的固有财产或者成为固有财产的一部分。受托人死亡或者依法解散、被依法撤销、被宣告破产而终止，信托财产不属于其遗产或者清算财产。”“除因下列情形之一外，对信托财产不得强制执行：（一）设立信托前债权人已对该信托财产享有优先受偿的权利，并依法行使该权利的；（二）受托人处理信托事务所产生债务，债权人要求清偿该债务的；（三）信托财产本身应担负的税款；（四）法律规定的其他情形。对于违反前款规定而强制执行信托财产，委托人、受托人或者受益人有权向人民法院提出异议。”“受托人管理运用、处分信托财产所产生的债权，不得与其固有财产产生的债务相抵销。受托人管理运用、处分不同委托人的信托财产所产生的债权债务，不得相互抵销。”第 39 条规定：“受托人有下列情形之一的，其职责终止：（一）死亡或者被依法宣告死亡；（二）被依法宣告为无民事行为能力人或者限制民事行为能力人；（三）被依法撤销或者被宣告破产；（四）依法解散或者法定资格丧失；（五）辞任或者被解任；（六）法律、行政法规规定的其他情形。受托人职责终止时，其继承人或者遗产管理人、监护人、清算人应当妥善保管信托财产，协助新受托人接管信托事务。”第 52 条规定：“信托不因委托人或者受托人的死亡、丧失民事行为能力、依法解散、被依法撤销或者被宣告破产而终止，也不因受托人的辞任而终止。但本法或者信托文件另有规定的除外。”据此，信托关系的当事人包括委托人、受托人及受益人，有关信托关系当事人的破产取回权应当分别情况进行考虑：

1. 委托人破产。具体应当区分委托人与受益人的关系进行分析：

一是，委托人为唯一的受益人，即受益人与委托人为同一人的，关于其破产申请受理后，信托关系终止，信托财产作为破产委托人财产进入破产程序，委托人以外的他人对信托财产不享有物权占有关系进而不享有破产取回权。受托人不将信托财产交付的，管理人有权要求受托人交付，可这不是行使破产取回权。

二是，委托人为受益人但并非唯一的受益人，信托财产不作为破产债务人的财产，信托关系继续存在，受托人对信托财产享有管理权，其他受益人仍然享有受益权，委托人享有的信托受益权则属于破产委托人的财产。委托人源于各种原因而占有信托财产的，受托人对该被委托人占有的信托财产享有破产取回权。

三是，委托人并非受益人而破产的，信托关系存在，信托财产及信托受益权都不属于破产委托人的财产。委托人源于各种原因而占有信托财产的，受托人对该被委托人占有的信托财产享有破产取回权。

2. 受托人破产。受托人唯一的，信托关系终止，信托财产不属于破产受托人财产，委托人对于信托财产依法享有破产取回权，或者委托新受托人接管信托事务。受益人（受托人为受益人的除外）对其信托权益享有破产取回权。共同受托人中的一个受托人破产的，信托财产由其他受托人管理和处分，委托人、受益人均对信托财产不具有破产取回权。

3. 受益人破产。受益人破产，委托人是唯一受益人的，信托职责终止，实际属于委托人破产的第一种情形。委托人并非唯一的受益人，其他受益人破产的，信托关系继续存在，信托财产不属于破产受益人财产，可其信托受益权属于破产受益人财产。受益人源于各种原因占有信托财产的，受托人对该被受益人占有的信托财产享有破产取回权。

（三）让与担保合同当事人的破产取回权的问题

让与担保，是指将特定财产的所有权转移给债权人作为债务人履行债务的担保，债务人在清偿债务后，担保物应当返还给债务人或者第三人；债务人未能履行债务时，债权人便取得该物的所有权。此种担保，未为我国《民法典》物权编所规定，实际上是担保人与担保权人创设的一种法律没有规定的物权，违反物权法定原则，不能承认该让与担保合同能够产生物权变动的效力，担保权人不能依此对担保物享有担保物权，进而在担保人破产依旧占有该担保物的情况下，也不能享有破产取回权。当然，担保人、担保权人约定，在转移所有权的同时，担保人将担保物转移担保权人占有，在担保权人破产的情况下，基于让与担保约定的物权变动效力无效，担保人仍对担保物享有所有权及其破产取回权，即有权要求破产担保权人的管理人将担保物返还。

还应指出，《担保法》第40条曾规定："订立抵押合同时，抵押权人和抵押人在合同中不得约定在债务履行期届满抵押权人未受清偿时，抵押物的所有权转移为债权人所有。"第66条也曾规定："出质人和质权人在合同中不得约定在债务履行期届满质权人未受清偿时，质物的所有权转移为质权人所有。"《物权法》第186条规定："抵押权人在债务履行期届满前，不得与抵押人约定债务人不履行到期债务时抵押财产归债权人所有。”第 211 条规定：“质权人在债务履行期届满前，不得与出质人约定债务人不履行到期债务时质押财产归债权人所有。”基此，我国法律历来明确禁止流质抵押、流质质押，担保人与担保权人关于流质抵押、流质质押条款的约定无效。但是，流质抵押、流质质押条款无效，并不必然导致抵押合同、质押合同的其他条款无效，其他条款只要没有违反法律、行政法规的强制性规定，依然有效。对这，《担保法解释》第 57 条规定：“当事人在抵押合同中约定，债务履行期届满抵押权人未受清偿时，抵押物的所有权转移为债权人所有的内容无效。该内容的无效不影响抵押合同其他部分内容的效力。债务履行期届满后抵押权人未受清偿时，抵押权人和抵押人可以协议以抵押物折价取得抵押物。但是，损害顺序在后的担保物权人和其他债权人利益的，人民法院可以适用《合同法》第七十四条、[①] 第七十五条[②]的有关规定。”第 96 条规定：“本解释第五十七条……之规定，适用于动产质押。”为此，《民法典》物权编改变了《担保法》《物权法》上述规定的方式，如第 401 条规定：“抵押权人在债务履行期限届满前，与抵押人约定债务人不履行到期债务时抵押财产归债权人所有的，只能依法就抵押财产优先受偿。”第 428 条规定：“质权人在债务履行期限届满前，与出质人约定债务人不履行到期债务时质押财产归债权人所有的，只能依法就质押财产优先受偿。”如此，明确具有流押条款、流质条款的抵押合同、质押合同有效，担保权人对抵押物、质押物依法具有抵押权、质押权，只不过是不能在债务人不能履行到期债务之后按照约定取得抵押物、质押物所有权的条款直接享有所有权。也就是，只是流押条款、流质条款无效。于是，在抵押合同、质押合同设有的流押条款、流质条款无效的情况下，抵押合同、质押合同的其他内容依然有效，担保人对担保物仍旧享有担保物权及破产取回权。具体说来：

1. 在担保人破产的情况下，抵押物由于应为担保人占有，担保权人基于抵押权对担保物享有破产别除权，不存在担保权人根据破产取回权取回担保物的问题。质押物由于已为担保权人占有，破产担保人的管理人根据《企业破产法》第 37 条的规定，可以通过清偿债务或者提供为担保权人接受的担保，取回质物。可这种质物的取回，也不是行使破产取回权的结果。

2. 在担保权人破产的情况下，动产质押物为担保权人占有，担保人基于对质押物的所有权而对担保物享有破产取回权，但对破产担保权人负有向其管理人清偿债务的义务。抵押物由于为担保人占有，担保人自不存在破产取

---

① 现为《民法典》第 538 条、第 539 条。

② 现为《民法典》第 541 条。

回权的问题。

3. 在担保物源于各种原因为他人占有的情况下，他人破产时，因为质押物应为担保权人占有，担保权人基于质权而对他人占有的质物享有破产取回权；因为抵押物应为担保人自身占有，担保人基于抵押物的所有权对抵押物于是享有破产取回权。

（四）关于货币能否作为破产取回权标的物的问题

一般情况下，货币即金钱作为一般等价物，实行谁占有谁所有的基本原则。因此，货币在未特定化之前不能作为破产取回权的标的物而存在，不能对货币行使所谓的破产取回权。对此，最高人民法院2003年6月9日《关于河南省高级人民法院就郑州亚细亚五彩购物广场有限公司破产一案中董桂琴等50家商户能否行使取回权问题的请求的答复》（〔2003〕民二他字第14号）指出："由于货币作为动产的特殊属性，董桂琴等50家商户对没有特定化的货款不具有所有权关系，在企业破产还债程序中不能行使取回权，可以以普通债权人的身份参与破产财产的分配。"但在货币通过特户、封金、保证金等形式特定化后，则可以成为破产取回权的标的物。一般的没有作为特户管理的银行存款，则不宜以特定物处理，不能成为破产取回权的标的物即不能对其行使破产取回权。

此外，破产取回权的标的物因为转让、毁损、灭失而取得的转让款、赔偿金、补偿金等货币，尽管作为一般等价物而没有特定，可基于代偿取回权的特别属性，如前所述，还是可以作为代偿取回权这一破产特别取回权的标的物对其依法行使破产取回权。

（五）关联企业、关系人之间的破产取回权问题

在司法实践中，一些关联企业之间以及企业与关系人之间，存在甚至大量存在将企业资产转移登记在关联企业名下或者股东、出资人等关系人名下的现象，进而造成资产混同，难以查清，或者企图转移资产，逃避债务。在此种情况下，应当分别情况进行处理：

1. 在债务人将资产转移给其他关联企业或者关系人的情况下，债务人破产时，管理人应当尽力从其他关联企业、关系人中追回属于债务人的财产，努力维护债权人的合法权益。

2. 在其他关联企业或者关系人将其资产转移至债务人并且造成资产混同，无法区分资产所有权归属的，其他关联企业或者关系人对其转移至债务人名下的资产行使取回权的，应当严格加以限制，甚至予以否定。即使对关联企业或者关系人来说并不公平，也是其自身行为造成的，属于自食其果、咎由自取。

第八节 破产抵销权

一、破产抵销权的概念与特征

破产抵销权，通常是指在破产申请受理前对债务人负有债务的债权人，在破产申请受理后不依破产程序而直接向管理人主张将其对债务人所拥有的债权与其对债务人所负的债务等额相互抵偿、消灭的权利。特殊情况下，债务人的管理人也可以向债权人要求对之间的互负债务进行抵销。我们知道，债务人进入破产程序后，优先受偿之外的债权都应依法按照破产程序规定的顺序、比例进行公平清偿，不允许在破产程序之外进行个别清偿。这样，债权人对债务人拥有的破产债权不属优先受偿债权的，则只能统一按照清偿比例公平受偿。债权人对债务人所负的债务不允许抵销，则要求全面得到履行。所以，行使破产抵销权，其结果使得与债务人互负债务的个别债权人对债务人所拥有的债权在互负债务的范围内得以全部清偿，实际使得个别债权人不依比例公平清偿，而是获得优先清偿，本质上依然属于不依破产程序而对互负债务的债权进行个别清偿。

如前所述，与债务人互负债务的债权人，通过破产抵销权的行使，有利于自己利益的维护。与之相对应，一般情况下，会减少债务人用于公平清偿其他债权人债权的财产，对众多债权人不利，表面上违反了破产程序的公平清偿原则，也不利于破产程序的顺利进行。其实，在互负债务的情况下，如果不允许之间互负债务的抵销，那么，债权人对债务人所拥有的债权只能按顺序、比例公平受偿，然之对债务人所负的债务则得全面清偿，同是债权且发生在相同的当事人之间，却处于不同的清偿地位，有违公平原则。基于公平原则，需要设立破产抵销制度，允许债权人对债务人所负的债务用其对债务人所享有的债权予以抵销。此外，破产抵销权在一定程度上还具有担保功能的性质，通过抵销权的行使，不依破产程序受偿，有利于破产程序的进行。不然，基于“你欠我的、我欠你的，你欠的不还、我欠的也就不还”的最为朴素的观念，债权人对债务人所拥有的债权只能按比例受偿，得不到全面履行；反之，对债务人所负的债务却要全面履行，债权人就会存在强烈的抵触情绪从而难以执行。强制执行，也不利于破产程序的正常进行。[①] 事实上，破产抵销权的行使，在一定程度上会减少互相清偿债务所造成的交易成本，减少管理人的工作量，节省破产费用，有利于全体债权人合法权益的维护。破产抵销权制度，无论是对债权人而言还是对破产程序正常、顺利进行而言，都有其存在的必要性。作为债权人在破产程序中拥有的一项重要权利，其具有以下基本特征：

（一）破产抵销权的主体一般情况下为债权人，特定情况下才为管理人，具有特定性

破产抵销权，就其主体而言，以债权人为原则，管理人为例外。也就是说，破产抵销权一般情况下只能由债权人主动主张，特定情况下才能由管理人主动主张。基于这一特性，一般情况下，债权人的债权可以由债权人主动要求抵销，又被称之为主动或者自动债权，而债务人的债权一般不能主动要求抵销，为此其债权称之为被动或受动债权。

破产抵销权的主体一般情况下仅为与破产债务人相对的债权人，特定情况下才为管理人，这一主体特征与民法上的抵销权在主体上具有区别。后者要求双方互负债务，即同时为债权人与债务人，无论哪方都可以依法主张抵销。而破产抵销权中的债权人与债务人，虽然互负债务，也互为债权人。作为破产债务人的，即使为相对债权人的债权人，在一般情况下其也不能因为具有债权人的身份而成为破产抵销权的主体。除非特定情况，破产抵销权的主体只是与破产债务人相对的债权人，只有债权人一方才具有破产抵销权而主张抵销，破产债务人即使在受动债权中为债权人，其及其管理人也不能成为破产抵销权的主体。

应当指出，一般情况下，破产抵销权的主体为与破产债务人相对的债权人，说明债权人作为破产抵销权的主体可以主动行使，而管理人、债务人除非特定情况不属于破产抵销权的主体，不能主动行使即不能主动向债权人主张将其对债权人所负的债务用其对债权人所拥有的债权予以抵销。这是因为，作为债权人的一项权利，债权人基于某种原因可以主动放弃。在债权人放弃而没有主张权利的情况下，由管理人主动主张抵销，会使得放弃破产抵销权的债权人受益，减少债务人的财产，进而给其他债权人的合法权益造成损害，[②] 与管理人职责相背，也容易遭受其他债权人的质疑，并引发道德风险。至于债务人，在破产申请受理后，除破产重整、破产和解而由债务人依法自

① ［日］石川明：《日本破产法》，何勤华、周桂秋译，中国法制出版社2000年版，第133页。

② 王欣新、王中旺：《论破产抵销权》，载《甘肃社会科学》2007年第3期。

行管理、处分财产外，其已丧失管理、处分财产的权利，不存在由其向债权人主张抵销的问题。即使在破产重整、破产和解而由债务人依法自行管理、处分财产的，基于破产抵销具有使得互负债务的个别债权人的债权得到全面清偿的个别优先清偿的性质，一般情况下，债务人也不能主动主张抵销。

如上所述，一般情况下，互负债务的债权人才拥有破产抵销权，管理人并不具有破产抵销权，这是源于抵销互负债务，通常有利于债权人，但也不能绝对化。抵销互负债务在有利于债权人的同时确实也对债务人的财产有益，如因债权人出现生产经营困难甚至长期停业停产而使得债务人对债权人所拥有的债权存在无法收回或者根本不能收回的情形，债权人对债务人交付财产的义务而致债务人所享有的债权因为财产大大增值管理人行使抵销权取得财产有利于债务人财产的等，均应允许管理人对债权人主张互负债务的抵销。是以，《破产法解释（二）》第41条第2款明确规定："管理人不得主动抵销债务人与债权人的互负债务，但抵销使债务人财产受益的除外。"基此，在抵销互负债务有益于债务人财产的特定情况下，管理人也可以主动抵销而具有破产抵销权。

另外，在债权人、债务人相互破产的情况下，债权人、债务人的管理人都有权向对方主张抵销，可这并非基于管理人的身份而具有破产抵销权。在债权人、债务人相互破产的情况下，债务人作为债权人的债权人而拥有破产抵销权，管理人作为债务人内外事务处理的代表拥有破产抵销权，其实是基于债务人乃为债权人的债权人而拥有破产抵销权，而不是基于特定情况下管理人而具有的破产抵销权。

此外，债权人在没有主张破产抵销权的情况下，管理人根据债权清偿比例确定债权人的破产债权可以分配受偿的数额之后，对于可以分配受偿的数额，管理人则可以将之用以抵销债权人对债务人所负的债务。这种抵销虽然发生在破产申请受理后以及破产程序终结前，其本质却非破产抵销权，而属于民法上的抵销权。破产程序中的破产抵销权与民法上的抵销权，并不相互排斥，可以同时独立存在并由享有人独立行使。如债务人所负债权人的破产费用、共益债务可以用其对债权人的债权予以等额抵销，就不属于破产抵销权的行使，而属于民法上的抵销权的行使，① 两者性质不同，应当注意加以区分。

---

① 王欣新、王中旺：《论破产抵销权》，载《甘肃社会科学》2007年第3期。

（二）破产抵销权的主动债权、被动债权，均发生在破产申请受理前

1. 在破产抵销权中，无论是主动债权即破产抵销权人对相对方所拥有的债权，还是被动债权即破产抵销权的相对人所拥有的债权（破产抵销权人对相对方所负的债务），均要求发生在破产申请受理前。如此，破产抵销权的形成时间具有特定性，与民法上的抵销权形成明显区别。后者即民法上抵销权的债权，在形成时间上没有任何要求。无论债务发生在何时，只要符合抵销的条件或期限，即双方互负债务，所负债务的种类、性质相同，并且均已到期，所负债务可以依法抵销的，就可以相互进行抵销。可在破产程序中，债权人明知或者应当知道债务人破产，还对债务人负债，即让债务人对其给付金钱、行为或者服务等自己却不支付相应的实际对价而负债，然后主张抵销，实质上是债务人对债权人在破产申请受理前所拥有的债权变相地进行个别清偿，会损害其他债权人的合法权益。因此，债务人的债权（即债权人对债务人所负的债务）在破产申请受理后才产生的，不能抵销。不能抵销，意味着这种在破产申请受理后债权人对债务人所负的债务必须全面得以履行。如破产财产的变价，债权人购买破产财产的，就应实际支付全部价款。允许与买受人对债务人所拥有的破产债权抵销，则该破产债权其实就是通过获得债务人的破产财产得到了优先的个别清偿，既有悖于法律规定，又有悖于公平原则，不能允许。

2. 在破产申请受理后，明知债务人不能清偿债务，仍然让债务人对其负债形成对债务人的债权，由债务人所为的，不能抵销。这是因为，在破产程序中，除特定情形外，关于债务人的内外事务都应依法由管理人接管，债务人对其内外事务丧失了处理权利，债务人财产的管理、处分、支配以及生产经营服务等内外事务都应由管理人代表其处理。故，债务人在破产申请受理后仍然向他人负债，他人于是成为债权人的行为，属于无权代表而形成的债权。此外，允许用以抵销债权人在破产申请受理前对债务人所负的债务，也容易出现不公平现象，如债权人与债务人恶意串通让债务人并不真实负债而产生虚假的债权用来抵销其对债务人所负的债务，则明显不公平。

3. 在破产申请受理后，由于管理人的原因对其负债致使对债务人形成的债权，为共益债权。这种共益债权能否与债权人在破产申请受理前对债务人所负的债务抵销，笔者认为，原则上可以抵销。可这种抵销属于民法上的抵销，而非破产法上的破产抵销。因为，共益债权不允许抵销，也可在优先受偿债权、破产费用清偿后优先于其他债权即劳动债权、统筹社保债权和基本税收债权、普通债权进行清偿，通常情况下能够得到足额清偿，相互抵销并

不会减少债务人的财产，不会损害其他债权人的合法权益。相反，不允许抵销，即债权人应当向管理人全面履行其对债务人所负的债务（可能是金钱以外的债务），管理人又对债权人履行债务，不仅造成履行的相互浪费，而且可能因为债权人对债务人的履行如向债务人出卖的原材料不再合适而对债务人财产不利，对于这种债务为此应当允许用其共益债权抵销。然而，这种抵销在共益债务能够足额清偿的情况下不会减少债务人的财产，不会损害其他债权人的利益。根据《企业破产法》第 43 条关于“破产费用和共益债务由债务人财产随时清偿”的规定，管理人可以随时履行这一共益债务，与不能随时履行、应统一受偿的破产债权不同。因此，对于因为管理人的行为而对他人产生的共益债务（即债权人对债务人产生的共益债权），管理人也可以主张抵销债权人对债务人所负的债务。不过，这种抵销属于民法上的抵销，应当符合民法上抵销的条件或期限。

如前所述，因管理人的行为对债权人所负的共益债务，与债权人在破产申请受理前对债务人形成的债务，原则上可以抵销。换言之，债权人因管理人行为而对债务人拥有的共益债权，与债务人对债权人在破产申请受理前所拥有的债权，原则上可以抵销。然在诸如债务人财产不足以清偿共益债务等特定情况下，债权人在破产申请受理后因管理人行为形成的共益债权也只能按比例清偿，允许抵销，就会损害其他共益债权人的利益，在债务人财产不足以清偿共益债务时，就不应当允许抵销。另外，债权人对债务人所负的债务本来就应全面履行，而其共益债权是在明知债务人破产的情况下形成的，对该债务的形成可能产生的风险通常具有预见性，从而也应当承担这种共益债权不能全额清偿的风险。

4. 债权人在破产申请受理后对债务人所负的债务，与债务人因为管理人对债权人所负的共益债务，原则上也应允许抵销，这种抵销同样也不属于破产抵销的范畴，而是属于民法上的抵销，应当符合民法上抵销的构成条件或期限，否则就不能加以抵销。

（三）破产抵销权中的主动债权与被动债权相互抵销，不受债权的种类、性质及是否到期等情形的限制

《民法典》第 568 条规定：“当事人互负债务，该债务的标的物种类、品质相同的，任何一方可以将自己的债务与对方的到期债务抵销；但是，根据债务性质、按照当事人约定或者依照法律规定不得抵销的除外。当事人主张抵销的，应当通知对方。通知自到达对方时生效。抵销不得附条件或者附期限。”第 569 条规定：“当事人互负债务，标的物种类、品质不相同的，经协商一致，也可以抵销。”据此，民法上的非约定抵销，除依照法律规定或者按

照合同性质不得抵销的外，债权人与债务人互负的债务均可以抵销，然这种抵销既要受到互负的债务均已到期的限制；除非双方协商一致也可以抵销的外，还应受到债务的种类、品质应当相同等情形的限制。然在破产程序中，债权人对债务人所享有的债权，根据《企业破产法》第46条规定，在破产申请受理时均视为到期；债权人对债务人所负的债务，即使没有到期，法律尽管没有规定在破产申请受理时到期，基于破产抵销权乃为债权人的权利，其主张这一权利时，其实是放弃自己给债务人履行债务的期限利益，即提前履行对债务人所负的债务，再主张与债务人对自己所负的债务加以抵销，属于债权人根据私权意思自治原则处分自己民事权利的范畴，应当允许。另外，在普通法上，非金钱债务之间、非金钱债务与金钱债务之间，由于债务的种类、品质不同而无法构成民法上的抵销。但在破产程序中，所有债务都可以折算成金钱债务，债务的种类、品质都因债务转换为金钱债务因而再没有区别，从而可以抵销。还有，不同种类、品质的债务不允许抵销，就可能出现债权人对债务人所享有的债权只能按比例公平得到清偿，而自己对债务人所负的债务即债务人对债权人所享有的债权却要足额清偿，致使两者之间的债权仅仅因为债务的种类、品质不同而在清偿上处于不平等的地位，有失公平，也于破产抵销权设立的主要目的——债权人通过行使破产抵销权使得自己对债务人所享有的债权不通过破产程序优先得到清偿以保障债权人、债务人的债权清偿处于相同地位而相背离。所以，普通法上的抵销权关于互负债务均已到期以及债务的标的物种类、品质必须相同的限制，在破产法中已经失去其存在的必要意义，《破产法解释（二）》第43条于是规定：“债权人主张抵销，管理人以下列理由提出异议的，人民法院不予支持：（一）破产申请受理时，债务人对债权人负有的债务尚未到期；（二）破产申请受理时，债权人对债务人负有的债务尚未到期；（三）双方互负债务标的物种类、品质不同。”

如前所述，破产抵销权中的债权债务，不受其种类、品质不同的限制，然这种债权债务必以合法成立、生效为前提。对于不能依法成立，或者虽依法成立但违法无效，或者虽然有效但尚未生效的债权债务，根本不存在履行的问题，不能抵销。不能成立、无效或者有效而未生效的债权不同于合法有效而未到期的债权。后者是在合法成立、有效且已生效的前提下，只是源于履行期限未到而不需要履行，可最终需要履行，基于债务人进入破产程序这一特定法律事件，视为到期而提前履行。而不能成立、无效或者虽然有效而未生效的债权债务，则因为未能产生法律效力根本不存在履行的问题，对其也就不存在履行进而进行抵销的问题。这样，抵销属于履行债务的一种方式，应以债权合法有效且生效为前提。

二、几种特定债务的破产抵销权问题

就具体债权债务的种类而言，应当注意理解具有担保物权等优先受偿债权、附条件或者期限的债权以及将来求偿权的抵销问题，下面对其进行必要的分析：

（一）优先受偿债权的破产抵销问题

1. 优先受偿债权的债权人具有破产抵销权。在现实生活中，为了保障债权的全面、切实得到履行，当事人双方往往通过设置抵押、质押、留置等担保物权的方式以保证债权的实现。另外，一些债权基于法律的规定而享有特别优先受偿权，如《民法典》第807条规定的建设工程价款优先权、《海商法》第21条规定的船舶优先权、《民用航空法》第18条规定的民用航空器优先权等。对于这些具有优先受偿权的债权，能否与债务人互负的债务抵销，有的认为，债权人“与债务人冲抵债务的债权，须是在破产宣告前成立的无财产担保的债权”。[①] 换言之，债权人的优先受偿债权不能与债务人的债权进行抵销。笔者认为，破产抵销的实质乃是在不减损债务人财产的前提下由法律允许的一种特定情况下的个别清偿。法律之所以设置破产抵销权行使禁止的情形，目的在于防范债权人通过各种各样的途径恶意取得对债务人所拥有的债权、债务并通过抵销而造成债务人财产的减少，进而损害其他普通债权人的利益。而具有担保物权等优先受偿权的债权人，其对担保物、建筑工程等特定物通过处置变现的价款享有优先于普通债权受偿的权利。担保物、建筑工程等特定物变现所得价款，只有在清偿与之相对应的优先受偿债权后才能用于普通债权公平受偿。允许优先受偿债权与债务人的债权进行抵销，即在抵销互负债务的同时使得其优先受偿债权清偿，与债权人对特定财产行使破产别除权的效果一样，并不会造成债务人财产的减损而损害其他债权人利益的现象发生。是以，禁止债权人的优先受偿债权予以抵销，不具有破产抵销禁止设立的前提与基础。另外，不允许债权人的优先受偿债权进行抵销，债权人只能在破产程序中行使破产别除权而在担保物等特定财产变价后主张优先受偿并获得货币，债务人则对债权人主张自己的债权，相互清偿，会耗费更多的人力、物力、财力，增加破产成本，与破产抵销设置意在简洁清偿了结之间的债权债务，减少破产成本的意图也相背离。还有，债权人基于各种各样的考虑，如支持破产程序尤其是破产重整程序的顺利进行，主动将自己所有的优先受偿债权与债务人的非优先受偿债权予以抵销，不仅不会造成

① 柯善芳、潘志恒：《破产法概论》，广东高等教育出版社1988年版，第211页。

债务人财产的负担，而且还对债务人财产有益，在这种情形下不允许抵销，其实是对债权人基于意思自治放弃有利于自己而有益于债务人的优先受偿债权的意思表示的无理干涉，债权人的优先受偿债权为此应当允许抵销。

应当指出，债权人与债务人互负债务，债务人的债务人即债权人在破产申请受理后取得他人对债务人的债权，或者已知债务人有不能清偿到期债务或者破产申请的事实对债务人取得债权，这种取得的债权，从文义上讲，不论是否具有优先受偿性质，根据《企业破产法》第40条第1、3项规定，都不应允许抵销。如前所述，债权人所取得的债权属于优先受偿债权，将之与债务人的债权进行抵销，并不会影响债务人财产的减少，应当允许抵销。还有，债权人已知债务人有不能清偿到期债务或者破产申请的事实，对债务人负担债务的，这种债务即债务人对债权人所有的债权不论是否具有优先受偿性质，只要债权人对债务人的债权本身属于优先受偿债权，对之进行抵销，不会影响债务人财产的减损，也应允许抵销。如此，债权人的优先受偿债权或者从他人处取得的优先受偿债权，依法都应允许抵销，并且不受《企业破产法》第40条规定禁止抵销的情形限制。

还应指出，根据《破产法解释（二）》第41条第2款的规定，债务人的管理人在有利于债务人财产的情形下，也具有破产抵销权。对于债务人所有的优先受偿债权主动行使破产抵销权时，则应将之与债权人的非优先受偿债权排除在外。也就是说，不能将债务人对债权人所有的优先受偿债权与债权人对债务人所有的非优先受偿债权予以抵销，因为这种抵销明显对债务人财产不利，需要加以否定。

2. 优先受偿债权相互抵销的类型。债权人与债务人互负的债务，根据互负债务是否具有优先受偿的性质，债权人或管理人行使破产抵销权时，具体可以分为3种情形加以考虑：

（1）在破产申请受理前，债权人对债务人所负的债务（即债务人对债权人所拥有的债权）具有优先受偿性质，而债权人对债务人所拥有的债权没有优先受偿权。此时，债务人对债权人所拥有的债权因为具有担保物权等优先受偿权依法能够优先受偿即先顺位得到满足，而债权人对债务人所拥有的债权没有担保物权等优先受偿权依法则不能优先受偿，只能按照普通破产债权按照比例受偿。允许抵销，会对债务人财产不利即会造成债务人财产减少，进而损害其他债权人的合法权益。另外，属于《企业破产法》第40条规定的不能抵销的3种债权或者债务，即债务人的债务人在破产申请受理后取得他人对债务人所拥有的非优先受偿的债权；债权人已知债务人有不能清偿到期债务或者破产申请的事实，对债务人负担的债务（但债权人出于法律规定或者有破产申请1年前所发生的原因而负担债务的除外）；债务人的债务人已知债务人有不能清偿到期债务或者破产申请的事实，对债务人取得的非优先受偿的债权（但债务人的债务人出于法律规定或者有破产申请1年前所发生的原因而取得债权的除外），更加不能允许予以抵销。

（2）债权人在破产申请受理前对债务人所负的债务（即债务人对债权人所拥有的债权）具有担保物权等优先受偿权，而债权人对债务人所拥有的债权也具有担保物权等优先受偿权，应当允许抵销。债权人在破产申请受理后取得他人对债务人的债权或者已知债务人有不能清偿到期债务或者破产申请的事实，对债务人取得的债权，只要所取得的债权为优先受偿债权，则不受《企业破产法》第40条规定的限制，可以进行抵销。当然，所取得的债权为非优先受偿债权，则应受到《企业破产法》第40条规定的限制，不能进行抵销。

（3）在破产申请受理前，债权人对债务人所负的债务（即债务人对债权人所拥有的债权）没有担保物权等优先受偿权，而债权人对债务人所拥有的债权拥有担保物权等优先受偿权。这时，债务人对债权人所拥有的债权因为没有担保物权等优先受偿权而不能先顺位受偿，债权人对债务人所拥有的债权因为具有担保物权等优先受偿权而存在优先受偿可以先顺位得到满足、实现。在担保物的市场价值范围内予以抵销，并不会给债务人的财产增加负担。因此，应当允许抵销而将之排除在《企业破产法》第40条规定的不能抵销的债权债务的情形之外。当然，债权人在超过担保物的市场价值的范围主张抵销，则不应允许，不然就会损害其他债权人的利益。对这，《破产法解释（二）》第45条规定："《企业破产法》第四十条所列不得抵销情形的债权人，主张以其对债务人特定财产享有优先受偿权的债权，与债务人对其不享有优先受偿权的债权抵销，债务人管理人以抵销存在《企业破产法》第四十条规定的情形提出异议的，人民法院不予支持。但是，用以抵销的债权大于债权人享有优先受偿权财产价值的除外。"

至于债权人在破产申请受理前对债务人所负的债务（即债务人对债权人所拥有的债权）没有担保物权等优先受偿权，债权人对债务人在破产申请受理前所拥有的债权亦没有担保物权等优先受偿权，债权人主张抵销的，属于破产抵销的最为典型的情形，只要不属于《企业破产法》第40条规定的不能抵销的3种情形，其他相互所负的债务，则应允许依法抵销。其间的债权债务符合民法上的抵销条件，且该民法上的抵销不会对债务人财产造成不利影响的，也应允许抵销。

3. 优先受偿债权抵销所应注意的问题。债权人对债务人所有的优先受偿债权，在行使抵销权时，还应注意以下问题：

（1）在司法实践中，债权人对之优先受偿的债权明确放弃优先受偿的权利后再主张破产抵销权的，该优先受偿债权因为债权人放弃优先受偿转化为了普通债权，所为的破产抵销则要受到《企业破产法》第40条规定的限制，即具有该条规定的禁止抵销情形的，不能抵销。

（2）债权人对债务人所享有的为优先受偿债权，债务人对债权人所享有的为非优先受偿债权，管理人基于有利于债务人财产的方面考虑，主张相互抵销的，应当允许。可是，由于这种抵销对债权人不利，只有在债权人没有异议的情况下才能成立。存在异议的，则不能发生抵销之效力，否则就会对债权人的优先受偿权造成侵犯。

此外，债权人与债务人互负的债务均为优先受偿债权，进行抵销取回担保物等特定财产有利于债务人财产的，管理人也可以主动行使破产抵销权，且不会给债权人的优先受偿权造成任何不利影响，基于破产抵销权形成权的性质，不应受到债务人同意与否的限制。

（3）债权人将之具有优先受偿的债权与债务人的非优先受偿债权进行抵销，根据《破产法解释（二）》第45条的规定，应当限制在优先受偿权标的物等特定财产价值的范围内。换言之，只有在担保物等优先受偿权的标的物之价值范围内，债权人才能就其优先受偿债权与债务人的非优先受偿债权进行抵销，超出优先受偿标的物价值范围外的部分，则不能进行抵销。应当注意的是，司法解释明确债权人可以将优先受偿债权与债务人的非优先受偿债权进行抵销，并不受《企业破产法》第40条规定限制的同时作出“但是，用以抵销的债权大于债权人享有优先受偿权财产价值的除外”的规定，并非指债权人的优先受偿债权数额一大于优先受偿权标的物的价值，整笔优先受偿债权就不能抵销，而是指用以抵销的债权不得超过优先受偿权标的物的价值。债权人的优先受偿债权大于优先受偿权标的物的价值的，则在该优先受偿标的物价值的范围内进行抵销；超过优先受偿标的物价值之外的未能抵销的优先受偿债权部分，则转为普通债权，再与债务人对债权人所有的债权进行抵销的，又回到互负债务均属非优先受偿债权的典型破产抵销的状态，自要受到《企业破产法》第40条规定的限制。

（4）应当指出，同属优先受偿债权，其优先受偿的顺序并非完全相同。建设工程价款优先受偿权、船舶优先权、航空器优先权，基于法律规定就优先于担保物权；担保物权中，留置权人优先于抵押权、质押权。这样，在同一物上具有顺位不同的优先受偿权的情况下，应由处于第1顺位或者前一顺位的优先受偿债权的债权人对之优先受偿债权行使破产抵销权。第2顺位或者后一顺位的债权人只有在第 1 顺位或前一顺位放弃破产抵销权，或者行使破产抵销权后优先受偿权的标的物尚有剩余的，才能就剩余部分行使破产抵销权，而不能不分顺位平等行使破产抵销权或者按照比例让之行使破产抵销权。[①]

（二）附条件或者附期限债权债务的破产抵销问题

《民法典》第 158 ~ 160 条分别规定："民事法律行为可以附条件，但是根据其性质不得附条件的除外。附生效条件的民事法律行为，自条件成就时生效。附解除条件的民事法律行为，自条件成就时失效。""附条件的民事法律行为，当事人为自己的利益不正当地阻止条件成就的，视为条件已成就；不正当地促成条件成就的，视为条件不成就。""民事法律行为可以附期限，但是根据其性质不得附期限的除外。附生效期限的民事法律行为，自期限届至时生效。附终止期限的民事法律行为，自期限届满时失效。"基此，无论是附条件的债权债务还是附期限的债权债务，均包括附生效条件或期限的债权债务与附解除条件或期限的债权债务。前者即附生效条件或期限的债权债务，是指所附生效条件或期限成就后，民事法律行为始发生效力，在此之前，民事法律行为还未发生法律效力。后者即民事法律行为本来已经生效，需要依法履行，可在所附解除条件或期限成就后，民事法律行为得以失去效力，或称效力终止。此时，对于租赁合同行为、保管合同行为等继续性民事法律行为而言，民事法律行为虽然失效但对以前产生的债权债务没有溯及力，双方形成的债权债务应当履行；民事法律行为失效后，则不能再继续履行。对于非继续性民事法律行为，解除后能够恢复原状的，民事法律行为对解除以前的行为具有溯及力，根本不应履行。[②] 故，对于附条件或期限的民事法律行为所产生的债权债务能否抵销的问题，应当具体情况具体分析。具体应当分为 4 种情形加以考虑：

1. 债权人在破产申请受理前对债务人所负的债务（即债务人对债权人所拥有的债权）没有附条件或期限，债权人对债务人所拥有的债权也没有附条件或期限，属于破产抵销的典型情况，应当允许依法抵销。

2. 债权人在破产申请受理前对债务人所负的债务（即债务人对债权人所拥有的债权）没有附条件或期限，债权人对债务人所拥有的债权附条件或期限。对此，又应分为两种情形予以考虑：

（1）债权人在破产申请受理前对债务人所负的债务（即债务人对债权人

① 最高人民法院民事审判第二庭编著：《最高人民法院关于企业破产法司法解释理解与适用》，人民法院出版社 2017 年版，第 480 ~ 481 页。

② 王利明主编：《民法》，中国人民大学出版社 2010 年版，第 404 ~ 407 页。

所拥有的债权）没有附条件或期限，债权人对债务人所拥有的债权附生效条件或期限。这时，债务人对债权人所拥有的债权生效而应予以履行，而债权人对债务人所拥有的债权所附生效条件或期限假若成就，也应予以履行，可以抵销；然在所附生效条件或期限并未成就的情况下，债权人对债务人所拥有的债权（即债务人对债权人所负的债务）根本没有生效，自不应履行，不应予以抵销。然所附生效条件或者期限今后可能成就，为了使债权人在对债务人履行债务的同时，不再遭受条件或者期限成就时所拥有的债权损失，债权人可以要求将可以用来抵销的债权数额提存，在破产财产最终分配前：所附条件或者期限成就的，则将提存金额支付给债权人；所附条件或者期限未成就的，则将之作为破产财产按比例分配给全体债权人。

（2）债权人在破产申请受理前对债务人所负的债务（即债务人对债权人所拥有的债权）没有附条件或期限，债权人对债务人所拥有的债权附解除条件或期限。此时，债务人对债权人所拥有的债权生效而应予以履行；债权人对债务人所拥有的债权在解除条件或期限成就前也应予以履行；在条件或期限成就后或者自始失去效力或者自成就后失去效力，于是对于解除条件或期限还未成就时债权人对债务人所拥有的债权可以主张与债务人对债权人所拥有的债权依法抵销。但在抵销后，解除条件或期限有可能成就，非继续性民事法律行为的债权人对债务人所拥有的债权自始失去效力而不应履行，又不能与债务人对债权人所拥有的债权抵销。为了防止附解除条件或期限成就前进行抵销后附解除条件或期限后又成就造成债务人财产损失的现象发生，“应当就债权的抵销数额提供担保，或者按债权的抵销数额提存相应的货币，以确保其债权因解除条件或期限成就而消灭时，管理人及时收回财产。在破产最终分配除斥期间届满时，附解除条件或期限的债权其解除条件或期限仍未成就的，抵销产生确定性效力，债权人提供的担保或提存予以解除”。[①] 对于继续性民事法律行为，民事法律行为因附解除条件或期限成就失效而不再继续履行，以前根据合同发生的行为所产生的债权债务则应履行。因此，在解除条件或期限成就以前发生的债权人对债务人所拥有的债权仍旧可以抵销。可在这种情况下，债权人对债务人所拥有的债权与债务人对债权人所拥有的债权予以抵销时，债权人对债务人所拥有的债权及其利息只能计算至解除条件或期限成就时即民事法律行为解除时止；而且解除条件或期限在破产申请受理后才成立的，相应的债权所产生的利息也只能计算到破产申请受理之日止。

---

① 王欣新、王中旺：《论破产抵销权》，载《甘肃社会科学》2007 年第 3 期；王欣新主编：《破产法原理与案例教程》，中国人民大学出版社 2010 年版，第 138 页。

3. 债权人在破产申请受理前对债务人所负的债务（即债务人对债权人所拥有的债权）附条件或期限，债权人对债务人所拥有的债权没有附条件或期限。具体也应分为两种情形加以考虑：

（1）债权人在破产申请受理前对债务人所负的债务（即债务人对债权人所拥有的债权）附生效条件或期限，债权人对债务人所拥有的债权没有附条件或期限。这时，债务人对债权人所拥有的债权所附生效条件或期限倘若成就，应当履行；债权人对债务人所拥有的债权也应予以履行，可以相互抵销。这是债权人对债务人所负的债务所附生效条件或期限假若没有成就，债务人对债权人所拥有的债权因为没有生效而不应履行。此时，有人认为："债权人不附条件或期限的主动债权，可以主张与破产人附停止条件或期限的被动债权进行破产抵销。通说认为，这时主动债权人的抵销，是自愿放弃被动债权停止条件或期限不成就、尚未发生法律效力之利益。"[①] 笔者认为，从表面上来说，似乎如此。可从实质上看，允许抵销，即相互通过抵销的方式履行各自相互所欠的债务，其实就是让债权人通过抵销的方式履行债务而使其债权得到充分清偿。换言之，就是债权人对债务人通过抵销的方式履行未生效即不应履行（也许因为生效条件永不成就而不应履行）的债务的方式实现其个别清偿，对债务人财产不利。因为承认这种抵销，债权人对债务人所拥有的债权，就用债务人对债权人所拥有的因为生效条件或期限未成就从而不应履行的债权（即债权人对债务人所负的未生效的不用履行的债务）在等额范围内抵销可以获得足额清偿，必然损害其他债权人的合法权益，故不应当允许抵销。

（2）债权人在破产申请受理前对债务人所负的债务（即债务人对债权人所拥有的债权）附解除条件或期限，债权人对债务人所拥有的债权没有附条件或期限。此时，债务人对债权人所拥有的债权在附解除条件或期限成就前，因为民事法律行为生效而应予以履行；债权人对债务人所拥有的债权因为没有附条件或期限也应予以履行，为此可以互相进行抵销。然则，为了防止抵销后债务人对债权人的债权所附解除条件或期限又成就由此不能抵销或者不能完全抵销的现象发生，应要求债权人就债权抵销的数额提供担保，或者按照债权抵销的数额提存相应的货币，以确保该抵销债权因解除条件或期限成就而消灭时，管理人能够及时收回。其次，债务人对债权人所拥有的债权所附解除条件或期限成就，债权人对债务人所负的债务如属非继续性民事法律行为债务自始失去效力而不应履行，这时允许抵销，即通过抵销的方式履行

① 王欣新主编：《破产法原理与案例教程》，中国人民大学出版社2010年版，第138页。

各自相互所欠的债务，其实就是让债权人通过抵销的方式履行债务而使其债权得到充分清偿。换言之，就是债权人对债务人通过抵销的方式履行因解除条件或期限成就后失去效力不应履行的债务的方式实现其个别清偿，对债务人财产不利，会损害其他债权人的合法权益，就不应允许抵销。倘若债务人对债权人所拥有的债权所附解除条件或期限成就，债权人对债务人所负的债务如属继续性民事法律行为于是自解除条件或期限成就后失去效力，解除条件或期限成就前发生的债务人对债权人的债权继续需要履行，则可以与债权人对债务人因为没有附条件或期限的应当履行的债权相互进行抵销。

4. 债权人在破产申请受理前对债务人所负的债务（即债务人对债权人所拥有的债权）附条件或期限，债权人对债务人所拥有的债权也附条件或期限。具体又应分为 4 种情形予以考虑：

（1）债权人在破产申请受理前对债务人所负的债务（即债务人对债权人所拥有的债权）附生效条件或期限，债权人对债务人所拥有的债权也附生效条件或期限。具体又应根据债权债务所附生效条件或期限是否成就分为 4 种情形予以考虑：

之一，债权人在破产申请受理前对债务人所负的债务（即债务人对债权人所拥有的债权）附生效条件或期限没有成就，债权人对债务人所拥有的债权所附生效条件或期限也没有成就。此时，债务人对债权人所拥有的债权与债权人对债务人所拥有的债权因为所附生效条件或期限均未成就，都不应履行，自然不存在抵销的问题。

之二，债权人在破产申请受理前对债务人所负的债务（即债务人对债权人所拥有的债权）附生效条件或期限没有成就，债权人对债务人所拥有的债权所附生效条件或期限已经成就。这种情形与上述 3 中的第（2）种情形相似，应当比照上述 3 中的第（2）种情形处理。

之三，债权人在破产申请受理前对债务人所负的债务（即债务人对债权人所拥有的债权）所附生效条件或期限已经成就，债权人对债务人所拥有的债权所附生效条件或期限没有成就。这时，债务人对债权人所拥有的债权因为所附生效条件或期限成就而需要履行，而债权人对债务人所拥有的债权即债务人对债权人所负的债务因为所附生效条件或期限没有成就不应履行，不能予以抵销。然债权人对债务人所拥有的债权所附生效条件或者期限今后可能成就，为了使债权人在对债务人履行债务的同时，不再遭受所附条件或者期限成就时所拥有的债权损失，债权人可以要求将可以用来抵销的债权数额提存，在破产财产最终分配前：所附条件或者期限成就的，则将提存金额支付给债权人；所附条件或者期限未成就的，则将之作为破产财产按比例分配给全体债权人。

之四，债权人在破产申请受理前对债务人所负的债务（即债务人对债权人所拥有的债权）附生效条件或期限已经成就，债权人对债务人所拥有的债权所附生效条件或期限已经成就。此时，债务人对债权人所拥有的债权因为所附生效条件或期限成就，需要履行；债权人对债务人所拥有的债权所附生效条件或期限也已成就，亦需要履行，两者可以相互进行抵销。

（2）债权人在破产申请受理前对债务人所负的债务（即债务人对债权人所拥有的债权）附生效条件或期限，债权人对债务人所拥有的债权附解除条件或期限。具体应当根据所附生效条件或期限及所附解除条件或期限是否成就分为 4 种情形予以考虑：

之一，债权人在破产申请受理前对债务人所负的债务（即债务人对债权人所拥有的债权）附生效条件或期限没有成就，债权人对债务人所拥有的债权附解除条件或期限没有成就。这时，债务人对债权人所拥有的债权（即债权人对债务人所负的债务）因为所附生效条件或期限没有成就而不应履行；债权人对债务人所拥有的债权因为所附解除条件或期限没有成就而需要履行。基于上述同样的道理，不能将债权人对债务人因为所附生效条件或期限未成就所负的不应履行的债务即债务人对债权人享有的不应履行的债权，与债权人对债务人因为所附解除条件或期限没有成就应当履行的债权予以抵销。

之二，债权人在破产申请受理前对债务人所负的债务（即债务人对债权人所拥有的债权）附生效条件或期限没有成就，债权人对债务人所拥有的债权附解除条件或期限已经成就。此时，债务人对债权人所拥有的债权（即债权人对债务人所负的债务），因为所附生效条件或期限没有成就而不应履行；债权人对债务人所拥有的债权因为所附解除条件或期限已经成就自始失去效力而根本不应履行如非继续性民事法律行为的解除，或者自解除条件或期限成就后而不应再继续履行如继续性民事法律行为的解除。所以，解除条件或期限成就后债权人对债务人拥有的根本不应履行的债权，包括非继续性民事法律行为解除后自始不应履行与继续性民事法律行为自解除后失去效力不应履行的债权，与债务人对债权人拥有的因为所附生效条件或期限没有成就而不应履行的债权，不存在相互抵销的问题。然在继续性民事法律行为所附解除条件或期限成就解除前债权人对债务人所拥有的应当履行的债权，不能与债务人对债权人拥有的因为所附生效条件或期限没有成就从而不应履行的债权相互进行抵销。不然，就是让债权人通过抵销的方式履行债权人对债务人因为所附生效条件或期限未成就而不应履行的债务，即债务人对债权人享有的不应履行的债权而实现其对债务人所有的破产债权的充分清偿，自会损害其他债权人的合法权益。

之三，债权人在破产申请受理前对债务人所负的债务（即债务人对债权人所拥有的债权）附生效条件或期限已经成就，债权人对债务人所拥有的债权附解除条件或期限没有成就。这时，债务人对债权人所拥有的债权（即债权人对债务人所负的债务）因为所附生效条件或期限已经成就而应当履行；债权人对债务人所拥有的债权因为所附解除条件或期限没有成就亦需要履行，两者可以依法予以抵销。可为了防止抵销后债权人对债务人的债权所附解除条件或期限又成就由此不能抵销或者不能完全抵销的现象发生，应按上述的附解除条件或期限未成就时的债权债务抵销情形加以处理，即就债权抵销的数额提供担保，或者按照债权抵销的数额提存相应的货币，以确保该抵销债权因解除条件或期限成就而消灭时，管理人能够及时收回。

之四，债权人在破产申请受理前对债务人所负的债务（即债务人对债权人所拥有的债权）附生效条件或期限已经成就，债权人对债务人所拥有的债权附解除条件或期限已经成就。此时，债务人对债权人所拥有的债权（即债权人对债务人所负的债务）因为所附生效条件或期限已经成就而应当履行；债权人对债务人所拥有的债权因为所附解除条件或期限成就而自始失去效力根本不应履行，或者自解除条件成就或期限成就后失去效力而不应继续履行。是以，在解除条件或期限成就后，债权人对债务人享有的不应履行的债权（即债务人对债权人不应履行的债务），包括债务人对债权人因非继续性民事法律行为解除后自始根本不应履行的债务和因继续性民事法律行为解除后不应履行的债务，不能与债务人对债权人所拥有的应当履行的债权予以抵销。但是，债权人对债务人所有的因继续性民事法律行为所附解除条件或期限成就解除前已经发生的应当履行的债权，则可与债务人对债权人所拥有的应当履行的债权相互进行抵销。

（3）债权人在破产申请受理前对债务人所负的债务（即债务人对债权人所拥有的债权）附解除条件或期限，债权人对债务人所拥有的债权附生效条件或期限。对这，亦应根据债权债务所附解除条件或期限以及所附生效条件或期限是否成就而分为4种情形进行考虑：

之一，债权人在破产申请受理前对债务人所负的债务（即债务人对债权人所拥有的债权）附解除条件或期限没有成就，债权人对债务人所拥有的债权附生效条件或期限没有成就。这时，债务人对债权人所拥有的债权因为所附解除条件或期限没有成就，需要履行；债权人对债务人所拥有的债权（即债务人对债权人所负的债务）因为所附生效条件或期限没有成就而不应履行。因此，债务人对债权人所拥有的需要履行的债权，不能与债权人对债务人享有的不应履行的债权即债务人对债权人所负的因为所附生效条件或者期限没有成就而未能生效从而不应履行的债务进行抵销。然债权人对债务人所拥有的债权所附生效条件或者期限今后可能成就，为了使债权人在对债务人履行债务的同时，不再遭受所附条件或者期限成就时所拥有的债权损失，债权人可以要求将可以用来抵销的债权数额提存，在破产财产最终分配前：所附条件或者期限成就的，则将提存金额支付给债权人；所附条件或者期限未成就的，则将之作为破产财产按比例分配给全体债权人。

之二，债权人在破产申请受理前对债务人所负的债务（即债务人对债权人所拥有的债权）附解除条件或期限没有成就，债权人对债务人所拥有的债权附生效条件或期限已经成就。此时，债务人对债权人所拥有的债权因为所附解除条件或期限没有成就，需要履行；债权人对债务人所拥有的债权因为所附生效条件或期限已经成就而需要履行，两者均需要相互履行，可以依法进行抵销。可为了防止抵销后债务人对债权人的债权所附解除条件或期限又成就因而不能抵销或者不能完全抵销的现象发生，应按上述的所附解除条件或期限未成就时的债权债务抵销的方式处理，要求债权人就债权抵销的数额提供担保，或者按照债权抵销的数额提存相应的货币，以确保该抵销债权因解除条件或期限成就而消灭时，管理人能够及时收回。

之三，债权人在破产申请受理前对债务人所负的债务（即债务人对债权人所拥有的债权）附解除条件或期限已经成就，债权人对债务人所拥有的债权附生效条件或期限没有成就。这时，债务人对债权人所拥有的债权因为所附解除条件或期限已经成就失去效力，即债权人对债务人所负的债务要么自所附解除条件或期限成就自始失去效力而根本不应履行如非继续性民事法律行为的解除，要么自所附解除条件或期限成就后失去效力而不应继续履行如继续性民事法律行为的解除；债权人对债务人所拥有的债权所附生效条件或期限因为没有成就而不应履行。故，在解除条件或期限成就后，债务人对债权人享有的不应履行的债权，包括债务人对债权人因非继续性民事法律行为解除自始失去效力而根本不应履行的债权和因继续性民事法律行为自解除后失去效力而不应再继续履行的债权，不能与债权人对债务人因为所附生效条件或期限没有成就而不应履行的债权进行抵销。对于继续性民事法律行为因解除条件或期限成就解除前债务人对债权人已经发生而享有的应当履行的债权（即债权人对债务人在解除条件或期限成就前所负的应当履行的债务），也不能与债权人对债务人所拥有的因为所附生效条件或期限没有成就而不应履行的债权（即债务人对债权人所负的因为生效条件或期限没有成就而不应履行的债务）进行抵销。

之四，债权人在破产申请受理前对债务人所负的债务（即债务人对债权人所拥有的债权）附解除条件或期限已经成就，债权人对债务人所拥有的债权附生效条件或期限已经成就。此时，债务人对债权人所拥有的债权因为所附解除条件或期限已经成就，债权人对债务人所负的债务自始失去效力而根本不应履行如非继续性民事法律行为的解除，或者自解除条件或期限成就后失去效力而不应继续履行如继续性民事法律行为的解除；债权人对债务人所拥有的债权所附生效条件或期限因为成就应当履行。因此，在解除条件或期限成就后，债务人对债权人享有的不应履行的债权，包括债务人对债权人因非继续性民事法律行为解除自始失去效力而根本不应履行的债权和因继续性民事法律行为自解除后失去效力而不应再继续履行的债权，不能与债权人对债务人所拥有的应当履行的债权进行抵销。但在解除条件或期限成就前，债务人对债权人享有的因继续性民事法律行为解除前已经发生的应当履行的债权，与债权人对债务人所有的因为生效条件或期限已经成就而应当履行的债权，相互可以进行抵销。然而抵销债权的范围仅限于解除条件或期限成就时，债务人对债权人所有的债权数额范围内。

（4）债权人在破产申请受理前对债务人所负的债务（即债务人对债权人所拥有的债权）附解除条件或期限，债权人对债务人所拥有的债权也附解除条件或期限。对此，也应根据债权债务所附解除条件或期限是否成就的情况分为 4 种情形予以考虑：

之一，债权人在破产申请受理前对债务人所负的债务（即债务人对债权人所拥有的债权）附解除条件或期限没有成就，债权人对债务人所拥有的债权所附解除条件或期限也没有成就。这时，债务人对债权人的债权因为所附解除条件或期限没有成就而应履行，债权人对债务人的债权也因所附解除条件或期限没有成就而需要履行。两者均需要履行。所以，债权人、债务人相互所负的债务可以进行抵销。为了防止抵销后债务人对债权人所拥有的债权，或者债权人对债务人所拥有的债权所附解除条件或期限又成就从而不能抵销或者不能完全抵销，应按上述的附解除条件或期限未成就时的债权债务抵销的方式处理，要求债权人就债权抵销的数额提供担保，或者按照债权抵销的数额提存相应的货币，以确保该抵销债权因解除条件或期限成就而消灭时，管理人能够及时收回。

之二，债权人在破产申请受理前对债务人所负的债务（即债务人对债权人所拥有的债权）附解除条件或期限没有成就，债权人对债务人所拥有的债权所附解除条件或期限已经成就。此时，债务人对债权人的债权因为所附解除条件或期限没有成就而应履行；债权人对债务人的债权则因所附解除条件或期限已经成就，或因属于非继续性民事法律行为解除自始失去效力而根本不应履行，或因属于继续性民事法律行为自解除后失去效力而不应继续履行。是以，对于债权人对债务人享有的因为解除条件或期限已经成就而失去效力不应履行的债权，包括债权人对债务人所拥有的因非继续性民事法律行为解除自始失去效力而根本不应履行的债权与因继续性民事法律行为解除自解除后失去效力不应继续履行的债权，不能与债务人对债权人所拥有的因为解除条件或期限未成就而应当履行的债权进行抵销。可是债权人对债务人所拥有的因继续性民事法律行为所附解除条件或期限成就解除前发生的应当履行的债权，与债务人对债权人所有的因为解除条件或期限没有成就而应当履行的债权，因为同属应当履行的债权，依法可以进行抵销。

之三，债权人在破产申请受理前对债务人所负的债务（即债务人对债权人所拥有的债权）附解除条件或期限已经成就，债权人对债务人所拥有的债权所附解除条件或期限没有成就。这时，债务人对债权人的债权因为所附解除条件或期限已经成就，或因属于非继续性民事法律行为解除自始失去效力而根本不应履行，或因属于继续性民事法律行为自解除后失去效力而不应继续履行。因此，在解除条件或期限成就后债务人对债权人享有的不应履行的债权，包括债务人对债权人因非继续性民事法律行为解除自始失去效力而根本不应履行的债权与因继续性民事法律行为解除自解除后失去效力不应继续履行的债权，不能与债权人对债务人所拥有的因为解除条件或期限而未成就应当履行的债权进行抵销。可在继续性民事法律行为所附解除条件或期限成就前已经发生的债务人对债权人所拥有的应当履行的债权，则能够与债权人对债务人所拥有的因为解除条件或期限而未成就而应当履行的债权进行抵销。

之四，债权人在破产申请受理前对债务人所负的债务（即债务人对债权人所拥有的债权）附解除条件或期限已经成就，债权人对债务人所拥有的债权所附解除条件或期限已经成就。此时，债务人对债权人的债权因为所附解除条件或期限已经成就，或因属于非继续性民事法律行为解除自始失去效力而根本不应履行，或因属于继续性民事法律行为自解除后失去效力而不应继续履行；债权人对债务人的债权也因所附解除条件或期限没有成就而自始失去效力根本不应履行，或者自解除后失去效力不应继续履行。故，对于所附解除条件或期限成就后，债权人对债务人所拥有的不应履行的债权与债务人对债权人所拥有的不应履行的债权，不能相互进行抵销。但对于继续性民事法律行为所附解除条件或期限成就解除之前，债权人对债务人所拥有的已经发生的应当履行的债权，以及债务人对债权人所拥有的已经发生的应当履行的债权，依法则可相互进行抵销。

（三）将来求偿权的破产抵销问题

所谓将来求偿权，是指在债务人破产的情况下，与债务人存在共同行为、连带责任、保证责任等关系而可能产生代替债务人对债权人承担责任的当事人，因为债权人将来要求其为债务人承担代偿责任而对债务人产生的请求赔偿权。这种求偿权虽然因为当事人还没有为债务人承担代偿责任未能实际存在，然在债权人要求其承担代偿责任时完全可能发生。只要债权人要求其为债务人承担代偿责任，当事人基于与债务人的共同行为、连带责任行为、保证行为等就应为债务人依法予以承担代偿责任。在债务人破产的情况下，为了避免债权人将来要求当事人代替债务人承担责任而造成损失，当事人虽然没有为债务人履行代偿责任，依然可以其对债务人所享有的将来求偿权向管理人申报债权。对这，《企业破产法》第 51 条第 2 款规定：“债务人的保证人或者其他连带债务人尚未代替债务人清偿债务的，以其对债务人的将来求偿权申报债权。但是，债权人已经向管理人申报全部债权的除外。”据之，在债权人已向管理人申报全部债权的情况下，与债务人存在共同行为、连带行为、保证行为等关系的当事人即将来求偿权人不能申报债权，为此不存在进行破产抵销的问题。在债权人未向管理人申报全部债权的情况下，将来求偿权人可以以其将来可能实际发生、存在的求偿权而向管理人依法申报债权。将来求偿权人在破产申请受理前对债务人负有债务，是否可以以其对债务人所有的将来求偿权产生的债权予以抵销，对此，有的认为，连带债务人、保证人等求偿权人不得行使抵销权，如台湾地区大多数学者就持这种观点。有的认为：“此时，破产人的不可分债务人、保证人或者连带债务人的债权性质因处于发生法律效力阶段，就不再是附停止条件或期限的债权，而是附有解除条件或期限的债权，即以将来债权人不向破产人的不可分债务人、保证人或连带债务人追偿为解除条件或期限的债权，应当按附解除条件或期限债权解决其抵销问题。”“债权人附解除条件或期限的主动债权处于生效状态，可以主张破产抵销。然则由于其债权可能因解除条件或期限成就而消灭，因此，应当就债权的抵销数额提供担保，或者按债权的抵销数额提存相应的货币，以确保其债权因解除条件或期限成就而消灭时，管理人及时收回财产。在破产最终分配除斥期间届满时，附解除条件或期限的债权其解除条件或期限仍未成就的，抵销产生确定性效力，债权人提供的担保或提存予以解除。”① 笔者认为，债务人的保证人、连带债务人等将来求偿权人，对债务人所享有的将来求偿权，属于一种将来可能发生但是并未实际发生的债权，债权人假若未

① 王欣新主编：《破产法原理与案例教程》，中国人民大学出版社 2010 年版，第 138～139 页。

要求保证人、连带债务人等将来求偿权人为债务人承担代偿责任，保证人、连带债务人就对债务人不享有现实的求偿权。只有债权人要求保证人、连带责任人为债务人承担代偿责任，保证人、连带债务人亦为债务人承担了代偿责任的情况下，才对债务人存在现实的求偿权。破产法为了使这种可能发生的债权将来实际发生时能够得以实现，允许这些将来求偿权人依法申报，主要原因在于倘若不允许这些将来求偿权人申报，而债务人破产终结后，这些将来求偿权人可能失去对债务人求偿权的行使机会而无法实现，应当允许其提前申报。然而，允许将来求偿权人对将来求偿权提前申报，并不意味着这些债权已经发生进而需要履行的法律效力。其实，将来求偿权人所拥有的将来求偿权既然没有实际发生从而也就根本不存在对其应当履行的问题。而抵销包括破产抵销，无疑是对依法应当相互履行的债务进行抵销。因此，债务人的连带债务人、保证人等当事人对债务人所具有的将来求偿权，不能与这些当事人对债务人在破产申请受理前所负的债务进行抵销。即使日后在其为债务人承担代偿责任后而实际行使求偿权时，可以抵销。为了保证这一抵销权的实现，也只能对可用来抵销的债权额在限度内予以提存，而不能提前行使抵销权。

至于保证人、连带债务人等将来求偿权人破产，如果担保权人、债权人对保证人、连带债务人在破产申请受理前负有债务，即保证人、连带债务人等将来求偿权人对担保权人、债权人享有债权，担保权人、债权人可以主张用自己对保证人、连带债务人的担保债权、连带债权与对保证人、连带债务人所负的债务进行抵销。这时，担保权人、债权人对保证人、连带债务人的债务是现实存在的，不属于将来求偿权的范围。

三、债权人破产抵销权的行使及异议

（一）债权人破产抵销权的行使

就破产抵销权的行使，一般情况下，应由破产抵销权人主动向管理人依法行使，除非有益于债务人财产，管理人不得主动抵销债务人与债权人的互负债务。此种情形，债权人行使破产抵销权，乃是破产抵销权实现的基础与前提。在这一过程中，破产抵销权人向管理人的主张行为是主动的，管理人的审查乃至同意行为则是被动的。对此，《破产法解释（二）》第41条第1款规定：“债权人依据《企业破产法》第四十条的规定行使抵销权，应当向管理人提出抵销主张。”就债权人行使破产抵销权而言，应当注意以下几个方面：

1. 债权人破产抵销权的行使途径应由债权人向管理人依法行使。破产申请受理后，关于债务人的内外事务除特定情况外，均由管理人依法代表债务人处置，债权人、债务人在破产申请受理前相互负有债务，需要行使抵销权的，应向管理人提出，而不能向债务人提出。《企业破产法》第40条也明确规定："债权人在破产申请受理前对债务人负有债务的，可以向管理人主张抵销。"基此，破产申请受理后，债权人行使抵销权的只有向管理人主张并由管理人依法抵销才能产生相应的法律效力。债权人对债务人原股东、法定代表人或者其他工作人员提出并进行的所谓抵销，属于无权处分的需经追认后才有效的行为，不能产生抵销权行使的法律后果。

2. 债权人破产抵销权的行使方式应由债权人向管理人予以明示，即明确作出抵销的意思表示。这种意思表示应当明确清楚，而不能认为，破产抵销权可以自动行使，即在互负债务时在债权人没有作出抵销互负债务意思表示的情况下就可起自动消灭相互债务的效果，司法解释于是明确要求，债权人要行使破产抵销权，必须向管理人主张抵销，没有主张抵销的，则不能视为自动抵销。

应当指出，债权人关于破产抵销权的主张不仅要求清楚明确，而且要求以书面或者电子文件等能够固定的方式进行。这是因为，破产抵销权，作为破产程序中的一项重要制度，既事关破产抵销权人的利益，又事关债务人的利益以及其他债权人或者利害关系人的利益，必须谨慎、认真行使，为此要求以书面等能够固定的方式向管理人提出，明确作出用其对债务人的破产债权抵销其对债务人在破产申请受理前所负债务的意思表示。

3. 破产抵销权向管理人提出的前提条件，是债权人对债务人所有的主动债权依法进行了申报。《企业破产法》第56条第2款规定："债权人未依照本法规定申报债权的，不得依照本法规定的程序行使权利。"据此，只有依法申报了债权的债权人，才能参加破产程序并在该程序中享有包括破产抵销权在内的各种破产程序性权利，才能对债务人的财产根据破产法的有关规定主张实体权利。破产抵销权，作为破产法赋予与债务人互负债务的债权人所享有的一种特别权利，必须属于债权人，且债权依法进行了申报。没有依法向管理人申报债权的债权人，就不能对未申报的债权行使包括破产抵销权在内的权利，并将之用来抵销其在破产申请受理前对债务人所负的债务。

4. 债权人向管理人要求抵销的主动债权必须依法得到确认。债权人在破产程序中要求抵销的主动债权，不仅要依法进行申报包括补充申报，而且必须依法被确认。即只有经过依法确认的破产债权才能与债权人对债务人在破产申请受理前所负的债务进行抵销。虽然向管理人进行了申报，但在该申报的债权被依法确认前，也不能将之与债权人对债务人所负的债务进行抵销。事实上，债权人主张用其对债务人的破产债权抵销其对债务人所负的债务，其对债务人所拥有的债权是否存在、数额多少，都需要管理人、债权人会议依法进行审查、核查，并经人民法院裁定确认，或者通过诉讼程序确定，以保证债权人对债务人债权的客观性、真实性、准确性，否则就可能致使全体债权人合法权益损害的现象发生。

5. 破产抵销权行使的时间，于破产清算程序中，应在债权人申报破产债权后，破产财产分配方案讨论通过前的范围内。破产财产完全分配完毕，自不再存在抵销权的行使问题。破产财产分配前，理论上仍然可以主张，可是破产财产的分配完全按照破产财产分配方案进行，而破产财产分配方案应当依法经过债权人会议讨论通过并经人民法院裁定认可，或者在未通过时由人民法院依法直接裁定后实施，具有强制执行的效力，破产抵销权的行使故应限制在破产财产分配方案讨论通过前。不然，在通过后尤其是在人民法院裁定后假若还允许行使，会对已经通过并经裁定认可或者未经通过然则依法裁定的破产财产分配方案的执行产生影响，即需要调整破产财产分配方案，那么，无论是从破产程序的正常进行上考虑，还是已经经过债权人会议通过并经人民法院裁定需要执行的破产财产分配方案确定性效力来考虑，都不应允许。所以，在破产财产分配方案通过时还没有主张抵销权的，应视为债权人放弃破产抵销权的行使，通过后再主张的，则不应允许再行使破产抵销权。

基于上述同样的道理，在破产重整或破产和解程序中，破产抵销权应在重整计划草案、和解协议草案通过前行使，具体则不再多述。

6. 破产抵销权的行使以等额抵销为原则。债权人对债务人的债权大于其对债务人所负的债务，通过等额抵销后破产债权超过被抵销债务的部分，仍属破产债权，依法参加破产程序的清偿。债权人对债务人的债权小于其对债务人所负的债务，通过等额抵销后债务超过破产债权的部分，债权人应当向管理人履行，管理人也有权要求债权人履行，并将债权人的履行归于债务人财产。

7. 破产抵销权的抵销不受法定清偿顺序的限制。排序在后的债权，如债权人向债务人出售生产设备而对债务人所拥有的这一普通债权，可以在处于前面受偿顺序的劳动债权以及共益债权等得到清偿前进行抵销。但是破产抵销权的行使，依旧要受到当事人之间特别约定的具有普遍性效力的清偿顺序的限制，如银行发行的次级债不得在其他所有债权人获得清偿之前进行抵销。[①]

（二）债权人破产抵销权行使的效力

1. 债权人破产抵销权行使生效的时间。债权人破产抵销权行使的效力，

---

① 王欣新主编：《破产法原理与案例教程》，中国人民大学出版社2010年版，第138～139页。

与破产抵销权所属抵销权的种类及其性质直接相关。在普通法上，抵销按照其所产生的根据不同，可以分为法定抵销与合意抵销。前者是指债权人与债务人互负的债务具备法律规定的条件时从而可以依法相互抵销的法律制度。在立法上，又分为自然抵销主义与意思表示抵销主义。自然抵销主义，又称完全实质主义，是指双方互负债务符合法律规定的抵销条件时，无需当事人作出抵销的意思表示，就能根据法律规定发生相互抵销的法律后果。意思表示抵销主义，又称形式抵销主义或者单方抵销主义，则是指双方互负债务符合法律规定的抵销条件时并不自然发生相互抵销的法律后果，必须由一方向另一方作出抵销的意思表示才能达到相互抵销的法律后果。后者又称约定抵销，是指根据互负债务的债权人、债务人双方意思表示一致即达成合意时所形成的抵销制度。前者需要受到法律规定的条件，如互负债务均已到期；抵销权的标的物的种类、品质必须相同；行使法定抵销权时不得附条件或者期限等。然而合意抵销，根据私法意思自治的基本原则，则可不受到法定条件的限制，只要双方通过协商达成一致即可。在我国，根据《民法典》第568条关于“当事人互负债务，该债务的标的物种类、品质相同的，任何一方可以将自己的债务与对方的到期债务抵销；但是，根据债务性质、按照当事人约定或者依照法律规定不得抵销的除外。当事人主张抵销的，应当通知对方。通知自到达对方时生效。抵销不得附条件或者附期限”；第569条关于“当事人互负债务，标的物种类、品质不相同的，经协商一致，也可以抵销”的规定，以及《民商事审判纪要》第43条关于“抵销权既可以通知的方式行使，也可以提出抗辩或者提起反诉的方式行使。抵销的意思表示自到达对方时生效，抵销一经生效，其效力溯及自抵销条件成就之时，双方互负的债务在同等数额内消灭。双方互负的债务数额，是截至抵销条件成就之时各自负有的包括主债务、利息、违约金、赔偿金等在内的全部债务数额。行使抵销权一方享有的债权不足以抵销全部债务数额，当事人对抵销顺序又没有特别约定的，应当根据实现债权的费用、利息、主债务的顺序进行抵销”的规定，采取的是法定抵销与合意抵销相结合的模式，以及单方抵销主义，而否定自然抵销主义。

在破产特别法中，破产抵销权作为一种特殊状态下的抵销权，与普通法上的抵销权既相互联系，又相互区别：

（1）破产抵销权一般情况下只有债权人享有，只有在对债务人财产有益时，法律才赋予了管理人的破产抵销权。

（2）破产抵销权属于一种法定抵销权，《企业破产法》第40条对此就规定了破产抵销权成立的条件。可是这种条件不是通过积极而肯定的符合哪些条件时才可抵销的规定来加以规范的，乃是从消极而否定的哪些情形不能抵销的规定来加以规范的。换言之，规定的不是可以抵销的积极条件，而是规定的不能抵销的消极条件。具有这些消极条件，即具有债务人的债务人在破产申请受理后取得他人对债务人的债权的；债权人已知债务人有不能清偿到期债务或者破产申请的事实，对债务人负担债务的。然则，债权人因为法律规定或者有破产申请 1 年前所发生的原因而负担债务的除外；债务人的债务人已知债务人有不能清偿到期债务或者破产申请的事实，对债务人取得债权的。但是，债务人的债务人出于法律规定或者有破产申请 1 年前所发生的原因而取得债权的除外等 3 种情形之一的，均不能予以抵销。是以，破产抵销权乃属于法定抵销，而非合意抵销。

（3）债权人破产抵销权采取限制性的单方抵销主义。从理论上讲，抵销权属于形成权，只要债权人单方作出的意思表示到达对方时即可发生互负债务抵销的法律后果，不需要相对方协助，也无需法律裁判。然而，破产抵销权，作为一种特殊状态的抵销权，其行使使得互负债务人的债权全面得到清偿，具有个别优先受偿的性质，事关众多债权人的利益，对之行使虽然借鉴了单方抵销主义，可不完全像《民法典》第 568 条第 2 款规定的“当事人主张抵销的，应当通知对方。通知自到达对方时生效”那样，采取完全无限制的单方抵销主义，而是采取有限制的单方抵销主义，即债权人向管理人作出抵销互负债务的意思表示后，并不自然生效，还必须经过管理人审查。经过审查，管理人无异议的，债权人的抵销意思表示才可发生效力，即产生互负债务抵销的法律后果。不过，债权人行使破产抵销权发生效力的时间仍旧按照单方抵销主义设定在管理人收到通知之日，而非管理人经过审查确认无异议之日。管理人作出否认的意思表示，如管理人明确表示不能抵销，或者虽不明确表示拒绝抵销，依然向债权人发出要求债权人履行其对债务人所负债务的催告等，则债权人单方意思表示行为的法律后果受到阻却而无法实现，因为产生争议，则需要通过诉讼途径加以解决。对这，《破产法解释（二）》第 42 条第 1 款规定：“管理人收到债权人提出的主张债务抵销的通知后，经审查无异议的，抵销自管理人收到通知之日起生效。”

如前所述，债权人向管理人对互负的债务主张破产抵销权的，尽管依法有效，可其效力要在管理人审查无异议后才能产生。管理人收到债权人主张债务抵销的通知后，应当对要求抵销的债权是否符合《企业破产法》及其有关司法解释规定的条件如债权人是否依法进行债权申报；是否属于主张抵销债权的所有人；所主张抵销的债权是否经过人民法院、仲裁机构等生效法律文书的确认，是否真实、合法、有效，是否超过诉讼时效，是否在破产申请受理前形成，是否属于法定的不能抵销的情形等进行审查，符合法定条件的，应当允许，而不能以各种各样的不能成之为理由的理由加以拒绝。如对债权人主张抵销的债权，以破产申请受理时，债务人对债权人负有的债务尚未到期；或者债权人对债务人负有的债务尚未到期；或者双方互负债务的标的物种类、品质不同等普通法上而非破产特别法上规定的抵销条件而加以拒绝。对此，《破产法解释（二）》第43条明确规定，管理人以不符合普通法上规定的抵销条件而对债权人的破产抵销权行使提出异议的，人民法院不予支持。

2. 债权人破产抵销权行使的异议。债权人向管理人主张破产抵销权，管理人经过审查没有异议的，抵销自可发生效力。管理人认为债权人行使破产抵销权不符合法定的条件即存在异议或者对债务人的破产抵销权行使的主张置之不理的，按照上述规定抵销尚未发生效力，如何保障破产抵销权行使的法律后果，必须有一法定救济途径。这一途径，根据有关司法解释的规定，则突破了普通法上的单方抵销主义无需相对方同意及人民法院裁判的做法，引入了人民法院介入之间争议解决的办法来加以解决。即对于债权人抵销债权的主张，管理人收到有关通知后，经审查认为有异议的，则不能直接否定债权人的债权抵销主张，而应在规定的期限内向人民法院提起抵销无效之诉。根据《破产法解释（二）》第42条第2款、第3款的规定，这一抵销无效之诉，管理人应当在约定的异议期限内或者自收到主张债务抵销的通知之日起3个月内向人民法院提起诉讼。人民法院判决支持管理人提起的抵销无效的诉讼请求的，债权人破产抵销权的行使自不能发生效力；人民法院驳回管理人提起的抵销无效诉讼请求的，该抵销固然要发生法律效力，且这一效力自管理人收到主张债务抵销的通知之日起生效。

此外，管理人对于债权人主张破产抵销权的意思表示置之不理，既不表示认可，又不向人民法院在规定的期限内提起抵销无效之诉的，则应承担相应的法律后果。对这，《破产法解释（二）》第42条第2款、第3款规定，管理人对抵销主张有异议的，无正当理由逾期提起的，人民法院不予支持。换言之，管理人无正当理由未在约定的异议期限内或者自收到主张债务抵销的通知之日起3个月内提起撤销无效之诉的，同样会发生抵销自管理人收到通知之日起生效的法律后果。

3. 破产抵销权的溯及力。破产抵销权，与普通法上的抵销一样，其成立的时间与实际行使的时间往往并非一致，那么，债权人行使破产抵销权能否溯及抵销权成立之时而在相等的数额内互相抵销，则需要考虑。在普通法上，一般主张，当事人主张抵销的，“相互之间的债权债务关系，溯及最初可以抵销时在相等数额内同时消灭”；[①] “抵销权行使后，双方的债权债务关系溯及最初适合于抵销时，按照双方的债权能抵销的数额而消灭”。[②] 有人便主张：“破产抵销源于民事法律中的法定抵销，应沿袭抵销具有溯及效力的民法精神。原因在于，抵销作为一种消灭债权债务的方法，在法律上设定它的目的就在于使当事人能够简洁、高效地解决其相互之间错综复杂的债权债务关系。”“抵销产生后，双方的债权债务关系溯及抵销适当时，按照双方的债权能抵销的数额而消灭。即使一方构成迟延履行或因违约应当承担赔偿责任，也在抵销后，都应当发生消灭。如果在抵销以后还追究利息之债及损害赔偿责任的，则债权债务关系并没有因抵销而发生消灭，这样不仅使当事人之间的法律关系更加复杂，也不符合法律设立抵销权制度的目的。这也解决了实务中出现的破产抵销时债权人的破产债权利息计至破产申请受理日，而债务人对债权人的债权利息却计至抵销生效日，而因此引发新的不公平的问题。”[③]

四、破产抵销禁止行使的情形

破产抵销权的行使，使得破产债权先于其他债权得到足额清偿，得以滥用，必然损害其他债权人的合法权益，必须将可能得以滥用而损害全体债权人合法权益的情形加以限制。根据《企业破产法》第40条的规定及司法实践经验，下列情形作为破产抵销权的例外，不得行使：

（一）债务人的债务人在破产申请受理后取得的他人对债务人的非优先受偿债权，不得用于抵销

他人对债务人的债权，在债务人破产的情况下，不属于优先受偿债权，也没有债务与之抵销的，其得到清偿的比例将不高。在高于清偿比例的情况下，他人完全可能将对债务人所拥有的非优先受偿债权进行转让。这既可避免因为参加破产程序进一步付出人力、物力与财产，减少损失，又可以提前得到清偿。而债务人的债务人在对债务人负有债务的情况下，对债务人没有债权的，就应对债务人足额清偿债务。如果允许债务人的债务人在破产申请受理后取得他人对债务人所拥有的非优先受偿债权用于抵销，那么，在债务人的债务人对债务人负有债务或者负有债务大于其对债务人所拥有的债权的情况下，其就可以通过受让他人对债务人所拥有的非优先受偿债权来获取他

① 梁慧星：《中国民法典草案建议稿》，法律出版社2003年版，第160页。

② 王利明：《中国民法典学者建议稿及立法理由（债权总则·合同编）》，法律出版社2005年版，第186页。

③ 最高人民法院民事审判第二庭编著：《最高人民法院关于企业破产法司法解释理解与适用》，人民法院出版社2017年版，第455～456页。

人对债务人的债权。他人对债务人的这种债权，在参加破产程序清偿的情况下，只能按比例清偿，而用于抵销则相当于足额清偿，这种足额清偿与按比例清偿之间的差额部分，就可为债务人的债务人与对债务人具有非优先受偿债权的他人共同滥用破产抵销权而谋取不当利益，进而为损害全体债权人利益的行为发生留下空间。如债务人甲的债务人乙欠甲100万元债务，他人丙对债务人甲享有100万元非优先受偿债权。如果参与破产清算，清算比例如为20%，那么，丙只能获得20万元的受偿。乙为了购买债权抵销其对债务人甲所欠的100万元债务，以50万元从他人丙那里受让丙对债务人甲所拥有的100万元非优先受偿债权，他人丙多获利30万元。债务人甲的债务人乙然后用于抵销其对债务人甲所负的100万元债务，乙也少付出50万元。而在不能抵销的情况下，债务人甲的债务人乙应向债务人甲偿还100万元，甲以20%的比例清偿他人丙100万元的债权需要20万元，两者相减应得到80万元。而在抵销的情况下，债务人甲不能得到分文，所应得到的80万元完全由债务人乙与他人丙各得50万元和30万元。因此，《企业破产法》第40条第1项规定，债务人的债务人在破产申请受理后取得他人对债务人的债权，不得用于抵销。债务人的债务人在破产申请受理前取得他人对债务人的债权，由于法律没有限制通常情况下则不受此限制而可用于抵销。可是，债务人的债务人在明知债务人具有破产原因即不能清偿到期债务，并且资产不足以清偿全部债务或者明显缺乏清偿能力的；或者明显具有丧失清偿能力可能的情况下，与债务人的有关人员相互串通，而在债务人破产申请受理前受让他人对债务人的债权，然后用于抵销谋取非法利益的行为，无疑需要加以限制。对此，《企业破产法》第40条第3项明确作了规定。

（二）债权人已知债务人有不能清偿到期债务或者破产申请的事实，对债务人出于法律规定或者有破产申请1年前所发生的原因而负债务之外的债务，不得用于抵销

在债务人不能清偿到期债务，或者提出破产申请之后，债权人为了实现自己的债权往往会千方百计、想方设法尽量满足自己的债权，有的则要求债务人对其实施个别清偿，有的则尽量对债务人负债，如向债务人借款而负债；购买债务人的财产不支付对价或者分期支付对价而负债；让债务人为其提供服务、承揽加工等不支付报酬而负债等，然后在破产程序中以这种负债与其对债务人所拥有的债权进行抵销，使得自己的非优先受偿债权得到较高比例甚至足额清偿。这种手段的本质，实质就是通过对债务人负债的方式抢先以债务人的财产或者服务等来清偿自己在破产程序中难以得到足额清偿的非优先受偿债权，必然引起其他债权人可供分配的财产减少，与个别清偿表现形

式虽然不同但本质一样，属于损害全体债权人合法权益的行为。对之允许抵销，会对破产程序的公平受偿及其全体债权人的共同利益造成损害，与诚信、公平原则大相径庭，并有引发其他债权人效仿而恶意对债务人负债后再主张抵销，或者恶意低价受让他人对债务人的非优先受偿债权再通过负担债务的方式抵销而获取利益，从而妨碍破产程序正常进行的风险，应当加以限制。故，《企业破产法》第 40 条第 2 项规定，债权人已知债务人有不能清偿到期债务或者破产申请的事实，对债务人负担的债务，不得抵销。

如前所述，债权人已知债务人有不能清偿到期债务或者破产申请的事实，对债务人负担的债务，不得抵销。但也不能绝对化，因为《企业破产法》第 40 条第 2 项同时规定，债权人出于法律规定或者有破产申请 1 年前所发生的原因而负担债务的除外。作为这种破产抵销权行使的例外，应当注意满足下列条件：

一是债务人具有不能清偿到期债务或者破产申请的事实。债务人没有不能清偿到期债务或者破产申请的事实，债权人对其在破产申请受理前形成的负债，则依法可以抵销。

二是债权人对于债务人具有不能清偿到期债务或者破产申请的事实必须已经知道。债务人尽管具有不能清偿到期债务或者破产申请的事实，然债权人对此事实并不知情，债权人对其负债也可以用来抵销。

三是债权人对债务人的负债属于因为法律规定或者有破产申请 1 年前所发生的原因而负担的债务。换句话说，债权人对债务人的负债出于法律规定的原因而发生，如债权人由于合并、分立等原因继受取得对债务人的负债，或者出于有破产申请 1 年前所发生的原负担的债务，仍然可以依法抵销。

这种情形，有一种情况需要加以注意，即债权人低价收购他人对债务人的负债，或者与债务人的债务人串通获取对债务人的负债用来抵销自己的债权，以谋求不当利益。如债权人甲对债务人乙有 100 万元债权，清偿比例如为 20%，债权人甲获得清偿的数额则为 20 万元。他人丙对债务人乙负有 100 万元债务，债务人乙应当获得丙 100 万元的清偿，用 20 万元清偿甲 100 万元后还有 80 万元。甲为了将自己对乙的 100 万元债权得到更高的满足，与丙商量，让丙支付自己 50 万元，自己则去偿还丙对债务人的 100 万元负债，然后用以抵销 100 万元的债权。如此，债权人甲实际获得 50 万元的受偿，比参加破产程序得到的 20 万元清偿多得 30 万元。丙因支付给甲 50 万元就免除了自己对债务人乙的 100 万元负债，会少付 50 万元，而债务人乙因为丙将对其的 100 万元负债转移给甲就会损失 80 万元。当然，这种手段，往往需要与债务人的工作人员相互串通，或者利用债务人工作人员不懂法律，又认为丙无法还，而自己又对甲负债于是同意丙将对自己的负债转让给甲，或者利用债务人工作人员的朴素观念，丙无法还钱，自己又欠甲的钱，为此同意丙将对自己的负债转让给甲，以利于控制，不想，这种手段在破产程序发生的情况下，就可为债权人作为谋取非法利益的手段。对这，应当加以注意。

（三）债务人的债务人已知债务人有不能清偿到期债务或者破产申请的事实，对债务人源于法律规定或者有破产申请1年前所发生的原因而取得的债权之外所取得的债权，不得用于抵销

作为债务人的债务人对债务人负有债务，即应全额向债务人清偿。为了减少自己对债务人的清偿，在已知债务人有不能清偿到期债务或者破产申请的事实时，有的便通过低价受让他人对债务人所有的债权然后用于抵销自己的债务，与第一种情形一样，在于谋取非法利益，属于对破产抵销权的恶意行使。其实，债务人具有不能清偿到期债务或者破产申请的情况，债务人的债务人仍然受让他人对债务人所拥有的不能足额清偿通常是严重贬值的债权，也与经济活动追求利益最大化的常理不符，故在此情况下完全可以推定债务人的债务人受让他人对债务人的债权出于恶意，不应对之抵销行为加以认可而给予保护。“这种债权的取得虽然发生于破产程序开始之前，但债务人的主观目的及客观效果与发生于破产申请受理后取得的债权并无二致，应当在禁止之列。”①

债务人的债务人除受让他人对债务人的债权取得债权外，还可以利用自己对债务人负债的这一事实，要求债务人对自己负债即自己对债务人取得债权。对此，有学者认为，债务人的债务人取得对债务人的债权，一般是指取得他人对债务人所拥有的债权，只有在此种情况下才存在取得债权成本与抵销清偿之间的差额而有利可图。债务人的债务人与债务人通过正常交易而取得债权，实际上不仅无差额利益可图，反而可能遭受新的损失。② 笔者认为，债务人的债务人取得对债务人的债权，基于正常交易取得，自无差额利益可图。问题在于，在债务人具有不能清偿到期债务或者破产申请事实的情况下，债务人的债务人自己通过交易对债务人取得债权，并非一定就是正常交易，完全可能是债务人被迫接受债务人的债务人所为的不正当交易，甚至可能是双方串通进行不正当交易，如债务人的债务人故意不清偿债务，债务人在清收不了债务人的债务人所负债务的情况下，可能被迫选择或者相互串通让债务人的债务人为自己提供产品、服务、借款等，债务人的债务人于是可以对

---

① 李国光主编：《新破产法条文释义》，人民法院出版社2006年版，第254页。

② 李永军、王欣新、邹海林：《企业破产法》，中国政法大学出版社2009年版，第125页。

债务人取得债权，而且这种债权在债务人不能清偿到期债务或者有破产申请事实的情况下，可能极不平等，如债务人的债务人给债务人借款，利率很高；所销售的产品、提供的服务，价格高于甚至远远高于市场价格等。债权人对债务人取得的此种债权，允许抵销，不利于债务人财产，会损害全体债权人的合法权益。事实上，在已知债务人不能清偿到期债务或者有破产申请事实的情况下，还对债务人取得难以足额清偿的债权，亦不属于正常的商业行为，债务人的债务人往往出于抵销其对债务人所负债务的恶意，应当加以限制。对这，《企业破产法》第 40 条第 3 项规定，债务人的债务人已知债务人有不能清偿到期债务或者有破产申请的事实，对债务人取得的非优先受偿债权，不得用于抵销。然则，债务人的债务人出于法律规定或者有破产申请 1 年前所发生的原因而取得债权的除外。如债务人的债务人因为债务人在破产申请受理前 1 年发生的侵权行为、不当得利、民事行为等对债务人拥有的债权，或者基于继承他人对债务人的债权等原因，而对债务人取得的债权，就可以依法予以抵销。

（四）其他不能抵销的债权债务

除上述 3 种为《企业破产法》明确规定不能用于抵销的债权债务之外，根据司法实践经验，下列债权债务也不能进行破产抵销：

1. 因债务的性质不能抵销而不得抵销。如债务人对债权人所欠付的养老金、抚养费、抚恤金、生活费、工资等，这些债权与人的基本生活相联系，属于自然人生存权利的基础。在这些债权人对债务人负有债务的情况下，不应允许将所负债务与其拥有的劳动债权进行抵销。

2. 税收债权。税收债权，属于债务人对国家所负的义务，国家不可能由此对债务人负有义务。即使税务机关源于各种原因对债务人负有债务，因这种债务乃是税务机关对债务人的债务，而非国家对债务人所负的债务，相互不能进行抵销。另外，即使国家机关对债务人具有侵权行为造成了债务人损失，债务人依法可以主张国家赔偿，也不能进行抵销。

3. 债务人的股东、发起人、出资人等因欠缴出资或者抽逃出资而对债务人所负的债务，不能抵销。

在司法实践中，一些公司、企业的股东、出资人等不依认缴的、约定的或者法定的出资额履行出资义务，或者在出资后又采取各种各样的方法将出资抽逃，致使公司的注册资本与公示或者法定的资本不符。后者采用诸如将出资款项转入公司账户验资后又转出，通过虚构债权债务关系将其出资转出，制作虚假财务会计报表虚增利润进行分配，利用关联交易将出资转出等所有未经法定程序将出资抽回的行为。前者，如以货币出资不依认缴的、约定的或者法定的按时足额缴纳出资；以非货币财产出资的，用于出资的非货币财产未依法对非货币财产依法进行评估或者不如实进行评估；以不享有处分权的非货币财产出资且不按时办理权属变更手续；以具有抵押、质押、留置或者具有法定优先权、用益物权的土地使用权等权利负担的财产出资而不按时解除有关权利的负担手续；以需要办理权属登记的非货币财产出资不依法办理权属登记手续；不将用于出资的非货币财产交付给公司管理、使用，等等，均属未履行或者未完全、适当履行出资义务的行为，股东、发起人等出资人会对债务人负担债务。

对于股东因不依法履行出资义务而对债务人所负的债务，有的认为，《企业破产法》第40条规定可以抵销的“债权人在破产申请受理前对债务人负有债务的”，从文义上讲并未将债权人等因未履行出资义务而负有债务排除在外。另外，从公司工商登记和财务制度的角度来说，也允许债权转换为注册资本。因此，股东、发起人等出资人对债务人拥有债权的，该债权应当可以与其未履行出资义务而对债务人产生的债务予以抵销。[①] 笔者认为，出资人对于认缴但未足额缴纳的出资，以及虚假出资、抽逃出资等违法甚至犯罪行为而对债务人所产生的债务，必须全额缴足，不能与之对债务人所拥有的债权进行抵销。这是因为：

（1）《公司法》第27条第2款规定：“股东可以用货币出资，也可以用实物、知识产权、土地使用权等可以用货币估价并可以依法转让的非货币财产作价出资；但是，法律、行政法规规定不得作为出资的财产除外。对作为出资的非货币财产应当评估作价，核实财产，不得高估或者低估作价。法律、行政法规对评估作价有规定的，从其规定。”第28条规定：“股东应当按期足额缴纳公司章程中规定的各自所认缴的出资额……”据之，股东、发起人等出资人按照认缴的、约定的或者法定的出资额足额、全面对债务人出资，乃是其对债务人所负的不能豁免的基本义务，是构成债务人承担各种法律责任的基础。而在破产程序中，其对债务人所拥有的不具有优先受偿的债权只能按比例公平得到清偿，允许两者进行抵销，其实质乃是允许股东、发起人等出资人以其价值大大低于其数额的名不副实的债权不足额地缴纳了其应当全额缴纳的出资额，要么其债权在没有优先受偿权的情况得到了足额清偿。前者明显违反资本充实原则及股东、发起人等出资人必须足额缴纳出资的法律规定。后者则与个别清偿的有关限制性规定相背，都会造成债务人财产的减少，损害全体债权人的利益。

---

① 韩传华：《注册资本未到位债务可否抵销》，载《人民法院报》2007年7月11日，第6版。

（2）股东、发起人等出资人等对公司的出资，构成公司独立经营并用之对外承担责任的财产，担负着担保债权人债权实现目的的特别功能。出资人对公司因未全面、足额履行出资义务所负的债务，表面上看仅是其对公司所负的债务，可其实质还通过了公司、企业这一桥梁的“传递”功能而对公司、企业债权人间接负有债务。所以，《公司法解释（三）》第13条第2款规定：“公司债权人请求未履行或者未全面履行出资义务的股东在未出资本息范围内对公司债务不能清偿的部分承担补充赔偿责任的，人民法院应予支持。”第27条规定，公司债权人以登记于公司登记机关的股东未履行出资义务为由，请求其对公司债务不能清偿的部分在未出资本息范围内承担补充赔偿责任，股东以其仅为名义股东而非实际出资人为由进行抗辩的，人民法院不予支持。名义股东根据前款规定承担赔偿责任后，向实际出资人追偿的，人民法院应予支持。第14条规定，股东抽逃出资，公司或者其他股东请求其向公司返还出资本息、协助抽逃出资的其他股东、董事、高级管理人员或者实际控制人对此承担连带责任的，人民法院应予支持。公司债权人请求抽逃出资的股东在抽逃出资本息范围内对公司债务不能清偿的部分承担补充赔偿责任、协助抽逃出资的其他股东、董事、高级管理人员或者实际控制人对此承担连带责任的，人民法院应予支持；抽逃出资的股东已经承担上述责任，其他债权人提出相同请求的，人民法院不予支持。基此，股东等因公司未缴纳的出资而对债务人所负的债务，与之对债务人所享有的债权，其主体不仅仅限于股东与债务人之间，实质还应当延伸至债务人的全体债权人之间，债权的主体表面上虽相对应可实际并不相对应。而用于抵销的债权仅限于股东与债务人之间，即主体必须具有对应性，对于股东、发起人等出资人对债务人因出资不足所产生的债务因其主体实质涉及全体债权人而不具有对应性，从而不能与对债务人所拥有的债权进行抵销。①

（3）在司法实践中，一些股东尤其是控股股东，采取诸如设置一些关联公司进行不当交易、进行表里不一致的阴阳合同交易、低价卖出高价售进的交易等方式使得债务人对之负有债务。为了防止股东与公司间进行不当交易，尤其是利用母公司、子公司、附属公司等关联公司间的关联关系进行不当交易而发生不当的债权债务关系，根据关联公司债权处理的衡平居次原则、深石原则、从属求偿原则，有的认为应将关联公司对债务人的债权清偿予以推迟顺后，只有在其他债权人的债权全部得到清偿后，债务人的财产有剩余的才能用于关联公司债务的清偿；② 或者认为子公司破产，母公司在某些情形下

① 朱慈蕴：《从破产中股东欠缴出资之债能否抵销谈起》，《法治论坛》2008年第2期。

② 石静遐：《跨国破产法律问题研究》，武汉大学出版社1999年版，第210页。

不能与其他债权人共同参与分配或分配顺序应当次于其他人债权人的债权；[①] 或者认为，适用衡平居次原则的债权作为居次债权，其一般劣后于普通债权而获清偿，其不能得到比普通债权更为优越的待遇，在普通债权未得到全部清偿之前，对这种债权不能进行清偿，不能通过破产抵销权的方式使得这种债权获得清偿。否则，这种应当居次的劣后债权就因为破产抵销而又实际得到清偿，而且还获得了优先于劳动债权、统筹社保债权、基本税收债权、普通债权的清偿，有悖于其居次劣后的性质，居次债权应当禁止抵销。[②] 根据法院处理深石公司破产案例发展而来的衡平居次原则，其适用的案件主要适用母公司在设立子公司时没有足额出资或者出资后又抽逃出资而造成子公司的出资不实；违反诚信义务，对子公司、附属公司滥用控制权；无视子公司、附属公司的独立人格而违反法律；与子公司、附属公司形成资产混同或者利益输送[③]等违反公平原则的行为。这样，股东、发起人等出资人因为违反出资义务不足额出资或抽逃出资，或者滥用股东权利或关联关系损害公司利益而对债务人所负的债务，不应允许抵销，其实质是衡平居次原则的一种体现及要求。

正是基于上述种种原因，最高人民法院早在 1995 年 4 月 10 日《关于破产债权能否与未到位的注册资本金抵销问题的复函》（法函〔1995〕32 号）中就明确指出："中国外运武汉公司（下称武汉公司）与香港德仓运输股份有限公司合资成立的武汉货柜有限公司（下称货柜公司），于 1989 年 3 月 7 日至 8 日曾召开董事会会议，决定将注册资金由原来的 110 万美元增加到 180 万美元。1993 年 1 月 4 日，又以董事会决议对合资双方同意将注册资金增加到 240 万美元的《合议书》予以认可。事后，货柜公司均依规定向有关审批机构和国家工商行政管理局办理了批准、变更手续。是以，应当确认货柜公司的注册资金已变更为 240 万美元，尚未到位的资金应由出资人予以补足。货柜公司被申请破产后，武汉公司作为货柜公司的债权人同货柜公司的其他债权人享有平等的权利。为保护其他债权人的合法权益，武汉公司对货柜公司享有的破产债权不能与该公司对货柜公司未出足的注册资金相抵销。"《破产法解释（二）》第 46 条第 1 项进一步明确规定，债务人股东因欠缴债务人的出资或者抽逃出资对债务人所负的债务，主张与债务人对其负有的债务抵销，债务人管理人提出异议的，人民法院应予支持。

---

① 黄鹏、陈文岳：《试论子公司债权人利益的保护》，《法律适用》2001 年第 5 期。

② 最高人民法院民事审判第二庭编著：《最高人民法院关于企业破产法司法解释理解与适用》，人民法院出版社 2017 年版，第 488 ~ 489 页。

③ 刘连煜：《公司法理论与判例研究》，法律出版社 2002 年版，第 104 页。

如前所述，司法解释只是规定股东因欠缴债务人的出资或抽逃出资对债务人所负的债务，或者滥用股东权利或者关联关系损害公司利益对债务人所负的债务，不能予以抵销，并未将股东对债务人所负的其他债务包括其他不当行为而对债务人所负的债务列入禁止抵销的范围内，那么，是否可以抵销，也是值得研究的问题。这在随后的债权人不当行为所负的债务中予以分析。此外，对于股东因与股东本身相关的不当行为而对债务人所负的债务抵销的适用，还需要注意以下问题：

（1）准确确定股东的范围。股东对之资格的认定，一般认为，需要从实质要件与形式要件两个方面加以把握。从实质要件上讲，股东需要向债务人认购或者实际出资。从形式要件上说，需要进行必要的记载，包括在公司章程的记载、股东名册上的记载、公司登记机关登记中的记载，以及具有公司签发的出资证明书。但是，有的股东并非完全具备上述规定的实质要件及形式要件，如有的未在公司章程中记载，或者未在股东名册、公司登记机关登记中记载等，如何认定其股东身份，也就成了司法实践中极具争议的问题，有必要确定一定标准来规范认定股东资格效力的顺位及等级，以便在相互冲突时能够准确认定股东身份。有的指出："（1）签署公司章程并在公司章程中记载为股东对股东资格的认定具有决定性意义；（2）在公司股东名册中记载为股东具有确定股东资格的推定力；（3）在工商登记机关的登记文件中登记为股东在股东资格认定时具有相对优先的效力；（4）出资证明是认定股东资格的初步证明；（5）实际享有股东权利不是认定股东资格的条件。"①

显然，上述标准着重于形式要件的满足。根据实质要件优于形式要件的基本规则，固然不能将之绝对化。对这，《公司法解释（三）》第22条规定："当事人之间对股权归属发生争议，一方请求人民法院确认其享有股权的，应当证明以下事实之一：（一）已经依法向公司出资或者认缴出资，且不违反法律法规强制性规定；（二）已经受让或者以其他形式继受公司股权，且不违反法律法规强制性规定。"第23条规定："当事人依法履行出资义务或者依法继受取得股权后，公司未根据《公司法》第三十一条、第三十二条的规定签发出资证明书、记载于股东名册并办理公司登记机关登记，当事人请求公司履行上述义务的，人民法院应予支持。"《民商事审判纪要》第28条（实际出资人显名的条件）规定："实际出资人能够提供证据证明有限责任公司过半数的其他股东知道其实际出资的事实，且对其实际行使股东权利未曾提出异议的，

---

① 吴庆宝主编：《商事裁判标准规范》，人民法院出版社2006年版，第173～178页；最高人民法院民事审判第二庭编著：《最高人民法院关于企业破产法司法解释理解与适用》，人民法院出版社2017年版，第494页。

对实际出资人提出的登记为公司股东的请求，人民法院依法予以支持。公司以实际出资人的请求不符合《公司法解释（三）》第二十四条的规定为由抗辩的，人民法院不予支持。”因此，司法解释等采取的实质要件效力大于形式要件的规则，即主张股东资格的一方只要能够证明在不违反法律法规强制性规定的情况下，具有已经依法向公司出资或者认缴出资，或者已经受让或者以其他形式继受公司股权事实之一的，不论是否具有诸如公司签发的出资证明书、记载于股东名册或办理公司登记机关登记，都可以得到人民法院的支持从而具有股东资格。这是之一。

之二，显名股东与隐名股东的法律地位及资格。显名股东，是指记载于公司章程、股东名册、公司登记中而享有股东权利并承担股东义务的股东，具有法律地位的股东乃是指显名股东。在司法实践中，有的股东所有认购、缴纳出资并非为自己所为，而是代他人所为，就出现了名义股东或者名义出资人，他人则称为隐名股东或者实际出资人。对此，如何确定名义股东与实际出资人的权利义务关系，有关司法解释采取的内外有别的规则加以处理：（1）就名义股东与实际出资人之间的权利义务关系而言，承认实际出资人所享有的出资权利与义务。对这，《公司法解释（三）》第24条规定，有限责任公司的实际出资人与名义出资人订立合同，约定由实际出资人出资并享有投资权益，以名义出资人为名义股东，实际出资人与名义股东对该合同效力发生争议的，如无《合同法》第52条[①]规定的情形，人民法院应当认定该合同有效。前款规定的实际出资人与名义股东因投资权益的归属发生争议，实际出资人以其实际履行了出资义务为由向名义股东主张权利的，人民法院应予支持。名义股东以公司股东名册记载、公司登记机关登记为由否认实际出资人权利的，人民法院不予支持。（2）就名义股东与实际出资人外的第三人之间的权利义务关系而言，承认名义出资人的法律地位，即具有股东的身份，应当依法履行出资等法定义务。对此，《公司法解释（三）》第26条规定，公司债权人以登记于公司登记机关的股东未履行出资义务为由，请求其对公司债务不能清偿的部分在未出资本息范围内承担补充赔偿责任，股东以其仅为名义股东而非实际出资人为由进行抗辩的，人民法院不予支持。名义股东根据前款规定承担赔偿责任后，向实际出资人追偿的，人民法院应予支持。

之三，冒名股东的法律地位及资格。在司法实践中，一些人基于这样或那样的原因考虑，不以自己真实的身份认购或者实际出资，而是在他人不知情的情况下冒用他人的名义认购或者实际出资，被冒用者不像名义出资人那

① 该条内容已被《民法典》第144条、第146条、第153～154条吸收。

样有过代人认购、缴纳出资的意思表示而能成为名义股东。如此，虽然在“名义”上其为“股东”，可在法律上，无论是对内对外都不具有股东的地位，不享有股东的资格与身份。至于有关股东的权利与义务，均应由冒名股东承担。对这，《公司法解释（三）》第28条规定，冒用他人名义出资并将该他人作为股东在公司登记机关登记的，冒名登记行为人应当承担相应责任；公司、其他股东或者公司债权人以未履行出资义务为由，请求被冒名登记为股东的承担补足出资责任或者对公司债务不能清偿部分的赔偿责任的，人民法院不予支持。

（2）股东因违反应当缴纳的出资义务欠缴出资或者抽逃出资，以及滥用股东权利或者关联关系损害公司利益而对债务人所产生的债务，不能与其对债务人所持有的债权进行抵销，说明要考虑股东所负的债务是否属于上述负债，而不考虑其债权是否为之不正当行为所致。换句话说，按照司法解释的规定，股东因违反出资义务与滥用股东权利或关联关系所负的债务（不当行为所致债务）与股东正当行为而对债务人所享有的债权（正当行为所致债权），不能抵销。同样，股东因违反出资义务与滥用股东权利或关联关系所负的债务（不当行为所致债务）与股东因之或者债务人不正当行为而对债务人所享有的债权（不正当行为所致债权），也属不能抵销之列。至于股东非因违反出资义务与滥用股东权利或关联关系所负的债务与股东对债务人所拥有的正当行为所致债权，能否抵销，是从债权人债权的性质考虑的，而非司法解释在本条中从作为债权人的股东所负的债务（债务人对债权人股东的债权）性质考虑的，从而不属于本条规定之列。有的则认为，股东对债务人的债务为正当行为所引起的债务，债权为之滥用股东权利的不当行为所形成的债权，亦属于司法解释本条规定的禁止抵销之列。本条“规定的实质并不在于禁止抵销的债权是不当的还是债务是不当的，其实质在于对债务人的控制是不当的。只要不当控制关系存在，其与债务人之间的债权债务即属禁止抵销之范畴”。[①] 尽管对此结论，笔者予以赞同。可将股东对债务人的债务为正当行为所致债务，债权为滥用权利的不当行为所致债权这种并不为司法解释本条规定外延所包括的情形列入其中，仍值得商榷。

（3）应当指出，司法解释明确规定股东因欠缴债务人的出资或者抽逃出资对债务人所负的债务，与之对债务人所有的债权不能抵销。然而，根据《公司法解释（三）》第13~15条、第19条等有关规定，对股东未履行或者未全面履行出资义务所负的债务，公司的发起人，以及未尽《公司法》第147条第1款

① 最高人民法院民事审判第二庭编著：《最高人民法院关于企业破产法司法解释理解与适用》，人民法院出版社2017年版，第496~497页。

规定的义务而使出资未缴足的董事、高级管理人员应当承担连带责任；对有限责任公司的股东未履行或者未全面履行出资义务的事实知道或者应当知道而仍受让与该股东未履行或者未全面履行出资义务相对应的股权受让人，以及对股东抽逃出资所负的债务，协助抽逃出资的其他股东、董事、高级管理人员或者实际控制人应当承担连带责任；第三人代垫资金协助发起人设立公司，双方明确约定在公司验资后或者在公司成立后将该发起人的出资抽回以偿还该第三人，发起人依照前述约定抽回出资偿还第三人后又不能补足出资，第三人对发起人因抽回出资而产生的相应责任应当承担连带责任。

如上所述，对于股东因欠缴债务人的出资或者抽逃出资而对债务人所负的债务负有连带责任的人，对债务人享有的债权，是否能够抵销，司法解释没有明确规定。笔者认为，其答案是不能进行抵销：出资作为股东对公司应当全面履行且不可豁免的义务，其构成了对外承担责任的物质基础，属于股东应当向公司缴纳的用于公司对全体债权人承担责任的这一特定目的的财产。出资的这一性质，并不会因为有关连带责任人承担连带责任而得以改变，而且，在股东不履行有关出资义务或者抽逃出资，让有关人员承担连带责任，既是基于资本维持原则的必然要求，也是《公司法》第28条关于“股东应当按期足额缴纳公司章程中规定的各自所认缴的出资额”的保障，进一步使得股东全面、足额履行出资、拒绝抽逃出资的义务得以强化。允许连带债务人对债务人所负的不可豁免的连带债务与之对债务人所有的债权，即将应当对债务人足额清偿的连带债务与不能足额只能按比例清偿的破产债权进行抵销，与允许股东对之因欠缴出资或者抽逃出资所负的债务与之对债务人所有的债权抵销后果并无二致，同样会造成债务人财产的减少，损害全体债权人的利益。股东还可能与连带债务人恶意进行串通，由连带债务人对未全面、足额缴纳的出资或者抽逃的出资产生的连带责任这一债务进行抵销，致使股东未全面、足额出资或者抽逃出资的责任实际得以减少甚至免除。此时，股东对之因欠缴出资或者抽逃出资而对债务人所负的债务禁止抵销的有关规定，就会成为一纸空文，形同虚设而没有任何意义。

（4）股东及其连带债务人因欠缴、抽逃出资而对债务人所负的债务，不能与之对债务人所享有的债权进行抵销，一般应局限于其对债务人所享有的债权不具有优先受偿权的范围内。倘若其对债务人所享有的债权属于优先受偿债权，两者进行抵销其实使得股东因欠缴、抽逃出资所负的债务得以全面清偿，并不会造成债务人财产的减少，应当允许进行抵销。

4. 债务人股东、出资人、实际控制人滥用股东权利或者关联关系损害公司利益对债务人所负的债务，不能抵销。违反《公司法》第20条关于“公司股东应当遵守法律、行政法规和公司章程，依法行使股东权利，不得滥用股东权利损害公司或者其他股东的利益；不得滥用公司法人独立地位和股东有限责任损害公司债权人的利益。公司股东滥用股东权利给公司或者其他股东造成损失的，应当依法承担赔偿责任。公司股东滥用公司法人独立地位和股东有限责任，逃避债务，严重损害公司债权人利益的，应当对公司债务承担连带责任”；第21条关于“公司的控股股东、实际控制人、董事、监事、高级管理人员不得利用其关联关系损害公司利益。违反前款规定，给公司造成损失的，应当承担赔偿责任”等的规定，给公司造成损失所产生的债务，依法必须全额清偿，不能抵销。假若允许抵销，就是对这种滥用股东权利或者关联关系损害公司利益行为的承认与放纵，甚至会致使在债务人具有破产原因的情况下，股东滥用股东权利或关联关系故意对债务人负债然后利用破产抵销权的行使以使自己的债权得以清偿的行为不断发生。此外，这种情形也属于衡平居次原则外延所包括的情形。故，债务人股东滥用股东权利或者关联关系损害公司利益对债务人所负的债务，主张与债务人对其负有的债务抵销，根据《破产法解释（二）》第46条第2项规定，债务人管理人提出异议的，人民法院应予支持。

5. 债权人因严重违法犯罪行为而对债务人所负的债务，不得抵销。此种行为，为法律所否定。允许这种行为所产生的债务能够予以抵销，有悖于社会的公共秩序，并有诱发侵权甚至违法犯罪行为发生的道德风险，需要严格禁止。犯罪行为，由法院生效裁判确定。至于严重的违法行为，其内涵外延则很难加以界定。笔者认为，凡是因违背国家法律、行政法规强制性规定足以使之归于无效的民事行为，以及违反国家安全、公共安全、治安管理法律、法规等仍遭受行政处罚的行为而对债务人所负的债务，如违反交通规则肇事而给债务人工作人员人身、财产造成损害产生的负债，基于防范、减少这些违法行为的必要，对因这些行为而对债务人所负的债务，就不能进行抵销。

6. 债权人因严重违法犯罪行为而对债务人所有的债权，不能进行抵销。在现实生活中，一些债权人如股东滥用股东权利或关联关系而让债务人对之负有不当债务，在破产程序中，主张与之对债务人的负债进行抵销，使得其不当行为所致债权得以全面清偿，有悖法理，并存在诱发侵权甚至违法犯罪行为发生的道德风险，故与债权人因严重违法犯罪行为而对债务人所负的债务不得抵销的情形一样，应当禁止抵销。

7. 丧失国家强制力保护的债权，不得抵销。如超过诉讼时效的债权、在申请执行期间没有申请执行的债权等债权，国家强制力对其不再予以保护即不再以强制执行而保证其得以实现，只有债务人自愿履行的，债权人的债权才能实现。在一般情况下，债务人放弃诉讼时效等利益自愿履行债务，自应允许。然在破产程序中，债务人放弃这些利益，必然造成债务人财产的减少而损害全体债权人的利益，不应允许。允许这种不再受法律强制力保护的债权予以抵销，其实就是对这些债务人可以不予履行的债务通过抵销的方式对债务人履行，不应允许。

8. 违背诚信原则，出于抵销的恶意而设立的债权债务；违背对公司的忠实义务，损害公司利益，在公司破产时对公司所负的债务；出于损害债务人、全体债权人合法权益的恶意而实施行为所产生的债权债务，等等，不应允许抵销。如关联公司之间相互串通，虚构的债权债务；控制公司滥用从属公司人格而对从属公司所享有的债权；滥用公司法人独立地位和股东有限责任，逃避债务，损害债权人利益而对公司应当承担的赔偿责任；董事、高级管理人员挪用公司资金；违反公司章程的规定，未经股东会、股东大会同意，与本公司订立合同或者进行交易；董事、监事、高级管理人员执行公司职务时违反法律、行政法规或者公司章程的规定，给公司造成损失而应承担的赔偿责任，等等，都不应允许抵销。

第九节 破产别除权

一、破产别除权概述

（一）破产别除权的概念

破产别除权，又称破产优先受偿权，是指债权人因其债权在债务人的特定财产上设有担保物权或者享有法定特别优先权，因而在破产程序中对该特定财产依法所享有的优先受偿的权利。这一概念，在大陆法系国家中使用，在英美法系国家中与之相对应的概念为“担保的债权”。

在破产程序中，债务人的财产由管理人依法占有、管理与支配，一般债权人的债权只能依法向管理人申报，并用债务人财产公平清偿。而具有破产别除权的债权人，则因其债权对债务人的特定财产设有担保物权或者享有法定特别优先权，便对该特定财产具有排他性的优先受偿权利，这也是在该特定财产上所具有的担保物权或者法定特别优先权所具有的排他性优先受偿效力的自然要求。这样，破产别除权来源于债权人在债务人特定财产上的担保物权或者法定特别优先权，并非为破产法所新设，基于其债权在破产程序中不与其他债权一道按照一定的顺序、比例公平受偿，而是单独就债务人的特定财产优先受偿，从而与其他债权区别以破产别除权称之，更加能够体现其在破产程序中的特点。

（二）破产别除权的特征

与破产程序中债权人所具有的其他权利相比较，破产别除权具有以下主要特征：

1. 破产别除权是在债务人财产上所享有的权利。换言之，债权人的破产别除权建立在债务人的财产上，不是建立在自己所有的财产上，与破产取回权具有明显区别。破产取回权，是财产权利人基于自己对财产所享有的所有权等物权占有关系，而对不属于债务人财产的财产通过管理人依法取回，其权利则是建立在债务人财产之外的财产上。

2. 破产别除权系债权人对债务人特定财产上所具有的权利。破产别除权，不仅建立在债务人的财产上，而且建立在债务人的特定财产上，与劳动债权、统筹社保债权及基本税收债权、普通债权等权利相区别。后者这些权利，均是建立在债务人的一般财产上，并不与债务人的特定财产相联系；而破产别除权，因为建立在债务人的特定财产上而与该特定财产相联系。在对该特定财产行使破产别除权后，未能完全受偿的，只能转为普通债权，而不能对债务人的其他财产享有破产别除权；债权人对特定财产放弃行使破产别除权的，也转为普通债权，而不能在对债务人特定财产放弃破产别除权后又对债务人的其他非特定财产主张所谓的“破产别除权”。《企业破产法》第 109 条关于“对破产人的特定财产享有担保权的权利人，对该特定财产享有优先受偿的权利”的规定以及第 110 条关于“享有本法第一百零九条规定权利的债权人行使优先受偿权利未能完全受偿的，其未受偿的债权作为普通债权；放弃优先受偿权利的，其债权作为普通债权”的规定，明确体现了破产别除权的标的物限制在债务人的特定财产上，即破产别除权的标的物具有特定性的特点。

3. 破产别除权人之所以对债务人特定财产具有破产别除权，是源于债务人的这一特定财产对债权人存在担保物权或者法定特别优先权等基础性权利。换言之，对于债务人的财产通过设定担保物权或者因为法律规定存在法定特别优先权而将之特定化，而不能以买卖等行为将之特定化。破产别除权存在的前提是债权人对债务人的财产存在担保物权或者法定特别优先权，其实质是债权人对债务人特定财产存在的担保物权或者法定特别优先权在破产程序的体现。债权人对债务人的特定财产不存在担保物权或者法定特别优先权，或者存在的担保物权或者法定特别优先权源于各种原因不能成立或者无效，则破产别除权也不能成立或者无效。如在破产申请受理前 1 年内，债务人对没有财产担保的债务提供财产担保的，这种担保因为损害全体债权人的全体利益，依法属于破产撤销权的范围。依法撤销后，这种担保自始不发生效力，以该种自始不发生效力的担保物权为基础的破产别除权，也就失去其效力。

4. 破产别除权的主体，乃为对债务人特定财产享有担保物权或者法定特别优先权的人，即具有特定性。这是因为，破产别除权要求对债务人特定财产存在担保物权或者法定特别优先权这些基础性权利。因此，对债务人特定财产不因担保物权或者法定特别优先权而享有优先受偿权的人，如劳动债权人、统筹社保债权人和基本税收债权人、普通债权人，都不能成为破产别除权的主体。

5. 破产别除权人的债权以及相应的担保物权或者法定特别优先权，一般要求发生在破产申请裁定受理前。在破产申请裁定受理后，通常不能允许以债务人的财产设立新的担保物权。可是，根据《企业破产法》第 75 条第 2 款的规定，在重整期间，债务人或者管理人为继续营业而借款的，可以为该借款设定担保。这种优先受偿的权利可以发生在破产申请裁定受理后。此外，债务人执行破产重整计划期间或者破产和解协议执行期间，依法管理财产和营业事务，也可以依法设立新的担保。还有，根据《企业破产法》第 18 条、第 37 条的规定，管理人或者债务人决定继续履行债务人与对方当事人均未履行完毕的合同而设定的担保和管理人为取回质物、留置物而提供的替代担保，对债务人破产财产中的特定财产享有优先受偿的权利，属于破产别除权的范围。

6. 破产别除权属于保证债权人具有担保物权或者法定特别优先权的债权优先受偿的权利。破产别除权，总是与债权人一定的破产债权相对应。换言之，对债务人特定财产具有担保物权或者法定特别优先权的债权人的债权，乃是对该特定财产具有破产别除权而享有优先受偿的权利。所以，破产别除权并非债权人的债权本身，而是一种保证与之相对应的债权人的债权优先受偿的权利。《企业破产法》第 107 条第 2 款规定："债务人被宣告破产后，债务人称为破产人，债务人财产称为破产财产，人民法院受理破产申请时对债务人享有的债权称为破产债权。"据此，在破产申请受理时，对债务人享有的债权，包括对债务人享有担保物权或者法定特别优先权即具有破产别除权的债权，具有担保物权或者法定特别优先权的债权自破产申请受理时由此转化为与破产别除权相对应的债权。在破产别除权因为破产债权无效、被撤销、未生效，或者破产别除权的基础权利基于各种原因而无效、被撤销、未生效，而不能保证与之相对应的破产债权优先受偿的情况下，该破产债权则依法转化为普通债权而不能再行优先受偿。对此，《企业破产法》第 110 条明确规定：“享有本法第一百零九条规定权利的债权人行使优先受偿权利未能完全受偿的，其未受偿的债权作为普通债权；放弃优先受偿权利的，其债权作为普通债权。”

此外，与破产别除权建立在债务人特定财产上这一特征相对应，破产别除权必以债务人的特定财产存在为前提。作为破产别除权标的物的债务人特定财产，源于各种原因毁损、灭失而不再为债务人财产的，债权人的破产别除权就会丧失存在的基础，债权人就不能再对该特定财产享有破产别除权。这时，或转为对债务人特定财产的代位物的优先受偿，或转为共益债权，或转为普通债权。如在担保期间，担保财产毁损、灭失或者被征收等而不再存在的，根据《民法典》第390条中“担保物权人可以就获得的保险金、赔偿金或者补偿金等优先受偿。被担保债权的履行期未届满的，也可以提存该保险金、赔偿金或者补偿金等”的规定，债务人将特定财产转让，在该特定财产无法或者不能追回时，转让对价未支付给债务人或者虽已支付但能够与债务人其他财产区分的，破产别除权人可以就该转让对价所产生的代位物优先受偿。在破产申请受理前，债务人的该特定财产毁损、灭失，没有保险金、赔偿金或者补偿金等代位物，或者债务人将之处分而无法或者依法不能追回的，债权人则只能要求债务人承担赔偿责任，且该赔偿责任只能作为普通债权依法申报并公平受偿，而不能优先受偿。在破产程序中，因为管理人执行职务导致债务人特定财产毁损、灭失或者转让的，有保险金、赔偿金、补偿金或者能够特定化的转让对价物的，债权人可以对特定财产的这些代位物优先受偿。特定财产没有代位物的，则应对破产别除权人造成的损失承担赔偿责任，并将之列入共益债务，优先于劳动债权、统筹社保债权和基本税收债权、普通债权受偿。列入共益债务仍旧不能得到足额受偿的，则可要求管理人依法承担未能尽到忠实、勤勉义务而造成其损失的赔偿责任。

7. 破产别除权作为一种优先受偿权，是破产程序中存在的优先受偿权。如前所述，破产别除权的基础权利为担保物权及法定特别优先权。然担保物权及法定特别优先权存在于破产程序之外，而破产别除权存在于破产程序之中，与担保物权及法定特别优先权在存在时间上明显不同。在破产程序中，与之相对应的债权人的债权与其他债权人的债权相比，其具有优先受偿的性质，既不同于破产费用、共益债务可以债务人财产随时优先受偿，也不同于其他债权人的债权因为性质不同而按法律规定的分类及其顺序先后按照同一比例公平受偿，而是对特定财产具有排他性的优先于其他债权人进行单独的受偿。

8. 破产别除权无需参与集体分配受偿程序。破产别除权，作为破产程序中的一种优先受偿权利，尽管存在于破产程序中，可无需参与集体分配受偿程序得以实现，可以在全体债权人的集体清偿程序外按照《企业破产法》的规定个别地依法行使权利，在实体上获得排他性的优先受偿。如《企业破产法》第96条第2款规定："对债务人的特定财产享有担保权的权利人，自人民法院裁定和解之日起可以行使权利。"第109条规定："对破产人的特定财产享有担保权的权利人，对该特定财产享有优先受偿的权利。"基此，在人民法院裁定破产和解或破产清算之日起，破产别除权人都可依法单独、及时就特定财产行使权利。

9. 破产别除权并非绝对地不受破产程序限制。作为破产程序中的一种权利，固然要受到破产程序的制约。不同的是，与之相对应的债权人的债权可以依法提前并且单独要求优先受偿，而不受集体统一受偿分配程序的限制。主要表现在：

（1）与破产别除权相对应的债权人的债权，应当依法向管理人申报，并且要求注明是否具有担保物权和法定特别优先权等情况，并向管理人主张权利，而不能向债务人直接主张破产别除权。与破产别除权相对应的债权人的债权的数额以及破产别除权的基础权利即担保物权和法定特别优先权，能否成立，是否有效，以及数额的多少，都应由管理人审查、认定。

（2）破产别除权的行使，除债务人按照法律规定自行管理财产和营业事务的外，均应当通过管理人进行，不能由债务人来对破产标的物进行变价、处置而对破产别除权的优先债权进行清偿。

（3）在破产重整程序中，破产别除权的行使应受到一定限制。对这，《企业破产法》第75条规定："在重整期间，对债务人的特定财产享有的担保权暂停行使。但是，担保物有损坏或者价值明显减少的可能，足以危害担保权人权利的，担保权人可以向人民法院请求恢复行使担保权。"

（4）破产别除权的单独、及时行使，是与破产别除权人外的其他债权人清偿债权必须通过集体分配程序进行公平清偿相对而言的，特指无需参加集体清偿程序而单独、及时受偿，但这种单独、及时受偿依旧需要受到破产程序的约束。否则，所有破产别除权人一要求行使优先受偿权，管理人就要立即单独对特定财产委托或者要求受理破产申请的人民法院委托评估、变价，或者由有关人民法院直接委托评估、拍卖，也可能不利于债务人财产的整体处理及保值、增值。另外，破产别除权人一多，今天处理这个明天处理那个，今天这个法院对特定财产来委托评估拍卖，明天那个法院来对特定财产委托评估拍卖，管理人将应接不暇，更不可能作整体的计划安排，破产清算程序的进行必然要受到影响。因此，对于破产别除权的行使，即使在破产和解、破产清算中，也要受到一定的规制。对此，《企业破产法》第96条第2款规定："对债务人的特定财产享有担保权的权利人，自人民法院裁定和解之日起可以行使权利。"第109条规定："对破产人的特定财产享有担保权的权利人，对该特定财产享有优先受偿的权利。"《破产审判纪要》第25条（担保权人权利的行使与限制）规定："在破产清算和破产和解程序中，对债务人特定财产享有担保权的债权人可以随时向管理人主张就该特定财产变价处置行使优先受偿权，管理人应及时变价处置，不得以须经债权人会议决议等为由拒绝。但因单独处置担保财产会降低其他破产财产的价值而应整体处置的除外。"据之，在破产和解、破产清算程序中，破产别除权人在人民法院裁定和解、宣告债务人破产后才可以随时依法行使破产别除权，管理人应当予以配合。对于可以分开处置并不影响破产别除权标的物价值的，应当及时处置，而满足破产别除权人的权利实现，不得以各种理由故意阻碍破产别除权人的权利行使。当然，单独处置担保财产会降低其他破产财产的价值而应整体处置的，则应整体处置，而不能单独处置。

二、破产别除权的基础权利

破产别除权的基础权利为担保物权和法定特别优先权。其中，担保物权，是指债权人为确保其债权实现，在债务人或者第三人所有的物或者权利之上设定的，在债务人不履行到期债务或者发生当事人约定的实现担保物权的情形时，依法就该财产所享有的优先受偿的权利。其为《民法典》物权编明文规定，包括抵押权、质权与留置权。法定特别优先权属于法定优先权的一种。其中，法定优先权，是指某种特定债权的债权人，基于法律的直接规定而对债务人的全部财产或者特定财产可以优先受偿的担保物权，为《民法典》之外的其他法律如《海商法》《民用航空法》等所规定，包括法定一般优先权与法定特别优先权。法定一般优先权是指债权人基于法律规定对债务人的全部财产可以优先受偿的权利；而法定特别优先权，则是指债权人基于法律规定对债务人特定财产享有优先受偿的权利。如前所述，破产别除权，是指对债务人特定财产享有担保权或者法定特别优先权从而具有优先受偿的权利。只有担保物权、法定特别优先权，可以构成破产别除权的基础权利，法定一般优先权则不能构成破产别除权的基础权利。具体来说，作为破产别除权基础权利的权利，有抵押权、质权、留置权、船舶抵押权、船舶留置权、民用航空器抵押权等担保物权，及船舶优先权、民用航空器优先权、建设工程价款优先受偿权、国有土地使用权出让金优先权、购房消费者的优先受偿权等法定特别优先权。

（一）抵押权

《民法典》第 394 条规定："为担保债务的履行，债务人或者第三人不转移财产的占有，将该财产抵押给债权人的，债务人不履行到期债务或者发生当事人约定的实现抵押权的情形，债权人有权就该财产优先受偿。""前款规定的债务人或者第三人为抵押人，债权人为抵押权人，提供担保的财产为抵押财产。"

（二）质权

质权分为动产质权与权利质权。《民法典》第 425 条规定："为担保债务的履行，债务人或者第三人将其动产出质给债权人占有的，债务人不履行到期债务或者发生当事人约定的实现质权的情形，债权人有权就该动产优先受偿。前款规定的债务人或者第三人为出质人，债权人为质权人，交付的动产为质押财产。"第 440 条规定："债务人或者第三人有权处分的下列权利可以出质：（一）汇票、本票、支票；（二）债券、存款单；（三）仓单、提单；（四）可以转让的基金份额、股权；（五）可以转让的注册商标专用权、专利权、著作权等知识产权中的财产权；（六）现有的以及将有的应收账款；（七）法律、行政法规规定可以出质的其他财产权利。"

（三）留置权

《民法典》第 447 ~ 557 条规定，债务人不履行到期债务，债权人可以留置已经合法占有的债务人的动产，并有权就该动产优先受偿。前款规定的债权人为留置权人，占有的动产为留置财产；债权人留置的动产，应当与债权属于同一法律关系，但是企业之间留置的除外；法律规定或者当事人约定不得留置的动产，不得留置；留置财产为可分物的，留置财产的价值应当相当于债务的金额；留置权人负有妥善保管留置财产的义务；因保管不善致使留置财产毁损、灭失的，应当承担赔偿责任；留置权人有权收取留置财产的孳息。前款规定的孳息应当先充抵收取孳息的费用；留置权人与债务人应当约定留置财产后的债务履行期间；没有约定或者约定不明确的，留置权人应当给债务人两个月以上履行债务的期间，但是鲜活易腐等不易保管的动产除外。债务人逾期未履行的，留置权人可以与债务人协议以留置财产折价，也可以就拍卖、变卖留置财产所得的价款优先受偿。留置财产折价或者变卖的，应当参照市场价格；债务人可以请求留置权人在债务履行期限届满后行使留置权；留置权人不行使的，债务人可以请求人民法院拍卖、变卖留置财产；留置财产折价或者拍卖、变卖后，其价款超过债权数额的部分归债务人所有，不足部分由债务人清偿；同一动产上已设立抵押权或者质权，该动产又被留置的，留置权人优先受偿；留置权人对留置财产丧失占有或者留置权人接受债务人另行提供担保的，留置权消灭。

（四）船舶抵押权

所谓船舶抵押权，根据《海商法》第 11 条的规定，是指抵押权人对于抵押人提供的作为债务担保的船舶，在抵押人不履行债务时，可以依法拍卖，从拍卖所得的价款中优先受偿的权利。根据《海商法》第 12～20 条等有关法律规定，船舶所有人或者船舶所有人授权的人可以设定船舶抵押权。船舶抵押权的设定，应当签订书面合同。设定船舶抵押权，由抵押权人和抵押人共同向船舶登记机关办理抵押权登记；未经登记的，不得对抗第三人。船舶抵押权登记，包括船舶抵押权人和抵押人的姓名或者名称、地址；被抵押船舶的名称、国籍、船舶所有权证书的颁发机关和证书号码；所担保的债权数额、利息率、受偿期限等项目。船舶抵押权的登记状况，允许公众查询。建造中的船舶可以设定船舶抵押权。建造中的船舶办理抵押权登记，还应当向船舶登记机关提交船舶建造合同。除合同另有约定外，抵押人应当对被抵押船舶进行保险；未保险的，抵押权人有权对该船舶进行保险，保险费由抵押人负担。船舶共有人就共有船舶设定抵押权，应当取得持有 2/3 以上份额的共有人的同意，共有人之间另有约定的除外。船舶共有人设定的抵押权，不因船舶的共有权的分割而受影响。船舶抵押权设定后，未经抵押权人同意，抵押人不得将被抵押船舶转让给他人。抵押权人将被抵押船舶所担保的债权全部或者部分转让他人的，抵押权随之转移。同一船舶可以设定两个以上抵押权，其顺序以登记的先后为准。同一船舶设定两个以上抵押权的，抵押权人按照抵押权登记的先后顺序，从船舶拍卖所得价款中依次受偿。同日登记的抵押权，按照同一顺序受偿。被抵押船舶灭失，抵押权随之消灭。由于船舶灭失得到的保险赔偿，抵押权人有权优先于其他债权人受偿。

（五）船舶优先权

所谓船舶优先权，根据《海商法》第 21 条的规定，是指海事请求人依照《海商法》第 22 条的规定，向船舶所有人、船舶承租人、船舶经营人提出海事请求，对产生该海事请求的船舶具有优先受偿的权利。《海商法》第 22 条规定："下列各项海事请求具有船舶优先权：（一）船长、船员和在船上工作的其他在编人员根据劳动法律、行政法规或者劳动合同所产生的工资、其他劳动报酬、船员遣返费用和社会保险费用的给付请求；（二）在船舶营运中发生的人身伤亡的赔偿请求；（三）船舶吨税、引航费、港务费和其他港口规费的缴付请求；（四）海难救助的救助款项的给付请求；（五）船舶在营运中因侵权行为产生的财产赔偿请求。载运 2000 吨以上的散装货油的船舶，持有有效的证书，证明已经进行油污损害民事责任保险或者具有相应的财务保证的，对其造成的油污损害的赔偿请求，不属于前款第（五）项规定的范围。”第23条规定：“本法第二十二条第一款所列各项海事请求，依照顺序受偿。但是，第（四）项海事请求，后于第（一）项至第（三）项发生的，应当先于第（一）项至第（三）项受偿。本法第二十二条第一款第（一）（二）（三）（五）项中有两个以上海事请求的，不分先后，同时受偿；不足受偿的，按照比例受偿。第（四）项中有两个以上海事请求的，后发生的先受偿。”第24～28条规定，因行使船舶优先权产生的诉讼费用，保存、拍卖船舶和分配船舶价款产生的费用，以及为海事请求人的共同利益而支付的其他费用，应当从船舶拍卖所得价款中先行拨付。船舶优先权先于船舶留置权受偿，船舶抵押权后于船舶留置权受偿。前款所称船舶留置权，是指造船人、修船人在合同另一方未履行合同时，可以留置所占有的船舶，以保证造船费用或者修船费用得以偿还的权利。船舶留置权在造船人、修船人不再占有所造或者所修的船舶时消灭。船舶优先权不因船舶所有权的转让而消灭。但是，船舶转让时，船舶优先权自法院应受让人申请予以公告之日起满60日不行使的除外。《海商法》第22条规定的海事请求权转移的，其船舶优先权随之转移。船舶优先权应当通过法院扣押产生优先权的船舶行使。第29条规定：“船舶优先权，除本法第二十六条规定的外，因下列原因之一而消灭：（一）具有船舶优先权的海事请求，自优先权产生之日起满1年不行使；（二）船舶经法院强制出售；（三）船舶灭失。前款第（一）项的一年期限，不得中止或者中断。”

（六）船舶留置权

所谓船舶留置权，根据《海商法》第25条的规定，是指造船人、修船人在合同另一方未履行合同时，可以留置所占有的船舶，以保证造船费用或者修船费用得以优先偿还的权利。船舶留置权在造船人、修船人不再占有所造或者所修的船舶时消灭。船舶优先权先于船舶留置权受偿，船舶抵押权后于船舶留置权受偿。

（七）民用航空器抵押权

所谓民用航空器抵押权，是指抵押权人对于抵押人提供的作为债务担保的民用航空器，在抵押人不履行债务时，可以依法拍卖，从卖得的价款中优先受偿的权利。《民用航空法》第16条规定：“设定民用航空器抵押权，由抵押权人和抵押人共同向国务院民用航空主管部门办理抵押权登记；未经登记的，不得对抗第三人。”第17条规定：“民用航空器抵押权设定后，未经抵押权人同意，抵押人不得将被抵押民用航空器转让他人。”

（八）民用航空器优先权

所谓民用航空器优先权，根据《民用航空法》第18条的规定，民用航空器优先权，是指债权人依照本法第19条规定，向民用航空器所有人、承租人提出赔偿请求，对产生该赔偿请求的民用航空器具有优先受偿的权利。其中，下列各项债权具有民用航空器优先权：（1）援救该民用航空器的报酬；（2）保管维护该民用航空器的必需费用。前款规定的各项债权，后发生的先受偿。第20～24条规定，本法第19条规定的民用航空器优先权，其债权人应当自援救或者保管维护工作终了之日起3个月内，就其债权向国务院民用航空主管部门登记。为了债权人的共同利益，在执行人民法院判决以及拍卖过程中产生的费用，应当从民用航空器拍卖所得价款中先行拨付。民用航空器优先权先于民用航空器抵押权受偿。本法第19条规定的债权转移的，其民用航空器优先权随之转移。民用航空器优先权应当通过人民法院扣押产生优先权的民用航空器行使。第25条规定，民用航空器优先权自援救或者保管维护工作终了之日起满3个月时终止；然则，债权人就其债权已经依照本法第20条规定登记，并具有下列情形之一的除外：（1）债权人、债务人已经就此项债权的金额达成协议；（2）有关此项债权的诉讼已经开始。民用航空器优先权不因民用航空器所有权的转让而消灭；但是，民用航空器经依法强制拍卖的除外。

（九）建设工程价款优先受偿权

《民法典》第807条规定："发包人未按照约定支付价款的，承包人可以催告发包人在合理期限内支付价款。发包人逾期不支付的，除根据建设工程的性质不宜折价、拍卖外，承包人可以与发包人协议将该工程折价，也可以请求人民法院将该工程依法拍卖。建设工程的价款就该工程折价或者拍卖的价款优先受偿。"《建设工程价款优先受偿权批复》规定："人民法院在审理房地产纠纷案件和办理执行案件中，应当依照《合同法》第二百八十六条[①]的规定，认定建筑工程的承包人的优先受偿权优于抵押权和其他债权。""消费者交付购买商品房的全部或者大部分款项后，承包人就该商品房享有的工程价款优先受偿权不得对抗买受人。""建设工程价款包括承包人为建设工程应当支付的工作人员报酬、材料款等实际支出的费用，不包括承包人因发包人违约所造成的损失。""建设工程承包人行使优先权的期限为六个月，自建设工程竣工之日或者建设工程合同约定的竣工之日起计算。""本批复第一条至第三条自公布之日起施行，第四条自公布之日起六个月后施行。"长期困扰建筑行业的工程款拖欠问题，随着最高人民法院出台的司法解释的实施，得到了一定程度的缓解。该批复明确了建筑工程承包人的优先受偿权优于抵押

① 现为《民法典》第807条。

权和其他债权，解决了当银行抵押权与建设工程价款优先受偿权发生冲突时的清偿顺序问题。《民法典》第 807 条尽管规定，建设工程的价款就该工程折价或者拍卖的价款具有优先受偿权，可根据《民法典》规定，抵押权也属于优先受偿权。法院或仲裁机构审理案件过程中，遇到建设工程价款的优先受偿权与银行的抵押权冲突时，对两个优先受偿权适用的顺序，认定不一。该批复则解决了这一问题。但应指出，该批复强调了对消费者权益的保护。当消费者交付了购买商品房的全部或大部分款项后，消费者对该商品房的产权受到特殊保护，建设工程价款优先受偿权不得对抗消费者。该批复对权利的保护顺序是消费者的所有权、建设工程价款、设定抵押等担保物权的债权、一般债权。

（十）国有土地使用权出让金优先权

《城市房地产管理法》第 51 条规定："设定房地产抵押权的土地使用权是以划拨方式取得的，依法拍卖该房地产后，应当从拍卖所得的价款中缴纳相当于应缴纳的土地使用权出让金的款额后，抵押权人方可优先受偿。"

（十一）购房消费者的优先受偿权

《建设工程价款优先受偿权批复》第 2 条规定："消费者交付购买商品房的全部或者大部分款项后，承包人就该商品房享有的工程价款优先受偿权不得对抗买受人。"基此，就所购买的商品房而言，其建设工程价款的优先受偿权不能对抗购房消费者的权利。根据该批复第 1 条关于"人民法院在审理房地产纠纷案件和办理执行案件中，应当依照《合同法》第二百八十六条[①]的规定，认定建筑工程的承包人的优先受偿权优于抵押权和其他债权"的规定，抵押权和一般债权的行使也不能对抗购房的消费者。这是基于对公民居住权这一基本生存权利给予的特殊保护。对这，《办理执行异议和复议案件若干问题的规定》第 29 条进一步规定："金钱债权执行中，买受人对登记在被执行的房地产开发企业名下的商品房提出异议，符合下列情形且其权利能够排除执行的，人民法院应予支持：（一）在人民法院查封之前已签订合法有效的书面买卖合同；（二）所购商品房系用于居住且买受人名下无其他用于居住的房屋；（三）已支付的价款超过合同约定总价款的百分之五十。"在司法实践中，司法机关也进一步实践着上述规定。如最高人民法院 2018 年 2 月 28 日就再审申请人周玉生、蔡玉花与被申请人响水县广博金穗农村小额贷款有限公司（下称广博金穗公司）、二审被上诉人江苏响华置业有限公司（下称响华公司）执行异议之诉纠纷一案作出的（2017）最高法民再 194 号《民事判决书》中认

① 现为《民法典》第 807 条。

为："虽然在一审法院查封之前，周玉生、蔡玉花未在定房协议基础上签订正式书面买卖合同，但根据《合同法》第三十六条[①]的规定，当事人未采用书面形式订立合同，但一方已经履行主要义务，对方接受的，该合同成立。周玉生、蔡玉花已经支付了绝大部分购房款，交纳了相关杂费，已经履行了房屋买卖合同的主要义务，并已由本人及其子女入住实际占有涉案房屋。因此，周玉生、蔡玉花与响华公司已经形成房屋买卖合同关系。周玉生、蔡玉花为本人及其子女生活居住需要从房地产开发经营者响华公司处购买商品房，其属于上述司法解释中规定的购房消费者，应当对其以居住为目的购房的权益予以特殊保护。而广博金穗公司对响华公司借款合同项下的债权，为一般债权，相对于消费者购房权益，不具有法定优先的地位。因此，周玉生、蔡玉花对涉案房屋所享有的权益，在受法律保护的顺位上应优先于广博金穗公司对响华公司的债权。"基此，相对于一般债权而言，购房消费者在管理人基于债务人一房多卖等实际情况而不能决定继续履行合同时，对所购商品房的权利也具有优先受偿权。对此，要注意以下几点：

1. 购房消费者对所购房屋的优先受偿权，是针对购房消费者而言的。购房消费者，是指购买房屋用来居住消费，以满足其生活居住这一基本生存必要条件的需要，具体按照司法解释规定为"所购商品房系用于居住且买受人名下无其他用于居住的房屋"。也正是这样才对之就所购房屋的权利予以特别保护，以体现对购房消费者的这一基本生存权的更高价值的维护，不然就不能对抗其他债权人。购房人不是用来居住，如已经拥有房屋只是为了改善生活买来用于出租甚至购买多套房屋的，则就不能认定为购房消费者。至于所购房屋是单纯的住宅房还是商住两用房，只要确实用于居住的，就应当认定为购房消费者，而不能因为所购之房是商住房就简单地对其消费功能加以否定而认定为商业性经营用房。所购买的是写字楼、商业门面等单纯的商业用房，或者是投资性地购买多套住宅甚至牟取暴利炒房的，固然不能认定为购房消费者。

当然，对于司法解释关于购买消费者"所购商品房系用于居住且买受人名下无其他用于居住的房屋"这一排除所购房屋上的建设工程价款优先权、抵押权适用条件中的"买受人名下无其他用于居住的房屋"，最高人民法院2018年9月30日就广西恒冠建设集团有限公司、王贤安申请执行人执行异议

---

① 现为《民法典》第490条。该条规定："当事人采用合同书形式订立合同的，自当事人均签字、盖章或者按指印时合同成立。在签字、盖章或者按指印之前，当事人一方已经履行主要义务，对方接受时，该合同成立。""法律、行政法规规定或者当事人约定合同应当采用书面形式订立，当事人未采用书面形式但是一方已经履行主要义务，对方接受时，该合同成立。"

之诉案作出的（2018）最高法民申 1972 号民事裁定书指出："不应机械限于套数的理解。如原有住房不能满足现有家庭成员的居住要求，再购买房屋是为了对居住环境进行必要的改善，其仍属于满足生存权的合理消费范畴之内。本案根据已查明的事实，可以认定王贤安购买案涉商品房是用于居住的改善型消费之需，并非用于商业性投资。恒冠公司认为王贤安购买案涉商品房属于商业投资，王贤安对该商品房享有的民事权益不能优先于恒冠公司享有的建设工程价款优先受偿权，无事实和法律依据，不能成立。"当然，对于司法解释关于购买消费者"所购商品房系用于居住且买受人名下无其他用于居住的房屋"这一排除所购房屋上的建设工程价款优先权、抵押权适用条件中的"买受人名下无其他用于居住的房屋"，最高人民法院 2018 年 9 月 30 日就广西恒冠建设集团有限公司、王贤安申请执行人执行异议之诉案作出的（2018）最高法民申 1972 号民事裁定书指出："不应机械限于套数的理解。如原有住房不能满足现有家庭成员的居住要求，再购买房屋是为了对居住环境进行必要的改善，其仍属于满足生存权的合理消费范畴之内。本案根据已查明的事实，可以认定王贤安购买案涉商品房是用于居住的改善型消费之需，并非用于商业性投资。恒冠公司认为王贤安购买案涉商品房属于商业投资，王贤安对该商品房享有的民事权益不能优先于恒冠公司享有的建设工程价款优先受偿权，无事实和法律依据，不能成立。"《民商事审判纪要》第 125 条（案外人系商品房消费者）也规定："实践中，商品房消费者向房地产开发企业购买商品房，往往没有及时办理房地产过户手续。房地产开发企业因欠债而被强制执行，人民法院在对尚登记在房地产开发企业名下但已出卖给消费者的商品房采取执行措施时，商品房消费者往往会提出执行异议，以排除强制执行。对这，《办理执行异议和复议案件若干问题的规定》第 29 条规定，符合下列情形的，应当支持商品房消费者的诉讼请求：（一）在人民法院查封之前已签订合法有效的书面买卖合同；（二）所购商品房系用于居住且买受人名下无其他用于居住的房屋；（三）已支付的价款超过合同约定总价款的百分之五十。人民法院在审理执行异议之诉案件时，可参照适用此条款。""问题是，对于其中'所购商品房系用于居住且买受人名下无其他用于居住的房屋'如何理解，审判实践中掌握的标准不一。'买受人名下无其他用于居住的房屋'，可以理解为在案涉房屋同一设区的市或者县级市范围内商品房消费者名下没有用于居住的房屋。商品房消费者名下虽然已有 1 套房屋，但购买的房屋在面积上依然属于满足基本居住需要的，可以理解为符合该规定的精神。""对于其中'已支付的价款超过合同约定总价款的 50%'如何理解，审判实践中掌握的标准也不一致。如果商品房消费者支付的价款接近于 50%，且已按照合同约定将剩余价款支付给申请执行人或者按照人民法院的要求交付执行的，可以理解为符合该规定的精神。”

应当指出，《建设工程价款优先受偿权批复》规定，建设工程价款优先受偿权优于抵押权和其他债权，不得对抗买受人购房消费者对所购房屋的优先受偿权。若在同一房屋上同时存在建设工程价款优先受偿权、抵押权、购房消费者优先受偿权时，如何处理之间的关系，则需要慎重把握。对此，《民商事审判纪要》第126条（商品房消费者的权利与抵押权的关系）规定："根据《建设工程价款优先受偿权批复》第1条、第2条的规定，交付全部或者大部分款项的商品房消费者的权利优先于抵押权人的抵押权，故抵押权人申请执行登记在房地产开发企业名下但已销售给消费者的商品房，消费者提出执行异议的，人民法院依法予以支持。但应当特别注意的是，此情况是针对实践中存在的商品房预售不规范现象为保护消费者生存权而作出的例外规定，必须严格把握条件，避免扩大范围，以免动摇抵押权具有优先性的基本原则。是以，这里的商品房消费者应当仅限于符合本纪要第125条规定的商品房消费者。买受人不是本纪要第125条规定的商品房消费者，而是一般的房屋买卖合同的买受人，不适用上述处理规则。”第127条规定："案外人系商品房消费者之外的一般买受人"规定："金钱债权执行中，商品房消费者之外的一般买受人对登记在被执行人名下的不动产提出异议，请求排除执行的，《办理执行异议和复议案件若干问题的规定》第28条规定，符合下列情形的依法予以支持：一是在人民法院查封之前已签订合法有效的书面买卖合同；二是在人民法院查封之前已合法占有该不动产；三是已支付全部价款，或者已按照合同约定支付部分价款且将剩余价款按照人民法院的要求交付执行；四是非出于买受人自身原因未办理过户登记。人民法院在审理执行异议之诉案件时，可参照适用此条款。实践中，对于该规定的前3个条件，理解并无分歧。对于其中的第4个条件，理解不一致。一般而言，买受人只要有向房屋登记机构递交过户登记材料，或向出卖人提出了办理过户登记的请求等积极行为的，可以认为符合该条件。买受人无上述积极行为，其未办理过户登记有合理的客观理由的，亦可认定符合该条件。”但应注意，不是商品房的消费者而是商品房消费者以外的其他一般买受人，在符合《民商事审判纪要》第127条规定的条件时，可以对抗被执行人的不具有担保物权或者法定特别优先权的一般债权人，但在破产程序中，并非一定如此。如商品房消费者以外的买受人从破产企业购房大部分甚至全部房产，致使其他债权人的债权基本甚至全部难以满足，并可能危及社会稳定，基于公平原则，对于这种买受人就不能参照《办理执行异议和复议案件若干问题的规定》第28条的规定处理。

2. 购房消费者的购房行为，一定合法。如所购房屋不是在查封前购买的，房屋查封后不能进行转让，对于所购的已经处于查封状态的房屋，不能享有优先受偿权。

3. 如前所述，购房消费者对所购房屋的优先受偿权，相对于一般债权人来说，没有问题。然相对于建设工程价款优先受偿权、抵押权等优先权，是否具有更优先的性质，则需要考量。按照有关司法解释的规定，建设工程价款优先受偿权优先于抵押权而不能对抗购房消费者的权利，有的便认为，司法解释就体现在同一房屋上的权利保护顺序关系就是购房消费者的权利 > 建设工程价款优先受偿权 > 抵押权 > 一般债权。既然，建设工程价款优先受偿权、抵押权都不能对抗购房消费者的权利，那么，购房消费者的权利自是最为优先的受偿权。其实，建设工程价款优先受偿权不能对抗购房消费者的权利，其中的“不能对抗”与“优于”的含义不能等同，不能得出购房消费者权利处于“最优”地位的结论。[①] 就抵押权而言，在抵押权已经登记成立的情况下，他人购买房屋的合同已经无法办理预告登记，从而很难以让这种购房消费者的权利优先于抵押权。可在抵押登记前甚至签订抵押合同前，购房者已经签订了购房合同或者基于认购协议等支付了大部分甚至全部价款的且购房行为完全合法的情况下，能否对抗已经登记成立的抵押权，基于生活居住权的特别保护，尤其是在众多购房消费者对抗少数甚至 1 个抵押权人的情况下，笔者认为，考虑到抵押权人在签订抵押合同或者登记时存在失察方面的过错或者瑕疵，甚至不能排除与债务人串通的可能等因素，可以基于案件的实际情况认定抵押权不能对抗购房消费者的优先受偿权。

由上所述，作为破产别除权的基础权利，无论是担保物权还是法定特别优先权，都必要求：（1）必须为法律明文规定；（2）对债务人的特定财产具有优先受偿的权利。否则，就不可能构成破产别除权的基础权利。作为物权，根据物权法定主义，其种类、内容都由法律明文规定。当事人不能设立法律没有规定的所谓物权，如居住权，具有物权的特性，但在《民法典》之前因法律没有规定居住权这样一种物权，当事人就不能设立这样一种物权；即使设立，也不具有物权的效力。现在，《民法典》第 366 条等明确规定了居住权这一权利为物权，根据物权法定原则，从而为一种与建设用地使用权、宅基

① 参见王会杰与常春、吉林省大和房地产开发有限公司永吉县国泰分公司等案外人执行异议之诉案，最高人民法院（2017）最高法民申 1109 号民事裁定书；中国华融资产管理股份有限公司贵州省分公司、贵州睿力房地产开发有限公司金融不良债权转让合同纠纷案，最高人民法院（2017）最高法民终 959 号民事判决书。

地使用权等一样为法律所保护的对他人财产所享有的占有、使用的用益物权。此外，物权设立，不仅需要根据法律规定的物权种类进行，就物权设立的内容而言也要求为法律规定，即当事人设立某种物权，该物权的权利、义务的构成内容是什么，均应由法律规定。如居住权，乃是指出于满足生活居住的需要，居住人按照合同约定，对他人住宅所享有的占有、使用的用益物权；抵押权，其构成内容为抵押物是动产或者不动产，为担保人占有；担保权人在债务人不能履行债务或者发生当事人约定的情形可以实现抵押的情况下，有权就该抵押物优先受偿。无论哪一种抵押，都具有这一本质特征。当事人不能就某一财产设立抵押时规定为票据、应收账款等权利，或者规定由抵押权人占有，或者规定在债务人不能履行到期债务时，担保权人不是就该抵押财产优先受偿，而是直接取得该财产的所有权。这种在法律规定的抵押权内容之外设立的其他内容，即设立不符合法律规定的“抵押”内容，也不能产生相应的效力。

此外，破产别除权的行使，直接关系到其他债权人的利益。任意扩大其范围，必然损害其他债权人的利益。因此，对于破产别除权的认定，应当严格以法律为依据。

与破产别除权基础权利相关的一个问题，就是定金、让与担保、所有权保留能否作为破产别除权的基础权利，下面分别对其进行简单介绍：

1. 定金不能构成破产别除权的基础权利。所谓定金，是指为确保债的履行，由当事人约定的一方当事人向另一方预先支付一定款项，债务人履行债务后，定金应当抵作价款或者收回。给付定金的一方不履行约定的债务，无权要求返还定金；收受定金的一方不履行约定的债务，应当双倍返还定金。定金作为一种债的担保方式，虽为法律所规定，然为一方当事人向另一方当事人支付的一定款项，无法特定。另外，通观所有法律规定，没有任何法律规定债权人对定金具有优先受偿的权利。债务人不履行债务时，不能要求返还，也只是处罚性质，而非优先受偿。还有，债务人破产时，其不能履行债务构成违约，债权人倘若向债务人支付了定金，认为定金可以构成破产别除权的基础权利，并要求优先受偿，无疑不公平。因为，按照法律规定，债务人应当向债权人双倍返还定金，其他债权人连本金都不能足额受偿，而定金的双倍返还可以优先受偿，自不合理。事实上，破产别除权是保证债权人的债权实现，而非保证担保权本身实现。在债权人的主债权都无法足额实现的情况下，定金这一从债权则得以优先实现，乃属本末倒置。

2. 让与担保不能构成破产别除权的基础权利：

一是，让与担保没有为法律所明文规定。所谓让与担保，是指将特定财产的所有权移转给债权人作为债务人履行债务的担保，债务人在清偿债务后，担保物应当返还给债务人或者第三人；债务人未能履行债务时，债权人取得该物的所有权。显然，对于这种担保，《民法典》物权编没有任何规定，实际上是担保人与担保权人创设的一种为法律没有规定的所谓“物权”，违反物权法定原则，不能承认该让与担保物权设立的效力，担保权人不能依此对担保物享有担保物权。

二是，没有任何法律规定，让与担保权人对担保物享有优先受偿的权利。事实上，让与担保是债务人或者第三人以担保物的所有权向债权人提供担保。债务人未能履行债务，债权人便取得该物的所有权，不是取得优先受偿权，与破产别除权及其基础权利对特定财产所享有优先受偿的权利完全不同。

三是，将法律没有任何规定的可以优先受偿的让与担保，视为破产别除权的基础权利，也难以为广大债权人所认同。一般情况下，双方当事人约定让与担保，相互履行，法律并不干涉。然在破产程序中，涉及众多债权人的利益，仅仅将当事人双方的约定且在双方的约定没有法律根据的情况下，凌驾于其他债权之上而优先受偿，对其他债权人自不公平，也难以作出合理解释，不利于破产程序的进行。

3. 所有权保留不能构成破产别除权的基础权利。所有权保留中，在买受人未能支付全部价款或者履行其他义务时，出卖人所享有的是买卖标的物的所有权，而非优先受偿权，与破产别除权及其基础权利对特定财产所享有的优先受偿的权利性质不同，不能构成破产别除权的基础权利。

三、破产别除权行使的条件

作为破产别除权基础权利的担保物权和法定特别优先权应当合法、有效并依法设立，所担保的债权应当合法有效。

（一）破产别除权所担保的债权本身依法成立必须合法有效且已经生效

《民法典》第388条规定：“设立担保物权，应当依照本法和其他法律的规定订立担保合同。担保合同是主债权债务合同的从合同。主债权债务合同无效，担保合同无效，但是法律另有规定的除外。”“担保合同被确认无效后，债务人、担保人、债权人有过错的，应当根据其过错各自承担相应的民事责任。”据此，担保行为所担保的主债权合同无效，作为从合同的担保合同必然无效。主合同被依法撤销，或者有效而未生效，其债权不需要履行，作为担保其履行的从合同失去了担保的前提与基础。故，也不应再担保其不能履行的债权优先受偿。

（二）破产别除权的基础权利即担保物权、法定特别优先权必须依法成立并合法有效且已生效

具体来说，应当注意以下几个方面：

1. 设定作为破产别除权基础权利的担保物权的合同必须依法成立、合法有效。换言之，担保物权合同均应符合有关法律规定，本身不能违反《民法典》《海商法》《民用航空法》等有关法律的规定。如设定抵押权，既不得违反《民法典》有关规定，又不得违反《民法典》有关规定。前者如无民事行为能力人实施的，或者行为人与相对人以虚假的意思表示实施的，或者行为人与相对人恶意串通损害他人合法权益的，或者违反法律、行政法规的强制性规定的（但该强制性规定不导致该民事法律行为无效的除外），或者违背公序良俗的等而签订的抵押合同，根据《民法典》第144条、第146条、第153～154条等的规定，该抵押合同无效。后者《民法典》第399条规定："下列财产不得抵押：（一）土地所有权；（二）宅基地、自留地、自留山等集体所有土地的使用权，但是法律规定可以抵押的除外；（三）学校、幼儿园、医疗机构等以公益为目的成立的非营利法人的教育设施、医疗卫生设施和其他公益设施；（四）所有权、使用权不明或者有争议的财产；（五）依法被查封、扣押、监管的财产；（六）法律、行政法规规定不得抵押的其他财产。"第426条规定："法律、行政法规禁止转让的动产不得出质。"第449条规定："法律规定或者当事人约定不得留置的动产，不得留置。"据此，以法律、行政法规明确规定不得抵押、禁止转让或者不得留置的财产进行担保的，则属无效。

2. 作为破产别除权基础权利的担保物权、法定特别优先受偿权，应当依法设立，如设立担保物权需要登记的，则应进行登记。不然，担保物权没有设立，固然不能依法对该特定财产享有优先受偿的权利。此外，作为破产别除权标的物的特定财产应当实际存在，能为管理人、债权人依法占有。出于毁灭、丢失或者他人善意取得等原因而无法为管理人、债权人占有、控制的财产，破产别除权自然无法行使。

应当指出，作为破产别除权基础权利的担保物权或者法定特别优先权，除非属于管理人在破产程序中为继续营业、履行双方均未履行完毕的合同等特定情形设立的担保物权，则必须在债务人破产申请受理时已经依法设立。破产申请受理前产生的债权，在债务人破产申请受理时还不具有担保物权或者法定特别优先权，在破产程序中就不能享有破产别除权。在债务人破产申请受理时，抵押权、质权等依法设立，是指对于需要登记或者交付才能成立的担保物权，必须依法进行登记或者交付。如果只是签订了抵押、质押合同，

还没有依法进行登记或者交付质物，那么，对于需要办理登记或者交付才能设立的担保物权来说，该抵押、质押等担保物权仍然没有设立，不享有破产别除权。在司法实践中，债权人与债务人签订了抵押或者质押合同，对应当办理登记或者交付质物的担保行为还未进行登记或者交付质物，从而引发诉讼，人民法院判决抵押、质押合同有效并要求债务人办理抵押、质押登记或者交付质物。但在没有进行登记或者交付质物这一担保物权设立的公示行为时，债务人的破产申请已经受理，债权人没有进行公示登记或者交付质物的抵押权、质权是否已经设立，有不同看法。笔者认为，此种情况下，债权人对债务人特定财产的抵押权、质权因为没有进行登记或者交付质物这一担保物权设立所必需的公示行为依然没有设立，不具有破产别除权。这是因为：

一是，通过民事法律行为如买卖、抵押、质押合同行为设立、变更、转让、消灭某种物权，需以依法登记或者交付占有的公示行为作为基本前提。对于某一财产，依法需要进行登记或者交付占有这一公示行为才能设立、变更、转让或者消灭物权的，没有依法登记或者交付占有，则不能产生对该财产的民事法律行为设立、变更或者消灭的效力。对这，《民法典》第 209 条明确规定："不动产物权的设立、变更、转让和消灭，经依法登记，发生效力；未经登记，不发生效力，但是法律另有规定的除外。""依法属于国家所有的自然资源，所有权可以不登记。"第 224 条规定："动产物权的设立和转让，自交付时发生效力，但是法律另有规定的除外。"第 225 条规定："船舶、航空器和机动车等的物权的设立、变更、转让和消火，未经登记，不得对抗善意第三人。"第 226 条规定："动产物权设立和转让前，权利人已经占有该动产的，物权自民事法律行为生效时发生效力。"第 402 条规定："以本法第三百九十五条[①]第一款第一项至第三项规定的财产或者第五项规定的正在建造的建筑物抵押的，应当办理抵押登记。抵押权自登记时设立。"第 403 条规定："以动产抵押的，抵押权自抵押合同生效时设立；未经登记，不得对抗善意第三人。"第 429 条规定："质权自出质人交付质押财产时设立。"第 441 条规定："以汇票、本票、支票、债券、存款单、仓单、提单出质的，质权自权利凭证交付质权人时设立；没有权利凭证的，质权自办理出质登记时设立。"第 443 条第 1 款规定："以基金份额、股权出质的，质权自办理出质登记时设立。"第 444 条第 1 款规定："以注册商标专用权、专利权、著作

---

① 该条规定："债务人或者第三人有权处分的下列财产可以抵押：（一）建筑物和其他土地附着物；（二）建设用地使用权；（三）海域使用权；（四）生产设备、原材料、半成品、产品；（五）正在建造筑物、船舶、航空器；（六）交通运输工具；（七）法律、行政法规未禁止抵押的其他财产。""抵押人可以将前款所列财产一并抵押。"

权等知识产权中的财产权出质的，质权自办理出质登记时设立。”第445条第1款规定：“以应收账款出质的，质权自办理出质登记时设立。”因此，除法律另有规定的特定情形，凡是不动产、动产物权的设立、变更、转让或者消灭，都应进行依法登记或者交付这一公示行为才能产生相应的效力。未经登记或者交付的，则不能产生相应物权设立、变更、转让或者消灭的法律后果。法律另有规定，主要是指《民法典》第229～231条的规定，因人民法院、仲裁机构的法律文书或者人民政府的征收决定等，导致物权设立、变更、转让或者消灭的，自法律文书或者征收决定等生效时发生效力；因继承取得物权的，自继承开始时发生效力；因合法建造、拆除房屋等事实行为设立或者消灭物权的，自事实行为成就时发生效力。显然，基于民事法律行为而设立、变更、转让或者消灭物权的，则不在上述法律另有规定之列。对此，有人认为：“物权的设立、变更、转让或者消灭，依其发生根据可以分为依法律行为而进行的物权变动，以及依非法律行为而发生的物权变动。依法律行为进行的物权变动，是指以一方当事人的单方意思表示或双方（或者多方）当事人的共同意思表示为基础进行的物权变动。此种物权变动必须遵循物权公示的一般原则才能发生物权变动。例如，甲将自有的私宅出售于乙，要想使私宅的所有权由甲移转至乙，双方必须去不动产登记机构办理变更登记，否则物权移转不生效力。再如，甲将收藏的古董出售于乙，要使乙获得古董的所有权，甲必须将古董或者现实交付给乙手中，或者采取本法第25条、第26条或者第27条关于简易交付、指示交付或者占有改定等观念交付的方法替代现实交付，而完成所有权的转移。但无论何种情形，物权变动的效力是同公示方法密切相关的。”“在物权的设立、变更、转让或者消灭，并非基于原权利人的意思表示，而是在无原权利人甚至法律有意识排除原权利人意思表示的情况下发生的物权变动，此种变动遵循的不是一般性的物权公示原则，而是法律的直接规定。”① 对此，有人亦认为：“从发生的原因来看，物权变动大致可以分为两大类，一类是基于法律行为引起的物权变动，另一类则是基于法律规定、法院判决、公用征收、继承以及事实行为等法律行为以外的原因引起的物权变动。对基于法律行为引起的物权变动，依照本法第9条和第23条的规定，未经登记或交付，不发生物权变动的效力。”“因人民法院、仲裁委员会的法律文书、人民政府的征收决定等法律行为以外的原因引起的物权

① 王胜明主编、全国人大常委会法制工作委员会民法室编著：《〈中华人民共和国物权法〉解读》，中国法制出版社2007年版，第64页。

变动，不经登记或交付，可以直接生效。”①

二是，基于民事法律行为设立、变更、转让或者消灭某种物权，如基于房屋买卖合同导致房屋产权的变更、转让，基于不动产抵押合同而设立抵押权等，显然不属于继承、受遗赠的行为，也不属于事实行为，关键在于经人民法院或者仲裁委员会的生效法律文书确定某一民事法律行为有效，并要求当事人办理登记，当事人没有办理登记时是否可以认为物权的设立、变更、转让或者消灭以法律文书生效时发生效力为准。笔者认为，答案无疑是否定的：

之一，《民法典》第229条规定：“因人民法院、仲裁机构的法律文书或者人民政府的征收决定等，导致物权设立、变更、转让或者消灭的，自法律文书或者征收决定等生效时发生效力。”据此，基于生效法律文书而致物权设立、变更、转让或者消灭的，并不以某种民事法律行为为基础。换言之，《物权编》第229条规定的人民法院或者仲裁委员会的生效法律文书不能是对当事人之间的某种设立、变更、转让或者消灭物权的民事法律行为是否有效，以及是否履行作出的裁判或者裁决。

之二，《民法典》第229条规定的人民法院或者仲裁委员会的生效法律文书，如果包括对变动物权的民事法律行为效力确认，那么，设立、变更、转让、消灭等变动物权的民事法律行为就可以都不需要进行登记或者交付进而均可以导致物权的变动。这样一来，《民法典》第209条等有关民事法律行为设立、变更、转让、消灭等变动物权需要进行登记或者交付公示的规定，就会形同虚设而没有任何实际意义。这是因为，当事人签订房屋买卖合同或者不动产抵押合同后，一方当事人不登记的，另一方当事人就可向人民法院起诉，人民法院判决合同有效而确定一方当事人办理登记，一旦生效就确定物权设立，那么，在现实生活中，大量房屋买卖合同因为无法登记就都可以通过人民法院的裁判确认，登记也就可有可无而没有任何意义。

之三，如前所述，在现实生活中，很多消费者从房产开发商处购得房屋而无法在法律规定的期限内办理房产所有权登记。如果认为人民法院裁判对双方买卖房屋的民事法律行为确认并要求办理登记，则该裁判生效时即物权设立，那么，所有民事法律行为都可以通过人民法院裁判来确认并要求办理登记，从而产生物权设立的效力，就可以将人民法院裁判等同于登记，依法登记才能产生不动产等物权设立的法律规定，就不再有其存在必要。如此，也会将人民法院变成物权设立、变更、转让或者消灭的事实登记机关，显然

① 最高人民法院物权法研究小组编著：《〈中华人民共和国物权法〉条文理解与适用》，人民法院出版社2007年版，第124页。

不当。

之四，人民法院的裁判虽然具有公示性，但是，基于法院裁判没有全部进行公示，其档案无法像房产登记机构那样将登记资料让人公开查询，其公示性无法与房产登记机构等登记机关登记的公示性相比。更何况，人民法院实行两审终审，有的还经过多次再审，要对某一财产的生效裁判进行查询，并非易事，允许其对所有民事法律行为确认并要求办理登记的行为视为已有，明显不当。

之五，买卖经取得登记的公示效力，产生物权的设立、变更、转让或者消灭的法律后果。买卖合同或者抵押合同等民事法律行为，其目的就在于设立、变更、转让或者消灭物权，依法登记乃是合同本来之意，是当事人实现合同目的的必然行为。一方当事人不予办理登记或者交付，另一方起诉至人民法院，人民法院为此确认并要求办理登记或者交付，只是对合同的本来之意进行确认，并赋予强制执行的效力。除强制执行效力外，其与合同的本来之意没有任何区别，不能因为有生效法律文书要求办理登记或者交付可在没有办理登记或者交付的情况下，就视为已经办理登记或者交付而可以产生物权设立、变更、转让或者消灭的效力。事实上，一方当事人仍不按生效法律文书办理，人民法院只能强制执行即强制当事人实施登记或者交付的公示行为。如果不办理登记或者交付，在法律文书生效时就认为已产生办理登记或者交付的效力，致使物权设立、变更、转让或者消灭，那么，就没有必要再强制执行去办理登记或者交付占有。那样的话，乃是多此一举。

之六，《民法典》第229条规定的人民法院或者仲裁委员会的生效法律文书，是针对民事法律行为之外的可以引起物权设立、变更、转让或者消灭的事实所作出的形成判决。这种形成判决，不是对某种民事法律行为的确认，物权的设立、变更、转让或者消灭也不是基于民事法律行为而产生。然在买卖合同或者抵押合同等民事法律行为中，即使人民法院判决当事人要办理登记或者交付，仍然是基于民事法律行为设立、变更、转让或者消灭物权的行为，不能因为人民法院或者仲裁委员会的生效法律文书就会改变物权的设立、变更、转让或者消灭等物权的变动乃是源于当事人之间的意思表示这一民事法律行为的客观事实，而并非直接来源于人民法院或者仲裁委员会的生效法律文书。如对共有财产进行分割的生效法律文书，权利人的权利来源并非缘于当事人之间意思表示的民事法律行为，而是基于原来本就存在的共有关系而获得，生效的法律文书只是对其原来的物权加以确认并予以分割，并非产生一种新的物权关系来确定权利存在。这种生效法律文书便可引起物权的设立、变更、转让或者消灭且不需要予以登记或者交付进行公示。对这，有人认为："导致物权变动的人民法院判决或者仲裁委员会的裁决等法律文书，指直接为当事人创设或者变动物权的判决书、裁决书、调解书等。例如离婚诉讼中确定当事人一方享有某项不动产的判决、分割不动产的判决、使原所有人恢复所有权的判决即属于本条所规定的设权、确权判决等。此类设权或者确权判决书、裁决书、调解书本身，具有与登记、交付（移转占有）等公示方法相同的形成力。所以，根据此类判决书、裁决书、调解书而进行的物权变动，无需再进行一般的物权公示而直接发生效力。例如，甲乙2人向法院诉请离婚，家中电脑经判决为乙所有，那么自法院判决生效时起，电脑的所有权归乙，尽管电脑仍处于甲的占有使用之中，未有交付（现实占有的转移）并不影响所有权的移转。"① 有人亦认为："应当注意的是，并非人民法院作出的所有法律文书都可以直接引起物权变动。一般认为，能够直接引起物权变动的法律文书限于法院作出的形成判决。所谓形成判决，是指变更或者消灭当事人之间原来存在的没有争议的民事法律关系的判决，如分割共有财产的判决。给付判决、确认判决以及各种命令、通知等，都不能直接引起物权变动。有学者认为，调解书虽与确定判决有同一效力，然就物权变动事项所作的调解，尚无与形成判决同一的形成力，不能直接引起物权变动。法院制作的裁定通常情况下也不能直接引起物权变动，从实务来看，能够直接引起物权变动的裁定主要是执行程序中对不动产和有登记的特定动产拍卖时所作的拍卖成交裁定和以物抵债裁定。"② 是以，《物权法解释（一）》第7条规定："人民法院、仲裁委员会在分割共有不动产或者动产等案件中作出并依法生效的改变原有物权关系的判决书、裁决书、调解书，以及人民法院在执行程序中作出的拍卖成交裁定书、以物抵债裁定书，应当认定为《物权法》第二十八条③所称导致物权设立、变更、转让或者消灭的人民法院、仲裁委员会的法律文书。"

三是，在破产程序中，债权人的权利是否存在或者性质如何，除委托合同、票据关系、共益债权付款等特定情形外，都以债务人破产申请受理之日为时间分界点。债权人是否对债务人拥有债权，拥有的债权是否成立以及债权是否具有优先受偿性质，应以债务人破产申请受理之日前的事实加以固定。除因破产重整、继续履行双方均未履行完毕的合同等特定情形依法设立担保

---

① 王胜明主编、全国人大常委会法制工作委员会民法室编著：《〈中华人民共和国物权法〉解读》，中国法制出版社2007年版，第64页。

② 最高人民法院物权法研究小组编著：《〈中华人民共和国物权法〉条文理解与适用》，人民法院出版社2007年版，第124～125页。

③ 现为《民法典》第229条。

物权外，之前不能成立的债权或者不具有担保物权或者法定特别优先权的债权，在之后不能因为债权人或者其他人的行为进行补救而使之成立或者使其性质发生变化。不然，债权人的债权及其性质就无法准确确定。

四是，除非法律特别规定，债权人对债务人的债权及其性质在债务人破产申请受理之日进行固定，也有利于防止一些债权人、债务人为了自身利益而将本来不能成立的债权或者不具有优先受偿的债权使之成立或者使之具有优先受偿性质。允许在破产申请受理后通过当事人的行为使没有成立的权利成立，或者使不具有优先受偿的债权成为具有优先受偿的权利，会对其他债权人的合法权益构成损害，有悖于公平原则。

五是，在破产申请受理之日前，需要办理登记或者交付才能设立、变更、转让的物权，还没有办理登记或者交付，其物权就还没有设立、变更或者转让。除非法律特别规定，在破产申请受理后如果还允许进行登记或者交付致使该物权设立，或者不需要办理登记或者交付就认为生效法律文书确认的民事法律行为并要求办理登记或者交付而致物权设立、变更或者转让，那么，破产法关于债权及其性质确定以破产申请受理之日为分界点就没有任何意义。因为，即使是在破产申请受理后，没有办理登记或者交付的也可以向人民法院起诉。人民法院作出裁判时只能以民事法律行为是否有效为标准。如果买卖房屋、设立抵押等民事法律行为合法有效，自然要作出办理登记的裁判，那么，在破产申请受理前只签订了合同而享有债权但因没有登记还未设立物权的民事法律行为在破产申请受理后仍然可以办理登记，都可以归属于物权行使的范围，而不能以债权进行处置，这对于不具有担保物权或者法定特别优先权的债权人来说，自不公平。

其实，《企业破产案件规定》第 68 条曾经规定："债务人的财产被采取民事诉讼执行措施的，在受理破产案件后尚未执行的或者未执行完毕的剩余部分，在该企业被宣告破产后列入破产财产。因错误执行应当执行回转的财产，在执行回转后列入破产财产。"据之，债务人的财产被采取民事诉讼执行措施，只有待执行完毕之后才发生物权转移的效力。举重以明轻，人民法院只是判决抵押人应当办理抵押登记，还未执行或者虽已经执行但还未执行完毕即没有办理完结抵押登记，同样不能产生抵押物权设立、变更、转让、消灭等物权变动的效力。

之七，《民法典》第 232 条明确规定："处分依照本节规定享有的不动产物权，依照法律规定需要办理登记的，未经登记，不发生物权效力。"据此，根据《民法典》第 229 条关于"因人民法院、仲裁机构的法律文书或者人民政府的征收决定等，导致物权设立、变更、转让或者消灭的，自法律文书或者征收决定等生效时发生效力"的规定而取得不动产物权后，以诸如转让、设立抵押等民事法律行为再次导致物权变动，依法需要办理登记的，依然要进行登记，否则即不能发生物权变动的效力。

3. 债权和破产别除权的基础权利应当符合《企业破产法》的有关规定：(1) 无论是担保物权、法定特别优先权等基础权利，仍然与破产别除权相对应的由破产别除权保证其优先受偿的债权，除非法律特别规定，都应在破产申请受理前依法成立、合法有效，基础权利还应在破产申请受理前依法设立。(2) 债权人对债务人的债权及其担保物权和法定特别优先权的成立，不属于《企业破产法》第31～33条规定的范畴。

关于破产程序中的抵押权效力的问题，笔者认为：

一是，关于划拨土地抵押的效力问题。《城镇国有土地使用权出让和转让暂行条例》第44条、第45条规定，[①] 以划拨方式取得的国有土地使用权和地上建筑物，经市、县人民政府土地和房产管理部门批准，可以设定抵押。国家土地管理局1992年2月24日、1992年3月8日发布实施的《划拨土地使用权管理暂行规定》[②]（国家土地管理局令〔1992〕第1号）第5条规定，未经市、县人民政府土地管理部门批准办理土地使用权出让手续，交付土地使用权出让金的土地使用者，不得抵押土地使用权。国家土地管理局1997年1月3日《关于土地使用权抵押登记有关问题的通知》规定，以划拨方式取得的土地使用权抵押，由抵押人委托中介机构进行地价评估，经过土地部门确认，并批准抵押。上述法规、规章虽然对以划拨方式取得的国有土地使用权设定抵押所规定的具体操作程序不完全一致，但对必须履行审批手续的规定是一致的。但是，国务院2010年7月4日《关于第五批取消和下放管理层级行政审批项目的决定》（国发〔2010〕21号）决定取消包括国有划拨土地使用权抵押审批在内的113项，具体见《国务院决定取消的行政审批项目目录(113项)》之第23项的规定。[③] 如此，国有划拨土地使用权抵押不需要再由有关部门批准。故，企业未经审批而将划拨土地使用权用于抵押的，不影响该抵押的效力。根据《城市房地产管理法》第51条的规定，抵押权人只有在

---

① 这两条规定已被国务院2010年7月4日发布实施的《关于第五批取消和下放管理层级行政审批项目的决定》（国发〔2010〕21号）取消。

② 该规章已被自然资源部2019年7月16日通过、同年7月24日发布实施的《关于第一批废止和修改的部门规章的决定》（自然资源部令第5号）废止。

③ 《划拨土地应否列入破产财产批复》第2条关于"企业对其以划拨方式取得的国有土地使用权无处分权，以该土地使用权为标的物设定抵押，除依法办理抵押登记手续外，还应经具有审批权限的人民政府或土地行政管理部门批准。否则，应认定抵押无效。如果企业对以划拨方式取得的国有土地使用权设定抵押时，履行了法定的审批手续，并依法办理了抵押登记，应认定抵押有效"的规定相左，不再有效。

以抵押标的物折价或拍卖、变卖所得价款缴纳相当于土地使用权出让金的款项后，对剩余部分方可享有优先受偿权。纳入国家兼并破产计划的国有企业，其用以划拨方式取得的国有土地使用权设定抵押的，则应依据国务院有关文件规定办理。

二是，关于国有企业的设备及建筑物设定抵押的效力问题。国务院 1992 年 7 月 23 日发布实施的《全民所有制工业企业转换经营机制条例》[①]（国务院令第 103 号）第 15 条第 1 款规定："企业根据生产经营的需要，对一般固定资产，可以自主决定出租、抵押或者有偿转让；对关键设备、成套设备或者重要建筑物可以出租，经政府主管部门批准也可以抵押、有偿转让。法律和行政法规另有规定的除外。"按此规定，国有企业对自己的一般固定资产，可以自主决定出租、抵押或者有偿转让。而对于关键设备、成套设备、重要建筑物设定抵押，则须经过政府主管部门的批准。审判实践中经常涉及的问题是，如果企业在进行抵押时没有经过政府主管部门批准，该抵押是否有效。这一问题在审理有关破产案件中更为突出，相关债权人对此反应也比较强烈。《担保法》第 34 条第 4 项规定，抵押人有权处分的国有的机器、交通运输工具和其他财产，可以抵押。显然，国有企业的机器或其他财产应当包括企业的关键设备、成套设备及重要建筑物等。然而，《担保法》并没有将政府主管部门批准作为以这些财产为抵押标的物的抵押合同生效条件。[②] 故，《划拨土地应否列入破产财产批复》第 3 条第 1 款指出，国有企业以关键设备、成套设备、厂房设定抵押的效力问题，应依据最高人民法院 2002 年 6 月 11 日通过、同年 6 月 22 日起施行的《关于国有工业企业以机器设备等财产为抵押物与债权人签订的抵押合同的法律效力问题的批复》（法释〔2002〕14 号）办理。该《批复》指出，根据《担保法》第 3 条和最高人民法院《合同法解释（一）》第 9 条规定的精神，国有工业企业以机器设备、厂房等财产与债权人签订的抵押合同，如无其他法定的无效情形，不应当仅以未经政府主管部门批准为由认定抵押合同无效。国有企业以建筑物设定抵押的，《划拨土地应否列入破产财产批复》第 3 条第 2 款指出，国有企业以建筑物设定抵押的效力问题，应区分两种情况处理：如果建筑物附着于以划拨方式取得的国有土地使用权之上，将该建筑物与土地使用权一并设定抵押的，对土地使用权的抵押需履行法定的审批手续，不然应认定抵押无效；如果建筑物附着于以出让、

① 该条例已被国务院 2010 年 12 月 29 日通过、2011 年 1 月 8 日公布施行的《关于废止和修改部分行政法规的决定》（国务院令第 588 号）修订。

② 江必新主编、最高人民法院民事审判第二庭编著：《民商审判指导与参考》，人民法院出版社 2003 年版第 1 卷（总第 3 卷），第 32 ~ 32 页。

转让方式取得的国有土地使用权之上，将该建筑物与土地使用权一并设定抵押的，即使未经有关主管部门批准，亦应认定抵押有效。

三是，关于债务人将企业财产全部抵押给 1 个债权人的抵押合同效力的认定问题。在处理破产案件中，时常遇到债务人将企业财产全部抵押给 1 个债权人的情况，在这种情况下，其他债权人受到清偿的希望非常渺茫，将全部财产抵押给 1 个债权人的抵押合同效力往往受到质疑，其他债权人经常以债权人和债务人恶意串通，或债务人恶意处分财产为由，请求认定该抵押协议无效；而另一方面，抵押权人则认为认定其抵押无效没有法律依据，在破产程序中不允许其行使抵押权，侵犯了其合法权益。对于这个问题，应当从以下几个方面加以把握：

之一，正确理解法律及司法解释对破产企业财产设定抵押的规定。关于以破产企业的财产设定抵押的问题，我国法律及司法解释中均有规定。《企业破产法（试行）》第 35 条①规定，人民法院受理破产案件前 6 个月至破产宣告之日的期间内，破产企业对原来没有财产担保的债务提供财产担保行为无效。这一规定是各国破产法的通例，其主要目的是防止债务人恶意处分财产，以保护全体债权人的利益。

根据当时司法实践中出现的情况，最高人民法院 1994 年 3 月 26 日颁布实施的《关于债务人有多个债权人而将其全部财产抵押给其中一个债权人是否有效问题的批复》②（法复〔1994〕2 号）规定，债务人有多个债权人时，而将其全部财产抵押给其中 1 个债权人。因此丧失了履行其他债务的能为，损害了其他债权人的合法权益，根据《民法通则》第 4 条、第 5 条的规定，③ 应当认定该抵押协议无效。之后，《担保法司法解释》第 69 条规定，债务人有多个普通债权人的，在清偿债务时，债务人与其中 1 个债权人恶意串通，将全部或部分财产抵押给该债权人，从而丧失了履行其他债务的能力，损害了其他债权人的合法权益，受损害的其他债权人可以请求人民法院撤销该抵押行为。这两个司法解释共同特点是，均没有像《企业破产法（试行）》第 35 条那样限定于人民法院受理破产案件前 6 个月，而且均规定了前提条件是存在着多个债权人情况下，债务人将财产抵押给其中 1 个债权人。但是，《担保法司法解释》对 1994 年的批复作了修正，不同之处在于以下几点：（1）《担

① 《企业破产法》第 31 条则将之修改为，人民法院受理破产申请前 1 年内对没有财产担保的债务提供财产担保的，管理人有权请求人民法院予以撤销。

② 该批复已被最高人民法院 2019 年 5 月 13 日通过、同年 7 月 20 日实施的《关于废止部分司法解释（第十三批）的决定》（法释〔2019〕11 号）废止。

③ 《民法通则》第 4 条规定："民事活动应当遵循自愿、公平、等价有偿、诚实信用的原则。"第 5 条规定："公民、法人的合法的民事权益受法律保护，任何组织和个人不得侵犯。"

保法司法解释》增加了1个主观要件，即债务人与作为“抵押权人”的债权人恶意串通；（2）不再限定于将全部财产抵押，对于将部分财产抵押时，只要因此而丧失了履行其他债务的能力，损害了其他债权人的合法权益，则就可能构成了恶意抵押；（3）将抵押合同不再作为绝对无效处理，而是赋予相关当事人向人民法院申请撤销的权利，有关债权人不申请撤销则该抵押行为依然有效。这样，《担保法解释》生效后，1994年的批复就不能再得以执行。

之二，抵押合同与主合同同时签订时，如无其他法定无效情节，抵押合同应认定有效。债权人与债务人在签订主合同的同时即签订抵押从合同的，对债权人来说，在签订合同时尚未履行合同义务，不存在任何现实的交易风险，用债务人的全部财产设定抵押，只是为了降低其将来债权实现的风险，这是其签订抵押合同的唯一目的。对债务人来说，往往是其在主合同中首先享有权利的情况下才为对方设定抵押的，债务人实现合同现实利益在先，承担抵押义务在后，在签订主合同的同时即签订抵押合同，双方当事人之间有合同对价相互制约，不但没有减少债务人的财产，而且使债务人首先受益。同时，签订此类合同，无论债务人存在多少个债权人，因并不引起债务人财产减少而导致减弱债务人的偿债能力，不存在债权人与债务人主观恶意串通，损害第三人利益的情形，如无其他法定无效情节，应认定抵押协议有效。

之三，要慎重处理当事人事后签订的抵押协议。债权人和债务人在签订主合同时并没有签订抵押合同，债务人在清偿债务时的经济状况已经恶化，且存在多个债权人，由于债务人的财产是所有债权人债权的一般担保和物质基础。债务人将全部财产抵押给其中一个债权人的，侵犯了其他债权人的利益，使其他债权人几乎没有机会再受到清偿。鉴于债务人与债权人之间的主观恶意非常明显，在破产程序中倘若其他债权人有证据证明，债务人将全部财产为其中一个债权人事后设定抵押，并主张予以撤销时，人民法院应当支持债权人的请求，撤销该抵押协议，该债权人只能作为一般破产债权人参加破产财产的分配。①

④基础权利的行使时间必须在法律规定的期限内，否则就不能再受到人民法院的强制性保护，管理人若以此抗辩而对债权人破产别除权的行使予以否定，可以得到人民法院的支持。如抵押权，《民法典》第419条规定：“抵押权人应当在主债权诉讼时效期间行使抵押权；未行使的，人民法院不予保护。”又如留置权，《民法典》第453条规定：“留置权人与债务人应当约定留置财产后的债务履行期间；没有约定或者约定不明确的，留置权人应当给债

① 江必新主编、最高人民法院民事审判第二庭编著：《民商审判指导与参考》，人民法院出版社2003年版第1卷（总第3卷），第33～35页。

务人两个月以上履行债务的期间，但是鲜活易腐等不易保管的动产除外。债务人逾期未履行的，留置权人可以与债务人协议以留置财产折价，也可以就拍卖、变卖留置财产所得的价款优先受偿。留置财产折价或者变卖的，应当参照市场价格。”再如船舶优先权，《海商法》第26条规定：“船舶优先权不因船舶所有权的转让而消灭。但是，船舶转让时，船舶优先权自法院应受让人申请予以公告之日起满六十日不行使的除外。”第29条规定：“船舶优先权，除本法第二十六条规定的外，因下列原因之一而消灭：（一）具有船舶优先权的海事请求，自优先权产生之日起满一年不行使；（二）船舶经法院强制出售；（三）船舶灭失。前款第（一）项的一年期限，不得中止或者中断。”还如民用航空器优先权，《民用航空法》第25条规定：“民用航空器优先权自援救或者保管维护工作终了之日起满三个月时终止；可是，债权人就其债权已经依照本法第二十条规定登记，并具有下列情形之一的除外：（一）债权人、债务人已经就此项债权的金额达成协议；（二）有关此项债权的诉讼已经开始。民用航空器优先权不因民用航空器所有权的转让而消灭；但是，民用航空器经依法强制拍卖的除外。”最后如建设工程价款优先受偿权，《建设工程价款优先受偿权批复》第4条规定：“建设工程承包人行使优先权的期限为六个月，自建设工程竣工之日或者建设工程合同约定竣工之日起计算。”

四、破产别除权行使的方式

破产别除权的行使，并非不依破产程序进行，而是不依破产程序中集体受偿的具体方式进行。破产法的总则及破产重整、破产和解、破产清算程序共同具有的债权申报、审查、确定程序依然适用于破产别除权的行使。不然，债务人甚至债权人自行就决定担保物权或者法定特别优先受偿权及其对应的债权成立、有效、数额和范围等，容易产生暗箱操作，不利于有效保护其他债权人的合法权益。具体来说，对于破产别除权的行使，应当注意以下几点：

（一）破产别除权行使的时间及方式

破产别除权行使的时间，在具体的破产程序中有所不同，下面分别就破产重整、破产和解、破产清算程序中对破产别除权行使时间的规定分别进行介绍：

1. 破产重整程序中破产别除权的行使时间。《企业破产法》第75条规定：“在重整期间，对债务人的特定财产享有的担保权暂停行使。但是，担保物有损坏或者价值明显减少的可能，足以危害担保权人权利的，担保权人可以向人民法院请求恢复行使担保权。在重整期间，债务人或者管理人为继续营业而借款的，可以为该借款设定担保。”基此，在破产重整程序中，破产别除权应当暂时停止行使，避免因为破产别除权的行使而拍卖、变卖债务人的特定财产，影响债务人生产经营服务等营业，进而影响破产重整程序的顺利进行以及功能的实现。

2. 在破产和解程序中，自人民法院裁定破产和解之日起，债权人即可行使破产别除权。

3. 在破产清算程序中，债权人可以依法对特定财产行使破产别除权，即可对该财产依法优先受偿，而不需要按照破产财产分配方案的规定接受清偿。

据上，在破产和解、破产清算程序中，破产别除权人在人民法院裁定和解、宣告债务人破产后便可以随时依法行使破产别除权，对此，管理人应当予以配合。对于可以分开处置并不影响破产别除权标的物价值的，应当及时处置，而满足破产别除权人的权利实现，不得以各种理由故意阻碍破产别除权人的权利行使。因此，《破产审判纪要》第25条（担保权人权利的行使与限制）指出："在破产清算和破产和解程序中，对债务人特定财产享有担保权的债权人可以随时向管理人主张就该特定财产变价处置行使优先受偿权，管理人应及时变价处置，不得以须经债权人会议决议等为由拒绝。但因单独处置担保财产会降低其他破产财产的价值而应整体处置的除外。"

（二）破产别除权行使的程序

1. 依法向管理人申报债权。《企业破产法》第49条规定："债权人申报债权时，应当书面说明债权的数额和有无财产担保，并提交有关证据。申报的债权是连带债权的，应当说明。"据此，破产别除权的债权人仍然需要按照《企业破产法》规定的破产程序，向管理人申报债权，并经管理人审查、债权人会议核查，人民法院裁定确认，才能实现其破产别除权。这是因为：

一是，在破产程序中，具有破产别除权的债权人的债权是否成立、合法有效，以及债权数额的多少，担保合同或者法定特别优先权是否合法成立、有效，与破产别除权相对应的债权范围与数额，都应当经过管理人审查、核实。否则，就可能造成破产别除权的滥用，而损害其他债权人的利益。

二是，作为破产别除权标的物的特定财产，属于债务人的财产，依法为管理人占有、支配，其实现需要通过管理人进行。

三是，债权人在行使破产别除权后未能满足的债权，作为普通债权而应统一公平受偿。所以，向管理人申报并提供有关证据，管理人对此依法进行审查，确认其所担保的债权及未担保债权的数额，乃是债权人实现其破产别除权的保证，也是债权人正确实现其破产别除权的必然要求。

与此相关的问题就是，破产别除权的清偿是否应当受到个别清偿无效规定的限制。对此，有人认为："破产别除权的行使仍然可以按照民法或者其他法律的规定进行，而不受破产申请受理后债权人必须申报债权才能行使权利和不得个别受偿的限制。例如，不受《企业破产法》第十六条‘人民法院受理破产申请后，债务人对个别债权人的债务清偿无效’等法律条款的限制。”① 笔者认为，破产别除权的行使仍要受到破产申请受理后个别清偿无效规定的限制：

之一，《企业破产法》第16条明确规定：“人民法院受理破产申请后，债务人对个别债权人的债务清偿无效。”基此，并未将对具有财产担保的债务进行的个别清偿排除在外。

之二，破产申请受理后，除重整期间自行管理财产和营业事务，以及执行重整计划、和解协议之外，债务人丧失包括管理、处分债务人财产在内的一切权利，有关权利都应移交管理人统一行使，包括对具有财产担保权的债权在内的债权清偿也应由管理人进行。债务人在破产申请受理后的个别清偿，无论是对具有财产担保债权的清偿，还是对不具有财产担保的债权以外的其他债权的清偿，都属于无权处分或者无权代表的行为，除非得到管理人的追认，确定不能发生效力。

之三，如果认为债权人的破产别除权的行使不受个别清偿的限制，即说明债务人对破产别除权人可以进行个别清偿，那么，债务人进入破产程序后，仍旧有权利处分财产，并对破产别除权及其所对应的债权具有“审查”“确认”等权利，从而与在破产申请受理后，有关债务人的内外事务都应依法移交管理人处理的基本规则相矛盾。

之四，具有财产担保的债权是否存在，存在时债权的多少，是否合法有效，以及担保是否存在，是否合法有效，担保物权是否设立，担保物价值的多少，担保物能够变现多少，等等，在破产申请受理后，都需要依法进行审查。假若允许债务人对具有财产担保的债权进行个别清偿，那么，不论担保物权及其所担保的债权是否存在、是否有效，不论担保物的价值能否充分实现等有关担保物权及其债权事项，都由债务人确定，则难以防范债务人不与担保权人恶意串通损害其他债权人合法权益的现象发生。而根据法律规定，在破产申请受理后，无论是具有财产担保的债权人，还是不具有财产担保的债权人，即使依法可以行使优先受偿的权利，也只能向管理人主张并通过管理人依法进行清偿，而不能由债务人进行个别清偿。

之五，破产申请受理后，除特定情形外，债务人的财产管理、处分权均由债务人移转给管理人。债权人行使破产别除权，管理人应当根据财产的功

① 吴庆宝、王建平主编：《破产案件裁判标准规范》，人民法院出版社2009年版，第176～177页。

能、作用等具体情况，从利于债务人财产价值最大化出发，决定是否同其他相关财产一并进行处置，以充分实现债务人特定财产的价值。不然，不论情况如何，只要债权人一行使破产别除权，就对特定财产进行个别处置予以清偿，必然将应当一并处置才能充分有效实现其价值的财产弄得支离破碎，减少债务人的财产价值应当加以限制。

之六，无论是破产重整还是破产和解乃至破产清算，对于破产别除权的行使，都具有一定规制。根据《企业破产法》第75条、第96条第2款、第109条规定，在重整期间，对债务人的特定财产享有的担保权暂停行使，除非担保物有损坏或者价值明显减少的可能，足以危害担保权人权利的，担保权人才可以向人民法院请求恢复行使担保权；在破产和解、破产清算程序，破产别除权人在人民法院裁定和解、宣告债务人破产之日起才可以行使破产别除权。在破产别除权不能行使的期间，有关破产别除权的标的物即具有担保特权或者法定特别优先权的特定财产的管理等一切事项仍应由管理人依法进行，债务人无权对之进行任何行为，更不能将之用于个别清偿。

2. 审查确认破产别除权及其相对应的破产债权。管理人对破产别除权人依法申报的债权及其担保物权等基础性权利，均应依法进行审查、确认，并制作债权表，由债权人会议核查。债权人、债务人均无异议的，由人民法院裁定确认，对于这种确认的债权才能由破产别除权人对特定财产行使破产别除权。破产别除权人、债务人、其他债权人对管理人制作的债权表中认定的债权及具有担保的债权数额等情况有异议的，均可向受理破产申请的人民法院提起诉讼，由人民法院依普通程序审理确定。

3. 破产别除权的实现。对这，应当注意以下几点：

一是，正确确定破产别除权标的物的范围，这是保证债权人既准确行使破产别除权，又不损害其他债权人利益的基本条件之一。倘若将不属于破产别除权标的物的财产纳入破产别除权标的物的范围，用于债权人债权的优先受偿，必然会损害其他债权人的合法权益。如《民法典》第417条规定："建设用地使用权抵押后，该土地上新增的建筑物不属于抵押财产。该建设用地使用权实现抵押权时，应当将该土地上新增的建筑物与建设用地使用权一并处分，但是新增建筑物所得的价款，抵押权人无权优先受偿。"第418条规定："以集体所有土地的使用权依法抵押的，实现抵押权后，未经法定程序，不得改变土地所有权的性质和土地用途。"

二是，正确确定破产别除权的优先清偿顺序，依法进行清偿。如《民法典》第414条规定："同一财产向两个以上债权人抵押的，拍卖、变卖抵押财产所得的价款依照下列规定清偿：（一）抵押权已登记的，按照登记的时间先后确定清偿顺序；（二）抵押权已登记的先于未登记的受偿；（三）抵押权未登记的，按照债权比例清偿。其他可以登记的担保物权，清偿顺序参照适用前款规定。”第415条规定：“同一财产既设立抵押权又设立质权的，拍卖、变卖该财产所得的价款按照登记、交付的时间先后确定清偿顺序。”第416条规定：“动产抵押担保的主债权是抵押物的价款，标的物交付后十日内办理抵押登记的，该抵押权人优先于抵押物买受人的其他担保物权人受偿，但是留置权人除外。”第456条规定：“同一动产上已设立抵押权或者质权，该动产又被留置的，留置权人优先受偿。”第457条规定：“留置权人对留置财产丧失占有或者留置权人接受债务人另行提供担保的，留置权消灭。”又如，《海商法》第19条规定：“同一船舶可以设定两个以上抵押权，其顺序以登记的先后为准。同一船舶设定两个以上抵押权的，抵押权人按照抵押权登记的先后顺序，从船舶拍卖所得价款中依次受偿。同日登记的抵押权，按照同一顺序受偿。”第22条规定：“下列各项海事请求具有船舶优先权：（一）船长、船员和在船上工作的其他在编人员根据劳动法律、行政法规或者劳动合同所产生的工资、其他劳动报酬、船员遣返费用和社会保险费用的给付请求；（二）在船舶营运中发生的人身伤亡的赔偿请求；（三）船舶吨税、引航费、港务费和其他港口规费的缴付请求；（四）海难救助的救助款项的给付请求；（五）船舶在营运中因侵权行为产生的财产赔偿请求。载运2000吨以上的散装货油的船舶，持有有效的证书，证明已经进行油污损害民事责任保险或者具有相应的财务保证的，对其造成的油污损害的赔偿请求，不属于前款第（五）项规定的范围。”第23条规定：“本法第二十二条第一款所列各项海事请求，依照顺序受偿。但是，第（四）项海事请求，后于第（一）项至第（三）项发生的，应当先于第（一）项至第（三）项受偿。本法第二十二条第一款第（一）（二）（三）（五）项中有两个以上海事请求的，不分先后，同时受偿；不足受偿的，按照比例受偿。第（四）项中有两个以上海事请求的，后发生的先受偿。”第24条规定：“因行使船舶优先权产生的诉讼费用，保存、拍卖船舶和分配船舶价款产生的费用，以及为海事请求人的共同利益而支付的其他费用，应当从船舶拍卖所得价款中先行拨付。”第25条第1款规定：“船舶优先权先于船舶留置权受偿；船舶抵押权后于船舶留置权受偿。”

再如，《民用航空法》第22条规定：“民用航空器优先权先于民用航空器抵押权受偿。”

最后如，《建设工程价款优先受偿权批复》第1条规定：“人民法院在审理房地产纠纷案件和办理执行案件中，应当依照《合同法》第二百八十六条[①]的规定，认定建筑工程的承包人的优先受偿权优于抵押权和其他债权。”

三是，对于破产别除权人要求处置特定财产实现其债权的要求，管理人应当根据财产的功能、作用及其状况，以有利于财产价值充分实现为原则，确定分别处置或者统一处置。无论是分别处置还是统一处置，原则上都应依法评估、拍卖，以保证财产处置的公开性、公正性。

四是，破产别除权行使后未能清偿的破产债权，以及破产别除权人放弃破产别除权后的破产债权的依法清偿。对此，《企业破产法》第110条规定：“享有本法第一百零九条规定权利的债权人行使优先受偿权利未能完全受偿的，其未受偿的债权作为普通债权；放弃优先受偿权利的，其债权作为普通债权。”

五、与破产别除权相关的几个问题

（一）未及时行使建设工程价款优先受偿权是否具有破产别除权的问题

《建设工程价款优先受偿权批复》第4条规定，建设工程承包人行使优先权的期限为6个月，自建设工程竣工之日或者建设工程合同约定的竣工之日起计算。是以，对于建设工程价款优先受偿权，建设工程的承包人应当在规定的期限内行使，没有在规定的期限内主张建设工程价款优先受偿权的，于破产程序中就不再具有破产别除权。这是因为，批复之所以将建设工程价款优先受偿权限制在一定的时间内，主要在于督促建设工程承包人及时行使权利。否则，该优先受偿权长期不予主张，有关工程的其他权利如买卖该建筑工程形成的所有权、该建筑工程的抵押权等就都可能因为建设工程价款优先受偿权受到损害。因此，批复要求建设工程承包人应在竣工或者约定的竣工之日起6个月内主张此优先受偿权，不在这一规定的期限内主张建设工程价款优先受偿权的，即丧失了该优先受偿权，在破产程序中，由于不再存在建设工程价款优先受偿权这一法定特别优先权的基础性权利，自不再存在破产别除权的问题。

另外，在司法实践中，经常存在没有通过竣工验收就交付使用，从而无法确定竣工时间的情况。此时，在实际交付使用后6个月内未能主张建设工程价款优先权，在破产程序中主张破产别除权的，也不应允许。这是因为：(1) 按照法律规定，建筑工程必须在竣工验收合格之后才能交付使用。竣工

① 现为《民法典》第807条。

或者约定竣工之日，肯定还没有交付使用。从逻辑上讲，交付使用的时间应当在竣工之日的后面。如此，在交付使用后6个月内没有主张该项优先受偿权的，也不应再认定其具有这种优先受偿权。（2）事实上，在工程已经实际交付使用的情况下，建设工程承包人要主张优先受偿权，完全可以也应当在工程已经实际交付使用的6个月内主张。不在规定的期限内主张，在破产程序中再加以主张的，更加不应得到支持。（3）建筑工程完工后，建设方不依法进行竣工验收，建设工程承包人完全可以依法主张权利，而不能对其听之任之、放任不管。对权利怠于行使的，自然要承担相应的法律后果。

（二）建筑工程的民工工资是否存在优先受偿权的问题

为了保证建筑工程的民工工资得以充分满足，一些地方要求建设单位应当按照工程造价缴纳一定比例的民工工资保证金，而有的建设单位没有执行，在建设单位破产的情况下，建筑工程的民工工资能否在建设单位应当就工程造价缴纳一定比例保证金的范围内主张优先受偿，对此，不能回避。笔者认为，建筑施工单位的民工工资没有优先受偿权：

1. 建筑施工单位对建设单位的债权，毕竟是一种建筑工程债权，建筑工程债权除6个月内主张其对所施工的建筑物具有优先受偿权外，没有任何法律明确规定建筑工程债权属于优先受偿债权。

2. 建筑施工单位的民工只与建筑施工单位发生权利与义务关系，与建设方并不存在直接的权利义务关系。一些地方之所以规定建设单位应当按工程造价的一定比例缴纳民工工资保证金，主要基于建设单位不按时甚全根本不支付建筑施工单位的款项，有的还要建筑施工单位带资进场，由此导致建筑施工单位不按时甚至不支付民工工资，致使民工这一弱势群体的合法利益受到损害，进而导致社会不稳定因素增加。尤其是在建设单位已经支付相当比例款项给建筑施工单位的情况下，施工单位不及时支付民工工资完全是由施工单位造成的，与建设单位没有直接的联系，不能因为建设单位没有缴纳民工工资保证金，就承认与建设单位没有直接权利义务关系的民工工资具有优先受偿权。

3. 在破产程序中，一种债权得到优先受偿，就会减少没有优先受偿权的债权的受偿数额。对于建筑施工单位民工工资这一根本不属于建设单位的直接债务，在建设单位破产时如承认其要优先受偿，也很难得到其他债权人的认同。

4. 权利是否属于优先受偿权，应当由法律明文规定，因为这直接关系到其他债权关系的调整问题。事实上，凡属优先受偿权的权利，都通过法律明文作了规定，如抵押权、质权、留置权、建设工程价款优先受偿权，等等。

仅仅因为一些地方政策性文件要求建设方缴纳工程造价一定比例的民工工资保证金，就认为建筑施工民工工资具有优先受偿权，缺乏法律依据。

5. 作为建设单位，没有按照有关规定缴纳民工工资保证金的，属于违反行政部门规定的行为，有关单位完全可以对其实施行政处罚，但不能改变民事债权的性质。

6. 假若将此作为建筑施工单位民工工资优先受偿的依据，就可能使建筑施工单位更加恶意不及时甚至不支付民工工资，然后以民工工资优先受偿为由要求建设单位承担。建设单位即使已经支付了大部分工程款，依旧要受到建筑施工单位民工工资优先受偿权的追索，反而利于保护建筑施工单位民工的利益。

（三）债务人因犯罪行为获得的赃款，能否通过刑事追赃程序追回其所有的财产问题

对此，笔者认为，债务人犯罪所获得的财物，为特定的赃物的，则属于债务人占有的不属于债务人的财产。根据《企业破产法》第38条关于“人民法院受理破产申请后，债务人占有的不属于债务人的财产，该财产的权利人可以通过管理人取回。但是，本法另有规定的除外”的规定，财产权利人可以依法行使破产取回权而将之取回，同时也可由司法机关通过刑事追赃程序将该特定财产追回返还给受害的财产权利人。债务人犯罪所获得的财物，为非特定物的，如属于货币或者为非特定的种类物，财产权利人既无法行使破产取回权，也不能由司法机关通过刑事追赃程序将该财物追回返还给受害的财产权利人。如债务人非法集资、进行合同诈骗等获取的他人现金，在债务人进入破产程序后，司法机关就不宜采用刑事追赃程序予以追缴后返还给财产权利人：

1. 如前所述，犯罪行为给他人造成的人身、财产等损失，即因犯罪行为所产生的民事侵权或其他之债，在本质上属于民事之债。正因为如此，其可以通过刑事附带民事诉讼或者独立的民事诉讼加以解决。刑事附带民事诉讼本质上依然属于民事诉讼，民事责任的承担需要适用民事法律。对于犯罪行为所产生的这一民事之债，没有任何法律规定其有优先受偿的权利。其仅仅是一种普通的民事债权，与其他民事债权相比较，不享有任何优先受偿权。

2. 在刑事诉讼中，对于犯罪行为直接获取的财物包括特定财产与非特定财产，虽然都可以通过追赃的程序处理，且在同一犯罪行为造成民事损害，刑事诉讼与民事诉讼同时进行时，确实存在刑事优先民事的原则，可这是两种程序谁先谁后进行的选择。刑事诉讼通过司法机关的公权力更有利于查明有关事实真相，于是先进行刑事诉讼查明事实，后再进行民事诉讼，有利于

案件的公平、公正处理。可这一刑事诉讼程序的优先适用，并不是肯定其法律实体责任承担的优先适用，即通过刑事诉讼追回的损失受偿要优先于通过民事程序追回的损失受偿。

3. 如果通过刑事诉讼追回的损失受偿要优先于通过民事程序追回的损失受偿，那么，所有犯罪行为造成他人财产损失的，都应优先适用追赃程序解决。但在司法实践中，直接适用追赃程序的主要是国家机关、国有单位等财产遭受损失的情况，更集中于贪污、受贿、挪用公款的案件中，其他因为犯罪行为遭受损失尤其是遭受现金损失，如因诈骗、盗窃等造成的损失，一般也未通过追赃程序予以处理。

4. 追赃程序主要适用于追缴赃物等特定物的刑事案件中，赃物由于其特定可以一直追到底。可货币等种类物，一旦到了犯罪分子的手中，因为其不特定，即使追缴也不一定是犯罪行为产生的赃款。尤其是在犯罪时间很长的情况下，追回款项，往往也不是追回赃款，而实际上是追回犯罪行为所造成的损失而已。

5. 根据《民法典》《企业破产法》等法律规定，只有依法以财产提供担保并因履行担保登记手续从而设立了担保物权，如抵押权、质权、留置权，或者因法律明文规定的优先受偿权等，才能依法优先受偿。破产费用和共益债务则随时以债务人财产受偿。除此之外，《企业破产法》第 113 条明确规定，先应清偿劳动债权，后再清偿统筹社保债权和基本税收债权，其他都是作为普通债权在第 3 顺序中受偿。故，将犯罪行为所产生的赃款等非特定财产按照刑事优先民事原则优先受偿，没有任何法律依据。

6. 在犯罪行为所得的赃款等非特定财物没有优先受偿依据的情况下，对其优先全额受偿，会损害其他债权人的利益，尤其可能损害维持劳动者基本生存的劳动债权，更有悖于司法应有的公平与正义。

7. 如前所述，《刑事诉讼法》属程序法规定，处理所有犯罪主体的有关刑事包括赃款赃物的追缴，以及罚金、没收财产等公法上的债权问题，而破产法中的程序规定仅仅处理债务人在破产程序中的债权问题，两者的关系属普通法与特别法关系，《刑事诉讼法》的规定为普通法，破产法的程序规定属特别法，根据特别法优先于普通法适用的原则，对其应当按照特别法的有关规定进行处理。

8. 在诸如诈骗、非法集资等具体犯罪中，不少受害人均存在过错，如债务人以高额返利为诱饵，向他人非法集资，他人基于追逐高额利润而给债务人打款，致使债务人获得财物，因无法归还而最终造成损失。对这，受害人无疑存在过错。在非法集资等特定犯罪的情况下，受害人的行为在一定程度上为债务人的违法犯罪行为起了推波助澜的作用，由此造成的损失，尚要优先全额受偿，有悖于法律的基本精神。

9. 刑事犯罪行为属于违反国家强制性法律规定的行为，其行为不能产生有效的民事法律行为的法律后果。双方的民事行为为无效行为，根据无效民事行为相互返还的基本处理规则，债务人依法应当返还受害人本金，不能计入利息。因此，赃款本金才能成为受害人的债权数额，然后列入普通债权一并参与受偿。对于受害人已经获得的赃款利息，应当从赃款本金中扣除。

（四）关于税收债权是否属于法定特别优先权的问题

《税收征收管理法》第45条规定："税务机关征收税款，税收优先于无担保债权，法律另有规定的除外；纳税人欠缴的税款发生在纳税人以其财产设定抵押、质押或者纳税人的财产被留置之前的，税收应当先于抵押权、质权、留置权执行。"据之，一些税务机关在纳税义务人破产的情况下，要求税收债权优先于抵押权、质权、留置权受偿，甚至直接扣押已负有担保物权或者法定特别优先权的特定财产。笔者认为，税收债权不能优先具有破产别除权的债权受偿：

1. 税收债权属于法律规定的一般优先受偿权，而非法定特别优先受偿权。因为，《税收征收管理法》尽管将税收债权作为优先受偿权加以规定，可仍是针对纳税义务人的一般财产而言，并非针对纳税义务人特定财产而言的，不具有法定特别优先受偿权、破产别除权针对债务人特定财产所拥有权利的基本特征，在破产程序中根本不具有优先受偿的性质，更不具有优先具有破产别除权的债权受偿的性质。

2. 《税收征收管理法》有关税收的征收、管理规定是对所有税收在任何时间内的征收、管理作出的规定，而《企业破产法》中关于税收债权清偿的规定仅仅是对税收在破产程序中的规定。前者是一切时间内的规定，属于一般性的普通规定；后者是在破产程序这一特定时间内的特别规定，为特别规定。当普通规定与特别规定不一致时，根据特别规定优先于普通规定的适用规则，应当适用特别法即《企业破产法》的有关规定。

3. 根据《企业破产法》的有关规定，债务人财产（包括特定财产和非特定财产）首先对破产费用和共益债权进行清偿，破产别除权人对特定财产优先受偿；尔后以债务人的财产对债务人的劳动债权进行清偿；再后才以债务人的财产对统筹社保债权和基本税收债权进行清偿。在破产程序中，基本税收债权不仅不是优先债权，而且在一般财产受偿的顺序也排在劳动债权之后，仅仅与统筹社保债权一道排在普通债权之前，不具有优先受偿的性质，更加不能优先具有破产别除权的债权受偿。

4. 如果允许税收债权优先于具有破产别除权的债权受偿，那么，《企业破产法》第 113 条规定的债权清偿顺序，就没有任何意义。

5. 将基本税收债权规定在劳动债权之后受偿，不仅体现了国家对关系到职工生存权益的劳动债权的重视，是对社会弱势群体的保护，也有利于维护社会稳定，让债权人感受到国家不与民争利的态度与选择。倘若允许基本税收债权优先于劳动债权甚至优先于具有破产别除权的债权受偿，会减少破产别除权人或者劳动债权人的债权受偿，致使债权人不仅感受不到债务人破产时国家应当想方设法保护债权人合法权益的关怀，而是感受到在与债权人争利，不利于社会的和谐与稳定。所以，税收债权应当严格按照《企业破产法》的规定按顺序公平受偿，不能优先于具有破产别除权的债权，破产费用、共益债务及劳动债权受偿。

第五章　破产费用与共益债务

第一节　破产费用

一、破产费用的概念与特征

破产费用，是指在破产申请受理后发生的，为了保障破产程序正常进行及维护债权人合法利益而随时以债务人财产支付的程序性成本费用。其具有以下基本特征：

（一）破产费用属于破产程序正常进行所必需的程序性费用

破产申请向人民法院提出，人民法院对其进行审查是否符合条件，对于符合条件的依法裁定以破产案件受理，并指定管理人对债务人财产进行管理、处分，以清偿债务人所负全体债权人的一切债务。这些必须进行的程序性事务，要耗费一定的成本。此种因为破产程序正常进行所必需的程序性成本费用，就属于破产费用。

（二）破产费用具有必须发生的性质，具有必要性、必然性

破产费用，作为破产程序正常进行所必须支付的程序性成本费用，如破产案件的诉讼费用、管理人执行职务的费用、报酬等，具有必须发生的性质。为了保障破产程序正常进行的需要，对于虽然可能发生但不是必须发生的费用，如对破产申请受理前成立债务人与对方当事人双方均未履行完毕的合同，管理人决定继续履行所生的债务，可能会对破产程序正常进行有利，但不为所有破产程序所必需，而是某些破产程序所发生的从而不具有必然性的债务，就不属于破产费用。

（三）破产费用是所有破产程序中都应支付的费用，从而具有共同性、普遍性

债务人一旦破产，不论是谁破产，也不论发生在何地，破产程序要正常进行，就必须支付这种程序性成本费用，具有共同性、普遍性。破产费用的

共同性，是指所有破产程序都会具有这种费用，如破产案件的诉讼费用，管理人管理、变价和分配债务人财产的费用等，为所有破产程序所共有。破产费用的普遍性，是指破产费用存在于一切破产程序之中，任何破产程序都不能例外地具有这种费用。

（四）破产费用属于破产申请受理后、破产程序终结前发生的各种程序性成本费用

破产费用作为破产程序正常进行所必然发生的程序性成本费用，存在于破产程序中，即属于在破产申请受理后、破产程序终结前发生的各种程序性成本费用。破产申请受理前发生的以及破产程序终结后所发生的费用，都不属于破产费用。如人民法院对于破产申请是否符合破产条件进行审查所耗费的费用，人民法院没有受理的，就不能向申请人收取费用，也不能作为破产费用而由债务人财产承担。

（五）破产费用属于应由债务人财产承担的成本性费用

破产程序是针对债务人进行的程序，并使其对债权人所负的一切债务进行清偿而得以解脱。这样，对破产程序针对其财产与债务进行清理、偿还所产生的破产费用，固然应以债务人的财产承担。此外，从另一角度讲，破产费用乃是为了维护全体债权人合法权益所必须支付的程序性成本费用，根据“谁受益谁付费”的基本规则，破产费用要由债务人财产承担。而在破产程序尤其是在破产清算程序中，进行程序的目的就是将债务人的财产依法用于对全体债权人所负债务的清偿。在债务人破产的情况下，债务人的财产最终实际将归属于全体债权人。是以，破产费用自然应以因为用于清偿所负全体债权人的一切债务而最终实际归于债权人的债务人财产进行清偿。

（六）破产费用属于应当随时支付的成本性费用

破产费用既然属于破产程序中必须支付的成本性费用，基于破产程序正常进行的需要，要求以债务人财产随时支付。如管理人因执行职务而出差的交通、住宿等差旅费用，聘请工作人员所需的工资等，都需要随时支付。不然，这些成本性费用不能随时支付，必然影响破产程序的正常进行。

应当指出，随时支付，不是说一旦发生就需立即支付，其是说这些费用的承担人有权请求管理人依法予以支付。随时支付，相对于应当统一公平清偿的劳动债权、统筹社保债权和基本税收债权、普通债权等而言，要求具有优先性质。另外，作为一种必需发生的程序性费用，无疑要求优先于不是必需发生的共益债务来受偿。根据《企业破产法》的规定，破产费用在债务人财产中处于最为优先受偿的地位。破产费用无法支付，除非债权人、管理人、债务人的出资人或者其他利害关系人愿意垫付或依法通过其他途径予以筹集，

否则就应当终结破产程序。

二、破产费用的构成范围

《企业破产法》第 41 条规定："人民法院受理破产申请后发生的下列费用，为破产费用：（一）破产案件的诉讼费用；（二）管理、变价和分配债务人财产的费用；（三）管理人执行职务的费用、报酬和聘用工作人员的费用。"基此，破产费用的构成或称内容包括 3 个方面：

（一）破产案件的诉讼费用

1. 破产案件不需交纳破产案件受理费用。1989 年的《人民法院诉讼收费办法》第 5～8 条规定了破产案件受理费。1999 年的《〈人民法院诉讼收费办法〉补充规定》第 3 条确立了破产案件受理费减半交纳，并且不得超过 10 万元的限额。上述规定因为《诉讼费用交纳办法》的施行而失去效力，自不再适用。根据《诉讼费用交纳办法》第 6 条的规定，诉讼费用包括案件受理费，申请费，及证人、鉴定人、翻译人员、理算人员在人民法院指定日期出庭发生的交通费、住宿费、生活费和误工补贴。第 7 条规定，案件受理费包括一审受理费、二审受理费及再审案件依照该办法规定需要交纳的案件受理费。第 8 条第 1 项规定，依照《民事诉讼法》规定的特别程序审理的案件，不交纳案件受理费。当时即《诉讼费用交纳办法》2007 年 4 月 1 日施行时，《企业破产法》尚未施行，按照 1991 年《民事诉讼法》有关规定，破产案件属于按照特别程序审理的案件，无须交纳案件受理费。

2. 应当交纳破产申请费用。对此，需要注意以下方面：（1）破产申请费用的交纳标准。《诉讼费用交纳办法》第 10 条规定，当事人申请破产的，应当交纳申请费。第 14 条第 6 项规定："破产案件依据破产财产总额计算，按照财产案件受理费标准减半交纳，但是，最高不超过 30 万元。"其中，根据《企业破产法》第 107 条第 2 款的规定，债务人被宣告破产后，债务人称为破产人，债务人财产称为破产财产。财产案件受理费标准，根据《诉讼费用交纳办法》第 13 条第 1 款第 1 项规定："财产案件根据诉讼请求的金额或者价额，按照下列比例分段累计交纳：1. 不超过 1 万元的，每件交纳 50 元；2. 超过 1 万元至 10 万元的部分，按照 2.5% 交纳；3. 超过 10 万元至 20 万元的部分，按照 2% 交纳；4. 超过 20 万元至 50 万元的部分，按照 1.5% 交纳；5. 超过 50 万元至 100 万元的部分，按照 1% 交纳；6. 超过 100 万元至 200 万元的部分，按照 0.9% 交纳；7. 超过 200 万元至 500 万元的部分，按照 0.8% 交纳；8. 超过 500 万元至 1000 万元的部分，按照 0.7% 交纳；9. 超过 1000 万元至 2000 万元的部分，按照 0.6% 交纳；10. 超过 2000 万元的部分，按照

0.5%交纳。”第55条规定：“诉讼费用以人民币为计算单位。以外币为计算单位的，依照人民法院决定受理案件之日国家公布的汇率换算成人民币计算交纳。”（2）破产申请费不需要预交。根据《诉讼费用交纳办法》的相关规定，当事人申请破产的申请费不由申请人预交，破产申请费清算后交纳。（3）申请费用的承担。《诉讼费用交纳办法》第42条规定：“依法向人民法院申请破产的，诉讼费用依照有关法律规定从破产财产中拨付。”据此，债务人破产（包括破产重整、破产和解、破产清算）的诉讼费用依法由债务人财产（在破产清算中为破产财产）拨付。

3. 其他诉讼费用。包括：一是，证人、鉴定人、翻译人员、理算人员出庭费用。根据《诉讼费用交纳办法》第6条第3项的规定，当事人应当向人民法院交纳的诉讼费用包括“证人、鉴定人、翻译人员、理算人员在人民法院指定日期出庭发生的交通费、住宿费、生活费和误工补贴”。第11条规定：“证人、鉴定人、翻译人员、理算人员在人民法院指定日期出庭发生的交通费、住宿费、生活费和误工补贴，由人民法院按照国家规定标准代为收取。”“当事人复制案件卷宗材料和法律文书应当按实际成本向人民法院交纳工本费。”第12条第2款规定：“人民法院依照《民事诉讼法》第十一条第三款规定提供当地民族通用语言、文字翻译的，不收取费用。”第20条第3款规定：“本办法第十一条规定的费用，待实际发生后交纳。”二是，破产程序中依法进行公告的费用。破产程序是对债务人所负债权人一切债务进行清理的程序，涉及全体债权人的合法权利，包括实体权利与程序权利。为了保证债权人的这些权利，对一些重要事项如破产申请受理裁定等需要在《人民法院报》和当地有影响的报刊媒体上进行公告而支出的费用，应属破产程序进行所必要的程序性费用，为破产费用。三是，对债务人财产需要保全而由债权人、管理人申请采取保全措施的申请费，以及人民法院为查清事实有必要委托专业人员进行鉴定、勘验、翻译等费用。四是，人民法院依法认为应以债务人财产支付的费用。

4. 有关债务人的诉讼案件、仲裁及有关事项申请，依法应当交纳各种诉讼、仲裁等费用。在破产案件中，通常还会存在一些有关债务人的民事诉讼、行政诉讼、仲裁等案件，如债权人对管理人审查、债权人会议核查的债权及其数额不服而提起的诉讼；债务人为追索债权而向他人提起的诉讼、仲裁；债务人与债权人之间在破产申请受理前已经受理还未完结的诉讼、仲裁等。债务人败诉或者依法应由债务人承担的各种诉讼、仲裁费用发生在破产申请受理后的，属于破产申请受理后发生的与破产案件相关的诉讼、仲裁等费用，乃为破产费用；破产申请受理前，已经完成生效的裁判、仲裁裁决等确认应由债务人承担的各种费用，由于发生在破产申请受理前，则不属于破产费用，乃为普通债权，可以依法参加破产程序公平受偿。具体来说，破产案件中附属的但独立存在的各种诉讼、仲裁及有关事项的申请费用，包括：《诉讼费用交纳办法》第6条、第7条规定的案件受理费（如一审、二审受理费和再审案件中依法需要交纳的案件受理费）、申请费及证人、鉴定人、翻译人员、理算人员在人民法院指定日期出庭发生的交通费、住宿费、生活费和误工补贴。第10条规定的有关申请事项的申请费，如申请执行人民法院发生法律效力的判决、裁定、调解书，仲裁机构依法作出的裁决和调解书，公证机构依法赋予强制执行效力的债权文书；申请保全措施；申请支付令；申请公示催告；申请撤销仲裁裁决或者认定仲裁协议效力；申请破产；申请海事强制令、共同海损理算、设立海事赔偿责任限制基金、海事债权登记、船舶优先权催告；申请承认和执行外国法院判决、裁定和国外仲裁机构裁决等所产生的申请费。第12条规定的诉讼过程中因鉴定、公告、勘验、翻译、评估、拍卖、变卖、仓储、保管、运输、船舶监管等发生的依法应当由当事人负担的费用，人民法院根据谁主张、谁负担的原则，决定由当事人直接支付给有关机构或者单位。这些破产程序中附属的但又独立存在的民事诉讼或者申请事项产生的费用，除申请执行费外，应由提起诉讼人或者申请人依法预交，并由败诉方或者依法由申请人承担。各种诉讼、仲裁的提起人或者申请者交纳诉讼费用等确有困难的，根据《诉讼费用交纳办法》第44条等有关规定，可以依照该办法向人民法院、仲裁机构申请缓交、减交或者免交诉讼、仲裁费用的司法救助。因此，待有关债务人的诉讼、仲裁或者申请事项完成后，依法应由债务人负担的诉讼、仲裁费用等，依然属于破产费用。

（二）管理、变价和分配债务人财产的费用

1. 管理债务人财产的费用。即管理人接收、清理、保管、维护债务人财产所必须支付的各种费用。主要包括：（1）债务人财产的接收费用。债务人将财产移交，债务人的债务人、财产持有人向管理人交付债权、财产，将债务人分散各地的财产集中，将提单、仓单、票据、应收账款、债权、运输物等财产依法提取、回收等所产生的管理人接收债务人财产所应支付的运输、搬迁费用等。（2）债务人财产的清理费用。管理人接收债务人财产后，应当对债务人财产统一进行清理、登记而产生的成本费用等。（3）债务人财产的保管费用。如雇佣人员看守、保护债务人厂房、办公设施、生产设备、成品半成品等财产所应支付的报酬；租用他人场地存放债务人财产的租金；对债务人财产进行仓储、保管、寄存等产生的费用等。（4）债务人财产的维护、保养、修缮费用。如为了保证生产设施、车辆等财产的实用性及变现价值而对其所支付的保养、维护费用；对老化、损坏的厂房、生产工具进行维修应支付的费用；为著作权、商标、专利、技术等无形财产，以及需要依法登记、年检的财产如车辆、船舶、航空器等有形财产，依法登记、年审或者延续使用期限等所应支付的费用；为防止财产老化、使用财产所应支付的费用；更换、增设消防、防盗设施等消除财产的潜在危险、排除现实妨碍所支出的费用等。（5）债务人财产的保险费用。为防止火灾、水灾、冰灾、风灾等自然灾害对财产造成损害，或者防止财产被盗、被毁等造成财产损失，对依法应当保险的财产或者存在较高风险的财产支付各种保险费用。如对车辆支付应当进行强制保险的费用，或者为了防止被盗、发生交通事故等造成车辆损失而购买的保险费用；宾馆、歌厅、娱乐服务场所等为防止火灾发生所支付的保险费用；对煤矿等容易发生瓦斯爆炸、穿水、坍塌等意外事故的财产支付的保险费用等。（6）管理人为管理债务人财产所应支付的其他费用。

2. 债务人财产变价费用。主要包括：（1）财产评估费用。准确确定债务人财产的价值，是债务人财产变价的重要基础。尤其是对土地使用权、房产、探矿权、采矿权、车辆、机器设备、文物、古董等重大财产，以及对外出资份额、股权、股票、承包经营权、收费权、商标、专利、技术等无形财产，为保证其价值的充分实现及交易的相对公平，在变价前聘请专业机构及其人员对其价值进行评估而支付的评估费用。（2）财产拍卖、变卖费用。如拍卖佣金、公告费、财产介绍宣传费、财产交易中介费等财产拍卖、变卖所需要支付的费用。（3）财产转让应当交纳的税款及过户登记费用。如财产转让后，出卖人需要依法交纳营业税、转让税、增值税、印花税等费用。有的财产如土地使用权、房产、探矿权、采矿权、车辆、船舶、航空器、商标、专利等依法转让后，需要进行过户登记由此产生的费用等。（4）财产变价过程中所应支付的其他费用。如土地使用权转让时，欠缴土地出让金所应支付的费用；煤矿转让时需要依法缴纳的矿产资源费；财产变价时需要准备发票、票据等所应支付的费用。

3. 财产分配费用。主要包括：公告、通知债权人受领财产产生的费用；分配财产时所生的费用，如将分配款项汇给或者存入异地债权人银行账户产生的费用；附生效条件或者解除条件的债权、债权人未受领的破产财产分配额、诉讼或者仲裁未决的债权等应当提存其分配额而产生的提存费用等。

（三）管理人执行职务的费用、报酬和聘用工作人员的费用

1. 管理人的报酬。对此，已在第 8 章管理人第 8 节管理人报酬中做了专门介绍，这里不再多述。

2. 管理人聘请工作人员的费用。主要包括：（1）聘请专业人员所需要支

付的费用。我们知道，管理人工作涉及广泛，需要法律、财务、审计、评估、金融、管理、经营等各方面的专业知识。如此，具有某一方面专业知识的社会中介机构或者中介人员完全可能无法胜任全部工作。在此种情况下，为了保证破产工作的顺利进行，需要聘请必要的工作人员协助管理人工作。如基于维护债务人的继续经营，而从债务人中聘请一些管理人员、财务人员、专业技术人员等必要的工作人员；为进行债务人财产的处置而聘请的审计、评估、拍卖机构的工作人员，等等。故，《企业破产法》第 28 条第 1 款规定，管理人经人民法院许可，可以聘用必要的工作人员。第 41 条第 3 项规定，管理人聘用工作人员的费用，属于破产费用。然则，应当注意，根据《管理人报酬规定》第 14 条第 1 款规定，律师事务所、会计师事务所通过聘请本专业的其他社会中介机构或者人员协助履行管理人职责的；破产清算事务所通过聘请其他社会中介机构或者人员协助履行管理人职责的，所需费用属于管理人报酬，应从其报酬中支付，而不属于聘用工作人员所需费用。（2）聘请辅助人员所支付的费用。除专业人员外，管理人基于工作量复杂、巨大等原因，可能需要聘请一些非专业人员如债务人中了解有关事务的财务辅助人员、档案管理人员、人事主管人员、建筑工程经办人员等协助管理人工作，由此所产生的费用属于破产费用。

应当指出，无论是聘请专业人员还是聘请非专业人员，都会产生相应的费用，增加债务人财产的负担。与之相适应，则会减少管理人的工作量，实际增加其报酬。是否聘请工作人员，应当视债务人财产的实际情况确定。只有在确有必要时才能聘请，不然就不应聘请。而且，聘请必要的工作人员，必须经人民法院许可。未经人民法院许可擅自聘请工作人员而所产生的费用，不能作为破产费用而以债务人财产优先支付。

还应指出，破产费用的增加，必然增加债务人财产的负担，导致用于债权人清偿的财产减少，从而与债权人的利益直接相关。因此，《破产审判纪要》第 11 条明确要求，管理人经人民法院许可聘用企业经营管理人员，或者管理人确有必要聘请其他社会中介机构或人员处理重大诉讼、仲裁、执行或审计等专业性较强工作，如所需费用需要列入破产费用的，应当经债权人会议同意。

3. 管理人执行职务的费用。这种费用，是指管理人在执行职务、履行各种职责过程中所应支付的日常性的，不能纳入诉讼费用，管理、变价、分配债务人财产费用，及管理人报酬与管理人聘用必要工作人员的费用中的其他一切费用。此种费用，只要与管理人执行职务、履行职责相关，即属于管理人执行职务的费用，应以债务人财产随时清偿。此外，这种费用，有时与管理人管理、变价、分配债务人财产所需要的费用，难以区分。后者也是管理人执行管理、变价或者分配债务人财产这一职务的过程中产生的费用，与管理人执行职务时所产生的费用依然存在区别。主要是：管理人管理、变价、分配债务人财产的费用，与债务人财产直接相联系，并且只存在这一特定事项中，而不存在其他事项中，如对债务人财产保养、维修所产生的费用等。又如，管理人管理、变价、分配债务人财产均需要支付纸笔等文具开支，却并不专属于管理、变价、分配财产这一事务，管理人在执行其他职务时也需要纸笔等文具开支，属于管理、变价、分配财产这一职务与其他管理人职务共同需要的开支，应当归于管理人执行职务的费用，而不归于管理人管理、变价、分配债务人财产的费用。

具体而言，管理人执行职务的费用，主要包括：（1）刻制管理人印章的费用等。（2）管理人因为履行调查、接管债务人财产等职责所产生的调查费、差旅费、通信费等。（3）召开债权人会议所需要的费用。如会议通知、公告，会议场所租用，会议期间必要物品如纸张、文具、茶水等所产生的费用等。（4）管理人日常办公所需要的费用，如办公场所租赁费用，水电费、电话费、物业管理费，以及电话、传真机、计算机、复印机、保险柜、纸张文具购置等需要支付的费用，打印、复印、印制有关资料、文件等需要支付的费用等。（5）管理人执行职务时的其他费用。如维持债务人存在，进行营业执照、税务登记证、机构代码证、生产经营许可证等证件的年审、换取，对丢失的债务人印章进行刻制等所需要的费用，以及为使债务人消亡而对其进行注销登记所产生的费用等。

（四）在转换为破产程序之前的公司强制清算程序、尚未终结的执行程序中分别产生的尚未支付的公司清算费用、执行费用

按照司法解释的有关规定，在转换为破产程序之前的公司强制清算程序、尚未终结的执行程序中分别产生的尚未支付的公司清算费用、执行费用，可以参照破产费用随时进行清偿。公司依法进行强制清算、申请执行人依法申请产生的个别执行程序，在强制清算程序、某一执行程序转入破产程序之前，其清算费用、执行费用自不存在参照破产费用规定进行清偿的问题。但是，强制清算程序、某一执行程序根据《企业破产法》第7条第3款、《执行移送破产审查意见》等有关规定转换为破产程序的，强制清算程序、执行程序已经进行的一些工作，如财产的清查，债权的申报及审查，财产的评估、保管甚至变卖、分配等的成果均由破产程序所承继，以前的强制清算、执行程序也由此终结而融于破产程序这一整个程序之中，对债务人以前进行的有关权利义务进行清理等所有事务及其利益均为破产程序所吸收；强制清算中所完

成的财产清理、债权申报等事项，与破产程序极为类似，只要不违反《企业破产法》及其司法解释的有关规定，从破产程序的效益原则出发，都应承认其效力。对此，《强制清算案件纪要》第35条中规定："公司强制清算中已经完成的清算事项，如无违反企业破产法或者有关司法解释的情形的，在破产清算程序中应承认其效力"；以前本来就应由公司财产、被清算人财产支付而尚未支付的强制清算费用、执行费用，也就转为由债务人财产支付，而且与破产费用必须具有"为了全体债权人的共同利益"的目的性相一致，由此参照破产费用的有关规定以债务人的财产清偿，有其必然的法理根据。《执行移送破产审查意见》第15条规定，受移送法院裁定受理破产案件的，在此前的执行程序中产生的评估费、公告费、保管费等执行费用，可以参照破产费用的规定，从债务人财产中随时清偿。《破产法解释（三）》第1条进一步规定："人民法院裁定受理破产申请的，此前债务人尚未支付的公司强制清算费用、未终结的执行程序中产生的评估费、公告费、保管费等执行费用，可以参照企业破产法关于破产费用的规定，由债务人财产随时清偿。""此前债务人尚未支付的案件受理费、执行申请费，可以作为破产债权清偿。"具体说来，这种因非破产程序转换为破产程序后可以参照破产费用的有关规定进行清偿的费用，具体包括两种情形。

1. 转换为破产程序之前的公司强制清算程序中产生的尚未支付的公司清算费用。对之，应当注意以下几点：

一是，转换为破产程序的清算程序，必须是强制清算程序。非强制清算程序即自愿清算（自行清算）程序中即使转为破产程序的，之前的自愿清算程序中所产生的清算费用，也不能参照破产费用的有关规定以债务人财产随时清偿。《公司法》第181条、第180条、第182条规定，公司因"公司章程规定的营业期限届满或者公司章程规定的其他解散事由出现""股东会或者股东大会决议解散""依法被吊销营业执照、责令关闭或者被撤销"，以及"经营管理发生严重困难，继续存续会使股东利益受到重大损失，通过其他途径不能解决的"，人民法院经持有公司全部股东表决权10%以上的股东请求而依法决定的解散，均应在解散事由出现之日起15日内成立清算组开始清算。有限责任公司的清算组由股东组成，股份有限公司的清算组由董事或者股东大会确定的人员组成。逾期不成立清算组进行清算的，债权人可以申请人民法院指定有关人员组成清算组进行清算。人民法院应当受理该申请，并及时组织清算组进行清算。据之，强制清算乃是指公司在出现应当成立清算组进行清算的解散事由后，不成立清算组依法清算，而由人民法院根据债权人的申请而受理并组织清算组进行的清算。司法实践中，公司解散事由出现后15日内虽未成立清算组可在之后成立清算组进行自行清算的，虽然在清算开始时间上有违《公司法》的规定，然在债权人未申请人民法院组织清算组进行强制清算的，应当允许。此时，债权人出于自行清算的清算组故意拖延或者有其他严重损害债权人权益的违法甚至犯罪行为等原因，申请人民法院组织清算组进行清算的，人民法院自可决定强制清算。对这，《强制清算案件纪要》第 14 条明确规定："申请人提供被申请人自行清算中故意拖延清算，或者存在其他违法清算可能严重损害债权人或者股东利益的相应证据材料后，被申请人未能举出相反证据的，人民法院对申请人提出的强制清算申请应予受理。债权人申请强制清算，被申请人的主要财产、账册、重要文件等灭失，或者被申请人人员下落不明，导致无法清算的，人民法院不得以此为由不予受理。"此种强制清算后又转为破产程序的，有关清算费用自可参照破产费用进行清偿。当然，之前进行的自行清算中所产生的清算费用，不能参照破产费用进行清偿。

二是，无论是自愿清算还是强制清算，清算组在清理公司财产、编制资产负债表和财产清单后，发现公司财产不足清偿债务的，根据《公司法》第 187 条、《企业破产法》第 7 条第 3 款的规定，应当依法向人民法院申请宣告破产。此外，在清算过程中，债权人等有关权利人认为被清算公司具有破产原因，也可根据《企业破产法》第 2 条、第 7 条的规定申请破产，使得被清算的公司进入破产程序。这样，转为破产程序的既可以是自愿清算程序，也可以是强制清算程序；既可以是清算组依法申请被清算公司破产，也可以是债权人等有关权利人依法申请被清算公司破产。根据规定，只有强制清算程序中的清算费用才能参照破产费用以债务人财产清偿，自愿清算程序中的清算费用，则不能参照破产费用进行清偿，但可以作为破产债权进行处理。至于，强制清算程序是因为清算组的申请还是源于债权人等有关权利人的申请而转为破产程序的，则在所不论。

三是，强制清算程序的清算费用，具体包括两个部分：（1）强制清算的申请费。对此，《强制清算案件纪要》第 20 条规定："参照《诉讼费用交纳办法》第十条、第一十四条、第二十条和第四十二条关于企业破产案件申请费的有关规定，公司强制清算案件的申请费以强制清算财产总额为基数，按照财产案件受理费标准减半计算，人民法院受理强制清算申请后从被申请人财产中优先拨付。因财产不足以清偿全部债务，强制清算程序依法转入破产清算程序的，不再另行计收破产案件申请费；按照上述标准计收的强制清算案件申请费超过 30 万元的，超过部分不再收取，已经收取的，应予退还。"（2）强制清算申请费以外的其他清算费用，如对公司财产进行保管、仓储、运输、审计、评估、变卖甚至分配所产生的费用；公告、鉴定、仲裁诉讼费，以及委托注册会计师、律师等进行必要事项如追偿公司债权等所产生的代理费用；清算组成员的报酬，等等。

四是，对于清算组成员的报酬，在司法实践中，应当区分以下情形加以处理：（1）《强制清算案件纪要》第24条规定："公司股东、实际控制人或者股份有限公司的董事担任清算组成员的，不计付报酬。上述人员以外的有限责任公司的董事、监事、高级管理人员，股份有限公司的监事、高级管理人员担任清算组成员的，可以按照其上一年度的平均工资标准计付报酬。"据此，公司强制清算转为破产程序后，股东、实际控制人或股份有限公司的董事因在强制清算程序中不能计付报酬，在破产程序中自不存在计付报酬的问题。至于担任清算组成员的有限公司的董事、监事、高级管理人员，股份有限公司的监事、高级管理人员，其尚未支付的报酬可以作为劳动债权处于第1清偿顺位受偿。（2）《强制清算案件纪要》第25条规定，中介机构或者个人担任清算组成员的，在强制清算程序中，其报酬由中介机构或者个人与公司协商确定；协商不成的，由人民法院参照《管理人报酬规定》确定。在强制清算程序转为破产程序后，作为清算组成员的中介机构或者个人未被指定为破产管理人的，在强制清算程序中的应当得到的报酬，也可以作为劳动债权在第1清偿顺位中受偿。（3）《强制清算案件纪要》第34条规定，担任清算组的中介机构或者个人被依法指定为破产管理人的，在强制清算中的报酬可以转为破产程序的破产管理人的报酬之中，但在公司强制清算和破产清算中取得的报酬总额，不应超过按照企业破产计付的管理人或者管理人成员的报酬。

2. 某一执行程序转换为破产程序之前尚未终结的执行程序中产生的尚未支付的执行费用。对这，需要注意以下方面：

一是，针对债务人进行的执行程序必须是尚未终结的执行程序。已经终结的执行程序，即使存在尚未支付的执行费用，也不能在债务人进入破产程序后参照破产费用进行处理。已经终结的执行程序，既包括对某一申请执行所进行的执行程序的完全终结，又包括对某一申请执行所进行的执行程序的某一次终结，即终结本次执行程序。如此，既有利于严格控制破产费用的范围，以免导致参照破产费用清偿的费用范围的不当扩大而增加债务人财产的负担，进而减少用于债权人清偿的财产而使得债权人的利益遭受更大的损失。另外，也有利于促使执行法院发现被执行人具有破产原因的便及时移送破产审查，而不是采取终结本次执行程序的方式再等候重新启动执行程序，从而促使执转破制度的主动、积极适用，充分发挥执转破制度设立的功能与作用。

二是，针对债务人进行的执行程序包括所有尚未终结的执行程序。不用多言，按照有关司法解释的规定，将执行案件移送破产审查的执行法院针对被执行人财产的执行程序的执行费用，可以作为参照破产费用的规定随时清偿。然而，对移送破产审查外的其他法院针对被执行人财产进行的执行费用，是否也可参照破产费用处理，根据上述解释的文义来讲，应当包括在内。是以，尚未终结的执行程序，乃包括所有的针对债务人进行的执行程序在内，只要属于尚未终结的执行程序，不论是否由之直接转为破产程序，相关的执行费用都包括在可以参照破产费用规定清偿的范围内。

三是，尚未终结执行程序的执行费用，包括执行程序中的诸如评估费、公告费、保管费等必要费用。在执行过程中，法院基于执行工作往往需要评估、公告、保管，相应的费用如评估费可能由申请执行人先为垫付，有的则没有。考虑到在被执行人破产后如果不能以债务人的财产随时清偿，那么，被执行人资不抵债时，评估机构在没有申请执行人垫付的情况下就可能不愿意评估，导致执行程序无法进行。而要申请执行人先一律垫付评估费用，在现实生活中不一定都能够做到。申请执行人为了向被执行人追收债权，提起诉讼可能已经花费了诸如保管费、鉴定费、律师费等大量开支，在诉讼耗时很长的情况下耗费自然更多，在执行程序很可能再无能力垫付评估费用，而案件进入执行程序后不得不加以执行。因此，对于尚未终结的执行程序中所未缴纳的诸如保管费、仓储费、运输费、鉴定费、评估费、公告费、拍卖费等执行费用，在该执行程序转为破产程序后参照破产费用由债务人财产随时进行清偿，自有其必要性与现实性。

应当指出，执行程序中产生的评估费、公告费、保管费等执行费用是针对此次尚未执行完毕的财产而言的。对于此次已经执行完毕的财产，相应的执行费用应当由已经执行完毕的财产予以支付，而不能再参照破产费用以债务人的财产在破产程序中随时清偿。只有没有执行完毕的财产，针对该没有执行完毕的财产所产生的执行费用，才可参照破产费用予以处理。这点需要加以注意。

四是，尚未终结执行程序的执行费用，不应包括债务人尚未支付的案件受理费、执行申请费在内。案件受理费、执行申请费按照有关规定，先由提起诉讼案件的原告、申请执行人代为垫付，最后由债务人承担，由此形成的乃是原告、申请执行人与债务人之间的债权债务关系，且发生在破产申请受理前，应当作为破产债权处理。另外，案件受理费、申请执行费，均参照破产费用清偿，必然大大膨胀破产费用的外延，在债务人本身资不抵债的情况下，会造成债权人利益更大的损害。还有，所有单个尚未终结的执行程序因为执转破制度的适用均由转为的破产程序所吸收，通过执行程序尚未处理的债权均由破产程序集中公平进行处理，如果有关债务人破产申请受理前进行的尚未终结的申请执行费，均参照破产费用清偿，那么，对申请执行人债权处理这一事宜，就因为转为破产程序既要收取破产申请费，又要收取申请执行费，显有重复收取之嫌。尤其是，单个的执行程序很多，每一申请执行费都要参照破产费用清偿，与破产申请费严格控制（最多不超过30万元）而尽量减少债务人财产的负担的诉讼费用承担原则也相背离。

五是，如前所述，在转换为破产程序之前的案件受理费、申请执行费，不能参照破产费用处理。由于这种费用发生在某一执行程序转换为破产程序即债务人进入破产程序前，不属于共益债务的范围，只能属于破产债权且属于普通破产债权之列。对于普通破产债权，法律未再区分为清偿顺序，原则上应当按照同一比例公平受偿，然则，基于现实生活的复杂性以及一些债权的特殊性质，一般认为："人民法院可以按照人身损害赔偿优先于财产性债权、私法债权优先于公法债权、补偿性债权优先于惩罚性债权的原则合理确定清偿顺序。"①

三、破产费用清偿

对于管理人报酬的支付，《管理人报酬规定》做了专门规定，在本书第4章管理人第8节管理人报酬中做了专门介绍。这里的破产费用的清偿，不再包括管理人报酬的支付在内。

《企业破产法》第43条规定："破产费用和共益债务由债务人财产随时清偿。""债务人财产不足以清偿所有破产费用和共益债务的，先行清偿破产费用。""债务人财产不足以清偿所有破产费用或者共益债务的，按照比例清偿。债务人财产不足以清偿破产费用的，管理人应当提请人民法院终结破产程序。人民法院应当自收到请求之日起十五日内裁定终结破产程序，并予以公告。"基此，应当注意以下几点：

（一）破产费用由债务人财产予以清偿

换言之，用于破产费用清偿的财产必须是债务人的财产。虽为管理人占有、控制、支配，然不属于债务人的财产，如他人对债务人设定质权的财产，债务人租用、借用的他人财产，所有权保留买卖中债务人尚未支付全部对价或者履行其他义务而未取得所有权的买卖标的物等财产，不能用于清偿破产

① 最高人民法院民事审判第二庭编著：《最高人民法院关于企业破产法司法解释（三）》，人民法院出版社2019年版，第27页。

费用。

应当指出，破产费用和共益债务，根据《企业破产法》第 43 条第 1 款的规定，由债务人财产随时进行清偿，清偿破产费用的行为为此可以发生在债务人破产宣告之前。这时，还不存在破产财产的问题，破产费用和共益债务清偿行为的对象为债务人财产但不是破产财产。债务人破产宣告后，债务人财产转化为破产财产，未能清偿的破产费用和共益债务就应由破产财产清偿。

还应指出，在《企业破产法》施行前，根据《企业破产法（试行）》的有关规定，负有担保物权或者法定特别优先权的特定财产不属于破产财产。可是，《企业破产法》则不分财产是否负有担保物权或者法定特别优先权，均将之纳入债务人财产予以统一管理。在破产费用和共益债务的清偿上，《企业破产法》第 43 条第 1 款也只是原则上规定由债务人财产随时进行清偿，并没有明确破产费用和共益债务不能由负有担保物权或者法定特别优先权的特定财产承担。在法律规定前后不同的情况下，容易产生歧义。笔者认为，破产费用和共益债务应当由债务人所有财产，包括负有担保物权或者法定特别优先权的特定财产来承担。原因如下：

1.《企业破产法》第 43 条第 1 款明确规定，破产费用和共益债务，由债务人财产随时进行清偿，而债务人财产既包括负有担保物权或者法定特别优先权的特定财产，又包括不负有担保物权或者法定特别优先权的非特定财产。债务人财产在债务人破产宣告后，转化为破产财产，破产财产既包括负有担保物权或者法定特别优先权的特定财产，又包括不负有担保物权或者法定特别优先权的非特定财产。在债务人破产宣告后，未能清偿的破产费用和共益债务由破产财产承担，也就包括由特定财产和非特定财产共同承担。

2.《诉讼费用交纳办法》第 14 条第 6 项规定："破产案件依据破产财产总额计算，按照财产案件受理费标准减半交纳，最高不超过 30 万元。"另外，破产案件中有关债务人财产的民事案件的诉讼费用也是以包括负有担保物权或者法定特别优先权的特定财产在内的破产财产总额为标准分段按照一定比例累计计算的。如果负有担保物权或者法定特别优先权的特定财产不承担破产费用，那么也就不承担诉讼费用。所有诉讼费用就得由不负有担保物权或者法定特别优先权的非特定财产承担，对于不具有财产担保或者法定特别优先权的非优先受偿的破产债权人来说，自不公平。

3. 在债务人破产申请裁定受理后，债务人的财产，无论是否负有担保物权或者法定特别优先权，都需要管理、评估、变价、清偿，而这些行为自会产生一定的破产费用。另外，具有担保物权或者法定特别优先权的优先受偿债权，都需要依法进行债权申报、通知债权人参加债权人会议、审查其债权是否成立等，也必然耗费管理人的劳动。对于因为这些优先受偿的破产债权而直接付出的成本即破产费用，假若不以特定财产承担，而全部由非特定财产承担，对不具有财产担保或者法定特别优先权的非优先受偿破产债权人来说，既不合理，也不公平。

4. 优先受偿破产债权人，对债务人的特定财产尽管因为具有担保物权或者法定特别优先权可以优先受偿，可这些特定财产因为债务人破产完全可能贬值甚至严重贬值，致使可能无法足额清偿。这样，维护债务人继续营业，可能对负有担保物权或者法定特别优先权的特定财产也有益处，为债务人营业而产生的共益债务由特定财产和非特定财产共同承担，也有道理。

5. 因无因管理、不当得利、管理人的职务侵权、破产财产的致人损害行为等产生的共益债务，与债务人所有的财产都相关联，将之限定在只能由非特定财产清偿的范围内，也明显与公平原则相悖。

综上所述，破产费用和共益债务应当由特定财产和非特定财产共同承担。具体来说，因特定财产的管理、变价、评估、清偿等直接产生的破产费用和共益债务，应当由特定财产承担；并非因特定财产直接产生的破产费用和共益债务，则可由人民法院酌情按照一定的比例承担。①

（二）破产费用应当由债务人财产随时清偿

管理人执行职务及管理、变价、分配债务人财产等所必需的程序性费用，倘若不能及时清偿，管理人就要为之垫付费用，必然挫伤管理人的积极性、主动性，影响破产程序的正常进行，最终受到损害的必是债权人的合法权益。故，破产费用应当由债务人财产随时清偿。随时清偿，并不是说破产费用想什么时候清偿就什么时候清偿，而是指破产费用无需像破产债权那样要求进行债权申报，也无需等待债务人财产分配时统一清偿，即相对于破产债权的清偿而言，具有时间上的优先性、不受限制性及清偿的及时性，目的在于保证破产程序的正常、顺利进行。

（三）应以非特定财产承担的破产费用以债务人的非特定财产在第一顺序中优先受偿

如前所述，破产费用的承担应由债务人财产（包括负有担保物权和法定特别优先权的特定财产及不负有担保物权和法定特别优先权的非特定财产）共同承担。其中，应由特定财产承担的部分，以特定财产共同按比例承担即可，一般不会存在不能承担的问题，无需考虑清偿顺序。

---

① 吴庆宝、王建平主编：《破产案件裁判标准规范》，人民法院出版社2009年版，第345~346页。

对于应由非特定财产承担的破产费用，由于非特定财产一般无法对具有财产担保或者法定特别优先权的债权以外的其他非优先受偿债权进行足额清偿，必须考虑破产费用的承担顺序与非优先受偿债权的清偿顺序问题。《企业破产法》第 109 条规定，对破产人的特定财产享有担保权的权利人，对该特定财产享有优先受偿的权利。第 113 条规定，破产财产在优先清偿破产费用和共益债务后，再依次清偿劳动债权、统筹社保债权和基本税收债权、普通债权。第 43 条第 2 款、第 3 款规定："债务人财产不足以清偿所有破产费用和共益债务的，先行清偿破产费用。""债务人财产不足以清偿所有破产费用或者共益债务的，按照比例清偿。"据之，在破产清算中，未负有担保物权或者法定特别优先权的非特定财产，以及虽然负有担保物权或者法定特别优先权的特定财产在清偿应由特定财产承担的破产费用、共益债务，以及具有担保物权和法定特别优先权的债权后还剩余的部分财产，首先应当将之用于清偿应由非特定财产承担的破产费用、共益债务，然后再清偿其他债务。如此，应当由非特定财产承担的破产费用在非特定财产的清偿中居于第一清偿顺位的位置上。

应当指出，破产费用和共益债务的清偿顺序，是在债务人财产无法清偿破产费用和共益债务的情况下而设置的清偿顺序。债务人财产足以清偿破产费用和共益债务，两者自不存在谁先谁后的清偿顺序的问题。债务人财产不足以清偿破产费用和共益债务的，则应优先清偿破产费用；在清偿破产费用后，还有剩余的，则剩余的部分用来清偿共益债务。

还应指出，破产费用和共益债务的清偿顺序，是在出现债务人财产不足以清偿破产费用和共益债务时，对尚待清偿的破产费用和共益债务而设置的清偿顺序。之前已经清偿的破产费用和共益债务不在此限。因此，管理人清偿破产费用和共益债务时，应当注意掌握债务人财产、破产费用、共益债务的情况，一旦发现债务人财产可能不足以清偿破产费用和共益债务时，就应优先用于破产费用的清偿。

（四）债务人财产不足以清偿破产费用时的法律后果

1. 债务人财产不足以清偿破产费用时，按照比例清偿。此时，根据《管理人报酬规定》第 12 条的规定，债权人、管理人、债务人的出资人或者其他利害关系人愿意垫付管理人报酬和执行职务费用的，应当允许。至于在破产重整程序、破产和解程序中，从理论上讲，并不存在不能清偿破产费用的问题。当然，破产重整程序、破产和解程序依法转为破产清算程序的，则有可能无法足额清偿破产费用，然这已经属于破产清算程序中不能清偿的问题，而不属于破产重整程序、破产和解程序中的不能清偿破产费用的问题。

2. 债务人财产不足以清偿破产费用时，应当裁定终结破产程序。根据《企业破产法》第 43 条第 4 款的规定，债务人财产不足以清偿破产费用的，管理人应当提请人民法院终结破产程序。人民法院应当自收到请求之日起 15 日内裁定终结破产程序，并予以公告。但是，《管理人报酬规定》考虑到破产程序的一些利害关系人在债务人的财产不足以支付管理人报酬和执行职务费用时，可能愿意垫付管理人报酬和执行职务费用的情况，又于第 12 条第 3 款规定债权人、管理人、债务人的出资人或者其他利害关系人愿意垫付管理人报酬和管理人执行职务费用的，破产程序可以继续进行。垫付款项作为破产费用从债务人财产中向垫付人随时清偿。

应当指出，如前所述，债务人财产不足以清偿破产费用时，根据现行《企业破产法》第 43 条的规定，管理人应当提请人民法院终结破产程序。然如此终结破产程序，却无法让债务人按照破产程序的有关规定依法退出市场，程序上的公平、公正从而难以得到体现。为了解决这一问题，《加快完善市场主体退出制度改革方案》第 8 条第 2 项明确要求，由各地方人民政府牵头负责“探索研究破产经费筹措机制。鼓励有条件的地方探索建立破产经费筹措机制，对破产财产不足以支付破产费用的市场主体，可通过筹措经费帮助支付有关费用。”

3. 债务人财产不足以清偿破产费用时，应当依法对债务人进行注销登记，消灭其法律人格。债务人财产不足以清偿破产费用的，意味着在清偿破产费用后不再存在任何财产，已经丧失承担法律责任的前提与基础，需要消灭其法律人格，使其丧失民事主体资格。对此，《企业破产法》第 121 条规定，管理人应当自破产程序终结之日起 10 日内，持人民法院终结破产程序的裁定，向破产人的原登记机关办理注销登记。

4. 因债务人财产不足以清偿破产费用而终结破产程序后，发现债务人有可供分配的财产时，应当依法追加分配。对这，《企业破产法》第 123 条明确规定：“自破产程序依照本法第四十三条第四款或者第一百二十条的规定终结之日起二年内，有下列情形之一的，债权人可以请求人民法院按照破产财产分配方案进行追加分配：（一）发现有依照本法第三十一条、第三十二条、第三十三条、第三十六条规定应当追回的财产的；（二）发现破产人有应当供分配的其他财产的。”“有前款规定情形，但财产数量不足以支付分配费用的，不再进行追加分配，由人民法院将其上交国库。”

5. 因债务人财产不足以清偿破产费用而终结破产程序后，债务人有关人员于破产程序中的义务予以免除。对此，根据《企业破产法》第 15 条的规定，债务人的法定代表人，以及经人民法院决定债务人的财务管理人员和其他经营管理人员，在破产程序中所应承担的妥善保管其占有和管理的财产、印章和账簿、文书等资料；根据人民法院、管理人的要求进行工作，并如实回答询问；列席债权人会议并如实回答债权人的询问；未经人民法院许可，不得离开住所地；不得新任其他企业的董事、监事、高级管理人员等义务自然终止，不再承担。

6. 因债务人财产不足以清偿破产费用而终结破产程序后，对债务人破产负有责任的董事、监事或者高级管理人员任职资格在规定的期限内开始受到限制。《企业破产法》第125条规定，企业董事、监事或者高级管理人员违反忠实义务、勤勉义务，致使所在企业破产的，除依法承担民事责任外，自破产程序终结之日起3年内不得担任任何企业的董事、监事、高级管理人员。

7. 因债务人财产不足以清偿破产费用而终结破产程序后，对于债权人在破产程序中未受清偿的债权，破产人的保证人和其他连带债务人，应当继续承担清偿责任。

第二节　共益债务

一、共益债务概述

（一）共益债务的概念与特征

共益债务，是指为了全体债权人的共同利益或者基于公平原则和社会公共秩序考虑，在破产申请受理后对他人发生的应当以债务人财产随时优先受偿的实体性债务。具有以下主要特征：

1. 共益债务属于为了债权人的共同利益或者基于公平原则和社会公共秩序所发生的实体性债务。这点与破产费用不同。后者属于为保证破产程序正常进行而产生的程序性费用。实体性费用，是源于债务人与债权人之间的民事法律行为，或者无因管理、不当得利、侵权等实体行为产生的债务，这些债务与破产程序虽然有关，可并不那么直接，属于因为债务人、管理人的行为而负的实体性债务。

2. 共益债务作为因为债务人、管理人的民事实体行为所负的实体性债务，并非必然发生。假若不存在这些民事行为，就不会产生这种实体债务，其发生具有不确定性、或然性的特点。

3. 共益债务作为债务人、管理人的民事实体行为所负的实体性债务，并非必然发生，不一定为所有实际发生的破产程序所具有。如所有破产程序并非一定存在无因管理、不当得利、侵权行为之债，债务人与对方当事人之间也可能不存在破产申请受理前双方均未履行完毕的合同，以及生产经营服务等营业而产生的各种债务，有的破产程序如一些破产清算程序，就根本不会发生共益债务。

4. 共益债务要求发生在破产程序中，即破产申请受理后破产终结前发生的并为法律所规定的实体性债务。破产程序终结后，不再存在债务人对他人再负有这一破产程序才有的共益债务问题。破产申请受理前发生的债务，除对债务人特定财产具有担保物权或者法定特别优先权而对特定财产应当依法优先清偿的外，其他债权包括合同之债、无因管理之债、不当得利之债、侵权损害之债等，都不具有优先性质，否则就有悖于公平原则和社会公共秩序。可在破产申请受理后，为了全体债权人的共同利益，或者因为法律规定而产生的债务，基于维护法律公平原则及社会公共秩序以防止债务人、管理人不当乃至违法犯罪行为的发生，而对债务人、管理人、债权人行为形成的一些特定之债，列为共益债务以债务人财产优先受偿，有其必要。

5. 共益债务设置的目的，主要是为了全体债权人的合法权益或者基于公平原则和社会公共秩序利益考虑。对破产申请受理前已经成立债务人与对方当事人均未履行完毕的合同，管理人决定解除或者继续履行的，都应以有利于债务人财产保值、增值等因素为基本要素进行考虑，从而有利于维护全体债权人的合法权益。生产经营服务等营业，在破产程序中有利于债务人财产的保值、增值，或者重整的，依法由管理人在第一次债权人会议之前，以及第一次债权人会议决定继续进行，也是为了债务人财产的保值、增值，或者挽救企业，从而使债权人合法权益得到更大化的保护，尽量减少因为破产清算而增加债权人的债权损失。无因管理，有利于债务人财产由此也有利于全体债权人合法权益的保护。至于不当得利及侵权损害之债，倘若不能及时以债务人财产优先清偿，则可能引发债务人不当行为甚至违法犯罪行为发生，造成公平原则与社会公共秩序的损害，也不利于全体债权人合法权益的维护。这时，全体债权人并非直接受益，然因公平原则及社会公共秩序得到维护，也可以间接从中受益。

6. 共益债务作为发生在破产程序中且是基于全体债权人的合法权益或者公平原则和社会公共秩序而产生，需要以债务人财产支付。债务人所负的债务，固然只能由债务人财产清偿，而不得以他人的财产进行清偿。另外，债务人的财产，在破产程序中，均应用于债务人所负债务的清偿，从最终归属这一角度考虑，应当属于债权人财产。而共益债务是为了全体债权人共同利益、社会公平及公共利益考虑，根据“谁受益谁付费”的基本规则，共益债务也应由最终归属于全体债权人的债务人财产依法进行清偿。

7. 共益债务作为破产程序中为了全体债权人的共同利益及公平原则和社会公共秩序而发生的债务，应当以债务人财产优先、随时清偿。共益债务的发生，既然是为了全体债权人共同利益或者公平原则和社会公共秩序，就应当以债务人财产优先受偿。对于共益债务，不仅需要优先受偿，而且还要随时受偿。如果不随时受偿，在债务人破产的情况下，一些有利于全体债权人利益的合同行为、无因管理行为就可能得不到实行，一些不利于公平原则和社会公共秩序的不当得利、侵权损害行为就得不到制止，那么，最终受到损害的仍然是全体债权人。为了有效维护全体债权人的合法利益及法律公平原则和社会公共秩序，对共益债务应当随时以债务人财产进行清偿。

（二）共益债务与破产费用的联系与区别

共益债务与破产费用作为以债务人财产随时优先清偿的费用或债务，具有一些共同的特征，如均发生在破产申请受理后及破产程序终结前；均以债务人财产进行清偿等，相互之间会存在一定联系。作为破产程序中的两种不同概念，亦自会存在一定区别。主要有：

1. 两者的性质不同。共益债务属于破产程序中发生的实体债务；而破产费用是破产程序中发生的程序性债务。

2. 两者发生的原因不同。共益债务必须因为债务人、管理人、债权人的民事实体行为而发生，有的是因民事法律行为如债务人、管理人与共益债权人之间的合同行为而发生，有的是因非民事法律行为如无因管理、不当得利等事实行为而发生；而破产费用则是源于人民法院、管理人或者债权人的法定程序性行为而发生，并不是债务人、管理人、债权人之间的民事实体行为所导致。

3. 两者的发生是否具有必然性、普遍性不同。共益债务因为债务人、管理人、债权人的民事实体行为发生，不具有必然发生的性质，其是否发生并不自然确定，具有或然性；而破产费用为破产程序正常进行的程序性费用，则为所有破产程序所必然发生、所共同具有，具有发生的必然性和存在于一切破产程序中的普遍性。

4. 两者的对象不同。共益债务因债务人、债权人的民事实体行为与他人发生债权债务关系，其对象为与债务人发生共益债权债务关系的任何第三人，在产生前不具有特定性；而破产费用是为了保障破产程序正常进行，围绕着破产程序发生的费用，这种费用主要分为两部分：（1）参与主体依法应当收取的费用，如管理人报酬、管理人聘用工作人员的费用、人民法院的诉讼费用，以及证人、鉴定人、翻译人员等依法参与破产程序所应得到的费用等。这些费用均被规定了支付标准，具有劳动报酬性质，并具有可预测性。（2）管理人执行职务或者管理人管理、变价、分配债务人财产所产生的非劳动报酬性质的费用。这些费用数额不大，且在发生的同时，通常由管理人直接支出，如管理人出差在外的调查费、差旅费，为购置文具纸张等日常用品的费用等。无论属于哪种情况，破产费用针对的是人民法院、管理人或者聘用工作人员、委托中介机构等产生的程序性费用，具有对象的特定性。

5. 两者的内容不同。共益债务为民事实体行为所产生，具体包括合同之债、不当得利之债、无因管理之债、侵权损害之债等；而破产费用则为破产程序正常进行所发生的程序性费用，包括破产案件的诉讼费用；管理、变价和分配债务人财产的费用；管理人执行职务的费用、报酬和聘用工作人员的费用等。

6. 两者发生的目的不同。共益债务发生的目的，是为了全体债权人的合法权益或者基于公平原则和社会公共秩序考虑。如对债务人财产有利而由管理人对破产申请受理前已经成立的但债务人和对方当事人均未履行完毕的合同决定继续履行的费用、在破产程序中进行生产经营服务等营业活动所应支付的劳动报酬及其他债务等，就有利于全体债权人。无因管理、不当得利、侵权损害之债的履行虽会减少债务人财产，然基于公平原则和社会公共秩序考虑，仍需要以债务人财产随时清偿。无论是基于全体债权人合法权益考虑还是基于公平原则和社会公共秩序考虑，都会让共益债权人直接获益，而非全体债权人直接获益，当然，全体债权人可以间接获益。这样，在清偿共益债务时，应当对特定债权人的利益是否需要作优先考虑。所以，共益债务的认定与清偿，是破产申请受理后对特定债权人的一种特殊保护。而破产费用，则是为了保障破产程序正常进行而设置的，其并不考虑特定债权人的利益是否需要优先保护。破产程序正常进行，无疑是全体债权人合法权益得到有效保障的前提与基础，对全体债权人间接有利，然并非直接有利。

7. 两者清偿的顺序、程序及不能清偿的法律后果不同。《企业破产法》第43条第2款、第3款规定，债务人财产不足以清偿所有破产费用和共益债务的，先行清偿破产费用。债务人财产不足以清偿所有破产费用或者共益债务的，按照比例清偿。债务人财产不足以清偿共益债务的，不会导致终结破产程序的法律后果；而债务人财产不足以清偿破产费用的，根据《企业破产法》第43条第4款的规定，则会导致终结破产程序的法律后果。此时，管理人应当提请人民法院终结破产程序。人民法院应当自收到请求之日起15日内裁定终结破产程序，并予以公告。

二、共益债务的构成范围

《企业破产法》第 42 条规定："人民法院受理破产申请后发生的下列债务，为共益债务：(一) 因管理人或者债务人请求对方当事人履行双方均未履行完毕的合同所产生的债务；(二) 债务人财产受无因管理所产生的债务；(三) 因债务人不当得利所产生的债务；(四) 为债务人继续营业而应支付的劳动报酬和社会保险费用以及由此产生的其他债务；(五) 管理人或者相关人员执行职务致人损害所产生的债务；(六) 债务人财产致人损害所产生的债务。"基此，共益债务的构成具体包括双方均未履行完毕合同继续履行之债、继续营业之债、债务人财产受无因管理之债、债务人不当得利之债、职务致人损害之债及债务人财产致人损害之债。

(一) 双方均未履行完毕合同继续履行之债

《企业破产法》第 18 条规定："人民法院受理破产申请后，管理人对破产申请受理前成立而债务人和对方当事人均未履行完毕的合同有权决定解除或者继续履行，并通知对方当事人……""管理人决定继续履行合同的，对方当事人应当履行；但是，对方当事人有权要求管理人提供担保。管理人不提供担保的，视为解除合同。"《企业破产法》第 73 条规定："在重整期间，经债务人申请，人民法院批准，债务人可以在管理人的监督下自行管理财产和营业事务。""有前款规定情形的，依照本法规定已接管债务人财产和营业事务的管理人应当向债务人移交财产和营业事务，本法规定的管理人的职权由债务人行使。"第 98 条规定："债权人会议通过和解协议草案的，由人民法院裁定认可，终止和解程序，并予以公告。管理人应当向债务人移交财产和营业事务，并向人民法院提交执行职务的报告。"据此，在破产程序中，对于破产申请受理前已经成立但债务人与对方当事人均未履行完毕的合同，管理人、债务人可以依法请求对方当事人履行。要求对方当事人依法履行，对方当事人在其权利得不到保障时，就不会愿意履行；即使履行，其履行的积极性、主动性、及时性、全面性、有效性等亦会受到这样或那样的影响。为了促使对方当事人全面及时履行这种对债务人、全体债权人都有利的未履行完毕的合同，将对方当事人履行后债务人由此所负的债务列为共益债务以债务人财产优先受偿，自有其必要。

就双方均未履行完毕合同所产生的具体债务而言，既包括按照合同的约定债务人应当向对方当事人履行的对待给付本金，如债务人购买货物、生产设备的价款，仓储合同、保管合同、运输合同、承揽加工合同、委托合同等约定的仓储费、保管费、运输费、承揽加工费、委托代理费等，又包括应当给付的本金因为未及时支付的利息；既包括双方均未履行完毕合同的债务人对债权人所负的主债务，又包括债务人对债权人所负的从债务，如提供保证、担保等所负的债务，包括财产抵押权设立时所应支付的抵押登记费用、公证费用等；既包括债务人依照合同约定对债权人所负的对待给付，又包括债务人未按照合同约定全面、及时履行义务所产生的违约责任，等等。无论属于应当给付的本金、利息，还是应承担的违约责任，只要为履行双方均未履行完毕合同时成立且应当由债务人承担的债务，即属于共益债务，应当以债务人财产随时优先进行清偿。

（二）继续营业之债

在破产程序中，根据生产经营服务等营业是否有利于债务人财产的保值、增值或者是否有利于重整、和解工作的需要，在第一次债权人会议召开之前，根据《企业破产法》第25条、第26条的规定，经人民法院许可，管理人有权决定继续或者停止债务人的营业。第61条规定，债权人会议有权决定继续或者停止债务人的营业。管理人或者债权人会议依法决定继续债务人营业的，债务人可能会对他人新负各种各样的债务。这种债务，根据法律规定，属于共益债务，需要以债务人财产优先于劳动债权、统筹社保债权和基本税收债权、普通债权随时清偿。具体来说，包括：

1. 债务人继续进行生产经营服务等营业所产生的劳动债权，如工资、津贴、奖金、福利等劳动报酬；依照法律、法规应当交纳的基本养老保险、基本医疗保险费用；因为工伤事故发生的损害赔偿，如受害人死亡补偿金、抚恤费、丧葬费、医疗费、误工费、护理费等。

2. 生产经营服务等营业过程中因为买卖、销售、保管、运输等必要法律行为产生的债务。

3. 因为生产经营服务等营业依法产生的各种税费，如营业税、增值税、教育附加费、污染防治费等。

4. 其他因为生产经营服务等营业产生的债务，如水电费用，电话传真等通信费用，工作人员执行职务时的交通、住宿等差旅费用等。

应当指出，与生产经营服务等营业相关的一个重要而又具有争议的问题是，为债务人继续营业借款而产生的债务，能否作为共益债务处理。对这，根据法律及有关司法解释的规定，应当注意以下几点：

一是，为债务人继续营业而依法产生的借款债务，可以作为共益债务处理。这是因为，在破产程序中，债务人为了继续生产经营，在资不抵债的情况下完全可能要借款进行。这种借款不像买卖原材料、保管运输产品、使用电力那样必然产生之间的相互债务，明显可归之于共益债务的范围。但对于资不抵债已经进入破产程序的债务人来说乃可能必须，如因为管理财产而雇佣人员，租用场地，追收债权而进行仲裁、诉讼，为处置财产而进行评估、鉴定、拍卖等，债务人没有任何现金的，管理人就需要对外借款。[①] 不仅如此，在债务人继续进行生产经营服务等营业，有利于债务人财产增值，尤其是以挽救债务人使之重生为目的而开始的破产重整程序、破产和解程序，债务人继续进行生产经营服务等营业，通常是破产重整、破产和解正常进行的必要保障。而要继续进行生产经营服务等营业，在资不抵债而进入破产程序的情况下，更需要对外借款，不然其营业就不可能得以进行，进而致使债务人财产不能增值，破产重整程序、破产和解程序无法进行，全体债权人的利益就会遭受更大损害。是以，管理人基于继续债务人营业的需要经过债权人会议或者在第一次债权人会议之前经过人民法院许可可以对外借款或者以设定财产担保的方式对外借款。毫无疑问，对外借款，在债务人进入破产程序已经丧失必要信用的情况下，出借人通常都会要求管理人提供财产担保或者保证优先受偿。假若没有必要而充分的保障，让出借人解除所借款项无法得到清偿之忧，是不可能获得的。此外，为了给必要继续进行的营业对外顺利借款融资，在法律规定上通过制度设立给此种借款提供保障，并且避免因为规定不明确而导致此种借款在法律上的性质产生争议，《破产法解释(三)》第2条于是规定，破产申请受理后，经债权人会议决议通过，或者第一次债权人会议召开前经人民法院许可，管理人或者自行管理的债务人可以为债务人继续营业而借款。提供借款的债权人主张参照《企业破产法》第42条第4项关于“人民法院受理破产申请后发生的下列债务，为共益债务：……（四）为债务人继续营业而应支付的劳动报酬和社会保险费用以及由此产生的其他债务”的规定优先于普通破产债权清偿的，人民法院应予支持。基此，为债务人营业而依法所产生的借款债务，在性质上属于共益债务，依法可以以债务人财产随时进行清偿。

事实上，《企业破产法》第42条第4项明确规定，“为债务人继续营业而应支付的劳动报酬和社会保险费用以及由此产生的其他债务”，属于共益债务。这一规定虽然没有明确为债务人营业而依法所产生的借款债务属共益债务，可从文义上讲，能够包括在“为债务人继续营业而……由此产生的其他债务”之中。换言之，这一规定虽然没有将为债务人营业而依法所产生的借款债务明确规定在其中，亦没有将之排除在其外，且可以将之解释为这一规定所概念的“其他债务”之中。另外，从此规定的立法意旨来看，第42条第

① 陈荣宗：《企业破产法》，我国台湾地区三民书局1986年版，第200页。

4项规定的“为债务人继续营业而应支付的劳动报酬和社会保险费用以及由此产生的其他债务”这一共益债务，是指“在法院受理破产案件之后，债务人继续营业的目的是增加债务人财产或为重整之需，这种营业通常会使企业利益相关者获得利益。为进行这种营业应向劳动者支付的劳动报酬和社会保险费用以及由此产生的其他债务，在此期间的职工医疗费用、伤残补助等属于共益债务。”① 因此，基于债务人财产增值或者破产重整、破产和解以使债务人重生的目的而继续进行营业依法所产生的借款，符合共益债务的设立目的，可以归属于共益债务的范畴。

二是，为债务人继续营业借款所产生的债务作为共益债务认定的条件。对此，需要满足：（1）此种借款必须发生在债务人破产申请受理后，在破产申请受理前，为继续营业所借之款不属于共益债务的范围。破产申请受理后，为债务人继续营业而借款，具体说来应当在宣告债务人破产或者重整计划批准或者和解协议认可之前。宣告债务人破产，自不再存在继续营业的问题；重整计划批准、和解协议认可之后，分别进入重整计划、和解协议执行阶段，需要继续进行的营业，已不是之前为了保障债务人财产增值及其重整、和解顺利进行所必需，因为必须有新投资人注入资金，其融资不仅仅是为了全体债权人的利益，而且全体债权人债权的清偿比例及其顺序也因重整计划、和解协议而固定。尽管可能存在重整计划、和解协议执行失败等而转入破产清算的情况，可要将为执行重整计划、和解协议后为营业所借之款纳入共益债务的范围，在用于清偿债权人的财产已由重整计划、和解协议固定的情况下，必然大大减少用于清偿其他债权人债权的财产，损害其他债权人的利益。尤其是重整计划、和解协议的执行，在破产司法实践中，往往很长，倘若允许负债营业，共益债务将无法控制。故，在重整计划、和解协议的执行阶段为营业对外借款，不应作为共益债务认定而随时清偿。（2）此种借款的目的在于债务人继续营业之所需。所借之款不是为了用于继续营业的需要，也不能认定为共益债务。当然，借款目的虽是为了继续营业之所需借款之后却并未用于营业之需要，或者假为继续营业之需为名借款而实际根本不是用于营业需要的，为了维护出借人的合法权益，不因这种个别现象的出现导致破产程序中为营业之需依法所借之款设立为共益债务的目的及其功能无法实现，依然要将这种借款认定为共益债务。固然，出借人明知所借款项并非用于营业之需，而是用于其他事项如个别清偿，甚至相互串通以此借款谋取私利的，则不能认定为共益债务而随时清偿。（3）此种借款必须是由管

① 《中华人民共和国企业破产法》起草组编著：《〈中华人民共和国企业破产法〉释义》，人民法院出版社2006年版，第160页。

理人或者依法自行管理财产、营业事务的债务人所为。管理人所为，要求由其管理债务人的财产、营业等事务；依法由债务人自行管理财产、营业事务时，管理人所为的借款在主体上就存在问题。债务人所为，必要求其在自行依法管理财产和营业；没有自行管理财产和营业的，则所借之款不能认定为共益债务。(4) 管理人或者自行依法管理财产、营业事务的债务人所借款项，必须依法经过债权人会议决议通过；在第一次债权人会议召开前所为的借款则必须经过人民法院许可。未经债权人会议决议通过或者在第一次债权人会议召开前未经人民法院许可的，如在第一次债权人会议及其之后经人民法院许可的借款，则因借款程序违反《企业破产法》的有关规定，不能以共益债务论处。

三是，如前所述，作为共益债务的为继续进行营业所借款项，不包括重整计划、和解协议的执行阶段为营业所进行的借款。这种借款，在重整计划、和解协议执行完毕而成功时，自不存在得不到清偿的问题。然在重整计划、和解协议执行失败而转为破产清算时，其清偿必然发生困难。显然，这种在破产申请受理后所产生的借款，不属于破产债权，对之受偿，不能按照《企业破产法》有关破产债权清偿顺序的规定进行。由于这种借款乃系为了重整计划、和解协议的执行所需，应由债权人会议决议通过，在重整程序中，"应当放到重整计划草案制定、表决和裁定批准的法律框架中考虑，不宜简单由法律直接规定其性质及清偿顺位，需要通过债权人、股东等利害关系人在重整计划草案制定、表决的范围内充分协商，议定其法律性质及清偿顺位。重整计划中约定提供的融资作为普通破产债权、共益债务或者担保债权的可能性均存在，首先取决于重整计划的安排。当然，重整计划在内容上也不得违反法律、行政法规的强制性规定，不得损害个别债权人的合法权益，在程序上符合法律规定。"① 至于在和解协议执行阶段所需要的借款，也可按照上述做法由和解协议作出安排。

四是，为继续营业而从属于共益债务的对外借款，一般情况下能够得到全额清偿。但在某些特别情况下，如债务人的财产全部用于抵押、质押等致使除用于具有优先受偿的债权清偿外，用于清偿其他非优先受偿债权及承担破产费用、共益债务的非特定财产没有或者很少，不仅无法清偿非优先受偿债权，而且可能无法清偿破产费用与共益债务。破产费用与共益债务若无法清偿，就会存在破产费用、共益债务能否由负担优先受偿债权的特定财产清偿的问题。对这，有的认为，破产费用、共益债务只能由非特定财产承担，

---

① 最高人民法院民事审判第二庭编著：《最高人民法院关于企业破产法司法解释（三）理解与适用》，人民法院出版社2019年版，第46～47页。

有的认为，破产费用、共益债务并不能排除由非特定财产承担，如因特定财产的评估、公告、拍卖等产生的破产费用，或因特定财产致人损害、受无因管理及继续履行双方均未履行完毕的合同所产生的共益债务等，就应由特定财产予以承担；其他破产费用、共益债务，特定财产可以按比例酌情承担。即使这样，破产费用、共益债务也可能无法全额得以清偿。尤其是在为继续营业对外借款而且该借款所生的共益债务往往较大甚至巨大的情况下，更无法清偿。有的出借人便主张这种为继续营业借款所产生的共益债务优先于对特定财产具有优先受偿的债权进行清偿。基于负担优先受偿债权的特定财产及其优先受偿债权的清偿，与债务人继续营业关系不大甚至已经没有什么关系，也就是说，债务人是否继续营业对特定财产及其所负优先受偿债权的清偿影响不大甚至根本没有影响，且这种优先受偿债权在破产申请受理前即以产生，出借人在破产申请受理后是否给债务人继续营业借款的性质及其风险应当有所预判，加之为继续营业借款在诚实信用的环境还不尽人意的情况下完全可能是一种假象，借以损害债权人的合法权益。假若允许这种为继续营业的借款可以优先于优先受偿债权以特定财产清偿，必然损害优先受偿债权人的利益，且这种损害无法预期，致使难以实现、发挥抵押、质押等担保物权等优先受偿制度设立的目的与功能，也与破产法的有关规定相左，《破产法解释（三）》第2条为此规定，因债务人继续营业借款而具有债权的出借人，“主张优先于此前已就债务人特定财产享有担保的债权清偿的，人民法院不予支持”。

五是，为债务人继续营业所借之款，虽然在性质上可以认定为共益债务，但如前所述，即使如此，也可能无法全额清偿。以是，出借人为了保障所借之款的安全受偿，可能要求为所借款项提供抵押等担保。管理人或者自行管理财产和营业事务的债务人根据《企业破产法》第69条、第26条规定及《破产法解释（三）》第2条的规定，管理人或者自行管理的债务人经债权人会议决议通过或者在第一次债权人会议前经人民法院许可，可以为前述借款设定抵押担保。抵押物在破产申请受理前已为其他债权人设定抵押的，债权人主张按照《物权法》第199条[①]规定的顺序清偿，人民法院应予支持。

（三）债务人财产受无因管理之债

《民法典》第121条规定：“没有法定的或者约定的义务，为避免他人利

① 现为《民法典》第414条。该条规定：“同一财产向两个以上债权人抵押的，拍卖、变卖抵押财产所得的价款依照下列规定清偿：（一）抵押权已经登记的，按照登记的时间先后确定清偿顺序；（二）抵押权已经登记的先于未登记的受偿；（三）抵押权未登记的，按照债权比例清偿。其他可以登记的担保物权，清偿顺序参照适用前款规定。”

益受损失而进行管理的人，有权请求受益人偿还由此支出的必要费用。”第979条规定：“管理人没有法定的或者约定的义务，为避免他人利益受损失而管理他人事务的，可以请求受益人偿还因管理事务而支出的必要费用；管理人因管理事务受到损失的，可以请求受益人给予适当补偿。”“管理事务不符合受益人真实意思的，管理人不享有前款规定的权利；但是，受益人的真实意思违反法律或者违背公序良俗的除外。”第980条规定：“管理人管理事务不属于前条规定的情形，但是受益人享有管理利益的，受益人应当在其获得的利益范围内向管理人承担前条第一款规定的义务。”第981条规定：“管理人管理他人事务，应当采取有利于受益人的方法。中断管理对受益人不利的，无正当理由不得中断。”第982条规定：“管理人管理他人事务，能够通知受益人的，应当及时通知受益人。管理的事务不需要紧急处理的，应当等待受益人的指示。”第983条规定：“管理结束后，管理人应当向受益人报告管理事务的情况。管理人管理事务取得的财产，应当及时转交给受益人。”第984条规定：“管理人管理事务经受益人事后追认的，从管理事务开始时起，适用委托合同的有关规定，但是管理人另有意思表示的除外。”据之，无因管理，是指没有法定的或者约定的义务，为避免他人利益遭受损失而对他人事务进行管理服务的行为。因无因管理所产生的债务，如为管理债务人财产所支出的必要费用，为管理债务人财产所负的债务，为管理债务人财产所遭受的损害等，为无因管理之债，根据《企业破产法》第42条第2项的规定，属于债务人的共益债务，应当以债务人财产随时优先进行清偿。

（四）不当得利之债

《民法典》第122条规定：“因他人没有法律根据，取得不当利益，受损失的人有权请求其返还不当利益。”第985条规定：“得利人没有法律根据取得不当利益的，受损失的人可以请求得利人返还取得的利益，但是有下列情形之一的除外：（一）为履行道德义务进行的给付；（二）债务到期之前的清偿；（三）明知无给付义务而进行的债务清偿。”第986条规定：“得利人不知道且不应当知道取得的利益没有法律根据，取得的利益已经不存在的，不承担返还该利益的义务。”第987条规定：“得利人知道或者应当知道取得的利益没有法律根据的，受损失的人可以请求得利人返还其取得的利益并依法赔偿损失。”第988条规定：“得利人已经将取得的利益无偿转让给第三人的，受损失的人可以请求第三人在相应范围内承担返还义务。”基此，不当得利，是指没有法律根据获取不当利益并给他人利益造成损失的行为，获得的不当利益，应当返还给他人。基于不当得利而对他人产生的债务，为不当得利之债。债务人在没有法律根据的情况下获得了不当利益，并给他人造成损失所产生的返还所取得的利益之债，即因债务人不当得利所产生的债务，根据《企业破产法》第42条第3项的规定，属于共益债务，应当以债务人财产随时优先进行清偿。

这种债务人不当得利之债的构成是：（1）要求债务人获取了利益。没有实际获取利益，不构成不当得利；（2）债务人获得利益没有法律根据。获得利益具有法律根据，属于合法所得，不存在不当得利之问题；（3）债务人获得利益，没有法律根据，可也不能违反法律规定。获取利益违反了法律规定，则属违法所得，也不属于不当得利；（4）要求给他人造成了损失。债务人尽管获得了利益但未给他人造成损失的，也不构成不当得利；（5）要求债务人获得利益与他人遭受的损失之间存在因果关系，即他人遭受的损失是源于债务人获得利益的行为所致。两者之间不存在因果关系，即他人遭受的损失并非出于债务人取得利益的行为所致，而是源于其他原因所致，债务人获得利益的行为也不能构成不当得利。

至于不当得利发生的原因，既可以是因为债务人或者管理人的行为而取得不当利益，也可以是源于他人自身的原因而致债务人取得不当利益，还可以是因为第三人的行为而致债务人取得不当利益，以及法律事件或者添附等事实行为而致债务人获取不当利益等。无论出于何种原因，只要债务人事实上获得了利益，并不存在法律根据，且给他人造成了损失，债务人就对受到损失的他人负有不当得利之债，应当以债务人财产优先随时进行清偿。

（五）职务致人损害之债

在破产程序中，管理人及其聘用的工作人员，在执行各种职务的过程中，可能因为自己的职务行为给他人造成损害，如将他人所有的却为债务人占有的财产违法处分或者毁损，或者因为运输债务人财产时发生交通事故的职务行为而给他人造成人身伤害等产生的致人损害的侵权之债，根据《企业破产法》第42条第5项的规定，属于共益债务，应当以债务人财产随时优先进行清偿。

1. 职务致人损害之债的构成条件。这种因为职务致人损害而产生的债务，乃为侵权损害之债，其构成必须符合以下条件：

一是，要求为管理人或者相关人员所为，即职务致人损害之债的行为人为管理人或者相关人员。管理人具有管理债务人内外事务的职责，在执行有关债务人事务的职务时造成他人损害，自然属于职务致人损害。管理人聘用的工作人员也可以执行有关债务人的事务，致人损害的，也可以构成职务致人损害之债。此外，债务人的法定代表人及其他工作人员，从理论上讲，在债务人破产申请受理后，除特定情形外，其内外事务都应依法移交管理人管理，其不再具有管理有关债务人事务的职责，似乎不存在执行职务的可能。

然而，管理人接收债务人的有关事务，毕竟需要一个过程，在管理人接管债务人工作之前，或者虽然接管之后，他人可能不知，而债务人的法定代表人或者其他工作人员以债务人的身份从事与债务人单位有关的活动，在可以构成法定代表或表见代表、表见代理的情况下，仍然要以执行有关债务人事务的职务论处。否则，他人受到损害的，既不能作为债权受偿，也不能以共益债务受偿，法定代表人或者其他工作人员可以构成法定代表或表见代表、表见代理的行为也非其个人行为，就会造成无人承担损害赔偿责任的现象发生。当然，根本不能构成法定代表或表见代表、表见代理，则属债务人法定代表人或者其他工作人员的个人行为，致人损害的，应由法定代表人或者其他工作人员个人承担相应的侵权责任，《企业破产法》第42条第5项将管理人或者相关人员执行职务致人损害所产生的债务列为共益债务。相关人员不仅指管理人聘用的工作人员，还应指包括债务人法定代表人或者其他工作人员在内的相关人员。法定代表人或者其他工作人员作为相关人员，在管理人接管债务人内外事务前执行有关债务人事务，以及在管理人接管债务人内外事务后，继续以债务人的名义对外进行与债务人有关事务的活动并且可以构成法定代表或表见代表、表见代理的情况下，乃为职务行为，致人损害的，构成职务致人损害之债，应以债务人财产随时优先进行清偿。对此，有人明确指出："企业法人的法定代表人和工作人员执行职务时致人损害的，适用《民法通则》第43条的规定[①]和《侵权责任法》的相关规定[②]，由债务人财产承担民事责任。"[③] 这无疑具有一定的道理与根据。

二是，要求他人因为债务人的管理人或者相关人员的行为已经造成了损害。职务致人损害之债，属于侵权的结果之债，即这种职务侵权损害之债，必以给他人造成实际的损害结果为前提。债务人的管理人或者相关人员虽然对他人实施了侵权行为但未实际造成损害结果的，也不能构成职务致人损害之债，不能列为共益债务以债务人财产进行清偿。职务致人损害，相对于债务人而言，则给他人造成损害。可相对于职务行为而言，则既可以是职务行为给执行职务的人员之外的他人造成损害，如管理人非法处置他人财产而致

---

① 《民法通则》第43条规定："企业法人对它的法定代表人和其他工作人员的经营活动，承担民事责任"；第61条规定："依照法律或者法人章程的规定，代表法人从事民事活动的负责人，为法人的法定代表人。法定代表人以法人名义从事的民事活动，其法律后果由法人承受。法人章程或者法人权力机构对法定代表人代表权的限制，不得对抗善意相对人。"

② 《侵权责任法》第34条规定，现为《民法典》第1191条规定："用人单位的工作人员因执行工作任务造成他人损害的，由用人单位承担侵权责任。用人单位承担侵权责任后，可以向有故意或者重大过失的工作人员追偿。劳务派遣期间，被派遣的工作人员因执行工作任务造成他人损害的，由接受劳务派遣的用工单位承担侵权责任；劳务派遣单位有过错的，承担相应的责任。"

③ 王卫国：《破产法精义》，法律出版社2007年版，第125页。

他人遭受损失，也可以是职务行为给执行职务的人员自身造成损害，如管理人聘请的司机出车时发生交通事故等。

三是，要求他人的损害与管理人或者相关人员的职务行为具有因果关系。换句话说，他人的损害结果是源于管理人或者相关人员的职务行为所造成。他人损害结果虽为管理人或者相关人员的行为所致，但不是管理人或者相关人员的职务行为所致，也不属于职务致人损害。此时，属于管理人或者相关人员的个人致人损害，不能以债务人财产承担责任，而应由管理人或者相关人员依法承担责任。

具体而言，管理人或者相关人员的职务致人损害行为多种多样，如销售债务人没有销售出去的质量不合格的伪劣产品；请人维修厂房、生产设备发生意外；请人从事与债务人有关的高空、高压、易燃、易爆、剧毒、放射性、高速运输工具等对周围环境有高度危险的作业发生事故；请人从事应为债务人实施的于公共场所、道旁或者通道上挖坑、修缮安装地下设施时没有设置明显标志和采取安全措施发生事故；在执行债务人有关事务的职务时遭受侵害而进行正当防卫可超过必要限度；在执行职务时为紧急避免正在发生的危险而造成的损害，等等。只要在破产申请受理后发生在管理人或者相关人员执行职务的过程中，并致人损害的，都属债务人应负的共益债务，应以债务人财产随时优先进行清偿。

2. 职务致人损害之债，其表现形式多种多样，根据有关司法解释规定，下列因为管理人的职务行为所造成的债务均属共益债务，需要注意把握：

一是，因分割共有财产导致其他共有人损害产生的债务，属于共益债务，根据《破产法解释（二）》第 4 条第 3 款规定，其他共有人请求作为共益债务清偿的，人民法院应予支持。

二是，因撤销交易，对于债务人应返还受让人已支付价款所产生的债务，属于共益债务，根据《破产法解释（二）》第 11 条第 2 款规定，受让人请求作为共益债务清偿的，人民法院应予支持。

三是，债务人占有的他人财产在破产申请受理后被违法转让给第三人，根据《破产法解释（二）》第 30 条第 2 项的规定，第三人依据《物权法》第 106 条①的规定已善意取得财产所有权，原权利人无法取回该财产而致损害产生的债务，属于共益债务。

四是，债务人占有的他人财产在破产申请受理后被违法转让给第三人，根据《破产法解释（二）》第 31 条第 2 项规定，第三人已向债务人支付了转

① 现为《民法典》第 311 条。

让价款，但据《物权法》第106条[①]的规定未取得财产所有权，原权利人依法追回转让财产的，第三人因为已支付对价而产生的债务，属于共益债务。

五是，债务人占有的他人财产在破产申请受理后因毁损、灭失所获得的保险金、赔偿金、代偿物已经交付给债务人，或者代偿物已经交付给债务人且不能与债务人财产予以区分的，这种因管理人或者相关人员执行职务导致权利人损害产生的债务，根据《破产法解释（二）》第32条第2款第2项规定，属于共益债务。债务人占有的他人财产在破产申请受理后毁损、灭失，没有获得相应的保险金、赔偿金、代偿物，或者保险金、赔偿物、代偿物不足以弥补其损失的部分所产生的债务，根据《破产法解释（二）》第32条第3款规定，亦属共益债务。

六是，管理人或者相关人员在执行职务过程中，因故意或者重大过失不当转让他人财产或者造成他人财产毁损、灭失，导致他人损害产生的债务，根据《破产法解释（二）》第33条规定，属于共益债务。由债务人财产随时清偿不足弥补损失，权利人向管理人或者相关人员主张承担补充赔偿责任的，人民法院应予支持。

七是，出卖人破产，其管理人决定解除所有权保留买卖合同，买受人依法履行合同义务将买卖标的物交付出卖人管理人后，买受人在未违反合同约定的情况下因已支付价款损失而形成的债权，根据《破产法解释（二）》第36条第3款规定，属于共益债务。

八是，买受人破产，其管理人决定继续履行所有权保留买卖合同，可在买受人管理人无正当理由未及时支付价款或者履行完毕其他义务，或者将标的物出卖、出质或者作出其他不当处分，给出卖人造成损害，且属买受人已支付标的物总价款75%以上或者第三人善意取得标的物所有权或者其他物权的以外的情形，出卖人主张取回权未能实现，且买受人因未支付价款或者未履行完毕其他义务，以及买受人管理人将标的物出卖、出质或者作出其他不当处分导致出卖人损害产生的债务，根据《破产法解释（二）》第37条第3款规定，属于共益债务。

九是，买受人破产，其管理人决定解除所有权保留买卖合同，出卖人行使取回权后取回标的物的价值明显减少，出卖人将买受人已支付价款中优先予以抵扣后仍不足以弥补出卖人标的物价值减损损失形成的债权，根据《破产法解释（二）》第38条规定，属于共益债务。

此外，因管理人不履行提起破产撤销之诉等义务，债权人认为债务人的

---

① 现为《民法典》第311条。

破产撤销行为同时属于《民法典》第538～539条等有关规定而提起的有关利益归属于债务人的撤销之诉；在管理人不对债务人的债务人追偿债权，不对债务人的出资人、发起人和负有监督股东履行出资义务的董事、高级管理人员，或协助抽逃出资的其他股东、董事、高级管理人员、实际控制人等主张向债务人承担出资不实或者抽逃出资责任等应当提起的诉讼时，债权人代表全体债权人提起的，或者债权人在破产申请受理前对债务人的次债务人、出资人、发起人和负有监督股东履行出资义务的董事、高级管理人员，或者协助抽逃出资的其他股东、董事、高级管理人员、实际控制人等主张向债务人承担出资不实或者抽逃出资责任等时而提起，且诉讼利益归属于债务人的有关诉讼；债权人针对其他债权人的不实债权提起的债权异议之诉等，在债务人能够获得的利益范围内，债权人就有关诉讼所产生的必要费用，宜作为共益债务加以处理。

（六）债务人财产致人损害之债

债务人财产致人损害之债，是指为债务人所有或者占有、控制、支配的财产在破产申请受理后而给他人造成的损害。如债务人的建筑物及其他设施，建筑物上的搁置物、悬挂物发生倒塌、脱落、坠落；债务人所有或者管理的动物的破坏；债务人所有或者管理的高空、高压设施，电力、燃气、易燃易爆设备，易燃、易爆、剧毒、放射性、腐蚀性等危险物品，汽车、电车、列车、船只、航空器等高速运输工具等发生的各种事故，等等，只要属于债务人所有或者占有、管理的财产，除非发生不可抗力而致这些财产受损的同时也给他人造成损害，不然都属债务人财产致人损害，根据《企业破产法》第42条第6项的规定，属于债务人所负的共益债务，应当以债务人财产随时优先进行清偿。

三、共益债务的清偿

《企业破产法》第43条中前三款规定："破产费用和共益债务由债务人财产随时清偿。""债务人财产不足以清偿所有破产费用和共益债务的，先行清偿破产费用。""债务人财产不足以清偿所有破产费用或者共益债务的，按照比例清偿。"据此，对于共益债务的清偿，应当注意以下几点：

（一）共益债务由债务人财产随时进行清偿

破产费用和共益债务应当以债务人财产包括特定财产和非特定财产共同承担。具体来说，因特定财产的管理、变价、评估、清偿、交纳诉讼费用等直接产生的破产费用和共益债务，应由特定财产承担；并非因特定财产直接产生的破产费用和共益债务，则可由人民法院酌情决定按照一定的比例承担。

具体可以参见第5章破产费用与共益债务第1节破产费用中的有关破产费用清偿中的分析。

（二）应以非特定财产承担的共益债务以债务人的非特定财产在第一顺序优先受偿

1. 如前所述，共益债务的承担应由债务人财产（包括负有担保物权和法定特别优先权的特定财产及不负有担保物权和法定特别优先权的非特定财产）共同承担。其中，应由特定财产承担的部分，以特定财产共同按比例承担即可，这时一般不会存在不能承担的问题，无需考虑清偿顺序。

对于应由非特定财产承担的共益债务，由于非特定财产一般无法对具有财产担保或者法定特别优先权的债权以外的其他非优先受偿债权进行足额清偿，需要考虑共益债务与非优先受偿债权的清偿顺序问题。《企业破产法》第109条规定，对破产人特定财产享有担保物权的权利人，对该特定财产享有优先受偿的权利。第113条规定，破产财产在优先清偿破产费用和共益债务后，再依次清偿劳动债权、统筹社保债权和基本税收债权、普通破产债权。第43条第2款、第3款规定："债务人财产不足以清偿所有破产费用和共益债务的，先行清偿破产费用。""债务人财产不足以清偿所有破产费用或者共益债务的，按照比例清偿。"基此，在破产清算中，未负有担保物权或者法定特别优先权的非特定财产，以及虽然负有担保物权或者法定特别优先权的特定财产在清偿应由特定财产承担的破产费用、共益债务，以及具有担保物权和法定特别优先权的债权后还剩余的部分财产，首先应当将之用于清偿应由非特定财产承担的破产费用、共益债务，然后再清偿其他债务。所以，应当由非特定财产承担的共益债务在非特定财产的清偿顺序中居于第一顺序位置上。换言之，由非特定财产承担的共益债务，应当以债务人非特定财产优先于劳动债权、统筹社保债权和基本税收债权、普通债权进行清偿。在未清偿完共益债务前，不能以债务人的非特定财产清偿劳动债权、统筹社保债权和基本税收债权、普通债权。

2. 在债务人财产不足以清偿破产费用和共益债务的情况下，共益债务应当后于破产费用的清偿。只有在清偿破产费用后还有剩余财产的，才能用于共益债务的清偿。债务人财产不足以清偿破产费用或者刚好清偿完破产费用时，则无财产清偿共益债务。

应当指出，破产费用和共益债务的清偿顺序，是在债务人财产无法清偿破产费用和共益债务的情况下而设置的清偿顺序。债务人财产足以清偿破产费用和共益债务的，两者自不存在谁先谁后的清偿顺序的问题。债务人财产不足以清偿破产费用和共益债务的，则应优先清偿破产费用；在清偿破产费用后，还有剩余的，则剩余的部分用来清偿共益债务。

还应指出，破产费用和共益债务的清偿顺序，是在出现债务人财产不足以清偿破产费用和共益债务时，对尚待清偿的破产费用和共益债务而设置的清偿顺序。之前已经清偿的破产费用和共益债务不在此限。在清偿破产费用和共益债务时，管理人应当注意掌握债务人财产、破产费用、共益债务的情况，一旦发现债务人财产可能不足以清偿破产费用和共益债务时，就应优先清偿破产费用，尔后再清偿未能清偿的共益债务。

3. 共益债务在债务人财产不足以清偿时，按照比例清偿。

第六章　破产债权

第一节　破产债权概述

一、破产债权的概念

《企业破产法》第 44 条规定："人民法院受理破产申请时对债务人享有债权的债权人，依照本法规定的程序行使权利。"第 53 条规定："管理人或者债务人依照本法规定解除合同的，对方当事人以因合同解除所产生的损害赔偿请求权申报债权。"第 107 条第 2 款规定："债务人被宣告破产后，债务人称为破产人，债务人财产称为破产财产，人民法院受理破产申请时对债务人享有的债权称为破产债权。"据之，破产债权，是指人民法院受理破产申请时债权人对债务人所享有的，依法在破产程序中进行申报或者依法不必申报的，并以债务人财产进行清偿的债权。

二、破产债权的特征与外延

（一）破产债权的特征

根据《企业破产法》的有关规定，破产债权具有以下特征：

1. 破产债权不属于非债权性权利。从债权人对债务人所享有的权利性质看，破产债权必须是债权人对债务人享有的债权，而非对债务人享有的非债权性权利，如物权、股权等。如债务人合法或者非法占有他人财产，他人对其所有的财产享有的物的返还请求权，属于物权的范畴，不属于破产债权，财产权利人可以通过行使破产取回权而实现其物权。债权人对债务人享有的担保物权，本身不属于债权，可担保物权所担保的债权属于破产债权。是以，担保物权本身不属于破产债权而可依法独立存在，其必须附属于破产债权存在并可在债权人申报破产债权时予以主张。当然，债权人对债务人的物权，在一定条件下如债权人物权的标的物出于债务人、管理人的行为或者其他原因毁损、灭失、转让等不存在或者无法返还时，债权人对债务人基于物权而享有损害赔偿权，这种损害赔偿权则不再属于物权，而转化为了债权，从而可以成立为债权。债务人的出资人、股东、开办单位等对债务人因为出资、入股等投资性收益，不属于债权，自不属于破产债权。另外，在司法实践中，债权人本来对债务人享有债权，后面将债权转化为了股权，即所谓的债转股，对于这种由债权转化为了股权的“债权”，在转化为股权之后，已不再具有债权的性质，不再属于破产债权。

2. 破产债权一般应在破产申请受理时已经产生。从债权人对债务人的债权成立的时间来看，除特定情况外，破产债权应当属于破产申请受理时已经产生的债权。破产申请时尚未产生而在破产申请受理后才予产生的债权，依法可以成立为共益债务，但不能成立为破产债权。破产申请受理时已经产生的债权，并非要求在破产申请受理时就已经生效而实际发生。如所附生效条件或者期限还未成就的因而还没有生效的债权，债务人的保证人或者其他连带债务人尚未代替债务人清偿债务而对债务人享有的将来求偿权的债权。在破产申请受理时已经成立但未生效还未实际发生的债权，根据《企业破产法》第 47 条、第 51 条第 2 款的规定，依旧属于破产债权，可以依法向管理人申报。

至于特定情况，则是指《企业破产法》第 53 条、第 54 条、第 55 条规定的成立于破产申请受理前实际产生于破产申请受理后但仍可以依法以该债权进行申报并参与破产程序受偿的情况。如《企业破产法》第 53 条规定，管理人、债务人在破产申请受理后，对破产申请受理前已经成立但债务人与对方当事人均未履行完毕的合同决定解除合同，对方当事人而遭受的损害有权依法进行债权申报。这种因为管理人或者债务人在破产申请受理后决定解除合同而产生的债权，虽然发生在破产申请受理后，依法仍然可以申报债权并参与破产程序公平受偿。否则，这种债权既不属于共益债务，又不能申报债权在破产程序中依法受偿，那么，其遭受的损害就无法得到赔偿。这对对方当事人来说，在无任何过错的情况下，无疑不公平。基于同样的道理，《企业破产法》第 54 条、第 55 条分别规定，债务人在破产申请受理前委托他人从事某一事务，受托人不知债务人破产的事实而继续处理委托事务，受托人可以此产生的请求权申报债权。债务人在破产申请受理前作为出票人已经出具票据，该票据的付款人在债务人破产申请受理后继续付款或者承兑的，付款人可以此产生的请求权申报债权。

3. 破产债权必须是可以依法进行清偿的权利。从债权人对债务人享有债权的清偿功能看，破产债权必须是可以依法进行清偿的权利。权利，有债权、物权、股权等财产性的权利，也有非财产性的权利，如与名誉、人格等人身相关的人身权利。一些非债权性的权利，在其受到侵害时，有的可以转化为货币进行衡量，因而可以由非债权转化为债权；有的则不可能以货币加以衡量，即无法转化为债权。前者如侵害人的财产对他人的权利造成障碍，则有要求其排除妨碍的请求权。在侵害人不排除妨碍的情况下，债权人可以自身排除妨碍或者由第三人排除妨碍。如此，要求侵害人排除妨碍的这一非财产上的请求权就可以转化为先自行或者由第三人排除后再要求侵害人给予排除妨碍时所需要的费用这一债权。后者这种不能够以货币财产进行清偿的权利，如受到侵害的权利人要求侵害人赔礼道歉、恢复名誉等请求权，虽然属于权利，然不属于债权，且不能转化为货币财产的非财产请求权，无法转化为破产债权。因此，破产债权，必须属于财产上的请求权，或者虽不属于财产上的请求权，然最终可以货币衡量转化为货币财产上的请求权。

4. 破产债权必须是受法律强制性保护的债权。从债权人对债务人享有债权能否以债务人财产进行清偿以实现其功能的结果来看，破产债权必须是受法律强制性保护的债权：

一是，必须属于依法成立应受法律保护的债权。债权尚未成立产生，自不存在所谓债权而需要对之加以保护的问题，由此也不会存在具有破产债权的问题。如行为主体双方或多方意思表示尚未达成一致从而还未能成立的双方或多方民事法律行为；除法律另有规定或者当事人另有约定外的，只有要约没有承诺或者虽有承诺然承诺尚未生效时的而未成立的合同行为，等等，就不会产生该尚未成立的双方民事法律行为或合同行为所约定的债权问题。当然，双方民事法律行为（包括合同行为）成立之前因一方过错而致不能成立的，依法因缔约过失责任而生的债权，则属于应当受到法律保护的债权，但这不是由不能成立的合同行为而产生的合同债权，而是因为缔约过失行为而产生的债权。

二是，必须属于合法有效而受法律保护的债权。虽属依法成立但因违反法律、行政法规强制性规定等而无效的债权，如债务人实施的《民法典》第144条、第146条、第153～154条分别规定的无民事行为能力人实施的民事法律行为，行为人与相对人以虚假的意思表示实施的民事法律行为，违反法律、行政法规的强制性规定但该强制性规定不导致该民事法律行为无效除外的民事法律行为，违背公序良俗的民事法律行为；行为人与相对人恶意串通，损害他人合法权益的民事法律行为等产生的债权；因《民法典》第497条关于“有下列情形之一的，该格式条款无效：（一）具有本法第一编第六章第三节和本法第五百零六条规定的无效情形；（二）提供格式条款一方不合理地免除或者减轻其责任、加重对方责任、限制对方主要权利；（三）提供格式条款一方排除对方主要权利”的规定，第506条关于“合同中的下列免责条款无效：（一）造成对方人身损害的；（二）因故意或者重大过失造成对方财产损失的”的规定而产生的债权；因第736条关于“融资租赁合同的内容一般包括租赁物的名称、数量、规格、技术性能、检验方法，租赁期限，租金构成及其支付期限和方式、币种，租赁期限届满租赁物的归属等条款”的规定而产生的债权。《企业破产法》第33条第2项规定的“虚构债务或者承认不真实的债务”所产生的无效债权，以及通过诈骗、合同诈骗、销售伪劣产品、非法经营、走私、贩毒等刑事犯罪行为所产生的非法债权，不能受到法律保护，不属于破产债权。无效行为所产生的债权不属于破产债权，是指行为人实施的不能达到行为实施的法律后果所生的债权，如未经有权批准的人民政府批准而将以划拨方式取得的土地使用权进行转让的无效行为，就不能产生将划拨土地使用权转让的法律后果。可是，因为土地使用权转让合同无效而产生的相互返还的债权以及因合同无效而应承担的法律责任，则仍属于破产债权，可以依法进行申报，参与破产程序分配受偿。

应当指出，虽已成立但效力待定尚未得到追认或者依法被撤销的债权，如限制行为能力人超越其民事行为能力实施行为所产生的没有得到法定代理人追认的债权；无权代表或者无权代理的人未经债务人同意实施民事行为所产生的并且没有得到债务人、管理人追认的债权等不属于有效的债权。又如，一方当事人因重大误解，或者在实施民事法律行为时受到对方欺诈、胁迫或者乘人之危且显失公平而违背真实意思情况下实施的民事法律行为所产生的依法被撤销的债权，以及人民法院受理破产申请前1年内，因为债务人无偿转让财产的，或以明显不合理的价格进行交易的，或对没有财产担保的债务提供财产担保的行为等产生的依法被撤销的债权，等等。这些债权都因为民事法律行为的主体缺乏民事权利能力或者民事行为能力，或者不属于其真实意思表示，而在被依法确认无效或被撤销后确定不发生效力或者自始不发生效力。当然，这些行为在依法被确认无效或者被撤销前，仍然成立，依法属于破产债权。此外，无民事权利能力人或者无民事行为能力人，以及无权代表、无权代理、无权处分的人实施的尚未得到追认而有效的行为，以及实施的被依法撤销的民事行为，并非没有任何债权，只是不能产生实施该行为时所要达到的目的之债权，如通过欺诈、胁迫手段使他人违背真实意思签订买卖房产的合同，在被撤销后则不能产生房产买卖合同的法律效果。但是，因为房产买卖合同被撤销，则又产生相互返还的债权以及因合同被撤销所应依法承担法律责任所产生的债权。这种因为民事法律行为被撤销后产生的债权，仍然属于破产债权，可以依法进行申报。

还应指出，合法有效的债权，并非属于依法已经发生法律效力的债权。债权无效，没有任何法律效力，不存在发生法律效力的问题。债权有效但出于各种原因如所附生效条件或者期限没有成就而未生效；合同根据法律、行政法规规定应当办理批准等手续才生效而尚批准而未生效等，即有效尚未生效但又可能生效的债权，依旧成立破产债权，可以依法申报参与破产程序分配受偿。有的合同债权有效，可根据法律、行政法规规定应当办理批准、登记等手续才能生效的，在未依法办理批准、登记等手续的情况下，为确定不生效的债权，也不属于破产债权。

四是，必须属于可以强制执行因而受到法律强制性保护的债权。债权虽然依法成立且合法有效，但源于各种原因如超过诉讼时效丧失胜诉权、已超过强制执行申请期限而不再受到法律强制性保护的自然债权，则不属于破产债权。这种自然债权，在没有进入破产程序的情况下，债务人自愿偿还的，应当允许。进入破产程序后，倘若允许以债务人财产进行清偿，必然减少其他债权人的债权受偿数额，损害其他债权人的合法权益。而且，通过破产程序进行清偿的债权，必须属于国家法律强制性保护的债权，而出于各种原因依法不再受到法律强制性保护的债权，自然不能再纳入破产程序作为应受法律强制性保护的破产债权进行清偿。

5. 破产债权除劳动债权外，必须属于依法进行申报的债权。从债权人对债务人的债权是否需要申报来看，除劳动债权外，破产债权必须属于依法进行申报的债权。对债务人享有的非劳动债权，假若没有依法进行申报，不属于破产债权。没有申报的债权人不能参与破产程序，依法不能享有破产程序中的程序性权利，如不能作为债权人会议成员参加债权人会议等。《企业破产法》第48条规定："债权人应当在人民法院确定的债权申报期限内向管理人申报债权。""债务人所欠职工的工资和医疗、伤残补助、抚恤费用，所欠的应当划入职工个人账户的基本养老保险、基本医疗保险费用，以及法律、行政法规规定应当支付给职工的补偿金，不必申报，由管理人调查后列出清单并予以公示。"第56条规定："在人民法院确定的债权申报期限内，债权人未申报债权的，可以在破产财产最后分配前补充申报。此前已进行的分配，不再对其补充分配……""债权人未依照本法规定申报债权的，不得依照本法规定的程序行使权利。"基此，除劳动债权外的破产债权，必须是依法进行申报的债权。依法进行申报，既包括在债权申报期限内作出的申报，又包括在债权申报期限届满后于破产财产最后分配前依法进行的补充申报。

6. 破产债权必须属于经过人民法院依法确认、裁判或者仲裁机构依法裁决的债权。从债权得到确认的途径看，破产债权必须属于经过人民法院依法确认的债权。未经人民法院确认，不能受到法律强制性保护而受到清偿。人民法院确认破产债权的方式，根据《企业破产法》的有关规定，存在两种方式：（1）债权人向管理人依法申报，管理人依法审查后编制债权表，债权人会议对债权表登记的债权进行核查。债务人、债权人对债权表记载的债权无异议的，人民法院裁定确认。（2）债务人、债权人对债权表记载的债权有异议的，则可以向受理破产申请的人民法院提起诉讼或者向约定的仲裁机构提起仲裁，人民法院按照《民事诉讼法》规定的一审、二审普通程序或者再审程序等依法裁判，仲裁机构依照仲裁程序依法裁决。

综上所述，破产债权的构成，既要满足实体法上规定的实体要件，又要满足破产法规定的程序要件。前四项条件，即属于可以依法清偿的财产上请求债权或者可以转化为货币财产上的请求债权，在破产申请受理前依法成立，并合法有效且能够受到法律强制性保护等条件，构成破产债权的实体要件；后两项条件，即债务人必须依法进行申报并由人民法院依法确认、裁判或者仲裁机构裁决，则属于破产债权构成的程序要件。只有同时符合破产债权构成实体要件与程序要件的债权，才属于破产债权，不然就不属于破产债权。

应当指出，在《企业破产法》施行以前，《企业破产法（试行）》第 30 条规定：“破产宣告前成立的无财产担保的债权和放弃优先受偿权利的有财产担保的债权为破产债权。”第 32 条规定：“破产宣告前成立的有财产担保的债权，债权人享有就担保物优先受偿的权利。有财产担保的债权，其数额超过担保物价款的，未受清偿的部分，作为破产债权，依照破产程序受偿。”据此，《企业破产法》施行前，有财产担保的债权，只有在放弃优先受偿的情况下，或者超过担保物价款未受清偿的部分，才属于破产债权。与此相对应，第 28 条第 2 款规定：“已作为担保物的财产不属于破产财产；担保物的价款超过其所担保的债务数额的，超过部分属于破产财产。”但是，《企业破产法》第 30 条规定：“破产申请受理时属于债务人的全部财产，以及破产申请受理后至破产程序终结前债务人取得的财产，为债务人财产。”第 37 条规定：“人民法院受理破产申请后，管理人可以通过清偿债务或者提供为债权人接受的担保，取回质物、留置物。”“前款规定的债务清偿或者替代担保，在质物或者留置物的价值低于被担保的债权额时，以该质物或者留置物当时的市场价值为限。”第 44 条规定：“人民法院受理破产申请时对债务人享有债权的债权人，依照本法规定的程序行使权利。”第 49 条规定：“债权人申报债权时，应当书面说明债权的数额和有无财产担保，并提交有关证据。申报的债权是连带债权的，应当说明。”基此，已作为担保物的财产属于债务人财产（在债务人被破产宣告后称为破产财产)，有财产担保的债权属于破产债权，依法可以进行申报。如前所述，有财产担保的债权属于财产上的请求债权，只要在破产申请受理前成立，并合法有效且能够受到法律强制性保护，符合破产债权构成的实体要件；然后再依法申报并经人民法院依法确认、裁判或者仲裁机构依法裁决，符合破产债权构成的程序要件，就可以在破产程序中行使有关权利，并对担保财产优先受偿，属于破产债权。故，在破产申请受理前成立的有财产担保的债权，仍可以成立为破产债权。根据《企业破产法》的有关规定，只不过属于对担保物这一特定财产享有优先受偿权的债权，而非一般性的破产债权。然而，债权人放弃优先受偿权利的有财产担保的债权，以及虽有财产担保但其数额超过担保物价款而未受清偿的部分债权，则属于普通破产债权，而非优先受偿债权。

（二）破产债权的外延

破产债权，就其外延而言，表现形式多种多样，无法一一列举，只有根据其特征加以把握。根据有关司法实践经验，有关司法解释作了一些具体的列举，具体包括：

1. 债务人的董事、监事和高级管理人员根据《企业破产法》第 36 条的规定退还的非正常收入。《破产法解释（二）》第 24 条规定："债务人有《企业破产法》第二条第一款规定的情形时，债务人的董事、监事和高级管理人员利用职权获取的以下收入，人民法院应当认定为《企业破产法》第三十六条规定的非正常收入：（一）绩效奖金；（二）普遍拖欠职工工资情况下获取的工资性收入；（三）其他非正常收入。""债务人的董事、监事和高级管理人员拒不向管理人返还上述债务人财产，管理人主张上述人员予以返还的，人民法院应予支持。""债务人的董事、监事和高级管理人员因返还第一款第（一）项、第（三）项非正常收入形成的债权，可以作为普通破产债权清偿。因返还第一款第（二）项非正常收入形成的债权，依据《企业破产法》第一百一十三条第三款的规定，按照该企业职工平均工资计算的部分作为拖欠职工工资清偿；高出该企业职工平均工资计算的部分，可以作为普通破产债权清偿。"

2. 债务人占有的他人财产在破产申请受理前被违法转让给第三人，根据《破产法解释（二）》第 30 条第 1 项的规定，第三人依据《物权法》第 106 条[①]的规定已善意取得财产所有权，原权利人无法取回该财产而致损害产生的债务，属于普通破产债权。

---

① 现为《民法典》第 311 条。

3. 债务人占有的他人财产在破产申请受理前被违法转让给第三人，第三人已向债务人支付了转让价款，根据《破产法解释（二）》第31条第1项的规定，可据《物权法》第106条[①]的规定未取得财产所有权，原权利人依法追回转让财产的，第三人因为已支付对价而产生的债务，属于普通破产债权。

4. 债务人占有的他人财产在破产申请受理前因毁损、灭失所获得的保险金、赔偿金、代偿物已经交付给债务人，或者代偿物已经交付给债务人且不能与债务人财产予以区分的，这种因债务人或者相关人员执行职务导致权利人损害产生的债务，根据《破产法解释（二）》第32条第2款第1项规定，属于普通破产债权。债务人占有的他人财产在破产申请受理前毁损、灭失，没有获得相应的保险金、赔偿金、代偿物，或者保险金、赔偿金、代偿物不足以弥补其损失的部分所产生的债务，根据《破产法解释（二）》第32条第3款规定，亦属普通破产债权。

5. 出卖人破产，其管理人决定解除所有权保留买卖合同，买受人依法履行合同义务将买卖标的物交付出卖人管理人后，买受人虽已支付价款但违反了合同约定而形成的债权，根据《破产法解释（二）》第36条第3款的规定，属于普通破产债权，等等。

此外，《企业破产案件规定》作了一些列举，管理人、人民法院在审查确认依然可以参考。具体为，其第55条、第58条、第59条、第62条等规定，下列债权属于破产债权：（1）破产申请受理前发生的无财产担保的债权；（2）破产申请受理前发生的虽有财产担保但债权人放弃优先受偿的债权；（3）破产申请受理前发生的虽有财产担保然债权数额超过担保物价值部分的债权；（4）票据出票人被宣告破产，付款人或者承兑人不知其事实而向持票人付款或者承兑所产生的债权；（5）管理人解除合同，对方当事人依法或者依照合同约定产生的对债务人可以用货币计算的债权，但该项债权以实际损失为计算原则。违约金不作为破产债权，定金不再适用定金罚则；（6）债务人的受托人在债务人破产申请受理后，为债务人的利益处理委托事务所发生的债权；（7）债务人发行债券形成的债权；（8）债务人的保证人代替债务人清偿债务后依法可以向债务人追偿的债权；（9）债务人的保证人按照《担保法》第32条的规定预先行使追偿权而申报的债权；（10）债务人为保证人的，在破产宣告前已经被生效的法律文书确定承担的保证责任；（11）债务人在破产申请受理前因侵权、违约给他人造成财产损失而产生的赔偿责任；（12）债务人所欠企业职工集资款，可对违反法律规定的高额利息部分不予保护；

① 现为《民法典》第311条。

(13) 债务人退出联营应当对该联营企业的债务承担责任的，联营企业的债权人对该债务人享有的债权；(14) 财政、扶贫、科技管理等行政部门通过签订合同，按有偿使用、定期归还原则发放款项所形成的债权，等等。

另外，对于债权人因代位权诉讼裁判在债务人破产申请受理前生效而对次债务人享有债权之外所对债务人享有的债权，依然属于破产债权。债权人对债务人的债务人行使代位权，生效裁判确定次债务人在对债务人所负的债务内向债权人承担债务。《合同法解释（一）》第20条曾经规定："债权人向次债务人提起的诉讼经人民法院审理后认定代位权成立的，由次债务人向债权人履行清偿义务，债权人与债务人、债务人与次债务人之间相应的债权债务关系即予消灭。"这样，债务人对生效裁判确定的由次债务人代替债务人清偿债务的部分，不论次债务人是否向债权人履行了债务，均会产生与债权人消灭了相应的债权债务关系的法律后果。然而《民法典》第537条规定："人民法院认定代位权成立的，由债务人的相对人向债权人履行义务，债权人接受履行后，债权人与债务人、债务人与相对人之间相应的权利义务终止。债务人对相对人的债权或者与该债权有关的从权利被采取保全、执行措施，或者债务人破产的，依照相关法律的规定处理。"所以，在债权人接受次债务人的履行前，债权人与债务人之间的债权债务关系并未结束，债权人对债务人依旧对债务人享有破产债权，依法可以申报。

三、破产债权与债权的关系

债权与破产债权，从逻辑上讲，属于属概念与种概念的关系。债权属于属概念，破产债权则属于种概念，两者存在着包含与被包含关系。换句话说，破产债权包含在债权之中，破产债权一定是债权。然反过来不能说，债权就一定是破产债权，即债权除破产债权外还有不是破产债权的债权。因此，债权可以分为破产债权与非破产债权。非破产债权，又称除斥债权，即指根据破产法规定的特定原因而被排斥于破产程序之外，不得以破产财产进行清偿的债权。是否属于破产债权即是破产债权还是非破产债权，应当根据破产债权的构成要件进行分析。只有完全符合破产债权特征即破产债权构成要件包括实体要件及程序要件的债权，才为破产债权，否则就属于非破产债权即除斥债权。根据破产债权的构成要件，下列债权不属于破产债权：

（一）不能以货币衡量无法转化为货币财产进行清偿的非财产性权利

不能以货币衡量无法转化为货币财产进行清偿的非财产性权利，如对公民的姓名权、肖像权、名誉权、荣誉权及对法人的名称权、名誉权、荣誉权造成损害而产生的要求停止侵害、赔礼道歉、恢复名誉、消除影响等非财产性权利，本身不属于债权，自不属于破产债权。然则，这些非财产性权利，能够转化为以货币来衡量的债权的，则转化后的债权可以成立为破产债权。

（二）破产申请受理后成立的债权

在破产申请受理后成立的债权，不属于破产债权。如破产申请受理前成立的债权在破产申请受理后所产生的利息，债权人参加破产程序所支出的费用，因破产申请受理后不履行而产生的损害赔偿、违约金等，由于发生在破产申请受理后，不再属于破产债权。对这，《企业破产法》第46条第2款亦明确规定："附利息的债权自破产申请受理时起停止计息。"《破产法解释（三）》第3条规定："破产申请受理后，债务人欠缴款项产生的滞纳金，包括债务人未履行生效法律文书应当加倍支付的迟延利息和劳动保险金的滞纳金，债权人作为破产债权申报的，人民法院不予确认。"然在破产申请受理后不能构成破产债权的债权，可能构成破产费用或共益债务，可以债务人财产（包括负有财产担保或者法定特别优先权的特定财产与不负有财产担保或者法定特别优先权的非特定财产）在非优先受偿债权前以债务人财产随时受偿。

在破产申请前成立但在破产申请受理后实际产生的债权，除非法律特别规定，也不属于破产债权。至于法律另有规定，是指《企业破产法》第53～55条的规定。根据这些规定，在破产申请受理后，因为管理人或者债务人按照《企业破产法》的规定解除合同而给对方当事人产生的债权；破产申请受理前已经成立的委托关系、票据关系而在破产申请受理后才实际产生的善意受托人、付款人的债权，仍然属于破产债权。

（三）依法不能受到法律强制性保护的债权

依法不能受到法律强制性保护的债权，如无民事权利能力人或无民事行为能力人，无权代表、无权代理、无权处分等未被权利人依法追认产生的确定不发生效力的债权；出于当事人意思表示不真实或者其他原因而依法被撤销的行为所产生的债权；源于违反法律、行政法规强制性规定等的行为而产生的绝对无效债权等，均因绝对无效，被撤销后自始无效或者确定自始不发生效力等原因不能受到法律保护，或者虽然合法有效而确定不能生效的债权，或者虽然依法成立并合法有效能够受到法律保护但因超过诉讼时效或申请执行期限不能再受到法律强制性保护的债权，不属于破产债权。

（四）除劳动债权外的没有依法进行申报的债权

除劳动债权外，没有依法进行申报的债权，即根本没有进行申报的债权；或者虽然进行了申报可在破产财产最后分配开始后进行申报的债权；或者虽然进行了申报却没有证据证明其存在的债权，等等，因为不符合破产债权构成需要符合依法进行申报的这一条件而不属于破产债权。应当指出，未在人

一时间点具体为破产申请受理之日固定破产债权的利息、滞纳金等随时间变化而变化的从属性债权，从此开始产生的利息、滞纳金等从属性债权不再计算，以保证破产程序的有效进行。[①] 对这，《企业破产案件规定》第 61 条第 1 款第 2 项早就规定，人民法院受理破产案件后债务人未支付应付款项的滞纳金，包括债务人未执行生效法律文书应当加倍支付的迟延利息和劳动保险金的滞纳金。《破产法解释（三）理解与适用》第 3 条亦明确规定："破产申请受理后，债务人欠缴款项产生的滞纳金，包括债务人未履行生效法律文书应当加倍支付的迟延利息和劳动保险金的滞纳金，债权人作为破产债权申报的，人民法院不予确认。"

至于滞纳金的外延即范围，《破产法解释（三）》第 3 条具体列明了债务人未履行生效法律文书应当加倍支付的迟延利息和劳动保险金两项，可在司法实践中，并不限于这两项。凡由法律、法规、部门规章、司法解释乃至人民法院、仲裁机构生效法律文书基于债权本金确定的按照日期确定的在破产申请受理后才予形成的具有惩罚性质的利息、滞纳金等从属性债权，都应认定为滞纳金型债权，而不以破产债权论处。如《税收征收管理法》第 32 条规定："纳税人未按照规定期限缴纳税款的，扣缴义务人未按照规定期限解缴税款的，税务机关除责令限期缴纳外，从滞纳税款之日起，按日加收滞纳税款万分之五的滞纳金。"《社会保险法》第 86 条规定："用人单位未按时足额缴纳社会保险费的，由社会保险费征收机构责令限期缴纳或者补足，并自欠缴之日起，按日加收万分之五的滞纳金；逾期仍不缴纳的，由有关行政部门处欠缴数额一倍以上三倍以下的罚款。"《水法》第 70 条规定："拒不缴纳、拖延缴纳或者拖欠水资源费的，由县级以上人民政府水行政主管部门或者流域管理机构依据职权，责令限期缴纳；逾期不缴纳的，从滞纳之日起按日加收滞纳部分千分之二的滞纳金，并处应缴或者补缴水资源费一倍以上五倍以下的罚款。"国务院《防治船舶污染海洋环境管理条例》（国务院令第 561 号）第 72 条第 2 款规定："货物所有人或者代理人逾期未缴纳船舶油污损害赔偿基金的，应当自应缴之日起按日加缴未缴额的万分之五的滞纳金。"国务院《矿产资源勘查区块登记管理办法》（国务院令第 240 号）第 31 条规定："违反本办法规定，不按期缴纳本办法规定应当缴纳的费用的，由登记管理机关责令限期缴纳，并从滞纳之日起每日加收千分之二的滞纳金。"国务院《电力供应与使用条例》（国务院令第 196 号）第 39 条规定："违反本条例第二十七条规定，逾期未交付电费的，供电企业可以从逾期之日起，每日按照电费总

① 最高人民法院民事审判第二庭编著：《最高人民法院关于企业破产法司法解释（三）理解与适用》，人民法院出版社 2019 年版，第 66～67 页。

额的千分之一至千分之三加收违约金，具体比例由供用电双方在供用电合同中约定；自逾期之日起计算超过三十日，经催交仍未交付电费的，供电企业可以按照国家规定的程序停止供电。”

2. 就私法上的惩罚性债权而言，为了维护正常而健全的市场秩序，对于一些违约甚至违法的民事主体，依法或者依约可以让之承担带有惩罚性质的法律责任。对此，《民法典》第 179 条第 2 款明确：“法律规定惩罚性赔偿的，依照其规定。”如《民法典》第 1207 条规定：“明知产品存在缺陷仍然生产、销售，或者没有依据前条规定采取有效补救措施，造成他人死亡或者健康严重损害的，被侵权人有权请求相应的惩罚性赔偿。”《消费者权益保护法》第 55 条规定：“经营者提供商品或者服务有欺诈行为的，应当按照消费者的要求增加赔偿其受到的损失，增加赔偿的金额为消费者购买商品的价款或者接受服务的费用的三倍；增加赔偿的金额不足五百元的，为五百元。法律另有规定的，依照其规定。”“经营者明知商品或者服务存在缺陷，仍然向消费者提供，造成消费者或者其他受害人死亡或者健康严重损害的，受害人有权要求经营者依照本法第四十九条、第五十一条等法律规定赔偿损失，并有权要求所受损失二倍以下的惩罚性赔偿。”《商品房买卖案件解释》第 8 条规定：“具有下列情形之一，导致商品房买卖合同目的不能实现的，无法取得房屋的买受人可以请求解除合同、返还已付购房款及利息、赔偿损失，并可以请求出卖人承担不超过已付购房款一倍的赔偿责任：（一）商品房买卖合同订立后，出卖人未告知买受人又将该房屋抵押给第三人；（二）商品房买卖合同订立后，出卖人又将该房屋出卖给第三人。”第 9 条规定：“出卖人订立商品房买卖合同时，具有下列情形之一，导致合同无效或者被撤销、解除的，买受人可以请求返还已付购房款及利息、赔偿损失，并可以请求出卖人承担不超过已付购房款一倍的赔偿责任：（一）故意隐瞒没有取得商品房预售许可证明的事实或者提供虚假商品房预售许可证明；（二）故意隐瞒所售房屋已经抵押的事实；（三）故意隐瞒所售房屋已经出卖给第三人或者为拆迁补偿安置房屋的事实。”上述中的超过实际损失的惩罚性赔偿，以及依法或者依约应当承担的超过实际损失的违约金、定金，人民法院因债务人未在履行给付金钱义务的期限内履行义务而判决的罚息，等等，都因民事违约行为而可能遭受惩罚性赔偿。对于这种因为《民法典》《公司法》等私法而产生的惩罚性债权，为了平衡其他普通债权人的利益，也不应作为破产债权予以认定。对这，《企业破产案件规定》第 55 条第 1 款第 5 项虽然规定：“清算组解除合同，对方当事人依法或者依照合同约定产生的对债务人可以用货币计算的债权”，为破产债权，然同时又于该条第 2 款规定：“以上第（五）项债权以实际损失为计算原则。违约金不作为破产债权，定金不再适用定金罚则。”

无论是公法上的惩罚性债权还是私法上的惩罚性债权，不作为破产债权已经成为破产理论界及司法实践界的共识。从比较法的角度考虑，基于公平保护其他债权人利益的需要，一般也不把惩罚性债权作为破产债权认定，而是作为劣后债权处理。如，《日本破产法》第99条规定，在破产程序开始后，对于利息的请求权、损害赔偿或违约金的请求权等劣后于其他的破产债权清偿[①]。又如，《德国支付不能法》第39条规定：“下列债权按所列顺序后于支付不能债权人的其他债权受偿，在顺位相同时，按其数额比例受偿：（1）支付不能债权人自支付不能程序开始时起继续发生的利息；（2）个别债权人因参加程序而发生的费用；（3）罚金、罚款、秩序罚和执行罚及使行为人负有支付金钱义务的犯罪行为或违反秩序行为而引起的此类从属债权；（4）以债务人的无偿给付为内容的债权；（5）以返还替代资本的股东借贷为内容的债权或具有相同地位的债权。”[②] 此外，《美国商法典》第11编第7章规定的破产清算制度以及有关判例均将惩罚性债权作为劣后于普通债权处理。[③]

综上，《破产审判纪要》第28条进一步指出，破产财产依照《企业破产法》第113条规定的顺序清偿后仍有剩余的，可依次用于清偿破产申请受理前产生的民事惩罚性赔偿金、行政罚款、刑事罚金等惩罚性债权。

（七）不属于破产债权但属于劣后债权的主要情形

如上所述，凡是破产债权一定属于债权，反过来却不能说，是债权就一定是破产债权。这种本身为债权然而不属于破产债权的债权，在理论上称之为劣后债权。所谓劣后债权，相对破产债权而言，是指在破产清偿过程中清偿顺序处于普通破产债权之后的债权。在破产清偿过程中，一般情况下因为资不抵债，普通破产债权甚至处于前面顺序的债权如基本税收债权、统筹社保债权、劳动债权乃至优先债权都得不到足额清偿，处于普通破产债权之后的劣后债权也不能得到清偿。但是，也不能将之绝对化，企业法人因为资不抵债而进入破产程序，在破产程序中因为其财产如土地使用权、房产等增值致使财产处理后的价值超过了所有破产债权的，在对所有破产债权清偿完毕后尚存在财产的，就可以用来清偿后面的依法成立并在诉讼时效之内的劣后债权。劣后债权虽不属于破产债权，但不能因为债务人进入破产程序而剥夺有关债权人享有的清偿权利，在债务人的破产债权得到充分实现后，其可以

---

① 于新循、彭旭林：《论我国破产债权例外制度——基于劣后债权的制度构建视角》，载《四川师范大学学报·社会科学版》2015年第3期。

② 杜景林、卢谌：《德国支付不能法》，法律出版社2002年版，第24页。

③ 陈夏红、许胜锋主编：《破产法信札》，法律出版社2017年版，第139～140页。

依法主张得到清偿。劣后债权外延表现形式多种多样，需要根据破产债权的本质特征即内涵加以把握。根据司法实践，《企业破产案件规定》第 58 条、第 61 条、第 62 条等就非破产债权的外延作了一些列举，仍旧可以作为管理人、人民法院审查确认的参考，具体为：（1）行政、司法机关对破产企业的罚金、罚款以及其他有关费用；（2）人民法院受理破产案件时债务人未支付应付款项的滞纳金，包括债务人未执行生效法律文书应当加倍支付的迟延利息和劳动保险金的滞纳金；（3）破产申请受理后的债务利息、滞纳金；（4）债权人参加破产程序所支出的费用；（5）破产企业的股权、股票持有人在股权、股票上的权利；（6）破产财产分配开始后向清算组申报的债权；（7）超过诉讼时效的债权；（8）债务人开办单位对债务人未收取的管理费、承包费；（9）关联企业成员之间不当利用关联关系形成的债权。对此，《破产审判纪要》第 39 条指出："协调审理不消灭关联企业成员之间的债权债务关系，不对关联企业成员的财产进行合并，各关联企业成员的债权人仍以该企业成员财产为限依法获得清偿。但关联企业成员之间不当利用关联关系形成的债权，应当劣后于其他普通债权顺序清偿，且该劣后债权人不得就其他关联企业成员提供的特定财产优先受偿。"

此外，职工向企业的投资，不属于破产债权；政府无偿拨付给债务人的资金等，本身不属于债权，更不属于破产债权的范围。

还有，对于债权人因代位权诉讼在债务人破产申请受理前生效而享有的对次债务人的债权，在债权人接受次债务人的履行前，仍属于破产债权。《民法典》第 537 条明确规定："人民法院认定代位权成立的，由债务人的相对人向债权人履行义务，债权人接受履行后，债权人与债务人、债务人与相对人之间相应的权利义务终止。债务人对相对人的债权或者与该债权有关的从权利被采取保全、执行措施，或者债务人破产的，依照相关法律的规定处理。"如此，债权人接受次债务人履行前，与债务人之间的权利义务关系依然存在，对债务人仍享有债权，可以依法申报。在此之前，《人民司法》研究组也认为，债权人在债务人破产申请受理前按照《合同法》第 73 条[①]的规定代债务人向次债务人行使到期债权的，"人民法院审理后，裁判次债务人向代位权人清偿债务的，则代位权人即取得对次债务人的债权，按照最高人民法院《合同法解释（一）》的规定，代位权人对行使代位权取得清偿享有优先受偿的权

---

① 现为《民法典》第 535 条规定。该条规定："因债务人怠于行使其债权或者与该债权有关的从权利，影响债权人的到期债权实现的，债权人可以向人民法院请求以自己的名义代位行使债务人对相对人的权利，但是该权利专属于债务人自身的除外。"代位权的行使范围以债权人的到期债权为限。债权人行使代位权的必要费用，由债务人负担。"相对人对债务人的抗辩，可以向债权人主张。"

利。该裁判执行之前，主债务人因资不抵债进入破产程序的，代位权人对次债务人的债权可以继续强制执行。同时代位权人也可以按照最高人民法院《企业破产案件规定》第20条第2款第3项的规定申报破产债权，但应当扣除已经从次债务人处得到清偿的部分。”

四、破产债权的分类

（一）实体性分类

1. 以债权人对债务人的债权主体是否单独享有为标准，可以分为单一的破产债权与多数人的破产债权。前者是指对债务人享有债权的主体只有一人，即只有一人对债务人享有债权；后者是指对债务人享有债权的主体为多人，即对债务人的某一债权为多个人共有，既可以是按份共有，也可以是共同共有。

2. 根据债权标的物的性质是否特定为标准，可以分为特定的破产债权与种类的破产债权。前者是指债权人要求债务人完成某一特定的行为所产生的债权。如债务人出售某一书法作品、承揽加工某一物品而对债权人所负的债务，就属于特定之债，不可以替代。然在某一特定行为根本无法实现时，如出售的标的物出于债务人的原因已经毁损而无法实现，则可以转化为损害赔偿之债。后者则是指债权人对债务人请求完成某一种类行为所产生的非特定之债权。

3. 根据债权履行的内容为标准，可以分为财物的破产债权与劳务的破产债权。前者是指债权人对债务人享有的要求债务人给付一定财产的债权，属于典型的财产上的请求债权；后者是指债权人对债务人享有的提供一定劳务的债权，属于可以用货币衡量因而可以转化为货币财产上的请求债权。

4. 根据债的履行是否可以由债务人选择为标准，可以分为简单破产债权与选择破产债权。前者即单纯的破产债权或称不可选择的破产债权，是指债的履行标的只有一种，债务人只能按照该种标的向债权人履行，且在履行时间、方式、地点等方面没有选择余地的破产债权；后者是指履行标的有两种甚至多种，债务人可以选择其中的一种标的向债权人履行或者在履行时间、地点、方式等方面可以由债务人选择性履行的破产债权。

5. 以债权人对债务人的债权是否附有条件或者期限为标准，可以分为附条件或者期限的破产债权与没有附条件或者期限的破产债权。前者是指债权人对债务人的债权是否生效或者解除附有条件或者期限的破产债权；后者是指债权人对债务人的债权是否生效或者解除没有附有条件或者期限的破产债权。

6. 根据是否对特定财产享有优先受偿权为标准，可以分为对特定财产享有担保物权或者法定特别优先权的破产债权与对特定财产没有担保物权或者法定特别优先权的破产债权。

以上分类，都是根据实体法上的标准对破产债权进行的分类，对于破产债权的依法审查、核查、确认具有一定意义。

（二）程序性分类

1. 以是否需要申报为标准，可以分为依法不必进行申报的劳动债权与其他依法需要进行申报的非劳动债权。依法进行申报的债权，又分为在人民法院确认的债权申报期限内申报的债权和未在人民法院确认的债权申报期限内而在破产财产最后分配前进行了补充申报的债权。

2. 以用于破产债权清偿的财产范围为标准，可以分为特定财产清偿的破产债权与非特定财产清偿的破产债权。前者是指对债务人特定财产享有担保物权或者法定特别优先权的债权，即以特定财产优先受偿的破产债权；后者是指以债务人特定财产以外的非特定财产，包括特定财产清偿在其上面享有担保物权或者法定特别优先权的债权，以及破产费用、共益债务后的剩余部分因而转化为非特定财产的财产，对债权人公平进行清偿的破产债权。

3. 以债权的清偿顺序为标准，可以分为优先受偿的债权与非优先受偿的按顺序公平受偿的债权。前者是指对特定财产因为享有担保物权或者法定特别优先权从而对该特定财产享有优先受偿权的破产债权；后者是指具有优先受偿权之外的破产债权。这种债权按照《企业破产法》的规定，在债务人财产清偿破产费用和共益债务后，按照法律规定的顺序公平受偿，具体又包括劳动债权、统筹社保债权和基本税收债权、普通破产债权。

4. 以债权是否通过诉讼、仲裁方式来确认为标准，可以分为通过诉讼、仲裁方式来确认的破产债权与未通过诉讼、仲裁方式来确认的破产债权。前者即通过诉讼、仲裁方式来确认的债权，又可分为通过诉讼、仲裁已经完全确定，即作出了生效判决、裁定或者裁决的破产债权，以及诉讼、仲裁程序还未完结，即还没有生效判决、裁定或者裁决来确认的破产债权，等等。

第二节　债权申报

一、债权申报的概念与特征

债权申报，是指在破产申请受理时对债务人享有债权的债权人，在破产申请受理后向管理人主张并证明其债权存在，以便参与破产程序的行为。《企业破产法》第 48 条规定："债权人应当在人民法院确定的债权申报期限内向管理人申报债权。""债务人所欠职工的工资和医疗、伤残补助、抚恤费用，所欠的应当划入职工个人账户的基本养老保险、基本医疗保险费用，以及法律、行政法规规定应当支付给职工的补偿金，不必申报，由管理人调查后列出清单并予以公示。"第 59 条第 1 款规定："依法申报债权的债权人为债权人会议的成员，有权参加债权人会议，享有表决权。"除劳动债权外，债权人对债务人于破产申请时已经成立的债权，都应当依法进行申报。而且，这种申报，是债权人成为债权人会议成员，参与破产程序，在破产程序中行使程序性权利的前提与基础。除劳动债权外的未依法申报债权的债权人，即使为实体上的债权人，亦非程序上的破产债权人，不能参与破产程序，不能行使破产程序中依法享有的程序性权利。就特征而言，债权申报具有以下基本特征：

（一）债权申报的主体是在破产申请受理时就对债务人享有债权的人

对债务人并不存在债权或者虽然具有债权但这种债权不是成立于破产申请受理前而是成立于破产申请受理后的债权，都不能进行申报。根据《企业破产法》第 48 条第 2 款的规定，劳动债权人对其劳动债权不必进行申报。这主要是考虑到这种债权人往往人数较多，申报起来工作量大，且有关劳动债权的证据通常在债务人手中，劳动债权人要证明其劳动债权存在往往存在困难。为了维护其合法权益，《企业破产法》规定劳动债权人不必申报。不必申报，并不意味着劳动债权人不可以申报，劳动债权人向管理人申报的，管理人应当接受，而不能因为《企业破产法》规定不必申报就拒绝接受其申报。然可向劳动债权人说明，并将其按照不必申报的劳动债权进行处理。对于劳动债权人所作的债权申报，管理人应当予以接受，并按申报债权予以处理。

如前所述，债权与破产债权并不属于同一概念。在破产申请受理时对债务人享有债权的人，并非一定进行申报；反之，对债务人享有债权但不享有破产债权的人，如对债务人享有超过诉讼时效债权的人，也可以向管理人主张债权，这是其程序上的权利，不能因为不属于破产债权而就拒绝接受申报。对此，《企业破产案件规定》第 61 条就规定，破产宣告后的债务利息，债权人参加破产程序所支出的费用，超过诉讼时效的债权等"不属于破产债权的权利，人民法院或者清算组也应当对当事人的申报进行登记"。以是，非破产债权人的债权也可以依法进行申报。其实，在管理人审查、债权人会议核查及人民法院依法确认前，债权人对债务人的债权是否属于破产债权，还需要管理人审查、债权人会议核查及人民法院依法确认后才能确定。如此，债权申报乃非一定为破产债权申报，债权申报的主体也并非一定为破产债权的主体，非破产债权的其他债权人，也可以依法进行申报。在具有债权但不是破产债权的情况下，债权人申报并由此参与破产程序的程序性权利应当得到满足，至于其实体权利则应按照实体法的规定确定。不符合实体法规定的无效债权、超过诉讼时效不受法律强制性保护的债权等，则不能确认。这正如超过诉讼时效债权的债权人有权起诉，人民法院应当予以受理，让债权人参与民事诉讼程序，行使民事诉讼中的程序权利，可其实体权利依然不能得到满足而应驳回其诉讼请求。

应当指出，非破产债权人有权进行申报，并参与破产程序行使破产程序性权利，不能行使实体权利，但仍以其属于债权人为前提。根本不是债权人，却自认为是债权人而进行所谓的申报的，自属没有法律根据的违法申报。这种非债权人的所谓申报人，不能享有参与破产程序行使破产程序中的有关债权人才能行使的程序性权利。这正如非适格当事人认为自己对债务人享有权利而起诉债务人的情形，人民法院审查后认为其不属于适格当事人而直接不予受理，即使受理后发现不属适格当事人的，也应直接驳回其起诉。

（二）债权申报属于债权人单方意思表示的行为

在破产申请受理后，对债务人在破产申请受理时享有债权的人，是否申报，按照意思自治原则，完全由其自行决定。然而，其依法向管理人申报债权后，该意思表示即告完成，并产生相应的法律效力。管理人依法对其债权进行审查，确定其债权是否存在，以及是否属于破产债权。确实在破产申请受理时对债务人享有债权的，就可以依法参与破产程序，行使破产程序中的程序性权利。

（三）债权申报以向管理人主张其债权应受法律保护为基本内容

债权申报以向管理人主张其债权存在、依法成立、合法有效并能够受到法律强制性保护，且提供证据证明其主张成立为基本内容。假若不是主张其债权存在而是向管理人主张其他权利，如要求管理人将债务人占有的属于其所有的财产予以返还，则不属于债权申报，而是依法行使破产取回权。

（四）债权申报是债权人参与破产程序的必要条件

债权申报，是债权人成为债权人会议成员，依法参与破产程序，行使破产程序权利，并依法以债务人财产进行清偿的必要条件。没有申报债权的人，不是债权人会议成员，不得参与破产程序，除劳动债权外，不得以债务人财产在破产程序中获得清偿。

二、债权申报期限

《企业破产法》第45条规定：“人民法院受理破产申请后，应当确定债权人申报债权的期限。债权申报期限自人民法院发布受理破产申请公告之日起计算，最短不得少于三十日，最长不得超过三个月。”第48条第1款规定：“债权人应当在人民法院确定的债权申报期限内向管理人申报债权。”第56条规定：“在人民法院确定的债权申报期限内，债权人未申报债权的，可以在破产财产最后分配前补充申报；但是，此前已进行的分配，不再对其补充分配。为审查和确认补充申报债权的费用，由补充申报人承担。”“债权人未依照本法规定申报债权的，不得依照本法规定的程序行使权利。”据之，对于债权申报期限，需要注意以下几点。

（一）债权申报的期限是指债权人向管理人申报债权的有效期间

债权申报，是管理人确定参与破产程序行使破产程序性权利的债权人范围的基本依据，是就债权人对债务人的债权是否成立、合法有效、是否应受法律强制性保护进行审查的重要基础，应让债权申报具有充分的时间。然则，债权申报的时间越长，破产费用等支出就越多，债务人财产用于清偿破产债权的数额就越少，从而必须兼顾考虑债权人合法权利的保护及破产程序效率的保障两方面来确定债权申报的期限。

（二）债权申报期限确定的主体为人民法院

《企业破产法》第45条规定，人民法院受理破产申请后，应当确定债权人申报债权的期限，即债权人申报债权期限确定的主体为人民法院。《企业破产法》第14条第1款规定：“人民法院应当自裁定受理破产申请之日起25日内通知已知债权人，并予以公告。”第2款第3项规定，通知和公告应当载明申报债权的期限、地点和注意事项。所以，人民法院应当在破产申请受理后25日内发布受理公告前确定债权申报的期限、地点及注意事项，并将债权申报的期限、地点及注意事项在公告中予以明确。

（三）债权申报期限的起算时间

债权申报期限自人民法院发布受理破产申请公告之日起计算，最短不得少于30日，最长不得超过3个月。是以，债权申报期限由人民法院在法律规定的幅度内具体确定债权申报的期限。换言之，申报期限采取法定与人民法院确定相结合的灵活确定方式，由法律规定期限的起算点，及债权申报的最短期间与最长期间，由人民法院在最短期间与最长期间之间，根据破产案件的具体情况进行确定。最短的期间以日计算，应当从发布受理破产申请公告之日起计算满30天。最长期间按月计算，不得超过3个月。这一最长期间包括节假日在内，3个月的截止期间在法定节假日内的，亦不得顺延。至于破产案件的具体情况，主要是债权人的数量及其债权的数额多少，债权人分布地域的范围，债权债务关系的疑难复杂程度，债务人的经营规模、职工人数、分支机构状况以及档案资料的齐全情况等。

三、债权申报的方式与要求

《企业破产法》第49条规定："债权人申报债权时，应当书面说明债权的数额和有无财产担保，并提交有关证据。申报的债权是连带债权的，应当说明。"基此，债权申报应当符合下列要求。

（一）债权申报一般以书面方式进行

债权人申报债权，是一项重要的主张其权利并证明其权利存在的程序性行为，是债权人参与破产程序、行使有关程序性权利的前提与基础。基于必要的慎重，一般要以书面方式进行债权申报。这里的书面形式，是指以纸质的书面方式向管理人进行申报，而非以口头、电话、传真等非纸质形式向管理人申报。但是，管理人可以制作格式化的债权申报表，供前来申报的债权人填写。为了方便债权人申报债权，可以通过网络将债权申报表传递给债权人。异地债权人可以采用邮寄的方式递送书面申报表。此外，随着通信、网络技术的日益发展与成熟，债权人通过通信、网络申报的也应允许，这既可以提高效率，又可以为本来已经遭受损失的债权人减少开支。对此，《管理人工作平台使用办法》第8条规定："权利人在破产重整案件信息网申报有关权利的，应当进行网上实名注册，上传有效身份信息，并提交有关材料。""破产管理人认为权利人提交的材料不齐或者需要核对原件的，可以要求其补充材料或者提供原件。""前款所称'权利人'，是指债权人、取回权人、抵销权人、担保权人以及《企业破产法》规定的其他权利人。"第10条规定："权利人在网上申报权利的，破产管理人可以通过破产重整案件信息网以电子邮件、移动通信等权利人预留的联系方式将审查结论通知权利人。""权利人对破产管理人作出的审查结论有异议的，可以通过破产重整案件信息网提出异议并申请破产管理人复核。"《企业破产信息公开规定（试行）》第10条也规定："债权人可以在破产重整案件信息网实名注册后申报债权并提交有关证据的电子文档，网上申报债权与其他方式申报债权具有同等法律效力。债权人向破产管理人书面申报债权的，破产管理人应当将债权申报书及有关证据的电子文档上传破产重整案件信息网。"

（二）债权申报表的主要内容

债权申报表，是债权人向管理人申报债权以主张权利的重要文件，是管理人审查债权人债权的基础性资料，应当明确、清楚。其主要内容包括：

1. 债权人的基本信息情况。债权人为个人的，包括债权人姓名、性别、年龄、身份证号码、联系方式、工作单位及其职务、通信地址、邮政编码。

债权人为单位的，包括债权人单位名称、住所、邮政编码、法定代表人姓名、职务、身份证号码、联系方式。债权人委托他人申报的，应当提交委托他人申报的委托书，委托书应当注明委托人与受托人的基本信息情况，包括受托人的姓名、性别、年龄、身份证号码、联系方式、工作单位及其职务、通信地址、邮政编码，授权内容，授权时间及法定代表人签名等。授权人为单位的，还应加盖授权人的印章。受托人是律师的，应当提供律师事务所的书面介绍信或者其他函件。代位申报的，除注明代位人、被代位人（代位人的债务人、债务人的债权人）的基本情况。这些信息资料，是将债权人特定化的基础信息资料，是了解债权人基本情况，以便更好沟通的重要基础。受托人是本单位的，应当加盖本单位的公章及法定代表人签名的授权委托书。

2. 申报的债权数额及其债权的形成过程。债权包括本金及其利息。对于债权的形成过程，应将双方何时何地出于什么原因而产生债权、债权的履行情况、债权的催讨情况等作简要说明。

3. 申报的债权有无财产担保，应当加以说明。债权存在财产担保的，应当加以声明，并说明担保的类型如抵押、质押等，是否进行了抵押登记，是否移交了质物。担保人为第三人的，应当提供担保人的其他情况。债权不存在担保的，也可加以声明。没有声明的，除非有证据证明为有财产担保债权，否则就应视为无财产担保债权。

4. 申报的债权属于连带债权的，应当加以说明。《民法典》第 178 条规定："二人以上依法承担连带责任的，权利人有权请求部分或者全部连带责任人承担责任。""连带责任人的责任份额根据各自责任大小确定；难以确定责任大小的，平均承担责任。实际承担责任超过自己责任份额的连带责任人，有权向其他连带责任人追偿。""连带责任，由法律规定或者当事人约定。"与之相对应，连带债权，是指债权人一方为两人以上，任何一个债权人都有权要求债务人向其履行全部债务，债务人也应当向要求者履行全部债务，债务人向任意一个连带债权人履行全部债务后，其他债权人对债务人的债权也同时消灭的债权。在连带债权中，债务人所负的债务是确定的，可各个债权人均对债务人有权要求履行全部债务。为了防止连带债权人重复申报，在债权为多个人的连带债权的情况下，需要加以说明。说明的内容应当包括各连带债权人的基本情况，以及连带债权形成的原因。

5. 代位申报的，除应提供债权人对债务人所享有债权的有关证据外，还应提供自己对债权人所享有债权的相关证据。

6. 债权申报表应当由申报人签名，并注明申报日期。

7. 债权申报表应留有一栏由接受债权申报的工作人员签名，并签署日期。

（三）证明申报人在破产申请受理时债权已经成立的证据资料

主要包括两个方面：（1）债权人的身份证明材料。债权人是个人的，应当提交身份证。债权人是单位的，应当提交工商档案资料、营业执照、机构代码证等证明材料，以及法定代表人、具体申报的工作人员的身份证件。受托人是律师的，则应提供授权委托书、律师证、律师事务所函。这些材料，应当同时提交复印件。单位提供的复印件，应当加盖单位的印章。（2）债权成立、合法有效并未丧失法律强制性保护的证明。如人民法院生效的判决书、裁定书；仲裁机构的裁决书；人民法院的执行文书；债权合同、协议及债权人履行合同、协议的凭证如付款凭证或者交货凭证，公证书，欠条，还款保证书，催款回执；担保协议及履行担保合同的情况，抵押登记的他物权证书等。

四、债权申报程序

债权申报的程序，按照下列步骤进行：

1. 由债权人填写并向管理人工作人员递交债权申报表。债权人填写有困难的，可以在管理人工作人员指导下进行。

2. 管理人工作人员接受债权申报表时，应当要求债权人全面填写有关情况，尤其应当了解债权形成的基本情况、担保情况及是否属于连带债权的情况，并让债权人填写清楚。

3. 管理人工作人员指导债权人填写提交证据材料目录，并提供证据材料。能够提供原件的，要求提供原件；不能提供原件的，则要求债权人提供证据复印件的同时提供原件核对。工作人员对证据复印件与原件应当认真核对，保证准确无误。凡是核对了原件的，应当在证据材料目录中的备注栏中注明。没有证据原件的，也应加以注明。

4. 要求债权人在债权申报表上签名，并注明日期。接收申报的人员也应在债权申报表上签名，并注明接收日期。

5. 管理人接受债权申报后，应当及时就申报债权的情况，主要包括债权人的基本信息及申报债权的本金、利息及是否具有担保、是否属于共同连带债权等，进行分类登记，如建筑债权、金融债权、劳动债权、供应债权、销售债权及其他债权，并统一编号。这点非常重要，对债权人编号并按号码顺序排列债权人申报资料，然后根据债权人的编号查找其有关资料，非常方便。不然，在债权人人数众多，如成千上万时，要找到某一债权人的有关资料，都并非易事。

五、债权申报的变更与撤回

（一）债权申报的变更

债权申报的变更，是指债权人申报债权后，又就债权的数额、内容等予以改变的情况。具体分为两种情形：（1）变更发生在债权申报期限内，自应允许。（2）变更发生在债权申报期限届满后，减少或者放弃债权的，不仅不会损害其他债权人的利益，而且还会增加其他债权人的利益，应当允许。增加债权数额的，则会损害其他债权人的利益，可以按照补充债权申报的情况处理，要求该增加的补充申报在破产财产最终分配前进行。在破产财产最终分配前未增加的，则不再允许。此外，对增加的补充申报，于补充申报前已经进行的分配，不再对其增加的申报债权补充分配。管理人为审查和确认该增加补充申报债权的费用，由该增加补充申报人承担。

（二）债权申报的撤回

债权申报的撤回，是指债权人在申报债权后又将申报取回，向管理人表示放弃自己在破产程序中的权利，包括要求放弃以债务人财产对其债权受偿的权利。债权人撤回已经进行的债权申报，不会对其他债权人的利益造成损害，反而还会对其他债权人有利，根据私法意思自治原则，应当允许。债权人撤回已经进行的债权申报后，又要求申报债权的，应按情况对待：再次申报发生在债权申报期限内的，应当允许；再次申报发生在债权申报期限届满后的，仍可按补充申报债权处理，不能简单地以债权人曾经撤回债权申报为由而不允许其进行补充申报。

六、未依法申报债权的法律后果

根据《企业破产法》第48条的规定，除劳动债权不必申报外，其他债权人均应在人民法院确定的债权申报期限内向管理人申报债权。否则，未依法在债权申报期限内进行申报的，则应承担相应的法律后果。这种相应的法律后果，包括逾期申报及没有申报两种情况，下面对其分别进行分析。

（一）逾期申报的法律后果

1. 逾期申报，又称补充申报，是指债权人未在人民法院确定的债权申报期限内申报，但据《企业破产法》第56条的规定，在破产财产最后分配前进行的申报。在《企业破产法》施行前，根据《企业破产法（试行）》第9条的规定，逾期未申报债权的，视为自动放弃债权，从而使得债权人与债务人之间的实体权利因为没有在债权申报期限内申报而予以消灭。这样，债权人未在人民法院确定的债权申报期限内申报债权，其法律后果即视为自动放弃债权。这种仅仅源于程序上的原因导致实体权益的丧失，既不利于债权人实体合法权益的保护，也不符合我国传统的朴素观念。

其实，债权人未能在债权申报期限内进行申报，其原因可能是多方面的，如根本不知道债务人破产的事实，并非一定就是怠于行使权利。事实上，债权人与债务人之间的债权债务不会因为某一程序行为没有依法进行就实际消灭，只有根据实体法律规定的行为或者事实才能产生消灭债权债务这一实体法律关系的后果，这是一项基本原则，即“程序不消灭实体权利”。① 因此，《企业破产法》第56条规定：“在人民法院确定的债权申报期限内，债权人未申报债权的，可以在破产财产最后分配前补充申报。”基此，债权人并未因为没有在债权申报期限内进行申报就必然丧失其实体权利，还可以依法补充申报。不过，这种逾期的补充申报，应当承担相应的法律后果。这是因为，债权人未在人民法院确定的债权申报期限内进行申报，存在一定的过错。即使其根本不知道债务人的破产事实，在人民法院依法公告的情况下，也应当推定其知道。不然，债权人就都可以以没有看到公告、不知道债务人破产事实为由而致债权申报期限无限延长。在债权人知道债务人破产事实的情况下，未能在债权申报的期限内申报，虽然并不产生丧失实体债权的法律后果，仍要付出必要代价。这些代价为：在补充申报前已经进行的分配，不再对其申报债权补充分配；管理人为审查和确认补充申报债权的费用，由补充申报人承担。

2. 逾期申报的最终时间为破产财产最后分配前。逾期申报，是在人民法院确定的债权申报期限外所进行的补充申报，可这种补充申报并不是没有任何时间的限制。基于破产程序的正常进行及债权人申报债权的目的在于获取债务人财产的分配，以使其债权依法得到最大的满足。故，根据《企业破产法》第56条的规定，逾期申报的时间应当在破产财产最后分配前。破产财产最后分配后，债务人财产已经全部用于清偿债权人所申报的债权及破产费用、共益债务，此时，债权申报自然失去其应有意义而不再允许补充申报。

3. 对于逾期申报，根据《企业破产法》第56条的规定，债权人应当承担下列两个方面的法律后果：

一是，受偿限制，即债权人对于补充申报以前进行的分配不得要求重新分配。补充申报没有溯及力，也就是不再进行补充分配。债权人补充申报之前发生的破产财产分配，是依法进行的，其分配结果会产生不能动摇的既定力，其他债权人依法在债权申报期限内申报债权并接受财产分配而受偿获得

① 王卫国：《破产法精义》，法律出版社2007年版，第160页。

的既得利益，不能因为后面的补充申报而受到影响。否则，债权申报期限就没有任何意义。任何债权人都可以不遵守债权申报期限而随时进行申报，其利益依然不会受到损害，破产程序也就无法正常进行。以是，补充申报对以前已经进行的破产财产分配，不具有溯及力，只对补充申报后的尚未分配的破产财产的分配具有效力，即可以参加也只能参加补充申报后的尚未分配的破产财产的分配，乃是补充申报应有之义。

二是，审查、确认费用的负担。在债权申报期限后补充申报债权，管理人、债权人会议、人民法院对其单独进行审查、核查、确认，需要另外产生一定的费用。而这种费用的产生，完全系债权人逾期补充申报所致，应当由补充申报的债权人承担。

4. 债权人补充申报会产生不利的后果，也正是这种不利的后果，才可以促使债权人依法在人民法院确定的债权申报期限内进行债权申报，并且不因债权人逾期申报而使得在债权申报期限内申报的债权人依法获取的既得利益遭受损害，以保证破产程序的正常、顺利进行。

（二）未申报债权的法律后果

1. 未申报债权，是指债权人既未在人民法院确定的债权申报期限内申报债权，又未在债权申报期限后破产财产最后分配前补充申报债权，即根本没有申报债权。无须多言，债权人在破产程序中申报债权，乃是其参与破产程序享有破产程序中的权利并承担相应义务的基本前提。不在破产程序中申报债权，表明债权人放弃其所享有的破产程序中的权利。所以，《企业破产法》第56条第2款规定：“债权人未依照本法规定申报债权的，不得依照本法规定的程序行使权利。”

2. 债权人在破产程序中未申报债权的，所产生的法律后果，根据《企业破产法》第56条第2款的规定，是不得依照《企业破产法》规定的程序行使权利。既包括不得依照《企业破产法》规定的程序行使有关程序性权利，如不得作为债权人会议成员参与债权人会议，核查债权；申请人民法院更换管理人；审查管理人的费用和报酬；监督管理人；选任和更换债权人委员会成员；决定继续或者停止债务人的营业；通过重整计划；通过和解协议；通过债务人财产的管理方案；通过破产财产的变价方案；通过破产财产的分配方案等，又包括不得依照《企业破产法》规定的程序行使实体权利，如要求参加债务人财产的分配受偿等。

3. 未申报债权的法律后果，是债权人不能依照《企业破产法》规定的程序行使权利，即不能在破产程序中行使破产程序中的程序性权利及实体性权利，而不是完全不能行使任何权利。债权人没有在破产程序中申报债权，与债务人的债权债务关系因为没有得到实际清偿而实际存在，在破产程序外，还可以不依《企业破产法》的规定而按其他法律的规定依法行使权利。具体包括：

一是，在破产重整程序、破产和解程序结束后，依法行使实体权利。这是因为，破产重整程序、破产和解程序，并不导致债务人的民事主体资格消灭。既然如此，没有申报债权的人因为在破产程序中没有受到清偿而对债务人的债权依旧存在，尚可以对债务人在破产程序外依法行使实体权利。对此，《企业破产法》第 92 条第 2 款规定："债权人未依照本法规定申报债权的，在重整计划执行期间不得行使权利；在重整计划执行完毕后，可以按照重整计划规定的同类债权的清偿条件行使权利。"第 100 条第 3 款规定："和解债权人未依照本法规定申报债权的，在和解协议执行期间不得行使权利；在和解协议执行完毕后，可以按照和解协议规定的清偿条件行使权利。"当然，在破产清算程序结束后，债务人的财产已分配完毕，民事主体资格予以消灭，其与所有债权人之间的债权债务关系也予以了结，没有申报债权的人也无法对债务人行使权利。破产程序完成后，在两年内发现债务人尚有其他财产的，根据《企业破产法》第 123 条的规定，债权人有权就该财产要求追加分配，然这种追加分配需要以债权人申报了债权为前提，属于依照《企业破产法》规定的程序行使权利。

二是，人民法院受理破产申请后，依照《企业破产法》第 12 条的规定裁定驳回破产申请的，或者按照《企业破产法》第 108 条的规定，在第三人为债务人提供足额担保或者为债务人清偿全部到期债务，或者债务人已清偿全部到期债务的情况下，裁定终结破产清算程序的，债务人的破产程序实际没有开展，所有债权人包括申报债权的人及未申报债权的人，都可以通过民事诉讼、仲裁程序或者个别追索的方式对债务人行使权利。

三是，债务人有保证人或者其他连带债务人的，债权人有权对连带债务人行使权利。这种对连带债务人权利的行使，发生在破产程序外，不受《企业破产法》规定的程序限制。债权人包括未申报债权的债权人对连带责任人的权利随时可以行使，不必等到债务人的破产程序终结后。但是，债权人对补充责任人行使权利，则要在债务人破产程序终结后进行。不然，无法确定补充责任人应当对其债权承担补充责任的范围与数额。

第三节　债权审查

一、债权审查的概念

债权审查，是指管理人对于债务人所负债务即债权人对债务人所有的债权，依法就其债权是否真实存在，其权利主体为谁，债权是否合法有效并应否受到法律强制性保护，债权是否具有担保以及债权的数额等事项，进行调查、判断并提出初步结论性意见的活动。

在债务人破产的情况下，其用于清偿所负全体债权人债务的财产已经基本确定，某一债权人的债权越少，就意味着其他债权人可能得到清偿的债权就越多。反之，其他债权人可能得到清偿的债权越小，某一债权人的债权就越少。一些债权人为了使自己的债权尽量免受更大损害，便可能增加债权申报的数额，甚至将不存在的或者虽然存在但债务人已经履行的债权进行申报；有的不是债务人的债权人但基于各种原因而以债务人的债权人身份申报债权，等等，致使债权人申报的债权并不一定真实：或债权并不存在，或债权数额高于实际数额，或债权根本不是申报人的债权等。债权即使存在，也可能因为违反法律规定而属于无效债权、可撤销债权以及确定不发生效力的债权，或者确定不能生效的债权，或者虽然合法有效但因为超过诉讼时效、申请法院强制执行时效等而不再受到法律保护的债权，等等，都不属于破产债权不能在破产程序中以债务人的财产进行清偿。有的债权如对债务人财产具有担保或者法定特别优先权的债权，则不需要参与债务人财产分配而直接可以该财产优先受偿。有的债权如附条件未生效债权，尽管可以参与破产程序受到清偿，但因没有生效而只能采取预留提存措施进行处理。诸如此类，都必须要求对申报的债权进行审查，确定其真伪，将虚假的、与事实不符的、却已申报的债权，不属于破产债权的债权，以及需要采取特殊措施处理的债权等进行甄别、分类，保证债务人财产用于清偿债权人所有的破产债权。

对申报债权的审查，与债务人财产的清收、管理一样，乃是破产程序正常、顺利进行，以及依法充分保护全体债权人合法权益的一项极为重要的基础性工作，是债权人依法公平得到清偿的基本前提，管理人应当依法、全面、认真、仔细、慎重做好，不得马虎了事。

应当指出，对于申报的债权，管理人需要进行审查。对于未申报的债权，除劳动债权应当依法进行审查外，在破产清算程序中，由于破产程序终结，债务人的财产已经分配完毕，其民事主体资格也已消灭，债权人与债务人之间的债权债务关系加以了结，事实上也不可能再向债务人行使权利，无须对此进行审查。但在破产重整程序及破产和解程序中，根据《企业破产法》第92条关于“债权人未依照本法规定申报债权的，在重整计划执行期间不得行使权利；在重整计划执行完毕后，可以按照重整计划规定的同类债权的清偿条件行使权利”的规定及第100条第3款关于“和解债权人未依照本法规定申报债权的，在和解协议执行期间不得行使权利；在和解协议执行完毕后，可以按照和解协议规定的清偿条件行使权利”的规定，在重整计划、和解协议执行完毕后，仍然可以按照重整计划、和解协议规定的同类债权清偿条件如清偿比例行使权利。对于这种未申报的债权也应根据债务人的档案资料情况进行审查是否真实、是否合法有效、是否受到法律强制性保护等，以确定所有债权人依法就债务人财产得到清偿的比例。否则，对这种未申报的债权不加以审查而将之排除在外，就必然影响债务人财产清偿所有债权人的债权清偿比例，给债务人日后清偿此种债权带来障碍并遭受损失。在破产重整程序、破产和解程序中，对这种未申报的债权，债务人也应依法进行全面、认真、仔细而慎重地清理与审查。

二、债权审查的原则

债权审查的依据，为《民法典》《公司法》《企业破产法》等有关实体法律的规定，以及有关证据认定规则等程序性规定。依法审查债权，乃是一项不可动摇的基本原则。破产程序不仅仅是债权人个体权利的审查，而且是全体债权人类别权利的审查，在法律规定所能容纳的范围内，还要兼顾公平原则、保证稳定原则及保证破产程序正常、顺利进行的原则进行审查。

（一）依法审查原则

依法审查原则，要求在法律条文、合同条文等内容非常明确，对其解释不存在任何争议，即解释的结果是唯一的情况下，应当严格按照条文应有的含义作出解释，不牵强附会作限制或者扩大解释，以免引起债权人的不满，并保证债权的审查相对公平。对于法律条文、合同条文内容存在宽度，对其解释存在争议，即解释的结果并不唯一，可能存在两种甚至多种结果的情况下，则应结合其他原则来选择解释结果。

（二）公正、公平原则

管理人对债权的审查并登记造册，是人民法院最终确认债权的基本根据，直接关系到债权人的利益。在债权人人数众多、经济水平极不平衡，且不同的债权已受偿付的比例都不相同的情形下，在对不同种类债权按类采取同一标准处理的基础上，对于弱势群体的债权在审查上应当采取从宽处理的原则。如劳动债权，绝大多数债权人经济水平差，对其认定能宽的则要宽；对于高管人员的范围及其债权的确认，能严的则要严。又如经销债权，大多数债权人为个人，经济水平较差，且由于时间长，没有保存所有合同，倘若债务人管理混乱，经销商与债务人相关企业签订合同的主体、收款的主体、发货的主体经常发生变化，致使债权人无法提供所有证据以准确确定其债权及其数额的，则可以统一以债务人现存的证据资料作为审查经销商债权的基本依据。

（三）保证稳定原则

毋庸讳言，稳定是债务人破产工作尤其是破产工作得以顺利进行的基础与前提。没有稳定，所有工作都无法达到其目的，保证稳定原则是管理人审查债权工作中提出解决问题方案时始终应当遵循的原则。对于人数众多且经济水平低的劳动债权人、经销债权人，对于人数相对较多、成分复杂的建筑商债权、供应商债权等，在法律许可的前提下，可以提出区别对待的解决方案。此外，在对劳动债权、经销债权的主要部分从宽审查的同时，对小部分债权则应严格作出符合法律原则及精神的解释。如对以获取高额利息的非法集资债权，作为无效债权认定，只把本金作为债权，高额利息则不认定为债权，最多只能将法定利率范围内的利息认定为普通债权，超过法定最高利率部分的利息则不能认定为债权。又如，对于单位职工集资，债务人对职工分别作出最低集资数额及责任规定的，职工集资带有被迫性，所体现的不是平等的民事关系，而是管理与被管理的这一劳动关系，且与职工的基本生存权利相联系，就可视为劳动债权。但对于超过最低数额的集资，由劳动者自主决定，体现平等的意愿，尤其是基于追逐高利或者为了获得某种奖励如为了获得债务人公司上市的股权等，与其作为工资收入等劳动债权这一保证其基本生存权利没有多大关系的集资债权，则不认定为劳动债权，而只作为普通债权处理。

（四）有利于破产程序正常、顺利进行原则

如何审查债权并提出债权认定初步方案，直接关系债权人的切身利益。该认定的不认定，不该认定的又认定，都可能引起债权人的不满而致破产程序无法正常顺利进行，在债权人众多的情况下更易发生这种情况。此外，债权人的同类债权，标准应当明确、统一，不能在法律之外划分标准，只能在法律幅度之内确定统一的标准以正确审查债权。还有，因为债务人破产，债权人遭受损失已毫无疑义。应当认定的债权没有被认定，对债权人来说，自是雪上加霜，容易引起其不满情绪甚至引发争执与冲突。在债权人人数众多的情况下，更容易导致情绪化，需要对债权从宽把握，可认定的原则上应当认定。至于认定之后，债权人因为受偿比例很低而无法得到满意的清偿，也属无奈，这超出管理人工作范畴。加上以债务人财产进行清偿分配时，已有充分的时间缓解债权人的不满。从保障破产程序正常、顺利进行的层面上讲，对于存在证据但证据有些疑问，导致可认定、可不认定的债权，原则上应当从宽把握而予以认定。

三、债权审查的主体

《企业破产法》第 57 条第 1 款规定："管理人收到债权申报材料后，应当登记造册，对申报的债权进行审查，并编制债权表。"据此，在债务人破产申请受理后，对债权人的债权包括申报债权进行审查的责任，就落到了管理人身上。换言之，债权审查的主体为管理人。对这，应当注意以下几点：

（一）债权审查的主体不是债务人

在通常情况下，债务人没有破产，债权人就个别债权对其进行的个别主张，可以由债务人自身审查或者委托他人进行审查是否成立或者是否合法有效等，并对成立的债权进行清偿。债权人对债务人进行个别追索债权，属于两者之间的民事追偿行为，债务人对债权人债权的审查、认定等，完全基于意思自治的原则由债务人确定。在破产程序中，债务人的所有事务均由管理人代为进行，债权人对债务人所拥有的债权的审查，也为管理人代为进行。债权人对债务人的债权提起诉讼或者仲裁的，两者之间的债权债务关系，则由人民法院、仲裁机构依法通过诉讼、仲裁程序进行审查，并以裁判、裁决依法确认。

（二）债权审查的主体不是债权人会议

1. 《企业破产法（试行）》第 15 条第 1 项曾经规定，审查有关债权的证明材料，确认债权有无财产担保及其数额，是债权人会议的一项职权，在过去，债权审查确认的主体均为债权人会议。然而，债权人会议乃是申报债权的债权人组成的临时性机构，不可能承担具体审查债权的工作，尤其是在债权人人数众多的情况下，要依靠债权人会议对债务人所负的债务是否存在，是否为申报人所有，是否合法有效，是否依法应受法律强制性保护，是否在破产申请受理前成立，是否有确实充分的证据进行证明等有关债权成立、合法、有效、归属及其数额事项进行审查，无异于痴人说梦。

2. 如前所述，债权审查是一项法律性、专业性很强的工作，必须依法进行，而债权人不可能具有债权审查所必要的法律知识，由申报债权的债权人组成的债权人会议无疑难以胜任债权审查所必需的法律专业性要求。

3. 债权人之间存在直接利益冲突。在破产程序中，债务人用于清偿所有债权人债权的财产是固定的。以固定的财产清偿所有的债权，债权人之间的利益明显存在直接冲突：其中一些债权人的债权认定减少，在其他债权人的债权不变的情况下，就意味着全体债权人清偿比例提高从而可以增加其他债权人的清偿数额。反之，其中一些债权人的债权认定增加，在其他债权人的债权不变的情况下，就意味着全体债权人清偿比例降低会减少其他债权人的清偿数额。尤其是一些债权人为了自己的利益而对自己的债权增加认定，对其他债权人的债权减少认定，不仅不公平，而且容易导致债权人之间发生争执，无法保证破产程序的正常、顺利进行。是以，《企业破产法》第57条明确规定，对申报债权审查的职责由管理人承担。如此，债权审查的主体为管理人，而非债权人会议。

（三）债权审查的主体不是人民法院

人民法院的审判人员具有债权审查的专业知识，也与债权人、债务人之间不存在利益冲突，可以居于中间立场而对债权人的债权进行审查。然则，人民法院作为专司审判工作的司法机关，其所拥有的人力、物力、财力等司法资源均有限，在债权人不多的情况下，可以承担债权人债权的审查工作；在债权人众多尤其是成千上万的情况下，则很难甚或无法在法律规定的期限内完成这项工作。而债务人进入破产程序后，其债权人人数往往都比较多，鉴于此，《企业破产法》未将对债权人债权的具体审查工作交由人民法院，而是交给管理人。对债权人债权的最终确认权，依然由人民法院享有，既可将人民法院从审查债权的具体性事务中解脱出来，又由其在债权人会议核查无异议后最终确认债权人的债权，以司法公信力保证债权认定的效力，为分配债务人财产清偿债权奠定必要的基础。

四、债权审查的时间

债权审查的时间，必然发生在破产程序中，毫无疑义。这只是一种宽泛的说法，就此作出结论，则分析债权审查的时间就没有任何意义。对此，将之分为三种情况进行分析：

（一）未申报债权的审查时间

《企业破产法》第48条第2款规定："债务人所欠职工的工资和医疗、伤残补助、抚恤费用，所欠的应当划入职工个人账户的基本养老保险、基本医疗保险费用，以及法律、行政法规规定应当支付给职工的补偿金，不必申报，由管理人调查后列出清单并予以公示。职工对清单记载有异议的，可以要求管理人更正；管理人不予更正的，职工可以向人民法院提起诉讼。"基此，劳动债权虽然不需要申报，管理人仍应根据债务人的有关劳动用工等档案资料对职工的劳动债权依法进行调查，然后列出清单予以公示。

如前所述，在破产清算程序中，对于劳动债权外的其他没有申报的债权，无须进行审查，自无债权审查的时间问题之说。可在破产重整程序、破产和解程序中，为了准确确定债权人以债务人财产清偿债权的清偿比例，对劳动债权外的未申报的债权也应依法进行审查。不然，将这些未申报的非劳动债权的债权排除在外，会导致债务人清偿债务的比例高于债务人财产实际清偿所有债务的比例，债务人在重整计划、和解协议执行完毕后需要承担，有悖于破产程序以债务人财产清偿其对所有债权人所负的一切债务进行清偿的本质。尤其是在破产重整程序中，往往是由新的投资人注入资金而成为债务人的新的出资人，在对债务人出资以对债务人重整前，会要求对债权人所拥有的一切债权包括申报的债权与未申报的债权都要心中有数，为此，管理人也必须对这种非劳动债权人未申报的债权根据债务人的档案资料进行审查，并将之受偿额予以预留提存。否则，新的出资人就可能不会出资重整，影响破产重整程序的正常进行。因此，对非劳动债权人未申报的债权进行审查，也是破产重整程序、破产和解程序工作的一部分，需要依法进行。不能当然认为在破产程序中，只有债权人申报了的债权，才能纳入债权审查的范围而成为债权审查的客体。非劳动债权人未申报的债权，在破产重整程序和破产和解程序中，也应纳入债权审查的范围而成为债权审查的客体。至于劳动债权人的劳动债权，无论是在破产清算仍然在破产重整程序、破产和解程序中，都应属于债权调查工作的对象。

至于未申报债权的审查期限，则为重整计划草案、和解协议草案形成前。因为，在破产重整程序、破产和解程序中，债权人的债权清偿比例，应在重整计划草案、和解协议草案中体现，属于重整计划草案、和解协议草案的基本而又重要的内容。而债权清偿的比例与人民法院确认的所有债权存在密切关系，对未申报债权的审查工作因而要求在重整计划草案、和解协议草案交由债权人会议讨论前截止，不然将会对破产重整、破产和解工作产生不利影响。

（二）逾期补充申报的债权审查时间

在破产程序中，债权人未在人民法院确定的债权申报期限内申报债权，仍然可以在债权申报期限届满后债务人的破产财产最后分配前进行补充申报。对于补充申报的债权，管理人需要依法进行审查。不过，根据《企业破产法》第 56 条第 1 款的规定，为审查和确认补充申报债权的费用，由补充申报人承担。故，补充申报的债权审查应在补充申报之日后至债务人破产财产最后分配前。而债权审查后还要依法由债权人会议或者受托的债权人委员会核查、人民法院确认，还需在债务人破产财产最后分配前留下必要的时间。对此《企业破产法》没有明确。为规范起见，最高人民法院可以通过司法解释具体明确补充申报的时间以及管理人审查完成的截止时间。

（三）申报债权的审查期间

《企业破产法》第 57 条第 1 款规定："管理人收到债权申报材料后，应当登记造册，对申报的债权进行审查，并编制债权表。"第 58 条第 1 款规定："依照本法第五十七条规定编制的债权表，应当提交第一次债权人会议核查。"据之，管理人对申报债权的审查，应在债权表最后编制完成前，债权表要提交第一次债权人会议核查，对申报债权的审查并编制出债权表就要求在第一次债权人会议前完毕。

应当指出，有的债务人债权人众多，管理人在债权申报期限内往往很难将申报的债权审查完毕。另外，债权的审查还与审计工作相联系，债权人申报的债权是否属实，属实的债权是否已经履行完毕，通常都要通过审计作出结论。而有的法院对此工作不予重视，审计通常不能及时进行，造成所申报债权的审查也难以得出结论。还有，不论债权申报期限确定的长短，债权人一般是集中最后几天申报，有不少乃是在债权申报期限后进行补充申报，以致在债权申报期限届满之日起 15 日内必须召开的第一次债权人会议前难以审查完毕。以是，《企业破产法》第 58 条关于"依照本法第五十七条规定编制的债权表，应当提交第一次债权人会议核查"的规定，不能适应破产债权审查的实际情况。对此，可以通过修改《企业破产法》第 62 条关于"第一次债权人会议由人民法院召集，自债权申报期限届满之日起十五日内召开"的规定加以解决，即不要将第一次债权人会议召开的时间限制在债权申报期限届满 15 日召开即可，具体召开的时间由人民法院根据管理人对申报债权的审查等的具体情况确定。

当然，债权人申报的债权，管理人可能源于各种各样的原因而未审查，如遗漏而未审查。申报债权的审查应当在管理人编制债权表前完成，这是原则要求，是管理人职责所在，是为破产程序正常进行提供必要的保证。需要注意的是，管理人没有在这一期间内履行这一职责，并不意味着就失去这一职责，不需要对申报债权进行审查。审查债权作为一项职责，不能放弃，如未在应当完成的期限内完成，则应尽快采取措施补救，而不能对没有审查的申报债权不加审查。

五、债权审查的方式

债权审查的方式，是管理人就债权是否真实存在，权利主体是否合法有效等事项进行审查所采取的方法、途径与形式。主要包括：

（一）书面审查方式

书面审查，是指管理人根据债权人申报债权的登记资料、提供的证据，以及债务人有关的档案资料等对债权人的债权依法审查的活动。一般来说，简单的债权，以及债权人提供的证据确实、充分的债权，债务人有关债权人债权的档案资料齐全并与债权人申报情况及提供的证据材料相吻合的债权等，均可以通过书面审查的方式完成审查。在破产程序中，大多数债权的审查工作，均是通过书面方式完成的。书面审查，乃是管理人审查债权人的债权最为主要、也是最为基本的审查方式。

（二）调查审查方式

调查审查方式，是指对债权人债权进行审查，无法通过书面形式完成，从而通过向证人、债务人的工作人员、有关机构调查取证的方式完成审查。如债务人有关债权人的档案资料丢失或者缺失，债权人没有提供书面证据或者提供的书面证据材料并不确实、充分，但有证人、债务人的工作人员证实，或者有关机构保留其债权存在的证据，如经过公证机关公证的合同，建设规划部门保存的建筑工程结算资料，国土资源管理部门、房产管理部门等保存的有关土地使用权、房产权属证明及其转让过程、抵押登记等的档案资料等。这时，管理人应当本着既对主张权利的债权人负责又对全体债权人负责的精神，在书面审查的基础上，对有关证人、债务人的工作人员、有关机构进行调查取证，进而完成债权审查工作。

其实，调查审查方式乃是在书面审查方式的基础上进行的，实际包括书面审查这一方式，只是在书面审查无法完成审查工作的情况下，管理人采取必要的调查取证措施来获取有关证据，进而完成审查工作。调查审查方式与书面审查方式，并非逻辑上的对立的审查方式，不能认为只要采用调查审查方式，就不能对债权人的债权进行书面审查，否则就会导致得出的结论与审查的实际情况完全相背，应当加以注意。

（三）集中听证审查方式

对于债权人的债权审查，管理人采用书面方式审查、调查方式审查后还是无法完成审查工作的，则可采取集中听证的方式审查债权。此种集中听证的方式，与人民法院广泛采用的听证方式相类似，由管理人邀请债权人、债务人及证人、鉴定人等到场，通过集中询问、调查取证的方式进行审查。这种集中听证审查方式，实际将调查取证集中同一时间进行，更有利于完成债权的审查。但是，其成本较高且有关人员难以集中，很少采用这种方式进行。但对于债权人利益及破产程序正常进行有着重大影响的债权，在书面审查、调查审查方式难以完成的情况下，基于对债权人负责的原则及破产程序正常、顺利进行的需要，管理人则可以采取这种集中听证的方式审查债权。

六、债权审查的范围

债权审查的范围，又称债权审查的内容，是指管理人对于债权人债权应就哪些事项进行审查的具体情况。具体而言，包括程序审查与实体审查两个方面。

（一）程序审查

程序审查，又称形式审查，是指对债权人债权是否符合破产程序规定即是否依法申报以及申报是否符合要求等程序性事项进行的审查。程序审查，主要确定债权人的程序性权利，如债权没有申报的，债权人就不能参与破产程序而在破产程序中行使破产法规定的权利。债权申报不符合形式要求，则可要求申报人加以补充。就审查的内容而言，主要包括：债权是否申报；债权申报的主体是否提供了债权人身份证明资料，如身份证、营业执照、机构代码证、法人代表身份证等；委托他人申报的，受托人除提供债权人的身份证明外，还应提供自身的身份证明，以及债权人委托其申报债权的授权委托书，受托人出具的有关函件如律师事务所就受托人接受委托而向管理人出具的函件等；债权申报是否采取了书面方式；债权申报是否符合法定要求，如是否就债权数额、有无财产担保、是否属于连带债权进行说明；是否在债权申报期限内进行申报；是否提供了证实债权归属、成立、合法有效、未丧失法律强制性保护等债权实体性事项的证据材料，以及证据材料的形式如书证是原件还是复印件等。

如前所述，程序审查，乃是对申报材料的数量多少、是否齐全等进行的审查，不涉及材料的内容是否真实、是否客观等实体情况。经过形式审查，管理人认为，不符合要求或者提供的资料、证据等不全的，可以要求申报人在债权申报期内补充或更正。申报人在债权申报期限内不予补充或者更正的，则应承担相应的后果，如所申报的债权将可能得不到确认等。这种后果，法律目前没有明文规定，最高人民法院可以通过司法解释予以明确。

（二）实体审查

实体审查，又称实质审查，是指对债权人的债权是否成立、债权是否合法有效、债权归属即债权的主体是谁、债权的性质、债权是否具有优先受偿权、债权是否应受法律强制性保护、债权发生的时间等债权实体事项根据实体法律规定依法进行的审查。相对于程序审查而言，实体审查无疑属于债权审查的核心与基础，即使是程序审查，也是为实体审查服务，属于为之进行的准备性审查。

应当指出，程序审查与实体审查，是在理论上作的区分。在管理人具体审查债权的过程中，往往是将两者结合在一起进行，因为实体审查本身就离不开对债权人申报债权所提供的证据及其形式等进行的程序性审查，无法将两者截然分开。

就债权实体审查的内容而言，根据债权形成及其特征，主要包括：

1. 所申报的债权是否存在。所申报的债权要成为破产债权并依法参与破产程序以债务人财产进行清偿，要以债权真实存在为前提。债权并不存在，而是为债权人或者债务人、债权人恶意串通所虚构的，需要加以否定。

申报的债权是否存在，是指申报的债权是否成立。申报的债权因为所产生债权的行为或者事实发生的，即说明债权已经存在。这里又要注意两个方面：

一是，债权人、债务人之间是否具有设立、产生债权债务的行为或者事实，即债权债务成立发生的行为或者事实是否存在。如债务人对他人的侵权行为已经实施完毕，债务人与债权人之间设立合同的要约行为与承诺行为已经具备等。

二是，债权人、债务人之间实际产生债权的行为或者事实是否已经存在甚至完成。如产生债权的行为或者事实因为并不存在，或者虽然存在但还未实际实施，或者虽然实施但未完成等原因还未产生实际债权的，仍然没有成立为实际发生的债权。如债务人对他人实施的侵权行为正在预备、准备实施过程中，但还没有开始实施或者实施完毕。又如，按照《民法典》第 483 条："承诺生效时合同成立，但是法律另有规定或者当事人另有约定的除外"；第 484 条第 1 款："以通知方式作出的承诺，生效的时间适用本法第一百三十七条的规定。承诺不需要通知的，根据交易习惯或者要约的要求作出承诺的行为时生效"；第 490 条第 1 款："当事人采用合同书形式订立合同的，自当事人均签名、盖章或者按指印时合同成立。在签名、盖章或者按指印之前，当事人一方已经履行主要义务，对方接受时，该合同成立。法律、行政法规规定或者当事人约定合同应当采用书面形式订立，当事人未采用书面形式但是一方已经履行主要义务，对方接受时，该合同成立"；第 491 条："当事人采用信件、数据电文等形式订立合同要求签订确认书的，签订确认书时合同成立。""当事人一方通过互联网等信息网络发布的商品或者服务信息符合要约条件的，对方选择该商品或者服务并提交订单成功时合同成立，但是当事人另有约定的除外"等的规定，在当事人之间产生债权债务关系的合同行为尚未完成而未成立；合同关系虽已成立然未生效，或者已经生效但双方均尚未实际履行等，其间就不可能发生相应的债权债务关系。这种审查，主要应当注意审查证实债权成立、发生的有关证据如合同、协议书、欠款凭证、收款凭证、债务确认函、转账凭证、往来函件等是否真实。如是否具有原件，原件是否属于伪造，没有原件的复印件是否有其他证据能够认定等来审查判断债权的真实存在情况。

2. 债权是否合法有效。债权不仅要成立存在，而且要依法有效。债权的产生，其原因各种各样，其根据也有所不同。如合同债权的法律根据为《民法典》合同编等，侵权之债的法律根据为《民法典》侵权责任编等，知识产权的法律根据为《民法典》《商标法》《专利法》《著作权法》等，担保之债的法律根据为《民法典》等，不当得利之债、无因管理之债的法律根据为《民法典》总则编、合同编等。这些债权是否合法有效，需要根据有关法律从其构成要件是否符合有关法律规定等进行审查。假若不符合有关法律规定的条件，则就不能成立为合法有效的债权，不能受到法律的保护。如民事法律行为，《民法典》第 143 条规定："具备下列条件的民事法律行为有效：（一）行为人具有相应的民事行为能力；（二）意思表示真实；（三）不违反法律、行政法规的强制性规定，不违背公序良俗。"第 145 条第 1 款规定："具备下列条件的民事法律行为有效：（一）行为人具有相应的民事行为能力；（二）意思表示真实；（三）不违反法律、行政法规的强制性规定，不违背公序良俗。"第 145 条第 1 款规定："限制民事行为能力人实施的纯获利益的民事法律行为或者与其年龄、智力、精神健康状况相适应的民事法律行为有效；实施的其他民事法律行为经法定代理人同意或者追认后有效。"下列民事法律行为，根据《民法典》第 144 条、第 146 条及 153 ~ 155 条的有关规定无效，无民事行为能力人实施的民事法律行为；行为人与相对人以虚假的意思表示实施的民事法律行为；违反法律、行政法规的强制性规定的民事法律行为（但该强制性规定不导致该民事法律行为无效的除外）；违背公序良俗的民事法律行为；行为人与相对人恶意串通，损害他人合法权益的民事法律行为无效。下列民事法律行为，根据《民法典》第 145 条、第 147 ~ 151 条有关规定可以依法撤销：限制民事行为能力人实施的纯获利益或者与其年龄、智力、精神健康状况相适应外的且在法定代理人追认前的其他民事法律行为；基于重大误解实施的民事法律行为；一方以欺诈手段，使对方在违背真实意思的情况下实施的民事法律行为；第三人以欺诈手段，使一方在违背真实意思的情况下实施的且对方知道或者应当知道属于欺诈的民事法律行为；一方或者第三人以胁迫手段，使对方在违背真实意思的情况下实施的民事法律行为；一方利用对方处于危困状态、缺乏判断能力等情形，致使成立时显失公平的民事法律行为。

依法成立按照其性质可以附条件或附期限的民事法律行为，根据《民法典》第158条、第160条规定，附生效条件的民事法律行为，自条件成就时生效；附生效期限的民事法律行为，自期限届至时生效。根据《民法典》第159条规定，当事人为自己的利益不正当地阻止条件成就的，视为条件已成就；不正当地促成条件成就的，视为条件不成就。附解除条件的民事法律行为，自条件成就时失效；附终止期限的民事法律行为，自期限届满时失效。《民法典》第155～157条规定，无效的或者被撤销的民事法律行为自始没有法律约束力；民事法律行为部分无效，不影响其他部分效力的，其他部分依旧有效。

具体而言，考察合同等债权是否有效，应从以下方面进行：

一是，违反民事主体条件而产生的无效债权，包括但不限于：

之一，违反合同的当事人应当具有民事权利能力与民事行为能力的条件而无效的债权。如根据《民法典》第144条规定："民事行为能力人实施的民事法律行为无效。"第145条规定："限制民事行为能力人实施的纯获利益或者与其年龄、智力、精神健康状况相适应而有效以外的，未经法定代理人同意或者追认的后有效。相对人可以催告法定代理人自收到通知之日起一个月内予以追认。法定代理人未作表示的，视为拒绝追认。民事法律行为被追认前，善意相对人有撤销的权利。撤销应当以通知的方式作出。"

之二，违反法律、行政法规明确禁止当事人实施某种行为的规定而无效的债权。如《民法典》第683条规定："机关法人不得为保证人，但是经国务院批准为使用外国政府或者国际经济组织贷款进行转贷的除外。以公益为目的的非营利法人、非法人组织不得为保证人。"

之三，违反法律、行政法规有关行为主体必须具有某种资格的规定而在无资格时实施合同行为所形成的无效债权。如《建筑法》第12～14条规定："从事建筑活动的建筑施工企业、勘察单位、设计单位和工程监理单位，应当具备下列条件：（一）有符合国家规定的注册资本；（二）有与其从事的建筑活动相适应的具有法定执业资格的专业技术人员；（三）有从事相关建筑活动所应有的技术装备；（四）法律、行政法规规定的其他条件。""从事建筑活动的建筑施工企业、勘察单位、设计单位和工程监理单位，按照其拥有的注册资本、专业技术人员、技术装备和已完成的建筑工程业绩等资质条件，划分为不同的资质等级，经资质审查合格，取得相应等级的资质证书后，方可在其资质等级许可的范围内从事建筑活动。""从事建筑活动的专业技术人员，应当依法取得相应的执业资格证书，并在执业资格证书许可的范围内从事建筑活动。"最高人民法院2004年9月29日通过、2005年1月1日起施行的《关于审理建设工程施工合同纠纷案件适用法律问题的解释》（法释〔2004〕

14号）第1条规定："建设工程施工合同具有下列情形之一的，应当根据合同法第五十二条第（五）项①的规定，认定无效：（一）承包人未取得建筑施工企业资质或者超越资质等级的；（二）没有资质的实际施工人借用有资质的建筑施工企业名义的；（三）建设工程必须进行招标而未招标或者中标无效的。"第4条规定："承包人非法转包、违法分包建设工程或者没有资质的实际施工人借用有资质的建筑施工企业名义与他人签订建设工程施工合同的行为无效。"第5条规定："承包人超越资质等级许可的业务范围签订建设工程施工合同，在建设工程竣工前取得相应资质等级，当事人请求按照无效合同处理的，不予支持。"

之四，当事人的犯罪行为，如生产销售伪劣产品的行为、非法经营行为、贩卖毒品的行为、走私行为等，都具有很大的社会危害性，属于法律明文禁止实施的行为，行为人实施这种行为即使形成了所谓债权，也属无效债权，根本不应受到法律保护。

之五，无权处分、无权代表、无权代理行为所产生的债权，除非依法得到追认，或者对方当事人出于善意而承认。不然，属于确定不发生效力的无效债权，不能受到法律保护，不属于破产债权。对这，《民法典》第311条规定："无处分权人将不动产或者动产转让给受让人的，所有权人有权追回；除法律另有规定外，符合下列情形的，受让人取得该不动产或者动产的所有权：（一）受让人受让该不动产或者动产时是善意；（二）以合理的价格转让；（三）转让的不动产或者动产依照法律规定应当登记的已经登记，不需要登记的已经交付给受让人。受让人依据前款规定取得不动产或者动产的所有权的，原所有权人有权向无处分权人请求损害赔偿。当事人善意取得其他物权的，参照适用前两款规定。""无处分权人将不动产或者动产转让给受让人的，所有权人有权追回；除法律另有规定外，符合下列情形的，受让人取得该不动产或者动产的所有权：（一）受让人受让该不动产或者动产时是善意；（二）以合理的价格转让；（三）转让的不动产或者动产依照法律规定应当登记的已经登记，不需要登记的已经交付给受让人。受让人依据前款规定取得不动产或者动产的所有权的，原所有权人有权向无处分权人请求损害赔偿。当事人善意取得其他物权的，参照适用前两款规定。"《民法典》第171～172条规定："行为人没有代理权、超越代理权或者代理权终止后，仍然实施代理行为，未经被代理人追认的，对被代理人不发生效力。相对人可以催告被代理人自收到通知之日起三十日内予以追认。被代理人未作表示的，视为拒绝追认。行为人实

① 现为《民法典》第153条规定。

施的行为被追认前，善意相对人有撤销的权利。撤销应当以通知的方式作出。行为人实施的行为未被追认的，善意相对人有权请求行为人履行债务或者就其受到的损害请求行为人赔偿。但是，赔偿的范围不得超过被代理人追认时相对人所能获得的利益。相对人知道或者应当知道行为人无权代理的，相对人和行为人按照各自的过错承担责任。”“行为人没有代理权、超越代理权或者代理权终止后，仍然实施代理行为，相对人有理由相信行为人有代理权的，代理行为有效。”《民法典》第503条规定：“无权代理人以被代理人的名义订立合同，被代理人已经开始履行合同义务或者接受相对人履行的，视为对合同的追认。”《民法典》第504条规定：“法人的法定代表人或者非法人组织的负责人超越权限订立的合同，除相对人知道或者应当知道其超越权限外，该代表行为有效，订立的合同对法人或者非法人组织发生效力。”

与此相关并在司法实践中经常发生的问题是关于盖章行为的法律效力问题，对此，《民商事审判纪要》第41条（盖章行为的法律效力）规定：“司法实践中，有些公司有意刻制两套甚至多套公章，有的法定代表人或者代理人甚至私刻公章，订立合同时恶意加盖非备案的公章或者假公章，发生纠纷后法人以加盖的是假公章为由否定合同效力的情形并不鲜见。人民法院在审理案件时，应当主要审查签约人于盖章之时有无代表权或者代理权，从而根据代表或者代理的相关规则来确定合同的效力。”“法定代表人或者其授权之人在合同上加盖法人公章的行为，表明其是以法人名义签订合同，除《公司法》第十六条等法律对其职权有特别规定的情形外，应当由法人承担相应的法律后果。法人以法定代表人事后已无代表权、加盖的是假章、所盖之章与备案公章不一致等为由否定合同效力的，人民法院不予支持。”“代理人以被代理人名义签订合同，要取得合法授权。代理人取得合法授权后，以被代理人名义签订的合同，应当由被代理人承担责任。被代理人以代理人事后已无代理权、加盖的是假章、所盖之章与备案公章不一致等为由否定合同效力的，人民法院不予支持。”

二是，违反法律、行政法规规定，在禁止或限制成为债权标的物的物品如毒品、枪支、弹药、爆炸物、伪劣产品、发票、国家机关公文及证件、食盐、烟草等上设立的债权。禁止转让的物品，根本不能转让；限制转让的物品，只能由经过批准的特定主体才能依法进行转让。非法转让国家禁止或者限制转让的物品的，违反国家强制性法律规定而无效，产生的债权不受法律保护。如没有经过批准而擅自非法经营烟草、食盐而产生的债权，不应受到法律保护，非法所得应当予以没收。

三是，因为债权的内容违反有关法律、行政强制性规定而无效。如《民法典》第388条规定：“设立担保物权，应当依照本法和其他法律的规定订立担保合同。担保合同包括抵押合同、质押合同和其他具有担保功能的合同。担保合同是主债权债务合同的从合同。主债权债务合同无效的，担保合同无效，但是法律另有规定的除外。”“担保合同被确认无效后，债务人、担保人、债权人有过错的，应当根据其过错各自承担相应的民事责任。”第 399 条规定：“下列财产不得抵押：（一）土地所有权；（二）宅基地、自留地、自留山等集体所有土地的使用权，但是法律规定可以抵押的除外；（三）学校、幼儿园、医疗机构等为公益目的成立的非营利法人的教育设施、医疗卫生设施和其他公益设施；（四）所有权、使用权不明或者有争议的财产；（五）依法被查封、扣押、监管的财产；（六）法律、行政法规规定不得抵押的其他财产。”第 426 条规定：“法律、行政法规禁止转让的动产不得出质。”第 449 条规定：“法律规定或者当事人约定不得留置的动产，不得留置。”第 682 条规定：“保证合同是主债权债务合同的从合同。主债权债务合同无效的，保证合同无效，但是法律另有规定的除外。”“保证合同被确认无效后，债务人、保证人、债权人有过错的，应当根据其过错各自承担相应的民事责任。”

需要注意的是，在现实生活经常发生以物抵债的行为，关于此行为的效力问题，无论是理论界还是实践界，均是仁者见仁，智者见智。为了作了统一规范，对此，《民商事审判纪要》第 44 条（履行期届满后达成的以物抵债协议）规定：“当事人在债务履行期限届满后达成以物抵债协议，抵债物尚未交付债权人，债权人请求债务人交付的，人民法院要着重审查以物抵债协议是否存在恶意损害第三人合法权益等情形，避免虚假诉讼的发生。经审查，不存在以上情况，且无其他无效事由的，人民法院依法予以支持。”“当事人在一审程序中因达成以物抵债协议申请撤回起诉的，人民法院可予准许。当事人在二审程序中申请撤回上诉的，人民法院应当告知其申请撤回起诉。当事人申请撤回起诉，经审查不损害国家利益、社会公共利益、他人合法权益的，人民法院可予准许。当事人不申请撤回起诉，请求人民法院出具调解书对以物抵债协议予以确认的，因债务人完全可以立即履行该协议，没有必要由人民法院出具调解书，故人民法院不应准许，同时应当继续对原债权债务关系进行审理。”《民商事审判纪要》第 45 条（履行期届满前达成的以物抵债协议）规定：“当事人在债务履行期届满前达成以物抵债协议，抵债物尚未交付债权人，债权人请求债务人交付的，因此种情况不同于本纪要第 71 条规定的让与担保，人民法院应当向其释明，其应当根据原债权债务关系提起诉讼。经释明后当事人仍拒绝变更诉讼请求的，应当驳回其诉讼请求，但不影响其根据原债权债务关系另行提起诉讼。”

四是，违反《劳动法》《劳动合同法》及有关劳动行政法规强制性规定的劳动合同无效。然而，《劳动合同法》第28条规定：“劳动合同被确认无效，劳动者已付出劳动的，用人单位应当向劳动者支付劳动报酬。劳动报酬的数额，参照本单位相同或者相近岗位劳动者的劳动报酬确定。”这种劳动合同确认无效后依法确定的劳动报酬仍属于劳动债权。具体说来，《劳动法》第18条规定：“下列劳动合同无效：（一）违反法律、行政法规的劳动合同；（二）采取欺诈、威胁等手段订立的劳动合同。无效的劳动合同，从订立的时候起，就没有法律约束力。确认劳动合同部分无效的，如果不影响其余部分的效力，其余部分仍然有效。劳动合同的无效，由劳动争议仲裁委员会或者人民法院确认。”第97条规定：“由于用人单位的原因订立的无效合同，对劳动者造成损害的，应当承担赔偿责任。”《劳动合同法》第26条规定：“下列劳动合同无效或者部分无效：（一）以欺诈、胁迫的手段或者乘人之危，使对方在违背真实意思的情况下订立或者变更劳动合同的；（二）用人单位免除自己的法定责任、排除劳动者权利的；（三）违反法律、行政法规强制性规定的。”“对劳动合同的无效或者部分无效有争议的，由劳动争议仲裁机构或者人民法院确认。”第27条规定：“劳动合同部分无效，不影响其他部分效力的，其他部分仍然有效。”《劳动争议案件解释》第14条规定：“劳动合同被确认为无效后，用人单位对劳动者付出的劳动，一般可参照本单位同期、同工种、同岗位的工资标准支付劳动报酬。”“根据《劳动法》第九十七条之规定，由于用人单位的原因订立的无效合同，给劳动者造成损害的，应当比照违反和解除劳动合同经济补偿金的支付标准，赔偿劳动者因合同无效所造成的经济损失。”

五是，违反法律、行政法规设立债权的强制性程序条件而设立的债权无效。法律、行政法规明确规定，实施某一民事行为必须经过有关程序，如经过有关部门批准或者办理有关手续才能成立、有效的，当事人在实施该民事行为时没有经过有关程序，则也属于违反程序强制性规定而无效。如《村民委员会组织法》第8条第2款规定：“村民委员会依照法律规定，管理本村属于村农民集体所有的土地和其他财产，引导村民合理利用自然资源，保护和改善生态环境。”第24条规定：“涉及村民利益的下列事项，经村民会议讨论决定方可办理：（一）本村享受误工补贴的人员及补贴标准；（二）从村集体经济所得收益的使用；（三）本村公益事业的兴办和筹资筹劳方案及建设承包方案；（四）土地承包经营方案；（五）村集体经济项目的立项、承包方案；（六）宅基地的使用方案；（七）征地补偿费的使用、分配方案；（八）以借贷、租赁或者其他方式处分村集体财产；（九）村民会议认为应当由村民会议讨论决定的涉及村民利益的其他事项。”“村民会议可以授权村民代表会议讨论决定前款规定的事项。”“法律对讨论决定村集体经济组织财产和成员权益的事项另有规定的，依照其规定。”第25条规定：“人数较多或者居住分散的村，可以设立村民代表会议，讨论决定村民会议授权的事项。村民代表会议由村民委员会成员和村民代表组成，村民代表应当占村民代表会议组成人员的五分之四以上，妇女村民代表应当占村民代表会议组成人员的三分之一以上。”“村民代表由村民按每五户至十五户推选一人，或者由各村民小组推选若干人。村民代表的任期与村民委员会的任期相同。村民代表可以连选连任。”村民代表应当向其推选户或者村民小组负责，接受村民监督。”第26条规定：“村民代表会议由村民委员会召集。村民代表会议每季度召开一次。有五分之一以上的村民代表提议，应当召集村民代表会议。”“村民代表会议有三分之二以上的组成人员参加方可召开，所作决定应当经到会人员的过半数同意。”基此，涉及村民利益的有关事项且应经村民会议讨论才能实施的民事行为，没有经过村民会议讨论而实施的，即属无效。《公司法》第16条规定：“公司向其他企业投资或者为他人提供担保，依照公司章程的规定，由董事会或者股东会、股东大会决议；公司章程对投资或者担保的总额及单项投资或者担保的数额有限额规定的，不得超过规定的限额。”“公司为公司股东或者实际控制人提供担保的，必须经股东会或者股东大会决议。”“前款规定的股东或者受前款规定的实际控制人支配的股东，不得参加前款规定事项的表决。该项表决由出席会议的其他股东所持表决权的过半数通过。”《城市房地产管理法》第40条规定：“以划拨方式取得土地使用权的，转让房地产时，应当按照国务院规定，报有批准权的人民政府审批。有批准权的人民政府准予转让的，应当由受让方办理土地使用权出让手续，并依照国家有关规定缴纳土地使用权出让金。”“以划拨方式取得土地使用权的，转让房地产报批时，有批准权的人民政府按照国务院规定决定可以不办理土地使用权出让手续的，转让方应当按照国务院规定将转让房地产所获收益中的土地收益上缴国家或者作其他处理。”据此，公司股东或者实际控制人未经股东会或者股东大会决议而滥用权利为自己债务提供担保的，单位对划拨方式取得的国有土地使用权未经有批准权的人民政府审批而擅自转让的，均属无效。

六是，违反《企业破产法》的规定无效的债权。如《企业破产法》第33条规定的因为债务人虚构债务或者承认不真实的债务而无效的债权等。

七是，其他根据法律规定而无效的民事法律行为，如《民法典》第497条规定：“有下列情形之一的，该格式条款无效：（一）具有本法第一编第六章第三节和本法第五百零六条规定的无效情形；（二）提供格式条款一方不合理地免除或者减轻其责任、加重对方责任、限制对方主要权利；（三）

提供格式条款一方排除对方主要权利。”第506条规定：“合同中的下列免责条款无效：（一）造成对方人身损害的；（二）因故意或者重大过失造成对方财产损失的。”第736条规定：“融资租赁合同的内容一般包括租赁物的名称、数量、规格、技术性能、检验方法，租赁期限，租金构成及其支付期限和方式、币种，租赁期限届满租赁物的归属等条款。融资租赁合同应当采用书面形式。”

应当指出，债权是否有效的认定，应当以法律、法规的强制性规定为准，而不能以部门规章为准。法律、法规的强制性规定，又可分为效力性强制性规定与管理性强制性规定。违反管理性强制性规定，如《城市房地产管理法》第39条关于“以出让方式取得土地使用权的，转让房地产时，应当符合下列条件：（一）按照出让合同约定已经支付全部土地使用权出让金，并取得土地使用权证书；（二）按照出让合同约定进行投资开发，属于房屋建设工程的，完成开发投资总额的25%以上，属于成片开发土地的，形成工业用地或者其他建设用地条件。”“转让房地产时房屋已经建成的，还应当持有房屋所有权证书”等形成的合同等债权，并不意味着合同债权无效，只有违反效力性强制性规定的合同等债权，才会产生无效的后果。对此，《民商事审判纪要》第30条（强制性规定的识别）规定：“合同法施行后，针对一些人民法院动辄以违反法律、行政法规的强制性规定为由认定合同无效，不当扩大无效合同范围的情形，合同法解释（二）第14条将《合同法》第52条第5项规定[①]的‘强制性规定’明确限于‘效力性强制性规定’。此后，《最高人民法院关于当前形势下审理民商事合同纠纷案件若干问题的指导意见》进一步提出了‘管理性强制性规定’的概念，指出违反管理性强制性规定的，人民法院应当根据具体情形认定合同效力。随着这一概念的提出，审判实践中又出现了另一种倾向，有的人民法院认为凡是行政管理性质的强制性规定都属于‘管理性强制性规定’，不影响合同效力。这种望文生义的认定方法，应予纠正。”“人民法院在审理合同纠纷案件时，要依据《民法总则》第153条第1款[②]和合同法司法解释（二）第14条的规定慎重判断‘强制性规定’的性质，特别是要在考量强制性规定所保护的法益类型、违法行为的法律后果以及交易安全保护等因素的基础上认定其性质，并在裁判文书中充分说明理由。下列强制性规定，应当认定为‘效力性强制性规定’：强制性规定涉及金融安全、市场秩序、国家宏观政策等公序良俗的；交易标的禁止买卖的，如禁止人体器官、毒品、枪支等买卖；违反特许经营规定的，如场外配资合同；交易方式

① 现为《民法典》第153条的规定。

② 同《民法典》第153条第1款。

严重违法的，如违反招投标等竞争性缔约方式订立的合同；交易场所违法的，如在批准的交易场所之外进行期货交易。关于经营范围、交易时间、交易数量等行政管理性质的强制性规定，一般应当认定为‘管理性强制性规定’。”《民商事审判纪要》第31条（违反规章的合同效力）规定：“违反规章一般情况下不影响合同效力，但该规章的内容涉及金融安全、市场秩序、国家宏观政策等公序良俗的，应当认定合同无效。人民法院在认定规章是否涉及公序良俗时，要在考察规范对象基础上，兼顾监管强度、交易安全保护以及社会影响等方面进行慎重考量，并在裁判文书中进行充分说理。”

3. 债权是否已经依法生效。合同债权虽然依法成立且合法有效，但也不必然生效即立即发生法律效力。如《民法典》第502条规定：“依法成立的合同，自成立时生效，但是法律另有规定或者当事人另有约定的除外。依照法律、行政法规的规定，合同应当办理批准等手续的，依照其规定。未办理批准等手续影响合同生效的，不影响合同中履行报批等义务条款以及相关条款的效力。应当办理申请批准等手续的当事人未履行义务的，对方可以请求其承担违反该义务的责任。依照法律、行政法规的规定，合同的变更、转让、解除等情形应当办理批准等手续的，适用前款规定。”据之，法律、行政法规规定应当办理批准、登记手续才生效的，应在办理批准、登记手续后而生效。否则，没有依法办理批准、登记等生效手续的，依然不生效还不能产生相应的权利与义务。《民商事审判纪要》第37条（未经批准合同的效力）规定：“法律、行政法规规定某类合同应当办理批准手续生效的，如商业银行法、证券法、保险法等法律规定购买商业银行、证券公司、保险公司5%以上股权须经相关主管部门批准，依据《合同法》第44条第2款的规定[①]，批准是合同的法定生效条件，未经批准的合同因欠缺法律规定的特别生效条件而未生效。实践中的一个突出问题是，把未生效合同认定为无效合同，或者虽认定为未生效，却按无效合同处理。无效合同从本质上来说是欠缺合同的有效要件，或者具有合同无效的法定事由，自始不发生法律效力。而未生效合同已具备合同的有效要件，对双方具有一定的拘束力，任何一方不得擅自撤回、解除、变更，但因欠缺法律、行政法规规定或当事人约定的特别生效条件，在该生效条件成就前，不能产生请求对方履行合同主要权利义务的法律效力。”第38条（报批义务及相关违约条款独立生效）规定：“须经行政机关批准生效的合同，对报批义务及未履行报批义务的违约责任等相关内容作出专门约定的，该约定独立生效。一方因另一方不履行报批义务，请求解除合同并请求其承

① 现为《民法典》第502条第2款的规定。

担合同约定的相应违约责任的，人民法院依法予以支持。”第 39 条（报批义务的释明）规定：“须经行政机关批准生效的合同，一方请求另一方履行合同主要权利义务的，人民法院应当向其释明，将诉讼请求变更为请求履行报批义务。一方变更诉讼请求的，人民法院依法予以支持；经释明后当事人拒绝变更的，应当驳回其诉讼请求，但不影响其另行提起诉讼。”第 40 条（判决履行报批义务后的处理）规定：“人民法院判决一方履行报批义务后，该当事人拒绝履行，经人民法院强制执行仍未履行，对方请求其承担合同违约责任的，人民法院依法予以支持。一方依据判决履行报批义务，行政机关予以批准，合同发生完全的法律效力，其请求对方履行合同的，人民法院依法予以支持；行政机关没有批准，合同不具有法律上的可履行性，一方请求解除合同的，人民法院依法予以支持。”

应当指出，《民法典》第 158 ~ 160 条分别规定：“依法成立的合同，自成立时生效，但是法律另有规定或者当事人另有约定的除外。依照法律、行政法规的规定，合同应当办理批准等手续的，依照其规定。未办理批准等手续影响合同生效的，不影响合同中履行报批等义务条款以及相关条款的效力。应当办理申请批准等手续的当事人未履行义务的，对方可以请求其承担违反该义务的责任。依照法律、行政法规的规定，合同的变更、转让、解除等情形应当办理批准等手续的，适用前款规定。”基于此，附生效条件或者期限的债权，在生效条件或者期限尚未成就时而没有生效。从本质上讲，债权既然没有生效，自不存在相应权利与义务的问题。但对于这种附生效条件或者期限的债权，其生效条件或者期限一旦成就就会生效，与那种依法应当批准或者办理登记手续而没有得到批准或者办理登记手续的确定不生效债权不同。前者属于可能生效的债权，后者则属于根本不可能生效的债权。对于附生效条件或者期限的可能生效债权，在破产程序中，于破产申请受理时生效条件或者期限尚未成就而未生效，如果等到生效条件或者期限成就而实际生效时再予以保护，才允许其进行债权申报，那么，完全可能因为生效条件或者期限发生在破产程序终结后而为时已晚。所以，《企业破产法》第 47 条规定：“附条件、附期限的债权，……债权人可以申报。”对此，应当加以注意。

4. 债权是否出于变更、转让、终止、解除、违约、不可抗力等原因而发生变化。就合同之债而言，合同依法成立后，对双方当事人都具有法律约束力，为了维护契约的信用及经营活动的稳定性，当事人应当按照约定履行自己的义务，不得擅自变更或者解除合同。然则，社会生活尤其是经济活动都富于变化，基于各种各样的原因如不生效、违约、解除、终止、情势变更、转让、不可抗力等均可能导致原有约定的债权改变，对此，需要注意审查：

一是合同的变更，根据《民法典》第543～544条规定，经当事人协商一致就可以进行；对合同变更的内容约定不明确的则推定为未变更。

二是合同的转让，根据《民法典》第545～547条规定："债权人可以将债权的全部或者部分转让给第三人，但是有下列情形之一的除外：（一）根据债权性质不得转让；（二）按照当事人约定不得转让；（三）依照法律规定不得转让。当事人约定非金钱债权不得转让的，不得对抗善意第三人。当事人约定金钱债权不得转让的，不得对抗第三人。""债权人转让债权，未通知债务人的，该转让对债务人不发生效力。债权转让的通知不得撤销，但是经受让人同意的除外。""债权人转让债权的，受让人取得与债权有关的从权利，但是该从权利专属于债权人自身的除外。受让人取得从权利不因该从权利未办理转移登记手续或者未转移占有而受到影响。"第551～552条规定："债务人将债务的全部或者部分转移给第三人的，应当经债权人同意。债务人或者第三人可以催告债权人在合理期限内予以同意，债权人未作表示的，视为不同意。""第三人与债务人约定加入债务并通知债权人，或者第三人向债权人表示愿意加入债务，债权人未在合理期限内明确拒绝的，债权人可以请求第三人在其愿意承担的债务范围内和债务人承担连带债务。"第554条规定："债务人转移债务的，新债务人应当承担与主债务有关的从债务，但是该从债务专属于原债务人自身的除外。"

三是合同的终止。对此，《民法典》第557条规定："有下列情形之一的，债权债务终止：（一）债务已经履行；（二）债务相互抵销；（三）债务人依法将标的物提存；（四）债权人免除债务；（五）债权债务同归于一人；（六）法律规定或者当事人约定终止的其他情形。合同解除的，该合同的权利义务关系终止。"第559条规定："债权债务终止时，债权的从权利同时消灭，但是法律另有规定或者当事人另有约定的除外。"

四是合同的解除。《民法典》第533条规定："合同成立后，合同的基础条件发生了当事人在订立合同时无法预见的、不属于商业风险的重大变化，继续履行合同对于当事人一方明显不公平的，受不利影响的当事人可以与对方重新协商；在合理期限内协商不成的，当事人可以请求人民法院或者仲裁机构变更或者解除合同。""人民法院或者仲裁机构应当结合案件的实际情况，根据公平原则变更或者解除合同。"第562条规定："当事人协商一致，可以解除合同。""当事人可以约定一方解除合同的事由。解除合同的事由发生时，解除权人可以解除合同。"在不能就合同解除达成一致的情况下，以防因为出现法律规定的情形时，另一方可以依法行使解除权，即主张法定解除权。第563条规定："有下列情形之一的，当事人可以解除合同：（一）因不可抗力致使不能实现合同目的；（二）在履行期限届满前，当事人一方明确表示或者以自己的行为表明不履行主要债务；（三）当事人一方迟延履行主要债务，经催告后在合理期限内仍未履行；（四）当事人一方迟延履行债务或者有其他违约行为致使不能实现合同目的；（五）法律规定的其他情形。”“以持续履行的债务为内容的不定期合同，当事人可以随时解除合同，但是应当在合理期限之前通知对方。”合同解除后，不需要按照合同的约定履行义务，不会产生合同约定的债权，合同当事人之间的权利义务关系并非全部终止，这里尚存在双方之间的权利义务关系重新确定的问题。根据《民法典》第566条关于“合同解除后，尚未履行的，终止履行；已经履行的，根据履行情况和合同性质，当事人可以请求恢复原状或者采取其他补救措施，并有权请求赔偿损失。合同因违约解除的，解除权人可以请求违约方承担违约责任，但是当事人另有约定的除外。主合同解除后，担保人对债务人应当承担的民事责任仍应当承担担保责任，但是担保合同另有约定的除外”的规定，对双方当事人从而可能产生的恢复原状、采取其他补救措施及损害赔偿之债，如属债务人应当履行相应义务的，就属于破产债权。

五是合同的违约。对这，《民法典》第577～578条规定：“当事人一方不履行合同义务或者履行合同义务不符合约定的，应当承担继续履行、采取补救措施或者赔偿损失等违约责任。”“当事人一方明确表示或者以自己的行为表明不履行合同义务的，对方可以在履行期限届满前请求其承担违约责任。”第582～585条规定：“履行不符合约定的，应当按照当事人的约定承担违约责任。对违约责任没有约定或者约定不明确，依据本法第五百一十条的规定仍不能确定的，受损害方根据标的的性质以及损失的大小，可以合理选择请求对方承担修理、重作、更换、退货、减少价款或者报酬等违约责任。”“当事人一方不履行合同义务或者履行合同义务不符合约定的，在履行义务或者采取补救措施后，对方还有其他损失的，应当赔偿损失。”“当事人一方不履行合同义务或者履行合同义务不符合约定，造成对方损失的，损失赔偿额应当相当于因违约所造成的损失，包括合同履行后可以获得的利益；但是，不得超过违约一方订立合同时预见到或者应当预见到的因违约可能造成的损失。”“当事人可以约定一方违约时应当根据违约情况向对方支付一定数额的违约金，也可以约定因违约产生的损失赔偿额的计算方法。”“约定的违约金低于造成的损失的，人民法院或者仲裁机构可以根据当事人的请求予以增加；约定的违约金过分高于造成的损失的，人民法院或者仲裁机构可以根据当事人的请求予以适当减少。当事人就迟延履行约定违约金的，违约方支付违约金后，还应当履行债务。”第586～588条规定：“当事人可以约定一方向对方给付定金作为债权的担保。定金合同自实际交付定金时成立。”“定金的数额由当事人约定；但是，不得超过主合同标的额的百分之二十，超过部分不产生定金的效力。实际交付的定金数额多于或者少于约定数额的，视为变更约定的定金数额。”“债务人履行债务的，定金应当抵作价款或者收回。给付定金的一方不履行债务或者履行债务不符合约定，致使不能实现合同目的的，无权请求返还定金；收受定金的一方不履行债务或者履行债务不符合约定，致使不能实现合同目的的，应当双倍返还定金。”“当事人既约定违约金，又约定定金的，一方违约时，对方可以选择适用违约金或者定金条款。”“定金不足以弥补一方违约造成的损失的，对方可以请求赔偿超过定金数额的损失。”第591～593条规定：“当事人一方违约后，对方应当采取适当措施防止损失的扩大；没有采取适当措施致使损失扩大的，不得就扩大的损失请求赔偿。”“当事人因防止损失扩大而支出的合理费用，由违约方负担。”“当事人都违反合同的，应当各自承担相应的责任。”“当事人一方违约造成对方损失，对方对损失的发生有过错的，可以减少相应的损失赔偿额。”“当事人一方因第三人的原因造成违约的，应当依法向对方承担违约责任。当事人一方和第三人之间的纠纷，依照法律规定或者按照约定处理。”

六是合同的撤销。如《民法典》第145条规定：“限制民事行为能力人实施的纯获利益的民事法律行为或者与其年龄、智力、精神健康状况相适应的民事法律行为有效；实施的其他民事法律行为经法定代理人同意或者追认后有效。”“相对人可以催告法定代理人自收到通知之日起三十日内予以追认。法定代理人未作表示的，视为拒绝追认。民事法律行为被追认前，善意相对人有撤销的权利。撤销应当以通知的方式作出。”第147～151条规定：“基于重大误解实施的民事法律行为，行为人有权请求人民法院或者仲裁机构予以撤销。”“一方以欺诈手段，使对方在违背真实意思的情况下实施的民事法律行为，受欺诈方有权请求人民法院或者仲裁机构予以撤销。”“第三人实施欺诈行为，使一方在违背真实意思的情况下实施的民事法律行为，对方知道或者应当知道该欺诈行为的，受欺诈方有权请求人民法院或者仲裁机构予以撤销。”“一方或者第三人以胁迫手段，使对方在违背真实意思的情况下实施的民事法律行为，受胁迫方有权请求人民法院或者仲裁机构予以撤销。”“一方利用对方处于危困状态、缺乏判断能力等情形，致使民事法律行为成立时显失公平的，受损害方有权请求人民法院或者仲裁机构予以撤销。”《民法典》第538～539条规定：“债务人以放弃其债权、放弃债权担保、无偿转让财产等方式无偿处分财产权益，或者恶意延长其到期债权的履行期限，影响债权人的债权实现的，债权人可以请求人民法院撤销债务人的行为。”“债务人以明显不合理的低价转让财产、以明显不合理的高价受让他人财产或者为他人的债务提供担保，影响债权人的债权实现，债务人的相对人知道或者应当知道该情形的，债权人可以请求人民法院撤销债务人的行为。”《民法典》第155～157条规定：“无效的或者被撤销的民事法律行为自始没有法律约束力。”“民事法律行为部分无效，不影响其他部分效力的，其他部分仍然有效。”“民事法律行为无效、被撤销或者确定不发生效力后，行为人因该行为取得的财产，应当予以返还；不能返还或者没有必要返还的，应当折价补偿。有过错的一方应当赔偿对方由此所受到的损失；各方都有过错的，应当各自承担相应的责任。法律另有规定的，依照其规定。”

应当指出，关于合同的撤销，必以撤销权人申请为前提，人民法院对之不能主动撤销。对此，《民商事审判纪要》第42条（撤销权的行使）规定：“撤销权应当由当事人行使。当事人未请求撤销的，人民法院不应当依职权撤销合同。一方请求另一方履行合同，另一方以合同具有可撤销事由提出抗辩的，人民法院应当在审查合同是否具有可撤销事由以及是否超过法定期间等事实的基础上，对合同是否可撤销作出判断，不能仅以当事人未提起诉讼或者反诉为由不予审查或者不予支持。一方主张合同无效，依据的却是可撤销事由，此时人民法院应当全面审查合同是否具有无效事由以及当事人主张的可撤销事由。当事人关于合同无效的事由成立的，人民法院应当认定合同无效。当事人主张合同无效的理由不成立，而可撤销的事由成立的，因合同无效和可撤销的后果相同，人民法院也可以结合当事人的诉讼请求，直接判决撤销合同。”

七是合同的不可抗力。对此，《民法典》第590条规定：“当事人一方因不可抗力不能履行合同的，根据不可抗力的影响，部分或者全部免除责任，但是法律另有规定的除外。因不可抗力不能履行合同的，应当及时通知对方，以减轻可能给对方造成的损失，并应当在合理期限内提供证明。当事人迟延履行后发生不可抗力的，不免除其违约责任。”《民法典》第180条规定：“因不可抗力不能履行民事义务的，不承担民事责任。法律另有规定的，依照其规定。”“不可抗力是不能预见、不能避免且不能克服的客观情况。”

5. 债权是否应受法律强制性保护。债权依法成立、合法有效并依法生效后，应当受到法律强制性保护。但是，受到法律强制性保护，并非绝对地不受任何条件的限制。为了维护交易的稳定与秩序，对于合法有效且生效的债权进行法律强制性保护，应当在一定期限内。不然，债权保护的期限没有任何限制，则不利于债权的稳定，进而会影响经济秩序、社会秩序的稳定。对权利人来说，也要求其对自己的权利依法及时行使，而不能怠于行使。否则，久而久之，亦会给他人乃至市场经济秩序造成不利的影响。是以，法律规定了诉讼时效、申请强制执行时效，要求权利人在这些时效内依法寻求法律强制性保护。在这些时限内，没有依法寻求强制性保护的，则丧失法律强制性保护。这样，债权超过诉讼时效、申请强制执行时效等法律规定的强制保护性期限的，债权人即使申报，也因不再受到法律强制性保护而不再属于破产债权。此外，仲裁裁决、赋予强制执行力的公证债权文书所确认的债权是否属于应予撤销、不予执行的情况。倘若属于，所确认的债权因为不应强制执行而不能直接认定为破产债权，应当通过申请撤销、不予执行的途径加以解决。人民法院裁定撤销或者不予执行的，则应通过债权申报、审查、裁定认可的方式重新确定债权，或者通过向人民法院提起诉讼或者重新达成仲裁协议提起仲裁予以确定债权。具体来说，对此种情形的审查，主要包括：

一是，对于抵押权的行使期间，《民法典》第 419 条规定："抵押权人应当在主债权诉讼时效期间行使抵押权；未行使的，人民法院不予保护。"对于申请强制执行时效，《民事诉讼法》第 239 条规定："申请执行的期间为 2 年。申请执行时效的中止、中断，适用法律有关诉讼时效中止、中断的规定。""前款规定的期间，从法律文书规定履行期间的最后一日起计算；法律文书规定分期履行的，从规定的每次履行期间的最后一日起计算；法律文书未规定履行期间的，从法律文书生效之日起计算。"

二是，对于诉讼时效，《民法典》第 188 条规定："向人民法院请求保护民事权利的诉讼时效期间为三年。法律另有规定的，依照其规定。诉讼时效期间自权利人知道或者应当知道权利受到损害以及义务人之日起计算。法律另有规定的，依照其规定。但是，自权利受到损害之日起超过二十年的，人民法院不予保护，有特殊情况的，人民法院可以根据权利人的申请决定延长。"第 191 条规定："未成年人遭受性侵害的损害赔偿请求权的诉讼时效期间，自受害人年满十八周岁之日起计算。"第 192 条规定："诉讼时效期间届满的，义务人可以提出不履行义务的抗辩。""诉讼时效期间届满后，义务人同意履行的，不得以诉讼时效期间届满为由抗辩；义务人已经自愿履行的，不得请求返还。"第 193 条规定："人民法院不得主动适用诉讼时效的规定。"第 194 条规定："在诉讼时效期间的最后六个月内，因下列障碍，不能行使请求权的，诉讼时效中止：（一）不可抗力；（二）无民事行为能力人或者限制民事行为能力人没有法定代理人，或者法定代理人死亡、丧失民事行为能力、丧失代理权；（三）继承开始后未确定继承人或者遗产管理人；（四）权利人被义务人或者其他人控制；（五）其他导致权利人不能行使请求权的障碍。""自中止时效的原因消除之日起满六个月，诉讼时效期间届满。"第 196 条规定："下列请求权不适用诉讼时效的规定：（一）请求停止侵害、排除妨碍、消除危险；（二）不动产物权和登记的动产物权的权利人请求返还财产；（三）请求支付抚养费、赡养费或者扶养费；（四）依法不适用诉讼时效的其他请求权。"第198条规定："法律对仲裁时效有规定的，依照其规定；没有规定的，适用诉讼时效的规定。"第199条规定："法律规定或者当事人约定的撤销权、解除权等权利的存续期间，除法律另有规定外，自权利人知道或者应当知道权利产生之日起计算，不适用有关诉讼时效中止、中断和延长的规定。存续期间届满，撤销权、解除权等权利消灭。"

应当指出，债权要受到法律强制性保护，应当在法定期限内依法主张权利，但并非绝对化，即并不是所有债权一律都应在法定期限内行使权利。对此，《诉讼时效制度规定》第1条明确规定："当事人可以对债权请求权提起诉讼时效抗辩，但对下列债权请求权提起诉讼时效抗辩的，人民法院不予支持：（一）支付存款本金及利息请求权；（二）兑付国债、金融债券以及向不特定对象发行的企业债券本息请求权；（三）基于投资关系产生的缴付出资请求权；（四）其他依法不适用诉讼时效规定的债权请求权。"

还应指出，根据《民法典》第195条规定："有下列情形之一的，诉讼时效中断，从中断、有关程序终结时起，诉讼时效期间重新计算：（一）权利人向义务人提出履行请求；（二）义务人同意履行义务；（三）权利人提起诉讼或者申请仲裁；（四）与提起诉讼或者申请仲裁具有同等效力的其他情形。"第197条规定："诉讼时效的期间、计算方法以及中止、中断的事由由法律规定，当事人约定无效。当事人对诉讼时效利益的预先放弃无效。"《诉讼时效制度规定》第13条规定："下列事项之一，人民法院应当认定与提起诉讼具有同等诉讼时效中断的效力：（一）申请仲裁；（二）申请支付令；（三）申请破产、申报破产债权；（四）为主张权利而申请宣告义务人失踪或死亡；（五）申请诉前财产保全、诉前临时禁令等诉前措施；（六）申请强制执行；（七）申请追加当事人或者被通知参加诉讼；（八）在诉讼中主张抵销；（九）其他与提起诉讼具有同等诉讼时效中断效力的事项。"据此，申请破产、申报破产债权的，可以造成诉讼时效中断。假若诉讼时效截止日是在破产申请受理前，或者虽然在破产申请受理后但债权人不是在截止日前（包括截止日）而是在截止日后申报债权的，也不属于破产债权。

三是，对于申请执行期间，《民事诉讼法》第239条规定："申请执行的期间为二年。申请执行时效的中止、中断，适用法律有关诉讼时效中止、中断的规定。""前款规定的期间，从法律文书规定履行期间的最后一日起计算；法律文书规定分期履行的，从规定的每次履行期间的最后一日起计算；法律文书未规定履行期间的，从法律文书生效之日起计算。"

四是，对于仲裁裁决，《仲裁法》第58条规定："当事人提出证据证明裁决有下列情形之一的，可以向仲裁委员会所在地的中级人民法院申请撤销裁决：（一）没有仲裁协议的；（二）裁决的事项不属于仲裁协议的范围或者仲裁委员会无权仲裁的；（三）仲裁庭的组成或者仲裁的程序违反法定程序的；（四）裁决所根据的证据是伪造的；（五）对方当事人隐瞒了足以影响公正裁决的证据的；（六）仲裁员在仲裁该案时有索贿受贿，徇私舞弊，枉法裁决行为的。""人民法院经组成合议庭审查核实裁决有前款规定情形之一的，应当裁定撤销。""人民法院认定该裁决违背社会公共利益的，应当裁定撤销。"第59条规定："当事人申请撤销裁决的，应当自收到裁决书之日起六个月内提出。"第63条规定："被申请人提出证据证明裁决有《民事诉讼法》第二百一十三条第二款[①]规定的情形之一的，经人民法院组成合议庭审查核实，裁定不予执行。"《民事诉讼法》第237条第2、3、4、5款规定："被申请人提出证据证明仲裁裁决有下列情形之一的，经人民法院组成合议庭审查核实，裁定不予执行：（一）当事人在合同中没有订有仲裁条款或者事后没有达成书面仲裁协议的；（二）裁决的事项不属于仲裁协议的范围或者仲裁机构无权仲裁的；（三）仲裁庭的组成或者仲裁的程序违反法定程序的；（四）裁决所根据的证据是伪造的；（五）对方当事人向仲裁机构隐瞒了足以影响公正裁决的证据的；（六）仲裁员在仲裁该案时有贪污受贿，徇私舞弊，枉法裁决行为的。""人民法院认定执行该裁决违背社会公共利益的，裁定不予执行。""裁定书应当送达双方当事人和仲裁机构。""仲裁裁决被人民法院裁定不予执行的，当事人可以根据双方达成的书面仲裁协议重新申请仲裁，也可以向人民法院起诉。"

五是，对于劳动仲裁，《劳动争议调解仲裁法》第49条规定："用人单位有证据证明本法第四十七条规定的仲裁裁决有下列情形之一，可以自收到仲裁裁决书之日起三十日内向劳动争议仲裁委员会所在地的中级人民法院申请撤销裁决：（一）适用法律、法规确有错误的；（二）劳动争议仲裁委员会无管辖权的；（三）违反法定程序的；（四）裁决所根据的证据是伪造的；（五）对方当事人隐瞒了足以影响公正裁决的证据的；（六）仲裁员在仲裁该案时有索贿受贿、徇私舞弊、枉法裁决行为的。""人民法院经组成合议庭审查核实裁决有前款规定情形之一的，应当裁定撤销。""仲裁裁决被人民法院裁定撤销的，当事人可以自收到裁定书之日起十五日内就该劳动争议事项向人民法

① 现为《民事诉讼法》第237条第2款。

院提起诉讼。”

六是，对于涉外仲裁裁决，《仲裁法》第70条规定：“当事人提出证据证明涉外仲裁裁决有民事诉讼法第二百五十八条第一款①规定的情形之一的，经人民法院组成合议庭审查核实，裁定撤销。”第71条规定：“被申请人提出证据证明涉外仲裁裁决有民事诉讼法第二百五十八条第一款②规定的情形之一的，经人民法院组成合议庭审查核实，裁定不予执行。《民事诉讼法》第274条规定：“对中华人民共和国涉外仲裁机构作出的裁决，被申请人提出证据证明仲裁裁决有下列情形之一的，经人民法院组成合议庭审查核实，裁定不予执行：（一）当事人在合同中没有订有仲裁条款或者事后没有达成书面仲裁协议的；（二）被申请人没有得到指定仲裁员或者进行仲裁程序的通知，或者由于其他不属于被申请人负责的原因未能陈述意见的；（三）仲裁庭的组成或者仲裁的程序与仲裁规则不符的；（四）裁决的事项不属于仲裁协议的范围或者仲裁机构无权仲裁的。”“人民法院认定执行该裁决违背社会公共利益的，裁定不予执行。”第275条规定：“仲裁裁决被人民法院裁定不予执行的，当事人可以根据双方达成的书面仲裁协议重新申请仲裁，也可以向人民法院起诉。”

七是，对于公证债权文书，《民事诉讼法》第238条第2款规定：“公证债权文书确有错误的，人民法院裁定不予执行，并将裁定书送达双方当事人和公证机关。”《公证债权文书执行规定》第5条规定：“债权人申请执行公证债权文书，有下列情形之一的，人民法院应当裁定不予受理；已经受理的，裁定驳回执行申请：（一）债权文书属于不得经公证赋予强制执行效力的文书；（二）公证债权文书未载明债务人接受强制执行的承诺；（三）公证证词载明的权利义务主体或者给付内容不明确；（四）债权人未提交执行证书；（五）其他不符合受理条件的情形。”第11条规定：“因民间借贷形成的公证债权文书，文书中载明的利率超过人民法院依照法律、司法解释规定应予支持的上限的，对超过的利息部分不纳入执行范围；载明的利率未超过人民法院依照法律、司法解释规定应予支持的上限，被执行人主张实际超过的，可以依照本规定第二十二条第一款规定提起诉讼。”第12条规定：“有下列情形之一的，被执行人可以依照民事诉讼法第二百三十八条第二款规定申请不予执行公证债权文书：（一）被执行人未到场且未委托代理人到场办理公证的；（二）无民事行为能力人或者限制民事行为能力人没有监护人代为办理公证的；（三）公证员为本人、近亲属办理公证，或者办理与本人、近亲属有利害

① 现为《民事诉讼法》第274条。
② 现为《民事诉讼法》第274条。

关系的公证的；（四）公证员办理该项公证有贪污受贿、徇私舞弊行为，已经由生效刑事法律文书等确认的；（五）其他严重违反法定公证程序的情形。”“被执行人以公证债权文书的内容与事实不符或者违反法律强制性规定等实体事由申请不予执行的，人民法院应当告知其依照本规定第22条第1款规定提起诉讼。”第13条规定：“被执行人申请不予执行公证债权文书，应当在执行通知书送达之日起十五日内向执行法院提出书面申请，并提交相关证据材料；有本规定第十二条第一款第（三）项、第（四）项规定情形且执行程序尚未终结的，应当自知道或者应当知道有关事实之日起十五日内提出。”“公证债权文书执行案件被指定执行、提级执行、委托执行后，被执行人申请不予执行的，由提出申请时负责该案件执行的人民法院审查。”第14条规定：“被执行人认为公证债权文书存在本规定第十二条第一款规定的多个不予执行事由的，应当在不予执行案件审查期间一并提出。”“不予执行申请被裁定驳回后，同一被执行人再次提出申请的，人民法院不予受理。但有证据证明不予执行事由在不予执行申请被裁定驳回后知道的，可以在执行程序终结前提出。”第18条规定：“被执行人依照本规定第十二条第一款规定申请不予执行，人民法院经审查认为理由成立的，裁定不予执行；理由不成立的，裁定驳回不予执行申请。”“公证债权文书部分内容具有本规定第十二条第一款规定情形的，人民法院应当裁定对该部分不予执行；应当不予执行部分与其他部分不可分的，裁定对该公证债权文书不予执行。”第19条规定：“人民法院认定执行公证债权文书违背公序良俗的，裁定不予执行。”第22条规定：“有下列情形之一的，债务人可以在执行程序终结前，以债权人为被告，向执行法院提起诉讼，请求不予执行公证债权文书：（一）公证债权文书载明的民事权利义务关系与事实不符；（二）经公证的债权文书具有法律规定的无效、可撤销等情形；（三）公证债权文书载明的债权因清偿、提存、抵销、免除等原因全部或者部分消灭。”“债务人提起诉讼，不影响人民法院对公证债权文书的执行。债务人提供充分、有效的担保，请求停止相应处分措施的，人民法院可以准许；债权人提供充分、有效的担保，请求继续执行的，应当继续执行。”

6. 债权发生的时间是否符合法律规定。在破产申请受理后实际产生的债权，除非法律另有规定，不属于破产债权。法律另有规定，是指《企业破产法》第53~55条的规定。根据这些规定，在破产申请受理后，因为管理人或者债务人按照《企业破产法》的规定解除合同产生的债权以及破产申请受理前已经成立的委托关系、票据关系而产生的债权，依然属于破产债权。

7. 债权的数额。上述的6个方面的债权审查，属于债权性质的审查。对于债权，除就债权的性质进行审查外，还要对债权的量即数额进行审查。对于债权数额的审查，需要注意：

一是，债权本金的审查。本金的审查，包括合同本身之债的审查，如实际损失、违约责任、定金条款等的审查。有的债权，如无效、可撤销、对方当事人在破产申请受理后因为管理人或者债务人解除合同而产生的损害赔偿债权，只能计算实际损失，不能将违约责任、定金罚则计算为破产债权。

还应指出，对于无效、被撤销、确定不发生效力、确定不生效债权等依法不受法律保护的债权，并非没有任何债权。如《民法典》第 155 条规定："无效的或者被撤销的民事法律行为自始没有法律约束力。"第 156 条规定："民事法律行为部分无效，不影响其他部分效力的，其他部分仍然有效。"第 157 条规定："民事法律行为无效、被撤销或者确定不发生效力后，行为人因该行为取得的财产，应当予以返还；不能返还或者没有必要返还的，应当折价补偿。有过错的一方应当赔偿对方由此所受到的损失；各方都有过错的，应当各自承担相应的责任。法律另有规定的，依照其规定。"《民法典》第 388 条规定："设立担保物权，应当依照本法和其他法律的规定订立担保合同。担保合同包括抵押合同、质押合同和其他具有担保功能的合同。担保合同是主债权债务合同的从合同。主债权债务合同无效的，担保合同无效，但是法律另有规定的除外。""担保合同被确认无效后，债务人、担保人、债权人有过错的，应当根据其过错各自承担相应的民事责任。"第 682 条规定："保证合同是主债权债务合同的从合同。主债权债务合同无效的，保证合同无效，但是法律另有规定的除外。""保证合同被确认无效后，债务人、保证人、债权人有过错的，应当根据其过错各自承担相应的民事责任。"参照《担保法解释》第 7 条、第 8 条就规定："主合同有效而担保合同无效，债权人无过错的，担保人与债务人对主合同债权人的经济损失，承担连带赔偿责任；债权人、担保人有过错的，担保人承担民事责任的部分，不应超过债务人不能清偿部分的二分之一。""主合同无效而导致担保合同无效，担保人无过错的，担保人不承担民事责任；担保人有过错的，担保人承担民事责任的部分，不应超过债务人不能清偿部分的三分之一。"基此，他人与债务人的合同无效或者被撤销等情形，可能互有相互返还的债权；债务人有过错的，还应依法承担相应的民事责任。这时，他人对债务人继续可能具有债权，可以依法申报并在破产程序中受偿。

二是，债权本金孳息的审查。对这，也要符合法律规定，具有法律依据。如对借款合同，《民法典》第 670～671 条规定："借款的利息不得预先在本金中扣除。利息预先在本金中扣除的，应当按照实际借款数额返还借款并计算利息。""贷款人未按照约定的日期、数额提供借款，造成借款人损失的，应当赔偿损失。”“借款人未按照约定的日期、数额收取借款的，应当按照约定的日期、数额支付利息。”第 674 条规定：“借款人应当按照约定的期限支付利息。对支付利息的期限没有约定或者约定不明确，依据本法第 510 条的规定仍不能确定，借款期间不满一年的，应当在返还借款时一并支付；借款期间一年以上的，应当在每届满一年时支付，剩余期间不满一年的，应当在返还借款时一并支付。”第 676 ~ 677 条规定：“借款人未按照约定的期限返还借款的，应当按照约定或者国家有关规定支付逾期利息。”“借款人提前返还借款的，除当事人另有约定外，应当按照实际借款的期间计算利息。”第 679 ~ 680 条规定：“自然人之间的借款合同，自贷款人提供借款时成立。”“禁止高利放贷，借款的利率不得违反国家有关规定。”“借款合同对支付利息没有约定的，视为没有利息。”“借款合同对支付利息约定不明确，当事人不能达成补充协议的，按照当地或者当事人的交易方式、交易习惯、市场利率等因素确定利息；自然人之间借款的，视为没有利息。”《民间借贷规定》第 26 条规定：“出借人请求借款人按照合同约定利率支付利息的，人民法院应予支持，但是双方约定的利率超过合同成立时一年期贷款市场报价利率四倍的除外。”“前款所称‘一年期贷款市场报价利率’，是指中国人民银行授权全国银行间同业拆借中心自 2019 年 8 月 20 日起每月发布的一年期贷款市场报价利率。”借款合同对支付利息约定不明确，当事人不能达成补充协议的，按照当地或者当事人的交易方式、交易习惯、市场利率等因素确定利息；自然人之间借款的，视为没有利息。”

又如，《企业破产法》第 46 条规定：“未到期的债权，在破产申请受理时视为到期。附利息的债权自破产申请受理时起停止计息。”附解除条件或者期限的债权，在解除条件或者期限成就前仍旧生效，在破产申请受理时起，其利息应当停止计算；附生效条件或者期限的债权，在生效条件或者期限成就后才生效，债权在生效前的利息固然不能计算。而且，该种生效条件或者期限在破产申请受理前成就的，其利息从生效条件或者期限成就之日起即债权生效之日起计算至破产申请受理时止；生效条件或者期限在破产申请受理后成就的，由于在破产申请受理后债权已经停止计息，对之不应再计算债权利息。

8. 债权的性质如何，如是否属于优先受偿债权，是劳动债权、统筹社保债权、基本税收债权还是普通债权等；是人身损害债权还是财产性债权；是公法债权还是私法债权；是惩罚性债权还是非惩罚性债权等。债权的性质如何，直接决定着其在清偿中所处的顺位，关系着相应债权人的利益，体现了法律对不同债权人在破产程序中的保护顺序及程度，需要认真仔细、正确把握债权的性质。

如对债务人特定财产具有担保物权或法定特别优先权的债权，应以债务人的该特定财产优先受偿。因此，对于债权是否具有财产担保，以及是否对特定财产具有法定特别优先受偿权等需要依法进行审查。审查的内容包括：债权的抵押、质押合同是否成立、合法有效，抵押权、质权、留置权或者法定特别优先权是否已经依法设立，破产别除权人是否在法律规定的期限内行使权利，等等。如《民法典》第399条规定："下列财产不得抵押：（一）土地所有权；（二）宅基地、自留地、自留山等集体所有土地的使用权，但是法律规定可以抵押的除外；（三）学校、幼儿园、医疗机构等以公益为目的成立的非营利法人的教育设施、医疗卫生设施和其他公益设施；（四）所有权、使用权不明或者有争议的财产；（五）依法被查封、扣押、监管的财产；（六）法律、行政法规规定不得抵押的其他财产。"第426条规定："法律、行政法规禁止转让的动产不得出质。"第449条规定："法律规定或者当事人约定不得留置的动产，不得留置。"据之，以法律、行政法规规定的土地所有权等不得抵押的财产、禁止转让的财产、不得留置的财产，设定的抵押权、质押权、留置权无效。

应当指出，《担保法》第41条规定："当事人以本法第四十二条规定的财产抵押的，应当办理抵押物登记，抵押合同自登记之日起生效。"第42条规定："办理抵押物登记的部门如下：（一）以无地上定着物的土地使用权抵押的，为核发土地使用权证书的土地管理部门；（二）以城市房地产或者乡（镇）、村企业的厂房等建筑物抵押的，为县级以上地方人民政府规定的部门；（三）以林木抵押的，为县级以上林木主管部门；（四）以航空器、船舶、车辆抵押的，为运输工具的登记部门；（五）以企业的设备和其他动产抵押的，为财产所在地的工商行政管理部门。"第64条规定："出质人和质权人应当以书面形式订立质押合同。质押合同自质物移交于质权人占有时生效。"第76条规定："以汇票、支票、本票、债券、存款单、仓单、提单出质的，应当在合同约定的期限内将权利凭证交付质权人。质押合同自权利凭证交付之日起生效。"第78条规定："以依法可以转让的股票出质的，出质人与质权人应当订立书面合同，并向证券登记机构办理出质登记。质押合同自登记之日起生效。股票出质后，不得转让，但经出质人与质权人协商同意的可以转让。出质人转让股票所得的价款应当向质权人提前清偿所担保的债权或者向与质权人约定的第三人提存。以有限责任公司的股份出质的，适用《公司法》股份转让的有关规定。质押合同自股份出质记载于股东名册之日起生效。"第79条规定："以依法可以转让的商标专用权，专利权、著作权中的财产权出质的，出质人与质权人应当订立书面合同，并向其管理部门办理出质登记。质押合同自登记之日起生效。”基此，应当办理登记的抵押合同、质押合同均自依法办理登记后生效；动产质押以及以汇票、支票、本票、债券、存款单、仓单、提单等权利凭证出质的，合同则自质物、出质的权利凭证移交于质权人占有时生效。”据此，办理抵押登记乃是抵押合同的生效条件，办理抵押登记的，抵押合同有效；没有办理抵押登记的，抵押合同则没有生效。

可是，按照《物权法》和《民法典》的规定，依法办理抵押、质押登记，乃是物权设立的程序条件：依法办理了抵押登记、质押登记的，则抵押权、质押权设立；没有依法办理抵押、质押登记的，则抵押权、质权没有设立。这样，抵押合同、质押合同是否生效，不再以是否依法办理登记为准，具体应当以《民法典》等的有关规定为准。对此，《民法典》第209条明确规定：“不动产物权的设立、变更、转让和消灭，经依法登记，发生效力；未经登记，不发生效力，但是法律另有规定的除外。”“依法属于国家所有的自然资源，所有权可以不登记。”第224条规定：“动产物权的设立和转让，自交付时发生效力，但是法律另有规定的除外。”第225条规定：“船舶、航空器和机动车等的物权的设立、变更、转让和消灭，未经登记，不得对抗善意第三人。”第226条规定：“动产物权设立和转让前，权利人已经占有该动产的，物权自民事法律行为生效时发生效力。”第402条规定：“以本法第三百九十五条[①]第一款第一项至第三项规定的财产或者第五项规定的正在建造的建筑物抵押的，应当办理抵押登记。抵押权自登记时设立。”第403条规定：“以动产抵押的，抵押权自抵押合同生效时设立；未经登记，不得对抗善意第三人。”第429条规定：“质权自出质人交付质押财产时设立。”第441条规定：“以汇票、本票、支票、债券、存款单、仓单、提单出质的，质权自权利凭证交付质权人时设立；没有权利凭证的，质权自办理出质登记时设立。”第443条第1款规定：“以基金份额、股权出质的，质权自办理出质登记时设立。”第444条第1款规定：“以注册商标专用权、专利权、著作权等知识产权中的财产权出质的，质权自办理出质登记时设立。”第445条第1款规定：“以应收账款出质的，质权自办理出质登记时设立。”

9. 债权的归属。在债权依法成立、合法有效、依法生效并应受到法律强制性保护，或者虽未生效但属可能性生效债权依法也要受到法律强制性保护

---

① 该条规定：“债务人或者第三人有权处分的下列财产可以抵押：（1）建筑物和其他土地附着物；（2）建设用地使用权；（3）海域使用权；（4）生产设备、原材料、半成品、产品；（5）正在建造筑物、船舶、航空器；（6）交通运输工具；（7）法律、行政法规未禁止抵押的其他财产。”“抵押人可以将前款所列财产一并抵押。”

属于破产债权的情况下，债权人于是可以据之参与债务人财产的分配受偿。然而，申报人并非一定是债权人，需要对申报人是否为实际的债权人进行审查。如受债权人委托申报债权的人，虽然有权申报甚至接受破产债权受偿但并非债权人本人，其在破产程序中行使有关权利，并不能排除债权人依法行使破产程序中的权利。

此外，有的申报人本身不属于债权人，可自认为是债权人而进行了申报，管理人在接受申报时，基于人多、工作量大等原因不可能在当时就对申报人是否为债权人进行审查并作出结论。在接受申报后，继续需要对申报人是否为债权人进行实体上的审查。如债权人甲已经破产，其股东或者出资人以自己的名义就债权人对债务人所享有的债权进行申报，由于出资人不属于债权人本身，从而不属于债权的主体。

七、债权审查的程序

结合有关实践经验，债权审查可以按照下列程序进行：

1. 将债权申报材料登记造册。管理人收到债权申报材料后，应当及时登记造册，即对申报人的申报情况根据所提供的有关材料按照一定的顺序编制成表并装订成册。对于管理人登记造册的内容，法律没有明确规定。根据有关实践，应当包括债权人的名称、住所、身份证号码、联系方式、代理人、开户银行、申报债权的数额、财产担保情况、连带债权情况、申报债权的证据情况、申报时间以及其他必要情况。对这，《破产法解释（三）》第6条第1款规定，管理人应当依照《企业破产法》第57条的规定对所申报的债权进行登记造册，详尽记载申报人的姓名、单位、代理人、申报债权额、担保情况、证据、联系方式等事项，形成债权申报登记册。

应当指出，《企业破产法（试行）》第9条第3款曾规定："人民法院对有财产担保债权和无财产担保债权的申报，应当分别登记。"而《企业破产法》并未明确规定要求将有财产担保债权与无财产担保债权分别登记造册。故，管理人并非要将有财产担保债权与无财产担保债权分别登记造册，而可以将有财产担保债权与无财产担保债权一并登记造册因而将之处于同一名册中，但对有财产担保的债权应当加以说明。

2. 按照法律规定进行实体审查与程序审查。审查可以分为初审、复审及终审三个步骤进行。其中，初审可以由一人负责，并由多人配合共同对申报的债权就程序事项、实体事项全面、认真、仔细审查。审查应当指出审查的根据，出现的争议及其理由，审查的重点、疑难问题提示，以及就债权是否依法成立、合法有效、是否生效、是否受到法律强制性保护、是否属于破产债权，申报人是否为债权人，破产债权的数额等问题提出初步审查意见，然后签名并注明审查完成的日期。

复审，是指针对有争议的问题、重点疑难问题以及对债权人利益、破产程序顺利进行有重大影响的问题，以及特殊债权，由另一工作人员依法进行的审查。复审并非初审，是建立在初审工作基础上的进一步审查，应当突出重点，提高效率，不能面面俱到以至完全成为初审的重复。为了检验初审的工作成果，也可以对部分初审的债权进行抽查，对其像初审一样全面、认真、仔细的审查。对于一些重大、疑难、有争议的问题，以及可能影响破产程序顺利进行的问题，经过复审后还可提议进行终审。复审应当由复审人签名，并注明复审完成日期。

终审，是管理人工作人员对于经过复审、由复审人提议对一些重大、疑难、有争议的问题，以及可能影响破产程序顺利进行的问题再作的进一步审查。鉴于终审审查的对象具有重大性、复杂性、疑难性等特点，终审最好由多名管理人的工作人员共同进行，并以少数服从多数的方式提出终审意见。审查过程中，应当就债权审查中的一些重要问题进行讨论。讨论应当做好记录，就有关问题的处理意见及其理由，都应详细记载，以供债权人会议核查、人民法院确认债权时参考。终审应当由参加终审人签名，并注明终审完成的日期。终审过程中的讨论问题的有关记录，应由终审工作人员签名。

由上所述，初审、复审、终审并非每一申报债权审查的必经步骤。对于一些债权债务关系非常简单、清楚，证据确实、充分而没有争议，也不会影响破产程序进行的简单债权，以及由生效法律文书确定的债权，如人民法院判决书、裁定书、调解书，仲裁机构的仲裁裁决书，公证机关依法赋予强制执行效力的债权文书等确认的债权，就可以经过初审即告终结。复审只是对经过初审存在争议，或者存在重大、疑难、复杂问题，对破产程序正常、顺利进行有重大影响的债权进行的重点审查。一般情况下，经过复审，绝大部分债权都已审查完毕，只有少数需要进行终审的债权才进行终审。

另外，对于债权人人数少的债权审查，可以不分类进行。可对于债权人人数众多的债权，为了统一债权审查的标准，应当根据债权的特点分成若干个类别，分别安排专人初审，这自利于同类债权的标准统一，且利于提高审查效率。

3. 经过审查，根据债权审查的情况提出初步结论。对生效法律文书如人民法院生效的判决书、裁定书、调解书，仲裁机构的裁决书，公证机关依法赋予强制执行效力的债权文书等所确认的债权或者计算规则，应当直接作为审查结论的根据。司法实践中，对于已经生效的法律文书确定的债权，管理人可能认为其存在错误而不予认定，应当加以否定。司法文书一旦生效，具有确定必须遵守的效力，不能以任何理由加以对抗。管理人即使认为有错误，则可依法申请再审、申诉、撤销或者不予执行，在生效法律文书的结论未经法定程序如审判监督程序改变或者撤销、不予执行之前，其确定的债权，除本金所产生的利息计算至破产申请受理之日止外，其他应当直接加以认定。对此，《破产法解释（三）》第7条规定："已经生效法律文书确定的债权，管理人应当予以确认。""管理人认为债权人据以申报债权的生效法律文书确定的债权错误，或者有证据证明债权人与债务人恶意通过诉讼、仲裁或者公证机关赋予强制执行力公证文书的形式虚构债权债务的，应当依法通过审判监督程序向作出该判决、裁定、调解书的人民法院或者上一级人民法院申请撤销生效法律文书，或者向受理破产申请的人民法院申请撤销或者不予执行仲裁裁决、不予执行公证债权文书后，重新确定债权。"

应当指出，债权人以人民法院、仲裁机构生效的法律文书为根据申报债权的，管理人应当直接按照生效法律文书确定的债权本金及其孳息计算的规则计算至破产申请受理之日而确定债权的数量。有的便认为，此种审查仅是形式审查，而不包括对生效法律文书确定的债权真实、合法、有效等实体性质，管理人据之直接确定即可。对于已经生效法律文书确定的债权，"管理人初步审查时，对于已为法院生效裁判、仲裁机构生效裁决和公证机关赋予强制执行力的公证文书所确定的债权，只需要对生效法律文书的作出机关、形式真实性、生效日期等进行形式审查后就可直接予以认可，列入债权表，无需作进一步的实质审查。"① 笔者认为，这只是涉及问题的一个方面。基于生效法律文书的效力确定性、权威性等原则，管理人对之确定的内容自然应当肯定，但并不意味着该生效法律文书就一定没有错误，确实存在错误的，并直接关系到债权的性质如是否具有优先受偿权且数量相差很大时，管理人则应依法提起申请再审或申诉通过审判监督程序，或者对仲裁裁决依法申请撤销或者不予执行，或者对公证机关赋予强制执行效力的公证债权文书申请不予执行等途径解决。当然，在新的生效法律文书改变原结论或者作出不予执行之前，管理人不能对生效法律文书置之不顾，对其中确定的债权或者计算规则不加认定，致使债权人申报的债权予以悬置。另外，生效法律文书确定的孳息，有的没有明确数额，只是确定利率及其起算时间，债权人申报的债权孳息是否计算至破产申请受理后；在破产申请受理后作出的生效法律文书在计算孳息时是否计算至破产申请受理之日止；生效的法律文书所确定的债

① 齐明：《破产法学——基本原理与规范》，华中科技大学出版社2013年版，第143页。

权是否已经超过强制申请执行期间；生效的仲裁裁决是否存在应予撤销或者不予执行的情况；赋予强制执行效力的公证债权文书是否存在不予执行的情况，等等，都需要就其实体内容进行审查，因而不能简单地认为，凡是以生效法律文书确定的债权申报的，都无需进行实体审查，有关审查仅属形式之列而与实体审查无关。对正在诉讼、仲裁程序还未完结的债权，则直接作出待定的结论，而无需再作进一步审查。

4. 根据审查结论编制债权表。债权表，是管理人对申报的经过审查并依法提出初步结论的债权，就债权人及其债权相关情况编制而成的债权表。债权表应当包括申报情况与审查提出的初步结论两个部分。前者包括债权人名称、所申报债权的数额、财产担保、连带债权等情况；后者则包括审查后的债权数额，债权担保财产的情况，债权是否属于破产债权及其原因，债权取得的原因及根据，债权是否附有条件或期限，利息或者违约金的计算依据及期间，重点问题的说明等。重点问题说明，主要是就申报债权不属于破产债权的原因等情况的说明，如属无效、依法被撤销、超过诉讼时效或者申请执行时效、申报债权在破产申请受理前成立但实际发生在破产申请受理后且不属于法律规定的例外情况等，申报债权与审查后初步确定的债权差额及其主要原因进行简单的描述等，以便债权人会议进行核查。对这，《破产法解释（三）》第6条第2款规定，管理人应当依照《企业破产法》第57条的规定对债权的性质、数额、担保财产、是否超过诉讼时效期间、是否超过申请强制执行期间等情况进行审查、编制债权表并提交债权人会议核查。

5. 将债权表及申报材料妥善保存并供查阅。债权表和债权申报材料，由管理人保存，供利害关系人查阅。管理人应当按照债权人编号妥善保存，不得丢失、毁损。利害关系人需要查阅债权表和债权申报材料的，管理人应当提供，不得拒绝。这是因为，债权人、债务人或者利害关系人，就管理人对自己的债权认定及其有关根据、过程，无疑具有知情权，不仅关系到其自身的合法利益的维护，而且关系到全体债权人利益的维护，如管理人可能将不是债权人的申报者认定为债权人，或者所认定的数量与事实不符，而债务人或其他债权人等需要了解有关情况，要通过查阅有关材料才能进一步核实真假。另外，管理人经过审查后编制的债权表，要经过债权人会议核查，且债权人会议就重整计划草案、和解协议草案、破产财产分配方案等事关自身及全体债权人利益的法律文件表决，均与管理人审查初步认定的债权及其性质、数量相关，债权人等利害关系人不可能仅仅根据债权表就可以认定管理人的审查是否存在问题，而要通过查阅有关资料、证据，有的甚至要向管理人询问、了解认定的事实、法律根据才能作出判断。还有，债权人、债务人等利害关系人，对债权审查的初步结论存在异议或者疑问，通过查阅有关材料、询问有关情况后，也可能消除疑问，有利于债权人会议在债权核查、所议事项表决的过程中正确行使权利，进而有益破产程序的顺利进行。因此，《破产法解释（三）》第6条第3款明确规定："债权表、债权申报登记册及债权申报材料在破产期间由管理人保管，债权人、债务人、债务人职工及其他利害关系人有权查阅。"至于利害关系人，包括债权人、债务人及其他利害关系人。债权人包括已经进行债权申报的债权人、不需要申报的劳动债权人，以及申报债权的连带债权人、负补充责任的债权人、债务人的保证人或者其他债务人。其他利害关系人，则包括申报人的继承人、遗产管理人、债务人的出资人及其主管部门等①。

6. 对劳动债权调查后列出清单予以公示。根据《企业破产法》第48条第2款的规定，对于债务人所欠职工的工资和医疗、伤残补助、抚恤费用，所欠的应当划入职工个人账户的基本养老保险、基本医疗保险费用，以及法律、行政法规规定应当支付给职工的补偿金等劳动债权，虽然不需要申报，仍然需要审查，并就劳动债权是否存在及其数额多少作出结论，并按照一定的顺序列出清单，予以公示。

7. 对未申报的非劳动债权予以审查。在破产重整程序、破产和解程序中，对于未申报的非劳动债权，亦需进行审查。这种审查，相对于破产清算程序中的非劳动债权审查，无需十分严格，但仍需要全面、认真、仔细进行。对其进行审查后，列出清单，就债权人的名称、债权数额、是否具有财产担保等基本信息进行登记，以便全面掌握债务人所负债务的基本情况。

第四节　特殊债权申报与审查

一、未到期债权的申报与审查

债权人对债务人拥有的已经到期应当履行的债权，固然可以依法申报。债权人对债务人拥有的履行期限尚未到期的债权，如果要待到履行期限届满后再申报，就可能超过债权申报期限只能补充申报，进而不能参加补充申报前的破产财产分配，甚至无法进行补充申报无法参加破产财产的分配，那么，

① 王卫国：《破产法精义》，法律出版社2007年版，第164页。

就会损害有关债权人合法权益。如果待未到期债权均到期后再统一进行申报或者分配，就不得不中止已经开始的破产程序，那么，亦会影响破产程序的正常、顺利进行，增加破产费用，进而增加债务人财产的负担，损害全体债权人的利益。所以，《企业破产法》第46条规定："未到期的债权，在破产申请受理时视为到期。""附利息的债权自破产申请受理时起停止计息。"

未到期债权，以是否存在利息为标准，可以分为无息未到期债权与有息未到期债权。有息未到期债权，又可分为附利息未到期债权与不附利息未到期债权。三种不同情况的未到期债权，其债权的本金应当没有异议，关键在于如何计算未到期债权的利息。

1. 无息未到期债权的破产债权

无息债权即没有利息的债权，是指到期只收取本金而不收取利息的债权。无息未到期债权，因为债务人破产，应当将债权本金作为破产债权。然则，有人认为，因为提前到期应当扣除未到期限的法定利息。不然，不加扣除，债权人就会得到不当得利而使债务人遭受损失。[①] 这种观点不能成立，原因如下：

（1）未到期债权，因为破产这一法律事实而将未到期的债权统一提前视为到期，都按到期的债权本金实现其本金利益，具有法律上的根据，根本不存在债权人因为债权提前到期就可以获得不当得利的问题。如按照约定，债务人所借款项于两年后归还本金，结果债务人一年后破产提前偿还本金，完全属于根据破产法的规定实现其本金债权，不存在不当得利的问题。

（2）对于未到期债权，债务人没有清偿的义务，债务人对未到期的债务有不清偿的权利，其享有的利益就是这种暂时不予清偿的利益，这种利益因为履行期限未到产生被称之为未到期期限的利益。可这种利益只是暂时不还的利益，并非本金因为期限而要减少。因为，按照约定，债务人到期一定要归还本金，本金债权与归还本金的履行期限即借贷期并无必然的联系。将未到期债权提前到期，对于本金来说按照约定自然要予归还，债务人仅是丧失暂时不能清偿的利益，债权人得到债务人提前偿还本金的利益，这完全根据法律规定而为，具有合法根据，不存在不当得利的问题。

（3）债务人因为破产而致未到期债权全部提前到期以债务人财产予以清偿，丧失暂时不予清偿的利益，债权人得到提前接受本金债权的清偿，完全是债务人的原因所致，从公平的原则上讲，不能因为提前到期而使得债权人的本金债权遭受损失。

---

① 柯善芳、潘志恒：《破产法概论》，广东高等教育出版社1988年版，第190页。

（4）如果债权人对债务人未到期的债权附有利息，即属于有利息债权，那么，其有权按照债权本金在借贷的时间内按照一定的利率收取利息，同时有向债务人将债权本金在约定期限内借给债务人使用的义务；债务人具有未到期不予偿还本金的权利，同时有向债权人在债务存在期限内以本金为基数按一定比例支付一定利息的义务，债权人、债务人之间的利息债权债务都直接与借贷的时间长短直接相关。因为债务人破产，债权人借给债务人的本金债权的归还期限即借贷期限也予以缩短，而以借贷时间长短为根据之一计算的利息债权固然要相应减少。倘若不予扣除，因为借贷时间未到而按以前约定的到期期限计算利息，没有法律根据，属于不当得利。正因为这样，破产法明确规定，附利息的债权自破产申请受理时起停止计息，即将破产申请受理之日起至债权到期之日期间的债权利息应予扣除。但在无息债权中，即债权人在没有收取债权本金利息的情况下，就不存在与借贷本金债权时间长短直接联系的利息债权。提前到期，不会获得因为借贷时间缩短而按到期期限计算利息的问题，不会在利息债权上获取任何利益，即不可能在利息债权上获得不当得利。如果还要扣除未到期的所谓利息，那么，就不是扣除利息债权，而是扣除本金债权。在本金债权不收取利息的情况下，出于债务人自身原因破产而依法提前清偿本金债权，且根本无法足额清偿债权，还要扣除债权人的本金债权，与公平原则明显相悖。

（5）如果本金债权因为提前清偿，在没有利息的情况下还要扣除法定利息，那么，就确定了本金未到期应当扣除其法定利息的规则。按照这一规则，在本金债权存在利息债权时，不仅要扣除本金债权因为未到期而提前到期期间多得的利息债权，同时也要扣除债权本金债权因为提前清偿而相当于获得了未到期的法定利息债权。否则，有利息就不从本金债权中扣除提前收回的所谓“法定利息”，无利息反而要从本金债权中扣除提前收回所谓的“法定利息”，同是本金债权，标准不一，对无息债权人来说自不公平。

（6）破产申请受理时，无论债权是否到期，都视为到期，并停止所有利息债权的计算。在破产程序中，本金债权的清偿通常要延续一段时间甚至相当长的时间。在分配财产清偿本金债权前，本金债权仍为债务人占有。一方面不计算这一期间的利息债权，另一方面又要将破产申请受理后未到期限的所谓法定利息从本金中扣除，就是最为朴素的公平观念也无法接受。其实，无息债权本来是带有资助性质，本金已不能足额清偿，还要扣除根本没有收取的利息债权，有违于社会公序良俗的基本道德规则。

（7）允许将债权人没有收取利息债权的本金债权扣除未到期的法定利息，债权不仅可能得不到任何清偿，债权人还可能欠付债务人的利息债权。如债权人借给债务人 10 万元，约定 10 年还清本金，法定利息在破产申请受理时为 12%。借款 1 年后债务人破产。如此，因为债务人破产提前 9 年偿还，扣除提前偿还期间 9 年的法定利息 108000 元，债权人不仅对债务人不再享有债权，反而因为破产这一法律事实而欠债务人 8000 元利息债权，其结论的荒谬不言而喻。而出现这一荒谬结论的原因，就是对无息债权的本金债权要扣除未到期的所谓法定利息。

综上所述，在本金债权没有收取利息债权的情况下，扣除因为债务人破产提前到期之间的法定利息债权的主张，不能成立。

2. 附利息未到期债权的破产债权

有息未到期债权中的附利息债权，是指债权人、债务人明确约定债权本金数额及其偿还期间利率的有息债权。其债权本金应当全额申报，对于所附利息因为所附利率明确，即可根据所附利率及其本金债务实际形成并计算至破产申请受理之日止的时间计算出利息债权，约定利率高于法定利率最高限额的，则应依法予以调整。

3. 不附利息未到期债权的破产债权

有息未到期债权中的不附利息的债权，是指按照合同对债权本金和利率均未约定，只是约定到期应当偿还的总额（名义债权额）的有息债权。这种未到期债权，因为债务人破产而提前到期，由于没有约定利息，只能以法定利息计算，从而可以通过两个步骤来计算出债权人应有的破产债权数额。

第一步，根据下列公式求出债权本金：

债权本金 = 名义债权额 - 债权本金 × 法定年利率 × 原定清偿年数（此乘积为原定履行期限到期时应付的利息）（此公式称前式）。

第二步，根据下列公式求出破产债权额：

破产债权 = 名义债权额 - 债权本金 × 法定年利率 × 未到期年数（此乘积为因为债务人破产而致债权提前到期应当扣除的利息）（此公式称后式）。

将前式代入后式，化简即可计算出债权人扣除未到期债权后所应享有的破产债权，为：破产债权 = 名义债权额 × [1 + 法定年利率 ×（原定偿还年限 - 未到期年数）] / [1 + 法定年利率 × 原定清偿年数]。[①]

二、附条件或者期限债权的申报与审查

《企业破产法》第 47 条规定："附条件、附期限的债权和诉讼、仲裁未决的债权，债权人可以申报。"而附条件或者期限的债权，分为附生效条件、期

① 王欣新主编：《破产法原理与案例教程》，中国人民大学出版社 2010 年版，第 152 ~ 153 页。

限的债权与附解除条件、期限的债权。是以，对其债权申报及其相关问题，应当分为两种情况考虑。

（一）附生效条件、期限债权的申报

1. 附生效条件、期限债权，在所附生效条件或者期限成就时生效。破产申请受理时所附条件或者期限没有成就的，则属未生效债权。债权人虽然可以依法申报，成为债权人会议成员，但因债权尚未生效还无法确定，根据《企业破产法》第 59 条第 2 款的规定，在债权人会议上不享有表决权。

2. 在破产财产分配时，所附生效条件、期限未生效而致其债权尚未生效的，根据《企业破产法》第 117 条的规定，对于附生效条件或者期限的债权，管理人应当将其分配额提存。管理人依照前款规定提存的分配额，在最后分配公告日，生效条件或者期限未成就的，应当分配给其他债权人；在最后分配公告日，生效条件或者期限成就的，应当交付给债权人。

（二）附解除条件、期限的债权申报

1. 附解除条件、期限的债权，在所附解除条件或者期限未成就时生效，在所附解除条件或者期限成就时失效。在破产申请受理时，若所附解除条件或者期限没有成就时有效，债权人可以依法申报，并且其债权因为生效而确定，作为债权人会议成员享有表决权。

2. 在破产财产分配时，由于所附解除条件或者期限在破产财产最后分配公告日前可能成就而解除，《企业破产法》第 117 条为此规定，对于附解除条件或者期限的债权，管理人应当将其分配额提存。管理人依照前款规定提存的分配额，在最后分配公告日，所附解除条件或者期限成就的，应当分配给其他债权人；在最后分配公告日，所附解除条件或者期限未成就的，应当交付给债权人。

三、诉讼或者仲裁未决债权的申报与审查

（一）诉讼、仲裁未决的债权

这种债权，是指正在诉讼或者仲裁中，还没有作出最终生效判决、裁定或者仲裁裁决的债权。对此，根据《企业破产法》第 47 条的规定，债权人可以依法申报。但是，其债权因为诉讼或者仲裁未决而无法确定，根据《企业破产法》第 59 条第 2 款关于“债权尚未确定的债权人，除人民法院能够为其行使表决权而临时确定债权额的外，不得行使表决权”的规定，人民法院没有为其临时确定债权额的，诉讼或者仲裁未决的债权人，不具有表决权；人民法院为其行使表决权临时确定了债权额的，则可以行使表决权。

（二）破产财产分配时还未决的债权

这种债权源于各种各样的原因尚处于悬而未决而没有确定的状态，即还处于诉讼、仲裁过程中，根据《企业破产法》第119条的规定，管理人应当将其分配额提存。自破产程序终结之日起满两年仍不能受领分配的，人民法院应当将提存的分配额分配给其他债权人。

四、连带债权的申报与审查

《民法典》第518条规定："债权人为二人以上，部分或者全部债权人均可以请求债务人履行债务的，为连带债权；债务人为二人以上，债权人可以请求部分或者全部债务人履行全部债务的，为连带债务。""连带债权或者连带债务，由法律规定或者当事人约定。"第521条规定："连带债权人之间的份额难以确定的，视为份额相同。""实际受领债权的连带债权人，应当按比例向其他连带债权人返还。""连带债权参照适用本章连带债务的有关规定。"据此，连带债权由于多个债权人对债务人具有的债权具有连带性，从而每一债权人都可以要求债务人对其就全部债权进行清偿，债务人也有义务向其中的任意一个债权人进行清偿。向其中一个债权人全部清偿后，其与所有连带债权人的债权债务关系即告消灭。相应地，债务人虽然对债权人负有债务，并且可以向每一个连带债权人清偿全部债务，但所清偿债务的总额是固定不变的。连带债权人的多个或者全部要求债务人进行清偿，债务人均对其进行清偿的，必然造成重复清偿，《企业破产法》第50条便明确要求："连带债权人可以由其中一人代表全体连带债权人申报债权，也可以共同申报债权。"据此，连带债权的申报，具有两种方式。

1. 代表申报

代表申报，是指连带债权的全体债权人共同推选其中一人作为全体连带债权人的代表向管理人申报连带债权。全体连带债权人应当向被推选的代表出具授权委托书或者共同签名的推选书。被推选的代表在申报连带债权时，应当出具由全体连带债权人出具的推选书或者授权委托书，其代表全体连带债权人作出的申报对全体连带债权人具有约束力。代表申报，只有全体连带债权人的代表一人在债权申报表上签名，而不要求全体连带债权人全部签名，不然就是共同申报。

应当指出，连带债权在没有共同推选代表进行申报的情况下，连带债权的任意债权人都有权向管理人申报，这种申报也属代表申报。多个连带债权人分别申报的，管理人不应拒绝，而应接受有关材料，并告知该债权已有连带债权人申报。然后，将有关连带债权人的申报资料归于一起，一并进行审查。各个连带债权人所申报的债权数额不同的，管理人审查后认为最高的申报符合法律规定，则应对这最高额编制债权表，而不能因为存在连带债权人所报数额低就一律就低不就高地以之编制债权表，否则就是以债权人申报的程序上的失误，就否定包括其他连带债权人的合法利益，无疑不公平。在债务人破产无法足额清偿全部债权的情况下，更要避免这种不公平现象的发生。

2. 共同申报

共同申报，是指全体债权人或者其中两个以上的债权人一起向管理人主张并证明其连带债权。共同申报，可以由所有连带债权人全部在债权申报表上联署签名，然并非以所有连带债权人全部签名为必要，只要有两个以上的连带债权人在债权申报表上署名，即属于共同申报。

五、连带债务中债权的申报与审查

连带债务的发生，既可以由法律规定，也可以由当事人约定，其产生的根据多种多样。如《民法典》第178条规定："二人以上依法承担连带责任的，权利人有权请求部分或者全部连带责任人承担责任。""连带责任人的责任份额根据各自责任大小确定；难以确定责任大小的，平均承担责任。实际承担责任超过自己责任份额的连带责任人，有权向其他连带责任人追偿。""连带责任，由法律规定或者当事人约定。"第307条规定："因共有的不动产或者动产产生的债权债务，在对外关系上，共有人享有连带债权、承担连带债务，但是法律另有规定或者第三人知道共有人不具有连带债权债务关系的除外；在共有人内部关系上，除共有人另有约定外，按份共有人按照份额享有债权、承担债务，共同共有人共同享有债权、承担债务。偿还债务超过自己应当承担份额的按份共有人，有权向其他共有人追偿。"第518条规定："债权人为二人以上，部分或者全部债权人均可以请求债务人履行债务的，为连带债权；债务人为二人以上，债权人可以请求部分或者全部债务人履行全部债务的，为连带债务。""连带债权或者连带债务，由法律规定或者当事人约定。"第519条规定："连带债务人之间的份额难以确定的，视为份额相同。""实际承担债务超过自己份额的连带债务人，有权就超出部分在其他连带债务人未履行的份额范围内向其追偿，并相应地享有债权人的权利，但是不得损害债权人的利益。其他连带债务人对债权人的抗辩，可以向该债务人主张。""被追偿的连带债务人不能履行其应分担份额的，其他连带债务人应当在相应范围内按比例分担。"第520条规定："部分连带债务人履行、抵销债务或者提存标的物的，其他债务人对债权人的债务在相应范围内消灭；该债务人可以依据前条规定向其他债务人追偿。""部分连带债务人的债务被债权人免除的，在该连带债务人应当承担的份额范围内，其他债务人对债权人的债务消灭。”“部分连带债务人的债务与债权人的债权同归于一人的，在扣除该债务人应当承担的份额后，债权人对其他债务人的债权继续存在。”“债权人对部分连带债务人的给付受领迟延的，对其他连带债务人发生效力。”第688条规定：“当事人在保证合同中约定保证人和债务人对债务承担连带责任的，为连带责任保证。”“连带责任保证的债务人不履行到期债务或者发生当事人约定的情形时，债权人可以请求债务人履行债务，也可以请求保证人在其保证范围内承担保证责任。”第700条规定：“保证人承担保证责任后，除当事人另有约定外，有权在其承担保证责任的范围内向债务人追偿，享有债权人对债务人的权利，但是不得损害债权人的利益。”第1202条规定：“因产品存在缺陷造成他人损害的，生产者应当承担侵权责任。”第1203条规定：“因产品存在缺陷造成他人损害的，被侵权人可以向产品的生产者请求赔偿，也可以向产品的销售者请求赔偿。”“产品缺陷由生产者造成的，销售者赔偿后，有权向生产者追偿。因销售者的过错使产品存在缺陷的，生产者赔偿后，有权向销售者追偿。”第1204条规定：“因运输者、仓储者等第三人的过错使产品存在缺陷，造成他人损害的，产品的生产者、销售者赔偿后，有权向第三人追偿。”第1205条规定：“因产品缺陷危及他人人身、财产安全的，被侵权人有权请求生产者、销售者承担停止侵害、排除妨碍、消除危险等侵权责任。”第1206条规定：“产品投入流通后发现存在缺陷的，生产者、销售者应当及时采取停止销售、警示、召回等补救措施；未及时采取补救措施或者补救措施不力造成损害扩大的，对扩大的损害也应当承担侵权责任。”“依据前款规定采取召回措施的，生产者、销售者应当负担被侵权人因此支出的必要费用。”第1207条规定：“明知产品存在缺陷仍然生产、销售，或者没有依据前条规定采取有效补救措施，造成他人死亡或者健康严重损害的，被侵权人有权请求相应的惩罚性赔偿。”如此等等，不一而足。在连带债务中，债务人为多人，且每一债务人都对债权人负有清偿全部债务的义务，即债权人有权要求全体或者部分或者1个债务人清偿全部债务或者部分债务。债权人的债权只要没有得到全部清偿，债务人无论是否对债权人履行过债务，都有义务对债权人没有受到清偿的债权进行清偿。债权人的债权得到全部清偿后，所有债务人与债权人之间的债权债务关系予以消灭，均不再对债权人负有清偿义务。对债权人履行全部或者部分债务的债务人，则可依法向其他连带债务人予以求偿，即要求其他连带债务人偿付其应当承担的份额。因此，连带债务中的债务人破产的，既存在债权人对债务人的债权进行申报的问题，又存在其他连带债务人因为履行或者需要履行连带债务所具有的对债务人的求偿权或者将来求偿权的申报问题，从而属于连带债权申报的问题。

1. 连带债务人破产，其债权人的债权申报

这里又要分为连带债务人中的一人破产或者数人同时破产以及数人先后分别破产三种情况进行分析。

（1）连带债务人中的一人破产，债权人就其债权的申报。此时，债权人有权要求其他连带债务人承担连带责任而不向管理人申报债权，自然也可以其对各连带债务人的全部债权或者部分债权向管理人申报，这是基于连带债务的性质决定的。任何连带债务人所负的连带债务，不会因为连带债务人的破产而可得以免除。债权人有权向任一债务人主张全部或者部分债权，连带债务人负有按债权人要求清偿全部或者部分债权的义务。债权人是否向破产债务人主张权利即向管理人申报债权，根据私法意思自治原则，应当由债权人自行决定。具体就保证人破产而言，债权人对保证人的保证债权如何申报的问题，笔者认为，破产债权既可以是现实债权，也可以是或然债权。所谓或然债权指在发生上不确定的债权，也即债权是否发生处于一种不确定状态，债务人承担的仅是一种债务的可能性，需待条件成熟，债务人才成为现实负债人。最典型的或然债权就是保证债权。在保证法律关系中，债务人是现实负债人，保证人则是或然负债人。当保证人破产时，债权人也有权在保证人破产程序中申报债权。就申报程序而言，因债权登记时对申报债权仅作形式审查，不作实质审查，无论债权人是现实债权的债权人还是保证责任的债权人，人民法院或清算组对其申报债权均应依法登记在册。对于在法定期间内申报的保证债权，在破产债权确认上应当掌握以下原则：第一，在保证人被破产宣告或进入破产还债程序（指非国有企业破产）前，债权人对其享有的保证债权已经被生效法律文书确认的，可以直接确认为破产债权。第二，债权人对债务人、保证人的诉讼在破产开始前已经发生，但未取得生效法律文书的，对债权人在法定期间内申报的债权，应对其申报的债权额确定为临时破产债权，待诉讼终结后依照法院裁决结果相应确定。诉讼终结前破产财产分配已经开始的，可在破产财产分配时按破产债权清偿比例予以预留。第三，破产程序开始前尚未发生诉讼的，债权人申报债权，应当按照《企业破产法》的有关规定债权审查确认程序，以《民法典》及有关司法解释为依据予以确认。在保证人破产程序期间主债权尚未到期的，保证债权应确认为临时破产债权，在破产财产分配时亦按破产债权清偿比例予以预留。此外，“被担保债权在保证人破产程序开始时尚未到期的，申报的债权确认为临时破产债权，待债权到期后视债务人履行债务情况再行确认。债权到期前已经开始破产财产分配的，由破产管理人予以预留，待债权到期后予以分配。”值得注意的

是，《企业破产案件规定》第55条第10项关于“债务人为保证人的，在破产宣告前已经被生效的法律文书确定承担的保证责任”的规定，是对已经人民法院裁判确认的保证债权处理方法的规定，该条款并不排斥其他情形的保证债权被确认为破产债权。[①] 这样，对于保证人破产时，债权人有权申报其对保证人的保证债权，没有疑义。在主债务没有到期的情况下，保证债权能否视为到期，则是认为作为临时破产债权预留，具体待债权到期后视债务人履行债务情况再行确认。但这与《企业破产法》第46条第1款关于“未到期的债权，在破产申请受理时视为到期”的规定，明显相悖，且破产法中只有破产债权的概念，而无破产临时债权之说。此外，保证人破产，如果因为主债务没有到期而像没有破产的主债务人一样具有不予清偿债务的期限利益，待主债务到期后才能让保证人承担保证责任，那么，保证人因为破产程序的进行其破产财产可能已经分配完毕，根本无法再承担清偿责任，事实上就等于免除了破产保证人的保证责任。在主债务未到期的情况下，基于保证人破产这一法律事实，将其应当承担的保证责任加速到期，并不违背《企业破产法》第46条第1款的规定。其实，保证人破产，他人对之未到期的保证债权（包括因主债务未到期而产生的未到期的保证债权），在破产申请受理时视为到期，也包括在《企业破产法》第46条第1款规定的文义之内。故，《破产法解释（三）》第4条规定，保证人被裁定进入破产程序的，债权人有权申报其对保证人的保证债权。主债务未到期的，保证债权在保证人破产申请受理时视为到期。

还应指出，债权人既向破产的债务人申报债权，同时又向其他连带债务人提起民事诉讼主张权利的，应当允许。对这，参照《担保法司法解释》第44条第1款规定：“保证期间，人民法院受理债务人破产案件的，债权人既可以向人民法院申报债权，也可以向保证人主张权利。”最高人民法院2002年12月22日发布实施的《对关于担保期间债权人向保证人主张权利的方式及程序问题的请示的答复》（〔2002〕民二他字第32号）也明确指出，对于债权人申报了债权，同时又起诉保证人的保证纠纷案件，人民法院应当受理。在具体审理并认定保证人应承担保证责任的金额时，如需等待破产程序结束的，可依照《民事诉讼法》的有关规定，裁定中止诉讼。人民法院如径行判决保证人承担保证责任，应当在判决中明确应扣除债权人在债务人破产程序中可以分得的部分。债权人只向债务人申报债权而未向保证人主张权利的，对于破产程序中未能清偿的部分，保证人在保证期限内仍要承担保证责任。对此，

① 曹士兵：《中国担保制度与担保方法——根据物权法修订》，中国法制出版社2008年版，第169～170页。

参照《担保法司法解释》第44条第1款规定：“债权人申报债权后在破产程序中未受清偿的部分，保证人仍应当承担保证责任。债权人要求保证人承担保证责任的，应当在破产程序终结后六个月内提出。”最高人民法院《关于如何适用〈关于适用中华人民共和国担保法若干问题的解释〉第四十四条及最高人民法院法函〔2002〕3号的答复》（〔2002〕民二他字第22号）指出，保证期间是法律规定的当事人可以约定的期间，如无其他法定或约定原因，在保证期间内保证人不免除保证责任。关于如何适用《担保法司法解释》第44条第2款规定的债权人向保证人行使权利的期间（即债务人破产程序终结后的6个月），该期间不能发生取代保证期间的作用。以是，在债务人破产程序终结后，债权人对保证人的保证期间尚未届满的，适用保证期间，不适用《担保法司法解释》第44条第2款；债务人破产时保证期间尚未届满的，而在债权人申报债权参加破产程序期间保证期间届满的，为保护债权并考虑到司法实践中债权人在债务人破产期间对保证人行使权利不便，债权人在债务人破产程序终结后向保证人行使权利期间，可以适用《担保法司法解释》第44条第2款的规定。最高人民法院2003年12月24日《关于对云南省高级人民法院就如何适用〈关于适用《中华人民共和国担保法》若干问题的解释〉第四十四条请示的答复》（〔2003〕民二他字第49号）指出，《担保法司法解释》第44条第2款规定的债权人应在破产程序终结后6个月内要求保证人承担保证责任的规定，仅适用于债务人在破产程序开始时保证期间尚未届满，而在债权人申报债权参加清偿破产财产程序期间保证期间届满的情形。即在上述情况下，考虑到债权人在债务人破产期间不便对保证人行使权利，债权人可以在债务人破产终结后6个月内要求保证人承担保证责任。你院请示的昆明电缆厂与交通银行昆明分行、昆明电缆股份有限公司担保借款合同纠纷案中，债权人交通银行昆明分行已经在保证期间内、债务人破产程序前要求保证人承担保证责任，于是不适用《担保法司法解释》第44条第2款的规定。

（2）连带债务人中有两人以上或者全部同时破产的，债权人就其债权的申报。这时，根据《企业破产法》第52条关于“连带债务人数人被裁定适用本法规定的程序的，其债权人有权就全部债权分别在各破产案件中申报债权”的规定，债权人有权就全部债权分别在各破产程序中申报债权。对这，应当注意以下几点：

一是，连带债务人中的两人以上或者全部连带债务人同时破产，并非指两人或者全部连带债务人都要在同一天被人民法院裁定受理破产申请，而是指连带债务人的破产程序尚未结束，另一连带债务人或者其他所有连带债务人的破产程序也已开始。当连带债务人的破产程序已经终结，其他连带债务人再破产的，则不属于连带债务人同时破产。

二是，连带债务人中的数人或者全部破产的，其债权人有权就全部债权分别在各破产案件中申报。有权申报意味着债权人可以根据自己的意志自由选择是否对破产债务人的管理人申报。选择申报是对其中一个或者数个破产债务人还是全部破产债务人的管理人申报，以及对各债务人的破产程序中所申报的债权数额是全部还是部分，都应由债权人自行确定。当然，在一般情况下，债权人都会就全部债权向各债务人的管理人进行申报。

三是，连带债务人中的数人或者全部同时破产的，债权人有权在所有的破产连带债务人的破产程序中申报债权。这是因为：在连带债务人数人或者全部同时破产的情况下，假若不允许债权人在破产连带债务人的所有破产程序中同时进行债权申报，只能于一个债务人破产程序终结后再在另一个破产连带债务人的破产程序中进行债权申报，这种逐步向破产连带债务人申报以清偿债权的方法，在时间上根本无法满足债权人对破产连带债务人主张权利的要求。债权人向其中一个破产债务人申报债权，该破产程序尚未结束，其他破产连带债务人的破产程序完全可能终结，债权人无法再对该破产债务人主张权利，会影响其合法权益的维护。此外，在连带债务人的数人或者全部破产的情况下，只要破产程序还未结束，破产债务人对债权人所负的债务就没有清偿从而存在还没有消灭，根据连带债务性质的要求，债权人有权要求所有连带债务人包括破产连带债务人清偿债务，并对破产连带债务人同时进行债权申报以主张权利。

四是，连带债务人中的数人或者全部同时破产的，债权人有权在所有的破产连带债务人的破产程序中均就全部债权进行申报。这是因为：

第一，负有连带债务的人，每人都负有清偿全部债务的义务。在连带债务人的数人或者全部同时进入破产程序的情况下，债权人申报债权时对每一破产连带债务人的受偿还未实际完成，连带债务因为没有得到任何实际清偿而对各连带债务人享有全部债权，并且有权要求各连带债务人就全部债权进行清偿，从连带责任的本质来说，债权人完全有权就全部债权要求各破产连带债务人承担责任，即有权在各破产连带债务人的破产程序中均可主张全部债权而进行申报。

第二，如果不允许债权人在各破产连带债务人的破产程序中就全部债权进行申报，那么就意味着债权人只能在某一连带债务人的破产程序得到清偿后，然后就余额再向其他连带债务人申报，或者虽然可以在各连带债务人的破产程序中分别进行申报，但主张的债权总和不得超过债权总额。无论属于哪种情形，都要求在某一连带债务人的破产程序中部分进行申报，在另一连带债务人的破产程序中就没有申报的余额进行申报，乃就是要求后面的连带债务人承担补充责任，因而与各债务人应当承担连带责任的本质相违背。

第三，如前所述，债权人要在某一破产程序结束后再就余额于其他连带债务人的破产程序中进行申报，而其他连带债务人的破产程序可能先于其申报的破产程序终结而根本无法再向该连带债务人主张连带债务，需要加以否定。允许债权人在各连带债务人的破产程序中同时申报，却只能就部分债权进行申报，且所有申报的债权总和不得超过全部债权，债权人就面临着在各连带债务人的破产程序中究竟申报多少债权的问题。事实上，各连带债务人同时破产，是指各连带债务人同时处于破产程序中，债权人申报债权时各连带债务人的破产程序均未结束，可进入破产程序仍然可能存在先后之别。在某一连带债务人进入破产程序，且后一连带债务人在已经进入破产程序的连带债务人的债权申报期限内还未进入破产程序时，就要求债权人已经知道后一进入破产程序的债务人必会进入破产程序的事实。不然，债权人就会在第1个进入破产程序的连带债务人的破产程序中对全部债权进行申报，而在后一进入破产程序的连带债务人的破产程序中，债权人基于在各连带债务人的破产程序中申报总额不能超过债权总额的限制就不能再进行申报。此外，债权人同时只能就部分债权在各连带债务人的破产程序中进行申报，就要求债权人对各连带债务人的清偿比例事先了解。否则，就可能出现在连带债务人的破产程序中申报债权多的清偿比例低，而在另一连带债务人的破产程序中申报债权少的清偿比例反而高的情况，从而遭受更大损失。事实上，既然各连带债务人的破产程序还未结束，清偿比例尚无法确定，债权人不可能清楚各连带债务人的破产程序中的清偿债权比例，根本无法确定在各个连带债务人破产程序中申报债权的数额，这对债权人来说，自不公平。

第四，在各连带债务人数人尤其是全部处于破产程序的情况下，因为破产的清算比例所限，债权人即使在各连带债务人的破产程序中就全部债权进行申报，所得的实际清偿仍旧可能得不到全额满足。倘若要求债权人在各连带债务人的破产程序中就部分债权进行申报，除有悖于连带责任的性质外，也有悖于公平原则。

五是，连带债务人中的数人或者全部同时破产的，债权人尽管有权在所有破产连带债务人的破产程序中均就全部债权进行申报，然其最终从各连带债务人破产程序中所获得的清偿额不得超过其债权总额，不然就属不当得利，应当返还。这是因为，债权人虽对各连带债务人享有要求清偿其全部债权的权利，但其对各连带债务人的债权却是唯一的、固定的。其在各破产连带债务人的破产程序中有权就全部债权进行申报，即向各破产连带债务人主张的权利总和可以超过全部债权，然其实际得到清偿的债权则不能超过债权总额，否则就是对同一债权重复进行清偿。如此，债权人在各破产连带债务人的破产程序中所受到实际清偿的债权之和，不得超过其对各连带债务人所拥有的债权总额。

（3）连带债务人中的两人或者数人先后分别破产的，债权人对之债权的申报。如前所述，连带债务人中的数人或者全部同时破产的，债权人有权在所有的破产连带债务人的破产程序中均就全部债权申报债权。数个连带债务人先后破产，而且后一程序破产开始是在前一破产程序终结后进行，即不同时处于破产程序中，此时，债权人可能已在前一破产程序中实际受到了部分清偿。对于该实际受到的清偿部分，在后一破产程序中不能再申报受偿。换言之，债权人只能就前一破产程序中未能清偿的债权余额在后一破产程序中申报债权，而不能再就全部债权在后一破产程序中申报债权。这是因为，债权人在前一破产程序中既然已经受到部分清偿，那么，该已经受到清偿的部分债权已经归于消灭，基于连带债务的性质，债权人不能再就该实际受到清偿的部分而对各连带债务人享有所谓的债权。既然如此，债权人在后一破产程序中不能再就已经清偿不再享有的债权进行申报。否则，也有违于连带债务的性质，应当加以否定。

2. 连带债务人破产，其他连带债务人的债权申报

在某一连带债务人破产的情况下，其他连带债务人因为履行或者将来履行连带债务而对债务人所产生的债权（即求偿权或将来求偿权），也可依法予以申报。具体又要根据对债务人的债务负有连带责任的人是否给债务人履行了债务即是否为债务人承担了代偿责任而分别情况进行讨论。

（1）其他连带债务人在连带债务人破产财产全部分配完毕前已经代替债务人清偿债务而以求偿权进行债权申报的问题

一是，《企业破产法》第51条第1款规定：“债务人的保证人或者其他连带债务人已经代替债务人清偿债务的，以其对债务人的求偿权申报债权。”《破产审判纪要》第31条指出，破产程序终结前，已向债权人承担了保证责任的保证人，可以要求债务人向其转付已申报债权的债权人在破产程序中应得清偿部分。所以，债权人由于连带债务人已经代替债务人清偿了债务，其与债务人的债权债务已经全部消灭或者部分消灭：连带债务人代替债务人清偿了全部债务的，债权人与债务人的债权债务全部消灭，债权人不再是债务人的债权人而不能再在债务人的破产程序中申报债权；连带债务人代替债务人清偿部分债务的，债权人的债权尚未充分实现，其仍旧有权要求债务人清

偿其余没有被清偿的债务，依法可以在债务人的破产程序中申报债权，可申报的债权额应当是连带债务人代替债务人清偿部分债务后尚未清偿的剩余部分，而不能再以原来的全部债权进行申报。

二是，上述情况为连带债务人为一人的情况。连带债务人为多人，且多人都代替债务人履行了部分连带债务的，则均可以基于求偿权而在债务人的破产程序中申报债权。

三是，连带债务人代替债务人履行债务以求偿权进行债权申报的数额，为其代替债务人而履行的债务部分。对于连带债务中应当由连带债务人自身承担的部分，则不属于其对债务人有权求偿的范围。已经实际履行连带债务责任的求偿权的范围，应当为连带债务人所应承担的责任份额以外的连带债务部分。不然，连带债务人就会将自己在连带债务中应当承担的份额转嫁给债务人承担，从而损害债务人的其他债权人的合法权益。

至于连带债务人所应承担的责任份额以外的连带债务部分，既包括连带债务人代替债务人履行债务的实际数额，又包括其代替债务人履行债务时所产生的必要费用，还包括非由连带债务人单独承担的事由而致的损失，如共同被诉的诉讼费用等。

（2）连带债务人没有代替债务人清偿债务而以将来求偿权进行债权申报的问题。《企业破产法》第51条第2款规定：“债务人的保证人或者其他连带债务人尚未代替债务人清偿债务的，以其对债务人的将来求偿权申报债权。但是，债权人已经向管理人申报全部债权的除外。”基此，应当注意以下几点：

一是，连带债务人没有代替债务人清偿债务，但债权人已经向管理人申报了全部债权，连带债务人则不能以将来求偿权在债务人的破产程序中进行债权申报。这是因为，连带债务人以将来求偿权在债务人的破产程序中申报债权，属于一种因为债权人没有在债务人的破产程序中申报债权而产生的代位求偿责任。既然为代位求偿责任，自然要以债权人没有在债务人的破产程序中申报债权为前提。债权人在债务人的破产程序中申报了全部债权的，则不再存在连带债务人对债务人的代位求偿权问题。否则，就会基于同一债权即债权人对债务人所拥有的债权与连带债务人基于将来求偿权而对债务人产生的债权，而使债务人进行重复清偿。换言之，就会产生债务人对同一债务，即债务人对债权人所负的债务与连带债务人基于将来求偿权而替债务人代为履行的债务，重复以债务人财产进行清偿的现象。是以，连带债务人没有代替债务人清偿债务，且债权人已经向管理人申报了全部债权的，则连带债务人就不能以将来求偿权在债务人的破产程序中进行债权申报。债权人申报了债权并获得清偿后，尚有未清偿的剩余部分，可以要求连带债务人承担责任，连带责任人由此承担的连带责任，则不再存在代位求偿权进行债权申报的问题。这也是连带责任人所应当承担的风险所在。

二是，连带债务人没有代替债务人清偿债务，且债权人没有向管理人申报债权或者没有申报全部债权即申报部分债权的，连带债务人可以将来求偿权在债务人的破产程序中进行债权申报。这是因为，债权人假若在债务人的破产程序中进行债权申报，通常或多或少可以得到一定程度的清偿，对于已经清偿的部分，连带债务人就可以免除其清偿责任。可在债权人未在债务人的破产程序中申报债权的情况下，如果不允许连带债务人以将来求偿权进行债权申报，那么，待债权人向连带债务人主张债权时连带债务人承担的履行责任就不会减少，且在承担了连带责任后再进行申报，债务人的破产程序可能早已终结，连带债务人本来因为债权人申报了全部债权可以减轻其责任而未能减轻。因此，在债权人没有于债务人的破产程序中申报全部债权的情况下，应当允许连带债务人以将来求偿权进行申报。

三是，连带债务人没有代替债务人清偿债务，且债权人没有向管理人申报债权，连带债务人可以整个将来求偿权在债务人的破产程序中进行债权申报。连带债务人没有代替债务人清偿债务，且债权人申报部分债权但未申报全部债权的，连带债务人可以债权人没有申报的部分而以部分将来求偿权在债务人的破产程序中进行债权申报。

四是，连带债务人没有代替债务人清偿债务，且债权人没有向管理人申报债权或者没有申报全部债权即申报部分债权的，连带债务人可以将来求偿权在债务人的破产程序中进行债权申报。其中，以将来求偿权在债务人的破产程序中进行债权申报，是指连带债务人将来可能承担连带责任的全部数额（即对债权人所负的连带债务数额）在债务人的破产程序中进行债权申报，而不是指连带债务人在连带债务中所应当承担的债务份额进行债权申报，也不是以债务人在连带债务中所应当承担的债务份额进行债权申报。例如，甲、乙以连带责任形式向银行借款 20 万元，约定甲承担 8 万元、乙承担 12 万元。甲若破产，银行未在甲的破产程序中申报债权，乙也未替甲履行代偿责任而因为连带责任对甲享有 20 万元的将来求偿权，为此可以就与甲之间的连带责任数额 20 万元申报债权，而不是以乙在该连带债务中应当承担的债务份额即 12 万元在甲的破产程序中进行债权申报，也不是以甲在该连带债务中应当承担的债务份额即 8 万元在甲的破产程序中进行债权申报。其实，假设债权人对债务人进行申报，其有权申报的债权总额就是连带债务人可能承担连带责任的总额即连带债务人将来求偿权的总额，连带债务人根据这一将来求偿权的总额从而可以在债务人的破产程序中进行债权申报，但债务人对连带债务人所申报债权清偿的总额不得超出债务人在连带债务中应当由其承担责任的份额。

应当指出，连带债务人在未代替债务人清偿债务时以将来求偿权进行债权申报，与连带债务人在代替债务人清偿债务后以求偿权进行债权申报，不尽相同。前者即以将来求偿权进行债权申报，仅限于连带债务人可能承担连带责任的全额范围内，不包括因为承担连带责任所必须产生的实际费用等。后者因为实际履行连带债务而产生的必要费用，属于有权对债务人进行追索的实际债权，固然可以纳入求偿权的范围。此外，前者申报债权的数额是连带债务人可能承担连带责任的范围，包括其在连带债务中应当承担的份额在内，可其能获得的清偿额不得超出债务人在连带债务中所应承担责任的份额。后者所申报的债权总额应是连带债务人在连带债务中应当承担的份额之外的连带债务部分。

五是，连带债务人没有代替债务人清偿债务，且债权人没有向管理人申报债权或者没有申报全部债权即申报部分债权的，连带债务人为多人的，则多个连带债务人对债务人享有的将来求偿权，为共同享有的连带债权，根据《企业破产法》第50条的规定，可以按照连带债权的申报方式由其中一人代表全体连带债务人申报债权，也可以共同申报债权。参照《担保法司法解释》第46条规定："人民法院受理债务人破产案件后，债权人未申报债权的，各连带共同保证的保证人应当作为一个主体申报债权，预先行使追偿权。"

六是，连带债务人以将来求偿权申报债权，毕竟是在没有代替债务人实际履行债务时为了保障其可能存在的权利而预先设置的一项程序性权利。故，连带债务人基于将来求偿权进行的债权申报并且得到实际受偿时，应当将连带债务人的受偿额予以提存，在其实际代替债务人承担连带责任后才让其受偿。这样，既可以避免出现债权人源于各种原因致其债权不能得到清偿时，连带债务人因为事先得到受偿又不要再承担连带责任而产生不当得利，又可以保证债权人确实能够从连带债务人处获得清偿。不然，连带债务人将基于将来求偿权而受偿的数额领走，倘若又不清偿其所负债权人的连带债务，甚至挪用或者违法犯罪而根本无法清偿所负债权人的连带债务，就会损害债权人的合法权益。

七是，连带债务中，一些连带债务人实际对债务人承担了部分清偿责任，一些连带债务人尚未承担连带责任。以是，已经实际承担了清偿责任的连带债务人则以求偿权进行债权申报。除此之外的债权人尚未受到清偿的债务，连带债务人（包括实际承担了清偿责任的连带债务人）则以将来求偿权作为共同债权人在债务人的破产程序中进行债权申报。

3. 连带债务人破产中的求偿权行使问题

（1）连带债务人只有两人，且均为主债务人，共同对外负有债务或者按份对外负有债务的，破产债务人实际清偿的债务超过其应当承担的连带债务份额的，则就超过部分可以向其他主债务人行使求偿权。

（2）连带债务人只有两人，一人为主债务人，且主债务人破产的，主债务人外的从属连带债务人申报债权并得到实际清偿的，主债务人所实际清偿的从属连带债权人的债权乃是其应当承担的债务，在实际清偿后不再存在向从属债权人行使求偿权的问题。

（3）连带债务人只有两人，一人为主债务人，且主债务人外的从属连带债务人破产的，其实际承担连带责任后，可以向主债务人就全部清偿的债务数额行使求偿权。

（4）连带债务人为三人，主债务人为一人，主债务人外的从属债务人为二人，则可以将从属连带债务人视为一体，除按上述三种情形分别考虑外，还有一种情形需要考虑，就是主债务人以外的一个从属连带债务人破产，其实际承担连带责任即清偿了连带债务后，自然可以向主债务人行使求偿权。对此，《民法典》第699条规定："同一债务有两个以上保证人的，保证人应当按照保证合同约定的保证份额，承担保证责任；没有约定保证份额的，债权人可以请求任何一个保证人在其保证范围内承担保证责任。"第700条规定："保证人承担保证责任后，除当事人另有约定外，有权在其承担保证责任的范围内向债务人追偿，享有债权人对债务人的权利，但是不得损害债权人的利益。"

应当指出，《担保法》第12条规定："同一债务有两个以上保证人的，保证人应当按照保证合同约定的保证份额，承担保证责任。没有约定保证份额的，保证人承担连带责任，债权人可以要求任何一个保证人承担全部保证责任，保证人都负有担保全部债权实现的义务。已经承担保证责任的保证人，有权向债务人追偿，或者要求承担连带责任的其他保证人清偿其应当承担的份额。"《担保法司法解释》第20条也规定："连带共同保证的债务人在主合同规定的债务履行期届满没有履行债务的，债权人可以要求债务人履行债务，也可以要求任何一个保证人承担全部保证责任。""连带共同保证的保证人承担保证责任后，向债务人不能追偿的部分，由各连带保证人按其内部约定的比例分担。没有约定的，平均分担。"这样，连带保证人在承担全部保证责任后，既可向债务人追偿，也可要求承担连带责任的其他保证人清偿其应当承担的份额。对此，《破产法解释（三）》第4条第3款亦规定："保证人被确定应当承担保证责任的，保证人的管理人可以就保证人实际承担的清偿额向主债务人或其他债务人行使求偿权。”然《民法典》第700条规定，连带保证人在其保证范围内承担保证责任后，除当事人另有约定外，有权在其承担保证责任的范围内向债务人追偿，对向其他连带保证人的追偿权则没有提及。现《担保法》将被废止，连带保证人承担保证责任后再向其他连带责任人追偿其应当承担的份额，已经没有法律根据。即使从法理上有权追偿，连带保证人等从属连带债务人就其实际承担的清偿额也只能要求其他从属连带债务人在之应当承担的份额内承担连带责任。具体为：共同连带保证人等连带债务人内部约定了承担比例的，则按约定的比例承担连带责任；没有约定的，则平均承担。从属连带债务人破产，其实际承担的连带债务在其应当按照约定或者司法解释的规定承担的份额之内的，则就只能向主债务人行使求偿权，而不能再向其他从属连带债务人行使求偿权；其实际承担连带债务超过了其应当承担的份额的，则就超过部分，可以向其他从属连带债务人行使求偿权；在从属连带债务人有三人的情况下，其中的从属连带债务人承担的连带责任超过部分超出了其他从属连带债务人所应承担连带债务的范围，只能就超过部分向其他从属连带责任人所应承担的份额范围内行使求偿权。

（5）连带债务人为二人，其中之一连带债务人破产，对破产连带债务人依法享有求偿权的其他连带债务人，应当在破产连带债务人的破产财产全部分配完毕前行使求偿权。破产财产依法分配完毕后，再无其他财产用来承担债务，破产程序也要随之依法终结，其他连带债务人要向破产连带债务人依法主张求偿权，固然需要在破产财产分配完毕前。在破产财产分配完毕后甚至在破产程序终结后，连带债务人因为债权人的主张而替债务人承担了连带责任的，不得再在破产程序（包括破产重整、破产和解）中向破产连带债务人主张求偿权。对这，《破产审判纪要》第31条规定：“破产程序终结前，已向债权人承担了保证责任的保证人，可以要求债务人向其转付已申报债权的债权人在破产程序中应得清偿部分。破产程序终结后，债权人就破产程序中未受清偿部分要求保证人承担保证责任的，应在破产程序终结后六个月内提出。保证人承担保证责任后，不得再向和解或重整后的债务人行使求偿权。”

（6）连带债务人为两人，且均进入破产程序，债权人可以向其中一个连带债务人申报债权，也可以分别申报部分债权，破产连带债务人的管理人则可以按照上述情形对另一破产连带债务人行使求偿权。债权人就连带债务人分别向破产连带债务人申报全部债权的，破产连带责任人清偿连带债务后，即使对另一破产连带债务人具有求偿权，也不得再予行使。这是因为，同一债权在同一破产程序中只能获得同等比例的清偿。债权人在某一连带债务人如甲的破产程序中已经申报债权并按比例获得公平清偿，再允许其他连带债务人乙在承担了同一连带债务后向甲主张求偿权，则同一债权实际就会在甲的破产程序中两次按照比例获得清偿，从而违反了同一破产程序中债权应当得到公平清偿的原则。与此同时，又可能减轻乙在连带债务中所应承担的责任，还可能造成甲、乙相互向对方主张求偿权的现象发生。且在操作层面上，破产连带债务人的实际清偿只能在破产程序终结后明确，那么，甲在乙的破产程序中如何主张该权利，是否可以预先行使将来求偿权，还是只有等自己实际清偿了超过其应当承担连带责任的份额后再对在乙的破产程序中补充申报权利（这时因为无法在其他连带债务人破产程序中的债权申报期限内主张权利，否则就是预先行使将来求偿权），倘若如此，乙的破产程序可能早已经结束，根本无法进行申报，等等，情况异常复杂。所以，《破产法解释(三)》第5条规定，债务人、保证人均被裁定进入破产程序的，债权人有权向债务人、保证人分别申报债权。债权人向债务人、保证人均申报全部债权的，从一方破产程序中获得清偿后，其对另一方的债权额不作调整，可债权人的受偿额不得超出其债权总额。保证人履行保证责任后不再享有求偿权。当然，连带债务人有多人的，并不排除破产连带债务人可以向未破产的连带债务人依法行使求偿权。

至于多个连带债务人，在其中之一或者乃至全部破产的情况下，都可以将之区分为主债务人视为一体、从属连带债务人视为一体而分别比照上述情况加以处理，不再多述。

六、补充责任中债权的申报与审查

与连带责任相对，对债务人的债务承担补充责任的，其中有关的债权申报问题，也需要引起重视。对此，以一般保证责任为例进行分析，其他补充责任与保证责任相似，可以比较进行处理。

保证责任，根据《民法典》第686条规定："保证的方式包括一般保证和连带责任保证。""当事人在保证合同中对保证方式没有约定或者约定不明确的，按照一般保证承担保证责任。"其中，连带保证责任与其他连带责任一样，其中的债权在破产程序的申报问题已在前面作过全面分析，不再涉及。对于一般保证责任的债权申报问题，又分为两种情况进行讨论，即债务人破产时的保证责任中的债权申报问题与保证人破产时的保证责任中的债权申报问题。

（一）债务人破产时的保证债务中的债权申报问题

对此，又可分为保证债务到期的债权申报问题与保证债务尚未到期的债权申报问题。

1. 保证债务到期的债权申报问题：

一是，《民法典》第687条规定："当事人在保证合同中约定，债务人不能履行债务时，由保证人承担保证责任的，为一般保证。一般保证的保证人在主合同纠纷未经审判或者仲裁，并就债务人财产依法强制执行仍不能履行债务前，有权拒绝向债权人承担保证责任，但是有下列情形之一的除外：（一）债务人下落不明，且无财产可供执行；（二）人民法院已经受理债务人破产案件；（三）债权人有证据证明债务人的财产不足以履行全部债务或者丧失履行债务能力；（四）保证人书面表示放弃本款规定的权利。"基此，一般保证中，保证人对所保证履行的债务即债权人到期的债权，依法具有先诉抗辩权，即只有在主合同纠纷经过审判或者仲裁，并就债务人财产依法强制执行仍不能履行债务时，保证人对债权人才有承担保证责任的义务。如此，就债务人的财产依法强制执行仍不能履行债务，或者因为保证人依法不能行使先诉抗辩权而实际对债务人承担了全部保证责任或者部分保证责任之后债务人再破产的，保证人可以就其实际对债权人承担了保证责任的数额在债务人的破产程序中进行债权申报。

另外，在一般保证人代替债务人承担了全部保证责任或者部分保证责任后，债权人的债权因为一般保证人承担保证责任而得到了全部或者部分清偿：全部得到清偿的，其与债务人之间的债权债务关系彻底消灭，不再存在债权人在债务人破产程序中申报债权的问题；部分得到清偿的，债权人就剩余部分在债务人的破产程序中有权申报债权，同时依法要求一般保证人继续承担保证责任。

二是，一般保证中，保证人出于先诉抗辩权等原因而未履行保证责任，如未就债务人财产依法强制执行，或者经过依法强制执行而能清偿债务的，保证人对债权人则有权拒绝承担保证责任从而没有承担保证责任的，债务人破产，根据《民法典》687条第2款第2项的规定，则不再受先诉抗辩权的限制。在债务人破产时，债权人有权要求一般保证人承担补充责任，保证人不得再行行使先执抗辩权而拒绝承担保证责任。

三是，债务人破产时，一般保证人尚未承担保证责任的，债权人既有权向债务人申报债权，同时又有权要求一般保证人承担补充保证责任。对这，参照《担保法司法解释》第44条明确规定："保证期间，人民法院受理债务人破产案件的，债权人既可以向人民法院申报债权，也可以向保证人主张权利。""债权人申报债权后在破产程序中未受清偿的部分，保证人仍应当承担保证责任。债权人要求保证人承担保证责任的，应当在破产程序终结后六个月内提出。”

四是，债务人破产时，一般保证人尚未承担保证责任的，因为债务人的破产，无疑可能承担保证责任。是以，在债权人未申报债权或者只申报部分债权的情况下，其有权先行行使将来求偿权即在债务人的破产程序中就其可能承担的保证责任进行债权申报。债权人根本没有申报债权的，保证人可能要对债权人的全部债权承担清偿责任，因而可以债权人的全部债权额进行申报；债权人申报了部分债权的，则只能就债权人未能申报的剩余部分进行债权申报。

应当指出，在司法实践中，债务人破产不通知保证人，致使其无法行使将来求偿权的，《担保法司法解释》第45条规定：“债权人知道或者应当知道债务人破产，既未申报债权也未通知保证人，致使保证人不能预先行使追偿权的，保证人在该债权在破产程序中可能受偿的范围内免除保证责任。”这一规定与《企业破产法（试行）》第9条关于“逾期未申报债权的，就视为自动放弃债权”的规定一脉相承。债权人既然未在债权申报期限内申报债权，就视为自动放弃债权。可是，根据《企业破产法》第56条的规定，债权人未在债权申报期限内申报即逾期未申报的，不再视为放弃债权，而是依法可以补充申报。债权人即使没有将债务人破产的事实通知保证人，保证人得知后在破产财产最后分配前还是可以补充申报债权，不致失去先行行使将来求偿权而受到损害。故，《担保法司法解释》的这一规定已经与《企业破产法》的规定不符，应当加以注意。当然，保证人在债务人破产结束后还不知道的，从理论上存在，然在现实生活中来说，这种情况似乎不可能发生；即使发生，也微乎其微。作为规范性的法律或者司法解释，也不应亦无必要对这一很难发生的事项做出假设性规定。

五是，债务人破产时，一般保证人尚未承担保证责任，可债权人已向债务人申报了全部债权的，一般保证人不能再在债务人的破产程序中申报债权。因为，保证人承担保证责任的债权与债权人的债权源于同一债权。对于同一源上的债权，不能反复申报反复受偿。不然，对于其他债权人来说，也不公平。对此，英国大法官梅里希就明确指出：“此项规则的真意乃是，对于任何实质上源于同一债务的债权，在破产程序中只能被赋予一次分配机会，即便该债权可能分别存在于两个独立的合同中。”①

六是，债务人破产时，一般保证人尚未承担保证责任，然债权人已向债务人申报了全部债权且在破产程序终结后对尚未受偿的部分向保证人追偿的，

---

① 汤维建：《破产程序与破产立法研究》，人民法院出版社2001年版，第209页。

保证人承担保证责任后就不再存在对债务人代位求偿的问题。但在破产程序终结后又发现债务人具有破产财产时，履行了保证责任的保证人对于该新发现的财产有权代替原债权人参加追加分配，债权人则对保证人已经代替债务人偿还的债权部分不能参加追加分配受偿，故不存在源于同一债务的债权反复申报及反复受偿的问题。

2. 保证债务尚未到期的债权申报问题：

一是，《企业破产法》第46条规定："未到期的债权，在破产申请受理时视为到期。""附利息的债权自破产申请受理时起停止计息。"据此，债务人破产时，其对债权人所负的未到期债务均视为到期而负有以其财产进行清偿的义务。但对于一般保证而言，保证人能否因为债务人破产而提前承担保证责任：有人认为，担保合同属于从合同，在主合同出于法定原因而提前履行时，从合同的保证人也应提前履行保证责任。有人则认为："破产申请受理时主债务尚未到期的，保证人无提前承担保证责任的义务。虽然破产案件的受理使主债务提前履行，但保证人的保证责任应否提前履行，不能仅依此一项事实判定，还应对相应的法律关系作具体分析：（1）保证人并未破产，其责任本约定有履行期限，不提前履行保证责任不会损害债权人原来依法存在之既得利益，也不会影响破产程序正常、顺利进行。（2）保证人期限利益的性质与其先诉抗辩权等权利有相似之处。对负补充责任保证人的先诉抗辩权的取消，《担保法》《企业破产法》作了明文规定，如果要取消保证人的期限利益，也应以法律明文规定为据。因此，在法无明文规定的情况下，保证人于法于理均无义务提前履行保证债权。"① 问题在于，在一般保证中，债务人没有破产的，除非保证人失去或者放弃先诉抗辩权，则要求债权人向债务人提起诉讼或者仲裁，并经依法强制诉行后仍不能履行债务时，保证人才有义务履行自己的保证责任。债务人破产的，一般保证人则丧失先诉抗辩权，在主债务到期的情况下，保证责任其实也是提前履行。而对主债务没有到期的情况而言，在债务人破产时，债权人对债务人的债权视为到期，即债务人对债权人所负的债务已经到期，而且一般保证人因为债务人破产的事实丧失先诉抗辩权，债权人对于这种实未到期但因债务人破产这一法律事实的发生而视为到期的债权，有权要求保证人承担保证责任。否则，对于源于同一债权的债务来说，一个债权视为到期一个债权又视为未到期，明显相互矛盾。

二是，债务人所负的债务实未到期但因为破产法的规定而视为到期，这一规定所产生的效力就是，债务人所负的债务已经到期且与债务人所负的债

① 王欣新主编：《破产法原理与案例教程》，中国人民大学出版社2010年版，第138~139页。

务实际到期具有同样的效果。对于保证人来说，其所负的保证债务也因法律规定而与实际到期具有同样的效果，需要提前履行保证责任。

三是，债务人破产，未到期的债权视为到期，保证人因为承担或者可能承担保证责任这一事实而对债务人所拥有的债权也已到期。不然，保证人对于债务人所享有的求偿权或者将来求偿权也没有到期，依照法理则不能申报债权。正因为如此，破产法才将所有未到期的债权视为到期债权而允许债权人依法申报。在一般保证中，保证人为自己视为到期的将来求偿权可以依法进行申报。如果认为保证人不能提前履行责任即承担责任的期限因为主债务实未到期而未到期，那么，其存在的将来求偿权也未到期就不能申报，这与法律规定明显矛盾。

四是，在债务人破产的情况下，保证人提前履行保证责任后，可以依法行使将来求偿权而进行债权申报。不然，一方面有权因为主债务没有实际履行而不提前承担保证责任，另一方面其又有权向债务人以将来求偿权进行债权申报，就会在债权人与保证人于破产程序中的权利保障方面就有失平衡与公允。

（二）保证人破产时的保证债务中的债权申报问题

1. 一般保证中，保证人破产，债权人对债务人的债权到期的，债权人对保证人所享有的保证债权也已到期，在保证人的破产程序中有权依法申报债权。债权人对债务人的债权没有到期的，一般情况下其对保证人所享有的保证债权也就没有到期。然而，根据《企业破产法》第46条第1款关于“未到期的债权，在破产申请受理时视为到期”的规定，债权人对保证人所拥有的保证债权也应视为到期，可以依法在保证人的破产程序中申报债权而主张保证债权。否则，因为债权人对债务人的主债权没有到期，否认债权人对保证人的保证债权也未到期，从而不能要求保证人承担保证责任，进而不能在保证人的破产程序中申报保证债权，即只能在债权人对债务人所拥有的债权到期后才可要求保证人承担保证责任，到那时保证人的破产程序完全可能已经完结无法再向保证人主张保证债权，债权人对保证人的保证债权就根本无法实现，其实际会造成保证人的保证责任因为破产而免除。对这，《破产法解释（三）》第4条明确规定：“保证人被裁定进入破产程序的，债权人有权申报其对保证人的保证债权。”“主债务未到期的，保证债权在保证人破产申请受理时视为到期……”

2. 一般保证中，保证人破产，如前所述，无论债权人对债务人的债权是否到期，债权人对保证人的保证债权已经到期，保证人不再享受先诉抗辩权，债权人有权在不对债务人先行提起诉讼或者仲裁的情况下直接向保证人主张保证债权而在保证人的破产程序中进行保证债权申报。如果承认保证人破产时依旧具有先执抗辩权，那么，债权人就只能（在债权人对债务人的债权没有到期时，还不能）向债务人提起诉讼或者仲裁，并经强制执行后仍旧不能履行债务后再向保证人主张保证债权而就保证债权进行申报。此时，债权人对债务人提起的诉讼或者仲裁程序、执行程序尚未完结（在债权人对债务人的债权还未到期，尚来不及提起诉讼或者仲裁程序），保证人的破产程序可能已经完结，其对保证人的保证债权无法实现，其实质就是变相免除保证人的保证责任而损害债权人的合法权益。这是一。

二是，一般保证中，《民法典》赋予保证人先诉抗辩权的目的，在于维护保证人的合法权益，不致因为债权人在可能追偿债务人责任的情况下源于各种原因而先行追索保证人的责任，因而有悖于一般保证的性质，违背保证人提供一般保证的原意。在保证人破产的情况下，依然承认其具有先诉抗辩权而将债权人排斥在破产程序之外，就会变为其逃避保证责任的手段，与先诉抗辩权设置目的完全相背，并有碍于法律公平、公正原则的实现。

三是，为了防止债权人可以向债务人追偿而先让保证人承担保证责任致使违背一般保证的原意，则可以通过提存保证债权分配额的方式进行，避免保证人的责任扩大。然则，承认保证人的先诉抗辩权，在债务人的财产因债权人提起诉讼或者仲裁并申请执行等原因而依法强制执行仍不能履行债务前，保证人的破产程序已经终结，债权人的保证债权无任何补救的余地，就会变得形同虚设没有任何实际意义。

综上，在保证人破产时，债权人有权对保证人的保证债权进行债权申报，保证人不再享有先执抗辩权。对此，《破产法解释（三）》第 4 条第 2 款明确规定："一般保证的保证人主张行使先诉抗辩权的，人民法院不予支持……"

3. 债权人对于保证人所享有的权利，既可以行使，也可以放弃。以是，保证人破产时，债权人未就其保证债权对保证人依法进行申报，包括在破产财产最后分配前未进行补充申报的，不能在破产程序中以该保证债权主张权利。

4. 债权人因为保证人不再具有先诉抗辩权而在保证人的破产程序中，有权就保证债权进行申报，并不意味着保证人对债务人所负的责任不再是一般保证责任中的补充责任，而是承担连带保证责任。保证人承担的责任依然属于一般保证责任中的补充责任，即所应承担的还是债务人不能清偿的部分。但是，保证人的先诉抗辩权已不再存在，为了防止保证人因为破产先行承担责任导致债务人责任承担的减轻，违背一般保证的原意，可以将债权人对保证人的保证债权依法能够清偿的实际数额提存，待债权人依法向债务人提起诉讼或者仲裁，并经强制执行不能清偿后将就未能清偿的部分以提存的实际数额清偿，多余部分由法院依法再行分配给其他债权人，从而可以避免债权人对债务人的债权可能出现无效、被撤销等原因而致债权人获得不当利益。对这，《破产法解释（三）》第4条第2款明确规定："……债权人在一般保证人破产程序中的分配额应予提存，待一般保证人应承担的保证责任确定后再按照破产清偿比例予以分配。"

5. 一般保证中，债权人因为保证人破产而就保证债权进行申报，并以该保证债权实际受偿的数额进行提存，可保证人最终承担的补充责任，应当以债务人对债权人未能清偿的最终债权数额确定保证债务，而不能以所申报的保证债权或者所申报的保证债权实际受偿的数额确定保证债务。如债务人对债权人负有100万元债务，保证人提供一般保证。保证人破产时，债权人对保证人享有的100万元保证债权进行申报，受偿比例如为20%，债权人对保证人的保证债权可能受偿的数额20万元予以提存。待债权人对债务人依法提起诉讼或者仲裁，并经强制执行后只能清偿50万元，保证人所负的补充责任应是债权人对保证人实际享有的破产债权50万元按20%的比例承担保证责任，即所负的保证责任为10万元，而不是以前债权人对保证人所申报的保证债权受偿提存的数额。事实上，保证债权的申报额，是假设债务人没有进行任何清偿时确定的，这种情况可能存在，也可能不存在。当债务人对债权人的债权能够部分清偿甚至全部清偿的情况下，债权人对保证人实际所享有的保证债权也就会减少甚至不再存在。所以，实际确定保证人的补充责任时，应当根据债务人对债权人能够清偿的债权所剩下的余额确定债权人对保证人能够实际申报的保证债权，并以该能够实际申报的保证债权按清偿比例承担保证责任，而不能以债权人对保证人最初的假设债务人没有任何清偿时所申报的保证债权数额确定其清偿责任。

6. 在债务人与一般保证人同时破产的情况下，债权人有权在债务人、保证人的破产程序中分别就债权及保证债权全额进行申报。这是因为，在一般保证人破产的情况下，其对债权人的先诉抗辩权已因破产这一法律事实不再存在。而且，在债务人与一般保证人都已进入破产程序的情况下，仍旧要求债权人先在债务人的破产程序主张债权，再就在债务人破产程序中未能清偿的债权再于保证人破产程序中申报债权，完全可能出现保证人的破产财产已经分配完毕甚至整个破产程序也已完成，致使其保证责任实际得已免除的不合理现象发生，不利于债权人保证债权的实现及维护。① 是以，《破产法解释

① 王欣新：《破产法》，中国人民大学出版社2011年版，第189页。

（三）》第5条第1款规定："债务人、保证人均被裁定进入破产程序的，债权人有权向债务人、保证人分别申报债权。"其中的保证人，就没有区分连带责任保证人与一般保证人。

至于在债务人、一般保证人均进入破产程序，后者承担的保证责任是否仍为补充责任，则有不同看法。有的认为，这时承担的仍为补充责任，债权人虽然可以同时在债务人、一般保证人的破产程序中申报债权，然要以对债务人及一般保证人的债权总额为限，待在债务人破产程序中得到的清偿债权额确定以后，再对一般保证人的债权额予以调整。[①] 考虑到：（1）在债务人与一般保证人均已进入破产程序的情况下，一般保证人的先诉抗辩权得以丧失而不再存在，债权人既可以向债务人的管理人申报债权要求清偿债务，又可以向一般保证人的管理人申报保证债权要求清偿保证债务，两者不再存在清偿先后顺序、范围之分，一般保证人在债务人未破产时所承担的补充责任也随着债务人破产而丧失，由此所承担的保证责任已与连带责任保证人已没有本质区别。

（2）无论是连带责任保证还是一般保证，都具有保证债权实现的功能。在债务人、一般保证人均已破产时，债权人的债权在任一破产程序中均要最大程度上实现。即使为一般保证，在债务人已经完全丧失清偿能力时，也要承担全部清偿责任，而债务人破产时或濒临于完全丧失清偿能力的边缘或处于完全丧失清偿能力的状态。而且，在司法实践中，普通债权的清偿率往往都很低，即使在两个破产程序中所获的清偿，一般也难以得到全额清偿。这样，允许债权人同时在债务人与一般保证人的两个破产程序中分别以全部债权额申报债权，且不依债权人在债务人破产程序中所得的清偿而在一般保证人破产程序中所申报的债权额进行调整，并不违背一般保证在此种情形下所应尽力承担保证责任以使保证担保制度的功能尽可能得到实现。

（3）仍然按照补充责任的承担方式，就必须等到债权人在债务人破产程序中得到清偿后再由此确定其对一般保证人所能申报的债权数额。而两个破产程序同时进行，难以确定债务人的破产程序一定先行；一般保证人的破产程序在先，虽然也可以采取预留提存的方式待债务人破产程序清偿债权人的债权后再确定一般保证人破产程序中的债权申报额，在两破产程序清偿率都很低时，这种调整意义不大，反而会增加诸如提存的破产费用，在实践中的破产程序通常难以短时间内完成的情况下，可能得不偿失。相反，允许债权人在两个破产程序中同时以全额债权进行申报受偿，不仅可以减少意义不大

---

① 王欣新主编：《破产法原理与案例教程》，中国人民大学出版社2015年版，第182页。

的程序繁琐程度，而且还可以避免两个破产程序的管理人互相推诿不对一般保证的债权人债权及时确定清偿额的现象发生，以避免债权人因债务人破产造成其损失通常是巨大损失的情况下再遭受更大的损害。

（4）债权人同时在债务人、一般保证人的破产程序中以全额债权申报受偿，在两者的清偿率很高时，可能导致其债权得到超额受偿。尽管这种现象很难发生，但亦应防止，可以通过对债权人受偿的数额限制在其对债务人所拥有的债权总额之内的途径解决①，等等。《破产法解释（三）》第5条第2款为此明确规定："债权人向债务人、保证人均申报全部债权的，从一方破产程序中获得清偿后，其对另一方的债权额不作调整，但债权人的受偿额不得超出其债权总额。保证人履行保证责任后不再享有求偿权。"

（三）债权人对保证债权具体申报的几个问题

《企业破产案件规定》第55条第1款第10项规定，债务人为保证人的，在破产宣告前已经被生效的法律文书确定承担的保证责任，属于破产债权。《企业破产案件规定》下发后，一些法院认为这一规定改变了过去的司法解释规定，按照新的规定，债权人只能凭生效法律文书确定保证责任申报债权。一些法院或者清算组，在受理保证人破产的案件后，便不再受理保证合同的债权人采用其他形式的债权申报。这里涉及的是对于破产债权，特别是保证债权性质的认识问题。破产债权既可以是现实债权，也可以是或然债权。所谓或然债权指在发生上不确定的债权，也即债权是否发生处于一种不确定状态，债务人承担的仅是一种债务的可能性，需待条件成熟，债务人才成为现实负债人。最典型的或然债权就是保证债权，在保证法律关系中，债务人是现实负债人，担保人则是或然负债人。当保证人破产时，债权人也有权在保证人破产程序中申报债权。就申报程序而言，因债权登记时对申报债权仅作形式审查，不作实质审查。因此，无论债权人是现实债权的债权人还是保证责任的债权人，人民法院或清算组对其申报债权均应依法登记在册。

对于在法定期间内申报的保证债权，清算组或者人民法院在破产债权确认上应当掌握以下原则：（1）在保证人被破产宣告前，债权人对其享有的保证债权已经被生效法律文书确认的，受理破产案件的法院可以直接确认为破产债权。值得注意的是，《企业破产案件规定》第10项关于"债务人为保证人的，在破产宣告前已经被生效的法律文书确定承担的保证责任"属于对破产债权确认方面的规定，是对已经得到人民法院确认的保证债权处理方法的

① 最高人民法院民事审判第二庭编著：《最高人民法院关于企业破产法司法解释（三）理解与适用》，人民法院出版社2019年版，第110～112页。

规定，该条并不否认其他情形的保证债权被确认为破产债权。（2）债权人对债务人、保证人的诉讼在破产程序开始前已经发生，但未取得生效法律文书的，对债权人在法定期间内申报的债权，应对其申报的债权额确定为临时破产债权，待诉讼终结后依照法院裁决结果相应确定。诉讼终结前破产财产分配已经开始的，可由管理人在破产财产分配时按破产债权清偿比例予以预留。（3）破产程序开始前尚未发生诉讼，债权人申报债权的，应当按照《企业破产案件规定》第21～24条的规定进行审查；有关债权人提出异议的，由清算组和人民法院依照《企业破产案件规定》第63条规定的债权确认程序，以有关法律为依据予以确认。在保证人破产程序期间主债权尚未到期的，保证债权应确认为临时破产债权，在破产财产分配时亦按破产债权清偿比例予以预留。

此外，根据《民法典》的规定，保证人对债权人享有债务人的抗辩权。这种抗辩权，在破产程序中如何实现，也需要引起注意。

《民法典》第701条规定："保证人可以主张债务人对债权人的抗辩。债务人放弃抗辩的，保证人仍有权向债权人主张抗辩。"其中，抗辩权，是指债权人行使债权时，债务人根据法定事由，对抗债权人行使请求权的权利。为了保证人的抗辩权行使，在有关债务人的诉讼中，保证人均可依法作为被告或者第三人参与诉讼，从而在诉讼中行使抗辩权。参照《担保法解释》第125条规定："一般保证的债权人向债务人和保证人一并提起诉讼的，人民法院可以将债务人和保证人列为共同被告参加诉讼。但是，应当在判决书中明确在对债务人财产依法强制执行后仍不能履行债务时，由保证人承担保证责任。"第126条规定："连带责任保证的债权人可以将债务人或者保证人作为被告提起诉讼，也可以将债务人和保证人作为共同被告提起诉讼。"第127条规定："债务人对债权人提起诉讼，债权人提起反诉的，保证人可以作为第三人参加诉讼。"第128条规定："债权人向人民法院请求行使担保物权时，债务人和担保人应当作为共同被告参加诉讼。""同一债权既有保证又有物的担保的，当事人发生纠纷提起诉讼的，债务人与保证人、抵押人或者出质人可以作为共同被告参加诉讼。"

债务人破产，债权人没有就其对债务人的全部债权进行申报，或者保证人在实际承担了保证责任的情况下，保证人依法可以以其将来求偿权或者求偿权申报债权，参与破产程序，可以依法行使各种权利；债权人对债务人的全部债权进行了申报的，保证人不能申报债权，无法参与破产程序。为了维护保证人的合法权益，使其依法可以行使各种抗辩权，其需要参与破产程序。至于其身份，可以利害关系人的身份参加破产程序，就债权人对债务人的债权提出各种抗辩。但对保证人这种参加破产程序的权利，应当限制在提起各种抗辩以及与此相关的了解债权人对债务人所拥有的债权情况的范围内，而不得随意扩大。

至于保证人的抗辩权，应当是先诉抗辩权以外的其他各种抗辩权，如要求确认所保证的债务无效的请求，要求管理人依法行使破产撤销权撤销所保证的债务等。可是，债务人对债权人所享有的债权，在破产程序中，除非有益债务人及其财产，不能主动要求债权人予以相互抵销；只有债权人要求用其对债务人所享有的债权抵销其对债务人所负的债务时，才可以相互进行抵销。故，保证人也就不存在以债务人没有行使破产抵销权而进行抗辩的问题。

七、解除合同所产生的损害赔偿请求权的申报与审查

债务人进入破产程序后，债务人的生产经营服务等营业可能停止，即使依法继续生产经营服务等营业，也可能压缩规模，调整结构。如此，就可能造成破产申请受理前债务人与对方当事人所签订的一些合同无法履行或者没有必要履行的情况。但应看到，破产申请受理后，管理人或者债务人虽然按照有利于债务人财产保护或者破产程序正常、顺利进行等标准选择解除合同，但因这一解除合同的选择可能给对方当事人造成损害，从公平起见，对方当事人因为解除合同而造成的损害，应当允许其主张损害赔偿，具体分为两种情况，即对在破产申请受理时双方均未履行合同解除所产生的损害主张赔偿，以及对在破产申请受理时双方只有一方履行完毕而另一方尚未履行完毕合同解除所产生的损害主张赔偿。前者由《企业破产法》规定，后者则应依《民法典》《公司法》等普通法规定。

（一）对破产申请受理前只有一方履行完毕的合同解除所产生债权的审查

在破产申请受理时只有一方已经履行完毕，如对方当事人已经履行而债务人无法履行，或者债务人已经履行对方没有且无法履行，应当区分情况加以处理：

1. 破产申请受理时，债务人已经履行完毕但相对方尚未履行完毕的合同。此时，应当基于有利于债务人财产的原则，赋予管理人决定是否解除的权利，并根据相对方是否存在违约等因素，分别确定债权审查的性质：

一是，相对方能够履行且履行合同对债务人财产有利的，如相对方向债务人出售的财产如房产、提供的非特定原材料等增值且能为债务人需要（如债务人重整需要使用或者作为债务人财产整体转让所必备的一部分的）或者能够转让的，则不应解除合同，而应继续履行。然而，相对方给债务人出售的财产虽然增值，要是属于债务人特定使用的财产，债务人出于停产且属破

产清算而不再需要并难以转让的等原因，而不能获得实际益处的，也不应继续履行而要解除合同：属于相对方违约迟延履行或者不能履行、不予履行的，相对方因解除合同产生的损害则不能认定为破产债权，认定为债权的一般也只是普通债权；相对方没有过错甚至乃是债务人违约造成的，考虑到财产或者提供的服务已经增值等原因，从公平角度出发，解除合同所给相对方造成的损害则宜以共益债务处理。

二是，相对方能够履行可履行合同对债务人财产不利，如相对方向债务人出售的财产或提供的服务，债务人出于停产等原因而根本不需要的，或者提供的财产已经贬值的，则不应继续履行，而应解除合同。因解除合同而给相对方造成的损害，只要债务人没有过错，就应按普通债权处理。

三是，相对方不能履行，管理人可以解除合同，相对方由此造成的损失完全乃是自身违约所致，因而不能认定为破产债权。

2. 破产申请受理时，相对方已经履行完毕但债务人尚未履行完毕的合同，是继续履行还是解除合同，也应基于是否有利于债务人财产为基本标准而根据实际情况进行处理：

一是，债务人能够履行且有利于债务人财产，如提供的服务、财产贬值的，则应继续履行，而不能解除合同。

二是，债务人能够履行可履行不利于债务人财产的，如要提供的服务成本增加或者增值，所出售的财产增值的，在不影响对方生存的基本权利或社会稳定等必须继续履行的情况下，应当赋予债务人解除合同的权利，考虑到债务人不履行债务如不给相对方增值的财产，对方又无过错，解除合同完全是因债务人破产所致，对相对方因解除合同所产生的损失可以共益债务处理。当然，相对方基于炒房、投资等行为履行了支付款项的全部义务，管理人因为财产增值而决定解除合同，相对方所产生的损失假若均按共益债务处理，又会造成债务人的其他债权人利益的损害甚至严重损害。这时，需要基于公平规则平衡相对方与其他所有债权人的利益，也可不作共益债务处理，只作普通债权认定。

三是，债务人不能履行的，则不能解除合同。对方当事人可以就债务人没有履行而产生的债权，于债务人的破产程序中直接进行申报。

至于，在破产申请受理前，双方已经按照《民法典》的规定解除合同的，给债务人或者对方当事人造成的损害也应依法处理：如对方当事人解除合同给债务人造成损害的，债务人有权要求对方当事人赔偿损失以及按照约定承担应由对方当事人承担的违约金、定金等违约责任；如债务人解除合同，对方当事人可以就遭受的损失，以及按照约定应由债务人承担的违约责任、定金等向债务人主张债权。债务人破产的，则可以直接向管理人申报债权，不属于《企业破产法》第 53 条规定的解除合同造成对方当事人损害的赔偿范围。

（二）对破产申请受理前双方均未履行完毕的合同解除所产生债权的审查

对破产申请受理前双方均未履行完毕的合同，在破产程序中，只能依照《企业破产法》的有关规定由管理人或者债务人决定是否解除。以是，《企业破产法》第 53 条规定："管理人或者债务人依照本法规定解除合同的，对方当事人以因合同解除所产生的损害赔偿请求权申报债权。"对此，应当注意：

1. 必须是按照《企业破产法》的规定解除合同。《企业破产法》第 18 条规定："人民法院受理破产申请后，管理人对破产申请受理前成立而债务人和对方当事人均未履行完毕的合同有权决定解除或者继续履行，并通知对方当事人。管理人自破产申请受理之日起两个月内未通知对方当事人，或者自收到对方当事人催告之日起三十日内未答复的，视为解除合同。""管理人决定继续履行合同的，对方当事人应当履行；但是，对方当事人有权要求管理人提供担保。管理人不提供担保的，视为解除合同。"第 73 条规定："在重整期间，经债务人申请，人民法院批准，债务人可以在管理人的监督下自行管理财产和营业事务。""有前款规定情形的，依照本法规定已接管债务人财产和营业事务的管理人应当向债务人移交财产和营业事务，本法规定的管理人的职权由债务人行使。"基此，破产申请受理后，只有对破产申请受理前成立的债务人与对方当事人均未履行完毕的合同，才能按照《企业破产法》的规定，由管理人或者债务人解除。相应地，债权人因为解除合同而造成的实际损害，只能限制在双方均未履行完毕的合同解除内。

2. 必须是由管理人或者债务人依法解除合同。根据《企业破产法》第 18 条、第 73 条的规定，在破产申请受理后，按照《企业破产法》的有关规定解除合同，仅仅限于破产申请受理前已经成立且债务人与对方当事人均未履行完毕的合同的范围内，且只有管理人、债务人有权决定解除，对方当事人没有解除合同的权利，只有接受解除合同的义务。当然，在管理人或者债务人决定解除合同后，对方当事人有权要求赔偿因为解除合同而遭受的损害。

应当指出，根据《企业破产法》第 18 条、第 73 条的规定，管理人或者债务人决定解除合同的，包括积极解除与消极解除两种情况。无论是积极解除合同，还是消极解除合同，由此给对方当事人造成损害的，对方当事人都有权根据《企业破产法》第 53 条的规定主张损害赔偿并进行债权申报。具体来说，前者即积极解除，是指在破产申请受理后，管理人或者债务人依法主动决定解除合同并及时通知对方当事人的解除；后者即消极解除，是指管理人或者债务人对合同解除未作决定，或者虽然决定解除却未通知对方当事人，或者决定继续履行合同但不按对方要求提供担保等，而根据法律规定视为解除合同的解除。这种消极解除，具体包括三种情形：（1）管理人自破产申请受理之日起2个月内未通知对方当事人解除合同或者继续履行合同的，视为解除合同。（2）管理人或者债务人自收到对方当事人催告之日起30日内未就解除合同或者继续履行合同进行答复的，视为解除合同。（3）管理人或者债务人尽管决定继续履行合同，可对方当事人依法要求管理人或者债务人提供担保，管理人或者债务人不提供担保的，视为解除合同。

3. 对方当事人因合同解除所产生的损害赔偿请求权发生在破产申请受理后。管理人或者债务人依照《企业破产法》的规定解除合同，对方当事人可能认为，因合同解除所产生的损害赔偿请求权发生的时间是在破产申请受理后，并不符合《企业破产法》第44条规定的可申报债权的定义。作为一般可申报债权发生在破产申请受理前的一种例外，法律明确对方当事人此时可以就管理人、债务人解除合同而遭受的损害进行债权申报，不属于不当的问题。不然，这种发生在破产申请受理后的债权，既不属于共益债务，又不能进行债权申报，那么因管理人、债务人解除合同而造成的损失就无法得到任何赔偿，这对对方当事人来说，自不公平。

4. 对方当事人因为解除合同而致的损害并非出于对方当事人的原因所致。管理人或者债务人，在破产申请受理后，对破产申请受理前已经成立但债务人与对方当事人均未履行的合同决定解除，对方当事人遭受的损害，并非源于对方当事人的原因所致。换句话说，对方当事人因为解除合同遭受损失完全是由管理人或者债务人解除合同的行为所致，两者存在必然的因果关系。解除的原因并不是由于债务人破产，而是由于对方当事人首先不依约履行而导致的合同解除，对方当事人即使遭受了损害，也非债务人破产这一原因所致，遭受的损害也应由对方当事人自身承担，不能转嫁给债务人进而转嫁给债务人的债权人承担。是以，完全是由对方当事人的原因而解除的，对方当事人遭受的损害应当由其自身负责；解除合同，对方当事人也有过错的，应当对其过错产生的损害予以扣除，剩下才可作为破产债权予以处理。

5. 解除合同发生在债权申报期限届满后的，对方当事人仍然有权以解除合同所致损害进行债权申报。管理人或者债务人在破产申请受理后，对双方均未履行完毕的合同决定解除，其时间可能发生在债权申报期限届满之后。这时，对方当事人就遭受的损害无法在债权申报期限内进行申报。这种不能在债权申报期限内进行的申报，并非出于对方当事人的原因，而是由于管理人或者债务人的原因，对方当事人不能因为管理人或者债务人的原因丧失依法在债权申报期限内所享有的权利，即作为债权人会议成员参与破产程序的权利。

6. 对方当事人因为解除合同而致的损害，应当限制在实际损失之内。管理人或者债务人在破产申请受理后，对双方均未履行完毕的合同决定解除，对方当事人所遭受的损害，应当限制在实际损失之内。对此，应当注意以下方面：

一是，损害是指对方当事人因为管理人、债务人解除合同而遭受的实际损失，不包括违约金在内。债务人没有履行，当事人可能并不产生实际损失，可按照双方约定可能需要支付违约金，此种违约金就不应当视为对方当事人遭受的损害。因为损害，是指一种实际发生的实害，而非债务人不履行可以享受违约金而得到的利益补偿。当然，对方当事人与债务人订立合同后又与他人订立合同，由于债务人不能履行合同致对方当事人不能履行与他人之间的合同，要向他人支付违约金，债务人在与其订立合同时对此是明知的，此种应由对方当事人向他人支付的违约金，属于管理人、债务人解除合同后给对方当事人造成的实际损失，依法可以计算在损害赔偿的范围内。

二是，管理人或者债务人解除合同，对方当事人受到的损害对债务人不再适用双倍返还的定金罚则。对方当事人交付定金的，交付的定金则属于实际损失，应当计算在对方当事人因为解除合同而遭受的损害之内。定金虽然属于一种债权的担保，与违约金不同，然不属于实际损害，是对不能履行合同的一方而依法进行的一种带有惩罚性质的责任，目的在于促使当事人依约履行自己的义务。

定金作为一种债权担保，一般情况下自然需要履行，但不能绝对化。在债务人破产的情况下，依照《企业破产法》的规定不需要履行，也是依法所致，并不存在不合法理的问题。此时所谓的法理，无非是基于担保性质而产生的法理。问题是在破产程序中，《民法典》的一般规定与《企业破产法》的特别规定不相符合的，就要适用《企业破产法》的规定，而不能再按《民法典》一般的法律规定阐释法理，否则就会出现不合法理的问题。按照这一逻辑，那么，破产程序中与《民法典》等规定不符的规定，就都不符合与《民法典》规定相适应的法理，《企业破产法》的特别规定也就都可能因为违背所谓的法理而不能再予适用，其结论的荒谬性显然可见。

债务人交付定金的并不存在不能执行的问题。主张定金应当属于损害赔偿债权的认为，最高人民法院曾经作出的关于这时不适用定金罚则的司法解释，不仅违背《担保法》的规定，而且违背法理，且该规定无法实行。因为，对方当事人向债务人交付了定金，钱“控制在管理人手里，虽然不讲理，对方也没有办法。但实践中还存在破产人支付定金的情况，不适用定金罚则的规定对此种情况也应适用，这就使对方当事人负有返还定金的义务。问题是如果对方当事人依据《担保法》的规定拒绝返还定金，仅依据一项司法解释去追讨定金将是非常困难的，该规定无法全面实施”。[①] 这一理由不能成立。其实，最高人民法院作出的司法解释，是就对方当事人因为管理人、债务人解除合同而致其遭受的损害所作的解释。根据损害的应有之义，而将定金罚则排除在适用之外，完全可以执行。至于其他没有排除适用定金罚则的情况则不能因为这一排除适用而就全部否定适用定金罚则。所以，对于债务人交付定金的，并非因为对方当事人由于管理人、债务人解除合同造成损害不适用定金罚则而就否定债务人交付定金时而不适用定金罚则。不再适用定金罚则，也仅仅适用于对债务人不再适用双倍返还定金的规则，对对方当事人来说，其交付的本金乃需要退还而作为债权申报，因而使其遭受的实际损害得到弥补，但不能由此获得实际损失以外的加倍返还定金的利益。

八、委托合同在破产申请受理后所产生债权的申报与审查

委托合同是一种带有人身依附性质的合同，其成立、履行均直接依附于当事人，并以当事人同时具有权利能力及行为能力为前提，合同的一方若出于这样或那样的原因丧失履行合同的能力，一般将直接导致合同的终止。对这，《民法典》第 934 条规定：“委托人死亡、终止或者受托人死亡、丧失民事行为能力、终止的，委托合同终止；但是，当事人另有约定或者根据委托事务的性质不宜终止的除外。”据之，除当事人另有约定或者根据委托事务的性质不宜终止的外，委托合同因为委托人、受托人的破产而终止。当事人另有约定或者根据委托事务的性质不宜终止的委托合同，在受托人、委托人破产后，管理人根据《企业破产法》第 18 条的规定，可以依法决定继续履行合同。

在受托人破产的情况下：（1）当事人另有约定或者根据委托事务的性质不宜终止的，管理人可以决定继续履行合同，对委托人产生的债权依法可以向委托人要求全额清偿。（2）除当事人另有约定或者根据委托事务的性质不宜终止的之外，委托合同终止。根据第 936 条规定：“因受托人死亡、丧失民事行为能力或者被宣告破产、解散，致使委托合同终止的，受托人的继承人、遗产管理人、法定代理人或者清算人应当及时通知委托人。因委托合同终止将损害委托人利益的，在委托人作出善后处理之前，受托人的继承人、遗产

① 王欣新主编：《破产法原理与案例教程》，中国人民大学出版社 2010 年版，第 163 页。

管理人、法定代理人或者清算人应当采取必要措施。”据之，受托人为了委托人的利益而在委托人作出善后处理前，受托人或者管理人继续需要采取必要措施而对委托人所产生的债权，也可以依法向委托人要求全额清偿。

应当指出，受托人破产尽管可以导致委托合同的终止，受托人在委托人作出善后处理前仍有义务采取必要措施。如在委托人作出善后处理前不依法采取必要措施而给委托人造成损失，以及委托人已经支付了部分甚或全部款项，委托人因受托人破产尚未完成委托事务且无需再履行所产生的债权，则可以向委托人申报债权。

在委托人破产的情况下：（1）当事人另有约定或者根据委托事务的性质不宜终止的，委托人的管理人可以决定继续履行合同，受托人由于继续履行而对委托人所产生的债权属于共益债权，也无需进行债权申报，而直接以委托人财产随时优先受偿。

（2）除当事人另有约定或者根据委托事务的性质不宜终止外，委托合同终止。此时，《民法典》第935条规定：“因委托人死亡、丧失民事行为能力或者被宣告破产、解散，致使委托合同终止将损害委托人利益的，在委托人的继承人、遗产管理人、法定代理人或者清算人承受委托事务之前，受托人应当继续处理委托事务。”基此，在委托人破产后，受托人即使知道委托人破产，为了不因委托合同终止而损害委托人的利益，在委托人的管理人承受委托事务之前，需要继续处理委托事务。因此，受托人出于善意即防止委托人的利益因为委托合同终止而受损害继续处理委托事务所产生的债权，由于其发生于破产申请受理后，不属于破产债权。既然是为了委托人利益而继续处理委托事务，对委托人所产生的债权又对全体债权人有利，本质上属于共益债权，有人便明确主张，对之应以共益债务处理。因为不作为共益债务处理，受托人可能出于自身利益考虑，不再为委托人继续处理委托事务，从而给委托人进而给委托人的债权人造成损失。[①] 然则，《企业破产法》第42条没有将之规定为共益债务，也不属于《企业破产法》第54条规定的“债务人是委托合同的委托人，被裁定适用本法规定的程序，受托人不知该事实，继续处理委托事务的，受托人以由此产生的请求权申报债权”的情形，因而出现受托人明知委托人破产时而出于善意继续履行委托合同所产生的债权无法处理的情况，需要法律加以完善。笔者认为，是否能够作为共益债务处理，应视委托人是否已经支付够了委托费用而定：委托人已经将委托费用支付完毕或者支付的委托费用足以用来偿付受托人在委托人的管理人承受委托人事务之前

① 王欣新主编：《破产法原理与案例教程》，中国人民大学出版社2010年版，第163页。

继续履行委托事务所产生的委托费用，受托人自不存在再向委托人主张债权的问题，更不存在主张共益债务的问题；委托人没有支付委托费或者支付的委托费尚不足以支付受托人在管理人承受委托人事务前继续履行委托事务的委托费用时，则对超过已经支付的委托费所产生的所需要另行支付的委托费用，可以参照共益债务处理。

（3）委托人破产，除当事人另有约定或者根据委托事务的性质不宜终止外，委托合同终止。受托人明知委托人破产而不出于善意即不是为了防止委托合同终止给委托人造成损害而继续处理委托事务，而是在没有必要甚至会给委托人的利益造成损害而继续处理委托事务，造成委托费用及报酬的不当增加的，对于增加的该部分数额不能作为破产债权进行申报，也不能作为共益债务处理。当然，在破产申请受理前，受托人已经处理有关委托事务所产生的债权包括报酬及履行委托合同所产生的费用，乃属于破产债权而可依法申报。

（4）委托人破产，除当事人另有约定或者根据委托事务的性质不宜终止外，委托合同终止。可在司法实践中，由于管理人、债务人没有及时通知等原因，受托人完全可能不知道委托人破产的事实发生而继续处理委托事务。在通常情况下，处理该委托事务基于委托人之前的委托，一般不会对委托人造成损害。受托人在不知委托人破产的情况下，继续处理委托事务而产生的债权如何处理，不能回避。对此，《企业破产法》第54条规定："债务人是委托合同的委托人，被裁定适用本法规定的程序，受托人不知该事实，继续处理委托事务的，受托人以由此产生的请求权申报债权。"

应当指出，尽管委托合同因为委托人破产委托合同依法予以终止，然在委托人的管理人承受委托人的事务之前，受托人仍有继续处理委托事务的义务，倘若怠行委托义务而给委托人造成损失的，则应依法承担相应的法律责任。尤其是在委托人已经支付了全部委托款或者支付的委托款足以用于清偿受托人在管理人承受委托人事务之前继续履行委托事务的代理费的情况下，尤应如此。

九、票据关系在破产申请受理后所产生债权的申报与审查

《企业破产法》第55条规定："债务人是票据的出票人，被裁定适用本法规定的程序，该票据的付款人继续付款或者承兑的，付款人以由此产生的请求权申报债权。"据此，对于有关债务人的票据关系中的债权申报与审查，应当注意以下几点：

（一）票据关系中的票据，应是指汇票、本票与支票

票据有广义与狭义之分。广义的票据，泛指各种有价证券，包括债券、

股票、提单等。狭义上的票据，仅指《票据法》上规定的票据。《企业破产法》第 55 条规定的票据关系中的债权申报，应当是指《票据法》上的狭义票据。故，所谓票据，是指出票人根据《票据法》发行的，无条件支付一定金额或者委托他人支付一定金额给收款人或者持票人的一种有价证券，其具有以下基本特征：

1. 票据是体现一定权利的有价证券。票据权利人对票据义务人依法享有付款请求权、追索权。这种票据权利及相应的义务主体，具有多重性。在票据关系中，其当事人即权利与义务主体，包括基本当事人与非基本当事人。基本当事人，是指在票据作成和交付时就已经存在的当事人即票据的原始当事人，任何票据都必须存在这种基本当事人，具体包括出票人、付款人与收款人。其中，出票人，是指依照《票据法》签发票据并将票据交付给收款人的人。付款人，是指出票人自己承担付款责任或者接受出票人委托而承担付款责任即无条件支付票据金额的人。收款人，又称票据权利人，是指票据到期后有权向付款人收取票据所载金额权利的人。非基本当事人，是指在票据作成并交付后，依法通过一定的票据行为加入票据关系因而享有一定权利、承担一定义务的人，包括承兑人、背书人、被背书人、保证人等。其中，承兑人，是指接受汇票出票人的付款委托，承诺在汇票到期日支付汇票金额即承担支付票款义务的人。背书人，是指依法通过在票据背面或者粘单上记载有关事项并签章的方式而将票据权利转让给他人的当事人（称为前手）。被背书人，是指被记名受让票据或者接受票据转让的人。背书后，被背书人成为票据新的持有人（称为后手）而享有票据权利。保证人，是指为票据债务提供担保的人。在被保证人不能履行票据付款责任时，保证人应当履行票据付款义务，并取得持票人的权利，有权向票据债务人依法追索。保证人由票据债务人以外的第三人担当。

2. 票据为完全的有价证券。所谓完全的有价证券，是指有价证券权利的发生、转移及行使均与证券不可分离。换言之，证券权利的发生，须作成证券；证券权利的转移，须交付证券；证券权利的行使，须提示证券。证券权利的发生、转移或者行使有其中之一若与占有票据之间存在分离关系，则为不完全的有价证券。

3. 票据为无因有价证券。票据作为一种单纯的金钱支付凭证，所体现的票据关系具有独立性与无因性。其效力除直接当事人之间因为基础关系、资金关系牵连而受到影响外，原则上不受原因关系即基础关系、资金关系的影响。就前者而言，基础关系存在于出票人、转让人及接受人这种当事人之间，票据关系一旦成立，就与基础关系即票据的出票人、转让人与接受人出票、转让及接受的原因关系相分离，两种关系独立存在，相互分离。换言之，基础关系是否存在、是否有效、是否履行，对票据关系没有影响。主要表现在：票据的发行、背书、转让等票据行为只要具备法定条件，就能产生有效的票据关系，而不问作为票据行为背景的票据基础关系即原因关系是否存在、是否有效。即使票据的基础关系无效或被撤销，票据关系依然有效。票据权利人行使票据权利，一般只以持有票据为必要条件，无需证明取得票据的原因。票据义务人不得以基础关系存在缺陷或者错误、无效等为由，对抗与其无直接原因关系的持票人。总之，持票人取得了票据，票据符合法律规定的内容与形式，即享有票据记载的权利，票据义务人即有依法付款的义务，但也不能将票据的无因性绝对化。票据的原因关系仍然存在于直接当事人之间，如《票据法》第 11 条规定："因税收、继承、赠与可以依法无偿取得票据的，不受给付对价的限制。但是，所享有的票据权利不得优于其前手的权利。""前手是指在票据签章人或者持票人之前签章的其他票据债务人。"第 89 条规定："出票人必须按照签发的支票金额承担保证向该持票人付款的责任。""出票人在付款人处的存款足以支付支票金额时，付款人应当在当日足额付款。"据之，直接当事人之间的票据关系仍要受到基础关系的影响。后者即资金关系存在于汇票、支票的出票人与付款人这种直接当事人之间的一种基础关系，汇票或支票的出票人之所以委托付款人付款，付款人之所以同意付款，是源于他们之间存在一种约定，如出票人预先将资金交付于付款人，付款人对出票人负有债务，或者之间存在信用合同等。如《票据法》第 21 条规定："汇票的出票人必须与付款人具有真实的委托付款关系，并且具有支付汇票金额的可靠资金来源。""不得签发无对价的汇票用以骗取银行或者其他票据当事人的资金。"但是，票据关系的非直接当事人之间的票据关系则不受资金关系影响，只要票据关系合法成立有效，持票人就可以要求付款人付款，付款人因为资金关系而拒绝付款，票据关系继续存在，持票人依然享有票据权利，可以依法行使追索权。付款人对票据是否予以承兑、付款，由付款人自行选择，不受资金关系影响。即使资金关系存在，依然可以不予承兑、付款，但付款人已承兑的，则需承担付款责任。出票人虽与付款人存在资金关系，并依资金关系出票，但票据不能获得付款时，出票人不能以其与付款人之间存在资金关系作为抗辩理由对抗持票人或者其他后手的追索权。

4. 票据为严格的要式证券。票据分为汇票、本票与支票。无论属于哪种票据，都有其特定的形式及其特定的内容。票据上的权利与义务以票面记载为准，实行严格文义主义，且其成立、转让、保证和承兑均适用严格的形式主义规则。这些形式与内容，以及成立、转让、保证和承兑等均由法律加以规定，原则上判断一种票据是否有效仅仅以票据形式是否合法为根据，从而保障票据效力的确定性。如汇票，即出票人签发的，委托付款人在见票时或者在指定日期无条件支付确定的金额给收款人或者持票人的票据，分为银行汇票和商业汇票。根据《票据法》第22条规定："汇票必须记载下列事项：（一）表明'汇票'的字样；（二）无条件支付的委托；（三）确定的金额；（四）付款人名称；（五）收款人名称；（六）出票日期；（七）出票人签章。""汇票上未记载前款规定事项之一的，汇票无效。"又如，根据《票据法》第74条规定："本票的出票人必须具有支付本票金额的可靠资金来源，并保证支付。"第75条规定："本票必须记载下列事项：（一）表明'本票'的字样；（二）无条件支付的承诺；（三）确定的金额；（四）收款人名称；（五）出票日期；（六）出票人签章。""本票上未记载前款规定事项之一的，本票无效。"对于支票，《票据法》第81条规定："支票是出票人签发的，委托办理支票存款业务的银行或者其他金融机构在见票时无条件支付确定的金额给收款人或者持票人的票据。"第84条规定："支票必须记载下列事项：（一）表明'支票'的字样；（二）无条件支付的委托；（三）确定的金额；（四）付款人名称；（五）出票日期；（六）出票人签章。""支票上未记载前款规定事项之一的，支票无效。"

5. 票据为可流通的有价证券。除非票据本身的限制外，票据可以通过背书、交付等行为进行转让流通，以充分发挥票据作为支付工具的功能，进而有效促进社会经济生活的效率与发展。

（二）票据关系的出票人已经破产

如前所述，票据关系中，具有各种当事人，如出票人、付款人、收款人，以及承兑人、背书人、被背书人、保证人等。这些当事人，有的一旦成为了票据关系的当事人就不会发生变化，如出票人、付款人、承兑人、保证人等；有的因为票据关系的无因性、流通性等特点可不断变化，如背书人、被背书人、收款人等。但无论当事人是否变化，根据《票据法》的规定，都具有一定的权利与义务，如出票人必须保证收款人能够根据票据的持有而从付款人处取得款项，付款人应当及时按照票据给持票人支付款项。付款人拒绝付款的，根据《票据法》第61条规定："汇票到期被拒绝付款的，持票人可以对背书人、出票人以及汇票的其他债务人行使追索权。""汇票到期日前，有下列情形之一的，持票人也可以行使追索权：（一）汇票被拒绝承兑的；（二）承兑人或者付款人死亡、逃匿的；（三）承兑人或者付款人被依法宣告破产的或者因违法被责令终止业务活动的。"第66条规定："持票人应当自收到被拒绝承兑或者被拒绝付款的有关证明之日起三日内，将被拒绝事由书面通知其前手；其前手应当自收到通知之日起三日内书面通知其再前手。持票人也可以同时向各汇票债务人发出书面通知。”“未按照前款规定期限通知的，持票人仍可以行使追索权。因延期通知给其前手或者出票人造成损失的，由没有按照规定期限通知的汇票当事人，承担对该损失的赔偿责任，但是所赔偿的金额以汇票金额为限。”“在规定期限内将通知按照法定地址或者约定的地址邮寄的，视为已经发出通知。”又如，对保证人，根据《票据法》第49~52条的规定，保证人对合法取得汇票的持票人所享有的汇票权利，承担保证责任。但是，被保证人的债务因汇票记载事项欠缺而无效的除外。被保证的汇票，保证人应当与被保证人对持票人承担连带责任。汇票到期后得不到付款的，持票人有权向保证人请求付款，保证人应当足额付款。保证人为两人以上的，保证人之间承担连带责任。保证人清偿汇票债务后，可以行使持票人对被保证人及其前手的追索权。

票据关系的当事人，都可能源于各种原因而破产，如付款人破产的，只要出票行为发生在破产申请受理前，其付款责任也即持票人对付款人享有的债权，持票人可以在付款人的破产程序中进行申报，同时，对其前手、出票人、保证人等依法具有追索权。又如，背书人破产的，被背书人因为付款人拒绝付款而对其享有追索权，这种追索权必须在持票人取得拒绝证明的情况下才能行使，其实是对票据付款人拒绝付款时所可能承担的补充责任。这种可能承担的补充责任，在破产申请受理前就已形成的，持票人可以将来追索权或者已经实际存在的追索权主张债权而进行申报，具体可以参见补充责任中的债权申报问题予以处理。至于背书人破产后，其因丧失内外事务的管理权而不能再行通过背书等方式转让权利，即使转让亦属确定不发生效力的无权处分行为，依法可以从被背书人处追回，自不存在被背书人行使所谓的追索权问题。还如，连带责任保证人破产的，由于其按照《票据法》第50条、第51条的规定而负有连带责任，票据持票人可以按照连带责任人中的债权申报方式而对保证人主张债权进行申报。

在《企业破产法》第55条的规定中，所涉及的仅仅是出票人破产的债权申报情形，而非付款人、保证人、背书人等票据关系人破产所产生的债权申报情形。出票人之外的其他票据关系人破产的，所产生的债权申报问题不能按照此条规定处理。

（三）《企业破产法》规定的票据关系中的债权申报，是付款人履行义务而对出票人所产生的债权申报

《企业破产法》第55条规定，所针对的不仅是出票人破产而进行债权申报的情形，而且仍然是付款人对出票人因为继续付款或者承兑而对出票人所

产生的债权进行申报的这一情形。出票人破产，其保证人、收款人对其依法所享有的债权，如追索权、将来追索权等，并不属于此条规定的内容，不能照此规定主张债权而进行申报。当然，这些票据关系的当事人依法对出票人所享有的债权，仍然可以按照其他规定进行申报。

（四）《企业破产法》规定的票据关系中的债权申报，仅限于汇票、支票关系中的债权申报

《企业破产法》第55条规定的票据关系中的债权申报，涉及的是出票人破产，付款人继续付款或者承兑时而对出票人主张权利进行债权申报的问题，显然，要求出票人、付款人不为同一人。出票人与付款人为同一人，如本票中的出票人与付款人为同一人的，自不存在付款人根据《企业破产法》第55条的规定向管理人申报债权的问题，《企业破产法》第55条规定的票据关系中的债权申报，应当是指除本票之外的汇票、支票这两种票据关系中的债权申报。

（五）《企业破产法》规定的票据关系中的债权，是源于付款人履行义务而产生，而非因为其他关系所产生

《企业破产法》第55条规定的票据关系中所产生的债权申报，是在出票人破产时，付款人因为继续付款或者承兑而产生的债权，而非付款人对出票人因为其他关系所产生的债权。而且，这种票据关系，因为出票行为在出票人破产申请受理前就已经形成，在破产申请受理后因为付款人继续付款或者承兑而实际发生。也就是说，出票行为发生在出票人破产申请受理前，而付款人继续付款或者承兑的行为发生在出票人破产申请受理后，由此产生的付款人对出票人的债权，付款人才可按照《企业破产法》第55条的规定进行债权申报。出票行为与付款行为均发生在出票人破产申请受理前，以及出票行为与付款行为均发生在出票人破产申请受理后的，付款人则不能适用这一规定进行债权申报。前者即出票行为与付款行为均发生在出票人破产申请受理前而发生的付款人对出票人的债权，可以按照《企业破产法》第44条规定依法行使权利包括债权申报权利；后者则因出票人破产已丧失处理内外事务包括出票事务的权利而属于无权出票，除非得到管理人追认，收款人对出票人破产的事实确实不知情而出于善意，不然属于确定不发生效力的无权出票行为。以是，付款人对收款人不负有付款或者承兑责任。司法实践中，付款人、第一手收款人对于出票人破产的事实也会明知，虽在理论上分析可以出现出票行为、付款行为均发生在出票人破产申请受理后的情况，实际情况则因为付款人、第一手收款人知道出票人破产申请受理的事实而很难发生。

应当指出，《企业破产法》第55条规定的票据关系中，付款人在出票人

破产后因为继续付款或者承兑所产生的债权可以按照此规定进行债权申报。可是，付款人没有履行继续付款或者承兑如票据付款期限未到或者票据付款期限已到拒绝付款或者承兑的，持票人尽管可以向出票人行使追索权，但付款人的责任没有消灭，付款人仍有可能因为继续付款或者承兑而对出票人享有债权。是以，付款人、持票人均可依法对出票人主张权利而申报债权，然两者源于同一债务，应当注意不能重复申报与受偿。

十、民间借贷债权的申报与审查

民间借贷，作为非金融机构外的民间单位、个人之间相互进行资金融通的行为，对于缓解企业尤其是民营企业的融资难问题，促进经济尤其是民营经济的发展，起着非常重要的作用。鉴于其存在诸如融资贵，动不动月息5分甚至1角；融资变性，将特定人之间的民间借贷演变为不特定人之间发放贷款的非法金融业务；融资虚构，将融资利滚利产生的收益作为本金主张权利；融资暴力催收等诸多问题，对之如何规范、审查及其认定，有关行政法规、司法解释作了诸多明确的规定。对这，需要注意以下问题。

（一）民间借贷的效力

1. 企业法人、事业单位之间的借贷。对之，《联营合同案件解答》第4条第2项明确指出："违反了有关金融法规，应当确定合同无效。除本金可以返还外，对出资方已经取得或者约定取得的利息应予追缴，对另一方则应处以相当于银行利息的罚款。"然而，随着时间的推移，基于维护企业自主经营、保护企业法人人格完整，以及缓解企业"融资难""融资贵"等顽疾，满足企业自身经营的需要，规范民间借贷市场有序运行，促进国家经济稳健发展，企业、事业单位之间的民间借贷应当给予有条件的认可。所以，《民间借贷规定》第11条规定："法人之间、非法人组织之间以及它们相互之间为生产、经营需要订立的民间借贷合同，除存在《合同法》第52条[①]以及本规定第14条规定的情形外，当事人主张民间借贷合同有效的，人民法院应予支持。"第1条规定："本规定所称的民间借贷，是指自然人、法人和非法人组织之间进行资金融通的行为。""经金融监管部门批准设立的从事贷款业务的金融机构及其分支机构，因发放贷款等相关金融业务引发的纠纷，不适用本规定。"基此，所有自然人、法人和非法人之间，包括企业、事业单位之间进行的资金融通行为，除金融监管部门批准设立的从事贷款业务的金融机构及其分支机构给自然人或者其他单位发放贷款的外，都属于民间借贷，除特定

---

① 该条内容已被《民法典》第144条、第146条、第153～154条吸收。

情况下该行为本身违背了有关法律、法规强制性规定而无效的外，均属有效民事法律行为。

2. 对于《民间借贷案件规定》施行日即2020年8月20日之前发生的民间借贷行为，《民间借贷案件规定》第32条规定："本规定施行后，人民法院新受理的一审民间借贷纠纷案件，适用本规定。""借贷行为发生在2019年8月20日之前的，可参照原告起诉时1年期贷款市场报价利率4倍确定受保护的利率上限。""本规定施行后，最高人民法院以前作出的相关司法解释与本解释不一致的，以本解释为准。"这样，该司法解释对于施行前发生的民间借贷行为，具有溯及力。

3. 应当指出，民间借贷，借贷人乃是为了他人解决资金困难或生产急需偶然为之，不能以此为常态、常业。假若以此为常业经常向不特定的人进行放贷，或以放贷为主要业务，或以此作为其主要收入来源，就会严重扰乱金融秩序，造成金融监管紊乱，导致借贷行为发生变异，从而质变为未经金融监督管理部门批准从事专门放贷业务的违法甚至犯罪行为，要从效力上根本加以否定。对此，中国银行保险监督管理委员会、公安部、国家市场监督管理总局、中国人民银行2018年4月16日发布的《关于规范民间借贷行为维护经济金融秩序有关事项的通知》（银保监发〔2018〕10号）进一步指出，严格执行《银行业监督管理法》《商业银行法》及《非法金融机构和非法金融业务活动取缔办法》等法律规范，未经有权机关依法批准，任何单位和个人不得设立从事或者主要从事发放贷款业务的机构或以发放贷款为日常业务活动。最高人民法院、最高人民检察院、公安部、司法部2019年7月23日发布、同年10月21日起施行的《关于办理非法放贷刑事案件若干问题的意见》第1条明确规定："违反国家规定，未经监管部门批准，或者超越经营范围，以营利为目的，经常性地向社会不特定对象发放贷款，扰乱金融市场秩序，情节严重的，依照刑法第二百二十五条第（四）项的规定，以非法经营罪定罪处罚。前款规定中的'经常性地向社会不特定对象发放贷款'，是指二年内向不特定多人（包括单位和个人）以借款或其他名义出借资金十次以上。贷款到期后延长还款期限的，发放贷款次数按照一次计算。"其中，"违反国家规定"，根据最高人民法院2011年4月8日发布实施的《关于准确理解和适用刑法中"国家规定"的有关问题的通知》（法发〔2011〕155号）第1条规定，是指"全国人民代表大会及其常务委员会制定的法律和决定，国务院制定的行政法规、规定的行政措施、发布的决定和命令。其中，'国务院规定的行政措施'应当由国务院决定，通常以行政法规或者国务院制发文件的形式加以规定。以国务院办公厅名义制发的文件，符合以下条件的，亦应视为刑法中的‘国家规定’：（一）有明确的法律依据或者同相关行政法规不相抵触；（二）经国务院常务会议讨论通过或者经国务院批准；（三）在国务院公报上公开发布。”第2条规定：“各级人民法院在刑事审判工作中，对有关案件所涉及的‘违反国家规定’的认定，要依照相关法律、行政法规及司法解释的规定准确把握。对于规定不明确的，要按照本通知的要求审慎认定。对于违反地方性法规、部门规章的行为，不得认定为‘违反国家规定’。对被告人的行为是否‘违反国家规定’存在争议的，应当作为法律适用问题，逐级向最高人民法院请示。”第3条规定：“各级人民法院审理非法经营犯罪案件，要依法严格把握刑法第二百二十五条第（四）的适用范围。对被告人的行为是否属于刑法第二百二十五条第（四）项规定的‘其它严重扰乱市场秩序的非法经营行为’，有关司法解释未作明确规定的，应当作为法律适用问题，逐级向最高人民法院请示。”此外，《民商事审判纪要》第53条（职业放贷人）规定：“未依法取得放贷资格的以民间借贷为业的法人，以及以民间借贷为业的非法人组织或者自然人从事的民间借贷行为，应当依法认定无效。同一出借人在一定期间内多次反复从事有偿民间借贷行为的，一般可以认定为是职业放贷人。民间借贷比较活跃的地方的高级人民法院或者经其授权的中级人民法院，可以根据本地区的实际情况制定具体的认定标准。”

4. 根据《民间借贷案件规定》第14条规定，具有“套取金融机构贷款转贷的”“以向其他营利法人借贷、向本单位职工集资，或者以向公众非法吸收存款等方式取得的资金转贷的”“未依法取得放贷资格的出借人，以营利为目的向社会不特定对象提供借款的”“出借人事先知道或者应当知道借款人借款用于违法犯罪活动仍然提供借款的”“违反法律、行政法规强制性规定的”“违背公序良俗的”等违反法律、行政法规效力性强制性规定的民间借贷行为，属于无效。《民商事审判纪要》第52条（高利转贷）规定：民间借贷中，出借人的资金必须是自有资金。出借人套取金融机构信贷资金又高利转贷给借款人的民间借贷行为，既增加了融资成本，又扰乱了信贷秩序，根据民间借贷司法解释第14条第1项的规定，应当认定此类民间借贷行为无效。人民法院在适用该条规定时，应当注意把握以下几点：一是要审查出借人的资金来源。借款人能够举证证明在签订借款合同时出借人尚欠银行贷款未还的，一般可以推定为出借人套取信贷资金，但出借人能够举反证予以推翻的除外；二是从宽认定‘高利’转贷行为的标准，只要出借人通过转贷行为牟利的，就可以认定为是‘高利’转贷行为；三是对该条规定的‘借款人事先知道或者应当知道的’要件，不宜把握过苛。实践中，只要出借人在签订借款合同时存在尚欠银行贷款未还事实的，一般可以认为满足了该条规定的‘借款人事先知道或者应当知道’这一要件。”

5. 法人或者非法人组织在本单位内部通过借款形式向职工筹集资金，用于本单位生产、经营，根据《民间借贷案件规定》第12条规定，只要不存在《合同法》第52条[①]以及本规定第14条规定的情形，当事人主张民间借贷合同有效的，人民法院应予支持。

6. 借款人或者出借人的借贷行为涉嫌犯罪，或者已经生效的裁判认定构成犯罪，根据《民间借贷案件规定》第13条规定，当事人提起民事诉讼的，民间借贷合同并不当然无效。人民法院应当依据《合同法》第52条[②]以及本规定第14条之规定，认定民间借贷合同的效力。担保人以借款人或者出借人的借贷行为涉嫌犯罪或者已经生效的裁判认定构成犯罪为由，主张不承担民事责任的，人民法院应当依据民间借贷合同与担保合同的效力、当事人的过错程度，依法确定担保人的民事责任。

对于涉嫌刑事犯罪的民间借贷案件，在有关程序上，根据《民间借贷案件规定》第5条规定，人民法院立案后，发现民间借贷行为本身涉嫌非法集资等犯罪的，应当裁定驳回起诉，并将涉嫌非法集资等犯罪的线索、材料移送公安或者检察机关。

公安或者检察机关不予立案，或者立案侦查后撤销案件，或者检察机关作出不起诉决定，或者经人民法院生效判决认定不构成非法集资等犯罪，当事人又以同一事实向人民法院提起诉讼的，人民法院应予受理。第6条规定，人民法院立案后，发现与民间借贷纠纷案件虽有关联但不是同一事实的涉嫌非法集资等犯罪的线索、材料的，人民法院应当继续审理民间借贷纠纷案件，并将涉嫌非法集资等犯罪的线索、材料移送公安或者检察机关。第7条规定，民间借贷纠纷的基本案件事实必须以刑事案件的审理结果为依据，而该刑事案件尚未审结的，人民法院应当裁定中止诉讼。第8条规定，借款人涉嫌犯罪或者生效判决认定其有罪，出借人起诉请求担保人承担民事责任的，人民法院应予受理。

（二）民间借贷的成立且生效时间

自然人之间的民间借贷合法有效时，其成立且生效的时间，根据《民法典》第679条规定，自贷款人提供借款时成立。《民间借贷案件规定》第9条规定：“自然人之间的借款合同具有下列情形之一的，可以视为合同成立：（一）以现金支付的，自借款人收到借款时；（二）以银行转账、网上电子汇

① 该条内容已被《民法典》第144条、第146条、第153～154条吸收。

② 该条内容已被《民法典》第144条、第146条、第153～154条吸收。

款等形式支付的，自资金到达借款人账户时；（三）以票据交付的，自借款人依法取得票据权利时；（四）出借人将特定资金账户支配权授权给借款人的，自借款人取得对该账户实际支配权时；（五）出借人以与借款人约定的其他方式提供借款并实际履行完成时。”除自然人之间的借款合同外，除自然人之间的借款合同外的民间借贷生效时间，根据《民间借贷案件规定》第 10 条规定，当事人主张民间借贷合同自合同成立时生效的，人民法院应予支持，但当事人另有约定或者法律、行政法规另有规定的除外。

（三）民间借贷本金的计算

《民法典》第 670 条规定，借款的利息不得预先在本金中扣除。利息预先在本金中扣除的，应当按照实际借款数额返还借款并计算利息。《民间借贷案件规定》第 27 条规定，借据、收据、欠条等债权凭证载明的借款金额，一般认定为本金。预先在本金中扣除利息的，人民法院应当将实际出借的金额认定为本金。对这，《民间借贷案件通知》明确指出，对于“出借人主张系以现金方式支付大额贷款本金”“借款人抗辩所谓现金支付本金系出借人预先扣除的高额利息”的，要加强对出借人主张的现金支付款项来源、交付情况等证据的审查，依法认定借贷本金数额和高额利息扣收事实。发现交易平台、交易对手、交易模式等以“创新”为名行高利贷之实的，应当及时采取发送司法建议函等有效方式，坚决予以遏制。

（四）民间借贷的利息

1. 民间借贷未约定利息的，不支付利息。对此，《民法典》第 680 条第 2 款规定：“借款合同对支付利息没有约定的，视为没有利息。”借款合同对支付利息约定不明确，第 680 条第 3 款规定：“当事人不能达成补充协议的，按照当地或者当事人的交易方式、交易习惯、市场利率等因素确定利息；自然人之间借款的，视为没有利息。”《民间借贷案件规定》第 25 条第 1 款规定：“借贷双方没有约定利息，出借人主张支付利息的，人民法院不予支持。”

2. 民间借贷利息约定不明时，自然人之间的民间借贷，不支付利息；自然人之间外的民间借贷，则根据具体一些因素适当确定。对这，《民间借贷案件规定》第 25 条第 2 款规定：“自然人之间借贷对利息约定不明，出借人主张支付利息的，人民法院不予支持。除自然人之间借贷的外，借贷双方对借贷利息约定不明，出借人主张利息的，人民法院应当结合民间借贷合同的内容，并根据当地或者当事人的交易方式、交易习惯、市场利率等因素确定利息。”

3. 民间借贷约定了利息的，不得违反国家有关限制借款利率的标准。《民间借贷案件通知》明确要求，《民间借贷案件规定》，依法确立了法定利率的司法红线，应当从严把握，依法严守。人民法院在民间借贷纠纷案件审理过程中，对于各种以“利息”“违约金”“服务费”“中介费”“保证金”“延期费”等突破或变相突破法定利率红线的，应当依法不予支持。对此，《民法典》第680条第1款规定：“禁止高利放贷，借款的利率不得违反国家有关规定。”《民间借贷案件规定》第26条规定：“出借人请求借款人按照合同约定利率支付利息的，人民法院应予支持，但是双方约定的利率超过合同成立时一年期贷款市场报价利率四倍的除外。”“前款所称‘一年期贷款市场报价利率’，是指中国人民银行授权全国银行间同业拆借中心自2019年8月20日起每月发布的一年期贷款市场报价利率。”第28条规定：“借贷双方对前期借款本息结算后将利息计入后期借款本金并重新出具债权凭证，如果前期利率没有超过合同成立时一年期贷款市场报价利率四倍，重新出具的债权凭证载明的金额可认定为后期借款本金。超过部分的利息，不应认定为后期借款本金。”“按前款计算，借款人在借款期间届满后应当支付的本息之和，超过以最初借款本金与以最初借款本金为基数、以合同成立时一年期贷款市场报价利率四倍计算的整个借款期间的利息之和的，人民法院不予支持。”第29条规定：“借贷双方对逾期利率有约定的，从其约定，但是以不超过合同成立时一年期贷款市场报价利率四倍为限。”“未约定逾期利率或者约定不明的，人民法院可以区分不同情况处理：（一）既未约定借期内利率，也未约定逾期利率，出借人主张借款人自逾期还款之日起承担逾期还款违约责任的，人民法院应予支持；（二）约定了借期内利率但是未约定逾期利率，出借人主张借款人自逾期还款之日起按照借期内利率支付资金占用期间利息的，人民法院应予支持。”第30条规定：“出借人与借款人既约定了逾期利率，又约定了违约金或者其他费用，出借人可以选择主张逾期利息、违约金或者其他费用，也可以一并主张，但是总计超过合同成立时1年期贷款市场报价利率四倍的部分，人民法院不予支持。”第31条规定：“借款人可以提前偿还借款，但是当事人另有约定的除外。”“借款人提前偿还借款并主张按照实际借款期限计算利息的，人民法院应予支持。”《民商事审判纪要》第51条（变相利息的认定）规定：“金融借款合同纠纷中，借款人认为金融机构以服务费、咨询费、顾问费、管理费等为名变相收取利息，金融机构或者由其指定的人收取的相关费用不合理的，人民法院可以根据提供服务的实际情况确定借款人应否支付或者酌减相关费用。”

（五）民间借贷的真实性审查

民间借贷的本金利益，以及是否合法有效，都是建立在民间借贷真实性的基础上。然则，基于各种各样的原因，不少为了规避国家有关借贷资金来源、利息限制等规定，都不如实签订合同、开具有关票据，以致不能真实反映民间借贷的真实情况，有的甚至完全作假。因此，《民间借贷案件规定》第15条明确规定，“原告以借据、收据、欠条等债权凭证为依据提起民间借贷诉讼，被告依据基础法律关系提出抗辩或者反诉，并提供证据证明债权纠纷非民间借贷行为引起的，人民法院应当依据查明的案件事实，按照基础法律关系审理。”“当事人通过调解、和解或者清算达成的债权债务协议，不适用前款规定。”第16条规定：“原告仅依据借据、收据、欠条等债权凭证提起民间借贷诉讼，被告抗辩已经偿还借款的，被告应当对其主张提供证据证明。被告提供相应证据证明其主张后，原告仍应就借贷关系的存续承担举证责任。”“被告抗辩借贷行为尚未实际发生并能作出合理说明的，人民法院应当结合借贷金额、款项交付、当事人的经济能力、当地或者当事人之间的交易方式、交易习惯、当事人财产变动情况以及证人证言等事实和因素，综合判断查证借贷事实是否发生。”第17条规定：“原告仅依据金融机构的转账凭证提起民间借贷诉讼，被告抗辩转账系偿还双方之前借款或者其他债务的，被告应当对其主张提供证据证明。被告提供相应证据证明其主张后，原告仍应就借贷关系的成立承担举证责任。”第18条规定，依据《民事诉讼法司法解释》第174条第2款之规定，负有举证责任的原告无正当理由拒不到庭，经审查现有证据无法确认借贷行为、借贷金额、支付方式等案件主要事实的，人民法院对原告主张的事实不予认定。此外，《民间借贷案件通知》指出，人民法院在审理民间借贷纠纷案件中，除根据《民间借贷案件规定》第15条、第16条规定，对借据、收据、欠条等债权凭证及银行流水等款项交付凭证进行审查外，还应结合款项来源、交易习惯、经济能力、财产变化情况、当事人关系以及当事人陈述等因素综合判断借贷的真实情况。有违法犯罪等合理怀疑，代理人对案件事实无法说明的，应当传唤当事人本人到庭，就有关案件事实接受询问。要适当加大调查取证力度，查明事实真相。

在破产程序中，管理人对于民间借贷真实性的审查以及代表债务人进行有关民间借贷纠纷的过程中，发现出借人明显不具备出借能力；出借人起诉所依据的事实和理由明显不符合常理；出借人不能提交债权凭证或者提交的债权凭证存在伪造的可能；当事人双方在一定期间内多次参加民间借贷诉讼；当事人一方或者双方无正当理由拒不到庭参加诉讼，委托代理人对借贷事实陈述不清或者陈述前后矛盾；当事人双方对借贷事实的发生没有任何争议或者诉辩明显不符合常理；借款人的配偶或合伙人、案外人的其他债权人提出有事实依据的异议；当事人在其他纠纷中存在低价转让财产的情形；当事人不正当放弃权利；其他可能存在虚假民间借贷诉讼的情形，根据《民间借贷案件规定》第19条规定，人民法院审理民间借贷纠纷案件时发现有下列情形之一的，应当严格审查借贷发生的原因、时间、地点、款项来源、交付方式、款项流向以及借贷双方的关系、经济状况等事实，综合判断是否属于虚假民事诉讼：(1) 出借人明显不具备出借能力；(2) 出借人起诉所依据的事实和理由明显不符合常理；(3) 出借人不能提交债权凭证或者提交的债权凭证存在伪造的可能；(4) 当事人双方在一定期限内多次参加民间借贷诉讼；(5) 当事人无正当理由拒不到庭参加诉讼，委托代理人对借贷事实陈述不清或者陈述前后矛盾；(6) 当事人双方对借贷事实的发生没有任何争议或者诉辩明显不符合常理；(7) 借款人的配偶或者合伙人、案外人的其他债权人提出有事实依据的异议；(8) 当事人在其他纠纷中存在低价转让财产的情形；(9) 当事人不正当放弃权利；(10) 其他可能存在虚假民间借贷诉讼的情形。第20条规定，经查明属于虚假民间借贷诉讼，原告申请撤诉的，人民法院不予准许，并应当依据《民事诉讼法》第112条之规定，判决驳回其请求。诉讼参与人或者其他人恶意制造、参与虚假诉讼，人民法院应当依据《民事诉讼法》第111条、第112条和第113条之规定，依法予以罚款、拘留；构成犯罪的，应当移送有管辖权的司法机关追究刑事责任。单位恶意制造、参与虚假诉讼的，人民法院应当对该单位进行罚款，并可以对其主要负责人或者直接责任人员予以罚款、拘留；构成犯罪的，应当移送有管辖权的司法机关追究刑事责任。

（六）民间借贷的担保责任

1. 对真实合法有效的民间借贷依法提供合法有效的担保的，需要依法承担担保责任。在司法实践中，一些企业法定代表人或负责人以企业名义与出借人签订民间借贷合同，出借人、企业或者其股东能够证明所借款项用于企业法定代表人或负责人个人的，根据《民间借贷案件规定》第23条规定，法人的法定代表人或者非法人组织的负责人以单位名义与出借人签订民间借贷合同，有证据证明所借款项系法定代表人或者负责人个人使用，出借人请求将法定代表人或者负责人列为共同被告或者第三人的，人民法院应予准许。法人的法定代表人或者非法人组织的负责人以个人名义与出借人订立民间借贷合同，所借款项用于单位生产经营，出借人请求单位与个人共同承担责任的，人民法院应予支持。

2. 违反国家强制性规定无效的民间借贷，以及依法享有撤销权的应被撤销的民间借贷，应当根据《民法典》第157条关于"民事法律行为无效、被撤销或者确定不发生效力后，行为人因该行为取得的财产，应当予以返还；不能返还或者没有必要返还的，应当折价补偿。有过错的一方应当赔偿对方由此所受到的损失；各方都有过错的，应当各自承担相应的责任。法律另有规定的，依照其规定”的规定。相应担保行为的责任，则应根据《民法典》第 388 条规定：“设立担保物权，应当依照本法和其他法律的规定订立担保合同。担保合同包括抵押合同、质押合同和其他具有担保功能的合同。担保合同是主债权债务合同的从合同。主债权债务合同无效的，担保合同无效，但是法律另有规定的除外。”“担保合同被确认无效后，债务人、担保人、债权人有过错的，应当根据其过错各自承担相应的民事责任。”《民法典》第 682 条规定：“保证合同是主债权债务合同的从合同。主债权债务合同无效的，保证合同无效，但是法律另有规定的除外。”“保证合同被确认无效后，债务人、保证人、债权人有过错的，应当根据其过错各自承担相应的民事责任。”具体参照《担保法解释》第 8 条关于“主合同无效而导致担保合同无效，担保人无过错的，担保人不承担民事责任；担保人有过错的，担保人承担民事责任的部分，不应超过债务人不能清偿部分的三分之一”的规定承担民事责任。

3. 民间借贷行为有效，担保行为本身无效或属法定期限内的应被撤销的行为，参照《担保法解释》第 7 条关于“主合同有效而担保合同无效，债权人无过错的，担保人与债务人对主合同债权人的经济损失，承担连带赔偿责任；债权人、担保人有过错的，担保人承担民事责任的部分，不应超过债务人不能清偿部分的二分之一”的规定承担民事责任。

4. 民间借贷被依法解除后，根据《民法典》第 566 条规定，合同解除后，尚未履行的，终止履行；已经履行的，根据履行情况和合同性质，当事人可以请求恢复原状或者采取其他补救措施，并有权请求赔偿损失。合同因违约解除的，解除权人可以请求违约方承担违约责任，但是当事人另有约定的除外。主合同解除后，担保人对债务人应当承担的民事责任仍应当承担担保责任，但是担保合同另有约定的除外。

5. 民间借贷所产生的债权债务可以依法转让，担保债权债务作为民间借贷的从债权债务，根据《民法典》第 547 条关于“债权人转让债权的，受让人取得与债权有关的从权利，但是该从权利专属于债权人自身的除外。受让人取得从权利不因该从权利未办理转移登记手续或者未转移占有而受到影响”；第 554 条关于“债务人转移债务的，新债务人应当承担与主债务有关的从债务，但是该从债务专属于原债务人自身的除外”的规定，一并依法转让。但是，保证人在特定情形下可以依法不再承担保证责任，如第 696 条规定，债权人将全部或者部分债权转让给第三人，通知保证人后，保证人对受让人承担相应的保证责任。未经通知，该转让对保证人不发生效力。保证人与债权人约定仅对特定的债权人承担保证责任或者禁止债权转让，债权人未经保证人书面同意转让全部或者部分债权的，保证人就受让人的债权不再承担保证责任。第697条规定，债权人未经保证人书面同意，允许债务人转移全部或者部分债务，保证人对未经其同意转移的债务不再承担保证责任，但是债权人和保证人另有约定的除外。第三人加入债务的，保证人的保证责任不受影响等。

6. 民间借贷行为的内容，如在保证期间，债权人与债务人对主合同数量、价款、币种、利率等内容作了变动，根据《民法典》第695条规定，债权人和债务人未经保证人书面同意，协商变更主债权债务合同内容，减轻债务的，保证人仍对变更后的债务承担保证责任；加重债务的，保证人对加重的部分不承担保证责任。债权人与债务人对主债权债务合同履行期限作了变更，未经保证人书面同意的，保证期间不受影响。

7. 不能认定为保证人的，固然不能承担保证责任。对这，根据《民间借贷案件规定》第21条规定，他人在借据、收据、欠条等债权凭证或者借款合同上签名或者盖章，但是未表明其保证人身份或者承担保证责任，或者通过其他事实不能推定其为保证人，出借人请求其承担保证责任的，人民法院不予支持。第22条规定，借贷双方通过网络贷款平台形成借贷关系，网络贷款平台的提供者仅提供媒介服务，当事人请求其承担担保责任的，人民法院不予支持。网络贷款平台的提供者通过网页、广告或者其他媒介明示或者有其他证据证明其为借贷提供担保，出借人请求网络贷款平台的提供者承担担保责任的，人民法院应予支持。

（七）虚伪民事行为所掩盖的真实民间借贷的认定

司法实践中，当事人双方的真实意图是民间借贷，即获取固定利息，可是，为了避免遭受损失，或者规避利息限制性规定，在签订民间借贷合同的同时或后又签订诸如《股权投资协议》《房屋买卖合同》等，以掩盖民间借贷的实质。这时，如何认定行为之间的性质，根据《民法典》第146条关于“行为人与相对人以虚假的意思表示实施的民事法律行为无效。以虚假的意思表示隐藏的民事法律行为的效力，依照有关法律规定处理”的规定，应按真实的民间借贷关系处理。如，《审理联营合同案件解答》第4条“关于联营合同中的保底条款问题”第2项规定：“企业法人、事业单位作为联营一方向联营体投资，但不参加共同经营，也不承担联营的风险责任，不论盈亏按期收回本息，或者按期收回固定利润的，是明为联营，实为借贷。”《民间借贷案件规定》第24条规定，当事人以订立买卖合同作为民间借贷合同的担保，借款到期后借款人不能还款，出借人请求履行买卖合同的，人民法院应当按照民间借贷法律关系审理。当事人根据法庭审理情况变更诉讼请求的，人民法院应当准许。按照民间借贷法律关系审理作出的判决生效后，借款人不履行生效判决确定的金钱债务，出借人可以申请拍卖买卖合同标的物，以偿还债务。就拍卖所得的价款与应偿还借款本息之间的差额，借款人或者出借人有权主张返还或补偿等。

十一、名股实债所致债权的申报与审查

（一）名股实债的概念

司法实践中，“名股实债”（又称明股实债，或混合性投资，或带回购条款的股权性融资）作为一种“表面上是股权投资，实质上为债权投资”的投资方式经常出现，尤其是被私募基金、信托公司广泛应用于房地产投资等领域，具体是指表面上以股权投资的形式得到企业的股权，并约定期限届满或者一定条件下收回投资本金并获得固定回报的行为。与此同时，投资人往往又会针对该投资事项采取设立抵押、质押、连带责任担保、按照约定价格回购股份等的方式以来保证投资本金的安全以及固定利益的实现。这样，表面上属股权投资，可从权利义务关系和承担的风险上来说实质乃为债权投资。根据中国证券投资基金业协会 2017 年 2 月 13 日发布实施的《私募资产管理计划投资房地产开发企业、项目》之注释 3 解释，名股实债，是指投资回报不与被投资企业的经营业绩挂钩，不是根据企业的投资收益或亏损进行分配，而是向投资者提供保本保收益承诺，根据约定定期向投资者支付固定收益，并在满足特定条件后由被投资企业赎回股权或者偿还本息的投资方式，常见形式包括回购、第三方收购、对赌、定期分红等。

早在 1990 年 11 月 12 日，《审理联营合同案件解答》第 4 条“关于联营合同中的保底条款问题”第 2 项就规定：“企业法人、事业单位作为联营一方向联营体投资，但不参加共同经营，也不承担联营的风险责任，不论盈亏按期收回本息，或者按期收回固定利润的，是明为联营，实为借贷。”基此，企事业单位之间的联营投资，约定一方投资，但不参与经营、不承担风险，只按期获得固定回报的行为，属于明投资实借贷的行为。

国家税务总局 2013 年 7 月 15 日发布、同年 9 月 1 日发布实施的《关于企业混合性投资业务企业所得税处理问题的公告》（国家税务总局公告 2013 年第 41 号）第 1 条规定：“企业混合性投资业务，是指兼具权益和债权双重特性的投资业务。同时符合下列条件的混合性投资业务，按本公告进行企业所得税处理：（一）被投资企业接受投资后，需要按投资合同或协议约定的利率定期支付利息（或定期支付保底利息、固定利润、固定股息，下同）；（二）有明确的投资期限或特定的投资条件，并在投资期满或者满足特定投资条件后，被投资企业需要赎回投资或偿还本金；（三）投资企业对被投资企业净资产不

拥有所有权；（四）投资企业不具有选举权和被选举权；（五）投资企业不参与被投资企业日常生产经营活动。”据此，名股实债的认定标准主要在于投资方是否具有获取固定收益的保底条件，以及是否参与经营管理等多个条件。

中国银行业监督管理委员会于2017年初修改的《G06理财业务月度统计表》将“带回购条款的股权性融资”定义为，投资方在资金以股权投资方式进行投资之前，与资金需求方签署一个股权回购协议，双方约定在规定期间内，由资金的使用方承诺按照一定溢价比例，全额将权益投资者持有的股权全部回购的结构性股权融资安排。

（二）名股实债的主要模式

名股实债，作为一种广泛用于企业之间的融资方式，在司法实践中主要表现为以下模式：

1. 股权回购（转让、受让）模式

即在《股权投资协议》或另签的《补充协议》《股权回购协议》《股权受让协议》等中明确约定，在一定条件下由目标公司的其他股东或者实际控制人等按照约定的溢价率而无条件地回购或者受让投资方的股权，以保证投资方收回其本金和投资收益。

2. 定期或强制分红模式

即不管目标公司的经营效益如何，投资方都可按照约定从目标公司获得定期或者固定的分红，累计分红的金额乃为投资本金与按一定溢价率计算的固定收益的总和。

3. 差额补足模式

在目标公司无法给予其本金及其约定收益的情况下，投资方有权要求目标公司及其他股东、实际控制人或第三方对之按照约定应当获得的本金与收益进行差额补足或者流动性支持，投资方在其本金及收益得以实现后则将自己相应的股权以零对价转让给差额补足方。

4. 对赌模式

对赌协议，乃是指投资方（收购方）与融资方（出让方））在融资或者并购等协议中，基于目标公司未来前景的不确定性而对有关不确定情况而进行的一种约定。如果约定的情况即条件出现，投资方（收购方）则行使一种权利，如进行定期的分红等；如果约定的情况即条件不出现，融资方（收购方）则行使另一种权利，如由目标公司股东对之股权回购、给予金钱补偿等，从而保护投资方投资本金及约定收益获得满足。

5. 资产管理计划模式

如信托公司、证券公司、基金公司、保险公司等通过对信托资产、证券资产、基金产品、保险产品等的管理计划向目标公司进行股权投资的同时，约定以追加增强资金、进行收益差额补偿、股权回购或者受让等方式而对其本息收益进行担保，在约定的投资本息实现后则予以退出。

6. 其他模式

如资产管理产品嵌套对赌、定期分红嵌套对赌、回购嵌套结构化安排等多层嵌套方式，即出资方通过信托公司、证券公司或基金公司、保险公司等通道进行股权投资，或者股权与委托贷款并存的方式，约定获取固定回报 。有的还采取多种方式相结合，如资本方在分级资产管理产品内部对资金方进行“回购加差额补足”的方式；采取股权投资和债权投资并存的方式，如用部分资金受让企业股权，其他资金则以股东贷款或者委托贷款的方式发放给企业，约定获取固定回报；采取股权投资与委托贷款并存的方式，约定获取固定回报，等等。

（三）名股实债的性质认定

为了准确认定名股实债的性质，最高人民法院民事审判第二庭认为，名股实债并无统一的交易模式，实践中，应根据当事人的投资目的、实际权利义务关系等因素综合认定其性质。投资人的目的在于取得目标公司股权，且享有参与公司的经营管理权利，如派人参与公司股东会、董事会等对公司重大事项行使表决权；向公司派驻总经理、副总经理、财务总监、会计、出纳等经营管理人员控制公司的印章等等，就应认定为股权投资，投资人是目标公司股东，在一定条件下可能构成抽逃出资。反之，投资人的目的并非取得目标公司股权，而仅是为了获取固定收益，且不参与公司经营管理权利的，应认定为债权投资，投资人是目标公司或有回购义务的股东的债权人。不论在哪种情形中，投资人取得的固定回报都来自于其先前的投入，其退出公司于是亦非无偿退出，一般不存在抽逃出资的问题。① 其实，在现实生活中，民事交易双方出于种种原因不愿意将自己真实的交易目的、意思及其行为加以表现，便以另外一种交易行为出现以隐藏、掩盖其真实交易行为的现象屡见不鲜。如甲向乙借款，乙为保证其给甲的借款安全便要求甲提供房产担保，然其不愿意将房产担保这种真实的意思表示出来，而让甲将房产出售给自己，双方为此签订房产买卖合同，便是用房产买卖行为隐藏、掩盖之间的房产担保行为。这种情形下，存在两种行为：一种是被隐藏、掩盖的行为，其是交易双方真实意思表示的行为；另一是用以隐藏、掩盖之间真实交易的行为，

① 贺小荣主编：《最高人民法院民事审判第二庭法官会议纪要——追寻裁判背后的法理》，人民法院出版社 2019 年版，第 64 ~ 66 页。

属于表面的非真实意思表示的虚伪行为。名股实债中，也属于这种情形。其中，债权投资为双方的真实意思表示行为，而股权投资则是表面的虚伪交易行为，后者为隐藏、掩盖前者而居于其表面，我们所看见的通常是表面的虚伪行为，其真实交易行为因被隐藏、掩盖往往难以发现。但在双方是就虚伪行为还是就真实行为主张权利义务关系的情况下，则就面临着依哪一行为来确定双方权利义务关系的问题。对此，《民法典》第146条规定："行为人与相对人以虚假的意思表示实施的民事法律行为无效。以虚假的意思表示隐藏的民事法律行为的效力，依照有关法律规定处理。"最高人民法院2017年8月4日《关于进一步加强金融审判工作的若干意见》的通知（法发〔2017〕22号）第2条第1、4项指出："以金融服务实体经济为价值本源，依法审理各类金融案件。对于能够实际降低交易成本，实现普惠金融，合法合规的金融交易模式依法予以保护。对以金融创新为名掩盖金融风险、规避金融监管、进行制度套利的金融违规行为，要以其实际构成的法律关系确定其效力和各方的权利义务。""依法保护融资租赁、保理等金融资本与实体经济相结合的融资模式，支持和保障金融资本服务实体经济。对名为融资租赁合同、保理合同，实为借款合同的，应当按照实际构成的借款合同关系确定各方的权利义务，防范当事人以预扣租金、保证金等方式变相抬高实体经济融资成本。"据之，就确定了应当以真实的被隐藏的民事法律行为为准确定其间的权利义务关系，而非以表面的虚假的意思表示行为确定其间的权利义务关系的认定其行为性质的规则。在名股实债关系中，投资人的真实目的在于获取固定收益且不参与公司经营管理权利的，尽管其以股权投资这一表面而虚伪的形式意思表示行为加以隐藏、掩盖，则仍要按照双方真实的实质意思表示行为而认定为债权投资。反之，投资人的目的在于取得目标公司股权，且享有参与公司的经营管理权利的，就不存在虚伪用于隐藏、掩盖另一个真实的、实质的所谓债权投资行为的问题。此时，自然应当认定为股权投资。

（四）名股实债行为的效力

如前所述，以表面虚伪的民事法律行为隐藏、掩盖真实实质的民事法律行为，只是需要否定表面虚伪的民事法律的效力，并不由此直接否定真实实质而被隐藏、掩盖的民事法律行为的效力，即不能因为双方以表面虚伪的民事法律行为隐藏、掩盖了真实实质的民事法律行为，则真实实质的民事法律行为就必然无效。后者这一真实实质的民事法律行为是否有效，则应根据其行为是否违反国家法律、行政法规等强制性规定等是否具有效力的标准认定。具体来说，在名股实债关系中，债权投资是否有效，应当根据债权本身是否有效来加以认定，如未取得贷款资格的金融机构，以名股实债的方式对外发放贷款的，则该名股实债行为就属无效。最高人民法院2017年12月22日作出的（2017）最高法民终647号民事判决书中就明确指出：“本案两笔《借款合同》的效力及逾期违约金是否过高的问题。本案出借人高金公司向外出借款项，未约定利息，而是约定高额的逾期利息或违约金。但从本案查明的事实看，高金公司多次从事向外借款业务，而且多数情况下约定有借款期内的高额利息的情形，借款人存在多个不同的借款主体，即其出借的对象亦不特定。故，高金公司具有从事经常性放贷业务以收取高额利息的事实。本案所涉的两笔《借款合同》是其经营放贷业务中的一部分，本质上属于从事放贷业务。而且，虽然本案中的两笔《借款合同》未约定借期内的利息，可借款期限仅为3个月，而违约金却超出银行同期借款利率的4倍，存在以收取高额违约金或高额逾期利息的方式实现营利目的的情形。高金公司系投资公司，经营范围中没有向外放贷的业务，其从事放贷业务亦未取得金融监督管理部门的批准，该种行为扰乱了我国金融市场和金融秩序，违反了《银行业监督管理法》和《商业银行法》等法律的有关规定，亦损害了社会公共利益。因此，根据《合同法》第52条第4、5项规定[①]，本案的两笔《借款合同》无效。高金公司认为本案《借款合同》应为有效合同的理由不能成立，不予支持。”除此之外，还需要注意以下方面：

1.《审理联营合同案件解答》第4条第1项规定：“联营合同中的保底条款，通常是指联营一方虽向联营体投资，并参与共同经营，分享联营的盈利，但不承担联营的亏损责任，在联营体亏损时，仍要收回其出资和收取固定利润的条款。保底条款违背了联营活动中应当遵循的共负盈亏、共担风险的原则，损害了其他联营方和联营体的债权人的合法权益，应当确认无效。联营企业发生亏损的，联营一方依保底条款收取的固定利润，应当如数退出，用于补偿联营的亏损，如无亏损，或补偿后仍有剩余的，剩余部分可作为联营的盈余，由双方重新商定合理分配或按联营各方的投资比例重新分配。”基此，明联营投资的保底条款无效。但如前所述，在联营投资中规定保底条款实属明投资实借贷的行为，保底条款实则属于固定回报即利息的有关规定。其是否有效，则应根据债权本身是否有效来加以认定，而不能根据是否属于保底条款来认定。因此，《审理联营合同案件解答》第4条第1项关于明联营实借贷中有关保底条款的规定，因为与《民法典》的规定不符，不再具有效力。

① 现应为《民法典》第153条的规定。该条规定：“违反法律、行政法规的强制性规定的民事法律行为无效。但是，该强制性规定不导致该民事法律行为无效的除外。违背公序良俗的民事法律行为无效。”

其实，名股实债中的保底条款，是否属于矛盾条款而无效，需要在法理上予以厘清。所谓矛盾条款，是指合同中的某一条款因与合同的整体内容相冲突且无法消除时而应认定为无效的条款。如真实投资意思表示的投资合同中约定的获取固定回报的保底条款，基于股权与债权不能同时存在的基本规则，就属于与投资合同整体内容矛盾且无法解决的冲突性矛盾条款从而属于无效。可在提供企业的资金其实际目的不是在于投资企业获取股权，而是借给企业获取固定回报的真实意图下，即使表面上将投入的资金登记为了出资而获取了企业的股权，基于名股实债的认定规则将该表面上的股权认定为实际的债权。这时，在表面上的投资合同的保底条款就是实际债权合同中的获取固定回报的条款，而不再是投资合同中与“投资”行为相冲突的矛盾条款，不再存在属于矛盾条款而要认定为无效的问题。另外，向企业提供某笔资金的人，不能对这同笔资金同时既享有股权又享有债权。换言之，一个人不可能因为向企业提供同笔资金而同时既为股东又为债权人，两者必居其一。然在不同时的不同阶段，相对于同一笔资金，其债权人与股东的身份可以发生变化，股东既可以转化为债权人，债权人也可以转化为股东，只要依法进行转换即可。在名股实债中，股东退出前享有股权，退出后享有债权，本质上属于股转债，因而并不违反股债不能并存的基本规则问题，于是也不存在矛盾条款而导致名股实债合同无效的问题。①

2. 对于名股实债，一些部门明确规定政府及其投资基金不得进行名股实债等增加政府债务的行为，或者将政府及其投资基金的名股实债行为解释为国家法律法规禁止从事的业务：

如，中国银行业监督管理委员会办公厅 2008 年 10 月 28 日发布实施的《关于加强信托公司房地产、证券业务监管有关问题的通知》（银监办发〔2008〕265 号）规定，严禁以投资附加回购承诺、商品房预算团购等方式间接发放房地产贷款。严禁以购买房地产开发企业附回购承诺等方式变相发放流动资金贷款。

财政部2015 年 11 月 12 日发布实施的《政府投资基金暂行管理办法》（财预〔2015〕210 号）第 12 条规定，政府投资基金在运作过程中不得从事融资担保以外的担保、抵押、委托贷款等业务；投资二级市场股票、期货、房地产、证券投资基金、评级 AAA 以下的企业债、信托产品、非保本型理财产品、保险计划及其他金融衍生品；向任何第三方提供赞助、捐赠（经批准的公益性捐赠除外）；吸收或变相吸收存款，或向第三方提供贷款和资金拆

---

① 贺小荣主编：《最高人民法院民事审判第二庭法官会议纪要——追寻裁判背后的法理》，人民法院出版社 2019 年版，第 68 页。

借；进行承担无限连带责任的对外投资；发行信托或集合理财产品募集资金；以及其他国家法律法规禁止从事的业务。

国家发展改革委员会2016年12月30日发布、2017年4月1日起施行的《政府出资产业投资基金管理暂行办法》（发改财金规〔2016〕2800号）第26条规定："政府出资产业投资基金对单个企业的投资额不得超过基金资产总值的百分之二十，且不得从事下列业务：（一）名股实债等变相增加政府债务的行为；（二）公开交易类股票投资，但以并购重组为目的的除外；（三）直接或间接从事期货等衍生品交易；（四）为企业提供担保，但为被投资企业提供担保的除外；（五）承担无限责任的投资。"财政部2016年9月24日发布施行的《政府和社会资本合作项目财政管理暂行办法》（财金〔2016〕92号）第35条第3款规定，政府与社会资本合资设立项目公司的，应按照《公司法》等法律规定以及PPP项目合同约定规范运作，不得在股东协议中约定由政府股东或政府指定的其他机构对社会资本方股东的股权进行回购安排。

财政部、国家发展和改革委员会、司法部、中国人民银行、中国银行业监督管理委员会、中国证券监督管理委员会2017年4月26日《关于进一步规范地方政府举债融资行为的通知》（财预〔2017〕50号）第3条规定："（规范政府与社会资本方的合作行为）地方政府应当规范政府和社会资本合作（PPP）。允许地方政府以单独出资或与社会资本共同出资方式设立各类投资基金，依法实行规范的市场化运作，按照利益共享、风险共担的原则，引导社会资本投资经济社会发展的重点领域和薄弱环节，政府可适当让利。地方政府不得以借贷资金出资设立各类投资基金，严禁地方政府利用PPP、政府出资的各类投资基金等方式违法违规变相举债，除国务院另有规定外，地方政府及其所属部门参与PPP项目、设立政府出资的各类投资基金时，不得以任何方式承诺回购社会资本方的投资本金，不得以任何方式承担社会资本方的投资本金损失，不得以任何方式向社会资本方承诺最低收益，不得对有限合伙制基金等任何股权投资方式额外附加条款变相举债。"

财政部2017年11月10日《关于规范政府和社会资本合作（PPP）综合信息平台项目库管理的通知》（财办金〔2017〕92号）第3条第4项规定："构成违法违规举债担保。包括由政府或政府指定机构回购社会资本投资本金或兜底本金损失的；政府向社会资本承诺固定收益回报的；政府及其部门为项目债务提供任何形式担保的；存在其他违法违规举债担保行为的。"

国务院国有资产监督管理委员会2017年11月17日《关于加强中央企业PPP业务风险管控的通知》（国资发财管〔2017〕192号）第4条明确指出："各企业要严格遵守国家重大项目资本金制度，合理控制杠杆比例，做好拟开展PPP项目的自有资金安排，根据项目需要积极引入优势互补、协同度高的其他非金融投资方，吸引各类股权类受托管理资金、保险资金、基本养老保险基金等参与投资，多措并举加大项目资本金投入，但不得通过引入‘名股实债’类股权资金或购买劣后级份额等方式承担本应由其他方承担的风险。”“在PPP项目股权合作中，不得为其他方股权出资提供担保、承诺收益等；项目债务融资需要增信的，原则上应由项目自身权益、资产或股权投资担保，确需股东担保的应由各方股东按照出资比例共同担保。”

中国保险监督管理委员会2017年12月27日《关于保险资金设立股权投资计划有关事项的通知》（保监资金〔2017〕282号）第3条规定：“股权投资计划取得的投资收益，应当与被投资未上市企业的经营业绩或私募股权投资基金的投资收益挂钩，不得采取以下方式承诺保障本金和投资收益：（一）设置明确的预期回报，且每年定期向投资人支付固定投资回报；（二）约定到期、强制性由被投资企业或关联第三方赎回投资本金；（三）中国保监会认定的其他情形。”第4条规定：“保险资产管理机构设立股权投资计划，应当承担主动管理职责，不得直接或变相开展通道业务，不得投资嵌套其他资产管理产品的私募股权投资基金。”

中国保险监督管理委员会、财政部2018年1月8日《关于加强保险资金运用管理支持防范化解地方政府债务风险的指导意见》（保监发〔2018〕6号）第4条指出：“保险机构开展保险私募基金、股权投资计划、政府和社会资本合作（PPP）等保险资金运用创新业务，要遵循审慎合规原则，投资收益应当与被投资企业的经营业绩或股权投资基金的投资收益挂钩，不得要求地方政府或融资平台公司通过支付固定投资回报或约定到期、强制赎回投资本金等方式承诺保障本金和投资收益，不得为地方政府违法违规或变相举债提供任何形式的便利。……坚决制止地方政府以引入保险机构等社会资本名义，通过融资平台公司、政府投资基金等方式违法违规或变相举债上新项目、铺新摊子。”

中国保险监督管理委员会2018年1月12日《打赢保险业防范化解重大风险攻坚战的总体方案》（保监发〔2018〕9号）第4条第（2）项之2明确指出：“集中整治保险资金运用乱象，严肃查处违规利用保险资金加杠杆、违规开展多层嵌套投资、违规开展资金运用关联交易、违规开展股权投资、违规开展境外投资等行为，严禁违法违规向地方政府提供融资，坚决制止明股实债等变相增加实体经济成本的违规行为，依法从重处罚相关机构和责任人。”

中国人民银行、中国银行保险监督管理委员会、中国证券监督管理委员会、国家外汇管理局2018年4月27日《关于规范金融机构资产管理业务的指导意见》（银发〔2018〕106号）第21条第2款、第3条规定："分级资产管理产品不得直接或者间接对优先级份额认购者提供保本保收益安排。""本条所称分级资产管理产品是指存在一级份额以上的份额为其他级份额提供一定的风险补偿，收益分配不按份额比例计算，由资产管理合同另行约定的产品。"

如上等等部门规章的有关规定，根据《合同法解释（一）》第4条关于"《合同法》实施以后，人民法院确认合同无效，应当以全国人大及其常委会制定的法律和国务院制定的行政法规为依据，不得以地方性法规、行政规章为依据"的规定，因而不能直接作为名股实债无效的认定根据。然而，违反这些部门规章的规定，确实属于违反国家法律、法规有关强制性规定而属无效的，应当根据《民法典》第153条关于"违反法律、行政法规的强制性规定的民事法律行为无效。但是，该强制性规定不导致该民事法律行为无效的除外。违背公序良俗的民事法律行为无效"等的有关规定认定为无效。①

3. 名股实债行为，并非整个投资行为性质一致。一笔投资，根据有关协议能够认定部分属于股权投资，部分属于以股权投资为名行债权投资之实的名股实债的，则应当按股权、债权分别认定。

4. 公司的股东出资不足，投资人也认购了部分股权，即使将所有投资均约定了固定回报，基于公司资本维持原则的要求，应当对认购的部分股权及其他股东出资不足的资本予以补足，与此对应的部分应当认定为股权投资，剩下的其他以股权投资为名进行的投资才能按照约定获取固定回报等的债权投资认定。

5. 名股实债的固定回报，一般以固定分红、回购价款等加以保证。一旦认定为名股实债，则固定分红、回购价款的差价等固定回报的获取不得违反司法解释有关民间借贷利率的限制性规定。不然，该固定回报的约定即属无效约定。对这，《民间借贷案件通知》《民间借贷案件规定》依法确立了法定利率的司法红线。人民法院在民间借贷纠纷案件审理过程中，对于各种以"利息""违约金""服务费""中介费""保证金""延期费"等突破或变相突破法定利率红线的，应当依法不予支持。

6. 公司对公司股权的回购，就有限责任公司而言，法律并没有明确禁止性的规定，尽管如此，不得违背资本维持原则；就股份有限公司而言，《公司法》第一百四十二条规定："公司不得收购本公司股份。但是，有下列情形之

---

① 贺小荣主编：《最高人民法院民事审判第二庭法官会议纪要——追寻裁判背后的法理》，人民法院出版社2019年版，第69～70页。

一的除外：（一）减少公司注册资本；（二）与持有本公司股份的其他公司合并；（三）将股份用于员工持股计划或者股权激励；（四）股东因对股东大会作出的公司合并、分立决议持异议，要求公司收购其股份；（五）将股份用于转换上市公司发行的可转换为股票的公司债券；（六）上市公司为维护公司价值及股东权益所必需。”“公司因前款第（一）项、第（二）项规定的情形收购本公司股份的，应当经股东大会决议；公司因前款第（三）项、第（五）项、第（六）项规定的情形收购本公司股份的，可以依照公司章程的规定或者股东大会的授权，经三分之二以上董事出席的董事会会议决议。”基此，股份有限公司只有在上述6种情形下收购公司股份才属有效，其他情形均属无效。但对于名股实债中的“股权”回购，实际是清偿债权，而非公司回购本公司股份。不过，还应注意：（1）名股实债的债权本身无效或在法定期限内应被撤销，则应按无效或被撤销合同处理，不能获取利息；（2）回购价款涉及的固定回报部分，应当遵循司法解释有关利率限制性的规定；（3）属于股权投资的部分，应满足资本维持原则的要求即不得违反资本维持原则时才能进行回购。

关于股权回购，涉及到对赌协议及其效力的理解问题，对此，《民商事审判纪要》指出：“实践中俗称的‘对赌协议’，又称估值调整协议，是指投资方与融资方在达成股权性融资协议时，为解决交易双方对目标公司未来发展的不确定性、信息不对称以及代理成本而设计的包含了股权回购、金钱补偿等对未来目标公司的估值进行调整的协议。从订立‘对赌协议’的主体来看，有投资方与目标公司的股东或者实际控制人‘对赌’、投资方与目标公司‘对赌’、投资方与目标公司的股东、目标公司‘对赌’等形式。人民法院在审理‘对赌协议’纠纷案件时，不仅应当适用合同法的相关规定，还应当适用公司法的相关规定；既要坚持鼓励投资方对实体企业特别是科技创新企业投资的原则，在一定程度上缓解企业融资难的问题，又要贯彻资本维持原则和保护债权人合法权益原则，依法平衡投资方、公司债权人、公司之间的利益。对于投资方与目标公司的股东或者实际控制人订立的‘对赌协议’，如无其他无效事由，认定有效并支持实际履行，实践中并无争议。但投资方与目标公司订立的‘对赌协议’是否有效以及能否实际履行，存在争议。”对此，于第5条（与目标公司‘对赌’）规定：“投资方与目标公司订立的‘对赌协议’在不存在法定无效事由的情况下，目标公司仅以存在股权回购或者金钱补偿约定为由，主张‘对赌协议’无效的，人民法院不予支持，但投资方主张实际履行的，人民法院应当审查是否符合公司法关于‘股东不得抽逃出资’及股份回购的强制性规定，判决是否支持其诉讼请求。”“投资方请求目标公司回购股权的，人民法院应当依据《公司法》第35条关于‘股东不得抽逃出资’或者第142条关于股份回购的强制性规定进行审查。经审查，目标公司未完成减资程序的，人民法院应当驳回其诉讼请求。”“投资方请求目标公司承担金钱补偿义务的，人民法院应当依据《公司法》第35条关于‘股东不得抽逃出资’和第166条关于利润分配的强制性规定进行审查。经审查，目标公司没有利润或者虽有利润但不足以补偿投资方的，人民法院应当驳回或者部分支持其诉讼请求。今后目标公司有利润时，投资方还可以依据该事实另行提起诉讼。”

7. 公司对第三人、股东回购名股实债中的“股权”行为进行担保。第三人、股东回购行为本身有效，担保行为也不违反有关法律、法规强制性规定的，公司则应依法承担担保责任；回购行为本身有效，担保行为本身无效，以及回购行为无效，公司则应依法承担相应的民事责任。

8. 名股实债中，基于表面的“股权”投资认定为实质的“债权”并以公司回购股权并减资，股东回购股权且由公司承担担保责任等方式获取回报的，基于这种回报是建立在名义上的“股东”实际上的“债权人”向公司出借了款项的基础上的，并非无偿取得，为此不存在以虚假债权获得不当利益而属无效行为的问题。另外，先前的“投资”为假，给公司借款才为真，在债权表面上为“股权”的情况下，以公司回购股权并减资，或股东回购股权由公司承担担保责任来获取固定回报，因为其原来的“出资”只是表面上的“出资”，而非实际上的“出资”，因而也不存在抽逃其出资因而应属无效行为的问题。

十二、关于担保债权的申报与审查

担保债权及其效力，表现形式多样，是异常复杂的问题之一。对之的审查，不仅要根据《民法典》等一般效力规则进行审查，而且要根据《民法典》等有关具体规定进行审查。下面对担保债权效力问题及其一些主要规范，作一简单的梳理、介绍。

（一）保证担保效力的主要规范

1. 保证合同因保证行为所担保的主债权合同无效而无效。《民法典》第682条规定：“保证合同是主债权债务合同的从合同。主债权债务合同无效，保证合同无效，但是法律另有规定的除外。”“保证合同被确认无效后，债务人、保证人、债权人有过错的，应当根据其过错各自承担相应的民事责任。”具体参照《担保法解释》第8条关于“主合同无效而导致担保合同无效，担保人无过错的，担保人不承担民事责任；担保人有过错的，担保人承担民事责任的部分，不应超过债务人不能清偿部分的三分之一”的规定承担民事责任。

2. 保证合同因保证行为的主体缺乏保证权利能力而无效。如《民法典》第683条规定：“机关法人不得为保证人，但是经国务院批准为使用外国政府或者国际经济组织贷款进行转贷的除外。”“以公益为目的的非营利法人、非法人组织不得为保证人。”

3. 保证合同因保证行为违反法律、法规强制性程序规范而无效。如《公司法》第16条规定，公司向其他企业投资或者为他人提供担保，依照公司章程的规定，由董事会或者股东会、股东大会决议；公司章程对投资或者担保的总额及单项投资或者担保的数额有限额规定的，不得超过规定的限额。公司为公司股东或者实际控制人提供担保的，必须经股东会或者股东大会决议。前款规定的股东或者受前款规定的实际控制人支配的股东，不得参加前款规定事项的表决。该项表决由出席会议的其他股东所持表决权的过半数通过。第104条规定，本法和公司章程规定公司转让、受让重大资产或者对外提供担保等事项必须经股东大会作出决议的，董事会应当及时召集股东大会会议，由股东大会就上述事项进行表决。第121条规定，上市公司在1年内购买、出售重大资产或者担保金额超过公司资产总额30%的，应当由股东大会作出决议，并经出席会议的股东所持表决权的2/3以上通过。第148条规定，董事、高级管理人员不得有下列行为：……（3）违反公司章程的规定，未经股东会、股东大会或者董事会同意，将公司资金借贷给他人或者以公司财产为他人提供担保……《民商事审判纪要》第17条（违反《公司法》第16条构成越权代表）规定：“为防止法定代表人随意代表公司为他人提供担保给公司造成损失，损害中小股东利益，《公司法》第16条对法定代表人的代表权进行了限制。根据该条规定，担保行为不是法定代表人所能单独决定的事项，而必须以公司股东（大）会、董事会等公司机关的决议作为授权的基础和来源。法定代表人未经授权擅自为他人提供担保的，构成越权代表，人民法院应当根据《合同法》第50条[①]关于法定代表人越权代表的规定，区分订立合同时债权人是否善意分别认定合同效力：债权人善意的，合同有效；反之，合同无效。”《民商事审判纪要》第18条（善意的认定）规定：“前条所称的善意，是指债权人不知道或者不应当知道法定代表人超越权限订立担保合同。《公司法》第16条对关联担保和非关

① 现应为《民法典》第504条规定。该条规定：“法人的法定代表人或者非法人组织的负责人超越权限订立的合同，除相对人知道或者应当知道其超越权限外，该代表行为有效，订立的合同对法人或者非法人组织发生效力。”

联担保的决议机关作出了区别规定，相应地，在善意的判断标准上也应当有所区别。一种情形是，为公司股东或者实际控制人提供关联担保，《公司法》第16条明确规定必须由股东（大）会决议，未经股东（大）会决议，构成越权代表。在此情况下，债权人主张担保合同有效，应当提供证据证明其在订立合同时对股东（大）会决议进行了审查，决议的表决程序符合《公司法》第16条的规定，即在排除被担保股东表决权的情况下，该项表决由出席会议的其他股东所持表决权的过半数通过，签字人员也符合公司章程的规定。另一种情形是，公司为公司股东或者实际控制人以外的人提供非关联担保，根据《公司法》第16条的规定，此时由公司章程规定是由董事会决议还是股东（大）会决议。无论章程是否对决议机关作出规定，也无论章程规定决议机关为董事会还是股东（大）会，根据《民法总则》第61条第3款关于'法人章程或者法人权力机构对法定代表人代表权的限制，不得对抗善意相对人'的规定，只要债权人能够证明其在订立担保合同时对董事会决议或者股东（大）会决议进行了审查，同意决议的人数及签字人员符合公司章程的规定，就应当认定其构成善意，但公司能够证明债权人明知公司章程对决议机关有明确规定的除外。""债权人对公司机关决议内容的审查一般限于形式审查，只要求尽到必要的注意义务即可，标准不宜太过严苛。公司以机关决议系法定代表人伪造或者变造、决议程序违法、签章（名）不实、担保金额超过法定限额等事由抗辩债权人非善意的，人民法院一般不予支持。但是，公司有证据证明债权人明知决议系伪造或者变造的除外。"《民商事审判纪要》第19条（无须机关决议的例外情况）规定："存在下列情形的，即便债权人知道或者应当知道没有公司机关决议，也应当认定担保合同符合公司的真实意思表示，合同有效：（1）公司是以为他人提供担保为主营业务的担保公司，或者是开展保函业务的银行或者非银行金融机构；（2）公司为其直接或者间接控制的公司开展经营活动向债权人提供担保；（3）公司与主债务人之间存在相互担保等商业合作关系；（4）担保合同系由单独或者共同持有公司三分之二以上有表决权的股东签字同意。"《民商事审判纪要》第20条（越权担保的民事责任）规定："依据前述3条规定，担保合同有效，债权人请求公司承担担保责任的，人民法院依法予以支持；担保合同无效，债权人请求公司承担担保责任的，人民法院不予支持，但可以按照《担保法》及有关司法解释关于担保无效的规定处理。公司举证证明债权人明知法定代表人超越权限或者机关决议系伪造或者变造，债权人请求公司承担合同无效后的民事责任的，人民法院不予支持。"《民商事审判纪要》第23条（债务加入准用担保规则）规定："法定代表人以公司名义与债务人约定加入债务并通知债权人或者向债权人表示愿意加入债务，该约定的效力问题，参照本纪要关于公司为他人提供担保的有关规则处理。”

4. 独立担保的效力问题。《民商事审判纪要》第 54 条（独立担保）规定：“从属性是担保的基本属性，但由银行或者非银行金融机构开立的独立保函除外。独立保函纠纷案件依据《最高人民法院关于审理独立保函纠纷案件若干问题的规定》处理。需要进一步明确的是：凡是由银行或者非银行金融机构开立的符合该司法解释第 1 条、第 3 条规定情形的保函，无论是用于国际商事交易还是用于国内商事交易，均不影响保函的效力。银行或者非银行金融机构之外的当事人开立的独立保函，以及当事人有关排除担保从属性的约定，应当认定无效。但是，根据‘无效法律行为的转换’原理，在否定其独立担保效力的同时，应当将其认定为从属性担保。此时，如果主合同有效，则担保合同有效，担保人与主债务人承担连带保证责任。主合同无效，则该所谓的独立担保也随之无效，担保人无过错的，不承担责任；担保人有过错的，其承担民事责任的部分，不应超过债务人不能清偿部分的三分之一。”

5. 上市公司为他人提供担保的效力问题。《民商事审判纪要》第 22 条（上市公司为他人提供担保）规定：“债权人根据上市公司公开披露的关于担保事项已经董事会或者股东大会决议通过的信息订立的担保合同，人民法院应当认定有效。”

6. 保证合同的担保责任范围问题。《民商事审判纪要》第 55 条（担保责任的范围）规定：“担保人承担的担保责任范围不应当大于主债务，是担保从属性的必然要求。当事人约定的担保责任的范围大于主债务的，如针对担保责任约定专门的违约责任、担保责任的数额高于主债务、担保责任约定的利息高于主债务利息、担保责任的履行期先于主债务履行期届满，等等，均应当认定大于主债务部分的约定无效，从而使担保责任缩减至主债务的范围。”

7. 保证人不承担保证责任的问题。（1）根据《民法典》第 154 条关于“行为人与相对人恶意串通，损害他人合法权益的民事法律行为无效”的规定，主合同当事人双方串通，骗取保证人提供保证，损害保证人利益的。(2)《民法典》第 693 条规定：“一般保证的债权人未在保证期间对债务人提起诉讼或者申请仲裁的，保证人不再承担保证责任。”“连带责任保证的债权人未在保证期间请求保证人承担保证责任的，保证人不再承担保证责任。”（3）《民法典》第 695 条规定：“债权人和债务人未经保证人书面同意，协商变更主债权债务合同内容，减轻债务的，保证人仍对变更后的债务承担保证责任；加重债务的，保证人对加重的部分不承担保证责任。”“债权人和债务人变更主债权债务合同的履行期限，未经保证人书面同意的，保证期间不受影响。”

(4)《民法典》第 696 条规定：“债权人转让全部或者部分债权，未通知保证人的，该转让对保证人不发生效力。”“保证人与债权人约定禁止债权转让，债权人未经保证人书面同意转让债权的，保证人对受让人不再承担保证责任。”第 697 条规定：“ 债权人未经保证人书面同意，允许债务人转移全部或者部分债务，保证人对未经其同意转移的债务不再承担保证责任，但是债权人和保证人另有约定的除外。”“第三人加入债务的，保证人的保证责任不受影响。”(5)《民法典》第 698 条规定：“一般保证的保证人在主债务履行期限届满后，向债权人提供债务人可供执行财产的真实情况，债权人放弃或者怠于行使权利致使该财产不能被执行的，保证人在其提供可供执行财产的价值范围内不再承担保证责任。”(6)《民法典》第 701 条规定：“保证人可以主张债务人对债权人的抗辩。债务人放弃抗辩的，保证人仍有权向债权人主张抗辩。”(7)《民法典》第 702 条规定：“债务人对债权人享有抵销权或者撤销权的，保证人可以在相应范围内拒绝承担保证责任。”

（二）抵押担保效力的主要规范

1. 抵押合同因抵押行为所担保的主债权合同无效而无效。根据《民法典》第 388 条的规定，设立担保物权，应当依照本法和其他法律的规定订立担保合同。担保合同是主债权债务合同的从合同。主债权债务合同无效，担保合同无效，但是法律另有规定的除外。担保合同被确认无效后，债务人、担保人、债权人有过错的，应当根据其过错各自承担相应的民事责任。

2. 抵押合同因标的物属于国家禁止抵押的财物或者无法转让的财物而无效。如《民法典》第 399 条规定：“下列财产不得抵押：（一）土地所有权；（二）宅基地、自留地、自留山等集体所有土地的使用权，但是法律规定可以抵押的除外；（三）学校、幼儿园、医疗机构等以公益为目的成立的非营利法人的教育设施、医疗卫生设施和其他公益设施；（四）所有权、使用权不明或者有争议的财产；（五）依法被查封、扣押、监管的财产；（六）法律、行政法规规定不得抵押的其他财产。”

3. 抵押合同中的绝押条款无效。《民法典》第 401 条规定：“抵押权人在债务履行期限届满前，与抵押人约定债务人不履行到期债务时抵押财产归债权人所有的，只能依法就抵押财产优先受偿。”据此，在抵押合同中设立流押条款，约定债务人不履行到期债务时抵押财产归债权人所有的，则该约定无效，即在债务人不能履行到期债务后不能产生抵押财产归债权人所有的效力，其仍旧只能产生抵押的效力，对抵押财产依法具有优先受偿的权利。

4. 房地抵押问题。《民法典》第 397 条规定：“以建筑物抵押的，该建筑物占用范围内的建设用地使用权一并抵押。”“以建设用地使用权抵押的，该土地上的建筑物一并抵押。”“抵押人未依照前款规定一并抵押的，未抵押的财产视为一并抵押。”第398条规定：“乡镇、村企业的建设用地使用权不得单独抵押。以乡镇、村企业的厂房等建筑物抵押的，其占用范围内的建设用地使用权一并抵押。”《民商事审判纪要》第61条（房地分别抵押）规定：“根据《物权法》第182条①之规定，仅以建筑物设定抵押的，抵押权的效力及于占用范围内的土地；仅以建设用地使用权抵押的，抵押权的效力亦及于其上的建筑物。在房地分别抵押，即建设用地使用权抵押给一个债权人，而其上的建筑物又抵押给另一个人的情况下，可能产生两个抵押权的冲突问题。基于‘房地一体’规则，此时应当将建筑物和建设用地使用权视为同一财产，从而依照《物权法》第199条②的规定确定清偿顺序：登记在先的先清偿；同时登记的，按照债权比例清偿。同一天登记的，视为同时登记。应予注意的是，根据《物权法》第200条③的规定，建设用地使用权抵押后，该土地上新增的建筑物不属于抵押财产。”

5. 浮动抵押的问题。《民商事审判纪要》第64条（浮动抵押的效力）规定：“企业将其现有的以及将有的生产设备、原材料、半成品及产品等财产设定浮动抵押后，又将其中的生产设备等部分财产设定了动产抵押，并都办理了抵押登记的，根据《物权法》第199条④的规定，登记在先的浮动抵押优先于登记在后的动产抵押。”

6. 未办理抵押登记的不动产抵押合同的效力问题。《民商事审判纪要》第60条（未办理登记的不动产抵押合同的效力）规定：“不动产抵押合同依法成立，但未办理抵押登记手续，债权人请求抵押人办理抵押登记手续的，人民法院依法予以支持。因抵押物灭失以及抵押物转让他人等原因不能办理抵押登记，债权人请求抵押人以抵押物的价值为限承担责任的，人民法院依法予以支持，但其范围不得超过抵押权有效设立时抵押人所应当承担的责任。”

7. 抵押合同的担保债权范围问题。《民商事审判纪要》第58条（担保债权的范围）规定：“以登记作为公示方式的不动产担保物权的担保范围，一般应当以登记的范围为准。但是，我国目前不动产担保物权登记，不同地区的系统设置及登记规则并不一致，人民法院在审理案件时应当充分注意制度设计上的差别，作出符合实际的判断：一是多数省区市的登记系统未设置‘担保范围’栏目，仅有‘被担保主债权数额（最高债权数额）’的表述，且只

---

① 现为《民法典》第397条。
② 现为《民法典》第414条。
③ 现为《民法典》第419条。
④ 现为《民法典》第414条。

能填写固定数字。而当事人在合同中又往往约定担保物权的担保范围包括主债权及其利息、违约金等附属债权，致使合同约定的担保范围与登记不一致。显然，这种不一致是由于该地区登记系统设置及登记规则造成的该地区的普遍现象。人民法院以合同约定认定担保物权的担保范围，是符合实际的妥当选择。二是一些省区市不动产登记系统设置与登记规则比较规范，担保物权登记范围与合同约定一致在该地区是常态或者普遍现象，人民法院在审理案件时，应当以登记的担保范围为准。"

8. 抵押标的物及抵押权的转让问题。《民法典》第 406 规定："抵押期间，抵押人可以转让抵押财产。当事人另有约定的，按照其约定。抵押财产转让的，抵押权不受影响。""抵押人转让抵押财产的，应当及时通知抵押权人。抵押权人能够证明抵押财产转让可能损害抵押权的，可以请求抵押人将转让所得的价款向抵押权人提前清偿债务或者提存。转让的价款超过债权数额的部分归抵押人所有，不足部分由债务人清偿。"第 407 条规定："抵押权不得与债权分离而单独转让或者作为其他债权的担保。债权转让的，担保该债权的抵押权一并转让，但是法律另有规定或者当事人另有约定的除外。"《民商事审判纪要》第 62 条（抵押权随主债权转让）规定："抵押权是从属于主合同的从权利，根据'从随主'规则，债权转让的，除法律另有规定或者当事人另有约定外，担保该债权的抵押权一并转让。受让人向抵押人主张行使抵押权，抵押人以受让人不是抵押合同的当事人、未办理变更登记等为由提出抗辩的，人民法院不予支持。

9. 抵押担保责任承担的一些特殊问题。《民商事审判纪要》第 57 条（借新还旧的担保物权）规定："贷款到期后，借款人与贷款人订立新的借款合同，将新贷用于归还旧贷，旧贷因清偿而消灭，为旧贷设立的担保物权也随之消灭。贷款人以旧贷上的担保物权尚未进行涂销登记为由，主张对新贷行使担保物权的，人民法院不予支持，但当事人约定继续为新贷提供担保的除外。"

《民商事审判纪要》第 59 条（主债权诉讼时效届满的法律后果）规定："抵押权人应当在主债权的诉讼时效期间内行使抵押权。抵押权人在主债权诉讼时效届满前未行使抵押权，抵押人在主债权诉讼时效届满后请求涂销抵押权登记的，人民法院依法予以支持。以登记作为公示方法的权利质权，参照适用前款规定。"《民商事审判纪要》第 56 条（混合担保中担保人之间的追偿问题）规定："被担保的债权既有保证又有第三人提供的物的担保的，担保法司法解释第 38 条明确规定，承担了担保责任的担保人可以要求其他担保人清偿其应当分担的份额。但《物权法》第176条[①]并未作出类似规定，根据《物权法》第178条关于‘担保法与本法的规定不一致的，适用本法’的规定，承担了担保责任的担保人向其他担保人追偿的，人民法院不予支持，但担保人在担保合同中约定可以相互追偿的除外。”

（三）质押担保效力的主要规范

1. 质押合同因质押行为所担保的主债权合同无效而无效。根据《民法典》第388条的规定，设立担保物权，应当依照本法和其他法律的规定订立担保合同。担保合同是主债权债务合同的从合同。主债权债务合同无效，担保合同无效，但是法律另有规定的除外。担保合同被确认无效后，债务人、担保人、债权人有过错的，应当根据其过错各自承担相应的民事责任。

2. 质押合同因标的物属于国家禁止质押的财物或者无法转让的财物而无效。《民法典》第426条规定："法律、行政法规禁止转让的动产不得出质。"

3. 质押合同中的流质条款无效。《民法典》第428条规定："质权人在债务履行期限届满前，与出质人约定债务人不履行到期债务时质押财产归债权人所有的，只能依法就质押财产优先受偿。"据此，在质押合同中设立流质条款，约定债务人不履行到期债务时质押财产归债权人所有的，则该约定无效，即在债务人不能履行到期债务后不能产生质押财产归债权人所有的效力，其仍旧只能产生质押的效力，对质押财产依法具有优先受偿的权利。

4. 流动质押的问题。《民商事审判纪要》第63条（流动质押的设立与监管人的责任）规定："在流动质押中，经常由债权人、出质人与监管人订立三方监管协议，此时应当查明监管人究竟是受债权人的委托还是受出质人的委托监管质物，确定质物是否已经交付债权人，从而判断质权是否有效设立。如果监管人系受债权人的委托监管质物，则其是债权人的直接占有人，应当认定完成了质物交付，质权有效设立。监管人违反监管协议约定，违规向出质人放货、因保管不善导致质物毁损灭失，债权人请求监管人承担违约责任的，人民法院依法予以支持。""如果监管人系受出质人委托监管质物，表明质物并未交付债权人，应当认定质权未有效设立。尽管监管协议约定监管人系受债权人的委托监管质物，但有证据证明其并未履行监管职责，质物实际上仍由出质人管领控制的，也应当认定质物并未实际交付，质权未有效设立。此时，债权人可以基于质押合同的约定请求质押人承担违约责任，但其范围不得超过质权有效设立时质押人所应当承担的责任。监管人未履行监管职责的，债权人也可以请求监管人承担违约责任。"

---

① 现为《民法典》第392条。

5. 动产抵押与质押竞合问题。《民商事审判纪要》第65条（动产抵押权与质权竞存）规定：“同一动产上同时设立质权和抵押权的，应当参照适用《物权法》第199条[①]的规定，根据是否完成公示以及公示先后情况来确定清偿顺序：质权有效设立、抵押权办理了抵押登记的，按照公示先后确定清偿顺序；顺序相同的，按照债权比例清偿；质权有效设立，抵押权未办理抵押登记的，质权优先于抵押权；质权未有效设立，抵押权未办理抵押登记的，因此时抵押权已经有效设立，故抵押权优先受偿。”

（四）非典型担保效力的主要规范

非典型担保，是指相对于《民法典》等明文规定的抵押、质押、留置等典型担保物权而存在的，将标的物的所有权或其他权利实际转移给担保人，以担保债权履行的担保。典型的担保物权，无论是抵押担保还是质押担保，都具有从属性，即担保债权本身从属于所担保的主债权，而不具有独立的性质，主债权无效，担保债权则就无效。就担保物权而言，担保权人虽对标的物享有抵押权、质押权等，但对标的物并不具有所有权；而非典型担保，担保权人则按照约定而将标的物所有权或其他权利移转给了担保权人，故又称为权利移转型担保，主要包括所有权保留、让与担保、保兑仓交易等。对于非典型担保的效力认定规则，《民商事审判纪要》第66条（担保关系的认定）规定：“当事人订立的具有担保功能的合同，不存在法定无效情形的，应当认定有效。虽然合同约定的权利义务关系不属于物权法规定的典型担保类型，但是其担保功能应予肯定。”《民商事审判纪要》第67条（约定担保物权的效力）规定：“债权人与担保人订立担保合同，约定以法律、行政法规未禁止抵押或者质押的财产设定以登记作为公示方法的担保，因无法定的登记机构而未能进行登记的，不具有物权效力。当事人请求按照担保合同的约定就该财产折价、变卖或者拍卖所得价款等方式清偿债务的，人民法院依法予以支持，但对其他权利人不具有对抗效力和优先性。”具体来说：

（1）对于让与担保及其效力，《民商事审判纪要》第71条（让与担保）规定：“债务人或者第三人与债权人订立合同，约定将财产形式上转让至债权人名下，债务人到期清偿债务，债权人将该财产返还给债务人或第三人，债务人到期没有清偿债务，债权人可以对财产拍卖、变卖、折价偿还债权的，人民法院应当认定合同有效。合同如果约定债务人到期没有清偿债务，财产归债权人所有的，人民法院应当认定该部分约定无效，但不影响合同其他部分的效力。当事人根据上述合同约定，已经完成财产权利变动的公示方式转

① 现为《民法典》第414条。

让至债权人名下，债务人到期没有清偿债务，债权人请求确认财产归其所有的，人民法院不予支持，但债权人请求参照法律关于担保物权的规定对财产拍卖、变卖、折价优先偿还其债权的，人民法院依法予以支持。债务人因到期没有清偿债务，请求对该财产拍卖、变卖、折价偿还所欠债权人合同项下债务的，人民法院亦应依法予以支持。”

（2）对于保兑仓交易及其效力，《民商事审判纪要》第68条（保兑仓交易）规定：“保兑仓交易作为一种新类型融资担保方式，其基本交易模式是，以银行信用为载体、以银行承兑汇票为结算工具、由银行控制货权、卖方（或者仓储方）受托保管货物并以承兑汇票与保证金之间的差额作为担保。其基本的交易流程是：卖方、买方和银行订立三方合作协议，其中买方向银行缴存一定比例的承兑保证金，银行向买方签发以卖方为收款人的银行承兑汇票，买方将银行承兑汇票交付卖方作为货款，银行根据买方缴纳的保证金的一定比例向卖方签发提货单，卖方根据提货单向买方交付对应金额的货物，买方销售货物后，将货款再缴存为保证金。”“在三方协议中，一般来说，银行的主要义务是及时签发承兑汇票并按约定方式将其交给卖方，卖方的主要义务是根据银行签发的提货单发货，并在买方未及时销售或者回赎货物时，就保证金与承兑汇票之间的差额部分承担责任。银行为保障自身利益，往往还会约定卖方要将货物交给由其指定的当事人监管，并设定质押，从而涉及监管协议以及流动质押等问题。实践中，当事人还可能在前述基本交易模式基础上另行作出其他约定，只要不违反法律、行政法规的效力性强制性规定，这些约定应当认定有效。”“一方当事人因保兑仓交易纠纷提起诉讼的，人民法院应当以保兑仓交易合同作为审理案件的基本依据，但买卖双方没有真实买卖关系的除外。”《民商事审判纪要》第69条（无真实贸易背景的保兑仓交易）规定：“保兑仓交易以买卖双方有真实买卖关系为前提。双方无真实买卖关系的，该交易属于名为保兑仓交易实为借款合同，保兑仓交易因构成虚伪意思表示而无效，被隐藏的借款合同是当事人的真实意思表示，如不存在其他合同无效情形，应当认定有效。保兑仓交易认定为借款合同关系的，不影响卖方和银行之间担保关系的效力，卖方仍应当承担担保责任。”《民商事审判纪要》第70条（保兑仓交易的合并审理）规定：“当事人就保兑仓交易中的不同法律关系的相对方分别或者同时向同一人民法院起诉的，人民法院可以根据民事诉讼法司法解释第221条的规定，合并审理。当事人未起诉某一方当事人的，人民法院可以依职权追加未参加诉讼的当事人为第三人，以便查明相关事实，正确认定责任。”至于所有权保留，在双方均未履行完毕合同中作了详尽介绍，这里不再多述。

十三、代位申报债权的审查

在现实生活中，一些债务人对于自己的债权怠于行使，并由此影响债权人利益，除专属于债务人自身的权利外，债权人不仅可以向人民法院请求以自己的名义代位行使债务人对次债务人的权利，而且在债权人对债务人的债权到期前，因债务人债权的诉讼时效即将届满或者次债务人破产债务人并未及时申报破产债权，根据《民法典》第536条的规定，还可以代位向次债务人请求其向债务人履行、向破产管理人申报或者作出其他必要的行为，即代位向次债务人破产管理人申报债务人的债权等。对此，人民法院既要就债务人对次债务人的债权是否属实及其数额进行审查，又要就代位人即债权人对债务人的债权是否属实及其数额进行审查，并以债务人对次债务人的权利依法认定债务人所享有的债权。

第五节　债权核查

《企业破产法》第58条第1款规定："依照本法第五十七条规定编制的债权表，应当提交第一次债权人会议核查。"据此，对于债权核查，应当注意以下几点：

一、债权核查的概念

债权核查，是指债权人会议在管理人对债权人进行申报的债权及未进行申报的债权审查后，依法对管理人审查后的债权进一步审查核实，以确定管理人通过审查作出的初步结论是否属实、准确的活动。

管理人对于债权审查以后尤其是对申报债权审查以后作出的结论，直接关系到债权人的利益。对于申报债权人来说，与之利益直接相关，毫无疑义。对申报人以外的其他债权人来说，由于破产程序中用于清偿所有债权人一切债权的财产已经固定，某一申报债权人的债权认定数额越高，其他债权人可能受偿的数额就越少。反之，某一申报债权人的债权认定数额越低，其他债权人可能受偿的数额就越多。管理人有关任何债权审查后的结论，不仅与申报债权人相关，而且与其他债权人相关。对于这样一种与自己利益直接相关的债权审查结论，其真实性、准确性如何，是否属实，是否合法等，债权人乃有权审查核实。此外，管理人可能基于各种各样的原因，对债权审查后作出的结论，难免出错。这种可能出错的结论，让与之有着直接利害关系的申报了债权的债权人组成债权人会议统一审查核实，既有利于维护债权人的合法权益，又有利于促使破产程序正常进行。

二、债权核查的主体

根据《企业破产法》第58条第1款的规定，债权核查的主体为债权人会议。如前所述，债权人对于管理人审查完毕并且作出初步结论的申报债权，有权依法进行审查核实。但是，申报债权人对各自申报的债权都存在着直接的利害关系，倘若都为自己的利益去考虑问题，债权人会议的审查核实活动就难以进行，对申报债权的核查由此不能交给申报债权人的个人本身，而应交给能够公平、公正维护债权人全体利益的机构，这种机构就是由依法进行申报的债权人组成的债权人会议。此外，申报债权的核查，由单个的债权人进行，势必无法集中、统一而要分散进行。分散进行，管理人都应配合，其工作量之大，可想而知。事实上，也无法在相对集中的时间内完成，让单个的债权人进行核查，必然影响破产程序工作效率，不利于破产程序的正常进行。是以，申报债权的核查主体，不是债权人个人，而是由所有依法进行申报的债权人组成的债权人会议。

根据《企业破产法》第58条第1款的规定，管理人对申报债权审查后编制债权表，应当提交第一次债权人会议核查。据之，申报债权的核查主体，似乎只能是第一次债权人会议。如前所述，管理人对于在债权申报期限内申报的债权，应当及时依法审查，并编制债权表。可是，一些债权人由于各个方面的原因并未在债权申报期限内申报，而是在债权申报期限届满后于债务人破产财产最后分配前补充申报。对于这种补充申报的债权，管理人也要进行审查并作出初步结论。这些补充申报债权的审查，既事关债权申报人的利益，又事关其他所有申报债权人的利益，也应由债权人会议审查核实。对此，根据《企业破产法》第61条第1项的规定，核查债权是债权人会议的首要职权，因而并非第一次债权人会议才能核查申报债权，其他债权人会议依旧有权对申报的债权进行核查。

《企业破产法》第57条第1款、第58条第1款规定，管理人收到债权申报材料后，应当登记造册，对申报的债权进行审查，并编制债权表，交由第一次债权人会议核查。所以，在债权申报期限内申报的债权，应在第一次债权人会议上核查，核查主体为第一次债权人会议。对于债权申报期限后进行补充申报的债权，管理人审查后作出初步结论的，则可由其他债权人会议核查。当然，在第一次债权人会议前管理人能够对补充申报的债权审查完毕的，也可以提交第一次债权人会议核查。对于债权申报期限内申报并经管理人审查作出初步结论的债权，第一次债权人会议无法核查完毕的，在其他债权人会议也可进行核查，而不能要求第一次债权人会议对在债权申报期限内申报的所有债权都核查完毕。

三、债权核查的对象

申报的债权包括在债权申报期限内申报的债权与在债权申报期限届满后破产财产最后分配前补充申报的债权，可以成为债权人会议核查的对象，没有疑义。根据《企业破产法》第 57 条第 1 款关于“管理人收到债权申报材料后，应当登记造册，对申报的债权进行审查，并编制债权表”以及第 58 条第 1 款关于“依照本法第五十七条规定编制的债权表，应当提交第一次债权人会议核查”的规定，则可明确得出债权人申报并为管理人依法审查后作出初步结论的债权为第一次债权人会议核查对象的结论。可债权人会议核查债权的对象是否仅仅限于所申报的债权，则存在疑问。笔者认为，其一，一般情况下，债权人申报债权，管理人依法审查作出初步结论，再交债权人会议核查，核查对象为债权人已经申报的债权。但在破产重整程序、破产和解程序中，管理人基于破产程序要对债务人与所有债权人之间的一切债权债务关系进行清理的本质要求，以及准确确定债权清偿比例的需要，要对债权人未申报的债权根据债务人现存的有关资料进行审查，并提出初步认定与否的结论。此种未申报债权的审查，亦关系到申报债权人的利益，债权人会议也有权对未申报的并经管理人审查作出初步结论的债权进行核查。换言之，对未申报但经管理人审查作出初步结论的债权，也可成为债权人会议核查的对象。

其二，《企业破产法》第 61 条第 1 项规定，核查债权作为债权人会议的一项重要职权，并未将未申报的债权排除在债权核查的范围之外，债权人会议核查的债权应当包括未申报但需要并已经管理人审查的债权。

其三，劳动债权不必申报，根据《企业破产法》第 48 条第 2 款的规定，由管理人调查后列出清单并予以公示。职工对清单记载有异议的，可以要求管理人更正；管理人不予更正的，职工可以向人民法院提起诉讼。因此，法律并未明确劳动债权是否需要经过债权人会议核查。笔者认为，基于上述同样的道理，对于这种未申报的经过管理人调查后的劳动债权，债权人会议仍然有权核查。债权人会议核查认为管理人经过调查对劳动债权作出的结论有错误的，可以建议管理人予以更正。管理人不予理睬或者不予更正，有异议债权人则可以依法提起劳动债权确认之诉或者劳动仲裁。

最后，债权人会议核查的债权，无论属于申报的债权还是属于未申报的债权，也无论是劳动债权还是非劳动债权，均需要经过管理人依法审查、调查并初步作出结论，否则就不能成为债权人会议核查的对象。故，债权人会议核查债权，是在管理人对债权进行审查的基础上进行的。债权人会议不仅对债权本身是否真实、合法等依法核查，而且对管理人就债权审查作出的结论是否属实、正确、合法进行审查核实。从这种意义上来说，债权人会议对审查的债权进一步核查，对于管理人审查债权的工作来说，会起着一定的监督作用，具有一定的监督功能。

四、债权核查的方式

债权人会议，一般采取集中、统一核查的方式。根据《企业破产法》第61条的规定，债权人会议具有核查债权、监督管理人等职权，债权人会议应当对所议事项的决议作成会议记录。按照上述规定，债权人会议核查债权后需要作出决议，不然，就无法体现债权人会议这一组织机构进行核查的本意。然而，债权人会议即使通过决议对其经过核查的债权进行认可，根据《企业破产法》第58条第2款关于“债务人、债权人对债权表记载的债权无异议的，由人民法院裁定确认”的规定，只要债权人或者债务人存在异议，人民法院就不能对债权表上记载的债权裁定确认，债权人会议关于核查债权后作出的有关债权核查认可的结论，就没有任何意义。其实，债权核查的过程，不是由出席会议的具有表决权的债权人过半数通过，并且其所代表的债权额占无财产担保债权总额的1/2以上的债权人作出决议的过程，而是让债权人了解各个债权人的债权审查情况，有的债权人对债权表中登记的某些债权认为虚增等不实，从而可以决定是否提出异议的过程。因为，即使按照规定由债权人会议对核查的债权作出了决议，并不意味着所有债权人都无异议，更不能保证债务人没有异议，也不能保证没有参加债权人会议的债权人就没有异议。其实，在没有全票通过的情况下，其他不愿意通过的人员就是对审查的债权存在异议并向人民法院提出诉讼的，人民法院就不能根据债权人会议核查债权后作出认可的决议来裁定确认。债权人会议核查债权的方式，虽然可通过统一、集中的方式进行，但不是说所有工作都需要在这种统一、集中的方式下完成。债权核查情况，不采取决议的方式作出肯定结论，而通过异议的方式否定债权审查的结论。而提出异议本身，并不需要在统一、集中的方式下完成，即可以采取分散、个别提出的方式最终完成债权的核查工作。对于债权人、债务人的异议，管理人应当进行审查，认为异议成立的，予以采纳纠正；认为异议不能成立的，则予以驳回。债权人有异议的，还可以向受理破产申请的人民法院直接提起诉讼。

另外，召开债权人会议核查债权，成本高，如前所述，由于时间有限等因素，债权人也不可能就对债权表登记的债权了解清楚，从而也可以不通过集中召开债权人会议的方式进行，如采用书面、网络召开债权人会议的方式通过邮寄或者网络电子邮件方式将债权表交付给债权人，要求债权人在一定的期限内反馈意见进行核查的方式，不实为一种简单且行之有效的方式，在司法实践中已经广为使用，值得肯定。

五、债权核查的时间

债权核查，由债权人会议进行，但这不意味着债权人会议核查债权的所有工作只能在债权人会议召开的时间进行。债权人会议，作为由全体债权人组成的代表全体债权人利益的组织机构，其职权的行使并非一定在会议期间完成。有的职权行使，是一个过程，如核查债权就是如此。如前所述，债权人会议核查债权情况不需要形成决议，是让债权人了解、掌握债权审查以作出是否提出异议的决定，并进而提出异议的过程，而债权人完全不一定在债权人会议上提出异议，在债权人会议召开后依旧可以提出。当然，从理论上讲，在债务人财产最后分配前，债权人、债务人都可以提出。但提出异议后，管理人还有一个再次审查、调整的过程，对于债权人异议以及管理人再次审查、调整的时间，需要加以限制。《破产法解释（三）》第 8 条规定："债务人、债权人对债权表记载的债权有异议的，应当说明理由和法律依据。经管理人解释或调整后，异议人仍然不服的，或者管理人不予解释或调整的，异议人应当在债权人会议核查结束后十五日内向人民法院提起债权确认的诉讼。当事人之间在破产申请受理前订立有仲裁条款或仲裁协议的，应当向选定的仲裁机构申请确认债权债务关系。"基此，司法解释没有具体对债权人异议及管理人重新审查、调整的期限作出明确规定。然从其中内容看，债权人对债权表记载的债权有异议的，先要向管理人提出，管理人应当予以解释或进行调整。管理人不予解释、调整，或者调整后异议人依旧不服的，异议人可以在债权人会议核查债权结束后的 15 日内向破产申请受理的人民法院或者约定的仲裁机构提起诉讼或者仲裁。如此，对债权表记载的债权有异议的债权人，其提起异议以及管理人重新审查、解释或者调整的时间，均应在债权人会议核查债权结束后的 15 日内完成。

六、债权核查后的处理结果

对于未申报的劳动债权，债权人会议虽然可以依法核查，可在核查后法律并未明确赋予非劳动债权人、债务人提出异议的权利，基于之间对劳动债权这一实体权利义务关系存在争议这一诉的必然原因，且不真实的劳动债权的清偿直接与债务人财产及债权人债权的清偿相联系，应当允许非劳动债权人、债务人提起债权确认之诉。

如上所述，债权核查，并非是对经过管理人审查作出初步结论的债权经过核查后作出肯定的过程，而是对经过管理人审查作出初步结论的债权经过核查并由债权人、债务人作出是否提出异议进而是否决定阻却人民法院予以裁定确认的过程。以是，根据《企业破产法》第 58 条第 2 款、第 3 款关于“债务人、债权人对债权表记载的债权无异议的，由人民法院裁定确认。债务人、债权人对债权表记载的债权有异议的，可以向受理破产申请的人民法院提起诉讼”的规定，具有 3 种处理结果：

（1）债务人、债权人对债权表记载的债权无异议的，由人民法院裁定确认。

（2）债务人、债权人对债权表记载的债权存在异议的，人民法院不能直接裁定确认。对这，先应向管理人提出异议，由管理人依法对异议及其理由进行审查：异议成立的，依法纠止；异议不成立的，则予以驳回。管理人对异议不予理睬，不加解释或者不加调整，或者加以调整后异议人依然不服的，则要求异议人在债权人会议核查债权结束后的 15 日内向破产申请受理的人民法院或者约定的仲裁机构提起诉讼或者仲裁。在规定的时间内不提起诉讼或者仲裁的，视为放弃异议，管理人可以报送人民法院裁定确认。

（3）债务人、债权人对债权表记载的债权存在异议的，人民法院不能直接裁定确认。异议人向人民法院、仲裁机构提起诉讼或者仲裁的，由人民法院或者仲裁机构通过裁判、裁决确认。

第六节　债权确认

一、债权确认的主体

债权确认，是指人民法院依法就所申报并经管理人审查、债权人会议核查后的债权，以及不必申报的劳动债权依法直接裁定明确认可或者通过诉讼程序裁判的方式明确认可的活动。对债权人所申报的非劳动债权，经过管理人审查、债权人会议核查后，债权人、债务人存在异议并向人民法院提起诉讼的，人民法院基于审判这一司法权力而对争议的债权进行确认，自无疑义。

债权人、债务人没有异议的，由于管理人、债权人会议都没有最终确定债权是否存在、债权归属主体是谁、债权是否合法有效、是否应受法律强制性保护等这种人民法院才具有的司法性质的权力，于是仍不能就此确定债权表所记载的债权的有无、性质、数额等事项，由法定的破产程序保证该债权表上登记的事项予以执行。否则，就是将债权人、债务人之间债权债务关系的最终确定权交给管理人、债权人会议，与在诉讼程序中确定债权债务的权力应为人民法院独有的基本原则相背离。而破产程序作为一种处理债务人与所有债权人之间的债权债务关系的程序，具有诉讼程序所应具有的基本特征，对于这一程序中的所有债权债务关系的最终确认，并赋予其强制执行的保障，应由人民法院进行，以具有不可动摇的权威性、稳定性及强制执行性。假若让管理人或者债权人会议具有最终确认权，则难以为债权人、债务人所信服，进而容易引发质疑，不利于破产程序的正常、顺利进行。

二、债权确认的范围

如前所述，人民法院确认债权的范围仅限于已经申报的非劳动债权，以及不必申报的劳动债权。债权人没有申报的非劳动债权，仅仅基于破产重整程序、破产和解程序顺利进行的需要而对其进行审查、核查。可这种非劳动债权由于债权人没有申报，不能在破产程序中以债务人财产进行清偿，无需在破产程序中对其作出具有强制执行力保证其实现的确认。是以，债权确认的范围，包括不必申报的劳动债权以及已经申报的非劳动债权。

（一）对不必申报的劳动债权的确认

《企业破产法》第48条第2款规定：“债务人所欠职工的工资和医疗、伤残补助、抚恤费用，所欠的应当划入职工个人账户的基本养老保险、基本医疗保险费用，以及法律、行政法规规定应当支付给职工的补偿金，不必申报，由管理人调查后列出清单并予以公示。职工对清单记载有异议的，可以要求管理人更正；管理人不予更正的，职工可以向人民法院提起诉讼。”据此，不必申报的劳动债权，其认定具有下列4种情况：

（1）管理人就劳动债权调查后列出清单，劳动债权人对清单记载的劳动债权没有异议的，根据清单记载的劳动债权认定劳动债权。

（2）管理人就劳动债权调查后列出清单，劳动债权人对清单记载的劳动债权存在异议的，劳动债权人首先应当要求管理人更正，管理人按之要求更正的，则以更正的结果认定劳动债权。

（3）管理人就劳动债权调查后列出清单，劳动债权人对清单记载的劳动债权存在异议的，劳动债权人首先应当要求管理人更正。管理人不予更正或者虽然更正但职工仍旧有异议的，可以向人民法院提起诉讼，由人民法院通过诉讼程序对劳动债权予以确认。应当指出，劳动债权人对清单记载的劳动债权存在异议的，不能直接向人民法院提起诉讼，而是先要向管理人提出更正的要求，管理人不予更正或者对更正后劳动债权人依然不服的，才可向人民法院提起诉讼或者向劳动仲裁机构申请仲裁。

（4）管理人就劳动债权调查后列出清单，劳动债权人对清单记载的劳动债权向管理人提出异议后，管理人不予理睬、更正，或者虽然更正后异议人仍然不服，但未向人民法院、仲裁机构提起诉讼或仲裁的，视为劳动债权人放弃异议，管理人应当将清单记载的没有异议的劳动债权报送人民法院裁定确认。

（二）对已经申报的非劳动债权的确认

《企业破产法》第 57 条第 1 款规定："管理人收到债权申报材料后，应当登记造册，对申报的债权进行审查，并编制债权表。"第 58 条规定："依照本法第五十七条规定编制的债权表，应当提交第一次债权人会议核查。债务人、债权人对债权表记载的债权无异议的，由人民法院裁定确认。债务人、债权人对债权表记载的债权有异议的，可以向受理破产申请的人民法院提起诉讼。"基此，债权人对非劳动债权进行申报，管理人都应在审查之后，根据审查结论编制债权表，然后由债权人会议核查。所以，对申报债权确认的对象，不仅是债权人所申报的债权，而且必须是经过管理人审查作出初步结论后并编制于债权表上的以及经过债权人会议核查后的债权。虽属申报债权但属未经管理人审查且未在编制债权表上记载的债权，或者虽已经过管理人审查并在编制债权表上记载但没有经过债权人会议核查的债权，都不能成为人民法院确认的对象，不能构成人民法院确认债权的范围。

三、债权确认的方式

根据《企业破产法》的有关规定，债权确认具有直接裁定确认与诉讼确认、仲裁确认 3 种方式。

（一）直接裁定确认方式

《企业破产法》第 58 条第 2 款规定："债务人、债权人对债权表记载的债权无异议的，由人民法院裁定确认。"据之，这种由人民法院直接裁定确认债权的方式，适用于债务人、债权人对经过管理人审查编制的债权表记载，并经债权人会议核查而没有异议的债权情况。债务人、债权人对债权表上记载的债权存在异议的，说明提出异议的债权人、债务人与被提出异议的债权人之间对该债权存在争议，则需要另行寻求途径加以认定，而不能直接由人民法院裁定确认。

（二）诉讼确认方式

诉讼程序确认债权方式，即提起债权确认之诉方式，是指债权人、债务人对管理人在审查后编制的债权表记载的非劳动债权，或者劳动债权人对管理人调查后就劳动债权列出清单记载的劳动债权存在异议，而依法向人民法院提起债权确认之诉由人民法院裁定的债权确认方式。具体来说，适用两种情况：一是适用于债权人、债务人对经过管理人审查编制的债权表记载，并经债权人会议核查而具有异议的非劳动债权，且向人民法院提起诉讼的情况。二是适用于劳动债权人对管理人就劳动债权进行调查后列出清单记载的劳动债权存在异议，在要求管理人更正，管理人不予更正后而向人民法院提起诉讼的情况。

（三）仲裁确认方式

仲裁确认方式，是指债权人、债务人对债权表、劳动债权清单记载的债权存在异议，根据当事人之间在破产申请受理前订立的仲裁条款、仲裁协议或者依照法律规定而向有关仲裁机构申请通过仲裁裁决的债权确认方式。

我们知道，有关债务人的民事纠纷，在破产申请受理前，当事人之间不仅可以依法约定管辖法院，而且可以约定主管机构，如选择仲裁。选择仲裁的，根据《仲裁法》等有关规定，应由被选择的仲裁机构进行处理。在破产申请受理后，当事人之前约定的仲裁条款是否继续有效，换言之，破产法有关债务人的民事诉讼实行破产申请受理法院集中专属管辖的原则是否能够排斥、否定破产申请受理前就有关债务人民事纠纷进行仲裁协议的约定，有不同看法。有的认为，有关债务人的所有民事纠纷在债务人破产申请受理后都应集中统一管辖，即之前的仲裁协议不能再行适用；有的认为，当事人之间在债务人破产申请受理前就纠纷管辖的仲裁约定继续有效，管理人应当予以承继并受其约束；有的认为，民事纠纷的解决方式涉及成本、时间等诸多问题，如约定由境外仲裁的，有关时间、成本就可能非常高，有的还与全体债务人的利益直接相关，对于破产申请受理前的仲裁协议是否承继，应由管理人根据具体情况选择适用；有的则认为，应当根据仲裁协议的事项是否属于债务人在破产程序之前可处分的事项或者是否与破产法中有关强制性的规定相抵触而分别加以考虑：当事人如对破产撤销之诉等专属于破产程序处理的事项约定仲裁管辖的，自然无效；对于并非由破产程序专属处理的事项，即纠纷的实体根据并非根据破产法的规定而是根据《民法典》等普通法规定而产生的，则就应当承认之前的仲裁协议。[①] 在司法实践中，人民法院一般都对以前的仲裁协议予以承认。基于此，《企业破产法》第 21 条关于“人民法院受理破产申请后，有关债务人的民事诉讼，只能向受理破产申请的人民法院提起”的规定，仅仅针对提起的民事诉讼而言，并不涉及仲裁，不能由此得出可以排斥破产申请受理前已经约定的仲裁条款或者仲裁协议的结论；通过《企业破产法》的规定，也没有排除债权人、债务人通过仲裁程序解决之间争议的规定。另外，债权人、债务人就有关民事债权的争议，仍属于私权利的范围，通过何种法定途径解决，应当尊重其意志。加之，随着人们法治意识的提高，诉讼案件越来越多，法官力量严重不足，尽量减少案件数量有利于法院充分利用有限的司法资源而处理必须由之审理的案件，提高案件质量。而且，司法实践中对于破产申请受理前已经达成的仲裁条款或仲裁协议，甚至在破产申请受理后由管理人与债权人达成的仲裁条款或仲裁协议大多都予以承认，仲裁条款或仲裁协议不因破产衍生诉讼的集中管辖原则而予以排除得到了司法实践的普遍认可。因此，《破产法解释（三）》第 8 条规定，债务人、债权人对债权表记载的债权有异议的，应当说明理由和法律依据。经管理人解释或调整后，异议人依然不服的，或者管理人不予解释或调整，在破产申请受理前订立有仲裁条款或仲裁协议的，异议人应当在债权人会议核查结束后 15 日内向选定的仲裁机构申请确认债权债务关系。

至于劳动争议纠纷，《劳动争议调解仲裁法》第 5 条规定：“发生劳动争议，当事人不愿协商、协商不成或者达成和解协议后不履行的，可以向调解组织申请调解；不愿调解、调解不成或者达成调解协议后不履行的，可以向劳动争议仲裁委员会申请仲裁；对仲裁裁决不服的，除本法另有规定的外，可以向人民法院提起诉讼。”第 47 条规定：“下列劳动争议，除本法另有规定的外，仲裁裁决为终局裁决，裁决书自作出之日起发生法律效力：（一）追索劳动报酬、工伤医疗费、经济补偿或者赔偿金，不超过当地月最低工资标准十二个月金额的争议；（二）因执行国家的劳动标准在工作时间、休息休假、社会保险等方面发生的争议。”第 48 条规定：“劳动者对本法第四十七条规定的仲裁裁决不服的，可以自收到仲裁裁决书之日起十五日内向人民法院提起诉讼。”第 50 条规定：“当事人对本法第四十七条规定以外的其他劳动争议案件的仲裁裁决不服的，可以自收到仲裁裁决书之日起十五日内向人民法院提起诉讼；期满不起诉的，裁决书发生法律效力。”基此，在不存在破产程序的情况下，劳动争议一般先要经过劳动仲裁程序，而不能直接向人民法院起诉。

① 金春：《破产法视角下的仲裁：实体与程序》，载《当代法学》2018 年第 5 期。

只有劳动仲裁委员会以当事人的仲裁申请超过60日期限、申请仲裁的主体不适格等为由，作出不予受理的书面裁决、决定或者通知，当事人不服，根据《劳动争议案件解释》第3条、第4条等规定，才可依法向人民法院提起诉讼。在破产申请受理后，劳动债权人对劳动债权清单记载的债权存在异议的，根据《企业破产法》第48条第2款的规定，可以要求管理人纠正；管理人不纠正的，则可直接向人民法院提起诉讼。另外，劳动债权人不直接向人民法院起诉，而是选择劳动仲裁程序解决争议的，基于上述同样的道理，也应允许。

四、债权确认之诉

债权确认之诉，作为人民法院于破产程序中对债务人、债权人之间存在争议的债权进行确认的一种方式，与一般民事诉讼程序中的确认之诉相比，具有以下主要特征：

（一）债权确认之诉的主体

在破产程序中，债权人根本没有申报债权，除劳动债权这一法律明文规定不必申报的债权人外，不能参与破产程序，不能享有破产程序中的申报债权人所能享有的包括提起债权确认之诉的权利。具体来说：

1. 在申报债权的非劳动债权确认之诉中，对管理人经过审查后编制的债权表记载的非劳动债权存在异议而提起的诉讼，根据《企业破产法》第58条第2款的规定，债务人、债权人均有权提起异议。根据《破产法解释（三）》第9条第1款关于“债务人对债权表记载的债权有异议向人民法院提起诉讼的，应将被异议债权人列为被告。债权人对债权表记载的他人债权有异议的，应将被异议债权人列为被告；债权人对债权表记载的本人债权有异议的，应将债务人列为被告”的规定，当事人需要分为3种情形加以考虑：

一是，债务人对债权表记载的债权具有异议并且提起诉讼的，债务人为原告，被告则为债务人对之债权提出异议的债权人，即受异议债权的债权人。在债务人针对某一债权提起诉讼的情况下，还有债权人对同一债权提起诉讼的，则该债权人与债务人为共同原告。可债权人不是针对债务人提起诉讼而表示异议的债权提起诉讼，而是针对债务人提起诉讼而表示异议的债权之外的债权提起诉讼，则债权人与债务人提起的诉讼属于独立的两个确认之诉，不能作为共同原告加以处理。

应当指出，在破产程序中，有关债务人的财产、债权、债务、营业等内外事务都应依法移交管理人代为处理，有关债务人的诉讼原则上也应当由管理人代表或者由管理人委托的人代理债务人进行。然在债务人针对管理人编制的债权表记载的债权存在异议而提起诉讼的情况下，仍由管理人代表债务人进行诉讼，其实就是对管理人自身工作的否定，处于自我否认的矛盾境地，其代表债务人进行难以达到债务人提起确认之诉的目的。此时，不能由管理人代表债务人进行诉讼，而宜由管理人委托债务人的原法定代表人或者其他工作人员代为进行诉讼。

二是，债权人对债权表中记载的有关自己的债权存在异议并向人民法院提起确认之诉的，异议人为原告，债务人为被告。其他债权人或者债务人对该债权人记载于债权表中的债权亦存在异议而提起诉讼的，则作为共同原告加以处理。

在司法解释对此明确之前，有的将管理人列为被告，然管理人本身与提起异议的债权人之间并不存在实体上的权利义务关系，因而不能成为所争执债权的主体，所争执的主体实际上依旧是与债权人存在着权利义务关系的债务人，这点与债务人对某一债权存在异议所争执的标的并无本质区别，都是债权人与债务人就之间的权利义务关系发生争议，管理人只是代表债务人对之间的债权债务关系承认或者否定，并不会将债权人与债务人之间权利义务关系转移给管理人承担，争议的结果依然由债权人与债务人承担。对于类似的清算程序，《公司法解释（二）》第 10 条规定："公司依法清算结束并办理注销登记前，有关公司的民事诉讼，应当以公司的名义进行。公司成立清算组的，由清算组负责人代表公司参加诉讼；尚未成立清算组的，由原法定代表人代表公司参加诉讼。"显然，无论是债务人还是债权人对债权表中记载的债权存在异议，都是有关债务人的民事诉讼。故，《破产法解释（三）》第 9 条第 1 款规定，此种由债权人对债权表中记载的有关自己的债权存在异议并向人民法院提起的确认之诉，被告为债务人。①

三是，债权人对债权表中记载的有关他人的债权存在异议并向人民法院提起确认之诉的，异议人为原告，被异议债权的债权人为被告。异议存在多人且都对同一他人债权提起诉讼的，提起诉讼的均为共同原告。

需要指出的是，债权人对其他债权人的债权提起的债权确认之诉，司法解释明确只将被异议债权人列为被告，而没有明确债务人是否为共同被告。在此之前，最高人民法院民事审判第二庭相关负责人在回答记者时称，此种债权确认之诉的被告应为被异议的债权人及债务人。最高人民法院 2011 年 10 月 13 日发布施行的《人民法院破产程序法律文书样式（试行）》（法办发〔2011〕12 号）则将债权确认之诉的被告列为债务人。从原理上讲，债权人

① 最高人民法院民事审判第二庭编著：《最高人民法院关于企业破产法司法解释（三）理解与适用》，人民法院出版社 2019 年版，第 184 页。

因对他人债权存在异议而提起的确认之诉，之间的权利义务关系不仅涉及异议债权人、被异议债权人，而且涉及债务人及其财产的承担，为此，“最高人民法院对此问题的观点并未发生变化，债权人对债权表记载的他人债权有异议的，应将被异议债权人列为被告，债务人应当作为共同被告参加诉讼。即使债务人未作为共同被告参加诉讼，判决亦对债务人产生效力。”①

2. 在不必申报的劳动债权确认之诉中，劳动债权人对管理人经过调查后列明的清单记载的劳动债权存在异议，要求管理人更正后遭到拒绝或者不按之要求予以更正的，可以提起劳动债权确认之诉。根据《企业破产法》第48条第2款规定，劳动债权人的职工可以作为原告才能提起，至于非劳动债权人及债务人是否可以提起没有明确。既然债务人或者非劳动债权人对某一劳动债权存在异议，倘若存在充分的事实、法律根据，在劳动债权人没有提出异议的情况下，基于之间对劳动债权这一实体权利义务关系存在争议这一诉的必然原因，且不真实的劳动债权的清偿直接与债务人财产及债权人债权的清偿相联系，应当允许非劳动债权人、债务人提起债权确认之诉。具体而言，又要分为3种情况考虑：

一是，劳动债权人对清单上有关自己的劳动债权具有异议而在要求管理人更正遭到拒绝不按之要求予以更正后向人民法院提起劳动债权确认之诉的，原告为提起诉讼的劳动债权人，被告则为债务人。

二是，债权人（包括劳动债权人、非劳动债权人）对清单上有关他人的劳动债权具有异议而在要求管理人更正遭到拒绝或者不按之要求予以更正后向人民法院提起劳动债权确认之诉的，原告为提起诉讼的债权人，被告则为债务人与受到异议的劳动债权的债权人。

三是，债务人对清单上的劳动债权具有异议而在要求管理人更正遭到拒绝或者不按之要求予以更正后向人民法院提起劳动债权确认之诉的，原告为提起诉讼的债务人，被告则为受到异议的劳动债权的债权人。

3. 债权确认的共同诉讼。对于债权表、劳动债权清单记载的债权，不仅债权人可以对自己的债权表示异议并提起债权确认之诉，而且其他债权人或者债务人也可以表示异议并提起债权确认之诉。这样，对于同一债权，就可能存在多人表示异议且提起债权确认之诉的情形。对同一债权提起的债权确认之诉，异议的内容如都只是对债权的数额存在异议，则诉讼标的完全相同，所产生的诉讼则属必要共同诉讼；异议的内容不同，有的对债权的存在提出异议，有的对债权的性质提出异议，有的是对债权的数额提出异议，可因所

---

① 最高人民法院民事审判第二庭编著：《最高人民法院关于企业破产法司法解释（三）理解与适用》，人民法院出版社2019年版，第186～187页。

争议的诉讼标的为同一债权，因而属于同种类诉讼标的普通共同诉讼。无论是普通共同诉讼还是必要共同诉讼，相关的权利人则为共同原告或者共同被告。针对同一债权提起债权确认之诉的人，无论是债权人本人还是其他债权人以及债务人，都属共同原告；相应地，对诉讼标的具有权利义务的另一方，则为共同被告，自然债务人为原告包括共同原告的，不能再作为被告人。以是，在债务人、债权人有多人对同一债权分别提起债权确认之诉的情况下，或者存在异议的人虽然没有提起债权确认之诉但申请参加的，均应以共同原告作为同一诉讼加以审理，既可以节约司法资源，减少诉讼费用，符合诉讼经济效益原则要求，又可以防止基于不同法官审理的认识不同，对同一债权所产生的必要共同诉讼因为分别审理而作出相互矛盾的判决，因而影响司法权威的现象发生①，《破产法解释（三）》第9条第2款于是规定："对同一笔债权存在多个异议人，其他异议人申请参加诉讼的，应当列为共同原告。"

对于债权确认之诉，最高人民法院民事审判第二庭相关负责人在就在全国民商事审判工作会议中提出的若干疑难问题答记者问时指出，《企业破产法》第48条和第58条规定，职工对管理人以清单记载的有关债务人所欠其工资和医疗、伤残补助、抚恤费用，所欠的应当划入职工个人账户的基本养老保险、基本医疗保险费用，以及法律、行政法规规定应当支付给职工的补偿金存在异议的，或者债务人、债权人对债权表记载的债权有异议的，均可向受理破产申请的人民法院提起诉讼，由人民法院按照诉讼审判程序予以审理。上述规定改变了旧破产法律框架下对有关债务人的权益争议应由受理破产案件的人民法院审查确定的模式。其目的在于充分保障有关权益主体的诉讼权利。这里应当注意以下两个问题：

（1）上述案件应当由受理破产案件的人民法院根据案件性质和人民法院内部职能分工，另行组成合议庭进行审理。债权人或者职工对债权表或者清单中记载的债权存在异议，包括两种情形：一种情形是债权人或者职工对债权表或者清单中记载的本人的债权存在异议。这种情况下提起的诉讼案件，原告应为异议债权人或者职工、被告应为债务人；另一种情形是债权人或者职工对债权人或者清单中记载的本人的债权没有异议，而是对债权表或者清单中记载的其他债权人或者其他职工的债权有异议，因其他债权的存在与否或者数额多少，直接影响到异议债权人最终权利实现的比例，故在上述情形下，应当允许异议债权人对债权表或者清单中记载的他人债权提起诉讼，这种情况下提起的诉讼案件，原告应为异议债权人或者职工、被告应为其他债权人

① 最高人民法院民事审判第二庭编著：《最高人民法院关于企业破产法司法解释（三）理解与适用》，人民法院出版社2019年版，第187～188页。

或者其他职工，以及债务人。

（2）《企业破产法》第58条规定债务人对债权人记载的债权有异议的，也可向受理破产申请的人民法院提起诉讼。对此，实践中一些同志对此规定的合理性存有疑虑。我们认为，债权表系管理人在审查债权人的申报材料的基础上编制的，对申报的债权通过核对企业账册、合同、原始单据等加以甄别，并在债权登记表上进行说明。上述行为是管理人作为破产程序中独立组织的行为，并不代表债务人的意思。赋予债务人异议权的原因在于：首先，在和解、重整程序中，债务人有再生的可能，对于申报的债权是否真实或有强制执行力，直接影响到债务人清偿数额，对于和解协议草案、重整计划草案的制定和通过都有重大影响。因此，债务人有权就申报的债权提出异议；其次，对于申报的债权是否真实存在等作承认或否认的表示，直接关系到形成破产原因的原因，也就是有可能要追究到债务人的破产责任，为避免破产责任的产生和承担，债务人有对申报的债权加以否认的动因。所以，对于债务人对债权登记表的异议也应予以受理并审理。除此之外，因破产程序中有关取回权、抵销权、别除权、撤销权，以及无效行为的认定等很多权利在行使中均可能存在有关权益主体实体权利的确认问题，如取回权中取回物的所有权之争、抵销权中主张抵销的互负债权债务是否属实之争、别除权行使中担保物权是否依法设定之争，以及主张无效的行为和可撤销的行为是否真实存在之争等等。按照《企业破产法》的立法思路，上述争议均应由异议主体向受理破产案件的人民法院提起确认之诉，由人民法院按照诉讼程序裁判解决。[①]

（二）债权确认之诉的原因

债权确认之诉产生的原因，是源于提起诉讼的主体对管理人经过审查、调查编制的债权表或劳动债权清单记载的债权存在异议，劳动债权则还需要劳动债权人对管理人提出更正的要求遭到拒绝。至于异议的内容，主要事关债权的实体内容，如债权是否真实存在，是否合法有效，是否生效，是否应当受到法律强制性保护，是否发生在破产申请受理前，是否具有财产担保，是否享有法定特别优先权，债权数额是否与实际相符，等等。仅仅是管理人源于各种原因导致的债权人姓名登记错误、债权数字计算错误或者其他文字错误等，一提出异议管理人即予纠正的，则不应成为提起债权确认之诉的原因。对于债务人因欠缴税款产生的滞纳金，税务机关对管理人的认定存在异

① 《加强调查研究，探索解决之道——就在全国民商事审判工作会议中提出的若干疑难问题答记者问》，载最高人民法院民事审判第二庭编著：《民商事审判指导（总第11辑）》，人民法院出版社2007年版，第77～78页。

议的，根据《破产企业欠缴税款滞纳金债权确认之诉应否受理批复》关于“税务机关就破产企业欠缴税款产生的滞纳金提起的债权确认之诉，人民法院应依法受理。依照《企业破产法》《税收征收管理法》的有关规定，破产企业在破产案件受理前因欠缴税款产生的滞纳金属于普通破产债权。对于破产案件受理后因欠缴税款产生的滞纳金，人民法院应当依照《企业破产案件规定》第61条规定处理”的规定，可以提起债权确认之诉，人民法院应当依法受理。

（三）债权确认之诉的性质

债权确认之诉，属于针对债权表或者劳动债权清单上记载的债权具有异议而依法提出的债权确认之诉，而非给付之诉或者形成之诉。债权人向人民法院提出要求债务人赔偿损害、履行义务等给付之诉，或者撤销已经存在的债权等形成之诉，则不属于债权确认之诉，对此，人民法院在受理案件之前应当予以解释、说明，并依法处理。

（四）债权确认之诉提起的时间

对于债权确认之诉提起的时间，法律没有明确规定。有的认为，只能适用《民法典》总则编的诉讼时效规定。《民法典》第188条规定：“向人民法院请求保护民事权利的诉讼时效期间为三年。法律另有规定的，依照其规定。”“诉讼时效期间自权利人知道或者应当知道权利受到损害以及义务人之日起计算。法律另有规定的，依照其规定。但是，自权利受到损害之日起超过二十年的，人民法院不予保护；有特殊情况的，人民法院可以根据权利人的申请决定延长。”假若按照3年计算，有的债权人、债务人虽存在异议，然就是不及时提起破产债权确认之诉，管理人对这种表示异议的债权就无法申请法院裁定确认，导致这些债权长期处于不稳定状态，对此只能作预留处理。尤其是债权争议涉及人数较多或者债权数额巨大的，加之破产程序结案没有期限限制，一些法院基于社会稳定等考虑，还会以巨额债权存在争议而致破产程序不往前推进，进而导致破产程序无法正常顺利进行。为了避免这种现象发生，通常情况下，管理人会要求债务人或者债权人在收到债权表后或者在债权人会议核查有关债权后对于有异议的债权在一定期限内提起诉讼，可由于法律没有规定，对于有异议者只向管理人表示异议但不提起诉讼的情况也无他法，只好不将这些有异议的债权报经人民法院裁定确认，致使这些债权长期得不到认定。而且，不同的地方、不同的管理人对此期间的规定，长短不同，起点不一，非常混乱，也影响着破产程序的严肃性。

另外，债权人涉及众多债权人的利益，不能因为个别债权存有异议就不往前推进。根据《企业破产法》第119条关于“破产财产分配时，对于诉讼或者仲裁未决的债权，管理人应当将其分配额提存。自破产程序终结之日起满两年仍不能受领分配的，人民法院应当将提存的分配额分配给其他债权人”的规定，适用3年诉讼时效，债权人、债务人提起诉讼后经过一审、二审甚至再审完全可能在破产程序终结之日起2年后还未终结，必然损害有关异议债权人的利益。如此，对于破产案件中的债权确认之诉，应当设定提起的期限，且不能过长。倘若存在异议，就应当在这规定的期限内依法起诉。不然，视为放弃异议的权利，管理人可以报人民法院裁定确认，以促使债权人或者债务人及时地履行自己的权利，保障破产程序的正常进行。是以，《破产法解释（三）》第8条规定：“债务人、债权人对债权表记载的债权有异议的，应当说明理由和法律依据。经管理人解释或调整后，异议人仍然不服的，或者管理人不予解释或调整的，异议人应当在债权人会议核查结束后十五日内向人民法院提起债权确认的诉讼。当事人之间在破产申请受理前订立有仲裁条款或仲裁协议的，应当向选定的仲裁机构申请确认债权债务关系。”对此，需要注意以下方面：

一是，债权确认之诉的提起，必须经过向管理人提出异议的程序。未经过这一前置的异议程序，则不得提起债权确认之诉。《企业破产法》第48条规定，对于劳动债权，不必申报，由管理人调查后列出清单并予以公示，“职工对清单记载有异议的，可以要求管理人更正；管理人不予更正的，职工可以向人民法院提起诉讼。”第58条第3款规定：“债务人、债权人对债权表记载的债权有异议的，可以向受理破产申请的人民法院提起诉讼。”据此，一般认为，劳动债权人要提起债权确认之诉，需要先向管理人要求更正；管理人不予更正的，才可提起，即要经过向管理人提出异议的前置程序；非劳动债权人，对债权表上登记的债权存有异议，破产法则没有明确规定要向管理人先提出异议，有的便认为不必经过向管理人异议的前置程序，司法实践中为此做法不一。考虑到管理人因为时间短、不全面了解情况，债权人提供的证据等首先不全等原因，对于申报债权审查后的结论与事实不符在所难免。债权人、债务人对此提出异议后，管理人通过认真仔细重新审查，认为确有事实、法律根据的，能够加以纠正，及时有效解决之间的争议，既可避免通过不必要的诉讼程序解决，耗时费力，增加破产费用，加重债权人诉累等不合理现象的发生，又有利于节约有限的司法资源，提高破产程序的效率，还有利于加强管理人与债权人、债务人之间的良性互动，促使破产程序的有关工作顺利开展，有益而无害。所以，《破产法解释（三）》第8条明确规定，债权人、债务人提起债权确认之诉，必须经过向管理人异议的前置程序，而不能不向管理人提出异议直接向人民法院提起债权确认之诉，而且要求，债务人、债权人对债权表记载的债权有异议的，应当说明理由和法律依据。管理人对异议人的异议及其理由、法律根据，则应当进行审查：认为异议成立的，则应当调整；认为异议不成立的，应当予以维持。

债权人、债务人提出异议后，管理人置之不理或者不予调整，或者虽然解释、调整但异议人依然不服的，异议人便满足了提起债权确认之诉的前置条件，可以在规定的期间内提起债权确认之诉。

二是，异议人对劳动债权清单、债权表上记载的债权有异议并向管理人提出异议得不到满意答复后，则可提起债权确认之诉。提起的具体期间乃为债权人会议核查结束后 15 日内。债权没有经过债权人会议核查的，则不能提起债权确认之诉。债权人会议核查后超过 15 日的，除非具有不可抗拒的事由等正当理由导致期限耽误的，也不能再提起债权确认之诉。因不可抗拒的事由等正当理由导致期限耽误的，根据《民事诉讼法》第 83 条规定，在障碍消除后的 10 日内，可以申请顺延期限，是否准许，则由人民法院决定。

三是，异议人未在规定的期限内提起债权确认之诉的法律后果，与这一债权确认之诉提起期间的性质直接相联系。有的认为这一期间为除斥期间。除斥期间，乃是指法律规定的某种权利存在的预定期间，期间经过即会产生消灭实体权利的法律后果。这样定性，虽然有利于促使异议人及时行使权利，提高破产程序的效率。然则，由于《企业破产法》对债权确认之诉的起诉期间没有规定，仅仅通过司法解释基于破产程序正常进行而设置，而且因为这一设置导致异议人所认为应当具有的实体权利得不到满足，似有不当。另外，《企业破产法》第 56 条规定："在人民法院确定的债权申报期限内，债权人未申报债权的，可以在破产财产最后分配前补充申报；但是，此前已进行的分配，不再对其补充分配。为审查和确认补充申报债权的费用，由补充申报人承担。""债权人未依照本法规定申报债权的，不得依照本法规定的程序行使权利。"第 92 条第 2 款规定："债权人未依照本法规定申报债权的，在重整计划执行期间不得行使权利；在重整计划执行完毕后，可以按照重整计划规定的同类债权的清偿条件行使权利。"第 100 条第 3 款规定："和解债权人未依照本法规定申报债权的，在和解协议执行期间不得行使权利；在和解协议执行完毕后，可以按照和解协议规定的清偿条件行使权利。"据之，在破产程序中，债权人即使没有申报债权，也不必然导致其债权的实体权利予以消灭，只不过不能按照《企业破产法》的有关规定行使有关程序权利。之后还可以补充申报，主张自己的债权；在破产重整、破产和解程序中在重整计划、和解协议执行后仍可按照重整计划、和解协议规定的同类债权的清偿条件行使权利。因此，上述债权确认之诉提起的期间，不能定性为除斥期间，超过这一期间未提起债权确认之诉的，并不必然导致其实体权利的消灭，从而仅仅属于诉讼法意义上的期间，而非实体法意义上的期间。[①]

（五）债权确认之诉的管辖

《企业破产法》第 21 条明确规定："人民法院受理破产申请后，有关债务人的民事诉讼，只能向受理破产申请的人民法院提起。"第 58 条第 3 款规定："债务人、债权人对债权表记载的债权有异议的，可以向受理破产申请的人民法院提起诉讼。"对此，应当严格执行。

应当指出，在债务人一方破产的情况下，向受理破产申请的人民法院提起债权确认之诉，没有疑义。但在债权人、债务人双方都同时处于破产程序中的情况下，就会发生管辖冲突。如债务人破产，债权人对其自身债权本身存在异议而提起诉讼，应由受理债务人破产申请的人民法院管辖；而债权人自身又破产而提起诉讼的，又可由受理债权人破产申请的人民法院管辖。债权人、债务人分属两地的，管辖两者破产的人民法院自不相同。既然两地的人民法院均有权管辖此类案件，基于方便等考虑，债权人、债务人通常会选择本地人民法院管辖，可能导致争抢管辖权的现象发生，这时便需要按照管辖冲突解决的规定予以处理。

（六）债权确认之诉的程序

债权确认之诉，是对有争议的债权通过诉讼程序依法审理后确认的诉讼，应当按照《民事诉讼法》的有关规定进行，如审判组织的组成，一审程序、二审程序、再审程序，诉讼费用的收取，妨碍该诉讼需要承担的法律责任等，均应适用《民事诉讼法》的规定予以处理。

（七）债权确认之诉结案期限的法律后果

在债务人财产分配前完成的，则直接依此确定是否能够以债务人财产受偿，对此，没有任何问题。债权确认之诉，在债务人财产分配时还未完结的，则属于未决债权，根据《企业破产法》第 119 条的规定，管理人应当将其分配额提存。自破产程序终结之日起满 2 年仍不能受领分配的，人民法院应当将提存的分配额分配给其他债权人。故，自破产程序终结之日起满 2 年仍不能完结债权确认之诉的，债权无论确认与否，都应将提存的分配额分配给其他债权人而没有任何意义。

（八）债权确认之诉的对象

经过人民法院的判决书、裁定书、调解书，以及仲裁机构的裁决书、公

---

① 最高人民法院民事审判第二庭编著：《最高人民法院关于企业破产法司法解释（三）理解与适用》，人民法院出版社 2019 年版，第 169 页。

证机关依法赋予强制执行效力的债权文书等生效法律文书依法确认的债权，理论上称之为有名义债权，不能再对其提起债权确认之诉。认为这些已为生效法律文书确认的有名义债权存在错误的，不能向受理破产案件的人民法院提起债权确认之诉，而应通过法律规定的其他程序予以处理。如，根据《民事诉讼法》第199条的规定，认为人民法院生效判决、裁定确有错误需要再审的，则应按照《民事诉讼法》的有关规定申请再审，而非直接提起债权确认之诉。又如，根据《仲裁法》第58条、第59条的规定，认为仲裁裁决具有没有仲裁协议的，裁决的事项不属于仲裁协议的范围或者仲裁委员会无权仲裁的，仲裁庭的组成或者仲裁的程序违反法定程序的，裁决所根据的证据是伪造的，对方当事人隐瞒了足以影响公正裁决的证据的，仲裁员在仲裁该案时有索贿受贿，徇私舞弊，枉法裁决行为的等情形，或者违背社会公共利益的，应当在收到裁决书之日起6个月内向仲裁委员会所在地的中级人民法院申请撤销裁决。再如，根据《公证法》第39条规定，当事人、公证事项的利害关系人认为公证书有错误的，可以向出具该公证书的公证机构提出复查。公证书的内容违法或者与事实不符的，公证机构应当撤销该公证书并予以公告，该公证书自始无效；公证书有其他错误的，公证机构应当予以更正。根据《公证法》第37条第2款、《民事诉讼法》第238条第2款的规定，认为公证机关赋予强制执行效力的债权文书确有错误的，也可依法申请人民法院依法裁定不予执行。否则，已经为生效法律文书确认的债权都因债务人破产而继续成为债权确认之诉的标的，以前作出的生效裁判等法律文书于是都可能受到质疑，无疑有悖于生效法律文书的稳定性、权威性。

此外，对于劳动债权清单、债权表记载的债权，债权人、债务人没有异议，经过债权人核查，管理人经过人民法院裁定确认的债权，具有法律效力。之后发现其中确认的债权具有错误，实是人民法院作出的生效裁定书存在错误，不能再通过债权确认之诉来重新确定，而应通过申请再审、抗诉由人民法院通过审判监督程序对有错误的债权认定予以撤销并重新作出裁定的方式加以解决。

（九）债权确认之诉的效力

债权确认之诉，依法完成作出生效裁判，就具有法律效力，不仅对提起债权确认之诉的债权人、债务人以及受异议债权的债权人产生相应的约束力，而且对全体债权人以及管理人也产生相应的约束力。管理人应当依此对债权表或者劳动债权清单记载的债权进行调整或者不作调整，并以此作为受异议债权的债权人在破产程序中是否能够以债务人财产进行清偿的根据。

破产法原理与适用

（第二版）

Principle and Application of Bankruptcy Law

下

贺小电 / 著

人民法院出版社

总目录

下册目录

第七章　债权人会议

第一节　债权人会议概述

一、债权人会议的概念与特征

债权人会议，是指在破产程序中，以保障债权人共同利益为目的，由依法申报债权的债权人组成，享有、行使法定职权的意思自治性的临时机构。其具有以下基本特征：

1. 从债权人会议的组织性来看，其是一个具有组织性的程序性机构，具有组织性。债权人会议，从形式上看，虽然亦具有债权人临时性集会、表达债权人意志的场所的特征，可就本质而言，其是在破产程序中依法设立表达全体债权人共同意志，代表债权人共同利益，按照意思自治原则依法享有、行使法定职权的程序性机构，具有拟人化的主体特征，并且具有组织性，如债权人会议由依法申报的债权人组成，依法设有债权人会议主席及债权人委员会等。

2. 从债权人会议构成成员的要求来看，不仅具有法定性，而且具有特定性。根据《企业破产法》第59条的规定，债权人会议由依法申报债权的债权人组成。虽为债权人但未进行申报，或者虽然进行了申报但不是依法申报的债权人，则不属于债权人会议的成员。此外，在债权人会议召开及行使职权的过程中，一些人员如债务人的法定代表人或者其他管理人员，债务人的出资人代表，破产管理人，审计、评估人员等，都不属于债权人会议成员。尤其是人民法院及其审判人员，甚至具有指定债权人会议主席、决定第一次债权人会议的召开时间、召集债权人第一次会议、决定召开债权人会议等权利，仍然不属于债权人会议成员。

3. 从债权人会议设立的目的来看，具有共同性、整体性。债权人会议的设立及其职权的设置与运行等，均是为了保证、维护全体债权人的一般利益、共同利益，而非为了债权人的特殊利益、个体利益。如债权人会议职权的行使需要形成决议的，除非法律另有规定，必须由出席会议的有表决权的债权人过半数通过，并且其所代表的债权额占无财产担保债权总额的1/2以上。债权人会议的决议，即使对个别债权人或者部分债权人不利，也对其具有约束力。以是，债权人会议行使职权，是代表全体债权人的意志，所维护的是债权人一般性的、共同的、整体的利益，而非为了部分甚至个别债权人的特殊性的、个别的、部分的利益。

4. 从债权人会议产生、职权及其行使等均依法进行来看，具有法定性。债权人会议，是根据《企业破产法》有关规定设立的机构，产生具有法律根据；由法律规定的人员组成；具有法定的职权，并按照法定的方式行使职权；召开的时间、提议或者决定召开会议的主体、会议的主持者等，都由法律明文规定。债权人必须参与这一机构表达自己的意志，并形成全体债权人的共同意志就有关事项作出决议，而不能在法律之外另行组成另一机构来表达债权人的共同意志，行使有关法定职权，具有法定性。

5. 从债权人会议存续的时间及其存在的目的来看，具有临时性。债权人会议仅仅存在于破产程序中，自债权人依法申报而被确定为成员，至破产程序终结而完成设立使命不再继续存在。是以，其并非是为了保护债务人的所有债权人共同利益的常设机构，乃是基于破产程序的需要而在破产程序中设立的维护全体债权人利益的一种临时性机构。

6. 从债权人会议的法律地位来看，不具有民事主体性。民事主体性不仅要求具有独立的法律地位，而且要求具有民事权利能力、民事行为能力，能够以自身名义依法进行民事活动，具有独立的财产，能够依法承担法律责任。而债权人会议，则不具有民事权利能力、民事行为能力，不能够以自己的名义进行民事活动。而且，债权人会议没有独立的财产，无法承担法律责任。所以，债权人会议不具有民事主体性质，进而也不具备诉讼能力，不能作为民事诉讼主体参与民事诉讼。

7. 从债权人会议的意思表示能力来看，具有意思表示的相对独立性、自治性。债权人会议作为债权人的集合体，虽然由债权人构成，并代表债权人表达意志，但其绝非代表具体的某个债权人来主张诉求，其有自己独立的意思表示。该意思表示由参加会议表决的债权人进行表决形成，参加表决的债权人达到了法律规定的表决人数及代表的无财产担保的债权额数，即形成了债权人会议的意思表示并产生相应的法律后果，相对于具有独立法律地位的每一债权人来说，其意思表示仍为独立表达。

相对于债务人来说，自然有其独立的意思表示。在破产程序中，债权人会议有权依法针对债务人的财产决定继续或者停止债务人的营业；通过重整计划；通过和解协议；通过债务人财产的管理方案；通过破产财产的变价方案；通过破产财产的分配方案等决议，以实现对债务人财产的意思独立的表达。

相对于管理人来说，债权人会议是法定的监督者。债权人会议有权核查管理人审查的债权；申请人民法院更换管理人，审查管理人的费用和报酬；监督管理人，并有权通过选任和更换债权人委员会对管理人进行的诸如涉及土地、房屋等不动产权益的转让；探矿权、采矿权、知识产权等财产权的转让；全部库存或者营业的转让；借款；设定财产担保；债权和有价证券的转让；履行债务人和对方当事人均未履行完毕的合同；放弃权利；担保物的取回等等所有对债权人利益有重大影响的财产处分行为进行监督，以体现对管理人履行职责的全方位的监督职能。

相对于人民法院来说，债权人会议是表达债权人一般、共同意志的自治机构。一般性的决议，如申请人民法院更换管理人，选任和更换债权人委员会成员；决定继续或者停止债务人的营业，通过债务人财产的管理方案，通过破产财产的变价方案等，只要债权人会议的表决人数及其所代表的债权数额达到了法定的标准，该决议即属通过，对全体债权人产生约束力。对于一些涉及债权人利益的重大问题的决议，如通过重整计划草案、和解协议草案及破产财产分配方案，在债权人会议的表决人数及其所代表的债权数额达到了法定的标准即通过形成共同意思表示的基础上，因尚需要人民法院的司法强制力保证执行，需要人民法院裁定确认、批准或认可，从而表现出债权人意思独立、自治乃是相对的，并非绝对的。此外，对于债权人会议难以形成共同意思表示的，如对债务人财产的管理方案、破产财产的变价方案、重整计划草案、破产和解协议草案、破产财产的分配方案等无法形成共同意思表示而未通过的，人民法院基于破产程序正常进行的需要，也可以依法裁定批准，进一步体现了债权人会议意思表示的相对独立性、自治性，而非完全的、绝对的独立性、自治性。

二、债权人会议主席

《企业破产法》第 60 条规定：“债权人会议设主席一人，由人民法院从有表决权的债权人中指定。”“债权人会议主席主持债权人会议。”基此，对于债权人会议主席，应当注意以下几点：

1. 债权人会议必须设立债权人会议主席，且债权人会议主席只能设 1 人。这样，债权人会议不能没有债权人会议主席，债权人会议主席也不能有多人。

对这，《审理企业破产案件规定》第 39 条第 2 款关于“债权人会议主席由人民法院在有表决权的债权人中指定。必要时，人民法院可以指定多名债权人会议主席，成立债权人会议主席委员会”的规定不再适用。

2. 债权人会议主席由人民法院指定，即债权人会议主席指定的主体为人民法院，而非债权人会议选定。应当指出，从债权人会议的自治性质与债权人会议主席的设置功能看，宜由债权人会议选定债权人会议主席。可在债务人破产的情况下，债权人之间既存在一致的共同利益，又存在相互区别的非共同的个别具体利益，相互之间不免存在冲突。由债权人会议选定主席可能因为债权人利益之间的需要而无法正常进行，影响债权人会议的正常召开。此外，人民法院作为破产案件的审判机关，在整个破产程序中居于主导地位，并对整个破产程序负责，由其指定并不违背法理。

3. 债权人会议主席由人民法院从有表决权的债权人中指定，无表决权的债权人不能被指定为债权人会议主席。有表决权的债权人，包括具有完整表决权的债权人与具有不完整表决权的债权人。前者是指依法享有完整表决权的债权人，其对债权人会议行使职权时需要表决的事项都具有表决权。这种具有完整表决权的债权人，可以被人民法院指定为债权人会议主席，毫无疑义。后者是指仅仅对于其中部分表决事项具有表决权，而对其他一些表决事项不具有表决权，因而具有不完整表决权的债权人。如对债务人的特定财产享有担保权的债权人，未放弃优先受偿权利的，对于《企业破产法》第 61 条第 1 款第 7 项、第 10 项规定的事项，即通过和解协议草案、通过破产财产的分配方案，不享有表决权。因此，具有财产担保的债权人，具有一定的表决权，但不具有完整的表决权，能否被指定为债权人会议主席，则存在不同看法。有人认为，此种不具有完全表决权的债权人，仍然可以被指定为债权人会议主席。[①]

此外，应当指出，债权尚未确定的债权人，除人民法院能够为其行使表决权而临时确定债权额的外，不得行使表决权，不能被指定为债权人会议主席。债权尚未确定的债权人，人民法院为其行使表决权而临时确定了债权额的，具有表决权。但应看到，这种债权人无论如何都属于债权尚未确定的债权人，即使依法让其行使表决权而由人民法院为其临时确定债权，也具有临时性而不具有最终确定性。在破产程序中，如最终确定其债权尚不存在，即会失去表决权。这种债权尚未确定的人即使因为人民法院临时为其确定债权而有表决权，也不是确定的表决权，不宜被人民法院指定为债权人会议主席。

① 王卫国：《破产法精义》，法律出版社 2007 年版，第 173 页。

4. 债权人会议主席由人民法院从有表决权的债权人中指定。从理论上讲，任何有表决权的债权人都可能被人民法院指定为债权人会议主席。但也应看到，债权人会议主席具有主持债权人会议的职责。作为债权人行使权利的程序载体的债权人会议，其正常召开，对依法推进破产程序的进程至关重要，人民法院不得从有表决权的债权人中随意指定，而是应当选择最为适合担任债权人会议主席的具有表决权的债权人担任债权人会议主席。在一定意义上，破产程序是一种在法院监督下的债权人自治程序，债权人会议是债权人行使权利的程序载体，债权人会议的顺利召开，对依法推进破产程序的进程至关重要。债权人会议由债权人自己管理。债权人会议是由代表各自利益的债权人组成的松散群体，在破产程序中，他们既有共同利益，也有利益冲突，组织这些既具共同利益又具有特殊利益的个体债权人开会，进行议事和表决，完成会议的议程，债权人会议主席的作用至关重要：首先，人民法院在指定债权人会议主席时，应优先考虑从高额债权人中选任。高额债权人在破产程序中的利益最为重大，对破产程序最为关注，是破产案件中参加会议最积极的人。其次，债权人会议主席应当具备一定的组织领导能力，具有一定的法律或财务知识等。最后，债权人会议主席应当是责任心强，能够为全体债权人的利益做一些公益性工作的人。从实践情况看，银行一般是破产企业的最大债权人，而且有些银行已经参加过破产程序，也积累了一些经验，基本上具备担任债权人会议主席的条件，由银行选派适格的人员担任债权人会议主席比较合适。

5. 债权人会议主席由人民法院从有表决权的债权人中指定，有表决权的债权人，既可以是自然人，也可以是自然人以外的法人或者其他组织。人民法院指定非自然人的债权人即法人或者其他组织债权人为债权人会议主席的，法人或者其他组织债权人则应从其工作人员中指派一名常任代表履行债权人会议主席的职权，其指派的常任代表应当征得人民法院的同意。

6. 债权人会议主席，由人民法院从有表决权的债权人中指定，可这种指定不是强制性的，不能因为人民法院的指定，被指定人就一定得接受。毕竟，债权人会议主席基本上是一项义务性工作，涉及债权人会议的方方面面，需要满足一定条件。人民法院指定时没有全面了解有关情况，被指定人因为没有时间、身体原因等各种各样的情况不宜或者不愿担任债权人会议主席的，不得强迫其担任债权人会议主席。

7. 债权人会议主席，不是债权人会议的常设机构，其职权仅仅限于主持债权人会议及依法在法定主体提议召开债权人会议的情况下召集召开债权人会议。就前者而言，包括负责债权人会议的议程；宣布债权人会议开始，说明会议的议程、纪律及注意事项；主持债权人会议的进程，指挥债权人会议就议题进行审议、表决；安排发言顺序，控制发言时间；宣布表决规则，主持表决进程，公布表决结果；维护会场秩序；对债务人、管理人就有关事情进行询问；审阅会议记录、决议记录；宣布债权人会议的休会、闭会等。就后者而言，根据《企业破产法》第62条第2款的规定，除第一次债权人会议外，在管理人、债权人委员会、占债权总额1/4以上的债权人提议召开债权人会议时，确定债权人会议的召开日期，并予以召集。

8. 债权人会议主席的职权，不能由他人代为行使。债权人基于自己债权利益而参与破产程序，依法行使破产程序权利及实体权利，既可以放弃，也可以委托他人代为行使。对这，《企业破产法》第59条第4款规定，债权人可以委托代理人出席债权人会议，行使表决权。然债权人会议主席，并不是基于债权人财产权和个人利益而产生、设定，而是基于债权人会议正常召开、破产程序顺利进行需要这一债权人的整体利益而产生、设定。另外，人民法院之所以指定某人为债权人会议主席，主要是基于对其品质、能力、知识、责任感等各方面的考察认为其适宜担任债权人会议主席，具有信任因素。加之，债权人一旦被人民法院指定为债权人会议主席，则属于受人民法院委托依法行使自己的职权，而这一职权同时亦具有职责性质。故，债权人会议主席，不能像其他债权人那样，可以放弃参加债权人会议的权利而不参加债权人会议，或者委托他人参加债权人会议并行使其主持债权人会议的职权。不然，债权人会议主席由人民法院指定也就变得没有实际意义。当然，债权人会议主席出于疾病、意外或者不可抗力等原因，无法出席、主持债权人会议的，则由人民法院另行指定，而不能由债权人会议主席委托他人代行债权人会议主席的职权。

此外，债权人会议主席，由于必须由具有表决权的债权人担任，债权人因而不能放弃自己的债权。因为，放弃自己的债权没有表决权也就不能担任债权人会议主席。固然，不放弃自己的表决权，并不一定要自己行使表决权。对于基于债权而产生的表决权，是否行使、具体如何行使完全由其自行决定。以是，债权人会议主席作为有表决权的债权人，还可以委托他人参加债权人会议，并代其行使表决权，不能因为其被指定为债权人会议主席，并且必须出席债权人会议而就丧失委托他人代为行使自身权利的程序性权利。

三、债权人会议与人民法院之间的关系

一方面，债权人会议作为依法享有、行使法定职权，维护全体债权人共

同利益的机构，是一种意思自治的组织。债权人会议按照债权人的共同意志行使职权，表决通过有关破产程序中的一些重大事项，人民法院应当予以尊重，不能随便干涉债权人会议行使职权，对其表决通过的事项不能随意否定，更不能代替债权人会议行使应由债权人会议才能行使的职权。

另一方面，人民法院作为审判破产案件的司法机关，代表国家根据法律对债权人与债务人之间的债权债务进行清理的活动予以主导，对于债权人会议不是无所作为，并非不论对错而对其形成的结论一律都要肯定。否则，人民法院审理破产案件的主导作用就无法体现，只要债权人会议说了就算，就没有必要通过破产案件审理的方式来对债权人与债务人之间的债权债务关系进行清理。事实上，债权人会议尽管并不代表部分或者个别债权人的个体的、具体的利益，所代表的为全体债权人的共同利益，可债权人之间，具体利益并非完全一致，其间的冲突在所难免。而且，代表的全体债权人的共同利益与债权人的非共同的个体利益也可能存在冲突。对于这些冲突，基于破产程序正常、顺利进行及社会和谐、稳定的需要，人民法院应当按照法律的规定予以处理。是以，债权人会议就破产程序中的一些事项表决依法通过，按照债权人会议通过表决形成的共同意志行使职权，人民法院应不予干涉。但对于一些涉及债权人之间的争执、债权人与债务人利益冲突等重大事项，以及债权人会议的决议是否符合法律规定，则需要基于审判这一法定职责予以审查、监督，发现违反法律规定的，则应依法予以纠正。如：

1. 根据《企业破产法》第 61 条第 1 项的规定，债权人会议有权核查债权。债权人会议核查管理人已经审查的申报债权时，债权人对管理人编制的债权表中的债权存在异议，要依法向人民法院、仲裁机构提起诉讼、仲裁，通过诉讼、仲裁程序解决债权人之间，以及债权人与债务人、管理人就债权认定的争议，而不能简单通过表决的方式就对债权人的债权予以确认。即使经过核查，债权人、债务人没有异议，也应依法经过人民法院裁定确认，否则仍不能产生债权认定的法律效力。

2. 根据《企业破产法》第 61 条第 3 项的规定，债权人会议有权对管理人进行监督，认为管理人不能依法、公正执行职务或者有其他不能胜任职务的情形，需要更换的，不能以有权监督为由而直接通过决议的方式更换管理人，而只能根据《企业破产法》第 22 条的规定，申请人民法院予以更换。债权人会议对管理人的报酬有异议的，根据《企业破产法》第 28 条的规定，应向人民法院提出。

3. 债权人会议就重要事项通过决议行使职权，债权人认为债权人会议的决议违反法律规定，损害其利益的，根据《企业破产法》第 64 条的规定，可自债权人会议作出决议之日起 15 日内，请求人民法院裁定撤销该决议，责令债权人会议依法重新作出决议。

4. 根据《企业破产法》第 61 条第 6 项的规定，债权人会议有权通过重整计划草案。然在通过之后，根据《企业破产法》第 86 条的规定，应当依法由债务人或者管理人向人民法院申请批准。人民法院经审查认为符合《企业破产法》规定的，才予批准。未通过重整计划草案的表决组拒绝再次表决或者再次表决仍未通过重整计划草案，重整计划草案符合《企业破产法》第 87 条第 2 款的规定的，人民法院基于债务人或者管理人的申请批准重整计划草案。

5. 根据《企业破产法》第 61 条第 7 项的规定，债权人会议有权通过和解协议草案。但根据《企业破产法》第 98 条的规定，债权人会议即使通过和解协议，依然需要人民法院裁定认可。

6. 根据《企业破产法》第 61 条第 8 项、第 9 项的规定，债权人会议有权通过债务人财产的管理方案、通过破产财产的变价方案。经过债权人会议表决未通过的，则根据《企业破产法》第 65 条第 1 款的规定，由人民法院裁定。

7. 根据《企业破产法》第 61 条第 10 项的规定，债权人会议有权通过破产财产的分配方案。经债权人会议两次表决仍未通过的，根据《企业破产法》第 65 条第 2 款规定，则由人民法院裁定。

8. 根据《企业破产法》第 61 条第 11 项的规定，法律没有明确规定由债权人会议行使的职权，人民法院认为应当由债权人会议行使的，由人民法院确定。

综上所述，债权人会议就有关重大事项行使职权，都要受到人民法院审判行为的监督，或者批准，或者认可，债权人会议的意思自治，并非绝对的意思自治。其实，任何权利的行使都不可能绝对地在意思自治的原则下毫无顾忌地行使。所以，人民法院与债权人会议之间，存在着主导与被主导、监督与被监督、审查与被审查的关系，然非领导与被领导、服从与被服从关系。

四、债权人会议与管理人之间的关系

管理人在破产程序中，一方面，依法管理债务人财产，代表债务人处理有关债务人的内外事务，但其不是债务人纯粹意义上的代言人而处于从属地位。另一方面，管理人作为在破产程序中，由人民法院指定实际产生的具有法定职权、承担法律责任的诉讼程序机构，具有独立的法律地位。管理人依法以债务人财产对债务人的所有债权人的债权清偿，要公正维护全体债权人的合法权益，但不是债权人的代言人，与债权人会议不是代表与被代表、领导与被领导、服从与被服从的从属关系。但是，管理人代表债务人管理财产、营业等内外事务，以债务人财产对所有债权人的债权进行清偿的行为与债权人的利益直接相关，自然要受到债权人会议的监督。具体表现在：

1. 根据《企业破产法》第23条的规定，管理人依照本法规定执行职务，接受债权人会议和债权人委员会的监督。管理人应当列席债权人会议，向债权人会议报告职务执行情况，并回答询问。

2. 根据《企业破产法》第61条第2项、第3项的规定，债权人会议有权申请人民法院更换管理人，审查管理人的费用和报酬，监督管理人。

3. 管理人对债权审查后的初步结论，编制的债权表及劳动债权清单、制定的重整计划草案、债务人财产的管理方案、破产财产的变价方案、破产财产的分配方案等，都需要依法经过债权人会议通过或者由人民法院依法裁定。

4. 债权人会议设立债权人委员会的，根据《企业破产法》第68条规定，债权人委员会可以对管理人行使监督债务人财产的管理和处分、监督破产财产分配及债权人会议委托的其他职权。《破产法解释（三）》第13条规定，债权人委员会可以接受债权人会议委托行使《企业破产法》第61条第1款第2、3、5项规定的“申请人民法院更换管理人，审查管理人的费用和报酬”“监督管理人”“决定继续或者停止债务人的营业”等债权人会议的职权。根据《企业破产法》第68条的规定，债权人委员会对管理人就债务人财产的管理与处分、破产财产分配行为依法有权进行监督。根据《企业破产法》第69条的规定，管理人进行土地、房屋等不动产权益的转让，探矿权、采矿权、知识产权等财产权的转让，全部库存或者营业的转让，借款，设定财产担保，债权和有价证券的转让，履行债务人和对方当事人均未履行完毕的合同，放弃权利，担保物的取回，以及对债权人利益有重大影响的其他财产处分行为，应当及时向债权人委员会报告。《破产法解释（三）》第15条进一步规定，管理人在处分《企业破产法》第69条规定的债务人重大财产时，应当事先制作财产管理或者变价方案并提交债权人会议进行表决通过；实施处分前，提前10日书面报告债权人委员会或者人民法院，等等。

第二节 债权人会议的组成

一、债权人会议成员的构成范围

《企业破产法》第59条第1款规定：“依法申报债权的债权人为债权人会

议的成员。”据此，债权人会议由依法申报了债权的债权人组成。只有依法申报债权的债权人，才能组成债权人会议，才属于债权人会议成员。因此，成为债权人会议成员，必须同时符合三项条件：（1）要为债权人；（2）必须向管理人申报了债权；（3）必须依法向管理人申报了债权。缺少其中之一，如不是债权人，或者虽为债权人可没有申报自己的债权，或者虽为债权人并且申报了债权却不依法申报债权，则不能成为债权人会议成员。

至于债权人，在破产法中，乃是指破产债权人。根据《企业破产法》第44条规定，为人民法院受理破产申请时对债务人享有债权的债权人。破产申请受理后，债务人源于各种各样的原因形成的债务，如共益债务、破产费用，相应的债权人则不属于破产债权人，其债权不需要申报，不属于破产法意义上的债权人，不能成为债权人会议成员。

破产债权人，按照《企业破产法》第109条关于“对破产人的特定财产享有担保权的权利人，对该特定财产享有优先受偿的权利”，以及第113条关于“破产财产在优先清偿破产费用和共益债务后，依照下列顺序清偿：（一）破产人所欠职工的工资和医疗、伤残补助、抚恤费用，所欠的应当划入职工个人账户的基本养老保险、基本医疗保险费用，以及法律、行政法规规定应当支付给职工的补偿金；（二）破产人欠缴的除前项规定以外的社会保险费用和破产人所欠税款；（三）普通破产债权”等有关债权的清偿顺序的规定，则分为五大类债权人，即具有破产优先受偿权的债权人、劳动债权人、统筹社保债权、基本税收债权人，及普通债权人。但在民事法律上，则有各种各样的分类，如以是否具有连带性质为标准，可分为共同连带债权人与非共同连带债权人；如以债权是否到期为标准，可分为到期债权人与非到期债权人；如以债权是否附有条件或期限为标准，可分为附条件或期限债权人与未附条件或期限债权人；如以债权是否由他人清偿了债务人所欠债权人的债务为标准，可以分为代位债权人与非代位债权人。前者是指其他共同债务人或者第三人为债务人清偿了所欠债权人的债务，为此有权在其清偿的范围内以自己的名义向债务人代位行使权利的债权人，包括共同债务人与因代替债务人履行债务的第三人。其中，共有债务人又包括因合同约定负有连带责任的共同债务人，因共有财产而负有连带责任的债务人，因不可分割行为如生产、销售、运输、仓储产品行为致消费者人身、财产损害而导致的生产者、销售者、运输者、仓储者之间的共同债务人等。因代替债务人履行债务的第三人，如以之物为债务人的债务提供抵押、质押的第三人，根据《民法典》第392条关于“……提供担保的第三人承担担保责任后，有权向债务人追偿”的规定，具有代位求偿权。又如，第三人清偿具有担保物权的债权人的债务而取得担保财产的代位债权人，或者经债务人、债权人、第三人约定债务人所欠债权人的债务、债权人对债务人所享有的债权转让给第三人的代位债权人，如此等等，不一而足，只要依法予以申报，则均属于债权人会议的成员，依法有权参加债权人会议，并进行表决。

还应指出，单纯的物权人，其对债务人控制、管理的财产而主张取回权的，不属于债权人的范畴。其主张取回权的标的物，不属于债务人财产，不属于负有担保物权或者法定特别优先权的特定财产的范畴，更不属于不负有担保物权或者法定特别优先权的非特定财产的范围。对债务人及其财产而言，该权利人并不享有任何债权。而债权人会议及其表决权是针对债权人及其债权而设立的，相应的债权属于具有担保物权或者法定特别优先受偿权的，则对特定财产优先受偿；属于普通债权的，则以债务人的非特定财产按照法定的顺序及同一顺序按照相同的比例公平受偿，并参加会议进行表决。故，单纯意义上的物权所有人，仅仅是主张取回权的，不能认定为债权人而作为债权人会议成员并让之参加债权人会议予以表决。当然，有的物权人，如所有权保留权人，放弃物权而按买卖合同主张债权的，又可以成为债权人而成为债权人会议成员。另外，具有担保物权的债权人，其虽然具有抵押、质权等物权，但该物权乃是建立在其对债务人享有债权的基础上的，且这一担保物权相对于其拥有的债权来说，具有从属性质，故不属于单纯意义上的物权人，其基于对债务人的债权而仍属于债权人的范围，依法申报的，属于债权人会议成员而有权参加债权人会议，并对有关事项依法予以表决。

二、债权人会议成员的消极范围

作为债权人会议成员必须同时符合属于债权人，对债权进行了申报，并且依法进行了债权申报的条件。《企业破产法》第59条第1～2款规定：“依法申报债权的债权人为债权人会议的成员，有权参加债权人会议，享有表决权。”“债权尚未确定的债权人，除人民法院能够为其行使表决权而临时确定债权额的外，不得行使表决权。”基此，下列人员因为不符合债权人会议成员的构成条件，不能成为债权人会议的成员，即属于债权人会议成员的消极范围或称排除范围。

（一）非债权人不属于债权人会议的成员

债权人会议，由债权人会议成员构成。债权人会议成员，属于债权人，没有任何疑义。以是，债务人、管理人、审计人员、评估人员、审判人员等非债权人，虽然依法可以列席参加债权人会议，但不是债权人会议成员。

应当指出，一般情况下，不是债务人的债权人，不会进行债权申报。可在债务人管理混乱，尤其是关联企业因为财产、人事、管理、营业、财务等相互混同的情况下，一些本来不属于债务人的债权人，源于各种各样的原因，基于各种各样的意图，也来进行债权申报，管理人也接受了其债权申报资料，是否可以认为，管理人接受了所谓的“债权”申报而就认定其为债权人，并认为其是债权人会议的成员？对此，答案无疑是否定的。不能因为管理人接受了其申报资料，就认为已经认定其为债权人，进而认为其是债权人会议成员：

1. 是否为债权人，其法律根据为实体法，而非程序法。换言之，只有根据实体法律规定而对债务人享有债权的人，才为债权人。没有实体法律上的根据，不能因为实施了程序法律规定的行为而实际成为债权人。在实体上没有债权的人，不属于债权人，不能构成债权人会议的成员。

2. 非债权人进行所谓的债权申报，不属于依法申报，不能成为债权人会议成员：（1）债权人会议的成员，不仅在实体法上为债权人，在破产法上必须依法申报。在实体法上没有法律根据不是债权人，却基于各种原进行了所谓的债权申报，这种申报由于缺乏实体根据，乃为不法申报，不符合依法申报的构成条件。从债权人会议成员构成条件来说，也不符合，不能成为债权人会议成员。（2）程序法与实体法之间的关系，属于形式与内容之间的关系，程序法律依赖于实体法律，并为实体法律服务。对是否为债权人这一实体事项，要以实体法律为前提。没有实体法律根据，失去程序申报的基本前提，属于非法申报，不能成立为合法申报。是以，非债权人即使进行了所谓的申报，也不能成为债权人会议成员。（3）在破产程序中，进行债权申报仅仅是申报人的单方意思表示，其向管理人主张债权并提交证据以证明自己是债权人，然是否为债权人，显然不能依申报人这一单方的意思表示行为进行认定。（4）是否属于债权人，要经过管理人依法进行审查。不然，一申报就属于债权人，所申报的债权都是债权且为破产债权，那么，管理人对于债权申报的审查、债权人会议对于经过管理人审查的申报债权进行核查，以及人民法院依法对申报债权以裁定确认，就没有任何必要而失去其实际意义。

3. 非债权人进行所谓的债权申报，不能因为管理人接受了申报债权的资料，就认为已经认定其属于债权人，并认为其为债权人会议成员：（1）管理人接受申报债权的资料，属于一种事实行为，一般只是进行登记，或者对债权人提交的资料进行核实，仅仅只是作形式上的程序审查，而非对申报人提交的材料是否能够证明其为债权人这一实体问题进行审查，故不能以接受申报资料为由就认为管理人已经认定申报人为债权人。（2）在破产程序中，申报债权一般都是在债权申报期限内进行，申报债权因为相对集中造成接受申报资料的工作量大，且非常繁杂。不少债权人还会问这问那，管理人的工作人员在接收材料时，往往都应接不暇，债权人众多时更是忙于接收有关材料的事宜。所以，管理人不可能在接受申报资料时就确定申报人是否为债权人。(3) 管理人指派接受债权申报资料的工作人员，对法律不一定全部了解，对有关事实并不清楚，不可能在接受申报资料时就作出判断。(4) 管理人根据申报人提供的资料，即使能够判断申报人不属于债权人，也不可能在那时就予以认定，并且拒绝接受申报人的申报资料。这样的话，既不慎重，又容易激化矛盾，尤其是在申报人集中的情况下，可能引起其他申报人的不满，影响债权申报接受工作的正常进行。(5) 管理人接受申报人申报债权资料，与审查债权是否成立、申报人是否为债权人等实体审查，完全属于两种性质不同的工作。前者仅是一种为后者做准备的辅助性工作，不能将这种辅助性工作认定为债权审查工作，认为管理人一接收了申报人的申报资料并进行登记，就是认定其为债权人。其实，是否为债权人的审查、确定是一项非常重要的工作，需要慎重依法认真审查。申报人不属于债权人的，应当以书面方式通知申报人，他人因此可以提起诉讼。

4. 如果认为管理人接受了申报资料并进行登记就是债权人，并认为是依法进行了申报，可以成为债权人会议成员参加会议，那么，经过审查确实不是债权人，而又让其参加债权人会议，更加会引发申报人的不满，影响破产程序的正常进行。

5. 如果一律将向管理人申报，管理人一接受申报资料的，就认为是债权人，那么，一些出于不良的非善意目的的非债权人，可能都来申报，影响破产程序的正常进行。

（二）未进行债权申报的债权人不属于债权人会议成员

虽是债务人的债权人，可未就其债权向管理人申报，其依然不属于破产债权人。根据《企业破产法》第56条第2款关于“债权人未依照本法规定申报债权的，不得依照本法规定的程序行使权利”的规定，不参加破产程序，不能构成债权人会议成员。当然，没有依法申报债权，不能依照《企业破产法》的规定行使权利，但并不意味着放弃了债权，而不能再行使任何权利。事实上，在破产程序外，债权人仍旧可以行使权利，如在重整计划、和解协议执行完毕，破产程序终结后，其就可以依法要求债务人继续按照之前确定的清偿比例清偿债权。

与此相关的一个问题，就是劳动债权人是否属于债权人会议成员的问题。对此存在肯定与否定两种针锋相对的观点。否定者认为：“只有依法申报债权的债权人才能成为债权人会议成员。职工债权不参加债权申报，亦不作为债权人会议成员。”[①] 肯定者认为，职工应当属于债权人会议成员，因为债权人会议的决议也有可能影响到职工的利益。不让职工参加债权人会议，不但侵犯其程序参与权，还可能会损害其实体权利[②]。有的则对劳动债权人是否属于债权人会议成员避而不谈，只是分为是否允许劳动债权人参加会议，行使有关权利来讨论[③]，从而实际没有回答劳动债权人是否为债权人会议成员的问题，只是解决劳动债权人在哪种情况下可以参加债权人会议的问题。而是否有权参加债权人会议虽然与债权人会议成员相联系，可属于两个性质不同的问题。因为，债权人会议成员，虽然有权参加债权人会议，具有表决权。可是，不能说一有权参加债权人会议，具有表决权，就一定是债权人会议成员。事实上，不属于债权人会议的成员，仍然可以参加债权人会议，并且具有表决权，如债权人会议成员委托他人参加债权人会议，行使表决权，他人虽然有权参加会议，并参与表决，然不属于债权人会议成员。如果将是否有权参加债权人会议与是否属于债权人会议成员完全等同，那么，就会得出劳动债权能够得到保障时就不是债权人会议成员；劳动债权不能得到保障时就属于债权人会议成员的相互矛盾的结论。

笔者认为，劳动债权人不属于债权人会议成员：

1.《企业破产法》第59条第1款规定：“依法申报债权的债权人为债权人会议的成员，有权参加债权人会议，享有表决权。”据之，法律明确规定依法申报债权的债权人才为债权人会议的成员。劳动债权人不符合债权人会议成员必须依法申报的基本程序条件。根据《企业破产法》第48条第2款的规定，劳动债权不必进行申报。因此，劳动债权人由于不必申报而未依法申报其劳动债权，不属于债权人会议成员。

2. 认定劳动债权人属于债权人会议成员，一些债务人的破产程序就根本无法运行。如一些大中型企业的破产因为职工众多，成千上万甚至数十万，其会议的召开、职权的行使、重大事项的决议等程序实际上均难以甚至无法操作。作为债权人会议成员，有权参加债权人会议，享有表决权。是债权人会议成员，又对其参加债权人会议或者表决进行限制，就没有必要认定其为债权人会议成员。这在法律上也没有任何根据。果真如此，职工人数众多的大型尤其是特大型债务人破产，其债权人会议将是一个人数众多，在理论上虽可以驾驭然在实践上乃难以正常运行的庞然大物。

3. 劳动债权人的劳动债权已在法律上得到充分保护，不列为债权人会议

---

① 王卫国：《破产法精义》，法律出版社2007年版，第172页。

② 韩传华：《企业破产法解析》，人民法院出版社2007年版，第238页。

③ 王欣新：《企业破产法》，中国人民大学出版社2007年版，第287~288页。

成员，其权利仍旧能够得到保证。事实上，基于劳动债权与职工的基本生存权利相联系，除对特定财产享有担保物权或者法定特别优先权的破产债权外，其处于第一顺序的优先受偿的位置上。这种劳动债权，一般情况下都可以得到充分甚至足额清偿。对于劳动债权人的职工，也没有必要一定将其列为债权人会议成员，让其参加债权人会议，享有表决权。

4. 尽管有的破产程序，劳动债权人可能得不到充分受偿，依然享有相应的参加债权人会议的权利。可参加债权人会议，行使一定权利，并非一定要以属于债权人会议成员为前提。不可否认，在劳动债权不能足额清偿等特定情况下，债权人会议的表决可能影响其实体权利，此时，法律可以将之作为特例让其参加债权人会议，并有限制地行使权利。然这不一定要赋予其债权人会议成员身份，因为，参加债权人会议的人员，并非一定是债权人会议成员。这正如当事人之间的民事诉讼，参加该民事诉讼的并非一定是当事人，还可以是第三人。第三人也可以依法行使相应的诉讼权利，并承担相应的法律后果。劳动债权人虽然不一定是债权人会议成员，然依法赋予这种特殊劳动债权人在一定条件参加债权人会议并行使有关权利，既不违反法律规定，又不违背基本法理。

5. 《企业破产法》第 82 条第 1 款规定："下列各类债权的债权人参加讨论重整计划草案的债权人会议，依照下列债权分类，分组对重整计划草案进行表决：……（二）债务人所欠职工的工资和医疗、伤残补助、抚恤费用，所欠的应当划入职工个人账户的基本养老保险、基本医疗保险费用，以及法律、行政法规规定应当支付给职工的补偿金。"基此，在破产重整程序中，劳动债权人有权参加会议并对重整计划草案进行表决。这是《企业破产法》对劳动债权人参加会议并对有关事项进行表决的唯一规定。对于这一规定，不能认为是对劳动债权属于债权人会议成员的规定。如前所述，《企业破产法》在第 59 条明确规定了依法申报债权的债权人才能为债权人会议成员。换言之，不需要申报以及不依法申报的债权人，就不是债权人会议成员。如果认为《企业破产法》第 82 条乃是劳动债权人系债权人会议成员的规定，那么，《企业破产法》对于债权人会议成员范围的规定，乃就前后矛盾。另外，参加债权人会议，对一些特殊事项予以表决，并非一定属于债权人会议成员。如对涉及出资人权益调整事项的重整计划草案，出资人也有权参加并予以表决，但仍不能认为出资人就是债权人会议的成员。

（三）为债权人且已经进行了债权申报却没有依法进行债权申报的，也不属于债权人会议的成员

申报且属依法申报乃是构成债权人会议成员的必不可少的程序性条件。

依法申报，要求债权人向管理人申报即主张债权并提交证明其债权存在、归属的证据即可。不是向管理人申报，而是向债务人主张债权则不构成依法申报，不属于债权人会议成员。同样，只是主张权利可根本不提供证明其债权存在、为其所有的任何证据的申报，也不属于合法申报，管理人无法确定其是否属于债权人，也不能构成债权人会议成员。当然，其提供了有关证明债权存在、为其所有的证据资料，至于该证据资料是否真实，是否属于伪造则在所不论。管理人事后经过审查确认申报人不属于债权人的，自然要将之排除在债权人的范围之外。对于那些已有证据证明其债权可能存在、可能为其所有，可证据并不确实充分的，管理人否定其为债权人时，应当慎重。在债权人会议召开时，还无法确定的，则可以临时确定为债权人而让其参加债权人会议。但这不意味着其就一定是债权人，管理人应当设法查找有关证据。最终确实无法找到有关证据而充分证明其债权存在、为申报人所有的，则要将之排除在债权人的范围之外。

此外，未在人民法院确定的债权申报期限内申报，从严格意义上来说，不属于依法申报。然而，债权人对于债务人的债权并不因为未在债权申报期限内申报而丧失，《企业破产法》第56条于是规定，在债务人破产财产最后分配前依旧可以补充申报。补充申报，是对以前未在债权申报期限内申报的修正，债权人在对其债权补充申报后，就可成为债权人会议成员，有权参加债权人会议。

应当指出，在一些破产程序中，有的管理人将补充申报债权的人认定为未依法申报债权的人，不将之列为债权人会议成员，不让其参加债权人会议的做法，值得质疑。这种做法，不利于维护债权人的合法权益。在债权人因为债务人破产而遭受无法避免的损失的情况下，让其参加债权人会议，了解有关情况，行使有关权利，可使其从心理上得到平衡，对债务人的不满情绪得到一定的消化、缓解。否则，在为债权人且依法补充申报的情况下，不让参加债权人会议，行使有关权利，将会引发更大的不满，并可能对管理人发泄，不利于破产程序的进行。故，对于补充申报债权的人，应当认定为债权人会议成员，让其参加债权人会议，依法行使债权人的有关权利。

三、债权人会议成员与债权人、破产债权人的区别

如前所述，债权人会议成员是依法申报债权的债权人，其与债权人、破产债权人在都为债权人这一点上是共同的、一致的，之间会存在一定的联系，也会存在一定的区别，应当注意区分。

（一）债权人会议成员与债权人的区别

债权人会议成员是债权人，可反过来不能说，债权人就一定是债权人会

议成员。如前所述，虽是债权人但未进行申报即未向管理人进行债权申报的债权人，或者虽然进行了申报然不是依法向管理人进行了债权申报的债权人，或者在破产申请受理后对债务人形成债权的人，都不是债权人会议成员。以是，债权人与债权人会议成员之间为属概念与种概念的关系，即包容与被包容的关系。

（二）债权人会议成员与破产债权人的区别

债权人会议成员与破产债权人，均属于债权人，然债权人会议成员不一定是破产债权人，破产债权人也不一定是债权人会议成员。

债权人会议成员，是依法对其债权进行了申报的债权人。其债权可能是依法不能成立的无效债权、可撤销债权、确定不发生效力的债权或者超过诉讼时效、申请执行时效而不受法律强制性保护的债权。这些债权的债权人，虽然其债权在实体上不受法律保护，但在程序上应当允许其申报，可以成为债权人会议成员。这正如超过诉讼时效的债权人依法起诉，人民法院应当受理并进行实体审理，其也可以作为诉讼当事人即原告行使有关诉讼权利一样，其程序权利依然需要得到保障。当然，在实体上则不应予以支持，而是驳回诉讼请求。在破产程序中，这些不受法律保护的债权，债权人进行申报主张以债务人财产进行清偿，同样，程序上应当允许，并以债权人会议成员的身份参与破产程序，并行使有关程序上的权利。至于其实体权利则不应受到保障，即不能以债务人的财产受到清偿。是以，属于债权人会议成员的债权人，不一定是破产债权人。只有其债权依法应当受到法律强制性保护的债权人会议成员，才属于破产债权人。

四、债权人会议成员的分类

债权人会议成员，作为依法申报了债权的债权人，根据不同标准，可作不同分类。以是否具有表决权为标准，按照《企业破产法》第59条的规定，可以将之分为具有表决权的债权人会议成员与不具有表决权的债权人会议成员。具有表决权的债权人会议成员，又可分为具有完全表决权的债权人会议成员与不具有完全表决权的债权人会议成员。

（一）具有表决权的债权人

《企业破产法》第59条第1款规定："依法申报债权的债权人为债权人会议的成员，有权参加债权人会议，享有表决权。"据此，依法申报债权的人即债权人会议成员，除非法律另有规定，都具有表决权，且具有完整的表决权。

（二）具有不完整表决权的债权人

《企业破产法》第59条第3款规定："对债务人的特定财产享有担保权的

债权人，未放弃优先受偿权利的，对于本法第六十一条第一款第七项、第十项规定的事项不享有表决权。”基此，对债务人财产享有担保物权或者法定特别优先权的破产别除权人，没有放弃其对特定财产优先受偿权利的，对通过和解协议草案与通过破产财产的分配方案这两种事项不享有表决权，属于具有不完整表决权的债权人会议成员；破产别除权人对债务人特定财产放弃优先受偿权利的，则与其他债权人一样，对所有需要表决的事项都具有表决权，从而成为具有完整表决权的债权人会议成员。另外，破产别除权人就负有担保物权或者法定特别优先权的财产优先受偿仍未足额清偿后所剩余的部分，属于普通债权。对于该普通债权，其属于普通债权人，亦具有完整的表决权。

此外，《企业破产法》第 83 条规定，重整计划草案不得规定减免债务人欠缴的《企业破产法》第 82 条第 1 款第 2 项规定以外的社会保险费用。该项公法上的社会保险费用的债权人即统筹社保债权人不能参加重整计划草案的表决，但可以参加其他事项的表决，也属于具有不完整表决权的债权人。

（三）不具有表决权的债权人会议成员

有的债权人虽然属于债权人会议成员，有权参加债权人会议，但不具有表决权，属于不具有表决权的债权人会议成员。这种债权人会议成员，主要因为其对债务人的债权还未实际发生，或者已经实际发生但还存在争议如处于诉讼之中而尚未确定。

至于债权尚未确定的债权人会议成员，是否具有表决权，则应根据人民法院是否为其临时确定债权份额而确定。《企业破产法》第 59 条第 2 款规定：“债权尚未确定的债权人，除人民法院能够为其行使表决权而临时确定债权额的外，不得行使表决权。”据之，债权尚未确定的债权人会议成员，是否具有表决权，应当分为两种情况考虑：（1）债权尚未确定的债权人会议成员，人民法院没有为其临时确定债权份额不具有表决权的，属于不具有表决权的债权人会议成员。（2）债权尚未确定的债权人会议成员，人民法院为其临时确定了债权份额具有表决权的，属于具有表决权的债权人会议成员。其中，债权未确定的债权人为破产别除权人，就特定财产放弃优先受偿权利的，又为具有完整表决权的债权人会议成员；就特定财产没有放弃优先受偿权利的，则为具有不完整表决权的债权人会议成员。

至于债权尚未确定，包括债权是否存在、是否有效、是否存在财产担保、数额多少等还存在争议，尚处于诉讼未决过程中。债权人申报了债权，管理人经过审查作出初步结论，债权人、债务人虽然存在异议，但没有向人民法院提起诉讼的，不能以此为由认为债权存在争议而未确定就完全否定债权人的表决权。

五、债权人会议参会人员的范围

债权人会议参会人员的范围，是指哪些人依法能够参加或者应当参加债权人会议的范围。债权人会议的参会人员，根据不同标准，可以作不同分类。如以是因权利参会还是因义务参会为标准，可以分为权利参会人员与义务参会人员；以是否具有表决权为标准，可以分为有表决权的参会人员与无表决权的列席参会人员；以是否属于债权人会议成员为标准，可以分为成员参会人员与非成员参会人员。下面，对其进行必要的分析：

（一）债权人会议成员

债权人会议成员，有权参加债权人会议，属于权利参会人员。包括依法具有破产别除权的债权人、统筹社保债权人、基本税收债权人、普通债权人。其中，债权即使尚未确定的债权人会议成员，仍然有权参加会议，是否属于具有表决权的参会人员，则要看其债权是否确定以及债权没有确定时人民法院是否为其临时确定了债权份额等情况。对此，已在上面有关具有表决权的债权人分类中作过分析，这里不再多述。

（二）债权人会议成员委托的代理人

《企业破产法》第59条第4款规定："债权人可以委托代理人出席债权人会议，行使表决权。代理人出席债权人会议，应当向人民法院或者债权人会议主席提交债权人的授权委托书。"基此，债权人会议成员委托的代理人有权参加债权人会议，属于权利参会人员，并具有表决权，属于有表决权的参会人员。这种代理人，虽然有权参加债权人会议，并且行使表决权，显然不属于债权人会议成员，为非成员参会人员。不是债权人会议成员，基于债权人会议成员的委托及法律规定，依然有权参加债权人会议并行使表决权。是否属于债权人会议成员与是否有权参加债权人会议并且表决，不能完全等同。

应当指出，债权人会议成员委托代理人参加债权人会议并且表决，其自身能否参加债权人会议并且表决，对此，法律没有明确规定。基于破产程序性特征，这种委托并不排斥债权人本身参加会议。这正如民事诉讼一样，债权人委托代理人参与诉讼，自身也可以参与诉讼。可在破产程序中，债权人人数往往很多，委托他人参加会议并行使表决权，自己也参加会议，可能造成会议实际运行困难甚至瘫痪，从债权人会议实际运行方面讲，应当予以限制。即使允许债权人参加会议，具有表决权，可具体行使时也只能由债权人或者委托的代理人一人行使，而不能由两人同时行使。至于委托代理人的人数，基于同样的道理，应以一人为限。

（三）劳动债权人

基于对破产程序正常进行的需要及劳动债权已作第一顺位清偿的考虑，劳动债权不必申报，劳动债权人不属于债权人会议成员。然其是否有权参加债权人会议，则应分别情况予以考虑，不能因为其不是债权人会议成员，就一概否定其参会的权利。不属于债权人会议成员，要参加债权人会议，主要有两种情形：（1）基于债权人会议成员委托；（2）由法律基于对其权利的特殊保护而赋予其参会的权利。如劳动债权人、出资人等非债权人会议成员，在特定情况下，根据《企业破产法》第 82 条、第 85 条的规定，有权参加债权人会议，并且依法享有表决权。所以，既不能以不是债权人会议成员为由而就否定其参会的权利，又不能因为其具有参会的权利，就认为其是债权人会议成员。不然，债权人会议成员委托的代理人参加了会议，就会得出该代理人也属于债权人会议成员的不当结论。

根据《企业破产法》的规定，劳动债权人是否能够参加债权人会议，应当区分下列情况进行考虑：

1. 在讨论重整计划草案的债权人会议中，《企业破产法》第 82 条规定："下列各类债权的债权人参加讨论重整计划草案的债权人会议，依照下列债权分类，分组对重整计划草案进行表决：……（二）债务人所欠职工的工资和医疗、伤残补助、抚恤费用，所欠的应当划入职工个人账户的基本养老保险、基本医疗保险费用，以及法律、行政法规规定应当支付给职工的补偿金……"基此，劳动债权人有权参加讨论重整计划草案的债权人会议，并且对重整计划草案有权进行表决。因此，在讨论重整计划草案的债权人会议中，劳动债权人有权参加债权人会议，并且对重整计划草案具有表决权，属于权利参会人员、具有表决权的参会人员，因其不属于债权人会议成员，为非成员参会人员。

2. 在讨论重整计划草案的债权人会议外的其他债权人会议中，《企业破产法》第 59 条第 5 款规定："债权人会议应当有债务人的职工和工会的代表参加，对有关事项发表意见。"据此，只有债务人的职工和工会代表才能参加债权人会议，对有关事项发表意见，但不能行使表决权。职工代表本身应属于劳动债权人，而不能由不是劳动债权人的职工代表参加。否则，与劳动债权人的参与权、知情权等不相吻合。至于工会代表，属于劳动债权人的，应由劳动债权人的工会代表参加，但不能以工会代表的身份享有表决权，属于权利参会人员、不具有表决权的列席参会人员及非成员参会人员；均不属于劳动债权人的，则只能由工会代表参加。无论是否属于劳动债权人，均属于权利参会人员、不具有表决权的列席参会人员及非成员参会人员。至于不是职工和工会代表的劳动债权人即职工和工会代表外的其他劳动债权人，不属于债权人会议成员，不能参加债权人会议。

（四）统筹社保债权人

统筹社保债权，即债务人欠缴公法上的社会保险费用（除应当划入职工个人账户的基本养老保险、基本医疗保险费用以外的社会保险费用）所产生的债权，由有关社会保险机构参与破产程序，依法接受欠缴公法上的社会保险费用的清偿。但根据《企业破产法》第83条的规定，重整计划草案不得规定减免债务人欠缴的本法第82条第1款第2项规定以外的社会保险费用（即公法上的社会保险费用），该项费用的债权人不参加重整计划草案的表决。

（五）出资人代表

出资人及其代表，不属于债权人会议成员，除非法律明文规定，不能参加债权人会议，更不具有表决权。《企业破产法》第85条规定："债务人的出资人代表可以列席讨论重整计划草案的债权人会议。""重整计划草案涉及出资人权益调整事项的，应当设出资人组，对该事项进行表决。"基此，在讨论重整计划草案的债权人会议中，出资人代表有权参加债权人会议，并且只有在重整计划草案涉及出资人权益调整的情况下，才能对出资人权益调整的事项具有表决权。重整计划草案没有涉及出资人权益调整事项的，以及对重整计划草案中的不涉及出资人权益调整的事项，则都不具有表决权。这时，出资人代表属于权利参会人员、无表决权的列席参会人员及非成员参会人员。重整计划草案涉及出资人权益调整事项的，则依法有权对该涉及出资人权益调整事项进行表决，出资人代表则属权利参会人员、有表决权参会人员及非成员参会人员。

（六）债务人的管理人员

《企业破产法》第15条第3项规定，债务人的法定代表人，以及经人民法院决定的债务人的财务管理人员和其他经营管理人员，承担列席债权人会议并如实回答债权人询问的义务。既然参加债权人会议乃是这些管理人员的义务，除出于疾病、意外或者不可抗力等原因确实无法参加的以外，都必须参加。这种参会人员，属于义务参会人员、无表决权的列席参会人员及非成员参会人员。

（七）管理人

《企业破产法》第23条第2款规定："管理人应当列席债权人会议，向债权人会议报告职务执行情况，并回答询问。"据之，管理人作为债权人会议的参会人员，属于义务参会人员。显然，其不属于债权人会议成员，也不具有表决权，属于无表决权的列席参会人员及非成员参会人员。

（八）合议庭成员及其他工作人员

人民法院作为审理破产案件的司法机关，其在整个破产程序中都居于主导地位，对债务人、债权人、管理人的行为都应依法审查并进行监督。对于债权人会议的召开这一破产程序中不可缺少的程序性行为，人民法院审理破产案件的合议庭成员基于其职责都应参加，对债权人会议的运行进行指导与监督。鉴于其参加会议的根据即职权或职责，具有权利与义务的双重属性，既可以归属于权利参会人员，又可以归属于义务参会人员，且依然属于无表决权的列席参会人员及非成员参会人员。此外，法庭的书记员、执庭法警等法院工作人员，基于破产案件审理的需要参加债权人会议，也不属于债权人会议成员。

（九）审计、评估、鉴定、翻译人员

审计、评估、鉴定、翻译人员，是否需要参加债权人会议，法律没有明文规定。然则，债权人会议在核查债权、讨论重整计划草案、破产财产的变价方案、破产财产的分配方案等涉及债务人财产的事项时，审计、评估、鉴定人员等往往需要到场，以接受债权人、债务人就有关审计、评估、鉴定事项的询问。在少数民族地区、涉及国外债权人情况等需要进行翻译时，还需要翻译人员到场。这些人员参加会议，是为了破产程序正常进行的需要，根据其职责产生或者由人民法院聘请，亦应当参加，可以归之为义务参会人员。他们不是债权人会议的成员，不具有表决权，属于无表决权的列席参会人员及非成员参会人员。

与参加债权人会议成员相关的问题是，是不是一申报了债权的人就是依法申报的债权人，即是否一律需要让之参加会议。对这，需要加以说明。如前所述，进行了所谓债权申报的非债权人，不属于依法申报的债权人，不属于债权人会议成员，除非法律规定或者基于职责的需要如出资人代表、管理人等可以参加债权人会议外，不能参加债权人会议。问题是进行了债权申报的非债权人，是否需要管理人审查确定，没有任何疑义。不然，非债权人一进行所谓的根本不存在的债权申报，不要管理人确定，就都认为属于依法申报的债权人而为债权人会议成员，自然不当。故，管理人对于进行债权申报的人，在第一次债权人会议前，应当审查其债权是否真实及债权是否为申报人所有，并分别情况进行处理：

1. 有确实充分的证据证明申报人所申报的债权根本不存在，或者债权虽然存在但债权不属于申报人所有，申报人为非债权人，不属于债权人会议成员，不能让其参加债权人会议。此时，应当给申报人以书面方式进行通知。申报人对此有异议的，可以依法向人民法院提起诉讼。

2. 有一定证据证明申报人的债权存在并为申报人所有，可证据还不充分，

在债权人会议召开之前难以确定的，则应慎重对待，可以要求申报人补充证据。在债权人会议召开之前无法确定是否为债权人的，则从保护申报人可能存在的合法权益出发，可以暂时不对其是否为债权人作出认定，并以依法申报的债权尚未确定的债权人待之而让其参加债权人会议。事后，存在确实充分的证据证明其所申报的债权并不存在或者不为申报人所有的，则应当明确认定其为非债权人，不再让其参加之后的债权人会议，并以书面方式进行通知，申报人可以向人民法院、仲裁机构提起诉讼或者仲裁。

3. 管理人认为申报人的债权不存在或者不为其所有，申报人提出诉讼或者仲裁确认的，则该申报债权转为不确定债权，根据《企业破产法》第 59 条第 2 款关于“债权尚未确定的债权人，除人民法院能够为其行使表决权而临时确定债权额的外，不得行使表决权”的规定，应当有权参加债权人会议。可除人民法院能够为其行使表决权而临时确定债权额的外，不具有表决权。

4. 有确实充分证据证明申报人申报的债权包括无效债权、可撤销债权、确定不发生效力债权、不受法律强制性保护的债权等存在且为申报人所有的，则为依法申报的债权人，属于债权人会议成员，应当让其参加债权人会议。

应当指出，确定为非债权人与确认债权人的具体债权是不相同的两个概念。前者是根据证据可以证明申报人申报的债权根本不存在，或者虽然存在但不为申报人所有。后者是在确定所申报的债权存在且为债权人所有的情况下，就其债权的性质如是否合法成立、有效，是否要受到法律强制性保护，以及债权的数额多少等进行确认。申报人申报债权后，管理人当即要做的就是对申报人是否为债权人进行初步审查，以确定其能否参加债权人会议，并及时通知申报人。至于对申报人所申报的债权进行确认，首先管理人要对申报人申报的债权是否存在、是否为申报人所有，以及债权的性质、数额等进行初步审查。根据《企业破产法》第 57 条关于“管理人收到债权申报材料后，应当登记造册。对申报的债权进行审查，并编制债权表”的规定及第 58 条关于“依照本法第五十七条规定编制的债权表，应当提交第一次债权人会议核查”的规定，在经过债权人会议核查后，债权人、债务人均无异议的，由人民法院裁定确认，申报的债权至此才算确定。债权人或者债务人有异议并提起诉讼或者仲裁的，则应等诉讼、仲裁完成后，债权才能得到确定。以是，认为申报人申报的债权必须得到确认后才能参加债权人会议，或者参加第一次债权人会议无需确认债权，参加以后的债权人会议则需要确定债权，无疑不当。[①] 事实上，对于申报人与管理人之间就其申报的债权存在争议，申

① 王欣新主编：《企业破产法》，中国人民大学出版社 2002 年版，第 99 页。

报人向人民法院或仲裁机构提起诉讼、仲裁的不确定债权，申报人有权参加债权人会议，只不过是在人民法院没有为其临时确定债权数额时不能行使表决权，这就说明债权并未得到确认时，都有权参加债权人会议，而不论是第一次债权人会议还是第一次债权人会议以外的债权人会议。

还应指出，首先初步认定其为债权人，然根据以后新发现的证据证明其根本不是债权人，自发现之后的债权人会议，不能再让其参加会议。其向人民法院提起确认之诉的，属于债权尚未确定的债权人，仍旧可以参加会议，是否具有表决权则应视人民法院是否为其临时确定债权额而定。另外，申报时为债权人，在破产程序中源于各种原因不再是债权人，如已对债务人特定财产优先受偿获得足额清偿的；已由债务人的保证人或者其他连带债务人全部清偿其债权的；债权人的债权出于抵销、免除等原因而消灭的；将债权依法转让给第三人的，等等，都因为其与债务人之间的债权债务关系不再存在，或者实际消灭或者转让给他人，便不再为债权人，不能再参加债权人会议。对于债权没有实际消灭只是转让给他人的，他人作为债权人自可依法参加债权人会议。

第三节　债权人会议职权

《企业破产法》第 61 条规定："债权人会议行使下列职权：（一）核查债权；（二）申请人民法院更换管理人，审查管理人的费用和报酬；（三）监督管理人；（四）选任和更换债权人委员会成员；（五）决定继续或者停止债务人的营业；（六）通过重整计划；（七）通过和解协议；（八）通过债务人财产的管理方案；（九）通过破产财产的变价方案；（十）通过破产财产的分配方案；（十一）人民法院认为应当由债权人会议行使的其他职权。债权人会议应当对所议事项的决议作成会议记录。"据之，债权人会议具有 11 项职权。其中，10 项为法律明文规定的职权，1 项属于法律授权人民法院根据实际需要确定的应当由债权人会议行使的职权。

一、核查债权

（一）债权人会议核查债权的必要性

申报人申报债权后，管理人应当就其债权是否存在、是否为申报人所有以及债权的性质、数额等进行审查，并提出初步结论。对这种初步结论，债权人、债务人没有异议的，则将被人民法院裁定确认。是以，管理人对申报债权的审查结论，直接关系到申报债权的债权人的利益，亦直接关系到其他债权人的利益，就管理人对申报债权审查初步得出的结论，债权人会议有权进行审查核实。

（二）债权人会议核查债权的范围

根据《企业破产法》第58条第1款关于“依照本法第五十七条规定编制的债权表，应当提交第一次债权人会议核查”的规定，破产法只对管理人编制的债权表的债权进行核查作了规定，而未对列为劳动清单的劳动债权是否需要核查以及破产和解、破产重整中管理人需要对未申报的债权进行审查的债权是否需要核查作出规定，从而有人认为债权人会议核查债权的范围仅仅确定在管理人审查后编制的债权表内的债权范围内。[①] 对此，值得商榷。具体理由已在第6章破产债权第5节债权核查中作过详细分析，这里不再多述。

（三）债权人会议核查债权的方式

有人认为，债权人会议对所议事项需要通过决议的方式进行，债权人会议确认债权也要通过表决方式作出。[②] 笔者认为，债权人会议对核查结果如果采取决议方式作出结论，根据《企业破产法》第64条第1款关于“债权人会议的决议，由出席会议的有表决权的债权人过半数通过，并且其所代表的债权额占无财产担保债权总额的二分之一以上。但是，本法另有规定的除外”的规定，债权核查结果由出席会议的有表决权的债权人过半数通过，并且其所代表的债权额占无财产担保债权总额的1/2以上，那么，债权人的这一被核查决议表决通过的债权，就要被人民法院裁定确认。但事实上，根据《企业破产法》第58条第3款的规定，只要有债权人、债务人提出异议，人民法院就不可能根据该决议对该债权裁定确认；异议人提起诉讼或者仲裁的，则通过诉讼、仲裁程序确认。所以，按照表决方式通过的债权核查结论，对债权人、债务人并没有约束力，债权人会议核查债权由此不能采取表决方式来进行确认。具体应当在债权人会议召开后，在规定的期限由债权人提出异议并且提起诉讼或者仲裁。在该期限内没有提起诉讼或者仲裁的，则视为债权人、债务人对经过债权人会议核查的债权没有异议，再报由人民法院依法裁定。

（四）债权人会议核查债权的具体方法、过程

从理论上讲，该具体方法、过程为：先由管理人对审查债权的有关事项如审查原则、债权分类及其审查的基本标准、程序等进行说明，然后由债权

① 吴庆宝、王建平主编：《破产案件裁判标准规范》，人民法院出版社2009年版，第223页。

② 吴庆宝、王建平主编：《破产案件裁判标准规范》，人民法院出版社2009年版，第223页。

人对每一笔债权就债权成立的事实、性质、数额、有无财产担保及法定特别优先权及其证据情况等进行说明，再由债权人会议逐笔进行询问、查阅、讨论，管理人、债务人、债权人等应当如实回答。在债权人人数不多的情况下，如此进行完全可以，然对人数众多甚至成千上万的债权人的债权进行审查。照此下去，债权人会议不知开到何年何月，所有参加会议的债权人不知又要付出多大代价。因此，这种方式，在债权人众多的情况下，实际上根本无法进行。笔者认为，在管理人就有关事项说明情况后，债权人会议可以就债权审查的一般共同事项向管理人、债务人等发问。至于其他具体债权的核查，可以在会后进行，并要求在规定期限内提出异议、诉讼或者仲裁。否则，视为对债权人会议核查的债权没有异议，管理人报送人民法院依法裁定确认。

二、申请人民法院更换管理人，审查管理人的费用和报酬

管理人就债务人财产即可以用于清偿债务人所负所有债务的财产进行管理、变价、分配等，对债权人的债权依法进行审查，在第一次债权人会议前决定是否营业以及共益债务的认定、支付，等等，都直接关系到债权人的合法利益能否得到更大的保护，因为债务人破产所造成的损失能否尽量减少。故，管理人必须对债权人负责，依法尽量维护已经遭受损失的债权人的合法权益。但是，管理人并非债权人会议选定，而是由人民法院指定，其是否胜任职务，是否忠实、勤勉、依法、公正履行职责，固然要受到债权人会议的监督。在管理人不能依法、公正执行职务或者有其他不能胜任职务情形的情况下，依法需要赋予债权人会议申请人民法院予以更换的权利。不然，债权人的合法权益就难以得到有效保证。

管理人为中介机构的，依法履行职责，需要得到报酬、支出费用。可其报酬及支出费用要以债务人财产依法随时优先受偿，在债务人财产不足以清偿债权人债权且其财产固定的情况下，管理人的报酬及费用支出与债权人的债权清偿之间存在着此消彼长的关系：管理人报酬及费用支出越高，用于债权人清偿的财产就越少；管理人报酬及费用支出越低，用于债权人清偿的财产就越多。也就是说，管理人的报酬及费用支出的高低、多少，与债权人的利益密切相关。以是，债权人会议对于管理人的报酬及费用支出有权就其合理性进行审查，认为不合理的，根据《企业破产法》第 28 条第 2 款关于“管理人的报酬由人民法院确定。债权人会议对管理人的报酬有异议的，有权向人民法院提出”的规定，可以向人民法院提出。至于是否具有合理性，主要从管理人费用的支出、报酬是否符合法律规定的程序、限额，是否超出正常水平，是否与破产案件复杂程度及工作量等相适合，管理人勤勉程度及贡献

大小等方面考虑。

申请人民法院更换管理人，审查管理人的费用和报酬是债权人会议的权利，而非债权人的权利。申请人民法院更换管理人，向人民法院对管理人的报酬提出异议，应当由债权人会议或者委托的债权人委员会采取决议的方式依法通过。否则，即使有债权人对管理人提出异议，也不能对管理人予以更换，或者对人民法院确定的管理人报酬进行变更。

三、监督管理人

监督管理人，乃是债权人会议维护全体债权人合法权益所必需。申请人民法院更换管理人，审查管理人的费用和报酬也是债权人会议监督管理人的一个部分。这一部分强调的是在管理人出现一些情况下，债权人会议有权作出决议，请求人民法院予以更换管理人或者变更管理人报酬。可除了这种请求外，债权人会议还需具有知情权及异议权。而知情权乃是债权人会议行使请求人民法院更换管理人及变更管理人报酬等权利的基础。是以，根据《企业破产法》第 23 条第 2 款关于“管理人应当列席债权人会议，向债权人会议报告职务执行情况，并回答询问”的规定，管理人应就履行职务的各种情况向债权人会议报告，并接受债权人就其职责履行情况所进行的询问，且如实回答。至于其异议权，则是指对管理人履行职责的行为就其合法性、合理性、正当性等提出不同意见的权利，包括对管理人是否能够胜任职责，是否忠实、勤勉、依法、公正履行职责等提出不同看法。

知情权、异议权属于债权人会议依法听取管理人报告，并发表意见的权利，并非一定作出某种结论，不需要采取决议的方式进行。可是，基于知情权、异议权而需要作出某种结论的，如请求人民法院更换管理人或者变更管理人报酬，则就需要采取决议方式进行。这是此项监督管理人的权利与申请人民法院更换管理人，审查管理人报酬和费用的权利的区别所在。

四、选任和更换债权人委员会成员

债权人会议作为维护全体债权人一般、共同利益的自治性机构，不具有常设性。其行使职权，一般通过召开会议、依法表决的方式进行。如此，债权人会议不可能在破产程序中经常召开，不然成本将异常巨大，往往需要一个能够代表其利益的常设机构即法律规定的债权人委员会来在其闭会期间基于法律规定或者债权人会议的委托代表债权人会议行使职权，对管理人进行监督，维护债权人的共同利益。根据《企业破产法》第 68 条的规定，债权人委员会行使下列职权：监督债务人财产的管理和处分；监督破产财产分配；

提议召开债权人会议；债权人会议委托的其他职权。作为债权人会议的常设机构，在闭会期间代表债权人会议行使职权，需要债权人委员会成员能够忠实债权人的合法权益，正确行使自己的职权。为了保证这一点，需要债权人会议按照意思自治原则对债权人委员会成员进行选任和更换。这种选任及其更换，还需要债权人会议通过决议的方式进行。可债权人委员会成员担负着对管理人监督等法定职责，直接关系到破产程序的进行，不能随便选任和更换，《企业破产法》第 67 条第 2 款为此规定，债权人委员会成员应当经人民法院书面决定认可。

五、决定继续或者停止债务人的营业

营业作为生产经营服务等以营利为目的的持续性、职业性经济活动，是经济生活参与者的最为正常、基本的活动。进行营业，乃是正常营运的企业等经济活动参与者的应有之义。然在企业法人等经济活动参与主体出于不能清偿到期债务且资不抵债等原因而进入破产程序的情况下，既存在通过营业使其资产保值甚至增值的可能性，又存在继续营业造成亏损而使其资产贬值的可能性，且后者往往大于前者。是继续营业还是停止营业，乃是直接关系到债务人的财产减少或增加，进而关系到债权人利益的一个重要问题。对这，需要债权人会议且为第一次债权人会议作出决定。在第一次债权人会议召开前，由管理人根据《企业破产法》第 26 条的规定作出继续或者停止债务人营业的决定，并经人民法院许可。第一次债权人会议变更的，则在第一次债权人会议后按照债权人会议的决定继续或者停止债务人的营业。第一次债权人会议关于债务人继续或者停止营业的决定，要求采取决议的方式进行。

六、通过重整计划

重整计划草案是破产重整程序中的重要法律文件，根据《企业破产法》第 81 条的规定，包括债务人的经营方案；债权分类；债权调整方案；债权受偿方案；重整计划的执行期限；重整计划执行的监督期限；有利于债务人重整的其他方案；管理人报酬方案等内容。这些内容，无一不与债权人的合法权益直接相关，需要债权人会议集体讨论，并依法以决议的方式决定是否予以通过。

七、通过和解协议

和解协议通常以债权人对债务人作出让步、妥协为基础。债权人作出的让步与妥协，包括免除部分本金、免除利息或者部分利息、延长债务履行期限、改变债务履行方式、将债权转为股权等，都是债权人对自己的权利加以

处分的行为，从而与全体债权人的利益密切相关。所以，破产和解程序中和解协议草案的通过，要由债权人会议依法采取决议的方式进行。

八、通过债务人财产的管理方案

债务人财产是清偿债务人所负一切债务的基础，对其妥善进行保管，使其尽量保值、增值，乃是管理人工作的一个重要方面。管理人对于债务人财产应当全面清查、核实，并将其归于不同类别，按照性质、功能、作用的不同而对其使用不同方法予以保管、追回，不致其丢失、损毁或丧失。因此，管理人对债务人财产的管理应当就财产类别及其相应的方法、措施等制定管理方案。财产管理方案是否适当，措施是否得力，方法是否妥当等，直接关系到债务人财产能否妥善保管而保值甚至增值，与债权人的利益密切相关，应由债权人会议采取决议的方式通过。债权人会议未通过的，由人民法院依法裁定。

九、通过破产财产的变价方案

破产财产的变价，是指通过拍卖等方式将债务人所有的非货币破产财产转换为货币财产的过程，这是对债权人债权进行清偿的基础。为了充分实现债务人破产财产的价值，管理人应将债务人破产财产的状况、作用，财产价值的评估、确定，财产变价的原则、方法、措施、时间、地点，以及变价过程中可能出现的问题及其解决办法等形成方案，按部就班、有条不紊，依法、公开、公正进行。故，债务人破产财产的变价方案是否合理、是否恰当以及方法、措施是否得力等，关系到债权人的合法利益，需要债权人会议通过决议的方式依法通过。债权人会议未通过的，由人民法院依法裁定。

十、通过破产财产的分配方案

对债务人的通过变价转化为货币财产的破产财产进行分配，乃是债权人债权得到清偿、实现的最后环节。清偿财产的多少及其清偿比例的设定，各债权人债权的清偿数额、清偿顺序以及清偿的时间、地点、方式等都需要形成具体方案，依法进行。破产财产分配方案与债权人的合法利益息息相关，需要债权人会议依法讨论并采取决议方式通过。债权人会议未通过的，再由债权人会议进行第二次表决。第二次表决未通过的，由人民法院依法裁定。

十一、人民法院认为应当由债权人会议行使的其他职权

破产作为清偿债务人与之所有债权人之间的一切债权债务关系的行为，

涉及方方面面，立法者不可能将可能出现并需要债权人会议行使职权予以处理的所有问题，都能设想完毕。以是，《企业破产法》第 61 条在列举了债权人会议的 10 项具体职权之后，以一兜底条款“人民法院认为应当由债权人会议行使的其他职权”，赋予人民法院对于债务人破产程序中出现的需要由债权人会议予以处理的具体问题，确定为债权人会议的职权加以解决。这种职权的内容尚不确定，具体由人民法院根据案件的实际情况加以确定。根据《破产法解释（三）》第 15 条规定，管理人按照《企业破产法》第 69 条规定实施诸如借款、设定财产担保、履行债务人和对方当事人均未履行完毕的合同、放弃权利、担保物的取回等对债权人利益有着重大影响的财产处分行为，应当事先制作财产管理或者变价方案并提交债权人会议进行表决，债权人会议表决未通过的，管理人不得处分，并在实施处分前，提前 10 日书面报告债权人委员会或者人民法院，等等。这样，对管理人处分债务人重大财产的行为表决通过，就是人民法院认为应当由债权人会议行使的其他职权。

应当指出，债权人会议在行使职权、作出决议的过程中，应根据《企业破产法》第 61 条第 2 款关于“债权人会议应当对所议事项的决议作成会议记录”的规定，做好记录，并予以存档，妥善保管。

第四节　债权人会议运行

一、债权人会议运行的概念

债权人会议运行，是指债权人会议按照一定的方式、方法依法行使其职权的具体过程。具体包括债权人会议的召集、债权人会议召开前的准备、债权人会议召开的方式、债权人会议的议程、债权人会议的决议规则、债权人会议参会人员的表决权、债权人会议决议的司法救济等基本内容。

二、债权人会议召开的条件

债权人会议的召开，需要在程序上满足诸如第一次债权人会议由人民法院召集，自债权申报期限届满之日起 15 日内召开；之后的债权人会议，在人民法院认为必要时，或者管理人、债权人委员会、占债权总额 1/4 以上的债权人向债权人会议主席提议时召开等条件。除此之外，尚否需要其他条件，法律没有明确规定。《企业破产法》第 64 条第 1 款规定：“债权人会议的决议，由出席会议的有表决权的债权人过半数通过，并且其所代表的债权额占无财产担保债权总额的二分之一以上。但是，本法另有规定的除外。”基此，有的认为，上述“应当认为间接地规定了债权人会议召开的法定有效人数，即出席债权人会议的债权人人数至少为 2 人。[①] 否则，债权人会议应延期召开。另外，不仅人数要达到通过决议的基本条件，而且所代表的债权额也应符合通过决议的要求。假若达不到这种条件，就不应召开债权人会议。”因为，“破产程序从根本上来说，是债权人的自治程序，如果债权人会议根本就不具备通过任何决议的条件，这种召开是没有任何实质意义的，而法院的强行通过实质是损害了债权人的自治，进而损害债权人利益。”“《企业破产法》第 65 条第 2 款规定：‘本法第六十一条第一款第十项所列事项，经债权人会议二次表决仍未通过的，由人民法院裁定。’既然要求经过第二次表决，显然是具备通过的条件而没有通过，不然法律的这种规定岂不是多余。”[②] 笔者认为，上述看法从纯理论的角度来说，具有一定道理，可从司法实践的角度来说，值得商榷：

其一，债权人会议只有 1 人参加的情况，在司法实践中很难发生，讨论起来没有多大意义。至于要求债权人会议的参加人数必须满足“符合通过决议”的要求，具体来说参加会议的债权人人数所代表的债权额应达到 1/2 等的要求。否则，就不应召开会议，会议就要终止而延期召开。而我们知道，参加会议的债权人所代表的债权额是否符合债权人会议通过决议的要求，在会议之前不能确定，必须在会议入场经过统计后才能知道。经过统计，前来参加会议的人数所代表债权额与债权总额之比达不到法定的要求，就宣布终止债权人会议，对于人数较少且主要为单位债权人的破产案件来说，还可以做到，可对于数百、成千甚至上万的债权人的破产程序来说，则不可思议。那时，无论是本地的少额债权人还是来自全国各地的债权人，在已经遭受损失甚至巨大损失的情况下，再浪费时间、人力、物力来参加会议，结果仅仅因为一些人未来，就终止召开，这不是坐在书斋里简单地讲自治、理论所能解决的。轻会引起债权人的强烈不满，重则还可能引起心怀不满的债权人聚众闹事危及社会稳定的现象发生。

其二，召开一次债权人会议，在人数众多或者小额债权人较多的情况下，无论是管理人还是人民法院，都要付出巨大的努力。通常情况下，还要依靠党委、政府派出相当警力。租赁场所、聘请工作人员等需要花费巨大费用，说终止容易，但这些费用、付出在债务人的财产一般远远不能清偿债权而致

① 邹海林：《破产程序和破产法实体制度比较研究》，法律出版社 1995 年版，第 137 页。

② 李永军：《破产法——理论与规范研究》，中国政法大学出版社 2013 年版，第 147 页。

清偿比例很低的情况下，变成毫无意义的支出，容易引发债权人的不满。

其三，我们说，经过统计，在某一时间内，参加会议的债权人所代表的债权额与债权总额之比达不到法定的通过决议的要求，如果两者相差很大，可以当场决定。然就是相差一、两人，而且债权人众多，在未见来的债权人中完全可能来了一、两人，只不过是源于各种原因而暂时未到，而管理人又不知道这些未见到来的债权人哪些来了但在路上了，是等还是不等？不等，等决定终止债权人会议延期召开一宣布，这一、两人结果来了又怎么办？这样一来，债权人会议就不成了一场无法确定的闹剧。

其四，债权人会议在人数众多的情况下，可能采取现场召开、网络召开或者书面召开相结合的方式进行，而无论现场召开还是网络召开或者是书面召开，都需要租赁场地、网络会场、邮寄文件，都需要巨大成本，这是不得不考虑的。

其五，一些破产案件中，有的债权人债权数额巨大，几个人甚至一、二个人就达到了债权额的一半，笔者参与的一宗破产案件，债权总额20余亿，其中，一人的债权5亿多元、一人的债权近5亿。倘若这两人因为不满管理人对之的债权认定不来，只要再有一、两个债权人不来，其他的债权人都来参加了会议，会议仍然不能召开，按上述观点，又怎么安抚前来参加会议的债权人？显然这不能仅仅以说出意思自治等几个字就能简单解决问题的。

其六，有的债务人如湖南省嘉禾县南岭水泥有限公司破产重整案件中，曾有多批人承包，不同的承包人所雇佣的职工不同，导致劳动债权人众多，变换频繁，且都没有签订劳动合同，由于债权额大多就是几千元或者万余元，职工离职后很多没有留下联系方式或者虽然留下但又换了号码，在停产多年的情况下申请破产重整，大多数劳动债权人根本无法联系，按照上述观点，因为劳动债权人参加表决的人数以及所代表的债权额与劳动债权人组债权总额之比达不到法定的要求，就永远不能召开债权人会议。

其七，《企业破产法》第84条第1～2款规定："人民法院应当自收到重整计划草案之日起三十日内召开债权人会议，对重整计划草案进行表决。""出席会议的同一表决组的债权人过半数同意重整计划草案，并且其所代表的债权额占该组债权总额的三分之二以上的，即为该组通过重整计划草案。"第97条规定："债权人会议通过和解协议草案的决议，由出席会议的有表决权的债权人过半数同意，并且其所代表的债权额占无财产担保债权总额的三分之二以上。"据此，对于破产重整来说，按照上述观点，债权人会议的每组都要达到人数过半且所代表表决权数都要达到三分之二以上，不然，也不能召开，也需要终止而延期召开。这更增加了债权人会议顺利召开的不确定性。

其八，《企业破产法》明确规定，第一次债权人会议必须在债权申报截止之日起15日内召开。按上述观点，在开会那天因为前来参加会议的债权人所代表的表决权达不到法律规定的要求就不能召开，这又是不是违反法律的明确规定，程序是否合法，其结果明显不难回答。

其九，我们说，破产程序是债权人的自治程序，这意味着债权人完全按照自己的意思来表达自己的意志。其中，对于自己程序上的权利予以放弃，也是其意思自治的表现。其不来参加债权人会议，放弃自己有关权利，与前来参加会议的放弃或者反对某种决议，在法律上的效果是一样的。债权人本来就不想对决议表决即放弃表决或者明确想投反对票，但考虑到自己不来投票就能达到同样的结果，想到参加会议不仅费时费力，还可能因为参加会议惹来不舒服，从而放弃程序上的权利不来参加会议，这本身就是一种意思自治，与参加会议后再放弃或者表达反对的意思，在法律上来说并无任何实质区别。

其十，债权人会议对有关事项的决议没有通过，是指表决达不到《企业破产法》规定通过的标准。这里自然包括参加会议的人数或者所代表的表决权本身就达不到法定的标准而导致的表决未能通过的情况。认为只有在参加会议的人数或者所代表的表决权本身达到了通过决议的法定标准即具备通过的条件而没有通过的情况下，才属表决未能通过，没有任何法律根据。另外，参加会议的人数或者所代表的表决权刚刚达到了法定的通过决议的标准可在会议途中有一两人不满中途退场进而导致参加表决的人数达不到通过决议法定标准的要求，按照上述观点同样得中止会议并延期召开。这种脱离现实的从纯理论出发认为破产程序属于自治程序，在参加债权人会议的人数或者所代表的表决权数达不到通过决议的法定标准要求的情况下，主张应当终止并延期召开会议，值得商榷并需要加以否定。

三、债权人会议的召集

《企业破产法》第62条规定："第一次债权人会议由人民法院召集，自债权申报期限届满之日起十五日内召开。""以后的债权人会议，在人民法院认为必要时，或者管理人、债权人委员会、占债权总额四分之一以上的债权人向债权人会议主席提议时召开。"据之，债权人会议召开的决定，分为第一次债权人会议与第一次债权人会议以外的债权人会议，而由不同的主体依法作出。

（一）第一次债权人会议的召集

第一次债权人会议，在这里是指破产申请受理后于法定期限内必须由人民法院将债权人会议的成员及其他人员聚集于一起依法行使职权，讨论、决议有关债权人利益及破产程序事项的一种集会。是以，第一次债权人会议，具有以下基本特征：

1.《企业破产法》第62条第1款规定："第一次债权人会议由人民法院召集，自债权申报期限届满之日起十五日内召开。"基此，第一次债权人会议必须发生在破产申请受理后法律规定的一定期限内，要求在债权申报期限届满之日起15日内召开。其中，债权申报期限，根据《企业破产法》第45条规定，自人民法院发布受理破产申请公告之日起计算，最短不得少于30日，最长不得超过3个月。第14条规定："人民法院应当自裁定受理破产申请之日起二十五日内通知已知债权人，并予以公告。"基此，自人民法院裁定受理破产申请之日起1个月40日内至3个月40日内召开。

2. 第一次债权人会议必须由受理破产申请的人民法院决定、召集。债权人会议第一次召开前，只是依法申报债权，还未组成债权人会议来代表全体债权人行使职权。即使指定了债权人会议主席，债权人会议主席因被指定的时间不长而无法召集债权人会议的参会人员。所以，第一次债权人会议由整个破产程序的主导者即受理破产申请的人民法院召集，更为适宜。然而，第一次债权人会议虽由人民法院召集召开，根据《企业破产法》第60条第2款关于"债权人会议主席主持债权人会议"的规定，其主持者仍是债权人会议主席，作为居中裁判受理破产申请的人民法院并不主持任何债权人会议。

3. 第一次债权人会议是破产程序中首次也可能是唯一一次召开的债权人会议，无论是首次债权人会议还是唯一的第一次债权人会议，除在召开第一次债权人会议前，因为发现债务人不具有破产原因，债务人财产不足以支付破产费用，债务人与全体债权人在庭外达成和解，第三人为债务人提供足额担保或者为债务人清偿全部到期债务，债务人已经清偿全部到期债务等需要依法终结破产程序的情形外，根据破产法的规定都必须召开，而不能在破产程序中1次债权人会议都不召开。

（二）其他债权人会议的召集

1. 其他债权人会议召集的模式。其他债权人会议即第一次债权人会议以外的债权人会议的召集，根据《企业破产法》第62条的规定，具有四种模式：

一是，人民法院认为必要时召开。人民法院作为破产案件的审理者，在破产程序的运行中自始至终处于主导地位。因此，在认为需要完成第一次债权人会议未能完成的事项，或者已经完成的事项需要重新变更时，则可以自主决定召开债权人会议，而无须征得管理人、债权人委员会同意，也不必向债权人委员会主席提议而由债权人会议主席召集召开。

二是，管理人认为有必要时向债权人会议主席提议时召开。管理人作为破产程序中代表债务人行使管理、处分、分配债务人财产，清偿债权人债权等重要职责的参与者，其在完成某些工作后认为需要债权人会议讨论、决议时，需要向债权人会议主席提议召开债权人会议的权利。然则，管理人是代表债务人行使职权，属于债权人会议的列席参会人员，不能由其召集债权人会议。故，破产法规定由其向债权人会议主席提议召开，然后由债权人会议主席召集。

三是，债权人委员会认为有必要时向债权人会议主席提议时召开。债权人委员会作为债权人会议的常设机构，在债权人会议闭会期间行使债权人会议委托行使的职权，依法对管理人履行职责的情况进行了解并予以监督。以是，基于对管理人工作的了解，认为需要召开债权人会议时，依法也有权向债权人会议主席提议召开债权人会议，并由债权人会议主席召集。

四是，占债权总额1/4以上的债权人向债权人会议主席提议时召开。整个破产程序中的重要工作并且是所有破产程序所共有的工作，就是对债权人的债权进行清偿，以使债权人的合法权益尽量得到更大的保护。债权人为了维护自己的合法权益，除通过债权人委员会这一途径外，自身也会通过各种渠道关注管理人的工作、破产程序的进行。当认为需要召开债权人会议对有关事项进行讨论、决议时，如认为管理人不能胜任职务，严重损害债权人合法权益而需要申请更换，人民法院没有召集，或者管理人、债权人委员会没有依法向债权人会议主席提议召开，就需要赋予债权人提议召开债权人会议的权利。债权人具有提议召开债权人会议的权利，但必须符合法定条件。这些法定条件，根据《企业破产法》第62条的规定，包括两个方面，缺一不可：(1) 必须向债权人会议主席提议召开，而不是自行由一些债权人通过决议进行召开。提议债权人会议主席召开，债权人会议主席同意提议则召集召开。(2) 必须有占债权总额1/4以上的债权人向债权人会议主席提议时召开。虽有债权人提议债权人会议主席召开，然提议召开的债权人所有的债权总额没有达到债权总额的1/4以上，则该提议不能发生效力，债权人会议主席不能根据这种不符合法定条件的提议召集召开。

2. 其他债权人会议召集模式的分类。如前所述，第一次债权人会议只有人民法院负责召集一种情形，从而不存在对其分类的问题。其他债权人会议的召集，则分为四种情形，对之可以分为两种情况：(1) 人民法院召集；(2) 由法定人员向债权人会议主席提议并由债权人会议主席召集。

一是，人民法院负责召集其他债权人会议。由于第一次债权人会议也是由人民法院召集，不难得出所有债权人会议都可以由人民法院负责召集的结论。但是，第一次债权人会议只能由人民法院召集，其他债权人会议除人民法院召集外，还可以由债权人会议主席根据法定人员的提议召集。

二是，债权人会议主席根据管理人、债权人委员会或者占债权总额1/4以上的债权人提议召集。这种提议加债权人会议主席召集的模式，不能适用于第一次债权人会议，而只能适用于其他债权人会议。其适用条件包括两个方面：（1）必须有管理人、债权人委员会或者占债权总额1/4以上的债权人提议。（2）必须由债权人会议主席根据法定人员提议召集。没有法定人员的提议，债权人会议主席不能自行召集召开；虽有法定人员的提议但债权人会议主席认为提议之事不属于债权人会议职权的范围，或者所提议之事没有必要召开债权人会议讨论、决议的，则可以决定不召集会议。法定人员关于召开债权人会议的提议遭到债权人会议主席的否定后，提议人可以向人民法院反映情况。人民法院根据所反映的情况认为有必要召开债权人会议时，可以负责召集债权人会议。然这种召集，是人民法院基于认为必要时进行的召集，而非基于法定人员的提议召集。

至于占债权总额1/4以上的债权人提议召集，应是指提议人的债权总额与债权总额的比例，而不是指提议召开其他债权人会议的人数。提议召开债权人会议的人数虽然达到1/4甚至一半以上，但其所占债权总额没有达到债权总额的1/4以上，则提议仍然不符合法定条件，债权人会议主席不能据之决定召集债权人会议。提议人的所有债权及债权总额中的债权，法律并未明确必须是无财产担保的债权。是以，对债务人特定财产具有财产担保或者法定特别优先权的债权人也应可以提议召开债权人会议。

由上所述，第一次债权人会议乃是法律规定的、必须在法定期限内召开的会议，不可或缺。第一次债权人会议完成了破产程序中需要债权人会议决定的所有议题，则就可以不再召开其他债权人会议。尽管法律采用了第一次债权人的表述，并不意味着债权人会议就必须有第二次。其他债权人会议，只有在有必要时才由人民法院或者由法定的可以提议召开的主体依法向债权人会议主席提议时召开。从这种意义上来说，第一次债权人会议乃为必须的债权人会议，其他债权人会议乃为必要召开的债权人会议，没有必要召开的，则就不再召开。

应当指出，需要债权人会议完成的议题按照法律规定较多，真正为债权人关心的则是自己的债权是否能够得到认定，债务人财产以及债权能够得到清偿的比例情况。然在破产司法实践中，一些法院对审计、评估工作的跟进工作不予重视，造成债务人财产根本无法确定其价值，有关债权审查工作无法进行。即使在受理破产申请时，法院即行确定审计、评估机构进行审计、评估，有的出于债务人的管理人员不予配合，财务管理混乱、资料不全甚至完全丢失或者故意毁坏等原因，造成审计、评估工作需要较长的时间。就债权申报而言，不论债权申报设计多长，据笔者担任管理人的经历，不少债权人都是在债权申报期限截止临近的几天才来申报，致使不少申报的债权，管理人通常难以在第一次债权人会议前完成审查；即使完成的，也无法与债权人做有效沟通。

还有，管理人对于债权的审核，还有赖于审计机构根据有关财务资料等进行审计的结论，如债权人主张的债权，债务人已经履行，就只有通过审计才能确定，以保证管理人的审核与审计结论一致，避免两者出现矛盾让债权人对管理人、审计机构的工作产生疑问。所以，在债权申报期限届满之日起15 日内管理人通常难以完成第一次债权人会议所必须进行的债权审查，以及债权人最为关心的债务人财产价值的确定等相关工作，尤其是债权人数百上千乃至更多的情况下，尤其如此，更谈不上与债权人就有关事项进行有效沟通，让债权人了解会议有关情况，以提高债权人会议的效率，在较短的时间内真正发挥债权人决议有关事项的职能。倘若不顾实际情况，更是要求一定在债权申报截止之日起 15 日内召开第一次债权人会议，则难以达到债权人会议真正的目的，于是建议《企业破产法》对于第一次债权人会议的期限不要做出硬性规定。即使要作出规定，也宜规定一个期限幅度，以由人民法院根据破产案件的具体情况来确定召开第一次债权人会议的时间。毕竟，召开一次债权人会议，需要耗费大量的人力、物力、财力，一旦召开，就应围绕债权人会议的议题、职能在做好充分准备的前提下召开。而首先规定召开大体的时间，虽然意在提高破产程序进行的效率，可破产程序涉及各种各样的债权人以及债务人、法院、管理人、审计、评估等诸方面的具体情况，许多工作不是想在一定期限内完成就能完成的。在债权人会议有关议题的相关工作没有完成或者准备尚不充分时，仅仅因为法定的时间内必须召开第一次债权人会议而召开，也不过是一种形式上的召开，达不到债权人会议的召开目的。与其这样，还不如让人民法院根据破产案件的情况来确定第一次债权人会议召开的时间。

四、债权人会议召开前的准备

债权人会议召开前的准备工作，主要包括两个方面：

1. 确定债权人会议召开的时间、地点及参会人员，并向参会人员进行通知。债权人会议召开的时间，第一次债权会议有明确的要求。根据《企业破产法》第 62 条的规定，必须在债权申报期限届满之日起 15 日内召开。至于其他债权人会议，除讨论、表决重整计划草案的债权人会议外，则无具体的时间要求。讨论、表决重整计划草案的债权人会议，根据《企业破产法》第84条的规定，人民法院应当自收到重整计划草案之日起30日内召开债权人会议，对重整计划草案进行表决。

第一次债权人会议的召开时间、地点确定后，根据《企业破产法》第14条的规定，人民法院应当自裁定受理破产申请之日起25日内将包括会议召开的时间和地点在内的有关事项书面通知已知债权人，并予以公告。《破产案件高效审理意见》第10条规定："人民法院应当根据《企业破产法》第14条的规定，在通知和公告中注明第一次债权人会议的召开方式。"《企业破产法》第63条规定，召开其他债权人会议，管理人应当提前15日通知已知的债权人。至于通知的方式，一般以书面通知进行。随着网络、移动通信等通讯科技的不断发展，利用网络电子邮件、移动通信等现代化信息传播方式发布有关信息方便、快捷。因此，《破产案件高效审理意见》第1条第2款规定："对于需要通知或者告知的事项，人民法院、管理人可以采用电话、短信、传真、电子邮件、即时通信、通讯群组等能够确认其收悉的简便方式通知或者告知债权人、债务人及其他利害关系人。"第2条规定："债权人提出破产申请，人民法院经采用本意见第1条第2款规定的简便方式和邮寄等方式无法通知债务人的，应当到其住所地进行通知。仍无法通知的，人民法院应当按照本意见第一条第一款规定的公告方式进行通知。自公告发布之日起7日内债务人未向人民法院提出异议的，视为债务人经通知对破产申请无异议。"《管理人工作平台使用办法》第12条规定："破产管理人可以通过破产重整案件信息网以电子邮件、移动通信等方式向已申报债权的债权人送达债权人会议召开通知及有关文件。"

至于确定债权人成员以外的参会人员并将债权人会议召开的时间、地点通知这些参会人员，法律没有明确规定。可是，为债权人会议需要参加的参会人员如债务人的管理工作人员等义务参会人员，债务人的职工和工会的代表，审计、评估、鉴定人员以及根据会议议题有权参会的人员，如在讨论重整计划草案时的出资人代表、劳动债权人等，就都应当在会议召开前予以确定，并及时通知。

2. 除确定债权人会议的时间、地点及参会人员并依法进行通知外，人民法院、债权人会议主席、管理人还应做好以下准备工作：确定债权人会议的议题；根据债权人会议议题制定会议议程和主持方案，包括会前准备方案、会议召开的程序及具体实施方案；就会议所需文件资料进行全面的准备，如债权申报资料、债务人财产管理方案、重整计划草案、和解协议草案、债权人债权表、劳动债权清单等；制作出入证，落实安全检查措施；已进行申报的非债权人的接待及其安排方法、措施；由人民法院、管理人、债权人会议主席、债权人委员会等联席召开准备会议，完成地点的确定、采点、安全保障，分析债权人会议可能遇到的问题，并提出相应对策，等等。

应当指出，为了提高债权人会议的效率，并让债权人在全面了解有关债权人会议议题需要了解的有关资料的情况下真正地在表决时体现自己的意志，管理人在债权人会议召开前可以将有关资料通过各种途径如邮寄、按小额债权人、非小额债权人等举行小型债权人会议座谈征求意见等方式让债权人熟悉有关情况，有助于提高债权人会议的质量。尤其是在个人小额债权人较多的情况下，会议前与各方进行必要的沟通，对于顺利召开债权人会议、维护社会稳定具有十分重要的积极意义。

如，在湖南省嘉禾县南岭水泥有限公司破产重整的债权人会议召开前，管理人将有关资料首先邮寄给债权人，并召开小额债权人、非小额债权人、劳动债权人、优先债权人的一些代表座谈会，征求意见，求得理解，在3个多小时的会议中进行核查债权、选举债权人委员会、表决重整计划草案等8个事项，都顺利完成。尤其是表决重整计划草案，获得了极高的通过率。其中：(1）税收债权组1人，代表的表决权金额119.540271万元。此组参加会议、表决同意的均1人，占参加会议的此组人数比100%；代表的表决权金额119.540271万元，占此组全部债权总额比100%。(2）优先受偿债权人组1人，代表的表决权金额27976.690452万元。此组参加会议、表决同意的均1人，占参加会议的此组人数比100%；代表的表决权金额27976.690452万元，占此组全部债权总额比100%。(3）小额债权人组151人，代表的表决权金额3090.109678万元，参会的107人，表决同意的101人，占参加会议的此组人数比为94.39%；代表的表决权金额2276.034728万元，占此组全部债权总额比为73.66%。(4）非小额债权人组87人，代表的表决权金额140837.236436万元，参会的76人，表决同意的63人，占此组参加会议的人数比82.89%；代表的表决权金额127061.831993万元，占比90.22%。(5）出资人组3人，代表的表决权比例100%，其中参加会议、表决同意的为3人，占参加会议的此组人数比100%，代表的表决权比例占此组表决权总数的100%。(6）劳动债权人组525人，代表的表决权金额491.762112万元。其中，能够联系而参加债权人会议表决的166人，表决同意的163人，占参加会议表决的此组人数比98.79%。由此可见，债权人会议的准备工作，不仅仅是资料等相关的准备，其中与债权人进行有效的互动沟通，以进一步完善有关资料、了解债权人的诉求、化解不利于债权人会议顺利召开的因素等有着极为重要的关系。

五、债权人会议召开的方式

债权人会议的召开，传统做法是在某一时间、地点集中进行。在债权人会议成员不多的情况下通常都是采取这种方式进行。讨论、通过重整计划草案的债权人会议，由于分组讨论、表决重整计划草案，可以将各债权类别组分为若干地点进行。但在成员众多的债权人会议中，将所有债权人会议成员集中于某一特定的时间并且置于某一特定的地点，是不可能的，也是不现实的，还可能给债权人之间带来不满情绪的波动、传递提供机会，从而给债权人会议正常召开带来不利因素，甚至给社会稳定带来巨大隐患。故，债权人会议可以将债权人分为若干组别，然后在不同的时间内分期分批召开；也可以将债权人分为若干组别，将其安排在不同的地点分别召开。其实，随着网络、电信技术的飞速发展，通过网络、电话会议的方式召开，既可以为债权人节省往来的费用，又可以减少传统集中于某地举行会议所产生的场地租赁、稳定维护等破产费用；既可以提高效率，又可以缓解不和谐的非稳定因素及社会稳定维护的压力，《破产审判纪要》第47条为此明确要求："鼓励和规范通过网络方式召开债权人会议，提高效率，降低破产费用，确保债权人等主体参与破产程序的权利。"《破产案件高效审理意见》第10条规定："第一次债权人会议可以采用现场方式或者网络在线视频方式召开。经第一次债权人会议决议通过，以后的债权人会议还可以采用非在线视频通讯群组等其他非现场方式召开。债权人会议以非现场方式召开的，管理人应当核实参会人员身份，记录并保存会议过程。"《管理人工作平台使用办法》第13条规定："破产管理人在破产重整案件信息网召开债权人会议的，网上债权人会议的召开期间应当不短于现场债权人会议的召开期间。""破产管理人召开网上债权人会议的，应当通过破产重整案件信息网上传与会议有关的文件和表决事项，同时通过破产重整案件信息网以电子邮件、移动通信等方式向已申报债权的债权人送达参加网上债权人会议的会议编码。"第14条规定："破产管理人应当告知债权人参加网上债权人会议并行使表决权的程序和规则，债权人应当签署与网上债权人会议有关的确认书。"第15条规定："参加网上债权人会议的债权人是自然人的，应当在会议指定页面凭身份证号码和会议编码登录会议；参加网上债权人会议的债权人是法人的，应当在会议指定页面凭组织机构代码（或统一社会信用代码）和会议编码登录会议。"

此外，在破产司法实践中，有的还采取书面召开方式，即将债权人会议的有关资料，如管理人工作报告、重整计划草案、表决表及其注意事项等通过邮政快件的方式寄给债权人，要求债权人会议成员在规定的时间内将自己的意见及其进行书面表决的意见寄回给管理人，管理人在公证机关的见证或者人民法院的监督下将书面表决情况进行统计，以完成债权人会议的各项工作。这种书面召开债权人会议的方式，可以减少债权人在时间、精力上的消耗及经济上不必要的支出，对于大多数小额债权人来说更为有利。同时，还可以避免债权人集中于会议之地而给债权人会议正常召开及其社会稳定带来压力。在债权人人数较多的情况下，不失为一种有利的选择。在湖南太子奶集团生物科技有限责任公司、株洲太子奶生物科技发展有限公司、湖南太子奶集团供销有限公司合并重整的过程中，第二次债权人会议就采取书面召开方式，顺利完成了债权人会议所有应完成的事项。

六、债权人会议召开的议程

（一）第一次债权人会议召开的议程

第一次债权人会议，可能是第一次，也可能是唯一的一次，此时也是属于最后一次，必须完成法律规定的事项。是唯一一次的，则要完成法律规定应由其行使职权或者通过的所有事项；并非唯一一次的，则第一次债权人会议除必须依法进行的事项外，还可进行其召开时所需要进行的事项。

1. 第一次债权人会议必须进行的事项。根据法律规定，第一次债权人会议必须进行的事项为：

一是，宣布债权人会议主席。债权人会议主席由人民法院从有表决权的债权人中指定，负责主持所有债权人会议。在第一次债权人会议上首先应当进行的工作就是宣布人民法院依法指定的债权人会议主席，然后由其主持债权人会议。

二是，核查债权。《企业破产法》第58条规定："依照本法第五十七条规定编制的债权表，应当提交第一次债权人会议核查。"应当指出，第一次债权人会议对于之前申报并经管理人审查作出初步结论并编制的债权表上记载的债权应当核查，并不否认第一次债权人会议后的其他债权人会议对管理人审查的其他债权如补充申报及依法审查的劳动债权，以及债权人会议还来不及审查的债权进行核查，也不否认第一次债权人会议对管理人编制的债权表外的已经审查作出初步结论的债权，如不必申报的劳动债权及没有申报的非劳动债权的核查。只不过是强调，对于第一次债权人会议之前包括债权申报期限内申报的债权和在申报期限届满后进行补充申报的债权，并且经过管理人审查并由此编制债权表上记载的债权，则必须交由第一次债权人会议核查。

三是，决定债务人继续或者停止营业。《企业破产法》第25条第5项规定，在第一次债权人会议召开之前，由管理人决定继续或者停止债务人的营业。以是，债务人是继续还是停止营业，管理人应当在第一次债权人会议之前就予决定。在第一次债权人会议召开时，管理人的这项权利则转移给债权人会议行使。如此，对于继续还是停止债务人的营业，管理人在第一次债权人会议前无论是否决定，都应当在第一次债权人会议作出决议。已经作出决定的，并非债权人会议都能够通过。即使能够通过，以前是管理人依法作出的决定，在法律规定应由债权人会议行使的情况下，则应由第一次债权人会议行使职权，重新对债务人继续或者停止营业作出决议，以使债务人继续或者停止营业的权利回归给债权人会议行使。管理人没有对债务人继续或者停止营业作出决定的，第一次债权人会议就更加需要对此作出决议。

四是，报告管理人报酬方案的内容。《管理人报酬规定》第 6 条规定："人民法院应当自确定管理人报酬方案之日起 3 日内，书面通知管理人。管理人应当在第一次债权人会议上报告管理人报酬方案内容。"

应当指出，继续或者停止债务人营业，是以债务人的营业存在为前提，否则就不存在继续或者停止的问题。对于已经停止的营业，是否需要恢复营业，法律没有明文规定。对此，债权人会议认为需要恢复营业的，根据《企业破产法》第 61 条第 11 项的规定，应当属于人民法院认为应由债权人会议行使的其他职权，由人民法院决定后，债权人会议有权行使这项决定权。

至于选任债权人委员会成员，并非第一次债权人会议必须进行的议程。因为，债权人委员会并非一定成立。需要成立债权人委员会的，则宜由第一次债权人会议选任。当然，宜由第一次债权人会议选任并非意味着必须由第一次债权人会议选任。在第一次债权人会议没有选任债权人委员会成员的情况下，并不说明其他债权人会议就不能再根据实际情况决定成立债权人委员会并选任债权人委员会成员。

2. 应由第一次债权人会议进行的其他事项。除法律规定必须在第一次债权人会议进行的事项外，其他事项则属于根据破产案件的实际情况，具体安排所要进行的事项。债权人会议如只准备召开一次的，则要将应由债权人会议讨论、决议的事项都进行安排。债权人会议准备召开两次以上的，则可进行必须进行的事项，也可在必须进行的事项外进行其他事项，如申请更换管理人，讨论、通过破产财产的管理方案等。

（二）其他债权人会议召开的议程

其他债权人会议召开的议程，可以继续进行第一次债权人会议已经进行过的议程，也可以进行第一次债权人会议没有进行过的议程。如债权人会议主席源于各种原因无法履行职责需要重新指定的，则需重新宣布；债权人在第一次债权人会议后补充申报的债权，以及需要进行核查的其他债权，同样可以进行核查；第一次债权人会议就继续或者营业作出的决议需要变更时，则可以进行变更，等等。其他并非在第一次债权人会议必须进行讨论、决议的事项，则可以根据实际情况纳入其他债权人会议上讨论、决议。至于讨论、决议的范围，则根据《企业破产法》第 61 条规定的债权人会议职权进行确定，这里不再多述。

七、债权人会议的决议规则

债权人会议的决议，是指债权人会议根据法律规定，对会议议题进行讨论后由出席债权人会议的具有表决权的债权人依法表决通过，形成全体债权人的共同意志从而对全体债权人均具有约束力的决定。债权人会议的决议规则，即债权人会议决议的通过规则，具体采取三种方式：（1）人数标准，要求决议由有表决权且同意通过表决事项的实际参会人员的人数多数或者法定多数通过。（2）债权数额标准，要求决议由有表决权且同意通过表决事项的实际参会人员所代表的债权占法定债权总额的多数或者法定多数通过。上述两种单纯地以人数或者债权额作为债权人会议决议的通过规则，在理论上称之为单一标准。（3）人数要求与债权数额要求相结合的双重标准，既要求决议由有表决权且同意通过表决事项的实际参会人员的人数达到法定要求，即过半通过，又要求表决同意通过的债权人所代表的债权额达到法定债权总额的法定标准，如达到 1/2 以上或者 2/3 以上的多数时，才予以通过。根据《企业破产法》第 64 条、第 84 条、第 97 条的规定，采取的是第三种标准，即人数要求与债权数额要求相结合的标准。有表决权的实际参会人员并表示通过的人数标准及其代表的债权标准，均应达到法定要求，所议决议方为通过。具体来说，债权人会议决议的规则，分为特别事项决议的通过规则与一般事项决议的通过规则。

（一）特别事项决议的通过规则

根据《企业破产法》第 84 条、第 97 条的规定，讨论、决定重整计划草案及和解协议草案这两项特别事项时，实行与一般事项决议不同的规则。

1. 重整计划草案通过的规则。重整计划草案，涉及债务人的经营方案；债权分类；债权调整方案；债权受偿方案；重整计划的执行期限；重整计划执行的监督期限；管理人报酬方案；有利于债务人重整的其他方案等内容，其主要宗旨是要有利于债务人重整重生，债权人于是在债权清偿的方式、次数、期限等方面可能要受到更多的限制，并且还要承担重整失败而因为重整生产经营服务等营业造成财产减少的风险。是以，重整计划草案对于债权人利益的关系重大，需要债权人尤其是债权额大甚至巨大的债权人予以更多的支持。具体说来，对重整计划草案的表决通过，分为3个方面进行：

一是，将债权人依法分为4至6组进行表决。根据《企业破产法》第82条的规定，首先要将债权人分为对特定财产享有担保物权或者法定特别优先权的优先受偿债权人组、劳动债权人组、基本税收债权人组、普通债权人组；必要时人民法院还可以在普通债权人组中设小额债权人组对重整计划草案进行表决；重整计划草案涉及出资人权益调整事项的，应当设立出资人组，对该事项进行表决。

二是，由所分每组对重整计划草案分别进行表决，并达到法定要求。《企业破产法》第84条规定，每组要求出席会议的同一表决组的债权人过半数同意重整计划草案，并且其所代表的债权额占该组债权总额的2/3以上，即为该组通过重整计划草案。其中，每组中的债权人过半数同意，是指该组出席会议的有表决权的人过半数同意。至于所代表的债权额占该组债权总额的2/3以上，是指过半数同意的债权人所代表的债权占该组债权总额的2/3以上。其中，各表决组的债权总额，不是指该组出席会议的参会人员所代表的债权总额，而是指该组已经经过审查予以确认的债权总额，既包括该组已出席会议的债权人的债权数额，又包括该组未出席会议的债权人的债权数额。换言之，各表决组的债权总额，是指同时包括该组已出席会议的债权人与该组未出席会议的债权人的债权在内的所有债权总额。

应当指出，优先受偿债权人组中有表决权的实际参会人员表决时所代表的债权额，以及该组债权总额，其债权乃属具有财产担保或者法定特别优先权的优先受偿债权。而优先受偿债权人组外的其他债权组，包括劳动债权人组、基本税收债权人组、普通债权人组及其中的小额债权人组中的有表决权的实际参会人员表决时所代表的债权额，以及该组债权总额，则不包括具有财产担保或者法定特别优先权的优先受偿债权在内，即属于没有财产担保或者法定特别优先权的非优先受偿债权。

三是，每组表决均达到法定要求通过，重整计划草案才算通过。《企业破产法》第86条第1款规定，各表决组均通过重整计划草案时，重整计划即为通过。

2. 和解协议草案通过的规则。和解协议以有助于债务人度过目前危机为目的，往往要求债权人就债权本金及其利息的数额、清偿比例、期限、方式等方面作出让步，且破产和解协议草案通过之后由债务人自行进行生产经营服务等营业，可能给债权人带来更大的风险，债权人的利益与之密切相关。所以，对于和解协议草案，要求与一般事项决议适用不同的规则自有必要。

根据《企业破产法》第 97 条的规定，债权人会议通过和解协议草案的决议，由出席会议的有表决权的债权人过半数同意，并且其所代表的债权额占无财产担保债权总额的 2/3 以上。其中，所代表的债权额占所有无财产担保债权总额的 2/3 以上，是指出席会议的过半数同意的债权人所代表的债权额占所有无财产担保债权总额的 2/3 以上。所代表的债权额，在具有财产担保及法定特别优先权的债权人未放弃优先受偿权从而对和解协议草案这一事项不具有表决权的情况下，不包括具有财产担保及法定特别优先权的优先受偿债权在内。优先受偿债权人放弃优先受偿权的，其债权转化为普通债权，不再具有财产担保及法定特别优先权的优先受偿性质，则应包括在内。至于无财产担保债权总额的 2/3 以上的无财产担保债权总额，不仅包括已出席会议的债权人所有的无财产担保债权总额，而且包括未出席会议的债权人经过申报且记载于债权表上所有的债权总额。

（二）一般事项决议的通过规则

1. 一般事项决议的范围。一般事项决议，是指除重整计划草案与和解协议草案这两项事项之外的其他事项的决议。具体包括：（1）申请人民法院更换管理人的决议；（2）变更管理人报酬的决议；（3）选任和更换债权人委员会成员的决议；（4）决定继续或者停止债务人营业的决议；（5）通过债务人财产的管理方案的决议；（6）通过破产财产的变价方案的决议；（7）通过破产财产的分配方案的决议；（8）人民法院认为应当由债权人会议行使的其他职权所需要做出的决议。

2. 一般事项决议通过的规则。就一般事项的决议，根据《企业破产法》第 64 条的规定，由出席会议的有表决权的债权人过半数通过，并且其所代表的债权额占无财产担保债权总额的 1/2 以上。其中，由出席会议的有表决权的债权人过半数通过，对于破产别除权人有权参加表决的事项来讲，应当包括出席会议有表决权的破产别除权人在内。至于出席会议有表决权的过半数通过的债权人所代表的债权，则不应包括具有表决权的破产别除权人所代表的债权在内。根据《企业破产法》第 59 条第 3 款的规定，具有财产担保或者法定特别优先权的破产别除权人即使没有放弃优先受偿权，除对破产和解协议草案、破产财产分配方案不能进行表决外，对其他事项都享有表决权，可其代表的债权乃为具有财产担保或者法定特别优先权的优先受偿债权。这种债权额是否计算在过半数通过的债权人所持的债权内，从文字表面意义上讲，似乎应当计算在内。然则，将这种具有财产担保或者法定特别优先权的优先受偿债权计算在内而与无财产担保的非优先受偿债权相比，属于性质不同的债权相比而不当。这样，对债务人财产享有担保物权或者法定特别优先权的优先受偿债权人虽然有权参加除破产和解协议草案、破产财产分配方案外的其他事项的表决，除重整计划草案表决外，对其只能计算表决权人数，而不计算表决规则中所代表的债权。至于占无财产担保债权总额的1/2以上的无财产担保或者法定特别优先权的债权总额，为破产程序中由人民法院审查确认的所有无财产担保或者法定特别优先权的债权，既包括已出席债权人会议的有表决权的无财产担保或者法定特别优先权的债权人的债权，又包括未出席债权人会议的有表决权的无财产担保或者法定特别优先权的债权人的债权，但不包括破产别除权人具有财产担保或者法定特别优先权的债权在内。

八、债权人会议的表决方式

债权人会议，涉及诸如决定继续或者停止债务人的营业；通过重整计划草案；通过和解协议草案；通过债务人财产的管理方案；通过破产财产的变价方案；通过破产财产的分配方案等诸多表决事项，且不少债务人的债权人人数众多，有的还遍及全国各地，集中召开债权人会议，不仅增加债权人的时间、人力、财产负担，而且会增加破产费用等必要开支；在债权人尚不充分了解有关信息的情况下，并容易受一些有不良意图的债权人的煽动、怂恿等影响，影响债权人正常按照自己意志行使表决权；采取现场集中表决方式，还可能因为一些债权人对表决方案不满意而相互影响，造成不满、抱怨等负面情绪的扩散，给当地政府的社会稳定维护带来巨大压力。一般情况下，政府都会动用警力予以维持秩序，在清偿率低，债权人众多时，可能部署巨大警力以防止不稳定事件的发生；加之现在网络、电话、通信等通讯方式已经十分发达，能够满足债权人表决需要成为可能，司法实践中已经广泛存在采取通信、网络投票等非现场表决方式，简便快捷，效率很高，很受欢迎。如此，召开债权人会议并不一定采取传统方式集中进行，有关表决更不一定要采取现场集中表决的方式进行，而是可以采取网络、通信等现代方式进行。因此，《企业破产信息公开规定（试行）》第11条规定："人民法院、破产管理人可以在破产重整案件信息网召集债权人会议并表决有关事项。网上投票形成的表决结果与现场投票形成的表决结果具有同等法律效力。""债权人可以选择现场投票或者网上投票，但选择后不能再采用其他方式进行投票，采用其他方式进行投票的，此次投票无效。"《破产法解释（三）》第11条第1款则进一步规定："债权人会议的决议除现场表决外，可以由管理人事先将相关决议事项告知债权人，采取通信、网络投票等非现场方式进行表决。"《破产案件高效审理意见》第10条规定："第一次债权人会议可以采用现场方式或者网络在线视频方式召开。经第一次债权人会议决议通过，以后的债权人会议还可以采用非在线视频通讯群组等其他非现场方式召开。债权人会议以非现场方式召开的，管理人应当核实参会人员身份，记录并保存会议过程。”对此，应当注意以下方面：

1. 表决前应当将有关表决事项告知债权人。将重整计划草案等所要表决的对象，表决的方式、程序、所应注意的事项及表决的法律后果等有关表决事项，事先通知债权人，乃是债权人采取通信、网络等方式表决的必要前提与基础，管理人要做好这一工作。另外，要尊重债权人的表决权。这种表决权，既包括对表决的事项是否同意完全按照自己的意愿作出选择，而且包括对有关事项的表决方式按照自己的意愿作出选择，债权人不愿意采取通信、网络等方式进行表决而要参加债权人会议集中表决的，不能强迫债权人采取通信、网络等方式表决。债权人先选择通信、网络等方式投票表决后，不能再选择其他方式进行投票表决；坚持选择其他诸如参加债权人会议现场集中投票表决的，则作无效投票表决处理。

采取通信、网络等方式等表决的，管理人在表决前没有将有关表决事项告知债权人，或者违背债权人意志在债权人不愿意采取通信、网络等方式表决而要参加债权人会议集中表决的情况下不让之参加债权人会议集中表决的，则属程序违法，根据《企业破产法》第 64 条第 2 款关于“债权人认为债权人会议的决议违反法律规定，损害其利益的，可以自债权人会议作出决议之日起 15 日内，请求人民法院裁定撤销该决议，责令债权人会议依法重新作出决议”的规定，债权人可以请求撤销该事项表决所形成的决议。①

2. 采用书面、传真、短信、电子邮件、即时通信、通讯群组等非现场方式进行表决的，管理人应当通过打印、拍照等方式及时提取记载表决内容的电子数据，并盖章或者签字确认。管理人为中介机构或者清算组的，应当由管理人的两名工作人员签字确认。

3. 表决后将表决结果在规定的期限内通知参与表决的债权人。对这，《破产法解释（三）》第 11 条第 1 款及《破产案件高效审理意见》第 11 条规定，管理人应当在债权人会议召开后或者表决期届满后的 3 日内，以信函、电子邮件、公告等方式将表决结果告知参与表决的债权人。这是债权人知情权的必然要求，也是债权人对表决结果行使监督权的基础，管理人需要予以注意。

---

① 最高人民法院民事审判第二庭编著：《最高人民法院关于企业破产法司法解释（三）理解与适用》，人民法院出版社 2019 年版，第 214 页。

九、债权人会议参会人员的表决权计算

（一）债权人会议参会人员的表决权的计算原则

债权人会议的决议，是在出席参加会议的人员对所议事项进行了解、讨论的基础上最后以通过表决的方式作出决定的过程。这种决定是由债权人会议形成的全体债权人的共同意志、整体意志，代表着全体债权人的共同利益、整体利益，对全体债权人均具有约束力。故，准确计算债权人会议参会人员的表决权，包括表决人所代表的票数及表决人所能够代表的债权额数，乃是债权人决议合法、有效的重要保证，也是真实体现债权人共同意志的必要前提。债权人会议的参会人员的表决权计算不准，或该计算的不计算票数或者其代表债权额数，或者不该计算的又计算票数或者代表债权额数，必然影响最后参会人员的票数统计，造成结果失误，进而造成债权人会议决议的结果与事实不符，动摇债权人会议决议的合法性、有效性。债权人会议参会人员表决权的计算，必须依法、严格、准确进行，既充分保护债权人的程序权利，又充分保护债权人的实体权利。就债权人会议参会人员表决权的计算，其原则主要包括：

1. 依法原则。依法原则要求债权人会议参会人员必须具有法律上的依据。这种依据有的为《企业破产法》规定，有的为其他法律规定。在实体法上必须为债权人或者法律规定以外的其他人如出资人代表在重整计划草案涉及其出资权益调整的事项有权表决。非债权人又无其他法律规定，不能参加债权人会议，不具有表决权。债权人申报一般是债权人行使表决权的前提，劳动债权人由于没有申报原则上无表决权，可在讨论重整计划草案时，其有权依法表决。出资人代表、劳动债权人的表决，其票数或者代表债权额、出资额的计算，只能计算在劳动债权人、出资人代表所在组即劳动债权人组、出资人组中的票数及其所代表的债权总额、出资总额之中，而不能计算在其他债权组如基本税收债权人组、普通债权人组中的票数及其所代表的债权总额之中。以是，是否有权表决并在此基础上是否在债权人会议决议中计算其表决的票数及其代表的债权数额，都必须依法确定，而不是随意确定。不然，债权人会议的决议就会因为违反法律规定可能被依法撤销。

2. 严格、准确原则。计算债权人会议决议的票数，理论上是一个并不复杂的过程，然在实际操作时，则并不那么简单。如何确定债权人会议参会人员的票数，参会人数，实际表决同意、反对、放弃的票数以及所代表债权额的统计与认定，债权总额及其具有财产担保或者法定特别优先权的债权总额的计算与确定，等等，涉及多个方面、多个环节，需要很多人参与此项工作，

稍不注意，极易出错。是以，需要有关工作人员秉着对全体债权人负责的态度，全面、认真、严格、准确做好这一工作。条件允许的，则将各参会人员的表决权所代表的票数及其债权额数，以及债权总额、具有财产担保或者法定特别优先权的债权总额，等等，制作成表决软件进行。通过计算软件操作，既可大大降低工作量，又可以减少失误，还可以在一定程度上压缩人为操作的空间，但这不意味着可以毕其功于一役，无论多科学、多先进的软件，都是人制作的，都为人所控制，仍需要以有关工作人员的全面、认真、严格、准确进行相关工作为前提。

3. 债权人及利害关系人合法权益的程序保护与实体保护相结合的原则。有的参会人员如超过诉讼时效不受法律强制性保护的债权人，其实体权利已经不受法律强制性保护可以将其代表的债权额计算为零，然而，其毕竟是债权人且依法进行了申报，属于债权人会议成员，在破产程序中享有有关程序性的权利，在计算参会人员的人数及其表决的票数时需要包括在内，而不能因为其实体权利不受法律强制性保护就否认其程序上的权利。

（二）债权人参会人员的表决权的具体计算

1. 共同债权的债权人的表决权计算。有些债权为多人共有一个债权，如连带债权。这种债权，可以代表申报或者共同申报。所以，既可以由申报代表参加表决，也可以由共同申报人表决。但在计算出席会议的人数上应当将共同债权的所有债权人计算在内，如3人共有一个债权，则3人即使由1人代表申报、参加会议表决，在出席债权人的人数上应当计算为3人，至于其债权额只能统一计算一次，不能重复计算。即使共同债权人都参加会议行使表决权，其所持的人数票数需要全部计算，可共同债权人所代表的债权额只能计算一次，而不能重复多次计算。

2. 委托代理人在代理多个债权人参加会议时的计算。委托代理人代理多个债权人参加会议进行表决，应当以其代理的债权人及其代表债权的数额分别计算。在债权人与代理人均出席会议的情况下，只能由债权人或者代理人一人参与表决，不得同时参与表决，以避免造成人员计算、统计的失误。

3. 债权确定且已进行申报的破产债权人的表决权计算。债权确定且已进行申报的破产债权人，即依法申报了债权的债权人会议的成员，其债权确定且在实体上应当依法受到保护的，对其出席行使表决权的票数及所代表的债权额都应计算。

4. 债权确定且已进行申报的非破产债权人的表决权计算。依法申报了债权的债权人会议的成员，债权确定，然其债权出于超过诉讼时效、申请强制执行期间而不受法律强制性保护等原因，在实体上不应依法受到保护，债权人也不存在异议，对此种债权人出席并行使表决权的票数应当计算，可这些债权人所代表的债权额则应计算为零。

5. 债权尚未确定的债权人会议成员的表决权计算。根据《企业破产法》第59条第2款的规定，人民法院为其行使表决权临时确定了债权数额，则有表决权的，其出席会议及行使表决的票数以及人民法院临时确定的债权额应当依法计算；人民法院没有为其临时确定债权额的，没有表决权，自不存在计算其票数与其债权额的问题。

6. 具有财产担保或者法定特别优先权的债权人会议成员的表决权计算。根据《企业破产法》第59条第3款的规定，对债务人的特定财产享有担保权的债权人，未放弃优先受偿权利的，对于《企业破产法》第61条第1款第7项、第10项规定的事项（包括通过和解协议草案、通过破产财产的分配方案两项事项）不享有表决权，不得计算其票数与所代表的债权额。对其他事项包括申请人民法院更换管理人、变更管理人报酬、选任和更换债权人委员会成员、决定继续或者停止债务人的营业、通过重整计划草案、通过债务人财产的管理方案、通过破产财产的变价方案、人民法院认为应当由债权人会议行使的其他职权，都有权表决。因此，对其参加表决的票数应当计算在内，但对于其代表的债权额除对重整计划草案进行表决的外，均不应计算在内。这是因为，除重整计划草案以外的其他事项的表决，《企业破产法》第64条规定的，由出席会议的有表决权的债权人过半数通过的债权人所代表的债权额与占无财产担保债权总额之比达到1/2以上，自然是与无财产担保债权总额相比达到1/2以上。相应地，表决同意通过的过半数债权人所代表的债权也应是无财产担保的债权，而不能将有财产担保的等优先受偿债权计算在内。

应当指出，以上对具有财产担保或者法定特别优先受偿权的债权人表决权的计算，是建立在债权与担保物权或者法定特别优先权都合法存在、应受法律保护且未放弃优先受偿权的基础上的。在财产担保或者法定特别优先权被放弃，或者所担保的债权不能成立、无效、确定不生效或者不受法律强制性保护，或者担保物权或法定特别优先权因为无效、没有设立等而不受到法律强制性保护的情况下，计算债权人的表决权，则应分别情况进行处理：

一是，具有财产担保或者法定特别优先受偿权的债权人放弃优先受偿权的，则其债权为普通债权，应当按照前述普通债权的计算方式计算其票数及其所代表的债权额。

二是，财产担保物权或者法定特别优先权因为不成立，或者被撤销，或者无效，或者未生效，或者确定不发生效力，或者不受法律强制性保护，或者依法不能行使财产担保或者法定特别优先权，优先受偿债权人也无异议的，优先受偿债权就转化为普通债权，亦应按照前述普通债权的计算方式计算其票数及其所代表的债权额。

三是，具有财产担保或者法定特别优先权的债权本身出于不能成立、被撤销、无效、未生效、确定不发生效力、超过诉讼时效等原因不能受到法律保护或者强制性保护的，对此种债权人出席并行使表决权的票数应当计算，除因不成立、被撤销、无效、未生效、确定不发生效力而产生的缔约过失责任、相互返还的债权、损害赔偿责任等产生的债权外，则这些债权人所代表的债权额则应计算为零。

此外，还应指出，有的债权，其中一部分为具有担保物权或者法定特别优先权的优先受偿债权，一部分则为不具有担保物权或者法定特别优先权的非优先受偿债权，债权人既是破产别除权人，又是非破产别除权人。对于此种债权人的表决权计算，要分为两种情形加以考虑：（1）在破产重整计划草案通过的表决中，因为要分为优先受偿债权人组、劳动债权人组、基本税收债权人组、普通债权人组等，债权人既可参加优先受偿债权人组表决，又可以参加非优先受偿债权人组中的某一债权组如劳动债权人组、普通债权人组表决，并分别计算其表决票数以及所代表的债权额。（2）在重整计划草案之外的其他事项的表决中，则不分破产别除权人与非破产别除权人统一进行表决。故，计算这种既是破产别除权人又是非破产别除权人的票数时，只能计算1次，不能重复计算。至于其所代表的债权额则只计算其不具有财产担保或者法定特别优先权的非优先受偿债权额。

还有，破产别除权人具有财产担保或者法定特别优先权的优先受偿债权，因为特定财产贬值可能不足以清偿其优先受偿债权，不能清偿的部分要作为普通债权处理。可在未对特定财产处理前，能否足额清偿优先受偿债权尚处于不确定状态。以是，在债权人会议表决某一事项时，不能因为这种可能存在的不确定的不能受偿为此要转化为普通债权的部分，就认为其既是破产别除权人，又是普通债权人，不能按照上述其中一部分为优先受偿债权的破产别除权人，另一部分为非优先受偿债权的非破产别除权人进行处理。

7. 劳动债权人表决权的计算。劳动债权人除根据《企业破产法》第82条、第85条的规定有权参加讨论、通过重整计划草案的债权人会议并且依法享有表决权外，对于其他债权人会议，根据《企业破产法》第59条第5款的规定，由债务人的职工和工会代表参加，对有关事项发表意见，可没有表决权。即使是在讨论、通过重整计划草案时，也是分为劳动债权人组进行表决。就该组而言，出席债权人会议的劳动债权人通过的票数应当计算在内，且过半数通过的劳动债权人代表的劳动债权额占整个劳动债权总额的比例应达到

2/3 以上，才属通过。

8. 统筹社保债权人表决权的计算。这种债权人，从法律规定上来讲，需要依法申报，可以成为债权人会议成员，具有表决权。如前所述，无论是破产实践还是法律的具体规定，都排除其表决权。如《企业破产法》第 83 条规定："重整计划不得规定减免债务人欠缴的本法第八十二条第一款第二项规定以外的社会保险费用；该项费用的债权人不参加重整计划草案的表决。"连通过重整计划草案这样的重大事项，法律都对其排除表决权。举重以明轻，对其他事项的表决权应当加以排除。

9. 出资人代表的表决权计算。除讨论、通过重整计划草案的债权人会议外，出资人及其代表是否参加会议，法律没有规定。参加讨论、通过重整计划草案的债权人会议，只有重整计划草案涉及出资人权益调整事项的，才设置出资人组，对涉及出资人权益调整的事项进行表决，具有表决权。

至于出资人组对重整计划草案中的涉及出资人权益调整的事项进行表决，何种情况下视为该出资人组通过了重整计划草案，即出资人组通过重整计划草案有关出资人权益调整的事项的表决通过规则，法律没有明文规定。对此，可以比照《企业破产法》第 84 条第 2 款关于各债权组通过重整计划草案的规则，即参加该债权人会议的出资人代表过半数同意，且其代表的出资份额占整个出资份额的 2/3 以上，则视为出资人组通过了重整计划草案中有关出资人权益调整事项的方案。

10. 有重大利害关系的债权人表决权的计算。对于有重大利害关系的债权人，其是否具有表决权，有的主张应当作出否定性回答。笔者认为，何为有重大利害关系的债权人，《企业破产法》没有作出规定。从广义上来说，作为债权人，债权人会议所需要决议的事项，如核查债权，申请人民法院更换管理人，审查管理人的费用和报酬；选任和更换债权人委员会成员；决定继续或者停止债务人的营业；通过重整计划草案；通过和解协议草案；通过债务人财产的管理方案；通过破产财产的变价方案；通过破产财产的分配方案等，均与之具有重大利害关系。有人便主张有利害关系的债权人是指因利害关系如作为债务人财产或者营业业务的受让人等而不能公正行使表决权的人。[①] 然这种狭义上的解释，仅是理论上的，在法律没有明确排除有利害关系的债权人不具有表决权的情况下，剥夺其参加表决的权利，无疑不当。另外，是否公正地行使表决权，很难作出判断。为了受让债务人的财产，而该受让本身有利于债务人，如根本没有人来购买的情况下，债权人因为了解债务人财产

① 李永军：《破产法——理论与规范研究》，中国政法大学出版社 2013 年版，第 150 页。

的状况或者对债务人的营业有不同于一般人的判断而决定受让，这种自己投票支持自己的投票，并非不公正，而且有利于破产程序的进行，于是无任何理由对其表决权作出否定。

十、债权人会议决议的效力

（一）债权人会议决议效力的范围

债权人会议的决议，在依法生效后，会对债权人、债权人委员会、管理人产生相应的法律效果。

1. 债权人会议决议对债权人的效力。《企业破产法》第64条第3款规定："债权人会议的决议，对于全体债权人均有约束力。"据此，债权人会议决议不仅对同意通过该决议的债权人具有约束力，而且对债权人会议决议投反对票或者弃权票的债权人亦具有约束力，还对未参加债权人会议的债权人具有约束力。换句话说，不论债权人是否出席了债权人会议，也不论债权人是否具有表决权，以及具有表决权的债权人是否参加了表决，参加表决是否同意，债权人会议的决议对其都具有约束力。即使债权人明确对债权人会议决议表示反对，只要债权人会议决议依法产生了法律效力，都会对其产生约束力。这是因为，债权人会议的决议根据法律规定的决议规则通过，有的还经过了人民法院批准或者认可后才发生效力，虽然并不一定是所有债权人一致意见的表示，但为全体债权人共同意志、整体意志的表示，代表着全体债权人的共同利益，尽管有的债权人表示弃权甚至反对，也应对其产生约束力。否则，所产生的决议就没有任何意义。

债权人会议的决议，对于全体债权人均有约束力，从文义上讲，对具有财产担保或者法定特别优先权的债权人也具有约束力。但是，具有财产担保或者法定特别优先权的债权人即破产别除权人，在未放弃优先受偿权的情况下，根据《企业破产法》第59条第3款的规定，不得参与通过破产和解协议草案和债务人破产财产分配方案的表决。是以，依法生效的破产和解协议及债务人破产财产分配方案，是否对破产别除权人具有约束力，有不同看法。有人认为："有财产担保债权人对债权人会议通过和解协议草案以及破产财产分配方案没有表决权，根据权利义务对等的原则，债权人会议通过的和解协议和破产财产分配方案的决议不应约束有财产担保的债权人。"① 有财产担保的债权人，对担保物权享有优先受偿权，属于物权请求权的范畴。债权人会议的决议假若对有财产担保的债权人具有约束力，则有财产担保的债权人必

① 王欣新主编：《破产法原理与案例教程》，中国人民大学出版社2010年版，第195页。

会受到破产程序的支配，这与民法创设担保物权的目的相悖，也不符合破产法所承认的别除权的精神。另外，有财产担保的债权人不享有表决权，但其担保物权要受到债权人会议的约束，则债权人承受了双重损失，显失公平[①]。有人认为，按照《企业破产法》第64条的规定，债权人会议决议对全体债权人均有约束力，既然有财产担保的债权人有权申报债权和出席债权人会议，自应在"全体债权人"之列。[②]"虽然有财产担保的债权人对通过和解协议草案和破产财产分配方案没有表决权，但因其就担保物享有的优先受偿的权利不在和解协议和破产财产分配方案的范围内，因此承认债权人会议决议对有财产担保的债权人具有约束力，并不会使有财产担保的债权人的利益受到损害。"[③] 笔者认为，债权人会议决议，是否对债权人具有约束力，不能以其是否对该决议具有表决权来定论，而应以其内容是否需要债权人遵守来确定。破产和解协议及破产财产分配方案依法经过人民法院裁定认可，这种裁定作为生效法律文书，需要所有债权人予以遵守并执行。如对某一财产，某一债权人对之主张担保物权，管理人认为担保物权不能成立要求主张担保物权的债权人提起诉讼，可债权人不提起诉讼，管理人为此将该财产列入了破产和解协议草案或者破产财产分配方案中的财产范围，经过全体债权人决议通过并经人民法院裁定认可，即具有确认该财产不具有财产担保或者法定特别优先权的财产的效力。破产和解协议或者破产财产分配方案对于破产别除权人来说，在其没有被撤销之前，具有约束力，需要破产别除权人予以遵守。

2. 债权人会议的决议对债权人委员会的效力。债权人委员会作为债权人会议的常设机构，其主要职权是在债权人会议闭会期间根据债权人会议决议对管理人工作进行监督，如债权人委员会根据《企业破产法》第68条的规定监督债务人财产的管理和处分、监督破产财产的分配等。所以，债权人委员会应根据债权人会议通过并生效的债务人财产的管理方案、破产财产的分配方案等来对管理人的有关工作进行监督，督促管理人按照债务人财产的管理方案、破产财产的分配方案进行财产的管理与分配。债权人委员会不得在债权人会议的决议外产生另外的决议，并根据这一另外的决议对管理人工作进行监督。

3. 债权人会议的决议对管理人的效力。依法生效的债权人会议决议如债务人财产的管理方案、破产财产的变价方案、破产财产的分配方案等，需要管理人执行的，管理人应当严格遵照执行。

---

① 邹海林：《破产程序和破产法实体制度比较研究》，法律出版社1995年版，第153页。

② 王艳梅、孙璐：《企业破产法》，中山大学出版社2005年版，第45页。

③ 吴庆宝、王建平主编：《破产案件裁判标准规范》，人民法院出版社2009年版，第176～177页。

（二）债权人会议决议产生效力的条件

债权人会议决议对全体债权人、债权人委员会、管理人等产生法律效力，要以债权人会议决议依法作出并且生效即发生法律效力为前提。债权人会议决议，除非法律明确规定，应自债权人会议决议依法通过之日起即行发生法律效力。可是，有的决议，还需要人民法院依法批准或者认可，则只有经过人民法院批准或者认可后才能发生效力。具体来说，包括下列几种情形：

1. 申请人民法院更换管理人、调整管理人报酬。破产法明确规定，管理人由人民法院指定，管理人的报酬由人民法院确定。这样，债权人会议决议更换管理人或者调整管理人报酬的，应当申请人民法院而由人民法院根据法律规定决定是否更换、调整。因此，债权人会议关于申请人民法院更换管理人或者调整管理人报酬的决议，并不必然发生更换管理人或者变更管理人报酬的法律效力。

2. 选任和更换债权人委员会成员。《企业破产法》第 67 条第 2 款规定："债权人委员会成员应当经人民法院书面决定认可。"基此，债权人会议关于选任和更换债权人委员会成员的决议，应在人民法院书面决定认可之后才发生法律效力。在人民法院书面决定认可之前，该决议即使属于依法通过，仍然不能发生法律效力。

3. 通过重整计划草案。《企业破产法》第 86 条规定："各表决组均通过重整计划草案时，重整计划即为通过。自重整计划通过之日起十日内，债务人或者管理人应当向人民法院提出批准重整计划草案的申请。人民法院经审查认为符合本法规定的，应当自收到申请之日起三十日内裁定批准，终止重整程序，并予以公告。"据之，债权人会议通过重整计划草案后还需要经过人民法院依法批准。在人民法院依法批准前，债权人会议有关通过重整计划草案的决议，仍然没有发生法律效力。

4. 通过和解协议草案。《企业破产法》第 98 条规定："债权人会议通过和解协议草案的，由人民法院裁定认可，终止和解程序，并予以公告。……"基此，破产和解协议经过债权人会议决议通过后，仍然不能立即生效，必须经过人民法院裁定认可之后，方可发生法律效力。

5. 通过破产财产分配方案。《企业破产法》第 115 条第 3 款规定："债权人会议通过破产财产分配方案后，由管理人将该方案提请人民法院裁定认可。"据此，债权人会议关于破产财产的分配方案形成决议通过后，需要管理人提请人民法院裁定认可。在人民法院裁定认可之前，债权人会议通过破产财产分配方案的决议，仍旧没有发生法律效力。

至于债权人会议有关决定继续或者停止债务人的营业；通过债务人财产

的管理方案；通过破产财产的变价方案；人民法院认为应当由债权人会议行使的其他职权实际行使时通过的决议，法律没有规定需要经过人民法院批准或者认可，于是自债权人会议依法通过后即发生法律效力。

（三）债权人会议未能依法发生效力的决议

债权人会议决议，只有依法产生并且生效后才能发生法律效力。债权人会议决议的形成违反法律规定，或者依法应当经过人民法院批准或者认可而没有经过批准或者认可的，即不能发生法律效力。依法未能发生法律效力的债权人会议决议，包括无效决议与有效但未发生法律效力的决议。前者即无效决议，因为违反法律规定，自始至终不能发生法律效力，属于永远不能发生法律效力的决议。即使因为没有发现而实际产生了相应的法律后果，一经发现，即应被依法撤销自始无效，属于绝对不能发生法律效力的决议。后者即有效但未发生法律效力的决议，是指决议依法形成然在人民法院批准或者认可之前，尚未发生法律效力的决议；在人民法院批准或者认可之后，即发生法律效力。故，这种决议并非绝对不会发生法律效力，而是在人民法院批准或者认可之前相对不发生法律效力。具体来说，依法未能发生法律效力的债权人会议决议，包括：

1. 非债权人会议形成的所谓债权人会议决议。债权人会议必须由人民法院或者债权人会议主席召集召开，其他任何单位和个人都不能召集召开债权人会议。以是，人民法院或者债权人会议主席之外的债权人召集召开的所谓债权人会议形成的决议，乃为违反法律规定的决议，属于绝对无效决议。

2. 决议的内容或程序违反法律规定而形成的债权人会议决议。债权人会议就有关事项形成的决议内容或者程序，违反法律强制性规定的，乃属无效。如债权人会议就法律没有规定由其行使职权的事项形成的决议；通过重整计划草案的决议没有按照法律规定将债权人分组进行表决，或者让非债权人、无表决权人参与表决形成的决议；债权人会议将通过重整计划草案、和解协议草案、债务人财产管理方案、破产财产变价方案及分配方案等应当由债权人会议决议的事项委托债权人委员会进行的决议，就因为违反法律规定而无效。然则，将非债权人、无表决权人从参与表决的人中剔除后，其他具有表决权的人参与表决权通过的人数及其代表的债权额符合法律规定的，从债权人会议的效率来考虑，应当认定为有效。不然，一发现没有表决权的人参与了表决，就否定该决议的效力，其效率、代价太大，既不能有效维护全体债权人的合法权益，亦不能及时推进破产程序的正常、顺利进行，应当加以否定。

3. 违反《企业破产法》规定的通过规则形成的债权人会议决议。债权人会议的决议没有得到出席债权人会议有表决权的法定债权人人数通过，或者虽然由法定债权人人数通过，然通过债权人会议决议的债权人所代表的债权额未达到法定债权额的要求，就因为违反法律规定的通过规则而无效。如债权人会议决议通过的人数未达到出席债权人会议有表决权的债权人半数以上；除通过重整计划草案、和解协议草案之外的事项决议，通过决议的过半数人数所代表的债权未达到无财产担保债权总额的1/2以上；关于重整计划草案的决议，分组进行表决，每组通过的人数未达到该组出席债权人会议有表决权的人数半数以上；关于重整计划草案的决议，分组进行表决，每组通过的人数所代表的债权额未达到该组债权总额的2/3以上；关于破产和解协议草案的决议通过人数所代表的债权额未达到无财产担保的债权总额的2/3以上，等等，由此所形成的决议即属无效决议。

4. 债权人会议依法通过的决议，未经人民法院依法批准或者认可。如前所述，债权人会议决议虽然依法通过，然需要经过人民法院批准或者认可的，则要在人民法院批准或者认可后方能发生法律效力。在人民法院依法批准或者认可之前，该决议尚未生效即尚未发生法律效力。

十一、债权人会议决议的司法救济

债权人会议决议的形成，并非由全体债权人达成一致意见后才予形成，有人认为债权人会议就有关事项的决议损害了自己的利益而反对，但决议符合法律规定的人数及其所代表的债权数额要求的，仍属依法通过，从而产生这些债权人如何对该决议表达自己意志要求否定的问题。另外，债权人会议决议，可能因为债权人会议的有表决权的参会人员意见分歧很大，有表决权的参会人数或者所代表的债权额无法达到法律规定的最低要求，因而无法形成。这时，如何予以处理，就是对债权人会议决议的救济问题。

（一）债权人会议违反法律规定决议的救济

《企业破产法》第64条第2款规定："债权人认为债权人会议的决议违反法律规定，损害其利益的，可以自债权人会议作出决议之日起十五日内，请求人民法院裁定撤销该决议，责令债权人会议依法重新作出决议。"《破产法解释（三）》第12条规定："债权人会议的决议具有以下情形之一，损害债权人利益，债权人申请撤销的，人民法院应予支持：（一）债权人会议的召开违反法定程序；（二）债权人会议的表决违反法定程序；（三）债权人会议的决议内容违法；（四）债权人会议的决议超出债权人会议的职权范围。""人民法院可以裁定撤销全部或者部分事项决议，责令债权人会议依法重新作出决议。""债权人申请撤销债权人会议决议的，应当提出书面申请。债权人会议采取通信、网络投票等非现场方式进行表决的，债权人申请撤销的期限自债权人收到通知之日起算。”基此，债权人会议通过的决议违反法律规定的，可以对其进行救济。

1. 救济对象。此种救济的对象为债权人会议违反法律规定的决议。所谓违反法律规定，既包括债权人会议本身违反法律规定，又包括债权人会议的有关成员违反法律规定；既包括债权人会议决议事项的内容和程序违反法律规定，又包括债权人会议决议形成程序违反法律规定。无论属于哪种情形，只要属于债权人会议或者决议的内容、程序等违反了法律规定，就属于违反法律规定的决议，债权人就可以申请人民法院予以救济。具体来说，违反法律规定主要体现在以下方面：

一是，债权人会议召开的程序违反法律规定，包括召集程序、通知程序等违反法律规定，如召集、通知的主体、时间、根据等不符合法律规定，如第一次债权人会议，不是人民法院召集；人民法院未在破产申请受理之日起25 日内通知已知的所有债权人，只对部分已知债权人发出破产申请受理的通知；未在破产申请受理之日起 25 日内进行公告；通知或公告中没有第一次债权人会议召开的时间与地点这一必备内容；第一次债权人会议不是在债权申报期限届满之日起 15 日内召开。第一次债权人会议以外的其他债权人会议，不是由人民法院或者债权人会议主席召集召开；虽有债权人会议主席召集召开，但在没有提议人的情况下而召集召开，或者提议人不是管理人、债权人委员会或者债权人，如系股东、出资人、实际控制人、投资人等提议召开；虽是债权人提议召开但提议召开的债权人所代表的债权额未达到债权总额的1/4 以上；人民法院、债权人会议主席召集召开其他债权人会议的，管理人没有提前 15 日通知已知的债权人；或者虽然通知，不是管理人通知，而是让债务人的股东、出资人、实际控制人或者债权人等代为通知，等等，债权人会议决议就因为债权人会议召开的程序违反法律规定，而可以被依法撤销。

此外，采取通信、网络等方式等表决的，倘若存在诸如管理人在表决前没有将有关表决事项告知债权人，或者违背债权人意志在债权人不愿意采取通信、网络等方式表决而要参加债权人会议集中表决的情况下不让之参加债权人会议集中表决；将应当由债权人会议决议的事项由债权人委员会进行所谓的决议；一些债权人在受到胁迫、贿赂、引诱、欺骗等的情况下违背自己真实意思表示而投票形成的决议；管理人出于受贿等各种原因隐瞒破产财产真相而让债权人在重大误解下通过的破产财产变价方案、破产财产分配方案；债务人继续营业的决议是在隐瞒严重亏损真相或者夸大利润的情况下而由债权人会议表决通过，等等情形，也应属于债权人会议的表决程序违反法律规定而可依法予以撤销。

还有，债权人会议通知的方式及内容，能否（尤其是债权人众多的情况下）采取公告方式或者通知与公告并用的方式，法律没有明确规定。一般认为应当采取书面形式；债权人会议的内容、所议事项应当清楚。否则，不是采取书面形式，只是采取口头联系，或者通知的内容不齐备或者所议事项不在通知之内，程序也属存在瑕疵，所作决议的效力也存在瑕疵。[①]

二是，债权人会议的决议程序违反法律规定。如非法剥夺具有表决权的参会人员参与债权人会议或者行使表决权的权利，不让其参加债权人会议或者不让其行使表决权；让非债权人等无表决权的参会人员行使表决权；让债权人及其委托代理人均参加表决，并计算表决人数或者所代表的债权数额；将具有多项债权的债权人视为多个债权人进行表决；债权人会议将专属于自己而不能委托债权人委员会行使的诸如通过重整计划草案、和解协议草案、债务人财产管理方案、破产财产变价方案、破产财产分配方案、变更债权人委员会成员等事项决议委托债权人委员会行使；对债权人委员会委托行使有关职权时内容不明确具体的决议；债权人委员会基于债权人会议的概括性授权形成的决议；债权人委员会基于债权人会议具体明确授权形成决议不符合有关司法解释的规定，如决议事项未获得全体成员的过半数通过等。

如，对重整计划草案，未将债务人依法分组进行表决；通过决议的参会人员人数或者通过人数所代表的债权额未达到法律规定的最低要求，如重整计划草案，某一或者全部表决组出席会议的债权人没有半数同意通过，或者某一表决组同意通过的债权人虽然占该组的债权人半数以上，但其所代表的债权额没有达到该表决组债权总额的2/3；将所同意通过的债权人所代表的债权额占该组所有债权人的债权总额计算改为占该组出席会议的所有具有表决权的债权人债权总额计算等。

又如，和解协议草案，同意通过的债权人没有过出席会议且有表决权的债权人半数，或者虽然过了半数，可所代表的债权额占无财产担保债权总额未达到2/3，或者虽然过了半数，将同意通过的债权人所代表的债权额占无财产担保债权总额计算改为占所有债权包括担保债权总额，或者占出席会议的所有具有表决权的无财产担保债权人的债权总额计算。

再如，重整计划草案、和解协议草案以外的其他债权人会议的决议，同意通过的没有过出席会议的有表决权的债权人半数，或者虽然过了半数可其所代表的债权额占无财产担保债权总额未达到1/2；或者虽过了半数，然其所

---

① 最高人民法院民事审判第二庭编著：《最高人民法院关于企业破产法司法解释（三）理解与适用》，人民法院出版社2019年版，第233～234页。

代表的债权额不是占无财产担保债权总额的 1/2 以上，而是占所有债权包括担保债权总额的 1/2 以上；将同意通过的债权人所代表的债权额占无财产担保债权总额计算改为占出席会议的所有具有表决权的无财产担保债权人的债权总额计算，等等。

三是，债权人会议决议的内容违反法律规定。这种情形，乃是指决议内容违反《民法典》《公司法》《证券法》《企业破产法》等法律中的有关实体性规定，而非指违反程序性规定，如债权人会议通过的破产财产变价方案、分配方案包括负有财产担保物权或者法定特别优先权的特定财产；通过的破产财产分配方案，违反《企业破产法》第 113 条规定的债权清偿顺序，如将普通债权置于劳动债权、统筹社保债权和基本税收债权之前进行清偿；对普通债权不依法按同一比例公平受偿；处分的财产不是债务人的财产；通过的决议，违背法律、行政法规有关效力性强制性规定，违背社会公共利益、公序良俗原则，如通过债务人继续营业的决议，债务人本身没有法定许可的从事该营业的资格，所从事的营业违背环境保护法律、行政法规强制性规定，等等。

四是，债权人会议决议事项的范围违反法律规定即超出债权人会议的职权范围，如债权人会议超出其职权范围作出决议。根据《企业破产法》第 61 条规定，债权人会议具有核查债权、申请人民法院变更管理人、调整管理人报酬，选任、更换债权人委员会成员，决定继续或者停止债务人营业，通过重整计划草案、和解协议草案、债务人财产管理方案、破产财产变价方案及分配方案，以及人民法院认为应当由债权人会议行使的其他职权。对这些职权的行使，除核查债权外，一般应通过决议的方式进行。超过上述职权而作出所谓的会议，就因违反法律规定而可依法予以撤销。

应当指出，债权人会议的同一决议，可能包括多个决议事项或者同一决议事项的多项内容，这样就可能存在有的全部违反法律规定，有的只是部分违反法律规定。只是部分事项违反法律规定的，则只能依法撤销有关该部分事项的决议，并责令债权人会议就被撤销的部分事项决议重新作出决议，其他没有违反法律规定的事项决议，依旧有效，不能予以撤销。

2. 救济主体。此种请求救济的主体为债权人。出资人及其代表虽然认为债权人会议通过的重整计划草案违反法律规定并且损害其利益，也不能请求人民法院对其进行救济。至于债权人，既包括不具有财产担保或者法定特别优先权的债权人，又包括具有财产担保或者法定特别优先权的债权人；既包括参加了会议的债权人，又包括未参加会议的债权人；既包括有表决权的债权人，又包括无表决权的债权人。无论属于哪种情形，只要属于债权人，认为债权人会议的决议违反法律规定，损害其利益，就可依法请求人民法院进行救济。然而，这种债权人应当是在破产程序中依法进行了申报的债权人。虽为债权人但未依法申报债权，根据《企业破产法》第56条第2款关于“债权人未依照本法规定申报债权的，不得依照本法规定的程序行使权利”的规定，不能按照《企业破产法》的规定行使权利，不能请求人民法院对损害其权利的债权人会议决议进行救济。有人认为，提出请求救济的主体，必须是有表决权的债权人。[①] 对这，值得商榷。照此说法，劳动债权人不能参加债权人会议，没有表决权，对于债权人会议通过的破产财产分配方案违反法律规定将普通债权置于劳动债权前进行分配，劳动债权人也不能请求人民法院救济即依法予以撤销，无疑不当。

3. 救济原因。此种救济发生的原因，是债权人认为债权人会议的决议违反法律规定，并且损害了其利益。债权人会议的决议虽然违反法律规定可并未损害债权人的利益，债权人则不能请求人民法院进行救济。是否违反法律规定并且损害其利益，在债权人请求时，只是债权人的一种认为。债权人认为债权人会议决议违反法律规定并且损害其利益，需要在请求的同时提供有关证据。

4. 救济期限。债权人请求人民法院对违反法律规定并且损害其利益的决议进行救济的期限为15日内。债权人会议采取现场方式进行表决的，自债权人会议作出决议之日起计算；债权人会议采取通信、网络投票等非现场方式进行表决的，债权人申请撤销的期限则自债权人收到通知之日起计算。超过上述15日的期限，即使债权人会议决议违反法律规定并且损害了其利益，也不能再请求人民法院对此种决议进行救济。

5. 救济途径。债权人请求救济的途径是向受理破产申请的人民法院主动提出，并要以书面的方式提出，且是请求人民法院撤销该决议。债权人对债权人会议的决议没有主动申请撤销，或者虽然申请撤销但不是以书面方式进行而只是口头表示的，人民法院则不能予以撤销。债权人对债权人会议的决议存在异议而申请撤销，涉及的只是个别债权人与债权人会议之间的意见分歧，只是债权人之间的私权利发生冲突，并不涉及公共利益，人民法院不能主动介入而予以撤销。债权人申请人民法院撤销决议的，也不是向人民法院提起撤销决议之诉或者决议不成立、无效之诉，应当由审理破产案件的合议庭直接裁定。申请撤销该决议，既可以请求撤销就全部事项形成的决议，也可以请求撤销就部分事项形成的决议。人民法院对于债权人的请求应当进行

---

① 李国光主编：《新企业破产法疑难释解》，人民法院出版社2006年版，第234页。

审查，认为债权人会议的决议确实违反法律规定并且损害请求人的利益的，则依法以裁定的方式撤销全部或者部分事项决议，同时责令债权人会议重新作出决议，而不能直接变更决议的内容。《破产案件高效审理意见》第12条规定，债权人请求撤销债权人会议决议，符合《破产法解释（三）》第12条规定的，人民法院应予支持，但会议召开或者表决程序仅有轻微瑕疵，且对决议未产生实质影响的，人民法院不予支持。”

（二）债权人会议无法形成决议的救济

对于有些事项，如申请人民法院更换管理人或者调整管理人报酬，选任或者更换债权人会议成员，已经停止营业的债务人是否营业等，并非要求债权人会议一定形成决议。可对有的事项，如破产程序中的债务人财产的管理方案，破产重整程序中的重整计划草案，破产清算程序中破产财产变价方案、分配方案等，就必须由债权人会议形成决议。对于必须形成的决议，基于债权人之间的分歧而无法形成决议的，就需要给予救济途径，以保证破产程序的正常、顺利进行。归纳起来，具体包括：

1. 债务人财产管理方案、破产财产变价方案无法通过的救济。根据《企业破产法》第65条第1款的规定，《企业破产法》第61条第1款第8项、第9项所列事项，即债务人财产管理方案、破产财产变价方案，经债权人会议表决未通过的，由人民法院裁定。裁定作出后，人民法院可以在债权人会议上宣布或者另行通知债权人。

人民法院对债权人会议无法形成决议的债务人财产管理方案、破产财产变价方案进行救济，依照《企业破产法》第65条第1款作出裁定，债权人对此裁定不服的，根据《企业破产法》第66条的规定，可以自裁定宣布之日或者收到通知之日起15日内向该人民法院申请复议，但复议期间不停止裁定的执行。

2. 破产财产分配方案无法通过的救济。根据《企业破产法》第65条第2款的规定，《企业破产法》第61条第1款第10项所列事项即破产财产分配方案，经债权人会议2次表决仍未通过的，由人民法院裁定。裁定作出后，人民法院可以在债权人会议上宣布或者另行通知债权人。

人民法院对债权人会议无法形成决议的破产财产分配方案进行救济，依照《企业破产法》第65条第2款作出裁定，债权额占无财产担保债权总额1/2以上的债权人对此裁定不服的，根据《企业破产法》第66条的规定，可以自裁定宣布之日或者收到通知之日起15日内向该人民法院申请复议，但复议期间不停止裁定的执行。

3. 重整计划草案无法通过的救济。《企业破产法》第86条规定，各表决组均通过重整计划草案时，重整计划即为通过。第 87 条规定，部分表决组未通过重整计划草案的，债务人或者管理人可以同未通过重整计划草案的表决组协商，该表决组可以在协商后再表决一次，双方协商的结果不得损害其他表决组的利益。未通过重整计划草案的表决组拒绝再次表决或者再次表决仍未通过重整计划草案，但重整计划草案符合该条规定的条件的，债务人或者管理人可以申请人民法院批准重整计划草案。

应当指出，对于债务人财产管理方案、破产财产变价方案、破产财产分配方案、重整计划草案的审查、通过，乃是债权人的这一自治组织的权利，人民法院在债权人会议未通过上述方案或计划时而以裁定形式批准方案，性质上属于司法对债权人意思自治的干预。是以，人民法院不仅在裁定中要说明裁定的理由，而且要依法在债权人会议上宣布或者以其他方式通知参加会议的债权人，以保障债权人能够依法行使救济权。

十二、依法申报债权人的知情权

（一）依法申报债权人知情权保障的必要性

债权人知情权，是指债权人对破产程序中涉及债权人权利义务的有关事项如债务人的财产、债权人债权的审查、债权人会议所议事项、管理人履行职责、债务人财产管理及其经营等的信息所应当具有通过查阅有关资料、询问管理人等方式进行了解、知悉的权利。对此，《企业破产法》没有就债权人知情权的主体、范围以及行使方式等作出全面统一的规范，只是在一些条文中有所涉及，如第 23 条第 2 款关于“管理人应当列席债权人会议，向债权人会议报告职务执行情况，并回答询问”；第 57 条第 2 款关于“债权表和债权申报材料由管理人保存，供利害关系人查阅”；第 68 条第 2 款就重整计划执行的监督关于“债权人委员会执行职务时，有权要求管理人、债务人的有关人员对其职权范围内的事务作出说明或者提供有关文件”；第 91 条第 2 款关于“管理人向人民法院提交的监督报告，重整计划的利害关系人有权查阅”的规定，就是如此。在司法实践中，基于债务人有的财务资料等本身不全或者债务人股东等故意隐瞒、毁弃有关资料；管理人工作涉及方方面面，不仅繁杂量大而且责任重大；加之，投资人也往往不愿意让他人了解其管理、经营债务人财产的真实情况等各种各样的原因，债权人的知情权也往往没有引起充分的重视而得以有效保障。

但应注意的是：（1）作为债权人会议或者债权人委员会成员的债权人，对于直接关系到自己合法权利的有关事项，如管理人履行职责及债权人会议、债权人委员会形成的决议等事项的信息拥有了解、知悉的这一程序性权利，乃是其实体权利得到保障的应有之义。

（2）债权人在债权人会议或者债权人委员会行使有关权利，如监督管理人，对债务人财产管理方案、重整计划草案、和解协议草案、破产财产分配方案等进行表决，以及对债权人会议所通过的决议依法申请撤销，等等，要以对有关事项的情况充分了解为基本前提。对有关事项事先知之甚小或者根本不予了解，仅仅通过在会议时间采取集中询问、听取管理人的工作汇报、阅读有关方案内容等方式了解有关必要事项，根本不可能，尤其是债权人会议时间不可能很长、人数众多，相互影响，还会影响对有关信息的全面了解及独立判断。所以，对有关权利的行使特别是有关债权人重大利益的诸如重整计划草案、和解协议草案、破产财产分配方案等事项的表决，以及对管理人的监督、对债权人会议决议的异议，都是建立在一片黑的基础上，不可能充分保障债权人按照自己的意愿行使有关权利。在债权人所拥有的三大破产程序性权利中，知情权乃是表决权、监督权正确行使的保证与基础。没有充分的知情权，要按照自己意愿正确行使表决权、监督权，乃为痴人说梦。

（3）让债权人充分了解破产程序进行中的有关必要事项，还有利于债权人与管理人之间的良好沟通、互动。在出现不同意见时，还利于及时消除异议、误会，有利于债权人会议的正常运行及破产程序的顺利进行，等等。因此，《破产审判纪要》第46条规定："……要确保债权人等利害关系人及时、充分了解案件进程和债务人相关财务、重整计划草案、重整计划执行等情况，维护债权人等利害关系人的知情权、程序参与权。"《破产法解释（三）》第10条则进一步就债权人的知情权主体、范围、方式及其保证等作了规范，规定："单个债权人有权查阅债务人财产状况报告、债权人会议决议、债权人委员会决议、管理人监督报告等参与破产程序所必需的债务人财务和经营信息资料。管理人无正当理由不予提供的，债权人可以请求人民法院作出决定；人民法院应当在五日内作出决定。上述信息资料涉及商业秘密的，债权人应当依法承担保密义务或者签署保密协议；涉及国家秘密的应当依照相关法律规定处理。"

（二）知情权的主体为依法申报了债权的债权人

知情权作为破产程序中的一项程序性权利，要以权利人能够依照破产法的规定行使破产程序中的有关权利为前提。《企业破产法》第56条规定："在人民法院确定的债权申报期限内，债权人未申报债权的，可以在破产财产最后分配前补充申报；可是，此前已进行的分配，不再对其补充分配。为审查和确认补充申报债权的费用，由补充申报人承担。""债权人未依照本法规定申报债权的，不得依照本法规定的程序行使权利。"据之，只有依法申报（包括补充申报）了债权的人才能依照《企业破产法》的规定行使有关权利。如此，只有依法申报了债权的债权人，才能依法享有并行使知情权这一破产程序中的权利。换言之，知情权的主体，乃为依法申报了债权的债权人。没有依法申报债权的债权人，则不属于知情权的主体，不能在破产程序中行使知情权。

应当指出，依法申报了债权的债权人具有知情权，可以查阅参与破产程序所必需的债务人财务、经营信息等资料，而这些材料往往涉及会计、法律、经营等各个方面的专业知识，没有相关的专业知识要通过查阅有关资料了解有关信息是不可想象的，从而就存在债权人是否可以通过第三人辅助行使或者让他人代理行使的问题。基于债务人的财务资料、经营信息，通常又涉及商业秘密，在法律没有明文规定第三人具有知情权的情况下，让第三人辅助甚至代理行使，实际将知情权主体的范围加以扩大，则可能给债务人及其有关破产程序带来一些负面的影响甚至隐患，在破产重整、破产和解中更需加以注意。如何在保证债权人知情权的有效行使及防止第三人辅助或者代为行使造成知情权滥用之间进行平衡，必须加以考虑。故，既不能完全限制债权人可以委托或者让第三人辅助其行使知情权，也不能让债权人随意让任何第三人代为或者辅助行使知情权。基于律师、注册会计师等中介职业的特点及其有关这些人员负有保密义务，不得向他人泄露有关执业过程中所了解的有关信息的职业要求、法律规定，可以允许律师事务所、注册会计师事务所等负有保密义务的中介机构执业人员，代为或者辅助债权人依法行使知情权。①

（三）依法申报债权人知情权的范围

对此，《破产法解释（三）》第10条限制在债务人财产状况报告、债权人会议决议、债权人委员会决议、管理人监督报告等参与破产程序所必需的债务人财务和经营信息资料的范围内。司法解释所列举的债务人财产状况报告、债权人会议决议、债权人委员会决议、管理人监督报告等具体可为债权人知情的对象，属于完全公开的内容，在债权人会议等上往往会作为有关资料分发给债权人。而对债权人可以知道的其他事项，则以债权人“参与破产程序所必需的债务人财务和经营信息资料”加以概括，具体范围如何，会存在如何理解的问题。

为了充分保障债权人知情权的行使，最高人民法院民事审判第二庭在有关职务著作中作了大致列举，可以作为知情权范围的根据加以适用：（1）债

① 最高人民法院民事审判第二庭编著：《最高人民法院关于企业破产法司法解释（三）理解与适用》，人民法院出版社2019年版，第207～208页。

务人破产原因的知情权。(2) 债权申报阶段的知情权。(3) 债权审核阶段的知情权。(4) 对债权人会议的知情权。(5) 知情权的其他范围。(6) 知情权的例外。①

应当指出，债务人财务和经营信息资料，有的不仅涉及债务人的商业秘密，甚至还可能涉及国家秘密，在国有公司、企业特别是国有大中型公司、企业及上市公司的有关资料更是这样。这些资料，为债权人参与破产程序所必需时，自属债权人知情权的范围，不能以涉及商业秘密乃至国家秘密为由加以拒绝，在行使知情权的方式上，则要有所限制。以是，《破产法解释(三)》第10条第2款规定："上述信息资料涉及商业秘密的，债权人应当依法承担保密义务或者签署保密协议；涉及国家秘密的应当依照相关法律规定处理。"对此，管理人应当引起充分的注意，严格按照司法解释的规定及有关国家秘密的法律、法规规定的程序执行，以免造成商业秘密甚至国家秘密泄露并致债务人、国家利益遭受损失。不按照有关规定执行，造成泄密的，管理人则要承担相应的法律责任，甚至可能构成侵犯商业秘密罪、故意泄露国家秘密罪、过失泄露国家秘密罪而要被追究刑事责任。

还应指出，债权人知情权仅限于债权人参与破产程序所必需的债务人财务和经营信息资料，这些材料既可以形成于破产申请受理前，也可以形成于破产申请受理后；既可以因债务人的行为而形成，也可以因管理人的行为而形成，还可能因人民法院的行为而形成。但对于人民法院在审理破产案件中形成的属于副（内）卷中的对外不宜公开甚至属于国家秘密的材料，如政府等国家机关的内部指示、来往函件、合议庭笔录、审判委员会记录等，则不属于知情权的范围。管理人即使知情或者具有有关资料的，也不能提供给债权人查阅。

（四）依法申报债权人知情权的行使方式及程序

1. 债权人的知情权行使，以向管理人主张为必要。债权人要了解债务人财产状况报告、债权人会议决议、债权人委员会决议、管理人监督报告等参与破产程序所必需的债务人财务和经营信息资料，需要向管理人要求查阅。作为一项权利，债权人既可以行使又可以放弃，在没有向管理人主张的情况下，管理人一般不会主动提供。然则，基于债权人会议及破产程序的顺利进行，对于一些本身应当让债权人了解的在会议上可以作为有关资料分发的资料，财产状况报告、债权人会议决议、债权人委员会决议、管理人履职报告、

① 最高人民法院民事审判第二庭编著：《最高人民法院关于企业破产法司法解释（三）理解与适用》，第201～202页。

监督报告等也可以主动给所有债权人提供。

债权人向管理人要求查阅有关资料后，管理人应当及时提供，让之查阅，可以甚至应当向债权人公开的材料，可以让之拍照或者提供书面资料的复制件，然对于债务人的财务资料、经营信息等不宜向他人公开的材料、商业秘密、国家秘密等材料，则只能让之查看，并作简单摘记，不能将有关书面资料让之拍照、复印等进行复制。

2. 债权人向管理人主张知情权要求查阅有关材料后，管理人置之不理，或者以各种理由拒绝提供，或者不如实、全面提供有关材料，且无正当理由的，则是对债权人知情权的漠视或侵犯，债权人可以请求人民法院作出决定。人民法院对此应当向管理人了解有关不予提供的原因，并在5日内作出决定。管理人有正当理由的，如债务人根本没有有关方面的材料，同一债权人属于反复查阅同一资料，债权人让非中介机构的执业人员代为或者辅助查阅，有关资料涉及商业秘密不愿意承担保密义务并签署保密协议，债权人要求通过微信、电子邮件等提供不宜提供有关资料的复制件的，等等，就不应允许。这样，债权人的知情权，并不是绝对的，一经主张，就要满足。管理人是否提供有关资料，则要看是否存在正当理由。具有不予提供正当的理由，则不能提供。没有正当理由的，管理人应从职业道德、保障破产程序正常进行等出发，及时提供，而不能编造各种各样的理由加以拒绝。

3. 债权人要求查阅参与破产程序所必需的有关债务人财产、经营的信息资料，涉及商业秘密的，债权人应当依法承担保密义务或者签署保密协议；涉及国家秘密的应当依照相关法律规定处理。债权人拒不签署保密协议或者所涉及国家秘密不能让债权人知道的，或者查阅程序不符合国家秘密有关规定的程序的，则不能让债权人查阅。

4. 有关破产程序的信息资料，根据有关规范性文件应当在全国企业破产重整案件信息网公开审判流程信息以及公告、法律文书、债务人信息等与破产程序有关的信息，债权人要求查阅的，则可以告知债权人上网查阅；管理人未在全国企业破产重整案件信息网公开的，应当允许查阅，并可提供有关书面资料复制件。对这，《企业破产信息公开规定（试行）》第2条规定：“破产案件信息公开以公开为原则，以不公开为例外。凡是不涉及国家秘密、个人隐私的信息均应依法公开。涉及商业秘密的债务人信息，在不损害债权人和债务人合法权益的情况下，破产管理人可以通过与重整投资人的协议向重整投资人公开。”第3条规定：“人民法院依法公开破产案件的以下信息：（一）审判流程节点信息；（二）破产程序中人民法院发布的各类公告；（三）人民法院制作的破产程序法律文书；（四）人民法院认为应当公开的其他信息。”第4条规定：“破产管理人依法公开破产案件的以下信息：（一）债务人信息；（二）征集、招募重整投资人的公告；（三）破产管理人工作节点信息；（四）破产程序中破产管理人发布的其他公告；（五）破产管理人制作的破产程序法律文书；（六）人民法院裁定批准的重整计划、认可的破产财产分配方案、和解协议。破产管理人认为应当公开的其他信息，经人民法院批准可以公开。”第5条规定：“破产管理人应当通过破产重整案件信息网及时公开下列债务人信息：（一）工商登记信息；（二）最近一年的年度报告；（三）最近一年的资产负债表；（四）涉及的诉讼、仲裁案件的基本信息。”第6条规定：“重整投资人可以通过破产重整案件信息网与破产管理人互动交流。破产管理人可以根据与重整投资人的协议向重整投资人公开下列债务人信息：（一）资产、经营状况信息；（二）涉及的诉讼、仲裁案件的详细信息；（三）重整投资人需要的其他信息。”

第五节　债权人委员会

一、债权人委员会的概念与特征

债权人委员会，是指为了维护全体债权人的共同利益，由债权人会议决定设立并且选任或者更换其成员，代表债权人会议依法监督管理人活动、提议召开债权人会议及行使债权人会议委托的职权的一种常设机构。债权人委员会具有以下基本特征：

（一）债权人委员会设立决定主体的法定性、唯一性以及是否设立的任意性

债权人委员会作为债权人会议的一种常设代表机构，根据《企业破产法》第67条的规定，其是否设立按照债权人会议自治的基本原则由债权人会议决定，而不是由人民法院决定，更不是由管理人决定。是否设立，则应根据破产案件的具体情况，如债权人人数的多少、债务人财产的规模大小、破产工作的难易复杂程度及其社会影响大小等，由债权人会议自主决定。一般来说，对于那些债权人人数多、债务人财产规模大、破产工作疑难复杂且影响大的债务人破产，可以设立债权人委员会；反之，对于债权人人数少、债务人财产规模小、破产工作简单、社会影响不大的债务人破产，则可以不设立债权人委员会。债权人委员会并不是在每一债务人破产程序中都需要设立，而是

由债权人会议根据破产工作的实际情况决定是否设立，在机构设置上表现为设立决定主体的法定性、唯一性，以及是否设立的任意性，而非必然性。

（二）债权人委员会设立目的的明确性、针对性

债权人委员会是为了维护全体债权人的共同利益而由债权人会议决定设立的一种机构，在设立的目的上表现为目的的明确性、针对性。设立债权人委员会的宗旨与目的，不是为了管理人、债务人或者债权人委员会及其成员的利益，而是为了维护债权人的利益。维护债权人的利益，是维护全体债权人的利益，而非维护部分、少数甚至个别债权人的利益。维护全体债权人的利益，是维护全体债权人的共同利益、整体利益，而非维护全体债权人所有的利益或者某种具体的利益。

（三）债权人委员会成员的法定性、限定性及其司法确认性、程序性

根据法律规定，债权人委员会由债权人会议选任或者更换，并由人民法院书面决定认可的债权人代表和债务人职工或者工会代表组成，在债权人委员会的成员构成上表现为组成成员的法定性、限定性及其司法确认性、程序性。

1. 法定性、限定性，主要表现在：

一是，组成成员的法定性，要求债权人委员会组成符合法律规定的要求。《企业破产法》第 67 条第 1 款规定："债权人委员会由债权人会议选任的债权人代表和一名债务人的职工代表或者工会代表组成。债权人委员会成员不得超过九人。"基此，债权人会议成员在构成上，一要符合法律规定的构成人员的身份要求，二要符合法律规定的组成人员的人数要求。前者要求债权人委员会必须由债权人代表和债务人职工代表或者工会代表组成。债权人代表，法律并未限定为必须是对特定财产不具有担保物权或者法定特别优先权的债权人即非破产别除权人。至于债务人的职工代表或者工会代表，通常是劳动债权人，其劳动债权不必申报，不属于债权人会议成员。是以，债权人委员会的成员通常由两部分组成：一为债权人代表，二为劳动债权人代表。也可以说，一为债权人会议成员代表，二为非债权人会议成员代表。

二是，组成成员人数的法定性，还要求债权人委员会成员不得超过 9 人，即最多为 9 人。至于是否为单数，法律没有明文限制。其实，债权人委员会作为债权人会议的常设代表机构，只是代表债权人会议对管理人的工作进行监督，提议召开债权人会议，或者代行债权人会议委托的一些职权，属于一种执行机构，而非议事机构。换言之，不能行使必须由债权人会议才能通过的通过重整计划草案、和解协议草案、债务人财产管理方案、破产财产变价方案、破产财产分配方案等议事职权。一般只是根据债权人会议通过并且合

法生效的决议，或者人民法院的裁定，对管理人的具体工作是否合法、是否符合债权人会议决议的要求等进行监督，而不是完全代表债权人会议行使属于必须由债权人会议行使的决议等议事职权。所以，其成员的组成没有必要限制为单数。即使根据债权人委员会的依法委托，对申请人民法院更换管理人、调整管理人报酬、决定债务人继续或者停止营业等事项需要决议通过的，也可按照债权人委员会成员过半数通过的规则确定，没有必要将债权人委员会的成员一定设定为单数。

三是，债权人委员会人数的法定性，还表现为债权人委员会的成员中必须有一名债务人职工代表或者工会代表。一名债务人职工代表或者工会代表，是明确的、唯一的一名，而不是多名。

2. 司法确认性。债权人委员会组成成员的司法确认性，是指由债权人会议选任的债权人委员会的成员，根据《企业破产法》第67条第2款关于“债权人委员会成员应当经人民法院书面决定认可”的规定，应当由人民法院认可，并且是人民法院通过书面决定的方式认可。债权人会议对债权人委员会成员的选任或者更换，没有经过人民法院的认可，并且是没有经过人民法院的书面决定认可的，则不能产生债权人委员会成员选任或者更换的效力。

3. 程序性。债权人委员会组成成员的程序性，是指债权人委员会成员的选任或者更换，必须由债权人会议按照法律的规定形成决议，然后由人民法院依法以书面方式决定认可。不是债权人会议而是部分债权人，或者不是按照法律规定的途径和方式即违反法律规定对债权人委员会成员进行选任或者更换的，不能发生法律效力。即使经过债权人会议依法作出选任或者更换的决议，但未经人民法院书面决定认可的，也不能发生选任或者更换债权人委员会成员的法律效力。

（四）债权人委员会行使职权的代表性

债权人委员会作为代表债权人会议，维护全体债权人共同利益而依法行使职权的机构，在行使职权的地位上具有代表性，可并非代表管理人，亦非代表债务人，更非代表人民法院。债权人委员会代表债权人会议行使职权，一般是在债权人会议闭会期间代表行使职权。当然，这并不排除在债权人会议召开期间，债权人委员会依然有权代表债权人会议依法行使职权：

1. 债务人的破产工作，涉及各个方面的问题，往往千头万绪，对管理人的监督不可能只在债权人会议召开期间就进行完毕。对管理人工作进行监督及行使其他应当由债权人会议行使的议事职权之外的事务执行方面的职权，贯穿于破产程序的全过程，具有经常性、日常性、及时性。遇到有关全体债权人利益的事情，就要召开债权人会议进行表决，不仅导致债权人、债务人、管理人及司法机关等各方面的资源大量耗费，单次成本代价浪费不说，而且还会影响破产程序的及时有效进行，进而造成整个破产程序的迟延，耗费更多的社会资源。因此，对于债权人人数多、债务人财产规模大、有关债务人破产工作疑难复杂及容易造成较大社会影响的债务人破产，可以依法设立债权人委员会代表债权人会议行使职权。

2. 管理人在债务人破产过程中，代表债务人管理、处分债务人财产等一切有关债务人的内外事务，对所有债权人的债权依法按照有关重整计划、债务人财产管理方案、破产财产变价方案、破产财产分配方案等进行清偿，要以公平维护全体债权人的合法权益为原则，但基于能力、水平、道德、利益等各方面的影响，管理人可能不会全面、依法、公正维护全体债权人的共同利益，而是维护债务人或者部分债权人甚至少数债权人的利益，需要对其进行监督。另外，管理人作为债务人的代表处理债务人的有关事项，从地位上讲，也不能再代表债权人会议对自己的工作进行监督。

3. 人民法院作为破产案件的审理者，主导着整个破产程序的进行，以维护全体债权人合法权益为原则，然破产程序涉及的事情多，并且可能非常复杂，债权人之间、债权人与债务人之间、债权人与管理人之间因为利益的不同可能造成冲突，且破产程序一般耗时较长，完全由担负着繁重审判任务的人民法院对管理人工作等进行监督，既力不从心，也难免会出现疏漏，不利于维护债权人全体利益。此外，人民法院作为破产案件的审理者，要对债务人、管理人、债权人等所有工作进行监督，对重要事项如债权人会议关于申请更换管理人、调整管理人报酬，通过重整计划草案、和解协议草案、破产财产的分配方案进行监督，对应当由债权人会议形成决议而无法形成决议的事项依法裁定。除工作量大外，还要对本应由债权人会议行使的具体监督职权代为行使，与其作为破产案件的审理者、裁判者的中立性立场也不相符。

4. 债权人会议主席，根据《企业破产法》第60条、第62条的规定，由人民法院从有表决权的债权人中指定1人担任，其职权只是依法根据管理人、债权人委员会、占债权总额1/4以上的债权人提议召集第一次债权人会议以外的债权人会议，并主持债权人会议的召开，不具有对管理人工作监督的职能。另外，作为债权人中的1人，无论其能力、水平、道德及其时间，无法承担对管理人工作进行监督等应由债权人会议行使的职权，也不应将债权人会议的职权交由债权人会议主席1人来承担。

（五）债权人委员会职权内容的法定性和来源的受托性

债权人委员会作为债权人会议的一种代表机构，代表债权人会议行使职权，是依法或者根据债权人会议按照法律规定委托行使的职权，从债权人委员会职权的内容上看，具有法定性及受托性。法定性要求债权人委员会的职权由法律明文规定，并且只能代表债权人会议行使由法律赋予债权人会议行使的职权，而不能行使债权人会议职权之外的职权。受托性要求债权人委员会行使的职权除法律明文规定的外，其具体来源于债权人会议的委托。如前所述，债权人会议委托债权人委员会行使的职权，主要属于监督管理人具体工作的具体事务执行方面的职权，而非就法律规定应当由债权人会议形成决议的重大议事职权。这种重大议事职权只能由债权人会议行使，不能委托给债权人委员会行使。债权人委员会只能根据债权人会议的决议及法律规定对管理人的工作等事项进行监督，行使有关职权。如此，债权人会议与债权人委员会实际上是一种权利议事机构与执行机构的关系。根据《企业破产法》第68条的规定，债权人委员会行使下列职权：监督债务人财产的管理和处分，监督破产财产分配，提议召开债权人会议，及债权人会议委托的其他职权。

（六）债权人委员会设立时间上的临时性及其履行职责的日常性、常设性

债权人委员会是在债权人会议召开后决定设立并形成的一种临时性的代表债权人会议行使有关职权的常设机构，从成立、存在的时间上及其处理事务的日常性质上看，具有临时性、常设性。债权人委员会的临时性，主要体现在债权人会议召开之后的整个破产程序中，破产程序终结后，债权人会议及其债权人委员会的使命即告完成而不再存在。债权人委员会的常设性，主要体现在其成立后，无论是在债权人会议召开期间，还是在债权人会议休会期间、闭会期间，其都有权代表债权人会议依法行使法定的或债权人会议依法委托其行使的职权。

（七）债权人委员会的代表性、服从性

债权人委员会与债权人会议之间存在产生与被产生、代表与被代表、服从与被服从的关系。债权人会议的决议，债权人委员会都应依法执行，不能在法律或债权人会议决议之外行使债权人会议委托的职权。债权人委员会代表债权人会议行使法定的或债权人会议委托的职权，应当向债权人会议报告。

二、债权人委员会的职权

《企业破产法》第68条第1款规定：“债权人委员会行使下列职权：（一）监督债务人财产的管理和处分；（二）监督破产财产分配；（三）提议召开债权人会议；（四）债权人会议委托的其他职权。”据此，债权人委员会的职权包括以下四个方面：

（一）监督债务人财产的管理和处分

债务人财产是用于清偿所有债权人债权的物质基础，其管理、处分工作的依法、公正及质量、效率，直接关系到债权人的债权实现多寡。故，对管理人有关债务人财产的管理、处分如保管、审计、估价、变价、转让等具体工作，需要时常进行监督，以保障债务人财产的保值与增值，防止债务人财产的毁损、丢失及贬值。管理人的一些对债权人利益有重大影响的财产处分行为，如涉及土地、房屋等不动产权益的转让，探矿权、采矿权、知识产权等财产权的转让，全部库存或者营业的转让，借款，设定财产担保，债权和有价证券的转让，履行债务人和对方当事人均未履行完毕的合同，放弃权利，担保物的取回以及对债权人利益有重大影响的其他财产处分行为，根据《企业破产法》第69条的规定，管理人应当及时报告债权人委员会；未设立债权人委员会的，应当及时报告人民法院。然而，为了防止管理人源于各种各样的原因不当处置债务人土地、房产、采矿权等的重大财产而给债务人财产造成损害，进而造成债权人利益遭受雪上加霜式的进一步损失，《破产法解释（三）》第15条为此规定，管理人处分《企业破产法》第69条规定的债务人重大财产的，应当事先制作财产管理或者变价方案并提交债权人会议进行表决，债权人会议表决未通过的，管理人不得处分；实施处分前，应当根据《企业破产法》第69条的规定，提前10日书面报告债权人委员会或者人民法院。债权人委员会可以依照《企业破产法》第68条第2款关于“债权人委员会执行职务时，有权要求管理人、债务人的有关人员对其职权范围内的事务作出说明或者提供有关文件”的规定，要求管理人对处分行为作出相应说明或者提供有关文件依据。债权人委员会认为管理人实施的处分行为不符合债权人会议通过的财产管理或变价方案的，有权要求管理人纠正。管理人拒绝纠正的，债权人委员会可以请求人民法院作出决定。

应当指出，对于担保物的取回，《企业破产法》第69条明确规定要依法向债权人委员会或者人民法院报告。《破产法解释（三）》第15条还规定，管理人在处分《企业破产法》第69条规定的债务人重大财产时，应当事先制作财产管理或者变价方案并提交债权人会议进行表决通过，债权人会议未通过的，管理人则不能取回担保物。可对质物、留置物等担保物的拍卖、变价甚至折价清偿债务等方式处置担保物的，没有明确指出。其实，一些担保物虽然作为质押权、留置权的标的物依法由质权人、留置权人占有，其所有权却继续归于担保人。无论是取回还是通过拍卖、变卖以及协议折价清偿债务等，都是对质物、留置物等担保物的处分方式，事关债务人财产的价值而对债权人利益有着重大影响，即使没有明确规定，也属于《企业破产法》第69条第

（10）项规定的“对债权人利益有重大影响的其他财产处分行为”。以是，《破产法解释（二）》第25条规定，管理人拟通过清偿债务或者提供担保取回质物、留置物，或者与质权人、留置权人协议以质物、留置物折价清偿债务等方式，进行对债权人利益有重大影响的财产处分行为的，应当及时报告债权人委员会；未设立债权人委员会的，管理人应当及时报告人民法院。

至于质物、留置物等由担保物权人占有的担保物，是取回还是折价清偿债务，其根据在于哪样更有利于债务人财产价值的最大化：继续让担保物权人占有，可能导致担保物的价值减少甚至毁损灭失，担保物的取回有利于破产重整、破产和解等需要的，取回担保物与债务人的其他财产集中进行处置有利于财产价值最大化的等，就可以依法取回担保物；债权人同意按照市场价值接受担保物以折价方式清偿债务；取回担保物需要支出较高成本，或者存在其他不宜取回担保物的情形，就可以考虑折价清偿债务。

（二）监督破产财产分配

破产财产分配，是债权人债权得以清偿、实现的最后环节。管理人、债权人等进行破产工作的重要目的，在破产清算程序中可以说是唯一目的，就是完成破产财产的分配工作。前面工作都是破产分配工作的准备与基础，而破产财产分配工作则是之前工作的最终落脚点。通过破产财产的分配，才能实现债权人的债权清偿，并在这一环节结束后了结债权人与债务人之间的债权债务关系。破产财产的分配工作，对于所有债权人来说，都非常现实，都直接关系到自身利益。是以，要求管理人依法、公正严格按照破产财产分配方案确定的破产财产范围、分配比例、分配顺序、分配方式等对所有债权人的债权依法进行清偿。为防止管理人不认真负责甚至玩忽职守、滥用职权而不按照破产财产分配方案进行分配的现象发生，就需要债权人委员会代表债权人会议对管理人的此项工作进行全面、严格、细致的监督，以维护全体债权人的合法权益。

（三）提议召开债权人会议

债权人委员会在债权人会议休会、闭会期间，代表债权人会议对管理人工作进行监督，比较了解管理人工作及破产程序进行的有关情况。在发现有关全体债权人利益需要债权人会议讨论、决定的事项时，有权向债权人会议主席提议召开债权人会议。

（四）债权人会议委托的其他职权

债权人会议委托的其他职权，是指除法定的债权人委员会行使监督债务人财产的管理和处分、监督破产财产分配、提议召开债权人会议之外的由债权人会议依法委托行使的其他职权。对此，应当注意以下方面：

1. 债权人会议委托债权人委员会行使的其他职权，自然要求依法属于债权人会议的职权，这是债权人委托债权人委员会行使的前提与基础。本身不属于债权人会议的职权的，自不存在由债权人会议委托债权人委员会行使的职权问题。

2. 债权人会议委托债权人委员会行使的其他职权，不能是由债权人会议专属行使的职权。对于直接关系到全体债权人利益，如涉及清偿债权的性质、数额、清偿顺位、方式、时间，涉及债务人财产价值的保管、变价、处置、分配等有关事项，就应当由债权人会议形成决议，而不能委托债权人委员会行使。这样，通过重整计划草案；通过和解协议草案；通过债务人财产的管理方案；通过破产财产的变价方案，以及通过破产财产的分配方案等，债权人会议则不能委托债权人委员会代为行使。不然，就不是债权人会议形成决议，而是债权人委员会形成决议，而这没有任何法律依据，也与有关事项形成决议的规则相违背。此外，债权人委员会成员由债权人会议选任，债权人委员会成员因为不负责任应当予以更换的，自不能由债权人委员会决议决定，而应由债权人会议决定变更。

3. 债权人会议委托债权人委员会行使的其他职权，应当是与全体债权人权益具有一定联系但联系并非直接而且要经常进行的一些职权。这种职权的行使，由债权人会议行使，由于债权人会议不可能经常召开而无法及时行使，而且只有及时行使才能更利于全体债权人利益保护时，在休会、闭会期间就可以委托债权人委员会行使。为了保证债权人委员会行使权利具有正当合理的根据，避免因为规定不明而引起不必要的争议，《破产法解释（三）》第13条就债权人会议可以委托债权人委员会行使的职权的范围明确规定："债权人会议可以依照《企业破产法》第六十八条第一款第四项的规定，委托债权人委员会行使《企业破产法》第六十一条第一款第二、三、五项规定的债权人会议职权。债权人会议不得作出概括性授权，委托其行使债权人会议所有职权。"基此，债权人委员会可以受债权人会议委托行使的职权，具体包括以下三项内容：

一是，监督管理人。如对管理人审查债权的工作进行监督；通过审查管理人费用的支出、共益债务的负担及支出，对管理人工作进行监督；对管理人、债务人的营业活动进行监督；对重整计划、和解协议等具体执行进行监督；对管理人按照破产财产变价方案估价、变价等具体工作进行监督，等等，都可以由债权人会议委托债权人委员会代为行使，提出意见。其实，《企业破产法》第68条第1款明确规范债权人委员会的职权时，虽然没有对监督管理人的职权予以列举，可在第23条第1款中明确规定："管理人依照本法规定执行职务，向人民法院报告工作，并接受债权人会议和债权人委员会的监督。”据之，管理人执行职务受债权人委员会监督，即债权人委员会依法有权监督管理人工作，乃是一项法定职权，并非一定要债权人会议委托。

二是，申请人民法院更换管理人，审查管理人的费用和报酬。管理人由人民法院指定并进行监督，其费用应当经过审计机构进行审计，报酬标准有司法解释明确规范并由人民法院确定，加之其执业要受到有关法律如《律师法》《注册会计师法》等的规范与约束，不依法履行职责造成债权人、债务人及其他利害关系人损害的，还应依法承担法律责任。如此，管理人的变更、费用和报酬的审查，虽然与全体债权人的利益相关，如因更换管理人会造成破产程序的迟延，破产费用的增加等，但由于上述因素，可以进行控制。加之，这一现象并不必然发生，发生的话又可能在破产程序中随时发生，假若由债权人会议行使，不仅不能及时进行，而且因为召集会议行使，必然耗费债权人大量时间精力，召开会议的通知、场所租赁等费用也不小。在债权人众多的情况下，耗费巨大，得不偿失，故可由债权人会议委托债权人委员会代为行使。

三是，决定继续或者停止债务人的营业。为了保障债务人财产价值，债务人破产后是否继续营业乃是必须考虑的问题。《企业破产法》第 25 条第 5 项、第 26 条规定，在第一次债权人会议召开之前，经人民法院许可，由管理人决定继续或者停止债务人的营业；第 61 条第 5 项规定，债权人会议召开，则由债权人会议决定继续或者停止债务人的营业。据此，法律并未明确规定债权人委员会具有决定继续或者停止债务人营业的职权。由于债务人营业随着市场、债务人营业的能力等各种因素的变化而变化，在出现不应当继续营业，如营业因国家政策禁止不能进行，债务人营业期间恶意转移资产、进行个别清偿损害全体债权人的利益发生等情形时，需要及时停止，待债权人会议决议根本无法及时停止，从而可能造成债权人利益的更大损害。而且，召集债权人会议将耗费更多的资源，如司法、管理人、债权人、债务人的人力、物力、财力，在继续营业的目的、标准恒定、唯一为有利于债务人财产增值且容易判断的情况下，委托债权人委员会代为行使决定已经继续的营业，会更加利于全体债权人的利益。在债权人会议决定债务人继续营业的情况下，有人如管理人、某些债权人要求停止债务人营业，基于上述同样的道理，由债权人委员会代债权人会议决定，也不会对全体债权人的利益造成损害；即使有所损害，远非召开债权人会议所付出的代价所比。对于债权人会议原来没有决定债务人继续营业即在债务人已经停止营业的情况下，是否可以委托债权人委员会决定继续营业，从司法解释规定的文义来讲，应当可以。基于是否继续营业的标准与目的判断一般并不存在困难，而且在第一次债权人会议前，管理人经人民法院许可可以决定债务人继续营业，应当允许债权人会议可以委托债权人委员会行使。毕竟，债权人委员会，为了维护包括自己在内的全体债权人的利益，也会谨慎行使相关权利。

至于债权人会议委托债权人委员会行使职权的方式，法律没有明确规定。有的债权人会议只是概括地委托债权人会议的有关职权甚至一切职权，造成债权人委员会的职权范围不明，进而产生债权人委员会的决议是否有效，是否可以被依法撤销等问题。所以，司法解释明确要求，债权人会议不得作出概括性授权，委托其行使债权人会议所有职权。换言之，债权人会议委托债权人委员会代为行使的职权，应当具体列明，既包括将上述 3 项可以委托代为行使的内容全部委托债权人委员会行使，也可以将其中的一部分如 1 项或 2 项内容委托债权人委员会行使。当然，委托应当以书面的方式进行，并且由债权人会议通过决议作出。

应当指出，债权人委员会作为破产程序中由债权人会议选任产生的临时性机构，虽然具有监督债务人财产的管理和处分；监督破产财产分配；提议召开债权人会议，以及债权人会议委托代为行使的监督管理人、审查管理人的费用和报酬、决定继续或者停止债务人的营业等职权，这些职权乃属于一种监督性质的权利，并不涉及某项民事权利义务的具体处分，不会产生某种民事主体之间的权利与义务关系的后果。即使管理人进行涉及土地、房屋等不动产权益的转让；探矿权、采矿权、知识产权等财产权的转让；全部库存或者营业的转让；借款；设定财产担保；债权和有价证券的转让；履行债务人和对方当事人均未履行完毕的合同；放弃权利；担保物的取回，以及对债权人利益有重大影响的其他财产处分行为，根据《企业破产法》第 69 条及《破产法解释（三）》第 15 条的规定，应由债权人会议作出决议通过，向债权人委员会则只是报告，并不要求债权人委员会作出决议，不能以债权委员会的名义进行，更不能让债权人委员会承担有关责任，承担责任的主体依旧为管理人。其实，其不属于《民法典》规定的民事主体，没有民事权利能力，没有财产，不具有对外承担民事责任的能力，于是不能以自己的名义对债务人的财产如放弃债权进行处分。在破产程序中，除债务人依法自行管理财产和营业事务的情形外，只有管理人才能依法代表债务人对债务人的财产进行处分，并对外产生相应效力，由债务人及管理人作为民事主体承担相应的责任。因此，在司法实践中，一些债权人委员会以自己名义对债务人财产进行处分的行为，如放弃债权、进行财产转让等，没有任何效力，不能产生相应的法律后果，给债务人、债权人造成损害的，应当由债权人委员会成员以个人名义承担有关责任。

三、债权人委员会职权的行使

债权人委员会的职权行使，需要管理人、债务人的配合，并得到人民法院的支持，《企业破产法》第68条第2款、第3款为此规定，债权人委员会执行职务时，有权要求管理人、债务人的有关人员对其职权范围内的事务作出说明或者提供有关文件。管理人、债务人的有关人员违反本法规定拒绝接受监督的，债权人委员会有权就监督事项请求人民法院作出决定；人民法院应当在5日内作出决定。

至于债权人委员会行使职权、作出决议的方式，法律没有明确规定，司法实践中操作不一，管理人有的便以债权人委员会的决议没有得到全体通过为由而拒绝接受，在一定程度上影响了债权人委员会职权的行使及其效率。故，《破产法解释（三）》第14条规定，债权人委员会决定所议事项应获得全体成员过半数通过。过半数通过，即实行债权人委员会成员1人1票的议事规则，所决议的事项应当过半数通过；没有过半数的，则所议之事不能形成决议。过半数本身，不包括半数本数在内。

债权人委员会就职权范围内之事进行讨论、决议，应当作成议事记录。债权人委员会成员对所议事项的决议有不同意见的，都应当在记录中载明。

另外，债权人委员会成员，除依法必须具有一名债务人的职工代表或者工会代表外，其他均由债权人会议选任或更换，并代行债权人会议委托行使的一些职权，所行使职权就是为了维护全体债权人的合法权益。以是，债权人委员会行使职权应当受到债权人会议的监督，以适当的方式向债权人会议及时汇报工作，乃是其应有之义。根据《企业破产法》第67条第2款规定，债权人委员会成员应当经人民法院书面决定认可，人民法院审理破产案件，主导着整个破产程序的进行，通过审判行为公平维护全体债权人的合法权益，债权人委员会行使职权时接受人民法院的指导，自无疑义。

第八章　管理人

第一节　管理人概述

一、管理人的概念

管理人，又称破产管理人，是指在破产申请受理时由人民法院依法指定于破产程序中代表债务人处理与债务人相关的财产、债权债务、营业等事务，依法履行其法定职责的专门机构。正确理解管理人的概念，需要注意以下几点：

（一）管理人是一种在破产程序中专司其责的专门机构

这种专门机构并不是专门为担任破产管理人而存在的，于是不是一种专门担任管理人的职业性专门机构，而是一种临时成立的专门机构。这种专门机构，是由具有专业知识的律师事务所、会计师事务所等职业性专业机构或者职业性自然人担任的，与专门担任管理人的职业性专门机构不是同一回事。

（二）管理人在破产申请受理时由人民法院同时指定而产生

管理人在破产申请受理时才存在，并由人民法院在破产申请受理的同时指定而产生。故，其既不是仅仅根据法律的规定自然产生，也不是债务人、债权人或者其他机构委托或者指定产生，而是由人民法院依法指定而产生，人民法院的指定乃是管理人产生的唯一根据。

（三）管理人存在于债务人的破产程序中，与整个破产程序不能分离

管理人存在于债务人的破产程序中，破产程序一旦结束，管理人的使命也就结束，不再存在该破产程序管理人的问题。管理人是在破产程序中依法履行职责，行使职权，完成其应有的使命。

（四）管理人是代表债务人处理与债务人相关的一切事务的专门机构

管理人代表债务人处理与债务人相关的一切事务，根据来源于法律的明文规定及人民法院的依法指定，而不是来源于债务人的委托，管理人并非债

务人的代理人。

（五）管理人属于具有法定职责的专门机构

管理人法定职责由法律规定或者由授权的人民法院确定。为了保证其正确履行职责，法律赋予了其一系列与其职责相对应的权利与义务，管理人都必须遵守，不然就要承担相应的法律责任。

二、管理人的特征

管理人在破产程序中，处于非常重要的地位，具有以下基本特征：

（一）地位上的独立性

管理人虽然由人民法院指定，需要向人民法院报告工作，并接受债权人会议和债权人委员会的监督，且对外代表债务人决定、处理财产、营业、债权债务等有关债务人的各种事务。可从其法律地位上来说，则是完全独立的，具有独立性。主要表现在：

1. 具有地位上的独立性。在破产程序中，管理人处理有关债务人的各种事务，能够以自己的名义进行，而不是以他人的名义或者以代理人的名义进行。其由人民法院指定并向人民法院报告工作，接受债权人会议和债权人委员会监督，并向债权人会议报告执行职务的情况，其名义的独立性非常明显。其既不附属于人民法院，也不附属于债权人及代表债权人的权力机构即债权人会议及其债权人委员会。管理人虽然代表债务人处理各种事务，但不是以债务人的代理人身份出现的。虽然在有关债务人诉讼、仲裁等某些事务中，要以债务人的代表人身份出现，但其地位依然是独立的，并有着自己的名称、印章与账户及临时的办公地址，具有身份上的独立性。另外，由个人或者某一中介机构担任管理人的，在破产程序中也不是以个人或者某一中介机构的名义出现，而是以债务人管理人的独立名义出现，也不附属于所属的中介机构。清算组担任管理人的，则更不依附组成清算组的有关单位及其成员所在的单位。

2. 具有职责上的独立性。管理人依法接管债务人的财产、营业事务、债权债务等各种事务，代表债务人处理内外事情，然这种职责并非限于债务人以前的职责，而是基于破产程序中统一清偿债务人所负的债务，以及消灭债务人的民事主体资格或者挽救债务人的目的依法进行的一系列活动。这些活动，既有程序上的，如提议召开债权人会议，调查核实债务人的财产、债权债务，拟定并执行破产程序中的各种方案等；又有实体上的，如决定破产申请受理前成立的债务人与对方当事人均未履行完毕的合同解除或者继续履行，对债务人破产申请受理前一定时期损害债权人利益的欺诈性转让、恶意个别清偿行为依法行使撤销权，对为逃避债务而隐匿、转移财产的行为以及虚构债务或者承认不真实的债务的行为依法行使否定权等。这些职责是债务人和债权人所不能具有的，其职责的独立性也是明显的。

3. 具有权利义务上的独立性。如前所述，管理人具有接管、处理债务人财产、营业、债权债务等一系列职责，与此相适用，破产法亦规定了保障其职责履行的一系列权利与义务。如管理人有询问债务人法定代表人及其他经营管理人员的权利；对破产申请受理前6个月内的债务人个别清偿等损害债权人利益的行为依法具有破产撤销权；为保障债权人合法权益而享有的对债务人财产、债权债务、营业等事务的接受、管理、处分权；接受债务人的债务人履行债务或者财产持有人的交付财产；调查债务人财产状况，制作财产状况报告；接受债权申报并予以审查，编制债权表；代表债务人参加有关债务人的诉讼，等等。如果说，上述权利从某种意义上来说又属于管理人应尽的义务，具有权利与义务的双重属性的话，那么，管理人依法获取报酬的权利，乃完全是独立的不具有义务属性的单纯权利。此外，为了防止管理人不正确履行职责，破产法还规定了一些义务。如向人民法院报告工作；接受债权人会议监督并向其报告执行职务的情况；第1次债权人会议召开前，实施涉及土地、房屋等不动产权益的转让、借款、设定财产担保等对债权人利益有重大影响的财产处分行为，应当经过人民法院许可；第1次债权人会议召开之后，实施涉及土地、房屋等不动产权益的转让、借款、设定财产担保等对债权人利益有重大影响的财产处分行为，应当向债权人委员会报告，未设立债权人委员会的，则应当及时报告人民法院，等等。

4. 具有承担法律责任的独立性。管理人以自己的名义对外代表债务人处理与债务人有关的各种事务，依法具有自己的职责，行使自己的权利，履行自己的义务，必须依法正确进行。违法或者不正确履行职责，就可能给债务人、债权人带来损害，需要承担相应的法律责任。《企业破产法》第130条明确规定："管理人未依照本法规定勤勉尽责，忠实执行职务的，人民法院可以依法处以罚款；给债权人、债务人或者第三人造成损失的，依法承担赔偿责任。"第131条规定："违反本法规定，构成犯罪的，依法追究刑事责任。"据之，管理人有着其独立的法律责任，并应以其财产独立承担，而管理人无论是个人还是律师事务所等组织，依法都需要具有其承担责任的财产，在法律责任承担上同样亦具有独立性。

5. 具有履行职责、行使权利的意思独立性。管理人为人民法院指定，要受债权人会议监督，并代表债务人处理与债务人有关的各种事务，可在履行职责、行使职权的过程中，完全依法按照自己的意思进行，不受任何人与任何机构包括人民法院所左右，只需要按照法律的规定进行。当然，为了保证其正确履行职责，正当行使职权，要求管理人的一些行为如对债务人财产设定担保、转让其不动产等依法需经过人民法院许可或者经债权人会议决议通过，并向债权人委员会或人民法院报告，可这是在管理人进行独立意思表示基础上进行的监督，而不是对其行为完全的左右。可以说，管理人在破产程序中履行职责、行使职权的各种行为，都是按照自己的意思独立进行的，具有独立主体的意思表示独立性的基本特征。

（二）立场上的中立性

破产程序中，既涉及债务人及其出资人等一方的利益，又涉及债权人一方的利益，还涉及市场经济秩序、社会稳定、公平价值等社会公共方面的利益，这就需要管理人在债务人一方与债权人一方之间保持中立，兼顾各方利益，依法推动破产程序正常进行。其中立性，主要表现在：

1. 管理人保持中立，是破产程序功能实现的必然要求。破产程序是以债务人全部财产清偿其所有债务的程序，既要保护债权人的合法权益，又要保护债务人的合法权益。管理人只有保持中立，才能保证破产程序正常运行。否则，就无法使债务人与债权人之间、债权人与债权人之间的利益达到平衡，难以达到破产程序适用的目的。如此，破产程序的适用目的与功能，也要求管理人保持中立。

2. 管理人保持中立，要求不能与本案有利害关系。管理人作为破产程序中具有独立性的重要主体，与债务人、债权人等利害关系人不同，后者与债务人事先都存在着债权债务的实体关系，破产程序及其结果与之息息相关，而管理人与债务人之间，要求事先并不存在实体上的权利与义务关系，与本案亦无其他利害关系，为其在债务人与债权人之间保持中立奠定基础。

3. 管理人代表债务人处理相关事务，不是债务人的传话人。破产申请受理后，债务人丧失管理其财产、债权债务、营业等内外事务的资格，管理人代表债务人处理与债务人相关的一切事务，然不是债务人的传话人，不受债务人左右，只是依法行使职权、履行职责，不仅要维护债务人的合法权益，还要维护债权人的合法权益。为了防止其偏袒、保护债务人，损害债权人利益等现象的发生，《企业破产法》明确规定，对债务人在破产申请受理前1年内无偿转让财产、以明显不合理的价格进行交易等欺诈性转让行为，管理人有权申请人民法院撤销。管理人要受到债权人会议监督，向债权人会议报告执行职务的情况，实施不动产转让、设定担保等可能影响债权人利益的行为，还要依法经过人民法院许可或者债权人会议决议通过，或者向债权人委员会或人民法院报告。

4. 管理人要维护债权人的合法权益，是维护整体债权人的权益且为债权人的合法权益，同时也应依法维护债务人的合法权益，在债权人与债权人之间、债权人与债务人之间保持中立。前者如禁止对部分债权人进行个别清偿；所有债权人的债权都应依法按照一定的顺序进行清偿；处在同一顺序的债权不能全额清偿时，只能按照统一的比例清偿，公平地解决债权人的所有债权问题。对于债务人，其有被挽救而继续存在的可能，就应努力促使债务人与债权人达到和解协议，或者通过重整计划草案；要管理好债务人的营业事务，从有利于债务人的角度出发决定解除或者继续破产申请受理前成立且双方均未履行完毕的合同，等等，保持中立乃是管理人履行好自己职责并推动破产程序正常进行的基本保证。

5.《企业破产法》有关其资格、产生及其报酬等的规定，不仅体现了管理人的中立性，而且是管理人保持中立的重要保证。如《企业破产法》规定，与本案有利害关系如为债权人、债务人、企业职工、破产取回权人、破产别除权人，或者与债权人、债务人存在一定范围内的亲属关系、债权债务关系、合伙关系、雇佣关系、委托关系等，就不能担任管理人；管理人由人民法院指定，债权人会议即使认为管理人不能依法、公正执行职务或者有其他不能胜任职务情形的，也只能申请人民法院予以更换；管理人执行职务的费用、报酬和聘用工作人员的费用属于破产费用；管理人报酬的多少由人民法院依法确定，等等，都足以体现并保证管理人的中立性。

（三）存在上的法定性

管理人与破产程序这一法定的程序完全同步，担任管理人的资格与条件由《企业破产法》第24条明确规定，在破产申请受理时即破产程序启动时由人民法院依法指定。管理人的职责以及与职责相对应的权利与义务及法律责任，破产法都作了明确规定。根据《企业破产法》的规定，管理人执行职务的费用、报酬和聘用工作人员的费用属于破产费用，由债务人财产随时清偿。人民法院指定管理人和确定管理人报酬的办法，由最高人民法院规定。管理人必须依法履行自己的职责，不然要承担相应的法律责任包括刑事责任。因此，从管理人的资格、产生到其职责、权利义务、法律责任、报酬等等，都由破产法明文规定，管理人的存在均体现了严格的法定性。

当然，任何事物都不是绝对的，不能因为管理人的法定性，就要求管理人的所有行为都要有法律规定。在破产程序中，管理人处理与债务人相关的所有问题，既有实体上的，又有程序上的；既有内部事务，又有外部事务，法律不可能一一加以规范。对于没有规定的行为，只要其不违反法律禁止性规定，就可以按其意愿作为或不作为。此外，就其职责而言，法律也不可能一一列明。所以，《企业破产法》第 25 条第 9 项规定，除法律明文规定的职责外，人民法院可以确定管理人应当履行的其他职责。即使如此，人民法院也是基于法律的授权来确定管理人应当履行的职责，从而不能将管理人职责等法定性绝对化，以某项职责没有法律明文规定为由而对人民法院依法确定的职责拒不执行。否则，将不利于破产程序的正常、顺利进行。

（四）存续上的特定性

管理人在破产申请裁定受理时由人民法院同时指定，自破产程序启动时产生，且在破产终结时完成其功能、使命，与破产程序完全同步，其是针对破产程序而存在的。我们知道，破产程序的启动是针对具体债务人而言的，管理人也是针对某一债务人的破产程序而言的，即管理人是已经对某一债务人启动了破产程序的管理人，而非其他债务人包括其未担任管理人的已被启动破产程序的债务人的管理人。也就是说，管理人是针对特定的债务人以及针对特定债务人而启动的破产程序而存续的。在针对债务人及其已经启动的破产程序外，并不存在所谓的管理人。另外，针对债务人启动的破产程序，总有一定的期限，从这一意义上来说，管理人是一种临时性的机构，不具有职业性特征。

（五）资质上的专业性

破产程序中，管理人作为债务人的代表，需要处理与之相关的所有事务，这些事务以管理、清查资产，清理债权债务，管理营业等为核心。清查资产、清理债务、管理营业等，涉及各种各样的法律关系，而且各种权利又涉及各种各样的领域，如建筑、金融、服务、劳动、供销等，不具有丰富法律专业知识，是难以做好管理人工作的。另外，清产核资、债权债务的认定、清偿比例的确认，不仅与法律相关，而且与财务、会计、审计等专业知识密切相关。在不停止营业的情况下，尤其是在破产重整程序中，还涉及生产、经营、服务等所需要的企业管理、金融、营销等方面的知识。正因为如此，《企业破产法》第 24 条明确规定：“管理人可以由有关部门、机构的人员组成的清算组或者依法设立的律师事务所、会计师事务所、破产清算事务所等社会中介机构担任。”清算组或者律师事务所、会计师事务所、破产清算事务所等专业性中介机构或具备相关专业知识的自然人担任管理人，因其至少具有法律、财务等破产程序所必需的某一专业方面的知识，且相互联系，有利于破产程序的正常进行。

三、管理人的类型

根据不同标准，管理人可以分为不同类型：

（一）自然人管理人与非自然人管理人

以管理人是否为自然人为标准，管理人可以分为自然人管理人与非自然人管理人。《企业破产法》第24条规定，管理人可以由有关部门、机构的人员组成的清算组或者依法设立的律师事务所、会计师事务所、破产清算事务所等社会中介机构担任。人民法院根据债务人的实际情况，可以在征询有关社会中介机构的意见后，指定该机构具备某一相关专业知识并取得执业资格的人员担任管理人。是以，管理人既可以由清算组或者中介机构担任，也可以由中介机构中具备某一专业知识并取得执业资格的个人即自然人担任。非自然人管理人，又可分为由清算组担任的管理人与中介机构担任的管理人，后者还包括律师事务所担任的管理人、会计师事务所担任的管理人、破产清算事务所担任的管理人等。

（二）直接指定的管理人、随机产生的管理人、竞聘产生的管理人与接受推荐产生的管理人

以管理人产生的具体方式为标准，可以分为直接指定的管理人、随机产生的管理人、竞聘产生的管理人与接受推荐产生的管理人。《指定管理人规定》第18条规定，企业破产案件有下列情形之一的，人民法院可以指定清算组为管理人：（1）破产申请受理前，根据有关规定已经成立清算组，人民法院认为符合本规定第19条的规定；（2）审理《企业破产法》第133条规定的案件；（3）有关法律规定企业破产时成立清算组；（4）人民法院认为可以指定清算组为管理人的其他情形。第20条规定，人民法院一般应当按照管理人名册所列名单采取轮候、抽签、摇号等随机方式公开指定管理人。第21条规定，对于商业银行、保险公司、证券公司等金融机构或者在全国范围有重大影响、法律关系复杂、债务人财产分散的企业破产案件，人民法院可以采取公告的方式，邀请编入各地人民法院管理人名册中的社会中介机构参与竞争，从参与竞争的社会中介机构中指定管理人。参与竞争的社会中介机构不得少于3家。第22条规定，对于经过行政清理、清算的商业银行、保险公司、证券公司等金融机构的破产案件，人民法院除可以按照本规定第18条第（1）项的规定指定管理人外，也可以在金融监督管理机构推荐的已编入管理人名册的社会中介机构中指定管理人。基此，直接指定是在破产申请受理时因为已对债务人成立了清算组等特定情况而宜由清算组担任管理人的，便由人民法院直接指定该清算组为管理人。随机产生的管理人，是指人民法院按照管理人名册所列名单采取轮候、抽签、摇号等随机方式公开指定的管理人。竞聘产生的管理人，是在金融机构或者在全国范围有重大影响、法律关系复杂、债务人财产分散的企业破产案件中，人民法院从受邀请参与竞争的社会中介

机构选择指定产生的管理人。接受推荐指定的管理人，是指对于经过行政清理、清算的商业银行、保险公司、证券公司等金融机构的破产案件，人民法院将金融监督管理机构推荐并且编入了管理人名册的社会中介机构指定产生的管理人。

（三）破产清算管理人、破产重整管理人与破产和解管理人

以管理人参与破产程序的具体程序为标准，管理人可以分为破产清算管理人、破产重整管理人与破产和解管理人。破产程序，具体包括破产重整程序、破产和解程序及破产清算程序，与此相适应，管理人也就可以分为破产清算管理人、破产重整管理人及破产和解管理人。

（四）临时管理人与长期管理人

以管理人是否属于临时指定暂时承担管理人职责为标准，管理人可以分为临时管理人与长期管理人。临时管理人，乃是基于破产程序中的某些特定情况，如破产案件需要及时受理，却因案件复杂无法指定合适的管理人；破产程序进行的过程中，因债权人会议要求更换管理人，且管理人消极不作为等，人民法院便暂时指定某一非长期的管理人代行管理人职责，待正式指定管理人后，其代行职责便予以终止的管理人。

（五）正式管理人与轮候管理人

以管理人履行职责的顺序为标准，管理人可以分为正式管理人与轮候管理人。司法实践中，考虑到破产案件审理过程中可能发生一些诸如指定的管理人不能依法正确履行职责，或者发现不适宜再担任管理人，或者债权人会议要求更换管理人等特殊情况，为避免诸如此类情形影响破产程序正常进行，便在指定管理人时根据一定标准按顺序选择两名甚至多名管理人，处于第 1 顺位的管理人为正式管理人，履行管理人职责。第 1 顺位的管理人出现不宜再担任管理人的情形时，则由第 2 顺位的管理人作为正式管理人履行管理人职责。这种在破产案件中由人民法院确定作为第 2 顺位甚至第 3 顺位的处于候补地位的管理人，则为轮候管理人。

第二节　管理人资格

一、管理人资格的概念

管理人资格，是指破产法规定的担任破产程序管理人的条件与身份。破产程序，旨在清理债务人的财产以清偿全部债务，不仅要维护债权人的合法权益，而且要维护债务人的合法权益，还要维护市场经济秩序、社会稳定等公共利益，具有功能的多样性。破产程序所涉事务需要法律的、经济的、金融的、管理的、财务会计的等各个方面的专业知识与能力，无论是从道德操守上来说还是从专业知识水平、能力上来讲，对破产管理人都必须有严格的要求。法律及其司法解释明文规定了担任管理人的条件与身份，只有具有这种条件与身份即资格的组织或个人，才能由人民法院依法指定为管理人。不具有担任管理人的资格，即使其再有水平与能力，或者具有高尚的道德情操，也不能指定为管理人。这样，管理人资格是某一个人或者组织担任管理人的前提与基础，人民法院只能从具有管理人资格的组织与个人中指定，而不能在没有管理人资格的组织或个人中随意指定。

管理人资格，包括担任管理人所应当具有的道德、专业能力等实质内容的条件与有关机构授予该组织或人员某种身份的形式条件。前者为担任管理人所应具备的实质条件，后者为担任管理人所应具备的形式条件。除清算组担任管理人外，社会中介机构及其中介人员必须同时具备，缺一不可。应当指出，无论是管理人的实质条件还是管理人的形式条件，都是社会中介机构或其中介人员成为管理人的必要条件，而非充分条件。即社会中介机构要成为管理人，必须同时具备管理人的实质条件和形式条件。反过来则不能说，具备了管理人的实质条件和形式条件，就一定要被指定为管理人。这点必须引起注意。

二、管理人的实质条件

管理人的实质条件，是指担任管理人所应具有的道德、专业知识能力等方面的各种具体条件。《企业破产法》第 24 条规定，管理人可以由有关部门、机构的人员组成的清算组或者依法设立的律师事务所、会计师事务所、破产清算事务所等社会中介机构担任。人民法院根据债务人的实际情况，可以在征询有关社会中介机构的意见后，指定该机构具备相关专业知识并取得执业资格的人员担任管理人。有下列情形之一的，不得担任管理人：（1）因故意犯罪受过刑事处罚；（2）曾被吊销相关专业执业证书；（3）与本案有利害关系；（4）人民法院认为不宜担任管理人的其他情形。个人担任管理人的，应当参加执业责任保险。据此，担任管理人必须是有关部门、机构的人员组成的清算组或者依法设立的律师事务所、会计师事务所、破产清算事务所等社会中介机构，以及在这些机构中具备某一相关专业知识并取得执业资格的人员。除此之外，还必须具备以下条件：

（一）没有因为故意犯罪受过刑事处罚

因为故意犯罪受过刑事处罚，就不能担任管理人。这就要求，不仅实施过故意犯罪而且受到过刑事处罚，两者同时具备才不能担任管理人，不能理解为一构成犯罪就不能担任管理人。具体说来，在下列情况下，即使构成犯罪，依然可以担任管理人：（1）所犯之罪为过失犯罪的。此时，不论是否受到过刑事处罚，都可以担任管理人。（2）所犯之罪为故意犯罪，但未受到过刑事处罚的。如故意犯罪因为超过追诉时效、属于告诉才处理的案件而被撤销案件的，或者因为情节轻微而不予起诉的，或者被人民法院免予刑事处罚的等情形。至于故意犯罪，则是指明知自己的行为会发生危害社会的结果但仍然希望或者放任这种结果发生而实施的犯罪。过失犯罪，是指应当预见自己的行为可能发生危害社会的结果，因为疏忽大意而没有预见，或者已经预见却轻信能够避免，以致发生这种结果的犯罪。故意犯罪，既包括直接故意犯罪，又包括间接故意犯罪；既包括个人犯罪，又包括共同犯罪；既包括犯罪既遂，又包括犯罪未遂、犯罪预备，等等。不论犯罪的表现形式如何，只要实施了故意犯罪并且受到了刑事处罚，就不能担任管理人。所谓刑事处罚，是指人民法院依法对犯罪人判处了刑法规定的刑罚。刑罚，既包括死刑、无期徒刑、有期徒刑、拘役、管制等主刑，又包括没收财产、剥夺政治权利与罚金等附加刑。主刑为 3 年以下有期徒刑或者拘役，可以同时宣告缓刑。缓刑只是所判处刑罚的执行方式，而非刑罚本身。换言之，所判刑罚虽然暂缓没有执行，并不意味着其没有受过刑事处罚。附加刑既可依法单独判处，也可以依法附加并处。无论属于主刑还是附加刑，亦无论执行方式如何，只要被人民法院判处了刑罚，就属于受过刑事处罚。

应当指出，犯罪嫌疑人已经进入司法程序但未经人民法院判决的，从理论上来说，依然不属于故意犯罪受过刑事处罚。这是因为，所犯罪行是否成立，证据是否确实充分，是否属于故意犯罪，是否受到刑事处罚，都有待人民法院最终作出裁判。另外，根据无罪推定原则，在人民法院作出生效判决之前，都应推定犯罪嫌疑人、被告人无罪。然而，进入司法程序，也就意味着可能犯下故意犯罪并有受到刑事处罚的可能性，让其担任管理人，完全可能因为人民法院对其判处刑罚的生效而无法履行其职责。因此，对于存在故意犯罪嫌疑而进入司法程序的人，尽管没有丧失担任管理人的实质条件，仍可以归于《企业破产法》第 24 条第 3 款第 4 项关于“人民法院认为不宜担任管理人的其他情形”的范围之列，不具有担任管理人的实质条件。

还应指出，有的因故意犯罪受过刑事处罚被吊销专业证书在一定时间后，又可以依法重新申请执业，如《注册会计师法》第 10 条第 2 项规定，因受刑事处罚，自刑罚执行完毕之日起至申请注册之日满 5 年，且符合其他执业条件的，又可重新注册取得执业证书，具备担任管理人的形式条件。可在破产程序中担任管理人，其要求比其他单独从事某种专业性工作要求更高。《企业破产法》第 24 条第 3 款第 1 项明确规定，因故意犯罪受过刑事处罚的，就不能担任管理人。如此，只要曾经因为故意犯罪受过刑事处罚，即使之后重新取得了专业执业证书，也不符合担任管理人的实质条件不能担任管理人。当然，因过失犯罪受过刑事处罚之后依法又申请执业的，则不属于“因故意犯罪受过刑事处罚”的情形，仍然可以依法担任管理人。

（二）没有曾被吊销相关专业执业证书的情况

相关专业执业证书，是有关机构对具备某一专业知识、能力水平及道德要求的人依法颁发的可以从事与这一专业相关职业的证明文件。具有执业证书，乃是其从事某一职业的前提条件，属于形式条件的范畴。先有相关专业执业证书后因被吊销而不具有相关专业执业证书，亦不具备从事该职业的形式要件。但应看到，先有专业执业证书却出于各种原因被吊销，说明其在道德、守法等方面存在这样或那样的问题，为此被吊销相关专业执业证书的，也可归于不符合担任管理人的实质条件之列。

如《注册会计师法》规定，国务院财政部门发现注册会计师协会的注册不符合本法规定的，应当通知有关的注册会计师协会撤销注册。已取得注册会计师证书的人员，注册后完全丧失民事行为能力的；受刑事处罚的；因在财务、会计、审计、企业管理或者其他经济管理工作中犯有严重错误受行政处罚、撤职以上处分的；自行停止执行注册会计师业务满 1 年的，由准予注册的注册会计师协会撤销注册，收回注册会计师证书。被撤销注册的人员可以重新注册。注册会计师执行审计业务出具报告时，不得有下列行为：明知委托人对重要事项的财务会计处理与国家有关规定相抵触，而不予指明；明知委托人的财务会计处理会直接损害报告使用人或者其他利害关系人的利益，而予以隐瞒或者作不实的报告；明知委托人的财务会计处理会导致报告使用人或者其他利害关系人产生重大误解，而不予指明；明知委托人的会计报表的重要事项有其他不实的内容，而不予指明。对委托人有上述所列行为，注册会计师按照执业准则、规则应当知道的，适用上述规定。注册会计师不得有下列行为：在执行审计业务期间，在法律、行政法规规定不得买卖被审计单位的股票、债券或者不得购买被审计单位或者个人的其他财产的期限内，买卖被审计单位的股票、债券或者购买被审计单位或者个人所拥有的其他财产；索取、收受委托合同约定以外的酬金或者其他财物，或者利用执行业务之便，谋取其他不正当的利益；接受委托催收债款；允许他人以本人名义执行业务；同时在两个或者两个以上的会计师事务所执行业务；对其能力进行广告宣传以招揽业务；违反法律、行政法规的其他行为。违反上述规定，情节严重的，对会计师事务所，可以由省级以上人民政府财政部门暂停其经营业务或者予以撤销；对注册会计师，可以由省级以上人民政府财政部门暂停其执行业务或者吊销注册会计师证书。

又如，《律师法》规定，律师以欺诈、贿赂等不正当手段取得律师执业证书的，或者不符合本法规定条件的而被准予执业的，由省、自治区、直辖市人民政府司法行政部门撤销准予执业的决定，并注销被准予执业人员的律师执业证书。律师事务所具有不能保持法定设立条件，经限期整改仍不符合条件的；律师事务所执业证书被依法吊销的；自行决定解散的；法律、行政法规规定应当终止的等情形，应当终止，由颁发执业证书的部门注销该律师事务所的执业证书。律师具有同时在两个以上律师事务所执业的；以不正当手段承揽业务的；在同一案件中为双方当事人担任代理人，或者代理与本人及其近亲属有利益冲突的法律事务的；从人民法院、人民检察院离任后2年内担任诉讼代理人或者辩护人的；拒绝履行法律援助义务的等情形，且情节严重，由设区的市级或者直辖市的区人民政府司法行政部门给予停止执业3个月以下的处罚。律师具有私自接受委托、收取费用，接受委托人财物或者其他利益的；接受委托后，无正当理由，拒绝辩护或者代理，不按时出庭参加诉讼或者仲裁的；利用提供法律服务的便利牟取当事人争议的权益的；泄露商业秘密或者个人隐私的等情形，且情节严重，由设区的市级或者直辖市的区人民政府司法行政部门给予停止执业3个月以上6个月以下的处罚。律师具有违反规定会见法官、检察官、仲裁员以及其他有关工作人员，或者以其他不正当方式影响依法办理案件的；向法官、检察官、仲裁员以及其他有关工作人员行贿，介绍贿赂或者指使、诱导当事人行贿的；向司法行政部门提供虚假材料或者有其他弄虚作假行为的；故意提供虚假证据或者威胁、利诱他人提供虚假证据，妨碍对方当事人合法取得证据的；接受对方当事人财物或者其他利益，与对方当事人或者第三人恶意串通，侵害委托人权益的；扰乱法庭、仲裁庭秩序，干扰诉讼、仲裁活动的正常进行的；煽动、教唆当事人采取扰乱公共秩序、危害公共安全等非法手段解决争议的；发表危害国家安全、恶意诽谤他人、严重扰乱法庭秩序的言论的；泄露国家秘密的等情形，由设区的市级或者直辖市的区人民政府司法行政部门给予停止执业6个月以上1年以下的处罚，可以处5万元以下的罚款；情节严重的，由省、自治区、直辖市人民政府司法行政部门吊销其律师执业证书。律师因故意犯罪受到刑事处罚的，由省、自治区、直辖市人民政府司法行政部门吊销其律师执业证书。律师因违反律师法规定，在受到警告处罚后1年内又发生应当给予警告处罚情形的，由设区的市级或者直辖市的区人民政府司法行政部门给予停止执业3个月以上1年以下的处罚；在受到停止执业处罚期满后2年内又发生应当给予停止执业处罚情形的，由省、自治区、直辖市人民政府司法行政部门吊销其律师执业证书。律师事务所具有违反规定接受委托、收取费用的；违反法定程序办理变更名称、负责人、章程、合伙协议、住所、合伙人等重大事项的；从事法律服务以外的经营活动的；以诋毁其他律师事务所、律师或者支付介绍费等不正当手段承揽业务的；违反规定接受有利益冲突的案件的；拒绝履行法律援助义务的；向司法行政部门提供虚假材料或者有其他弄虚作假行为的；对本所律师疏于管理，造成严重后果的等情形，由设区的市级或者直辖市的区人民政府司法行政部门视其情节给予警告、停业整顿1个月以上6个月以下的处罚，可以处10万元以下的罚款；情节特别严重的，由省、自治区、直辖市人民政府司法行政部门吊销律师事务所执业证书。律师事务所因违反《律师法》规定，在受到停业整顿处罚期满后2年内又发生应当给予停业整顿处罚情形的，由省、自治区、直辖市人民政府司法行政部门吊销律师事务所执业证书。

基上，无论是会计师事务所及其注册会计师，还是律师事务所及其律师，其律师执业证、注册会计师证书等执业证书，之所以被撤销或者被吊销，都是源于违反法律规定或者不符合法律规定的条件所致。被吊销执业证书的，说明都不符合担任管理人所应具备的实质条件。

应当指出，对于会计师事务所及其注册会计师、律师事务所及其律师，有关法律根据不同情况对其有不同处理，有的是依法予以撤销，有的是依法暂停其执业，有的是依法吊销。撤销通常是针对申请人在执业前行为而做出的，而吊销通常则是针对申请人在执业后的行为做出的。无论是之前还是之后做出，本质上都是不符合执业的实质条件，不应视为具备担任管理人的实质条件，不能允许其担任管理人。即使将两者严格加以区分，认为撤销与吊销不同，然其结果都是不再具有执业证书不具备担任管理人的形式要件，也不能担任管理人。

还应指出，有的被吊销专业执业证书在一定时间后，又可以依法重新申请执业，如《注册会计师法》第10条第4项规定，受吊销注册会计师证书的处罚，自处罚决定之日起至申请注册之日满5年，且符合其他执业条件的，又可重新注册取得执业证书，具备担任管理人的形式条件。但在破产程序中担任管理人，其要求比其他单独从事某一专业性职务的要求更高。故，《企业破产法》第24条第3款第2项明确规定，曾被吊销相关专业执业证书的，就不能担任管理人。也就是说，只要曾经受过吊销专业执业证书的处罚，即使之后重新取得了专业执业证书，也不符合担任管理人的实质条件，不能担任管理人。

此外，对于暂停其执业的，尽管不能以被吊销相关执业证书的情形论处，可仍说明其不符合担任管理人的实质条件，可以将之归于《企业破产法》第24条第3款第4项关于“人民法院认为不宜担任管理人的其他情形”这一不符合担任管理人的实质条件之列，不能担任管理人。

（三）与本案没有利害关系

管理人接管债务人的财产、债权债务、营业等各种事务，对外代表债务人处理相关事务，向债权人统一公平清偿债务，直接关系到债务人、债权人合法权益的依法公平维护，不得与本案有利害关系。与本案存在利害关系，就可能对其依法履行职责、行使职权产生影响。这样，凡是与本案有利害关系的人，都需要回避而不得担任管理人。

所谓与本案有利害关系，是指与本案债务人、债权人等利害关系人存在着一定范围内的亲属关系、债权债务关系、雇佣关系、委托关系、合伙关系等。这种利害关系，既可以天然形成，如因血缘形成的亲属关系，又可以因后天的行为完成，如结婚、收养等产生的亲属关系，以及债权债务关系、雇佣关系、委托关系、合伙关系等。因为后天行为所产生的各种利害关系，既包括合法行为所产生的利害关系，又包括非法乃至犯罪行为所产生的利害关系。前者如依法成立产生的合同之债，后者如违法行为产生的侵权之债。《指定管理人规定》第23条规定，社会中介机构、清算组成员有下列情形之一，可能影响其忠实履行管理人职责的，人民法院可以认定为《企业破产法》第24条第3款第（3）项规定的利害关系：（1）与债务人、债权人有未了结的债权债务关系；（2）在人民法院受理破产申请前3年内，曾为债务人提供相对固定的中介服务；（3）现在是或者在人民法院受理破产申请前3年内曾经是债务人、债权人的控股股东或者实际控制人；（4）现在担任或者在人民法院受理破产申请前 3 年内曾经担任债务人、债权人的财务顾问、法律顾问；（5）人民法院认为可能影响其忠实履行管理人职责的其他情形。第 24 条规定，清算组成员的派出人员、社会中介机构的派出人员、个人管理人有下列情形之一，可能影响其忠实履行管理人职责的，可以认定为《企业破产法》第 24 条第 3 款第（3）项规定的利害关系：（1）具有本规定第 23 条规定情形；（2）现在担任或者在人民法院受理破产申请前 3 年内曾经担任债务人、债权人的董事、监事、高级管理人员；（3）与债权人或者债务人的控股股东、董事、监事、高级管理人员存在夫妻、直系血亲、3 代以内旁系血亲或者近姻亲关系；（4）人民法院认为可能影响其公正履行管理人职责的其他情形。第 25 条规定，在进入指定管理人程序后，社会中介机构或者个人发现与本案有利害关系的，应主动申请回避并向人民法院书面说明情况。人民法院认为社会中介机构或者个人与本案有利害关系的，不应指定该社会中介机构或者个人为本案管理人。

应当指出，根据《指定管理人规定》，与债权人存在利害关系的不能担任管理人。这里的债权人，一般是指提出破产申请的债权人，或者与债务人明显存在债权债务关系的债权人。破产案件中，债务人的债权人可能成千上万，人民法院指定管理人时不可能一一清楚所有的债权人，申请担任管理人的人也可能不了解自己的客户与债务人是否存在债权债务关系。在被指定为管理人后，不能因为后来发现其与某一债权人存在着一定关系，就以与本案有利害关系为由而予以更换。这是因为，管理人工作千头万绪，涉及方方面面，一旦更换，可能严重影响破产程序的正常、顺利进行，进而损害债务人、债权人的合法权益。除非管理人具有不能依法、公正执行职务或者有其他不能胜任职务的情形，可以依法更换外，不得事后以管理人与某一债权人存在利害关系就认为不符合破产法规定的担任管理人的实质条件而加以更换。

（四）不具有人民法院认为不宜担任管理人的其他情形

人民法院认为不宜担任管理人的其他情形，是指除因故意犯罪受过刑事处罚、曾被吊销相关专业执业证书、与本案有利害关系之外的由人民法院认定不宜担任管理人的其他情形。在司法实践中，可能影响管理人依法履行职责的因素很多，破产法不可能一一加以列举，便授权人民法院加以认定。如此，凡是人民法院认为具有不宜担任管理人的其他情形的，就不能指定为管理人。对这，《指定管理人规定》第 9 条规定，社会中介机构及个人具有下列情形之一的，人民法院可以适用《企业破产法》第 24 条第 3 款第（4）项的规定：（1）因执业、经营中故意或者重大过失行为，受到行政机关、监督管理机构或者行业自律组织行政处罚或者纪律处分之日起未逾 3 年；（2）因涉嫌违法行为正被相关部门调查；（3）出于不适当履行职务或者拒绝接受人民法院指定等原因，被人民法院从管理人名册除名之日起未逾3年；（4）缺乏担任管理人所应具备的专业能力；（5）缺乏承担民事责任的能力；（6）人民法院认为可能影响履行管理人职责的其他情形。第26条规定，社会中介机构或者个人有重大债务纠纷或者因涉嫌违法行为正被相关部门调查的，人民法院不应指定该社会中介机构或者个人为本案管理人。

（五）个人担任管理人的，必须参加了执业责任保险

这是因为，管理人接管债务人的所有事务，处理所有债权债务关系，责任重大，必须依法勤勉尽责，忠实履行自己职责。不然，未依法勤勉尽责，忠实执行职务的，根据《企业破产法》第130条的规定，人民法院可以依法处以罚款；给债权人、债务人或者第三人造成损失的，应依法承担赔偿责任。而个人担任管理人的，承担责任的能力通常较弱。为了防范个人管理人违反法律规定造成债权人、债务人或者第三人损失而无法承担，进而妨碍破产程序正常、顺利进行的现象发生，个人担任管理人的，要求参加执业保险，于是有其必要性。

三、管理人的形式条件

管理人的形式条件，相对于管理人实质条件而言，是指除清算组担任管理人外，社会中介机构或其中介人员担任管理人的，必须具备的相应身份资格证明。社会中介机构及其中介人员虽然具备了担任管理人的实质条件，但不具备担任管理人的形式条件，即不具备担任管理人所应有的资格证明文件如专业执业证书的，也不能担任管理人。

管理人的形式条件，具体包括两个方面：

（一）具有某种专业能力水平而由有关机构颁发执业资格证书

这些执业证书是社会中介机构及其中介人员从事相关专业、职业的前提。破产工作涉及法律、会计、审计、评估、清算等相关专业，作为管理人自然要求至少具有相关某一专业的执业能力与水平，而认定是否具有相关专业的执业能力与水平的根据，就是看其是否具有相关专业的执业证书。担任管理人的，必须具有从事法律、会计、审计、评估、清算等专业的执业证书。不具有这种专业执业证书，除清算组外，就不能被人民法院指定为管理人。

应当指出，有关专业执业证书，是有关机构对符合相关专业执业条件的组织或个人颁发的一种资格证明文件，必须依法作出。如《注册会计师法》第23条规定，会计师事务所可以由注册会计师合伙设立。合伙设立的会计师事务所的债务，由合伙人按照出资比例或者协议的约定，以各自的财产承担

责任。合伙人对会计师事务所的债务承担连带责任。第24条规定，会计师事务所符合下列条件的，可以是负有限责任的法人：（1）不少于30万元的注册资本；（2）有一定数量的专职从业人员，其中至少有5名注册会计师；（3）国务院财政部门规定的业务范围和其他条件。负有限责任的会计师事务所以其全部资产对其债务承担责任。第9条规定，参加注册会计师全国统一考试成绩合格，并从事审计业务工作2年以上的，可以向省、自治区、直辖市注册会计师协会申请注册。除有本法第10条所列情形外，受理申请的注册会计师协会应当准予注册。第10条规定，有下列情形之一的，受理申请的注册会计师协会不予注册：（1）不具有完全民事行为能力的；（2）因受刑事处罚，自刑罚执行完毕之日起至申请注册之日止不满5年的；（3）因在财务、会计、审计、企业管理或者其他经济管理工作中犯有严重错误受行政处罚、撤职以上处分，自处罚、处分决定之日起至申请注册之日止不满2年的；（4）受吊销注册会计师证书的处罚，自处罚决定之日起至申请注册之日止不满5年的；（5）国务院财政部门规定的其他不予注册的情形的。第11条规定，注册会计师协会应当将准予注册的人员名单报国务院财政部门备案。国务院财政部门发现注册会计师协会的注册不符合本法规定的，应当通知有关的注册会计师协会撤销注册。注册会计师协会依照本法第10条的规定不予注册的，应当自决定之日起15日内书面通知申请人。申请人有异议的，可以自收到通知之日起15日内向国务院财政部门或者省、自治区、直辖市人民政府财政部门申请复议。第12条规定，准予注册的申请人，由注册会计师协会发给国务院财政部门统一制定的注册会计师证书。第13条规定，已取得注册会计师证书的人员，除本法第11条第1款规定的情形外，注册后有下列情形之一的，由准予注册的注册会计师协会撤销注册，收回注册会计师证书：（1）完全丧失民事行为能力的；（2）受刑事处罚的；（3）因在财务、会计、审计、企业管理或者其他经济管理工作中犯有严重错误受行政处罚、撤职以上处分的；（4）自行停止执行注册会计师业务满一年的。被撤销注册的当事人有异议的，可以自接到撤销注册、收回注册会计师证书的通知之日起15日内向国务院财政部门或者省、自治区、直辖市人民政府财政部门申请复议。依照第1款规定被撤销注册的人员可以重新申请注册，但必须符合本法第9条、第10条的规定。

又如，根据《律师法》第14条规定，律师事务所是律师的执业机构。设立律师事务所应当具备下列条件：（1）有自己的名称、住所和章程；（2）有符合本法规定的律师；（3）设立人应当是具有一定的执业经历，且3年内未受过停止执业处罚的律师；（4）有符合国务院司法行政部门规定数额的资产。

第15条规定，设立合伙律师事务所，除应当符合本法第14条规定的条件外，还应当有3名以上合伙人，设立人应当是具有3年以上执业经历的律师。合伙律师事务所可以采用普通合伙或者特殊的普通合伙形式设立。合伙律师事务所的合伙人按照合伙形式对该律师事务所的债务依法承担责任。第16条规定，设立个人律师事务所，除应当符合本法第14条规定的条件外，设立人还应当是具有5年以上执业经历的律师。设立人对律师事务所的债务承担无限责任。第5条规定，申请律师执业，应当具备下列条件：（1）拥护中华人民共和国宪法；（2）通过国家统一法律职业资格考试取得法律职业资格；（3）在律师事务所实习满1年；（4）品行良好。实行国家统一法律职业资格考试前取得的国家统一司法考试合格证书、律师资格凭证，与国家统一法律职业资格证书具有同等效力。第7条规定，申请人有下列情形之一的，不予颁发律师执业证书：（1）无民事行为能力或者限制民事行为能力的；（2）受过刑事处罚的，但过失犯罪的除外；（3）被开除公职或者被吊销律师、公证员执业证书的。第8条规定，具有高等院校本科以上学历，在法律服务人员紧缺领域从事专业工作满15年，具有高级职称或者同等专业水平并具有相应的专业法律知识的人员，申请专职律师执业的，经国务院司法行政部门考核合格，准予执业。具体办法由国务院规定。第9条规定，有下列情形之一的，由省、自治区、直辖市人民政府司法行政部门撤销准予执业的决定，并注销被准予执业人员的律师执业证书：（1）申请人以欺诈、贿赂等不正当手段取得律师执业证书的；（2）对不符合本法规定条件的申请人准予执业的。第10条规定，律师只能在一个律师事务所执业。律师变更执业机构的，应当申请换发律师执业证书。律师执业不受地域限制。第11条规定，公务员不得兼任执业律师。律师担任各级人民代表大会常务委员会组成人员的，任职期间不得从事诉讼代理或者辩护业务。第12条规定，高等院校、科研机构中从事法学教育、研究工作的人员，符合本法第5条规定条件的，经所在单位同意，依照本法第6条规定的程序，可以申请兼职律师执业。第13条规定，没有取得律师执业证书的人员，不得以律师名义从事法律服务业务；除法律另有规定外，不得从事诉讼代理或者辩护业务。

总之，只有符合条件的才能由有关机构依法向其颁发专业执业证书。否则，就不能颁发。颁发后发现不符合条件的，则应依法撤销。

（二）社会中介机构及其中介人员必须列入管理人名册

1. 管理人名册的概念。所谓管理人名册，是指人民法院事先采取一定方式将具有担任管理人能力和条件（除与本案有利害关系这一条件外，这一条件可以在指定管理人前具体考察）的社会中介机构或其中介人员筛选出来，并统一登记编成名录，以供在启动破产程序时从中选用的一种具有法律效力的簿册，具体包括社会中介机构管理人名册和个人管理人名册。它是人民法院对社会中介机构及其中介人员是否具有担任管理人实质条件初步的认定，是人民法院判断社会中介机构及其中介人员在名册编制时是否具有担任管理人实质条件的形式标准，从而成为担任管理人的重要形式条件。除清算组外，只有进入管理人名册的社会中介机构及其中介人员，才有可能被人民法院指定为管理人；没有进入管理人名册的社会中介机构及其中介人员，就不能被指定为管理人。对此，《指定管理人规定》第1条明确规定："人民法院审理企业破产案件应当指定管理人。除企业破产法和本规定另有规定外，管理人应当从管理人名册中指定。"基此，管理人名册中的管理人，是一种可能被人民法院指定为管理人的可能管理人，并非现实的管理人。现实管理人，除清算组外，必须从可能管理人中选定。可能管理人通过人民法院对其在管理人名册编制之后是否具有不能担任管理人的消极条件的进一步考察，发现不存在《企业破产法》第24条第3款规定的诸如因故意犯罪受过刑事处罚、曾被吊销相关专业执业证书、与本案有利害关系等消极条件时，就可以被人民法院指定为管理人。

如前所述，管理人名册中的管理人只是可能管理人，并非现实管理人。不能说，凡是进入管理人名册的社会中介机构及其中介人员就符合担任管理人的实质条件。人民法院编制管理人名册时，自要对社会中介机构或其中介人员是否符合担任管理人的实质条件作出判断，并将不符合担任管理人实质条件的中介机构或其中介人员排除在管理人名册之外。可这种判断是基于当时对社会中介机构或其中介人员是否符合担任管理人实质条件作出的判断。在管理人名册编制后，社会中介机构或其中介人员完全可能因为故意犯罪而受到刑事处罚，或者被吊销相关专业执业证书，不再符合担任管理人的实质条件。另外，是否与本案存在利害关系，是针对具体的债务人、债权人来说的。在破产申请提出前，是否与债务人、债权人具有利害关系，人民法院在编制管理人名册时也无法作出判断。这样，管理人名册中的管理人，只是在编制管理人名册时符合担任管理人实质条件的可能管理人，在管理人名册编制后完全可能转化为不符合担任破产管理人实质条件的人，不能说只要进了管理人名册，就说明其符合管理人实质条件，乃一定可以被指定为管理人。

2. 管理人名册编制的原因及根据。担任破产管理人，需要其具有一定的专业知识、能力与水平，要求具有专业执业证书。可是，具有了专业执业证书，只是具有从事相关专业的能力，并非一定具有担当管理人的条件。管理人参与破产程序，依法接管债务人的财产、债权债务、营业等一切事务，负有清产核资、清偿债务、经营营业等职责，既要维护债务人的合法利益，又要维护债权人的合法利益，还要注意维护市场经济秩序、社会稳定等公共利益。这不仅需要法律、会计、财务、管理、金融、营销、评估等某一方面的知识、能力与水平，还要具有公平、诚实、勤勉等基本品德，以及处理各种矛盾、平衡各种利益、应对突发事件的经验与能力。无论是其品德要求还是其专业能力要求，不是一般性的专业执业所能比拟的，担任管理人比一般专业执业具有更高的要求。这种更高要求的认定，不能等到提出破产申请时才加以认定。提出破产申请，人民法院要审查债务人是否具有破产能力与破产原因，工作量大，时间又短，倘若还要考察社会中介机构及其人员是否具有担任破产管理人的能力、水平及品德，并在破产申请受理时同时指定管理人，难以达到考察目的。基于国外一些经验，人民法院将一些具有担任管理人能力与品德，对当时符合担任管理人实质条件的社会中介机构及其中介人员事先通过一定的方式筛选出来，并编成名册，以供破产程序启动时选用，既可避免临时将一些不符合条件的人指定为管理人，又可以避免暗箱操作将一些不符合条件的人指定为管理人，防止临时考察的盲目、随意、违法性，保证管理人的指定公平、合法、准确、有效，进而保证破产程序的正常、顺利进行，这无疑有着其重要意义。

3. 管理人名册编制的主体。《指定管理人规定》第 2 条第 1 款规定："高级人民法院应当根据本辖区律师事务所、会计师事务所、破产清算事务所等社会中介机构及专职从业人员数量和企业破产案件数量，确定由本院或者所辖中级人民法院编制管理人名册。"对此，应当注意以下几点：

一是，管理人名册是由人民法院编制，而非人民法院之外的其他机关或者机构编制。这是因为，破产案件由人民法院审理，管理人由人民法院指定，由其编制则更为适宜。

二是，管理人名册编制的主体为高级人民法院或者中级人民法院，最高人民法院、基层人民法院不编制管理人名册。最高人民法院管辖区域为全国，由其编制，统一一个入围标准，就可能造成一些省或者地区入围的社会中介机构或者中介人员很多，而另一些省或者地区入围的社会中介机构或者中介人员又很少甚至没有的现象发生。在破产案件实行地域管辖，管理人由管辖法院指定，并且一般应从管辖区域的社会中介机构或者中介人员中指定的情况下，各地入围管理人名册的数量与该地破产案件的数量就很难相适应。另外，由最高人民法院编制管理人名册，工作量大，亦很难了解社会中介机构或者中介人员的真实情况，即使了解也要耗费更多的人力、物力，与最高人民法院的身份也不相符，司法解释便规定管理人名册不由最高人民法院编制。

按照司法解释，最高人民法院不编制管理人名册，基层人民法院也不编制管理人名册。我国各地经济发展极不平衡，一些县市的社会中介机构或者中介人员很多，有的又较少，如有的县市只有1个律师事务所，在其管辖区域完全可能难以筛选出符合条件的可以担任管理人的社会中介机构或者中介人员。由其编制，将可能大大降低担任管理人的实质条件，可能影响入围管理人名册的可能管理人的质量，不利于破产案件的顺利进行。

三是，管理人名册是由高级人民法院编制还是由所辖中级人民法院编制，由高级人民法院确定。高级人民法院确定本院自行编制或者所辖中级人民法院编制的依据，主要是本辖区律师事务所、会计师事务所、破产清算事务所等社会中介机构及专职从业人员数量和企业破产案件数量。无论是由高级人民法院编制还是由中级人民法院编制，其入围标准应当统一。统一标准后，假若致使所辖地区可能入围的社会中介机构或者中介人员极不平衡，有的地区很多，有的地区又很少甚至没有，与该地区的破产案件数量及经济发展情况极不适应时，就不宜由高级人民法院编制，不然就宜由高级人民法院编制。一般来说，北京市、上海市等直辖市，管辖区域不大，且各地区的经济发展基本平衡，符合管理人实质条件的社会中介机构或者中介人员也相对较多，能力也较强，为此供管理人名册编制时筛选的社会中介机构或者中介人员的范围、数量余地都较大，直辖市宜由高级人民法院编制管理人名册。事实上，北京市高级人民法院、上海市高级人民法院、天津市高级人民法院、重庆市高级人民法院也都编制了本辖区内的管理人名册。

4. 编制管理人名册的程序。就此而言，需要注意以下几点：

一是，申请编入管理人名册的范围。《指定管理人规定》第3条规定，符合《企业破产法》规定条件的社会中介机构及其具备相关专业知识并取得执业资格的人员，均可申请编入管理人名册。已被编入机构管理人名册的社会中介机构中，具备相关专业知识并取得执业资格的人员，可以申请编入个人管理人名册。第4条规定，社会中介机构及个人申请编入管理人名册的，应当向所在地区编制管理人名册的人民法院提出，由该人民法院予以审定。人民法院不受理异地申请，但异地社会中介机构在本辖区内设立的分支机构提出申请的除外。基此，申请编入管理人名册，首先必须是律师事务所、会计师事务所、破产清算事务所等社会中介机构或者其中具备相关专业知识并取得执业资格的人员；其次必须符合《企业破产法》第24条规定的担任管理人的条件；最后必须在编制管理人名册的人民法院所辖区域内。换言之，社会中介机构或其中介人员申请编入管理人名册的，应当向其所在地区编制管理人名册的人民法院提出，并由该人民法院审定编入。社会中介机构或其中介人员，不得异地即向所在地区以外的编制管理人名册的人民法院提出申请，人民法院也不得接受异地即所辖地区以外的社会中介机构或其中介人员的申请。然则，社会中介机构在各地的分支机构，由各地有关机构注册并统一管理，分支机构申请编入管理人名册的，应在分支机构所在地编制管理人名册的人民法院申请，而不能向设立该分支机构的社会中介机构所在地或者其他分支机构所在地编制管理人名册的人民法院申请。因此，管理人名册的编制，与地域管辖相关，具有很强的地域性。

二是，管理人名册编制公告。高级人民法院或者中级人民法院编制本辖区的管理人名册时，根据《指定管理人规定》第5条的规定，应当通过本辖区有影响的媒体就编制管理人名册的有关事项进行公告。公告应当包括以下内容：管理人申报条件；应当提交的材料；评定标准、程序；管理人的职责及相应的法律责任；提交申报材料的截止时间；人民法院认为应当公告的其他事项。应当指出，管理人的申报条件，应当是指《企业破产法》及其司法解释《指定管理人规定》规定的担任管理人所应具备的实质条件，包括担任管理人所应具备的积极条件与不能担任管理人等情形的消极条件。至于评定标准，则应根据《指定管理人规定》第10条第2款关于“人民法院应当根据本辖区社会中介机构以及社会中介机构中个人的实际情况，结合其执业业绩、能力、专业水准、社会中介机构的规模、办理企业破产案件的经验等因素制定管理人评定标准，由评审委员会根据申报人的具体情况评定其综合分数”的规定确定，即按照执业业绩、能力、专业水准、社会中介机构的规模、办理企业破产案件的经验等因素制定具体的评分办法，以体现对管理人能力的要求，使得具备担任管理人条件且有较强能力的社会中介机构或其中介人员入选，申报条件不应成为限制依法具有担任管理人实质条件的社会中介机构或其中介人员入选管理人名册的条件，应当保证具备担任管理人条件的人都可以申请编入管理人名册的权利。而评定标准则是符合担任管理人条件且有更强能力的社会中介机构或其中介人员入选的根据，将其他符合担任管理人条件的社会中介机构通过竞争排除在管理人名册之外。至于管理人的职责与法律责任，应当是指《企业破产法》和《指定管理人规定》规定的主要职责及法律责任，包括编入管理人名册的社会中介机构或者其中介人员无正当理由不得拒绝人民法院的指定及辞去管理人职务的义务规定。①

就评定标准而言，应当具体、明确、全面、客观、公正，具有可操作性，尽量避免主观性较强的判断，更应防止为某些社会中介机构量身打造标准以

① 吴庆宝、王建平主编：《破产案件裁判标准规范》，人民法院出版社2009年版，第65页。

对号入座。如已经担任管理人的数量，作为管理人工作人员的律师人数（要有有关工作记录，如参加有关会议的纪要、有关工作安排的原始底稿）等，表明申请人的业绩与经验；出版、发表民商尤其是有关破产方面的著作、文章的数量，表明申请人的专业水准；具有社会中介机构中的其他专业人员，如注册会计师、资产评估师、商标专利代理师、经济师、拍卖师、清算师等的数量，表明申请人的执业能力；社会中介机构的人数尤其是合伙人人数及其财产、办公场所的所有权及其价值、收入及律师参加执业责任保险的人数等，表示申请人承担法律责任的能力；是否具有投诉、行业处分、行政处罚甚至犯罪及其受刑事处罚的人数及人次，表明申请人的道德水准，等等。

三是，申请编入管理人名册所应提交的材料。如前所述，可以申请编入管理人名册的，既可以是社会中介机构，也可以是社会中介机构中的中介人员，而且申请编入的社会中介机构及其中介人员的类型亦不尽相同，应当根据申请人的不同情况要求提交不同的材料。具体来说，分为 3 种情况：

之一是律师事务所、会计师事务所申请编入管理人名册的，根据《指定管理人规定》第 6 条的规定，应当提供下列材料：执业证书、依法批准设立文件或者营业执照；章程；本单位专职从业人员名单及其执业资格证书复印件；业务和业绩材料；行业自律组织对所提供材料真实性以及有无被行政处罚或者纪律处分情况的证明；人民法院要求提供的其他材料。

之二是破产清算事务所申请编入管理人名册的，根据《指定管理人规定》第 7 条的规定，应当提供以下材料：营业执照或者依法批准设立的文件；本单位专职从业人员的法律或者注册会计师资格证书，或者经营管理经历的证明材料；业务和业绩材料；能够独立承担民事责任的证明材料；行业自律组织对所提供材料真实性以及有无被行政处罚或者纪律处分情况的证明，或者申请人就上述情况所作的真实性声明；人民法院要求提供的其他材料。

之三是个人申请编入管理人名册的，根据《指定管理人规定》第 8 条的规定，应当提供下列材料：律师或者注册会计师执业证书复印件以及执业年限证明；所在社会中介机构同意其担任管理人的函件；业务专长及相关业绩材料；执业责任保险证明；行业自律组织对所提供材料真实性以及有无被行政处罚或者纪律处分情况的证明；人民法院要求提供的其他材料。

四是，接收、整理、初步审查申请编入管理人名册所提交的有关材料。最高人民法院 2006 年 9 月 25 日发布实施的《关于地方各级人民法院设立司法技术辅助工作机构的通知》（法发〔2006〕182 号）指出："根据中央关于司法体制和工作机制改革的部署和全国人大常委会《关于司法鉴定管理问题的决定》精神，为改革、完善司法鉴定管理制度，调整和加强人民法院司法技术辅助工作，保障审判工作和执行工作的顺利进行，最高人民法院近日在司法行政装备管理局增设司法辅助工作办公室，主要职责是：为最高人民法院审判工作提供技术咨询、审核服务；负责办理最高人民法院并监督指导下级法院对外委托、评估、审计、拍卖等工作；负责监督、指导全国法院注射执行死刑中的技术工作；负责监督、指导全国法院的司法技术辅助工作。”“为加强地方各级人民法院司法技术辅助工作，便于上下级法院的协调与联系，高级人民法院与中级人民法院应根据实际工作需要设立独立建制的司法技术辅助工作机构，为审判工作和执行工作提供技术保障服务。有条件的基层人民法院，可以根据工作需要设立相应的机构。”“地方各级人民法院司法技术辅助工作机构的职责是：1、为本院和下级人民法院审判工作提供技术咨询、技术审核服务。对法官提出的涉案技术问题进行解释或者答复，对送审案件中的鉴定文书及相关材料进行审查，提出审核意见；2、负责统一办理对外委托鉴定、评估、审计、拍卖等工作，严格对外委托工作程序和制度规范；3、负责死刑执行中的技术监督、指导和确认死亡工作；4、负责司法技术辅助工作调研及技术培训工作；负责监督、指导下级人民法院的司法技术辅助工作。”据之，司法技术辅助工作部门，是为审判工作提供技术保障与服务的机构。上述通知虽未明确指出编制管理人名册属于司法技术辅助工作部门的职责，可明显不属于审判工作，而是为破产案件审判服务的辅助性工作，应由司法技术辅助工作部门具体接收申请材料，并进行整理及初步的审查。

五是，组成评审委员会评审，确定管理人初审名册。《指定管理人规定》第10条规定：“编制管理人名册的人民法院应当组成专门的评审委员会，决定编入管理人名册的社会中介机构和个人名单。评审委员会成员应不少于7人。人民法院应当根据本辖区社会中介机构以及中介人员的实际情况，结合其执业业绩、能力、专业水准、社会中介机构的规模、办理企业破产案件的经验等因素制定管理人评定标准，由评审委员会根据申报人的具体情况评定其综合分数。人民法院根据评审委员会评审结果，确定管理人初审名册。”

对于评审委员会的具体构成，司法解释没有明确。一般情况下，主要由4个方面的人员构成：（1）审理企业破产案件审判庭的人员，这部分人员对《企业破产法》及破产案件的审理比较熟悉，有利于对管理人的专业水准和执业能力进行审查；（2）法院内部司法技术辅助工作部门的人员，这部分人员在人民法院对外聘请社会中介机构进行审计、评估、拍卖等工作中具有较为丰富的经验，有利于对社会中介机构进行综合评价；（3）有关审判委员会委员，这部分人员有丰富的审判经验，具有较强的决策能力，有利于管理人名册编制的高效与公正；（4）法院内部监察部门人员，这部分人员的介入有利于对此项工作的监督。其中，司法技术辅助工作部门作为具体工作部门，负责申请材料的整理工作。① 此外，在必要情况下，还可以从外聘请律师事务所、会计师事务所、破产清算事务所的主管或者行业管理机构如司法厅、律师协会、财政厅、会计师协会等的工作人员参加评审委员会评审，以保证管理人名册编制工作的客观、公正及准确。评审委员会应当按照事先公告的评定标准认真、全面、公正、客观地进行评议，然后打分，从综合得分由高到低地确定管理人初审名单，并编成管理人初审名册。此外，《指定管理人规定》第2条第2款规定："人民法院应当分别编制社会中介机构管理人名册和个人管理人名册。由直辖市以外的高级人民法院编制的管理人名册中，应当注明社会中介机构和个人所属中级人民法院辖区。"基此，初审名册应当按照社会中介机构管理人名册与个人管理人名册分别编制，不得混合编制。由直辖市以外的高级人民法院编制的管理人初审名册中，应当注明社会中介机构及其中介人员个人所属中级人民法院的管辖区域。

六是，公告审查初审名册。人民法院通过评审委员会的评审确定初审名单并编成初审名册后，根据《指定管理人规定》第11条的规定，人民法院应当将管理人初审名册通过本辖区有影响的媒体进行公示，公示期为10日。对于针对编入初审名册的社会中介机构和个人提出的异议，人民法院应当进行审查。异议成立、申请人确实不宜担任管理人的，人民法院应将该社会中介机构或者个人从管理人初审名册中删除。其中，本辖区有影响的媒体，应当是指报纸等有影响的纸质媒体，而非广播、电视、网络等非纸质媒体。

七是，审定管理人名册并逐级报最高人民法院备案。初审名册公示期满后，根据《指定管理人规定》第11条的规定，人民法院应审定管理人名册，并通过全国有影响的媒体公布，同时逐级报最高人民法院备案。

八是，管理人名册的补编与调整。对这，根据《指定管理人规定》第13条的规定，人民法院可以根据本辖区的实际情况，分批确定编入管理人名册的社会中介机构及个人。编制管理人名册的全部资料应当建立档案备查。根据第14条的规定，人民法院可以根据企业破产案件受理情况、管理人履行职务以及管理人资格变化等因素，对管理人名册适时进行调整。新编入管理人名册的社会中介机构和个人应当按照本规定的程序办理。人民法院发现社会中介机构或者个人有《企业破产法》第24条第3款规定情形的，应当将其从管理人名册中除名。如此，管理人名册的编制与调整是一个动态的过程，既可以随时将不符合管理人担任条件的社会中介机构及其中介人员予以删除，

---

① 《最高法民二庭负责人就破产法司法解释答记者问》，载《人民法院报》，2007年4月17日。

还可以保证将不宜担任管理人的社会中介机构及其中介人员予以调整，并且将一些更具优势的社会中介机构及其中介人员及时补充入册，真正体现优胜劣汰的竞争法则，为破产案件审判工作提供更有力的保证。

第三节　管理人指定

管理人指定，又称指定管理人，是指人民法院具体受理破产申请时，依法通过一定方式为该破产程序确定管理人的行为。对此，应当注意以下几个方面：

一、管理人指定的主体

《企业破产法》第22条第1款规定，管理人由人民法院指定。《指定管理人规定》第1条规定，人民法院审理企业破产案件应当指定管理人。除《企业破产法》和本规定另有规定外，管理人应当从管理人名册中指定。所以，管理人指定的主体为人民法院，具体说来，指定管理人的主体是裁定受理破产申请的人民法院。

二、管理人指定的时间

《企业破产法》第13条规定，人民法院裁定受理破产申请的，应当同时指定管理人，即管理人指定的时间应与裁定受理破产申请同时进行。这是因为，破产申请一旦受理，就标志着针对债务人的破产程序已经启动，债务人即丧失管理其财产、债权债务、营业等一切事务的资格，管理人即要依法接管债务人的财产、债权债务、营业等有关事务，对外代表债务人处理相关事务，按照破产程序依法履行自己的职责。是以，管理人的指定应当与破产申请受理同时进行。当然，具体审查、确定管理人的过程，则是在接受破产申请后对其审查是否符合破产实质要件与程序要件的过程中进行。

三、管理人指定的范围

管理人指定的范围，是指可供受理破产申请的人民法院具体选择并确定管理人的范围。《企业破产法》第24条第1款规定：“管理人可以由有关部门、机构的人员组成的清算组或者依法设立的律师事务所、会计师事务所、破产清算事务所等社会中介机构担任。人民法院根据债务人的实际情况，可以在征询有关社会中介机构的意见后，指定该机构具备相关专业知识并取得执业资格的人员担任管理人。”《指定管理人规定》第1条规定：“人民法院审理企业破产案件应当指定管理人。除《企业破产法》和本规定另有规定外，管理人应当从管理人名册中指定。”据此，管理人指定的范围，一为由有关部门、机构的人员组成的清算组；二为已经入编管理人名册的社会中介机构及其人员。

（一）由有关部门、机构的人员组成的清算组

对此，根据《指定管理人规定》第18条的规定，企业破产案件有下列情形之一的，人民法院可以指定清算组为管理人：

1. 破产申请受理前，根据有关规定已经成立清算组，人民法院认为符合《指定管理人规定》第19条的规定。此种情形，首先必须要求破产申请受理前，已经根据有关规定成立了清算组。公司等单位依法设立进入市场，同样要求依法退出市场。如《公司法》第183条规定，公司因公司章程规定的营业期限届满或者公司章程规定的其他解散事由出现；股东会或者股东大会决议解散；依法被吊销营业执照、责令关闭或者被撤销；公司经营管理发生严重困难，继续存续会使股东利益受到重大损失，通过其他途径不能解决的，人民法院基于持有公司全部股东表决权10%以上的股东的请求而决定等解散公司的，应当在解散事由出现之日起15日内成立清算组，开始清算。有限责任公司的清算组由股东组成，股份有限公司的清算组由董事或者股东大会确定的人员组成。逾期不成立清算组进行清算的，债权人可以申请人民法院指定有关人员组成清算组进行清算。人民法院应当受理该申请，并及时组织清算组进行清算。人民法院应当受理该申请，并及时组织清算组进行清算。第187条规定，清算组在清理公司财产、编制资产负债表和财产清单后，发现公司财产不足清偿债务的，应当依法向人民法院申请宣告破产。《保险法》第89条规定，保险公司因分立、合并需要解散，或者股东会、股东大会决议解散，或者公司章程规定的解散事由出现，经国务院保险监督管理机构批准后解散。经营有人寿保险业务的保险公司，除因分立、合并或者被依法撤销外，不得解散。保险公司解散，应当依法成立清算组进行清算。因此，公司等企业出于解散等原因需要退出市场即注销前，无论是否出现不能清偿到期债务且资不抵债等破产原因，都应依法组成清算组进行清算，只有依法进行清算后才能退出市场即予以注销。其中出现破产原因时，则应根据《公司法》《企业破产法》的规定转为破产清算，破产清算只是在出现破产原因时所进行的一种特殊清算。这样，公司解散后首先没有提出破产申请，然在对其依法组成清算组进行清算后，债权人等可能申请债务人破产，或者清算组发现债务

人资不抵债的，则应依法申请债务人破产，完全可能出现公司、企业进入破产程序前已经对其组成了清算组进行了一般清算。这些之前组成的清算组，可能做了不少工作，对债务人的情况已有一定程度的了解。一般情况下，其也具有担任管理人的条件，让其继续担任破产清算的管理人，可能更有利于破产清算的顺利进行，也有利于减少破产成本，《企业破产法》及《指定管理人规定》于是均规定，在破产申请受理前已经进行一般清算程序组成了清算组清算的，在一般清算转为破产清算时可以指定之前已经成立的清算组担任管理人。

如前所述，在破产申请受理前已经成立清算组进行清算的，可以指定清算组担任管理人。但也应看到，根据《企业破产法》的规定，担任管理人需要具有严格的条件，为进行公司一般清算而由股东或者董事、股东大会确定的人员组成的清算组，或者由人民法院指定的清算组，并不一定符合破产清算程序中管理人的担任条件，不一定能够保证破产清算程序的正常进行。故，《指定管理人规定》第18条第（1）项规定，在破产申请受理前已经成立清算组进行清算的，人民法院认为符合本规定第19条的规定时才能指定清算组为管理人。清算组尽管已在破产申请受理前成立，可人民法院认为不符合《指定管理人规定》第19条规定的条件的，则不应指定清算组为管理人。《指定管理人规定》第19条规定："清算组为管理人的，人民法院可以从政府有关部门、编入管理人名册的社会中介机构、金融资产管理公司中指定清算组成员，人民银行及金融监督管理机构可以按照有关法律和行政法规的规定派人参加清算组。"应当指出，《指定管理人规定》第19条的规定，仅是一条指导性的规定，即人民法院是可以而不是必须从政府有关部门、编入管理人名册的社会中介机构、金融资产管理公司中指定清算组成员，人民银行及金融监督管理机构是可以也不是必须派人参加清算组。换言之，人民法院并不是一定要调整、更换清算组成员。

就强制清算而言，《审理强制清算案件纪要》第34条、第35条明确指出，公司强制清算转入破产清算后，原强制清算中的清算组由《人民法院中介机构管理人名册》和《人民法院个人管理人名册》中的中介机构或者个人组成或者参加的，除该中介机构或者个人存在与本案有利害关系等不宜担任管理人或者管理人成员的情形外，人民法院可根据《企业破产法》及其司法解释的规定，指定该中介机构或者个人作为破产案件的管理人，或者吸收该中介机构作为新成立的清算组管理人的成员。上述中介机构或者个人在公司强制清算和破产清算中取得的报酬总额，不应超过按照企业破产计付的管理人或者管理人成员的报酬。上述中介机构或者个人不宜担任破产清算中的管理人或者管理人的成员的，人民法院应当根据《企业破产法》和有关司法解释的规定，及时指定管理人。原强制清算中的清算组应当及时将清算事务及有关材料等移交给管理人。公司强制清算中已经完成的清算事项，如无违反《企业破产法》或者有关司法解释的情形的，在破产清算程序中应承认其效力。

2. 审理《企业破产法》第 133 条规定的案件。《企业破产法》第 133 条规定："在本法施行前国务院规定的期限和范围内的国有企业实施破产的特殊事宜，按照国务院有关规定办理。"对于这种在 2008 年内依法可以实施的国有企业的政策性破产，按照国务院有关规定，政府有关部门的人员可以参加清算组，并依法在全国成立全国企业兼并破产和职工再就业工作领导小组，由国家经贸委（组长）、国家体改委、财政部、劳动部、中国人民银行、国土资源部（现为自然资源部）、国家国有资产监督管理委员会等部门组成，并邀请全国人大法工委、最高人民法院参加，负责全国试点城市企业兼并破产和职工再就业工作的组织领导与协调等工作。在省、自治区、直辖市成立由经贸委（经委、计经委，下同）为组长，有关部门组成，并邀请省、自治区、直辖市人大法工委、高级人民法院参加的省、自治区、直辖市协调小组，负责本地区试点城市企业兼并破产和职工再就业工作的组织协调等工作。在试点城市成立由市经贸委（组长）、体改委、财政局、中国人民银行和各债权银行分行、劳动局、国有资产监督管理委员会等部门组成，并邀请市人大法工委、人民法院参加的试点城市企业兼并破产和职工再就业工作协调小组，负责企业兼并及进入破产程序前、终结后和职工再就业工作的组织协调等工作。如此，在国有企业政策性破产中，政府起着重要的主导作用。在破产企业职工的分流安置、退休人员移交社会化管理、非经营性资产的移交、长期投资的清理、税收问题的解决等问题处理上，能够得到政府的支持与配合，有利于破产工作的顺利进行。因此，对于国有企业这种政策性破产，《企业破产法》规定依然适用国务院有关规定进行破产清算，在指定管理人时也就应按照有关规定指定有政府有关部门参加的清算组担任管理人。

3. 有关法律规定企业破产时成立清算组。为了保障破产工作的顺利进行，对于一些特定主体的破产，法律规定可以成立清算组进行。这时，无疑可以指定清算组作为管理人。如《商业银行法》第 71 条规定："商业银行被宣告破产的，由人民法院组织国务院银行业监督管理机构等有关部门和有关人员成立清算组，进行清算。"这些法律中关于某一特定主体的破产规定与《企业破产法》就所有主体破产的规定之间，前者还属于特别法的规定，在修改前还可以适用。另外，商业银行等金融机构的破产具有一定特殊性，由有关部门组成的清算组担任管理人可能更有利于破产工作的顺利进行。但是，按照过去那样，完全由清算组进行清算，与《企业破产法》中有关管理人指定的规定相悖，还可能无法适应破产工作的需要。所以，有关法律规定企业破产时成立清算组进行破产清算的，人民法院可以指定清算组担任管理人，这既不违反有关法律规定，又可以适用《企业破产法》规定而适应破产程序正常进行的需要。当然，商业银行进行破产，没有组成清算组进行的，人民法院则可以直接从管理人名册中直接指定管理人。此外，有的法律以前规定应当组成清算组进行破产清算，可在《企业破产法》施行后，又作了修正，以与《企业破产法》的规定相一致，固然不再适用修正前的规定。如 1995 年通过的《保险法》第 86 条后半段规定："保险公司被宣告破产的，由人民法院组织保险监督管理机构等有关部门和有关人员成立清算组，进行清算。"2009 年修订的《保险法》取消了破产清算成立清算组进行的规定，故不能再依修订前《保险法》的规定指定清算组为管理人，而应按照《企业破产法》的规定指定管理人。

4. 人民法院认为可以指定清算组为管理人的其他情形。破产案件极为复杂，除在破产申请受理前已经成立清算组人民法院可以指定清算组担任管理人等情形外，对于其他破产案件可能需要清算组担任管理人的情形不可能一一列明，司法解释便以这一兜底性条款明确人民法院在受理破产申请时根据破产案件的实际需要确定清算组为管理人。人民法院指定清算组为管理人时，应当以成立清算组进行破产清算更有利于破产清算工作开展为原则。否则，就不应当指定清算组为管理人。其实，"由清算组担任管理人存在诸多弊端：行政色彩浓，不是侧重于公平保护债权人的利益；政府部门派出人员担任清算组成员只是兼职，清算组清算效率没有保障；清算组作为临时性组织，没有责任财产，成员系无偿工作，对清算组违法失职行为无法追究法律责任。基于以上原因，由清算组担任管理人应有所限制，但考虑到新旧企业破产法适用的衔接、一些法律的规定以及一些特殊案件的需要，《企业破产法》保留了清算组为管理人的形式。"① 是以，宜应严格控制这一规定的适用。

另外，《指定管理人规定》第 18 条规定，人民法院受理破产申请前已经成立清算组，将此清算组指定为管理人的，应当同时符合《指定管理人规定》第 19 条的规定，而对于有关法律规定企业破产时应当成立清算组而指定清算组为管理人的情形，并未明确要求符合《指定管理人规定》第 19 条的规定，《指定管理人规定》第 19 条规定是否适用于有关法律规定企业破产时应当成

① 《最高法民二庭负责人就破产法司法解释答记者问》，载《人民法院报》，2007 年 4 月 17 日。

立清算组而指定清算组为管理人的情形，便存在疑问。笔者认为，尽管《指定管理人规定》对破产申请受理前已经成立的清算组指定为管理人外的其他情形，并未明确要求符合《指定管理人规定》第19条规定，可根据该条关于“清算组为管理人的，人民法院可以从政府有关部门、编入管理人名册的社会中介机构、金融资产管理公司中指定清算组成员，人民银行及金融监督管理机构可以按照有关法律和行政法规的规定派人参加清算组”的具体规定，明显是针对清算组为管理人的所有情形而言的。《指定管理人规定》第18条之所以对破产申请受理前已经成立的清算组指定为管理人的这种情形提出要符合第19条的规定，不过是作出特别强调规定，而非限制在其他情形下人民法院不能按照《指定管理人规定》第19条规定而给清算组指派成员。事实上，清算组在破产申请受理前已经成立，尔后再从政府有关部门、编入管理人名册的社会中介机构、金融资产管理公司中指定清算组成员，实际是对清算组成员的调整，原来的清算组并不一定同意，有关单位如人民银行及金融监督管理机构也可能不再愿意派人参加已经成立的清算组。因此，对此作出特别强调规定，自有必要。其他情形虽然没有作出特别强调规定，并非说明人民法院不能按照第19条规定从政府有关部门、编入管理人名册的社会中介机构、金融资产管理公司中指定清算组成员。

（二）编入管理人名册的社会中介机构或者其具备相关专业知识并取得执业资格的中介人员

根据《企业破产法》第24条的规定，依法设立的律师事务所、会计师事务所、破产清算事务所及其具备相关专业知识并取得执业资格的中介人员，可以担任管理人。对于这种管理人，实行管理人名册管理制度。《指定管理人规定》第1条明确规定，人民法院审理企业破产案件应当指定管理人。除《企业破产法》和本规定另有规定外，管理人应当从管理人名册中指定。一般情况下，只有编入管理人名册的社会中介机构或其具备某一相关专业知识并取得执业资格的中介人员，才有可能被指定为管理人。此外，编入管理人名册的社会中介机构或其中的中介人员，在编入管理人名册后，又具有故意犯罪受过刑事处罚、被吊销相关专业执业证书、与本案有利害关系等不能担任管理人的情形，不再符合担任管理人的实质条件的，应将之排除在可能被指定为管理人的范围之外。

四、管理人指定的原则

管理人指定的原则，是指人民法院裁定受理指定管理人时所应遵守的基本规则与标准。根据《企业破产法》及《指定管理人规定》的规定，包括：

（一）按照法律规定已经或者应当成立清算组进行破产清算的，一般应当指定清算组为管理人，其他情况均应从管理人名册中指定管理人

《指定管理人规定》第 1 条规定：“人民法院审理企业破产案件应当指定管理人。除《企业破产法》和本规定另有规定外，管理人应当从管理人名册中指定。”其中，《企业破产法》和《指定管理人规定》的另有规定，是指其中关于指定清算组为管理人的规定。根据《指定管理人规定》第 18 条规定，人民法院对于破产申请受理前根据有关规定已经成立清算组且认为符合本规定第 19 条规定的，以及有关法律规定企业破产时成立清算组进行破产清算等破产案件，一般情况下，就应指定清算组为管理人。除此之外，都应从管理人名册中指定管理人。

（二）从管理人名册中指定管理人，一般指定社会中介机构担任管理人

对此，《指定管理人规定》第 16 条明确规定，受理企业破产案件的人民法院，一般应指定管理人名册中的社会中介机构担任管理人。这是因为，管理人作为破产程序中的重要机构，承担接管债务人财产、债权债务、营业等事务的各种职能，对外代表债务人处理相关事务，其所涉法律、财务、管理、金融等各方面知识的广泛性、专业性是一般事务所无法相比的，不仅需要广泛而深厚的知识背景及较强的专业执业能力，而且需要应付各种事务的丰富经验及适应能力，对于道德品行、法律责任的承担等方面也有更高的要求。而作为社会中介人员集合体的社会中介机构无论是知识水平、执业能力、责任承担等方面都比中介人员个人更具有优势，一般情况下，人民法院应当指定管理人名册中的社会中介机构担任管理人。然而，也不能将之绝对化。对于一些事实清楚、债权债务关系简单、债务人财产相对集中的企业破产案件，尤其是在个人破产制度建立的情况下，具备相关专业知识并取得执业资格的中介人员足以应付的，根据《指定管理人规定》第 17 条的规定，人民法院可以指定管理人名册中的个人为管理人，既可以提高效率，又可以减少开支，节省破产费用。从个人管理人名册中指定管理人时，根据《企业破产法》第 24 条的规定，人民法院根据债务人的实际情况，并在征询有关社会中介机构的意见后，指定该机构具备相关专业知识并取得执业资格的人员担任管理人。

（三）从管理人名册中指定管理人，一般应从本地管理人名册中指定社会中介机构担任管理人

管理人名册实行地域编制、管理原则，一般情况下，管理人名册适用于所在地区的破产案件，其他地区的破产案件只有特定情况下才可以适用从中指定管理人。从本地管理人名册中的社会中介机构指定管理人，不仅可以节

省大量食宿、差旅等各种支出，减少破产费用，而且与本地有关部门、劳动职工等易于沟通、协调，有利于破产工作的顺利开展。但在特定情况下，如一些金融机构破产或者在全国范围内有重大影响、法律关系复杂、债务人财产分散的案件，对有关知识水平、执业能力、实践经验、有关部门协调、法律责任承担、从业信誉等方面有更高要求的，当地管理人名册中的社会中介机构完全可能找不到合适的管理人，需要在异地选用管理人，即在外地的管理人名册中指定更为适合的社会中介机构担任管理人。故，《指定管理人规定》第15条明确规定："受理企业破产案件的人民法院指定管理人，一般应从本地管理人名册中指定。对于商业银行、保险公司、证券公司等金融机构以及在全国范围内有重大影响、法律关系复杂、债务人财产分散的企业破产案件，人民法院可以从所在地区高级人民法院编制的管理人名册列明的其他地区管理人或者异地人民法院编制的管理人名册中指定管理人。"对此，应当注意遵循执行。

（四）人民法院指定管理人，只能从清算组或管理人名册中指定1个管理人

清算组由有关部门与人员担任，一旦成立，则只能以清算组这一独立的主体对外履行职责，依然属于1个管理人。指定管理人名册中的社会中介机构或者中介人员担任管理人，一般是从《管理人名册》中选择1个社会中介机构或者中介人员担任管理人，而不能同时指定多个社会中介机构或者中介人员分别独立担任管理人，即管理人只能有1个，而不能有多个。由作为独立的、平行主体的社会中介机构与中介人员分别担任独立的管理人，即管理人由两人甚至多人担任，不仅增加破产费用，而且不利于其间报酬、职责、责任的协调，可能出现对同一问题认识不同并属于不同且不存在隶属关系的社会中介机构而无法统一；遇到疑难复杂的问题相互避让，需要承担责任时相互推诿，获取报酬时又争先不让等现象，从而影响破产工作的正常开展。因此，人民法院只能指定清算组或者从管理人名册中指定1个管理人，而不能同时指定两名甚至多名管理人。当然，指定管理人1人，并不意味着被指定的社会中介机构只能是1个，更不能认为其中的工作人员必须为被指定的中介机构中的工作人员。

前者，两个社会中介机构请求联合担任同一破产案件的管理人，尽管为不同的两个中介机构，可其在破产案件中所应承担的权利与义务、职权与职责由两家共同一起承担，已经联合一起而在人民法院的主导下从事管理人的有关工作，行使有关职权，履行法定义务，而不是分开各自独立地以管理人身份从事管理人工作，乃是成为一个新的合作体或者合伙体承担管理人工作。

作为联合体的一员，必须都是《管理人名册》的成员，有关资质均不存在任何问题。让之组成联合体从事管理人工作，可能更有利于提高管理人的工作质量、效率，承担法律责任的能力也更强。在司法实践中，一些地方破产案件小，一些进入《管理人名册》的中介机构并无担任破产管理人的经验；有的地方尤其是经济发达的地方，一些具有管理人资格的中介机构参与破产案件较多，具有较多的经验。加之，具有管理人的机构，从现有情况来看，一般是律师事务所、注册会计师事务所、破产清算事务所，尽管具有各自的优势，然其知识结构往往单一，与破产程序尤其是破产重整程序需要法律、财务、经营等多方面的知识结构难相适应。允许他们联合执业，有利于之间的知识、经验等优势互补，并相互学习、传授经验。对于诸如银行、证券、保险、上市公司等重大影响、知识结构要求全面的破产案件选择最合适的管理人，保证破产程序的有效顺利进行，优化管理人的知识结构，提高管理人的素质等都具有十分重要的现实意义。所以，《破产审判纪要》第5条指出："两家以上具备资质的中介机构请求联合担任同一破产案件管理人的，人民法院经审查符合自愿协商、优势互补、权责一致要求且确有必要的，可以准许。"需要注意的是，两个具有管理人资格的中介机构联合担任管理人的，必须要求自愿协商一致，并优势互补且权利义务一致，而不能不尊重联合执业者的意愿，由法院"拉郎配"，甚至要求外地与本地的中介机构联合执业的现象发生。

至于后者，被指定为管理人的中介机构完全可以从其他社会中介机构或者其他单位聘请工作人员，作为管理人中的工作人员进行某些具体的工作。对这，《企业破产法》第28条亦明确规定，管理人经人民法院许可，可以聘用必要的工作人员。可是，这种对外聘请的工作人员已经纳入被指定管理人的工作集体，受管理人领导，与管理人属于一个整体，与并不存在领导与被领导的隶属关系的两个管理人是不同性质的两回事。对此，应当注意区分。

五、管理人指定的方式

管理人指定方式，根据担任管理人的组织或个人不同而有所区别。指定清算组担任管理人的，由于债务人清算组是唯一的，只能直接指定，而不存在采取其他方式加以选择的问题。选择社会中介机构或者中介人员担任管理人的，由于可供选择的可能管理人具有多个，此时就存在通过何种途径、方式具体选择确定管理人的问题，即将多个可能管理人变为唯一现实的管理人，必须按照一定的方法进行。后者，根据《指定管理人规定》有关规定及其司法实践经验，包括随机方式指定、竞聘方式指定、随机与竞聘相结合指定与接受推荐方式指定5种情形。

（一）直接指定方式

直接指定方式，是指人民法院在特定条件下直接指定某一特定机构为破产案件管理人的方式。根据《指定管理人规定》第18条规定："企业破产案件有下列情形之一的，人民法院可以指定清算组为管理人：（一）破产申请受理前，根据有关规定已经成立清算组，人民法院认为符合本规定第十九条的规定；（二）审理《企业破产法》第一百三十三条规定的案件；（三）有关法律规定企业破产时成立清算组；（四）人民法院认为可以指定清算组为管理人的其他情形。"第19条规定："清算组为管理人的，人民法院可以从政府有关部门、编入管理人名册的社会中介机构、金融资产管理公司中指定清算组成员，人民银行及金融监督管理机构可以按照有关法律和行政法规的规定派人参加清算组。"

（二）随机指定方式

《指定管理人规定》第20条规定："人民法院一般应当按照管理人名册所列名单采取轮候、抽签、摇号等随机方式公开指定管理人。"基此，随机指定方式是指定管理人的主要方式，也是司法实践中应用最为广泛的方式。随机指定方式的优势在于，"避免在指定管理人的环节中过多的人为干预可能带来的不利影响。有些同志认为破产案件的管理人工作情况复杂，对采取随机方式指定的管理人能否与破产案件难易程度相适应产生疑虑。我们认为，首先，随机指定方式针对的是一般比较简单的破产案件，对于重大疑难或专业性强的金融机构破产案件本规定还规定了其他的指定方式；其次，随机指定方式指定的范围限于管理人名册，人民法院在编制管理人名册时，即对社会中介机构和个人进行了筛选，编入名册的管理人应能具备一般破产案件的管理工作能力；第三，随机指定社会中介机构已经为破产案件审判实践所使用，在其他审判、执行案件中，也采取此种办法聘用社会中介机构，效果良好；第四，其他国家和地区为公平对待管理人也有采取轮候的随机方式指定管理人的做法。因此，采取随机方式指定管理人可以公正高效地完成管理人的指定工作。"① 但也要看到，这种方式的随机性，完全可能将一些没有任何破产管理经验，知识、规模、履职能力、承担风险等综合素质相对不强的中介机构选择为一些重大破产案件的管理人，而这些素质的提高，并非一朝一夕之功，为此在全面强化、提升管理人素质的同时，基于破产案件的复杂多样的实际情况，对此种方式的适用范围有必要作些限制。是以，《破产审判纪要》第6

① 《最高法民二庭负责人就破产法司法解释答记者问》，载《人民法院报》，2007年4月17日。

条指出："对债务人财产数量不多、债权债务关系简单的破产案件，可以在相应等级的管理人中采取轮候、抽签、摇号等随机方式指定管理人。"

具体而言，随机方式又包括轮候、抽签、摇号等具体方式。其中，轮候方式，是指将管理人名册中的可能管理人名单按照一定的顺序排列，人民法院按照一定顺序，如破产案件的受理顺序等依法从名单中指定管理人的方式。简言之，轮到谁就指定谁。该方式简单、便捷，编入管理人名册的社会中介机构或其中介人员均有机会担任管理人。然在管理人报酬很高的情况下，容易给暗箱操作留下空间。抽签、摇号方式，则是将管理人名册的名单顺序打乱，进行抽签或者摇号，人民法院完全根据抽签、摇号的结果指定管理人。此方式简单、便利，在形式上也公开、公平，编入管理人名册的社会中介机构或其中介人员的机会尽管平等，可存在一定的偶然性。机会好的可能在一段时间内多次被选中；机会不好的，则可能永远都不能被选中。在司法实践中，有的法院便将在本院受理的破产案件中担任了管理人且未结案的，或在其他法院受理的2件或以上的破产案件中担任了管理人尚未结案的首先予以排除，让剩下的没有担任管理人且编入了《管理人名册》的中介机构采取抽签、摇号等方式以确定管理人。

（三）竞聘指定方式

无论是轮候方式还是抽签、摇号方式选定管理人，由于其结果完全由管理人名册的名单的编排顺序或者摇号、抽签结果与案件无关的因素决定。这样，有时候难以保证能够根据破产案件的实际情况选择更为合适的管理人。轮候、抽签、摇号等随机方式，通常只能适用债务人财产数量不多、债权债务关系相对简单的破产案件。对于商业银行、保险公司、证券公司等金融机构或者上市公司等在全国范围内有重大影响、法律关系复杂、债务人财产分散、涉及权利人众多的破产案件，为保证破产程序的正常、顺利进行，选择出与破产案件所需知识、经验、规模、履职能力、承担风险、道德水平等综合素质全面、优良的中介机构担任管理人，只能从全省乃至全国范围内编入各地管理人名册的社会中介机构中采取公开竞聘的方式择优选择管理人。因此，《指定管理人规定》第21条明确规定，对于商业银行、保险公司、证券公司等金融机构或者在全国范围有重大影响、法律关系复杂、债务人财产分散的企业破产案件，人民法院可以采取公告的方式，邀请编入各地人民法院管理人名册中的社会中介机构参与竞争，从参与竞争的社会中介机构中指定管理人。参与竞争的社会中介机构不得少于3家。采取竞争方式指定管理人的，人民法院应当组成专门的评审委员会。评审委员会应当结合案件的特点，综合考量社会中介机构的专业水准、经验、机构规模、初步报价等因素，从参与竞争的社会中介机构中择优指定管理人。被指定为管理人的社会中介机构应经评审委员会成员 1/2 以上通过。通过竞聘方式指定管理人，其选择范围广，在全国各地管理人名册中选择，有利于根据破产案件的实际情况选择出更为合适的管理人，也有利于防止在报酬较高时等特定情况下进行人为操作指定的现象发生。然则，该方式程序复杂，费时费力，一旦出现需要更换管理人的情况，事前如不做好预案，必然影响破产工作的顺利进行，《指定管理人规定》第 21 条便明确规定："采取竞争方式指定管理人的，人民法院应当确定一至二名备选社会中介机构，作为需要更换管理人时的接替人选。"

应当指出，在司法实践中，一些地方的中级人民法院明文或者不明文地规定，只能从《管理人名册》中的本地中介机构指定管理人，从而导致外地的属于《管理人名册》中的中介机构无法进入。即使进入，也要与当地中介机构合作，缴纳一定的管理费，从某种意义上说，这是一种不正当竞争的地区壁垒，应当加以摒弃。一般情况下，基于破产效率、破产费用的节约、减少债务人财产负担等方面考虑，以本地中介机构为主应当作为一项基本原则，然对于那些债权债务复杂多样、涉及面广的重大疑难破产案件，一律将外地中介机构排除在外，完全可能无法选择出适应破产案件审理需要的管理人，反过来影响破产案件审理的效率，进而给债务人财产带来更加不利的影响。其实，这种做法，也不利于形成促使具有管理人资质的中介机构相互竞争、全面提高管理人素质的有效激励机制。故，《破产审判纪要》第 5 条（探索管理人跨区域执业）明确指出："除从本地名册选择管理人外，各地法院还可以探索从外省、市管理人名册中选任管理人，确保重大破产案件能够遴选出最佳管理人。两家以上具备资质的中介机构请求联合担任同一破产案件管理人的，人民法院经审查符合自愿协商、优势互补、权责一致要求且确有必要的，可以准许。"第 7 条（建立竞争选定管理人工作机制）指出："破产案件中可以引入竞争机制选任管理人，提高破产案件审理质量。上市公司破产案件、在本地有重大影响的破产案件或者债权债务关系复杂，涉及债权人、职工以及利害关系人人数较多的破产案件，在指定管理人时，一般应当通过竞争方式依法选定。"

（四）随机与竞聘相结合指定方式

在司法实践中，随机方式、竞聘方式各有利弊。随机方式，简单、便捷，人为操作因素影响较小，可在破产案件复杂、疑难的情况下，不一定能够选择出与破产案件相适应的管理人。竞聘方式尽管可以基于破产案件的特定情况最大程度地选择出合适的管理人，然人为操作的人数较随机方式大大增加，且因为竞选程序的相对复杂，尤其是报名竞聘的机构较多时，更是如此，一些法院便采取随机与竞聘相结合的方式来指定管理人。有的在报名竞聘的机构较多时，先采取竞聘的方式选取前 3 名或者前 5 名等多家机构，然后再通过抽签或者摇号的方式确定管理人的人选。有的则是先通过抽签、摇号的方式从众多报名竞聘的机构中选出多家如 5 家或者 7 家，然后再通过竞聘的方式确定管理人的人选。这种方式，乃是人民法院对于管理人指定方式所进行的有益探索，有利于扬弃单纯采用随机或者竞聘指定管理人方式的利弊，值得肯定。

（五）接受推荐指定方式

《指定管理人规定》第 22 条规定：“对于经过行政清理、清算的商业银行、保险公司、证券公司等金融机构的破产案件，人民法院除可以按照本规定第十八条第（一）项的规定指定管理人外，也可以在金融监督管理机构推荐的已编入管理人名册的社会中介机构中指定管理人。”这种指定管理人的方式，是直接将金融监督管理机构推荐的社会中介机构指定为管理人，主要基于这些社会中介机构一般参加了金融机构以前进行的行政清理、清算工作，对企业比较熟悉，有利于行政清理、清算程序与破产程序的对接，更利于破产工作的顺利进行。另外，让其担任管理人，可以避免一些重复的工作，提高工作效率，减少开支、节省破产费用。但是，这种推荐毕竟既无竞争，又没有公开，容易人为操作，必须严格限定其适用条件。这些条件包括：

1. 必须适用于针对商业银行、保险公司、证券公司等金融机构的破产案件，非金融机构的破产案件不能采取这种推荐方式指定管理人。

2. 这些金融机构必须已经经过了行政清理或清算。虽为金融机构破产案件，既没有经过行政清理程序又没有经过行政清算程序的，也不能采用这种推荐方式指定管理人。

3. 必须由破产金融机构的监督管理机构推荐。非金融监督管理机构或者虽为金融监督管理机构但不是破产金融机构的监督管理机构推荐，人民法院不能接受此推荐而将被推荐人指定为管理人。如商业银行、保险公司的监督管理机构为银行保险监督管理委员会，属证券公司破产的，就不能由银行保险监督管理机构推荐管理人。即使推荐，人民法院也不能接受。

4. 金融监督管理机构推荐的必须为社会中介机构，而非社会中介机构中的中介人员。

5. 金融监督管理机构推荐的社会中介机构必须编入了管理人名册。没有编入管理人名册，即使以前参加过行政清理、清算程序，且对破产的金融机构情况熟悉，金融监督管理机构也作了推荐，人民法院亦不能将被推荐人指定为管理人。

总之，无论采用哪种方式指定管理人，都应有利于选择适格的管理人，这是保证破产程序顺利、正常进行的必要条件。对这，《正确审理破产案件意见》第11条、第12条明确指出："人民法院要根据《企业破产法》和有关司法解释的规定，采用适当方式指定管理人，对于重大疑难案件，可以通过竞争的方式择优确定管理人。要注意处理好审理破产案件的审判庭和司法技术辅助工作部门的关系，在指定管理人时，应由审理破产案件的审判庭根据案件实际情况决定采用哪类管理人以及采用哪种产生方式，在决定通过随机方式或者竞争方式产生管理人或其成员时，再由司法技术辅助工作部门根据规定产生管理人或其成员。""企业重整中，因涉及重大资产重组、经营模式选择、引入新出资人等商业运作内容，重整中管理人的职责不仅是管理和处分债务人财产，更要管理债务人的经营业务，特别是制定重整计划草案和执行重整计划。因此，在我国目前管理人队伍尚未成熟的情况下，人民法院指定管理人时，应当注意吸收相关部门和人才，根据实际情况选择指定的形式和方式，以便产生适格管理人。"

六、管理人指定的拒绝

管理人指定的拒绝，是指被人民法院指定为管理人后，没有正当理由而对人民法院的指定明确作出或者变相作出不愿意接受的意思表示的行为。《指定管理人规定》第28条规定，管理人无正当理由，不得拒绝人民法院的指定。管理人一经指定，不得以任何形式将管理人应当履行的职责全部或者部分转给其他社会中介机构或者个人。因此，接受人民法院的指定，乃是被指定人的义务，在无正当理由的情况下，被指定人应当接受，而不得拒不接受人民法院的指定即不愿意担任管理人：

1. 人民法院作为指定管理人的国家机关，其依法在受理破产申请的同时指定管理人的行为，构成了破产程序的一部分，是一种依法进行的司法行为。这种司法行为一旦作出，必然产生相应的效力，被指定人要受到这种指定的效力制约。不然，被指定人都可拒绝，那么，不仅会损害人民法院的权威，而且会影响破产程序的正常进行。

2. 被指定人除为清算组外，都是编入管理人名册的社会中介机构或者中介人员。而管理人名册的编制必须基于社会中介机构或其中介人员的自愿申请，且在编制管理人名册的公告中明确表明了管理人无正当理由不得拒绝指定的义务。社会中介机构或其中介人员既然申请编入管理人名册本身，也就表示其愿意担任管理人并愿意承担无正当理由不得拒绝接受人民法院指定的义务。尤其是通过抽签、摇号方式及竞聘方式指定的管理人，更加以其行为表示愿意接受人民法院的指定，被人民法院指定为管理人后，没有正当理由，固然不能拒绝指定。

3. 人民法院指定管理人与受理破产申请同时进行，破产申请受理，破产程序即行启动，管理人即要开展工作，如果没有正当理由可以拒绝接受指定，那么，必然会对破产工作的顺利进行产生严重的影响。

4. 在司法实践中，有相当部分破产案件无产可破或者清偿率很低，报酬相对较少。没有正当理由允许拒绝指定，那么，这类破产案件就都可能出现拒绝指定的现象，人民法院的指定管理人工作就难以正常进行。

至于拒绝人民法院的指定，既包括对人民法院的指定明确表示不愿意接受，也包括不按照人民法院的指定开展工作，即以不作为的方式拒绝指定，还包括以各种方式将管理人应当履行的职责全部或者部分转给其他社会中介机构或者个人的变相拒绝指定。无论采取何种方式拒绝指定，都是对自己的承诺及应尽义务的违反，应当承担相应的法律责任。对此，《指定管理人规定》第39条第2款规定，无正当理由拒绝人民法院指定的，编制管理人名册的人民法院可以决定停止其担任管理人1年至3年，或者将其从管理人名册中除名。

如前所述，管理人不得拒绝人民法院的指定，是没有正当理由。存在正当理由的，则可以拒绝接受人民法院的指定。如个人管理人突然身患重病或者遭受意外伤害，无法担任管理人工作，或者发现与本案债务人、债权人等具有利害关系，或者在人民法院指定后因为违法犯罪正在被查处，等等。

七、管理人指定的程序

就人民法院指定管理人的有关程序事项而言，主要包括：

1. 制作决定书并予以公告。《指定管理人规定》第27条规定：“人民法院指定管理人应当制作决定书，并向被指定为管理人的社会中介机构或者个人、破产申请人、债务人、债务人的企业登记机关送达。决定书应与受理破产申请的民事裁定书一并公告。”《破产案件高效审理意见》第14条规定：“人民法院在受理破产申请的同时决定适用快速审理方式的，应当在指定管理人决定书中予以告知，并与《企业破产法》第14条规定的事项一并予以公告。”

2. 对管理人刻制的公章封样备案。《指定管理人规定》第29条规定：“管理人凭指定管理人决定书按照国家有关规定刻制管理人印章，并交人民法院封样备案后启用。管理人印章只能用于所涉破产事务。管理人根据《企业破产法》第一百二十二条规定终止执行职务后，应当将管理人印章交公安机关销毁，并将销毁的证明送交人民法院。”

3. 存档。《指定管理人规定》第30条规定：“受理企业破产案件的人民法院应当将指定管理人过程中形成的材料存入企业破产案件卷宗，债权人会议或者债权人委员会有权查阅。”

第四节 管理人更换

一、管理人更换的概念与类型

管理人更换，是指人民法院对于指定的管理人依法予以变更、替换，即指定其他社会中介机构或者中介人员代替被指定人作为管理人的行为。管理人的更换，必然会对破产工作产生或多或少、这样或那样的影响，需要严格按照法律规定的条件与程序进行。按照管理人更换的原因可分为3种情形：因债权人会议申请进行的更换、人民法院依职权进行的更换与管理人自动辞去职务进行的更换。按照是否违背管理人的意愿，则可分为被动性更换与主动性更换。显然，基于债权人会议申请及人民法院依职权进行的更换，并非出于管理人的意愿，于是属于被迫的非自愿性更换；因为管理人自动辞职进行的更换，则是基于管理人的意愿而进行的更换，为此属于主动的自愿性更换。

二、管理人强迫性更换

（一）管理人强迫性更换的根据

管理人作为破产程序的重要主体，作为债务人代表接管债务人的财产、债权债务、营业等一切内外事务，其能否正确履行职责、胜任工作，既关系到债务人、债权人合法权益能否得到有效、公平维护，又关系到破产程序能否正常进行、破产程序功能能否得到有效发挥与实现，不仅需要管理人具有与之职务相适应的知识水平、执业能力，而且需要管理人不具有可能影响其依法行为的因素，而且要求管理人能够勤勉尽责，忠实执行职务。为了保证其依法、公正执行职务、履行职责，必须对其进行必要的监督。其中，债权人在自己合法权益已经遭受损失的情况下，为了尽量减少自己因为破产程序进行而受到更大的损失，有权对管理人工作进行监督。进行监督的方式，就是通过其权力机关即债权人会议进行。此外，管理人为人民法院指定，破产案件由人民法院审理，人民法院当然有权对其实施监督。所以，《企业破产法》第23条明确规定："管理人依照本法规定执行职务，向人民法院报告工作，并接受债权人会议和债权人委员会的监督。管理人应当列席债权人会议，向债权人会议报告职务执行情况，并回答询问。"而债权人会议通过听取管理人执行职务报告等方式认为管理人不能胜任其职务时而申请更换管理人的，是对管理人监督的必然要求，是对管理人行使监督权的具体体现。对这，《企业破产法》第22条第2款亦明确规定："债权人会议认为管理人不能依法、公正执行职务或者有其他不能胜任职务情形的，可以申请人民法院予以更换。"

（二）管理人强迫性更换的条件

强迫性更换管理人，分为人民法院依职权更换管理人与债权人会议申请更换管理人两种情形。两者的实质条件都是管理人不能胜任其职务。管理人具有足够的专业水平、执业能力、道德操守，能够依法、公正执行职务、履行职责，就不能对其予以更换。这是因为，此种更换，是债权人会议提出申请，而债权人会议提出申请要在债权人会议召开并听取管理人执行职务的情况汇报后，管理人已经开展了一定的甚至大量工作，许多工作乃无法逆转，在管理人能够胜任工作时也允许随意更换，那么，破产工作就无法保证正常、顺利进行。《指定管理人规定》第33条规定："社会中介机构管理人有下列情形之一的，人民法院可以根据债权人会议的申请或者依职权径行决定更换管理人：（一）执业许可证或者营业执照被吊销或者注销；（二）出现解散、破产事由或者丧失承担执业责任风险的能力；（三）与本案有利害关系；（四）履行职务时，因故意或者重大过失导致债权人利益受到损害；（五）有本规定第二十六条规定的情形。清算组成员参照适用前款规定。"第34条规定："个人管理人有下列情形之一的，人民法院可以根据债权人会议的申请或者依职权径行决定更换管理人：（一）执业资格被取消、吊销；（二）与本案有利害关系；（三）履行职务时，因故意或者重大过失导致债权人利益受到损害；（四）失踪、死亡或者丧失民事行为能力；（五）因健康原因无法履行职务；（六）执业责任保险失效；（七）有本规定第二十六条规定的情形。清算组成员的派出人员、社会中介机构的派出人员参照适用前款规定。"第26条规定："社会中介机构或者个人有重大债务纠纷或者因涉嫌违法行为正被相关部门调查的，人民法院不应指定该社会中介机构或者个人为本案管理人。"

（三）管理人强迫性更换的程序

人民法院依职权更换管理人的，只要发现管理人具有不能胜任其职务的情形，就可径行作出更换管理人的决定。依债权人会议申请更换管理人的，则应按照一定的程序进行。这些程序包括：

1. 应当由债权人会议作出决议。债权人会议提出申请，自然不是某一或者其中部分债权人提出债务人破产申请。某一或者部分债权人认为管理人不能胜任管理人职责的，不能直接申请人民法院更换管理人；即使申请更换，人民法院也不应接受。债权人会议申请更换管理人的，根据《企业破产法》第61条、第64条及《指定管理人规定》第31条的规定，应当由债权人会议作出决议并做成会议记录，且该决议应由出席会议的有表决权的债权人过半数通过，并且其所代表的债权额占无财产担保债权总额的1/2以上。

如前所述，申请更换管理人应当由债权人会议的决议决定。然而，债权人会议召开不仅成本巨大，而且不能随时召开，在债权人会议闭会期间，债权人委员会是否有更换管理人的申请权便提了出来。《企业破产法》第68条第（4）项规定，债权人委员会可以行使监督债务人财产的管理和处分，监督破产财产分配，提议召开债权人会议，以及债权人会议委托的其他职权。据之，“如果债权人会议将申请更换管理人的职权委托债权人委员会行使，则债权人委员会可以代表债权人会议向人民法院申请更换管理人。否则，债权人委员会只能提议召开债权人会议，由债权人会议决定是否行使此项职权。”。[①] 考虑到，更换管理人这一现象并不必然发生，发生的话又可能在破产程序中随时发生，由债权人会议行使，不仅不能及时进行，而且因为召集会议行使，必然耗费债权人大量时间精力，召开会议的通知、场所租赁等费用也必不可少。在债权人众多的情况下，耗费巨大，得不偿失，《破产法解释（三）》第13条于是规定，债权人会议可以将申请更换管理人这项职权委托债权人委员会代为行使。

2. 必须向人民法院提出书面申请。债权人会议依法作出申请更换管理人的决议后，必须根据该决议向人民法院提出书面申请。作出了申请更换管理人的决议，基于各种因素没有向人民法院提出书面申请的，人民法院不能根据口头申请或者债权人会议有关申请更换管理人决议的会议记录而更换管理人。

3. 通知管理人作出书面说明。《指定管理人规定》第31条第2款规定，人民法院在收到债权人会议关于更换管理人的申请后，应当通知管理人在两日内作出书面说明。

4. 对申请理由成立与否进行审查。债权人会议认为管理人不能胜任其职务而书面申请人民法院更换管理人的，人民法院对债权人会议作出的决议是否符合法定程序、申请理由是否成立、管理人是否确实不能胜任其职务，必须认真审查。债权人会议作出的申请更换管理人的决议符合法定的程序，且

---

① 徐根才：《破产法实践指南》，法律出版社2018年版，第69页。

管理人具有不能依法、公正执行职务或者其他不能胜任职务的情况的，人民法院才能依法决定更换管理人。根据《破产法解释（二）》第23条第2款规定：“债权人通过债权人会议或者债权人委员会，要求管理人依法向次债务人、债务人的出资人等追收债务人财产，管理人无正当理由拒绝追收，债权人会议依据《企业破产法》第二十二条的规定，申请人民法院更换管理人的，人民法院应予支持。”

5. 根据审查的结果作出决定。《指定管理人规定》第32条规定：“人民法院经过审查认为申请理由不成立的，应当自收到管理人书面说明之日起十日内作出驳回申请的决定。人民法院认为申请更换管理人的理由成立的，应当自收到管理人书面说明之日起十日内作出更换管理人的决定。”

6. 对于人民法院就管理人更换与否作出的决定，债权人会议及管理人不具有复议权。在破产程序中，对于人民法院的决定，相关主体是否具有复议权利，需要有明确的法律根据。在《企业破产法》没有对人民法院更换管理人事项作出的决定赋予相关主体复议权的情况下，相关主体也就没有复议权。破产案件的管理人，作为具有独立地位的破产程序主体，根据法律规定完全由人民法院指定，对人民法院负责。如此，人民法院有权根据管理人履行职责等情况决定是否更换管理人。还有，对之更换涉及方方面面的工作，或多或少都会对破产程序的正常进行产生影响。除非迫不得已，人民法院都不会轻易作出更换管理人的决定。也就是说，即使人民法院对管理人的工作不满意，在管理人的工作质量与效率不会严重影响破产程序正常进行的情况下，都不会轻易更换管理人；即使作出更换管理人的决定，也会谨慎从事，对于人民法院作出更换的决定，管理人为此不应提出异议。另外，管理人一旦指定，处于联系破产程序各种主体的枢纽地位，其是否能够正常履行职责，对于破产程序的顺利进行极为重要，而作为直接指导、监督管理人工作的人民法院非常清楚。在管理人消极地不作为或者不正常履行职责而导致严重影响破产程序进行的情况下，对于债权人会议决议更换管理人的申请，自会慎重作出决定。是以，无论是否决定更换，债权人会议及管理人都不应具有复议权。

三、管理人自愿性更换

（一）管理人自愿性更换的条件

管理人自愿性更换，是指因为管理人具有正当理由主动辞去管理人职务而作的更换。管理人更换，会对破产程序产生或多或少的影响，并且增加破产费用，导致债权人损失的进一步扩大，要求管理人尽心尽力、尽职尽责，不得随意辞去职务。只有出现不能或者无法胜任管理人职务的情况时，才能辞去职务。《企业破产法》第29条明确规定："管理人没有正当理由不得辞去职务。管理人辞去职务应当经人民法院许可。"没有正当理由未经人民法院许可辞去职务，乃是对自己职责的背叛，是对法律规定的违反，应当承担相应的法律责任。根据《指定管理人规定》第35条的规定，正当理由的认定，可参照本规定第33条、第34条规定的情形进行。

（二）管理人自愿性更换的程序

管理人自愿性更换的程序，具体包括：（1）作出是否许可的决定。管理人有正当理由，申请辞去管理人职务的，人民法院应当允许。没有正当理由申请辞去职务的，根据《指定管理人规定》第35条的规定，人民法院不予许可。（2）不予许可坚持辞职的处理。对此，《指定管理人规定》第36条规定："人民法院对管理人申请辞去职务未予许可，管理人仍坚持辞去职务并不再履行管理人职责的，人民法院应当决定更换管理人。"

四、管理人更换中的必要工作

根据《指定管理人规定》，在申请、审查、决定管理人更换的工作中，有以下必要工作需要处理：

（一）责令原管理人履行有关交接、接受询问的义务

《指定管理人规定》第37条规定："人民法院决定更换管理人的，原管理人应当自收到决定书之次日起，在人民法院监督下向新任管理人移交全部资料、财产、营业事务及管理人印章，并及时向新任管理人书面说明工作进展情况。原管理人不能履行上述职责的，新任管理人可以直接接管相关事务。在破产程序终结前，原管理人应当随时接受新任管理人、债权人会议、人民法院关于其履行管理人职责情况的询问。"

（二）送达并公告更换管理人的决定

《指定管理人规定》第38条规定："人民法院决定更换管理人的，应将决定书送达原管理人、新任管理人、破产申请人、债务人以及债务人的企业登记机关，并予公告。"

（三）对管理人违反担任管理人义务的处罚

《指定管理人规定》第39条规定，管理人申请辞去职务未获人民法院许可，但仍坚持辞职并不再履行管理人职责，或者人民法院决定更换管理人后，原管理人拒不向新任管理人移交相关事务，人民法院可以根据《企业破产法》第130条的规定和具体情况，决定对管理人罚款。对社会中介机构为管理人的罚款5万元至20万元人民币，对个人为管理人的罚款1万元至5万元人民

币。管理人有前款规定行为或者无正当理由拒绝人民法院指定的，编制管理人名册的人民法院可以决定停止其担任管理人 1 年至 3 年，或者将其从管理人名册中除名。第 40 条规定，管理人不服罚款决定的，可以向上一级人民法院申请复议，上级人民法院应在收到复议申请后 5 日内作出决定，并将复议结果通知下级人民法院和当事人。

第五节　管理人职责

一、管理人职责概述

（一）管理人职责的概念

所谓管理人职责，是指管理人在破产程序中执行职务时依法应当为之所有的事情或行为，以及应当为之而不为之或者不正确为之所应承担的责任。具体包括两个方面的内容：（1）管理人应当为之的行为或事情，属于管理人职责的内容；（2）管理人不履行职责的内容时所应承担的责任，是法律为了保证管理人职责内容实现所作的规定。在这里，我们只对管理人的职责进行分析，而对职责的另一方面的内容即责任，放在法律责任中专章进行阐释。

（二）管理人职责的特征

根据管理人职责的概念及内容，不难看出，其具有以下基本特征：

1. 管理人职责具有法定性。管理人的职责来源于法律的规定，是破产法为了保证其职务的正常履行进而推动破产程序的开展而对其规定的应当行为与不应当行为的各种权利与义务。管理人执行职务时，哪些能够行为，哪些不能行为，都由法律明文规定或者授予人民法院基于破产程序的需要而决定，管理人只要依法履行了自己的职责，行为或不行为，除此之外，不能对其有其他要求。

2. 管理人职责的内容具有权利与义务的双重性：（1）它具有权利的属性。针对管理人之外的人而言，管理人的职责只能由管理人为之，其他人不能为之，属于管理人专有。从这个意义上来说，它是管理人依法享有的权利，管理人的职责则又被称之为职权。（2）它同时又具有义务的属性。对管理人而言，由于职责是与之职务相适应的保证职务正常执行的各种应当作出的行为或事情，其他人不能为之，只有管理人才能为之，且管理人必须为之，从这种意义上来说，它又属于一种义务。

3. 管理人职责具有专属性、不可放弃或者转让性。如前所述，管理人职责无论是属于权利性质的职权还是属于义务性质的职责，都为管理人专有，为其职务范围内的事情，是其执行职务促进破产程序正常进行的基本保障，不能放弃，也不能转让。《企业破产法》第29条规定，管理人没有正当理由不得辞去职务。《指定管理人规定》第28条第2款规定，管理人一经指定，不得以任何形式将管理人应当履行的职责全部或者部分转给其他社会中介机构或者个人实施。但在司法实践中，一些法院工作人员对于应属管理人决定、实施的职责，指导过多。凡事不论大小，都要过问，而不是将注意力放在有关债权人利益、破产程序正常进行等的应由法院决定、处理的重大事务上。有的管理人甚至仅仅作为法院与债权人、债务人等利害关系人的传话筒而存在，有悖于管理人制度设置的意旨，对管理人功能的发挥、破产程序的正常进行、管理人队伍的成长等都有害而无益，应当加以摒弃。对这，《破产审判纪要》第8条（合理划分法院和管理人的职能范围）明确指出，人民法院应当支持和保障管理人依法履行职责，不得代替管理人作出本应由管理人自己作出的决定。管理人应当依法管理和处分债务人财产，审慎决定债务人内部管理事务，不得将自己的职责全部或者部分转让给他人。

（三）管理人职责的分类

以不同标准，管理人职责可以分为不同类型：（1）以管理人职责所处破产的具体程序不同，可以分为破产重整程序的职责、破产和解程序的职责与破产清算程序的职责。有的职责为其中一个程序的职责，如拟定重整计划草案就是破产重整程序的职责，其他程序则不具有。有的为两者甚至3者所共有的职责，如接受债权申报、向人民法院报告工作等，就是破产重整、破产和解及破产清算程序所具有的共同职责。（2）以职责是针对债务人内部事务还是针对债务人外部事务来讲，可以分为有关债务人内部事务的职责与有关债务人外部事务的职责。（3）以职责内容属于程序还是实体来讲，管理人职责可以分为程序性职责、实体性职责及管理性职责。前者如接受债权申报、提议召开债权人会议、代表债务人参加诉讼或仲裁等；中者如破产抵销权、破产取回权及破产财产处分权的行使等；后者则是既不具有程序性质又不具有实体性质的职责，如决定债务人内部管理事务、日常开支及其他必要开支等形成的职责。

二、管理人职责的具体内容

对于管理人职责，《企业破产法》或者作了明文规定，或者授权人民法院予以确定。具体而言，根据《企业破产法》第25条的规定，包括下列10类职责：

（一）接管债务人的财产、印章和账簿、文书等资料

债务人的财产、印章和账簿、文书等资料，是一个企业的物质条件所在，是保证准确确定债权债务以及清偿债务的必要基础，一旦进入破产程序，债务人就要将其财产、印章和账簿、文书等资料向管理人移交，管理人既有权利又有义务尽快接受移交并管理，这一职责乃是管理人最基本的职责。债务人的财产，既包括土地使用权、房屋、生产设备设施、车辆等有形财产，又包括商标、专利、著作权等知识产权、商业秘密等无形财产。债务人的印章包括行政章、人事章、财务章、合同章、报送章以及法定代表人、财务人员用于财务等公司事务的个人印鉴等。债务人的账簿即账册，是指企业记载货币、货物出入等事项的簿本，包括与企业财务相关的一切账册、银行账户、库存清册等。债务人的文书，是指有关债务人内外事务的一切资料，是企业处理各种事务时所形成的各种资料，从而是反映、揭示企业有关行为真实情况的证据资料。如营业执照、税务登记证、机构代码证、特定行业的营业许可证等企业主体资料；土地使用权证、探矿证、采矿证、他项权利证、商标专利证书、车辆登记证等与财产相关的所有权或者其他物权证照等资料；欠条、合同等形成债权债务关系的凭证；设立合同、企业章程、人事管理、会议记录、报告批字等内外部事务处理形成的各种资料，等等。

对于债务人的财产、印章和账簿、文书等资料的丢失，《破产案件高效审理意见》第 8 条规定，管理人应当及时接管。“债务人拒不移交的，人民法院可以根据管理人的申请或者依职权对直接责任人员处以罚款，并可以就债务人应当移交的内容和期限作出裁定。债务人不履行裁定确定的义务的，人民法院可以依照民事诉讼法执行程序的有关规定采取搜查、强制交付等必要措施予以强制执行。”“接管过程中，对于债务人占有的不属于债务人的财产，权利人可以依据《企业破产法》第 38 条的规定向管理人主张取回。管理人不予认可的，权利人可以向破产案件受理法院提起诉讼请求行使取回权。诉讼期间不停止管理人的接管。”

（二）调查债务人财产状况，制作财产状况报告

通过调取、询问、查阅档案等各种方式对债务人财产状况进行调查，了解债务人财产的真实状况，是破产程序的核心所在。债权人债权实现的多或少，无不与债务人财产的多或少直接相关。后来围绕财产开展的追回财产、管理财产、营运财产、处分财产、分配财产清偿债务，以及重整计划草案的拟定与重整计划、和解协议的通过、批准或认可及执行、破产清算中财产的处置及分配，等等，均与财产调查核实的情况相关。因此，通过调查准确摸

清债务人财产状况并作出说明，乃是破产程序的一项至关重要的关键性工作。管理人接管财产的同时即应开展财产调查工作，以防止债务人擅自处分财产损害债权人利益的行为发生。《破产案件高效审理意见》第 7 条于是规定："管理人应当及时全面调查债务人财产状况。破产案件受理法院可以根据管理人的申请或者依职权，及时向管理人提供通过该院网络执行查控系统查询到的债务人财产信息。"第 21 条规定："债务人财产去向不明，或者债权人、出资人等利害关系人提供了债务人相关财产可能存在被非法侵占、挪用、隐匿等情形初步证据或者明确线索的，管理人应当及时对有关财产的去向情况进行调查。有证据证明债务人及其有关人员存在《企业破产法》第 31 条、第 32 条、第 33 条、第 36 条等规定的行为的，管理人应当依法追回相关财产。"

财产调查工作，包括但不限于：（1）对债务人移交的财产登记造册。在接受移交时可以要求提供有关证据，并询问有关情况，如是否属于债务人所有等。（2）向自然资源、房产管理、车辆管理、商标专利、市场监督管理、建设管理、证券登记结算机构、证券交易所、期货交易所等机构调取所有权、担保物权、建筑工程等相关档案资料。（3）向开户银行查询账户及其资金情况。（4）调查了解其财产被他人占有，包括合法占有如质押、留置、借用，非法占有如强行侵占、盗窃或者以他人名义拥有如登记在他人名下的房产、车辆等情况。（5）调查财产设立担保物权及所拥有的担保物权情况。（6）调查了解企业投资，购买债券、股票、期货等交易的情况。（7）到市场监管局、证券交易所、证券登记结算机构调查了解对外拥有的债权情况。（8）调查了解债务人隐匿、转移资产，虚构债务或者承认不真实债务的情况。（9）调查了解债务人破产申请受理后对某些债权人的债权进行个别清偿的情况。（10）调查了解债务人在破产申请受理前 6 个月内实施的恶意个别清偿及 1 年内实施的无偿转让财产、以明显不合理的价格进行交易、对没有财产担保的债务提供财产担保、对未到期的债务提前清偿、放弃债权等欺诈性转让行为的情况。（11）委托审计评估机构对财产及其价值情况进行审计、评估，等等。管理人需要委托中介机构对债务人财产进行评估、鉴定、审计的，《破产案件高效审理意见》第 9 条规定："应当与有关中介机构签订委托协议。委托协议应当包括完成相应工作的时限以及违约责任。违约责任可以包括中介机构无正当理由未按期完成的，管理人有权另行委托，原中介机构已收取的费用予以退还或者未收取的费用不再收取等内容。"

在对债务人的财产进行调查后，管理人应当制作财产状况报告，其不仅要求编制财产明细表，而且要求就债务人财产的形成过程、购买价值、现在价值、占有情况、有无争议情况、所有权登记、抵押质押等担保物权登记，以及债务人在1年内或者6个月内针对财产实施的可撤销处分行为，破产申请受理前实施的隐匿转移财产、虚构债务或者承认不真实债务及破产申请受理后对财产实施个别清偿的无效处分行为等，作出全面、完整、详尽的报告，并附有证据材料以供查对。

（三）决定债务人的内部管理事务

主要包括：（1）人事管理。如企业停止营业的，确定留守人员及其职责；企业继续营业的，确定人员的去留。为了保证破产工作的正常进行，从债务人那里聘用一些熟悉情况的工作人员协助管理人工作等。（2）资产管理。对债务人资产在调查了解有关情况的同时，需要依法妥善保管。（3）财务管理。如控制银行账号、追索应收账款及开展财务审计等。

（四）决定债务人的日常开支和其他必要开支

如办公场所租赁、水电、通信费用等企业维持或者运转开支；召开相关会议开支；调查费用开支；财产保养、维护开支；聘用工作人员、留守人员开支；追偿债权开支；生产经营服务等营业活动开支；为破产程序进行所必要的审计、评估、拍卖、变卖开支，等等，均需要管理人决定。

（五）在第1次债权人会议召开之前，决定继续或者停止债务人的营业

《企业破产法》第61条第（5）项规定，债权人会议决定继续或者停止债务人营业。可是，破产申请受理后，召开债权人会议需要一定时间，而这时债务人已经对其财产、营业都丧失了决定管理的权利。如果不赋予管理人在一定时期内这一决定继续或者停止生产经营服务等营业的权利，在债务人可以并有必要进行生产经营服务等营业时也只有停止，那么，就可能导致其财务状况更加恶化，并且不利于后来的破产工作进行。《企业破产法》第25条第（5）项于是明确规定，在第1次债权人会议召开之前，债务人的营业是继续进行还是停止，经人民法院许可由管理人决定。债权人第1次会议召开后，债务人继续或者停止营业的决定权则由债权人会议依法行使。债权人会议通过决议否定管理人的继续或者停止营业的决定时，则应当按照债权人会议的决定进行。

（六）管理和处分债务人的财产

管理人接受债务人的财产后，要妥善管理，避免财产贬值甚至损毁。处分债务人的财产，应当以有利于债务人财产保值甚至增值为目的。如决定解除或者继续履行债务人和对方当事人均未履行毕的合同，确认破产取回权、破产抵销权、破产别除权，行使破产撤销权，对非货币性破产财产进行变现，等等，都应尽量维护债务人财产的价值。

（七）代表债务人参加诉讼、仲裁或者其他法律程序

有关债务人的诉讼、仲裁等法律程序，无论是原告还是被告或者第三人，都关系到债务人的债权债务关系是否成立以及多少的问题，其诉讼的结果既直接关系到债务人的利益，而且间接关系到所有债权人合法权益的有效、公平维护，管理人必须代表债务人认真参加诉讼、仲裁及各种法律程序，以维护债务人合法权益的同时进而维护全体债权人的合法权益。因此，《破产案件高效审理意见》第6条规定："管理人应当及时全面调查债务人涉及的诉讼和执行案件情况。破产案件受理法院可以根据管理人的申请或者依职权，及时向管理人提供通过该院案件管理系统查询到的有关债务人诉讼和执行案件的基本信息。债务人存在未结诉讼或者未执行完毕案件的，管理人应当及时将债务人进入破产程序的情况报告相关人民法院。"

具体说来，不论是破产申请受理前已经开始但未终结的诉讼、仲裁及其他法律程序，还是破产申请受理后除开始的有关债务人的诉讼、仲裁及其他法律程序，管理人都要依法代表债务人参与。然则，重整计划执行期间新发生的事实或者事件引发的除重整计划有明确约定外的有关债务人的民事诉讼，根据《民商事审判纪要》第113条（重整计划监督期间的管理人报酬及诉讼管辖）第2款规定，不再由管理人代表债务人进行。发现侵犯债务人合法权益，债务人还未实现的各种合法权益等情形，需要通过诉讼、仲裁等法律程序维护的，管理人还应代表债务人向有关当事人提起诉讼、仲裁或者其他法律程序。

（八）提议召开债权人会议

债权人会议作为破产程序中债权人的代表机关与权力机关，具有核查债权、监督管理人、通过重整计划、通过和解协议、通过债务人财产管理方案、破产财产变价方案、破产财产分配方案等一系列职权。除第1次债权人会议法律明文规定由人民法院召集，在债权申报期限届满之日起15日内召开外，以后会议何时召开，法律没有明文规定。而债权人行使上列职权，通常不可能在第1次债权人会议上全部完成。以后的债权人会议，在人民法院认为有必要时，或者管理人、债权人委员会、占债权总额1/4以上的债权人向债权人会议主席提议时，可以召开。其实，管理人经过全面接管有关事务，调查了解有关情况，清理审查债权债务关系，更加熟悉、掌握债务人的有关情况，以及需要债权人会议及时行使有关职权、决定有关事项的时间。提议召开债权人会议，属于其为执行职务也是破产程序正常进行所必要的一项工作。

（九）人民法院认为管理人应当履行的其他职责

在破产程序中，涉及债务人的事务多种多样，法律不能一一列明。故，

设立这一授权性规定，由人民法院基于需要而确定管理人一些具体的职责，无疑有其必要性。如《企业破产法》第 14 条规定，人民法院应当自裁定受理破产申请之日起 25 日内通知已知债权人。通知已知债权人依法本来属于人民法院的职责，然在债权人众多的情况下，人民法院的人力往往难以胜任，加之，管理人接管后更加了解债权人的有关情况，人民法院通常就委托管理人履行这一职责。这样，人民法院将这一职责委托管理人具体实施的，管理人就具有这一职责，并且需要认真履行好这一人民法院指定的职责。当然，具体通知已知债权人，要以人民法院的名义进行，不能以管理人的名义进行。

（十）《企业破产法》对管理人各种职责的具体规定

这些关于管理人职责的具体规定，可能是上述职责的具体化，也可能是上述其他职责之外的其他职责。为了便于了解，下面对《企业破产法》有关职责的规定，作必要的归纳、梳理，包括但不限于：

1. 及时接受债务人的债务人清偿债务或者债务人财产的持有人交付财产。《企业破产法》第 17 条规定："人民法院受理破产申请后，债务人的债务人或者财产持有人应当向管理人清偿债务或者交付财产。"如果管理人不履行这一职责，那么，债务人的债务人或者财产持有人就无法履行向管理人清偿债务或者交付财产的义务。

2. 依法对破产申请受理前开始但双方均未履行完毕的合同决定解除或者继续履行。《企业破产法》第 18 条规定，人民法院受理破产申请后，管理人对破产申请受理前成立而债务人和对方当事人均未履行完毕的合同有权决定解除或者继续履行，并通知对方当事人。管理人自破产申请受理之日起 2 个月内未通知对方当事人，或者自收到对方当事人催告之日起 30 日内未答复的，视为解除合同。管理人决定继续履行合同的，对方当事人应当履行；但是，对方当事人有权要求管理人提供担保。管理人不提供担保的，视为解除合同。第 26 条规定，在第 1 次债权人会议召开之前，管理人决定继续或者停止债务人的营业或者有本法第 69 条规定行为之一的，应当经人民法院许可。

3. 依法报告工作，接受监督。《企业破产法》第 23 条规定："管理人依照本法规定执行职务，向人民法院报告工作，并接受债权人会议和债权人委员会的监督。管理人应当列席债权人会议，向债权人会议报告职务执行情况，并回答询问。"

4. 聘用工作人员。《企业破产法》第 28 条规定："管理人经人民法院许可，可以聘用必要的工作人员。"

5. 申请人民法院撤销债务人的某些行为。《企业破产法》第 31 条规定："人民法院受理破产申请前一年内，涉及债务人财产的下列行为，管理人有权请求人民法院予以撤销：（一）无偿转让财产的；（二）以明显不合理的价格进行交易的；（三）对没有财产担保的债务提供财产担保的；（四）对未到期的债务提前清偿的；（五）放弃债权的。”第32条规定：“人民法院受理破产申请前6个月内，债务人有本法第二条第一款规定的情形，仍对个别债权人进行清偿的，管理人有权请求人民法院予以撤销。但是，个别清偿使债务人财产受益的除外。”

6. 确认债务人的某些行为无效。《企业破产法》第16条规定：“人民法院受理破产申请后，债务人对个别债权人的债务清偿无效。”第33条规定：“涉及债务人财产的下列行为无效：（一）为逃避债务而隐匿、转移财产的；（二）虚构债务或者承认不真实的债务的。”

7. 依法追回他人占有的债务人财产。《企业破产法》第34条规定：“因本法第三十一条、第三十二条或者第三十三条规定的行为而取得的债务人的财产，管理人有权追回。”第36条规定：“债务人的董事、监事和高级管理人员利用职权从企业获取的非正常收入和侵占的企业财产，管理人应当追回。”

8. 追缴未完成的出资。《企业破产法》第35条规定：“人民法院受理破产申请后，债务人的出资人尚未完全履行出资义务的，管理人应当要求该出资人缴纳所认缴的出资，而不受出资期限的限制。”

9. 取回质物、留置物。《企业破产法》第37条规定：“人民法院受理破产申请后，管理人可以通过清偿债务或者提供为债权人接受的担保，取回质物、留置物。”“前款规定的债务清偿或者替代担保，在质物或者留置物的价值低于被担保的债权额时，以该质物或者留置物当时的市场价值为限。”

10. 确认破产取回权。《企业破产法》第38条规定：“人民法院受理破产申请后，债务人占有的不属于债务人的财产，该财产的权利人可以通过管理人取回。但是，本法另有规定的除外。”第39条规定：“人民法院受理破产申请时，出卖人已将买卖标的物向作为买受人的债务人发运，债务人尚未收到且未付清全部价款的，出卖人可以取回在运途中的标的物。但是，管理人可以支付全部价款，请求出卖人交付标的物。”第76条规定：“债务人合法占有的他人财产，该财产的权利人在重整期间要求取回的，应当符合事先约定的条件。”

11. 确认破产抵销权。《企业破产法》第40条规定：“债权人在破产申请受理前对债务人负有债务的，可以向管理人主张抵销。但是，有下列情形之一的，不得抵销：（一）债务人的债务人在破产申请受理后取得他人对债务人的债权的；（二）债权人已知债务人有不能清偿到期债务或者破产申请的事实，对债务人负担债务的。但是，债权人因为法律规定或者有破产申请一年前所发生的原因而负担债务的除外；（三）债务人的债务人已知债务人有不能清偿到期债务或者破产申请的事实，对债务人取得债权的。但是，债务人的债务人因为法律规定或者有破产申请一年前所发生的原因而取得债权的除外。”

12. 接受、审查申报债权，编制债权表，并提交第一次债权人会议核查。《企业破产法》第 48 条规定：“债权人应当在人民法院确定的债权申报期限内向管理人申报债权。”第 57 条规定：“管理人收到债权申报材料后，应当登记造册，对申报的债权进行审查，并编制债权表。债权表和债权申报材料由管理人保存，供利害关系人查阅。”第 58 条规定：“依照本法第 57 条规定编制的债权表，应当提交第一次债权人会议核查。”

13. 调查并列出劳动债权清单后予以公示。《企业破产法》第 48 条第 2 款规定：“债务人所欠职工的工资和医疗、伤残补助、抚恤费用，所欠的应当划入职工个人账户的基本养老保险、基本医疗保险费用，以及法律、行政法规规定应当支付给职工的补偿金，不必申报，由管理人调查后列出清单并予以公示。”

14. 通知已知债权人参加会议。《企业破产法》第 63 条规定：“召开债权人会议，管理人应当提前十日通知已知的债权人。”

15. 向债权人委员会或者人民法院报告对债务人重大财产的处分行为。《企业破产法》第 69 条规定：“管理人实施下列行为，应当及时报告债权人委员会：（一）涉及土地、房屋等不动产权益的转让；（二）探矿权、采矿权、知识产权等财产权的转让；（三）全部库存或者营业的转让；（四）借款；（五）设定财产担保；（六）债权和有价证券的转让；（七）履行债务人和对方当事人均未履行完毕的合同；（八）放弃权利；（九）担保物的取回；（十）对债权人利益有重大影响的其他财产处分行为。未设立债权人委员会的，管理人实施前款规定的行为应当及时报告人民法院。”具体应当按照《破产法解释（三）》第 15 条的规定进行，即在处分《企业破产法》第 69 条规定的债务人重大财产时，应当事先制作财产管理或者变价方案并提交债权人会议进行表决通过；实施处分前，提前 10 日书面报告债权人委员会或者人民法院。

16. 重整期间监督债务人管理财产和营业事务。《企业破产法》第 73 条规定：“在重整期间，经债务人申请，人民法院批准，债务人可以在管理人的监督下自行管理财产和营业事务。有前款规定情形的，依照本法规定已接管债务人财产和营业事务的管理人应当向债务人移交财产和营业事务，本法规定的管理人的职权由债务人行使。”

17. 重整期间聘用债务人的经营管理人员负责营业事务。《企业破产法》

第 74 条规定："管理人负责管理财产和营业事务的，可以聘任债务人的经营管理人员负责营业事务。"

18. 重整期间借款并提供担保。《企业破产法》第 75 条第 2 款规定："在重整期间，债务人或者管理人为继续营业而借款的，可以为该借款设定担保。"

19. 请求终止重整程序。《企业破产法》第 78 条规定："在重整期间，有下列情形之一的，经管理人或者利害关系人请求，人民法院应当裁定终止重整程序，并宣告债务人破产：（一）债务人的经营状况和财产状况继续恶化，缺乏挽救的可能性；（二）债务人有欺诈、恶意减少债务人财产或者其他显著不利于债权人的行为；（三）由于债务人的行为致使管理人无法执行职务。"

20. 制定、提交重整计划草案。《企业破产法》第 79 条规定："债务人或者管理人应当自人民法院裁定债务人重整之日起六个月内，同时向人民法院和债权人会议提交重整计划草案。""前款规定的期限届满，经债务人或者管理人请求，有正当理由的，人民法院可以裁定延期三个月。""债务人或者管理人未按期提出重整计划草案的，人民法院应当裁定终止重整程序，并宣告债务人破产。"第 80 条规定："债务人自行管理财产和营业事务的，由债务人制作重整计划草案。""管理人负责管理财产和营业事务的，由管理人制作重整计划草案。"

21. 申请批准重整计划草案。《企业破产法》第 86 条规定："各表决组均通过重整计划草案时，重整计划即为通过。""自重整计划通过之日起十日内，债务人或者管理人应当向人民法院提出批准重整计划草案的申请。人民法院经审查认为符合本法规定的，应当自收到申请之日起三十日内裁定批准，终止重整程序，并予以公告。"第 87 条中规定："部分表决组未通过重整计划草案的，债务人或者管理人可以同未通过重整计划草案的表决组协商。该表决组可以在协商后再表决一次。双方协商的结果不得损害其他表决组的利益。""未通过重整计划草案的表决组拒绝再次表决或者再次表决仍未通过重整计划草案，但重整计划草案符合下列条件的，债务人或者管理人可以申请人民法院批准重整计划草案：（一）按照重整计划草案，本法第八十二条第一款第（一）项所列债权就该特定财产将获得全额清偿，其因延期清偿所受的损失将得到公平补偿，并且其担保权未受到实质性损害，或者该表决组已经通过重整计划草案；（二）按照重整计划草案，本法第八十二条第一款第（二）项、第（三）项所列债权将获得全额清偿，或者相应表决组已经通过重整计划草案；（三）按照重整计划草案，普通债权所获得的清偿比例，不低于其在重整计划草案被提请批准时依照破产清算程序所能获得的清偿比例，或者该表决组已经通过重整计划草案；（四）重整计划草案对出资人权益的调整公平、公正，或者出资人组已经通过重整计划草案；（五）重整计划草案公平对待同一表决组的成员，并且所规定的债权清偿顺序不违反本法第一百一十三条的规定；（六）债务人的经营方案具有可行性。”

22. 监督债务人执行重整计划并提交监督报告。《企业破产法》第 89 条规定：“重整计划由债务人负责执行。”“人民法院裁定批准重整计划草案后，已接管财产和营业事务的管理人应当向债务人移交财产和营业事务。”第 90 条规定：“自人民法院裁定批准重整计划草案之日起，在重整计划规定的监督期内，由管理人监督重整计划的执行。”“在监督期内，债务人应当向管理人报告重整计划执行情况和债务人财务状况。”第 91 条规定：“监督期届满时，管理人应当向人民法院提交监督报告。自监督报告提交之日起，管理人的监督职责终止。”“管理人向人民法院提交的监督报告，重整计划的利害关系人有权查阅。”“经管理人申请，人民法院可以裁定延长重整计划执行的监督期限。”

23. 申请终止执行重整计划。《企业破产法》第 93 条中规定：“债务人不能执行或者不执行重整计划的，人民法院经管理人或者利害关系人请求，应当裁定终止重整计划的执行，并宣告债务人破产。”

24. 达成和解协议后向债务人移交财产和营业，并向人民法院提交执行职务的报告。《企业破产法》第 98 条规定：“债权人会议通过和解协议草案的，由人民法院裁定认可，终止和解程序，并予以公告。管理人应当向债务人移交财产和营业事务，并向人民法院提交执行职务的报告。”

25. 及时拟订破产财产变价方案及变价出售破产财产。《企业破产法》第 111 条规定：“管理人应当及时拟订破产财产变价方案，提交债权人会议讨论。”“管理人应当按照债权人会议通过的或者人民法院依照本法第六十五条第一款规定裁定的破产财产变价方案，适时变价出售破产财产。”

26. 及时拟订破产财产分配方案。《企业破产法》第 115 条规定：“管理人应当及时拟订破产财产分配方案，提交债权人会议讨论。”“破产财产分配方案应当载明下列事项：（一）参加破产财产分配的债权人名称或者姓名、住所；（二）参加破产财产分配的债权额；（三）可供分配的破产财产数额；（四）破产财产分配的顺序、比例及数额；（五）实施破产财产分配的方法。”“债权人会议通过破产财产分配方案后，由管理人将该方案提请人民法院裁定认可。”

27. 执行分配方案。《企业破产法》第 116 条规定：“破产财产分配方案经人民法院裁定认可后，由管理人执行。”“管理人按照破产财产分配方案实施多次分配的，应当公告本次分配的财产额和债权额。管理人实施最后分配的，应当在公告中指明，并载明本法第一百一十七条第二款规定的事项。”

28. 提存分配额、分配款。《企业破产法》第117条规定：“对于附生效条件或者解除条件的债权，管理人应当将其分配额提存。”“管理人依照前款规定提存的分配额，在最后分配公告日，生效条件未成就或者解除条件成就的，应当分配给其他债权人；在最后分配公告日，生效条件成就或者解除条件未成就的，应当交付给债权人。”第118条规定：“债权人未受领的破产财产分配额，管理人应当提存。债权人自最后分配公告之日起满二个月仍不领取的，视为放弃受领分配的权利，管理人或者人民法院应当将提存的分配额分配给其他债权人。”第119条规定：“破产财产分配时，对于诉讼或者仲裁未决的债权，管理人应当将其分配额提存。自破产程序终结之日起满二年仍不能受领分配的，人民法院应当将提存的分配额分配给其他债权人。”

29. 申请终结破产程序。《企业破产法》第43条第4款规定：“债务人财产不足以清偿破产费用的，管理人应当提请人民法院终结破产程序。人民法院应当自收到请求之日起十五日内裁定终结破产程序，并予以公告。”第120条规定：“破产人无财产可供分配的，管理人应当请求人民法院裁定终结破产程序。”“管理人在最后分配完结后，应当及时向人民法院提交破产财产分配报告，并提请人民法院裁定终结破产程序。”“人民法院应当自收到管理人终结破产程序的请求之日起十五日内作出是否终结破产程序的裁定。裁定终结的，应当予以公告。”

30. 办理债务人注销登记。《企业破产法》第121条规定：“管理人应当自破产程序终结之日起十日内，持人民法院终结破产程序的裁定，向破产人的原登记机关办理注销登记。”

31. 对在破产程序中发现的犯罪行为提请法院移送侦查。《刑事诉讼法》第110条规定：“任何单位和个人发现有犯罪事实或者犯罪嫌疑人，有权利也有义务向公安机关、人民检察院或者人民法院报案或者举报。”据此，发现犯罪事实或者犯罪嫌疑人，向司法机关报案或者举报，乃是所有公民应尽的义务。破产管理人在破产程序履行职责的过程中，发现债务人及其股东、实际控制人、法定代表人、董事、监事、高级管理人员或者其他工作人员，具有侵吞债务人财产，隐匿、转移债务人财产逃避债务等犯罪行为，更有义务报案或举报，以维护保全债务人财产。为了强化破产管理人的这一职责性义务的彻底落实，《加快完善市场主体退出制度改革方案》第4条第4项明确要求：“进一步细化完善管理人职责，明确管理人履职过程中发现恶意逃废债等犯罪行为时依法提请法院移送侦查的职责。”据之，对于破产程序中发现的犯罪行为提请法院移送侦查将会成为破产管理人的一项重要职责而设置，比起《刑事诉讼法》一般性的针对所有公民的宣示性义务规定，性质已然不同。既然作为一项职责设立，那么，不履行职责，就会带来相应的不利后果，需要引起注意。

《破产案件高效审理意见》第3条规定："管理人在接管债务人财产、接受债权申报等执行职务过程中，应当要求债务人、债权人及其他利害关系人书面确认送达地址、电子送达方式及法律后果。有关送达规则，参照适用《最高人民法院关于进一步加强民事送达工作的若干意见》的规定。"

三、管理人职责履行中的文书制作样式

管理人在履行职责的过程中，涉及各种各样的文书制作。为了做到文书的规范、简洁、适用，最高人民法院在总结有关破产文书制作经验的基础上，于2011年10月13日发布了《管理人破产程序工作文书样式（试行）》（法办发〔2011〕12号）。其中指出："一、关于文书样式的体例：针对破产程序各阶段管理人的工作内容，按照简洁、实用、便利的原则，文书样式分为'通用类文书''破产清算程序用文书''重整程序用文书''和解程序用文书'四大类共计59个文书样式。各文书样式均包括文书主文和制作说明两部分。文书主文是文书的核心部分，包括文书名称、文号、名头、主文、落款、附件等部分。制作说明是文书样式的辅助部分，主要列明制作文书样式的法律依据以及文书制作中需要注意的问题，以有利于管理人正确制作、使用文书样式。二、关于本文书样式的文号：管理人破产程序工作文书文号统一为（××××）××破管字第×号。'（××××）××破管字第×号'中的'（××××）'，应列明人民法院指定管理人的年份；'（××××）××破管字第×号'中的'××'，应列明破产企业的简称，简称一般为2~4个字；'（××××）××破管字第×号'中的序号'×'，应列明按文书制作时间先后编排的序号。三、关于文书样式的适用：管理人在执行职务过程中需要制作大量的工作文书，涉及的文书样式十分复杂，且在实践中会不断遇到新情况新问题，此次下发的仅是其中常用的、具有代表性的样式，且有的文书样式尚待相关司法解释颁布后再作补充完善。因此，实践中如遇未列出的文书，可参考这些常用样式，根据案件具体情况变通适用。"对此，管理人在履行职责过程中就有关文书制作时，需要参照进行。

第六节 管理人监管

一、管理人监管的根据

管理人监管，是指对管理人履行职责的行为及情况通过各种方式予以监管的活动。为了保证管理人能够正常执行职务，《企业破产法》对管理人规定了一系列职责，这些职责对他人而言，又是一种职权。如行使破产撤销权、破产追回权，承认破产取回权、破产抵销权、破产别除权，决定未履行完毕合同解除或者继续履行，申请确认债务人的某些行为无效，追缴未完成的出资，参加诉讼、仲裁，处分债务人财产，制订并执行破产财产的分配方案，等等，这些无一不与债权人的合法权益密切相关。管理人不履行职责或者不正确履行职责，甚至与他人串通、收受他人贿赂而滥用职权牟取私利，自会给债权人的合法权益造成更大的损害。对于管理人的指定，尽管已对管理人具有道德等方面的要求做了规定，倘若没有进一步监督，在各种利益诱惑面前，管理人完全可能不履行或者不正确履行其职责甚至滥用职权。大量事实也已证明，凡是没有监督制约的权力，必然导致腐败。只有对权力建立有效的监督制约，才是防止管理人不履行或者不正确行使职权或者滥用职权的有效处方。《正确审理破产案件意见》第13条明确指出：“管理人的工作能力和敬业精神直接决定着企业破产案件能否依法有效进行，以及破产法律制度能否充分发挥其应有的作用。人民法院要特别注意加强对管理人业务知识和各种能力的培养，建立管理人考核机制，通过业绩考核，形成激励和淘汰机制，逐步实现管理人队伍的专业化。”

二、管理人监管的主体

根据《企业破产法》的规定，对管理人依法具有监管权利的为人民法院、债权人会议及其债权人委员会。换言之，管理人监管的主体为人民法院、债权人会议及债权人委员会。

（一）管理人监管的主体之一为人民法院

人民法院作为审判破产案件的司法机关，为保证破产程序正常运行，有权对参与破产程序的主体依法进行监督，以促使各种主体依法实施破产行为。人民法院放任不管，各种主体可以任行其事，其审判工作就无法进行。作为破产案件的审理者及破产程序的主导者，对于管理人执行职务的行为是否依法、公正进行，是否损害债权人的合法权益，有权进行监督。这是国家审判权力在所审判的具体破产案件中对其他主体的权利与义务进行控制、制约的具体体现。此外，管理人由人民法院指定，代表债务人行使职权、履行职责，固然要对产生者、指定者负责。不然，被指定者不受指定者监督制约，随意行事，滥用权力，损害债权人的合法权益，指定者自然难辞其咎，至少要承担“用人”不当的道义责任。因此，无论是从审判权力代表国家行使，还是管理人为人民法院指定而产生的缘由来讲，人民法院有权对管理人进行监管，也有义务对管理人进行监管。

为了对管理人执行职务及其有关破产案件的日常工作进行及时的监督和指导，最高人民法院在全国企业破产重整案件信息网（下称破产重整案件信息网）建立企业破产案件破产管理人工作平台（下称破产管理人工作平台），要求破产管理人在接受人民法院指定后，通过破产管理人工作平台接受人民法院监督和指导，履行《企业破产法》规定的工作职责。《管理人工作平台使用办法》第 2 条规定，破产管理人通过在破产重整案件信息网实名注册所获取的用户名和密码登录破产管理人工作平台。第 3 条规定，破产管理人通过破产管理人工作平台实现破产管理人工作与法官工作的数据对接。实现对接后，破产管理人应当通过破产管理人工作平台对外公开破产管理人团队的组成情况、办公电话、电子邮箱等信息。第 4 条规定，律师事务所、会计师事务所、清算事务所或者人民法院指定的其他机构在获取登录破产管理人工作平台的权限后，应当指定专人负责破产管理人工作平台的日常维护，并将工作人员信息报该机构所在破产管理人名册的编制法院备案。第 5 条规定，破产管理人应当及时将破产案件负责人、主要工作人员以及信息录入人员信息录入破产管理人工作平台。第 6 条规定，多家机构担任同一破产案件破产管理人的，人民法院应当指定破产管理人工作平台的负责机构，其他机构工作人员经负责机构授权后可以使用破产管理人工作平台。第 7 条规定，破产管理人应当通过破产管理人工作平台向人民法院提交破产案件有关申请和报告等文件，接受人民法院的监督和指导。第 9 条规定，破产管理人应当及时将债权人的下列信息录入破产管理人工作平台：（1）债权人及其代理人的身份信息；（2）申报债权的金额、性质；（3）申报债权有无担保、担保种类以及保证人或担保物的情况；（4）申报债权涉及的诉讼、仲裁案件信息；（5）破产管理人认为应当录入的其他信息。第 11 条规定，破产管理人为破产管理人工作平台的信息公开责任人，对公开信息的真实性、及时性负责。

（二）管理人监管的主体之二为债权人会议

在对债务人实施破产的情况下，债权人的合法权益已经遭受损害，为了防止债务人进行个别清偿、隐匿转移财产等进一步损害债权人合法权益的行为发生，才设立了管理人制度，以接收、保管好债务人的财产，并公平清偿债务人所欠债权人一切债务，尽量减少债权人因为破产而遭受的损失。可以说，管理人能否正确履行职责，直接关系到债权人整体合法权益的公平维护，债权人固然有权了解管理人履行职责的情况，在其不能胜任职务或者不能正确履行职责时，依法采取监督措施，促使管理人依法、公正行使职权、履行职责。但是，债权人人数众多，并且可能因为自己的不正当要求得不到管理人的认可时，完全可能滥用权利。此外，如果一个个债权人都可以站在各自的利益上对管理人进行监管，那么，管理人完全可能不知所从。所以，债权人的监督不是一个个债权人的个体监督，而是要通过其权力机关即债权人会议集体行使监管权，对管理人能否正确履行职责、是否滥用职权等依法以决议的方式进行监督，从而保证监管声音的一致性、统一性。

（三）管理人监管的主体之三为债权人委员会

如前所述，债权人对管理人的监管要通过债权人会议进行。然而，债权人会议不可能经常召开，尤其是在债权人众多且分散在各地的情况下更是这样。否则，就会费时费力，增加债权人的负担，给债权人进一步造成损失，同时也难以及时进行监督，无法取得有效的监管效果。是以，法律赋予债权人委员会代表债权人会议对管理人进行监管。债权人委员会由债权人会议产生，对债权人会议负责，要维护债权人的合法权益。而且，其人数最多为9人，随时可以对管理人进行监督，不仅操作简便、快捷，成本亦低，监管也更易形成决议，更为有效，《企业破产法》第23条第1款为此明确规定，管理人依照本法规定执行职务，向人民法院报告工作，并接受债权人会议和债权人委员会的监督。如此，债权人委员会与债权人会议、人民法院都有权对管理人进行监管。

应当指出，人民法院作为管理人的监管主体，有权对管理人进行监管，同时也有义务对管理人进行监管。对管理人进行监管，既是人民法院的权利又是人民法院的义务，即人民法院的职责所在。人民法院对管理人监管，之所以同时具有权利与义务的属性，是因为这种监管的职权缘于国家审判权力这一公权力，是与其职务相适应的一种职责，属于公权力的领域。债权人会议及债权人委员会代表债权人对管理人进行监管，却缘于自身合法权益保护的需要，属于私权利的范畴，作为一种私权利延伸产生的权利，根据私权意思自治原则，可以放弃。因此，债权人会议与债权人委员会对管理人的监管权，是一种权利，而非一种义务。

三、管理人监管的内容与方式

管理人监管的内容，是指人民法院、债权人会议及债权人委员会对管理人所应进行监管的具体事项，回答的是管理人的哪些行为、情况应当受到人民法院、债权人会议及债权人委员会进行监管的问题。管理人监管的方式，是指人民法院、债权人会议及债权人委员会对管理人履行职责进行监管而依法采取的方法、措施与形式。根据《企业破产法》有关规定，管理人监管的主体不同，其监管的内容与方式不尽相同，应当注意区分。

（一）人民法院对管理人监管的方式与内容

1. 通过对管理人的工作事后听取报告的方式进行监管。《企业破产法》第 23 条规定，管理人依照本法规定执行职务，向人民法院报告工作。故，向人民法院报告工作，是人民法院了解、掌握管理人履行职责情况进而进行监管的基本方式。通过听取管理人的工作报告，无疑有利于发现问题、提出意见、纠正错误，在一定程度上能够达到监管目的。报告工作，在这里是指管理人对自己履行职责的情况事后进行的报告，既包括全面履行职责的报告，又包括履行某一方面或者某一具体职责进行的报告。至于报告方式，破产法没有明确规定，然为保证监管的有效性、严肃性，管理人的工作报告一般应当采取书面形式。

与这种管理人监管的方式相对应，人民法院监管的内容为对管理人履行职责的全面监管。法律规定凡属管理人应当履行的职责以及法律赋予与其职务相适应的一些权利尤其是对债权人利益有重大影响的权利实施，便都应成为管理人工作报告即人民法院进行监管的内容。有些行为尽管可以通过其他方式监管，可其他方式监管并不意味着不能通过这种方式监管。此种方式监管，是内容最全面的监管。人民法院监管重点的内容主要包括：（1）管理人是否按照《企业破产法》第 25 条的规定履行了下列职责：接管债务人的财产、印章和账簿、文书等资料；调查债务人财产状况，制作财产状况报告；决定债务人的内部管理事务；决定债务人的日常开支和其他必要开支；在第 1 次债权人会议召开之前，决定继续或者停止债务人的营业；管理和处分债务人的财产；代表债务人参加诉讼、仲裁或者其他法律程序；提议召开债权人会议；人民法院认为管理人应当履行的其他职责。（2）是否按照《企业破产法》第 31 条、第 32 条的规定，对债务人破产申请受理前 1 年内、6 个月内的一些损害债权人利益的欺诈性转让、恶意个别清偿行为行使破产撤销权。（3）是否对《企业破产法》第 16 条、第 33 条规定的无效行为，依法申请人民法院确认无效。（4）是否按照《企业破产法》第 34 条、第 36 条的规定，对于因本法第

31 条、第 32 条或者第 33 条规定的行为而取得的债务人的财产，以及对债务人的董事、监事和高级管理人员利用职权从企业获取的非正常收入和侵占的企业财产，行使了追回权。(5) 是否按照《企业破产法》第 35 条的规定，对债务人尚未完全履行出资义务的出资人追缴其所认缴的出资。(6) 是否按照《企业破产法》第 43 条、第 120 条的规定，在债务人财产不足以清偿破产费用，或者破产人无财产可供分配的情况下，提请人民法院终结破产程序。(7) 是否按照《企业破产法》第 48 条、第 57 条的规定，接受了债权申报并进行审查，登记造册，编制了债权表，以及对劳动债权在调查后是否列出清单并予以公示。(8) 是否按照《企业破产法》第 63 条的规定，在召开债权人会议前提前 15 日通知已知的债权人。(9) 是否按照《企业破产法》第 73 条、第 91 条的规定，在重整期间，对债务人自行管理财产和营业事务进行监督，并于监督期满后提交监督报告。(10) 是否按照《企业破产法》第 73 条、第 89 条、第 98 条的规定，在重整期间，经过人民法院批准由债务人自行管理财产和营业事务，或者经人民法院裁定认可通过的和解协议的情况下，将已接管的债务人财产和营业事务依法向债务人移交。(11) 是否按照《企业破产法》第 76 条的规定，在重整期间，确认取回权是否符合约定条件。(12) 是否按照《企业破产法》第 79 条、第 81 条的规定，自人民法院裁定债务人重整之日起 6 个月内或者有正当理由经人民法院裁定延期 3 个月内，同时向人民法院和债权人会议提交具有法定内容的重整计划草案。(13) 是否按照《企业破产法》第 86 条的规定，在通过重整计划草案之日起 10 内向人民法院提出批准重整计划草案的申请。(14) 是否按照《企业破产法》第 111 条的规定，及时拟订破产财产变价方案，提交债权人会议讨论，以及按照债权人会议通过的或者人民法院依照本法第 65 条第 1 款规定裁定的破产财产变价方案，适时变价出售破产财产。(15) 是否按照《企业破产法》第 112 条的规定，对除债权人会议另有决议外的应当通过拍卖出售的破产财产，通过拍卖进行处置，以及不能拍卖或者限制转让的财产，按照国家规定的方式处理。(16) 是否按照《企业破产法》第 114 条的规定，除债权人会议另有决议的外，以货币方式对破产财产进行分配。(17) 是否按照《企业破产法》第 116 条的规定，按照人民法院认可的破产财产分配方案进行分配。多次分配的，是否公告本次分配的财产额和债权额。实施最后分配的，是否在公告中指明，并载明本法第 117 条第 2 款规定的事项。(18) 是否按照《企业破产法》第 117 条、第 118 条、第 119 条的规定，对于附生效条件或者解除条件的债权，债权人未受领的破产财产分配额，诉讼或者仲裁未决的债权额，将其分配额提存，并依法交付债权人或分配给其他债权人。(19) 是否按照有关规定实施确认破产取回权、破产抵销权、破产别除权等对债权人利益有较大甚或重大影响的行为，等等。

2. 通过对管理人的某些行为事先应当经过其许可、批准或者裁定的方式进行监督。管理人的行为，有的会对债权人合法利益产生重大影响，如转让债务人的土地使用权、房产等不动产权益，这些财产价值往往很高，一旦处分完毕，难以补救，《企业破产法》于是规定，管理人在第1次债权人会议召开前实施的，必须经人民法院许可。在第1次债权人会议后实施的，应当及时向债权人委员会报告；没有设立债权人委员会的，则应向人民法院及时报告。管理人的行为，有的会对破产程序的正常进行产生很大影响，如管理人辞去职务的，也需要经过人民法院许可。管理人有的行为，对债权人、债务人的出资人的权益影响更为重大，而且可能导致破产程序的终止，如不依法定期限向人民法院提交重整计划草案，制订的重整计划草案一旦得到人民法院的批准后，即应终止破产重整程序。管理人有的行为，如拟订的债务人财产的管理方案、破产财产的变价方案等，对债权人利益具有重大影响，应当经过债权人会议讨论以决议方式通过。可在债权人会议未通过的情况下，则由人民法院裁定。对于需要人民法院许可、批准或者裁定，人民法院没有许可、批准或者裁定的，管理人就不能执行，不然就应承担相应的法律责任。

与这种管理人监管的方式相对应，人民法院监管的内容便是必须经人民法院许可管理人才能实施的行为。具体包括：

一是，《企业破产法》第26条规定，在第1次债权人会议召开之前，管理人决定继续或者停止债务人营业的行为，应当经人民法院许可。

二是，《企业破产法》第69条规定，管理人涉及债务人实施的诸如土地、房屋等不动产权益的转让；探矿权、采矿权、知识产权等财产权的转让；全部库存或者营业的转让；借款；设定财产担保；债权和有价证券的转让；履行债务人和对方当事人均未履行完毕的合同；放弃权利；担保物的取回等等对债权人利益有重大影响的财产处分行为，应当依法向债权人委员会或人民法院及时报告。《破产法解释（三）》第15条规定，管理人在处分《企业破产法》第69条规定的债务人重大财产时，应当事先制作财产管理或者变价方案并提交债权人会议进行表决通过；实施处分前，提前10日书面报告债权人委员会或者人民法院。人民法院认为管理人实施的处分行为不符合债权人会议通过的财产管理或变价方案的，应当责令管理人停止处分行为。管理人应当予以纠正，或者提交债权人会议重新表决通过后实施。

三是，《企业破产法》第28条规定，管理人聘用必要的工作人员，必须经人民法院许可。

四是，《企业破产法》第29条规定，管理人没有正当理由不得辞去职务。

因正当理由辞去职务的行为，应当经人民法院许可。

五是，《企业破产法》第86条、第87条规定，管理人制订的重整计划草案，必须经过人民法院批准后才能执行。

六是，《企业破产法》第65条规定，本法第61条第1款第（8）项、第（9）项所列的通过债务人财产的管理方案、破产财产的变价方案，经债权人会议表决未通过的，由人民法院裁定。本法第61条第1款第（10）项所列的通过破产财产的分配方案，经债权人会议2次表决仍未通过的，由人民法院裁定。

七是，《破产法解释（二）》第25条规定，管理人拟通过清偿债务或者提供担保取回质物、留置物，或者与质权人、留置权人协议以质物、留置物折价清偿债务等方式，进行对债权人利益有重大影响的财产处分行为的，应当及时报告债权人委员会。未设立债权人委员会的，管理人应当及时报告人民法院。

3. 通过对管理人要求制订并落实有关制度的方式进行监督。管理人在破产案件的工作涉及方方面面，异常复杂，要将这些工作做实做好，必须有严格的管理制度、方法等作为必要的前提。因此，《破产审判纪要》第9条规定，进一步落实管理人职责。在债务人自行管理的重整程序中，人民法院要督促管理人制订监督债务人的具体制度。在重整计划规定的监督期内，管理人应当代表债务人参加监督期开始前已经启动而尚未终结的诉讼、仲裁活动。重整程序、和解程序转入破产清算程序后，管理人应当按照破产清算程序继续履行管理人职责。

4. 通过对不能胜任职责的管理人进行更换的方式进行监督。毋庸讳言，管理人依法公正执行职务、胜任并认真履行职责，乃是维护债权人合法权益以及破产程序正常进行的基本保证。管理人出现不能胜任职务的情况，对其予以更换，是对管理人的一种有效监管方式，《企业破产法》第22条第2款为此明确规定："债权人会议认为管理人不能依法、公正执行职务或者有其他不能胜任职务情形的，可以申请人民法院予以更换。"《指定管理人规定》第33条规定："社会中介机构管理人有下列情形之一的，人民法院可以根据债权人会议的申请或者依职权径行决定更换管理人……"基此，人民法院采取这种监管方式，既可以基于债权人会议的申请，也可以在发现管理人具有不能胜任职责的情况后主动依职权进行。

5. 通过对被更换的管理人进行询问的方式进行监督。管理人依法被更换后，其以前履行职责的情况，如实施了何种行为、实施行为的结果等，人民法院、债权人会议及债权人委员会需要掌握、了解。这样，对管理人进行询问乃是掌握、了解原管理人履行职责情况，并及时对不正确履行职责的行为予以纠正的有效方式，原管理人也有义务接受询问，并如实回答。所以，《指定管理人规定》第 37 条第 2 款规定："在破产程序终结前，原管理人应当随时接受新任管理人、债权人会议、人民法院关于其履行管理人职责情况的询问。"这是因为："原管理人被更换时破产程序尚未完结，为保证破产程序不因为管理人的更换受到影响，本条规定在破产程序终结前，原管理人仍负有接受监督的义务，即债权人会议、人民法院都可以通过询问的方式对管理人任职期间的职责履行情况进行监督。"①

6. 通过对管理人违反职责的行为进行处罚的方式进行监督。管理人应当勤勉尽责，忠实执行职务，正确行使职权，依法履行职责。否则，轻者影响破产程序的进行，重者会给债权人的利益造成损害甚至重大损害。是以，《企业破产法》第 130 条规定："管理人未依照本法规定勤勉尽责，忠实执行职务的，人民法院可以依法处以罚款。"《指定管理人规定》第 39 条第 2 款规定："管理人有前款规定行为或者无正当理由拒绝人民法院指定的，编制管理人名册的人民法院可以决定停止其担任管理人一年至三年，或者将其从管理人名册中除名。"这种依法对管理人进行罚款或者停止担任管理人、从管理人名册中除名的处罚方式，是对管理人不履行或者不正确履行职责，甚至滥用职权行为的否定，是对管理人行为进行监管的重要方式。通过这种方式对管理人进行监管，有利于促使管理人自觉依法公平履行职责，从而确保破产程序正常进行，依法维护债权人、债务人的合法权益。

与这种管理人的监管方式相对应，人民法院监管的内容为管理人一切未能依法勤勉尽责，忠实执行职务于是要受到人民法院依法处罚包括罚款、停止担任管理人、从管理人名册中除名等的行为。如《指定管理人规定》第 39 条规定，管理人申请辞去职务未获人民法院许可，但仍坚持辞职并不再履行管理人职责的，或者人民法院决定更换管理人后，原管理人拒不向新任管理人移交相关事务的，人民法院可以根据《企业破产法》第 130 条的规定和具体情况，决定对管理人罚款。对社会中介机构为管理人的罚款 5 万元至 20 万元人民币，对个人为管理人的罚款 1 万元至 5 万元人民币。管理人有前款规定行为或者无正当理由拒绝人民法院指定的，编制管理人名册的人民法院可以决定停止其担任管理人 1 年至 3 年，或者将其从管理人名册中除名。

7. 通过编制管理人名册等日常管理的方式进行监督。《破产审判纪要》第 4 条规定，完善管理人队伍结构。人民法院要指导编入管理人名册的中介

① 最高人民法院民事审判第二庭编著：《最高人民法院关于企业破产法司法解释理解与适用》，人民法院出版社 2007 年版，第 130 页。

机构采取适当方式吸收具有专业技术知识、企业经营能力的人员充实到管理人队伍中来，促进管理人队伍内在结构更加合理，充分发挥和提升管理人在企业病因诊断、资源整合等方面的重要作用。《破产审判纪要》第6条规定，实行管理人分级管理。高级人民法院或者自行编制管理人名册的中级人民法院可以综合考虑管理人的专业水准、工作经验、执业操守、工作绩效、勤勉程度等因素，合理确定管理人等级，对管理人实行分级管理、定期考评。对债务人财产数量不多、债权债务关系简单的破产案件，可以在相应等级的管理人中采取轮候、抽签、摇号等随机方式指定管理人。如此，既可以强化具有管理人资质的中介机构相互进行有效竞争，提高自身的全面素质，并主动认真履行自己的职责，充分发挥其功能，又可以通过分级管理根据破产案件的具体情况在不同级别的管理人中采取适当方式选择出能够适应破产案件审理需要的管理人。

8. 通过支持、引导管理人协会工作的方式进行监督。《破产审判纪要》第13条规定："支持和引导成立管理人协会。人民法院应当支持、引导、推动本辖区范围内管理人名册中的社会中介机构、个人成立管理人协会，加强对管理人的管理和约束，维护管理人的合法权益，逐步形成规范、稳定和自律的行业组织，确保管理人队伍既充满活力又规范有序发展。"

（二）债权人会议对管理人监管的方式与内容

1. 通过对管理人执行职务的情况事后听取报告的方式进行监管。《企业破产法》第23条第2款规定："管理人应当列席债权人会议，向债权人会议报告职务执行情况，并回答询问。"此种方式与人民法院事后听取管理人工作报告相类似，这里不再多述。

与这种管理人监管的方式相对应，债权人会议进行监管的内容为管理人应当履行的所有职责，尤其是对债权人利益有重大影响的职责，都可以进行监管。其内容与人民法院听取管理人报告工作基本相同，具体参见有关分析。

2. 通过申请人民法院更换管理人的方式进行监管。《企业破产法》第22条规定："债权人会议认为管理人不能依法、公正执行职务或者有其他不能胜任职务情形的，可以申请人民法院予以更换。"债权人会议采取这种方式监督管理人而申请更换管理人的，根据《企业破产法》第61条、第64条规定及《指定管理人规定》第31条规定，应当由债权人会议作出决议并做成会议记录，且该决议应由出席会议的有表决权的债权人过半数通过，并且其所代表的债权额占无财产担保债权总额的1/2以上。

至于采取这种方式对管理人进行监管的内容，与人民法院采取更换管理人的方式进行监管的内容也基本一致，这里亦不再多述。

3. 通过采取审查、决议的方式进行监管。对于一些涉及债权人利益的重大行为，如对债权人申报债权审查后编制的债权表，拟订的重整计划草案等，管理人不能自行决定，必须依法由债权人会议讨论审查甚或通过或者经人民法院批准、裁定后才能确认、执行。这种必须经过债权人会议讨论或者决议通过才可实施的情形，是债权人会议对管理人行为进行监管的重要方式，属于债权人会议对管理人进行监管的重要组成部分。

与这种管理人监管的方式相对应，债权人会议进行监管的内容乃是应当经过债权人会议讨论审查、通过的事项。根据《企业破产法》第61条的规定，债权人会议行使下列职权：核查债权；审查管理人的费用和报酬；决定继续或者停止债务人的营业；通过重整计划；通过和解协议；通过债务人财产的管理方案；通过破产财产的变价方案；通过破产财产的分配方案；人民法院认为应当由债权人会议行使的其他职权等。这些职权与管理人的职责相对应，为此属于债权人以这种方式进行监管的内容。此外，第112条规定："变价出售破产财产应当通过拍卖进行。但是，债权人会议另有决议的除外。"第114条规定："破产财产的分配应当以货币分配方式进行。但是，债权人会议另有决议的除外。"据此，债权人会议对变价出售破产财产的方式、分配破产财产的方式通过决议确定了其他方式的，管理人则应按照债权人会议决议的方式出售破产财产或者分配破产财产。

（三）债权人委员会对管理人监管的方式与内容

1. 通过要求管理人对其职权范围内的事务作出说明或者提交有关文件的方式进行监管。根据《企业破产法》第68条规定，债权人委员会行使下列职权：监督债务人财产的管理和处分；监督破产财产分配；提议召开债权人会议；债权人会议委托的其他职权。债权人委员会执行职务时，有权要求管理人、债务人的有关人员对其职权范围内的事务作出说明或者提供有关文件。这种监管方式的内容，就是与债权人职权范围相对应的管理人的职责，如管理人管理、处分债务人财产的行为，分配破产财产的行为等。

2. 通过请求人民法院作出决定的方式进行监管。《企业破产法》第68条第3款规定："管理人、债务人的有关人员违反本法规定拒绝接受监督的，债权人委员会有权就监督事项请求人民法院作出决定；人民法院应当在5日内作出决定。"这是管理人不愿接受债权人委员会就与其职权范围内相对应的管理人职责进行监管时，债权人委员会依法借用人民法院基于司法权所具有的强制力而强迫管理人接受债权人委员会监管的方式，是债权人委员会实施监管的有效手段。

3. 通过听取管理人实施的对债权人利益有重大影响的处分行为的事前及

时报告之方式进行监管。不用多言，管理人实施涉及土地、房屋等不动产权益的转让，探矿权、采矿权、知识产权等财产权的转让，全部库存或者营业的转让，借款，设定财产担保，债权和有价证券的转让，履行债务人和对方当事人均未履行完毕的合同，放弃权利，担保物的取回、拍卖、变价及折价清偿债务等等行为，只要对债权人的利益存在重大影响，都应根据《企业破产法》第 69 条的规定，在实施前应当向债权人委员会及时报告；未设立债权人委员会的，管理人应当及时报告人民法院。《破产法解释（三）》第 15 条进一步规定，管理人在处分《企业破产法》第 69 条规定的债务人重大财产时，应当事先制作财产管理或者变价方案并提交债权人会议进行表决通过；实施处分前，提前 10 日书面报告债权人委员会或者人民法院。这样，让债权人委员会及时掌握了解情况，发现管理人违反职责，及时采取补救措施，属于债权人委员会对管理人的一种必要监管方式。

第七节　管理人规制

管理人规制，是指为了保证管理人正常、依法履行职责所应制定的工作机制、规则与制度。这些规制，属于管理人内部日常行政管理方面的制度，不属于管理人职责的范围，却为管理人依法行使职权、履行职责所必需，下面对此作一简单介绍。

一、管理人印章、账号的启用、管理制度

管理人印章是管理人成立并开始工作的基本标志，是管理人行使权利的象征，对外代表管理人的意思表示，在对外代表债务人处理有关事务时，如决定解除或者继续履行合同，对外行使破产撤销权、破产追回权，确认破产抵销权、破产取回权、破产别除权，继续在生产经营服务等营业期间对外签订合同，向人民法院提交重整计划草案及申请人民法院批准的文件，有关人员处理债务人事务的介绍信，申请银行开设账户，向人民法院书面报告工作及向债权人会议书面报告执行职务的情况，等等，都要加盖管理人印章，从而体现管理人的意志。因此，《指定管理人规定》第 29 条规定："管理人凭指定管理人决定书按照国家有关规定刻制管理人印章，并交人民法院封样备案后启用。管理人印章只能用于所涉破产事务。管理人根据《企业破产法》第一百二十二条规定终止执行职务后，应当将管理人印章交公安机关销毁，并

将销毁的证明送交人民法院。”基此，就存在对印章的依法刻制、保管、监督、销毁及使用等问题。对此，应当有一定制度，如印章交由何人保管，保管在何处，使用的范围仅限于有关破产事务，批准加盖印章的权限，无权或者超越权限加盖印章的责任，等等，并严格加以执行。

至于开设银行专用账户，则是管理人行使职权、履行职责的基本要求。管理人依法接受债务人的债务人清偿债务，处分债务人财产，继续进行生产经营服务等营业事务，有关资金的进出，都应尽量通过银行专用账户进行，减少现金支配，这既有利于管理人履行职务，也有利于资金的保管与安全，还有利于对资金收入和支出进行监管。故，管理人一开始工作，即应尽快开设好银行专用账户，以为管理人开展有关破产工作奠定良好基础。

二、管理人财务、审计制度

管理人被指定后，即应开展有关工作，接管债务人的资产、债权债务、营业等各种事务，并且代表债务人处理内外事务。这些内外事务的处理，离不开有关资金进出的财务制度，如行使破产撤销权、破产追回权的开支，调查核实债务人财产的费用，继续生产经营服务等营业的必要开支，对债务人的债务人清偿债务的资金接受，等等，这些都与财务或多或少发生一定关系，需要建立健全的财务管理制度，如对设立专门的财务人员、规定其工作职责、进行现金管理、有权审批现金支出的人员及权限、现金支出的程序与要求等都需要作出完善规定，通过财务制度来规范有关财务行为，防止损害债务人资产的行为发生。另外，为了督促管理人依法履行职责，保护管理好债务人的资产，减少必要支出，尤其是防止挪用、侵吞债务人资产的违法犯罪行为发生，对管理人的财务工作依法进行审计，也为管理人规制所必需。

三、管理人工作计划

管理人的工作，千头万绪，既有有关债务人的事务，又有自己内部的事务；既有实体的事务，又有程序性的事务，涉及破产程序的方方面面，无论是在开始工作前还是在工作过程中，都应制订工作计划，做到心中有数、胸有成竹，以保证管理人及其工作人员能够按部就班、有条不紊地进行工作。当然，开始制订的工作计划，应当随着工作的不断深入，结合债务人的有关实际情况，对其进行必要的调整、补充与完善。就工作计划的内容而言，主要包括：管理人工作的目的，人员的分组、安排及具体职责，主要的工作内容，大致完成的时间，完成工作时的方法、措施、步骤、程序，工作的重点、疑难问题及其解决办法，可能遇到的不利问题及其预案，等等。总之，工作计划，既要有整体的、长远的、全面的安排，又要有重点的、阶段性的、局部的部署，以保证管理人工作的有效运转。

四、管理人例会制度

管理人工作，涉及面广，问题复杂，必须定期或不定期对一些问题进行研究、解决，并及时梳理以前的工作，对好的经验进行总结，对不好的问题及时发现，并采取补救措施，吸取教训。管理人例会制度，是发现问题、解决问题的重要途径，是一种集思广益寻找疑难、复杂问题解决办法的重要方法，应当定期举行如1周或者半个月举行1次，必要时根据实际情况的需要，还可实行不定期的例会制度。对于重大疑难问题多、事情处理复杂，需要经常及时讨论决定的，还可以将例会的间隔期限缩短，如半周1次。举行例会时，应当议题明确，重点突出，有关资料提前发放，以进行必要的准备，提高例会的质量与效果。参与例会的基本人员应当确定，必要时根据不同情况扩大有关人员的范围。有的例会，为了查清有关情况或者讨论的事情需要有关部门配合，或者本身需要人民法院许可、批准或者裁定的，还可以通知债务人的有关人员，邀请法院或者其他部门的工作人员参加，充分发挥、实现例会这一制度的功能与作用。

五、管理人重大事项请示报告制度

为了有效维护债权人的合法权益，保证破产程序的正常、顺利进行，法律明确规定了对债权人利益或者破产程序进行有重大影响的行为，如涉及房屋等不动产权益的转让、借款、设定财产担保、辞去职务等，都必须及时向人民法院报告或申请，并经人民法院许可、批准或者裁定。有的则要经过债权人会议通过或者向债权人委员会报告，如重整计划草案、管理人财产的管理方案等必须经过债权人会议通过。对于这些对债权人利益或者破产程序有重大影响的行为，需要依法向人民法院、债权人会议及债权人委员会报告并依法许可、批准或者讨论通过的事项，则应建立重大事项请示报告制度：内部应有人专门负责，就重大行为实施的必要性、可能性，以及方法、措施、人员安排、可能出现的问题及解决办法等进行资料归类、整理，并在内部形成逐级报告、审定、讨论制度；作出决定或者实施后及时向人民法院报告，申请许可、批准或者裁定制度；向债权人会议、债权人委员会报告或讨论通过的程序、方法及未依法进行报告所产生的责任及其承担方式等制度。

六、管理人重大事项预警制度

管理人的工作，一般都具有程序性。程序性的最大特点就是行为的期限性，即要求行为在某一期限内实施。不在法定的期限内实施，就可能发生严重的后果，并且无法补救。如《企业破产法》第14条规定，人民法院应当自裁定受理破产申请之日起25日内通知已知债权人，而这一职责在司法实践中，通常是交由管理人经办的。管理人未在破产申请受理之日起25日内以人民法院的名义通知已知的债权人的，就属程序严重违法，可能导致有关债权人的不满，影响破产程序的进行。又如，《企业破产法》第18条规定，人民法院受理破产申请后，管理人对破产申请受理前成立而债务人和对方当事人均未履行完毕的合同有权决定解除或者继续履行，并通知对方当事人。管理人自破产申请受理之日起2个月内未通知对方当事人，或者自收到对方当事人催告之日起30日内未答复的，视为解除合同。管理人没有在法定的期限内决定解除或者继续履行合同的，就必然导致合同解除的后果。因为管理人在法定期限内的不作为导致解除的合同不利甚至明显不利于债务人的，管理人就没有正确履行其职责。再如，《企业破产法》第79条规定："债务人或者管理人应当自人民法院裁定债务人重整之日起六个月内，同时向人民法院和债权人会议提交重整计划草案。""前款规定的期限届满，经债务人或者管理人请求，有正当理由的，人民法院可以裁定延期三个月。""债务人或者管理人未按期提出重整计划草案的，人民法院应当裁定终止重整程序，并宣告债务人破产。"基此，管理人未在法定期限内向人民法院提出重整计划草案的，依法会产生重整程序终止、宣告债务人破产的严重后果。此外，还有债务人对外拥有的债权的诉讼时效，参加民事诉讼、行政诉讼依法应当遵守的上诉期等期限问题，都需要引起充分的注意。可是，管理人的工作多，涉及面广，繁琐而复杂，稍不注意，就可能忘记，还可能出于工作人员生病等其他原因不能正常进行工作。因此，管理人都要安排专人负责，就有关重大事项的期限进行编排、整理，及时提示有关人员或者为重新更换有关人员做好相关工作。

另外，管理人的工作，还可能因为涉及一些债权人群体的利益而产生一些不利于社会稳定的因素。对这，管理人也应就有可能发生事情的原因、处理办法、重点人员的基本情况等作出预案，必要时请求有关部门配合，做好相关工作。

第八节　管理人报酬

一、管理人报酬的概念

管理人报酬，是指由人民法院给依法履行职责的管理人确定的金钱或其他方式的回报，是与管理人职责相对应的权利，属于破产申请裁定受理后依法产生的破产费用。《企业破产法》第 41 条第 3 项规定，管理人执行职务的费用、报酬和聘用工作人员的费用都属于破产费用。所以，管理人执行职务的费用、聘用工作人员的费用不包括在管理人报酬之内。不然，就不应将 3 者并列在同一条文中加以规定。

1. 管理人一般由社会中介机构或者中介人员担任，而社会中介机构或者中介人员是通过为他人提供法律、会计等专业知识服务获取报酬来维持生存、体现价值的。管理人尽管由人民法院指定并依法履行职责，可其为债务人、债权人提供法律、会计等专业服务的本质依然没有变化，固然有权获得报酬。

2. 管理人由人民法院指定，依法承担一系列职责，需要丰富的知识、深厚的执业能力及认真的工作态度，才能胜任。这些职责，从本质上讲，都是管理人应当依法为之的行为，属于义务的范畴。根据权利与义务应当相适应的基本原则，管理人在付出劳动、履行职责后自然具有获得报酬的权利。

3. 管理人的工作涉及面广，问题多、难度大，异常复杂，只规定其有履行职责的义务，却没有获得报酬的权利，甚至还要因为未能正确履行职责承担相应的法律责任，既不利于吸引优秀专业人才参与此项对债务人、债权人以及市场经济秩序、社会秩序都有必要的破产程序工作，而且也不利于调动管理人主动、及时、依法、公正行使职权、履行职责的积极性，从保证破产程序正常进行及有效维护债务人、债权人合法权益的角度来考虑，也应给予管理人一定报酬，以充分调动其依法执行职务的主动性、积极性，进而保证破产程序的正常、顺利进行，以维护债权人、债务人的合法利益。

4. 对债务人实施破产，清偿其所欠债权人的所有债务，都属于私法的范围。管理人参加破产程序，所处理的主要为债务人与债权人之间的私权利，只不过从公平维护债权人、债务人利益，同时兼及市场经济秩序、社会秩序等公共利益考虑，才由人民法院指定，然这不能改变主要处理债务人与债权人之间私权利事务的属性，债务人、债权人会避免更大的损失，于是有向管理人支付报酬的义务。不过，这种报酬的支付方式与一般的服务报酬不同，不由债权人或者债务人直接支付，而是由人民法院确定并从债务人的财产中支付。显然，债务人的财产减少，必然导致债权人债权清偿数额的减少，管理人报酬实际与债务人、债权人都存在直接或者间接的关系。也正因为这样，最高人民法院在确定管理人报酬的基本标准时，兼顾管理人所从事的工作涉及市场经济秩序、社会秩序等公共利益的因素，基于远远低于律师担任诉讼代理人所得报酬的有关标准，并且允许在标准上下的30%内根据案件的具体情况予以浮动。

5. 对债务人实施破产，涉及债务人的财产管理、追偿，债权人的债权确定等诸多方面，并且与债务人、债权人、出资人等主体利益直接相关。在破产程序中，必须全面、认真、忠实履行自己的职责，稍有不慎，都可能造成债务人财产、债权人利益的损害。对此，债权人等可以依法向管理人请求赔偿。如《企业破产法》第130条规定，管理人未依法勤勉尽责、忠实执行职务而给债权人、债务人或者第三人造成损失的，应当依法进行赔偿。《破产法解释（二）》第9条明确规定，管理人因过错未依法行使撤销权导致债务人财产不当减损，债权人提起诉讼主张管理人对其损失承担相应赔偿责任的，人民法院应予支持。第33条规定，管理人或者相关人员在执行职务过程中，因故意或者重大过失不当转让他人财产或者造成他人财产毁损、灭失，导致他人损害产生的债务作为共益债务，由债务人财产随时清偿不足弥补损失，权利人向管理人或者相关人员主张承担补充赔偿责任的，人民法院应予支持。上述债务作为共益债务由债务人财产随时清偿后，债权人以管理人或者相关人员执行职务不当导致债务人财产减少给其造成损失为由提起诉讼，主张管理人或者相关人员承担相应赔偿责任的，人民法院应予支持。据之，管理人的工作具有相当大的风险。根据履职风险与收益并存增长的一般收益规则，管理人无疑需要获得适当报酬，以鼓励其努力尽职工作，否则其没有必要冒着风险来为他人工作。

6. 在破产司法实践中，不少债务人进入破产程序时就已经停产停业，账面上早已没有现金，管理人开始工作，往往先得垫付资金，如出资购买必要的办公设施，垫付交通、住宿、打印、租赁债权人会议场所等破产费用，少则几万10万元，多则几十万甚至更多。这种付出，只有得到相应的回报，才能让管理人具有克服各种困难努力有效开展工作的积极性，尽心尽力做好管理人的各项工作。

应当指出，管理人获得一定报酬，是其从事管理人工作的基本劳动权利。但在司法实践中，也可能出现债务人的财产根本无法足额支付管理人报酬甚至根本不能支付管理人报酬的情况，如债务人财产很小或者根本没有财产，或者虽有财产但其大多甚至全部财产已经用于设立抵押、质押等财产担保等。此时，按照管理人报酬由债务人财产承担的基本原则，管理人得到的报酬就会很小甚至根本得不到任何报酬，必然影响管理人工作的积极性、主动性，影响破产案件程序的正常进行，进而使得一些僵尸企业无法得以清除，有关债权债务法律关系无法了结而悬置不决，有关生产要素也无法得到释放而不能有效使用，企业正常退出市场的机制也就无法正常运行而发挥其应有作用。在此种情形下，必然有另外的渠道来解决管理人的报酬问题。是以，《破产审判纪要》第12条（推动建立破产费用的综合保障制度）明确指出："各地法院要积极争取财政部门支持，或采取从其他破产案件管理人报酬中提取一定比例等方式，推动设立破产费用保障资金，建立破产费用保障长效机制，解决因债务人财产不足以支付破产费用而影响破产程序启动的问题。"《加快完善市场主体退出制度改革方案》第8条第2项规定："探索研究破产经费筹措机制。鼓励有条件的地方探索建立破产经费筹措机制，对破产财产不足以支付破产费用的市场主体，可通过筹措经费帮助支付有关费用。"

二、管理人报酬确定的主体

《企业破产法》第28条第2款规定："管理人的报酬由人民法院确定。债权人会议对管理人的报酬有异议的，有权向人民法院提出。"《管理人报酬规定》第1条第2款规定："管理人报酬由审理企业破产案件的人民法院依据本规定确定。"据此，管理人报酬具体由审理企业破产案件的人民法院确定。这是因为，管理人所处理的主要事务虽然是清理债务人所欠债权人所有债务这一私权利主体之间的私务，由债务人与管理人协商确定报酬，则可能导致管理人偏向债务人利益的现象，难以保持中立而获得债权人的认可；反之由债权人与管理人协商确定报酬，同样可能导致管理人偏向债权人利益的现象。另外，债权人人数众多，可能很难就管理人报酬达成一致意见，为此可能影响管理人开展工作的积极性、主动性，既不利于破产程序的正常、顺利进行，又不利于债务人、债权人利益的维护。管理人由人民法院指定，对人民法院负责并报告工作，人民法院以司法公信力介入管理人报酬的确定，与债务人、债权人及管理人任何一方都无利害关系，由其确定管理人报酬自更利于保持管理人行使职权、履行职责的中立性。

应当指出，管理人报酬与债权人的利益直接相关。其报酬越多，用以清偿普通债权人的财产就会越少，管理人报酬的高低与管理人、债权人的利益密切关联。对于人民法院确定的管理人报酬，管理人、债权人会议需要赋予其知情权、异议权、协商权等加以协调、平衡。对这，《管理人报酬规定》第7条规定，管理人、债权人会议对管理人报酬方案有意见的，可以进行协商。双方就调整管理人报酬方案内容协商一致的，管理人应向人民法院书面提出具体的请求和理由，并附相应的债权人会议决议。人民法院经审查认为上述请求和理由不违反法律和行政法规强制性规定，且不损害他人合法权益的，应当按照双方协商的结果调整管理人报酬方案。第17条规定，债权人会议对管理人报酬有异议的，应当向人民法院书面提出具体的请求和理由。异议书应当附有相应的债权人会议决议。然则，管理人、债权人会议对人民法院确定的管理人报酬方案尽管具有协商、异议权，可最终的确定权仍然归于人民法院所有。

三、管理人报酬确定的标准

《管理人报酬规定》第2条规定，人民法院应根据债务人最终清偿的财产价值总额，在以下比例限制范围内分段确定管理人报酬：（1）不超过100万元（含本数，下同）的，在12%以下确定；（2）超过100万元至500万元的部分，在10%以下确定；（3）超过500万元至1000万元的部分，在8%以下确定；（4）超过1000万元至5000万元的部分，在6%以下确定；（5）超过5000万元至1亿元的部分，在3%以下确定；（6）超过1亿元至5亿元的部分，在1%以下确定；（7）超过5亿元的部分，在0.5%以下确定。担保权人优先受偿担保物价值，不计入前款规定的财产价值总额。高级人民法院认为有必要的，可以参照上述比例在30%的浮动范围内制定符合当地实际情况的管理人报酬比例限制范围，并通过当地有影响的媒体公告，同时报最高人民法院备案。基此，对于管理人报酬确定的标准应当注意以下几点：

（一）债务人最终清偿的财产价值总额作为计算管理人报酬标准的基础

债务人最终清偿的财产价值总额作为计算管理人报酬标准的基础，说明管理人报酬不采取计时标准，而采取以财产的标的额为基础标准。采取以财产标的额为基础标准，既可以采取破产财产总额为标准，又可以采取债务人最终清偿的财产价值为标准。根据《管理人报酬规定》，采取的是后者即以债务人最终可供清偿的财产价值为标准，而不是以采取破产财产总额为标准。破产财产总额，包括应当追回但出于各种原因而无法追回的账面财产价值以及无法变现的财产价值；而债务人最终可供清偿的财产价值，则是完全可以用于清偿所负债权人债务的财产总额。以此为标准，可以激励管理人勤勉尽责，尽量核查清楚债务人的财产，尽力通过行使破产撤销权、破产追回权、申请确认破产行为无效权、参加有关债务人的诉讼、正确确认取回权、抵销权等来维护债务人的全部财产，达到维护债权人合法权益的目的。而计时标准以及以债权总额为标准确定管理人报酬，就与可供清偿债权人债务的财产多少无必然联系，管理人完全可能坐享其成，不利于管理人职能的充分发挥。

（二）担保权人优先受偿的担保物价值，不计入上述规定的债务人最终清偿的财产价值总额

管理人报酬的确定以债务人最终清偿的财产价值总额为基础标准，与债权人的利益保持一致，并且与管理人履行职责的效果相联系，与按劳分配的原则也相吻合。而担保人优先受偿的担保物价值，是担保权人依法具有的权利，与管理人履行职责的情况尽管存在一定联系，如管理人依法保管担保物、处置担保物，可担保权人优先受偿权的实现，主要原因仍然在于债务人与债权人之间依法设立的担保物权本身。因此，《管理人报酬规定》第2条第2款规定，担保权人优先受偿的担保物价值，不计入债务人最终清偿的财产价值总额。如此，构成管理人报酬标准基础的债务人最终清偿的财产价值总额，乃是债务人最终能够用于清偿有财产担保权之外的无财产担保债权的财产价值总额，优先受偿权人享有优先受偿权的财产价值应当排除。

（三）作为管理人报酬确定基础标准的债务人最终清偿的财产价值总额，不应包括破产费用、共益债务，以及虽有一定价值但因各种因素无法或者不能用于清偿债权人债务的财产在内

债务人最终清偿的财产，乃是指最终用以清偿破产债权的财产。破产费用、共益债务，不属于破产债权，虽要以债务人的财产进行清偿，却仍不属于作为管理人报酬确定标准的债务人最终清偿的财产之列。此外，债务人的某些财产，具有一定价值可出于其无法变现等各种各样的原因无法或者不能用之清偿债务的，也不宜计算为债务人最终清偿的财产之内。①

（四）分段的不同比例是构成管理人报酬标准的辅助部分

分段的不同比例是构成管理人报酬标准的另一辅助部分，以债务人最终用于清偿的无财产担保债权的财产价值为基础，按照这一基础分段实行不同比例确定管理人报酬，然后，再累计计算就可确定管理人报酬的具体数额。换言之，管理人报酬以债务人最终清偿的财产价值总额为基础，采用差额比率累计计算方式确定管理人报酬。

（五）不是采取绝对的比例，而是采取比例幅度确定债务人报酬的标准

具体采用何种比例计算管理人报酬，则由审理破产案件的人民法院在规

① 徐根才：《破产法实践指南》，法律出版社2018年版，第74页。

定的比例幅度内确定，从而给人民法院在确定管理人报酬时留下了自由裁量的空间，有利于审理破产案件的人民法院根据对债务人破产进行的不同程序或者同一程序的不同阶段，破产工作的难易、复杂程度，及管理人工作的效果等实际情况确定管理人报酬，体现了原则性与灵活性的结合，也有利于激励管理人依法、公正履行职责，努力维护债权人合法权益，获得人民法院、债权人会议的认可，以得到更多的报酬。如《民商事审判纪要》第 113 条（重整计划监督期间的管理人报酬及诉讼管辖）第 1 款规定："要依法确保重整计划的执行和有效监督。重整计划的执行期间和监督期间原则上应当一致。二者不一致的，人民法院在确定和调整重整程序中的管理人报酬方案时，应当根据重整期间和重整计划监督期间管理人工作量的不同予以区别对待。其中，重整期间的管理人报酬应当根据管理人对重整发挥的实际作用等因素予以确定和支付；重整计划监督期间管理人报酬的支付比例和支付时间，应当根据管理人监督职责的履行情况，与债权人按照重整计划实际受偿比例和受偿时间相匹配。"《民商事审判纪要》第 114 条（重整程序与破产清算程序的衔接）第 2 款规定："重整程序转破产清算案件中的管理人报酬，应当综合管理人为重整工作和清算工作分别发挥的实际作用等因素合理确定。重整期间因法定事由转入破产清算程序的，应当按照破产清算案件确定管理人报酬。重整计划执行期间因法定事由转入破产清算程序的，后续破产清算阶段的管理人报酬应当根据管理人实际工作量予以确定，不能简单根据债务人最终清偿的财产价值总额计算。"

（六）司法解释确定的分段比例幅度，留有很大空间

由于我国各地经济发展极不平衡，有的地区尤其是经济并不发达的地区，按照最高人民法院司法解释统一的分段比例幅度确定管理人报酬，仍然认为太高而不能接受。有的地区，则因为经济极为发达，对上述的统一分段比例幅度又认为太低。此外，不同行业之间的经济水平亦大不相同，对分段比例的认同度也不相同。故，《管理人报酬规定》第 2 条第 3 款规定，高级人民法院认为有必要的，可以参照上述比例在 30% 的浮动范围内制定符合当地实际情况的管理人报酬比例限制范围，并通过当地有影响的媒体公告，同时报最高人民法院备案。

四、管理人报酬确定的程序与方法

管理人报酬以事初初步确定、事中加以调整、事将结束时最终确定的程序与方法进行。我们知道，作为社会中介机构或者中介人员的管理人，提供专业服务时，一般要对自己报酬的多少与当事人通过协商达成一致意见。在

破产程序中，人民法院也要对管理人报酬有一初步方案，以让管理人对自己的报酬有一个预期。不然，首先没有方案，管理人对自己的报酬多少没有任何概念，无疑难以调动管理人的积极性。另外，管理人工作后，与有关工作人员会发生这样或那样的联系，那时，也易给工作人员与管理人串通等不当行为留下空间。事实上，在破产申请裁定受理前，人民法院需要审查债务人是否具有破产能力与破产原因，要对债务人的情况作一基本了解。因此，对破产工作难度的大小，管理人工作量的多少，会有一个大体的判断或概念，也完全可能根据《管理人报酬规定》的标准初步确定管理人报酬。但应看到，管理人工作时间长、变数多，有的工作异常复杂，报酬方案一旦确定就不允许变动，也不一定符合实际情况。另外，人民法院事先初步确定管理人报酬也是基于债务人基本情况而对管理人工作量的多少作的判断，并不是基于对债务人情况的全面了解与把握。在破产程序中，由于主体多种多样，而且各种利益之间可能发生冲突甚至严重冲突，可能导致许多不确定的因素发生，管理人报酬一旦确定就不能改变，也不利于充分调动管理人工作的积极性，因为报酬多少已经确定不变，其工作的态度与效果就与报酬联系不大，必然缺乏充分发挥其主动性、积极性的原动力。反之，事先确定的管理人报酬，仅仅是初步的，还允许根据管理人工作量的实际大小及效果等因素予以调整，不仅使得管理人报酬的确定能够与破产案件复杂多变的实际情况相适应，而且与管理人的工作情况相联系，有助于人民法院根据案件的实际情况对管理人报酬作出调整。人民法院事中根据案件调整的过程，自然是一个变化的过程，只有在破产案件即将结束至少是用于清偿普通债权的债务人财产能够固定时，管理人报酬方案才可最终确定。

（一）管理人报酬的初步确定

《管理人报酬规定》第 4 条规定：“人民法院受理企业破产申请后，应当对债务人可供清偿的财产价值和管理人的工作量作出预测，初步确定管理人报酬方案。管理人报酬方案应当包括管理人报酬比例和收取时间。”第 6 条规定：“人民法院应当自确定管理人报酬方案之日起三日内，书面通知管理人。管理人应当在第一次债权人会议上报告管理人报酬方案内容。”据之，对于管理人报酬初步确定，应当注意以下几点：

1. 人民法院初步确定管理人报酬的时间为人民法院受理破产申请后，而非受理破产申请前。受理破产申请前，破产程序尚未启动，还不存在管理人的问题，从逻辑上讲还就不存在管理人的报酬问题。根据《企业破产法》第 13 条关于“人民法院裁定受理破产申请的，应当同时指定管理人”的规定，管理人报酬初步的确定亦应在指定管理人之后。所以，认为“在确定管理人报酬初步预案之时，管理人一般还没有指定，人民法院主要根据债务人的资产规模估计管理人的工作量，与谁是管理人无关，因此人民法院最好在指定管理人之前确定管理人报酬方案，被指定的管理人接受这一既定的报酬预案即可。如此可以避免因审理法官和管理人亲疏远近不同而可能产生的'看人下菜'之嫌"是不当的。[①] 但是，管理人报酬的初步方案要在破产申请受理即人民法院指定管理人后确定，并不排除人民法院在破产申请受理前在对债务人是否符合破产条件，了解债务人基本情况的过程中，为管理人报酬的初步确定做些准备工作，提出一些设想，可初步方案的确定应是在破产申请受理之后，而不是在破产申请受理前就已经形成、确定。

2. 管理人报酬的初步确定要以债务人可供清偿的财产价值和管理人的工作量为基本根据，于是在确定管理人报酬方案前，应对债务人可供清偿的财产价值和管理人的工作量作出初步预测，并由此初步确定管理人的报酬方案。具体来说，根据《管理人报酬规定》第 9 条的规定，人民法院确定管理人报酬方案时，应当考虑破产案件的复杂性，管理人的勤勉程度，管理人为重整、和解工作做出的实际贡献，管理人承担的风险和责任，债务人住所地居民可支配收入及物价水平等影响管理人报酬的各种情况。

3. 管理人报酬方案的内容应当包括管理人报酬比例和收取时间。管理人的报酬比例，要在《管理人报酬规定》第 2 条规定的分段比例幅度内分别确定分段的具体比例，不能开始就按分段比例幅度的上限确定，以给管理人报酬初步方案在事中予以调整留下空间。管理人报酬的收取时间，根据《管理人报酬规定》第 3 条的规定，人民法院可以根据破产案件的实际情况，确定管理人分期或者最后一次性收取报酬，从而排除管理人报酬一开始就全部收取的做法。

4. 人民法院应当自确定管理人报酬方案之日起 3 日内，书面通知管理人。管理人应当在第 1 次债权人会议上报告管理人报酬方案内容。这是因为，对于管理人报酬，根据《企业破产法》第 61 条第 2 项的规定，债权人会议有权予以审查。

（二）管理人报酬的事中调整

《管理人报酬规定》第 7 条规定，管理人、债权人会议对管理人报酬方案有意见的，可以进行协商。双方就调整管理人报酬方案内容协商一致的，管理人应向人民法院书面提出具体的请求和理由，并附相应的债权人会议决议。人民法院经审查认为上述请求和理由不违反法律和行政法规强制性规定，且

① 吴庆宝、王建平主编：《破产案件裁判标准规范》，人民法院出版社 2009 年版，第 79 页。

不损害他人合法权益的，应当按照双方协商的结果调整管理人报酬方案。第 8 条规定，人民法院确定管理人报酬方案后，可以根据破产案件和管理人履行职责的实际情况进行调整。人民法院应当自调整管理人报酬方案之日起 3 日内，书面通知管理人。管理人应当自收到上述通知之日起 3 日内，向债权人委员会或者债权人会议主席报告管理人报酬方案调整内容。第 9 条规定，人民法院确定或者调整管理人报酬方案时，应当考虑以下因素：（1）破产案件的复杂性；（2）管理人的勤勉程度；（3）管理人为重整、和解工作做出的实际贡献；（4）管理人承担的风险和责任；（5）债务人住所地居民可支配收入及物价水平；（6）其他影响管理人报酬的情况。《破产法解释（三）》第 13 条规定，债权人会议可以依照《企业破产法》第 68 条第 1 款第（4）项的规定，委托债权人委员会行使《企业破产法》第 61 条第 1 款第（2）项规定的“申请人民法院更换管理人，审查管理人的费用和报酬”的债权人会议职权。是以，对于管理人报酬初步方案的调整，应当注意以下几点：

1. 管理人报酬初步方案的调整包括管理人、债权人会议及其被委托的债权人委员会协商调整，债权人会议及其被委托的债权人委员会申请调整和人民法院依职权调整 3 种方式。管理人的报酬要从债务人的财产中支付，报酬越多，债务人用于清偿所负债权人债务的财产就越少。反之，报酬越少，债务人用于清偿所负债权人债务的财产就越多，管理人报酬的多少与债权人债权清偿的多少直接相关，《企业破产法》第 61 条第 2 项为此明确规定，债权人会议有权审查管理人的报酬。存在异议的，可以与管理人协商或者自行申请人民法院调整。不过，债权人会议及其被委托的债权人委员会对管理人报酬的异议权，由债权人会议及其被委托的债权人委员会行使，而不是部分甚至个别债权人行使。

2. 管理人、债权人会议及其被委托的债权人委员会对管理人报酬方案有意见，双方经过协商达成一致意见的，只要不违反法律和行政法规强制性规定，且不损害他人合法权益的，人民法院就应当按照双方协商的结果调整管理人报酬方案。这是因为，报酬的多少与债权人的最终获得清偿的多少直接相关，从本质上讲，依然属于管理人与债权人之间的一种私权利，可以由与之相关的债权人会议及其被委托的债权人委员会进行协商并达成一致意见。然而，由于债权人众多，通常不可能由所有债权人与管理人就管理人报酬达成完全一致的意见。因此，债权人会议及其被委托的债权人委员会与管理人达成的一致意见，并非完全能够代表所有债权人的意志。另外，两者之间的协商还可能存在一些债权人会议成员相互串通损害其他债权人，或者损害其他利害关系人的现象，有的可能违反国家强制性法律规定，《企业破产法》的有关解释等于是规定，对管理人与债权人会议及其被委托的债权人委员会就管理人报酬达成一致意见所做的调整，人民法院应当进行审查。经过审查，双方的协商只有不违反法律和行政法规强制性规定，且不损害他人合法权益的，人民法院才能够按照双方协商的结果调整管理人报酬方案。

3. 债权人会议及其被委托的债权人委员会对管理人报酬存在异议，且不能与管理人达成一致意见的，则可以申请人民法院予以调整。《管理人报酬规定》第17条规定："债权人会议对管理人报酬有异议的，应当向人民法院书面提出具体的请求和理由。异议书应当附有相应的债权人会议决议。"第18条规定："人民法院应当自收到债权人会议异议书之日起三日内通知管理人。管理人应当自收到通知之日起三日内作出书面说明。人民法院认为有必要的，可以举行听证会，听取当事人意见。人民法院应当自收到债权人会议异议书之日起十日内，就是否调整管理人报酬问题书面通知管理人、债权人委员会或者债权人会议主席。"

4. 人民法院依职权主动进行调整。此种调整是在债权人没有异议，且管理人与债权人会议及其被委托的债权人委员会没有达成一致意见的情况下，根据破产案件和管理人履行职责的实际情况主动依职权进行调整。人民法院调整管理人报酬方案时，应当全面考虑破产案件的复杂性，管理人的勤勉程度，管理人为重整、和解工作做出的实际贡献，管理人承担的风险和责任，债务人住所地居民可支配收入及物价水平等影响管理人报酬的各种情况。对此，《破产案件高效审理意见》第5条明确规定："管理人对于提高破产案件效率、降低破产程序成本作出实际贡献的，人民法院应当作为确定或者调整管理人报酬方案的考虑因素。"在对管理人报酬决定调整后，人民法院应当自调整管理人报酬方案之日起3日内，书面通知管理人。管理人应当自收到上述通知之日起3日内，向债权人委员会或者债权人会议主席报告管理人报酬方案调整内容。

（三）管理人报酬的最终确定

破产程序快结束前，管理人工作即将完成，这时，人民法院按照最初确定的管理人报酬初步方案，以及在破产程序进行过程中根据破产案件的实际情况与管理人的工作效果等因素进行的调整，最终确定管理人的报酬。对于最终确定的管理人报酬，《管理人报酬规定》第10条规定，应列入破产财产分配方案。在和解、重整程序中，管理人报酬方案内容应列入和解协议草案或重整计划草案。这样，最终确定的管理人报酬，应在破产财产分配方案形成前确定；在和解、重整程序中，则分别应在和解协议草案及重整计划草案形成前确定，并分别列入和解协议草案及重整计划草案。

应当指出，在司法实践中，一些债权是否具有合法有效的抵押、质押等担保物权或者法定特别优先权，或者虽然合法有效是否属于破产撤销行为需要予以撤销，管理人与债权人通常存在争议，为此诉诸诉讼或者仲裁等法律程序加以解决。有的诉讼经过一审、二审、再审甚至发回重审等程序，短的一两年，长的达数年，致使管理人报酬的基础无法确定，报酬方案也就无法确定，要将之列入重整计划草案、和解协议草案作为重整计划草案、和解协议草案的一部分，并经债权人会议表决通过，则无可能。在管理人报酬方案无法确定不能纳入重整计划草案、和解协议草案的情况下，则由被委托的债权人委员会代行债权人会议的"审查管理人的费用和报酬"职权，乃是一种最佳选择。当然，在管理人报酬方案基于债务人具有担保物权或者法定特别优先权等负担的财产处于诉讼、仲裁程序中等无法确定时，在重整计划草案、和解协议草案还是应当确定管理人报酬的根据如收取比例等事项，在用以计算管理人报酬的债务人财产基础确定后，按照人民法院批准或者认可的重整计划、和解协议确定的比例计算即可。

五、管理人报酬确定的几种特定情形

（一）竞争方式指定的管理人报酬问题

《管理人报酬规定》第5条规定，人民法院采取公开竞争方式指定管理人的，可以根据社会中介机构提出的报价确定管理人报酬方案，但报酬比例不得超出本规定第2条规定的限制范围。上述报酬方案一般不予调整，但债权人会议异议成立的除外。基此，应当注意：

1. 通过竞争方式指定管理人，管理人一般会对报酬提出报价。管理人未提出报价的，人民法院可以要求其提出报价，以在确保破产程序正常进行的前提下尽量选择报价较低的申请人担任管理人，增加债权人的受偿数额，减少其因为债务人破产所受到的损失。

2. 管理人的报价，体现了其对自己工作报酬的一定预期，类似于招投标程序的报价，人民法院可以根据管理人的报价确定其报酬方案。可是，为了防止恶性竞争，人民法院宜向参加竞争者介绍债务人的基本情况以及一旦根据其报价确定其报酬方案就不能反悔的法律责任，以防止为了争揽业务而盲目甚至恶意压价。否则，不计成本的报价，在被指定管理人后因为没有利益甚至亏本，将可能影响其履行职责的积极性，并且可能通过一些不正当的甚至违法犯罪的手段谋取利益，影响破产程序的正常、顺利进行，损害债权人的合法权益。

3. 管理人的报价，既不能是不计成本的压低报价，也不能是追逐利益的漫天要价，其报价的基础是《管理人报酬规定》第5条的规定，即报酬比例不得超出本规定第2条规定的限制范围。

4. 对于管理人的报价，人民法院可以依此确定报酬方案。可以依此确定报酬方案，说明不是必须根据管理人的报价确定方案。管理人的报价明显不合理，也可以不依此确定报酬方案，如远远高于人民法院初步预期的，则可以自行确定管理人报酬的方案；报价很低，不能适应破产工作需要的，可以考虑将其淘汰出局，即不指定其为管理人。故，指定管理人并非一定选择报价最低者，报价的多少只是人民法院通过竞争方式指定管理人时应当考虑的一个因素，而不是决定的因素。

5. 人民法院根据管理人的报价确定的管理人报酬，一般不予调整。一般不予调整，是指除债权人会议及其被委托的债权人委员会提出异议且成立的外，都不应加以调整。即对人民法院根据管理人报价确定的报酬方案，债权人会议及其被委托的债权人委员会有权提出异议，异议成立的，人民法院可以依此调整。除此之外，人民法院都不应加以调整。

（二）管理人管理、处分担保物清偿有财产担保债权的报酬问题

根据《管理人报酬规定》第2条第2款的规定，担保权人优先受偿的担保物价值，不计入管理人报酬基础标准即债务人清偿的财产价值总额的范围。因此，管理人管理、处分担保物以清偿有财产担保的债权没有计算在管理人报酬的范围内。然则，管理人为了管理、处分担保物，清偿有财产担保的债权，仍要进行一定工作，付出一定劳动，债权人于是也能使其权利得到满足，理应从担保权人处获得报酬。尤其是在债务人的财产大部分或者全部抵押、质押的情况下，不允许管理人从担保权人处获得一定报酬，管理人工作的报酬就可能很低甚至没有。当然，管理人管理、处分担保物，清偿有财产担保债权等工作的难度、复杂程度以及工作量，无法与管理人接管债务人财产、债权债务、营业等事务和清偿担保权人之外的债权人的债权的工作相比。如此，管理人管理、处分担保物，清偿有财产担保债权的工作所获取的报酬，不应与管理人为清偿担保权人之外的其他债权人的债权工作所获取的报酬采取同一标准，《管理人报酬规定》第13条为此规定，管理人对担保物的维护、变现、交付等管理工作付出合理劳动的，有权向担保权人收取适当的报酬。管理人与担保权人就上述报酬数额不能协商一致的，人民法院应当参照本规定第2条规定的方法确定，但报酬比例不得超出该条规定限制范围的10%。

（三）聘请其他社会中介机构专业人员工作的劳动报酬问题

管理人工作涉及广泛，需要法律、财务、审计、评估、金融、管理、经营等各方面的专业知识，仅仅具有某一方面专业知识的社会中介机构或者中

介人员完全可能无法胜任全部工作。在此种情况下，为了保证破产工作的顺利进行，需要聘请必要的工作人员协助管理人工作，《企业破产法》第28条第1款于是规定，管理人经人民法院许可，可以聘用必要的工作人员。第41条第3项规定，管理人执行职务的费用、报酬和聘用工作人员的费用，均属破产费用。据此，管理人聘用工作人员的费用，不属于管理人报酬的范围。如果仅从字义上理解，凡属管理人聘用工作人员产生的费用，都不属于管理人报酬而另行开支，那么，管理人如从其他社会中介机构聘请本专业人员工作，既可从管理人报酬外作为破产费用另行开支，减少自己的开支，间接增加管理人的报酬，又可以做顺水人情，让他人以被聘用为名获取报酬。所以，应当对《企业破产法》第41条的规定作出限制规定，以防止管理人采用聘请本专业的其他社会中介机构中的人员来重复计酬的方式增加自己的报酬，进而损害债权人的合法权益。对此，《管理人报酬规定》第14条第1款规定："律师事务所、会计师事务所通过聘请本专业的其他社会中介机构或者人员协助履行管理人职责的，所需费用从其报酬中支付。破产清算事务所，通过聘请其他社会中介机构或者人员协助履行管理人职责的，所需费用从其报酬中支付。"对之，应当注意：

1. 律师事务所、会计师事务所、破产清算事务所等社会中介机构安排本中介机构的工作人员，无论是否属于本专业的人员，如律师事务所安排所内的不具有律师专业资格但具有其他专业资格，或者不具有专业资格的一般工作人员，都不属于聘用的范围，由此所产生的费用，应当从管理人报酬中支付。

2. 律师事务所、会计师事务所聘请本专业外的其他社会中介机构或者人员协助工作，必须是聘请其他社会中介机构中不具有本专业但具有管理人工作所需要的其他专业的工作人员，而非其他社会中介机构中不具有任何专业资格的一般工作人员，或者虽然具有其他某种专业资格但不为管理人工作所需要的工作人员。聘请的人员属于后者，所产生的费用乃要从管理人报酬中支付。

3. 律师事务所从其他律师事务所聘用律师、会计师事务所从其他会计师事务所聘用会计等财务人员协助工作，由此产生的费用，应从管理人报酬中支付，没有疑义。但是，律师事务所从律师事务所之外的会计师事务所等社会中介机构聘请具有律师专业资格的工作人员，会计师事务所从会计师事务所之外的律师事务所等社会中介机构聘请具有注册会计师专业资格的工作人员协助管理人工作，所产生的费用是否从管理人报酬中支付，则有问题。管理人可能会说，所聘用的是属于本专业外的社会中介机构或者人员，而其确实同时具有与管理人相同的专业知识，从工作的角度，这种跨专业人才更有利于管理人工作，可这容易为管理人聘用相同专业工作人员留下寻租空间，在同时具有法律专业资格、注册会计师资格的人才日益增多的情况下更是如此。是以，对于律师事务所从非律师事务所的社会中介机构聘用具有本专业知识的工作人员、会计师事务所从非会计师事务所的社会中介机构聘用具有本专业知识的工作人员工作的，所产生的费用，宜应从管理人报酬中支付。

4. 破产清算事务所通过聘请其他社会中介机构或者人员协助履行管理人职责的，所产生的费用都应当从管理人报酬中支付。这是因为，破产清算事务所，作为专门从事破产清算事务的专业性中介机构，需要具有破产清算工作所需要的各种专门性人才，如具有法律、财务知识的工作人员。它与律师事务所、会计师事务所等主要具有某一专业方面知识的专业性机构不同，属于具有破产清算所需要的各种专业人才的复合性机构。其聘用其他社会中介机构或者人员协助管理人工作，所产生费用如果要从管理人报酬之外另行支付，那么，其就可以成为“总承包商”，以不具有法律、会计等专业知识为由聘请律师事务所、会计师事务所等社会中介机构或者人员协助管理人工作，而不付出相应劳动就可以得到相应报酬。因此，破产清算事务所聘请其他社会中介机构或者人员协助工作的，所产生费用均应从管理人报酬中支付。

如前所述，基于破产事务处理、破产程序正常进行的需要，在管理人缺乏有关专业知识、经验的情况下，可以对外聘请所需本专业之外的专业人员从事有关工作，然如何聘请，特别是谁有权决定聘请，则没有明确的规范。在司法实践中，一般是经人民法院许可。但聘请有关工作人员，需要列入管理人报酬之外的破产费用开支，必然造成用于债权人债权清偿的财产减少，会对全体债权人的利益产生影响，有的便主张，应当经过债权人会议同意。①

（四）清算组担任管理人的报酬问题

《管理人报酬规定》第15条规定：“清算组中有关政府部门派出的工作人员参与工作的不收取报酬。其他机构或人员的报酬根据其履行职责的情况确定。”据之，清算组中有关政府部门派出的工作人员，由于其所进行的破产清算工作只是临时性的工作，这些人员并未与政府部门脱离，仍可从所在部门、单位领取工资，而且这些工资为国家承担。故，在债权人因为债务人的破产必然遭受损失的情况下，为减少债权人的损失，尽量使债权人利益最大化，已有工作报酬的政府部门派出参与破产工作的人员，自然不应再获得相应报

---

① 贺小荣、王富博、杜军：《破产管理人与重整制度的探索与完善——〈全国法院破产审判工作会议纪要〉的理解与适用（上）》，载《人民司法》2018年第13期。

酬。至于其他机构或人员，并非政府部门指派，所产生工资费用不能由国家承担，其参与破产工作应当获取相应报酬。报酬多少，具体根据其履行职责的情况确定。

（五）管理人更换的报酬问题

《管理人报酬规定》第16条规定："管理人发生更换的，人民法院应当分别确定更换前后的管理人报酬。其报酬比例总和不得超出本规定第2条规定的限制范围。"基此，人民法院更换管理人后，应当分别确定原管理人与新管理人各自的报酬。原管理人、新管理人的分段报酬的比例总和不得超出《管理人报酬规定》第2条规定的分段比例幅度的上限。这是因为，尽管管理人因为更换而由多个管理人承担，破产工作的有效总量却恒定不变，不会因为管理人更换而改变。管理人的更换导致多个管理人参与破产，虽会产生一定的重复工作，如新管理人基于自己的工作思路、方法要重新进行某些原管理人已经进行的工作，可这种工作量不是破产工作的有效工作量；原管理人与新管理人的有效工作量之和仍旧相当于单个管理人的有效工作总量。因此，原管理人与新管理人的报酬比例不能超过《管理人报酬规定》第2条规定的分段比例的上限。此外，管理人尽管出于不胜任工作等原因被更换，还是做了一定工作，新管理人的工作量通常也会减少。在不超过《管理人报酬规定》第2条规定的比例上限的情况下，根据各自的工作量分别确定其报酬比例，无疑是正确的。此时，两者的比例之和尽管不能超过《管理人报酬规定》第2条规定的上限，却可能高于原管理人报酬的比例，从而必须对原管理人、新管理人所获得报酬比例作出不超过《管理人报酬规定》第2条规定的比例上限的限制。

（六）管理人承继的报酬问题

管理人承继，是指由参与过债务人行政清算、解散清算的社会中介机构，继续担任破产清算的管理人。此种承继管理人的报酬如何确定，《管理人报酬规定》没有作出明确规定。有人认为，前期的清算程序有许多工作与破产清算相同，不能在破产程序中重复计酬，不然就是对债权人利益的侵犯，应当对承继管理人报酬的总额加以限制，如不得超过《管理人报酬规定》第2条确定的管理人报酬标准的1.5倍。有人认为，在这种情况下，清算组在破产清算前做了一些工作，如通知债权人、接受申报并确认债权、接收管理债务人财产等，在管理人承继的情况下其工作量会有所减少，而且可能在行政清算、解散清算程序中已经获得了报酬，应当酌减其报酬。笔者认为，在行政清算、解散清算转为破产清算程序后，其在行政清算、解散程序确定的报酬，高于《管理人报酬规定》第2条规定的报酬上限时，则以之前在行政清算、解散程序确定的标准计算其报酬，不应因为转为破产清算再增加其报酬；其在行政清算、解散程序确定的报酬，居于《管理人报酬规定》第 2 条规定的报酬幅度内的，则可根据《管理人报酬规定》第 9 条规定的各种因素及是否必要重复等适当调整增加在行政清算、解散程序中确定的报酬，但不能减少以前确定的报酬。不论属于哪种情况，已经支付的报酬都应从最终确定的报酬中加以扣除。

六、管理人报酬的收取

（一）管理人报酬的收取情况构成破产财产分配方案、和解协议草案、重整计划草案的组成部分

人民法院对初步或者事中方案经过调整最终确定的管理人报酬，乃是管理人所能收取报酬的根据。对于最终确定的管理人报酬及其收取情况，根据《管理人报酬规定》第 10 条的规定，均应列入破产财产分配方案。在和解、重整程序中，管理人报酬方案应列入和解协议草案或重整计划草案，属于破产财产分配方案、和解协议草案、重整计划草案的内容之一，分别构成破产财产分配方案、和解协议草案、重整计划草案的组成部分。

（二）管理人收取报酬的时间与方式

《企业破产法》第 43 条第 1 款规定："破产费用和共益债务由债务人财产随时清偿。"由于管理人报酬属于破产费用，从表面上讲，管理人报酬似乎随时可以由债务人财产进行清偿。笔者认为，随时清偿不是没有任何规制的清偿，即想什么时候清偿就什么时候清偿。如上所述，管理人报酬实行事初初步确定、事中加以调整、事将结束时最终确定的方式。所以，管理人报酬不可能在事初或事中就全部收取完毕。否则，事中调整、事将结束的最终确定就没有任何意义。这是因为，假若随时没有任何限制，债务人一有财产，管理人基于自己利益的考虑，就可能将管理人的报酬全部收取完毕。这样，包括管理人报酬在内的破产费用，随时以债务人财产清偿的规定，不能将之绝对化为任何时候没有任何限制约束的随时收取。对这，《管理人报酬规定》第 3 条明确规定，人民法院可以根据破产案件的实际情况，确定管理人分期或者最后一次性收取报酬。据之，人民法院可以根据破产案件实际情况及管理人的工作情况，分期分批支付，或者最后一次性支付。《破产审判纪要》第 10 条"发挥管理人报酬的激励和约束作用"指出，人民法院可以根据破产案件的不同情况确定管理人报酬的支付方式，发挥管理人报酬在激励、约束管理人勤勉履职方面的积极作用。管理人报酬原则上应当根据破产案件审理进度和管理人履职情况分期支付。案情简单、耗时较短的破产案件，可以在破产

程序终结后一次性向管理人支付报酬。

应当指出，在司法实践中，既要考虑到管理人工作繁杂、沉重，不少都是冒着风险自行垫资支付有关工资、住宿、差旅等工作人员费用，有的甚至垫付了破产工作事先必须进行的有关公告、通知、邮寄、审计、评估等费用，破产程序周期通常较长等实际情况，避免因为一次性支付管理人为此长期得不到合理报酬而难以激励乃至挫伤管理人工作积极性，以充分发挥其功能、作用，人民法院对于案情简单、周期较短外的重大复杂、周期较长甚至很长的破产案件，应当采取分期支付管理人报酬的支付方式。

（三）管理人报酬的清偿顺序

管理人报酬作为破产费用，应由债务人财产共同承担。管理人管理、处分特定财产所应获得的报酬，应由该特定财产承担，这时一般不会存在不能承担的问题，无需考虑管理人报酬的清偿顺序。此外，在破产重整程序、破产和解程序中，包括管理人报酬在内的破产费用也会得到足额清偿，也无需考虑管理人报酬的清偿顺序问题。如此，包括管理人报酬在内的破产费用的清偿顺序问题，只需要在破产清算程序中予以考虑。

《企业破产法》第 109 条规定，对破产人的特定财产享有担保权的权利人，对该特定财产享有优先受偿的权利。第 113 条规定，破产财产在优先清偿包括管理人报酬在内的破产费用和共益债务后，再依次清偿。第 43 条第 2 款、第 3 款规定："债务人财产不足以清偿所有破产费用和共益债务的，先行清偿破产费用。债务人财产不足以清偿所有破产费用或者共益债务的，按照比例清偿。"据此，在破产清算中，未负有担保物权或者法定特别优先权的非特定财产，以及虽然负有担保物权或者法定特别优先权的特定财产在清偿应由特定财产承担的包括管理人报酬在内的破产费用、共益债务，以及具有担保物权和法定特别优先权的债权后还剩余的部分财产，将之用于清偿应当由非特定财产承担的包括管理人报酬在内的破产费用、共益债务，然后再清偿其他债务。是以，应当由非特定财产承担的包括管理人报酬在内的破产费用在非特定财产的清偿顺序居于第 1 顺序位置上。债务人财产不足以清偿包括管理人报酬在内的破产费用的，则按照比例清偿破产费用。然而，根据《管理人报酬规定》第 12 条的规定，债权人、管理人、债务人的出资人或者其他利害关系人愿意垫付管理人报酬和执行职务费用的，应当允许。当然，破产重整程序、破产和解程序依法转为破产清算程序的，则有可能无法足额清偿破产费用，然这属于破产清算中不能清偿的问题，而不再属于破产重整程序、破产和解程序不能清偿破产费用的问题。

（四）管理人报酬的收取程序

管理人收取报酬，根据《管理人报酬规定》第11条的规定，应当向人民法院提出书面申请。申请书应当包括以下内容：（1）可供支付报酬的债务人财产情况；（2）申请收取报酬的时间和数额；（3）管理人履行职责的情况。人民法院应当自收到上述申请书之日起10日内，确定支付管理人的报酬数额。

（五）债务人财产不足以支付破产费用的管理人报酬的收取

如前所述，管理人的报酬属于破产费用，处于破产财产的第1顺序清偿的地位。当债务人财产不足以支付破产费用时，根据《企业破产法》第43条第3款、第4款关于“债务人财产不足以清偿所有破产费用或者共益债务的，按照比例清偿。债务人财产不足以清偿破产费用的，管理人应当提请人民法院终结破产程序”的规定，管理人应当提请人民法院终结破产程序，并对破产费用按照比例清偿。考虑到在债务人的财产不足以支付管理人报酬和执行职务费用时，可能出现一些利害关系人愿意垫付管理人报酬和执行职务费用的情况，《管理人报酬规定》第12条第2款、第3款明确规定：“债务人财产不足以支付管理人报酬和管理人执行职务费用的，管理人应当提请人民法院终结破产程序。但债权人、管理人、债务人的出资人或者其他利害关系人愿意垫付上述报酬和费用的，破产程序可以继续进行。上述垫付款项作为破产费用从债务人财产中向垫付人随时清偿。”

第九章　破产重整

第一节　破产重整概述

一、破产重整的概念

破产重整，简称重整，是指经法律规定的主体申请，人民法院经过审查认为申请符合法定条件，从而启动破产程序对具有破产重整能力及破产重整原因的债务人，采取有效措施进行管理、营业、财务等各方面的整顿和债权债务的彻底、有序、公平清理，以使债务人摆脱财务困境，重获经营能力而走向复兴、重生的破产预防制度。在不同国家中，破产重整有不同称谓。如美国、德国称之为重整；法国称之为司法重整；日本称之为更生；英国曾称之为整理、整理与重整，现行的1986年破产法则称之为管理；有的称之为恢复、司法康复或者司法保护，等等。而重整的名称，则日益被各国及国际组织所接受，已经成为一个通用概念。联合国国际贸易法委员会《破产法立法指南》也采用重整这一概念，《企业破产法》亦将之引入破产法之中，采用了重整这一国际通用的概念。[①]

二、破产重整的特征

破产重整，作为破产程序中一项重要的以预防债务人破产为目的的破产预防程序，具有以下基本特征：

（一）破产重整申请主体的法定性、多元性

破产重整申请主体的法定性，是指有权申请债务人破产重整的主体，由法律明文规定。只有为法律明文规定的人包括单位与自然人，才有权申请债务人破产重整。没有为法律规定可以申请债务人破产重整的人，则不能申请

① 范健、王建文：《企业破产法》，法律出版社2009年版，第201页。

债务人破产重整。《企业破产法》第70条规定："债务人或者债权人可以依照本法规定，直接向人民法院申请对债务人进行重整。债权人申请对债务人进行破产清算的，在人民法院受理破产申请后、宣告债务人破产前，债务人或者出资额占债务人注册资本十分之一以上的出资人，可以向人民法院申请重整。"第134条规定："商业银行、保险公司、证券公司等金融机构有本法第二条规定情形的，国务院金融监督管理机构可以向人民法院提出对该金融机构进行重整或者破产清算的申请。"据之，破产重整的申请主体包括债务人、债权人、国务院金融监督管理机构及出资额占债务人注册资本1/10以上的出资人，表现为多元化的特点。

（二）破产重整对象的特定性

破产重整程序对于具有破产原因的债务人来说，需要通过破产程序清理其债务，实现其重生，具有积极作用。但是，重整程序往往耗时较长、耗资巨大，社会付出的代价巨大，对适用破产重整的对象应当限制，不能随意扩大。如《日本公司更生法》规定仅适用于股份有限公司，中国台湾地区则将重整对象限制在公开发行股票或者公司债券的股份有限公司①。在我国，根据《企业破产法》第2条的规定，破产重整适用的对象为具有法人资格的企业。这样，凡是具有破产能力或者破产原因的企业法人，理论上都可以成为破产重整的对象。但基于拯救、复兴、重生的重整目的与功能，真正能够成为破产重整的法人企业，应是那些具有重生希望、在社会上具有一定影响、生产经营服务等营业具有广泛的消费群体及认同度的企业，尤其是那些具有驰名商标等著名品牌，通常只是源于经营管理等原因暂时出现财务困境，通过改变经营管理模式、结构，强化经营管理等措施，可以实现其重生的企业。对于那些生产经营服务出于高污染、高能源消耗等原因已被社会淘汰的企业，在出现破产原因时，往往很难通过经营管理模式、结构调整等措施而实现重生，就不应对其适用重整程序清理债权债务，以增加不必要的周期及成本。

（三）破产重整原因或者适用条件的多重性、宽泛性

《企业破产法》第2条规定："企业法人不能清偿到期债务，并且资产不足以清偿全部债务或者明显缺乏清偿能力的，依照本法规定清理债务。企业法人有前款规定情形，或者有明显丧失清偿能力可能的，可以依照本法规定进行重整。"基此，对债务人适用破产重整，必须具有法律规定的破产重整原因，或称破产重整适用的实体条件。具体来说，具有破产能力的债务人，在具有下列情形之一时，即可被依法申请破产重整：（1）不能清偿到期债务，

① 齐树洁主编：《企业破产法》，厦门大学出版社2009年版，第41页。

并且资产不足以清偿全部债务的；（2）不能清偿到期债务，并且明显缺乏清偿能力的；（3）有明显丧失清偿能力可能的。当然，对债务人适用破产重整的前提，是债务人依然具有适用破产重整的法律人格包括经营资格。债务人已经解散并进入清算程序或者进入破产清算程序并且已经被宣告破产的情况下，自不存在对其适用破产重整的问题。

（四）破产重整程序目的与功能的双重性、明确性

根据债权人、债务人等法定申请主体的申请，人民法院对债务人适用破产重整程序，目的就是通过破产重整程序，在对债务人所负的所有债务进行彻底公平清理的基础上，通过各种有效措施促使债务人走向复兴与重生。这两种目的非常明确，既相互独立，又相互联系，并且以后者为重。是以，破产重整程序的功能，也具有双重性。既清理债务人与所有债权人之间的债权债务关系，又通过各种方法尽力使债务人摆脱困境、获得重生。

（五）破产重整措施的多样性

为了实现破产重整程序适用的目的与功能，破产立法者在破产重整程序中规定了诸多灵活多样的重整措施，致使破产重整措施表现为灵活性、多样性。如允许出资额占债务人注册资本1/10以上的出资人在债权人申请债务人破产清算已经受理但未宣告破产前，申请债务人破产重整。允许在重整期间经人民法院批准，债务人可以在管理人的监督下自行管理财产和营业事务，以充分调动债务人、出资人参与破产重整程序的主动性、积极性。通过债权人让步；出资人权益调整；出资人投资收益分配的限制；债务人的董事、监事、高级管理人员所持债务人股权转让的限制；具有财产担保或者法定特别优先权的破产别除权人行使担保物权或者法定特别优先权，财产权利人取回财产的破产取回权等的限制，以及破产重整实践中采取的诸如进行经营管理的结构调整、财产出让、企业转让或租赁、资本变更、发行新的股份、将债权转为股权，等等，以期在对债务人所有债务进行彻底公平清理的同时，促使债务人重获新生。

（六）破产重整程序适用的优先性

在申请债务人破产清算、申请债务人破产和解以及申请债务人破产重整同时并存的情况下，人民法院采用何种顺序选择适用何种破产程序，法律没有明确规定。然在具有重生希望前提的情况下，基于破产重整程序、破产和解程序能够避免债务人破产清算，从而减少债务人破产清算消亡而给债权人、其他利害关系人以及社会带来的诸多负面影响，破产重整程序、破产和解程序应当优先适用于破产清算程序。破产重整程序、破产和解程序，虽然都具有避免债务人破产的目的与功能，可破产和解只是通过债权人、债务人相互

妥协、让步达成和解协议的方式，以给债务人避免破产清算的机会，相对于破产重整程序中既有债权人、债务人、出资人之间的利益妥协，又有其他灵活多样的措施来说，后者比前者积极、主动得多，更有可能、更有希望避免债务人走向破产清算，并且积极迈向重生的希望之路，应当优先适用于破产和解程序。在债务人具有拯救、重生的可能时，相对于破产和解程序、破产清算程序，破产重整程序处于优先适用的位置。《企业破产法》第 70 条第 2 款关于"债权人申请对债务人进行破产清算的，在人民法院受理破产申请后、宣告债务人破产前，债务人或者出资额占债务人注册资本十分之一以上的出资人，可以向人民法院申请重整"的规定，亦体现了破产重整程序相对于破产清算程序的适用优先性。

当然，在债务人解散需要清算而进行破产清算的，不再存在适用破产重整或者破产和解以避免其破产清算而消灭其民事主体资格的问题。此时，只能进行破产清算，不能再对其进行破产重整或者破产和解。另外，对于没有重生希望的僵尸企业等而只能实行破产清算的，也不能以破产重整、破产和解适用的优先性为由阻碍破产清算程序的正常进行。破产重整程序、破产和解程序适用的优先性，是建立在债务人具有重生希望的基础上的。没有重生希望的企业法人，对之就要果断地进行破产清算程序让之依法及时退出市场。

三、破产重整的分类

破产重整以不同标准，可以对其作不同分类：

（一）以是否直接基于破产重整申请进行为标准的分类

根据破产重整是否直接基于破产重整申请而进行，破产重整可以分为初始破产重整与后续破产重整。前者是在债务人具有破产能力和破产原因的情况下，由债权人、债务人等依法可以申请债务人破产重整的主体向人民法院申请债务人破产重整，人民法院对其受理直接使债务人进入破产重整程序的破产重整，即一开始就进入破产重整程序的破产重整。后者是在债权人申请债务人破产清算，人民法院受理有关债务人的破产清算申请后至宣告债务人破产前，由债务人或者出资额占债务人注册资本 1/10 以上的出资人依法申请债务人重整，人民法院予以受理的破产重整。一开始，债务人进入的是破产清算程序，之后再由破产清算程序依法转为破产重整程序。

（二）以破产重整申请主体为标准的分类

根据破产重整申请主体的不同，破产重整可以分为利害关系人申请的破产重整与非利害关系人申请的破产重整。前者如债权人、债务人及出资额占债务人注册资本 1/10 以上的出资人申请的破产重整。后者如国务院金融监督管理机构对商业银行、保险公司、证券公司等金融机构向人民法院申请进行的破产重整。

（三）以破产重整启动原因为标准的分类

根据破产重整启动的原因不同，破产重整可以分为资不抵债的破产重整、明显缺乏清偿能力的破产重整与明显丧失清偿能力可能的破产重整。前者是因债务人不能清偿到期债务且其资产不足以清偿债务而发生的破产重整；中者是因债务人不能清偿到期债务且明显缺乏清偿能力而发生的破产重整；后者则是因债务人具有明显丧失清偿能力可能而发生的破产重整。

四、破产重整申请的主体

（一）破产重整申请主体的分类

根据《企业破产法》的规定，破产重整的申请主体包括债务人、债权人、国务院金融监督管理机构及出资额占债务人注册资本1/10以上的出资人。对之，根据不同的标准，可以作不同分类：

1. 以破产重整是初始提出还是后续提出为标准，申请债务人破产重整的主体可以分为初始申请破产重整的主体与后续申请破产重整的主体。前者是指在债务人具有破产重整能力与破产重整原因时，依法直接向人民法院申请债务人破产重整的主体。初始申请债务人破产重整，是第1次向人民法院申请致使债务人进入破产重整程序，其申请主体包括债权人、债务人及对商业银行、保险公司、证券公司等金融机构依法进行监督的国务院金融监督管理机构。后者是指人民法院受理债权人申请债务人破产清算后但未宣告债务人破产前，对符合破产重整条件的债务人申请破产重整的主体，即将债权人申请债务人破产清算转换为破产重整的主体，包括债务人、出资额占债务人注册资本1/10以上的出资人。

2. 以能否既申请初始重整又申请后续重整为标准，可以分为既可以申请初始重整又可以申请后续重整的主体与只能申请初始重整或者后续重整的主体。如上所述，债务人既能提出初始重整，又能提出后续重整；而债权人及对商业银行、保险公司、证券公司等金融机构依法进行监督的国务院金融监督管理机构只能提出初始重整；出资额占债务人注册资本1/10以上的出资人则只能申请后续重整。

3. 以与债务人的破产重整是否具有直接利害关系为标准，申请债务人破产重整的主体可以分为与债务人破产重整有利害关系的申请主体和与债务人破产重整无利害关系的申请主体。前者包括债权人、债务人及出资额占债务人注册资本1/10以上的出资人；后者则只有对商业银行、保险公司、证券公司等金融机构依法进行监督的国务院金融监督管理机构。

4. 以申请破产重整除符合《企业破产法》第 2 条规定的一般破产重整条件外是否还需要符合其他条件为标准，分为一般破产重整申请主体与特殊破产重整申请主体。如上所述，债权人属于一般破产重整申请主体；对商业银行、保险公司、证券公司等金融机构依法进行监督的国务院金融监督管理机构，以及出资额占债务人注册资本 1/10 以上的出资人属于特殊破产重整申请主体；债务人既可归属于一般破产重整的申请主体，又可归属于特殊破产重整的申请主体。

（二）后续破产重整申请主体的申请条件

债权人、债务人以及对商业银行、保险公司、证券公司等金融机构依法进行监督的国务院金融监督管理机构等初始申请破产重整的主体，其申请债务人破产重整的条件，已在第 3 章破产程序要件第 2 节破产申请的主体及条件中作过详细的分析，这里不再多述，仅对后续重整的申请主体及其条件作一简要的分析：

1. 后续重整必须发生在已有的破产清算程序中，而不会发生在已有的破产和解程序中。对于债务人而言，倘若并不存在任何破产程序，或者虽然存在破产程序但不是破产清算程序，则不能再对债务人申请破产重整。

一是，不存在破产程序，即没有关于债务人的破产申请，或者人民法院没有受理破产申请，自不存在提出后续破产重整的问题，这时完全可以直接提出初始破产重整。

二是，存在破产重整程序，即以前已经受理了债权人的破产重整申请，既然已经是重整，就不会发生再申请后续重整的问题。

三是，存在破产和解程序，即债务人的破产和解申请已被受理，则也是通过破产和解程序避免债务人走向破产清算程序，其目的与宗旨与破产重整一致，也不需要转化为破产重整程序而对债务人进行重整。

总之，申请后续破产重整，必以发生了破产清算程序为前提，有关债务人的破产清算申请已为人民法院受理，即发生在已有的破产清算程序中。

2. 后续重整必须发生在已有的并且尚未宣告债务人破产的破产清算程序中。有关债务人的破产清算程序，已经因为宣告债务人破产进入破产清算的实施阶段的，则不能再适用破产重整程序对其重整。也就是说，对债务人的后续重整，不仅要求发生在人民法院受理债务人的破产清算申请后，而且还要求发生在人民法院依法宣告债务人破产前。人民法院宣告债务人破产后，则不能再对其申请破产重整。

3. 后续重整必须发生在由债权人申请债务人破产清算的程序中。有关债务人的破产清算申请已由人民法院受理且尚未宣告债务人破产，可是，该有关债务人的破产清算程序不是债权人申请启动的，而是债务人、对债务人负有清算责任的清算责任人，以及对商业银行、保险公司、证券公司等金融机构依法进行监督的国务院金融监督管理机构，依法申请债务人破产清算的，则也不能对其再申请适用破产重整程序。债务人、对债务人负有清算责任的清算责任人，以及对商业银行、保险公司、证券公司等金融机构依法进行监督的国务院金融监督管理机构，对于债务人的经营管理、财务等各方面的情况均比较了解，能够适用破产重整程序的话，在一开始便会申请破产重整，而没有必要在申请破产清算后再申请破产重整。尤其是债务人的清算责任人，根据《企业破产法》第 7 条第 3 款的规定，是在债务人出于解散等原因而对其进行清算的过程中，发现债务人资产不足以清偿全部债务时才申请债务人破产清算的，在进行破产清算的过程中，也不会再存在对其申请破产重整的问题。

4. 后续重整必须由债务人或者出资额占债务人注册资本 1/10 以上的出资人提出，而不能由债权人、对债务人负有清算责任的清算责任人或者对商业银行、保险公司、证券公司等金融机构依法进行监督的国务院金融监督管理机构提出。这是因为：

（1）根据《企业破产法》第 7 条第 2 款关于“债务人不能清偿到期债务，债权人可以向人民法院提出对债务人进行重整或者破产清算的申请”的规定，债权人可以直接申请债务人破产重整。所以，在债权人申请债务人破产清算而未申请债务人破产重整的情况下，其不能再申请债务人破产重整。

（2）债务人的清算责任人，根据《企业破产法》第 7 条第 3 款的规定，在对债务人解散而进行清算的过程中发现债务人资产不足以清偿全部债务时，只有申请债务人进行破产清算的义务，而无申请债务人破产重整与和解的权利，不能在债权人申请债务人破产清算的过程中申请债务人破产重整。

（3）国务院金融监督管理机构，对债务人的情况比较了解，其可以依法直接申请债务人破产重整，且其不属于直接的利害关系人。在债权人申请债务人破产清算的情况下，于人民法院受理破产清算申请之前没有申请债务人破产重整的，在债权人对债务人的破产清算申请受理后，不应允许其申请债务人破产重整。

（4）债权人申请债务人破产清算被人民法院受理后，人民法院宣告债务人破产前，债务人、出资人基于对债务人生产经营服务的更生、复兴能力以及资产、债权债务情况都非常了解，而且，债务人的破产清算或者重整，与债务人自身及其出资人存在着直接的利害关系，与债务人、出资人的利益密切相关，在债权人申请债务人破产清算的情况下，假若具有重生、复兴的希望，自然具有主动的、积极的主观重整愿望。此外，债权人申请债务人破产清算，其对债务人的财产情况、生产经营服务等营业情况、企业的再生能力等并不十分了解，在债权人申请债务人破产清算后，债务人倘若具有复兴、重生希望且具有复兴、重生的内在动力、能力的情况下，借助于重整程序中的各项有效措施避免破产，走向复兴，对于债权人、债务人、出资人来说，都有利而无害，从而需要赋予债务人自身及其符合一定条件的出资人申请后续重整的权利。因此，《企业破产法》第 70 条第 2 款规定，债务人此时可以向人民法院申请破产重整；出资额占债务人注册资本 1/10 以上的出资人也可以向人民法院申请债务人破产重整。其中，出资人，是指向企业依法缴纳货币、财产或者以其他形式投资，在该企业享有投资收益、承担投资风险的人如公司股东等。注册资本，是企业在登记机关依法登记的认缴或者依法应如实缴纳的出资额或者股本总额，是一个企业承担法律责任的物质基础。出资额占债务人注册资本 1/10 以上的出资人，既包括单个出资人，又包括多个出资人。① 多个出资人的出资额之和占债务人注册资本 1/10 以上的，则可共同向人民法院申请债务人破产重整。

五、破产重整申请的审查与受理

破产重整制度集中体现了破产法的拯救功能，代表了现代破产法的发展趋势，然则，其运行成本较高、程序较为复杂，人民法院应当结合债务人企业所属产业前景、陷入困境的原因、企业财务指标等因素综合判断其重整成功的可能性。企业明显不具备重整可能的，法院应不予受理重整申请。故，《破产审判纪要》第 14 条明确指出："破产重整的对象应当是具有挽救价值和可能的困境企业；对于僵尸企业，应通过破产清算，果断实现市场出清。人民法院在审查重整申请时，根据债务人的资产状况、技术工艺、生产销售、行业前景等因素，能够认定债务人明显不具备重整价值以及拯救可能性的，应裁定不予受理。"为了加强破产重整申请的审查，保证破产重整受理的条件，对于那些债权债务关系复杂、债务规模较大，或者涉及上市公司重整的案件，人民法院在审查重整申请时，《破产审判纪要》第 15 条规定，可以进行重整案件的听证程序，即组织申请人、被申请人听证。债权人、出资人、重整投资人等利害关系人经人民法院准许，也可以参加听证。听证期间不计入重整申请审查期限。《加快完善市场主体退出制度改革方案》第 4 条明确指

---

① 王卫国：《破产法精义》，法律出版社 2007 年版，第 205 页。

出，市场主体达到法定破产条件，应当依法通过破产程序进行清理，或推动利益相关方庭外协议重组，以尽快盘活存量资产，释放资源要素。对陷入财务困境然仍具有经营价值和再生希望的企业，支持债权人、债务人及利益相关方利用破产重整或庭外协议重组等方式，推动企业债务、股权结构和业务重组，恢复生产经营。对丧失经营价值和再生无望的企业，要及时通过破产程序实现市场出清。

应当指出，按照《破产审判纪要》规定，能够进入破产重整程序的企业，应当是具有挽救价值和可能的困境企业。没有挽救价值和可能的企业，无法实现通过企业破产重整使之得以继续营业，以充分发挥其土地、房产、设备等生产资料的生产经营的功能与作用，债务人从困境中恢复生机，债权人获得超过破产清算程序所能得到的清偿，出资人不因破产清算而丧失全部出资利益，职工可以继续就业，国家税收不会因为破产清算而失去其一股细源等的重整程序所具有的高于破产清算的程序价值及社会价值，反而因为破产重整程序通常周期较长，债务人财产因为破产费用、共益债务等的耗费，债权人长期参与破产程序的时间、财力的耗费，有限司法资源、管理人等的耗费必然增加，最后却因为企业本身没有拯救价值和可能而又回到破产清算程序最初应当适用的程序，固然需要加以否定。

至于企业具有拯救价值和拯救可能，前者相对于破产清算而言，系指通过破产重整程序使之得以拯救而继续保留其营业的价值，应当高于破产清算价值。其主要强调破产重整的理念，注重其理论价值。后者则在重整的拯救价值高于破产清算价值这一前提下，是指通过对债权人的债权、出资人的出资权益的调整，新的投资人的引进，生产资料等要素的重新配置，在原有营业上改变经营观念、革新技艺、强化管理、调整经营范围、完善供给销售网络等各种各样的措施，使之具有重新恢复盈利、清偿能力的前景与希望。企业是否具有拯救的可能，既要从企业本身作微观判断，又要从国家法律、政策，行业、市场的前途等作宏观判断；既要从企业所具有拯救可能的积极、肯定的因素进行判断，又要从不利于拯救从而对拯救存在阻碍、负面的消极、否定因素进行判断；既要防止基于正常企业、破产企业数量等所谓指标进行的经济考核，破产清算导致失业率增加，无法安置职工时增加社会稳定压力等因素，而将本来没有拯救价值和拯救可能的企业通过破产重整进行“死马当作活马医”式的“拯救”，又要防止因为破产重整要求高、问题多、涉及广、难度大、周期长、责任沉、风险重等方面的因素，畏难不前，故意设置诸如受理破产重整时必须已经存在投资人、必须全部安排现有职工、必须具有排除影响社会稳定的因素等法外条件，抬高重整程序启动的门槛，将本来具有拯救价值和拯救可能的企业排除在重整程序之外，忽视犹如“救人一命，胜造七级浮屠”的朴素观念。如从微观及否定因素上讲，破产重整离不开债权人等利害关系人的适度妥协、让步及其积极配合，大多数债权人等利害关系人本身都没有通过重整程序拯救企业的愿望，根本不愿意做出重整成功所必要的让步的，重整就很难正常进行并得以成功，就表明企业不具有拯救的可能[①]。又如，从宏观与否定因素等进行判断，对于国家供给侧改革所要淘汰的高污染、高能耗、产品没有市场，生产经营设备难以改进而达到国家环保规定有关最低的技术指标，主要靠政府补贴、银行贷款等输血而得以继续存在的企业，就不具有拯救价值。[②]

第二节　重整期间及其重整措施

一、重整期间的概念

《企业破产法》第72条规定：“自人民法院裁定债务人重整之日起至重整程序终止，为重整期间。”据此，重整期间，是指人民法院裁定债务人破产重整之日起开始计算，至债务人破产重整程序终止时的时间。重整期间，在美国称之为冻结期间，在法国称之为观察期间，在澳大利亚称之为延缓偿付期。无论称谓如何，设立重整期间，其目的主要在于“防止债权人在重整期间对债务人及其财产采取诉讼或者其他措施，保护债务人财产不受个别清偿；同时也对债务人股东、董事、监事和高级管理人员的行为加以限制，以增加重整成功的可能性。”[③] 具体来说，对此应当注意几个方面：

（一）重整期间的起算时间为破产重整程序开始的时间

《企业破产法》第71条规定：“人民法院经审查认为重整申请符合本法规定的，应当裁定债务人重整，并予以公告。”应当指出，人民法院受理破产申请之日与裁定重整之日，并非同一概念。人民法院受理破产申请之日，既包括受理破产清算申请之日，又包括受理破产和解申请之日，还包括受理破产

① 王欣新：《破产法》（第三版），中国人民大学出版社2011年，第249页。

② 贺小荣、王富博、杜军：《破产管理人与重整制度的探索与完善——〈全国法院破产审判工作会议纪要〉的理解与适用（上）》，载《人民司法》2018年第13期。

③ 安建主编、全国人大常委会法制工作委员会编著：《中华人民共和国破产法释义》，法律出版社2006年版，第107页。

重整申请之日。人民法院裁定受理破产重整申请之日，实际就是裁定债务人重整之日，即破产重整程序开始之日，两者实为一致。以是，重整期间应以破产重整申请受理之日开始计算。债权人申请债务人破产清算，人民法院受理后、宣告债务人破产前，债务人或者出资额占债务人注册资本1/10以上的出资人申请债务人破产重整的，人民法院审查认为符合破产重整的条件的，亦应裁定债务人破产重整。这时，重整期间就应从人民法院受理后续破产重整申请之日起计算，而不是从人民法院受理债权人对债务人提出的破产清算申请之日起计算。

（二）重整期间的结束时间为破产重整程序的终止时间

重整程序的终止时间即人民法院裁定破产重整程序终止之日，为重整期间的结束时间。根据法律的有关规定，具有下列情形之一的，人民法院依法裁定破产重整程序终止：

1. 因债务人不当行为而致破产重整程序终止。根据《企业破产法》第78条的规定，在重整期间，具有债务人的经营状况和财产状况继续恶化，缺乏挽救的可能性的；债务人有欺诈、恶意减少债务人财产或者其他显著不利于债权人的行为的；由于债务人的行为致使管理人无法执行职务的等情形，经管理人或者利害关系人请求，人民法院应当裁定终止重整程序，并宣告债务人破产。

2. 因未在法律规定的期限内提交重整计划草案而致破产重整程序终止。根据《企业破产法》第79条的规定，债务人或者管理人应当自人民法院裁定债务人重整之日起6个月内，同时向人民法院和债权人会议提交重整计划草案。前款规定的期限届满，经债务人或者管理人请求，有正当理由的，人民法院可以裁定延期3个月。债务人或者管理人未按期提出重整计划草案的，人民法院应当裁定终止重整程序，并宣告债务人破产。具体来说，又分为两种情况：

（1）在未依法获得人民法院裁定延期的情况下，债务人或者管理人自人民法院裁定债务人重整之日起6个月内没有提交重整计划草案的，应当裁定终止重整程序，并宣告债务人破产。

（2）在依法获得人民法院裁定延期的情况下，债务人或者管理人自人民法院裁定债务人重整之日起9个月内没有提交重整计划草案的，应当裁定终止重整程序，并宣告债务人破产。

至于依法获得人民法院裁定延期，应当同时具备3个条件，缺一不可：（1）经债务人或者管理人请求；（2）有正当理由；（3）由人民法院裁定延期。债务人没有正当理由，或者虽有正当理由但未向人民法院提出请求，或者虽有正当理由且已向人民法院提出了延期提交重整计划草案的请求，但人民法院没有裁定延期的，债务人或者管理人仍然要在法定的6个月内提交重整计划草案，否则就属于超时提交重整计划草案而导致破产重整程序终止。

3. 因重整计划通过并得到人民法院批准而致破产重整程序终止。根据《企业破产法》第86条第2款的规定，自重整计划通过之日起10日内，债务人或者管理人应当向人民法院提出批准重整计划草案的申请。人民法院经审查认为符合本法规定的，应当自收到申请之日起30日内裁定批准，终止重整程序，并予以公告。

4. 因重整计划草案经过两次表决没有通过，人民法院依法裁定强制批准而致破产重整程序终止。根据《企业破产法》第87条的规定，部分表决组未通过重整计划草案的，债务人或者管理人可以同未通过重整计划草案的表决组协商。该表决组可以在协商后再表决1次。双方协商的结果不得损害其他表决组的利益。未通过重整计划草案的表决组拒绝再次表决或者再次表决仍未通过重整计划草案，但重整计划草案符合法律规定的条件的，债务人或者管理人可以申请人民法院批准重整计划草案。人民法院经审查认为重整计划草案符合法律规定的条件的，应当自收到申请之日起30日内裁定批准，终止重整程序，并予以公告。

5. 因重整计划草案未获得人民法院依法批准而致破产重整程序终止。根据《企业破产法》第88条的规定，重整计划草案未获得通过且未依照该法第87条的规定获得批准，或者已通过的重整计划草案未获得批准的，人民法院应当裁定终止重整程序，并宣告债务人破产。

由上所述，重整程序终止，既可以在重整计划草案未形成前终止，又可因重整计划草案未及时提交而终止，还可因重整计划草案未获得批准而终止。因重整计划草案获得批准包括认可批准和强制批准而终止，重整计划草案由成立、通过至批准而生效的重整计划阶段转变为重整计划执行阶段；而重整计划批准外的终止，包括重整计划草案未形成的终止、重整计划草案未及时提交的终止、因重整计划草案未获得批准的终止，则转入破产清算程序，宣告债务人破产。如此，重整程序的终止可能产生两种结果：（1）转为重整计划执行阶段，因为重整计划执行完结而致重整成功。转为重整计划执行阶段的，后来因为债务人不能执行或者不予执行重整计划，则终止重整计划的执行，转入破产清算程序，宣告债务人破产。（2）重整程序终止进而转为破产清算程序，宣告债务人破产。

（三）重整期间不包括重整计划执行期间在内

重整计划通过并得到人民法院批准的，或者经过债权人会议分组表决，两次表决均未获得通过，经过人民法院依法裁定批准的，破产重整程序终止。是以，重整计划执行期间，不为重整期间。然而，重整计划执行，并不意味着破产重整程序的结束，只有待重整计划执行完毕，整个破产重整程序即告终结。债务人不能执行或者不执行重整计划的，人民法院经管理人或者利害关系人请求，应当裁定终止重整计划的执行，并宣告债务人破产，转入破产清算程序。

（四）重整期间起始终止具有确定性

关于重整期间的具体期限，法律没有明确规定。所以，债务人进入破产重整，重整期间根据不同的原因而没有固定的期限，可这并不影响重整期间的确定。如前所述，重整期间开始于人民法院裁定重整之日的时间，结束于破产重整程序终止的时间。破产重整程序开始终止，人民法院均以裁定的方式作出，重整期间依然具有明确的界限。

（五）重整期间的效力范围

1.《企业破产法》第72条对重整期间作了规定，并于第73～78条对重整期间发生的一些行为作了规定。这些发生在重整期间内的行为，要受到重整期间的约束，在重整期间发生效力，产生相应的法律后果。

2.《企业破产法》第73～78条规定的行为，发生在重整期间内的，就会在重整期间发生效力；发生在重整期间外的，则不应受到重整期间的约束。当然，不受重整期间的约束，是源于其不属于重整期间的行为，而第73～78条规定的是重整期间的行为。因此，发生在重整期间之外的行为，则不应受第73～78条的约束。如第76条规定："债务人合法占有的他人财产，该财产的权利人在重整期间要求取回的，应当符合事先约定的条件。"基此，债务人占有的他人财产，财产权利人在重整期间内要求取回的，则应符合事先约定的条件。不符合事先约定的条件，管理人有权拒绝财产权利人的取回要求。当然，在重整期间外，财产权利人要求取回的，则不受第76条规定的约束，根据《企业破产法》第38条关于"人民法院受理破产申请后，债务人占有的不属于债务人的财产，该财产的权利人可以通过管理人取回。但是，本法另有规定的除外"的规定，有权将属于自己所有的财产取回。

3.有关重整期间一些特定行为的规定与《企业破产法》中的其他条文规定的关系问题，应分为3种情况进行分析：

（1）《企业破产法》的其他条文与重整期间的条文第73～78条，对某一行为均作了规定，该行为发生在重整期间内的，如对财产权利人取回债务人占有的属于自己所有的财产这一行为，《企业破产法》第76条与第38条都作了规定，后者是关于破产程序中的一般规定，前者则属于破产重整程序中的重整期间某些行为的特别规定，财产权利人假若是在重整期间要求取回财产，根据特别规定优先于一般规定适用的原则，需要适用重整期间的特别规定。

（2）《企业破产法》的其他条文与重整期间的条文第73～78条，对某一行为均作了规定，该行为发生在重整期间外的，如发生在重整执行的监督期间内，既然发生在重整期间外，就不能适用有关重整期间的第73～78条规定，不存在对其优先适用的问题，自然应当适用《企业破产法》其他法律条文的规定。

（3）《企业破产法》的其他条文与重整期间的条文第73～78条，对某一行为只有重整期间的第73～78条作了规定的，无疑只适用重整期间第73～78条规定；只是其他法律条文作了规定的，且属于所有破产程序共同适用的条文，如《企业破产法》第16条关于“人民法院受理破产申请后，债务人对个别债权人的债务清偿无效”的规定及第35条关于“人民法院受理破产申请后，债务人的出资人尚未完全履行出资义务的，管理人应当要求该出资人缴纳所认缴的出资，而不受出资期限的限制”的规定，适用于整个破产程序中，这些规定在重整期间也应适用，不能因为重整期间没有规定，就否定其他应当适用于整个破产程序的法律条文的适用。只是其他法律条文作了规定的，该其他法律条文不属于所有破产程序共同适用的条文，仅是适用破产和解或者破产清算程序的特别规定，就不能适用于破产重整程序，也就不存在适用破产重整程序中重整期间有关规定的问题。

二、重整措施

（一）重整措施的概念

重整措施，是指为了实现重整的目的与功能，在破产重整中处理各种问题而依法可以采用的各种办法、方式。如对债权人的债权进行调整，对出资人的权益进行调整，增加新的出资，发行新的股份，引进新的出资人，进行企业整体租赁，调整债务人的营业规模、结构，强化债务人的经营、财务等内外事务的管理，将债权转为股权，对出资人投资收益分配进行限制，对债务人的董事、监事、高级管理人员所持债务人股权转让进行限制，等等。只要有利于破产重整程序的顺利进行，有利于债务人的重整、更生，并且不为法律所禁止，就可以在债务人重整程序中适用，成为债务人进行破产重整的措施。

（二）重整措施的分类

重整措施，根据不同的标准，可以作不同分类：

1. 以是否适用于所有破产重整程序为标准，重整措施可以分为共同性重整措施与特定性重整措施。如前所述，某一措施，只要有利于债务人重整，有利于破产重整程序的进行，并不违反法律规定，就可以采用而成为重整措施，重整措施的范围于是具有广泛性。然是否适用于债务人重整，是否属于债务人重整程序的重整措施，具有相对性，应当根据债务人的实际情况加以决定。有的措施能够适合于某一债务人的重整成为重整措施，但不适合于另一债务人的重整不能成为另一债务人的重整措施。这种只能适用于某一债务人或者部分债务人重整的措施，就属于相对的特定性重整措施。但是，有的措施，在所有破产重整程序中，都可以依法适用，属于债务人破产重整中的共同措施。只要债务人一进行破产重整，这些措施就可以依法适用，有的并且必须适用，便属于所有破产重整程序中都能适用的绝对的共同性重整措施。

2. 以是否为法律明文规定为标准，重整措施可以分为规范性重整措施与非规范性重整措施。前者由法律明文规定，有的必须适用，有的则由管理人、债务人选择适用。后者不由法律明文规定，然不能违反法律规定。违反法律规定的，则应承担相应的法律后果。如违反强制性规定无效的规定、确定不发生效力的规定、依法可以或者应当被撤销的规定，则属于无效或被撤销的措施，不能产生相应的法律效力。

3. 以是否必须适用为标准，重整措施分为强制性重整措施与选择性重整措施。前者由法律明文规定，在所有破产重整程序中都必须适用，对其是否适用没有选择的余地，管理人、债务人等重整参与人，都应当予以遵守，而加以适用。如《企业破产法》第 77 条规定，在重整期间，债务人的出资人不得请求投资收益分配。这一规定就必须适用，是否请求投资收益分配，在重整期间不能由出资人选择决定。后者可能由法律明文规定，也可以不由法律明文规定。由法律明文规定的选择适用的重整措施，也不要求在破产重整程序中必须适用，是否适用，管理人、债务人等可以根据债务人的破产重整程序的需要而加以选择。如重整期间对债务人财产和营业事务的管理，由法律明文规定，既可以由债务人依法自行管理，也可以由管理人依法进行管理。故，具体由债务人或者管理人管理，则可根据债务人的实际情况依法选择决定。不为法律明文规定的重整措施，不属于必须适用的强制性重整措施，具体是否适用，由管理人、债务人根据重整程序的实际情况而选择适用，属于可以进行选择适用的选择性重整措施。

（三）规范性重整措施的具体类型

对于一些依法适用的共同重整措施，《企业破产法》第 73 ~ 77 条作了规定，属于法定的规范性重整措施。应当指出，这些措施，因为法律明文规定成为重整措施，可是，并不是说，重整措施只能是这些法律明文规定的措施。

如前所述，重整措施可以不为法律明文规定。没有为法律明文规定的重整措施，属于选择性的非规范性重整措施。下面仅对《企业破产法》明文规定的重整期间内的规范性重整措施进行必要的分析。

1. 债务人自行管理财产和营业事务。债务人进入破产程序后，为了防止债务人隐藏、转移财产，对债权人的债权进行个别清偿等损害债权人合法权益的情况发生，根据《企业破产法》第 25 条的规定，应由管理人接受、管理、处分债务人的财产，依法决定继续、停止债务人的营业。但应看到，债务人的营业涉及经营管理、生产产品、营销服务等各个方面，管理人基于中介机构的性质对于具体的生产、经营、服务活动完全可能缺乏商业、企业管理经验甚至没有任何相关方面的经验，对债务人的财产、营业情况出于时间短暂、事务繁杂等原因而不可能全面了解。尤其是对规模大、职工人数多、生产经营服务范围广等大中型甚至特大型企业的生产经营，往往是管理人所难以胜任甚至无法胜任的。而债务人自身对自己的生产经营服务等情况非常熟悉，有关生产经营服务的对外联络也十分清楚，加上对其重整使之重生，债务人具有积极、主动搞好生产经营服务等营业事务的内在动力，能够调动债务人参与重整程序积极性的，有利于重整程序的顺利进行，提高债务人重整成功的可能性。以是，《企业破产法》第 73 条第 1 款规定："在重整期间，经债务人申请，人民法院批准，债务人可以在管理人的监督下自行管理财产和营业事务。"对此，应当注意以下几点：

（1）债务人自行管理财产和营业事务的条件。由债务人自行管理财产和营业事务，毕竟存在一定的道德风险。债务人基于自身利益的考虑，完全可能进行隐匿、转移财产，或者基于感情对债权人进行个别清偿等行为，损害全体债权人的利益。为了防范这种损害债权人合法利益的现象发生，由债务人自行管理财产和营业事务，必须符合法律规定的条件。这些条件表现为以下 3 个方面：

其一，必须由债务人向人民法院提出申请。债务人没有提出申请，管理人、人民法院则不能主动将债务人的财产、营业事务交由债务人管理，不然就会违反管理人的基本职责，有悖于法律的相关规定。债务人关于自行管理财产和营业事务的申请，必须向人民法院提出，而不是向管理人提出。管理人依法管理债务人财产和营业事务，如果向其提出，由其同意，那么，管理人就可以自行决定将法律规定应由其履行的职责交由债务人履行，显然不当。至于债务人自行管理财产和营业事务的申请的时间，自破产申请受理之日起至重整期间止，均可以提出。对这，《民商事审判纪要》第 111 条（债务人自行管理的条件）第 2 款规定："债务人提出重整申请时可以一并提出自行管理的申请。经人民法院批准由债务人自行管理财产和营业事务的，企业破产法规定的管理人职权中有关财产管理和营业经营的职权应当由债务人行使。”

其二，债务人的申请必须经人民法院批准。债务人虽然已向人民法院申请却没有得到人民法院批准的，仍旧不能自行管理财产和营业事务。对于债务人自行管理财产和营业事务的申请，人民法院是否批准，主要需要考虑如下因素：（1）债务人的诚信情况。如债务人是否存在故意隐匿、转移、挪用、低价处置、个别清偿等损害债权人合法权益行为的可能。通常而言，债务人的诚信越高，发生损害债权人利益行为的可能性就越小，就更有利于重整工作的进行，增加重整成功的可能性。（2）债务人对重整的信心、决心及其认识情况。一般来说，对重整工作的认识越高，越充分，以及信心越强、决心越大，就更能够珍惜重整这一将企业起死回生的唯一机会，增加重整的可能性。（3）债务人的管理团队是否具有能力、威望；是否团结、合作，能够统一协调进行行动；是否具有与管理财产、营业事务相应的水平、能力、道德素质要求等。债务人的管理人员决策、经营、管理能力不强，或者相互内讧，难以协调统一行动，或者出于道德素质不高等原因没有必要的威望等，则难以管理好债务人财产及营业事务。（4）债务人的现有出资人对重整工作的态度。出资人对于重整，态度鲜明，表示支持，并且愿意积极配合的，则会增加重整工作的可能性。反之，不闻不问甚至表示强烈反对，对债务人参与重整工作不积极配合甚至设置障碍的，就会增加重整工作的难度。[①]（5）债务人职工的态度。债务人的职工认为债务人没有能力继续管理财产和营业，企业的管理人员没有管理财产和营业的道德水平及威望的，由债务人自行管理财产和营业，就得不到职工的配合和支持，会增加重整成功的难度。对此《民商事审判纪要》第 111 条（债务人自行管理的条件）第 1 款明确规定：“重整期间，债务人同时符合下列条件的，经申请，人民法院可以批准债务人在管理人的监督下自行管理财产和营业事务：（1）债务人的内部治理机制仍正常运转；（2）债务人自行管理有利于债务人继续经营；（3）债务人不存在隐匿、转移财产的行为；（4）债务人不存在其他严重损害债权人利益的行为。”

其三，债务人自行管理财产和营业事务的活动，应在管理人监督下进行，即要接受管理人的依法监督。管理人应当就债务人管理财产的行为是否符合法律规定，是否导致债务人财产毁损、贬值，是否损害债权人合法权益；以及营业活动是否违反法律规定，是否有利于债务人财产的保值与增值，处分有关财产是否属于营业所必需；债务人的支出是否为管理财产、进行营业事务

---

① 吴庆宝、王建平主编：《破产案件裁判标准规范》，人民法院出版社 2009 年版，第 279～280 页。

所必要；经营范围、规模的变更，是否有利于破产重整工作的进行；管理财产、营业事务中的财产管理制度、财务管理制度是否健全，方式是否妥当；管理人员、职工的增加、变更，以及工资的确定、调整是否适当，等等，均应依法进行监督。在重整期间，债务人自行管理财产和营业事务，其经营状况和财产状况继续恶化，缺乏挽救的可能性，或者债务人有欺诈、恶意减少债务人财产或者其他显著不利于债权人的行为，或者由于债务人的行为致使管理人无法执行职务的，根据《企业破产法》第78条的规定，经管理人或者利害关系人请求，人民法院应当裁定终止重整程序，并宣告债务人破产。《民商事审判纪要》第111条（债务人自行管理的条件）第3款规定："管理人应当对债务人的自行管理行为进行监督。管理人发现债务人存在严重损害债权人利益的行为或者有其他不适宜自行管理情形的，可以申请人民法院作出终止债务人自行管理的决定。人民法院决定终止的，应当通知管理人接管债务人财产和营业事务。债务人有上述行为而管理人未申请人民法院作出终止决定的，债权人等利害关系人可以向人民法院提出申请。"

（2）债务人自行管理财产和营业事务时可以依法行使的权利。在重整期间，经债务人申请，人民法院批准，由债务人自行管理财产和营业事务，就需要赋予债务人与管理财产和营业事务相关的权利，并承担相应的义务。是以，《企业破产法》第73条第2款规定，由债务人自行管理财产和营业事务的，依照本法规定已接管债务人财产和营业事务的管理人应当向债务人移交财产和营业事务，本法规定的管理人的职权由债务人行使。基此，债务人在自行管理财产和营业事务的情况下，管理人应当向其移交财产和营业事务，法律规定的管理人的职权由债务人行使，可对于债务人的有关权利理解，应当注意以下因素：

其一，债务人已将财产和营业事务移交管理人的，管理人应当将财产和营业事务移交给债务人。当然，管理人尚未接管债务人财产和营业事务的，自不存在管理人向债务人移交财产和营业事务的问题。所以，法律明确规定，依照本法规定已接管债务人财产和营业事务的管理人，才应当向债务人移交财产和营业事务。

其二，由债务人行使的是与管理财产和营业事务相关的职权。（1）根据《企业破产法》第73条第2款的规定，从表面字义上讲，《企业破产法》规定的由管理人行使的职权在债务人管理财产和营业的情况下，似乎都可以由债务人行使，显然不当。根据《企业破产法》的规定，管理人的职权多种多样，如清理、调查债务人的财产状况，编制债务人财产清单，接受债权人的债权申报与审查，编制债权表与制作劳动债权清单，行使破产撤销权，审查、认定破产取回权、破产抵销权、破产别除权，提议召开债权人会议，等等。这些必须由管理人才能行使的职权自然不能由债务人行使。（2）债务人重整失败，宣告破产，破产财产的管理、处分、变价、分配方案的制定与执行，不属于破产重整程序中的职权，不能因为重整期间债务人自行管理财产和营业事务而就可以行使破产重整程序之外的破产和解程序、破产清算程序中应由管理人行使的职权。（3）基于重整工作的需要，债务人申请经人民法院批准自行管理财产和营业事务的，需要具有相应的权利。从债务人这一产生权利的原因或根据——债务人管理财产和营业事务所必需来看，债务人可以拥有并依法行使的权利也应限制在与其管理财产和营业事务相关的范围内。与管理债务人财产和营业事务无关，或者虽然有关，并不为管理债务人财产和营业事务所必需，《企业破产法》规定应由管理人行使的职权，依旧要由管理人行使，而不能由债务人行使。

具体来说，《企业破产法》规定由管理人行使的下列职权，为债务人管理财产和营业事务所必需，宜由债务人依法行使：（1）接受、管理债务人财产的权利。如《企业破产法》第17条规定的，管理人接受债务人的债务人或者财产持有人清偿的债务或者交付的财产的职权，应由债务人行使。（2）对双方均未履行完毕的合同决定履行或者解除的权利。如《企业破产法》第18条、第69条规定，此项权利应由管理人行使，但在重整期间应由债务人行使。（3）决定债务人管理财产和营业事务相关的内部管理事务。（4）决定债务人管理财产和营业事务相关的日常开支和其他必要开支。（5）管理债务人财产。（6）处分与债务人营业事务有关的财产。（7）决定有关营业事务的事项，如决定管理人员、职工的工资，调整营业事务的结构，签订有关营业事务的合同等。（8）依法通过清偿债务或者提供为债权人接受的担保，取回质物、留置物的权利，即行使《企业破产法》第37条规定的由管理人行使的职权。（9）参加与管理财产和营业事务有关的诉讼、仲裁或者其他法律程序。（10）有权为了营业的需要而借款，并且为借款提供担保。对此，《企业破产法》第75条第2款明确规定："在重整期间，债务人或者管理人为继续营业而借款的，可以为该借款设定担保。"（11）取回担保物，对他人的财产行使追回权，等等。

然则，《企业破产法》规定的下列职权，不应由债务人行使：（1）对债权人利益有重大影响的财产处分，尤其是不利于债务人财产及其继续营业事务的财产处分。债务人管理财产和营业事务，需要一定的财产处分权，如保存财产需要决定支出，继续营业需要购买原材料、销售产品等，可这种处分权应当限制在管理财产和营业事务所必需的范围内，而不能任意扩大。在不利于重整、不利于债务人营业时，就不能任意处分财产，损害债权人的合法权益。因此，《企业破产法》第69条规定，除法律明文规定债务人可以处分的外，其他对债权人利益有重大影响的财产处分的行为，则不应允许。《企业破产法》第75条第2款关于“在重整期间，债务人或者管理人为继续营业而借款的，可以为该借款设定担保”的规定，就明文规定债务人自行管理财产和营业事务的，在重整期间就可以为继续营业借款并设定担保。（2）决定继续或者停止债务人营业。继续营业，通常是破产重整成功的重要措施。为了保证重整成功，基于债务人熟悉情况，具有企业生产经营服务等营业实践以及商业、企业管理方面的知识与经验，而管理人在这方面存在不足才由其负责管理营业。与管理营业相适应，需要管理相应的财产，法律才规定在特定条件下由债务人在管理人的监督下管理财产和营业。倘若由债务人自行决定停止营业，不保持继续营业而致债务人重整成功所具有的营业价值，就没有必要由债务人自行管理所谓的营业以及相适应的财产。这样，决定继续或者停止营业的职权，不应由债务人行使。债务人只有在管理人或者债权人会议依法决定继续营业的情况下，才有管理财产和营业事务的可能，而不能在接管财产和营业事务后，自行决定停止营业。此时，债务人虽然不能决定停止营业，但若决定改变营业的规模大小、结构方式以及营业范围。这些决定，也可能产生一些营业的放弃而涉及财产的处分，故也不宜由债务人自行处分，需要及时处理才有利于债务人财产保值、增值的，宜由管理人依法进行。（3）进行债权申报、审查。（4）其他不应由债务人行使的权利，如破产撤销权，审查、认定破产取回权、破产抵销权、破产别除权，提议召开债权人会议，管理人对债务人管理财产和营业事务进行监督以及履行其他职责所必要开支的决定，等等。

应当指出，有的权利，如《企业破产法》第34条、第35条、第36条规定的对破产撤销行为、无效行为等而产生的破产追回权；因债务人的出资人尚未完全履行出资义务的，以及债务人的董事、监事和高级管理人员利用职权从企业获取的非正常收入和侵占的企业财产等产生的破产追回权，即追回应当属于债务人财产的权利，管理人有权也有义务依法行使。在破产重整中，债务人自行管理财产和营业事务的，这一追回权为此也可以由债务人行使。可在债务人不依法行使的情况下，从理论上讲，管理人可以依法监督，要求其行使有关权利。然而，债务人可以行使该权利，不能排除管理人依法可以行使这一权利；债务人不行使有关权利的，管理人依旧可以依法行使破产追回权依法追回财产。

其三，《企业破产法》规定的管理人职权，与管理财产和继续营业直接相关的，债务人在自行管理财产和营业的重整期间，可以由其行使。由其行使，固然要按照法律的规定依法行使。换言之，《企业破产法》规定管理人行使职权要经过债权人会议决议决定，或者要报告债权人委员会，或者要经人民法院许可的，则应经过债权人会议决议决定，或者报告债权人委员会，或者经过人民法院许可。如管理人借款及设定财产担保，根据《企业破产法》第69条及《破产法解释（三）》第15条的规定，应当经债权人会议决议通过，并在实施处分前10日向债权人委员会书面报告；未设立债权人委员会的，则应书面报告人民法院。在第一次债权人会议召开之前，根据《企业破产法》第26条的规定，应当经过人民法院许可。如此，债务人自行管理营业，为继续营业借款及设定担保，就应按照上述规定向债权人委员会或人民法院及时报告，或者依法经人民法院许可。另外，管理人行使职权的行为要受到债权人会议及其债权人委员会的监督，债务人因为自行管理财产和营业而行使《企业破产法》规定的由管理人行使的职权，依法应当受到债权人会议及其债权人委员会的监督。

其四，债务人自行管理财产和营业事务，《企业破产法》规定的管理人职权由债务人行使，并不意味着管理人完全丧失行使有关职权的权利。如前所述，一些根据其性质不能由债务人行使，只能由管理人行使的职权不能由债务人行使。一些根据性质可以由债务人行使如处分债务人重大财产的权利，由于涉及债权人的合法权利，对其也不宜由债务人行使，而应由管理人行使。同时，对于可以由债务人行使的职权在债务人不依法行使的情况下，依然可以由管理人行使。

应当指出，对于债务人自行管理财产和营业，债务人可以行使应由管理人行使的职权范围，有人认为，包括《企业破产法》第25条规定的所有管理人职权的范围。[①] 有人认为，债务人只能行使与重整相关的管理人职权，并非管理人的全部职权。至于哪些管理人的职权由管理人行使，要具体案件具体分析。[②] 而《企业破产法》规定的管理人哪些职权在债务人管理财产和营业的情况下可以由债务人行使，直接关系到管理人、债务人之间的行为关系及其法律后果的问题，对重整程序影响重大，建议最高人民法院以司法解释明确债务人可以行使管理人职权的具体范围。

其五，与债务人自行管理财产和营业事务以及《企业破产法》关于管理人职权由债务人行使这一规定相适应，就债务人的重整地位问题，法律并未明确规定。这时，因为债务人自行管理财产和营业事务，可以依法行使应由

---

① 王卫国：《破产法精义》，法律出版社2007年版，第213页。

② 吴庆宝、王建平主编：《破产案件裁判标准规范》，人民法院出版社2009年版，第281页。

管理人行使的职权，有人便认为债务人处于“占有中的债务人”的地位。“占有中的债务人”制度，始创于1978年的《美国企业破产法》。基于债务人的破产大多是源于市场情况和其他经济因素造成，而债务人本身一般没有欺诈或者其他不正当行为，而且在实践中，债务人继续营业的整顿，成功率亦高于外来托管人进行经营的情况，《美国企业破产法》为此规定以占有中的债务人作为继续营业的机构为原则，而任命托管人进行管理营业为例外。①

债务人一旦经过人民法院批准而自行管理财产和营业，其即具有新的法律人格即“占有中的债务人”地位，与重整程序中没有自行管理财产和营业的债务人具有本质的不同。没有自行管理财产和营业的债务人，是破产重整程序中单纯的债务人，本质上就是债务人。因为人民法院批准自行管理财产和营业事务而成为“占有中的债务人”，其本质已不再是债务人，而是债务人的重整人和管理人，债务人仅仅是重整人和管理人得以存在的形式上的壳，其内容即其履行的职责乃不再是债务人的职责，而是重整人和管理人的职责，与本来意义上的债务人已经没有任何关系。作为“占有中的债务人”，债务人已具有中立的性质，已摆脱原公司章程、股东会议的约束，而完全依据《企业破产法》的有关规定执行职务，接受管理人的监督，并对人民法院负责。②

笔者认为：（1）债务人自行管理财产和营业事务，行使《企业破产法》规定应由管理人行使的职权，与这一职权相适应，赋予之相应的法律地位，确有必要。可这不是说，债务人就已经不再是债务人，与本来意义上的债务人已经没有任何关系，而且更不能认为债务人就是重整人、管理人，债务人仅仅是重整人、管理人的一个壳。（2）“占有中的债务人”仍然是债务人，只是源于法律规定经过人民法院批准而暂时自行管理财产和营业，行使管理人的一些职权，从而成为占有自身财产和营业的占有人，具有债务人与“占有中的债务人”的双重人格，可这种双重人格并非相互否定，即一种人格的存在就否定另一种人格的存在。（3）在一般情况下，债务人就是债务人，于破产程序中其不应当自行占有管理财产和营业。然在特定情况下，让其自行占有管理财产和营业，行使与该自行占有管理财产和营业相适应的职权，并非就否定其不再是重整程序的债务人，更不能认为债务人仅仅为管理人、重整人存在的一个壳即形式，而只有债务人的重整人或者管理人才构成债务人的实质内容。否则，从逻辑上来说，也是不能成立的。（4）任何内容与形式都是相互统一的。重整人、管理人的职责，不可能由债务人名义这种形式来承载。债务人因为自行管理财产和营业，《企业破产法》规定的管理人的职权

① 王卫国：《破产法精义》，法律出版社2007年版，第213～214页。

② 吴庆宝、王建平主编：《破产案件裁判标准规范》，人民法院出版社2009年版，第281页。

由债务人行使，并非说明其就已经成为管理人、重整人，只是用“占有中的债务人”这一形式来承载。而“占有中的债务人”这一新的法律人格，具有相应的权利与义务，对没有自行管理财产和营业事务的债务人即只具有债务人这一人格的单纯债务人来说，固然有所不同，然这只是在“占有中的债务人”这一人格下的与单纯的债务人之间的理论上的区别，而非说明“占有中的债务人”与债务人的人格不可同时存在于同一人身上，即具有双重人格，同时具有不同人格的地位及其权利与义务。即使有一些权利与义务相互矛盾，也只是源于后一种人格而对前一种人格的部分权利与义务的否定，而不是对其整个人格的否定。(5) 事实上，在司法实践中，不同人格存在于同一主体的现象多种多样。如一个人既可以是父亲，又可以是儿子，两种不同人格的法律权利与义务，从理论上分析有这样或那样的不同，但不能就此否认做父亲了就是对做儿子人格的否定。同理，债务人在重整程序中因为自行管理财产和营业，依法行使管理人的职权，从而具有“占有中的债务人”这一新的法律人格，但不能就此认为其已不再是债务人，更不能因为具有这一“占有中的债务人”的新的法律人格并可以行使重整程序中重整人、管理人的一些职权，就说其是重整人或者管理人。

2. 管理人管理债务人财产和营业事务，可以聘任债务人的经营管理人员负责营业事务：

(1) 管理人管理债务人财产和营业，是其职责的基本内容。如前所述，经申请并由人民法院批准，债务人可以在管理人监督之下管理财产和营业事务。但是，债务人源于各种原因没有提出申请，或者提出了申请，人民法院基于债务人的诚实状况，债务人的原来管理团队存在内讧、不能协调统一而无法管理债务人财产和营业，或者职工已对管理人员丧失信心，情绪不稳等，可能并不批准债务人自行管理财产和营业，仍然需要管理人承担管理财产和营业事务的职责。事实上，在债务人进入破产程序包括破产重整程序后，管理债务人财产，在决定继续营业的情况下管理营业，乃是管理人的应有职责。只是基于管理人对债务人的情况并不了解，以及缺乏企业生产经营服务等营业方面的实践经验，这一职责及其相应的职权依法可交由债务人行使、履行。故，在债务人不愿承担或者愿意承担但没有能力承担、无法承担的情况下，则仍需要管理人自己履行法律规定的职责。

(2) 管理人管理债务人财产和营业，有权聘请债务人的管理人员负责营业。为了保证管理人可以承担起管理债务人财产和营业的职责，促使破产重整工作顺利进行，不至于因为管理人缺乏有关营业方面的知识、经验就影响破产重整程序的正常进行，《企业破产法》第74条规定：“管理人负责管理财产和营业事务的，可以聘任债务人的经营管理人员负责营业事务。”据之，管理人可以根据管理债务人财产和营业事务以及自己的能力、水平等实际情况，聘任债务人的经营管理人员负责营业事务。

（3）管理人管理债务人财产和营业，有权从债务人管理人员以外的人员中聘请人员负责营业。法律明确规定，管理人可以聘请债务人的管理人员负责营业事务，没有明确规定可以聘请债务人的管理人员以外的人员负责营业事务，但不能说管理人就不可以聘请债务人的管理人员以外的人员负责营业事务。这是因为：①可以聘请债务人的管理人员负责营业事务，就意味着可以不聘请债务人的管理人员负责营业事务。管理人无法承担管理营业事务职责的，自应允许管理人可以从债务人的管理人员外聘请对营业事务非常了解，以及具有相关方面知识、经验、水平、能力的人员负责营业，如债务人中的不属于管理人员的职工，其他相关行业的工作人员等。②管理人聘请债务人的管理人员，债务人的管理人员源于各种原因不愿接受聘请，更需要管理人从债务人管理人员外聘请有关人员负责营业。③法律之所以授权管理人可以聘请债务人的管理人员负责营业事务，主要是基于债务人的管理人员了解情况，具有相关经验，可这不排除管理人依法聘请其他了解情况及具有相关经验的人员负责营业事务。④《企业破产法》第28条第1款规定：“管理人经人民法院许可，可以聘用必要的工作人员。”管理人经人民法院许可，可以聘用必要的工作人员，自然包括管理人管理债务人财产和营业事务时，根据实际情况聘请具有相关经验、了解有关情况且不属于债务人管理人员的人员负责营业事务。

（4）管理人管理债务人财产和营业，聘请他人负责营业事务，应当经人民法院许可。《企业破产法》第74条规定，管理人管理债务人财产和营业，可以聘请债务人的经营管理人员负责营业事务，然是否需要经过人民法院批准，没有明确。然则，根据《企业破产法》第28条第1款关于“管理人经人民法院许可，可以聘用必要的工作人员”的规定，在破产程序中，管理人聘用必要的工作人员，都应经过人民法院许可。而聘任债务人的经营管理人员负责营业事务，属于管理人基于破产重整工作的需要而聘请的人员。以是，管理人聘请债务人的经营管理人员负责营业事务，应当经过人民法院许可。

（5）管理人管理债务人财产和营业，聘请他人负责营业事务，他人应当具有相应的条件，如了解、熟悉债务人或者相关行业的基本情况，具有相关行业方面的经验与能力等。但他人尤其是债务人的经营管理人员，若不诚实，曾经实施破产欺诈行为，如为逃避债务而隐匿、转移财产，虚构债务、承认不真实的债务，或者违反《企业破产法》第15条规定的义务，或者在任职期间因为其重大过错甚至违法犯罪行为而造成债务人财务困境等，则不应聘请其负责债务人的营业事务。

（6）管理人管理债务人财产和营业，聘请他人负责营业事务，属于其职权之一。行使这一职权，对于债务人的营业事务乃至破产重整的成功与否至关重要。是以，必须慎重、依法出于公心聘请道德素质高、能力水平强、对债务人或者相关行业熟悉、具有相关行业丰富的实践经验以及企业经营管理实践经验的人员负责债务人营业事务。对于这一至关重要的行为，应当主动接受债权人会议、债权人委员会监督，并报告有关情况。债权人会议、债权人委员会也有权对管理人聘请他人负责债务人营业事务的行为进行监督。管理人因为自己重大过失或者故意行为聘请不负责任、没有相应能力的人员负责债务人营业事务，造成债务人财产遭受重大损失的，则应承担相应的法律责任。

（7）管理人管理债务人财产和营业，聘请他人负责营业事务，他人与管理人之间基于聘请这一合同关系而存在。他人被管理人聘请负责营业事务的权利与义务，均由合同加以规定。而且，他人仅仅负责营业事务，不具有管理债务人财产的职责，更不具有处分债务人财产的职责。被聘任的他人，不是债务人的代表机构，其对外的行为，属于交易行为的，应根据代理行为规则进行处理；不属于交易行为的，应根据有关工作人员的行为效果规则处理。他人应当按照聘任合同规定忠实履行应尽的义务，接受管理人的监督。不依合同履行应尽的义务，造成债务人财产损失的，应当按照合同或者依法承担相应的法律责任。

（8）管理人管理债务人财产和营业，聘请他人负责营业事务，他人有权根据聘任合同的规定获得报酬。由此产生的费用，属于破产费用，依法以债务人财产随时优先进行清偿。

应当指出，根据《企业破产法》的规定，在破产重整期间，继续债务人营业，只有债务人自行进行与管理人进行两种模式。换言之，要么由管理人管理营业，要么由债务人自行管理营业。但破产活动异常复杂，在债务人无法或者不能自行营业，管理人又无能力管理债务人营业且无法聘用有关人员负责营业的情况下，此时，管理人又无其他模式可供选择，不利于债务人重整工作的进行。如在湖南太子奶集团生物科技有限责任公司、株洲太子奶生物科技发展有限公司、湖南太子奶集团供销有限公司合并重整的过程中，就出现了管理人无法适用法律规定的两种模式的情况。在这种情况下，赋予管理人通过委托经营、租赁经营等方式完全交由第三人经营的权利，既有利于明确各自的责任，也有利于重整工作的进行。在外国如美国则允许由他人对债务人的营业完全进行托管，建议法律对此予以完善。

3. 重整期间对债务人特定财产享有的担保物权或者法定特别优先权的暂时停止与恢复行使。《企业破产法》第75条第1款规定："在重整期间，对债务人的特定财产享有的担保权暂停行使。但是，担保物有损坏或者价值明显减少的可能，足以危害担保权人权利的，担保权人可以向人民法院请求恢复行使担保权。"据此，在重整期间，对债务人特定财产享有的优先受偿权暂时停止行使。对这，应当注意以下几点：

（1）重整期间对债务人特定财产享有担保物权或者法定特别优先权的优先受偿权的暂停行使。债务人具有不能清偿到期债务并且资产不足以清偿全部债务等破产重整原因时，其土地使用权、采矿权、生产设备、运输工具等有效、优良资产通常都负有抵押、质押、留置等担保物权，或者建设工程价款优先受偿权等法定特别优先权。而这些有效资产又是债务人继续正常营业，确保破产重整成功的重要物质基础，在重整程序中，如果不对债务人特定财产上所负有的抵押、质押等担保物权或者法定特别优先权的行使予以必要限制，那么，对债务人特定财产享有担保物权或者法定特别优先权的人均依照其他法律的规定行使担保物权或者法定特别优先权，要求以这些负有担保物权或者法定特别优先权的特定财产优先受偿，并且对担保物等特定财产进行处置，债务人想通过重整获得再生的可能性就会大大降低甚至根本不可能。所以，在重整期间，就特定财产享有担保物权或者法定特别优先权的破产别除权人对特定财产行使担保物权或者法定特别优先权，应当暂时停止。

联合国国际贸易法委员会《破产法立法指南》明确指出，在重整程序中，适用包括重整期间，对特定财产享有的担保物权或者法定特别优先权等权利的暂停行使，破产申请受理后个别清偿的禁止，破产申请受理后有关债务人的执行程序的中止，破产申请受理后管理人接管财产前有关债务人诉讼或者仲裁的中止等在内的中止，"有助于企业的继续经营，使得债务人获得整顿业务的喘息空间，有时间制订和批准重整计划草案，并能采取其他步骤，例如取消不盈利的活动和摆脱负担过重的合同，视情况而定。同清算一样，中止还提供了考虑将对债务人采取的行动的机会。考虑到重整的目标，中止对其的影响要比对清算程序的影响更大，为此起着更为关键的作用，而且能为鼓励债务人发起重整程序提供重要的动力。""越来越多的破产法承认，在许多情况下，允许有财产担保债权人随意执行其对设押资产的权利尤其在重整中可能不利于实现破产程序的基本目标。"①

---

① 王卫国：《破产法精义》，法律出版社2007年版，第221页；联合国国际贸易法委员会：《破产法立法指南》（2006年中文版）第77页、第80页。

当然，重整期间对债务人特定财产享有担保物权或者法定特别优先权的优先受偿权的暂停行使，应当为破产重整所需要。倘若负有担保物权或者法定特定优先权的财产，与债务人重整中的生产、经营、服务等营业没有关系，不为债务人重整所需要，担保物权或者法定特别优先权的行使并不会给债务人重整造成影响，则就没有必要暂时停止债权人担保物权或者法定特别优先权的行使，以在保证债务人重整正常进行的前提下，注重担保物权或者法定特别优先权人权利的平衡保护。对此，《民商事审判纪要》第 112 条（重整中担保物权的恢复行使）第 1 款规定："重整程序中，要依法平衡保护担保物权人的合法权益和企业重整价值。重整申请受理后，管理人或者自行管理的债务人应当及时确定设定有担保物权的债务人财产是否为重整所必需。如果认为担保物不是重整所必需，管理人或者自行管理的债务人应当及时对担保物进行拍卖或者变卖，拍卖或者变卖担保物所得价款在支付拍卖、变卖费用后优先清偿担保物权人的债权。"

（2）重整期间破产别除权人对债务人特定财产享有的担保物权或者法定特别优先权的恢复行使。对这，应当注意：

①重整期间破产别除权人对债务人特定财产享有的担保物权或者法定特别优先权的恢复行使，体现了立法者对破产别除权人的平衡保护。对债务人特定财产享有担保物权或者法定特别优先权的破产别除权人，可以就负有担保物权或者法定特别优先权的特定财产单独优先受偿。在担保物等特定财产足以清偿破产别除权人债权的情况下，意味着其债权能够得到全额、充分清偿。这样，在重整期间内暂停其担保物权或者法定特别优先权的行使，是对其行使权利的一种限制。这种限制还可能因为破产重整失败导致负有担保物权或者法定特别优先权的财产贬值，增加不能充分清偿的风险。不过从以拯救债务人为目的破产重整，维护债权人合法权益及有助于经济秩序、社会秩序的正常、稳定运行这一大局出发，在债务人、出资人、债权人都牺牲了一定利益的前提下，让破产别除权人的权利作出一定牺牲，无疑有其必要，可这种牺牲也不能没有任何限制。在破产重整程序中，在重点考虑债务人、劳动债权人、普通债权人等主体的利益，以及保证破产重整程序正常进行的同时，亦应平衡考虑破产别除权人的利益，即在对其担保物权或者法定特别优先权暂停行使让其作出一定牺牲的同时，也要将这种牺牲控制在一定的范围内。因此，《企业破产法》第 75 条第 1 款明确规定："担保物有损坏或者价值明显减少的可能，足以危害担保权人权利的，担保权人可以向人民法院请求恢复行使担保权。"基此，在重整期间，债务人负有担保物权或者法定特别优先权的特定财产，具有损坏或者价值明显减少的可能足以危害破产别除权人

权利的，破产别除权人可以向人民法院请求恢复行使担保权或者法定特别优先权。

联合国国际贸易法委员会《破产法立法指南》明确指出："有财产担保债权人被列入中止范围的，破产法可采取某些措施以保护其权益。除限制中止的期限外，这些措施还可以包括对解除中止作出规定，采取各种措施以确保如果担保债权的价值大于或接近设押资产的价值，就应保护设押资产的价值免于因资产的使用或中止的适用而减损。由于这些措施互有联系，破产法宜采取前后一致的做法。举例说，如果中止的适用期限较短，法律可能就不必要求对设押资产的价值加以保护。如果中止适用的期限很长，相对于保护资产的价值，解除中止可能是一种更具成本效益的补救办法，然前提条件是资产并非为程序所必需。当然，也可通过下述手段更为全面地保护有财产担保债权人的权益：就设押资产的使用和出售征询其意见；在资产收益允许的范围内支付利息；在资产价值少于担保债权时接管资产。在考虑为设押资产的价值提供保护的做法的可取性时，或许还需权衡一下这些措施的潜在复杂性和费用，以及是否需由法院就保护问题做出困难的商业决定。如果提供保护，则破产法似宜提供指导，以确定对债务人的资产持有某种类型担保权益的债权人何时以及何种方式有权获得下文所述的各类保护。"①

②重整期间破产别除权人对债务人特定财产享有的担保物权或者法定特别优先权恢复行使的条件。根据《企业破产法》第75条第1款的规定，这些条件包括：

首先，债务人负有担保物权或者法定特别优先权的特定财产必须具有损坏或者价值明显减少的可能。担保物等特定财产有实际损坏的可能，必然会影响价值，不及时行使担保物权或者法定特别优先权对其及时受偿，还可能导致损害的扩大，损害破产别除权人的利益。特定财产的价值有明显减少的可能，要求特定财产价值不仅有减少的可能，而且是一种明显减少的可能。任何财产出于使用、市场变化、损坏等原因都有可能减少其价值，如果仅仅具有价值减少的可能就让破产别除权人恢复行使担保物权或者法定特别优先权，那么，对这种权利暂停行使就没有多大意义。故，特定财产的价值不仅具有减少的可能，而且还是一种明显的可能。这种明显的可能表明，不及时恢复行使担保物权或者法定特别优先权，破产别除权人的利益将遭受损害或者遭受更大的损害，于是需要恢复行使担保物权或者法定特别优先权。特定财产的价值有明显减少的可能，虽然是一种可能，然有一定的事实为依据。

① 王卫国：《破产法精义》，法律出版社2007年版，第222页；联合国国际贸易法委员会：《破产法立法指南》（2006年中文版）第86页。

如特定财产的市场价格日益下降且难以回升；生产设备、交通工具、电脑等设施老化、更新速度快，导致财产极易贬值；用以抵押的财产容易变质、腐烂，或者因季节性强、周期性短，不及时处理将导致贬值甚至价值丧失，等等。没有任何事实根据，就不能称特定财产价值具有明显减少的可能，也就不能恢复行使担保物权或者法定特别优先权。

其次，特定财产有损坏或者价值明显减少的可能，必须足以危害破产别除权人的权利。特定财产虽有损坏或者价值虽有明显减少的可能，但不足以危害破产别除权人权利的，则也不能恢复行使担保物权或者法定特别优先权。在司法实践中，特定财产虽有损坏或者价值明显减少的可能，可并不一定会对特定财产的价值造成实际损害，因而不会影响其价值；或者特定财产因为有损坏可能确实会使其价值降低、减少，然因为破产别除权人的债权远远低于特定财产的价值，尤其是抵押物、质押物的价值往往远远大于其所担保的破产别除权人对债务人拥有的债权，不足以危害破产别除权人的权利的，依旧需要暂时停止担保物权或者法定特别优先权的行使，而不能恢复担保物权或者法定特别优先权的行使。

再次，破产别除权人必须向人民法院请求恢复行使担保物权或者法定特别优先权。特定财产虽然有损坏或者价值明显减少的可能，并且足以危害破产别除权人的权利，可是，破产别除权人并没有请求人民法院恢复行使担保物权或者法定特别优先权，人民法院也不能让其主动恢复行使或者主动要求其恢复行使。破产别除权人要求恢复行使担保物权或者法定特别优先权，必须是向人民法院请求行使，而不是向管理人或者债务人要求恢复行使。仅向管理人或者债务人要求恢复行使，未向人民法院请求恢复行使的，则不属于向人民法院请求恢复行使，即使管理人、债务人将此种请求行使的申请提交给了人民法院，也不能视为向人民法院请求恢复行使。

最后，破产别除权人向受理破产重整申请的人民法院请求恢复行使担保物权或者法定特别优先权，必须经过人民法院同意。破产别除权人虽然向人民法院提出了恢复行使担保物权或者法定特别优先权的申请，可人民法院没有同意的，破产别除权人也不能恢复行使担保物权或者法定特别优先权。对于破产别除权人提出的恢复行使担保物权或者法定特别优先权的申请，人民法院应当认真审查是否符合《企业破产法》第 75 条第 1 款规定的条件，即负有担保物权或者法定特别优先权的特定财产是否有损坏或者价值明显减少的可能，并且是否足以危害破产别除权人的权利；请求是否为破产别除权人提出，是否是向人民法院且是向受理破产申请的人民法院提出，等等。人民法院经过审查认为符合法律规定的条件的，同意破产别除权人恢复行使担保物权或者法定特别优先权；经过审查认为不符合法律规定的条件的，则不同意恢复行使。

③重整期间人民法院同意破产别除权人对债务人特定财产享有的担保物权或者法定特别优先权恢复行使所应采取的方式，《企业破产法》没有作出明确规定。笔者认为，对于破产别除权人要求恢复行使担保物权或者法定特别优先权的请求是否同意，应当以裁定形式裁定同意或者不同意，并且送达给申请人。该裁定属于破产重整程序的裁定，不应允许上诉。申请人对此不服的，可以申请复议 1 次。至于人民法院作出裁定的期限，应当及时，不能久拖不决。对此，《民商事审判纪要》第 112 条（重整中担保物权的恢复行使）第 2 款规定："在担保物权暂停行使期间，担保物权人根据《企业破产法》第 75 条的规定向人民法院请求恢复行使担保物权的，人民法院应当自收到恢复行使担保物权申请之日起三十日内作出裁定。经审查，担保物权人的申请不符合第 75 条的规定，或者虽然符合该条规定但管理人或者自行管理的债务人有证据证明担保物是重整所必需，并且提供与减少价值相应担保或者补偿的，人民法院应当裁定不予批准恢复行使担保物权。担保物权人不服该裁定的，可以自收到裁定书之日起十日内，向作出裁定的人民法院申请复议。人民法院裁定批准行使担保物权的，管理人或者自行管理的债务人应当自收到裁定书之日起十五日内启动对担保物的拍卖或者变卖，拍卖或者变卖担保物所得价款在支付拍卖、变卖费用后优先清偿担保物权人的债权。"

4. 在重整期间，为继续营业可以借款并提供担保。对这，应当注意以下方面：

（1）为了债务人营业的继续，债务人或者管理人可以借款并为借款设定担保。一般来说，债务人的营业得以继续，是其重整获得新生的重要前提。而要保证债务人营业的继续进行，具有一定的流动资金是必备的基础。但在债务人进入破产重整程序的情况下，其已经出现财务危机，需要借款。因为债务人由于无法清偿到期债务而失去了信用，往往难以仅凭信用取得借款，只有通过设定担保的方式才能取得借款。以是，《企业破产法》第 75 条第 2 款规定："在重整期间，债务人或者管理人为继续营业而借款的，可以为该借款设定担保。"

联合国国际贸易法委员会《破产法立法指南》明确指出："启动破产程序后，债务人企业的继续运作对于重整而言至为重要，其次对清算程序中企业作为经营中企业出售也相当重要。债务人为维持其经营活动，必须能够获取资金，使其得以继续支付供应关键货物和服务的费用，其中包括劳力费用、保险、租金、维持合同支出及其他运营支出，以及维持资产价值方面的相关费用。在有些破产案中，债务人可能已经有足够的流动资产，包括现金或可转换成现金的其他资产（例如应收款的预期收益），来应付经营中企业的开支。另一个办法是，通过中止和停止偿付启动程序前的债务，使上述开支能够从债务人现有的流动现金中解决。如果债务人并无可用的资金应付其当前的流动现金需要，它将需要设法从第三方获得融资。此种融资可采取由货物和服务的买方向债务人提供贸易信贷的形式，也可采取由放款人提供贷款或其他融资的形式。”①

（2）为债务人继续营业借款而以债务人的财产设定的担保权，同样适用《企业破产法》第 75 条第 1 款的规定。换言之，债务人对设定财产担保的新的借款到期没有偿还，在此财产上新设的担保物权仍要暂停行使。需要恢复行使的，应当根据《企业破产法》第 75 条第 1 款规定的条件及方式进行。即只有在担保物有损坏或者价值明显减少的可能，足以危害贷款人权利的，贷款人才可以向人民法院请求恢复行使其担保权。

（3）为债务人继续营业借款并设定担保，应当经过债权人会议决议通过，并及时报告债权人委员会；没有设立债权人委员会的，则及时报告人民法院。在第一次债权人会议前，为债务人继续营业借款并设定担保的，则要经过人民法院许可。这是因为：

①这是债权人监督为债务人继续营业借款并设定的担保行为，进而维护债权人合法权益的需要。为债务人继续营业借款设定担保，必然给债务人财产设定新的负担，致使负有担保物权的特定财产增加，而未负有担保物权的非特定财产减少。而除对特定财产享有担保物权或者法定特别优先权的破产别除权人以外的其他债权人包括劳动债权人、统筹社保债权人、基本税收债权人、普通债权人等的债权，是用未负有担保物权或者法定特别优先权的非特定财产来清偿的，破产别除权人以外的债权人因为未负有担保物权或者法定特别优先权的非特定财产减少而可能使其债权清偿的数额更加减少，进而可能因为给新借款设定抵押而对破产别除权人外的债权人造成更大的损害。完全可以说，为债务人继续营业借款并设定担保的行为，与债权人的利益密切相关，对债权人的利益影响重大，债权人会议或者债权人委员会应当有权对借款的数额及设定的担保进行监督，并加以必要控制。债务人若以继续营业需要为名恶意借款并设定抵押，或向一些债权人虚假借款并设定抵押变相进行个别清偿的，更加会损害债权人的利益，属于《企业破产法》第 78 条规定的债权人有权作为利害关系人请求人民法院裁定终止债务人重整的情形。

---

① 王卫国：《破产法精义》，法律出版社 2007 年版，第 224 页。

是以，要求管理人、债务人为继续营业而借款并设定担保的行为，应当经过债权人会议决议通过，并及时报告债权人委员会或者人民法院，自有必要。

②《企业破产法》第69条明确规定，管理人借款、设定财产担保，都应当及时报告债权人委员会；未设立债权人委员会的，应当及时报告人民法院。《企业破产法》第26条规定："在第一次债权人会议召开之前，管理人决定继续或者停止债务人的营业或者有本法第六十九条规定行为之一的，应当经人民法院许可。"据之，管理人为债务人继续营业借款及设定担保的行为，不仅要根据《企业破产法》第69条及《破产法解释（三）》第15条的规定，应当经过债权人会议表决同意，并实施处分前10日书面报告债权人委员会；未设立债权人委员会的，应当书面报告人民法院。在第一次债权人会议召开之前实施该行为的，则应根据《企业破产法》第26条的规定，经过人民法院许可。

③根据《企业破产法》第73条的规定，经债务人申请，人民法院批准，可以在管理人的监督下自行管理财产和营业事务，《企业破产法》规定的管理人的职权由债务人行使。所以，在重整期间，债务人自行管理财产和营业，可以为继续营业借款并设定担保。债务人根据法律规定行使管理人的职权，固然需要按照管理人行使职权的条件、程序依法行使。

5. 重整期间被债务人合法占有的他人财产取回的限制。《企业破产法》第38条规定："人民法院受理破产申请后，债务人占有的不属于债务人的财产，该财产的权利人可以通过管理人取回。但是，本法另有规定的除外。"债务人占有包括合法占有与不法占有的不属于债务人的他人具有物权占有关系的财产，在债务人进入破产程序后，除《企业破产法》另有规定的外，财产权利人可以通过管理人取回。这就是财产权利人在债务人破产的情况下所拥有的破产取回权的规定。《企业破产法》另有规定，就是《企业破产法》第76条关于破产取回权行使限制的规定，即"债务人合法占有的他人财产，该财产的权利人在重整期间要求取回的，应当符合事先约定的条件。"《破产法解释（二）》第40条规定："债务人重整期间，权利人要求取回债务人合法占有的权利人的财产，不符合双方事先约定条件的，人民法院不予支持。但是，因管理人或者自行管理的债务人违反约定，可能导致取回物被转让、毁损、灭失或者价值明显减少的除外。"基此，在重整期间，被债务人合法占有的不属于债务人的财产，财产权利人取回该财产即行使破产取回权，要受到一定限制。对于这种破产取回权的限制，要注意以下几点：

（1）在重整期间，对财产权利人行使破产取回权进行必要限制，是保证重整程序正常进行的需要。在债务人进入破产程序中，债权人未到期的合同债权视为到期。债务人因为借用、承租等各种各样的合法关系或者根据其他法律规定而合法占有的他人财产，也应视为到期，财产权利人有权取回该财产。至于债务人非法占有的不属于债务人所有的他人财产，财产权利人自然随时有权要求取回。在破产重整程序中，债务人基于合同关系等合法占有的他人财产，按照破产取回权的一般规定，财产权利人可以行使破产取回权取回该财产。但该财产处于破产重整程序的生产经营服务等营业过程中，为债务人营业继续所必需，让财产权利人取回，又势必影响破产重整程序的正常进行，从而降低债务人重整成功的可能。另外，债务人基于各种法律根据或者合同约定合法占有他人财产，财产权利人一般都会对债务人负有相对应的义务，在行使破产取回权时，履行其中的义务，使符合行使破产取回权的条件满足，从公平原则考虑，也应如此。因此，对财产权利人行使破产取回权进行必要限制，要求财产权利人取回财产，必须符合事先约定的条件，有其必要。

（2）在重整期间，对被债务人合法占有的财产取回的限制，不是完全限制财产权利人在重整期间行使破产取回权，而是要求财产权利人行使破产取回权时符合事先约定的条件。债务人合法占有的他人财产，财产权利人行使破产取回权要受到一定限制，并不意味着财产权利人的破产取回权在重整期间完全不能行使。根据《企业破产法》第76条的规定，财产权利人在重整期间仍旧可以行使破产取回权，只是要求行使破产取回权时符合事先约定的取回条件。财产权利人与债务人在债务人合法占有该财产时事先约定的条件并得以满足的，财产权利人则可以行使破产取回权将该财产取回。

（3）财产权利人在重整期间行使破产取回权的条件。根据《企业破产法》第76条及《破产法解释（二）》的规定，这些条件具体包括：

①财产权利人取回的财产必须是债务人合法占有的财产。不为债务人占有，或者虽为债务人占有但不为债务人合法占有的财产而是债务人非法占有的财产，财产权利人取回财产则不受《企业破产法》第76条规定的限制。不为债务人占有，不存在从其处取回的问题。债务人非法占有的财产，财产权利人随时有权依法取回。如果对债务人非法占有的财产取回也予以限制，就是对债务人的非法行为的纵容，有悖于法律规定的基本精神，那么，财产权利人要求取回这种为债务人非法占有的财产，不应受到限制。

应当指出，债务人占有财产，并非一定事实完全控制财产。债务人合法占有财产后依法又将财产移转他人占有的，亦应当视为债务人占有，属于合法占有的，财产权利人行使取回权也应受到限制。这时，财产权利人不能对合法移转占有人直接行使取回权。

至于债务人合法占有的他人财产，包括共有财产，保管财产，仓储财产，寄存财产，托管财产，加工承揽财产，委托财产，代销（寄售）财产，借用财产，租赁财产，依所有权保留买卖占有的受让人尚未取得所有权的财产，因为质权、留置权等担保物权或者法定特别优先权而占有的财产，以及因为其他法律关系而合法占有的财产。只要债务人占有的不是债务人自己所有的他人财产，且为合法占有，那么，财产权利人在重整期间行使破产取回权的，就应当受到限制。

②财产权利人必须是在重整期间要求取回。不是在重整期间而是在破产和解期间、破产清算期间要求取回财产，则不受《企业破产法》第 76 条规定的条件限制。

③财产权利人在重整期间行使取回权要求取回财产，应当符合事先约定的条件，然则，因管理人或者依法由之自行管理的债务人违反约定，可能导致取回物被转让、毁损、灭失或者价值明显减少的除外：

首先，财产权利人与债务人之间必须就财产权利人取回财产的条件达成了约定。这种条件包括合同期限的约定以及财产权利人取回该财产时应当履行的全部合同义务。即只有完全符合合同约定时，财产权利人才有权依法行使破产取回权取回财产。此外，这种条件约定并不包括债务人履行义务，如果将债务人应当履行的义务视为约定的条件，那么，债务人在破产重整无法履行义务的情况下，财产权利人就根本无法行使破产取回权，显然与法律规定的意旨不符。其实，债务人不履行义务，如对破产重整前不能支付的租金，就已转化为破产债权。假若将债务人支付租金的义务视为条件，财产权利人取回该财产时债务人还应当按照合同约定全额支付租金，使财产权利人提前取回财产时可以获得破产程序中不应得到的利益，无疑不当，对其他债权人来说，也不公平。

其次，财产权利人与债务人之间的约定必须事先达成。事先达成必须是在债务人合法占有财产时达成或者虽未在合法占有时达成也必须是在破产申请受理前达成。在破产申请受理后达成的，则不构成事先达成。

再次，财产权利人与债务人之间就财产权利人取回财产事先达成的条件，是一种可能存在可在债务人合法占有时尚不存在的事实或者现象。在债务人合法占有时已经存在的事实或者现象，固然不能成为取回的条件。约定的所谓条件根本不可能发生或者通常情况下几乎不会发生的，则应视为就财产取回的条件没有约定。

最后，破产取回权人主张取回与事先约定的条件虽然不符，然因管理人或者自行管理财产的债务人违反约定，可能导致取回物被转让、毁损、灭失或者价值明显减少的，不受破产重整期间取回权的行使“应当符合事先约定的条件”的限制。

与之相关的问题是，财产权利人与债务人就合法占有的财产事先根本没有达成任何条件即就财产取回的条件没有约定，如债务人占有财产时没有约定归还时间，或者约定的条件根本不可能实现，或者约定的条件不明确，或者因债务人的无因管理行为而合法占有他人财产等，此时，财产权利人在重整期间行使破产取回权：允许的，自对重整不利；不允许的，则对财产权利人不利，亦有悖于公平原则，也于法无据。如财产权利人无偿将财产借给债务人使用，并没有约定期限。其他有偿使用并约定了期限等条件的，则可以依法取回，而无偿借用没有约定期限的则根本不能行使破产取回权，显然不公。故，基于债务人重整与财产权利人利益平衡的考虑，应当允许财产权利人行使破产取回权，但其需要限制。这种限制可以根据商业惯例进行确定①。

（4）在财产权利人与债务人就债务人合法占有他人财产达成约定条件的情况下，债务人合法占有他人财产一般负有相应的义务，如租赁他人财产应当支付租金，财产权利人也可能需要履行相应的义务，如出租财物必须按照约定保证租用财产的质量能够为租用者所用；所有权保留买卖中，财产权利人属于受让方的应当向债务人支付价款等。在债务人合法占有他人财物基于合同关系为双务合同的情况下，此种形成物权占有关系的合同若属于双方均未履行完毕的合同。对于这种双方均未履行完毕的合同，是继续履行还是解除，根据《企业破产法》第18条的规定，由管理人决定，对方当事人只有执行的义务，没有决定的权利。而按照破产取回权的规定，财产权利人在债务人破产期间可以行使取回权；在重整期间行使取回权则要符合事先约定的条件。如此，财产权利人基于破产取回权要求取回财产，实际就是要求解除合同，两者之间似乎存在矛盾。对此，在债务人合法占有财产的依据为双方均未履行完毕的合同情况下，应当先由管理人或者在重整期间自行管理财产和营业事务的债务人决定继续履行或者解除合同：①决定继续履行合同的，根据《破产法解释（二）》第37条关于“买受人破产，其管理人决定继续履行所有权保留买卖合同的，原买卖合同中约定的买受人支付价款或者履行其他义务的期限在破产申请受理时视为到期，买受人管理人应当及时向出卖人支付价款或者履行其他义务。买受人管理人无正当理由未及时支付价款或者履行完毕其他义务，或者将标的物出卖、出质或者作出其他不当处分，给出卖

① 吴庆宝、王建平主编：《破产案件裁判标准规范》，人民法院出版社2009年版，第288页。

人造成损害，出卖人依据《合同法》第134条[①]等规定主张取回标的物的，人民法院应予支持。但是，买受人已支付标的物总价款75%以上或者第三人善意取得标的物所有权或者其他物权的除外”的规定，管理人或者债务人应当履行合同义务。管理人或者债务人无正当理由不履行合同义务，或者将标的物出卖、出质或者作出其他不当处分，给财产权利人造成损害的，财产权利人除管理人或者债务从履行合同的价款达到75%以上或者第三人善意取得了标的物所有权或者其他物权的外，在符合《企业破产法》第76条规定的事先约定的取回条件，且向债务人履行了全部合同义务的情况下，有权将财产取回，管理人或者债务人不能因为《企业破产法》第18条的规定，以双方未履行完毕的合同应由管理人或者债务人依法决定为由，而限制财产权利人的破产取回权的行使。②决定解除合同的，财产权利人则应根据合同履行合同解除之前已经形成的义务。履行合同解除之前形成的全部义务后，财产权利人有权取回财产。倘若财产权利人与债务人之间的合同出于所附生效条件或者期限等原因还没有生效，对此决定解除的，双方因为合同尚未生效向对方还不负有履行合同的义务，财产权利人可以直接行使破产取回权取回财产。

（5）债权人关于债务人破产清算的申请被人民法院受理后，对于债务人合法占有的不属于债务人的他人财产，财产权利人可以通过管理人行使破产取回权取回财产。然在没有取回财产的情况下，债务人或者出资额占债务人注册资本1/10以上的出资人在人民法院宣告债务人破产前向人民法院申请重整，人民法院依法受理该破产重整申请的，财产权利人要取回该财产，属于重整期间取回财产，需要受到《企业破产法》第76条规定的应当符合事先约定的条件限制。[②]

6. 出资人投资收益分配的限制。出资人的出资作为以获得投资收益为目的的商事行为，一般情况下，要求分配投资收益无可厚非。但在重整期间，根据《企业破产法》第77条第1款规定：“在重整期间，债务人的出资人不得请求投资收益分配。”据此，在重整期间，债务人的出资人的投资收益分配请求权不能行使，要受到暂停分配的限制。这是因为：

（1）在重整期间，普通债权一般不能得到全额清偿，有的甚至还很低，并且不能及时清偿，债权人的利益必然遭受损失。以是，在破产程序中包括在破产重整程序中，维护债权人的利益，使其债权尽可能得到满足，明显优

---

① 现为《民法典》第641条规定。该条规定：“当事人可以在买卖合同中约定买受人未履行支付价款或者其他义务的，标的物的所有权属于出卖人。出卖人对标的物保留的所有权，未经登记，不得对抗善意第三人。”

② 王卫国：《破产法精义》，法律出版社2007年版，第227页。

于对债务人出资权益的分配与满足。换言之，债权人利益的满足在破产程序中应当优于出资人权益的满足。即使在重整期间，因为各方的努力，使债务人出现了盈利，有利益分配，首先也只能用于债权人的清偿，而不能先用于出资人出资权益的分配与满足。

（2）债务人对外的债权，本质上是要偿还的，债权的清偿应当优于出资人收益的分配。债务人在重整期间存在盈利，在整体上无法偿还所有债务的，依然属于一种亏损状态。其实，任何企业通常不可能一直处于亏损状态，总有好转的时候。一旦有好转，出现了盈利，就全部分配，而对外面的债务不予偿还，明显违背诚实信用的基本原则，也不利于经济秩序的正常运行。在破产重整的情况下，其目的之一就是为了清偿债务，在资产不足以清偿全部债务或者有明显难以清偿可能的情况下，首先应当考虑债权人的利益而清偿债权人的债权，而不能一有利润就考虑债务人的出资人获得出资收益的分配。

（3）投资的本质要求投资人对所出资及其出资财产丧失所有权而享有股权等出资权，股权等出资权只有在有盈利时才享有分配权。盈利固然是在一个时期内对外不负有债务的情况下进行的，而债务人进入破产重整程序，其对外债务不能清偿，即使在重整期间暂时具有盈利，然与之前负债联系在一起根本不存在盈利的可能，也不能因为重整期间一有盈利就进行分配。

（4）在重整期间，债务人的营业状况出现好转，存在盈利，也并不是债务人的出资人一人的功劳。债务人的重整，是以债权人作出妥协、让步，接受对其的权益调整为前提的。为了债务人得到拯救，即使是对特定财产享有担保物权或者法定特别优先权的债权人对其担保物权、法定特别优先权的行使，以及所有权人等财产权利人对于自己享有物权占有关系的财产取回权的行使，在重整期间都要受到限制。而债务人经过重整得以重生，最大的获益者是出资人。在破产清算的情况下，债务人的出资人的股权等投资收益通常为零。而在重整成功之后，债权人的债权很难得到全额清偿，可其与债务人之间的债权债务关系得以清理、结束。出资人则因债务人重整成功重新步入正常轨道，使其投资收益存在满足或者满足的可能。是以，在债权人在重整期间的权利行使要受到限制的情况下，出资人在重整期间分配收益的权利也就要受到限制。否则，对债权人来说，也不公平。

（5）债务人重整出现生机，产生利润，是债权人、债务人、出资人、管理人等合力的结果。而债权人的贡献相比债务人、出资人来说则更大，尤其是管理人管理债务人财产和营业时更是如此。即使是债务人自行管理财产和营业，其出资人可能作出一定贡献，然也是其义务所在，且重整成功的最大获益者为出资人。在重整期间应当优先于出资人股权满足的债权人的债权清偿都应受到限制的情况下，出资人的投资收益分配自然也应受到限制。

（6）允许重整期间一出现利润，出资人就可分配投资收益，基于债权人的债权无法及时、全额清偿的情况，必然引起债权人的不满。在债权人不满而对破产重整不予配合的情况下，破产重整就很难获得成功。

（7）债务人重整，并不意味着一定就会成功。即使成功，普通债权人也是按比例公平受偿，损失已不可避免。在重整计划执行完毕前，不能一有利润，而不顾重整失败的可能及债务人已经遭受损失的现实，就先满足出资人的利益。

至于出资人的投资收益，既包括出资人在重整期间所产生的投资收益，又包括出资人往年存在乃没有分配的投资收益。出资人在管理人管理财产和营业时，不能分配得到投资收益；在债务人自行管理财产和营业时，也不能滥用出资人的权利，而擅自对投资收益进行分配。违反法律规定对投资收益进行分配，该分配应属无效行为，管理人对此要进行监督，一旦发现，即应依法予以追回。

7. 债务人董事、监事、高级管理人员股权转让的限制。《企业破产法》第 77 条第 2 款规定："在重整期间，债务人的董事、监事、高级管理人员不得向第三人转让其持有的债务人的股权。但是，经人民法院同意的除外。"基此，债务人董事、监事、高级管理人员持有的债务人的股权，除非人民法院同意转让，在重整期间不得转让。对这，应当注意：

（1）对董事、监事、高级管理人员的股权转让在重整期间进行一定限制，是重整期间顺利进行的需要：

①董事、监事、高级管理人员持有债务人的股权，在债权人债权的行使于重整期间都要受到限制的情况下，其转让等处分权利的行使需要受到一定的限制。不然，债权人无法理解甚至会产生不满，不利于债务人破产重整的顺利进行。

②对董事、监事、高级管理人员的股权转让在重整期间进行一定限制，有利于促使股东积极参与债务人的重整。假若董事、监事、高级管理人员在重整期间可以任意将自己所持有的股权转让给他人，转让之后债务人重整能否成功完全与其没有任何关系，就不会主动关心债务人重整的结果，不利于调动董事、监事、高级管理人员参与重整的积极性、主动性。而对董事、监事、高级管理人员的股权转让进行限制，为了使自己投资的股权不致遭受毁灭性的损失，其出路只有一条，就是想方设法致使重整成功。否则，重整失败，进入破产清算程序，其股权就没有任何价值而归于零。所以，对董事、监事、高级管理人员的股权转让进行一定的限制，有利于促使董事、监事、

高级管理人员齐心合力，搞好重整。

③董事、监事、高级管理人员持有债务人的股权，既是股东又是管理者，他们将股权在重整期间进行转让，就等于释放出债务人重整难以成功的信号。这是因为，债务人重整能够成功，其股权收益因为债务人的新生就能够得到保障。而其转让股权，往往也是根据债务人的财务情况、重整成功的希望等因素作出的消极判断与处置，必然影响甚至动摇债权人及其他重整参与人对债务人重整成功的信心，不利于债务人重整，甚至导致债务人的重整失败。

④债务人之所以进入破产重整程序，往往与董事、监事、高级管理人员的行为有着莫大的关系。在债务人有重生希望且举社会各界之力对之进行重整挽救的情况下，董事、监事、高级管理人员有义务、有责任与社会各界一道尽心尽力对债务人进行挽救，而不能通过转让股权一走了之，将自己所造成的债务人破产重整这一负担扔给社会来规避自己的责任与义务。

（2）重整期间法律虽然只规定董事、监事、高级管理人员的股权转让要受到限制，但对股权在这里应当作广义理解，应当包括债务人的董事、监事及高级管理人员的出资份额在内。在我国，企业有公司企业与其他企业之分。公司包括有限责任公司、股份有限公司，出资人的出资形成股权，股权可以依法转让；而在非公司的企业中，出资并非一定形成股权，在法律上称之为出资份额。出资人对非公司企业投资形成的出资份额亦可以依法转让。对于非公司企业的债务人破产重整，出资人出资份额的转让，法律虽然没有明文规定，可基丁同样的道理，转让也应受到一定的限制。

（3）董事、监事、高级管理人员所持的债务人的股权，在重整期间转让要受到一定的限制，仅仅是指董事、监事、高级管理人员依法所持的股权转让要受到一定的限制：

①董事、监事、高级管理人员所持的债务人股权转让要受到限制，意味着并非所有股东的股权转让都要受到限制。非董事、监事、高级管理人员所持的债务人的股权，如债务人董事、监事、高级管理人员之外的一般职工持有的股权仍然可以依法进行转让。

②董事、监事、高级管理人员所持的债务人的股权必须合法，即对其合法持有的股权转让依法进行必要的限制。董事、监事、高级管理人员所持的债务人的股权属于非法的，如未实际出资而取得股权，挪用公司资金为自己出资取得股权，非法侵占公司资产而用于出资取得股权，投资取得股权后又抽逃出资而形成的没有实际出资相对应的股权，通过非法手段取得的他人的股权，等等，其转让因为非法而失去合法的基础与前提，应当予以禁止，而不是限制转让，具体则只能依法处置如由有关机关没收等。

③董事、监事、高级管理人员所持的债务人的股权，在重整期间转让不仅要受到《企业破产法》第77条第2款规定的限制，而且还要受到《公司法》《证券法》等规定的限制。对于其股权转让，《公司法》《证券法》等就转让条件、程序均作了明确规定。如《证券法》第63条规定："通过证券交易所的证券交易，投资者持有或者通过协议、其他安排与他人共同持有一个上市公司已发行的有表决权股份达到百分之五时，应当在该事实发生之日起三日内，向国务院证券监督管理机构、证券交易所作出书面报告，通知该上市公司，并予公告，在上述期限内不得再行买卖该上市公司的股票，但国务院证券监督管理机构规定的情形除外。""投资者持有或者通过协议、其他安排与他人共同持有一个上市公司已发行的有表决权股份达到百分之五后，其所持该上市公司已发行的有表决权股份比例每增加或者减少百分之五，应当依照前款规定进行报告和公告，在该事实发生之日起至公告后3日内，不得再行买卖该上市公司的股票，但国务院证券监督管理机构规定的情形除外。""投资者持有或者通过协议、其他安排与他人共同持有一个上市公司已发行的有表决权股份达到百分之五后，其所持该上市公司已发行的有表决权股份比例每增加或者减少百分之一，应当在该事实发生的次日通知该上市公司，并予公告。""违反第一款、第二款规定买入上市公司有表决权的股份的，在买入后的三十六个月内，对该超过规定比例部分的股份不得行使表决权。"第64条规定："依照前条规定所作的公告，应当包括下列内容：（一）持股人的名称、住所；（二）持有的股票的名称、数额；（三）持股达到法定比例或者持股增减变化达到法定比例的日期、增持股份的资金来源；（四）在上市公司中拥有有表决权的股份变动的时间及方式。"第65条规定："通过证券交易所的证券交易，投资者持有或者通过协议、其他安排与他人共同持有一个上市公司已发行的有表决权股份达到百分之三十时，继续进行收购的，应当依法向该上市公司所有股东发出收购上市公司全部或者部分股份的要约。""收购上市公司部分股份的要约应当约定，被收购公司股东承诺出售的股份数额超过预定收购的股份数额的，收购人按比例进行收购。"第66条规定："依照前条规定发出收购要约，收购人必须公告上市公司收购报告书，并载明下列事项：（一）收购人的名称、住所；（二）收购人关于收购的决定；（三）被收购的上市公司名称；（四）收购目的；（五）收购股份的详细名称和预定收购的股份数额；（六）收购期限、收购价格；（七）收购所需资金额及资金保证；（八）公告上市公司收购报告书时持有被收购公司股份数占该公司已发行的股份总数的比例。"第67条规定："收购要约约定的收购期限不得少于三十日，并不得超过六十日。"第68条规定："在收购要约确定的承诺期限内，收购人

不得撤销其收购要约。收购人需要变更收购要约的，应当及时公告，载明具体变更事项，且不得存在下列情形：（一）降低收购价格；（二）减少预定收购股份数额；（三）缩短收购期限；（四）国务院证券监督管理机构规定的其他情形。”第69条规定：“收购要约提出的各项收购条件，适用于被收购公司的所有股东。上市公司发行不同种类股份的，收购人可以针对不同种类股份提出不同的收购条件。”第70条规定：“采取要约收购方式的，收购人在收购期限内，不得卖出被收购公司的股票，也不得采取要约规定以外的形式和超出要约的条件买入被收购公司的股票。”第71条规定：“采取协议收购方式的，收购人可以依照法律、行政法规的规定同被收购公司的股东以协议方式进行股份转让。以协议方式收购上市公司时，达成协议后，收购人必须在三日内将该收购协议向国务院证券监督管理机构及证券交易所作出书面报告，并予公告。在公告前不得履行收购协议。”第72条规定：“采取协议收购方式的，协议双方可以临时委托证券登记结算机构保管协议转让的股票，并将资金存放于指定的银行。”第73条规定：“采取协议收购方式的，收购人收购或者通过协议、其他安排与他人共同收购一个上市公司已发行的有表决权股份达到百分之三十时，继续进行收购的，应当依法向该上市公司所有股东发出收购上市公司全部或者部分股份的要约。但是，按照国务院证券监督管理机构的规定免除发出要约的除外。收购人依照前款规定以要约方式收购上市公司股份，应当遵守本法第六十五条第二款、第六十六条至第七十条的规定。”第74条规定：“收购期限届满，被收购公司股权分布不符合证券交易所规定的上市交易要求的，该上市公司的股票应当由证券交易所依法终止上市交易；其余仍持有被收购公司股票的股东，有权向收购人以收购要约的同等条件出售其股票，收购人应当收购。收购行为完成后，被收购公司不再具备股份有限公司条件的，应当依法变更企业形式。”第75条规定：“在上市公司收购中，收购人持有的被收购的上市公司的股票，在收购行为完成后的十八个月内不得转让。”第76条规定：“收购行为完成后，收购人与被收购公司合并，并将该公司解散的，被解散公司的原有股票由收购人依法更换。收购行为完成后，收购人应当在十五日内将收购情况报告国务院证券监督管理机构和证券交易所，并予公告。”第80条规定：“发生可能对上市公司、股票在国务院批准的其他全国性证券交易场所交易的公司的股票交易价格产生较大影响的重大事件，投资者尚未得知时，公司应当立即将有关该重大事件的情况向国务院证券监督管理机构和证券交易场所报送临时报告，并予公告，说明事件的起因、目前的状态和可能产生的法律后果。” “前款所称重大事件包括……（八）持有公司百分之五以上股份的股东或者实际控制人持有股份或者控制公司的情况发生较大变化，公司的实际控制人及其控制的其他企业从事与公司相同或者相似业务的情况发生较大变化；（九）公司分配股利、增资的计划，公司股权结构的重要变化，公司减资、合并、分立、解散及申请破产的决定，或者依法进入破产程序、被责令关闭……”第 81 条规定：“发生可能对上市交易公司债券的交易价格产生较大影响的重大事件，投资者尚未得知时，公司应当立即将有关该重大事件的情况向国务院证券监督管理机构和证券交易场所报送临时报告，并予公告，说明事件的起因、目前的状态和可能产生的法律后果。”“前款所称重大事件包括：（一）公司股权结构或者生产经营状况发生重大变化……（八）公司分配股利，作出减资、合并、分立、解散及申请破产的决定，或者依法进入破产程序、被责令关闭……”如此等等，债务人的股东所有的股权，包括董事、监事、高级管理人员所持有的债务人的股权，无论是否发生在重整期间，其转让都应予以遵守。

④董事、监事、高级管理人员所持的债务人的股权转让，是在重整期间内要受到限制。在重整期间外，则无需受到《企业破产法》第 77 条第 2 款规定的限制。可在重整期间外不受到《企业破产法》第 77 条第 2 款规定的限制，其转让应当还要符合其他法律如《公司法》《证券法》规定的约束与限制。如《公司法》第 71 条规定：“有限责任公司的股东之间可以相互转让其全部或者部分股权。股东向股东以外的人转让股权，应当经其他股东过半数同意。股东应就其股权转让事项书面通知其他股东征求同意，其他股东自接到书面通知之日起满三十日未答复的，视为同意转让。其他股东半数以上不同意转让的，不同意的股东应当购买该转让的股权；不购买的，视为同意转让。经股东同意转让的股权，在同等条件下，其他股东有优先购买权。两个以上股东主张行使优先购买权的，协商确定各自的购买比例；协商不成的，按照转让时各自的出资比例行使优先购买权。公司章程对股权转让另有规定的，从其规定。”

⑤董事、监事、高级管理人员所持的债务人的股权，在重整期间的限制转让，既包括将股权转让给第三人的转让，即将股权转让给董事、监事、高级管理人员以外的第三人，又包括将股权转让给其他的董事、监事、高级管理人员，即在董事、监事、高级管理人员之间进行股权的转让，无论属于哪种情形，都应受到《企业破产法》第 77 条第 2 款规定的限制。

⑥董事、监事、高级管理人员所持的债务人的股权，在重整期间转让要受到一定限制，并非在重整期间完全不能转让，只是转让要经过人民法院同意。董事、监事、高级管理人员所持的债务人的股权，经过人民法院同意，可以向第三人转让。人民法院是否同意，应对转让是否有利于破产重整程序

顺利进行，是否对破产重整工作产生消极的影响，转让是否符合《公司法》《证券法》等有关法律规定等情形审查后确定。在破产司法实践中，重整工作往往离不开出资人权益的调整。通过对出资人的权益进行调整，常常要将出资人的一些股权调整给新的投资人，投资人出资用于清偿债权人的债权，使得债务人的营业及其重整工作得以进行。这样，将出资人的股权转让给第三人，让第三人向债务人投资取得股权，乃是重整工作的重要途径，经过人民法院同意，董事、监事、高级管理人员所持的债务人的股权，应当允许向第三人转让，而不是一律加以禁止。

8. 制订、批准重整计划草案，按照重整计划进行重整工作，无疑也是一种重要的重整措施。重整计划草案往往涉及债权人债权、出资人权益调整等措施，通过这些措施的实现，依法重新确定债权人、出资人与债务人之间的权利义务关系，既保证基于债务人重整成功这一大局的正常展开，又平衡债权人、出资人、债务人之间的利益，使其之间达成新的平衡，以促使重整工作顺利进行。对于此种措施，将以专节进行分析，这里不再多述。

另外，在破产重整实践中，有的采取将债务人核心资产甚至全部资产变卖的方法，将获得资金用于清偿债权人的债权，然后让第三人受让债务人的核心资产或者全部资产，致使债务人实际不再拥有生产经营服务等营业所必要的资产，成为丧失营业能力以及责任承担能力的一个空壳。有的甚至连这个空壳也不保留，直接予以注销。显然，这并非是挽救债务人的破产重整，而是结束以及变相结束即消亡债务人的方式，与破产清算没有本质的区别。

将债务人核心资产甚至全部资产变卖给第三人，获得现金将债权人的所有债权进行清偿的做法，在德国称之为出售式重整，是相对于以拯救债务人为目的的更生式重整而言的。出售式重整，是在更生式重整无法进行，为了避免将债务人转为破产清算程序带来的成本增加而直接由重整计划草案制定人申请，许可制定以清算为内容的计划草案，在美国称之为清算计划，从而对债权人的债权全部进行清偿。① 显然，这种出售式重整，在现有破产法的规定中，其实就是破产清算。在我国，基于《企业破产法》的规定，重整无法进行而导致重整失败，均应终止重整或者重整计划的执行，转入破产清算程序，宣告债务人破产，进行破产清算。也就是说，法律并不承认在破产重整中直接进行以清算为内容的所谓重整。因此，以出售债务人核心资产或者全部资产方式清算债权人的所有债权，致使债务人成为没有核心资产的空壳或者予以注销的做法，并非破产重整措施，实为破产清算本质。

---

① 王欣新主编：《破产法原理与案例教程》，中国人民大学出版社2010年版，第211页。

当然，基于重整工作的实际，对债务人的营业规模、结构进行适度调整而变卖部分财产，即将非核心资产，如一些与企业生产经营无关或者没有多大关系的与企业产能不相适应的闲置资产，与债务人核心资产进行剥离处置，自应允许。对于维持债务人存在的核心资产乃至全部资产，则不得以变卖给第三人的办法进行处理。那样的话，实际借重整之名行破产清算之实，并且规避了破产清算公开拍卖资产的程序，不利于破产工作的公平、公正清偿债权的目的。

如前所述，允许将债务人的与生产经营服务等营业无关的非核心资产依法剥离进行处置，而构成企业重生的核心资产则依旧保留在企业当中以进行重整，其实就是对债务人削减规模、调整资产结构的过程。这时，新的投资者基于核心资产用于重整而投资，被剥离的资产处置所得的款项与投资者的投资款项，一起用来偿还债务。这种将闲置资产剥离处置，用核心资产用于重整的做法，既有利于挽救债务人，又有利于减轻投资者的负担，还有利于调整债务人的资产结构，使之与生产、经营、服务等营业的产能相适应，让其资产进行新的有效配置，既实现破产重整而致债务人重生的功能，又达到将债务人财产依法公平清偿债权人所有债权的目的。

应当指出，有人认为，重整的目的在于维持公司之事业，而不限于公司本身，必要时还可采取解散原有公司，设立第二公司，或公司分立，或与其他公司合并等方法，以及转让全部营业或资产的方法，进行重整①。对此做法，并没有问题。问题在于，在现有破产重整制度下，认为此种做法属于破产重整，则值得商榷。这种方法实际是使债务人消亡来清偿债权人所有债权的方法，本质是利用重整方式对债务人进行破产清算，有悖于《企业破产法》有关重整的规定。另外，一个企业事业的继续，并非一定通过破产重整的方式进行，这正如一个人死亡之后其事业可由后人承继并发扬光大一样，不能因为一个人死亡就认为其事业也随之消亡而不能由后人继承。同样，一个企业即使因为破产清算，然将之整个资产及其营业转让给他人承继，然后予以注销，根据我国破产法的现有规定，乃属于破产清算，而非破产重整。该企业的营业因为转让给他人而仍得以继续，既不违反有关法律的规定，也能够使得具有价值的营业得以继续，应当得到肯定。这种营业的继续，显然不是债务人基于破产重整的继续，而是基于债务人破产清算已经失去独立法人人格所应具备的条件因而需要退出市场而消亡的营业的继续，是新的企业对债务人营业的事业继续，与现有的破产重整制度的法律设置有着明显的区别。

---

① 王欣新主编：《破产法原理与案例教程》，中国人民大学出版社2010年版，第213页。

至于重整的目的是维持公司之事业，债务人的资产或者营业全部转让给他人后，他人马上停止这方面的营业，又有谁依据什么规定可以监督，值得考虑。在司法实践中，一些企业只有土地使用权、生产设备等有效资产，在土地使用权的价值不断攀高的情况下，有些人便想方设法将企业的土地使用权以重整的方式受让过来，然后将工业用地变性为商业用地，再进行开发，以前的营业则仅仅作为附庸甚至完全抛弃。这种将全部资产或者核心资产全部出售而进行的所谓重整，显然有悖于重整制度设立的初衷，并不可能达到维持债务人事业的目的。事实上，在破产实践中，一些新的投资者不愿意受让债务人的股份而成为股东，而想受让债务人的核心资产或者全部资产成立新的公司，主要是基于债务人的债务源于各种原因无法彻底查清。根据《企业破产法》第 92 条第 2 款关于“债权人未依照本法规定申报债权的，在重整计划执行期间不得行使权利；在重整计划执行完毕后，可以按照重整计划规定的同类债权的清偿条件行使权利”的规定，新的投资者还可能要受到没有申报债权的债权人的追索，而成立新的公司，则可以对此进行规避。当然，这一规定的目的在于保护债权人的实体利益，认为债权人的实体利益不至于因为没有参与破产程序而消失。

其实，从比较法的角度来讲，将债务人具有前景的事业全部转让给另一企业即由另一企业承继得以继续，就出售全部事业的债务人而言，也被认为属于清算，并将这种清算称之为重整型清算。对此，“除了清偿债权人的目标以外，保全企业也是一个程序目标，其方法为重整或‘重组’。这一概念中，包括能够康复和拯救企业的所有措施。在此，重整首先针对的是企业。至于是否能够同时对企业持有人进行重整，即对债务人重整，就是另一个问题了。固然，被重整的企业最终由债务人来继续经营，也完全可能；这里的债务人可能是一个自然人，也可能是某个公司。此时，应以被重整企业营业赚取的收益清偿债权人。而实践中更为常见的却是将被重整企业转让给一个新的企业持有人，债权人即以该变价收益清偿；原企业持有人如为公司，则被清算，这种情况就是人们所说的转让型重整，或称重整型清算。”①

还有，现有的破产重整制度，有的将之与出售式重整相对应，称之为存续式重整，是在保留债务人市场主体资格的前提下按照破产法的有关规定公平清偿所有债权人的债权。由于法律规范得比较粗糙，导致一些问题确实难以解决，如在破产重整过程中未申报的债权在之后继续可以向债务人主张权利；行政罚款、刑事罚金等在重整后是否可以继续追缴；股权调整强调所有

---

① ［德］莱因哈德·波克：《德国破产法导论》（第六版），王艳柯译，北京大学出版社 2014 年版，第 187 页。

股东自愿难以调整；现有的有关破产重整过程中产生的税收负担无法解决；存续式重整周期往往很长，市场风险于是较大，等等，而出售式重整因为营业的出售后实际变现，债务人的外壳被注销，市场主体资格消灭，从而可以解决存续式重整的上述问题。[①] 笔者认为，存续式重整确实存在上述问题，然上述问题并非只能通过出售式重整的途径来解决。其实，这些问题完全可以通过法律在破产重整程序中设立、完善有关规定来加以解决，如对破产重整程序中未依法申报的债权，行政罚款、刑事罚金等公债权在破产重整后不能再向债务人主张或执行；股权可以依法予以强制调整；破产重整税收问题单独出台有关政策；周期过长，并非破产重整案件，有的破产清算案件，拖上多年的也司空见惯，关键在于如何进行破产案件审理期限的设置及监督。另外，一个企业，没有品牌，无论是出售式重整还是存续式重整，都没有多大区别。可对于那些经过多年努力创造了一定品牌的企业，通过重整维持其品牌效应，促使重整重生，则具有十分重要的意义。如此，现有的破产重整制度对于品牌的维护以及品牌的长久建设、诚信建设都有积极意义。还有，一些企业属于限制性经营性企业，其从事某项生产、经营或者服务，需要经过有关程序批准；有的需要拥有诸多资质，如涉及环保的企业需要获得有关环保资质，倘若采取出售式重整，债务人的原有主体资格消失，而有关批文又不能转让给新的企业，就会面临着大量问题。而要解决这些问题，比起解决存续式重整的上述问题来说，往往更为复杂。故，破产法中是否规范出售式重整，需要全面认真地考虑与平衡。

当然，债务人转让整个事业的承继式破产清算，对于有效配置债务人的资产、人力等资源，保障债务人职工的就业，培植税源，化解影响社会稳定的不安定因素等方面，具有破产重整制度的适用功能。然而，由于债务人民事主体资格丧失，债务人的资源及其事业需要新设的公司企业承继，在一般情况下并不存在问题。然在债务人所从事的营业需要行政许可，或者在环保资质等方面有特定要求时，在目前破产制度下，则存在障碍。这是因为，行政许可或者环保资质等为债务人所特有，不允许转让而由他人承继，需要国家有关部门根据债务人整体转让有希望事业的实际情况，为承继债务人事业的公司企业给予有关行政许可及有关资质，以保障这种整体转让事业的破产清算能够得以进行，既让债务人有序退出市场，又让其事业得以继承并发扬光大。

---

① 王欣新：《破产法前沿问题思辨》，法律出版社 2017 年版，第 236 ~ 238 页。

第三节 重整计划草案制定

一、重整计划的概念

重整计划，是指债务人或者管理人依法制定的，以维持债务人继续营业、谋求债务人重生为目的，以清理债权债务关系为主要内容，而在债务人、债权人和其他利害关系人进行协商的基础上，就债务清偿和企业拯救等作出的安排。重整计划是在破产重整程序中，由法律明文规定的必须具有的，并由债务人依法表决后，经人民法院批准而予以执行的重要法律文件。作为债务人重振、更生的计划，既是债务人、债权人和其他利害关系人在努力促使重整成功这一目的的指导下就各方利益重新作出的安排，又是相互之间的让步与妥协。为债权人及其他利害关系人依法通过的，则实际是债务人、债权人及其利害关系人之间的一种和解协议。一旦重整计划草案获得批准，债务人、债权人及其他利害关系人都应遵照执行，这是他们共同致力于债务人更生以协调、统一相互之间行为的行动纲领。整个重整工作，主要内容均是围绕着重整计划草案的制定、表决、批准及重整计划的执行、监督等进行的。重整是否成功，取决于体现债务人、债权人及其他利害关系人各方诉求，平衡各方当事人利益的重整计划的内容是否公平、公正，是否符合债务人重整的实际情况，是否能够得以严格执行。以是，重整计划乃是整个重整程序的关键、核心、基础之所在。重整企业之所以能够得以拯救，就是通过行之有效的重整计划得以实现的。没有适合于重整企业的重整计划，要想完成重整程序对之启动拯救的目的，无异于海市蜃楼、南柯一梦。

二、重整计划草案的制定主体

《企业破产法》第 80 条规定："债务人自行管理财产和营业事务的，由债务人制作重整计划草案。管理人负责管理财产和营业事务的，由管理人制作重整计划草案。"据之，重整计划草案的制定实行"谁管理谁制定"的原则：债务人自行管理财产和营业事务的，由债务人制作重整计划草案；管理人负责管理财产和营业事务的，由管理人制作重整计划草案。

管理人在破产程序中，接受、管理债务人财产与营业，决定其内外事务，代表债务人对所有债权人的债务进行清偿，无疑有权制定重整计划草案。鉴于管理人，一般是律师事务所、会计师事务所等中介机构，往往不具有生产经营方面的管理经验，对市场、技术、生产经营要素等的经营管理情况也并不一定熟悉。是以，《破产审判纪要》第16条明确指出，人民法院要加强与管理人或债务人的沟通，引导其分析债务人陷于困境的原因，有针对性地制定重整计划草案，促使企业重新获得盈利能力，提高重整成功率。人民法院要与政府建立沟通协调机制，帮助管理人或债务人解决重整计划草案制定中的困难和问题。

至于在债务人申请并经人民法院批准自行管理财产和营业的情况下，债务人不仅熟悉、了解自身的各种情况，而且具有经营管理方面的经验与教训，由之来制定重整计划草案，更有利于其结合自身情况，提出针对性较强的有效重整措施，尤其是有效的经营方案及其措施。如果不分情况，一律由管理人制定重整计划草案，那么，管理人在没有管理财产和营业经验，且不如债务人掌握、了解债务人情况等情形下，其制定的重整计划草案完全可能不符合债务人的重整实际，进而对重整工作产生不利影响。另外，债务人可以在管理人的监督下自行管理财产和营业事务。根据《企业破产法》第73条的规定，债务人自行管理财产和营业事务的，《企业破产法》规定的管理人的职权由债务人行使。而制定重整计划草案属于管理人的职权之一，这时就应由债务人制定重整计划草案。所以，法律明确规定，债务人自行管理财产和营业事务的，由债务人制作重整计划草案；管理人负责管理财产和营业事务的，由管理人制作重整计划草案。

应当指出，债务人制定重整计划草案的，基于其特殊地位，可能自觉或不自觉地倾向保护自身及其出资人的利益，而损害债权人及其他利害关系人的利益。而对此的监督，主要依靠债权人会议对重整计划草案进行审议和表决的方式进行。假若债务人只顾考虑自身或者出资人的利益，而不考虑债权人和其他利害关系人的利益，致使相互之间的利益失衡甚至明显失衡，自然难以获得债权人或者其他利害关系人的接受并通过。因此，债务人在制定重整计划草案时，应当以公平之心、责任之心及悔过之心对待债权人，在确保重整程序顺利进行的前提下，应当尽力使债权人的利益最大化，求得债权人的谅解、配合与支持，以促使重整成功及债务人自身的再生。

此外，为了保证重整计划草案的质量，提高其通过并能有效执行的概率，《破产审判纪要》第22条规定，要探索推行庭外重组与庭内重整制度的衔接。在企业进入重整程序之前，可以先由债权人与债务人、出资人等利害关系人通过庭外商业谈判，拟定重组方案。重整程序启动后，可以重组方案为依据拟定重整计划草案提交人民法院依法审查批准。

三、重整计划草案的内容

重整计划草案的内容，乃是重整计划草案的核心。重整计划能否成功执行，关键在于内容是否依法、恰当，措施是否得力，能否平衡债务人、债权人、出资人等各方当事人的利益，获得各方当事人的支持与肯定。故，各国破产法都会对重整计划内容的范围作出规定。在我国，《企业破产法》第81条规定："重整计划草案应当包括下列内容：（一）债务人的经营方案；（二）债权分类；（三）债权调整方案；（四）债权受偿方案；（五）重整计划的执行期限；（六）重整计划执行的监督期限；（七）有利于债务人重整的其他方案。"《管理人报酬规定》第10条规定："最终确定的管理人报酬及收取情况，应列入破产财产分配方案。在和解、重整程序中，管理人报酬方案内容应列入和解协议草案或重整计划草案。"基此，重整计划草案的内容包括以下8个方面：

（一）债务人的经营方案

债务人的经营方案，是债务人继续营业方面的重整措施，是挽救企业的具体方式、方法、途径方面的规定，是根据债务人实际情况及其市场环境变化而制定的以拯救债务人为目的的经营战略和营业策略，是维持债务人财产的营运价值及证明债务人具有重生前景的重要方面，是求得债权人及其他利害关系人肯定、配合和支持的基础，乃为重整计划草案中的重中之重。经营方案一般是在分析债务人处于财务危机进入破产重整的具体原因的基础上，根据企业的资产、人力、财力、管理、营销、技术等具体情况，结合债务人所处的市场环境、行业背景，提出的有利于改善债务人财产流动性，提高生产能力、盈利能力、市场竞争能力，降低资产负债率的各种措施。

就经营方案的具体内容而言，主要包括：（1）对企业组织机构、管理人员的调整、改组。（2）职工的人数调整主要是裁减。裁减职工，还应制定有关被裁减人员的补偿安置和再就业帮助的措施。（3）经营规模、产能、结构、范围、方式的调整。（4）融资计划。如为继续营业而借款及其设定抵押、质押，债权转股权或者对债务人出资的战略投资者获得部分或者全部股权、出资份额，减少或者增加注册资本，向特定对象定向发行新股或者公司、企业债券。（5）科研人员的作用充分发挥，生产经营设施的添置、技术的改造革新、发明专利的利用等生产要素的合理配置及功能的有效安排。（6）企业经营策略的变化、企业经营管理制度的规范、完善。（7）企业营销网络、策略、机制的改进、完善。（8）财务制度尤其是财务支出的严格控制，重整期间、重整计划执行期间暂时盈利的分割。（9）其他有利于债务人继续营业的措施，如债权转为股权，等等。

应当指出，在司法实践中，对于企业经营方案这一重中之重的重整计划草案的组成部分，往往非常简单，着墨不多，有的仅仅聊聊数句，尚未引起充分重视。这有多方面的原因，管理人制定的，由于专业、经验所限，往往难以提供出完善的经营方案；债务人制定的，其前提经营本身失败，通常也难以从过去的窠臼走出，加上涉及诸多商业秘密的因素，缩手缩脚，隐隐约约，不予详列。投资人基于各种原因，也能减则减，着重宣示自己的意愿、能力尤其是经济实力，其他则隐而不语，等等。其实，经营方案乃是债权人等利害关系人、人民法院判断债务人是否具有拯救可能的重要方面，只有符合债务人实际情况的经营方案，才能对症下药，将之在减轻其债务重负的前提下恢复自己的造血、盈利功能，进而得以救治，而不是简单地靠减轻外负、增加流动资金等就可恢复其已经失去的生机功能的。好的切合实际的经营方案，有利于强化利害关系人、人民法院对重整成功的希望、信心，增加重整计划草案通过、批准的机会与概率。对这，《破产审判纪要》第 16 条要求人民法院与管理人、债务人加强沟通，分析原因与教训，有针对性地制定重整计划草案，应当更加注意帮助企业经营方案的制定。

（二）债权分类

在破产程序包括破产重整程序中，由于债务人的资产不足以清偿全部债务等原因，债权人的债权通常不可能得到全额清偿。在债权人的债权不可能得到全额清偿的情况下，对于债权人的利益如何保护，是破产程序必须进行考虑的问题。基于对社会经济秩序稳定性、法律的权威性以及与基本生存权利相关的劳动债权的考虑，首先要保证对特定财产享有担保物权或者法定特别优先权的破产别除权人的利益不受到损害。不然，《民法典》等法律规定的担保制度、法定特别优先权制度、所有权保留制度在破产程序中就会失去其应有的意义，法律的权威性以及社会经济秩序的稳定性，就没有任何保障。在司法实践中，一些从银行等金融机构借款的金融债权，占有相当比例。随着法律意识的提高，这些债权通常设立抵押、质押等担保财产，并且占有相当比重。且这些资产与国有资产直接或间接地存在着联系，事关广大存款人的利益，不依法加以保护，随意否定，以少积多，会给金融机制的正常运行造成巨大压力，在金融债权不能实现造成不良资产日益增多的情况下，不断累积，还可能引发金融体制系统性风险。另外，劳动债权系维持债权人的生存所必需，是社会稳定的基本保障。在破产别除权人的优先受偿权得到保障的情况下，理应优先对劳动债权进行清偿。以是，法律对各类债权保护的顺序、力度不尽相同，重整计划草案应当考虑这一法律的基本精神，对债权人进行分类，并根据不同分类依法进行保护。

为了贯彻债权人分类进行保护的原则，在债权人对重整计划草案表决时，也是采用分组表决的原则。而如何分组，根据《企业破产法》第 82 条的规定，是以实体权利及该权利的保护顺序不同而进行分类的。然后根据不同的分类，在保障不同类的债权清偿比例不会低于破产清算时所获得的债权清偿比例的前提下，对不同类的债权设定不同的清偿方案，以对不同类别债权，既体现依法优先着重保护，又全面、公平加以保护，以确保债务人重整的顺利进行，促使债务人重整成功。

具体来说，根据《企业破产法》第 82 条的规定，应对债权作如下具体分类：（1）优先受偿债权。即对债务人的特定财产享有担保物权或者法定特别优先权的债权。（2）劳动债权。即债务人所欠职工的工资和医疗、伤残补助、抚恤费用，所欠的应当划入职工个人账户的基本养老保险、基本医疗保险费用，以及法律、行政法规规定应当支付给职工的补偿金等对职工所产生的债权。（3）统筹社保债权。即债务人欠缴公法上的社会保险费用所产生的债权。（4）基本税收债权。即因债务人所欠税款本金所产生的债权。（5）普通债权。即除优先受偿债权、劳动债权、统筹社保债权、基本税收债权之外的其他债权。（6）对于普通债权，重整计划草案可以根据人民法院的决定在其中单列小额普通债权类别作为独立的一类。

①应当指出，根据需要，人民法院决定在普通债权类别组中将小额普通债权人组作为单独的一类列出，那么，其就可以作为单独的一组进行表决，并且根据这类债权组的特点对债权的清偿比例、清偿期限等作出特定安排。否则，将其单独列出，就没有任何意义。

②法律赋予人民法院在必要时可以在普通债权人组中单列小额普通债权人组，就是为了考虑小额债权的特点。该类债权人往往人数较多，且大多生活在社会底层，其债权数额的实现多少与其基本生活通常相关，无论是从有利于破产重整考虑还是从有利于社会稳定考虑，在不损害其他债权人利益的情况下，对其作特定安排，无疑有其必要性。

③小额债权人组如 10 万元以下的债权组，在清偿率很低的情况下如 10%，仅仅只能得到 1 万元的实际清偿。而申报债权、参加债权人会议、接受分配等，往返多次，路途较远的，花费之后剩余的赔偿已经很少甚至得不偿失。是以，基于小额债权实现与大额债权实现的成本费用并不存在实质区别的特点，就其债权清偿比例作适当提高，是完全可以的。不然，必然引起这些小额债权人的不满，从而容易引发妨碍重整甚至触及社会稳定的不利因素发生。

④对于小额债权人组适当提高清偿比例，不得损害其他普通债权人的合法权益。所以，在设置上，小额债权人组如10万元以下的债权清偿比例如果设定为30%，那么，普通债权人组中的非小额债权人组如债权超过10万元的债权，则应分为两部分设置清偿比例：其中10万元以下的债权清偿比例与小额债权人组的清偿比例保持同样即30%。这样，在普通债权人组中，无论是小额债权还是非小额债权，相同部分的清偿比例是一样的，并没有将之区别对待；超过10万元以上的债权，则另行根据债务人财产及其债权的情况确定清偿比例。

⑤如前所述，普通债权人组中的非小额债权，与小额债权人组相同的债权这一部分仍与小额债权人组保持相同清偿比例，并不违反破产法规定的相同债权的清偿比例应当相同的规定。对于超过小额债权确定标准的债权则应根据债务人财产与债权实际情况确定清偿比例。但是，这种对于超过小额债权确定标准的债权如超过10万元以上的债权清偿比例的确定，前提就是普通债权人组中的非小额债权的清偿比例不得低于重整计划草案被提请批准时依照破产清算程序所能获得的清偿比例。如果因为小额债权人组的清偿率的确定，致使普通债权人组中的非小额债权的清偿比例低于在重整计划草案被提请批准时依照破产清算程序所能获得的清偿比例，那么，就损害了普通债权人组的非小额债权人的利益，有悖于法律规定及公平原则，应当加以否定。

⑥在确保普通债权人组中的非小额债权的清偿比例不低于债务人破产清算时所能达到的清偿比例这一前提条件下，提高普通债权人组中小额债权的清偿比例，其实是新的投资人对小额债权作出的另外补偿。重整计划草案的表决分为优先受偿债权人组、劳动债权人组、基本税收债权人组、小额债权人组、非小额债权人组表决。对于未通过重整计划草案的债权组，投资人、管理人完全可以与该债权组进行协商，重新设置条件。这实际已是投资人与该债权组达成的一种协议，这种协议的达成以投资人付出更多的代价为基础，已与债务人能够用于清偿债权的财产多少没有必然联系。债务人财产在破产清算时拥有的价值是之实在的价值，投资人倘若看中了债务人的重生能力及其市场，认为值得投资，完全可以超出甚至远远超出债务人财产的价值投资，以清偿债务人所有债务，得到一个安全、干净的实体进行生产经营服务等营业，然后赚取利润。如此，投资人对某债权组在保证其他债权组在破产清算时所能得到的利益不受损害的情况下，对其中特定的债权另外增加投资提高清偿比例的做法，乃是投资人与该组债权人之间达成的协议，并未损害其他债权人的利益，根据私法意思自治的基本原则，应当允许。

（三）债权调整方案

对债权进行调整，包括债权本金的减少、利息的减免、延期清偿、债权转为股权以及对特定财产具有担保物权或者法定特别优先权的债权人不对特定财产行使有关权利，而接受货币或者债务人的其他财产受偿等。进行债权调整的主要目的，是减轻债务人的偿债负担，改善其财务和经营状况，以促使债务人重整成功而获更生。但对于债权人的债权调整，应当注意以下3点：

1. 统筹社保债权不得调整。《企业破产法》第83条规定，重整计划不得规定减免债务人欠缴的本法第82条第1款第2项规定以外的社会保险费用，即公法上的保险费用，也就是债务人欠缴的应当划入职工个人账户的基本养老保险、基本医疗保险费用以外的保险费用。该项费用的债权人不参加重整计划草案的表决。这种未划入职工个人账户的公法上的社会保险费用，与职工退休的基本生存权利等直接相关，对这种统筹社保债权，《企业破产法》明确规定不得减免。

2. 对劳动债权等的调整。在破产重整中，对劳动债权、统筹社保债权和基本税收债权一般都应全额清偿。但在劳动债权人、税收债权人依法由大多数人且其代表的劳动债权、基本税收债权额达到法定要求的情况下同意时，也可以对其做适当调整，如减免部分劳动债权或者将劳动债权实行债转股，对基本税收债权在法律规定的范围内也可以进行减免。这是因为，一般说来，所有债权人的债权清偿比例不得低于债务人破产清算时债权人可能达到的清偿比例。在保障所有债权人的债权清偿比例高于债务人破产清算时债权人所可能获得的清偿比例的情况下，对于其中需要着重保护的债权可以提高比例做更多的清偿。具体来说，债务人重整中，既然要对普通债权进行清偿，那么，对特定财产具有担保物权或者法定特别优先权的债权，自然可以债务人的特定财产优先受偿，劳动债权、统筹社保债权和基本税收债权也就能够全额清偿。因此，对债权人的权益调整，主要是对普通债权人的债权进行调整。当然，并不排除在劳动债权人组、基本税收债权人组、优先受偿债权人组同意之下对劳动债权、基本税收债权甚至对有财产担保债权或者法定特别优先权等所进行的适度调整。

3. 对普通债权的调整。在对普通债权人的债权进行调整的过程中，可以将小额债权如10万元以下的债权（包括高于10万元的债权中的10万元以下的部分）以较高的清偿比例清偿，可这种清偿比例的提高不能使得小额债权人以外的超出10万元债权的普通债权人获得的实际清偿比例比在重整计划草案被提请批准时依照破产清算程序所能获得的清偿比例低，即小额债权的比例提高不能以减少高于小额债权以外的普通债权人的清偿比例为代价。如普通债权共计1000万元，其中10人每人80万元债权，共计800万元；20人每人债权8万元、4人每人债权10万元，10万元及其以下视为小额债权，共计

200 万元。重整中用于清偿债权的财产为 300 万元。在重整计划草案被提请批准时假设依照破产清算程序只有 200 万元财产用于清偿债权，清偿比例为 20%。那么，在破产重整中，至少保障所有普通债权的清偿比例不低于 20%，在此基础上再提高小额债权（包括小额债权人外的普通债权人中在小额债权数额以下的部分）的清偿比例。故，10 个 80 万元的债权人中的每人 70 万元的清偿比例至少保证 20%，即至少需要拿出 140 万元用于小额债权以上的债权进行清偿。剩下还有 160 万元财产，尚有小额债权 200 万元，以及小额债权外的普通债权中 10 万元以下的部分 100 万元，共计 300 万元没有清偿，小额债权及其他普通债权中的小额债权额以下的部分的清偿比例为此最高为 53.33%。而不能先定小额债权的比例，如将比例定为 70%，照此，用于小额债权及其他普通债权中的小额债权额以下部分的数额共计 300 万元债权清偿的财产就为 210 万元，剩下尚有 90 万元用于普通债权人中小额债权额以上部分的债权 700 万元的债权清偿，比例为 12.85%。普通债权人中非小额债权的债权整个债权 800 万元的清偿比例最高为 14.33%，因而低于债务人破产清算中所能达到的 20% 的清偿比例，从而损害普通债权人组中的非小额债权人的利益，从而对小额债权人外的其他普通债权人来说，明显不公平。

（四）债权受偿方案

债权受偿方案，乃是债权人债权得以清偿的具体方法、方式，其内容包括清偿债权的资金数额及其来源，债权清偿的顺序、期限，债权清偿的具体时间、地点，债权清偿的方式如是现金清偿还是实物清偿，是分期分批清偿还是一次性清偿，等等。

应当指出，在破产重整程序中，关于债权清偿的顺序，法律没有明确规定。基于破产重整程序在债权的清偿上与破产清算程序并没有什么本质区别，且《企业破产法》第 82 条有关债权的分类及对债权人分组就重整计划草案进行表决的标准完全是按照破产清算程序有关债权的清偿顺序进行设计的，债权清偿的顺序于是可以比照破产清算程序的清偿顺序进行，重整计划草案对这一债权清偿的顺序不能进行调整。以是，除随时由债务人财产进行清偿的破产费用与共益债务，以及具有优先受偿权的债权外，其他债权的清偿顺序具体为：（1）破产人所欠职工的工资和医疗、伤残补助、抚恤费用，所欠的应当划入职工个人账户的基本养老保险、基本医疗保险费用，以及法律、行政法规规定应当支付给职工的补偿金；（2）破产人欠缴的除前项规定以外的社会保险费用和破产人所欠税款；（3）普通破产债权。破产财产不足以清偿同一顺序的清偿要求的，按照比例分配。

还应指出，债权调整与受偿方案涉及非优先受偿债权人的直接利益，为债权人最为关注，也容易引发债权人的负面情绪，是重整计划草案能否得以通过、批准的重要方面。债权调整与受偿方案，与债务人财产的多少相关，为此要尽可能提高债务人财产的价值，不能为了引进投资人重整而故意压低债务人财产的价值，而致债权人的清偿利益受到损害；不仅如此，还要考虑到债务人财产营业所产生的价值，不能仅仅考虑到债务人财产的一般市场价值甚至清算价值，以增加清偿债权的债务人财产，保证债权人利益能够因为债务人的重整拯救也得以最大化保证，实现债权人、债务人、出资人、投资人之间的平衡、多赢，让债权人能够感受到慰藉而心甘情愿地对造成自己利益损害的债权调整予以妥协、让步。在债务人财产恒定的情况下，要注意保证债权调整的合法、公平、不损害社会公共利益、不违背公序良俗等基本原则的同时，尽量使债权人的利益最大化，并照顾一些债权不大的小额债权人的利益，以争取更多债权人对重整计划草案的理解与支持。尤其是在银行等金融机构破产，涉及众多债权人如存款人时，更要注意保证债权调整、受偿在各类债权人的适度平衡。

（五）重整计划的执行期限

债务人重整，需要在一定时间内进行。否则，重整没有定期，对债权人来说，债权无法按照重整计划得以清偿、满足而对其失去意义，合法权益就会遭受更大损失；对债务人来说，也不利于其重整与发展，有悖于破产重整设置的初衷。是以，《企业破产法》第 81 条第 5 项明确将重整计划的执行期限列为重整计划草案的必备内容之一，要求在重整计划草案中加以体现。可是，债务人的重整计划执行期间具体要多长，基丁债务人的不同情况难以作出统一的规定，法律赋予制定者根据债务人的实际情况予以考虑，并由债权人会议通过及人民法院依法批准。由于法律就重整计划执行期间的最长期限没有作出规定，这种执行期限就可能很长。根据国外的经验，过长的期限是不适宜的。例如，在法国以前由于就重整计划执行期限没有规定，实践中的执行期限有的长达 25 年之久，法国于是在 1994 年以第 475 号法律规定，重整计划执行年限不得超过 11 年①，法律对重整计划执行的最长时间宜作出限制性规定。

（六）重整计划执行的监督期限

依法、公平、合理、恰当的重整计划，构成了债权人债权得以公平清偿的重要基础，为重整成功的希望所在。重整计划假若得不到执行，再好的重整计划也没有任何实际意义。可以说，严格执行重整计划，维护全体债权人及其他利害关系人的合法权益，使各方当事人在重整计划的严格执行中均获

① 王卫国：《破产法精义》，法律出版社 2007 年版，第 245 页。

得相应的利益，进而促使破产重整成功，债务人获得新生，乃是破产重整过程的最为关键的环节。

根据《企业破产法》第89条的规定，重整计划由债务人负责执行。人民法院裁定批准重整计划草案后，已接管财产和营业事务的管理人应当向债务人移交财产和营业事务。在执行重整计划的过程中，债务人基于自身的利益，完全可能出现偏差，不严格执行重整计划，损害债权人及其他利害关系人的利益。为了保证重整计划得以严格执行，促使债务人重整工作顺利进行，《企业破产法》第90条规定，自人民法院裁定批准重整计划草案之日起，在重整计划规定的监督期内，由管理人监督重整计划的执行。在监督期内，债务人应当向管理人报告重整计划执行情况和债务人财务状况。所以，要求制定者必须在重整计划草案中就管理人对债务人执行监督的具体期限作出计划安排。管理人对债务人执行重整监督的期限，既可以与执行期间相同，也可以短于执行期间。具体可以根据债务人清偿债务的进程进行确定。在对绝大多数债务清偿完毕后，则可以不再进行监督。必要时，经管理人申请，人民法院可以裁定延长重整计划执行的监督期限。

（七）有利于债务人重整的其他方案

凡是有利于债务人重整的具体方案与措施，不属于上述债务人的经营方案、债权分类方案、债权调整方案、债权受偿方案、重整计划的执行期限方案、重整计划执行的监督期限方案的，均属于此规定的方案，管理人或者债务人可以根据自行实际情况予以制定。如税收政策优惠方案，在一般情况下，企业进行股权转让、业务重组、资产置换等各种交易活动，都应依法缴纳税收。可在债务人因为资产不足以清偿全部债务而进行重整的情况下，要让其缴纳税收，必然影响重整工作的进行。而要投资者缴纳税收，也会增加投资者的负担，会对重整工作产生不利的影响。债务人重整获得成功，不仅对债权人、债务人、出资人存在益处，对社会经济秩序的正常运行、社会秩序的稳定也有间接好处。因此，重整工作不仅需要债权人、债务人、出资人的配合，而且需要国家给予必要的法律、政策支持。在法律、政策允许的范围内减免税收，有利于债务人重整工作的进行。倘若能够依法获得一定的税收减免，有关方案有利于债务人重整，从而可列入重整计划中。

又如，调整出资人权益方案。《企业破产法》第85条第2款规定："重整计划草案涉及出资人权益调整事项的，应当设出资人组，对该事项进行表决。"据此，重整计划草案可能并不涉及出资人权益调整。然在涉及出资人权益调整时，如何调整不仅是一个重大理论问题，也是一个破产司法实践不能回避的问题。对此，有必要进行分析：（1）从理论上讲，出资人权益可以不调整，即保持原有出资人100%的出资额。如因债务人不能清偿到期债务且明显缺乏清偿能力发生的破产重整，或者因债务人具有明显丧失清偿能力可能发生的破产重整，即非因债务人资不抵债而发生的破产重整，债务人可能清偿大部分甚至全部债务，只是源于各种原因而暂时陷于财务危机。在这种情况下，就可能不对债务人的出资权益进行调整。即使因资不抵债而发生的破产重整，在上市公司的破产重整司法实践中，基于股民权益保护的考虑，有的亦未对债务人的出资人权益进行调整。当然，在非资不抵债的破产重整中，并不排除对债务人的出资人的权益进行调整。（2）债务人因为资不抵债而发生的破产重整，对于出资人的权益，原则上应进行调整。不然，只调整债权人的债权，使债权人利益遭受损害，实不公平。

在调整出资人权益的过程中，所遇到的主要问题是：

1. 能否将出资人的权益调整至零，致使出资人的权益不再存在。从理论上讲，在债务人严重资不抵债的情况下，似乎并不排除这种情况的发生。但对出资人权益调整的过程，乃是将出资人的份额予以降低的过程，属于量变的不断变化过程。既然属于量变，就需要将之控制在一定度的范围内，否则就是由量变而引起的质变。根据哲学中的量变与质变的辩证统一关系，一定的质总与一定度的量的范围相对应。在质对应的度的量的范围内，量的变化并不引起质的变化，可量的变化超越了质所对应度的量的范围，就会引起质的变化而发生质变。在破产程序中，破产重整与破产清算因为属于破产程序而具有一些共性，如清偿债务人所负债权人的所有债务乃是两者都具有的特征、目的与功能。而两者的区别就在于破产清算只有清偿债务人所负债务的目的与功能，在资不抵债进行破产清偿后，债务人将会消亡而不再存在，债权人的债权尚不能足额清偿，依托于债务人存在的股权等出资人的权益也就不再存在而归为零。但在破产重整程序中，除清偿债务人所负债务的目的与功能外，还有拯救债务人、使其重生的目的与功能，且后者在一定程度上还占主导地位。尽管债务人资不抵债，假若能够重整成功，继续存在，其出资人的出资基于债务人存在而依然具有价值。正如一个负有巨额债务的自然人，在死亡时将没有任何财产，其继承人没有任何财产可供继承；可在其活着时则具有不可否认的价值，到该自然人死亡时也许可以清偿完所有债务，其继承人完全可能有财产继承。债务人企业负有巨额债务，在其消亡后没有任何财产价值，其股东等出资人固然不再享有任何权利；债务人重整存在而没有消亡时，其价值同样不可否认，与债务人同时存在的出资人权益也会具有一定价值，出资人的股权等权益故不能调整为零，这是破产重整程序与破产清算的本质区别所在。在破产程序中，将出资人的权益调整为零，则在股权调整方面就与破产清算没有任何实质区别，实是在破产重整中对债务人进行破产清算。这是其一。

二是，在债务人严重资不抵债而进行破产的情况下，债务人所有的财产都应依法清偿破产费用、共益债务及其债权。从这种意义即最终归属上来说，债务人已不再具有任何财产，这些财产都属于债权人的财产。在破产清算时，债务人因为所有财产用于清偿所负的所有债务而失去存在的基础，在清算完毕后消亡。在破产重整中，显然不能将财产全部用于清偿债权而使其丧失所有财产处于消亡状态。对债务人重整而使其重生，其财产必然存在，且在实际消亡前，无论是从法律上讲还是从理论上来说，这些财产依旧属于债务人的财产，出资人基于债务人存在且其财产既然存在，在进行重整的过程中，出资人的股权等出资权益相应也会存在，不能按照破产清算的做法理解债务人的出资人此时的出资权益也不再存在，而应归于零。

三是，在债务人破产清算的情况下，其财产要全部用于债权人的债权清偿，出资人的出资权益不再存在。然在债务人破产重整的过程中，债务人的财产依旧属于债务人的财产，其价值不仅表现为清算时所享有的价值，而且还表现为因为生产经营服务等营业而具有的营运价值。而营运价值，并不完全取决于其资产与负债之间的比例，同时还取决于企业的营运能力及其在市场中的资源占有情况。有的债务人，即使是资不抵债，在形式上价值为负数的股权等出资权益，仍旧具有一定价值，如在资本市场中能够融资的上市公司的壳资源、特许经营的资格、销售网络、所处的优越地理位置等无形资产，只要债务人重整成功，就都具有价值。然在破产清算中，则基本丧失其价值甚至没有任何价值。这样，在破产清算中，债权人、出资人难以获得甚至无法获得的却因债务人重整而继续、保留无形资产所产生的价值，自不应为债权人全部享有，债务人的出资人也仍占有一定的份额。

四是，倘若债务人因为资不抵债而破产重整将出资人的权益调整为零，那么，在司法实践中，除上市公司等特殊主体进行破产重整的外，为了迎合债权人的情绪，对其他债务人的出资人的权益都可能以此调整为零。事实上，一些管理人就明确主张，债务人资不抵债，其出资人的股权等出资权益就要归于零。而在司法实践中，真正进入破产重整程序的，一般都是源于资不抵债。故，对于多数债务人的重整，都可能将出资人的出资权益调整为零，法律有关出资人出资权益调整的规定就没有多大甚至没有任何实际意义。那样的话，法律完全可以规定债务人因资不抵债而进行破产重整的，出资人的股权等出资权益一律削减为零。

五是，有人认为，在上市公司因为资不抵债而破产重整时，基于其股东人数多、分布范围广等特点，对股东的股权不应调整至零，可对其他债务人的破产重整，出资人的股权则都可以调整至零，从而将债务人的破产重整分为上市公司的破产重整与非上市公司的破产重整两种情形区别对待。如此操作，既无法律依据，对非上市公司的出资人来说，也不公平。

六是，在国外，对于债务人的破产重整，不将出资人的出资权益调整为零，也是通行做法。如《韩国统一破产法》第205条规定，重整公司资本的减少要基于公司的资产、负债和收益能力。在重整程序开始之时公司负债总额超过其资产总额的，应以注销公司发行股份的1/2以上或者把两个以上股份合成1股的方法减少资本。在出于公司董事、准董事或者经理有重大责任的行为而引起重整程序开始原因产生的情况下，应规定以注销对该行为行使有较大影响力的股东及其亲属，以及“大统领令”所规定的有特殊关系的其他股东的2/3以上股份或者把3个以上的股份合成1股的方法减少资本。在英美法的一些国家中，重整计划草案在规定削减股份时可能给原股东留有很小比例的股权，或给其一定的认股期权，以取得其对重整的配合。

七是，债务人破产重整中，对债务人的财产要进行清算价值与重整价值分别评估。重整价值评估后的结论，是债务人在破产重整中财产的所有价值。债务人破产重整成功而再生，可以假定以重整价值对应的资产如1000万元重新注册1个新公司，这个新公司其实就是重整之后再生的债务人。将债务人的出资人的权益进行调整，就是将出资人在债务人重生后假定新设公司在重整价值1000万元中应当占有的份额进行调整：新的投资者以1000万元即债务人资产的全部重整价值出资的，债务人的原出资人就不再占有任何份额，其出资权益乃就为零；新的投资者以900万元出资的，剩下的100万元就属于债务人的财产，在没有任何债务的情况下，该100万元就可以视为债务人原出资人对新公司的出资额，原出资人的股权为10%。但在债务人资不抵债的情况下，股权的回报不应当高于债权清偿的比例，如果清偿比例为10%，那么，出资人的权益就可以调整为100万元的10%以下，即债务人的出资人权益调整为在新公司的注册资本中最高为10万元，对应的股权则为1%。另外9%的股权及对应的90万元资产的价值，可视为对投资者的奖励，投资者的股权便由实际出资的90%而在对出资人权益再行调整后增加为99%，也可以将之让愿意将债权转为股权的债权人持有。换言之，只要新的投资者没有以债务人资产的全部重整价值对债务人重新注资，事实上投资者对债务人的注资一般也都会低于债务人资产的全部价值，那么，出资人的出资权益就不能完全丧失而将之调整为零。

2. 对债务人出资权益调整的方式。对债务人出资权益进行调整，应当根据债务人的资产、负债比例、营运能力、无形资产的价值、出资人对债务人重整的贡献等多种因素加以确定。既可对全部出资人的权益按比例调整，也可以对出资人根据是否对债务人进行破产重整等负有责任及其大小因素按不同的比例进行调整，还可以只对其他部分出资人的权益进行调整，而对其他出资人的权益不进行调整。是否调整以及调整多少，则应根据债务人的实际情况、破产原因的发生、出资人对债务人重整的贡献等因素进行，同时需要注意平衡出资人与出资人之间、出资人与债权人之间的利益，以体现公平原则。

另外，对出资人权益的调整，不仅包括出资人在债务人所占股权等出资份额的调整，而且包括在债权人、新的投资者不愿意让其继续占有股份的情况下，完全将之股权等出资份额折合成货币强制进行转让的调整。出资人尽管被强制出局，然可以拿走对之调整后应得股份等出资份额价值相应的货币。以是，对出资人权益的调整，并非要对债务人的出资人一定保留出资份额。债务人重生，是指债务人的民事主体资格因为破产重整成功而没有注销继续存在，至于其股东等出资人则可以不断变化，在破产重整中自然也不例外。

应当指出，有的债务人如上市公司涉及股东众多，不少股东所占比例极小，如何调整股东权益，应当注意股东之间的利益平衡。这时，要充分保障众多小股东的利益，力争因重整而对广大投资者所造成的损失降低到最低程度，尽可能减少由此而对证券市场所带来的负面影响。

（八）管理人报酬及收取情况

根据《管理人报酬规定》第10条关于“最终确定的管理人报酬及收取情况，应列入破产财产分配方案。在和解、重整程序中，管理人报酬方案内容应列入和解协议草案或重整计划草案”的规定，管理人的报酬及其收取情况应当作为重整计划草案的组成部分加以列明。《民商事审判纪要》第113条（重整计划监督期间的管理人报酬及诉讼管辖）第1款规定：“要依法确保重整计划的执行和有效监督。重整计划的执行期间和监督期间原则上应当一致。二者不一致的，人民法院在确定和调整重整程序中的管理人报酬方案时，应当根据重整期间和重整计划监督期间管理人工作量的不同予以区别对待。其中，重整期间的管理人报酬应当根据管理人对重整发挥的实际作用等因素予以确定和支付；重整计划监督期间管理人报酬的支付比例和支付时间，应当根据管理人监督职责的履行情况，与债权人按照重整计划实际受偿比例和受偿时间相匹配。”

四、重整计划草案的提交

根据《企业破产法》第79条的规定，债务人或者管理人应当自人民法院裁定债务人重整之日起6个月内，同时向人民法院和债权人会议提交重整计划草案。前款规定的期限届满，经债务人或者管理人请求，有正当理由的，人民法院可以裁定延期3个月。债务人或者管理人未按期提出重整计划草案的，人民法院应当裁定终止重整程序，并宣告债务人破产。

第四节 重整计划通过

一、重整计划通过的概念

重整计划通过，是指对于管理人或者债务人制定并提交的重整计划草案，召开债权人会议讨论、审查，然后依法分组表决，每组表决同意的票数及其代表的债权总额均达到法律规定的要求，因而依法得以通过、成立的行为。重整计划草案涉及债权、出资人权益的调整，与债权人、出资人的利益息息相关。需要减少、降低债权人、出资人等利害关系人的权益的，按照私权应当遵循意思自治的处分原则，应由债权人、出资人等对其进行审查，并表决通过。事实上，重整计划没有债权人、出资人等的支持，也难以得到有效执行，重整也就难以成功，债务人想要通过重整达到重生的目的也就难以实现。

二、重整计划草案表决通过的主体及途径

（一）重整计划草案表决通过的主体

重整计划草案表决通过的主体，是指有权对重整计划草案行使表决权而参与表决的主体。根据《企业破产法》有关规定，应当注意以下两点：

1. 并非所有债权人都可以对重整计划草案具有表决权。《企业破产法》第83条规定："重整计划不得规定减免债务人欠缴的本法第八十二条第一款第二项规定以外的社会保险费用；该项费用的债权人不参加重整计划草案的表决。"基此，除统筹社保债权人，即债务人欠缴公法上的社会保险费用（除应当划入职工个人账户的基本养老保险、基本医疗保险费用以外的社会保险费用）所产生债权外的债权人，如破产别除权人、劳动债权人、基本税收债权人、普通债权人，不论是否对其债权进行调整，都有权对重整计划草案进行表决，不能因为没有对其债权如劳动债权进行调整，就不允许劳动债权人对重整计划草案进行表决。

2. 司法解释对重整计划草案表决主体的调整。如前所述，按照《企业破

产法》有关规定，所有依法申报债权的人，都可以参加重整计划草案的分组表决。然则，考虑到：（1）法律赋予债权人、出资人等关于破产程序中的重大事项包括重整计划草案表决权的主要目的，在于维护债权人、出资人等合法权益，让他们对管理人就债务人财产管理、变价及分配、重整计划草案等有关债权人利益的事项充分发表自己的意见，按照私权意思自治原则行使表决权；债权人、出资人参加会议的主要目的也是为了维护自己的合法权益，尤其是在对之债权的认定与调整、出资权益的调整影响自己的利益时，通过表决的方式按照自己的意志行使否定或者同意权。在其合法权益如依法认定的债权能够依法得到充分保障，重整计划草案并未对其利益加以调整并未致其利益受到影响的情况下，其就不一定要参加会议而进行表决。（2）事实上，在破产程序中，重整计划草案对依法认定的债权在清偿时不予调整、其利益不受影响时，相应的债权人如劳动债权人、小额债权人等不少都没有参加会议。有的债权额很小，来回参加会议花费不小，尤其是外地人，在其债权不受到调整、影响的情况下，表不表决都不会影响其利益，通常便会主动放弃这一权利。（3）不少债务人的债权人很多，尤其是劳动债权人成千上万甚至数十万的都存在，让他们都参加表决，耗时费力，成本浪费巨大。即使是不采取召集会议集中的表决方式而是采取书面表决的方式进行，来往邮寄文书的成本也是一笔不少的开支。（4）所有依法申报债权人的都参加表决尤其是参加债权人会议集中表决，即使其债权未受到调整、影响，也因其利益必然遭受损失如借款利息只能计算到破产申请受理之日止，有的利息依法不能按照借款合同的约定认定等，也可能产生不满、抱怨等负面情绪，遇到具有不良企图的人煽动、怂恿，极可能引发不稳定因素，从而给当地的稳定产生巨大压力，债权人会议往往要部署相当警力而以防万一。（5）按照《企业破产法》的规定，重整计划草案按照分组表决的途径进行，只要有一组未通过，即使是其权利没有任何影响的债权人组因为该组大多数债权人未参加会议而导致该组表决未能通过，人民法院仍只能采取强制批准的方式进行。而采取强制方式批准重整计划草案，有的法院基于一些人未参加会议的债权人多而致该组表决未通过，担心未参加会议的人以及通过的债权人组投票否决重整计划草案的人将来闹事影响社会稳定等各种各样的原因，便不依法强制批准，而是要求反复做工作，找未参加会议的人征求意见，甚至让社会中介机构进行社会稳定评估，要求当地政法委、政府有关部门对社会稳定提出没有问题的保证等，使得破产程序拖延不决，这种宁愿求稳不出事而不作为的工作态度在破产程序中表现得非常突出。（6）《企业破产法》第 83 条就规定：“重整计划不得规定减免债务人欠缴的本法第八十二条第一款第二项规定以外的社会保险费用；该项费用的债权人不参加重整计划草案的表决。”基此，对于统筹社保债权，重整计划草案不得减免，该债权人不参加重整计划草案的表决。基于同样的道理，“权益未受到调整或影响”的债权人或股东，也无需参加表决。(7) 从比较法的角度来讲，也不乏先例，如《德国破产法》第237条第（2）项规定：“其债权不因重整计划草案而受损害的债权人，不享有表决权”；《美国破产法典》第1126条规定：“……（f）不论本条其他条款如何规定，未受到重整计划草案削减的债权或权益种类以及该种类中每一位债权或权益的持有人，都被认定为已经接受重整计划草案。该种类债权或权益的持有组成的级别无需表决。”是以，《破产法解释（三）》第11条第2款规定：“根据《企业破产法》第八十二条规定，对重整计划草案进行分组表决时，权益因重整计划草案受到调整或者影响的债权人或者股东，有权参加表决；权益未受到调整或者影响的债权人或者股东，参照《企业破产法》第八十三条的规定，不参加重整计划草案的表决。”据之，权益因重整计划草案受到调整或者影响的债权人或者股东，对重整计划草案则有权参加表决；权益未受到调整或者影响的债权人或者股东，则不参加重整计划草案的表决，乃是一种符合破产法赋予债权人表决权的目的以及破产案件的实际情况的正确选择。虽然与《企业破产法》的有关规定相悖，且这种解释有超越司法解释权限代行立法机关权限之嫌，可在《企业破产法》短期内未能修改的情况下，基于其利于破产程序的进行，减少破产成本，提高破产程序效率，又不违背立法意旨等原因，值得肯定。在《企业破产法》修改时，则应通过立法的方式加以修正。

应当指出，按照司法解释的规定，权益未受到调整或者影响的债权人或者股东，不参加重整计划草案的表决，就实际等同于推定这些债权人或股东分组进行表决时，该表决组已经通过重整计划草案。此时，人民法院批准重整计划草案，对于未参加表决的债权人、股东都要以该组所有债权人、股东的权益均未受到调整或者影响为前提。不然，债权人或者股东的权益有其中之一受到调整或影响，权益受到调整或影响的债权人或股东，就有权参加表决。根据《企业破产法》第87条第2款规定，对重整计划草案表决只要有1个表决组通过，其他未通过的表决组第2次表决仍未通过或者不愿意进行第2次表决的，在重整计划草案满足对特定财产享有担保物权的债权就特定财产将获得全额清偿，其因延期清偿所受的损失将得到公平补偿，并且其担保权未受到实质性损害；劳动债权、基本税收债权能够获得全额清偿；普通债权所获得的清偿比例，不低于其在重整计划草案被提请批准时依照破产清算程序所能获得的清偿；对出资人权益的调整公平、公正，或者出资人组已经通过重整计划草案；公平对待同一表决组的成员，并且所规定的债权清偿顺序不违反《企业破产法》第 113 条的规定；债务人的经营方案具有可行性等有关条件的情况下，人民法院即可强制批准重整计划草案。如此，在权益未受到调整或影响的债权人或股东不参加表决而致重整计划草案的批准，比起他们参加分组表决而该组未表决得以批准的最低条件，如劳动债权、基本税收债权能够"全额清偿"或者担保的债权"未受到实质性损害"，实际更为严格，为此认为司法解释实际对强制裁定批准重整计划草案的最低要求作了提升；"权益未受到调整或影响"与"全额清偿""未受到实质性损害"不能等同。从司法实践来看，后者往往意味着重整计划草案已对债权的清偿日期、方式等进行了调整。①

然而，如何认定债权人、股东的"权益未受到调整或者影响"，由于其只是概括性的原则规定，在适用时难免产生争议。最高人民法院刑事审判第二庭的职务著作认为，应当从严把握。这种现象实际在司法实践中很少发生，无论是债权本金的性质、数额及期限的调整，还是债权孳息标准、清偿时间等的调整，都属"权益受到调整或者影响"。在司法解释有明确规定之前，比较法的有关规定则具有重要的参考价值和意义。如《美国破产法典》第 1124 条规定："（1）确定所有权利未受变更；（2）纠正违约并进行补偿，同时回复加速到期的债务。"② 担保债权人表决组假若反对通过重整计划草案，法院强制批准的重整计划草案能够约束该组的前提是，担保债权人就其担保物的价值获得全额清偿，并同时能就对应担保物价值部分的债权获得相应市场利息补偿，即可获得等其担保物现时价值的全额清偿。③ 此外，债权人或股东的"权益未受到调整或影响"，不让之参加重整计划草案的表决，然债权人或股东认为其权益受到调整或影响从而要求参加表决，如何处理，司法解释没有明确。对这，可以参照未确定的债权由人民法院参照《企业破产法》第 59 条第 2 款关于"债权尚未确定的债权人，除人民法院能够为其行使表决权而临时确定债权额的外，不得行使表决权"的规定予以决定。④

3. 对重整计划草案具有表决权的人并非一定为债权人，出资人在一定条

① 最高人民法院民事审判第二庭编著：《最高人民法院关于企业破产法司法解释（三）理解与适用》，人民法院出版社 2019 年版，第 218～219 页。

② ［美］查尔斯·J·泰步：《美国破产法新论》（第 3 版），韩长印、何欢、王之洲译，中国政法大学出版社 2017 年版，第 1219 页。

③ ［美］杰伊·劳伦斯·韦斯特布鲁克、查尔斯·布斯、［德］克里斯托弗·保勒斯、［英］哈·拉贾克：《商事破产全球视野下的比较分析》，王之洲译，中国政法大学出版社 2018 年版，第 128 页。

④ 最高人民法院民事审判第二庭编著：《最高人民法院关于企业破产法司法解释（三）理解与适用》，人民法院出版社 2019 年版，第 223～226 页。

件下也对重整计划草案具有表决权。《企业破产法》第85条第2款规定："重整计划草案涉及出资人权益调整事项的，应当设出资人组，对该事项进行表决。"据此，出资人在一定条件下对重整计划草案也具有表决权。这种条件，就是重整计划草案对出资人权益事项进行了调整。如果重整计划草案没有涉及出资人权益的调整，那么，出资人就不具有表决权。涉及全部出资人的权益调整的，全部出资人就具有表决权。只涉及部分出资人的权益调整，其他出资人的权益没有调整，没有对其调整权益的出资人是否具有表决权，法律没有具体明确。基于《企业破产法》第85条第2款的规定，只要涉及出资人权益的调整，就应设立出资人组对该事项进行表决，而未将出资人限制在对其权益进行调整的出资人的范围内。所以，不论其出资权益是否调整，都有权参加表决。

（二）重整计划草案表决通过的途径

1. 债权人会议对于所议事项的表决通过，具有两条途径：（1）集体表决通过的途径。其是指由债权人会议具有表决权的参会人员，依法对所议事项不分类别均行使表决权，表决同意的人数及其代表的债权份额均达到法定的要求，即为依法成立的方式。（2）分组表决通过的途径。其是指按照具有表决权的参会人员的实体权利类似性特点，基于不同保护的倾向、力度等需要，而将之分为若干个表决组，以组为单位分别对所议事项进行表决，每个表决组表决同意的人数及其代表的债权份额均达到法定的要求才予通过的表决方式。根据《企业破产法》的规定，只对重整计划草案的通过表决采取分组表决方式，其他所议事项的通过，如申请人民法院更换管理人、变更管理人报酬、选任和更换债权人委员会成员、决定继续或者停止债务人的营业、通过和解协议草案、通过债务人财产的管理方案、通过破产财产的变价方案、通过破产财产的分配方案等，均采取集体表决通过的途径进行。

应当指出，对重整计划草案分组表决通过，是当代国际破产立法的通行做法。对此，联合国国际贸易法委员会《破产法立法指南》明确指出："对债权实行分类的首要目的是达到给予债权人公平和公正待遇的要求，对类似情形的债权同等处理，确保重整计划对某个特定类别的所有债权人给予一系列同样的条件。这是确保按照破产法中确立的优先顺序处理优先权或优惠债权的一种方法。"①

2. 重整计划草案表决的具体分组。根据《企业破产法》第82条、第85

① 王卫国：《破产法精义》，法律出版社2007年版，第247页；联合国国际贸易法委员会：《破产法立法指南》（2006年中文版）第194页。

条的规定，重整计划草案依照债权分类分为不同的债权人组进行表决。某类债权一旦存在，即使债权人很少甚至只有1人，也必须将之分为不同的组进行表决，如优先受偿债权、劳动债权、基本税收债权、普通债权等如存在，则分为相应的组别即优先受偿债权人组、劳动债权人组、基本税收债权人组、普通债权人组等分别进行表决。有的债权或者权益即使存在，如小额债权、出资权益即使存在，也不一定必须分为小额债权人组、出资人组进行表决。具体来说，重整计划草案表决应当分为下列债权组分别进行表决：

（1）优先受偿债权人组，即对债务人的特定财产享有担保权或者法定特别优先权的债权组。

（2）劳动债权人组，即因债务人所欠职工的工资和医疗、伤残补助、抚恤费用，所欠的应当划入职工个人账户的基本养老保险、基本医疗保险费用，以及法律、行政法规规定应当支付给职工的补偿金而产生的劳动债权人组。

（3）基本税收债权人组，即因债务人欠缴税款本金所产生的债权组。应当指出，基本税收债权在破产重整中原则上应全额清偿。但是，应当考虑到，债务人进行破产重整的原因多种多样，一些债务人在经营状况良好时曾经为国家财政、社会公益事业、地方建设等作出过这样或那样的贡献。加之，债务人重整倘若成功，在就业维持和税源保护等方面，对国家、社会及地方都是有益的。因此，在债务人破产重整中，应当对因处于财务困境而重整的债务人给予必要的扶助与支持，在国家法律允许的范围内减免一定的税收费用。

（4）普通债权人组，即由优先受偿债权人、劳动债权人、基本税收债权人之外的具有表决权的其他债权人组成的表决组。

（5）小额债权人组：①设立小额债权人组有利于提高债权表决的效率。小额债权数额小，其人数往往较多，假若对债权清偿比例或者条件不满，不将之从普通债权中单列出来，就可能致使普通债权人组表决同意的法定人数达不到法定的要求而不能通过，需要重新表决。重新表决，无疑会增加成本，并且拖延重整时间，影响破产重整的正常进行及其效率。另外，由于小额债权的数额小，即使以高于其他普通债权中的超过小额债权部分的债权的清偿比例进行清偿，也不会给债务人造成过多的负担。故，根据债务人重整的实际需要，设立小额债权人组，提高其清偿比例，不仅有利于获得小额债权人对重整工作的配合与支持，提高表决成功效率，而且有利于社会稳定，提高债务人重整成功的概率。②小额债权是从普通债权中分列出来的债权，而非从对特定财产具有担保物权或者法定特别优先权的优先受偿债权、劳动债权、统筹社保债权和基本税收债权中分列出来的债权。③何为小额债权，法律没有就其标准明文规定，具体应由管理人根据债务人所负债权人的普通债权的人数及其实际情况等确定，可要经过人民法院同意。④小额债权人组，并非一定设立。是否需要设立，由人民法院根据债务人重整的实际情况，从有利于重整工作顺利进行的角度考虑，认为有必要设立时则决定设立。⑤提高小额债权的清偿比例，不仅要求提高所有小额债权人的债权清偿比例，而且要提高小额债权人以外的其他普通债权人中在小额债权标准以下的债权部分的清偿比例，两者要保持一致，且非小额债权人所有债权的清偿比例不得低于重整计划草案被提请批准时依照破产清算程序所能获得的清偿比例。

（6）出资人组。出资人组并非一定设立，只有重整计划草案涉及出资人权益调整事项的，才应当设立出资人组对该事项进行表决。重整计划草案没有涉及出资人权益的调整事项，则不需要设立出资人组对重整计划草案进行表决。这时，出资人没有表决权，只有列席债权人会议的列席权与知情权。

应当指出，重整计划草案涉及出资人权益调整事项的，设立出资人组对重整计划草案进行表决，并非对重整计划草案中所有的事项进行表决，而只能对重整计划草案中所涉出资人权益调整的事项进行表决，其表决范围与债权人的表决不同。债权人不仅对涉及其债权部分的有关事项表决，而且可以对未涉及其债权部分的相关事项表决。换言之，债权人对重整计划草案中的所有需要表决的事项，包括出资人权益调整等事项，都有权进行表决。

三、重整计划草案表决通过的方式

至于重整计划草案表决通过的方式，与债权人会议表决其他事项一样，倘若通过召开债权人会议集中表决的，则通过现场表决的方式进行。基于债权人会议在债权人众多的情况下并非一定采取集中于一地召开的方式进行，可以借助网络、电话、书面等召开会议的方式进行，以利于节省破产过程中的各种成本，提高破产程序效率，《破产法解释（三）》第11条于是规定，债权人会议的决议除现场表决外，可以由管理人事先将相关决议事项告知债权人，采取通信、网络投票等非现场方式进行表决。采取非现场方式进行表决的，管理人应当在债权人会议召开后的3日内，以信函、电子邮件、公告等方式将表决结果告知参与表决的债权人。

四、重整计划草案表决通过的标准

重整计划草案表决通过，根据《企业破产法》第84条、第86条规定，应当同时符合以下两个条件：

（一）各表决组均应通过重整计划草案

《企业破产法》第86条第1款规定：“各表决组均通过重整计划草案时，

重整计划即为通过。”基此，所设的不同表决组，只要有一个没有通过，重整计划草案都属于没有通过。

（二）各表决组同意通过重整计划草案的人数及其代表债权的数额均必须达到法律规定的最低标准，才属于该表决组通过重整计划草案

各表决组同意通过重整计划草案的人数即对重整计划草案投赞成票的人数没有达到法定要求的最低标准，或者各表决组同意通过重整计划草案的人数虽然达到了法定要求的最低标准，然同意通过重整计划草案的人数所代表的债权总额没有达到法律规定的最低要求，该表决组也属于未通过重整计划草案。《企业破产法》第84条第2款规定：“出席会议的同一表决组的债权人过半数同意重整计划草案，并且其所代表的债权额占该组债权总额的三分之二以上的，即为该组通过重整计划草案。”其中，各表决组的债权总额，不仅指该组出席会议的参会人员所代表的债权总额，而且指该组已经经过审查予以确认的债权总额，既包括该组已出席的债权人的债权数额，又包括该组未出席会议的债权人的债权数额。

应当指出，《企业破产法》第85条第2款规定：“重整计划草案涉及出资人权益调整事项的，应当设出资人组，对该事项进行表决。”据之，出资人组对重整计划草案就出资人调整事项有权进行表决，可《企业破产法》对其表决通过的规则或标准没有像债权人表决组通过的规则或标准那样作出明确的规定。对这，有人认为，出资人的表决应当按照《公司法》规定的股东大会的表决规则进行。[①] 笔者认为，不能适用《公司法》有关股东大会的表决规则或标准。因为，《公司法》规定的表决规则或标准，均是在公司正常运转的情况下由股东根据私权意思自治原则对所议事项进行表决的规则与标准，而非公司进入破产程序时对重整计划草案中涉及出资人权益调整事项表决的规则或标准。具体来说，可以比照《企业破产法》第84条第2款关于“出席会议的同一表决组的债权人过半数同意重整计划草案，并且其所代表的债权额占该组债权总额的三分之二以上的，即为该组通过重整计划草案”的规定（即各债权组通过重整计划草案的规则），参加该债权人会议的出资人代表过半数同意，且其代表的出资份额占整个出资份额的2/3以上，则视为出资人组通过了重整计划草案中有关出资人权益的调整事项。[②] 对此，《审理上市公司破产案件纪要》第7条也规定：“出资人组对重整计划草案中涉及出资人权益调整事项的表决，经参与表决的出资人所持表决权三分之二以上通过的，即为该组通过重整计划

① 王欣新主编：《破产法原理与案例教程》，中国人民大学出版社2010年版，第219页。
② 王卫国：《破产法精义》，法律出版社2007年版，第254页。

草案。”

五、重整计划草案表决通过的程序

（一）重整计划草案表决通过应当在法律规定的时间内进行

对此，《企业破产法》第84条第1款规定：“人民法院应当自收到重整计划草案之日起三十日内召开债权人会议，对重整计划草案进行表决。”

（二）在表决前，债权人会议有权了解有关情况

在表决组对重整计划草案表决前，债权人会议有权要求重整计划草案的制定者就重整计划草案作出说明，并回答提问，以了解重整计划草案的制定目的、法律根据及其有关重整计划草案内容事项的事实依据等有关信息，以决定是否同意通过重整计划草案。对这，联合国国际贸易法委员会《破产法立法指南》明确指出：“债权人和可能需对计划进行表决的其他相关利益方（例如股东），需要能够使自己确信计划所建议的内容是可行的，而不是根据错误的假设制定的，并且计划的执行不会使债务人承受的债务负担过重。为便于进行这种评价，必须向债权人和其他相关利益方提供信息，对计划所提建议以及这些建议对债务人、债权人和其他受影响当事方的影响作出解释。以是，在向债权人和其他当事方提出计划时，可附上一份披露说明，充分披露有助于所有当事方正确评价计划的资料。说明可由合格专业人员编写，该专业人员应可对计划所建议的措施或对提出计划的当事方所建议的措施进行可信和不带偏见的评价，附上或不附上专业咨询意见。如果破产管理人未参与提出计划或编写说明，则宜要求其对这两份文书发表意见。如果债权人和其他相关利益方不同意该专业人员的评价，或不相信所披露的信息具有说服力，可以通过一种修正计划的机制在对计划进行表决时考虑到这些看法，或由法院在其确认计划时（如果这是程序的一个要件）加以考虑。”①

（三）对重整计划草案表决应当依法分组进行

债权人会议在了解有关重整计划草案的有关信息的基础上，由债权人、出资人等分组进行表决。第1次表决各表决组均对重整计划草案同意通过的，即对重整计划草案投赞成票的人数及其代表的债权额均达到法律规定的最低标准的，重整计划则属通过。第1次表决尚有部分表决组未通过重整计划草案的，根据《企业破产法》第87条第1款规定：“部分表决组未通过重整计划草案的，债务人或者管理人可以同未通过重整计划草案的表决组协商。该

---

① 王卫国：《破产法精义》，法律出版社2007年版，第253～254页；联合国国际贸易法委员会：《破产法立法指南》（2006年中文版）第193页。

表决组可以在协商后再表决一次。双方协商的结果不得损害其他表决组的利益。”基此，未通过的表决组依法可以进行第 2 次表决。未通过重整计划草案的表决组拒绝再次表决或者再次表决仍未通过重整计划草案，然重整计划草案符合《企业破产法》第 87 条规定的条件的，债务人或者管理人可以申请人民法院批准重整计划草案。人民法院经审查认为重整计划草案符合法律规定的，应当自收到申请之日起 30 日内裁定批准，终止重整程序，并予以公告。

六、重整计划草案表决通过的法律后果

各表决组均对重整计划草案同意通过，包括第 1 次表决全部通过，以及第 2 次表决全部通过，即表示债务人、债权人、出资人等就重整计划草案所列事项达成了协议，致使该协议依法得以成立。可是，重整计划草案涉及债务人、债权人、出资人等各方当事人的利益，所涉实体利益的确定是否合法、表决是否依法进行，必须由人民法院进行审查。人民法院经过审查，认为通过的重整计划依法成立、内容合法有效，便裁定批准，赋予重整计划执行的效力。认为重整计划草案违背法律强制性规定，或者表决程序违法的，便裁定不予批准。是以，重整计划草案通过并非等于就已合法有效并且生效。其是否有效以及有效是否生效，还有赖于人民法院是否批准。只有人民法院批准的重整计划，才属合法有效且已生效的重整计划，才能对其加以执行。虽经各表决组通过，可未经人民法院批准的重整计划草案，只是已经成立，是否有效则尚待人民法院是否批准后才能确定。没有批准的，则重整计划草案不能产生任何效力，不能加以执行。

七、重整计划草案表决通过的异议

根据《企业破产法》第 64 条第 2 款的规定，债权人认为债权人会议的决议包括通过重整计划草案的决议违反法律规定，损害其利益的，可以自债权人会议作出决议之日起 15 日内，请求人民法院裁定撤销该决议，责令债权人会议依法重新作出决议。当然，债权人认为债权人会议的决议会损害其利益，自然要以知道债权人会议决议的有关内容、决议程序等为前提，否则不可能作出是否请求人民法院撤销该决议的选择。所以，为了充分保障债权人等利害关系人对破产重整程序有关信息的了解，维护自己的合法权益，《破产法审判纪要》第 46 条明确指出“……要确保债权人等利害关系人及时、充分了解案件进程和债务人相关财务、重整计划草案、重整计划执行等情况，维护债权人等利害关系人的知情权、程序参与权。”

第五节　重整计划批准

一、重整计划批准的概念与特征

重整计划批准，是指人民法院依法对通过的重整计划或者未获通过的重整计划草案，根据法律规定进行审查，认为符合《企业破产法》规定的，以裁定的方式表示同意、肯定、认可，致使重整计划发生效力从而赋予重整计划执行效力的行为。其具有以下基本特征：

（一）重整计划批准的主体为人民法院

人民法院作为破产案件的审判机关，对于涉及债权人、债务人、出资人等诸多利益关系人的实体权利、程序权利的重整计划草案，无疑有权对其合法性、有效性、执行的可行性进行审查，然后作出是否同意、认可的裁定。

（二）重整计划批准的内容是人民法院依法对重整计划草案予以肯定、同意和认可

人民法院对重整计划的批准，是对重整计划草案以裁定方式予以确认、表示同意的过程。表示同意，固然是对重整计划草案的有关事项表示肯定、认可，而不是否定。因此，人民法院批准重整计划草案，不能对重整计划草案的内容进行修改、变更，不然就是对重整计划草案内容的否定。人民法院认为重整计划草案的内容不符合法律规定，或者通过重整计划草案的程序违反法律规定，对其不予认可，应当予以否定的，则裁定不予批准，而不能自行变更有关内容后再予以“批准”。为了避免人民法院不予批准重整计划草案的现象发生，管理人或者债务人在制定重整计划草案时，先宜征求人民法院的意见，并且严格依法进行。

（三）重整计划批准的形式必须是裁定

人民法院批准重整计划草案依法必须以裁定方式作出，而不能以判决或者决定的方式进行。

（四）重整计划批准的本质是人民法院对当事人处分民事权利依法进行监督的行为

在破产程序包括破产重整程序中，人民法院作为审理破产案件的审判机关，依法对重整计划草案进行审查批准，是代表国家对债权人、债务人、出

资人等当事人对其民事权利处分依法进行审查、监督的必要手段，是保证批准的重整计划合法、公正从而有效维护债权人、债务人、出资人等各方当事人的合法权益的重要方式。

（五）重整计划批准的目的与功能是合法有效的重整计划能够得以严格执行的重要保证

重整计划草案涉及各方当事人的利益，即使通过，不由人民法院通过裁定确认赋予其执行的效力，在具体执行中也可能发生这样或那样的问题，因而无法保障其严格得以执行。而通过人民法院裁定确认，赋予其执行的效力，执行重整计划就是执行人民法院的裁定。不予执行的，则应承担相应的法律后果。这正如双方当事人签订合同和人民法院对合同争议作出生效判决或者裁定的关系。故，人民法院依法裁定批准重整计划草案，乃是重整计划得以严格、有效执行的基本保证。

二、重整计划批准的类型及具体情形

根据重整计划草案是否通过的不同，重整计划批准分为认可批准与强制批准。前者即认可批准，是指对债权人会议通过的重整计划依法裁定的批准；后者即强制批准，是指对债权人会议未通过的重整计划草案，经审查认为符合法律规定而依法裁定的批准。具体分为 3 种情形：

（一）各表决组第 1 次均表决通过的重整计划的批准

《企业破产法》第 86 条第 1 款规定："各表决组均通过重整计划草案时，重整计划即为通过。"重整计划草案在第 1 次表决通过后，依法由重整计划草案制定者申请人民法院认可批准已通过的重整计划。

（二）各表决组第 1 次表决有部分表决组未通过，未通过的部分表决组依法进行第 2 次表决而全部通过的重整计划的批准

对此，《企业破产法》第 87 条第 1 款规定："部分表决组未通过重整计划草案的，债务人或者管理人可以同未通过重整计划草案的表决组协商。该表决组可以在协商后再表决一次。双方协商的结果不得损害其他表决组的利益。"未通过的部分表决组第 2 次表决均通过的，由重整计划草案制定者依法申请人民法院认可批准已通过的重整计划。未通过的部分表决组进行第 2 次表决仍有部分表决组未通过的，不能再进行第 3 次表决。此时，重整计划草案的制定者依法仍可以申请人民法院强制批准重整计划草案。

（三）各表决组第 1 次表决有部分表决组未通过，未通过的部分表决组拒绝再次表决或者虽然再次进行表决仍未通过的重整计划草案的批准

根据《企业破产法》第 87 条第 2 款的规定，未通过重整计划草案的表决

组拒绝再次表决或者再次表决仍未通过重整计划草案，然重整计划草案符合《企业破产法》规定的条件的，债务人或者管理人仍然可以申请人民法院强制批准重整计划草案。其中，未通过重整计划草案的表决组，既可以是多个表决组未通过，也可以是1个表决组未通过，但不能是全部表决组未通过。全部表决组未通过的，则不能申请人民法院强制批准重整计划草案。多个表决组未通过的，只要有表决组拒绝（包括其中1个或者部分乃至全部表决组拒绝）再次表决即进行第2次表决，或者再次表决只要有表决组未通过（包括其中1个或者部分乃至全部表决组拒绝），就属于上述规定的“未通过重整计划草案的表决组拒绝再次表决或者再次表决仍未通过重整计划草案”。

三、重整计划认可批准的程序

《企业破产法》第86条第2款规定：“各表决组均通过重整计划草案时，重整计划即为通过。自重整计划通过之日起十日内，债务人或者管理人应当向人民法院提出批准重整计划草案的申请。人民法院经审查认为符合本法规定的，应当自收到申请之日起三十日内裁定批准，终止重整程序，并予以公告。”据此，重整计划认可批准的程序，具体包括3个环节：

（一）申请

重整计划草案批准的申请由重整计划草案制定者即管理人或者债务人向人民法院提出。管理人或者债务人申请人民法院认可批准的重整计划，必须是各表决组均已通过的重整计划，既包括第1次表决各表决组均通过的重整计划，又包括第1次表决有部分表决组未通过但经未通过的部分表决组再次表决均已通过的重整计划。管理人或者债务人申请人民法院认可批准，应当自重整计划通过之日起10日内向人民法院提出。管理人或者债务人没有申请人民法院认可批准重整计划，人民法院不得主动对重整计划草案进行所谓的批准。以是，管理人或者债务人申请批准重整计划草案，乃是人民法院批准重整计划草案的前提与基础，是人民法院批准重整计划草案不可缺少的环节之一。事实上，批准是针对申请而言的相对行为，没有申请也就不会存在所谓的批准的问题。

（二）审查

人民法院在批准重整计划草案前进行审查，是继管理人或者债务人申请认可批准重整计划草案后的另一个必要环节。人民法院对于重整计划草案是否批准，有赖于对重整计划草案的内容、形式以及表决通过的程序是否符合法律规定进行审查后得出的结论。人民法院审查的内容或范围，应当根据批准的条件确定。《企业破产法》第86条规定，人民法院经审查认为符合该法规定的，即应依法批准。是以，审查的内容或范围乃是重整计划草案是否符合《企业破产法》的规定。这一规定，明显是一概括性规定，而未就审查的具体内容即需要审查的具体事项及其范围作出明确规定。如前所述，审查的内容或范围与人民法院认可批准重整计划草案的条件直接相联系。对重整计划草案认可批准的条件，其实就是审查的内容或范围。由于法律并未对认可批准的具体条件进行规定，使得司法实践中人民法院审查事项极不统一。尤其是基于重整计划草案乃是债权人、债务人、出资人等就债权调整分配、债务人拯救等有关事项的一项全面协议，所体现的或者主要体现的是利害关系人的私权利，既然各表决组均已通过，有的认为就无需审查；即使审查，也是草草为之，走走过场，就予批准。可这种合同与一般的合同不同，表决组通过并非采取所有债权人都通过的方式，而是采取人数与所代表债权占有适当比例就可通过的方式，不可避免会出现一些不同意通过的表决权人，这些反对的表决者的权益在重整计划草案中往往得不到充分保障甚至遭受损害。这样，即使各表决组全部通过，并不意味着重整计划草案就一定公正、合法。另外，即使是当事人之间的一般买卖合同，也会涉及违反法律、法规效力性强制性规定，违反公平、公共利益、公序良俗原则等而无效的问题。对于涉及众多利害关系人利益的重整计划草案更不能例外，不能因为各债权表决组全部通过重整计划草案就忽视对之所做的必要审查。还有，重整计划草案是否符合债务人的实际情况，是否可行能够得以执行，也要加以审查。否则，重整计划草案虽然得以批准，然因不具有可能执行的因素也会导致重整的失败，以造成各方资源的浪费，最终受到损害的仍是债权人等各方利害关系人。对此，人民法院对未经全部表决组通过的重整计划草案的审查和批准，要十分慎重，要严格审查，保证所有未通过的表决组以及通过表决组中的反对者的法定清偿利益不受损害。对于各表决组均通过的重整计划草案的审查和批准，人民法院也要严格贯彻上述原则，从重整计划草案记载事项的合法性、完备性、债权人分组的合理性、债权人会议决议的程序、持反对意见债权人或出资人利益的保障等方面进行必要的审查，确保少数反对者的法定清偿利益不因表决组少数服从多数的表决原则受到损害。一般而言，认可批准审查的事项主要包括有关重整计划草案的程序性事项、实体性事项以及可行性事项3个方面的审查。

1. 程序性事项审查。根据《企业破产法》第81条的规定，审查重整计划草案是否齐备应当具有的内容；根据《企业破产法》第5章第1节的有关规定，审查讨论通过重整计划草案的债权人会议的召集、召开程序是否合法；根据《企业破产法》第82条、第84条第2款及第85条的规定，审查是否分组进行表决，债权分组是否根据法律规定的债权分类进行，涉及出资人权益调整的是否设定出资人组就出资人权益调整事项进行表决，分组表决通过是否符合法律规定的法定人数及其代表债权数额的要求；根据《企业破产法》第 84 条第 3 款的规定，审查重整计划草案制定者就重整计划草案作出的说明是否真实，是否具有隐瞒、虚构债务的情况，是否作出歪曲法律规定的解释；根据《企业破产法》第 86 条的规定，审查申请认可批准的重整计划草案，是否为各表决组均已通过，是否与各表决组通过的重整计划文本相同，是否由重整计划草案的制定者提出认可批准的申请，重整计划草案的制定者是否在法律规定的期限内提出认可批准申请，等等。

如前所述，程序性审查虽然包括有关重整计划草案通过的各个方面，一些程序如召集、召开程序违法，虽然会产生债权人等对债权人会议予以撤销的法律后果。然在债权人等未依法申请撤销，对重整计划草案通过最为关键的方面，主要是表决程序并不违法的情况下，能否因为其他某些程序的违法而认为违反法律规定而不予以批准。如此的话，需要重新召开债权人会议，增加债权人等利害关系人负担、破产费用等不说，还可能引发债权人等不满，给重整计划草案的通过带来新的不确定性。所以，召开债权人会议、进行重整计划草案表决，管理人必须注意认真对待，谨慎从事，做到债权会议的召集、召开到表决等程序事项不要违反有关法律规定；一旦发现，即应采取补救措施，消除违法瑕疵，不能将错就错，继续推行，以致事后最终造成一切推倒重来的现象发生。

2. 实体性事项审查。实体性事项审查的内容包括各个不同表决组的利害关系人之间实体利益的调整是否合法、公平，各表决组内部的成员之间的实体利益调整是否合法、公平等。后者着重需要审查的为各表决组内部成员之间的利益是否受到公平对待，是否因为投弃权票甚至反对票的行为而使其实体权益遭受影响。由债权人会议通过的重整计划要被人民法院认可批准，必须保障各表决组内部投弃权票或者反对票的成员的权益与同组表决的其他投赞成票的成员的权益一样，以防止投赞成票的人数及代表的债权数额均达到法定最低要求的多数债权人以法定多数对同组放弃或者不同意通过重整计划草案的少数债权人的权益进行侵犯。因此，应在全面审查重整计划草案符合债权人利益最大化，优先受偿债权绝对优先，所有债权人应当受公平对待，不违背法律、法规效力性强制性规定，不损害社会公共利益，不违背公序良俗等原则的基础上，着重审查重整计划草案是否对反对者利益的合法利益受到损害。反对者的清偿利益假若因为不同意而受到损害，如不能与同表决组其他债权人的债权居于同顺位、同比例、同时间、同方式等予以受偿，即与同表决组成员区别对待，即应属于违法而不能批准。具体来说，不同表决组中放弃或者反对通过重整计划草案的少数债权人的清偿顺序与同组同意通过重整计划草案的法定多数的债权人的受偿顺序完全一样，不致因为其放弃或者反对通过重整计划草案就将其受偿顺序往后排列；对债务人特定财产具有担保物权或者法定特别优先权的债权表决组中放弃或者反对通过重整计划草案的少数破产别除权人能以该特定财产优先受偿，不能对放弃或者反对通过重整计划草案的破产别除权人特定财产优先受偿的权利予以否认，与赞成同意通过重整计划草案的其他多数破产别除权人对特定财产进行清偿的时间保持同步，其实际利益不会因为延期清偿受到实际损害；劳动债权人组、基本税收债权人组中放弃或者反对通过重整计划草案的少数债权人，其获得的清偿与同组其他赞成同意通过重整计划草案的多数债权人一样能够获得足额清偿或者同比例清偿；普通债权人组中放弃或者反对通过重整计划草案的少数债权人，其清偿比例或者其他条件与同组其他同意通过重整计划草案的多数债权人一样，且不得低于重整计划草案被提请批准时依照破产清算程序所能获得的清偿比例或者其他清偿条件；小额债权人组中放弃或者反对通过重整计划草案的少数债权人，其清偿比例或者其他条件与同组其他同意通过重整计划草案的多数债权人完全一样，不能因为其放弃或者反对通过重整计划草案就有所区别，降低其清偿比例或者严格其清偿条件，而且不能因为小额债权人组的债权人的清偿比例提高或者其他清偿条件的放宽而使得普通债权人组的其他普通债权人的清偿比例或者其他清偿条件劣于其在破产清算中可以达到的清偿比例或者其他清偿条件；出资人组中放弃或者反对通过重整计划草案的少数出资人，其出资权益的调整及其实现方式与同组其他赞成同意通过重整计划草案的多数出资人的权益调整保持公平对待等等。①

3. 可行性事项审查。根据《企业破产法》第 87 条第 2 款第 6 项的规定，对未通过的重整计划草案进行强制批准前的审查，包括债务人经营方案具有可行性的审查。对于已经通过的重整计划进行认可批准前的审查，没有就此是否需要审查作出明确规定，有人便认为，重整计划可行性问题属于债权人、债务人等当事人意思自治的私权利范围，主要是商务判断问题，从而不属于人民法院认可批准前的审查内容或者范围。笔者认为，任何私权利的意思自治不是绝对的，在一定条件下基于私权利意思自治所作的表示依旧要受到法律的制约。在破产重整中，当事人对其私权利的意思自治固然要受到尊重，然则，其权利的意思自治是否可行，不像平常情况那样只涉及自身或者对方当事人的利益，而是涉及与债务人相关的所有当事人的利益，并且可能影响到破产重整的顺利进行。重整计划草案尤其是其中的经营方案违反法律规定

① 王欣新主编：《破产法原理与案例教程》，中国人民大学出版社 2010 年版，第 220 页。

的，如以高利为诱饵对不特定对象以非法吸收公众存款或者变相吸收公众存款的方式进行融资，以走私、贩毒等违法犯罪行为获取暴利等，自然因为违反法律规定而不具有可行性。根据《企业破产法》第86条第2款的规定，认可批准前的审查只要符合《企业破产法》中的有关规定，似乎对通过的重整计划是否符合其他法律强制性规定不需要审查，这属于一种误解。任何行为包括重整行为不仅要受到《企业破产法》有关规定的约束，同样要受到其他法律、法规、国家政策的约束。凡是以违反法律、法规或者国家政策强制性规定的方法、措施、途径进行所谓的重整都不应允许，从而不具有可行性。对于依法可以采取但需要国家有关机关、部门批准后才可实施的措施，应当审查是否依法经过批准。此外，一些措施虽然合法，但对重整债务人来说根本不可能实现或者能够实现的可能性很小，同样不具有可行性，也不应得到批准。不然，认可批准后因为不具有可行性而难以执行甚至无法执行，其结果必然是重整失败，无谓地增加成本，应当加以否定。还有，经营方案不切实际、内容空泛、措施乏力的，让人看不到债务人能够通过经营能恢复生机、得以拯救的希望，重整也很难成功。故，要在判断经营方案可行性时，注重考虑其确定性和可操作性。只有经营方案确定，债务人执行重整计划、落实重整措施才有合法依据，管理人的执行监督和法院裁定重整计划执行完毕才有较为明确的依据。尤其应避免重整计划批准后再引进重组方的做法。为克服审查和批准重整计划草案时的非专业性和局限性，必要时人民法院可以通过征询专业机构、召开听证会等方式进行判断。对需经政府相关部门审批同意的事项，应有政府相关部门的初步审查意见或审批意向说明。对上市公司重整计划草案中重大资产重组等后续经营方案的可行性审查，最高人民法院与中国证券监督管理委员会商议，考虑采取会商机制解决。即对重整计划草案中经营方案涉及行政审批事项的，人民法院应根据会商机制列明的并购重组审批中的关注要点和标准自行审查后，通过可行性判断对重整计划草案作出裁定。对于重大、疑难案件，人民法院难以自行审查确定的，可由中国证券监督管理委员会法律专家组出具专家咨询意见后作出裁定。《破产审判纪要》第17条亦明确指出，重整不限于债务减免和财务调整，重整的重点是维持企业的营运价值。人民法院在审查重整计划草案时，除合法性审查外，还应审查其中的经营方案是否具有可行性。重整计划草案中关于企业重新获得盈利能力的经营方案具有可行性、表决程序合法、内容不损害各表决组中反对者的清偿利益的，人民法院应当自收到申请之日起30日内裁定批准重整计划草案。

（三）裁定

人民法院对于管理人或者债务人就已通过的申请认可批准的重整计划，

经过审查认为符合《企业破产法》的有关规定，具有可行性的，应当以裁定的方式予以批准。认可批准的裁定应自收到申请之日起30日内作出。在裁定批准重整计划草案的同时，还应终止重整程序，并且予以公告。自裁定批准重整计划草案之日起，破产重整程序进入重整计划执行阶段，在重整期间对于担保权人、财产权利人、出资人及债务人的董事、监事、高级管理人员有关权利的限制，不再适用；适用于整个破产程序包括破产重整程序的有关法律规定，则需要适用。

四、重整计划草案强制批准的程序

《企业破产法》第87条规定："部分表决组未通过重整计划草案的，债务人或者管理人可以同未通过重整计划草案的表决组协商。该表决组可以在协商后再表决一次。双方协商的结果不得损害其他表决组的利益。未通过重整计划草案的表决组拒绝再次表决或者再次表决仍未通过重整计划草案，但重整计划草案符合下列条件的，债务人或者管理人可以申请人民法院批准重整计划草案：（一）按照重整计划草案，本法第八十二条第一款第一项所列债权就该特定财产将获得全额清偿，其因延期清偿所受的损失将得到公平补偿，并且其担保权未受到实质性损害，或者该表决组已经通过重整计划草案；（二）按照重整计划草案，本法第八十二条第一款第（二）项、第（三）项所列债权将获得全额清偿，或者相应表决组已经通过重整计划草案；（三）按照重整计划草案，普通债权所获得的清偿比例，不低于其在重整计划草案被提请批准时依照破产清算程序所能获得的清偿比例，或者该表决组已经通过重整计划草案；（四）重整计划草案对出资人权益的调整公平、公正，或者出资人组已经通过重整计划草案；（五）重整计划草案公平对待同一表决组的成员，并且所规定的债权清偿顺序不违反本法第一百一十三条的规定；（六）债务人的经营方案具有可行性。人民法院经审查认为重整计划草案符合前款规定的，应当自收到申请之日起三十日内裁定批准，终止重整程序，并予以公告。"基此，人民法院对于未通过的重整计划草案强制批准的程序，同样包括管理人或者债务人申请、人民法院对未通过的重整计划草案进行审查以及在自收到申请之日起30日内依法以裁定方式批准，终止重整程序并予以公告等3个环节。申请与裁定环节与认可批准基本相同，这里不再多述。下面，对强制批准前的审查内容或者范围，也就是强制批准的条件，进行必要的分析与阐述。具体来说，强制批准必须符合以下条件：

（一）强制批准的必须为债权人会议未依法通过的重整计划草案

重整计划草案依法通过，则是对其进行认可批准，而非进行强制批准。

债权人会议未依法通过，是指经过债权人会议分组表决，尚有部分表决组包括1个表决组未通过。其既包括第1次表决尚有部分表决组未通过而后拒绝再次表决的只有1次表决而未通过的重整计划草案，又包括第1次表决部分未通过的表决组经过协商再次进行表决仍有部分表决组未通过的第2次表决仍未通过的重整计划草案。不能认为未通过的重整计划草案必须都由未通过的部分表决组进行第2次表决，也不能在部分未通过的表决组再次表决仍有部分表决组未通过的情况下再进行第3次表决。第1次表决存在未通过的表决组，重整计划草案的制定者可以同未通过的表决组进行协商。可以协商，并不意味着必须协商。未通过重整计划草案的表决组拒绝协商并拒绝再次表决的，重整计划草案的制定者可以依法申请人民法院强制批准。

（二）强制批准的债权人会议未依法通过的重整计划草案必须是只有部分表决组未通过的重整计划草案，而不包括全部表决组均未通过的重整计划草案

强制批准的重整计划草案，作为债权人会议未通过的重整计划草案，仅仅是指各表决组中只有部分表决组未通过，包括1个表决组未通过的情况，而不包括所有表决组均未通过的重整计划草案。所有表决组均未通过重整计划草案，则该重整计划草案不能由人民法院强制以裁定的方式进行批准。换言之，人民法院强制批准的前提条件是至少有1个表决组通过了重整计划草案，而且至少有1个表决组没有通过重整计划草案。所有表决组均未通过重整计划草案或者所有表决组均已通过重整计划草案的，则该重整计划草案就不能成为强制批准的对象。

（三）强制批准的重整计划草案必须符合《企业破产法》第87条第2款规定的6项具体条件，并不得违反其他法律、法规或者国家政策强制性规定

根据《企业破产法》第87条第2款规定的6项具体条件，可以概括地得出强制批准必须坚持的4项原则，即公平对待原则、法定顺序优先原则、法定利益保证原则及重整计划可行性原则。

1. 公平对待原则，要求重整计划草案应当公平对待未通过的表决组的债权人，不能因为该表决组未通过重整计划草案就对其实体权益而产生不利影响，使其受到不公平的区别对待。如《企业破产法》第87条第2款第4项、第5项规定，要求重整计划草案对出资人权益的调整公平、公正；重整计划草案公平对待同一表决组的成员，并且所确定的债权清偿顺序不违反《企业破产法》第113条的规定。

2. 法定顺序优先原则，要求在破产清算受偿顺序中处于前一顺序受偿的

表决组放弃或者反对通过重整计划草案，只有该表决组的所有成员依法获得全额清偿后，才能开始受偿顺序排在其后的其他表决组债权的清偿。在放弃或者反对通过重整计划草案的前一顺序受偿的表决组的所有成员的债权没有得到全额清偿之前，不得开始后一顺位表决组的债权清偿。具体说来：

（1）对特定财产享有担保物权或者法定特别优先权的破产别除权人放弃或者反对通过重整计划草案的，各破产别除权人均可对负有担保物权或者法定特别优先权的特定财产在实现的价值内获得优先受偿。换言之，破产别除权人组成的优先受偿债权表决组放弃或者反对通过重整计划草案的，所有破产别除权人都可对债务人的负有担保物权或者法定特别优先权的特定财产在其对应的价值范围内充分受偿。该特定财产出于贬值、毁损等原因致使不足以实现具有担保物权或者法定特别优先权的债权时，剩下的部分只能作为普通债权公平受偿，不能以对自己负有担保物权或者法定特别优先权的特定财产对应价值外的其他财产的价值对其所有的债权充分受偿。在优先受偿债权表决组所有的破产别除权人都以对其负有担保物权或者法定特别优先权的特定财产对应的价值充分受偿的前提下，则可以延期进行清偿，暂时不对该特定财产行使优先受偿权。尽管如此，依然要求破产别除权人因为延期清偿所受的损失将得到公平补偿，并且其担保物权或者法定特别优先权未受到实质性损害。否则，因为重整计划草案仍不符合法律的规定而不能得到裁定批准。当然，优先受偿债权表决组表决通过对特定财产价值的范围内部分或者全部放弃优先受偿的，则另当别论。

（2）劳动债权或者基本税收债权表决组放弃或者反对通过重整计划草案的，劳动债权或者基本税收债权表决组的所有债权人都能得到全额清偿。只要劳动债权人或者基本税收债权人中的 1 个债权人未获得全额清偿，则就不能强制批准重整计划草案。全额清偿，是指对合法成立有效且受到法律强制性保护亦已经人民法院裁定确认的劳动债权和基本税收债权，都应全部得到清偿。至于清偿的时间、方式，则不限于一次性清偿，以及以货币方式进行清偿，如债权可以以债转股的方式进行清偿，税收债权则必须以货币的方式进行清偿。固然，劳动债权、基本税收债权表决组表决通过放弃部分劳动债权、减免税收债权的，自应允许。

（3）普通债权表决组放弃或者反对通过重整计划草案的，普通债权表决组的所有债权人的清偿比例不得低于重整计划草案被提请批准时依照破产清算程序所能获得的清偿比例。重整计划草案对普通债权人的债权进行调整，使其得到的清偿比例低于重整计划草案被提请批准时依照破产清算程序所能获得的清偿比例的，对于这种重整计划草案，也不能强制予以批准。

3. 法定利益保证原则，要求普通债权表决组在未通过重整计划草案的情况下，所有普通债权人所获得的清偿标准至少不低于普通债权人在债务人破产清算时所能得到的清偿标准。对这，《正确审理破产案件意见》第 7 条、第 9 条明确指出："人民法院适用强制批准裁量权挽救危困企业时，要保证反对重整计划草案的债权人或者出资人在重整中至少可以获得在破产清算中本可获得的清偿。对于重整计划草案被提请批准时依照破产清算程序所能获得的清偿比例的确定，应充分考虑其计算方法是否科学、客观、准确，是否充分保护了利害关系人的应有利益。人民法院要严格审查重整计划草案，综合考虑社会公共利益，积极审慎适用裁量权。对不符合强制批准条件的，不能借挽救企业之名违法审批。上级人民法院要肩负起监督职责，对利害关系人就重整程序中反映的问题要进行认真审查，问题属实的，要及时予以纠正。""表决重整计划草案时，要充分尊重职工的意愿，并就债务人所欠职工工资等债权设定专门表决组进行表决；职工债权人表决组未通过重整计划草案的，人民法院强制批准必须以应当优先清偿的职工债权全额清偿为前提。企业继续保持原经营范围的，人民法院要引导债务人或管理人在制作企业重整计划草案时，尽可能保证企业原有职工的工作岗位。"

4. 重整计划可行性原则，要求重整计划草案不仅符合《企业破产法》第 87 条第 2 款规定的各项条件，符合公平对待原则、法定顺序优先原则、法定利益保证原则的基本要求，而且要求重整计划草案的方法、措施、途径等，不得违反其他法律、法规或者国家政策的强制性规定，在法律上具有可行性。重整计划不仅在法律上要具有可行性，而且在事实执行上也必须具有可行性。重整计划草案提出的重整措施、方法、途径并不违反法律、法规或者国家政策强制性规定，但不符合实际，不具有操作性，如酒店、宾馆等服务型企业为改变经营方向、结构而提出投资生产飞机、高速列车等重整措施，不具有可行性，就不应予以批准。

对此，最高人民法院民事审判第二庭时任庭长宋晓明 2007 年在全国民商事审判工作会议中提出的若干疑难问题答记者问时指出，当有部分表决组未通过重整计划草案时，《企业破产法》规定债务人或者管理人可以同未通过重整计划草案的表决组协商，该表决组可以在协商后再表决 1 次。拒绝再次表决或者再次表决仍未通过重整计划草案，符合《企业破产法》规定条件的，人民法院可以批准重整计划草案：

（1）要充分发挥债务人或者管理人与有异议表决组的协商机制，兼顾企业职工、债权人、新老出资人各方的利益，实现多赢的重整目标，而各方的协商又为实现这种多赢提供了利益协调的机制。人民法院强制批准重整计划草案是在重整严重陷入僵局时的司法救济手段，不在协商方面付出艰苦的努力，轻易采取强制批准重整计划草案的司法手段，有可能使相关利益方利益失衡，不能说是一个成功的重整，人民法院故应慎用这种对重整计划草案的强制批准。

（2）关于“按照重整计划草案，普通债权所获得的清偿比例，不低于其在重整计划草案被提请批准时依照破产清算程序所能获得的清偿比例”的认定，由于在讨论重整计划草案时，并未进行实际的分配，普通债权依破产清算所能获得的清偿比例只能根据可供分配的债务人财产进行估算，可由于多种原因，对于应收债权能够获得多少清偿多数情况下只能进行估算，在此基础上计算出的破产清算的清偿比例与实际的清偿比例将有出入。由于这种出入的存在，也就给破产逃债提供了可能。为防止此种行为，人民法院在批准重整计划草案时，应当充分考虑应收债权或债务人的其他应取回财产的情况，不能在将上述债权和财产忽略的情况下，计算破产清算的清偿率，得出重整计划草案的清偿率高于破产清算清偿率的结论，因而强制批准重整计划草案，以保证重整程序的公正性。①

总之，人民法院对未经全部表决组通过的重整计划草案的审查和批准，要十分慎重，不得滥用，毕竟这是司法权对债权人等私权利的强制调整，关系到意思自治原则的限制，为此要严格审查，保证所有未通过的表决组以及通过表决组中的反对者的法定清偿利益不受损害。对此，《破产审判纪要》第18条“重整计划草案强制批准的条件”规定，人民法院应当审慎适用《企业破产法》第87条第2款，不得滥用强制批准权。确需强制批准重整计划草案的，重整计划草案除应当符合《企业破产法》第87条第2款规定外，如债权人分多组的，还应当至少有1组已经通过重整计划草案，且各表决组中反对者能够获得的清偿利益不低于重整计划草案被提请批准时依照破产清算程序所能获得的清偿比例。

五、重整计划草案未获批准的法律后果

重整计划草案经过人民法院审查，认为符合《企业破产法》等法律规定的，依法予以批准，从而产生由法律强制力保障其执行的效力，对债务人和全体债权人均有约束力。重整计划这种得以批准后产生的效力，将在重整计划执行中进行分析，这里只对重整计划草案未获批准的法律后果进行简单的介绍。

重整计划草案未获批准，不可能产生执行的效力，即使经过债权人会议

① 最高人民法院民事审判第二庭编著：《民商事审判指导》2007年第1辑（总第11辑），人民法院出版社2007年版，第78～80页。

分组表决通过，也对债务人、债权人没有约束力。重整计划草案未获批准，没有也不能产生相应的法律效力，然而，并不意味着不会产生任何法律后果。对这，《企业破产法》第88条规定："重整计划草案未获得通过且未依照本法第八十七条的规定获得批准，或者已通过的重整计划未获得批准的，人民法院应当裁定终止重整程序，并宣告债务人破产。"据之，重整计划草案未获批准，其法律后果意味着重整程序即告结束，人民法院应当裁定终止重整程序，并宣告债务人破产。具体来说，重整计划草案未获批准包括两种情况：

（一）重整计划草案已获表决通过但未得到批准

此种情形，重整计划草案已经债权人会议分组表决，所有表决组均同意通过重整计划草案，而由重整计划草案的制定者报经人民法院认可批准。人民法院审查认为重整计划草案不符合《企业破产法》等法律的有关规定，不予批准，并依法裁定终止重整程序，宣告债务人破产。

（二）重整计划草案未获表决通过且未得到批准

此种情形，重整计划草案没有获得债权人会议分组表决的所有表决组的依法通过，重整计划草案的制定者将重整计划草案报经人民法院强制批准。人民法院审查认为，没有通过的重整计划草案不符合《企业破产法》第87条等规定的条件，不予批准，并依法裁定终止重整程序，宣告债务人破产。

第六节　重整计划执行

一、重整计划执行的概念

重整计划执行，是指经过人民法院依法批准的重整计划，由债务人负责按照重整计划的内容得以实施、予以落实的行为。其是整个破产重整程序的最后一个环节，是实现重整目的与功能的关键环节之一。能否全面、严格、依法执行重整计划，直接关系到重整计划能否顺利实施，进而决定着重整目的能否得以实现。再好的重整计划，倘若不能得到全面、严格执行，也不可能达到债务人重生的目的。

二、重整计划执行的主体

（一）重整计划执行的主体具有唯一性

《企业破产法》第89条第1款规定："重整计划由债务人负责执行。"基此，重整计划执行的主体为债务人。这点与重整计划草案制定的主体不同。重整计划草案的制定主体，既可以是债务人，也可以是管理人。具体根据谁对债务人财产和营业进行管理就由谁来制定的原则确定。但是，重整计划批准后，无论是债务人制定的重整计划草案，还是管理人制定的重整计划草案，都必须由债务人执行。如果说重整计划草案制定的主体具有双重性，即管理人或者债务人均可依法制定，那么，重整计划执行的主体则具有唯一性，即只有债务人才有权执行已获批准的重整计划。其他机构包括管理人、人民法院都不是重整计划的执行主体，无权执行重整计划。

（二）重整计划执行主体为债务人的主要原因

对于已获批准从而具有执行效力的重整计划由债务人执行，主要是基于债务人熟悉企业情况，且重整能否成功与债务人能否得以重生密切相关。而且，由债务人执行，有利于充分调动、发挥其积极性、主动性，以保证重整计划的全面、严格执行。但应看到，一些债务人经营管理混乱，董事、监事、高级管理人员没有执行的主动性、积极性，不愿意执行；或者因为管理混乱，职工对其已失去信任；或者大多数管理人员因为具有破产欺诈等损害债权人合法权益的违法犯罪行为，已经失去职工或者其他债权人信任的基础，等等，这些情形均可能导致债务人难以或者不适宜或者无法执行重整计划。而根据《企业破产法》的规定，债务人是重整计划的唯一主体，没有其他任何选择。这时，只有发挥新的投资人的作用，调整经营管理人员，强化经营管理人员的责任，以保证重整计划的有效执行。

（三）重整计划执行可能需要协助义务人依法协助

由债务人执行重整计划，并不是说在重整计划执行的过程中，只有债务人的执行行为，而无其他机构的行为。在债务人执行重整计划的过程中，需要有关机构、个人依法协助、配合的，有关机构、个人应当依法主动、积极配合，以保证重整计划有效、顺利执行。具体来说，主要包括：

1. 管理人移交所管理的债务人财产和营业事务。在进入破产程序包括破产重整程序后，管理人有权接收、管理债务人财产和营业事务。在破产重整中，除债务人申请经人民法院批准，由债务人自行管理财产和营业事务并制定重整计划草案的外，均由管理人对债务人的财产和营业事务进行管理，并制定重整计划草案。以是，由管理人制定重整计划草案的，在人民法院裁定批准重整计划草案后，管理人应当根据《企业破产法》第 89 条第 2 款的规定，将已接管的财产和营业事务向债务人移交。

2. 对重整计划执行事项需要其他有关机关、个人协助执行的，债务人可向人民法院提出申请，由人民法院向其发出协助执行通知书，其他机关或者个人应当按照协助执行通知书的内容协助债务人对重整计划予以执行。

（四）重整后企业正常生产经营的保障

《破产审判纪要》第21条“重整后企业正常生产经营的保障”指出，企业重整后，投资主体、股权结构、公司治理模式、经营方式等与原企业相比，往往发生了根本变化，人民法院要通过加强与政府的沟通协调，帮助重整企业修复信用记录，依法获取税收优惠，以利于重整企业恢复正常生产经营。

三、重整计划执行的效力

重整计划执行的对象，为已获人民法院依法批准因而发生法律效力的重整计划。作为重整计划执行的对象，从形式上讲，必须是经过人民法院批准，这从人民法院作出的批准裁定就可以判断。可从其内容上讲，人民法院批准重整计划使之发生法律效力的范围及其内容、影响，则不是从表面能够感受到的，需要注意加以理解。

《企业破产法》第92条规定：“经人民法院裁定批准的重整计划，对债务人和全体债权人均有约束力。债权人未依照本法规定申报债权的，在重整计划执行期间不得行使权利；在重整计划执行完毕后，可以按照重整计划规定的同类债权的清偿条件行使权利。债权人对债务人的保证人和其他连带债务人所享有的权利，不受重整计划的影响。”据此，对于重整计划的效力，应当注意以下几个方面：

（一）已获裁定批准的重整计划对所有当事人均具有普遍的约束力

重整计划一旦获得人民法院批准，无论债务人和债权人是赞成还是反对，均对其具有约束力。其中，债权人是指所有债权人，即在人民法院受理破产申请时，对债务人依法享有债权的债权人。既包括依法申报债权参加破产程序的债权人，又包括没有申报债权未参加破产程序的债权人。既包括参加破产程序且出席了债权人会议的债权人，又包括参加破产程序但未出席债权人会议的债权人。既包括对重整计划草案赞成同意通过的债权人，又包括放弃或者反对通过重整计划草案的债权人。既包括对债务人特定财产享有担保物权或者法定特别优先权的破产别除权人，又包括劳动债权人、统筹社保债权人、基本税收债权人或者普通债权人等非破产别除权人。不论是何种债权人，都应受到重整计划的约束。

应当指出，重整计划对出资人来说是否具有约束力，《企业破产法》没有作出明确规定。重整计划草案对于出资人的出资权益可以依法作出调整，此种对出资人出资权益作出调整的重整计划草案一旦获得批准，就会对出资人产生约束力。

至于已获批准的重整计划对有关当事人的约束力，则是指重整计划的内容对所有债权人、债务人或者出资人均具有效力。所有债权人都只能按照重整计划接受清偿，不能在重整计划之外单独行使权利或者获得重整计划之外的清偿，债务人在重整计划执行期间依旧不能对个别债权人进行个别清偿。出资人的权益进行调整，则应按照重整计划重新确定各出资人、投资人的出资权益及其股权比例。

需要注意的是，一些出资人本来就反对债务人破产，进入破产重整后对于重整计划有关出资权益的调整更有意见，在被调整的部分出资权益如股权变更为新的投资人即进行股权变更登记时往往不予配合，此时法院能否裁定强制执行，有不同意见。有的认为，这有关出资人的民事权益，未经过诉讼不能直接根据重整计划而强制裁定进行股权变更登记，并于是要求与不愿意配合的出资人反复沟通协商，致使破产重整计划执行受到阻碍。出资人不多，相对好办；涉及人数较多，有的甚至几十人上百人，要让他们一个个同意，并非易事。笔者认为，这本身不是问题。如果重整计划草案经过管理人依法对出资人的权益进行调整，债权人依法分组表决全部通过并经人民法院批准，或者分组虽未全部通过但经人民法院批准从而具有执行效力而尚不能强制执行的话，那么，法律赋予管理人调整、债权人表决通过以及人民法院批准的重整计划予以执行就没有任何意义。如此，又回到了通过债权人与出资人之间有关民事权益的协议，而非通过管理人、债权人会议及人民法院依法以具有执行效力需要所有当事人包括出资人都应予以遵守配合执行的重整计划来处理之间有关权益问题的途径上。另外，重整计划经过人民法院裁定批准后，自然具有执行效力。不然，每个人都可以不予遵守。在有关当事人不予遵守执行的情况下，为了保证重整计划依法执行，人民法院有权以强制力保证执行。这与人民法院强制拍卖出资人的股权一样具有同样的法律效力。是以，在重整计划草案对出资人权益进行调整并经人民法院批准执行后，出资人不愿意配合将调整的出资权益转移至新的投资人名下，拒不到股权转移登记机关办理有关过户转移登记的，人民法院可以依法根据管理人或者新的投资人的申请，依法裁定出资人、新的投资人所享有的出资权益，即所占股权比例，并出具协助执行通知书要求股权转移登记机关协助执行，将出资人被调整的出资权益即股权过户登记至新的投资人名下。

（二）未依法申报债权的债权人在重整计划执行期间不得行使权利、接受清偿

《企业破产法》第 48 条第 1 款规定，债权人应当在人民法院确定的债权申报期限内向管理人申报债权；该条第 2 款规定，劳动债权不必申报。第 56

条第2款规定:“债权人未依照本法规定申报债权的，不得依照本法规定的程序行使权利。”基此，第92条第2款进一步明确:“债权人未依照本法规定申报债权的，在重整计划执行期间不得行使权利。”对此，应当注意:

1. 债权人未依法申报债权。债权人未依法申报债权即未依照《企业破产法》的规定申报债权，是指债权人对自己的债权既未在债权申报期内依法申报，也未在债权申报期限届满后依照《企业破产法》的规定补充申报，即在整个破产程序之中根本没有申报或者虽然申报但不符合法定的基本要求而不构成申报。债权人在债权申报期限内申报债权，可以构成债权申报，但不是说，在债权申报期内申报债权均属依法申报，或者在债权申报期限届满后申报债权均属不依法申报。前者如根本不是债权人而作出的申报，或者根本不提交任何证据材料所作的申报，依然不属于依法申报。后者即未在债权期限内申报债权而在债权申报期限届满后破产财产分配前根据《企业破产法》第56条的规定进行补充申报，仍然存在申报的根据，也是依法进行的申报。所以，依法申报债权的债权人，既包括在债权申报期限内依法申报了债权的债权人，又包括在债权申报期限届满后破产财产分配前依法进行了补充申报的债权人。而未依法申报的债权人，则是指在破产程序中根本没有对其债权进行申报，或者进行申报根本不提交证据材料等无法构成依法申报的债权人。

2. 未依法申报债权的债权人在整个破产程序包括重整计划执行期间不得行使权利，既包括程序权利，又包括实体权利。前者即程序权利，是指依法申报债权的债权人可以依法参与破产程序，并享有《企业破产法》规定的为了维护其实体权益而享有的各种程序性权利，如参加债权人会议、对重整计划草案进行表决、对通过的重整计划依法申请人民法院裁定撤销等权利。后者是指债权人对债务人根据《民法典》《公司法》等实体法律规定而对债务人享有的，债务人应在破产程序中对之进行清偿的权利。

3. 未依法申报债权的债权人，在整个破产程序中不得行使权利。重整计划执行期间，属于破产重整程序进行的期间，债权人仍然不得行使权利。根据程序不消灭实体权利的原则，在破产重整程序完全结束即重整计划执行完毕之后，债权人的债权合法有效并已生效且未超过诉讼时效、申请执行时效等应当受到法律强制性保护的，依法可以行使实体权利。可这种实体权利的行使，根据重整计划对所有债权人均具有普遍约束力的原则，仍要按照重整计划规定的同类债权的清偿条件行使。否则，债权人在重整计划执行完毕后可以高于重整计划规定的清偿比例受到清偿，则无异于鼓励债权人不申报债权而不参加破产重整程序。

另外，没有依法申报债权未参与破产重整程序的债权人，在重整计划执行完毕后，可以向债务人行使实体权利，即要求债务人按照重整计划的规定对自己的债权进行清偿。债务人拒不按照重整计划的规定进行清偿的，债权人只能按照一般的民事诉讼程序或者执行程序向人民法院寻求救济，不能请求人民法院宣告债务人破产。

当然，债权人的债权非法无效，或者确定不发生效力，或者被依法撤销，或者没有生效，或者因为超过诉讼时效、申请执行时效而不再受到法律强制性保护的，不能按照重整计划规定的同类债权的清偿条件行使权利。

（三）债权人对债务人的保证人和其他连带债务人所享有的权利，不受重整计划的影响

1. 债务人对债权人所负的债务，属于连带债务的，债权人对债务人的连带债务人包括保证人和其他连带债务人，则享有要求其偿还全部债权的权利。债权人对债务人的连带债务人所享有的权利，不能受到重整计划的影响。重整计划中涉及债权调整、受偿方案等有关债权的内容，如债权的减免以及债权的清偿比例、条件、方式、时间等，均对债务人的连带债务人不具有约束力，不会因为债权人对债务人的债权及其清偿的变更就导致债权人对债务人的连带责任人的债权及其清偿的变更，债务人的连带债务人需要按照合同约定或者法律规定等对债权人承担连带责任。

2. 重整计划实是债务人、债权人、出资人之间就债权调整、债权受偿、出资权益调整等达成的并经人民法院认可的妥协、让步，或者是由人民法院在保证债权人、出资人的权益得到公平维护的前提下，基于债务人破产重整的需要，依法强制债务人、债权人或者出资人就债权调整、债权受偿、出资权益调整等事项所作出的妥协、让步。这种妥协、让步的效力范围只能限制在破产重整程序的当事人的范围，即债务人、债权人、出资人的范围，而不能约束重整计划当事人之外的范围，不能随意将之扩大至保证人或者其他连带责任人的范围。

3. 债权人、出资人在重整计划中自愿或者由人民法院依法裁定强制而对债务人的妥协、让步，仅是源于债务人处于破产边缘时所作出的妥协、让步，通常是一种迫不得已的行为，是“两害相权取其轻”的结果。债权人无奈而对债务人所作的妥协、让步，其效力不能任意扩大至保证人或者其他连带责任人的范围。不然，连带责任人在一有连带债务人破产的情况下，就可因此减轻甚至免除责任，则连带责任的存在也就没有多大的实际意义。

4. 如果重整计划在减轻债务人清偿责任的同时，也对债务人的保证人或者其他连带债务人的清偿责任予以减轻或者免除责任，那么，一些具有第三人提供连带责任保证或者其他连带责任的债权人，为了自身的利益不遭受更

大的损害，完全可能对重整计划草案的通过表示强烈的反对，增加反对通过的人数，对重整计划草案通过不仅没有什么好处，对债务人也会产生不利影响。

对于债务人的连带债务人，债权人可以随时要求清偿其对债务人所享有的债权，这种要求既可以发生在破产程序包括重整计划执行期间中，也可以发生在破产程序结束后如在重整计划执行完毕后。在重整计划执行完毕后，则只能就重整计划执行没有清偿的部分要求连带债务人承担清偿责任，对于已经获得清偿的部分不能再要求连带债务人进行清偿。但在重整计划执行期间，债权人可以要求连带债务人清偿全部债权。连带债务人在破产重整包括重整计划执行期间代债务人清偿了债务的，根据《企业破产法》第51条的规定，可对债务人行使求偿权。连带债务人对债务人基于代替债务人清偿债务产生的求偿权，属于对债务人的债权，要受到重整计划的约束，按照重整计划规定的内容如同类债权的清偿顺序、比例、条件、方式、时间等接受清偿。因此，保证人或者其他连带债务人对债务人的债务提供连带保证或者承担连带责任要遭受损失，这也正是连带保证责任人或者其他连带债务人所应承担的风险所在。应当指出，在此种情况下，债权人因为连带债务人代替债务人偿还债务而受到清偿的债权，应当从其债权额中扣除。否则，就是对源于同一债务的债权进行重复清偿。

可在破产重整程序中，保证人或者其他连带责任人并未代替债务人清偿债务的，对债权人已申报全部债权并公平受偿后未获清偿的部分，在破产重整程序后仍旧负有连带清偿的责任。保证人或者其他连带责任人在破产重整程序结束后因为保证责任或者其他连带责任清偿债务的，则不能像在破产程序中实际承担了保证责任或者其他连带责任即代替债务人清偿债务而实际享有求偿权那样按照重整计划规定的条件让债务人对之清偿，不能再找债务人对其承担的保证责任或者连带责任进行清偿。这是因为：

（1）保证人承担保证责任或者其他连带责任人承担连带责任的债权与债权人的债权源于同一债务。对于源于同一债务的债权，在破产程序中，不能反复申报而反复受偿。不然，对于其他债权人来说，就不公平。对此，英国大法官梅里希明确指出："此项规则的真意乃是，对于任何实质上源于同一债务的债权，在破产程序中只能被赋予1次分配机会，即便该债权可能分别存在于两个独立的合同中。"在债权人已经全部申报债权的情况下，其所有的债权已在破产重整程序中得到了1次清偿。在破产重整程序终结后，保证人或者其他连带债务人承担保证责任或者连带责任后再可以按照重整计划让债务人对保证人或者连带责任人进行清偿，实际上就是对源于同一债务的债权进行第2次清偿，自与破产程序对源于同一债务的债权因为重整程序的完成而了结债务人与债权人之间债权债务关系的目的与功能而相背离。

（2）保证人或者其他连带债务人在破产重整程序中实际承担了保证责任或者其他连带责任，即代替债务人清偿了债务的，债权人被清偿的债权不能再在破产重整程序中受偿，即会被加以扣除。故，对于债权人来说，其债权在破产重整程序中，仍然只受到1次清偿，而未受到两次清偿。可是，债权人的全部债权在破产重整程序中申报并受到清偿后，再依法要求保证人或者其他连带债务人承担保证责任或者其他连带责任的，保证人或者其他连带债务人承担保证责任或者其他连带责任后如果再让债务人对其承担的保证责任或者其他连带责任按照重整计划清偿，那么，对于源于同一债务的债权在破产重整程序中就清偿了两次，有悖于破产重整程序中所有债权只能清偿1次的原则，这对其他债权人来说，明显也不公平。

（3）《企业破产法》第51条第2款规定："债务人的保证人或者其他连带债务人尚未代替债务人清偿债务的，以其对债务人的将来求偿权申报债权。但是，债权人已经向管理人申报全部债权的除外。"据之，在破产重整程序中，保证人或者其他连带债务人尚未代替债务人清偿债务，债权人已经向管理人申报全部债权的，则不能以将来求偿权申报债权。这样，保证人将来承担保证责任或者其他连带责任的，则不能成为破产债权。假若在破产重整终结承担保证责任或者连带责任后，保证人或者其他连带责任人可以再向债务人主张按照重整计划进行清偿，就说明其事先可以行使将来求偿权，与上述法律规定明显相矛盾。

（4）在债权人没有参与破产重整程序的情况下，在破产重整程序终结后未向债务人要求清偿债务，而向保证人或者其他连带债务人要求承担保证责任或者其他连带责任，保证人或者其他连带责任人由此承担了保证责任或者其他连带责任的，则不论是否申报债权，均可以要求债务人按照重整计划对其承担保证责任或者其他连带责任而产生的债权进行清偿。

四、重整计划执行的变更

破产重整计划是债权人会议的意思表示，代表着全体债权人的利益，经过人民法院批准后，还赋予了国家意志，具有强制执行的效力，需要得到全面、彻底的贯彻、执行，然也不能将之绝对化。通过破产重整挽救破产企业，无论是对维护债权人的利益、稳定职工就业，还是对化解社会不安定因素、促进经济发展，都是利大于弊。以是，能够通过破产重整依法挽救破产企业的自应通过破产重整进行挽救。然在重整计划执行的过程中，可能并非债务人主观或者生产经营能力自身的原因而不能执行，而是基于重整计划执行期间长，因为国家法律、政策的修改变化，投资人的情况变化，致使重整计划不能执行；有的只是需要调整普通债权的清偿率但普通债权表决组能够表决通过或者虽然表决不能通过可仍不会违反《企业破产法》第 87 条第 2 款第 3 项有关普通债权的清偿比例“不低于其在重整计划草案被提请批准时依照破产清算程序所能获得的清偿比例”的规定，等等。倘若按照《企业破产法》第 93 条第 1 款的规定，一律绝对地、机械地终止重整计划的执行，宣告债务人破产，不免过于僵化，从而将本来可以得以拯救的企业排除在可以继续的重整程序之外，使得以前为拯救企业所做的各种努力全部归之于零，有悖于重整程序设置的目的与功能，并会给债权人等利害关系人造成更大的损害。为适应重整实践的实际情况与需要，缓解法律规定刚性造成的不足，《破产审判纪要》在借鉴比较法的成功做法，在不违背法律规定意旨的基础上，设置了重整计划变更制度。[①] 即《破产审判纪要》于第 19 条“重整计划执行中的变更条件和程序”规定：“债务人应严格执行重整计划，但因出现国家政策调整、法律修改变化等特殊情况，导致原重整计划无法执行的，债务人或管理人可以申请变更重整计划一次。债权人会议决议同意变更重整计划的，应自决议通过之日起十日内提请人民法院批准。债权人会议决议不同意或者人民法院不批准变更申请的，人民法院经管理人或者利害关系人请求，应当裁定终止重整计划的执行，并宣告债务人破产。”第 20 条规定：“人民法院裁定同意变更重整计划的，债务人或者管理人应当在六个月内提出新的重整计划草案。变更后的重整计划草案应提交给因重整计划变更而遭受不利影响的债权人组和出资人组进行表决。表决、申请人民法院批准以及人民法院裁定是否批准的程序与原重整计划的相同。”对此，应当注意：

1. 重整计划变更申请的主体，乃为债务人或者管理人。非债务人或管理人的其他人包括债权人会议、债权人委员会、债权人、出资人等都不能成为重整计划变更申请的主体而申请变更重整计划。

2. 重整计划变更申请的原因或根据，乃是因出现国家政策调整、法律修改变化等特殊客观情况而导致原重整计划无法执行，对此，不能随意将之扩张、膨胀。出于债务人本身的主客观原因如不愿意执行，或者生产经营困难无力、无法、不能执行等，不能成为重整计划变更的原因而据之申请变更。

3. 管理人或者债务人申请变更重整计划变更的次数仅限于 1 次，而不能进行多次，以致本来周期过长的重整程序久拖不决，甚至无限期延长，与重

① 贺小荣、王富博、杜军：《破产管理人与重整制度的探索与完善——〈全国法院破产审判工作会议纪要〉的理解与适用（上）》，载《人民司法》2018 年第 13 期。

整程序的经济效益原则相悖而给债权人等各方利害关系人的权益造成更大的损害。申请变更重整计划 1 次，自然包括重整计划变更不能超过 1 次，而且包括管理人或债务人对重整计划变更的申请就是 1 次，且包括管理人或债务人对重整计划变更的申请总共就是 1 次。管理人或者债务人申请变更重整计划，债权人会议不同意变更或者未经人民法院批准变更的，管理人或者债务人不得再申请变更。管理人或债务人申请重整计划变更未经债权人会议或者人民法院批准的，债务人或管理人不能以其可以申请变更为由再申请变更。对于管理人或债务人的重整计划变更申请，债权人会议决议不同意或者人民法院不批准的，人民法院经管理人或者利害关系人请求，应当裁定终止重整计划的执行，并宣告债务人破产。

4. 管理人或者债务人变更重整计划的申请，应当由债权人会议表决是否同意。表决程序应当按照《企业破产法》第 64 条关于“债权人会议的决议，由出席会议的有表决权的债权人过半数通过，并且其所代表的债权额占无财产担保债权总额的二分之一以上”的规定进行，而不适用《企业破产法》第 82 条、第 85 条规定的分组表决程序规定。

5. 债权人会议决议同意重整计划变更的，重整计划变更的申请人应自决议通过之日起 10 日内提请人民法院批准。

6. 对债权人会议决议同意变更重整计划的申请，人民法院裁定同意变更重整计划的，重整计划变更的申请人应当在 6 个月内提出新的重整计划草案。

7. 对于申请变更重整计划申请人提交的变更后的重整计划草案应提交给因重整计划变更而遭受不利影响的债权人组和出资人组进行表决。表决程序与原重整计划草案的表决程序相同，即应当按照《企业破产法》第 82 条、第 85 条规定的分组表决程序及《破产法解释（三）》第 11 条的规定分组进行表决是否同意通过。权益未受到调整或者影响的债权人或者股东，不参加变更后的重整计划草案的表决。各表决组对变更后的重整计划草案均未通过的，人民法院经申请人申请裁定终止重整程序，并宣告债务人破产。

8. 债权人会议各表决组全部表决通过变更后的重整计划的，或者虽未全部表决通过但至少有 1 个表决组表决通过的，申请人应当申请人民法院批准，人民法院裁定是否批准的程序与原重整计划的批准程序相同。人民法院对申请批准变更后的重整计划草案不予批准的，应当裁定终止重整程序，并宣告债务人破产。

五、重整计划执行的终止

《企业破产法》第 93 条规定：“债务人不能执行或者不执行重整计划的，

人民法院经管理人或者利害关系人请求，应当裁定终止重整计划的执行，并宣告债务人破产。人民法院裁定终止重整计划执行的，债权人在重整计划中作出的债权调整的承诺失去效力。债权人因执行重整计划所受的清偿仍然有效，债权未受清偿的部分作为破产债权。前款规定的债权人，只有在其他同顺位债权人同自己所受的清偿达到同一比例时，才能继续接受分配。有本条第一款规定情形的，为重整计划的执行提供的担保继续有效。”基此，对于重整计划执行终止，应当注意以下几点：

（一）重整计划执行终止的条件

重整计划执行终止的条件包括实质条件与形式条件两个方面。就实质条件而言，是指债务人不能执行或者不执行重整计划，造成重整计划无法落实、实施，从而需要终止重整计划的执行。后者是指在重整计划具有执行终止的实质条件时，在程序上必须经管理人或者利害关系人请求，并且由人民法院以裁定的方式才能终止重整计划的执行。没有管理人或者利害关系人请求，人民法院不能自行主动裁定终止重整计划的执行；虽有管理人或者利害关系人请求，可人民法院不以裁定方式对重整计划执行予以终止，重整计划依然不会终止执行。因此，重整计划执行的终止，不仅仅是债务人不能执行或者不执行重整计划的事实行为，而且是管理人或者利害关系人及人民法院依法进行的一种破产程序的行为，具有法定的实质条件、形式条件，并且产生重整计划不再执行，破产重整计划执行程序结束，并转入破产清算程序的法律后果。具体来说，重整计划执行终止的条件包括：

1. 债务人必须不能执行或者不予执行。对这，应当注意重整计划不能执行或者不予执行的内容与原因两个方面：

（1）重整计划不能执行或者不予执行的内容。重整计划作为挽救债务人而使之重生就方法、措施、途径等所做的规划，应当要求全面、严格加以执行，对其内容一般不应加以改变。如此，从字面含义上讲，重整计划不能执行或者不予执行，应是指重整计划的内容不能得到全面、严格的执行。重整计划的经营措施、方法、执行期限源于各种原因无法执行的，似乎也属于重整计划的不能执行或者不予执行，便有人提出，在破产重整司法实践中，发生不得已的事由而需要变更重整计划内容时，不允许变更，就只能终结重整程序，而这对通过适当变更仍可以挽救债务人、维护债权人等利害关系人权益的情况，显然有悖于重整立法的宗旨。例如，星美联合股份有限公司董事会于2009年6月10日发布《关于实际控制人将发生变化的提示性公告》披露，根据重庆市第三中级人民法院2008年4月22日出具的（2008）渝三中民破字第1～3号民事裁定书批准的破产重整计划的后续经营安排，上海鑫以在完成破产重整计划后拟引进其关联方新世界中国房产有限公司对公司注入优质资产进行重大资产重组，以恢复公司的持续经营能力。可由于全球金融危机致使香港的经济形势、股市和房地产行业遭受重大影响等因素，新世界中国房产有限公司宣布退出资产重组。所以，上海鑫以向公司董事会提出了召开临时股东大会审议《上海鑫以实业有限公司关于拟引进其他重组方对公司进行资产重组的议案》的提议，该议案的主要内容是：拟引进杜惠恺先生控制下的公司对公司进行资产重组，保证在完成破产重整和股权分置改革后尽快恢复持续经营能力，转换公司主营业务，并最大限度地保护中小股东和相关各方的利益。在2009年4月28日召开的2009年第1次临时股东大会上，重组方发生变更的议案获得表决通过……在此种情况下，法院应考虑根据情势变更原则和利害关系人的申请，批准变更重整计划。全面变更重整计划的，应履行通过和批准重整计划草案同样的程序。变更重整计划仅影响少数组别利害关系人权益的，可以由这些受重整计划影响的利害关系人组别进行变更决议。在必要且不显著影响利害关系人权益时，也可以考虑由法院依职权进行变更，尤其是对某些重整措施的变更。① 然则，这种变更乃要召开债权人会议分组表决通过，并依法经过人民法院批准。对此，应当通过法律就重整计划变更内容的条件及其程序加以完善。

笔者认为，如果重整计划不能执行或者不予执行包括经营方案、执行期限等所有内容不能执行或者不予执行在内，那么，在重整计划原来的经营方案等无法、不能执行的情况下，且管理人或者利害关系人提出了终止重整计划执行的请求，人民法院又不按照《企业破产法》第93条规定，裁定终止重整计划的执行，并宣告债务人破产，明显违反法律规定。人民法院根据情势变更原则可以变更重整计划的内容，也无法律根据。这是其一。

其二，但应看到，重整计划批准后，也可能遇到无法实行而需要变更的情况，而且这些变更，有的并不导致重整计划内容的全部或者根本否定，对债权人的利益没有任何影响，又可以保证重整成功。不允许变更重整计划的内容，重整计划就无法或者不能执行，根据《企业破产法》第93条的规定，就只能终止重整计划的执行，宣告债务人破产，与重整制度设立的目的宗旨也明显不符。是以，在保证债权人的利益不受重大影响且因客观条件变化的情况下，对于重整计划的内容应当允许根据情势变更原则予以变更。

其三，在保证债权人的利益不受重大影响且因客观条件变化的情况下，对重整计划的内容应当允许根据情势变更原则予以变更，然为了不致发生程

① 王欣新主编：《破产法原理与案例教程》，中国人民大学出版社2010年版，第226页。

序违法的状况，重整计划不能执行或者不予执行的内涵应当确定在重整计划中有关债权人权益调整、受偿方案等与债权人权益直接相关的范围内。换言之，重整计划不能执行或者不予执行，应是指重整计划中有关债权人权益的事项，如债权调整、受偿方案等不能执行或者不予执行。债权调整、受偿方案等有关债权人权益的事项，能够执行，只是经营方案等具体措施的不能执行或者不予执行而需要变更的，不应属于《企业破产法》第93条规定的“债务人不能执行或者不执行重整计划”。否则，重整计划的内容一有规定不能执行或者不予执行，就可以终止重整计划的执行，明显与重整制度的功能与目的不符。而将债务人不能执行或者不予执行重整计划的内涵限制在有关债权人权益的事项不能执行或者不予执行的范围内，将并不直接影响债权人权益事项的不能执行或者不予执行而需要变更的排除在重整计划不能执行或者不予执行的范围之外，则就可以较好地解决这一问题。对这，有学者明确指出：“在重整计划执行过程中，债务人可以根据企业经营和市场变化等情况适时修正和完善重整计划中的经营方案，以最大限度地实现企业复兴；至于债务人依照重整计划对于债权人承担的清偿义务，则不容更改。”①

最后，破产重整因为债务人无法清偿债务而生，公平清偿债务人所负债权人的所有债务依然是其两大功能之一。在重整计划有关债权人权益的事项均可以执行时，债权人的债权完全可以按照重整计划得到清偿，无疑实现了重整程序的这一功能。这时，仅仅因为重整计划的经营方案等不能执行需要变更而不允许，却要采取破产清算的方式清偿债权，自不利于债权人的合法权益维护。因为重整计划已经保证债权人的债权清偿不会低于破产清算的清偿比例、条件等，一旦进入破产清算，这一保证就失去效力。另外，也不利于债务人，因为债务人调整经营方案完全可能促使重整成功。对于《企业破产法》第93条规定的“债务人不能执行或者不执行重整计划”，在其字面意义的解释不符合重整程序的设置目的、功能及司法实践中的某些实际情况时，对之内涵及其外延进行限制性的解释完全必要，建议最高人民法院以司法解释对《企业破产法》第93条规定的“债务人不能执行或者不执行重整计划”的内涵及外延作出限制性解释。

（2）债务人不能执行或者不予执行重整计划的原因。债务人不能执行重整计划，是指源于各种客观原因导致债务人没有能力而无法实施、执行重整计划有关债权人权益的事项，这属于债务人客观上无法执行重整计划。这种客观原因产生的不能，既可以是债务人自身的原因，如债务人的销售量达不

① 王卫国：《破产法精义》，法律出版社2007年版，第276页。

到预期规模，或者生产经营服务等营业成本不断增加，利润减少或者没有利润甚至亏损，没有必要的现金按照重整计划规定的期限及时清偿债权人的债权；也可能是债务人以外的原因，如债务人的生产设备遭遇火灾、水灾毁损而无法正常营业，或者因为第三人违约、侵权致使债务人处于财务困境的境地，或者因为市场环境的变化导致债务人生产经营服务等营业根本无法继续进行等。至于对重整计划不能执行，则是指无法按照重整计划规定的有关债权人权益的内容、条件、方式、期限等予以落实、实施。当然，对之不能绝对化，不能稍有一些无法落实的具体情况，就认为属于重整计划执行的不能。

债务人不予执行重整计划，是指债务人在客观上虽然具有执行重整计划有关债权人权益事项的能力，可基于主观想法拒不执行重整计划或者故意拖延执行重整计划有关债权人权益的事项，属于债务人主观上的不愿执行重整计划。

2. 必须由管理人或者利害关系人向人民法院提出了终止重整计划执行的申请。债务人虽然不能执行或者不予执行重整计划，可管理人或者利害关系人没有向人民法院提出申请，人民法院也不能裁定终止执行重整计划。管理人或者利害关系人向人民法院提出重整计划执行的终止申请，乃是重整计划终止执行的必备环节，不能缺少。至于利害关系人，则是指其利益与债务人不能执行或者不予执行重整计划而致重整计划执行终止有着密切联系，即重整计划执行终止会对其利益产生影响的人，包括债权人、出资人。债权人则包括普通债权人、基本税收债权人、职工、连带债务人等。

3. 必须由人民法院依法裁定。债务人虽然不能执行或者不予执行重整计划，管理人或者利害关系人也向人民法院提出了终止重整计划执行的请求，然人民法院在没有裁定终止执行前，依然处于重整计划执行阶段，在程序上仍未产生重整计划执行终止的效力。人民法院对于管理人或者利害关系人关于终止重整计划执行的申请，经过审查属实的，依法裁定重整计划执行终止，立即生效，从而产生终止执行重整计划的效力；重整计划执行结束，宣告债务人破产，进而转入破产清算程序。

（一）重整计划执行终止的法律后果

经管理人或者利害关系人申请，人民法院依法裁定终止重整计划执行的，在程序上的效果是使重整计划的执行归于停止、结束，同时宣告债务人破产，转为破产清算程序。在实体上的法律后果，根据《企业破产法》第 93 条第 2 款、第 3 款、第 4 款的规定，表现为以下几个方面：

1. 债权人在重整计划中作出的债权调整的承诺失去效力。重整计划既然不能执行或者不予执行而致使终止执行，债权人在重整计划中作出的债权调整的承诺失去效力，而不能再对债权人产生约束力。债权人对于债权调整的承诺包括债权本金、利息的减免，担保的放弃，债权清偿比例、条件、方式、期限等均不再有效。债权人的未能清偿的债权只能在后续的破产清算程序中公平接受清偿，不再按照重整计划的规定进行清偿。

2. 债权人因执行重整计划所受的清偿依旧有效，债权未受清偿的部分作为破产债权。在人民法院裁定终止执行重整计划时，债务人完全可能已经对重整计划执行了一部分。债权人对于因为重整计划执行而受到的清偿仍旧有效，不能因为重整计划执行的终止而否定已经执行部分的效力。换言之，终止重整计划执行的法律后果只对未执行完的重整计划发生效力，而不能追溯既往至已对重整计划执行的部分致其无效。债权人因执行重整计划所受的清偿既然有效，那么，已经受到的清偿不能再作为破产债权而在破产清算程序中继续清偿。只有未得到清偿的部分即债权人对债务人经过人民法院依法确认的债权与因执行重整计划受偿的部分之差才能作为破产债权，并参与后续的破产清算程序继续依法受偿。

3. 因执行重整计划所受清偿的债权人，只有在其他同顺位债权人同自己所受的清偿达到同一比例时，才能继续接受分配。在重整计划执行中，有的债权人的债权可能按照重整计划得到了部分清偿，有的可能还没有得到清偿，或者虽然得到了清偿然其得到清偿的比例要比他人低。对于已经得到清偿的债权人，在与之同顺位的其他债权人所受清偿债权的比例没有达到其已经受到清偿的比例前，则不能继续接受分配。只有在同顺位的其他债权人所受清偿债权的比例达到了其所受清偿债权的比例时，才能继续与同顺位的其他债权人一道继续受偿。这是破产法中“同一类别的债权应当同等对待”原则的必然要求。同类债权的债权人即处于同一受偿顺序的债权人应当按照同一比例受到清偿。在同类债权的债权人所受清偿存在不同比例差别的情况下，应对所受清偿债权比例低的债权人进行补差，所受清偿债权比例高的债权人在同类债权的其他债权人都达到其所受清偿的比例时，才能再参与分配。不然，同类债权的债权人清偿比例就不可能相同，从而无法使得同类债权按同一比例公平受偿。例如，甲、乙、丙及其他债权人丁等处于同一顺位，在重整计划执行中，甲的债权所受清偿的比例为30%，乙受到清偿的比例为20%，丙接受清偿的比例为10%，其他债权人丁等的债权还没有受到任何清偿。之后，重整计划执行终止而转为破产清算程序，清偿比例为25%。这样，甲在重整计划执行中已经受偿的30%继续有效，因为其所受的清偿已经高于破产清算能够达到的清偿比例，无法在破产清算中继续分配即不再受到清偿。乙、丙虽然受到清偿可未达到破产清算的比例，可以参与继续分配受到清偿，但在同顺位的其他债权人没有达到其清偿比例前不能继续参与分配。具体来说，对丙而言，只有同顺位的其他债权人丁等参与分配受到清偿的债权比例达到其已经受到的债权清偿比例即10%时，丙才可以与其他债权人丁等一道继续分配；对乙而言，只有丙及其他债权人丁等受到清偿的债权比例达到20%时，才能与丙及其他债权人丁等一道继续分配。

4. 为重整计划的执行提供的担保继续有效。对于重整计划执行存在担保包括抵押、质押和保证的，此种对重整计划执行所作的担保即关于在重整计划不能执行或者不予执行时由其来承担相应的法律责任依然有效。重整计划中有关执行担保条款的设置，本来就是在重整计划不能实施、执行时才发生效力的；重整计划能够正常实施执行的，也就不存在担保人履行相关责任的问题。故，不能因为重整计划不能执行或者不予执行，而将其中的担保条款的效力也加以否定。具体说来，在债务人对重整计划不能执行或者不予执行时，重整计划执行的担保人，可以采取两种方式承担担保责任：（1）担保人可以通过注入资金等方式，使重整计划予以履行，也就是继续按照重整计划的内容对债权人的债权进行全面的、严格的清偿。此时，并不需要终止重整计划的执行。（2）在终止重整计划执行的情况下，担保人继续需要按照担保条款的设置依法承担担保责任。

六、重整计划执行的完结

（一）重整计划执行完结的内涵

重整计划执行的完结，即重整计划执行的完毕，是指重整计划中的债权调整、债权受偿方案等有关债权人债权内容的事项全面落实、具体实施、严格执行完毕，因而终结、完成整个破产程序的行为。在重整计划中有关债权人债权清偿的内容能够全面落实、实施、执行，即在能够按照债权调整及受偿方案中的债权数额、清偿时间、条件、方法等清偿债务的情况下，重整计划中有关营业方案的执行情况，并不属于重整计划完结所需要考虑的条件。也就是说，债权人的债权能够按照重整计划得以清偿的，不能因为债务人的经营方案未能按照重整计划中的经营方案执行而就终止重整计划执行，否定重整计划的完结。其实，在重整计划实施过程中，债务人完全可以根据市场变化及其自身情况及时修正重整计划的经营方案，以最大限度地实现债务人的复兴、重生。至于重整计划中关于债权人债权的清偿内容即债务人对债权的清偿义务，则不容更改变化。

（二）重整计划执行完结与重整计划执行终止的区别

1. 重整计划执行完结，意味着破产重整乃至整个破产程序的完成、结束及终结，与重整计划执行终止不同。后者是指因为债务人不能执行或者不予执行重整计划而致重整计划停止、结束执行，从而不能或者不能完全执行重整计划中有关债权人债权清偿的内容，与有关债权人债权清偿的内容能够全面执行而完全结束破产重整程序乃至整个破产程序的重整计划执行完结不同。

2. 重整计划执行终止，只是意味着有关债务人的破产重整程序结束、停止，并不意味着有关债务人的整个破产程序的完全结束。重整计划执行终止后，还要同时宣告债务人破产，并由破产重整执行程序转入破产清算程序，即对债务人需要继续进行破产程序，这时进行的不过是破产清算程序。而重整计划执行完结，不仅意味着破产重整执行程序的完成、结束，而且意味着有关债务人的整个破产程序的完全结束，不存在再对债务人继续进行破产清算的问题。

3. 重整计划执行完结，是对重整计划中有关债权内容的完全肯定，并使之得到全面落实、实施。而重整计划执行终止，则是对重整计划有关债权内容乃至整个重整计划的否定包括部分否定或者全部否定。以是，重整计划执行完结，债权人的债权按照重整计划得到了清偿、满足，不再存在对于未能清偿的债权再继续清偿的问题。而重整计划执行终止，则由于不能按照重整计划清偿债权人的债权，重整计划中有关债权人债权的内容如债权调整、债权受偿方案等的具体设置，对债权人不再具有效力，债权人的债权则要按照破产清算的规则继续进行清偿。

（三）重整计划执行完结的实体效力

重整计划执行的完结在程序上具有完全结束破产重整计划执行程序乃至整个破产程序的效力。《企业破产法》第94条规定：“按照重整计划减免的债务，自重整计划执行完毕时起，债务人不再承担清偿责任。”如果对于重整计划中减免的债务，债权人还可以要求债务人继续清偿，债务人还要继续承担清偿义务，那么，重整计划关于债权调整的有关债权减免、担保放弃等内容设置就没有任何意义。其实，债权减免与减免后的债权按照重整计划设置的清偿比例、时间、方式等进行清偿，是债权人、债务人之间的妥协或者人民法院基于法律规定对之进行的强制性批准的设置，两者互为条件：债权人的债权如果得到减免即债务人对债权人的债务如果得到减免，那么，债权人被减免后的债权就要按照重整计划设置的债权受偿方案包括受偿比例、受偿时间、受偿方式等进行清偿，即债务人必须按照受偿方案对债权人清偿债务；如果债权人被减免后的债权没有按照重整计划设置的债权受偿方案包括受偿比例、受偿时间、受偿方式等得到清偿，即债务人没有按照受偿方案对债权人清偿债务，那么，重整计划中关于债权人的债权减免等债权内容的规定都失去效力，即不能再按照重整计划对债权人的债权进行减免。因此，债权人被减免后的债权在按照重整计划设置的债权受偿方案包括受偿比例、受偿时间、受偿方式等得到了清偿，即债务人已经按照受偿方案对债权人清偿了债务，也就是重整计划得以执行完毕的情况下，债权人被减免的债权等内容，自然有效，债务人也就不再对重整计划中已经减免的债权承担清偿责任。

应当指出，重整计划执行完毕，债务人按照重整计划清偿了债权人的债权后，债务人不再承担清偿责任，即债务人对债权人的债权清偿责任得到免除。然这种免除责任，仅仅及于债务人，而不能及于债务人的保证人或者其他连带债务人。债务人的保证人和其他连带债务人，依然需要依照保证合同及法律规定等对债权人承担连带责任。重整计划中的债务免除与一般民法上的债务免除不同。后者即民法上的债务免除，会产生消灭债务的法律后果。债权人对债务人的债务减免，导致债务人的债务消灭，债务人的保证人或者其他连带债务人也就不需要再对债务人承担连带责任。而重整计划中对债务人的债务免除，并不导致债务人的债务消灭，债务人的保证人或者其他连带债务人尚需要依照约定和法律规定承担连带责任。所以，《企业破产法》第92条第3款明确规定："债权人对债务人的保证人和其他连带债务人所享有的权利，不受重整计划的影响。"

此外，最高人民法院《关于代为清偿的连带债务人是否有权向破产和解的债务人继续追偿问题请示的复函》（〔2010〕民二他字第15号）明确指出："债权人如果已在主债务人的破产和解或者重整程序中全额申报了债权，其未得清偿的部分可以向保证人或者连带债务人主张。但保证人或连带债务人履行完剩余的清偿义务后，由于对于任何实质上源于同一债务的普通债权，在破产程序中只能得到与其他普通债权相同的受偿比率，而不能得到二次清偿，并因此得到高于其他普通债权人的清偿比例；因此，保证人或连带债务人承担清偿责任后不得向破产和解、破产重整的债务人追偿。"《破产审判纪要》第31条亦规定，破产程序包括破产重整程序终结后，债权人就破产程序中未受清偿部分要求保证人承担保证责任的，应在破产程序终结后六个月内提出。保证人承担保证责任后，不得再向和解或重整后的债务人行使求偿权。

（四）重整计划执行完结的程序性规定

在债务人执行完毕重整计划后，是否需要将执行情况向人民法院报告，是否由人民法院审查并作出终结破产程序的裁定等，法律没有规定。既然没有规定，债务人就没有必要向人民法院报告重整计划执行完毕的情况，也不需要人民法院裁定终结破产程序。其实，根据《企业破产法》的规定，债务人执行重整计划由管理人进行监督，管理人监督的期限可以与重整计划执行期限同步，在债务人执行完毕后，管理人要向人民法院提交监督报告，这种监督报告应当包括债务人执行重整计划完毕的情况。管理人的监督期限与重整计划的执行期限不同步，而是短于债务人执行重整计划的期限的，债务人是否按照重整计划执行完毕，法律也规定了救济渠道，即债务人不能按重整计划清偿债权人债权的，管理人或者利害关系人可以申请人民法院裁定终止重整计划的执行。是以，在债务人执行完毕重整计划后，完全可以不再需要报告。只要赋予管理人或者利害关系人对债务人不能执行或者不予执行重整计划致使重整计划无法执行完毕的救济途径即可。

七、重整计划执行的监督

《企业破产法》第90条规定："自人民法院裁定批准重整计划草案之日起，在重整计划规定的监督期内，由管理人监督重整计划的执行。在监督期内，债务人应当向管理人报告重整计划执行情况和债务人财务状况。"第91条规定："监督期届满时，管理人应当向人民法院提交监督报告。自监督报告提交之日起，管理人的监督职责终止。管理人向人民法院提交的监督报告，重整计划的利害关系人有权查阅。经管理人申请，人民法院可以裁定延长重整计划执行的监督期限。"据此，对于债务人执行重整计划的监督，需要注意以下几点：

（一）重整计划执行监督的必要性

根据《企业破产法》第89条的规定，重整计划由债务人负责执行。然而，债务人与债权人的利益是对立的，不能完全排除债务人在重整计划执行的过程中，着重甚至只顾自己的利益或者出资人的利益而忽视甚至完全不顾债权人利益，实施各种各样损害债权人合法权益的行为。如将重整计划执行产生的盈利不用于清偿债权人债权，而是由出资人进行分配；不顾是否盈利，随意、擅自改变重整计划的经营方案、措施、方法；在重整计划难以执行的情况下，隐瞒、转移财产，或者对个别债权人的债权进行清偿；不按重整计划规定的债权调整受偿方案对债权人的债权进行清偿，等等。为了防止这些不利于债务人重整工作顺利进行、损害债权人合法权益的行为发生，或者在发生后能够及时发现并采取补救措施，需要对债务人执行重整计划的情况进行监督。

（二）重整计划执行监督的主体

根据《企业破产法》第90条的规定，对重整计划执行的监督，由管理人依法进行。换句话说，重整计划执行的监督主体为管理人，而非人民法院。这与管理人自破产申请受理之日起，自始至终参与破产程序工作，依法行使债权申报、审查，管理债务人财产和营业，制定重整计划草案等职权，比较全面了解、掌握债务人各方面的情况相适应。管理人不仅有能力对债务人执行重整计划进行有效监督，而且与管理人在整个破产程序中的角色、地位相匹配。

（三）重整计划执行监督的内容

重整计划执行监督的内容，应当包括债务人执行重整计划的全面情况。如重整计划的内容是否全部按照重整计划的规定严格执行；是否存在遗漏；是否按照重整计划规定的时间、方式、措施执行；执行的效果如何；是否变更了重整计划的内容；变更的内容是否不利于债务人重整工作进行；是否会对债权人权益产生影响以及影响大小的情况，等等。尤应注意对债务人就重整计划中有关债权人权益事项的执行情况进行全面的、认真的监督，发现债务人有损害债权人合法权益的事项，应当指出，要求债务人纠正。对于债务人不能执行或者不予执行重整计划中有关债权人权益的事项时，应当申请人民法院裁定终止重整计划的执行。

（四）重整计划执行监督的程序

根据《企业破产法》第 90 条、第 91 条的规定，重整计划执行监督的程序包括以下方面：

1. 管理人监督债务人执行重整计划，应当在重整计划规定的监督期限内进行。重整计划中的监督期限届满。一般情况下，重整计划执行监督的期限应当与重整计划执行的期限保持一致。如有必要，经管理人申请，人民法院可以裁定延长重整计划执行的监督期限。管理人不得擅自延长重整计划执行的监督期限。对此，《民商事审判纪要》第 113 条（重整计划监督期间的管理人报酬及诉讼管辖）第 1 款规定："要依法确保重整计划的执行和有效监督。重整计划的执行期间和监督期间原则上应当一致。"

2. 管理人在监督债务人执行重整计划的期限内，债务人应当向管理人报告重整计划执行情况和债务人财务状况。这是管理人对债务人执行重整计划进行有效监督的必要手段，债务人应当全面、如实履行这一义务，不得隐瞒、虚构重整计划的执行情况和财务情况。

3. 监督期限届满后，管理人应当向人民法院提交监督报告。自监督报告提交之日起，管理人的监督职责终止。

4. 管理人向人民法院提交的监督报告，重整计划的利害关系人有权查阅。

第七节 破产重整终止、转换与终结

一、破产重整的终止

（一）破产重整终止的概念

破产重整有广义与狭义之分。广义的破产重整，既包括破产重整申请受理后重整计划通过并被裁定批准时止的阶段即重整计划阶段，[①] 又包括重整计划裁定批准生效后的重整计划执行阶段。狭义的破产重整，则仅指破产重整申请受理后重整计划通过并被裁定批准时止的重整计划阶段，而不包括重整计划执行阶段在内。在《企业破产法》中，破产重整取其狭义，仅指重整计划阶段，而不包括重整计划执行阶段在内。在本书中，破产重整则取其广义，既包括重整计划阶段，又包括重整计划执行阶段。为了区别，《企业破产法》中的狭义破产重整，以重整计划阶段取代。与之相适应，破产重整的终止指广义破产重整终止，狭义的破产重整终止，则以重整计划阶段终止代替。

破产重整终止，是指重整计划程序、重整计划执行程序源于出现法定原因而予以停止、结束的行为。以破产重整终止发生的阶段为标准，破产重整终止分为重整计划阶段的终止与重整计划执行阶段的终止。以引起破产重整终止的原因为标准，破产重整终止包括：（1）《企业破产法》第 78 条规定的因债务人不当行为而致破产重整的终止。（2）《企业破产法》第 79 条规定的因未在法律规定的期限内提交重整计划草案而致破产重整的终止。（3）《企业破产法》第 86 条第 2 款规定的因重整计划通过并得到人民法院认可批准而致破产重整的终止。（4）《企业破产法》第 87 条规定的因重整计划草案经过两次表决没有通过，人民法院依法裁定强制批准而致破产重整的终止。（5）《企业破产法》第 88 条规定的因重整计划未获得通过且未得到人民法院依法强制批准而致破产重整的终止。（6）《企业破产法》第 88 条规定的因重整计划虽已获得通过但未获得批准而致破产重整的终止。（7）《企业破产法》第 93 条规定的债务人不能执行或者不予执行重整计划而致重整计划执行程序的终止。

---

① 计划一词，既可以作为名词使用，又可以作为动词使用。在本节中，于不同语境中分别作为名词、动词使用，注意区分。

（二）重整计划阶段的终止

以重整计划裁定批准为中点，破产重整分为重整计划与重整计划执行两个阶段。重整计划裁定批准，既是重整计划阶段的终点，又是重整计划执行阶段的起点，在重整计划阶段与重整计划执行阶段起着承前启后的作用。没有人民法院的裁定批准，债权人会议即使通过了重整计划，也只是依法成立，还未能依法生效，重整计划草案还不具有遵照执行的效力，还不能进入执行阶段并不具有实际意义。只有经过人民法院裁定批准，重整计划才予以生效，即应开始依照重整计划的规定予以履行。重整计划草案的讨论、通过过程才真正告一段落并最终有了结果，即开始生效而应严格予以履行。与破产重整分为重整计划阶段及重整计划执行阶段相适应，破产重整终止也分为重整计划阶段的终止与重整计划执行阶段的终止。

1. 重整计划阶段终止的概念。重整计划阶段的终止，是在破产重整申请受理后，重整计划草案被人民法院裁定批准或未批准之时或者之前的终止。此项终止是重整计划草案讨论、通过过程或者程序的终止。如《企业破产法》第 79 条规定的因未在法律规定的期限内提交重整计划草案而致破产重整的终止；《企业破产法》第 86 条第 2 款规定的因重整计划通过并得到人民法院批准而致破产重整的终止；《企业破产法》第 87 条规定的因重整计划草案经过两次表决没有通过，人民法院依法裁定强制批准而致破产重整的终止；《企业破产法》第 88 条规定的因重整计划草案未获得通过且未得到人民法院依法强制批准而致破产重整的终止；《企业破产法》第 88 条规定的因重整计划虽已获得通过然未获得批准而致破产重整的终止。这些就属于重整计划阶段的终止。

2. 重整计划阶段终止的法律后果。重整计划阶段的终止，就其法律后果而言，包括两个方面：一是重整计划阶段结束；二是整个破产程序并未因为重整计划终止而结束。即要么因为重整计划草案未能通过或者未获裁定批准等，而转入破产清算程序；要么因为重整计划通过且获得裁定批准而转入重整计划执行阶段。故，重整计划阶段的终止，并非整个破产程序的完全结束即终结，只是由重整计划阶段进入破产重整的另一个阶段即重整计划执行阶段或者破产程序的另一个程序即破产清算程序，从而成为另一个阶段即重整计划执行阶段或者破产程序的另一个程序即破产清算程序的起点。

应当指出，重整计划阶段的终止，只是意味着重整程序的终结，并非意味着整个破产程序的终结。在司法实践中，重整程序因为重整计划（草案）的批准而终结的，重整案件能否作为结案处理，有不同做法。为了统一规范，《民商事审判纪要》第 114 条（重整程序与破产清算程序的衔接）第 3 款规定：“重整程序因人民法院裁定批准重整计划草案而终止的，重整案件可作结案处理。重整计划执行完毕后，人民法院可以根据管理人等利害关系人申请，作出重整程序终结的裁定。”对此，需要加以注意。

（三）重整计划执行阶段的终止

重整计划执行阶段的终止，是指人民法院裁定批准重整计划致使发生效力开始执行后，至重整计划执行完毕前，因为债务人不能执行或者不予执行重整计划的终止。《企业破产法》第93条第1款规定：“债务人不能执行或者不执行重整计划的，人民法院经管理人或者利害关系人请求，应当裁定终止重整计划的执行，并宣告债务人破产。”基此，这种终止，实际是重整计划执行的终止，其法律后果则是终止重整计划执行的同时，宣告债务人破产，破产重整执行阶段由此转入破产清算程序。以是，重整计划执行的终止，也并不意味着整个破产程序的终结，只是意味着重整计划执行的终止及尔后的破产清算程序的开始。

（四）因债务人不当行为而致破产重整的终止

因债务人不当行为而致破产重整的终止，是指债务人具有《企业破产法》第78条规定的事实、行为而致破产重整的终止。如因债务人的经营状况和财产状况继续恶化，缺乏挽救的可能性，或者因债务人具有欺诈、恶意减少债务人财产或者其他显著不利于债权人的行为，或者由于债务人具有致使管理人无法执行职务的行为的情况出现，人民法院就应当裁定终止重整程序，并宣告债务人破产。债务人的这些不当行为，既可以发生在破产申请受理后至重整计划草案裁定批准或未批准时的重整计划阶段，又可以发生在重整计划草案裁定批准后开始执行至执行完毕的重整计划执行阶段。因此，因为债务人不当行为而致破产重整的终止，既可归属于重整计划阶段的终止，又可归属于重整计划执行阶段的终止。对这，应当注意以下几点：

1. 债务人必须出现法定的情形：

（1）债务人的经营状况和财产状况继续恶化，缺乏挽救的可能性。债务人重整成功，需要对债权人的债权全面进行公平清算，自然需要债务人在重整期间以债权人合法权益为重，尽心尽力，努力使经营、财务状况好转。根据法律规定通过采取限制债权人、出资人的权利行使等一系列意在减轻债务人负担的措施后，债务人仍然不能实现经营、财务状况的好转，并且继续恶化，缺乏挽救的可能，必然使债权人丧失信心不予配合、支持，重整程序就无法正常进行，应当终止破产重整程序而转换为破产清算程序，以避免重整程序继续进行，使债务人财产更加贬值，造成债权人合法权益更大的损害。这是其一。

因债务人的经营状况和财产状况继续恶化，缺乏挽救的可能性而终止破产重整程序转为破产清算程序，同时要求符合下列3项条件，缺一不可：①债务人经营情况和财务状况必须同时恶化。单是经营状况或者财务状况之一恶化，不能适用这种情形终止重整程序而转为破产清算程序。但是，一般来说，经营状况和财务状况都是相互联系的，经营状况恶化，财务状况通常也会恶化，然也不能绝对化。②债务人的经营状况和财务状况必须继续恶化。债务人的经营状况、财务状况虽然有同时恶化的现实，可这种恶化只是暂时的，债务人通过努力使得经营状况或者财务状况恶化的状况得到有效的遏制，以致两者之一不再恶化，债务人的重整工作可以正常进行的，则不应当终止破产重整程序而转换为破产清算程序。③债务人因为经营状况和财务状况同时且继续恶化而必须致使债务人缺乏挽救的可能性。经营状况和财务状况虽然同时继续恶化，但债务人依然没有缺乏挽救的可能性，即可以通过努力有相当可能使破产重整程序正常进行，并使破产重整成功的，则也不能终止破产重整程序而转换为破产清算程序。

（2）债务人具有欺诈、恶意减少债务人财产或者其他显著不利于债权人的行为。破产重整程序的目的与功能之一，是使濒临破产清算的债务人得以拯救，然这一功能与目的依旧要以公平清理债权人的债权这一所有破产程序所具有的共同功能与目的为前提。仅仅是借用破产重整程序之名，而不行破产重整程序之实，只是借用破产重整来获得喘息机会，进而来实施隐藏、转移、私分、侵吞等显著损害债权人合法权益的行为的，应当终止破产重整程序而转换为破产清算程序。其实，债务人的重整成功，离不开债权人的有效配合与支持。债务人在重整期间，忽视或者不顾债权人的合法权益，甚至具有欺诈、恶意减少债务人财产或者其他显著不利于债权人的行为，必然得不到债权人的信任，无法得到债权人的配合、支持，应当终止破产重整程序而转换为破产清算程序。当然，债务人在破产重整期间虽然实施了一些不利于债权人的行为，并不非常显著地对债权人不利即对债权人的合法权益不构成根本性影响的，则也不宜终止破产重整程序而转换为破产清算程序，毕竟重整程序的启动通常来之不易，应当加以珍惜。

（3）由于债务人的行为致使管理人无法执行职务。在整个破产程序包括破产重整程序中，管理人依法行使职权、履行职责乃是保证破产程序正常进行不可缺少的方面，必须充分发挥管理人作用，使其管理债务人财产和营业、制定重整计划草案、对债务人执行重整计划进行监督等的职能得以充分发挥。而要充分发挥这一角色功能，债务人的支持与配合是不可少的。债务人根本不予支持、配合，如拒不提供有关财产、财务、营业等情况，债务人的高级管理人员不听从管理人的指挥进行必要工作，甚至故意设置障碍阻止管理人实施管理、监督等职能的，破产重整程序就不可能正常进行，应当终止债务人破产重整程序而转换为破产清算程序。

具体来说，这种情形，必须同时符合两个方面的条件：（1）管理人无法执行职务。管理人能够执行职务，就不能适用这种情形终止破产重整程序而转换为破产清算程序。（2）管理人无法执行职务必须是因债务人的不当行为所致。管理人虽然无法执行职务，可其原因不是源于债务人的不当行为所致，而是源于其他原因如管理人自身的原因或者遭遇到不可抗力等，也不能适用这种情形终止破产重整程序进而转换为破产清算程序。换言之，债务人的不当行为与管理人无法执行职务之间必须存在因果关系，才能适用这种情形终止破产重整程序而转换为破产清算程序。

至于债务人致使管理人无法执行职务的不当行为，归纳起来主要包括：管理人管理债务人财产和营业事务，债务人拒绝交付财产，或者拒绝接受他人的清偿，或者采取其他手段故意阻挠、破坏，造成管理人无法执行管理债务人财产和营业职能的；管理人负责债务人营业，需要聘请债务人的高级管理人员负责营业事务，有关人员拒绝聘请或者虽接受聘请，然不尽职尽力，而这种营业又具有特殊性，以致管理人无法执行管理债务人营业职务的；管理人负责营业，对外设定担保融资，债务人从中作梗，致使营业无法进行的；管理人制定重整计划草案，债务人拒不提供或者虚假提供债务人财产、营业、财务等真实情况，造成重整计划草案无法制定的；债务人自行管理财产和营业，拒不接受管理人依法进行的监督，管理人无法执行监督职能的，等等。①

2. 必须由管理人或者利害关系人提出终止债务人重整程序的申请。债务人虽然具有经营状况和财产状况继续恶化，缺乏挽救的可能性，或者具有欺诈、恶意减少债务人财产或者其他显著不利于债权人的行为，或者具有致使管理人无法执行职务的不当行为，可是，没有管理人或者利害关系人提出终止债务人重整程序的申请，也不能终止债务人重整程序而转换为破产清算程序。所以，由管理人或者利害关系人提出了终止债务人重整程序的申请，乃是债务人的重整程序得以终止而转换为破产清算程序的在程序上的必要条件。其中，利害关系人，是指其利益与重整程序具有密切联系的人，包括债权人、破产别除权人、在重整期间为债务人提供担保的人、新的投资者、破产取回权人等。

3. 必须由人民法院以裁定方式终止重整程序，同时宣告债务人破产。债

① 吴庆宝、王建平主编：《破产案件裁判标准规范》，人民法院出版社2009年版，第279～280页。

务人虽然具有法律规定的行为，管理人或者利害关系人也向人民法院提出了终止破产重整程序的申请，可人民法院没有裁定终止，同时宣告债务人破产，破产重整程序也不能转换为破产清算程序。破产重整程序是否转换为破产清算程序，乃由人民法院依法审查后决定，不是由债务人、管理人或者债权人会议来决定。这是作为破产案件审理者的人民法院，对债务人破产程序进行主导，使之在正常、法律规定的轨道内运行的必然要求及具体体现。

二、破产重整的转换

（一）破产重整转换的概念

破产重整转换，是指在重整计划阶段、重整计划执行阶段，因为出现法定的原因而终止，致使破产重整程序转换为破产清算程序的行为，并不包括重整计划阶段转换为重整计划执行阶段。后者这种同属破产重整只是处于不同阶段之间的转换，不属于破产重整转换的范围。此外，根据《企业破产法》第 70 条规定，债权人申请债务人破产清算的，人民法院受理破产申请后、宣告债务人破产前，债务人或者出资额占债务人注册资本 1/10 以上的出资人，可以向人民法院申请债务人重整，破产清算由此可以转入破产重整程序。同样，根据《企业破产法》的规定，破产重整由于法定原因无法继续，也可以转换为破产清算。后者便是破产重整至破产清算的转换。破产重整至破产清算的转换，既包括债务人一开始进入破产重整程序的初始重整转换为破产清算程序，又包括债务人因为债权人的申请而进入破产清算程序后，依法转换为破产重整的后续重整再出于法定原因、条件的出现转换为破产清算程序。也就是说，无论是初始破产重整还是后续破产重整，只要出现法定的原因与条件，就都可以依法转换为破产清算程序。

应当指出，允许破产重整在一定条件下转换为破产清算程序，属于国际上通行的做法。对此，联合国国际贸易法委员会《破产法立法指南》指出："重整程序过程中可能出现一些情形，破产法似应允许将程序改为清算。转换程序的主要理由是未能提出或批准重整计划草案；未能批准为执行计划所需的对计划提出的修改；按规定必须由人民法院确认的而未能获得确认；对已获批准或确认的计划提出质疑得以成立；债权人会议多数表决支持终止重整程序；债务人在履行计划对其规定的义务时发生重大或严重违约；或出于某种其他原因计划执行失败。""还似应考虑在下述情形下转换程序：认定企业重整无成功的合理可能性；债务人显然正在滥用重整过程，或是不与破产管理人或法院合作（例如，隐瞒信息），或是恶意行事（例如，进行欺诈性转让）；企业在重整期间继续亏损或者破产管理费未付。有些法律规定，当重整显然将不可能进行时，破产管理人有义务立即终结对重整程序的管理，以便为债权人保全价值。在破产法中列入改为清算程序的条文，将可为程序的最终解除提供可预测性。如果改为清算需要重新提出启动申请而不是以原来的申请作为程序转换的依据，则可能会造成进一步的拖延和价值的减少。”①

（二）破产重整转换的具体原因

根据《企业破产法》的有关规定，破产重整的转换的原因包括以下几种情况：

1. 因债务人的不当行为致使破产重整终止而转换为破产清算程序。《企业破产法》第78条规定：“在重整期间，有下列情形之一的，经管理人或者利害关系人请求，人民法院应当裁定终止重整程序，并宣告债务人破产：（一）债务人的经营状况和财产状况继续恶化，缺乏挽救的可能性；（二）债务人有欺诈、恶意减少债务人财产或者其他显著不利于债权人的行为；（三）由于债务人的行为致使管理人无法执行职务。”

2. 因未在法律规定的期限内提交重整计划草案致使破产重整终止而转换为破产清算程序。基于拯救债务人的目的而对债务人实施破产重整，在重整期间需要限制破产别除权人、破产取回权人、出资人以及债权人等所有利害关系人的权利，均处于冻结状态而无法依法行使。另外，债务人重整可能需要借款设定担保，需要付出一定的成本与代价并承担重整失败的风险，而这些最终都得由债权人来承担。为了降低、减少重整的成本、代价，提高重整工作效率，债务人的重整计划草案自然需要限制在一定的时间内完成。否则，没有定期，任由债务人或者管理人进行无效率的重整，则会损害债权人的合法权益，也得不到债权人的有效配合而难以成功，《企业破产法》第79条为此规定，债务人或者管理人应当自人民法院裁定债务人重整之日起6个月内，同时向人民法院和债权人会议提交重整计划草案。前面规定的期限届满，经债务人或者管理人请求，有正当理由的，人民法院可以裁定延期3个月。债务人或者管理人未按期提出重整计划草案的，人民法院应当裁定终止重整程序，并宣告债务人破产。具体来说，又分为两种情况：（1）未依法获得人民法院裁定延期的情况下，债务人或者管理人自人民法院裁定债务人重整之日起6个月内没有提交重整计划草案的，应当裁定终止重整程序，并宣告债务人破产。（2）依法获得人民法院裁定延期的情况下，债务人或者管理人自人民法院裁定债务人重整之日起9个月内没有提交重整计划草案的，应当裁定

① 王卫国：《破产法精义》，法律出版社2007年版，第232～233页；联合国国际贸易法委员会：《破产法立法指南》（2006年中文版）第206～207页。

终止重整程序，并宣告债务人破产。

3. 因重整计划草案未获得人民法院依法批准致破产重整终止而转换为破产清算程序。债务人或者管理人制定的重整计划草案，是债务人重整的方法、措施、途径的设想与规划，是债务人重整成功的一项基础性工作，是获得债权人同意、人民法院批准继续进行重整的重要法律文件。债务人要继续重整工作，实现重整成功，基本前提就是重整计划草案获得人民法院依法批准。重整计划草案得不到人民法院的批准，那么，重整工作就很难正常进行，重整就难以成功。是以，《企业破产法》第 88 条规定，重整计划草案未获得通过且未依照本法第 87 条的规定获得批准，或者已通过的重整计划未获得批准的，人民法院应当裁定终止重整程序，并宣告债务人破产。

4. 因债务人不能执行或者不予执行重整计划而致破产重整计划执行阶段终止转换为破产清算程序。重整计划是债务人按照重整计划的规定公平清偿债权的依据，是实现拯救债务人目的的重要保障，必须全面、严格执行。只有如此，才能重整成功，实现重整既公平清偿债权人的债权又使债务人获得重生的双重目的。重整计划源于各种各样的原因不能执行或者不予执行，那么，无论是重整程序公平清偿债权人债权的目的，还是使债务人更生的目的都难以甚至根本无法实现，破产重整就没有继续的必要。故，《企业破产法》第 93 条第 1 款规定，债务人不能执行或者不执行重整计划的，人民法院经管理人或者利害关系人请求，应当裁定终止重整计划的执行，并宣告债务人破产。至于债务人不能执行或者不予执行重整计划的情况，具体可以参见第 9 章破产重整第 6 节重整计划执行“五、重整计划执行的终止”中的有关阐述。

（三）破产重整转换为破产清算程序的法律后果

破产重整源于出现法定原因导致破产重整计划程序或者重整计划执行程序的终止并转换为破产清算程序，在程序上的法律后果就是进入破产清算，宣告债务人破产。除在程序上产生宣告债务人破产的法律后果外，破产重整的转换在实体上亦会产生一系列法律后果，主要包括：

1. 利害关系人行使权利都应按照破产清算程序进行。债务人由破产重整程序转为破产清算程序并被宣告破产后，债权人等利害关系人不能再适用破产重整程序的有关规定行使权利，而应根据破产清算的有关规定行使权利。如对债务人特定财产享有担保物权或者法定特别优先权的破产别除权人、破产取回权人等均可依法行使有关权利。

2. 债务人不再自行管理债务人财产和营业。宣告债务人破产，即要依法对债务人财产变价并进行分配，债务人的营业一般不再继续。债务人因为执行重整计划而接受、管理财产及营业，在破产重整程序转换为破产清算程序后，都应移交管理人管理。债务人也因为不再自行管理财产和营业而不能行使《企业破产法》规定的应由管理人行使的职权。《企业破产法》规定的管理人职权全面由管理人行使，不过对债务人执行重整计划的监督权则因为重整计划执行的终止而不再具有。

3. 法律和重整计划对债权人在破产重整程序行使权利的特有限制、条件等都因为转换为破产清算程序而失去效力。在重整期间，根据法律规定对破产别除权人的担保物权的行使，破产取回权人对破产取回权的行使，债务人可以自行管理财产和营业事务并行使《企业破产法》规定由管理人行使的权利，对债务人财产设定担保而借款等只有破产重整程序才有的限制性规定或者措施，以及重整计划中有关债权人债权的调整、受偿方案中有关债权清偿比例、条件、时间、方式等对债权人或者出资人权益的调整，均失去效力而不再适用。

4. 因为生产经营服务等营业或者执行重整计划而对债权人进行的清偿等行为继续有效。在生产经营服务等营业中，不可避免地要与他人发生债权债务关系，这种债权债务假若基于债务人为了重整而进行营业的需要，即使因为营业亏损而致重整失败，依然有效，应当作为共益债务由债务人财产优先进行清偿。固然，债务人借营业之名，行转移、侵吞、进行个别清偿等损害债权人合法权益之实的，应当加以禁止。债务人在执行重整计划的过程中，也可能对债权人的债权按照重整计划进行了部分清偿，这种清偿，也不因为破产重整计划执行的终止并转换为破产清算程序就加以否定，仍旧继续有效。不过，为了保障在重整计划执行中没有受到清偿或者少受到清偿的债权在破产清算程序中能够获得公平清偿，《企业破产法》第 93 条第 3 款规定，因执行重整计划所受清偿的债权人，只有在其他同顺位债权人同自己所受的清偿达到同一比例时，才能继续接受分配。

5. 为重整计划执行提供的担保继续有效。重整计划获得批准后，重整计划的执行存在抵押、质押、保证等担保的，此种对重整计划执行所作的担保即关于在重整计划不能执行或者不予执行时由其来承担相应的法律责任继续有效。重整计划中有关执行担保条款的设置，本来就是在重整计划不能实施、执行时才发生效力的，重整计划能够正常实施执行，也就不存在担保人履行相关责任的问题。以是，不能因为重整计划不能执行或者不予执行，而将其中的担保条款的效力也加以否定。对这，《企业破产法》第 93 条第 4 款明确规定，在债务人不能执行或者不予执行重整计划致破产重整终止而转换为破产清算程序的，为重整计划的执行提供的担保继续有效，而不是“因重整计划未实施而失去效力”①。

6. 执行法院针对债务人财产的所有执行程序都应依法终结。破产申请受理法院根据《企业破产法》第107条直接宣告债务人破产的，以及根据《企业破产法》第86条、第88条、第93条、第98条、第99条、第104条等的规定终止破产重整程序、破产和解程序并宣告被执行人破产的，或者因为重整计划、和解协议批准而进入执行阶段。能够得到完全执行的，债务人的所有债权根据重整计划、和解协议清偿完毕，不再存在恢复执行程序加以执行的问题；重整计划草案、和解协议草案没有通过或者没有经过人民法院批准，或者虽然经过人民法院批准但不能执行或不予执行而终止破产程序的，则应宣告债务人破产，就会产生通过破产清算程序对被执行人的所有债权进行清偿的不可逆转的法律后果，执行程序也不可能再因被执行人不符合破产条件驳回破产申请再恢复执行程序的问题，《民事诉讼法司法解释》第515条于是规定：“被执行人住所地人民法院裁定宣告被执行人破产的，执行法院应当裁定终结对该被执行人的执行。”《执行移送破产审查意见》第20条规定：“受移送法院裁定宣告被执行人破产或裁定终止和解程序、重整程序的，应当自裁定作出之日起五日内送交执行法院，执行法院应当裁定终结对被执行人的执行。”

三、破产重整的终结

破产重整终结，是指重整计划阶段和重整计划执行阶段源于出现法定原因而使整个破产重整完全结束，并使整个破产程序最终完全结束的行为。其与广义的破产重整终止不同。广义的破产重整终止，仅是重整计划阶段或者重整计划执行阶段的停止、结束，而非整个破产程序完全的、最终的结束。重整计划阶段终止，破产重整或者由重整计划阶段转入重整计划执行阶段，或者由重整计划阶段转入破产清算程序；重整计划执行阶段终止，则由重整计划执行阶段转入破产清算程序。而破产重整终结，则是源于法定原因出现导致整个破产程序的完全结束，不再存在破产重整由重整计划阶段向重整计划执行阶段转换的问题，也不再存在破产重整程序转换为破产清算程序的问题。这种广义的破产重整终结，包括4种情形：

1. 破产重整申请受理后，人民法院发现债务人并不具备破产条件裁定驳回有关债务人的破产重整申请而致的重整终结。对此，《企业破产法》第12条第2款规定：“人民法院受理破产申请后至破产宣告前，经审查发现债务人

① 吴庆宝、王建平主编：《破产案件裁判标准规范》，人民法院出版社2009年版，第296页。

不符合本法第二条规定情形的，可以裁定驳回申请。申请人对裁定不服的，可以自裁定送达之日起十日内向上一级人民法院提起上诉。”

2. 因为债务人财产不足以清偿破产费用而致破产重整终结。对这，《企业破产法》第 43 条第 4 款规定：“债务人财产不足以清偿破产费用的，管理人应当提请人民法院终结破产程序。人民法院应当自收到请求之日起十五日内裁定终结破产程序，并予以公告。”

3. 因债务人与全体债权人达成庭外和解而致破产重整终结。对此，《企业破产法》第 105 条规定：“人民法院受理破产申请后，债务人与全体债权人就债权债务的处理自行达成协议的，可以请求人民法院裁定认可，并终结破产程序。”据之，破产重整可以因为债务人与全体债权人在庭外自行达成和解协议，并经人民法院裁定批准后终结破产重整程序。可必须具备以下条件：(1) 庭外破产和解协议的主体为债务人与全体债权人。(2) 庭外破产和解协议必须在破产申请受理后才予达成。其中的破产申请受理，不仅指破产和解申请的受理，还包括破产重整申请、破产清算申请的受理，即债务人与全体债权人不仅可以在破产和解程序中达成庭外和解协议，而且可以在破产重整或者破产清算程序中达成庭外破产和解协议。这种庭外破产和解协议，只要发生在破产申请受理后的破产程序中，无论是发生在破产重整程序中还是发生在破产和解程序以及破产清算程序中，均可以依法请求人民法院裁定认可，并终结整个包括破产重整程序在内的破产程序。(3) 庭外破产和解协议是由债务人与全体债权人在审理破产案件的法庭外自行达成的和解协议。(4) 庭外破产和解协议的内容是债务人与全体债权人之间就债权债务处理达成一致意见。(5) 庭外破产和解协议必须经过人民法院裁定认可。

4. 因为破产原因消失而致破产重整终结。在破产重整申请裁定受理后破产宣告前，存在第三人为债务人提供足额担保或者为债务人清偿全部到期债务，或者债务人已经清偿全部到期债务的情形，导致债务人破产原因消失的，根据《企业破产法》第 108 条的规定，人民法院应当裁定终结破产程序。此时的终结破产程序，既包括终结整个破产重整程序，也包括终结整个破产程序。

5. 因为重整计划执行完毕而致破产重整程序彻底完成进而导致整个破产程序予以终结的情形。对这，已在第 9 章破产重整第 6 节重整计划执行“六、重整计划执行的完结”中作了介绍，这里不再赘述。

值得注意的是，与破产重整相关的一个重要问题，就是破产重整程序终结后，债权人对保证人或其他连带债务人就未受清偿的债权主张权利的问题。前者可以对后者就破产重整程序中未受清偿的债权主张权利，自无疑义。可对债权人主张权利的期间，法律没有明确规定，有的便适用诉讼时效中断的规定。对此，《破产审判纪要》第 31 条规定，债权人对保证人主张权利，应当在破产程序包括破产重整程序终结后 6 个月内进行。且这 6 个月为除斥期间，在破产程序终结后 6 个月内未行使的，其对保证人的权利则予以丧失，从而不能再对保证人行使权利。

第十章　破产和解

第一节　破产和解概述

一、破产和解的概念

破产和解，是指具有破产能力及破产原因的债务人，与债权人会议进行协商、谈判，就减免债务、延期债务清偿期限、提供债务清偿担保等事项达成协议，经人民法院裁定认可并经执行后，既公平、彻底了结其间债权债务关系，又避免债务人进入破产清算程序，进而保持其民事主体资格及能力的破产预防制度。破产和解在具有公平清偿债务人所负债权人一切债务这一破产程序均有的共同功能的同时，又能避免债务人因为破产清算而完全导致民事主体资格消失，具有程序相对简单、成本较低、社会代价较小等特点。在对债务人合法权益能够公平得以维护的前提下，对债务人应当尽量通过破产和解、破产重整程序促使债务人更生，避免破产清算致使大量职工失业而给社会带来的不利冲击，保障经济秩序和社会秩序的和谐稳定、健康发展。对这，《正确审理破产案件意见》第 3 条、第 6 条明确指出："对于虽然已经出现破产原因或者有明显丧失清偿能力可能，但符合国家产业结构调整政策、仍具发展前景的企业，人民法院要充分发挥破产重整和破产和解程序的作用，对其进行积极有效的挽救。破产重整和破产和解制度，为尚有挽救希望的危困企业提供了避免破产清算死亡、获得再生的机会，有利于债务人及其债权人、出资人、职工、关联企业等各方主体实现共赢，有利于社会资源的充分利用。努力推动企业重整和和解成功，促进就业、优化资源配置、减少企业破产给社会带来的不利影响，是人民法院审理企业破产案件的重要目标之一，也是人民法院商事审判工作服务于保增长、保民生、保稳定大局的必然要求。""人民法院要充分发挥司法能动作用，注重做好当事人的释明和协调工作，合理适用破产重整和破产和解程序。对于当事人同时申请债务人清算、重整、和解的，人民法院要根据债务人的实际情况和各方当事人的意愿，在组织各方当事人充分论证的基础上，对于有重整或者和解可能的，应当依法受理重整或者和解申请。当事人申请重整，但因企业经营规模较小、虽有挽救必要但重整成本明显高于重整收益的困难企业，有关权利人不同意重整的，人民法院可引导当事人通过和解方式挽救企业。人民法院要加强破产程序中的调解工作，在法律允许的框架下，积极支持债务人、管理人和新出资人等为挽救企业所做的各项工作，为挽救困难企业创造良好的法律环境。”

二、破产和解的特征

（一）破产和解适用对象的特定性

破产和解适用对象的特定性，是指破产和解的对象必须是具有破产能力且具有破产原因的债务人，即只有具有破产能力而且具有破产原因的债务人，才能适用破产和解程序。具体来说，根据《企业破产法》第 2 条的规定，企业法人不能清偿到期债务并且资产不足以清偿全部债务，或者不能清偿到期债务并且明显缺乏清偿能力的，才能对其适用破产和解程序。

（二）破产和解申请主体的唯一性

《企业破产法》第 95 条第 1 款规定：“债务人可以依照本法规定，直接向人民法院申请和解；也可以在人民法院受理破产申请后、宣告债务人破产前，向人民法院申请和解。”基此，破产和解程序的启动，必须由债务人向人民法院提出和解申请：（1）要求必须有人提出和解申请。（2）要求必须由债务人提出和解申请，债务人以外的其他人，如债权人、出资人、债务人的清算责任人、国务院金融监督管理机构等均不能提出破产和解申请。（3）要求债务人必须是向人民法院提出和解申请。虽有和解申请但不是由债务人提出，或者虽是债务人提出和解申请但不是向人民法院提出，则均不能启动破产和解程序。

（三）破产和解内容的让步性

破产和解，就其内容而言，是以债权人会议与债务人之间就债权数额的减少、债权清偿的延期、债权清偿的担保等相互妥协、让步而达成的协议。倘若进行破产清算，虽然能较快地实现债权清偿，然以债务人现有财产为限，还要扣除破产财产变价、分配等破产费用，清偿率往往很低，并且还会导致民事主体资格丧失，进而造成职工失业，对与债务人存在经济联系的人的营业行为产生影响，最终不利于经济秩序乃至社会秩序的和谐稳定。在债务人具有挽救可能的情况下，通过债权人会议与债务人对债权减免、清偿延期等事项进行协商、达成妥协让步，使债务人不致消亡，不仅有利于减轻债务人的负担，让其恢复生产经营能力，而且也有利于债权人。债权人不仅可以以现有的财产进行清偿，还可能以债务人恢复经营过程中将来取得的财产进行清偿，避免因为债务人破产而遭受更大的损失。

（四）破产和解形式的缔约性

破产和解协议，是债权人就其债权数额减少、债权清偿延期等作出让步为代价而与债务人达成的妥协，涉及债权人权利的处分。根据私权处分应当遵循意思自治的基本原则，必须由债务人与债权人之间通过平等协商达成协议的方式进行，破产和解为此具有缔约性。具体说来：

1. 要求债务人与债权人之间达成协议，相互地位都是平等的、独立的。然则，债务人的债权人往往很多，债权人与债务人之间不仅存在着对立的关系，而且债权人与债权人之间，在债务人进入破产程序的情况下，由于用于债权清偿的财产有限，也存在着此减彼增的对立关系。要债务人与全体债权人之间都达成一致的意见，往往很难做到。因此，债务人与债权人之间达成的协议，根据法律规定，是债务人与以维护债权人共同的、整体的利益为目的而设立的债权人会议通过平等协商达成的共同意思表示，而非债务人与所有债权人之间达成的一致意见。债务人与债权人会议达成的共同意思表示，对债权人一方来说，通过表决的方式形成，即法定的债权人最低人数同意及其同意的债权人所代表的债权达到了法律规定的最低要求，就视为债务人与债权人会议达成了共同意思表示。

2. 要求债务人与债权人都是按照自己的意思达成协议，债权人不能受到威胁或者遭受欺骗等而致意思表示不真实。债权人遭受债务人欺骗或者遭受来自各方的威胁等，即使达成了所谓的协议，也因违背自己的真实意思而无效。人民法院应当裁定无效，宣告债务人破产。

（五）破产和解目的、功能的双重性

债务人申请破产和解，既要公平、全面清偿其与所有债权人之间的一切债权债务，使得根据和解协议清偿之后其间的债权债务关系予以了结，而且要避免债务人进入破产清算，不致因为破产清算而导致债务人民事主体资格丧失、消亡，即债务人因为破产和解减轻了其债务清偿的压力，逐步恢复生产经营服务等营业的能力，摆脱经营、财务困境，避免破产清算带来的一系列负面后果，实现债务人的再生。

（六）破产和解的程序性、监督性

破产和解是债务人与债权人会议之间就债权减免、清偿延期等事项通过平等协商达成的共同协议，本质上属于私权处分的范畴。然而，这一私权处分是一种债权人集体的处分，涉及诸多债权人的利益，不能公平对待，就可

能引发一系列社会问题甚至影响到经济秩序乃至社会秩序的和谐稳定。破产和解程序，不像债务人与单个债权人就债权减免、清偿等达成的个别和解那样，只要不违反法律、法规强制性规定而无效，完全由双方当事人自行决定，人民法院均不主动干预、监督。对此，《企业破产法》就破产和解申请的主体、方式、协议通过的条件、认可、效力等均作了明确规定，债权人与债务人必须依法进行，并且从债务人提出破产和解申请，再至和解协议的达成，最后到和解协议的执行，都由人民法院通过审查受理、认可破产和解协议，裁定终止和解协议执行等方式进行监督，体现了人民法院在破产和解程序中的主导性，以保证债权人的债权能够公平地得到清偿。

三、破产和解的分类

（一）以是否直接基于破产和解申请进行为标准的分类

以是否直接基于破产和解申请进行为标准，破产和解可以分为初始破产和解与后续破产和解。前者是指在债务人具有破产能力和破产原因的情况下，由债务人直接向人民法院申请破产和解，人民法院对其受理直接使债务人进入破产和解程序的破产和解，即一开始就进入破产和解程序的破产和解。后者是指在人民法院受理破产清算、宣告债务人破产前，而由债务人申请和解，人民法院审查裁定和解的破产和解。如此，债务人开始进入的是破产清算程序，之后再由破产清算程序依法转换为破产和解程序。

应当指出，后续破产和解，是在债务人已经进入破产程序后再基于债务人的和解申请而裁定进入破产和解程序的，其以债务人之前已经存在破产程序为前提。这种之前已经存在的破产程序，不是破产和解程序，也不是破产重整程序。破产重整程序与破产和解程序都是避免债务人进入破产清算的程序，两者功能与目的具有一致性，债务人进入了破产重整程序后就不能再转换为破产和解程序。所以，这种事先存在的破产程序，只能是破产清算程序。换言之，只有破产清算程序才能转换为后续的破产和解程序，破产重整程序则不能转换为破产和解程序。在债务人进入破产和解程序、破产重整程序的情况下，不能再基于债务人的和解申请裁定债务人和解。

还应指出，后续破产和解之前的破产清算程序，既可以是债权人申请发生的破产清算程序，又可以是债务人自身申请发生的破产清算程序，还可以是国务院金融监督管理机构对金融机构申请发生的破产清算程序，但不能是债务人清算责任人申请的破产清算程序。债务人清算责任人申请的破产清算程序，是在基于债务人解散而进行清算时发现债务人资不抵债而依法申请发生的破产清算程序，其是对债务人需要解散而进行的清算，不再存在避免债务人破产清算而继续存在的问题。是以，此种由债务人的清算责任人申请发生的破产清算程序，不能基于债务人申请和解而由人民法院裁定和解而转换为破产和解程序。

（二）以破产和解启动原因为标准的分类

以破产和解启动的原因为标准，破产和解可以分为资不抵债的破产和解与明显缺乏清偿能力的破产和解。前者即资不抵债的破产和解，是因债务人不能清偿到期债务且其资产不足以清偿全部债务而发生的破产和解。后者即明显缺乏清偿能力的破产和解，则是指因债务人不能清偿到期债务并且明显缺乏清偿能力而依法启动的破产和解。

四、破产和解与破产重整的联系与区别

破产和解与破产重整作为破产预防程序，不仅都具有公平、彻底清偿债务人所负一切债权人所有债务的功能与目的，而且亦具有防止、避免债务人进入破产清算，不致导致债务人民事主体资格予以消灭的功能与目的，两者具有一些共同点。如在破产重整中，债权人权益的调整往往亦涉及债权的减免、延期清偿等需要由债权人作出妥协、让步的内容。但是，两者毕竟是各自相互独立的法定程序，具有各自的特征并相互区别：

（一）申请启动的主体不同

破产和解的申请启动的主体只能是债务人，具有唯一性。破产重整的主体并非限于债务人，债权人、国务院金融监督管理机构、出资额占债务人注册资本1/10以上的出资人亦可依法申请债务人重整，从而在申请、启动主体上具有多重性。

（二）启动、适用的破产原因不尽相同

破产和解要求债务人具有破产能力与破产原因，其破产原因与破产清算完全一致。根据《企业破产法》第2条的规定，具体包括两种情况，即企业法人不能清偿到期债务并且资产不足以清偿全部债务，或者不能清偿到期债务并且明显缺乏清偿能力。而破产重整发生的原因，除上述两项同时可以作为破产重整启动的原因外，还包括债务人有明显丧失清偿能力可能的这一原因，即债务人有明显丧失清偿能力可能的，经债务人、债权人等法定主体申请，人民法院可以依法裁定债务人破产重整，但不能据之裁定破产和解，破产重整的原因比破产和解的原因更为宽泛。

（三）存在执行的法律文件及其内容不同

破产和解协议（草案）、重整计划（草案）分别作为破产和解程序与破

产重整程序必不可少的法定文件，是分别构成破产和解、破产重整程序的基础，整个破产和解、破产重整程序主要都是分别围绕着它们的形成、达成或者通过、人民法院裁定是否认可或者批准、效力及其执行等进行设置的。比较两者，则存在以下主要区别，进而也构成破产和解与破产重整的相互区别：

1. 两者制定的主体不同。破产和解协议草案由债务人草拟。破产重整计划草案既可以由债务人草拟，也可以由管理人草拟，具体是由债务人草拟还是由管理人草拟，要看在破产重整程序中，是谁对债务人财产和营业进行管理。债务人自行管理财产和营业的，则由债务人草拟、制定；由管理人管理债务人财产和营业的，则由管理人草拟、制定。

2. 两者提交的时间不同。根据《企业破产法》第 95 条第 2 款关于“债务人申请和解，应当提出和解协议草案”的规定，债务人申请和解时就要提交和解协议草案，即和解协议草案应在破产和解申请时提出。重整计划草案则是根据《企业破产法》第 79 条的规定，应当自人民法院裁定债务人重整之日起 6 个月内提出。不能在上述规定的期限提交的，经债务人或者管理人请求，有正当理由的，人民法院可以裁定延期 3 个月提交。

3. 两者提交的途径不同。破产和解协议草案只需要向人民法院提出；而破产重整计划草案按照《企业破产法》第 79 条的规定，则要求同时向人民法院和债权人会议提交。

4. 两者的内容不同。破产和解协议草案的内容为债务人与债权人就债务减免、延期清偿、债务清偿担保等达成的协议，内容仅限于与债权人债权及其清偿有关的事项，不涉及拯救债务人而使之更生的具体方法、措施、途径等内容；而破产重整计划草案除了债权减免、债权受偿的条件、比例、方式、时间等有关债权分类、调整、清偿事项外，还具有拯救债务人而使之更生的具体方法、措施、途径等内容。

5. 两者通过的主体不同。破产和解协议草案通过的主体为债务人、债权人，而且债权人必须是对债务人特定财产享有担保物权或者法定特别优先权的破产别除权人以外的其他债权人。破产别除权人在人民法院裁定债务人和解后，根据《企业破产法》第 96 条第 2 款的规定，可以依法行使优先受偿的权利。同时，《企业破产法》第 59 条第 3 款规定：“对债务人的特定财产享有担保权的债权人，未放弃优先受偿权利的，对于本法第六十一条第一款第七项、第十项规定的事项不享有表决权。”基此，破产别除权人未放弃优先受偿权利的，对和解协议草案、破产财产的分配方案的通过不具有表决权，不能参与债权人会议有关和解协议草案、破产财产分配方案的表决。重整计划草案通过的主体为债务人、债权人，债权人则为包括破产别除权人在内的所有债权人。此外，重整计划草案涉及出资人出资权益调整的，出资人也有权对该事项进行表决。

6. 两者通过的方式不同。破产和解协议草案由债权人表决，采取的是集体表决通过的方式，不将债权人分组进行表决。重整计划草案则将债权人及其他利害关系人分为若干组分别进行表决，只有所有表决组均依法通过时，重整计划草案方为通过，其中有一表决组没有通过，重整计划草案即未通过。

7. 两者是否需要通过的不同。破产和解协议草案必须由债权人会议通过，人民法院才能依法裁定认可。债权人会议对和解协议草案没有通过的，人民法院不依职权进行干预，不能强制裁定批准执行。对于重整计划草案，债权人会议通过的，人民法院可以依法裁定认可批准；债权人会议未通过的，人民法院经过审查认为重整计划草案符合法律规定的条件的，则可依职权进行干预，依法裁定强制批准执行。

8. 两者执行是否需要管理人进行监督的不同。破产和解协议由债权人会议通过并经人民法院裁定认可后，根据《企业破产法》第 98 条的规定，管理人应当向债务人移交财产和营业事务，并向人民法院提交执行职务的报告。故，自破产协议通过之日起，即进入破产和解协议的执行，并不需要管理人进行监督。在破产重整程序中，债务人执行重整计划时，根据《企业破产法》第 90 条、第 91 条的规定，必须由管理人在重整计划规定的监督期限内或者经过人民法院裁定批准延长的监督期限内依法对债务人执行重整计划的情况进行监督。

（四）两者的措施不同

破产和解程序虽然具有防止债务人进行破产清算以避免其民事主体资格丧失的功能，然其不采取任何积极措施对债务人进行拯救，只是由债权人与债务人就债权减免、清偿延期、清偿担保等事项达成协议，债权人只是消极地放弃债权全额清偿、及时清偿等利益。破产重整程序除要求债权人放弃全额清偿、及时清偿等利益从而对其债权及其清偿进行调整规划外，还要求对债务人采取积极的拯救措施来促使债务人更生。破产和解协议草案涉及债权事项的妥协、让步等内容，通常不会涉及债务人出资人权益的调整，一般不会改变出资人结构，不会出现新的出资人；而破产重整计划草案则可通过调整出资人出资权益，调整债务人的出资结构，从而可能出现新的出资人，如债权转为股权，他人投资受让出资人的股权等，有的债务人的出资人甚至全部变更为新的出资人，债务人虽然还是债务人，其出资人却可能已经完全发生变化。

（五）两者的效力范围不同

破产和解协议的效力涉及债务人和全体和解债权人。所谓和解债权人，根据《企业破产法》第100条第2款的规定，是指人民法院受理破产申请时对债务人享有无财产担保债权的人，即破产别除权人以外的其他债权人。破产别除权人，也就是对债务人的特定财产享有担保权或者法定特别优先权的优先受偿权利人，根据《企业破产法》第96条的规定，自人民法院裁定和解之日起可以行使权利。破产取回权人，作为非债权人自然不属于和解债权人，也可以根据《企业破产法》第34条的规定，行使破产取回权。破产重整计划的效力则涉及所有债权人包括破产别除权人、破产取回权人、出资人、债务人的高级管理人员等。如《企业破产法》第75条规定："在重整期间，对债务人的特定财产享有的担保权暂停行使。但是，担保物有损坏或者价值明显减少的可能，足以危害担保权人权利的，担保权人可以向人民法院请求恢复行使担保权。"第76条规定："债务人合法占有的他人财产，该财产的权利人在重整期间要求取回的，应当符合事先约定的条件。"第77条规定："在重整期间，债务人的出资人不得请求投资收益分配。在重整期间，债务人的董事、监事、高级管理人员不得向第三人转让其持有的债务人的股权。但是，经人民法院同意的除外。"

五、破产和解的申请和受理

破产和解申请与受理，按照《企业破产法》第10～14条及第95条、第96条等有关规定进行，对其已在第3章破产程序要件中作了详尽的分析，这里不再多述。下面仅对债务人提出破产申请的效力及人民法院裁定债务人破产和解的法律后果作一简单的介绍。

（一）债务人提出破产和解申请的法律后果

1. 引起人民法院依法对破产和解申请进行审查。人民法院经过审查认为债务人破产和解申请符合法定条件的，即债务人具有破产能力且具有破产原因的，应当裁定和解，并且在法定的期限内予以公告。

2. 阻却债权人或者国务院金融监督管理机构申请债务人破产清算的程序启动。在破产清算申请与破产和解申请同时存在的情况下，应当优先适用破产和解程序。当然，债务人因为解散进行清算，清算责任人发现债务人资产不足以清偿全部债务的，进行的必是破产清算程序，债务人这时自不存在提出破产和解申请而阻却破产清算程序启动的问题。

3. 债务人在破产和解协议草案中承认的债权，均是对有关债权人的债权承诺予以清偿的意思表示。以是，不论破产和解申请是否得到受理，均对已经承认的债权具有中断该债权诉讼时效的功能。

（二）破产和解申请受理的法律后果

人民法院对破产和解申请经过审查认为符合法律规定的条件的，应当依法裁定债务人和解。债务人自人民法院裁定受理破产和解之日起即进入破产和解程序，进而产生下列法律后果：

1. 人民法院在裁定债务人和解的同时，应当指定管理人。

2. 根据《企业破产法》第96条第2款的规定，对债务人的特定财产享有担保权的权利人，自人民法院裁定和解之日起可以行使权利。

3. 债务人的法定代表人以及经人民法院决定的债务人的财务管理人员和其他经营管理人员，应当履行《企业破产法》第15条规定的义务。

4. 人民法院受理破产和解申请后，依然禁止债务人对个别债权人的债务进行清偿。债务人对个别债权人包括具有财产担保或者法定特别优先权的破产别除权人的债权进行清偿的，根据《企业破产法》第16条的规定，属于无效行为。应当指出，如前所述，破产别除权人自人民法院裁定和解之日起可以行使权利，可其行使权利必须通过管理人依法行使，而不能直接通过债务人实施。不然，其担保债权是否成立、成立是否合法有效、有效是否依法生效、担保债权的数额等就归于债务人自行认定，而不是由管理人依法审查，债务人就有可能不依法认定或者与破产别除权人串通虚构担保债务以损害其他债权人的合法权益。

5. 根据《企业破产法》第17条的规定，人民法院受理破产申请后，债务人的债务人或者财产持有人应当向管理人清偿债务或者交付财产。债务人的债务人或者财产持有人故意违反上述规定向债务人清偿债务或者交付财产，使债权人受到损失的，不免除其清偿债务或者交付财产的义务。

6. 根据《企业破产法》第19条的规定，人民法院受理破产申请后，有关债务人财产的保全措施应当解除，执行程序应当中止。上述保全措施或者执行程序，如属债权人因为行使担保物权或者法定特别优先权等优先受偿权利的，也应予以解除或者中止，待管理人接受、管理债务人财产后再配合人民法院予以执行。

7. 根据《企业破产法》第20条的规定，人民法院受理破产申请后，已经开始而尚未终结的有关债务人的民事诉讼或者仲裁应当中止；在管理人接管债务人的财产后，该诉讼或者仲裁继续进行，等等。

第二节　破产和解协议通过与认可

破产和解协议，是指债务人与债权人就债权减免、债权延期清偿、债权清偿担保等内容达成的共同意思表示。经过人民法院裁定认可后，即对债务人和全体和解债权人发生效力。根据《企业破产法》的有关规定，对于破产和解协议的通过与认可，应当注意以下几个方面：

一、破产和解协议草案的内容

破产和解协议草案，是指债务人向人民法院在提出和解申请时提交的具体和解方案，是债务人向债权人发出的要约，债权人会议一旦通过，即属于承诺，破产和解协议即依法成立。其合法成立，可并非一定有效，更非一定生效，只有经过人民法院审查认为符合有关法律规定，经裁定认可后才能发生法律效力。就其内容而言，主要包括：

（一）债务人财产状况

债务人财产包括有形资产、无形资产及债权等，应当在破产和解协议草案中加以说明。这是人民法院审查债务人是否具有破产原因的基本方面。

（二）债务人的债务情况

债务人的债务是人民法院审查债务人是否具有破产原因的另一个方面，需要在破产和解协议草案中加以介绍。债务人的债务即债权人的债权情况，包括债权人人数及其债权总额；具有财产担保或者法定特别优先权的债权人人数及其债权总额；债权性质及其原因，如是否成立、是否有效、是否已被撤销、是否确定不发生效力、是否生效、是否超过诉讼时效或者申请执行期限；债务人不能清偿到期债务的情况；债权的法定分类及其每类债权人的人数及其债权总额；债权与债务人资产的比例等。

（三）债权减免情况

债务人要求债权人与其和解，就是要求债权人对其债权数额包括本金、利息等做些妥协与让步，首先应当对债权人的债权进行法定分类，然后就每类债权的本金、利息的减免及其清偿比例提出自己的想法。参照《企业破产法》第83条的规定，对于统筹社保债权，即债务人欠缴公法上的社会保险费用（除应当划入职工个人账户的基本养老保险、基本医疗保险费用以外的社会保险费用）所产生的债权，债务人与有关债权人不得进行和解。

(四) 债权清偿计划安排

在破产和解协议草案中，债务人应当就各类债权清偿的方式、时间等进行设计。如清偿方式是货币清偿，还是实物抵偿，亦是债转股清偿，或是让债权人使用债务人的财产抵债等。债务清偿是一次性清偿，还是分期分批清偿。一次性清偿的，应当确定具体的清偿期限；分期分批清偿的，应当确定每次每批清偿的期限。

(五) 保证破产和解协议执行的措施与方法

债务人提出的债权清偿方案，需要具体的措施来保证执行。只有债权清偿计划，没有保证这种清偿计划落实、实施的具体措施、方法，债权人依然可能心怀疑虑而不予以通过。为了取得债权人的信任，提高破产和解协议草案通过的概率，债务人有必要就债权清偿计划落实的具体方法、措施作出说明。如是否能够取得银行贷款，能够取得银行贷款的，就贷款的数额、用途、条件等进行说明；是否能够引进新的投资者，新的投资者欲投资的规模、数额，能否为债权清偿设立担保，在债务人不履行和解协议时，由担保人对债务人担保和解协议的履行，等等。

(六) 和解协议可行性说明

和解协议是否可行，属于债权人会议讨论通过、人民法院裁定认可时需要考虑的重要因素之一。只有债务人提出的破产和解协议具有可行性时，债权人会议才会通过破产和解协议草案，否则就难以通过。和解协议是否可行，主要应就债务人的产品、品牌、地位、生产经营能力、生产经营结构、经营管理、技术能力与水平、财务状况等自身情况，结合国内外同类产品、服务情况进行分析判断。

(七) 管理人报酬及收取情况

根据《管理人报酬规定》第10条关于“最终确定的管理人报酬及收取情况，应列入破产财产分配方案。在和解、重整程序中，管理人报酬方案内容应列入和解协议草案或重整计划草案”的规定，管理人的报酬及其收取情况构成破产和解协议草案的组成部分需要加以列明。

二、破产和解协议草案的草拟与提交

《企业破产法》第95条第2款规定：“债务人申请和解，应当提出和解协议草案。”据此，破产和解协议草案由债务人草拟，并在债务人申请和解时向人民法院提交。此时，债务人仅仅向人民法院提出和解申请，在初始破产和解程序中，还不存在管理人及依法申报的债权人，不存在由管理人草拟的问题，也不存在向管理人、债权人会议提交的问题。

三、破产和解协议草案的讨论与通过

（一）由人民法院召集债权人会议讨论破产和解协议草案

《企业破产法》第96条第1款规定："人民法院经审查认为和解申请符合本法规定的，应当裁定和解，予以公告，并召集债权人会议讨论和解协议草案。"基此，破产和解协议草案的讨论、通过必须发生在人民法院受理破产和解申请之后。债务人虽然提出破产和解申请，可人民法院对和解申请审查后认为不符合法律规定的条件从而没有裁定和解的，也就不存在由债权人会议讨论通过破产和解协议草案的问题。在债务人提出破产和解的同时，债权人或者国务院金融监督管理机构等依法提出破产重整申请，符合重整条件，根据破产重整程序优先于破产和解程序的适用原则，人民法院裁定债务人破产重整的，也不存在对债务人的破产和解协议草案进行讨论、通过的问题。

（二）债权人会议表决通过破产和解协议草案

《企业破产法》第97条规定："债权人会议通过和解协议草案的决议，由出席会议的有表决权的债权人过半数同意，并且其所代表的债权额占无财产担保债权总额的三分之二以上。"对此应当注意以下几点：

1. 根据《企业破产法》第59条第3款的规定，具有财产担保或者法定特别优先权的破产别除权人没有放弃优先受偿权利的，则对和解协议草案、破产财产的分配方案的通过不具有表决权，不能参与债权人会议的表决；放弃优先受偿的权利的，则由破产别除权人转换为普通债权人，具有表决权，可以参加破产和解协议草案的表决。

2. 由出席会议的有表决权的债权人过半数同意，是债权人会议通过和解协议草案的条件之一：（1）要求由有表决权的债权人过半数通过，而不是出席债权人会议的所有债权人过半数通过。虽然出席了债权人会议但不具有表决权，则不能计入有表决权的债权人的人数总数。（2）要求必须是出席了债权人会议的且具有表决权的债权人过半数通过。虽具有表决权然未出席债权人会议，也不能计入有表决权的债权人的人数总数。（3）要求过半数通过，应当不包括半数在内。只有超过半数才符合破产和解协议草案通过的法定人数标准。

3. 同意通过破产和解协议草案的债权人所代表的债权额占无财产担保债权总额的2/3以上，是债权人会议通过和解协议草案的另一条件，即破产和解协议草案的通过，不仅要求达到法定的债权人人数标准，而且要求通过的债权人所代表的债权达到法定的债权数额标准。投票同意通过破产和解协议草案的债权人人数虽然超过了出席会议的具有表决权的债权人的半数，然这些同意通过的债权人所代表的债权没有占到无财产担保债权总额的2/3以上，或者同意通过破产和解协议草案的债权人所代表的债权占到了无财产担保债权总额的2/3以上，可同意通过破产和解协议草案的债权人人数没有超过出席债权人会议的具有表决权的债权人的半数，破产和解协议草案均属于没有通过。至于“无财产担保债权总额虽然达到了2/3以上”中的债权总额，不是指出席债权人会议的具有表决权的债权人所代表的债权总数，也不是指出席债权人会议的债权人所代表的债权总数，而是指经过依法申报并经过审查且由人民法院裁定确认或者临时确认的不具有财产担保或者法定特别优先权的债权总额。放弃了担保物权或者法定特别优先权等优先受偿权的债权，由于转换为了普通债权，应当计算在内。

（三）破产和解协议草案表决通过的异议

根据《企业破产法》第64条第2款的规定，债权人认为债权人会议的决议包括通过破产和解协议草案的决议违反法律规定，损害其利益的，可以自债权人会议作出决议之日起15日内，请求人民法院裁定撤销该决议，责令债权人会议依法重新作出决议。

四、破产和解协议的裁定认可

《企业破产法》第98条规定：“债权人会议通过和解协议草案的，由人民法院裁定认可，终止和解程序，并予以公告。”破产和解协议获得了债权人会议的通过，只是依法成立，即债务人向债权人以提出破产和解协议草案的方式发出要约，债权人会议通过表决方式同意通过便作出承诺，破产和解协议便依法成立。依法成立的破产和解协议，并不一定有效，有效也不一定会立即发生法律效力，因为破产和解协议不是债务人与个别债权人之间的和解协议，而是债务人与所有依法申报债权的和解债权人之间的协议，其涉及能否公平清偿所有和解债权人的债权问题，需要人民法院依法对下列事项进行审查：债权人会议通过决议是否由有表决权的债权人依法表决；是否存在欺诈、贿赂或者威胁债权人等违背其意志同意通过的行为；是否符合法定人数及所代表债权数额的要求；是否存在恶意串通损害其他债权人或者其他利害关系人、国家利益、集体利益的现象；是否存在违反法律、行政法规等强制性规定的内容；债务人与债权人会议和解的目的是否正当；有无破产欺诈现象；是否对债务人财产的情况隐瞒了真相或者虚构了事实与事实不符，等等。破产和解协议只有在程序上依法成立，而不是源于债务人的欺诈行为或者违法行为所致，且在内容上不具有违反法律、行政法规强制性规定而无效的情形，人民法院才会予以裁定认可，使得破产和解协议发生法律效力。人民法院对破产和解协议进行审查并裁定认可，也是保证和解协议合法有效进而能够得以有效执行的重要保证，是人民法院主导破产程序进行，对债务人、债权人的破产行为进行监督的必要手段与方式。

五、破产和解协议裁定认可的法律效果

破产和解协议得到人民法院的裁定认可后，产生下列法律效果：

（一）破产和解程序终止

破产和解协议自人民法院裁定认可后，在程序上产生终止和解程序的效力。《企业破产法》第98条明确规定："债权人会议通过和解协议草案的，由人民法院裁定认可，终止和解程序，并予以公告。管理人应当向债务人移交财产和营业事务，并向人民法院提交执行职务的报告。"

（二）阻却破产重整程序的适用

破产和解协议经过人民法院裁定认可之后，债务人进入破产和解程序，不能再裁定进行破产重整程序。可在债务人不能执行或者不执行破产和解协议时，依法可以终止破产和解协议的执行，宣告债务人破产，转入破产清算程序。

（三）管理人职务终止

根据《企业破产法》第98条的规定，人民法院对经过债权人会议通过的破产和解协议依法裁定认可后，管理人要向债务人移交财产和营业事务，并向人民法院提交执行职务的报告，职务至此终止。这点与破产重整计划执行不同。在重整计划得到人民法院批准后，破产重整程序终止转入重整计划执行阶段，管理人也应依法向债务人移交财产和营业事务，然其职责仍旧没有终止，其还需要依法在监督期限内对债务人执行重整计划的情况行使监督职权、履行监督职责。而在破产和解程序中，随着破产和解协议的认可，管理人的职责也得以终止，不对债务人执行和解协议的情况进行监督。

（四）执行效力开始

破产和解协议经过人民法院裁定认可后，自始发生法律效力，需要按照和解协议由债务人执行。债务人应当按照和解协议约定的债权清偿比例、清偿时间、方式等对债权人进行清偿，破产和解程序转入破产和解协议执行阶段。对这，将在本章第3节破产和解协议执行中进行分析，这里不再多述。

第三节　破产和解协议执行

一、破产和解协议执行的效力

《企业破产法》第100条规定："经人民法院裁定认可的和解协议，对债务人和全体和解债权人均有约束力。和解债权人是指人民法院受理破产申请时对债务人享有无财产担保债权的人。和解债权人未依照本法规定申报债权的，在和解协议执行期间不得行使权利；在和解协议执行完毕后，可以按照和解协议规定的清偿条件行使权利。"第101条规定："和解债权人对债务人的保证人和其他连带债务人所享有的权利，不受和解协议的影响。"第102条的规定："债务人应当按照和解协议规定的条件清偿债务。"对此，应当注意：

（一）已获裁定认可的破产和解协议对债务人具有约束力

破产和解协议一旦获得人民法院裁定认可，对债务人来说，就具有约束力。其要求债务人严格按照和解协议的条款对和解债权人的债权全面进行清偿，不得拒绝履行或者迟延履行；不得实施欺诈、转移、私分、侵吞财产等损害债权人合法权益的行为；不得在破产和解协议外对个别债权人实施有损害其他债权人利益的额外清偿，等等。总之，根据《企业破产法》第102条的规定，债务人应当按照和解协议规定的条件清偿债务。

（二）已获裁定认可的破产和解协议仅对全体和解债权人具有约束力

破产和解协议获得债权人会议通过，并经人民法院裁定认可，对债权人即产生约束力。其与重整计划不同，重整计划对债权人的效力范围是所有债权人，破产和解协议对债权人的效力约束范围则为全体和解债权人。非和解债权人，如破产别除权人和在破产申请受理后产生的共益债务的共益债权人，则不受破产和解协议的约束。对债务人特定财产享有担保物权或者法定特别优先权的破产别除权人，只要其未放弃优先受偿的权利，自人民法院裁定和解之日起就可以行使权利，然对破产和解协议草案的通过不具有表决权，不属于破产和解协议债权人一方中的当事人，不应受到破产和解协议的约束。《企业破产法》第100条明确规定："经人民法院裁定认可的和解协议，对债务人和全体和解债权人均有约束力。"

全体和解债权人的构成条件：（1）要求必须是债权人。非债权人实际并不存在债权而进行了所谓的"债权"申报，也不能因为所谓的"申报"就是债权人，不能属于和解债权人。（2）要求必须是人民法院受理破产申请时就是债务人的债权人。在人民法院受理时不是债务人的债权人，在人民法院受理破产申请后才成为债务人的新债权人的，这种新债权人不是和解债权人。（3）要求必须是不具有财产担保或者法定特别优先权的债权人。即不是破产别除权人，而是破产别除权人以外的其他债权人，包括劳动债权人、基本税收债权人、普通债权人，但不应包括统筹社保债权人。可是，破产别除权人放弃优先受偿的权利的，成为普通债权人，可以构成和解债权人，应当受到破产和解协议的约束。

全体和解债权人的构成范围：既包括依法申报债权参加了破产程序的和解债权人，又包括没有申报债权未参加破产程序的和解债权人；既包括参加破产程序且出席了债权人会议的和解债权人，又包括参加破产程序但未出席债权人会议的和解债权人；既包括对破产和解协议草案赞成同意通过的债权人，又包括放弃或者反对通过和解协议草案的债权人；既包括劳动债权人、基本税收债权人，又包括普通债权人。不论其是何种债权人，只要是和解债权人，就要受到破产和解协议的约束。

至于已获裁定认可的破产和解协议对全体和解债权人的约束力，则是指破产和解协议的内容包括债权减免的约定、债权清偿比例、条件、时间、方式等对所有和解债权人、债务人均具有效力。所有和解债权人都只能按照破产和解协议接受清偿，不能在破产和解协议之外单独行使权利或者获得破产和解协议约定之外的清偿。债务人在破产和解协议执行期间依旧不能对个别债权人进行个别清偿。

（三）未依法申报债权的债权人在破产和解协议执行期间不得行使权利、接受清偿

《企业破产法》第48条第1款规定："债权人应当在人民法院确定的债权申报期限内向管理人申报债权。"第2款规定，劳动债权不必申报。第56条第2款规定："债权人未依照本法规定申报债权的，不得依照本法规定的程序行使权利。"第100条第2款进一步明确："和解债权人未依照本法规定申报债权的，在和解协议执行期间不得行使权利。"对此，应当注意：

1. 和解债权人未依法申报债权。和解债权人未依法申报债权即未依照《企业破产法》的规定申报债权，是指和解债权人对自己的债权既未在债权申报期内依法申报，也未在债权申报期届满后依照《企业破产法》的规定补充申报，即在整个破产程序之中根本没有申报或者虽然申报但不符合法定的基本要求而不构成合法申报。依法申报债权的和解债权人，既包括在债权申报期限内依法申报了债权的和解债权人，又包括在债权申报期限届满后破产财

产分配前依法进行了补充申报的和解债权人。而未依法申报的和解债权人，则是指在破产程序中根本没有对其债权进行申报，或者进行申报时根本不提交证据材料等资料从而无法构成合法申报的和解债权人。

2. 未依法申报债权的和解债权人在整个破产程序包括破产和解协议执行期间不得行使的权利，既包括程序权利，又包括实体权利。前者即程序权利，是指依法申报债权的和解债权人可以依法参与破产程序，并依照《企业破产法》规定的为了维护其实体权益而享有的各种程序性权利，如参加债权人会议、对破产和解协议草案进行表决、对通过的破产和解协议依法申请人民法院裁定撤销等。后者是指和解债权人根据《民法典》《公司法》等实体法律规定而对债务人享有的债务人应当对其进行清偿的债权。

3. 未依法申报债权的和解债权人，在整个破产程序中不得行使权利。破产和解协议执行期间，仍然属于破产和解程序期间，未依法申报债权的债权人在破产和解协议执行期间也不得行使权利。然在破产和解程序完全结束即破产和解协议执行完毕而致破产和解程序终结之后，根据程序不消灭实体权利的原则，和解债权人的债权合法有效且未超过诉讼时效、申请执行时效而可以受到法律强制性保护的，依然可以行使实体权利。可这种实体权利的行使，根据破产和解协议对所有和解债权人均具有普遍约束力的原则，仍要按照破产和解协议约定的同类债权的清偿条件行使权利。不然，和解债权人在破产和解协议执行完毕后可以高于破产和解协议约定的清偿比例受到清偿，则无异于鼓励和解债权人不申报债权而不参加破产程序。

另外，没有依法申报债权未参与破产和解程序的和解债权人，在破产和解协议执行完毕后，可以向债务人行使实体权利，即要求债务人按照破产和解协议的约定对自己的债权进行清偿。债务人拒不按照破产和解协议进行清偿的，债权人只能按照一般的民事诉讼程序或者执行程序向人民法院寻求救济，而不能请求人民法院宣告债务人破产。

当然，和解债权人的债权非法无效，或者确定不发生效力，或者被依法撤销，或者没有生效，或者因为超过诉讼时效、申请执行时效而不再受到法律强制性保护的，则不能按照破产和解协议约定的同类债权的清偿条件行使权利。然则，债务人在破产和解协议中明确承认的债权，无论以前是否实际超过诉讼时效，均由于债务人的重新承认而使诉讼时效重新计算。这种为破产和解协议承认了债权的债权人在破产和解程序中即使未主张权利，在破产和解协议执行完毕后均可以要求按照破产和解协议规定的清偿条件进行清偿。破产和解协议没有承认的债权，债权人必须在诉讼时效的期限内向债务人主张权利，以使诉讼时效中断。否则，诉讼时效一过，则在破产和解协议执行完毕后也不能要求债务人按照破产和解协议对超过诉讼时效的债权进行清偿。某一债权是否超过诉讼时效，是针对各自的债权来说的，不能因为他人申请破产这一事实而使得没有行使权利的债权人的债权自然起到诉讼时效中断的效果。这正如，甲、乙均对丙享有债权，甲对丙主张债权而使其债权的诉讼时效中断，并不代表乙对丙的债权的诉讼时效中断，乙对丙的债权的诉讼时效中断要以乙对丙主张权利为前提。在破产程序中，甲申请丙破产致使甲对丙的诉讼时效中断，其他债权人进行债权申报的行为才使得其债权的诉讼时效中断。既未申请破产又未申报债权的，其债权的诉讼时效并不因为债务人破产就一定中断。在破产和解协议执行完毕因为一直未主张权利而超过诉讼时效的，则不能再行要求债务人按照破产和解协议规定的条件进行清偿。

（四）和解债权人对债务人的保证人和其他连带债务人所享有的权利不受和解协议的影响

1. 债务人对和解债权人所负的债务属于连带债务，和解债权人对债务人的连带债务人包括保证人和其他连带债务人，则享有要求其偿还全部债权的权利。和解债权人对债务人的连带债务人所享有的权利，不能受到破产和解协议的影响。破产和解协议所涉及的债权减免以及债权清偿比例、条件、方式、时间等，均对债务人的连带债务人不具有约束力，不会因为债权人对债务人的债权及其清偿的变更就导致债权人对债务人的连带责任人的债权及其清偿的变更，债务人的连带债务人依旧需要按照合同约定或者法律规定对债权人承担连带责任。假若因为债务人破产和解而致债务人的债务减轻或者免除，债务人的连带债务人对债权人的债务也予减轻或者免除，就会与连带债务人的本质及其特征相悖。

2. 破产和解协议属于债务人与和解债权人之间的协议，其效力范围只能约束破产和解协议的当事人，而不能随意将之扩大至保证人或者其他连带责任人的范围，不然也与破产和解协议的相对性相违背。

3. 和解债权人在破产和解协议中对债务人的让步，乃是源于对债务人处于破产边缘而无奈所作出的妥协、让步，通常是一种迫不得已的行为，是“两害相权取其轻”的结果。对于和解债权人对债务人所作的让步，其效力不能任意扩大至保证人或者其他连带责任人的范围。否则，连带责任人在有一连带债务人破产的情况下，就可因此减轻甚至免除责任，则连带责任的存在也就没有多大的实际意义。

4. 如果破产和解协议在减轻债务人清偿责任的同时，也对债务人的保证人或者其他连带债务人的清偿责任予以减轻或者免除，那么，一些具有第三人提供保证或者其他连带责任的债权的和解债权人，为了自身的利益不遭受更大的损害，完全可能对破产和解协议草案的通过表示强烈的反对，从而增加反对通过的人数，对破产和解协议草案通过不利，进而对债务人也会不利。

对于债务人的连带债务人，债权人可以随时要求其清偿债权。这种要求既可以发生在破产程序包括破产和解协议的执行过程中，也可以发生在破产程序结束后如在破产和解协议执行完毕后。在破产和解协议执行完毕后，则只能就破产和解协议执行没有清偿的部分要求连带债务人承担清偿责任，对于已经获得清偿的部分不能再要求连带债务人进行清偿。但在破产和解协议执行期间，债权人可以要求连带债务人清偿全部债权。连带债务人在破产和解包括破产和解协议执行期间代债务人清偿了债务的，则根据《企业破产法》第 51 条的规定，对债务人可行使求偿权。连带债务人对债务人基于代替债务人清偿债务产生的债权要受到破产和解协议的约束，按照破产和解协议规定的内容如同类债权的清偿顺序、比例、条件、方式、时间等接受清偿。因此，保证人或者其他连带债务人要遭受损失，这也正是连带保证责任人和其他连带债务人所应承担的风险所在。应当指出，在此种情况下，债权人因为连带债务人代替债务人偿还债务而受到清偿的债权，应当从其债权额中扣除。不然，就是对源于同一债务的债权进行重复清偿。

还应指出，在破产和解程序中，保证人或者其他连带责任人并未代替债务人清偿债务的，对债权人已申报全部债权并公平受偿后未获清偿的部分，在破产和解程序终结即破产和解协议执行完毕后继续负有连带清偿的责任。保证人或者其他连带责任人在破产和解协议执行完毕后因为保证责任或者其他连带责任清偿债务的，则不能像在破产和解程序中实际承担了保证责任或者其他连带责任即代替债务人清偿债务而实际享有求偿权那样按照破产和解协议规定的条件让债务人对其清偿，不能再找债务人对其承担的保证责任或者连带责任进行清偿。这点与保证人或者其他连带债务人在破产程序中未实际履行保证责任或者其他连带责任，在重整计划执行完毕后再对债务人于破产重整程序中未能清偿的部分承担保证责任或者其他连带责任，不能再让债务人按照重整计划规定的清偿条件进行清偿一样，具体可见第 9 章破产重整第 6 节重整计划执行“三、重整计划执行的效力”中的有关分析。

二、破产和解协议执行的终止

《企业破产法》第 104 条规定：“债务人不能执行或者不执行和解协议的，人民法院经和解债权人请求，应当裁定终止和解协议的执行，并宣告债务人破产。人民法院裁定终止和解协议执行的，和解债权人在和解协议中作出的债权调整的承诺失去效力。和解债权人因执行和解协议所受的清偿依然有效，和解债权未受清偿的部分作为破产债权。前款规定的债权人，只有在其他债权人同自己所受的清偿达到同一比例时，才能继续接受分配。有本条第一款规定情形的，为和解协议的执行提供的担保继续有效。”据之，对于破产和解协议执行的终止，应当注意以下几点：

（一）破产和解协议执行终止的条件

破产和解协议执行终止的条件包括实质条件与形式条件两个方面。就实质条件而言，是指债务人不能执行或者不予执行破产和解协议，造成破产和解协议无法落实、实施，从而终止破产和解协议的执行。后者是指在破产和解协议具有执行终止的实质条件时，在程序上必须经和解债权人提出请求，并且由人民法院以裁定的方式才能终止破产和解协议的执行。没有和解债权人请求，人民法院不能自行主动裁定终止破产和解协议的执行；虽有和解债权人请求，然人民法院不以裁定方式对破产和解协议执行予以终止，破产和解协议仍不会终止执行。破产和解协议执行的终止，不仅仅是债务人不能执行或者不予执行破产和解协议的事实行为，而且是和解债权人及人民法院依法进行的一种破产程序的行为，具有法定的实质条件、形式条件，并且产生破产和解协议不再执行，破产和解协议执行程序予以结束，并转入破产清算程序的法律后果。具体来说，破产和解协议执行终止的条件包括：

1. 债务人必须不能执行或者不予执行。对此，应当注意破产和解协议不能执行或者不予执行的内容与原因两个方面：

一是，破产和解协议不能执行或者不予执行的内容。破产和解协议作为避免债务人破产清算而使之重生与和解债权人就债权减免、债权清偿、债权清偿担保等所作的约定，并经人民法院裁定认可，应当全面、严格加以执行，对其内容不应加以改变。

二是，债务人不能执行或者不予执行破产和解协议的原因。债务人不能执行破产和解协议，是指源于各种客观原因导致债务人没有能力而无法实施、执行破产和解协议有关债权人权益的事项，属于债务人客观上无法执行破产和解协议。这种客观原因产生的不能，既可以是债务人自身的原因，如债务人的销售量达不到预期规模，或者生产经营服务等营业成本不断增加，利润减少或者没有利润甚至亏损，或者没有必要的现金无法按照破产和解协议约定期限及时清偿债权人的债权；也可能是债务人以外的原因，如债务人的生产设备遭遇火灾、水灾毁损而无法正常营业，或者因为第三人违约、侵权致使债务人处于财务困难的境地，或者因为市场环境的变化导致债务人生产经营服务等营业根本无法继续进行等。至于对破产和解协议不能执行，则是指无法按照破产和解协议约定的债权数额及清偿条件、方式、期限等予以落实、实施。对这，也不能绝对化，不能稍有一些无法落实的具体情况，就认为属于破产和解协议执行的不能。

债务人不予执行破产和解协议，是指债务人在客观上虽然具有执行破产和解协议的有关债权人债权事项的能力，可基于主观想法拒不执行破产和解协议或者故意拖延执行破产和解协议有关债权人债权的事项，属于债务人主观上的不愿执行破产和解协议。

2. 必须由和解债权人向人民法院提出终止破产和解协议执行的申请。债务人虽然不能执行或者不予执行破产和解协议，然和解债权人没有向人民法院提出申请，人民法院也不能裁定终止执行破产和解协议。和解债权人向人民法院提出破产和解协议执行的终止申请，乃是破产和解协议终止执行的必备环节，不能缺少。

3. 必须由人民法院依法裁定。债务人不能执行或者不予执行破产和解协议，和解债权人也向人民法院提出了终止破产和解协议执行的请求，可人民法院没有裁定终止执行前，仍然处于破产和解协议执行阶段，在程序上尚未产生破产和解协议执行终止的效力。人民法院对于和解债权人申请终止破产和解协议执行的申请，经过审查属实的，依法裁定破产和解协议执行终止，立即生效，进而产生终止执行破产和解协议的效力，破产和解协议执行程序结束，宣告债务人破产，进而转入破产清算程序。

（二）裁定终止破产和解协议执行的法律后果

经和解债权人申请，人民法院依法裁定终止破产和解协议执行的，在程序上的效果是使破产和解协议的执行归于停止、结束，同时宣告债务人破产，转为破产清算程序。而在实体上的法律后果，根据《企业破产法》第104条第2款、第3款、第4款的规定，表现为以下几个方面：

1. 人民法院裁定终止和解协议执行的，和解债权人在和解协议中作出的债权调整的承诺失去效力。破产和解协议既然不能执行或者不予执行而致使终止执行，和解债权人在破产和解协议中作出的债权调整的承诺就失去效力，而不能再对和解债权人产生约束力。和解债权人对于债权调整的承诺包括债权本金、利息的减免以及债权清偿比例、条件、方式、期限等均不再有效。和解债权人未能清偿的债权只能在后续的破产清算程序中公平接受清偿，不再按照破产和解协议的约定进行清偿。

2. 和解债权人因执行和解协议所受的清偿仍旧有效，和解债权未受清偿的部分作为破产债权。在人民法院裁定终止执行破产和解协议时，债务人完全可能已经对破产和解协议执行了一部分。和解债权人对于因为破产和解协议的执行而受到的清偿继续有效，不能因为破产和解协议执行的终止就否定已经执行部分的效力。换言之，终止破产和解协议执行的法律后果只对未执行完的破产和解协议发生效力，而不能追溯既往至已对破产和解协议执行的部分而致其无效。债权人因执行破产和解协议所受的清偿既然有效，那么，已经受到的清偿不能再作为破产债权而在后续的破产清算程序中继续清偿，只有未得到清偿的部分即和解债权人对债务人经过人民法院依法确认的和解债权与因执行破产和解协议受偿的部分之差才能作为破产债权，并参与后续的破产清算程序继续依法受偿。

3. 因执行破产和解协议所受清偿的和解债权人只有在其他债权人同自己所受的清偿达到同一比例时，才能继续接受分配。在破产和解协议执行的过程中，有的和解债权人的和解债权可能按照破产和解协议得到了部分清偿，有的可能还没有得到清偿，或者虽然得到了清偿可其得到清偿的比例要比他人低。对于和解债权已经得到清偿的和解债权人，在其他和解债权人所受清偿债权的比例没有达到其已经受到清偿的比例前，则不能继续接受清偿参与分配。只有在其他和解债权人所受清偿债权的比例达到了其所受清偿债权的比例时，才能继续与其他和解债权人一道继续接受清偿。这是破产法中“债权应当同等对待”原则的必然要求。在和解债权人所受清偿存在不同比例的情况下，应对所受清偿债权比例低的和解债权人进行补差，所受清偿债权比例高的和解债权人在其他和解债权人都达到其所受清偿的比例时，才能再参与分配。

4. 为和解协议的执行提供的担保继续有效。破产和解协议获得人民法院裁定认可，破产和解协议的执行存在担保包括抵押、质押和保证的，此种对破产和解协议执行所作的担保即关于在破产和解协议不能执行或者不予执行时由担保人来承担相应的法律责任继续有效。破产和解协议中有关执行担保条款的设置，本来就是在破产和解协议不能实施、执行时才发生效力的。破产和解协议能够正常实施、执行，也就不存在担保人履行相关责任的问题，不能因为破产和解协议不能执行或者不予执行，而将其中的担保条款的效力也加以否定。具体来说，在债务人对破产和解协议不能执行或者不予执行时，对破产和解协议执行提供担保的担保人，可以采取两种方式承担其担保责任：（1）担保人可以通过注入资金等方式，使破产和解协议予以履行，也就是继续按照破产和解协议的内容对债权人的债权进行全面的、严格的清偿。这时，并不需要终止破产和解协议的执行。（2）在终止破产和解协议执行的情况下，担保人依旧需要按照担保条款的设置依法承担担保责任。

三、破产和解协议执行的完结

（一）破产和解协议执行完结的概念

破产和解协议执行的完结，即破产和解协议执行的完毕，是指对破产和解协议中的债权减免及债权受偿的条件、方式、期限等有关和解债权人债权内容的事项严格、全面落实、实施、执行完毕，从而终结、完成整个破产程序的行为。

（二）破产和解协议执行完结与破产和解协议执行终止的区别

1. 破产和解协议执行完结，意味着整个破产和解程序乃至整个破产程序的完成、结束及终结，与破产和解协议执行终止不同。后者是指因为债务人不能执行或者不予执行破产和解协议而致破产和解协议停止、结束执行，因而不能或者不能完全执行破产和解协议中有关和解债权人债权清偿的内容，与破产和解协议执行完结中有关和解债权人债权清偿的内容能够全面、严格执行而完全结束破产和解程序乃至整个破产程序的破产和解协议执行完结不同。

2. 破产和解协议执行终止，只是意味着有关债务人的破产和解执行程序乃至破产和解程序的结束、停止，并不意味着有关债务人的整个破产程序的完全结束。破产和解协议执行终止后，还要同时宣告债务人破产，由破产和解执行程序乃至破产和解程序转入破产清算程序，即对债务人需要继续进行破产程序，此时进行的不过是破产清算程序。而破产和解协议执行完结，不仅意味着破产和解协议执行程序乃至破产和解程序的完成、结束，而且意味着有关债务人的整个破产程序的完全结束，不存在再对债务人继续进行破产清算的问题。

3. 破产和解协议执行完结，是对破产和解协议中有关债权内容的完全肯定并使之得到全面落实、实施与执行。而破产和解协议执行终止，则是对破产和解协议中有关债权内容乃至整个破产和解协议的否定，包括部分否定或者全部否定。所以，破产和解协议执行完结，和解债权人的债权按照破产和解协议得到了清偿、满足，不再存在对于未能清偿的和解债权再继续清偿的问题。而破产和解协议执行终止，则由于不能按照破产和解协议清偿和解债权人的债权，破产和解协议中有关和解债权人债权的内容如债权减免、债权受偿方案等具体约定对和解债权人不再具有效力，和解债权人的清偿只能按照破产清算的规则继续进行。

（三）破产和解协议执行完结的实体效力

破产和解协议执行的完结，在程序上具有完全结束破产和解协议执行程序、破产和解程序乃至整个破产程序的效力。在实体上，《企业破产法》第106条规定："按照和解协议减免的债务，自和解协议执行完毕时起，债务人不再承担清偿责任。"如果对于破产和解协议中减免的债务，和解债权人还可以要求债务人继续清偿，债务人还要继续承担清偿义务，那么，破产和解协议关于债权减免及清偿比例等内容的约定就没有任何意义。其实，和解债权人的债权减免与减免后的债权按照破产和解协议约定的清偿比例、时间、方式等进行清偿，是和解债权人、债务人之间妥协让步并经人民法院裁定认可后的约定，两者互为条件：和解债权人的债权如果即债务人对和解债权人的债务得到减免，那么，和解债权人被减免后的债权就要按照破产和解协议约定的债权受偿方案包括受偿比例、受偿时间、受偿方式等进行清偿，即债务人必须按照受偿方案对和解债权人清偿债务；如果和解债权人被减免后的债权没有按照破产和解协议约定的债权受偿方案包括受偿比例、受偿时间、受偿方式等得到清偿，即债务人没有按照受偿方案对和解债权人清偿债务，那么，破产和解协议中关于和解债权人的债权减免等债权内容的规定就失去效力，即不能再按照破产和解协议对和解债权人的债权进行减免。是以，和解债权人被减免后的债权在按照破产和解协议约定的债权受偿方案包括受偿比例、受偿时间、受偿方式等得到了清偿，即债务人已经按照受偿方案对和解债权人清偿债务，致使破产和解协议得以执行完毕的情况下，和解债权人被减免的债权等内容，自然有效，债务人也就不再对破产和解协议中已经减免的债权承担清偿责任。对此，最高人民法院执行工作办公室 2007 年 3 月 9 日《关于破产和解后以破产债务人为被执行人的案件能否继续执行的请示答复（节录）》（法〔执〕明传〔2007〕10 号）指出，牡丹江中院破产案件终结，是因为债权人会议通过了和解协议并执行完毕，债务人圣方科技公司按照和解协议规定的条件清偿了债务，破产原因消除。经破产申请受理法院裁定认可的和解协议，对债务人和全体债权人均有约束力。中科软件公司参加了破产程序，依法应当受该和解协议的约束。破产和解是债务人破产再生程序，和解协议执行完毕后，其法人资格仍存续，但不再承担和解协议规定以外的债务的清偿责任。对这，当时法律虽无明文规定，可参照《企业破产法》，应作此理解。此种情况下圣方科技公司未被宣告破产，并保留主体资格，这一点不能成为你院恢复执行的理由。在牡丹江中院裁定终结破产程序后，你院应当裁定对圣方科技公司的执行终结。关于中科软件公司权益的保护问题：首先，依和解协议中科软件公司应当受偿的款项，据反映现由长沙中院为执行以中科软件公司为债务人的案件，而予以冻结。如该款项解冻，则可通过破产清算组领取。其次，终结对圣方科技公司的执行，并不妨碍其按照你院判决第（2）项，对同案中另外二被告质押给中科软件公司的共 1.8 亿元股权行使优先受偿权。至于中科软件公司对牡丹江中院在破产程序中涉及其权益处理的异议，应当通过对破产裁定的申诉或其他适当途径解决，而不应由你院再启动执行程序解决。

应当指出，破产和解协议执行完毕，债务人按照破产和解协议清偿了和解债权人的债权后，债务人不再承担清偿责任，即债务人对债权人的债权清偿责任得到免除。然这种免除责任，仅仅及于债务人，而不能及于债务人的保证人或者其他连带债务人。债务人的保证人和其他连带债务人，依旧需要依照保证合同或者法律规定等对和解债权人承担连带责任。破产和解协议中的债务免除与一般民法上的债务免除不同。后者即民法上的债务免除，会产生消灭债务的法律后果。债权人对债务人的债务减免，导致债务人的债务消灭，债务人的保证人或者其他连带债务人也就不需要再对债务人承担连带责任。而破产和解协议中对债务人的债务免除，并不导致债务人的债务消灭，债务人的保证人或者其他连带债务人，继续需要依约定和法律规定承担连带责任。故，《企业破产法》第 101 条明确规定："和解债权人对债务人的保证人和其他连带债务人所享有的权利，不受和解协议的影响。"

此外，最高人民法院《关于代为清偿的连带债务人是否有权向破产和解的债务人继续追偿问题请示的复函》（〔2010〕民二他字第 15 号）明确指出："债权人如果已在主债务人的破产和解或者重整程序中全额申报了债权，其未得清偿的部分可以向保证人或者连带债务人主张。但保证人或连带债务人履行完剩余的清偿义务后，由于对于任何实质上源于同一债务的普通债权，在破产程序中只能得到与其他普通债权相同的受偿比率，而不能得到 2 次清偿，并因此得到高于其他普通债权人的清偿比例。因此，保证人或连带债务人承担清偿责任后不得向破产和解、破产重整的债务人追偿。"《破产审判纪要》第 31 条亦规定，破产程序包括破产和解程序终结后，债权人就破产程序中未受清偿部分要求保证人承担保证责任的，应在破产程序终结后 6 个月内提出。保证人承担保证责任后，不得再向和解或重整后的债务人行使求偿权。

第四节　破产和解终止、转换与终结

一、破产和解的终止

（一）破产和解终止的概念

破产和解有广义与狭义之分。广义的破产和解，既包括破产和解申请受理后至破产和解协议被裁定认可或不认可时止的阶段，既破产和解协议阶段[①]，又包括破产和解协议裁定认可生效后的破产和解协议执行阶段即破产和解协议执行阶段。狭义的破产和解，则仅指破产和解申请受理后到破产和解协议被裁定认可或不认可时止的破产和解协议阶段，而不包括破产和解协议执行阶段在内。在《企业破产法》中，破产和解取其狭义，仅指破产和解协议阶段，而不包括破产和解协议执行阶段在内。在本书中，破产和解则取其广义，既包括破产和解协议阶段，又包括破产和解协议执行阶段。为了区别，《企业破产法》中的狭义破产和解，以破产和解协议阶段取代。与之相适应，破产和解的终止指广义的破产和解终止。狭义的破产和解终止，则以破产和解协议阶段终止代替。

破产和解终止，是指破产和解协议程序、破产和解协议执行程序由于出现法定原因而予以停止、结束的行为。以破产和解终止发生的阶段为标准，破产和解终止分为破产和解协议阶段的终止与破产和解协议执行阶段的终止。以引起破产和解终止的原因为标准，破产和解终止则可分为破产和解协议草案未获通过的终止、破产和解协议通过但未获裁定认可的终止、破产和解协议通过且获裁定认可的终止、破产和解协议无效的终止以及破产和解协议不能执行或者不执行而致破产和解执行程序的终止。

（二）破产和解协议阶段的终止

破产和解以破产和解协议裁定认可为中点，分为破产和解协议与破产和解协议执行两个阶段。破产和解协议裁定认可，既是破产和解协议阶段的终点，又是破产和解协议执行阶段的起点，在破产和解协议阶段与破产和解协议执行阶段起着承前启后的作用。没有人民法院的裁定认可，即使获得债权人会议通过，破产和解协议也只是依法成立，还不一定有效，有效也还没有依法生效，还不具有遵照执行的效力，还不能执行而没有任何实际意义。只有经过人民法院裁定认可，债务人和和解债权人之间的和解协议，才予以生效，即应开始依照破产和解协议的约定予以履行，债务人和和解债权人之间的协商过程才真正告一段落、最终有了结果。与破产和解分为破产和解协议阶段及破产和解协议执行阶段相适应，破产和解终止也分为破产和解协议阶段的终止与破产和解协议执行阶段的终止。

1. 破产和解协议阶段终止的概念。破产和解协议阶段的终止，是指在破产和解申请受理后，破产和解协议被人民法院裁定认可或不认可之时或者之

---

① 注：协议一词，既可用作名词，又可用作动词。在本节中，于不同语境中分别作为名词、动词使用，注意区分。

前的终止。此项终止是债务人与和解债权人之间和解协议草案协商过程或者程序的终止。债务人与债权人尚未通过和解协议草案，或者虽然通过了和解协议可未经过人民法院裁定认可，或者已经通过和解协议并经人民法院裁定认可的终止，均可以归属于破产和解协议阶段的终止。《企业破产法》第 98 条规定的终止即“债权人会议通过和解协议草案的，由人民法院裁定认可，终止和解程序，并予以公告”，以及第 99 条规定的终止即“和解协议草案经债权人会议表决未获得通过，或者已经债权人会议通过的和解协议未获得人民法院认可的，人民法院应当裁定终止和解程序，并宣告债务人破产”，就是属于破产和解协议阶段的终止。

债务人向人民法院申请和解时，必须同时提交破产和解协议草案，该草案就是债务人对和解债权人就破产和解协议草案进行协商发出的要约，而债权人会议通过表决乃是和解债权人对债务人要约的一种承诺。如果同意通过破产和解协议草案的人数为出席会议的有表决权的和解债权人的少数即未超过半数，即放弃或者反对通过破产和解协议草案的人数为出席会议的有表决权的和解债权人半数或者半数以上的多数，或者同意通过和解协议草案的债权人超过了出席会议的有表决权的和解债权人的半数，然这些人所代表的债权没有占到无财产担保债权总额的 2/3 以上，那么，就说明和解债权人就是对债务人发出的要约予以拒绝，破产和解协议草案未获通过。破产和解协议虽然获得了债权人会议和解债权人的依法表决通过，可必须经过人民法院裁定认可后才能生效。人民法院对已通过的破产和解协议经审查认为不符合法律规定不予裁定认可的，则协议无效或有效而未生效。对于不能成立或者虽然成立但属无效或者有效而尚未生效的破产和解协议，不存在对其执行的前提与基础，破产和解失败，破产和解程序终止，转入破产清算程序，宣告债务人破产而对债务人进行破产清算。

破产和解协议通过并经人民法院裁定认可后，破产和解协议的意思表示最终发生法律效力而告终止，破产和解程序由破产和解协议阶段也就转为破产和解协议执行阶段。

2. 破产和解协议阶段终止的法律后果。破产和解协议阶段的终止，就其法律后果而言，包括两个方面：（1）破产和解协议阶段结束；（2）整个破产程序并未因为破产和解协议阶段的终止而结束，要么因为破产和解协议草案未能通过或者未获裁定认可，而转入破产清算程序；要么因为破产和解协议达成且获得裁定认可而转入破产和解协议执行阶段。以是，破产和解协议阶段的终止，并非整个破产程序的完全结束即终结，只是由破产和解协议阶段进入破产和解的另一个阶段即破产和解协议执行阶段或者另一个破产程序即破产清算程序，从而成为另一个阶段即破产和解协议执行阶段或者另一个破产程序即破产清算程序的起点。

（三）破产和解协议执行阶段的终止

破产和解协议执行阶段的终止，是指人民法院裁定认可破产和解协议致使破产和解协议发生效力开始执行后，至破产和解协议执行完毕前，因为债务人不能执行或者不予执行破产和解协议的终止。《企业破产法》第 104 条第 1 款规定："债务人不能执行或者不执行和解协议的，人民法院经和解债权人请求，应当裁定终止和解协议的执行，并宣告债务人破产。"基此，这种终止，实际是破产和解协议执行的终止，其法律后果则是终止破产和解协议执行阶段的同时，宣告债务人破产，破产和解协议执行阶段由此转入破产清算程序。因此，破产和解协议执行的终止，也并不意味着整个破产程序的终结，只是意味着破产和解协议执行阶段的终止及尔后的破产清算程序的开始。

（四）破产和解协议无效的终止

1. 破产和解协议无效终止的性质。以引起破产和解终止的原因为标准，破产和解终止可以分为破产和解协议草案未获通过的终止、破产和解协议虽然获得通过然未获裁定认可的终止、破产和解协议获得通过且裁定认可通过的终止及破产和解协议无效的终止。前 3 种终止，均是发生在破产和解协议阶段，属于破产和解协议阶段的终止。破产和解协议无效的终止，既可以是在人民法院对已经获得通过的破产和解协议审查时，发现破产和解协议具有无效的情形，并依法裁定无效，既可以将之归属于破产和解协议阶段的终止，又可以是在人民法院对已获通过的破产和解协议裁定认可后才发现具有无效的情形而裁定无效，将之归属于破产和解协议执行阶段的终止。破产和解协议无效的原因无论是在破产和解协议阶段得以发现，还是在破产和解协议执行阶段才予发现，只要一发现破产和解协议具有法定的破产无效原因，即属于因债务人的欺诈或者其他违法行为而成立的和解协议，根据《企业破产法》第 103 条规定，应依法裁定无效，并宣告债务人破产，债务人也就从破产和解程序转入破产清算程序。

2. 破产和解协议无效的原因。根据《企业破产法》第 103 条的规定，破产和解协议无效，是源于债务人的欺诈或者其他非法行为而使得破产和解协议通过成立。破产和解协议因为债务人的非法行为而成立，是人民法院裁定破产和解协议无效的基本事实根据，其构成必须符合以下条件：

一是，债务人必须存在欺诈或者其他非法行为。所谓欺诈，是指债务人提交的破产和解协议草案隐瞒事实真相或者虚构不存在的事实，如故意隐瞒财产、债权的数额及有利的营业情况，或者虚构并不存在的债务，或者故意提供虚假的保证破产和解协议执行的担保，或者对破产和解协议的可行性、措施等作不实说明等。其他非法行为，是指债务人实施的欺诈行为以外的违反法律规定的行为。如故意虚构债务，让非债权人参与债权人会议增加同意通过的表决人数及其所代表的债权数额；与破产别除权人串通，要其放弃优先受偿的权利投票通过破产和解协议草案，对其通过另外途径进行补偿；通过贿赂、胁迫等方式对和解债权人施加影响，致使其违背自己真实意思表示而投票赞成同意通过破产和解协议草案；与部分和解债权人恶意串通，损害其他债权人的合法权益；和解协议的内容损害国家、集体或者第三人的利益、公共利益，违反法律、行政法规的强制性规定，等等。只要债务人在破产和解协议草案的起草、通过中具有非法行为，人民法院即应裁定破产和解协议无效，宣告债务人破产。

二是，债务人必须具有实施非法行为的主观故意。债务人在破产和解协议起草或者通过过程中，虽然实施了非法行为，可没有实施该非法行为的主观故意，则也不能构成引起破产和解协议无效的原因行为。如债务人因为疏忽大意而将他人的财产当作自己的财产或者将自己的财产当作他人的财产在破产和解协议草案中作出说明，发现之后可以采取补救措施加以纠正，而非一定裁定破产和解协议无效，宣告债务人破产。具体来说，债务人的非法行为致使破产和解协议有利于债权人的，则可以不加纠正，继续按照破产和解协议执行；债务人的非法行为致使破产和解协议不利于债权人如降低了清偿比例的，则应通过提高清偿比例的方法加以纠止。

三是，债务人在主观故意支配下实施的欺诈或者其他非法行为必须与债权人会议通过破产和解协议具有因果关系，即破产和解协议是因债务人的欺诈或者其他违法行为通过而成立。两者之间并不存在因果关系，即破产和解协议并非因为债务人的非法行为而成立，则债务人的该非法行为也不能构成破产和解协议无效的原因行为。如债务人实施欺诈行为，债权人会议的和解债权人已经发现仍然表决通过和解协议草案，或者债务人威胁、贿赂和解债权人投票同意通过，和解债权人加以拒绝后依然放弃或者反对破产和解协议草案通过，其他没有受到威胁、贿赂的和解债权人则投票同意通过破产和解协议草案并达到了法律规定的要求，就因为与破产和解协议通过成立之间并不存在因果关系，从而不能以破产和解协议无效的原因行为认定。

破产和解协议无效的法律后果是使得破产和解转入破产清算。而破产清算要对债务人财产变价、分配，需要耗费一定的财产，清算比例通常都会比破产和解低。所以，对于债务人非法行为与破产和解协议成立之间的因果关系，应当作严格认定。不能因为债务人一有非法行为而不论该非法行为能否构成，以及是否与破产和解协议成立之间存在因果关系，就都一律裁定无效而宣告债务人破产，与破产和解程序设置的宗旨与目的不符，应当加以注意。

3. 破产和解协议无效的裁定程序。破产和解协议因为债务人的欺诈或者其他非法行为成立的，一经发现，人民法院即应依法裁定无效。这种裁定无效，是人民法院对债权人会议通过的破产和解协议是否违反法律、行政法规强制性规定，是否损害债权人合法权益、国家利益、公共利益等进行监督的必然结果，是保证破产和解协议依法成立、合法有效的必要手段。是以，人民法院一旦发现，不论和解债权人等当事人是否提出裁定无效的申请，都应依法裁定无效，宣告债务人破产。这点与《企业破产法》第104条规定的破产和解协议不能执行或者不执行时要由和解债权人请求人民法院终止和解协议执行，人民法院才能裁定终止执行不同，人民法院对于无效的破产和解协议，在没有当事人提出请求的情况下也应主动进行干预，依法裁定无效，宣告债务人破产。

4. 破产和解协议裁定无效的法律后果。破产和解协议裁定无效的法律后果，包括程序后果与实体后果两个方面：

就程序后果而言，人民法院裁定破产和解协议无效时，是否需要同时裁定终止破产和解程序，法律没有明确规定。人民法院裁定破产和解协议无效，是对其效力的否定，无论是否明确终止破产和解包括破产和解协议执行程序，都应产生终止破产和解包括破产和解协议执行程序的法律后果，债务人自此由破产和解程序转入破产清算程序，应对债务人进行破产清算。

就实体法律后果而言，破产和解协议无效应当具有溯及既往的效力，即破产和解协议自始无效。破产和解协议裁定无效时，如果还没有开始执行，自不存在对其再执行的问题。可在破产司法实践中，破产和解协议由人民法院裁定认可后，有的可能已经得到执行。在执行过程中，破产和解协议因为债务人的欺诈或者其他非法行为而成立，从而裁定无效的，就可能存在一些和解债权人因为破产和解协议执行已经受偿的部分如何处理的问题。按照《民法典》《公司法》等一般规定，破产和解协议无效和解债权人获得的清偿应当返还给债务人。然而，这不是一般情况下的合同无效，仅仅涉及债务人与个别债权人之间的行为，而是涉及债务人与众多债权人之间的行为，牵一发而动全身，一旦返还，将带来很多的工作。另外，破产和解协议裁定无效后，并不是终结破产程序，而是继续破产程序，只不过是由破产和解程序转入破产清算程序，债权人的债权仍要在破产清算中得到清偿。和解债权人先将在破产和解协议执行程序中获得的清偿因为破产和解协议无效而返还给债务人，再在破产清算程序中又清偿给债权人，翻来覆去，无疑会增加成本。故，和解债权人在破产和解协议裁定无效前获得的清偿，并非一定要返还给债务人。根据《企业破产法》第 103 条第 2 款的规定："和解债权人因执行和解协议所受的清偿，在其他债权人所受清偿同等比例的范围内，不予返还。"据之，和解债权人在破产和解协议裁定无效前获得的清偿，只有在高于其他债权人所受清偿同等比例的情况下，对于高出的部分，才应予以返还。返还的部分，作为破产财产，由所有债权人按照相同比例公平进行分配。如甲、乙在破产和解协议裁定无效前因为破产和解协议执行受到清偿的比例分别为 20%、30%，其他债权人丁等获得清偿的比例为 10%，则甲、乙在与其他债权人丁等获得同等的比例即 10% 的范围内不予返还，超过 10% 的部分则应予以返还。问题是在有的债权人还没有清偿的情况下，受到清偿的债权人就都要返还，这一规定这时就没有任何意义。具体在适用《企业破产法》第 103 条第 2 款的规定时，笔者认为，可以根据债务人的清偿比例来确定是否返还以及返还的多少。债务人因为破产和解协议裁定无效由破产和解程序转入破产清算程序，应当区分不同情况进行处理：

（1）破产财产不足清偿破产费用、共益债务时，则和解债权人受到的清偿均应返还给管理人。

（2）破产财产不足以清偿劳动债权时，则处于劳动债权顺位之后的统筹社保债权和基本税收债权、普通债权的债权人所受的清偿均应予以返还。劳动债权人在破产和解协议裁定无效前所受的清偿高于清偿比例的，则应予以返还，否则就不应予返还。

（3）破产财产不足以清偿统筹社保债权（即债务人欠缴公法上的社会保险费用所产生的债权）和基本税收债权的，劳动债权应当得到全额清偿。以是，劳动债权人在破产和解协议裁定无效前所受到的清偿不予返还。统筹社保债权人和基本税收债权人在破产和解协议裁定无效前所受到的清偿高于该顺位清偿比例的部分应当返还，不然就不予返还。普通债权的债权人所受的清偿均应予以返还。

（4）破产财产不足以清偿普通债权时，劳动债权、统筹社保债权和基本税收债权，都应受到全额清偿，这 3 类债权人在破产和解协议裁定无效前所受的清偿不予返还，普通债权的债权人所受的清偿高出该顺位清偿比例的部分应当予以返还。

二、破产和解的转换

破产和解转换，是指破产和解协议阶段、破产和解协议执行阶段，源于出现法定的原因而终止，从而致使破产和解程序转换为破产清算程序的行为。其不包括破产和解协议阶段转换为破产和解协议执行阶段。这种同属破产和解只是处于不同阶段之间的转换，不属于破产和解转换的范围。此外，破产和解，可以由债权人、债务人等法定主体依法直接申请和解而发生，即属于初始破产和解；也可以在破产清算的申请受理后、宣告债务人破产前，债务人依法申请和解而由人民法院裁定受理从而由破产清算转换为破产和解，即属于后续破产和解。无论是初始破产和解还是后续破产和解，只要出现法定原因，都可以转换为破产清算，宣告债务人破产。

根据《企业破产法》的有关规定，破产和解程序转换为破产清算程序，包括以下情形：

（一）因破产和解协议草案未获通过或者破产和解协议未获认可而致破产和解的转换

此种破产和解的转换，由《企业破产法》第99条规定。该条规定："和解协议草案经债权人会议表决未获得通过，或者已经债权人会议通过的和解协议未获得人民法院认可的，人民法院应当裁定终止和解程序，并宣告债务人破产。"

（二）因破产和解协议无效而致破产和解的转换

此种破产和解的转换，由《企业破产法》第103条第1款规定。该款规定："因债务人的欺诈或者其他违法行为而成立的和解协议，人民法院应当裁定无效，并宣告债务人破产。"

（三）因破产和解协议不能执行或者不执行而致破产和解的转换

此种破产和解的转换，由《企业破产法》第104条第1款规定。该款规定："债务人不能执行或者不执行和解协议的，人民法院经和解债权人请求，应当裁定终止和解协议的执行，并宣告债务人破产。"

三、破产和解的终结

破产和解终结，是指破产和解协议阶段或者破产和解协议执行阶段由于出现法定原因而致整个破产和解完全结束，并致整个破产程序最终完全结束的行为。其与广义的破产和解终止不同。广义的破产和解终止，仅是破产和解协议阶段或者破产和解协议执行阶段的停止、结束，而非整个破产程序完全的、最终的结束。破产和解协议阶段终止，破产和解或者由破产和解协议阶段转入破产和解协议执行阶段，或者由破产和解协议阶段转入破产清算程序；破产和解协议执行阶段终止，则由破产和解协议执行阶段转入破产清算程序。而破产和解终结，则是源于法定原因出现致使破产和解完全、彻底结束进而导致整个破产程序的完全结束，不再存在破产和解由破产和解协议阶段向破产和解协议执行阶段转换的问题，也不再存在破产和解转换为破产清算的问题。破产和解终结，包括5种情形：

（一）因为发现债务人不符合破产条件驳回破产申请而致破产和解终结

破产和解申请受理后，人民法院发现债务人并不具备破产条件裁定驳回有关债务人的破产和解申请而致的破产和解终结。对此，《企业破产法》第12条第2款规定："人民法院受理破产申请后至破产宣告前，经审查发现债务人不符合本法第二条规定情形的，可以裁定驳回申请。申请人对裁定不服的，可以自裁定送达之日起十日内向上一级人民法院提起上诉。"

（二）因为债务人财产不足以清偿破产费用而致破产和解终结

对此，《企业破产法》第43条第4款规定："债务人财产不足以清偿破产费用的，管理人应当提请人民法院终结破产程序。人民法院应当自收到请求之日起十五日内裁定终结破产程序，并予以公告。"

（三）因为破产原因消失而致破产和解终结

在破产和解申请裁定受理后破产宣告前，存在第三人为债务人提供足额担保或者为债务人清偿全部到期债务，或者债务人已清偿全部到期债务的情形，从而导致债务人破产原因消失的，根据《企业破产法》第108条的规定，人民法院应当裁定终结破产程序。此时的终结破产程序，既包括终结整个破产和解程序，也包括终结整个破产程序。

（四）因为破产和解协议执行完毕而致破产和解终结

破产和解协议执行完毕即破产和解程序彻底完成，自会导致整个破产程序予以终结。对这，已在第10章破产和解第3节破产和解协议执行"三、破产和解协议执行的完结"中作了介绍，这里不再赘述。

（五）因为债务人与全体债权人达成庭外和解而致破产和解终结

《企业破产法》第105条规定："人民法院受理破产申请后，债务人与全体债权人就债权债务的处理自行达成协议的，可以请求人民法院裁定认可，并终结破产程序。"据此，破产和解可以因为债务人与全体债权人在庭外自行达成和解协议，并经人民法院裁定认可后终结破产和解协议程序。对此，应当注意以下几点：

1. 庭外破产和解协议的主体为债务人与全体债权人。与庭外破产和解协议不同，一般的破产和解协议，其主体为债务人和和解债权人，即由债务人和和解债权人就债权清偿等事项达成协议。而庭外破产和解协议，则要求债务人与全体债权人就债权债务处理达成协议，而不是仅仅与和解债权人达成和解协议。由于庭外破产和解协议发生在破产申请受理后的破产程序中，全体债权人应是指依法进行了债权申报的所有债权人，既包括对债务人特定财产享有担保物权或者法定特别优先权的破产别除权人，又包括破产别除权以外的其他所有债权人。没有进行债权申报，这种债权人不得参与破产程序，也不必根据《企业破产法》的规定将其纳入属于破产程序中的庭外破产和解协议的主体范围。

2. 庭外破产和解协议必须在破产申请受理后才予达成。在破产申请受理前，债务人自然可以与全体债权人达成和解协议。然这种庭外协议因为不是发生在破产程序中，不属于庭外破产和解协议，不受到《企业破产法》的规范、调整与约束。债务人与部分债权人在破产申请受理前达成庭外和解协议的，只要这种协议不属于《企业破产法》第 32 条关于“人民法院受理破产申请前六个月内，债务人有本法第二条第一款规定的情形，仍对个别债权人进行清偿的，管理人有权请求人民法院予以撤销。但是，个别清偿使债务人财产受益的除外”的范围，即使债务人之后进入了破产程序，也不受到《企业破产法》的规范、调整与约束。

应当指出，庭外破产和解协议在人民法院受理破产申请后达成，这里的破产申请受理，不仅指破产和解申请的受理，还包括破产重整申请、破产清算申请的受理，即债务人与全体债权人不仅可以在破产和解程序中达成庭外和解协议，而且可以在破产重整或者破产清算程序中达成庭外破产和解协议。这种庭外破产和解协议，只要发生在破产申请受理后的破产程序中，无论是发生在破产和解程序中还是发生在破产重整程序以及破产清算程序中，均可以依法请求人民法院裁定认可，并终结包括相应的破产重整程序、破产和解程序、破产清算程序在内的整个破产程序。

3. 庭外破产和解协议是由债务人与全体债权人在审理破产案件的法庭外自行达成的和解协议。破产和解程序中的破产和解协议，是由人民法院召集的债权人会议具有表决权的和解债权人表决通过，从而要受到破产程序包括破产和解程序通过等条件的约束。而庭外破产和解协议是在审理破产案件的法庭外自行通过协商达成的协议，该协议达成的方式、规则等从而不要按照《企业破产法》的规定进行，不实行少数服从多数的表决方式通过协议，而是要求全体债权人一致同意，有 1 个债权人放弃或者反对的，庭外破产和解协议都未达成。因此，庭外破产和解协议往往很难达成，除非是债权人非常少的破产程序，才存在于破产申请受理后债务人与全体债权人自行达成庭外破产和解协议的可能。

4. 庭外破产和解协议的内容是债务人与全体债权人之间就债权债务处理达成一致意见。无论是破产重整，还是破产和解，亦是破产清算，都具有清偿债务人所负债权人一切债务的功能与目的。作为破产程序中的庭外破产和解协议，自要以债务人与全体债权人之间的所有债权债务关系处理为内容。否则，破产程序的功能就无法实现。而庭外破产和解协议，一旦被裁定认可，即终结破产程序包括破产和解协议程序。

5. 庭外破产和解协议必须经过人民法院裁定认可。债务人和全体债权人虽然就其间所有债权债务关系的处理达成了一致协议，可该协议只是成立，并不一定有效或者有效也尚未立即生效。根据《企业破产法》第105条的规定，庭外破产和解协议成立后，还需请求人民法院裁定认可。人民法院经过审查庭外破产和解协议符合《民法典》《公司法》《企业破产法》等有关规定的，从而裁定认可，同时终结破产程序包括破产和解程序。

与破产和解相关的一个重要问题，就是破产和解程序终结后，债权人对保证人或其他连带债务人就未受清偿的债权主张权利的问题。前者可以对后者就破产和解程序中未受清偿的债权主张权利，自无疑义。然对债权人主张权利的期间，法律没有明确规定，有的便适用诉讼时效中断的规定。对这，《破产审判纪要》第31条规定，债权人对保证人主张权利，应当在破产程序包括破产和解程序终结后6个月内进行。且这6个月为除斥期间，在破产程序终结后6个月内未行使的，其对保证人的权利则予以丧失，不能再对保证人行使权利。

第十一章　破产清算

第一节　破产清算概述

一、破产清算的概念

破产清算，是指债务人具有破产能力及破产原因的情况下，人民法院在依法受理破产申请后，宣告债务人破产，并将其全部财产依法变价后按照法定的顺序进行分配，以公平清偿所有债权人的债权，且致债务人的民事主体资格归于消灭的行为。对此，《正确审理破产案件意见》第 2 条明确指出："为保障国家产业结构调整政策的落实，对于已经出现破产原因的企业，人民法院要依法受理符合条件的破产清算申请，通过破产清算程序使其从市场中有序退出。对于虽有借破产逃废债务可能但符合破产清算申请受理条件的非诚信企业，也要将其纳入到法定的破产清算程序中，通过撤销和否定其不当处置财产行为，以及追究出资人等相关主体责任的方式，使其借破产逃废债务的目的落空，剥夺其市场主体资格。对债权人申请债务人破产清算的，人民法院审查的重点是债务人是否不能清偿到期债务，而不能以债权人无法提交债务人财产状况说明等为由，不受理债权人的申请。"

二、破产清算的分类

破产清算根据不同标准，可以对其作不同分类：

（一）以是否直接基于破产清算申请进行为标准的分类

以是否直接基于破产清算申请进行为标准，破产清算可以分为初始破产清算与后续破产清算。前者是指在债务人具有破产能力和破产原因的情况下，由债务人、债权人等法定主体直接向人民法院申请债务人破产清算，人民法院对其受理直接使债务人进入破产程序的破产清算，即一开始就进入破产清算程序的破产清算。后者是指在人民法院受理破产重整、破产和解申请后，因为破产重整、破产和解的终止转换为破产清算的破产清算。一开始，债务人进入的并非是破产清算程序，而是破产重整或者破产和解程序，之后由破产重整或者破产和解转为破产清算。

应当指出，人民法院受理破产清算申请后、宣告债务人破产前，基于法定主体的申请可以依法转为破产重整或者破产和解。如《企业破产法》第 70 条第 2 款规定："债权人申请对债务人进行破产清算的，在人民法院受理破产申请后、宣告债务人破产前，债务人或者出资额占债务人注册资本十分之一以上的出资人，可以向人民法院申请重整。"第 95 条第 1 款规定："债务人可以依照本法规定，直接向人民法院申请和解；也可以在人民法院受理破产申请后、宣告债务人破产前，向人民法院申请和解。"这种由破产清算转换过来的后续破产重整或者后续破产和解，出于法定原因如重整、和解不能等再依法转换为破产清算，对债务人所进行的并非始终为破产清算，还包括破产重整程序、破产和解程序，于是将之归属于后续破产清算更为妥当。

还应指出，后续破产清算是在债务人已经进入破产程序后在出现法定原因的情况下由人民法院裁定进入破产清算程序的，其以债务人之前已经存在破产程序为前提。这种之前已经存在的破产程序，既可以是破产重整程序，又可以是破产和解程序，还可能是破产清算程序。之前的破产清算程序，然有破产重整程序、破产和解程序相隔离，因为债务人已经进入破产清算程序后，不存在由破产清算程序再直接转换为破产清算程序的问题。

至于后续破产清算之前存在的破产重整程序，既可以是债务人自身申请发生的破产重整程序，又可以是债权人申请发生的破产重整程序，还可以是国务院金融监督管理机构对金融机构申请发生的破产重整程序，以及出资额占债务人注册资本 1/10 以上的出资人在人民法院受理债权人申请债务人破产清算后、宣告债务人破产前，而向人民法院申请的破产重整程序。而后续破产清算之前存在的破产和解程序，由于破产和解只能由债务人提出。所以，之前的破产和解程序只能是债务人自身申请而发生的破产和解程序。

（二）以破产清算申请主体为标准的分类

以破产清算申请主体为标准，破产清算可以分为利害关系人申请的破产清算与非利害关系人申请的破产清算。前者如债权人、债务人申请启动的破产清算。后者如国务院金融监督管理机构对商业银行、保险公司、证券公司等金融机构而向人民法院申请的破产清算，以及债务人的清算责任人对已解散但未清算或者未清算完毕的资产不足以清偿债务的债务人向人民法院申请的破产清算。

（三）以破产清算启动原因为标准的分类

以破产清算启动的原因为标准，破产清算可以分为资不抵债的破产清算与明显缺乏清偿能力的破产清算。前者即资不抵债的破产清算，是因债务人不能清偿到期债务且其资产不足以清偿全部债务而发生的破产清算。后者即明显缺乏清偿能力的破产清算，则是指因债务人不能清偿到期债务并且明显缺乏清偿能力而依法启动的破产清算。

三、破产清算的特征

破产清算，就其特征而言，主要包括：

（一）破产清算申请主体的特定性

对于初始的破产清算而言，以对具有破产能力和破产原因的债务人申请破产清算是否具有特别条件的不同，可以分为一般申请主体与特殊申请主体。一般申请主体，只要债务人具有破产能力和破产原因，即可对其申请破产清算；而特殊申请主体，除债务人具有破产能力和破产原因外，还需要特别的条件才能由其申请债务人破产清算。是以，债权人、债务人为债务人破产清算申请的一般主体，而债务人的清算责任人及国务院金融监督管理机构则为破产清算申请的特殊主体。清算责任人只能对已经解散但未清算或者未清算完毕且资产不足以清偿债务的债务人依法申请破产清算；国务院金融监督管理机构则只有在自己监管的金融机构具有破产能力和破产原因时，才能依法申请该金融机构破产清算。

对于后续破产清算而言，除破产和解协议因为债务人的欺诈或者非法行为而成立，人民法院发现可以在没有申请直接裁定无效，宣告债务人破产，并转换、进入后续的破产清算程序外，其他情形必须存在申请才能终止破产重整或者破产和解程序，并宣告债务人破产，进入破产清算程序。故，后续破产清算一般也必须由法定主体申请才能对债务人进行破产清算。具体见本章第 2 节破产宣告中的有关分析。

（二）破产清算适用对象的严格性

破产清算适用的对象，从法律规定上来说，为具有破产能力和破产原因的债务人，即不能清偿到期债务并且资产不足以清偿全部债务，或者不能清偿到期债务并且明显缺乏清偿能力的债务人。既包括没有解散的债务人，也包括依法解散的债务人。已经解散但未清算或者未清算完毕且其资产不足以清偿债务的债务人，对其应当适用破产清算程序进行清算。这点与破产重整程序、破产和解程序不同。破产重整、破产和解只能适用于没有解散的债务人，已经解散的债务人需要通过清算消灭其民事主体资格，不再存在适用以避免其不致进行破产清算而使其民事主体资格归于消灭为目的的破产重整程序、破产和解程序的问题。

其实，具有破产能力与破产原因的债务人，只是在法律上具有可以对其进行破产清算的前提条件。在破产司法实践中，对于具有破产能力与破产原因的债务人，并非一存在破产清算申请，人民法院也依法受理了破产清算申请，就必然宣告债务人破产，即进入破产清算的实质性程序。有关债务人的破产清算申请裁定受理后，在破产宣告前，还可能因为人民法院发现债务人不符合破产实质条件而驳回破产申请；债务人财产不足以支付破产费用；在庭外与全体债权人达成和解；第三人为债务人提供足额担保或者为债务人清偿全部到期债务；债务人已经清偿全部到期债务；破产清算程序因为债务人或者出资额占债务人注册资本1/10以上的出资人申请重整、和解转为破产重整程序、破产和解程序等，破产程序应当依法终结或者终止。以是，一些有关债务人的破产清算申请即使依法裁定受理后，也不是一定会被宣告破产即进入破产清算的实质运行程序，以避免因为破产清算程序进行到底完毕致使民事主体资格丧失而退出市场。这样，在适用对象上，破产清算与破产重整程序、破产和解程序相比较，从某种意义上来说则更为严格。

（三）破产清算程序适用的置后性

破产清算程序的置后性，表现在除债务人解散的情况下，对债务人同时存在破产重整、破产和解或者破产清算的申请时，只要债务人尚有重生的希望，人民法院裁定受理破产申请时应当优先适用破产重整、破产和解。对债务人只存在破产清算的申请，人民法院裁定受理破产清算后于宣告债务人破产前，再存在合法的破产和解、破产重整申请的，人民法院依然可以依法裁定债务人破产和解、破产重整，而不是继续适用破产清算。如此，除债务人解散的情况外，在债务人具有重生希望时，对债务人同时存在破产重整、破产和解或者破产清算申请时，人民法院应当依法按照破产重整、破产和解、破产清算的适用顺序先行选择破产重整或者破产和解，破产清算则是在破产重整、破产和解未能成功的情况下才予以适用。因此，在适用顺序上，破产清算程序具有适用上的置后性。

至于债务人解散，则应在进行清算后依法退出市场，进而丧失、消灭其民事主体资格。没有清算或者虽已清算但未清算完毕，且发现债务人资产不足以清偿其债务的，清算责任人则应当申请债务人破产清算。这时，不再存在适用破产重整或者破产和解程序以避免其因为破产清算而丧失其民事主体资格的问题，也就不会存在优先适用破产重整或者破产和解程序的问题。

（四）破产宣告后的破产清算的不可逆转性

破产清算申请受理后、债务人破产宣告前，还可依法转换为破产重整程序、破产和解程序，或者依法终结破产程序，不致宣告债务人破产而进入破产清算的实质运行。但是，完成至破产重整程序、破产和解程序的转换，以及让第三人为债务人提供足额担保或者为债务人清偿全部到期债务，或者债务人通过清偿全部到期债务，或者债务人与全体债权人在庭外达成和解协议，或者发现债务人并不符合破产条件驳回破产申请受理等以终结破产程序，致使债务人不进入破产清算的实质程序，均必须在宣告债务人破产前进行。人民法院一旦宣告债务人破产，即实质进入破产清算的运行，那么，对债务人的破产清算就不再具有逆转性。换言之，在裁定宣告债务人破产后，不能再出于各种原因转换为破产重整、破产和解或者终止破产清算。只有彻底完成破产清算即将债务人财产依法分配完毕，并办理完债务人的注销登记，债务人的破产清算程序才最终完结。所以，宣告债务人破产，乃是破产清算能否逆转的最后时间点。超过这一时间点，破产清算即进入实质运行阶段，具有不可逆转性。

（五）债务人宣告破产后，债务人丧失管理财产和营业事务的完全性、彻底性

在破产重整、破产和解中，债务人可以依法自行管理财产和营业事务。具体来说，对破产重整而言，根据《企业破产法》第73条的规定，在重整计划期间，经债务人申请，人民法院批准，债务人可以在管理人的监督下自行管理财产和营业事务，已接管债务人财产和营业事务的管理人应当向债务人移交财产和营业事务，《企业破产法》规定的管理人的职权由债务人行使。根据《企业破产法》第89条的规定，在重整计划执行期间，重整计划由债务人负责执行，已接管财产和营业事务的管理人应当向债务人移交财产和营业事务。对破产和解而言，根据《企业破产法》第98条的规定，债权人会议通过和解协议草案的，由人民法院裁定认可，终止和解程序，并予以公告。管理人应当向债务人移交财产和营业事务，并向人民法院提交执行职务的报告。据之，在破产重整程序、破产和解程序中，债务人并非完全丧失自行管理财产和营业事务的可能性，依法在破产重整程序、破产和解程序中尚可能自行管理财产和营业事务。而且，在破产重整计划、破产和解协议执行阶段，只能由债务人执行，从而必须由债务人自行管理财产和营业事务。然在宣告债务人破产进入破产清算的实质运行程序后，债务人则就完全地、彻底地丧失自行管理财产和营业事务的可能性，债务人的财产和营业事务的管理，必须由管理人依法进行。

（六）破产清算功能与目的的唯一性

破产清算的功能与目的，就是对债务人所负一切债权人的所有债务（即所有债权人对债务人所享有的一切债权）进行清偿且是公平清偿。除此之外，没有其他目的与功能，破产清算的功能与目的具有唯一性。自然公平清偿，并非意味着所有债权人都绝对地按照同一比例进行清偿，而是依法将债权分为不同类别，承认各类债权人的债权性质差别及其产生的清偿顺位差别，并结合法律秩序、经济秩序、社会秩序等全方位的统筹考虑，依法按照不同顺序进行清偿。对于处于同一受偿顺序的同一类债权人来说，其清偿比例完全相同，即按照同一清偿比例以相同的清偿条件进行清偿；对于处于不同受偿顺序为此属于不同类别的债权人来说，其清偿比例和条件则不要求一致，只有处于前一顺序的该类债权人全部足额得到清偿后，有财产剩余的，才对处于次顺序的同类债权人进行清偿。具体来说，破产财产中负有担保物权或者法定特别优先权的特定财产首先用于清偿应当由特定财产承担的破产费用及共益债务，以及具有担保物权或者法定特别优先权的债权；特定财产对应当由特定财产负担的破产费用及共益债务，以及在其上面设立的担保物权或者法定特别优先权的债权清偿后剩下的部分，和在其上面没有设立担保物权或者法定特别优先权的财产，即破产财产中的非特定财产，则按照先清偿应由非特定财产承担的破产费用与共益债务，再清偿劳动债权，然后清偿统筹社保债权和基本税收债权，最后清偿普通债权的顺序对债权人的债权依法依序进行清偿。这样，公平清偿所有债权人的债权，并非意味着不加区别没有顺序而绝对按照同一清偿比例及清偿条件进行清偿，而是对依法分为不同类别的债权进行区别对待，按照法定的顺序对同一类别债权按照同一清偿比例及清偿条件进行清偿。

（七）破产清算公平清偿债权财产范围的基本确定性

在破产清算中，用于债务人债权清偿的财产为破产财产。其中特定财产只能用于应当由特定财产承担的破产费用及共益债务，以及在其上面设有担保物权或者法定特别优先权的债权清偿，倘若存在剩余则剩余部分归于不再负有担保物权或者法定特别优先权的非特定财产从而与其他非特定财产一起用于具有担保物权或者法定特别优先权的债权之外的债权清偿。破产财产一般情况下随着债务人破产宣告而基本固定。因为债务人的破产宣告，其营业一般不再进行，除破产财产变价、分配等破产费用需要耗费一定财产外，破产财产的范围、数额基本确定。同样，破产债权亦因为债务人的破产宣告而确定，共益债务人一般也不存在。正因为这样，在债务人破产宣告后，可以根据破产财产及破产债权的情况确定各类债权的清偿比例。但在破产重整程序、破产和解程序中，债务人的营业需要继续，其财产不仅处于变动之中，共益债务因为营业的继续亦处于不断变化之中。是以，清偿比例的确定不是基于债务人财产及破产债权的比例确定，而是由债务人与债权人之间通过重整计划或者破产和解协议依法设定。

（八）破产清算清偿债权方法的特别性

在破产清算中，对债权人的债权进行清偿，一般是将债务人的破产财产依法处置变价后以货币方式按照法定顺序统一进行清偿。而在破产重整、破产和解中，对于债权人的债权清偿，根据重整计划的规定、破产和解协议的约定进行清偿，并非一定要将债务人财产进行处置，也非一定以债务人自身所有的财产受偿，即可由第三人提供资金清偿债权人的债权或者由第三人为重整计划、破产和解协议的执行提供担保。债务人不能执行或者不予执行重整计划、破产和解协议时，由第三人按照担保条款承担担保责任而对债权人的债权进行清偿。

（九）破产清算清偿债权的意思强制性

在破产清算中，对债权人债权的清偿于破产财产变价后按照破产财产分配方案进行。由于破产财产分配方案要由债权人会议通过或者由人民法院裁定强制通过，形式上仍会体现债权人的意志。可这种意志的体现仅仅是形式上的，在内容上则因破产财产、破产债权的确定而只能依此接受清偿，债权人除了接受以现存的破产财产进行清偿外，别无他法，在受偿意志上具有强制性。可在破产和解中，破产和解协议完全由债务人和和解债权人依法协商确定，体现了和解债权人的整体意志、共同意志，即和解债权人的债权清偿不仅在形式上而且在实质内容上也完全体现和解债权人的共同意志，在受偿意志上具有自由性，而不具有强制性。当然，和解债权人的这种受偿意志，是指全体和解债权人的共同意志，即由债权人会议依法由具有表决权的和解债权人进行表决通过而形成的共同意志，而非每一个和解债权人的单个意志。对于单个和解债权人即使在表决通过破产和解协议草案时放弃或者反对，也不影响破产和解协议的成立及其对其的约束。在破产重整中，债权人的债权清偿按照重整计划的设置进行，或者由债权人会议依法通过并由人民法院依法批准认可，或者债权人会议没有通过而由人民法院强制批准进行，不论哪种情况，重整计划的债权调整、受偿方案确定都会在一定程度上体现债权人的受偿意志。完全不顾债权人受偿意志的重整计划草案，不可能通过或者虽然获得通过但也不可能获得强制批准，债权人于通过的重整计划中体现的受偿意志同样为全体债权人的共同意志，而非每一债权人的单个意志。

（十）破产清算宣告债务人破产后不再终止性

《企业破产法》规定，在破产清算申请裁定受理后，至债务人宣告破产前，经债务人或者出资额占债务人注册资本1/10以上的出资人申请重整，人民法院可以依法裁定重整；或者经债务人申请和解，人民法院可以依法裁定和解。依此，破产清算申请受理后至债务人宣告破产前，破产清算可以依法终止而转换为破产重整或者破产和解程序；在债务人宣告破产后，则不能再终止而转换为破产重整或者破产和解程序。而在破产重整或者破产和解中，无论是破产重整计划阶段或者破产重整计划执行阶段，还是破产和解协议阶段或者破产和解协议执行阶段，均可依法终止，并转换为破产清算程序。债务人宣告破产后，则不能再予终止，只能依法清偿完毕而终结，这是破产清算的另一特征。破产重整或者破产和解因为重整计划或者和解协议不能执行或者不予执行即无法执行完毕时，则可以终止运行而转入破产清算，并不要求一定能运行完毕，可债务人一旦宣告破产，破产清算则必须彻底运行完毕。

（十一）破产清算致使债务人民事主体资格的丧失性

债务人财产是债务人履行法定义务、承担法律责任的前提与基础。破产清算的功能与目的，就是将债务人所有的破产财产均用于债务人所负债务的清偿，其结果使得债务人不再具有能够承担法律责任所必要的财产，不再具有承担法律责任的能力，不再具有民事主体资格所要求必须具有的一定财产的实质构成要件，在程序上从而要求将其注销，使其丧失民事主体资格而不再存在，即破产清算的结果是导致债务人民事主体资格的消灭，使其完全退出市场。

第二节　破产宣告

一、破产宣告的概念与特征

破产宣告，是指债务人的破产申请受理后，基于法定的原因和条件，对债务人以裁定的方式宣告以其破产财产按照法定程序清偿其所负所有债务，并使其民事主体资格予以丧失的司法行为。其具有以下主要特征：

（一）宣告债务人破产的主体必须是人民法院

宣告债务人破产是在债务人进入破产程序后按照破产法的有关规定进行的一种行为，属于司法审判行为的范畴，只能由人民法院并且只能由受理债务人破产申请的人民法院进行。其他机构包括立法机关、行政机关、检察机关、仲裁机构以及其他单位，或者管理人、债权人，即使有确实充分的证据证明债务人具有破产能力及破产原因，并且出现法定的宣告债务人破产的原因与事实，也不能宣告债务人破产，只能依法申请人民法院宣告债务人破产。

（二）破产宣告适用的对象为具有破产能力和破产原因的债务人

宣告债务人破产，其前提条件就是债务人因为破产重整、破产和解或者破产清算的受理而进入了破产程序。被宣告破产的债务人必须具有破产能力并且具有破产原因，这是债务人宣告破产的前提必要条件。债务人若不具有破产能力或者破产原因，就不能宣告其破产；只有企业法人、合伙企业、民办教育组织、农民专业合作社等法律明文规定赋予了破产能力的债务人在具有破产原因时，才有可能对其宣告破产。

（三）宣告债务人破产必须具有法律规定的条件或者原因

债务人具有破产能力并且具有破产原因，乃是对其宣告破产的前提与基础，然这只是必要条件，而非充分条件，即宣告债务人破产必须要求债务人具有破产能力和破产原因，反过来却不能说，债务人一具有破产能力和破产原因就一定宣告其破产。债务人具有破产能力和破产原因，只是使其进入破产程序进而对其宣告破产具有了可能。具有了宣告破产的可能，必须还要出于法律规定的事实或者原因出现，才能宣告债务人破产。如进入破产重整的债务人，只有在债务人或者管理人出现没有在法律规定的期限内提交重整计划草案，或者不能执行重整计划等事实时，并经法定人员申请才能宣告债务人破产。

（四）宣告债务人破产是破产程序中的一个重要转折点

因为破产重整或者破产和解申请而进入破产重整或破产和解程序的债务人，基于出现法定的事实或者原因，如重整计划不能执行、破产和解协议草案未能通过等，而依法由人民法院终止破产重整、破产和解，同时宣告债务人破产，债务人由此由破产重整程序、破产和解程序进入破产清算程序。此时，宣告债务人破产乃是构成债务人由破产重整、破产和解转入破产清算的转折点，并且成为破产重整或者破产和解与破产清算程序的分界点。

因为破产清算申请进入破产程序的债务人，也并非一定宣告其破产。只要出现法定的事实，如在破产宣告前，发现债务人不符合破产实质条件而驳回破产申请、债务人财产不足以支付破产费用、在庭外与全体债权人达成和解、第三人为债务人提供足额担保或者为债务人清偿全部到期债务、债务人已经清偿全部到期债务；破产清算程序因为债务人或者出资额占债务人注册资本1/10以上的出资人申请重整、和解转为破产重整程序、破产和解程序等，破产程序就会阻却宣告债务人破产，进而阻却对债务人破产清算程序的实质运行。如此，债务人因为破产清算申请进入破产程序后至宣告债务人破产前，属于一个阶段；宣告债务人破产后至对债务人进行破产清算完毕，则属于另一个阶段。后一阶段是破产清算程序的实质运行阶段、核心阶段，也是体现破产清算的本质与特征、实现破产清算的功能与目的的阶段，不妨称之为破产清算的实质阶段。前一阶段是债务人因为破产清算申请的受理而进入破产清算程序，然还可能不进入破产清算实质阶段。债务人因为破产清算受理而进入了破产清算程序，还只是形式上进入破产清算程序，不妨称之为破产清算形式阶段。故，在破产清算程序中，宣告债务人破产乃是破产清算形式阶段与破产清算实质阶段的分界点、转折点，构成区分破产清算形式阶段与破产清算实质阶段的基本标志。

应当指出，有学者认为："破产宣告是破产清算程序开始的标志。在传统的破产法中，以破产清算为唯一目标，破产宣告是破产程序的核心环节。但是，在现代的破产法中，挽救企业免于破产也是重要目标，法院对破产案件的受理，并不必然导致对债务人财产的清算和分配。唯有债务人破产，破产清算程序方才启动。"① "法院一旦对债务人作出破产宣告裁判，则标志着债务人进入破产清算程序，必须走集中分配清偿债务的清算倒闭之途，直到将破产人的所有破产财产变价、分配给全体债权人。"② 并不否认，宣告债务人破产，才真正、实质开始与破产清算功能与目的相适应的工作，如对破产财产变价、分配等，在宣告债务人破产前，即使受理了破产清算申请也并非一定会进入破产清算的实质运行。可这不是说，宣告债务人破产就是破产清算程序开始或者启动的标志，只有宣告债务人破产，才进入了破产清算程序。照此，债务人因为破产清算申请裁定受理而进入破产程序，至债务人宣告破产时的这一段时间就不是破产清算程序。显然，债务人因为破产清算申请裁定受理至宣告破产时止的程序，既不属于破产重整程序，又不属于破产和解程序。如果按照宣告债务人破产才进入破产清算程序的逻辑，那么，破产清算申请裁定受理后至债务人宣告破产前，属于破产重整程序、破产和解程序及破产清算程序之外的破产程序。主张宣告债务人破产为破产清算程序开始标志的，也将这一阶段称之为破产程序，究竟属于何种程序则不明说，似乎在破产重整、破产和解、破产清算之外，还存在着另外一种破产程序，明显不能成立。这是其一。

其二，根据《企业破产法》的体系，除将破产重整、破产和解、破产清

① 王欣新主编：《破产法原理与案例教程》，中国人民大学出版社 2010 年版，第 261 页。

② 吴庆宝、王建平主编：《破产案件裁判标准规范》，人民法院出版社 2009 年版，第 310 页。

算分别独立成章规定外，再就总则、申请与受理、管理人、债务人财产、破产费用和共益债务、债权人会议、法律责任及其附则单独成章规定，并非意味着这些规定是在破产重整、破产和解或者破产清算程序外的独立规定，属于3者程序之外的规定。这些规定不过是3者共有的均可适用的规定。以是，基于立法简明的技术处理需要而单独成章分别规定，并非意味着是在破产重整、破产和解或者破产清算程序外再规定另外的破产程序。具体来说，这些共同的规定，究竟归属于何种程序，要看对债务人启动的是何种程序：进行的是破产重整程序，所进行债权申报等就是破产重整程序；进行的是破产清算程序，所进行的债权申报等就是破产清算程序。这与这些规定属于3者的共有规定亦不相矛盾。

其三，自破产重整或者破产和解申请裁定受理之日起，债务人自始进入、开始破产重整或者破产和解程序，并无疑义。《企业破产法》第72条关于“自人民法院裁定债务人重整之日起至重整程序终止，为重整期间”的规定及第96条关于“人民法院经审查认为和解申请符合本法规定的，应当裁定和解，予以公告，并召集债权人会议讨论和解协议草案。对债务人的特定财产享有担保权的权利人，自人民法院裁定和解之日起可以行使权利”的规定，均表明破产重整或者破产和解程序自债务人破产重整申请或者破产和解申请受理之日起开始。但对于破产清算而言，却又不将破产清算申请裁定受理作为进入、开始破产清算程序的标志，而以裁定宣告债务人破产作为进入、开始破产清算程序的标志，从而与破产重整或者破产和解进入、开始的标志采取不同标准，也令人费解。

其四，无论是破产重整还是破产和解，均分为两个阶段：破产重整分为重整计划阶段与重整计划执行阶段；破产和解分为破产和解协议阶段与破产和解协议执行阶段，且两者均以人民法院裁定批准或不批准重整计划草案或者认可或不认可破产和解协议为分界点。对于破产清算而言，完全可以分为两个阶段：前者为破产清算申请受理之日起至裁定宣告债务人破产时止；后者为裁定宣告债务人破产时起至对债务人清算完毕时止，而且，也以裁定的方式宣告债务人破产为分界点，在程序的设置结构上也相适应、对称。只不过是，破产重整或者破产和解所作两个阶段的区分基于法律明文规定，对于破产清算法律虽然没有明文规定，并非否定就不能将之分为两个阶段。将裁定宣告债务人破产时起至对债务人清算完毕时止，并真正体现破产清算的本质与特征、实现破产清算的功能与目的的程序分为一个阶段，而将破产清算申请受理之日起至裁定宣告债务人破产时止的，尚未实质开展因而没有体现破产清算本质与特征、实现破产清算的功能与目的，然在形式也进入了破产清算，并且进行了债权申报等破产清算所应包括的一些工作的另一个阶段，作为破产清算的一个阶段，完全可能，也有必要。

（五）宣告债务人破产会带来一系列法律后果

宣告债务人破产作为一种破产案件审查的司法审判行为，其一旦以裁定的方式作出，必然产生相应的效力，带来一系列的法律后果。作为破产程序中的一个重要转折点，其成为债务人、债务人财产、债权人债权改变为另外名称的一个且是唯一的一个时间分界点：在裁定宣告债务人破产后，债务人称为破产人；债务人财产称为破产财产；债权人债权称为破产债权。就其内容而言，并无本质区别。只是与破产清算程序实质开始运行相适应，并与没有进入破产清算实质阶段的破产程序，包括破产重整程序、破产和解程序或者同属破产清算程序可只是属于破产清算形式阶段的有关名称相区别。

至于裁定宣告债务人破产的其他效力，如对债务人、债权人等的效力，则在后面有关问题中具体分析，这里不再多述。

二、裁定宣告债务人破产与裁定破产清算申请受理的联系与区别

无论是裁定宣告债务人破产还是裁定破产清算申请受理，均是人民法院依照《企业破产法》的规定，对具有破产能力和破产原因的债务人在存在法定的事实和条件时，依法以裁定的方式作出某一决定并对外公告进而产生相应的法律效力的司法审判行为，有着共同的特点与属性。然则，作为两种不同的裁定，也有着本质的不同。破产清算申请受理并不意味着破产宣告，破产宣告也不是破产清算受理，不能说“法院对破产清算申请的受理被称之为破产宣告”[①]。对这，应当加以注意。具体说来，两者的区别主要有：

（一）两者申请的主体不同

就破产清算申请裁定受理而言，必以法定的主体申请为前提。根据《企业破产法》第7条的规定，申请主体有债务人、债权人。此外，债务人的清算责任人在债务人已解散但未清算或者未清算完毕且资产不足以清偿债务时，应当申请债务人破产清算，也可以成为破产清算申请的主体。根据《企业破产法》第134条的规定，国务院金融监督管理机构对商业银行、保险公司、证券公司等金融机构也可以依法申请债务人破产清算成为破产清算申请的主体。而破产宣告发生在已经存在的破产程序包括破产重整程序、破产和解程序中，根据法律规定，有两种情形，受理破产申请的人民法院可以直接宣告债务人破产，而不需要法定主体再予以申请。其他需要法定主体申请的，有

① 范健、王建文：《企业破产法》，法律出版社2009年版，第246页。

权申请的主体也根据宣告债务人破产的情形不同而有所有不同。

就前者而言，即不需要再存在申请，人民法院就可以直接宣告债务人破产的情形包括：（1）在破产和解程序中，破产和解协议因为债务人的欺诈或者其他违法行为而成立的，根据《企业破产法》第103条的规定，人民法院应当裁定无效，并宣告债务人破产。这时，不需要有人提出裁定破产和解协议无效并宣告债务人破产的申请，人民法院便可主动裁定破产和解协议无效，同时宣告债务人破产。当然，有人如债权人申请人民法院裁定破产和解协议无效的，人民法院也应当裁定破产和解协议无效。换言之，不需要申请并不否定、排斥申请也可以存在。（2）在破产重整中，债务人或者管理人未在法律规定的期限内提出重整计划草案的，根据《企业破产法》第79条第3款的规定，人民法院应当裁定终止重整程序，并宣告债务人破产。（3）在破产重整中，重整计划草案未获得通过且未依照《企业破产法》第87条的规定获得批准，或者已通过的重整计划未获得批准的，根据《企业破产法》第88条的规定，人民法院应当裁定终止重整程序，并宣告债务人破产。（4）在破产和解程序中，和解协议草案经债权人会议表决未获得通过，或者已经债权人会议通过的和解协议未获得人民法院认可的，根据《企业破产法》第99条的规定，人民法院应当直接裁定终止和解程序，并宣告债务人破产。

就后者而言，即需要再存在申请，人民法院才能依法终止正在进行的破产程序，同时宣告债务人破产。如在破产重整程序中，债务人存在欺诈、恶意减少债务人财产或者其他显著不利于债权人的行为等情形的，则需要管理人或者利害关系人依法申请人民法院裁定终止破产重整，才能同时宣告债务人破产。没有管理人或者利害关系人提出裁定终止重整程序的申请，就不能终止破产重整，也不能宣告债务人破产。如，在破产和解协议执行程序中，债务人不能执行或者不执行和解协议的，根据《企业破产法》第104条第1款的规定，只有经和解债权人请求，人民法院才应裁定终止和解协议的执行，并宣告债务人破产。没有和解债权人请求，人民法院则不能主动裁定终止破产和解协议的执行，也不能宣告债务人破产。又如，破产清算申请被依法受理后宣告债务人破产前，没有出现符合法律规定的破产重整、破产和解申请，以及债务人不具有破产原因，或者虽然具有破产原因但第三人为之提供足额担保或者为之清偿全部到期债务，或者已经清偿全部到期债务，债务人的财产不足以支付破产费用，债务人与全体债权人达成庭外和解等能够阻却破产宣告的法定情形，经管理人申请，人民法院应当依法宣告债务人破产，而不再存在需要申请破产宣告的问题。这种需要存在终止破产重整或者破产和解的情况，根据具体情况的不同，申请的主体及其条件也不相同，在此不予多述，具体可以参见以下宣告债务人破产的具体情形中的有关介绍。

（二）两者适用的对象及其条件不同

破产清算申请受理适用于具有破产能力及破产原因的所有债务人，具体包括不能清偿到期债务并且资产不足以清偿全部债务，或者不能清偿到期债务并且明显缺乏清偿能力的债务人。换言之，只要具有破产能力并且具有破产原因或者实质条件，而且破产清算申请符合法律规定的，人民法院就应依法裁定受理破产清算申请。没有破产清算申请，自不存在裁定受理破产清算申请的问题。然而，上述具有破产能力及破产原因的债务人，被裁定受理破产清算申请后，并非一定裁定宣告其破产，只有没有出现法定的情形时，破产清算才能再往前行至宣告其破产并由破产清算形式阶段进入破产清算实质阶段。另外，即使不存在破产清算申请，也可能宣告债务人破产，如存在破产重整或者破产和解申请的情形，在出现各种法定的原因后，就可由人民法院直接终止破产重整或者破产和解，同时宣告债务人破产。

（三）两者发生的时间不同

《企业破产法》第 12 条第 2 款规定："人民法院受理破产申请后至破产宣告前，经审查发现债务人不符合本法第二条规定情形的，可以裁定驳回申请。申请人对裁定不服的，可以自裁定送达之日起十日内向上一级人民法院提起上诉。"第 70 条第 2 款规定："债权人申请对债务人进行破产清算的，在人民法院受理破产申请后、宣告债务人破产前，债务人或者出资额占债务人注册资本十分之一以上的出资人，可以向人民法院申请重整。"第 95 条第 1 款规定："债务人可以依照本法规定，直接向人民法院申请和解；也可以在人民法院受理破产申请后、宣告债务人破产前，向人民法院申请和解。"第 108 条规定："破产宣告前，有下列情形之一的，人民法院应当裁定终结破产程序，并予以公告：（一）第三人为债务人提供足额担保或者为债务人清偿全部到期债务的；（二）债务人已清偿全部到期债务的。"基此，《企业破产法》明显是将债务人破产清算受理与宣告债务人破产区别使用的。一般来说，债务人的破产清算申请受理后，既可随即宣告债务人破产，也可不立即宣告债务人破产，即宣告债务人破产可以是在破产清算申请裁定受理之后的某一时段内。是否需要在破产清算申请受理的同时随即宣告债务人破产，应当根据有关债务人破产案件的实际情况确定。固然，有的如债务人已经解散但未清算或者未清算完毕时，由清算责任人申请债务人破产清算的，必须对其进行破产清算，人民法院在裁定受理有关债务人的破产清算申请的同时，就可以同时宣告债务人破产。

（四）两者发生的法律根据及其程序不同

破产清算申请受理裁定的法律根据是《企业破产法》第2章申请和受理的规定，债权人、债务人等具有破产申请权的主体依法申请债务人破产清算，人民法院根据此章的规定，对于有关债务人破产申请包括破产清算申请必须接收，然后按照此章的有关规定进行审查，认为符合法定条件的，即依法作出破产清算申请受理的裁定。而宣告债务人破产的根据即有关法律规定则散见在各种具体破产程序包括破产重整、破产和解或者破产清算程序中。

（五）两者的法律后果不同

破产清算申请受理后，其法律后果包括《企业破产法》第13～21条规定的各种程序性法律后果。如人民法院应当同时指定管理人；人民法院受理破产申请后，债务人对个别债权人的债务清偿无效，等等。而裁定宣告债务人破产后，其法律后果自然包括第13～21条规定的各程序性法律后果。同时，根据《企业破产法》第109条的规定，对破产别除权人还可产生实体的法律后果，即对破产人的特定财产享有担保权的权利人，对该特定财产享有优先受偿的权利。

（六）两者的最终结果不尽相同

破产清算申请裁定受理后，其结果可能是宣告债务人破产而以破产清算终结，然也可能不宣告债务人破产，而因发现债务人并不具备破产原因而裁定驳回破产清算申请、债务人财产不足以支付破产费用而直接予以终结；因为债务人与全体债权人达成庭外和解，或者债权人的全部到期债务得到清偿或者被提供足额担保而终结，或者因为出现符合法律规定的破产重整或者破产和解申请而转化为破产重整或者破产和解，并且重整或者和解成功而予以终结，并避免宣告债务人破产。一旦裁定宣告债务人破产，债务人进入破产清算的实质阶段，继续进行破产清算则无法逆转，其结果则只能是将破产清算进行到底直到彻底完成而终结。

对于企业破产案件受理与破产宣告裁定的关系问题，在实践中，对何时作出破产宣告裁定的问题存在着两种不同的认识和做法。有的法院是在案件受理后，立即作出破产宣告的裁定；有的法院是在案件受理后，先发布公告，并通知申报债权，待第1次债权人会议召开之后，再作出破产宣告的裁定。对于这个问题，应当明确以下几点：

1. 立案后随即裁定宣告破产主要目的是保证案件的顺利审理。实践中的问题是，人民法院一旦受理了破产案件，在一些破产企业内部就引起了极大的混乱，资产和账目无人管理，甚至发生哄抢企业财产的情况。因此，应当允许在立案后随即宣告破产的做法。

2. 立案后随即宣告破产并不违反我国现行法律的规定。根据我国目前法律的规定，企业破产案件的受理与破产宣告是人民法院处理企业破产案件的两个必经程序。受理破产案件与宣告破产，两者所适用的条件是不相同的。但是，我国法律中并没有对破产宣告的时间作出限制性规定，法院在受理破产案件后，随即裁定宣告企业破产，并不违反法律规定。

3. 立案后随即裁定宣告破产必须具备一定的条件：（1）破产企业具有破产原因。（2）不具备破产障碍。所谓“破产障碍”，是指企业由债权人申请债务人破产，可其属于公用企业和与国计民生有重大关系的企业，政府有关部门给予资助或者采取其他措施帮助清偿债务的，或者取得担保自破产申请之日起6个月内清偿债务等情形的，人民法院不予宣告破产。（3）该企业已经不具备和解或者重整的可能。人民法院受理企业破产案件后，在破产程序终结前，债务人可以向人民法院申请和解或者重整。人民法院在破产案件审理中，也可以根据债权人、债务人的具体情况向双方提出和解建议，可这种和解或者重整必须建立在具有一定可能性的基础之上。有些债务人资产状况十分差，已经长期停业，根本不具备和解或者重整的可能。具备了上述条件，就可以在破产案件受理后随即宣告该企业破产。需要注意的是，随即宣告企业破产，不等于可以不再进行债权登记、不再召开债权人会议、不再进行破产财产的清收等程序而草率结案，更不能利用随即宣告破产的方式，搞假破产，这一点必须明确。

三、宣告债务人破产的具体情形及其条件

（一）破产清算程序中的宣告债务人破产

破产清算程序中的宣告债务人破产，对于已经解散但未清算或者未清算完毕，资产不足以清偿债务的债务人，必然宣告其破产外，对于其他债务人，要在破产清算程序宣告破产，必须要求在破产清算形式阶段即债务人破产清算申请裁定受理后宣告债务人破产前，债务人的破产原因不仅没有消失且继续存在，而且也不存在转换为破产重整或者破产和解的法定情形。此时，应当根据《企业破产法》第107条的规定，宣告债务人破产。这种情形的宣告债务人破产，必须同时符合以下3个条件：

1. 必须以已经存在的破产清算且不是已解散的债务人的清算责任人提出的破产清算为前提。裁定受理的是破产重整或者破产和解，则不能直接以此种情形宣告债务人破产，而应在出现法定的事由时，终止破产重整或者破产和解程序，同时宣告债务人破产。

2. 必须不存在阻却债务人破产宣告的法律事由。在宣告债务人破产前，

发现债务人不具有破产原因而被裁定驳回破产申请，债务人财产不足以支付破产费用，债务人与全体债权人达成庭外和解，债务人所具有的破产原因消失，或者具有转换为破产重整或者破产和解的事由等阻却债务人破产宣告的事由，则应依法终结或者终止破产程序，而不能宣告债务人破产。

如，在破产清算申请裁定受理后宣告债务人破产前即在破产清算形式阶段，存在符合法律规定的破产重整或者破产和解申请的，人民法院应依法裁定转换为破产重整或者破产和解的，就不能直接宣告债务人破产。重整或者和解不成功的，则又应根据法定的事由终止债务人重整或者和解程序，同时宣告债务人破产。如《企业破产法》第70条第2款规定，债权人申请对债务人进行破产清算的，在人民法院受理破产申请后、宣告债务人破产前，债务人或者出资额占债务人注册资本1/10以上的出资人，可以向人民法院申请重整。又如第95条第1款规定，债务人可以在人民法院受理破产申请后、宣告债务人破产前，向人民法院申请和解。

又如，债务人因为清偿全部到期债务或者由第三人提供足额担保或者清偿全部到期债务而致破产原因消失，不再符合进行破产的条件而应终结破产程序，根据《企业破产法》第108条规定："破产宣告前，有下列情形之一的，人民法院应当裁定终结破产程序，并予以公告：（一）第三人为债务人提供足额担保或者为债务人清偿全部到期债务的；（二）债务人已清偿全部到期债务的。"对此，则应当注意以下几点：

（1）上述中的到期债务，包括在破产申请裁定受理时所有实际到期的债务。是否包括破产申请裁定受理时虽未到期但根据《企业破产法》第46条的规定视为到期的债务，有人认为包括①。如此一来，就要求对债务人的所有破产债权都应清偿完毕。是否合理，值得商榷。至于破产申请裁定受理后于破产期间发生的未到期债务，如为继续营业等而负的尚未到期的债务，则不包括在上述中的到期债务内。

（2）清偿到期债务，既可以是债务人自身清偿到期债务，又可以是第三人即债权人、债务人以外的人为债务人清偿到期债务。一般来说，第三人应当为企业，政府机关、公益事业单位通常不能为债务人清偿债务。对于从事供电、供水、供气、供暖、交通等公共服务的企业破产，政府为其清偿债务的，则应当允许，这时其实相当于政府为了维持公共事业所作的投入。至于第三人，既可以与债务人存在一定关系，如债务人的股东、母公司等为挽救债务人而为其清偿全部债务，又可以在此之前与债务人没有关系，但为了对

① 王卫国：《破产法精义》，法律出版社2007年版，第314页。

债务人投资而为其清偿债务。

(3) 清偿到期债务必须是清偿全部到期债务，而不是清偿部分到期债务，既要求对到期债权的所有债权人都应予以清偿，又要求对到期债权的债权人的所有债权全部进行清偿。只对部分债权人的到期债权全部清偿，或者虽对所有债权人的债权进行清偿可对债权人的债权只是部分清偿而不是全部清偿，也不属于清偿全部到期债务。至于清偿全部到期债务的方式，是实物清偿还是货币清偿，是分期清偿还是一次性清偿，只要债权人同意，则在所不论。可是，债权人不同意的，仍不构成清偿全部到期债务，人民法院可以裁定宣告债务人破产。

(4) 债务人提供担保必须是第三人为债务人提供担保，而不能是债务人自身提供的担保。第三人为债务人提供的担保，既包括物的担保如抵押、质押，又包括人的担保即保证，但不包括留置、定金担保。第三人对债务人的留置、定金担保无法达到保证债务人的债务能够得以清偿的目的，不能采用。

(5) 第三人应当为债务人的全部债务提供担保，而不是为债务人的部分债务提供担保。既要求对全体债权人的债权清偿提供担保，又要求对每一债权人的所有债权提供担保。

(6) 第三人为债务人提供担保必须是足额担保。足额担保要求对所有债权人的债权清偿提供足额担保，只要对其中部分债权人的部分债权清偿未提供足额担保，均不属于提供足额担保。一般来说，债权人与第三人就足额担保达成了 致意见，就可认为属于为债务人提供了足额担保。债权人认为第三人的担保没有达到足额标准的，则可以委托有资质的资产评估机构进行评估，经过评估认定足额的，则属于担保符合足额标准。

(7) 第三人为债务人提供足额担保，必须征得所有债权人的同意。为债务人提供抵押、质押或者保证担保，无疑要征得相对人即债权人的同意。其实，第三人为债务人提供足额担保，一旦被认定，就会产生人民法院应当终结破产程序的法律后果，与债权人的利益密切相关，理应征得债权人的同意。征得债权人同意，在这里要求征得所有债权人的同意，而非征得部分债权人的同意，从而不能通过并非一定所有债权人同意的债权人会议决议的方式进行，对此，需要加以注意。

对于此种情形的债务人破产宣告，法律没有明确一个期限，规定在该期限内没有出现阻却债务人破产宣告事由时就可依法宣告债务人破产。这样，人民法院可以根据实际情况来确定债务人破产宣告的时间。人民法院一旦宣告债务人破产，即使再出现破产重整或者破产和解申请，或者清偿全部到期债务，或者由第三人提供足额担保等债务人破产宣告前可以阻却宣告破产的原因，也不能再行终结破产清算程序的运行。所以，在破产清算申请受理后，何时并在什么情况下宣告债务人破产，则是一个需要全面考虑的问题，应当根据具体情况确定：

（1）对于已经解散或者停止营业多年，已无任何破产重整或者破产和解可能的，应当及时宣告债务人破产。

（2）对于具有重整、和解可能，且债务人或者出资占一定比例的出资人可能提出破产重整、破产和解申请的，或者具有清偿全部到期债务或者由第三人提供足额担保的可能的，或者债务人与全体债权人可能达成庭外和解的，可以适当延缓债务人破产宣告，然要防止故意拖延债务人破产宣告而隐瞒、转移财产的现象发生。

（3）根据破产司法实践经验，出现下列情形，亦可以酌情延缓破产宣告：①管理人对债务人财产特别是核心、主要资产没有完全接管，宣告债务人破产不利于债务人财产保全及债权人合法权益维护的；②债务人经营管理混乱，档案资料源于各种原因缺乏，一时无法查清其财产情况或者债务情况，需要进行调查或者进行债权申报才能查清有关财产、债务状况进而准确确定破产债务人是否具有破产原因的；③出于债务人的结构规模大、职工人数多、经营范围广等原因，一旦宣告债务人破产将对经济秩序乃至社会秩序稳定产生影响甚至严重影响，需要与政府及其有关部门协调、做好有关工作的；④人民法院认为需要延缓债务人破产宣告的其他情形。

（二）破产和解程序因为出现法定事由而终止的宣告债务人破产

此种情形的宣告债务人破产，具体包括下列 3 种情形：

1. 因破产和解协议草案未获通过或者未获认可致使破产和解终止的宣告债务人破产。《企业破产法》第 99 条规定："和解协议草案经债权人会议表决未获得通过，或者已经债权人会议通过的和解协议未获得人民法院认可的，人民法院应当裁定终止和解程序，并宣告债务人破产。"

2. 因破产和解协议无效致使破产和解终止的宣告债务人破产。《企业破产法》第 103 条第 1 款规定："因债务人的欺诈或者其他违法行为而成立的和解协议，人民法院应当裁定无效，并宣告债务人破产。"

3. 因破产和解协议不能执行或者不执行致使破产和解协议执行终止的宣告债务人破产。《企业破产法》第 104 条第 1 款规定："债务人不能执行或者不执行和解协议的，人民法院经和解债权人请求，应当裁定终止和解协议的执行，并宣告债务人破产。"

（三）破产重整程序因为出现法定事由而终止的宣告债务人破产

此种情形的宣告债务人破产，具体包括下列 4 种情形：

1. 因债务人的不当行为致使破产重整终止的宣告债务人破产。《企业破产法》第78条规定："在重整期间，有下列情形之一的，经管理人或者利害关系人请求，人民法院应当裁定终止重整程序，并宣告债务人破产：（一）债务人的经营状况和财产状况继续恶化，缺乏挽救的可能性；（二）债务人有欺诈、恶意减少债务人财产或者其他显著不利于债权人的行为；（三）由于债务人的行为致使管理人无法执行职务。"

2. 因未在法律规定的期限内提交重整计划草案致使破产重整终止的宣告债务人破产。《企业破产法》第79条规定："债务人或者管理人应当自人民法院裁定债务人重整之日起六个月内，同时向人民法院和债权人会议提交重整计划草案。前款规定的期限届满，经债务人或者管理人请求，有正当理由的，人民法院可以裁定延期三个月。债务人或者管理人未按期提出重整计划草案的，人民法院应当裁定终止重整程序，并宣告债务人破产。"

3. 因重整计划草案未获得人民法院依法批准致使破产重整终止的宣告债务人破产。《企业破产法》第88条规定："重整计划草案未获得通过且未依照本法第八十七条的规定获得批准，或者已通过的重整计划未获得批准的，人民法院应当裁定终止重整程序，并宣告债务人破产。"

4. 因债务人不能执行或者不执行重整计划而致破产重整计划执行终止的宣告债务人破产。《企业破产法》第93条第1款规定："债务人不能执行或者不执行重整计划的，人民法院经管理人或者利害关系人请求，应当裁定终止重整计划的执行，并宣告债务人破产。"

四、宣告债务人破产的类型

对宣告债务人破产的具体情形进行分析，可以将其分为以下不同类型：

（一）债务人宣告破产前存在的破产程序性质不同的分类

以债务人宣告破产前存在的破产程序性质为标准，宣告债务人破产可以分为破产清算程序中的宣告债务人破产与破产重整程序、破产和解程序终止而宣告债务人的破产。

（二）宣告破产与破产申请受理是否同时进行的分类

以宣告债务人破产与破产申请受理是否同时进行为标准，宣告债务人破产可以分为直接宣告债务人破产与非直接宣告债务人破产。直接宣告债务人破产只能发生在破产清算申请裁定受理时，并且一般是发生在需要于裁定受理破产清算的同时随即宣告债务人破产，如已经解散但未清算或者未清算完毕，并由债务人的清算责任人依法提出的破产清算申请，就可以直接宣告债务人破产。至于破产重整、破产和解终止而宣告债务人的破产，显然只能属于非直接宣告债务人破产的情形。

（三）宣告债务人破产是否需要再行申请的分类

以宣告债务人破产是否要求再行申请的不同，宣告债务人破产分为申请的宣告债务人破产与非申请的宣告债务人破产。前者要求在破产程序中，必须出现法定事由，并由法律规定的人员申请终止破产程序并同时宣告债务人破产。后者则是在破产程序中，只要出现法律规定的事由包括消极事由即未出现阻却破产宣告的事由，人民法院就可主动依法宣告债务人破产，而不以必须存在符合法律规定的再行申请为前提。

五、宣告债务人破产的程序

1. 因破产重整程序、破产和解程序转换而致的宣告债务人破产。这种情形，是在宣告债务人破产前，所进行的是破产重整程序、破产和解程序。因为破产重整、破产和解失败而致的终止破产重整程序、破产和解程序，同时宣告债务人破产。这种情形已在本书本章本节“三、宣告债务人破产的具体情形及其条件”作过介绍，具体由管理人、债务人、债权人等相关主体依照《企业破产法》的规定申请终止破产重整程序、破产和解程序，并宣告债务人破产，或者由人民法院直接宣告债务人破产。对此，《破产审判纪要》第 23 条规定，人民法院受理破产和解或重整申请后，债务人出现应当宣告破产的法定原因时，人民法院应当依法宣告债务人破产。第 24 条规定，相关主体向人民法院提出宣告破产申请的，人民法院应当自收到申请之日起 7 日内作出破产宣告裁定并进行公告。《民商事审判纪要》第 114 条（重整程序与破产清算程序的衔接）第 1 款规定：“重整期间或者重整计划执行期间，债务人因法定事由被宣告破产的，人民法院不再另立新的案号，原重整程序的管理人原则上应当继续履行破产清算程序中的职责。原重整程序的管理人不能继续履行职责或者不适宜继续担任管理人的，人民法院应当依法重新指定管理人。”

2. 破产清算程序中的宣告债务人破产。此时如何进行，法律没有明确规定。对这，《破产审判纪要》第 23 条规定，人民法院受理破产清算申请后，第一次债权人会议上无人提出重整或和解申请的，管理人应当在债权审核确认和必要的审计、资产评估后，及时向人民法院提出宣告破产的申请。是以，应当注意两个方面：

（1）破产清算程序中的宣告债务人破产的最晚时间条件，为第一次债权人会议上无人提出重整或和解申请。第一次债权人会议及之前，有人提出重整或和解申请，人民法院则应对重整或和解申请是否符合重整、和解受理的条件进行审查：认为符合重整或和解受理条件的，则依法转为重整、和解程序，不再宣告债务人破产；认为不符合重整、和解受理条件的，则应当及时宣告债务人破产。

应当指出，《破产审判纪要》规定，第一次债权人会议上无人提出重整和解申请的，应当由管理人申请人民法院宣告债务人破产。可这不意味着，所有债务人的宣告破产申请都要待第一次债权人会议完成之后。第一次债权人会议之前，对于已经进入破产清算程序根本没有任何转换为重整、和解程序可能的，如公司解散由清算组申请的债务人破产，则不一定等到第一次债权人会议就可以依法宣告债务人破产，甚至在破产清算受理的同时就可宣告债务人破产。

进入破产清算程序后至第一次债权人会议完结前，尚还没有重整或和解申请的，是应当由管理人申请宣告债务人破产，而不是可以。这是因为，破产清算因破产申请受理启动后，至第一次债权人会议往往还有一段较长的时间，假若债务人尚有拯救的价值与可能，有关利害关系人为了自身利益，都会及时作出判断并付之于行动。加之，第一次债权人会议是法定的必须召开的唯一一次会议，许多事情，如债权核查、债务人财产管理方案等都会在此会议上进行，债务人的财产、债权债务、生产经营等决定着重整、和解可能进行的一些重要因素的基本情况，至少已有大概轮廓，债务人、债权人或者投资人等倘若有重整或和解意愿，也会尽早提出。而且，债权人第 1 次会议上尚没有重整、和解的申请，自不存在转为重整、和解的实际预期，还不宣告债务人破产，有关破产清算程序的工作，如破产财产的变价、处分等无法进行，破产清算程序必然拖延，导致破产成本的增加，债权人的利益会遭受更大损害。其实，进入破产清算程序的债务人即使具有拯救价值和拯救可能，也应尽早作出决策，于是为债务人破产宣告设置一个最晚时间点，也有利于促使有意愿对债务人进行重整、和解的利害关系人及时提出申请。毕竟，拯救病人宜早不宜迟，在自身无力消除病因的情况下，病拖得越久就越难拯救。对于背负债务等重负已经进入破产清算程序的债务人来说，其已经无法通过自身努力而得以拯救，要通过社会之力对之医治拯救，也自然如此。

（2）破产清算程序中宣告债务人破产的申请主体为管理人，既与其职责相符，又与其通过债务人财产、债权债务等的清理而对债务人各方面的情况比较了解相适应，《破产审判纪要》第 23 条为此规定，在第一次债权人会议上还没有重整或和解申请的，应由管理人向人民法院申请宣告债务人破产。

无论是申请的宣告债务人破产还是非申请的宣告债务人破产，人民法院一旦裁定宣告债务人破产，均应依照《企业破产法》第 107 条第 1 款的规定，自裁定作出之日起5日内送达债务人和管理人，自裁定作出之日起10日内通知已知债权人，并予以公告。

宣告债务人破产的裁定，一旦作出即发生法律效力，不允许上诉。然则，为了保障债权人、债务人的合法权益，在程序上应当允许债权人、债务人依法对宣告债务人破产的裁定提出申诉，申诉期间不能停止该裁定的执行。

六、宣告债务人破产的法律后果

宣告债务人破产，作为人民法院依法进行的一种司法行为，属于破产程序的重要转折点，会产生一系列法律后果。

（一）对破产程序的法律效果

宣告债务人破产在程序上标志着破产清算实质阶段的开始，意味着债务人不可逆转地要对全部财产变价并依法分配，用以清偿全部债务，直至丧失民事主体资格而消亡。人民法院不能在宣告债务人破产后再裁定驳回破产申请，或者裁定受理债务人的破产重整、破产和解的申请，或者裁定受理出资额占债务人注册资本1/10以上的出资人破产重整的申请，或者裁定认可债务人与全体债权人达成的庭外和解协议，或者因为清偿债务人的全部到期债务或由第三人提供足额担保等原因，而终止或者终结破产清算程序。对此，《破产审判纪要》第24条规定，债务人被宣告破产后，不得再转入重整程序或和解程序。《破产审判纪要》起草过程中，“有意见认为，无论是基于实践中已有成功案例，还是从鼓励拯救债务人的角度出发，都应当允许债务人被宣告破产后，在一定条件下能够再行转入重整或和解程序。”《破产审判纪要》却没有采纳，主是理由为：“一是因为《企业破产法》没有规定破产宣告后的程序转换，而是在允许由清算程序转入重整或和解程序的条文中，明确限定应在破产宣告前进行；二是在《企业破产法》上述规定内，相关主体应当充分利用破产申请受理后至破产宣告前的期间，积极对债务人进行挽救，如果仍允许在破产宣告后转入重整或和解程序，在一定程度上也会增加程序适用的不确定性，加大债权人通过破产清算程序获得清偿的成本。”据此，《破产审判纪要》第24条没有突破法律规定，“限定了债务人被宣告破产后的程序转换，以明确三类破产程序的适用阶段及其程序的稳定性。”① 具体来说，债务人破产宣告对破产程序所产生的法律效果主要表现为：

1. 债务人破产重整、破产和解申请裁定受理后，因为出现法定事由致使

---

① 贺小荣、葛洪涛、郁林：《破产清算、关联企业以及执行与破产衔接的规范与完善——〈全国法院破产审判工作会议纪要〉的理解与适用（下）》，载《人民司法》2018年第16期。

破产重整、破产和解终止而转换为破产清算程序，这时直接进入破产清算的实质阶段，而不再需要经过破产清算的形式阶段，即应依法直接宣告债务人破产。

2. 债务人破产清算申请裁定受理后，没有出现法定的阻却债务人破产宣告的事由，即未出现符合法律规定的破产重整或者破产和解申请裁定受理、债务人全部到期债务得到清偿、第三人为债务人提供足额担保、债务人与全体债权人达成庭外和解、债务人被发现没有破产原因而驳回破产申请、债务人财产不足以支付破产费用等情形的，人民法院也应依法宣告债务人破产，使破产清算形式阶段进入破产清算实质阶段。此外，对于已经解散但未清算或者未清算完毕，且资产不足以清偿债务，由清算责任人申请破产清算的，或者在裁定受理破产清算申请的同时需要随即宣告债务人破产，人民法院审查符合条件的亦可以直接裁定受理破产清算申请，同时宣告债务人破产，即跨越破产清算形式阶段直接进入破产清算实质阶段。

（二）对债务人的法律效果

宣告债务人破产，对债务人来说，主要产生下列法律后果：债务人破产宣告后，债务人变为破产人。债务人破产一旦宣告，债务人则被称为破产人。对于进入破产程序的债务人来说，其称谓变为破产人，不仅仅是名称的变化，而且意味着其法律人格及民事权利将进一步受到限制与约束。在破产宣告前，称之为债务人，还不必然出现消亡的后果，还有继续存在的可能性。可债务人被宣告破产后，其消亡、不再继续存在已成为必然，其何时消亡、继续存在多长时间，仅仅是一个时间问题。宣告债务人破产，其实就是强制债务人退出市场，使其法律人格丧失。随着对债务人的破产财产分配完毕，债务清偿工作即告完成，应当依法办理破产人的注销手续，使其得以完全、彻底地退出市场。

债务人破产宣告，其民事权利能力、民事行为能力均要受到限制、约束，然其法律人格仍未完全丧失。主要表现在：

1. 完全丧失财产和有关事务的管理、控制能力。在破产宣告前包括在破产重整或者破产和解程序中，债务人依法可以自行管理财产和营业事务。但在破产宣告后，破产人不再具有任何管理财产和有关事务的可能，所有财产和事务的管理职能均应由管理人行使。破产人只能听任管理人依法对其财产进行处分、变价并对债权人的所有债权进行清偿，直到其法律人格完全消亡。

2. 对外丧失独立的民事行为能力。即破产人不能以自己的名义对外从事各种行为包括清收债权、对房产出租收益的收取等，所有事务均应由管理人代表进行。

3. 丧失独立的民事诉讼能力。破产宣告后，破产人的法律人格虽然尚未消失，民事权利能力依旧存在，其参与民事诉讼等活动除债务人对管理人审查的债权有异议而对管理人提起诉讼等特定情形外，均应由管理人代表进行。

（三）对债务人财产的法律效果

债务人破产宣告后，债务人称之为破产人，与之相适应，债务人财产称之为破产财产。债务人财产称为破产财产后，就其目的、性质、范围、处理方式等来说，与债务人财产虽然存在概念上的不同，就其构成范围而言却不存在实际区别，具体已在本书第4章债务人财产第1节债务人财产概述“一、债务人财产的概念与特征”中作了详细介绍，这里不再多述。

（四）对债权人的法律效果

债务人破产宣告后，对债权人来说，都应依法参与破产程序而通过管理人依法进行清偿。

1. 破产别除权人依法可以行使优先受偿权。对债务人特定财产享有担保物权或者法定特别优先权的债权人即破产别除权人，在债务人破产宣告后，可以．依法对债务人的破产财产中负有担保物权或者法定特别优先权的特定财产行使优先受偿权。对这，《企业破产法》第109条、第110条规定：“对破产人的特定财产享有担保权的权利人，对该特定财产享有优先受偿的权利。”“享有本法第一百零九条规定权利的债权人行使优先受偿权利未能完全受偿的，其未受偿的债权作为普通债权；放弃优先受偿权利的，其债权作为普通债权。”

应当指出，破产别除权人在债务人宣告破产后，对特定财产享有优先受偿的权利，与之相关的不可回避的重要问题是，破产别除权人能否就享有优先受偿权的特定破产财产单独申请处置、变价及受偿。对此，有的认为，用于清偿优先受偿债权的特定财产，尽管负有担保物权等负担，但还是属于破产财产；法律也明文规定破产别除权人对债务人财产的管理方案、破产财产变价方案具有表决权；基于债务人破产财产应由管理人依法统一管理、处置的职责性规定；单独对特定财产变价处置，有的可能降低破产财产的价值，如购买人因为破产财产的整体性就可能影响其以正常价格出价的意愿，不利于破产财产功能及价值的充分发挥、实现，还可能导致多次处置增加诸如拍卖费用等处置成本，于是对用于优先受偿债权清偿的特定财产也应按照破产财产变价方案统一处置，破产别除权人只能就特定财产统一变价处置后的价款享有优先受偿权。有的认为，破产别除权的本质要求权利人对特定财产享有优先受偿权，既然如此，不仅包括就变价后的价款享有优先受偿权，而且包括对该财产如何变价以充分保障其权利的变现权，假若统一变价处置，可能导致将特定财产故意压低评估价格，从而降低特定财产在整体财产中的价值比例以损害破产别除权利人利益的现象发生；法律只在重整程序中对破产别除权利人就特定财产优先受偿权的行使作了限制，在破产和解、清算程序中并未对之进行约束，破产别除权人随时有权要求就特定财产行使权利，这自然包括对特定财产单独要求处置的权利，而不因为统一处置再予以拖延；在拍卖尤其是网络司法拍卖已经成为破产财产变价处置成为最为基本方式的情况下，成本增加有限，也不会导致破产财产的低价处置而损害破产别除权人之外的其他债权人的利益；且从比较法的角度看，破产别除权人在宣告债务人破产后，及时要求就特定财产变价受偿，也是各国破产法普遍规定的一项原则。[①] 显然，从不同角度，两种观点各有其道理，关键在于如何平衡破产别除权人与非破产别除权人的利益。最后，《破产审判纪要》基于破产别除权的性质、特征，以及破产法并无限制破产别除权人要求单独变价处置的规定，考虑到单独处置财产可能导致破产财产整体处置价值的情况，明确随时单独处置变价特定财产为原则，与其他破产统一整体处置变价为例外，于第 25 条规定："担保权人权利的行使与限制。在破产清算和破产和解程序中，对债务人特定财产享有担保权的债权人可以随时向管理人主张就该特定财产变价处置行使优先受偿权，管理人应及时变价处置，不得以须经债权人会议决议等为由拒绝。但因单独处置担保财产会降低其他破产财产的价值而应整体处置的除外。"

2. 破产别除权人以外的债权人按照集体清偿程序接受清偿。宣告债务人破产后，破产别除权人以外的债权人只能以破产财产中的非特定财产，即负有担保物权或者法定特别优先权的特定财产以外的财产依法变价后按照法律规定的顺序参与集体分配，公平接受清偿，而不能在法定顺序及参与集体分配、公平接受清偿外单独接受清偿。

第三节　破产财产变价

一、破产财产变价的概念

破产财产变价，是指管理人按照债权人会议通过或者人民法院依法裁定

① 贺小荣、葛洪涛、郁林：《破产清算、关联企业以及执行与破产衔接的规范与完善——〈全国法院破产审判工作会议纪要〉的理解与适用（下）》，载《人民司法》2018 年第 16 期。

的破产财产变价方案，将非货币形态的破产财产，以拍卖或者其他方式出售，从而转化为货币形态的财产的行为。简言之，就是将非货币破产财产转化为货币破产财产的行为。

财产可以分为货币财产和非货币财产。债务人的破产财产用于清偿债权，一般不能以实物财产直接进行清偿。不然，难以发挥该财产的作用。《企业破产法》第114条规定："破产财产的分配应当以货币分配方式进行。但是，债权人会议另有决议的除外。"基此，除债权人会议决议可以非货币财产进行清偿外，债权人的债权均应以货币财产进行清偿。而用于清偿债权人债权的破产财产中的非特定财产，一般表现为非货币财产，如房产、机器设备等固定财产，商标、专利等知识产权，均属于非货币财产。故，在清偿债权人的债权前，就存在将这些非货币财产通过变价出售转化为货币财产的问题。而破产财产的变价，就是将非货币破产财产转化为货币财产的桥梁与手段，属于为债权人的债权清偿所必要的基础性工作，为破产清算实质阶段程序所不可缺少的重要环节，对于债权人合法权益的维护，破产清算程序的彻底、有序、公平完成，具有十分重要的意义与作用。

二、破产财产变价的主体

根据《企业破产法》第111条的规定，破产财产变价行为的主体为管理人。债务人、债权人包括对债务人特定财产享有担保物权或者法定特别优先权的破产别除权人，债权人会议及其债权人委员会以及人民法院都不属于破产财产变价行为的主体，都不能将债务人的非货币破产财产变价出售。这是因为，债务人破产宣告后，管理人要完全接收、管理破产财产，由其拟订破产财产变价方案，并按确定的破产财产变价方案统一依法变价，有利于破产财产价值的最大化，同时也是破产财产统一处置进而保障破产清算工作有序进行的必然要求。否则，主体过多，谁都有权将非货币破产财产变价处置，破产清算工作就会混乱不堪。另外，为了公平维护债权人的合法权益，作为利害关系人的债务人、债权人，以及债权人会议及其债权人委员会也不应作为破产财产变价出售的主体，以防止其为了自身利益而损害全体债权人合法权益的现象发生。

三、破产财产变价的对象

破产财产变价的对象为破产财产中的非货币财产。破产财产在宣告债务人破产前称之为债务人财产。与之相关的一个问题是，债务人财产中负有担保物权或者法定特别优先权的特定财产，是否属于破产财产，有不同看法。

有人认为，已经设置担保物权的财产即破产别除权的标的物不属于破产财产。[①] 笔者认为，债务人财产中负有担保物权或者法定特别优先权的特定财产，属于破产财产：

（一）法律有关破产财产的概念并未将负有担保物权或者法定特别优先权的特定财产排除在外

《企业破产法》第 107 条规定，债务人被宣告破产后，债务人称为破产人，债务人财产称为破产财产。以是，破产财产在债务人破产宣告前就是债务人财产。债务人财产，根据《企业破产法》第 30 条的规定，为破产申请受理时属于债务人的全部财产，以及破产申请受理后至破产程序终结前债务人取得的财产。而特定财产虽然负有担保物权或者法定特别优先权，可其所有权依然属于债务人，归于债务人全部财产的范围，从法律规定上看，并未将负有担保物权或者法定特别优先权的特定财产排除在破产财产之外。

（二）从担保物权或者法定特别优先权的性质来看，负有担保物权或者法定特别优先权的特定财产也应为破产财产

从担保物权或者法定特别优先权的性质方面来考虑，存在于特定财产上的抵押、质押等担保物权或者法定特别优先权，并不会改变特定财产属于担保人所有的归属，只是要求特定财产用来担保权人对债务人债权实现的担保，负有担保物权或者法定特别优先权的特定财产，仍归于担保人所有。债务人中负有担保物权或者法定特别优先权的财产，乃为债务人财产，在宣告债务人破产后而归于破产财产的范围。

（三）从与破产债权的关系来看，负有担保物权或者法定特别优先权的特定财产也应属于破产财产

破产债权，根据《企业破产法》第 107 条第 2 款的规定，是指人民法院受理破产申请时对债务人享有的债权，包括具有担保物权或者法定特别优先权的债权在内。而破产债权的清偿只能由破产财产来清偿，具有担保物权或者法定特别优先权的优先受偿债权也就要由破产财产来清偿，只不过是由破产财产中的负有担保物权或者法定特别优先权的特定财产来清偿。如果负有担保物权或者法定特别优先权的特定财产不属于破产财产，那么，具有担保物权或者法定特别优先权的优先受偿债权则不是用破产财产来清偿，这无论是从观念上还是从逻辑上来说，都是不可想象的。

① 王卫国：《破产法精义》，法律出版社 2007 年版，第 308 页。

（四）从破产别除权人有权参与破产财产管理、变价方案的讨论、表决来看，负有担保物权或者法定特别优先权的特定财产也应属于破产财产

《企业破产法》第59条第3款规定，对债务人的特定财产享有担保权的债权人，未放弃优先受偿权利的，对于本法第61条第1款第7项、第10项规定的事项，即通过和解协议草案、通过破产财产的分配方案，不享有表决权；对于通过债务人财产的管理方案、通过破产财产的变价方案则具有表决权。如果负有担保物权或者法定特别优先权的特定财产不属于破产财产，那么，债务人财产的管理方案、破产财产的变价方案就与破产别除权人无关，破产别除权人就不应该对通过债务人财产的管理方案、通过破产财产的变价方案具有表决权。正如破产和解协议草案、破产财产的分配方案，由于破产别除权人不按照和解协议、破产财产的分配方案清偿自己的债权，与破产和解协议、破产财产的分配方案无关，法律就规定对与之无关的破产和解协议草案、破产财产的分配方案不具有表决权。

（五）从应实现债务人财产价值最大化的要求来看，负有担保物权或者法定特别优先权的特定财产也应属于破产财产

负有担保物权或者法定特别优先权的特定财产如果不属于破产财产，那么，在宣告债务人破产后，其变价完全可以置于破产财产变价的范围外。而事实上，负有担保物权或者法定特别优先权的特定财产与非特定财产之间，完全可能因为相互联系而不能单独变价。此时，只有连在一起构成一定的财产单位，实行部分变价或者整体变价，才有利于其价值最大化。如果不将其纳入破产财产的范围，那么，就很难将其与破产财产一起构成破产财产的统一单位进行部分变价或者整体变价。因此，从有利于债务人所有财产的处理出发，也应将负有担保物权或者法定特别优先权的特定财产纳入破产财产的范畴。

（六）从财产的价值来看，负有优先受偿债权的特定财产其价值高于优先受偿债权的部分也属于破产财产

在司法实践中，担保人用于担保权人债权实现的财产，其价值通常要远远高于所担保的债权，在用以担保债权的特定财产增值的情况下两者会相差更大。如此，负有担保物权或者法定特别优先权的特定财产为实现债权人的优先受偿债权进行处置后，其价值高于所担保债权的部分更为破产财产，更需要与其他破产财产一道进行处理。

四、破产财产变价的原则

管理人将非货币破产财产变价转化为货币破产财产，直接关系到破产财

产的价值能否充分实现，与债权人的合法权益息息相关，需要严格遵循一定的原则进行。

（一）依法变价原则

依法变价原则，要求管理人将非货币破产财产变价时，应当严格依照《企业破产法》及其他有关法律规定进行。如管理人在变价破产财产前，应当拟订破产财产变价方案，提交债权人会议讨论，并经债权人会议表决通过或者人民法院依法裁定批准后按照变价方案进行；管理人变价破产财产应以拍卖方式为原则，而以其他方式为例外，拍卖应当依照《拍卖法》《网络司法拍卖规定》等有关规定进行。此外，变价对象的范围确定、变价的程序等都应按照有关法律、法规规定进行，以保证破产财产变价的规范性、有序性。

（二）适时变价原则

适时变价原则，要求管理人在适当的时间将破产财产变价。适当的时间，是指有利于破产财产价值最大化的合适时间。财产价值的实现，与市场情况密切相关。所以，管理人应当把握有关变价财产的市场情况，结合变价财产的实际情况，选择最有利的机会将破产财产变价。破产财产的类型不同，其变价的有利时机完全可能不同，管理人应当根据市场变化情况及时分门别类对破产财产分别或整体及时变价，以充分实现破产财产的价值。

此外，根据《企业破产法》第 111 条的规定，管理人应当按照债权人会议通过的或者人民法院依法裁定批准的破产财产变价方案，适时变价出售破产财产。适时变价应以破产财产变价方案为前提，并且按照变价方案进行。然而，有的破产财产不及时处理将严重贬值甚至毁损而丧失使用功能，如一些容易变质、腐烂的产品，等到破产财产变价方案依法通过或者裁定批准时，这些财产的价值可能已不存在，根据适时变价原则，就可以将其先行变价处理。

（三）公开变价原则

公开变价原则，要求管理人变价破产财产，应当采取公开的方式进行。变价财产的范围、种类、总量，变价财产的时间、地点，变价的方式、程序等都应依法公开，以防止管理人与受让人甚至债务人相互串通，压低破产财产的价值，损害债权人利益。是以，公开变价原则是实现破产财产变价依法、公平、公正的重要保证。只有保证破产财产变价的整个过程公开进行，在阳光下实施，才能对其进行有效监督，避免破产财产变价的暗箱操作，以保证债权人合法权益的公平维护。

（四）价值最大化变价原则

依法变价原则、适时变价原则、公开变价原则，均是破产财产变价过程中所应遵循的程序性原则，而价值最大化变价原则，则是破产财产变价所应遵循的一项实体性原则。这一实体性变价原则，要求管理人将破产财产变价时，应当尽最大努力充分、有效地实现其最大价值。债权人的债权主要是以货币财产或者非货币破产财产转化的货币财产进行清偿的。非货币财产变价的多少，即破产财产价值是否充分实现，将直接关系到债权人债权清偿的多少，与债权人的合法权益息息相关。在宣告债务人破产的情况下，债权人的债权损失一般不可避免。为了避免债权人的损失扩大，应当充分实现用于清偿债权的破产财产的价值。故，管理人将破产财产变价，必须遵循价值最大化的变价原则，以实现破产财产的最大价值，维护债权人的合法权益。

要实现价值最大化的变价这一实体性原则，必须要求在程序上彻底贯彻、落实依法变价、适时变价、公开变价的原则。可以说，贯彻、落实依法变价、适时变价、公开变价等程序性原则，是有效实现价值最大化变价原则的程序性保障与前提。没有适时的变价、依法的变价和公开的变价，要想实现破产财产价值的最大化是不可能的。

五、破产财产变价的方式

《企业破产法》第 112 条规定：“变价出售破产财产应当通过拍卖进行。但是，债权人会议另有决议的除外。破产企业可以全部或者部分变价出售。企业变价出售时，可以将其中的无形资产和其他财产单独变价出售。按照国家规定不能拍卖或者限制转让的财产，应当按照国家规定的方式处理。”据之，破产财产变价的方式，包括对所有破产财产的变价方式及破产财产变价的具体方式两个方面的内容。

（一）对所有破产财产变价的方式

破产财产的构成范围多种多样，既包括房屋等不动产，又包括原材料、产品等动产；既包括实物等有形财产，又包括证券、票据、商标、专利、专有技术、商业秘密、营销网络、承包经营权、土地使用权、债权等无形的但具有财产特征的财产性权利。有的财产进行不同组合构成一个财产单位，才能充分发挥各种财产的价值，使其财产价值最大化。有的财产本身相互联系而无法分离，不能将其分开变价，不然就无法发挥财产的使用功能，致使价值贬值甚至全无，如土地及其上的建筑物，不可能分离。以是，土地使用权与建筑物即构成一个财产单位，必须一起变价，而不能将土地使用权与建筑物分别变价给不同的主体。又如，煤矿的一些资产，如采矿权、土地使用权、煤矿的坑道、厂房、铁轨、固定的机器设备、电力设备、通风设备等，则构成一个生产单位，通常不能将其拆开分别变卖，否则不利于财产价值的充分实现。总之，管理人对于债务人的所有破产财产，应当将其分别进行归类，并且根据财产之间的联系及联系紧密程度，以及财产的市场需要情况等实际需要，以其价值最大化变价为原则，拟定是整体变价还是部分变价乃至单独变价方案。具体来说：

1. 整体变价更有利于价值最大化变价原则的实现，则可以将所有破产财产作为一个整体一次性全部变价出售，如此还有利于提高变价出售的效率，降低变价出售的成本。这种整体变价的对象，乃为债务人的整个非货币资产，既包括厂房、机器设备、产品、原材料等有形资产，又包括商标、专利、经营权、采矿权、债权、专有技术、商业秘密、营销网络等财产性权利。

2. 部分整体变价有利于价值最大化变价原则的实现，如所有破产财产无法整体变价或者已经丧失构成一个整体财产单元的价值，则可以将财产归类并根据其联系的情况组成不同的财产构成单元，实行部分非货币财产的变价出售。这是一种相对的整体变价出售，即变价的对象并非所有非货币财产，而是部分货币财产，但不是单独的非货币财产。《审理企业破产案件规定》第86条规定，破产财产中的成套设备，一般应当整体出售。

3. 对于一些无法与其他财产构成一个财产单元或者单独变价出售有利于其价值最大化的财产，也可以将之单独变价。在债务人宣告破产无法对破产财产整体变价或者部分变价的情况下，则对商标、专利、专有技术、债权等无形财产以及其他财产，均可以单独变价。

（二）破产财产变价的具体方式

破产财产变价的具体方式，是相对于所有破产财产变价的方式来说的。后者是一种抽象的变价方式，所解决的是破产财产根据实际情况是否需要连成一个部分一起进行变价的问题。即在决定将非货币破产财产整体变价或者部分变价以及单独变价后，还需要继续解决将该财产如何变价出售即采取何种方式变价出售的问题。无论是整体变价或者部分变价以及单独变价，都要面临这一问题。对这，应当注意以下方面：

1. 破产财产变价出售以拍卖为原则。破产财产变价出售以拍卖方式为原则，要求对于非货币破产财产的变价通常应当采取拍卖的方式进行。拍卖，作为一种在公开的时间、地点内，由人民法院或者具有法定资质的拍卖机构以公开竞价的形式，将特定物品或者财产权利转让给最高应价者的买卖方式，具有依法性、公开性等特点，有利于防止财产变价过程中的暗箱操作甚至徇私舞弊等不当或者不法行为的发生，也有利于拍卖财产的价值最大化。《企业破产法》第112条第1款明确规定："变价出售破产财产应当通过拍卖进行。"基此，《企业破产法》确立了以拍卖方式变价非货币破产财产的原则，拍卖就构成了非货币破产财产变价的最为主要的、基本的变价方式。随着电子、网络、电信等技术的不断发展，在司法实践中，一种新的拍卖方式——网络司法拍卖方式被广泛采用。其方便、快捷、广泛、公平、效率等特征显著。因此，《破产审判纪要》第47条明确指出："要适应信息化发展趋势，积极引导以网络拍卖方式处置破产财产，提升破产财产处置效益。"《网络司法拍卖规定》第2条更是明确规定："人民法院以拍卖方式处置财产的，应当采取网络司法拍卖方式，但法律、行政法规和司法解释规定必须通过其他途径处置，或者不宜采用网络拍卖方式处置的除外。"其中，网络司法拍卖，则是指人民法院依法通过互联网拍卖平台，以网络电子竞价方式公开处置财产的行为。

2. 破产财产变价出售以不拍卖为例外。破产财产一般情况下应当以拍卖方式进行变价，然也不能绝对化，即要求所有破产财产不分情况一律都要采取拍卖方式进行。不可否认，拍卖具有依法、公开程序性特征，有利于破产财产价值的最大化。然拍卖程序复杂、时间长，成本较高，有些财产通过拍卖，扣除拍卖佣金、拍卖场地租赁、公告等各种成本费用，价值可能所剩无几甚至根本无法支付拍卖费用。有的财产属于国家禁止或者限制出售的财产，也不能采取公开竞价的方式处理。另外，拍卖并非一定成功，不能将破产财产的变价只限制在这一途径，除拍卖变价出售破产财产外，还必须允许其他方式存在。所以，《企业破产法》第112条在规定变价非货币破产财产一般应当通过拍卖方式进行的同时，还允许以拍卖方式之外的其他方式作为变价非货币破产财产的例外方式，从而构成拍卖变价非货币财产的补充，使得非货币破产财产的变价方式成为一个完整的体系，以供债权人会议予以选择。对此，《破产审判纪要》第26条规定，采用拍卖方式进行处置的，拍卖所得预计不足以支付评估拍卖费用，或者拍卖不成的，经债权人会议决议，可以采取作价变卖或实物分配方式。变卖或实物分配的方案经债权人会议两次表决仍未通过的，由人民法院裁定处理。

具体来说，作为拍卖变价出售非货币破产财产的例外，包括下列3种情况：

（1）债权人会议决议决定采取非拍卖方式变价：

①法律规定变价非货币破产财产，应当采取拍卖方式进行。但是，债权人会议通过决议决定变价某一非货币破产财产不采取拍卖方式进行的，则应采取债权人会议决议的方式进行。破产财产变价后，除用于清偿破产费用、共益债务外，都应用于清偿债权人的破产债权包括对债务人特定财产具有担保物权或者法定特别优先权的优先受偿债权。是以，破产财产的变价与全体债权人的债权清偿密切相关。甚至可以说，破产财产在理论上虽然仍然属于

债务人的财产，可从其应当用于债权人的债权清偿致使其最终的归属来看，实际上已经属于或者基本属于债权人的财产。这样，对于非货币破产财产变价方式的选择，应当按照私权意思自治原则尊重债权人的意愿。债权人会议决议决定不采取拍卖方式而采取其他方式变价非货币破产财产的，根据《企业破产法》第 112 条第 1 款的规定，应当采取债权人会议决议决定的变价方式变价。①

②此种例外的前提条件，是由债权人会议决议决定，而非管理人自行决定。管理人不能选择变价方式。当然，管理人不能选择破产财产的变价方式，并不是说其在选择变价方式上完全毫无作为。管理人应当根据财产的情况，在拟订财产变价方案时，建议选择适用变价方式，以供债权人会议决议选择。

③选择破产财产的变价方式，应当尊重债权人的意愿。尊重债权人的意愿，并非尊重债权人的单个意愿，而是尊重债权人的共同意愿。债权人的共同意愿，虽然以单个债权人的意愿表达为基础，但不是所有单个债权人意愿的简单相加，而是通过讨论并以投票决议且按照一定的规则通过的形式予以形成。这种债权人的共同意愿可能与单个债权人的意愿完全相左，但不影响债权人会议决议的实施，债权人会议决议对于所有债权人包括与其意愿相左的债权人都具有约束力。

④债权人会议决议决定的非拍卖方式，一般来说，主要包括招标变价方式、标价变价方式、协议变价方式。其中，招标变价，是指管理人采用发出投标邀请书或者发布招标公告的方式，邀请特定或者不特定的人员参加投标报价，然后从参与报价投标者中挑选符合法定条件的最合适的人作为受让人，将变价财产按投标报价出售给该受让人的方法。这种方法，主要适用于整体变价或者部分变价的情况。标价出售，是指将非货币财产公开标出一定价格，寻求买主予以出售的方法。其具体方法又多种多样，如向不特定人散发报价单、举办交易会、在公开出售市场陈列、个别联系买主等。至于协议变价，则是指以非公开的方式寻找买主，而与有购买非货币破产财产的人单方接触、进行协商确定价格的变价方式。

⑤《审理企业破产案件规定》第 85 条规定，依法不得拍卖或者拍卖所得不足以支付拍卖所需费用的，不进行拍卖。不进行拍卖或者拍卖不成的破产财产，可以在破产分配时进行实物分配或者作价变卖。债权人对管理人在实物分配或者作价变卖中对破产财产的估价有异议的，可以请求人民法院进行审查。

---

① 赵雷主编：《新企业破产法讲读》，中国工人出版社、人民法院出版社 2006 年版，第 252 页。

（2）采用拍卖方式进行处置，拍卖所得预计不足以支付评估拍卖费用，或者拍卖不成且变卖或实物分配的方案经债权人会议两次表决仍未通过的，根据《企业破产法》第65条关于“本法第六十一条第一款第八项、第九项所列事项，经债权人会议表决未通过的，由人民法院裁定。本法第六十一条第一款第十项所列事项，经债权人会议二次表决仍未通过的，由人民法院裁定”的规定，以及《破产审判纪要》第26条规定，由人民法院裁定处理。

（3）特殊破产财产因为国家规定必须采取其他方式变价的例外。为了维护国家经济秩序、社会公共安全乃至国家安全的需要，国家法律、法规对一些财产明确禁止转让流通或者限制转让流通。对于国家法律、法规明确禁止转让流通或者限制转让流通的财产，其变价出售，不能按照拍卖或者其他方式公开在社会上出售转让，而应按照国家规定的有关方式变价处理：

①国家禁止转让流通的财产不能以拍卖方式或者其他方式转让。禁止流通的财产，是指国家法律、法规明文禁止转让流通的财物，如国家所有的土地、矿藏、水流，国家重点保护的野生动物等。这些财产即使为债务人所占有，也不能转让流通，禁止以拍卖的方式变价转让。对这，《拍卖法》第7条明确规定：“法律、行政法规禁止买卖的物品或者财产权利，不得作为拍卖标的。”

②国家限制转让流通的财产的变价应当按照国家法律、行政法规规定的方式处理。国家限制转让流通的财产与国家禁止转让流通的财产不同：后者完全不能转让流通；前者则可以转让流通，可在转让流通的范围、方式、程序上有所限制。如只能由特定的主体依法转让经营；财产只能在特定的范围内出售，像国家规定的一些文物不能出售给国外单位与个人；转让出售的程序必须经过国家有关部门批准，等等。这些限制转让流通的财产，都应按照国家有关规定进行出售转让，不然就不能达到变价出售财产的有效后果。

就国家限制转让流通的财产范围而言，主要包括：

其一，与社会公共安全密切相关的危险物品及管制物品。如枪支、弹药、爆炸物、管制刀具、毒品（麻醉药品与精神药品）、剧毒物品、腐蚀性物品、放射性物品等，都限制任意流通。债务人源于各种原因拥有这些与社会公共安全相关的限制性转让流通物品的，管理人应当按照有关规定交由相关部门依法处理。

其二，与国家经济秩序有关的重大物品。如黄金、白金、白银及其制品，国家规定由特定的主体如中国人民银行或者经过中国人民银行依法批准授权经营的单位管理、经营。故，对于金银及其制品应当按照规定由中国人民银行或者授权经营的单位依法进行处理。

其三，国家文物。国家文物，是指具有历史、科学或者艺术价值的物品。《文物保护法》第 2 条规定："在中华人民共和国境内，下列文物受国家保护：（一）具有历史、艺术、科学价值的古文化遗址、古墓葬、古建筑、石窟寺和石刻、壁画；（二）与重大历史事件、革命运动或者著名人物有关的以及具有重要纪念意义、教育意义或者史料价值的近代现代重要史迹、实物、代表性建筑；（三）历史上各时代珍贵的艺术品、工艺美术品；（四）历史上各时代重要的文献资料以及具有历史、艺术、科学价值的手稿和图书资料等；（五）反映历史上各时代、各民族社会制度、社会生产、社会生活的代表性实物。文物认定的标准和办法由国务院文物行政部门制定，并报国务院批准。具有科学价值的古脊椎动物化石和古人类化石同文物一样受国家保护。"第 3 条规定："古文化遗址、古墓葬、古建筑、石窟寺、石刻、壁画、近代现代重要史迹和代表性建筑等不可移动文物，根据它们的历史、艺术、科学价值，可以分别确定为全国重点文物保护单位，省级文物保护单位，市、县级文物保护单位。历史上各时代重要实物、艺术品、文献、手稿、图书资料、代表性实物等可移动文物，分为珍贵文物和一般文物；珍贵文物分为一级文物、二级文物、三级文物。"第 5 条规定："中华人民共和国境内地下、内水和领海中遗存的一切文物，属于国家所有。古文化遗址、古墓葬、石窟寺属于国家所有。国家指定保护的纪念建筑物、古建筑、石刻、壁画、近代现代代表性建筑等不可移动文物，除国家另有规定的以外，属于国家所有。国有不可移动文物的所有权不因其所依附的土地所有权或者使用权的改变而改变。下列可移动文物，属于国家所有：（一）中国境内出土的文物，国家另有规定的除外；（二）国有文物收藏单位以及其他国家机关、部队和国有企业、事业组织等收藏、保管的文物；（三）国家征集、购买的文物；（四）公民、法人和其他组织捐赠给国家的文物；（五）法律规定属于国家所有的其他文物。属于国家所有的可移动文物的所有权不因其保管、收藏单位的终止或者变更而改变。国有文物所有权受法律保护，不容侵犯。"为了保护具有历史、科学或者艺术价值的文物，国家法律、法规明文限制其转让流通。如《文物保护法》第 24 条规定："国有不可移动文物不得转让、抵押。建立博物馆、保管所或者辟为参观游览场所的国有文物保护单位，不得作为企业资产经营。"第 25 条规定："非国有不可移动文物不得转让、抵押给外国人。非国有不可移动文物转让、抵押或者改变用途的，应当根据其级别报相应的文物行政部门备案。"第 44 条规定："禁止国有文物收藏单位将馆藏文物赠与、出租或者出售给其他单位、个人。"第 51 条规定："公民、法人和其他组织不得买卖下列文物：（一）国有文物，但是国家允许的除外；（二）非国有馆藏珍贵文物；（三）国有不可移动文物中的壁画、雕塑、建筑构件等，但是依法拆除的国有不可移动文物中的壁画、雕塑、建筑构件等不属于本法第二十条第四款规定的应由文物收藏单位收藏的除外；（四）来源不符合本法第五一条规定的文物。”第 52 条第 3 款规定：“国家禁止出境的文物，不得转让、出租、质押给外国人。”第 64 条第 1 款第 3、4 项规定，擅自将国有馆藏文物出售或者私自送给非国有单位或者个人的，以及将国家禁止出境的珍贵文物私自出售或者送给外国人，构成犯罪的，依法追究刑事责任。以是，债务人收藏有国家文物的，必须由国家指定的文物收购单位购买。即使可以通过拍卖的方式出售文物，根据《拍卖法》第 8 条第 2 款的规定，委托拍卖的文物，在拍卖前，应当经拍卖人住所地的文物行政管理部门依法鉴定、许可。①

其四，需要经过国家有关部门批准才能依法转让的限制转让流通的物品。这些物品的转让应当依法办理有关批准手续，才能产生相应的法律效力。有的物品在转让之前就应当办理批准手续，有的物品在转让之后要求办理批准手续才能发生转让效力，具体应当根据有关法律、行政法规的规定进行。如由海关依法监管的物品转让，《海关法》第 19 条规定：“进境的境外运输工具和出境的境内运输工具，未向海关办理手续并缴纳关税，不得转让或者移作他用。”第 21 条规定：“沿海运输船舶、渔船和从事海上作业的特种船舶，未经海关同意，不得载运或者换取、买卖、转让进出境货物、物品。”第 32 条规定：“经营保税货物的储存、加工、装配、展示、运输、寄售业务和经营免税商店，应当符合海关监管要求，经海关批准，并办理注册手续。保税货物的转让、转移以及进出保税场所，应当向海关办理有关手续，接受海关监管和查验。”第 37 条规定：“海关监管货物，未经海关许可，不得开拆、提取、交付、发运、调换、改装、抵押、质押、留置、转让、更换标记、移作他用或者进行其他处置。海关加施的封志，任何人不得擅自开启或者损毁。人民法院判决、裁定或者有关行政执法部门决定处理海关监管货物的，应当责令当事人办结海关手续。”第 86 条第（10）项规定：“未经海关许可，擅自将海关监管货物开拆、提取、交付、发运、调换、改装、抵押、质押、留置、转让、更换标记、移作他用或者进行其他处置的”，可以处以罚款，有违法所得的，没收违法所得。又如，探矿权、采矿权的转让，《矿产资源法》第 3 条第 1 款规定：“矿产资源属于国家所有，由国务院行使国家对矿产资源的所有权。地表或者地下的矿产资源的国家所有权，不因其所依附的土地的所有权或者使用权的不同而改变。”第 3 款规定：“勘查、开采矿产资源，必须依法

① 李国光等：《正确理解〈关于审理企业破产案件若干问题的规定〉》，中国法制出版社 2002 年版，第 208 页。

分别申请、经批准取得探矿权、采矿权，并办理登记；但是，已经依法申请取得采矿权的矿山企业在划定的矿区范围内为本企业的生产而进行的勘查除外。”第6条规定：“除按下列规定可以转让外，探矿权、采矿权不得转让：(一) 探矿权人有权在划定的勘查作业区内进行规定的勘查作业，有权优先取得勘查作业区内矿产资源的采矿权。探矿权人在完成规定的最低勘查投入后，经依法批准，可以将探矿权转让他人。(二) 已取得采矿权的矿山企业，因企业合并、分立，与他人合资、合作经营，或者因企业资产出售以及有其他变更企业资产产权的情形而需要变更采矿权主体的，经依法批准可以将采矿权转让他人采矿。前款规定的具体办法和实施步骤由国务院规定。禁止将探矿权、采矿权倒卖牟利。”第42条规定：“买卖、出租或者以其他形式转让矿产资源的，没收违法所得，处以罚款。违反本法第六条的规定将探矿权、采矿权倒卖牟利的，吊销勘查许可证、采矿许可证，没收违法所得，处以罚款。”

其五，《拍卖法》第9条规定，国家行政机关依法没收的物品，冲抵税款、罚款的物品和其他物品，按照国务院规定应当委托拍卖的，由财产所在地的省、自治区、直辖市的人民政府和设区的市的人民政府指定的拍卖人进行拍卖。拍卖由人民法院依法没收的物品，冲抵罚金、罚款的物品以及无法返还的追回物品，适用前款规定。

其六，《审理企业破产案件规定》第80条规定，清算组处理集体所有土地使用权时，应当遵守相关法律规定。未办理土地征用手续的集体所有土地使用权，应当在该集体范围内转让。

3. 破产财产变价方式选择的顺序。非货币破产财产的变价方式，以拍卖方式为原则，以债权人会议决议决定及国家规定的特别规定为例外。就适用选择的顺序而言，例外规定无疑具有优先适用性质。否则，例外规定就没有任何意义。在例外规定中，债权人会议的决议决定又要后位于国家特别规定。破产财产变价方式的选择，应当按照国家强制性规定的方式优先，债权人会议决议决定其次，破产法规定的一般方式即拍卖方式最后的规则进行：

(1) 对于国家禁止或者限制转让流通的财产，先应当按照国家规定的方式进行。不然，因为违反国家强制性规定而致变价出售行为无效而不能发生变价出售的法律效力。

(2) 对于国家禁止或者限制转让流通物品以外的可以任意转让流通的物品，债权人会议决议决定采取非拍卖的方式变价出售非货币破产财产的，应当按照债权人会议决议决定采取的变价方式变价非货币财产。

(3) 对于国家禁止或者限制转让流通物品以外的可以任意转让流通的物品，债权人会议没有决议决定采取拍卖之外的其他方式出售的，则应根据

《企业破产法》第112条第1款的规定以拍卖方式变价出售。

六、破产财产变价的程序

破产财产变价出售，是一个依法处置非货币破产财产的过程，必须按照法律规定的程序进行。这种程序主要包括3个阶段或环节。

（一）破产财产变价方案的确定

1. 破产财产变价方案的基本内容。破产财产变价方案，是指将破产财产中的非货币形态财产转化为货币财产的范围、方法、措施、过程等的具体计划与安排。其具体内容主要包括：

（1）变价破产财产的基本情况。如需要变价的破产财产的范围、数量、种类、性质、功能、现状、购入价值、使用时间、现有价值、存放地点等，应在破产财产变价方案中加以说明。另外，对于一些不需要变价而拟直接进行实物分配清偿债权的破产财产及其基本情况，以及不需要进行变价的原因等应加以说明。

（2）变价破产财产价值的评估情况。对需要变价的非货币破产财产价值进行准确的评估、确定，乃是保证破产财产变价价值最大化的重要环节之一。尤其是对土地使用权、采矿权、房产、机器设备以及商标、专利、专有技术、商业秘密等知识产权财产的价值评估，是这些财产变价出售不可缺少的重要环节。因此，对于需要进行价值评估的财产，以及可供选择的评估机构范围及选择方式、评估费用等都需要在破产财产变价方案中加以说明，成为变价方案中的重要内容之一。此外，对于一些不需要评估的非货币破产财产及不需要评估的原因，进行必要的说明。

（3）破产财产变价的时间。对于破产财产变价的具体时间，法律没有明确规定。具体由管理人根据破产清算程序的进行情况，以及有利于破产财产价值最大化实现的市场时机而予以确定。根据《企业破产法》第111条的规定，管理人应当根据确定的破产财产变价方案适时将破产财产变价。据此，管理人变价破产财产原则上应当在破产财产变价方案确定之后。当然，对于一些不及时变价就会严重损害其价值的“易减损的破产财产”，在债权人会议决议或者征得人民法院同意后，则可以及时将其变价出售。即使及时变价出售财产的状况，也应作简单的说明。

（4）破产财产的变价方式。破产财产变价方式大体分为3种情况，管理人应当根据财产的具体情况提出具体的变价方式，并说明选择变价方式的法律根据及其理由。对国家禁止或者限制转让流通外的破产财产，可以由债权人会议决议决定变价方式。债权人会议决议没有决定变价方式的，除非不适宜拍卖的财产外，原则上应当采取拍卖方式进行。另外，对于非货币破产财产是整体变价，还是部分变价，或是单独变价，以及采取何种方式变价的主要理由，也需要加以说明。

（5）拍卖机构的选定。以拍卖方式变价破产财产的，还应对可供选择的传统现场拍卖或者现代网络拍卖方式，拍卖机构、网络拍卖服务机构及其情况、选择方式、拍卖费用等作必要说明。

（6）需要说明的其他事项。对于破产财产变价方案，法律只是规定必须依法制订并经债权人会议决议或者人民法院裁定确定，就其内容却没有进行规定。所以，除上述主要内容外，管理人应当根据破产财产变价的需要确定破产财产变价方案的内容。如破产财产变价方案的合理性、可行性的说明，以及有购买破产财产意向的人的基本情况等，都可根据需要而视情况予以说明。

2. 破产财产变价方案的通过。宣告债务人破产后，管理人应当尽快拟订破产财产变价方案，并提交债权人会议讨论决议决定是否通过。对此，应当注意以下几点：

（1）有权参加破产财产变价方案表决的债权人。不具有财产担保或者法定特别优先权的债权人，即破产别除权人以外的非优先受偿债权的债权人，有权参加破产财产变价方案的表决，毫无疑义。对于债务人特定财产享有担保物权或者法定特别优先权的优先受偿债权人即破产别除权人，无论其是否放弃优先受偿的权利，根据法律规定，对破产财产变价方案都具有表决权。对这，《企业破产法》第59条第3款规定，对债务人的特定财产享有担保权的债权人，未放弃优先受偿权利的，对于本法第61条第1款第7项、第10项规定的事项，即通过和解协议草案、通过破产财产的分配方案，不享有表决权。该款没有对破产财产变价方案通过的表决权加以限制。对于通过破产财产的变价方案，破产别除权人依然具有表决权。

应当指出，破产别除权人因为具有财产担保或者法定特别优先权的优先受偿债权没有得到足额清偿或者放弃优先受偿权的，对于没有得到清偿的优先受偿的债权或者放弃优先受偿权的债权，则转换为普通破产债权，破产别除权人对相应的债权转换为普通破产债权人，对破产财产变价方案具有表决权，可其代表的债权数额则为没有得到清偿或者放弃优先受偿从而由优先受偿债权转换为普通破产债权的部分，而不是整个优先受偿权的所有债权。

（2）债权人会议通过破产财产变价方案的规则。破产财产变价方案，根据《企业破产法》第64条的规定，由出席会议的有表决权的债权人过半数通过，并且其所代表的债权额占无财产担保债权总额的1/2以上。其中，由出席会议的有表决权的债权人过半数通过，自然包括出席会议并有表决权的破产别除权人在内。至于出席会议有表决权的过半数通过的债权人所代表的债权，则不应包括具有表决权的破产别除权人所代表的债权在内。根据《企业破产法》第59条第3款的规定，具有财产担保或者法定特别优先权的破产别除权人即使没有放弃优先受偿权，除对破产和解协议草案、破产财产分配方案不能进行表决外，对其他事项都享有表决权，然其代表的债权乃为具有财产担保或者法定特别优先权的债权。这种债权额是否计算在过半数通过的债权人所代表的债权内，从文字的意义上讲，似乎应当计算在内。可是，将这种具有财产担保或者法定特别优先权的优先受偿债权计算在内而与无财产担保的非优先受偿债权相比，因为属于性质不同的债权而明显不当。如此，对债务人财产享有担保物权或者法定特别优先权的优先受偿债权人即破产别除权人虽然有权参加破产财产变价方案的表决，可对其只能计算表决权人数，其所代表的具有财产担保或法定优先受偿权的债权而不应计算在表决规则中“所代表的债权额”之中。①

（3）债权人对通过的破产财产变价方案的异议。根据《企业破产法》第64条第2款的规定，债权人认为债权人会议有关破产财产变价方案的决议违反法律规定，损害其利益的，可以自债权人会议作出决议之日起15日内，请求人民法院裁定撤销该决议，责令债权人会议依法重新作出决议。然则，这不会对破产财产变价方案的效力产生影响。在人民法院撤销该决议并责令债权人会议依法重新作出决议前，该通过的破产财产变价方案对于全体债权人均仍具有约束力。

3. 破产财产变价方案的裁定。对于管理人拟订的破产财产变价方案，债权人会议没有通过的，根据《企业破产法》第65条第1款的规定，由人民法院裁定。裁定作出后，人民法院可以在债权人会议上宣布或者另行通知债权人。债权人对此裁定不服的，根据《企业破产法》第66条的规定，可以自裁定宣布之日或者收到通知之日起15日内向该人民法院申请复议。复议期间不停止裁定的执行。

（二）对破产财产价值进行评估

1. 破产财产评估的范围。一般来说，对于破产财产变价前，都要进行评估。《审理企业破产案件规定》第84条规定，债权人会议对破产财产的市场价格无异议的，经人民法院同意后，可以不进行评估，但国有资产除外。一些价值不大，或者贬值较快，甚至不足以支付评估费用的财产，也可以不进

① 韩传华：《企业破产法解析》，人民法院出版社2007年版，第334页。

行评估。

2. 破产财产评估的方法。破产财产评估是一项专业性非常强的工作，必须由具有专业资质的专业评估机构及评估师进行。具体应当根据破产财产的原值、净值、新旧程度、重置成本、获利能力等因素，以实现破产财产价值最大化为目标，选择最为合理、恰当的方法进行评估。就破产财产价值评估的具体方法而言，主要包括：

（1）收益现值法。它是指将评估对象剩余的寿命期间按照一定单位如每年或者每月的预期收益，以适当的折现率折现，并累加得出评估基准的现值，从而估算出所评估财产价值的评估方法。其主要用于以收益为目的使用或者有潜在收益的财产估价，如各种土地使用权、采矿权、经营权等。收益现值法考虑的主要因素是财产的预期获利能力及其适当的折现率。

（2）重置成本法。它是指以现时条件下被评估财产全新状态的重置成本减去该项资产的实质性、经济性贬值而估算所评估财产价值的评估方法。采用该方法进行资产评估的，应当根据该项资产在全新情况下的重置成本，减去按重置成本计算的已使用年限的累积折旧额，考虑财产功能变化、成新率等因素，评定重估价值，或者根据财产的使用期限，考虑财产功能变化等因素重新确定成新率，评定重估价值。

（3）现行市场价格法。它又称市场价格比较法，是指以与破产财产相同或者类似财产的市场价格为标准，对所评估的破产财产价值予以估算的评估方法。

（4）清算价格法。它是指在宣告破产后，以破产财产市场价格为基础，考虑破产宣告需要急于将破产财产变价出售等因素，对其变现价值予以估算的评估方法。其具体又有市场价格折扣法、意向询价法及竞价底价确定法等方法。其中，市场价格折扣法，是指以与破产财产相同或者相类似财产为参照物，根据快速变现原则确定一定折扣，以确定破产财产的清算价值的方法。意向询价法，是指向具有购买破产财产意向的潜在购买者询问价格，了解有关信息，并由此确定破产财产的清算价值的方法。竞价底价确定法，是指将破产财产按照其功能、获利能力等因素依照法定程序确定一个最低底价，然后通过拍卖、招投标等方式由买方竞争出价，确定破产财产清算价值的方法。

（5）无形财产价值评估方法。其主要考虑无形财产的成本如购买无形财产所使用的成本，自己开发、创造无形财产所支付的成本，以及无形财产的获利能力等情况评定重估价值。①

---

① 吴庆宝、王建平主编：《破产案件裁判标准规范》，人民法院出版社2009年版，第331～333页。

3. 评估结论异议的处理。评估机构根据一定的方法对破产财产的价值进行评估后，管理人或者债权人如有异议，法律没有规定如何处理。《审理企业破产案件规定》第83条规定，处理破产财产前，可以确定有相应评估资质的评估机构对破产财产进行评估，债权人会议、管理人对破产财产的评估结论、评估费用有异议的，参照《民事诉讼证据规定》第27条的规定处理。该条规定："当事人对人民法院委托的鉴定部门作出的鉴定结论有异议申请重新鉴定，提出证据证明存在下列情形之一的，人民法院应予准许：（一）鉴定机构或者鉴定人员不具备相关的鉴定资格的；（二）鉴定程序严重违法的；（三）鉴定结论明显依据不足的；（四）经过质证认定不能作为证据使用的其他情形。对有缺陷的鉴定结论，可以通过补充鉴定、重新质证或者补充质证等方法解决的，不予重新鉴定。"

（三）传统现场拍卖变价出售

对破产财产通过评估确定了价值后，管理人应当根据破产财产变价方案适时以适当的方法变价出售。无论采取何种方式变价，都必须符合有关法律、行政法规规定，并且不得违背国家法律、行政法规的强制性规定。就破产财产采取传统的非网络的拍卖方式变价而言，根据《拍卖法》等有关规定，应当按照下列程序进行：

1. 委托拍卖机构。委托拍卖机构要求从具有专业经营资质且信誉良好、具有丰富经验的拍卖机构中以一定方式公开选定。选定之后，应当与拍卖机构通过委托拍卖协议的方式明确双方的权利与义务。对此，《拍卖法》第43条规定："拍卖人认为需要对拍卖标的进行鉴定的，可以进行鉴定。鉴定结论与委托拍卖合同载明的拍卖标的状况不相符的，拍卖人有权要求变更或者解除合同。"第44条规定："委托拍卖合同应当载明以下事项：（一）委托人、拍卖人的姓名或者名称、住所；（二）拍卖标的的名称、规格、数量、质量；（三）委托人提出的保留价；（四）拍卖的时间、地点；（五）拍卖标的交付或者转移的时间、方式；（六）佣金及其支付的方式、期限；（七）价款的支付方式、期限；（八）违约责任；（九）双方约定的其他事项。"其中，委托拍卖的破产财产，是指拍卖时归于破产财产权属范围内的现实状态财产，即属于破产财产的那部分财产的现实状态，而不是指与破产财产相联系然不属于破产财产权属范围的破产财产状态。如破产人将房产出租给他人，他人因为装修而添附的财产，没有约定属于破产财产范围的，在拍卖时，添附的财产就不属于破产财产即房产的范围，尽管该添附财产与作为房产的破产财产不可分离。对这，应当注意破产财产的现状、拍卖底价、拍卖佣金的数额与支付方式、违约责任等。

此外，对于拍卖破产财产底价即委托人提出的保留价的确定，可以参照《拍卖、变卖财产规定》第 8 条规定进行，即“拍卖应当确定保留价。拍卖保留价由人民法院参照评估价确定；未作评估的，参照市价确定，并应当征询有关当事人的意见。人民法院确定的保留价，第 1 次拍卖时，不得低于评估价或者市价的 80%；倘若出现流拍，再行拍卖时，可以酌情降低保留价，但每次降低的数额不得超过前次保留价的 20%。”据之，第 1 次拍卖底价的确定，应当根据破产财产的具体情况结合同类财产的市场情况，在破产财产的评估价或者市场价格的 80% 及其以上确定。假若第 1 次拍卖无人应价而导致流拍，再行拍卖确定其底价时，则可以酌情降低保留价即底价，然每次降低的数额不得超过前次保留价的 20%。

对于拍卖佣金的确定，《拍卖法》第 56 条规定：“委托人、买受人可以与拍卖人约定佣金的比例。委托人、买受人与拍卖人对佣金比例未作约定，拍卖成交的，拍卖人可以向委托人、买受人各收取不超过拍卖成交价百分之五的佣金。收取佣金的比例按照同拍卖成交价成反比的原则确定。拍卖未成交的，拍卖人可以向委托人收取约定的费用；未作约定的，可以向委托人收取为拍卖支出的合理费用。”第 57 条规定：“拍卖本法第九条规定的物品成交的，拍卖人可以向买受人收取不超过拍卖成交价百分之五的佣金。收取佣金的比例按照同拍卖成交价成反比的原则确定。拍卖未成交的，适用本法第五十六条第三款的规定。”

2. 移交破产财产。由拍卖机构拍卖变价破产财产，需要向拍卖机构移交破产财产。移交破产财产时，还应同时移交破产财产的有关产权手续。如拍卖土地使用权的，应当移交土地使用权证等。

3. 拍卖公告与展示。《拍卖法》第 45 条规定：“拍卖人应当于拍卖日七日前发布拍卖公告。”第 46 条规定：“拍卖公告应当载明下列事项：（一）拍卖的时间、地点；（二）拍卖标的；（三）拍卖标的展示时间、地点；（四）参与竞买应当办理的手续；（五）需要公告的其他事项。”第 47 条规定：“拍卖公告应当通过报纸或者其他新闻媒介发布。”第 48 条规定：“拍卖人应当在拍卖前展示拍卖标的，并提供查看拍卖标的的条件及有关资料。拍卖标的的展示时间不得少于两日。”拍卖机构拍卖破产财产前，应当通过新闻媒体发布拍卖公告。管理人还应将公告张贴在受理破产申请的人民法院的公告栏内。拍卖不动产的，还应在不动产所在地张贴公告。公告的内容，根据《拍卖法》的规定，包括拍卖标的、时间、地点、标的物展示的时间与地点、参加拍卖竞买的条件及其所应提供的资料、应当办理的手续等。此外，在拍卖破产财产前，还应依法按照公告的时间、地点将拍卖标的物进行展示，并允许竞买人查验标的物及查阅相关资料。

4. 举行拍卖会。拍卖会的举行，是拍卖变价破产财产的关键、核心环节，直接关系到变价出售破产财产的成败。拍卖会的举行，应当按照公告的时间、地点进行，由竞买人依法参加公开应价。对于拍卖会的有关情况，应当制作有关拍卖记录，以供查阅。有条件的，应当全程摄影、录像。《拍卖法》第49条规定："拍卖师应当于拍卖前宣布拍卖规则和注意事项。"第50条规定："拍卖标的无保留价的，拍卖师应当在拍卖前予以说明。拍卖标的有保留价的，竞买人的最高应价未达到保留价时，该应价不发生效力，拍卖师应当停止拍卖标的的拍卖。"第51条规定："竞买人的最高应价经拍卖师落槌或者以其他公开表示买定的方式确认后，拍卖成交。"第53条规定："拍卖人进行拍卖时，应当制作拍卖笔录。拍卖笔录应当由拍卖师、记录人签名；拍卖成交的，还应当由买受人签名。"第54条规定："拍卖人应当妥善保管有关业务经营活动的完整账簿、拍卖笔录和其他有关资料。前款规定的账簿、拍卖笔录和其他有关资料的保管期限，自委托拍卖合同终止之日起计算，不得少于五年。"

5. 拍卖成交确认。《拍卖法》第52条规定："拍卖成交后，买受人和拍卖人应当签署成交确认书。"成交确认书，应当明确拍卖破产财产的名称、数量、现状、成交价款及其支付期限、拍卖费用、违约责任等法律规定的事项。

6. 破产财产的交付。破产财产为动产的，需要及时向竞买人交付。破产财产需要办理有关过户手续的，管理人应当协助、配合拍卖机构、竞买人办理破产财产的过户手续，如提供破产财产过户所需要的文件与资料。对此，《拍卖法》第55条规定："拍卖标的需要依法办理证照变更、产权过户手续的，委托人、买受人应当持拍卖人出具的成交证明和有关材料，向有关行政管理机关办理手续。"

7. 拍卖款的交付。拍卖破产财产所得的拍卖款，拍卖机构依法扣除拍卖费用、破产财产转让的税金及办理有关手续的费用等必要支出后，应当全部及时交付给管理人，以对债权人的债权进行清偿。

8. 关于破产财产经拍卖流拍时应如何作价和实物分配的问题。破产财产的变现应当以拍卖方式进行，这就是说，在破产案件中最终处置破产企业财产时，首选的方式就是以拍卖方式来实现财产变现，而在拍卖之前一般要经过评估。不可否认，对于拍卖财产，有时难以按照评估价所确定的保留价成交，而造成流拍。对于流拍的财产，法律、法规对拍卖有特别规定的，应当依照特别规定办理。如最高人民法院2001年8月28日通过、同年9月30日起施行的《关于冻结、拍卖上市公司国有股和社会法人股若干问题的规定》

（法释〔2001〕28号）第13条规定，股权（上市公司国有股和社会法人股）拍卖保留价，应当按照评估值确定，第1次拍卖最高价未达到保留价时，应当继续拍卖，每次拍卖的保留价应当不低于前次保留价的90%。经过3次拍卖仍不能成交时，人民法院应当将所拍卖的股权按第3次拍卖的保留价折价抵偿给债权人。人民法院可以在每次拍卖未成交后主持调解，将所拍卖的股权参照该次拍卖保留价抵偿给债权人。按上述规定，对上市公司国有股和社会法人股的拍卖至少应经过3次，经3次拍卖后流拍的，再考虑经过债权人会议讨论后，参考最后一次拍卖价格，直接折抵给债权人。

对于实物财产，也可以考虑采用上述方式处理。经过适当的拍卖程序流拍，最终不得不采取实物方式分给债权人时，一般不应完全依照评估价来作为折价的依据，而应当适当地降低价格，以切实维护分得实物财产债权人的利益。

需要强调的是，无论以何种方式处理破产财产和分配破产财产，尤其是流拍后以何种定价方式进行实物分配，均应在清算组提交债权人会议讨论的两个方案（财产处理方案和分配方案）中明确记载，经债权人会议讨论通过或人民法院裁定批准后执行。

（四）网络司法拍卖变价出售

1. 网络司法拍卖的主体。网络司法拍卖的主体包括人民法院、网络服务提供者及辅助拍卖机构。其中，根据《网络司法拍卖规定》第6条规定，人民法院在实施网络司法拍卖的过程中，应当履行制作、发布拍卖公告；查明拍卖财产现状、权利负担等内容，并予以说明；确定拍卖保留价、保证金的数额、税费负担等；确定保证金、拍卖款项等支付方式；通知当事人和优先购买权人；制作拍卖成交裁定；办理财产交付和出具财产权证照转移协助执行通知书；开设网络司法拍卖专用账户等依法应由人民法院履行的职责。

网络服务提供者，是指通过信息网络向公众提供信息或者为获取网络信息等目的而提供服务的机构，包括为网络接入服务提供者、网络平台服务提供者、网络内容及产品服务提供者。在网络司法拍卖中，根据《网络司法拍卖规定》第8条规定，其职责包括提供并保障安全正常运行的符合法律、行政法规和司法解释规定的网络司法拍卖平台；提供安全便捷配套的电子支付对接系统；全面、及时展示人民法院及其委托的社会机构或者组织提供的拍卖信息；保证拍卖全程的信息数据真实、准确、完整和安全；其他应当由网络服务提供者承担的工作等职责。在履行职责的过程中，网络服务提供者不得在拍卖程序中设置阻碍适格竞买人报名、参拍、竞价以及监视竞买人信息等后台操控功能。网络服务提供者提供的服务无正当理由不得中断。

辅助拍卖机构，是指为拍卖活动提供所需要完成的一些辅助性服务工作的机构。根据《网络司法拍卖规定》第7条规定，承担人民法院委托的诸如制作拍卖财产的文字说明及视频或者照片等资料；展示拍卖财产，接受咨询，引领查看，封存样品等；拍卖财产的鉴定、检验、评估、审计、仓储、保管、运输等拍卖辅助工作。辅助拍卖机构承担网络司法拍卖辅助工作所支出的必要费用由被执行人承担。

2. 进行网络司法拍卖前的准备工作。根据《网络司法拍卖规定》等有关规定，具体包括：

（1）有关网络司法拍卖事项通知的送达。《网络司法拍卖规定》第16条规定，网络司法拍卖的事项应当在拍卖公告发布3日前以书面或者其他能够确认收悉的合理方式，通知当事人、已知优先购买权人。权利人书面明确放弃权利的，可以不通知。无法通知的，应当在网络司法拍卖平台公示并说明无法通知的理由，公示满5日视为已经通知。优先购买权人经通知未参与竞买的，视为放弃优先购买权。

（2）发布拍卖公告。《网络司法拍卖规定》第12条规定，网络司法拍卖应当先期公告，拍卖公告除通过法定途径发布外，还应同时在网络司法拍卖平台发布。拍卖动产的，应当在拍卖15日前公告；拍卖不动产或者其他财产权的，应当在拍卖30日前公告。拍卖公告应当包括拍卖财产、价格、保证金、竞买人条件、拍卖财产已知瑕疵、相关权利义务、法律责任、拍卖时间、网络平台和拍卖法院等信息。

（3）公示相关信息。《网络司法拍卖规定》第13条规定，实施网络司法拍卖的，人民法院应当在拍卖公告发布当日通过网络司法拍卖平台公示拍卖公告；执行所依据的法律文书，但法律规定不得公开的除外；评估报告副本，或者未经评估的定价依据；拍卖时间、起拍价以及竞价规则；拍卖财产权属、占有使用、附随义务等现状的文字说明、视频或者照片等；优先购买权主体以及权利性质；通知或者无法通知当事人、已知优先购买权人的情况；拍卖保证金、拍卖款项支付方式和账户；拍卖财产产权转移可能产生的税费及承担方式；执行法院名称，联系、监督方式等应当公示的信息。

（4）进行特别提示。《网络司法拍卖规定》第14条规定，实施网络司法拍卖的，人民法院应当在拍卖公告发布当日通过网络司法拍卖平台对竞买人应当具备完全民事行为能力，法律、行政法规和司法解释对买受人资格或者条件有特殊规定的，竞买人应当具备规定的资格或者条件；委托他人代为竞买的，应当在竞价程序开始前经人民法院确认，并通知网络服务提供者；拍卖财产已知瑕疵和权利负担；拍卖财产以实物现状为准，竞买人可以申请实地看样；竞买人决定参与竞买的，视为对拍卖财产完全了解，并接受拍卖财产一切已知和未知瑕疵；载明买受人真实身份的拍卖成交确认书在网络司法拍卖平台上公示；买受人悔拍后保证金不予退还等事项予以特别提示。

（5）被执行人提供有关拍卖标的物的品质资料及说明。《网络司法拍卖规定》第 15 条规定，被执行人应当提供拍卖财产品质的有关资料和说明。人民法院已按本规定第 13 条、第 14 条的要求予以公示和特别提示，且在拍卖公告中声明不能保证拍卖财产真伪或者品质的，不承担瑕疵担保责任。

（6）选择网络服务提供者。《网络司法拍卖规定》第 4 条规定，最高人民法院建立全国性网络服务提供者名单库。网络服务提供者申请纳入名单库的，其提供的网络司法拍卖平台应当具备全面展示司法拍卖信息的界面；具备本规定要求的信息公示、网上报名、竞价、结算等功能；具有信息共享、功能齐全、技术拓展等功能的独立系统；程序运作规范、系统安全高效、服务优质价廉；在全国具有较高的知名度和广泛的社会参与度等条件。最高人民法院组成专门的评审委员会，负责网络服务提供者的选定、评审和除名。最高人民法院每年引入第三方评估机构对已纳入和新申请纳入名单库的网络服务提供者予以评审并公布结果。第 5 条规定，网络服务提供者由申请执行人从名单库中选择；未选择或者多个申请执行人的选择不一致的，由人民法院指定。

（7）确定竞买人资格。《网络司法拍卖规定》第 17 条、第 18 条规定，竞买人应当在参加拍卖前以实名交纳保证金，未交纳的，不得参加竞买。申请执行人参加竞买的，可以不交保证金；但债权数额小于保证金数额的按差额部分交纳。交纳保证金，竞买人可以向人民法院指定的账户交纳，也可以由网络服务提供者在其提供的支付系统中对竞买人的相应款项予以冻结。其中，保证金数额由人民法院在起拍价的 5 ~20% 范围内确定。竞买人在拍卖竞价程序结束前交纳保证金经人民法院或者网络服务提供者确认后，取得竞买资格。网络服务提供者应当向取得资格的竞买人赋予竞买代码、参拍密码；竞买人以该代码参与竞买。网络司法拍卖竞价程序结束前，人民法院及网络服务提供者对竞买人以及其他能够确认竞买人真实身份的信息、密码等，应当予以保密。第 34 条规定，网络司法拍卖的主体即负责执行的人民法院、网络服务提供者、承担拍卖辅助工作的社会机构或者组织，以及这些主体的工作人员及其近亲属，不得竞买并不得委托他人代为竞买与其行为相关的拍卖财产。

（8）确定优先购买权人资格。《网络司法拍卖规定》第 19 条规定，优先购买权人经人民法院确认后，取得优先竞买资格以及优先竞买代码、参拍密码，并以优先竞买代码参与竞买；未经确认的，不得以优先购买权人身份参与竞买。顺序不同的优先购买权人申请参与竞买的，人民法院应当确认其顺序，赋予不同顺序的优先竞买代码。

（9）确定拍卖保留价。《网络司法拍卖规定》第 10 条规定，网络司法拍卖应当确定保留价，拍卖保留价即为起拍价。起拍价由人民法院参照评估价确定；未作评估的，参照市价确定，并征询当事人意见。起拍价不得低于评估价或者市价的 70%。

3. 举行网络拍卖。《网络司法拍卖规定》第 11 条规定："网络司法拍卖不限制竞买人数量。1 人参与竞拍，出价不低于起拍价的，拍卖成交。"第 20 条规定："网络司法拍卖从起拍价开始以递增出价方式竞价，增价幅度由人民法院确定。竞买人以低于起拍价出价的无效。网络司法拍卖的竞价时间应当不少于二十四小时。竞价程序结束前五分钟内无人出价的，最后出价即为成交价；有出价的，竞价时间自该出价时点顺延五分钟。竞买人的出价时间以进入网络司法拍卖平台服务系统的时间为准。竞买代码及其出价信息应当在网络竞买页面实时显示，并储存、显示竞价全程。"第 21 条规定："优先购买权人参与竞买的，可以与其他竞买人以相同的价格出价，没有更高出价的，拍卖财产由优先购买权人竞得。顺序不同的优先购买权人以相同价格出价的，拍卖财产由顺序在先的优先购买权人竞得。顺序相同的优先购买权人以相同价格出价的，拍卖财产由出价在先的优先购买权人竞得。"

4. 拍卖成交的确认与公示。《网络司法拍卖规定》第 22 条规定，网络司法拍卖成交的，由网络司法拍卖平台以买受人的真实身份自动生成确认书并公示。拍卖财产所有权自拍卖成交裁定送达买受人时转移。

5. 拍卖款的交付。《网络司法拍卖规定》第 23 条规定："拍卖成交后，买受人交纳的保证金可以冲抵价款；其他竞买人交纳的保证金应当在竞价程序结束后二十四小时内退还或者解冻。拍卖未成交的，竞买人交纳的保证金应当在竞价程序结束后二十四小时内退还或者解冻。"第 24 条规定："拍卖成交后买受人悔拍的，交纳的保证金不予退还，依次用于支付拍卖产生的费用损失、弥补重新拍卖价款低于原拍卖价款的差价、冲抵本案被执行人的债务以及与拍卖财产相关的被执行人的债务。悔拍后重新拍卖的，原买受人不得参加竞买。"第 25 条规定："拍卖成交后，买受人应当在拍卖公告确定的期限内将剩余价款交付人民法院指定账户。拍卖成交后二十四小时内，网络服务提供者应当将冻结的买受人交纳的保证金划入人民法院指定账户。"

6. 网络司法拍卖再次拍卖。《网络司法拍卖规定》第 26 条规定："网络司法拍卖竞价期间无人出价的，本次拍卖流拍。流拍后应当在三十日内在同一网络司法拍卖平台再次拍卖，拍卖动产的应当在拍卖七日前公告；拍卖不动产或者其他财产权的应当在拍卖十五日前公告。再次拍卖的起拍价降价幅度不得超过前次起拍价的百分之二十。再次拍卖流拍的，可以依法在同一网络司法拍卖平台变卖。”第 27 条规定：“起拍价及其降价幅度、竞价增价幅度、保证金数额和优先购买权人竞买资格及其顺序等事项，应当由人民法院依法组成合议庭评议确定。”

（五）破产财产变价过程中的税金缴纳问题的处理

对于破产财产变现过程中所产生的税金应否缴纳以及如何缴纳的问题，在审理企业破产案件过程中一直存在争议。对于这个问题应当明确以下几点：

1. 破产财产变现按照现有法律、法规需要缴纳相应税金。如《企业所得税法》第 6 条规定：“企业以货币形式和非货币形式从各种来源取得的收入，为收入总额。包括：（一）销售货物收入；（二）提供劳务收入；（三）转让财产收入；（四）股息、红利等权益性投资收益；（五）利息收入；（六）租金收入；（七）特许权使用费收入；（八）接受捐赠收入；（九）其他收入。”第 55 条规定：“企业在年度中间终止经营活动的，应当自实际经营终止之日起六十日内，向税务机关办理当期企业所得税汇算清缴。企业应当在办理注销登记前，就其清算所得向税务机关申报并依法缴纳企业所得税。”《企业所得税法实施条例》第 11 条规定：“企业所得税法第五十五条所称清算所得，是指企业的全部资产可变现价值或者交易价格减除资产净值、清算费用以及相关税费等后的余额。投资方企业从被清算企业分得的剩余资产，其中相当于从被清算企业累计未分配利润和累计盈余公积中应当分得的部分，应当确认为股息所得；剩余资产减除上述股息所得后的余额，超过或者低于投资成本的部分，应当确认为投资资产转让所得或者损失。”这是基于：处置破产财产是通过一系列民事活动完成的，如委托拍卖机构拍卖破产财产，与他人签订合同变卖破产财产等，管理人的上述民事行为与一般民事行为没有区别，为此需要依照国家法律和法规的规定缴纳有关税款和管理费用。管理人在对破产财产变现过程中进行交易，依照国家法律法规或者行政规章、条例规定应当纳税或者缴纳各种交易费、过户手续费的，应当依法缴纳。对这，《网络司法拍卖规定》第 30 条亦规定，因网络司法拍卖本身形成的税费，应当依照相关法律、行政法规的规定，由相应主体承担；没有规定或者规定不明的，人民法院可以根据法律原则和案件实际情况确定税费承担的相关主体、数额。然而，这种让资不抵债的破产企业缴纳税收，尤其是在债权人的债权清偿率很低的情况下让破产企业缴纳税收，会使得清偿率更低，有的还可能在缴纳税收后普通债权的清偿率为零，甚至连劳动债权都无法清偿，从而不利于破产程序的正常进行，严重者影响社会稳定。是以，对于破产企业的税收问题，国家应当从有利于促进破产程序正常进行，充分发挥破产程序有序清退僵尸企业、挽救尚存生机企业的功能，并适度兼顾破产企业债权人利益，顾及其因企业破产已经遭受重大损失的现实，以及劳动债权、小额债权人的利益，化解社会不稳定因素等方面全盘加以考虑减免的问题。对此，将在后面专门就破产中的税收问题加以详细分析，这里不再多述。

2. 破产企业财产变现所产生的税金减免问题。对于这部分税款能否免予征收，要根据国家有关政策和财税部门的意见确定。根据《金融机构撤销条例》第21条关于“被撤销的金融机构财产的清理和处置，免交税收和行政性收费”的规定，对于金融机关撤销并最终进入破产程序的，对其财产变现发生的税赋也可相应地免予征收。对于其他企业破产时是否可以免征破产企业财产变现所应缴纳的税款，目前尚无相应政策规定。鉴于目前破产案件普遍存在债权清偿率低的情况，全额偿付这部分税款，就会大大减少可供分配的破产财产，人民法院可与地方税务征管机关进行沟通协商，争取税务征管机关理解并同意对变现财产减免征税。由于有关纳税和缴纳管理费的解释权和执行权属于相应的立法和执法机关，人民法院在处理破产案件中不能作出减免缴纳税款的决定。故，破产财产变现中的税款征收及减免等事项，与有关执法机关协商办理是非常必要的。

3. 破产财产变现所产生的税金偿付顺序。对必须缴纳的税金，应当在破产财产中予以支付，然在清偿时应当注意必要的顺序。根据我国现行法律规定：（1）破产费用中不包括税款，税务征管机关不能在财产变现后立即扣划。（2）《企业破产法》第113条第1款第（2）项规定的破产人所欠税款是指破产宣告前破产企业拖欠的相关税款，不包括破产程序中财产变现发生的税款。以是，建议对破产财产变现发生的税款在法定的普通清偿顺序的第3顺序中予以清偿。

（六）破产财产变价的善后处理

在破产财产变价过程中，可能涉及优先购买权、租赁关系及违约责任的问题，对此，也要加以妥善处理。

1. 破产财产优先购买权的处理。《民法典》第305条规定：“按份共有人可以转让其享有的共有的不动产或者动产份额。其他共有人在同等条件下享有优先购买的权利。”《民法典》第726条第1款规定：“出租人出卖租赁房屋的，应当在出卖之前的合理期限内通知承租人，承租人享有以同等条件优先购买的权利；但是，房屋共有人行使优先购买权或者出租人将房屋出卖给近亲属的除外。”《公司法》第71条第3款、第4款规定：“经股东同意转让的股权，在同等条件下，其他股东有优先购买权。两个以上股东主张行使优先购买权的，协商确定各自的购买比例；协商不成的，按照转让时各自的出资比例行使优先购买权。公司章程对股权转让另有规定的，从其规定。”第72条规定：“人民法院依照法律规定的强制执行程序转让股东的股权时，应当通知公司及全体股东，其他股东在同等条件下有优先购买权。其他股东自人民法院通知之日起满二十日不行使优先购买权的，视为放弃优先购买权。”《合伙企业法》第23条规定：“合伙人向合伙人以外的人转让其在合伙企业中的财产份额的，在同等条件下，其他合伙人有优先购买权。但是，合伙协议另有约定的除外。”《拍卖、变卖财产规定》第16条规定：“拍卖过程中，有最高应价时，优先购买权人可以表示以该最高价买受，如无更高应价时，则拍归优先购买权人；如有更高应价，而优先购买权人不作表示的，则拍归该应价最高的竞买人。顺序相同的多个优先购买权人同时表示买受的，以抽签方式决定买受人。”基此，房屋的承租人在被承租的房屋变价出售时，有限责任公司的股东在该公司股东于该公司的股权变价出售时，企业的共同出资人对该企业出资人在该企业的出资份额变价出售时，合伙企业的共同合伙人对该合伙企业合伙人在该合伙企业的财产份额变价出售时，共有财产的共有人在该共有财产变价出售时，依法对该出售的房屋、股权、出资份额、财产份额、共有财产等享有优先购买权。对于这些存在优先购买权的破产财产，拍卖机构应当依法以书面方式通知具有优先购买权的人，告知变价出售破产财产的时间与地点，要求其参加破产财产的竞买。同时，应当对其他竞买人就优先购买权的事项进行说明。当然，优先购买权人不参加破产财产的竞买，则视为放弃优先购买权。

2. 租赁关系的处理。《民法典》第725条规定：“租赁物在承租人依据租赁合同占有期间发生所有权变动的，不影响租赁合同的效力。”据此，破产财产在拍卖变价出售前已经出租的，根据“买卖不破租赁”的原则，在拍卖后依旧需要承认租赁合同的效力。但是，属于破产财产租赁的期间较长，或者租赁费用不高甚至较低，或者受让人为了自用而购买破产财产等情形的，就会对该破产财产的处置带来影响，如何处理，应当视情况而定：分期交付租金的，属于双方均未履行完毕的合同，管理人可以根据《企业破产法》第18条关于“人民法院受理破产申请后，管理人对破产申请受理前成立而债务人和对方当事人均未履行完毕的合同有权决定解除或者继续履行，并通知对方当事人。管理人自破产申请受理之日起二个月内未通知对方当事人，或者自收到对方当事人催告之日起三十日内未答复的，视为解除合同。管理人决定继续履行合同的，对方当事人应当履行；但是，对方当事人有权要求管理人提供担保。管理人不提供担保的，视为解除合同”的规定，在拍卖破产财产前决定解除合同。因解除租赁合同给承租人造成经济损失的，承租人的损害赔偿额可以作为破产债权予以申报；租赁人一次性交付租金的，管理人基于租赁物不收回导致财产无法处置或者租赁物升值致使原来支付的租金远远低于市场价的，基于破产清算程序正常进行的需要，也应解除合同。租赁人基于解除合同所造成的租金及其实际损失的，可以作为共益债务处理；造成的可预期利益损失的，则可作为普通债权处理。

3. 违约责任的处理。在破产财产拍卖出售过程中，可能源于各种原因出现一些纠纷，如对破产财产的重大瑕疵未向竞买人说明，故意隐瞒、掩盖破产财产的瑕疵甚至重大瑕疵，未向竞买人就破产财产存在的优先购买权作必要阐释说明，未通知或者未将破产财产的拍卖时间、地点等告知对破产财产具有优先购买权的人致使其未能依法行使优先购买权，未能依法或者按照约定办理破产财产的产权过户登记手续，竞买人不依约定付款或者拒不受让所竞买的破产财产，等等，管理人、拍卖机构或者竞买人等均应承担违约责任：管理人的行为导致纠纷发生的，管理人应当承担违约责任；拍卖机构的行为导致纠纷发生的，拍卖机构应当承担违约责任；竞买人的行为导致纠纷发生的，竞买人应当承担违约责任。

第四节　破产财产清偿

一、破产财产清偿的概念

破产财产清偿，是指将破产财产依法清偿债务人所负债务即债权人对债务人所享有债权的行为。破产财产清偿，是债权人的债权得以实现的最后环节，是实现破产清算程序的唯一功能即对债务人所负债务依法进行清偿的关键、核心所在，是债权人的债权能否依法得到公平维护的最后体现与检验，在破产清算程序中具有极为重要的意义。

破产财产清偿，包括将负有担保物权或者法定特别优先权的特定财产用于具有担保物权或者法定特别优先权的优先受偿债权的清偿，依法将债务人破产财产（包括特定财产和非特定破产财产）随时及时用于破产费用、共益债务的清偿，以及以非特定破产财产用于非优先受偿债权的清偿。前者与中者都属于由管理人对特定债权分别以破产财产单独分别进行清偿，后者则是将非特定破产财产通过集体分配的方式进行清偿。将特定财产用于具有担保物权或者法定特别优先权的优先债权的单独清偿，其实就是破产别除权人依法行使优先受偿的权利的问题，已在本书第 4 章债务人财产第 9 节破产别除权中作过详细分析；依法将破产财产随时及时用于破产费用、共益债务的单独清偿，也在本书第 5 章破产费用与共益债务第 1 节破产费用、第 2 节共益债务中做过详尽介绍，可以参见有关分析与介绍。这里只对以非特定破产财产用于非优先受偿债权的清偿，即通过集体分配非特定破产财产用于非优先受偿的债权清偿进行必要的阐释。

二、破产财产集体分配清偿的主体

根据《企业破产法》第 115 条、第 116 条的规定，破产财产分配清偿行为的主体为管理人。债务人、债权人包括对债务人特定财产享有担保物权或者法定特别优先权的破产别除权人，以及人民法院都不属于破产财产清偿分配行为的主体，都不能实施破产财产分配清偿行为。因为债务人破产宣告后，管理人要完全接收、管理破产财产，由其统一依法变价出售，从而全面了解、掌握破产财产的情况、现状，由其拟订破产财产分配方案草案，并按裁定批准的破产财产分配方案通过分配破产财产以对债务人所负债务进行清偿。因此，由管理人实施分配破产财产清偿债务人所负债务的行为，是破产财产统一分配清偿进而保障破产清算工作有序进行的必然要求。否则，主体过多，谁都有权分配清偿破产财产，破产清算的工作必然混乱不堪。另外，为了公平维护债权人的合法权益，作为利害关系人的债务人、债权人，以及债权人会议及其债权人委员会也不应作为破产财产分配清偿的主体，以防止其为了自身利益而损害债权人合法权益的现象发生。

三、破产财产清偿行为的对象

破产财产清偿行为的对象为破产财产。具体来说，需要区分以下几种情形考虑：

（一）《企业破产法》公布之日前的劳动债权，其清偿行为的对象首先为非特定财产，不足清偿部分的清偿行为对象则为整体的特定财产

《企业破产法》第 132 条规定：“本法施行后，破产人在本法公布之日前所欠职工的工资和医疗、伤残补助、抚恤费用，所欠的应当划入职工个人账户的基本养老保险、基本医疗保险费用，以及法律、行政法规规定应当支付给职工的补偿金，依照本法第一百一十三条的规定清偿后不足以清偿的部分，

以本法第一百零九条规定的特定财产优先于对该特定财产享有担保权的权利人受偿。”基此，对于《企业破产法》公布之日即2006年8月27日前的劳动债权，先应以不负有担保物权或者法定特别优先权的非特定财产进行清偿，其相应清偿行为的对象为非特定财产；不足以清偿的部分则以负有担保物权或者法定特别优先权的特定财产进行清偿，其相应的清偿行为对象为特定财产。可是这种特定财产，是所有负有担保物权或者法定特别优先权的特定财产，即为整体的特定财产。也就是说，所有的特定财产共同负担即按照比例负担不足以清偿的《企业破产法》公布之日前形成的劳动债权，而不是用某一或者部分特定财产来负担此种劳动债权。不然，对负担此种劳动债权的破产别除权人来说，无疑不公。这点与破产别除权人仅对某一特定财产享有优先受偿权，用来清偿破产别除权人优先受偿债权的行为对象为该特定财产来说，存在着一定的区别，应当加以注意。

（二）破产别除权人的优先受偿债权，其清偿行为的对象为与该优先受偿债权相对应的特定财产

对债务人的特定财产具有担保物权或者法定特别优先权的优先受偿债权，其先要以该特定财产进行清偿。所以，对具有担保物权或者法定特别优先权的优先受偿债权进行清偿的行为对象则为特定财产，且为与该优先受偿债权相对应的特定财产，不能以与其他优先受偿债权相对应的特定财产进行清偿，也不能将所有的优先受偿债权作为一个整体，以及将所有的负有担保物权或者法定特别优先权的特定财产作为一个整体然后按照相同比例进行清偿。此外，破产别除权人放弃优先受偿权利的债权或者优先受偿债权未能清偿的部分，均转化为普通债权，由不负有担保物权或者法定特别优先权的非特定财产进行清偿。还有，特定财产用于清偿所负的优先受偿债权后尚有剩余的，就转化为非特定的破产财产要用于普通债权进行清偿；特定财产出于贬值等原因尚不足以清偿完毕所负担的优先受偿债权的，剩余的未能清偿的优先受偿债权则转化为普通债权要以非特定破产财产按顺序、比例公平清偿。

（三）破产费用与共益债务，其清偿行为的对象为债务人财产包括特定财产和非特定财产

根据《企业破产法》第43条第1款的规定，破产费用和共益债务可以由债务人财产随时进行清偿。是以，清偿破产费用或者共益债务的行为可以发生在债务人破产宣告即还不存在破产财产之前，其对象为债务人财产但不是破产财产。债务人破产宣告后，债务人财产转化为破产财产，未能清偿的破产费用和共益债务才由破产财产清偿。

应当指出，在《企业破产法》施行前，根据《企业破产法（试行）》有

关规定，负有担保物权或者法定特别优先权的特定财产不属于破产财产，这些财产无需用来承担破产费用和共益债务。然则，《企业破产法》则不分财产是否负有担保物权或者法定特别优先权，均将其纳入破产财产予以统一管理。在破产费用和共益债务的清偿上，《企业破产法》第43条第1款也只是原则上规定由债务人财产随时进行清偿，并没有明确破产费用和共益债务不能由负有担保物权或者法定特别优先权的特定财产承担。故，在法律规定前后不同的情况下，容易产生歧义。笔者认为，破产费用和共益债务在一定条件下可以由债务人所有财产包括负有担保物权或者法定特别优先权的特定财产来承担。具体来说，因特定财产的管理、变价、评估、清偿、交纳诉讼费用等直接产生的破产费用和共益债务，应由特定财产承担；并非因特定财产直接产生的破产费用和共益债务，则可由人民法院酌情决定按照一定的比例承担。对这，可以参见第5章破产费用与共益债务第1节破产费用的有关分析。

（四）非优先受偿破产债权，其清偿行为的对象为非特定财产

非优先受偿破产债权，是指破产费用和共益债务、具有财产担保或者法定特别优先权的债权以外的，按照一定的顺序、比例公平参与非特定破产财产集体分配受偿的债权，包括劳动债权、统筹社保债权和基本税收债权、普通债权。非优先受偿债权，其清偿应以非特定破产财产进行，与此相对应，清偿行为的对象为非特定破产财产。但对于《企业破产法》公布之日即2006年8月27日前的劳动债权，在非特定破产财产不足以清偿时，则可以整体的特定破产财产予以清偿。

四、破产财产清偿的顺序

（一）破产财产清偿顺序的概念

破产财产的清偿顺序，是指在破产程序中，由《企业破产法》明文规定的，基于债权的性质及其需要保护的力度按照一定原则将债权分成不同的种类、排成一定的顺序，并以全部的非特定破产财产按照分类排成的先后顺序清偿相应债权的顺位、次序。清偿顺序居于前面的债权自然优于顺序居于后面的债权：（1）清偿顺序居于前面的债权应当优先进行清偿。（2）清偿顺序居于前面的债权清偿完毕之后，存在剩余财产的，才能进行居于后一清偿顺序的债权清偿。换句话说，清偿顺序居于后面的债权，只有在清偿顺序居于前面的债权全额得到清偿以后，才能得到清偿。清偿顺序居于前面的债权不能得到足额清偿时，清偿顺序居于后面的债权就不能得到清偿。（3）对于同一清偿顺序的每一债权，能够足额清偿的，足额清偿；不能足额清偿的，该顺序的每一债权都只能按照相同比例公平进行清偿。（4）按比例对某一顺序

的债权进行清偿后，无论是否存在未能清偿的下一顺序的债权，破产分配即告结束，进而导致整个破产程序的终结。

（二）破产财产清偿顺序的特征

就破产财产清偿顺序的特征而言，主要包括：

1. 破产财产清偿顺序设定的原因主要基于债权的性质及其需要保护的力度。在破产程序中，用于清偿债权的破产财产往往远远小于破产债权，无法以破产财产对所有债权进行清偿，而是应当根据债权的性质及其需要保护的力度来将其分成不同类别并排成一定的分配顺序进行清偿。

例如，破产费用和共益债务处在最为优先清偿的顺序，是源于破产案件的诉讼费用，管理、变价和分配债务人财产的费用，管理人执行职务的费用、报酬和聘用工作人员的费用等破产费用如果不能以非特定破产财产最先清偿，那么，破产程序就无法正常进行，需要放在最为优先清偿的顺序。而因管理人或者债务人请求对方当事人履行双方均未履行完毕的合同所产生的债务，为债务人继续营业而应支付的劳动报酬和社会保险费用以及由此产生的其他债务等共益债务，为债务人财产保值甚至增值防止贬值所必要；债务人财产受无因管理所产生的债务，因债务人不当得利所产生的债务，管理人或者相关人员执行职务致人损害所产生的债务，债务人财产致人损害所产生的债务等共益债务，要么具有公益性质意在鼓励无因管理等互助行为，要么防止不当得利、职务所致侵害、财产所致损害的不当甚至不法行为发生，且职务、财产所致损害与人身权利直接相关，也应将其放在最为优先受偿的顺序。可当非特定破产财产不足以清偿所有破产费用和共益债务时，基于破产程序正常进行是其他一切债权清偿的基础，根据《企业破产法》第 43 条第 2 款规定，应当先行清偿破产费用。

又如，债务人所欠职工工资、医疗、伤残补助、抚恤费用等形成的劳动债权，与职工的基本生活息息相关，对于大多数职工来说，是其生存的物质基础。劳动债权能否得到清偿及清偿多少，直接关系到人数较多甚至众多的劳动债权人的基本生存权利，还与社会和谐、稳定、秩序密切相关。《正确审理破产案件意见》明确指出："对于职工欠薪和就业问题突出、债权人矛盾激化、债务人弃企逃债等敏感类破产案件，要及时向当地党委汇报，争取政府的支持。在政府协调下，加强与相关部门的沟通、配合，及时采取有力措施，积极疏导并化解各种矛盾纠纷，避免哄抢企业财产、职工集体上访的情况发生，将不稳定因素消除在萌芽状态。有条件的地方，可通过政府设立的维稳基金或鼓励第三方垫款等方式，优先解决破产企业职工的安置问题，政府或第三方就劳动债权的垫款，可以在破产程序中按照职工债权的受偿顺序优先获得清偿。”“依法优先保护劳动者权益，是破产法律制度的重要价值取向。人民法院在审理企业破产案件中，要切实维护职工的合法权益，严格依法保护职工利益。召开债权人会议要有债务人的职工和工会代表参加，保障职工对破产程序的参与权。职工对管理人确认的工资等债权有异议的，管理人要认真审查核对，发现错误要及时纠正；因管理人未予纠正，职工因此提起诉讼的，人民法院要严格依法审理，及时作出判决。”“表决重整计划草案时，要充分尊重职工的意愿，并就债务人所欠职工工资等债权设定专门表决组进行表决；职工债权人表决组未通过重整计划草案的，人民法院强制批准必须以应当优先清偿的职工债权全额清偿为前提。企业继续保持原经营范围的，人民法院要引导债务人或管理人在制作企业重整计划草案时，尽可能保证企业原有职工的工作岗位。”“保障职工合法权益需要社会各方面的共同努力。人民法院要加强与国家社会保障部门、劳动部门、工商行政管理部门、组织人事等部门的沟通和协调，积极提出司法建议，推动适合中国特色的社会保障体制的建立和完善。”据之，在能保证破产程序正常进行的情况下，破产中的非特定财产首先需要优先清偿劳动债权。

再如，统筹社保债权和基本税收债权，取之于民、用之于民，具有公益债权性质，应当优先于主要以营利为目的的各种普通债权清偿。后者即普通债权，如建筑债权、供应债权、经销债权、金融债权、服务债权及其他具有营利目的的债权，为私益债权，应当居于最后顺序进行清偿。

2. 破产财产清偿的顺序由《企业破产法》事先明文规定，具有法定性、稳定性、不可变动性。清偿顺序居于前面的债权无疑优于顺序居于后面的债权清偿，在破产程序中，前者遭受损失的可能性要小于后者。这样，各类债权的清偿顺序在前还是在后，直接关系到各类债权人合法权益维护的问题。对于这一问题，不能临时由管理人或者人民法院决定，那样，势必难以统一，容易造成破产司法实践的混乱；也不能由相互存在利害关系，不同顺序之间债权存在着此多彼少、此高彼低关系的债权人或者债权人会议临时决定，那样，各类债权人为了各自的利益势必难以妥协，达成共同意愿。以是，各类债权的清偿顺序，由法律事先设定，任何破产程序都应按照此一顺序对破产债权进行清偿，既有利于各类债权人权益的合法维护，也有利于破产程序的正常顺利进行。

应当指出，基于现实生活的复杂性、多样性，债权债务关系亦会具有复杂、多样的特征。对于债权的顺序设置，《企业破产法》完全有可能无法一一涉及，而且还有可能存在某些债权无法归于某一顺序债权的情况，导致对之的清偿顺序法律没有明确规定的情况发生。对此，《破产审判纪要》第 28 条指出，对于法律没有明确规定清偿顺序的债权，人民法院可以按照人身损害赔偿债权优先于财产性债权、私法债权优先于公法债权、补偿性债权优先于惩罚性债权的原则合理确定清偿顺序。破产财产依照《企业破产法》第113条规定的顺序清偿后仍有剩余的，可依次用于清偿破产申请受理前产生的民事惩罚性赔偿金、行政罚款、刑事罚金等惩罚性债权。

3. 破产财产清偿的顺序只能适用于破产程序中，然一定条件下延伸至破产程序之后。换言之，破产财产的清偿顺序，只能在破产程序中对破产债权才能适用。债务人没有进入破产程序的，其债权的清偿依法按照《企业破产法》外的其他法律进行，分别进行清偿，不存在按照一定的顺序集体分配清偿的问题。债务人进入破产程序后，即使因为重整、和解成功即重整计划、和解协议执行完毕，根据《企业破产法》第92条第2款、第100条第3款的规定，没有依法申报债权的债权人，也只能按照破产重整程序、破产和解程序中按照顺序清偿所形成的同类债权清偿条件、比例，即重整计划、和解协议规定的同类债权清偿条件、比例进行清偿，因为破产程序清偿顺序形成的清偿比例依然约束于债务人破产申请裁定受理前形成的普通债权人。自然，破产重整、和解程序因为重整计划执行、和解协议执行完毕之后形成的债权不会再受到因为破产程序清偿顺序形成的清偿比例的约束。

4. 破产财产清偿的顺序只能适用于没有财产担保或者法定特别优先权的债权外的其他非优先受偿债权。破产财产中的负有担保物权或者法定特别优先权的特定财产，必须先分别用于各自负担的担保物权或者法定特别优先权的优先受偿债权的清偿。优先受偿债权针对具体的、单独的特定财产而言，自不存在对该特定财产的分配顺序问题。只有以破产财产中的非特定财产进行清偿的债权，由于需要清偿的债权多于用于清偿的非特定破产财产，才存在着谁先谁后清偿的顺序问题。

（三）破产财产清偿顺序的具体规定

《企业破产法》第113条规定："破产财产在优先清偿破产费用和共益债务后，依照下列顺序清偿：（一）破产人所欠职工的工资和医疗、伤残补助、抚恤费用，所欠的应当划入职工个人账户的基本养老保险、基本医疗保险费用，以及法律、行政法规规定应当支付给职工的补偿金；（二）破产人欠缴的除前项规定以外的社会保险费用和破产人所欠税款；（三）普通破产债权。破产财产不足以清偿同一顺序的清偿要求的，按照比例分配。破产企业的董事、监事和高级管理人员的工资按照该企业职工的平均工资计算。"基此，除非法律对一些特殊债务人如保险公司的破产清偿顺序另有规定，破产财产的具体清偿顺序就要按照《企业破产法》第113条规定的顺序进行。具体分为两种顺序：提前顺序和基本顺序。提前顺序，是指破产费用和共益债务随时以债务人财产进行清偿。具体如何清偿，可以参见本书第 5 章破产费用与共益债务第 1 节破产费用、第 2 节共益债务中的有关阐述。下面仅对破产财产清偿的基本顺序，即非优先受偿债权中破产费用、共益债权以外的其他债权清偿的基本顺序进行必要的介绍。

1. 非优先受偿债权清偿基本顺序之首先清偿顺序即第 1 清偿顺位为劳动债权

所谓劳动债权，是指债务人对其职工在破产申请裁定受理前为债务人从事各种工作依照法律规定和劳动合同的约定所应获得的报酬、福利、补偿等欠付所形成的债权。这些劳动债权均应发生在破产申请裁定受理前。在破产申请裁定受理后因为债务人继续营业而发生的各种劳动债权，则属于共益债务的范围，应当以破产财产随时清偿，而不能按照劳动债权进行清偿。

毫无疑问，劳动债权的产生，必以劳动关系存在为前提。债务人与员工签订了劳动合同，即可根据劳动合同加以认定。但在司法实践中，一些用工单位尤其是私营企业与员工特别是农民工往往都未签订劳动合同，造成劳动合同关系的认定困难，具体则应根据有关部门的规章及最高人民法院的有关答复等加以认定。如劳动和社会保障部 2005 年 5 月 25 日发布施行的《关于确立劳动关系有关事项的通知》（劳社部发〔2005〕12 号）第 1 条规定："用人单位招用劳动者未订立书面劳动合同，但同时具备下列情形的，劳动关系成立：（一）用人单位和劳动者符合法律、法规规定的主体资格；（二）用人单位依法制定的各项劳动规章制度适用于劳动者，劳动者受用人单位的劳动管理，从事用人单位安排的有报酬的劳动；（三）劳动者提供的劳动是用人单位业务的组成部分。"第 2 条规定："用人单位未与劳动者签订劳动合同，认定双方存在劳动关系时可参照下列凭证：（一）工资支付凭证或记录（职工工资发放花名册）、缴纳各项社会保险费的记录；（二）用人单位向劳动者发放的"工作证""服务证"等能够证明身份的证件；（三）劳动者填写的用人单位招工招聘"登记表""报名表"等招用记录；（四）考勤记录；（五）其他劳动者的证言等。其中，（一）、（三）、（四）项的有关凭证由用人单位负举证责任。"第 3 条规定："用人单位招用劳动者符合第一条规定的情形的，用人单位应当与劳动者补签劳动合同，劳动合同期限由双方协商确定。协商不一致的，任何一方均可提出终止劳动关系，但对符合签订无固定期限劳动合同条件的劳动者，如果劳动者提出订立无固定期限劳动合同，用人单位应当订立。用人单位提出终止劳动关系的，应当按照劳动者在本单位工作年限每满一年支付一个月工资的经济补偿金。"第 4 条规定："建筑施工、矿山企业等用人单位将工程（业务）或经营权发包给不具备用工主体资格的组织或自然人，对该组织或自然人招用的劳动者，由具备用工主体资格的发包方承担用工主体责任。”第5条规定：“劳动者与用人单位就是否存在劳动关系引发争议的，可以向有管辖权的劳动争议仲裁委员会申请仲裁。”最高人民法院《关于于都县科力源建材有限公司与郭荣林劳动关系争议一案的答复》指出：“郭荣林与科力源公司并无身份上的从属和依附关系，不受科力源公司各项劳动规章制度的制约，也不享有科力源公司的劳动保护、福利和社会保险等待遇。科力源公司没有就钢棚修复工程与郭荣林达成书面或口头协议，也未直接招用郭荣林和向其支付过报酬。科力源公司违法发包钢结构修复工程，并不必然导致其与郭荣林之间形成事实劳动关系。故，郭荣林与科力源公司不存在事实劳动合同关系。劳动和社会保障部2005年5月25日发布施行的《关于确立劳动关系有关事项的通知》（劳社部发〔2005〕12号）第4条的规定适用于特定主体，科力源公司不属于建筑施工、矿山企业，故该规定不能扩大适应于本案。案外人张龙驰违法承揽钢结构修复工程，其与郭荣林等人存在雇佣关系。如郭荣林就其受雇期间造成的身体伤害提起民事诉讼，要求科力源公司、张龙驰承担责任，应当依据《最高人民法院关于审理人身损害赔偿案件适用法律若干问题的解释》第11条第2款的规定予以认定。”最高人民法院民事审判第一庭认为，具备用工主体资格的发包人将工程发包给同样具备主体的承包人，则承包人招用的劳动者与承包人之间形成劳动关系，与发包人不存在劳动关系；如果承包人又将工程层层分包或者转包给不具有用工主体资格的承包人或者实际施工人，该承包人与其招用的劳动者之间不构成劳动关系，而是形成劳务雇佣法律关系，发包方与劳动者之间不存在劳动法律关系，但发包人仍负有支付劳动者工资报酬和承担工伤保险责任的法定义务。实际施工人招用的劳动者请求确认与发包人之间存在劳动关系的，不予支持。①

对于劳动债权，就其范围而言，具体包括：

（1）债务人所欠职工的工资。职工的工资，就是职工的劳动报酬。其中，劳动报酬，是指债务人应当以货币形式支付给职工的各种报酬、酬劳，包括计时工资、计件工资、奖金、津贴和补贴等，然非劳动报酬性收入及劳动保护等方面的费用，不属于工资的范围。至于职工，既包括正式职工，又包括非正式职工。正式职工，是指与债务人签订了书面劳动合同的职工；非正式职工，是指未与债务人签订书面劳动合同，可与债务人之间存在着事实劳动关系的职工，包括各种临时工和其他短期用工。对于职工的工资，应当注意

① 最高人民法院民事审判第一庭编著：《民事审判前沿》2014年第1辑（总第37辑），人民法院出版社2014年版，第328～331页。

以下几点：

①欠付董事、监事和高级管理人员的工资，按照该企业职工的平均工资计算。对于正式职工，区分为普通职工与非普通职工。后者是指债务人的董事、监事和高级管理人员。高级管理人员，根据《公司法》第216条第（1）项规定，是指公司的经理、副经理、财务负责人，上市公司董事会秘书和公司章程规定的其他人员。债务人所欠职工的工资，包括欠付董事、监事和高级管理人员等非普通职工的工资。然而，这些非普通职工的工资一般都很高，有的拿上几十万或者上百万甚至数百万上千万的年薪，倘若欠付，则是一笔很大的债权。在债务人宣告破产的情况下，对其优先清偿，意味着居于劳动债权清偿顺序之后的其他债权人的债权将受到严重影响；在破产财产不足以清偿劳动债权的情况下，采取相同比例清偿，将会比普通职工获得多得多的清偿，容易引起职工或者其他债权人的不满。这是其一。

其二，董事、监事和高级管理人员等非普通职工的高工资，已与基本生活状况关系不大，相当一部分工资已用于其生活质量提高的方面，而非像拿较低甚至很低工资的普通职工那样，其工资主要甚至全部用于维持家庭成员基本生存的需要。

其三，债务人之所以走到宣告破产的地步，与董事、监事及高级管理人员的行为往往存在着很大关系，其对债务人破产负有更大甚至严重的责任。

最后，将董事、监事和高级管理人员的工资按债务人职工的平均工资计算，还有利于防止这些非普通职工在债务人、债权人、出资人均因债务人破产需要蒙受损失的情况下，于破产申请受理前，只顾保全个人利益，利用职权尽量使其的高工资、高报酬获得保障，甚至利用职权制造虚构欠付的工资或者其他形式的报酬，牟取私利。因此，《企业破产法》第113条第3款规定，破产企业的董事、监事和高级管理人员的工资按照该企业职工的平均工资计算，无疑有其必要。

至于债务人拖欠董事、监事和高级管理人员的工资“按照该企业职工的平均工资计算”，不是指债务人拖欠董事、监事和高级管理人员工资的期间要按债务人职工的平均工资计算，而是指董事、监事和高级管理人员的工资在债务人拖欠普通职工工资的平均期间内均应按照债务人职工的平均工资计算，但债务人拖欠董事、监事和高级管理人员工资的期间长于债务人拖欠普通职工工资的平均期间的工资除外。例如，债务人拖欠普通职工月平均工资2000元，拖欠普通职工工资的平均期间为8个月；董事甲工资每月2万元、拖欠其工资的期间为6个月；高级管理人员乙每月工资1万元，拖欠其工资的期间为10个月。对甲计算拖欠的工资不能以6个月按照债务人职工的平均工资计算其劳动债权12000元，而应以8个月按照债务人拖欠普通职工的平均工资计算其劳动债权16000元。而事实上，只拖欠其6个月工资，即甲有两个月按实际工资领取了4万元而未按职工平均工资应只获得4000元的工资。所以，这两个月比按职工平均工资计算多获得的36000元，应当退还。对高级管理人员乙，债务人拖欠其工资的10个月期间长于拖欠普通职工工资的平均期间8个月，在债务人拖欠普通职工工资的平均期间8个月内高级管理人员乙按普通职工的平均工资计算为16000元；对乙超过债务人拖欠职工工资的平均期间8个月以外的2个月期间仍然按其原来工资计算即为2万元，乙的劳动债权便应为36000元。

债务人拖欠董事、监事和高级管理人员的工资"按照该企业职工的平均工资计算"，之所以是指董事、监事和高级管理人员的工资在债务人拖欠普通职工工资的平均期间内按照债务人职工的平均工资计算，是为了防止债务人一方面拖欠普通职工的工资，另一方面却让董事、监事和高级管理人员享受着高工资、高待遇，损害职工及其他债权人的合法权益。其实，作为债务人的董事、监事和高级管理人员，应从债务人及职工的利益出发，在无法清偿债务甚至债台高筑并且拖欠职工工资时，应当首先停发自己的高工资、高待遇，这是作为非普通职工的董事、监事及高级管理人员应有的最低道德要求。是以，在债务人拖欠普通职工工资的平均期间内，董事、监事和高级管理人员获得的超过此期间内职工的平均工资的工资，应当予以退还。换言之，在拖欠普通职工工资的平均期间内，董事、监事和高级管理人员不能按原来的工资标准获得报酬，而应按照债务人职工的平均工资获得报酬。①

②欠付的农民工工资处理。对于普通职工的临时工，应当包括农民工的报酬在内。农民工是指户口在农村而在各行各业从事各种劳务的短期工。在房产建筑、公路、桥梁、铁路、服装、工厂、矿山等需要繁重体力劳动的行业，都有大量农民工的存在。农民工为国家、社会经济发展所作出的贡献为世瞩目，其劳动报酬应当得到有效保障。可在现实生活中，由于各种各样的原因，农民工处于社会的最底层，一些损害农民工利益如压低工资、克扣工资、让农民工长期加班加点、超负荷劳动然得不到相应报酬的现象不断发生。农民工是我国改革开放和工业化、城镇化进程中涌现的一支新型劳动大军。他们户籍仍在农村，主要从事非农产业，有的在农闲季节外出务工，亦工亦农，流动性强；有的长期在城市就业，已成为产业工人的重要组成部分。大量农民进城务工或在乡镇企业就业，对我国现代化建设做出了重大贡献。为

① 王欣新主编：《破产法原理与案例教程》，中国人民大学出版社2010年版，第282页。

统筹城乡发展，保障农民工合法权益，改善农民工就业环境，引导农村富余劳动力合理有序转移，推动全面建设小康社会进程，国务院2006年3月27日发布、同年1月31日起实施的《关于解决农民工问题的若干意见》（国务院令第5号）明确指出，要充分认识解决好农民工问题的重大意义，“农民工问题事关我国经济和社会发展全局。农民工分布在国民经济各个行业，在加工制造业、建筑业、采掘业及环卫、家政、餐饮等服务业中已占从业人员半数以上，是推动我国经济社会发展的重要力量。农民外出务工，为城市创造了财富，为农村增加了收入，为城乡发展注入了活力，成为工业带动农业、城市带动农村、发达地区带动落后地区的有效形式，同时促进了市场导向、自主择业、竞争就业机制的形成，为改变城乡二元结构、解决‘三农’问题闯出了一条新路。返乡创业的农民工，带回资金、技术和市场经济观念，直接促进社会主义新农村建设。进一步做好农民工工作，对于改革发展稳定的全局和顺利推进工业化、城镇化、现代化都具有重大意义。”“维护农民工权益是需要解决的突出问题……主要是：工资偏低，被拖欠现象严重；劳动时间长，安全条件差；缺乏社会保障，职业病和工伤事故多；培训就业、子女上学、生活居住等方面也存在诸多困难，经济、政治、文化权益得不到有效保障。这些问题引发了不少社会矛盾和纠纷。解决好这些问题，直接关系到维护社会公平正义，保持社会和谐稳定。”“解决农民工问题是建设中国特色社会主义的战略任务。农业劳动力向非农产业和城镇转移，是世界各国工业化、城镇化的普遍趋势，也是农业现代化的必然要求。我国农村劳动力数量众多，在工业化、城镇化加快发展的阶段，越来越多的富余劳动力将逐渐转移出来，大量农民工在城乡之间流动就业的现象在我国将长期存在。必须从我国国情出发，顺应工业化、城镇化的客观规律，引导农村富余劳动力向非农产业和城镇有序转移。我们要站在建设中国特色社会主义事业全局和战略的高度，充分认识解决好农民工问题的重要性、紧迫性和长期性。”据此，要抓紧解决农民工工资偏低和拖欠问题。意见指出：“建立农民工工资支付保障制度。严格规范用人单位工资支付行为，确保农民工工资按时足额发放给本人，做到工资发放月清月结或按劳动合同约定执行。建立工资支付监控制度和工资保证金制度，从根本上解决拖欠、克扣农民工工资问题。劳动保障部门要重点监控农民工集中的用人单位工资发放情况。对发生过拖欠工资的用人单位，强制在开户银行按期预存工资保证金，实行专户管理。切实解决政府投资项目拖欠工程款问题。所有建设单位都要按照合同约定及时拨付工程款项，建设资金不落实的，有关部门不得发放施工许可证，不得批准开工报告。对重点监控的建筑施工企业实行工资保证金制度。加大对拖欠农民工工资用人单位的处罚力度，对恶意拖欠、情节严重的，可依法责令停业整顿、降低或取消资质，直至吊销营业执照，并对有关人员依法予以制裁。各地方、各单位都要继续加大工资清欠力度，并确保不发生新的拖欠。”“合理确定和提高农民工工资水平。规范农民工工资管理，切实改变农民工工资偏低、同工不同酬的状况。各地要严格执行最低工资制度，合理确定并适时调整最低工资标准，制定和推行小时最低工资标准。制定相关岗位劳动定额的行业参考标准。用人单位不得以实行计件工资为由拒绝执行最低工资制度，不得利用提高劳动定额变相降低工资水平。严格执行国家关于职工休息休假的规定，延长工时和休息日、法定假日工作的，要依法支付加班工资。农民工和其他职工要实行同工同酬。”“严格执行劳动合同制度。所有用人单位招用农民工都必须依法订立并履行劳动合同，建立权责明确的劳动关系。严格执行国家关于劳动合同试用期的规定，不得滥用试用期侵犯农民工权益。劳动保障部门要制定和推行规范的劳动合同文本，加强对用人单位订立和履行劳动合同的指导和监督。任何单位都不得违反劳动合同约定损害农民工权益。”意见指出，要积极稳妥地解决农民工社会保障问题，“高度重视农民工社会保障工作。根据农民工最紧迫的社会保障需求，坚持分类指导、稳步推进，优先解决工伤保险和大病医疗保障问题，逐步解决养老保障问题。农民工的社会保障，要适应流动性大的特点，保险关系和待遇能够转移接续，使农民工在流动就业中的社会保障权益不受损害；要兼顾农民工工资收入偏低的实际情况，实行低标准进入、渐进式过渡，调动用人单位和农民工参保的积极性。”“依法将农民工纳入工伤保险范围。各地要认真贯彻落实《工伤保险条例》。所有用人单位必须及时为农民工办理参加工伤保险手续，并按时足额缴纳工伤保险费。在农民工发生工伤后，要做好工伤认定、劳动能力鉴定和工伤待遇支付工作。未参加工伤保险的农民工发生工伤，由用人单位按照工伤保险规定的标准支付费用。当前，要加快推进农民工较为集中、工伤风险程度较高的建筑行业、煤炭等采掘行业参加工伤保险。建筑施工企业同时应为从事特定高风险作业的职工办理意外伤害保险。”“抓紧解决农民工大病医疗保障问题。各统筹地区要采取建立大病医疗保险统筹基金的办法，重点解决农民工进城务工期间的住院医疗保障问题。根据当地实际合理确定缴费率，主要由用人单位缴费。完善医疗保险结算办法，为患大病后自愿回原籍治疗的参保农民工提供医疗结算服务。有条件的地方，可直接将稳定就业的农民工纳入城镇职工基本医疗保险。农民工也可自愿参加原籍的新型农村合作医疗。”“探索适合农民工特点的养老保险办法。抓紧研究低费率、广覆盖、可转移，并能够与现行的养老保险制度衔接的农民工养老保险办法。有条件的地方，可直接将稳定就业的农民工纳入城镇职工基本养老保险。已经参加城镇职工基本养老保险的农民工，用人单位要继续为其缴费。”基此，在破产程序中，农民工的工资应当与债务人职工工资同等对待。债务人拖欠农民工工资等报酬，应当按照劳动债权在基本清偿顺序中的第1清偿顺位中受偿。

③债务人欠缴的住房公积金。国务院1999年4月3日发布施行的《住房公积金管理条例》（国务院令第262号）第2条规定，本条例所称住房公积金，是指国家机关、国有企业、城镇集体企业、外商投资企业、城镇私营企业及其他城镇企业、事业单位、民办非企业单位、社会团体及其在职职工缴存的长期住房储金。第3条规定，职工个人缴存的住房公积金和职工所在单位为职工缴存的住房公积金，属于职工个人所有。第16～21条规定，职工住房公积金的月缴存额为职工本人上一年度月平均工资乘以职工住房公积金缴存比例。单位为职工缴存的住房公积金的月缴存额为职工本人上一年度月平均工资乘以单位住房公积金缴存比例。新参加工作的职工从参加工作的第2个月开始缴存住房公积金，月缴存额为职工本人当月工资乘以职工住房公积金缴存比例。单位新调入的职工从调入单位发放工资之日起缴存住房公积金，月缴存额为职工本人当月工资乘以职工住房公积金缴存比例。职工和单位住房公积金的缴存比例均不得低于职工上一年度月平均工资的5%；有条件的城市，可以适当提高缴存比例。具体缴存比例由住房公积金管理委员会拟订，经本级人民政府审核后，报省、自治区、直辖市人民政府批准。职工个人缴存的住房公积金，由所在单位每月从其工资中代扣代缴。单位应当于每月发放职工工资之日起5日内将单位缴存的和为职工代缴的住房公积金汇缴到住房公积金专户内，由受委托银行计入职工住房公积金账户。单位应当按时、足额缴存住房公积金，不得逾期缴存或者少缴。对缴存住房公积金确有困难的单位，经本单位职工代表大会或者工会讨论通过，并经住房公积金管理中心审核，报住房公积金管理委员会批准后，可以降低缴存比例或者缓缴；待单位经济效益好转后，再提高缴存比例或者补缴缓缴。住房公积金自存入职工住房公积金账户之日起按照国家规定的利率计息。第5条规定，住房公积金应当用于职工购买、建造、翻建、大修自住住房，任何单位和个人不得挪作他用。第24条规定，职工有下列情形之一的，可以提取职工住房公积金账户内的存储余额：（1）购买、建造、翻建、大修自住住房的；（2）离休、退休的；（3）完全丧失劳动能力，并与单位终止劳动关系的；（4）出境定居的；（5）偿还购房贷款本息的；（6）房租超出家庭工资收入的规定比例的。依照前款第（2）（3）（4）项规定，提取职工住房公积金的，应当同时注销职工住房公积金账户。职工死亡或者被宣告死亡的，职工的继承人、受遗赠

人可以提取职工住房公积金账户内的存储余额；无继承人也无受遗赠人的，职工住房公积金账户内的存储余额纳入住房公积金的增值收益。故，住房公积金制度基于保障职工住房的购买、建造、翻建、大修所设置。住房，是人的衣食住行最为重要的方面，构成人的基本生存权利的必要内容；没有适宜的居所，其生存权及其生活质量必然受到影响，《破产审判纪要》第 27 条于是将债务人欠缴的住房公积金，明确按照债务人拖欠的职工工资性质清偿，体现了以人为本，作为职工生存权利的居住权利的高度重视，管理人应当加以注意。

④由第三方首先垫付劳动债权而产生的垫付款，按劳动债权处理，但劳动保障基金垫付的则按照《企业破产法》第 113 条第 1 款第 2 项规定的第二债权清偿顺序与统筹社保债权、基本税收债权居于同一顺位清偿。这是因为，劳动债权，通常是职工赖以生存的重要基础，充分保障劳动债权的实现，直接关系到职工生存权利这一最为基本的人权组成部分的极力维护，而且体现着我国以人为本发展思想、价值的孜孜追求。破产的金融机构、大中型企业等劳动债权人众多的，还事关社会稳定大局的维护。以是，如何充分实现劳动债权，往往是破产程序中的一个不可回避的重要问题。在司法实践中，有的由政府或者第三方首先统一垫付，既可有效解决劳动债权这一问题，而且还可减轻劳动债权人的诉累，降低破产成本的费用，应当允许。这时，又存在另一问题，就是由第三方垫付的劳动债权其性质是否能够还以劳动债权认定，其清偿顺位如何，必须解决。假若加以否定，必然挫伤第三方事先垫付劳动债权的积极性。基于鼓励这种有利于劳动债权实现，有利于破产程序进行的义举行动，《破产审判纪要》第 27 条明确规定："企业破产与职工权益保护。破产程序中要依法妥善处理劳动关系，推动完善职工欠薪保障机制，依法保护职工生存权。由第三方垫付的职工债权，原则上按照垫付的职工债权性质进行清偿；由欠薪保障基金垫付的，应按照《企业破产法》第一百一十三条第一款第二项的顺序清偿。债务人欠缴的住房公积金，按照债务人拖欠的职工工资性质清偿。"

⑤因债务人侵权行为造成的人身损害赔偿。人，乃是社会、国家得以存在、发展的首要因素。在社会主义国家，人民更是社会、国家的主人，更应当得到充分的尊重与保护，有关人身的直接权利，高于任何其他非人身权利。相应地，对于侵犯人身而产生的人身损害赔偿，应当摆在重要位置。另外，依法获得的人身损害赔偿，也是受到伤害的当事人医治伤害的物质基础，是维持其人身正常生存的重要保证，与劳动债权的功能、用途具有类似性质，《破产审判纪要》第 28 条为此规定："因债务人侵权行为造成的人身损害赔

偿，可以参照《企业破产法》第一百一十三条第一款第一项规定的顺序清偿，但其中涉及的惩罚性赔偿除外。”根据最高人民法院 2003 年 12 月 4 日通过、2004 年 5 月 1 日起施行的《关于审理人身损害赔偿案件适用法律若干问题的解释》（法释〔2003〕20 号）第 17 条规定：“受害人遭受人身损害，因就医治疗支出的各项费用以及因误工减少的收入，包括医疗费、误工费、护理费、交通费、住宿费、住院伙食补助费、必要的营养费，赔偿义务人应当予以赔偿。受害人因伤致残的，其因增加生活上需要所支出的必要费用以及因丧失劳动能力导致的收入损失，包括残疾赔偿金、残疾辅助器具费、被扶养人生活费，以及因康复护理、继续治疗实际发生的必要的康复费、护理费、后续治疗费，赔偿义务人也应当予以赔偿。受害人死亡的，赔偿义务人除应当根据抢救治疗情况赔偿本条第一款规定的相关费用外，还应当赔偿丧葬费、被扶养人生活费、死亡补偿费以及受害人亲属办理丧葬事宜支出的交通费、住宿费和误工损失等其他合理费用。”第 18 条规定，受害人或者死者近亲属遭受精神损害，赔偿权利人向人民法院请求赔偿精神损害抚慰金的，适用最高人民法院 2001 年 2 月 26 日通过、同年 3 月 10 日起施行的《关于确定民事侵权精神损害赔偿责任若干问题的解释》（法释〔2001〕7 号）予以确定。因此，人身损害赔偿不包括因为人身伤害所遭受的精神损害赔偿在内。因人身损害所产生的精神损害赔偿，构成普通债权，应当按照普通债权按比例公平受偿。

另外，人身损害赔偿，根据司法解释有关规定按照居住地的不同，计算标准有所不同。如此，在农民离家出去工作或者在城市已经具有居所的，则应按其实际居住的地区计算其人身损害赔偿数额。对这，最高人民法院民事审判第一庭 2006 年 4 月 3 日发布施行的《关于经常居住地在城镇的农村居民因交通事故伤亡如何计算赔偿费用的复函》（〔2005〕民一他字第 25 号）指出：“人身损害赔偿案件中，残疾赔偿金、死亡赔偿金和被抚养人生活费的计算，应当根据案件实际情况，结合受害人住所、经常居住地等因素，确定适用城镇居民人均收入（人均消费支出）或者农村居民人均纯收入（人均年生活消费支出）的标准。本案中，受害人唐顺虽然为农村户口，然在城市经商、居住，其经常居住地和主要收入来源均为城市，有关赔偿费用应当根据当地城镇居民的相关标准计算。”

（2）债务人所欠职工的医疗、伤残补助、抚恤费用。这是指职工患病或者因为工伤事故需要治疗根据医疗保障、工伤制度所应获得的医疗救治费用、伤残补助及死亡抚恤费用等。

就工伤而言，《工伤保险条例》第 30 条明确规定：“职工因工作遭受事故伤害或者患职业病进行治疗，享受工伤医疗待遇。职工治疗工伤应当在签订服务协议的医疗机构就医，情况紧急时可以先到就近的医疗机构急救。治疗工伤所需费用符合工伤保险诊疗项目目录、工伤保险药品目录、工伤保险住院服务标准的，从工伤保险基金支付。职工住院治疗工伤的伙食补助费，以及经医疗机构出具证明，报经办机构同意，工伤职工到统筹地区以外就医所需的交通、食宿费用从工伤保险基金支付，基金支付的具体标准由统筹地区人民政府规定。工伤职工治疗非工伤引发的疾病，不享受工伤医疗待遇，按照基本医疗保险办法处理。工伤职工到签订服务协议的医疗机构进行工伤康复的费用，符合规定的，从工伤保险基金支付。”第62条规定：“用人单位依照本条例规定应当参加工伤保险而未参加的，由社会保险行政部门责令限期参加，补缴应当缴纳的工伤保险费，并自欠缴之日起，按日加收万分之五的滞纳金；逾期仍不缴纳的，处欠缴数额1倍以上3倍以下的罚款。依照本条例规定应当参加工伤保险而未参加工伤保险的用人单位职工发生工伤的，由该用人单位按照本条例规定的工伤保险待遇项目和标准支付费用。用人单位参加工伤保险并补缴应当缴纳的工伤保险费、滞纳金后，由工伤保险基金和用人单位依照本条例的规定支付新发生的费用。”《社会保险法》第33～36条规定，职工应当参加工伤保险，由用人单位缴纳工伤保险费，职工不缴纳工伤保险费。国家根据不同行业的工伤风险程度确定行业的差别费率，并根据使用工伤保险基金、工伤发生率等情况在每个行业内确定费率档次。行业差别费率和行业内费率档次由国务院社会保险行政部门制定，报国务院批准后公布施行。社会保险经办机构根据用人单位使用工伤保险基金、工伤发生率和所属行业费率档次等情况，确定用人单位缴费费率。用人单位应当按照本单位职工工资总额，根据社会保险经办机构确定的费率缴纳工伤保险费。职工因工作原因受到事故伤害或者患职业病，且经工伤认定的，享受工伤保险待遇；其中，经劳动能力鉴定丧失劳动能力的，享受伤残待遇。

至于工伤医疗、伤残补助、抚恤费用，《工伤保险条例》第32～34条规定，工伤职工因日常生活或者就业需要，经劳动能力鉴定委员会确认，可以安装假肢、矫形器、假眼、假牙和配置轮椅等辅助器具，所需费用按照国家规定的标准从工伤保险基金支付。职工因工作遭受事故伤害或者患职业病需要暂停工作接受工伤医疗的，在停工留薪期内，原工资福利待遇不变，由所在单位按月支付。停工留薪期一般不超过12个月。伤情严重或者情况特殊，经设区的市级劳动能力鉴定委员会确认，可以适当延长，但延长不得超过12个月。工伤职工评定伤残等级后，停发原待遇，按照本章的有关规定享受伤残待遇。工伤职工在停工留薪期满后仍需治疗的，继续享受工伤医疗待遇。

生活不能自理的工伤职工在停工留薪期需要护理的，由所在单位负责。工伤职工已经评定伤残等级并经劳动能力鉴定委员会确认需要生活护理的，从工伤保险基金按月支付生活护理费。生活护理费按照生活完全不能自理、生活大部分不能自理或者生活部分不能自理3个不同等级支付，其标准分别为统筹地区上年度职工月平均工资的50%、40%或者30%。第35条规定："职工因工致残被鉴定为一级至四级伤残的，保留劳动关系，退出工作岗位，享受以下待遇：（一）从工伤保险基金按伤残等级支付一次性伤残补助金，标准为：一级伤残为27个月的本人工资，二级伤残为25个月的本人工资，三级伤残为23个月的本人工资，四级伤残为21个月的本人工资；（二）从工伤保险基金按月支付伤残津贴，标准为：一级伤残为本人工资的90%，二级伤残为本人工资的85%，三级伤残为本人工资的80%，四级伤残为本人工资的75%。伤残津贴实际金额低于当地最低工资标准的，由工伤保险基金补足差额；（三）工伤职工达到退休年龄并办理退休手续后，停发伤残津贴，按照国家有关规定享受基本养老保险待遇。基本养老保险待遇低于伤残津贴的，由工伤保险基金补足差额。""职工因工致残被鉴定为一级至四级伤残的，由用人单位和职工个人以伤残津贴为基数，缴纳基本医疗保险费。"第36条规定："职工因工致残被鉴定为五级、六级伤残的，享受以下待遇：（一）从工伤保险基金按伤残等级支付一次性伤残补助金，标准为：五级伤残为18个月的本人工资，六级伤残为16个月的本人工资；（二）保留与用人单位的劳动关系，由用人单位安排适当工作。难以安排工作的，由用人单位按月发给伤残津贴，标准为：五级伤残为本人工资的70%，六级伤残为本人工资的60%，并由用人单位按照规定为其缴纳应缴纳的各项社会保险费。伤残津贴实际金额低于当地最低工资标准的，由用人单位补足差额。""经工伤职工本人提出，该职工可以与用人单位解除或者终止劳动关系，由工伤保险基金支付一次性工伤医疗补助金，由用人单位支付一次性伤残就业补助金。一次性工伤医疗补助金和一次性伤残就业补助金的具体标准由省、自治区、直辖市人民政府规定。"第37条规定："职工因工致残被鉴定为七级至十级伤残的，享受以下待遇：（一）从工伤保险基金按伤残等级支付一次性伤残补助金，标准为：七级伤残为13个月的本人工资，八级伤残为11个月的本人工资，九级伤残为9个月的本人工资，十级伤残为7个月的本人工资；（二）劳动、聘用合同期满终止，或者职工本人提出解除劳动、聘用合同的，由工伤保险基金支付一次性工伤医疗补助金，由用人单位支付一次性伤残就业补助金。一次性工伤医疗补助金和一次性伤残就业补助金的具体标准由省、自治区、直辖市人民政府规定。"第38条规定，工伤职工工伤复发，确认需要治疗的，享受本条例第30

条、第32条和第33条规定的工伤待遇。第39条规定："职工因工死亡，其近亲属按照下列规定从工伤保险基金领取丧葬补助金、供养亲属抚恤金和一次性工亡补助金：（一）丧葬补助金为6个月的统筹地区上年度职工月平均工资；（二）供养亲属抚恤金按照职工本人工资的一定比例发给由因工死亡职工生前提供主要生活来源、无劳动能力的亲属。标准为：配偶每月40%，其他亲属每人每月30%，孤寡老人或者孤儿每人每月在上述标准的基础上增加10%。核定的各供养亲属的抚恤金之和不应高于因工死亡职工生前的工资。供养亲属的具体范围由国务院社会保险行政部门规定；（三）一次性工亡补助金标准为上一年度全国城镇居民人均可支配收入的20倍。""伤残职工在停工留薪期内因工伤导致死亡的，其近亲属享受本条第一款规定的待遇。""一级至四级伤残职工在停工留薪期满后死亡的，其近亲属可以享受本条第一款第（一）项、第（二）项规定的待遇。"第40条规定，伤残津贴、供养亲属抚恤金、生活护理费由统筹地区社会保险行政部门根据职工平均工资和生活费用变化等情况适时调整。调整办法由省、自治区、直辖市人民政府规定。第41条规定，职工因工外出期间发生事故或者在抢险救灾中下落不明的，从事故发生当月起3个月内照发工资，从第4个月起停发工资，由工伤保险基金向其供养亲属按月支付供养亲属抚恤金。生活有困难的，可以预支一次性工亡补助金的50%。职工被人民法院宣告死亡的，按照本条例第39条职工因工死亡的规定处理。

《社会保险法》第38条规定，因工伤发生治疗工伤的医疗费用和康复费用；住院伙食补助费；到统筹地区以外就医的交通食宿费；安装配置伤残辅助器具所需费用；生活不能自理的，经劳动能力鉴定委员会确认的生活护理费；一次性伤残补助金和1至4级伤残职工按月领取的伤残津贴；终止或者解除劳动合同时，应当享受的一次性医疗补助金；因工死亡的，其遗属领取的丧葬补助金、供养亲属抚恤金和因工死亡补助金；劳动能力鉴定费等费用，按照国家规定从工伤保险基金中支付。第39条规定因工伤发生的治疗工伤期间的工资福利；5级、6级伤残职工按月领取的伤残津贴；终止或者解除劳动合同时，应当享受的一次性伤残就业补助金，按照国家规定由用人单位支付。第41条规定，职工所在用人单位未依法缴纳工伤保险费，发生工伤事故的，由用人单位支付工伤保险待遇。用人单位不支付的，从工伤保险基金中先行支付。从工伤保险基金中先行支付的工伤保险待遇应当由用人单位偿还。用人单位不偿还的，社会保险经办机构可以依照本法第63条的规定追偿。《实施社会保险法规定》第9条规定："职工（包括非全日制从业人员）在两个或者两个以上用人单位同时就业的，各用人单位应当分别为职工缴纳工伤保险费。职工发生工伤，由职工受到伤害时工作的单位依法承担工伤保险责任。"

第11条规定："社会保险法第三十八条第八项中的因工死亡补助金是指《工伤保险条例》第三十九条的一次性工亡补助金，标准为工伤发生时上一年度全国城镇居民人均可支配收入的20倍。上一年度全国城镇居民人均可支配收入以国家统计局公布的数据为准。"第12条规定："社会保险法第三十九条第一项治疗工伤期间的工资福利，按照《工伤保险条例》第三十三条有关职工在停工留薪期内应当享受的工资福利和护理等待遇的规定执行。"

有关工伤的特殊问题，应按照《工伤保险条例》的有关规定处理。如第42条规定："工伤职工有下列情形之一的，停止享受工伤保险待遇：（一）丧失享受待遇条件的；（二）拒不接受劳动能力鉴定的；（三）拒绝治疗的。"第43～45条规定，用人单位分立、合并、转让的，承继单位应当承担原用人单位的工伤保险责任；原用人单位已经参加工伤保险的，承继单位应当到当地经办机构办理工伤保险变更登记。用人单位实行承包经营的，工伤保险责任由职工劳动关系所在单位承担。职工被借调期间受到工伤事故伤害的，由原用人单位承担工伤保险责任，但原用人单位与借调单位可以约定补偿办法。企业破产的，在破产清算时依法拨付应当由单位支付的工伤保险待遇费用。职工被派遣出境工作，依据前往国家或者地区的法律应当参加当地工伤保险的，参加当地工伤保险，其国内工伤保险关系中止；不能参加当地工伤保险的，其国内工伤保险关系不中止。职工再次发生工伤，根据规定应当享受伤残津贴的，按照新认定的伤残等级享受伤残津贴待遇。第66条规定，用人单位不得使用童工，用人单位使用童工造成童工伤残、死亡的，由该单位向童工或者童工的近亲属给予一次性赔偿，赔偿标准不得低于本条例规定的工伤保险待遇。

（3）债务人所欠职工应当划入职工个人账户的基本养老保险费用，即私法上的基本养老保险费用。根据国务院1997年7月16日《关于建立统一的企业职工基本养老保险制度的规定》（国发〔1997〕26号）第6条规定，要进一步扩大养老保险的覆盖范围，基本养老保险制度要逐步扩大到城镇所有企业及其职工。第1条规定："到本世纪末，要基本建立起适应社会主义市场经济体制要求，适用城镇各类企业职工和个体劳动者，资金来源多渠道、保障方式多层次、社会统筹与个人账户相结合、权利与义务相对应、管理服务社会化的养老保险体系。"第3条规定："企业缴纳基本养老保险费（下称企业缴费）的比例，一般不得超过企业工资总额的20%（包括划入个人账户的部分），具体比例由省、自治区、直辖市人民政府确定。少数省、自治区、直辖市因离退休人员较多、养老保险负担过重，确需超过企业工资总额20%的，应报劳动部、财政部审批。个人缴纳基本养老保险费（下称个人缴费）的比例，1997年不得低于本人缴费工资的4%，1998年起每两年提高1个百分点，最终达到本人缴费工资的8%。有条件的地区和工资增长较快的年份，个人缴费比例提高的速度应适当加快。”第4条规定：“按本人缴费工资11%的数额为职工建立基本养老个人账户，个人缴费全部记入个人账户，其他部分从企业缴费中划入。随着个人缴费比例的提高，企业划入的部分要逐步降低至3%。个人账户储存额，每年参考银行同期存款利率计算利息。个人账户储存额只用于职工养老，不得提前支取。职工调动时，个人账户全部随同转移。职工或退休人员死亡，个人账户中的个人缴费部分可以继承。”国务院2005年12月3日公布实施的《关于完善企业职工基本养老保险制度的决定》（国发〔2005〕38号）第3条规定，要扩大基本养老保险覆盖范围，城镇各类企业职工、个体工商户和灵活就业人员都要参加企业职工基本养老保险。第6条规定，为与做实个人账户相衔接，从2006年1月1日起，个人账户的规模统一由本人缴费工资的11%调整为8%，全部由个人缴费形成，单位缴费不再划入个人账户。

《社会保险法》第10～13条规定，职工应当参加基本养老保险，由用人单位和职工共同缴纳基本养老保险费。无雇工的个体工商户、未在用人单位参加基本养老保险的非全日制从业人员以及其他灵活就业人员可以参加基本养老保险，由个人缴纳基本养老保险费。公务员和参照公务员法管理的工作人员养老保险的办法由国务院规定。基本养老保险实行社会统筹与个人账户相结合。基本养老保险基金由用人单位和个人缴费以及政府补贴等组成。用人单位应当按照国家规定的本单位职工工资总额的比例缴纳基本养老保险费，记入基本养老保险统筹基金。职工应当按照国家规定的本人工资的比例缴纳基本养老保险费，记入个人账户。无雇工的个体工商户、未在用人单位参加基本养老保险的非全日制从业人员以及其他灵活就业人员参加基本养老保险的，应当按照国家规定缴纳基本养老保险费，分别记入基本养老保险统筹基金和个人账户。国有企业、事业单位职工参加基本养老保险前，视同缴费年限期间应当缴纳的基本养老保险费由政府承担。基本养老保险基金出现支付不足时，政府给予补贴。第18条规定，国家建立基本养老金正常调整机制。根据职工平均工资增长、物价上涨情况，适时提高基本养老保险待遇水平。第19条规定，个人跨统筹地区就业的，其基本养老保险关系随本人转移，缴费年限累计计算。个人达到法定退休年龄时，基本养老金分段计算、统一支付。具体办法由国务院规定。

由上所述，基本养老保险费用2006年1月1日之前共占职工个人缴费工资的11%，2006年1月1日起调整为8%，具体由两部分组成：一部分由职工个人自己缴纳的基本养老保险费用，占职工个人缴费工资的8%，所缴费用均应划入其个人账户。另一部分由单位2006年1月1日前为职工个人缴纳的划入职工个人账户3%的基本养老保险费用，予以拖欠的，拖欠的乃是应当划入职工个人账户从而属于职工个人的基本养老保险费用；但自2006年1月1日起，单位为职工个人缴纳的划入职工个人账户3%的基本养老保险费用不再划入职工个人账户，而作为社会统筹的部分，予以拖欠的，则不再是拖欠职工个人的基本养老保险费用，而是拖欠社会统筹部分的基本养老保险费用。所以，自2006年1月1日起，企业不再存在拖欠私法上的基本养老保险费用，即不再拖欠应当划入职工个人账户的基本养老保险费用的问题。可是，企业2006年1月1日以前应当依法按照职工缴费工资的3%～7%①的标准缴纳基本养老保险费用并划入职工个人账户，予以欠缴包括全部欠缴或者部分欠缴的，在破产程序中，即属于欠缴私法上的基本养老保险费用，应当计入劳动债权，根据《企业破产法》第113条的规定，参加基本清偿顺序中的第1顺序分配受偿。

（4）债务人所欠职工应当划入职工个人账户的基本医疗保险费用，即私法上的基本医疗保险费用。国务院1998年12月14日颁布施行的《关于建立城镇职工基本医疗保险制度的决定》（国务院令第44号）第2条规定："城镇所有用人单位，包括企业（国有企业、集体企业、外商投资企业、私营企业等）、机关、事业单位、社会团体、民办非企业单位及其职工，都要参加基本医疗保险。乡镇企业及其职工、城镇个体经济组织业主及其从业人员是否参加基本医疗保险，由各省、自治区、直辖市人民政府决定……基本医疗保险费由用人单位和职工共同缴纳。用人单位缴费率应控制在职工工资总额的6%左右，职工缴费率一般为本人工资收入的2%。随着经济发展，用人单位和职工缴费率可作相应调整。"第3条规定："要建立基本医疗保险统筹基金和个人账户。基本医疗保险基金由统筹基金和个人账户构成。职工个人缴纳的基本医疗保险费，全部计入个人账户。用人单位缴纳的基本医疗保险费分为两部分，一部分用于建立统筹资金，一部分划入个人账户。划入个人账户的比例一般为用人单位缴费的30%左右，具体比例由统筹地区根据个人账户的支付范围和职工年龄等因素确定。"《社会保险法》第23条规定："职工应当参加职工基本医疗保险，由用人单位和职工按照国家规定共同缴纳基本医疗保险费。无雇工的个体工商户、未在用人单位参加职工基本医疗保险的非全日

---

① 2006年1月1日前，划入职工个人账户的基本养老金为职工缴费工资的11%，由单位与个人共同缴纳。个人缴纳部分，1997年前不得低于4%，1998年开始，每两年增加1%，至2004年前最终达到8%，个人缴纳与11%的差额部分则由单位缴足。

制从业人员以及其他灵活就业人员可以参加职工基本医疗保险，由个人按照国家规定缴纳基本医疗保险费。”第25条规定：“国家建立和完善城镇居民基本医疗保险制度。城镇居民基本医疗保险实行个人缴费和政府补贴相结合。享受最低生活保障的人、丧失劳动能力的残疾人、低收入家庭六十周岁以上的老年人和未成年人等所需个人缴费部分，由政府给予补贴。”第32条规定：“个人跨统筹地区就业的，其基本医疗保险关系随本人转移，缴费年限累计计算。”《实施社会保险法规定》第8条规定：“参保人员在协议医疗机构发生的医疗费用，符合基本医疗保险药品目录、诊疗项目、医疗服务设施标准的，按照国家规定从基本医疗保险基金中支付。参保人员确需急诊、抢救的，可以在非协议医疗机构就医；因抢救必须使用的药品可以适当放宽范围。参保人员急诊、抢救的医疗服务具体管理办法由统筹地区根据当地实际情况制定。”据之，用人单位依法需要按照缴纳职工基本医疗保险费用的30%左右划入职工个人账户，予以欠缴包括全部欠缴或者部分欠缴的，在破产程序中，即属于欠缴私法上的基本医疗保险费用，应当计入劳动债权，根据《企业破产法》第113条的规定，参加基本清偿顺序中的第1顺序分配受偿。

（5）债务人所欠职工的根据法律、行政法规规定应当支付给职工的补偿金。应当指出，在我国，除一些法律、行政法规对于职工的补偿金作了规定外，有的国务院部、办、委、局等部门、地方人民政府或者部门也对职工的补偿金作了规定。属于债务人拖欠的职工劳动债权补偿金，应当是为全国人大及其常委会制定的法律、国务院颁行的行政法规所规定的应当支付给职工的补偿金，而不包括国务院各部门规定的部门规章、地方人民政府规定的地方规章、地方人民政府各职能部门有关规定中关于职工的补偿金。法律、行政法规规定应当支付给职工的补偿金。具体而言，主要是指法律、法规规定的依法解除或者终止劳动合同而产生的经济补偿金。

对于解除劳动合同的补偿金问题，对补偿金额标准的确认，应当依据法律规定和相关劳动合同的约定。实践中，在法律规定和合同约定的补偿标准不一致时，应当注意把握以下几个要点：

①企业一般职工的补偿金。对于企业一般职工的补偿金额，在法律规定和劳动合同约定不一致时，应当依法或依合同就高不就低。《劳动法》第48条规定，国家实行最低工资保障制度。最低工资的具体标准由省、自治区、直辖市人民政府规定，报国务院备案。用人单位支付劳动者的工资不得低于当地最低工资标准。这是国家保护劳动者的强制性规定。对于解除劳动合同的补偿，第28条规定：“用人单位依据本法第二十四条、第二十六条、第二十七条的规定解除劳动合同的，应当依照国家有关规定给予经济补偿。”第24

条规定："经劳动合同当事人协商一致，劳动合同可以解除。"第26条规定："有下列情形之一的，用人单位可以解除劳动合同，但是应当提前三十日以书面形式通知劳动者本人：（一）劳动者患病或者非因工负伤，医疗期满后，不能从事原工作也不能从事由用人单位另行安排的工作的；（二）劳动者不能胜任工作，经过培训或者调整工作岗位，仍不能胜任工作的；（三）劳动合同订立时所依据的客观情况发生重大变化，致使原劳动合同无法履行，经当事人协商不能就变更劳动合同达成协议的。"第27条规定："用人单位濒临破产进行法定整顿期间或者生产经营状况发生严重困难，确需裁减人员的，应当提前三十日向工会或者全体职工说明情况，听取工会或者职工的意见，经向劳动行政部门报告后，可以裁减人员。用人单位依据本条规定裁减人员，在六个月内录用人员的，应当优先录用被裁减的人员。"另外，《劳动合同法》第46条规定："有下列情形之一的，用人单位应当向劳动者支付经济补偿：（一）劳动者依照本法第三十八条规定解除劳动合同的；（二）用人单位依照本法第三十六条规定向劳动者提出解除劳动合同并与劳动者协商一致解除劳动合同的；（三）用人单位依照本法第四十条规定解除劳动合同的；（四）用人单位依照本法第四十一条第一款规定解除劳动合同的；（五）除用人单位维持或者提高劳动合同约定条件续订劳动合同，劳动者不同意续订的情形外，依照本法第四十四条第一项规定终止固定期限劳动合同的；（六）依照本法第四十四条第四项、第五项规定终止劳动合同的；（七）法律、行政法规规定的其他情形。"其中，第38条规定："用人单位有下列情形之一的，劳动者可以解除劳动合同：（一）未按照劳动合同约定提供劳动保护或者劳动条件的；（二）未及时足额支付劳动报酬的；（三）未依法为劳动者缴纳社会保险费的；（四）用人单位的规章制度违反法律、法规的规定，损害劳动者权益的；（五）因本法第二十六条第一款规定的情形致使劳动合同无效的；（六）法律、行政法规规定劳动者可以解除劳动合同的其他情形。用人单位以暴力、威胁或者非法限制人身自由的手段强迫劳动者劳动的，或者用人单位违章指挥、强令冒险作业危及劳动者人身安全的，劳动者可以立即解除劳动合同，不需事先告知用人单位。"第36条规定："用人单位与劳动者协商一致，可以解除劳动合同。"第40条规定："有下列情形之一的，用人单位提前三十日以书面形式通知劳动者本人或者额外支付劳动者一个月工资后，可以解除劳动合同：（一）劳动者患病或者非因工负伤，在规定的医疗期满后不能从事原工作，也不能从事由用人单位另行安排的工作的；（二）劳动者不能胜任工作，经过培训或者调整工作岗位，仍不能胜任工作的；（三）劳动合同订立时所依据的客观情况发生重大变化，致使劳动合同无法履行，经用人单位与劳动者协商，未能就变更劳动合同内容达成协议的。”第41条规定：“有下列情形之一，需要裁减人员二十人以上或者裁减不足二十人但占企业职工总数百分之十以上的，用人单位提前三十日向工会或者全体职工说明情况，听取工会或者职工的意见后，裁减人员方案经向劳动行政部门报告，可以裁减人员：（一）依照《企业破产法》规定进行重整的；（二）生产经营发生严重困难的；（三）企业转产、重大技术革新或者经营方式调整，经变更劳动合同后，仍需裁减人员的；（四）其他因劳动合同订立时所依据的客观经济情况发生重大变化，致使劳动合同无法履行的。”“裁减人员时，应当优先留用下列人员：（一）与本单位订立较长期限的固定期限劳动合同的；（二）与本单位订立无固定期限劳动合同的；（三）家庭无其他就业人员，有需要扶养的老人或者未成年人的。用人单位依照本条第一款规定裁减人员，在六个月内重新招用人员的，应当通知被裁减的人员，并在同等条件下优先招用被裁减的人员。”第44条规定：“有下列情形之一的，劳动合同终止：（一）劳动合同期满的；（二）劳动者开始依法享受基本养老保险待遇的；（三）劳动者死亡，或者被人民法院宣告死亡或者宣告失踪的；（四）用人单位被依法宣告破产的；（五）用人单位被吊销营业执照、责令关闭、撤销或者用人单位决定提前解散的；（六）法律、行政法规规定的其他情形。”第47条规定：“经济补偿按劳动者在本单位工作的年限，每满一年支付一个月工资的标准向劳动者支付。六个月以上不满一年的，按一年计算；不满六个月的，向劳动者支付半个月工资的经济补偿。劳动者月工资高于用人单位所在直辖市、设区的市级人民政府公布的本地区上年度职工月平均工资三倍的，向其支付经济补偿的标准按职工月平均工资三倍的数额支付，向其支付经济补偿的年限最高不超过十二年。本条所称月工资是指劳动者在劳动合同解除或者终止前十二个月的平均工资。”从上述法律规定可以看出，法律所规定的是职工工资和解除劳动合同补偿的最低标准，职工与企业之间签订劳动合同约定工资和补偿金时，只能等于或者高于法律规定的标准，不能低于法律规定的标准。合同约定标准高于法定标准的，一般应当执行合同标准；合同没有约定的，则执行法定标准。

②企业高级管理人员的补偿金。企业高级管理人员不同于普通的劳动者，他们在企业中由于技术或管理方面的特殊地位，其工资一般比普通劳动者要高，比照其工资标准规定的补偿金数额相对也高，在破产程序中，不加以相应的限制，有可能使债权人的清偿比例受到影响，各国破产法于是对企业高级管理人员在破产程序中的补偿金均作了一定限制。考虑到破产程序中对劳动者的未来损失的补偿有失业救济的性质，而高级管理人员一般有良好的就

业条件，并不属于弱势群体。是以，对其补偿金额，原则上也应参照企业一般职工工资的平均水平予以补偿。[1]

（6）债务人所欠职工的根据法律、行政法规规定应当支付给职工的赔偿金。劳动既是公民的基本权利，也是公民赖以生存或者改善生活的必要保障。故，任何用人单位都必须依法与劳动者签订并严格遵守劳动合同。违反有关法律规定，不签订劳动合同或者签订后不予遵守，违法解除或者终止劳动合同或者采取其他方式损害劳动者合法权益的，均应依法承担赔偿责任。这些情形，根据《劳动合同法》的有关规定，具体包括：

①因对全日制用工违法解除或者终止劳动合同而形成的赔偿责任。《劳动合同法》第48条规定："用人单位违反本法规定解除或者终止劳动合同，劳动者要求继续履行劳动合同的，用人单位应当继续履行；劳动者不要求继续履行劳动合同或者劳动合同已经不能继续履行的，用人单位应当依照本法第八十七条规定支付赔偿金。"第87条规定："用人单位违反本法规定解除或者终止劳动合同的，应当依照本法第四十七条规定的经济补偿标准的二倍向劳动者支付赔偿金。"应当指出，违法解除或者终止劳动合同，必须是违反了《劳动法》《劳动合同法》等有关法律、法规规定，如法律、法规规定不能解除、终止的仍然解除或者终止。解除或者终止劳动的行为合法，则不是给予赔偿的问题，而是属于依法予以补偿的问题。对此，《劳动合同法》第42条就明确规定："劳动者有下列情形之一的，用人单位不得依照本法第四十条、第四十一条的规定解除劳动合同：（一）从事接触职业病危害作业的劳动者未进行离岗前职业健康检查，或者疑似职业病病人在诊断或者医学观察期间的；（二）在本单位患职业病或者因工负伤并被确认丧失或者部分丧失劳动能力的；（三）患病或者非因工负伤，在规定的医疗期内的；（四）女职工在孕期、产期、哺乳期的；（五）在本单位连续工作满十五年，且距法定退休年龄不足五年的；（六）法律、行政法规规定的其他情形。"基此，违反上述规定而解除劳动合同的，则就属于违法解除，应当依法承担赔偿责任。第71条规定："非全日制用工双方当事人任何一方都可以随时通知对方终止用工。终止用工，用人单位不向劳动者支付经济补偿。"

②因劳动规章制度违反法律规定而给劳动者造成损害所形成的赔偿责任。对这，《劳动合同法》第80条规定："用人单位直接涉及劳动者切身利益的规章制度违反法律、法规规定的，由劳动行政部门责令改正，给予警告；给劳动者造成损害的，应当承担赔偿责任。"

---

① 江必新主编、最高人民法院民事审判第二庭编著：《民商审判指导与参考》2003年第1卷（总第3卷），人民法院出版社2003年版，第36～37页。

③因劳动合同不具备必备条款或者不提供给劳动者而给劳动者造成损害所形成的赔偿责任。对此，《劳动合同法》第 81 条规定："用人单位提供的劳动合同文本未载明本法规定的劳动合同必备条款或者用人单位未将劳动合同文本交付劳动者的，由劳动行政部门责令改正；给劳动者造成损害的，应当承担赔偿责任。"第 17 条规定："劳动合同应当具备以下条款：（一）用人单位的名称、住所和法定代表人或者主要负责人；（二）劳动者的姓名、住址和居民身份证或者其他有效身份证件号码；（三）劳动合同期限；（四）工作内容和工作地点；（五）工作时间和休息休假；（六）劳动报酬；（七）社会保险；（八）劳动保护、劳动条件和职业危害防护；（九）法律、法规规定应当纳入劳动合同的其他事项。劳动合同除前款规定的必备条款外，用人单位与劳动者可以约定试用期、培训、保守秘密、补充保险和福利待遇等其他事项。"

④因与全日制劳动者未订立书面或者无固定期限劳动合同所形成的赔偿责任。对这，《劳动合同法》第 82 条规定："用人单位自用工之日起超过一个月不满一年未与劳动者订立书面劳动合同的，应当向劳动者每月支付二倍的工资。用人单位违反本法规定不与劳动者订立无固定期限劳动合同的，自应当订立无固定期限劳动合同之日起向劳动者每月支付二倍的工资。"第 14 条规定："无固定期限劳动合同，是指用人单位与劳动者约定无确定终止时间的劳动合同。用人单位与劳动者协商一致，可以订立无固定期限劳动合同。有下列情形之一，劳动者提出或者同意续订、订立劳动合同的，除劳动者提出订立固定期限劳动合同外，应当订立无固定期限劳动合同：（一）劳动者在该用人单位连续工作满十年的；（二）用人单位初次实行劳动合同制度或者国有企业改制重新订立劳动合同时，劳动者在该用人单位连续工作满十年且距法定退休年龄不足十年的；（三）连续订立二次固定期限劳动合同，且劳动者没有本法第三十九条和第四十条第一项、第二项规定的情形，续订劳动合同的。"第 39 条规定："劳动者有下列情形之一的，用人单位可以解除劳动合同：（一）在试用期间被证明不符合录用条件的；（二）严重违反用人单位的规章制度的；（三）严重失职，营私舞弊，给用人单位造成重大损害的；（四）劳动者同时与其他用人单位建立劳动关系，对完成本单位的工作任务造成严重影响，或者经用人单位提出，拒不改正的；（五）因本法第二十六条第一款第一项规定的情形致使劳动合同无效的；（六）被依法追究刑事责任的。"用人单位自用工之日起满 1 年不与劳动者订立书面劳动合同的，视为用人单位与劳动者已订立无固定期限劳动合同。第 40 条规定："有下列情形之一的，用人单位提前三十日以书面形式通知劳动者本人或者额外支付

劳动者一个月工资后，可以解除劳动合同：（一）劳动者患病或者非因工负伤，在规定的医疗期满后不能从事原工作，也不能从事由用人单位另行安排的工作的；（二）劳动者不能胜任工作，经过培训或者调整工作岗位，仍不能胜任工作的；（三）劳动合同订立时所依据的客观情况发生重大变化，致使劳动合同无法履行，经用人单位与劳动者协商，未能就变更劳动合同内容达成协议的。”

⑤因违法约定试用期并已实际履行所形成的赔偿责任。对此《劳动合同法》第 83 条规定：“用人单位违反本法规定与劳动者约定试用期的，由劳动行政部门责令改正；违法约定的试用期已经履行的，由用人单位以劳动者试用期满月工资为标准，按已经履行的超过法定试用期的期间向劳动者支付赔偿金。”第 19 条规定：“劳动合同期限三个月以上不满一年的，试用期不得超过一个月；劳动合同期限一年以上不满三年的，试用期不得超过二个月；三年以上固定期限和无固定期限的劳动合同，试用期不得超过六个月。同一用人单位与同一劳动者只能约定一次试用期。以完成一定工作任务为期限的劳动合同或者劳动合同期限不满三个月的，不得约定试用期。试用期包含在劳动合同期限内。劳动合同仅约定试用期的，试用期不成立，该期限为劳动合同期限。”第 70 条规定：“非全日制用工双方当事人不得约定试用期。”

⑥因扣押劳动者有效身份证件、档案或者其他物品而给劳动者造成损害所形成的赔偿责任。对此，《劳动合同法》第 84 条规定：“用人单位违反本法规定，扣押劳动者居民身份证等证件的，由劳动行政部门责令限期退还劳动者本人，并依照有关法律规定给予处罚。用人单位违反本法规定，以担保或者其他名义向劳动者收取财物的，由劳动行政部门责令限期退还劳动者本人，并以每人五百元以上二千元以下的标准处以罚款；给劳动者造成损害的，应当承担赔偿责任。劳动者依法解除或者终止劳动合同，用人单位扣押劳动者档案或者其他物品的，依照前款规定处罚。”

⑦因不依法支付劳动报酬、加班费或者经济补偿所形成的赔偿责任。对这，《劳动合同法》第 85 条规定：“用人单位有下列情形之一的，由劳动行政部门责令限期支付劳动报酬、加班费或者经济补偿；劳动报酬低于当地最低工资标准的，应当支付其差额部分；逾期不支付的，责令用人单位按应付金额百分之五十以上百分之一百以下的标准向劳动者加付赔偿金：（一）未按照劳动合同的约定或者国家规定及时足额支付劳动者劳动报酬的；（二）低于当地最低工资标准支付劳动者工资的；（三）安排加班不支付加班费的；（四）解除或者终止劳动合同，未依照本法规定向劳动者支付经济补偿的。”第 72 条规定：“非全日制用工小时计酬标准不得低于用人单位所在地人民政府规定的最低小

时工资标准。”

⑧因订立无效劳动合同而给劳动者造成损害所形成的赔偿责任。对此，《劳动合同法》第86条规定：“劳动合同依照本法第二十六条规定被确认无效，给对方造成损害的，有过错的一方应当承担赔偿责任。”第二十六条规定：“下列劳动合同无效或者部分无效：（一）以欺诈、胁迫的手段或者乘人之危，使对方在违背真实意思的情况下订立或者变更劳动合同的；（二）用人单位免除自己的法定责任、排除劳动者权利的；（三）违反法律、行政法规强制性规定的。对劳动合同的无效或者部分无效有争议的，由劳动争议仲裁机构或者人民法院确认。”

⑨因侵害劳动者人身权益而给劳动者造成损害所形成的赔偿责任。对这，《劳动合同法》第88条规定：“用人单位有下列情形之一的，依法给予行政处罚；构成犯罪的，依法追究刑事责任；给劳动者造成损害的，应当承担赔偿责任：（一）以暴力、威胁或者非法限制人身自由的手段强迫劳动的；（二）违章指挥或者强令冒险作业危及劳动者人身安全的；（三）侮辱、体罚、殴打、非法搜查或者拘禁劳动者的；（四）劳动条件恶劣、环境污染严重，给劳动者身心健康造成严重损害的。”

⑩因不出具解除、终止劳动合同书面证明而给劳动者造成损害所形成的赔偿责任。对此，《劳动合同法》第89条规定：“用人单位违反本法规定未向劳动者出具解除或者终止劳动合同的书面证明，由劳动行政部门责令改正；给劳动者造成损害的，应当承担赔偿责任。”

⑪招用尚未解除或者终止劳动合同的劳动者而给其他用人单位造成损失所形成的赔偿责任。对这，《劳动合同法》第91条规定：“用人单位招用与其他用人单位尚未解除或者终止劳动合同的劳动者，给其他用人单位造成损失的，应当承担连带赔偿责任。”

⑫违反劳务派遣规定而给劳动者造成损害所形成的赔偿责任。对此，《劳动合同法》第92条第2款规定：“劳务派遣单位、用工单位违反本法有关劳务派遣规定的，由劳动行政部门责令限期改正；逾期不改正的，以每人五千元以上一万元以下的标准处以罚款，对劳务派遣单位，吊销其劳务派遣业务经营许可证。用工单位给被派遣劳动者造成损害的，劳务派遣单位与用工单位承担连带赔偿责任。”

⑬因个人承包违法招用劳动者而给劳动者造成损害所形成的连带赔偿责任。对这，《劳动合同法》第94条规定：“个人承包经营违反本法规定招用劳动者，给劳动者造成损害的，发包的组织与个人承包经营者承担连带赔偿责任。”

(7) 对于劳动债权，还应注意以下相关问题：

其一，债务人在职工招录工作中收取的押金等费用，可以作为劳动债权认定；非因职工招录工作收取的押金，不能作为劳动债权处理：

首先，《劳动合同法》及有关规章都明确禁止单位在招录职工时以各种名义收取费用，并且规定单位出现这种情况，对用人单位由劳动部门依法查处，当事人有权以劳动争议向劳动争议仲裁机构申请仲裁：(1)《劳动合同法》第9条规定："用人单位招用劳动者，不得扣押劳动者的居民身份证和其他证件，不得要求劳动者提供担保或者以其他名义向劳动者收取财物。"(2) 劳动部1995年9月6日发布实施的《关于严禁用人单位录用职工非法收费的通知》(劳部发〔1995〕346号) 明确指出，有些用人单位在录用职工时非法向劳动者收取费用，把缴费作为录用的前提条件，其名目有集资、风险基金、培训费、抵押金、保证金等。更为严重的是，个别用人单位根本没有新的工作岗位，而把录用职工仅仅作为筹集资金的渠道，被录用的职工长期不能上班，严重损害了这部分劳动者的合法权益。并于第2条、第3条明确规定："用人单位不得在招工条件中规定个人缴费内容，劳动行政部门要加强对用人单位招工启事、简章的审查，对违反规定的，应给予警告，并责令其改正。""劳动行政部门要加强对用人单位录用职工行为的监督检查。对用人单位在录用职工时非法向劳动者个人收取费用的，要责令用人单位立即退还劳动者；对用人单位招工后不能向职工提供正常工作岗位或不能保障职工其他各项劳动权利的，应依法予以纠正；给劳动者造成经济损失的，应责令其赔偿。因此而发生的劳动争议，当事人有权向劳动争议仲裁委员会申请仲裁。"(3) 劳动部1995年8月4日发布实施的《关于贯彻执行〈中华人民共和国劳动法〉若干问题的意见》(劳部发〔1995〕309号) 第24条规定："用人单位在与劳动者订立劳动合同时，不得以任何形式向劳动者收取定金、保证金 (物) 或抵押金 (物)。对违反以上规定的，应按照劳动部、公安部、全国总工会〈关于加强外商投资企业和私营企业劳动管理切实保障职工合法权益的通知〉(劳部发〔1994〕118号) 和劳动部办公厅〈对'关于国有企业和集体所有制企业能否参照执行劳部发〔1994〕118号文件中有关规定的请示'的复函〉(劳办发〔1994〕256号) 的规定，由公安部门和劳动行政部门责令用人单位立即退还劳动者本人。"

其次，将工资、奖金、社会保险费用等劳动债权之外的其他债权，解释为劳动关系形成的劳动债权需要满足下列两个方面的条件：(1) 单位基于招录等是否成立劳动关系或者已是职工以处分、甚至开除等为必要进行威胁、强迫。即要成为单位职工，就要缴纳有关费用，如保证金、集资款等；已属单位职工，不缴纳费用如集资款，就处分或者开除。这样，这些单位利用了劳动关系中的管理与被管理关系，对职工进行了强迫；而职工之所以接受这种强迫，则是为了争取工作或者不受处分甚至不被开除，而不得不屈服这种强迫。以是，职工的这种行为事实上是不自愿的，与作为管理方一方的单位实际并不处于平等的地位，以劳动关系处理这种债权债务，更符合劳动关系的特征。事实上，根据上述行政法规、部门规章规定，因为招录工作中强行要求缴纳抵押金、保证金、劳动合同保证金，或者以解除劳动合同关系威胁强迫缴纳集资款等形成的纠纷，也要按照劳动争议进行处理，即是作为劳动关系形成的劳动债权进行处理。（2）职工为了获得工作或免受处分、除名，明显处于弱者地位，需要的是维持自己以及家庭基本生存的权利。

最后，将上述条件下形成的债权适度扩大解释为劳动债权，有利于社会公平与稳定。通常情况下，这些普通职工，经济水平不高，且为大多数，他们成为单位少数人的这种违反法律政策行为的受害者，以劳动债权给他们特别保护，有利于社会的公平与稳定。

其二，没有根据由董事长或者法定代表人随意确定的高额奖金，不属于劳动债权。在一些单位中，奖金的发放具有很大的随意性，尤其是在私营企业中，一些单位的法定代表人或者董事长随意给管理人员上万、几十万甚至上百万的高额奖金。这些奖金，从表面上看，属于劳动薪酬的范畴，似乎需要给付。但不分情况，将所有“奖金”当作工资薪酬并理解为劳动债权，也有悖于《企业破产法》有关劳动债权给予特别优先保护的基本精神。这是因为，《企业破产法》之所以将企业职工工资作为第1顺序优先于其他债权全额受偿，主要是考虑职工为弱势群体，其工资水平都不高，基于保护职工基本生存的需要，作出特别优先的规定。但对于平时工资较高，且奖金动不动几万甚至几十万上百万的人来说，其经济水平已经远远高于社会经济平均水平，尤其是公司的高级管理人员，已不属于弱势群体基本生存权所应保护的范围。在债务人严重资不抵债，普通债权清偿率将很低的情况下，其管理人员尤其是高级管理人员还可以拿到几万几十万甚至上百万的奖金，这对其他债权人来说，也很不公平，极易引发其他债权人的不满，进而不利于破产工作的正常进行。另外，债务人走至破产清算这种地步，这些高级管理人员负有不可推卸的责任。未进行破产清算时，其奖金往往得不到兑现，现在单位破产还可兑现平时不能兑现的奖金，也容易引发其他职工的质疑不满。因此，对于没有根据而由董事长、法定代表人随意确定的奖金或者远远脱离债务人营运情况的高额奖金，不应理解为劳动债权。

其三，由职工垫付的差旅、购买产品等各种费用，不属于劳动债权：

(1)《企业破产法》优先处理的劳动债权只有工资、经济补偿金、社保费用。何为工资、经济补偿金及社保费用，有关法律、法规、规章都有明确解释，没有任何法律、法规、规章将此种为债务人垫付的费用，解释为劳动债权来加以保护。所以，对于这种垫付费用不应毫无限制地作出扩大解释。(2) 这种由职工为债务人垫付的费用，是职工与债务人之间形成的一种普通的借款债权债务关系，与基于劳动而应获得并以此维持生计的薪酬有着本质的区别。(3) 职工能够为其垫付款项，说明其经济能力较强，所付的款项，已不属于《企业破产法》基于维持职工基本生存需要而作为第1顺序全额受偿的劳动债权范畴。(4) 能够为债务人垫付款项的，一般是债务人的管理人员，主要是高级管理人员，在出差时首先垫付费用，绝大部分一线职工不可能也不存在首先为债务人垫款的事项，对于这种款项更应当作为普通债权处理。(5) 职工与债务人确实存在劳动关系，可并不能就认为职工与债务人之间的债权都属于劳动债权，而不可能存在其他性质的债权债务关系。劳动债权，必须基于劳动关系成立与否、维持劳动关系与否，以及与劳动这一活动相对应所产生的用以维持基本生存的需要而成立。如果债务人以不借款就开除为要挟，职工为了保有工作被迫借款，债务人确实利用了管理与被管理的关系，为了保护弱者的需要，在一定程度上将之解释为劳动债权尚不离本意，那么，在没有任何威胁的情况下，职工为债务人主动垫付款项完全是其自愿的选择。债务人不给钱，职工完全可以不垫付，并不导致工作的丢失，职工给债务人借款并不是基于债务人与职工之间的管理与被管理的不平等关系产生，而是完全出于自愿即平等的关系产生，职工为债务人的这种垫付款项的行为，为此不能作为劳动关系中所产生的劳动债权认定。

其四，为获取高额回报出于自愿而非受到强迫向单位缴纳的集资款，不属于劳动债权。如某一严重资不抵债而处于破产重整的企业下发的《关于〈货款准备金管理办法〉的补充规定》要求："1、副总裁及以上级别代缴金额40～100万元；总监级代缴金额20～100万元；总助级代缴金额10～50万元；正副部级、省经理、副省部级、区域经理代缴金额2万～10万元；业务员代缴金额1～5万元。一般员工代缴和超过上述额度缴纳者应经公司领导特批……5、代缴的货款准备金奖励即为公司年终奖励，公司不再发放其他现金年终奖，并与期权分配、升职、加薪、分房、教育等各项福利挂钩；未参与此次活动者，或者代缴期限低于6个月时间者，取消非奶业拟上市公司原始股认购资格；本次代缴的货款准备金存续至非奶业公司上市募股时有权以债转股的形式等额购买非奶业公司上市原始股。6. 代缴经销商名单（在收据备注中注明）由营销总部统一提供。收据提交代缴人，凭收据和代缴人身份证退款、领取奖励。”对于这种以货款准备金为名的集资款，有人认为，上述职工缴纳的款项全部是单位明确规定缴纳，且不缴纳会产生相应后果，带有一定强制性。对于《审理企业破产案件规定》第58条关于“债务人所欠企业职工集资款，参照企业破产法第三十七条第二款第（一）项规定的顺序清偿。但对违反法律规定的高额利息部分不予保护”的规定，《企业破产法》未对该规定作出否定性规定，集资及货款准备金应作为劳动债权处理。

笔者认为，在破产程序中，对于职工集资款，《审理企业破产案件规定》确实规定参照劳动债权作为第1顺序受偿。然能否认定属于劳动债权性质的集资款，不能作表面上的认定，而应作符合该规定制定原意的理解。参与上述规定起草工作的人员在对关于职工集资款优先受偿规定的原意如何理解时指出：“集资增加了社会不稳定因素，在企业破产时这种不稳定因素比较常见。企业向职工集资形成企业对职工的负债，在企业破产时，职工自然对企业享有破产债权。司法解释考虑到对职工这种弱势群体的保护，减少社会不稳定因素……将企业欠职工的集资款解释为与企业欠职工工资具有相同地位的破产债权，职工享有按照第一顺序清偿的优先受偿权。”[①] 是以，是否属于职工劳动债权性质的集资款，应当结合是属于多数人且为弱势群体被迫所为，还是少数人且平时为高工资、处于社会高地位的非弱势群体而不是被迫所为来进行理解。不能认为，凡是职工，对于单位来说，都是弱势群体。如此的话，所有的劳动者包括拿着几十万甚至上百万的高级管理人员来说就都是弱势群体。这是其一。

其二，在任何单位中，管理人员尤其是高级管理人员，乃为少数，他们不仅进行管理，而且制订各种政策。这种政策对于他们来说，不是强迫所为，而是主动所致，而无职无权的职工才是真正的受害者，才属于弱势群体需要得到特别的保护。

其三，上述单位要求缴纳货款准备金的文件，要求高级管理人员缴纳几十万，业务员缴纳1万至5万，对于他们来说，乃是源于他们曾从单位获取了较大乃至巨大的利益。不然，作为弱势群体的平民百姓不可能动不动就拿出数万甚至数十万来进行这种款项的缴纳。

其四，上述文件，表面上要求相应级别的人缴纳一定数额的货款准备金，不缴纳者就不发放奖金，不得享受期房等福利，不得认购公司上市时的股权，似乎具有强制性，缴纳者好像也是“被迫”所为，可究其内容，这种对不参与缴纳者的“处罚”，根本不是一种处罚，而是对缴纳者更多的奖励，并且是

---

① 李国光等：《正确理解〈关于审理企业破产案件若干问题的规定〉》，中国法制出版社2002年版，第150页。

缴纳者的一种特权。这是因为：(1) 有关文件明确规定，一般员工无权缴纳，如果缴纳，要经过特批。由此可见，上述单位要求缴纳货款准备金，是将绝大多数普通员工这一真正的弱势群体排除在外的。(2) 不缴纳货款准备金的所谓处罚，并不是基于处分、开除等使其丧失劳动等基本权利，而是不给年终奖金，或者不给期权分配、升职、加薪、分房、教育等各项福利。显然，这些福利是普通员工即真正的弱势群体无法享有的，一般普通员工根本不可能享有期权分配、分房、教育等各项福利。至于升职、加薪，对于这些人员来说，已是次要的，因为他们本身有着普通员工数倍乃至数十倍的工资。就奖金而言，上述单位已是严重资不抵债，普通员工的工资都被拖欠，哪有钱来发放奖金？故，对不参加活动者的这些所谓处罚，实际是对有权参加者的额外奖励，何况缴纳货款准备金有着高额的利润返还，加上诸如期权、上市公司股权、房子分配、子女教育等额外利益，其实乃是获取更大利益的通行证。在形式上，上述单位的高级管理人员等决策者要求管理人员一定缴纳货款准备金，似带有“强迫”性质，然其实质则是作为特权赋予管理人员以上的人员，意图让管理人员从中获取巨大利益。

其五，《审理企业破产案件规定》是针对《企业破产法（试行）》作出的解释，而《企业破产法（试行）》适用于全民所有制企业，该规定也只能适用于全民所有制企业，且《企业破产法（试行）》已被废止。因此，对于一些民营企业的破产，无论是从适用对象上看还是适用时间效力上看，不能适用国有企业破产的有关规定。其实，《审理企业破产案件规定》也只是规定对于职工集资，仅是参照有关劳动债权的规定处理。参照乃不等于依照、按照、根据，需要根据案件的具体情况作出符合该规定原意的解释，以是否参照执行。

其六，上述单位是以货款准备金向少数特定人员借款的，对此，完全可以不按集资款加以认定。

其七，上述单位步入绝境，与管理人员尤其是高级管理人员不负责任的混乱管理行为有着极大关系，他们对此负有不可推卸的责任。在单位危难时刻，将从单位获得的较大甚至巨大利益回吐一点点，并且是想获取更大利益的回吐，予以从严认定，合情合理。否则，这些对单位破产负有严重责任的人，借款全额受偿，拿着数十万回家，这在上述企业不实行破产重整时，也不可能。尤其是为上述破产重整企业做出巨大贡献的经销商们，应上述破产重整企业要求集资，有的数万，有的数十万，甚至数百万，且对上述破产重整企业步入绝境没有任何过错，其集资款则因不属于企业的职工便只能按普通债权以极低的清偿率受偿，明显不公平。为经销商所知时，极易产生不满，在经销商众多的情况下，自不利于重整，对于社会稳定也会造成不利影响。

最后，劳动部办公厅、国家经贸委办公厅 1995 年 7 月 3 日发布实施的《对“关于用人单位要求在职职工缴纳抵押性钱款或股金的做法应否制止的请示”的复函》[①]（劳办发〔1995〕150 号）曾经指出，有关法律、法规及部门规章，对国有、集体、外商投资和私营企业在建立劳动关系时向职工收取抵押金（品）的问题明确作了禁止性规定。同样，对用人单位向职工收取的“劳动合同保证金”“劳动保护物品及生产工具使用（承包）抵押金”等行为也应予以制止。至于一些用人单位与职工建立劳动关系后，根据本单位经营管理实际需要，按照职工本人自愿原则向职工收取“风险抵押金”及要求职工全员入股等企业生产经营管理行为，不属于上述规定调整范围。因此，对于用人单位与职工建立劳动关系后，根据本单位经营管理实际需要，按照职工本人自愿原则即向职工收取“风险抵押金”及要求职工全员入股、集资的行为，属于企业生产经营管理行为，不属于劳动关系调整的范围，由此形成的债权不能扩大解释为劳动债权。对此，《审理民间借贷案件规定》第 12 条也规定：“法人或者其他组织在本单位内部通过借款形式向职工筹集资金，用于本单位生产、经营，且不存在《中华人民共和国合同法》第十二条[②]、本规定第十四条规定的情形，当事人主张民间借贷合同有效的，人民法院应予支持。”如此，对于债务人在破产申请受理前通过借款的方式在单位内部向职工集资所形成的债务，即职工因债务人借款集资所形成的债权，归属于普通债权，不能按照劳动债权处理。

2. 非优先受偿债权清偿基本顺序之其次清偿顺序即第 2 清偿顺序为统筹社保债权与基本税收债权

基本税收债权即所欠缴的税款本金，根据《税收征收管理法实施细则》第 50 条的规定：“纳税人有解散、撤销、破产情形的，在清算前应当向其主管税务机关报告；未结清税款的，由其主管税务机关参加清算。”《海关法》第 53 条规定：“准许进出口的货物、进出境物品，由海关依法征收关税。”基此，在破产程序中，债务人所欠缴的应由海关征收的关税等税收，应由相应的海关机关接受清偿。

至于统筹社保债权即公法上的社会保险费用，是相对于私法上的社会保险费用而言的。后者即对于私法上的社会保险费用，是指应当划入职工个人账户的基本养老保险、基本医疗保险费用。前者即公法上的社会保险费用，

① 该规章已为国家人力资源社会保障部 2017 年 11 月 24 日发布实施的《关于第五批宣布失效和废止文件的通知》（人社部发〔2017〕87 号）废止，尽管如此，仍然有其参考价值。

② 现应为《民法典》第 470 条。

则是指私法上的社会保险费用以外的社会保险费用，包括公法上的基本养老保险费用、公法上的基本医疗保险费用、工伤保险费用、失业保险费用和生育保险费用共5种社会保险费用。在破产程序中，统筹社保债权，由有关社会保险机构参与破产程序，依法接受统筹社保债权的清偿。

（1）公法上的基本养老保险费用。国务院1997年7月16日《关于建立统一的企业职工基本养老保险制度的规定》（国发〔1997〕26号）第3条规定："企业缴纳基本养老保险费（下称企业缴费）的比例，一般不得超过企业工资总额的20%（包括划入个人账户的部分），具体比例由省、自治区、直辖市人民政府确定。少数省、自治区、直辖市因离退休人员较多、养老保险负担过重，确需超过企业工资总额20%的，应报劳动部、财政部审批。个人缴纳基本养老保险费（下称个人缴费）的比例，1997年不得低于本人缴费工资的4%，1998年起每两年提高1个百分点，最终达到本人缴费工资的8%。有条件的地区和工资增长较快的年份，个人缴费比例提高的速度应适当加快。"第4条规定："按本人缴费工资11%的数额为职工建立基本养老保险个人账户，个人缴费全部记入个人账户，其余部分从企业缴费中划入。随着个人缴费比例的提高，企业划入的部分要逐步降至3%。"国务院2005年12月3日公布实施的《关于完善企业职工基本养老保险制度的决定》（国发〔2005〕38号）第6条规定："从2006年1月1日起，个人账户的规模统一由本人缴费工资的11%调整为8%，全部由个人缴费形成，单位缴费不再划入个人账户。"《降低社会保险费率综合方案》第1条"降低养老保险单位缴费比例"规定："自2019年5月1日起，降低城镇职工基本养老保险（包括企业和机关事业单位基本养老保险，以下简称养老保险）单位缴费比例。各省、自治区、直辖市及新疆生产建设兵团（以下统称省）养老保险单位缴费比例高于16%的，可降至16%；目前低于16%的，要研究提出过渡办法。各省具体调整或过渡方案于2019年4月15日前报人力资源社会保障部、财政部备案。"《降低社会保险费率综合方案》第3条"调整社保缴费基数政策"规定："调整就业人员平均工资计算口径。各省应以本省城镇非私营单位就业人员平均工资和城镇私营单位就业人员平均工资加权计算的全口径城镇单位就业人员平均工资，核定社保个人缴费基数上下限，合理降低部分参保人员和企业的社保缴费基数。调整就业人员平均工资计算口径后，各省要制定基本养老金计发办法的过渡措施，确保退休人员待遇水平平稳衔接。完善个体工商户和灵活就业人员缴费基数政策。个体工商户和灵活就业人员参加企业职工基本养老保险，可以在本省全口径城镇单位就业人员平均工资的60%至300%之间选择适当的缴费基数。"据此，自2006年1月1日起，企业不再存在拖欠应当划入职工个人账户的基本养老保险费，即不再存在拖欠私法上的基本养老保险费用的问题，只存在拖欠应当划入职工个人账户的基本养老保险费以外的需要划入社会统筹基金的基本养老保险费用，即存在拖欠公法上的需要纳入社会统筹基金的基本养老保险费用的问题。

（2）公法上的基本医疗保险费用（即应当划入职工个人账户的基本医疗保险费用以外的基本医疗保险费用）。根据国务院 1998 年 12 月 14 日颁布施行的《关于建立城镇职工基本医疗保险制度的决定》（国务院令第 44 号）规定，基本医疗保险费由用人单位和职工共同缴纳。用人单位缴费率应控制在职工工资总额的 6% 左右，职工缴费率一般为本人工资收入的 2%。随着经济发展，用人单位和职工缴费率可作相应调整。基本医疗保险基金由统筹基金和个人账户构成。职工个人缴纳的基本医疗保险费，全部计入个人账户。用人单位缴纳的基本医疗保险费分为两部分，一部分用于建立基本医疗保险统筹资金即属于公法上的基本医疗保险费用；一部分划入职工个人账户即属于私法上的基本医疗保险费用。用人单位划入个人账户的即私法上的基本医疗保险费用，其比例一般为用人单位缴费的 30% 左右，具体比例由统筹地区根据个人账户的支付范围和职工年龄等因素确定。所以，用人单位依法需要按照缴纳职工基本医疗保险费用的 70% 左右划入基本医疗统筹基金，予以欠缴包括全部欠缴或者部分欠缴的，在破产程序中，即属于欠缴公法上的基本医疗保险费用的部分，应当计入欠缴公法上的社会保险费用，属于统筹社保债权，根据《企业破产法》第 113 条的规定，参加基本清偿顺序中的第 2 顺序分配受偿。

（3）工伤保险费用。《工伤保险条例》第 2 条规定："中华人民共和国境内的企业、事业单位、社会团体、民办非企业单位、基金会、律师事务所、会计师事务所等组织和有雇工的个体工商户（以下称用人单位）应当依照本条例规定参加工伤保险，为本单位全部职工或者雇工（以下称职工）缴纳工伤保险费。中华人民共和国境内的企业、事业单位、社会团体、民办非企业单位、基金会、律师事务所、会计师事务所等组织的职工和个体工商户的雇工，均有依照本条例的规定享受工伤保险待遇的权利。"第 7 ~ 10 条规定，工伤保险基金由用人单位缴纳的工伤保险费、工伤保险基金的利息和依法纳入工伤保险基金的其他资金构成。工伤保险费根据以支定收、收支平衡的原则，确定费率。国家根据不同行业的工伤风险程度确定行业的差别费率，并根据工伤保险费使用、工伤发生率等情况在每个行业内确定若干费率档次。行业差别费率及行业内费率档次由国务院社会保险行政部门制定，报国务院批准后公布施行。统筹地区经办机构根据用人单位工伤保险费使用、工伤发生率等情况，适用所属行业内相应的费率档次确定单位缴费费率。国务院社会保险行政部门应当定期了解全国各统筹地区工伤保险基金收支情况，及时提出调整行业差别费率及行业内费率档次的方案，报国务院批准后公布施行。用人单位应当按时缴纳工伤保险费。职工个人不缴纳工伤保险费。用人单位缴纳工伤保险费的数额为本单位职工工资总额乘以单位缴费费率之积。对难以按照工资总额缴纳工伤保险费的行业，其缴纳工伤保险费的具体方式，由国务院社会保险行政部门规定。第 64 条规定，本条例所称工资总额，是指用人单位直接支付给本单位全部职工的劳动报酬总额。本条例所称本人工资，是指工伤职工因工作遭受事故伤害或者患职业病前 12 个月平均月缴费工资。本人工资高于统筹地区职工平均工资 300% 的，按照统筹地区职工平均工资的 300% 计算；本人工资低于统筹地区职工平均工资 60% 的，按照统筹地区职工平均工资的 60% 计算。《降低社会保险费率综合方案》第 2 条规定：“自 2019 年 5 月 1 日起，延长阶段性降低工伤保险费率的期限至 2020 年 4 月 30 日，工伤保险基金累计结余可支付月数在 18 至 23 个月的统筹地区可以现行费率为基础下调 20%，累计结余可支付月数在 24 个月以上的统筹地区可以现行费率为基础下调 50%。”基此，用人单位应当依法缴纳工伤保险费用，予以欠缴的，属于欠缴公法上的社会保险费用，为统筹社保债权，在破产清算中，根据《企业破产法》第 113 条的规定，参加基本清偿顺序中的第 2 顺序分配受偿。

（4）失业保险费用。《失业保险条例》第 2 条规定：“城镇企业事业单位职工依照本条例的规定，缴纳失业保险费。城镇企业事业单位失业人员依照本条例的规定，享受失业保险待遇。本条所称城镇企业，是指国有企业、城镇集体企业、外商投资企业、城镇私营企业以及其他城镇企业。”第 6 条规定：“城镇企业事业单位按照本单位工资总额的 2% 缴纳失业保险费。城镇企业事业单位职工按照本人工资的 1% 缴纳失业保险费。城镇企业事业单位招用的农民合同制工人本人不缴纳失业保险费。”《社会保险法》第 44 条规定：“职工应当参加失业保险，由用人单位和职工按照国家规定共同缴纳失业保险费。”第 48 条规定：“失业人员在领取失业保险金期间，参加职工基本医疗保险，享受基本医疗保险待遇。失业人员应当缴纳的基本医疗保险费从失业保险基金中支付，个人不缴纳基本医疗保险费。”第 52 条规定：“职工跨统筹地区就业的，其失业保险关系随本人转移，缴费年限累计计算。”《实施社会保险法规定》第 14 条规定：“失业人员领取失业保险金后重新就业的，再次失业时，缴费时间重新计算。失业人员因当时不符合失业保险金领取条件的，原有缴费时间予以保留，重新就业并参保的，缴费时间累计计算。”《降低社会保险费率综合方案》第 2 条规定：“继续阶段性降低失业保险、工伤保险费率”规定：“自2019年5月1日起，实施失业保险总费率1%的省，延长阶段性降低失业保险费率的期限至2020年4月30日。”据之，用人单位应当依法缴纳失业保险费用，予以欠缴的，属于欠缴公法上的社会保险费用，为统筹社保债权，在破产清算程序中，根据《企业破产法》第113条的规定，应当参加基本清偿顺序中的第2顺序分配受偿。

（5）生育保险费用。根据《生育保险试行办法》的规定，生育保险费用由用人单位按照本单位职工工资总额的一定比例缴纳，生育保险费的费率由当地人民政府根据计划内生育人数和生育津贴、生育医疗费等各项费用确定，最高不得超过工资总额的1%。《社会保险法》第53条规定：“职工应当参加生育保险，由用人单位按照国家规定缴纳生育保险费，职工不缴纳生育保险费。”基此，用人单位应当依法缴纳生育保险费用，予以欠缴的，属于欠缴公法上的社会保险费用，为统筹社保债权，在破产清算程序中，根据《企业破产法》第113条的规定，应当参加基本清偿顺序中的第2顺序分配受偿。

3. 非优先受偿债权清偿基本顺序之最后清偿顺序即第3清偿顺序为普通破产债权

所谓普通破产债权，是指除具有担保物权或者法定特别优先权的优先受偿债权、破产费用和共益债务、劳动债权、统筹社保债权和基本税收债权以外的其他所有合法成立、有效且受法律强制性保护的破产债权。在破产司法实践中，通常都是这种普通破产债权无法足额清偿，只能公平按照同一比例接受清偿。根据《破产法解释（二）》第24条规定，债务人具有《企业破产法》第2条第1款规定的“不能清偿到期债务，并且资产不足以清偿全部债务或者明显缺乏清偿能力的”情形时，债务人的董事、监事和高级管理人员于普遍拖欠职工工资情况下利用职权所获取的工资性收入，其中依据《企业破产法》第113条第3款的规定，按照该企业职工平均工资计算的部分作为拖欠职工工资即劳动债权清偿；高出该企业职工平均工资计算的部分，则可以作为普通破产债权清偿；债务人具有《企业破产法》第2条第1款规定的“不能清偿到期债务，并且资产不足以清偿全部债务或者明显缺乏清偿能力的”情形时，债务人的董事、监事和高级管理人员利用职权获取的绩效资金及其他不正常收入，因返还后所形成的债权，也可以作为普通破产债权清偿。

五、破产财产清偿的方式

《企业破产法》第114条规定：“破产财产的分配应当以货币分配方式进行。但是，债权人会议另有决议的除外。”据此，破产财产的清偿分配方式，以货币清偿分配方式为原则，以债权人会议另有决议决定的清偿分配方式为例外。

（一）破产财产的清偿分配以货币分配方式为原则

破产财产分配以货币分配方式进行，简称货币分配，是指对于债权人的破产债权以货币为标准进行计算，并以货币方式进行清偿，这与货币一般等价物的特征相联系。

（二）破产财产的分配以债权人会议决定的其他方式为例外

破产财产分配以货币方式进行，就必须对非货币财产变价出售转换为货币财产。然则，将非货币财产变价出售，需要一定时间，并需要一定成本，有的还因为快速变现可能造成贬值甚至严重贬值，或者源于各种各样的原因无法变现，而有的债权人又需要这种非货币财产，此时，允许以非货币财产不经过变价而直接折价清偿的方式清偿债权人的债权，对于债权人来说也可能有利，在一定条件下，应当允许以实物分配方式清偿债权人的债权。

同样，对于债务人对他人拥有的债权等权利性财产，有的难以收回变现，也可以采取债权分配方式即将债权折价用以清偿债权人的债权。

但应看到，采取实物分配或者权利分配方式清偿债权，由于采取财产或者权利折价的方式直接清偿债权，与拍卖变价后以货币分配方式清偿相比，公开性较差，不利于防止暗箱操作，难以保证此种清偿方式的公正、公平。而采取实物或者权利分配方式进行分配，直接关系到所有债权人的合法权益，是否采取实物分配或者权利分配方式，应当由债权人会议决定，不能由管理人自行决定，然管理人可以根据财产包括权利性财产能否变价的情况以及债权人的需要，提出实物分配或者权利分配的清偿债权方案，管理人拟对破产财产采取实物分配或者权利分配方式清偿债权的，应当在破产财产分配方案中予以说明，并阐述采取实物分配或者权利分配方式清偿债权的理由，以及防止折价太低而损害债权人利益的各种措施，如聘请专业机构进行评估等。

就实物分配或者权利分配行为的对象而言，一般应当是那些无法变现，或者变现成本过高，或者个别债权人需要并且价格合理不会损害其他债权人利益，或者价值很小，或者贬值较快等需要及时处理的实物财产和债权、股权、知识产权等财产性权利。无论属于哪种财产或者权利，都应依法做必要的评估，不能由管理人随意确定价格对债权人进行清偿。此外，还应注意防范实物清偿、权利清偿的徇私舞弊行为，以低价甚至极低的价格折价后对债权人以实物分配或者权利分配方式进行清偿的现象发生。

六、破产财产分配方案的确定

（一）破产财产分配方案的拟订

破产财产分配方案，是指法律规定的由管理人制订的以非特定破产财产清偿非优先受偿的破产债权的范围、方法、措施、时间、地点、程序等事先所作的计划与安排，是破产清算程序中不可缺少的法律文件，是管理人对非特定破产财产清偿非优先受偿的破产债权的基本根据，在破产财产分配环节中具有十分重要的意义。根据《企业破产法》第115条的规定，其由管理人拟订。管理人应当根据破产财产变价的情况与破产清算程序的进程，及时拟订破产财产分配方案，尽力加快破产清算程序的进程，提高破产清算的效率，节约破产清算工作的成本。就破产财产分配方案的具体内容而言，包括以下方面：

1. 参加破产财产分配的债权人名称或者姓名、住所。对此应当注意：（1）参加破产财产分配的债权人应当是非优先受偿债权的债权人。对债务人特定财产具有担保物权或者法定特别优先权的优先受偿债权的债权人，以特定财产优先受偿，无需参与破产财产中的非特定财产集体分配受偿，不属于破产财产分配方案中参加破产财产分配的债权人。然而，特定财产不足以清偿的部分或者优先受偿债权人放弃优先受偿权利的，其相应的债权则转换为普通破产债权，可以参加破产财产的集体分配而成为破产财产方案中有权参加破产财产分配的债权人。（2）破产费用和共益债务由债务人财产随时清偿，也属于单独受偿的范围，相关人员不参与破产财产集体分配受偿，也不属于破产财产分配方案中参加破产财产分配的债权人。（3）债务人宣告破产，可能由破产重整程序、破产和解程序终止转换而来。在破产重整或者破产和解程序中，有些债权人可能根据重整计划或者破产和解协议得到了高于破产清算比例的清偿，也不能再行参加破产财产的分配。（4）还有的债权人在破产程序中依法行使破产抵销权，而致使其债权消灭，也不能再参加破产财产的分配。（5）《企业破产法》第56条规定："在人民法院确定的债权申报期限内，债权人未申报债权的，可以在破产财产最后分配前补充申报，然此前已进行的分配，不再对其补充分配。为审查和确认补充申报债权的费用，由补充申报人承担。债权人未依照本法规定申报债权的，不得依照本法规定的程序行使权利。"基此，未依法进行债权申报的债权人不能在破产清算程序中行使权利，即接受破产财产分配而清偿其债权，也不属于破产财产分配方案中参加破产财产分配的债权人。

至于所附生效条件或者期限没有成就的附条件或者期限债权，诉讼、仲裁未决的债权人，属于破产债权人，可以参加破产财产的分配，应当在破产财产分配方案中加以列明并将有关情况加以说明。

2. 参加破产财产分配的债权额。对于可以参加破产财产中的非特定财产分配接受清偿的债权，应当逐笔将其债权人、本金及利息等进行说明。对于附条件或者期限债权所附条件或者期限没有成就的债权，以及尚处于诉讼、仲裁而未决的债权，应当加以说明。此外，应对破产别除权人的优先受偿的债权未能清偿的部分以及放弃优先受偿权的部分债权，连带债权人的债权，债务人的保证人或者其他连带债务人的求偿权，债权人对数个连带债务人的债权，因为解除双方均未履行完毕合同或者其他合同而产生的对方当事人的赔偿请求权，不知情的受托人在破产裁定申请受理后继续处理委托事务而产生的请求权，票据的付款人在破产申请裁定受理后依法继续付款或者承兑而产生的请求权等特别债权作出说明。

3. 可供分配的破产财产数额。此项内容主要包括：（1）破产财产的总体情况，如就名称、现状、价值等进行概括说明；（2）对负有担保物权或者法定特别优先权的特定财产以及清偿情况进行说明；（3）对管理人通过行使取回权、追回权等取得的财产进行说明；（4）对用于清偿破产费用和共益债务的财产包括宣告债务人破产前在破产重整、破产和解或者破产清算形式阶段进行清偿的情况进行说明；（5）对非货币破产财产变价情况进行说明；（6）对可用于非优先受偿的破产债权清偿的不负有担保物权或者法定特别优先权的非特定财产，包括用于实物分配或者权利分配的实物财产，权利财产，库存现金，银行存款，营业收入，财产变价的收入，财产的租赁收入，追收的财产，特定财产超过上面所负担保物权或者法定特别优先权的优先受偿债权的部分等，进行说明[①]。

4. 破产财产分配的顺序、比例及数额。管理人应当根据非特定破产财产和非优先受偿破产债权的情况，对破产财产分配的顺序、比例及其数额，以及每笔债权所能获得清偿的数额进行详细说明。首先将破产财产清偿居于第1清偿顺位的劳动债权，不足以清偿的，则对劳动债权按比例清偿。足额清偿劳动债权后倘若有剩余的，则将剩余的财产用于居于第2清偿顺序的统筹社保债权与基本税收债权的清偿。剩余的财产不足以清偿统筹社保债权与基本税收债权的，则按比例清偿。足额清偿统筹社保债权与基本税收债权后还有剩余的，则将剩余的财产用于居于第3清偿顺序的普通破产债权清偿。在第3顺序的清偿中，一般不足以清偿，于是要按比例公平清偿。

---

① 李国光、曹士兵等：《正确理解〈关于审理企业破产案件若干问题的规定〉》，中国法制出版社2002年版，第223～224页。

5. 实施破产财产分配的方法。对于破产财产分配是采取货币分配还是实物分配或者权利分配的方式应当加以说明。采取实物分配或者权利分配方式分配的，应当就采取实物分配或者权利分配方式的财产及其价值、估价，以及采取实物分配或者权利分配方式的原因、接受实物分配或者权利分配的债权人及其债权数额等情况进行说明。此外，在破产财产分配的方法中，还应就是一次性分配还是多次分配；多次分配的，每次分配的期限、措施、原因，以及债权是否确定，未确定债权的数额及其提存处理；未能参加分配接受清偿的债权处理办法、措施；对将来能够追回的财产拟进行追加分配等情况作出说明。

6. 管理人报酬及收取情况。根据《管理人报酬规定》第10条关于“最终确定的管理人报酬及收取情况，应列入破产财产分配方案”的规定，管理人的报酬及其收取情况应当作为破产财产分配方案的内容加以说明。

（二）破产财产分配方案的通过

宣告债务人破产后，管理人应当及时拟订破产财产分配方案，提交债权人会议讨论。对这，应当注意以下几点：

1. 有权参加破产财产分配方案表决的债权人。《企业破产法》第59条第3款规定，对债务人的特定财产享有担保权的债权人，未放弃优先受偿权利的，对于本法第61条第1款第7项、第10项规定的事项不享有表决权。是以，对特定财产具有担保物权或者法定特别优先权的破产别除权人没有放弃优先受偿权利的，则对破产财产的分配方案不具有表决权。

2. 债权人会议通过破产财产分配方案的规则。破产财产分配方案，根据《企业破产法》第64条的规定，由出席会议的有表决权的债权人过半数通过，并且其所代表的债权额占无财产担保债权总额的1/2以上。破产别除权人未放弃优先受偿权利的，不具有表决权。故，由出席会议的有表决权的债权人过半数通过，并不包括出席会议的对破产和解协议草案、破产财产分配方案以外的其他事项有表决权的破产别除权人在内。至于出席会议有表决权的过半数通过的债权人所代表的债权额，也不包括对破产财产分配方案不具有表决权的破产别除权人所代表的债权在内。

当然，破产别除权人因为具有财产担保或者法定特别优先权的优先受偿债权没有得到足额清偿或者放弃优先受偿权利的，对于没有得到清偿的优先受偿债权或者放弃优先受偿的债权，则转换为普通破产债权，破产别除权人转换为普通破产债权人，对破产财产分配方案就具有表决权，可其代表的债权数额乃为没有得到清偿或者放弃优先受偿的部分，即由优先受偿债权转换为普通破产债权的部分，而不是整个优先受偿权的全部债权。

3. 债权人对通过的破产财产分配方案的异议。根据《企业破产法》第 64 条第 2 款的规定，债权人认为债权人会议有关破产财产分配方案的决议违反法律规定，损害其利益的，可以自债权人会议作出决议之日起 15 日内，请求人民法院裁定撤销该决议，责令债权人会议依法重新作出决议。这里的债权人，既包括对特定财产享有优先受偿权的破产债权人，又包括非优先受偿的破产债权人。如破产财产分配方案将负有担保物权或者法定特别优先权的特定财产纳入分配方案进行分配的，损害了优先受偿债权人的利益，优先受偿债权人可以依法请求人民法院裁定撤销该决议，责令债权人会议依法重新作出决议。但是，这不会对破产财产分配方案的效力产生影响。在人民法院撤销该决议并责令债权人会议依法重新作出决议前，该通过的破产财产分配方案对于全体债权人仍具有约束力。

（三）破产财产分配方案的裁定

《企业破产法》第 115 条第 3 款规定："债权人会议通过破产财产分配方案后，由管理人将该方案提请人民法院裁定认可。"第 65 条第 2 款规定，《企业破产法》第 61 条第 1 款第（10）项所列事项，经债权人会议 2 次表决仍未通过的，由人民法院裁定。以是，破产财产分配方案无论是否经过债权人会议通过，都要经过人民法院裁定才能确定，进而发生法律效力，由管理人执行。

1. 破产财产分配方案的裁定认可。破产财产分配方案的裁定认可，是指经过债权人会议通过的破产财产分配方案，由管理人提请，经过人民法院审查符合法律规定而裁定认同、承认、许可，从而发生法律效力的行为。破产财产分配方案虽然经过债权人会议通过，但在人民法院裁定认可前，仍然不发生法律效力，不能成为管理人分配破产财产的依据。这是因为，破产财产分配作为债权人的债权得以实现的最后环节，也是债权人债权实现得到依法、公平维护的极为重要、关键的核心环节。在破产清算程序中，进行债权申报、清查破产财产、进行财产变价等工作成果，最终都要通过破产财产的分配才能实现。因此，破产财产分配方案是否合法、计划是否恰当、内容是否公平，都直接与债权人的合法权益密切相关。为了保证破产财产分配方案内容合法、公正，切实维护全体债权人的合法权益，《企业破产法》第 115 条明确规定，破产财产分配方案虽然经过债权人会议通过，并非一定有效，有效也未立即生效，而必须经过人民法院裁定认可后方能生效，方能成为管理人分配破产财产的根据。

人民法院裁定认可前，需要对破产财产分配方案进行审查，只有其内容、形式均符合法律规定，才能裁定认可。就破产财产分配方案的内容审查而言，应当审查诸如破产财产分配方案是否将负有担保物权或者法定特别优先权的特定财产纳入分配范围，是否将应当纳入破产财产分配范围的财产未纳入分配范围，是否将破产债权排除在分配范围之外，是否将没有依法申报的债权以及其他非破产债权纳入破产财产分配的范围，债权人的债权分配顺序是否认定正确，是否违反法定分配顺序的规定提前分配，处于同一分配顺序的债权是否按照相同比例进行清偿，未能清偿的破产费用和共益债务是否由所有破产财产包括负有担保物权或者法定特别优先受偿权的特定财产承担，破产财产的变价是否存在徇私舞弊、低价出售损害债权人合法权益的现象，等等。就破产财产分配方案的形式审查而言，是指应当审查通过破产财产分配方案的债权人会议召集是否合法，是否依法通知了有表决权的债权人参加会议，是否让出席会议有表决权的债权人行使了表决权，有表决权的债权人同意通过的票数及其所代表的债权是否达到了法定的最低标准，等等。债权人会议通过的破产财产分配方案，其内容或者形式不符合法律规定，损害了债权人的合法权益的，即不应裁定认可，而应责令债权人会议改正，并重新讨论依法表决。

2. 破产财产分配方案的强制裁定。破产财产分配方案，债权人会议表决通过的，应当经过人民法院裁定认可。债权人会议表决没有通过的，则由债权人会议再次表决。再次表决仍未通过的，则可由人民法院依法予以强制裁定赋予其执行的效力。这是因为，为了保证破产财产分配的依法、规范、公平进行，根据法律规定事先必须由管理人拟订破产财产分配方案，并由债权人会议通过。基于各种各样的原因，破产财产分配方案可能得不到债权人会议的通过。遇到这种情况，自然需要救济途径。这一救济途径，根据法律规定，就是债权人会议经过两次表决仍未通过的，由人民法院直接进行审查，审查认为符合法律规定的，则强制裁定而赋予其执行效力。不然，破产财产分配就无法进行，这对债权人的合法权益明显不利。可是，破产财产分配方案对债权人的利益保证极为重要，需要充分尊重债权人会议的意愿。这样，债权人会议表决未通过的，并非像破产财产管理方案、破产财产变价方案没有通过那样，就直接由人民法院裁定；而是根据债权人会议的意见及其有关法律规定，经管理人依法修改后再次由债权人会议表决，只有第 2 次表决仍未通过的，才由人民法院直接裁定确定。所以，《企业破产法》第 65 条第 2 款明确规定，《企业破产法》第 61 条第 1 款第（10）项所列事项即通过破产财产分配方案，经债权人会议 2 次表决仍未通过的，由人民法院裁定。裁定作出后，人民法院可以在债权人会议上宣布或者另行通知债权人。债权人对此裁定不服的，根据《企业破产法》第 66 条的规定，可以自裁定宣布之日或者收到通知之日起 15 日内向该人民法院申请复议。复议期间不停止裁定的执行。

七、破产财产分配方案的执行

破产财产分配方案的执行，是指管理人按照人民法院裁定生效的破产财产分配方案和法律有关规定以非特定破产财产公平清偿非优先受偿的破产债权的行为。简言之，就是将非特定破产财产分配给非优先受偿债权人以清偿其债权的行为。破产财产分配方案执行完毕即破产财产分配行为完成，意味着破产清算程序的实体功能与目的得以完成，债权人的债权无论能否得以充分实现，破产清算程序都将进入终结的程序阶段，依法进行相关程序性包括追加分配等工作后，破产清算程序乃至整个破产程序则彻底终结。对于破产财产分配方案的执行，应当注意以下方面：

（一）破产财产分配方案执行的主体

破产财产分配方案执行的主体，根据《企业破产法》第 116 条第 1 款“破产财产分配方案经人民法院裁定认可后，由管理人执行”的规定，为管理人，债权人、债权人会议及其债权人委员会、人民法院均不是破产财产分配方案执行行为即破产财产分配行为的主体。管理人应当勤勉尽责，忠实履行自己的义务，严格按照破产财产分配方案及法律有关规定，及时、公正地分配破产财产，维护债权人的合法权益。

（二）破产财产分配公告

1. 破产财产分配公告是分配破产财产中的必备程序。《企业破产法》第 116 条第 2 款规定：“管理人按照破产财产分配方案实施多次分配的，应当公告本次分配的财产额和债权额。管理人实施最后分配的，应当在公告中指明，并载明本法第一百一十七条第二款规定的事项。”据之，破产财产分配，既可以实施一次分配，也可以实施多次分配。一次分配，是指将所有应当分配的非特定破产财产在一个特定时间内集中一次全部分配给所有非优先受偿债权人的分配。多次分配，是指非特定破产财产在两个或者多个的特定时间内分配给非优先受偿债权人的分配。对于破产财产复杂、范围较广、数额大或者变现时间长，需要逐步变现、分配的，则可以进行多次分配。

无论是一次分配还是多次分配，都应依法进行破产财产分配公告。多次进行分配的，管理人应当就每次分配的事实进行公告。进行破产财产分配公告，是管理人分配破产财产过程中必不可少的程序之一，其主要目的在于，以公告这一公开的方式将破产财产分配开始的事实告知债权人或者其他利害关系人，以保证债权人或者其他利害关系人依法行使权利，维护自己的合法权益。破产财产开始分配的事实，依法公告后，不论债权人或者其他利害关系人是否看到，是否实际知道破产财产分配开始的事实，均视为已知。未在规定的时间内接受分配，将要承担相应的法律后果。如《企业破产法》第118条规定："债权人自最后分配公告之日起满二个月仍不领取的，视为放弃受领分配的权利，管理人或者人民法院应当将提存的分配额分配给其他债权人。"

2. 破产财产分配公告的内容。就破产财产分配公告的内容而言，根据是否属于最后分配公告而有所不同。不是最后分配的，根据《企业破产法》第116条第2款的规定，其公告内容应当包括本次分配的财产额和债权额。是以，每次分配的财产额和债权额，是本次分配公告的必备内容。除此之外，还宜将此次分配的时间、地点、分配方式、债权人接受分配的要求、管理人的联系方式在分配公告中予以说明。属于最后分配的，除上述内容外，根据《企业破产法》第116条第2款的规定，应当在公告中指明本次分配为破产财产的最后分配，同时载明《企业破产法》第117条第2款规定的事项，即：管理人依法为附条件债权提存的分配额，在最后分配公告日，生效条件未成就或者解除条件成就的，应当分配给其他债权人；在最后分配公告日，生效条件成就或者解除条件未成就的，应当交付给债权人。

一次分配破产财产的，同时也属于最后分配，其公告内容应当按照最后分配公告予以说明。

3. 破产财产分配公告并不排斥管理人以其他方式通知破产债权人。为了有效维护债权人的合法权益，除进行分配公告外，管理人还应当依法以其他方式如电话、电子邮件、书面通知等将破产财产每次分配的时间、地点告知破产债权人。现金分配的，破产债权人可以注明其具体地址、开户银行及其账号，管理人可以将分配款项直接汇入债权人的账户或者指定的账户。债权人接受分配的费用如汇款费用等应由其自行负担。

（三）破产财产分配额的提存与处理

破产财产分配额的提存，是指管理人在分配破产财产时，因为法律规定或者事实上的障碍致使不能或者无法将破产财产分配给债权人，便将债权人可能分得的破产财产数额即破产财产分配额依法交给法定机关或者人民法院指定的机构予以保存，以留待进一步处理的行为。在我国，根据司法部1995年5月16日通过、同年6月2日发布实施的《提存公证规则》（司法部令第38号）规定，公证处具有提存公证职能，提存公证由债务履行地的公证处管辖。在人民法院没有指定提存机构时，管理人可以到破产财产分配地公证机构办理提存。提存费用的负担，应当根据"谁受益谁负担”的原则确定，即提存的分配额由接受该分配额的债权人负担。该分配额的债权人假若受领该分配额的，则由该债权人负担；该分配额的债权人依法无权受领或者有权受领可没有在法定期限内受领该分配额而要分配给其他债权人的，则由其他债权人共同负担，这时应当作为破产费用予以清偿。

发生在破产程序中的破产财产分配额提存，与其他法律上的债务人为履行债务而依法进行的提存不同。后者依法提存后，视为债务人对债权人履行了清偿所负债务的义务，导致债权债务关系消灭。而破产财产分配额的提存，只是交由法定机关或者一定机构保管，留待今后依法处理，并不消灭破产人与破产债权人之间的债权债务关系。可在提存的破产财产分配额依法处理后，则在该破产财产分配额的范围内消灭了破产人与破产债权人之间的债权债务关系。破产债权人无论是否受领破产财产分配额即是否接受了债权清偿，都不能再要求领取其应当得到的提存的破产财产分配额。当然，在破产清算程序结束后，继续追加财产的除外，可这已不属于提存的破产分配额的范围。对此，应当注意加以区分。根据《企业破产法》及其司法解释有关规定，破产财产分配额的提存与处理，适用附条件债权、未受领分配债权、未决债权、对一般保证人的保证债权等情形。

1. 附条件债权人分配额的提存与处理。《企业破产法》第117条规定：“对于附生效条件或者解除条件的债权，管理人应当将其分配额提存。管理人依照前款规定提存的分配额，在最后分配公告日，生效条件未成就或者解除条件成就的，应当分配给其他债权人；在最后分配公告日，生效条件成就或者解除条件未成就的，应当交付给债权人。”对此，应当注意：

（1）附条件债权在效力确定前的破产财产分配额都应当提存。附条件债权要视所附条件成就与否决定是成立还是解除，所附条件成就与否直接决定着该附条件债权是否具有执行力：对于附生效条件债权而言，所附生效条件没有成就的则没有生效而不具有执行力，所附生效条件成就的才予以生效而具有执行力；对于附解除条件债权而言，所附解除条件成就的应当解除其效力而不具有执行力，所附解除条件没有成就的不能解除其效力而具有执行力。如此，附条件债权，在所附生效条件没有成就或者所附解除条件成就的，则不具有法律效力而不具有执行力，进而不能接受分配；所附生效条件成就或者解除条件未成就的，才具有法律效力而具有执行力进而应当接受分配，为此在所附条件是否成就未能决定时就会导致该附条件债权的债权人是否能够接受分配无法确定。在能够确定前，就需要对附条件债权人可能因为所附条件成就与否而能否接受分配的破产财产分配额予以提存，待今后确定时予以处理。

在破产程序中，要对破产财产进行彻底、有序、公平的分配，必须有一个时间界限，不能任由附条件债权所附条件是否成就来确定附条件债权人的破产财产分配额提存，否则就可能导致附条件债权长期无法处理的现象发生。故，《企业破产法》第117条规定，以最后分配公告日为附条件债权所附条件成就与否的最后时间界限点，即在破产程序中，附条件债权以最后分配公告日来确定所附条件是否成就。在最后分配公告日，所附生效条件成就或者所附解除条件未成就的，该附条件债权具有法律效力及其执行力而有权接受分配；所附生效条件未成就或者所附解除条件成就的，该附条件债权不具有法律效力及执行力而无权接受分配。

（2）在最后分配前的各次分配中，对于附条件债权应当根据所附条件是否成就、能否确定不成就等进行处理：①所附生效条件成就或者所附解除条件确定不成就的，附条件债权具有法律效力及执行力应当在本次分配中接受分配，以前的提存额连同本次的分配额应当分配给附条件债权人，不能等到最后分配时再进行分配，而且附条件债权人还可以直接参与以后的分配。②所附生效条件确定不成就或者所附解除条件确定成就的，附条件债权不具有法律效力及执行力，不再需要提存，以前的提存额连同本次的附条件债权人的分配额应当分配给其他债权人，不能等到最后分配时再分配给其他债权人，而且附条件债权人不能再参加以后的分配。③所附生效条件没有成就但不能确定不成就，或者所附解除条件没有成就也不能确定不成就，附条件债权在该次分配权中无法确定，则予以提存，待最后分配公告日予以确定并依法处理。

（3）最后分配日对附条件债权的处理。在破产最后分配公告日，所附生效条件成就或者所附解除条件不成就的，附条件债权具有法律效力及执行力，应当将以前的提存分配额连同本次的分配额，分配给附条件债权人；在破产最后分配公告日，所附生效条件未成就或者所附解除条件成就的，附条件债权不具有法律效力及执行力，应当将以前的提存分配额连同本次的分配额，分配给其他债权人。

2. 未受领分配债权人分配额的提存与处理。《企业破产法》第118条规定："债权人未受领的破产财产分配额，管理人应当提存。债权人自最后分配公告之日起满二个月仍不领取的，视为放弃受领分配的权利，管理人或者人民法院应当将提存的分配额分配给其他债权人。"对此，应当注意：

（1）破产债权人应当依法在破产分配公告的时间内接受分配清偿债权，最迟不得超过破产财产最后分配公告之日起的两个月。破产财产分配前，管理人会将每次分配时间、地点及债权额、分配额依法进行公告。破产债权人在破产清算程序中，应当充分重视自己的权利，关注破产财产分配上的时间要求，并在公告的时间内受领自己应得的破产财产分配额。破产债权人不在公告规定的时间内受领破产财产分配额的，根据《企业破产法》第 118 条的规定，债权人未受领的破产财产分配额，管理人应当提存，需要支付提存费用，造成破产财产费用的增加。倘若任由破产债权人拖延受领破产财产分配额，必然导致破产清算程序久拖不决，增加破产程序的成本。其实，作为债权人都应对自己的权利依法积极主张，在法律规定的时间内行使。漫不经心，对自己的权利怠于行使，致使有关的债权债务关系得不到清算、消灭，不利于社会经济秩序的稳定与保护。以是，对于破产债权人的破产财产分配额也要求破产债权人在破产财产分配公告的时间内受领。确实源于各种原因未能在破产财产分配公告的时间内受领的，法律规定可以给其一个受领的宽限期即破产财产分配公告日起之后的两个月内受领破产财产分配额。在破产财产分配公告日起之后的两个月内仍未受领破产财产分配额的，视为放弃受领分配的权利，管理人或者人民法院应当将提存的分配额分配给其他债权人。之后，破产债权人不能再要求受领已经提存的分配额，即在该提存的分配额范围内，其间的债权债务关系不再存在。法律规定这一受领破产财产分配额的最后宽限期，为除斥期间，不得中止、延长与中断。不论破产债权人是出于不愿受领等主观原因还是源于患病、意外事故或者不可抗力等客观原因而致不能受领，超过这一宽限期的，都视为放弃受领分配的权利。

（2）未在法定的宽限期内受领破产财产分配额的法律后果。破产财产分配额受领的时间，分为破产财产分配公告的时间与法定的宽限期间。前者的逾期，即破产债权人未在破产分配公告的时间内受领财产，并不必然导致破产人与破产债权人间的债权债务关系消灭，对于破产债权人未受领的破产财产分配额应当予以提存。然在法律明确规定的宽限期内即在破产财产分配公告日起之后的两个月内仍然没有受领破产财产分配额的，则应产生相应的法律后果。这种法律后果根据《企业破产法》第 118 条的规定，就是视为债权人放弃受领分配的权利，管理人或者人民法院应当将提存的分配额分配给其他债权人。

（3）未在法定的宽限期内受领破产财产分配额的，只是视为放弃受领该提存破产财产分配额的权利。但对于破产程序结束后，根据《企业破产法》第 123 条规定的追加分配，对该追加分配的破产财产中该债权人应得的分配额有权受领。对这，立法界持肯定态度："主要理由在于，债权人在除斥期间不领取提存财产，丧失的只是以受领分配债权人的身份受领该提存财产的权利，但当提存财产变为可供再次分配的财产时，未受领提存财产的债权人作为破产债权人仍然享有参与分配的权利。破产管理人或者人民法院在以提存的分配额进行破产财产的追加分配时，也应当通知未领取提存财产的破产债权人参加分配。”①

3. 未决债权人分配额的提存与处理。《企业破产法》第119条规定：“破产财产分配时，对于诉讼或者仲裁未决的债权，管理人应当将其分配额提存。自破产程序终结之日起满二年仍不能受领分配的，人民法院应当将提存的分配额分配给其他债权人。”对此，应当注意：

（1）破产财产分配时，因为诉讼或者仲裁而未决的债权，应当将其分配额予以提存。当事人因为债权争执而发生纠纷并诉诸法律，通过诉讼裁判或者仲裁裁决的，在诉讼裁判或者仲裁裁决最终生效前，其债权是否存在以及数额尚处于不确定状态，既有成立债权的可能，也有不成立债权的可能。对于这种还未确定的债权，在每次分配时还未决的债权，只有将相应的分配额依法予以提存。自诉讼裁判或者仲裁裁决发生法律效力后，根据裁判或者裁决确定或者不确定的具体情况予以处理。至于未决债权的分配额，以诉讼标的数额为准。

（2）诉讼裁判或者仲裁裁决生效而致债权确定后，即有权及时接受分配。债权人的债权得以肯定或者部分肯定的，管理人应当将提存的分配额交付给债权人：管理人提存的分配额高于生效裁判或者裁决确定的债权额的，高出的部分应当分配给其他债权人；管理人提存的分配额低于生效裁判或者裁决确定的债权额的，则相关的部分应当作为待分配债权，以未分配的财产如事后追回的财产等先行分配补足，之后还有剩余的则用于所有破产债权按照比例公平分配。

（3）诉讼裁判或者仲裁裁决生效而完全否定债权存在或者不应受到法律保护即驳回债权人的起诉或者诉讼请求的，破产财产最后分配没有完结的，管理人应当将提存额直接分配给其他债权人；破产财产最后分配已经结束的，人民法院则应通过追加分配将未决债权的提存额分配给其他破产债权人。

（4）最后分配时依然未决的债权受领分配额的法定期限，为破产程序终结之日起满两年。自破产程序终结之日起满两年，未决债权仍旧不能受领的，根据《企业破产法》第119条的规定，则丧失受领未决债权提存的分配额的

① 安建主编、全国人大常委会法制工作委员会编著：《中华人民共和国破产法释义》，法律出版社2006年版，第166页。

权利，人民法院应当将提存的分配额分配给其他债权人。对此，应当注意几点：

①自破产程序终结之日起满两年不能受领的债权，应是指最后分配公告时依旧处于未决状态的债权。最后分配公告前因为诉讼裁判或者仲裁裁决生效而予以确定的，则属于已确定的债权。得到人民法院全部肯定或者部分肯定的，获得肯定的债权有权参加最后分配，可生效裁定或者裁决确定的在破产申请裁定受理后的利息债权不能计算在内。此时，债权人在最后分配公告之日起两个月内受领分配。债权人在最后分配公告之日起满两个月未受领分配的，根据《企业破产法》第 118 条的规定，管理人或者人民法院应当将提存的分配额分配给其他债权人。

②最后分配公告日仍旧未决的债权，由法律规定的其债权人必须在破产程序终结后两年内受领未决债权提存分配额的法定期限，为除斥期间，不得中止、延长与中断。这样，破产分配时依然未决的债权自破产程序终结之日起两年内依然未能结案致使债权无法确定的，不论属于什么原因，人民法院均应当将提存的分配额追加分配给其他债权人。在这一除斥期间结束后即自破产程序终结之日起两年后才结案的，债权人的债权无论是否得到生效裁判或者裁决的支持，都不能再要求分配提存的分配额。

③未决债权在破产程序终结之日起两年内因为诉讼裁判或者仲裁裁决生效而确定的，债权人要求人民法院分配未决债权提存分配额的，应当允许。向人民法院请求受领未决债权提存分配额的，人民法院在两年内还来不及将之分配即债权人还没有实际受领未决债权提存分配额，如远离分配地点的债权人，向管理人以传真、电传、电子邮件等方式要求受领分配未决债权的提存分配额的，也应视为已经受领了分配的提存额。应当视为债权人受领了未决债权提存的分配额。不然，对债权人来说，明显不公。因此，未决债权自破产程序终结之日起满两年未受领，宜从保护债权人的利益出发，解释为未决债权自破产程序终结之日起的两年内没有最终结案而生效，或者虽然在破产程序终结之日起的两年内已经最终结案生效，可债权人未在此期限内向人民法院请求受领未决债权提存的分配额。

4. 根据《破产法解释（三）》第 4 条第 2 款规定，保证人进入破产程序的，“……债权人在一般保证人破产程序中的分配额应予提存，待一般保证人应承担的保证责任确定后再按照破产清偿比例予以分配。”然则，这仅仅适用于债务人未破产、一般保证人破产的情况，而不适用债务人、一般保证人均已破产的情况。这点已在本书第 6 章破产债权第 4 节特殊债权申报与审查“六、补充责任中债权的申报与审查”中作过分析，不再多述。

第五节　破产程序终结

一、破产程序终结的概念

破产程序终结，是指破产申请裁定受理后，因为出现法定的事实或者原因，最终依法彻底、完全结束整个破产程序的行为。破产程序的终结不同于破产程序的终止。破产程序的终止，包括破产重整、破产和解以及破产清算形式阶段由于出现法定的事实或者原因，而依法终止破产重整程序、破产和解程序或者破产清算形式阶段，进而转换为其他阶段或者程序，如破产重整因为重整计划的裁定批准终止由重整计划阶段转换为破产重整计划执行阶段，因为重整计划草案没有批准而宣告债权人破产重整终止而转化为破产清算程序等。这时，终止只是某一程序或者某一阶段的终止，而非整个破产程序的终结。

二、破产程序终结的具体原因

根据《企业破产法》有关规定，破产程序可以因为下列原因而终结：

（一）破产重整申请受理后，人民法院发现债务人并不具备破产条件裁定驳回有关债务人的破产重整申请而致的重整终结

对此，《企业破产法》第 12 条第 2 款规定："人民法院受理破产申请后至破产宣告前，经审查发现债务人不符合本法第二条规定情形的，可以裁定驳回申请。申请人对裁定不服的，可以自裁定送达之日起十日内向上一级人民法院提起上诉。"

（二）因债务人财产无法清偿破产费用而致的破产终结

对此，《企业破产法》第 43 条第 4 款规定："债务人财产不足以清偿破产费用的，管理人应当提请人民法院终结破产程序。人民法院应当自收到请求之日起十五日内裁定终结破产程序，并予以公告。"此种终结可以发生在破产重整、破产和解或者破产清算任何程序中。既可以发生在破产宣告前，又可以发生在破产宣告后。在破产宣告后，破产财产不足以清偿破产费用的，也应依法终结破产程序。此种破产程序的终结将导致债务人的民事主体资格丧失而退出市场。

（三）因重整计划执行完毕而致的破产终结

重整计划执行完毕后，所有债权包括对特定财产享有担保物权或者法定特别优先权的优先受偿债权、破产费用和共益债务、不具有优先受偿的债权都依法得到清偿，破产重整的两个目的与功能均得以实现：（1）对债务人的债务依法公平清偿完毕，根据《企业破产法》第94条的规定，按照重整计划减免的债务，自重整计划执行完毕时起，债务人不再承担清偿责任。（2）是债务人被得以拯救而避免实际破产，完成了破产重整程序的拯救债务人避免其破产的积极预防功能，其民事主体资格继续存在。此种终结只能发生在破产重整且为破产重整计划执行阶段中，产生于破产宣告前，为破产重整的终结而致整个破产程序的终结。

（四）因破产和解协议执行完毕而致的破产终结

破产和解申请裁定受理后，对特定财产享有担保物权或者法定特别优先权的债权人即破产别除权人，可以依法行使优先受偿的权利，单独得到清偿。破产费用和共益债务随时也可得到清偿。在破产和解协议得以执行完毕的情况下，上述的优先受偿债权、破产费用和共益债务完全可以得到充分保证。破产和解协议执行完毕后，不具有财产担保或者法定特别优先权的和解债权人也按破产和解协议得到清偿。此时，破产和解的两个目的与功能均得以实现：（1）对债务人的债务依法公平清偿完毕，根据《企业破产法》第106条的规定，按照和解协议减免的债务，自和解协议执行完毕时起，债务人不再承担清偿责任。（2）债务人也因为破产和解协议执行完毕避免实际破产，完成了破产和解程序预防债务人实际破产的功能，其民事主体资格没有丧失、法律人格没有消灭。此种终结只能发生在破产和解且为破产和解协议执行阶段中，亦产生于破产宣告前，为破产和解的终结而致整个破产程序的终结。

（五）因庭外自行达成和解协议而致的破产终结

《企业破产法》第105条规定，人民法院受理破产申请后，债务人与全体债权人就债权债务的处理自行达成协议的，可以请求人民法院裁定认可，并终结破产程序。这时，债务人与全体债权人自行在庭外就债权清偿达成和解协议，其实是债务人与所有债权人就债权清偿重新确定了数额与偿还期限，债务人只要按照庭外和解协议重新履行清偿债务的义务，从某种意义上来说，破产原因因为庭外和解协议的达成而不再存在。此种终结，既可以发生破产重整中，又可以发生在破产和解中，还可以发生在破产清算中。法律虽然规定庭外自行和解协议的达成只是发生在破产申请受理后，似乎在破产申请裁定受理后破产清算程序终结前的任何时候都可以达成进而终结破产程序。但在债务人破产宣告后，破产人已进入以破产财产分配清偿破产债权的实质阶段，不应允许债务人再与全体债权人和解。所以，此种终结程序也应发生在破产申请裁定受理后裁定宣告债务人破产前。此种破产程序的终结并不导致债务人的民事主体资格丧失。

（六）因破产原因消失而致的破产终结

《企业破产法》第108条规定："破产宣告前，有下列情形之一的，人民法院应当裁定终结破产程序，并予以公告：（一）第三人为债务人提供足额担保或者为债务人清偿全部到期债务的；（二）债务人已清偿全部到期债务的。"此种因破产原因消失而致的破产终结发生在破产申请受理后破产宣告前，既可以发生在破产重整中，又可以发生在破产和解中，还可以发生在破产清算形式阶段中。此种破产程序的终结并不导致债务人的民事主体资格丧失。

（七）因无破产财产可供分配而致的破产终结

《企业破产法》第120条第1款规定："破产人无财产可供分配的，管理人应当请求人民法院裁定终结破产程序。"此种终结只能发生在破产宣告后，即只能发生在破产清算程序且为破产清算实质阶段中，系由破产清算程序的终结而致整个破产程序的终结。此种破产程序的终结将导致债务人的民事主体资格丧失而退出市场。

（八）因破产财产最后分配完结而致的破产终结

《企业破产法》第120条第2款规定："管理人在最后分配完结后，应当及时向人民法院提交破产财产分配报告，并提请人民法院裁定终结破产程序。"此种终结也只能发生在破产宣告后，即只能发生在破产清算程序且为破产清算实质阶段中，系由破产清算程序的终结而致整个破产程序的终结。此种破产程序的终结将导致债务人的民事主体资格丧失即法律人格的消失而退出市场。

三、破产程序终结的分类

如前所述，破产程序的终结根据不同的标准可以分为不同的类型：

（一）以能否发生在所有破产程序不同的分类

以终结能否发生在破产重整、破产和解或者破产清算程序等所有程序的不同，可以分为只能发生在某一具体的破产程序中的破产终结与可以发生在所有破产程序中的破产终结。前者包括因重整计划执行完毕而致的破产终结、因破产和解协议执行完毕而致的破产终结、因无破产财产可供分配而致的破产终结，以及因破产财产最后分配完毕而致的破产终结；后者包括发现债务人不具有破产原因驳回破产申请而致的终结、因债务人财产无法清偿破产费用而致的破产终结、因庭外自行达成和解协议而致的破产终结，以及因破产原因消失而致的破产终结。

（二）以终结发生在宣告破产前后不同的分类

以破产终结是必须发生在破产宣告前还是必须发生在破产宣告后的不同为标准，可以分为破产宣告前的破产终结与破产宣告后的破产终结。前者包括发现债务人不具有破产原因驳回破产申请而致的终结、因重整计划执行完毕而致的破产终结、因破产和解协议执行完毕而致的破产终结、因庭外自行达成和解协议而致的破产终结，以及因破产原因消失而致的破产终结。后者包括因无破产财产可供分配而致的破产终结和因破产财产最后分配完毕而致的破产终结。至于因债务人财产无法清偿破产费用而致的破产终结，既可以发生在破产宣告前，又可以发生在破产宣告后，既可以归属于前者，又可以归属于后者。

（三）以是否必然导致债务人的民事主体资格丧失不同的分类

以是否必然导致债务人的民事主体资格丧失即法律人格消灭的不同为标准，可以分为导致债务人法律人格消灭的破产终结与不导致债务人法律人格消灭的破产终结。前者必须依法办理债务人注销登记手续，后者则不需要办理注销登记手续。具体来说，前者包括因债务人财产无法清偿破产费用而致的破产终结、因无破产财产可供分配而致的破产终结，以及因破产财产最后分配完毕而致的破产终结。后者包括发现债务人不具有破产原因驳回破产申请而致的终结、因重整计划执行完毕而致的破产终结、因破产和解协议执行完毕而致的破产终结、因庭外自行达成和解协议而致的破产终结，以及因破产原因消失而致的破产终结。

四、破产宣告后的破产终结

除发生在破产宣告后的破产终结外，其他发生在破产宣告前的破产终结，包括因重整计划执行完毕而致的破产终结、因破产和解协议执行完毕而致的破产终结、因庭外自行达成和解协议而致的破产终结，以及发现债务人不具有破产原因驳回破产申请而致的终结、因破产原因消失而致的破产终结，已分别在本书前面有关章节作过详细介绍，具体可以参见有关分析。因债务人财产无法清偿破产费用而致的这一既可以发生在破产宣告前又可以发生在破产宣告后的破产终结，也已在第 5 章破产费用与共益债务第 1 节破产费用中作了全面的阐释，这里不再多述。下面仅对只能发生在破产宣告后的两种破产终结进行必要的介绍：

（一）破产宣告后的破产终结的具体原因

破产宣告后的破产终结的具体原因，分为两种情形，即破产人无财产可供分配与破产财产已经最后分配完结。

1. 前者即破产人无财产可供分配的情形，又包括两种：（1）破产财产根本不足以清偿破产费用和共益债务的。此时，由于清偿破产费用和共益债务要优先非优先受偿的破产债权进行清偿，不可能再存在破产财产供非优先受偿破产债权的分配，应当依法终结破产清算程序进而终结整个破产程序。（2）破产财产刚好清偿破产费用和共益债务，在优先清偿破产费用和共益债务后，不再存在破产财产而供非优先受偿破产债权的分配，也应当依法终结破产清算程序进而终结整个破产程序。

2. 后者即破产财产已经最后分配完结的情形，是指债务人按照破产财产分配方案依法将所有破产财产分配给非优先受偿的破产债权人后而致的破产终结。破产财产最后分配完结，已无破产财产再供分配，破产清算程序的功能完成，需要依法终结，并妥善处理有关程序性的终结事务。

（二）破产宣告后的破产终结的具体程序

1. 请求裁定终结破产程序。在破产清算程序中，破产宣告后，当出现法定的破产终结事由时，管理人应当依法请求或者提请人民法院裁定终结破产程序。具体来说，破产人无破产财产可供分配的，根据《企业破产法》第120条第1款的规定，管理人应当请求人民法院裁定终结破产程序；管理人在将破产财产最后分配完结后，根据《企业破产法》第120条第2款的规定，应当及时向人民法院提交破产财产分配报告，并提请人民法院裁定终结破产程序。

2. 审查是否符合破产终结的条件。人民法院收到管理人关于终结破产程序的请求后，应当及时审查管理人的请求是否符合法律规定的条件，即破产人是否确实再无破产财产可供分配，管理人是否确实已将破产财产按照破产财产分配方案最后分配完毕。《破产审判纪要》第30条“破产清算程序的终结”指出，人民法院终结破产清算程序应当以查明债务人财产状况、明确债务人财产的分配方案、确保破产债权获得依法清偿为基础。破产申请受理后，经管理人调查，债务人财产不足以清偿破产费用且无人代为清偿或垫付的，人民法院应当依管理人申请宣告破产并裁定终结破产清算程序。

3. 裁定破产终结并予以公告。人民法院经过审查，破产人确实再无破产财产可供分配，或者管理人确实已将破产财产按照破产财产分配方案最后分配完毕，则应作出终结破产的裁定，并予以公告；破产人确实具有破产财产可供分配的，或者管理人并未将破产财产按照破产财产分配方案最后分配完毕的，则应作出不予终结破产的裁定。管理人应当依法将破产财产予以分配，直至破产财产分配完结，再提请人民法院裁定破产终结，并予以公告。人民法院作出是否终结破产程序的裁定，根据《企业破产法》第 120 条第 3 款的规定，应当自收到管理人终结破产程序的请求之日起 15 日内作出。

五、宣告破产后的破产终结的法律后果

破产终结包括破产宣告前的破产终结与破产宣告后的破产终结，《企业破产法》第 15 条规定的债务人的法定代表人，以及经人民法院决定债务人的财务管理人员和其他经营管理人员，在破产程序中所应承担的妥善保管其占有和管理的财产、印章和账簿、文书等资料；根据人民法院、管理人的要求进行工作，并如实回答询问；列席债权人会议并如实回答债权人的询问；未经人民法院许可，不得离开住所地；不得新任其他企业的董事、监事、高级管理人员等义务予以终止，不再承担。除此之外，宣告破产后的破产终结依法还将产生下列法律后果：

（一）未决债权提存分配额的存续期间开始计算

《企业破产法》第 119 条规定，破产财产分配时，对于诉讼或者仲裁未决的债权，管理人应当将其分配额提存。自破产程序终结之日起满两年仍不能受领分配的，人民法院应当将提存的分配额分配给其他债权人。

（二）管理人办理债务人注销登记的期间开始计算

《企业破产法》第 121 条规定，管理人应当自破产程序终结之日起 10 日内，持人民法院终结破产程序的裁定，向破产人的原登记机关办理注销登记。

（三）人民法院追加分配财产的期间开始计算

《企业破产法》第 123 条规定，自破产程序依照本法第 43 条第 4 款或者第 120 条的规定终结之日起 2 年内，发现破产人有可供分配的破产财产，债权人可以请求人民法院按照破产财产分配方案进行追加分配，但财产数量不足以支付分配费用的除外，后者应由人民法院将其上交国库。对于破产程序终结 2 年后，发现破产人尚有可供分配的破产财产，是否可以请求人民法院追加分配，法律没有规定。上述 2 年的期间应为除斥期间，期间一过，债权人对债务人的债权债务予以消失，不能再对债务人进行追偿。之后仍然允许予以追偿，尽管有利于债权人权益的保护，然可能促使债权人的个别追偿行为不断进行，不利于交易安全，加剧程序的不稳定性①。

① 贺小荣、葛洪涛、郁林：《破产清算、关联企业以及执行与破产衔接的规范与完善——〈全国法院破产审判工作会议纪要〉的理解与适用（下）》，载《人民司法》2018 年第 16 期。

（四）对破产人破产负有责任的董事、监事或者高级管理人员任职资格的限制开始计算

《企业破产法》第125条规定，企业董事、监事或者高级管理人员违反忠实义务、勤勉义务，致使所在企业破产的，除依法承担民事责任外，自破产程序终结之日起3年内不得担任任何企业的董事、监事、高级管理人员。

（五）破产程序终结后保证人或者其他连带债务人依旧需要承担清偿责任

对债权人于破产程序中包括破产重整、破产和解及破产清算程序中未受清偿的债权，保证人及其他连带债务人继续需要承担清偿责任。《企业破产法》第92条第3款规定："债权人对债务人的保证人和其他连带债务人所享有的权利，不受重整计划的影响。"第101条规定："和解债权人对债务人的保证人和其他连带债务人所享有的权利，不受和解协议的影响。"第124条规定："破产人的保证人和其他连带债务人，在破产程序终结后，对债权人依照破产清算程序未受清偿的债权，依法继续承担清偿责任。"对此，应当注意：

1. 破产终结并不必然导致债权人对债务人保证人和其他连带债务人的债权消灭。这是因为：

（1）破产终结因为重整计划或者破产和解协议执行完毕而终结，并不消灭债务人的法律人格，债务人按照重整计划或者破产和解协议履行债务后，对于重整计划或者破产和解中减免的债务虽然不再承担清偿责任，根据程序不消灭实体权利的原则，其对债权人的债务并未因为破产终结而消灭，只不过依法不再需要履行。这时，债权人未能受到清偿的债权可以要求保证人和其他连带债务人继续承担清偿责任。

（2）因为无破产原因、破产原因消失而终结破产程序的，债务人与债权人之间的实体权利义务关系还可能经过破产程序清偿完毕，其间的债权债务关系可能继续存在，债权人与债务人的保证人和其他连带债务人的债权债务关系也就会继续存在。

（3）对于消灭债务人法律人格的破产终结，如因债务人财产不足以清偿破产费用而致的破产终结，以及破产宣告后因无破产财产可供分配而致的破产终结，或者破产财产最后分配完结而致的破产终结，尽管导致破产人的法律人格消灭，然根据程序不消灭实体权利的基本原则，也不导致债权人的债权予以消灭。破产人对债权人的债务依然存在，只是处于履行不能的状态。破产程序终结后，发现有应当属于破产人的财产；或者对于因诉讼或者仲裁未决而将其分配额提存，自破产程序终结之日起满两年仍不能受领分配的债权等，都应当将追回的财产或者提存的债权额依法继续分配。债务人有保证

人或者其他连带债务人的，债权人未能清偿的债权仍旧可以要求保证人或者其他连带债务人承担清偿责任。对这，《破产审判纪要》第 31 条明确规定："保证人的清偿责任和求偿权的限制。破产程序终结前，已向债权人承担了保证责任的保证人，可以要求债务人向其转付已申报债权的债权人在破产程序中应得清偿部分。破产程序终结后，债权人就破产程序中未受清偿部分要求保证人承担保证责任的，应在破产程序终结后六个月内提出。保证人承担保证责任后，不得再向和解或重整后的债务人行使求偿权。"

2. 债权人在破产程序中未受清偿的债权，既包括依法申报了债权未受足额清偿后的剩余部分，又包括没有申报债权根本没有接受破产程序清偿的债权。

3. 债权人对保证人和其他连带债务人行使权利的期间，按照《破产审判纪要》第 31 条规定，应在破产程序包括破产清算程序终结后 6 个月内提出。债权人对保证人和其他连带债务人在破产程序未受清偿的权利行使的期间，法律没有明确规定。对此，有的认为，仍要受到诉讼时效的限制。根据《诉讼时效制度规定》第 13 条第 3 项规定，申请破产、申报破产债权具有中断诉讼时效的效力，债权人对保证人和其他连带债务人的诉讼时效因为破产申请裁定受理而中断，破产程序终结后，诉讼时效重新开始计算。对于债权人向承担连带责任的债务人中的 1 人主张权利，导致诉讼时效中断，诉讼时效中断的效力是否及于其他连带债务人的问题，有人认为："连带债务人对债务承担连带责任，任一债务人承担全部债务清偿责任后均可向其他连带债务人追偿，如果认定诉讼时效中断的效力不及于其他连带债务人主张权利，则因债权人未向其他债务人主张权利，因诉讼时效期间已过，该债务成为自然债务，其他连带债务人享有诉讼时效抗辩权，则债务人的追偿权难以实现，亦或理解为债务人享有追偿权使其他债务人获得的诉讼时效利益得不到保障。由于连带债务人之间债务人的外部连带性和内部的相互追偿性，因此权利人向其中 1 人主张权利，应认定诉讼时效中断的效力及于其他连带债务人。"① 对此，《诉讼时效制度规定》第 17 条规定"对于连带债权人中的一人发生诉讼时效中断效力的事由，应当认定对其他连带债权人也发生诉讼时效中断的效力。对于连带债务人中的一人发生诉讼时效中断效力的事由，应当认定对其他连带债务人也发生诉讼时效中断的效力。"但是，在破产程序中，《破产审判纪要》第 31 条则采取否定的态度，规定债权人对保证人在破产程序未受清偿的权利，其行使权利的期间为破产程序包括破产清算程序终结后 6 个月内，且

① 宋晓明、张雪楳：《诉讼时效制度适用中的疑难问题》，载最高人民法院民事审判第二庭编著：《民商事审判指导》2007 年第 1 辑（总第 11 辑），人民法院出版社 2007 年版，第 180 页。

这6个月为除斥期间，在破产程序终结后6个月内未行使的，其对保证人的权利则予以丧失，不能再对保证人行使权利。

4. 债权人没有申报债权，保证人也没有以其将来求偿权申报债权的，一般保证人不得行使先执抗辩权。《民法典》第687条规定："当事人在保证合同中约定，债务人不能履行债务时，由保证人承担保证责任的，为一般保证。一般保证的保证人在就债务人的财产依法强制执行仍不能履行债务前，有权拒绝承担保证责任，但是有下列情形之一的除外：（一）债务人下落不明，且无财产可供执行；（二）人民法院受理债务人破产案件；（三）债权人有证据证明债务人的财产不足以履行全部债务或者丧失履行债务能力；（四）保证人书面放弃本款规定的权利。"基此，在债务人破产申请裁定受理后，需要依法中止执行程序，一般保证人不得再行使《民法典》第687条第2款规定的先诉抗辩权。事实上，为了保障保证人的利益，《企业破产法》第51条第2款明确规定："债务人的保证人或者其他连带债务人尚未代替债务人清偿债务的，以其对债务人的将来求偿权申报债权。但是，债权人已经向管理人申报全部债权的除外。"据此，保证人和其他连带债务人在未代替债务人清偿债务的情况下，就可以以将来求偿权申报债权，即在债权人未申报债权或者未足额申报债权时，保证人可以就债权人未申报的债权部分申报债权，从而肯定债权人对未能清偿的债权可以向保证人和其他连带债务人追偿的可能性。否则，债权人既不能向保证人和其他连带债务人追偿即保证人和其他连带债务人不再承担保证责任或者其他连带责任，又可以让保证人和其他连带债务人申报债权，在法理上也是讲不通的。

5. 债权人申报债权后，不在法定的期限内受领破产财产分配的，视为放弃该部分的债权受领权，保证人或者其他连带债务人在债权人放弃受领分配额的范围内应当免除其责任。在破产清算中，《企业破产法》第118条规定，债权人自最后分配公告之日起满2个月仍不领取的，视为放弃受领分配的权利，管理人或者人民法院应当将提存的分配额分配给其他债权人。既然债权人申报了债权并且可以受领分配额，就需要行使有关权利，更不能放弃该受领分配额的权利，而又以此再向保证人或者其他连带债务人主张权利。根据《企业破产法》第51条第2款的规定，债权人已经向管理人申报全部债权的，保证人和其他连带债务人不得再申报债权。是以，保证人和其他连带债务人申报的债权只能在债权人未能申报的债权内。对于债权人依法申报的债权，保证人和其他连带债务人不得申报债权因而丧失向债务人提前以将来求偿权追偿的权利。假若债权人申报债权后又放弃受领可以得到的分配额，且又允许向保证人和其他连带责任人就放弃的分配额主张债权，必然使保证人和其他连带债务人遭受损失，而这一损失的形成是因债权人放弃受领分配额所致。如此，债权人在法定期限内不受领破产财产分配额而放弃的，应当由其自身负责，不能转嫁给保证人和其他连带债务人，对其放弃破产财产分配额的范围内，不得要求保证人或者其他连带债务人清偿。

6. 债权人未申报债权，保证人和其他连带债务人申报债权，并在没有代替债务人履行连带债务前依破产程序受领了破产财产分配，也不构成不当得利。债权人之后向保证人或者其他连带债务人主张权利的，不得就保证人或者其他连带债务人受领的破产财产分配额要求返还利息。根据法律规定，债权人相对于保证人和其他连带债务人而言，有优先申报的权利。只有在债权人没有申报或者没有足额申报的情况下，保证人和其他连带债务人才能就没有申报的部分以将来求偿权进行申报。具有优先申报权的债权人怠于行使权利而不依法申报债权，致使其可以获得的破产财产分配额由保证人或者其他债务人依法申报受领的，所产生的利息等利益就不能由债权人享有。

六、破产终结后的管理人职责

根据《企业破产法》有关规定，在破产终结后，管理人的职责尽管基本完成，可仍未立即终止其职务执行。根据《企业破产法》第 122 条的规定，管理人于办理注销登记完毕的次日才终止执行职务。在终止执行职务前乃至终止执行职务后，还应继续履行一些法定的职责，这些职责包括：

（一）办理注销登记

因为债务人财产不足以清偿破产费用，无破产财产可供分配，或者破产财产最后分配完结而致破产终结的，根据《企业破产法》第 121 条的规定，管理人应当自破产程序终结之日起 10 日内，持人民法院终结破产程序的裁定，向破产人的原登记机关办理注销登记。《企业法人登记管理条例》第 20 条规定："企业法人歇业、被撤销、宣告破产或者因其他原因终止营业，应当向登记主管机关办理注销登记。"第 21 条规定："企业法人办理注销登记，应当提交法定代表人签署的申请注销登记报告、主管部门或者审批机关的批准文件、清理债务完结的证明或者清算组织负责清理债权债务的文件。经登记主管机关核准后，收缴《企业法人营业执照》《企业法人营业执照》副本，收缴公章，并将注销登记情况告知其开户银行。"《企业法人登记管理条例施行细则》第 36 条规定："企业法人根据《条例》第二十条规定，申请注销登记，应提交下列文件、证件：（一）法定代表人签署的注销登记申请书；（二）原主管部门审查同意的文件；（三）主管部门或者清算组织出具的负责清理债权债务的文件或者清理债务完结的证明。"第 37 条规定："经营单位终止经营活动，应当申请注销登记。注销登记程序和应当提交的文件、证件，参照企业法人注销登记的有关规定执行。”第38条规定：“登记主管机关核准注销登记或者吊销执照，应当同时撤销注册号，收缴执照正、副本和公章，并通知开户银行。”《企业登记程序规定》第6条规定：“申请企业登记，申请人或者其委托的代理人可以采取以下方式提交申请：（一）直接到企业登记场所；（二）邮寄、传真、电子数据交换、电子邮件等。通过传真、电子数据交换、电子邮件等方式提交申请的，应当提供申请人或者其代理人的联络方式及通讯地址。对企业登记机关予以受理的申请，申请人应当自收到《受理通知书》之日起十五日内，提交与传真、电子数据交换、电子邮件内容一致并符合法定形式的申请材料原件。”第7条规定：“申请人应当按照国家工商行政管理总局[①]制定的申请书格式文本提交申请，并按照企业登记法律、行政法规和国家工商行政管理总局[②]规章的规定提交有关材料。涉及法律、行政法规和国务院发布的决定确定的企业登记前置许可项目的，申请人应当提交法定形式的许可证件或者批准文件。”第8条规定：“申请人应当如实向企业登记机关提交有关材料和反映真实情况，并对其申请材料实质内容的真实性负责。”基此，在一般情况下，企业办理注销登记要提供法定代表人签署的注销登记申请书、原主管部门审查同意的文件、主管部门或者清算组出具的负责清理债权债务的文件或者清理债务完结的证明等资料。外商投资企业办理注销登记时，应当提供董事长签署的注销登记申请书、董事会的决议、清理债权债务完结的报告或者清算组负责清理债权债务的文件、税务机关、海关出具的完税证明等。法律、法规规定必须经原审批机关批准的，还应提交原审批机关的批准文件。可在破产程序中，属于强制性破产性质，有的资料如法定代表人签署的注销登记申请书、原主管部门审查同意的文件等，就不应要求提供。然而，管理人应当提交宣告债务人破产和终结破产程序的裁定书、人民法院指定管理人的决定书、由管理人签署的注销登记申请书，以及破产人的营业执照正本与副本、公章、开户银行等相关资料。管理人提交了相关资料后，登记机关不能以提交资料不符合有关规定为由而拒绝办理注销登记。人民法院作出的破产终结的裁定以及指定管理人的决定，都具有司法效力，需要执行的，有关行政机关应当尊重、执行，不能以没有法定代表人签署的申请书等为由拒不办理。

企业登记机关对于管理人提交的资料审查后依法办理注销登记，并进行注销登记公告。《企业法人登记管理条例施行细则》第40条规定：“登记主管

① 现为国家市场监督管理总局。

② 同上。

机关应当将企业法人登记、备案信息通过企业信用信息公示系统向社会公示”。《企业登记程序规定》第20条规定：“企业登记机关应当在企业登记场所公示以下内容：（一）登记事项；（二）登记依据；（三）登记条件；（四）登记程序及期限；（五）提交申请材料目录；（六）登记收费标准及依据；（七）申请书格式示范文本。应申请人的要求，企业登记机关应当就前款公示内容，予以说明、解释。”第21条规定：“企业登记机关应当建立企业登记簿，供社会查阅。企业登记材料涉及国家秘密、商业秘密和个人隐私的，企业登记机关不得对外公开。”

《网络借贷信息中介机构业务管理办法》第8条规定：“经备案的网络借贷信息中介机构拟终止网络借贷信息中介服务的，应当在终止业务前提前至少十个工作日，书面告知工商登记注册地地方金融监督管理部门，并办理备案注销。”“经备案登记的网络借贷信息中介机构依法解散或者依法宣告破产的，除依法进行清算外，由工商登记注册地地方金融监督管理部门注销其备案。”

（二）继续参加未决诉讼或者仲裁

《企业破产法》第122条规定：“管理人于办理注销登记完毕的次日终止执行职务。但是，存在诉讼或者仲裁未决情况的除外。”据之，在债务人或者破产人的注销登记完毕的次日，管理人的职务终止不再执行。需要注意的是，债务人或者破产人尽管因为办理注销登记而致民事主体资格丧失不再存在，然则有关破产人的一些事务还将继续存在并需要处理，并且这些事务发生在破产程序终结前，如已经存在而未决的诉讼或者仲裁，其本身属于管理人的职责范围；有的尽管发生在破产终结后，然与管理人的职责相关联，如移交有关档案资料，需要管理人继续履行。对于破产程序终结前已经存在，在办理注销登记后依旧存在而未决的诉讼或者仲裁，《企业破产法》第122条明文规定管理人应当继续代表破产人参加诉讼、仲裁，直至相关诉讼或者仲裁结束。

（三）协助办理相关财产的产权过户登记手续

在破产程序中，不可避免地要对债务人财产或者破产财产予以变价转让。除债权人会议决议以实物分配清偿债权的财产外，其他非货币破产财产都要通过变价出售的方式变现，然后再以货币形式分配以清偿债权人的债权。而有的财产如土地使用权、采矿权、房产、车辆、船舶、专利、商标等变价出售转让或者实物分配给他人后，要求依法办理财产产权过户登记手续。有的财产过户登记手续，由于各方面的原因，往往较长，致使在破产终结时还未办理完毕。对于破产终结还未办理完毕的债务人财产或者破产财产过户的登记手续，管理人自有义务继续履行这一本身属于其应当履行的职责。

（四）移交有关档案资料

在破产申请裁定受理后，根据《企业破产法》第25条第1款的规定，管理人可能接管了债务人的印章、账簿、文书等资料。在破产终结后，则应依法将有关档案资料进行移交。因为破产程序并未消灭债务人法律人格即避免了实际破产，有关印章及档案资料，在破产程序终结后，应当是移交给债务人。因为破产程序消灭债务人或者破产人法律人格的，其在办理注销登记后不再存在，公章要由登记机关依法收缴；账簿、文书资料，参照《审理企业破产案件规定》第99条规定，应当移交债务人或者破产人的上级主管机关保存，无上级主管机关的，由债务人或者破产人的开办人或者股东保存。

对于一些具有特殊意义的档案资料，则应注意移交有关单位保存：（1）债务人财产中的不动产转让的，管理人应当将反映不动产所在区域的地质、地貌、地下管网布设、建筑物内的管道、网线等与不动产使用、维修、建筑等密切相关的档案材料，向受让方移交保存。（2）对城市建设具有重大历史参考意义的档案材料，管理人应当向建设规划部门或者有关档案管理部门移交保存。（3）对经济建设、历史文化、技术发展等具有重要意义的文献资料和技术档案，管理人应当移交政府有关档案管理部门保存①。

七、破产财产的追加分配

《企业破产法》第123条规定："自破产程序依照本法第四十三条第四款或者第一百二十条的规定终结之日起二年内，有下列情形之一的，债权人可以请求人民法院按照破产财产分配方案进行追加分配：（一）发现有依照本法第三十一条、第三十二条、第三十三条、第三十六条规定应当追回的财产的；（二）发现破产人有应当供分配的其他财产的。有前款规定情形，但财产数量不足以支付分配费用的，不再进行追加分配，由人民法院将其上交国库。"基此，对于破产财产的追加分配，应当注意：

（一）破产财产追加分配的概念

破产财产追加分配，是指对于消灭破产人法律人格的破产程序终结后，在法定期限内发现被注销的破产人还有可供分配的财产，经债权人请求，由人民法院按照破产财产分配方案进行分配的行为。在破产司法实践中，一些不诚实的债务人，在明知自己濒临破产的情况下，为了自身利益，隐瞒、转

① 最高人民法院民事审判第二庭编著：《最高人民法院〈关于破产法司法解释的理解与适用〉》，人民法院出版社2002年版，第217页。

移财产或虚构债务，或者与他人串通，恶意放弃债权、设定担保、低价转让财产、进行个别清偿等，损害债权人的合法权益。这些行为在破产程序中可能不被发现。另外，债务人的对外债权，由于各种各样的原因，在破产程序中还未能收回，在破产程序终结后才予收回，致使这些财产没有纳入破产财产进行分配。在破产程序终结后，发现这些本来应当用于清偿非优先受偿破产债权的破产财产的，为维护破产债权人的合法权益，应当依法进行追加分配，以对债权人的债权进行清偿。

（二）破产财产追加分配行为的主体

破产人的破产程序终结后，管理人除依法执行办理注销登记、参加有关诉讼或者仲裁、协助办理有关破产财产的过户登记手续、移交有关档案资料等职责外，其他职责均在办理破产人注销登记的次日终止。故，破产财产追加分配的行为不由管理人进行，根据《企业破产法》第 123 条第 1 款的规定，由人民法院进行。

（三）破产财产追加分配行为的对象

破产财产追加分配行为的对象，即追加分配破产财产的范围，简言之，为破产终结后新发现的财产，或者在破产终结前虽然发现可来不及在最后分配中分配的财产。不论是何种财产，都应属于破产财产。根本不属于破产财产，就不能作为破产财产追加分配。根据有关法律规定，应当纳入破产财产追加分配的财产包括：

1. 发现有《企业破产法》第 31 条规定应当追回的财产。根据《企业破产法》第 31 条的规定，人民法院受理破产申请前 1 年内，涉及债务人财产无偿转让；以明显不合理的价格进行交易；对没有财产担保的债务提供财产担保；对未到期的债务提前清偿；放弃债权等行为，在破产终结后发现的，债权人有权请求人民法院予以撤销并追回相关财产用于追加分配。

2. 发现有《企业破产法》第 32 条规定应当追回的财产。根据《企业破产法》第 32 条的规定，人民法院受理破产申请前 6 个月内，债务人有本法第 2 条第 1 款规定的情形，即不能清偿到期债务并且资产不足以清偿全部债务，或者不能清偿到期债务并且明显缺乏清偿能力，仍对个别债权人进行清偿，在破产终结后发现的，债权人有权请求人民法院予以撤销并予以追回用于追加分配。但是，个别清偿使债务人财产受益的除外。

3. 发现有《企业破产法》第 33 条规定应当追回的财产。根据《企业破产法》第 33 条的规定，涉及为逃避债务而隐匿、转移财产，或者虚构债务、承认不真实的债务等行为，在破产终结后发现的，人民法院应当依法确认无效并予以追回相关财产用于追加分配。

4. 发现有《企业破产法》第 36 条规定应当追回的财产。根据《企业破产法》第 36 条的规定，债务人的董事、监事或高级管理人员利用职权从破产人获取的非正常收入或侵占的破产财产，在破产终结后发现的，人民法院应当依法追回用于追加分配。

5. 在破产程序终结后债权人未能在法定期限内受领的提存分配额。《企业破产法》第 118 条规定，债权人未受领的破产财产分配额，管理人应当提存。债权人自最后分配公告之日起满 2 个月仍不领取的，视为放弃受领分配的权利，管理人或者人民法院应当将提存的分配额分配给其他债权人。最后分配公告之日起满 2 个月的期限届满于破产终结后的，应当作为破产财产由人民法院依法追加分配给其他债权人。

6. 未决债权的债权人未能在法定期限内受领的提存分配额。《企业破产法》第 119 条规定，破产财产分配时，对于诉讼或者仲裁未决的债权，管理人应当将其分配额提存。自破产程序终结之日起满 2 年仍不能受领分配的，该提存的分配额应当属于破产财产由人民法院追加分配给其他债权人。

7. 管理人为未决债权提存的分配额多于债权人应得的分配额，包括未决债权人被驳回起诉或者诉讼请求的全部提存额，在破产终结前未分配的，应当纳入破产财产由人民法院追加分配给其他债权人。

8. 其他可供追加分配的破产财产，如通过诉讼清收的债务人所享有的债权等。

（四）破产财产追加分配必须发生在具有消灭破产人法律人格的破产终结程序后

如前所述，在具有消灭破产人法律人格的破产程序终结后，发现破产人有破产财产的，应当依法追回并追加分配。而且，只有在消灭破产人法律人格的破产程序终结后，才存在追加分配破产财产的问题。根据《企业破产法》第 43 条第 4 款因债务人财产不足以清偿破产费用而致的破产终结，与根据《企业破产法》第 120 条规定的因无破产财产可供分配、因破产财产最后分配完毕而致的破产终结，这 3 种原因引起的破产终结将引起债务人实际破产，在破产终结后需要依法办理注销登记，自此不再存在。以是，破产终结的财产才存在由人民法院追回分配的问题。至于对因重整计划执行完毕、因破产和解协议执行完毕、因庭外自行达成和解协议、因发现债务人无破产原因和因破产原因消失而致的破产终结，则不存在之后再追加分配的问题。因重整计划执行完毕、因破产和解协议执行完毕而致的破产终结，分别根据《企业破产法》第 94 条关于“按照重整计划减免的债务，自重整计划执行完毕时起，债务人不再承担清偿责任”；第 106 条关于“按照和解协议减免的债务，自和解协议执行完毕时起，债务人不再承担清偿责任”的规定，不存在予以追加分配问题。因庭外自行达成和解协议而致的破产终结，完全是全体债权人与债务人达成一致意见的结果，根据私权意思自治原则的要求，自应允许。因发现无破产原因或者破产原因消失而致的破产终结，根本不存在按照破产程序清偿债权的问题，更加不存在破产财产追加分配的问题。

然在因重整计划执行完毕、因破产和解协议执行完毕和因庭外自行达成和解协议而致的破产终结，债务人具有《企业破产法》第 31 条、第 32 条、第 33 条规定的破产撤销行为、破产无效行为，或者债务人的董事、监事和高级管理人员利用职权从债务人获取的非正常收入和侵占的财产，未出资或抽逃出资，管理人滥用职权侵吞的财产或者与他人恶意串通低价处置的财产等情形，在破产终结后才发现，并且致使债权人会议或者全体债权人基于不真实的情况而裁定批准重整计划草案，或致破产和解协议、庭外自行和解协议通过并被裁定认可，损害债权人合法权益的，债权人有权要求债务人或者有关直接责任人员、管理人及相关责任人员依法承担赔偿责任，但不是进行追加分配。

（五）破产财产追加分配的期限

破产财产追加分配的期限，根据《企业破产法》第 123 条的规定，为消灭法律人格的破产终结之日起 2 年内，即只有在破产终结之日起 2 年内发现破产人再有可供分配的财产，才予以追加分配。在破产终结之日起 2 年后，发现尚有破产财产没有分配的，也不能追加分配。法律规定的追加分配期限为除斥期间，不能中断、中止与延长。这样，在破产终结之日起 2 年之后，才发现有破产财产的，如何处理，法律没有明文规定。倘若为破产人或者其董事、监事及高级管理人员或者他人的违法犯罪行为，致使破产财产被他人如出资人、管理人员、个别债权人、他人等非法占有的，人民法院应当依法追缴，并予以没收，上缴国库。对于不是违法犯罪而占有的财产，如因为破产分配、支付失误而占有的不当得利、遗失的财产等，却无依法没收的根据，需要法律予以明确。

（六）破产财产追加分配的程序

1. 债权人申请。在消灭法律人格的破产终结后，破产人源于各种原因仍然存在可供分配的财产，债权人有权请求人民法院追加分配财产。

2. 追加分配的通知与公告。人民法院对债权人的追加分配请求审查认为确实存在可供分配的破产财产的，则应进行追加分配。在追加分配前，应当通知有权参加分配的债权人，即依法申报了债权包括依法补充申报了债权的有权在破产程序接受分配的债权人。没有依法申报债权的债权人，不能参加追加分配。除通知有权参加追加分配的债权人外，人民法院还应就可供追加分配的破产财产额及参加追加分配的债权额进行追加分配公告。

3. 依法进行分配。根据《企业破产法》第123条第1款的规定，人民法院应当按照破产财产分配方案进行追加分配。但对于债务人财产不足以清偿破产费用和无破产财产可供分配而致的破产终结，此前还根本没有进行破产财产分配而不存在破产财产分配方案的，人民法院应当制订破产财产追加分配方案而进行追加分配。

（七）破产财产追加分配的例外

在消灭破产人法律人格的破产终结后，尽管发现了还未分配的破产财产，然该存在的还未分配的破产财产价值很低，如果进行追加分配，连追加分配所应支付的成本如评估、变价、通知、公告等费用都不足以支付，那么，进行追加分配就没有任何意义。此时，根据《企业破产法》第123条第2款的规定，在破产终结后尚存在的没有分配的破产财产，其数量不足以支付分配费用的，不再进行追加分配，由人民法院将其上交国库。当然，在破产终结后尚存在的没有分配的、其数量不足以支付分配费用的财产，是指在破产终结之日起2年内的所有存在没有分配的破产财产总额，而非每次发现的没有分配的破产财产分配的数额。

此外，在追加分配中，债权人未能受领的追加分配额，如在破产终结之日起两年内能够追加分配给其他债权人的，则分配给其他债权人；在破产终结之日起两年内不能追加分配给其他债权人的，则由人民法院上缴国库。

第十二章　特定主体破产程序的特别规范

第一节　金融机构破产程序的特别规范

一、金融机构破产概述

（一）金融机构的概念

中国人民银行1994年8月5日颁布实施的《金融机构管理规定》（银发〔1994〕198号），尽管已被中国人民银行、中国银行业监督管理委员会2010年10月26日发布实施的《关于废止131件规范性文件、宣布失效76件规范性文件的公告》（中国银行业监督管理委员会公告〔2010〕第15号）废止，银行业监督管理机构在履行监管职责和行使监管职权时，不再适用该规定。但是，此规定有关金融机构的定义仍旧可以参照认定。

所谓金融机构，《金融机构管理规定》第3条规定，是指下列在境内依法定程序设立、经营金融业务的机构：（1）政策性银行、商业银行及其分支机构、合作银行、城市或农村信用合作社、城市或农村信用合作社及邮政储蓄网点；（2）保险公司及其分支机构、保险经纪人公司、保险代理人公司；（3）证券公司及其分支机构、证券交易中心、投资基金管理公司、证券登记公司；（4）信托投资公司、财务公司和金融租赁公司及其分支机构，融资公司、融资中心、金融期货公司、信用担保公司、典当行、信用卡公司；（5）中国人民银行认定的其他从事金融业务的机构。至于金融业务，《金融机构管理规定》第4条规定，是指存款、贷款、结算、保险、信托、金融租赁、票据贴现、融资担保、外汇买卖、金融期货、有价证券代理发行和交易，以及经中国人民银行认定的其他金融业务。

按照监督管理机构的不同，金融机构可以作如下分类：（1）由银行保险监督管理委员会监管的金融机构，包括政策性银行、商业银行等银行业机构，及保险公司及其分支机构、保险经纪人公司、保险代理人公司等保险业机构；

（2）由证券监督管理委员会监管的机构，包括证券公司及其分支机构、证券交易中心、投资基金管理公司、证券登记公司、金融期货公司等；（3）国家外汇管理局监管的金融机构，如汇金公司等；（4）由财政部门监管的金融机构，包括中信集团、光大集团等金融集团公司，信达、华融、长城、东方等金融资产管理公司等；（5）由农业农村部监管的金融机构，如农村信用合作社、农村信用社联合社等；（6）由中国人民银行监管的金融机构①。因此，国务院金融监督管理机构的范围非常广泛，不仅包括中国银行保险监督管理委员会、中国证券监督管理委员会，而且还包括国家外汇监管局、财政部、农业农村部、中国人民银行等依法对金融机构进行监管的机构。

（二）国务院金融监督管理机构监管的金融机构

为了强化金融机构的管理，国务院根据金融业务的基本类型及其格局，专门成立了专业的监督管理机构对相应的金融机构进行监管，即国务院银行保险监督管理委员会、国务院证券监督管理委员会，分别对银行业、保险业的金融机构、证券业金融机构进行监管。与之相对应的被监管银行业金融机构、保险业金融机构及证券业金融机构，已经成为我国金融机构的主体，完成了至商业金融机构的过渡，在破产法的适用中，亦将成为不可忽视的重要主体，有关法律、法规对其破产的有关问题或多或少也作了规定，下面主要针对这 3 种类型的金融机构破产及其相关事项进行介绍。

1. 银行业金融机构。所谓银行业金融机构，即银行保险监督管理委员会负责监管的金融机构，根据《银行业监督管理法》第 2 条第 2 款规定，是指本法所称银行业金融机构，是指在中华人民共和国境内设立的商业银行、城市信用合作社、农村信用合作社等吸收公众存款的金融机构以及政策性银行。对在我国境内设立的金融资产管理公司、信托投资公司、财务公司、金融租赁公司以及经国务院银行保险监督管理机构批准设立的其他金融机构的监管，适用《银行业监督管理法》对银行业金融机构监管的规定。另外，国务院银行保险监督管理机构依据《银行业监督管理法》的有关规定，对经其批准在境外设立的金融机构以及上述金融机构在境外的业务活动实施监管。

（1）根据《商业银行法》第 2 条规定，商业银行是指依照《商业银行法》和《公司法》设立的吸收公众存款、发放贷款、办理结算等业务的企业法人。第 3 条规定，商业银行可以经营吸收公众存款，发放短期、中期和长期贷款，办理国内外结算，办理票据承兑与贴现，发行金融债券，代理发行、代理兑付、承销政府债券，买卖政府债券、金融债券，从事同业拆借，买卖、

① 王卫国：《破产法精义》，法律出版社 2007 年版，第 391 ~ 392 页。

代理买卖外汇，从事银行卡业务，提供信用证服务及担保，代理收付款项及代理保险业务，提供保管箱服务，经国务院银行保险监督管理机构批准的其他业务。具体经营范围由商业银行章程规定，报国务院银行保险监督管理机构批准。商业银行经中国人民银行批准，可以经营结汇、售汇业务。

（2）《企业集团财务公司管理办法》第2条的规定，财务集团公司是指以加强企业集团资金集中管理和提高企业集团资金使用效率为目的，为企业集团成员单位提供财务管理服务的非银行金融机构。外资投资性公司为其在中国境内的投资企业提供财务管理服务而设立的财务公司适用该办法的相关规定。其中，所谓企业集团，是指在中华人民共和国境内依法登记，以资本为联结纽带、以母子公司为主体、以集团章程为共同行为规范，由母公司、子公司、参股公司及其他成员企业或机构共同组成的企业法人联合体。所谓成员单位，包括母公司及其控股51%以上的子公司；母公司、子公司单独或者共同持股20%以上的公司，或者持股不足20%但处于最大股东地位的公司；母公司、子公司下属的事业单位法人或者社会团体法人。外资投资性公司，是指外国投资者在中国境内独资设立的从事直接投资的公司。所称投资企业包括该外资投资性公司以及在中国境内注册的，该外资投资性公司单独或者与其投资者共同持股超过25%，且该外资投资性公司持股比例超过10%的企业。外资投资性公司适用该办法中对母公司的相关规定，投资企业适用该办法中对成员单位的相关规定。

企业集团财务公司的业务范围，根据《企业集团财务公司管理办法》第28条的规定，包括对成员单位办理财务和融资顾问、信用鉴证及相关的咨询、代理业务；协助成员单位实现交易款项的收付；经批准的保险代理业务；对成员单位提供担保；办理成员单位之间的委托贷款及委托投资；对成员单位办理票据承兑与贴现；办理成员单位之间的内部转账结算及相应的结算、清算方案设计；吸收成员单位的存款；对成员单位办理贷款及融资租赁；从事同业拆借，以及中国银行业监督管理委员会批准的其他业务。第29条规定，符合条件的财务公司，还可以向中国银行业监督管理委员会申请从事经批准发行财务公司债券；承销成员单位的企业债券；对金融机构的股权投资；有价证券投资；成员单位产品的消费信贷、买方信贷及融资租赁等。

2. 保险业金融机构。所谓保险业金融机构，根据《保险法》的有关规定，是指依照保险法律、法规设立的，经营保险业务的保险公司及其他保险组织。保险业务只能由依法成立的保险业金融机构进行经营，其他单位和个人不得经营保险业务。《保险法》第2条规定，该法所称保险，是指投保人根据合同约定，向保险人支付保险费，保险人对于合同约定的可能发生的事故因其发生所造成的财产损失承担赔偿保险金责任，或者当被保险人死亡、伤残、疾病或者达到合同约定的年龄、期限等条件时承担给付保险金责任的商业保险行为。

（1）保险公司是指根据《公司法》和《保险法》有关规定，经过国务院保险监督管理机构批准，专门经营保险业务的有限责任公司或股份有限公司，包括专门从事财产保险的财产保险公司，或者专门经营人寿保险的人寿保险公司，或者同时经营财产、人寿保险的综合性保险公司，以及再保险公司等。

（2）其他保险机构包括保险代理机构和保险经纪机构。其中，保险代理机构，根据《保险法》第117条的规定，是指根据保险人的委托，向保险人收取佣金，并在保险人授权的范围内代为办理保险业务的机构。既可以是专门从事保险代理业务的保险专业代理机构，又可以是兼营保险代理业务的保险兼业代理机构。保险经纪机构，根据《保险法》第118条的规定，是指基于投保人的利益，为投保人与保险人订立保险合同提供中介服务，并依法收取佣金的机构。

3. 证券业金融机构。所谓证券业金融机构，根据《证券法》的有关规定，包括证券交易所、证券公司、证券登记机构、期货交易所、期货公司等。

（1）根据《证券法》第96条的规定，证券交易所、国务院批准的其他全国性证券交易场所，系为证券集中交易提供场所和设施，组织和监督证券交易，实行自律管理，依法登记，取得法人资格的法人单位，可以根据证券品种、行业特点、公司规模等因素设立不同的市场层次。第100条规定，证券交易所必须在其名称中标明证券交易所字样。其他任何单位或者个人不得使用证券交易所或者近似的名称。第105条规定，进入实行会员制的证券交易所参与集中交易的，必须是证券交易所的会员。证券交易所不得允许非会员直接参与股票的集中交易。第106条规定，投资者应当与证券公司签订证券交易委托协议，并在证券公司实名开立账户，以书面、电话、自助终端、网络等方式，委托该证券公司代其买卖证券。第107条规定，证券公司为投资者开立账户，应当按照规定对投资者提供的身份信息进行核对。证券公司不得将投资者的账户提供给他人使用。投资者应当使用实名开立的账户进行交易。第108条规定，证券公司根据投资者的委托，按照证券交易规则提出交易申报，参与证券交易所场内的集中交易，并根据成交结果承担相应的清算交收责任。证券登记结算机构根据成交结果，按照清算交收规则，与证券公司进行证券和资金的清算交收，并为证券公司客户办理证券的登记过户手续。第109条规定，证券交易所应当为组织公平的集中交易提供保障，实时公布证券交易即时行情，并按交易日制作证券市场行情表，予以公布。证券交易即时行情的权益由证券交易所依法享有。未经证券交易所许可，任何单位和个人不得发布证券交易即时行情。第 110 条规定，上市公司可以向证券交易所申请其上市交易股票的停牌或者复牌，但不得滥用停牌或者复牌损害投资者的合法权益。证券交易所可以按照业务规则的规定，决定上市交易股票的停牌或者复牌。第 111 条规定，因不可抗力、意外事件、重大技术故障、重大人为差错等突发性事件而影响证券交易正常进行时，为维护证券交易正常秩序和市场公平，证券交易所可以按照业务规则采取技术性停牌、临时停市等处置措施，并应当及时向国务院证券监督管理机构报告。因前款规定的突发性事件导致证券交易结果出现重大异常，按交易结果进行交收将对证券交易正常秩序和市场公平造成重大影响的，证券交易所按照业务规则可以采取取消交易、通知证券登记结算机构暂缓交收等措施，并应当及时向国务院证券监督管理机构报告并公告。证券交易所对其依照本条规定采取措施造成的损失，不承担民事赔偿责任，但存在重大过错的除外。第 112 条规定，证券交易所对证券交易实行实时监控，并按照国务院证券监督管理机构的要求，对异常的交易情况提出报告。证券交易所根据需要，可以按照业务规则对出现重大异常交易情况的证券账户的投资者限制交易，并及时报告国务院证券监督管理机构。第 113 条规定，证券交易所应当加强对证券交易的风险监测，出现重大异常波动的，证券交易所可以按照业务规则采取限制交易、强制停牌等处置措施，并向国务院证券监督管理机构报告；严重影响证券市场稳定的，证券交易所可以按照业务规则采取临时停市等处置措施并公告。证券交易所对其依照本条规定采取措施造成的损失，不承担民事赔偿责任，但存在重大过错的除外。第 114 条规定，证券交易所应当从其收取的交易费用和会员费、席位费中提取一定比例的金额设立风险基金。风险基金由证券交易所理事会管理。风险基金提取的具体比例和使用办法，由国务院证券监督管理机构会同国务院财政部门规定。证券交易所应当将收存的风险基金存入开户银行专门账户，不得擅自使用。第 115 条规定，证券交易所依照法律、行政法规和国务院证券监督管理机构的规定，制定上市规则、交易规则、会员管理规则和其他有关业务规则，并报国务院证券监督管理机构批准。在证券交易所从事证券交易，应当遵守证券交易所依法制定的业务规则。违反业务规则的，由证券交易所给予纪律处分或者采取其他自律管理措施。第 116 条规定，证券交易所的负责人和其他从业人员执行与证券交易有关的职务时，与其本人或者其亲属有利害关系的，应当回避。第 117 条规定，按照依法制定的交易规则进行的交易，不得改变其交易结果，但本法第 111 条第 2 款规定的除外。对交易中违规交易者应负的民事责任不得免除；在违规交易中所获利益，依照有关规定处理。

（2）根据《证券法》第118条规定，证券公司，是指依照《公司法》和《证券法》规定的条件，经国务院证券监督管理机构批准设立的经营证券业务的有限责任公司或者股份有限公司。第120条规定，经国务院证券监督管理机构核准，取得经营证券业务许可证，证券公司可以证券经纪；证券投资咨询；与证券交易、证券投资活动有关的财务顾问；证券承销与保荐；证券融资融券；证券做市交易；证券自营及其他证券业务。根据《证券公司监管条例》的规定，证券公司按照国家规定，可以发行、交易、销售证券类金融产品。包括：①证券自营业务。即第41条规定的，限于买卖依法公开发行的股票、债券、权证、证券投资基金或者国务院证券监督管理机构认可的其他证券。②证券资产管理业务。即第45条规定的，依照《证券法》和该条例的规定，从事接受客户的委托、使用客户资产进行投资的证券资产管理业务。投资所产生的收益由客户享有，损失由客户承担，证券公司可以按照约定收取管理费用。证券公司从事证券资产管理业务，应当与客户签订证券资产管理合同，约定投资范围、投资比例、管理期限及管理费用等事项。③融资融券业务。即第48条规定的，在证券交易所或者国务院批准的其他证券交易场所进行的证券交易中，证券公司向客户出借资金供其买入证券或者出借证券供其卖出，并由客户交存相应担保物的经营活动。

（3）根据《证券法》第145条、第147条的规定，证券登记结算机构是为证券交易提供集中登记、存管与结算服务，经国务院证券监督管理机构批准设立登记的不以营利为目的的法人。从事证券账户、结算账户的设立；证券的存管和过户；证券持有人名册登记；证券交易的清算和交收；受发行人的委托派发证券权益；办理与上述业务有关的查询、信息服务，以及国务院证券监督管理机构批准的其他业务。

（4）《期货交易管理条例》第6条、第7条规定，期货交易所是指国务院期货监督管理机构批准的不以营利为目的，按照其章程的规定实行自律管理，组织期货交易及其相关活动，以其全部财产承担民事责任的机构。期货交易所的负责人由国务院期货监督管理机构任免，其会员应当是在中华人民共和国境内登记注册的企业法人或者其他经济组织。第10条规定，期货交易所履行提供交易的场所、设施和服务；设计合约，安排合约上市；组织并监督交易、结算和交割；为期货交易提供集中履约担保；按照章程和交易规则对会员进行监督管理；国务院期货监督管理机构规定的其他职责。期货交易所不得直接或者间接参与期货交易。未经国务院期货监督管理机构审核并报国务院批准，期货交易所不得从事信托投资、股票投资、非自用不动产投资等与其职责无关的业务。

（5）根据《期货交易管理条例》第 15 条、第 17 条、第 18 条的规定："期货公司是依照《公司法》和本条例规定设立的经营期货业务的金融机构。设立期货公司，应当在公司登记机关登记注册，并经国务院期货监督管理机构批准。未经国务院期货监督管理机构批准，任何单位或者个人不得设立或者变相设立期货公司，经营期货业务。""期货公司业务实行许可制度，由国务院期货监督管理机构按照其商品期货、金融期货业务种类颁发许可证。期货公司除申请经营境内期货经纪业务外，还可以申请经营境外期货经纪、期货投资咨询以及国务院期货监督管理机构规定的其他期货业务。期货公司不得从事与期货业务无关的活动，法律、行政法规或者国务院期货监督管理机构另有规定的除外。期货公司不得从事或者变相从事期货自营业务。期货公司不得为其股东、实际控制人或者其他关联人提供融资，不得对外担保。""期货公司从事经纪业务，接受客户委托，以自己的名义为客户进行期货交易，交易结果由客户承担。"

其中，期货交易，是指采用公开的集中交易方式或者国务院期货监督管理机构批准的其他方式进行的以期货合约或者期权合约为交易标的的交易活动。本条例所称期货合约，是指期货交易场所统一制定的、规定在将来某一特定的时间和地点交割一定数量标的物的标准化合约。期货合约包括商品期货合约和金融期货合约及其他期货合约。期权合约，是指期货交易场所统一制定的、规定买方有权在将来某一时间以特定价格买入或者卖出约定标的物（包括期货合约）的标准化合约。商品期货合约，是指以农产品、工业品、能源和其他商品及其相关指数产品为标的物的期货合约。金融期货合约，是指以有价证券、利率、汇率等金融产品及其相关指数产品为标的物的期货合约。

二、金融机构破产的共同特别规范

《企业破产法》作为所有具有破产能力与破产原因的债务人破产的普通法，金融机构破产应当予以适用。可是，金融机构与一般债务人不同，其债权人众多，经营范围广泛，债权债务关系复杂，破产不仅关系到众多债权人的利益，而且事关金融安全和社会稳定。所以，对金融机构破产程序、方法作些特别规定自有其必要性。《企业破产法》第 134 条第 2 款明确规定："金融机构实施破产的，国务院可以依据本法和其他有关法律的规定制定实施办法。"此外，《商业银行法》《银行业监督管理法》《证券法》《保险法》等有关法律对于金融机构的破产作了一些特别规定。对于这些有关金融机构破产程序的规定，相对于《企业破产法》来说，则属于特别规定，因为其中有关破产内容的规定，仅适用与之相适应的金融机构，而《企业破产法》则适用于包括金融机构在内的所有债务人破产，属于一般规定。根据特别法适用优先于普通法适用的基本规则，除非一些不能适用的程序性规定，应当适用《商业银行法》《银行业监督管理法》《证券法》《保险法》等有关法律中的特别规定。

另外，银行业金融机构、保险业金融机构、证券业金融机构，均属于金融机构，具有金融机构的共性，在破产时，也会具有一些共同的规定。这些有关金融机构破产共同的规定，相对所有债务人破产的一般破产规定来说，均属于特别规定，然对于金融机构来说，则是其共同规定。除这些共同规定外，针对各类金融机构不同的特点，有关法律、法规还规定了只能适用该类金融机构破产的规定。这种仅针对某类金融机构不同特点而由相应法律、法规所作的有关破产规定，只能适用于该类金融机构，而不能适用于所有金融机构，又属于单独的特别规定，也就是特别的特别规定。即相对于金融机构共同特别规定来说，金融机构共同特别规定又属于一般规定，而只针对该类金融机构所作的特别规定，无论是针对所有债务人的破产规定即《企业破产法》的规定来说，还是针对所有金融机构共同特别特定而言，乃属特别规定。是以，特别与一般，并非绝对的，而是相对于一定对象、环境在一定条件适用的。对这，应当加以注意。

就金融机构破产的共同特别规定而言，根据有关法律、法规及其司法解释、部门规章等有关规定，主要包括：

（一）金融机构的破产原因需要具体细化

关于金融机构的破产原因，有关金融机构的法律、法规作了一些规定。如《商业银行法》第71条第1款规定，商业银行不能支付到期债务，经国务院银行业监督管理机构同意，由人民法院依法宣告其破产。《保险法》第90条规定："保险公司有《中华人民共和国企业破产法》第二条规定情形的，经国务院保险监督管理机构同意，保险公司或者其债权人可以依法向人民法院申请重整、和解或者破产清算；国务院保险监督管理机构也可以依法向人民法院对该保险公司申请进行重整或者破产清算。"第148条规定："被整顿、被接管的保险公司有《中华人民共和国企业破产法》第二条规定情形的，国务院保险监督管理机构可以依法向人民法院申请对该保险公司进行重整或者破产清算。"对此，《企业破产法》第134条第1款也明确规定："商业银行、保险公司、证券公司等金融机构有本法第二条规定情形的，国务院金融监督管理机构可以向人民法院提出对该金融机构进行重整或者破产清算的申请。国务院金融监督管理机构依法对出现重大经营风险的金融机构采取接管、托管等措施的，可以向人民法院申请中止以该金融机构为被告或者被执行人的民事诉讼程序或者执行程序。”由上所述，对于金融机构破产原因而言，现有法律、法规关于金融机构的规定并没有突破《企业破产法》的规定。然则，“不能清偿到期债务作为破产原因对于银行等金融机构来说是不适宜的。与一般企业不同的是，银行即使面临着资金困难，仍然可以向存款人偿还债务，因为银行有不间断的现金流入，而同时又不总是面对着所有存款人的取款请求。”另外，“对于银行而言，查看其净资产是否能够偿还到期债务在破产程序启动时是非常困难甚至是不可能的。而且，对银行而言，能够偿还所有债务，并不等于能够立即承兑所有存款。”① 故，银行等金融机构的破产原因不能简单适用《企业破产法》第 2 条规定，需要有关法律、法规根据金融机构自身的特点加以细化。

（二）国务院金融监督管理机构有权申请其所监管的金融机构破产重整或者破产清算

金融机构的破产，除债权人、债务人、清算责任人可以依法提出破产申请外，根据《企业破产法》第 134 条第 1 款的规定，国务院金融监督管理机构也可依法申请破产重整或者破产清算。这是源于商业银行、保险公司、证券公司等金融机构，由于其业务的性质与功能，涉及的债权人不仅多而且广，债权债务关系极为复杂。源于各种原因致使其达到破产条件需要通过破产程序实施破产时，给社会带来的冲击与震荡是一般企业破产所无法比拟的。处理不好，不仅危及国家金融安全与稳定，而且危及国家经济秩序乃至整个社会秩序的安全与稳定。为了避免这种现象发生，国家设立了银行保险监督管理委员会、证券监督管理委员会等监督管理机构，以加强对银行业、保险业、证券业的监督与管理。金融机构真的出现破产原因，债务人可能源于各种原因不愿申请破产，而债权人往往又难以发现债务人的真实情况，国务院相应的金融监督管理机构假若没有申请破产的权利，就无法发挥监管作用。以是，赋予国务院金融监督管理机构对符合破产条件的金融机构申请破产权，无疑是必要的。不仅是必要的，而且是可能的。作为金融监督管理机构，其比债权人更加了解金融机构的情况，掌握金融机构的有关证据，并且可以以监督管理者的身份强制债务人缴纳有关证据，从而赋予国务院金融监督管理机构具有申请金融机构破产的权利，对于金融机构及时进行破产重整或者破产清算，有着非常积极而又重大的意义。但对于国务院金融监督管理机构申请债务人破产，应当注意以下方面：

① 王欣新主编：《破产法原理与案例教程》，中国人民大学出版社 2010 年版，第 304 ~ 305 页。

1. 国务院金融监督管理机构申请债务人破产的对象与范围。作为破产申请主体之一，国务院金融监督管理机构申请债务人破产的对象必须是金融机构。非金融机构即使具有破产能力与破产原因，国务院金融监督管理机构也不能对其申请破产。而且，国务院金融监督管理机构有权申请金融机构破产重整或者破产清算，只是有权申请依法为其监管的金融机构破产重整或者破产清算。并不是说，只要是国务院金融监督管理机构，不论金融机构是否为其监管，都有权申请破产重整或者破产清算。具体来说，国务院银行保险监督管理机构只能申请银行业、保险业金融机构破产重整或者破产清算，国务院证券监督管理机构只能申请证券业金融机构破产重整或者破产清算。

应当指出，只要金融机构具有破产原因，国务院金融监督管理机构就可依法对其申请破产，如已经解散但未清算或者未清算完毕，资产不足以清偿债务的，国务院金融监督管理机构发现后，就有权申请金融机构破产清算。对于依法撤销、关闭等需要依法进行行政清理的，则应待行政清理工作完成后，才能申请金融机构破产清算。也就是说，行政清理工作的完成，并非意味着清算的完成。清算要求对所有债权债务进行处理，而行政清理工作只需要求依法将行政措施处理的有关财产、债权债务的事项处理完毕就行，并非要求对所有的债权债务及其财产处理完毕。对此，《证券公司风险处置条例》第 37 条规定，证券公司被依法撤销、关闭时，有《企业破产法》第 2 条规定情形的，行政清理工作完成后，国务院证券监督管理机构或者其委托的行政清理组依照《企业破产法》的有关规定，可以向人民法院申请对被撤销、关闭的证券公司进行破产清算。

2. 国务院金融监督管理机构的范围。金融机构的范围非常广泛，其相应的监督管理机构也有不同。因此，国务院金融监督管理机构的范围也非常广泛，不仅包括中国银行保险监督管理委员会、中国证券监督管理委员会，而且还包括国家外汇监管局、财政部、农业农村部、中国人民银行等依法对金融机构进行监管的机构。

应当指出，为了对金融机构加强监管，不仅国务院成立了中国银行保险监督管理委员会、中国证券监督管理委员会等专门的金融监督管理机构，而且在省、自治区、直辖市等也依法成立了相应机构对本地的金融机构进行监管。而依法对金融机构具有破产申请权可以依法申请金融机构破产的，则只有国务院金融监督管理机构。这些机构在各地设立的下属机构，则不具有破产申请权。

3. 国务院金融监督管理机构申请债务人破产的条件。从宏观上来说，根据《企业破产法》第 134 条和第 2 条的规定，国务院金融监督管理机构申请债务人破产的条件是债务人具有破产能力且具有破产原因。金融机构不具有破产能力，或者虽然具有破产能力但不具备破产原因，则不能对其申请破产。具体来说，金融机构具有下列情形之一的，作为具有破产申请权的国务院金融监督管理机构可以依法申请该金融机构破产：（1）不能清偿到期债务，并且资产不足以清偿全部债务；（2）不能清偿到期债务，并且明显缺乏清偿能力；（3）有明显丧失清偿能力可能的。然而，从微观上来说，如前所述，还需要根据上述宏观规定作出细化适用于各类金融机构的具体规定。

4. 国务院金融监督管理机构申请债务人破产的类型。根据《企业破产法》第134条的规定，国务院金融监督管理机构只能申请金融机构进行破产重整，或者申请金融机构进行破产清算，不能申请金融机构进行破产和解。这是因为，破产和解完全是债务人与债权人之间的协议，不应由作为监督管理者的国务院金融监督管理机构提出债务人破产申请。

5. 国务院金融监督管理机构申请债务人破产的时间。国务院金融监督管理机构既可以在被其监管的金融机构具有破产原因时直接申请破产重整或者破产清算，也可以在被监管的金融机构由于解散、撤销、关闭并依法进行行政清理、清算期间发现其资产不足以清偿债务时申请破产清算。对于已经解散但未清算或者未清算完毕，资产不足以清偿债务的金融机构，按照《企业破产法》第7条第3款的规定，依法负有清算责任的人应当向人民法院申请破产清算，可这不排除国务院金融监督管理机构也可以依法申请对其进行破产清算，同时也不排除债权人可以依法申请金融机构破产清算。

6. 国务院金融监督管理机构申请债务人破产与其他破产申请权人申请债务人破产的关系。对这，有人认为："无论是债权人还是债务人都不能启动对金融机构开始破产程序，只有国务院金融监督管理机构才能启动。"[①] "尽管我国《企业破产法》未明确规定只有国务院金融监督管理机构才能对金融机构提出破产申请，可我国《商业银行法》等金融法律都明确规定只有相关金融监督管理机构才有破产申请权，且《企业破产法》第134条第2款规定'金融机构实施破产的，国务院可以依据本法和其他有关法律的规定制定实施办法'，应当理解为只有国务院金融监督管理机构提出破产申请。"[②] "目前，我国的现行立法还没有允许债权人申请金融机构破产的规定。"[③] 笔者认为，无论是债务人、债权人，还是清算责任人、国务院金融监督管理机构，其作为破产申请主体都有不同的根据和条件，其地位、权利都是相互独立而且并

---

① 李永军：《破产法的程序结构与利益平衡机制》，载《政法论坛》2007年第1期，第22页。

② 范健、王建文：《企业破产法》，法律出版社2009年版，第61页。

③ 王卫国：《破产法精义》，法律出版社2007年版，第393页。

列的，并不相互排斥。不能因为法律在特定情况下赋予国务院金融监督管理机构对金融机构的破产申请权就否定债务人、债权人依法申请金融机构破产的权利，也不会而免除金融机构清算责任人依法申请金融机构破产的义务。《企业破产法》第2条的规定，并没有排除金融企业法人，而应包括金融企业法人。第7条关于债权人申请债务人破产的规定也未将金融机构排除在外，只要金融企业符合有关条件，债权人就可依法申请其破产。至于《商业银行法》《保险法》《证券法》对金融机构自行申请破产的，作出了关于要经国务院金融监督管理机构批准的限制，只是对债务人申请破产的限制，债务人应当加以遵守，然这也没有否定债权人申请金融机构破产的权利。《企业破产法》第134条规定了国务院金融监督管理机构对金融机构的破产申请权，也没有否定债权人的破产申请权，债权人对金融机构破产的申请权包括在《企业破产法》第2条、第7条关于债权人申请债务人破产的规定之中，其他法律规定又没有加以排除、限制，债权人就应具有对金融机构申请破产的权利。其实，破产申请，本质上属于私权意思自治行为的范畴，债务人、债权人作为当事人，有权依法申请债务人包括金融机构债务人破产。基于金融机构的特殊性，法律赋予国务院金融监督管理机构的破产申请权，以强化对金融机构的监管功能，即使必要，依然属于公权力对私权力领域的必要延伸，但不能否定本质上属于私领域权利的债务人、债权人对金融机构破产的申请权的存在，只是作为私领域权利的债务人、债权人对金融机构破产的申请权的补充。① 两者的基础、根据不同，不是相互对立的否定关系，而是相辅相成的补充关系。

全国人大法律委员会《关于〈中华人民共和国企业破产法（草案）〉审议结果的报告》就为什么要规定国务院金融监督管理机构有权申请金融机构的破产重整、破产清算的问题时明确指出："按照草案的规定，破产申请只能由债务人或者债权人提出。从金融机构的特点看，对那些发生重大经营风险、出现破产原因，应及时依法进行重整或破产清算的金融机构，在该金融机构或其债权人都不主动提出破产申请的情况下，为避免风险进一步扩大，由金融监督管理机构向法院提出破产申请，是必要的。""由于金融机构破产涉及的债权人众多，债权债务关系复杂，关系金融安全和社会稳定，需要慎重处理。在实践中，对出现重大经营风险的金融机构，通常是先由金融监督管理机构依照有关金融法律的规定实施接管、托管等措施，对不能恢复正常运行的，再进入破产程序。为了防止在此期间一些债权人通过向当地法院提起诉

---

① 吴庆宝、王建平主编：《破产案件裁判标准规范》，人民法院出版社2009年版，第29～30页。

讼和要求强制执行，抢先取得金融机构的财产，造成金融监督管理机构采取的接管、托管等措施无法正常进行，有必要暂时中止涉及该金融机构的民事诉讼和执行程序。”据此，国务院金融监督管理机构申请金融机构破产重整、清算，并不排斥债务人、债权人依法申请破产重整或者清算，其只是防止在金融机构符合破产条件，而债务人、债权人基于各种各样的原因又不申请金融机构破产重整或者清算的情况下所做的一种特定安排，同时基于金融机构的特点规定国务院金融监督管理机构亦有权依法申请金融机构破产重整或者清算。

《证券公司风险处置条例》第37条规定，证券公司被依法撤销、关闭时，有《企业破产法》第2条规定情形的，行政清理工作完成后，国务院证券监督管理机构或者其委托的行政清理组依照《企业破产法》的有关规定，可以向人民法院申请对被撤销、关闭证券公司进行破产清算。第38条规定，证券公司有《企业破产法》第2条规定情形的，国务院证券监督管理机构可以直接向人民法院申请对该证券公司进行重整。证券公司或者其债权人依照《企业破产法》的有关规定，可以向人民法院提出对证券公司进行破产清算或者重整的申请，但应当依照《证券法》第122条的规定报经国务院证券监督管理机构核准。所以，证券公司既可以由证券公司自身申请破产，又可以由债权人申请债务人破产，明确规定除国务院证券监督管理机构可以申请证券公司破产重整或者破产清算外，作为债务人的证券公司及债权人，均可依法申请证券公司破产，不过要依法经过国家金融监督管理机构批准。

（三）申请金融机构破产的，需要依法对其实施监管的国务院金融监督管理机构批准

《商业银行法》第71条规定：“商业银行不能支付到期债务，经国务院银行业监督管理机构同意，由人民法院依法宣告其破产。”《证券法》第122条规定：“证券公司变更证券业务范围，变更主要股东或者公司的实际控制人，合并、分立、停业、解散、破产，应当经国务院证券监督管理机构核准。”《保险法》第90条规定：“保险公司有《企业破产法》第2条规定情形的，经国务院保险监督管理机构同意，保险公司或者其债权人可以依法向人民法院申请重整、和解或者破产清算；国务院保险监督管理机构也可以依法向人民法院申请对该保险公司进行重整或者破产清算。”《证券公司风险处置条例》第38条规定，证券公司或者其债权人依照《企业破产法》的有关规定，可以向人民法院提出对证券公司进行破产清算或者重整的申请，但应当依照《证券法》第122条的规定报经国务院证券监督管理机构核准。《期货交易管理条例》第19条第1项规定，期货公司合并、分立、停业、解散或者破产，应当

经国务院期货监督管理机构批准。《企业集团财务公司管理办法》第60条规定：“清算组在清算中发现财务公司的资产不足以清偿其债务时，应当立即停止清算，并向中国银行业监督管理委员会报告，经中国银行业监督管理委员会核准，依法向人民法院申请该财务公司破产。”

由上所述，商业银行、保险公司、证券公司、期货公司、企业集团财务公司等金融机构的破产，无论是金融机构自身申请破产还是债权人申请债务人破产，只要不是国务院金融监督管理机构申请金融机构破产的，就均应经过相应的国务院金融监督管理机构批准。未经相应的国务院金融监督管理机构批准的，金融机构不能进入破产程序。

（四）管理人的指定可以采取直接指定清算组方式、接受推荐指定方式、竞聘方式进行

从管理人名册所列名单采取轮候、抽签、摇号等随机方式公开指定管理人的随机指定管理人方式，适用于所有的债务人。可基于金融机构债权债务广泛、社会影响重大等特点，一般不应采取这种方式。具体来说：

1. 金融机构破产申请受理，如已出于解散、撤销等原因进行了行政清算的，根据《指定管理人规定》第18条第1项关于“破产申请受理前，根据有关规定已经成立清算组，人民法院认为符合本规定第19条的规定”的规定，可以依法直接指定清算组为管理人。

2. 金融机构破产申请受理前已经经过行政清理或者清算的，也可接受金融监督管理机构推荐方式指定管理人。对此，《指定管理人规定》第22条规定，对于经过行政清理、清算的商业银行、保险公司、证券公司等金融机构的破产案件，人民法院除可以按照本规定第18条第1项的规定指定管理人外，也可以在金融监督管理机构推荐的已编入管理人名册的社会中介机构中指定管理人。这种指定管理人的方式，是直接将金融监督管理机构推荐的社会中介机构指定为管理人。这主要是源于这些中介机构一般参加了金融机构以前进行的行政清理、清算工作，对债务人情况比较熟悉，有利于行政清理、清算程序与破产程序的对接，有利于破产工作的顺利进行。另外，让其担任管理人，可以避免一些重复性工作，提高工作效率，可以减少开支、节省破产费用。但是，这种推荐毕竟既无竞争机构，又没有公开机制，容易人为操作，必须严格限定其适用条件。这些条件包括：（1）必须是商业银行、保险公司、证券公司等金融机构的破产案件，非金融机构的破产案件不能采取这种推荐方式指定管理人。（2）这些金融机构必须已经经过了行政清理或清算。为金融机构破产案件，既没有经过行政清理程序又没有经过行政清算程序的，也不能采用这种推荐方式指定管理人。（3）必须是由破产的金融机构的监督

管理机构推荐。非金融监督管理机构或者虽为金融监督管理机构但不是破产金融机构的监督管理机构推荐，人民法院不能接受此推荐而将被推荐人指定为管理人。（4）金融监督管理机构推荐的必须为社会中介机构，而非社会中介机构中的中介人员。（5）金融监督管理机构推荐的社会中介机构必须编入了管理人名册。没有编入管理人名册，即使以前参加过行政清理、清算程序，对破产的金融机构情况熟悉，金融监督管理机构也作了推荐，人民法院亦不能将被推荐人指定为管理人。

3. 通过竞聘方式指定管理人。《指定管理人规定》第21条规定："对于商业银行、保险公司、证券公司等金融机构或者在全国范围有重大影响、法律关系复杂、债务人财产分散的企业破产案件，人民法院可以采取公告的方式，邀请编入各地人民法院管理人名册中的社会中介机构参与竞争，从参与竞争的社会中介机构中指定管理人。参与竞争的社会中介机构不得少于3家。"

（五）金融机构破产程序前置的风险处置行政程序

金融机构一旦破产，将会给金融安全、经济秩序、社会稳定带来无法估量的损失与影响。为了有效防范金融机构濒临破产而给金融、经济、社会、债权人等带来的危害，各国通常都会对金融机构的经营强化监管，一发现金融机构具有风险而产生危机尤其是重大风险而产生重大危机，有可能步入破产边缘时，就会事先采取一些防范措施，如限期整顿、接管、托管、重组等，辅之以各种行政措施，尽力帮助其渡过难关，恢复生机，避免破产。金融机构即使病入膏肓，已无法对其进行挽救，也可以通过撤销业务许可、撤销清算等措施，事先采取一些行政措施，以缓解、减少金融机构突然进行破产尤其是进入破产清算而给金融、经济、社会带来的巨大冲击。是以，有关法律、法规均对金融机构规定了风险评估防范机制，发现有风险甚至重大风险时，即采取有关行政措施。这些在破产程序前为了化解、处置金融机构风险而依法采取的行政措施、手段及程序，在法律上称为金融机构风险处置行政程序，在理论上又称金融机构管制性破产程序。一般来说，在金融机构出现风险特别是重大风险时，都应依法采取风险处置行政措施即管制性破产措施，进行风险处置行政程序即管制性破产程序。这些对具有风险甚至重大风险的金融机构在破产程序前进行风险处置行政程序，乃是金融机构共同的特别规定，在法律上对出现风险甚至重大风险的金融机构而言，具有优先适用的性质。下面将其从金融机构共同特别规定中单列出来作必要介绍。

三、金融机构破产程序前置的风险处置行政程序

（一）发现金融机构重大风险的重要方式

对金融机构进行风险处置行政程序，其前提是及时发现金融机构的风险甚至重大风险。故，对于金融机构的风险发现机制，有关金融机构的法律、法规均作了规定。

1. 涉及银行业金融机构的有关规定。对银行业金融机构而言，《银行业监督管理法》第13条、第23～31条等规定，银行业监督管理机构在处置银行业金融机构风险、查处有关金融违法行为等监管活动中，地方政府、各级有关部门应当予以配合和协助。银行业监督管理机构应当对银行业金融机构的业务活动及其风险状况进行非现场监管，建立银行业金融机构监管信息系统，分析、评价银行业金融机构的风险状况。银行业监督管理机构应当对银行业金融机构的业务活动及其风险状况进行现场检查。国务院银行业监督管理机构应当对银行业金融机构实行并表监管。国务院银行业监督管理机构应当建立银行业金融机构监管评级体系和风险预警机制，根据银行业金融机构的评级情况和风险状况，确定对其现场检查的频率、范围和需要采取的其他措施。国务院银行业监督管理机构应当建立银行业突发事件的发现、报告岗位责任制度。银行业监督管理机构发现可能引发系统性银行业风险、严重影响社会稳定的突发事件的，应当立即向国务院银行业监督管理机构负责人报告；国务院银行业监督管理机构负责人认为需要向国务院报告的，应当立即向国务院报告，并告知中国人民银行、国务院财政部门等有关部门。国务院银行业监督管理机构应当会同中国人民银行、国务院财政部门等有关部门建立银行业突发事件处置制度，制定银行业突发事件处置预案，明确处置机构和人员及其职责、处置措施和处置程序，及时、有效地处置银行业突发事件。国务院银行业监督管理机构负责统一编制全国银行业金融机构的统计数据、报表，并按照国家有关规定予以公布。国务院银行业监督管理机构对银行业自律组织的活动进行指导和监督，等等。

2. 涉及保险业金融机构的有关规定。对保险业金融机构而言，《保险法》第137条、第138条规定，国务院保险监督管理机构应当建立健全保险公司偿付能力监管体系，对保险公司的偿付能力实施监控。对偿付能力不足的保险公司，国务院保险监督管理机构应当将其列为重点监管对象，并可以根据具体情况采取诸如责令增加资本金、办理再保险，限制业务范围，限制向股东分红，限制固定资产购置或者经营费用规模，限制资金运用的形式、比例，限制增设分支机构，责令拍卖不良资产、转让保险业务，限制董事、监事、

高级管理人员的薪酬水平，限制商业性广告，责令停止接受新业务等具体措施。

3. 涉及证券业金融机构的有关规定。对证券业金融机构而言，为强化证券公司的风险尤其是重大风险发现机制，根据有关规定，对证券公司风险进行评估分类管理，加强对具有重大风险的证券公司的重点监管。对这，《证券公司分类监管规定》第2条、第3条、第5~7条明确规定，证券公司分类是指以证券公司风险管理能力为基础，结合公司市场竞争力和持续合规状况，按照该规定评价和确定证券公司的类别。中国证券监督管理委员会及其派出机构根据证券公司分类结果对不同类别的证券公司实施区别对待的监管政策。具体由中国证券监督管理委员会及其派出机构、证券行业自律组织、证券公司有关人员组成的专家评审委员会，主要根据资本充足、公司治理与合规管理、动态风险监控、信息系统安全、客户权益保护、信息披露等6类评价指标，按照《证券公司风险管理能力评价指标与标准》进行评价，体现证券公司对流动性风险、合规风险、市场风险、信用风险、技术风险及操作风险等管理能力，再结合证券公司的市场竞争力，即证券公司经纪业务、承销与保荐业务、资产管理业务、成本管理能力、创新能力等方面的情况，以及持续合规状况，即司法机关采取的刑事处罚措施，中国证券监督管理委员会及其派出机构采取的行政处罚措施、监管措施及证券行业自律组织纪律处分等情况进行评价。第8条规定，设定正常经营的证券公司基准分为100分。在基准分的基础上，根据证券公司风险管理能力评价指标与标准、市场竞争力、持续合规状况等方面情况，进行相应加分或扣分以确定证券公司的评价计分。第17条规定，中国证券监督管理委员会根据证券公司评价计分的高低，将证券公司分为A(AAA、AA、A)、B(BBB、BB、B)、C(CCC、CC、C)、D、E等5大类11个级别。其中，被依法采取责令停业整顿、指定其他机构托管、接管、行政重组等风险处置措施的证券公司，评价计分为0分，定为E类公司。评价计分低于60分的证券公司，定为D类公司。

此外，为强化保险公司风险尤其是重大风险的发现机制，根据有关规定，对保险公司的偿付能力进行评估分类管理，加强对具有重大风险的保险公司的重点监管。《保险公司偿付能力管理规定》第3条、第5条、第11条、第33~37条规定，保险公司应当具有与其风险和业务规模相适应的资本，确保偿付能力充足率不低于100%。偿付能力充足率即资本充足率，是指保险公司的实际资本与最低资本的比率。中国保险监督管理机构建立以风险为基础的动态偿付能力监管标准和监管机制，对保险公司偿付能力进行综合评价和监督检查，并依法采取监管措施。保险公司应当按照中国保险监督管理机构制定的保险公司偿付能力报告编报规则定期进行偿付能力评估，计算最低资本和实际资本，进行动态偿付能力测试。保险公司应当以风险为基础评估偿付能力。保险公司应当按照中国保险监督管理机构制定的保险公司偿付能力报告编报规则及有关规定编制和报送偿付能力报告，确保报告信息真实、准确、完整、合规。中国保险监督管理机构对保险公司偿付能力的监督检查采取现场监管与非现场监管相结合的方式。中国保险监督管理机构对保险公司报送的偿付能力报告进行审查。中国保险监督管理机构可以委托中介机构对保险公司报送的偿付能力报告及相关信息实施审查。中国保险监督管理机构在每季度结束后，根据保险公司报送的偿付能力报告和其他资料对保险公司偿付能力进行分析。中国保险监督管理机构定期或者不定期对保险公司偿付能力管理的合规性和有效性、偿付能力评估的合规性和真实性、对中国保险监督管理机构监管措施的执行情况以及中国保险监督管理机构认为需要检查的其他情况实施现场检查。中国保险监督管理机构根据保险公司偿付能力状况将保险公司分为不足类公司、充足Ⅰ类公司、充足Ⅱ类公司3类公司，实施分类监管，并依法采取有关措施。其中不足类公司，指偿付能力充足率低于100%的保险公司；充足Ⅰ类公司，指偿付能力充足率在100%到150%之间的保险公司；充足Ⅱ类公司，指偿付能力充足率高于150%的保险公司。

（二）金融机构风险处置行政措施

对于存在风险甚至重大风险的金融机构，有关法律、法规都规定了具体的监管、补救措施，以防止风险的进一步扩大，从而避免其破产。这些措施主要包括整顿、托管、接管等积极措施，实在没有办法的情况下，则采取撤销业务许可、撤销金融机构的消极措施先行进行清理、清算，并采取相应措施，以防范损害、危害的进一步扩大。

1. 涉及商业银行的有关措施。对商业银行，《商业银行法》第64～70条规定，商业银行已经或者可能发生信用危机，严重影响存款人的利益时，国务院银行业监督管理机构可以对该银行实行接管。接管的目的是对被接管的商业银行采取必要措施，以保护存款人的利益，恢复商业银行的正常经营能力。被接管的商业银行的债权债务关系不因接管而变化。接管由国务院银行业监督管理机构决定，并组织实施。国务院银行业监督管理机构的接管决定应当载明被接管的商业银行名称、接管理由、接管组织、接管期限等内容。接管决定由国务院银行业监督管理机构予以公告。接管自接管决定实施之日起开始。自接管开始之日起，由接管组织行使商业银行的经营管理权力。接管期限届满，国务院银行业监督管理机构可以决定延期，但接管期限最长不得超过2年。接管直至具有接管决定规定的期限届满或者国务院银行业监督管理机构决定的接管延期届满；或者接管期限届满前，该商业银行已恢复正常经营能力；或者接管期限届满前，该商业银行被合并或者被依法宣告破产情形之一的，才予以终止。商业银行因分立、合并或者出现公司章程规定的解散事由需要解散的，应当向国务院银行业监督管理机构提出申请，并附解散的理由和支付存款的本金和利息等债务清偿计划。经国务院银行业监督管理机构批准后解散。商业银行解散的，应当依法成立清算组，进行清算，按照清偿计划及时偿还存款本金和利息等债务。国务院银行业监督管理机构监督清算过程。商业银行因吊销经营许可证被撤销的，国务院银行业监督管理机构应当依法及时组织成立清算组，进行清算，按照清偿计划及时偿还存款本金和利息等债务。

《银行业监督管理法》第 38 ~ 40 条规定，银行业金融机构已经或者可能发生信用危机，严重影响存款人和其他客户合法权益的，国务院银行业监督管理机构可以依法对该银行业金融机构实行接管或者促成机构重组。接管和机构重组依照有关法律和国务院的规定执行。银行业金融机构有违法经营、经营管理不善等情形，不予撤销将严重危害金融秩序、损害公众利益的，国务院银行业监督管理机构有权予以撤销。银行业金融机构被接管、重组或者被撤销的，国务院银行业监督管理机构有权要求该银行业金融机构的董事、高级管理人员和其他工作人员，按照国务院银行业监督管理机构的要求履行职责。在接管、机构重组或者撤销清算期间，经国务院银行业监督管理机构负责人批准，对直接负责的董事、高级管理人员和其他直接责任人员，可以采取下列措施：（1）直接负责的董事、高级管理人员和其他直接责任人员出境将对国家利益造成重大损失的，通知出境管理机关依法阻止其出境；（2）申请司法机关禁止其转移、转让财产或者对其财产设定其他权利。

2. 涉及银行业企业集团财务公司的有关措施。对银行业企业集团财务公司，《企业集团财务公司管理办法》第 52 ~ 55 条、第 57 ~ 60 条规定，财务公司出现下列情形之一的，中国银行业监督管理委员会可以责令其进行整顿：（1）出现严重支付危机；（2）当年亏损超过注册资本金的 30% 或者连续 3 年亏损超过注册资本金的 10%；（3）严重违反国家法律、行政法规或者有关规章。整顿时间最长不超过 1 年。财务公司整顿期间，应当暂停经营部分或者全部业务。财务公司经过整顿，符合下列条件的，可恢复正常营业：（1）已恢复支付能力；（2）亏损得到弥补；（3）违法违规行为得到纠正。财务公司已经或者可能发生支付危机，严重影响债权人利益和金融秩序的稳定时，中国银行业监督管理委员会可以依法对财务公司实行接管或者促成其机构重组。接管或者机构重组由中国银行业监督管理委员会决定并组织实施。财务公司有违法经营、经营管理不善等情形，不予撤销将严重危害金融秩序、损害公众利益的，中国银行业监督管理委员会有权予以撤销。财务公司被接管、重组或者被撤销的，中国银行业监督管理委员会有权要求该财务公司的董事、高级管理人员和其他工作人员，按照中国银行业监督管理委员会的要求履行职责。财务公司解散或者被撤销，母公司应当依法成立清算组，按照法定程序进行清算，并由中国银行业监督管理委员会公告。中国银行业监督管理委员会可以直接委派清算组成员并监督清算过程。清算组在清算中发现财务公司的资产不足以清偿其债务时，应当立即停止清算，并向中国银行业监督管理委员会报告，经中国银行业监督管理委员会核准，依法向人民法院申请该财务公司破产。

3. 涉及保险公司的有关措施。对保险公司，法律规定的风险处置行政措施主要包括：

（1）整顿。《保险法》第 139 ~ 143 条规定，保险公司未依照本法规定提取或者结转各项责任准备金，或者未依照本法规定办理再保险，或者严重违反本法关于资金运用的规定的，由保险监督管理机构责令限期改正，并可以责令调整负责人及有关管理人员。保险监督管理机构依照本法第 139 条的规定作出限期改正的决定后，保险公司逾期未改正的，国务院保险监督管理机构可以决定选派保险专业人员和指定该保险公司的有关人员组成整顿组，对公司进行整顿。整顿决定应当载明被整顿公司的名称、整顿理由、整顿组成员和整顿期限，并予以公告。整顿组有权监督被整顿保险公司的日常业务。被整顿公司的负责人及有关管理人员应当在整顿组的监督下行使职权。整顿过程中，被整顿保险公司的原有业务继续进行。可是，国务院保险监督管理机构可以责令被整顿公司停止部分原有业务、停止接受新业务，调整资金运用。被整顿保险公司经整顿已纠正其违反本法规定的行为，恢复正常经营状况的，由整顿组提出报告，经国务院保险监督管理机构批准，结束整顿，并由国务院保险监督管理机构予以公告。

（2）接管。《保险法》第 144 ~ 147 条规定，保险公司具有公司的偿付能力严重不足的，或者违反本法规定，损害社会公共利益，可能严重危及或者已经严重危及公司的偿付能力的情形之一的，国务院保险监督管理机构可以对其实行接管。被接管的保险公司的债权债务关系不因接管而变化。接管组的组成和接管的实施办法，由国务院保险监督管理机构决定，并予以公告。接管期限届满，国务院保险监督管理机构可以决定延长接管期限，但接管期限最长不得超过 2 年。接管期限届满，被接管的保险公司已恢复正常经营能力的，由国务院保险监督管理机构决定终止接管，并予以公告。

（3）撤销清算。《保险法》第149～153条规定，保险公司因违法经营被依法吊销经营保险业务许可证的，或者偿付能力低于国务院保险监督管理机构规定标准，不予撤销将严重危害保险市场秩序、损害公共利益的，由国务院保险监督管理机构予以撤销并公告，依法及时组织清算组进行清算。国务院保险监督管理机构有权要求保险公司股东、实际控制人在指定的期限内提供有关信息和资料。保险公司的股东利用关联交易严重损害公司利益，危及公司偿付能力的，由国务院保险监督管理机构责令改正。在按照要求改正前，国务院保险监督管理机构可以限制其股东权利；拒不改正的，可以责令其转让所持的保险公司股权。保险监督管理机构根据履行监管职责的需要，可以与保险公司董事、监事和高级管理人员进行监管谈话，要求其就公司的业务活动和风险管理的重大事项作出说明。保险公司在整顿、接管、撤销清算期间，或者出现重大风险时，国务院保险监督管理机构可以对该公司直接负责的董事、监事、高级管理人员和其他直接责任人员采取通知出境管理机关依法阻止其出境，或者申请司法机关禁止其转移、转让或者以其他方式处分财产，或者在财产上设定其他权利等措施。

（4）其他保护性措施。《保险公司偿付能力管理规定》规定，对于不足类公司，中国保险监督管理机构应当区分不同情形，可以采取责令增加资本金或者限制向股东分红；限制董事、高级管理人员的薪酬水平和在职消费水平；限制商业性广告；限制增设分支机构；限制业务范围；责令停止开展新业务；责令转让保险业务或者责令办理分出业务；责令拍卖资产或者限制固定资产购置；限制资金运用渠道；调整负责人及有关管理人员；接管；中国保险监督管理机构认为必要的其他监管措施等中的1项或者多项监管措施。对于充足Ⅰ类公司，中国保险监督管理机构可以要求提交和实施预防偿付能力不足的计划。对于充足Ⅰ类公司和充足Ⅱ类公司存在重大偿付能力风险的，中国保险监督管理机构可以要求其进行整改或者采取必要的监管措施。

4. 涉及证券公司的有关措施。对证券公司，《证券法》第140条规定，证券公司的治理结构、合规管理、风险控制指标不符合规定的，国务院证券监督管理机构应当责令其限期改正；逾期未改正，或者其行为严重危及该证券公司的稳健运行、损害客户合法权益的，国务院证券监督管理机构可以区别情形，对其采取下列措施：（1）限制业务活动，责令暂停部分业务，停止核准新业务；（2）限制分配红利，限制向董事、监事、高级管理人员支付报酬、提供福利；（3）限制转让财产或者在财产上设定其他权利；（4）责令更换董事、监事、高级管理人员或者限制其权利；（5）撤销有关业务许可；（6）认定负有责任的董事、监事、高级管理人员为不适当人选；（7）责令负有责任的股东转让股权，限制负有责任的股东行使股东权利。证券公司整改后，应当向国务院证券监督管理机构提交报告。国务院证券监督管理机构经验收，治理结构、合规管理、风险控制指标符合规定的，应当自验收完毕之日起3日内解除对其采取的前款规定的有关限制措施。第141条规定，证券公司的股东有虚假出资、抽逃出资行为的，国务院证券监督管理机构应当责令其限期改正，并可责令其转让所持证券公司的股权。在前款规定的股东按照要求改正违法行为、转让所持证券公司的股权前，国务院证券监督管理机构可以限制其股东权利。第142条规定，证券公司的董事、监事、高级管理人员未能勤勉尽责，致使证券公司存在重大违法违规行为或者重大风险的，国务院证券监督管理机构可以责令证券公司予以更换。第143条规定，证券公司违法经营或者出现重大风险，严重危害证券市场秩序、损害投资者利益的，国务院证券监督管理机构可以对该证券公司采取责令停业整顿、指定其他机构托管、接管或者撤销等监管措施。第144条规定，在证券公司被责令停业整顿、被依法指定托管、接管或者清算期间，或者出现重大风险时，经国务院证券监督管理机构批准，可以对该证券公司直接负责的董事、监事、高级管理人员和其他直接责任人员采取以下措施：（1）通知出境入境管理机关依法阻止其出境；（2）申请司法机关禁止其转移、转让或者以其他方式处分财产，或者在财产上设定其他权利。

5. 涉及证券业期货公司的有关措施。对证券业期货公司，《期货交易管理条例》第21条第1款第1项规定，营业执照被公司登记机关依法注销的，国务院期货监督管理机构应当依法办理期货业务许可证注销手续。第2款规定，期货公司在注销期货业务许可证前，应当结清相关期货业务，并依法返还客户的保证金和其他资产。期货公司分支机构在注销经营许可证前，应当终止经营活动，妥善处理客户资产。第56～59条规定，期货公司及其分支机构不符合持续性经营规则或者出现经营风险的，国务院期货监督管理机构可以对期货公司及其董事、监事和高级管理人员采取谈话、提示、记入信用记录等监管措施或者责令期货公司限期整改，并对其整改情况进行检查验收。期货公司逾期未改正，其行为严重危及期货公司的稳健运行、损害客户合法权益，或者涉嫌严重违法违规正在被国务院期货监督管理机构调查的，国务院期货监督管理机构可以区别情形，对其采取下列措施：（1）限制或者暂停部分期货业务；（2）停止批准新增业务或者分支机构；（3）限制分配红利，限制向董事、监事、高级管理人员支付报酬、提供福利；（4）限制转让财产或者在财产上设定其他权利；（5）责令更换董事、监事、高级管理人员或者有关业务部门、分支机构的负责人员，或者限制其权利；（6）限制期货公司自有资金或者风险准备金的调拨和使用；（7）责令控股股东转让股权或者限制有关股东行使股东权利。对经过整改符合有关法律、行政法规规定以及持续性经营规则要求的期货公司，国务院期货监督管理机构应当自验收完毕之日起3日内解除对其采取的有关措施。对经过整改仍未达到持续性经营规则要求，严重影响正常经营的期货公司，国务院期货监督管理机构有权撤销其部分或者全部期货业务许可、关闭其分支机构。期货公司违法经营或者出现重大风险，严重危害期货市场秩序、损害客户利益的，国务院期货监督管理机构可以对该期货公司采取责令停业整顿、指定其他机构托管或者接管等监管措施。经国务院期货监督管理机构批准，可以对该期货公司直接负责的董事、监事、高级管理人员和其他直接责任人员采取以下措施：（1）通知出境管理机关依法阻止其出境；（2）申请司法机关禁止其转移、转让或者以其他方式处分财产，或者在财产上设定其他权利。期货公司的股东有虚假出资或者抽逃出资行为的，国务院期货监督管理机构应当责令其限期改正，并可责令其转让所持期货公司的股权。在股东按照前款要求改正违法行为、转让所持期货公司的股权前，国务院期货监督管理机构可以限制其股东权利。当期货市场出现异常情况时，国务院期货监督管理机构可以采取必要的风险处置措施，等等。

（三）做好金融机构风险处置行政程序与破产程序的衔接

金融机构风险处置行政程序，作为破产司法程序的前置程序，应当做好相关衔接工作。主要包括：

1. 撤销金融业务许可、撤销金融机构，依法需要进行行政清理的，则应依法进行行政清理。如金融机构或者债权人等依法提出破产申请且需要动用金融安全网中的资金进行债权收购的，就应依法进行行政清理。因为，收购债权乃是依法对债权人债权予以保护，维护社会稳定的行政举措，而非司法措施。对此，《证券公司风险处置条例》第39条规定，对不需要动用证券投资者保护基金的证券公司，国务院证券监督管理机构应当在批准破产清算前撤销其证券业务许可。对需要动用证券投资者保护基金的证券公司，国务院证券监督管理机构对该证券公司或者其债权人的破产清算申请不予批准，并依照该条例第3章的规定撤销该证券公司，进行行政清理。行政清理工作完成后，国务院证券监督管理机构或者其委托的行政清理组依照《企业破产法》的有关规定，则可以向人民法院申请对被撤销、关闭证券公司进行破产清算。

2. 做好行政清理组或者行政清算组至管理人角色衔接的工作。行政清理组或者行政清算组，依法可以为人民法院直接指定为管理人。在被指定为管理人之前，行政清理组或者行政清算组，根据有关金融法律、法规对金融机构的财产、债务等事务进行处理，但在破产程序中，则是按照《企业破产法》

及其他有关法律、法规中的破产程序规定依法处置金融机构的财产、债务等事宜，两者的性质、目的、功能、方式、手段、程序等都有所不同，应当注意由行政清理组或者行政清算组至管理人角色的转换。

3. 依法属于行政处置程序中必须完成的工作，应当进行完毕，才能启动破产程序。如证券公司的行政清理或者清算，对客户证券交易结算资金的收购可以保证将经纪业务客户顺利转移，有利于相关客户在证券市场的正常交易，减少因证券公司的破产给证券市场带来的震动，以及经纪业务进入破产程序进行清偿的困难。对个人储蓄和其他个人债权的收购，可以避免大量个人债权人进入破产程序申报债权给法院破产案件审理带来的困难。以是，这种必须由行政清理或者清算完成的工作，应当事先完成。具体来说，已登记债权经甄别确认符合国家收购规定的，行政清理组应当及时按照国家有关规定申请收购资金并协助收购；经甄别确认不符合国家收购规定的，行政清理组应当告知申报的债权人。已经申报登记的债权被依法收购的，不再存在参与破产清算程序的问题。对于已经登记的债权如果没有被行政清理或者清算程序确认为应当收购的债权，应当参与破产程序，那么，在行政清理或者行政清算程序中已经申报登记的债权，是否需要在破产清算程序中重新申报，则不能回避。行政清理或者清算，与破产清算属于两种性质不同的程序，前者属于行政程序，后者属于司法程序。尽管如此，债权人的债权在行政清理或者清算程序中，已被登记并在是否属于应当收购的债权审查、确认中做了大量工作，为避免重复劳动，提高破产清算效率，节约破产成本开支，对此可以由管理人直接进行登记，无需进行申报，然必须依法经过债权人会议核查以及人民法院裁定确认。对这，《证券公司风险处置条例》第 41 条明确规定，证券公司进行破产清算的，行政清理时已登记的不符合国家收购规定的债权，管理人可以直接予以登记。

4. 做好金融职工安置工作，或者提供切实可行的职工安置方案，以及有效维护社会稳定的方案。金融机构的职工往往人数众多，尤其是银行业、保险业金融机构，在各地都存在分支机构，并且业务广泛，有的还遍及全国，职工处置不当，债权人的利益处理不好，极易引起社会混乱甚至动荡，进而危及经济秩序乃至社会稳定。因此，由行政清理或者清算至破产程序转换的过程中，必须妥善做好金融职工安置工作，或者提供切实可行的职工安置方案，以及有效维护社会稳定的方案。

5. 做好各地法院之间的协调配合工作。由于金融机构可以跨地区设立分支机构，破产时涉及的权利人分布地域广，在行政清理或者清算程序中，各种诉讼也往往分布于各地法院。金融机构由行政清理或者清算程序进入破产程序后，除已经发生的诉讼仍由原审理法院继续审理外，其他对债务人的财产保全措施应当解除、执行应当中止，对债权人诉讼及清偿都集中到破产程序中进行。这就需要各相关法院严格依照法律的规定办理相应的法律手续，克服各种消极因素的影响，本着局部利益服从整体利益、个别债权人利益服从全体债权人利益的原则，配合受理破产案件的法院审理好金融机构破产案件。对于法院之间因破产与诉讼、破产与执行发生的争议，审理案件的法院应本着上述原则协商解决，协商不成的报请各自的高级人民法院进行协调，如仍不能达成一致意见，可以报最高人民法院进行协调。在协调结束之前，各相关法院不应采取激化矛盾的司法程序。

四、金融机构破产的单独特别规范

金融机构破产的单独特别规定，是指由有关法律、法规对银行业金融机构、保险业金融机构、证券业金融机构等按照各自的特点，分别作出的只适用于该类金融机构的特别规定。如前所述，尽管金融机构在破产程序前都应依法存在风险处置行政程序，需要采取整顿、托管、接管、撤销业务许可、撤销金融机构、限制金融机构或者有关人员的行为等措施，可这些措施在具体的方法、手段、程序上并不相同，具体适用时应当适用这些针对于该类金融机构的风险处置行政程序规定。这些针对于该类金融机构而由法律、法规规定的风险处置行政程序及其他有关具体规定，均构成了金融机构破产的单独特别规定的内容。下面根据有关法律、法规分别进行介绍。

（一）银行业金融机构破产的单独特别规范

关于银行业金融机构破产的单独特别规定，主要体现在商业银行破产程序中，个人储蓄存款的本金和利息，不作为普通破产债权在最后分配顺序中受偿，而是提前至基本税收债权前依法受偿。对此，《商业银行法》第 71 条第 2 款规定，商业银行破产清算时，在支付清算费用、所欠职工工资和劳动保险费用后，应当优先支付个人储蓄存款的本金和利息。

（二）保险业金融机构破产的单独特别规范

对于保险业金融机构破产的单独特别规定，主要表现在以下方面：

1. 保险金的赔偿或者给付不作为普通破产债权居于最后分配顺序清偿，而是将之提前至劳动债权之后、统筹社保债权与基本税收债权之前的第 2 分配顺位依法受偿。对这，《保险法》第 91 条规定，破产财产在优先清偿破产费用和共益债务后，按照下列顺序清偿：（1）所欠职工工资和医疗、伤残补助、抚恤费用，所欠应当划入职工个人账户的基本养老保险、基本医疗保险费用，以及法律、行政法规规定应当支付给职工的补偿金；（2）赔偿或者给付保险金；（3）保险公司欠缴的除第（1）项规定以外的社会保险费用和所欠税款；（4）普通破产债权。破产财产不足以清偿同一顺序的清偿要求的，按照比例分配。破产保险公司的董事、监事和高级管理人员的工资，按照该公司职工的平均工资计算。

2. 经营人寿保险业务的保险公司破产的，其持有的人寿保险合同及责任准备金必须转让给其他经营有人寿保险业务的保险公司，并维护被保险人、受益人的合法权益。《保险法》第92条规定，经营有人寿保险业务的保险公司被依法撤销或者被依法宣告破产的，其持有的人寿保险合同及责任准备金，必须转让给其他经营有人寿保险业务的保险公司；不能同其他保险公司达成转让协议的，由国务院保险监督管理机构指定经营有人寿保险业务的保险公司接受转让。转让或者由国务院保险监督管理机构指定接受转让前款规定的人寿保险合同及责任准备金的，应当维护被保险人、受益人的合法权益。

3. 破产程序终结后，应当注销其经营保险业务许可证。《保险法》第93条规定，保险公司依法终止其业务活动，应当注销其经营保险业务许可证。

（三）证券业金融机构破产的单独特别规定

证券业金融机构尤其是证券公司的破产程序及其前置性风险行政处置程序，法律、行政法规规定的比较完备，且司法实践的经验也较多，证券公司的破产工作也更为成熟与规范。下面，对于证券业金融机构中的证券公司破产的单独特别规定以及破产司法实践中的经验做法，将其从金融机构破产的单独特别规定单列出来，并分为破产程序前置风险处置行政程序的单独特别规定和破产程序的单独特别规定，根据法律及最高人民法院有关破产审判工作座谈会的一些资料，分别作一详细的介绍，以便对其有较为全面的了解。

五、证券、期货公司破产前置风险处置行政程序的单独特别规范

（一）证券公司破产前置风险处置行政程序的积极措施

关于证券公司破产前置风险处置行政程序的积极性措施，主要包括以下各种措施：

1. 风险监控

《证券公司风险处置条例》第6条规定，国务院证券监督管理机构发现证券公司存在重大风险隐患，可以派出风险监控现场工作组对证券公司进行专项检查，对证券公司划拨资金、处置资产、调配人员、使用印章、订立以及履行合同等经营、管理活动进行监控，并及时向有关地方人民政府

通报情况。

2. 停业整顿

《证券公司风险处置条例》第 7 条规定，证券公司风险控制指标不符合有关规定，在规定期限内未能完成整改的，国务院证券监督管理机构可以责令证券公司停止部分或者全部业务进行整顿。停业整顿的期限不超过 3 个月。证券经纪业务被责令停业整顿的，证券公司在规定的期限内可以将其证券经纪业务委托给国务院证券监督管理机构认可的证券公司管理，或者将客户转移到其他证券公司。证券公司逾期未按照要求委托证券经纪业务或者未转移客户的，国务院证券监督管理机构应当将客户转移到其他证券公司。

3. 托管

（1）托管条件。《证券公司风险处置条例》第 8 条规定："证券公司有下列情形之一的，国务院证券监督管理机构可以对其证券经纪等涉及客户的业务进行托管；情节严重的，可以对该证券公司进行接管：（一）治理混乱，管理失控；（二）挪用客户资产并且不能自行弥补；（三）在证券交易结算中多次发生交收违约或者交收违约数额较大；（四）风险控制指标不符合规定，发生重大财务危机；（五）其他可能影响证券公司持续经营的情形。"

（2）托管主体的构成、职责。对此，《证券公司风险处置条例》第 9 条第 1 款规定："国务院证券监督管理机构决定对证券公司证券经纪等涉及客户的业务进行托管的，应当按照规定程序选择证券公司等专业机构成立托管组，行使被托管证券公司的证券经纪等涉及客户的业务的经营管理权。"第 9 条第 2 款规定："托管组自托管之日起履行下列职责：（一）保障证券公司证券经纪业务正常合规运行，必要时依照规定垫付营运资金和客户的交易结算资金；（二）采取有效措施维护托管期间客户资产的安全；（三）核查证券公司存在的风险，及时向国务院证券监督管理机构报告业务运行中出现的紧急情况，并提出解决方案；（四）国务院证券监督管理机构要求履行的其他职责。"

（3）托管期限。《证券公司风险处置条例》第 9 条第 3 款规定，托管期限一般不超过 12 个月。满 12 个月，确需继续托管的，国务院证券监督管理机构可以决定延长托管期限，但延长托管期限最长不得超过 12 个月。

（4）托管中的费用承担。《证券公司风险处置条例》第 10 条规定，被托管证券公司应当承担托管费用和托管期间的营运费用。国务院证券监督管理机构应当对托管费用和托管期间的营运费用进行审核。托管组不承担被托管证券公司的亏损。

4. 接管

（1）接管主体及其职责。《证券公司风险处置条例》第11条第1款规定："国务院证券监督管理机构决定对证券公司进行接管的，应当按照规定程序组织专业人员成立接管组，行使被接管证券公司的经营管理权，接管组负责人行使被接管证券公司法定代表人职权，被接管证券公司的股东会或者股东大会、董事会、监事会以及经理、副经理停止履行职责。"第2款规定："接管组自接管之日起履行下列职责：（一）接管证券公司的财产、印章和账簿、文书等资料；（二）决定证券公司的管理事务；（三）保障证券公司证券经纪业务正常合规运行，完善内控制度；（四）清查证券公司财产，依法保全、追收资产；（五）控制证券公司风险，提出风险化解方案；（六）核查证券公司有关人员的违法行为；（七）国务院证券监督管理机构要求履行的其他职责。"

（2）接管期限。根据《证券公司风险处置条例》第11条第3款的规定，接管期限一般不超过12个月。满12个月，确需继续接管的，国务院证券监督管理机构可以决定延长接管期限，但延长接管期限最长不得超过12个月。

5. 行政重组

（1）行政重组条件。具体又包括：

①必须具有法定的原因并且符合法定的条件。其中，具有法定的原因要求证券公司出现重大风险。必须符合法定的条件，根据《证券公司风险处置条例》第12条第1款的规定："要求必须同时符合下列条件：证券公司出现重大风险，但具备下列条件的，可以由国务院证券监督管理机构对其进行行政重组：（一）财务信息真实、完整；（二）省级人民政府或者有关方面予以支持；（三）整改措施具体，有可行的重组计划。"

②必须由证券公司提出申请。被停业整顿、托管、接管的证券公司，具备前款规定条件的，也可以由国务院证券监督管理机构对其进行行政重组。

（2）行政重组方式。《证券公司风险处置条例》第13条第1款规定，证券公司进行行政重组，可以采取注资、股权重组、债务重组、资产重组、合并或者其他方式。

（3）行政重组期限。《证券公司风险处置条例》第13条第2款规定，行政重组期限一般不超过12个月。满12个月，行政重组未完成的，国务院证券监督管理机构可以决定延长行政重组期限，但延长行政重组期限最长不得超过6个月。

（4）行政重组的协调与监督。《证券公司风险处置条例》第13条第3款规定，国务院证券监督管理机构对证券公司的行政重组进行协调和指导。

（二）证券公司破产前置风险处置的行政积极措施的实施程序

1. 进行证券公司风险处置行政积极性措施公告。《证券公司风险处置条例》第14条规定，国务院证券监督管理机构对证券公司做出责令停业整顿、托管、接管、行政重组的处置决定，应当予以公告，并将公告张贴于被处置证券公司的营业场所。处置决定包括被处置证券公司的名称、处置措施、事由以及范围等有关事项。处置决定的公告日期为处置日，处置决定自公告之时生效。

2. 进行证券公司风险处置行政积极性措施，对债权债务关系不产生影响。《证券公司风险处置条例》第15条规定，证券公司被责令停业整顿、托管、接管、行政重组的，其债权债务关系不因处置决定而变化。

3. 证券公司风险处置行政积极性措施的结束。证券公司经停业整顿、托管、接管或者行政重组在规定期限内达到正常经营条件的，证券公司经停业整顿、托管、接管或者行政重组在规定期限内达到正常经营条件的，根据《证券公司风险处置条例》第16条的规定，经国务院证券监督管理机构批准，可以恢复正常经营。

（三）证券公司风险处置行政消极性措施及其实施程序

如果说，在证券公司出现风险甚至重大风险时采取整顿、托管、接管、行政重组等措施，意在使其化解风险，恢复生机，属于积极性的行政措施，那么，在其无法化解风险的情况下，则需要采取撤销其证券业务许可甚至撤销、关闭证券公司，并依法成立行政清理组对证券公司的财产、债权债务进行清理、处置等行政消极性措施，使其在行政清理后依法退出市场，或者依法转为破产清算程序经过破产司法清算后退出市场。

1. 撤销业务许可

证券公司经停业整顿、托管、接管或者行政重组在规定期限内仍达不到正常经营条件，然能够清偿到期债务的，根据《证券公司风险处置条例》第17条规定，证券公司经停业整顿、托管、接管或者行政重组在规定期限内仍达不到正常经营条件，但能够清偿到期债务的，国务院证券监督管理机构依法撤销其证券业务许可。第18条规定，被撤销证券业务许可的证券公司应当停止经营证券业务，按照客户自愿的原则将客户安置到其他证券公司，安置过程中相关各方应当采取必要措施保证客户证券交易的正常进行。被撤销证券业务许可的证券公司有未安置客户等情形的，国务院证券监督管理机构可以比照本条例第3章的规定，成立行政清理组，清理账户、安置客户、转让证券类资产。

2. 撤销证券公司

（1）撤销证券公司的两种情形及其条件。其中一种情形为可以撤销型，另一种是应当撤销型。对于前者，《证券公司风险处置条例》第19条规定：

“证券公司同时有下列情形的，国务院证券监督管理机构可以直接撤销该证券公司：（一）违法经营情节特别严重、存在巨大经营风险；（二）不能清偿到期债务，并且资产不足以清偿全部债务或者明显缺乏清偿能力；（三）需要动用证券投资者保护基金。”对于后者，《证券公司风险处置条例》第20条规定：“证券公司经停业整顿、托管、接管或者行政重组在规定期限内仍达不到正常经营条件，并且有本条例第十九条第（二）项或者第（三）项规定情形的，国务院证券监督管理机构应当撤销该证券公司。”

（2）撤销证券公司的程序。包括：

①作出撤销决定。《证券公司风险处置条例》第21条规定，国务院证券监督管理机构撤销证券公司，应当做出撤销决定。撤销决定应当予以公告，撤销决定的公告日期为处置日，撤销决定自公告之时生效。本条例施行前，国务院证券监督管理机构已经对证券公司进行行政清理的，行政清理的公告日期为处置日。

②成立行政清理组。《证券公司风险处置条例》第21条规定，按照规定程序选择律师事务所、会计师事务所等专业机构成立行政清理组，对该证券公司进行行政清理。第22条规定：“行政清理期间，行政清理组负责人行使被撤销证券公司法定代表人职权”。“行政清理组履行下列职责：（一）管理证券公司的财产、印章和账簿、文书等资料；（二）清理账户，核实资产负债有关情况，对符合国家规定的债权进行登记；（三）协助甄别确认、收购符合国家规定的债权；（四）协助证券投资者保护基金管理机构弥补客户的交易结算资金；（五）按照客户自愿的原则安置客户；（六）转让证券类资产；（七）国务院证券监督管理机构要求履行的其他职责。”“前款所称证券类资产，是指证券公司为维持证券经纪业务正常进行所必需的计算机信息管理系统、交易系统、通信网络系统、交易席位等资产。”

③撤销证券公司的法律后果：（1）根据《证券公司风险处置条例》第23条的规定，被撤销证券公司的股东会或者股东大会、董事会、监事会以及经理、副经理停止履行职责。行政清理期间，被撤销证券公司的股东不得自行组织清算，不得参与行政清理工作。（2）根据《证券公司风险处置条例》第24条的规定，行政清理期间，被撤销证券公司的证券经纪等涉及客户的业务，由国务院证券监督管理机构按照规定程序选择证券公司等专业机构进行托管。（3）根据《证券公司风险处置条例》第25条的规定，证券公司设立或者实际控制的关联公司，其资产、人员、财务或者业务与被撤销证券公司混合的，经国务院证券监督管理机构审查批准，纳入行政清理范围。（4）根据《证券公司风险处置条例》第26条的规定，证券公司的债权债务关系不因其被撤销

而变化。自证券公司被撤销之日起，证券公司的债务停止计算利息。(5)《证券公司风险处置条例》第 27 条规定，行政清理组清理被撤销证券公司账户的结果，应当经具有证券、期货相关业务资格的会计师事务所审计，并报国务院证券监督管理机构认定。行政清理组根据经国务院证券监督管理机构认定的账户清理结果，向证券投资者保护基金管理机构申请弥补客户的交易结算资金的资金。

④对债权人需要登记的事项进行公告。《证券公司风险处置条例》第 28 条第 1 款规定，行政清理组应当自成立之日起 10 日内，将债权人需要登记的相关事项予以公告。

⑤债权申报与收购。《证券公司风险处置条例》第 28 条第 2 款、第 3 款规定，符合国家有关规定的债权人应当自公告之日起 90 日内，持相关证明材料向行政清理组申报债权，行政清理组按照规定登记。无正当理由逾期申报的，不予登记。已登记债权经甄别确认符合国家收购规定的，行政清理组应当及时按照国家有关规定申请收购资金并协助收购；经甄别确认不符合国家收购规定的，行政清理组应当告知申报的债权人。

⑥转让证券类资产：A. 转让证券类资产的方式。《证券公司风险处置条例》第 29 条规定，行政清理组应当在具备证券业务经营资格的机构中，采用招标、公开询价等公开方式转让证券类资产。证券类资产转让方案应当报国务院证券监督管理机构批准。B. 变现已被人民法院采取保全措施的证券类资产。《证券公司风险处置条例》第 32 条规定，为保护债权人利益，经国务院证券监督管理机构批准，行政清理组可以向人民法院申请对处置前被采取查封、扣押、冻结等强制措施的证券类资产以及其他资产进行变现处置，变现后的资金应当予以冻结。C. 对证券类资产转让的限制。《证券公司风险处置条例》第 30 条规定，行政清理组不得转让证券类资产以外的资产，但经国务院证券监督管理机构批准，易贬损并可能遭受损失的资产或者确为保护客户和债权人利益的其他情形除外。

⑦债权清偿：A. 债权个别清偿的禁止与例外。《证券公司风险处置条例》第 31 条规定，行政清理组不得对债务进行个别清偿，但为保护客户和债权人利益的下列情形除外：因行政清理组请求对方当事人履行双方均未履行完毕的合同所产生的债务；为维持业务正常进行而应当支付的职工劳动报酬和社会保险费用等正常支出；行政清理组履行职责所产生的其他费用。B. 行政清理费用的清偿。《证券公司风险处置条例》第 33 条规定，行政清理费用经国务院证券监督管理机构审核后，从被处置证券公司财产中随时清偿。前款所称行政清理费用，是指行政清理组管理、转让证券公司财产所需的费用，行

政清理组履行职务和聘用专业机构的费用等。C. 行政清理的税收费用的免缴。《证券公司风险处置条例》第 35 条规定，行政清理期间，被处置证券公司免缴行政性收费和增值税、营业税等行政法规规定的税收。

⑧行政清理的期限。《证券公司风险处置条例》第 34 条规定，行政清理期限一般不超过 12 个月。满 12 个月，行政清理未完成的，国务院证券监督管理机构可以决定延长行政清理期限，但延长行政清理期限最长不得超过 12 个月。

3. 关闭证券公司

根据《证券公司风险处置条例》第 36 条规定，证券公司被国务院证券监督管理机构依法责令关闭，需要进行行政清理的，比照本章的有关规定执行。

（四）期货公司风险行政处置的措施和程序

期货公司风险行政处置的措施和程序，参照上述证券公司风险处置的措施和程序执行。对这，《证券公司风险处置条例》第 62 条规定，期货公司风险处置参照本条例的规定执行。

（五）证券公司破产申报受理前置风险处置行政程序的监督

1. 监督的主体及其职责

《证券公司风险处置条例》第 48 条规定："国务院证券监督管理机构在处置证券公司风险工作中，履行下列职责：（一）制订证券公司风险处置方案并组织实施；（二）派驻风险处置现场工作组，对被处置证券公司、托管组、接管组、行政清理组、管理人以及参与风险处置的其他机构和人员进行监督和指导；（三）协调证券交易所、证券登记结算机构、证券投资者保护基金管理机构，保障被处置证券公司证券经纪业务正常进行；（四）对证券公司的违法行为立案稽查并予以处罚；（五）及时向公安机关等通报涉嫌刑事犯罪的情况，按照有关规定移送涉嫌犯罪的案件；（六）向有关地方人民政府通报证券公司风险状况以及影响社会稳定的情况；（七）法律、行政法规要求履行的其他职责。"第 58 条规定："有下列情形之一的机构或者人员，禁止参与处置证券公司风险工作：（一）曾受过刑事处罚或者涉嫌犯罪正在被立案侦查、起诉；（二）涉嫌严重违法正在被行政管理部门立案稽查或者曾因严重违法行为受到行政处罚未逾 3 年；（三）仍处于证券市场禁入期；（四）内部控制薄弱、存在重大风险隐患；（五）与被处置证券公司处置事项有利害关系；（六）国务院证券监督管理机构认定不宜参与处置证券公司风险工作的其他情形。"

2. 监督措施

（1）依法将涉嫌犯罪案件移送公安机关查处。《证券公司风险处置条例》第 49 条第 1 款规定，处置证券公司风险过程中，发现涉嫌犯罪的案件，属公安机关管辖的，应当由国务院公安部门统一组织依法查处。有关地方人民政府应当予以支持和配合。

（2）从公安机关查询、复制有关资料。《证券公司风险处置条例》第49条第2款规定，风险处置现场工作组、行政清理组和管理人需要从公安机关扣押资料中查询、复制与其工作有关资料的，公安机关应当支持和配合。证券公司进入破产程序的，公安机关应当依法将冻结的涉案资产移送给受理破产案件的人民法院，并留存必需的相关证据材料。

（3）申请人民法院中止证券公司的有关诉讼、执行程序。《证券公司风险处置条例》第50条规定，国务院证券监督管理机构依照本条例第2章、第3章对证券公司进行处置的，可以向人民法院提出申请中止以该证券公司以及其分支机构为被告、第三人或者被执行人的民事诉讼程序或者执行程序。证券公司设立或者实际控制的关联公司，其资产、人员、财务或者业务与被处置证券公司混合的，国务院证券监督管理机构可以向人民法院提出申请中止以该关联公司为被告、第三人或者被执行人的民事诉讼程序或者执行程序。采取前两款规定措施期间，除本条例第31条规定的情形外，不得对被处置证券公司债务进行个别清偿。

（4）禁止证券公司相关资金账户及资金、证券转出。

（5）《证券公司风险处置条例》第51条规定，被处置证券公司或者其关联客户可能转移、隐匿违法资金、证券，或者证券公司违反本条例规定可能对债务进行个别清偿的，国务院证券监督管理机构可以禁止相关资金账户、证券账户的资金和证券转出。

3. 有关机构及人员在证券公司风险处置行政程序中的义务：

（1）被处置证券公司所在地人民政府的义务。《证券公司风险处置条例》第52条规定，被处置证券公司以及其分支机构所在地人民政府，应当按照国家有关规定配合证券公司风险处置工作，制订维护社会稳定的预案，排查、预防和化解不稳定因素，维护被处置证券公司正常的营业秩序。被处置证券公司以及其分支机构所在地人民政府，应当组织相关单位的人员成立个人债权甄别确认小组，按照国家规定对已登记的个人债权进行甄别确认。

（2）证券投资者保护基金管理机构的义务。《证券公司风险处置条例》第53条规定，证券投资者保护基金管理机构应当按照国家规定，收购债权、弥补客户的交易结算资金。证券投资者保护基金管理机构可以对证券投资者保护基金的使用情况进行检查。

（3）证券公司相关利害关系人的义务。《证券公司风险处置条例》第54～55条规定，被处置证券公司的股东、实际控制人、债权人以及与被处置证券公司有关的机构和人员，应当配合证券公司风险处置工作。被处置证券公司的董事、监事、高级管理人员以及其他有关人员应当妥善保管其使用和管理的证券公司财产、印章和账簿、文书等资料以及其他物品，按照要求向托管组、接管组、行政清理组或者管理人移交，并配合风险处置现场工作组、托管组、接管组、行政清理组的调查工作。

（4）处置程序中执行者的义务。《证券公司风险处置条例》第56条、第57条规定，托管组、接管组、行政清理组以及被责令停业整顿、托管和行政重组的证券公司，应当按照规定向国务院证券监督管理机构报告工作情况。托管组、接管组、行政清理组以及其工作人员应当勤勉尽责，忠实履行职责。被处置证券公司的股东以及债权人有证据证明托管组、接管组、行政清理组以及其工作人员未依法履行职责的，可以向国务院证券监督管理机构投诉。经调查核实，由国务院证券监督管理机构责令托管组、接管组、行政清理组以及其工作人员改正或者对其予以更换。

4. 证券公司风险处置行政程序中的法律责任

《证券公司风险处置条例》第59条、第60条规定，证券公司的董事、监事、高级管理人员等对该证券公司被处置负有主要责任的，暂停其任职资格1至3年；情节严重的，撤销其任职资格、证券从业资格，并可以按照规定对其采取证券市场禁入的措施。被处置证券公司的董事、监事、高级管理人员等有关人员有下列情形之一的，处以其年收入1倍以上2倍以下的罚款，并可以暂停其任职资格、证券从业资格；情节严重的，撤销其任职资格、证券从业资格，处以其年收入2倍以上5倍以下的罚款，并可以按照规定对其采取证券市场禁入的措施：（1）拒绝配合现场工作组、托管组、接管组、行政清理组依法履行职责；（2）拒绝向托管组、接管组、行政清理组移交财产、印章或者账簿、文书等资料；（3）隐匿、销毁、伪造有关资料，或者故意提供虚假情况；（4）隐匿财产，擅自转移、转让财产；（5）妨碍证券公司正常经营管理秩序和业务运行，诱发不稳定因素；（6）妨碍处置证券公司风险工作正常进行的其他情形。证券公司控股股东或者实际控制人指使董事、监事、高级管理人员有前款规定的违法行为的，对控股股东、实际控制人依照前款规定从重处罚。

六、证券公司破产的单独特别规范

（一）证券公司破产的申请与批准

《证券公司风险处置条例》第37条规定，证券公司被依法撤销、关闭时，有《企业破产法》第2条规定情形的，行政清理工作完成后，国务院证券监督管理机构或者其委托的行政清理组依照《企业破产法》的有关规定，可以向人民法院申请对被撤销、关闭证券公司进行破产清算。第38条规定，证券公司有《企业破产法》第2条规定情形的，国务院证券监督管理机构可以直接向人民法院申请对该证券公司进行重整。证券公司或者其债权人依照《企业破产法》的有关规定，可以向人民法院提出对证券公司进行破产清算或者重整的申请，但应当依照《证券法》第122条的规定报经国务院证券监督管理机构核准。证券公司未经国务院证券监督管理机构核准破产的，对之及其直接直接负责的主管人员和其他直接责任人员，根据204条规定，应当警告，并责令改正，同时给予罚款的处罚。

对于有关金融机构破产的申请，国务院证券监督管理机构应当作出是否批准的决定。《证券公司风险处置条例》第39条规定，对不需要动用证券投资者保护基金的证券公司，国务院证券监督管理机构应当在批准破产清算前撤销其证券业务许可。证券公司应当依照本条例第18条的规定停止经营证券业务，安置客户。对需要动用证券投资者保护基金的证券公司，国务院证券监督管理机构对该证券公司或者其债权人的破产清算申请不予批准，并依照本条例第3章的规定撤销该证券公司，进行行政清理。

（二）人民法院受理证券公司破产案件的条件

证券公司破产案件与普通企业破产案件，在受理条件方面既有共性，又有所区别。除破产法律规范要求的不能清偿到期债务的条件外，证券公司破产申请的受理还有一些特殊的条件：

1. 须经国家证券监督管理机构的核准。证券公司作为证券市场的重要主体，国家对其实施较严格的行政监管。《证券法》第122条规定："证券公司变更证券业务范围，变更主要股东或者公司的实际控制人，合并、分立、停业、解散、破产，应当经国务院证券监督管理机构核准。"第204条规定："证券公司违反本法第122条的规定，未经核准变更证券业务范围，变更主要股东或者公司的实际控制人，合并、分立、停业、解散、破产的，责令改正，给予警告，没收违法所得，并处以违法所得1倍以上10倍以下的罚款；没有违法所得或者违法所得不足50万元的，处以50万元以上500万元以下的罚款；情节严重的，并处撤销相关业务许可。对直接负责的主管人员和其他直接责任人员给予警告，并处以20万元以上200万元以下的罚款。"证券公司的市场准入和市场退出是行政监管的重要内容，证券公司申请破产的行政审批是人民法院受理证券公司破产申请的必经程序，也是证券公司破产申请受理的必要条件。

2. 证券类资产处置完毕。证券类资产处置的实质是经纪业务客户的移转安排，这是当前国家在证券公司风险处置过程中，对经纪业务客户安排的现实选择，是行政处置期间必须完成的工作。通过经纪业务客户的移转可以保证经纪业务客户的正常交易，维护证券市场正常交易秩序不因证券公司的破产受到影响。同时，经纪业务客户通过此种转移不必进入破产程序清算，减少了破产程序中法律适用方面的难度和社会稳定的压力。

3. 收购工作基本完成。在行政处置期间，根据《收购意见》完成对个人债权及客户证券交易结算资金的收购是处置机关的主要工作。对客户证券交易结算资金的收购可以保证将经纪业务客户顺利转移，有利于相关客户在证券市场的正常交易，减少因证券公司的破产给证券市场带来的震动，以及经纪业务进入破产程序进行清偿的困难。对个人储蓄和其他个人债权的收购，可以避免大量个人债权人进入破产程序申报债权给法院破产案件审理带来的困难。经甄别确认不属于收购范围的债权，应依法参加清算。

甄别、确认、收购是按照《收购意见》和相关规定的程序进行的。而这一程序属于行政程序，一般情况下不应与破产程序交织在一起。不然，在行政程序尚未完结之前，破产程序的债权申报无法确定。所以，在进入破产程序前，收购工作应当完成。对于甄别确认工作已经完成，确认结论已通知当事人，当事人没有异议，收购资金已经落实并开始进行收购的，人民法院可以根据实际情况受理证券公司的破产申请。具体来说，《收购意见》的主要内容有：

（1）收购债权的范围。包括收购的个人债权范围和收购的客户证券交易结算资金范围。收购的个人债权范围，即《收购意见》确定收购的个人债权，是指居民以个人名义在依法设立的金融机构中开立账户或进行金融产品交易，并有真实资金投入所形成的对金融机构的债权，不包括个体工商户、个人独资企业、个人合伙企业等开立账户或进行金融产品交易而形成的对金融机构的债权，包括：①个人储蓄存款。②居民个人持有的金融机构发行的各类债权凭证。③居民个人委托金融机构运营的财产，即委托财产，包括委托理财（含三方监管委托理财、委托租赁等形式）、信托（含集合信托）。权属不清晰或被挪用的委托财产（含信托，下同）形成对金融机构的个人债权，纳入收购范围；权属清晰，未被受托金融机构挪用的委托财产，不作为清算财产，不纳入收购范围。④居民个人持有的存放于金融机构相关账户上的被金融机构挪用的有价证券（含国债、股票、其他债券）形成的对金融机构的个人债权。

收购的客户证券交易结算资金范围，即客户证券交易结算资金，是指经纪业务的客户为保证足额交收而在证券公司存入的资金，出售有价证券所得到的所有款项（减去经纪佣金和其他正当费用），持有证券所获得的股息、现金股利、债券利息，上述资金获得的利息。金融机构处置以前法院已判决的属于收购范围内的客户证券交易结算资金。个人债权人可以选择接受收购，并按该意见执行；也可以选择参加被处置金融机构的最后清算，同时签署参与清算确认书。最终清算受偿金额低于收购额的，不予补偿。

（2）其他债权处理原则。包括：①多人以单一个人名义（个人集合）对金融机构形成的债权，按单一个人债权予以收购。②各种基金会中由个人捐赠的资金，属于基金会的合法财产，基金会将该财产投入金融机构形成的债权，为机构债权。③收购实行名实相符的原则，凡个人以机构名义或机构以个人名义对金融机构形成的债权，不纳入收购范围。

（3）收购标准。个人储蓄存款及客户证券交易结算资金的合法本息全额收购；2004 年 9 月 30 日（含 2004 年 9 月 30 日）以前发生的收购范围内的其他个人债权的本金部分按照以下标准收购：①同一个人（即同一身份证号的个人，下同）债权金额累计在 10 万元（含 10 万元）人民币以内的，予以全额收购。②同一个人债权金额累计在 10 万元（不含 10 万元）人民币以上部分，按 9 折价格收购。

（4）债权计算标准：①收购本息的人民币债权以金融机构被公告停业整顿、托管经营、撤销之日（下称被公告处置日，如被处置金融机构经过停业整顿或托管经营后进入撤销，以停业整顿或托管经营公告日为被公告处置日，下同）账面余额扣除超过国家法定利率的高息后的余额为准。②只收购本金的人民币债权以金融机构被公告处置日账面本金为准。③外币债权按金融机构被公告处置日国家外汇管理局公布的当日人民币外汇牌价的买卖中间价折合人民币计算。④被金融机构挪用的个人持有的有价证券，以原有证券在金融机构被公告处置日的收盘价的虚拟还原市值计算。⑤被金融机构挪用的有指定投资产品的委托理财及信托：对于可流通有价证券债权金额，按金融机构被公告处置日收盘时的市值计算；对于非流通股及其他各类债权的债权金额，按市场评估价计算。⑥没有指定具体投资品的委托理财及信托，债权金额按本金计算。

（5）收购程序。客户证券交易结算资金经托管组或清算组甄别确认后提出收购申请，报监督管理部门批准后，在实行第三方存管的同时支付收购款。对停业整顿、撤销的金融机构和托管经营后需要撤销的证券公司，个人债权分公告、登记、甄别确认和支付收购款 4 个阶段进行。托管经营期间的证券公司，托管组可比照下列要求进行个人债权登记、甄别确认：①公告。金融监督管理部门公告金融机构停业整顿、撤销的当日，应当在该金融机构总部、分支机构及营业网点发布个人债权及客户证券交易结算资金的收购公告。②登记。自金融机构被公告处置之日起，由金融机构停业整顿工作组、撤销清算组（下称清算组）负责进行债权登记（客户证券交易结算资金除外）。债权登记应按个人和机构债权分别进行，登记期为90天。③甄别确认。被处置金融机构法人和分支机构所在地政府，应负责成立相应的个人债权甄别确认小组，对由清算组登记的个人债权的真实性进行甄别确认。对被处置金融机构公告处置日以前法院已判决的属于收购范围的居民个人债权，视为已确认债权。甄别确认小组应包括地方纪检、监察、检察、公安、财政、税务、审计、监督管理部门、人民银行、清算组等有关部门和机构的人员。甄别确认小组应对债权人提供的有效身份证明、债权证明、原始凭证等进行审查。甄别确认完成时间最迟不超过公告的债权确认期（一般为债权登记期后的90天内）。甄别确认工作也可与债权登记同步进行。甄别结束后，对于确认收购的个人债权，应以清算组的名义给债权人出具个人债权收购确认函。债权人应同时签署债权转让书，将其所持有的债权让渡给收购方，由收购方参与金融机构的清算。④支付收购款。债权人（代理人）凭有效身份证明及个人债权收购确认函到指定银行领取收购款。银行收回个人债权收购确认函。

（6）收购资金的筹集：①金额的确定。对需收购的个人债权及客户证券交易结算资金的额度，应在金融机构被公告处置日前由监督管理部门测算，会同财政部、人民银行初步确定后，报国务院批准。收购个人储蓄存款和客户证券交易结算资金的款项全部由中央政府负责；收购其他个人债权的资金由中央政府负责90%，其余10%由金融机构总部、分支机构、营业网点所在地省级政府分别负责筹集。收购资金的最终使用额度以甄别、确认并经过审核后的数字为准。②中央收购资金的筹集与偿还。中央政府负责筹集的收购资金在存款保险制度及证券投资者补偿机制建立之前，由人民银行用再贷款垫付，承贷主体由人民银行与监督管理部门协商确定。人民银行垫付再贷款后由监督管理部门行使该债权的受让权，该债权由金融机构的清算财产偿还，不足部分由今后建立的存款保险和证券投资者补偿基金偿还。再贷款的损失由人民银行和财政部提出处理意见，报国务院批准执行。③地方政府收购资金的筹集。地方政府负责筹集10%的收购资金，如地方财力确有困难，可向人民银行申请再贷款解决，借款程序参照中国人民银行、财政部《关于印发〈地方政府向中央专项借款管理规定〉的通知》（银发〔2000〕148号）执行。如地方政府不能按期如数偿还借款，由中央财政从地方的转移支付资金或税收返还中扣回欠款。

（7）各方责任。由金融监督管理部门根据实际情况，决定并公告对金融机构停业整顿、托管经营、撤销的决定，并负责组织成立清算组。地方人民政府一方面要配合清算组做好债权登记，负责个人债权的甄别工作；另一方面要制定风险处置预案，保持社会稳定。人民银行和财政部根据需要对再贷款及专项借款的使用情况进行审核、监督。公安机关要依法查处金融机构及有关人员的违法犯罪问题。对在债权甄别、确认工作中出现的骗取收购资金的不法行为，要依法严厉打击；对工作人员的失职行为，要依法追究其责任。

4. 职工已经安置或有切实可行的职工安置方案。证券公司的职工安置问题虽然不像国有企业那么困难，处理不好，也有可能成为不稳定的因素。从目前的实践看，在证券公司职工的安置方面，主要有如下几个问题：（1）属于证券营业部和服务部的职工，随同证券类资产的处置，由受让证券营业部和服务部的机构统一接收，接收单位应当充分尊重所接收职工的合法权益，不得歧视或随意解雇。（2）解除劳动关系的职工，应当依法或依据劳动合同给予补偿，依据劳动合同给予的补偿过低的，应当根据有关规定予以调整。（3）对高级管理人员的工资和补偿标准，依据该公司为其核定的工资额为基数进行补偿的话，则往往过高，对此应当依据职工的平均工资予以调整。（4）职工与业绩挂钩的奖金不应当作为职工工资或补偿金优先发放，因为职工的所谓业绩奖金应当以公司的盈利为基础，对不属于破产法优先保护的职工工资的奖金，不应优先受偿。

5. 在行政处置期间没有不当处置资产的情况。《企业破产法（试行）》第12条规定：“人民法院受理破产案件后，债务人对部分债权人的清偿无效，但是债务人正常生产经营所必需的除外。”第11条规定：“人民法院受理破产案件后，对债务人财产的其他民事程序必须中止。”[①] 在进入行政处置程序后，法院提供“三中止”的司法保护，致使一切针对证券公司的诉讼和执行措施全部中止，具有与破产申请受理相同的效果，在此期间对个别债权人进行清偿，必然损害其他债权人的利益，这与破产程序要求全体债权人公平受偿的原则相悖。在破产申请审查阶段发现这一问题的，破产申请人应当尽快纠正个别清偿行为；破产申请已经受理，且个别清偿无法回转，作出个别清偿的相关组织则要承担相应的民事责任。在行政处置期间，对于当事人以对标的物享有所有权或担保物权为由，向行政清算组主张取回权或别除权的，行政

① 上述两条的内容已被《企业破产法》第16条、第19条、第20条的规定所涵盖。第16条规定：“人民法院受理破产申请后，债务人对个别债权人的债务清偿无效。”第19条规定：“人民法院受理破产申请后，有关债务人财产的保全措施应当解除，执行程序应当中止。”第20条规定：“人民法院受理破产申请后，已经开始而尚未终结的有关债务人的民事诉讼或者仲裁应当中止；在管理人接管债务人的财产后，该诉讼或者仲裁继续进行。”

清算组一般不能对相关资产作出处分，而应当在破产程序中，由相关权利人通过破产清算组主张权利。这是由于在行政处置期间，清算组对资产的处分行为缺少相应的制约监督机制，一旦处分错误，在进入破产程序后引发债权人的异议，将难以纠正，行政清算组对此错误造成的损失要承担相应的民事责任。

6. 公安机关专案组收缴的资产、账簿需要移交。打击刑事犯罪是贯穿于整个证券公司风险处置过程中的重要任务，而进入处置程序的开始阶段是发现犯罪线索、控制犯罪嫌疑人的最有利的时机。通过账目审计、核实资产及时发现犯罪线索并移送侦查机关立案侦查，可以有效地制止、震慑犯罪行为。通过追缴赃款、赃物，可以最大限度地保全证券公司资产，有利于债权人利益的最大化。而掌握债务人的账簿、控制债务人的资产，是破产清算组赖以进行破产清算、财产分配的必要条件。在向人民法院提出破产申请时，公安机关收查的资产、账簿必须处于可随时向破产清算组移交的状态，也就是应当掌握在行政清算组手中。

7. 地方政府要有维护社会稳定的方案。《收购意见》作为当前处置金融风险的一个指导性文件，除了以部门规章的形式确定了对个人债权和客户证券交易结算资金收购外，还规定了地方政府的职责，如确定地方人民政府一方面要配合清算组做好债权登记，负责个人债权的甄别工作；另一方面要制定风险处置预案，保持社会稳定，也就是说，社会稳定的政治责任落实在地方政府身上。而人民法院审理证券公司破产案件既是金融风险处置的一个重要环节，也是最后一个环节，在破产程序中确保社会稳定不出问题，仍然是地方政府的重要职责，对破产程序中可能出现的不利局面，地方政府应制定应对预案。尤其要防止未纳入《收购意见》的个人集合债权和机构名义个人债权等一些敏感类债权人的激烈反应以及可能带来的社会不稳定因素。对这些问题，地方政府应当有妥善的处置方案，及时解决，防止事态扩大。当然，人民法院在自身能力范围内也应当尽职尽责，同地方政府一道共同维护社会的稳定。

8. 报经最高人民法院批准。地方各级人民法院在决定受理证券公司破产申请受理前，需逐级上报最高人民法院批准。这是当前金融机构破产法律规范尚不健全，人民法院审理金融机构破产案件还处在探索、积累经验时期的阶段性要求，目的是避免在未经国家相关部门行政处置前，地方各级人民法院贸然受理针对证券公司的破产申请而带来工作上的被动。

（三）选定管理人

《证券公司风险处置条例》第40条规定：“人民法院裁定受理证券公司重

整或者破产清算申请的，国务院证券监督管理机构可以向人民法院推荐管理人人选。”《指定管理人规定》有针对性地规定了审理证券公司等金融机构破产案件中指定管理人的方法。根据该规定，人民法院审理证券公司破产案件指定管理人可以采取以下几种方法：

1. 由原行政清算组（包括行政清理组）直接转为管理人。《指定管理人规定》第 18 条规定，破产申请受理前，根据有关规定已经成立清算组，人民法院认为符合本规定第 19 条的规定的，可以指定清算组为管理人。这是由于行政清算组对行政处置过程中的情况比较了解，也比较熟悉证券公司风险处置的政策，具备处置证券公司风险所需要的专业知识。行政清算组进行的行政清理工作与破产案件中管理人的工作有相似性，为保证行政清理工作和破产案件审理工作的顺利衔接，对于符合上述规定的行政清算组，经人民法院认可，可直接转为管理人。

2. 重新指定清算组担任管理人。人民法院认为可以指定清算组为管理人的，可以从政府有关部门、编入管理人名册的社会中介机构、金融资产管理公司中指定清算组成员，人民银行及金融监督管理机构可以按照有关法律和行政法规的规定派人参加清算组。需要指出的是，由于原行政清算组人员对证券公司在行政处置过程中的情况比较了解，其参加破产管理人的有关工作，有利于破产程序的正常、顺利进行。是以，人民法院重新指定清算组成员时，一般应当包括原行政清算组的成员在内。

3. 接受推荐指定管理人。对于经过行政清理、清算的证券公司的破产案件，人民法院可以在金融监督管理机构推荐的已编入管理人名册的社会中介机构中指定管理人。这是针对审理证券公司等特殊主体破产案件指定管理人的特殊规定。行政清算组根据证券监督管理机构的指派从事行政清理工作，性质上与其他普通中介服务根本不同。故，当事人如根据《指定管理人规定》第 23 条、第 24 条的规定，以行政清算组或其成员存在《企业破产法》第 24 条第 3 款第 3 项规定的利害关系为由主张其回避的，人民法院应不予支持。

人民法院指定管理人后，行政清理组仍要保留一段时间，负责行政清理后续事宜，配合管理人做好后续工作。行政清理组在行政处置期间的费用，经证券监督管理机构核准的，可作为破产费用在破产财产中支付。破产期间，行政清理组配合破产清算的费用开支，从被处置证券公司破产费用中列支。行政清理组被撤销后，个别确需处理的后续问题，可商请证券监督管理机构协调解决。

（四）注意行政处置程序与破产程序的衔接

证券公司破产案件与一般企业破产案件相比，不仅在案件受理方面具有一定的特殊性，在人民法院审理破产案件过程中，也存在着一些特殊问题，其中一项重要的内容就是要注意搞好行政处置程序与破产程序的衔接工作：

1. 证券公司破产财产的有关问题。破产程序的一个重要目标就是债权人对债务人财产的分配，而债务人财产保有和保值对破产程序的进行至关重要。证券公司在进入破产程序前，要先行采取行政处置，而这一期间一般较长，这就要求行政处置清算组对证券公司的资产采取适当的措施，以保全证券公司的财产。被处置的证券公司除了有各种债务之外，还对外拥有大量债权及投资权益。进入行政处置程序后，无论是接管组、托管人还是清算组都负有一个重要职责，就是保全公司的资产，其中一项重要内容就是清收债权。一般情况下，最高人民法院对进入处置程序的证券公司给予“三中止”的保护政策，并不妨碍对证券公司债权的清收。有关组织和人员须以证券公司债权人利益最大化为出发点，通过诉讼、强制执行等手段尽可能实现证券公司的债权。即使由于处置人员紧张，不能及时提起诉讼，也要及时向债务人提出履行要求，防止证券公司对外债权因超过诉讼时效期间而丧失胜诉权；已经取得胜诉判决的，应及时申请强制执行，避免因超过申请执行的期限而丧失强制执行权。各相关人民法院应当依法、公正、及时作出裁决并执行。行政处置不同于破产程序，破产清算中对清算组的行为有诸如法院的监督、债权人的监督等制约机制，而行政处置程序中的行为是否损害了债权人的利益，将在破产程序中受到债权人的审查，系因行政处置相关组织的失误造成的，将难免承担相应的民事责任。以是，在行政处置程序中，对资产的变现应当慎重。然则，除证券类资产为处置工作所必须变现外，对于价值易减损的资产，应从保护债权人最大利益的角度出发及时变现。变现时，应通过评估，采取市场化的方式，力争实现资产变现价值最大化。在破产程序中，人民法院对于有关组织在行政处置程序中依照法律和其他相关规定，对破产证券公司证券类资产及其他财产的处理结果，应当予以认可。

2. 对个人债权及客户交易结算资金收购过程中争议的处理。由于《收购意见》是国家针对金融风险突发事件，为了维护稳定大局、保护弱势群体而制定的特殊处理办法，具有很强的政治性和政策性。如果当事人对甄别确认小组在行政处置程序中做出的关于个人债权及客户证券交易结算资金的甄别、确认、收购结果存在异议，以甄别确认小组或有关监督管理机构为被告，向人民法院提起诉讼的，相关人民法院应当告知其向有关行政机关反映情况，要求解决。

3. 发现遗留遗漏应当纳入《收购意见》收购的债权的处理。进入破产程序后，对于确属《收购意见》应当收购的债权，当事人有合理的理由未能在《收购意见》规定的时间内向甄别确认小组要求收购，而在破产程序中申报债权，并要求优先受偿的，破产清算组应告知其向有关行政监督管理机构提出要求，由行政监督管理机构确认其债权是否应当纳入国家收购范围，如果应当收购，则监督管理机构在预留的收购资金中予以收购。如果监督管理机构认为其债权不属国家收购范围，该权利人在破产程序中申报的权利性质，由清算组予以确认，如不属于法定优先权，则应当按照普通债权申报确认。

4. 收购人权利在破产程序中的清偿顺位。根据《收购意见》，在证券投资者保护基金建立之前，国家以再贷款收购个人债权及客户证券交易结算资金，首先要确定承贷主体，承贷主体通常是行政清算组或其他金融机构。支付完收购资金后，由该承贷主体在破产程序中申报债权。对于该项权利在破产程序中是否应当优先受偿的问题，我们认为，按照《收购意见》收购债权的范围是：个人储蓄存款和客户证券交易结算资金。这些债权均是权利人对金融机构的债权，其债权形成原因或者原本就是对金融机构的债权，或者是由于金融机构挪用客户资产而形成的侵权之债。当前，只有《商业银行法》规定商业银行破产时，个人储蓄存款优先受偿。证券公司破产时，如果没有《收购意见》对个人债权和客户证券交易结算资金的收购，这些权利在破产程序中只能作为普通债权予以清偿。这是承贷主体在破产程序中申报权利的基础，不能因为购买此类债权的资金来源于再贷款，就改变在破产程序中的清偿顺序，从而损害其他债权人的利益。因此，承贷主体在破产程序中债权的性质为普通债权。

5. 证券类资产的买受人不应因破产证券公司的债务而受到追索。处置证券类资产是行政处置过程中的一个重要环节。行政清算组对证券类资产采取公开、公正、公平的市场交易方式予以处置，在合理估价的基础上，以公开的方式转让证券类资产，受让人支付相应的对价，该价款作为证券公司的破产财产用于分配。除非买受人以明显不合理的低价购买，证券公司的债权人无权因为证券公司的资产转移给买受人，而将买受人作为证券公司债务的连带或赔偿义务人。明确买受人的合法权利人不受追索是保证证券公司处置中证券类资产顺利移转的重要前提。①

6. 证券类资产处置的司法配合。证券类资产的处置是行政处置阶段的一项重要工作，证券类资产的处置是以经纪业务客户的转移为主线，通过对客户证券交易结算资金的弥补、与经纪业务紧密相关的证券营业部、服务部的

① 最高人民法院民事审判第二庭编著：《民商事审判指导》2005 年第 2 辑（总第 8 辑），人民法院出版社 2006 年版，第 38～40 页。

变现处置，实现对经纪业务客户的转移。证券类资产处置采用公开程序进行，处置收入应专户储存专项管理，原则上不得使用，留存到破产阶段处理，并由清算组向债权人会议报告。证券类资产是用于持续交易的特殊资产，不同于一般清算资产的处理，应在破产程序前处理完毕。

可在这一过程中，由于证券公司自身的债务和客户的债务发生诉讼，相关法院对证券公司的证券类资产和客户的资金、证券账户采取查封、冻结、扣押措施，使得对该证券公司证券类资产处置工作难以进行。为使证券公司风险处置工作得以顺利进行，同时保证人民法院查封、冻结、扣押等强制措施的效力，必须根据相关的法律规定采取一些特殊措施处理。具体说就是：在行政清算组对证券类资产处置时，由最高人民法院下发通知，指明处置的证券类资产和有关采取保全措施法院的名单；由行政清算组向采取相关保全措施的人民法院提出申请，采取保全措施的人民法院接到申请后，对所查封的证券类资产委托行政清算组进行处置；行政清算组应当采取公开、公平、公正的市场化方式处置；处置变现的资金存入以被处置证券公司名义开立的专户，由被处置证券公司主要营业地的中级人民法院对该账户予以查封，或存入被处置证券公司主要营业地中级人民法院指定的账户；原对证券类资产采取保全措施的法院将保全所依据的有关材料（包括生效裁判文书、查封裁定、申请人情况、诉讼费、保全费等）送交被处置证券公司主要营业地的中级人民法院备案，原保全裁定保全的财产效力及于后查封账户项下的资金。

7. 证券公司客户的交易结算资金和证券不属于证券公司财产，在证券公司破产时，不属于债务人财产或者破产财产。对此，《证券法》第131条规定："证券公司客户的交易结算资金应当存放在商业银行，以每个客户的名义单独立户管理。证券公司不得将客户的交易结算资金和证券归入其自有财产。禁止任何单位或者个人以任何形式挪用客户的交易结算资金和证券。证券公司破产或者清算时，客户的交易结算资金和证券不属于其破产财产或者清算财产。非因客户本身的债务或者法律规定的其他情形，不得查封、冻结、扣划或者强制执行客户的交易结算资金和证券。"

（五）证券公司在破产程序中的资产维护

1. "三中止"措施。所谓"三中止"，是指根据国务院的整体部署，由最高人民法院发布通知，在一定期限内，对已进入风险处置阶段的包括证券公司在内的金融机构为被告的民事案件尚未受理的暂缓受理，已经受理的中止审理以及对其作为被执行人的案件中止执行。现阶段，采取"三中止"司法政策的必要性在于：

（1）金融机构的风险处置与普通企业的清算有着很大的不同。金融机构是准公共企业，与国民经济和人民群众生活密切相关，其经营发展依赖于公众的信任，个别金融机构的经营风险具有传导和扩散效应，极易引发局部或系统性的金融风险；由于金融机构面对大量公众债权人，尤其是个人债权，如果处理不好，极易发生群体事端，引起社会动荡；我国经济正处于高速增长期，其他国家和地区对我国经济发展状况非常关注，由于金融机构更多体现的是国家信誉，金融机构的风险处置政治敏感度高，处置的好坏直接影响到我国的金融状况和政府的信誉。

（2）金融机构风险的暴露具有突发性，具体情况需要一段时间查明判断。由于目前一些金融机构存在着虚假报表、违法违规事实等因素，对于其存在的风险不能及时发现，个别金融机构风险的爆发具有突然性。监督管理机构发现并采取处置措施后，需要有一段时间查明金融机构的基本情况，并拟定处置方案，决定对该金融机构进行重组或破产清算。在此期间，针对该金融机构的诉讼和执行如果继续进行，则难以作出正确的判断。

（3）金融机构破产中的一些前置问题，需要在行政程序中解决。而金融机构的破产与普通企业破产不同，发达市场经济国家都以特别立法予以规定。主要是通过存款保险和投资者保护机制实现对中小储户、投资者的权益保护，以避免因金融机构的破产带来社会震荡。同时，对金融经纪业务做出转移安排，以保证经纪业务不受金融机构破产的影响和资本市场的正常交易。目前，我国对金融机构破产的特别立法在短时间内不能出台，在中小储户和投资者利益得到一定弥补和经纪业务转移之前，人民法院无法也不能受理针对金融机构的破产申请。如果在此期间，不给予一定的司法保护，有关法院纷纷判决、执行，必然使上述目的无法实现，也不利于破产清算程序的公正进行。

（4）公平保护各债权人的利益。被处置的证券公司，由于其特殊性，需要对经纪业务客户和证券类资产作出处置后方能进入破产程序。采取“三中止”措施，可以保证全体债权人在破产程序中公平受偿，避免因为个别债权人的强制执行带来的对其他债权人的不公。所以，对进入行政处置程序的金融机构采取“三中止”的司法保护政策是在特别立法难以及时出台的情况下，人民法院为配合国家整顿金融秩序、保障金融安全、维护社会稳定而采取的重要措施。实践证明，这一措施在各类金融风险处置工作中，发挥了积极作用。

在“三中止”措施发布和执行中，有以下几个问题需要明确：（1）“三中止”的范围。我们始终强调采取“三中止”措施的只能是进入风险处置程序的金融机构及其分支机构，一般不能扩大到其他实业企业，或者金融机构参股的实业企业，这是由于其他实业企业并无金融机构的特殊性，其问题完全可以通过现行立法加以解决。如果“三中止”措施滥用，则违反市场主体平等的原则，也会导致司法权威的丧失。（2）在最高人民法院发布“三中止”的通知后，各级法院应当坚决执行，实践中发现个别法院不按通知精神办，致使证券公司处置工作不能正常、顺利进行，也给法院下一步对破产案件的受理和审理带来不利影响。各级法院应当从处置证券市场风险的大局出发，按照最高人民法院的整体部署开展工作，避免因个案的司法强制措施而影响国家对证券公司综合治理的大局。（3）实施“三中止”措施后，尚未起诉债权人的诉讼时效适用关于诉讼时效中止的规定；已经取得生效判决尚未申请执行的当事人，应当在《民事诉讼法》规定的申请强制执行期间内向执行法院提出强制执行申请，对该申请人民法院应当受理，但是应中止执行。（4）以被处置金融机构为协助执行人的案件，亦应当中止执行，这是源于被执行人作为被处置金融机构的客户，其权利是应当纳入《收购意见》的收购范围还是参与破产清算，需要经过行政处置程序的甄别和破产程序的权利申报最终确定。如果要求金融机构必须协助执行，则“三中止”的措施就形同虚设，不能实现配合风险处置的目的。（5）证券公司的债务人同时也可能是其债权人，由于以证券公司为被告和被执行人的案件被“三中止”，相关权利人无法及时行使诉讼权利并对其债务行使抵销权，在证券公司对其申请执行时，如果被执行人以双方互负债权债务并提供相应担保，该执行案件亦应当中止。在破产程序中审查决定是否符合抵销权的条件，并最终作出裁决。

2. 关于案件受理后有关诉讼、保全和执行问题。《审理和执行被风险处置证券公司相关案件通知》明确指出：“破产程序作为司法权介入的特殊偿债程序，是在债务人财产不足以清偿债务的情况下，以法定的程序和方法，为所有债权人创造获得公平受偿的条件和机会，以使所有债权人共同享有利益、共同分担损失。鉴此，根据《企业破产法》第19条的规定，人民法院受理证券公司的破产申请后，有关证券公司财产的保全措施应当解除，执行程序应当中止。”对此，应当注意如下几点：

（1）人民法院受理破产申请后，已对证券公司有关财产采取了保全措施，包括执行程序中的查封、冻结、扣押措施的人民法院应当解除相应措施。人民法院解除有关证券公司财产的保全措施时，应当及时通知破产案件管理人并将有关财产移交管理人接管，管理人可以向受理破产案件的人民法院申请保全。

(2) 人民法院受理破产申请后，已经受理有关证券公司执行案件的人民法院，对证券公司财产尚未执行或者尚未执行完毕的程序应当中止执行。当事人在破产申请受理后向有关法院申请对证券公司财产强制执行的，有关法院对其申请不予受理，并告知其依法向破产案件管理人申报债权。破产申请受理后人民法院未中止执行的，对于已经执行了的证券公司财产，执行法院应当依法执行回转，并交由管理人作为破产财产统一分配。

(3) 管理人接管证券公司财产、调查证券公司财产状况后，发现有关法院仍旧对证券公司财产进行保全或者继续执行，向采取保全措施或执行措施的人民法院提出申请的，有关人民法院应当依法及时解除保全或中止执行。

(4) 受理破产申请的人民法院在破产宣告前裁定驳回申请人的破产申请，并终结证券公司破产程序的，应当在作出终结破产程序的裁定前，告知管理人通知原对证券公司财产采取保全措施的人民法院恢复原有的保全措施，有轮候保全的，以原采取保全措施的时间确定轮候顺位。对恢复受理证券公司为被执行人的执行案件，适用申请执行时效中断的规定。

(5) 证券公司进入破产程序后，人民法院作出的刑事附带民事赔偿或者涉及追缴赃款赃物的判决应当中止执行，由相关权利人在破产程序中以申报债权等方式行使权利；刑事判决中罚金、没收财产等处罚，应当在破产程序债权人获得全额清偿后的剩余财产中执行。

要严格贯彻《查询、冻结、扣划证券和证券交易资金通知》，依法执行有关证券和证券交易结算资金。对未按照上述规定审理和执行有关案件的，追究相关人员的责任。

（六）证券公司破产案件中的取回权、抵销权的行使

1. 证券公司破产案件中取回权的行使

对此，《证券公司破产案件审理工作座谈会讲话》① 指出，根据《企业破产法》第 38 条的规定，人民法院受理破产申请后，债务人占有的不属于债务人的财产，该财产的权利人可以通过管理人取回。在证券公司的破产案件中，取回权问题突出表现在委托理财相关账户中资产的取回。该问题十分敏感，也很复杂，极易引发道德风险、社会矛盾和攀比效应，务必审慎、严格。处理取回权的关键是要区分委托理财账户内资产权属。人民法院在审理中应当区分以下情况：

---

① 该文件全称为最高人民法院民事审判第二庭时任庭长宋晓明 2007 年 11 月 20 日《在全国法院证券公司破产案件审理工作座谈会上的总结讲话》。

（1）独立封闭运行账户内的资产权属。在独立封闭证券账户和资金账户内运作的委托资产，能与证券公司的自有资产及其他客户资产相区别的，委托理财账户内资产应归属于委托人所有，委托人可以行使取回权。

（2）用于质押的配资账户内的资产权属。在三方监管委托理财合同场合，合同约定受托人或监督管理人提供用于质押的配资账户的，如果配资账户内资产与委托理财账户内资产相互独立，配资账户资产归受托人、受托人的其他委托人或监管人所有，委托理财账户内资产归委托人所有，双方各自取回。如果委托理财账户内资产与配资账户内资产发生混同，双方按照权属比例分配账户内资产。

（3）委托资产被挪用后的权属。受托人挪用委托资产的，如果被挪用后的委托资产与其他客户资产发生混同，但独立于受托人自有资产的，委托资产与其他客户资产不属于受托人对其他债权人的责任财产范围，委托人与其他客户可以按照资产比例享有取回权。

（4）委托资产产生盈利的，如果委托合同中约定有盈利分配比例，可参照该约定比例分割盈利，归属于证券公司的部分作为破产财产分配给普通债权人。

（5）如果证券公司违规挪用客户资金和证券，关系清楚，财产并未混同，管理人追回后，可由相关权利人行使代偿性取回权。

此外，在确定客户取回权时，对于证券公司已经支付给客户的高息、固定回报、好处费等应当从取回财产中扣除。对于资金的取回权，虽然证券公司账面上有所记载，如果已经形成资金混同，债权人不能行使取回权，而应当通过申报债权的方式处理。①

最高人民法院2009年10月19日发布实施的《关于上诉人宁波金昌实业投资有限公司与被上诉人西北证券有限责任公司破产清算组取回权纠纷一案的请示的答复》（〔2009〕民二他字第24号）指出，根据你院来函所述事实，请示问题实质为证券公司违规挪用的客户证券资产被追回后，客户在证券公司破产程序中能否对该部分资产行使取回权。对于这一问题，在2007年11月20日召开的全国法院证券公司破产案件审理工作座谈会已经明确了相关处理原则：如果证券公司违规挪用客户资金和证券，关系清楚、财产并未混同，管理人追回后，可由相关权利人行使代偿性取回权。

2. 证券公司破产案件中抵销权的行使。《证券公司破产案件审理工作座谈会讲话》指出，《企业破产法》规定了抵销权问题制度，债权人在破产申请

① 最高人民法院民事审判第二庭编著：《民商事审判指导》2007年第2辑（总第12辑），人民法院出版社2008年版，第28页。

受理前对证券公司负有债务的，可以向管理人主张抵销，但不得违反《企业破产法》关于禁止抵销的规定。证券公司的债务人同时也可能是其债权人，由于以证券公司为被告和被执行人的案件在行政清理阶段被“三中止”，相关权利人无法及时行使诉讼权利并对其债务行使抵销权。在证券公司对其申请执行时，如果被执行人以双方互负债权债务为由要求中止执行，在其提供相应担保的前提下，该执行案件应予中止。人民法院在破产程序中审查决定是否符合抵销权的条件并作出裁决后，管理人应当即时将裁决结果告知执行法院，由执行法院根据具体情况决定是否继续执行。依据《企业破产法》规定的原则，管理人一般不能主动提出抵销。但如果债权人、债务人双方均为破产企业，管理人可以根据债权人利益最大化原则决定是否行使抵销权。[①]

（七）证券公司的债务即债权人的债权申报、登记与确认

1. 关于债权申报问题。《证券公司破产案件审理工作座谈会》指出，证券公司在进入破产程序之前，行政清算组已经开展债权申报、登记、审核工作，为提高破产程序的效率、降低破产费用，减少再次申报给债权人带来的负担，行政清算组应将纳入破产程序的债权申报资料直接交付管理人。管理人应对申报材料进行审查，如申报材料符合法律规定，则通知相关债权人，其向行政清算组申报的债权已作为破产程序的债权申报；如申报材料不符合法律规定，管理人应当书面通知申报人补充申报材料。

对于已纳入国家收购的客户交易结算资金和个人债权，相关权利由人民银行、投资者保护基金和提供收购资金的地方政府等收购主体取得，在破产程序中应当由收购主体申报债权。个人债权人已经选择行政收购的，不能重新选择参与破产清算，被收购人无权再在破产程序中申报债权。对于不应纳入国家收购范围的权利申请，行政机关作出结论并告知相关权利人后，该权利人可以在破产程序中申报债权。

证券公司破产申请受理的条件之一就是对个人债权甄别确认完毕并且收购资金到位，其中重要的目的在于防止因行政处置程序与破产程序衔接不当，而使相关权利人丧失申报的权利。《企业破产法》虽然允许债权人补充申报，但对已经作出的分配，不再对补充申报人重新分配，债权人的权利由此会遭受一定损失。是以，在破产案件受理之前，明确相关权利是否应当由国家收购非常重要。进入破产程序后，对于行政清理期间未登记的个

① 最高人民法院民事审判第二庭编著：《民商事审判指导》2007 年第 2 辑（总第 12 辑），人民法院出版社 2008 年版，第 28 页。

人债权，债权人向管理人申请登记并按国家政策收购的，管理人应告知其向保留的行政清理组申报，由有关机关按照国家规定进行甄别确认和收购。在甄别确认结论作出之前，管理人对该部分权利可能获得的分配财产予以提存。①

《证券公司破产案件审理工作座谈会讲话》指出，人民法院受理证券公司破产时，可能存在少量应当弥补或者收购的客户交易结算资金和个人债权，而未弥补或者未收购的情况。中国证券投资者保护基金对于该部分债权，可按客户证券交易结算资金审计额或行政清理程序中的个人债权登记额，与实际拨付的差额进行预先申报。根据《企业破产法》的相关规定，对于预申报债权应确认其表决权额。财产分配时可对预申报的债权应分配的财产提存，收购工作完成后，按实际收购金额对应的债权金额予以确认并进行实际分配。中国人民银行、财政部、中国银行业监督管理委员会、中国证券监督管理委员会2006年6月2日发布施行的《公布关于个人债权收购有关问题的补充通知的通知》（银发〔2006〕第189号）规定，2006年1月27日印发的《关于个人债权收购有关问题的补充通知》第2条第7项规定，对于2004年9月30日至2006年1月31日期间新发生的个人债权，同一个人债权金额累计在300万元以上的部分，国家不予收购。对此部分不予收购的债权，应当依法参与破产清算。债权额在收购范围内的个人债权人也可以选择不接受行政收购，直接参与证券公司破产清算。根据《收购意见》和《补充通知》的规定，对个人债权实行打折收购政策，个人债权收购资金来源于两个部分：90%来自保护基金公司；10%来自地方政府。个人债权被收购的部分，地方政府取得相应的10%债权。另外，根据国务院办公厅《关于做好证券公司风险处置和破产过程中稳定工作的通知》（国办发电〔2006〕10号）的规定，机构名义个人债权由债权人所在地人民政府妥善处理，为维护社会稳定，地方政府可以帮助集资机构筹措资金收购机构名义个人债权，但收购比例一律不得高于国家对个人债权收购政策的规定。对于地方政府出资收购形成的债权地方政府可自行向管理人申报或预申报相应债权，也可以委托保护基金公司或其他机构进行债权申报。有关债权转让给保护基金公司的，由保护基金公司申报债权。②

《证券公司风险处置条例》第41条规定，证券公司进行破产清算的，行

① 最高人民法院民事审判第二庭编著：《民商事审判指导》2007年第2辑（总第12辑），人民法院出版社2008年版，第6～7页。

② 最高人民法院民事审判第二庭编著：《民商事审判指导》2007年第2辑（总第12辑），人民法院出版社2008年版，第26～27页。

政清理时已登记的不符合国家收购规定的债权，管理人可以直接予以登记。

2. 关于债权审查、确认及诉讼问题。关于证券公司的债权审查，不仅涉及范围广、人数多，而且专业性强、证据体系复杂，有人便提出管理人是否可以委托接收证券类资产的证券公司审核有关凭证等证据的问题。对此，《证券公司破产案件审理工作座谈会讲话》指出，破产证券公司的营业部多分布在外省、市，营业部随其主营业务转让后，关于营业部所在城市的债权人进行债权登记时是否仍可以委托接收证券类资产的证券公司审核证据的问题，我们认为，营业部的资产已作为证券类资产完成了转让工作，由营业部提出审核意见更有利于查明债权的真实情况。是以，管理人可以请求接收证券类资产的证券机构提供相关债权凭据、提出审查意见，寻求接收证券类资产的证券机构的支持和配合。当然，上述债权的最终确认，应当由管理人提出审查意见，由债权人会议进行核查并无异议后，报经人民法院依法裁定确认。[①]

此外，根据《审理和执行被风险处置证券公司相关案件通知》规定，对于执行被风险处置证券公司的相关案件，应当注意以下几点：

（1）为统一、规范证券公司风险处置中个人债权的处理，保持证券市场运行的连续性和稳定性，中国人民银行、财政部、中国银行业监督管理委员会、中国证券监督管理委员会联合制定发布了《收购意见》。国家对个人债权和客户交易结算资金的收购，是国家有关行政部门和金融监督管理机构采取的特殊行政手段。相关债权是否属于应当收购的个人债权或者客户交易结算资金范畴，系由中国人民银行、金融监督管理机构以及依据《收购意见》成立的甄别确认小组予以确认的，不属人民法院审理的范畴。有关当事人因上述执行机关在风险处置过程中甄别确认其债权不属于国家收购范围的个人债权或者客户证券交易结算资金，向人民法院提起诉讼，请求确认其债权应纳入国家收购范围的，人民法院不予受理。国家收购范围之外的债权，有关权利人可以在相关证券公司进入破产程序后向人民法院申报。

（2）托管是相关监督管理部门对高风险证券公司的证券经纪业务等涉及公众客户的业务采取的行政措施，托管机构仅对被托管证券公司的经纪业务行使经营管理权，不因托管而承继被托管证券公司的债务。有关权利人仅以托管为由向人民法院提起诉讼，请求判令托管机构承担被托管证券公司债务的，人民法院不予受理。

（3）处置证券类资产是行政处置过程中的一个重要环节，行政清算组依照法律、行政法规及国家相关政策，对证券类资产采取市场交易方式予以处

---

① 最高人民法院民事审判第二庭编著：《民商事审判指导》2007 年第 2 辑（总第 12 辑），人民法院出版社 2008 年版，第 29 页。

置，在合理估价的基础上转让证券类资产，受让人支付相应的对价。证券公司的债权人向人民法院提起诉讼，请求判令买受人承担证券公司债务偿还责任的，人民法院对其诉讼请求不予支持。

（八）证券公司破产重整的特殊要求

证券公司破产重整中，除根据《企业破产法》的规定进行外，根据有关法律、法规规定，还要注意以下事项：

1. 需向国务院证券监督管理机构提交重整计划草案并依法经过批准。《证券公司风险处置条例》第42～44条规定，人民法院裁定证券公司重整的，证券公司或者管理人应当同时向债权人会议、国务院证券监督管理机构和人民法院提交重整计划草案。自债权人会议各表决组通过重整计划草案之日起10日内，证券公司或者管理人应当向人民法院提出批准重整计划的申请。重整计划涉及《证券法》第129条规定相关事项的，证券公司或者管理人应当同时向国务院证券监督管理机构提出批准相关事项的申请，国务院证券监督管理机构应当自收到申请之日起15日内做出批准或不批准的决定。债权人会议部分表决组未通过重整计划草案，但重整计划草案符合《企业破产法》第87条第2款规定条件的，证券公司或者管理人可以申请人民法院批准重整计划草案。重整计划草案涉及《证券法》第129条规定相关事项的，证券公司或者管理人应当同时向国务院证券监督管理机构提出批准相关事项的申请，国务院证券监督管理机构应当自收到申请之日起15日内做出批准或不批准的决定。

2. 向人民法院和国务院证券监督管理机构提交监督报告。《证券公司风险处置条例》第45条规定，经批准的重整计划由证券公司执行，管理人负责监督。监督期届满，管理人应当向人民法院和国务院证券监督管理机构提交监督报告。

3. 重整计划草案未获国务院证券监督管理机构或者人民法院批准的，人民法院依法裁定终止重整程序，并宣告证券公司破产。《证券公司风险处置条例》第46条规定，重整计划的相关事项未获国务院证券监督管理机构批准，或者重整计划未获人民法院批准的，人民法院裁定终止重整程序，并宣告证券公司破产。

（九）证券公司破产清算的特殊要求

1. 宣告证券公司破产前，依法撤销证券公司。《证券公司风险处置条例》第47条规定，重整程序终止，人民法院宣告证券公司破产的，国务院证券监督管理机构应当对证券公司做出撤销决定，人民法院依照《企业破产法》的规定组织破产清算。涉及税收事项，依照《企业破产法》和《税收征收管理法》的规定执行。人民法院认为应当对证券公司进行行政清理的，国务院证券监督管理机构比照本条例第3章的规定成立行政清理组，负责清理账户，协助甄别确认、收购符合国家规定的债权，协助证券投资者保护基金管理机构弥补客户的交易结算资金，转让证券类资产等。

2. 关于证券公司破产宣告的时间问题。《企业破产法》规定了管理人制度，人民法院在受理破产申请的同时即指定管理人，并由管理人接管债务人企业，可以有效防止可能发生的损害债权人利益的行为。通常在管理人已经接管债务人企业的情况下，为保持债务人重整、和解再生的可能，一般不宜在受理破产申请的同时即宣告债务人破产。但是，证券公司的情况有所不同，进入破产程序的证券公司均经过较长时间的行政清理，监督管理部门已经认定其没有重整、和解再生的可能，人民法院可以在受理证券公司破产申请的同时宣告其破产。

需要注意的是，由于证券公司通过自营业务取得的证券资产存在股票买入成本价格和股票市场价格差异，近期由于股票市场价格的上扬，有些证券公司的资产价值如按目前市场价格计算，可能已大于负债。有的单位和个人对行政清理工作不理解，个别证券公司的股东对监督管理部门关闭撤销证券公司和处置证券类资产的措施提出质疑。这就存在如何认定破产原因的问题。笔者认为，对于证券公司的破产原因，应当按照行政清理开始时的资产负债情况确定，这是由于在监督管理部门作出撤销、关闭风险证券公司的处置决定时，这些证券公司均已发生不能清偿到期债务并且资不抵债的法定破产原因，其未及时进入破产程序，是源于需要通过行政处置程序弥补客户交易结算资金的缺口、收购个人债权，防止风险蔓延、维护社会稳定，国家已经垫付了大量的资金。以是，为维护行政处置决定的稳定性，配合国家对证券公司综合治理的大局，证券公司破产申请受理的原因应当以该证券公司被撤销、关闭时的情况进行确认。即使因证券市场变动，导致证券公司在经行政清理申请宣告破产时出现资产大于负债的情形，也仍应受理该破产案件。①

3. 关于破产清算中证券公司资产处置变现的问题。《企业破产法》规定，除债权人会议另有决议外，破产财产的分配应以货币方式进行。但很多证券公司因开展自营业务而持有大量证券，有的证券公司违规经营，甚至持有个别上市公司90%以上的流通股。由于目前市场情况较好，这部分证券市值有较大幅度上涨。对于证券资产是变现分配货币，还是直接分配证券进行清偿，应当在破产清算中由债权人会议决议决定。决议分配现金的，还应当由债权人会议就变现、操作方式等事项作出决议；决议分配证券的，管理人应提出

---

① 最高人民法院民事审判第二庭编著：《民商事审判指导》2007年第2辑（总第12辑），人民法院出版社2008年版，第8～9页。

证券价格确定方法，交由债权人会议一并作出决议，同时取得证券监督管理部门的支持，以实现证券分配的非交易过户。

证券公司的财产中可能包括金融机构或国家对出资人资格有特殊要求的企业股权。《企业破产法》规定，除债权人会议另有决议外，变价出售破产财产应当通过拍卖进行。对于上述企业的股权原则上也应当采取拍卖的方式进行，但根据《拍卖法》的规定，竞买人应当具备可以作为上述企业股东的资格，这就需要相应的实施行政许可的部门事前进行审查。为避免司法程序和行政程序的冲突，具体操作时，可先行公告拍卖意向，要求竞买人提交关于其符合出资人法定条件的证明文件，送有关行政部门审核确定后，由符合条件、具备出资人资格的竞买人参与竞拍。如果竞买人出具的相关文件虚假或未披露其不具备相应资格的情况，致使行政部门最终未予办理行政许可的，竞买人需承担所造成的损失。①

关于证券公司破产案件中资产变现方案的表决，《证券公司破产案件审理工作座谈会讲话》指出，《企业破产法》规定，债权人会议要对资产变现方案进行表决。但是，债权人会议召开不易，由于资产性质的不同，其变现可能要随时进行。如果都要由债权人会议表决通过，则可能错过资产处置的最佳时机。鉴此，如果成立了债权人委员会，且债权人会议授权债权人委员会相关职权的，财产变现方案经债权人委员会讨论通过即可付诸实施。如未能通过，可参照《企业破产法》关于财产变现方案裁定程序确定方案是否可予执行。②

4. 证券公司破产案件中关联公司财产的处置。对这，《证券公司破产案件审理工作座谈会讲话》指出，一般仍应当以单独处置为原则。对于被持股的公司现仍正常经营的，可以通过转让股权的方式收回财产；对于没有正常经营的，可以根据《公司法》的规定，由管理人代行股东权利申请清算；对于存在破产原因的，可以根据《公司法》的规定提议召开股东会，决定申请破产；对于确实既无经营、又无负债、也无资产的关联公司，可以向登记机关申请注销企业登记。从目前了解的情况看，有些证券公司为了资金运转的需要，成立了一些由其控制的、特殊的关联公司。这些关联公司形态各异：（1）从公司出资成立情况看，有的是证券公司绝对控股，关联公司尚有其他公司股份；有的从公司会计记录和工商登记资料中无法反映与证券公司的投资与被投资的法律关系，且公司工商登记的名义股东未实际出资，其成立所需的注册资金却直接

① 最高人民法院民事审判第二庭编著：《民商事审判指导》2007 年第 2 辑（总第 12 辑），人民法院出版社 2008 年版，第 9 ~ 10 页。

② 最高人民法院民事审判第二庭编著：《民商事审判指导》2007 年第 2 辑（总第 12 辑），人民法院出版社 2008 年版，第 30 页。

或者间接来自证券公司；有的甚至是既无资产又无负债。（2）从关联公司的组织机构看，有的组织构架虚设，没有独立运作的经营实体；有的公司主要负责人及其从业人员由证券公司工作人员兼任，与证券公司属于一套人马，多块牌子；有的公司的公章、印鉴以及相关银行账户、资金账户、股东账户等皆由证券公司保管、控制和使用。（3）从公司实际经营和管理看，有的基本未按照工商注册登记的经营范围从事自身经营活动，其大部分业务服务于证券公司账外运作，包括为证券公司融资、为证券公司账外自营提供所需银行账户、资金账户或股东账户等；有的根本没有独立运作的经营实体；有的关联公司与证券公司同为一个办公场所，甚至没有任何属于关联公司的员工。鉴于上述情况，人民法院在审理证券公司破产案件时，对于这类特殊的关联公司，即由被处置证券公司出资设立且服务于被处置证券公司，与证券公司在人员、财务、业务上混同，为证券公司违法违规经营提供平台，证券公司通过关联公司以资金往来、转移资产、担保融资等方式规避监管、隐匿资产等等，可以与被处置的证券公司一并破产。如果行政处置已将证券公司关联企业个人债务作为证券公司的个人债权一并收购，可以作为两者合并破产的一个重要参考因素。①

5. 关于证券公司的破产债权清偿顺序问题。根据相关会议精神，人民法院在处理涉及职工权益的争议时，要严格按照《企业破产法》等有关法律、法规及国家政策，依法保护职工债权的实现。对于应纳入第1顺序的劳动债权，在甄别确认和债权人会议审查后，应尽快予以偿付。对属于工资构成的奖金应当依法予以支付。但是，与业绩挂钩的职工奖金，因证券公司经营管理不善出现破产原因，原则上不存在清偿问题。如果将这部分奖金也纳入优先受偿的范围将损害证券公司其他债权人的平等受偿权利。然这不是说对这部分权利不纳入债权序列，对确实存在合理的与业绩挂钩的奖金可以作为普通债权予以确认。对证券公司被处置负有责任，并受过刑事处罚或取消从业资格、市场禁入以上行政处罚的公司管理人员主张与业绩挂钩奖金的，人民法院应不予支持。

关于人民银行、保护基金以及地方政府在破产程序中的债权是否应当优先受偿问题。国家对于证券公司破产时的个人债权和客户证券交易结算资金主要是通过收购等行政手段解决，而破产法并未规定此部分权利在破产程序中享有优先权利。如果没有人民银行、保护基金及地方政府对个人债权和客户证券交易结算资金的收购，这些权利在破产程序中也只能作为普通债权予

---

① 最高人民法院民事审判第二庭编著：《民商事审判指导》2007年第2辑（总第12辑），人民法院出版社2008年版，第29～30页。

以清偿，不能因为收购主体收购了此类债权，改变该债权在破产程序中的性质和清偿顺序，影响其他债权人的利益。收购主体因收购普通债权而产生的代位权利，在破产程序中的性质仍为普通债权。

未纳入国家收购范围的机构名义个人债权以及因证券公司挪用客户证券形成的侵权之债，由于《企业破产法》并未给予清偿顺序上的优先权，在破产程序中于是只能作为第 3 顺序进行清偿。管理人对这些债权人应当进行耐心细致的说明工作，必要时人民法院也可以对相关政策法律进行释明，同时与地方政府一道做好维护社会稳定的工作。

由于被风险处置的证券公司大多存在行政违法、违规甚至触犯刑律的行为，有的被科以罚款、罚金或没收财产的行政处罚或刑事处罚。对于这类罚款、罚金或没收财产应列在什么清偿顺序，《企业破产法》没有规定。《证券法》第 220 条规定：“违反本法规定，应当承担民事赔偿责任和缴纳罚款、罚金、违法所得，违法行为人的财产不足以支付的，优先用于承担民事赔偿责任。”《公司法》也有类似的规定。因此，在证券公司破产时，行政处罚罚款应当于普通债权清偿后支付。《刑法》第 60 条规定：“没收财产以前犯罪分子所负的正当债务，需要以没收的财产偿还的，经债权人请求，应当偿还。”该规定体现了刑罚不累及无辜的原则。在企业破产的情形下，其资产应全部用于清偿债务，如实施没收财产，事实上刑罚处罚的对象不再是犯罪主体，却使犯罪主体的债权人受到殃及，造成事实上的不公平。《刑法》对罚金刑的执行虽没有类似的规定，但亦应参照上述规定执行。依此原则，在证券公司破产时，对证券公司的没收财产和罚金应当在债权人的普通债权得到全部清偿后，才能实施。

证券公司的债务包括行政罚款，刑事罚金、没收财产等公债权全额清偿后，仍有剩余资产的，应当按照股东持股比例进行分配。①

第二节　上市公司破产程序的特别规范

一、上市公司破产概述

（一）上市公司的概念

所谓上市公司，是指经过国务院或者国务院授权的证券监督管理部门批

① 最高人民法院民事审判第二庭编著：《民商事审判指导》2007 年第 2 辑（总第 12 辑），人民法院出版社 2008 年版，第 10～11 页。

准将其部分股份、债券等证券在证券交易所上市公开进行交易的股份有限公司或者有限责任公司，包括股票型上市公司与债券型上市公司。前者，《公司法》第120条规定，是指其股票在证券交易所上市交易的股份有限公司。后者则是指其债券依照《证券法》的有关规定在证券交易所进行上市交易的股份有限公司或者有限责任公司。根据《证券法》第2条规定，在中华人民共和国境内，股票、公司债券、存托凭证和国务院依法认定的其他证券的发行和交易，适用本法；本法未规定的，适用《公司法》和其他法律、行政法规的规定。政府债券、证券投资基金份额的上市交易，适用本法；其他法律、行政法规另有规定的，适用其规定。第9条规定，公开发行证券，必须符合法律、行政法规规定的条件，并依法报经国务院证券监督管理机构或者国务院授权的部门注册。未经依法注册，任何单位和个人不得公开发行证券。有下列情形之一的，为公开发行：（1）向不特定对象发行证券；向特定对象发行证券累计超过200人，但依法实施员工持股计划的员工人数不计算在内；（3）法律、行政法规规定的其他发行行为。非公开发行证券，不得采用广告、公开劝诱和变相公开方式。第10条规定，发行人申请公开发行股票、可转换为股票的公司债券，依法采取承销方式的，或者公开发行法律、行政法规规定实行保荐制度的其他证券的，应当聘请证券公司担任保荐人。

就股票型上市公司而言，根据《证券法》第12条规定，公司首次公开发行新股，应当符合下列条件：（1）具备健全且运行良好的组织机构；（2）具有持续经营能力；（3）最近3年财务会计报告被出具无保留意见审计报告；（4）发行人及其控股股东、实际控制人最近3年不存在贪污、贿赂、侵占财产、挪用财产或者破坏社会主义市场经济秩序的刑事犯罪；（5）经国务院批准的国务院证券监督管理机构规定的其他条件。上市公司发行新股，应当符合经国务院批准的国务院证券监督管理机构规定的条件，具体管理办法由国务院证券监督管理机构规定。公开发行存托凭证的，应当符合首次公开发行新股的条件以及国务院证券监督管理机构规定的其他条件。第14条规定，公司对公开发行股票所募集资金，必须按照招股说明书或者其他公开发行募集文件所列资金用途使用；改变资金用途，必须经股东大会作出决议。擅自改变用途，未作纠正的，或者未经股东大会认可的，不得公开发行新股。第46条规定，申请证券上市交易，应当向证券交易所提出申请，由证券交易所依法审核同意，并由双方签订上市协议。证券交易所根据国务院授权的部门的决定安排政府债券上市交易。第47条规定，申请证券上市交易，应当符合证券交易所上市规则规定的上市条件。证券交易所上市规则规定的上市条件，应当对发行人的经营年限、财务状况、最低公开发行比例和公司治理、诚信记录等提出要求。

就债券型上市公司而言，根据《证券法》第15条规定："公开发行公司债券，应当符合下列条件：（一）具备健全且运行良好的组织机构；（二）最近三年平均可分配利润足以支付公司债券一年的利息；（三）国务院规定的其他条件。""公开发行公司债券筹集的资金，必须按照公司债券募集办法所列资金用途使用；改变资金用途，必须经债券持有人会议作出决议。公开发行公司债券筹集的资金，不得用于弥补亏损和非生产性支出。""上市公司发行可转换为股票的公司债券，除应当符合第一款规定的条件外，还应当遵守本法第十二条第二款的规定。但是，按照公司债券募集办法，上市公司通过收购本公司股份的方式进行公司债券转换的除外。"第17条规定："有下列情形之一的，不得再次公开发行公司债券：（一）对已公开发行的公司债券或者其他债务有违约或者延迟支付本息的事实，仍处于继续状态；（二）违反本法规定，改变公开发行公司债券所募资金的用途。"第46条规定："申请证券上市交易，应当向证券交易所提出申请，由证券交易所依法审核同意，并由双方签订上市协议。证券交易所根据国务院授权的部门的决定安排政府债券上市交易。"第47条规定："申请证券上市交易，应当符合证券交易所上市规则规定的上市条件。证券交易所上市规则规定的上市条件，应当对发行人的经营年限、财务状况、最低公开发行比例和公司治理、诚信记录等提出要求。"

（二）上市公司破产的特征

上市公司作为一种将之股票、公司债券在证券交易所上市公开进行交易的股份有限公司或者有限责任公司，其破产与其他非上市公司一样，都是基于《企业破产法》规定的破产原因、条件、程序等进行，具有一定共性，同时基于其不同于非上市公司的某些特征，在破产上也表现为一些个性，具体来说，主要有：

1. 从股份上市公司的股东来看，其通过证券交易所将部分股份以股票形式进行公开交易，在交易所公开购入股票的人从而持有公司股份而成为公司的股东，且持有的股份相对有限，大多数股东最多属于中小型股东的范围。显然，这种股东会因为股票的交易而经常变化，直到股票暂停或者终止交易，手中继续持有公司股票的人才在暂停或者终止期间其股东身份才保持相对稳定，在破产程序中，才可能作为中小股东的身份而存在。这些中小股东，涉及面广，人数可能很多，在破产程序尤其是破产重整程序中，其利益如何得到保护，所持有股票的利益能否得到调整，调整又如何得到调整，相对于股东不多的非上市的股份公司及有限责任公司来说，也有着一定的区别，需要在破产重整计划草案中充分考虑，以平衡这些通过上市交易购买股票的方式而持有股份的中小股东与控股股东、大股东以及债权人之间的利益。

2. 从上市公司的规模来看，一些上市公司规模宏大，属于大型甚至特大型企业，如上市的银行、证券公司等。这些上市公司不仅涉及全国各地，有的经营网点不少延伸到县旗市区甚至扩展到乡镇，不少在国外都有分支机构。如果是规模宏大的特大型上市公司破产，如何保障全国各地乃至国外债权人的利益，理清其所有财产，也是一个需要考虑的问题。这时，管理人是否应在地州市至少在省会城市设立办公地点，进行财产核查、接受债权申报，以及受理破产申请的法院如何协调当地有关法院及其工商、税务、国土等部门的关系，都需要全面考虑，以减少破产程序中的摩擦及其他非和谐因素，进而保障破产程序的有效进行。

3. 从上市公司与其他公司的联系来看，不少上市公司尤其是一些民营上市公司，其关联公司不少，有的在财务上不严格按照有关规定如实真实反映公司的有关情况，不少关联交易存在套取、侵占上市公司资金等问题，上市公司破产与其他非上市的关联公司之间是否存在法人人格高度混同等问题，作出判断认定更为复杂。一旦认定存在法人人格高度混同等而需要进行合并破产的，其实施过程相对来说，更为复杂，涉及利害关系更宽更广，更需要确保利害关系人之间利益的平衡。

4. 从上市公司所经营的业务来看，通常种类繁多，有的还属特种经营，需要法定许可，如银行、保险公司、证券公司等所经营的业务，依法都需要经过国务院银行保险监督管理机构、国务院证券监督管理机构分别批准，上市公司发行股票、公司债券，以及申请上市交易，需要经过国务院证券监督管理机构依法予以核准。这些经营业务许可，条件严格，程序复杂，具有这种资质，需要付出很大的代价。换言之，这种业务经营许可、上市许可资格都属于有限的资源。这种资源虽然不能转让，可从某种程度上可以货币来体现其价值，故有“壳资源”之称，具有无形资产的价值，为一些具有实力的欲借之扩展其事业的民事主体所青睐，进而为上市公司通过破产重整实现重生更增添了成功的因素。如此，上市公司的破产，应当充分注意并利用经营业务许可、上市许可等特定资源的价值，以增加其财产的价值，在维护债权人利益的基础上，尽量促使破产重整程序的进行及其成功。

5. 从上市公司破产涉及的地域来看，如前所述，一些上市公司分支机构、业务及其财产，都可能跨越国界，会涉及跨境破产及其法律适用、司法行为的冲突、国外法院裁判的认定等诸多问题，这需要按照互惠原则、同类债权平等保护原则、优先债权优先保护原则、司法协作与互助原则及其准据法的适用、有关法律的规定加以处理。

6. 从上市公司的债权人来看，由于其范围宽、规模大、业务广，涉及的债权人往往众多，如保险公司、银行的债权人遍及全国各地乃至世界不少地方，债权人数巨大，有的劳动债权人就可能达到数十上百万。对债券型上市公司，通过上市交易获得公司债券的持有人，也属于债权人。在通常情况下，这些债权人所享有的债权，并不具有优先性质，而上市公司的财产可能源于各种各样的原因不少已经进行抵押。这样，如何保障众多的非抵押债权人的利益，尤其是小额债权人的利益，在某些上市公司的破产尤其是破产重整中，需要充分考虑，并要建立地方政府的风险预警、部门联动、资金保障等协调机制且充分发挥其作用，以防范群体性、突发性等影响甚至危害社会稳定的因素发生。

7. 从上市公司破产涉及的法律来看，如上所述，一些上市公司属于需要特别许可经营，需要遵守有关法律规定，如《商业银行法》《保险法》《证券法》等等，其破产也可能具有一定的特殊性，有关法律对之在破产条件、破产程序有特别要求的，则需要遵守有关法律的规定。

8. 从上市公司破产程序的主导监督主体来看，上市公司从设立到终止整个过程，都需要接受国务院证券监督管理机构的监管，破产程序亦不例外。所以，在上市公司的破产程序进行过程中，要与国务院证券监督管理机构加强协调、沟通，及时互享有关信息，以保证破产程序的有序、顺利进行。

二、上市公司破产的特别规范

如前所述，上市公司破产，相对于非上市公司破产具有一定的特殊性，法律性、政策性相对更强，然而，《企业破产法》并没有对上市公司破产作出明确的规定。为了使得上市公司破产得到进一步规范，得以有效进行，最高人民法院与中国证券监督管理委员会就上市公司破产有关问题联合进行专题调研并广泛征求各级人民法院、证券监督管理机构、证券交易所、管理人等意见，借鉴国外上市公司破产尤其是破产重整的有关做法，在总结我国上市公司破产经验的基础上，2012 年 3 月 22 日于海南省万宁市召开了审理上市公司破产重整案件工作座谈会，就上市公司破产重整案件的一些重要问题取得了共识，并形成了《关于审理上市公司破产重整案件工作座谈会纪要》下发，尽管不属于司法解释的范畴，可也是一种人民法院审理破产重整案件时所应遵守的规范，需要遵照执行。

（一）关于上市公司破产重整案件的审理原则

上市公司破产尤其是破产重整案件事关资本市场的健康发展，事关广大投资者的利益保护，事关职工权益保障和社会稳定，应在其破产程序中坚持以下原则：

1. 依法公正原则。上市公司破产案件参与主体众多，涉及利益关系复杂，在对之进行的破产程序中，既要有利于化解上市公司的债务和经营危机，提高上市公司质量，保护债权人和投资者的合法权益，维护证券市场和社会的稳定，又要防止没有再生希望的上市公司利用破产重整程序逃废债务，滥用司法资源和社会资源；既要保护债权人利益，又要兼顾职工利益、出资人利益和社会利益，妥善处理好各方利益的冲突。

2. 尽力挽救原则。在破产程序中，应充分发挥破产重整制度的作用，为尚有挽救希望的危困企业提供获得新生的机会，有利于上市公司、债权人、出资人、关联企业等各方主体实现共赢，有利于社会资源的有效利用。对于具有重整可能的企业，在确保各种性质的债权人享有其原来对上市公司财产的清偿顺序，并且按照比例公平地获得不低于在重整计划草案被提请批准时依照破产清算程序所能获得的清偿比例的这一法律底线的基础上，努力推动重整成功，避免破产清算，以促进就业，优化资源配置，促进产业结构的调整和升级换代，减少上市公司破产清算对社会带来的不利影响。固然，尽力挽救，并不意味着必须一定挽救成功。穷尽各方努力，上市公司的破产重整计划草案仍然无法通过或者未获批准或者无法、不能执行而应终止破产重整程序、宣告破产的，人民法院则应依法及时终止破产重整程序，宣告债务人破产，而不能囿于上市公司规模大、影响大等各种各样的原因“不能破”“破不得”等不当认识久拖不决，以树立正确的导向，避免对可能进行重整的上市公司进行恶意炒作，以保障资本市场的有序发展。

3. 维护稳定原则。上市公司进入破产重整程序后，因涉及债权人、上市公司、出资人、企业职工等相关当事人的利益，各方矛盾比较集中和突出，处理不当，极易引发群体性、突发性事件，影响社会稳定。人民法院在上市公司破产程序中，要充分发挥地方政府的风险预警、部门联动、资金保障等协调机制的作用，积极配合政府做好上市公司重整中的维稳工作，并根据上市公司的特点，加强与证券监督管理机构的沟通协调。

（二）关于上市公司破产案件的管辖

1. 就上市公司破产的地域管辖而言，《审理上市公司破产案件纪要》第2条指出，应当由上市公司住所地的人民法院，即上市公司主要办事机构所在地法院管辖；上市公司主要办事机构所在地不明确、存在争议的，则由上市公司注册登记地人民法院管辖。

应当指出，上市公司也可能存在关联企业的破产问题。上市公司与存在两个以上具有关联关系的非上市公司存在法人人格高度混同等需要合并破产，上市公司属于核心控制企业的，按照《破产审判纪要》第35条“应由关联企业中的核心控制企业住所地人民法院管辖”的规定，由上市公司住所地人民法院管辖，两者并不冲突。核心控制企业为非上市公司的，在管辖的确定上，《破产审判纪要》与《审理上市公司破产案件纪要》则存在冲突：按照前者应由作为核心控制企业的非上市公司住所地人民法院管辖；按照后者则应由上市公司住所地人民法院管辖。笔者认为，基于上市公司涉及的主体众多，事关资本市场发展等特定因素，宜按照《审理上市公司破产案件纪要》的规定确定其管辖。

2. 就上市公司破产的级别管辖而言，由于上市公司破产重整案件涉及法律关系复杂，影响面广，对专业知识和综合能力要求较高，人力物力投入需要较多等各种因素，《审理上市公司破产案件纪要》第2条规定，一般应由中级人民法院管辖。

（三）关于上市公司破产重整的申请与审查

1. 上市公司的破产申请权人。对此，《审理上市公司破产案件纪要》第3条规定，上市公司不能清偿到期债务，并且资产不足以清偿全部债务或者明显缺乏清偿能力，或者有明显丧失清偿能力可能的，上市公司或者上市公司的债权人、出资额占上市公司注册资本1/10以上的出资人、清算责任人等可以依法向人民法院对上市公司申请破产。

应当指出，一些上市公司属于需要行政许可的特定行业内的企业，如上市银行、上市保险公司、上市证券公司等。对于这些上市公司，有关法律规定国家银行保险监督管理机构、国家证券监督管理机构或其指定的清算组具有破产申请权的，属于破产申请权人而可以依法申请破产。如《企业破产法》第134条规定：“商业银行、证券公司、保险公司等金融机构有本法第二条规定情形的，国务院金融监督管理机构可以向人民法院提出对该金融机构进行重整或者破产清算的申请。”《保险法》第148条规定：“被整顿、被接管的保险公司有《中华人民共和国企业破产法》第二条规定情形的，国务院保险监督管理机构可以依法向人民法院申请对该保险公司进行重整或者破产清算。”

2. 申请上市公司破产的程序。对这，需要注意以下几点：

（1）申请上市公司破产，破产申请权人一般根据《企业破产法》的规定可以按照自己的意志直接申请上市公司破产。但是，上市公司为银行、保险公司、证券公司等特定企业，申请其破产需要经过有关监督管理部门批准时，则应依法经过有关监督管理部门批准。如《保险法》第90条规定，保险公司有《企业破产法》第2条规定情形的，经国务院保险监督管理机构同意，保险公司或者其债权人可以依法向人民法院申请重整、和解或者破产清算；《商业银行法》第71条规定，商业银行不能支付到期债务，经国务院银行业监督管理机构同意，由人民法院依法宣告其破产；《证券法》第122条规定，证券公司变更证券业务范围，变更主要股东或者公司的实际控制人，合并、分立、停业、解散、破产，应当经国务院证券监督管理机构核准。

（2）上市公司破产申请需要提交的材料。对此，《审理上市公司破产案件纪要》第3条第2款规定，除提交《企业破产法》第8条规定的材料外，还应当提交关于上市公司住所地省级人民政府向证券监督管理部门的通报情况材料以及证券监督管理部门的意见、上市公司住所地人民政府出具的维稳预案等。申请上市公司破产重整的，还需提交上市公司具有重整可行性的报告；上市公司自行申请破产重整的，还应提交切实可行的职工安置方案。

3. 上市公司破产重整申请的审查。对这，应当注意以下方面：

（1）关于上市公司破产申请的审查，由具有管辖权的人民法院进行审查。鉴于上市公司的破产重整乃是一项全新的制度，具有敏感性高、政策性强、利益关系众多、程序复杂等特点，不仅涉及企业职工和二级市场众多投资者的利益安排，还涉及与地方政府和证券监督管理机构的沟通协调。《审理上市公司破产案件纪要》第4条规定，目前人民法院在裁定受理上市公司破产重整申请前，应当将相关材料逐级报送最高人民法院审查。最高人民法院民事审判第二庭时任庭长宋晓明2007年就在全国民商事审判工作会议中提出的若干疑难问题答记者问时亦指出，关于上市公司破产重整的受理问题，最高人民法院曾经明确要求相关人民法院在受理破产申请前，要逐级报请最高人民法院批准。这是由于上市公司虽不是金融机构，但有众多的股民，是准公众公司，处理不好容易引发社会稳定问题。个别法院受地方政府的压力，在未经最高人民法院批准的情况下受理上市公司破产申请的做法是不妥当的。虽然《企业破产法》为上市公司的重整提供了更为有效的手段，但是，在社会稳定问题没有一个明确的处理框架、上市公司重整中涉及的政策调整出台前，人民法院受理上市公司破产案件仍应慎重，必须报经最高人民法院批准。地方政府对于上市公司破产重整，一般都比较重视，因为上市公司经营状况的好坏直接代表着地方的经济发展情况和投资环境以及社会稳定的问题，这对人民法院审理好上市公司破产重整案件是非常有利的。但是，上市公司的破产重整存在着非常复杂的程序。是以，在受理上市公司破产前，应当对上市公司的基本财务状况、职工安置的预案、新投资人的意向、债权人的态度有所掌握，同时，要取得证券监督管理部门的支持，为破产重整程序的顺利进行打下基础。[①]

（2）关于上市公司破产申请审查的方式。一般来说，人民法院就上市公司破产申请的审查采取书面方式进行。可对于债权人提出重整申请后上市公司在法律规定的时间内提出异议，或者债权人、上市公司、出资人分别向人民法院提出破产清算申请和重整申请的，按照《审理上市公司破产案件纪要》第4条的规定，人民法院则应召开听证会。人民法院召开听证会的，应当于听证会召开前通知申请人、被申请人，并送达相关申请材料。公司债权人、出资人、实际控制人等利害关系人申请参加听证的，人民法院应当予以准许。人民法院应当就申请人是否具备申请资格、上市公司是否已经发生重整事由、上市公司是否具有重整可行性等内容进行听证。需要指出的是，应当召开听证会进行审查，乃是要求人民法院在上述情况下必须采取听证会的方式听取各方意见，即在破产申请权人对破产重整申请存在异议时，不能完全采取书面审查的方式进行，而应采取书面审查与听证会审查相结合的方式进行。

（3）上市公司破产申请的受理。经过审查，上市公司具有破产原因、符合破产条件的，应当依法受理对之的破产申请。应当指出的是，一些上市公司如银行、保险公司、证券公司的破产，除依法具有破产原因外，还需经过一定的程序，如上市银行、上市保险公司、上市证券公司的破产，需要经过国务院银行保险监督管理机构、国务院证券监督管理机构的核准、批准或同意，未经核准、批准或同意的，则不符合破产申请的条件不能受理。还有，一些上市公司如上市证券公司在破产前，需要依法经过前置的行政程序就证券类资产进行处置、对个人债权及客户证券交易结算资金进行收购等工作。故，未经过这一前置程序在证券类资产处置完毕、个人债权及客户证券交易资金的收购工作基本完成之前，对上市证券公司的破产申请就不能受理。

（四）上市公司破产重整计划草案的制定、表决、会商、批准及重整计划的执行

1. 上市公司破产重整计划草案的制定：

（1）上市公司破产重整经营方案。上市公司的破产重整计划草案，其最为重要的内容就是其中的经营方案。重整计划草案的经营方案，作为上市公司进行重整具体措施的设计、规划，包括生产经营管理方案、资金筹集方案、资产与经营业务重组方案等各方面的内容，是上市公司摆脱困境实现重生的关键手段，事关破产重整的成败，在破产重整程序中至为重要，一些国家在

① 最高人民法院民事审判第二庭编著：《民商事审判指导》2007年第1辑（总第11辑），人民法院出版社2007年版，第78～80页。

立法中就重整措施进行了详细的规定。在我国，考虑到重整措施的丰富多样性特征，采取列举的方式加以规定，不仅可能抑制重整参与人的创造力，而且不利于调动有关当事人的主动性、积极性，故在《企业破产法》立法当初就破产经营方案有关措施等内容未作任何规定。在上市公司破产重整实践中，一些上市公司的破产重整经营方案非常简单，有的甚至仅是几百字的概括性陈述，不足以提供有关重整措施的有效信息，从而给重整计划草案的通过带来极大的盲目性，也给人民法院批准重整计划草案及其之后的执行带来很大的不确定①，《审理上市公司破产案件纪要》第 6 条第 1 款为此明确规定，上市公司或者管理人制定的上市公司重整计划草案应当包括详细的经营方案。有关经营方案涉及并购重组等行政许可审批事项的，上市公司或管理人应当聘请经证券监督管理机构核准的财务顾问机构、律师事务所以及具有证券期货业务资格的会计师事务所、资产评估机构等证券服务机构按照证券监督管理机构的有关要求及格式编制相关材料，并作为重整计划草案及其经营方案的必备文件。

（2）上市公司出资人利益的调整。对此，《审理上市公司破产案件纪要》第 6 条第 2 款规定，控股股东、实际控制人及其关联方在上市公司破产重整程序前因违规占用、担保等行为对上市公司造成损害的，制定重整计划草案时应当根据其过错对控股股东及实际控制人支配的股东的股权作相应调整。

2. 上市公司破产重整计划草案的表决，需要注意：

（1）破产重整程序中出资人组的表决。对这，《审理上市公司破产案件纪要》第 7 条规定，出资人组对重整计划草案中涉及出资人权益调整事项的表决，经参与表决的出资人所持表决权 2/3 以上通过的，即为该组通过重整计划草案。考虑到出席表决会议需要耗费一定的人力物力，一些中小投资者可能放弃参加会议表决的权利，为最大限度地保护中小投资者的合法权益，上市公司或者管理人应当提供网络表决的方式，为出资人行使表决权提供便利。关于网络表决权行使的具体方式，可以参照适用中国证券监督管理委员会发布的有关规定，如该会 2016 年 9 月 30 日发布施行的《上市公司股东大会规则》（证监会公告〔2016〕22 号）第 20 条第 2 款、第 3 款关于“股东大会应当设置会场，以现场会议形式召开，并应当按照法律、行政法规、中国证监会或公司章程的规定，采用安全、经济、便捷的网络和其他方式为股东参加股东大会提供便利。股东通过上述方式参加股东大会的，视为出席。股东可以亲自出席股东大会并行使表决权，也可以委托他人代为出席和在授权范围

---

① 人民法院出版社编著：《司法解释理解与适用全集·企业破产卷》，人民法院出版社 2018 年版，第 919 页。

内行使表决权”；第21条关于“公司股东大会采用网络或其他方式的，应当在股东大会通知中明确载明网络或其他方式的表决时间以及表决程序。股东大会网络或其他方式投票的开始时间，不得早于现场股东大会召开前一日下午3：00，并不得迟于现场股东大会召开当日上午9：30，其结束时间不得早于现场股东大会结束当日下午3：00”；第37条第3款关于“通过网络或其他方式投票的公司股东或其代理人，有权通过相应的投票系统查验自己的投票结果”；第38条关于“股东大会会议现场结束时间不得早于网络或其他方式，会议主持人应当在会议现场宣布每一提案的表决情况和结果，并根据表决结果宣布提案是否通过。在正式公布表决结果前，股东大会现场、网络及其他表决方式中所涉及的公司、计票人、监票人、主要股东、网络服务方等相关各方对表决情况均负有保密义务”，等等的规定进行。

此外，最高人民法院民事审判第二庭时任庭长宋晓明2007年就在全国民商事审判工作会议中提出的若干疑难问题答记者问时指出，关于重整计划草案出资人表决组的问题，《企业破产法》规定，重整计划草案涉及出资人权益调整事项的，应当设出资人组，对该事项进行表决。在股权分置改革结束后，上市公司重整所需资金通过证券市场获得必然面临政策上的障碍，新投资人对上市公司的股权只能通过证券市场获得，这就必然涉及出资人权益的调整，需要设出资人组。而上市公司的出资人除控股股东外，还有证券市场的投资人，上市公司的股东人数众多，利益关系复杂。需要注意的问题有：（1）出资人组表决方式，不宜采取集中召集出资人组开会的形式，可以利用证券交易网络完成表决，表决是否通过可参照公司对重大事项表决通过的规定。（2）如有必要可分别设立大股东与散户投资人表决组，所制定的权益调整方案，散户投资人利益应当优于大股东，以减少证券市场的震动。（3）正确把握对出资人组表决的强制批准标准。《企业破产法》并没有具体规定重整计划草案对出资人权益调整强制批准的条件，只要方案对出资人权益调整“公平、公正”或出资人组已经通过重整计划草案，即可强制批准该事项。如何确定“公平、公正”，需要人民法院根据不同企业的特点进行探索。①

（2）《破产法解释（三）》第11条第2款规定，根据《企业破产法》第82条的规定，对重整计划草案进行分组表决时，权益因重整计划草案受到调整或者影响的债权人或者股东，有权参加表决；权益未受到调整或者影响的债权人或者股东，参照《企业破产法》第83条的规定，不参加重整计划草案的表决。

---

① 最高人民法院民事审判第二庭编著：《民商事审判指导》2007年第1辑（总第11辑），人民法院出版社2007年版，第78～80页。

3. 上市公司破产重整计划草案的会商机制。《审理上市公司破产案件纪要》第8条规定："重整计划草案涉及证券监督管理机构行政许可事项的，受理案件的人民法院应当通过最高人民法院，启动与中国证券监督管理委员会的会商机制。即由最高人民法院将有关材料函送中国证券监督管理委员会，中国证券监督管理委员会安排并购重组专家咨询委员会对会商案件进行研究。并购重组专家咨询委员会应当按照与并购重组审核委员会相同的审核标准，对提起会商的行政许可事项进行研究并出具专家咨询意见。人民法院应当参考专家咨询意见，作出是否批准重整计划草案的裁定。"基此，需要把握以下方面：

（1）上市公司破产重整计划草案会商的主体为最高人民法院与国务院证券监督管理委员会，地方各级人民法院及证券监督管理机构，虽然需要配合进行有关工作，如依法报送有关材料等，但不能构成上市公司破产重整计划草案会商机制的主体。

（2）上市公司破产重整计划草案会商机制启动的条件，乃是重整计划草案涉及证券监督管理机构行政许可事项。重整计划草案没有涉及证券监督管理机构许可事项的，则不需要启动破产重整计划草案会商机制。这是因为，根据《证券法》《公司法》等有关规定，国家证券监督管理机构应对破产重整的重整方、拟投入的资产、股东权益调整方式、破产重整程序等方面是否违反法律、法规规定进行审查，对破产重整中所涉及的股权让与、定向增发、资产交易、增资减资等事项依法进行行政许可。重整计划草案涉及这些需要证券监督管理机构进行行政许可的事项，就关系到人民法院审查批准重整计划草案的司法权与国家证券监督管理机构的行政权的衔接问题：相互脱节，各行其是，国家证券监督管理机构先行批准有关许可事项后人民法院又不批准重整计划草案的，则是对行政权的否定；人民法院先行批准重整计划草案后国家证券监督管理机构对其中有关行政许可事项不予批准的，重整计划实际无法得以执行，从而会造成行政权对司法权的否定。以是，《审理上市公司破产案件纪要》明确要求，重整计划草案涉及证券监督管理机构行政许可事项的，受理案件的人民法院应当通过最高人民法院，启动与中国证券监督管理委员会的会商机制，以就有关事项进行会商。

（3）上市公司破产重整计划草案会商的途径，乃是由最高人民法院将有关材料函送中国证券监督管理委员会，该会安排并购重组专家咨询委员会对会商案件进行研究。并购重组专家咨询委员会应当按照与并购重组审核委员会相同的审核标准，对提起会商的行政许可事项进行研究并出具专家咨询意见。

（4）上市公司破产重整计划草案会商意见的参考。对于有关行政许可事项是否许可，乃是国家证券监督管理机构的权限范围。国家证券监督管理机构基于最高人民法院的要求，组织安排并购重组专家咨询委员会按照与并购重组审核委员会相同的审核标准就提起会商的行政许可事项进行研究并出具专家咨询意见，对后面国家证券监督管理机构就有关会商的许可事项进行行政许可决定时，具有重要的参考意义，应当充分考虑并尊重会商意见，否则会商机制的启动就没有任何意义。会商意见对破产重整计划草案中有关行政许可事项明确否定的，人民法院就不应批准破产重整计划草案。此时，管理人可以向人民法院撤回提请批准的申请并对破产重整计划草案中的有关事项依法予以调整后再行通过破产申请受理法院逐级报请最高人民法院重新启动会商；会商意见对破产重整计划草案中有关行政许可事项予以肯定的，人民法院还要审查破产重整计划草案有关程序、内容是否符合《企业破产法》等有关规定，只有在破产重整计划草案有关程序、内容符合《企业破产法》有关规定的条件时，才能批准重整计划草案。不然，即使破产重整计划草案中有关行政许可事项的内容及程序符合法律、法规规定而得到会商意见的肯定，然其他有关内容及程序并不符合《企业破产法》的有关规定，也不能得到人民法院的批准。如此，会商意见肯定破产重整计划草案中有关涉及证券监督管理机构行政许可事项后，并不意味着人民法院就必然会批准破产重整计划草案。然这种不批准，不是对会商意见的否定，而是源于破产重整计划草案其他内容及程序不符合有关法律、法规规定所致。因此，《审理上市公司破产案件纪要》第 8 条规定，人民法院应当参考专家咨询意见，作出是否批准重整计划草案的裁定。

（5）不用多言，会商机制并购重组专家咨询委员会就提请进行行政许可的事项进行会商后的意见，只是一种专家性意见，以利于人民法院在批准破产重整计划草案时作出批准与否的决定，与国家证券监督管理机构就有关行政许可事项经过审查后批准或核准许可的行政行为，有着本质不同，不能代替国家证券监督管理机构的行政许可决定。《审理上市公司破产案件纪要》第 9 条于是规定，人民法院裁定批准重整计划草案后，重整计划草案涉及国家证券监督管理机构行政许可事项的，上市公司应当按照有关规定申请行政许可，有关申请事项依法获得国家证券监督管理机构行政许可即得到批准后，重整计划才最终完成所有程序而进入执行阶段。这样，重整计划草案内容涉及证券监督管理机构并购重组行政许可事项的，人民法院裁定批准重整计划草案后，上市公司无须再行召开股东大会，可以直接向证券监督管理机构提交出资人组表决结果及人民法院裁定书，申请并购重组许可，并购重组审核委员会在审核过程中，则应充分考虑并购重组专家咨询委员会提交的专家咨询意见，依法给予债务人并购重组的行政许可。

4. 上市公司破产重整计划的执行。上市公司的破产重整计划草案经过人民法院批准后，涉及国家证券监督管理机构行政许可事项的并经国家证券监督管理机构依法批准或者核准有关行政许可事项后，应当得到全面有效的执行。债务人不能执行或者不执行重整计划的，经管理人或者利害关系人请求，人民法院应当裁定终止重整计划的执行，并宣告债务人破产。

（五）上市公司破产重整的信息保密和披露

上市公司破产重整的进程尤其是能否成功的信息，对于其上市的股票、公司债券的交易价格有着至关重要的影响，事关债权人及股票、公司债券持有人及其交易者的利益，以及资产交易市场的正常秩序，有关信息及其披露，应当严格按照有关信息保密、披露规范进行。对此，《审理上市公司破产案件纪要》第5条明确规定，对于股票仍在正常交易的上市公司，在上市公司破产重整申请相关信息披露前，上市公司及其债权人、出资人等利害关系人应当按照法律、行政法规、证券监督管理机构的部门规章及证券交易所上市规则做好信息保密工作。上市公司的债权人提出破产重整申请的，人民法院应当要求债权人提供已经告知上市公司的有关证据。上市公司应当按照相关规则及时履行信息披露义务。上市公司进入破产重整程序后，除上市公司自行管理财产和营业事务外，由管理人履行相关法律、行政法规、部门规章和公司章程规定的原上市公司董事会、董事和高级管理人员承担的职责和义务，管理人在上市公司破产重整程序中存在信息披露违法违规行为的，应当依法承担相应的责任。

第三节　合伙企业破产程序的特别规范

一、合伙企业的概念

合伙企业，是指自然人、法人和其他组织依照《合伙企业法》按照合伙协议依法设立的普通合伙企业和有限合伙企业。其中，《合伙企业法》第2条规定：“本法所称合伙企业，是指自然人、法人和其他组织依照本法在中国境内设立的普通合伙企业和有限合伙企业。普通合伙企业由普通合伙人组成，合伙人对合伙企业债务承担无限连带责任。本法对普通合伙人承担责任的形式有特别规定的，从其规定。有限合伙企业由普通合伙人和有限合伙人组成，普通合伙人对合伙企业债务承担无限连带责任，有限合伙人以其认缴的出资额为限对合伙企业债务承担责任。”第 3 条规定：“国有独资公司、国有企业、上市公司以及公益性的事业单位、社会团体不得成为普通合伙人。”第 4 条规定：“合伙协议依法由全体合伙人协商一致，以书面形式订立。”第 55 条规定：“以专业知识和专门技能为客户提供有偿服务的专业服务机构，可以设立为特殊的普通合伙企业。特殊的普通合伙企业是指合伙人依照本法第五十七条的规定承担责任的普通合伙企业。特殊的普通合伙企业适用本节规定；本节未作规定的，适用本章第一节至第五节的规定。”第 57 条规定：“一个合伙人或者数个合伙人在执业活动中因故意或者重大过失造成合伙企业债务的，应当承担无限责任或者无限连带责任，其他合伙人以其在合伙企业中的财产份额为限承担责任。合伙人在执业活动中非因故意或者重大过失造成的合伙企业债务以及合伙企业的其他债务，由全体合伙人承担无限连带责任。”第 58 条规定：“合伙人执业活动中因故意或者重大过失造成的合伙企业债务，以合伙企业财产对外承担责任后，该合伙人应当按照合伙协议的约定对给合伙企业造成的损失承担赔偿责任。”第 83 条规定：“有限合伙人转变为普通合伙人的，对其作为有限合伙人期间有限合伙企业发生的债务承担无限连带责任。”第 84 条规定：“普通合伙人转变为有限合伙人的，对其作为普通合伙人期间合伙企业发生的债务承担无限连带责任。”

二、合伙企业的破产能力

（一）合伙企业应当具有破产能力

破产能力，作为能够依法适用破产法规定的程序进行破产的一种资格，是人民法院对其适用破产程序宣告其破产的必要条件，没有破产能力，就因为缺少这一必要条件而不能适用破产程序对其实施破产。就合伙企业而言，无论是从实践上讲，还是从理论上以及法律制度上来说，赋予其破产能力均有其必要。

1. 合伙企业破产是合伙企业这一从事经济活动主体属性的自然要求。从破产制度的发展历史来看，破产制度首先起源于个人破产。在历史的长河中，公司直到 16 世纪才出现，在此之前的经济活动均是个人或者以个人为纽带的集合体如家庭进行的。毫无疑问，从事经济活动的主体，源于各种各样的原因，有的会资不抵债甚至走到山穷水尽的地步而事实破产。从事实破产到由法律制度规范这种破产，首先就是针对个人破产进行的。“西方早期商业繁荣的一个重要的原因是个人破产的出现和发展。正是因为在现实商业活动中有了个人破产，才带动了西方早期和后期成熟市场经济的出现，先有个人破产后有公司破产。公司破产不过是个人破产的放大和延伸。”① 19世纪以来，随着公司、企业制度的发展与成熟，有关公司、企业的破产制度也不断建立、完善，致使个人、法人成为破产法的两类重要的主体。而合伙企业作为一种新型的经济组织，已经成为与公司并列的另一种企业形态组织方式，在经济活动中，不可避免地会出现事实破产。为了有序地让这些破产的合伙企业退出市场，促使合伙企业进一步繁荣、发展，并规范经济秩序，需要赋予其破产能力，使其在具有破产原因的情况下依法破产，为其提供公平的竞争条件和平等的法律保护，是合伙企业这一从事经济活动主体属性的本质所在。

2. 合伙企业是一个既不同于个人又不同于公司等企业法人的新的企业形态，其破产能力的赋予应当具有独立性。由个人、法人和其他组织按照合伙协议依法设立，具有一定的组织性，不同于自然人。可除有限合伙人依法承担有限责任外，合伙人均应依法承担无限连带责任，在责任承担上与公司等法人企业不同。也正因为如此，个人破产制度乃是合伙企业破产的核心。个人破产制度没有确立，合伙企业的破产在实施上将会存在诸多困难。可是，即使个人破产制度予以确立，也不能代替合伙企业破产制度的确立。

3. 合伙企业财产的本质虽然属于共有财产，然其形式上依然具有独立性，即合伙人向合伙企业出资的财产、合伙企业经营过程的财产，都以合伙企业的名义享有，财产的处置虽要经全体合伙人同意，然在形式上仍具有一定的独立性，致使对合伙企业的财产具有执行的可能，从而在理论上也就为合伙企业的破产能力奠定了必要的基础。

4. 对合伙企业破产能力的赋予，使得合伙企业的破产纳入破产法律制度规范的范畴，有利于破产法律制度的完善。反之，不对合伙企业这一已经成为重要经济活动的主体赋予破产能力，在司法实践中又大量存在合伙企业倒闭、破产的情况，债权人的合法权益更加得不到有效保护。合伙企业如何规范地退出市场，以及如何减少、降低合伙企业事实破产而给社会带来的负面效应，等等，就都无法可依，既不利于破产法律制度的完善，也不利于市场经济秩序的完善。

（二）合伙企业不具有完全破产能力，但具有准破产能力

1. 合伙企业不具有完全破产能力。完全破产能力，又称狭义破产能力，是指由《企业破产法》这一狭义意义上的破产法所赋予的破产能力。根据《企业破产法》的规定，只有企业法人才具有狭义破产能力。其他组织包括合

① 李曙光：《关于新破产法起草中的几个重要问题》，载《政法论坛》2002年第3期。

伙企业，《企业破产法》都未赋予其破产能力，因而不具有完全破产能力即狭义意义上的破产能力。《企业破产法》之所以没有规定合伙企业的破产能力，是源于对其的破产能力还存在不同意见，尚需建立、完善有关配套措施。对这，全国人大法律委员会2004年10月19日《关于〈中华人民共和国企业破产法〉（草案）修改情况的汇报》明确指出，对合伙企业及其合伙人、个人独资企业及其出资人的破产能力问题，有不同的意见："有些常委委员、最高人民法院和有些地方、部门、专家提出，将合伙企业及其合伙人、个人独资企业及其出资人纳入破产法的适用范围，涉及从事经营活动的个人的破产问题。目前，在我国个人信用体系还不健全，尚无有效手段防止个人借破产之机隐匿财产、逃避债务的情况下，对个人实行破产的条件尚不成熟。有些常委委员和有的地方、专家提出，将这两类个人投资设立的企业及其投资人纳入破产法的适用范围，对经营失败的诚实的个人投资者实行破产免责，有利于促进这两类企业的发展，也可以为探索建立个人破产制度积累经验。还有些常委委员和有的地方、部门、专家提出，将合伙企业合伙人、个人独资企业出资人纳入本法适用范围，同样从事经营活动的个体工商户也应纳入本法适用范围。否则，不符合平等对待市场主体的原则。法律委员会经对上述各种意见认真研究认为：草案在总结实践经验的基础上，将破产法的适用范围扩大到承担有限责任的各种所有制的企业法人，已是一大进步。至于不具有法人资格的合伙企业、个人独资企业，由于现行法律规定应由其合伙人、出资人对企业债务承担无限连带责任，这些企业破产，必然会连带牵涉企业合伙人、出资人个人破产问题。而对个人破产如何规范的问题，还缺乏必要的实践经验，各方面的意见也不一致，将其纳入破产法适用范围的条件尚不成熟。合伙企业、个人独资企业破产时本法哪些规定可以适用、如何适用，其合伙人、出资人如何承担无限连带责任、如何免责，还需要进一步研究，在条件成熟时，再通过修改有关法律，予以明确。在有关法律修改前，这两类企业的债务清偿问题，仍可按照民事诉讼法等有关法律的规定执行，法律委员会经同财经委员会、最高人民法院研究，故建议将本法的适用范围限定为企业法人。"所以，《企业破产法》第2条仅仅规定该法的适用范围为企业法人，即《企业破产法》只规定了企业法人的破产能力，而没有规定合伙企业及其他非法人组织的破产能力，合伙企业为此不具有由《企业破产法》赋予的完全破产能力。

2. 合伙企业具有准破产能力。不具有完全破产能力的合伙企业，并不意味着不具有任何破产能力。在破产法律制度中，除《企业破产法》这一狭义意义上的破产法外，还有广义上的破产法，即《企业破产法》之外的其他法律中有关破产制度的规定。这些其他法律中的有关破产制度的规定，赋予了企业法人以外的其他组织包括合伙企业的破产能力，即规定可以对其实施破产程序清算的，则也具有破产能力。此外，《企业破产法》第135条规定："其他法律规定企业法人以外的组织的清算，属于破产清算的，参照适用本法规定的程序。"这就说明其他法律完全可以对其他组织规定破产清算即赋予其他组织破产能力。可这种破产能力不为狭义上的破产法规定，而为广义上的破产法规定，为与《企业破产法》规定的破产能力相区别，将之称为准破产能力。《合伙企业法》第92条规定："合伙企业不能清偿到期债务的，债权人可以依法向人民法院提出破产清算申请，也可以要求普通合伙人清偿。合伙企业依法被宣告破产的，普通合伙人对合伙企业债务仍应承担无限连带责任。"据之，对于合伙企业可以实施破产清算，合伙企业因为《合伙企业法》的规定而具有破产能力，但为准破产能力。

3. 合伙企业只具有破产清算能力，而不具有破产重整能力与破产和解能力。由上所述，根据《合伙企业法》第92条的规定，合伙企业不能清偿到期债务的，可以依法向人民法院提出破产清算；《企业破产法》第135条也只是规定对于其他组织的清算属于破产清算的，才可参照《企业破产法》的有关规定。是以，包括合伙企业在内的其他组织的破产能力，倘若为其他法律赋予而具有，则不仅属于准破产能力，而且仅仅限制在破产清算能力这一狭义意义的破产程序的范围内，而不包括破产重整能力或者破产和解能力在内。换言之，不能对合伙企业或者其他组织进行破产重整或者破产和解。

应当指出，不能对合伙企业实施破产重整或者破产和解，并不意味着一对合伙企业实施破产清算，合伙企业就不可避免地要予以消灭。事实上，在合伙企业破产清算申请受理后宣告破产前，出现《企业破产法》第12条第2款规定的发现债务人不具有破产原因而驳回破产申请的，第105条规定的"人民法院受理破产申请后，债务人与全体债权人就债权债务的处理自行达成协议的"，以及第108条规定的"第三人为债务人提供足额担保或者为债务人清偿全部到期债务的"或者"债务人已清偿全部到期债务的"等情形的，仍然可以避免宣告合伙企业破产。故，合伙企业没有破产重整或者破产和解能力，并非说破产清算一旦启动，合伙企业就只有消灭这一宿命结果，其仍然存在挽救、复活的可能。

三、合伙企业的破产原因

对于合伙企业，《企业破产法》既没有规定合伙企业的破产能力，也就没有规定合伙企业的破产原因，而《合伙企业法》在规定合伙企业破产能力的同时亦规定了破产原因。如此，合伙企业是否具有破产能力以及破产原因的认定根据为《合伙企业法》，而非《企业破产法》。换言之，只能按照《合伙企业法》的规定判断确定合伙企业是否具有破产原因，而不能根据《企业破产法》第2条的规定判断确定合伙企业是否具有破产原因。

《合伙企业法》第92条规定，合伙企业不能清偿到期债务的，债权人可以依法申请合伙企业破产清算。以是，合伙企业进行破产清算的原因为不能清偿到期债务。对此，应当注意以下方面：

（一）不能清偿到期债务是合伙企业破产清算的唯一原因

合伙企业的破产原因具有唯一性，即只有不能清偿到期债务这一种原因。合伙企业只要不能清偿到期债务即具有破产原因，就可对其依法实施破产清算，而不要求在这一不能清偿或者清偿不能的原因之外还要具有资产不足以清偿全部债务的资不抵债或称债务超过的这种原因。这是因为，合伙企业作为人合企业，合伙人可以劳务出资并必须有人承担无限连带责任。即使资不抵债时，仍有合伙人的信用及劳务存在，合伙人可以设法周转融通资金以清偿债务，从而不应以资不抵债作为合伙企业破产原因的构成部分。对这，台湾地区学者也认为："合伙并非无破产能力，仅于破产原因之认定方面，不采债务超过，而采以全体合伙人不能清偿为破产原因而已。"①

至于何谓不能清偿到期债务，其具体内涵可以参见第二章破产实质要件第3节破产原因"二、破产共有原因"中有关"不能清偿到期债务"的内涵分析，这里不再多述。

（二）不能清偿到期债务是指合伙企业不能清偿到期债务

在合伙企业中，必有合伙人承担无限连带责任。因此，关于合伙企业不能清偿到期债务的理解，有人认为，不仅指合伙企业本身不能清偿到期债务，而且指合伙企业合伙人的整体财产不能清偿到期债务，这才属于合伙企业不能清偿到期债务。笔者认为，合伙企业不能清偿到期债务，不应包括合伙人不能清偿到期债务在内，原因如下：

1. 合伙企业作为市场经济活动的一种重要主体，尽管其没有独立的责任能力，然其独立的法律人格无论是在法律上还是在事实上，都已普遍得到认可。对于具有独立法律人格的合伙企业破产，是否具有破产原因只能针对合伙企业这一组织而言，而不能扩大至合伙人的范围，不能将合伙企业不能清偿到期债务与合伙人不能清偿到期债务相混同。不然，合伙企业与合伙人这两种不同的法律人格将被混淆。

① 陈荣宗：《破产法论》，我国台湾地区三民书局1982年版，第40页。

2. 将合伙人不能清偿到期债务纳入破产原因的范围，那么，债权人申请合伙企业破产清算时，不仅要对合伙企业本身不能清偿到期债务举证，而且要对合伙人不能清偿到期债务举证，乃会增加申请难度甚至无法进行，在合伙人较多的情况下更是这样，启动成本亦会大大增加，自不利于债权人合法权益的维护。

3. 仅对合伙企业本身能否清偿到期债务进行判断确认，不仅相对简便，而且也不妨碍其他合伙人依法承担无限连带责任。合伙企业的破产清算，仅仅导致合伙企业民事主体资格的消灭，并不导致合伙人的无限连带责任的消灭。对此，《合伙企业法》第92条第2款就明确规定："合伙企业依法被宣告破产的，普通合伙人对合伙企业债务仍应承担无限连带责任。"

4. 合伙企业的破产不仅关系到债权人的债权实现问题，而且也关系到合伙企业的存续及合伙人能否依法摆脱债务的问题，3者之间既相互联系，又相互独立。如将合伙企业不能清偿到期债务扩大至合伙人不能清偿到期债务，3者之间的独立性就无法体现；而将合伙企业不能清偿到期债务仅仅限制在合伙企业本身，并不扩大至合伙人，则为3者具有独立的意义并且相互联系地解决有关债务问题提供了可能。①

5. 将合伙企业不能清偿到期债务不扩大至合伙人不能清偿到期债务的范围，不仅有利于维护债权人的合法权益，而且有利于维护合伙人的合法利益。在合伙企业不能清偿到期债务的情况下，根据《企业破产法》第92条第1款关于"合伙企业不能清偿到期债务的，债权人可以依法向人民法院提出破产清算申请，也可以要求普通合伙人清偿"的规定，债权人存在两种选择：一是依法申请合伙企业破产；另一是可以要求普通合伙人清偿。如果将合伙人不能清偿到期债务纳入合伙企业不能清偿到期债务的范围，那么，两种选择就无可能，其实就是一种选择。只有将合伙企业不能清偿到期债务与合伙人不能清偿到期债务完全分离，才能将两者分开并由债权人作出选择。债权人选择申请合伙企业破产清算的，虽未将合伙人纳入破产清算程序之内，然有利于债权人与合伙人自行达成和解协议，或者让合伙人代为偿还债务或者由第三人提供足额担保，致使破产清算原因消失，以挽救合伙企业，无论是对债权人还是对合伙企业，均有利而无害。即使合伙人对合伙企业的破产清算予以肯定或者漠然视之，也不影响普通合伙人依法承担连带责任，无需对个人实行连带破产。所以，只要合伙企业不能清偿到期债务，即可依法对其实施破产清算，而非要求合伙人也要不能清偿到期债务。

---

① 王欣新主编：《破产法原理与案例教程》，中国人民大学出版社2010年版，第324页；韩长印、何睿：《合伙企业破产三题》，载《河南省政法管理干部学院学报》2007年第4期。

6. 如将合伙人不能清偿到期债务纳入合伙企业不能清偿到期债务的范围，即将前者作为后者的一个构成内容进行认定，那么，其实就是将合伙人个人也直接纳入破产清算程序，而我国法律尚未赋予个人的破产能力，从而在法律上及逻辑上也会产生矛盾与混乱。

四、合伙企业破产清算适用程序的特别规范

对于合伙企业的破产清算，《合伙企业法》只就合伙企业的破产能力与破产原因作了规定，而未就合伙企业破产的程序作出规定，根据《企业破产法》第135条关于“其他法律规定企业法人以外的组织的清算，属于破产清算的，参照适用本法规定的程序”之规定，合伙企业的破产程序参照《企业破产法》的规定进行。对这，应当注意以下几点：

（一）合伙企业破产清算程序参照《企业破产法》规定的程序进行

1. 合伙企业破产清算参照《企业破产法》规定的程序的内涵。所谓参照，是指对《企业破产法》规定的程序，参考并予以仿照进行，即对合伙企业破产清算时借鉴、利用《企业破产法》的有关规定。显然，参照不是根据或者依照，人民法院在对其他组织包括合伙企业进行破产清算时，可以根据实际情况比照《企业破产法》的有关规定进行。《企业破产法》的规定不适合合伙企业破产清算情况的，则可以根据实际情况进行处理。

参照虽然不是依照或者根据，不根据《企业破产法》的规定进行，并不必然构成程序违法，然则，也不能以《企业破产法》的规定不适合合伙企业破产清算的实际情况为由而任意不予参照执行。否则，《企业破产法》第135条的规定就没有任何意义。其实，合伙企业尽管不同于企业法人，可其破产清算依然与企业法人的本质及其主要方面是相同的，进而决定两者的程序基本类似。是以，只要《企业破产法》的规定适合于合伙企业的破产清算，即除非《企业破产法》的规定完全不适合于合伙企业的破产清算才不予参照执行外，其他情况都应当参照适用《企业破产法》规定的程序进行。

2. 合伙企业参照《企业破产法》的具体范围。合伙企业只能进行破产清算，不能进行破产重整或者破产和解。故，《企业破产法》中只能适用于破产重整或者破产和解的规定，则不能参照适用于合伙企业的破产清算。换句话说，合伙企业参照适用《企业破产法》的规定，只能参照适用其中的可以适用于破产清算程序的规定。《企业破产法》第10章破产清算的规定自然可以被参照适用于合伙企业的破产清算。第1章至第7章的有关规定如总则、申请和受理、管理人、债务人财产、破产费用和共益债务、债权申报、债权人会议等有关规定，及第11章规定的法律责任，适用于所有破产程序，也可以

被参照适用于合伙企业的破产清算。至于《企业破产法》第8章重整、第9章和解中的规定，除非可以适用于破产清算，不然就不能参照适用于合伙企业的破产清算。如第9章和解中第105条关于“人民法院受理破产申请后，债务人与全体债权人就债权债务的处理自行达成协议的，可以请求人民法院裁定认可，并终结破产程序”的规定，就可以适用于破产清算，也可以参照适用于合伙企业的破产清算。

（二）合伙企业破产清算申请的主体

1. 合伙企业的债权人。根据《合伙企业法》第92条第1款关于“合伙企业不能清偿到期债务的，债权人可以依法向人民法院提出破产清算申请，也可以要求普通合伙人清偿”的规定，合伙企业的债权人有权申请合伙企业破产清算从而属于合伙企业破产清算的申请主体，毫无疑义。

2. 合伙企业即债务人本身。对于合伙企业本身是否能够申请自身破产清算，《合伙企业法》没有明确规定。没有明确规定，并不意味着合伙企业就不能申请自身破产清算。如上所述，《合伙企业法》只就合伙企业的破产能力与破产原因作了规定，而没有就合伙企业的破产清算程序作出规定，有关程序问题参照《企业破产法》规定的程序进行。而《企业破产法》第7条规定，在债务人具有破产能力与破产原因的情况下，债务人可以自身申请破产清算。合伙企业也就应当允许有权自身申请破产清算。

其实，在合伙企业具有破产能力与破产原因的情况下，法律明确可以通过破产清算程序让其有序地退出市场，比起通过一般的不属于司法程序的清算程序即解散清算程序则更利于保护债权人的合法权益，而且，此程序完全按照法律有关规定在人民法院的主导下公开进行，故在合伙企业具有破产能力与破产原因时，破产清算的适用应当优先于解散清算的适用。合伙企业解散且符合破产清算条件，由于各种各样的原因，没有债权人申请合伙企业破产清算的，就更应允许合伙企业自身申请破产清算。

应当指出，合伙企业尽管可以自身申请破产清算，然必须由全体合伙人同意。这是因为，合伙企业的财产在本质上乃为合伙人共有，即合伙人对合伙企业的出资并未丧失所有权，只是为了统一经营管理的需要而以合伙企业的名义存在。合伙企业名义上具有独立的财产，然合伙企业并不像具有独立民事责任能力的公司、企业法人那样对其资产拥有所有权。公司的股东出资后对其出资丧失所有权而享有股权，所有权与经营管理权相分离；而合伙企业的合伙人对其出资并未丧失所有权，合伙人共同出资、共同经营，所有权与经营权并不分离。合伙人的出资以及之后取得的财产，虽然以合伙企业的名义拥有，只是形式上的，仅是为了统一经营管理的方便，也为了防止合伙人擅自处分合伙财产，其实质则仍为合伙人共有。以是，合伙企业的重大事项包括改变合伙企业的名称，改变合伙企业的经营范围、主要经营场所的地点，处分合伙企业的不动产，转让或者处分合伙企业的知识产权和其他财产权利，以合伙企业名义为他人提供担保，聘任合伙人以外的人担任合伙企业经营管理人员等，都必须经全体合伙人一致同意作出决定。合伙企业申请自身破产清算的，举轻以明重，则更需要征得全体合伙人的一致同意。

3. 合伙企业的清算人。合伙企业因为解散而未清算或者未清算完毕时，发现其财产不足以清偿债务的，依法负有清算责任的人有权申请破产清算。《合伙企业法》第85条规定，合伙企业有下列情形之一的，应当解散：（1）合伙期限届满，合伙人决定不再经营；（2）合伙协议约定的解散事由出现；（3）全体合伙人决定解散；（4）合伙人已不具备法定人数满30天；（5）合伙协议约定的合伙目的已经实现或者无法实现；（6）依法被吊销营业执照、责令关闭或者被撤销；（7）法律、行政法规规定的其他原因。”第86条规定，合伙企业解散，应当由清算人进行清算。清算人由全体合伙人担任；经全体合伙人过半数同意，可以自合伙企业解散事由出现后15日内指定1个或者数个合伙人，或者委托第三人，担任清算人。自合伙企业解散事由出现之日起15日内未确定清算人的，合伙人或者其他利害关系人可以申请人民法院指定清算人。基此，全体合伙人，或者经过全体合伙人过半数同意指定1个合伙人或数个合伙人或者委托的第三人，依法对合伙企业负有清算责任的，有权申请合伙企业破产。具体来说：

（1）合伙企业解散没有清算的，清算责任人为全体合伙人，全体合伙人有权申请合伙企业破产。固然，全体合伙人并非其中的一部分合伙人，对之要求全体合伙人一致同意而申请合伙企业破产清算。

（2）合伙企业解散进行清算而未清算完毕，由全体合伙人担任清算人的，全体合伙人有权申请合伙人破产。

（3）合伙企业解散进行清算而未清算完毕，经过全体合伙人过半数同意指定1个合伙人或者数个合伙人为清算人的，则被指定为清算人的1个合伙人或者数个合伙人有权申请合伙企业破产清算。数个合伙人为清算人的，应由数个合伙人一致同意。

（4）合伙企业解散进行清算而未清算完毕，经过全体合伙人过半数同意委托第三人作为清算人的，则该被委托的第三人作为清算人有权申请合伙企业破产清算。

至于合伙人，即合伙企业的出资人，参照《企业破产法》的有关规定，无法必然得出其有权申请合伙企业破产清算的结论。然而，由于合伙企业的破产参照适用《企业破产法》的有关规定。因此，司法解释根据合伙企业的破产清算的实际情况完全可以对《企业破产法》第 7 条规定就合伙企业的破产清算申请主体作扩大解释，将其纳入申请人的范畴。这不存在司法解释制造法律的问题，而是源于《企业破产法》本身对合伙企业的申请人作出规定，只是可以参照适用其规定。参照，不是完全依照，于是可以根据实际需要而创设一些规定。

（三）合伙企业的债务人财产与破产财产

1. 合伙企业财产的范围。合伙企业破产清算申请受理时属于其所有的财产，以及破产申请受理后至破产清算程序终结前合伙企业取得的财产，均属于合伙企业债务人财产。在宣告合伙企业破产时，则称为合伙企业破产财产。所以，合伙企业的债务人财产与破产财产主要是从时间上界定的。至于其范围，则就是依法应当属于合伙企业的财产。《合伙企业法》第 20 条规定："合伙人的出资、以合伙企业名义取得的收益和依法取得的其他财产，均为合伙企业的财产。"基此，在合伙企业破产清算中，合伙企业的债务人财产，包括合伙企业破产申请受理时已属于以及破产申请受理后终结前所取得的合伙人出资财产、以合伙企业名义取得的收益及依法取得的财产。

（1）合伙人的出资财产。对此，应当注意以下几点：①合伙人出资财产的构成范围。《合伙企业法》第 16 条第 1 款规定："合伙人可以用货币、实物、知识产权、土地使用权或者其他财产权利出资，也可以用劳务出资。"据此，合伙人出资既包括货币、实物等财产，又包括知识产权、土地使用权或者其他财产权利，还包括劳务。劳务作为合伙人对合伙企业的出资，只有在其物化为财产时即通过劳动转化为劳动成果后才能作为出资财产的范围，进而构成合伙企业债务人财产或者破产财产。在合伙企业破产财产最后分配前，合伙人尚未物化的劳务，则不应计算为破产财产。这是因为，劳务与合伙人的人身不可分离，具有人身依附性，不能转让，无法作为破产财产予以分配，在破产财产最后分配前还未物化为破产财产的，这种劳务不能作为破产财产计算。然在破产财产最后分配前，按照协议应当出资的劳务，则可依法折算成货币，并予以追缴，便又可以构成合伙企业的破产财产。同样，约定以技术服务、商誉等出资的，也可以参照劳务出资的方式进行处理。②合伙人出资数额的认定。合伙人的出资构成合伙企业财产的重要部分，是合伙企业正常运转的基本前提。《合伙企业法》第 17 条明确规定："合伙人应当按照合伙协议约定的出资方式、数额和缴付期限，履行出资义务。以非货币财产出资的，依照法律、行政法规的规定，需要办理财产权转移手续的，应当依法办理。"基此，合伙人的出资应当按照合伙人之间的合伙协议进行。合伙人在合伙企业破产清算申请受理后仍未履行出资义务的，参照《企业破产法》第35条规定，管理人应当要求该合伙人按照合伙协议约定的数额缴纳出资，而不受合伙协议约定的出资期限的限制。③合伙人以非货币资产出资，依照法律、法规规定需要办理财产转让手续，在合伙企业破产清算申请受理后仍未办理财产转让手续的，属于出资不实，管理人应当依法追究其出资不实的责任，对有关出资财产依法办理转让手续或者依法折成货币进行追缴。

（2）以合伙企业名义取得的收益及依法取得的财产。这种合伙企业财产，要求以合伙企业名义取得。在现实生活中，有的合伙人执行的是合伙企业事务，并非以合伙企业名义进行，而是以合伙人个人名义进行，这种以合伙人个人名义而取得的财产，表面上仍然不属于合伙企业财产。对这，有人认为，合伙人以自己名义办理属于合伙企业事务而取得的财产排除在合伙企业之外，不尽合理，便建议借鉴美国新修订的《统一合伙法》，规定下列财产属于合伙企业财产：①以合伙名义获得的财产；②以1个或者几个合伙人的名义获得的财产；③使用合伙资产购买的财产推定为合伙财产。[①] 其实，《合伙企业法》第96条规定："合伙人执行合伙事务，或者合伙企业从业人员利用职务上的便利，将应当归合伙企业的利益据为己有的，或者采取其他手段侵占合伙企业财产的，应当将该利益和财产退还合伙企业；给合伙企业或者其他合伙人造成损失的，依法承担赔偿责任。"据之，合伙人执行合伙事务，将应当归属于合伙企业的利益归于合伙人个人名义占有的，属于合伙企业的财产，有关合伙人应当将该利益和财产退还给合伙企业。

至于以合伙企业名义取得的收益及依法取得的财产，则既包括在合伙企业破产清算申请受理前以合伙企业名义取得的收益及依法取得的财产，又包括在合伙企业破产清算申请受理后至破产程序终结前以合伙企业名义取得的收益及依法取得的财产。

2. 依法追回由他人非法占有的合伙企业财产。如上所述，合伙企业债务人财产与破产财产，在具体构成上包括合伙人出资财产与以合伙企业名义取得的收益及依法取得的财产。这种债务人财产或者破产财产，是指依法应当属于合伙企业的财产。在司法实践中，源于各种各样的原因，本应属于合伙企业的财产而被非法处置由他人占有的，对其应当依法予以追回。主要包括：

（1）合伙人或者合伙企业工作人员非法侵占的合伙企业财产，应当依法追回。对此，《合伙企业法》第96条规定，合伙人执行合伙事务，或者合伙企业从业人员利用职务上的便利，将应当归合伙企业的利益据为己有的，或

① 韩长印、何睿：《合伙企业破产三题》，载《河南省政法管理干部学院学报》2007年第4期。

者采取其他手段侵占合伙企业财产的，应当将该利益和财产退还合伙企业；给合伙企业或者其他合伙人造成损失的，依法承担赔偿责任。

（2）对在受理破产清算申请前1年内涉及合伙企业财产的欺诈性转让行为应当申请人民法院撤销，并依法追回有关财产。参照《企业破产法》第31条规定，人民法院受理合伙企业破产清算申请前1年内，涉及合伙企业财产的无偿转让；以明显不合理的价格进行交易；对没有财产担保的债务提供财产担保；对未到期的债务提前清偿；放弃债权等行为，管理人有权请求人民法院予以撤销，并参照《企业破产法》第34条的规定追回有关财产。

（3）对在受理破产清算申请前6个月内的恶意个别行为应当申请人民法院予以撤销，并依法追回有关财产。参照《企业破产法》第32条规定，合伙企业已具有《合伙企业法》第92条规定的破产原因即不能清偿到期债务，而仍对个别债权人进行清偿的，除该个别清偿能使合伙企业财产受益的外，管理人均有权请求人民法院予以撤销，并参照《企业破产法》第34条的规定追回有关财产。

（4）合伙企业的破产无效行为，应当依法宣告无效，并追回有关财产。参照《企业破产法》第33条规定，为逃避债务而隐匿、转移合伙企业财产，虚构合伙企业债务或者承认不真实的合伙企业债务的行为无效，应当参照《企业破产法》第34条的规定追回该无效行为所涉及的合伙企业财产。

（5）合伙人未按照合伙协议约定的数额履行出资义务，欠缴出资的，参照《企业破产法》第35条规定，人民法院受理合伙企业破产清算申请后，管理人应当要求该合伙人按照合伙协议约定的数额缴纳出资，而不受合伙协议约定的出资期限的限制。

（四）合伙企业破产与普通合伙人的无限连带责任承担问题

《合伙企业法》第92条规定："合伙企业不能清偿到期债务的，债权人可以依法向人民法院提出破产清算申请，也可以要求普通合伙人清偿。合伙企业依法被宣告破产的，普通合伙人对合伙企业债务仍应承担无限连带责任。"据此，合伙企业破产宣告，并不免除普通合伙人对合伙企业债务的无限连带责任。但在合伙企业破产清算的情况下，如何落实普通合伙人的无限连带责任，由于法律没有规定，便产生了不同看法。

有人认为，合伙企业的破产程序应当适用于普通合伙人的财产，即将普通合伙人的财产纳入破产财产，一并解决普通合伙人的无限连带责任问题。这主要是因为："（1）普通合伙人对合伙企业的债务承担无限连带责任，因此合伙企业的责任财产不仅包括合伙企业的财产，也包括合伙人的财产；（2）合伙企业被宣告破产即是认定合伙企业不能清偿到期债务的充分理由，因此在合伙企业被宣告破产时，合伙人的财产即应用于清偿合伙企业的债务，而不应等到破产程序终结之时；（3）如果合伙企业破产后，合伙人财产不纳入破产程序的话，则由于合伙企业破产后合伙人财产势必需要对合伙企业财产不足清偿的部分进行清偿，而这时合伙人个人的债权人可能在合伙企业破产后立即对合伙人的个人进行强制执行，同时由于破产程序对合伙人个人财产不发生保护作用，合伙人个人也可能在合伙企业破产程序进行期间转移资产，逃避债务，这些都将不利于债权人的公平受偿权，并导致责任财产的不当减少。”① 另外，在合伙企业破产程序中将普通合伙人的财产纳入破产财产，一并解决普通合伙人的无限连带责任问题，尽管增加了程序的复杂性，可有利于债权的彻底解决，避免在合伙企业破产后再对普通合伙人追究无限连带责任，有利于节约社会资源。②

有人认为，普通合伙人的无限连带责任问题，不应在合伙企业的破产清算程序中同时解决，而应在合伙企业破产清算程序后分别解决。债权人在合伙企业破产清算程序中未受清偿的部分，在破产程序终结后再向合伙人追偿。换言之，在合伙企业的破产清算中，不应将普通合伙人的财产纳入破产财产进行清算。因为，现代破产法的目标与传统破产法不同，不再是单纯保护债权人的利益，同时也要保护债务人的正当权益，而且还要维护社会的整体利益，合伙企业的破产也不能例外。仅仅是为了彻底保护债权人利益，自然可以在合伙企业的破产程序中让普通合伙人连带破产即同时解决其无限连带责任问题，然考虑到合伙人的利益和社会稳定，则应将合伙企业的破产与合伙人的破产分开。在德国的旧破产法中，将无限公司、两合公司中的无限责任股东的全部私人财产纳入破产财产，可在新破产法中不再采取这一一并解决有关无限连带责任问题的做法。在我国，《企业破产法（草案）》曾经规定合伙企业破产可以连带普通合伙人一并破产，即将所有普通合伙人的财产全部纳入破产财产一并清算，可最终未获通过。是以，合伙企业破产并不发生普通合伙人的连带破产，在破产清算程序中，不能将普通合伙人的财产纳入破产财产的范围一并清算。③

笔者认为，合伙企业破产不能导致合伙人连带破产，即不能将合伙人的破产财产当然纳入合伙企业的破产财产一并清算，但不排除同时追究普通合伙人无限连带责任的可能，即不是必须等到合伙企业破产程序终结后再追究

---

① 吴庆宝、王建平主编：《破产案件裁判标准规范》，人民法院出版社 2009 年版，第 377 ~ 378 页。

② 申丽凤：《商合伙破产程序与实体问题研究》，载《河北法学》2004 年第 12 期。

③ 王欣新主编：《破产法原理与案例教程》，中国人民大学出版社 2010 年版，第 330 页。

普通合伙人的无限连带责任：

首先，合伙企业与合伙人，不属于同一性质的民事主体。合伙企业虽然由合伙人出资成立，且普通合伙人承担无限连带责任，但是，合伙企业与合伙人分属于不同性质的民事主体，已不可否认。故，合伙企业的破产能力与破产原因的规定，只能适用于合伙企业，而不能适用合伙人这一自然人。合伙企业破产必然导致合伙人连带破产，将普通合伙人的财产一并纳入破产财产的范围进行清偿，乃就等于承认合伙企业的破产能力与破产原因的有关法律规定适用于普通合伙人，这明显没有任何法律根据。

其次，合伙企业作为与自然人、企业法人不同的其他组织，与合伙人个人这一自然人不同，合伙企业的破产并不等于合伙人个人的破产。允许合伙企业破产导致承担无限连带责任的合伙人破产，则等于承认自然人在一定条件下可以破产，在《企业破产法》明确否定《企业破产法（草案）》中有关自然人破产的情况下，固然不能成立。

再次，在合伙企业中，普通合伙人尽管对合伙企业的债务负有无限连带责任，可无限连带责任的承担并不必然地采取强制性破产进行清算的方式。如果允许合伙企业破产就导致普通合伙人连带破产而将其财产一并纳入破产财产进行清算，那么，就是强制普通合伙人破产清算，而这给合伙人带来的负面影响乃至对社会稳定的影响，是无法估算的。

其四，合伙企业破产导致承担无限连带责任的普通合伙人破产，又会涉及普通合伙人与其夫妻、家庭财产等共有财产的分割，还要将合伙人的债权人的债权一并清算，涉及合伙人的债权、财产转移的追缴等一系列问题，这显然不是一个合伙企业破产程序就能解决的问题，在普通合伙人较多的情况下则更为复杂，更加难以解决。

其五，合伙企业破产，合伙人为逃避责任完全可能转移财产，合伙人的债权人也可能对合伙人财产采取强制措施，然这些问题不是合伙企业破产程序中一并解决合伙人无限连带责任时就能够解决的，这是一个社会信用的问题，需要通过强化信用基础，依法追究有关人员的责任等措施来解决。事实上，在信用丧失的情况下，合伙企业一旦破产甚至在破产申请受理前，合伙人为了逃避责任就可能早已隐匿、转移财产，这已在现实生活中屡见不鲜。这种情况，根本无法通过合伙企业破产一并解决普通合伙人无限连带责任的方式就可以解决。

最后，合伙企业破产不导致普通合伙人破产，不将普通合伙人的财产一并纳入破产财产，并非一定就是要在合伙企业破产程序终结后再追究普通合伙人的无限连带责任。在合伙企业破产申请受理后，为了维护合伙企业全体合伙人的利益，可以由管理人统一向普通合伙人追究无限连带责任，而不应由合伙企业的债权人个别向普通合伙人追究无限连带责任。管理人统一向普通合伙人追究无限连带责任所得的财产与破产财产一道用于清偿合伙企业的债权人的债权。管理人统一向普通合伙人追究无限连带责任，其方式不是强制将合伙人的财产纳入破产财产，而是通过非破产程序的方法，即在通常情况下以向普通合伙人提起诉讼或者仲裁，进行和解等非破产行为追究无限连带责任人的连带责任，从而与将合伙人的财产强行纳入破产财产让其承担无限连带责任的连带破产有着本质的不同，两者不容混淆。管理人让普通合伙人承担无限连带责任的最为理想的方式，就是与普通合伙人达成和解，以避免诉讼或者仲裁周期长、成本高等问题。普通合伙人在合伙企业的破产清算程序中承担的无限连带责任，超过了合伙协议的约定或者法定的责任的，可以向其他应当承担应尽责任的普通合伙人再行追索，这更加不是合伙企业破产程序所要解决的问题。①

（五）合伙企业的债权人与普通合伙人的债权人的债权关系

在合伙企业破产清算中，合伙企业的债权人可以要求普通合伙人以其个人财产承担无限连带责任，与此同时，普通合伙人的债权人也可以要求普通合伙人以在合伙企业的财产份额清偿其债权。这样，无论是合伙企业的财产还是普通合伙人的财产，都可能同时承担合伙企业的债权人的债权与普通合伙人的债权人的债权。在同时承担两种债权时，如何处理两者之间的关系，即合伙企业的破产财产、普通合伙人的财产如何清偿合伙企业的债权人的债权、普通合伙人的债权人的债权，是合伙企业破产清算中不可回避也无法回避的问题。对于这一问题的解决，存在着双重债权优先受偿原则、普通合伙人债权优先受偿原则、严格合伙企业债权优先受偿原则及并存债权受偿原则等做法。

所谓双重债权优先受偿原则，是指合伙企业的财产首先用于清偿合伙企业的债权人的债权，普通合伙人的个人财产首先用于清偿其个人债权人的债权。换言之，合伙企业财产、普通合伙人的财产首先分别清偿各自债权人的债权。在双重债权优先受偿原则中，合伙企业的财产在清偿完毕合伙企业的债权人的债权后尚有剩余财产的，则用于清偿普通合伙人的债权人的债权；普通合伙人的财产在清偿完毕其个人债权人的债权后尚有剩余财产的，则用于清偿合伙企业的债权人的债权。这一原则，由英国衡平法院法官考伯勋爵审理克劳德一案时首先确立。该案判决认为：“由于共同财产或合伙财产优先

① 王欣新：《德国和英国的破产立法（一）》，载《人民法院报》2005年10月21日。

于清偿共同债务或合伙债务，那么同样地，单独财产也应当优先用于清偿个人的一切债务。并且，由于在所有共同债务清偿以前，单独债权人不得涉足共同财产，那么同理，在单独债务清偿以前，合伙债权人也不能就其在合伙财产中未受清偿的部分，要求用单独财产清偿。”此后，英美法系国家大多采用这一原则。我国香港地区的破产条例也规定：“如破产人为合伙人，则其联权共有的产业须首先用于偿付其共同债项，而每名合伙人各别的产业则须首先用于偿付其各别的债项。如该等各别的产业有盈余，则须作为该联权共有的产业的一部分处理。如该联权共有的产业有盈余，则须按各合伙人在该产业中所占权利及权益的比例，将该盈余作为各合伙人各别的产业的一部分处理。”在我国，现行法律没有规定，在理论上则多主张用这一原则来处理合伙企业的债权人的债权与普通合伙人的债权人的债权之间的关系。

所谓普通合伙人个人债权优先受偿原则，是指普通合伙人的个人财产首先用于清偿合伙人个人的债权人的债权，普通合伙人的债权人未能清偿的部分与合伙企业的债权人一道以合伙企业的破产财产公平受偿。

所谓严格合伙企业债权优先受偿原则，在德国、意大利等国中采用，是指合伙企业与普通合伙人同时破产的情况下，合伙企业的管理人可以在普通合伙人的破产程序中全额申报债权，并与合伙人的债权人享有同等的受偿权利；可普通合伙人的管理人则不能在合伙企业破产中申报债权，只能就该普通合伙人在合伙企业中享有的份额要求清偿。在合伙企业破产清算时，普通合伙人在合伙企业财产的份额，只能在清算了合伙企业的所有债务后尚有剩余财产时再进行分配，可合伙企业破产通常已无法清偿所有债务，普通合伙人在合伙企业财产的份额往往为零而不再存在。如此，实行严格的合伙企业债权优先受偿原则，普通合伙人的债权人的债权往往难以以合伙企业的破产财产得到清偿。

所谓并存债权优先受偿原则，即非严格的合伙企业债权优先受偿原则，是指合伙企业的破产财产首先用于清偿合伙企业的债权人的债权，合伙企业的债权人的债权未能清偿的部分再与普通合伙人的债权人的债权一道以普通合伙人的个人财产受偿。这一原则为我国台湾地区以判例形式确立，即“合伙企业财产要优先用于清偿合伙企业债务，未能获得清偿的合伙企业债务将被记入合伙个人账目，与合伙人个人债务平等地从合伙人财产中获得清偿”①。

如上所述，严格合伙企业债权优先受偿原则或者普通合伙人个人债权优先受偿原则，则着重考虑各自债权人的利益，忽视他方债权人的利益，不利

① 马强：《合伙债务清偿问题研究》，载《法学家》1997年第4期。

于平衡合伙企业的债权人和普通合伙人个人债权人利益，有失公平。此外，在我国，普通合伙人对于合伙企业债务虽然负有无限连带责任，然这种无限连带责任是一种补充连带责任，即在合伙企业财产不足以清偿合伙企业债务的部分才由普通合伙人继续承担。以是，前者不仅将合伙企业的所有财产用于清偿合伙企业的债务，而且还可以以合伙企业的债权人的所有债权全额与普通合伙人个人债权人的债权一道要求以普通合伙人个人的财产公平受偿，明显与普通合伙人对合伙企业债务承担补充连带责任的性质相悖，进而会对普通合伙人的债权人的合法权益造成损害。后者，也有悖于我国《合伙企业法》有关普通合伙人对合伙企业债务承担补充连带责任的立法宗旨。合伙人出资组成合伙企业，以合伙企业名义生产经营服务，取得收益和财产，构成合伙企业的财产。这种财产本质上尽管为合伙人共有，可形式上为合伙企业所有，具有相对的独立性，不经全体合伙人同意，不得处分。为了维护全体合伙人的利益，合伙企业的债务首先要由合伙财产承担。同时考虑到合伙人可能滥用权利侵吞私分合伙企业财产损害债权人的利益，尤其是在社会信用丧失严重的情况下，由合伙人对合伙企业债务承担无限连带责任，以保护债权人的合法权益的同时，促使合伙人依法设立经营合伙企业。可是，普通合伙人个人债务优先受偿原则，首先将普通合伙人个人的财产清偿其个人债务，不足部分还可以与合伙企业的债权人一道以合伙企业财产公平受偿，则完全反其道而行之，不仅不能实现普通合伙人对合伙企业债务的补充无限连带责任，反而是合伙企业对普通合伙人的个人债务承担补充连带责任，显然不当。

就双重债权优先受偿原则而言，有利于平衡合伙企业的债权人与普通合伙人个人债权人的利益，然其实也是对普通合伙人对合伙企业债务承担补充无限连带责任的否定。

而并存债权受偿原则，要求合伙企业财产首先用于清偿合伙企业的债权人的债权，债权人债权未能清偿的部分再与普通合伙人个人债权人的债权一道以普通合伙人个人财产公平清偿，完全符合普通合伙人对合伙企业承担补充无限连带责任的性质，以及之所以设立普通合伙人对合伙企业债务承担补充无限连带责任的立法意图，即合伙企业的债务不能由合伙企业财产得到足额清偿时，就应由普通合伙人承担补足。这是其一。

其二，合伙企业的债务在合伙企业财产不足以清偿时，由普通合伙人承担无限连带责任，是法律明文规定，相对于普通合伙人的个人债务来说，在清偿上更具有保障性。普通合伙人的个人债务只能由普通合伙人的个人财产及其他连带责任财产承担。合伙企业的财产，虽然为合伙人出资构成，并不必然构成普通合伙人的连带财产，普通合伙人的债权人的债权不能以合伙企业的财产清偿（在合伙企业破产清算的情况下，合伙企业清偿所有债务后各普通合伙人还能分配的财产份额已属普通合伙人个人财产，不再属于合伙企业财产）；而普通合伙人的个人财产依法属于合伙企业的连带财产。这样，合伙企业的债权人的债权既可以由合伙企业财产清偿，又可以以普通合伙人个人的财产清偿。因此，合伙企业的债权人的债权清偿与普通合伙人个人债权在清偿保障上基于法律的规定具有差别性。在此种情况下，以并存债权受偿原则来处理合伙企业的债权人的债权与普通合伙人的债权人的债权关系，则完全符合合伙企业财产及其债务、普通合伙人个人财产及其债务承担具有差别性的特征。

最后，从司法实践上看，合伙人出资组成合伙企业，合伙企业的债务会由合伙企业首先承担，尽管可以要求普通合伙人承担，通常也不会越过合伙企业而直接找合伙人承担。另外，为维护合伙企业及全体合伙人及债权人的利益，也不允许以合伙企业的债务首先承担合伙人的个人债务。尤其是在合伙企业破产清算的情况下，合伙人在合伙企业财产的份额要在合伙企业的债务全部清偿还有剩余时才能得到分配，也只有此种合伙份额的分配才能用于合伙人个人债务的承担。在合伙企业破产的情况下，先对合伙企业的债务进行清偿，不足清偿部分再由普通合伙人承担补充无限连带责任，即合伙企业的债权人的未能清偿的债权，与普通合伙人个人的债权，完全处于平等地位没有差别的受偿，也容易为人所接受，有利于破产程序的正常、顺利进行，以及社会秩序的和谐与稳定。

当然，采取并存债权受偿原则，让合伙人对合伙企业的债务承担补充连带责任，从理论上讲，应是在合伙企业破产程序终结后，对于合伙企业未能清偿的债务由连带责任人依法承担连带责任。然在合伙企业破产的情况下，为了防止对合伙企业债务承担连带责任的合伙人基于逃避债务而隐匿、转移财产等不法行为的发生，并非一定在合伙企业的破产程序终结后才对负有连带责任的合伙人主张权利，完全可以在破产程序中要求负有连带责任的合伙人依法承担责任。对于合伙人承担的责任，可以事先留存。先用合伙企业的财产清偿合伙企业的债务，合伙企业的财产未能清偿的债务才用合伙人的财产承担。合伙人财产清偿合伙企业债务后剩余的部分，则应退还给合伙人。合伙人承担责任超过其应当承担的份额的，则对超过的部分可以要求其他合伙人依法承担其应当承担的份额。

第四节　农民专业合作社破产程序的特别规范

一、农民专业合作社的概念

农民专业合作社，根据《农民专业合作社法》第 2 条、第 3 条规定，是指在农村家庭承包经营基础上，农产品的生产经营者或者农业生产经营服务的提供者、利用者，自愿联合、民主管理的互助性经济组织。它以其成员为主要服务对象，开展农业生产资料的购买、使用，农产品的生产、销售、加工、运输、贮藏及其他相关服务，农村民间工艺及制品、休闲农业和乡村旅游资源的开发经营等，与农业生产经营有关的技术、信息、设施建设运营等服务。第 19 条规定，具有民事行为能力的公民，以及从事与农民专业合作社业务直接有关的生产经营活动的企业、事业单位或者社会组织，能够利用农民专业合作社提供的服务，承认并遵守农民专业合作社章程，履行章程规定的入社手续的，可以成为农民专业合作社的成员。然则，具有管理公共事务职能的单位不得加入农民专业合作社。农民专业合作社应当置备成员名册，并报登记机关。第 20 条规定，农民专业合作社的成员中，农民至少应当占成员总数的 80%。成员总数 20 人以下的，可以有 1 个企业、事业单位或者社会组织成员；成员总数超过 20 人的，企业、事业单位和社会组织成员不得超过成员总数的 5%。第 5 条规定，农民专业合作社依照本法登记，取得法人资格。农民专业合作社对由成员出资、公积金、国家财政直接补助、他人捐赠以及合法取得的其他资产所形成的财产，享有占有、使用和处分的权利，并以上述财产对债务承担责任。第 6 条规定，农民专业合作社成员以其账户内记载的出资额和公积金份额为限对农民专业合作社承担责任。

二、农民专业合作社的破产能力与破产原因

（一）农民专业合作社具有破产能力

《农民专业合作社法》第 52 条第 2 款规定："清算组发现农民专业合作社的财产不足以清偿债务的，应当依法向人民法院申请破产。"基此，农民专业合作社具有破产能力。因为，其是在进行清算过程中发现财产不足以清偿债务时，由清算组等依法申请破产，只能属于破产清算，具有破产清算能力，而不具有破产重整能力或者破产和解能力。

(二) 农民专业合作社的破产原因

根据《农民专业合作社法》第52条第2款的规定，农民专业合作社破产的原因只有1个，即其财产不足以清偿债务。其财产足以清偿债务的，则不应对其进行破产清算，而应根据《农民专业合作社法》第48～54条等有关规定进行解散清算。

三、农民专业合作社破产程序的特别规范

(一) 农民专业合作社破产以适用《企业破产法》的规定为原则，以特别规定为例外

1. 农民专业合作社破产适用《企业破产法》的内涵。《农民专业合作社法》第55条规定："农民专业合作社破产适用企业破产法的有关规定。但是，破产财产在清偿破产费用和共益债务后，应当优先清偿破产前与农民成员已发生交易但尚未结清的款项。"基此，除对"清偿破产前与农民成员已发生交易但尚未结清的款项"这一债权的清偿顺序外，农民专业合作社的破产均适用《企业破产法》的规定。适用《企业破产法》的有关规定，是指完全适用，而不是参照即参考并仿照适用。完全适用，不允许变通，法律规定如此的，就得依此而为，否则即属非法。而参照适用，则可以根据实际需要变通，变通只要不违反破产法的基本原则与立法意图，即应许可。

2. 农民专业合作社破产适用《企业破产法》的范围。如前所述，农民专业合作社是在解散清算当中发现财产不足以清偿债务时进行的破产清算，不可能进行破产重整或者破产和解。所以，《企业破产法》中有关破产清算程序的规定均能适用农民专业合作社的破产。具体来说，《企业破产法》第10章破产清算的规定可以适用于农民专业合作社的破产清算。第1章至第7章的有关规定如总则、申请和受理、管理人、债务人财产、破产费用和共益债务、债权申报、债权人会议等有关规定，及第11章规定的法律责任，适用于所有破产程序，自然也可以适用于农民专业合作社的破产清算。至于《企业破产法》第8章重整、第9章和解中的规定，除非可以适用于破产清算，不然就不能适用于农民专业合作社的破产清算。如第9章和解中第105条关于"人民法院受理破产申请后，债务人与全体债权人就债权债务的处理自行达成协议的，可以请求人民法院裁定认可，并终结破产程序"的规定，就可以适用于破产清算，为此也可以适用于农民专业合作社的破产清算。

3. 农民专业合作社的破产清算，首先应当适用《农民专业合作社法》的有关规定，只有在《农民专业合作社法》没有规定的情况下，才能适用《企业破产法》的有关破产清算的规定。这是因为，《企业破产法》是规定所有具

有破产能力主体破产程序的法律，属于普通法；而《农民专业合作社法》中的有关破产清算程序的规定，是仅仅有关农民专业合作社这一特别主体的破产程序的规定，属于特别法。根据特别法适用优先于普通法适用的基本规则，《农民专业合作社法》中有关农民专业合作社的破产清算的特别规定，需要优先适用。

（二）《农民专业合作社法》有关农民专业合作社破产清算的特别规范

根据《农民专业合作社法》的有关规定，除破产原因不同外，农民专业合作社的破产清算与《企业破产法》的一般破产程序相比，还存在以下区别：

1. 农民专业合作社破产申请的主体，具体包括：

（1）农民专业合作社的清算组。农民专业合作社的破产清算，是在对农民专业合作社进行解散清算，发现财产不足以清偿债务时而由清算组依法申请破产清算的，农民专业合作社的清算组有权也有义务申请农民专业合作社破产清算成为农民专业合作社破产清算申请的主体。《农民专业合作社法》第48条规定："农民专业合作社因下列原因解散：（一）章程规定的解散事由出现；（二）成员大会决议解散；（三）因合并或者分立需要解散；（四）依法被吊销营业执照或者被撤销。因前款第（一）项、第（二）项、第（四）项原因解散的，应当在解散事由出现之日起十五日内由成员大会推举成员组成清算组，开始解散清算。逾期不能组成清算组的，成员、债权人可以向人民法院申请指定成员组成清算组进行清算，人民法院应当受理该申请，并及时指定成员组成清算组进行清算。"

至于清算组申请农民专业合作社破产清算，根据《企业破产法》第7条第3款的规定，应当符合以下条件，即：（1）农民专业合作社已经解散。农民专业合作社没有解散，不可能组成清算组对之进行清算，自不可能发生清算组申请其破产的问题。（2）农民专业合作社解散后已经组成清算组进行清算。农民专业合作社已经解散但没有组成清算组进行清算的，也不存在清算组申请农民专业合作社破产清算的问题。（3）农民专业合作社的解散清算还没有清算完毕。农民专业合作社解散清算已经完毕，即使解散清算应当转换为破产清算而未转换，木已成舟，无法改变，也不能再进行破产清算。（4）农民专业合作社的财产不足以清偿所有债务。

（2）农民专业合作社即债务人本人。应当指出，在《农民专业合作社法》赋予了农民专业合作社的破产能力即允许在解散清算时其财产不足以清偿债务而对其实施破产清算的情况下，如何使之进入破产清算程序，即哪些人有权申请其破产清算以及如何申请其破产清算，仅仅是一个程序问题。对这，根据《农民专业合作社法》第55条关于"农民专业合作社破产适用企业破产法的有关规定。但是，破产财产在清偿破产费用和共益债务后，应当优先清偿破产前与农民成员已发生交易但尚未结清的款项。”的规定，应当适用《企业破产法》的有关规定进行。如此，农民专业合作社作为债务人本身自可申请自身破产清算。其实，只要农民专业合作社具有破产原因，具备解散清算其财产不足以清偿债务的法定条件，债务人、债权人、清算责任人等都可依法申请其破产以清偿债务。这种申请破产的权利是各自独立，且相互并列的，并不相互排斥。尤其是对已经解散的债务人包括农民专业合作社，不能说规定了清算责任人的申请债务人破产的义务，就否定了债务人、债权人依法可以申请已经解散的债务人破产的权利。农民专业合作社在具有破产能力与破产原因的情况下，作为债务人固然可以申请自身破产清算。

（3）农民专业合作社的债权人。基于上述同样的道理，农民专业合作社的债权人在农民专业合作社解散清算时发现其财产不足以清偿债务的情况下，也应有权申请农民专业合作社进行破产清算。

2. 农民专业合作社破产清算中的债务人财产和破产财产。农民专业合作社破产清算申请受理时属于其所有的财产，以及破产申请受理后至破产清算程序终结前农民专业合作社取得的财产，均属于农民专业合作社债务人财产；在宣告农民专业合作社破产时，则称为农民专业合作社破产财产。是以，农民专业合作社的债务人财产与破产财产主要是从时间上界定的，至于其范围，则就是依法应当属于农民专业合作社的财产。

《农民专业合作社法》第5条第2款规定：“农民专业合作社对由成员出资、公积金、国家财政直接补助、他人捐赠以及合法取得的其他资产所形成的财产，享有占有、使用和处分的权利，并以上述财产对债务承担责任。”据之，在农民专业合作社破产清算中，财产具体构成包括：农民专业合作社成员的出资、公积金，国家财政直接补助，他人捐赠及合法取得的其他资产所形成的财产等。对于农民专业合作社成员的出资、公积金。第6条规定：“农民专业合作社成员以其账户内记载的出资额和公积金份额为限对农民专业合作社承担责任。”第42条规定：“农民专业合作社可以按照章程规定或者成员大会决议从当年盈余中提取公积金。公积金用于弥补亏损、扩大生产经营或者转为成员出资。每年提取的公积金按照章程规定量化为每个成员的份额。”第43条规定：“农民专业合作社应当为每个成员设立成员账户，主要记载下列内容：（一）该成员的出资额；（二）量化为该成员的公积金份额；（三）该成员与本社的交易量（额）。”第53条规定：“农民专业合作社接受国家财政直接补助形成的财产，在解散、破产清算时，不得作为可分配剩余资产分配给成员，具体按照国务院财政部门有关规定执行。”

3. 农民专业合作社破产清算的清偿顺序。《农民专业合作社法》第55条规定："农民专业合作社破产适用企业破产法的有关规定。但是，破产财产在清偿破产费用和共益债务后，应当优先清偿破产前与农民成员已发生交易但尚未结清的款项。"基此，农民专业合作社破产清算时，破产财产清偿的顺序为：（1）破产费用和共益债务。（2）破产申请受理前与农民成员已发生交易但尚未结清的款项。（3）劳动债权。即农民专业合作社的理事长、理事、监事、经理或者财务会计及其他工作人员的工资和医疗、伤残补助、抚恤费用，所欠的应当划入其个人账户的基本养老保险、基本医疗保险费用，以及法律、行政法规规定应当支付给其的补偿金。其理事长、理事、监事和高级管理人员的工资按照该社工作人员的平均工资计算。（4）统筹社保债权及基本税收债权。（5）普通破产债权。

第五节　民办学校破产程序的特别规范

一、民办学校的概念

民办学校，作为国家机构以外的社会组织或者个人，利用非国家财政性经费，面向社会举办的从事教育活动的学校和其他教育机构，必须具有法人条件并依法登记具备法人资格。《民办教育促进法》第65条第1款规定："本法所称的民办学校包括依法举办的其他民办教育机构。"第10条规定："举办民办学校的社会组织，应当具有法人资格。举办民办学校的个人，应当具有政治权利和完全民事行为能力。民办学校应当具备法人条件。"《民办教育促进法实施条例》第2条规定，国家机构以外的社会组织或者个人可以利用非国家财政性经费举办各级各类民办学校；但是，不得举办实施军事、警察、政治等特殊性质教育的民办学校。《民办教育促进法》和本条例所称国家财政性经费，是指财政拨款、依法取得并应当上缴国库或者财政专户的财政性资金。

从传统理论上看，包括学校、医院、出版社等在内的从事教育、科学、文化、医疗、体育等社会公益性事务服务活动的机构属于公益性单位。可在现实生活中，随着改革开放的深入，市场经济的发展，大量私立学校、医院、体育俱乐部、报业集团、出版社等以企业形式出现，与营利性法人没有实质性的区别。[①] 如除人民出版社等4家出版社外的其他出版社已经改革为出版公司，更加说明这一点。故，民办学校究竟属于非营利性的公益性法人还是属于以营利为目的非公益性法人，一直存在着不同看法。对此，《民办教育促进法》第19条第1款规定："民办学校的举办者可以自主选择设立非营利性或者营利性民办学校。但是，不得设立实施义务教育的营利性民办学校。"据此，实施义务教育的民办学校必须是非营利法人；实施义务教育外的民办学校，既可以是非营利法人，又可以是营利性法人，具体采取哪种形式，则由举办者自主进行选择。

二、民办学校的破产能力与破产原因

（一）民办学校的破产能力

《企业破产法》只对企业法人的破产能力与破产原因作了规定，对于非企业或者非法人单位即企业法人以外的其他组织的破产能力与破产原因，则由有关法律加以补充，其他法律明确其他组织可以对其实施破产程序的，则说明该法律已经赋予了该其他组织的破产能力，该其他组织便具有破产能力。就民办学校而言，《民办教育促进法》第58条规定："民办学校终止时，应当依法进行财务清算。民办学校自己要求终止的，由民办学校组织清算；被审批机关依法撤销的，由审批机关组织清算；因资不抵债无法继续办学而被终止的，由人民法院组织清算。"据之，在民办学校资不抵债的情况下，由人民法院组织进行司法性的清算，而人民法院组织司法性的清算，只有破产清算。以是，法律赋予了民办学校的破产能力，民办学校具有破产能力而可以对其实施破产。可法律规定只是对其可以实施破产清算，而没有规定对其可以实施破产重整或者破产和解，民办学校的破产能力，应当限制在破产清算能力的范围内，即不具有破产重整能力或者破产和解能力。换言之，不能对民办学校实施破产重整或者破产和解。

（二）民办学校的破产原因

根据《民办教育促进法》第58条规定，民办学校只有资不抵债无法继续办学而被终止的，才能由人民法院组织进行司法性的破产清算。因此，民办学校破产清算的原因为资不抵债无法继续办学而被终止，具体说来，其构成必须同时符合以下3个条件：

1. 必须资不抵债。民办学校只是不能偿还到期债务，没有达到资不抵债的，对其不能适用破产清算。资不抵债，即使对到期债务能够予以偿还的，

---

① 王利明：《民法总则研究》，中国人民大学出版社2003年版，第388页。

也要依法对其实施破产清算。在考察民办学校是否具有破产清算能力时，是否具有到期债务没有偿还并不是构成民办学校破产能力的必要条件。当然，是否能够偿还到期债务，在表面上也可能成为资不抵债的判断因素，能否资不抵债不能以能否偿还到期债务作简单判断，而应根据民办学校的财务资料进行确定，必要时还应由专业审计机构依法进行审计确定。

2. 必须无法继续办学。无法继续办学，作为民办学校破产原因的构成条件之一，要求对民办学校进行破产清算时必须无法继续办学。民办学校即使资不抵债，仍然可以继续教学，学生能够正常上课的，则也不能对其实施破产清算。这是因为，民办学校毕竟不是一般的营利性机构，其所从事的教育活动具有公益性质。另外，民办学校的学生往往很多，成千上万甚至更多，一旦破产清算，这些学生的教育必然受到影响，不仅直接关系到学生教育的质量，而且关系到学生的前途，处理不好，轻则影响社会和谐，重则影响甚至危及社会稳定。除非迫不得已无法继续办学的，就不能对其实施破产清算。

3. 必须依法已被终止。民办学校虽然资不抵债且已无法继续办学但没有被依法终止的，也不能对其实施破产清算。构成民办学校破产清算能力的最后一个条件就是已被依法终止，民办学校进行破产清算，必须先行已被终止。《民办教育促进法》第56条规定："民办学校有下列情形之一的，应当终止：（一）根据学校章程规定要求终止，并经审批机关批准的；（二）被吊销办学许可证的；（三）因资不抵债无法继续办学的。"根据民办学校章程规定要求并经审批机关批准终止，或者因被吊销办学许可证终止，都是由行政主管部门依法作出终止民办学校的决定。但在资不抵债无法继续办学需要终止的情况下，由谁作出决定，法律没有明确。有人主张可以由人民法院作出终止办学的裁决。笔者认为，终止办学，属于行政管理职能的范畴，应当由教育行政管理部门依法作出。学校是否具备办学条件，是否能够继续办学，应由教育行政管理部门进行审查并依法作出终止与否的决定，不能由人民法院以司法权取代教育行政管理部门的行政权直接作出。

应当指出，民办学校只要资不抵债无法继续办学并已被依法终止的，即具有破产原因，就可依法对其实施破产清算。至于民办学校在何时发现具有破产原因并不重要。民办学校在终止前发现资不抵债无法继续办学的，债权人、民办学校均可依法申请教育行政管理部门终止民办学校，然后，有破产申请权的债权人、债务人即民办学校以及对民办学校负有清算责任的人都可以依法申请民办学校破产清算。民办学校根据学校章程规定要求并经审批机关批准而终止，或者被吊销办学许可证而终止的，分别由民办学校自身或者审批机关依法分别组织清算。在清算过程中，民办学校或者审批机关发现资不抵债的，并同时符合无法继续办学和已被终止两个条件，具有破产原因即因资不抵债无法继续办学而被终止的，应当由人民法院依法进行破产清算。具体申请，参照《企业破产法》第7条的规定，负有清算责任的人即民办学校或者审批机关应当申请破产清算。固然，债权人在民办学校终止清算期间发现其资不抵债的，也可依法申请民办学校破产清算。

三、民办学校破产程序的特别规范

（一）民办学校的破产，首先适用《民办教育促进法》的特别规定，然后再参照适用《企业破产法》的有关规定

《企业破产法》第135条规定："其他法律规定企业法人以外的组织的清算，属于破产清算的，参照适用本法规定的程序。"基此，民办学校因资不抵债无法继续办学被终止后，依法对其进行破产清算的，应当参照适用《企业破产法》中有关破产清算程序的规定，但不能适用其中的只能单独适用破产重整或者破产和解的程序规定。

应当指出，《民办教育促进法》对于民办学校的破产清算程序有明确规定的，首先应当适用《民办教育促进法》的有关规定，只有在《民办教育促进法》没有规定的情况下，才能参照适用《企业破产法》的有关破产清算程序的规定。这是因为，《企业破产法》是规定所有具有破产能力主体破产程序的法律，属于普通法；而《民办教育促进法》中的有关破产清算程序的规定，是仅仅有关民办学校这一特别主体的破产程序的规定，属于特别法。根据特别法适用优先于普通法适用的基本规则，在《民办教育促进法》就民办学校的破产有明确规定的情况下，首先应当适用《民办教育促进法》的有关规定。

（二）民办学校破产清算申请的主体

关于民办学校破产清算申请的主体，《民办教育促进法》没有明确规定，参照《企业破产法》第7条规定，民办学校资不抵债无法继续办学而被依法终止的，债权人、债务人即民办学校可以申请破产清算。民办学校依法终止但未清算或者未清算完毕，资产不足以清偿债务的，依法负有清算责任的人即民办学校或者审批机关则应当向人民法院申请破产清算。

（三）民办学校破产清算受理需要审查的资料

民办学校的破产清算，涉及学校、学生、家长、债权人等多方主体的利益，在破产清算受理前，必须依法完成有关工作或者做好有关预案。人民法院应当要求申请人或者民办学校提供有关资料，并认真进行审查，慎重作出

决定。这些材料，主要包括：[①]

1. 民办学校破产申请书及其证明民办学校资不抵债的有关材料，如民办学校的财产状况说明、债务清册、债权清册、有关财务会计报告等。

2. 民办学校无法继续办学并被终止的证明材料。如教育行政管理部门对被申请的民办学校作出的终止决定书、终止办学公告等。在没有被终止前，债权人或者民办学校申请破产清算的，人民法院不得受理民办学校的破产清算申请，应当告知债权人或者民办学校应先申请终止民办学校，在教育行政管理部门依法决定终止民办学校后再可申请民办学校破产。

3. 民办学校在读学生已经安置完毕的证明材料。《民办教育促进法》第57条规定："民办学校终止时，应当妥善安置在校学生。实施义务教育的民办学校终止时，审批机关应当协助学校安排学生继续就学。"据此，妥善安置在校学生，乃是民办学校与教育行政管理部门的义务与职责，属于行政管理职能的范围，人民法院无法通过司法职能在破产清算工作中完成这一工作。为了维护在校学生的合法权益，需要在破产清算前处理好这一工作。否则，既不利于在校学生的教育，也不利于社会稳定，还可能损害众多未成年人的利益，对其学业、前途产生不利影响。所以，人民法院受理破产申请前，应当具有教育行政管理部门出具的已对在校学生安置完毕的证明材料。

4. 民办学校已经清退了在校学生学费、杂费和其他费用的证据或者有关部门作出的退费预案。民办学校在办学过程中，要向学生收取学费、杂费或者其他费用，有的还会收取教育储蓄金，且数额巨大。这些费用的退还，直接关系到学生能否妥善安置并继续就学的问题，与广大学生的切身利益息息相关，处理不当，很容易引起连锁效应，影响甚至危及社会稳定，成为民办学校破产清算正常依法进行的必须考虑的前提因素之一，在民办学校破产清算申请受理前，教育行政管理部门及其他相关部门，应当共同协商，对这一问题妥善解决，形成切实可行的有效预案，以防范构成破产清算进行障碍的现象发生。

5. 民办学校教职员工的安置预案以及职工工资的支付和社会保险费用的缴纳情况。在民办学校资不抵债无法继续办学而终止，需要进行破产清算的情况下，教职员工的安置也需要予以考虑。教职员工的安置，不仅关系到有限的教育资源的合理配置与使用，也直接关系到教职员工的切身利益，与其基本生活密切相关，而且教职员工往往人数较多，处理不好也容易引发社会稳定问题，进而也构成破产清算工作正常进行的必须考虑的前

① 吴庆宝、王建平主编：《破产案件裁判标准规范》，人民法院出版社2009年版，第384～387页。

提因素之一，教育行政管理部门应当与相关学校进行协调沟通，通过遵循自愿向其他学校分流，或者解除依法到期的劳动合同，或者对劳动合同未到期的教职员工依法给予一次性补偿等各种方法，处理好教职员工的安置问题。

6. 政府有关部门维护社会稳定的方案。民办学校涉及主体多，既包括教职员工，又包括学生及其家长，还包括各种类型的债权人、出资人等，利益主体构成复杂，相关利益难以平衡。由于事关学生这一特殊群体，事关其教育、前途等重大问题，在社会普遍重视学生教育的情况下，不谨慎处置，极易引起社会反应，甚至酿成恶性的不稳定事件。在民办学校破产清算前，教育行政管理机构应当会同公安机关等有关部门，成立维稳工作小组，制定有效的维稳方案，采取有效的维稳措施，努力化解社会各方矛盾，负责民办学校清算期间的社会稳定工作，为破产清算程序的正常进行提供必需的良好环境。

（四）民办学校破产清算的破产财产

1. 民办学校破产清算中财产的构成范围。民办学校破产清算申请受理时属于其的全部财产，以及破产申请受理后至破产程序终结前民办学校取得的财产，为民办学校债务人财产；宣告民办学校破产时，债务人财产称之为破产财产。民办学校在破产清算中的债务人财产或者破产财产，只是在时间上作的区分，在具体构成范围上并无实质区别，即哪些财产可以构成民办学校破产清算的债务人财产或者破产财产，是一样的。《民办教育促进法》第36条规定："民办学校对举办者投入民办学校的资产、国有资产、受赠的财产以及办学积累，享有法人财产权。"第37条规定："民办学校存续期间，所有资产由民办学校依法管理和使用，任何组织和个人不得侵占。任何组织和个人都不得违反法律、法规向民办教育机构收取任何费用。"第38条第3款规定："民办学校收取的费用应当主要用于教育教学活动、改善办学条件和保障教职工待遇。"基此，民办学校破产清算中的债务人财产或者破产财产，其构成范围包括举办者的出资、国有资产、受赠的财产和办学积累。

（1）举办者的出资。根据《民办教育促进法实施条例》第5条的规定，民办学校的举办者可以用资金、实物、土地使用权、知识产权以及其他财产作为办学出资。国家的资助、向学生收取的费用和民办学校的借款、接受的捐赠财产，不属于民办学校举办者的出资。第8条规定，民办学校的举办者应当按时、足额履行出资义务。民办学校存续期间，举办者不得抽逃出资，不得挪用办学经费。民办学校的举办者不得向学生、学生家长筹集资金举办民办学校，不得向社会公开募集资金举办民办学校。

（2）民办学校的国有资产。根据《民办教育促进法实施条例》第 6 条、第 7 条的规定，公办学校参与举办民办学校，不得利用国家财政性经费。公办学校参与举办的民办学校应当具有独立的法人资格，具有与公办学校相分离的校园和基本教育教学设施，实行独立的财务会计制度，独立招生，独立颁发学业证书。参与举办民办学校的公办学校依法享有举办者权益，依法履行国有资产的管理义务，防止国有资产流失。举办者以国有资产参与举办民办学校的，应当根据国家有关国有资产监管的规定，聘请具有评估资格的中介机构依法进行评估，根据评估结果合理确定出资额，并报对该国有资产负有监管职责的机构备案。第 36 条第 1 款规定，民办学校资产中的国有资产的监督、管理，按照国家有关规定执行。

（3）民办学校接受捐赠的财产。《民办教育促进法实施条例》第 36 条第 2 款规定："民办学校接受的捐赠财产的使用和管理，依照《中华人民共和国公益事业捐赠法》的有关规定执行。"根据《公益事业捐赠法》第 4～7 条规定，捐赠应当是自愿和无偿的，禁止强行摊派或者变相摊派，不得以捐赠为名从事营利活动。捐赠财产的使用应当尊重捐赠人的意愿，符合公益目的，不得将捐赠财产挪作他用。捐赠应当遵守法律、法规，不得违背社会公德，不得损害公共利益和其他公民的合法权益。公益性社会团体受赠的财产及其增值为社会公共财产，受国家法律保护，任何单位和个人不得侵占、挪用和损毁。第 11 条规定，在发生自然灾害时或者境外捐赠人要求县级以上人民政府及其部门作为受赠人时，县级以上人民政府及其部门可以接受捐赠，并依照本法的有关规定对捐赠财产进行管理。县级以上人民政府及其部门可以将受赠财产转交公益性社会团体或者公益性非营利的事业单位；也可以按照捐赠人的意愿分发或者兴办公益事业，但是不得以本机关为受益对象。第 16～23 条规定，受赠人接受捐赠后，应当向捐赠人出具合法、有效的收据，将受赠财产登记造册，妥善保管。公益性社会团体应当将受赠财产用于资助符合其宗旨的活动和事业。对于接受的救助灾害的捐赠财产，应当及时用于救助活动。基金会每年用于资助公益事业的资金数额，不得低于国家规定的比例。公益性社会团体应当严格遵守国家的有关规定，按照合法、安全、有效的原则，积极实现捐赠财产的保值增值。公益性非营利的事业单位应当将受赠财产用于发展本单位的公益事业，不得挪作他用。对于不易储存、运输和超过实际需要的受赠财产，受赠人可以变卖，所取得的全部收入，应当用于捐赠目的。受赠人与捐赠人订立了捐赠协议的，应当按照协议约定的用途使用捐赠财产，不得擅自改变捐赠财产的用途。如果确需改变用途的，应当征得捐赠人的同意。受赠人应当依照国家有关规定，建立健全财务会计制度和受赠财产的使用制度，加强对受赠财产的管理。受赠人每年度应当向政府有关部门报告受赠财产的使用、管理情况，接受监督。必要时，政府有关部门可以对其财务进行审计。海关对减免关税的捐赠物品依法实施监督和管理。县级以上人民政府侨务部门可以参与对华侨向境内捐赠财产使用与管理的监督。捐赠人有权向受赠人查询捐赠财产的使用、管理情况，并提出意见和建议。对于捐赠人的查询，受赠人应当如实答复。受赠人应当公开接受捐赠的情况和受赠财产的使用、管理情况，接受社会监督。公益性社会团体应当厉行节约，降低管理成本，工作人员的工资和办公费用从利息等收入中按照国家规定的标准开支。第 28 条规定，受赠人未征得捐赠人的许可，擅自改变捐赠财产的性质、用途的，由县级以上人民政府有关部门责令改正，给予警告。拒不改正的，经征求捐赠人的意见，由县级以上人民政府将捐赠财产交由与其宗旨相同或者相似的公益性社会团体或者公益性非营利的事业单位管理。

（4）民办学校的办学积累。其是指包括民办教育机构在内的民办学校因为国家政策优惠而形成的，或由举办者投入的资产、国家直接投入的资产、社会各界的捐赠以及在办学过程中所形成的积累。学生交纳的学杂费及其他费用超过民办学校的教育成本部分，属于办学积累；民办学校将资金用于其他经营的所得，也应属于办学积累。

2. 民办学校财产的追回与债权的清收。对于本应属于民办学校的财产，由于各种各样的原为他人占有甚至是非法占有的，对之应当根据《企业破产法》第 31 ~ 36 条的规定，依法对破产撤销行为、破产无效行为以及其他违法行为予以撤销、宣告无效，并依法行使追回权、刑事追赃权等权利将有关财产追回。如对举办人依法应当缴纳而未缴纳的出资即虚报注册资本的部分；出资后抽逃的出资；相关人员利用职务之便非法占有的民办学校财产；相关人员通过盗窃、诈骗等非法手段占有的民办学校财产；受理破产清算申请前 1 年内，涉及无偿转让、以明显不合理的价格进行交易、对没有财产担保的债务提供财产担保、对未到期的债务提前清偿、放弃债权等情形的财产；在受理破产清算申请前 6 个月内，民办学校已经资不抵债无法继续办学，涉及的不能使民办学校受益仍对个别债权人进行清偿的财产；涉及为逃避债务而隐匿、转移的财产，虚构债务或者承认不真实的债务涉及的财产，等等，都应依法予以追缴。

3. 举办者得到的超过合理回报之外的回报，或者依法不应得到的回报，对其也应依法追缴，构成民办学校的财产，应当依法用于清偿民办学校的债务。《民办教育促进法实施条例》第 47 条规定，民办学校有下列情形之一的，出资人不得取得回报：（1）发布虚假招生简章或者招生广告，骗取钱财的；（2）擅自增加收取费用的项目、提高收取费用的标准，情节严重的；（3）非法颁发或者伪造学历证书、职业资格证书的；（4）骗取办学许可证或者伪造、变造、买卖、出租、出借办学许可证的；（5）未依照《会计法》和国家统一的会计制度进行会计核算、编制财务会计报告，财务、资产管理混乱的；（6）违反国家税收征管法律、行政法规的规定，受到税务机关处罚的；（7）校舍或者其他教育教学设施、设备存在重大安全隐患，未及时采取措施，致使发生重大伤亡事故的；（8）教育教学质量低下，产生恶劣社会影响的。出资人抽逃资金或者挪用办学经费的，不得取得回报。第 49 条规定，有下列情形之一的，由审批机关没收出资人取得的回报，责令停止招生；情节严重的，吊销办学许可证；构成犯罪的，依法追究刑事责任：（1）民办学校的章程未规定出资人要求取得合理回报，出资人擅自取得回报的；（2）违反本条例第 47 条规定，不得取得回报而取得回报的；（3）出资人不从办学结余而从民办学校的其他经费中提取回报的；（4）不依照本条例的规定计算办学结余或者确定取得回报的比例的；（5）出资人从办学结余中取得回报的比例过高，产生恶劣社会影响的。出资人违反上述规定取得回报的，在民办学校破产清算的过程中，管理人应当依法将出资人已获得的不应当获得的回报予以追回。

（五）民办学校破产财产的清偿顺序

如前所述，《民办教育促进法》对于民办学校的破产清算有明确规定的，首先应当适用《民办教育促进法》的有关规定，只有在《民办教育促进法》没有规定的情况下，才能参照适用《企业破产法》的有关破产清算的规定。对这，最高人民法院 2010 年 12 月 16 日通过、同年 12 月 31 日起施行的《关于对因资不抵债无法继续办学被终止的民办学校如何组织清算问题的批复》（法释〔2010〕20 号）指出，依照《民办教育促进法》批准设立的民办学校因资不抵债无法继续办学被终止，当事人依照《民办教育促进法》第 58 条第 2 款规定向人民法院申请清算的，人民法院应当依法受理。人民法院组织民办学校破产清算，参照适用《企业破产法》规定的程序，并依照《民办教育促进法》第 59 条规定的顺序清偿。就民办学校破产财产清偿其债务的顺序而言，由于《民办教育促进法》第 59 条作了规定，于是先要适用第 59 条的规定；第 59 条没有规定的，则参照适用《企业破产法》第 113 条有关破产财产清偿顺序的规定。

《民办教育促进法》第 59 条规定，对民办学校的财产按照下列顺序清偿：（1）应退受教育者学费、杂费和其他费用；（2）应发教职工的工资及应缴纳的社会保险费用；（3）偿还其他债务。非营利性民办学校清偿上述债务后的剩余财产继续用于其他非营利性学校办学；营利性民办学校清偿上述债务后的剩余财产，依照公司法的有关规定处理。《企业破产法》第 113 条规定，破产财产在优先清偿破产费用和共益债务后，依照下列顺序清偿：（1）破产人所欠职工的工资和医疗、伤残补助、抚恤费用，所欠的应当划入职工个人账户的基本养老保险、基本医疗保险费用，以及法律、行政法规规定应当支付给职工的补偿金；（2）破产人欠缴的除前项规定以外的社会保险费用和破产人所欠税款；（3）普通破产债权。破产财产不足以清偿同一顺序的清偿要求的，按照比例分配。破产企业的董事、监事和高级管理人员的工资按照该企业职工的平均工资计算。将两者相比较，民办学校破产财产的清偿债权的顺序为：

1. 应退受教育者学费、杂费和其他费用。关于民办学校向学生收取的费用，《民办教育促进法》第 38 条规定："民办学校收取费用的项目和标准根据办学成本、市场需求等因素确定，向社会公示，并接受有关主管部门的监督。非营利性民办学校收费的具体办法，由省、自治区、直辖市人民政府制定；营利性民办学校的收费标准，实行市场调节，由学校自主决定。民办学校收取的费用应当主要用于教育教学活动、改善办学条件和保障教职工待遇。"据之，凡是为价格主管部门批准并公示的向受学历教育者收取的费用，以及经价格主管部门备案并公示的向受学历教育者之外的其他教育者收取的费用，均属受教育者的学费、杂费及其他费用，如借读费、寄宿制学校的住宿费、课外教育活动费、培训费、交通费，包括书费、服装费、伙食费、日用生活品购置费等在内的代收费用等。此外，一些民办学校违反规定，随意设置收取的各种费用，在破产清算时，也属于应退受学历教育者的其他费用。对于民办学校不应收取的以各种名义收取的费用，在破产清算中更应作为第 1 顺序加以清偿。

2. 应发教职工的工资及应缴纳的社会保险费用。

3. 破产人所欠职工的医疗、伤残补助、抚恤费用和法律、行政法规规定应当支付给职工的补偿金。

4. 破产人欠缴的除前项规定以外的社会保险费用和破产人所欠税款。

5. 普通破产债权。

应当指出，在民办学校破产清算的过程中，为了妥善安置在校学生及教职员工，避免引发学生及其家长的不满，影响社会和谐，破坏社会稳定。有的政府及其有关部门便先拿出一些费用支付应退学生的学费、杂费等各项费用，教职员工的工资等，如深圳市宝安区华茂学校破产清算案中，深圳市政府决定事先垫付费用解决教育储备金、教职员工工资、学校园区建筑工程的民工工资，政府相关行政部门接管学校后为了学校日常运转支出的一些费用等。在该校破产清算受理前，深圳市宝安区教育局垫付了60%的教育储备金；在破产案件受理后，又与1600名学生家长就教育储备金签订了债权转让协议，绝大多数债权人因为得到政府及其相关部门统一垫付而稳定了情绪，其相应的债权由政府及其相关部门进行申报，既减少了破产清算的工作量，又避免破产清算中债权人过多容易引发不稳定事件的现象发生，保障了学校破产清算工作的顺利进行。这种政府及其相关部门事先垫付的费用，其清偿的顺序，则根据所垫付费用的性质分别确定，垫付的是教育储备金、学费、杂费等应退还给学生的费用，在第1清偿顺位以民办学校的破产财产进行清偿；垫付的是教职员工的工资，在第2清偿顺序以民办学校的破产财产进行清偿；垫付的是学校日常运转开支，按照普通债权在第5清偿顺序以民办学校的破产财产进行清偿，等等，而不能一律以普通债权进行处理。① 同时，也不能将垫付的本来属于普通破产债权的债权作为“教育储备金、学费、杂费”等应当退还给学生的费用而优先受偿。这是因为，地方政府及有关部门对民办学校首先垫付的本来属于普通债权的费用，《企业破产法》并未规定在破产程序中享有优先受偿的权利。假如没有地方政府及有关部门对其中的普通债权垫付清偿，这些债权在破产程序中也只能作为普通债权予以清偿，不能因为地方政府及其有关部门垫付了此类普通债权，就改变该债权在破产程序中的性质和清偿顺序，从而影响其他债权人的利益。地方政府及有关部门因垫付普通债权而产生的代位权利，在破产程序中的性质依然属于普通债权，应当按照普通债权清偿顺序进行清偿。

（六）非营利民办学校破产清算程序中破产别除权的问题

1. 以非营利民办学校教育设施设定的担保物权无效。《民法典》第399条第3项规定，学校、幼儿园、医疗机构等以公益为目的成立的非营利法人的教育设施、医疗卫生设施和其他公益设施，不得抵押。如此，非营利民办学校利用教育设施抵押的，该抵押无效，即使在教育设施上设定了抵押权也因违反法律强制性规定而无效，不能对教育设施行使优先受偿权。

2. 以非营利民办学校中的非教育设施为自身债务设定的担保物权有效。《民法典》物权编明文禁止学校、幼儿园、医疗机构等以公益为目的成立的非营利法人的教育设施、医疗卫生设施和其他公益设施，然没有禁止学校、幼儿园、医疗机构等非营利法人的教育设施、医疗卫生设施和其他公益设

---

① 吴庆宝、王建平主编：《破产案件裁判标准规范》，人民法院出版社2009年版，第389~390页。

施以外的非公益性财产用于抵押，非营利民办学校以教育设施以外的财产提供担保的，应当允许。不过基于这些设施往往与其教学服务相关联，属于其教学服务所必要的辅助性财产，为此用这些财产抵押担保或者质押担保，也宜限制在为其自身债务担保的范围内。为他人债务提供担保的，不宜认定为有效。

3. 以非营利民办学校财产设定的担保物权的处理。如前所述，以非营利民办学校中的教育设施设定的担保物权无效，该担保物权人不能对设定抵押的教育设施行使优先受偿的权利，相应的债权仍旧属于普通破产债权，应当按照法定的清偿顺序进行清偿。以非营利民办学校中的非教育设施为自身债务设定的担保物权有效，该债权人对该非教育设施具有优先受偿权。可这种优先受偿权的行使，是否要受到限制则值得考虑。

《企业破产法》第109条规定："对破产人的特定财产享有担保权的权利人，对该特定财产享有优先受偿的权利。"据此，对破产人特定财产享有担保物权的债权人，有权就该特定财产享有优先受偿权，只有行使优先受偿权后尚有剩余的财产，才能按照《企业破产法》第113条规定用于劳动债权、统筹社保债权和基本税收债权及普通破产债权进行清偿。而《民办教育促进法》对民办学校破产清算中的破产债权清偿顺序尽管作了规定，然没有就破产清算中抵押、质押担保物权如何实现作出规定。根据前述的《民办教育促进法》有规定的则适用其特别规定，没有规定的则参照适用《企业破产法》有关规定的规则，对于民办学校破产清算中的有效担保物权，应当优先于劳动债权、统筹社保债权和基本税收债权及普通破产债权，即《民办教育促进法》第59条第2、3项规定的"应发教职工的工资及应缴纳的社会保险费用及其他债务"进行清偿。可能否优先于第59条第1项规定的"应退受教育者学费、杂费和其他费用"进行清偿，《企业破产法》也没有作出规定。考虑到民办学校破产清算中这一特别债权，涉及众多学生的切身利益，关系到其继续就学的妥善安置，处置不当，容易引发众多学生及其家长的不满进而影响甚至危及社会稳定，从这一社会利益出发，民办学校破产清算应退受教育者学费、杂费和其他费用应当首先用民办学校的所有财产包括已经设定了抵押、质押等担保物权的财产进行清偿。只有在清偿后仍有剩余的，才能再由担保物权人行使优先受偿权。

4. 建设工程价款优先权在民办学校破产清算中的适用。建设工程价款优先权，作为一种法律特别优先权，在一般情况下优先于担保物权的适用，没有疑问。然在民办学校破产清算中，对于建设施工单位因建设民办学校教学楼、教职员工宿舍等教育设施而被拖欠的工程价款，施工建设单位是否具有优先受偿权，有的认为，应当加以否定。如广东省高级人民法院2004年2月下发的《关于在审判工作中如何适用〈中华人民共和国合同法〉第286条指导意见》第4条第2款规定，承包人对其参与建设的学校、幼儿园、医院等以公益为目的的事业单位、社会团体的教育设施、医疗设施和其他社会公益设施，不享有建设工程价款优先受偿权。笔者认为，建设工程价款优先权，是一种法定的权利，除非有法律明确规定，不然不应加以否定。但是，这种法定特别优先权并非绝对地在任何场合中都可不加限制地适用，在一定环境下，可以结合权利人的利益平衡加以限制。如《建设工程价款优先受偿权批复》第2条就规定："消费者交付购买商品房的全部或者大部分款项后，承包人就该商品房享有的工程价款优先受偿权不得对抗买受人。"在承包人工程价款优先受偿权与消费者因为购买商品房一般用于居住这一与基本生存权利相关权利的平衡上，就体现了消费者的生存权利应当高于承包人经营利益的选择①。然这种只是限制，并不是对其工程价款优先受偿权的否定。在民办学校的破产清算中，考虑到《民办教育促进法》第59条第1项规定的"应退受教育者学费、杂费和其他费用"这一特别债权的特殊意义，基于该债权应当优先于担保物权受偿同样的道理，建设工程价款优先权应当在受教育者学费、杂费和其他费用得以清退之后依法行使。至于相对于教职员工的工资、社会保险费用及其他债权而言，需要参照《企业破产法》第109条、第113条的规定进行，即建设工程价款优先受偿权应当优先受偿②。

（七）办理有关手续

《民办教育促进法》第60条规定，终止的民办学校，由审批机关收回办学许可证和销毁印章，并注销登记。

第六节 关联企业破产程序的特别规范

一、关联企业的概念

关联企业，是指企业之间存在着关联关系的企业集团或者企业联合体。其

① 梁慧星：《〈中华人民共和国合同法〉第二百八十六条权利性质及适用》，载《山西大学学报（哲学社会科学版）》2001年第3期。

② 吴庆宝、王建平主编：《破产案件裁判标准规范》，人民法院出版社2009年版，第391～392页。

中的关联关系，可以因控制权或举足轻重的所有权，如投资入股、合同或者诸如人事控制、表决权协议等其他特定手段而形成。在国外，有的作了明确规定，如德国《股份公司法》第18条规定："联属企业，是指具有法律独立地位而彼此又形成联属关系的企业，包括：（1）被某企业多数持股的企业和对该企业持有多数股份的企业；（2）附属企业和支配企业；（3）康采恩企业[①]；（4）相互持股的企业或者属于某个企业合同当事人的企业。"在我国台湾地区的《公司法》第369条则规定，关联企业是指独立存在而相互间具有下列关系之企业：（1）有控制与从属关系之公司；（2）相互投资公司[②]。在我国境内，就公司而言，根据《公司法》第216条第（4）项的规定，关联关系，是指公司控股股东、实际控制人、董事、监事、高级管理人员与其直接或者间接控制的企业之间的关系，以及可能导致公司利益转移的其他关系。可是，国家控股的企业之间不仅因为同受国家控股而具有关联关系。其中，高级管理人员，是

---

① 参见360百科、MBA智库百科：严格地讲，康采恩只是德国《股份公司法》规定的企业联合形式之一，该法规定，所谓康采恩，是指"在一个支配企业统一管理下的2个以上的从属企业的联合"。可在理论上，人们通常将康采恩与企业联合相提并论，将之作为一种晚于卡特尔、辛迪加、托拉斯出现、规模更为庞大的高级垄断组织形式加以理解，认为康采恩，乃是指一种通过由母公司（主要是银行等金融机构、大型垄断工业）对独立企业进行持股而达到实际支配作用的垄断企业形态，其直接目的不是在于支配市场，而是在于资本集中控制方面，参与其中的企业，既有单个资本家的企业，也有辛迪加、托拉斯等集团资本家的垄断企业，既有工业企业、运输公司、矿业公司等生产性单位，又有银行、保险公司、商业公司、其他服务性公司等非生产性单位。大工业企业和大银行作为该组织的核心，除了经营本身的业务外，还把一部分资本投入参加康采恩的其他企业中去，以对这些企业进行控制。卡特尔，法语Cartel的音译，原意为协定或同盟，特指一些生产、销售某一同类商品的独立企业，为了获取高额利润，通过达成有关划分销售市场、规定产品产量、确定商品价格等方面的协议而形成垄断性企业联盟。作为资本主义垄断组织的一种重要形式，1865年产生于德国，随着垄断资本国际化的发展，出现了国际卡特尔联盟，按照之间协议内容可以分为规定产品产量的卡特尔、规定原料产地分配的卡特尔、规定销售条件的卡特尔、规定销售价格的卡特尔、规定利润分配的卡特尔等。辛迪加，法语Syndicat的音译，原意为工会，作为资本主义垄断组织的一种基本形式，是指同一生产部门的少数独立大型企业为了获取高额利润，通过签订共同采购原料、销售产品的协定而建立起来的垄断组织，由辛迪加组织的总办事处统一负责采购原料、销售产品的业务，然后再按协议规定的份额由参加者进行分配。通过在流通领域内的集中和垄断，可以按照抬高的价格销售商品，并按照压低的价格收购原料，1886年出现于俄国，以德国和俄国最为流行。托拉斯，英文trust的音译，是指由许多生产同类商品的企业或产品有密切关系的企业合并，为了加强竞争力量、争夺原料产地和投资范围、垄断销售市场，获取高额垄断利润的一种垄断组织。其内部的一切事务，如生产、销售、财务、利润分配等，均由托拉斯的董事会统一负责，参加者在生产上、商业上和法律上都丧失其独立性，实际成为托拉斯的股东，按股份取得红利，通过持有或者转让股票控制或者退出托拉斯。作为垄断组织的高级形式之一，1879年出现于美国，如美孚石油托拉斯、威士忌托拉斯、美国国际电话电报托拉斯等。在我国，也曾作为企业的组织形式之一，在1963~1964年，中央工业交通部门先后试办了烟草、盐业、煤炭、汽车、医药、橡胶、铝业、汽车、纺织机械、地质机械仪器、电力、航运共12个托拉斯企业，后受到文化大革命的冲击，随之解体。

② 王天习：《关联企业的法律界定》，载《求索》2003年第1期。

指公司的经理、副经理、财务负责人，上市公司董事会秘书和公司章程规定的其他人员。控股股东，是指其出资额占有限责任公司资本总额50%以上或者其持有的股份占股份有限公司股本总额50%以上的股东；出资额或者持有股份的比例虽然不足50%，可依其出资额或者持有的股份所享有的表决权已足以对股东会、股东大会的决议产生重大影响的股东。实际控制人，是指虽不是公司的股东，但通过投资关系、协议或者其他安排，能够实际支配公司行为的人。

此外，有关税收法律、法规对关联企业及其有关税收调整作了规定。如《税收征收管理法》第36条规定："企业或者外国企业在中国境内设立的从事生产、经营的机构、场所与其关联企业之间的业务往来，应当按照独立企业之间的业务往来收取或者支付价款、费用；不按照独立企业之间的业务往来收取或者支付价款、费用，而减少其应纳税的收入或者所得额的，税务机关有权进行合理调整。"《税收征收管理法实施细则》第51条规定："税收征管法第三十六条所称关联企业，是指有下列关系之一的公司、企业和其他经济组织：（一）在资金、经营、购销等方面，存在直接或者间接的拥有或者控制关系；（二）直接或者间接地同为第三者所拥有或者控制；（三）在利益上具有相关联的其他关系。纳税人有义务就其与关联企业之间的业务往来，向当地税务机关提供有关的价格、费用标准等资料。具体办法由国家税务总局制定。"国家税务总局1998年4月23日《关联企业间业务往来税务管理规程》[①]（国税发〔1998〕59号）第4条，国家税务总局2009年1月8日发布、2008年1月1日起实施的《特别纳税调整实施办法（试行）》（国税发〔2009〕2号）第9条[②]曾经对构成关联企业的情形进行列举。国家税务总局2016年6月29日发布实施的《关于完善关联申报和同期资料管理有关事项的公告》（国家税务总局公告2016年第42号）第2条规定："企业与其他企业、组织或者个人具有下列关系之一的，构成本公告所称关联关系：（一）一方直接或者间接持有另一方的股份总和达到25%以上；双方直接或者间接同为第三方所持有的股份达到25%以上。如果一方通过中间方对另一方间接持有股份，只要其对中间方持股比例达到25%以上，则其对另一方的持股比例按照中间方对另一方的持股比例计算。两个以上具有夫妻、直系血亲、兄弟姐妹以及

---

① 该规程已被国家税务总局2006年4月30日发布实施的《关于发布已失效或废止的税收规范性文件目录的通知》（国税发〔2006〕62号），以及2010年12月7日通过、2011年1月4日发布实施的《关于公布全文失效废止、部分条款失效废止的税收规范性文件目录的公告》（国家税务总局公告2011年第2号）等先后废止。

② 该条已被国家税务总局2016年6月29日发布实施的《关于完善关联申报和同期资料管理有关事项的公告》废止。

其他抚养、赡养关系的自然人共同持股同一企业，在判定关联关系时持股比例合并计算。（二）双方存在持股关系或者同为第三方持股，虽持股比例未达到本条第（一）项规定，但双方之间借贷资金总额占任一方实收资本比例达到50%以上，或者一方全部借贷资金总额的10%以上由另一方担保（与独立金融机构之间的借贷或者担保除外）。借贷资金总额占实收资本比例＝年度加权平均借贷资金/年度加权平均实收资本，其中：年度加权平均借贷资金＝i笔借入或者贷出资金账面金额×i笔借入或者贷出资金年度实际占用天数/365。年度加权平均实收资本＝i笔实收资本账面金额×i笔实收资本年度实际占用天数/365。（三）双方存在持股关系或者同为第三方持股，虽持股比例未达到本条第（一）项规定，但一方的生产经营活动必须由另一方提供专利权、非专利技术、商标权、著作权等特许权才能正常进行。（四）双方存在持股关系或者同为第三方持股，虽持股比例未达到本条第（一）项规定，但一方的购买、销售、接受劳务、提供劳务等经营活动由另一方控制。上述控制是指一方有权决定另一方的财务和经营政策，并能据以从另一方的经营活动中获取利益。（五）一方半数以上董事或者半数以上高级管理人员（包括上市公司董事会秘书、经理、副经理、财务负责人和公司章程规定的其他人员）由另一方任命或者委派，或者同时担任另一方的董事或者高级管理人员；或者双方各自半数以上董事或者半数以上高级管理人员同为第三方任命或者委派。（六）具有夫妻、直系血亲、兄弟姐妹以及其他抚养、赡养关系的两个自然人分别与双方具有本条第（一）至（五）项关系之一。（七）双方在实质上具有其他共同利益。除本条第（二）项规定外，上述关联关系年度内发生变化的，关联关系按照实际存续期间认定。”第3条规定：“仅因国家持股或者由国有资产管理部门委派董事、高级管理人员而存在本公告第二条第（一）至（五）项关系的，不构成本公告所称关联关系。”第4条规定：“关联交易主要包括：（一）有形资产使用权或者所有权的转让。有形资产包括商品、产品、房屋建筑物、交通工具、机器设备、工具器具等。（二）金融资产的转让。金融资产包括应收账款、应收票据、其他应收款项、股权投资、债权投资和衍生金融工具形成的资产等。（三）无形资产使用权或者所有权的转让。无形资产包括专利权、非专利技术、商业秘密、商标权、品牌、客户名单、销售渠道、特许经营权、政府许可、著作权等。（四）资金融通。资金包括各类长短期借贷资金（含集团资金池）、担保费、各类应计息预付款和延期收付款等。（五）劳务交易。劳务包括市场调查、营销策划、代理、设计、咨询、行政管理、技术服务、合约研发、维修、法律服务、财务管理、审计、招聘、培训、集中采购等。”由上可见，在税务法律关系中，国家税务机关对于关联企业及其关联关系的认定，并非一成不变的，而是随着经济生活的发展变化而变化的。

二、关联企业破产的两种模式

关联企业涉及两个或者两个以上的企业，对其破产，首先应当尊重其法律人格，一般情况下应单独、分别进行破产。换言之，单独、分别破产乃是关联企业破产的基本方法、主要模式。《审理企业破产案件规定》第76条规定："债务人设立的分支机构和没有法人资格的全资机构的财产，应当一并纳入破产程序进行清理。"第79条规定："债务人开办的全资企业，以及由其参股、控股的企业不能清偿到期债务，需要进行破产还债的，应当另行提出破产申请。"将企业设立的不具备法人资格的分支机构一并纳入企业破产，依旧属于一个法人企业的破产，不存在关联企业合并破产的问题。债务人设立的具备法人资格的子公司或参股、控股公司，那么，债务人与其子公司或者参股、控股公司之间则属于关联企业。根据上述规定，对于关联企业之间的破产，是要求单独、分别破产的。在司法实践中，有的则明确强调关联企业之间的破产应当分别进行。如广东省高级人民法院2003年9月25日《关于审理破产案件若干问题的指导意见》第7条就规定："财产混同的多个关联企业同时向法院申请破产的，法院应责令其先予界定各自财产，然后再向法院申请破产。债权人同时申请财产混同的多个关联企业破产的，法院受理后应由清算组依法界定各个关联企业的财产，不应以财产混同为由合并清算。"青海省高级人民法院2003年8月21日《关于规范审理企业破产案件的实施意见》第5条亦曾规定："申请企业破产时，严禁以任何理由将具有独立法人资格的关联企业或下属企业及其财产列入破产范围连带破产。破产案件必须是'一企一案'，不允许搞'多企一案'。"《破产审判纪要》第6条则明确指出，人民法院审理关联企业破产案件时，要立足于破产关联企业之间的具体关系模式，采取不同方式予以处理。既要通过实质合并审理方式处理法人人格高度混同的关联关系，确保全体债权人公平清偿，也要避免不当采用实质合并审理方式损害相关利益主体的合法权益。

在坚持尊重企业法人法律人格的基本前提下，对于关联企业的破产，首先应当考虑单独、分别破产，这是关联企业破产的基本原则。但在关联企业之间源于各种原因存在法人人格高度混同而实质丧失其独立的法律人格、区分各关联企业成员财产的成本过高、严重损害债权人公平清偿利益时，则应允许关联企业纳入统一的破产程序中一并实施破产。关联企业合并破产，又称实体合并或者实质合并，是指将两个或者两个以上具有关联关系的企业，在一定条件下归于一个破产程序中实施破产，合并其所有财产及债务，以合并后的财产清偿合并后债务的破产方式。此时，不考虑各关联企业的独立性，而将各关联企业作为单一企业对待，将其所有资产、债务合并，以统一财产分配、债务清偿。对此，联合国国际贸易法委员会《破产法立法指南》指出，关联债务人破产，乃是“将企业集团两个或两个以上成员的资产和负债作为单一破产财产的组成部分对待”“不考虑企业集团每个成员的独立身份而将其资产和负债合并，视同由单一实体持有的资产和承担的负债合并”而统一进行的破产程序。[①] 故，关联企业合并破产具有以下主要特征：

1. 关联企业合并破产，必须发生在两个或多个具有独立法人资格的企业之间，企业的分支机构由于不具有法人资格，自不存在企业与分支机构合并破产的问题。企业要破产，其相应的分支机构均要纳入破产范围，这仍是一个企业的破产，而非企业与之分支机构的合并破产。

2. 关联企业合并破产，自然是发生在两个或多个具有关联关系的企业之间。企业之间根本不存在关联关系，就不可能存在诸如企业之间人格高度混同而丧失独立法人人格等需要适用合并破产的条件问题。

3. 关联企业合并破产，其适用需要严格的条件。这种条件，尽管没有统一的规范，然根据《破产审判纪要》第 32 条规定，只适用法人人格高度混同、区分各关联企业成员财产的成本过高、严重损害债权人公平清偿利益等特定范围，不能随意扩大。

4. 关联企业合并破产，只是关联企业在实质上的合并，即将纳入破产程序的关联企业视为一体来看待，将关联企业的资产与债务均加以合并，适用共同的清偿率，然在形式上，各个关联企业的法人主体并没有完全消失，在破产清算后虽然均要注销，在破产重整、破产和解终结后，则在遵循一般应当合并成 1 个企业，即保留 1 个企业，其他关联企业应予注销的原则下，仍可根据实际需要再保留个别独立企业。不过，根据《破产审判纪要》第 37 条规定，应当依照企业分立的有关规则单独进行处理。

5. 关联企业合并破产，强调的是纳入同一破产程序进行，并且将纳入破产程序中的关联企业资产与负债统一加以处理。关联企业由同一法院按不同的破产程序加以实施，或者虽然由同一法院将关联企业的破产程序合并进行，可其资产、负债不加以合并，而是分别确定各自的资产、负债及其债权的清偿比例，则仅是关联企业破产案件在程序上的合并审理，而非关联企业在实质上的合并破产。

---

① 王欣新：《破产法前沿问题思辨》，法律出版社 2017 年版，第 339 页。

6. 关联企业合并破产，可以是关联企业中的两个或者多个甚至全部的合并破产，而非所有关联企业一定都需要纳入合并破产。法人人格没有严重混同的，基于维持法人独立人格的需要，就不应将之纳入合并破产的范围。

7. 关联企业合并破产，并非要求每一个企业在形式上都具有破产原因、符合破产条件，但至少有 1 个要具有破产原因、符合破产条件。在 1 个关联企业具有破产原因、符合破产条件而进入破产程序的情况下，其他关联企业是否纳入合并破产的范围，不再是从形式上看是否具有破产原因，而要看其与已经进入破产程序的关联企业之间是否存在法人人格高度混同等合并的实质条件。否则，实际控制人将一些关联企业的资产转移给另一关联企业如甲，将甲的负债则转入其他关联企业，甲就根本不具有破产原因，按照《企业破产法》的规定不能进入破产程序，那么，通过合并破产来解决之间的法人人格高度混同而严重损害其他关联企业及其债权人利益的问题，就根本无法实现。如此，一个关联企业进入破产程序后，其他关联企业是否纳入合并破产的范围，与其是否具有破产原因已无必然联系。具有破产原因可以纳入合并破产的范围，不具有破产原因的也可以纳入合并破产的范围。对这，联合国国际贸易法委员会《破产法立法指南》就指出："集团高度集中的，破产法可基于将不符合启动标准的集团成员列入破产程序符合整个集团公司利益的理由，准许启动申请把这类成员列入在内。与确定必要集中程度相关的因素可能包括：集团成员之间的关系，对这种关系虽说法不一，可都涉及相当程度的相互依赖性或控制性；资产混杂不清；身份同一，依赖于管理层和财政支助或不一定由集团成员之间法律关系（如母公司与受控制集团成员间的关系）而产生的其他类似因素。可能适宜将集团非破产成员列入联合申请的另一种情况是集团的存在是虚拟的。例如，当进行集团活动如同其涉及单一实体，而集团的存在纯属该单一实体活动的门面时，就可能发生这种情况。当成员间相互关联，实际上只有一个资产基础，集团成员之间不作法律上的区分，而管理层和债权人也将不同成员视为一个整体时，也会发生这种情况。"①

8. 关联企业合并破产，既可以是关联企业分别进入破产程序后再予以合并，这时，关联企业破产的启动来自不同的申请，然后基于之间的法人人格高度混同等原因而将本来分属于不同破产程序的关联企业纳入同一破产程序中并将资产、负债进行实质的合并，又可以是在一个关联企业进入破产程序而另外的关联企业并未进入破产程序的情况下，基于之间的法人人格高度混同等原因而直接将后者纳入合并破产的范围，尤其是在表面上不具有破产原

① 王欣新：《破产法前沿问题思辨》，法律出版社 2017 年版，第 361 ~ 362 页。

因的情况下尤应如此。后者表面上不具有破产原因时，根本不存在进入破产程序的可能，就只有采取直接将之纳入破产程序的方式进行实质的合并破产。

如前所述，关联企业合并破产，作为关联企业单独分别破产基本做法的补充，已在司法实践中不时出现，可由于《企业破产法》未对其作出规定，也没有司法解释予以明确，需要不断总结与探索。下面，对有关问题作一必要介绍。

三、有条件地实施关联企业合并破产的必要性与可能性

（一）有条件地实施关联企业合并破产，是有效制止、防范损害关联企业及其债权人利益、妨碍市场经济秩序并造成关联企业法人人格丧失行为的现实需要

关联企业之间，尽管源于各种原因而相互关联，然在法律上都具有独立的人格，各为独立的民事主体，依法享有权利能力和行为能力，应当依法独立承担法律责任。可在司法实践中，一些关联企业之间，控制企业或者企业的控制者为了自己的利益，不惜损害关联企业一般是从属企业的利益，使得一些关联企业在经济上部分甚至全部地丧失独立性、自主性。这些关联企业尤其是从属企业的经营往往不是为了自身的利益，而仅仅是为了控制企业、其他关联企业或者整体关联企业之间的利益，其经营仅仅是控制企业、其他关联企业或者整个关联企业经营的一部分，该企业的资产、资源、债权、债务、人力、物力、财力、经营、管理等所有资源不过是追求控制企业、其他关联企业或者整体关联企业利益的工具与手段，之间的资产、债权、债务不是按照市场化的运行形成的转移，而是按照控制企业或者实际控制人的意志以行政管理力量随意进行划转、输送，完全丧失了企业法人人格独立所必要的独立性。有的关联企业的设立，一开始就是为了增加控制企业或者其他关联企业的经营而已。还有的甚至是为了逃避债务、侵吞财产等将一些关联企业的财产转移到另一家或者数家关联企业，致使该关联企业的财产减少，或者将关联企业的财产转移后进行虚假破产，必然会给该关联企业的债权人的合法权益造成损害。为了制约、防止上述导致关联企业法人独立性丧失的种种不正当行为，维护正常的市场经济秩序，同时保护该关联企业债权人的合法权益，对有关关联企业一并进行破产，即将其他相关的关联企业的财产一并纳入同一破产程序中，而不是分别将其作为独立的企业单独破产，有着必要的现实意义。

（二）有条件地实施关联企业合并破产，有利于依法公平处理关联公司的所有债权人的债权

关联企业在丧失独立法律人格的情况下，根据实质重于形式的一般原则，可以通过合并破产对其实质上不具有独立法律人格的事实予以确认，并依法将其视为一个整体合并所有财产，依法公平处理所有债务。关联企业丧失独立法律人格时，关联企业的控制企业、控股股东或者实际控制人，仅将关联企业作为另外关联企业经营、盈利的手段，并不考虑其本身的合法权益及其独立性，致使之间的人事、资产、债权、债务、经营、管理、资金使用、财务等相互混同于一体。主要表现为：

1. 关联企业的人员安排、调整实行统一的招聘、调派、管理与使用，工资发放标准、发放单位随意变化，关联企业职工的社会保险费用由一家企业或者相互为对方缴纳，造成人事混同，劳动债权无法区分。

2. 在资产上，有的将属于一个生产经营企业的整体资产划分至不同的关联企业名下，如土地使用权由一企业拥有，生产设施又由另一企业拥有，商标、专利权等知识产权又登记在另一企业名下，并且相互提供担保，造成本应实质统一于一企业的财产变成分立于不同企业的财产，但在使用、管理、收益回报上则实行统一筹划、安排，造成资产的混同，其间的债权债务及其利益无法区分。

3. 在经营管理上，无论是对人事、对外的生产经营服务等营业，实际决策都由同一批人进行，执行都是为了某一关联企业的利益，而不考虑企业本身。经营的策略、方法及有关事情的处理，采取统一或者类似的方式，在外界看来，具有统一性，如进行统一的宣传，举办统一的会议，实施统一的销售、营销措施，借用某一品牌对其产品或者相关系列产品进行统一推介，等等，使得有关债权人将相关企业认同为一个整体。

4. 在资金使用、财务管理上，由控制企业或者控制人一权独揽，随意按照其意志对关联企业的资金进行调拨使用，然后只是在财产上进行往来登记而不作实际承担。对外，则统一宣传整个企业的资产与能力，对内也由统一的账簿登记，无论是在实质上还是在形式上，对于关联企业的资金使用、财务管理，关联企业之间也丧失独立性。

5. 在债权债务关系中，有的对外债权债务关系表面上清楚，内部也作了划分，然在实际上体现债权债务的随意调拨，造成债权债务混乱。有的对外统一经营一个品牌或者一个品牌下的系列产品，债权人虽与各关联企业签订合同，然只认这一个品牌，在财务上关联企业之间也统一建账而致相互混同。

在关联企业相互之间的人事、资产、债权、债务、经营、管理、资金使

用、财务等相互混同于一体的情况下，致使关联企业人格高度混同，《民法典》第58条第2款规定的“法人应当有自己的名称、组织机构、住所、财产或者经费。法人成立的具体条件和程序，依照法律、行政法规的规定”等条件在形式虽已满足，然在实体上无法落实。换言之，关联企业只是形式上具有独立的人格，可实质上其独立的法律人格不再存在。一个企业的法律人格如果独立，那么，该企业的人员、资产、经营、管理、财务等各方面都能够按照企业法人的意思为了企业本身的利益独立运转，而不是按照企业的控股股东、实际控制人的意思为了其他关联企业的利益运转，这是企业法人人格独立的重要方面。企业股东或者实际控制人都应受到法人人格独立原则的约束，不得滥用控股股东或者实际控制人的地位，造成关联企业法人的独立人格实质丧失。不然，在关联企业因为控股股东或者实际控制人的行为，导致关联企业法律人格高度混同的情况下，根据实质重于形式的一般原则，可以将关联企业视为一个整体依法进行破产清算，而不仅仅根据其形式仍旧分属于不同的法人就分别对其进行破产。

（三）有条件地实施关联企业合并破产，有利于充分实现破产法的立法宗旨及目标

联合国国际贸易法委员会《破产法立法指南》明确指出：“为了确立和制定一部有效的破产法，应考虑下列关键目标：（1）为市场提供确定性以促进经济稳定增长；（2）资产价值最大化；（3）在清算和重整之间求得平衡；（4）确保对处境相近的债权人的公平待遇；（5）及时、高效并公止地解决破产事务；（6）保全破产财产以便公平分配给债权人；（7）确保制定一部有透明度和可预测的破产法，并为收集和传播信息提供激励；（8）承认原已存在的债权人的权利，就优先债权的排序明确规则。”① 这样，公平、公正、有序、及时、高效乃是破产法立法的宗旨所在，尤其是公平、公正更是破产法立法及其实践所追求的最高价值目标。关联企业的合并破产，突破关联企业形式独立的障碍，追求实质公平、公正，将关联企业之间非因市场而是源于控制者意志通过行政力量进行配置的资产、资源、债权、债务造成关联企业之间的资产、负债与之间的实际真实不符，如债务人的多个关联企业之间，有一个企业甲主要与实际控制者或之家人进行交易，实际控制者便将其他企业的资产通过签订假合同、交易的形式划转给甲或者让甲对其他企业形成各种各样的债权，或将甲的债务通过各种各样的手段转嫁给其他企业，其他企业就会因为甲的资产与负债的分别增加、减少而减少、增加，其他企业破产且不

① 王欣新：《破产法前沿问题思辨》，法律出版社2017年版，第341页。

将甲合并破产，其债权人就会遭受不公平的对待，进而损害破产法立法所主要追求的公平、公正原则，破产立法的宗旨与目标就难以实现。尤其是我国一些企业尤其是某些家族企业往往都开设多个关联公司进行资产、债权、债务的转移，以规避税收、债务等不诚信甚至欺诈的行为还有相当市场的情况下，有条件地实现关联企业的合并破产，乃是遏制上述现象的重要手段，比起利用《公司法》中有关“揭开公司的面纱”等制度的个案适用，更具有公平性、彻底性、有效性。

（四）有条件地实施关联企业合并破产，具有充分的法理基础

将关联企业合并破产，以关联企业丧失独立法律人格为前提，其实质是法人人格否认理论在关联企业破产清算程序中的具体运用，有着充分、成熟的法理基础，同时亦有国外实践所借鉴。“美国破产法官根据《破产法》第105节规定的‘衡平权力’（equitypower）所创造的一个公平的救济措施。美国第二巡回上诉法院在20世纪70年代作出一系列的裁决，使实质合并成为处理集团公司破产的一个重要方法。随后，它很快被其他国家和地区仿效、引进，受到广泛的重视。如新西兰公司法规定，只要法院认为公平合理的，就可以对跨国公司的破产清算进行合并。法国破产法则规定，如果母子公司的资产及业务非常密切地结合，以至于子公司可被视为母公司的一项工具，则子公司破产程序的效力可及于母公司的资产。实质合并原则适用的典范是英国法院于1991年审理的国际信贷商业银行（BCCI）破产案。”①

（五）有条件地实施关联企业合并破产，是在关联企业实质丧失独立法律人格的情况下，彻底有效地解决有关问题的最佳手段

关联企业丧失独立法律人格而给关联企业及其债权人造成损害时，其基本补救措施有“揭开公司的面纱”“从属求偿”“实质合并”以及破产清算中的破产撤销、破产无效制度等。

其中，破产撤销、破产无效，在尊重企业法律人格的前提下虽然可以对一些损害关联企业利益并导致关联企业法律人格独立性丧失的行为，如随意向关联企业转移财产等进行一定的否定，然这要以关联企业不正当行为非常清楚，有确实、充分的证据为前提。而关联企业导致其他关联企业法律人格独立性丧失的大量不正当行为，往往很难发现，难以找到确实、充分的证据，面对关联企业之间的大量不法行为，往往是无能为力。

“揭开公司的面纱”，又称“公司人格否认”“公司法人资格否认”“股东

① 谢唯成、蔡毅：《试论关联企业破产合并的若干法律问题》，载江苏省无锡法院网，2008年10月15日访问。

有限责任待遇之例外”“股东直索责任”，是指公司股东为逃避法律义务或责任而违反诚信原则，滥用公司法人独立地位和股东有限责任，实施诸如转移资产、逃避债务等严重损害公司债权人利益时，则对公司的法人人格及股东的有限责任加以否定，而让该股东依法承担连带责任。对此，《公司法》第20条规定：“公司股东应当遵守法律、行政法规和公司章程，依法行使股东权利，不得滥用股东权利损害公司或者其他股东的利益；不得滥用公司法人独立地位和股东有限责任损害公司债权人的利益。公司股东滥用股东权利给公司或者其他股东造成损失的，应当依法承担赔偿责任。公司股东滥用公司法人独立地位和股东有限责任，逃避债务，严重损害公司债权人利益的，应当对公司债务承担连带责任。”第21条规定：“公司的控股股东、实际控制人、董事、监事、高级管理人员不得利用其关联关系损害公司利益。违反前款规定，给公司造成损失的，应当承担赔偿责任。”《民商事审判纪要》在（关于公司人格否认）部分中指出：“公司人格独立和股东有限责任是公司法的基本原则。否认公司独立人格，由滥用公司法人独立地位和股东有限责任的股东对公司债务承担连带责任，是股东有限责任的例外情形，旨在矫正有限责任制度在特定法律事实发生时对债权人保护的失衡现象。在审判实践中，要准确把握《公司法》第20条第3款规定的精神，只有在股东实施了滥用公司法人独立地位及股东有限责任的行为，且该行为严重损害了公司债权人利益的情况下，才能适用。损害债权人利益，主要是指：

（1）股东滥用权利使公司财产不足以清偿公司债权人的债权。

（2）只有实施了滥用法人独立地位和股东有限责任行为的股东才对公司债务承担连带清偿责任，而其他股东不应承担此责任。

（3）公司人格否认不是全面、彻底、永久地否定公司的法人资格，而只是在具体案件中依据特定的法律事实、法律关系，突破股东对公司债务不承担责任的一般规则，例外地判令其承担连带责任。人民法院在个案中否认公司人格的判决的既判力仅仅约束该诉讼的各方当事人，不当然适用于涉及该公司的其他诉讼，不影响公司独立法人资格的存续。其他债权人提起公司人格否认诉讼的，已生效判决认定的事实可以作为证据使用。

（4）《公司法》第20条第3款规定的滥用行为，实践中常见的情形有人格混同、过度支配与控制、资本显著不足等。在审理案件时，需要根据查明的案件事实进行综合判断，既审慎适用，又当用则用。实践中存在标准把握不严而滥用这一例外制度的现象，同时也存在因法律规定较为原则、抽象，适用难度大，而不善于适用、不敢于适用的现象，均应当引起高度重视。”这些规定不仅适用于公司破产程序中，而且适用于公司正常运转状态。虽然对公司的法律人格及其股东的有限责任依法加以否认，可这种否认是个案的，并不是对公司法人人格及股东有限责任的根本否定，只是适用于个别诉讼中。在个别诉讼外，正常的法律人格及股东有限责任继续存在。在破产程序中，不可能彻底解决公司所有债权人因为股东滥用公司法人独立人格及股东有限责任的问题。另外，“揭开公司的面纱”的适用，要通过诉讼确定由滥用权利的股东对个别债权人承担责任的问题，个别债权人必须提供相应的证据。但在股东与公司之间，尤其是关联企业之间，因为公司股东滥用公司法人独立地位及股东有限责任损害债权人利益的事实虽然大量发生，债权人要获得相应的证据则很困难，通过“揭开公司的面纱”对个别债权人的权利进行保护，虽有其现实意义，然有着明显的局限性。此外，在关联企业中，并非公司股东才能滥用公司法人独立地位及股东有限责任，公司的实际控制人、董事、监事、高级管理人员等均可以利用不正当的关联关系造成公司法人独立地位的缺乏甚至完全丧失，“揭开公司的面纱”的适用，对于公司独立人格实质源于各种原因已经丧失的情况下，无法全面、彻底解决有关问题。尤其是在破产程序中，要所有债权人通过个别的诉讼追究股东滥用公司法人独立地位及股东有限责任行为的责任，更不可能。

“从属求偿”，又称衡平居次或深石原则，则是指在破产程序中，将关联企业之间的债权求偿予以推迟，在其他债权依法得到清偿后，存在的余额则用来清偿关联企业之间的债权。这既不否定企业法人的独立人格，也不否定关联企业之间的债权，只是对关联企业债权进行清偿时在顺序上作特别安排。问题在于，关联企业源于各种原因致使其法人独立人格已经缺乏甚至丧失的情况下，其间的债权往往都是不正当关联关系形成的结果，对之不加否定，本身就不公平。另外，此种方法，根本不能解决关联企业之间因为转移资产、逃避债务致一些关联企业财产减少而损害其债权人合法权益的问题，因为不正当关联交易造成资产增加的关联企业在“从属求偿”原则下，仍旧不会受到任何否定。在“从属求偿”原则下，只是将可能并不存在的一些债权债务予以延后受偿，解决关联企业独立人格缺乏丧失时的部分而并非根本性的问题，适用有其局限性。而且，在关联企业破产后，其他关联企业并非一定破产，其独立人格继续存在，无法对关联企业的不正当交易等违法甚至犯罪行为作全面、彻底的清理，也正因为这样，司法实践中一些关联企业只申请破产其一或者部分，而让另一些关联企业继续存在，以对其债务实行金蝉脱壳，不利于市场秩序的正常运行。

而对关联企业有条件的实施合并破产即“实质合并”，对因为关联企业之间的不正当交易造成法人人格独立性严重缺乏或者丧失时，根据内容决定形式、实质重于形式的一般原则，将其视为一个整体统一合并破产，关联企业之间的不正当交易如随意调拨资产、承担债务、转移财产等，就变得没有任何意义，能够有效制约、防范关联企业的不正当交易等违法犯罪行为发生，同时也可以解决所有债权人因为关联企业股东滥用企业法人独立地位及股东有限责任，进行不正当交易而遭受损害的问题。即将所有财产、债权债务合并，然后以合并后的所有财产公平清偿合并后的所有债务，具有解决关联企业之间不正当违法犯罪行为造成的不法后果的有效性、彻底性。

为了规制关联企业之间的不正当交易行为，现行法律当中明确规定的救济方式包括破产撤销、破产无效和法人人格否认。然则，限于自身的适用条件和功能，破产撤销、破产无效和法人人格否认均无法在关联企业财产难以区分的情况下发挥作用。从适用条件来看，破产撤销和破产无效并不对法人人格本身的独立性提出质疑，法人人格否认也仅仅在个案中否认法人人格，在后续案件中法人人格仍有可能得不到否定。而实质合并的适用则等于终局性地否认法人人格，破产程序终结后法人人格将不可能继续存在。从功能来看，破产撤销、破产无效和法人人格否认多针对某项特定的不正当交易提出，其功能在于通过取回特定财产或者追究股东责任来增加债权人受偿的可能性；而实质合并则并不以特定交易的正当性作为审查重点，它是通过对高度关联性的认定从根本上否定关联企业之间的法人人格界限，解决认定财产困难的问题。可以说，破产撤销、破产无效、法人人格否认以及实质合并这 4 种救济手段针对严重程度不同的关联交易发挥作用：破产撤销与破产无效针对最为轻微的关联交易，债权人只需要证明破产企业在特定交易中存在不正当情形即可；法人人格否认针对中等严重程度的关联交易，债权人需证明股东或实际控制人具有滥用法人人格及股东有限责任的情形，但不须证明关联企业的财产达到了无法区分的程度；实质合并针对程度最为严重的关联交易，即由于股东或实际控制人滥用其实际控制人、股东的权利及地位，关联企业之间的财产已经达到了无法有效区分的程度。比如，在湖南太子奶集团生物科技有限责任公司、株洲太子奶生物科技发展有限公司与湖南太子奶集团供销有限公司破产重整案件中，3 家公司的法人人格趋于混同，破产撤销、破产无效和法人人格否认制度均无法对其发挥作用。同时，该案最核心的问题在于 3 家公司之间的财产难以区分，以致破产程序难以推进，而无论是破产撤销、破产无效还是法人人格否认均不具有厘清关联企业产权界限的作用，不能解决审判中的实际问题，只有进行合并重整即进行实质合并，才能解决 3 公司的破产重整问题，进而在彻底清理 3 公司债权人的所有债权的同时，实现 3 公司资产重新配置，并使其得以重生。

（六）有条件地实施关联企业合并破产，有利于防止控制企业、股东等滥用控制权利损害公司利益等违法犯罪行为发生的现实功能

将因为控制企业或者控股股东、实际控制人等违反法律规定，滥用控制权利或者企业法人的独立地位致使其基本丧失甚至全部丧失独立性而无独立法律人格的关联企业，一并纳入同一破产程序实施破产，如前所述，不仅有其法理上的根据，而且也是防止关联企业之间转移、侵吞资产等违法乃至犯罪行为的发生，维护其资产价值；公平维护债权人合法权益，实现破产程序适用功能；降低破产成本，提高破产效率；维护社会稳定，确保破产顺利进行的重要保障：

1. 有利于防止隐匿、转移、侵吞关联企业财产的违法犯罪行为发生。在司法实践中，有的将关联企业的优质财产或者主要财产甚至全部有价值的财产，转移到另一个关联企业之中，使其成为一个空壳公司，用来对外承担债务，这种违法犯罪行为，有害于债权人的合法权益，也有害于市场经济秩序的正常运行，需要依法加以防范。而对为了隐匿、转移关联企业财产等进行虚假破产或者让其自然消亡的行为来说，将接受关联企业资产转移的企业一并纳入破产程序，则是一种釜底抽薪式的有效防范措施，有利于防止此类违法犯罪行为的发生。

另外，在关联企业的财产实为一个整体而又分别归属于不同关联企业，且共同使用、不分收益的情况下，进行合并破产，将资产统一纳入同一破产程序整体进行处理，有利于关联企业资产的保值、增值，为实现债权人利益最大化奠定基础。

2. 有利于公平维护债权人合法权益，实现破产程序的适用功能。公平清偿债权人的债权，维护其合法权益，乃是破产程序的主要功能，在破产清算中，则是唯一的功能。在关联企业之间丧失应有独立人格的情况下，只有将其合并破产，才有利于公平维护所有债权人的合法权益，充分实现破产程序的适用功能。否则，控制企业将关联企业的主要财产或者全部有价值的资产转移到另一关联企业之中，该关联企业债权人的合法权益必然受到损害。而对关联公司适用合并破产，使得关联企业的所有债权人获得公平受偿的权利，有利于实现应有的公平和正义。

另外，关联企业之间对外的融资债务，一般都相互利用各自的财产提供担保，在不合并破产的情况下，这种融资性债务在每一企业的破产程序中都可申报并受到清偿，以致获得两次甚至多次清偿，而其他经营性债权等往往没有这种担保，只能受到 1 次清偿。后者这种人数多、完全靠生产经营等形成的债权，有的还直接与生存权利相联系，不仅得不到特殊保护，而且由于

分别破产时同一融资性债权受到两次甚至多次清债致使其清偿减少，明显有失公平，同时也与破产程序的适用宗旨相违背。

还有，关联企业实质丧失独立法律人格时，虽形式上独立，然实体上已不再独立，其债权债务关系通常也会混同于一体，其间的债权债务关系复杂、混乱。假若将其分别破产，关联企业之间的债权债务，以及关联企业对外的债权债务都无法查清。毫无疑问，债权债务公平清算必以债权债务能够查清落实为必要前提。在债权债务无法查清的情况下，要想使得所有债权债务公平得到清偿，无异于痴人说梦。

其实，在关联公司人格高度混同或丧失的情况下，对其合并破产，致使关联企业之间的债权关系、担保关系、股东与企业之间的合同关系等都归于消灭，既可造成关联企业之间的债权、债务的相互抵销而消灭，简化其间的关系，又可排除关联企业之间进行的欺诈性转让和自益性交易所给关联企业外部利害关系人带来的不利，对于关联企业所有的债权人来说，会更加有利。

还应指出，在我国，市场经济秩序还有待完善，法治环境还不尽人意，表现在司法上，一些地方保护主义还不时作祟。尤其是在债权人众多的情况下，基于社会稳定等各方面的考虑，不同地区的破产程序尽力维护本地债权人利益的现象尚不可避免。在关联企业分属于不同地区的情况下，让不同法院对其分别实施破产，亦不利于公平维护所有债权人的利益，债权人的债权清偿很有可能就要受到地方保护主义等不良现象的损害。

3. 降低破产成本，提高破产效率。丧失了独立法律人格的关联企业之间倘若分别实施破产，则要分别启动破产程序，进行相关工作，指定管理人等等，增加破产成本。另外，因为关联企业之间破产无法同步，相互观望等待，致使破产周期加长，必然增加破产费用。而将其纳入统一的破产程序中，将关联企业资产及债权债务统一处理，有利于减少破产成本，提高破产效率，使得债权人合法权益得到更大的维护。

4. 维护社会稳定，确保破产顺利进行。关联企业之间，其债权债务关系比单纯的独立企业要复杂得多，在关联企业有的非常差，有的比较好甚至很好的情况下，债权人往往会尽力了解之间的有关情况。发现一关联企业破产，就都会来主张权利，对这些权利一律拒之门外，以形式上的独立法人为由不加理睬，极易引发债权人的不满，处理不好，轻则影响破产程序的正常、顺利进行，重则可能影响甚至危及社会稳定。例如，在湖南太子奶集团生物科技有限责任公司的破产重整案件中，发现该公司与湖南太子奶集团供销有限公司之间相互因为关联而混同。就对外经销债权而言，由于湖南太子奶对所有经销商都是统一建账，即无论经销商是与哪家单位签订合同或发生货款支付、供应关系，均统一建立在一本账中，经销商凭此了解其已向太子奶付过多少钱，太子奶各单位还欠其多少货。无论是与湖南供销公司、株洲太子奶还是与北京太子奶、湖北太子奶等签订合同的经销商，他们都前来申报，并称自己只认“太子奶”，把所有“太子奶”作为一个整体对待。正因为如此，在湖南太子奶申报债权的经销商达1000多人，而对湖南供销公司、株洲太子奶申报债权的经销商只有100多人。如以申报者提供的合同或者支付货款、发货等情况为标准确定其为某一单位的债权人，属于湖南太子奶的经销商147人，其他1000余人都应划入株洲太子奶、湖南供销公司。然在合并重整前，来自全国各地的经销商自认为都属于湖南太子奶，对将其排除在湖南太子奶的债权人之外，非常不满。就劳动债权而言，也与经销商的情况大致一样。在湖南太子奶债权申报期间，有1687人申报债权，在湖南供销公司、株洲太子奶申报债权期间仅只有24人申报。因为，他们也都认为自己不论是在哪一单位工作，都是湖南太子奶的职工。由于大多数职工没有劳动合同，且社会保险费用，有的如养老保险由这个单位缴纳，有的如医疗保险又由另一单位缴纳，按其实际用工情况确定其劳动单位，在已进行申报的职工中，属于湖南太子奶的职工仅为200人，其他1230余名职工将被划为株洲太子奶的职工、56人应被划分为湖南供销公司的职工，还有201人被划分为其他基地公司的职工。合并重整前，许多债权人自认为属于湖南太子奶的职工而要求申报。不将湖南太子奶、株洲太子奶、供销公司合并重整，而将其分别归属于不同的破产程序，在3者人员、资产、经营、管理、财务、债权债务等混同的情况下，按照一个机械的标准将其硬行拉开，则无法确保破产程序的正常、顺利进行。在起初，许多债权人就经常成群结队找管理人理论，可在3公司合并重整后，所有有关的问题得以消失。

（七）关联企业在一定条件下将其合并至同一破产程序中实施破产，不仅有其必要性，而且有其可能性

无论是《企业破产法》施行前还是施行后，关联企业合并破产的司法实践就没有停止过，并未因为法律没有明文规定而就放弃探索。这种关联企业合并破产的司法实践，不乏成功之例，已在实践上对关联企业合并破产的可能性作了回答，并为关联企业合并破产提供了宝贵的经验与教训，为关联企业合并破产的立法及其制度的设立、完善奠定了良好的基础。如黑龙江省尚志市人民法院于1993年就尚志市一面坡葡萄酒厂及其5个具有法人资格的分厂实施的合并破产案；宁夏回族自治区高级人民法院于1993年就宁夏无线电一厂及其6个具有法人资格的子公司及其联营机构实施的合并破产案；佛山市南海区人民法院2003年就南京汽车工业联营公司南海汽车厂、广东汽车底

盘厂两关联企业实施的合并破产清算案；江苏省宜兴市人民法院就宜兴市名海铜材有限公司、无锡金坤铜业有限公司、无锡坤桥金属有限公司、江阴市金鼎金属材料有限公司、无锡市园坤铜业有限公司等5公司实施的合并破产清算案；武汉市中级人民法院于2000年就中国机电设备中南公司及其44个具有法人资格的子公司实施的合并破产清算案；南京市中级人民法院就利德隆实业有限公司及其子公司利德房地产公司实施的合并破产案；深圳市中级人民法院2007年就汉唐证券有限责任公司等46家空壳企业合并破产清算案；上海市金山区人民法院2008年就上海美浩电器有限公司、上海特毅通用动力机械有限公司、上海特毅实业有限公司等3公司合并破产清算案；株洲市中级人民法院2010年就湖南太子奶集团生物科技有限责任公司、株洲太子奶生物科技发展有限公司、湖南太子奶集团供销有限公司3公司实施的合并破产重整案；湛江市中级人民法院2013年就湛江嘉粤集团34家关联企业合并重整案，等等。

此外，最高人民法院早就以批复的方式，在一定条件下允许对关联企业实施合并破产。如《哈尔滨百货申请破产案的复函》指出："哈尔滨百货采购供应站（下称百货供应站）在负债累累的情况下，抽出其绝大部分注册资金开办哈尔滨康安批发市场，尔后，申请破产，其做法严重侵害了债权人的利益。虽然该行为未发生在法院受理破产案件前6个月内，但其目的是逃避债务，故原则上应根据《民法通则》第58条第1款第7项的规定，[①] 追回百货供应站开办康安批发市场投入的2217.3万元及该市场所得的盈利，作为破产财产统一分配。但在具体处理方式上，可采取整体转让康安批发市场或以债权人的债权作为股份，依照我国《公司法》的规定，组成规范化的公司，以避免康安批发市场与百货供应站同时倒闭。如上述两种具体处理方式均不可行，则可将康安批发市场的现有全部财产及其债务纳入百货供应站破产清偿范围之内。"还有，一些高级人民法院则以规范性文件的方式对关联企业合并破产作了规定。如江苏省高级人民法院1998年3月26日《关于审理破产案件若干问题的讨论纪要》第50条规定："企业为逃避债务，将有效资产投资开办另一企业，然后申请破产的，不论该行为是否发生在法院受理破产案件前六个月内，都要根据《中华人民共和国民法通则》第58条第一款第（七）项的规定，追回被转移资产及其孳息，作为破产财产统一分配。但在具体处理方式上，可采取整体转让新办企业或以债权人的债权作为股份，依照公司法的规定，组成规范化的公司，以避免新办企业同时倒闭或破产。"如前所

---

① 《民法通则》第58条规定："下列民事行为无效：……（7）以合法形式掩盖非法目的的。"

述，《破产审判纪要》则更明确规定了关联企业之间以单个分别破产为主，以实质合并破产为辅的适用原则。

四、关联企业合并破产的主要类型

按照不同的标准，关联企业合并破产可以分为不同的类型：

1. 以司法实践中关联企业合并破产的启动情形为标准，主要存在 4 种情形[①]：

（1）关联企业破产申请受理以前，基于债权人、债务人等破产申请权人有关关联企业合并破产的申请，而将具有法人人格高度混同等符合合并破产条件的关联企业纳入合并破产。如绍兴市中级人民法院 2009 年受理的纵横控股集团有限公司及其 5 家子公司绍兴纵横高仿真化纤有限公司、浙江倍斯特化纤有限公司、绍兴纵横聚酯有限公司、浙江星河新合纤有限公司、绍兴市涌金纺织有限公司的合并破产重整案，就是属于这一种情形。

（2）将关联企业先行裁定实体合并然后再按 1 个主体进行破产程序。这种情形即可发生在关联企业均未进入破产程序前，也可以发生在有关关联企业进入破产程序后。如沈阳市中级人民法院 2008 年受理的沈阳欧亚实业有限公司破产清算一案，然后通过裁定方式将沈阳欧亚企业管理集团及其名下的沈阳欧亚实业有限公司、沈阳荷兰村房产开发有限公司、辽宁荷兰村旅游开发有限公司、沈阳荷兰村物业有限公司、沈阳海牙大酒店有限公司、沈阳欧亚温室有限公司、沈阳欧亚农业发展有限公司等 17 家公司通过裁定实体合并至沈阳欧亚实业有限公司 1 家，然后对这一家公司进行破产并统一处理 17 家关联公司的资产与负债。

（3）关联企业破产申请受理后，基于债权人、债务人等破产申请权人的申请将其他法人人格高度混同的关联企业纳入已经受理的破产程序合并破产。这种情形是关联企业合并破产的主要情形，如株洲市中级人民法院 2010 年受理湖南太子奶集团生物科技有限公司破产重整一案后，基于之与关联公司株洲太子奶生物科技发展有限公司、湖南太子奶集团供销公司存在法人人格高度混同的情况，依法将 3 公司合并破产重整，就是如此。在破产重整中，3 公司形式上依然具有独立的法人人格，并没有合为 1 个主体进行破产，只是实质上将之间资产、负债合并而进行的实质合并破产。

（4）关联企业分别进入破产程序后，再出于法人人格高度混同等原因而合并破产。如上海市金山区人民法院 2008 年分别受理上海特毅实业有限公

① 王欣新：《破产法前沿问题思辨》，法律出版社 2017 年版，第 392 ~ 395 页。

司、上海特毅通用动力机械有限公司、上海美浩电器有限公司后，发现3企业的法人人格高度混同而将3家企业合并破产。

2. 以司法实践中关联企业合并破产的原因来看，主要有下面几种情形：

（1）关联企业混同型。如上海市金山区人民法院2008年对上海美浩电器有限公司、上海特毅通用动力机械有限公司、上海特毅实业有限公司3公司进行的合并破产清算，基于3公司高度混同的事实，即："（1）实际控制人为同一自然人潘某某。（2）经营范围紧密关联，分别负责通用发动机的生产、销售和管理。（3）人员高度混同，仅设立了1个财务部门，财务总监也为同一人。企业职工在3公司间调换频繁，难以区分员工究竟隶属于哪家公司。（4）财产高度混同，设备与货物混合存放于仓库内，固定资产台账与实物、卡片无法逐一核对，审计机构无法确定设备与货物的权属；而车辆与房屋等需要登记确权的财产则主要列于动力公司名下。（5）债务高度混同，3公司相互借款、相互担保，公章交叉使用或同时使用，致使部分债权人难以准确界定债务人的身份。部分债权人取得的债权凭证上甚至载明，'兹有上海特毅通用动力机械有限公司、上海特毅实业有限公司与上海美浩电器有限公司系同一实体控股的3公司'，并同时加盖3公司的公章予以确认"，从而对其合并破产。①

又如，株洲市中级人民法院2010年对湖南太子奶集团生物科技有限责任公司、株洲太子奶生物科技发展有限公司、湖南太子奶集团供销有限公司3公司合并重整，也是基于3公司高度混同的事实。即：

①无论是从目前股权结构来看，还是从历史沿革来看，3公司为关联企业，李某某为实际控制人。

② 3公司经营管理混同。表现在：A. 李某某为3公司重大经营管理事项的最终审批人。株洲太子奶以及供销公司法定代表人的任命均是依据湖南太子奶以及李某某的决定进行的。各公司无论是资产申购、付款计划、税务处理、人员安排、资金使用申请、公司之间资产的互相划拨和转让、合同的签署、奖金的发放，甚至是工作总结的催交等事项，均是李某某及少数人决定。B. 3公司经营管理混同。湖南太子奶、株洲太子奶以及供销公司中任何一家公司的资产均无法支持完整的生产经营过程，各公司之间资产的运用也未能遵循市场原则，而是由李某某通过湖南太子奶进行管理，导致湖南太子奶、株洲太子奶以及供销公司实行人、财、物统一管理，经营管理混同。C. 各公司实施统一采购、统一销售政策。如原材料的采购均由湖南太子奶统一决定，

① 田诗雍：《关联企业破产实体合并的实践与思考》，载《中国破产法网》，2011年2月9日访问。

供应商的选择、原材料采购的品级及质量标准、价格等均由湖南太子奶决策后，由湖南太子奶集团供销公司执行采购，再交由其他公司使用；销售政策统一制定，各公司实施统一的货款准备金政策、经销商优惠政策、奖励政策等，销售费用必须报湖南太子奶批准，销售宣传由湖南太子奶统一实行。D. 各公司统一进行资金的筹措、使用、调配。各公司的资金统一进行调配和审批。各公司的收入和贷款均先统一汇入湖南太子奶甚至李某某指定的账号，资金支出必须向湖南太子奶资金管理中心申报计划并经批准后方能支付。各公司间的资金调配需由湖南太子奶批准。E. 各公司统一进行管理机构的设置、人事任免以及奖金分配。各公司的人员统一进行调配和管理，部门机构设置均由湖南太子奶决定，各项管理制度由湖南太子奶统一制定，人事任免、调派、奖罚统一由湖南太子奶决定。各公司之间交叉任职情况严重，全部公司均遵循统一决策程序。各公司的中层以上管理人员的任免均由湖南太子奶作出，中层以下管理人员的任免须向湖南太子奶备案。比如，供销公司、株洲太子奶的法定代表人实际上都是由湖南太子奶进行任免，甚至未征求法定代表人本人的意见。

③ 3 公司资产混同。表现在：A. 3 公司中任何一家公司的资产均不具备完整性。湖南太子奶的资产以不动产为主，株洲太子奶资产以机器设备为主，而供销公司没有实物资产，主要是经营过程中产生的债权债务。3 公司如作为独立的经营主体来看其资产的独立性和完整性均存在重大疑问，太子奶集团更多是将 3 公司作为简单的核算归集主体。3 公司资金调拨随意性大；多头挂账对外债权债务关系纠缠不清；大部分资产采购的签约、开票、付款在 3 个公司之间混杂，所有权难以判断；资产的使用与存放不独立，大量存在 1 车间内；3 公司账上记载的机器设备、电子设备、办公设备无法分清，甚至还存在同一生产线既有湖南太子奶资产又有株洲太子奶资产的情况。B. 3 公司资产的确权、使用、划转均可按李某某个人或者少数人决定进行，未遵循市场原则。C. 湖南太子奶的核心资产即土地、房屋和商标均被无偿使用。

④ 3 公司对外债权债务无法区分。表现在：A. 公司财务人员无法区分湖南太子奶、株洲太子奶以及供销公司的债权人。B. 债权人本身无法区分债务人是湖南太子奶、株洲太子奶还是供销公司。从合同签署来看，由于 3 公司资料严重缺失，与经销商签订的有关合同很难找到。据有关人员反映，经销商在 2002 年前，是与湖南太子奶签订合同，后来随着湖北太子奶、株洲太子奶、北京太子奶、成都太子奶等生产基地的成立，按地区让经销商跟相应的生产基地签订经销合同，并且每年签订 1 次。2008 年又统一由湖南供销公司与经销商签订合同，几个月后又按地区让经销商与湖南供销公司或者北京太

子奶、株洲太子奶、湖北太子奶等生产基地签订合同，且地区经销商与哪家签订合同经常改变，同一经销商从而可能与多个单位签订了合同。从申报材料来看，大量存在同一经销商签订经销合同、支付货款、供货的交易对象均不统一的情况。比如，签订经销合同的公司为株洲太子奶，收取货款的公司为供销公司，实际供货的公司又是湖南太子奶、供销公司；或者签订经销合同的公司有湖南太子奶、供销公司、株洲太子奶，收取货款的公司有供销公司、株洲太子奶，供货的公司又为株洲太子奶等。C. 对株洲太子奶或供销公司的债权，湖南太子奶通过签署《欠款支付协议》予以确认。D. 签订合同、履行合同的主体不一，如由湖南太子奶签订合同，又由供销公司发货等。

⑤ 3 公司人员混同。在职工招聘上，由湖南太子奶统一安排，劳动合同押金基本由湖南太子奶统一收取，各公司员工劳动合同的签订由湖南太子奶统一安排。在职工使用上，各公司业务交叉导致劳动关系混同，对劳动者进行统一管理、人事任免、调派导致劳动关系混同、劳动工资混同、社会保险混同、待岗协议的签署混同、解除劳动关系混同，致使职工主体归属非常混杂，难以分清，无法准确划分职工所属公司主体。

⑥ 3 公司资金、财务混同，关联方资金往来及关联交易频繁，如重要会计政策及会计估计完全相同；融资行为混同，互保或资金交叉使用情况严重；费用承担混淆；资金往来频繁。除资金往来以外，湖南太子奶与株洲太子奶、供销公司还出于费用互转、材料调拨、产品调拨等原因产生了大量的交易，形成了巨大的交易余额。

（2）脱壳经营型。此类型体现在将一关联企业的财产转移至另一关联企业，但不让其承担相应债务的情形。如枣庄市中级人民法院审理的山东南极洲集团股份有限公司、山东薛城啤酒厂破产一案中，山东省高级人民法院就该案向最高人民法院请示，“关于认定企业脱壳经营后，脱壳后新组建的企业破产时，原企业应否一并破产的问题。在本案中，山东南极洲集团股份有限公司系由山东薛城啤酒厂脱壳而来。”山东省高级人民法院认为：“企业脱壳经营，是一种逃避债务的无效民事行为，应当视为企业的分立。根据法律有关规定，脱壳后新组建的企业与原企业应对其脱壳前的债务承担连带清偿的责任。当脱壳后新组建的企业即山东南极洲集团股份有限公司因不能清偿到期债务被宣告破产时，为保护债权人的利益，原企业也可以根据债权人的申请一并宣告破产。”最高人民法院对此答复指出：“企业分立后，新分出的企业被宣告破产，并不必然导致原企业的破产。如原企业对其依法应当承担的新分企业前的债务无力清偿，原企业可以根据其自身的债权人的申请进入破产程序。如企业分立被人民法院依法认定为属于以逃债为目的的，原企业可以与新分企业一并破产，以最大限度保护债权人的利益。”武汉市中级人民法院2000年对中国机电设备中南公司及其设立的44个子公司合并破产也是基于中南公司在设立子公司时没有将公司的债务予以分配，属脱壳经营，裁定一并破产。

（3）缺少独立财产型。如黑龙江省尚志市人民法院1993年对该市一面坡葡萄酒厂及其5个具有法人资格的分厂实施合并破产案，5个分厂没有独立的资产，仅仅租赁总厂设备，缺乏独立承担民事责任的能力，就被裁定一并破产。

五、关联企业合并破产的条件

企业法人人格独立，即使与其他企业之间存在着关联关系，也要以自身财产独立承担相应的债务，同时也不允许将自己的财产用于清偿企业之外的债务，破产时应当单独、分别进行。然而，基于控制企业或者控股股东、实际控制人的行为，一些关联企业的主要财产甚至全部财产向另一些关联企业不合理转移，造成一些关联企业的财产不当减少，而另一些企业的财产不当增加，在破产时，必然损害财产减少的关联企业债权人的合法权益，而财产增加的关联企业债权人的利益会产生不当得利，致使关联企业债权人之间的受偿不公。从维护公平、正义出发，有必要将关联企业合并破产，使得关联企业所有债权人的债权得到公平受偿。可并非所有的关联企业之间都存在着这样或那样的不正当关联关系，有的虽存在某些不正当关联关系然相互之间带来的影响不大，一旦合并破产，就会使得关联企业的债权债务一并受偿，对于那些财产本来就多，效益本来就较好的关联企业债权人来说，无疑不利。这种不利的产生，没有关联企业之间的不正当关联关系而致关联企业法人丧失其应有的独立性为基础，而仅仅是人为地合并破产，必然会造成另一种不公平。关联企业的合并破产不仅要慎重，而且要对其条件严格掌握，尤其是在法律对此还没有明确规定的情况下，尤应如此。对这，《破产审判纪要》明确指出：“既要通过实质合并审理方式处理法人人格高度混同的关联关系，确保全体债权人公平清偿，也要避免不当采用实质合并审理方式损害相关利益主体的合法权益”，并于第32条进一步规定：“关联企业实质合并破产的审慎适用。人民法院在审理企业破产案件时，应当尊重企业法人人格的独立性，以对关联企业成员的破产原因进行单独判断并适用单个破产程序为基本原则。”基此，对于关联企业之间的各种损害债权人等利害关系人的行为，首先应当尊重企业法人人格的独立性，在现有法律规定的维度下利用诸如破产撤销权制度、破产无效制度、法人人格否定制度等加以解决。利用这些制度确实无法解决关联企业之间因法人人格高度混同而造成全体债权人利益严重损害，非使用关联企业合并破产的，则在严格条件下审慎适用。

在我国，关联企业的合并破产，尽管在司法实践中已经运行多年，可由于法律没有明确规定，有关适用的标准还没有统一的规制，现还只是停留在理论探讨的层面上。可在国际破产司法中，不少国家如美国、新西兰、法国、澳大利亚、瑞士等国家通过法律、判例等方式就关联企业的合并破产作了许多规定。对此，可以参照国际破产司法实践的一些经验来进行规范：如，美国弗吉尼亚破产法院法官在 In Vecco Construction Industries 一案中就总结了关联企业合并破产应当考虑的7个因素："（1）分离和确定个体资产和负债的难度；（2）是否存在合并的财务报表；（3）在单一地理位置合并的受益情况；（4）资产和营业的混同；（5）不同实体权益的同一性；（6）存在明显的公司内部的债务担保；（7）未遵守公司规范方式的资产转移。"

又如，联合国国际贸易法委员会《破产法立法指南》指出："法院可以在下列几种有限情况下针对企业集团中两个或多个成员下令进行实质性合并：（1）法院确信企业集团成员的资产和债务相互混合，以致没有过度的费用或迟延就无法分清资产所有权和债务责任；或（2）法院确信企业集团成员从事欺诈图谋或毫无正当商业目的活动，为取缔这种图谋或活动必须进行实质性合并。"应当指出，这里的所谓欺诈，"并非是指公司日常经营中发生的欺诈，而是指其活动根本没有正当的商业目的"。例如，"占有支配地位的股东进行欺诈，其中包括以欺诈性手段抽走集团成员的资产或增加其负债，或者以对债权人进行欺诈作为该集团成员的经营目的。""将单个企业人为地化整为零，分成几个不同的实体，目的是把单一企业隔开，使其免受潜在负债的影响；未照例将集团各成员当作独立的法律实体，包括无视集团成员的有限责任或者把个人资产与公司资产混在一起；或者企业集团结构纯属伪装或幌子，例如，以公司的形式为手段，逃避法定义务或合同义务"；"债务人几乎将其所有资产转移至某个新设立的实体或其自身拥有的不同实体，为了自己的利益而保全和保留这些资产；对其债权人进行阻挠、拖延和欺诈；设局假冒或运用庞氏骗局和此类其他欺诈计划"，等等；"一些法域中使用的另一个理由是，由于集团各成员在企业结构、经营业务和财务上的联系，或由于集团多个成员生产过程及其产品中蕴含的知识产权等整个集团共有资产的价值，实质性合并可能会给债权人带来更大的回报"；企业集团"所涉及的各当事方经济上一体紧密难分，如资产相互掺和，或者控制权或所有权达到了一定的程度，或将集团视作单一实体具有特殊的法律意义，尤其是对重整计划而言的，就可以申请企业集团两个或者多个成员进行实质合并破产"；"由于企业集团的性质及其运作方式，集团成员之间可能存在着复杂的金融交易网，债权人可能是在与作为单一经济实体的整个企业集团打交道，而不是与个别成员打交道”，也可以作为企业集团成员实质合并破产的判断根据。此外，在斟酌、权衡是否适用合并破产时，还应注意破产法对公平、公正价值的追求，力求避免因合并破产的适用与否而造成不公平现象的发生。对这，《破产法立法指南》指出：“强迫某一类债权人与集团偿债能力较弱的某一成员的债权人平行分担债务，可能对这一类债权人不公平，债权人整体带来的节余或益处是否大于对个别债权人造成的间接损害。有些债权人可能依赖集团某一特定成员的单独资产或独立法人身份进行交易，因此不得因为交易伙伴与其不知情的集团另一个成员之间的关系而拒绝向其全额偿付。还有一些债权人本来依赖整个集团的资产，因此限定其只能向集团某员的资产追偿是不公平的。”

具体而言，法院在作出实质合并的决定时，联合国国际贸易法委员会《破产法立法指南》进一步指出，应当查明、确定与实质合并有关的一些适用要件，关键“在于如何权衡考虑各种要件以作出公正和公平的决定；任何一个要件都不一定是结论性的，特定案件中不一定存在所有要件。这些要件包括出具集团有合并财务报表；集团所有成员合用一个银行账户；集团成员之间利益和所有权的统一；对个别资产和负债进行分离的难度；集团不同成员分担间接费用以及管理、财务和其他相关费用；存在集团内贷款以及贷款的交叉担保；集团成员为图方便不遵守适当手续而彼此转移资产或调拨资金的程度；资本的充足情况；资产或经营业务的混合；指定共同的董事或高级管理人员和举行董事会联合会议；共同营业地；与债权人的欺诈交易；鼓励债权人将集团视为单一实体的做法，使债权人不清楚同其打交道的究竟是集团的哪些成员，或者使集团成员间的法律界限模糊不清；以及实质性合并究竟是为了便于重整，还是为了债权人的利益。”“法院在作出决定认为特定案件中的混合程度使有理由进行实质性合并时，审查了各种因素，包括集团成员运营方式和相互关系，其中包括管理和财务事项方面的关系；集团各成员的记录保持是否充分；是否遵守适当的公司手续；各成员之间调拨资金和资产的方式；以及有关集团运营的其他类似因素。”

以是，著名破产法学家王欣新教授将《破产法立法指南》上述所称的有关标准，总结概括为关联企业合并破产的类别标准，包括4种情形：（1）“企业集团成员的资产和债务相互混合”，可以简称为法人人格高度混同。对此，应当考量两个方面：混同本身达到的程度以及区分资产与负债的成本。这种因为关联企业之间的资产调查、财务调整、资产回收、行为纠正等产生区分资产和负债的成本是否过度，乃是判断法人人格高度混同是否达到严重程度的重要标准之一，如区分成本造成债务人财产重大损耗，使得用于清偿尤其用于清偿普通债权的财产大部分甚至全部遭受吞噬，再追求独立人格分别破产就已经丧失其基本意义，破产程序中追求债务人财产价值最大化的原则乃会化为空谈；或者致使债权人在扣除区分成本后所得的清偿已经低于资产较少的关联企业不实施合并破产时可能得到的清偿，不会因为合并破产导致资产较多的关联企业债权人清偿率的降低而造成实际损失；或者区分成本的巨大会给所有债权人带来重大的损失，等等。（2）从事欺诈图谋或毫无正当商业目的活动，简称欺诈；（3）债权人收益标准，即实质合并可以给债权人更大的回报；（4）重整需要，也就是为挽救企业、制定重整计划草案所需要，并且认为这 4 项标准虽然具有一定的关联性，但也具有一定的独立性，并不完全相互依存，即它们均可以独立适用或者在部分情况下独立适用实质合并破产的认定，不然就不能视为上述类别标准。另外，债权人是基于对整个企业集团的交易而非与个别成员的交易信赖利益标准，鉴于其主观性而不应作为实质合并破产的类别标准①。

有的则主张，一般情况下，可参照美国适用实质合并原则的主要标准，即债权人的期待和关联企业之间的资产混合或者账户混合。前者是指“债权人是以对整个公司集团之资信的信赖而与其一公司进行交易，并且其他公司所提供的担保将被视为债权人与整个公司集团进行交易的重要表征”。具体而言，具有下列情形之一者，应当考虑适用合并破产：“（1）关联企业之间经营场所混用、管理混同、账户混同、资产混同，即法人人格形骸化的情形；（2）关联企业之间存在着大量重大资产非法转移、输送的行为，或者某些成员企业重大资产的不明减损而其他企业重大资产的不当增加，对此不能作出合理解释的；（3）债权人与关联企业交易，乃系信赖与整个企业集团进行交易，而非仅信赖其中的 1 个关联企业；（4）各关联企业已丧失独立经营人格，实以单一形态从事经营支配利益和资产；（5）人民法院认为不适用实质合并原则将会导致严重不公的其他情形。”②

在破产司法实践中，最高人民法院基于关联企业合并破产规范的需要，一直在做这方面的工作，如《关于适用实体合并规则审理关联企业破产清算案件的若干规定》（草稿第 5 稿）第 3 条规定：“以下情形显著、广泛、持续存在的，人民法院可以认定关联企业成员严重丧失法人财产独立性：（1）流动资金、货币资产、固定资产等主要经营性财产，在占有、使用、收益、处

① 王欣新：《破产法前沿问题思辨》，法律出版社 2017 年版，第 343 ~ 355 页。

② 谢唯成、蔡毅：《试论关联企业破产合并的若干法律问题》，载江苏省无锡法院网，2008 年 10 月 15 日访问。

分等方面难以区分的；（2）财务账簿、会计凭证难以区分，或者混合使用共同账户的；（3）生产经营场所未予明确区分的；（4）其他可以认定关联企业严重丧失法人财产独立性的情形。”第4条规定：“以下情形显著广泛、持续存在的，人民法院可以认定关联企业成员严重丧失法人意志独立性：（1）主要经营业务相同，交易行为、交易方式、交易价格等受控制企业支配的；（2）相互担保或交叉持股的；（3）董事、监事或高级管理人员交叉兼职的；（4）受同一实际控制人控制，关联企业成员对人事任免、经营管理等重大决策事项不履行必要程序的；（5）其他可以认定关联企业严重丧失法人意志独立性的情形。”①《破产审判纪要》第32条“关联企业实质合并破产的审慎适用”则进一步指出，当关联企业成员之间存在法人人格高度混同、区分各关联企业成员财产的成本过高、严重损害债权人公平清偿利益时，可例外适用关联企业实质合并破产方式进行审理。这样，关联企业之间必须同时存在法人人格高度混同，并区分各关联企业成员财产的成本过高，且严重损害债权人公平清偿利益3个条件时，才能对相关关联企业实行合并破产。3个条件，属于并列的需要同时成立的条件，缺一不可。只要缺少其中之一，如关联企业之间存在法人人格高度混同，却能够容易区分之间的财产，区分成本不大；或者关联企业之间尽管存在法人人格高度混同，财产之间虽不易区分，可是对债权人公平清偿利益的损害不大，如各关联企业的财产、债权相差不大，清偿比例非常接近，等等，就不能实行关联企业合并破产。

此外，关于法人人格混同的认定，《民商事审判纪要》第10条（人格混同）规定：“认定公司人格与股东人格是否存在混同，最根本的判断标准是公司是否具有独立意思和独立财产，最主要的表现是公司的财产与股东的财产是否混同且无法区分。在认定是否构成人格混同时，应当综合考虑以下因素：（1）股东无偿使用公司资金或者财产，不作财务记载的；（2）股东用公司的资金偿还股东的债务，或者将公司的资金供关联公司无偿使用，不作财务记载的；（3）公司账簿与股东账簿不分，致使公司财产与股东财产无法区分的；（4）股东自身收益与公司盈利不加区分，致使双方利益不清的；（5）公司的财产记载于股东名下，由股东占有、使用的；（6）人格混同的其他情形。”“在出现人格混同的情况下，往往同时出现以下混同：公司业务和股东业务混同；公司员工与股东员工混同，特别是财务人员混同；公司住所与股东住所混同。人民法院在审理案件时，关键要审查是否构成人格混同，而不要求同时具备其他方面的混同，其他方面的混同往往只是人格混同的补强”。第11

① 王欣新：《破产法前沿问题思辨》，法律出版社2017年版，第353页。

条（过度支配与控制）规定："公司控制股东对公司过度支配与控制，操纵公司的决策过程，使公司完全丧失独立性，沦为控制股东的工具或躯壳，严重损害公司债权人利益，应当否认公司人格，由滥用控制权的股东对公司债务承担连带责任。实践中常见的情形包括：（1）母子公司之间或者子公司之间进行利益输送的；（2）母子公司或者子公司之间进行交易，收益归一方，损失却由另一方承担的；（3）先从原公司抽走资金，然后再成立经营目的相同或者类似的公司，逃避原公司债务的；（4）先解散公司，再以原公司场所、设备、人员及相同或者相似的经营目的另设公司，逃避原公司债务的；（5）过度支配与控制的其他情形。""控制股东或实际控制人控制多个子公司或者关联公司，滥用控制权使多个子公司或者关联公司财产边界不清、财务混同，利益相互输送，丧失人格独立性，沦为控制股东逃避债务、非法经营，甚至违法犯罪工具的，可以综合案件事实，否认子公司或者关联公司法人人格，判令承担连带责任。"这样，对于可以据此认定法人人格混同或者因公司控制股东对公司过度支配与控制而实际丧失法人人格的有关公司，则就可以将相关关联公司进行实质合并而破产。

六、关联企业合并破产的若干特别规范

（一）关联企业合并破产的申请、审查与决定

1. 关联企业合并破产的申请。对于关联企业的合并破产，作为依法具有申请债务人破产权利的债权人、债务人等，均应有权提出申请。有人只申请某一关联企业破产，管理人在该关联企业的破产过程中，发现该关联企业与其他关联企业之间存在着不正当关联关系，致使其人格相互混同使得一些关联企业实质丧失其独立的法律人格时，也可申请人民法院追加其他关联企业合并破产，不一定要等到必须有其他申请权人申请时才追加有关关联企业破产。否则，在被追加的关联企业没有申请权人申请其破产的情况下，合并破产就无法进行。既然是合并破产，就存在一些与企业单独、分别破产不同的特定情况，需要根据这些不同的特定情况对关联企业破产做些特别的处理。其实，合并破产是基于关联企业在实体上已经丧失独立的法律人格等进行的实体合并或称实质合并，而与具有法律人格的企业破产基于申请的形式分别破产明显有所不同：前者更加重视关联企业之间的实体是否存在合并的根据，实体上存在合并破产的根据就应将其纳入一并破产的范畴。不然，合并破产这一实体合并的实质内容就要受到形式的约束无法实行实质合并。而关联企业之间是否具有法人人格高度混同等需要适用合并破产的情况，除债务人及实际控制人、高级管理人员外，管理人往往比其他债权人更为了解关联企业

之间的资产、经营、负债、财务、人员等是否存在高度混同的情况，并且能够掌握更多的证据资料，以帮助法院决定是否对关联企业进入合并破产；而且基于避免高度混同关联企业之间的资产调查、财务调整、资产回收、行为纠正等不必要的成本增加，赋予管理人就高度混同的关联企业合并破产的申请权及时申请有关关联企业合并破产，具有其现实意义。

应当指出，如前所述，债务人、债权人、出资人及其管理人可以依法申请法人人格存在高度混同等的关联企业合并破产，然否允许法院依职权在无人申请合并破产的情况下将关联企业决定合并破产，即法院能否自动启动关联企业的合并破产，也是一个存在争议的问题。基于破产的启动均按照私权意思自治原则应由债权人、债务人等具有破产申请权的人申请才能启动的一般原则，不宜由法院自动启动关联企业的合并破产。对这，《破产法立法指南》指出，在有些国家，法院可以自行启动集团成员的合并破产，然由于这种合并破产会对有关当事人尤其是关联企业的债权人的利益产生这样或那样的甚至极为重大的影响，建议法院不宜依职权启动合并破产程序。当然，这并不影响法院向有关破产申请权人、管理人释明合并破产的适用条件、作用、功能来引导破产申请权人、管理人申请有关关联企业合并破产[①]。

2. 关联企业合并破产的审查。关联企业合并破产，涉及有关利害关系人的权益调整，关系到关联企业债权人的权利能否得到公平维护，在适用条件上应当严格，在适用程序上也应当慎重。在作出合并破产决定前，应当对关联企业合并是否符合条件进行审查。对此，应当注意两个方面：

（1）关联企业合并审查的方式。人民法院接到关联企业合并破产的申请后，要充分保障债权人、债务人、出资人等利害关系人的知情权，通过通知、公告、听证等方式让利害关系人了解有关情况，并对合并破产的申请充分发表自己的意见，人民法院在听取意见的基础上经过审慎考虑认为关联企业之间确实存在法人人格高度混同等适用条件需要合并破产的，才能决定合并破产。对这，《破产审判纪要》第 33 条“实质合并申请的审查”规定，人民法院收到实质合并申请后，应当及时通知相关利害关系人并组织听证，听证时间不计入审查时间。人民法院在审查实质合并申请的过程中，可以综合考虑关联企业之间资产的混同程度及其持续时间、各企业之间的利益关系、债权人整体清偿利益、增加企业重整的可能性等因素，以决定是否同意关联合并破产。

（2）关联企业合并审查的内容，即人民法院对合并关联企业申请审查是

---

① 王欣新：《破产法前沿问题思辨》，法律出版社 2017 年版，第 363 ~ 364 页。

否符合合并破产的条件，具体包括：①申请合并破产的关联企业是否都具有破产能力。也就是说，只有每一个关联企业都具有破产能力即具有法人资格时，才有可能将各关联企业适用合并破产。换言之，各关联企业具有破产能力，乃是之间合并破产的前提与基础。被申请的企业，不具有破产能力，即不具有法人资格，如属于债务人的分支机构，本身就应将分支机构一并纳入债务人破产的范围，这显然不再是关联企业合并破产的问题。②各关联企业之间必须存在关联关系。不存在关联关系，自也不存在关联企业的合并破产问题。审查是否具有关联关系，不仅要从关联关系的性质进行把握，而且要对之间的关联关系的具体行为、方式，以及是否存在关联关系的滥用以及关联关系滥用造成的后果等具体表现形式方面进行审查。③符合关联企业合并破产的3个条件，即关联企业成员之间存在法人人格高度混同，并区分各关联企业成员财产的成本过高，且严重损害债权人公平清偿利益，必须同时成立。具体应当综合考虑关联企业之间资产的混同程度及其持续时间的长短是否具有显著性、广泛性及持续性；通过各关联企业合并破产整体清理之间的利益关系是否有利于全体债权人整体的清偿利益，是否有利于破产程序的正常进行，减少破产成本，尤其是可能有利于企业重整可能性增加等因素全面进行考虑。

至于被申请合并破产的关联企业，是否都必须具有破产原因，即全部符合《企业破产法》第2条规定的条件，具有不能清偿到期债务并且资产不足以清偿全部债务，或者不能清偿到期债务并且明显缺乏清偿能力，或者有明显丧失清偿能力可能等情形之一的，一般情况下，应当都要求具备。换句话说，只有各关联企业都具有破产原因可以进入破产程序时才能将之一并纳入破产程序而合并破产。被申请合并破产的企业，本身不具有破产原因，不符合破产条件，不能对之破产，通常自不存在将之合并破产的问题。但是，一些关联企业将优良资产、债权全部集中一个企业如甲，而将大部分甚至绝大部分、全部债务移转给另一关联企业乙，试图逃避债务，采用破产撤销制度、无效制度、法人人格否定制度等无法解决之间的问题时，甲尽管不具有破产原因，然符合关联企业合并破产的实质条件，也不排除可以适用合并破产以维护全体债权人的合法权益。各关联企业具有破产原因，一并合并破产，并不要求破产原因一致，其中有的可能是不能清偿到期债务并且资产不足以清偿全部债务，有的可能是不能清偿到期债务并且明显缺乏清偿能力，有的可能是有明显丧失清偿能力可能等。

此外，合并破产的关联企业，是否都已进入破产程序，进入破产程序是否都属于同性质的破产程序，如都是破产重整程序，或破产和解程序，或破产清算程序，则在所不论。

3. 关联企业合并破产的决定。应当指出，关联企业合并破产，直接关系到关联企业所有债权人的实体权利与义务，因为法人人格高度混同等将之合并破产实质是对关联企业之间以及所有债权人之间的实体权利与义务的重新调整，是对关联企业的法人独立人格的实质否定，对这种决定的作出，属于司法审查、裁判的范围，应由人民法院决定。对此，《破产审判纪要》第33条规定，人民法院接受关联企业合并破产的申请经过全面认真审查后，应当在收到申请之日起30日内作出是否实质合并审理的裁定。

应当指出，在司法实践中，有的采取债权人会议表决通过再由人民法院裁定的方式进行，表决不予通过则不合并破产的做法值得商榷。这种做法，在那些资产较少、负债较多由此清偿率较低的关联企业已经进入破产程序的情况下，将那些资产较多、负债较少因之清偿率较高的其他关联企业纳入合并破产程序容易获得债权人会议通过。但在那些资产较多、负债较少由此清偿率较高的关联企业已经进入破产程序的情况下，要将那些资产较少、负债较多因之清偿率较低的其他关联企业纳入合并破产程序要获得债权人会议通过，则很难行得通。债权人会议不能通过，而之间确实存在法人人格高度混同等应当合并破产的情况，就无法实施合并破产，显然有悖于合并破产制度设立的本意。另外，在破产申请受理前，债权人或债务人一并提出有关关联企业合并破产，尚不存在债权人会议的问题，自无法举行债权人会议通过的方式进行。还有，一些关联企业表面上并不具有破产原因，之间是否存在法人人格高度混同的情况，债权人不可能全面了解，加之债权人、债务人之间的利益相互冲突，将合并破产设置债权人会议通过这一前置条件，自与关联企业合并破产乃是基于法人人格高度混同等的条件而依法进行的现实需要不符，如前所述，完全可能致使应当合并破产的关联企业因为得不到债权人会议的通过而无法合并破产的现象发生，应当加以否定。①

4. 对关联企业合并破产裁定的异议与监督。关联企业合并破产，一般都会造成一些关联企业债权人债权的清偿率增加，另一些关联企业债权人债权清偿率的降低，直接关系到债权人的合法权益。在人民法院裁定关联企业合并破产申请后，在程序上应当允许债权人、债务人、出资人等利害关系人在一定的期间内提出异议，以保证程序的公正性。当然，债权人、债务人、出资人等利害关系人的异议，不能影响人民法院裁定合并破产的效力。对这，《破产审判纪要》第34条指出，相关利害关系人对受理法院作出的实质合并

① 王欣新：《破产法前沿问题思辨》，法律出版社2017年版，第368页。

审理裁定不服的，可以自裁定书送达之日起15日内向受理法院的上一级人民法院申请复议。对于合并破产裁定的异议，之所以要求向上一级人民法院提出，乃是考虑合并破产对债权人、债务人、出资人等利害关系人的利益会产生一定的甚至重大的影响，以及由作出合并破产裁定的人民法院受理可能流于形式，再向上一级人民法院申请异议还会影响合并破产程序启动的效率，有的还涉及作出合并破产裁定的其他同级人民法院的破产管辖权的问题，基于上一级人民法院本来有权监督下一级人民法院的基本原则，兼顾利害关系人权利的保护、合并破产程序效率的平衡，于是有必要要求利害关系人对合并破产申请不服而主张异议的，应当在15日内向上一级人民法院提出，而不是向作出合并破产裁定的人民法院提出。

（二）关联企业合并破产的管辖法院

关联企业合并破产前，具有管辖权的人民法院有权对有关关联企业的破产申请进行审查，然基于关联企业确实需要合并破产时，人民法院应当从公平维护关联企业所有债权人的合法权益，进而维护关联企业之间正常的秩序出发，依法就合并破产事宜进行协调处理，既不应为了保护当地债权人的利益而争抢管辖权，也不应漠视关联企业需要合并破产的实际情况坚持单独、分别破产。一般说来，基于关联企业的核心控制企业处于决策控制的最高层，其所在地往往集中关联企业的主要资产，由之住所地法院管辖，有利于提高破产程序的效率，减少破产成本，保证破产程序的正常进行，应当优先适用；核心控制企业不明的，则由关联企业的主要财产所在地法院管辖。另外，关联企业可能处于不同地方，各地基于各种各样的原因对关联企业合并破产管辖权均予主张或者都不主张的，根据《民事诉讼法》第37条第2款关于“人民法院之间因管辖权发生争议，由争议双方协商解决；协商解决不了的，报请它们的共同上级人民法院指定管辖”的规定处理。对此，《破产审判纪要》第35条指出，采用实质合并方式审理关联企业破产案件的，应由关联企业中的核心控制企业住所地人民法院管辖。核心控制企业不明确的，由关联企业主要财产所在地人民法院管辖。多个法院之间对管辖权发生争议的，应当报请共同的上级人民法院指定管辖。《破产案件高效审理意见》第4条规定：“根据《全国法院破产审判工作会议纪要》第38条的规定，需要由一家人民法院集中管辖多个关联企业非实质合并破产案件，相关人民法院之间就管辖发生争议的，应当协商解决。协商不成的，由双方逐级报请上级人民法院协调处理，必要时报请共同的上级人民法院。请求上级人民法院协调处理的，应当提交已经进行协商的有关说明及材料。经过协商、协调，发生争议的人民法院达成一致意见的，应当形成书面纪要，双方遵照执行。其中有关事项依法需报请共同的上级人民法院作出裁定或者批准的，按照有关规定办理。”具体来说，应当区分不同情况加以处理：

1. 在破产申请受理前债权人、债务人申请关联企业合并破产的，又可分为以下情况区别待之：（1）关联企业在同一基层法院的管辖范围，且该基层法院对关联企业的破产在级别上均具有管辖权的，合并破产的管辖乃就归于该基层法院。（2）关联企业分属于不同基层法院管辖，可均归属于同一中级人民法院管辖范围的，基于关联企业涉及面广，债权人的利益及冲突相对起来更为复杂，资产的处理、税收的征收、社会稳定的维护等问题需要更多的协调、沟通，一般情况下，宜由中级人民法院管辖。当然，对于那些关联企业债权债务关系仍然简单、审理难度不大的合并破产案件可以指定由核心控制企业住所地的基层人民法院管辖，核心控制企业住所地不明的，则指定关联企业的主要财产所在地的基层人民法院管辖。（3）关联企业不属于同一中级人民法院管辖范围，不论关联企业是否属于同一省、自治区、直辖市范围的，都应当遵循由核心控制企业住所地、关联企业主要财产所在地的顺序确定管辖原则。有的申请核心控制企业住所地管辖，有的申请关联企业主要财产地管辖，有的申请某一关联企业住所地管辖，需要合并破产的，则由有关中级人民法院进行协商，协商不成的，则报共同的上一级人民法院确定管辖。关联企业同属省、自治区、直辖市的，则由共同的高级人民法院确定管辖；关联企业分属不同省、自治区、直辖市的，则由相应的中级人民法院报各自的高级人民法院后再报最高人民法院确定管辖。

2. 关联企业破产申请受理后再将其他关联企业纳入合并破产的，应当优先已经受理破产申请的人民法院管辖。不属于破产申请受理法院管辖的其他关联企业提出异议或者具有管辖的其他人民法院存在争议的，则由共同的上一级人民法院按照原则以破产申请受理法院、核心控制企业住所地、关联企业主要财产所在地等的顺序，再考虑破产程序已经进行的程度、改变管辖是否更有利于破产程序的进行，是否更利于维护债权人的合法权益等各种因素后确定管辖。

（三）关联企业合并破产的管理人指定

关联企业受理同时裁定合并破产的，应当由具体审理关联企业合并破产案件的人民法院在受理破产申请时指定同一管理人进行；破产申请受理后再将其他关联企业纳入合并破产的，以前指定的管理人在一般情况下继续有效，不必重新指定，避免增加关联企业债务人的财产负担。可在合并破产后，管理人的工作量加大，也可以由管理人再从其他已被人民法院指定为管理人的中介机构中聘请必要工作人员参加合并破产的管理人工作，有关费用却仍从管理人的报酬中统一支付。关联企业已经分别进入破产程序后再合并破产的，对于以前存在的多个管理人，可以让他们共同担任管理人，或者基于合并破产的实际情况，重新指定新的管理人。①

（四）合并破产期间的计算根据需要可以调整

《企业破产法》第79条规定，债务人或者管理人应当自人民法院裁定债务人重整之日起6个月内，同时向人民法院和债权人会议提交重整计划草案。前款规定的期限届满，经债务人或者管理人请求，有正当理由的，人民法院可以裁定延期3个月。债务人或者管理人未按期提出重整计划草案的，人民法院应当裁定终止重整程序，并宣告债务人破产。如果关联企业被裁定重整后，其他关联企业又在后来依次被裁定合并重整，那么，管理人或者债务人提交重整计划草案的期限则应从裁定合并重整之日起计算，为管理人或者债务人制定有效的重整计划草案在时间上提供充分保证。

（五）关联企业合并审理的法律后果

1. 对已经进行的关联企业破产程序的影响。关联企业破产申请受理后再将其他关联企业纳入合并破产的，就关联企业已经进行的破产程序除管理人、期间计算等特定程序事项外，均自然有效，已经完成的债权人通知，债权的申报、审查、核查、确认乃至分配，资产审计、评估乃至处分，破产费用、共益债务的清偿等等，均具有效力而应延续至合并破产程序中，未清偿的破产费用、共益债务等应纳入合并破产程序中由关联企业的统一财产随时进行清偿。

2. 对关联企业的财产、债务所产生的影响。关联企业合并破产后，要对其财产、债务分别进行合并，然后以合并后的所有财产对合并后的所有债务依法进行清偿。应当注意的是，关联企业之间的债权债务如相互因为担保关系形成的担保债务基于合并破产即关联企业视为一体不再存在。换言之，关联企业的合并破产会产生民法上混同的法律后果，致使关联企业之间的债权和债务予以消灭。对这，《破产审判纪要》第36条“实质合并审理的法律后果”规定：“人民法院裁定采用实质合并方式审理破产案件的，各关联企业成员之间的债权债务归于消灭，各成员的财产作为合并后统一的破产财产，由各成员的债权人在同一程序中按照法定顺序公平受偿。采用实质合并方式进行重整的，重整计划草案中应当制定统一的债权分类、债权调整和债权受偿方案。”

应当指出，这种混同的法律后果并不必然消灭所有人的抵押权。所谓所

① 王欣新：《破产法前沿问题思辨》，法律出版社2017年版，第368页。

有人的抵押权，是指所有人就自己的所有物设定的抵押权。关联企业合并破产时，也可能涉及所有人抵押的问题。如企业甲向关联企业乙借款1000万元，并以甲自身的资产设定抵押。关联企业甲、乙合并破产后，甲对乙所负的这1000万元虽然因为混为一体而不再存在。此时甲、乙为一体，其资产均为共同财产。如此，甲对这1000万元设定抵押的财产A无论是对甲来说还是对乙来说，就是所有人抵押的问题。所有人抵押，其抵押权人为自身，在其破产的情况下，不能以抵押权人即破产别除权人身份主张优先受偿权，因为其债权已经合并破产而归于消灭也就不再存在主张权利的问题。可是，所有人所具有的所有人抵押权，并不能当然地归于消灭。如果在所有人抵押权的标的物上不再存在别的担保物权，即不存在后顺位的抵押权，那么，该所有人抵押权存在则无任何意义，因而可以理解为归于消灭。然当所有人抵押权的标的物上还存在后顺位的抵押权时，则不能归于消灭，仍然要为所有人甲、乙保留，以对抗后顺位的担保物权。如上述的企业甲用其财产A抵押向乙借款1000万元的同时，还就A剩余的价值向丙提供了500万元的担保。甲、乙尽管因为合并破产而使得之间的1000万元债权不再存在，可就A设定的抵押权还应由甲、乙保留，甲、乙虽不能行使破产别除权，然在其获得1000万元财产的价值内可以对抗后顺位丙所拥有的500万元抵押权。如果财产A在破产清算中拍卖所得在1000万元以内，那么，该1000万元以内的财产因为所有人甲、乙具有抵押权而应留下从而属于甲、乙合并破产后的财产，这种财产应当用于清偿甲、乙普通债权人的债权。如果甲、乙因为合并破产形成的所有人抵押权由此也归于消灭，那么，甲、乙对财产A不再具有所有人抵押权，就只有丙对财产A享有抵押权。而丙可以依法行使抵押权，财产A拍卖所得的1000万元以内的财产就得用于清偿丙500万元的债权。根据甲、乙、丙就财产A设定的抵押情况上看，无论是从法律上来说还是从公平原则上来讲，在甲、乙合并破产的情况下，都应承认甲、乙对财产A所具有的所有人抵押权，以维护甲、乙普通债权人的合法权益。因此，“如各关联企业之间在破产前基于正当的内部债权而相互设定了合法有效的抵押权，虽因实质合并原则的适用而消灭了彼此间的债权，然若存在着后续顺位的抵押权，与原债权对应的抵押权并不必然消灭，尽管不能行使破产别除权，却仍可对抗后续顺位抵押权，该抵押物拍卖变现所得应当保留在先顺位抵押权所对应的优先受偿额，并将其用于分配所有普通债权人。”①

3. 对关联企业已经启动的破产程序影响。关联企业在合并破产前，可能

① 谢唯成、蔡毅：《试论关联企业破产合并的若干法律问题》，载江苏省无锡法院网，2008年10月15日访问。

均进入了破产程序，所进入的破产程序性质相同的，如同属破产重整或破产和解或破产清算程序，合并破产后的破产程序性质不会发生变化。所进入的破产程序性质不同的，有的是破产重整程序，有的是破产和解程序，有的是破产清算程序，则应按照前者优先于后者的原则分别统一为破产重整程序或破产和解程序或破产清算程序，制定统一的重整计划草案、破产和解协议草案或者破产财产变价方案、分配方案对债权人的债权依照法定顺序，前顺序优先于后顺序清偿；同一顺序按照同一比例公平清偿的规则清偿。

4. 对关联企业主体所产生的影响。就各关联企业主体而言，合并破产终结后，属于破产清算的，各关联企业均应依法注销终止；属于破产重整或者破产和解的，一般只保留 1 个企业（通常是核心企业）作为载体，其他关联企业则应注销终止。特殊情况下，要保留两个或者两个以上企业的，所保留的企业均应符合法人成立所必需具备的条件，保证各自的法人人格予以独立，具体则按公司分立的有关规定予以处理。对此，《破产审判纪要》第 37 条“实质合并审理后的企业成员存续”指出：“适用实质合并规则进行破产清算的，破产程序终结后各关联企业成员均应予以注销。适用实质合并规则进行和解或重整的，各关联企业原则上应当合并为一个企业。根据和解协议或重整计划，确有需要保持个别企业独立的，应当依照企业分立的有关规则单独处理。”

七、关联企业单独分别破产的协调审理机制

在我国，源于各种各样的原因，关联企业大量存在，出于资不抵债等原因而进入破产程序的毕竟是少数，两个甚至多个的关联企业在同一时期同时进入破产程序的更少，因为法人人格高度混同等进入实质合并破产案件审理的则更为罕见。即使两个甚至多个以上的关联企业在某一时期同时进入破产程序，通常也是分别进行破产，按照破产管辖的一般原则，可能分别由不同地区的人民法院进行审理。这时，关联企业分别破产的审理法院，应当树立有利于各破产程序正常进行的全局观念，主动就有关信息交流、债权申报、债权人会议召开、财产处理等事项进行沟通、协调，以相互促进，提高效率，减少成本；而不是相互掣肘，设置障碍，增加成本，相互影响各自破产程序的有效进行。基于地方稳定、保护等各种各样的原因，可能根本无法协调。即使能够协商，也要耗费更多的人力、物力、财力，进而影响破产程序的效率。所以，《破产审判纪要》第 38 条“关联企业破产案件的协调审理与管辖原则”明确规定：“多个关联企业成员均存在破产原因但不符合实质合并条件的，人民法院可根据相关主体的申请对多个破产程序进行协调审理，并可根

据程序协调的需要，综合考虑破产案件审理的效率、破产申请的先后顺序、成员负债规模大小、核心控制企业住所地等因素，由共同的上级法院确定一家法院集中管辖。”

应当指出，关联企业的非合并破产，不论是由不同法院分别进行的单独分别破产，还是由集中同一法院进行的单独分别破产，就其法律后果而言，各个关联企业的财产、债权债务关系都是独立的，应当分别进行审查认定、分别处理。否则，就与关联企业的合并破产没有区别。对这，《破产审判纪要》第39条“协调审理的法律后果”指出：“协调审理不消灭关联企业成员之间的债权债务关系，不对关联企业成员的财产进行合并，各关联企业成员的债权人仍以该企业成员财产为限依法获得清偿。但关联企业成员之间不当利用关联关系形成的债权，应当劣后于其他普通债权顺序清偿，且该劣后债权人不得就其他关联企业成员提供的特定财产优先受偿。”

第七节　跨境破产程序的特别规范

一、跨境破产的概念

跨境破产，有广义与狭义之分。广义的跨境破产，是指境内破产含有境外因素的破产。其中，境外因素包括债务人的出资人、债权人、财产、债权、经营等某一因素在境外，或者破产程序或其中的某一因素要受到境外法律支配等的情形。狭义的跨境破产，则是指境内的破产因为破产程序或其中的某一因素含有涉外因素为此会受到境外破产法律制度支配的破产。前者，如债务人的债权人虽在境外然其债权只适用境内法律，或者其债权虽然按照合同双方约定适用境外法律认定但不涉及境外破产法律制度，或债务人的境外债权并不涉及境外破产法律的适用，等等，就属于广义的跨境破产，可因其不涉及境外破产法律制度的冲突与适用，仍不属于狭义的跨境破产。下面则仅就狭义的跨境破产进行必要的介绍。

需要说明的是，在香港、澳门特别行政区以及我国台湾地区，适用的是不同于我国境内的法律制度，涉港、涉澳、涉台破产，从非严格意义上来说，也应归于跨境破产的范畴。

二、跨境破产的适用原则

（一）遵守缔结或者参与的有关跨境破产的国际条约原则或者互惠原则

1. 遵守缔结或者参与的有关跨境破产的国际条约原则。随着通信、交通、物流等科学技术的发展，境内外的经济活动相互交叉已经成为常态，相互之间在经济上的依赖越来越重，民事主体乃至国家在境内外的经济活动已经成为一个不可分割的整体，跨境公司、企业已经大量存在。即使不是跨境公司、企业，然因在境外出资、经营等原因导致财产、债权、债权人等因素要受到国外破产法律制度支配的现象，也非常普遍。相应地，跨境破产必然越来越多，而这涉及境内外不同的法律制度，为了提高破产效率、平衡境内外破产程序参与主体的利益，因为内在统一的经济活动这一物质现象的本质，必然要求加强跨境破产的协作，以解决之间的破产程序及其有关法律制度的冲突。这样，就会在国家或者作为国际主体的地区之间对有关跨境破产的问题产生协调甚至签订国际条约的问题。这一趋势随着国家之间的经济进一步融合而不可避免。如联合国国际贸易法委员会第72次全体会议1977年12月15日以第52/158号决议通过的《跨境破产示范法》，目前已有美国、英国、澳大利亚、日本、韩国、比利时、南非等40多个国家或地区在国内破产法中吸收、采纳了这一国际立法的有关规定。欧盟2015年修订、通过了《欧盟破产程序条例》。联合国国际贸易法委员会在召开多次有关国际会议的基础上，2018年在纽约召开的会议审议了《跨国界承认与执行与破产有关的判决示范法草案》《跨国界承认与执行与破产有关的判决示范法颁布指南草案》《便利企业集团的跨国界破产立法条文草案》《微型、小型和中型企业的破产》等有关破产法律文件。[①] 不用多言，与他国缔结或者参加了他国已经缔结的有关破产制度国际条约的，只要不违反我国法律的基本原则，不损害我国国家主权、安全和社会公共利益，就需要按照有关国际条约的有关规定进行，这是缔结者或者参加者的基本义务。对此，《企业破产法》第5条第2款明确规定："对外国法院作出的发生法律效力的破产案件的判决、裁定，涉及债务人在中华人民共和国领域内的财产，申请或者请求人民法院承认和执行的，人民法院依照中华人民共和国缔结或者参加的国际条约，或者按照互惠原则进行审查，认为不违反中华人民共和国法律的基本原则，不损害国家主权、安全和社会公共利益，不损害中华人民共和国领域内债权人的合法权益的，裁定承认和执行。"

---

① 宋建立：《跨境破产案件的司法应对》，载《人民司法·应用》2018年第22期。

应当指出，我国目前虽然未与他国专门签订有关破产制度的条约，然在司法协助条约中存在有关民事裁判的相互承认，从广义上讲应当包括法院作出的债务人破产程序启动的裁定在内，可以成为我国法院承认与我国存在司法协助协定的国家法院有关破产程序启动裁判的根据。如佛山市中级人民法院基于B&T CERAMIC GROUPS. R. 1 有限公司的申请，承认了意大利米兰法院1997年10月24日作出的第62673号宣告E. N. GROUPS. P. A股份集团公司的破产和判决，就是如此。

2. 遵守互惠原则。如前所述，在有国际条约的情况下，应当遵守国际条约的有关规定。在与他国之间并不存在有关破产制度的国际条约的情况下，则应按照互惠原则处理，即在跨境破产中对承认境外法院的有关破产裁定、协助境外破产程序的进行等破产程序事项相互给予对方优惠即对等待遇。在我国，既有我国法院明确承认国外法院有关破产裁决的案例，也有国外法院承认我国法院有关跨境破产裁判的案例。前者除上述案例外，还有武汉市中级人民法院2013年承认的德国法院作出的破产裁决；后者如美国破产法院2014年对浙江省海宁市人民法院就浙江尖山光电股份有限公司破产申请受理裁定的承认。然也有国外法院的破产裁决没有得到我国受理或者没有及时承认而致申请者撤回的情形，如韩国首尔法院2017年对韩进海运株式会社作出的破产裁定，韩进海运株式会社向43个国家申请承认首尔法院作出的破产裁定，不少国家给予不同程度的承认与协助，我国则没有受理韩进海运株式会社的申请；俄罗斯检验人公司2017年向大连海事法院申请承认与执行俄罗斯滨海边疆区仲裁法院就之作出的破产裁定，因审查周期过长申请人便撤回了申请。①

应当指出，相互给予对等的优惠待遇，在之间没有国际条约的情况下，总得有一方先行给予对方某种待遇即先行施惠如承认对方法院的破产程序，然后对方再给予先行施惠的一方相对等的优惠待遇。那么，没有一方先行施惠，对方就不会后行，从而存在跨境破产能否先行施惠的问题。在我国司法实践中，通常将互惠原则理解为事实互惠，即只有存在承认我国判决先例时，则认为两国之间存在互惠关系。依此，我国法院很少基于互惠原则主动承认与执行他国法院的判决。根据最高人民法院2015年6月16日发布实施的《关于人民法院为“一带一路”建设提供司法服务和保障的若干意见》（法发〔2015〕9号）第6条规定：“加强与‘一带一路’沿线各国的国际司法协助，切实保障中外当事人合法权益。要积极探讨加强区域司法协助，配合有关部

① 宋建立：《跨境破产是值得我们重视的话题》，载微信公众号“中国破产法论坛”2018年11月30日，https：//mp. weixin. qq. com/s/Y6f6x5oGiQh7yONA5y9VNA。

门适时推出新型司法协助协定范本，推动缔结双边或者多边司法协助协定，促进沿线各国司法判决的相互承认与执行。要在沿线一些国家尚未与我国缔结司法协助协定的情况下，根据国际司法合作交流意向、对方国家承诺将给予我国司法互惠等情况，可以考虑由我国法院先行给予对方国家当事人司法协助，积极促成形成互惠关系，积极倡导并逐步扩大国际司法协助范围。要严格依照我国与沿线国家缔结或者共同参加的国际条约，积极办理司法文书送达、调查取证、承认与执行外国法院判决等司法协助请求，为中外当事人合法权益提供高效、快捷的司法救济。”2017 年 6 月 8 日，在我国南宁召开的第二届中国—东盟大法官会议，并共同发表的《南宁声明》明确指出：“在本国国内法允许的范围内，与会各国法院将善意解释国内法，减少不必要的平行诉讼，考虑适当促进各国民商事判决的相互承认和执行。尚未缔结有关外国民商事判决承认和执行国际条约的国家，在承认与执行对方国家民商事判决的司法程序中，如对方国家的法院不存在以互惠为理由拒绝承认和执行本国民商事判决的先例，在本国国内法允许的范围内，即可推定与对方国家之间存在互惠关系。”也就是以“推定互惠，即考虑国际司法合作交流意向、对方国家承诺给予我国司法互惠等情况，由我国法院先行施惠，积极促成互惠关系。但破产是司法协助领域比较谨慎的领域，推定互惠的适用应严格一些，在预期判断上，可以对国外跨境破产立法和实践进行考察，以决定是否先行施惠”[①]，以避免我国法院先行拒绝承认境外法院有关破产裁决的承认境外法院由此对我国跨境破产的有关裁判后行拒绝，从而影响跨境破产正常进行现象的发生。

（二）遵守本国公共政策原则

在跨境破产中，遵守本国的公共政策，乃是一项国际通行规则。联合国国际贸易法委员会《跨境破产示范法》第 6 条就规定：“本法中任何规定概不妨碍法院拒绝采取本法范围内的某项行动，如果采取该行动明显违反本国的公共政策。”然则，何为公共政策，不同国家尤其是有着不同社会制度、不同文化历史背景、不同法律价值的国家之间，则有着不同看法。从国际破产实践来看，一般将违反本国法律基本原则或程序公平原则，滥用破产程序如进行破产欺诈，选购法院如债务人基于规避、从事某种违反被请求国法律的目的等而在某一国申请启动破产程序等纳入违反公共政策的范畴。[②] 基于国际社

① 宋建立：《跨境破产是值得我们重视的话题》，载微信公众号“中国破产法论坛”2018 年 11 月 30 日，https://mp.weixin.qq.com/s/Y6f6x5oGiQh7yONA5y9VNA。

② 叶炳坤：《跨境破产中的司法协助与本国债权人利益保护》，载李曙光、刘延岭主编：《破产法评论·第 1 卷》，法律出版社 2018 年版，第 480～482 页。

会对公共政策例外条款的适用通常所采取的谨慎态度及跨境破产的相互合作、协助的需要，对公共政策的理解也趋于狭义，即将之限制国家最基本的原则方面。如此，跨境破产中的符合我国公共政策原则，要求对外国法院有关破产判决、裁定的承认与执行，应当限制在不得严重违反我国法律的基本原则，损害国家主权、安全和社会公共利益的情形。①

三、跨境破产案件的管辖

跨境破产案件的管辖，就地域管辖而言，与其他破产案件一样，应当由债务人住所地的人民法院，即债务人主要办事机构所在地法院管辖；主要办事机构所在地不明确、存在争议的，则由注册登记地人民法院管辖。

就级别管辖而言，基于跨境破产案件，关系到境外财产处理等涉外问题，涉及国家之间或境外地区之间不同的法律体系，法律关系因为跨境因素也变得更为复杂，境外财产处置、债权人利益保护等方面还可能由于法律的不同规定而发生冲突，等等因素，必然导致跨境破产案件的审理相对于境内破产案件来说更加复杂，且意义重大，并给国家的法治形象造成影响。是以，跨境破产案件应由债务人住所地中级人民法院管辖，必要时可由高级人民法院管辖。

应当指出，跨境破产，尤其是财产处在不同国家、地区之间的跨境破产，要将境外财产均纳入某一国发生的破产程序中，基于司法主权及着重本国债权人利益保护等基本规则，没有相关国家、地区的合作，是根本行不通的。为了加强国家或地区之间的跨境破产的合作，在国际上提出了“主要利益中心主义”的管辖原则，以此管辖原则启动的破产程序称之为破产主要程序。如《欧盟跨境破产规则》第3条规定，债务人主要利益中心所在地的成员国法院，享有启动破产主要程序的管辖权，其中，主要利益中心所在地为债务人实施日常管理且为第三方确认的地方。联合国国际贸易法委员会《跨境破产示范法》也明确规定，外国主要破产程序系指在债务人主要利益中心所在国实施的某项外国破产程序，即发生在国外的破产主要程序，乃是以债务人主要利益中心地作为管辖的基本规则。与此同时，还在第5章第28～32条规范了与外国主要破产程序相对应的同时进行的本国破产程序，即债务人如在本国拥有资产时，该国可以根据自己国内的破产法律对债务人启动破产程序，该程序的效力却只限于债务人在本国的资产，并在必要的限度内与外国法院及其外国代表进行规定的合作与协调。当然，这种合作与协调也仅仅限于根

① 宋建立：《跨境破产案件的司法应对》，《人民司法·应用》2018年第22期。

据本国法律应在该程序中予以管理的债务人的资产。借鉴国际破产理论及其实践，有的便提出在我国的跨境破产中，也可适当引入“主要利益中心主义”及其相应的外国主要破产程序，以“便于我国与他国在跨境破产领域的合作，有助于我国债权人在域外获得公平救济”。至于主要利益中心所在地的规定，联合国国际贸易法委员会《跨境破产示范法》第 16 条第 3 项规定：“如无相反证据，债务人的注册办事处或个人的经常居住地推定为债务人的主要利益中心。”《欧盟跨境破产规则》则规定为债务人实施日常管理且为第三方确认的地方。美国则更为灵活：“在考虑债务人注册地的因素之外，还另外考虑其他因素，如债务人总部所在地、债务人实际控制人所在地、债务人主要财产所在地、主要债权人所在地，等等”。在我国，“主要利益中心地的判断标准不宜过于宽泛，以债务人注册登记地和债务人主要资产所在地即可。在判定债务人主要利益中心的时间标准上，以外国代表申请我国法院承认时为宜。”①固然，能够参与破产国际合作，承认“主要利益中心主义”的管辖原则，也利于对主要财产、业务及债权人均处在国内的企业依法行使破产管辖权，启动破产主要程序，有利于维护我国境内债权人的合法权益。

四、跨境破产案件债权人利益的平衡与保护

跨境破产案件，涉及不同国家、地区的债权人。如何通过国内外破产程序在充分保护国内债权人利益的同时平衡国外债权人的利益，是跨境破产程序中无法回避而必须面对的问题。一味地强调以国内法及其破产程序控制国内的财产来清偿国内债权人的债权，必然导致债权人在他国的财产无法归于本国破产程序中，也可能损害国内债权人的利益，尤其是在国际经济交往日益扩大，许多公司均在外国具有财产及其经营，且在国外的财产数额巨大、经营状况又较好的情况下更是这样。故，各国在依靠国内法及其破产程序尽力保护国内债权人利益的同时，不断加强之间破产程序的协助与合作，寻求国内外债权人利益保护的平衡，乃是破产实践中的一种必然趋势。

就如何对待国内外债权人的问题上，从国际法上考察，主要有制定统一的国际破产规则、缔结双边或多边国际条约、建立司法协助“国家（地区）群”等做法。从国内法上考察，则主要有以下做法：（1）采取严格的地域主义，即认为某国破产程序的效力仅仅及于债务人在该国财产，而不涉及债务人在国外所拥有的财产，同时亦拒绝外国破产程序对本国财产的效力。这种基于国内债权人保护的极端做法，也会引起国外的同等回应，在国际交往日

① 宋建立：《跨境破产案件的司法应对》，载《人民司法·应用》2018 年第 22 期。

益广泛的情况下，对己亦会造成伤害，已逐渐被各国所摒弃。（2）设置“围栅条款”或差别待遇。前者规定外国债务人破产，之位于本国内的财产必先用于清偿在本国内形成的债务，只有清偿国内全部债务尚有剩余的，才可移交国外破产程序用以清偿国外债权人的债权。《公司法》第197条关于“外国公司撤销其在中国境内的分支机构时，必须依法清偿债务，依照本法有关公司清算程序的规定进行清算。未清偿债务之前，不得将其分支机构的财产移至中国境外”的规定，虽然不是针对破产程序所设，其中则不乏“围栅条款”的某种因素；后者则对本国债权人与外国债权人的债权实行内外有别的差异性待遇。（3）以本国债权人利益保护为基础，对外国债务人设置破产程序。如英国及其普通法系国家就认为：“对外国破产程序的承认并不意味着本国法院放弃对同一债务人启动、继续平行破产清算程序的权力，本国法院仍有权按本国破产法律启动、推动这一程序并控制债务人在本国的财产。”（4）以本国债权人利益保护为基础，对外国债务人设置从属程序，以债务人在本国的财产清理在本国的债务。此种情形根据“主要利益中心主义”的管辖原则承认外国破产主要程序的同时，启动具有从属于外国破产主要程序属性的国内破产程序，这也是与上述的承认外国破产程序的同时在本国内对债务人启动破产程序的主要区别，后者并不是对建立在“主要利益中心主义”上的外国破产主要程序承认的基础上。（5）以本国债权人利益为基本出发点兼顾其他一些因素对外国破产程序予以承认并提供司法协助。（6）以本国债权人利益为主要衡量因素审查确定是否给予外国破产程序司法协助。[①]

就目前及其今后相当长的时间里，可以说，上述第5种通过对外国破产程序的承认及其司法协助的做法，乃是保护本国债权人利益并平衡外国债权人利益的最为主要的途径。对这，联合国国际贸易法委员会《跨境破产示范法》作了比较全面的规范，并将司法协助区分为：临时性协助、自动性协助及裁量性协助。

前者即临时性协助，《跨境破产示范法》第19条规定：“申请承认外国程序时可给予的救济：1、自提出要求承认的申请之时至对申请作出决定之时，法院根据外国代表的请求，在为保护债务人资产或债权人利益而紧急需要救济的情况下，可给予临时性的救济，包括：（a）停止执行对债务人资产的行动；（b）委托外国代表或由法院指定的另一人管理或变卖债务人在本国的全部或部分资产，以保护并维持那些由于本身性质或由于其他情形而易变质、可能贬值或处于其他危险中的资产的价值；（c）下文第21条第1款（c）

① 叶炳坤：《跨境破产中的司法协助与本国债权人利益保护》，载李曙光、刘延岭主编：《破产法评论（第1卷）》，法律出版社2018年版，第467～476页。

(d) 和 (g) 项提及的任何救济。2、(此处写入或提及颁布国现行的与通知有关的条款)。3、除按第 21 条第 1 款 (f) 项规定予以延期外，按本条规定给予的救济在对要求承认的申请作出决定时终止。4、如果本条规定的救济可能会干预外国主要程序的管理，则法院可拒绝给予该项救济。”

中者即自动性协助，《跨境破产示范法》第 20 条就承认外国主要程序后的效力规定：“1、一旦承认了作为一项外国主要程序的外国程序，即：(a) 停止开启或停止继续进行涉及债务人资产、权利、债务或责任的个人诉讼或个人程序；(b) 停止执行针对债务人资产的行动；(c) 终止对债务人任何资产进行转让、质押或作其他处置的权利。2、本条第 1 款所述停止和中止的范围及其修改或终止应受到［此处指明颁布国与破产有关的、适用于本条第 1 款所述停止和中止措施之例外、限制、修改或终止的任何法律规定］的制约。3、本条第 1 款 (a) 项不影响仅为维护针对债务人的求偿权而开启个人诉讼或程序的权利。4、本条第 1 款不影响依据［此处指明颁布国与破产有关的法律］的规定请示开启程序的权利或在这种程序中提出求偿的权利。”

后者即裁量性协助，《跨境破产示范法》第 21 条规定：“承认外国程序时可给予的救济：1、在一项外国程序，无论是主要或非主要程序得到承认后，在需要保护债务人资产或债权人利益时，法院可根据外国代表的请求，给予任何适当的救济，包括：(a) 仅在未依第 20 条第 1 款 (a) 项的规定采取停止措施的情况下，停止开启或停止继续进行涉及债务人资产、权利、债务或责任的个人诉讼或个人程序；(b) 仅在未依第 20 条第 1 款 (b) 项的规定采取停止措施的情况下，停止执行对债务人资产的行动；(c) 仅在未依第 20 条第 1 款 (c) 项下的规定采取中止措施的情况下，中止对债务人任何资产进行转让、质押或作其他处置的权利；(d) 就债务人的资产、事务、权利、债务或责任事项提供对证人的询问、收取证据或传送信息；(e) 委托外国代表或由法院指定的另一人管理或变卖债务人在本国的全部或部分资产；(f) 延长按第 19 条第 1 款给予的救济；(g) 给予 (此处写入按颁布国法律负责管理重组或清算的个人或机构名称) 根据本国法律可以取得的任何额外救济。2、一项外国程序，无论是主要或非主要程序当得到承认后，法院可根据外国代表的请求，委托外国代表或由法院指定的另一人，分配债务人在本国的全部或部分资产，但法院要确信本国债权人的利益得到充分的保护。3、在根据本条给予外国非主要程序的代表的救济时，法院必须确信该救济与根据本国法律应在该外国非主要程序中予以管理的资产有关，或涉及该程序中所需的资料。”

在我国，《企业破产法》第 5 条第 2 款规定：“对外国法院作出的发生法律效力的破产案件的判决、裁定，涉及债务人在中华人民共和国领域内的财产，申请或者请求人民法院承认和执行的，人民法院依照中华人民共和国缔结或者参加的国际条约，或者按照互惠原则进行审查，认为不违反中华人民共和国法律的基本原则，不损害国家主权、安全和社会公共利益，不损害中华人民共和国领域内债权人的合法权益的，裁定承认和执行。”基此，我国破产法就外国破产事项的承认及其协助，规定极其笼统。按照法律规定，承认仅限于外国法院生效的并涉及债务人在我国境内财产的破产判决或裁定上。显然，对外国法院上述破产案件判决、裁定的承认，与对外国破产程序及其效力的承认完全是两回事。后者将导致外国破产程序涉及的债务人财产暂时中止执行等系列问题。上述有关破产案件生效判决、裁定的承认与协助执行的条件，也未对我国债权人利益如何保护得以明示。其实，即使是强调跨境破产合作与协助的联合国国际贸易法委员会《跨境破产示范法》第 21 条在裁量性协助中的有关规定中于第 2 款也明确规定：“一项外国程序，无论是主要或非主要程序当得到承认后，法院可根据外国代表的请求，委托外国代表或由法院指定的另一人，分配债务人在本国的全部或部分资产，但法院要确信本国债权人的利益得到充分的保护。”第 22 条规定：“对债权人和其他利害关系人的保护：1、在给予或不给予第 19 条或第 21 条规定的救济时，或在根据本条第 3 款修改或终止救济时，法院必须确信债权人和其他利害关系人的利益，包括债务人的利益，受到充分的保护。”据之，充分保障本国债权人的利益乃是承认并协助外国有关破产生效判决、裁定必须考虑的重要因素。此外，还需要考虑哪些方面，也需要破产法或者有关司法解释进一步明确，使得对外国法院有关破产判决、裁定的承认与执行更具有操作性。毕竟，这不同于对外国法院一般民事案件的判决、裁定的承认与执行，后者通常只涉及债务人及个别债权人；而前者不仅涉及债务人，而且还涉及债务人的全体债权人的利益如何得到保护的问题。以是，两者在承认并协助执行的标准与方法、措施乃至程序上都不能等同。就外国法院有关破产判决、裁定的承认和协助执行进行裁量时，根据法律规定并参照国内外破产实践的经验，需要满足以下方面：

1. 有关外国法院破产判决、裁定的承认与协助执行，必须符合跨境破产的适用原则，即遵循我国缔结或者参加的国际条约或者按照互惠原则、遵守我国公共政策原则，这事关国家主权、安全及其公共利益，不能有丝毫的含糊。

2. 有关外国法院破产判决、裁定的承认与协助执行，应当能够充分保护我国债权人的合法利益。这种利益，既包括实体利益方面的充分保护，如承认及协助执行后，我国物权人的物权，及债权人的担保物权、劳动债权和统筹社保债权、税收债权等优先权能否得到有效而全面的保证，以及普通债权人的债权能否得到外国破产程序中普通债权人相同比例的债权清偿，又包括程序利益方面的充分保护，即外国启动的有关债务人在我国境内财产的破产程序，能否保证我国债权人在该程序中享有充分的程序性权利。假若我国债权人在该外国破产程序中的权利，包括实体上的权利与程序上的权利，得不到充分保护，有关判决与裁定就不能得到承认与协助执行。对此，《破产审判纪要》第 49 条关于“人民法院在处理跨境破产案件时，要妥善解决跨境破产中的法律冲突与矛盾，合理确定跨境破产案件中的管辖权。在坚持同类债权平等保护的原则下，协调好外国债权人利益与我国债权人利益的平衡，合理保护我国境内职工债权、税收债权等优先权的清偿利益”；第 50 条关于“人民法院认可外国法院作出的破产案件的判决、裁定后，债务人在中华人民共和国境内的财产在全额清偿境内的担保权人、职工债权和社会保险费用、所欠税款等优先权后，剩余财产可以按照该外国法院的规定进行分配”等的规定，其实就体现了在对外国破产程序中判决、裁定裁量是否承认与执行时，就应考虑该破产程序是否能够充分保障我国债权人的合法利益这一基本方面。

应当指出，对物权及担保物权、劳动债权、统筹社保债权、税收债权等优先债权的保护，同类债权实行平等保护，是国际破产实践中的一项通行做法，在联合国国际贸易法委员会《跨境破产示范法》第 32 条关于“多项程序同时进行时的偿付规则，在不损害有担保债权或物权的前提下，已从根据有关外国破产法律的某一程序中获得了部分偿付的债权人，只要同等序列的其他债权人获得的偿付依比例低于该债权人所获取的偿付，便不得在依据（此处指明颁布国与破产有关的法律）对同一债务人实施的程序中再得到对其同一求偿权的偿付”的规定中就得到了体现。多个国家同时进行的多个程序都在进行偿付时，必须以不损害有财产担保的债权或物权为前提，就是要求对物权及担保物权的优先债权得到充分保护；对按照比例公平清偿的债权进行清偿时，在外国某一破产程序中已经获得清偿的债权人，只要与之处于同等序列的其他债权人在其他平行破产程序中获得清偿的比例低于该债权人的受偿比例，该债权人就不能在该平行破产程序中再得到偿付，就是要求同类债权在对债务人同时进行的多个破产程序中实行平等保护。

还应指出，考量我国债权人的权益在外国破产程序中能否得到充分保护，乃是我国债权人根据应当适用的实体法及程序法而应得到的利益能否得到充分保护。既包括我国债权人根据应当适用的实体法包括国内法以及按照国际私法的准据法适用规则确定的应当适用的外国法所应得到的实体利益的充分保护，也包括我国债权人根据应当适用的程序法一般是破产程序启动法院所在地的法律以及我国破产法的基本原则等所应得到的程序利益的充分保护。对于后者，往往容易忽视。某一外国的破产程序对本国债权人与外国债权人的程序权利存在差异性规定，或者按照我国破产法基本原则等有关规定判断外国破产程序根本无法保护我国债权人利益的，就应当认为我国债权人的程序利益得不到充分保护。根据跨境破产的国际司法实践，本国债权人利益能否得到保护方面，已经出现了在裁量标准上从个案到整体、在裁量依据上从本国法到外国法、在裁量对象上从单一对象到多元对象等多方面进行考量的趋势。从个案到整体的考量，即由本国债权人在个案中所具体面临的待遇及问题考察，已经转向对外国有关破产法律制度的整体评估；从本国法到外国法的考量，即从根据本国破产法律制度尤其是破产法的基本原则及一些有关债权人重大实体、程序利益的规定对外国破产程序乃至整个法律制度进行考量；从单一对象到多元对象的考量，即从单一地对本国债权人的利益能否在外国破产程序中得到平等、充分保护到所有债权人乃至债务人及其他相关利益主体能否在外国破产程序中得到充分、平等保护的考量，然后得出本国债权人的利益能否在外国破产程序得到充分保护的结论，[①] 对此值得借鉴。

五、跨境破产的法律适用

跨境破产案件，无论是否存在针对同一债务人的外国破产程序，以及对外国破产程序中的判决、裁定的承认与协助执行，都会涉及本国法律或者外国法律如何适用的问题。通常说来，“在跨境破产案件的处理上，依照国际惯例，对于破产中的程序性事项，一般是由法院地法支配和调整，即适用法院地法。而直接影响当事人权利义务的实体问题，可以依照冲突规则适用外国法……借鉴国外立法及司法实践，在处理跨境破产案件的法律适用方面，适用法院地法的情形一般包括：破产程序的认定、破产财产的范围、破产程序开始后对债务人财产的处置、债务人及破产管理人的职责、债权申报、债权核实及确认、公益债权的处置、债权人个人诉讼行为的效力、破产财产分配规则、破产程序启动的条件以及程序终结的效力、破产费用的清偿等。例外情形一般包括享有担保物权的债权人权益、抵销、所有权保留、涉及不动产的合同、雇佣合同等。例外情形的法律适用应依据涉外民事关系法律适用法，对外国法进行查明，尤其是对外国主要程序所在国法律的查明。”[②] 这样，就

① 叶炳坤：《跨境破产中的司法协助与本国债权人利益保护》，载李曙光、刘延岭主编：《破产法评论（第1卷）》，法律出版社2018年版，第486页。

② 宋建立：《跨境破产案件的司法应对》，载《人民司法·应用》2018年第22期。

实体法而言，对于个别债权人的债权及其数额的认定，除非当事人约定适用外国法律或者按照国际私法有关规则需要以外国法作为准据法的，一般应当适用本国法律。对于程序法而言，则适用启动破产程序或者承认或提供司法协助的法院所在国的法律。

具体来说，在我国境内启动的破产程序及其承认或者提供司法协助的过程中，涉及跨境破产的法律适用，需要注意以下方面：

1. 由我国境内启动的跨境破产程序，应当适用我国实体法律认定。当然，按照我国的国际私法规则应当以外国法为准据法的，则应适用外国法。

2. 我国对外国法院有关个别债权判决、裁定的承认与协助执行，不得以我国实体法作为评判判决、裁定在实体上是否依法正当进而决定是否承认或协助执行的根据。然而，该判决、裁定违反我国缔结、参与的国际条约，或者违反我国公共政策，违反我国法律尤其是宪法、破产法的基本原则，损害国家主权、安全和社会公共利益的，以及损害我国领域内债权人合法权益，如有关判决、裁定确定的个别债权，得以执行会导致我国境内的物权、担保物权、劳动债权、统筹社保债权、税收债权等优先权得不到充分保护的，就不能承认或协助执行。

3. 跨境破产中的事关全体债权人非个别债权的有关实体性规定，如破产撤销、破产无效制度、破产别除权、破产财产的范围等有关规定，则属我国破产法的特殊规定，在债权人个别债权形成时不可能涉及，即使按照国际私法规则确定的准据法也不可能涉及，应当适用我国破产法的规定。

4. 就程序法而言，在我国境内启动的跨境破产以及对外国法院有关破产判决、裁定的承认与执行，应当适用我国破产程序。按照联合国国际贸易法委员会《跨境破产示范法》第19条、第21条分别规定的临时性协助与裁量性协助，外国的破产程序应当与本国的破产程序规定相一致；外国破产程序与本国破产程序相互冲突时，应当要求外国破产程序作出修改或终止协助，即实行本国破产程序优先于外国破产程序的规则。就是基于“主要利益中心主义”承认外国破产主要程序的效力时，本国针对债务人的破产程序发生在提出外国破产程序承认之前的，虽然承认外国破产程序为破产主要程序，《跨境破产示范法》第20条规定的自动性协助则不予适用；本国针对债务人的破产程序发生在承认外国破产程序之后的，即使承认该外国破产程序为破产主要程序，自动性协助产生，根据《跨境破产示范法》第29条规定第B项中规定：“第20条第1款所述的停止和中止如与本国程序不一致，应根据第20条第2款予以改或终止。”换言之，自动性协助的效力范围与本国破产程序规定相左时，同样也应以本破产程序的规定为准，或进行修改或予以终止。

六、跨境破产中的平行程序协调

在经济交往日益扩大的情况下，跨境破产中债务人的财产分布在多个国家的情况屡见不鲜。对于同一债务人就可能同时存在多个平行的破产程序的现象，就是基于“主要利益中心主义”承认外国破产程序为破产主要程序时，也不能排除其他国家根据本国法律对同一债务人启动破产程序，从而会产生如何协调的问题。对这，按照联合国国际贸易法委员会《跨境破产示范法》的有关规定，包括以下方面：

1. 在承认一项外国破产程序为破产主要程序后，根据《跨境破产示范法》第28条规定，只有当债务人在本国拥有资产时，才可依据（此处指明颁布国与破产有关的法律）的规定开启一项程序，且该程序的效力应只限于债务人在本国的资产；在必要的限度内为履行第25条、第26条和27条规定[①]的合作与协调，则只限于根据本国法律应在该程序中予以管理的债务人的其他资产范围内。

2. 本国破产程序与外国破产程序之间的协调。按照《跨境破产示范法》第29条的规定，在针对同一债务人的某项外国程序和本国的破产程序同时进行的情况下，法院寻求第25条、第26条和27条规定的合作与协调时，应当符合下列条件：

(1)《跨境破产示范法》第29条第A项规定，当本国的程序正在进行时，提出承认外国程序的申请，根据第19条（临时性协助）或第21条（裁量性协助）所给予的任何救济，即进行的临时性协助性或裁量性协助，必须

---

① 《跨境破产示范法》第25条规定：“本国法院与外国法院或外国代表之间的合作和直接联系：1、对于第1条所述事项，法院应直接或通过（此处写入按颁布国法律）负责管理重组或清算的个人或机构名称，与外国法院或外国代表进行最大限度的合作。2、法院有权与外国法院或外国代表直接联系，或直接要求其提供资料或协助。”第26条规定：“（此处写入按颁布国法律）负责管理重组或清算的个人或机构名称与外国法院或外国代表之间的合作和直接联系。1、对于第1条所述事项，（此处写入按颁布国法律）负责管理重组或清算的个人或机构名称，在履行其职能并在法院的监督之下，应与外国法院或外国代表进行最大限度的合作。2、（此处写入按颁布国法律）负责管理重组或清算的个人或机构名称，在履行其职能并在法院的监督之下，有权与外国法院或外国代表直接联系。”第27条规定：“合作的形式。第25条和第26条所述的合作可采取任何适当的方法进行，包括；（A）指定某人或机构按法院的指示行事；（B）法院以其认为适当的任何方法传递信息；（C）对债务人资产和事务进行管理和监督方面的协调；（D）法院批准或实施有关协调诸项程序的协议；（E）协调对同一债务人同时进行的多项程序；（F）颁布国不妨列举其他合作形式或实例。”第1条规定：“本法适用于：（A）外国法院或外国代表就有关某项外国程序事宜寻求本国的协助；或（B）依据此处指明颁布国与破产有关的法律实施的某项程序，寻求某一外国的协助；或（C）针对同一债务人的某项外国程序和某项依据此处指明颁布国与破产有关的法律实施的程序同时进行；或（D）外国的债权人或其他利害关系人有意要求开启或参与某项依据此处指明颁布国与破产有关的法律实施的程序。

与本国的程序相一致；该外国程序被本国承认作为一项外国破产主要程序的，第20条（自动性协助）则不适用。

（2）《跨境破产示范法》第29条第B项规定，当本国的程序是在外国程序得到承认或在提出要求承认的申请后才开启时，根据第19条或第21条给予的任何救济，应由法院重新审议，对与本国程序不一致之处应予修改或终止；该外国程序是一项外国破产主要程序，第20条第1款所述的停止和中止如与本国程序不一致的，应根据第20条第2款予以修改或终止。

（3）《跨境破产示范法》第29条第C项规定，在给予延长或修改已给予某一外国非主要程序代表的救济时，法院必须确信该救济与根据本国法律应在该外国非主要程序中予以管理的资产有关，或涉及该程序中所需的资料。

基上，本国破产程序与外国破产程序同时进行时，前者优先于后者乃是跨境破产的通行做法，“即在本国与外国破产程序需要协调时，跨境破产的国际司法合作应当遵循以下规则：（1）给予外国破产程序的任何救济必须与本国破产程序相一致；（2）已经给予外国破产程序的临时和酌情救济，在本国破产程序启动后必须被重新评估，以决定修改或终止与否，从而实现与本国破产程序保持一致；（3）在外国破产程序是一项主要程序的情况下，如果自动救济与本国破产程序相矛盾，则自动救济应加以修改或终止；（4）如果本国破产程序启动在先，外国破产程序获得承认在后，则外国主要破产程序的自动救济效力并不自然发生。”①

3. 外国破产程序之间的协调。按照《跨境破产示范法》第30条规定，对于第1条所述事项，针对同一债务人的外国程序如果不只1个，法院寻求第25条、第26条和27条规定的合作与协调时，应当满足以下条件：

（1）《跨境破产示范法》第30条第A项规定，在某项外国主要程序得到承认后，根据第19条（临时性协助）或第21条（裁量性协助）给予外国非主要程序代表的任何救济，必须与该外国主要程序相一致。

（2）《跨境破产示范法》第30条第A项规定，在某项外国非主要程序得到承认或在提出承认外国非主要程序的申请之后，某项外国主要程序得到承认，则根据第19条（临时性协助）或第21条（裁量性协助）给予的任何已生效之救济应由法院重新审议，对与该外国主要程序不一致之处应予修改或终止。

（3）《跨境破产示范法》第30条第C项规定，在承认某项外国非主要程序后又承认了另一项外国非主要程序，则法院应为促进这些程序的协调的目

① 宋建立：《跨境破产案件的司法应对》，载《人民司法·应用》2018年第22期。

的，给予修改或终止救济。

据上，外国破产程序之间的协调，涉及外国破产主要程序与外国破产一般程序的协调，及外国破产一般程序之间的协调两种情形。前者应当遵循外国破产主要程序优于外国破产一般程序的规则进行，两者之间存在冲突的，应当以外国破产主要程序的规定为准。外国破产一般程序之间的协调，一般应以获得承认的时间先后来确定优先顺位，然本国法院可以根据需要作出适当的调整。

4. 基于对一项外国主要程序的承认而推定破产。根据《跨境破产示范法》第 31 条规定，如无相反证据，对于依据此处指明颁布国与破产有关的法律的规定开启的一项程序而言，对一项外国主要程序的承认即证明该债务人已告破产。

5. 多个破产程序进行时的偿付规则。对此，《跨境破产示范法》第 32 条规定，在不损害物权或担保物权的前提下，已从根据有关外国破产法律的某一程序中获得了部分偿付的债权人，只要同等序列的其他债权人获得的偿付依比例低于该债权人所获取的偿付，便不得在依据（此处指明颁布国与破产有关的法律）对同一债务人实施的程序中不再得到对其同一求偿权的偿付。如某债权人在其他两个国家针对同一普通债务人的破产程序中已经分别得到了 8%、6% 的清偿，他在第三国针对同一债务人的破产程序中，第三国的普通债权清偿比例低于或者等于 14% 的，其普通债权就不能再在第三国的破产程序中予以清偿；只有第三国的普通债权清偿比例高于 14% 时，对超过 14% 的比例尚未能清偿的债权才与其他普通债权人对之未能清偿的债权公平得到清偿。

第十三章　破产衍生诉讼

第一节　破产衍生诉讼概述

一、破产衍生诉讼的概念与特征

破产衍生诉讼，有广义与狭义之分。广义的破产衍生诉讼，是指有关进入破产程序债务人的所有民事诉讼的总称，既包括破产申请受理后提起的有关债务人的民事诉讼，又包括破产申请受理前已经受理可在破产申请受理时尚未审结的民事诉讼。[①] 后者，与破产申请受理后所产生的效力相关，已在破产申请受理效力的有关问题中作了分析，在此只对前者即狭义的破产衍生诉讼进行必要的分析、阐释。这里所称的破产衍生诉讼，乃是指债务人破产申请受理后，当事人提起的有关债务人所有民事诉讼的总称。就其特征而言，主要有：

（一）从诉讼提起的主体来看，破产衍生诉讼虽与债务人相关，然债务人并非一定就是某一破产衍生诉讼的主体

如债权人对债权表中记载的有关他人的债权存在异议并向人民法院提起的债权确认之诉，异议人为原告，被异议债权的债权人则为被告；又如，管理人提起的破产撤销之诉，其原告为管理人，被告则为破产撤销行为的相对人，等等，债务人均非为有关破产衍生诉讼的主体。

（二）从诉讼所要解决的权利义务产生的根据来看，破产衍生诉讼既可能因《民法典》《公司法》等普通法的规定而产生，又可能因《企业破产法》这一特别法上的规定而产生

如债权确认之诉所要解决的权利义务关系的根据乃为债权人依照普通法

---

① 最高人民法院民事审判第二庭编著：《最高人民法院关于企业破产法司法解释理解与适用》，人民法院出版社 2017 年版，第 496 ~ 497 页。

上的规定对债务人享有权利，其要解决的权利义务产生的根据为普通法而非特别法。又如，针对管理人因过错未依法行使破产撤销权导致债务人财产不当减损而提起的损害赔偿，其要解决的权利义务所产生的根据，则为《企业破产法》这一特别法的有关规定，而非普通法的规定。

（三）从诉讼标的的关联性来看，破产衍生诉讼的标的必须与债务人相关

诉讼标的与债务人无关，自不能成为破产衍生诉讼。诉讼标的，与债务人有关，有的是直接的，如破产撤销之诉，撤销债务人在破产申请受理前一定期限内针对债务人财产所实施的欺诈性转让、恶意个别清偿行为，固然与债务人有关。有的则是间接的，如债权人针对管理人因过错的失职行为提起的损害赔偿之诉，形式上与债务人似无关联。但是，债权人之所以对管理人提起损害赔偿之诉，乃是其在履行管理人职责的过程中造成了债务人财产的不当减损，且其赔偿也要归于债务人财产之列，该诉讼仍然与债务人相关。

应当指出，诉讼是否与债务人有关，不能依债务人是否为诉讼主体这一表面从形式上加以认定：不能认为，债务人为有关诉讼的原告、被告时，才与之有关，不然就与之无关；而是需要从诉讼的实质即诉讼所要解决的权利义务关系是否与债务人及其财产存在关系进行判断。唯有把握这种诉讼的实质，才能对破产衍生诉讼与债务人的关联性作出正确的理解与判断。

（四）从诉讼事由发生的时间来看，破产衍生诉讼的事由既可以发生在债务人破产申请受理前，又可以发生在债务人破产申请受理后

前者如破产撤销之诉中的诸如无偿转让财产、以明显不合理的价格进行交易等欺诈性转让的破产撤销行为，应当发生在债务人破产申请受理前 1 年内；恶意个别清偿的破产撤销行为，应当发生在债务人破产申请受理前 6 个月内。后者如债权人、债务人提起的债权确认之诉，其原因为管理人对有关债权人申报的全部或者部分债权未作认定，提起诉讼的事由发生在债务人破产申请受理之后。这点与非破产衍生诉讼不同，后者提出的事由则必发生于债务人破产申请受理之前，在债务人破产申请受理后，不再存在非破产衍生诉讼的问题。

（五）从诉讼提起的时间来看，破产衍生诉讼的发生即提起时间只能是在债务人破产申请受理后

在破产申请受理前所提起的诉讼，不属于破产衍生诉讼的范围，不受破产衍生诉讼诸如管辖等特别规范的限制。

（六）从诉讼适用的实体根据来看，破产衍生诉讼所适用的根据，既有《民法典》《公司法》等普通法上的有关规定，又有《企业破产法》这一特别法的规定，具体应当根据诉讼的性质确定

一般说来，破产衍生诉讼如是以普通法上的规定为根据产生，则适用普通法的规定；如是以特别法的规定为根据产生，就应适用特别法的规定。另外，在处理同一问题时，既有普通法的规定又有特别法的规定且相互发生冲突时，则需要按照特别法优先于普通法的适用规则而适用特别法的规定，如税收债权在破产程序中就不能根据普通法的规定认定为优先于有财产担保的债权，就是如此。

（七）从诉讼适用的程序来看，破产衍生诉讼在《企业破产法》有特别规定时，要优先适用该特别法的有关规定

如破产衍生诉讼管辖，就应根据《企业破产法》第21条关于"人民法院受理破产申请后，有关债务人的民事诉讼，只能向受理破产申请的人民法院提起"的规定确定，不能根据《民事诉讼法》的有关规定确定管辖；《企业破产法》没有规定的，破产衍生诉讼的程序则应依照《民事诉讼法》的有关规定进行。这点与非破产衍生诉讼不同，却与破产案件一样。后者完全是基于债务人具有破产原因而由债权人、债务人等具有破产申请提起权的人根据《企业破产法》的有关规定提起，其适用程序乃为《企业破产法》的规定，《企业破产法》没有规定的，亦应适用《民事诉讼法》的有关规定。

（八）从诉讼的性质来看，破产衍生诉讼作为在债务人破产申请受理后提起的有关债务人的诉讼，仅仅限于民事诉讼，而不包括与之有关的刑事诉讼、行政诉讼

在司法实践中，债务人破产申请受理后，还可能涉及单位行贿、合同诈骗等刑事诉讼。这种刑事诉讼虽与债务人相关，然其由监察机关、公安机关、国家安全机关、人民检察院、人民法院按照《监察法》《刑事诉讼法》的有关规定办理，不属于破产衍生诉讼之列。至于有关债务人的行政诉讼，如债务人针对行政机关的许可、有关工作人员的失职行为提起的行政诉讼，则应按照《行政诉讼法》的有关规定审理，亦不归属于破产衍生诉讼之范围。这样，与债务人有关的刑事诉讼、行政诉讼等非民事诉讼，依旧要由其他法院依法受理，不能因为对债务人的破产程序已经启动也改变其管辖法院。可是，因为刑事犯罪行为造成了他人、债务人的损害的，在通常情况下，可以向受理审判刑事案件的法院提起附带民事诉讼，并由审判刑事案件的同一审判组织审判附带民事诉讼。在破产申请受理后，受理审判刑事案件的人民法院不宜再受理这种附带民事诉讼。这是因为，附带民事诉讼从本质上讲依然属于民事诉讼，只是为了处理的方便而依照《刑事诉讼法》的规定由刑事案件的审判法院受理管辖。受害人对此既可以选择以附带民事诉讼的方式进行，也可以另行选择以独立的民事诉讼的方式进行。基于破产程序集中处理所有债权债务关系的特点，也宜要求有关人员提起独立的民事诉讼，而不应再对债务人或者由债务人提起附带民事诉讼。

二、破产衍生诉讼的类型

根据不同的标准，破产衍生诉讼可以作不同分类：

如以诉讼原告的身份为标准，破产衍生诉讼可以分为债务人提起的诉讼与非债务人提起的诉讼；管理人提起的诉讼与非管理人提起的诉讼；债权人提起的诉讼与非债权人提起的诉讼等。

如以诉讼被告的身份为标准，破产衍生诉讼可以分为以债务人为被告的诉讼与以非债务人为被告的诉讼；以管理人为被告的诉讼与以非管理人为被告的诉讼；以债权人为被告人的诉讼与以非债权人为被告的诉讼等。

如以诉讼所要解决的权利义务发生的根据为标准，破产衍生诉讼可以分为破产衍生特别诉讼与破产衍生普通诉讼。前者是指诉讼所要解决的权利义务关系发生的根据乃为破产法这一特别法所规定，按照其性质只能产生于破产程序之中，在破产程序之外则不可能存在的诉讼，如破产债权确认之诉、破产撤销之诉、对管理人提起的损害赔偿之诉等。这种诉讼往往与债务人的财产或者实体债权人的债权密切相关，直接关系到债务人与实体债权人之间的利益，从而在破产衍生诉讼中处于重要甚至核心地位，构成破产衍生诉讼的重要方面；后者则是指所要解决的权利义务关系发生的根据为破产法以外的普通法，根据其性质并非一定发生于破产程序中即在破产程序外也可以存在的诉讼，如他人针对债务人提起的合同、侵权、专利、海事纠纷；管理人不行使破产撤销权，债权人认为债务人的破产撤销行为同时属于《民法典》第 538 ~ 539 条等有关规定而提起的有关利益归属于债务人的撤销之诉；在管理人不对债务人的债务人追偿债权，不对债务人的出资人、发起人和负有监督股东履行出资义务的董事、高级管理人员，或者协助抽逃出资的其他股东、董事、高级管理人员、实际控制人等主张向债务人承担出资不实或者抽逃出资责任时，个别债权人代表全体债权人提起的相关诉讼，就属于破产衍生普通诉讼。

如以诉讼本身在普通法上是否归属于破产申请受理法院管辖为准，破产衍生诉讼可以分为普通法上有管辖权的诉讼与普通法上无管辖权的诉讼。无论破产申请受理法院在普通法上是否具有管辖权，在破产法这一特别法上，只有破产申请受理法院对破产衍生诉讼具有管辖权，其他法院在普通法上本来具有管辖权，却因破产法对破产衍生诉讼管辖的特别规定而专属于破产申请受理法院，除非按照上级人民法院的指定，对于破产衍生诉讼就不再具有管辖权。

如以案件发生的事由即案由为标准，可以分为因破产程序而直接产生的纠纷与非因破产程序而直接产生的纠纷。根据最高人民法院2011年2月18日修正发布、同年4月1日起施行的《民事案件案由规定》（法〔2011〕42号）第8部分第23条“与破产有关的纠纷”第273～285项规定，破产衍生诉讼可以分为：请求撤销个别清偿行为纠纷、请求确认债务人行为无效纠纷、对外追收债权纠纷、追收未缴出资纠纷、追收抽逃出资纠纷、追收非正常收入纠纷、破产债权确认纠纷（职工破产债权确认纠纷与普通破产债权确认纠纷）、取回权纠纷（一般取回权纠纷与出卖人取回权纠纷）、破产抵销权纠纷、别除权纠纷、破产撤销权纠纷、损害债务人利益赔偿纠纷、管理人责任纠纷。后者则是根据普通法规定而产生的各种各样类型的纠纷，如此等等，不一而足。

第二节　破产衍生诉讼的特别规范

一、破产衍生诉讼的管辖

（一）除重整计划执行期间因新发生的事实或者事件引发外的破产衍生诉讼实行集中专属管辖原则

破产衍生诉讼管辖，在这里是指不同地区的同级人民法院之间受理破产衍生诉讼第一审民事案件的权限和分工。有关债务人的民事诉讼，既包括受理破产申请的人民法院本身具有管辖权的民事诉讼，也包括其本身没有管辖权的民事诉讼。前者要由受理破产申请的人民法院受理。后者，在普通法上，依照《民事诉讼法》的有关规定应由其他人民法院管辖，但在破产申请受理后，根据《企业破产法》第21条关于“人民法院受理破产申请后，有关债务人的民事诉讼，只能向受理破产申请的人民法院提起”的规定而改为受理破产申请的人民法院集中专属管辖。这是因为，破产程序要集中处理债务人与所有债权人之间的一切债权债务关系，有着不同于一般民事诉讼的要求，还像一般民事案件那样由其他人民法院管辖，将难以保证其审判与破产案件审判的同步进行。否则，破产程序势必受到影响甚至根本无法进行。另外，一些案件如在不同人民法院审理，可能基于地方保护主义等原因作出损害其他债权人合法权益的裁判，不利于所有债权人合法权益的公平维护。让受理破产申请的人民法院统一受理，按照同一标准裁判，有利于债权人合法权益的公平保护。对这，《破产法解释（二）》第47条第1款进一步明确规定："人民法院受理破产申请后，当事人提起的有关债务人的民事诉讼案件，应当依据《企业破产法》第21条的规定，由受理破产申请的人民法院管辖。"《民商事审判纪要》第113条（重整计划监督期间的管理人报酬及诉讼管辖）第2款规定："重整计划执行期间，因重整程序终止后新发生的事实或者事件引发的有关债务人的民事诉讼，不适用《企业破产法》第21条有关集中管辖的规定。"对此，应当注意以下方面：

1. 破产申请受理后，重整计划执行期间外的有关债务人的破产衍生诉讼均应向破产申请受理法院提起。破产申请受理前，当事人已向其他人民法院提起的有关债务人的民事诉讼，根据《民事诉讼法》第123条关于"人民法院应当保障当事人依照法律规定享有的起诉权利。对符合本法第一百一十九条的起诉，必须受理。符合起诉条件的，应当在七日内立案，并通知当事人；不符合起诉条件的，应当在七日内作出裁定书，不予受理；原告对裁定不服的，可以提起上诉"的规定，人民法院还需要审查是否符合起诉条件。只有经过审查符合起诉条件的才予立案。已为其他有管辖权的人民法院受理，可人民法院还在就所提起的民事诉讼是否符合起诉条件进行审查，在破产申请受理裁定作出之日前还未立案的，应当由受理破产申请的人民法院专属管辖，其他人民法院已不具有管辖权而不能受理。立案应以其他人民法院的立案通知到达起诉人为准，虽向其他人民法院提起诉讼然在破产申请受理裁定作出之日前尚未将立案通知送达给起诉人的，宜由破产申请受理法院管辖。其他人民法院作出立案决定与裁定受理破产申请为同一日的，基于破产程序公平解决债务人与所有债权人的债权债务关系的特点，也宜由受理破产申请的人民法院受理。

2. 上述破产衍生诉讼集中管辖的原则，仅仅针对尚不存在生效的法院判决书、裁定书、调解书的诉讼而言，而不针对生效法律文书确有错误而依法申请再审所引起的按照审判监督程序审理的再审案件。对于破产程序中发生的再审案件，应当按照再审案件的管辖仍由原人民法院或者其上一级人民法院管辖的原则确定，不能将之纳入破产申请受理法院管辖，对此，《破产法解释（三）》第7条第2款规定，管理人认为债权人据以申报债权的生效法律文书确定的债权错误，或者有证据证明债权人与债务人恶意通过诉讼，虚构债权债务的，应当依法通过申请再审、申诉，由作出该判决、裁定、调解书的人民法院或者上一级人民法院通过审判监督程序撤销生效法律文书后，重新作出新的裁判；也可以依法申请人民检察院提起抗诉，而由作出生效法律文书的上一级人民法院依法通过审判监督程序撤销生效法律文书后再重新作出裁判。这是一。

二是，对于生效的仲裁裁决、赋予强制执行力的公证文书，倘若存在虚构债权债务，违反法律规定的程序等情况而申请人民法院撤销、不予执行的案件，向人民法院提起有关诉讼尚为首次，还不存在人民法院生效的判决书、裁定书、调解书，仍要由破产申请受理法院专属管辖，而不根据《仲裁法》第 58 条规定由仲裁委员会所在地的中级人民法院管辖，或者根据《民事诉讼法》规定由对仲裁裁决予以执行的中级人民法院（即被执行人住所地或者被执行的财产所在地的中级人民法院管辖）。根据《公证债权文书执行规定》第 22 条的规定由公证文书的执行法院管辖。对此，《破产法解释（三）》第 7 条第 2 款规定，有证据证明债权人与债务人恶意通过诉讼、仲裁或者公证机关赋予强制执行力公证文书的形式虚构债权债务的，管理人可向受理破产申请的人民法院申请撤销或者不予执行仲裁裁决、不予执行公证债权文书后，重新确定债权。

三是，人民法院对仲裁机构、公证机关的生效法律文书予以撤销或者不予执行的，并不意味着债权人的债权并不存在，有的只是源于仲裁、公证程序违法造成的不予执行。对这，债权人依然可以进行债权申报，并通过管理人审查、债权人会议核查、人民法院裁定认可的途径重新确定债权。债权人对管理人审查、债权人会议核查后的债权存在异议的，则可以依法向人民法院提起破产债权确认之诉来解决，管辖法院则为破产申请受理法院①。

四是，对于人民法院裁定撤销或者不予执行的仲裁裁决，根据《仲裁法》第 9 条第 2 款关于“裁决被人民法院依法裁定撤销或者不予执行的，当事人就该纠纷可以根据双方重新达成的仲裁协议申请仲裁，也可以向人民法院起诉”的规定，债权人也可以不进行债权申报而直接重新申请仲裁或者向人民法院提起诉讼。向人民法院提起诉讼的，应由破产申请受理法院集中管辖；根据重新达成的仲裁协议申请仲裁的，则按照仲裁协议确定管辖的仲裁机构。

3. 在破产司法实践中，破产衍生诉讼案件是否归口由专门的审判庭审理的问题，各地法院做法不一，有的甚至导致破产案件的审理与破产衍生诉讼的审理，各行其是，相互掣肘。对此，关于破产衍生诉讼的审判业务庭归口

① 最高人民法院民事审判第二庭编著：《最高人民法院关于企业破产法司法解释（三）理解与适用》，人民法院出版社 2019 年版，第 146 ~ 148 页。

问题。破产程序中涉及与债务人有关的实体争议情况较为复杂，通常会基于各种各样的法律关系产生大量的衍生诉讼案件。对于属于商事案由的衍生诉讼案件，原则上应当由审理破产案件的商事审判庭审理。对于其他如传统民事、知识产权和涉外、海事海商的衍生诉讼案件，可以按照一般的分工，由相关民事审判庭审理。然则，如果成立了由各有关民商事庭室人员组成的专门破产案件审判庭或者合议庭的，也可由上述专门审判庭或者合议庭审理所有的衍生诉讼案件。这里要特别强调，由于破产衍生诉讼案件与破产案件存在相互影响与关联，如果分由不同庭室审理，在有关案件基本事实、争议产生背景、程序环节进度等方面，应当保持必要的沟通与协调。

（二）破产衍生诉讼管辖的提审与指定管辖

如前所述，破产衍生诉讼实行集中专属管辖原则，排斥普通法上有关级别管辖、地域管辖、约定管辖、专属管辖等规定的适用。换言之，按照《民事诉讼法》有关级别管辖、地域管辖、约定管辖、专属管辖等规定，案件本应由上级人民法院或者其他同级人民法院管辖的，在破产程序中均应由破产申请受理法院管辖。可在破产案件由中级甚至以上人民法院审理的情况下，对于案情简单、标的额不大的案件甚至可以采用简易程序审理的案件，都由破产申请受理法院审理，自会增加诉讼成本。另外，破产案件由基层人民法院审理，对于一些案情复杂、争议较大、社会影响重大、标的额巨大的案件，基于各种各样的原因难以审理，却仍让基层人民法院管辖，就会产生不利后果。还有一些民事纠纷，如海事、专利纠纷，其专业性很强，审理需要相关方面的专业知识及经验，在普通法上于是实行专属管辖原则，如《民事诉讼法》第 33 条第 2 项规定，因港口作业中发生纠纷提起的诉讼，由港口所在地人民法院管辖；《民事诉讼法司法解释》第 2 条规定，专利纠纷案件由知识产权法院、最高人民法院确定的中级人民法院和基层人民法院管辖；海事、海商案件由海事法院管辖。最高人民法院 2002 年 12 月 26 日通过、2003 年 2 月 1 日起施行的《关于审理证券市场因虚假陈述引发的民事赔偿案件的若干规定》（法释〔2003〕2 号）第 8 条规定，虚假陈述证券民事赔偿案件，证券市场投资人以信息披露义务人违反法律规定进行虚假陈述并致使其遭受损失为由而向人民法院提起诉讼的民事赔偿案件，由省、直辖市、自治区人民政府所在的市、计划单列市和经济特区中级人民法院管辖。第 9 条规定，投资人对多个被告提起证券民事赔偿诉讼的，按下列原则确定管辖：（1）由发行人或者上市公司所在地有管辖权的中级人民法院管辖。但有本规定第 10 条第 2 款规定的情形除外。（2）对发行人或者上市公司以外的虚假陈述行为人提起的诉讼，由被告所在地有管辖权的中级人民法院管辖。（3）仅以自然人为被告提起的诉讼，由被告所在地有管辖权的中级人民法院管辖。对于这些专业性很强的民事纠纷，基层人民法院因缺少这方面的审判人员而无法审理，就均需要人民法院根据破产衍生诉讼的实际情况通过上级人民法院提审、指定下级人民法院审理的方式改变其管辖。因此，《破产法解释（二）》第47条第2款、第3款规定，受理破产申请的人民法院管辖的有关债务人的第一审民事案件，可以依据《民事诉讼法》第38条关于“上级人民法院有权审理下级人民法院管辖的第一审民事案件；确有必要将本院管辖的第一审民事案件交下级人民法院审理的，应当报请其上级人民法院批准。下级人民法院对它所管辖的第一审民事案件，认为需要由上级人民法院审理的，可以报请上级人民法院审理”的规定，由上级人民法院提审，或者报请上级人民法院批准后交下级人民法院审理。受理破产申请的人民法院，如对有关债务人的海事纠纷、专利纠纷、证券市场因虚假陈述引发的民事赔偿纠纷等案件不能行使管辖权的，可以依据《民事诉讼法》第37条关于“有管辖权的人民法院由于特殊原因，不能行使管辖权的，由上级人民法院指定管辖。人民法院之间因管辖权发生争议，由争议双方协商解决；协商解决不了的，报请它们的共同上级人民法院指定管辖”的规定，由上级人民法院指定管辖。

应当指出，对于破产衍生诉讼，上级人民法院或者其他人民法院根据《民事诉讼法》的规定而具有管辖权，破产申请受理法院根据《企业破产法》的规定具有管辖权后却出于这样或那样的原因不能审理或者无法审理，而将案件改变由上级人民法院审理或者其他指定依普通法规定而有管辖权的人民法院审理，也是对破产衍生诉讼管辖的依法改变，而非对上级人民法院或者其他人民法院依普通法具有管辖权的承认。所以，上一级人民法院或者其他人民法院要对破产衍生诉讼获得管辖权，必须依照《民事诉讼法》第37条、第38条规定通过提审或者指定审理的方式进行，而不能直接与破产申请受理法院协商不通过上述途径的方式交由上级人民法院或者其他人民法院按照普通法的管辖原则加以受理。

（三）破产衍生诉讼管辖中的冲突问题

破产程序中，破产申请受理法院对破产衍生诉讼享有集中的专属管辖权，然并不能就认为，与债务人有关的所有诉讼其他法院都一律没有管辖权。其他法院基于法律的规定，对债务人有关的诉讼享有管辖权的，便会造成法院之间管辖权的冲突，需要有关法院根据有关法律加以解决。

（1）在债务人为共同被告或者为独立请求权的第三人的情况下，如债务人为他人借款提供担保，他人到期后未归还借款，债权人便将借款人、担保人均列为被告而提起诉讼，其他法院基于普通法的规定对该案具有管辖权，破产申请受理法院基于破产法的规定亦具有管辖权，造成管辖权的冲突，因该诉讼与债务人相关，属于破产衍生诉讼，应当按照破产法的有关规定由破产申请受理法院管辖。对这，也有人认为："在债务人为从债务人并且不涉及债务人提供物的担保或无需承担连带责任的纠纷，适用《民事诉讼法》有关管辖的规定，不能限制此类民事诉讼只能向受理破产申请的人民法院提起，否则将导致与《民事诉讼法》相冲突，同时对债权人诉权限制过多，徒增诉累。"①

（2）在刑事犯罪行为造成了债务人损害的情况下，按照《刑事诉讼法》的有关规定，债务人依法可以向受理审判刑事案件法院提起附带民事诉讼，有关法院对该附带民事诉讼具有管辖权；在破产申请受理后，基于附带民事诉讼的性质仍然属于民事诉讼，且与债务人相关，按照破产法的规定，应当由破产申请受理法院管辖。就案件的发生附随着刑事诉讼而言，附带民事诉讼属于普通民事诉讼的一种特定性质，与一般民事案件所适用的《民事诉讼法》规定相比较，《刑事诉讼法》有关附带民事诉讼的程序规定属于特别规定，应当适用《刑事诉讼法》的规定由审理刑事案件的法院行使管辖。如此，《刑事诉讼法》基于附带民事诉讼的管辖规定，与破产法基于附带民事诉讼与债务人相关而有管辖权的规定，均属于特别法规定，形成两个特别法规定的冲突。后者基于附带民事诉讼的从属性质而由审理刑事案件的法院管辖，主要在于方便诉讼，可基于其仍旧属于民事诉讼的性质，受害人既可以选择以附带民事诉讼方式进行，也可以另行选择以独立的民事诉讼方式进行，且附随的从属性质应当服从于主要性质的需要，在债务人选择向破产申请受理法院提起有关因刑事犯罪行为而导致的诸如损害等有关民事诉讼的情况下，破产申请受理法院应当予以受理。

（3）在债务人如甲以及债务人的债权人如乙都进入破产程序的情况下，根据《企业破产法》第21条的规定，有关债务人甲的民事诉讼应向受理甲破产案件的人民法院提起，有关债权人乙的民事诉讼应向受理乙破产案件的人民法院提起。甲、乙在同一诉讼中的，如甲对乙提起诉讼，或乙对甲提起诉讼，或者他人对甲、乙两人提起诉讼，受理甲、乙破产案件的人民法院就都有管辖权，从而发生管辖冲突。此时，是由提起诉讼的人自行选择管辖法院，还是统一规定一个原则确定管辖法院，法律没有规定：若由提起诉讼的人自行选择，就可能出现甲对乙提起后，乙又向另一人民法院提起诉讼予以对抗的现象发生。笔者认为，在受理破产申请的人民法院都有权管辖的情况下，

① 吴庆宝、王建平主编：《破产案件裁判标准规范》，人民法院出版社2009年版，第19页。

应当遵循当事人自行选择的基本原则确定。为了避免另一当事人借此对抗恶意争抢管辖法院的事情发生，对因同一事实已向其中之一人民法院提起诉讼的，另一有管辖权的人民法院不能再行受理，应当移送已经受理该诉讼的人民法院审判。对破产衍生诉讼都具有管辖权的法院就管辖权发生争议，经过协商难以解决的，则应按照《民事诉讼法解释》第40条关于"依照《民事诉讼法》第三十七条第二款规定，发生管辖权争议的两个人民法院因协商不成报请它们的共同上级人民法院指定管辖时，双方为同属一个地、市辖区的基层人民法院的，由该地、市的中级人民法院及时指定管辖；同属一个省、自治区、直辖市的两个人民法院的，由该省、自治区、直辖市的高级人民法院及时指定管辖；双方为跨省、自治区、直辖市的人民法院，高级人民法院协商不成的，由最高人民法院及时指定管辖。依照前款规定报请上级人民法院指定管辖时，应当逐级进行"的规定，报由共同上级人民法院指定管辖。

二、破产衍生诉讼的诉讼时效

（一）诉讼时效的类型

《民法典》第188条规定："向人民法院请求保护民事权利的诉讼时效期间为三年。法律另有规定的，依照其规定。诉讼时效期间自权利人知道或者应当知道权利受到损害以及义务人之日起计算。法律另有规定的，依照其规定。但是，自权利受到损害之日起超过二十年的，人民法院不予保护；有特殊情况的，人民法院可以根据权利人的申请决定延长。"据此，诉讼时效包括一般诉讼时效、特别诉讼时效。前者是指由《民法典》第188条规定的在一般情况下普遍予以适用的时效，其时效为3年。后者则是指《民法典》第188条之外的其他法律、法规针对特别的民事权利而规定的请求保护的诉讼时效。如《民法典》第594条规定，因国际货物买卖合同和技术进出口合同争议提起诉讼或者申请仲裁的时效期间为4年。但不论是适用一般诉讼时效的民事权利还是适用特殊诉讼时效的民事权利，在受到损害之日起超过20年的，人民法院不予保护；有特殊情况的，人民法院可以根据权利人的申请决定延长。

（二）诉讼时效的例外规定

一般情况下，权利人在自身权利遭受损害时请求予以保护，都要受到诉讼时效的限制。不在法定的诉讼时效内请求保护，或提起诉讼或申请仲裁，就应承担相应的法律后果。对此，《民法典》第192条明确规定："诉讼时效期间届满的，义务人可以提出不履行义务的抗辩。诉讼时效期间届满后，义务人同意履行的，不得以诉讼时效期间届满为由抗辩；义务人已经自愿履行的，不得请求返还。"然而，有些民事权利，基于其性质等原因，不应适用诉讼时效的规定，法律明确作了例外规定，对于这些民事权利的保护请求就不会受到诉讼时效的限制。如，《民法典》第196条规定："下列请求权不适用诉讼时效的规定：（一）请求停止侵害、排除妨碍、消除危险；（二）不动产物权和登记的动产物权的权利人请求返还财产；（三）请求支付抚养费、赡养费或者扶养费；（四）依法不适用诉讼时效的其他请求权。"《诉讼时效制度规定》第1条规定："当事人可以对债权请求权提起诉讼时效抗辩，但对下列债权请求权提起诉讼时效抗辩的，人民法院不予支持：（一）支付存款本金及利息请求权；（二）兑付国债、金融债券以及向不特定对象发行的企业债券本息请求权；（三）基于投资关系产生的缴付出资请求权；（四）其他依法不适用诉讼时效规定的债权请求权。"

（三）诉讼时效届满的法律后果

如前所述，在普通法上，诉讼时效届满，除非义务人同意履行，不然即会产生权利人的胜诉权自动消灭的法律后果，义务人可以提出不履行义务的抗辩。在破产法中，《审理企业破产案件规定》第61条第7项规定，超过诉讼时效的债权不属于破产债权。对于诉讼时效已经届满的债权，不能认定为破产债权。

应当指出，对于超过诉讼时效的债权，管理人作为债务人财产及其他所有事务的代表，理论上可以代表债务人同意履行超过诉讼时效的债权，即使得这一本来不再属于破产债权的债权转化为破产债权。显然，这一转化是管理人放弃诉讼时效抗辩的结果，在法律上并没有什么问题。可因这一行为必然导致破产债权的增加，影响甚至损害其他债权人的利益，除非同意履行超过诉讼时效的债务完全有利于破产程序尤其是破产重整的进行，否则就不能放弃诉讼时效的抗辩。即使放弃，也要慎之又慎，并应按照《企业破产法》第69条及《破产法解释（三）》第15条的规定，事先制作财产管理或者变价方案并提交债权人会议进行表决通过，并在实施处分前提前10日书面报告债权人委员会或者人民法院。

还有，债务人在具有破产原因的情况下，于破产申请受理前的一定时间内如1年内承认同意履行已经超过诉讼时效的债务，虽然对破产债权的认定存在影响，依然是债务人依法行使自己权利的结果，本质上也不属于赠与、无偿转让财产的范围，也应当承认债务人在破产申请受理前同意履行义务的效力。

（四）诉讼时效因破产事由中断的后果及范围

《诉讼时效制度规定》第13条规定："下列事项之一，人民法院应当认定与提起诉讼具有同等诉讼时效中断的效力：（一）申请仲裁；（二）申请支付令；（三）申请破产、申报破产债权；（四）为主张权利而申请宣告义务人失踪或死亡；（五）申请诉前财产保全、诉前临时禁令等诉前措施；（六）申请强制执行；（七）申请追加当事人或者被通知参加诉讼；（八）在诉讼中主张抵销；（九）其他与提起诉讼具有同等诉讼时效中断效力的事项。”《破产法解释（二）》第 19 条第 1 款规定：“债务人对外享有债权的诉讼时效，自人民法院受理破产申请之日起中断。”基此，申请破产、申报破产债权及破产申请的受理等破产事由，均会引起诉讼时效中断的法律后果，然其后果不同，应当加以注意：

1. 债权人申请债务人破产、申报破产债权的，对于申请破产、申请债务人破产的债权人之有关债权的诉讼时效会产生中断的法律后果，没有疑问。至于债权人对债务人破产的申请是否最终被人民法院受理，申报的债权是否被依法认定，则不影响该债权人有关债权诉讼时效中断的效力。司法实践中，债权人申请债务人破产，一些法院并未严格按照法律规定的期限审查是否受理，短的一两月，长的半年 1 载甚至更长，假若以破产申请受理为准确定诉讼时效中断，这时其债权的诉讼时效可能已经超过，不利于债权人权利的正当保护。至于申报债权，需要管理人、债权人会议、人民法院分别对所申报的债权进行审查、核查与确认，期间很难短期完成，倘若以债权明确是否认定的日期为准，该债权也可能早已超过了诉讼时效，会对已经在诉讼时效内主张权利的债权人的债权保护不利，也与诉讼时效规定的意旨相悖。是以，债权人申请债务人破产、申报债权而引起其债权诉讼时效中断的，应以申请破产、申报债权之日为准。

应当指出，某一债权人申请债务人破产、申报债权，对之相关债权产生诉讼时效中断的法律后果，没有问题。但对于没有申请债务人破产、申报债权的债权人的债权来说，并不必然产生诉讼时效中断的法律后果。诉讼时效本身，主要目的在于督促债权人自身在诉讼时效内主张权利。虽然已经有人申请债务人破产或者申报债权，其他债权人依然需要及时对债务人行使权利，而不能坐享他人之功，躺在权利上睡觉，怠于行使自己的权利。不然，在申报债权前因自己怠于行使权利而导致诉讼时效超过的，则应承担相应的法律后果。

还应指出，债权人或其他权利人申请债务人破产，人民法院予以受理的，对于债务人对外享有债权的诉讼时效是否产生中断的法律后果，从普通法上看，不能得出这种结论。然基于债务人对外所享有债权的诉讼时效在破产申请受理时可能快要到期，而债务人在破产申请受理后其有关财产管理、生产经营及其他事务包括诉讼事务均应由管理人代表进行。管理人开始履行职务，需要与债务人进行交接。有的债务人出于抵触或者停产停业较长、财务混乱等原因，导致管理人无法短期内了解债务人所享有的债权及其证据情况，从而无法根据《民法典》总则编第195条、《诉讼时效制度规定》第13条规定采取诸如向义务人提出履行请求；申请诉前财产保全、诉前临时禁令等诉前措施；提起诉讼或者申请仲裁等方式主张权利而导致诉讼时效中断，等到管理人了解有关情况后再对债务人所享有的对外债权主张权利时，诉讼时效可能已经超过。显然，债务人的这种未在诉讼时效内请求保护的情形，并非管理人怠于行使权利而致。另外，有关债务人的破产申请受理后，债权人也无法对债务人的债务人直接通过代位权诉讼来获得救济。这样，在管理人、债权人并未怠于行使权利不符合诉讼时效适用条件的情况下，按照普通法上诉讼时效规定，就会使得债务人的一些债权超过诉讼时效而得不到保障，债务人财产可能由此减少，其最终结果乃是债权人买单而遭受更大的损失。但是，债权人的这种损失乃是债务人进入破产程序后必然延迟有关权利行使所需要的成本所致，而非可以归咎于债权人自身的原因所为，如再让已经因为债务人破产而遭受损失甚至巨大损失的债权人承受不是源于管理人、债权人的原因而是因为债务人进入破产这一客观事实承担更大的损失，显失公平。此时，适用诉讼时效障碍机制，让债务人的债务人为本来存在的债权债务关系承担有关法律责任，不因债务人进入破产程序管理人暂时无法全面履行诸如及时请求债权保护等职责这一客观事实而获不当之益，乃与诉讼时效制度设立的价值取向相符，也与公平正义的精神相合。[①] 故，即使在债权人申请债务人破产而非债务人申请破产的情况下，债务人对外享有债权的诉讼时效，根据《破产法解释（二）》第19条第1款规定，也自人民法院受理破产申请之日起中断，管理人有充分的时间全面搜集、了解债务人有关对外债权的基本情况及有关证据，并根据具体情况认真斟酌是否以及如何代表债务人主张债权保护，以维护全体债权人的利益。

所要注意的是，债权人申请债务人破产，债务人对外享有债权的诉讼时效虽可中断，然中断的时间并非债权人申请债务人破产之日，而是破产申请受理之日。这点与债权人申请债务人破产导致自己的债权诉讼时效中断的时间乃是申请之日有所区别。这是因为，债权人申请债务人破产，债务人并非一定符合破产申请受理的条件。假若不符，需要驳回，即债务人不会进入破产程序，依旧处于普通法适用的正常状态，债务人不能因为债权人申请债务人破产而享受其成在怠于行使权利的情况下仍可获得诉讼时效利益。否则，

① 最高人民法院民事审判第二庭编著：《最高人民法院关于企业破产法司法解释理解与适用》，人民法院出版社2017年版，第257页。

也与诉讼时效的立法意旨相悖，需要加以否定。

2. 债务人申请破产的，基于上述同样的道理，之对外所享有的所有债权的诉讼时效均在申请之日予以中断，可其效力仅限于债务人所享有债权的诉讼时效中断，并不必然导致债权人对债务人所享有债权的诉讼时效中断，对此，不再多述。

（五）债务人对外债权诉讼时效的特别规定

一般来说，债务人对外享有的债权不会主动放弃，尤其是在资不抵债在财务上处于困境的情况下更难发生。然基于各种各样的原因，如债务人与之债务人之间因为股东、实际出资人存在关联关系，或者债务人乃是其股东、出资人的债权人，或者债务人因为财务混乱造成债权债务关系不清，或者债务人因为生产经营困难甚至停产停业无人管理，或者因为有关工作人员极不负责任等等，造成对外债权不能追回或者诉讼时效予以超过。对于故意甚至恶意的不主张权利而致诉讼时效超过的行为，可以视为放弃债权的行为，发生在破产申请受理前 1 年内的，管理人可以根据《企业破产法》第 31 条的规定，行使破产撤销权请求人民法院予以撤销。可是，债务人怠于行使权利而致诉讼时效超过，并非一定出于故意或者恶意，有的完全可能出于过失或者基于无人管理等客观状况。另外，要判断债务人是否出于故意或者恶意，管理人在行使破产撤销权时也往往难以举证证明，造成举证不能无法撤销。不论情况，只要债务人没有行使权利而致诉讼时效超过就一律认定为“放弃债权”的行为予以撤销，似乎与“放弃债权”的内涵不符。放弃在主观上要求出于故意，出于过失而没有主张权利造成诉讼时效超过，就很难将之归于放弃之列。同时这就等同于宣告债务人破产时对外所享有的债权在破产申请受理前 1 年内完全不受诉讼时效制度的限制，即使得诉讼时效制度在破产撤销制度的期限内完全丧失其应有的功能与作用，不仅会损害本可享受诉讼时效利益的债务人的利益，而且可能损害善意第三人的正当利益，于法无据，于理不合。对于这些无法证明出于故意甚至恶意，或者本身也非出于故意而消极地未主张权利导致诉讼时效超过的债权，在无法撤销的情况下若一律不管，又难以遏制一些债务人与之债务人相互串通故意不主张权利而致诉讼时效超过且又无法获得有关证据的“放弃债权”的现象发生。为了在两者之间求得平衡，《破产法解释（二）》第 19 条第 2 款明确规定：“债务人无正当理由未对其到期债权及时行使权利，导致其对外债权在破产申请受理前一年内超过诉讼时效期间的，人民法院受理破产申请之日起重新计算上述债权的诉讼时效期间。”基此，对到期债权未及时主张权利的举证责任就落到了债务人身上。债务人无法举证证明其未在诉讼时效内主张权利乃是出于正当理由，就不会产生诉讼时效超过的法律后果，管理人可以依法主张权利，不致因为债务人故意甚至恶意以消极地不主张权利的方式放弃债权而又得不到证据证明以致无法撤销的现象出现，同时亦可防止将那些确实不是出于故意或者恶意的并非属于“放弃债权”的行为而一律作为放弃债权的行为加以撤销的现象出现。

三、破产衍生诉讼的受理限制

（一）在破产申请受理后，债权人针对债务人财产提起的个别清偿，人民法院不应受理

在普通法上，债权人对于自己所享有的债权，只要未超过诉讼时效就可以依法主张权利，或提起诉讼，或申请仲裁；即使超过诉讼时效，债权人也只是丧失胜诉权，其程序上的权利依旧存在，对之提起的诉讼或仲裁，人民法院或者仲裁机构应当依法受理。但在破产法上，债权人提起的诉讼并非只关系到他与债务人之间的利益，而且还关系到债务人的其他所有债权人的利益。某一债权人获得的利益越大，在债务人破产其财产恒定的情况下，其他债权人至少有部分债权人的利益就会受到影响，在破产程序中，从而需要禁止债权人向债务人发起个别清偿给付之诉。不仅如此，还将发生在破产申请受理前6个月内发生的恶意个别清偿列为破产撤销行为而由管理人依法予以撤销。以是，在破产申请受理后，对于债权人提起的诸如主张次债务人代替债务人直接向其偿还债务；主张债务人的出资人、发起人和负有监督股东履行出资义务的董事、高级管理人员，或者协助抽逃出资的其他股东、董事、高级管理人员、实际控制人等直接向其承担出资不实或者抽逃出资责任；以债务人的股东与债务人法人人格严重混同为由，主张债务人的股东直接向其偿还债务人对其所负债务等的就债务人财产提起的各种各样的个别清偿之诉，《破产法解释（二）》第23条第1款明确规定，人民法院不予受理。

其实，上述的债权人不是针对债务人提出的而是针对债务人负有义务的第三人提起的诉讼，表面上并非向债务人主张个别清偿，可其实际仍是针对债务人财产所主张的个别清偿。这是因为，债务人的债务人、出资人、发起人、股东、董事、高级管理人员、实际控制人等第三人依法而对债务人负有清偿债权、承担赔偿、返还财产等义务，债务人为此对这些第三人享有债权或者物权等权利。毫无疑问，在破产程序中，这些债权、物权等权利均属于债务人的财产，第三人应当向管理人清偿，然后用于全体债权人公平获得清偿。债权人若还主张第三人向其直接清偿债务，承担责任，其实际就是以债务人财产来清偿提起有关诉讼的债权人的个别债权，明显有悖于破产程序公

平清偿债权的基本原则。

另外，根据《民事诉讼法》第119条第1款规定，在实体上，“原告是与本案有直接利害关系的公民、法人和其他组织”乃是起诉不可缺少的首要条件。在破产程序中，债务人因第三人对之负有的义务而对之所拥有的各种权利，属于应当用以依法公平清偿全体债权人债权的债务人财产，不能单独将之割裂，而非普通法上可以单独割裂用以单个清偿个别债权人的财产。如此，债权人与针对债务人财产而提起的个别清偿之诉，就其诉请的内容与标的之间的实体权利义务关系，虽存在着利害联系，然已不属于直接利害关系，而是间接的利害关系，从而不符合起诉条件，人民法院固然不能受理。

（二）在特定情形下，债权人可以代表全体债权人对债务人的债务人提起破产衍生诉讼

1. 有关债务人的破产申请受理后，债务人对外所享有的债权，债务人的出资人、发起人、股东、董事、高级管理人员、实际控制人因为股东出资不实或者抽逃出资而负有的有关义务等，管理人都应依法追收、追偿，并将追收、追偿的财产列入债务人财产，用之依法公平清偿债权人的债权，以维护全体债权人的合法权益。这是管理人应尽的义务与职责，不能拖延，更不能推卸。因此，《破产法解释（二）》第23条中规定：“债权人通过债权人会议或者债权人委员会，要求管理人依法向次债务人、债务人的出资人等追收债务人财产，管理人无正当理由拒绝追收，债权人会议依据企业破产法第22条的规定，申请人民法院更换管理人的，人民法院应予支持。”可对之适用，要注意以下几点：

（1）管理人不依法履行追收对外所享有的债权、财产等职责，债权人必须通过了债权人会议或者债权人委员会要求管理人履行追收、追偿职责，而不是债权人个人仅仅以自己的名义要求管理人履行追收、追偿对外所享有的债权、财产等职责。当然，债权人可以要求管理人履行有关职责，可作为申请更换管理人的前提条件，则应通过债权人会议或者债权委员会要求管理人履行职责，这既可防止个别债权人因为管理人依法履行职责如认定债权时与债权人之间产生冲突而蓄意报复等不当现象发生，又符合债权人对管理人的监督应当通过债权人会议或者债权人委员会进行的法律规定。

（2）管理人对债权人会议或者债权人委员会关于依法向次债务人、债务人的出资人等追收债务人财产的要求加以拒绝且无正当理由。虽加以拒绝然有正当理由，如经过审查有关债权已经超过了诉讼时效，或者次债务人已经没有清偿债务的能力等，就不能认为管理人未依法履行职责而被予以更换。

（3）基于管理人拒绝债权人会议或者债权人委员会要求追收对外债权、

财产的要求而需要更换管理人的，必须由债权人会议或者由债权人会议委托的债权人委员会进行。更换管理人，是《企业破产法》赋予给债权人会议的一项权利，债权人个人并不享有，而且更换管理人涉及破产程序正常进行的秩序、管理人权利等重大问题，牵一发而动全身，需要慎重处理，而不能按个别债权人的意志而为，何况管理人由人民法院依法指定，更换管理人其实乃是改变人民法院先前的决定，更需要依法谨慎从事。

2. 个别债权人有权代表全体债权人针对债务人对外所享有的债权、财产提起相关诉讼。管理人不依法履行对外所享有的债权、财产追收、追偿职责，经过债权人会议或者债权人委员会要求履行相关职责管理人仍不予以追收，债权人认为可以追收的，为了维护全体债权人的利益，就需要适当的救济途径。所以，《破产法解释（二）》第23条第3款规定：“管理人不予追收，个别债权人代表全体债权人提起相关诉讼，主张次债务人或者债务人的出资人等向债务人清偿或者返还债务人财产，或者依法申请合并破产的，人民法院应予受理。”然则，个别债权人针对债务人所享有债权、财产提起的相关诉讼，必须符合两个条件：

（1）个别债权人提起的相关诉讼必须是代表全体债权人进行，而非代表自己或者个别债权人进行。

（2）个别债权人提起的相关诉讼必须代表全体债权人的利益，而非代表自己个人或者部分债权人的利益，具体表现在诉讼请求上要求次债务人或者债务人的出资人等向债务人清偿或者返还债务人财产或者依法申请合并破产。主张次债务人或者债务人的出资人向自己或者部分债权人清偿的，乃属于个别清偿之诉，根据《破产法解释（二）》第23条第1款的规定，人民法院则不应予以受理。

四、破产衍生诉讼的诉讼费用

通观《诉讼费用交纳办法》，只有破产案件申请费用及其交纳的规定。其中，第6条第6项规定，申请破产应当交纳申请费；第14条第6项规定，破产案件依据破产财产总额计算，按照财产案件受理费标准减半交纳，但是，最高不超过30万元；第20条第2款规定，破产案件申请费不由申请人预交，破产申请清算后交纳。对于与债务人相关的诉讼包括破产衍生诉讼的诉讼费用，并无特别规定，即应依法预交，或者申请缓交、减交的司法救助。

根据《诉讼费用交纳办法》第44条关于“当事人交纳诉讼费用确有困难的，可以依照本办法向人民法院申请缓交、减交或者免交诉讼费用的司法救助。诉讼费用的免交只适用于自然人”；第46条关于“当事人申请司法救助，符合下列情形之一的，人民法院应当准予减交诉讼费用：（一）因自然灾害等不可抗力造成生活困难，正在接受社会救济，或者家庭生产经营难以为继的；（二）属于国家规定的优抚、安置对象的；（三）社会福利机构和救助管理站；（四）确实需要减交的其他情形。人民法院准予减交诉讼费用的，减交比例不得低于30%”；第47条关于“当事人申请司法救助，符合下列情形之一的，人民法院应当准予缓交诉讼费用：（一）追索社会保险金、经济补偿金的；（二）海上事故、交通事故、医疗事故、工伤事故、产品质量事故或者其他人身伤害事故的受害人请求赔偿的；（三）正在接受有关部门法律援助的；（四）确实需要缓交的其他情形”等的有关规定，并没有明确破产企业就有关债务人的诉讼费用属于应当缓交、减交的范围，最多只能属于其他“确实需要缓交”或者“确实需要减交”的情形。由于是否“确实需要缓交”或者“确实需要减交”，只是一个兜底性条款，各级法院基于各种各样的原因，如强调诉讼费用的收取、担心作出缓交或者减交决定而被事后追责等原因在对之作出解释时往往非常严格，与破产债务人相关的诉讼尤其是破产衍生诉讼的诉讼费用确定缓交、减交乃就很难得到认可。如果说，一审案件由破产申请受理法院直接受理，基于破产案件正常进行等的考虑还稍为好办些，那么，二审案件办理有关缓交、减交手续，则更加困难。

然而，债务人因为资不抵债进入破产程序后，现金流通常已被阻断，虽存在一些资产却很难变现，即使变现也要经过债权人会议决议通过，并报告债权人委员会或者人民法院；在第一次债权人会议前，则经过人民法院许可。管理人要提起破产撤销之诉或者代表债务人提起有关民事诉讼、仲裁，难以通过此途径预交诉讼、仲裁费用。在破产司法实践中，不少管理人在获取管理人报酬前都是自筹资金解决工作人员的报酬、交通、住宿等基本开支，甚至垫付一些诸如邮寄法律文件等日常开支费用，再让之承担预付诉讼、仲裁费用则根本不可能，尤其是在诉讼较多、费用较大甚至巨大的情况下，更不现实。还有，任何诉讼、仲裁都有败诉的风险；管理人提起的诉讼一旦败诉，不仅不会增加债务人的财产，而且还会减少债务人的财产债权人的损失会更大，往往要遭受更大的压力；有的如债权人通过债权人会议或者债权人委员会要求管理人提起诉讼管理人不提起的，则要面临被更换甚至被债权人提起赔偿之诉的可能，而提起诉讼不仅诉讼费用预交存在问题，而且还可能面临败诉的风险。是以，在提起诉讼上因为诉讼费用的预交及承担上畏手畏脚，进退两难。另外，管理人或者代表债务人提起的，倘若败诉，要承担一定的尤其是巨大的诉讼费用，在债务人资不抵债的情况下其实就是转嫁给债权人承担，而债权人已经因为债务人破产遭受很大的损失，清偿率通常都很低，而其在整个过程中没有任何过错，让之在已受损失的基础上因为有关债务人的一些诉讼、仲裁再遭受更大的损失，固是雪上加霜；在清偿率极低特别债权人大多为小额的自然人的情况下，还会影响着破产程序的正常进行，甚至影响、危及社会稳定。加之，有的债务人涉及其财产的不仅诉讼多，而且标的数额大，不少还存在标的重复的情况，如一些银行给他人贷款上亿元，然后到期便通过以新还旧的方式贷款还账，可每次都让债务人为他人提供财产担保，签订抵押合同，并进行抵押登记，有的还同时让债务人提供连带责任保证。在债务人破产的情况下，管理人依法撤销有关担保债权时，可能就要提起多个诉讼，而针对的标的却一样或者存在重叠，一些法院仍按诉讼标的计算诉讼费用，由此产生的巨额诉讼费用一旦败诉而转嫁给债权人承担，债权人肯定难以接受。管理人假若不提起有关破产撤销之诉，债务人的财产不少有的甚至全部用于他人贷款担保，债权人的清偿亦没有保证。这时，为了给债权人一个交待，管理人就只能通过诉讼让人民法院裁判以免除自己未依法履行职责的指责。就人民法院确定缓交、减交的职责而言，有决定权的立案庭，往往与破产案件及其有关债务人诉讼审理的业务庭通常分属于不同的主管领导，彼此考虑问题的角度不一样，破产案件及相关诉讼案件审理的业务庭及其主管领导即使从破产程序正常进行角度的考虑意图让管理人提起或者代表债务人提起的诉讼案件缓交、减交诉讼费用，而立案庭及其主管领导也因为对破产案件及其相关诉讼费用没有明确的缓交、减交的规定而不同意，如有一水泥厂破产，水泥厂在破产申请受理前原股东将工厂设备租赁给他人使用，在破产申请受理后，承租人即不与管理人签订新的合同，又不向管理人交纳租赁费用，管理人便代表债务人向承租人提起有关诉讼，且涉及标的较大，破产申请受理法院就因债务人无法预交诉讼费用而裁定驳回起诉。显然，这不利于债务人财产的维护，也不利于破产程序的正常进行。基上，再考虑到破产程序意在促使一些根本无法生存的僵尸企业有序退出市场，具有生机的企业得以重整而恢复生机，进而维护经济秩序发展的正常功能，笔者认为，有必要明确债务人破产时，有关其财产的诉讼、仲裁，由管理人提起或者代表债务人提起的，属于应当缓交或免交的情形；管理人或者债务人作为诉讼当事人败诉而应由债务人财产承担的，则属于应当减交甚至免交的情形。这样，各级法院、仲裁机构就能根据此种明确的规定而依法而为，避免一些法院的工作人员在立案时随意解释而致有关债务人的诉讼、仲裁因为上述种种因素而不能启动进而损害债权人利益的现象发生，也免除了管理人、法院立案庭、案件审理的业务庭之间要就债务人有关的每一个个案缓交、减交、免交诉讼费用的事情进行协调、沟通，以减少一些不必要的时间、人力、物力成本的耗费。

五、破产衍生诉讼的法律适用

破产衍生诉讼的法律适用，包括程序法律适用与实体法律适用两个方面。无论是哪一方面，都应遵循《企业破产法》及其司法解释有特别规定的，则适用有关特别规定；只有《企业破产法》及其司法解释没有规定的，才能适用《民事诉讼法》《民法典》《公司法》等普通法及其司法解释的规定。《企业破产法》及其司法解释有特别规定的，不论《民事诉讼法》《民法典》《公司法》等普通法及其司法解释是否存在规定，存在规定是否与《企业破产法》及其司法解释的规定一致，均应按照特别法优于普通法的适用规则而适用《企业破产法》及其司法解释有关的特别规定。

在程序上，如破产衍生诉讼的管辖，根据《企业破产法》第 21 条关于“人民法院受理破产申请后，有关债务人的民事诉讼，只能向受理破产申请的人民法院提起”的规定，均要由破产申请受理法院管辖；一些破产衍生诉讼，如有关债务人的破产撤销之诉、破产无效行为之诉等均应由管理人提起，债务人及其债权人等不能提起；一些虽以债务人为原告或被告的诉讼，也要管理人代表进行。一些债权人提起的诸如主张次债务人代替债务人直接向其偿还债务的；主张债务人的出资人、发起人和负有监督股东履行出资义务的董事、高级管理人员，或者协助抽逃出资的其他股东、董事、高级管理人员、实际控制人等直接向其承担出资不实或者抽逃出资责任的；以债务人的股东与债务人法人人格严重混同为由，主张债务人的股东直接向其偿还债务人对其所负债务的；其他就债务人财产提起的个别清偿诉讼等破产衍生诉讼，基于《破产法解释（二）》第 23 条第 1 款规定，人民法院不应予以受理。至于《企业破产法》及其司法解释没有规定的程序，如破产衍生诉讼的回避制度、审判组织、期间及送达、民事强制措施、第一审程序、简易程序、第二审程序等等，则均应适用《民事诉讼法》及其司法解释的有关规定。

在实体上，如对破产撤销行为、破产无效行为、破产抵销行为等，《企业破产法》及其司法解释就其标的的范围、适用条件等均与《民法典》等普通法作了不同的规定；对债权利息、税收滞纳金在破产申请受理之日起停止计算，税收在破产法中不属于优先权等，《企业破产法》及其司法解释规定亦与《民法典》《税收征收管理法》等普通法的规定不同。对于这些不同规定，在有关诉讼中，应当适用《企业破产法》及其司法解释的特别规定，而不能适用有关普通法的一般规定。《企业破产法》及其司法解释没有规定的，如对非破产撤销行为、非破产无效行为、非破产抵销行为等相关撤销行为、无效行为、抵销行为之诉，中止或解除合同、建设工程价款优先权、法定优先权、所有权保留等等《企业破产法》及其司法解释并未作出另外规定的，则仍需要适用《民法典》《公司法》等普通法及其司法解释的有关规定。

第十四章　破产法律责任

第一节　破产法律责任概述

一、破产法律责任的概念

法律责任，是指行为人因为违法行为、违约行为或者因为法律规定而应依法承担的某种不利的法律后果。其具有法定性、强制性、内在逻辑性及否定性等不同特点。其中，法定性，是指行为人承担法律责任的最终根据是法律，某种行为是否需要承担某种不利的法律后果，承担何种法律后果，法律后果的内容及形式如何，等等，均由法律明文加以规定。没有法律明文规定的责任根本不存在。有些行为，如合同行为、违约责任虽可以约定，然约定仍需遵守法律的基本原则，不得违反法律、法规的强制性规定，需要在法律、法规规定的最大维度内进行，从最终性质来讲，仍然与法律、法规相关，不能逃离法律、法规的规范而存在。强制性，是指法律责任的承担由国家强制力保证实现，行为人不主动依法承担应当承担的法律责任的，国家司法机关则会利用国家强制力强迫行为人承担。有的法律责任如刑事责任，其承担的强制性则更加明显。内在逻辑性，是指法律责任的产生基于行为人的行为，行为因为违反法律规定或者约定，给他人或者社会造成危害的，要对此承担相应的不利法律后果。行为人的行为乃是其应承担法律责任的原因，而法律责任则是行为人行为发生所应承担的法律后果，两者具有因果关系。否定性，是指法律责任的后果对行为人不利，是一种消极的否定性的后果。正是这种否定性的不利后果，即补偿或者受到制裁，可以促使行为人不致违反法律规定或者约定，鼓励依法行使，从而达到法律责任承担的教育、预防、规范等目的。

至于破产法律责任，则是指行为人因为违反破产法或者其他法律规定而应依法在破产程序中承担的不利法律后果。

二、破产法律责任的构成

破产法律责任，就其构成而言，具有以下特征：

（一）破产法律责任的主体必须为行为人

行为人，在这里既包括自然人，又包括由人组成的各种集合体如单位等。单位，既包括具有法人资格的公司、企业等，又包括不具有法人资格的其他组织，如合伙企业等。至于破产法律责任的主体，既可以是债务人，又可以是债权人，还可以是管理人或者其他人。就债务人而言，其中的法定代表人及董事、监事或者管理人员乃至普通职工等，都可能因为自己的违法行为而要承担破产法律责任。无论什么人，只要违反了破产法及其有关的法律规定，就应依法承担相应的法律责任。当然，有的法律责任如刑事法律责任的承担，必须以行为人达到刑事责任年龄并且具有刑事责任能力为前提。

（二）破产法律责任要求行为人对自己的行为在主观上一般具有过错

法律责任的承担以行为人的行为为前提，行为人的行为又总与其主观心理相联系，一般情况下，只有在行为主体于主观上存在过错时，才能由其承担法律责任。主观过错，包括故意与过失两个方面。所谓故意，是指行为人在实施某种行为时，明知该行为会发生危害社会的结果，但仍希望或者放任这种结果发生。实施行为时明确预见某种具体的危害社会的结果，构成故意；明知行为具有危害社会的结果然为何种具体结果并不明知，仍然不影响故意的构成。所谓过失，是指行为人对自己行为可能发生危害社会的结果应当预见而因疏忽大意没有预见，或者已经预见但却轻信能够避免，以致发生了危害结果。根据德国著名哲学家黑格尔的“行为只有作为意志的过错才能归责于我”[①] 的名言，行为人的法律责任一般要以主观上存在过错为前提。特别是刑事责任，必以主观上具有故意或者过失为必要。但是，法律明确规定，某种行为的法律责任不以主观过错为必要即负无过错责任的，此时应当按照法律的特别规定承担相应的法律责任。可这种没有主观过错而承担法律责任的，必须有明确的具体的法律规定。对这，《民法典》第 1165 条规定：“行为人因过错侵害他人民事权益造成损害的，应当承担侵权责任。依照法律规定推定行为人有过错，行为人不能证明自己没有过错的，应当承担侵权责任。”第 1166 条规定：“行为人造成他人民事权益损害，不论行为人有无过错，法律规定应当承担侵权责任的，依照其规定。”第 1186 条规定：“受害人和行为人对损害的发生都没有过错的，依照法律的规定由双方分担损失。”第 1190 条规

① ［德］黑格尔：《法哲学原理》，范扬、张企泰译，商务印书馆 1961 年版，第 119 页。

定："完全民事行为能力人对自己的行为暂时没有意识或者失去控制造成他人损害有过错的，应当承担侵权责任；没有过错的，根据行为人的经济状况对受害人适当补偿。完全民事行为能力人因醉酒、滥用麻醉药品或者精神药品对自己的行为暂时没有意识或者失去控制造成他人损害的，应当承担侵权责任。"

（三）破产法律责任的承担前提是行为人必须具有违反破产法等法律规定的行为

可以说，没有无行为的法律责任，所有法律责任均以行为人的行为而且是违反法律规定具有社会危害性的行为为前提。正如马克思在抨击以追究行为人的意图为内容的普鲁士法时所指出的那样："我只是由于表现自己，只是由于踏入现实的领域，我才进入受立法者支配的范围。对于法律来说，除了我的行为以外，我是根本不存在的。我根本不是法律的对象。"[①] 就破产法律责任而言，则以违反破产法或者有关法律规定为必要。行为，在形式上既可以表示为作为，又可以表现为不作为。作为，是指行为人以积极的行动去实施违反法律规定的行为，在身体上表现为一定的行动。不作为，相对于作为而言，是指消极地不去实施自己应当实施并且有能力实施的行为。无论是作为还是不作为，只要违反了破产法及有关法律规定，并且给社会造成了危害，就应依法承担破产法律责任。

应当指出，破产法律责任的承担，必须以破产程序的启动为必要。在破产程序没有启动前，自不存在该破产程序中的法律责任。法律责任的构成要求破产程序启动，但不意味着破产法律责任的行为必须发生在破产程序中。有的行为，如妨碍破产程序的行为，自然要求发生在破产程序包括启动过程中，只有破产程序正在进行，才会存在对之妨碍的问题。有的行为虽不一定发生在破产程序中，然承担法律责任则应以破产程序发生为前提，如导致企业法人破产的原因行为，在企业破产前就已发生，可要以企业破产程序启动为承担有关责任的基础。行为人的行为虽事实上已经引起企业破产，然该企业没有进入破产程序，也不能对行为人追究其有关破产的法律责任。

（四）破产法律责任的构成必须以违反破产法等法律规定的行为发生了某种危害的结果为前提

这种危害结果主要体现为损害事实，包括对人身、财产或者精神的损害。对他人权利行使造成妨碍，应当实施某种行为而未实施某种行为而给他人造

① ［德］马克思恩格斯：《马克思恩格斯全集·第一卷》，中共中央马克思恩格斯列宁斯大格著作编译局译，人民出版社1956年版，第16～17页。

成影响，虽可能没有形成实际的财产损失，然仍可构成对他人的危害，也应承担相应的法律责任。危害结果必须是现实存在的，已经发生的，并能根据社会一般观念可以认定，虚构的、臆想的、尚未发生的现象，则不能构成行为的危害结果。

（五）破产法律责任的成立，最后要求行为人违反破产法等法律规定的行为造成了某种危害社会结果的发生

这一构成条件，要求违反破产法等法律规定的行为与危害社会的结果之间，必然存在着因果关系。即某种危害社会的结果是由于行为人违反破产法等法律规定的行为而致，而非其他行为引起。当然，某种危害社会的结果，系由包括违反破产法等法律规定行为在内的多种行为所致，则这些违反破产法等法律规定的行为与此种危害社会的结果都存在着因果关系，只不过是共同的因果关系。

三、破产法律责任的分类

破产法律责任，以不同的标准，可以作不同的分类。如以承担主体为标准，可以分为自然人的破产法律责任，法人的破产法律责任及其他组织的破产法律责任；以承担责任的主体是否为多人为标准，可以分为破产单独法律责任与破产共同法律责任；以破产法律责任在主观上是否具有过错为标准，可以分为破产过错法律责任与破产无过错法律责任；以破产法律责任承担的根据及性质不同为标准，可以分为破产民事责任、破产行政责任、破产司法责任及破产刑事责任等。

其中，破产民事责任，是指行为人违反破产法及其他有关民事法律的规定，根据民事法律应当在民事上承担的不利法律后果。其具体承担方式包括赔偿损失、返还财产等。

破产行政责任，是指行为人违反破产法及其他有关行政法律的规定，根据行政法律应当在行政上承担的不利法律后果。行政责任的承担，具体包括行政处分与行政处罚。前者是指国家机关或者单位，根据行政隶属关系对破产违法人或者不当行为人等给予的一定制裁，包括对行为人给予警告、记过、记大过、降级、降职、撤职、留用察看、辞退、除名、开除等；后者是指对行为人在人身、财产、行为、名誉等方面根据行政法的规定给予一定的制裁，包括人身罚如行政拘留，财产罚如罚款、没收非法所得等，行为罚如责令停止营业、暂扣许可证、吊销营业执照等，申诫罚如警告等。破产行政法律责任的行政处罚，则主要是行为罚，即对行为人从事某种行为的能力、资格予以限制或者剥夺。如《公司法》第146条规定：“有下列情形之一的，不得担

任公司的董事、监事、高级管理人员：（一）无民事行为能力或者限制民事行为能力；（二）因贪污、贿赂、侵占财产、挪用财产或者破坏社会主义市场经济秩序，被判处刑罚，执行期满未逾五年，或者因犯罪被剥夺政治权利，执行期满未逾五年；（三）担任破产清算的公司、企业的董事或者厂长、经理，对该公司、企业的破产负有个人责任的，自该公司、企业破产清算完结之日起未逾三年；（四）担任因违法被吊销营业执照、责令关闭的公司、企业的法定代表人，并负有个人责任的，自该公司、企业被吊销营业执照之日起未逾三年；（五）个人所负数额较大的债务到期未清偿。公司违反前款规定选举、委派董事、监事或者聘任高级管理人员的，该选举、委派或者聘任无效。董事、监事、高级管理人员在任职期间出现本条第1款所列情形的，公司应当解除其职务。"《商业银行法》第27条规定："有下列情形之一的，不得担任商业银行的董事、高级管理人员：（一）因犯有贪污、贿赂、侵占财产、挪用财产罪或者破坏社会经济秩序罪，被判处刑罚，或者因犯罪被剥夺政治权利的；（二）担任因经营不善破产清算的公司、企业的董事或者厂长、经理，并对该公司、企业的破产负有个人责任的；（三）担任因违法被吊销营业执照的公司、企业的法定代表人，并负有个人责任的；（四）个人所负数额较大的债务到期未清偿的。"第89条规定："商业银行违反本法规定的，国务院银行业监督管理机构可以区别不同情形，取消其直接负责的董事、高级管理人员一定期限直至终身的任职资格，禁止直接负责的董事、高级管理人员和其他直接责任人员一定期限直至终身从事银行业工作。商业银行的行为尚不构成犯罪的，对直接负责的董事、高级管理人员和其他直接责任人员，给予警告，处五万元以上五十万元以下罚款。"《银行业监督管理法》第48条规定："银行业金融机构违反法律、行政法规以及国家有关银行业监管规定的，银行业监督管理机构除依照本法第四十四至四十七条规定处罚外，还可以区别不同情形，采取下列措施：（一）责令银行业金融机构对直接负责的董事、高级管理人员和其他直接责任人员给予纪律处分；（二）银行业金融机构的行为尚不构成犯罪的，对直接负责的董事、高级管理人员和其他直接责任人员给予警告，处五万元以上五十万元以下罚款；（三）取消直接负责的董事、高级管理人员一定期限直至终身的任职资格，禁止直接负责的董事、高级管理人员和其他直接责任人员一定期限直至终身从事银行业工作。"《证券投资基金法》第15条规定："有下列情形之一的，不得担任公开募集基金的基金管理人的董事、监事、高级管理人员和其他从业人员：（一）因犯有贪污贿赂、渎职、侵犯财产罪或者破坏社会主义市场经济秩序罪，被判处刑罚的；（二）对所任职的公司、企业因经营不善破产清算或者因违法被吊销营业执照负有个人责任的董事、监事、厂长、高级管理人员，自该公司、企业破产清算终结或者被吊销营业执照之日起未逾五年的；（三）个人所负债务数额较大，到期未清偿的；（四）因违法行为被开除的基金管理人、基金托管人、证券交易所、证券公司、证券登记结算机构、期货交易所、期货公司及其他机构的从业人员和国家机关工作人员；（五）因违法行为被吊销执业证书或者被取消资格的律师、注册会计师和资产评估机构、验证机构的从业人员、投资咨询从业人员；（六）法律、行政法规规定不得从事基金业务的其他人员。”《企业破产法》第125条规定：“企业董事、监事或者高级管理人员违反忠实义务、勤勉义务，致使所在企业破产的，依法承担民事责任。有前款规定情形的人员，自破产程序终结之日起三年内不得担任任何企业的董事、监事、高级管理人员。”

破产司法责任，是指在破产程序中，实施妨碍破产程序进行的行为根据《企业破产法》《民事诉讼法》的规定，由人民法院对其给予的不利法律后果，包括训诫、责令退出法庭、拘传、罚款、拘留等。

破产刑事责任，是指违反破产法等规定且构成刑事犯罪的人，根据刑法的规定对其在刑事上给予的不利法律后果，其具体承担责任的方式包括主刑与附加刑。主刑有死刑（含死刑立即执行与死刑缓期2年执行）、无期徒刑、有期徒刑、拘役和管制；附加刑有罚金、剥夺政治权利与没收财产。

第二节　破产原因行为的法律责任

一、破产原因行为的概念

破产原因行为，是指债务人董事、监事或者高级管理人员等违反《企业破产法》《公司法》等的有关规定，怠行忠实、勤勉义务致使债务人破产的行为。破产原因行为，乃是债务人破产的原因。债务人之所以破产，与有关人员怠行忠实、勤勉义务存在着因果关系。当然，破产原因行为尽管属于债务人破产的原因，可这种原因并非一定唯一。一个企业或者单位之所以破产，往往不是某一人的单个行为所决定的，还可能基于市场环境的变化如金融危机的到来就可能导致一些本来存在问题的债务人破产。这时，债务人中的有关人员的怠行忠实、勤勉义务的行为与外界因素的共同结合造成债务人破产，债务人中的有关人员的行为依然可以构成破产原因应当依法承担相应的责任。

此外，破产原因行为，往往是有关人员的一系列行为复合而成，而非一个或者几个行为进行简单的叠加所致。分析是否属于破产原因行为及其在债务人破产中所起的作用大小，乃是确定其民事责任大小的重要根据。

二、破产原因行为的构成

（一）破产原因行为的主体必须为债务人的董事、监事或者高级管理人员

《企业破产法》第125条规定："企业董事、监事或者高级管理人员违反忠实义务、勤勉义务，致使所在企业破产的，依法承担民事责任。"据之，债务人中的非工作人员，或者虽为债务人的工作人员然不属于董事、监事或者高级管理人员，则不属于破产原因行为的主体。

应当指出，在司法实践中，有的股东可能并非董事、监事或者高级管理人员，可能够左右公司的人力、物力、财力及经营管理等各种重大事务。尤其是实际控制人，其不是公司的股东，却通过投资关系、协议或者其他安排，能够实际支配公司的各种行为。有的甚至出于私利而不顾企业利益任意而为，与企业破产有着重大的因果关系。对于这种股东或者实际控制人实施的违背《公司法》等有关规定而致企业破产的行为，《企业破产法》未将之纳入破产原因行为的范围而追究法律责任。然这不意味着其不承担责任，而是应根据《公司法》的规定承担法律责任，只不过不属于破产法律责任。如《公司法》第20条就规定："公司股东应当遵守法律、行政法规和公司章程，依法行使股东权利，不得滥用股东权利损害公司或者其他股东的利益；不得滥用公司法人独立地位和股东有限责任损害公司债权人的利益。公司股东滥用股东权利给公司或者其他股东造成损失的，应当依法承担赔偿责任。公司股东滥用公司法人独立地位和股东有限责任，逃避债务，严重损害公司债权人利益的，应当对公司债务承担连带责任。"

（二）破产原因行为在主观上必须要求行为人具有过错

破产原因行为在主观上要求行为人必须具有过错，即明知自己的行为会造成企业利益的严重损害，但仍然希望或者放任其行为的发生，或者应当预见自己的行为对企业利益可能产生危害的结果却疏忽大意而没有预见，或者虽已预见但轻信能够避免，从而致使该结果发生。企业董事、监事或者高级管理人员在主观上没有任何过错，完全出于意志以外的原因致使企业利益遭受严重损害甚至导致债务人破产的，就不应承担破产法律责任。

（三）破产原因行为在客观上表现为违反法定义务导致债务人破产的行为

就破产原因行为的客观方面而言，要求企业董事、监事或者高级管理人员必须实施了违反《公司法》等法律、法规规定的，与自己应尽的忠实义务、

勤勉义务相违背的，并且致使所在单位破产的客观行为。

1. 企业董事、监事或者高级管理人员的行为违反了《公司法》等法律有关规定，且与其忠实义务、勤勉义务相关联。没有违反《公司法》等法律规定，或者虽然违反《公司法》等法律规定，但不违背忠实义务、勤勉义务的，也不能构成破产原因行为。

（1）所谓忠实义务，又称信义义务，是指企业董事、监事或者高级管理人员在实施企业行为、经营企业事务时，应当为企业利益最大化全心全意、尽心尽力地开展工作。当自身利益包括亲朋好友的利益与企业利益发生冲突时，应当以企业利益为先，不得为了自身利益损害企业利益。对此，《公司法》第147条规定："董事、监事、高级管理人员应当遵守法律、行政法规和公司章程，对公司负有忠实义务和勤勉义务。董事、监事、高级管理人员不得利用职权收受贿赂或者其他非法收入，不得侵占公司的财产。"第148条规定："董事、高级管理人员不得有下列行为：（一）挪用公司资金；（二）将公司资金以其个人名义或者以其他个人名义开立账户存储；（三）违反公司章程的规定，未经股东会、股东大会或者董事会同意，将公司资金借贷给他人或者以公司财产为他人提供担保；（四）违反公司章程的规定或者未经股东会、股东大会同意，与本公司订立合同或者进行交易；（五）未经股东会或者股东大会同意，利用职务便利为自己或者他人谋取属于公司的商业机会，自营或者为他人经营与所任职公司同类的业务；（六）接受他人与公司交易的佣金归为己有；（七）擅自披露公司秘密；（八）违反对公司忠实义务的其他行为。董事、高级管理人员违反前款规定所得的收入应当归公司所有。"

（2）所谓勤勉义务，又称注意义务，是指企业董事、监事或者高级管理人员在实施企业行为、经营企业事务时，应当为了公司利益的最大化不懈地努力、勤奋工作，并依照《公司法》等法律、法规规定及公司章程办事，不能懈怠。不然，随意而为，置《公司法》等法律、法规而不顾，无视公司章程等有关规定，就没有尽到合理注意义务，与勤勉义务相违背，造成损害的，应当依法承担相应的法律责任。对这，《公司法》第149条规定："董事、监事、高级管理人员执行公司职务时违反法律、行政法规或者公司章程的规定，给公司造成损失的，应当承担赔偿责任。"

2. 企业董事、监事或者高级管理人员实施违反法律、法规规定的有悖于忠实、勤勉义务的行为，必须造成了所在企业破产。虽有违反忠实、勤勉义务的行为，然没有给企业造成实际损失，或者虽然造成实际损失但未达到致使企业破产的严重程度，也不能承担破产法律责任，但应依法承担其他法律责任。企业破产清算，乃属企业破产。企业不是进行破产清算，而是实施破产重整或者破产和解，也属于企业破产，相对于破产原因的企业破产，不能限制在狭义的破产程序即破产清算的范围内。

3. 企业董事、监事或者高级管理人员实施违反法律、法规规定的有悖于忠实、勤勉义务的行为与企业破产存在着现实的因果关系，即企业董事、监事或者高级管理人员违反法律、法规规定的有悖于忠实、勤勉义务的行为与企业破产直接相关。当然，这种行为与企业破产相关，并非要求其行为构成企业破产的唯一原因，不过必须要求这种行为属于企业破产的原因之一，一般来说，是主要原因或者重要原因之一。

三、破产原因行为的法律责任

《企业破产法》第 125 条规定："企业董事、监事或者高级管理人员违反忠实义务、勤勉义务，致使所在企业破产的，依法承担民事责任。有前款规定情形的人员，自破产程序终结之日起三年内不得担任任何企业的董事、监事、高级管理人员。"基此，破产原因行为应当依法承担民事责任、行政责任以及刑事责任。

（一）民事责任

对于破产原因行为，《企业破产法》就民事责任只是作了原则规定，即要求承担民事责任，可对民事责任的承担方式，以及由谁承担，如何承担等并未作出规定。故，这些具体事项必须根据《民法典》《公司法》等其他法律、法规具体确定。下面就破产原因行为民事责任承担的方式、性质、范围及其程序做一简单的介绍。

1. 破产原因行为民事责任的承担方式。根据《公司法》等法律规定，企业董事、监事或者高级管理人员违反忠实义务、勤勉义务的行为，以行为人是否直接从企业得利为标准，可以分为得利型行为与非得利型行为。

前者即得利型行为，主要是违反忠实义务从公司财产或者有关利益中直接获取利益，损害企业利益的行为。这种行为，属于损企而利己的行为，行为人将自身利益置于企业利益之上。如挪用公司资金；将公司资金以其个人名义或者以其他个人名义开立账户存储；未经股东会、股东大会或者董事会同意，将公司资金借贷给他人或者以公司财产为他人提供担保；违反公司章程的规定或者未经股东会、股东大会同意，与本公司订立合同或者进行交易；未经股东会或者股东大会同意，利用职务便利为自己或者他人谋取属于公司的商业机会，自营或者为他人经营与所任职公司同类的业务；接受他人与公司交易的佣金归为己有；违反对公司忠实义务，利用职务之便实施的贪污、侵占企业财产利益的其他行为等。

后者即非得利型行为，是指违反勤勉义务致使公司利益遭受损害，自己并未从中直接获取利益，或者虽然获取利益并非从企业直接获取利益而是从企业之外的他人处获得利益的行为。这种行为，有的属于损企而不利己的行为，如违反法律、法规或者公司章程的规定，给企业造成损失的行为，或者因为疏忽大意、过于自信给企业造成损失的行为等，完全可能不给自己产生任何利益。

一般来说，破产原因行为中的得利型行为，其承担民事责任通常是先适用返还财产、清偿债务的方式。对此，《公司法》第 148 条第 2 款明确规定，董事、高级管理人员违反忠实义务实施的得利型行为所得的收入应当归公司所有。以是，企业董事、监事或者高级管理人员应当向管理人依法返还非法占有的企业财产及其利益，不能返还或者清偿债务的，则应依法承担赔偿责任。

破产原因行为中的非得利型行为，其承担民事责任一般适用赔偿损失的方式。对这，《公司法》第 149 条明确规定，董事、监事、高级管理人员执行公司职务时违反法律、行政法规或者公司章程的规定，给公司造成损失的，应当承担赔偿责任。

2. 破产原因行为赔偿责任的性质与范围。对于董事、监事或者高级管理人员的破产原因行为，其应承担的赔偿责任是向公司承担还是对公司的债权人承担连带责任，在理论上有不同看法。在境外，一些国家与地区的公司法规定，公司董事、监事或者高级管理人员违反法律和公司章程规定给公司造成损失的，应与公司对外承担连带赔偿责任。我国台湾地区的《公司法》第 23 条亦规定："公司负责人对于公司业务之执行，如有违反法令致人受损害时，对他人应与公司负连带赔偿之责。"在境内，亦有较高的呼声主张对企业破产负有责任的董事、监事或者高级管理人员对债务人的债务承担连带责任。《企业破产法（草案）》第 151 条亦曾规定："企业董事、经理或者负责人违反忠于职守、勤勉尽责义务，致使所在企业破产的，应当承担相应的民事责任。因为故意或者重大过失致使所在企业破产的，对企业债务承担连带民事赔偿责任。"可是，最终没有得到立法机关采纳通过。如此，关于破产原因行为人对所在破产企业债权人的连带赔偿责任，只有理论上的观点，并无法律上的规定。根据法律责任的法定性要求，企业董事、监事或者高级管理人员违反法律和企业章程规定致企业破产的，只能对企业承担赔偿责任，不能对企业债权人承担连带赔偿责任。①

就破产原因行为承担责任的范围而言，应当考虑以下因素：（1）破产原

---

① 吴庆宝、王建平主编：《破产案件裁判标准规范》，人民法院出版社 2009 年版，第 414 页。

因行为对企业破产的因果关系及其大小。企业破产的原因，往往是多方面的，是一系列因素的结合。因此，破产原因行为虽然与企业破产存在原因与结果关系，可这种原因在企业破产中所起作用大小乃是判断其责任大小的基本根据。（2）破产原因行为给企业所造成的直接损失。破产原因行为致使企业破产，其原因与企业破产的关联程度及其作用的大小，是确定破产原因行为民事责任的根据。然在具体判断时不是简单地根据行为与企业破产之间的关系判断，而应根据破产原因行为给企业所造成的直接损失进行确定。（3）破产原因行为给企业造成损失的大小。破产原因行为给企业造成损失，有的可能不大，有的可能很大甚至巨大、特别巨大，从而完全可能为破产原因行为人所无法承受。此时，应当根据具体情况、公平原则等确定行为人适当合理的赔偿数额，而不能不分情况一律将损失让行为人承担。具体来说，对于行为人因为挪用企业资金、侵占企业财产等侵权行为所产生的责任，则应按照实际损失全额承担。因为违反法律、法规规定，或者在经营管理过程中疏忽大意或过于自信造成企业巨大损失的，则应根据具体情况确定破产原因行为人赔偿的范围与数额。

3. 破产原因行为赔偿责任承担的程序。在企业破产前，企业董事、监事或者高级管理人员违反忠实义务、勤勉义务给企业造成的损失，根据《公司法》的有关规定，可以依法通过诉讼程序来解决。如《公司法》第151条规定："董事、高级管理人员有本法第一百四十九条[①]规定的情形的，有限责任公司的股东、股份有限公司连续一百八十日以上单独或者合计持有公司百分之类一以上股份的股东，可以书面请求监事会或者不设监事会的有限责任公司的监事向人民法院提起诉讼；监事有本法第一百四十九条规定的情形的，前述股东可以书面请求董事会或者不设董事会的有限责任公司的执行董事向人民法院提起诉讼。""监事会、不设监事会的有限责任公司的监事，或者董事会、执行董事收到前款规定的股东书面请求后拒绝提起诉讼，或者自收到请求之日起三十日内未提起诉讼，或者情况紧急、不立即提起诉讼将会使公司利益受到难以弥补的损害的，前款规定的股东有权为了公司的利益以自己的名义直接向人民法院提起诉讼。""他人侵犯公司合法权益，给公司造成损失的，本条第一款规定的股东可以依照前两款的规定向人民法院提起诉讼。"第152条规定："董事、高级管理人员违反法律、行政法规或者公司章程的规定，损害股东利益的，股东可以向人民法院提起诉讼。"

在企业破产后，企业的有关事务均由管理人依法接管，对企业董事、监

① 该条规定："董事、监事、高级管理人员执行公司职务时违反法律、行政法规或者公司章程的规定，给公司造成损失的，应当承担赔偿责任。"

事或者高级管理人员违反忠实、勤勉义务给企业造成损害，并致企业破产的行为人，管理人有权利也有义务向其追究民事责任。对此，《企业破产法》第34条规定："因本法第三十一条、第三十二条或者第三十三条规定的行为而取得的债务人的财产，管理人有权追回。"第35条规定："人民法院受理破产申请后，债务人的出资人尚未完全履行出资义务的，管理人应当要求该出资人缴纳所认缴的出资，而不受出资期限的限制。"第36条规定："债务人的董事、监事和高级管理人员利用职权从企业获取的非正常收入和侵占的企业财产，管理人应当追回。"据此，管理人在破产程序中，应当遵循《企业破产法》规定的忠实执行职务义务、勤勉义务，依法对企业董事、监事或者高级管理人员的破产原因行为追究其民事责任。具体来说，首先可以向破产原因行为人发出交付财产、清偿债务、承担赔偿责任的通知书，让其主动承担责任。破产原因行为人拒不承担的，管理人可以向受理破产申请的人民法院提起民事诉讼，通过人民法院依法裁判破产原因行为人承担返还财产、赔偿损失等法律责任。

（二）行政责任

根据《企业破产法》第125条的规定，企业董事、监事或者高级管理人员违反忠实义务、勤勉义务，致使所在企业破产的，除依法承担民事责任外，还应依法承担行政责任。这种行政责任，主要是对其在一定期间内担任企业职务的限制，即自破产程序终结之日起3年内不得担任任何企业的董事、监事、高级管理人员。

应当指出，对于具有破产原因行为的企业董事、监事或者高级管理人员，所应承担的行政责任，应当注意以下方面：

1. 从限制的内容来说，是不得担任董事、监事和高级管理人员。至于担任董事、监事和高级管理人员以外的工作人员，则不作限制。这是因为，这些具有破产原因的董事、监事和高级管理人员，尽管过去因为自己的过错行为致使企业破产，然其仍有生活的基本权利，还需要工作劳动，不能对其工作劳动的权利加以限制，可对其工作劳动担任的职务做些限制，以鼓励企业董事、监事和高级管理人员尽心尽力，履行自己忠实、勤勉义务，自有必要。其实，这些具有破产原因行为的董事、监事和高级管理人员，往往在商业道德或者能力上也通常存在这样或那样的问题，在一定时期内对其担任同样职务做些限制，也有其现实基础。

2. 从限制的范围来说，是限制具有破产原因行为的董事、监事和高级管理人员担任所有企业的董事、监事和高级管理人员，不是限制其担任企业以外单位的职务。任何企业，在这里不仅包括具有法人资格的公司、企业，也包括不具有法人资格的企业，如个人独资企业、合伙企业、乡镇企业等。至于企业的所有制性质，如是国有企业、集体所有制企业、私营企业、外商投资企业还是混合所有制企业等，则在所不论。

3. 从限制的时间上来说，是限制具有破产原因行为的董事、监事和高级管理人员自破产程序终结之日起 3 年内不得担任任何企业的董事、监事和高级管理人员。自破产程序终结之日起超过 3 年，具有破产原因行为的董事、监事和高级管理人员则依法可以担任企业的董事、监事和高级管理人员。

4. 具有破产原因行为的董事、监事和高级管理人员自破产程序终结之日起 3 年内不得担任任何企业的董事、监事和高级管理人员，是《企业破产法》对具有破产原因行为的董事、监事和高级管理人员在行政责任上的一般规定，有的法律、法规亦作了规定，如《公司法》第 146 条规定："有下列情形之一的，不得担任公司的董事、监事、高级管理人员……（三）担任破产清算的公司、企业的董事或者厂长、经理，对该公司、企业的破产负有个人责任的，自该公司、企业破产清算完结之日起未逾三年……""公司违反前款规定选举、委派董事、监事或者聘任高级管理人员的，该选举、委派或者聘任无效。""董事、监事、高级管理人员在任职期间出现本条第 1 款所列情形的，公司应当解除其职务。"《商业银行法》第 27 条规定："有下列情形之一的，不得担任商业银行的董事、高级管理人员……（二）担任因经营不善破产清算的公司、企业的董事或者厂长、经理，并对该公司、企业的破产负有个人责任的……"《证券投资基金法》第 15 条规定："下列人员不得担任基金管理人的基金从业人员……（二）对所任职的公司、企业因经营不善破产清算或者因违法被吊销营业执照负有个人责任的董事、监事、厂长、经理及其他高级管理人员，自该公司、企业破产清算终结或者被吊销营业执照之日起未逾五年的……"这些规定有的与《企业破产法》的规定不同，相对于《企业破产法》适用于所有企业破产的具有破产原因行为的企业董事、监事或者高级管理人员的规定，其仅仅适用于某一类企业如商业银行、证券公司等的破产中具有破产原因行为的企业董事、监事或者高级管理人员。《企业破产法》的规定与之相冲突的，由于这些规定属于特别规定，应当适用这些特别规定让具有破产原因的企业董事、监事或者高级管理人员依法承担行政责任。

（三）刑事责任

有的破产原因行为，不仅违反《企业破产法》《公司法》《商业银行法》等法律、法规的规定，而且同时触犯了刑法的规定，在刑法上已经构成犯罪，如挪用单位公款或者资金；利用职务之便贪污、侵占单位财产；虚报注册资本或者抽逃出资；泄露企业商业秘密；国有公司的董事、经理利用职务便利经营同类营业；国有公司、企业的工作人员利用职务之便为亲友非法牟利；签订、履行合同严重失职被骗；玩忽职守或者滥用职权；徇私舞弊将国有资产低价折股或者出售；上市公司的董事、监事或者高级管理人员背信实施诸如无偿向其他单位或者个人提供资金、商品、服务或者其他资产等损害上市公司利益的行为，等等。这些行为构成企业等单位依法破产的原因的，则在追究有关民事法律责任、行政法律责任的同时，还应依法追究有关人员的刑事责任。

第三节　破产程序违法行为的法律责任

一、破产程序违法行为的概念

破产程序违法行为，又称破产程序妨碍行为，是指公司、企业等具有破产能力及破产原因的单位依法实施破产时，违反《企业破产法》《民事诉讼法》等有关破产程序的规定，实施作为或者不作为，致使破产程序不能正常、顺利进行的行为。

二、破产程序违法行为的构成

（一）破产程序违法行为的主体既包括债务人及其有关人员，又包括债权人、管理人或者其他人

破产程序违法行为的主体，既可以是债务人及其有关人员，又可以是债权人、管理人或者其他人。凡是在破产程序中能够致使破产程序不能正常、顺利进行的行为人，均可成为破产程序违法行为的主体。当然，破产程序违法行为多种多样，有的行为必须要求特定的人员构成，如无正当理由拒不列席债权人会议这一破产程序的违法行为，其主体必须是债务人中有义务出席债权人会议的有关人员。不属于债务人中的有关人员或者虽属于债务人的职工然没有义务出席债权人会议的，则不可能构成此种破产程序违法行为。根据《企业破产法》第 15 条第 2 款规定，企业的法定代表人，或者经人民法院决定的企业财务管理人员和其他经营管理人员，具有出席债权人会议的法定义务，应当依法出席债权人会议。拒不出席且无正当理由的，则以不作为的方式构成破产程序违法行为，应当依法承担相应的法律责任。

（二）破产程序违法行为在主观上通常要求行为人出于故意

一般来说，破产程序违法行为均是由于行为人的故意行为构成，即明知自己的行为违反《企业破产法》《民事诉讼法》等的规定，会产生影响破产程序正常、顺利进行的后果，但仍然决意为之。过失一般不能构成破产程序违法行为。

（三）破产程序违法行为在客观上表现为违反有关法律规定并致破产程序不能正常、顺利进行的行为

破产程序违法行为在客观上其一要求行为人必须具有违反了《企业破产法》《民事诉讼法》等有关破产程序规定的行为，即行为人的行为必须具有违法性。

破产程序违法行为在客观上其二要求必须会导致破产程序不能正常、顺利进行。行为人违反了《企业破产法》《民事诉讼法》等有关破产程序的规定，不能作为而决意作为，需要作为又不作为，自然会对破产程序的正常进行产生或大或小的影响，可这种影响并非一律都会致使破产程序不能正常、顺利进行。一般来说，只有那些情节严重的违反破产程序规定的行为才有可能致使破产程序不能正常、顺利进行。为了保障破产程序的正常、顺利进行才有必要对其进行处罚，不能因行为人的行为一违反了《企业破产法》《民事诉讼法》等有关破产程序的规定就认定属于破产程序违法行为让其承担法律责任。只有违反破产程序规定且其行为足以致使破产程序不能正常、顺利进行，并达到一定程度的，才能认定构成破产程序违法行为，并依法对其进行处罚。

三、破产程序违法行为的主要类型

根据《企业破产法》《民事诉讼法》等有关规定，破产程序违法行为多种多样，下面对其作适当分类并进行简单介绍。

（一）债务人及其直接责任人员的破产程序违法行为

债务人及其直接责任人员的破产程序违法行为，是指只有债务人及其直接责任人员才可能构成的破产程序违法行为，并非指债务人及其直接责任人员可以构成的破产程序违法行为的全部。这种只有债务人及其直接责任人员才能构成的破产程序违法行为，根据《企业破产法》的规定，包括：

1. 拒不向人民法院提供法定资料的行为。《企业破产法》第 8 条第 3 款规定，债务人向人民法院提出破产申请的，应当向人民法院提交财产状况说明、债务清册、债权清册、有关财务会计报告、职工安置预案以及职工工资的支付和社会保险费用的缴纳情况。第 11 条第 2 款规定，债权人向人民法院提出

债务人破产申请的，人民法院应当自裁定作出之日起5日内送达债务人。债务人应当自裁定送达之日起15日内，向人民法院提交财产状况说明、债务清册、债权清册、有关财务会计报告以及职工工资的支付和社会保险费用的缴纳情况。所以，人民法院在接受债务人破产申请后，债务人即有义务向人民法院提交《企业破产法》规定的有关资料。这些有关资料，是人民法院审查破产申请是否符合法律规定条件的重要依据。债务人不予提供，人民法院无法进行审查，就不能依法作出是否受理的裁定，影响甚至导致破产程序无法正常、顺利进行，债务人拒不向人民法院提交的，属于破产程序违法行为，应当由债务人的直接责任人员依法承担法律责任。

应当指出，债务人拒不提供资料的破产程序违法行为，必须是拒不提供《企业破产法》明文规定的资料的行为。这些资料，具体包括财产状况说明、债务清册、债权清册、有关财务会计报告以及职工工资的支付和社会保险费用的缴纳情况。对于上述资料以外的资料，债务人拒不向人民法院提供的，并不构成此种破产程序违法行为。当然，不构成此种破产程序违法行为，并不排除构成其他破产程序违法行为，如拒不向管理人移交有关文书资料的，也可以构成破产程序违法行为被依法处以罚款。

2. 拒不向人民法院提供真实的法定资料的行为。如前所述，债务人应当依法向人民法院提供法定的财产状况说明、债务清册、债权清册、有关财务会计报告以及职工工资的支付和社会保险费用的缴纳情况等资料。这些资料要求真实、客观，不得伪造、更改、涂抹。否则，同样会导致人民法院无法审查并作出正确的裁定，影响破产程序正常、顺利进行。是以，债务人虽表面上并不拒绝向人民法院提交法定资料，然因提交的属于不真实的资料，往往更容易妨碍破产程序的正常、顺利进行，属于破产程序违法行为，应当依法让债务人的直接责任人员承担相应的法律责任。

3. 债务人拒不向管理人移交财产、印章的行为。债务人因破产申请受理进入破产程序后，其财产的管理、营业等内外事务都由管理人依法接收，并代其管理、处置。在人民法院裁定受理债务人破产申请后，债务人应当根据《企业破产法》的有关规定，全面、及时将财产、印章向管理人移交。拒不移交的，必然导致管理人无法对其财产进行全面的清理，对其营业无法进行管理，会导致破产程序无法顺利、正常进行，属于破产程序违法行为而应由债务人的直接责任人员承担法律责任。

4. 债务人拒不向管理人移交账簿、文书等资料的行为。债务人的财务账簿及其凭证，是反映债务人的财产、债权债务等情况的重要财务资料，对于管理人掌握、了解债务人财产、债权债务状况，进而对债务人财产、债权债务进行全面清理具有非常重要的作用。账簿、凭证外的其他资料，如企业文件、会议记录、领导批件等文书资料，也是管理人掌握、了解债务人有关情况的重要资料，也需要依法向管理人移交。拒不移交的，会妨碍破产程序的正常、顺利进行，构成破产程序违法行为，应当依法追究债务人的直接责任人员的法律责任。

5. 债务人伪造、销毁有关财产证据材料致使财产状况不明的行为。账簿、财务凭证、合同、财产权利凭证等，乃是清查债务人财产并用以清偿的最为重要的原始证据材料，不得伪造或者销毁。不然，必然导致管理人无法正常开展有关工作，会妨碍破产程序的正常、顺利进行，属于破产程序违法行为，应当依法让债务人的直接责任人员承担相应的法律责任。

（二）债务人特定人员的破产程序违法行为

债务人特定人员的破产程序违法行为，是指企业的法定代表人或者人民法院确定的财务管理人员和其他经营管理人员，违反《企业破产法》的规定，应为而不为，不应为而又为之，对破产程序正常、顺利进行造成妨碍的行为。这种行为，只有债务人的特定人员才能构成。非债务人的工作人员，或者虽为债务人的工作人员但不是债务人的特定人员，不能构成此种破产程序违法行为。另外，债务人特定人员的此种破产程序违法行为，是指只能由债务人特定人员才能构成的破产程序违法行为，并非指债务人特定人员只能构成这种破产程序违法行为。债务人的特定人员除可以构成该种破产程序违法行为外，尚可以构成其他破产程序违法行为。

根据《企业破产法》第 15 条第 1 款的规定，企业的法定代表人，或者经人民法院决定的财务管理人员和其他经营管理人员，自人民法院受理破产申请的裁定送达债务人之日起至破产程序终结之日，根据人民法院、管理人的要求进行工作，并如实回答询问；列席债权人会议并如实回答债权人的询问；未经人民法院许可，不得离开住所地。对于上述法定义务，债务人特定人员应当予以遵守，及时依法履行，否则会给破产程序正常、顺利进行造成妨碍，属于破产程序违法行为，应依法让债务人特定人员承担有关法律责任。具体来说，债务人特定人员的破产程序违法行为，包括下列几种情形：

1. 拒绝人民法院、管理人、债权人的依法询问。债务人的法定代表人及其人民法院确定的财务管理人员和其他经营管理人员，往往对债务人的财产、营业、债权债务等情况了解、知情。人民法院、管理人分别基于审判权、管理职责需要查清债务人财产、债权债务等有关事实，债权人基于维护自己合法权益需要了解债务人财产、债权债务的有关事实，需要向债务人中知道有关情况的法定代表人或者经营管理人员了解情况。人民法院、管理人或者债权人依法对其进行询问则是向其了解有关情况的重要方式。对这，债务人的特定人员不得拒绝回答、陈述。不然，人民法院、管理人和债权人就无法及时、全面了解掌握所需要的事实，会对破产程序的正常、顺利进行产生影响，属于破产程序违法行为，而应依法承担法律责任。

2. 不如实回答人民法院、管理人、债权人的依法询问。人民法院、管理人、债权人基于了解有关债务人财产、营业、债权债务等情况的需要向知情的法定代表人或者经营管理人员进行询问，债务人特定人员不得拒绝，必须陈述、回答。这种陈述、回答，要求是真实的即与客观事实相符的，而不能是虚假的。既不得隐瞒事实，也不得捏造事实，亦不得改变事实。否则，人民法院、管理人或者债权人也无法了解真实情况，甚至还可能由此被误导作出错误的决定，应当禁止。债务人的特定人员对于人民法院、管理人或者债权人的依法询问，表面上并不拒绝，然以虚假的、不如实的陈述、回答予以应付，自会妨碍破产程序的正常、顺利进行，属于破产程序违法行为，应当依法承担法律责任。

3. 经人民法院传唤，无正当理由拒不列席债权人会议。债权人会议要决定是否继续营业，通过财产管理方案、重整计划草案、和解协议草案、破产财产分配方案等诸多事项，这些事项的通过，要以债权人全面掌握、了解有关债务人的财产、营业、债权债务等基本情况为前提，而在债权人会议上对债务人的特定人员进行询问，则是最为重要的途径之一。故，债务人的法定代表人或者由人民法院确定的财务管理人员及其他经营管理人员，必须列席债权人会议并如实回答债权人的询问，这也是保证债权人会议顺利进行、实现债权人会议召开的目的的重要保证。债务人的特定人员，拒不列席债权人会议，必然影响破产程序的正常、顺利进行，属于破产程序违法行为，应当依法承担法律责任。

应当指出，构成拒不列席债权人会议的破产程序违法行为，必须符合以下条件：

（1）主体必须为债务人的特定人员，即债务人的法定代表人和人民法院确定的财务管理人员及其他经营管理人员。法定代表人是当然的债务人特定人员。法定代表人以外的经营管理人员，并非一定是债务人的特定人员，是否为债务人的特定人员，由人民法院具体决定。没有为人民法院决定为债务人特定人员的，不能构成拒不列席债权人会议的破产程序违法行为。此外，根据《企业破产法》第 23 条、第 85 条的规定，管理人亦有义务列席债权人会议，债务人的出资人代表有权利列席债权人会议，他们没有列席债权人会议的，也不构成拒不列席债权人会议的破产程序违法行为，不应承担相应的法律责任。

(2) 没有正当理由拒不列席债权人会议。债务人特定人员虽然没有列席债权人会议，但具有正当理由如因为疾病、依法遭受羁押、交通受阻或者其他正当理由而没有列席债权人会议的，不构成拒不列席，不能以此种破产程序违法行为追究其有关法律责任。

(3) 已经经过人民法院传唤。这是债务人特定人员构成拒不列席债权人会议的破产程序违法行为的前提。债务人特定人员虽然具有列席债权人会议的法定义务，应当及时列席。然则，没有经过人民法院传唤而未列席债权人会议的，仍然不能构成拒不列席债权人会议的破产程序违法行为。因为，没有接到人民法院传唤的，不存在拒不列席的问题。至于人民法院的传唤，在破产程序中，宜以书面传唤为必要。

4. 擅自离开住所地。人民法院受理债务人的破产申请送达债务人后至破产程序终结之日止，债务人的特定人员需要履行妥善保管其占有和管理的财产、印章和账簿、文书等资料；根据人民法院、管理人的要求进行工作，并如实回答询问；列席债权人会议并如实回答债权人的询问等法定义务。这些法定义务的履行，需以不得离开住所地为必要。以是，《企业破产法》第15条第4项明确规定，债务人的特定人员，未经人民法院许可不得离开住所地。换言之，债务人特定人员要离开住所地，必须事先征得人民法院的许可。未征得人民法院许可而擅自离开住所地的，无法履行其应当履行的法定义务，会对破产程序的正常、顺利进行造成妨碍，属于破产程序违法行为，应当依法承担法律责任。

(三) 管理人的破产程序违法行为

根据《企业破产法》的规定，管理人作为破产程序中的重要角色，必须自始至终参与破产工作，依照破产程序的有关规定，推进破产程序的正常、顺利进行。与此相适应，其在程序上具有一系列职责，应当依法履行。如根据《企业破产法》的有关规定，管理人应当依法向人民法院提起撤销破产撤销行为之诉，代表债务人参加诉讼、仲裁或者其他法律程序；向人民法院报告工作，并接受债权人会议和债权人委员会的监督；提议召开债权人会议；将债权人会议召开有关情况提前15日通知已知的债权人；列席债权人会议，向债权人会议报告职务执行情况，并回答询问；调查债务人财产状况，制作财产状况报告；经人民法院许可，可以聘用必要的工作人员；没有正当理由不得辞去管理人职务；辞去管理人职务应当经人民法院许可；依法接受债权人的债权申报与补充申报，并编制债权表，交第1次债权人会议核查；对劳动债权调查后列出清单并予以公示；在重整期间，依法申请人民法院终止重整程序或者重整计划的执行，宣告债务人破产；依法制定并在法定期限内提交重整计划草案；人民法院裁定批准重整计划或者裁定认可和解协议后，已接管财产和营业事务的管理人应当向债务人移交财产和营业事务；依法监督重整计划的执行，并在监督期限届满时，向人民法院提交监督报告；及时拟订破产财产变价方案，提交债权人会议讨论；按照已获通过或者批准的破产财产变价方案适时变价破产财产；及时拟订破产财产分配方案，提交债权人会议讨论；按照已获通过或者批准的破产财产分配方案分配破产财产；分配对于附生效条件或者解除条件的债权，债权人未受领的破产财产分配额；对于诉讼或者仲裁未决的债权，将其分配额提存并依法予以处理；依法办理注销登记，等等。

对于上述法定职责，要求管理人勤勉尽责，以保障债权人、债务人合法权益为出发点，忠实履行自己应尽的职责。不然，破产程序无法正常、顺利开展，与自己的职责相违背，属于破产程序违法行为，根据《企业破产法》第130条的规定，人民法院可以依法对其处以罚款，给债权人、债务人或者第三人造成损失的，还应依法承担赔偿责任。

（四）破产程序其他违法行为

破产程序其他违法行为，是指债务人及其直接责任人员、债务人特定人员、管理人破产程序违法行为之外的，违反《民事诉讼法》有关民事诉讼程序规定，妨碍破产程序正常、顺利进行的程序违法行为。破产程序虽然由《企业破产法》单独规定，可其本质依旧属于民事诉讼程序。破产程序基于所处理的属于债务人与所有债权人之间的一切债权债务关系，与仅仅处理债务人与特定单个或者共同的债权人某一或者数个债权债务关系的民事诉讼存在着一定区别，从而在区别方面有着特别规定。对于与民事诉讼没有区别的程序则未加规定，而是直接适用《民事诉讼法》的有关规定。对此，《企业破产法》第4条明确规定："对破产案件审理程序，本法没有规定的，适用民事诉讼法的有关规定。"

破产程序其他违法行为，就其构成特征而言：（1）从主体上讲，既包括债务人，又包括管理人，还包括债权人或者具有协助执行义务的人。有时候，与破产程序没有任何利害关系的人，如参加破产法庭开庭旁听的人，违反《民事诉讼法》的规定实施扰乱法庭秩序的行为，也可以构成破产程序违法行为，而应依法承担法律责任。固然，有的行为则只有特定的主体才能构成，如拒不到庭的破产程序违法行为，只有必须到庭的被告才能构成，其他人员则不能构成拒不到庭的破产程序其他违法行为。（2）从主观上讲，行为人一般出于故意，过失通常不能构成。（3）从客观上讲，要求行为人违反了《民事诉讼法》有关程序的规定，应为而不为，不应为而又为，从而对破产程序的正常、顺利进行或者破产程序中的民事诉讼正常、顺利进行构成妨碍。

破产程序其他违法行为，就构成类型而言，根据《民事诉讼法》等的有关规定，主要包括：

1. 必须到庭的被告经两次传票传唤无正当理由拒不到庭的行为。这种行为构成必须符合3个条件：（1）行为人属于必须到庭的被告。不是被告，或者虽属被告但不是必须到庭，不能构成拒不到庭的破产程序违法行为。一般来说，在破产程序中，被告不到庭就无法查清有关事实的，就属于必须到庭的被告。（2）没有到庭无正当理由。没有到庭然有正当理由，如系疾病、交通阻碍、依法受到羁押等的，也不构成拒不到庭。（3）已经经过人民法院两次书面传唤。没有经过人民法院传唤，或者经过人民法院传唤但不是经过两次传唤，或者经过两次传唤但不是书面传唤，即有1次或者两次都是非书面传唤，而没有到庭的，均不构成拒不到庭的破产程序违法行为。

2. 违反法庭规则的行为。《人民法院法庭规则》第7条规定：“除经人民法院许可，需要在法庭上出示的证据外，下列物品不得携带进入法庭；（一）枪支、弹药、管制刀具以及其他具有杀伤力的器具；（二）易燃易爆物、疑似爆炸物；（三）放射性、毒害性、腐蚀性、强气味性物质以及传染病病原体；（四）液体及胶状、粉末状物品；（五）标语、条幅、传单；（六）其他可能危害法庭安全或妨害法庭秩序的物品。”第9条第3~5款规定：“下列人员不得旁听：（一）证人、鉴定人以及准备出庭提出意见的有专门知识的人；（二）未获得人民法院批准的未成年人；（三）拒绝接受安全检查的人；（四）醉酒的人、精神病人或其他精神状态异常的人；（五）其他有可能危害法庭安全或妨害法庭秩序的人。依法有可能封存犯罪记录的公开庭审活动，任何单位或个人不得组织人员旁听。依法不公开的庭审活动，除法律另有规定外，任何人不得旁听。”第17条规定：“全体人员在庭审活动中应当服从审判长或独任审判员的指挥，尊重司法礼仪，遵守法庭纪律，不得实施下列行为：（一）鼓掌、喧哗；（二）吸烟、进食；（三）拨打或接听电话；（四）对庭审活动进行录音、录像、拍照或使用移动通信工具等传播庭审活动；（五）其他危害法庭安全或妨害法庭秩序的行为。检察人员、诉讼参与人发言或提问，应当经审判长或独任审判员许可。旁听人员不得进入审判活动区，不得随意站立、走动，不得发言和提问。媒体记者经许可实施第一款第四项规定的行为，应当在指定的时间及区域进行，不得影响或干扰庭审活动。”第19条规定：“审判长或独任审判员对违反法庭纪律的人员应当予以警告；对不听警告的，予以训诫；对训诫无效的，责令其退出法庭；对拒不退出法庭的，指令司法警察将其强行带出法庭。行为人违反本规则第十七条第一款第四项规定的，人民法院可以暂扣其使用的设备及存储介质，删除相关内容。”在破产案件及其相关民事诉讼开庭审理过程中，诉讼参与人或者旁听人员违反上述规定，实施相关行为的，属于破产程序其他违法行为，而应依法承担相应的法律责任。

3. 扰乱法庭秩序的行为，即在人民法院开庭审理破产案件或者破产程序中的有关民事诉讼案件中，未经准许进行录音、录像、摄影，未经准许以移动通信等方式现场传播审判活动的，以及聚众哄闹、冲击法庭，殴打司法工作人员或者诉讼参与人，侮辱、诽谤、威胁司法工作人员或者诉讼参与人，毁坏法庭设施，抢夺、损毁诉讼文书、证据，扰乱法庭秩序，妨害审判活动进行的行为。

4. 妨碍破产诉讼证据的行为。如在破产程序及相关的诉讼中，诉讼参与人或者其他人伪造、毁灭证据，或者帮助当事人毁灭、伪造证据，妨碍人民法院审理破产案件的；以暴力、威胁、贿买方法阻止证人作证或者指使、贿买、胁迫他人作伪证的；对证人进行打击报复的行为等。

5. 妨碍破产诉讼进行的行为。如在破产程序及相关的诉讼中，诉讼参与人或者其他人，隐藏、转移、变卖、毁损已被查封、扣押的财产或者已被清点并责令其保管的财产，转移已被冻结的财产的；对司法工作人员、诉讼参加人、证人、翻译人员、鉴定人、勘验人、协助执行的人，进行侮辱、诽谤、诬陷、殴打或者打击报复的；以暴力、威胁或者其他方法阻碍司法工作人员执行职务的；擅自转移已被人民法院冻结的存款，或擅自解冻的；以暴力、威胁或者其他方法阻碍司法工作人员查询、冻结、划拨银行存款的；接到人民法协助执行通知后，给当事人通风报信，协助其转移、隐匿财产的等行为。

6. 拒不履行人民法院已经发生法律效力的判决、裁定的行为。具体包括当事人在法律文书发生法律效力后隐藏、转移、变卖、毁损财产或者无偿转让财产、以明显不合理的价格交易财产、放弃到期债权、无偿为他人提供担保等，致使人民法院无法执行的；隐藏、转移、毁损或者未经人民法院允许处分已向人民法院提供担保的财产的；违反人民法院限制高消费令进行消费的；有履行能力拒不按照人民法院执行通知履行生效法律文书确定的义务的；有义务协助执行的个人接到人民法院协助执行通知书后，拒不协助执行的等行为。

7. 恶意诉讼行为。如当事人之间恶意串通，企图通过诉讼、调解等方式侵害他人合法权益的；被执行人与他人恶意串通，通过诉讼、仲裁、调解等方式逃避履行法律文书确定义务的等行为。

8. 拒不履行协助司法义务的行为。具体包括：有义务协助调查、执行的单位拒绝或者妨碍人民法院调查取证的；银行、信用合作社和其他有储蓄业务的单位接到人民法院协助执行通知书后，拒不协助查询、冻结或者划拨存款的；有关单位接到人民法院协助执行通知书后，拒不协助扣留被执行人的收入、办理有关财产权证照转移手续、转交有关票证、证照或者其他财产的，以及其他拒绝协助执行的等行为。

9. 审计、鉴定、评估机构等中介机构不依法、认真履行有关职责，故意或者过失地作出虚假审计、鉴定或者评估，提供虚假证明文件，给债务人、债权人或者第三人造成损失的，应当依法承担相应责任。

四、破产程序违法行为法律责任的承担方式

破产程序违法行为，作为违反《企业破产法》《民事诉讼法》等有关破产程序规定的行为，一般不会直接造成债务人、债权人或者其他人的损失。此类违法行为，所影响的通常是破产程序的正常、顺利进行，挑衅的是法律的权威及人民法院就破产案件及其相关案件予以审判的权威，其责任的承担是人民法院主动对破产程序违法行为依法给予训诫、拘传、罚款、拘留等，构成犯罪的，则由司法机关依法追究其刑事责任。对此，《破产案件高效审理意见》第20条规定：“债务人的有关人员或者其他人员有故意作虚假陈述，或者伪造、销毁债务人的账簿等重要证据材料，或者对管理人进行侮辱、诽谤、诬陷、殴打、打击报复等违法行为的，人民法院除依法适用《企业破产法》规定的强制措施外，可以依照民事诉讼法第一百一十一条等规定予以处理。”因此，对于破产程序违法行为，行为人所承担的主要是司法责任或者刑事责任，而非民事责任。只有管理人、审计、鉴定、评估机构等中介机构的破产程序违法行为给债权人、债务人或者第三人造成损失的，才应依法承担赔偿责任这一民事责任。

（一）司法责任

破产程序违法行为，在没有构成犯罪的情况下，所承担的一般是一种司法责任，具体由人民法院依法直接给予破产程序违法行为人某种不利的后果。这种后果，根据《企业破产法》《民事诉讼法》的有关规定，包括训诫、责令退出法庭、拘传、罚款及拘留。

1. 训诫。训诫是指人民法院对于轻微破产程序违法行为人以口头方式进行批评教育，指出其违法性、危害性，并责令不得再犯的一种措施。训诫决定及内容应当记录在案，并由接受训诫人签名确认。其重在教育，不在惩罚。根据《民事诉讼法》《企业破产法》的规定，主要适用于行为人在人民法院

开庭审理破产案件及其相关案件的法庭中，违反法律规则，影响开庭审理进行，或者债务人的法定特别人员及人民法院确定的财务管理人员及其他经营管理人员未经人民法院许可擅自离开住所地的破产程序违法行为。

2. 责令退出法庭。责令退出法庭是指在人民法院开庭审理破产案件或者破产衍生诉讼案件的过程中，对于违反法庭规则的破产程序违法行为人，依法责令其离开法庭的强制性措施。

3. 拘传。拘传是指对于应当参加破产程序而不参加的行为人，依法采取强制性方法使其参加破产程序的一种强制性措施。《民事诉讼法》第 116 条规定，拘传必须经人民法院院长批准，并且应当签发拘传票。

根据《企业破产法》第 126 条的规定，有义务列席债权人会议的债务人的有关人员，经人民法院传唤，无正当理由拒不列席债权人会议的，人民法院可以拘传，并依法处以罚款。《民事诉讼法》第 109 条规定，人民法院对必须到庭的被告，经两次传票传唤，无正当理由拒不到庭的，可以拘传。

应当指出，债务人的法定代表人或者由人民法院确定的财务管理人员及其他经营管理人员，经人民法院传唤后拒不列席债权人会议的，可以拘传，毫无疑问。可在程序上是否必须经过两次传票传唤，有不同看法。有人认为，按照《民事诉讼法》第 109 条规定，必须经过两次传票传唤后拒不列席的，才能拘传。笔者认为，这种看法值得商榷。《企业破产法》作为规范破产程序的特别法律，有规定的，则应直接适用《企业破产法》的规定。只有在《企业破产法》没有规定的，才能适用《民事诉讼法》的规定。就拒不列席债权人会议的债务人特定人员，《企业破产法》就其拘传作了特别规定，就应直接适用《企业破产法》的规定即可，无需再适用《民事诉讼法》的规定。事实上，债权人会议人数众多，所议事项很多，不可能像一般的法庭开庭那样任意可以延期举行，也不可能反复召开。所以，在债务人的法定代表人或者由人民法院确定的财务管理人员及其他经营管理人员经人民法院传唤仍拒不列席债权人会议的情况下，不能反复进行传票传唤，然后再进行拘传。当然，对于债权人会议以外的破产案件及其破产衍生诉讼案件的开庭审理，必须到庭的被告不到庭，要以拘传方式强制其到庭的，则必须按照《民事诉讼法》第 109 条的规定经过两次传票传唤，否则就不能进行拘传。

4. 罚款。罚款是指人民法院对于破产程序违法行为人依法责令其在一定期限内缴纳一定数量货币的一种强制性措施。其虽较为严厉，然适用范围最广，《企业破产法》《民事诉讼法》对相应的破产程序违法行为均作了明示性规定。作为一种较为严厉的强制性措施，根据《民事诉讼法》第 116 条的规定，罚款必须经院长批准；罚款、拘留应当用决定书。对决定不服的，可以向上一级人民法院申请复议1次。复议期间不停止执行。

应当指出，对于破产程序违法行为的罚款有两种根据：（1）《企业破产法》明确规定对某种破产程序违法行为的罚款，如《企业破产法》第129条规定对未经人民法院许可擅自离开住所地的法定代表人或者人民法院确定的财务管理人员及其他经营管理人员进行的罚款等。（2）《民事诉讼法》规定的对某种破产程序违法行为的罚款，如《民事诉讼法》第110条第2款规定对违反法庭规则的人进行的罚款等。前者即根据《企业破产法》规定进行的罚款，《企业破产法》没有明确规定罚款的数额范围。后者即根据《民事诉讼法》进行的罚款，《民事诉讼法》第115条第1款明确规定了罚款的数额范围，即对个人的罚款金额，为人民币10万元以下；对单位的罚款金额，为人民币5万元以上100万元以下。是以，人民法院根据《企业破产法》规定的破产程序违法行为进行罚款，是否也应在《民事诉讼法》规定的罚款数额范围内确定罚款数额，有不同看法。有人认为，对破产程序违法行为的罚款，不能突破《民事诉讼法》有关规定的数额上限。[①] 笔者认为，《企业破产法》既然对有关破产程序违法行为明确规定可以适用罚款的措施，就可直接适用《企业破产法》的有关规定进行。至于《企业破产法》没有明确数额范围，人民法院就可以根据案件的实际情况基于有利于惩罚这种破产程序违法行为的需要而予以确定。《企业破产法》规定的破产程序违法行为，是一种妨碍破产程序整体顺利进行的行为，由于破产程序涉及债权人众多、程序复杂，一旦受到影响，比起单独处理债务人某一或者多个合并于一起进行审理的民事诉讼受到违法行为妨碍所造成的危害来说，往往要大得多，在处罚上应当更重。固然，对于破产程序中因为违反《民事诉讼法》有关规定的行为进行的罚款，根据的乃是《民事诉讼法》规定，就应当限制在《民事诉讼法》有关规定的范围内。

5. 拘留。拘留是指人民法院依法将破产程序违法行为人留置在特定场所，交由公安机关看管，从而在一定期限内限制其人身自由的强制性措施。根据《民事诉讼法》第115条第2款规定，拘留的期限，为15日以下，由人民法院交公安机关看管。在拘留期间，被拘留人承认并改正错误的，人民法院可以决定提前解除拘留。第116条规定，拘留必须经院长批准，应当用决定书。对决定不服的，可以向上一级人民法院申请复议1次。复议期间不停止执行。

根据《民事诉讼法解释》第179～186条的规定，对于拘留措施的适用，

---

① 安建主编、全国人大常委会法制工作委员会编著：《中华人民共和国破产法释义》，法律出版社2006年版，第176～179页。

还应注意以下几点：（1）因哄闹、冲击法庭，用暴力、威胁等方法抗拒执行公务等紧急情况，必须立即采取拘留措施的，可在拘留后，立即报告院长补办批准手续。院长认为拘留不当的，应当解除拘留。（2）被拘留人不在本辖区的，作出拘留决定的人民法院应当派员到被拘留人所在地的人民法院，请该院协助执行，受委托的人民法院应当及时派员协助执行。被拘留人申请复议或者在拘留期间承认并改正错误，需要提前解除拘留的，受委托人民法院应当向委托人民法院转达或者提出建议，由委托人民法院审查决定。（3）被拘留人在拘留期间认错悔改的，可以责令其具结悔过，提前解除拘留。提前解除拘留，应报经院长批准，并作出提前解除拘留决定书，交负责看管的公安机关执行。（4）人民法院对被拘留人采取拘留措施后，应当在24小时内通知其家属；确实无法按时通知或者通知不到的，应当记录在案。（5）罚款、拘留可以单独适用，也可以合并适用。（6）对同一妨害民事诉讼行为的罚款、拘留不得连续适用。发生新的妨害民事诉讼行为的，人民法院可以重新予以罚款、拘留。（7）被罚款、拘留的人不服罚款、拘留决定申请复议的，应当自收到决定书之日起3日内提出。上级人民法院应当在收到复议申请后5日内作出决定，并将复议结果通知下级人民法院和当事人。（8）上级人民法院复议时认为强制措施不当的，应当制作决定书，撤销或者变更下级人民法院作出的拘留、罚款决定。情况紧急的，可以在口头通知后3日内发出决定书。

根据《人民法院法庭规则》第20条规定："行为人实施下列行为之一，危及法庭安全或扰乱法庭秩序的，根据相关法律规定，予以罚款、拘留；构成犯罪的，依法追究其刑事责任：（一）非法携带枪支、弹药、管制刀具或者爆炸性、易燃性、放射性、毒害性、腐蚀性物品以及传染病病原体进入法庭；（二）哄闹、冲击法庭；（三）侮辱、诽谤、威胁、殴打司法工作人员或诉讼参与人；（四）毁坏法庭设施，抢夺、损毁诉讼文书、证据；（五）其他危害法庭安全或扰乱法庭秩序的行为。"第21条规定："司法警察依照审判长或独任审判员的指令维持法庭秩序。出现危及法庭内人员人身安全或者严重扰乱法庭秩序等紧急情况时，司法警察可以直接采取必要的处置措施。人民法院依法对违反法庭纪律的人采取的扣押物品、强行带出法庭以及罚款、拘留等强制措施，由司法警察执行。"

（二）民事责任

管理人的破产程序违法行为，给债权人、债务人或者第三人造成损失的，则应依法承担赔偿责任这一民事责任。如《企业破产法》第130条规定："管理人未依照本法规定勤勉尽责，忠实执行职务的，人民法院可以依法处以罚款；给债权人、债务人或者第三人造成损失的，依法承担赔偿责任。"《破产法解释（二）》第 9 条规定："管理人依据企业破产法第三十一条和第三十二条的规定提起诉讼，请求撤销涉及债务人财产的相关行为并由相对人返还债务人财产的，人民法院应予支持。管理人因过错未依法行使撤销权导致债务人财产不当减损，债权人提起诉讼主张管理人对其损失承担相应赔偿责任的，人民法院应予支持。"第 33 条规定："管理人或者相关人员在执行职务过程中，因故意或者重大过失不当转让他人财产或者造成他人财产毁损、灭失，导致他人损害产生的债务作为共益债务，由债务人财产随时清偿不足弥补损失，权利人向管理人或者相关人员主张承担补充赔偿责任的，人民法院应予支持。上述债务作为共益债务由债务人财产随时清偿后，债权人以管理人或者相关人员执行职务不当导致债务人财产减少给其造成损失为由提起诉讼，主张管理人或者相关人员承担相应赔偿责任的，人民法院应予支持。"《民商事审判纪要》第 116 条（审计、评估等中介机构的确定及责任）规定："要合理区分人民法院和管理人在委托审计、评估等财产管理工作中的职责。破产程序中确实需要聘请中介机构对债务人财产进行审计、评估的，根据《企业破产法》第 28 条的规定，经人民法院许可后，管理人可以自行公开聘请，但是应当对其聘请的中介机构的相关行为进行监督。上述中介机构因不当履行职责给债务人、债权人或者第三人造成损害的，应当承担赔偿责任。管理人在聘用过程中存在过错的，应当在其过错范围内承担相应的补充赔偿责任。"

对于债务人拒不提交有关材料而影响破产程序正常、顺利进行的破产案件，《正确审理破产案件意见》第 16 条指出："人民法院在审理债务人人员下落不明或财产状况不清的破产案件时，要从充分保障债权人合法利益的角度出发，在对债务人的法定代表人、财务管理人员、其他经营管理人员，以及出资人等进行释明，或者采取相应罚款、训诫、拘留等强制措施后，债务人仍不向人民法院提交有关材料或者不提交全部材料，影响清算顺利进行的，人民法院就现有财产对已知债权进行公平清偿并裁定终结清算程序后，应当告知债权人可以另行提起诉讼要求有责任的有限责任公司股东、股份有限公司董事、控股股东，以及实际控制人等清算义务人对债务人的债务承担清偿责任。"

（三）刑事责任

破产程序违法行为，没有构成犯罪，则属一般违法行为，只要让其承担司法责任或者民事责任即可。构成犯罪的，则应依法追究刑事责任。如下列行为，均可以构成刑事犯罪行为，应当依法追究行为人的刑事责任：（1）在人民法院开庭审理破产案件及其相关民事诉讼案件中，聚众哄闹、冲击法庭；殴打司法工作人员或者诉讼参与人；侮辱、诽谤、威胁司法工作人员或者诉讼参与人，不听法庭制止，严重扰乱法庭秩序；有毁坏法庭设施，抢夺、损毁诉讼文书、证据等扰乱法庭秩序行为情节严重的；（2）以暴力、威胁、贿买等方法阻止证人作证或者指使、贿买、胁迫他人作伪证，或者帮助当事人毁灭、伪造证据，情节严重的；（3）以捏造的事实提起民事诉讼，妨害司法秩序或者严重侵害他人合法权益的：（4）对证人进行打击报复的；（5）司法工作人员、辩护人、诉讼代理人或者其他诉讼参与人，泄露依法不公开审理的案件中不应当公开的信息，造成信息公开传播或者其他严重后果的；（6）隐藏、转移、变卖、故意毁损已被司法机关查封、扣押、冻结的财产，情节严重的；（7）对司法工作人员、诉讼参加人、证人、翻译人员、鉴定人、勘验人、协助执行的人，进行侮辱、诽谤、诬陷、殴打或者打击报复的；（8）以暴力、威胁或者其他方法阻碍司法工作人员执行职务的；（9）拒不履行人民法院已经发生法律效力的判决、裁定的：（10）承担资产评估、验资、验证、会计、审计、法律服务等职责的中介组织的人员故意提供虚假证明文件，情节严重的，等等。

五、破产程序违法行为司法责任的具体规定

（一）拒不列席债权人会议行为的司法责任

《企业破产法》第126条规定，有义务列席债权人会议的债务人的有关人员，经人民法院传唤，无正当理由拒不列席债权人会议的，人民法院可以拘传，并依法处以罚款。债务人的有关人员违反本法规定，拒不陈述、回答，或者作虚假陈述、回答的，人民法院可以依法处以罚款。

（二）拒不提交法定资料，拒不移交财产、法定资料及伪造、销毁有关财产证据材料行为的司法责任

《企业破产法》第127条规定，债务人违反本法规定，拒不向人民法院提交或者提交不真实的财产状况说明、债务清册、债权清册、有关财务会计报告以及职工工资的支付情况和社会保险费用的缴纳情况的，人民法院可以对直接责任人员依法处以罚款。债务人违反本法规定，拒不向管理人移交财产、印章和账簿、文书等资料的，或者伪造、销毁有关财产证据材料而使财产状况不明的，人民法院可以对直接责任人员依法处以罚款。

（三）擅自离开住所地行为的司法责任

《企业破产法》第129条规定，债务人的有关人员违反本法规定，擅自离开住所地的，人民法院可以予以训诫、拘留，可以依法并处罚款。

（四）管理人在破产程序中应为不为，不应为又为的司法责任

《企业破产法》第130条规定，管理人未依照本法规定勤勉尽责，忠实执

行职务的，人民法院可以依法处以罚款；给债权人、债务人或者第三人造成损失的，依法承担赔偿责任。

（五）拒不到庭行为的司法责任

《民事诉讼法》第109条规定，人民法院对必须到庭的被告，经两次传票传唤，无正当理由拒不到庭的，可以拘传。《民事诉讼法解释》第174条规定，必须到庭的被告，是指负有赡养、抚育、扶养义务和不到庭就无法查清案情的被告。人民法院对必须到庭才能查清案件基本事实的原告，经两次传票传唤，无正当理由拒不到庭的，可以拘传。

（六）违反法庭规则、扰乱法庭秩序行为的法律责任

《民事诉讼法》第110条规定，诉讼参与人和其他人应当遵守法庭规则。人民法院对违反法庭规则的人，可以予以训诫，责令退出法庭或者予以罚款、拘留。人民法院对哄闹、冲击法庭，侮辱、诽谤、威胁、殴打审判人员，严重扰乱法庭秩序的人，依法追究刑事责任；情节较轻的，予以罚款、拘留。《民事诉讼法解释》规定，诉讼参与人或者其他人有下列行为之一的，人民法院可以适用《民事诉讼法》第110条规定处理：（1）未经准许进行录音、录像、摄影的；（2）未经准许以移动通信等方式现场传播审判活动的；（3）其他扰乱法庭秩序，妨害审判活动进行的。有前款规定情形的，人民法院可以暂扣诉讼参与人或者其他人进行录音、录像、摄影、传播审判活动的器材，并责令其删除有关内容；拒不删除的，人民法院可以采取必要手段强制删除。

（七）妨害破产诉讼证据行为、妨害破产诉讼行为及拒不履行生效裁判行为的司法责任

《民事诉讼法》第111条规定："诉讼参与人或者其他人有下列行为之一的，人民法院可以根据情节轻重予以罚款、拘留；构成犯罪的，依法追究刑事责任：（一）伪造、毁灭重要证据，妨碍人民法院审理案件的；（二）以暴力、威胁、贿买方法阻止证人作证或者指使、贿买、胁迫他人作伪证的；（三）隐藏、转移、变卖、毁损已被查封、扣押的财产，或者已被清点并责令其保管的财产，转移已被冻结的财产的；（四）对司法工作人员、诉讼参加人、证人、翻译人员、鉴定人、勘验人、协助执行的人，进行侮辱、诽谤、诬陷、殴打或者打击报复的；（五）以暴力、威胁或者其他方法阻碍司法工作人员执行职务的；（六）拒不履行人民法院已经发生法律效力的判决、裁定的。人民法院对有前款规定的行为之一的单位，可以对其主要负责人或者直接责任人员予以罚款、拘留；构成犯罪的，依法追究刑事责任。"《民事诉讼法解释》第113条规定，持有书证的当事人以妨碍对方当事人使用为目

的，毁灭有关书证或者实施其他致使书证不能使用行为的，人民法院可以依照《民事诉讼法》第111条规定，对其处以罚款、拘留。第187条规定，《民事诉讼法》第111条第1款第5项规定的以暴力、威胁或者其他方法阻碍司法工作人员执行职务的行为，包括：（1）在人民法院哄闹、滞留，不听从司法工作人员劝阻的；（2）故意毁损、抢夺人民法院法律文书、查封标志的；（3）哄闹、冲击执行公务现场，围困、扣押执行或者协助执行公务人员的；（4）毁损、抢夺、扣留案件材料、执行公务车辆、其他执行公务器械、执行公务人员服装和执行公务证件的；（5）以暴力、威胁或者其他方法阻碍司法工作人员查询、查封、扣押、冻结、划拨、拍卖、变卖财产的；（6）以暴力、威胁或者其他方法阻碍司法工作人员执行职务的其他行为。第188条规定，《民事诉讼法》第111条第1款第6项规定的拒不履行人民法院已经发生法律效力的判决、裁定的行为，包括：（1）在法律文书发生法律效力后隐藏、转移、变卖、毁损财产或者无偿转让财产、以明显不合理的价格交易财产、放弃到期债权、无偿为他人提供担保等，致使人民法院无法执行的；（2）隐藏、转移、毁损或者未经人民法院允许处分已向人民法院提供担保的财产的；（3）违反人民法院限制高消费令进行消费的；（4）有履行能力而拒不按照人民法院执行通知履行生效法律文书确定的义务的；（5）有义务协助执行的个人接到人民法院协助执行通知书后，拒不协助执行的。第189条规定，诉讼参与人或者其他人有下列行为之一的，人民法院可以适用《民事诉讼法》第111条的规定处理：（1）冒充他人提起诉讼或者参加诉讼的；（2）证人签署保证书后作虚假证言，妨碍人民法院审理案件的；（3）伪造、隐藏、毁灭或者拒绝交出有关被执行人履行能力的重要证据，妨碍人民法院查明被执行人财产状况的；（4）擅自解冻已被人民法院冻结的财产的；（5）接到人民法院协助执行通知书后，给当事人通风报信，协助其转移、隐匿财产的。

（八）恶意诉讼侵害他人权益行为的司法责任

《民事诉讼法》第112条规定，当事人之间恶意串通，企图通过诉讼、调解等方式侵害他人合法权益的，人民法院应当驳回其请求，并根据情节轻重予以罚款、拘留；构成犯罪的，依法追究刑事责任。

（九）恶意诉讼逃避履行法律文书确定义务行为的司法责任

《民事诉讼法》第113条规定，被执行人与他人恶意串通，通过诉、仲裁、调解等方式逃避履行法律文书确定的义务的，人民法院应当根据情节轻重予以罚款、拘留；构成犯罪的，依法追究刑事责任。

（十）拒不履行协助司法义务行为的司法责任

《民事诉讼法》第114条规定，有义务协助调查、执行的单位有下列行为之一的，人民法院除责令其履行协助义务外，并可以予以罚款：（1）有关单位拒绝或者妨碍人民法院调查取证的；（2）有关单位接到人民法院协助执行通知书后，拒不协助查询、扣押、冻结、划拨、变价财产的；（3）有关单位接到人民法院协助执行通知书后，拒不协助扣留被执行人的收入、办理有关财产权证照转移手续、转交有关票证、证照或者其他财产的；（4）其他拒绝协助执行的。人民法院对有前款规定的行为之一的单位，可以对其主要负责人或者直接责任人员予以罚款；对仍不履行协助义务的，可以予以拘留；并可以向监察机关或者有关机关提出予以纪律处分的司法建议。《民事诉讼法解释》第192条规定，有关单位接到人民法院协助执行通知书后，有下列行为之一的，人民法院可以适用《民事诉讼法》第114条规定处理：（1）允许被执行人高消费的；（2）允许被执行人出境的；（3）拒不停止办理有关财产权证照转移手续、权属变更登记、规划审批等手续的；（4）以需要内部请示、内部审批，有内部规定等为由拖延办理的。

第四节　破产实体违法行为的法律责任

一、破产实体违法行为的概念

破产实体违法行为，相对于破产程序违法行为而言，是指债务人、管理人或者其他人在破产程序中或者之前的特定时间内，违反《企业破产法》及其他有关法律规定，就债务人财产、债权债务等实体问题进行处置，危害债权人、债务人或者第三人利益的行为。

二、破产实体违法行为的构成特征

（一）破产实体违法行为的主体为债务人、债权人、管理人或者其他人

债务人、债权人、管理人作为破产程序中的参与人，自然可以成为破产实体违法行为的主体。管理人、债权人、债务人之外的其他人虽然不一定参加破产程序，但并不意味着其在破产程序中一定不会实施侵害债务人、债权人等合法权益的行为，如盗窃、诈骗债务人财产的行为，依然会妨害破产程序正常、顺利进行，并损害债务人、债权人的合法权益，这种行为能为一般人实施。这种行为虽可能发生在破产程序中，然没有为《企业破产法》规定，只是由其他法律如《民法典》《刑法》等规定，与《企业破产法》规定的债

务人、债权人、管理人在破产程序中包括之前的一段时间内违反应当遵守的法定义务实施的破产实体违法行为有所区别。后者为《企业破产法》规定，属于毫无异议的破产实体违法行为。前者没有为《企业破产法》直接规定，属于广义的破产实体违法行为，对其不是直接根据《企业破产法》的有关规定让其承担法律责任，而是作为民事侵权行为甚至刑事犯罪行为等，根据其他有关法律让其承担相应的法律责任。

（二）破产实体违法行为在主观上必须具有过错即出于故意或者过失

具体来说，无论是债务人的破产实体违法行为，还是管理人的破产实体违法行为，以及其他人的破产实体违法行为，都必须具有过错，或者出于故意，或者出于过失。

（三）破产实体违法行为在客观上表现为违反破产实体法律规定损害他人合法实体利益的行为

破产实体违法行为在客观上要求债务人、债权人、管理人或者其他人，在破产程序中或者之前的一定时间内，违反《企业破产法》及其他有关法律规定，就债务人的财产、债权债务等实体问题进行处理，损害债务人、债权人或者第三人利益的行为。

1. 必须有违反《企业破产法》等规定，对破产程序中债务人财产、债权债务等实体问题进行处理的违法行为。这种违法行为，包括债务人的破产实体违法行为、债权人的破产实体违法行为、管理人的破产实体违法行为与其他人的破产实体违法行为。

（1）就破产实体行为发生的时间而言，管理人的破产实体行为，只能发生于破产程序中，即债务人破产申请受理后至破产程序终结前。破产申请受理前，管理人还未产生；破产程序终结后，管理人的职责执行完毕。在破产程序开始之前或者终结之后，都不可能存在管理人破产实体违法行为的问题。

（2）对于债务人的破产实体行为来说，其可以发生在破产程序中，如债务人破产申请受理后，债务人违反《企业破产法》有关规定而对个别债权人的债务进行清偿的，属于破产实体违法行为，不仅无效，给债权人或者第三人造成损害的，则应依法承担赔偿责任。另外，债务人对个别债权人进行清偿的行为，不仅禁止在破产程序中发生，而且禁止在破产程序开始前的某一期限内发生。如人民法院受理破产申请前 6 个月内，债务人在不能清偿到期债务并且资产不足以清偿全部债务，或者不能清偿到期债务并且明显缺乏清偿能力的情况下，仍对个别债权人进行清偿的行为，《企业破产法》第 32 条也对其予以否定，属于破产实体违法行为，应当依法承担法律责任。当然，破产申请受理前的一段时间内，由法律明文规定，而不能随意对其确定。

（3）债权人的破产实体行为，既可以发生在破产程序中，又可以发生在破产申请受理前的一段时间内，如将自己控制、占有的债务人财产私自处分用于自己债权清偿的行为，就是如此。

（4）至于其他人的破产实体违法行为，通常只能发生在破产程序中。在破产程序开始前发生的行为诸如盗窃、诈骗等，则与破产程序没有任何关联，不应以破产实体违法行为论处。

2. 破产实体违法行为必须给债务人、债权人或者其他利害关系人造成了实际危害。应当指出，债务人、债权人、管理人或者其他人一旦违反《企业破产法》等有关法律，就会给破产程序或者给债务人、债权人或者其他利害关系人的利益造成这样或者那样的影响，会产生一定的危害，应当依法承担相应的法律责任。固然，这种破产实体违法行为所产生的危害，与给债权人、债务人或者其他利害关系人造成实际损害并不等同。后者是指给债权人、债务人等财产或者利益造成实际损失。然而，产生了危害并不必然会造成实际损失，如债务人在具有破产原因的情况下，于裁定破产申请受理之日前1年内为没有设定财产担保的债权提供财产担保尚未实际履行担保责任的，显然会对债务人、债权人等利益产生不利影响即危害，可因没有履行还未产生实际损害后果，对此，管理人依法予以撤销即可。对于产生危害但没有产生实际损失的破产实体违法行为，虽然要依法承担法律责任，但不能承担民事赔偿责任。

3. 对债权人、债务人或者其他利害关系人所产生的危害，必须与行为人的破产实体违法行为有着因果关系，即行为人的破产实体违法行为必须是造成这种危害结果的原因。虽具有危害结果，然这种结果并不是破产实体违法行为所致，如债务人将他人的容易腐蚀、变质的财产存放在仓库内，由于管理混乱没有注明这是他人的财产，管理人接管后为了保全财产及时变价，事后他人要求取回属于自己的财产时才发现属于他人财产。债务人对于这种管理人执行职务给他人造成的损害要予以赔偿，可管理人没有任何过错，尽了管理人的勤勉、忠实义务，不属于管理人的破产实体违法行为所致，不能由管理人以所谓的破产违法行为承担赔偿责任。

三、破产实体违法行为的主要类型

根据破产实体违法行为主体的不同，破产实体违法行为可以分为债务人的破产实体违法行为、管理人的破产实体违法行为与其他人的破产实体违法行为。

（一）债务人的破产实体违法行为

债务人的破产实体违法行为不包括破产原因行为在内。此种破产实体违法行为，是指债务人在破产程序中或者《企业破产法》规定的发生在破产申请裁定受理前一段时期内的违反法律规定处理债务人实体问题的行为。对这，应当注意其与破产原因行为的区别。破产原因行为是债务人的董事、监事或者高级管理人员违反忠实、勤勉义务实施的致使债务人破产的行为，通常也是违反《民法典》《公司法》《刑法》等实体法律的行为，属于实体违法行为。可这种行为，既不是发生在破产程序中，又不一定发生在《企业破产法》规定的破产申请受理裁定之日前的特定时间内，与破产程序的进行没有必然关联。虽然根据《企业破产法》的规定，要追究该原因行为的法律责任，然这是从该行为与企业破产两者的因果关系来考虑的。故，破产原因行为虽属破产违法行为，然考虑到上述因素，加之《企业破产法》将其单列规定了相应的法律责任，破产实体违法行为在这里不包括破产原因行为在内。

债务人的破产实体违法行为多种多样，根据《企业破产法》及其他法律有关规定，主要包括：

1.《企业破产法》第 31 条规定的，债务人在人民法院受理破产申请前 1 年内，对债务人财产实施的无偿转让、以明显不合理的价格进行交易、对没有财产担保的债务提供财产担保、对未到期的债务提前清偿、放弃债权等欺诈性转让行为。

2.《企业破产法》第 32 条规定的，人民法院在受理破产申请前 6 个月内，债务人在不能清偿到期债务并且资产不足以清偿全部债务，或者不能清偿到期债务并且明显缺乏清偿能力时对个别债权人进行清偿的恶意个别清偿行为，但不包括能够使债务人财产受益的个别清偿行为。

3.《企业破产法》第 33 条规定的，债务人对其财产实施的为逃避债务而隐匿、转移财产，虚构债务或者承认不真实债务的破产无效行为。

4. 债务人及其直接责任人员在破产程序中利用职务之便实施的贪污、侵占、挪用、私分、擅自分配、隐匿、转移、处分等其他违法行为。

（二）管理人的破产实体违法行为

管理人在破产程序中，其工作贯穿着破产程序的始终，是否依法履行职责，直接关系到破产程序的正常、顺利进行，以及破产程序功能的实现。对债务人实施破产，意在对债务人与所有债权人之间的一切债权债务关系进行全面彻底的清理、依法公平的清偿。以是，《企业破产法》赋予了管理人一系列职责，如接管债务人的财产、印章和账簿、文书等资料；依法行使破产撤销权；依法行使破产无效行为确认权；依法行使追回权追缴债务人财产；依法行使破产抵销权；决定解除或者继续履行破产申请受理前成立债务人和对方当事人均未履行完毕的合同；决定债务人的日常开支和其他必要开支；在第1次债权人会议召开之前，决定继续或者停止债务人的营业；决定债务人的内部管理事务；管理和处分债务人的财产；第1次债权人会议前，经人民法院许可实施诸如转让土地、房屋等不动产权益，探矿权、采矿权、知识产权等财产权，借款，设定财产担保，放弃权利等对债权人利益有重大影响的其他财产处分行为，等等。这些有关债务人财产、债权债务、营业等实体问题处理的法定职责的全面、严格履行，是破产程序正常、顺利进行，债权人、债务人合法权益得以维护的基本保障，需要管理人勤勉尽责、全心全意、尽力尽职严格按照有关法律、法规规定履行自己的职责，尽到自己应尽的各种义务，不得随意而为，甚至违法犯罪，给债务人、债权人及其他利害关系人造成损害，不然就属于破产实体违法行为，应当依法承担相应的法律责任。

另外，管理人除应当依法履行勤勉义务外，还要履行忠实执行职务的义务。管理人在破产程序中代表债务人处理各种内外事务，需要依法公平维护债务人的利益，可其还依法代表债务人根据破产程序对所有债权人的债权进行清偿，需要依法公平维护债权人的合法权益。管理人在债权人与债务人之间，以及债权人与债权人之间，应保持中立，依法公正执行职务，对法律负责。另外，破产程序涉及其他利害关系人的，亦应依法公平维护有关利害关系人的利益。总之，破产程序，涉及利益群体复杂，管理人在错综复杂且难以平衡的利益关系中，必须忠实地执行法律，不得对其中的利益群体或者利益个体表现出私心、偏袒，不得徇私舞弊，不得收受他人财物等。在涉及自身或者与自己相关联的人的利益时，更应以债权人、债务人或者其他利害关系人的利益为重，不能将自己的利益或者与自己相关联的人的利益置于债务人、债权人或者其他利害关系人的利益之上。否则，轻则影响破产程序正常、顺利进行，重则可能引发有关人员甚至大多数利益主体的不满，影响甚至危及社会稳定，《企业破产法》第27条于是在明确规定管理人“应当勤勉尽责”的同时，要求管理人“忠实执行职务”，并于第130条规定：“管理人未依照本法规定勤勉尽责，忠实执行职务的，人民法院可以依法处以罚款；给债权人、债务人或者第三人造成损失的，依法承担赔偿责任。”

根据《企业破产法》等有关法律规定，管理人在破产程序中处理债务人的有关财产、债权债务、营业等实体问题，未能勤勉尽责或者未能忠实执行职务的，应为而不为，不应为而又为，构成破产实体违法行为，应当依法承担相应的法律责任。就具体种类而言，主要有：

1. 不履行或者不依法及时履行接管职责。破产程序一旦开始，管理人对于债务人的财产、营业、债权债务、印章及账簿、文书或者资料等应依法全面、及时接管，以防止债务人或者其他人对债务人财产及有关事务进行侵害。

管理人不履行或者不依法履行接管财产、债权债务、营业等有关事务的职责，就构成破产实体违法行为，应当依法承担法律责任。

2. 不依法妥善清理、保管接收的财产、债权债务、营业及有关资料，造成丢失、毁损、破坏的行为。

3. 不依法对债务人财产、债权债务进行调查、追回。债务人财产是对债权人债权进行清偿的物质基础，与债权人的合法权益息息相关，管理人的一项重要工作就是对债务人的财产、债权债务调查核实，并依法行使破产撤销权、破产无效确认权、破产抵销权等，对源于各种各样的原因而为他人占有的财产予以追回，对债务人的债权予以清收。怠于行使职责，对债务人财产、债权债务不尽职调查核实，不依法行使有关职权追回债务人的财产、清收其债权的，属于违反勤勉义务的破产实体违法行为，应当依法承担相应的法律责任。

4. 未依法严格聘请必要工作人员。在破产程序中，管理人通常不可能承担所有工作，有时不可避免地要聘请一些必要的工作人员。另外，对于涉及债务人财产的审计、评估等，需要依法聘请有关专业中介机构进行。对此，要求管理人聘请具有资质、专业能力强、道德水平高的中介机构及其人员进行，需要严格审查并在有关工作中进行监督。不然，疏于审查或者基于私利私情聘请不负责任、不具有相应能力的人员从事有关工作，进而造成债务人、债权人及其他利害关系人利益损害的，应以破产实体违法行为承担相应的法律责任。

5. 在债务人营业等实体事务的决策、经营中，滥用职权、疏于职守。在破产程序中，管理人要对债务人的一切内外事务依法进行管理，离不开有关决策。尤其是在管理人决定债务人继续营业的情况下更是如此。在有关决策、经营的程序中，不依法办事，任意而为，滥用职权，玩忽职守，造成他人损害的，应当依法承担相应的法律责任。

6. 在债务人财产处分、变价、分配中，滥用职权或者玩忽职守，如将债务人财产低价折股或者低价出售，对个别债权人违法进行清偿等，给债务人财产造成损失的。

7. 利用职务便利，对接管、经手的债务人财产非法进行处置，如隐瞒、转移、私分、侵吞、占有，或者非法处分给他人，或者收受他人财物，或者将债务人的营业与自己进行交易，或者以明显不公平的价格进行交易的，等等。

（三）其他人的破产实体违法行为

其他人的破产实体违法行为，是指债务人、管理人以外的在破产程序中违反有关法律规定对债务人财产、债权债务、营业等实体事务进行侵害，危害破产程序及其债务人、债权人或者其他利害关系人利益的行为。这种行为亦各种各样，如对债务人财产实施的抢劫、盗窃、诈骗、抢夺、聚众哄抢、敲诈勒索、故意毁坏的行为；对债务人的生产经营服务以毁坏机器设备、残害耕畜或者以其他方法进行破坏的行为；承担资产评估、验资或者验证的机构提供虚假材料或者因过失提供有重大遗漏的报告的行为，等等。

四、破产实体违法行为的法律责任

（一）破产实体违法行为法律责任的承担方式

破产实体违法行为的法律责任，包括民事赔偿责任、司法责任与刑事责任。无论是债务人的破产实体违法行为，还是管理人的破产实体违法行为，以及其他人的破产实体违法行为，只要造成实际损失，就都可能承担民事赔偿责任；构成犯罪的，则应依法承担刑事责任。至于司法责任，根据《企业破产法》第130条的规定，只有管理人未依照本法规定勤勉尽责，忠实执行职务实施破产实体违法行为的，人民法院可以依法处以罚款即追究其司法责任。

关于管理人的破产实体违法行为的民事赔偿责任，《企业破产法》第130条规定，未依法勤勉尽责、忠实执行职务给债权人、债务人或者第三人造成损失的，应当依法进行赔偿。在确定民事赔偿责任的大小时，应当注意考虑以下因素：

1. 债务人、债权人或者第三人因为破产实体违法行为造成损失的大小。损失越大，赔偿责任就越大。应当指出，债务人、债权人或者第三人因为破产实体违法行为造成的损失，乃是破产实体违法行为直接造成的损失，并非间接造成的损失。当然，间接损失巨大，或者造成严重社会影响的，对于赔偿责任大小的确定亦有一定参考作用。

2. 管理人实施破产实体违法行为的过错程度及其大小。管理人没有过错的，则其行为不属于破产实体违法行为，不能承担相应的法律责任。具有过错的，过错性质及其大小程度的不同，与其应当承担的赔偿责任的大小直接相关。在其他因素确定的情况下，故意实施破产实体违法行为的要比过失实施破产实体违法行为的危害性要大，赔偿责任也就更重。同是故意或者过失的情况下，其故意、过失的内容、程度及其恶性大小等也对其应当承担赔偿的责任产生或大或小的影响，应当注意加以考察。

3. 管理人破产实体违法行为的严重程度及其情节状况。一般说来，破产实体违法行为违反法律的程度越严重，情节越恶劣，危害性也就越大，与之相联系，赔偿责任也就越重。

4. 破产实体违法行为与实际损失之间的因果关系的关联程度及其原因力的大小：（1）要求破产实体违法行为与实际损失之间必须存在因果关系，完全没有因果关系如因意外事件等造成损害，即使破产实体违法行为存在，也不能让管理人承担赔偿责任。（2）要求考虑原因力的大小。属于唯一原因，则相对简单。属于共同原因，则应考虑破产实体违法行为与实际损害之间的关系程度，破产实体违法行为对实际损失的造成所产生作用的大小即原因力的大小，公平确定管理人的赔偿责任。对于受害人有过错，或者因为受害人、第三人或者某些事实的介入，致使原因分散的，则应依法从轻、减轻甚至免除管理人的民事赔偿责任。

5. 管理人的执业风险因素。破产程序处理债务人与一切债权人之间的所有债权债务关系，涉及管理、营业、法律、财务等各方面的知识，要求很高，对管理人来说，同时也存在较高的风险。在管理人实施破产实体违法行为的情况下，要让其承担相应的赔偿责任，没有疑问。但在确定赔偿责任时，需要考虑执业风险这一因素，以合理控制管理人的执业风险以吸引优秀的管理人参与到破产程序中。不顾破产程序的实际情况，不将管理人的执业风险控制在公平合理的范围内，必然挫伤管理人的积极性，最终受到损害的还是债权人、债务人。对这，联合国国际贸易法委员会《破产法立法指南》明确指出："破产管理人采用的细心标准及其个人赔偿责任对于破产程序的进行具有重要意义。确定破产管理人履行其职责和职能所需的细心、审慎和技能的衡量尺度要求考虑到破产管理人在履行职责时遇到的困难处境，并使之与支付适当的报酬水平和需要吸引具备资格的人员担任破产管理人保持平衡。还似宜平衡兼顾两种标准，一种标准将是确保破产管理人有能力履行职责，另一种则是过于严格从而引发针对破产管理人的法律诉讼并造成其服务费用的增加。破产法还需考虑到破产管理人的赔偿责任可能常常涉及破产法以外法律的适用问题，或者如果破产管理人是某个专业组织的成员，可能涉及适用该组织的有关职业标准。"①

6. 管理人聘用人员实施破产实体违法行为的法律责任。管理人聘用的人员基于管理人的聘请从事管理工作，其已纳入管理人团队的范围，对管理人负责，由管理人支付报酬，所实施的行为属于管理人行为的一部分。因此，聘用人员实施的破产实体违法行为所应承担的法律责任，管理人应当依法承担。

① 王卫国：《破产法精义》，法律出版社2007年版，第377～378页；联合国国际贸易法委员会：《破产法立法指南》（2006年中文版）第164页。

应当指出，在破产程序中，债务人依法也可以实施一定行为，如重整期间，债务人申请，经人民法院许可，可以自行管理财产和营业，行使管理人依法可以行使的职权；重整计划的执行由债务人执行；在管理人接管财产、债权债务、营业等有关事务时，需要妥善管理财产、债权债务、营业等有关事务；维持管理、营业的需要，往往需要债务人的一些管理人员、职工继续从事工作，等等。债务人或者有关工作人员实施破产实体违法行为，并非出于管理人的聘用所致，管理人一般只负有监督职责，一般情况下，不应由管理人承担责任。但是，债务人或者相关工作人员实施的给他人造成实际损害的破产实体违法行为，倘若能为管理人所控制，或者完全出于管理人的意图，或者完全由于管理人疏于监管造成，或者为管理人所聘请，也可让其依法公平承担一定的民事赔偿责任。

7. 健全完善管理人执业责任保险制度。如前所述，管理人的工作具有较大的执业风险，一旦发生，往往会造成巨大损失，通常为从事中介服务机构的管理人无法承受。为了分散这种风险，既有效弥补债务人、债权人或者第三人因为管理人违法行为所造成的损失，同时减轻管理人承担损失的风险与责任，健全完善管理人执业责任保险制度，以使风险承担社会化，自有其必要。联合国国际贸易法委员会《破产法立法指南》指出："解决损害赔偿责任问题的一种方式可以是要求破产代表设置一项保证金或投保，用于补偿破产财产中资产损失或可能因其渎职而需支付的赔偿金。一些破产法要求既支付保证金又提供保险，保证金用于一类损害，保险金用于另一类损害，其他一些破产法则仅要求提供保险……但是，支付保证金或取得个人赔偿保险，并非在所有国家都行得通，为此还需采取其他办法。在拟订这个问题的解决办法时，似宜平衡兼顾控制由破产代表提供服务的费用和在参与者中间分摊破产过程所涉的风险，而不是根据所设置的个人赔偿保险由破产代表承担所有风险。"①

（二）破产实体违法行为法律责任的具体规定

根据《企业破产法》的有关规定，破产实体违法行为的法律责任，主要包括：

1. 《企业破产法》第128条规定，债务人有本法第31条、第32条、第33条规定的行为，损害债权人利益的，债务人的法定代表人和其他直接责任人员依法承担赔偿责任。《破产案件高效审理意见》第21条规定："债务人财产去向不明，或者债权人、出资人等利害关系人提供了债务人相关财产可能

---

① 吴庆宝、王建平主编：《破产案件裁判标准规范》，人民法院出版社2009年版，第430~431页。

存在被非法侵占、挪用、隐匿等情形初步证据或者明确线索的，管理人应当及时对有关财产的去向情况进行调查。有证据证明债务人及其有关人员存在《企业破产法》第31条、第32条、第33条、第36条等规定的行为的，管理人应当依法追回相关财产。”第22条规定：“因企业经营不规范导致债务人财产被不当转移或者处置的，管理人应当通过行使撤销权、依法追回财产、主张损害赔偿等途径维护债权人合法权益，追究相关人员的民事责任。”

2.《企业破产法》第130条规定，管理人未依照本法规定勤勉尽责，忠实执行职务的，人民法院可以依法处以罚款；给债权人、债务人或者第三人造成损失的，依法承担赔偿责任。

第五节　破产刑事犯罪行为的法律责任

一、破产刑事犯罪行为的概念

破产刑事犯罪行为，是指发生在破产程序中或者之外的与债务人破产相关的，具有较大社会危害性、触犯刑法规定并应受到刑罚处罚的行为。就破产刑事犯罪行为可能发生的时间而言，通常情况下发生于破产程序中。可引起债务人破产的原因行为，则应发生在破产程序开始前。至于破产程序终结后，则不可能再存在发生破产刑事犯罪行为的问题。

二、破产刑事犯罪行为的构成

（一）破产刑事犯罪行为的主体要件

破产刑事犯罪行为的主体，有的是一般主体，有的是特殊主体。如在破产程序中对债务人财产实施的抢劫、盗窃、诈骗等犯罪行为，其主体为一般主体，即凡是达到刑事责任年龄具有刑事责任能力的行为人，均可以构成相应犯罪。有的则属于特殊主体，如徇私舞弊低价折股、出售国有资产的犯罪行为，其主体必须要求属于国有公司、企业或者其上级主管部门直接负责的主管人员。非国有公司、企业或者其上级主管部门直接负责的主管人员，则不能构成徇私舞弊低价折股、出售国有资产罪。有的为自然人犯罪，单位不能构成，如抢劫、盗窃犯罪。有的为单位犯罪，如商业银行、证券交易所、期货交易所、证券公司、期货经纪公司、保险公司或者其他金融机构，违背受托义务，擅自运用客户资金或者其他委托、信托的财产，情节严重，所构成的背信运用受托财产罪、违法运用资金罪等。有的犯罪行为，既可以由自然人构成，也可以由单位构成，如隐匿、故意销毁会计凭证、会计账簿、财务会计报告的犯罪行为。

（二）破产刑事犯罪行为的主观要件

破产刑事犯罪行为在主观方面，必须要求出于故意或者过失。有的犯罪，只有故意才能构成，如背信损害上市公司利益罪，上市公司的董事、监事、高级管理人员违背对公司的忠实义务，利用职务便利，操纵上市公司无偿向其他单位或者个人提供资金、商品、服务或者其他资产的；以明显不公平的条件，提供或者接受资金、商品、服务或者其他资产的；向明显不具有清偿能力的单位或者个人提供资金、商品、服务或者其他资产的；为明显不具有清偿能力的单位或者个人提供担保，或者无正当理由为其他单位或者个人提供担保的；无正当理由放弃债权、承担债务的等等损害上市公司利益的犯罪行为，在主观上必须出于故意。有的犯罪，只有过失才能构成，如签订、履行合同失职被骗的犯罪行为，则要求其主体即国有公司、企业、事业单位直接负责的主管人员，在签订、履行合同过程中，因严重不负责任被诈骗，在主观上必须表现为过失，故意不能构成签订、履行合同失职被骗罪。有的犯罪行为，既可以由故意构成，又可以由过失构成，如国有公司、企业、事业单位人员滥用职权罪，国有公司、企业的工作人员滥用职权，造成国有公司、企业破产或者严重损失，致使国家利益遭受重大损失的犯罪行为，则既可以由故意构成，也可以由过失构成。

（三）破产刑事犯罪行为的客观要件

破产刑事犯罪行为在客观上，表现为发生在破产程序中或者之外的与债务人破产相关的一切具有较大社会危害性、触犯刑律并且应当受到刑罚处罚的各种行为。既可以由破产原因行为中的行为构成，又可以由破产程序违法行为中的行为构成，还可以由破产实体违法行为中的行为构成。具体来说，根据其行为的特征，可以分为下列几种情形：

1. 利用职权非法占有、挪用型行为。这类行为，是特定的主体利用职务上的便利，将债务人财产非法占有或者挪用的行为。如国家工作人员或者公司、企业或者其他单位中的非国家工作人员，利用职务上的便利，将本单位财物非法占为己有，挪用本单位资金归个人使用或者借贷给他人；国有公司、企业违反国家规定，以单位名义将国有资产集体私分给个人；公司、企业进行清算时，隐匿财产，对资产负债表或者财产清单作虚伪记载或者在未清偿债务前分配公司、企业财产，严重损害债权人或者其他人利益的行为等。

2. 利用职权非法处置型行为。此类行为，是特定的主体利用职务上的便利对债务人财产非法进行处置的行为。如申请公司登记使用虚假证明文件或者采取其他欺诈手段虚报注册资本，欺骗公司登记主管部门取得公司登记，虚报注册资本数额巨大、后果严重或者有其他严重情节的；公司发起人、股东违反公司法的规定未交付货币、实物或者未转移所有权虚假出资，或者在公司成立后又抽逃出资，数额巨大、后果严重或者有其他严重情节的①；国有公司、企业或者其上级主管部门直接负责的主管人员，徇私舞弊，将国有资产低价折股或者低价出售，致使国家利益遭受重大损失的；上市公司的董事、监事、高级管理人员违背对公司的忠实义务，利用职务便利，无偿向其他单位或者个人提供资金、商品、服务或者其他资产的，以明显不公平的条件，提供或者接受资金、商品、服务或者其他资产的，向明显不具有清偿能力的单位或者个人提供资金、商品、服务或者其他资产的，为明显不具有清偿能力的单位或者个人提供担保，或者无正当理由为其他单位或者个人提供担保的，无正当理由放弃债权、承担债务的，采用其他方式损害上市公司利益，致使上市公司利益遭受重大损失的；商业银行、证券交易所、期货交易所、证券公司、期货经纪公司、保险公司或者其他金融机构，违背受托义务，擅自运用客户资金或者其他委托、信托的财产，情节严重的；银行或者其他金融机构的工作人员违反国家规定发放贷款或者吸收客户资金不入账，数额巨大或者造成重大损失的；银行或者其他金融机构的工作人员违反规定为他人出具信用证或者其他保函、票据、存单、资信证明，情节严重的；银行或者其他金融机构的工作人员对违反《票据法》规定的票据予以承兑、付款或者保证，造成重大损失的；隐匿或者故意销毁依法应当保存的会计凭证、会计账簿、财务会计报告，公司、企业通过隐匿财产、承担虚构的债务或者以其他方法转移、处分财产，实施虚假破产，严重损害债权人或者其他人利益的，等等。

3. 非法占有、毁坏型行为。此类行为，是一般主体利用普通方法对债务人财产所实施的各种非法占有或者毁坏性行为。如抢劫、盗窃、诈骗、抢夺、聚众哄抢、敲诈勒索、故意毁坏公私财物、毁坏机器设备、残害耕畜或者以其他方法破坏生产经营的行为等。

4. 利用职权牟取利益型行为。这类行为，行为人不直接针对债务人实施，而是利用有关职务便利及债务人财产为自己牟取私利的行为，如国家工作人员以及公司、企业或者其他单位的非国家工作人员利用职务上的便利，索取

① 全国人民代表大会常务委员会2014年4月24日通过的《关于〈中华人民共和国刑法〉第一百五十八条、第一百五十九条的解释》规定，刑法第158条、第159条规定的虚报注册资本罪，虚假出资、抽逃出资罪，只适用于依法实行注册资本实缴登记制的公司。

或者非法收受他人数额较大的财物，为他人谋取利益；国有公司、企业的董事、经理利用职务便利，自己经营或者为他人经营与其所任职公司、企业同类的营业，获取数额巨大的非法利益；国有公司、企业单位的工作人员，利用职务便利，将本单位的盈利业务交由自己的亲友进行经营的，以明显高于市场的价格向自己的亲友经营管理的单位采购商品或者以明显低于市场的价格向自己的亲友经营管理的单位销售商品，向自己的亲友经营管理的单位采购不合格商品等方式，为亲友非法牟利，致使国家利益遭受重大损失的行为等。

5. 渎职型行为。此类行为，是指特定人员滥用职权或者玩忽职守而实施的行为。如国有公司、企业直接负责的主管人员，在签订、履行合同过程中，因严重不负责任被诈骗，致使国家利益遭受重大损失；国有公司、企业的工作人员，由于严重不负责任或者滥用职权，造成国有公司、企业破产或者严重损失，致使国家利益遭受重大损失的行为等。

6. 妨害破产程序的行为。如在进行破产清算时，隐匿财产，对资产负债表或者财产清单作虚伪记载或者在未清偿债务前分配公司、企业财产，严重损害债权人或者其他人利益的；隐匿、故意销毁会计凭证、会计账簿、财务会计报告，情节严重的；以暴力、威胁、贿买等方法阻止证人作证或者指使、贿买、胁迫他人作伪证，或者帮助当事人毁灭、伪造证据，情节严重的；以捏造的事实提起民事诉讼，妨害司法秩序或者严重侵害他人合法权益的；对证人进行打击报复的；司法工作人员、辩护人、诉讼代理人或者其他诉讼参与人，泄露依法不公开审理的案件中不应当公开的信息，造成信息公开传播或者其他严重后果的；在人民法院开庭审理破产案件及其相关民事诉讼案件中，聚众哄闹、冲击法庭，或者殴打司法工作人员或者诉讼参与人，或者侮辱、诽谤、威胁司法工作人员或者诉讼参与人，不听法庭制止，严重扰乱法庭秩序，或者有毁坏法庭设施，抢夺、损毁诉讼文书、证据等扰乱法庭秩序行为，情节严重的；哄闹、冲击法庭，侮辱、诽谤、威胁、殴打审判人员，严重扰乱法庭秩序的；隐藏、转移、变卖、故意毁损已被司法机关查封、扣押、冻结的财产，情节严重的；以暴力、威胁或者其他方法阻碍司法工作人员执行职务的；拒不履行人民法院已经发生法律效力的判决、裁定的，等等。

（四）破产刑事犯罪行为的客体要件

破产刑事犯罪行为所侵犯的客体多种多样，然主要是公司、企业的管理秩序，公私财物的所有权、使用权，人民法院审判破产案件及其相关诉讼的秩序与权威等。每种具体犯罪所侵犯的客体要件，要根据其具体行为确定。

三、破产刑事犯罪行为的法律责任

（一）破产刑事犯罪行为承担法律责任的种类

破产刑事犯罪行为在法律上，首先要依法承担刑事责任，即人民法院通过审判程序可以对行为人处以刑罚，如死刑、无期徒刑、有期徒刑、拘役、管制等主刑，以及罚金、剥夺政治权利及没收财产等附加刑。破产犯罪行为给债务人、债权人及第三人造成损失的，还应依法承担民事责任。此外，还可以对有关人员给予行政处分或者行政处罚如限制其在一定时期内担任某种职务的资格，即让其承担行政责任等。

（二）破产刑事犯罪行为刑事责任的追究

破产刑事犯罪行为的刑事责任，必须由司法机关依法追究，不能由公司、企业或者个人等通过私权利予以救济。司法机关依法追究，必须经过侦查、调查、审查起诉、审判程序，最终由人民法院对破产刑事犯罪行为的性质进行认定，即根据刑法的规定确定具体的罪名，然后依据刑法的规定考虑其犯罪行为的具体情况确定具体的刑罚。但是，对于违法犯罪，任何公民都有举报的权利与义务。尤其是管理人在依法执行职务的过程中，倘若发现有关债务人财产的犯罪行为，则应依法而为，以保全债务人的财产，维护债权人的利益。对此《破产案件高效审理意见》第22条规定："人民法院要准确把握违法行为入刑标准，严厉打击恶意逃废债行为……企业法定代表人、出资人、实际控制人等有恶意侵占、挪用、隐匿企业财产，或者隐匿、故意销毁依法应当保存的会计凭证、会计账簿、财务会计报告等违法行为，涉嫌犯罪的，人民法院应当根据管理人的提请或者依职权及时移送有关机关依法处理。"如前所述，破产刑事犯罪行为的种类很多，所触犯的刑事罪名也很多，如虚报注册资本罪，虚假出资、抽逃出资罪，妨害清算罪，隐匿、故意销毁会计凭证、会计账簿、财务会计报告罪，虚假破产罪，非国家工作人员受贿罪，非法经营同类营业罪，为亲友非法牟利罪，签订、履行合同失职被骗罪，国有公司、企业、事业单位人员失职罪，国有公司、企业、事业单位人员滥用职权罪，徇私舞弊低价折股、出售国有资产罪，背信损害上市公司利益罪，背信运用受托财产罪，违法运用资金罪，违法发放贷款罪，吸收客户资金不入账罪，违规出具金融票证罪，对违法票据承兑、付款、保证罪，抢劫罪，盗窃罪，诈骗罪，抢夺罪，聚众哄抢罪，敲诈勒索罪，职务侵占罪，挪用资金罪，故意毁坏财物罪，破坏生产经营罪，妨害作证罪，帮助毁灭、伪造证据罪，打击报复证人罪，扰乱法庭秩序罪，拒不执行判决、裁定罪，非法处置查封、扣押、冻结的财产罪，贪污罪，受贿罪，挪用公款罪，私分国有资产罪，等等。

（三）管理人的破产刑事犯罪行为的刑事责任

在破产程序中，管理人具有管理债务人财产、债权债务、营业等内外事务的职责，管理人的工作人员尤其是负责人，完全可能利用其对债务人财产、债权债务、营业等内外事务进行管理的职权，为自己或者他人牟取利益，构成非法占有、挪用、为亲友牟取利益等的犯罪行为。问题在于，管理人及其工作人员利用职权所进行的破产犯罪行为，其性质如何确定。如管理人的工作人员利用职务上的便利将债务人财产非法占为己有或者加以挪用，是构成贪污罪、挪用公款罪还是构成职务侵占罪、挪用资金罪，就有赖于对管理人及其工作人员是否属于国家工作人员的主体身份进行认定。尽管管理人，其职权在《企业破产法》有明确规定，并且通过人民法院按照抽签、摇号等随机方式从具有管理人资质的中介机构或者中介人员中指定，或者通过公开竞聘、接受推荐指定，履行管理债务人的财产、债权债务、营业等内外事务，代表债务人对所负一切债权人的所有债务进行清偿等职责，但它仍然属于中介机构，其中的工作人员乃属于公司、企业或者其他单位的工作人员，不能以国家工作人员论处，利用职务便利挪用、侵吞所管理的债务人资金的，不能以挪用资金罪、职务侵占罪的违法甚至犯罪论处。

应当指出，管理人的报酬要是一直没有支付，先预支一部分管理人报酬，给工作人员预付一定工资、给予一定交通、燃油、车辆使用费等，且未采取虚假手段（如发的工资以购买管理人办公用品、会议费支出等名义）将之作为管理人报酬之外的破产费用进行报销的，则不应以犯罪论处。因为，管理人的工作人员，不像国家工作人员那样，具有固定的工资，他完全靠自己的劳动获得报酬，在应得的报酬支付前，他天天或者主要时间从事有关管理人工作，也需要生存。作为管理人的中介机构，组织人员进行管理人工作，除支付开始接管时间没有开支时购买有关办公用品、垫支住宿等必要费用外，不可能长期垫付工资。尤其是项目大，需要的工作人员多，时间长，破产案件基于各方面的原因一般都是数年，中介机构也不可能垫付得起。中介机构也没有任何义务，首先完全免费尤其是长期为债务人的破产工作提供服务。果真如此，任何中介机构及其工作人员就不可能去从事这项工作。这样，管理人在管理债务人财产的过程中，在被管理的财产能够支付管理人的报酬或者部分报酬时，但因各种各样原因没有支付，有关工作人员便采取预支的形式暂时作为管理人报酬支付的部分，待今后抵扣应得的管理人报酬的，自然与挪用资金或者职务侵占等犯罪有着本质的区别，而不能以犯罪论处，有的还经过了法院批准的，则更加不存任何犯罪的问题。

第十五章　破产制度的改革与完善

第一节　破产制度改革与完善概述

为深化供给侧结构性改革，推进优化存量，防范产能过剩；激发市场主体竞争活力，完善优胜劣汰的市场机制；加快僵尸企业出清等创造良好的制度环境，促进生产要素和资源由无效低效市场主体向高效市场主体流动，最大程度发挥各类要素和资源潜力，优化营商环境，推动经济高质量发展，使我国破产制度更加适应经济发展和社会进步的需要，根据我国破产司法实践的实际情况，最高人民法院针对一些破产制度在法律规定的最大维度内进行了改革、规范与完善，一些地方人民法院也进行了许多有益的探索，如管理人联合执业制度、破产费用综合保障制度、重整企业识别审查制度、重整计划草案表决制度、重整计划变更制度、预重整制度、执转破制度、破产案件简易审理程序，等等。可企业破产工作涉及社会方方面面，不是人民法院一家就能够完成所有工作的，要保障破产正常、顺利、有序、有效地进行，需要有关部门的共同合力的行动。是以，国务院同意，最高人民法院、国家发展改革委员会等 13 个国家机构颁布了《加快完善市场主体退出制度改革方案》，内容涉及破产制度改革的诸多方面。就其内容而言，有的涉及破产程序制度本身，改革与完善的内容是破产法律制度不可分割的组成部分，要由破产法律、法规及其司法解释加以规定，属于破产程序制度改革与完善的范围；有的如司法与行政协调机制、市场主体优劣甄别机制、债务人信用记录与信用修复制度、破产税收制度、债务人社会公示和监督制度等，虽不属于破产程序制度本身，然其有关内容与破产程序的正常运行及其最终目的的实现密切相关，在某种程度上直接关系着破产程序的效率甚至成败，从而也将之的改革与完善归入破产制度改革与完善的内容之中作简单介绍，并将之称为破产关联制度的改革与完善，以与破产程序制度的改革与完善相区别。

一、破产程序制度改革与完善的主要内容

（一）完善市场主体破产能力设定的制度

在现行破产法只规定企业法人破产能力及个别法律规定合伙企业、农民专业合作社、民办学校等准破产能力的基础上，全面建立个人破产制度为支点，研究非营利法人、非法人组织、个体工商户、自然人等市场主体的破产能力，扩大破产制度覆盖面，畅通存在债权债务关系的市场主体退出渠道。

应当指出，个人破产，是指自然人不能清偿其到期债务时，由人民法院依照法定的破产程序对其财产、债务进行全面清理，并按照一定的清偿顺序以之财产公平清偿债务，或者通过和解程序、债务清理计划等进行债务调整与清偿，在破产程序终结后对之未能清偿的符合法定条件的债务给予豁免，以终结其与所有债权人的权利与义务关系的法律制度。不容否认，自然人乃是市场经济重要的主体之一，其在资不抵债不能清偿到期债务而处于实际破产的情况下，不依法对之的债权债务关系作一全面的清理、终结，会导致许多问题存在：

如，一些债务人实际处于破产无力偿还债务的状态，由于没有破产程序无法终结其债务，导致某些债权人采取暴力或者诸如跟踪贴靠、滋扰纠缠、聚众造势、揭发隐私、恶意举报、贴报喷字、泼洒污物，在网络为他人设立灵堂，对他人进行讥讽、挖苦、漫骂、嘲笑、侮辱、诽谤、威胁、哄闹，非法侵入他人住宅，在他人住宅门口烧纸钱、摆花圈，在他人办公场洪闹、要泼或长期派人占住不让办公，在网络上为他人设立灵堂，反复不停地拨打人

手机、发微信等软暴力[①]的方式向其追债，尤其是年关，有家都不敢回，既不利于其本人，又不利于市场经济的有序发展，还可能导致违法犯罪行为的发生。

又如，一些自然人恶意进行贷款或欠债，然后耍赖不还，由于没有个人破产制度，对之无法设立较为严格的义务。近几年来，人民法院虽然加大了执行力度，并通过建立失信被执行人名单的建立，为之设立一些义务，对一些有钱不还的债务人产生了一定的压力。可其毕竟不是一种稳定的法律制度，无论是从其性质、范围、功能等都无法与个人破产制度对破产个人在较长时间内设定较为严格的法律义务相比。后者，可以通过较长时间较严格的义务限定，以及个人诚信名誉等来规制破产个人，使他们感受到恶意欠债不能偿还而要面临着巨大的代价，如破产个人不能享受较高标准的现代化物质及精神生活，不能乘坐高铁、飞机，不能购买汽车等高档消费品，不能出国，其子女不能就读私立学校，不能进行银行贷款，不能担任企业股东、法定代表人等。通过社会各界的配合，能够保证这些破产个人所应承担法律后果的全面真正实现的，如一些破产个人完全不可能借用他人的身份证购买高铁票、

---

① 最高人民法院、最高人民检察院、公安部、司法部 2019 年 4 月 9 日《关于办理实施“软暴力”的刑事案件若干问题的意见》第 1 条规定：“‘软暴力’是指行为人为谋取不法利益或形成非法影响，对他人或者在有关场所进行滋扰、纠缠、哄闹、聚众造势等，足以使他人产生恐惧、恐慌进而形成心理强制，或者足以影响、限制人身自由、危及人身财产安全，影响正常生活、工作、生产、经营的违法犯罪手段。”第 2 条规定：“‘软暴力’违法犯罪手段通常的表现形式有：（1）侵犯人身权利、民主权利、财产权利的手段，包括但不限于跟踪贴靠、扬言传播疾病、揭发隐私、恶意举报、诬告陷害、破坏、霸占财物等；（2）扰乱正常生活、工作、生产、经营秩序的手段，包括但不限于非法侵入他人住宅、破坏生活设施、设置生活障碍、贴报喷字、拉挂横幅、燃放鞭炮、播放哀乐、摆放花圈、泼洒污物、断水断电、堵门阻工，以及通过驱赶从业人员、派驻人员据守等方式直接或间接地控制厂房、办公区、经营场所等；（3）扰乱社会秩序的手段，包括但不限于摆场架势示威、聚众哄闹滋扰、拦路闹事等；（4）其他符合本意见第 1 条规定的‘软暴力’手段。”“通过信息网络或者通讯工具实施，符合本意见第一条规定的违法犯罪手段，应当认定为‘软暴力’。”第 3 条规定：“行为人实施‘软暴力’，具有下列情形之一，可以认定为足以使他人产生恐惧、恐慌进而形成心理强制或者足以影响、限制人身自由、危及人身财产安全或者影响正常生活、工作、生产、经营：（1）黑恶势力实施的；（2）以黑恶势力名义实施的；（3）曾因组织、领导、参加黑社会性质组织、恶势力犯罪集团、恶势力以及因强迫交易、非法拘禁、敲诈勒索、聚众斗殴、寻衅滋事等犯罪受过刑事处罚后又实施的；（4）携带凶器实施的；（5）有组织地实施的或者足以使他人认为暴力、威胁具有现实可能性的；（6）其他足以使他人产生恐惧、恐慌进而形成心理强制或者足以影响、限制人身自由、危及人身财产安全或者影响正常生活、工作、生产、经营的情形。”“由多人实施的，编造或明示暴力违法犯罪经历进行恐吓的，或者以自报组织、头目名号、统一着装、显露纹身、特殊标识以及其他明示、暗示方式，足以使他人感知相关行为的有组织性的，应当认定为‘以黑恶势力名义实施’。”“由多人实施的，只要有部分行为人符合本条第一款第（1）项至第（4）项所列情形的，该项即成立。”“虽然具体实施‘软暴力’的行为人不符合本条第 1 款第（1）项、第（3）项所列情形，但雇佣者、指使者或者纠集者符合的，该项成立。”

飞机票、住高档酒店等，就可以倒逼自然人不能恶意欠债尤其是进行金融性的欠债，以促使市场经济秩序尤其是金融市场秩序的正常发展，对社会诚信普遍缺乏的现象也会有所遏制，进而促进社会诚信制度的建设。

再如，处于破产状态的个人，没有破产程序，有的便有选择性地偿还债务，如优先偿还亲戚朋友的债务，或者对之追讨得紧的甚至采用暴力、威胁手段逼债的债权人的债务；一些债权人为了实现自己的债权，便利用各种各样的优势让个人优先偿还自己的债务，如银行从个人账户中私自扣划个人与他人正常来往的资金甚至个人的失业保险费用，有的债权人则采取非法甚至暴力、威胁的犯罪手段逼使个人优先偿还自己的债务。而建立个人破产制度，对其财产、债务进行全面清理，然后按照一定的顺序公平清偿其所有债务，不仅有利于全体债权人合法利益的公平保护，符合按照法治的轨道有序公平处理之间债务的基本原则，而且因为破产个人与债权人之间的债权债务关系的依法有序得到清偿，还有利于市场经济的有序发展及社会稳定的有效维护。

四如，一些恶意欠债的个人，由于没有个人破产制度，可以长期采取消极避债、霸道拒债、恶意逃债等方式拒不偿还债务。债权人要实现自己的利益，需通过长期的诉讼及执行程序加以解决。司法实践中，一些诉讼经过一审、二审、再审，有的甚至还发回重审，导致周期一两年甚至数年的现象屡见不鲜。在此期间，债务人可以长期逍遥自在，即使官司输了，不少债务都是按同期银行贷款支付利息，其所获利益也远远低于对外融资的成本。而个人破产制度的建立，一有债权到期的债权人申请其破产，其就有义务配合法院就其资产、债务进行全面清理，有利于发现其财产的真实情况，是否具有转移、隐藏财产等逃债的行为。与此同时，并让之在破产程序进行期间遵守一定义务，也有利于对那些有钱不还的老赖们施加压力，促使债权债务关系的依法及时有序的了结。

五如，个人作为市场经济活动的参与者，基于各方面的原因完全可能真正失败而破产。在真正破产无法继续背负债务参与经济活动时，只有通过正常合适的渠道退出，才能得到真正的解脱，尤其是破产观念从破产有罪主义、破产惩戒主义和破产不免责主义到破产无罪主义，破产不惩戒主义和破产免责主义的转变，对于真正处于破产状态的个人来说，相对于负债根本无法前行而因没有个人破产制度仍要背负债务前行这一后果来说，接受一定的义务规制，免除其债务，让之摆脱债务之累，并辅之以一定的社会保障，重新开始新的生活，不仅不是一种惩戒，相反还是一种有效的保护，体现了破产制度日益文明发展的趋势。否则，让之负债而行，甚至继续游离于经济活动之中，不仅可能增加拆东墙补西墙乃至欺蒙拐骗等不法行为的风险，而且因为缺乏个人破产制度无法让人对之进行识别，也不利于市场经济秩序的健全发展。

六如，破产制度最初起源于个人破产，早在古罗马就已经存在个人破产制度。如今有关国际破产的立法与实践已经非常普遍而成熟，美、英、德、法、日等不少国家以及我国的台湾、香港地区的破产法均有个人破产制度的规范。自改革开放以来尤其是加入世贸组织以来，我国个人走出国门购置财产、从事交易的现象也更为频繁与普遍，外国人到我国购置财产、进行交易的现象同样存在且日益增多。随着开放范围的扩大，在国内外同时拥有财产、债权、债务等的现象只会越来越多。这样，在国外存在个人破产制度的情况下，可以对我国公民在外国的财产启动破产程序；对之公民启动的破产程序按照一定的原则可能涉及该公民在我国的财产，而我国没有建立个人破产制度，无法与国外个人破产制度相衔接。建立了个人破产制度，基于国家之间达成的有关协议或者互惠原则，既可以对在我国境内拥有财产的个人启动破产程序，还可能将该程序对破产个人财产的效力扩至到国外，有利于保护我国债权人的合法权益；外国法院对之国内拥有财产的个人启动破产程序，我国也可以按照协议或者互惠原则针对在我国境内拥有财产的该个人启动破产程序，以维护国内债权人的合法权益……如此等等，不一而足。

此外，在科学技术尤其是网络技术迅猛发展的今天，对个人及其相关人员的财产登记、查询系统日益完善，通过对洗钱违法犯罪的惩治力度的不断加大等措施，隐匿、转移个人财产将越来越困难，从而为有效防范个人破产制度建立可能导致破产个人恶意逃债的负面后果奠定了物质技术基础；随着社会信用体系建设的不断强化，《征信业管理条例》的施行，个人征信系统的完善，社会保障体系的健全，也为个人破产制度的建立提供了精神观念的支持；国际个人破产制度的立法及司法实践的经验，可以为我国个人破产制度建立提供借鉴。所有这些，都充分表明设立自然人的个人破产制度已经具有了相应的物质基础与社会基础。《加快完善市场主体退出制度改革方案》第4条第2项于是明确要求，国家发展改革委员会、司法部、中国人民银行、中国银行保险监督管理委员会等按职责分工负责“分步推进建立自然人破产制度。研究建立个人破产制度，重点解决企业破产产生的自然人连带责任担保债务问题。明确自然人出于担保等原因而承担与生产经营活动相关的负债可依法合理免责。逐步推进建立自然人符合条件的消费负债可依法合理免责，最终建立全面的个人破产制度”。可以预见，一项全新的个人破产制度，不久的将来应就会在拥有最古老文明的中华大地上应运而生，以此为支点，进一步扩大到非营利法人、非法人组织、个体工商户等破产能力的赋予，必为我国破产制度的完善、市场经济秩序的发展发挥其重要作用。

（二）完善有关破产参与主体的制度

1. 加强破产案件专业审判团队的组建，完善破产案件专业审判人员的培训制度及考核评价机制。

2. 完善管理人制度和管理模式：明确管理人与债务人、债权人之间的权利界限；合理发挥债务人在重整程序中的作用。建立吸收具备专业资质能力的人员参与重整企业经营管理的机制，促进重整企业保持经营价值；细化完善管理人职责，明确管理人履职过程中发现恶意逃废债等违法行为时依法提请法院移送侦查的职责；优化破产管理人名册制度、管理人选任机制和管理人报酬制度、履职能力培训制度、履职考核和动态监管制度、行业自律组织建设制度，等等。

3. 强化对特别债权人的保护。如妥善处理好债务人与劳动债权人的劳动关系，积极稳妥地解决社会保险关系转移接续、拖欠职工工资等问题，切实保障劳动债权人的合法权益。又如，推动银行、证券、保险、信托等领域的金融债权人组建相对统一的金融债权人委员会；明确金融债权人委员会的法律地位、议事规则和程序；明确其与债权人委员会制度的程序转换和决议效力认可机制；加强金融债权人委员会与债务人的沟通协调，避免金融债务过度累积，防范恶意逃废债，有效监控债务风险，维护金融债权人合法权益。

应当指出，金融机构，如银行业存款类（银行、城市信用合作社及联合社、农村信用合作社及联合社、农村资金互助社、财务公司），银行业非存款类（信托公司、金融资产管理公司、金融租赁公司、汽车金融公司、贷款公司、货币经纪公司、典当公司），证券业类（证券公司、证券投资基金管理公司、期货公司、投资咨询公司），保险业类（财产保险公司、人身保险公司、再保险公司、保险资产管理公司、保险经纪公司、保险代理公司、保险公估公司、企业年金），交易及结算类（交易所、登记结算类机构），金融控股公司（中央金融控股公司、其他金融控股公司），新兴金融类（小额贷款公司、第三方理财公司、综合理财服务公司），不少为国有公司或者国有控股公司，有的还为上市公司，吸纳了国家、社会的各种资金，涉及千家万户及社会经济、文化、卫生、教育、科研等各个方面，国家金融秩序的稳定直接决定着市场经济秩序的成败。可以说，金融机构对外债权的稳定、增值直接与社会稳定、经济发展相联系，甚至构成社会稳定、经济繁荣的前提与基础。就经济活动主体而言，通常都涉及金融债务，有的还非常巨大，如中国第二重型机械集团、中国第二重型机械集团（德阳）重型装备股份有限公司破产重整申请受理时，金融债权人30多家，金融债务达到200亿余元，占破产债务的比重非常大；不少金融债权均有抵押、质押而属于优先受偿债权，有的债务人甚至将大多数有效财产或者全部财产抵押给了金融机构，对破产重整的正常进行具有重大甚至决定性的影响。假若金融机构对其抵押债权的清偿根本不顾债权人尤其是劳动债权人利益的平衡保障，破产重整就可能因为债务人无法背负抵押债务或者社会稳定而难以正常推进；而金融债权尤其是在具有抵押、质押等优先受偿权的情况下，作出适度的让步，又必然损害金融债权人的合法利益。在破产中尤其是债务人破产不断增多的情况下，如何既保障金融债务的依法清偿，减少金融债务的非正当损失，防止大面积金融债务坏账乃至死账影响甚至危及金融秩序稳定及正常运行的出现，又兼顾有效平衡各方利益最大可能地挽救尚具有前途的债务人，以实现破产重整启动的价值与功能，需要在法律所允许的最大宽度内根据案件的实际情况平衡好金融债权人与其他各方的利益。而金融债权表面上虽只涉及金融债权人本身，然其背后却涉及国有资产及许多人如存款人的利益，损失过大累积起来还可能影响金融秩序，是一个异常复杂的问题。无论是从保护金融债权人的合法权益来讲还是从金融债权人基于金融债权的性质、特点及金融债权人本身的情况等兼顾各方利益作出如何处置金融债权的决策来说，有一个更为专业的机构来代表其利益、反映其情况、作出其决策，有利于有效维护金融债权人的合法利益与各方利益的平衡，对于破产尤其是破产重整程序的正常、顺利进行，有着其十分重要的现实意义，《加快完善市场主体退出制度改革方案》第 7 条第 2 项为此规定："明确金融债权人委员会的法律地位。推动银行、证券、保险、信托等领域的金融债权人组建相对统一的金融债权人委员会。明确金融债权人委员会的法律地位、议事规则和程序，通过统一的金融债权人委员会加强与债务人的沟通协调，避免金融债务过度累积，防范恶意逃废债，有效监控债务风险，维护金融债权人合法权益。"

4. 切实防范国有资产流失。在破产程序中涉及国有资产的，要完善国有资产价值发现和监督机制，进一步健全完善国有资产流失责任认定及追究制度；规范国有资产登记、转让、清算、退出等程序和交易行为；发挥专业化中介机构作用，涉及资产评估的，应当依法履行资产评估程序；在市场主体退出过程中，坚持国有资产市场化定价原则，鼓励通过产权、股权、证券市场发现和合理确定资产价格，促进国有资产保值增值；优化国有资产退出审批机制和程序，提高审批效率；强化信息公开，加强社会监督，防止因内部人控制、利益输送等造成国有资产流失。

5. 强化债务人有关人员的法律责任，严厉惩处恶意逃废债等违法违规行为。厘清政府、法院、债务人、债权人和破产管理人在破产程序中的权利义务。

6. 破产案件审理期限制度。对此，《加快完善市场主体退出制度改革方案》没有规定，笔者认为有必要建立。这是因为，对破产案件，基于各种各样的原因，没有就其审理的期限作出规定。在司法实践中，破产案件久拖不决的现象屡见不鲜。一个经济比较发达的中级人民法院，8 年中受理了 8 个案件，一个都未结。其中不乏这样或那样的原因，可没有审理期限的限制更让法院工作人员怠于作为提供了便利。故，破产法应当根据债务人的类型、资产、债权人人数等区分为不同的类型规定一定的期限；破产案件不能在期限内审结的，则可规定延期，最多不能延期 3 次，第 1 次、第 2 次、第 3 次延期则分别由上一级人民法院、高级人民法院、最高人民法院批准。对于未在规定期限内审结，又不依法报批的，则严格追究有关工作人员的责任，以倒逼工作人员积极作为，主动推动破产程序的进行。不然，破产案件久拖不决，不仅不能达到通过破产程序及时让僵尸企业退出市场，让有前景的企业予以重生，公平了结债务人与债权人之间的债权债务关系并消除由此造成的交易成本、安全稳定风险；及时让债务人资产通过破产程序重新配置，发挥其应有功能的目的，反而将更多的主体拖入破产程序中，耗费新的物力、人力、财产，增加破产成本，浪费新的资源，且导致不安定因素发生，与破产程序启动的宗旨及其公平、公正、效率等原则相悖，应当加以否定。对这，浙江省高级人民法院 2013 年 6 月 28 日《关于企业破产案件简易审若干问题的纪要》（浙高法〔2013〕153 号）第 5 条规定："设立企业破产案件内控审限，并录入审判流程管理系统。""中级法院受理的企业破产案件和基层法院受理的、采用竞争方式产生管理人的企业破产案件，以裁定受理后一年内审结为内控审限。""基层法院受理的其他企业破产案件，以裁定受理后六个月内审结为内控审限，其中采用简易清算组管理人形式的企业破产案件，以裁定受理后四个月内审结为内控审限。""未在内控审限内结案的企业破产案件，应在内控审限届满后五日内向本院备案。"

7. 破产案件审理期限监管制度。对此，《加快完善市场主体退出制度改革方案》没有规定，笔者认为也有必要建立。破产案件的审理，根据其性质及其特点，破产法对之没有作出审级设置。以是，有的法院一碰到有争议的问题，就向上级人民法院请示；有的法院则相反，遇到问题不是想办法解决，而是采取"拖"字秘诀，不予处理；有的则是故意不作为，如对应当进行审计、评估的债务人财产、债权债务等依法进行审计、评估，致使财产价值、债权债务无法确定，破产程序不能往前推进，效率低下，破产案件不能得到公平公正、及时有效的审理。要解决这一现象，在设立破产案件审理期限的同时，需要对破产案件审理期限制度的遵守执行情况设立人民法院内部监管制度，以强化破产案件审理尤其是及时审理的积极性、主动性。这种期限监管，不是审判监督，即通过上一级人民法院对下级人民法院作出的判决、裁定、决定等进行监督，而是一种促使破产案件审理法院及其工作人员依法及时审理的内部监管，具有考核评价性质，然与对破产案件审判人员的业绩考核评价比较在内容及其广度等方面则存在着很大的不同。前者着重于对有关不履行或者不适当履行自己职责导致不能及时审理破产案件的法院及其工作人员的督促；后者则在于对有关工作人员审理破产案件业绩的全面考察。具体来说，可以设定由省高级人民法院每年或半年对未结的破产案件就已经审理的期限、审理法院等进行网上公示；长期未能审结的可以由高级人民法院约谈有关破产案件审理的工作人员包括主管副院长、庭长，让之说明原因；对于怠于职责而致破产案件审理久拖不决的，予以公开，造成严重后果的，应当依法追究有关破产案件审理工作人员的行政责任，等等内容，以强化有关法院及其工作人员及时依法审理破产案件的责任心，增强工作的主动性、积极性，保障破产程序依法正常及时进行。

另外，一些涉及债务人全部或者大部分、主要财产或者标的额巨大财产的抵押、质押等优先受偿债权的诉讼，倘若不能及时审结，破产程序也无法推进。笔者经历1个债务人的破产案件，债务人将全部财产多次抵押给某一银行借新还旧，并反复签订最高额保证合同、最高额抵押合同并进行抵押登记。破产程序2014年12月5日启动，至今5年多，有关该银行（银行将之有关破产债权转让给他人）的多个诉讼一个接一个，至今还有数个处于一审程序中；有的到了再审又发回重审，破产程序只能停下，所有债权人的债权无法得到清偿。如此下去，没有几年，有关诉讼不可能得到解决。因此，对于这种有关债务人财产优先受偿债权的诉讼，其审理期限也应纳入监督之列。否则，一个破产案件仅仅因为一个债权人的有关诉讼就无法正常进行，破产程序启动以及时公平公正清偿债权人的债权了结稳定有关法律关系，让债务人及时重整重生或者退出市场的目的就无法实现，反而因为效率低下造成破产成本增加，债权人耗时耗力而没有任何所获，现每年中秋、春节都有人聚集到法院要求分配财产。可想而知，这种破产程序的启动不仅无法及时完成其应有的使命，发挥其应有的功能与作用，而且还会给社会带来诸如社会不安定因素等负面效应，需要加以否定。

（三）完善破产案件审理程序制度

1. 完善破产程序启动制度。企业符合破产条件时，应依法及时启动破产程序，不得设定超出法律规定的条件和程序；研究规定企业和企业高级管理人员等相关责任主体在企业陷入财务困境时负有及时申请破产清算或重整义务的必要性和可行性；总结执行转破产制度的实践经验，明确执行转破产制度的法律地位；探索建立破产经费筹措机制，有条件的地方，对破产财产不足以支付破产费用的市场主体，可通过筹措经费帮助支付有关费用。

2. 建立破产案件简易审理程序，实行破产案件繁简分流。在我国，根据破产法的规定，不论何种破产案件，债务人的生产经营规模大小，债权人、财产及其债务的多少，涉及法律关系的复杂程度等实际情况，均采用统一的破产程序，导致破产周期长、破产成本增加，不仅浪费债权人、管理人等的社会资源，而且浪费十分有限的司法资源，对债权人利益的及时实现也会造成不利影响；加之大多数法院审判人员尤其是破产案件专业审判人员缺乏，考核制度不完善，破产案件审理难度大等实际情况，根本无法适应中央及最高人民法院要求通过破产程序依法让具有破产能力符合破产条件的市场主体及时得以重生或退出市场的要求。尤其是个人破产制度等的建立，非法人组织、非营利法人等破产能力的赋予，以及破产观念的改变，中央及最高人民法院已将之作为深化供给侧结构性改革，推进优化存量，防范产能过剩；激发市场主体竞争活力，完善优胜劣汰的市场机制等的重要举措要求加快破产制度改革，有效推进破产实践的发展，破产案件尤其是一些法律关系简单，财产、债务规模不大的个人破产案件势必大量增加。采用统一的破产程序，已经不能适应破产司法实践的需要。在破产法规定的统一破产程序的基础上，根据简单破产案件的特点，就其中的一些程序，如破产案件的管辖，审判组织的构成，债权申报及核查的期限、程序，债务人财产清理及其分配表决程序、方式等作出有利于债权人、管理人等参与破产程序的简化设计，形成破产案件审理的简易程序，既是破产司法实践的需要，也是破产制度不断完善的需要。这也为比较法普遍规定，如美、德、日、英、瑞等国的破产法就是这样。对这，司法实践中也已有探索，《破产审判纪要》第 29 条规定："建立破产案件审理的繁简分流机制。人民法院审理破产案件应当提升审判效率，在确保利害关系人程序和实体权利不受损害的前提下，建立破产案件审理的繁简分流机制。对于债权债务关系明确、债务人财产状况清楚的破产案件，可以通过缩短程序时间、简化流程等方式加快案件审理进程，但不得突破法律规定的最低期限。"对此，《破产案件高效审理意见》就破产案件的快速审理方式作了简单的规范：

一是，适用快速审理方式的破产案件范围。《破产案件高效审理意见》第 13 条规定："对于债权债务关系明确、债务人财产状况清楚、案情简单的破产清算、和解案件，人民法院可以适用快速审理方式。""破产案件具有下列情形之一的，不适用快速审理方式：（1）债务人存在未结诉讼、仲裁等情形，债权债务关系复杂的；（2）管理、变价、分配债务人财产可能期限较长或者存在较大困难等情形，债务人财产状况复杂的；（3）债务人系上市公司、金融机构，或者存在关联企业合并破产、跨境破产等情形的；（4）其他不宜适用快速审理方式的。"

二是，破产案件快速审理方式的告知与公告。《破产案件高效审理意见》第14条规定："人民法院在受理破产申请的同时决定适用快速审理方式的，应当在指定管理人决定书中予以告知，并与企业破产法第十四条规定的事项一并予以公告。"

三是，破产案件快速审理方式债权人会议召开及其有关内容事项的通知。《破产案件高效审理意见》第16条规定："管理人应当根据企业破产法第六十三条的规定，提前十五日通知已知债权人参加债权人会议，并将需审议、表决事项的具体内容提前三日告知已知债权人。但全体已知债权人同意缩短上述时间的除外。"

四是，破产案件快速审理方式有关事项的表决。《破产案件高效审理意见》第17条规定："在第一次债权人会议上，管理人可以将债务人财产变价方案、分配方案以及破产程序终结后可能追加分配的方案一并提交债权人会议表决。""债务人财产实际变价后，管理人可以根据债权人会议决议通过的分配规则计算具体分配数额，向债权人告知后进行分配，无需再行表决。"

五是，破产案件快速审理方式中的有关期限。《破产案件高效审理意见》第18条规定："适用快速审理方式的破产案件，下列事项按照如下期限办理：（1）人民法院应当自裁定受理破产申请之日起十五日内自行或者由管理人协助通知已知债权人；（2）管理人一般应当自接受指定之日起三十日内完成对债务人财产状况的调查，并向人民法院提交财产状况报告；（3）破产人有财产可供分配的，管理人一般应当在破产财产最后分配完结后十日内向人民法院提交破产财产分配报告，并提请裁定终结破产程序；（4）案件符合终结破产程序条件的，人民法院应当自收到管理人相关申请之日起十日内作出裁定。"

六是，破产案件快速审理方式的审结期限。《破产案件高效审理意见》第15条规定："对于适用快速审理方式的破产案件，受理破产申请的人民法院应当在裁定受理之日起六个月内审结。"

七是，破产案件不宜适用快速审理方式的转换。《破产案件高效审理意见》第19条规定："破产案件在审理过程中发生不宜适用快速审理方式的情形，或者案件无法在本意见第15条规定的期限内审结的，应当转换为普通方式审理，原已进行的破产程序继续有效。破产案件受理法院应当将转换审理方式决定书送达管理人，并予以公告。管理人应当将上述事项通知已知债权人、债务人。”

3. 完善跨境破产，推动跨境破产的协调发展。

4. 完善关联企业破产规则，推动复杂主体破产难题的解决。

5. 完善破产程序中债权清偿顺位规则。

6. 完善企业破产重整制度：研究建立预重整，明确预重整的法律地位和制度内容；建立庭外重组制度，强化庭外重组的公信力和约束力；明确庭外重组制度、预重整制度与破产重整制度的衔接规则；重建破产重整理念，切实解决破产污名化问题，促进企业重生；细化重整程序实施规则，完善重整程序中的分组表决机制；合理发挥债务人在重整程序中的作用。建立吸收具备专业资质能力的人员参与重整企业经营管理的机制，促进重整企业保持经营价值；明确强制批准重整计划草案的审查标准和法律依据，规范法院对重整计划草案的强制批准权。

其中，预重整制度，又可称之为庭前重整制度，是指破产程序启动前，处于财务困境的债务人及其股东与债权人、战略投资者等就财产价值确定、债务清理、生产经营变化、股东及其股权调整、管理层变更等有关事项进行协商经达到一定比例表决权的利害关系人同意后形成预重整计划草案，在申请债务人破产重整时一并提交法院，然后通过一定的程序经债权人会议表决，由人民法院根据破产法的规定对之合法性、公平性进行审查后依法批准，以使得预重整计划能对所有债权人等利害关系人产生约束力，进而实现债务人的再建与重生，重整程序从而结束。

在预重整程序中，在重整程序启动前达成的预重整方案，根据合同相对性原则，只对参与协商、同意该方案的利害关系人产生约束力，对其他利害关系人则不具有约束力。然在重整程序启动后，之前预重整中形成的预重整方案，则形成重整计划草案由债权人会议表决，表决通过并经人民法院批准的，则对所有利害关系人产生约束力。债权人会议的表决，权益未受到调整或者影响的债权人、出资人不参加表决；对于预重整中已经同意的预重整方案，在重整计划草案对预重整方案未作实质性修改、变化的情况下，根据禁止反言原则，之前已经同意预重整方案的利害关系人视为同意重整计划草案，无需再参加表决。当然，重整计划草案对预重整方案作了实质性的调整、变更，如债权人的清偿顺位、比例等致使其权益受到影响的，仍然需要参加表决。对此，《民商事审判纪要》第115条（庭外重组协议效力在重整程序中的延伸）规定：“继续完善庭外重组与庭内重整的衔接机制，降低制度性成本，提高破产制度效率。人民法院受理重整申请前，债务人和部分债权人已经达成的有关协议与重整程序中制作的重整计划草案内容一致的，有关债权人对该协议的同意视为对该重整计划草案表决的同意。但重整计划草案对协议内容进行了修改并对有关债权人有不利影响，或者与有关债权人重大利益相关的，受到影响的债权人有权按照企业破产法的规定对重整计划草案重新进行表决。”

不用多言，预重整制度，有利于处于财务困境尤其是濒临破产甚至具有破产原因的债务人及时采取寻找他人重整救助以摆脱困境进而重生；债务人、股东、债权人及战略投资者在破产程序启动前根据私权意思自治原则，按照市场价值取向及其规律进行协调，也有利于调动参与者各方的积极性、主动性；破产程序启动后已经形成一定比例表决权的利害关系人同意并对参与者具有约束力的预重整计划草案，将大大减少破产重整程序的时间，节省破产成本，避免破产重整程序经常可见的效率低下，停止营业，造成债务人信用的长期丧失而无法及时修复，一些债权人给战略投资者提出无理要求，战略投资者基于破产重整程序一旦启动就只能将重整完成到底的通常观念与做法，故意压低资产；法院、管理人基于重整成功以及社会稳定等方面的压力往往也是迁就战略投资者及一些债权人，致使债务人财产及其价值不能体现其市场的真正价值等负面现象的发生。假若能在法律上设立预重整制度并将之有效地与破产重整程序衔接，有益于债务人重生，真正实现破产重整程序启动的目的与功能。

预重整制度，最初在美国破产实践中自发产生，作为一种法律制度，为1978年的《美国破产法》正式确立。之后，英国、韩国、泰国等不少国家的破产立法也对预重整制度作了规定。联合国国际贸易法委员会《破产法立法指南》也明确规定：“其是使受到影响的公司债权人在重整程序启动之前自愿重组谈判中谈判商定的计划发生效力而启动的程序”。① 在我国，本世纪10年代于《企业破产法》立法后不久就有预重整制度研究，如王佐发所著的《预重整的法律经济分析》②、董惠江所著的《我国企业重整制度的改良与预先包裹式重整》③ 等。本世纪20年代来对之研究者更多。在司法实践中，预重整制度也有探索，如中国第二重型机械集团、中国第二重型机械集团（德阳）重型装备股份有限公司重整一案，金融债务约200亿余元，在申请破产重整前，债务人、股东与30多家金融债权人组成的金融债权人委员会确定了金融

① 杜军、全先银：《公司预重整制度的实践意义》，载2017年9月13日出版的《人民法院报》。

② 王佐发：《预重整的法律经济分析》，载《政法论坛》2009年第2期。

③ 董惠江，《我国企业重整制度的改良与预先包裹式重整》，载《现代法学》2009年第5期。

债务重组方案，并于此基础上在破产重整申请受理前形成了预重整计划草案。德阳市中级人民法院在受理破产重整后仅 70 余天就通过并批准了重整计划草案，完成了重整程序。又如，深圳市福昌电子技术有限公司破产重整一案，债务人在庭前与股东、债权人、战略投资者等利害关系人经过协商形成了重整计划草案后，深圳市中级人民法院于 2016 年 6 月 29 日裁定受理，同年 12 月 26 日债务人便向法院和债权人会议提交了重整计划草案，经债权人会议表决通过重整计划草案后，法院 2017 年 4 月 18 日裁定批准债通过的重整计划，重整宣告成功。浙江省高级人民法院 2013 年 6 月 28 日《关于企业破产案件简易审若干问题的纪要》（浙高法〔2013〕153 号）中有关破产重整的预登记制度，就蕴涵了预重整制度的因素。如第 7 条第 2 款规定："下列情形，法院经过合理评估后，可以参照本院《关于试行诉前登记制度的通知》的要求，进行企业破产申请的预登记：（1）根据本院相关意见适用集中管辖措施化解和处置企业债务危机的；（2）债务人是否构成破产原因存在不确定性，需要进行进一步论证的；（3）商业银行启动信贷风险会商帮扶机制的；（4）已经提出破产重整申请，但已知重要债权人等利害关系人对债务人进行重整存在较大意见分歧的；（5）经法院释明，申请人同意法院进行企业破产申请预登记的；（6）其他需要进行企业破产申请预登记的情形。"第 8 条第 2 款规定："企业破产申请预登记期间，由占已知债权（含担保债权）总额二分之一以上主要债权人召集，可以比照《企业破产法》的相关规定建立债权人联络、协商机制并开展相关工作。"第 9 条规定："预登记期间，法院应向债权人、债务人和相关利害关系人特别提示预登记期间的债务清偿行为不得违反企业破产法第三十一条、第三十二条和第三十三条等规定，必要时引导债权人、债务人和其他利害关系人制定债务人进入企业破产程序的预案。""债权人在预登记期间对债务清偿方案所做的不可翻悔的承诺，在债务人进入企业破产和解或重整程序后，相关承诺对承诺方仍然具有拘束力。""法院受理企业和解或重整申请后，可以以预登记期间（含集中管辖期间）形成的债务清偿方案或资产重组方案为基础，由债务人或管理人制定和解协议草案或重整计划草案，通过债权人会议予以确认。"《破产审判纪要》第 22 条明确指出："探索推行庭外重组与庭内重整制度的衔接。在企业进入重整程序之前，可以先由债权人与债务人、出资人等利害关系人通过庭外商业谈判，拟定重组方案。重整程序启动后，可以重组方案为依据拟定重整计划草案提交人民法院依法审查批准"，进一步肯定了预重整制度的实践。《加快完善市场主体退出制度改革方案》第 4 条第 1 项则更明确要求，研究建立预重整制度，实现预重整制度与破产重整制度的有效衔接，明确预重整的法律地位和制度内容。

除了发生在庭内破产重整制度之前的预重整制度，作为庭内破产重整制度相对应的另外一种重组制度就是庭外重组制度。庭外重组制度，是指破产程序启动后，在破产程序之外由债务人、股东、债权人、战略投资者等就财产价值、债权债务的清理、股权调整、管理层变更、经营的变化等破产重整计划草案中有关挽救企业的事项进行庭外协商的一种制度。破产法虽然没有规定，可在庭内破产重整程序中毫无疑问没有必要对庭外重组制度加以否定。利害关系人在庭外进行沟通、协商，有利于破产重整制度的正常运行，关键在于如何做到庭内重整与庭外重组的相互衔接，将庭外重组的成果为破产重整程序所吸收，则需要由法律加以规范。所以，《加快完善市场主体退出制度改革方案》第 4 条第 1 项明确要求，实现庭外重组制度与破产重整制度的有效衔接，强化庭外重组的公信力和约束力，从而肯定了庭外重组的价值。在司法实践中，也不乏积极的探索，并取得了一定的成果，如 2015 年 6 月，北京市海淀区人民法院裁定受理能通科技股份有限公司破产清算一案，债权人、债务人、股东等利害关系人在庭外积极协商形成了重整计划草案，之后再转换破产重整程序，2018 年 3 月 29 日除出资人组外，全部表决通过重整计划草案；同年 4 月 28 日，北京市海淀区人民法院裁定批准了重整计划草案，终结重整程序，值得肯定。

二、破产关联制度改革与完善的主要内容

（一）完善司法与行政协调机制

破产程序，涉及社会保障、国家税收、特别许可、环境保护、前置程序、经费保障、信息查询、社会征信、信用修复、企业注销、社会稳定、违法犯罪的惩治等等各个方面，需要有关部门，如党委政法委，政府的人力资源与社会保障、税务、特别许可行政部门、生态环境、财政、市场监管、证券监管等行政职能部门，公安、检察等司法机构的支持与配合。不然，破产程序因为某一方面的工作不能正常及时进行就会停滞不前。在破产立法及司法实践中，无论是破产法及有关法律、法规本身，还是各部门规章、规则都少有甚至完全没有针对破产事项的相关规定，如破产重整过程中，债务人原来没有给职工建立社会保险账号购买社会保险的，如何补办有关手续；破产重整过程中如何针对不能清偿的债务进行税务处理；破产程序中的特别许可、环境许可、股权变更、法定代表人变更、抵押解除等手续的办理，如何按照破产程序特点设置办理程序等，并没有相应的规定，相关职能部门通常要求按债务人正常情况下进行操作，致使有关手续根本无法办理，相应的工作也就无法正常进行。有的地方，由于破产案件少，对破产程序不熟悉，对管理人

在破产程序的地位及其职能认识不清，不支持、配合管理人工作的现象屡见不鲜。人民法院基于其地位以及我国司法环境、权威的实际情况，加之一些部门实行垂直管理，在没有法律、法规等制度规定的情况下，往往难以有效地做好各部门的协调工作。在破产实践中，一些地方党委、政府基于社会稳定等方面的考虑，非常重视，主动承担起协调工作，可有的地方根本不闻不问，找上门来也以破产的是民营企业，党委政府介入不适当等消极处之，致使有关职能部门的工作得不到有力的支持配合无法正常进行。是以，通过法律、法规或部门规章完善有关部门在破产程序中的职能，充分发挥党委、政府在破产程序中的领导、行政管理职能，在党委、政府及其有关部门与法院之间建立一定的协调机制，乃是破产程序正常运行的必要保障。对这，《加快完善市场主体退出制度改革方案》第4条第3项明确规定："完善司法与行政协调机制。地方各级人民政府应积极支持陷入财务困境、符合破产条件的企业进行重整或破产清算。鼓励地方各级人民政府建立常态化的司法与行政协调机制，依法发挥政府在企业破产程序中的作用，协调解决破产过程中维护社会稳定、经费保障、信用修复、企业注销等问题，同时避免对破产司法事务的不当干预。明确政府部门破产行政管理职能。在总结完善司法与行政协调机制实践经验的基础上，进一步明确政府部门承担破产管理人监管、政府各相关部门协调、债权人利益保护、特殊破产案件清算以及防范恶意逃废债等破产行政管理职责。"

（二）完善市场主体优劣甄别机制

1. 加强社会信用体系建设，建立守信联合激励和失信联合惩戒等制度。

2. 强化企业信息披露义务。提高企业财务和经营信息透明度，强化信息披露义务主体对信息披露真实性、准确性、完整性的责任要求；公众公司应依法向公众披露财务和经营信息，非公众公司应及时向股东和债权人披露财务和经营信息；鼓励非公众公司特别是大型企业集团、国有企业参照公众公司要求公开相关信息；强化企业在陷入财务困境时及时向股东、债权人等利益相关方的信息披露义务。

3. 建立企业信用综合评价机制。推动信用评级行业规范健康发展，支持信用评级机构开展企业综合信用评价；鼓励引导有关行业主管部门、行业协会商会、高等院校、科研机构以及信息中介机构研究建立反映市场主体财务状况和经营效率的评价指标。

4. 建立企业债务风险监测预警机制。依托全国信用信息共享平台、国家企业信用信息公示系统和金融信用信息基础数据库、失信被执行人数据库等信用信息平台，整合相关数据信息，加强对一定债务规模以上企业债务风险的监测；加快一定债务规模以上企业的负债、担保、涉诉等信息在一定范围内依法公开和部门间共享；鼓励企业自主对外披露更多利于债务风险判断的信息。

5. 建立自然人债务风险监测预警机制。加强对居民部门债务水平和债务结构的分析监测，完善自然人债务风险评价指标和预警机制；建立社会公众财务风险管理及理财能力教育培训机制，防范自然人过度负债风险，处理好债权人权益保护与债务人生存权保护之间的关系。

（三）完善债务人信用记录与信用修复制度

1. 完善市场主体退出责任人信用记录机制。对市场主体退出过程中恶意逃废债特别是恶意逃废职工债务、过失导致国有资产流失、未按规定及时履行清算义务等违法违规行为责任人，建立信用记录，纳入全国信用信息共享平台、国家企业信用信息公示系统和金融信用信息基础数据库。

2. 建立直接责任人员失信行为联合惩戒机制。

3. 完善重整企业信用修复机制，使重整成功的企业不再被纳入金融、税务、市场监管、司法等系统的黑名单，实现企业信用重建。

4. 结合自然人破产制度建设，建立健全自然人破产信用记录及信用修复制度，形成以信用为核心的自然人市场行为正向激励约束机制。

（四）完善破产税收制度

优化企业破产重整税收政策环境，梳理企业破产重整税收支持政策，落实好亏损弥补和特殊性税务处理等税收政策，为企业破产重整营造良好环境。

（五）健全债务人社会公示和监督制度

1. 依托全国信用信息共享平台、国家企业信用信息公示系统，建立健全市场主体主动注销和强制退出的公告、异议等制度。

2. 完善市场主体退出公示制度，推进部门共享市场主体退出相关信息；对不依法办理注销登记的市场主体、被吊销营业执照的市场主体以及不依法清算的市场主体，依法及时向社会公示，接受社会监督。

3. 建立债务人相关责任人失信惩戒记录公示制度。

第二节　破产税收制度的若干问题

一、破产程序前的税收问题

（一）破产税收债权的主体

税收，作为国家以社会管理者的身份，凭借政权力量，依据政治权力，通过颁布法律或政令而对纳税义务人强制征收的一种财政收入，其所有人乃为国家。在破产程序中，债务人所欠的税收，就其主体而言自然也是国家。可是，国家作为上层建筑的一部分，其所拥有权利的行使，都是由法定的国家机关代为进行的。作为破产债权的税收债权申报与受偿，则是由依法履行征收、追缴税收义务的机关来实施的。具体来说，对于债务人所欠的税收债权，由对该税收债权具有征收、追缴义务的机关代表国家在破产程序主张有关权利。根据我国法律有关规定，具有征收、追缴税收义务的机关，包括国家税务机关及海关。

《海关法》第 2 条规定："中华人民共和国海关是国家的进出关境监管机关。海关依照本法和其他有关法律、行政法规……征收关税和其他税、费，查缉走私，并编制海关统计和办理其他海关业务。"基此，债务人所欠缴的税收，属于关税或者其他应由海关征收的税收的，有关海关则为该破产税收债权的申报、受偿主体。

《税收征收管理法》第 5 条规定："国务院税务主管部门主管全国税收征收管理工作。各地国家税务局和地方税务局应当按照国务院规定的税收征收管理范围分别进行征收管理。地方各级人民政府应当依法加强对本行政区域内税收征收管理工作的领导或者协调，支持税务机关依法执行职务，依照法定税率计算税额，依法征收税款。"全国人民代表大会 2018 年 3 月 13 日审议通过的《国务院机构改革方案》第 2 条第 11 项规定："改革国税地税征管体制。将省级和省级以下国税地税机构合并，具体承担所辖区域内各项税收、非税收入征管等职责。国税地税机构合并后，实行以国家税务总局为主与省（区、市）人民政府双重领导管理体制。"据之，债务人所欠缴的税收债权，其行使主体乃为对该税收债权具有征管义务的税务机关。

另外，国务院 2016 年 2 月 6 日第 3 次修订的《税收征收管理法实施细则》第 10 条规定："国家税务局、地方税务局对同一纳税人的税务登记应当采用同一代码，信息共享。"第 12 条规定："从事生产、经营的纳税人应当自领取营业执照之日起 30 日内，向生产、经营地或者纳税义务发生地的主管税务机关申报办理税务登记，如实填写税务登记表，并按照税务机关的要求提供有关证件、资料。前款规定以外的纳税人，除国家机关和个人外，应当自纳税义务发生之日起 30 日内，持有关证件向所在地的主管税务机关申报办理税务登记"第 13 条规定："扣缴义务人应当自扣缴义务发生之日起 30 日内，向所在地的主管税务机关申报办理扣缴税款登记，领取扣缴税款登记证件；税务机关对已办理税务登记的扣缴义务人，可以只在其税务登记证件上登记扣缴税款事项，不再发给扣缴税款登记证件。"第 14 条规定："纳税人税务登记内容发生变化的，应当自工商行政管理机关或者其他机关办理变更登记之日起30日内，持有关证件向原税务登记机关申报办理变更税务登记。纳税人税务登记内容发生变化，不需要到工商行政管理机关或者其他机关办理变更登记的，应当自发生变化之日起30日内，持有关证件向原税务登记机关申报办理变更税务登记。”第15条规定：“纳税人发生解散、破产、撤销以及其他情形，依法终止纳税义务的，应当在向工商行政管理机关或者其他机关办理注销登记前，持有关证件向原税务登记机关申报办理注销税务登记……”第50条规定：“纳税人有解散、撤销、破产情形的，在清算前应当向其主管税务机关报告；未结清税款的，由其主管税务机关参加清算。”国家税务总局2004年6月7日发布实施的《关于进一步加强欠税管理工作的通知》（国税发〔2004〕第66号）第3条第9项规定：“欠税人申请破产，税务机关应代表国家行使债权人权利，参与清算，按照法定偿债程序将税款征缴入库。欠税人有合并、分立等变更行为的，税务机关应依法认定欠税的归属。”综上，债务人所欠缴的税收债权，其行使主体乃为对该税收具有征缴义务的税务机关，具体为债务人进行税收登记的税务机关。

还有，《税收征收管理法》第14条规定：“本法所称税务机关是指各级税务局、税务分局、税务所和按照国务院规定设立的并向社会公告的税务机构。”《税收征收管理法实施细则》第9条规定：“税收征管法第十四条所称按照国务院规定设立的并向社会公告的税务机构，是指省以下税务局的稽查局。稽查局专司偷税、逃避追缴欠税、骗税、抗税案件的查处。国家税务总局应当明确划分税务局和稽查局的职责，避免职责交叉。”基此，各地的税务稽查局在对诸如逃税、骗税等违反税收征管法律的违法行为查处的过程中，通过出具《税务处理决定书》《税务行政处罚决定书》等追缴税款及其滞纳金，则对该税收债权的追缴主体乃为作出有关决定的税务稽查局，相应地在破产程序中，其行使主体乃就为税务稽查局。

应当指出，对于逃税、骗税等犯罪行为，在我国则由公安机关等进行侦查，并由人民法院予以裁判。经人民法院裁判有罪而应追缴的税收、滞纳金，在破产程序中，其行使主体不宜由行使侦查权的侦查机关及行使裁判权的人民法院行使，还是应当由对债务人税收债权具有征收或者追缴义务的海关、税务机关（包括各地税务局、所及稽查局）等代为行使。

还应指出，国务院1999年1月14日通过、同年1月22日发布施行的《社会保险费征缴暂行条例》（国务院令第259号）第6条规定：“社会保险费实行三项社会保险费集中、统一征收。社会保险费的征收机构由省、自治区、直辖市人民政府规定，可以由税务机关征收，也可以由劳动保障行政部门按照国务院规定设立的社会保险经办机构征收。”现实生活中，对有关社会保险费用的征收，均是由社会保险经办机构进行的。中共中央办公厅、国务院办公厅2018年7月20日印发的《国税地税征管体制改革方案》，明确自2019年1月1日起社会保险费（基本养老保险费、基本医疗保险费、失业保险费、工伤保险费、生育保险费）交由税务部门统一征收。《降低社会保险费率综合方案》第6条“稳步推进社保费征收体制改革”规定：“企业职工基本养老保险和企业职工其他险种缴费，原则上暂按现行征收体制继续征收，稳定缴费方式，‘成熟一省、移交一省’；机关事业单位社保费和城乡居民社保费征管职责如期划转。人力资源社会保障、税务、财政、医保部门要抓紧推进信息共享平台建设等各项工作，切实加强信息共享，确保征收工作有序衔接。妥善处理好企业历史欠费问题，在征收体制改革过程中不得自行对企业历史欠费进行集中清缴，不得采取任何增加小微企业实际缴费负担的做法，避免造成企业生产经营困难。”据此，在社会保险费用的征收变更为税务机关的职能时，债务人欠缴的社会保险费用，其债权行使的主体是否变更为税务机关，税务机关能否像税收债权一样进行申报，则需要考虑。

（一）破产税收债权的种类及其性质

根据税收债权形成的时间，税收债权可以分为破产申请受理前的税收债权与破产申请受理后的税收债权。前者属于破产债权，后者则不归属于破产债权之列。破产税收债权再按照之在破产法中的清偿顺位，又分为基本税收债权、附属税收债权及劣后税收债权。

1. 基本税收债权。基本税收债权，是指债务人在破产申请受理前所欠付的依法应当缴纳的各种税收，其由税收的征收机关予以申报。《税收征收管理法》第45条规定：“税务机关征收税款，税收优先于无担保债权，法律另有规定的除外；纳税人欠缴的税款发生在纳税人以其财产设定抵押、质押或者纳税人的财产被留置之前的，税收应当先于抵押权、质权、留置权执行。纳税人欠缴税款，同时又被行政机关决定处以罚款、没收违法所得的，税收优先于罚款、没收违法所得。”据之，在普通法上，税收债权不仅优先于无财产担保债权，而且在财产担保债权形成于税收债权之后的情况下，其还优先于财产担保债权。这在企业处于正常的情况下，并不会影响债权人包括财产担保债权人的利益。但在企业处于资不抵债尤其是严重资不抵债，如财产担保债权都无法清偿而处于破产状态时，按照普通法的规定，则必影响所有债权人甚至影响财产担保债权人的利益。基于国家税收债权与财产担保债权人利益的平衡、财产担保债权人与债务人之间正常交易的保护，以及涉及众多劳动债权人基本生活权利保障，破产程序正常进行需要保障破产费用、共益债务等必要支出等因素，在破产法这一特别法中并没有沿袭《税收征收管理法》的有关税收优先受偿的规定，根据《企业破产法》第37条关于“人民法院受理破产申请后，管理人可以通过清偿债务或者提供为债权人接受的担保，取回质物、留置物。前款规定的债务清偿或者替代担保，在质物或者留置物的价值低于被担保的债权额时，以该质物或者留置物当时的市场价值为限”，第109条关于“对破产人的特定财产享有担保权的权利人，对该特定财产享有优先受偿的权利”，第113条关于“破产财产在优先清偿破产费用和共益债务后，依照下列顺序清偿：（一）破产人所欠职工的工资和医疗、伤残补助、抚恤费用，所欠的应当划入职工个人账户的基本养老保险、基本医疗保险费用，以及法律、行政法规规定应当支付给职工的补偿金；（二）破产人欠缴的除前项规定以外的社会保险费用和破产人所欠税款；（三）普通破产债权”的规定，并没有将税收债权列入优先受偿甚至优先于财产担保债权受偿的地位，而是将之列入非优先受偿债权并居于劳动债权之后普通债权之前的第2清偿顺位上。不用多言，《税收征收管理法》是对所有税收债权征收的一般规定，而《企业破产法》中有关税收债权的清偿则属于破产程序中清偿税收的特别性规定，在两者相互冲突的情况下，按照特别法优先于普通法适用的基本规则，在破产程序中，对于税收债权的清偿，应当适用《企业破产法》有关清偿顺位的规定进行。

2. 从属税收债权。从属税收债权，乃是税收征收机关对不按期限缴纳税收的义务人，课以新的金钱给付义务如加收滞纳金的方法，以促使义务人尽快履行纳税义务而形成的债权。就税收滞纳金而言，则以未按期限缴纳即欠付的税款为基础按照国家法律、法规规定的比例进行征收。对此，《税收征收管理法》第32条规定：“纳税人未按照规定期限缴纳税款的，扣缴义务人未按照规定期限解缴税款的，税务机关除责令限期缴纳外，从滞纳税款之日起，按日加收滞纳税款万分之五的滞纳金。”《税收征收管理法实施细则》第75条规定：“《税收征收管理法》第三十二条规定的加收滞纳金的起止时间，为法律、行政法规规定或者税务机关依照法律、行政法规的规定确定的税款缴纳期限届满次日起至纳税人、扣缴义务人实际缴纳或者解缴税款之日止。”国家税务总局2008年12月31日发布实施的《关于税收优先权包括滞纳金问题的批复》（国税函〔2008〕1084号）指出：“按照《税收征收管理法》的立法精神，税款滞纳金与罚款两者在征收和缴纳时顺序不同，税款滞纳金在征缴时视同税款管理，税收强制执行、出境清税、税款追征、复议前置条件等相关条款都明确规定滞纳金随税款同时缴纳。税收优先权等情形也适用这一法律精神，《税收征收管理法》第四十五条规定的税收优先权执行时包括税款及其滞纳金。”基此，关于税收滞纳金的规定，普通法上的规定与《企业破产法》的规定有两点需要注意：（1）滞纳金能否视为基本税收债权处理；（2）滞纳金计算到何时为止。在普通法上，前者认为因欠缴税款而产生的滞纳金视为税收管理，同样具有税收优先权的性质。后者则认为对欠缴税收的滞纳金要加收到义务人实际缴纳或者解缴税款即履行了纳税义务之日止；而按照《企业破产法》第46条第2款关于“附利息的债权自破产申请受理时起停止计息”的规定，所有债权利息等从属债权均停止计算。否则，其债权不仅不能确定，而且因为无限期的延长大大加重债务人的负担，对于没有约定从属债权的债权人来说，也不公平；对于劳动债权人、小额债权人等而言，即使存在从属债权也因过小而更不公平。另外，因纳税义务人没有按期限履行纳税义务而加收的滞纳金，与依法应当缴纳的税收有着明显的不同，前者是最为基本的义务，后者则处于附随地位，属于从属于税收这一基本义务的附属债权。故，《破产企业欠缴税款滞纳金债权确认之诉应否受理批复》指出，依照《企业破产法》《税收征收管理法》的有关规定，破产企业在破产案件受理前因欠缴税款产生的滞纳金属于普通破产债权。对于破产案件受理后因欠缴税款产生的滞纳金，人民法院应当依照《审理企业破产案件规定》第61条的规定[①]处理。《破产法解释（三）》第3条进一步规定：“破产申请受理后，债务人欠缴款项产生的滞纳金，包括债务人未履行生效法律文书应当加倍支付的迟延利息和劳动保险金的滞纳金，债权人作为破产债权申报的，人民法院不予确认。”

3. 劣后税收债权。如前所述，基本税收债权在债务人破产申请受理后所继续产生的滞纳金，按照司法解释的有关规定，乃将之与其他滞纳金如债务人未执行生效法律文书应当加倍支付的迟延利息和劳动保险金的滞纳金；行政、司法机关对破产企业的罚款、罚金以及其他有关费用等一样，不作破产债权处理。不作破产债权处理，即将之完全排除在破产程序之外，不得作为破产债权从破产财产中受偿的债权处理。换言之，作为除斥债权处理。然在司法实践中，源于各种各样的原因，原来资不抵债而破产的债务人，经过一定时间特别是较长时间的破产程序后，其财产如房产可能因为价格上涨而在

① 该条规定：“下列债权不属于破产债权：（1）行政、司法机关对破产企业的罚款、罚金以及其他有关费用；（2）人民法院受理破产案件后债务人未支付应付款项的滞纳金，包括债务人未执行生效法律文书应当加倍支付的迟延利息和劳动保险金的滞纳金；（3）破产宣告后的债务利息；（4）债权人参加破产程序所支出的费用；（5）破产企业的股权、股票持有人在股权、股票上的权利；（6）破产财产分配开始后向清算组申报的债权；（7）超过诉讼时效的债权；（8）债务人开办单位对债务人未收取的管理费、承包费。上述不属于破产债权的权利，人民法院或者清算组也应当对当事人的申报进行登记。”

清偿所有债务后还可能存在剩余财产。这时，不对这些债权予以清偿，则有悖于公平与法理，有的认为这种债权虽不能作为普通债权认定，然需认定为破产债权，只是在分配顺位上要居于普通债权之后。在普通债权完全得到清偿后尚有财产剩余的，则用于其他破产债权分配。在理论上及破产司法实践中，将这种分配顺位后于普通债权清偿的破产债权便称之为劣后债权。如《破产审判纪要》第 8 条规定："破产财产依照《企业破产法》第 113 条规定的顺序清偿后仍有剩余的，可依次用于清偿破产申请受理前产生的民事惩罚性赔偿金、行政罚款、刑事罚金等惩罚性债权。"第 39 条规定："……关联企业成员之间不当利用关联关系形成的债权，应当劣后于其他普通债权顺序清偿，且该劣后债权人不得就其他关联企业成员提供的特定财产优先受偿。"据此，从某种意义上来说，实际就引入了劣后债权的概念。破产司法实践中，将过去一些诸如行政罚款、刑事罚金等不认定为破产债权的债权到认定为属于破产债权只是在分配顺位上要居于普通债权清偿之后的劣后债权的转变，有利于债务人在清偿所有普通债权后尚有财产剩余的情况下而对其他债权的清偿，值得肯定。

还应指出，上述的无论是作为从属破产债权而在债务人破产申请受理前产生的滞纳金还是破产申请受理后形成的滞纳金，均是根据《税收征收管理法》第 32 条的规定，在债务人欠缴税款时不经过任何行政决定就应依法直接计算（由计算机自动生成）的。此外，还有一种滞纳金，是行政机关根据《行政强制法》第 45 条关于"行政机关依法作出金钱给付义务的行政决定，当事人逾期不履行的，行政机关可以依法加处罚款或者滞纳金。加处罚款或者滞纳金的标准应当告知当事人。加处罚款或者滞纳金的数额不得超出金钱给付义务的数额"的规定加处的。这种强制性滞纳金是不履行行政机关作出的行政决定确定的应当给付金钱的义务而产生的，与仅仅因为欠缴税款而根据《税收征收管理法》第 32 条规定直接计算的滞纳金而有所不同。前者由行政机关依法加处，是否加处及其标准均由行政机关根据具体情况自由裁量；后者则必须按照法律规定直接按 5 鿅的标准加收，税务机关没有任何自由裁量的余地。前者在数额上有量的限制，即"加处罚款或者滞纳金的数额不得超出金钱给付义务的数额"；后者加收滞纳金的起止时间，根据《税收征收管理法实施细则》第 75 条的规定，为"法律、行政法规规定或者税务机关依照法律、行政法规的规定确定的税款缴纳期限届满次日起至纳税人、扣缴义务人实际缴纳或者解缴税款之日止"，在债务人未进入破产程序的情况下，此种税收滞纳金完全可以超过所欠缴税款本身的数额。国家税务总局纳税服务司 2012 年 8 月 2 日《关于滞纳金加收能否超出本金答疑》亦明确指出："税收滞纳金的加收，按照征管法执行，不适用行政强制法，不存在是否能超出税款本金的问题。如滞纳金加收数额超过本金，按征管法的规定进行加收。”基此，在债务人破产时，计算至破产申请受理之日止，这种因欠缴税款所产生的滞纳金完全可以超过税收本身。基上种种，两者性质相异。正因为这样，有关司法解释将债务人破产申请受理前形成的税收滞纳金列入普通债权的范围，对于后者这种不履行行政决定确定的给付金钱义务产生的并与行政机关作出的罚款并列的滞纳金，即使形成于债务人破产申请受理前，也不能作为破产债权处理，对此需要加以注意。

4. 欠缴税款及其滞纳金后又清偿了部分基本税收债权的数额计算。欠缴税款后，一直再没有清偿，欠缴的税款及其滞纳金的计算，不存在任何问题。在欠缴税款后又清偿了部分，对于清偿的部分是视为先清偿了税款还是视为先清偿了滞纳金，则对剩下的还未清偿的税款及其滞纳金的数额有着一定影响。就民事债权而言，根据《合同法解释（二）》第 21 条关于“债务人除主债务之外还应当支付利息和费用，当其给付不足以清偿全部债务时，并且当事人没有约定的，人民法院应当按照下列顺序抵充：（一）实现债权的有关费用；（二）利息；（三）主债务”的规定，除当事人具有约定的外，实行“先息后本”的清偿顺序。在法院的强制执行程序中，最高人民法院 2009 年 3 月 30 日通过、同年 5 月 18 日起施行的《关于在执行工作中如何计算迟延履行期间的债务利息等问题的批复》（法释〔2009〕6 号）第 2 条指出：“执行款不足以偿付全部债务的，应当根据并还原则按比例清偿法律文书确定的金钱债务与迟延履行期间的债务利息，但当事人在执行和解中对清偿顺序另有约定的除外。”最高人民法院 2014 年 6 月 9 日通过、同年 8 月 1 日起施行的《关于执行程序中计算迟延履行期间的债务利息适用法律若干问题的解释》（法释〔2014〕8 号）第 4 条规定：“被执行人的财产不足以清偿全部债务的，应当先清偿生效法律文书确定的金钱债务，再清偿加倍部分债务利息，但当事人对清偿顺序另有约定的除外。”据之，除当事人具有约定的外，司法解释在不同情况下，作出了“先息后本”“本息并还”“先本后息”不同的规定。对于税款及其滞纳金，已经清偿的部分是先抵充税款还是先抵充滞纳金，根据国家税务总局 2004 年 6 月 7 日发布实施的《关于进一步加强欠税管理工作的通知》（国税发〔2004〕66 号）第 2 条第 3 项关于“纳税人缴纳欠税时，必须以配比的办法同时清缴税金和相应的滞纳金，不得将欠税和滞纳金分离处理”的规定，实行两者同时并还的规则同时按比例抵充。

二、破产程序中的税收问题

如前所述，债务人破产申请受理前形成的税收及其滞纳金，属于破产债权之列。破产申请受理后，按照现有法律、法规及有关部门规章的规定，因为财产拍卖变价、转让过户登记等又会产生新的税收。这些在破产申请受理后于破产程序中新产生的税收，有的认为，属于《企业破产法》第41条第2项规定的“管理、变价和分配债务人财产的费用”之中，归于破产费用的范畴。不过，债务人在破产申请受理后新产生的税收，不论是否归属于破产费用，都需要以债务人的财产予以清偿。以是，新产生的税收数额及其大小，与债权人尤其是非优先受偿债权人的债权清偿直接相关，有的还影响巨大，按照现有法律规定，甚至可能导致清偿率为零的现象发生，故有必要对之进行一些梳理与分析。

（一）破产程序中的现行税收规范

1. 有关破产企业所得税的规范。对于破产重整中的企业所得税，国家法律、法规及部门规章均没有具体的规定，只是作为重组的一种情况加以考虑。就破产清算中的企业所得税，法律、法规也只是作为清算的一种情形作出规范，没有单独的具体的规定，部门规章则对破产清算企业所得税的计税基础作了一些解释性的细化规定。下面分别整理如下：

（1）有关清算企业所得税的规范：

①法律有关企业所得税的规范。《企业所得税法》第1条规定，在中华人民共和国境内，企业和其他取得收入的组织（以下统称企业）为企业所得税的纳税人，依照本法的规定缴纳企业所得税。个人独资企业、合伙企业不适用本法。第2条规定，企业分为居民企业和非居民企业。本法所称居民企业，是指依法在中国境内成立，或者依照外国（地区）法律成立但实际管理机构在中国境内的企业。本法所称非居民企业，是指依照外国（地区）法律成立且实际管理机构不在中国境内，但在中国境内设立机构、场所的，或者在中国境内未设立机构、场所，但有来源于中国境内所得的企业。第3条规定，居民企业应当就其来源于中国境内、境外的所得缴纳企业所得税。非居民企业在中国境内设立机构、场所的，应当就其所设机构、场所取得的来源于中国境内的所得，以及发生在中国境外但与其所设机构、场所有实际联系的所得，缴纳企业所得税。非居民企业在中国境内未设立机构、场所的，或者虽设立机构、场所但取得的所得与其所设机构、场所没有实际联系的，应当就其来源于中国境内的所得缴纳企业所得税。第4条规定，企业所得税的税率为25%。非居民企业取得本法第3条第3款规定的所得，适用税率为20%。第5条规定，企业每一纳税年度的收入总额，减除不征税收入、免税收入、各项扣除以及允许弥补的以前年度亏损后的余额，为应纳税所得额。第6条规定：“企业以货币形式和非货币形式从各种来源取得的收入，为收入总额。

包括：（一）销售货物收入；（二）提供劳务收入；（三）转让财产收入；（四）股息、红利等权益性投资收益；（五）利息收入；（六）租金收入；（七）特许权使用费收入；（八）接受捐赠收入；（九）其他收入。”第25条规定，国家对重点扶持和鼓励发展的产业和项目，给予企业所得税优惠。第26条规定：“企业的下列收入为免税收入：（一）国债利息收入；（二）符合条件的居民企业之间的股息、红利等权益性投资收益；（三）在中国境内设立机构、场所的非居民企业从居民企业取得与该机构、场所有实际联系的股息、红利等权益性投资收益；（四）符合条件的非营利组织的收入。”第27条规定：“企业的下列所得，可以免征、减征企业所得税：（一）从事农、林、牧、渔业项目的所得；（二）从事国家重点扶持的公共基础设施项目投资经营的所得；（三）从事符合条件的环境保护、节能节水项目的所得；（四）符合条件的技术转让所得；（五）本法第3条第3款规定的所得。”第28条规定，符合条件的小型微利企业，减按20%的税率征收企业所得税。国家需要重点扶持的高新技术企业，减按15%的税率征收企业所得税。第29条规定，民族自治地方的自治机关对本民族自治地方的企业应缴纳的企业所得税中属于地方分享的部分，可以决定减征或者免征。自治州、自治县决定减征或者免征的，须报省、自治区、直辖市人民政府批准。第30条规定：“企业的下列支出，可以在计算应纳税所得额时加计扣除：（一）开发新技术、新产品、新工艺发生的研究开发费用；（二）安置残疾人员及国家鼓励安置的其他就业人员所支付的工资。”第31条规定，创业投资企业从事国家需要重点扶持和鼓励的创业投资，可以按投资额的一定比例抵扣应纳税所得额。第32条规定，企业的固定资产由于技术进步等原因，确需加速折旧的，可以缩短折旧年限或者采取加速折旧的方法。第33条规定，企业综合利用资源，生产符合国家产业政策规定的产品所取得的收入，可以在计算应纳税所得额时减计收入。第34条规定，企业购置用于环境保护、节能节水、安全生产等专用设备的投资额，可以按一定比例实行税额抵免。第35条规定，本法规定的税收优惠的具体办法，由国务院规定。第36条规定，根据国民经济和社会发展的需要，或者由于突发事件等原因对企业经营活动产生重大影响的，国务院可以制定企业所得税专项优惠政策，报全国人民代表大会常务委员会备案。第53条规定：“企业所得税按纳税年度计算。纳税年度自公历1月1日起至12月31日止。企业在一个纳税年度中间开业，或者终止经营活动，使该纳税年度的实际经营期不足十二个月的，应当以其实际经营期为一个纳税年度。企业依法清算时，应当以清算期间作为一个纳税年度。”第55条规定：“企业在年度中间终止经营活动的，应当自实际经营终止之日起六十日内，向税务机关办理当期企业所得税汇算清缴。”

②行政法规有关清算企业所得税的规范。《企业所得税法实施条例》第11条规定：“企业所得税法第五十五条所称清算所得，是指企业的全部资产可变现价值或者交易价格减除资产净值、清算费用以及相关税费等后的余额。投资方企业从被清算企业分得的剩余资产，其中相当于从被清算企业累计未分配利润和累计盈余公积中应当分得的部分，应当确认为股息所得；剩余资产减除上述股息所得后的余额，超过或者低于投资成本的部分，应当确认为投资资产转让所得或者损失。”第22条规定：“企业所得税法第六条第（九）项所称其他收入，是指企业取得的除企业所得税法第六条第（一）项至第（八）项规定的收入外的其他收入，包括企业资产溢余收入、逾期未退包装物押金收入、确实无法偿付的应付款项、已作坏账损失处理后又收回的应收款项、债务重组收入、补贴收入、违约金收入、汇兑收益等。”

③部门规章有关清算企业所得税的规范：

A.《企业清算所得税处理通知》第1条规定：“企业清算的所得税处理，是指企业在不再持续经营，发生结束自身业务、处置资产、偿还债务以及向所有者分配剩余财产等经济行为时，对清算所得、清算所得税、股息分配等事项的处理。”第2条规定：“下列企业应进行清算的所得税处理：（一）按《公司法》《企业破产法》等规定需要进行清算的企业；（二）企业重组中需要按清算处理的企业。”第3条规定：“企业清算的所得税处理包括以下内容：（一）全部资产均应按可变现价值或交易价格，确认资产转让所得或损失；（二）确认债权清理、债务清偿的所得或损失；（三）改变持续经营核算原则，对预提或待摊性质的费用进行处理；（四）依法弥补亏损，确定清算所得；（五）计算并缴纳清算所得税；（六）确定可向股东分配的剩余财产、应付股息等。”第4条规定：“企业的全部资产可变现价值或交易价格，减除资产的计税基础、清算费用、相关税费，加上债务清偿损益等后的余额，为清算所得。”“企业应将整个清算期作为一个独立的纳税年度计算清算所得。”第5条规定：“企业全部资产的可变现价值或交易价格减除清算费用，职工的工资、社会保险费用和法定补偿金，结清清算所得税、以前年度欠税等税款，清偿企业债务，按规定计算可以向所有者分配的剩余资产。”“被清算企业的股东分得的剩余资产的金额，其中相当于被清算企业累计未分配利润和累计盈余公积中按该股东所占股份比例计算的部分，应确认为股息所得；剩余资产减除股息所得后的余额，超过或低于股东投资成本的部分，应确认为股东的投资转让所得或损失。”“被清算企业的股东从被清算企业分得的资产应按可变现价值或实际交易价格确定计税基础。”如此，清算所得用公式表示则为：清算所得 = 企业全部资产可变现或者交易价格 − 资产的计税基础 − 清算费用 − 相关税费 + 债务清偿损益。其中，债务清偿损益 = 债务总额 − 实际清偿总额。

B. 国家税务总局 2011 年 3 月 31 日发布、同年 1 月 1 日起执行的《企业资产损失所得税税前扣除管理办法》[①]（国家税务总局公告 2011 年第 25 号）第 2 条规定："本办法所称资产是指企业拥有或者控制的、用于经营管理活动相关的资产，包括现金、银行存款、应收及预付款项（包括应收票据、各类垫款、企业之间往来款项）等货币性资产，存货、固定资产、无形资产、在建工程、生产性生物资产等非货币性资产，以及债权性投资和股权（权益）性投资。"

第 3 条规定："准予在企业所得税税前扣除的资产损失，是指企业在实际处置、转让上述资产过程中发生的合理损失（以下简称实际资产损失），以及企业虽未实际处置、转让上述资产，但符合《通知》和本办法规定条件计算确认的损失（以下简称法定资产损失）。"

第 4 条规定："企业实际资产损失，应当在其实际发生且会计上已作损失处理的年度申报扣除；法定资产损失，应当在企业向主管税务机关提供证据资料证明该项资产已符合法定资产损失确认条件，且会计上已作损失处理的年度申报扣除。"

第 5 条规定："企业发生的资产损失，应按规定的程序和要求向主管税务机关申报后方能在税前扣除。未经申报的损失，不得在税前扣除。"

第 6 条规定："企业以前年度发生的资产损失未能在当年税前扣除的，可以按照本办法的规定，向税务机关说明并进行专项申报扣除。其中，属于实际资产损失，准予追补至该项损失发生年度扣除，其追补确认期限一般不得超过五年，但因计划经济体制转轨过程中遗留的资产损失、企业重组上市过程中因权属不清出现争议而未能及时扣除的资产损失、出于承担国家政策性任务而形成的资产损失以及政策定性不明确而形成资产损失等特殊原因形成的资产损失，其追补确认期限经国家税务总局批准后可适当延长。属于法定资产损失，应在申报年度扣除。""企业因以前年度实际资产损失未在税前扣除而多缴的企业所得税税款，可在追补确认年度企业所得税应纳税款中予以抵扣，不足抵扣的，向以后年度递延抵扣。""企业实际资产损失发生年度扣除追补确认的损失后出现亏损的，应先调整资产损失发生年度的亏损额，再按弥补亏损的原则计算以后年度多缴的企业所得税税款，并按前款办法进行

① 国家税务总局 2018 年 6 月 15 日发布实施的《关于修改部分税收规范性文件的公告》（国家税务总局公告 2018 年第 31 号）第 3 次修订。

税务处理。”

第 21 条规定：“企业因金融机构清算而发生的存款类资产损失应依据以下证据材料确认：（一）企业存款类资产的原始凭据；（二）金融机构破产、清算的法律文件；（三）金融机构清算后剩余资产分配情况资料。金融机构应清算而未清算超过 3 年的，企业可将该款项确认为资产损失，但应有法院或破产清算管理人出具的未完成清算证明。”

第 22 条规定：“企业应收及预付款项坏账损失应依据以下相关证据材料确认：（一）相关事项合同、协议或说明；（二）属于债务人破产清算的，应有人民法院的破产、清算公告；（三）属于诉讼案件的，应出具人民法院的判决书或裁定书或仲裁机构的仲裁书，或者被法院裁定终（中）止执行的法律文书；（四）属于债务人停止营业的，应有工商部门注销、吊销营业执照证明；（五）属于债务人死亡、失踪的，应有公安机关等有关部门对债务人个人的死亡、失踪证明；（六）属于债务重组的，应有债务重组协议及其债务人重组收益纳税情况说明；（七）属于自然灾害、战争等不可抗力而无法收回的，应有债务人受灾情况说明以及放弃债权申明。”

第 23 条规定：“企业逾期三年以上的应收款项在会计上已作为损失处理的，可以作为坏账损失，但应说明情况，并出具专项报告。”

第 24 条规定：“企业逾期一年以上，单笔数额不超过五万或者不超过企业年度收入总额万分之一的应收款项，会计上已经作为损失处理的，可以作为坏账损失，但应说明情况，并出具专项报告。”

C. 财政部 2016 年 12 月 20 日发布实施的《企业破产清算有关会计处理规定》（财会〔2016〕23 号）第 5 条规定：“破产企业在破产清算期间的资产应当以破产资产清算净值计量。本规定所称的资产，是指破产法规定的债务人（破产企业）财产。”“破产资产清算净值，是指在破产清算的特定环境下和规定时限内，最可能的变现价值扣除相关的处置税费后的净额。最可能的变现价值应当为公开拍卖的变现价值，但是债权人会议另有决议或国家规定不能拍卖或限制转让的资产除外；债权人会议另有决议的，最可能的变现价值应当为其决议的处置方式下的变现价值；按照国家规定不能拍卖或限制转让的，应当将按照国家规定的方式处理后的所得作为变现价值。”

第 6 条规定：“破产企业在破产清算期间的负债应当以破产债务清偿价值计量。”“破产债务清偿价值，是指在不考虑破产企业的实际清偿能力和折现等因素的情况下，破产企业按照相关法律规定或合同约定应当偿付的金额。”

第 7 条规定：“破产企业被法院宣告破产的，应当按照破产资产清算净值对破产宣告日的资产进行初始确认计量；按照破产债务清偿价值对破产宣告日的负债进行初始确认计量；相关差额直接计入清算净值。”

第 8 条规定：“破产企业在破产清算期间的资产，应当按照破产资产清算净值进行后续计量，负债按照破产债务清偿价值进行后续计量。破产企业应当按照破产报表日的破产资产清算净值和破产债务清偿价值，对资产和负债的账面价值分别进行调整，差额计入清算损益。”

第 9 条规定：“破产清算期间发生资产处置的，破产企业应当终止确认相关被处置资产，并将处置所得金额与被处置资产的账面价值的差额扣除直接相关的处置费用后，计入清算损益。”“破产清算期间发生债务清偿的，破产企业应当按照偿付金额，终止确认相应部分的负债。在偿付义务完全解除时，破产企业应当终止确认该负债的剩余账面价值，同时确认清算损益。”

第 10 条规定：“破产清算期间发生各项费用、取得各项收益应当直接计入清算损益。”

第 11 条规定：“在破产清算期间，破产企业按照税法规定需缴纳企业所得税的，应当计算所得税费用，并将其计入清算损益。所得税费用应当仅反映破产企业当期应交的所得税。”

第 12 条规定：“破产企业因盘盈、追回等方式在破产清算期间取得的资产，应当按照取得时的破产资产清算净值进行初始确认计量，初始确认计量的账面价值与取得该资产的成本之间存在差额的，该差额应当计入清算损益。”

第 13 条规定：“破产企业在破产清算期间新承担的债务，应当按照破产债务清偿价值进行初始确认计量，并计入清算损益。”

②有关重组企业所得税的规范：

财政部、国家税务总局 2009 年 4 月 30 日发布、2008 年 1 月 1 日起执行的《关于企业重组业务企业所得税处理若干问题的通知》（财税〔2009〕59 号）第 1 条规定：“本通知所称企业重组，是指企业在日常经营活动以外发生的法律结构或经济结构重大改变的交易，包括企业法律形式改变、债务重组、股权收购、资产收购、合并、分立等：（一）企业法律形式改变，是指企业注册名称、住所以及企业组织形式等的简单改变，但符合本通知规定其他重组的类型除外。（二）债务重组，是指在债务人发生财务困难的情况下，债权人按照其与债务人达成的书面协议或者法院裁定书，就其债务人的债务作出让步的事项。（三）股权收购，是指一家企业（以下称为收购企业）购买另一家企业（以下称为被收购企业）的股权，以实现对被收购企业控制的交易。收购企业支付对价的形式包括股权支付、非股权支付或两者的组合。（四）资产收购，是指一家企业（以下称为受让企业）购买另一家企业（以下称为转让企业）实质经营性资产的交易。受让企业支付对价的形式包括股权支付、非股权支付或两者的组合。（五）合并，是指一家或多家企业（以下称为被合并企业）将其全部资产和负债转让给另一家现存或新设企业（以下称为合并企业），被合并企业股东换取合并企业的股权或非股权支付，实现两个或两个以上企业的依法合并。（六）分立，是指一家企业（以下称为被分立企业）将部分或全部资产分离转让给现存或新设的企业（以下称为分立企业），被分立企业股东换取分立企业的股权或非股权支付，实现企业的依法分立。”

第3条规定：“企业重组的税务处理区分不同条件分别适用一般性税务处理规定和特殊性税务处理规定。”

第4条规定：“企业重组，除符合本通知规定适用特殊性税务处理规定的外，按以下规定进行税务处理……（二）企业债务重组，相关交易应按以下规定处理：1. 以非货币资产清偿债务，应当分解为转让相关非货币性资产、按非货币性资产公允价值清偿债务两项业务，确认相关资产的所得或损失。2. 发生债权转股权的，应当分解为债务清偿和股权投资两项业务，确认有关债务清偿所得或损失。3. 债务人应当按照支付的债务清偿额低于债务计税基础的差额，确认债务重组所得；债权人应当按照收到的债务清偿额低于债权计税基础的差额，确认债务重组损失。4. 债务人的相关所得税纳税事项原则上保持不变。（三）企业股权收购、资产收购重组交易，相关交易应按以下规定处理：1. 被收购方应确认股权、资产转让所得或损失。2. 收购方取得股权或资产的计税基础应以公允价值为基础确定。3. 被收购企业的相关所得税事项原则上保持不变……”

第5条规定：“企业重组同时符合下列条件的，适用特殊性税务处理规定：（一）具有合理的商业目的，且不以减少、免除或者推迟缴纳税款为主要目的。（二）被收购、合并或分立部分的资产或股权比例符合本通知规定的比例。（三）企业重组后的连续12个月内不改变重组资产原来的实质性经营活动。（四）重组交易对价中涉及股权支付金额符合本通知规定比例。（五）企业重组中取得股权支付的原主要股东，在重组后连续12个月内，不得转让所取得的股权。”

第6条规定：“企业重组符合本通知第5条规定条件的，交易各方对其交易中的股权支付部分，可以按以下规定进行特殊性税务处理：（一）企业债务重组确认的应纳税所得额占该企业当年应纳税所得额50%以上，可以在5个纳税年度的期间内，均匀计入各年度的应纳税所得额。企业发生债权转股权业务，对债务清偿和股权投资两项业务暂不确认有关债务清偿所得或损失，股权投资的计税基础以原债权的计税基础确定。企业的其他相关所得税事项保持不变。（二）股权收购，收购企业购买的股权不低于被收购企业全部股权的75%，且收购企业在该股权收购发生时的股权支付金额不低于其交易支付总额的85%[①]，可以选择按以下规定处理：1、被收购企业的股东取得收购企业股权的计税基础，以被收购股权的原有计税基础确定。2、收购企业取得被收购企业股权的计税基础，以被收购股权的原有计税基础确定。3、收购企业、被收购企业的原有各项资产和负债的计税基础和其他相关所得税事项保持不变。（三）资产收购，受让企业收购的资产不低于转让企业全部资产的75%，且受让企业在该资产收购发生时的股权支付金额不低于其交易支付总额的85%[②]，可以选择按以下规定处理：1、转让企业取得受让企业股权的计税基础，以被转让资产的原有计税基础确定。2、受让企业取得转让企业资产的计税基础，以被转让资产的原有计税基础确定。"

第10条规定："企业在重组发生前后连续12个月内分步对其资产、股权进行交易，应根据实质重于形式原则将上述交易作为一项企业重组交易进行处理。"

第11条规定："企业发生符合本通知规定的特殊性重组条件并选择特殊性税务处理的，当事各方应在该重组业务完成当年企业所得税年度申报时，向主管税务机关提交书面备案资料，证明其符合各类特殊性重组规定的条件。企业未按规定书面备案的，一律不得按特殊重组业务进行税务处理。"

对此，国家税务总局2018年7月17日《对人大代表关于破产重整税收政策及信用修复建议进行答复》称："企业所得税方面，对符合条件的债务重组，给予债务重组所得5年递延纳税的优惠，对通过债转股方式化解债务的，规定债务清偿和股权投资两项业务均不确认……现行税收政策将破产重整中所豁免的债务，确认为债务重组所得征收企业所得税。这样规定的主要考虑，一是债务豁免是债权人免除了债务人应承担的偿债义务，债务人实质上取得了相关经济利益，按照税法原理和规定，需要将豁免的债务计入收入征收企业所得税。二是与债务人的债务重组所得相对应，债权人的债务重组损失允

① 财政部、国家税务总局2014年12月25日发布、同年1月1日起执行的《关于促进企业重组有关企业所得税处理问题的通知》（财税〔2014〕109号）第1条规定，将《财政部国家税务总局关于企业重组业务企业所得税处理若干问题的通知》（财税〔2009〕59号）第6条第（2）项中有关"股权收购，收购企业购买的股权不低于被收购企业全部股权的75%"规定调整为"股权收购，收购企业购买的股权不低于被收购企业全部股权的50%"。

② 财政部、国家税务总局2014年12月25日发布、同年1月1日起执行的《关于促进企业重组有关企业所得税处理问题的通知》（财税〔2014〕109号）第1条规定，将《财政部国家税务总局关于企业重组业务企业所得税处理若干问题的通知》（财税〔2009〕59号）第6条第（3）项有关"资产收购，受让企业收购的资产不低于转让企业全部资产的75%"的规定调整为"资产收购，受让企业收购的资产不低于转让企业全部资产的50%"。

许在税前扣除，如果不对债务人的债务重组所得征税，将会带来税务处理不平衡，造成税款流失和税收漏洞。三是债务重组多是由于企业资不抵债、经营困难、亏损较多的情形下发生的事项，债务人的债务重组所得可先弥补亏损后的剩余部分再缴纳企业所得税，不会产生过重的税收负担。”

2. 有关重组企业增值税的规范：

（1）《增值税暂行条例》第 1 条规定，在中华人民共和国境内销售货物或者加工、修理修配劳务（以下简称劳务），销售服务、无形资产、不动产以及进口货物的单位和个人，为增值税的纳税人，应当依照本条例缴纳增值税。第 18 条规定，中华人民共和国境外的单位或者个人在境内销售劳务，在境内未设有经营机构的，以其境内代理人为扣缴义务人；在境内没有代理人的，以购买方为扣缴义务人。第 2 条规定：“增值税税率：（一）纳税人销售货物、劳务、有形动产租赁服务或者进口货物，除本条第二项、第四项、第五项另有规定外，税率为 17%。（二）纳税人销售交通运输、邮政、基础电信、建筑、不动产租赁服务，销售不动产，转让土地使用权，销售或者进口下列货物，税率为 11%：1、粮食等农产品、食用植物油、食用盐；2、自来水、暖气、冷气、热水、煤气、石油液化气、天然气、二甲醚、沼气、居民用煤炭制品；3、图书、报纸、杂志、音像制品、电子出版物；4、饲料、化肥、农药、农机、农膜；5. 国务院规定的其他货物。（三）纳税人销售服务、无形资产，除本条第一项、第二项、第五项另有规定外，税率为 6%。（四）纳税人出口货物，税率为零；但是，国务院另有规定的除外。（五）境内单位和个人跨境销售国务院规定范围内的服务、无形资产，税率为零。税率的调整，由国务院决定。”第 3 条规定：“纳税人兼营不同税率的项目，应当分别核算不同税率项目的销售额；未分别核算销售额的，从高适用税率。”第 4 条规定：“除本条例第十一条规定外，纳税人销售货物、劳务、服务、无形资产、不动产（以下统称应税销售行为），应纳税额为当期销项税额抵扣当期进项税额后的余额。应纳税额计算公式：应纳税额 = 当期销项税额 - 当期进项税额。当期销项税额小于当期进项税额不足抵扣时，其不足部分可以结转下期继续抵扣。”第 5 条规定：“纳税人发生应税销售行为，按照销售额和本条例第二条规定的税率计算收取的增值税额，为销项税额。销项税额计算公式：销项税额 = 销售额 × 税率。”第 6 条规定：“销售额为纳税人发生应税销售行为收取的全部价款和价外费用，但是不包括收取的销项税额。销售额以人民币计算。纳税人以人民币以外的货币结算销售额的，应当折合成人民币计算。”第 7 条规定：“纳税人发生应税销售行为的价格明显偏低并无正当理由的，由主管税务机关核定其销售额。”第 8 条规定：“纳税人购进货物、劳务、服务、无形资产、不动产支付或者负担的增值税额，为进项税额。下列进项税额准予从销项税额中抵扣：（一）从销售方取得的增值税专用发票上注明的增值税额。（二）从海关取得的海关进口增值税专用缴款书上注明的增值税额。（三）购进农产品，除取得增值税专用发票或者海关进口增值税专用缴款书外，按照农产品收购发票或者销售发票上注明的农产品买价和11%的扣除率计算的进项税额，国务院另有规定的除外。进项税额计算公式：进项税额 = 买价 × 扣除率。（四）自境外单位或者个人购进劳务、服务、无形资产或者境内的不动产，从税务机关或者扣缴义务人取得的代扣代缴税款的完税凭证上注明的增值税额。准予抵扣的项目和扣除率的调整，由国务院决定。”第9条规定：“纳税人购进货物、劳务、服务、无形资产、不动产，取得的增值税扣税凭证不符合法律、行政法规或者国务院税务主管部门有关规定的，其进项税额不得从销项税额中抵扣。”第10条规定：“下列项目的进项税额不得从销项税额中抵扣：（一）用于简易计税方法计税项目、免征增值税项目、集体福利或者个人消费的购进货物、劳务、服务、无形资产和不动产；（二）非正常损失的购进货物，以及相关的劳务和交通运输服务；（三）非正常损失的在产品、产成品所耗用的购进货物（不包括固定资产）、劳务和交通运输服务；（四）国务院规定的其他项目。”第11条规定：“小规模纳税人发生应税销售行为，实行按照销售额和征收率计算应纳税额的简易办法，并不得抵扣进项税额。应纳税额计算公式：应纳税额 = 销售额 × 征收率。小规模纳税人的标准由国务院财政、税务主管部门规定。”第12条规定：“小规模纳税人增值税征收率为3%，国务院另有规定的除外。”第14条规定：“纳税人进口货物，按照组成计税价格和本条例第二条规定的税率计算应纳税额。组成计税价格和应纳税额计算公式：组成计税价格 = 关税完税价格 + 关税 + 消费税。应纳税额 = 组成计税价格 × 税率。”第15条规定：“下列项目免征增值税：（一）农业生产者销售的自产农产品；（二）避孕药品和用具；（三）古旧图书；（四）直接用于科学研究、科学试验和教学的进口仪器、设备；（五）外国政府、国际组织无偿援助的进口物资和设备；（六）由残疾人的组织直接进口供残疾人专用的物品；（七）销售的自己使用过的物品。除前款规定外，增值税的免税、减税项目由国务院条规定。任何地区、部门均不得规定免税、减税项目。”第16条规定：“纳税人兼营免税、减税项目的，应当分别核算免税、减税项目的销售额；未分别核算销售额的，不得免税、减税。”第17条规定：“纳税人销售额未达到国务院财政、税务主管部门规定的增值税起征点的，免征增值税；达到起征点的，依照本条例规定全额计算缴纳增值税。”

（2）国家税务总局2011年2月18日发布、同年3月1日起执行的《关于纳税人资产重组有关增值税问题的公告》（国家税务总局公告 2011 年第 13 号）指出，纳税人在资产重组过程中，通过合并、分立、出售、置换等方式，将全部或者部分实物资产以及与其相关联的债权、负债和劳动力一并转让给其他单位和个人，不属于增值税的征税范围，其中涉及的货物转让，不征收增值税。

（3）国家税务总局 2011 年 9 月 26 日发布、同年 10 月 1 日起执行的《关于纳税人资产重组有关营业税问题的公告》（国家税务总局公告 2011 年第 51 号）指出，纳税人在资产重组过程中，通过合并、分立、出售、置换等方式，将全部或者部分实物资产以及与其相关联的债权、债务和劳动力一并转让给其他单位和个人的行为，不属于营业税征收范围，其中涉及的不动产、土地使用权转让，不征收营业税。

（4）国家税务总局 2012 年 12 月 13 日发布、2013 年 1 月 1 日起施行的《关于纳税人资产重组增值税留抵税额处理有关问题的公告》（国家税务总局公告 2012 年第 55 号）第 1 条指出，增值税一般纳税人（以下称“原纳税人”）在资产重组过程中，将全部资产、负债和劳动力一并转让给其他增值税一般纳税人（以下称“新纳税人”），并按程序办理注销税务登记的，其在办理注销登记前尚未抵扣的进项税额可结转至新纳税人处继续抵扣。

（5）国家税务总局 2013 年 11 月 19 日发布、同年 12 月 1 日起执行的《关于纳税人资产重组有关增值税问题的公告》（国家税务总局公告 2013 年第 66 号）指出，纳税人在资产重组过程中，通过合并、分立、出售、置换等方式，将全部或者部分实物资产以及与其相关联的债权、负债经多次转让后，最终的受让方与劳动力接收方为同一单位和个人的，仍适用《国家税务总局关于纳税人资产重组有关增值税问题的公告》（国家税务总局公告 2011 年第 13 号）的相关规定，其中货物的多次转让行为均不征收增值税。资产的出让方需将资产重组方案等文件资料报其主管税务机关。

（6）财政部、国家税务总局 2016 年 3 月 23 日发布、同年 5 月 1 日起施行的《关于全面推开营业税改征增值税试点的通知》（财税〔2016〕36 号）附件 2《营业税改征增值税试点有关事项的规定》第 1 条第 2 项之 5 规定，在资产重组过程中，通过合并、分立、出售、置换等方式，将全部或者部分实物资产以及与其相关联的债权、负债和劳动力一并转让给其他单位和个人，其中涉及的不动产、土地使用权转让行为，不征收增值税。

（7）国家税务总局 1998 年 7 月 16 日发布实施的《关于企业破产、倒闭、解散、停业后增值税留抵税额处理问题的批复》（国税函〔1998〕429 号），纳税人破产、倒闭、解散、停业后，其期初存货中尚未抵扣的已征税款，以及征税后出现的进项税额大于销项税额后不足抵扣部分（即留抵税额），税务机关不再退税。

对此，国家税务总局2018年7月17日《对人大代表关于破产重整税收政策及信用修复建议进行答复》称，增值税方面，纳税人在资产重组过程中，通过合并、分立、出售、置换等方式，将全部或者部分实物资产以及与其相关联的债权、负债和劳动力转让给其他单位和个人，不属于增值税的征税范围，其中涉及的货物、不动产、土地使用权转让行为，不征收增值税……土地增值税方面，在改制重组时以房地产作价入股进行投资，以及符合条件的企业合并、分立，对原企业将房地产转移、变更到合并后、分立后企业的，暂不征土地增值税。

3. 有关破产企业土地使用税的规范。国务院2019年3月2日第4次修订发布实施的《城镇土地使用税暂行条例》（国务院令第709号）第2条规定，在城市、县城、建制镇、工矿区范围内使用土地的单位和个人，为城镇土地使用税的纳税人，应当依照本条例的规定缴纳土地使用税。前款所称单位，包括国有企业、集体企业、私营企业、股份制企业、外商投资企业、外国企业以及其他企业和事业单位、社会团体、国家机关、军队以及其他单位；所称个人，包括个体工商户以及其他个人。第3条规定，土地使用税以纳税人实际占用的土地面积为计税依据，依照规定税额计算征收。前款土地占用面积的组织测量工作，由省、自治区、直辖市人民政府根据实际情况确定。第4条规定，土地使用税每平方米年税额如下：（1）大城市1.5元至30元；（2）中等城市1.2元至24元；（3）小城市0.9元至18元；（4）县城、建制镇、工矿区0.6元至12元。第5条规定，省、自治区、直辖市人民政府，应当在本条例第4条规定的税额幅度内，根据市政建设状况、经济繁荣程度等条件，确定所辖地区的适用税额幅度。市、县人民政府应当根据实际情况，将本地区土地划分为若干等级，在省、自治区、直辖市人民政府确定的税额幅度内，制定相应的适用税额标准，报省、自治区、直辖市人民政府批准执行。经省、自治区、直辖市人民政府批准，经济落后地区土地使用税的适用税额标准可以适当降低，但降低额不得超过本条例第4条规定最低税额的30%。经济发达地区土地使用税的适用税额标准可以适当提高，但须报经财政部批准。第6条规定，下列土地免缴土地使用税：（1）国家机关、人民团体、军队自用的土地；（2）由国家财政部门拨付事业经费的单位自用的土地；（3）宗教寺庙、公园、名胜古迹自用的土地；（4）市政街道、广场、绿化地带等公共用地；（5）直接用于农、林、牧、渔业的生产用地；（5）经批准开山填海整治的土地和改造的废弃土地，从使用的月份起免缴土地使用税5年至10年；

(7) 由财政部另行规定免税的能源、交通、水利设施用地和其他用地。第7条规定，除本条例第6条规定外，纳税人缴纳土地使用税确有困难需要定期减免的，由县以上税务机关批准。

4. 有关破产企业房产税的规范。根据《房产税暂行条例》第1条规定，房产税在城市、县城、建制镇和工矿区征收。第2条规定，房产税由产权所有人缴纳。产权属于全民所有的，由经营管理的单位缴纳。产权出典的，由承典人缴纳。产权所有人、承典人不在房产所在地的，或者产权未确定及租典纠纷未解决的，由房产代管人或者使用人缴纳。前款列举的产权所有人、经营管理单位、承典人、房产代管人或者使用人，统称为纳税义务人。第3条规定，房产税依照房产原值1次减除10%至30%后的余值计算缴纳。具体减除幅度，由省、自治区、直辖市人民政府规定。没有房产原值作为依据的，由房产所在地税务机关参考同类房产核定。房产出租的，以房产租金收入为房产税的计税依据。第4条规定，房产税的税率，依照房产余值计算缴纳的，税率为1.2%；依照房产租金收入计算缴纳的，税率为12%。第5条规定，下列房产免纳房产税：(1) 国家机关、人民团体、军队自用的房产；(2) 由国家财政部门拨付事业经费的单位自用的房产；(3) 宗教寺庙、公园、名胜古迹自用的房产；(4) 个人所有非营业用的房产；(5) 经财政部批准免税的其他房产。第6条规定，除本条例第5条规定者外，纳税人纳税确有困难的，可由省、自治区、直辖市人民政府确定，定期减征或者免征房产税。

5. 关于破产企业契税的规范：

(1)《契税法》第1条规定，在中华人民共和国境内转移土地、房屋权属，承受的单位和个人为契税的纳税人，应当依照本法规定缴纳契税。第2条规定："本法所称转移土地、房屋权属，是指下列行为：（一）土地使用权出让；（二）土地使用权转让，包括出售、赠与、互换；（三）房屋买卖、赠与、互换。前款第二项土地使用权转让，不包括土地承包经营权和土地经营权的转移。以作价投资（入股）、偿还债务、划转、奖励等方式转移土地、房屋权属的，应当依照本法规定征收契税。"第3条规定，契税税率为3～5%。契税的具体适用税率，由省、自治区、直辖市人民政府在前款规定的税率幅度内提出，报同级人民代表大会常务委员会决定，并报全国人民代表大会常务委员会和国务院备案。省、自治区、直辖市可以依照前款规定的程序对不同主体、不同地区、不同类型的住房的权属转移确定差别税率。第4条规定："契税的计税依据：（一）土地使用权出让、出售，房屋买卖，为土地、房屋权属转移合同确定的成交价格，包括应交付的货币以及实物、其他经济利益对应的价款；（二）土地使用权互换、房屋互换，为所互换的土地使用权、房屋价格的差额；（三）土地使用权赠与、房屋赠与以及其他没有价格的转移土地、房屋权属行为，为税务机关参照土地使用权出售、房屋买卖的市场价格依法核定的价格。”“纳税人申报的成交价格、互换价格差额明显偏低且无正当理由的，由税务机关依照《税收征收管理法》的规定核定。”第5条规定，契税的应纳税额按照计税依据乘以具体适用税率计算。第6条规定：“有下列情形之一的，免征契税：（一）国家机关、事业单位、社会团体、军事单位承受土地、房屋权属用于办公、教学、医疗、科研、军事设施；（二）非营利性的学校、医疗机构、社会福利机构承受土地、房屋权属用于办公、教学、医疗、科研、养老、救助；（三）承受荒山、荒地、荒滩土地使用权用于农、林、牧、渔业生产；（四）婚姻关系存续期间夫妻之间变更土地、房屋权属；（五）法定继承人通过继承承受土地、房屋权属；（六）依照法律规定应当予以免税的外国驻华使馆、领事馆和国际组织驻华代表机构承受土地、房屋权属。根据国民经济和社会发展的需要，国务院对居民住房需求保障、企业改制重组、灾后重建等情形可以规定免征或者减征契税，报全国人民代表大会常务委员会备案。”第7条规定：“省、自治区、直辖市可以决定对下列情形免征或者减征契税：（一）因土地、房屋被县级以上人民政府征收、征用，重新承受土地、房屋权属；（二）因不可抗力灭失住房，重新承受住房权属。前款规定的免征或者减征契税的具体办法，由省、自治区、直辖市人民政府提出，报同级人民代表大会常务委员会决定，并报全国人民代表大会常务委员会和国务院备案。”第8条规定，纳税人改变有关土地、房屋的用途，或者有其他不再属于本法第6条规定的免征、减征契税情形的，应当缴纳已经免征、减征的税款。

（2）财政部、国家税务总局2015年3月31日发布、2015年1月1日起至2017年12月31日之间施行的《关于进一步支持企业事业单位改制重组有关契税政策的通知》（财税〔2015〕37号）指出，企业依照有关法律法规规定实施破产，债权人（包括破产企业职工）承受破产企业抵偿债务的土地、房屋权属，免征契税；对非债权人承受破产企业土地、房屋权属，凡按照《劳动法》等国家有关法律法规政策妥善安置原企业全部职工，与原企业全部职工签订服务年限不少于3年的劳动用工合同的，对其承受所购企业土地、房屋权属，免征契税；与原企业超过30%的职工签订服务年限不少于3年的劳动用工合同的，减半征收契税。第7条规定，经国务院批准实施债权转股权的企业，对债权转股权后新设立的公司承受原企业的土地、房屋权属，免征契税。第9条规定，公司在股权（股份）转让中，单位、个人承受公司股权（股份），公司土地、房屋权属不发生转移，不征收契税。

（3）《关于继续支持企业事业单位改制重组有关契税政策的通知》第5条规定，企业依照有关法律法规规定实施破产，债权人（包括破产企业职工）承受破产企业抵偿债务的土地、房屋权属，免征契税；对非债权人承受破产企业土地、房屋权属，凡按照《劳动法》等国家有关法律法规政策妥善安置原企业全部职工规定，与原企业全部职工签订服务年限不少于3年的劳动用工合同的，对其承受所购企业土地、房屋权属，免征契税；与原企业超过30%的职工签订服务年限不少于3年的劳动用工合同的，减半征收契税。第7条规定，经国务院批准实施债权转股权的企业，对债权转股权后新设立的公司承受原企业的土地、房屋权属，免征契税。第8条规定，以出让方式或国家作价出资（入股）方式承受原改制重组企业、事业单位划拨用地的，不属上述规定的免税范围，对承受方应按规定征收契税。第9条规定，在股权（股份）转让中，单位、个人承受公司股权（股份），公司土地、房屋权属不发生转移，不征收契税。

对此，国家税务总局2018年7月17日《对人大代表关于破产重整税收政策及信用修复建议进行答复》称，契税方面，符合条件的公司合并、分立，对合并后、分立后公司承受原公司土地、房屋权属，免征契税；企业破产的，债权人承受破产企业抵偿债务的土地、房屋权属，免征契税。非债权人承受破产企业土地、房屋权属，与原企业全部职工签订服务年限不少于3年的劳动用工合同的，对其承受所购企业土地、房屋权属，免征契税。与原企业超过30%的职工签订服务年限不少于3年的劳动用工合同的，减半征收契税。

6. 有关破产企业印花税的规范。《印花税暂行条例》第1条规定，在中华人民共和国境内设立、领受本条例所列举凭证的单位和个人，都是印花税的纳税义务人（以下简称纳税人），应当按照本条例规定缴纳印花税。第2条规定，下列凭证为应纳税凭证：（1）购销、加工承揽、建设工程承包、财产租赁、货物运输、仓储保管、借款、财产保险、技术合同或者具有合同性质的凭证；（2）产权转移书据；（3）营业账簿；（4）权利、许可证照；（5）经财政部确定征税的其他凭证。第3条规定，纳税人根据应纳税凭证的性质，分别按比例税率或者按件定额计算应纳税额。具体税率、税额的确定，依照本条例所附《印花税税目税率表》执行。应纳税额不足1角的，免纳印花税。应纳税额在1角以上的，其税额尾数不满5分的不计，满5分的按1角计算缴纳。第4条规定，下列凭证免纳印花税：（1）已缴纳印花税的凭证的副本或者抄本；（2）财产所有人将财产赠给政府、社会福利单位、学校所立的书据；（3）经财政部批准免税的其他凭证。

7.《车船税法》第1条规定："在中华人民共和国境内属于本法所附《车

船税税目税额表》规定的车辆、船舶（以下简称车船）的所有人或者管理人，为车船税的纳税人，应当依照本法缴纳车船税。”第2条规定：“车船的适用税额依照本法所附《车船税税目税额表》执行。车辆的具体适用税额由省、自治区、直辖市人民政府依照本法所附《车船税税目税额表》规定的税额幅度和国务院的规定确定。船舶的具体适用税额由国务院在本法所附《车船税税目税额表》规定的税额幅度内确定。”第3条规定：“下列车船免征车船税：（一）捕捞、养殖渔船；（二）军队、武装警察部队专用的车船；（三）警用车船；（四）悬挂应急救援专用号牌的国家综合性消防救援车辆和国家综合性消防救援专用船舶；（五）依照法律规定应当予以免税的外国驻华使领馆、国际组织驻华代表机构及其有关人员的车船。”第4条规定：“对节约能源、使用新能源的车船可以减征或者免征车船税；对受严重自然灾害影响纳税困难以及有其他特殊原因确需减税、免税的，可以减征或者免征车船税。具体办法由国务院规定，并报全国人民代表大会常务委员会备案。”第5条规定：“省、自治区、直辖市人民政府根据当地实际情况，可以对公共交通车船，农村居民拥有并主要在农村地区使用的摩托车、三轮汽车和低速载货汽车定期减征或者免征车船税。”第6条规定：“从事机动车第三者责任强制保险业务的保险机构为机动车车船税的扣缴义务人，应当在收取保险费时依法代收车船税，并出具代收税款凭证。”

8. 有关破产企业个人所得税的规范。《个人所得税法》第1条规定，在中国境内有住所，或者无住所而1个纳税年度内在中国境内居住累计满183天的个人，为居民个人。居民个人从中国境内和境外取得的所得，依照本法规定缴纳个人所得税。在中国境内无住所又不居住，或者无住所而1个纳税年度内在中国境内居住累计不满183天的个人，为非居民个人。非居民个人从中国境内取得的所得，依照本法规定缴纳个人所得税。纳税年度，自公历1月1日起至12月31日止。第2条规定，下列各项个人所得，应当缴纳个人所得税：（1）工资、薪金所得；（2）劳务报酬所得；（3）稿酬所得；（4）特许权使用费所得；（5）经营所得；（6）利息、股息、红利所得；（7）财产租赁所得；（8）财产转让所得；（9）偶然所得。居民个人取得前款第（1）项至第（4）项所得（以下称综合所得），按纳税年度合并计算个人所得税；非居民个人取得前款第（1）项至第（4）项所得，按月或者按次分项计算个人所得税。纳税人取得前款第（5）项至第（9）项所得，依照本法规定分别计算个人所得税。第3条规定，个人所得税的税率：（1）综合所得，适用3%至45%的超额累进税率（税率表附后）；（2）经营所得，适用5%至35%的超额累进税率（税率表附后）；（3）利息、股息、红利所得，财产租赁所得，财产转让所得和偶然所得，适用比例税率，税率为20%。第4条规定，下列各项个人所得，免征个人所得税：（1）省级人民政府、国务院部委和中国人民解放军军以上单位，以及外国组织、国际组织颁发的科学、教育、技术、文化、卫生、体育、环境保护等方面的奖金；（2）国债和国家发行的金融债券利息；（3）按照国家统一规定发给的补贴、津贴；（4）福利费、抚恤金、救济金；（5）保险赔款；（6）军人的转业费、复员费、退役金；（7）按照国家统一规定发给干部、职工的安家费、退职费、基本养老金或者退休费、离休费、离休生活补助费；（8）依照有关法律规定应予免税的各国驻华使馆、领事馆的外交代表、领事官员和其他人员的所得；（9）中国政府参加的国际公约、签订的协议中规定免税的所得；（10）国务院规定的其他免税所得。前款第（10）项免税规定，由国务院报全国人民代表大会常务委员会备案。第5条规定，有下列情形之一的，可以减征个人所得税，具体幅度和期限，由省、自治区、直辖市人民政府规定，并报同级人民代表大会常务委员会备案：（1）残疾、孤老人员和烈属的所得；（2）因自然灾害遭受重大损失的。国务院可以规定其他减税情形，报全国人民代表大会常务委员会备案。

财政部、国家税务总局2001年10月1日起执行的《关于个人与用人单位解除劳动关系取得的一次性补偿收入征免个人所得税问题的通知》（财税〔2001〕157号）第3条规定，企业依照国家有关法律规定宣告破产，企业职工从该破产企业取得的一次性安置费收入，免征个人所得税。

9. 有关破产企业税收减免的规范：

（1）《税收征收管理法》第3条规定，税收的开征、停征以及减税、免税、退税、补税，依照法律的规定执行；法律授权国务院规定的，依照国务院制定的行政法规的规定执行。任何机关、单位和个人不得违反法律、行政法规的规定，擅自作出税收开征、停征以及减税、免税、退税、补税和其他同税收法律、行政法规相抵触的决定。第33条规定，纳税人依照法律、行政法规的规定办理减税、免税。地方各级人民政府、各级人民政府主管部门、单位和个人违反法律、行政法规规定，擅自作出的减税、免税决定无效，税务机关不得执行，并向上级税务机关报告。

（2）《金融机构撤销条例》第21条规定，被撤销的金融机构财产的清理和处置，免交税收和行政性收费。

（3）国家税务总局2017年5月10日根据国家法律、行政法规、部门规章的规定，就现行有效的减免税收的具体政策形成了《减免税政策代码表（20170510）》。除法律、法规明文规定的外，由财政部、国家税务机关针对特定企业、特定税收具体规定的并与破产程序相关的税收减免规范，主要有：

①财政部、国家税务总局2003年5月20日发布实施的《关于大连证券破产及财产处置过程中有关税收政策问题的通知》（财税〔2003〕88号）指出："经国务院批准，现就大连证券有限责任公司（以下简称'大连证券'）破产及财产处置过程中有关税收政策问题通知如下：一、对大连证券在清算期间接收债权、清偿债务过程中签订的产权转移书据，免征印花税。二、对大连证券在清算期间自有的和从债务方接收的房地产、车辆，免征房产税、城镇土地使用税和车船税。三、大连证券在清算过程中催收债权时，免征接收土地使用权、房屋所有权应缴纳的契税。四、大连证券破产财产被清算组用来清偿债务时，免征大连证券销售转让货物、不动产、无形资产、有价证券、票据等应缴纳的增值税、营业税、城市维护建设税、教育费附加和土地增值税。五、对大连证券股份有限公司托管的原大连证券的证券营业部和证券服务部，其所从事的经营活动，应按税收法律、法规的规定照章纳税……"

②《关于被撤销金融机构有关税收政策问题的通知》第1条规定，享受税收优惠政策的主体是指经中国人民银行依法决定撤销的金融机构及其分设于各地的分支机构，包括被依法撤销的商业银行、信托投资公司、财务公司、金融租赁公司、城市信用社和农村信用社。除另有规定者外，被撤销的金融机构所属、附属企业，不享受本通知规定的被撤销金融机构的税收优惠政策。第2条规定："被撤销金融机构清理和处置财产可享受以下税收优惠政策：1、对被撤销金融机构接收债权、清偿债务过程中签订的产权转移书据，免征印花税。2、对被撤销金融机构清算期间自有的或从债务方接收的房地产、车辆，免征房产税、城镇土地使用税和车辆使用税。3、对被撤销的金融机构在清算过程中催收债权时，接收债务方土地使用权、房屋所有权所发生的权属转移，免征契税。4、对被撤销金融机构财产用来清偿债务时，免征被撤销金融机构转让货物、不动产、无形资产、有价证券、票据等应缴纳的增值税、营业税、城市维护建设税、教育费附加和土地增值税。"第3条规定，除第2条规定者外，被撤销的金融机构在清算开始后、清算资产被处置前持续经营的经济业务所发生的应纳税款应按规定予以缴纳。第4条规定，被撤销金融机构的应缴未缴国家的税金及其他款项应按照法律法规规定的清偿顺序予以缴纳。第5条规定，被撤销金融机构的清算所得应该依法缴纳企业所得税。

③《关于继续支持企业事业单位改制重组有关契税政策的通知》第5条规定，企业依照有关法律法规规定实施破产，债权人（包括破产企业职工）承受破产企业抵偿债务的土地、房屋权属，免征契税；对非债权人承受破产企业土地、房屋权属，凡按照《劳动法》等国家有关法律法规政策妥善安置原企业全部职工规定，与原企业全部职工签订服务年限不少于3年的劳动用

工合同的，对其承受所购企业土地、房屋权属，免征契税；与原企业超过30%的职工签订服务年限不少于3年的劳动用工合同的，减半征收契税。

（二）破产程序中现行税收规范的主要特点

如前所述，国家有关破产程序的税收规定，主要呈现如下特点：

1. 国家立法层面上，没有任何关于破产程序中的统一税收规范。国家法律、行政法规有关税收的规定，均是建立在生产经营者正常情况下所应纳税收及其税种、税率以及减免税收的规定。而破产程序中债务人几乎处于资不抵债大多数乃属严重资不抵债的境地，债权人的清偿率一般就是百分之几或者十几，有的甚至是零，生产经营已经无法持续，不少已经停产停业达到一定时间甚至数年，有的已经根本无法生存只有通过破产清算这一途径退出市场，少数虽然出于品牌价值等原因具有一定的生机，然仅靠自身力量已经无法继续，只有借助外力的帮助，如新的投资人注入新的资本、减免债权人的债务、债转股等破产重整、破产和解的手段，使之摆脱因沉重债务之病症的负担而恢复活力，继续前行。显然，国家法律、法规有关企业正常状态的税收规定，其适用基础已经发生变化，然就破产程序中的税收却没有相应的统一规范，自然不能适应破产程序应当根据其实际情况征缴、减免税收的需要。

2.《税收征收管理法》规定，国家禁止任何机关、单位或者个人违法减税、免税的行为，地方各级人民政府、各级人民政府主管部门、单位和个人违反作出的减税、免税决定无效，税务机关不得执行。与破产程序有关的税收，如前所述，主要有企业所得税、增值税、土地使用税、房产税、契税、印花税、车船税、个人所得税等。这些税收，有关法律、行政法规都规定了一些不征、免征的普遍性规范，并就一些具体情形的减征、免征权限作了规定：

（1）企业所得税，根据《企业所得税法》第29条规定，只有报经省、自治区、直辖市人民政府批准，民族自治地方的自治机关对本民族自治地方的企业应缴纳的企业所得税中属于地方分享的部分，可以决定减征或者免征；第36条规定，国务院根据国民经济和社会发展的需要，或者由于突发事件等原因对企业经营活动产生重大影响的可以制定企业所得税专项优惠政策，并报全国人民代表大会常务委员会备案。

（2）增值税，根据《增值税暂行条例》第15条规定，除了条例明文规定可以免征增值税的项目外，增值税的免税、减税项目由国务院规定。任何地区、部门均不得规定免税、减税项目。

（3）土地使用税，根据《城镇土地使用税暂行条例》第7条规定，除条例规定免征土地使用税的土地外，纳税人缴纳土地使用税确有困难需要定期减免的，由县以上税务机关批准。

（4）房产税，根据《房产税暂行条例》第6条规定，除条例规定免征房产税的外，纳税人纳税确有困难的，可由省、自治区、直辖市人民政府确定，定期减征或者免征房产税。

（5）契税，根据《契税法》第6条第2款规定："根据国民经济和社会发展的需要，国务院对居民住房需求保障、企业改制重组、灾后重建等情形可以规定免征或者减征契税，报全国人民代表大会常务委员会备案。"第7条规定："省、自治区、直辖市可以决定对下列情形免征或者减征契税：（一）因土地、房屋被县级以上人民政府征收、征用，重新承受土地、房屋权属；（二）因不可抗力灭失住房，重新承受住房权属。前款规定的免征或者减征契税的具体办法，由省、自治区、直辖市人民政府提出，报同级人民代表大会常务委员会决定，并报全国人民代表大会常务委员会和国务院备案。"

（6）印花税，根据《印花税暂行条例》第4条规定，除条例规定免征印花税的外，其他免征印花税的凭证由财政部规定。

（7）车船税，根据《车船税法》第5条规定，除法律减征、免征车船税的车船外，省、自治区、直辖市人民政府对公共交通车船，农村居民拥有并主要在农村地区使用的摩托车、三轮汽车和低速载货汽车的车船税，根据当地实际情况给予定期减征或者免征。

（8）个人所得税，根据《个人所得税法》第4条规定，除法律明文规定的"省级人民政府、国务院部委和中国人民解放军军以上单位，以及外国组织、国际组织颁发的科学、教育、技术、文化、卫生、体育、环境保护等方面的奖金；国债和国家发行的金融债券利息；按照国家统一规定发给的补贴、津贴；福利费、抚恤金、救济金；保险赔款；军人的转业费、复员费、退役金；按照国家统一规定发给干部、职工的安家费、退职费、基本养老金或者退休费、离休费、离休生活补助费；依照有关法律规定应予免税的各国驻华使馆、领事馆的外交代表、领事官员和其他人员的所得；中国政府参加的国际公约、签订的协议中规定免税的所得"等免征个人所得税的事项外，其他免征个人所得税的所得事项均由国务院规定，并报全国人民代表大会常务委员会备案。第5条规定，具有残疾、孤老人员和烈属的所得，或者因自然灾害遭受重大损失的，由省、自治区、直辖市人民政府规定并报同级人民代表大会常务委员会备案后，可以免征个人所得税。

综上，除法律、法规明确规定减征、免征范围外，只有土地使用税可由县级以上税务机关批准减免，其他税收或者要由国务院规定如增值税、企业所得税、个人所得税，或者要由省、自治区、直辖市人民政府规定、批准或确定，如对民族自治地方分属于地方分享部分的所得税，具有残疾、孤老人员和烈属所得或者因自然灾害遭受重大损失的等特定情形下的个人所得税，以及房产税、车船税，或者要由财政部批准如房产税、契税、印花税等才能减征、免征，而国务院、财政部及省、自治区、直辖市人民政府规定、批准或确定减免的事项，乃是具有普遍适用的事项，并未针对破产程序这一特定情况下而言，故在破产程序中，除土地使用税可由各地税务机关根据情况对破产企业进行减免外，其他税收则无法根据破产企业的具体情况进行减免。

3. 在破产程序中，如上所述，直接相关的8种税收：（1）个人所得税与破产企业无关。（2）契税除破产重整企业需要受让他人财产外也与之无关，只是与受让破产企业财产的个人或单位相关。（3）印花税、车船税涉及数额不大，对破产企业财产影响不大。（4）破产企业的土地、房产被使用的，固然需要依法纳税，问题在于破产尤其是破产清算时，其因停业停产而没有使用，有的甚至时间较长，少则数年，多则上10年，需要区分具体情况加以解决，其中土地使用税的减免可由县级以上机关根据实际情况批准，可房产税的减免要由财政部批准或者省、自治区、直辖市人民政府确定，破产程序中税务机关无法根据情况进行。（5）增值税在生产经营中才会出现，在破产过程中，破产企业存在生产经营的，依法缴纳增值税也不会存在问题；没有生产经营的，一般也不会存在增值税的缴纳问题。（6）剩下的就是企业所得税，其免征要由国务院在国民经济和社会发展的需要，或者由于突发事件等原因对企业经营活动产生重大影响时，才能规定专项优惠措施；或者民族自治地方属于其所分享部分的企业所得税，经省、自治区、直辖市人民政府批准才可以决定减征、免征。而企业所得税的税率又很高，一般为25%，尤其是破产企业因为资不抵债而不能清偿的债务在破产重整中为豁免的债务也要计入所得收入对之征税。这样，破产企业亏损越大，背负的债务越多即病症越重，因为破产程序而不能清偿即减免的债务越多，则所纳的税额越大。在债权人遭受重大损失清偿率已经很低，一般就是十几个点或者几个点的情况下，在缴纳企业所得税清偿率更低甚至为零。对符合条件的债务重组，给予债务重组所得5年递延纳税的优惠，并未对因为不能偿还的债务而减免企业所得税，其实是由新的重整人来承担该税收，只是纳税时间上有所缓解。即使按照现行部门规章，对债务人的债务重组所得可先弥补亏损后的剩余部分再缴纳企业所得税，也难以解决根本问题，与破产企业的实际情况根本不符。在破产司法实践中，无论是税务机关还是省、自治区、直辖市人民政府乃至国务院，又不可能违背法律规定加以减免。因此，现行的有关法律、法规关于税收及其减免的一般性规定，已经难以适用破产程序中对破产企业的税收尤其是企业所得税应根据实际情况予以处置的需要。

4. 由于《企业所得税法实施条例》这一行政法规，明确将企业“确实无法偿付的应付款项”规定为企业所得税的应税收入要纳入企业所得税的计税基础，有关部门规章如《企业清算所得税处理通知》第4条亦将债务清偿损益（债务总额－实际清偿总额）计入清算企业应纳企业所得税的应税收入。对于企业重组，税务机关认定为属于债务重组的破产重整，更认为重组中所豁免的债务属于债务重组所得应当征收企业所得税，而且这种解释并不存在理解上的问题，司法机关即使是最高人民法院在破产司法实践中虽然感受到这些规定解释与破产企业资不抵债的实际情况不符，难以适应破产程序正常进行的需要，也没有任何办法处理。

此外，就是对于企业所得税的一些具体事项的解释上，司法机关与税务机关的解释也不可能完全一致，如对破产企业中普遍存在的民间借贷债权。这种债权的利息当事人约定往往都很高，在破产程序中，管理人则按照司法解释的有关规定按利率24%计算，相应的债权因资不抵债得不到清偿的部分即债务豁免的部分，则属于实际亏损；而税务机关有的则只认可按同期银行贷款利率计算的利息支出认定且视为可弥补性亏损进而允许在以后5个年度进行弥补抵扣企业所得税的应税所得。如此，司法机关关于实际亏损的认定与税务之间认定的可弥补性亏损之间因为利息计算标准的不同还会产生差异，且差异部分不能在以后5个纳税年度内抵扣所得，使得破产企业在企业所得税的承担方面更加不利。

综上，国家法律、行政法规并无破产程序有关税收的特别规范，有关税收及其减免的规定适用于所有企业，并未针对处于资不抵债而背负巨额债务的实际情况有所区别，无法适应破产程序中破产企业税收征收及其减免的需要。部门规章虽有些解释，然因国家法律、行政法规的规定也不可能进行突破。所以，破产程序中，在破产企业资不抵债已经无法足额清偿债务难以甚至根本无法承受巨额税收的情况下，仍然让之承担税收，要么将之转嫁给债权人，要么转嫁给新的投资人，给破产程序的正常、顺利进行带来了亟待解决的问题，有的甚至因为债权人的债权清偿率很低而又人数众多还会影响乃至危及社会稳定，需要国家从法律层面上统一加以解决。

（三）破产实践中税收处理的主要做法

在破产程序中，由于法律、法规及其部门规章有关税收的规范无法适应破产企业的实际需要，为了破产程序的正常进行，司法实践中想方设法采取了一些措施，一定程度上缓解了破产企业在税收上的压力。这些做法，主要包括：

1. 财政、税务部门通过对特定企业、特定税种采用规章的方式减免税收。如经国务院批准，财政部、国家税务总局2003年5月20日发布实施的《关于大连证券破产及财产处置过程中有关税收政策问题的通知》（财税〔2003〕88号）对破产的大连证券有限责任公司，及《关于被撤销金融机构有关税收政策问题的通知》对撤销的金融机构在清理和处置财产中免征增值税、土地增值税、城镇土地使用税、房产税、车船税、契税、印花税、营业税、城市维护建设税、教育费附加等税收，可清算所得仍要缴纳企业所得税。财政部、国家税务总局以《关于继续支持企业事业单位改制重组有关契税政策的通知》对特定期间满足条件的承受破产企业的土地、房产的行为，如债权人包括企业职工承受重组企业的土地、房产，以及非债权人承受破产企业全部职工3年以上的，免征契税；非债权人承受破产企业超过30%的职工3年以上的，减半征收契税。

2. 地方税务机关对破产程序中的一些税收征收政策作出解释。如天津市国家税务局、天津市地方税务局2017年1月1日起施行的《关于发布〈企业清算环节所得税管理暂行办法〉的公告》第3条规定："居民企业有下列情形之一的，应按本办法的规定进行企业清算所得税处理……（5）被人民法院依法予以解散或宣告破产的；（6）企业重组中需要按清算处理的企业。"第9条规定："企业应当在办理注销登记前，就其清算所得向税务机关申报并依法缴纳企业所得税。"第12条规定："负债清偿损益，是指企业全部负债按计税基础减除其清偿金额后的余额。负债的计税基础为负债的账面价值减去未来期间计算应纳税所得额时按照税收规定予以扣除金额的余额。企业清算前已确定不需支付的应付款项，应并入生产经营所得征税。企业清算期间确定的不需支付的应付款项，需并入清算所得征税。企业清算期间应支付但由于清算资产不足以偿还的未付款项，无需并入清算所得征税。"

3. 一些地方政府牵头与人民法院、税务机关等有关部门对破产程序中的税收问题作出指引性规范，如浙江舟山市人民政府2018年3月召集法院、税务、国土、银监等15家职能单位召开破产专题会议，并形成会议纪要下发，就破产程序中的税收问题，明确了执行转破产企业所得税的征收，即在执行阶段对债务人财产进行拍卖的，由双方各自承担纳税义务；依法转入破产清算的，管理人能证明破产企业在上述财产拍卖的会计年度确已资不抵债的，则该拍卖所得计入该年度收入，并按规定计算应缴纳企业所得税。

4. 人民法院与税务机关通过《纪要》或者备忘录的方式，就破产程序中的有关税收问题作出某些规范，如佛山市中级人民法院与佛山市地方税务局

2018 年 6 月 5 日签署的《关于破产审判税费征缴和税收保障备忘录》，就对税收债权的实现方式、税收优先权、税收优惠、税务注销等问题作了规范，明确并归集了佛山地税部门支持企业破产重整和破产清算的税收优惠政策，创新性地提出了破产企业处置不动产和股权时不预征企业所得税、通过“核销死欠”通道办理税务注销或出具清税证明等措施。

5. 受理破产案件的人民法院与税务机关就具体破产企业的税收问题，通过《会议纪要》或者《备忘录》等方式就有关税收问题作出处理。

（四）破产程序中税收处理的若干建议

关于破产程序所涉及的税收问题繁多，处理异常复杂，需要人民法院、税务机关及管理人在具体的司法实践中通过智慧解决。下面仅就亟待需要解决能够供司法实践普遍适用的法律规范层面上提出如下两方面的建议：

1. 立法机关应该根据破产企业资不抵债的实际情况作出适应破产企业的税收减免规范：

（1）企业所得税的纳税基数是企业必须存在收入。假若没有收入，就不应缴纳企业所得税。税务方面的专家认为，破产程序中，（债务总额 - 实际清偿总额）的差额（在破产清算中，有关部门规章称债务清偿损益；在破产重整中则称为债务豁免的数额），使得债务人取得了利益：债务人因为破产程序减免了部分债务，就实际取得了经济利益，要缴纳企业所得税。这仅是从企业会计平衡角度形式上考虑的。债权人的债权既然没有全部得到清偿，其收入就会减少；反之，债务人少清偿了债务，就获得了利益。这对于一个正常的企业来说，是如此，可对于资不抵债的破产企业来说，就并非如此。破产企业在资不抵债的情况下，其无法清偿所有债务，只能少还或者不还。此时，不能认为少还或者不还，就会具有实际所得。具有实际所得，所得是什么，所得又在哪里？假如一个企业资产完全亏光，尚有 10 亿的债务，清偿率因为没有任何财产而为零，难道该企业就能因为破产清算或者重整就有所得 10 亿元，进而需要缴纳所得税？是以，上述表面上从债权人与债务人一进一出的平衡角度考虑资不抵债的破产企业的所得，认为债权人的债权不能全部清偿产生亏损，相应地破产企业因为少清偿了债权就拥有了少清偿的债权这一所得，完全是一种形而上学的不注重破产企业的实际情况的逻辑推断。

（2）破产企业之所以无法清偿全部债务而会产生清偿债权的损益或债权豁免，是源于其亏损资不抵债而根本无法偿还。相应地，不能清偿的债权或者少清偿的债权，其实是破产企业已经亏损并不存在的财产，根本不会因为破产清算、重整依法减免了破产企业的债务即少清偿甚至根本不能清偿的债权，就会造成破产企业的所得。如果要称其因减少、豁免了债务就从债权人处获得了所谓的“所得”，那么，这种“所得”其实就是亏损乃并不存在的表面上的“所得”。如果不存在这种亏损“所得”，即其能够清偿债权，就不会存在减少债权清偿即少偿还债权人债权的问题。除非债权人与债务人共同串通增加不能清偿的债权，才可能达到让债务人少缴纳企业所得税的恶意目的。显然，债务人与债权人若不存在关联关系而由同一主体控制的现象，债务人也不会答应，在破产程序中，管理人与债权人之间更不可能也不存在恶意串通利用虚假的减免债务来达到逃税的目的。

（3）如上所述，破产企业少偿还债权人的债权导致的债权清偿损益或者债权豁免，不存在所得，而是源于亏损而少清偿债权。对这种少清偿债权的数额认定为破产企业所得收入征收所得税，其实就是对破产企业的亏损征收所得税，与法不合，与理不符。

（4）不庸讳言，对破产企业而言，其因为亏损不能偿还的债务越多，其病就越重，生产经营就越困难，有的可能因为破产重整可以得到挽救，有的根本无法挽救乃宣告破产将之所有财产处置后按法定顺序、比例统一分配给债权人后加以注销，消失于世中不再存在。与人相比，破产重整就相当于挽救一个患病之人，后者则相当于为一个要消失死亡的人料理后事。假若将破产企业少清偿的债权视为收入征收企业所得税，其亏损越多而少清偿的债权即减少或者豁免的债权越大，所要缴纳的所得税就越多。换言之，病越重而不能清偿债务越多的破产企业，所缴纳的所得税也就越多，其结论的荒谬性不言而喻。

（5）在现实生活甚至在司法实践中，不少人都认为公司企业是股东等出资人的，这种看法其实是不当的。出资人对公司企业出资后，出资已经转化为公司的财产，出资人只能根据出资所得到的股权享有股权分红等利益。股权分红要求建立在公司企业具有利润的基础上，没有利润就不存在分红的问题。公司企业的财产，在法律上是公司企业的，然在它负有债务时，则要先用来偿还债务。在资不抵债的情况下，公司企业财产都要用来清偿债务，从财产的最终归属来讲，其实已经全部为债权人的财产。在破产程序中，要对资不抵债的破产企业征收所得税，就是对用于债权人债权清偿的财产即债权人的财产征收所得税，固然与法理不合。

（6）如前所述，在破产程序中，破产企业的财产在处置后都要用于清偿债权人的所有债务，对之财产征收所得税，尤其是要对不能清偿的债权即少清偿的债权征收所得税，债权人因为征收所得税得到的清偿必然减少。破产企业的所得税其实就要转嫁至债权人身上，不是让破产企业承担所得税，而是让债权人实际承担所得税。

（7）在破产程序中，债权人因为破产企业不能清偿债务已经遭受损失甚至巨大损失，债权的清偿率往往很低，有的就是几个点。如果对债权人不能清偿的债权即破产企业少清偿的债权征收所得税，那么，破产企业亏损越多导致不能清偿的债权越多，即清偿率越低，债权人的损失越大，所得税就会越多，显然不符合公平原则。

（8）债权人遭受损失或者巨大损失，清偿率往往就是几个点的情况下，却因不能清偿的债权即破产企业少清偿的债权要缴纳多达 25 个百分点的所得税，也就是所得税的获得是建立在债权人损失甚至巨大损失的基础上。换言之，对资不抵债的破产重整企业的豁免债务征收所得税，实质上是对债权人的不能清偿的损失进行征税，进一步损害了债权人的利益，债权人损失越大，征收的税收越多，无异于伤口上撒盐，也是对法律法规极其荒谬的理解和运用。尤其是税收比例还高于甚至远远高于债权清偿比例时，会让人产生国家与民争利的感受，应当加以否定。例如，假设债务人财产在破产重整、清算情形的价值分别为 3 亿元、2. 3 亿元，不能清偿即豁免的债务约 13 亿元承担所得税将多达 3. 25 亿元的税收，在重整或清算条件下，连破产费用都无法支付，所有债权包括劳动债权、税收债权、普通债权的清偿率为零。在债务人破产中，只有国家获利，债权人的感受可想而知。按照现行部门规章的有关规定，对债务人的债务重组所得可先弥补亏损后的剩余部分再缴纳企业所得税，可由于担保等导致不能偿还的债务多达 13 亿余元，也难以解决根本问题，所要缴纳的税收依然无法承受，与破产企业的实际情况根本不符。

（9）如果不让破产企业即实际不让债权人承担所得税，那么，就只有让投资人承担税收。而投资人出资挽救破产企业，要为破产企业少清偿的债务承担所得税，而且债务越重，破产企业不能清偿的债务越多，所承担的税收就越重。如上述假设的债务人不能清偿的债务达 13 亿余元，将之纳入所得税基数就要缴纳多达 3. 25 亿元的税收，即使按照债务重组的有关政策，可以享受重组所得 5 年递延纳税的优惠，可这不能改变乃是新的投资人承担的实质，而整个资产处置按照破产重整价值处置就是 3 亿元，按照破产清算价值处置乃 2. 3 亿元。如要投资人承担相当重的甚至超过财产本身价值的企业所得税，显然，是任何投资人都不会接受的。

（10）如前所述，让投资人为破产企业承担无法承担的企业所得税，投资人难以接受，就必然影响投资人参与重整积极挽救破产企业的热情。事实上，真要承担数亿的税收，投资人也只能放弃而致重整失败。让破产企业承担，实际乃是让债权人承担，在清偿比例已经很低的情况下，要让之因为税收的承担而只能得到清偿比例极低的清偿，众多债权人也难以接受。故，破产重整乃至破产清算程序都无法正常进行，破产程序就会因为税收这一问题而停止，破产法的立法意旨与精神，破产程序启动的目的与功能均难以甚至根本无法实现。

（11）在企业资不抵债而无法运转时，无论是因为破产清算退出市场，还是源于破产重整重新恢复正常状态，都对社会有益而无害，这也正是破产法的立法基础所在。前者因为破产清算将财产处置再转为新的所有者以重新发挥物的价值。不然，在已经无法运转、濒临消亡的破产企业中只能闲置报废最终丧失所有价值；后者则因破产重整使得破产企业得以挽救而恢复正常。随着破产程序的结束，破产企业的财产有了新的价值得以正常运用，亦会产生新的税收来源。以是，从放水养鱼、培植税源的角度来讲，也要保障破产程序顺利进行，而不是以高额税收来为破产程序顺利进行设置障碍。

（12）如前所述，破产企业对不能清偿即豁免的债务要承担企业所得税，必然转嫁给投资人或者债权人承担。企业所得税不高，还影响不大。假若破产企业所欠的债务数额巨大，不能清偿的债务上十亿甚至数十亿，有的还主要是为他人提供担保的担保债务，这时要承担的企业所得税，无论是债权人还是在获得相应价值财产外还要承担巨额税收的投资人，都无法接受。破产程序无法正常进行外，遇到债权人数尤其是个人债权人从多，还会产生不稳定因素，不利于社会稳定。另外，多个债务人为某一单位的债务提供担保而都破产，在每一破产程序中因为不能偿还的担保债务均认定为豁免债务而要缴纳企业所得税，显然是对本来属于一个而因多人担保变成多个且无法清偿的债务都要承担企业所得税，明显属于重复纳税，对债务人尤其是破产债务人来说自不公平。

（13）破产企业因为资不抵债而身负债务不能正常运转，其实就如人身患重病，不能清偿的债务就是病基，债务越重其病也就越重。无论是破产清算将之依法消亡还是通过破产重整对之予以挽救，都需要社会各方的努力予以支持。从国家层面上来说，应该对其中的民事主体给予关心，在其病重的时候应当予以照顾，只有这样才能让之摆脱债务这一病魔而恢复健康（破产重整）或者因破产清算将财产转为其他民事主体所有而发生作用以产生新的税源，不能在其病重无法清偿债务而少清偿债务时还要承担企业所得税这一新的债务，进而产生新的负担。破产程序的目的，就是为了减少其不能清偿的债务使之不再有新的负担，假若在减少新的债务同时要承担企业所得税这一新的负担，与破产程序制度的目的相背，也难以体现国家对资不抵债的破产企业在背负巨额债务患有重病时所应当给予的关心。

（14）其实，在破产重整时，一般会涉及破产企业股东所拥有的股权及其比例的调整。新的投资人通过出资而实际获得原股东所减少的比例，如上述假设的债务的重整财产价值为3亿元，投资人出资3亿元得到与债务人财产价值相对应的100%的股权，原来股东的股权因为新的投资人出资而将股权实际转给了新的投资人，依此可以比照股权转让征收所得税。股权转让所得税，纳税义务为原股东，可原股东因为资不抵债实际已不可能获得此股权转让款，其没有所得无需缴纳所得税，即使需要缴纳也无法缴纳需要减免，而不能由投资人承担。

（15）另外，投资人获得破产企业的股权，一般是根据破产企业在破产时的财产价值测算的，投资人也是根据债务人的财产价值出资的。从这一角度看，其实是受让破产企业的财产。对于财产的所得税，在减去原值后纳税应由破产企业承担，如前所述，乃是债权人承担，在债权人遭受巨大损失的情况下，宜应加以减免。

（五）管理人有关破产程序税收处理的职责

在破产程序中，管理人依法履行接管债务人的财产、印章和账簿、文书等资料，调查债务人财产状况、制作财产状况报告，决定债务人的内部管理事务，决定债务人的日常开支和其他必要开支，在第1次债权人会议召开之前决定继续或者停止债务人的营业，管理和处分债务人的财产，代表债务人参加诉讼、仲裁或者其他法律程序等职责，可以说，在破产程序中，除破产重整期间由债务人自行管理财产和营业事务以外，债务人的所有其他事务均由管理人代表破产企业进行。其他事务，自然包括破产企业的税收事务。因此，管理人代表破产企业处理有关税收事务，乃是其重要职责之一，务必引起重视。具体而言，管理人有关税收方面的工作，主要包括：

1. 审查、清偿破产申请受理前的税收债权。这一职责，在债权审查、清偿等有关方面作了介绍，这里不再多述。

2. 以人民法院为主导，与税务机关等有关部门进行协调、沟通，争取有关破产企业税收方面的优惠措施。如前所述，涉及破产程序的税收主要包括企业所得税、增值税、土地使用税、房产税、契税、印花税、个人所得税、车船税等，然与破产企业直接相关且存在重大影响的有企业所得税、土地使用税、房产税，尤其是企业所得税及其因破产企业资不抵债不能清偿的债务所产生的应税收入问题，需要全面、详尽汇报，尽力有效解决有关问题。对这，最高人民法院2014年6月3日发布实施的《关于人民法院为企业兼并重组提供司法保障的指导意见》（法发〔2014〕7号）第5条第18项指出，要

“认真总结破产案件审判经验，逐步完善企业破产配套制度……要积极协调解决破产程序中企业税款债权问题，要在与税务机关积极沟通的基础上结合实际依法减免相应税款。”《破产审判纪要》第21条进一步指出：“重整后企业正常生产经营的保障。企业重整后，投资主体、股权结构、公司治理模式、经营方式等与原企业相比，往往发生了根本变化，人民法院要通过加强与政府的沟通协调，帮助重整企业修复信用记录，依法获取税收优惠，以利于重整企业恢复正常生产经营。”对于破产财产变现过程中所产生的税金应否缴纳以及如何缴纳的问题，在审理企业破产案件过程中一直存在争议。对于这个问题应当明确以下几点：（1）破产财产变现应当缴纳相应税金……清算组处置破产财产是通过一系列民事活动完成的，如委托拍卖机构拍卖破产财产、与他人签订合同变卖破产财产等，清算组的上述民事行为与一般民事行为没有区别，应当依照国家法律和法规的规定缴纳有关税款和管理费用。清算组在对破产财产变现过程中进行交易，依照国家法律、法规或者行政规章、条例规定应当纳税或者缴纳各种交易费、过户手续费的，则应依法缴纳。（2）破产企业财产变现所产生的税金减免问题。对于这部分税款能否免予征收，要根据国家有关政策和财税部门的意见确定。根据《金融机构撤销条例》第21条关于‘被撤销的金融机构财产的清理和处置，免交税收和行政性收费’的规定，对于金融机关撤销并最终进入破产程序的，对其财产变现发生的税赋也相应的免予征收。对于其他企业破产时是否可以免征破产企业财产变现所应缴纳的税款，目前尚无相应政策规定。鉴于目前破产案件普遍存在债权清偿率低的情况，全额偿付这部分税款，就会大大减少可供分配的破产财产，因此可由清算组与地方税务征管机关进行沟通协商，争取税务征管机关理解并同意对变现财产减免征税。由于有关纳税和缴纳管理费的解释权和执行权属于相应的立法和执法机关，人民法院在处理破产案件中不能作出减免缴纳税款的决定。所以，破产财产变现中的税款征收及减免等事项，与有关执法机关协商办理是非常必要的。

3. 在现有的税收征收制度下，为了维护债权人的利益，稳定社会秩序，保证破产程序的正常、顺利进行，在有关税收的承担上要借鉴人民法院在普通执行程序中拍卖处置财产时让受让人承担有关税收的做法，在债务人财产处置的方案、破产重整计划、和解协议及有关合同或公告中，明确有关税收由债务人的财产受让人、债务人的投资人等承担。

应当指出，本应由债务人承担的税收虽可以通过约定等方式转嫁给债务人的财产受让人、投资人承担，然有关纳税的主体依然是债务人，管理人应当在人民法院主导下积极协调、沟通税务机关取得破产企业税收优惠措施的基础上，依法促使财产受让人、投资人缴纳税收，以履行债务人的纳税义务。否则，债务人的纳税义务没有履行完毕，管理人也要承担相应的法律责任。对此，需要引起充分的注意。

4. 进行纳税申报及清缴。对这，《税收征收管理法实施细则》第 32 条规定，纳税人在纳税期内没有应纳税款的，应当按照规定办理纳税申报。纳税人享受减税、免税待遇的，在减税、免税期间应当按照规定办理纳税申报。第 33 条规定，纳税人、扣缴义务人的纳税申报或者代扣代缴、代收代缴税款报告表的主要内容包括：税种、税目，应纳税项目或者应代扣代缴、代收代缴税款项目，计税依据，扣除项目及标准，适用税率或者单位税额，应退税项目及税额、应减免税项目及税额，应纳税额或者应代扣代缴、代收代缴税额，税款所属期限、延期缴纳税款、欠税、滞纳金等。第 34 条规定，纳税人办理纳税申报时，应当如实填写纳税申报表，并根据不同的情况相应报送下列有关证件、资料：（1）财务会计报表及其说明材料；（2）与纳税有关的合同、协议书及凭证；（3）税控装置的电子报税资料；（4）外出经营活动税收管理证明和异地完税凭证；（5）境内或者境外公证机构出具的有关证明文件；（6）税务机关规定应当报送的其他有关证件、资料。第 35 条规定，扣缴义务人办理代扣代缴、代收代缴税款报告时，应当如实填写代扣代缴、代收代缴税款报告表，并报送代扣代缴、代收代缴税款的合法凭证以及税务机关规定的其他有关证件、资料。

如，增值税，《增值税暂行条例》第 23 条规定，增值税的纳税期限分别为 1 日、3 日、5 日、10 日、15 日、1 个月或者 1 个季度。纳税人的具体纳税期限，由主管税务机关根据纳税人应纳税额的大小分别核定；不能按照固定期限纳税的，可以按次纳税。纳税人以 1 个月或者 1 个季度为 1 个纳税期的，自期满之日起 15 日内申报纳税；以 1 日、3 日、5 日、10 日或者 15 日为 1 个纳税期的，自期满之日起 5 日内预缴税款，于次月 1 日起 15 日内申报纳税并结清上月应纳税款。扣缴义务人解缴税款的期限，依照前两款规定执行。第 24 条规定，纳税人进口货物，应当自海关填发海关进口增值税专用缴款书之日起 15 日内缴纳税款。这样，对于增值税，管理人应按照债务人原有的纳税期限进行申报，没有生产经营增值税为零的，则申报的增值税为零。

又如，企业所得税，《企业清算所得税处理通知》规定，企业不再持续经营需要清算的，应将整个清算期作为一个独立的纳税年度计算清算所得。国家税务总局 2009 年 1 月 1 日起执行的《企业所得税汇算清缴管理办法》（国税发〔2009〕79 号）第 2 条规定，企业所得税汇算清缴，是指纳税人自纳税年度终了之日起 5 个月内或实际经营终止之日起 60 日内，依照税收法律、法规、规章及其他有关企业所得税的规定，自行计算本纳税年度应纳税所得额和应纳所得税额，根据月度或季度预缴企业所得税的数额，确定该纳税年度应补或者应退税额，并填写企业所得税年度纳税申报表，向主管税务机关办理企业所得税年度纳税申报、提供税务机关要求提供的有关资料、结清全年企业所得税税款的行为。第3条规定，凡在纳税年度内从事生产、经营（包括试生产、试经营），或在纳税年度中间终止经营活动的纳税人，无论是否在减税、免税期间，也无论盈利或亏损，均应按照企业所得税法及其实施条例和本办法的有关规定进行企业所得税汇算清缴。实行核定定额征收企业所得税的纳税人，不进行汇算清缴。第4条规定，纳税人应当自纳税年度终了之日起5个月内，进行汇算清缴，结清应缴应退企业所得税税款。纳税人在年度中间发生解散、破产、撤销等终止生产经营情形，需进行企业所得税清算的，应在清算前报告主管税务机关，并自实际经营终止之日起60日内进行汇算清缴，结清应缴应退企业所得税款；纳税人有其他情形依法终止纳税义务的，应当自停止生产、经营之日起60日内，向主管税务机关办理当期企业所得税汇算清缴。第5条规定，纳税人12月份或者第4季度的企业所得税预缴纳税申报，应在纳税年度终了后15日内完成，预缴申报后进行当年企业所得税汇算清缴。第8条规定，纳税人办理企业所得税年度纳税申报时，应如实填写和报送下列有关资料：（1）企业所得税年度纳税申报表及其附表；（2）财务报表；（3）备案事项相关资料；（4）总机构及分支机构基本情况、分支机构征税方式、分支机构的预缴税情况；（5）委托中介机构代理纳税申报的，应出具双方签订的代理合同，并附送中介机构出具的包括纳税调整的项目、原因、依据、计算过程、调整金额等内容的报告；（6）涉及关联方业务往来的，同时报送《中华人民共和国企业年度关联业务往来报告表》；（7）主管税务机关要求报送的其他有关资料。纳税人采用电子方式办理企业所得税年度纳税申报的，应按照有关规定保存有关资料或附报纸质纳税申报资料。第9条规定，纳税人因不可抗力，不能在汇算清缴期内办理企业所得税年度纳税申报或备齐企业所得税年度纳税申报资料的，应按照《税收征收管理法》及其实施细则的规定，申请办理延期纳税申报。第10条规定，纳税人在汇算清缴期内发现当年企业所得税申报有误的，可在汇算清缴期内重新办理企业所得税年度纳税申报。第11条规定，纳税人在纳税年度内预缴企业所得税税款少于应缴企业所得税税款的，应在汇算清缴期内结清应补缴的企业所得税税款；预缴税款超过应纳税款的，主管税务机关应及时按有关规定办理退税，或者经纳税人同意后抵缴其下一年度应缴企业所得税税款。第12条规定，纳税人因有特殊困难，不能在汇算清缴期内补缴企业所得税款的，应按照《税收征收管理法》及其实施细则的有关规定，办理申请延期缴纳税款手续。第13条规定，实行跨地区经营汇总缴纳企业所得税的纳税人，由统一计算应纳税所得额和应纳所得税额的总机构，按照上述规定，在汇算清缴期内向所在地主管税务机关办理企业所得税年度纳税申报，进行汇算清缴。分支机构不进行汇算清缴，但应将分支机构的营业收支等情况在报总机构统一汇算清缴前报送分支机构所在地主管税务机关。总机构应将分支机构及其所属机构的营业收支纳入总机构汇算清缴等情况报送各分支机构所在地主管税务机关。第14条规定，经批准实行合并缴纳企业所得税的企业集团，由集团母公司（以下简称汇缴企业）在汇算清缴期内，向汇缴企业所在地主管税务机关报送汇缴企业及各个成员企业合并计算填写的企业所得税年度纳税申报表，以及本办法第8条规定的有关资料及各个成员企业的企业所得税年度纳税申报表，统一办理汇缴企业及其成员企业的企业所得税汇算清缴。汇缴企业应根据汇算清缴的期限要求，自行确定其成员企业向汇缴企业报送本办法第8条规定的有关资料的期限。成员企业向汇缴企业报送的上述资料，应经成员企业所在地的主管税务机关审核。第15条规定，纳税人未按规定期限进行汇算清缴，或者未报送本办法第8条所列资料的，按照《税收征收管理法》及其实施细则的有关规定处理。结合纳税人企业所得税预缴情况及日常征管情况，对纳税人报送的企业所得税年度纳税申报表及其附表和其他有关资料进行初步审核后，按规定程序及时办理企业所得税补、退税或抵缴其下一年度应纳所得税款等事项。

5. 按照有关会计处理规定编制财务报表，如财政部2016年12月20日发布实施的《企业破产清算有关会计处理规定》（财会〔2016〕23号）第2条规定，本规定适用于经法院宣告破产处于破产清算期间的企业法人。第3条规定，破产企业会计确认、计量和报告以非持续经营为前提。第4条规定，企业经法院宣告破产的，应当按照法院或债权人会议要求的时点（包括破产宣告日、债权人会议确定的编报日、破产终结申请日等，以下简称破产报表日）编制清算财务报表，并由破产管理人签章。第5条规定，破产企业在破产清算期间的资产应当以破产资产清算净值计量。本规定所称的资产，是指破产法规定的债务人（破产企业）财产。破产资产清算净值，是指在破产清算的特定环境下和规定时限内，最可能的变现价值扣除相关的处置税费后的净额。最可能的变现价值应当为公开拍卖的变现价值，但是债权人会议另有决议或国家规定不能拍卖或限制转让的资产除外；债权人会议另有决议的，最可能的变现价值应当为其决议的处置方式下的变现价值；按照国家规定不能拍卖或限制转让的，应当将按照国家规定的方式处理后的所得作为变现价值。第6条规定，破产企业在破产清算期间的负债应当以破产债务清偿价值计量。破产债务清偿价值，是指在不考虑破产企业的实际清偿能力和折现等因素的情况下，破产企业按照相关法律规定或合同约定应当偿付的金额。第7条规定，破产企业被法院宣告破产的，应当按照破产资产清算净值对破产宣告日的资产进行初始确认计量；按照破产债务清偿价值对破产宣告日的负债进行初始确认计量；相关差额直接计入清算净值。第8条规定，破产企业在破产清算期间的资产，应当按照破产资产清算净值进行后续计量，负债按照破产债务清偿价值进行后续计量。破产企业应当按照破产报表日的破产资产清算净值和破产债务清偿价值，对资产和负债的账面价值分别进行调整，差额计入清算损益。第9条规定，破产清算期间发生资产处置的，破产企业应当终止确认相关被处置资产，并将处置所得金额与被处置资产的账面价值的差额扣除直接相关的处置费用后，计入清算损益。破产清算期间发生债务清偿的，破产企业应当按照偿付金额，终止确认相应部分的负债。在偿付义务完全解除时，破产企业应当终止确认该负债的剩余账面价值，同时确认清算损益。第10条规定，破产清算期间发生各项费用、取得各项收益应当直接计入清算损益。第11条规定，在破产清算期间，破产企业按照税法规定需缴纳企业所得税的，应当计算所得税费用，并将其计入清算损益。所得税费用应当仅反映破产企业当期应交的所得税。第12条规定，破产企业因盘盈、追回等方式在破产清算期间取得的资产，应当按照取得时的破产资产清算净值进行初始确认计量，初始确认计量的账面价值与取得该资产的成本之间存在差额的，该差额应当计入清算损益。第13条规定，破产企业在破产清算期间新承担的债务，应当按照破产债务清偿价值进行初始确认计量，并计入清算损益。第14条规定，破产企业应当按照本规定编制清算财务报表，向法院、债权人会议等报表使用者反映破产企业在破产清算过程中的财务状况、清算损益、现金流量变动和债务偿付状况。第15条规定，破产企业的财务报表包括清算资产负债表、清算损益表、清算现金流量表、债务清偿表及相关附注。法院宣告企业破产的，破产企业应当以破产宣告日为破产报表编制清算资产负债表及相关附注。法院或债权人会议等要求提供清算财务报表的，破产企业应当根据其要求提供清算财务报表的时点确定破产报表日，编制清算资产负债表、清算损益表、清算现金流量表、债务清偿表及相关附注。向法院申请裁定破产终结的，破产企业应当编制清算损益表、债务清偿表及相关附注。第16条规定，清算资产负债表反映破产企业在破产报表日资产的破产资产清算净值，以及负债的破产债务清偿价值。资产项目和负债项目的差额在清算资产负债表中作为清算净值列示。第17条规定，清算损益表反映破产企业在破产清算期间发生的各项收益、费用。清算损益表至少应当单独列示反映下列信息的项目：资产处置净收益（损失）、债务清偿净收益（损失）、破产资产和负债净值变动净收益（损失）、破产费用、共益债务支出、所得税费用等。第18条规定，清算现金流量表反映破产企业在破产清算期间货币资金余额的变动情况。清算现金流量表应当采用直接法编制，至少应当单独列示反映下列信息的项目：处置资产收到的现金净额、清偿债务支付的现金、支付破产费用的现金、支付共益债务支出的现金、支付所得税的现金等。第19条规定，债务清偿表反映破产企业在破产清算期间发生的债务清偿情况。债务清偿表应当根据破产法规定的债务清偿顺序，按照各项债务的明细单独列示。债务清偿表中列示的各项债务至少应当反映其确认金额、清偿比例、实际需清偿金额、已清偿金额、尚未清偿金额等信息。第20条规定，破产企业应当在清算财务报表附注中披露下列信息：（1）破产资产明细信息；（2）破产管理人依法追回的账外资产明细信息；（3）破产管理人依法取回的质物和留置物的明细信息；（4）未经法院确认的债务的明细信息；（5）应付职工薪酬的明细信息；（6）期末货币资金余额中已经提存用于向特定债权人分配或向国家缴纳税款的金额；（7）资产处置损益的明细信息，包括资产性质、处置收入、处置费用及处置净收益；（8）破产费用的明细信息，包括费用性质、金额等；（9）共益债务支出的明细信息，包括具体项目、金额等。

6. 对破产重整企业进行纳税信用恢复。为规范纳税信用管理、促进纳税人诚信自律、提高税法遵从度、推进社会信用体系建设，国家税务总局2014年7月4日发布、同年10月1日起施行的《纳税信用管理办法（试行）》（国家税务总局公告2014年第40号）第10～11条等规定，按月采集纳税人的信用历史信息、税务内部信息、外部信息等纳税信用信息，并依据全国统一的评价指标和评价方式，按年度进行纳税信用分级评价纳。其中，税人信用历史信息包括基本信息和评价年度之前的纳税信用记录，以及相关部门评定的优良信用记录和不良信用记录。税务内部信息包括经常性指标信息和非经常性指标信息。经常性指标信息是指涉税申报信息、税（费）款缴纳信息、发票与税控器具信息、登记与账簿信息等纳税人在评价年度内经常产生的指标信息；非经常性指标信息是指税务检查信息等纳税人在评价年度内不经常产生的指标信息。外部信息包括外部参考信息和外部评价信息。外部参考信息包括评价年度相关部门评定的优良信用记录和不良信用记录；外部评价信息是指从相关部门取得的影响纳税人纳税信用评价的指标信息。

破产重整企业，因资不抵债等原因必然导致纳税信用的下降。为了保证破产重整程序的有效进行，促使破产企业恢复生机，恢复纳税信用乃是其一个重要方面。所以，《破产审判纪要》第21条指出："企业重整后，投资主体、股权结构、公司治理模式、经营方式等与原企业相比，往往发生了根本变化，人民法院要通过加强与政府的沟通协调，帮助重整企业修复信用记录，依法获取税收优惠，以利于重整企业恢复正常生产经营。"具体应由人民法院主导建立法院、管理人（债务人）、税务机关等有关部门之间的涉税沟通机制，就重整计划执行可能遇到的纳税义务、信用阻碍、税收优惠政策、停用纳税信用惩戒措施、上调纳税信用等级等事项进行协调、沟通，有效地恢复破产重整企业的纳税信用，促使破产重整企业尽快恢复生产经营活力，保证重整计划的执行及破产重整的正常、顺利进行。

7. 进行注销税务登记。《企业破产法》第121条规定，管理人应当自破产程序终结之日起10日内，持人民法院终结破产程序的裁定，向破产人的原登记机关办理注销登记。《税收征收管理法实施细则》第15条规定，纳税人发生解散、破产、撤销以及其他情形，依法终止纳税义务的，应当在向工商行政管理机关或者其他机关办理注销登记前，持有关证件向原税务登记机关申报办理注销税务登记；按照规定不需要在工商行政管理机关或者其他机关办理注册登记的，应当自有关机关批准或者宣告终止之日起15日内，持有关证件向原税务登记机关申报办理注销税务登记。纳税人因住所、经营地点变动，涉及改变税务登记机关的，应当在向工商行政管理机关或者其他机关申请办理变更或者注销登记前或者住所、经营地点变动前，向原税务登记机关申报办理注销税务登记，并在30日内向迁达地税务机关申报办理税务登记。纳税人被工商行政管理机关吊销营业执照或者被其他机关予以撤销登记的，应当自营业执照被吊销或者被撤销登记之日起15日内，向原税务登记机关申报办理注销税务登记。纳税人在办理注销税务登记前，应当向税务机关结清应纳税款、滞纳金、罚款，缴销发票、税务登记证件和其他税务证件。是以，破产企业在破产清算程序结束后需要办理注销工商登记、税务登记，且按照行政法规的规定，注销税务登记的办理乃在注销工商登记的办理之前，只有办理了注销税务登记后才能办理注销工商登记。

为了深入贯彻落实党中央、国务院关于优化营商环境、深化"放管服"改革要求，进一步优化办理企业税务注销程序，国家税务总局2018年9月18日发布、同年10月1日起施行的《关于进一步优化办理企业税务注销程序的通知》（税总发〔2018〕149号）第1条规定："实行清税证明免办服务。对向市场监督管理部门申请简易注销的纳税人，符合下列情形之一的，可免予到税务机关办理清税证明，直接向市场监督管理部门申请办理注销登记：（一）未办理过涉税事宜的；（二）办理过涉税事宜但未领用发票、无欠税

(滞纳金) 及罚款的。”第 2 条“优化税务注销即办服务”规定：“对向市场监督管理部门申请一般注销的纳税人，税务机关在为其办理税务注销时，进一步落实限时办结规定。对未处于税务检查状态、无欠税（滞纳金）及罚款、已缴销增值税专用发票及税控专用设备，且符合下列情形之一的纳税人，优化即时办结服务，采取‘承诺制’容缺办理，即：纳税人在办理税务注销时，假若资料不齐，可在其作出承诺后，税务机关即时出具清税文书：（一）纳税信用级别为 A 级和 B 级的纳税人；（二）控股母公司纳税信用级别为 A 级的 M 级纳税人；（三）省级人民政府引进人才或经省级以上行业协会等机构认定的行业领军人才等创办的企业；（四）未纳入纳税信用级别评价的定期定额个体工商户；（五）未达到增值税纳税起征点的纳税人。纳税人应按承诺的时限补齐资料并办结相关事项。假若未履行承诺的，税务机关将对其法定代表人、财务负责人纳入纳税信用 D 级管理。”国家税务总局 2019 年 5 月 9 日发布、同年 7 月 1 日起执行的《关于深化“放管服”改革，更大力度推进优化税务注销办理程序工作的通知》（税总发〔2019〕64 号）第 1 条第 3 项规定：“经人民法院裁定宣告破产的纳税人，持人民法院终结破产程序裁定书向税务机关申请税务注销的，税务机关即时出具清税文书，按照有关规定核销‘死欠’。”基此，经人民法院裁定宣告破产的纳税人，管理人持人民法院终结破产程序裁定书向税务机关申请税务注销的，属于税务机关“优化税务注销即办服务”的范围，税务机关应即时出具清税文书并按照有关规定核销“死欠”。

主要参考文献

安建主编:《中华人民共和国企业破产法释义》,法律出版社 2006 年版。

曹士兵:《中国担保制度与担保方法》,中国法制出版社 2008 年版。

[美] 查尔斯·J·泰步:《美国破产法新论》(第 3 版),韩长印、何欢、王之洲译,中国政法大学出版社 2017 年版。

陈夏红、许胜锋主编:《破产法信札》,法律出版社 2017 年版。

陈晓峰编:《企业破产清算法律风险管理与防范策略》,法律出版社 2009 年版。

陈荣宗:《企业破产法》,我国台湾地区三民书局 1986 年版。

程吕方主编:《人民法院企业破产审判实务疑难问题解析》,法律出版社 2016 年版。

丁文联:《破产程序中的政策目标与利益平衡》,法律出版社 2008 年版。

丁燕:《上市公司破产重整计划法律问题研究》,法律出版社 2014 年版。

杜万华主编、最高人民法院民事审判第二庭编:《企业改制、破产与重整案件审判指导(增订版)》,法律出版社 2018 年版。

杜万华主编:《最高人民法院企业破产与公司清算案件审判指导》,中国法制出版社 2017 年版。

范健、王建文:《企业破产法》,法律出版社 2009 年版。

付翠英编:《破产法比较研究》,中国人民公安大学出版社 2004 年版。

付翠英:《破解企业破产的 10 大法律难题》,法律出版社 2008 年版。

郭丁铭:《企业破产清算程序中的债权人利益保护研究——以〈企业破产法〉的完善为中心》,法律出版社 2013 年版。

郭毅敏主编:《破产审判手册》,法律出版社 2016 年版。

韩传华:《企业破产法解析》,人民法院出版社 2007 年版。

何勤华主编:《企业破产法》,上海人民出版社 2013 年版。

[德] 黑格尔:《法哲学原理》,范扬、张企泰译,商务印书馆 1961 年版。

霍敏主编:《破产案件审理精要》,法律出版社 2010 年版。

[美] 杰伊·劳伦斯·韦斯特布鲁克、查尔斯·布斯、[德] 克里斯托弗·保勒斯、[英] 哈·拉贾克:《商事破产全球视野下的比较分析》,王之洲译,

中国政法大学出版社 2018 年版。

江必新主编、最高人民法院民事审判第二庭编著：《民商审判指导与参考》2003 年第 1 卷（总第 3 卷），人民法院出版社 2003 年版。

江伟主编：《民事诉讼法》（第三版），高等教育出版社 2007 年版。

柯善芳、潘志恒主编：《破产法概论》，广东高等教育出版社 1988 年版。

［德］莱因哈德·波克：《德国破产法导论》（第六版），王艳柯译，北京大学出版社 2014 年版。

李飞主编：《当代外国破产法》，中国法制出版社 2006 年版。

李国光主编：《新企业破产法疑难释解》，人民法院出版社 2006 年版。

李国光主编：《新企业破产法适用指南》，人民法院出版社 2006 年版。

李国光主编：《新企业破产法条文释义》，人民法院出版社 2006 年版。

李国光、曹士兵等：《正确理解〈关于审理企业破产案件若干问题的规定〉》，中国法制出版社 2002 年版。

李国光、金剑锋、曹士兵等：《最高人民法院关于适用〈中华人民共和国担保法〉若干问题的解释理解与适用》，吉林人民出版社 2000 年版。

李磊：《公司司法清算法理与制度研究——以利益平衡为视角》，中国政法大学出版社 2014 年版。

李曙光、刘延岭主编：《破产法评论（第 1 卷）》，法律出版社 2018 年版。

李永军、王欣新、邹海林：《企业破产法》，中国政法大学出版社 2009 年版。

李永军：《破产法——理论与规范研究》，中国政法大学出版社 2013 年版。

李永军、王欣新、邹海林、徐阳光：《企业破产法》，中国政法大学出版社 2017 年版。

联合国国际贸易法委员会：《破产法立法指南》，2006 年中文版。

刘德权主编：《最高人民法院司法观点集成②》，人民法院出版社 2009 年版。

刘德权主编：《最高人民法院司法观点集成·民商事卷续⑧》，人民法院出版社 2011 年版。

刘德璋：《新企业破产法理解与操作指南》，法律出版社 2007 年版。

刘宁、张庆：《公司破产重整法律实务全程解析》，北京大学出版社 2014 年版。

刘伟光：《中国破产管理人制度设计研究》，大连出版社 2009 年版。

［德］马克思、恩格斯：《马克思恩格斯全集·第一卷》，中共中央马克

思恩格斯列宁斯大林著作编译局译，人民出版社 1956 年版。

齐砺杰：《破产重整制度的比较研究——英美视野与中国图景》，中国社会科学出版社 2016 年版。

齐树洁主编：《企业破产法》，厦门大学出版社 2009 年版。

全国人大常委会法制工作委员会民法室编著：《中华人民共和国物权法》，北京大学出版社 2017 年版。

人民法院出版社编著：《司法解释理解与适用全集 · 企业破产卷》，人民法院出版社 2018 年版。

沈德咏主编：《公司企业司法解释理解与适用》，法律出版社 2009 年版。

沈德咏主编：《〈中华人民共和国民法总则〉条文理解与适用 · 上下册》，人民法院出版社 2017 年版。

沈志先主编：《破产案件审理实务》，法律出版社 2013 年版。

［日］石川明：《日本破产法》，何勤华、周桂秋译，中国法制出版社 2000 年版。

石时态总主编：《破产案件审理指南》，人民法院出版社 2018 年版。

汤维建：《破产程序与破产立法研究》，人民法院出版社 2001 年版。

汤维建主编：《新企业破产法解读与适用》，中国法制出版社 2006 年版。

王东敏：《新破产法疑难解读与实务操作》，法律出版社 2007 年版。

王富强：《破产重整中的营业保护机制研究》，法律出版社 2015 年版。

王利明：《民法总则研究》，中国人民大学出版社 2003 年版。

王利明主编：《民法学》，复旦大学出版社 2004 年版。

王利明主编：《民法》，中国人民大学出版社 2010 年版。

汪世虎主编：《金融机构破产制度研究》，法律出版社 2014 年版。

王卫国：《破产法精义》，法律出版社 2007 年版。

王欣新：《企业破产法》，中国人民大学出版社 2007 年版。

王欣新主编：《破产法原理与案例教程》，中国人民大学出版社 2010 年版。

王欣新、尹正友主编：《破产法论坛（第一辑）》，法律出版社 2008 年版。

王欣新、尹正友主编：《破产法论坛（第二辑）》，法律出版社 2009 年版。

王欣新、尹正友主编：《破产法论坛（第三辑）》，法律出版社 2009 年版。

王欣新、尹正友主编：《破产法论坛（第四辑）》，法律出版社 2010 年版。

王欣新、尹正友主编：《破产法论坛（第五辑）》，法律出版社 2010 年版。

王欣新、郑志斌主编：《破产法论坛（第九辑）》，法律出版社 2015 年版。

王欣新：《破产法前沿问题思辨》，法律出版社 2017 年版。

王艳梅、孙璐：《企业破产法》，中山大学出版社 2005 年版。

吴林涛：《涅槃抑或坠落——论商业银行破产重整制度》，法律出版社 2014 年版。

吴庆宝、王建平主编：《破产案件裁判标准规范》，人民法院出版社 2009 年版。

刑立新：《最新企业破产法实务精答》，法律出版社 2007 年版。

许德风：《破产法论解释与功能比较的视角》，北京大学出版社 2015 年版。

徐根才：《破产法实践指南》（第 2 版），法律出版社 2018 年版。

许胜锋主编：《人民法院审理企业破产案件裁判规则解析》，法律出版社 2016 年版。

徐亚农主编：《破产审判的温州探索》，法律出版社 2018 年版。

徐志新主编：《企业改制与破产清算》，中国民主法制出版社 2015 年版。

姚彬、孟伟：《破产程序中管理人制度实证研究》，中国法制出版社 2013 年版。

尹正友、张兴祥：《中美破产法律制度比较研究》，法律出版社 2009 年版。

于定明：《企业破产背景下的人身损害赔偿债权保护研究》，中国社会科学出版社 2014 年版。

张晨颖：《合伙企业破产法律问题研究》，法律出版社 2016 年版。

张艳丽：《破产欺诈法律规制研究》，北京大学出版社 2008 年版。

吴传頣编著：《比较破产法》，商务印书馆 2013 年版。

赵雷主编：《新企业破产法讲读》，中国工人出版社、人民法院出版社 2006 年版。

中国审判理论研究会民商事专业委员会编著：《〈民法总则〉条文理解与司法适用》，法律出版社 2017 年版。

《中华人民共和国企业破产法》起草组编著：《〈中华人民共和国企业破产法〉释义》，人民出版社 2006 年版。

邹海林、周泽新：《破产法学的新发展》，中国社会科学出版社 2013 年版。

邹海林：《破产法——程序理念与制度结构解析》，中国社会科学出版社 2016 年版。

最高人民法院民事审判第二庭编著：《最高人民法院关于适用〈中华人民共和国企业破产法〉若干问题的规定（一）的理解与适用》，人民法院出版社 2002 年版。

最高人民法院民事审判第二庭编著：《民商事审判指导》2005 年第 2 辑（总第 8 辑），人民法院出版社 2006 年版。

最高人民法院民事审判第二庭编著：《民商事审判指导》2007 年第 2 辑（总第 12 辑），人民法院出版社 2008 年版。

最高人民法院民事审判第二庭编著：《企业改制、破产与重整案件审判指导》，法律出版社 2015 年版。

最高人民法院民事审判第二庭编著：《最高人民法院关于买卖合同司法解释理解与适用》，人民法院出版社 2012 年版。

最高人民法院民事审判第二庭编著：《最高人民法院关于企业破产法司法解释理解与适用》，人民法院出版社 2007 年版。

最高人民法院民事审判第二庭编著：《最高人民法院关于企业破产法司法解释理解与适用》，人民法院出版社 2017 年版。

最高人民法院民事审判第二庭编著：《最高人民法院关于企业破产法司法解释（三）理解与适用》，人民法院出版社 2019 年版。

最高人民法院物权法研究小组编著：《〈中华人民共和国物权法〉条文理解与适用》，人民法院出版社 2007 年版。